ENCYCLOPÉDIE
MÉTHODIQUE,

OU

PAR ORDRE DE MATIÈRES:

PAR UNE SOCIÉTÉ DE GENS DE LETTRES, DE SAVANS ET D'ARTISTES;

Precédé d'un Vocabulaire universel, *servant de Table pour tout l'Ouvrage, ornée des Portraits de MM.* DIDEROT *&* D'ALEMBERT, *premiers Editeurs de l'*Encyclopédie.

AUTEURS.

On n'a pu citer dans le Frontispice que les principaux Auteurs de ce Dictionnaire; mais voici une liste de tous ceux qui y ont travaillé, avec les lettres par lesquelles ils sont désignés à la fin de chacun des articles qui leur appartiennent. Quelquefois on a écrit les noms en entier. M. de la Lande est seul Auteur de toute la partie astronomique.

M. d'Alembert.. (*O*).
M. l'Abbé Bossut.. (*L. B.*).
M. de la Lande... (*D. L.*).
M. le Marquis de Condorcet.................................... (*M. D. C.*).
M. Castillon, père.. (*J. D. C.*).
M. Castillon, fils... (*F. D. C.*).
M. Jean Bernoulli... (*J. B.*).
M. l'Abbé de la Chapelle.. (*E*).
M. Dargenville... (*K*).
M. Diderot.
M. Rallier des Ourmes.

ENCYCLOPÉDIE MÉTHODIQUE.

MATHÉMATIQUES,

Par MM. D'ALEMBERT, *l'Abbé* BOSSUT, DE LA LANDE, *le Marquis de* CONDORCET, &c.

TOME PREMIER.

A PARIS,

Chez PANCKOUCKE, Libraire, hôtel de Thou, rue des Poitevins;

A LIÈGE,

Chez PLOMTEUX, Imprimeur des Etats.

M. DCC. LXXXIV.

AVEC APPROBATION, ET PRIVILÈGE DU ROI.

DISCOURS PRÉLIMINAIRE,

Par M. l'Abbé BOSSUT.

Le nom seul des Mathématiques, qui, dans ſon étymologie, veut dire *Inſtruction*, *Science*, peint d'une manière juſte & préciſe l'idée noble qu'on doit s'en former. En effet, elles ne ſont qu'un enchaînement de principes, de raiſonnemens & de concluſions, que la certitude & l'évidence accompagnent toujours : caractère propre des connoiſſances ſcientifiques.

On ſait que les Mathématiques ont pour objet de meſurer, ou plutôt de comparer les grandeurs; par exemple, les diſtances, les ſurfaces, les viteſſes, *&c.* Elles ſe diviſent en *Mathématiques pures* & *Mathématiques mixtes*, autrement appellées *Sciences Phyſico-Mathématiques*.

Les Mathématiques pures conſidèrent la grandeur d'une manière ſimple, générale & abſtraite : & par-là elles ont le précieux avantage d'être fondées ſur les notions primordiales de la quantité. Cette claſſe comprend, 1.° l'Arithmétique ou l'Art de compter. 2.° La Géométrie, qui apprend à meſurer l'étendue. 3.° L'analyſe, ſcience des grandeurs en général. 4.° La Géométrie mixte, combinaiſon de la Géométrie ordinaire & de l'Analyſe.

Les Mathématiques mixtes empruntent de la Phyſique une ou pluſieurs expériences inconteſtables, ou bien ſuppoſent dans les corps une qualité principale & néceſſaire : enſuite, par des raiſonnemens méthodiques & démonſtratifs, elles tirent du principe établi, des concluſions évidentes & certaines, comme celles que les Mathématiques pures tirent immédiatement des axiomes & des définitions. A cette seconde classe appartiennent, 1.° la Méchanique, science de l'équilibre & du mouvement des corps solides. 2.° L'Hydrodynamique, qui considère l'équilibre & le mouvement des corps fluides. 3.° L'Acoustique ou la Théorie du son. 4.° L'Optique ou la Théorie du mouvement de la lumière. 5.° L'Astronomie, science du mouvement des corps célestes.

J'ai rangé ici les différentes parties des Mathématiques dans l'ordre qui me paroît le plus propre à montrer d'un coup-d'œil leur enchaînement réciproque dans l'état où elles se trouvent aujourd'hui. Mais cet ordre n'est pas tout-à-fait conforme à leur développement historique, parce que le hasard & des circonstances particulières ayant souvent donné lieu à des découvertes, la filiation naturelle n'a pu être constamment observée.

Il est vraisemblable que la première origine des Mathématiques est presque aussi ancienne que celle des sociétés & des loix. Les hommes s'étant rassemblés, & chacun étant obligé de pourvoir à sa subsistance & à sa conservation, sans pouvoir attenter à la possession d'autrui, le besoin industrieux trouva sans doute bientôt les pratiques, au moins informes, de quelques arts de première nécessité, tels que ceux de bâtir des cabanes, de régler l'ordre des saisons, de mesurer les champs, *&c.* Or toutes ces connoissances appartiennent, dans le fonds, à la Méchanique, à l'Astronomie, à la Géométrie, *&c.* Mais elles ne furent d'abord que le fruit de l'expérience ou d'une routine aveugle. L'assiduité que demandoient les travaux de la campagne ne permettoit pas aux hommes de s'élever à des idées générales & réfléchies. Le cercle de leurs besoins bornoit celui de leurs pensées. Insensiblement l'inégalité des biens s'établit parmi eux. Quelques-uns ayant acquis une espèce de superflu, se livrèrent à l'oisiveté, plus conforme à la foiblesse de notre nature, qu'un travail pénible & souvent destructeur. Alors le tourment de l'ennui, attaché à l'inaction, vint porter le mouvement & l'inquiétude dans l'esprit humain, exciter sa curiosité, aggrandir la sphère de ses idées, & donner l'impulsion aux arts & aux sciences. A ce puissant mobile, se joignit l'aiguillon des honneurs & des récompenses accordés dans tous les pays aux hommes qui se distinguoient par leurs talens. Le chant, aussi ancien que le monde, & une poésie grossière, presque de même date, prirent une forme plus variée & moins barbare. Il y eut des Orateurs, des Poëtes, des Peintres, des Architectes & des Sculpteurs. On observa les phénomènes de la nature, & on voulut en connoître les causes. La Géométrie, bornée d'abord à la mesure des champs, recula ses limites, & s'étendit à des usages fondés sur des théories moins élémentaires. L'Astronomie, dont les Bergers de Chaldée, au milieu de leurs paisibles fonctions, avoient jetté les fondemens, s'enrichit de nouvelles observations & d'instrumens propres à les rendre plus exactes. Toutes les parties des Mathématiques firent successivement des progrès. Ils auroient été plus rapides, si l'ambition des hommes & tous les fléaux de la guerre, qu'elle entraîne après elle, n'avoient souvent obscurci le flambeau du génie, pendant une longue suite de siècles : mais, comme un feu caché sous la cendre, il reprit son éclat dans les tems plus heureux; & l'édifice des Sciences s'est élevé par degrés.

Tous les peuples un peu considérables de l'ancien monde ont aimé & cultivé les Mathématiques. Les plus distingués en ce genre sont les Chaldéens, les Egyptiens, les Chinois, les Indiens, les Grecs, les Romains, les Arabes, &, dans les tems modernes, les Nations occidentales de l'europe. Quant aux Américains, ils n'avoient que les Arts méchaniques les plus nécessaires à la vie, & nulle théorie des Sciences, avant leur communication avec les Européens. Leur penchant naturel ne les porte point aux connoissances spéculatives, & la servitude où ils ont été réduits les empêcheroit de s'y livrer.

On ne peut former que des conjectures sur l'état des Sciences avant le déluge. Immédiatement après ce grand événement, le genre-humain ayant commencé à s'accroître, & à se diviser sur la surface de la terre, l'observation du cours des astres occupa les Chaldéens dans l'Asie, & les Egyptiens dans l'Afrique. Les premières connoissances de tous ces peuples ne se répandoient, & ne passoient d'âge en âge, que par la simple voie de la tradition. Aussi la plupart se perdirent, & il n'en est resté que la renommée.

Les Chinois commencèrent à s'adonner aux Sciences presque aussi-tôt qu'ils eurent formé un corps de peuple; & cette époque remonte à la plus haute antiquité. Leurs premiers Souverains établirent, & les autres ont conservé un tribunal destiné expressément à l'enseignement des Mathématiques : cependant ils n'y ont jamais fait que des progrès assez bornés. Je citerai en exemple leur Astronomie, qui, sous le ciel le plus favorable aux observations, n'est pas plus avancée aujourd'hui, que l'étoit celle des Européens au tems de Tycho-Brahé. Attachée superstitieusement à ses anciennes institutions, la nation chinoise paroît dépourvue de cette activité inquiète qui cherche la nouveauté, & qui produit les découvertes.

Il en est à-peu-près de même des Indiens : les sciences sont fort anciennes chez eux; ils ont connu, plusieurs siècles avant l'ère chrétienne, les tems des révolutions du ſoleil & de la lune; ils ſavoient prédire les éclipſes; quelques auteurs leur attribuent le ſyſtême de notre numération arithmétique; on croit que Pythagore alla puiſer dans l'Inde le dogme de la Métempſycoſe : aujourd'hui ils ſont beaucoup moins inſtruits que les Chinois.

Dans ces tems reculés, où les connoiſſances humaines commençoient à s'augmenter, les prêtres ou mages de l'Égypte en étoient, pour ainſi dire, les dépoſitaires univerſels. Le Commerce ayant ouvert des communications entre les peuples de l'Orient, on venoit de toutes parts s'inſtruire en Égypte. Ce motif y attira pluſieurs Philoſophes Grecs, entre autres, Thalès de Milet & Pythagore de Samos.
An. av. J. C. 590. De retour en Grèce, Thalès y répandit les principes de la Géométrie,
An. av. J. C. 540. de la Phyſique & de l'Aſtronomie. Pythagore eut l'ambition des Conquérans : jaloux d'étendre l'empire des Sciences, il alla fonder en Italie une Ecole qui acquit en peu de temps une telle célébrité qu'il comptoit des princes & des légiſlateurs parmi ſes diſciples.

An av. J. C. 320. L'Ecole d'Alexandrie, preſque toute compoſée de Mathématiciens Grecs, entretint, pendant plus de dix ſiècles, le goût & l'étude des Sciences dans leur pays. Cet établiſſement fut l'ouvrage de Ptolomée-Lagus, qui, dans le démembrement des États conquis par Alexandre, avoit eu le Royaume d'Égypte en partage. Ses Succeſſeurs fondèrent, à cet exemple, une immenſe bibliothèque, où l'on raſſembloit, à grands frais, tous les livres que l'on pouvoit ſe procurer.

La haute idée qu'on ſe fait ordinairement des Romains, préoccupe l'imagination à tel point, qu'on ne peut ſonger, ſans étonnement, à leur médiocrité dans les Mathématiques. Rivaux & quelquefois vainqueurs des Grecs dans l'éloquence, la poéſie & l'hiſtoire, ils n'en ſont ici que les diſciples ou les commentateurs. Le talent de parler & de remuer l'imagination, menoit, chez eux, à la gloire & aux dignités : ils eſtimoient peu les connoiſſances abſtraites & ſpéculatives, que le génie cultive en ſilence, & qui ne ſont pas deſtinées à exciter les applaudiſſemens de la multitude.

Une ſurpriſe d'un genre oppoſé, eſt de voir les Arabes & les Perſans, cent cinquante ans après Mahomet, ſe livrer aux Lettres, aux Sciences, & produire en particulier de très-grands Aſtronomes. Je joins enſemble ces deux peuples, parce qu'en effet, quand ils commencèrent à ſe policer, ils étoient ſoumis à la même religion & aux mêmes Souverains.

Enfin, à la renaiſſance des lettres & des arts en Europe, au tems des Médicis, les Mathématiques prennent, à leur tour, un mouvement rapide; & les progrès qu'elles ont faits depuis cette époque jusqu'à nos jours, forment pour elles comme un nouvel âge : nous ne pouvons pas en prédire la durée; mais quelques révolutions que les Sciences puissent éprouver, il sera toujours regardé comme le plus brillant de tous, par l'importance des découvertes qui s'y sont faites, & sur-tout par celle des calculs *différentiel & intégral.*

M. de Montucla a écrit l'histoire des Mathématiques depuis leur origine, jusqu'au commencement de ce siècle, avec une sagacité & une profondeur, qui lui assurent l'estime & la reconnoissance de tous les Savans. Il ne s'est pas borné à faire connoître les travaux & la vie des grands hommes dont il parle : il remonte à la source des inventions : il en développe l'esprit & les progrès; il instruit le lecteur, en satisfaisant sa curiosité.

Mon objet est simplement d'indiquer ici les principales découvertes qui se sont faites dans les Mathématiques. Je les rapporte à quatre périodes successives : la première s'étend depuis leur origne jusqu'au tems des Arabes ; la seconde, jusqu'au seizième siècle ; la troisième, jusqu'à la naissance de l'analyse infinitésimale ; la quatrième, jusqu'à nos jours. Je suivrai, le plus qu'il me sera possible, l'ordre historique : évitant de trop morceler les différentes parties du récit, & donnant à chacune d'elles le corps & l'étendue que pourront permettre la nature du sujet, & la succession chronologique des connoissances.

PREMIERE PÉRIODE.

DANS CE TABLEAU, l'Arithmétique se présente en première ligne, par son antiquité & ses usages. Rien n'est plus clair & plus élémentaire, que l'idée de *nombre* : aussi-tôt que l'homme ouvrit les yeux, il put compter ses doigts, les arbres qui l'environnoient, les brebis de ses troupeaux, &c. Ces calculs, si on peut leur donner ce nom, se firent d'abord avec le simple secours de la mémoire : ensuite, pour les faciliter & les étendre davantage, on employa des petites boules enfilées par un cordon, comme les grains d'un chapelet : ces boules représentoient par leur nombre, celui des objets qu'on vouloit compter. L'invention de l'écriture fit faire un nouveau pas à l'Arithmétique : on traçoit sur des tables couvertes de poussière, les caractères qu'on avoit destinés à représenter les nombres; & par-là, on pouvoit exécuter des calculs d'une certaine étendue. ARITHMÉTIQUE.

Toutes les nations, si on excepte les anciens Chinois, & une peuplade obscure dont Aristote fait mention, ont distribué les nombres en périodes, composées chacune de dix unités. Cet usage ne peut guère s'attribuer qu'à celui où l'on est naturellement dans l'enfance, de compter par ses doigts, qui sont au nombre de dix. Les anciens se sont également accordés à représenter les nombres par les lettres de leur alphabet. On distinguoit les différentes périodes de dixaines, par des accens dont on affectoit les lettres numérales, comme chez les Grecs, ou par différentes combinaisons des lettres numérales, comme chez les Romains. Toutes ces notations, & principalement celle des Romains, étoient fort composées & fort incommodes quand il s'agissoit d'exprimer des nombres un peu considérables.

Strabon raconte dans sa *Géographie*, qu'on attribuoit de son tems l'invention de l'arithmétique, comme celle de l'écriture, aux Phéniciens. Cette opinion a pu en effet trouver d'autant plus de facilité à s'établir, que les Phéniciens ayant été les plus anciens commerçans de la terre, ont dû naturellement perfectionner une science dont le commerce fait un usage continuel; mais les premiers principes de l'Arithmétique étoient connus depuis long-tems des Égyptiens.

On lit, dans plusieurs auteurs, que Pythagore avoit poussé fort loin les combinaisons des nombres : ils ajoutent, que son imagination vive & portée à l'esprit de systême, attachoit des vertus mystérieuses à certaines propriétés de ces combinaisons; mais on n'en parle que par conjecture : tout ce qu'il peut avoir écrit sur ce sujet est perdu; le tems n'a respecté que sa table de multiplication.

Comme l'Arithmétique étoit, dans son premier objet, une science bornée, les anciens ne l'ont cultivée en général qu'à cause de ses applications aux autres parties des Mathématiques. Ajoutons que leur maniere de représenter les nombres n'étoit pas avantageuse pour faire des découvertes qui auroient demandé des calculs abstraits & compliqués.

L'Arithmétique ne prit une forme simple & commode qu'entre les mains des Arabes, comme nous le remarquerons plus expressément sous la seconde période.

GÉOMÉTRIE.

On donne différentes origines, plus ou moins vraisemblables, à la Géométrie. La plupart des auteurs la font naître en Egypte. Tel est, par exemple, Hérodote, le premier qui, parmi les anciens, ait écrit l'Histoire en prose : car auparavant on n'écrivoit qu'en vers; tout étoit embelli & dénaturé par les fictions de la poésie. Ecoutons ce qu'il en dit, d'après ce qu'il avoit appris lui-même dans ses voyages à Thèbes & à Memphis (1). *On m'assura que Sésostris avoit partagé l'Egypte entre tous ses sujets, & qu'il*

(1) Hérodote, *liv.* II.

avoit donné à chacun une égale portion de terre en quarré, à la charge d'en payer, par an, un tribut proportionné : si la portion de quelqu'un étoit diminuée par la rivière, il alloit trouver le Roi, & lui exposoit ce qui étoit arrivé dans sa terre ; en même tems le Roi envoyoit sur les lieux & faisoit mesurer l'héritage, afin de savoir de combien il étoit diminué, & de ne faire payer le tribut que selon ce qui étoit resté de terre. Je crois, ajoute Hérodote, *que ce fut de-là que la Géométrie prit naissance, & qu'elle passa chez les Grecs*. Si, comme le supposent plusieurs chronologistes, Sésostris est le même que le roi Sesac, qui fit la guerre à Roboam, fils de Salomon, la naissance de la Géométrie ne précéderoit, suivant Hérodote, que d'environ mille ans l'ère chrétienne. Cette ancienneté n'est pas suffisante, pour rendre raison des progrès qu'il paroît que l'Astronomie avoit déjà faits avant le tems de Sésostris. Car on n'a pu passer de la stérile contemplation des cieux à un corps de connoissances liées & suivies, que par le moyen de l'Arithmétique & de la Géométrie.

Les plus grands progrès de l'ancienne géométrie sont dûs aux Grecs & aux Mathématiciens de l'école d'Alexandrie. Je confonds toujours ensemble les travaux des uns & des autres. Thalès de Milet montra le premier l'usage de la circonférence du cercle pour la mesure des angles. Il détermina la hauteur des pyramides de l'Egypte, par l'étendue de leur ombre, méthode fondée sur la théorie des lignes proportionnelles ou des triangles semblables. Pythagore est regardé comme l'inventeur de la belle propriété qu'a le quarré de l'hypoténuse, dans le triangle rectangle, d'être égal en surface à la somme des quarrés des deux autres côtés. Quelques auteurs ont écrit que dans l'ivresse de la joie que lui causa cette découverte, il sacrifia cent bœufs aux Muses pour les remercier de l'avoir si bien inspiré ; mais on a de la peine à concilier ce fait avec la fortune bornée du Philosophe, & plus encore avec ses idées religieuses sur la transmigration des ames.

Il seroit difficile de faire une énumération un peu exacte des anciens philosophes grecs qui ont accru le domaine de la Géométrie. Contentons-nous d'observer en général qu'ils ont trouvé presque toutes les propositions qui composent ce qu'on appelle encore aujourd'hui les *Elémens* de cette science. Elle fit, en deux siècles, An. av. J. C.
de si grands progrès dans la Grèce, qu'au tems de Platon on jetta 380.
les fondemens de la théorie des sections coniques.

Platon lui-même est regardé comme le premier qui ait remarqué la formation de ces courbes. Quelques Géomètres de son école, tels que Aristée, Eudoxe, Mnechme & son frère Dinostrate, commencèrent à découvrir leurs propriétés. On eut bientôt l'occasion de les appliquer à deux problêmes célèbres dans l'antiquité.

L'un de ces problêmes avoit pour objet la duplication du cube, ou la manière de faire un cube double d'un autre. C'étoit une ancienne tradition dans la Grèce, que les Athéniens ayant irrité Apollon, il avoit envoyé la peste dans leur pays, & que l'Oracle du temple de Délos, consulté sur les moyens de faire cesser ce fléau, avoit répondu : *doublez l'autel d'Apollon*. L'oracle désignoit ainsi un petit autel d'or, de forme cubique, qu'Apollon avoit dans Athènes, & dont sans doute il n'étoit pas content. Le problême est aussitôt proposé à tous les Géomètres de la Grèce. Au tems de Platon, il fut agité avec la plus grande chaleur. On chercha pendant long-tems à le résoudre, sans employer d'autres instrumens que la règle & le compas : car les opérations exécutées de cette manière étoient les seules que l'on regardât alors comme géométriques; mais ce moyen ne réussit point & ne pouvoit réussir. En examinant la question sous toutes les faces, les Géomètres reconnurent que si l'on pouvoit trouver deux moyennes proportionnelles entre le côté du cube donné & le double de ce côté, la première de ces deux lignes seroit le côté du cube cherché. Dès-lors ils dirigèrent leurs méditations vers ce but. Platon détermina les deux moyennes proportionnelles, à la faveur d'un instrument particulier de son invention; mais cette méthode supposoit la description d'une courbe du troisième ordre, & n'avoit pas ce caractère de simplicité, si précieux en géométrie, sur-tout chez les anciens. D'autres Géomètres poposèrent d'autres moyens sujets à de semblables inconvéniens. Enfin, Mnechme trouva que les deux moyennes proportionnelles pouvoient être considérées comme les ordonnées de deux sections coniques, qui étant construites suivant les conditions du problême, se coupoient en deux points propres à le résoudre. La question ainsi réduite, donna la naissance à la célèbre théorie des *lieux géométriques*, dont les anciens & les modernes ont fait tant d'applications. Il ne s'agissoit plus, pour la mettre en pratique, que d'imaginer des instrumens simples & commodes pour tracer les sections coniques, ce qui n'a jamais été difficile. La solution de Mnechme fut bientôt simplifiée : on s'apperçut qu'au lieu d'employer deux sections coniques, on pouvoit se contenter de combiner un cercle avec une seule section conique. Les Géomètres proposèrent encore successivement plusieurs autres courbes pour le même objet : telles que la *conchoïde* de Nicomède, la *cissoïde* de Dioclès, &c.

L'autre problême, que nous avons indiqué, consistoit à diviser un angle en trois parties égales. Après avoir appris de la géométrie élémentaire

élémentaire à couper un angle en deux parties égales, on devoit naturellement chercher à le couper en trois parties, ou même dans un rapport quelconque. On trouva que le problême de la trisection de l'angle dépendoit de principes analogues à ceux de la duplication du cube, & qu'il pouvoit se construire ou par l'intersection de deux sections coniques, ou par l'intersection d'un cercle avec une section conique.

Euclide, géomètre de l'école d'Alexandrie, conçut un projet dont l'exécution a été très-utile au progrès de la science dont il s'occupoit. Il rassembla en un corps d'ouvrage les propositions de géométrie élémentaire, auparavant isolées & éparses dans les écrits des premiers inventeurs; il y en ajouta un grand nombre d'autres, & il forma, de l'ensemble, ses fameux *Elémens*. De quinze livres dont ils sont composés, il n'y en a que onze où l'auteur traite proprement de la Géométrie : les autres contiennent une théorie générale des proportions, & les principaux caractères des nombres, soit commensurables, soit incommensurables. An. av. J. C. 300.

En rendant toute la justice qui est dûe à cet excellent ouvrage, on regrette quelquefois qu'Euclide ait employé trop de définitions & de divisions scholastiques, trop de scrupule à démontrer des choses claires d'elles-mêmes. Il semble que la méthode subtile & pointilleuse des sophistes grecs, avoit cherché à pénétrer dans les sciences exactes. Peut-être faut-il attribuer à cette cause les difficultés que Ptolomée-Philadelphe, Roi d'Egypte, éprouvoit dans l'étude des mathématiques. Rebuté par ces difficultés, il demanda un jour à Euclide s'il ne pouvoit pas les applanir en sa faveur. Le philosophe répondit ingénument : *non, prince, il n'y a point de chemin particulier pour les rois.*

Les propriétés du cercle forment une partie considérable de la géométrie élémentaire. Quand on sut quarrer les figures rectilignes, on chercha aussi à quarrer le cercle, que l'on peut regarder comme un polygone régulier d'une infinité de côtés : on reconnut bientôt que la surface de cette courbe est égale à la moitié du produit de la circonférence par le rayon; & qu'ainsi, pour la transformer en un quarré, il falloit commencer par déterminer le rapport de la circonférence au rayon ou au diamètre. Le géomètre Dinostrate avoit imaginé une courbe qui auroit donné la solution de ce problême, si on eût pu la construire d'une manière certaine & sans tâtonnement : on l'a nommée, par cette raison, la *quadratrice*; mais elle est du nombre des courbes *méchaniques*, & ne fournit réellement aucun secours pour l'objet qu'elle regardoit. Il est démontré, dans les élémens d'Euclide, que les circonférences de deux cercles sont comme les

diamètres, & que leurs surfaces sont comme les quarrés des diamètres; mais l'auteur n'enseigne point à comparer la circonférence avec le
An. av. J. C. 250. diamètre. Archimède, le plus grand Géomètre de l'antiquité, & postérieur d'environ un demi-siècle à Euclide, découvrit le rapport de ces deux lignes, sinon rigoureusement, au moins d'une manière approchée & renfermée entre des limites connues : la méthode qu'il y employa est le premier exemple d'un problême résolu par approximation : exemple si utile & si souvent imité. En inscrivant & circonscrivant au cercle une suite de polygones réguliers, dont le nombre des côtés alloit en progression double, & poussant le nombre des termes de cette progression jusqu'à quatre-vingt-seize, il fit voir que si l'on représente le diamètre par 7, la circonférence est représentée par un nombre de très-peu de chose moindre que 22. La quadrature exacte & rigoureuse du cercle est encore aujourd'hui l'écueil des Géomètres, ou plutôt de ceux qui sont presque étrangers à la géométrie; car lorsque l'on connoît le vrai point de la difficulté, on n'est guères tenté de s'occuper de cette recherche.

Sans citer en détail les nombreuses découvertes géométriques d'Archimède, je dirai seulement que les plus importantes sont la proportion de la sphère avec le cylindre circonscrit, la quadrature de la parabole, la construction de la spirale & la manière d'en mener les tangentes. Il attachoit le plus grand prix à la première: car il ordonna que l'on plaçât, sur son tombeau, une sphère inscrite dans un cylindre, avec les nombres qui expriment les rapports de de ces deux solides.

An. av. J. C. 200. La théorie des sections coniques, quoique déjà avancée au tems d'Euclide, n'entroit pas dans le plan de son ouvrage. Un autre Géomètre de l'école d'Alexandrie, Appollonius, né à Pergée en Pamphilie, fit, de cette théorie, la matière d'un savant traité. Il y développe toutes les propriétés des sections coniques par rapport à leurs axes, à leurs diamètres & à leurs tangentes. Il démontre ces Théorèmes, aujourd'hui si connus & alors si remarquables, que dans *l'ellipse* ou *l'hyperbole, le parallélogramme fait autour de deux diamètres conjugués est égal au rectangle fait autour des deux axes*; & que *la somme* ou *la différence des quarrés de deux diamètres conjugués est égale à la somme* ou *à la différence des quarrés des deux axes*. Il résout plusieurs questions concernant les plus grandes ou les plus petites lignes qu'on peut mener de certains points aux circonférences des sections coniques, &c. Cet ouvrage porte par-tout l'empreinte d'un génie inventeur; aussi fit-il donner à l'auteur, de son vivant même, le surnom de *Grand Géomètre*.

Appollonius étoit en effet ſupérieur à tous ſes contemporains : s'il n'enlève pas à Archimède la première place parmi les anciens Géomètres, la ſeconde lui eſt du moins aſſurée.

Dans les fréquentes applications que les anciens faiſoient de la géométrie à la pratique, ils ſentirent bientôt le beſoin, & ils cherchèrent les moyens de connoître un triangle, par la relation de ſes côtés & de ſes angles ; ce qui eſt l'objet de la trigonométrie rectiligne : auſſi cette branche de la géométrie pratique eſt-elle fort ancienne. Comme elle eſt principalement utile à l'aſtronomie, elle doit ſes progrès à des Géomètres qui faiſoient une étude particulière de cette ſcience.

Le Traité des *Sphériques* de Théodoſe eſt un morceau précieux de l'ancienne Géométrie. L'Auteur examine en général, dans cet ouvrage, les propriétés qu'ont les uns, par rapport aux autres, les cercles que l'on forme en coupant une ſphère par des plans quelconques. La plupart des propoſitions qu'il donne, paroiſſent aujourd'hui évidentes au premier coup-d'œil ; mais elles n'en devoient pas moins trouver place dans un Livre Élémentaire ; & d'ailleurs on ſait que les anciens Geomètres s'attachoient à tout démontrer dans la plus grande rigueur. Cet ouvrage a été, dans ſon tems, une excellente introduction à la *Trigonométrie Sphérique*. An. av. J. C. 60.

Sur la fin du quatrième ſiècle, depuis l'ère chrétienne, Pappus d'Alexandrie donna ſes collections mathématiques : ouvrage recommandable par le ſavoir qui y règne, & par l'analyſe qu'on y trouve d'un grand nombre de traités qui ſont perdus aujourd'hui. Il nous repréſente à-peu-près l'état de l'ancienne Géométrie. On trouve dans la Préface, l'énoncé d'un fameux Théorême que le Père Guldin, Jéſuite, a inventé depuis, avant que cet endroit de la Préface de Pappus fût imprimé. Ce Théorême porte, que *les figures ou les ſolides produits par la circonvolution d'une ligne ou d'une ſurface, ſont en raiſon compoſée de la ligne ou ſurface génératrice, & des circonférences décrites par leurs centres de gravité.* An. de J. C. 400.

L'ancienne Géométrie a auſſi quelques obligations à Proclus, Chef de l'Ecole Platonicienne, établie à Athènes. Il encouragea les Savans par ſon exemple & par ſes inſtructions ; il a laiſſé ſur le premier Livre d'Euclide, un commentaire qui contient pluſieurs obſervations utiles, concernant l'hiſtoire & la métaphyſique de la Géométrie. Il eut pour ſucceſſeur, dans ſon École, *Marinus*, Auteur d'une introduction aux *données* d'Euclide. Viennent enſuite *Iſidore de Milet* & *Anthémius*, tous deux habiles Géomètres & Méchaniciens : *Eutocius*, Commentateur d'Archimède ; *Dioclès*, An. de J. C. 450.

inventeur de la Cissoïde, &c. Je ne m'étends pas sur des fragmens qui ne présentent aucune découverte remarquable.

ASTRONOMIE. De tout tems, le spectacle des Cieux & du mouvement des corps semés dans cette immense étendue, ont attiré les regards des hommes; mais, comme nous l'avons déjà observé, l'Astronomie ne commença à devenir une véritable science, que lorsque l'on y appliqua l'Arithmétique & la Géometrie : elle ne peut donc être mise qu'au troisième rang pour l'ancienneté.

Les premiers hommes régloient les tems sur les mouvemens du soleil & de la lune. On s'étoit d'abord apperçu que dans le mouvement journalier qui paroît emporter tous les astres d'orient en occident, le soleil & la lune changeoient continuellement de place par rapport aux étoiles, tandis que celles-ci demeuroient toujours aux mêmes distances respectives les unes des autres. On avoit remarqué aussi que le soleil & la lune partant d'un point du Ciel, y revenoient après avoir achevé une révolution entière d'occident en orient; que ces mouvemens étoient d'ailleurs inégaux entr'eux, & que la lune faisoit un peu plus de douze tours, pendant que le soleil n'en faisoit qu'un seul. Dès-lors on divisa l'année, ou le tems de la révolution solaire, en douze mois, qui comprenoient chacun une révolution lunaire, à-peu-près.

Si l'on s'en rapporte à ce que dit Joseph, dans *ses antiquités Judaïques*, les Patriarches devoient être fort versés dans l'Astronomie; car ils avoient reconnu, selon lui, que le soleil & la lune étant supposés répondre au même endroit du Ciel, pour une certaine époque, devoient y répondre de nouveau après un espace de six cens ans. D'un autre côté, on lit dans l'*Almageste* (1) de Ptolomée, que ceux qu'on appelloit les anciens Astronomes dès le temps d'Hyparque, ayant trouvé par une longue suite d'observations d'éclipses lunaires, que le mouvement de la lune étoit inégal tant en longitude qu'en latitude, & que l'apogée & le périgée parcouroient successivement tous les signes du zodiaque, avoient cherché à comprendre tous ces mouvemens dans des périodes formées d'un nombre égal de mois inégaux; que Hyparque rectifia ces périodes sur les anciennes observations les plus exactes, & qu'enfin il parvint à faire tomber, sous des époques fixes & déterminées, les mouvemens du soleil & de la lune, le mouvement de l'apogée & du périgée, & la succession des éclipses lunaires en nombre égal. On

(1) Mot dérivé de l'arabe, qui veut dire *grande composition*.

voit que ces témoignages font remonter bien haut l'antiquité de l'Astronomie; mais il faut avouer que la période, citée par Joseph, & même celle que Ptolomée attribue à Hyparque, paroissent appuyées sur des fondemens peu solides. Elles supposent, dans des tems obscurs, un trop grand nombre d'observations, & d'observations très-exactes : aussi la plupart des Astronomes les regardent-ils l'une & l'autre comme controuvées.

Je ne me perdrai pas dans ces savantes ténèbres : la gloire de les percer appartient au célèbre Historien de l'Astronomie; je me borne aux faits les plus avérés & les plus remarquables.

On s'accorde assez généralement à regarder les Chaldéens, & bientôt après les Égyptiens, comme les premiers inventeurs de l'Astronomie. Des Auteurs modernes revendiquent cette gloire aux Chinois, parce que les anciens écrivains de la Chine parlent de deux phénomènes Astronomiques, qu'on prétend en conséquence y avoir été observés : le premier est une conjonction de cinq planètes, qu'on place entre les années 2513 & 2437; le second, une éclipse de soleil, arrivée en 2155. Je compte les années, en remontant depuis l'ère chrétienne. Examinons brièvement la force de ces preuves.

Le calcul Astronomique démontre qu'il n'y a point eu de conjonction de cinq planètes, dans l'intervalle de tems indiqué. M. Kirc, célèbre Astronome, a trouvé, à la vérité (1), que l'an 2449, le 28 Février, Saturne, Jupiter, Mars & Mercure, s'étoient rencontrés d'un même côté du Ciel, entre le XI.me & le XVIII.me degré des poissons; qu'en même tems, le soleil & la lune étoient en conjonction, vers le XVIII.me degré du verseau, & que Vénus étoit vers le XV.me degré du Capricorne : mais ce phénomène ne peut pas être pris pour une conjonction de cinq planètes, sans donner à ce mot un sens forcé & arbitraire; on aimera mieux sans doute penser que les anciens Auteurs Chinois ont parlé au hasard d'une conjonction de cinq planètes, & non d'après des observations. Quant à l'éclipse de l'an 2155, les Missionnaires Mathématiciens ont trouvé que les Chinois ne l'avoient pas observée, mais qu'ils l'avoient calculée long-tems après.

Selon M. de Mairan & M. de Guignes, la plupart des loix & des usages, le genre d'écriture, les arts & les sciences des Chinois, sont dûs à une Colonie d'Égypte, qui arriva chez eux quinze ou seize cens ans avant l'ère chrétienne (2).

---

(1) *Miscellanea Berolinensia*, tome III, pag. 165.
(2) Lettres de M. de Mairan & du P. Parennin.

Tandis que les Savans perfectionnoient l'Astronomie, le besoin ou la cupidité la faisoit servir à l'extension du commerce. Les Phéniciens, aussi entreprenants qu'industrieux, commencèrent à employer les observations célestes pour se conduire dans leurs voyages, & ils en surent retirer un tel secours, qu'il portèrent le commerce dans des pays très-éloignés, se rendirent les maîtres de la mer, passèrent le détroit de Gibraltar, & fondèrent plusieurs Colonies sur les côtes de la méditerranée & de l'océan (1).

Thalès apporta de l'Egypte & de la Phénicie, dans la Grèce, la science des Astres. Il fit connoître à ses compatriotes la théorie des mouvemens du soleil & de la lune; il leur expliqua les raisons de l'inégalité des jours & des nuits; il leur apprit l'art de prédire les éclipses du soleil & de la lune, & lui-même mit cet art en pratique sur une éclipse qui arriva peu de tems après. La renommée de son savoir & des choses extraordinaires qu'il enseignoit, lui attira un grand nombre de disciples, qui contribuèrent, à leur tour, à perpétuer & à étendre la même doctrine. Un des plus illustres élèves de Thalès, fut le philosophe Anaximandre, à qui l'on doit l'idée de représenter le ciel étoilé sur la surface d'un globe. On lui attribue aussi le premier usage du gnomon; on prétend qu'il s'en servit à Lacédémone pour déterminer l'obliquité de l'écliptique, les solstices & les équinoxes.

L'école que Pythagore avoit fondée en Italie, s'adonna principalement à l'étude des mouvemens célestes. On rapporte que ce Philosophe & ses premiers disciples voyant que les étoiles changeoient de hauteur par rapport à un voyageur qui change sensiblement de place sur la surface de la terre, en conclurent que cette surface n'étoit pas un simple plan, comme on est d'abord porté à le croire, mais qu'elle étoit courbe, & formoit l'enveloppe d'une sphère. Pythagore eut une autre idée, tout aussi vraie & encore plus singulière pour ce tems-là : il jugea que le soleil étoit immobile au centre de notre monde, & que la terre tournoit autour de cet astre. Mais, comme cette idée choquoit ouvertement le témoignage des yeux & les préjugés vulgaires, il se contentoit de l'enseigner en secret à ses disciples, soit que ne pouvant l'établir sur un nombre suffisant d'observations, il ne la regardât que comme une simple conjecture, soit qu'il craignît, en la mettant au grand jour, de s'exposer à la dérision publique, ou peut-être aux persécutions de l'ignorance & du fanatisme : car ces deux ennemis de

(1) M. Cassini, origine & progrès de l'Astronomie, *anc. Mémoires de l'Académie*, tom. VIII.

la raiſon ont exercé leur deſpotiſme dans tous les ſiècles. Il n'eſt pas beſoin de deſcendre aux tems modernes pour en trouver d'inſignes exemples : on ſait que le philoſophe Anaxagore fut accuſé d'impiété, & condamné au banniſſement, pour avoir dit que le ſoleil étoit une maſſe de matière enflammée : quelques auteurs ajoutent qu'il n'échappa au ſupplice que par le crédit de Periclès, ſon diſciple & ſon ami.

Dès les premiers tems de l'Aſtronomie, on avoit cherché à diſtinguer les parties du ciel, en diſtribuant les étoiles par grouppes ou *conſtellations*. La connoiſſance de la petite ourſe, où ſe trouve l'étoile polaire, eſt de toute ancienneté. C'étoit par elle que les Phéniciens dirigeoient leurs courſes. Les Grecs étendirent & perfectionnèrent la diviſion du ciel étoilé, tantôt en augmentant le nombre des conſtellations, tantôt en leur donnant des noms qui ſervoient à les reconnoître facilement. Ces noms étoient tirés de la mythologie, ou de la reſſemblance, réelle ou ſuppoſée, des conſtellations avec certains animaux. Une imagination brillante & ingénieuſe égayoit l'auſtérité & la ſéchereſſe du ſujet. Par exemple, les Pléyades que l'on nomme ainſi, à cauſe de leur multitude, étoient les filles d'Atlas & de la nymphe Pléyone : elles ſont accompagnées de la conſtellation d'Orion, brillante par ſa grandeur & ſa lumière : de-là, on feignit qu'Orion étoit un géant qui pourſuivoit les Pléyades, & qui vouloit attenter à leur honneur. Tout le Ciel des Grecs étoit plein d'alluſions à des événemens fabuleux ou hiſtoriques.

On a beaucoup diſputé entre les Savans, ſur l'origine & la diviſion du zodiaque. L'opinion la plus accréditée, eſt que les Grecs ont établi l'ordre & la nomenclature des conſtellations dont il eſt compoſé, vers le tems de Thalès.

Les cinq planètes, Saturne, Jupiter, Mars, Vénus & Mercure, ont été connues diſtinctivement, à-peu-près vers le même tems ; mais on n'a commencé à les obſerver avec une certaine préciſion, qu'environ 300 ans avant Jeſus-Chriſt. Les anciens avoient auſſi remarqué pluſieurs comètes ; mais comme elles ne faiſoient que de courtes apparitions, & que ſouvent elles étoient accompagnées de ces longues *queues*, ou traînées de lumière, qui épouvantoient les yeux & l'imagination, on ne les regardoit pas comme des aſtres, mais comme de ſimples météores, ſignes de la colère céleſte, ou précurſeurs de quelque grand événement. L'Aſtronomie des comètes eſt une ſcience toute moderne. Séneque a eu cependant le mérite de ſentir qu'elles pouvoient être des corps ſolides, ſemblables aux planètes, & qu'un jour on parviendroit à connoître leurs mouvemens.

Les premiers Astronomes Grecs cherchèrent avec ardeur, à découvrir le rapport qui existe entre les mouvemens du soleil & de la lune. C'étoit en effet un problême de la plus grande importance. La division du tems, par les révolutions lunaires, étoit fort commode pour régler les affaires civiles & religieuses; mais elle n'avoit pas le même avantage pour l'ordre des saisons, qui dépend du cours du soleil, & auquel il falloit assujettir les semailles, premier besoin de la société.

An. av. J. C. 433. Meton & Euctémon, Astronomes Athéniens, conçurent, d'après les observations, l'idée d'enfermer le mouvement du soleil & de la lune dans une période ou cycle de 19 ans, dont douze étoient composés de douze lunaisons, & les sept autres, de treize lunaisons, ce qui formoit en tout deux cens trente-cinq lunaisons. Cette découverte, qui parut alors réunir la simplicité à la plus grande exactitude, eût un tel succès & un tel éclat dans la Grèce, qu'on fit graver en lettres d'or sur des tables d'airain, l'ordre de la période, d'où lui est venu le nom de *nombre d'or*. Cependant elle avoit réellement le défaut d'anticiper d'environ dix heures sur les révolutions solaires, & d'environ sept heures & demie sur les révolutions lunaires; ce qui produisit au bout de trois ou quatre cycles, une erreur sensible pour le tems de la pleine lune. Callipe, qui vivoit environ cent ans après Meton, essaya de corriger ce défaut, en formant un nouveau cycle de soixante-seize ans, dont il retranchoit un jour au bout de ce tems; ainsi, cette période étoit composée de quatre cycles Metoniens, dont trois comprenoient 6940 jours, & le quatrième, seulement 6939 jours. Quoique plus exacte que celle de Meton, elle anticipoit néanmoins encore de quelque chose, sur les mouvemens du soleil & de la lune; elle fut perfectionnée par d'autres Astronomes: mais faute de connoître, avec une précision suffisante, les mouvemens du soleil & de la lune, les anciens n'ont jamais pu former qu'un calendrier assez imparfait.

A l'exemple des Phéniciens, plusieurs autres peuples entreprirent des navigations & des voyages dans les pays éloignés. C'est ainsi que les Grecs, instruits par leurs Astronomes, avoient osé depuis long-tems se commettre en mer, & qu'ils avoient fondé, loin de chez eux, plusieurs célèbres colonies: comme celles de Marseille, de Tarente, de Sicile, *&c.*

En favorisant le commerce, l'Astronomie en retiroit, à son tour, l'avantage de se répandre de tous côtés. Nous avons le plaisir de compter nos pères, les anciens Gaulois, au nombre des peuples qui ont eu cette Science en vénération. Jules-César dit, dans ses *Commentaires*, que les Druides, parmi les instructions qu'ils donnoient

à la

à la jeunesse, lui enseignoient particulièrement ce qui regarde le mouvement des astres, & la grandeur du ciel & de la terre, c'est-à-dire, l'Astronomie & la Géographie. Si les Gaulois n'ont pas laissé d'observations, ou si le tems les a détruites, nous savons du moins qu'ils étoient très-versés dans la navigation; car, suivant M. Cassini (1), ils avoient fondé des colonies sur les côtes d'Espagne, sur le Pont-Euxin & en plusieurs autres endroits.

Un célèbre Astronome, natif de Marseille, Pytheas, y observa la hauteur méridienne du soleil au tems des solstices, par le moyen du gnomon. L'objet de cette observation étoit simplement de déterminer la latitude de Marseille : quelques Astronomes modernes ont voulu la faire servir à prouver une diminution dans l'obliquité de l'écliptique. An. av. J. C. 380.

Pytheas poussa ses voyages fort loin vers le pole arctique, par l'océan occidental. A mesure qu'il avançoit vers le nord, il remarquoit un progrès dans les diminutions des nuits au solstice d'été. Etant parvenu à une île, qu'il appella l'île de *Thulé*, il vit que le soleil se levoit presqu'aussi-tôt qu'il étoit couché; ce qui arrive dans l'Islande & dans les parties septentrionales de la Norvège : d'où l'on a conclu que Pytheas avoit pénétré dans ces pays. Les anciens, qui les regardoient comme inhabitables, traitèrent de fabuleuses les relations de Pytheas; mais les navigateurs modernes ont justifié ce Philosophe, & lui ont assuré la gloire d'avoir découvert des régions auparavant inconnues, & d'avoir distingué les climats par la différente longueur des jours & des nuits.

Le goût d'Alexandre pour les Sciences, & sur-tout l'envie de faire connoître à la postérité les pays où il avoit porté ses conquêtes, furent très-avantageux à l'Astronomie. Aristote écrivit plusieurs ouvrages par ordre de ce Prince. Dans celui qui a pour titre *de Cœlo*, il prouve la forme sphérique de la terre, par la rondeur de l'ombre qu'elle jette sur la lune dans les éclipses, & par les changemens qui paroissent arriver aux hauteurs des étoiles, à mesure qu'on s'éloigne ou qu'on s'approche des poles. Le livre *de Mundo*, qu'on attribue au même Philosophe, contient une description assez exacte de l'ancien monde, que l'auteur divise en trois parties, l'Europe, l'Asie & l'Afrique. Mais le plus grand service qu'Alexandre rendit aux Sciences, fut de faire mesurer les pays de sa domination avec une exactitude dont il n'y avoit pas encore d'exemple. Il ne voulut pas qu'on se contentât d'établir les distances des lieux sur l'estime des voyageurs, comme on l'avoit toujours pratiqué, mais An. av. J. C. 330.

(1) Origine de l'Astronomie.

qu'on les meſurât chacune en particulier. Il voulut de plus qu'on obſervât la poſition des objets terreſtres à l'égard des parties du ciel. Calliſthène étoit chargé de ce dernier travail. Etant arrivé à Babylone, il y recueillit les obſervations aſtronomiques que les Chaldéens avoient faites, ſuivant quelques Auteurs, pendant l'eſpace de 1903 ans.

Nous ne diſſimulerons pas qu'il n'exiſte aucune preuve que les obſervations des Chaldéens remontent ſi haut, ou du moins que les plus anciennes aient été faites avec aſſez d'exactitude pour en tirer des réſultats certains. L'Aſtronomie chaldéenne ne date d'une manière bien connue, que depuis l'ère de *Nabonaſſar*, premier Roi de Babylone, qui commença à regner l'an 746 avant Jeſus-Chriſt.

Les Sciences continuèrent de s'accroître rapidement chez les Grecs, dans les deux ou trois premiers ſiècles qui ſuivirent la mort d'Alexandre. Les libéralités des nouveaux Rois d'Egypte alloient chercher dans tous les pays du monde les ſavans les plus illuſtres, & les attiroient à Alexandrie. Conon y fit pluſieurs obſervations,
An. av. J. C. 295. qui ne ſont pas arrivées juſqu'à nous. Ariſtille & Tymocharis y déterminèrent la déclinaiſon des étoiles fixes, & rendirent par-là un ſervice eſſentiel à la Géographie & à la Navigation. Le célèbre
An. av. J. C. 276. Eratoſthène fit élever dans le portique du muſée d'Alexandrie, dont il étoit bibliothécaire, ces *Armilles* ſi fameuſes dans l'antiquité, & dont les Aſtronomes d'Alexandrie ſe ſervirent pour faire une immenſe quantité d'obſervations.

Il eſt le premier qui ait entrepris de calculer la circonférence d'un grand cercle de la terre. Ayant obſervé qu'à Syene, dans la haute Egypte, le ſoleil à midi, au ſolſtice d'été, éclairoit un puits dans toute ſa profondeur, & répondoit par conſéquent à ſon zénith, il établit à Alexandrie, qui eſt à-peu-près ſur le même méridien que Syene, un ſegment ſphérique, évidé, portant un ſtyle vertical, dont le ſommet répondoit au centre de courbure du ſegment; & il trouva, avec cet inſtrument, qu'à midi, au ſolſtice d'été, il s'en falloit d'environ 7 degrés $\frac{1}{5}$, que le ſoleil n'atteignît le zénith d'Alexandrie. Ainſi, l'arc compris entre Syene & Alexandrie étoit de cette quantité. D'un autre côté, la diſtance de ces deux villes avoit été trouvée de 5000 ſtades. D'après ces élémens, la circonférence entière d'un grand cercle de la terre devoit être d'environ 250000 ſtades. Si l'on ſuppoſe, avec quelques auteurs modernes, que le ſtade d'Eratoſthène fut de 104 $\frac{13}{100}$ toiſes, cette valeur ſeroit de 11403 lieues, à raiſon de 2282 toiſes par lieue. Selon Pline, la circonférence de la terre eſt de 252000 ſtades romains, ce qui, à raiſon de 95 toiſes par ſtade romain, donneroit 10452 lieues. Les mesures de la terre, prises de notre tems, donnent environ 9000 lieues. Je n'ai pas besoin d'observer que la méthode d'Eratosthène n'étoit pas susceptible d'une grande précision, & que les résultats des modernes méritent la préférence.

Hyparque, né dans la ville de Nicée, en Bithinie, tient, parmi les anciens Astronomes, à-peu-près le même rang qu'Archimède parmi les Géomètres. Il commença par observer à Rhodes, & ensuite il vint se fixer à Alexandrie. Un de ses premiers travaux fut de rectifier la longueur de l'année qu'on supposoit, avant lui, de 365 jours 6 heures. Il la diminua d'environ 5 minutes; diminution qui n'étoit pas suffisante, car on sait aujourd'hui que la longueur de l'année est d'environ 365 jours 5 heures 49 minutes; mais Hyparque, avec les données dont il étoit obligé de se servir, ne pouvoit pas approcher davantage de la vérité : il a du moins fourni aux modernes, un moyen de perfectionner cet élément essentiel de l'Astronomie. An. av. J. C. 140.

Ses recherches sur le mouvement du soleil le menèrent à une autre connoissance très-importante. Il trouva que cet astre employoit près de 9 jours de plus à parcourir la partie septentrionale de son orbite que la partie méridionale; d'où il conclut que la terre n'étoit pas placée au centre de l'orbite solaire; il détermina l'excentricité de cette orbite & la position de la ligne des apsides, d'une manière fort approchante de la vérité. Il fit une remarque semblable sur l'orbite lunaire. Il réduisit les mouvemens du soleil & de la lune en *tables*, les premières que l'on connoisse en ce genre. Son projet étoit de dresser aussi des tables pour les mouvemens des cinq autres planètes; mais, ne trouvant pas des bases suffisamment exactes dans les observations connues de son tems, il abandonna ce travail.

Il fit encore une découverte, capable seule de l'immortaliser. Par la comparaison de ses observations avec celles d'Aristille & de Thymocharis, il reconnut que les étoiles avoient un mouvement lent qui sembloit les emporter d'occident en orient, d'environ un degré en 70 ans; de sorte que les points équinoxiaux devoient faire, dans le sens opposé, une révolution entière en 25200 ans. Suivant les déterminations modernes, la précession moyenne des équinoxes est de 50 secondes par an, ce qui répond à un degré en 72 ans.

Cet Astronome infatigable entreprit, à l'occasion d'une nouvelle étoile qui parut de son tems, un des plus grands ouvrages que les hommes aient jamais tenté : c'étoit le dénombrement & la configuration de toutes les étoiles, pour mettre la postérité en état de reconnoître si le nombre des étoiles étoit fixe, & si elles conservoient toujours entr'elles la même position. Il poussa très-loin ce travail immense. Pline le regarde comme un Dieu, d'avoir osé en former le projet : *ainsi*, s'écrie-t-il, *Hyparque a laissé le ciel en héritage à ceux qui se trouveront dignes de le posséder!*

La parallaxe du soleil, d'où dépend la mesure de la distance où nous sommes de cet astre, n'a été connue que très-imparfaitement des anciens Astronomes. Hyparque essaya de la déterminer : il y employoit les éclipses de lune, & d'autres élémens dont il auroit fallu connoître la quantité avec une grande exactitude. Ne soyons donc pas surpris, si, dans une question aussi délicate, les résultats de ses calculs sont éloignés d'une précision, à laquelle les modernes, aidés des meilleurs instrumens, ne sont arrivés que très-tard.

Les bornes de ce discours me forcent de passer sous silence d'autres ouvrages d'Hyparque, tels que ses recherches sur le Calendrier & sur le Calcul trigonométrique.

Il fut suivi de plusieurs Astronomes, qui, sans égaler son génie & son savoir, travaillèrent utilement pour affermir les fondemens de la Science, & même pour l'avancer. Les uns firent de nouvelles observations sur la position des étoiles; les autres perfectionnèrent la théorie des planètes. Plusieurs écrivirent sur les différentes branches de l'Astronomie.

n. av. J. C. 60. On cite avec éloge, dans ce nombre, le philosophe Posidonius, ce fameux Stoïcien, qui, dans une visite que Pompée lui rendit à Rhodes pour écouter l'une de ses leçons, étant saisi d'un violent accès de goutte, laissa échapper involontairement ce cri de la nature, étouffé aussi-tôt par l'orgueil philosophique : *Douleur! tu ne me vaincras point, jamais je n'avouerai que tu sois un mal.*

Jules-César mérite d'être placé parmi les Astronomes, par un savoir réel & par le service qu'il rendit au calendrier romain. Il attira Sosigene d'Alexandrie à Rome, pour travailler conjointement avec lui à la réforme de ce calendrier, qui, depuis Numa Pompilius, son premier auteur, étoit tombé dans une telle confusion, que les mois d'hiver répondoient à l'automne, ceux du printems à l'hiver, *&c.* Ils fixèrent la durée de l'année à 365 jours 6 heures; &, après avoir supposé que l'année 708 de Rome seroit de 14 mois pour rétablir l'ordre des saisons, ils réglèrent qu'à l'avenir il y auroit alternativement trois années de 365 jours, & une de 366 jours par l'intercalation d'un jour entre le 6 & le 7 des calendes de mars, ou en comptant deux jours pour un aux calendes, ce qui fit donner le nom de *bissextiles* à ces sortes d'années. Ce nouveau calendrier avoit encore lui-même plusieurs défauts, que les Astronomes modernes ont cherché à corriger.

Sous le règne de Néron, fleurissoit Menelaüs, qui fut tout-à-la-fois un grand Géomètre & un grand Astronome. Il avoit écrit un Traité *des Cordes*, qui est perdu; mais on a son Traité *des triangles sphériques* : ouvrage fort savant, où l'Auteur explique la formation de ces triangles, & la méthode *trigonométrique* pour les résoudre dans le plus grand nombre des cas nécessaires à la pratique de l'ancienne Astronomie. An. de J. C. 55.

Nous arrivons à Ptolomée, homme d'un savoir immense. Les uns le font naître à Peluse; les autres à Ptolemaïs; il vint de bonne heure à Alexandrie, & il y exécuta ses travaux. La postérité lui doit de la reconnoissance, pour nous avoir transmis, dans son Almageste, toutes les anciennes observations d'où dépendoit la théorie du mouvement des planètes. Ses prédécesseurs s'étoient appliqués à déterminer l'arrangement de notre monde planétaire. On avoit sur-tout cherché à connoître la place que la terre tient dans l'univers, si elle en occupe le centre, comme on est porté à le croire sur les apparences, ou si elle roule dans les espaces célestes, comme Pythagore l'avoit pensé. Après plusieurs contestations, on s'étoit accordé presque unanimement à regarder la terre comme immobile au centre du monde, & à faire circuler autour d'elle, en cet ordre, Mercure, Vénus, le Soleil, Mars, Jupiter & Saturne. Ptolomée adopta ce systême, &, par l'autorité qu'il avoit en Astronomie, le fit recevoir & passer à la postérité sous le nom de *Systême de Ptolomée* : autorité malheureusement trop imposante en cette rencontre, puisqu'elle a servi à repousser, pendant plusieurs siècles, les raisons qui démontroient le vice de cet arrangement. An. de J. C. 135.

Ptolomée confirma la Théorie d'Hyparque sur les mouvemens du soleil & de la lune. Il détermina, par de nouvelles observations, les excentricités des orbites de ces deux astres; il remarqua de plus, dans le mouvement de la lune, une autre inégalité, celle qui dépend des différentes positions de cette planète par rapport au soleil, & qui semble, pour ainsi dire, dilater & contracter alternativement l'orbite lunaire.

Il fut moins heureux, lorsque, jugeant qu'Hyparque avoit attribué une trop grande vîtesse à la rétrogradation des points équinoxiaux, il réduisit ce mouvement à un degré en cent ans; car cette hypothèse s'éloigne beaucoup plus, par défaut, du résultat des Astronomes modernes, que celle d'Hyparque ne s'en éloigne par excès.

Les planètes présentent, dans leurs courses, plusieurs aspects à la terre. Tantôt elles marchent dans le même sens que nous: tantôt elles paroissent s'arrêter, & ensuite rétrograder. Ptolomée tâche d'expliquer tous ces mouvemens par une multitude de cercles concentriques ou excentriques, emboîtés les uns dans les autres, & formant une telle confusion, qu'Alphonse X, Roi de Léon & de Castille, surnommé l'Astronome, persuadé de la vérité de ce systême, qu'il avoit peine à comprendre, ne put s'empêcher de dire un jour : *si Dieu m'avoit appellé à son conseil dans le tems de la création, je lui aurois donné de bons avis sur le mouvement des astres* : mot plaisant que les observations modernes ont absous d'impiété, & ont tourné contre le systême qui l'avoit arraché à l'impatience.

Il y a encore un grand ouvrage de Ptolomée, sa *Géographie*, où l'on trouve l'exécution du projet qu'Hyparque avoit donné de fixer la position des lieux terrestres par la *latitude* & la *longitude*. Cette idée heureuse, adoptée aujourd'hui généralement, lie la Géographie avec les observations célestes, & en forme une véritable Science. Ptolomée a donné aussi la première Théorie des projections que l'on emploie dans la construction des cartes géographiques. S'il a commis d'ailleurs plusieurs fautes sur la situation des villes & des pays dont il parle, il faut se souvenir que la perfection de la Géographie est l'ouvrage du tems; que, dans celui où Ptolomée a vécu, on ne connoissoit qu'une petite partie de l'ancien continent; & qu'aujourd'hui même où l'Astronomie est incomparablement plus répandue, il reste de l'incertitude sur la position d'une infinité de lieux dans les deux hémisphères.

An. de J. C. 400. De Ptolomée jusqu'aux Arabes, on ne compte, parmi les Grecs, aucun Astronome d'un certain ordre, si ce n'est peut-être Théon d'Alexandrie, qui vivoit sur la fin du quatrième siècle, & dont il nous reste un commentaire sur l'Almageste de Ptolomée. On connoît la beauté, le savoir & la fin tragique de sa fille Hypathia.

ACOUSTIQUE.

La quatrième partie des Mathématiques, pour le rang d'ancienneté, est l'Acoustique : non pas la Théorie générale des sons (car cette science appartient aux modernes), mais la *Musique*, qui en est une branche principale, & qui considère les sons dans leurs rapports avec d'autres sons.

On sait que le son est produit, en général, par les ébranlemens communiqués à un corps élastique, & transmis par ce corps à l'air environnant qui les apporte à l'oreille. Ainsi, par exemple, on entend un son, quand on frappe une cloche avec un marteau, quand on pince une corde de violon, quand on souffle dans un tuyau de flûte, *&c.* Le son a d'autant plus de plénitude ou de force, que le corps sonore est plus dur, plus élastique, & qu'il est plus violemment agité.

Lorſque les vibrations d'un corps ſonore ſe ſuccèdent inégalement & ſans aucun ordre, il en réſulte une ſuite de ſons irréguliers ou un ſimple bruit qui ne peut être l'objet d'aucune théorie. Les ſons que la muſique combine doivent ſe ſuivre par des intervalles égaux, & leur enſemble forme une harmonie qui flatte l'oreille. Il n'importe pas, quant aux rapports qu'ils ont entre eux, que les coups, dont l'oreille eſt frappée, ſoient forts ou foibles : la ſeule différence qui provient de cette inégalité, eſt que chaque ſon individuel a plus ou moins d'intenſité, ſans changer d'ailleurs de nature.

Les ſons graves & les ſons aigus ſe diſtinguent les uns des autres, par le nombre des vibrations du corps ſonore, dans un tems donné. Qu'on ait deux cordes de violon également tendues, mais de longueurs inégales, & telles que, dans un tems donné, l'une faſſe deux vibrations pendant que l'autre n'en fait qu'une : le ſon produit par la première ſera à l'octave du ſon produit par la ſeconde. Les huit tons ou notes de la muſique ſont compris dans l'intervalle de ces deux ſons ; ce qui fait dire qu'ils ſont à l'octave l'un de l'autre.

On regarde Pythagore comme celui qui, parmi les anciens, a cherché le premier à déterminer les rapports numériques des ſons muſicaux. Pluſieurs écrivains racontent, que, paſſant un jour devant un attelier de forgerons qui frappoient un morceau de fer ſur une enclume, il entendit avec ſurpriſe des ſons qui s'accordoient aux intervalles de quarte, de quinte & d'octave. En réfléchiſſant ſur la cauſe de ce phénomène, il jugea qu'elle dépendoit du poids des marteaux ; il les fit peſer, & il trouva qu'en rapportant les ſons produits par les marteaux à un même ſon pris pour unité, les poids, qui produiſoient la quarte, la quinte & l'octave en haut, étoient entr'eux comme les fractions $\frac{3}{4}$, $\frac{2}{3}$, $\frac{1}{2}$. De-là, ajoute-t-on, étant de retour chez lui, il voulut vérifier cette première expérience par celle-ci : il attacha horizontalement à un point fixe, une corde qu'il fit paſſer ſur un chevalet, & qu'il chargea de différens poids ; il la mit en vibration, & il trouva que les poids, relatifs à la quarte, à la quinte & à l'octave, étoient entr'eux comme ceux des marteaux. Pour apprécier l'exactitude de ce récit, il faut ſe rappeller qu'en général le nombre des vibrations que fait en un tems donné, une corde de groſſeur uniforme & tendue par un poids, eſt proportionnel à la racine quarrée de ce poids, diviſée par la longueur de la corde. Au moyen de ce Théorême, on voit que les longueurs de trois cordes, de même groſſeur uniforme, qui, tendues par un même poids, donnent la quarte, la quinte & l'octave en haut, ſont entr'elles comme les trois fractions $\frac{3}{4}$, $\frac{2}{3}$, $\frac{1}{2}$; mais que, pour faire rendre la quarte, la quinte & l'octave en haut, à une même corde, en la chargeant de différens poids, il faudroit que ces poids fussent entr'eux comme les nombres $\frac{16}{9}$, $\frac{9}{4}$, $\frac{4}{1}$. Il y a donc erreur, ou dans les rapports que Pythagore a trouvés pour les poids des marteaux, ou dans la manière dont les Historiens exposent ses expériences. On aura cru sans doute que les trois poids différens qui, tendant une même corde, donnent la quarte, la quinte & l'octave, étoient entr'eux comme les longueurs de trois cordes différentes également tendues, qui donnent ces trois mêmes sons, ce qui n'est pas vrai. Mais il est certain que ces premières idées de Pythagore ont été la véritable source de la théorie de la musique. Je n'entrerai pas dans un plus grand détail sur ce sujet, parce que la musique proprement dite n'emprunte que très-peu de secours des mathématiques. Mais je reviendrai, dans la suite, à la théorie géométrique des cordes vibrantes & du mouvement de l'air dans un tuyau : théorie qui est née dans ces derniers tems.

MÉCHANIQUE.

SI L'ANTIQUITÉ de la Méchanique datoit des usages qu'on a faits nécessairement du levier, ou de quelques autres machines simples, aussi-tôt qu'on a voulu construire des cabanes, des instrumens propres au labourage, *&c*, elle remonteroit peut-être plus haut que celle d'aucune autre partie des mathématiques. Mais ces usages n'étoient point fondés sur des principes démontrés. La théorie de la Méchanique n'a commencé à être connue qu'assez tard. Nous voyons, par quelques écrits d'Aristote, que ce Philosophe, & à plus forte raison tous ses prédécesseurs n'avoient que des notions confuses ou même fausses sur la nature de l'équilibre & du mouvement.

Statique.

Archimède est le premier qui ait établi les vrais principes de la Statique. Il trouva la propriété générale du centre de gravité, & il fixa la position de ce point dans le triangle, la parabole, le cone, *&c.* Il fit voir que deux poids en équilibre aux extrémités d'une balance à bras inégaux, étoient réciproquement proportionnels à leurs distances au point d'appui; d'où résultoit toute la théorie du levier. On lui attribue encore la découverte de plusieurs autres machines simples, telles que la poulie, le plan incliné & la vis. On connoît la machine Hydraulique en spirale, qu'on appelle ordinairement *la vis d'Archimède*. L'histoire nous apprend qu'il avoit inventé une multitude de machines composées.

La Méchanique étoit alors tellement au berceau, qu'Archimède jetta dans la plus grande surprise Hieron, Roi de Siracuse, son

parent,

parent, lorsqu'il lui dit qu'avec un levier & un point fixe dans le ciel, il souleveroit le globe de la terre. Cette proposition n'est cependant qu'une suite évidente de l'équilibre du levier, puisqu'en augmentant l'un des bras du levier, & appliquant toujours le même poids à son extrémité, le poids appliqué à l'autre bras qui ne change point, doit augmenter en même rapport que le bras variable.

Si Archimède n'eût été que le premier Géomètre de son siècle, il auroit pu, avec ce grand titre de gloire, vivre & mourir dans l'obscurité : il s'attira la plus haute considération par ses machines. Ainsi juge le vulgaire. Peut-il en effet apprécier les spéculations du génie, & ne doit-il pas réserver son hommage pour celui qui étale à ses sens & à son imagination les effets physiques les plus inouis & les plus imposans? Archimède étoit bien éloigné de penser de même. On verra sans doute avec plaisir ce que Plutarque dit à ce sujet, dans la vie de Marcellus. Après avoir raconté qu'au siège de Siracuse, un Ingénieur romain, nommé *Appius*, faisoit jouer plusieurs grosses machines pour détruire les murs de la ville; il s'exprime ainsi, suivant la traduction d'Amiot : « Archimède ne se soucioit pas de » tout cela, comme aussi n'étoit-ce rien en comparaison des engins » qu'il avoit inventés, non que lui en fît autrement cas ni compte, » ni qu'il les eût faits comme des chefs-d'œuvre pour montrer son » esprit : car c'étoient, pour la plupart, jeux de la Géométrie, » qu'il avoit faits en s'ébattant par manière de passe-tems, à l'instance du Roi Hieron, lequel l'avoit prié de révoquer un peu la » Géométrie de la spéculation des choses intellectuelles à l'action » des corporelles & sensibles, & faire que la raison démonstrative » fût un peu plus évidente & plus facile à comprendre au commun » du peuple, en la mettant par expérience matérielle à l'utilité » publique. » A la suite de ce passage, Plutarque fait l'histoire du long retardement que les machines d'Archimède mirent à la prise de Siracuse : « Et néanmoins, poursuit-il, Archimède a eu le » cœur si haut & l'entendement si profond, & où il y avoit un » trésor caché de tant d'inventions géométriques, qu'il ne daigna » jamais laisser par écrit aucun œuvre de dresser toutes les machines » de ce genre, par lesquelles il acquit lors gloire & renommée, » non de science humaine, mais plutôt de divine sapience : ains » réputant toute cette science d'inventer & composer machines, & » généralement tout art qui apporte quelque utilité à le mettre en » usage, vile, basse, & mercenaire, il employa son esprit & son » étude à écrire seulement choses dont la beauté & la sublimité ne » fût aucunement mêlée de nécessité. Car ce qu'il a écrit sont pro-

» positions géométriques qui ne reçoivent point de comparaisons à
» autres, quelles qu'elles soient, pour ce que le sujet qu'elles traitent
» combat avec la démonstration : leur donnant le sujet, la beauté
» & la grandeur; & la démonstration, la preuve si exquise qu'il n'y
» a que redire, avec une force & facilité merveilleuse : car on ne
» sauroit trouver en toute la Géométrie de plus difficiles ni plus
» profondes matières, écrites en plus simples & plus clairs termes,
» & par plus faciles principes, que sont celles qu'il a inventées. »

Le jugement d'Archimède, sur l'excellence de la Géométrie, doit s'étendre également à la Méchanique rationnelle & théorique; car les vérités qu'elle démontre sont aussi certaines, aussi intellectuelles, & quelquefois aussi profondes que celles de la Géométrie pure. Mais il n'est pas permis de placer sur la même ligne la Méchanique pratique, puisqu'un homme, qui étoit tout-à-la-fois un grand Géomètre & un grand Machiniste, nous le défend d'une manière si positive : cependant elle demande souvent beaucoup d'esprit & d'invention, & assurément un Machiniste du premier ordre l'emporte sur un Géomètre ordinaire.

Les anciens n'ont rien ajouté à la théorie qu'Archimède avoit donnée de la statique; mais ils en ont fait l'application à un grand nombre de machines très-ingénieuses, pour les différens besoins de la société. On admire sur-tout leurs machines militaires.

A l'égard de la Science du mouvement, elle est entièrement dûe aux modernes.

HYDRODYNAMIQUE.

LA MÉCHANIQUE des fluides ne seroit qu'une branche de celle des solides, si l'on pouvoit déterminer la figure, le nombre & les masses des atomes élémentaires qui composent un fluide, & soumettre ensuite aux loix générales de la Méchanique les efforts que ces atomes exercent les uns sur les autres, en vertu de la pesanteur, ou de la pression de quelqu'agent extérieur. Mais cette manière de traiter la question nous est interdite, parce que nous n'avons pas les données nécessaires, & que d'ailleurs la complication de ces données conditionnelles meneroit à des calculs insurmontables aux forces de l'analyse. Ainsi, pour établir les principes de l'Hydrodynamique, on est forcé d'appeller au secours de la Méchanique, la connoissance expérimentale de quelque propriété primitive des fluides, d'où l'on puisse déduire ensuite toutes les autres. Cette nouvelle difficulté est cause que les anciens ont seulement fait des progrès dans l'Hydrostatique, ou dans cette partie de l'Hydrodynamique, qui considère l'équilibre des fluides; & c'est encore à Archimède qu'on en est redevable.

Dans son livre *de humido insidentibus*, il prend pour base que les particules d'un fluide étant supposées égales, également pesantes & placées les unes à côté des autres, celle qui est le moins pressée est chassée par les autres; d'où il résulte que, pour l'équilibre, chaque molécule doit souffrir en tout sens une égale pression. Il applique ce principe à l'équilibre d'un corps solide flottant sur un fluide; il fait voir que le volume de la partie plongée est au volume total du corps, comme la pesanteur spécifique de ce corps est à celle du fluide; il éclaircit cette théorie par divers exemples tirés de l'équilibre d'un cone, ou d'un paraboloïde posé sur l'eau. La proposition VII du premier Livre de cet ouvrage peut servir facilement à démontrer que deux corps égaux en volume, plus pesans qu'un fluide dans lequel ils sont plongés, y perdent des parties égales de leurs poids; ou que réciproquement deux corps sont égaux en volume, quand ils perdent, dans le fluide, des parties égales de leurs poids. Je cite ce Théorême, parce que l'opinion des Mathématiques est qu'Archimède en fit usage pour découvrir la fraude d'un Orfévre de Syracuse, qui devoit fournir au Roi Hieron une couronne d'or pur, & qui y avoit mêlé de l'argent. On conjecture avec beaucoup de vraisemblance qu'il forma de cette manière deux masses, l'une d'or, l'autre d'argent, égales chacune en volume à la couronne, & qu'ayant ensuite trouvé qu'en plein air la couronne pesoit moins que la masse d'or, & plus que la masse d'argent, il détermina la proportion du mêlange par un calcul arithmétique connu aujourd'hui de tout le monde. Quelques Auteurs ajoutent qu'il étoit aux bains quand ces idées se présentèrent à lui, qu'il en sortit transporté de joie, & que, sans songer à l'état de nudité où il étoit, il se mit à courir dans les rues de Syracuse, en criant : *je l'ai trouvé, je l'ai trouvé.* Hydrostatique.

Ctesibius & Heron, son disciple, Mathématiciens de l'Ecole d'Alexandrie, inventèrent plusieurs machines Hydrauliques, dont le jeu dépendoit du poids & du ressort de l'air : telles sont le Syphon recourbé, les pompes, la fontaine de compression, qu'on appelle encore aujourd'hui *la fontaine de Heron*, &c. Mais ils attribuoient les effets de ces machines à une prétendue horreur de la nature pour le vuide. La Physique des anciens étoit remplie de ces qualités occultes. On transportoit du monde moral au monde physique les idées d'affection ou de haine : tout étoit sympathie ou antipathie dans la nature, & on croyoit avoir expliqué un phénomène, quand on pouvoit le rapporter à l'un ou à l'autre de ces principes. An av. J. C. 130.

Un Géomètre romain, *Sextus Julius Frontinus*, connu vul- Hydraulique.

An. de J. C. 100. gairement sous le nom de *Frontin*, a eu quelques notions théoriques du mouvement des fluides. Sa qualité d'Inspecteur des fontaines publiques à Rome, sous les Empereurs Nerva & Trajan, nous a valu son livre *de Aquæductibus urbis Romæ Commentarius*, dont l'objet est le mouvement des eaux qui coulent dans des canaux ou qui s'échappent par des orifices, des vases où elles sont contenues. Il a vu que le produit d'un ajutage donné est d'autant plus grand, que cet ajutage répond à une plus grande hauteur du fluide: considération très-simple & cependant négligée encore par quelques fontainiers modernes; il a senti pareillement qu'un tuyau destiné à dériver en partie l'eau d'un aqueduc, doit avoir, selon les circonstances, une position plus ou moins oblique par rapport au cours du fluide; il fait plusieurs autres observations vraies sur cette matière; mais on ne trouve d'ailleurs aucune précision géométrique dans ses résultats; il n'a point connu la vraie loi des vîtesses, relativement aux hauteurs des réservoirs.

On croit que la découverte des moulins à eau est de la fin du VIe siècle; mais on employoit au hasard l'effort de l'eau, & on étoit très-éloigné de pouvoir l'évaluer avec une certaine exactitude.

OPTIQUE.

Il paroît que l'école Platonicienne a connu les premiers principes de l'Optique, c'est-à-dire, la propagation de la lumière en ligne droite, & l'égalité des angles d'incidence & de réflexion. On ne doit pas s'arrêter aux explications physiques que les anciens, & Aristote en particulier, ont données des phénomènes de la vision: on y trouveroit l'abus des qualités occultes porté à l'excès.

La connoissance des verres ardens est même antérieure au tems que je viens d'indiquer. En voici la preuve tirée de la première scène du second acte des *Nuées* d'Aristophane: c'est un dialogue An. av. J. C. 444. entre Socrate & Strepsiade, vieillard fort grossier & fort stupide, qui a trouvé, dit-il, un moyen de ne point payer ses dettes: Strep. *As-tu vu chez les Droguistes cette belle pierre transparente avec quoi on allume du feu?* Soc. *N'est-ce pas du verre que tu veux dire?* Strep. *Justement.* Soc. *Eh-bien! qu'est-ce que tu en feras?* Strep. *Quand on me donnera une assignation, je prendrai cette pierre-là, &, me mettant au soleil, je ferai fondre de loin toute l'écriture de l'assignation.* Cette écriture étoit tracée sur de la cire, qui couvroit une matière plus solide. L'effet dont parle Strepsiade pouvoit être opéré par réfraction ou par réflexion; mais les principes de l'Optique font voir d'abord qu'un miroir concave, par refraction, & un miroir convexe, par réflexion, n'ont pas ici la propriété convenable. En préſentant au ſoleil, un miroir concave, par réflexion, le Foyer eût été placé en haut; ce qui auroit exigé pour l'aſſignation une poſition fort incommode, & dont il n'eſt pas à préſumer que Strepſiade ait voulu parler; mais, ſi l'on ſuppoſe qu'on ait fait uſage d'un miroir convexe, par refraction, le Foyer aura été en bas, & l'effet annoncé par Strepſiade s'explique d'une manière ſimple & naturelle.

On eſt ſurpris, après une preuve ſi formelle de l'antiquité des verres ardens, que Deſcártes & pluſieurs modernes aient révoqué en doute l'opinion généralement reçue, qu'Archimède s'en étoit ſervi pour embrâſer la flotte des Romains, au ſiège de Syracuſe. Leur incrédulité eſt venue de la préoccupation où ils étoient qu'Archimède auroit employé des miroirs concaves, par réflexion: moyen dont l'inſuffiſance eſt démontrée. En effet, pour qu'un miroir de cette eſpèce formât un Foyer à la portée du trait, c'eſt-à-dire, à la diſtance de 150 pieds, il faudroit que le rayon de ſphéricité fût de 300 pieds. Or comment exécuter, avec une certaine préciſion, des verres d'une ſi petite courbure? D'ailleurs, dans les miroirs d'un ſi long foyer, les rayons du ſoleil ne peuvent pas être regardés comme parallèles; & leur divergence détruit preſque totalement l'effet de la convergence produite par le miroir. La combinaiſon de pluſieurs miroirs concaves ne lève pas ces inconvéniens, & ne fait qu'en préſenter de nouveaux. Mais le problême change entièrement de nature, ſi l'on ſuppoſe qu'Archimède ait employé des miroirs dénués de toute courbure, ou formant des plans parfaits; car alors on conçoit ſans peine que pluſieurs verres plans peuvent être diſpoſés entr'eux de telle manière qu'ils portent les rayons du ſoleil ſur un même point, & qu'ils y forment un Foyer capable d'embrâſer le bois, ou même de fondre les métaux. Le fait des miroirs d'Archimède eſt donc poſſible: mais a-t-il exiſté? Si on conſulte les monumens hiſtoriques, on trouvera que pluſieurs anciens Auteurs, comme Diodore de Sicile, Heron, Pappus, &c, ont écrit qu'en effet Archimède mit le feu à la flotte des Romains avec des verres ardens. Il eſt vrai que les ouvrages où ils en parloient ſont aujourd'hui perdus; mais ils exiſtoient encore au douzième ſiècle, puiſque Zonaras & Tzetzès, Ecrivains de ce tems-là, en citent des paſſages relatifs à la queſtion préſente. Anthemius, Mathématicien & Architecte de réputation, qui vivoit ſous Juſtinien I, & dont M. Dupuy, de l'Académie Royale des Belles-Lettres, nous a traduit les précieux reſtes, ne ſe contente pas d'atteſter le même fait: il explique la théorie & le méchaniſme de ces miroirs.

Envain objecteroit-on ici que Polybe & Titelive ne font aucune mention des miroirs d'Archimède. Le silence de ces Historiens n'est qu'une preuve purement négative, qui doit céder aux assertions positives & contraires de ceux que nous avons nommés.

Il me semble que les témoignages de Zonaras & de Tzetzès doivent avoir ici à-peu-près le même poids qu'auroient ceux des anciens Ecrivains sur lesquels ils s'appuient. Après avoir raconté qu'Archimède avoit embrâsé la flotte des Romains, au moyen des rayons solaires, rassemblés & réfléchis par le poli d'un miroir, Zonaras ajoute qu'à cet exemple, Proclus brûla, avec des miroirs d'airain, la flotte de Vitalien qui assiégeoit Constantinople, sous l'Empire d'Anastase, l'an 514 de Jesus-Christ. Tzetzès entre dans un plus grand détail sur les miroirs d'Archimède; il en explique ainsi la construction: « Lorsque Marcellus eut éloigné ses vaisseaux » à la portée du trait, Archimède fit jouer un miroir exagone » composé de plusieurs autres plus petits, qui avoient chacun 24 » angles, & qu'on pouvoit mouvoir, à l'aide de leurs charnières » & de certaines lames de métal; il plaça ce miroir de manière qu'il » étoit coupé en son milieu par le méridien d'hiver & d'été, en » sorte que les rayons du soleil, reçus par ce miroir, venant à se » briser, allumèrent un grand feu qui réduisit en cendres les vais» seaux des Romains, quoiqu'ils fussent éloignés de la portée du » trait. » Ce passage indique, comme on voit, la manière dont les parties du miroir tournoient pour prendre la position convenable, l'exposition directe où il étoit par rapport au soleil, & enfin la distance à laquelle il portoit le feu.

Le Père Kircher, Jésuite, dit, dans son ouvrage, intitulé: *Ars magna lucis & umbræ*, qu'il avoit fait construire, d'après la description de Tzetzès, un miroir composé de plusieurs verres plans qui, réfléchissant tous la lumière du soleil en un même point, y produisirent une chaleur considérable.

M. de Buffon a exécuté en grand cette expérience, & par-là il a constaté les effets des miroirs d'Archimède. En 1747, il fit construire, par M. Passemant, un miroir par réflexion, composé de 168 glaces planes, mobiles à charnières, & qu'on pouvoit faire jouer toutes à-la-fois, ou seulement en partie. Au moyen de cet assemblage, il embrâsa, au mois d'avril, & par un soleil assez foible, le bois à 150 pieds de distance; il fondit le plomb à 140 pieds; ce qui est plus que suffisant pour démontrer la réalité de la découverte d'Archimède.

Il y a, dans la succession des connoissances humaines, une fatalité qui n'amène presque jamais les plus utiles que les dernières. Les anciens, qui savoient employer, avec tant de succès, la propriété que les verres ont de brûler, ignoroient l'usage bien plus important qu'on en fait pour grossir les objets & aider la vue. L'invention des besicles ou des lunettes à mettre sur le nez, est simplement de la fin du XIIIe siècle. Celle des lunettes astronomiques, ou télescopes, est encore plus récente d'environ 300 ans. Sénèque dit, dans son premier Livre des Questions Naturelles, que *de petites lettres vues au travers d'une boule de verre, pleine d'eau, paroissent plus grosses*. Mais les anciens, égarés par leur mauvaise physique sur la vision, n'ont pas réfléchi sur la nature de ce phénomène, & n'en ont tiré aucune conséquence pour la construction des lunettes. Les verres propres à former ces instrumens doivent être, ou de très-grandes sphères, dont l'usage seroit très-incommode & presque impossible, ou de très-petites portions de grandes sphères; ce qui est d'une pratique facile, & ce qu'on pratique en effet; mais ce moyen suppose l'art de tailler les verres : art inconnu aux anciens, qui savoient simplement souffler le verre & en former des vases.

ANALYSE.

L'OPINION VULGAIRE est que les anciens n'avoient aucune notion de l'Analyse, ou de cette Science qui enseigne à combiner ensemble les grandeurs considérées dans un état d'abstraction & de généralité. Il est certain que l'algorithme de l'Analyse, c'est-à-dire l'art d'exécuter les calculs algébriques, & en particulier de résoudre les équations, leur étoit inconnu. Mais, en les lisant avec attention, on apperçoit facilement qu'ils possédoient une espèce d'Analyse géométrique, semblable à celle des modernes. On en trouve des traces dans les Ecrits de Platon : elle se montre d'une manière encore plus marquée dans ceux d'Archimède ; car, par exemple, quand il se propose, dans son Traité *de Sphæra & cylindro*, *prop. VII*, de couper une sphère par un plan, de façon que les deux segmens soient entr'eux dans un rapport donné, il raisonne sur les grandeurs inconnues comme sur celles qui sont données; & par une suite de conséquences tirées des propriétés de la sphère, il parvient à une proportion qui, étant traduite en calcul algébrique, donneroit immédiatement l'équation du troisième degré, d'où dépend la solution du problême. Mais il y a encore loin de-là jusqu'à la partie technique du calcul algébrique, & aux différens usages dont elle est susceptible.

Diophante, Géomètre de l'Ecole d'Alexandrie, doit être regardé, en quelque sorte, comme l'Inventeur de l'Algèbre : du moins on trouve, dans ses ouvrages, des calculs qu'il exécute d'une manière analogue à la méthode qu'on emploie aujourd'hui pour résoudre les équations du premier degré & même celles du second. Il avoit An.e J. C. 350.

écrit treize livres *d'Arithmétique*, dont trois ſont perdus : ceux qui reſtent, contiennent des queſtions d'une eſpèce particulière & alors abſolument nouvelle. Par exemple, l'auteur enſeigne à partager un nombre quarré en deux autres quarrés; à trouver deux nombres dont la ſomme ſoit à celle de leurs quarrés, dans un rapport donné; à trouver deux quarrés dont la différence ſoit égale à un quarré donné, &c. L'Art qu'il met en uſage pour réſoudre ces problêmes eſt très-ingénieux & très-ſubtil : il a été étendu & perfectionné par les modernes.

IIe PÉRIODE.

Les Mathématiques ſujettes, comme toutes les inſtitutions humaines, à des mouvemens périodiques d'élévation, de médiocrité & de foibleſſe, ſe ſoutenoient toujours dans l'Egypte & dans la Grèce, par la maſſe des vérités dont elles s'étoient enrichies ſucceſſivement, & par le charme attaché à ce genre d'étude. Une tempête s'éleva contre elles, dans ces climats, vers le milieu du VIIe ſiècle. Les ſucceſſeurs de Mahomet, pleins de l'enthouſiaſme que leur inſpiroit une nouvelle Religion toute guerrière, étendant leurs conquêtes, du fond de l'orient à la partie méridionale de l'europe, ravagèrent l'Arabie, la Perſe, les Iſles de Chypre, de Rhodes, de Candie & de Sicile, l'Egypte, la Lybie & le Royaume des Eſpagnes. Cette guerre ſanglante porta aux exercices du génie le plus terrible coup qu'ils aient jamais eſſuyé. Les artiſtes & les ſavans, raſſemblés de toutes parts au Muſée d'Alexandrie, furent chaſſés honteuſement. Quelques-uns furent les victimes de la violence des conquérans; les autres allèrent traîner dans les pays éloignés les reſtes d'une vie malheureuſe. On détruiſit les lieux & les inſtrumens qui avoient ſervi à faire tant de belles obſervations. Enfin, ce précieux dépôt des connoiſſances humaines, la Bibliothèque des Rois d'Egypte, qui avoit déjà ſouffert un incendie ſous Jules-Céſar, fut entièrement livrée aux flammes par les Arabes. Le Calife Omar ordonna qu'on brûlât tous ces livres, *parce que*,
An. de J. C. 642. diſoit-il, *s'ils ſont conformes à l'Alcoran, ils ſont inutiles; & s'ils y ſont contraires, ils doivent être abhorrés & anéantis* : raiſonnement bien digne d'un brigant fanatique.

Il ſembloit que le ſort des Sciences, attaquées & détruites dans le centre de leur Empire, étoit abſolument déſeſpéré. Mais cette même viciſſitude, qui produit tant de malheurs & tant de crimes, amène auſſi quelquefois des révolutions avantageuſes au genre humain. Tel fut le changement qui ſe fit bientôt dans les mœurs des Arabes. Ces peuples, comme tous ceux de l'Orient, avoient eu autrefois quelques notions des Sciences & principalement de l'Astronomie. Si le fanatisme d'une Religion sanguinaire étouffa d'abord ces germes précieux, il n'éteignit point le principe d'où ils étoient émanés. Lorsque ces différentes Nations furent lasses de s'exterminer mutuellement, leur férocité s'adoucit, & le loisir de la paix rappella l'esprit actif des Arabes à des objets plus réels & plus agréables, que les disputes sur les dogmes de l'alcoran. A peine s'étoit-il écoulé un siècle & demi depuis la mort de Mahomet, qu'ils commencèrent à cultiver eux-mêmes les Arts & les Sciences qu'ils avoient voulu anéantir. Ils eurent bientôt des Poëtes, des Orateurs, des Mathématiciens, &c. On compte dans ce nombre plusieurs Califes chez les Arabes, & ensuite plusieurs Empereurs chez les Persans, lorsque ce dernier peuple se fut séparé du premier.

Science chez les Arabes.

Toutes les parties des Mathématiques attirèrent plus ou moins leur attention. Le systême de notre numération Arithmétique, est une découverte à jamais mémorable qui nous vient d'eux. Il a, sur tous ceux des anciens Peuples, l'avantage de la clarté & de la simplicité. On sait qu'avec dix caractères, à qui l'on fait occuper différentes places, on peut exprimer de la manière la plus commode, un nombre immense par la multitude de ses unités. Quelques Ecrivains prétendent que les Arabes tenoient cette idée des Indiens. Les raisons qu'ils en donnent ne me paroissent pas fort convaincantes. Sans chercher à les réfuter, je me contenterai d'observer que nous devons immédiatement aux Arabes l'Arithmétique, telle que nous la pratiquons aujourd'hui. Le célèbre Gerbert, qui fut dans la suite Pape, sous le nom de Sylvestre II, alla puiser cette Science en Espagne, où les Arabes dominoient alors, & il la répandit dans le reste de l'Europe, vers l'an 960.

Les Arabes puisèrent dans une Etude assidue des Mathématiciens Grecs, les principes des autres Sciences où ces derniers avoient excellé. Munis de ces connoissances, ils devinrent les Emules de leurs Maîtres, & se mirent en état de les commenter, ou même d'ajouter à leurs découvertes. Euclide, Archimède & Apollonius furent leurs principaux guides dans la Géométrie & la Méchanique. On cite plusieurs Géomètres Arabes. La Trigonométrie leur a des obligations essentielles. Ce sont eux qui ont donné au calcul Trigonométrique, la forme qu'il a encore aujourd'hui, du moins quant aux principes. Ils substituèrent l'usage *des sinus* à celui des *cordes* qu'on employoit auparavant, & par-là, ils rendirent plus simples & plus commodes les opérations de la Géométrie pratique.

Cardan attribue à ce même peuple l'invention de l'Algèbre proprement dite. On a vu que Diophante avoit indiqué la méthode pour résoudre les équations du premier & du second degré. Les Arabes la développèrent, & on croit qu'ils étoient parvenus jusqu'à résoudre les équations du troisième degré. Il existe en effet, dans la Bibliothèque de Leyde, un manuscrit arabe, où l'Auteur donne, à ce qu'on assure, l'Algèbre *des équations cubiques*, ou la résolution des problêmes solides.

L'Astronomie est la science que les Arabes ont le plus cultivée; & où ils ont fait les plus nombreuses découvertes. Rien n'égale la magnificence des observatoires & des instrumens qu'ils firent construire pour les progrès de cette science.

Parmi ses différentes branches, la théorie du soleil les occupa long-tems. Ils ne tardèrent pas à reconnoître que Ptolomée avoit trouvée ou supposée trop grande l'obliquité de l'écliptique. Flamstéed rapporte, dans son histoire céleste, la suite de leurs travaux sur ce sujet : on les voit continuellement approcher de la vérité; & enfin, au bout d'environ 700 ans, ils parviennent à déterminer l'obliquité de l'écliptique avec la même exactitude à-peu-près, que la donnent les meilleures observations modernes : résultat d'autant plus surprenant, qu'il n'avoient pas, comme nous, le secours des lunettes.

Nous ne citerons ici que les principaux Astronomes Arabes ; & parmi eux, nous distinguerons les Califes qui l'ont mérité, parce que les exemples des Souverains qui éclairent les hommes, ont une autorité que la justice & l'intérêt doivent célébrer.

Almansor commence à régner en 754, meurt en 775.

On trouve, au nombre des premiers Astronomes Arabes, le Calife *Abou-Giafar*, surnommé *Almansor* ou le *Victorieux*. C'étoit un Prince Philosophe & appliqué, qui donnoit à l'observation des astres, tout le tems dont les devoirs de la Royauté lui permettoient de disposer.

Peu de tems après vivoit Alfragan, qui a laissé une espèce de commentaire sur l'Almageste de Ptolomée.

Raschild commence à régner en 786, meurt en 809.

Le Calife Aaron-al-Raschild eut le goût de la Méchanique & de l'Astronomie : dans une célèbre ambassade qu'il envoya, en 807, à Charlemagne, il lui fit présent d'une horloge dont le méchanisme étoit très-ingénieux : elle sonnoit les heures par le moyen de certaines balles qui tomboient alternativement dans un vase d'airain ; douze Cavaliers se présentoient à douze portes, & les fermoient suivant le nombre d'heures écoulées. Cette machine étonna l'Europe, où l'on ne s'occupoit alors que de la guerre, & de puérilités grammaticales.

Almamon commence à régner en 813 meurt en 833.

Son second fils, Almamon, qui régna après son frère, porta plus loin que ses prédécesseurs l'instruction dans les Sciences. Il y avoit été formé par un Médecin Chrétien; il mit tout en usage pour en inspirer le goût à ses Sujets. Il observa lui-même l'obliquité de l'écliptique, & son résultat est déjà plus exact que ceux des anciens Astronomes. Il fit mesurer dans la plaine de Sinjar, sur les bords de la mère-rouge, la valeur d'un degré de la terre. Malheureusement on ne connoît que d'une manière vague le rapport de notre toise avec la mesure arabe qu'on y employa, & on ignore jusqu'à quel point cette valeur s'accorde avec celle qui a été prise dans ces derniers tems. Plein d'estime pour les ouvrages des Grecs, Almamon fit traduire tous ceux qu'il put se procurer. Quelques Auteurs rapportent même que, dans un Traité de Paix où il imposa des loix à Michel le Begue, il exigea qu'on lui donneroit plusieurs manuscrits grecs que possédoient les Empereurs de Constantinople. La ville de Bagdat, située à-peu-près au même endroit que l'ancienne Babylone, fut embellie & accrue par ses soins; elle devint le séjour ordinaire des Califes. Il y avoit, dans cette ville, des écoles pour toutes les Sciences, & une en particulier pour l'Astronomie. Almamon emporta dans le tombeau la gloire d'avoir été le Prince le plus humain, le plus sage & le plus savant qui eût encore occupé le Trône des Califes.

Un de ses Sujets, *Thebit-ebn Chora*, se distingua dans l'Analyse & dans l'Astronomie. On cite sur-tout ses recherches sur la durée de l'année. Il imagina de rapporter le mouvement du soleil, non pas aux points équinoxiaux, qui sont mobiles, mais aux étoiles fixes; & il parvint à déterminer la longueur de l'année sydérale, à-peu-près telle qu'on la trouve aujourd'hui. Cette exactitude a pu être l'effet de l'art qu'il eut d'employer & de combiner ensemble les meilleures observations: peut-être aussi faut-il l'attribuer en partie à un hasard heureux; car Ptolomée, dont les Arabes suivoient en général la doctrine, avoit un peu embrouillé les élémens de la question.

Albategnius, Prince Arabe, rendit les plus importans services à l'Astronomie. Les tables de la lune & du soleil, que Ptolomée avoit construites, lui ayant paru défectueuses, il mit tous ses soins à les corriger, & il en dressa de nouvelles, qui ont eu pendant longtems une juste célébrité. Il détermina d'une manière très-exacte l'excentricité de l'orbite solaire. S'il ne parvint pas à la même précision dans son calcul de la longueur de l'année, c'est qu'il eut trop de confiance aux observations de Ptolomée, & qu'il négligea de comparer immédiatement les siennes avec celles d'Hyparque. Il a reconnu le premier que l'apogée du soleil, regardé auparavant comme immobile, avoit un petit mouvement propre, selon l'ordre An de J. C. 879.

des signes; ce que les observations modernes ont confirmé. Enfin il sentit le défaut de la théorie de Ptolomée sur la précession des équinoxes; il trouva, comme Hyparque, que le mouvement apparent des étoiles fixes d'occident en orient, étoit d'un degré en 70 ans. On sait qu'il étoit Gouverneur de Syrie, & qu'il fit ses observations en partie à Antioche, en partie à Aracte, ville de la Mésopotamie.

Sciences en Espagne.

Les Arabes portèrent le goût des Mathématiques dans tous les pays soumis à leur puissance. Elles fleurirent pendant long-tems en Espagne. On y trouve Arsachel, qui fit quelques corrections aux tables d'Albategnius. On lui attribue le Recueil, intitulé: *Tabulæ Toledanæ*. Si, comme on le croit, il a découvert, dans le mouvement du soleil, certaines inégalités dont les observations modernes & la théorie Neutonienne ont depuis constaté l'existence, il doit passer pour un Astronome très-exact & très-attentif.

An. de J. C. 1080.

An. de J. C. 1100.

Alhazen vivoit aussi en Espagne; il a laissé un Traité d'Optique, où l'on trouve le premier essai de théorie qu'on ait donné de la réfraction & du crépuscule. On prétend qu'il n'a fait que traduire ou commenter un ouvrage que Ptolomée avoit écrit sur la même matière: ouvrage cité par d'autres Ecrivains Arabes, & aujourd'hui perdu. Quoi qu'il en soit, il est certain que les anciens & Ptolomée lui-même n'avoient point égard à l'effet des réfractions dans les observations astronomiques; & du moins Alhazen a la gloire d'avoir indiqué cet effet.

An. de J. C. 1180.

Averroès, célèbre Médecin de Cordoue, abrégea & commenta l'Almageste de Ptolomée. Il étoit très-savant, pour son tems, dans la Physique, la Médecine & les Mathématiques.

Alphonse commence à régner en 1252, meurt en 1284.

Les Chrétiens, qui, dès le X.e siècle, avoient commencé à chasser les Arabes de quelques parties de l'Espagne, ne dédaignèrent pas de s'instruire parmi ces mêmes Maures dont ils abhorroient la Religion. Quand Alphonse X, Roi de Castille, voulut établir dans son Royaume une espèce de Collège ou de Licée, pour l'avancement de l'Astronomie, il fut obligé d'en confier la principale direction à des Arabes. Il observoit & calculoit lui-même avec eux: ce travail commun produisit les fameuses *Tables Alphonsines*, plus exactes & plus complètes que toutes les précédentes. L'étude de l'Astronomie se maintint pendant quelque tems dans la Castille, après la mort d'Alphonse.

Les intérêts de l'ambition, à qui rien ne résiste, finirent par rompre toute communication entre les Chrétiens & les Maures, & plongèrent l'Espagne dans les plus profondes ténèbres. A mesure que les victoires des premiers se multiplioient, les Sciences alloient en déclinant : elles périrent enfin, quand la domination des Maures cessa en Espagne, par la perte de Grenade : événement à jamais déplorable, si la Religion Chrétienne n'en eût profité, en s'étendant sur les ruines du Mahométisme. An. de J. C. 1492.

Retournons en orient : nous y verrons les Persans, qui jusques-là n'avoient formé qu'un même peuple avec les Arabes, secouer le joug des Califes, vers le milieu du XI.e siècle, sans abandonner l'étude des Sciences. L'Astronomie fut sur-tout l'objet de leur curiosité. Les anciens Perses, dès le règne de *Darius Ochus*, comptoient le tems par les révolutions solaires. Ils supposoient l'année un peu trop longue. Quand ils reçurent la loi des Arabes, l'usage où étoient les vainqueurs de compter par les révolutions lunaires, devint aussi celui des vaincus. Mais les Persans reprirent leur ancienne coutume, lorsqu'ils furent libres. Alors l'Astronome *Omar-Cheyam*, pour rectifier le calendrier persan, introduisit un système d'intercalation qui revient au même que si l'on supposoit l'année de 365 jours, & que l'on insérât huit jours dans un espace de trente-trois ans : système fondé sur des combinaisons très-ingénieuses, & fort approchant de la vérité. Sciences chez les Persans.

Un Conquérant rapide, *Holagu-ilecou-Kan*, petit-fils de Gengiskan, ayant subjugué la Perse, vers l'année 1254, ne sembla plus occupé que d'y ranimer le goût des Sciences, & principalement celui de l'Astronomie, dans laquelle il étoit très-versé. Il fit construire, dans la ville de Maragha, voisine de Tauris, un observatoire où il rassembla un grand nombre d'Astronomes, & dont il donna la présidence à *Nassir-Eddin*, le plus célèbre d'entre eux. Cette société étoit une espèce d'Académie, d'autant plus florissante qu'elle recevoit toutes sortes d'encouragemens d'un Prince magnifique. Nassir-Eddin composa plusieurs ouvrages, entr'autres une Théorie des mouvemens célestes, un Traité de l'Astrolabe, & ses Tables Astronomiques, qu'il nomma *ilecaliques*, pour laisser un monument de sa reconnoissance envers son bienfaiteur. On raconte que *Holagu*, se sentant près de sa fin, se fit transporter au milieu des savans, & qu'il voulut rendre les derniers soupirs entre leurs bras, les regardant comme ses enfans & comme les véritables Hérauts de sa gloire. An. de J. C. 1254.

Son exemple fut surpassé par un Prince de la même nation, le fameux *Ulug-Beigh*, petit-fils de Tamerlan. Non-seulement Ulug-Beigh encouragea les Sciences comme Souverain : il est compté lui-même au nombre des plus savans hommes de son siècle. Il établit dans la ville de Samarcande, capitale de son Empire, une nombreuse Assemblée ou Académie d'Astronomes, & il fit construire, pour leur usage, les instrumens les plus grands & les plus parfaits qu'on eût encore vus. Il s'informoit de tous leurs travaux: il observoit lui-même avec assiduité. Quelques Historiens rapportent que, pour déterminer la latitude de Samarcande, il employa un quart de cercle, dont le rayon égaloit la hauteur du Temple de Sainte-Sophie à Constantinople, laquelle est d'environ 180 pieds romains; mais la construction d'un si grand quart de cercle est physiquement impossible: il y a toute apparence que les Historiens dont il s'agit, peu au fait de l'Astronomie, ont pris un simple gnomon pour un quart de cercle.

Ulug-Beigh avoit composé plusieurs ouvrages. On cite principalement son Catalogue d'étoiles, & ses Tables astronomiques, si célèbres dans tout l'orient. Il est le premier qui ait déterminé l'obliquité de l'écliptique avec une précision presqu'égale à celle que donnent les instrumens & les observations modernes. Les talens & les vertus de ce Prince méritoient les hommages de toute la terre: il fut assassiné par son propre fils, à l'âge de 58 ans.

An. de J. C. 1449.

Les troubles qui commencèrent à désoler la Perse peu de tems après la mort d'Ulug-Beigh, & qui ne firent qu'augmenter dans la suite, éteignirent insensiblement le goût des Sciences dans ces pays. Elles s'y sont détériorées à tel point, qu'aujourd'hui l'Astronomie des Persans n'est plus, pour ainsi dire, qu'un amas de visions d'astrologie judiciaire, & qu'à peine savent-ils calculer grossièrement une éclipse.

Sciences chez les Chinois.

La Chine ne nous présente aucune découverte remarquable, pendant la période que nous considérons. L'Arithmétique & la Géométrie de cette nation demeurent toujours très-imparfaites: nulle théorie nouvelle, nulle application intéressante des principes de la Méchanique. Nous trouvons, à la vérité, que les Chinois ont beaucoup observé les astres: mais toutes leurs observations roulent sur les objets les plus communs de l'Astronomie, comme les éclipses, les positions des planètes, les hauteurs solstitiales du soleil, les occultations d'étoiles par la lune, &c. On n'en voit sortir aucun résultat important pour le progrès de la Science. Nous devons seulement remarquer que l'Empereur *Kobilai*, le cinquième successeur de Gengiskan à la Chine, & celui qui y fonda la Dynastie des Iven en 1271, fut un très-grand protecteur de l'Astronomie. Il étoit frère de Holagu-ilecou-Kan, & il avoit à-peu-près les mêmes goûts. Il établit pour Chef du Tribunal des Mathématiques *Co-cheon-King*, observateur laborieux, qui porta dans l'Astronomie Chinoise une précision à laquelle on n'étoit pas encore arrivé. Mais cet éclat ne fut que passager. L'Astronomie chinoise retomba dans sa première langueur, & ne s'en releva un peu qu'environ un siècle après, sous les Empereurs d'une nouvelle Dynastie, qui donnèrent la direction du Tribunal des Mathématiques à des Astronomes Mahométans.

Sciences chez les Indiens.

Nous serons encore plus courts sur l'Histoire des Sciences chez les Indiens au même tems. Ils ne savoient, comme autrefois, que les principes les plus simples & les plus élémentaires de l'Astronomie. A peine savent-ils aujourd'hui calculer les éclipses d'une manière un peu exacte.

Sciences chez les Grecs modernes.

Les savans, qui, à la destruction de l'Ecole d'Alexandrie, s'étoient refugiés dans la Grèce, contribuèrent d'abord à y entretenir l'étude des Mathématiques. Mais, dans l'état d'abandon où elles étoient réduites, elles devoient nécessairement pencher sans cesse vers leur ruine. Cependant les Grecs montrèrent, dans ce tems de décadence, quelques étincelles du génie qui avoit animé Archimède, Apollonius, Hyparque, &c. Nous avons déjà cité Zonaras & Tzetzès, à l'occasion des miroirs ardens d'Archimède. On doit citer encore, avec plus de distinction, Moscopule, qui fit, un peu avant le milieu du XVe siècle, l'ingénieuse découverte des *Quarrés magiques*. La prise de Constantinople par Mahomet II, en 1453, fut l'époque de la ruine totale des Mathématiques dans la Grèce.

Sciences chez les Chrétiens.

Quoique les Chrétiens occidentaux aient d'abord montré en général, pendant long-tems, un grand éloignement pour les Sciences, on rencontre néanmoins parmi eux, dans cette période, plusieurs hommes qui méritent d'être remarqués, ou par l'étendue de leurs connoissances, relativement au tems où ils ont vécu, ou par les preuves de génie qu'ils ont données, & dont la société auroit retiré les plus grands avantages, si le faux zèle & la superstition, armés du pouvoir, n'y avoient souvent mis obstacle.

Boussole.

Je ne citerai pas au nombre des inventions qui doivent faire honneur aux Européens, celle de la Boussole : pur effet du hasard, ou de quelque circonstance que l'on ignore. La propriété qu'a l'aimant, d'attirer le fer, a été connue des anciens Grecs, dès le tems de Thalès : elle a été connue aussi des Chinois, plus de 300 ans avant Jesus-Christ ; mais on ne savoit pas, avant le commencement du XIIe siècle, qu'une pierre d'aimant suspendue, ou flottante sur l'eau au moyen d'un liège, se dirige toujours vers le nord par un même côté : on savoit encore moins qu'une aiguille de fer aimantée a la même vertu. Il paroît, par les ouvrages de Guy de Provins, l'un de nos Poëtes du XIIe siècle, que *les Mariniers françois* sont les premiers qui aient employé la Boussole pour diriger la route des vaisseaux, d'où on lui donna le nom de *Marinette*. L'usage de suspendre l'aiguille aimantée sur un pivot, est très-ancien parmi nous. Cependant les Italiens, les Allemands & les Anglois, nous disputent la découverte de la Boussole. Ces prétentions réciproques peuvent être soutenues, soit parce qu'il est possible qu'on trouve la même chose en divers endroits, soit parce que la Boussole ayant été perfectionnée successivement, les nations qui y ont contribué, chacune pour son utilité particulière, ont cru pouvoir s'attribuer la totalité de l'invention. S'il est vrai, comme plusieurs Historiens le prétendent, que les Chinois aient fait servir, avant les Européens, la Boussole à la navigation, ils ont toujours été du moins bornés à une pratique grossiere; car leur méthode constante de faire flotter l'aimant sur l'eau, n'est pas comparable à la suspension sur un pivot.

Frédéric II commence à règner en 1220, meurt en 1250.

Dans le XIII.e siècle, l'Empereur Frédéric II, au milieu d'une vie très-agitée & des guerres continuelles qu'il eut à soutenir contre les Papes, fonda l'université de Naples, cultiva lui-même les Sciences & les beaux Arts, composa quelques ouvrages, & fit traduire du grec en latin, ceux d'Aristote, & l'Almageste de Ptolomée.

Ce même siècle produisit plusieurs Savans dans nos climats. On cite, entr'autres, Vitellion & le Cordelier Roger Bacon.

An. de J. C. 1260.

Le premier, né en Pologne, établi en Italie, a laissé un Traité d'Optique en dix livres : cet ouvrage n'est, dans le fond, que celui d'Alhazen, mais plus clair & plus méthodique.

Roger Bacon conserve encore la célébrité qu'il eut de son tems. Il a écrit un grand nombre d'ouvrages qui ont été imprimés successivement : ils montrent beaucoup de génie & d'invention. On distingue, parmi ces ouvrages, son Traité d'Optique, qui contient des remarques vraies, & alors nouvelles, sur la réfraction astronomique, sur les grandeurs apparentes des objets, sur la grosseur extraordinaire du soleil & de la lune, vus à l'horizon, sur le lieu des foyers sphériques, &c. Quelques Anglois, un peu trop prévenus en faveur de Bacon, leur compatriote, ont cru voir, dans ce Traité, que l'Auteur avoit eu connoissance des bésicles, & même du télescope; mais M. Smith, Anglois plus impartial & juge irréfragable, détruit cette opinion, d'après la discussion exacte des passages qui y ont donné lieu. On a voulu aussi attribuer à Bacon, la découverte de la poudre à canon: en effet il y touchoit, car il étoit grand Chimiste pour son tems, & il connoissoit les effets du salpêtre; mais elle lui est réellement postérieure de quelques années. Il fut persécuté par ses confreres, accusé de magie, enfermé dans un cachot, & obligé, pour en sortir, de prouver à ses Supérieurs & au Pape Nicolas IV, qu'il n'avoit jamais eu de commerce avec le diable. Il étoit né en 1214; il mourut en 1294.

L'invention des besicles est des dernieres années du XIII.e siècle. On la doit aux Italiens. Il existe des preuves certaines que les premières lunettes ont été construites par un frere Jacobin, nommé *Alexandre de Spina*, mort à Pise en 1313.

Le XIV.e siècle fut, chez les Nations occidentales de l'Europe, un tems d'ignorance & de barbarie pour les Mathématiques. On y voit paroître des Théologiens scholastiques, beaucoup d'Alchymistes, quelques Littérateurs estimables : le Roi Charles V fonde la Bibliothèque des Rois de France ; il encourage les arts & les belles-lettres ; mais les Mathématiques sont presque généralement oubliées ; elles ne produisent qu'un petit nombre d'Astronomes, dont tout le mérite est d'avoir fait quelques observations isolées. Ajoutons cependant que, vers le milieu de ce siécle, Jacques *de Dondis*, Vénitien, dont la famille subsiste encore, se fit une grande réputation dans la Méchanique & l'Astronomie, par la construction d'une horloge qui marquoit les heures, le cours du soleil, celui de la lune & des autres planettes, les mois & les fêtes de l'année.

Nous avançons vers des tems plus heureux. Le XV.e siècle est fécond en Savans, & sur-tout en Astronomes. Il s'ouvre par un mouvement qui se fait dans l'Algèbre. Léonard de Pise voyage en Arabie ; il y puise les principes de l'Algèbre, & vient les répandre en Italie. Il avoit écrit sur cette Science & sur la Géométrie des ouvrages qui n'ont jamais été imprimés, mais qui furent très-utiles en leur tems. La fin de ce même siècle en produisit de semblables. En 1494, un Franciscain, nommé *Lucas de Burgo*, qui, après avoir voyagé long-tems en orient, étoit devenu Professeur de Mathématiques à Venise, fit imprimer les *Elémens d'Euclide* en italien, pour l'usage de ses Disciples ; ce qui contribua beaucoup à former des Géomètres. Peu de tems après, il publia un Traité d'Algèbre, intitulé : *de Summa Arithmetica & Geometrica*. On trouve, dans ce Traité, les règles ordinaires de l'Arithmétique, & quelques inventions dûes aux Arabes, comme, par exemple, les règles de fausses positions : l'Algèbre y est portée jusqu'à la résolution des équations du second degré ; on prétend que *Lucas de Burgo* n'a pas été aussi loin que les Arabes, ni même que Léonard de Pise, quoiqu'il lui soit postérieur.

Dans tous ces tems, l'Astronomie a été la Science la plus cultivée. Elle eut des obligations à *Jean Gmunden*, qui la professoit en l'Université de Vienne, vers l'année 1406, & au fameux Pierre Dailli, qui proposa au Concile de Constance quelques moyens de réformer le calendrier, & de concilier le mouvement du soleil avec celui de la lune. An. de J. C. 1414.

An. de J. C. 1430. Le Cardinal *de Cusa* est célèbre parmi les savans, pour avoir entrepris de faire revivre le système des Pythagoriciens sur le mouvement de la terre. Cette idée n'avoit pas encore la maturité que les observations devoient lui donner. Mais on doit trouver un peu extraordinaire qu'un Cardinal soutienne dans ce tems là, sans que personne en soit scandalisé, une opinion pour laquelle, 200 ans après, Galilée fut enfermé dans les cachots de l'Inquisition.

Purbachius, né en 1423, mort en 1461. *Purbachius* & son Disciple *Regiomontanus* sont regardés comme les Restaurateurs ou les deux plus grands Promoteurs de l'Astronomie dans le XVe siècle. Le premier, après avoir long-tems voyagé pour puiser dans le commerce des savans une ample connoissance de l'Astronomie, dont il avoit appris les principes sous Jean Gmunden, vint se fixer à Vienne, où les bienfaits de l'Empereur Frédéric III l'attirèrent, & où il succéda à la place que Jean Gmunden avoit occupée dans l'Université. Dès-lors il entreprit un ouvrage utile & nécessaire : c'étoit une bonne traduction de l'Almageste de Ptolomée; car toutes celles qu'on en avoit donné en latin fourmilloient de fautes, par l'ignorance des traducteurs dans l'Astronomie. Il ne savoit ni le grec ni l'arabe; mais la parfaite intelligence du sujet lui servit à rectifier ces mauvaises traductions, & à se procurer, du moins quant au sens, le véritable ouvrage de Ptolomée. Bientôt après il écrivit, en faveur de ses Disciples, différens Traités concernant l'Arithmétique, la Géométrie, les hauteurs solstitiales du soleil, la description & l'usage des horloges portatives, le calcul du degré de chaque parallèle, relativement au degré de l'équateur, &c. Comme il joignoit aux connoissances théoriques l'adresse de la main, il construisit lui-même des instrumens utiles à la gnomonique, & des globes célestes sur lesquels étoit marqué le mouvement des étoiles en longitude, depuis Ptolomée jusqu'à l'année 1450. Il détermina, par ses propres observations, l'obliquité de l'écliptique; il fit diverses corrections à la théorie du mouvement des planètes, que les anciennes Tables représentoient d'une manière défectueuse; enfin il introduisit quelques abbréviations dans le calcul trigonométrique.

Regiomontanus, né en 1436, mort en 1476. Sa plus grande gloire est d'avoir formé Regiomontanus. Ils observèrent ensemble à Vienne, pendant dix ans. Après la mort de Purbachius, le second se rendit à Rome pour y chercher les moyens d'apprendre facilement le grec, & de pouvoir lire dans les originaux, non-seulement Ptolomée, mais encore les autres Mathématiciens grecs, car il avoit un génie avide de toutes les Sciences. Ses progrès dans ce genre d'étude furent si heureux, qu'en très-peu de tems il traduisit du grec en latin les *Coniques* d'Appollonius, les *Cylin-*

driques de Serenus, les ouvrages de Ptolomée, les *Questions méchaniques* d'Aristote, les *Pneumatiques* de Héron, &c. Il corrigea sur le texte grec l'ancienne version d'Archimède, faite par Jacques de Cremone. Il ne se borna pas à traduire ; il fut lui-même Auteur original de plusieurs excellens ouvrages. Son Traité de Trigonométrie est remarquable en particulier, parce qu'on y trouve une belle méthode, & la première qu'on ait donnée, pour résoudre, en général, un triangle sphérique quelconque, lorsque l'on connoît les trois angles ou les trois côtés ; ce qui étoit alors un grand effort de génie & d'invention. La réputation de Regiomontanus détermina le Sénat de Nuremberg à l'appeller dans cette ville. Il s'y forma un observatoire muni d'excellens instrumens qu'il avoit perfectionnés ou inventés lui-même, & avec lesquels il fit des observations qui le mirent en état de rectifier & d'étendre les anciennes Théories. Plusieurs Astronomes avoient attribué, d'après quelques observations mal interprétées dont il donne le détail, un mouvement irrégulier aux étoiles, tantôt dirigé vers l'orient, tantôt dans le sens contraire : Regiomontanus réfuta cette opinion. En 1472, il eut occasion d'observer une comète dont le mouvement, d'abord très-lent, s'accéléra bientôt tellement qu'elle parcourut vers son périgé plus de 30 degrés en 24 heures ; elle traînoit à sa suite une queue de plus de 30 degrés de longueur.

Le Pape Sixte IV, voulant faire travailler à la réforme du calendrier, invita Regiomontanus à se rendre à Rome pour cet objet ; il lui fit des promesses magnifiques ; il le nomma même à l'Evêché de Ratisbonne. Regiomontanus partit ; mais, après quelques mois de séjour à Rome, il y mourut à l'âge de 40 ans. On répandit le bruit que les enfans de *Georges de Trebizonde*, l'un des traducteurs de Ptolomée & de Theon, l'avoient fait empoisonner, parce qu'il avoit relevé publiquement plusieurs fautes dans l'ouvrage de leur père.

En quittant Nuremberg, Regiomontanus y laissa un élève bien capable de suivre ses vues & d'y en ajouter de nouvelles : c'étoit *Waltherus*, riche Citoyen, qui fit construire tous les instrumens que Regiomontanus avoit imaginés, & qui, depuis la mort de son maître, continua d'observer le ciel pendant 40 ans. La suite de ses observations, qui présentent des phénomènes de toute espèce, est un trésor précieux pour les Astronomes. Malheureusement l'Astronomie pratique n'avoit pas alors la perfection que lui ont procurée dans la suite les lunettes d'approche & la recherche la plus scrupuleuse dans la construction des instrumens. On a reproché à Waltherus d'avoir

Waltherus, né en 1430, mort en 1504.

été peu communicatif, & de s'être réservé exclusivement l'usage des manuscrits de Regiomontanus, dont il étoit dépositaire.

Navigation. Depuis la découverte de la boussole, la navigation, toujours aidée de l'Astronomie, se perfectionnoit de jour en jour, & s'ouvroit un champ plus étendu. Les anciens, qui n'avoient aucun moyen de connoître à chaque instant la position du vaisseau sur le globe, osoient rarement perdre de vue les côtes de la mer. La boussole leva cet obstacle; & on put entreprendre, avec sûreté, de marcher à travers les mers comme à travers les terres. En 1420, le Prince Henri, fils de Jean I, Roi de Portugal, alla chercher sur l'océan de nouvelles régions; il découvrit l'Isle de Madere; puis, tournant vers l'orient & le midi, il parcourut une partie de la côte occidentale de l'Afrique. Il eut une foule d'imitateurs : on connoît les expéditions de *Vasco de Gama*, de *Christophe Colomb*, d'*Americ Vespuce*, & de plusieurs autres : ce n'est pas ici le lieu d'en parler. Pour représenter la route que le vaisseau devoit suivre, & pour le diriger en effet suivant cette route, le Prince Henri imagina les cartes marines, connues sous le nom de *cartes plates*. L'usage des globes terrestres étoit très-ancien : celui des cartes, plus récent, avoit la préférence, depuis que Ptolomée & les Arabes avoient donné des méthodes géométriques pour projetter les cercles de la terre sur une simple surface plane; mais le prince Henri, qui vouloit marquer par des lignes droites, les différens rhumbs de vent d'un vaisseau, ne pouvoit y employer ces cartes, & il fut obligé d'imaginer une autre construction. Il suppose que les méridiens sont exprimés par des lignes droites parallèles, & les cercles parallèles à l'équateur, par d'autres lignes droites parallèles, perpendiculaires aux premières; il trace sur la carte la rose des vents; ensuite, pour marquer la route d'un vaisseau qu'il suppose suivre un même rhumb de vent, il mène du lieu de départ au lieu d'arrivée une ligne droite, & il croit que la ligne des vents, parallèle à celle-là, remplit l'objet proposé. Mais ces cartes ne peuvent réellement servir que pour de petites étendues du globe. Lorsque les espaces sont considérables, les degrés des cercles parallèles à l'équateur ne peuvent pas être représentés, d'un cercle à l'autre, par des lignes égales, comme l'auteur le suppose; car on sait que les circonférences de ces cercles diminuent continuellement de l'équateur aux poles. De plus, la route, par un même rhumb de vent, n'est pas, dans cette construction même, une simple ligne droite, si ce n'est dans les deux hypothèses très-bornées où le vaisseau suivroit toujours le même méridien ou le même parallèle. On sentit bientôt ces inconvéniens, & on y apporta du remède dans les deux siècles suivans.

III.e PÉRIODE.

Les progrès que les nations occidentales de l'Europe ont faits dans les Sciences, depuis le XVI.e siècle jusqu'à nos jours, effacent tellement ceux des autres peuples, que je ne m'occuperai plus que des premiers dans la suite de ce discours. Que sont en effet les observations astronomiques des Chinois ou des Indiens, en comparaison de toutes les belles recherches dont les Européens modernes ont enrichi la Géométrie, l'Analyse, la Méchanique, &c? Il y a une différence essentielle entre l'Histoire du monde politique & celle du monde savant : dans le premier, chaque jour produit quelqu'événement grand ou petit, qu'il faut écrire pour donner un corps à la chronologie; dans le second, où les événemens sont les nouvelles vérités, si une découverte vient se lier à une théorie plus étendue & plus importante, elle perd son existence individuelle, & on peut l'exclure sans scrupule du tableau général des connoissances humaines.

Toutes les Sciences se sont accrues dans l'intervalle de tems qui nous occupe ici. L'Algèbre fit en particulier, avant le milieu du XVI.e siècle, un pas où l'on est encore arrêté aujourd'hui. Elle eut un succès d'un autre genre : l'esprit de ses opérations, appliqué à l'Arithmétique, fit découvrir, dans les nombres, plusieurs propriétés qu'on n'auroit jamais déduites de leur formation immédiate. Je vais donc comprendre, sous le nom générique d'*Analyse*, les progrès de l'Algèbre & ceux de l'Arithmétique.

DEPUIS que l'ouvrage de *Lucas de Burgo* avoit paru, on possédoit parfaitement la méthode de résoudre les équations des deux premiers degrés. Mais le passage aux degrés supérieurs étoit difficile. L'Italie eut la gloire de donner à cet égard une nouvelle extension à l'Algèbre. Analyse.

Cardan rapporte, dans son livre, intitulé : *de Arte Magna*, & publié en 1545, que Scipion Ferrei, Professeur de Mathématiques à Bologne, est le premier qui ait donné la formule pour résoudre les équations du troisième degré; qu'environ trente ans après, un Vénitien, nommé Florido, instruit de cette découverte par son Maître Ferrei, proposa à Nicolas Tartaglia, célèbre Mathématicien de Brescia, divers problêmes dont la solution dépendoit de cette formule; & que Tartaglia, en méditant sur ces problêmes, parvint à la trouver. Dans un autre endroit, Cardan fait l'aveu que, sur ses instantes prières, Tartaglia lui communiqua cette même formule,

Cardan, né en 1501, mort en 1576.

Tartaglia, né en 1479, mort en 1557.

mais sans y ajouter la démonstration ; & qu'ayant trouvé cette démonstration, avec le secours de son Disciple, Louis Ferrari, jeune homme d'une grande pénétration, il avoit cru devoir donner le tout au public. Mais Tartaglia fut très-mécontent du procédé de Cardan ; il prétendit être seul inventeur de la formule ; il soutint que Florido ne la connoissoit pas lui-même, & que Cardan étoit coupable tout-à-la-fois d'infidélité & de plagiat, pour avoir publié une formule qu'on lui avoit confiée sous le sceau du secret, & à laquelle il n'avoit aucun droit.

La résolution des équations du quatrième degré suivit de près celle des équations du troisième. Nous apprenons encore de Cardan que Louis Ferrari fit cette nouvelle découverte. Sa méthode, aujourd'hui connue de tous les Analistes, consistoit à disposer les termes de l'équation du quatrième degré, de telle manière qu'en ajoutant à chaque membre une même quantité, ces deux membres pussent se résoudre par la méthode du second degré. En satisfaisant à cette condition, on est mené à une équation du troisième degré : de sorte que la résolution complète du quatrième degré est liée avec celle du troisième, & que les difficultés de celui-ci affectent également l'autre.

Je dis *les difficultés* : il y a effectivement, dans le troisième degré, un cas qui est devenu la torture de tous les Analistes, & que, par cette raison, on appelle *cas irréductible*. Ce cas embrasse les équations où les trois racines sont réelles, inégales & incommensurables entr'elles. Alors les formules, qui les représentent, comprennent des parties imaginaires, & on seroit d'abord porté à croire que ces expressions sont imaginaires, si un examen attentif de leur nature, n'empêchoit de précipiter son jugement. Tartaglia & Cardan n'osèrent rien prononcer à ce sujet. Le dernier s'attacha seulement à résoudre quelques équations particulières qui paroissoient s'y rapporter, & où la difficulté s'évanouissoit fortuitement.

Raphaël Bombelli, Bolonois, un peu postérieur à Cardan, fit voir le premier, dans son Algèbre imprimée en 1579, que les parties de la formule qui représente une racine dans le cas irréductible, formoient, par leur assemblage, un résultat réel. Cette proposition étoit alors un paradoxe ; mais le paradoxe disparut, quand on vit, par la démonstration de Bombelli, que les quantités imaginaires, comprises dans les deux membres de la formule, devoient nécessairement se détruire par l'opposition des signes dont elles étoient affectées. On sent combien une telle remarque étoit importante. On l'a démontrée depuis de plusieurs manières ; mais, quelques efforts qu'on ait faits pour obtenir directement & en termes finis, dans le cas irréductible, les racines sous une forme débarrassée d'imaginaires, on n'a pas encore pu y parvenir. Le seul progrès qu'on ait fait dans cette théorie, est de pouvoir représenter les racines par des formules réelles très-approchées, ou par des lignes que la Géométrie enseigne à déterminer.

Il étoit naturel de penser que les méthodes pour le troisième & le quatrième degrés, devoient s'étendre plus loin, ou faire naître du moins de nouvelles vues sur les formes des racines dans les degrés supérieurs au quatrième.. Mais, si l'on excepte les équations qui, par des transformations de calcul, se réduisent en dernière analyse aux quatre premiers degrés, l'art de résoudre en rigueur les équations n'a fait aucun progrès depuis les travaux des Italiens que nous venons de citer.

Maurolic, Abbé *de Sainte-Marie-du-Port*, en Sicile, profond dans toutes les parties des Mathématiques, s'attacha à une autre branche du calcul analytique, alors presqu'inconnue : c'étoit la sommation de plusieurs suites de nombres, comme la suite des nombres naturels, celle de leurs quarrés, celle des nombres triangulaires, &c. Il donna, sur ce sujet, des Théorêmes remarquables par la subtilité de l'invention & la simplicité des résultats.

Maurolic, né en 1494, mort en 1575.

On voit que nous rendons justice avec plaisir aux savans étrangers. La même équité demande que l'on attribue à Viete, l'un de nos illustres compatriotes, la gloire d'avoir généralisé l'Algorithme de l'Algèbre, & d'y avoir fait plusieurs découvertes importantes. Avant lui, on ne résolvoit que des équations du genre de celles qu'on appelle *équations numériques* : on représentoit l'inconnue par un caractère particulier, ou par une lettre de l'alphabet; les autres quantités étoient des nombres absolus. Il est vrai qu'ensuite la méthode appliquée à une équation pouvoit être appliquée également à une autre équation semblable. Mais il étoit à desirer que toutes les grandeurs indistinctement fussent représentées par des caractères généraux, & que toutes les équations particulières d'un même ordre ne fussent que de simples traductions d'une même formule générale. Viete procura cet avantage à l'Algèbre, en y introduisant les lettres de l'alphabet pour représenter toutes sortes de grandeurs, connues ou inconnues : notation facile & commode, tant parce que l'usage des lettres nous est très-familier, que parce qu'une lettre peut exprimer indifféremment un poids, une distance, une vîtesse, &c. Lui-même fit plusieurs usages très-heureux de ce nouvel algorithme. Tels sont, par exemple, les moyens qu'il donne de transformer une équation en une autre, dont les racines soient plus grandes ou plus petites, d'une quantité arbitraire; de multiplier ou

Viete, né en 1540, mort en 1603.

de divifer les racines par un nombre quelconque, &c. Ces différentes préparations le conduifent à une méthode ingénieufe & nouvelle pour réfoudre les équations du troifième & du quatrième degré. Enfin, au défaut d'une réfolution rigoureufe des équations de tous les degrés, il donne une réfolution approchée : elle eft fondée fur ce principe, qu'une équation quelconque n'eft qu'une puiffance imparfaite de l'inconnue; & l'auteur y emploie à-peu-près les mêmes procédés, que pour trouver, par approximation, les racines des nombres qui ne font pas des puiffances parfaites. Si nous poffédons aujourd'hui des moyens plus fimples & plus commodes pour arriver au même but, n'en admirons pas moins ces premiers efforts du génie.

Hariot, né en 1560, mort en 1621.

Les Anglois firent, peu de tems après Viete, des découvertes intéreffantes dans l'Algèbre. Hariot, dans un ouvrage, intitulé: *Artis Analyticæ praxis*, raffembla tout ce qui avoit été écrit de plus important fur cette Science, & y ajouta plufieurs nouveautés. Il fimplifia les notations de Viete, en fubftituant les lettres minufcules à la place des majufcules, & quelques nouveaux fignes pour abréger le difcours; il eft le premier qui ait imaginé de mettre d'un même côté tous les termes d'une équation, & qui par-là ait vu distinctement, ce que l'Analifte françois n'a fait qu'indiquer d'une manière confufe, que, dans toute équation, le coëfficient du fecond terme eft la fomme des racines prifes avec des fignes contraires; que le coëfficient du troifième eft la fomme des produits des racines prifes deux à deux, *&c.* On lui doit d'avoir obfervé que toutes les équations qui paffent le premier degré peuvent être regardées comme produites par la multiplication d'équations du premier degré : de forte que, fubftituant à la place de l'inconnue l'une des valeurs données par ces équations compofantes, la totalité des termes de l'équation propofée devient égale à zéro. Ces Théorêmes ont facilité la réfolution complette de plufieurs équations.

L'Angleterre a produit une autre théorie analytique très-ingénieufe & très-importante par fes ufages : celle des logarithmes. Tout le monde fait qu'il y a, pour les calculs numériques, quatre règles principales; l'addition, la fouftraction, la multiplication & la divifion. Les deux premières font toujours faciles à pratiquer, & il ne faut qu'une médiocre attention pour exécuter facilement les calculs qu'elles prefcrivent. Il n'en eft pas ainfi des deux autres : elles exigent fouvent des opérations longues, fatigantes, & où il peut aifément fe gliffer des erreurs. En obfervant la correfpondance réciproque de la progreffion géométrique & de la progreffion arithmétique, on s'apperçut que, dans le paffage d'un terme à l'autre, la progreffion géométrique

emploie

emploie la multiplication ou la division de la même manière que la progression arithmétique emploie l'addition ou la soustraction. De-là le Baron de Nepper, Ecossois, imagina de construire des Tables où des nombres se répondoient les uns aux autres, suivant les loix de la progression géométrique & de la progression arithmétique : par ce moyen, il réduisit tous les calculs à de simples additions & soustractions : idée heureuse, qui rend des services immortels à toutes les parties des Sciences, & sur-tout à l'Astronomie. Les savans, qui ont pris la peine de calculer ces Tables, Nepper lui-même, Henri Brigg, Ulacq, Gardiner, &c. ont droit à la reconnoissance de la postérité. An. 1614.

Personne n'a plus contribué aux progrès de l'Analyse que notre illustre Descartes. La nature lui avoit donné le génie & l'audace nécessaires pour remuer toutes les bornes des connoissances humaines. Il apprit aux hommes, dans *sa Méthode*, l'art de chercher la vérité; il joignit l'exemple au précepte dans ses ouvrages de Mathématiques. La gloire que ces ouvrages lui ont acquise ne périra jamais, parce que les vérités qu'il a découvertes sont de tous les tems; mais on ne peut pas dissimuler que la plupart de ses systêmes philosophiques, enfantés par l'imagination, & contredits par la nature, ont déjà disparu, & n'ont produit d'autre avantage que d'abolir la tyrannie du Péripatétisme. L'Algèbre lui doit plusieurs découvertes importantes. Il introduisit dans les multiplications réitérées d'une même lettre, la notation des puissances par les exposans, ce qui simplifie le calcul, & ce qui a été le germe de la Méthode pour développer les quantité radicales en séries. Les Analystes, qui l'avoient précédé, ne connoissoient point l'usage des racines négatives dans les équations, & ils les rejettoient comme inutiles : il fit voir qu'elles sont tout aussi réelles, tout aussi propres à résoudre une question que les racines positives, la distinction qu'on doit mettre entre les unes & les autres n'ayant d'autre fondement que la différente manière d'envisager les quantités dont elles sont les symboles; il enseigna à connoître, dans une équation qui ne contient que des racines réelles, le nombre des racines positives & celui des racines négatives, par la combinaison des signes qui précèdent les termes de l'équation; la Méthode des *indéterminées*, entrevue par Viete, fut développée par Descartes, qui en fit une application claire & distincte aux équations du quatrième degré; il feint que l'équation générale de ce degré est le produit de deux équations du second, qu'il affecte de coëfficiens *indéterminés*; &, par la comparaison des termes de ce produit avec ceux de l'équation proposée, il parvient à une équation réductible au troisième degré, laquelle donne les coëfficiens

Descartes, né en 1596, mort en 1650.

inconnus. Cette méthode s'applique à une infinité de problêmes, dans toutes les parties des Mathématiques.

Je ne ferai pas ici mention de plusieurs savans Algébristes qui, peu de tems après la mort de Descartes, étendirent & même perfectionnèrent ses Méthodes. Il y en a cependant un qui mérite une attention particulière : c'est le célèbre Hudde, Bourguemestre d'Amsterdam, qui publia en 1658, dans le commentaire de Schooten sur la Géométrie de Descartes, une méthode très-ingénieuse pour reconnoître si une équation d'un degré quelconque contient plusieurs racines égales, & pour déterminer ces racines.

Hudde, mort très-âgé en 1704.

Pascal se fraya, dans l'Analyse, une route nouvelle, par son fameux *Triangle arithmétique*. C'est une espèce d'arbre généalogique, où, par le moyen d'un nombre arbitraire, écrit à la pointe du triangle, l'Auteur forme successivement, & de la manière la plus générale, tous les nombres figurés, détermine les rapports qu'ont entr'eux les nombres de deux cases quelconques, & les différentes sommes qui doivent résulter de l'addition des nombres d'une même rangée prise dans tel sens que l'on voudra. Il fait ensuite plusieurs applications intéressantes de ces principes. Celle où il détermine les *partis* qu'on doit établir entre deux Joueurs qui jouent en plusieurs parties, mérite principalement d'être remarquée, puisqu'elle a donné la naissance au calcul des probabilités, dans la Théorie des jeux de hasard. Quelques Auteurs ont attribué les *Elémens* de ce calcul à Huguens, qui publia, en 1657, un excellent Traité, intitulé : *de Raciociniis in Ludo aleæ*; mais Huguens avertit lui-même, avec une modestie digne d'un si grand homme, que cette matière avoit déjà été agitée entre les plus grands Géomètres de la France, & qu'il ne prétend rien à la gloire de l'invention. En effet, on voit, par les lettres de Pascal & de Fermat, imprimées dans les Œuvres de ce dernier, que les principes du Triangle arithmétique étoient répandus en France, dès l'année 1654, quoique les ouvrages, où Pascal les explique en détail, n'aient paru, par la voie de l'impression, qu'après la mort de l'Auteur.

Pascal, né en 1623, mort en 1662.

Huguens, né en 1625, mort en 1695.

Fermat, né en 1590, mort en 1663.

Dans le tems que Pascal approfondissoit à Paris la nature des nombres figurés, Fermat, de son côté, en découvroit à Toulouse plusieurs belles propriétés, en suivant une autre méthode. Ces deux grands hommes se rencontroient souvent dans les résultats de leurs recherches. Loin qu'une pareille concurrence altérât l'amitié que la conformité d'études avoit fait naître entr'eux, sans qu'ils se fussent jamais vus, ils se rendoient mutuellement justice avec un abandon que la médiocrité ne peut connoître.

La prédilection de Fermat pour les recherches numériques se

porta sur-tout vers la Théorie des nombres premiers, qu'on n'avoit pas encore examinée, & où il a fait de profondes découvertes. On sait que tout nombre n'est qu'un rapport avec l'unité de numération; mais il est souvent difficile de reconnoître si ce rapport est simple, ou s'il est produit par la multiplication de plusieurs autres. Fermat établit des caractères généraux & distinctifs, propres à faire discerner, dans une infinité d'occasions, les nombres qui ont des diviseurs d'avec ceux qui n'en ont pas. L'analyse de Diophante exerça également son génie. Bachet de Meziriac, Editeur & Commentateur du Géomètre grec, avoit déjà résolu plusieurs nouveaux problêmes dépendans de la doctrine de son Auteur : Fermat porta plus loin la même matière. Toutes ces recherches ont été étendues & perfectionnées par de grands Géomètres modernes.

Meziriac, né en 1577, mort en 1638.

En 1655, Wallis publia, en Angleterre, son *Arithmétique des infinis;* ouvrage plein de génie, & dont l'objet, comme celui du Triangle arithmétique, étoit de sommer différentes suites de nombres. Par cette Méthode, on quarre les courbes, quand les ordonnées sont exprimées par un seul terme; on peut aussi quarrer les courbes à ordonnées complexes, en développant ces ordonnées en séries, dont chaque terme est un monome. Nous parlerons ci-dessous de la dispute que l'auteur eut avec Pascal au sujet de la Cycloïde. Wallis étoit un profond Analyste : c'est à lui qu'on doit la notation des radicaux par des exposans fractionnaires, & celle des exposans négatifs. Descartes n'avoit employé les exposans que pour les puissances entières & positives.

Wallis, né en 1616, mort en 1703.

Le chemin de la vérité étant sans cesse hérissé d'écueils où la foiblesse de l'esprit humain vient se briser, on ne sauroit trop multiplier les moyens de les éviter, ou d'approcher du but, lorsqu'il n'est pas possible d'y atteindre en rigueur. Tel est l'avantage que procure la Théorie des fractions continues, quand une fraction irréductible est exprimée par de trop grands nombres pour qu'on puisse l'appliquer à la pratique, sous sa forme immédiate. Elle substitue à une expression compliquée, une expression simple & à-peu-près équivalente. Cette Théorie, dont le Lord Brouncker avoit donné les élémens, fut étendue & perfectionnée par Huguens : elle a été appliquée depuis à plusieurs usages importans.

Brouncker, né en 1620, mort en 1684.

Toutes ces branches particulières de l'analyse ne faisoient pas perdre de vue le problême de la résolution générale des équations. Neuton, jeune alors, la chercha long-tems : il ne la trouva point; mais il recula d'ailleurs considérablement les bornes de l'Algèbre. Il donna une Méthode pour décomposer, lorsque la chose est possible, une équation en facteurs commensurables : Méthode qui s'étend à tous les degrés & dont la pratique est aussi simple qu'on puisse le desirer; il somma les puissances quelconques des racines d'une équation; il enseigna l'art d'extraire les racines des quantités en partie commensurables, en partie incommensurables; il apprit à former des suites infinies, pour trouver d'une manière approchée les racines des équations numériques & littérales de tous les degrés, &c. La plupart de ces recherches ont été éclaircies & commentées dans des ouvrages modernes.

Géométrie pure.

Dès le commencement du XVI.e siècle, l'ancienne Géométrie fut cultivée en Europe, avec un succès qui alla toujours en augmentant. On prit pour guides les Géomètres grecs, dont la plupart furent traduits en latin ou en italien. L'étude des anciennes langues, alors fort en vogue, multiplioit les objets & les moyens d'instruction.

Werner, né en 1468, mort en 1528.

On cite Werner comme un savant Géomètre. En 1522, il publia à Nuremberg quelques Traités, concernant presque tous la Théorie des sections coniques.

Tartaglia & Maurolic, dont nous avons déjà parlé, se rendirent utiles à la Géométrie, non-seulement comme traducteurs de plusieurs anciens ouvrages, mais encore comme Auteurs. Le premier a composé un Traité italien, intitulé : *de Numeri è Misure*, dans lequel on trouve, pour la première fois, la détermination de l'*aire* d'un triangle, par le moyen de ses trois côtés, & sans le secours de la perpendiculaire abaissée de l'un de ses angles sur le côté opposé. Le second a écrit sur plusieurs sujets : son Traité des Sections Coniques est remarquable par la clarté & l'élégance qui y règnent. M. de la Hire n'a fait, dans la suite, qu'amplifier & appliquer à de nouveaux usages la Méthode du Géomètre Sicilien.

Nonius, né en 1492, mort en 1577.

Nous ne devons pas oublier Nonius, né en Portugal, auteur de plusieurs ouvrages très-estimables, & à qui l'on doit en particulier la subdivision des petites parties d'un instrument par des lignes transversales, que l'on appelle ordinairement *Division de Nonius*.

Commandin, né en 1509, mort en 1575.

Commandin, qu'on ne peut placer qu'au rang des Commentateurs, mérite du moins la louange qui n'est pas commune, d'avoir bien entendu les Auteurs qu'il a traduits, & d'en avoir éclairci les endroits difficiles, par des notes exactes & précises. Il a publié ainsi, en latin, Euclide, Archimède, quelques ouvrages de Ptolomée, les Pneumatiques de Heron, la Geodesie du Géomètre arabe Mehemet de Bagdat, &c.

Ramus, né en 1502, mort en 1572.

Le célèbre Ramus n'a fait aucune découverte dans les Mathématiques: ses élémens de Géométrie & d'Arithmétique sont médiocres; mais il a d'ailleurs bien mérité des sciences, par le zèle qu'il mit à les répandre, & par le sacrifice qu'il leur fit de son repos, de sa fortune & même de sa vie.

Je m'abſtiens de citer pluſieurs autres Géomètres qui écrivirent des ouvrages utiles pour ce tems-là, mais peu profonds, & aujourd'hui preſqu'entièrement oubliés. Je nommerai ſeulement *Pierre Metius*, *Adrianus Romanus*, & *Leudolphe-van-Ceulen*, qui calculèrent d'une manière beaucoup plus approchée qu'on ne l'avoit fait encore, le rapport de la circonférence au diamètre. Celui de 355 à 113, donné par Metius, approche ſingulièrement de la vérité, eu égard au petit nombre de chiffres par leſquels il eſt exprimé.

Géométrie mixte.

On trouve, dans les ouvrages de Régiomontanus, de Tartaglia & de Bombelli, quelques problêmes de Géométrie, réſolus par le moyen de l'Algèbre. Mais ces ſolutions iſolées, & où l'on employoit, dans chaque cas particulier, de ſimples nombres pour exprimer les lignes connues, n'étoient pas fondées ſur une méthode régulière & générale d'appliquer l'Algèbre à la Géométrie. Viete eſt le premier qui ait donné une telle méthode. Le ſecours mutuel que ces deux Sciences ſe prêtent, fut pour notre auteur la ſource de pluſieurs importantes découvertes. Par exemple, il obſerva que toute équation du troiſième degré, contenant, en général, ou une ſeule racine réelle & deux imaginaires, ou trois racines réelles; la racine réelle, dans le premier cas, ſe trouvoit par la duplication du cube; & les trois racines réelles, dans le ſecond, par la triſection de l'angle. On ne doit pas oublier néanmoins qu'il n'avoit qu'une idée confuſe des racines négatives, & que Deſcartes a commencé à les faire connoître diſtinctement.

Les élémens de la doctrine des *Sections angulaires*, ſont encore une invention de Viete. On ſait que l'objet de cette théorie eſt de trouver les expreſſions générales des cordes ou des ſinus, pour une ſuite d'arcs multiples les uns des autres: Et réciproquement, les expreſſions des arcs, quand on connoît les cordes ou les ſinus: elle a reçu des accroiſſemens entre les mains de Hermann, Jacques Bernoulli & Euler.

On regarde ordinairement Deſcartes comme l'inventeur de l'application de l'Algèbre à la Géométrie: on lui accorde à cet égard un peu plus qu'il ne doit prétendre; mais il a fait réellement de cette méthode un uſage ſi heureux, ſi original & ſi étendu, qu'on a pu oublier les droits de ſes prédéceſſeurs, & lui attribuer la découverte toute entière. Il établit, ſur ce ſujet, les principes les plus lumineux; il commence par la ſolution d'un problême où tous les anciens Géomètres avoient échoué, & qu'on peut énoncer ainſi: *Etant données de poſition, ou trois lignes, ou quatre lignes*, &c; *trouver un point duquel on puiſſe mener autant d'autres lignes, telles qu'elles faſſent avec les premières des angles donnés, & que le rectangle formé sur deux de ces lignes ainsi tirées d'un même point, ait un rapport donné avec le quarré de la troisième, s'il n'y en a que trois; ou bien avec le rectangle des deux autres, s'il y en a quatre*, &c. Mais ce qui appartient absolument à Descartes, & ce qui lui fera un honneur immortel, c'est d'avoir appliqué l'Algèbre à la théorie des lignes courbes. Il regarde une courbe comme engendrée par les extrémités d'une suite de lignes variables, qui répond à d'autres lignes variables; &, après avoir formé une équation qui exprime la loi suivant laquelle ces deux suites de lignes varient les unes par rapport aux autres, il construit la courbe; il suit sa marche dans l'espace; il détermine ses tangentes, ses perpendiculaires, & en général toutes les affections qui la caractérisent. Cette méthode réunit sous un même point de vue la simplicité & la généralité. Ainsi, par exemple, une même équation du second degré, entre l'abcisse & l'ordonnée combinées avec des quantités constantes, peut représenter, en général, la nature des trois sections coniques; ensuite les valeurs & les rapports des quantités constantes déterminent l'équation à exprimer, dans les cas particuliers, une parabole, une ellipse ou une hyperbole.

On doit encore à Descartes la manière d'envisager & de construire les courbes à double courbure, en les projettant sur deux plans perpendiculaires entr'eux, où elles forment des courbes ordinaires, qui ont une abscisse & une ordonnée communes.

De tous les problêmes qu'il résout dans sa Géométrie, aucun ne lui fit autant de plaisir, comme il le dit lui-même, que sa méthode pour mener les tangentes à une courbe. Cette méthode donne les tangentes par le moyen des perpendiculaires aux points de contingence. L'Auteur feint que, d'un point quelconque, pris sur l'axe de la courbe, on décrive un cercle lequel coupe la courbe au moins en deux points; il cherche l'équation qui exprime les lieux des intersections; il suppose ensuite que le rayon du cercle diminue jusqu'à ce que deux intersections voisines viennent à coïncider: alors les deux rayons correspondans n'en forment qu'un seul qui est perpendiculaire à la courbe; & la question est réduite à former, d'après ces élémens, une équation qui contienne deux racines égales. Dans la suite, Descartes proposa une autre méthode pour les tangentes: il prend ici hors de la courbe, & sur le prolongement de son axe, un point autour duquel il fait tourner une ligne droite qui coupe la courbe au moins en deux points; il fait coïncider les deux points d'intersection, en assujettissant, comme tout-à-l'heure, l'équation des intersections à contenir deux racines égales. On voit que les deux méthodes sont fondées sur le même principe; elles sont l'une

& l'autre fort ingénieuſes, quoique bien moins ſimples & moins directes que celle du calcul différentiel.

Fermat avoit trouvé, avant que la Géométrie de Deſcartes parût, ſa méthode pour déterminer les *maxima* & les *minima* dans les quantités qui croiſſent d'abord, puis décroiſſent; ou qui commencent à diminuer, puis viennent à augmenter. Elle porte ſur cette remarque, qu'en deçà & en delà du point de *maximum* ou de *minimum*, il y a deux grandeurs égales : Fermat cherche les expreſſions de ces grandeurs, il les égale entr'elles; &, ſuppoſant enſuite que l'intervalle des deux grandeurs eſt infiniment petit, il trouve une équation qui donne le *maximum* ou le *minimum*. On détermine facilement, par ce moyen, les tangentes des courbes, en conſidérant une tangente comme une ſécante, & en faiſant évanouir l'intervalle compris entre les deux ordonnées qui répondent aux deux points d'interſections. Ce même principe eſt, comme on voit, la baſe du calcul différentiel que Fermat n'a pas cependant trouvé, parce qu'il falloit de plus ſoumettre la méthode à un algorithme de calcul régulier & débarraſſé de toutes les opérations ſuperflues.

Nous rapportons à la Géométrie mixte pluſieurs ouvrages qui parurent dans le dernier ſiècle, avant la naiſſance des calculs différentiel & intégral : non pas que les méthodes qu'on y emploie ſoient toutes fondées ſur le calcul algébrique, mais parce qu'elles ſont toujours au moins dirigées par l'eſprit de ce calcul.

Un des plus originaux eſt la Géométrie des indiviſibles de Cavalleri. La méthode des anciens pour déterminer les ſurfaces & les ſolidités des corps, avoit l'inconvénient d'exiger pluſieurs détours : il falloit inſcrire & circonſcrire des polygones à une figure, & chercher la limite du rapport entre le dernier polygone inſcrit & le dernier polygone circonſcrit. Cavalleri marche plus directement au but : il regarde les plans comme formés par des ſommes infinies de lignes, les ſolides, par des ſommes infinies de plans; & il prend pour principe que les rapports de ces ſommes infinies de lignes ou de plans ſont les mêmes que ceux des plans ou des ſolides. Cette nouvelle Théorie donne ſans peine non-ſeulement les problêmes de l'ancienne Géométrie, qui ſont de nature à y être ſoumis, mais encore pluſieurs autres d'un genre plus difficile.

Cavalleri, né en 1598, mort en 1647.

Il paroît que la méthode des indiviſibles, ſur laquelle la Géométrie de Cavalleri eſt fondée, n'étoit pas inconnue en France, quand cet ouvrage parut : car, un peu avant cette époque, Roberval avoit employé une ſemblable méthode pour déterminer l'aire de la cycloïde & les ſolides qu'elle engendre en tournant, ſoit autour de ſa baſe, ſoit autour du diamètre de ſon cercle générateur.

Roberval, né en 1602, mort en 1675.

Toricelli, né en 1608, mort en 1647.

Quelques années après, Toricelli donna ces Théorêmes concernant la cycloïde, comme de son invention. Roberval voulut le faire passer pour plagiaire; mais on juge, par le tour des démonstrations de Toricelli, qu'il étoit parvenu, de son côté, aux mêmes vérités que Roberval, dont vraisemblablement il ne connoissoit pas l'ouvrage.

Descartes & Fermat résolurent, au sujet de la même courbe, un autre problême alors très-difficile : ils enseignèrent à mener ses *tangentes*.

Grégoire de Saint-Vincent, né en 1584, mort en 1667.

Un Géomètre des Pays-bas, Grégoire de Saint-Vincent, se fit de la réputation dans les Mathématiques, par un ouvrage où il cherchoit la quadrature du cercle, qu'il ne trouva point, mais rempli d'ailleurs de Théories exactes & profondes sur la mesure des onglets de différens corps formés par la révolution des sections coniques.

Beaune, né en 1601, mort en 1651.

Beaune, ami & commentateur de Descartes, proposa un problême qui a donné naissance à la célèbre *méthode inverse des tangentes*. Ce problême consistoit à trouver une courbe telle que l'ordonnée fût à la sous-tangente, comme une ligne donnée est à la partie de l'ordonnée, comprise entre la courbe & une ligne qui, coupant l'ordonnée, fait avec l'axe un angle connu. Descartes indiqua la construction & plusieurs propriétés de la courbe demandée.

An. 1656.

Wallis avoit connu & indiqué le principe de la rectification des courbes, mais sans en faire aucun usage. Un Géomètre, rempli de sa doctrine, Guillaume Neil, développa ce principe, & en fit l'application à la seconde parabole cubique, où le cube de l'ordonnée est proportionnel au quarré de l'abcisse : premier exemple d'une courbe rectifiée.

Sluze, né en 1623, mort en 1685.

Wren, né en 1632, mort en 1723.

La cycloïde commençoit à être un peu oubliée des Géomètres, lorsque Pascal la ramena sur la scène en 1658, & proposa de nouveaux problêmes sur cette courbe, en promettant des prix à ceux qui les résoudroient. Ces problêmes consistoient à trouver la mesure & le centre de gravité d'un segment quelconque de cycloïde, les dimensions & les centres de gravité des solides, quart de solides, *&c.*, qu'un pareil segment produit en tournant autour de l'abscisse ou de l'ordonnnée. Huguens quarra le segment compris depuis le sommet jusqu'au quart du diamètre du cercle générateur; Sluze mesura l'aire de la courbe par une méthode très-élégante; Wren détermina la longueur & le centre de gravité de l'arc cycloïdal, compris depuis le sommet jusqu'à l'ordonnée; & les surfaces des solides de révolution que cet arc produit : Fermat & Roberval, sur le simple énoncé des Théorêmes du Géomètre Anglois, en trouvèrent les démonstrations. Mais toutes ces recherches ne répondoient pas,

pas, du moins entièrement, aux questions du Programme. Aussi ne furent-elles pas envoyées au concours. Wallis & le P. Lallouere, Jésuite, furent les seuls qui, ayant traité tous les problêmes proposés, prétendirent aux prix. Mais Pascal leur démontra à l'un & à l'autre qu'ils s'étoient trompés en plusieurs points. Lui seul donna la solution véritable & complette de ses problêmes; il y en ajouta plusieurs autres qui achèvèrent d'établir sa supériorité en Géométrie, & de perfectionner la théorie de la Cycloïde.

Barrow eut une idée heureuse, & qu'on peut regarder comme un nouveau pas vers l'analyse infinitésimale, en formant son *triangle différentiel*, pour mener les tangentes des courbes. On sait que ce triangle a pour côtés l'élément de la courbe, & ceux de l'abscisse & de l'ordonnée. La méthode de Barrow est celle de Fermat, simplifiée & généralisée à quelques égards; elle donne facilement les tangentes des courbes dont les ordonnées sont rationnelles; mais ce n'est pas encore le calcul différentiel. Barrow, né en 1630, mort en 1677.

Une autre branche de la Géométrie occupa Sluze, qui la porta au plus haut degré d'élégance : c'est la construction des équations par les lieux Géométriques.

La Théorie *des développées* que Huguens publia, en 1673, dans son Traité de *Horologio Oscillatorio*, sera toujours regardée comme l'une des plus grandes découvertes de la Géométrie. Une courbe étant donnée, on forme une autre courbe, en menant à la première, une suite de perpendiculaires qui touchent la seconde : ou réciproquement, étant donnée une courbe qui se forme par une suite de lignes droites qui la touchent, on détermine la courbe qui coupe perpendiculairement toutes ces tangentes. Par-là, Huguens parvint à rectifier plusieurs courbes; il trouva la belle propriété qu'a la cycloïde de produire, en se développant, une cycloïde égale & semblable, posée dans une situation renversée. Les usages de la théorie des développées, dans toutes les parties des Mathématiques, sont innombrables.

Les Anglois continuoient d'enrichir la Géométrie de plusieurs nouveautés remarquables. Brouncker donna une suite infinie, pour représenter l'aire de l'hyperbole; Nicolas Mercator parvint, de son côté, à la même découverte. Wallis avoit enseigné, depuis longtems, à quarrer les courbes, dont les ordonnées sont des monomes; sa méthode s'appliquoit également aux courbes, qui ont pour ordonnées des quantités complexes élevées à des puissances entières & positives, en faisant le développement de ces puissances, par les principes ordinaires de la multiplication. Il voulut étendre aussi cette théorie aux courbes qui ont des ordonnées complexes & radicales, en cherchant à interpoler, pour ce cas, de nouvelles suites, aux suites de la première espèce; mais il ne put y réussir. Neuton surmonta la difficulté; il fit plus, il résolut le problême d'une manière directe & beaucoup plus simple, au moyen de la formule qu'il trouva pour développer, en une suite infinie, une puissance quelconque d'un binome, quelque soit l'exposant de la puissance, entier ou rompu, positif ou négatif. La suite infinie qui résulte de-là, pour la quadrature du cercle, fut trouvée d'une autre manière par Jacques Grégori. Ce même Géomètre forma plusieurs autres suites très-curieuses: dans un ouvrage qui est resté manuscrit, mais dont on a conservé le précis, il donnoit la tangente & la sécante par l'arc, & réciproquement l'arc par la tangente ou la sécante: il formoit deux suites pour trouver immédiatement le logarithme de la tangente ou de la sécante, quand l'arc est donné; & réciproquement le logarithme de l'arc, par celui de la tangente ou de la sécante: enfin il appliquoit cette théorie des suites à la rectification de l'ellipse & de l'hyperbole.

L'usage des suites, dans la géométrie, fit aussi des progrès en Allemagne. Léibnitz donna une méthode pour transformer une surface curviligne en une autre dont les parties, supposées égales à celles de la première, eussent d'ailleurs une figure & une position, telles qu'on pût appliquer à la quadrature de cette dernière courbe les méthodes de Mercator & de Wallis.

Astronomie.

Nous trouvons, sous cette période, une foule d'Astronomes; parmi lesquels il y a des génies du premier ordre.

Copernic, né en 1472, mort en 1543.

Ce titre est dû à Copernic; qui s'offre ici à nous des premiers. Quoique né en 1472, il ne put se livrer entièrement à son goût, pour l'Astronomie, que vers l'année 1507. L'explication des mouvemens célestes, dans le systême de Ptolomée, avoit d'abord choqué sa raison. Il y trouvoit un embarras & une obscurité qu'il ne pouvoit concilier avec la simplicité des loix ordinaires de la nature. Instruit que les Pythagoriciens avoient transporté, du soleil à la terre, le mouvement de révolution dans l'écliptique, & que d'autres Philosophes anciens, en laissant la terre au centre de notre monde planétaire, lui avoient attribué d'ailleurs un mouvement de rotation autour de son axe, pour expliquer les vicissitudes des jours & des nuits; il combina ensemble ces deux idées, & il se convainquit, par une longue suite de méditations, que la terre avoit en effet ce double mouvement. Alors les directions, les stations, & les rétrogradations des planètes, vinrent s'expliquer avec une facilité qui l'étonna lui-même. Il répondit, d'une manière victorieuse, aux principales objections qu'on pouvoit lui opposer: celles qui laissoient encore quelque nuage, furent levées dans la suite par les observations même, comme il l'avoit prédit. Toute sa doctrine est expliquée dans son fameux Livre *de revolutionibus cœlestibus*, qui fut composé vers l'an 1530, mais qui ne parut qu'en 1543 : l'auteur mourut le jour même qu'il en reçut le premier exemplaire entièrement imprimé.

Le systême de Copernic étoit si simple, si satisfaisant, si conforme à toutes les loix de la Méchanique & de la Physique céleste, qu'il auroit été d'abord adopté de tous les astronomes, si un zèle religieux, mal entendu, n'avoit cru en trouver la condamnation dans quelques passages de l'Ecriture Sainte : comme si les Ecrivains sacrés, dans une question de pure philosophie, devoient se conformer à la vérité astronomique, qui ne peut être entendue que des Savans, & non pas au langage vulgaire, qui est à la portée de tous les hommes! Nous voyons avec peine, que Tycho-Brahé ait sacrifié ses lumières, & peut-être sa conviction intime à des considérations qui ne sembloient pas faites pour l'ébranler; mais pardonnons-lui cette erreur, ou cette foiblesse, en faveur des nombreuses observations & découvertes dont il a enrichi l'Astronomie. En rendant à la terre sa prétendue immobilité, il faisoit circuler au-tour d'elle, d'abord la lune, ensuite le soleil, qui emportoit dans sa sphère de révolution, les autres planètes, Mercure, Vénus, Mars, Jupiter & Saturne. Il expliquoit ainsi, d'une manière assez satisfaisante, les apparences des phénomènes célestes alors connus. Je dis *alors connus*, parce que la Théorie de l'*aberration* de la lumière des étoiles fixes ne permet plus aujourd'hui de douter que la terre autour du soleil. Mais Tycho étoit trop éclairé d'ailleurs, pour ne pas reconnoître que son systême choquoit, presque autant que celui de Ptolomée, les loix de la Méchanique. Sa vraie gloire est d'avoir été un excellent observateur, & d'avoir jetté les fondemens des nouvelles théories astronomiques, ou par ses propres travaux, ou par ceux des disciples & des coopérateurs qu'il s'étoit associés dans sa petite Ville d'Uranibourg. Il détermina, plus exactement qu'on n'avoit fait encore, le mouvement des planètes : celui que l'on connoît à la lune, sous le nom de *variation*, est l'une de ses découvertes. L'Astronomie des comètes, qui place ces astres au nombre des planetes, & qui cherche à calculer leurs orbites, a pris naissance entre ses mains.

Tycho-Brahé, né en 1546, mort en 1601.

Nous n'oublierons pas Guillaume IV, Landgrave de Hesse-Cassel, Contemporain de Tycho. Ce Prince fit bâtir, dans sa Capitale, un observatoire qu'il garnit des meilleurs instrumens alors connus; & il y observa lui-même la position de plusieurs étoiles, & les hauteurs solstitiales du soleil en 1585 & 1587.

Guillaume IV, né en 1532, mort en 1592.

Réforme du Calendrier, en 1582.

Ce tems est encore célèbre par la réforme du calendrier. Le désordre qui s'étoit introduit dans la manière de régler la fête de Pâques, parmi les Chrétiens, demandoit qu'on y apportât enfin du remède, & on s'en occupoit effectivement depuis près d'un siècle. Cet ouvrage fut achevé, en 1582, sous le Pontificat de Grégoire XIII. On sait que les Juifs célébroient leur *Pâques* le quatorzième jour du *premier mois*, c'est-à-dire du mois où la pleine lune arrivoit le jour même de l'équinoxe, ou le jour qui suivoit immédiatement. Dans la primitive Eglise, on avoit statué que la Pâques des Chrétiens, instituée en mémoire de la résurrection de Jesus-Christ, seroit célébrée le premier dimanche qui arrivoit après la Pâques Juive, parce que Jesus-Christ étoit ressuscité à pareil jour; mais on étoit souvent embarrassé à le fixer, & on le choisissoit ordinairement au hasard. Le Concile tenu à Nicée, en 325, supposant que l'équinoxe du printems arrivoit toujours le 21 Mars, avoit ordonné d'ailleurs, qu'on régleroit le mois lunaire & l'âge de la lune, d'après le cycle de Meton; mais il y avoit, dans cette disposition, deux petites erreurs astronomiques, dont les effets accumulés dans une suite de siécles, étoient devenus très-sensibles. L'équinoxe du printems qui, en 325, tomboit au 21 Mars, tomboit au 11 Mars en 1582; & d'un autre côté, l'âge de la lune ne quadroit point avec les suppositions du cycle Métonien. Grégoire XIII, par une bulle donnée au mois de Mars 1582, retrancha tout d'un coup 10 jours au mois d'Octobre, pour ramener l'équinoxe du printems, au 21 Mars de l'année suivante; & il fixa les corrections qu'exigeoient pour l'avenir, la précession des équinoxes & les inégalités du mouvement de la lune, que l'on commençoit à mieux connoître. Le nouveau calendrier, après avoir essuyé plusieurs contradictions, sur-tout de la part des Protestans, est aujourd'hui en usage dans tous les pays Chrétiens; mais il est encore sujet à des imperfections. On ne peut pas nier que sa forme ne soit très-compliquée & très-incommode. Il seroit à desirer qu'on abandonnât tout cet appareil des épactes & des lettres dominicales, quelque ingénieux qu'on le suppose, & qu'on déterminât immédiatement, par le calcul astronomique ordinaire, la fête de Pâques & les autres fêtes mobiles, ce qui est exact & n'a aucune difficulté.

Kepler, né en 1571, mort en 1631.

Kepler, doué d'un profond génie, & guidé par les observations de Tycho, s'est immortalisé pour avoir substitué l'ellipse au cercle, dans les mouvemens planétaires, & pour avoir découvert ces deux loix célèbres qui sont la base de la Physique céleste moderne, & en particulier, de la théorie Neutoniene: 1.° Que les planètes décrivent autour du soleil, des aires proportionnelles au tems. 2.° Que les quarrés des tems des révolutions des planètes sont comme les cubes de leurs moyennes distances au soleil.

L'invention du Télescope, qui se fit au commencement du XVIIe siècle, & qu'on attribue le plus vraisemblablement à Jacques Metius, père d'Adrien Metius, dont nous avons parlé, servit non-seulement à perfectionner l'ancienne Astronomie, mais encore à découvrir, dans les espaces célestes, de nouveaux corps que la simple vue ne pouvoit distinguer. Muni de cet instrument, Galilée apperçut le premier, en 1610, les Satellites de Jupiter. Il reconnut, par le même moyen, les phases de Vénus, qui sont à peu-près semblables à celles de la lune; & il mit, dans plusieurs observations des planètes, une précision que l'on ne connoissoit pas. Tout le monde sait, qu'ayant adopté le systême de Copernic, avec un éclat peut-être indiscret dans le pays qu'il habitoit, il fut cité au tribunal qui usurpe le nom de Saint-Office, enfermé dans ses cachots, & obligé, pour recouvrer sa liberté, de rétracter à genoux une opinion dont il étoit intérieurement convaincu. La postérité n'a pas oublié cet outrage fait à la raison; & tôt ou tard, le tribunal de l'inquisition expiera ce crime, & tant d'autres qu'un fanatisme absurde lui a fait commettre.

Télescope ou Lunette Astronomique.

Galilée, né en 1564, mort en 1642.

Si la découverte du Télescope fut, comme on le croit, l'effet du hasard, elle donna du moins la naissance à des recherches sur la réfraction de la lumiere, qui firent de cette branche de l'optique, une science toute nouvelle. *Antonio de Dominis*, Archevêque de Spalatro, Capitale de la Dalmatie, esquissa la théorie de l'arc-en-ciel, perfectionnée depuis, & portée au dernier degré de précision & d'évidence. Snellius, Mathématicien Hollandois, découvrit que lorsqu'un rayon de lumiere passe d'un milieu dans un autre, il change de direction, de telle manière que, dans tous les cas, il existe un rapport constant entre deux lignes qu'il assigne, & qu'on trouve proportionnelles au sinus de l'angle d'incidence, & au sinus de l'angle rompu. L'ouvrage, où il établissoit cette propriété remarquable de la réfraction, n'a jamais été imprimé. Descartes a donné, sous la forme que nous venons d'indiquer, le même Théorême, sans citer Snellius; d'où quelques François ont conclu qu'il en étoit l'inventeur; mais Huguens assure que Descartes avoit vu les manuscrits de Snellius.

Progrès de la Dioptrique.

Antonio de Dominis, né en 1561, mort en 1625.

Snellius, né en 1571, mort en 1626.

On est d'abord porté à croire que la réfraction de la lumiere dépend, comme celle des corps solides, de la résistance des milieux; mais cette idée, si naturelle en apparence, se trouve fausse. Un rayon lumineux qui passe d'un milieu dans un autre plus dense, s'approche de la perpendiculaire à la surface qui sépare les deux milieux, au lieu de s'en éloigner, comme il devroit le faire, s'il étoit détourné de sa direction par la résistance du milieu, puisqu'une plus grande densité doit produire une plus grande résistance. Descartes voulant assimiler la réfraction de la lumiere à celle des corps solides, expliquoit le premier phénomène d'une manière qui éprouva les plus vives contradictions de la part de plusieurs Géomètres ses Contemporains. Fermat, entr'autres, la combattit par des raisons qui, sans être absolument péremptoires, la rendoient au moins fort douteuse. Il essaya de résoudre lui-même la question par une autre voie. Les anciens avoient supposé qu'un rayon mu toujours dans un même milieu, va d'un point à l'autre par le chemin le plus court, d'où il résultoit que dans le cas de la réflexion, l'angle de réflexion devoit être égal à l'angle d'incidence. Fermat crut que pour la réfraction, le rayon passant d'un milieu dans un autre, devoit faire le chemin total par *le tems le plus court*; & il concluoit en effet de-là, que, d'un milieu rare à un milieu dense, le rayon s'approcheroit de la perpendiculaire. La même métaphysique conduisit dans la suite Leibnitz, à envisager ce problême sous un autre point de vue. Il prétendit que le rayon de lumiere devoit prendre, d'un milieu à l'autre, le *chemin le plus facile*, estimant cette facilité par le rapport inverse composé de la longueur du chemin & de la densité du milieu. Mais toutes ces solutions, fondées sur les loix des causes finales, sont fort hypothétiques & très-souvent illusoires. Un examen appuyé sur la Géométrie & la Méchanique, a banni ces explications de la Physique, & a fait trouver, dans la théorie générale de l'attraction, la véritable cause de la réfraction de la lumiere.

Microscope.

A mesure qu'on approfondissoit l'optique, elle fournissoit de nouveaux instrumens utiles aux Sciences. De ce nombre est le Microscope, qu'on employa bientôt pour faire une multitude d'observations de Physique & d'histoire naturelle, où la vue a essentiellement besoin d'être aidée par le secours de l'art.

On avoit expliqué avec succès les phénomènes de l'arc-en-ciel:

Couronnes, parhélies, parasélènes.

on réussit également à expliquer ceux des couronnes, des parhélies & des parasélènes. Je n'ai pas besoin de dire que les couronnes sont des anneaux circulaires de lumiere que l'on voit quelquefois pendant le jour, autour du soleil, & pendant la nuit, autour de la lune; les parhélies, des faux soleils, ou des soleils apparents autour du véritable; & de même, les parasélènes, de fausses lunes. Ces phénomènes ont été apperçus dans tous les tems; mais on a commencé seulement, dans le siècle dernier, à les observer avec exactitude. Car Aristote, & Cardan dix-huit siècles plus tard, avancent qu'on ne voit jamais plus de deux parhelies ensemble, tandis que réellement, en y apportant l'attention néceſſaire, on en remarque ſouvent un plus grand nombre. Par exemple, on vit cinq ſoleils à Rome, le 29 Mars 1629; ſept à Dantzick, le 20 Février 1661, &c. Or, eſt-il probable, dit Huguens, qu'il ait paru, en un ſi petit nombre d'années, ſix ou ſept parhelies tout à-la-fois, & que le même phénomène n'eût jamais paru dans les tems antérieurs? Sans doute on ne regardoit autrefois, comme de vrais parhelies, que les deux parhelies latéraux, qui ſont en effet les plus conſidérables, & on ne faiſoit pas attention aux autres, comme plus foibles & plus languiſſants. Deſcartes entreprit d'expliquer toutes ces apparences; mais ſon explication étoit un peu vague, & même fauſſe à certains égards. Huguens la rectifia, & fournit la matière à une théorie lumineuſe & convaincante. En général, perſonne n'a plus contribué que lui à perfectionner les différentes parties de l'Optique.

L'Aſtronomie avançoit toujours. En 1631, Gaſſendi vit mercure ſur le ſoleil, & c'eſt la première obſervation de ce genre; Horoccius en fit une ſemblable pour vénus, en 1639. Morin indiqua la manière de réſoudre le fameux problême des longitudes, par le moyen des obſervations Aſtronomiques; & pour faire ces obſervations avec plus d'exactitude, il propoſa d'appliquer une lunette au quart de cercle, idée que l'on a attribuée mal-à-propos à des Aſtronomes poſtérieurs. Hévélius, outre un grand nombre d'obſervations ſur les taches du ſoleil & ſur les éclipſes, donna une excellente deſcription de la figure de la lune; il perfectionna de plus la théorie des Comètes. Je pourrois citer pluſieurs autres Aſtronomes diſtingués, ſi je n'étois forcé d'abréger.

Gaſſendi, né en 1592, mort en 1655.

Horoccius, né en 1619, mort en 1641.

Morin, né en 1583, mort en 1635.

Hévélius, né en 1611, mort en 1688.

On cherchoit depuis quarante ans, ſi, à l'exemple de la terre & de jupiter, les autres planètes n'avoient pas des ſatellites. En 1655, Huguens en découvrit un à ſaturne, celui qui eſt aujourd'hui le quatrième dans l'ordre de la diſtance à cette planète. Bientôt après, il fit une découverte encore plus importante. Galilée avoit reconnu, avec le ſecours du téleſcope, les principales apparences que produit cette eſpèce d'anneau dont ſaturne eſt environné; mais il ne put en aſſigner la véritable cauſe, ni en prédire exactement les phaſes. D'autres Aſtronomes n'eurent pas un ſuccès plus heureux. Enfin, Huguens, aidé d'une excellente lunette qu'il avoit conſtruite lui-même, trouva que l'anneau de ſaturne étoit un corps ſolide, mince, détaché de cette planète, & incliné ſur le plan de l'écliptique. De nouvelles obſervations lui fournirent le moyen de développer davantage cette théorie, & d'en établir la vérité avec une pleine évidence.

Quatrième ſatellite de Saturne.

Anneau de Saturne.

An. 1659.

Pendant que les Sciences, appuyées sur la Géométrie & l'Observation, marchoient si rapidement, la raison abandonnée à elle-même, ou égarée par les subtilités de la Métaphysique, ne secouoit qu'avec peine le joug de certaines opinions superstitieuses & chimériques. Par exemple, on croyoit, en ce tems-là, que le nombre des planètes principales, & celui des planètes secondaires devoient être égaux. Huguens lui-même en étoit si persuadé, qu'après avoir trouvé un satellite à Saturne, ce qui établissoit l'égalité dont nous venons de parler, il ne craignit pas d'avancer que le systême planètaire étoit complet, & qu'on ne devoit plus espérer de voir à l'avenir de nouveaux satellites. Cependant le célèbre Dominique Cassini découvrit encore successivement quatre satellites à Saturne : savoir, le 3.e, le 5.e, le 1.er & le 2.e Il s'étoit déjà fait la réputation d'un grand Astronome, qu'il soutint & augmenta durant sa longue carrière.

Dom. Cassini, né en 1625, mort en 1712.

L'Académie des Sciences de Paris, établie en 1666, ne se borna pas à les cultiver paisiblement dans l'enceinte de cette ville. Plusieurs de ses membres entreprirent de longs voyages, dans l'intention principalement de perfectionner l'Astronomie. On fit des observations de toute espèce; on étudia la théorie des réfractions qui altèrent continuellement la position des astres pour le spectateur; on détermina les parallaxes des planètes, d'où dépendent les dimensions de leurs orbites. Malgré les soins qu'on se donna, on ne put alors fixer, avec une certaine précision, la parallaxe du soleil : on la trouvoit d'environ douze secondes; les observations faites de nos jours ne la portent guères au-dessus de huit secondes.

Picard, né en .... mort en 1682.

Mesure d'un degré du méridien.

L'Abbé Picard, Astronome distingué par son exactitude dans le choix & l'usage des instrumens propres aux observations, s'occupa de la mesure de la terre, objet essentiel à la Navigation & à la Géographie. Tous les moyens que les Grecs, les Arabes, & même plusieurs Astronomes modernes avoient employés pour cette mesure, n'étoient pas susceptibles d'une précision suffisante. Le seul Fernel, Médecin de Henri II, en suivant une méthode très-incertaine, avoit néanmoins déterminé, par une espèce de hasard, à-peu-près la valeur exacte d'un degré de la terre. Picard mit en pratique, dans cette recherche, des opérations conformes aux loix de l'Astronomie & de la Géométrie. Il mesura l'arc céleste, compris entre Sourdon, en Picardie, & Malvoisine, dans les confins du Gatinois & du Hurepoix; ensuite, par la comparaison de cette mesure, avec celle de l'arc terrestre, déterminée au moyen d'une suite de triangles qui se lioient les uns aux autres, & dont le premier étoit établi sur une base connue, il conclut que la longueur du degré terrestre étoit de

An. 1670.

57060

57060 toises, & la circonférence entière d'un grand cercle de la terre, de 20541600 toises.

On attribuoit généralement à la terre la forme d'une sphère parfaite. Mais cette hypothèse n'étoit pas vraie à la rigueur. Une expérience, à jamais célèbre, que Richer fit à Cayenne, fut le germe d'une nouvelle Théorie sur ce sujet, & de toutes les grandes opérations que l'on a faites dans ce siècle pour en comparer les résultats avec ceux de la nature. Cet Astronome attentif trouva qu'il falloit diminuer d'environ une ligne & un quart la longueur du pendule qui battoit les secondes à Paris, afin de lui faire battre aussi les secondes à Cayenne. Après plusieurs discussions sur la cause de ce phénomène, on reconnut enfin qu'on ne pouvoit l'expliquer que par une diminution de la gravité, en allant des poles vers l'équateur. Mais cette diminution de la pesanteur, comment l'expliquer elle-même? Huguens observa qu'en vertu du mouvement de rotation de la terre autour de son axe, la force centrifuge devoit diminuer la gravité, depuis un pole jusqu'à l'équateur; que cet effet avoit eu lieu dans la formation du globe terrestre; & que par conséquent ce globe avoit dû prendre la forme d'un sphéroïde applati vers les poles. Neuton étoit parvenu, de son côté, à la même conclusion. Ils différoient d'ailleurs sur la figure du sphéroïde & sur la quantité de l'applatissement, parce qu'ils avoient employé, pour les déterminer, des élémens qui n'étoient pas tout-à-fait les mêmes. Toutes les mesures modernes ont constaté le fond de cette Théorie, c'est-à-dire, l'abaissement de la terre vers les poles.

Figure de la terre.

Richer, né en .... mort en 1696.

An. 1672.

La découverte de la propagation successive de la lumière, est à-peu-près de la même époque. Depuis que l'on connoissoit les satellites de Jupiter, on s'étoit appliqué avec soin à déterminer leurs mouvemens; & Dominique Cassini étoit parvenu à construire des Tables qui représentoient, avec beaucoup d'exactitude, leurs révolutions, & leurs éclipses causées par l'ombre de Jupiter. Cependant Roemer, qui observoit assidûment le premier satellite, s'apperçut que, dans les éclipses, il sortoit de l'ombre, en certains tems quelques minutes plus tard, & en d'autres quelques minutes plutôt qu'il n'auroit dû faire. De plus, en comparant ces tems les uns avec les autres, il reconnut que le satellite sortoit plus tard de l'ombre, lorsque la terre, par son mouvement annuel, s'éloignoit de Jupiter, & plutôt quand elle s'en approchoit. De-là il forma cette conjecture ingénieuse, bientôt convertie en démonstration, que le mouvement de la lumière n'est pas instantanée, & qu'elle emploie un certain tems pour arriver du corps lumineux à l'œil de l'Observateur. Suivant ses premiers calculs, elle devoit mettre environ onze minutes à

Propagation successive de la lumière.

Roemer, né en 1644, mort en 1710.

An. 1676.

parcourir le rayon de l'orbite terrestre; il trouva depuis que la vîtesse de ce fluide étoit un peu plus grande. Aucun phénomène n'est plus remarquable que celui-ci dans la Physique céleste, ni plus essentiel, comme élément, dans les théories Astronomiques : il assure l'immortalité au nom de Roemer.

A chaque pas que fait une Science, les arts accessoires, sur-tout ceux qui sont utiles à la société, prennent des accroissemens proportionnés. La Navigation & la Gnomonique ont ainsi éprouvé l'influence des progrès de l'Astronomie.

Navigation. En bornant toujours l'usage des cartes plates à représenter de petites étendues de terrein, on pouvoit éviter l'inconvénient qu'elles ont d'exprimer par des lignes égales les degrés des deux cercles parallèles qui terminent la carte nord & sud, & donner la proportion convenable aux expressions de ces degrés. Gerard Mercator, Géographe des Pays-bas, en fit la remarque, qui est d'ailleurs fort simple & fort élémentaire. (An. 1550.) Edouard Wright, le même dont il reste des observations astronomiques parmi celles de Horoccius, développa l'idée de Mercator, ou plutôt envisagea la question sous un nouveau point de vue. Ayant remarqué que le rayon d'un parallèle, en allant de l'équateur au pole, diminue en même raison qu'augmente la sécante de la latitude, il proposa de construire des cartes d'après ce principe. On les appella *cartes réduites*. L'invention en est très-ingénieuse : elles s'introduisirent dans la Marine, vers l'année 1630. On a calculé depuis des Tables pour en perfectionner la théorie & la pratique. La *Loxodromie* ou la route que suit le vaisseau sur la surface du globe, par un même rhumb de vent, est une courbe à double courbure : sur la carte réduite, elle est une courbe ordinaire dont la longueur est d'autant plus facile à calculer, que, dans la pratique, le problême se simplifie encore. Jamais le vaisseau ne suit une même Loxodromie pendant une longue Navigation : car toutes les mers sont interrompues par des isles ou par des continens; & d'ailleurs on change souvent de direction, soit pour chercher des vents favorables, soit pour éviter des écueils, &c. La route entière du vaisseau est donc composée de plusieurs parties de Loxodromies différentes; & chacune de ces parties, considérée séparément, peut se confondre dans la plupart des cas, sans erreur sensible, avec la simple ligne droite.

La Navigation tira un nouveau secours de l'Astronomie, en s'appropriant l'usage de plusieurs instrumens pour diriger la route du vaisseau d'après l'inspection des astres. Mais on sent qu'à cause de la mobilité continuelle du vaisseau, les observations en mer ont dû être, pendant long-tems, fort imparfaites.

L'art de conſtruire des cadrans eſt très-ancien. Rien n'étoit en effet plus naturel & plus utile que de chercher à connoître la poſition du ſoleil au-deſſus de l'horizon, pour un inſtant quelconque de la journée; & on ne fut pas long-tems à s'appercevoir qu'un moyen méchanique très-ſimple, pour y parvenir, étoit de marquer la route de l'ombre que jette ſur un plan ou ſur une ſurface quelconque, un corps opaque expoſé au ſoleil. On fit auſſi, d'après cette même idée, des cadrans éclairés par la lune ou par les étoiles. L'invention des cadrans ſolaires eſt d'Anaximandre, ſelon Diogène de Laërce; & d'Anaximène, ſelon Pline. Vitruve, qui vivoit au tems d'Auguſte, fait une longue énumération de cadrans conſtruits par divers Philoſophes; mais il n'en explique point les principes théoriques. On ne commence à trouver que dans les Ecrivains du ſeizième ſiècle, la Science de la Gnomonique. On croit que Munſter & Oronce-Finé ſont les premiers qui en aient publié des Traités. Maurolic donna la Théorie géométrique & aſtronomique de la conſtruction des cadrans. Le Père Clavius, Jéſuite, publia, en 1581, un Traité très-eſtimable de Gnomonique. On a depuis tant écrit de ſemblables ouvrages, que le détail en ſeroit auſſi faſtidieux qu'inutile.

Gnomonique.

Munſter, né en 1489, mort en 1552.
Oronce-Finé, né en 1494, mort en 1555.
Clavius, né en 1537, mort en 1612.

On trouve auſſi dans les Auteurs du ſeizième ſiècle la Perſpective réduite en art ſcientifique. La Perſpective eſt ſi eſſentielle à la Peinture, que les anciens n'ont pu manquer d'en connoître au moins la pratique. Vitruve entre, à ce ſujet, dans des détails qui prouvent que les Grecs avoient porté cette pratique fort loin. Mais il paroît que *Pietro-Delburgo*, en Italie, & *Albert Durer*, en Allemagne, ſont les premiers qui aient donné des règles préciſes & certaines pour mettre les objets en perſpective. En 1600, *Guido Ubaldi* traita cet art d'une manière conforme aux principes de la Géométrie & de l'Optique.

Perſpective.

Albert Durer, né en 1471, mort en 1528.
Ubaldi, né en 1553, mort en 1617.

La Méchanique ſtatique ne fit, quant à la Théorie, aucun progrès depuis Archimède, juſqu'au dix-ſeptième ſiècle. Seulement on imagina de tems en tems des machines très-ingénieuſes, fondées ſur les principes de cette Science. Stevin, Mathématicien Flamand, paroît être le premier qui ait donné le véritable rapport du poids à la puiſſance, pour un corps en équilibre ſur un plan incliné. Il a traité pluſieurs autres queſtions de Statique. Les moyens qu'il emploie pour déterminer les conditions de l'équilibre entre pluſieurs forces dont les directions concourent en un même point, reviennent, dans le fonds, au fameux principe du parallélogramme des forces; mais il ne paroît pas en avoir ſenti l'importance & la fécondité.

Méchanique.

Stevin, né en .... mort en 1635.

En 1592, Galilée composa un petit Traité de Statique, qu'il réduit à ce principe : *il faut toujours la même quantité absolue de puissance, pour élever un fardeau de deux livres à la hauteur d'un pied, ou pour élever un fardeau d'une livre à la hauteur de deux pieds;* d'où il étoit aisé de conclure que, dans toutes les machines en équilibre, les forces qui se combattent sont réciproquement proportionnelles aux espaces qu'elles tendent à parcourir dans le même tems. Descartes employa, dans la suite, ce même principe pour déterminer de la manière la plus simple & la plus claire les conditions de l'équilibre, pour toutes les machines simples.

La Théorie du mouvement, inconnue aux anciens, doit son origine à Galilée. Je ne parle pas du mouvement uniforme, car les principes en sont si simples, si élémentaires, que la plus légère attention suffit pour les comprendre. Mais la Science du mouvement varié & celle des loix suivant lesquelles plusieurs corps agissent les uns sur les autres, par le choc, ou de toute autre manière, étoient totalement ignorées, lorsque Galilée ouvrit cette nouvelle carrière, & s'y couvrit d'une gloire qui ne le cède point à celle qu'il a méritée par ses découvertes astronomiques.

En voyant tomber une pierre, on jugeoit sans peine que son mouvement n'étoit pas uniforme, & qu'il s'accélère de plus en plus, puisque la pierre, dont la masse demeure la même, frappe un coup d'autant plus fort qu'elle tombe de plus haut. Mais il falloit trouver la proportion suivant laquelle ce mouvement s'accélère. Galilée pensa que chaque molécule dont un corps est composé étoit elle-même un petit corps; que tous ces petits corps élémentaires étant supposés égaux, la pesanteur les affectoit également ou leur imprimoit des vîtesses égales; & qu'enfin les coups de la pesanteur se renouvelloient continuellement en quantités égales, pendant les parties égales & successives du tems. D'où il résultoit que le mouvement des corps graves devoit être uniformément accéléré. Toutes les expériences ont confirmé cette idée, qui est devenue une loi fondamentale de la Méchanique. Heureusement Galilée ne s'étoit préoccupé l'imagination d'aucun systême sur la cause de la pesanteur: car, s'il avoit cru, par exemple, comme quelques-uns des Philosophes ses successeurs, que les corps sont poussés vers le centre de la terre par les coups d'une matière subtile ambiante, il auroit manqué la vérité, les coups dont il s'agit n'étant point égaux, ni proportionnels aux masses.

Toricelli, né en 1608, mort en 1647.

Parmi les Philosophes qui saisirent & commentèrent la Théorie de Galilée sur la chûte des graves, on doit distinguer Toricelli, son Disciple, qui publia, en 1644, un ouvrage très-élégant, intitulé: *De Motu gravium naturaliter accelerato.*

Les Loix de la communication des mouvemens n'avoient pas encore été examinées. Descartes les chercha, & crut les avoir trouvées. Ses principes métaphysiques l'avoient conduit à supposer qu'il existe toujours la même quantité absolue de mouvement dans le monde. Ainsi, selon lui, lorsque deux corps se choquent, la somme de leurs mouvemens, après le choc, est égale à la somme de leurs mouvemens avant le choc. Mais la proposition n'est vraie que pour le cas où les deux corps marchent dans le même sens avant le choc : elle est fausse, quand les deux corps viennent à la rencontre l'un de l'autre; car alors la somme des mouvemens, après le choc, est égale, non pas à la somme, mais à la différence des mouvemens avant le choc. Descartes n'a donc rencontré la vérité que pour les mouvemens dirigés dans le même sens; il s'est trompé pour les autres. Loix du mouvement.

En 1661, Huguens, Wallis & Wren découvrirent, chacun de leur côté, & sans s'être rien communiqué (car les preuves en ont été bien établies), les véritables Loix du choc des corps. La base de leurs recherches, à ce sujet, est que, dans la percussion mutuelle de plusieurs corps, la quantité absolue de mouvement du centre de gravité est la même après qu'avant le choc; ce qui comprend la première proposition de Descartes, & rectifie la seconde. De plus, lorsque les corps sont élastiques, la vîtesse respective est la même après qu'avant le choc.

Quelques tems après, la Méchanique fit un nouveau pas plus grand encore que celui dont nous venons de parler. Huguens, dans son Traité de *Horologio Oscillatorio*, étendit la théorie de la chûte des graves au mouvement curviligne, & résolut le célèbre problême *du centre d'oscillation du pendule composé*, où Descartes & plusieurs autres grands Géomètres de ce tems-là avoient échoué. Dans l'examen particulier du mouvement des graves le long d'un arc de cycloïde, il trouva cette proposition remarquable, qui suffiroit seule pour l'immortaliser : qu'un corps grave parcourant un arc de cycloïde renversée arrive toujours à la verticale, en tems égaux, de quelque point qu'il soit supposé partir. Sa Théorie des centres d'oscillation a été la source de cette classe nombreuse & intéressante de problêmes où il s'agit de déterminer les mouvemens que prennent plusieurs corps qui agissent les uns sur les autres par des verges, par des fils, ou d'une manière équivalente. Il y employa un principe très-vrai, & néanmoins contesté par de savans Géomètres, parce que tel est en général, le sort des vérités nouvelles, dont la liaison avec les vérités déjà connues est difficile à saisir. Ce principe porte que, *si, lorsque le centre de gravité d'un pendule composé est descendu d'un point* An. 1673.

quelconque jusqu'à la ligne verticale qui passe par le point de suspension, tous les poids dont il est composé venoient à se détacher subitement, & que chacun d'eux remontât alors verticalement avec la vîtesse qu'il a en ce moment, le centre de gravité du systême remonteroit précisément à la hauteur d'où le centre de gravité du pendule composé est descendu. Il devint célèbre dans la suite, sous le nom de *Principe de la Conservation des forces vives.*

Ce même ouvrage de Huguens contient la Théorie des développées & celle des forces centrales dans le cercle. En appliquant ces deux Théories aux loix astronomiques de Kepler, on en voit naître tout le systême de la gravitation universelle. Huguens a préparé les matériaux : Neuton a élevé l'édifice.

Hydrostatique.

On arrive depuis Archimède jusqu'à Stevin, sans rencontrer personne qui ait écrit sur la théorie de l'Hydrostatique, ou qui ait du moins ajouté quelque vérité intéressante à cette théorie. Le Géomètre Flamand détermine la pression des fluides contre les surfaces qui les soutiennent : il prouve qu'elle est toujours comme le produit de la base par la hauteur ; mais, quoiqu'il ait connu & démontré exactement les principales propositions de l'Hydrostatique, il n'en a pas assez fait sentir la liaison réciproque. Le premier traité méthodique & vraiment original que les modernes aient publié sur l'Hydrostatique, est celui de l'*équilibre des liqueurs* de Pascal. L'Auteur démontre, d'une manière rigoureuse & uniforme, les propriétés de l'équilibre des fluides : il résout toutes les difficultés que certaines propositions pouvoient encore offrir : telle étoit, par exemple alors, le fameux paradoxe, qui n'en est plus un aujourd'hui, qu'un filet d'eau & une colonne cylindrique, pressant sous même hauteur, un même fond, exercent des pressions égales.

La pesanteur de l'air, ignorée des anciens, l'étoit encore de Galilée, même long-tems après qu'il eut trouvé la théorie de l'accélération des graves. Il y a apparence que depuis l'invention des pompes jusqu'à ce Philosophe, on n'avoit pas eu l'idée ou l'occasion de placer le piston dans la pompe aspirante, à une hauteur qui excédât celle de trente-deux pieds au-dessus du réservoir : autrement on auroit rencontré la difficulté qui fut proposée à Galilée, par les Fontainiers de Cosme de Médicis, grand Duc de Florence. Quoi qu'il en soit, on doit à une expérience tentée par ces ouvriers, la découverte, ou plus exactement, une démonstration évidente de la pesanteur de l'air. Ils avoient construit une pompe aspirante, où il auroit fallu que l'eau s'élevât, sous le piston, à plus de trente-deux pieds de hauteur ; & voyant qu'elle refusoit de passer trente-deux pieds, ils en demandèrent la raison à Galilée. L'honneur de la philosophie ne permettoit pas de différer la réponse. Les anciens attribuoient l'ascension de l'eau dans les pompes, à l'horreur de la nature pour le vuide: Galilée indiqua cette cause aux Fontainiers, ajoutant, par rapport au cas présent, que l'horreur de la nature pour le vuide, cessoit, quand l'eau étoit parvenue à la hauteur de trente-deux pieds. Cette explication fut regardée comme un oracle, & personne ne s'avisa de la contredire. Mais, en y réfléchissant de plus près, Galilée soupçonna que cette horreur de la nature pour le vuide, & cette limite qu'il lui avoit donnée, n'étoient que des chimères. Il n'alla pas d'ailleurs plus loin; & quoiqu'il commençât à connoître la pesanteur de l'air par des expériences d'un autre genre, il n'eut pas l'idée d'employer ici cet agent.

Toricelli, son disciple, pensa que le poids de l'eau pouvoit mettre quelque obstacle à son élévation dans les pompes: idée simple & heureuse, incompatible avec le systême de l'horreur du vuide; car pourquoi le poids de l'eau auroit-il borné la force de cette horreur? En conséquence, il fit avec un instrument, d'où le Baromètre ordinaire a tiré sa forme & son origine, une expérience analogue à celle des pompes: il trouva que le mercure, dont le poids est quatorze fois aussi grand que celui de l'eau, se tenoit à une hauteur quatorze fois moindre. Alors, Toricelli conclut que les deux phénomènes étoient produits par la même cause; puis, faisant un nouveau pas, il affirma que cette cause étoit la pesanteur de l'air.

Les partisans invétérés du systême de l'horreur du vuide, opposèrent quelques doutes à l'explication de Toricelli; mais ces doutes furent entièrement dissipés par la célèbre expérience du Puy de Domme, près de Clermont en Auvergne: expérience exécutée par Perier, d'après le projet que Pascal, son beau-frère, en avoit donné, & où l'on vit, pour la première fois, le mercure baisser dans le Baromètre, à mesure que l'on s'élevoit le long de la montagne, ou que la colonne d'air diminuoit de hauteur & de poids.

Nous devons encore à Toricelli les élémens de la Science du mouvement des fluides. L'observation qu'un jet d'eau sortant d'un petit ajutage, s'élance verticalement presque à la hauteur du réservoir, lui fit juger que la vîtesse du fluide, au sortir de l'ajutage, étoit la même que celle d'un corps grave tombant de cette hauteur; & que par conséquent les vîtesses des écoulemens, sous différentes charges d'eau, suivoient la raison sous-doublée des hauteurs, abstraction faite de la résistance des obstacles. L'expérience confirma cette idée qui fut accueillie de tous les Savans, & qui sert encore aujourd'hui de base à la théorie, pour les écoulemens par de petits orifices; mais quand les orifices sont un peu grands, le problême Hydraulique.

demande d'autres considérations. Le Théorême de Toricelli, & les conséquences qu'il en tire font partie de son ouvrage, *de motu gravium naturaliter accelerato*, que nous avons déja cité.

Ce Théorême donna le jour à plusieurs ouvrages sur cette matière. Dans ce nombre, nous distinguons le *Traité du mouvement des eaux* de Mariotte. Il contient plusieurs expériences en grand sur le mouvement des eaux, & plusieurs vues qui ont contribué au progrès de l'hydraulique pratique.

Physique céleste.

Dans le tems où les découvertes de Galilée, sur le mouvement, commençoient à diriger de ce côté les études des Savans, Descartes conçut la pensée d'expliquer, par les loix de la Méchanique, le mouvement général qui entraîne les planètes d'Occident en Orient. Les anciens regardoient le ciel planétaire, comme composé d'orbes solides & mobiles, dont chacun emportoit la planète qui lui étoit attachée. On sent l'horrible confusion, ou plutôt l'impossibilité absolue de tous ces mouvemens, sur-tout dans le systême de Ptolomée. Descartes transporta dans le Ciel le méchanisme infiniment plus simple d'une barque flottant sur une rivière, & emportée par le courant : il imagina que les planètes nageoient dans un vaste tourbillon qui tournoit d'Occident en Orient, de telle manière néanmoins que, dans le tourbillon général, il se trouvoit pour chaque planète des courans particuliers qui coupoient l'écliptique sous différentes obliquités. Cette idée vraisemblable & imposante, séduisit plusieurs illustres Philosophes qui s'en déclarèrent publiquement les défenseurs. On étoit alors trop peu avancé dans la théorie du mouvement des solides & des fluides, pour entreprendre de la soumettre à un examen critique, fondé sur cette théorie : elle s'est même soutenue pendant long-tems contre les plus fortes objections ; enfin elle a succombé sous les coups redoublés qui lui ont été portés par l'Astronomie & la Méchanique, dont elle blesse les loix fondamentales.

IV.e PÉRIODE.

De toutes les découvertes qui se sont jamais faites dans les Sciences, il n'y en a point d'aussi importante, ni d'aussi féconde en applications, que celle de l'analyse infinitésimale. A cette époque, les Mathématiques changent de face ; des problêmes inaccessibles aux anciennes méthodes, ou dont elles n'auroient pu même donner l'idée, sont facilement résolus ; toute la masse des Sciences prend du mouvement ; & de nouvelles forces tendent sans cesse à le perpétuer & à l'augmenter.

On

On sait que l'analyse ordinaire compare les grandeurs finies. Dans l'analyse infinitésimale, certaines grandeurs sont supposées augmenter ou diminuer de quantités infiniment petites : & on se propose de trouver, ou par la relation des grandeurs, celle de leurs élémens, ou par la relation des élémens, celle des grandeurs. On voit que l'un de ces problêmes est l'inverse de l'autre. Le premier est l'objet du calcul *différentiel* ou de la méthode directe des fluxions ; le second, celui du calcul *intégral* ou de la méthode inverse des fluxions. Une fonction quelconque étant donnée, on peut en trouver l'élément ou la différentielle ; mais on ne peut pas toujours également remonter d'une différentielle à l'intégrale, soit par l'imperfection de l'art, soit parce que certaines différentielles sont purement fictives & n'ont point d'intégrale. Ainsi, le calcul différentiel, considéré en lui-même, & indépendamment des applications qu'on en peut faire, est entièrement trouvé : le calcul intégral ne l'est encore qu'en partie, & tous les jours il reçoit de nouveaux accroissemens.

Fermat, Descartes, Pascal & Barrow, avoient préparé la naissance de l'analyse infinitésimale. En 1684, Léibnitz publia, dans les actes de Léipsick, les principes, la notation, & l'algorithme de ce nouveau genre de calcul ; & il en fit voir l'usage pour résoudre généralement les problêmes des *tangentes*, & celui des *maxima* & *minima*, parmi les ordonnées des courbes : problêmes auxquels les méthodes connues ne s'appliquoient que dans un nombre de cas, assez limité.

Léibnitz, né en 1646, mort en 1716.

Trois ans après, Neuton donna ses *principes Mathématiques de la Philosophie naturelle.* Toutes les grandes questions de la Méchanique & de l'Astronomie sont résolues ou entamées dans cet ouvrage. L'Auteur approfondit la nature & les propriétés du mouvement dans les sections coniques. La théorie des forces centrales de Huguens, généralisée & appliquée aux loix Astronomiques de Kepler, apprit au Géomètre Anglois, que les planètes sont attirées vers le soleil, avec une force réciproquement proportionnelle aux quarrés de leurs distances à cet astre, & que cette attraction modifiée ou altérée par la force centrifuge, produit leur mouvement elliptique. Mais comme dans ce systême, la gravitation doit être universelle & réciproque entre toutes les planètes, Neuton essaya encore de déterminer les inégalités que le mouvement elliptique de chacune d'elles doit subir en vertu des attractions qu'elle éprouve de la part des autres. Il a également ébauché, suivant les mêmes principes, l'explication du phénomène des marées, & celle de la précession des équinoxes. Dans toutes ces sublimes recherches,

Neuton, né en 1642, mort en 1727.

Neuton semble avoir pris plaisir à cacher la méthode qui le dirige; il est extrêmement avare de paroles dans les endroits où elles seroient le plus nécessaires. Aussi son ouvrage resta-t-il pendant longtems dans une espèce d'obscurité. On ne commença à l'étudier & à l'entendre qu'au commencement de ce siècle : alors on vit que la clef de Neuton étoit la nouvelle analyse, ou, comme disent les Anglois, la méthode des fluxions.

La manière dont Neuton emploie cette méthode, prouve qu'il la tenoit de lui-même. Quand elle eut acquis, dans le monde savant, l'éclat que son utilité devoit lui donner, il s'en arrogea l'invention exclusive, sans vouloir admettre Léibnitz au partage. J'examinerai leurs droits réciproques; mais, pour suivre l'ordre historique, il faut que j'expose auparavant le progrès des idées que Léibnitz avoit jettées dans les actes de Léipsick.

En 1686, il eut une dispute avec les Cartésiens sur la mesure des forces, & sur les avantages qu'ils attribuoient à l'analyse ordinaire, pour la résolution des problêmes de Géométrie & de Méchanique. Cette dispute dégénéra bientôt en subtilités Métaphysiques. Ne pouvant forcer ses Adversaires dans de pareils retranchemens, Léibnitz leur proposa comme un défi & comme un moyen de terminer la question, de trouver la courbe *isochrone*, c'est-à-dire, une courbe telle qu'un corps grave, en la parcourant, s'approche de l'horizon, de hauteurs égales en tems égaux. Leur silence confondit la vanité de leurs prétentions. Huguens, étranger d'ailleurs à la querelle, jugea le problême digne de son application; il le résolut, & publia, en 1687, les propriétés de la courbe cherchée, sans en ajouter les démonstrations. Léibnitz, après avoir attendu longtems la réponse des Cartésiens, donna, en 1689, la solution & l'analyse de son problême; & pour leur offrir, disoit-il, *la revanche*, il leur proposa de trouver la courbe *isochrone paracentrique*, où les approches égales devoient se faire, non plus vers l'horizon, comme dans le premier cas, mais vers un point fixe. La même année, il appliqua son *calcul* à des recherches concernant le mouvement des planètes & la résistance des milieux.

Jacques Bernoulli, né en 1654, mort en 1705. Jean Bernoulli, né en 1667, mort en 1748.

Ces premiers rayons de l'analyse de Léibnitz, frappèrent vivement les yeux des deux illustres frères Jacques & Jean Bernoulli. L'aîné (Jacques) déjà célèbre par différens ouvrages de Géométrie, de Méchanique & de Physique, avoit initié son frère aux mêmes connoissances. Tous deux s'approprièrent tellement la Géométrie des infiniment petits, & en firent un si grand nombre d'applications importantes & difficiles, qu'elle leur est presque aussi redevable qu'à Léibnitz même. Tous deux ont été successivement Professeurs de

Mathématiques à Basle, leur patrie; & leur école peut être comparée à celle d'Alexandrie, par le mérite des Eleves qu'ils ont formés.

A son début dans cette nouvelle carrière, Jacques Bernoulli An. 1690.
donna une solution très-élégante du problême de la courbe isochrone: il trouva, comme Léibnitz & Huguens, que cette courbe étoit la seconde parabole cubique. Il prit de-là occasion de proposer à son tour aux Géomètres un problême que Galilée avoit autrefois inutilement attaqué: c'étoit de trouver la courbe que forme la *chaînette*, c'est-à-dire, un fil parfaitement flexible, attaché par ses extrémités à deux points fixes.

Pendant qu'on s'en occupoit, il publia deux Mémoires dans
lesquels il détermine les longueurs de deux courbes fameuses, la An. 1691.
spirale parabolique, & la spirale logarithmique; les espaces qu'elles enferment; & les solides qu'elles produisent, en tournant autour d'une ligne donnée de position. De plus, comme la spirale logarithmique, & la loxodromie, ont la propriété analogue de couper sous des angles égaux, l'une, les rayons du cercle, l'autre, les méridiens de la terre, Jacques Bernoulli examine à ce sujet plusieurs questions curieuses, relatives aux longitudes & à la navigation. Ces deux Mémoires contiennent les premiers essais de calcul intégral, un peu développés. Léibnitz fit aussi des remarques intéressantes sur la construction, les usages, & la projection de la courbe loxodromique.

Le problême de la chaînette fut résolu par Huguens, Léibnitz An. 1691.
& Jean Bernoulli. Il fournit aux Géomètres un sujet de méditations nouvelles & utiles sur la théorie & les usages des nouveaux calculs. Jacques Bernoulli étendit la solution au cas où l'épaisseur de la chaînette ne seroit pas constante, mais variable suivant une loi donnée.

La considération de la chaînette donna lieu au même Jacques Bernoulli, d'examiner plusieurs autres courbes que la nature place continuellement sous nos yeux: telles sont, par exemple, celle que forme une voile enflée par le vent, celle d'un arc tendu, celle d'une lame élastique, dont une extrémité seroit attachée solidement à un plan, & l'autre extrémité porteroit un poids donné, *&c.* An. 1692.
Il fit voir que la voile enflée par un vent horizontal, se courberoit en chaînette; & que si cette même voile étoit enflée par un fluide qui pesât sur elle verticalement, elle formeroit la courbe *élastique*. La solution de ces problêmes, & principalement l'analyse de la courbe élastique, sont d'une profonde recherche. Jean Bernoulli chercha la courbure de la voile dans l'hypothèse du vent horizontal, & parvint au même résultat que son frère.

Viviani, né en 1622, mort en 1703.

Viviani, Géomètre Italien, proposa, en 1692, le problême de la voûte *hémisphérique quarrable* : il étoit question de percer un dôme en plein cintre, de quatre fenêtres égales, telles que le reste de la superficie du dôme fût absolument quarrable. Le jour même que Léibnitz & Jacques Bernoulli reçurent le programe de Viviani, ils répondirent à sa question de plusieurs manières ; & sans doute les Géomètres de la même école en auroient fait autant, si elle étoit parvenue assez tôt à leur connoissance. Mais nous devons ajouter que la propre solution de Viviani, fondée sur la méthode synthétique des anciens, est recommandable par sa simplicité. Il démontre qu'on satisfait au problême, en élevant perpendiculairement, à la base de l'hémisphère, quatre cylindres qui se toucheroient deux à deux, & dont les bases touchent, par leurs circonférences, celle de la base de l'hémisphère.

La Géométrie des infiniment petits s'accroissoit tous les jours ; elle en étoit principalement redevable aux freres Bernoulli. Un problême que le cadet proposa, & dont l'objet étoit de *trouver une courbe telle que toutes ses tangentes terminées à l'axe, fussent en raison donnée avec les parties de l'axe comprises entre la courbe & ces tangentes*, contribua au progrès de la méthode pour intégrer les équations différentielles. Il fut résolu par Huguens, Léibnitz, Jacques Bernoulli, & le Marquis de l'Hopital. A cette occasion, Huguens rendit un témoignage d'autant plus honorable aux nouveaux calculs, que ce grand homme ayant fait plusieurs sublimes découvertes, sans ces calculs, pouvoit être dispensé d'en célébrer les avantages : il avoua qu'*il voyoit, avec surprise & avec admiration, l'étendue & la fécondité de cet art ; que de quelque côté qu'il tournât la vue, il en découvroit de nouveaux usages, & qu'enfin il y concevoit un progrès & une spéculation infinie.*

L'Hopital, né en 1661, mort en 1704.

La courbe *isochrone paracentrique*, dont Léibnitz avoit demandé la nature, paroissoit oubliée des Géomètres. Sans doute ils avoient été arrêtés par la difficulté d'intégrer l'équation différentielle à laquelle on est conduit, lorsque l'on rapporte cette courbe à des coordonnées perpendiculaires entr'elles. Enfin Jacques Bernoulli, prenant pour abscisses des lignes qui partoient d'un point fixe, & les ordonnées parallèles entr'elles, parvint à une équation où les indéterminées étoient séparées. Son frère, qui eut connoissance de cette solution, en trouva une autre un peu plus simple en apparence, mais la même quant au fond. Léibnitz étoit arrivé depuis long-tems à des résultats semblables ; mais il les tenoit cachés, pour laisser aux autres Géomètres le tems & le plaisir de les trouver.

An. 1694.

On voit, par le commerce de lettres de Léibnitz & de Jean

Bernoulli, que, dès l'année 1694, ces deux grands Géomètres avoient inventé, chacun de leur côté, cette branche particulière de la nouvelle analyse, qu'on appelle le *calcul exponentiel.* Léibnitz a la priorité de date pour la découverte; mais Bernoulli y est arrivé par lui-même; il publia, en 1697, les règles & l'usage de ce genre de calcul, & on croit ordinairement qu'il en est le premier inventeur.

Les principes du calcul différentiel, épars de tous côtés dans les Journaux, furent rassemblés en corps d'ouvrage par le Marquis de l'Hopital, qui y ajouta plusieurs choses nouvelles. Ce Livre intitulé, *Analyse des infiniment petits, pour l'intelligence des lignes courbes*, contient le calcul différentiel, & ses usages pour déterminer les tangentes des courbes, leurs plus grandes & leurs moindres ordonnées, les points d'inflexion & de rebroussement, les rayons des développés, & les propriétés de ces courbes connues en optique, sous les noms de *caustiques*, soit par réflexion, ou par réfraction. Il fut reçu avec un applaudissement universel, & l'Auteur se vit placer à-peu-près sur la même ligne que Léibnitz, Neuton & les frères Bernoulli. An. 1696.

Il jouiroit encore de toute sa gloire, si la reconnoissance avoit pu empêcher la vanité de revendiquer des droits incertains, ou du moins exagérés. Jean Bernoulli étoit venu à Paris en 1692, & le Marquis de l'Hopital l'avoit emmené dans sa Terre d'Ourques, où ils passèrent quatre mois entiers à étudier ensemble la Géométrie des infiniment petits. Bientôt le Marquis de l'Hopital fut en état de résoudre les grands problêmes que les Géomètres se proposoient; & on observe que Jean Bernoulli ne laissoit échapper aucune occasion de lui prodiguer, dans les Journaux, les éloges les plus magnifiques. A peine eût-il les yeux fermés, que Jean Bernoulli réclama en différens tems & par degrés, presque toute l'analyse des infiniment petits. L'envie, qui poursuit jusqu'aux morts, applaudit à cette espèce de flétrissure imprimée à la mémoire d'un homme célèbre: la morale condamna Jean Bernoulli qui obligé, par de solides raisons, à taire les services scientifiques qu'il pouvoit avoir rendus au Marquis de l'Hopital, se croyoit maintenant quitte de ses engagemens, & se permettoit de remuer la cendre d'un bienfaiteur généreux, homme d'un profond savoir, & peut-être seulement un peu trop ambitieux des honneurs & de la réputation que l'on n'acquiert jamais sans honte & sans danger, que par ses propres travaux.

Hâtons-nous de revenir à Jean Bernoulli, comme Géomètre. Il propose de trouver la courbe *Brachystochrone*, c'est-à-dire, la An. 1697.

courbe que doit décrire un corps grave, pour arriver dans le moindre tems possible, d'un point à un autre, ces deux points n'étant pas situés dans la même ligne verticale. Au premier coup-d'œil, on est porté à croire que la ligne droite, comme le chemin le plus court d'un point à l'autre, doit être aussi le chemin de la plus vîte descente; mais on est arrêté par cette réflexion, que dans une courbe décrite d'un point à l'autre, le mobile peut d'abord descendre plus verticalement, & par conséquent acquérir une plus grande vîtesse qu'il ne feroit le long du simple plan incliné, ce qui produit une compensation capable de faire arriver le corps plus promptement suivant la ligne courbe, que suivant la ligne droite. Le calcul seul doit décider la question. Or, en y appliquant la méthode des infiniment petits, on trouva que la ligne de la plus vîte descente étoit un arc de cycloïde : nouvelle propriété très-singulière de cette courbe, que les recherches de Pascal & de Huguens avoient déjà rendue si célèbre. Léibnitz résolut le problême, le jour même qu'il en eut connoissance; & le lendemain, il envoya sa solution à Jean Bernoulli, en le priant de ne pas se presser de la publier, non plus que la sienne propre, afin de donner aux autres Géomètres, le tems de s'exercer sur une si belle question. Jean Bernoulli consentit à leur accorder un an pour cette recherche. Dans cet intervalle, outre les solutions de Léibnitz & de Jean Bernoulli, il en parut trois autres, dont les Auteurs étoient Neuton, le Marquis de l'Hopital, & Jacques Bernoulli. Celle de Neuton parut anonyme dans les *transactions philosophiques* de Londres; mais Jean Bernoulli connut la main d'où elle partoit, *tanquam*, dit-il, *ex ungue leonem*. Le Marquis de l'Hopital eut beaucoup de peine à trouver la sienne; ce qui paroîtra d'autant plus surprenant, qu'on peut résoudre facilement le problême par une méthode qu'il emploie lui-même, lorsqu'il cherche (1) la route que doit suivre un voyageur pour arriver dans le moindre tems possible d'un lieu à un autre, en traversant deux campagnes, où il éprouve des résistances qui font varier les vîtesses dans un rapport donné; car si l'on regarde les deux campagnes, comme les deux élémens d'une courbe, & si l'on suppose, conformément à la théorie de la chûte des graves, que les vîtesses du mobile, le long d'une courbe quelconque, soient comme les racines quarrées de ses distances, à une ligne horizontale fixe, on parviendra, en un instant, à l'équation différentielle de la cycloïde. Mais cette remarque ne prouve rien en faveur de la prétention de Jean Bernoulli sur le Livre des infiniment petits,

(1) Analyse des inf. pet. art. 59.

car il ne l'a pas faite ; & les deux solutions qu'il a données successivement de son problême, sont fondées sur d'autres principes. Jacques Bernoulli fut aussi quelque tems sans publier sa solution : en la cherchant, il s'étoit élevé à des problêmes d'une spéculation encore plus profonde, qu'il vouloit d'abord résoudre, & puis proposer aux Géomètres. Son Frère hasarda quelques malignes réflexions sur cette prétendue lenteur : il s'en seroit abstenu, sans doute, s'il avoit prévu qu'elle étoit employée à lui préparer des chagrins d'autant plus amers, qu'à un talent supérieur pour la Géométrie, il avoit la foiblesse de joindre un amour-propre excessif, qui n'est pardonnable qu'à l'homme médiocre.

Il y avoit déjà long-tems que la mésintelligence régnoit entre les deux Frères. Le Cadet ayant été nommé Professeur de Mathématiques à Groningue, en 1695, ils ne conservèrent bientôt plus de relations particulières ; ils ne se parloient que dans les Journaux, & c'étoit pour se proposer les problêmes les plus difficiles. Léibnitz tenant la balance entr'eux, étoit, pour ainsi dire, l'ame de leurs travaux : il les encourageoit sans cesse par des louanges privées & publiques ; il paroissoit plus occupé de leur gloire, que de la sienne propre.

Enfin ils en vinrent à une rupture ouverte. L'un vouloit peut-être trop conserver ce ton de supériorité que lui avoit donné le droit d'ainesse, & la qualité d'instituteur de son Frère en Mathématiques : celui-ci oublia les loix de la reconnoissance, & même les égards qu'il devoit, nous ne dirons pas simplement aux liens du sang, mais à un homme illustre & modéré, occupé de la Science, & toujours prêt à répondre aux questions que l'on proposoit. Jacques Bernoulli, qu'importunoient depuis long-tems les attaques & les critiques de son ancien Elève, saisit l'occasion de se venger d'une manière éclatante, mais en même-tems utile à la Géométrie, en proposant aux Savans, & nommément à son Frère, avec la promesse d'un prix, le problême général des isopérimètres. Il demandoit une courbe, telle que des puissances quelconques de ses ordonnées ou de ses arcs, formassent sur l'axe des abscisses un plus grand espace, que ne feroient de pareilles puissances des ordonnées ou des arcs de toute autre courbe d'égal contour, & construite sur la même abscisse. La propriété qu'a le cercle de comprendre, sous un contour donné, un *maximum* d'espace, ne doit être, comme on voit, qu'un corollaire très-particulier de la solution générale.

Aussi-tôt que Jean Bernoulli eut reçu ce programme, il se hâta de faire imprimer, dans les Journaux, le résultat d'une solution qu'il assuroit y satisfaire, s'applaudissant d'ailleurs lui-même de n'avoir employé que *deux ou trois minutes pour tenter, commencer & achever d'approfondir tout le mystère*, & demandant hautement le prix que son Frère avoit promis. Mais Jacques Bernoulli, qui ne trouva pas ce résultat conforme au sien, fit imprimer, à son tour, un *avis*, où il soutenoit que la méthode de son Frère étoit défectueuse : il accordoit encore quelque tems aux Géomètres pour chercher la véritable solution ; & si personne ne la donnoit, il s'engageoit à trois choses. 1.° *A deviner au juste l'analyse de son Frère.* 2.° *Quelle qu'elle fût, à y faire voir des paralogismes, si on vouloit la publier.* 3.° *A donner la véritable solution du problême dans toutes ses parties* : ajoutant *que s'il se trouvoit quelqu'un qui s'intéressât assez à l'avancement des Sciences, pour proposer quelque prix pour chacun de ces trois articles, il s'engageoit à perdre autant, s'il ne s'acquittoit pas du premier ; le double, s'il ne réussissoit pas au second ; & le triple, s'il manquoit au troisième.*

Cette admonition fraternelle obligea Jean Bernoulli de revoir sa méthode ; il reconnut qu'en effet il s'étoit trompé en quelque chose, & il attribuoit sa méprise à une trop grande précipitation : il envoya aux Journaux une solution différente, à certains égards, de la première, mais sans prendre un ton plus modeste. A son Ecrit, Jacques Bernoulli repliqua laconiquement en ces termes : *Avant que de publier ma réponse aux solutions de mon frere, je le prie de repasser tout de nouveau sa dernière, d'en examiner attentivement tous les points, & de nous dire ensuite si tout va bien : lui déclarant qu'après que j'aurai donné la mienne, les prétextes de précipitation ne seront plus écoutés.* Mais cet avertissement & une autre remarque semblable, un peu plus étendue, ne firent aucune impression sur Jean Bernoulli, qui soutint que sa seconde solution étoit bonne dans tous les points.

Presqu'en même tems on imprima une lettre de Jacques Bernoulli à Varignon, dans laquelle l'Auteur, joignant la plaisanterie à la discussion, expliquoit une analyse défectueuse en elle-même, où néanmoins des faussetés redressées par d'autres faussetés faisoient arriver, en certains cas, à une conclusion vraie ; & trouvoit, au moyen de cette analyse, les mêmes équations que son frère ; d'où il conjecturoit que, selon toutes les apparences, elles en étoient émanées. Cette imputation mit Jean Bernoulli hors de lui-même, & lui arracha, contre son frère, un torrent d'injures que je me garderai bien de répéter.

La querelle ne pouvoit être terminée que par des Arbitres. Jean Bernoulli en demandoit ; il étoit déjà sûr de l'approbation de Léibnitz, qui n'avoit pas sans doute examiné la matière avec toute l'attention l'attention qu'elle méritoit. De son côté, Jacques Bernoulli consentit que Léibnitz, Neuton & le Marquis de l'Hopital fussent pris pour Juges, pourvu qu'on lui donnât tout le tems de parler. Le procès traîna en longueur. En 1701, Jean Bernoulli envoya à l'Académie des Sciences de Paris sa solution, sous une enveloppe qui ne devoit être ouverte qu'après que son frère auroit publié sa Méthode. Celui-ci donna, en 1704, l'analyse & la solution complète de ses problêmes : prodige de sagacité & d'invention; il mourut l'année suivante, à l'âge de cinquante ans.

La Méthode de Jean Bernoulli parut dans les Mémoires de l'Académie pour l'année 1706. Elle étoit effectivement défectueuse, comme Jacques Bernoulli l'avoit toujours soutenu; & voici en quoi consistoit l'erreur.

Dans tous les problêmes du même genre que celui de *la plus vîte descente*, où il s'agit simplement de remplir la condition du *minimum* ou du *maximum*, il suffit d'appliquer cette condition à deux élémens consécutifs de la courbe, pour en trouver l'équation différentielle. Mais, dans ceux où l'on est obligé de remplir tout-à-la-fois deux conditions, l'une qu'une certaine propriété soit la même, l'autre qu'une seconde propriété soit un *minimum* ou un *maximum*, il faut employer trois élémens consécutifs de la courbe : ou, si l'on veut n'en employer que deux, il faut multiplier les deux fonctions proposées, par des coëfficiens constans, ajouter ensemble les produits, & alors la somme résultante se rapporte aux problêmes du premier genre (1). C'est à quoi Jean Bernoulli ne prit pas garde, & ce qui lui fit donner des solutions fausses, excepté dans les cas où une courbe ne peut pas satisfaire à l'une des deux conditions proposées, sans satisfaire en même-tems à l'autre. Jacques Bernoulli avoit considéré trois élémens de la courbe; & par-là il étoit parvenu à une solution exacte & complète.

La force de la préoccupation empêcha long-tems Jean Bernoulli de reconnoître la vérité, & de lui rendre hommage. Enfin il reprit cette matière en 1718; il convint qu'il s'étoit trompé; &, abandonnant ses anciennes Méthodes, il en donna une autre où il emploie, comme son frère, trois élémens de la courbe, & d'où il tire, d'une manière fort simple, les véritables équations du problême.

Il résulte de cet exposé, que Jacques Bernoulli eut, dans la question des Isopérimètres, un avantage marqué sur son frère. Mais il faut se souvenir que celui-ci, pendant sa longue carrière, n'a cessé

(1) *Voyez* l'ouvrage de M. Euler, intitulé : *Methodus inveniendi lineas curvas maximi minimive proprietate gaudentes.*

d'enrichir les Mathématiques, & d'en reculer les limites. Tous deux ont été des génies du premier ordre. Sans prétendre décider la prééminence entr'eux, je crois que Jacques avoit plus de profondeur, Jean plus de flexibilité, & de cet esprit qui se porte indifféremment vers tous les objets. Le premier a donné plusieurs ouvrages, tels que la Théorie des spirales, le Problême de la courbe élastique, celui des Isopérimètres, & le livre *de Arte Conjectandi*, qui n'appartiennent qu'à lui seul, & où il a déployé un génie vraiment original : le second embrassoit toutes les parties des Mathématiques; il avoit un art particulier de proposer & de résoudre de nouveaux problêmes : quelque sujet que l'on présentât à ses recherches, il y entroit promptement, & il n'en a jamais traité aucun, sans le montrer sous le jour le plus lumineux, & sans y faire quelque découverte importante. Je compare Jacques Bernoulli à Neuton, & Jean Bernoulli à Léibnitz.

En proposant le problême des Isopérimètres, Jacques Bernoulli y en avoit joint un autre : c'étoit de trouver, parmi toutes les cycloïdes d'une même origine, & construites sur une même base horizontale, celle qu'un corps grave doit suivre pour arriver, dans le moindre tems possible, à une ligne verticale donnée de position. Jean Bernoulli le résolut sans peine, & il lui donna même plus de généralité : à la simple ligne verticale, il substitua une courbe quelconque, & il fit voir que la cycloïde de la moindre descente étoit celle qui coupoit cette courbe à angles droits. Sa solution étoit fondée sur les propriétés de la courbe *synchrone*, dont la nature est de couper une infinité de cycloïdes, ou de courbes semblables, de manière que les arcs soient parcourus en tems égaux. Il restoit cependant une difficulté. La courbe synchrone est facile à tracer par points; mais, pour en trouver l'équation différentielle, il falloit soumettre au calcul & à la loi de continuité le passage de l'une quelconque des courbes coupées, à la courbe contiguë. Jean Bernoulli ne put y parvenir : il s'en ouvrit par lettres à Léibnits, qui surmonta la difficulté (1), & qui donna, en cette rencontre, une extension très-importante à l'analyse infinitésimale : j'entends la méthode de différentier *de curva in curvam*, en faisant varier le paramètre. La réponse de Léibnitz saisit de joie & d'admiration Jean Bernoulli, qui aussi-tôt développa cette idée, & en fit plusieurs applications intéressantes. Ils convinrent ensemble de tenir la méthode cachée, jusqu'à ce qu'ils s'en fussent servis pendant un tems suffisant. Léibnitz ne l'a jamais publiée lui-même; car il se bornoit souvent à ouvrir

(1) Voyez *Leibnitii & Joan. Bernoulli commercium epistolicum*, tome 1.er, page 319.

de nouvelles routes, & il abandonnoit volontiers aux autres le plaisir de les étendre & de les perfectionner. Il paroît, par les Œuvres Posthumes de Jacques Bernoulli, qu'il avoit aussi trouvé, de son côté, une méthode semblable, & qu'il l'avoit employée pour résoudre les problêmes que son frère lui proposoit, pendant la dispute sur les isopérimètres : il se contentoit de donner ses solutions sous des lettres transposées, voulant éviter toute diversion, avant que l'affaire des isopérimètres fût terminée.

J'omets plusieurs autres problêmes moins importans par leur objet, quoique très-difficiles en ce tems-là. Tel est, par exemple, celui de la courbe d'*égale pression*, qui fut proposé en 1700, par Jean Bernoulli, & résolu par le Marquis de l'Hopital.

Dans cette lice de combats scientifiques, qui durèrent pendant plus de trente ans, on ne vit point paroître Varignon, qu'on regardoit néanmoins, en France, comme un grand Géomètre. Mais avouons-le sans détour : quoique Lahire, Sauveur, Lagni, *&c*, reconnussent sa supériorité, il étoit loin d'égaler Léibnitz, Neuton, les frères Bernoulli, & même le Marquis de l'Hopital. Cependant on ne peut pas nier qu'il n'eût beaucoup de savoir & de facilité dans le travail. Son projet *d'une nouvelle Méchanique*, & la manière adroite dont il applique le parallélogramme des forces aux loix de l'équilibre, lui feront toujours honneur. Il est un des premiers qui ait entendu & commenté le Livre de Neuton. Il possédoit singulièrement l'art de généraliser les méthodes, & d'épuiser, pour ainsi dire, un sujet. Par malheur ses solutions générales ne renfermoient presque jamais d'autres difficultés, que celles des solutions particulières, données par d'autres Géomètres : c'est ce qui faisoit dire assez plaisamment à Jean Bernoulli, quand il avoit résolu quelque problême nouveau & difficile; *M. Varignon nous généralisera cela.*

Varignon, né en 1654, mort en 1722.

Cette plaisanterie pourroit être souvent renouvellée, & peut être même appliquée avec plus de justesse. Les moyens d'augmenter nos connoissances, & de les rapprocher les unes des autres, étant aujourd'hui fort variés & fort étendus, rien n'est moins rare, parmi les Savans, que cette faculté de l'esprit, qui semble quelquefois imaginer, tandis qu'elle ne fait réellement qu'imiter & amplifier. Elle est l'appanage de certains hommes studieux qui, dépourvus foncièrement de génie, trouvent dans les écrits des inventeurs, quelques idées accessoires & peu développées qu'ils s'approprient, & auxquelles ils ont l'art de donner l'apparence de la nouveauté. La nature leur accorde ordinairement une opinion très-avantageuse d'eux-mêmes, & le secret de l'inspirer en partie à la médiocrité ou à l'ignorance. Mais les justes appréciateurs du mérite corrigent cette erreur, mettent chacun à sa place, & regardent avec indifférence de vastes édifices de calcul, bâtis sur les fonds d'autrui, qui ne présentent qu'un amas de formules insignifiantes, inutiles au progrès de l'Analyse, & destinées seulement à couvrir les pages d'un livre malheureux.

Dispute entre Léibnitz & Neuton, sur la découverte de la nouvelle Analyse.

Il semble que la nouvelle Géométrie offroit un aliment suffisant à la curiosité humaine, & qu'on auroit dû se contenter de cultiver en paix ce champ inépuisable de recherches. Mais plus ces objets étoient grands, plus l'orgueil, toujours prêt à étendre son empire, fut habile à susciter, entre Léibnitz & Neuton, une querelle sur les droits à l'invention de la méthode; & il faut avouer que si les mouvemens de cette passion pouvoient jamais être excusables, ils le seroient ici, par l'importance de la découverte dont on vouloit connoître le véritable Auteur.

La première étincelle de la guerre fut excitée par Fatio de Duiller, Génevois, retiré en Angleterre, le même qui, dans la suite, donna un étrange spectacle de démence, en voulant ressusciter publiquement un mort dans l'Eglise de S. Paul de Londres, mais qui avoit alors la tête saine & même de la réputation parmi les Géomètres. Poussé d'un côté par les Anglois, de l'autre, par un ressentiment personnel contre Léibnitz dont il prétendoit avoir reçu de trop foibles marques d'estime, il s'avisa de dire dans un petit Traité sur la courbe *de la plus vîte descente*, & sur *le solide de la moindre résistance*, qui parut, en 1699, que Neuton étoit le *premier* inventeur des nouveaux calculs; qu'il parloit ainsi pour l'honneur de la vérité & l'acquit de sa conscience; & qu'il laissoit à d'autres le soin de décider ce que Léibnitz, *second* inventeur, pouvoit avoir emprunté du Géomètre Anglois. Léibnitz fit, à cette attaque imprévue, une réponse modérée, & suffisante pour détruire une assertion hazardée & dénuée de preuves.

Quelque tems après, Keil renouvella l'accusation de Fatio. Léibnitz répondit que Keil, qu'il appelloit d'ailleurs un homme *Savant*, étoit trop nouveau pour porter un jugement certain de choses arrivées depuis un grand nombre d'années, & qu'il s'en rapportoit là-dessus à Neuton même. Keil revint à la charge, & dans une lettre adressée à Hansloane, Secrétaire de la Société Royale, il ne se contenta plus de dire que Neuton étoit le premier inventeur: il fit entendre assez clairement que Léibnitz, après avoir puisé la méthode dans les écrits de Neuton, se l'étoit appropriée, en y appliquant seulement une notation particulière, ce qui étoit, en termes équivalens, le taxer de plagiat. Léibnitz indigné d'une pareille inculpation, en porta de vives plaintes à la Société Royale, & demanda hautement que l'on réprimât les clameurs d'un homme inconſidéré qui attaquoit, ſans raiſon & ſans pudeur, ſa réputation & ſa bonne foi. La Société Royale nomma des Commiſſaires pour examiner tous les écrits qui regardoient ce ſujet, & elle les publia, en 1712, avec le rapport des Commiſſaires, ſous ce titre : *Commercium Epiſtolicum de Analyſi promota.* Sans être abſolument affirmative, la concluſion du rapport eſt que Keil n'a pas calomnié Léibnitz. J'obſerverois que Neuton étoit alors préſident de la Société Royale, s'il avoit montré le deſir, ou s'il avoit eu le pouvoir de faire pencher la balance en ſa faveur.

La Société Royale n'avoit ni le droit, ni l'intention de juger le procès ſans appel ; & puiſqu'elle a fait imprimer les pièces qui y ſont relatives, elle a laiſſé la liberté de les diſcuter & d'en dire ſon avis. Je demande donc la permiſſion de me livrer à cet examen : j'y apporterai toute l'impartialité dont je ſuis capable. Léibnitz & Neuton me ſont indifférens : je n'ai reçu d'eux, ſi je puis employer une expreſſion de Tacite, *ni bienfait, ni injure.* La ſublimité de leur génie exige un profond hommage ; mais on doit encore plus de reſpect à la vérité.

Neuton tenant de la nature une intelligence ſupérieure, & né dans un tems où Hariot, Wren, Wallis, & Barrow, avoient déjà rendu les Mathématiques floriſſantes en Angleterre, eut de plus l'avantage de recevoir, dans ſon enfance, les leçons de Barrow à l'univerſité d'Oxford. Toutes les forces de ſon génie ſe portèrent vers ce genre d'études : les ſuccès qu'il y obtint furent prodigieux. Fontenelle lui a appliqué ce que Lucain avoit dit du Nil : qu'*il n'a pas été donné aux hommes de le voir foible & naiſſant.* Dès l'âge de vingt-cinq ans, il avoit jetté les fondemens des grandes théories qui l'ont rendu depuis ſi fameux. Léibnitz, plus jeune de quatre ans, ne trouva en Allemagne que de médiocres ſecours pour ſon inſtruction. Il ſe forma, pour ainſi dire, tout ſeul. Son génie actif & dévorant, ſecondé par une mémoire extraordinaire, embraſſoit toutes les branches des connoiſſances humaines : littérature, hiſtoire, poéſie, droit des gens, ſciences exactes, phyſique, *&c.* Cette multiplicité de goûts nuiſit néceſſairement à la rapidité de ſes progrès dans chaque genre. Il ne s'annonça donc, comme un grand Mathématicien, que ſept ou huit ans après Neuton.

Ces deux grands hommes poſſédoient la nouvelle Analyſe long-tems avant que de la mettre au jour. Si la priorité de la publication emportoit la priorité de l'invention, Léibnitz auroit gain de cauſe : mais ce moyen n'eſt pas ſuffiſant pour prononcer avec aſſurance ; & il faut remonter à des faits antérieurs, appuyés ſur des titres authentiques.

Le *commercium epiſtolicum* contient d'abord, à dater de l'année 1669, pluſieurs belles découvertes Analytiques de Neuton. Dans la pièce intitulée : *de Analyſi per æquationes numero terminorum infinitas*, outre la méthode pour réſoudre les équations par approximation, dont il ne s'agit pas ici, Neuton enſeigne à quarrer les courbes qui ont, pour ordonnées, des expreſſions monomes, ou l'aſſemblage de pluſieurs monomes; & lorſque les ordonnées ſont des radicaux complexes, il ramène la queſtion au premier cas, en développant l'ordonnée en une ſuite infinie de termes ſimples, au moyen de la formule du binome, ce que perſonne n'avoit fait encore. Sluze & Grégori avoient trouvé, chacun de leur côté, une méthode pour les tangentes : Neuton, dans une lettre à Collins, en date du 10 Décembre 1672, prouve qu'il l'avoit auſſi trouvée : il l'applique à un exemple, ſans y ajouter la démonſtration : il dit enſuite qu'elle n'eſt qu'un corollaire d'une autre méthode générale qu'il a pour mener les tangentes, quarrer les courbes, trouver leurs longueurs & leurs centres de gravité, *&c*, ſans être arrêté par les quantités radicales, comme Hudde l'eſt dans ſa méthode pour les *maxima* & les *minima*. Les Anglois voyent clairement la méthode des fluxions dans ces deux écrits de Neuton; mais les Géomètres des autres Nations ne penſent pas tout-à fait de même. En convenant que le développement des radicaux en ſéries eſt un pas conſidérable que Neuton a fait, ils ne peuvent s'empêcher de reconnoître d'ailleurs, que les méthodes de Fermat, de Wallis & de Barrow, pouvoient ſervir à trouver les réſultats concernant les quadratures des courbes, que Neuton ſe contente de donner, ſans indiquer la marche qui l'y a conduit. Ils avouent que les deux pièces dont il s'agit, contiennent une indication vague de la méthode des fluxions; indication peut-être ſuffiſante pour montrer que Neuton poſſédoit alors les premiers principes de cette méthode, mais trop obſcure pour en donner l'intelligence au lecteur. Et ce qui rend cette conjecture très-vraiſemblable, c'eſt qu'Oldenbourg, Secrétaire de la Société Royale, envoyant (10 Juillet 1673) à Sluze, un exemplaire de la méthode de celui-ci pour les tangentes qu'on avoit imprimée à Londres, rapporte un fragment de lettre de Neuton, où après avoir dit que cette méthode appartient bien véritablement à Sluze, Neuton pourſuit ainſi : *quant aux méthodes* (il entend celle de Sluze & la ſienne propre), *elles ſont les mêmes, quoique je les croye tirées de principes différens. Je ne ſais cependant ſi les principes de M. Sluze ſont auſſi féconds que les miens, qui s'étendent aux équations affectées de termes irrationnels, ſans qu'il ſoit néceſſaire d'en changer la forme.* Auroit-il parlé avec tant de réſerve,

& n'auroit-il pas dit nettement que la méthode de Sluze, & celle des fluxions, étoient différentes, s'il avoit possédé la dernière dans un degré aussi parfait qu'on l'a prétendu depuis? La modestie peut-elle consister à cacher la vérité? Quoi qu'il en soit, Léibnitz n'a pas eu communication de ces deux écrits de Neuton, ou il n'en a tiré aucune lumiere, avant que d'avoir trouvé son calcul différentiel: c'est un point important que les défenseurs de Léibnitz n'ont pas assez discuté jusqu'ici, & dont je donnerai bientôt la preuve démonstrative.

Léibnitz vint en France, en 1672, au sortir des universités d'Allemagne, où il s'étoit principalement occupé du droit & de l'histoire: il étoit néanmoins déjà initié aux Mathématiques, puisqu'en 1666, il avoit publié un petit Livre sur quelques propriétés des nombres. Il passa à Londres, au commencement de 1673; il y vit Oldenbourg, & ils lièrent ensemble un commerce de lettres. Dans une de ces lettres, écrite de Londres même à Oldenbourg, Léibnitz expose qu'ayant trouvé une manière de sommer certaines suites par le moyen de leurs différences, on lui avoit montré cette méthode déjà imprimée dans un Livre de Mouton, Chanoine de S. Paul de Lyon, sur les diamètres du soleil & de la lune; qu'alors il imagina une autre manière qu'il explique, de former les différences, & d'en conclure les sommes des suites: qu'il est en état de sommer une suite de fractions, dont les numérateurs sont l'unité, & dont les dénominateurs sont, ou les termes de la suite des nombres naturels, ou ceux de la suite des nombres triangulaires, *&c.* Toutes ces recherches sont ingénieuses, & semblent avoir un rapport, au moins éloigné, au calcul des différences.

Après quelques mois de séjour à Londres, Léibnitz revint à Paris, où il se lia d'amitié avec Huguens, qui lui ouvrit le sanctuaire de la plus profonde Géométrie. Il trouva bientôt la suite, qui donne, pour la quadrature du cercle, une expression analogue à celle que Mercator avoit donnée pour la quadrature de l'hyperbole. Il la communiqua à Huguens, qui en fit de grands éloges, & à Oldenbourg, qui lui répondit que Neuton avoit déjà trouvé des choses semblables, non-seulement pour le cercle, mais encore pour toutes sortes de courbes, & qui en envoya des essais. En effet, la théorie des suites étoit très-avancée dès ce tems-là en Angleterre; & quoique Léibnitz y eut pénétré fort avant de son côté, il a toujours néanmoins reconnu que les Anglois, & principalement Neuton, l'avoient précédé & surpassé dans cette branche de l'analyse: mais elle n'est pas le calcul différentiel, & les Anglois ont montré une partialité trop évidente, en cherchant à lier ensemble ces deux objets.

Ecoutons & pesons l'histoire que Léibnitz fait de sa découverte du calcul différentiel. Il raconte que joignant ses anciennes remarques sur les différences des nombres, à ses nouvelles méditations de Géométrie, il trouva ce calcul vers l'année 1676; qu'il en fit de merveilleuses applications à la Géométrie; qu'étant obligé, en ce même tems, de retourner à Hanover, il ne put suivre entièrement le fil de ses méditations; que cherchant néanmoins à *faire valoir* sa nouvelle découverte, il passa par l'Angleterre & par la Hollande; qu'il resta quelques jours à Londres, où il fit connoissance avec Collins, qui lui montra plusieurs lettres de Gregori, de Neuton, & d'autres Mathématiciens, lesquelles rouloient principalement sur les Séries. D'après cet exposé, il sembleroit que Léibnitz, voulant répandre *sa nouvelle découverte*, auroit dès-lors fait connoître le calcul différentiel en Angleterre. Ajoutons que, dans une lettre de Collins à Neuton, du 5 Mars $167\frac{6}{7}$, il est dit que Léibnitz ayant passé une semaine à Londres, au mois d'Octobre 1676, *avoit remis à Collins quelques écrits* (1), dont Neuton recevroit incessamment des extraits ou des copies. Collins ne désigne point la nature de ces *écrits*, & on n'en trouve aucun vestige dans le *commercium epistolicum*. Mais si le récit de Léibnitz est fidèle, ou si sa mémoire ne l'a pas trompé, quand il a dit qu'il possédoit le calcul différentiel avant ce second voyage en Angleterre, il lui survint sans doute alors quelque raison particulière de tenir encore sa découverte cachée, contre le projet qu'il avoit formé d'abord de la *faire valoir*; car, dans cette même lettre, Collins en rapporte une autre de Léibnitz à Oldenbourg, écrite d'Amsterdam, le $\frac{18}{28}$ Novembre 1676, où Léibnitz propose de construire des Tables de formules, tendantes à perfectionner la méthode de Sluze, au lieu d'expliquer, ou, au moins, d'indiquer le calcul différentiel, comme beaucoup plus expéditif & plus commode. Les Anglois ont donc eu raison de dire qu'à son passage à Londres, en 1676, Léibnitz ne leur a pas appris le calcul différentiel; mais ils devoient reconnoître que la même lettre prouve, avec la dernière évidence, qu'il n'a non plus rien appris d'eux sur ce sujet. En effet, si, comme ils l'ont avancé depuis, on lui eût donné connoissance de la méthode des fluxions, ne faudroit-il pas qu'il fût tombé en démence pour oser proposer, un mois après, au Secrétaire de la Société Royale, les moyens de perfectionner la méthode de Sluze en elle-même, sans

(1) Ce passage & plusieurs autres grands morceaux de cette lettre ont été supprimés dans le *Commercium Epistolicum*. Voyez-la en entier dans les Œuvres de Wallis, *t. III, page 646*.

parler

parler, le moins du monde, d'une autre méthode beaucoup plus simple qu'on venoit de lui enseigner en Angleterre ? Ainsi, de deux choses l'une : ou Léibnitz ne vit point, au mois d'Octobre 1676, l'ouvrage *de Analysi per æquationes*, & la lettre de Neuton, du 10 Décembre 1672 : ou s'il vit ces deux pièces, il n'en tira aucun secours, non plus que les Géomètres Anglois, qui avoient eu tout le tems de les méditer. Ses Adversaires n'ont jamais dit formellement qu'il eût vu l'ouvrage *de Analysi per æquationes ;* ils se sont contentés d'avancer qu'il avoit vu la lettre du 10 Décembre 1672 ; mais cette lettre est si vague & si obscure, que leur assertion, fût-elle vraie, ne prouve rien contre Léibnitz.

Il n'y a, dans toute cette affaire, que trois pièces véritablement décisives : savoir, 1.° une lettre de Neuton à Oldenbourg, du 24 Octobre 1676 ; lettre communiquée, l'année suivante, à Léibnitz. 2.° La réponse que Léibnitz fit à Oldenbourg, le 21 Juin 1677, relativement à cette lettre. 3.° Le Scholie qui accompagne la proposition VII du Livre II, *des principes Mathématiques* de Neuton, ouvrage publié en 1686.

La lettre de Neuton contient, indépendamment de différentes recherches sur les suites, qu'il faut ici mettre de côté, plusieurs Théorêmes qui ont la méthode des fluxions pour base ; mais il en cache les démonstrations ; il se contente de dire qu'il les a tirées de la solution d'un problême général qu'il énonce énigmatiquement sous des lettres transposées, & dont le sens est : *étant donnée une équation qui contienne des quantités fluentes, trouver les fluxions, & réciproquement.* Il est évident, par cette lettre, que Neuton possédoit alors la méthode des fluxions, ou le calcul différentiel.

Léibnitz, dans sa réponse, commence par dire qu'il avoit reconnu, comme Neuton, que la méthode de Sluze pour les tangentes étoit imparfaite. Ensuite il explique celle du calcul différentiel, assurant que depuis long-tems, il s'en étoit servi pour mener les tangentes des courbes. Il donne ainsi ouvertement la solution du problême que Neuton avoit proposé en énigme.

Le Scholie, cité du Livre des *principes*, porte : *dans un commerce de lettres que j'entretenois, il y a dix ans* (1), *avec le très-savant Géomètre M. Léibnitz, ayant mandé que je possédois une méthode pour déterminer les* maxima & *les* minima, *mener les tangentes, & faire autres choses semblables, laquelle réussissoit également dans les quantités rationnelles & dans les quantités radicales, & ayant caché cette méthode sous des lettres transposées*

(1) Par l'entremise d'Oldenbourg.

qui signifioient : étant donnée une équation qui contienne un nombre quelconque de quantités fluentes, trouver les fluxions, & réciproquement : *cet homme célèbre répondit qu'il avoit trouvé une méthode semblable, & il me communiqua sa méthode qui ne différoit de la mienne, que dans l'énoncé & la notation.* L'édition de 1714 ajoute, *& dans l'idée de la génération des quantités.*

Il est constant, par ces trois pièces, que Neuton semble avoir trouvé le premier la méthode des fluxions, mais que Léibnitz l'a trouvée également de son côté, sans rien emprunter de Neuton. Ces deux grands hommes sont arrivés, par la force de leurs génies, au même but, par des chemins différens : l'un, en regardant les fluxions comme de simples rapports de quantités qui naissent ou s'évanouissent au même instant ; l'autre, en considérant que dans une suite de quantités qui croissent ou décroissent, la différence entre deux termes consécutifs peut devenir infiniment petite, c'est-à-dire, plus petite que toute grandeur finie déterminable.

Cette opinion, aujourd'hui reçue universellement, excepté en Angleterre, a été celle de Neuton même, dans un tems où la vérité étoit encore proche de sa source, & où les passions ne l'avoient pas altérée. Envain, entraîné dans la suite par la flatterie de ses disciples, a-t-il changé de langage : envain a-t-il prétendu que la gloire d'une découverte appartenoit toute entière au premier inventeur, & que les seconds inventeurs n'y avoient aucune part ; la proposition a besoin d'être modifiée : deux hommes, qui font chacun une même découverte importante, ont un droit égal à l'admiration : celui qui la publie le premier, a le premier droit à la reconnoissance publique.

Le projet de dépouiller Léibnitz, & de le faire regarder comme plagiaire, fut porté si loin en Angleterre, qu'on osa dire, & Neuton lui-même n'eut pas honte d'appuyer l'objection, que le calcul différentiel de Léibnitz n'étoit autre chose que la méthode de Barrow. A quoi pensez-vous, répondit Léibnitz, de me faire un pareil reproche ? Vous voulez, tout à-la-fois, que le calcul différentiel soit la méthode de Barrow, & que M. Neuton en soit l'inventeur. Faut-il que la passion vous aveugle au point de ne pas sentir cette contradiction manifeste ? Si le calcul différentiel étoit réellement la méthode de Barrow, (& vous savez très-bien qu'il ne l'est pas), qui mériteroit plus justement d'être appellé plagiaire, ou de M. Neuton qui a été le disciple, l'ami de Barrow, qui a été à portée de puiser dans la conversation des vues que Barrow n'a pas mises dans ses livres : ou de moi, qui n'ai pu connoître que les livres, & qui n'ai jamais eu de relations avec l'Auteur ?

Jean Bernoulli, qui avoit appris conjointement avec son Frère, l'Analyse infinitésimale dans les écrits de Léibnitz, opposa au *commercium epistolicum*, une lettre où il mit en avant, que Neuton n'avoit pas d'abord songé à son calcul des fluxions, ou qu'il ne l'avoit réduit à des opérations analytiques générales en forme d'algorithme, qu'après que le calcul différentiel étoit déjà répandu dans tous les Journaux de Hollande & d'Allemagne. Les raisons qu'il en donne sont, 1.° que dans le *commercium epistolicum*, on ne voit pas que Neuton ait jamais employé les lettres pointées, pour désigner les fluxions. 2.° Que dans le Livre des *principes*, où l'Auteur avoit si souvent occasion d'employer ce calcul, & d'en donner l'algorithme, il ne l'a point fait; qu'il procède par-tout par les lignes & les figures, sans aucune analyse déterminée, & seulement à la manière de Huguens, Roberval, Cavalleri, &c. 3.° Que les lettres pointées n'ont commencé à paroître que dans le troisième volume des œuvres de Wallis, plusieurs années après que le calcul différentiel étoit connu par-tout. 4.° Que la vraie méthode de différentier les différences, ou de prendre les fluxions des fluxions, étoit ignorée de Neuton, puisque dans son Traité *des quadratures des courbes*, publié en 1706, il donne, pour trouver les différentielles de tous les ordres, une règle qui est fausse, excepté dans le seul cas des premières différences.

A cette lettre, on répondit que la notation ne constituoit pas la méthode; que les principes du calcul des fluxions étoient contenus dans les lettres & dans le grand ouvrage de Neuton; que la règle du Traité *des quadratures*, pour trouver les fluxions de tous les ordres, étoit vraie en supprimant les dénominateurs, & donnoit par conséquent des quantités *proportionnelles* aux véritables fluxions. Les partisans de Léibnitz répliquèrent que les avantages d'une méthode analytique tiennent en grande partie à la simplicité de l'algorithme; que la caractéristique de Léibnitz avoit déjà fait faire des progrès considérables à la nouvelle Analyse, dans un temps où presque personne n'entendoit le Livre de Neuton; & qu'enfin la règle donnée par Neuton, pour trouver les fluxions de tous les ordres, prouve qu'il ne possédoit pas, même en 1706, la nouvelle Analyse, avec autant d'évidence & de sûreté, que les Géomètres de l'Ecole de Léibnitz.

La question étoit ainsi dégénérée en disputes, qui ne faisoient que l'embrouiller & l'obscurcir. Elle parut terminée par la mort de Léibnitz, qui arriva en 1716. Les Anglois poursuivant l'ombre de ce grand Homme, publièrent en 1726 une édition du Livre des *principes*, où l'on supprima le scholie qui concernoit Léibnitz.

C'étoit avouer sa découverte d'une manière bien authentique & bien mal-adroite. Ne devoient-ils pas sentir que l'on attribueroit à une prévention nationale, ou peut-être à un sentiment encore plus injuste, le dessein chimérique d'anéantir l'hommage qu'une noble émulation avoit autrefois rendu à la vérité ?

Il s'est trouvé dans les tems postérieurs, des Géomètres qui, sans prendre un parti décisif entre Neuton & Léibnitz, ont objecté au dernier que la métaphysique de sa méthode étoit obscure ou même défectueuse; qu'il n'y a point de quantités infiniment petites, & qu'il reste des doutes sur l'exactitude d'une méthode où ces quantités sont introduites. Mais Léibnitz peut répondre : je n'ai proposé l'existence des quantités infiniment petites, que comme une simple hypothèse qui sert à abréger le calcul & les raisonnemens sur lequel il est fondé ; je n'ai pas besoin qu'il y ait des quantités infiniment petites à la rigueur; il me suffit, comme je l'ai imprimé dans plusieurs ouvrages, que mes *différences* soient moindres que toute quantité *finie* que vous voudrez assigner, & que par conséquent l'erreur qui peut résulter de ma supposition, soit au-dessous de toute erreur déterminable, c'est-à-dire, absolument nulle. La manière dont Archimède trouve la proportion de la sphère au cylindre, a pour base des principes semblables. M. de Fontenelle, qui étoit d'ailleurs bien intentionné pour moi, a eu tort de se contenter de dire, à la tête de sa *Géométrie de l'infini*, qu'après avoir admis d'abord les infiniment petits, je m'étois relâché dans la suite, jusques au point de réduire les infiniment petits de différens ordres, à n'être que des *incomparables*, dans le sens qu'un grain de sable seroit incomparable au globe de la terre : il devoit ajouter que cette comparaison ne me sert qu'à présenter une idée sensible & grossière de mes différences à l'imagination de certains lecteurs, & que, dans le Mémoire (1) auquel il fait allusion, je finis par remarquer expressément, qu'au lieu de l'infini ou de l'infiniment petit, il faut prendre des quantités aussi grandes ou aussi petites qu'il est nécessaire, pour que l'erreur soit moindre que toute erreur donnée. La métaphysique de mon calcul est donc entièrement conforme à celle de la méthode d'*exhaustion* des anciens, dont jamais personne n'a révoqué la certitude en doute. Et, quoiqu'on ait voulu dire, mon rival n'a réellement, à cet égard, aucun avantage sur moi.

Enfin on a dit que Neuton avoit poussé plus loin que Léibnitz, les applications de la nouvelle Analyse à de grands objets, & que cet avantage forme un préjugé pour faire regarder le premier comme

---

(1) Voyez *Leibnitii opera*, tome III, pag. 370.

le véritable inventeur. Ce raiſonnement demande une explication.

Il n'a peut-être pas exiſté d'homme plus doué que Neuton, de cette intelligence & de cette vigueur de tête, capables de ſoutenir une longue méditation, de concevoir & d'exécuter un vaſte plan. La preuve en eſt dans ſon Livre des *principes*; l'un des plus beaux monumens de l'eſprit humain, par la variété, l'enchaînement & l'importance des matières qui y ſont traitées. Léibnitz n'a point donné de Livre ſemblable. Trop emporté par la vivacité de ſon génie, & par la multitude de ſes occupations, de ſes voyages & de ſes correſpondances avec la plupart des Savans de ſon tems, il ne pouvoit s'aſtreindre à creuſer long-tems un même ſujet, ni à pourſuivre en détail toutes les conſéquences d'un grand principe. Mais le recueil de ſes ouvrages, & ſon *commerce épiſtolaire* avec Jean Bernoulli, portent le plus haut caractère de l'invention. Il ſeme par-tout des idées neuves & des germes de Théories, dont le développement produiroit quelquefois des traités entiers. S'il n'a pas égalé Neuton du côté de la profondeur, il paroît le ſurpaſſer par cette pénétration rapide & cette pointe d'eſprit, qui vont ſaiſir dans une matière, les queſtions les plus ſubtiles & les plus piquantes. L'un a laiſſé une plus grande maſſe des vérités Géométriques; l'autre a plus accéléré, en ſon tems, les progrès de la Science, par la notation ſimple & commode de ſon calcul, les applications nombreuſes qu'il en fit lui-même, ou qu'il mit les Savans à-portée d'en faire, les encouragemens qu'il leur donnoit, & les routes nouvelles qu'il ouvroit continuellement à leurs méditations.

La diſpute dont je viens de rendre compte ne fut pas bornée au ſeul genre polémique : elle alluma heureuſement entre les Anglois & les Partiſans de Léibnitz, une guerre de problêmes, dont la Géométrie retira pluſieurs avantages conſidérables. On en étoit venu à s'accuſer de part & d'autre de ne pas bien entendre la nouvelle analyſe. Léibnitz, *pour tâter le pouls aux Anglois*, comme il diſoit, leur fit propoſer, peu de tems avant ſa mort, le fameux problême des trajectoires orthogonales, ou la recherche des courbes qui coupent ſous un angle donné une ſuite de courbes de la même eſpèce, comme toutes les hyperboles d'un même ſommet & d'un même centre. Cet exemple des hyperboles étoit indiqué pour fixer clairement l'état de la queſtion; car il n'étoit pas d'ailleurs bien difficile à réſoudre; & le jeune Nicolas Bernoulli, fils de Jean, en donna une ſolution fort élégante. Mais Léibnitz exigeoit une méthode générale, d'où l'on pût tirer, dans chaque cas particulier, la conſtruction de la trajectoire, du moins en ſuppoſant la quadrature des courbes. Neuton ayant vu cet énoncé, indiqua tout de ſuite une

An. 1715.

ſolution fondée ſur ces principes : que la nature des courbes coupées donnoit les tangentes aux points d'interſection ; que les angles d'interſection donnoient les perpendiculaires ; que les perpendiculaires donnoient le centre de courbure, ou le rayon oſculateur, d'où l'on pouvoit toujours arriver à l'équation différentielle de la trajectoire. Quant à l'intégration de cette équation, il la renvoyoit au calcul intégral, prétendant qu'elle ne faiſoit plus partie du problême. Mais
An. 1716. Jean Bernoulli, chargé de la cauſe de Léibnitz qui venoit de mourir, ſe moqua hautement de ce projet de ſolution : il ſoutint que rien n'étoit plus facile que de parvenir à l'équation de la trajectoire ; qu'on avoit même traité depuis long-tems avec ſuccès pluſieurs cas particuliers de ce problême ; que la grande difficulté étoit d'aſſigner, en général, les cas où l'équation de la trajectoire étoit intégrale, & de réduire l'intégration à la quadrature des courbes. La diſpute s'échauffant de plus en plus, eut de longues ſuites. On
An. 1717, 1718. voyoit, d'un côté, les Diſciples de Neuton (car il ne paroiſſoit plus dans la lice), & de l'autre, Jean Bernoulli leur faiſant tête, & ſoutenant ſeul ſur un pont, comme Horatius Cocles, tout l'effort de l'armée angloiſe, ſuivant l'ingénieuſe comparaiſon de Fontenelle.

An. 1721. Du problême des trajectoires orthogonales, on paſſa à celui des trajectoires réciproques ou des courbes qui ſe coupent mutuellement ſous un angle donné. Toutes ces recherches tenoient à des principes ſemblables. Elles demandoient une Géométrie très-délicate & très-profonde. Jean Bernoulli y déploya toutes les reſſources de l'art & du génie. Il avoit entre les mains un inſtrument qu'il manioit avec dextérité : la méthode de différentier *de curva in curvam.*

Taylor, né en 1690, mort en 1734. Parmi les combattans Anglois, on diſtingua principalement Taylor, qui réſolut la plupart des problêmes de l'ennui commun. Avant ce tems-là, il avoit publié un ouvrage célèbre, intitulé : *Methodus incrementorum directa & inverſa.* C'eſt-là qu'on trouve les premiers eſſais de la nouvelle analyſe appliquée aux différences finies : eſſais
Nicole, né en 1683, mort en 1758. préſentés d'une manière très-obſcure, & que Nicole eut le mérite de développer clairement, & de pouſſer plus loin (1). Taylor a donné, dans ce même ouvrage, la première ſolution du problême des cordes vibrantes, en ſuppoſant que tous les points de la corde arrivent en même tems à l'axe. Nous verrons ce qu'on a ajouté depuis à cette Théorie.

An. 1717. Keil ne fut pas auſſi heureux. Il oſa, pour ſa propre honte, provoquer Jean Bernoulli ſur un autre ſujet. Neuton avoit déterminé, dans le livre *des Principes*, la courbe que décrit un projectile dans

(1) Mém. de l'Acad. 1717, 1723, 1724, 1727.

un milieu résistant comme la simple vîtesse; mais il n'avoit pas touché au cas, beaucoup plus difficile, où le milieu résiste comme le quarré de la vîtesse. Keil proposa ce cas à Jean Bernoulli, qui non-seulement le résolut en très-peu de tems, mais qui étendit la solution à l'hypothèse générale où la résistance du milieu seroit comme une puissance quelconque de la vîtesse du mobile. Quand cette Théorie fut trouvée, l'Auteur offrit, à différentes reprises, de l'envoyer à un homme de confiance à Londres, sous la condition que Keil remettroit aussi sa solution. Mais Keil, vainement interpellé, garda un profond silence : la raison en étoit facile à deviner; il n'avoit pas résolu son problême : en le proposant, il s'étoit attendu que personne ne trouveroit ce qui avoit échappé à la sagacité de Neuton. Il se trompa dans sa conjecture; & son défi, plus qu'indiscret, lui attira de la part du Géomètre de Basle, une réprimande d'autant plus humiliante, que le seul moyen solide d'y répondre étoit de résoudre le problême, & que Keil ne put trouver ce moyen, ni dans ses propres forces, ni dans les secours de ses amis. Le triomphe de Jean Bernoulli fut complet. Dans l'ivresse de sa victoire, il se permit, contre ses rivaux, des sarcasmes & des plaisanteries qui n'étoient pas de bon goût, mais pardonnables sans doute au caractère franc & loyal d'un homme attaqué insidieusement, ayant à venger ses propres outrages & ceux d'un illustre ami dont il pleuroit encore la perte.

Toutes ces discussions scientifiques, malgré l'aigreur qu'y mêloient les passions humaines, échauffoient les esprits, & formoient de tous côtés des prosélytes à la Géométrie. L'Ecole de Basle avoit déjà produit, sous Jacques Bernoulli, plusieurs hommes célèbres dans les Sciences, entr'autres Herman, Auteur d'un excellent Traité de *Phoronomie*, & Nicolas Bernoulli, neveu, profond dans l'analyse des jeux de hasard, & le premier qui ait donné la fameuse équation de condition, d'où dépend la réalité de l'équation aux différences partielles entre trois grandeurs variables. De nouveaux Elèves, excités par les leçons de Jean Bernoulli, & sur-tout par le spectacle de ses combats avec les Anglois, se montrèrent dignes d'un tel maître. Son fils aîné, Nicolas, s'élevoit rapidement aux régions supérieures de la Géométrie, quand la mort vint le frapper à l'âge de 27 ans. Il eut, dans son frère Daniel Bernoulli, & dans Euler leur compatriote, des rivaux, qui, nés avec un genie égal au sien, mais ayant vécu plus long-tems, ont fait aussi de plus grands pas dans la même carrière. En Italie, Gabriel Manfredi avoit publié, dès l'année 1707, un savant ouvrage sur l'analyse des courbes & des équations différentielles : ouvrage où, par la seule conformité des esprits & de la

Herman, né en 1680, mort en 1734.

Nicolas Bernoulli, né en 1682, mort en 1760.

Nicolas Bernoulli, né en 1699, mort en 1726.

D. Bernoulli, né en 1700, mort en 1782.

Euler, né en 1707, mort en 1783.

Gabriel Manfredi, né en 1681, mort en 1761.

doctrine, l'Auteur s'étoit rencontré avec Jean Bernoulli dans la Théorie générale des équations différentielles homogènes.

Rien n'a plus contribué à augmenter le nombre & l'émulation des savans, que l'établissement des Académies dans les principales villes de l'Europe. On connoît les riches collections de Mémoires publiés par ces illustres Compagnies : souvent encore leurs membres ont donné séparément des ouvrages considérables. La nouvelle Géométrie a été appliquée à toutes les autres parties des Mathématiques, & toutes l'ont forcée de se perfectionner elle-même, en offrant sans cesse des problêmes qui finissent par se réduire à de pures questions d'Analyse.

Méchanique. Nous trouvons d'abord, dans la Méchanique, une preuve sensible de cette dépendance mutuelle. Il n'y a point de Science à qui le secours d'une profonde Géométrie soit plus nécessaire qu'à la Théorie générale de l'équilibre & des mouvemens variés. On en avoit déjà vu plusieurs exemples; & cette source étoit loin de tarir.

Emportés par le plaisir de résoudre de nouveaux problêmes, les Géomètres s'étoient peu attachés à examiner si les principes de la Méchanique avoient l'évidence nécessaire pour servir de base à un systême de connoissances véritablement scientifiques. M. Daniel Bernoulli entreprit cet examen : il éclaircit quelques propositions; il en démontra rigoureusement d'autres qui en avoient besoin : telle est, en particulier, celle de la composition & décomposition des forces qui vont concourir en un point. Quand il eut ainsi assuré sa marche, il voulut, à son tour, résoudre des problêmes de Méchanique. Je citerai d'abord celui des *chaînettes*, considéré généralement, c'est-à-dire, en supposant le fil soumis à l'action de puissances quelconques; & celui de la courbure que doit prendre une lame élastique, en ayant égard à sa pesanteur que l'on n'avoit pas encore fait entrer dans le calcul. M. Euler, qui traita de son côté les mêmes questions, parvint à des résultats semblables.

(An. 1726.) (An. 1728.)

La découverte que Huguens avoit faite du *tautochronisme* de la cycloïde, dans l'hypothèse du vuide & de la gravité ordinaire, excita la curiosité des Géomètres à chercher les courbes tautochrones pour d'autres hypothèses. Neuton fit voir que la cycloïde est encore la courbe tautochrone, lorsque le corps toujours pesant à l'ordinaire, éprouve de la part du milieu où il se meut, une résistance proportionnelle à sa simple vîtesse : résultat curieux & remarquable. Mais on desiroit envain depuis long-tems de connoître la tautochrone pour un milieu résistant comme le quarré de la vîtesse. M. Euler & M. Jean Bernoulli résolurent ce problême à-peu-près dans le même tems. En 1734, M. Fontaine donna, sur ce sujet, une nouvelle

(An. 1686.) (An. 1729.) (Fontaine, né en 1705, mort en 1771.)

velle méthode plus générale, & d'un tour vraiment original : où faisant varier les lignes de deux manières, l'une relative à la différence entre deux arcs finis consécutifs, l'autre au mouvement le long de l'un de ces arcs, il parvient à une équation d'où l'on tire sans peine tous les cas connus, tandis qu'auparavant chacun d'eux exigeoit une solution particulière. Il trouva de plus que la tautochrone est la même quand le milieu résiste comme le quarré de la vîtesse, & quand il résiste comme le quarré de la vîtesse plus le produit de la vîtesse par un coëfficient constant : Théorême non moins singulier que celui de Neuton.

Dans tous les mouvemens de rotation, on avoit toujours regardé l'axe comme fixe. M. Daniel Bernoulli étendit les loix de la Méchanique à des problêmes où l'axe lui-même est mobile : tel est celui des oscillations d'une chaîne suspendue verticalement, qu'il résolut, en considérant cette chaîne comme l'assemblage d'une infinité de petits poids mobiles à charnière, & en supposant qu'ayant été d'abord un peu détournée de la ligne verticale, puis abandonnée à elle-même, tous ses points arrivent à la verticale dans le même tems. M. Euler, invité par M. Bernoulli à chercher aussi la solution de ce problême, la trouva également. Ces deux grands Géomètres se communiquoient volontiers & sans mystère les objets de leurs méditations, & souvent ils ont traité les mêmes sujets. L'étroite amitié qu'ils avoient liée ensemble, dans leur jeunesse, ne fut jamais altérée par le tems, ni par de fréquentes discussions scientifiques où ils n'étoient pas de même avis. An. 1732.

Le problême de la *percussion excentrique* les occupa l'un & l'autre. An. 1737. Il consistoit, en général, à déterminer le mouvement que doit prendre un corps frappé ou poussé suivant une direction quelconque. Les solutions qu'ils en donnèrent étoient un supplément nécessaire à la Théorie du choc des corps, où l'on avoit toujours supposé auparavant que les corps se frappoient suivant des lignes qui passoient par leurs centres de gravité. Mais elles supposoient elles-mêmes que le corps choqué, quelle que soit sa figure, ne prend, outre le mouvement de translation, qu'un mouvement de rotation autour d'un seul axe qui conserve son parallélisme : on a déterminé, à l'occasion d'un autre problême dont nous parlerons plus loin, le mouvement pour un nombre quelconque d'axes, quand le cas a lieu.

Pendant que les deux plus illustres Elèves de Jean Bernoulli marchoient d'un si grand pas dans la carrière qu'il leur avoit ouverte: lui-même, nonobstant son âge avancé, conservoit tout son goût & toute son activité pour les Sciences. Il étoit infatigable à proposer & à résoudre de nouveaux problêmes. On admire, comme une recherche alors très-délicate, sa méthode pour trouver le *centre spontanée* de rotation d'un corps qui se meut librement en vertu d'une percussion excentrique.

A la mort de Pascal & de Fermat, la France avoit un peu perdu, dans les Sciences, l'équilibre avec les Nations voisines; mais elle a su le reprendre & le conserver, à-peu-près depuis l'époque du problême des tautochrones dans les milieux résultans, où elle remporta un avantage marqué. Bientôt après, M. Clairaut & M. d'Alembert se distinguèrent par de profondes recherches de Dynamique. On sait que les problêmes de cette classe ont pour objet les mouvemens de plusieurs corps qui agissent les uns sur les autres d'une manière quelconque. Pour les résoudre, les Géomètres se formoient, suivant les loix de la Méchanique, certaines règles qu'ils combinoient, au besoin, avec les propriétés du mouvement, déjà connues. C'est ainsi que Jean Bernoulli employoit le principe des *tensions*; M. Euler, celui des *pressions*; M. Daniel Bernoulli, la puissance virtuelle qu'a un systême de corps de se rétablir dans son premier état, quand il en a été dérangé, *&c.* L'adresse étoit ensuite d'y ramener chaque problême particulier, & d'intégrer les équations auxquelles on étoit conduit. M. d'Alembert, remontant aux notions primordiales de l'équilibre & du mouvement, a imaginé un principe général, dont tous les autres ne sont que des corollaires. Il regarde le mouvement qu'a chacun des corps du systême, en un instant quelconque, comme formé du mouvement qu'il avoit dans l'instant précédent, & d'un autre mouvement qu'il a perdu; ensuite, observant que la connoissance des mouvemens perdus doit mener nécessairement à celle des mouvemens conservés, il exprime les conditions de l'équilibre entre les premiers; & par-là il réduit toujours la question à un simple problême de statique.

Clairaut, né en 1713, mort en 1765.
D'Alembert, né en 1717, mort en 1783.

Ce même homme, qui réunissoit dans le plus haut degré la Science de l'Analyse à celle de la Méchanique, généralisa le problême des cordes vibrantes, que Taylor & ensuite d'autres Géomètres n'avoient résolu que dans la seule hypothèse où tous les points de la corde arrivent en même tems à l'axe, soit parce que cette hypothèse avoit paru suffisante pour rendre raison des principaux phénomènes des sons musicaux, soit parce qu'on n'avoit pu réussir à surmonter les difficultés de calcul que l'on rencontre, lorsqu'on s'en écarte. Un Théorême de M. Euler sur les fonctions aux différences partielles, & de nouvelles considérations analytiques dont M. d'Alembert ne fut redevable qu'à son propre génie, le conduisirent à une équation de la courbe vibrante, où il entroit deux fonctions variables indéterminées, comme il entre des constantes indéterminées

An. 1747.

dans les intégrations ordinaires. Il ne s'agissoit plus que de subordonner ces fonctions à l'état initial de la corde; &, dans cette généralité, la solution fondée sur l'hypothèse de Taylor étoit comprise comme un cas très-particulier. M. Euler fut frappé de ce nouveau genre d'Analyse : il donna une solution qui ressembloit à celle de M. d'Alembert, dans plusieurs points essentiels. M. d'Alembert, craignant sans doute de partager avec un autre la gloire d'une si belle découverte, ne vit dans la solution de M. Euler que les traits de ressemblance avec la sienne, & ne voulut pas reconnoître le mérite qu'elle avoit d'être un peu plus directe, plus analytique & plus facilement applicable à toutes les questions de cette espèce. M. Daniel Bernoulli avoua que tous ces calculs étoient ce que l'Analyse avoit encore produit de plus abstrait & de plus épineux; mais en même tems il entreprit de faire voir que la corde vibrante forme toujours, ou une trochoïde simple, telle que la Théorie de Taylor la donne, ou un assemblage de ces trochoïdes; & que toutes les courbes déterminées par MM. d'Alembert & Euler ne pouvoient être admises, & n'étoient réellement applicables à la nature, qu'autant qu'elles étoient réductibles à une pareille forme. Cette discussion lui donna lieu d'approfondir la formation physique du son, que l'on ne connoissoit encore que très-imparfaitement; il explique, par exemple, avec toute la netteté possible, comment une corde mise en vibration, ou en général un corps sonore quelconque, peut rendre à-la-fois plusieurs sons différens, formant un même systême. Mais, en admirant son adresse à simplifier le sujet, & à prêter l'appui de l'expérience à ses raisonnemens, les Géomètres conviennent que sa solution est moins générale & moins parfaite que celles de MM. d'Alembert & Euler.

Malgré la conformité qui se trouvoit entre les principaux résultats de ces deux derniers, ils eurent ensemble une longue dispute sur l'étendue qu'on pouvoit donner aux fonctions arbitraires qui entrent dans l'équation de la corde vibrante. M. d'Alembert vouloit que la courbure initiale de la corde fût assujettie à la loi de continuité : M. Euler la croyoit absolument arbitraire, & introduisoit dans le calcul les fonctions discontinues. D'autres Géomètres ont cru que cette discontinuité des fonctions pouvoit être admise, mais qu'elle devoit être assujettie à une loi, & qu'il falloit que trois points consécutifs de la courbe initiale appartinssent toujours à une courbe continue. Mais jusqu'ici il ne paroît pas que personne ait donné des preuves entièrement démonstratives de son opinion : & il ne faut pas s'en étonner. Cette question tient à des idées métaphysiques; & les problêmes de Méchanique, ou de pure Analyse, auxquels on a appliqué ce nouveau genre de calcul, n'ont encore fourni aucun moyen de discerner celle de ces opinions, qui donnoit des résultats conformes ou contraires à des vérités déjà reconnues & avouées universellement.

Au problême des cordes vibrantes succéda bientôt une autre question de même genre : celle du mouvement oscillatoire & réciproque d'une masse d'air que l'on a tirée de l'état de repos. M. Euler traita ce nouveau sujet avec la même généralité que le premier; &, pour vaincre les difficultés de calcul qui y sont attachées, il déploya toutes les forces, toutes les ressources du génie analytique. M. Daniel Bernoulli trouva le moyen d'éluder la plupart de ces difficultés, en se bornant à discuter, avec sa pénétration & son adresse ordinaires, les hypothèses les plus conformes à l'expérience : il parvint ainsi à établir une très-belle Théorie Physique & Mathématique des sons produits par les tuyaux d'orgue. Si je ne m'étois imposé silence sur les découvertes des hommes vivans, j'aurois commencé par citer, au sujet du problême de la propagation du son, un Géomètre dont l'Italie & l'Allemagne s'honorent, l'une pour lui avoir donné la naissance, l'autre parce qu'il est à la tête de sa plus célèbre Académie.

Hydrodynamique. Les progrès de l'Hydrodynamique ont été plus lents que ceux de la Méchanique des solides. Avant M. Daniel Bernoulli, on ne savoit déterminer avec exactitude l'écoulement des fluides par des orifices, que dans le seul cas où ces orifices pouvoient être regardés comme infiniment petits : car je ne crois pas devoir parler de la Théorie générale que Neuton entreprit de donner sur ce sujet, parce qu'il y emploie des suppositions précaires & même incompatibles avec

An. 1738. les loix de l'Hydrostatique. M. Bernoulli s'appuie sur l'expérience : il suppose simplement que la surface d'un fluide qui sort d'un vase par un orifice de grandeur quelconque, demeure toujours de niveau, & que tous les points d'une même tranche s'abaissent verticalement avec des vîtesses égales : il applique à cette hypothèse le principe de la conservation des forces vives, & parvient à des formules remarquables par l'élégance du calcul & la simplicité des résultats. Jamais l'esprit d'invention, la Géométrie & la Physique n'ont été réunis plus avantageusement.

An. 1742. MM. Maclaurin & Jean Bernoulli traitèrent les mêmes questions, au moins les principales, mais en employant d'autres méthodes. Le choix de ces méthodes étoit fondé sur des motifs bien différens. Maclaurin plaçoit le principe de la conservation des forces vives au nombre des vérités secondaires, & ne croyoit pas qu'on pût le prendre pour base d'une solution : au contraire, Jean Bernoulli l'avoit toujours regardé comme une loi fondamentale de la Méchanique, &

il s'en étoit servi pour résoudre un grand nombre de problêmes ; mais, devenu un peu jaloux de son fils depuis que l'Académie des Sciences avoit partagé entr'eux le prix de l'année 1734, il prétendit que ce principe étoit indirect dans la question du mouvement des fluides.

Celui de M. d'Alembert ne craignoit aucun reproche ; & l'Auteur, après l'avoir appliqué aux plus difficiles problêmes de Dynamique, en montra également l'usage pour déterminer le mouvement des fluides. Il fait les mêmes suppositions que M. Daniel Bernoulli, & il parvient aux mêmes résultats, de la manière la plus simple & la plus directe. Sa méthode a l'avantage d'embrasser tous les cas, au lieu que la loi de la conservation des forces vives souffre une restriction, lorsque la vîtesse change brusquement d'un instant à l'autre, ou quand il y a une percussion de corps durs.

Les calculs de tous ces grands Géomètres étant fondés sur l'hypothèse du parallélisme des tranches, laissoient encore un petit scrupule sur la parfaite exactitude des résultats, parce que cette hypothèse n'a pas lieu en rigueur, & qu'elle ne peut même être admise en certains cas. M. d'Alembert donna une nouvelle solution, où il ne supposoit autre chose, sinon que les particules demeurent toujours contiguës les unes aux autres, & qu'une petite masse élémentaire, de figure quelconque, en passant d'un endroit à l'autre, conserve le même volume lorsque le fluide est incompressible, ou change de volume suivant une loi donnée lorsque le fluide est élastique. D'après ce principe conforme à la nature des fluides, les nouvelles équations de M. d'Alembert sont plus générales & plus rigoureuses que les premières ; mais il n'a fait, pour ainsi dire, que les indiquer, sans pousser l'Analyse aussi loin qu'il étoit nécessaire pour former des résultats précis & satisfaisans. M. Euler a traité la matière sous le même point de vue, mais avec plus de clarté & d'étendue. Le recueil des Mémoires qu'il a donnés sur ce sujet, formeroit le Traité Théorique le plus complet qui ait encore paru de l'équilibre & du mouvement des fluides.

An. 1752.

An. 1755.

Ceux qui desiroient qu'on rendît l'Hydrodynamique utile à la société, & qui sentoient l'impossibilité d'appliquer à cette fin un système de formules compliquées, invitoient depuis long-tems les Géomètres à faire une suite d'expériences en grand sur le mouvement des fluides, à discuter soigneusement ces expériences, & à les comparer avec la Théorie. Ce travail long & pénible a été entrepris : on me dispensera d'en parler.

Il semble que l'expérience de Richer à Cayenne, & les raisonnemens théoriques de Huguens & Newton ne permettoient plus de douter que la terre fût un sphéroïde applati vers les poles. Cepen-

Figure de la terre par les observations.

dant les mesures que MM. Cassini avoient prises, en divers tems, des degrés du méridien dans toute l'étendue de la France, avoient rendu la question comme problématique : car, selon ces mesures, la longueur du degré terrestre augmentoit en allant du nord de la France au midi, ce qui supposeroit que la terre, au lieu d'être un sphéroïde applati, seroit au contraire un sphéroïde allongé. A ce résultat, les Géomètres convaincus de l'applatissement de la terre, opposoient que les opérations de MM. Cassini n'étoient pas suffisantes pour résoudre le problême, que ces opérations avoient été faites en des lieux trop voisins les uns des autres, & qu'il n'étoit pas possible de connoître les quantités précises des petites différences qui se trouvoient entre les degrés mesurés, ni même le sens dans lequel elles avoient lieu. On ne pouvoit donc sortir de cette incertitude, qu'en mesurant les degrés du méridien en des endroits dont les latitudes fussent très-différentes. La France envoya, pour cet effet,

An. 1735.

des Académiciens en Lapponie & au Pérou : la première troupe étoit composée de MM. de Maupertuis, Clairaut, Camus, & le Monnier, auxquels se joignirent M. l'Abbé Outhier, Chanoine de Bayeux, & M. Celsius, Professeur d'Astronomie à Upsal; la seconde, de MM. Godin, Bouguer, & la Condamine, accompagnés de M. de Jussieu, Botaniste, & de deux Officiers Espagnols, Dom *Antonio* de *Ulloa*, & Dom *Georges Juan*. On trouva que la longueur d'un degré du méridien, au cercle polaire, étoit de 57438 toises, & que celle du premier degré de latitude étoit de 56753 toises. Ainsi, voilà une différence très-sensible entre deux degrés terrestres du méridien, mesurés à de très-grandes distances l'un de l'autre. Il résulte de cette différence que les degrés terrestres du méridien vont en diminuant du pole à l'équateur, & que par conséquent la terre est un sphéroïde applati vers les poles. Cette conséquence se trouve également par la comparaison de chacun des degrés mesurés au nord & au midi avec le degré moyen déterminé par MM. Picard & Cassini. C'est ainsi que la France a eu successivement la gloire d'indiquer d'abord, & puis de démontrer sans réplique l'applatissement de la terre.

Maupertuis, né en 1698, mort en 1759.
Camus, né en 1699, mort en 1768.
Godin, né en 1704, mort en 1760.
Bouguer, né en 1698, mort en 1758.
La Condamine, né en 1701, mort en 1774.

Mais il ne suffisoit pas de savoir que la terre est applatie : il falloit encore trouver son axe, & le diamètre de l'équateur : M. de Maupertuis détermina ces deux lignes par le moyen des longueurs de deux degrés du méridien, en considérant la terre comme un sphéroïde elliptique.

An. 1737.

De tous les Académiciens qui ont eu part aux expéditions du nord & du Pérou, il n'en reste qu'un seul : célèbre par d'excellens ouvrages, cher à sa famille & à ses amis par de solides vertus.

La recherche de la figure de la terre, par la voie de la théorie, présentoit des difficultés, soit pour le choix des vrais élémens de la question, soit pour la manière de les employer. Huguens étoit parti de ce principe, que la gravité primitive, supposée constante & dirigée au centre, étant modifiée par l'action de la force centrifuge, il en doit résulter une pesanteur actuelle dirigée perpendiculairement à tous les points de la surface de la terre : Neuton, de celui-ci, que la gravité primitive, considérée comme formée de toutes les attractions des parties de matière dont le sphéroïde terrestre est composé, doit se combiner avec la force centrifuge, de telle manière que le poids d'une colonne centrale équatorienne, & celui d'une colonne centrale polaire, soient égaux entr'eux, sans s'embarrasser d'ailleurs si la direction de la pesanteur actuelle est perpendiculaire ou non à la surface de la terre, & sans rien prononcer sur la figure précise du méridien. M. de Maupertuis & M. Bouguer, voulant savoir si les deux principes de Huguens & de Neuton donnoient la même courbe pour le méridien, trouvèrent que dans plusieurs hypothèses de pesanteur, cette identité n'avoit pas lieu; & ils conclurent que tous deux devoient être observés en même tems, pour l'équilibre de la terre à la surface & dans l'intérieur. Mais ces hypothèses n'étoient pas celles de la nature : il falloit trouver directement la figure de la terre, suivant la théorie de l'attraction réciproquement proportionnelle au quarré des distances; & prouver l'équilibre, par cette loi fondamentale de l'Hydrostatique, qu'un fluide ne sauroit demeurer en repos, à moins que chacune de ses parties ne soit également pressée en toutes sortes de sens. La solution de Neuton étoit insuffisante, en ce qu'il n'avoit pas donné l'équation du sphéroïde terrestre, & qu'il s'étoit contenté de le regarder tacitement comme elliptique. M. Maclaurin est le premier qui ait démontré en rigueur ce beau Théorême : que toutes les particules de la terre regardée comme fluide, étant supposées soumises à l'attraction Neutonienne & à l'action d'une force centrifuge, elle sera en équilibre, si elle a la forme d'une sphéroïde elliptique homogène, quelque soit d'ailleurs le rapport des axes. Il étendit cette proposition au cas où les particules de la terre sont de plus attirées par le soleil & par la lune : il apprit à déterminer l'attraction d'un sphéroïde elliptique homogène sur un point placé en un endroit quelconque du prolongement de son axe, ou du prolongement d'un diamètre de l'équateur. Tous ces problêmes étoient alors de la plus grande difficulté; l'Auteur les résout par la méthode synthétique des anciens, avec une adresse & une élégance admirées des Géomètres.

Figure de la terre par l'Hydrostatique.

An. 1734.

Maclaurin, né en 1698, mort en 1746. An. 1740.

Sa théorie n'auroit rien laissé à desirer, si elle eût donné pour le rapport de l'axe de la terre au diamètre de l'équateur une fraction sensiblement égale à celle que donnoient les mesures immédiates. Mais les termes de la première fraction étoient les nombres 230 & 231; ceux de la seconde, les nombres 177 & 178. On voit que la différence méritoit quelqu'attention. Ne falloit-il pas, pour l'expliquer, abandonner l'hypothèse de l'homogénéité de la terre? M. Clairaut, intéressé personnellement à l'examen de cette question, comme ayant eu part à la mesure du nord, entreprit de la traiter de nouveau en détail suivant les principes de l'Hydrostatique. Il ne se borne pas à regarder la terre comme homogène; il la suppose composée de différentes couches fluides ou solides; il cherche la loi des densités de ces couches, & les erreurs qu'il faudroit attribuer aux observations, afin que les dimensions du sphéroïde terrestre soient à-peu-près telles que la comparaison des mesures le demande. Dans tous ses calculs de l'attraction des parties de la terre, il regarde le sphéroïde terrestre comme elliptique. M. d'Alembert a depuis généralisé davantage la question, en déterminant, ce que personne n'avoit fait encore, l'attraction pour un sphéroïde dont l'équation comprend la suite des puissances du sinus de la latitude d'un point quelconque. Il a tiré de cet important problême plusieurs conséquences relatives à la figure de la terre; &, par une suite de réflexions, il a proposé, en différens tems, un grand nombre de remarques nouvelles & utiles sur les loix générales de l'équilibre des fluides.

An. 1743.

An. 1754.

Application de l'Hydrodynamique à la Navigation.

L'architecture navale & la manœuvre des vaisseaux ressentirent les progrès de l'Hydrodynamique. On savoit depuis long-tems qu'afin qu'un corps solide, flottant sur un fluide, demeure en équilibre, il faut que le centre de gravité de ce corps, & celui de sa partie submergée, considérée comme homogène, soient placées dans une même ligne verticale. M. Daniel Bernoulli fit voir de plus qu'eu égard aux diverses situations respectives de ces deux points sur la ligne verticale, il existe diverses situations d'équilibre, qui ont plus ou moins de consistance; que l'équilibre est toujours *ferme*, ou que le corps, dérangé de cet état, y revient en vertu de sa pesanteur & de la poussée verticale de l'eau, lorsque son centre de gravité est placé au-dessous de celui de la partie submergée; que la *fermeté* de l'équilibre diminue, à mesure que le premier centre s'élève, & qu'enfin, lorsqu'il est arrivé à une certaine limite au-dessus du second, l'état d'équilibre devient versatile. Il paroît que M. Euler avoit trouvé, de son côté, dans le même tems, de semblables résultats : ils sont expliqués fort au long dans son ouvrage, intitulé : *Scientia Navalis*. Le Mémoire de M. Daniel Bernoulli, sur ce sujet, étoit public depuis

An. 1738.

An. 1749.

depuis quelques années, lorſque M. Bouguer, traitant de la conſtruction & des mouvemens du navire, donna cette même théorie de l'équilibre des corps flottans, d'une manière nouvelle & très-ſimple : il fit connoître, ſous le nom de *Métacentre*, la limite au-deſſous de laquelle il faut qu'un vaiſſeau ait ſon centre de gravité, pour n'être pas expoſé à verſer, quand l'impulſion du vent & l'agitation des lames viennent à l'incliner. An. 1746.

Les problêmes relatifs aux mouvemens du vaiſſeau ſont plus compliqués & plus difficiles. MM. Jean Bernoulli, Bouguer & Euler en ont réſolu un grand nombre. Mais leurs travaux ſur cet objet n'ont été que d'un médiocre ſecours à la Navigation, parce que dans la plupart de ces problêmes, on eſt obligé d'avoir égard à l'impulſion du vent contre les voiles, & à la réſiſtance que le Navire éprouve en diviſant l'eau, & que les méthodes connues & employées pour déterminer ces efforts, ſont fondées ſur des principes contraires à l'expérience, en pluſieurs points eſſentiels.

Aſtronomie.

On ſeroit étonné des progrès que l'Aſtronomie a faits depuis cent ans, ſi l'on ne ſongeoit aux ſecours qu'elle a tirés de la Méchanique, de la Phyſique & de la Géométrie, ſoit pour la conſtruction des inſtrumens, ſoit pour le calcul des obſervations. Tout a concouru à perfectionner les différentes parties de cette Science. Un des travaux les plus néceſſaires & les plus pénibles qu'on ait entrepris, eſt le Catalogue des étoiles viſibles dans nos climats, auquel Flamſteed a donné plus de trente ans. En 1703, Halley ſe rendit à l'iſle Sainte-Hélène, pour dreſſer un ſemblable catalogue des étoiles auſtrales. De notre tems, M. l'Abbé de la Caille a fait, dans la même vue, le voyage du Cap de Bonne-Eſpérance; il vouloit de plus vérifier pluſieurs élémens de l'Aſtronomie, tels que les parallaxes des planètes, l'obliquité l'écliptique, *&c*, au moyen d'obſervations correſpondantes à celles qu'on étoit convenu de faire en quelques villes de l'Europe. En général, on a porté dans toutes les théories Aſtronomiques une recherche, une préciſion, auparavant inconnues, & ſans leſquelles néanmoins il étoit impoſſible de fixer exactement à chaque inſtant la poſition d'un aſtre dans le ciel. Je m'arrêterai un moment aux deux plus grandes découvertes de l'Aſtronomie moderne.

Flamſteed, né en 1746, mort en 171 .
Halley, né en 1656, mort en 1742.
La Caille, né en 1713, mort en 1762.

Théorie de l'aberration des étoiles.

Parmi les raiſons qu'on oppoſa dans le tems contre le ſyſtême de Copernic, on dit que, ſi la terre tourne en effet autour du ſoleil, les étoiles fixes devoient paroître en des lieux différens pour un obſervateur placé ſucceſſivement aux deux extrémités d'un diamètre de l'orbite terreſtre : différence que l'on n'avoit pas encore remarquée. L'objection étoit ſolide, & les Aſtronomes, perſuadés de l'existence de cette parallaxe, n'avoient cessé depuis Copernic de chercher à la déterminer; mais trouvant constamment qu'elle étoit insensible, & ne voulant pas abandonner le systême de Copernic, si bien prouvé d'ailleurs, ils avoient fini par conclure qu'il falloit compter pour rien la distance de la terre au soleil, en comparaison de la distance de la terre aux étoiles fixes. Cependant on observoit quelques changemens sensibles dans les positions des étoiles; mais ils étoient contraires à ceux qu'auroit dû produire la parallaxe du grand orbe : on n'en connoissoit point la cause, & on les désignoit sous le nom général *d'aberration apparente des étoiles fixes*. En 1725, M. Molyneux & M. Bradley s'appliquèrent à observer ces mouvemens avec plus de suite & plus de précision, qu'on n'avoit fait encore, mais toujours sans pouvoir en trouver l'explication.

An. 1727. Enfin M. Bradley, d'après de nouvelles observations qu'il fit avec un excellent Secteur de Graham, conçut l'idée ingénieuse & vraie, que l'aberration apparente des étoiles étoit produite par la combinaison du mouvement progressif de la lumière avec le mouvement de la terre dans son orbite. Il y fut conduit par ce raisonnement: la Théorie de Roemer m'apprend que la vîtesse de la lumière n'est pas instannée, & qu'elle a un rapport fini, celui de 10000 à 1, à la vîtesse de la terre dans son orbite; donc un rayon de lumière, parti d'une étoile, & apportant l'impression de cette étoile à mon œil, n'arrive qu'après que la terre a changé sensiblement de place depuis l'instant où il est parti : ainsi, quand mon œil reçoit le coup, il doit rapporter l'étoile à un endroit différent de celui où il l'auroit rapportée, si j'avois toujours conservé la même place. Rien de plus clair & de plus conséquent. Aussi, avec cette clef, tous les phénomènes de l'aberration s'expliquent d'une manière simple, exacte & précise. Il en est résulté en même tems la démonstration physique la plus complète du mouvement de la terre, & de la propagation successive de la lumière.

Nutation de l'axe de la terre. M. Bradley observa encore, dans les étoiles fixes, un petit mouvement apparent, dont il rendit raison avec le même succès, en attribuant, conformément aux principes de la gravitation universelle, un balancement ou une *nutation* à l'axe de la terre par rapport au plan de l'écliptique. La quantité moyenne de la nutation est d'environ neuf secondes, & sa période s'achève en 18 ans. Cette découverte n'est pas moins importante que celle de l'aberration; & toutes deux placent M. Bradley au rang des Astronomes du premier ordre.

Physique céleste. Si l'Angleterre a jetté les fondemens de la véritable Physique céleste, en découvrant le principe & la loi de la gravitation univerſelle, l'Allemagne & la France ont, en grande partie, élevé l'édifice. La tendance d'une planète vers le ſoleil étant ſuppoſée proportionnelle au quarré inverſe de la diſtance, la planète décrit une ellipſe, dont le ſoleil occupe le foyer; & ſon mouvement doit ſe conformer exactement aux loix aſtronomiques de Kepler. Mais les obſervations faites avec une grande préciſion apprennent que le mouvement elliptique & les conſéquences qui en réſultent, n'ont pas lieu en rigueur. Chaque planète, principale ou ſecondaire, éprouve non-ſeulement l'attraction du ſoleil, ou de la planète principale, mais encore les attractions de toutes les autres planètes. Or ces dernières forces, moins conſidérables, à la vérité, que la première, peuvent néanmoins en altérer l'effet d'une manière ſenſible; &, pour connoître la vraie courbe que décrit une planète principale ou un ſatellite, il faut avoir égard à toutes les forces dont cet aſtre eſt animé, en ſe permettant ſeulement de négliger, pour la ſimplicité du calcul, celles dont l'influence eſt comme infiniment petite. Neuton a donné quelques eſſais ſur les effets de l'attraction, conſidérés avec cette généralité; mais l'Analyſe n'avoit pas fait, de ſon tems, d'aſſez grands progrès pour traiter ces problêmes avec la préciſion que les Géomètres de nos jours y ont apportée.

La première queſtion qu'ils aient ainſi approfondie, ſuivant les principes de l'attraction neutonienne, eſt celle du flux & reflux de la mer, que l'Académie des Sciences propoſa pour ſujet du prix de l'année 1740. MM Daniel Bernoulli, Maclaurin & Euler partagèrent ce prix. Leurs pièces, excellentes à divers égards, contiennent une explication complète des marées comme produites par les attractions de la lune & du ſoleil. An. 1740.

Il en eſt de l'atmoſphère comme de la mer: les attractions du ſoleil & de la lune, qui produiſent le flux & reflux des eaux, doivent exciter de ſemblables mouvemens dans la maſſe de l'air. L'examen de ces derniers mouvemens eſt l'objet d'une pièce de M. d'Alembert ſur la cauſe générale des vents. Cet ouvrage eſt remarquable par la ſolution de pluſieurs nouveaux problêmes, & ſur-tout parce qu'on y trouve les premiers germes du calcul intégral aux différences partielles. An. 1746.

C'eſt encore aux ſoins de l'Académie des Sciences qu'on doit la Théorie générale du mouvement des planètes, en faiſant entrer dans le calcul tous les élémens du problême. Elle propoſa pour ſujet du prix de l'année 1748 la recherche des mouvemens de Jupiter & de Saturne. M. Euler remporta ce prix. Sa pièce contient une profonde analyſe & pluſieurs ſéries d'une eſpèce abſolument nouvelle. Il perfectionna encore ses Méthodes dans une pièce qui remporta le prix de l'année 1752, sur le même sujet.

Pendant qu'on s'occupoit de cette question, le même M. Euler, M. Clairaut & M. d'Alembert examinoient le mouvement de la lune. Tous trois reconnurent que l'attraction Neutonienne rendoit raison des principaux mouvemens de cette planète : cependant une difficulté les arrêta quelque tems. Un premier calcul approché ne donnoit pour le mouvement de l'apogée de la lune, qu'environ la moitié de ce qu'il est en effet. Cette différence entre la Théorie & l'observation fit beaucoup de bruit. On crut d'abord, & les Cartésiens en triomphoient déjà, que le systême de l'attraction Neutonienne alloit être renversé. M. Clairaut, partisan de ce systême, mais plus amateur encore de la vérité, annonça dans une assemblée publique de l'Académie des Sciences que la loi du quarré inverse des distances lui paroissoit insuffisante pour rendre une entière raison des inégalités de la lune. Mais un examen plus attentif de ses calculs, lui fit appercevoir qu'il n'avoit pas poussé assez loin l'approximation de la série qui représentoit le mouvement de l'apogée : ayant mis dans cette opération l'exactitude nécessaire, il trouva l'autre moitié du mouvement de l'apogée. M. d'Alembert & M. Euler firent, chacun de leur côté, la même remarque. Alors l'attraction Neutonienne fut rétablie avec honneur dans les espaces célestes, d'où les Cartésiens avoient espéré de la voir bannir.

An. 1747.

M. Mayer dressa, en partie sur la Théorie de M. Euler, en partie sur les observations, de nouvelles Tables de la lune, plus exactes que toutes les précédentes. M. Clairaut en construisit aussi de très-bonnes, sur sa propre Théorie.

Mayer, né en 1720, mort en 1762.

On a soumis par degrés aux loix de l'attraction Neutonienne le mouvement de toutes les planètes principales, & celui des satellites. M. Euler a porté, à différentes reprises, la Théorie de la lune à un point de perfection que l'on ne passera guères, à moins qu'il n'arrive dans l'Analyse quelque révolution qui en recule considérablement les limites.

Les mêmes principes ont été appliqués au mouvement des comètes. On sait que ces astres décrivent autour du soleil des orbites très-excentriques. Quand ils passent dans le voisinage d'une planète considérable, leur mouvement est altéré par l'attraction qu'elle exerce sur eux. C'est ainsi que les attractions de Jupiter & de Saturne ont troublé le mouvement de la comète de 1759. M. Clairaut avoit prédit, par sa Théorie, le moment du passage de cette comète au périhélie; & son calcul s'est trouvé, à moins d'un mois près, d'accord avec l'observation : résultat qu'on peut regarder comme fort juste, eu égard à l'incertitude de plusieurs élémens du problême. M. d'Alembert & M. Euler ont aussi publié de très-belles recherches sur le mouvement des comètes.

On doit à M. d'Alembert la solution d'un autre problême alors très-difficile : c'est celui de la précession des équinoxes, & de la nutation de l'axe de la terre dans le systême Neutonien. Il falloit que l'Auteur, après avoir soumis la question aux loix de l'équilibre, au moyen de son principe de Dynamique, trouvât encore ces loix pour des forces de quantités & de directions quelconques : car, avant lui, on n'avoit guères considéré l'équilibre que pour des forces dirigées dans un même plan. Les recherches de M. d'Alembert sur cette matière ont produit une révolution dans la Méchanique : elles ont été successivement perfectionnées & généralisées, soit par lui-même, soit par d'autres Géomètres. M. Euler est celui qui a le plus étendu cette branche de la Méchanique. Il a donné en général les équations du mouvement d'un corps sollicité par des puissances quelconques; il a exécuté des intégrations très-difficiles, & il en a tiré une foule de Théorêmes remarquables. An. 1749.

Comme un rayon de lumière, en se réfléchissant, fait toujours l'angle de réflexion égal à celui d'incidence, on suit facilement sa marche dans l'espace, quelque soit le nombre de réflexions. La construction des miroirs par réflexion, simples ou composés, n'a donc aucune difficulté. Il n'en est pas ainsi des verres par réfraction. Lorsqu'un rayon passe d'un milieu dans un autre, il change de route, de telle manière que les sinus de réfraction & d'incidence sont toujours entr'eux dans un rapport constant pour tous les angles relatifs à ces deux milieux; mais ce rapport n'est pas le même pour deux autres milieux, & il doit être déterminé, dans chaque cas, par la voie de l'expérience. De plus, Neuton a fait voir que la lumière n'est pas homogène; qu'il existe sept espèces principales de rayons; & que tous ces rayons, à raison d'une différence dans les masses ou dans les vîtesses, ne font pas le même angle de réfraction pour le même angle d'incidence. De-là résulte un inconvénient : tous les rayons ne vont pas se réunir en un même point; ils forment un foyer d'une certaine étendue que l'on appelle aberration de *réfrangibilité*. Il y a encore une aberration : celle de *sphéricité*, occasionnée par la forme sphérique des objectifs; ce qui oblige à leur donner peu d'ouverture. Optique. An. 1706.

Ces obstacles à la perfection des lunettes dioptriques avoient tourné les vues des savans vers les miroirs par réflexion; & on étoit parvenu à leur conférer à-peu-près tous les avantages dont ils sont susceptibles. Mais on ne fut pas long-tems à remarquer qu'il se perd plus de rayons par la réflexion du miroir de métal, le plus poli, que par la réfraction des verres dioptriques; & qu'ainsi ces verres seroient préférables aux miroirs par réflexion, si l'on pouvoit donner une plus grande ouverture aux objectifs, & détruire en même tems les couleurs produites par la diverse réfrangibilité des rayons.

Neuton proposa de corriger l'aberration de sphéricité, en composant l'objectif, de deux verres entre lesquels il y auroit de l'eau. Il pensoit aussi à détruire l'aberration de réfrangibilité, par un moyen semblable; mais la proportion qu'il trouva, par l'expérience, entre les différentes réfrangibilités pour différens milieux, lui fit conclure que cette destruction étoit impossible.

Malgré une autorité si imposante, M. Euler se persuada fortement que l'aberration de réfrangibilité pouvoit être anéantie par la combinaison de plusieurs matières diaphanes : il citoit en exemple l'œil humain, où les rayons, après avoir traversé les différentes humeurs dont il est composé, vont se réunir en un même foyer. Il éleva des doutes sur l'exactitude de l'hypothèse que Neuton avoit adoptée, d'après ses expériences, sur la proportion des réfrangibilités des rayons pour différens milieux : il en proposa une autre, plus plausible en apparence, mais dénuée elle-même de preuves suffisantes, & sujette à l'inconvénient de donner une trop grande courbure aux lentilles. M. Dollond, célèbre Opticien anglois, aussi savant dans la théorie que dans la pratique de son art, attaqua le sentiment de M. Euler, auquel il opposoit le nom & les expériences de Neuton, avec de nouveaux raisonnemens appuyés sur ces mêmes expériences.
An. 1755. La question demeuroit à ces termes, lorsque M. Klingenstierna fit voir, par des raisons métaphysiques & géométriques, l'incertitude, pour ne pas dire la fausseté absolue, de l'hypothèse de Neuton. Alors M. Dollond reconnut la nécessité de faire de nouvelles expériences; il en fit, & il trouva que Neuton s'étoit trompé en effet. Sans adopter certaines formules de M. Euler, qui lui paroissoient trop hypothétiques, il convint que le fond de son projet étoit vrai, & pouvoit se réaliser. Mais, au lieu de combiner ensemble du verre & de l'eau dans la construction des lunettes, ce qui avoit plusieurs inconvéniens, il employa deux espèces différentes de verres connus en Angleterre sous les noms de *fintglass* & *crownglass*; & il parvint à construire des lunettes *achromatiques*, dont l'effet étoit très-supérieur à celui des lunettes ordinaires.

Les expériences de M. Dollond donnèrent lieu à MM. Euler,

Clairaut, d'Alembert, &c, de chercher, par la Théorie, les dimensions des objectifs qu'il avoit employés. Leurs méthodes s'étendent à un nombre quelconque de verres. Toutes ces recherches demandoient beaucoup de sagacité, & d'adresse à manier le calcul. M. Euler a rassemblé ses principales idées en un corps d'ouvrage ; & c'est le Traité de Dioptrique le plus clair, le plus profond & le plus complet qui ait encore paru. On doit à ce grand homme la révolution que les lunettes achromatiques ont opérée dans l'Optique.

L'Algèbre n'a pas encore pu résoudre, en général, les équations qui passent le quatrième degré. En 1683, Tschirnhaus proposa sur cet objet une méthode qui consistoit à faire disparoître tous les termes intermédiaires au premier & au dernier. Sans remplir les vues générales de l'Auteur, elle donne en effet la résolution de plusieurs équations de tous les degrés : on l'a développée & perfectionnée de notre tems. Tschirnhaus s'est principalement rendu célèbre par la découverte des caustiques par réflexion & par réfraction.

Analyse.

Tschirnhaus, né en 1651, mort en 1708.

Cotes a trouvé, dans les propriétés du cercle, un moyen très-ingénieux de décomposer en facteurs un binome dont les termes sont des puissances semblables de deux quantités. Cette Théorie a été étendue par M. de Moivre à des formules plus générales : il décompose en facteurs, ou il abaisse à un degré inférieur les équations ou les polynomes de tous les degrés, lorsque les termes également éloignés des extrêmes sont affectés des mêmes coëfficiens.

Cotes, né en 1680, mort en 1712.

Moivre, né en 1667, mort en 1754.

La Théorie des suites ne lui a pas moins d'obligations. Il a observé le premier la nature & la formation des suites récurrentes : il y fut conduit par des problêmes relatifs à l'Analyse des jeux de hasard. M. Daniel Bernoulli, M. Euler, &c, ont fait diverses autres applications très-belles de ces suites.

L'art d'éliminer les inconnues, ou de réduire les équations d'un problême au plus petit nombre possible, est une partie essentielle de l'Analyse. Plusieurs Géomètres s'en sont occupés. M. Cramer l'avoit déjà fort simplifiée. M. Bezout en a fait l'objet d'un savant Traité, où il a porté la matière beaucoup plus loin qu'elle ne l'avoit été encore.

Cramer, né en 1704, mort en 1752.

Bezout, né en 1730, mort en 1783.

C'est principalement dans la Géométrie mixte qu'on reconnoît l'usage & la fécondité des Théories analytiques. Ici je suis forcé plus que jamais de me contenir : car il me faudroit un espace très-étendu, si je voulois rapporter avec quelque détail les découvertes qu'on a faites en ce genre. Je ne citerai donc pas l'énumération des lignes du troisième ordre par Neuton, ni les méthodes ingénieuses de Stirling pour les interpolations des séries & pour les quadratures des

An. 1730.

courbes, ni l'Analyse des courbes algébriques de M. Cramer, ni un semblable ouvrage de M. Euler, *&c.* Je passerai sous silence, dans un autre genre, les méthodes de MM. Jean Bernoulli, Maupertuis Nicole, pour trouver des courbes rectifiables sur la surface de la sphère, l'extension que M. Euler a donnée à ce problême, les recherches du même Auteur sur les trajectoires réciproques, sur la courbure des surfaces, & sur une infinité d'autres objets dont il a enrichi les actes de Leipsick, les Mémoires des Académies de Berlin & de Pétersbourg, *&c.* Mais je dois un peu plus d'attention à quelques Théories générales, qui, par leur usage ou leur difficulté, forment des points remarquables dans la chaîne des vérités Mathématiques.

De ce genre est le calcul des sinus & des cosinus, inventé par M. Euler. La simplicité de ce calcul & l'Algorithme commode auquel l'Auteur l'a soumis, facilitent la solution de certains problêmes que l'on seroit quelquefois obligé d'abandonner, si on vouloit employer les sinus & les cosinus sous leur forme ordinaire, ou même sous la forme exponentielle.

La Méthode que le même Géomètre a donnée pour résoudre le problême des isopérimètres dans le sens le plus étendu, est un effort de génie, aussi admirable par le fond des principes, que par l'adresse & la sagacité avec lesquelles l'Auteur attaque & surmonte les difficultés d'Analyse. Il manquoit cependant encore à cette Méthode un degré de perfection, qu'un autre Géomètre y a donné : M. Euler a reconnu, en grand Homme, les avantages de la nouvelle solution, & lui-même s'est appliqué à la présenter dans son plus beau jour.

Le Comte de Fagnani, Géomètre Italien, s'est illustré par une découverte que Jean Bernoulli & Léibnitz regardoient, sinon comme impossible, au moins comme supérieure à l'Analyse de leur tems : il détermine, avec un art très-ingénieux & très-adroit, des arcs d'ellipse ou d'hyperbole, dont la différence est égale à une quantité algébrique. M. Euler a depuis fort enrichi cette nouvelle branche de la Géométrie.

An. 1754.

Toutes les parties du calcul intégral ont fait, de notre tems, des progrès qui étonneroient ses premiers inventeurs, s'ils pouvoient en être les témoins. Il n'y a pas de Géomètre d'un certain nom, qui n'y ait contribué. M. d'Alembert a donné les Elémens du calcul intégral aux différences partielles : car cette nouvelle Analyse porte essentiellement sur la nécessité & la manière, qu'il a expliquées, d'introduire des fonctions arbitraires dans les intégrations des formules

aux

aux différences partielles. M. Euler a présenté cette Théorie sous une forme si claire & si commode pour les calculs analytiques, que plusieurs Géomètres lui attribuent toute la gloire de l'invention. Leur zèle pour lui va un peu trop loin, & ne respecte pas assez les droits de M. d'Alembert. Mais les hommes justes & indifférens reconnoissent d'ailleurs que M. Euler a porté en général la Science de l'Analyse proprement dite à un si haut degré, que personne ne peut lui disputer la prééminence dans cette partie.

On le rencontre sans cesse, soit comme Inventeur, soit comme Promoteur de toutes les Théories Mathématiques. Ainsi, dans l'Analyse dont il est ici question, on distingue ses recherches sur les intégrales qui doivent répondre à des points déterminés. On cite également l'extension qu'il a donnée au calcul intégral aux différences finies, dont Taylor & Nicole n'avoient fait qu'indiquer & exposer les élémens, & qui depuis ce tems-là paroissoit entièrement oublié. C'est une nouvelle branche de l'Analyse, importante par sa difficulté & par ses applications à la Théorie des suites & à celle des probabilités. Elle a fort occupé & elle occupe encore plusieurs Géomètres vivans, parmi lesquels il s'en trouve un qui, à des talens du premier ordre pour les Sciences, joint celui d'écrire comme Tacite & Voltaire.

S'il est des problêmes qui demandent une profonde méditation & toute la Science du calcul, il en est d'autres qui, tenant à la finesse de l'esprit & à une Métaphysique subtile, sont quelquefois aussi difficiles à résoudre que les premiers, lorsqu'on veut employer tous les Elémens essentiels à la question, & apprécier exactement l'influence que chacun d'eux peut avoir sur le résultat. On en trouve des exemples dans plusieurs questions de Géométrie ou de Méchanique : c'est aux différentes manières d'envisager le problême des cordes vibrantes, qu'il faut attribuer les disputes qu'il a excitées entre MM. Daniel Bernoulli, Euler & d'Alembert. La même diversité dans les principes a conduit M. Daniel Bernoulli & M. d'Alembert à donner souvent des solutions très-opposées de problêmes qui appartiennent à la Théorie des jeux de hasard & à celle de l'inoculation de la petite vérole : mais, de quelques suppositions qu'ils soient partis, on admire toujours leur marche.

CONCLUSION.

Tel est le Tableau très-abrégé des progrès que les Mathématiques ont faits pour arriver à l'état où elles se trouvent aujourd'hui. Les grands Hommes, dont nous avons exposé les principales découvertes, ont laissé plusieurs dignes successeurs qui, réunissant le génie, le goût de l'étude & l'amour de la gloire, ajouteront encore de nouvelles connoiſſances au dépôt qu'ils ont reçu. Pourroient-ils en effet repouſſer les ſuccès & les honneurs qui les attendent ? Si la carrière devient tous les jours plus difficile, & ſi, à meſure qu'on avance, l'empreinte des pas eſt moins ſenſible aux yeux du vulgaire : les vrais Juges ſavent meſurer l'effort à la réſiſtance, & diſtribuer avec impartialité les biens de l'opinion, entre les morts qui ne ſont plus à craindre, & les vivans dont ils ne redoutent pas davantage la vanité ou les prétentions, parce que la juſtice eſt toujours courageuſe, & qu'elle doit compte de ſes arrêts à la poſtérité.

FIN.

ERRATA.

Au lieu de miroir, *liſez* verre, *page* 28, *lig.* 40, & *pag.* 29, *lig.* 4.

ABAISSEMENT, f. m. (*Alg.*) On appelle *abaissement* d'une équation, la réduction de cette équation à la forme la plus simple, dont elle est susceptible. Par exemple, l'équation $x^4 + nx^3 + px = o$, qui paroît être du 4ᵉ degré, s'abaisse au 3ᵉ & devient $x^3 + nx^2 + p = o$, en divisant tout par $x = o$. De même l'équation $x^3 + ax^2 - 5a^2x - 2a^3 = o$, se décompose (*Voyez* DIVISEUR COMMENSURABLE) en ces deux-ci : $x - 2a = o$, $x^2 + 3ax + a^2 = o$; & par conséquent elle s'abaisse réellement au premier degré, ou au second.

Delà, *abaisser une équation*, & *réduire une équation à sa forme la plus simple*, sont des expressions synonymes.

En géométrie, ont dit *abaisser* une perpendiculaire d'un point placé hors d'une ligne, sur cette ligne; & alors le mot *abaisser* veut dire *mener*.

ABAISSEMENT *de l'horizon visible*, est la quantité dont l'horizon visible est abaissé au-dessous du plan horizontal qui touche la terre. Pour faire entendre en quoi consiste cet *abaissement*, soit *T* le centre de la terre (*Fig. 27*, *Astronom.*) & *BSC* le cercle ou globe de la terre. Ayant tiré d'un point quelconque *O* élevé au-dessus de la surface du globe, les tangentes *OB*, *OC* & la ligne *OT*, il est évident qu'un spectateur, dont l'œil seroit placé au point *O*, verroit toute la portion *BSC* de la terre terminée par les points touchans *B* & *C*; de sorte que le plan qui passe par *BC* est proprement l'horizon du spectateur placé en *O*. *Voyez* HORIZON.

Ce plan est abaissé de la quantité *SG*, au-dessous du plan horizontal qui touche la terre en *S*, &, si la distance *SO* est très-petite par rapport au rayon de la terre, la ligne *OS* est presque égale à la ligne *SG*. Donc, si l'on a la distance *SO*, ou l'élévation de l'œil du spectateur, évaluée en piés, on trouvera facilement le sinus verse *SG* de l'arc *BS*. Par exemple, soit $SO = 5$ piés, le sinus verse *SG* de l'arc *BS* sera donc de 5 piés, le sinus total ou rayon de la terre étant de 19000000 piés en nombre ronds : ainsi, on trouvera que l'arc *BS* est d'environ deux minutes & demie; par conséquent l'arc *BSC* sera de cinq minutes : &, comme un degré de la terre est de 25 lieues, il s'ensuit que, si la terre étoit parfaitement ronde & unie sans aucune éminence, un homme de taille ordinaire devroit découvrir à la distance d'environ une lieue à la ronde, car la courbure de la terre pour 2400 toises, est de 5 piés 3 pouces; à la hauteur de 20 piés, l'œil devroit découvrir à 2 lieues à la ronde; à la hauteur de 50 piés, 3 lieues, ou plus exactement 7382 toises; pour voir à un degré de distance ou 57069 toises, il faudroit être élevé de 2988 piés.

Les montagnes font quelquefois que l'on découvre plus loin ou plus près que les distances précédentes. Par exemple, une montagne placée entre *O* & le point *B*, empêcheroit le spectateur *O* de voir la partie *B*; & au contraire, une montagne placée au-delà de *B*, feroit que ce même spectateur pourroit voir les objets terrestres situés au-delà de *B*, & placés, sur cette montagne, au-dessus du rayon visuel *OB*.

ABAISSEMENT *des planètes par l'effet de la parallaxe*, (*Astron.*) c'est la quantité dont nous les voyons nécessairement plus basses que si nous étions placés au centre de la terre, où il faudroit être pour voir les mouvemens célestes plus uniformes. Cet *abaissement* est de plus d'un degré pour la lune dans certains cas; on ne peut faire usage d'aucune observation qu'on ne la corrige par l'effet de cet *abaissement*. *Voyez* PARALLAXE.

ABAISSEMENT *des signaux*, (*Astronomie.*) Lorsque, pour mesurer la grandeur de la terre, les astronomes ont été obligés de former de grands triangles, & de placer des marques ou *signaux*, à de très-grandes distances, pour y appuyer leurs triangles, l'*abaissement de ces signaux* au-dessous de l'horizon rationel, rendoit l'observation des angles plus difficile, & le calcul beaucoup plus long : on doit même y faire attention dans l'arpentage & en levant des cartes topographiques. On trouvera cette matière savamment discutée dans les ouvrages qu'ont donnés, sur la mesure de la terre, Bouguer, la Condamine, & M. Boscovich. (*M.* DE LA-LANDE.)

ABAISSEMENT *du cercle crépusculaire*, (*Astronomie.*) c'est la quantité dont le soleil est abaissé au-dessous de l'horizon, lorsque le crépuscule du soir est totalement fini, ou lorsque l'aurore commence; c'est-à-dire, quand on commence à voir les plus petites étoiles le soir après le coucher du soleil, ou qu'on cesse de les voir le matin. Suivant l'opinion commune, cet *abaissement* est de dix-huit degrés, ou de la vingtième partie du tour du ciel : mais ces dix-huit degrés doivent se mesurer perpendiculairement sous l'horizon, le long d'un cercle vertical, qui passe par le zénit & le nadir, & par le centre du soleil : il ne doit pas se mesurer le long du cours oblique du soleil. Le tems que le soleil emploie à descendre de dix-huit degrés, ou à parvenir à l'*abaissement* du cercle crépusculaire, est au moins d'une heure douze minutes; mais il est plus long pour un observateur qui n'est pas placé sous la ligne équinoxiale, & dans tous les cas où le soleil n'est pas précisément dans l'équateur. *Voy.* CRÉPUSCULE. (*M.* DE LA LANDE.)

L'*abaissement d'une étoile sous l'horizon* est mesuré par l'arc d'un cercle vertical, qui se trouve au-dessous de l'horizon, entre cette étoile & l'horizon. *Voyez* ETOILE, VERTICAL.

ABAISSEMENT *du Pole*. Autant on fait de chemin en degrés de latitude, en allant du pole vers l'équateur, autant est grand le nombre de degrés dont le pole s'abaisse, parce qu'il devient continuellement plus proche de l'horizon. *V.* HAUTEUR *du Pole*.

ABAQUE, s. f. (*Arith. & Géom.*) table sur laquelle les premiers mathématiciens faisoient leurs calculs, ou traçoient leurs figures; c'étoit originairement une planche bien unie que l'on couvroit de poussière, & qui par-là étoit propre à recevoir toutes sortes d'empreintes : témoins Marcius Capella & ce passage de Perse, *Sat.* I. *v.* 131 :

Nec qui abaco numeros, & secto in pulvere metas
Scit risisse vafer.

On employa ensuite, pour les comptes & les calculs, une espèce de quadre long & divisé par plusieurs cordes d'airain, parallèles entr'elles, qui enfiloient chacune une même quantité de petites boules d'yvoire ou de bois, mobiles comme des grains de chapelets : ces petites boules, par l'arrangement qu'on leur donnoit, & par la correspondance des inférieures avec les supérieures, représentoient tous les nombres, & servoient à faire toutes sortes de calculs. Cette manière de calculer, usitée parmi les Grecs, fut aussi connue & employée parmi les Romains. Peu à peu elle fut abandonnée, & on trouva plus court de compter avec des jettons. A la Chine, & dans quelques cantons de l'Asie, les négocians comptent encore avec de petites boules d'yvoire ou d'ébène, enfilées dans un fil de laiton, qu'ils portent accroché à leur ceinture.

L'*abaque* de *Pythagore*, est ce qu'on appelle aujourd'hui la *table de multiplication*. *Voyez* MULTIPLICATION.

ABATRE *du bois au trictrac*, c'est étaler beaucoup de dames de dessus le premier tas, pour faire plus facilement des cases dans le courant du jeu. *Voyez* CASE.

ABE, s. f. ouverture pratiquée à la baie d'un moulin, par laquelle l'eau tombe sur la grande roue & fait moudre. Cette ouverture s'ouvre & se ferme avec des pales ou lamoirs.

ABEILLE, (*Astronomie.*) constellation méridionale : on l'appelle aussi *mouche indienne*; en latin *Musca* ou *Apis*; on ne la voit point en Europe. Elle ne renferme que quatre étoiles remarquables, dont trois sont de la quatrième grandeur; les autres sont plus petites. La principale étoile est marquée dans le *Catalogue d'étoiles* de l'abbé de la Caille, pour 1750, à 185° 38′ 44″ d'ascension droite, & à 67° 45′ 15″ de déclinaison australe. *Voyez* CONSTELLATION. (*M.* DE LA LANDE.)

ABENEZRA, c'est un des noms de la belle étoile du taureau. *Voyez* ALDEBARAN.

ABERRATION, (*Astronomie.*) changement apparent dans la situation des étoiles, par lequel elles paroissent éloignées, quelquefois de 20 secondes, de leur véritable situation, par un effet du mouvement annuel de la terre combiné avec le mouvement de la lumière. La découverte de l'*aberration* étant une des plus singulières que l'on ait faites en astronomie, & la plus intéressante de ce siècle-ci, il importe à l'histoire des progrès de l'esprit humain de faire voir comment Bradley a dû y parvenir. On étoit persuadé, avant les observations de Picard, faites en 1672, que les étoiles ne changeoient point de position pendant le cours d'une année. Tycho-Brahé & Riccioli croyoient s'en être assurés par leurs observations; ils en concluoient que la terre ne tournoit point autour du soleil, puisqu'il n'y avoit point de *parallaxe annuelle* dans les étoiles. *Voyez* PARALLAXE *annuelle*. Picard, dans la relation de son voyage d'Uranibourg, fait en 1672, dit que l'étoile polaire, en divers tems de l'année, a des variations de quelques secondes, qu'il observoit depuis environ dix ans. Les savans, qui étoient déjà convaincus du mouvement de la terre, étoient portés à en conclure que ces variations étoient l'effet de la parallaxe annuelle ou parallaxe du grand orbe.

Flamsteed crut, d'après ses observations & celles que le docteur Hook avoit publiées, qu'il y avoit réellement une *parallaxe annuelle* dans les étoiles, Cassini & Manfredi soutinrent qu'il n'y en avoit point; mais il étoit impossible de démêler la nature & les causes des variations annuelles qu'on appercevoit dans la position des étoiles, à moins qu'on n'en déterminât les circonstances par des observations très-exactes & très-multipliées. C'est ce qu'entreprit, en 1725, un riche particulier d'Angleterre, nommé Samuël Molyneux, amateur des sciences; il fut heureusement secondé par Graham, cet horloger célèbre dans les arts & même dans les sciences, qui fit construire un secteur de vingt-quatre piés de rayon, avec lequel une seule seconde étoit sensible. Cet instrument fut placé à Kew; on y observa l'étoile γ du dragon, & l'on ne tarda pas à reconnoître que les variations de cette étoile étoient tout-à-fait opposées à celles que produiroit la parallaxe annuelle.

Suivant les loix de cette parallaxe, une étoile située au pole de l'écliptique, paroîtroit décrire, dans une année, un petit cercle parallèle à l'orbite de la terre, mais dont elle paroîtroit toujours occuper la partie opposée à celle où se trouve la terre; ce phénomène étoit tout différent dans les nouvelles observations. Bradley, qui avoit observé avec Molyneux, se trouva fort embarrassé pour assigner une cause à ce nouveau phénomène. Sa première idée fut d'examiner si cela ne prouvoit point quelque nutation dans l'axe de la terre, produite par l'action du soleil ou de la lune, à cause de l'aplatissement de la terre, ainsi que cela devoit avoir lieu par l'attraction. *Voyez* PRÉCESSION & & NUTATION. Mais d'autres étoiles, observées en même tems, ne permettoient pas d'adopter cette hypothèse. Une petite étoile, qui étoit à même distance du pole, & opposée en ascension-droite &c. du dragon, auroit dû avoir, par l'effet de cette nutation, le même changement en déclinaison; cependant elle n'en avoit eu environ que la moitié, comme cela parut en comparant jour par jour les variations de l'une & de l'autre, observées en même tems; c'étoit la trente-cinquième étoile de la giraffe dans le *catalogue britannique*.

Bradley remarquoit que les changemens de déclinaison de cette étoile, par rapport à son lieu moyen, étoient comme les sinus des distances du soleil au solstice; cela sembloit indiquer un rapport avec le mouvement de la terre. Mais il falloit des observations sur un plus grand nombre d'étoiles, pour savoir si cette règle étoit constante. Bradley fit donc faire un autre secteur en 1727; il observa beaucoup d'étoiles, & il reconnut que la règle précédente n'avoit lieu que pour les étoiles qui répondoient au solstice; mais une règle générale, qui ne pouvoit guère lui échapper, étoit que chaque étoile paroissoit stationnaire, ou dans son plus grand éloignement, vers le nord ou vers le sud, lorsqu'elle passoit au zénit vers six heures du soir ou du matin; que toutes les étoiles avançoient d'un jour à l'autre vers le sud, lorsqu'elles passoient le matin, & vers le nord, lorsqu'elles passoient le soir, & que le plus grand écart étoit à-peu-près comme le sinus de la latitude de chacune. Enfin, lorsqu'au bout d'une année, il eut vu toutes les étoiles reparoître, chacune au même lieu où elle avoit d'abord paru, Bradley, muni d'un assez bon nombre d'observations, s'occupa à trouver la cause de ces variations.

Il avoit reconnu que le plus grand effet du nord au sud étoit comme le sinus de la latitude de chaque étoile; que, lorsqu'une étoile passoit au méridien à six heures, elle paroissoit ou le plus haut, ou le plus bas; elle étoit alors à 90° de l'endroit où elle auroit dû être, suivant les loix de la parallaxe annuelle. Delà il étoit naturel de conclure que l'étoile en opposition seroit la plus orientale, au lieu d'être la plus méridionale, comme l'auroit exigé la parallaxe.

Soit ABC l'orbite de la terre (*fig. 132 d'astronomie.*); EG, le rayon vrai de l'étoile; BE, un rayon incliné de 20″ vers l'orient, pour marquer le lieu apparent de l'étoile: car Bradley avoit déjà reconnu que la plus grande *aberration* étoit d'environ 20″. On savoit, par la découverte de Roëmer, que la lumière employoit environ un demi-quart-d'heure à parcourir un espace EG, égal au rayon de l'orbite terrestre. *Voyez* PROPAGATION *de la lumière*. Or un arc BG de 20″, sur l'orbite terrestre, exige aussi environ un demi-quart-d'heure; ainsi, il étoit clair que la vîtesse EG de la lumière, & la vîtesse BG de la terre formoient les deux côtés d'un parallélogramme, dont le rayon visuel BE étoit la diagonale, & faisoit un angle de 20″. Bradley dut donc penser qu'il y avoit quelque rapport entre le mouvement de la terre & le mouvement de la lumière, qui pouvoit faire paroître les étoiles dans l'endroit où l'on devroit les voir un quart-d'heure plutôt. Enfin il eut l'idée heureuse de combiner le mouvement de la lumière avec celui de la terre, suivant les loix de la décomposition des forces; il essaya cette hypothèse, &, voyant qu'elle s'accordoit parfaitement avec toutes les observations, il rendit compte de sa découverte au mois de décembre 1728, dans une lettre au docteur Halley, *philosophical transactions. n.° 406*; il essaya son hypothèse sur un grand nombre d'étoiles; il les trouva d'accord dans tous les tems de l'année, presque toujours dans la même seconde que l'observation.

Nous allons expliquer comment cette *aberration* est produite par le mouvement de la terre. Soit E une étoile, *fig. 133*, placée à une distance prodigieuse, CB le chemin que fait le rayon de l'étoile en un quart-d'heure de tems, AB le chemin que la terre fait en même tems sur son orbite, qui est 1313 fois moindre, en sorte que l'angle BCA soit de 20 secondes: le corpuscule de lumière B vient frapper notre œil avec la vîtesse CB; mais, puisque l'œil en même tems va de A en B avec la vîtesse AB, il vient aussi frapper le rayon, en sorte qu'il y a un double choc tout à-la-fois; celui de la lumière qui vient contre l'œil avec la vîtesse CB; celui de l'œil qui va contre la lumière avec la vîtesse AB. A la place de ce dernier choc, on peut imaginer, sans rien changer à l'effet qui en résultera, que le corpuscule soit venu de F en B frapper l'œil avec une vîtesse FB, égale à AB; ainsi, l'œil reçoit une impression suivant CB, & une suivant FB. De ces deux impressions faites suivant les côtés CB, & FB du parallélogramme CF, il résulte une impression unique & composée, qui se fait sentir suivant la diagonale DB; donc l'on appercevra l'étoile dans la direction BD, ou dans la direction AC, qui lui est parallèle, & non dans la direction BCE du véritable rayon.

M. Bradley, M. d'Alembert & M. Clairaut présentent, chacun à leur manière, cette composition des forces; on les verra toutes dans mon *Astronomie*, & celle que je viens d'expliquer me paroît la plus facile à concevoir: mais des exemples familiers feront peut-être encore mieux comprendre le mécanisme de ces impressions composées. Soit un vaisseau $GCEA$, *fig. 134*, qui va de droite à gauche; que, d'un angle C de ce vaisseau, on ait jeté une pierre à l'autre angle A, & que, dans le tems où elle a parcouru CA, le vaisseau ait avancé de la quantité CD ou AB; celui qui est dans le vaisseau en A, se trouvera alors parvenu au point B, & sera frappé de la même manière que si le vaisseau n'avoit eu aucun mouvement; la pierre lui paroîtra venir de l'angle D, suivant DB, comme elle lui auroit paru venir de C, suivant CA, si le vaisseau eût été immobile. L'impression sera la même, puisque la relation du point C au point A, leur situation, leur distance, ne dépendent en aucune façon du mouvement du vaisseau. Ce mouvement est commun à la pierre & au vaisseau, & il est nul par rapport au choc : néanmoins, dans l'espace absolu, cette pierre est venue de *C* en *B*; ainsi, elle a fait le même chemin réel qu'auroit fait une pierre qui, du rivage *R*, eût été jetée directement suivant *RCB*. Voilà donc deux pierres; l'une qui vient du rivage *R*, & qui a parcouru la ligne *CB*; l'autre qui est partie du point *C* du vaisseau, & qui a de même parcouru *CB*, à cause du mouvement du vaisseau : or celle-ci s'est fait sentir suivant la direction *DB*; donc celle qui aura été jetée du rivage *R*, se seroit fait sentir aussi suivant la direction *DB*, à celui qui, étant dans l'angle du vaisseau, se seroit trouvé transporté de *A* en *B*, tandis que la pierre venoit de *C* en *B*. *Voyez* COMPOSITION *des forces*.

Un fait dont les voyageurs font l'expérience, pourra servir à ceux pour qui les notions de mécanique ne sont pas familières. Je suppose que, dans un tems calme, la pluie tombe perpendiculairement, & qu'on soit dans une voiture ouverte sur le devant : si la voiture est en repos, on ne reçoit pas la moindre goutte de pluie : si la voiture avance avec rapidité, la pluie entre sensiblement, comme si elle avoit pris une direction oblique : c'est une chose que chacun peut éprouver, & dont la raison est évidente; le mouvement par lequel nous allons contre la pluie, fait que nous recevons celle qui est en l'air, avant qu'elle soit tombée; & cela revient au même que si la pluie avoit pris une direction oblique, en suivant la diagonale d'un parallélogramme dont les côtés seroient la vîtesse de la pluie de haut en bas, & la vîtesse de la voiture horizontalement ou en avant.

On trouve dans la plupart des cabinets de physique, sur-tout à Amsterdam, une machine de Steiz, qui rend visible cette décomposition du mouvement. Un petit chariot mobile, par un ressort, roule sur le parquet d'une salle; une balle placée au fond d'une cuvette est au-dessus d'un ressort; une détente fait partir le ressort, & jette la balle en l'air, pendant que le chariot avance avec rapidité; la balle s'élève & retombe ensuite; &, quoique le chariot ait avancé, elle retombe dans la même cuvette ou coquille, comme si cette coquille fût restée à la même place; on distingue très-bien que la balle, au lieu de s'élever perpendiculairement, & de descendre verticalement, a décrit deux lignes obliques, ou deux branches d'une parabole, une en s'élevant, & l'autre en retombant sur le chariot, & qu'elle l'a accompagné dans sa course.

Ainsi, le mouvement de la balle est évidemment composé de deux mouvemens, celui que le chariot avoit communiqué horizontalement à la balle, & celui que le ressort lui a donné de bas en haut; la balle décrit la diagonale de ces deux directions, & cette diagonale est courbe, parce qu'une des deux vîtesses est retardée, & ensuite accélérée, tandis que l'autre est uniforme, & qu'on a par conséquent une suite de diagonales qui sont différemment inclinées, parce que le rapport des côtés varie continuellement.

On doit être convaincu, par les démonstrations précédentes, qu'une étoile nous paroît toujours plus avancée du côté où nous marchons, & cela de la quantité de l'angle *BCA* (*fig.* 133); la valeur de cet angle dépend du rapport de la vîtesse *AB* de la terre, à la vîtesse *CB* de la lumière : ce rapport est celui de 1 à 10313; ce qui donne un angle de 20″, dans le cas où *CB* est perpendiculaire à *AB*; ainsi, l'*aberration* sera toujours de 20″, quand la route de l'œil sera perpendiculaire au rayon de l'étoile; mais, lorsque le rayon de lumière *MF* (*fig.* 132), est incliné sur la route *FL* de l'œil, alors l'angle d'*aberration* *FML* devient moindre; il est alors mesuré par *LN*, au lieu d'être mesuré par le mouvement entier *FL* de la terre; & parce *FL* est à *LN* comme le sinus de l'angle *N* est au sinus de l'angle *F*, il suit que l'*aberration* est comme le sinus de l'inclinaison du rayon *MF* sur la route de l'œil, c'est-à-dire, qu'il est égal à 20″, multipliées par le sinus de l'angle que fait la route de l'œil avec le rayon de lumière; enfin, si la ligne *FL* s'inclinoit jusqu'à se confondre avec la ligne *MF*, l'angle *M* s'évanouiroit, & il n'y auroit plus d'*aberration*, comme cela arrive quand la terre est en *C* : cela est évident, puisqu'alors le rayon de lumière arrive toujours sous la même direction que si la terre n'avoit point de mouvement.

Supposons maintenant que l'œil, au lieu d'avancer de *B* en *G*, aille de *D* en *H*; en sorte que le rayon arrive en *H* en même tems que l'œil; on verra, par le même raisonnement, que l'étoile paroîtra plus à droite, au lieu de paroître plus à gauche; toujours l'*aberration* porte une étoile du côté où va la terre. Quand la terre est au point *G* de son orbite *GCD*, & ensuite au point *D*, elle paroît aller en deux sens opposés; dans le premier cas, l'étoile est en opposition, & paroît à gauche du lieu moyen *E*; dans le second cas, la terre allant de *D* en *H*, l'étoile est en conjonction avec le soleil, & paroît de 20 secondes à droite, c'est-à-dire, à l'occident du point *E*.

Quand nous avons supposé l'étoile au point *E*, nous n'avons pas prétendu dire que les étoiles n'étoient pas plus éloignées de nous que le soleil; elles le sont deux cents mille fois plus : la lumière emploie peut-être trois ans à venir des étoiles jusqu'à nous; mais, comme l'effet est toujours le même, nous ne pouvons nous en appercevoir; nous ne pouvons juger que du tems qu'elle emploie à parcourir *EG*, parce que l'effet de cette partie étant successivement en plus & en moins, il devient sensible par cela même; tout le reste ne peut s'appercevoir.

D'après les principes établis ci-dessus, on peut calculer l'effet de l'*aberration* sur la longitude & la latitude de différentes étoiles. L'*aberration* d'une étoile qui seroit située au pole même de l'écliptique, est le plus simple de tous, & nous commencerons par celui-là, en faisant voir que l'étoile paroîtra décrire un cercle de 40" de diamètre autour de son vrai lieu, c'est-à-dire, autour du pole de l'écliptique. Le cercle *ABCD* (*fig. 132*) représentant l'écliptique ou l'orbite de la terre, que l'on suppose circulaire, parce que la différence de ses diamètres est ici négligeable, concevons que le point *P* exprime le pole de cette orbite; il faut le concevoir élevé perpendiculairement au-dessus du plan de la figure; autour du pole *P*, l'on décrira un petit cercle, dont le diamètre est de 40"; lorsque la terre est en *A*, & va de *A* vers *B*, l'étoile située au pole de l'écliptique, paroîtra 20" plus avancée du même côté, c'est-à-dire en *a*; quand la terre sera en *B*, l'étoile paroîtra en *b*, delà en *c*, *d*, & elle aura parcouru, dans l'espace d'un an, le petit cercle *abcd*, décrit autour du pole de l'écliptique, toujours plus avancée de 90 degrés dans son petit cercle, que la terre ne l'est dans le sien, & ayant toujours 20" de moins en latitude, qu'elle n'auroit dans son vrai lieu, puisqu'elle est toujours éloignée de 20" du pole de l'écliptique.

Pour les étoiles qui sont dans le plan même de l'écliptique, comme l'étoile *E*, le point *G* est celui où se trouve la terre quand l'étoile est en opposition, *D* le point où est la terre quand l'étoile est en conjonction avec le soleil; dans l'opposition, la terre allant de *B* en *G*, ou d'occident vers l'orient, l'étoile paroîtra plus avancée de 20" vers l'orient, c'est-à-dire, que sa longitude sera augmentée de 20"; mais, dans la conjonction de la terre, allant dans un sens contraire, par rapport à l'étoile, c'est-à-dire, de *D* vers *H*, la longitude de l'étoile sera diminuée de 20". Dans les quadratures, la terre étant en *A* & en *C*, l'*aberration* sera nulle, parce que le rayon qui se dirige à l'étoile, & qui est parallèle à *GE*, à cause de la grande distance des étoiles, devient la tangente de l'orbite, & la route de l'œil se confondant avec cette tangente, il n'y a plus d'*aberration*.

Pour trouver l'*aberration* en longitude hors des conjonctions ou des oppositions, c'est-à-dire, dans les situations intermédiaires, soit *FL* le petit espace de 20", parcouru en 8' de tems par la terre, en un point de son orbite, qui est éloigné du point *G* de l'opposition de la quantité *GL*, soit *MF* le chemin de la lumière pendant le même tems, *FML* l'angle d'*aberration*; le rayon *MF* de l'étoile étant parallèle à la ligne *EG*, l'angle *MLF* ou l'angle *LFN* (car on peut prendre ici l'un pour l'autre, puisqu'ils ne diffèrent pas de 20"), ont pour mesure l'arc *CF*; ainsi, l'angle d'*aberration* est égal à 20" sin. *F*, ou 20" sin. *CF*, ou 20" cos. *FG*. Donc l'*aberration* en longitude est proportionnelle au sinus de la distance à la quadrature, ou de la distance au point où elle est nulle ou proportionnelle au cosinus de la distance au point où elle est la plus grande, distance que nous appellons l'*argument d'aberration*.

Ce que nous avons démontré pour l'*aberration* en longitude d'une étoile située dans le plan de l'écliptique, a lieu pour une étoile située au-dessus ou au-dessous de l'écliptique, à quelque latitude que ce soit. En effet, que l'on conçoive le point *M* du triangle d'*aberration MFL*, élevé au-dessus du plan de la figure, & dirigé en haut vers une étoile, la base *LN* demeurant toujours dans le plan de la figure, alors le mouvement de la terre, dans le sens de *LN*, ou vers la gauche, étant toujours le même, l'*aberration*, dans le sens de la longitude, ne changera pas; mais, pour le réduire à l'écliptique, il faudra le diviser par le cosinus de la latitude. *Voyez* RÉDUCTION *à un grand cercle*.

L'*aberration* en latitude peut se déduire des mêmes principes; car, en concevant le point *M*, relevé au-dessus du plan de la figure, le mouvement de la terre, dans la direction *FN*, produira l'*aberration* perpendiculairement à l'écliptique, c'est-à-dire, l'*aberration* en latitude; &, comme *FN* est proportionnelle au sinus de l'arc *GF*, ou de la distance à la conjonction, cette *aberration* en latitude ira en augmentant jusqu'à la quadrature, où elle sera la plus grande. Le rayon visuel est incliné sur le plan de l'écliptique; le mouvement de la terre, dans le sens perpendiculaire à ce rayon, devient plus petit à proportion du sinus de l'angle ou du sinus de la latitude; ainsi, la plus grande *aberration* en latitude est égale à 20", multipliées par le sinus de la latitude de l'étoile, & elle augmente depuis les syzygies jusqu'aux quadratures, dans le même rapport que le sinus de l'arc parcouru par la terre, où le sinus de la distance du soleil à l'étoile. Toutes ces règles sont expliquées beaucoup plus en détail dans mon *Astronomie*.

M. Bradley avoit joint lui-même à sa théorie des formules, pour calculer l'*aberration* des fixes en longitude, latitude, ascension droite & déclinaison: ces formules ont été démontrées en deux différentes manières, & réduites à un usage fort simple par M. Clairaut, dans les *Mémoires de l'Académie pour 1737*. Elles ont aussi été démontrées par Simpson, de la Société royale de Londres, dans un *Recueil de différens opuscules Mathématiques, imprimé en Anglois à Londres 1740*. Enfin M. Fontaine des Crutes a publié, sur le même sujet, un traité à Paris en 1744. On ne peut en placer ici que le résultat. Chaque étoile paroît décrire dans le cours d'une année, par l'effet de l'*aberration*, une ellipse dont le grand axe est de 40", & dont le petit axe perpendiculaire à l'écliptique, est de 40", multipliées par le sinus de la latitude de l'étoile. L'extrémité orientale du grand axe marque le lieu apparent de l'étoile, le jour de l'opposition; & l'extrémité du petit axe, qui est la plus éloignée de l'écliptique, marque sa situation trois mois après, comme on le voit pour Arcturus & pour Sirius, dans les *fig. 135 & 136*.

où j'ai tracé les ellipses d'*aberration*, & marqué la place de l'étoile, pour le premier jour de chaque mois, au dehors de chaque ellipse.

La plus grande *aberration* est égale à 20″, divisées par le cosinus de la latitude ; elle est la plus grande quand la longitude du soleil est égale à la longitude de l'étoile.

La plus grande *aberration* en latitude est égale à 20″, multipliées par le sinus de la latitude ; elle est la plus grande soustractive quand la longitude du soleil surpasse de trois signes celle de l'étoile ; ainsi, la latitude en sera diminuée avant l'opposition, ou vers la première quadrature, & augmentée après l'opposition, soit dans les étoiles boréales, soit dans celles dont la latitude est australe.

Pour trouver l'*aberration* en déclinaison, il faut commencer par calculer l'*angle de position*, ou l'*angle du cercle de latitude & du cercle de déclinaison*, qui passent par l'étoile ; alors le sinus de la latitude de l'étoile est au rayon, comme la tangente de l'angle de position est à la tangente d'un arc, qui est la distance entre le lieu du soleil, au tems de la conjonction, c'est-à-dire le lieu même de l'étoile, & le lieu du soleil quand l'*aberration* en déclinaison est nulle. Ce lieu du soleil, augmenté de trois signes, est celui qui a lieu quand l'*aberration* en déclinaison est la plus grande. Pour avoir la quantité de cette plus grande *aberration*, on dira : le cosinus de l'élongation de l'étoile au tems de la plus grande *aberration* en déclinaison, est au sinus de l'angle de position, comme 20″ sont à la plus grande *aberration* en déclinaison.

Pour l'*aberration* en ascension droite, on dira d'abord : le sinus de la latitude de l'étoile est au rayon, comme la cotangente de l'angle de position est à la tangente de la différence entre la longitude de l'étoile & celle du soleil, au tems où l'*aberration* en ascension droite est nulle. Quand le lieu du soleil est plus avancé de trois signes, l'*aberration* en ascension droite est la plus grande.

Le sinus de la différence trouvée est au cosinus de l'angle de position, comme 20″ sont à la plus grande *aberration* en ascension droite.

L'*aberration* actuelle, dans les quatre cas que nous venons de parcourir, est égale à la plus grande *aberration* multipliée par le cosinus de la différence entre la longitude du soleil au tems où elle étoit la plus grande, & la longitude actuelle du soleil, pour le tems donné, que l'on retranche de la première.

On trouve des tables détaillées de toutes ces *aberrations* en ascension droite & en déclinaison, dont les astronomes font un usage continuel, dans *la Connoissance des Tems de 1760*, & des années suivantes ; on les a réunies dans le volume de 1781, & M. Mezger en a donné un recueil plus complet à Manheim, en 1778, sous ce titre : *Tabulæ aberrationis.* Voici les principaux articles pour dix étoiles principales, vers 1750.

Noms des étoiles.	*Lieu du ☉ au tems de la plus gr. aberr. en ascension droite.*	*La plus grande aberration, en ascension droite.*	*Lieu du ☉ au tems de la plus gr. aberr. en déclinaison.*	*La plus grande aberration en déclinaison.*
Étoile polaire . . .	0ˢ 11° 38′	8′ 38″, 4	3ˢ 8° 48′	19″, 9
Aldebaran	2 7 10	0 20, 6	1 6 46	3, 8
La Chèvre.	2 15 43	28, 5	5 1 36	8, 1
Sirius	3 7 48	20, 8	6 3 45	12, 8
Regulus	4 26 28	19, 3	10 25 3	6, 8
L'épi de la Vierge .	6 19 30	18, 6	6 25 14	7, 6
Arcturus	7 33 15	20, 1	5 0 55	12, 4
Antarès	8 5 24	21, 8	8 29 40	3, 9
La Lyre	9 6 33	25, 5	0 5 1	17, 6
L'Aigle	9 22 48	19, 9	0 6 37	10, 3

Pour qu'on puisse voir dans les ellipses, *fig. 135 & 136*, les changemens d'ascensions droites & de déclinaisons, je les ai disposées sur un parallèle à l'équateur, représenté par *AB*, on voit qu'au mois de juillet Arcturus paroît à gauche, & Sirius à droite ou à l'occident, sur son ellipse *d'aberration* ; ainsi, leur différence d'ascension droite augmente en été ; mais leur différence de déclinaison varie peu, parce qu'elles sont à-peu-près vues dans les mêmes tems aux parties supérieures ou inférieures de leurs ellipses.

Nous n'avons eu égard, dans tout ce qui précède, qu'au mouvement annuel de la terre, & non point au mouvement diurne, parce qu'il est trop lent pour qu'il puisse avoir un effet sensible. En effet, la vîtesse du mouvement diurne est à celle du mouvement annuel, en raison inverse des tems, & en raison directe des distances ; elle n'est donc que $\frac{1}{63}$ de la vîtesse du mouvement annuel : ce qui feroit une *àberration* de deux tiers de seconde dans l'espace de douze heures, quantité absolument insensible.

L'*aberration* a lieu dans les planètes, aussi-bien que dans les étoiles fixes ; mais elle est plus facile à calculer, quand on connoît leur mouvement & leur distance. L'*aberration* d'une planète est toujours égale à son mouvement vu de la terre, pendant le tems que la lumière emploie à venir de la planète jusqu'à la terre. Par exemple, la lumière emploie 8′ 8″ à venir du soleil jusqu'à nous; le mouvement du soleil pendant ces 8′ est de 20″: d'où il suit que le soleil à 20″ d'*aberration* en longitude en tout tems; &, comme l'*aberration* fait paroître la planète du côté où va la terre, opposé à celui où la planète paroît aller, il s'ensuit que, si la longitude est croissante, l'*aberration* la diminue, & il faudra l'ôter de la longitude calculée, pour avoir la longitude apparente. Il en sera de même de la latitude, de l'ascension droite, de la déclinaison, pourvu qu'on prenne le mouvement géocentrique en latitude, en ascension droite, en déclinaison, pendant le tems que la lumière emploie à venir de la planète jusqu'à nous. On peut voir des formules & des méthodes particulières de M. Clairaut, à ce sujet, dans les *Mém. de l'Acad.* 1746; & celles de M. Euler, dans les *Mém. de Berlin, 1746, tome II*; & j'ai donné de nouvelles tables d'*aberration* pour toutes les planètes, calculées avec soin par M. de Lambre, dans le 8e volume des Ephémérides de Paris, publié en 1783; on y voit que l'*aberration* peut aller jusqu'à une minute ou 60″ pour Mercure, 44″ pour Vénus, 38″ pour Mars, 29″ pour Jupiter, & 26″ pour Saturne.

L'*aberration* dépend toujours du rapport entre la vîtesse de la lumière & celle de l'observateur; d'après ce principe, M. Boscovich m'écrivoit, en 1766, qu'il avoit imaginé un moyen de voir si la vîtesse de la lumière est plus grande dans l'eau que dans l'air, en se procurant deux mesures différentes de l'*aberration*. Il suppose, sur un même instrument, une lunette ordinaire & une lunette dont le tube seroit plein d'eau depuis l'objectif jusqu'au réticule; celui-ci seroit formé par une plaque de verre, l'on y traceroit les lignes nécessaires pour observer la distance d'une étoile au zénit. La vîtesse de la lumière dans la lunette d'eau étant augmentée, son rapport avec la vîtesse de la terre deviendroit plus grand; il faudroit par conséquent une moindre inclinaison dans cette lunette d'eau, pour que le rayon de l'étoile parvînt à la ligne du réticule; donc l'*aberration*, dans la lunette d'eau, seroit moindre; donc elle donneroit la vraie distance au zénit plus ou moins cette nouvelle *aberration*; &, en retournant l'instrument, on auroit le double de cette distance plus ou moins le double de l'*aberration*; donc on observeroit la double distance dans une des lunettes plus grande que dans l'autre du double de la quantité dont l'*aberration* de la lunette ordinaire surpasseroit l'*aberration* de la lunette d'eau.

On a objecté, contre cette idée, que le rayon, en sortant de la lunette d'eau, devroit perdre l'augmentation de vîtesse qu'il avoit acquise en y entrant; mais on répond que le rayon arrivé une fois au trait du micromètre intérieur, la direction de l'étoile est déterminée par-là même; le rayon intercepté ne sort plus, & il n'importe plus que les rayons, en sortant de la lunette, changent de direction & de vîtesse; ainsi, l'inclinaison de la lunette sera toujours différente.

Il paroît par les rapports de réfraction de l'air dans l'eau, que les vîtesses de la lumière y sont comme 3 à 4; ainsi, le cercle d'*aberration* des étoiles ayant 40″ par la vîtesse de la lumière dans l'air, il auroit 30″ seulement par la vîtesse de la lumière dans l'eau; il y auroit donc 10″ de différence dans l'observation, si, comme on le croit, la vîtesse du rayon augmente dans l'eau. (*de la Lande.*)

Aberration, (*Optique.*) dispersion des rayons de lumière, qui, partant d'un objet & traversant un verre de lunette, au lieu d'aller se réunir en un même point ou *foyer*, se répandent sur une petite étendue, & forment en conséquence une image, un peu confuse de l'objet.

Il y a deux causes d'*aberration*; la première cause est la sphéricité des verres ou des miroirs; la seconde est la diverse réfrangibilité des rayons. L'*aberration de sphéricité* vient de ce qu'un verre de figure exactement circulaire, tel qu'on les travaille dans les bassins pour faire les lunettes d'approche, ne peut pas rassembler en un seul point tous les rayons de lumière qui, partant de l'objet, traversent les différens points du verre; cette *aberration* est d'autant plus grande que le verre a une plus grande ouverture: il faut voir à ce sujet le *Traité d'Optique* de Smith, imprimé à Cambridge en 1738, en deux volumes *in*-4°, traduit par le P. Pezenas, à Avignon, 1767; & par M. Duval le Roi, à Brest, 1767. Ces deux dernières éditions renferment beaucoup d'augmentations nouvelles, sur-tout par rapport aux lunettes achromatiques.

L'*aberration de réfrangibilité* vient de la décomposition d'un faisceau de rayons, qui, en traversant un milieu diaphane tel qu'un verre de lunette, se divise en différentes couleurs, dont les plus remarquables sont les sept couleurs suivantes, violet, indigo, bleu, verd, jaune, orangé, rouge. Dans une lunette de 27 pieds, les rayons rouges se réunissent dans un foyer qui diffère de près d'un pied du foyer des rayons violets. Il faudroit cependant que tous ces rayons se rassemblassent au même point, pour que l'image d'un objet fût tranchée, nette & distincte; c'est pour remédier à cette *aberration de réfrangibilité & de sphéricité*, que M. Euler chercha le moyen de faire des verres de lunettes, composés de différentes substances; & c'est ce qui a donné naissance à la nouvelle invention des lunettes achromatiques, qui diminuent en effet considérablement les deux espèces d'*aberrations* dont nous venons de parler. *Voyez* Achromatique. (*M. de la Lande.*)

ABONDANT, adj. (*Arithm.*) Nombre *abondant* est un nombre dont les parties aliquotes, prises ensemble, forment un bout plus grand que le nombre. Par exemple, 12 a pour parties aliquotes 1, 2, 3, 4, 6, dont la somme 16 surpasse 12. Le nombre *abondant* est opposé au nombre *défectif*, qui est plus grand que la somme de ses parties aliquotes, comme 14 dont les parties aliquotes sont 1, 2, 7; & au nombre *parfait* qui est égal à la somme de ses parties aliquotes, comme 6 dont les parties aliquotes sont 1, 2, 3. *Voyez* NOMBRE & ALIQUOTE.

ABOUTIR, *en Hydraulique*, c'est raccorder un gros tuyau sur un petit. S'il est de fer, de grès, ou de bois, ce sera par le moyen d'un colet de plomb, qui viendra en diminuant du gros au petit. Quand le tuyau est de plomb, l'opération est encore plus aisée : mais, quand il s'agit de raccorder une conduite de six pouces sur une de trois, il faut un tambour de plomb fait en cone, en prenant une table de plomb dont on forme un tuyau que l'on soude pardessus. (*K*.)

ABRACHALEUS, (*Astr.*) c'est un des noms de la seconde étoile des Gemeaux, marqué β, & qu'on appelle aussi Pollux.

ABSCISSE, s. f. (*Géom.*) du mot latin *abscindere*, partie quelconque de l'axe ou du diamètre d'une courbe, comprise depuis un point fixe où toutes les *abscisses* prennent leur origine, jusqu'à une autre ligne nommée *ordonnée*, qui se termine à la courbe. Ainsi, (*sect. Con. fig. 37.*) *A* étant un point fixe, *AP* est une *abscisse* de la courbe *OMM'*, *PM* est l'ordonnée correspondante; de même *AP'* est une autre *abscisse*, *P'M'* l'ordonnée correspondante.

L'*abscisse* & l'ordonnée correspondante, considérées ensemble, se nomment les *coordonnées* de la courbe.

ABSENT. (*Calcul des probabilités.*) Lorsque M. Nicolas Bernoulli, neveu des célèbres Jacques & Jean Bernoulli, soutint à Bâle, en 1709, sa thèse de docteur en droit; comme il étoit grand géomètre, aussi-bien que jurisconsulte, il ne put s'empêcher de choisir une matière qui admît de la Géométrie. Il prit donc pour sujet de sa thèse, *de usu artis conjectandi in Jure*; c'est-à-dire, *de l'application du calcul des probabilités aux matières de Jurisprudence*, & le troisième chapitre de cette thèse traite du tems où *un absent doit être réputé pour mort*. Selon lui, il doit être censé tel, lorsqu'il y a deux fois plus à parier qu'il est mort que vivant. Supposons donc un homme parti de son pays à l'âge de vingt ans, & voyons, suivant la Théorie de M. Bernoulli, en quel tems il peut être censé mort.

Suivant les Tables données par M. Deparcieux, de l'Académie Royale des Sciences, de 814 personnes vivantes à l'âge de 20 ans, il n'en reste, à l'âge de 72 ans, que 271, qui sont à-peu-près le tiers de 814; donc il en est mort les deux tiers depuis 20 jusqu'à 72, c'est-à-dire, en 52 ans; donc, au bout de 52 ans, il y a deux fois plus à parier pour la mort que pour la vie d'un homme qui s'absente & qui disparoît à 20 ans. J'ai choisi ici la Table de M. Deparcieux, & je l'ai préférée à celle dont M. Bernoulli paroît s'être servi, me contentant d'y appliquer son raisonnement : mais je crois notre calcul trop fort en cette occasion, à un certain égard, & trop foible à un autre; car, 1.° d'un côté, la Table de M. Deparcieux a été faite sur des rentiers de tontines, qui, comme il le remarque lui-même, vivent ordinairement plus que les autres, parce que l'on ne met ordinairement à la tontine que quand on est assez bien constitué, pour se flatter d'une longue vie. Au contraire, il y a à parier qu'un homme qui est absent, & qui depuis long-tems n'a donné de ses nouvelles à sa famille, est au moins dans le malheur ou dans l'indigence, qui, joints à la fatigue des voyages, ne peuvent guère manquer d'abréger les jours. 2.° D'un autre côté, je ne vois pas qu'il suffise pour qu'un homme soit censé mort, qu'il y ait seulement deux contre un à parier qu'il l'est, surtout dans le cas dont il s'agit. Car, lorsqu'il est question de disposer des biens d'un homme, & de le dépouiller sans autre motif que sa longue absence, la loi doit toujours supposer sa mort certaine. Ce principe me paroît si évident & si juste, que, si la Table de M. Deparcieux n'étoit pas faite sur des gens qui vivent ordinairement plus long-tems que les autres, je croirois que l'*absent* ne doit être censé mort que dans le tems où il ne reste plus aucune des 814 personnes âgées de 20 ans, c'est-à-dire, à 93 ans. Mais, comme la Table de M. Deparcieux seroit, dans ce cas, trop favorable aux *absens*, on pourra, ce me semble, faire une compensation, en prenant l'année où il ne reste que le quart des 814 personnes, c'est-à-dire, environ 75 ans. Cette question seroit plus facile à décider, si on avoit des Tables de mortalité des voyageurs : mais ces Tables nous manquent encore, parce qu'elles sont très-difficiles & peut-être impossibles dans l'exécution.

M. de Buffon a donné, à la fin du troisième volume de son Histoire Naturelle, des Tables de la durée de la vie, plus exactes & plus commodes que celle de M. Deparcieux, pour résoudre le problème dont il s'agit, parce qu'elles ont été faites pour tous les hommes sans distinction, & non pour les rentiers seulement. Ces Tables seroient peut-être encore un peu trop favorables aux voyageurs, qui doivent généralement vivre moins que les autres hommes. Mais, comme elles le sont moins que les autres, au lieu d'y prendre les trois quarts, comme nous avons fait dans les Tables de M. Deparcieux, il seroit bon de ne prendre que les $\frac{5}{8}$ ou peut-être les $\frac{7}{8}$. Le calcul en est aisé à faire; il nous suffit d'avoir indiqué la méthode. (*O.*)

D'ailleurs la solution de ce problème suppose une autre théorie sur la probabilité morale des événemens que celle qu'on a suivie jusqu'à présent. Cette théorie nouvelle est de M. de Buffon, & nous allons

allons mettre le lecteur en état de se satisfaire lui-même sur la question présente *des absens réputés pour morts*, en lui indiquant les principes qu'il pourroit suivre. Il est constant que, quand il s'agit de décider par une supposition du bien-être d'un homme, qui n'a contre lui que son absence, il faut avoir la plus grande certitude possible que la supposition est vraie. Mais comment avoir cette plus grande certitude morale possible? Où prendre ce *maximum?* Comment le déterminer? Voici comment M. de Buffon veut qu'on s'y prenne, & l'on ne peut douter que son idée ne soit très-ingénieuse, & ne donne la solution d'un grand nombre de questions embarrassantes, telles que celles du problême sur la somme que doit parier à croix ou pile un joueur *A* contre un joueur *B* qui lui donneroit un écu, si lui *B* amenoit pile du premier coup; deux écus, si lui *B* amenoit encore pile au second coup; quatre écus, si lui *B* amenoit encore pile au troisième, & ainsi de suite; car il est évident que la mise de *A* doit être déterminée sur la plus grande certitude morale possible que l'on puisse avoir, que *B* ne passera pas un certain nombre de coups; ce qui fait rentrer la question dans le fini, & lui donne des limites. Mais on aura, dans le cas de l'*absent*, la plus grande certitude morale possible de sa mort, ou d'un événement en général, par celui où un nombre d'hommes seroit assez grand pour qu'aucun ne craignît le plus grand malheur, qui devroit cependant arriver infailliblement à un d'entre eux. Exemple : prenons dix mille hommes de même âge, de même santé, *&c.* parmi lesquels il en doit certainement mourir un aujourd'hui : si ce nombre n'est pas encore assez grand pour délivrer entièrement de la crainte de la mort chacun d'eux, prenons-en vingt. Dans cette dernière supposition, le cas où l'on auroit la plus grande certitude morale possible qu'un homme seroit mort, ce seroit celui où de ces vingt mille hommes vivans, quand il s'est absenté, il n'en resteroit plus qu'un.

Voilà la route qu'on doit suivre ici & dans toutes autres conjonctures pareilles, où l'humanité semble exiger la supposition la plus favorable. *Cette Addition est de M. Diderot.*

Nous avons cru devoir ajouter à cet article, tiré de la première édition de l'Encyclopédie, les réflexions suivantes :

I. La nouvelle Théorie que M. de Buffon a proposée, ne nous paroît point pouvoir être admise.

1.° Elle est inexacte en elle-même, puisqu'elle tend à confondre deux choses de nature différente, la probabilité & la certitude.

2.° Elle ne peut servir qu'à simplifier le calcul, dans le cas où le résultat, auquel cette hypothèse conduiroit, ne différeroit que d'une manière insensible des résultats rigoureux : ainsi, elle ne doit pas être employée à résoudre aucune des difficultés qui peuvent s'élever sur les principes même du calcul.

3.° On ne se permet, dans le calcul, d'employer comme absolue une détermination approchée, que pour une quantité dont on connoît une valeur très-peu différente de la réelle, & dont la valeur réelle est incertaine; or ici la valeur de la certitude est déterminée & égale à l'unité. Ainsi, il n'y a aucune raison pour supposer dans le calcul, ni aucune probabilité égale à l'unité, ni la certitude égale à une fraction peu différente de l'unité.

4.° Lorsqu'on se permet de négliger une quantité, c'est toujours par la raison qu'on la regarde comme nulle, par rapport à celle que l'on veut connoître, & c'est ce qui ne peut avoir lieu ici. Toutes les fois que la probabilité d'un événement est très-peu différente de l'unité, la probabilité de l'événement contraire est une très-petite quantité. Ainsi, je puis bien regarder comme étant également probables les événemens dont les probabilités $\frac{10^{10000}-1}{10^{10000}}$ & $\frac{10^{10001}-1}{10^{10001}}$ sont très-peu différentes.

Mais il n'en est pas de même des événemens contraires, dont les probabilités $\frac{1}{10^{10000}}$, $\frac{1}{10^{10001}}$ sont dans le rapport d'un à dix.

5.° Un *maximum* de probabilité est une expression qui ne peut s'entendre en mathématiques; le *maximum* de la probabilité seroit 1, & elle ne peut y atteindre. Mais on peut fixer un *minimum* de probabilité, c'est-à-dire, une probabilité au-dessous de laquelle, par exemple, il ne peut être permis ni de condamner un homme, ni de le dépouiller de son bien, ni de le réputer mort. Cette idée est absolument l'opposée de celle que propose M. de Buffon, & c'est la seule que l'on doive admettre.

II. Dans les questions relatives aux biens des *absens*, il faut examiner séparément les trois hypothèses suivantes :

Celle où l'*absent* reviendroit au bout d'un certain tems, celle où l'*absent* ne reviendra jamais, mais où l'époque de sa mort est connue, & celle où l'on ignore cette époque à perpétuité.

Cela posé, nous demanderons d'abord d'après quel principe on doit régler l'administration des biens d'un *absent*, pour que, dans le cas où il reviendroit, il n'eût éprouvé aucune injustice.

Il est clair qu'à son retour, il reprendroit ses droits sur tous ses biens, & qu'il s'agit donc seulement de déterminer à quelle époque on peut cesser de les laisser en séquestre, & permettre à ses héritiers de les partager, & d'en disposer, en donnant, pour leur sûreté, les cautions convenables, & au bout de quel tems on peut même les dispenser formalités.

Pour le 1.er cas, on voit que, du moment où la vie d'un homme est incertaine, on lui fait une injustice, dans le cas où il vivroit, en permettant à ses héritiers de disposer de son bien, & que, s'il est mort, on en fait une à ses héritiers en les privant de la succession. Soit donc a la probabilité du risque auquel vous exposeriez un *absent*, en permettant de distribuer son bien b au bout d'un nombre n d'années d'absence ; la valeur de la perte à laquelle il seroit exposé sera exprimée par ab, &, si u est la probabilité qu'il est vivant, son risque s'exprimera par uab

Maintenant, quelle est la perte de l'héritier, si on refuse de le mettre en jouissance? Le bien est ici toujours b : soit $1-r$, la probabilité qu'il en jouira toujours, sans être obligé de le rendre c'est-à-dire, la probabilité que l'*absent* ne reviendra pas ; $\overline{1-r}\cdot b$ est le tort fait à l'héritier.

Mais ce tort n'est pas irréparable, puisque, si l'on lui rend b, augmenté de l'intérêt, l'année d'après il n'aura rien perdu : soit donc u' la probabilité qu'il ne mourra pas dans l'année ; $\overline{1-u'}\cdot\overline{1-r}\cdot b$, exprimera le risque qu'on lui fait courir, en ne lui remettant pas la disposition au commencement de cette même année ; ainsi, pour livrer le bien de l'*absent* aux héritiers même, en exigeant une caution, il faut que $\overline{1-r}\cdot\overline{1-u'}\cdot > ua$. Le cas où l'on peut cesser d'exiger les formalités de cautions, se résolvera de même, à cela près que a doit être alors plus grand. On peut, sans beaucoup d'erreur, supposer $1-r = 1-u+\frac{1}{2}u$: en effet $1-r$ est la probabilité que l'*absent* ne reviendra jamais ; mais la probabilité qu'il est mort est $1-u$, & on peut supposer que, s'il est vivant, il y a autant à parier qu'il reviendra, qu'à parier qu'il ne reviendra pas.

Cette 1.ere condition ne suffit pas ; il faut encore que, dans le cas où l'on sauroit un jour l'époque fixe de la mort de l'*absent*, il ne résultât des dispositions faites de ses biens, aucune injustice à l'égard de ses héritiers.

Il est clair que les biens doivent être partagés définitivement, comme si la succession étoit ouverte du jour de sa mort. Ainsi, supposons que b est, à une époque donnée, la portion du bien que demande un héritier A, & que, par la mort de A, cette portion passeroit à B, le tort fait à A est ici comme ci-dessus $\overline{1-r}\cdot\overline{1-u'}\,b\cdot$ Pour évaluer le tort fait à B, on trouvera :

1.° Que a peut exprimer le danger auquel on l'expose ;

2.° Que ce danger n'a lieu qu'autant que A mourroit avant l'*absent* ; donc, si u'' exprime la probabilité que A meure avant l'*absent*, on aura $u''ab$ pour le risque auquel B est exposé, si on donne une partie de l'héritage à A. Ainsi, il faudra, pour laisser à A la disposition de sa portion, que $1-r\ \overline{1-u'} > u''a$.

Cette condition doit être remplie dans toutes les combinaisons qui peuvent avoir lieu dans l'ordre de mortalité des différens héritiers.

Supposons enfin qu'il soit question de régler le partage des biens, en ayant également égard à la justice, dans la supposition que l'*absent* ne revienne jamais, & qu'on doive ignorer l'époque de sa mort. Nous connoissons, 1.° l'époque où l'on peut, sans injustice, faire le partage de ses biens. Soit b le bien ; puisqu'il y a $1-u$ à parier qu'il est mort, il faudra d'abord prendre une partie $\overline{1-u}\,b$.

2.° Si, depuis l'incertitude de son sort jusqu'à cette époque, il y a pour une ou deux autres époques $A\cdot B\cdot$ des variations dans l'ordre de la succession, il faudra, si $\overline{1-u}\cdot x$, $\overline{1-u}\cdot \overline{x+z}$ représentent la probabilité de la mort à ces époques, partager $\overline{1-u}\cdot x\,b$, comme à l'époque A ; $\overline{1-u}\,z\cdot b$, comme à l'époque B ; $\overline{1-u}\cdot\overline{1-z-x}\cdot b$, comme à l'époque de la distribution. Le reste peut être distribué provisoirement, mais toujours à la condition que, s'il survient un changement dans l'ordre de la succession, une partie de ce reste proportionnelle à la probabilité que la mort n'est pas arrivée avant ce changement, sera distribuée comme elle l'auroit été, si on eût appris que sa mort est arrivée après ce changement. Enfin, lorsque la probabilité de la mort de l'*absent* aura surpassé ce *minimum* de certitude morale dont nous avons parlé ci-dessus, il faudra distribuer définitivement tous les biens, suivant la même règle (*) ; d'où il résulte que c'est la seule époque à laquelle les formalités de cautions, *&c.* doivent être supprimées.

Ces principes suffisent pour résoudre toutes les questions qui peuvent se présenter sur cet objet ; ils se bornent à cette règle très-simple, de supposer proportionnel à la probabilité de la vie & de la mort de l'*absent*, le tort qui résulte pour lui ou pour son héritier, de la supposition qu'il est mort ou vivant à chaque époque que l'on considère, & d'attendre, pour toute décision irrévocable, que la probabilité de la mort soit au-delà du *minimum* de probabilité, pour lequel il peut être permis de priver un homme de ses droits. (*Voyez l'art.* PROBABILITÉ.) Les ques-

* *Voyez*, sur le principe général de distribuer les sommes proportionnellement à la probabilité du droit, l'*art.* PROBABILITÉ.

tions relatives à la distribution des successions qui peuvent échoir à un *absent*, aux droits de ses créanciers sur ces biens, *&c.* doivent se résoudre par les mêmes principes.

Nous nous sommes bornés ici à des principes généraux, parce que leur application à la pratique, dépend des loix de chaque pays sur les cautions, sur la prescription, sur l'ordre de succession, sur le plus ou moins de liberté des dispositions testamentaires. Ainsi, dans chaque nation, pour faire, sur cet objet, une loi conforme à la raison & à la justice, il faudroit, après avoir résolu, dans tous les cas, les questions qui peuvent se présenter, chercher à déduire de tous les résultats qu'on auroit obtenus par le calcul, quelques règles générales & simples, qui n'exposeroient à commettre des injustices, que dans des cas presque impossibles à supposer. (*M. D. C.*).

ABSIDES. *Voyez* APSIDES.

ABSOLU : *nombre absolu*, en *Algèbre*, est la quantité ou le nombre connu, qui fait un des termes d'une équation. *Voyez* ÉQUATION & RACINE.

Ainsi, dans l'équation $xx+16x=36$, le nombre absolu est 36, qui égale x multiplié par lui-même, ajouté à 16 fois x.

C'est ce que Viete appelle *homogeneum comparationis*. *Voyez* HOMOGÈNE *de comparaison*.

ABSTRAIT, adj. (*Arith.*) nombre *abstrait*, collection d'unités considérées en elles-mêmes, & qui ne désignent point de choses particulières & déterminées. Par exemple, 3 est un nombre *abstrait*; 3 *fois* est aussi un nombre *abstrait* : mais, quand on dit 3 *hommes*, 3 *écus*, le nombre 3 est *concret*. *Voyez* CONCRET.

On appelle *mathématiques abstraites*, ou *mathématiques pures*, la classe des mathématiques qui considèrent la grandeur en elle-même, & d'une manière générale. *Voyez* MATHÉMATIQUES.

ABSURDE. (*Géom.*) En Géométrie, on démontre presque toutes les converses, en les réduisant à l'*absurde*, c'est-à-dire, en prouvant que, si la converse n'étoit pas vraie, une proposition, déjà démontrée, seroit fausse. Or il est contraire au sens commun, il est *absurde* qu'une proposition démontrée ne soit pas vraie. (*J. D. C.*)

ABUTER, v. a. Aux quilles, avant que de commencer le jeu, chaque joueur en prend une, & la jette vers la boule placée à une distance convenue entre les joueurs; voilà ce qu'on appelle *abuter*. Celui qui *abute* le mieux, c'est-à-dire, dont la quille est la plus proche de la boule, gagne l'avantage de jouer le premier.

ACA

ACADÉMIE. *Voyez* ASTRONOMIE.

ACARNAR. *Voyez* ACHARNAR.

ACAMPTE, adj. (*Opt.*) mot employé par Léibnitz, (*Op. Leib. tom. III, p. 203.*) pour désigner une figure qui, étant opaque & polie, & par conséquent douée des propriétés nécessaires pour réfléchir la lumière, n'en réfléchit point. *Voyez, dans l'endroit cité des Œuvres de Léibnitz, l'explication de ce paradoxe.*

ACCÉLÉRATION, dans le moyen mouvement de la lune, & dans celui de Jupiter. *Voyez* ÉQUATION *séculaire*.

ACCÉLÉRATION *diurne des étoiles*, (*Astronomie.*) c'est la quantité dont leurs levers & leurs couchers avancent chaque jour, ainsi que leurs passages au méridien; elle est de 3′ 56″. Cette *accéleration*, dont les astronomes font un usage continuel, vient du retardement effectif du soleil; son mouvement propre vers l'orient, qui est de 59′ 8″ de degré tous les jours, fait que l'étoile, qui passoit au méridien hier en même tems que le soleil, est plus occidentale aujourd'hui de 59′ 8″, ce qui exige 3′ 56″ de tems; elle passera donc plutôt, de la même quantité.

Pour calculer rigoureusement la quantité de cette *accélération*, il faut faire la proportion suivante 360° 59′ 8″ 204, sont à 24ʰ 0′ 0″, comme 360° 0′ sont à 23ʰ 56′ 4″ 098; c'est la durée moyenne de la révolution diurne des étoiles fixes, qui diffère de 24 heures solaires moyennes de 3′ 55″ 902.

Il y a eu des astronomes célèbres qui se sont mépris à cet égard, & qui faisoient l'*accélération* de 3′ 56″ 55; ils commençoient la proportion par 360°, & dès-lors ils supposoient implicitement que l'*accélération* étoit comptée en heures du premier mobile ou des étoiles fixes, au lieu que tous les tems doivent se compter en heures solaires moyennes; ou bien ils supposoient que l'*accélération* se comptoit sur l'horloge du temps moyen; mais au moment où le soleil passe par le méridien, au lieu de la compter au moment du passage de l'étoile, c'est le retardement du soleil qu'ils prenoient, au lieu de l'*accélération* des étoiles.

Le vrai passage d'une étoile au méridien, n'avance pas tous les jours de 3′ 56″, ni tous les jours également, par rapport au soleil vrai qui règle nos cadrans, mais seulement par rapport à un soleil moyen supposé uniforme, que les astronomes imaginent pour construire leurs tables & pour régler leurs horloges : le tems moyen diffère d'un quart-d'heure du tems vrai en certain tems de l'année. *Voyez* ÉQUATION *du tems*; & il s'en faut de la même quantité que les *accélérations* diurnes des étoiles ne fassent des sommes toujours égales. L'*accélération* n'est que de 3′ 35″ le 19 de septembre, & cette *accélération* va jusqu'à 4′ 27″ le 21 de décembre. L'*accélération* diurne sert à régler des pendules; si je vois une étoile fixe se coucher derrière une montagne ou un clocher, lorsque ma pendule marquoit 7ʰ 4′ 0″, & que le lendemain, mon œil étant fixé à la même place, l'étoile disparoisse à 7ʰ 0′ 4″, j'en conclus que la pendule est bien réglée quant à son mouvement, ou à sa marche d'un jour à l'autre; mais, pour la mettre à l'heure, il faut savoir le tems vrai par des *hauteurs correspondantes*, par une *méridienne* ou par quelque autre moyen. (*M.* DE LA LANDE.)

ACCÉLÉRATION, s. f. (*Méchanique*). augmentation de vîtesse que reçoit un corps en mouvement. Ce mot est opposé à *retardation*, qui signifie diminution de vîtesse. Par exemple, un corps qui tombe librement par sa pesanteur, reçoit continuellement une *accélération* de vîtesse; car, si la vîtesse demeuroit toujours la même, le choc de ce corps contre un obstacle seroit toujours le même, de quelque hauteur que le corps tombât; ce qui est contraire à l'expérience, qui nous apprend qu'à une plus grande hauteur de chûte répond un plus grand choc. *Voyez* ACCÉLÉRÉ. Au contraire, un projectile qui se meut dans un espace ou milieu résistant, par exemple, un boulet de canon, éprouve une *retardation* de vîtesse, qui dénature la courbe qu'il décriroit en vertu de la force d'impulsion initiale, & de la pesanteur. *Voyez* PROJECTILE.

ACCÉLÉRATRICE, *Force* (*Méch.*). On appelle ainsi, en Méchanique, la force ou cause qui accélère le mouvement d'un corps. Lorsqu'on examine les effets produits par de telles causes, & qu'on ne connoît point ces causes en elles-mêmes, les effets doivent toujours être donnés indépendamment de la connoissance de la cause, puisqu'ils ne peuvent en être déduits; c'est ainsi que, sans connoître la cause de la pesanteur, nous apprenons, par l'expérience, que les espaces décrits par un corps qui tombe, sont entr'eux comme les quarrées des tems. En général, dans les mouvemens variés, dont les causes sont inconnues, il est évident que l'effet produit par la cause, soit dans un tems fini, soit dans un instant, doit toujours être donné par l'équation entre les tems & les espaces; cet effet une fois connu, & le principe de la force d'inertie supposé, on n'a plus besoin que de la Géométrie seule & du calcul, pour découvrir les propriétés de ces sortes de mouvemens. Il est donc inutile d'avoir recours à ce principe, dont tout le monde fait usage aujourd'hui, que la force accélératrice ou retardatrice est proportionnel à sa cause. Nous n'examinerons point si ce principe est de vérité nécessaire; nous avouerons seulement que les preuves qu'on en a données jusqu'ici, ne nous paroissent pas fort convaincantes: nous ne l'adopterons pas non plus, avec quelques Géomètres, comme de vérite purement contingente; ce qui ruineroit la certitude de la Méchanique, & la réduiroit à n'être plus qu'une science expérimentale. Nous nous contenterons d'observer que, vrai ou douteux, clair ou obscur, il est inutile à la Méchanique, & que par conséquent il doit en être banni. (*O*).

ACCÉLERÉ, adj. (*Méch.*) mouvement *accéléré*, mouvement qui reçoit continuellement de nouveaux accroissemens de vîtesse, &, par opposition, mouvement *retardé*, mouvement qui perd continuellement des parties de sa vîtesse. On désigne, en général, ces sortes de mouvemens sous le nom commun de *mouvemens variés*. *Voyez* MOUVEMENT.

Lorsque les accroissemens ou les décroissemens de vîtesse sont égaux en tems égaux, le mouvement est dit *accéléré* ou *retardé uniformément*.

Nous allons donner ici briévement la théorie du mouvement uniformément *accéléré*: elle s'appliquera, dans un ordre renversé, au mouvement uniformément retardé.

I. Tout corps en repos ou en mouvement persévère dans cet état, jusqu'à ce qu'une cause extérieure l'en retire. (*Voyez* INERTIE & MOUVEMENT.) Ainsi, 1.° un corps ne peut pas de lui-même *accélérer* son mouvement; il a besoin, pour cela, d'être poussé par une force accélératrice. 2.° Pour que l'accélération soit continue, il faut que la force accélératrice agisse continuellement. 3.° La force accélératrice, en se répétant continuellement, doit donner, en des instans égaux, des coups égaux au mobile, afin que les degrés de vîtesse, produits par ces coups, soient égaux, & que le mouvement soit uniformément *accéléré*, conformément à l'hypothèse.

II. On voit par-là que la vîtesse *finale* d'un corps qui se meut d'un mouvement uniformément *accéléré* (j'entends la vîtesse qu'a le mobile, au bout d'un certain tems, en vertu des coups successifs & égaux de la force accélératrice) est toujours proportionnelle au tems écoulé depuis le moment où la force accélératrice a commencé d'agir. Car le mobile reçoit continuellement, pendant les instans égaux & successifs du tems, des degrés égaux de vîtesse, en vertu de la force accélératrice; & il conserve ces degrés de vîtesse, en vertu de son inertie. D'où il résulte que la vîtesse finale, qui n'est autre chose que la somme des degrés de vîtesse acquis & conservés, est proportionnelle à leur nombre, ou au nombre des instans du tems, ou enfin au tems même.

Nous supposons, comme on voit, qu'au premier instant où la force accélératrice commence d'agir, la vîtesse est zéro, ou que le mobile n'a aucune vîtesse primitivement acquise: la même supposition aura lieu dans la comparaison que nous allons faire de deux mouvemens uniformément *accélérés*.

III. *Lorsque deux corps se meuvent avec des mouvemens uniformément accélérés, les espaces qu'ils parcourent sont entr'eux comme les produits des tems par les vîtesses finales.*

En effet, représentons le tems du mouvement de l'un des corps, par le côté AB du triangle rectangle ABC (*Méch. fig.* 6), & sa vîtesse finale par l'autre côté BC. Ayant partagé le tems en une infinité d'instans AD, DF, &c. menons parallèlement à BC les ordonnées DF, FG: ces lignes exprimeront les vîtesses correspondantes à la fin des tems AD, AF, de même que BC exprime la vîtesse correspondante à la fin du tems AB, puisque les vîtesses finales sont entr'elles comme les tems, par l'article précédent, & qu'à cause des triangles semblables ADE, AFG, ABC, (*V.* TRIANGLE) les droites DE, FG, BC, sont entr'elles comme les droites AD, AF, AB. Considérons les deux vîtesses LM, NO, qui répondent l'une au commencement, l'autre à la fin d'un instant quelconque LN, & menons Mm parallèle à AB: il est clair que les deux vîtesses LM, NO, qui ne diffèrent l'une de l'autre que de la quantité mO infiniment petite par rapport à chacune d'elles, peuvent être regardées comme égales, ou que le mouvement peut être censé uniforme pendant l'instant LN. Or, dans le mouvement uniforme, l'espace parcouru est comme le produit du tems par la vîtesse. (*Voyez* UNIFORME.) Ainsi, le petit espace parcouru pendant l'instant LN, est proportionnel au produit $LN \times LM$; c'est-à-dire, au rectangle $LMmN$, ou au trapèze $LMON$, qui en diffère infiniment peu, & qui est un des élémens du triangle ABC. D'où il résulte que l'espace total, parcouru pendant le tems AB, est proportionnel à l'aire du triangle ABC.

Semblablement, si l'on représente le tems du mouvement de l'autre corps, par le côté ab du triangle rectangle abc (*Méch. fig. 6, n.° 2*), & sa vîtesse finale par bc, on trouvera que l'espace total, parcouru pendant le tems ab, est proportionnel à l'aire du triangle abc.

Donc, en nommant respectivement E & e les espaces parcourus par les deux corps, T & t les tems des mouvemens, V & v les vîtesses finales, on aura $E : e :: \frac{TV}{2} : \frac{tv}{2} :: TV : tv$.

Cette proportion donne la formule (A) $Etv = eTV$.

IV. *Les produits des forces accélératrices, qui animent les deux mobiles, par les tems de leurs applications, sont entr'eux comme les produits des masses par les vîtesses finales.*

Car la force accélératrice, qui anime l'un ou l'autre corps, lui donne autant de coups égaux, qu'il y a d'instans égaux dans la durée du mouvement de ce corps; & la somme de tous ces coups est la cause de la quantité finale de mouvement, ou du produit de la masse par la vîtesse finale. Donc si l'on nomme P & π les forces accélératrices des deux mobiles, M & m leurs masses, V & v leurs vîtesses finales, T & t les tems des mouvemens, on aura $PT : \pi t :: MV : mv$.

De-là suit la formule (B) $PTmv = \pi tMV$.

V. *Les forces accélératrices, multipliées par les quarrés des tems, sont comme les produits des masses par les espaces parcourus.*

Car si l'on divise membre à membre, la formule (B) par la formule (A), on aura $\frac{PTm}{Et} = \frac{\pi tM}{eT}$; d'où l'on tire $PTT : \pi tt :: ME : me$.

De-là suit la formule (C), $PTTme = \pi ttME$.

VI. *Les forces accélératrices, multipliées par les espaces parcourus, sont comme les produits des masses par les quarrés des vîtesses finales.*

Car, en divisant les deux membres de la formule (B), par ceux de la formule (A), pris en croix, on aura $\frac{Pmv}{eV} = \frac{\pi MV}{Ev}$; d'où l'on tire $PE : \pi e :: MVV : mvv$.

De-là suit la formule (D) $PEmvv = \pi eMVV$.

VII. Les quatre formules (A), (B), (C), (D), renferment toute la théorie du mouvement uniformément *accéléré*; c'est-à-dire, toutes les relations possibles entre les forces accélératrices, les masses, les tems, les espaces & les vîtesses finales, pour deux corps dont les mouvemens sont uniformément *accélérés*; de manière que, connoissant tout ce qui est relatif à l'un de ces mouvemens, on connoîtra aussi tout ce qui est relatif à l'autre. Nous allons appliquer ces formules aux mouvemens des corps qui tombent librement par la pesanteur, ou qui glissent sur des plans inclinés: donnons auparavant, sur ce sujet, deux propositions générales de la plus grande utilité.

VIII. *Si un corps, après s'être mû d'un mouvement uniformément accéléré, pendant un certain tems, vient à se mouvoir d'un mouvement uniforme, pendant le même tems, avec une vîtesse égale à celle qu'il a au dernier instant du mouvement uniformément accéléré, il parcourra un espace double de celui qu'il a parcouru par le même mouvement.*

En effet, nous avons vu (*III*) qu'en représentant le tems d'un mouvement uniformément *accéléré* par le côté AB du triangle rectangle ABC, la vîtesse finale du mobile par le côté AB: l'espace parcouru est représenté par l'aire du triangle ABC. Or, si durant le même tems AB, le mobile se meut d'un mouvement uniforme, avec une vîtesse égale à BC, l'espace qu'il parcourra sera représenté par l'aire du rectangle $ABCV$, double du triangle ABC, puisque, dans ce dernier mouvement, à chaque élément du tems, répond constamment une vîtesse égale à BC, & que, dans le mouvement uniforme, l'espace parcouru est comme le produit de la vîtesse par le tems. Donc, &c.

Cette proposition sert à comparer le mouvement uniformément *accéléré*, avec le mouvement uniforme.

IX. *Si un corps, lancé avec une certaine vîtesse, éprouve l'action d'une force retardatrice constante, il perdra entièrement cette vîtesse dans le même tems qu'il auroit employé à l'acquérir, en vertu d'une force accélératrice constante égale à la force retardatrice; & les espaces parcourus, dans les deux cas, seront égaux.*

Cela est évident par soi-même, puisque les deux forces étant égales, mais contraires, doivent produire des effets égaux & contraires. C'est ainsi que les corps graves peuvent remonter à la hauteur d'où ils sont descendus ; que les jets d'eau s'élèvent à la hauteur des réservoirs, *&c.* En effet, on va démontrer que le mouvement des graves se rapporte à la théorie précédente.

X. Le mouvement des corps qui tombent par la pesanteur, est *accéléré*; Galilée est le premier qui ait découvert la loi de cette accélération ; il supposa qu'elle se faisoit par des degrés égaux, ou que le mouvement des corps graves étoit uniformément *accéléré*; & l'expérience ayant confirmé cette hypothèse, elle est devenue une vérité & une loi fondamentale dans la théorie de la chûte des graves.

On doit observer cependant que le mouvement des graves n'est uniformément *accéléré*, ou, ce qui en est la cause, que la pesanteur n'est une force accélératrice constante, que pour des chûtes d'une médiocre hauteur : car, à la rigueur, la pesanteur est variable, & proportionnelle au quarré inverse de la distance au centre de la terre (*V.* ATTRACTION.) ; mais, lorsque la hauteur, dont un corps tombe, est peu sensible par rapport au rayon de la terre, on peut supposer que la pesanteur est constante ; & c'est ce que nous supposons ici avec Galilée.

XI. Quelle que soit la cause de la pesanteur, cette force pénètre toute la masse des corps ; elle agit également sur toutes les molécules égales de matière ; & le poids total d'un corps est proportionnel au nombre de molécules qui composent sa masse totale. Car, suivant l'expérience, deux corps de masses très-inégales, par exemple, une balle de plomb & une plume tombent également vîte dans un espace vuide, ou très-peu résistant, tel qu'est le récipient de la machine pneumatique, après qu'on en a pompé l'air. D'où il suit que les poids des corps, c'est-à-dire, les forces accélératrices qui les font descendre, suivent la raison des masses. En effet, il est évident que, pour mouvoir, avec la même vîtesse, deux masses qui sont exprimées, par exemple, par les nombres 100 & 1, il faut que la première force soit centuple de la seconde, puisque la masse 100 peut être décomposée en 100 masses, qui sont chacune 1, & qui demandent chacune, pour être mue, une force 1.

XII. Il suit de-là que, si l'on a deux corps M & m, dont les poids soient P & π, on aura $P : \pi :: M : m$; ce qui donne $Pm = \pi M$. Ainsi, en appliquant aux mouvemens de deux corps qui tombent librement par leurs pesanteurs, les formules générales des mouvemens uniformément *accélérés*, on voit que les trois formules (B), (C), (D), se simplifieront, puisque, dans chacune d'elles, les deux membres peuvent être divisés par les quantités égales Pm & πm. Nous aurons donc, au lieu de ces trois formules, les trois suivantes, (H) $Tv = tV$; (I) $TTe = ttE$; (K) $Evv = eVV$, dont la première nous apprend que *les vîtesses finales de deux corps qui tombent, sont comme les tems*; la seconde, que *les espaces parcourus sont comme les quarrés des tems*; la troisième, qui est une suite des deux autres, que *les espaces parcourus sont comme les quarrés des vîtesses finales.*

Quant à la formule (A), elle subsiste toujours ; mais elle est inutile à considérer ici, comme trop générale ; elle ne demande point que, pour deux corps, les vîtesses finales soient comme les tems, ou, ce qui revient au même, que les forces accélératrices soient proportionnelles aux masses. La supposition de cette proportionnalité est un cas particulier auquel se rapporte le mouvement des corps graves ; & les trois formules (H), (I), (K), suffisent pour toute la théorie de ce mouvement.

XIII. On voit, par la formule (I), que, lorsqu'on connoîtra l'espace qu'un corps grave parcourt pendant un tems donné, on connoîtra aussi l'espace que ce corps, ou tout autre corps grave parcourt pendant un tems aussi donné. Or l'expérience apprend que tout corps grave parcourt, à très-peu près, 15 pieds pendant la première seconde de sa chûte. Si donc on veut connoître, par exemple, combien de pieds un corps grave parcourra pendant 7 secondes, on fera cette proportion $(1'')^2 : (7'')^2 :: 15$ pieds $: x = 735$ pieds.

XIV. Il suit de la même formule, que, si l'on partage le tems de la chûte d'un grave en parties égales, les espaces parcourus, pendant chacune de ces parties séparément, seront entr'eux comme la suite des nombres impairs 1, 3, 5, 7, 9, *&c.* Car, en représentant la suite des tems, à compter toujours depuis zéro, par la suite des nombres naturels 1, 2, 3, 4, 5, *&c.*; la suite des espaces parcourus, à compter aussi depuis zéro, est représentée par la suite des quarrés 1, 4, 9, 25, *&c.* Ainsi, 1 est l'espace parcouru pendant la première partie du tems ; 4 est l'espace parcouru pendant les deux premières parties du tems ; 9 est l'espace parcouru pendant les trois premières parties du tems, *&c.* Donc, pour avoir l'espace parcouru pendant la seconde partie du tems seule, il faut retrancher 1 de 4, ce qui donne 3 pour cet espace ; pour avoir l'espace parcouru pendant la troisième partie du tems, seule, il faut retrancher 4 de 9, ce qui donne 5 pour cet espace, *&c.* D'où l'on voit que les espaces parcourus, pendant chacun des intervalles égaux du tems, en particulier, sont représentés par les termes de la suite, 1, 3, 5, 7, *&c.* Ainsi, par exemple, si on veut connoître l'espace parcouru pendant la septième seconde seule, on fera cette proportion, $1 : 13 :: 15$ pieds $: x = 195$ pieds.

XV. On a souvent besoin, dans la Méchanique, du problême suivant : *Un corps parcourt uniformément un espace E, pendant le tems t : déterminer la hauteur H dont il devroit tomber, par sa pesanteur, pour acquérir la vîtesse avec laquelle il se meut.* Or, pour résoudre ce problême, je nomme a la hauteur *connue* dont tombe un corps grave pendant le tems *connu* θ; & j'observe qu'en vertu de la formule (K), la vîtesse finale de ce corps sera représentée par $\sqrt{a}$, & que, s'il tomboit de la hauteur h, sa vîtesse finale seroit représentée par $\sqrt{h}$. D'un autre côté, on voit, par l'article VIII, que, si le même corps vient à se mouvoir uniformément, pendant le tems θ, avec la vîtesse $\sqrt{a}$, il parcourra un espace $= 2a$; & comme, par hypothèse, le mobile du problème parcourt uniformément l'espace E, pendant le tems t, avec une vîtesse qui doit être représentée par $\sqrt{h}$, & que, dans les mouvemens uniformes, les espaces parcourus sont comme les produits des vîtesses par les tems, il s'ensuit qu'on aura la proportion $2a : E :: \theta\sqrt{a} : t\sqrt{h}$: d'où l'on tire $h = \frac{E^2}{4a} \times \frac{\theta^2}{t^2}$.

Soient, par exemple, $E = 100$ pieds, $t = 3$ secondes, & supposons $a = 15$ pieds, & par conséquent $\theta = 1$ seconde, on trouvera $h = 18\frac{14}{27}$ pieds. Ainsi, pour qu'un corps acquiere, par sa pesanteur, une vîtesse capable de lui faire parcourir uniformément 100 pieds en 3 secondes, il faut qu'il tombe de $18\frac{14}{27}$ pieds de hauteur.

On trouve, par la même méthode, la hauteur à laquelle remontera un corps grave, lancé verticalement avec une vîtesse capable de lui faire parcourir uniformément un espace donné dans un tems donné. Car il remontera (IX) à la hauteur d'où il auroit dû tomber pour acquérir cette vîtesse.

XVI. Je passe aux mouvemens des corps qui glissent sur des plans inclinés; (*Voyez* ce qu'on entend par *plan incliné*, au mot PLAN INCLINÉ.) Soit un corps A (*Méch. fig.* 7) qui descende le long d'un plan incliné BD; représentons son poids par la verticale AN, & décomposons cette force en deux autres AM, AO, l'une perpendiculaire, l'autre parallèle au plan incliné; il est clair que la première est détruite, & que la seconde est la seule qui fasse glisser le corps; nous faisons abstraction du frottement & de toute autre résistance. En nommant p le poids absolu du corps, ou la force AN, F la pesanteur *relative* ou la force qui pousse le corps parallèlement à BD, on aura $F = p \times \frac{AO}{AN}$. Or, à cause des triangles semblables AON, BCD, ou à $\frac{AO}{AN} = \frac{BC}{BD}$; donc $F = p \times \frac{BC}{BD}$. Par où l'on voit que le mouvement du corps A est de même nature que celui des corps qui tombent librement par la pesanteur, c'est-à-dire, uniformément *accéléré*, puisque la force accélératrice F, est à la pesanteur absolue p, dans le rapport constant de la hauteur BC du plan incliné à sa longueur BD. Ainsi, on peut appliquer aux mouvemens de deux corps qui glissent sur des plans inclinés, les formules générales (A), (B), (C), (D) des mouvemens uniformément accélérés.

XVII. Soient donc deux plans inclinés comme on voudra, parcourus par deux mobiles, & nommons respectivement :

Les longueurs des plans inclinés, ou les espaces parcourus . . . . E & e,
Les hauteurs de ces plans . . . . . H & h,
Les tems des mouvemens . . . . . . T & t,
Les masses des corps . . . . M & m,
Leurs pesanteurs relatives . . . . . . F & f,
Leurs vîtesses finales . . . . V & v.

Cela posé, 1.° la formule (A) a lieu ici, sans aucune simplification.

2°. Les forces accélératrices, que nous avons nommés P & Π (IV), sont ici F & f. De plus, en nommant p & ϖ les pesanteurs absolues de nos corps, on a, par l'article précédent, $F = \frac{pH}{E}$ $f = \frac{\varpi h}{e}$. Substituons pour P & Π ces valeurs dans les formules (B), (C), (D), nous aurons $pHTmve = \varpi htMVE$; $pHTTmee = \varpi httMEE$; $pHmvv = \varpi hMVV$. Or on a (XII), $p : \varpi :: M : m$, ou bien $pm = \varpi M$; donc, en divisant ces trois formules par les quantités égales pm & ϖM, on aura (L) $HTev = htEV$; (M) $HTTee = httEE$; (N) $Hvv = hVV$.

Les formules (A), (L), (M), (N) représentent de la manière la plus générale toutes les propriétés rélatives des mouvemens de deux corps qui glissent sur deux plans inclinés. Nous nous contenterons d'en faire une application.

Trouver le rapport des tems employés à parcourir les cordes d'un cercle vertical, menées des extrémités d'un diamètre vertical?

Soit BR le diamètre vertical du cercle proposé (*Méch. fig.* 8), & soient BD, BK deux cordes quelconques menées de l'extrémité B de ce diamètre; DQ, KP les ordonnées correspondantes : il est clair qu'on peut regarder BD & BK comme deux plans inclinés, dont BQ & BP sont les hauteurs. Or, par la propriété du cercle, on a $BD^2 : BK^2 :: BQ : BP$, c'est-à-dire, $EE : ee :: H : h$; donc $EEh = eeH$.

Divisant les deux membres de la formule (M) par ces quantités égales, on aura $TT = tt$, $T = t$. Ainsi, les tems employés à parcourir les cordes BD, BK sont égaux entr'eux.

On trouveroit de même que le tems employé à parcourir la corde quelconque NR, menée de l'extrémité inférieure du diamètre BR, est égal au tems employé à parcourir toute autre corde BD ou BK. Ainsi, on doit conclure que toutes les cordes d'un cercle vertical, tirées des extrémités d'un diamètre vertical, sont parcourues en tems égaux. Je n'ai pas besoin d'ajouter que le diamètre vertical est compté lui-même au nombre des cordes qui partent de ses extrémités. (*L. B.*)

Voyez la Théorie générale des mouvemens variés, au mot MOUVEMENT.

ACCIDENTEL, adj. (*Perspective.*) On nomme

point accidentel, en perspective, le point de la ligne horizontale, où se rencontrent les projections de deux lignes, qui sont parallèles l'une à l'autre, dans l'objet qu'on veut mettre en perspective, & qui ne sont pas perpendiculaires au tableau. On appelle ce point *accidentel*, pour le distinguer du point principal, qui est le point où tombe la perpendiculaire menée de l'œil au tableau, & où se rencontrent les projections de toutes les lignes perpendiculaires au tableau. *Voyez* LIGNE HORIZONTALE. (*O.*)

ACCOUPLER. On dit au trictrac *accoupler ses dames* : c'est proprement les disposer deux à deux sur une flèche. *Voyez* DAMES.

ACCROISSEMENT, s. m. (*Algèbre.*) On appelle *accroissement* l'augmentation qu'une quantité variable, dans un calcul, est supposée recevoir par rapport à d'autres quantités constantes ou variables : augmentation qui peut être finie ou infiniment petites. *Voyez* DIFFÉRENCE.

ACHARNAR, (*Astron.*) nom arabe de la belle étoile de première grandeur, qui est à l'extrémité de l'éridan, que les astronomes désignent par la lettre α. On l'appelle aussi *acharnahar*, *acharnarim*, *énar* ; en grec ἔσχατος τοῦ ποταμοῦ, (*Almag. p. 196.*) la dernière du fleuve. (*D. L.*)

ACHLUSCHEMALI, nom de la constellation appellée *couronne boréale*.

ACHROMATIQUE, *terme d'Optique* ; c'est le nom que j'ai cru devoir donner dans mon *Astronomie*, a des lunettes de nouvelle invention, destinées à corriger les aberrations & les couleurs, par le moyen de plusieurs substances différentes. Je fais dériver cet adjectif du mot grec χρῶμα, couleur, précédé d'un α privatif. La première trace de cette idée ingénieuse, se trouve dans un Mémoire du célèbre M. Euler. (*Acad. de Berlin*, *1747*, *tom. III.*) « Voici ce qu'il en disoit en 1747 : Il est reconnu parmi les astronomes, que les verres objectifs dont on se sert ordinairement dans les lunettes, ont ce défaut, qu'ils produisent une infinité de foyers, selon les différens degrés de réfrangibilité des rayons. Les rayons rouges souffrans la plus petite réfraction en passant par le verre, forment leurs foyers à une plus grande distance du verre, que les rayons violets dont la réfraction est la plus grande ; de-là vient que, si la lumière, qui passe par le verre objectif, est composée de plusieurs sortes de rayons, ce n'est plus dans un point que les rayons rompus se rassemblent, comme on le suppose communément, dans l'Optique. Mais le foyer sera étendu sur un espace qui sera d'autant plus considérable que le foyer sera plus éloigné du verre objectif.... Newton a déjà soupçonné que des objectifs, composés de deux verres dont l'espace intermédiaire seroit rempli d'eau, pourroient servir à perfectionner les lunettes, par rapport à l'aberration des rayons qu'ils souffrent à cause de la figure sphérique des verres. Mais il ne paroît pas qu'il eût l'idée que, par ce même moyen, il seroit possible de retrécir l'espace par lequel les foyers de divers rayons se trouvent dispersés. Or il m'a paru d'abord très-probable qu'une certaine combinaison de différens corps transparens, pourroit être capable de remédier à cet inconvénient, & je suis persuadé que, *dans nos yeux*, *les différentes humeurs s'y trouvent arrangées*, *en sorte qu'il n'en résulte aucune diffusion du foyer.* C'est, à mon avis, un sujet tout nouveau d'admirer la structure de l'œil ; car, s'il n'avoit été question que de représenter les images des objets, un seul corps transparent y auroit été suffisant, pourvu qu'il eût eu la figure convenable ; mais, pour rendre cet organe accompli, il falloit employer plusieurs différens corps transparens, leur donner la juste figure, & les joindre selon les règles de la plus sublime Géométrie, pour que la diverse réfrangibilité des rayons ne troublât point les représentations. » C'est ainsi que la considération de ce qui se passe dans nos yeux, conduisoit M. Euler à chercher un moyen d'imiter la nature, & lui faisoit espérer d'y parvenir par des combinaisons de fluides entre deux verres.

En conséquence, M. Euler chercha les dimensions des objectifs formés de verre & d'eau, de manière à pouvoir imiter la combinaison qui se fait naturellement dans l'œil ; mais toutes les ressources de la plus profonde géométrie ne pouvoient compenser ce qui manquoit alors à nos connoissances, par rapport à l'effet des différentes substances pour la dispersion des rayons colorés. Les lunettes qui furent exécutées à Paris sur ce principe, ne réussirent qu'imparfaitement.

Dès que le Mémoire de M. Euler parut, feu Jean Dollond le père, célèbre opticien de Londres, (mort en 1761), voulut en tirer parti ; mais il crut reconnoître que cette théorie ne s'accordoit point avec celle de Newton, ni avec ses expériences, & cela suffisoit en Angleterre pour arrêter le progrès de ces recherches. On disputa quelque tems sur cette matière ; mais, en 1755, M. Klingenstierna fit remettre à Dollond un écrit qui le força de douter de l'expérience de Newton, qu'il avoit long-tems opposée à M. Euler. Dans cet écrit, qui fut communiqué, en 1761, à M. Clairaut par M. Ferner, collègue de M. Klingenstierna, l'expérience de Newton n'est attaquée que par la métaphysique & la géométrie ; mais c'est en suivant une route qui montre, au premier coup-d'œil, la légitimité du doute que l'auteur élevoit. (*Mém. de l'Acad. 1757, p. 524.*)

La proposition expérimentale de Newton, que l'on trouve dans son *Optique*, *p. 145 de l'édition françoise*, *in-4.°*, est énoncée ainsi ; « Toutes les fois que les rayons de lumière traversent deux milieux de densité différente, de manière que la réfraction de l'un détruise celle de l'autre, & que par conséquent les rayons émergens soient parallèles aux incidens, la lumière sort toujours blanche. »

» blanche. » Cette proposition, que l'on soutenoit en Angleterre, n'est point vraie exactement & dans tous les cas.

Dollond voulant reconnoître la vérité ou la fausseté de cette proposition, en fit l'épreuve de la manière que Newton indique lui-même. Dans un prisme d'eau renfermé entre deux plaques de verre, le tranchant tourné en bas, il plaça un prisme de verre, dont le tranchant étoit en haut; &, comme il avoit disposé les plaques de verre de manière que leur inclinaison pût être changée à volonté, il parvint facilement à leur en donner une, telle que les objets, regardés au travers de ce double prisme, parussent à même hauteur que lorsqu'on les regarde à la vue simple; ce qui apprenoit que les deux réfractions s'étoient mutuellement détruites; alors les objets se trouvoient teints des couleurs de l'iris, comme on sait que le font tous les objets qu'on regarde au travers des prismes. Dollond fit ensuite mouvoir de nouveau les plaques du prisme d'eau, jusqu'à ce qu'il leur trouvât une inclinaison telle que les objets regardés au travers des deux prismes, parussent sans iris, & alors leur hauteur apparente n'étoit plus la vraie; ce qui montroit que les réfractions ne s'étoient point redressées mutuellement, quoique les différences de réfrangibilité des rayons colorés, se fussent corrigées les unes par les autres.

Dollond sachant qu'il y avoit deux sortes de verres bien plus propres l'un que l'autre à la netteté des images, conjectura que cette différence de qualité venoit de celle de leurs vertus réfringentes ou dispersives, relativement aux rayons colorés. Il pensa que tel verre pourroit rendre la différence de réfrangibilité du rouge au violet, beaucoup plus sensible que tel autre, & causer, par ce moyen, des iris beaucoup plus étendues, quoique la réfraction moyenne ne fût pas fort différente; il en conçut l'espérance de réussir mieux dans son objet, en combinant des lentilles de verres de différentes qualités, qu'en employant du verre & de l'eau, parce que l'eau & le verre, relativement à leurs réfractions moyennes, ne produisoient pas des différences assez sensibles dans les réfrangibilités des couleurs. Un verre très-blanc & fort transparent, appellé communément *flintglass*, en France *crystal d'Angleterre*, est celui qui, suivant Dollond, donne les iris les plus remarquables, & par conséquent celui dans lequel la réfraction du rouge diffère le plus de celle du violet. Un verre verdâtre, connu en Angleterre sous le nom *crownglass*, & qui ressemble beaucoup, en qualité, à notre verre commun, est au contraire celui qui donne la moindre différence dans la réfrangibilité: ce sont les deux matières dont Dollond imagina de se servir en 1758, après avoir mesuré leurs qualités réfringentes; ce qu'il fit d'une manière analogue à celle qu'il avoit employée pour le verre & l'eau. Il trouva que le rapport des différentes dispersions étoit celui de trois à deux, en sorte que le spectre coloré, qui, avec un prisme de *crownglass*, auroit deux pouces de longueur, en a trois avec un prisme de *flintglass* ou de crystal d'Angleterre. (*Mém. Acad.* 1756, *pag.* 386. *Philosophical Transactions* 1758, *p.* 740.)

Les premières lunettes qui furent exécutées par Dollond, eurent un très-grand succès. Les géomètres s'exercèrent bientot à chercher les courbures les plus propres à corriger les aberrations de réfrangibilité, & en même tems de sphéricité: on peut voir sur la théorie de ces lunettes *achromatiques*, M. Clairaut; (*Mém. Acad.* 1756, *pag.* 380; 1757, *pag.* 524; 1762, *pag.* 578.) M. Euler, dans ses trois volumes de dioptrique, *Mém. Acad.* 1765, *p.* 555; *Mém. de Berlin*, *tome XXII*, *p.* 119; M. d'Alembert, *Opuscules math.* d'abord dans le *tome III*, publié en 1764, & ensuite dans les *tomes IV & suivans*, jusqu'en 1780, & dans les Mémoires de l'Académie pour 1764; M. Klingenstierna, dans une pièce qui a remporté le prix de l'Académie de Pétersbourg en 1762; M. Rochon, dans ses *Opuscules* publiées en 1768, & ses *Mémoires* publiés en 1783, *in*-8°; le père Boscovich, dans les cinq *Dissertations latines* qu'il a publiées à Vienne en 1767, *in*-4°, & dans l'ouvrage intitulé *Memorie sulli Cannochiali.* 1781; le père Pézenas, dans sa traduction de l'*Optique de Smith*, Avignon, 1767; M. Duval le Roi, dans celle qu'il donna la même année à Brest. Nous nous contenterons de rapporter ici les dimensions de deux lunettes excellentes, d'environ quarante-trois pouces de foyer, faites par le fils de Dollond vers 1765, & qui surpassent tout ce qu'on avoit fait dans ce genre; elles sont très-supérieures aux télescopes de même longueur, parce que de tels télescopes ne porteroient pas une plus grande ouverture, n'augmenteroient pas davantage l'objet, & auroient d'ailleurs moins de champ & beaucoup moins de clarté.

L'objectif est composé de trois verres, dont un est de *flintglass*, concave des deux côtés, placé entre deux lentilles bi-convexes, de verre commun. Les six rayons des courbures, à commencer par celui de la surface extérieure, sont, dans une de ces lunettes, de 315, 450, 235, 315, 320 & 320 lignes. Dans la seconde lunette, les six rayons sont de 315, 400, 238, 290, 316, 316 lignes: cette dernière a 43 pouces 5 lignes de foyer, & 3 pouces 4 lignes d'ouverture. Ces lunettes grossissent depuis cent jusqu'à deux cents fois, suivant les différens équipages qu'on y applique, & surpassent par conséquent les anciennes lunettes de vingt-cinq à trente pieds. Ces lunettes deviendront encore meilleures, lorsqu'on y emploiera trois espèces différentes de verres, au lieu de deux, qui, à la rigueur, ne réunissent que deux sortes de rayons. (le père Boscovich, *Dissertation II*, *page* 101.) *Voyez* LUNETTES. (*M. DE LA LANDE.*)

ACHRONYQUE, (*Astronomie.*) *Voyez* ACRONIQUE.

ACLASTE, adj. (*Optique.*) Leibnits donne

ce nom (Voyez *Léib. Op. Tome III, page 203.*) aux figures qui ont les propriétés requiſes pour rompre les rayons de lumiere, & qui cependant les laiſſent paſſer ſans aucune réfraction.

ACOUSTIQUE, ſ. f. eſt la doctrine ou la théorie des ſons. *V.* SON.

L'*Acouſtique* eſt proprement la partie théorique de la Muſique: c'eſt elle qui donne les raiſons plus ou moins ſatisfaiſantes du plaiſir que nous fait l'harmonie, qui détermine les affections ou propriétés des cordes vibrantes, &c. *Voyez* SON, HARMONIE, CORDES.

L'*Acouſtique* eſt la même ſcience qu'on a autrement appellée *Phonique. Voyez* PHONIQUE.

On appelle inſtrumens *acouſtiques*, les inſtrumens par leſquels ceux qui ont l'ouie dure, rémédient à ce défaut. *Voyez* CORNET, PORTE-VOIX.

Le Docteur Hook prétend qu'il n'eſt pas impoſſible d'entendre à la diſtance d'une ſtade, le plus petit bruit qu'une perſonne puiſſe faire en parlant, & qu'il ſait un moyen d'entendre quelqu'un à travers une muraille de pierre, épaiſſe de trois pieds. *Voyez* ÉCHO, CABINETS SECRETS & PORTE-VOIX.

ACQUIT, ſ. m. (*terme de jeu*) au billard; c'eſt le coup que celui qui a le devant, donne à jouer ſur ſa bille, à celui qui eſt le dernier.

ACRE, *meſure de ſuperficie.* Ce mot eſt commun à pluſieurs Langues; en Arabe, c'eſt *Acar*; en Grec, Αγρος; en Celte & en Teuton, *Acker*; en Saxon, *Acer*; en Latin, *Ager.* Il ſignifioit originairement une terre labourable; Saumaiſe le fait venir d'*Acra*, qui a été dit pour *Akena*, qui ſignifioit, chez les Anciens, une meſure de dix pieds; mais ce mot ſe prend aujourd'hui pour une meſure de terre, différente ſelon les différens pays. En Normandie, l'*Acre* eſt de 160 perches carrées.

L'*Acre* d'Angleterre contient 43560 pieds anglois *carrés*, qui valent 1135 toiſes carrées de ſuperficie, meſure de Paris; l'arpent de Paris eſt de 900 toiſes carrées, & celui des Eaux & Forêts eſt de 1344 4/9 dans toute la France, ſuivant l'ordonnance des Eaux & Forêts. Voici une table de ſubdiviſion de l'*acre* d'Angleterre, en meſures angloiſes.

Pouces, Inches.	*Pieds, Foots.*	*Yards.*	*Paces.*	*Poles.*	*Rood.*	
144						
1296	9					
3600	25	2 7/9				
39204	272 1/4	30 1/4	10,89			
1568160	10890	1210	435,6	40		
6272640	43560	4840	1743,6	160	4	*Acre.*

Ainſi, l'*acre* contient 4 roods, le rood 40 poles, & 1210 yards ou braſſes, chacune de trois pieds. Le pied d'Angleterre, ſuivant les dernières vérifications que M. Maskeline, aſtronome royal d'Angleterre, en a faites ſur les toiſes que je lui avois envoyées, eſt de 11 pouces 3 lignes, & 1154 dix millièmes de lignes, du pied de Paris, pris ſur la toiſe de l'Académie, qui ſert actuellement de règle dans le royaume. (DE LA LANDE.)

ACRONYQUE, adj. m. (*Aſtronomie.*) ſe dit du lever d'une étoile au-deſſus de l'horizon ou de ſon coucher, lorſque le ſoleil ſe couche. *Voyez* LEVER & COUCHER.

La plupart écrivent *achronique*, faiſant venir ce mot de ἀ privatif & χρόνος, *tems*, en quoi ils ſe trompent; car c'eſt un mot franciſé du Grec ἀκρονύχος, compoſé de ἄκρον, *extrémité*, & νὺξ, *nuit: ideo acronychum quòd circa* ἄκρον τῆς νύκτος; auſſi quelques auteurs écrivent-ils même *acronyctal* au lieu d'*acronychus*; & cette façon de l'écrire eſt en effet très-conforme à l'étymologie, mais contraire à l'uſage.

Lever ou coucher *acronyque* eſt oppoſé à lever ou coucher *coſmique* qui a lieu quand le ſoleil ſe lève; l'un eſt le lever ou le coucher du matin, l'autre le lever ou le coucher du ſoir. *V.* LEVER.

ACTION, ſ. f. (*méchanique*): mot dont on ſe ſert quelquefois pour déſigner l'effort que fait un corps ou une puiſſance contre un autre corps ou une autre puiſſance, quelquefois l'effet même qui réſulte de cet effort.

C'eſt pour nous conformer au langage commun des méchaniciens & des phyſiciens, que nous donnons cette double définition. Car ſi on nous demande ce qu'on doit entendre par *action*, en n'attachant à ce terme que des idées claires, nous répondrons que c'eſt le mouvement qu'un corps produit réellement, ou qu'il tend à produire dans un autre, c'eſt-à-dire, qu'il y produiroit, ſi rien ne l'empêchoit. *Voyez* MOUVEMENT.

En effet, toute puiſſance n'eſt autre choſe qu'un corps qui eſt actuellement en mouvement, ou qui tend à ſe mouvoir; c'eſt-à-dire, qui ſe mouvroit ſi rien ne l'en empêchoit. *Voyez* PUISSANCE. Or dans un corps, ou actuellement mu, ou qui tend à ſe mouvoir; nous ne voyons clairement que le mouvement qu'il a ou qu'il auroit s'il n'y avoit point d'obſtacle; donc *l'action* d'un corps ne ſe manifeſte à nous que par ce mouvement: donc nous ne devons pas attacher une autre idée au mot d'*action*, que celle d'un mouvement actuel ou de ſimple tendance; & c'eſt embrouiller cette idée, que d'y joindre celle de je ne ſais quel être métaphyſique, qu'on imagine réſider dans le corps, & dont perſonne ne ſauroit avoir de notion claire & diſtincte. C'eſt à ce même mal-entendu qu'on doit la fameuſe queſtion des forces vives, qui, ſelon les apparences, n'auroit jamais été un objet de diſpute, ſi on avoit bien voulu obſerver que la ſeule notion préciſe & diſtincte, qu'on puiſſe donner au mot de *force*, ſe réduit à *ſon effet*; c'eſt-à-dire, au mouvement qu'elle produit, ou tend à produire. *Voyez* FORCE.

Quantité d'action, eſt le nom que donne M. de Maupertuis, dans les Mémoires de l'Académie des Sciences de Paris, 1744, & dans ceux de l'Académie de Berlin, 1746, au produit de la masse d'un corps, par l'espace qu'il parcourt, & par sa vîtesse. M. de Maupertuis a découvert cette loi générale, que dans les changemens qui se font dans l'état d'un corps, la quantité d'action nécessaire pour produire ce changement, est la moindre qu'il est possible. Il a appliqué heureusement ce principe à la recherche des loix de la réfraction, des loix du choc, des loix de l'équilibre, &c.; il s'est même élevé à des conséquences plus sublimes sur l'existence d'un premier être. Les deux Ouvrages de M. de Maupertuis que nous venons de citer, méritent toute l'attention des Philosophes; & nous les exhortons à cette lecture: ils y verront que l'Auteur a su allier la métaphysique des causes finales (*Voyez* CAUSES FINALES) avec les vérités fondamentales de la Méchanique; faire dépendre d'une même loi le choc des corps élastiques, & celui des corps durs, qui jusqu'ici avoient eu des loix séparées, & réduire à un même principe les loix du mouvement, & celles de l'équilibre.

Le premier Mémoire où M. de Maupertuis a donné l'idée de son principe, est du 15 Avril 1744; & à la fin de la même année, M. le Professeur Euler publia son excellent Livre: *Methodus inveniendi lineas curvas maximi vel minimi proprietate gaudentes.* Dans le supplément qui y est joint, cet illustre Géomètre démontre que dans les trajectoires que des corps décrivent par des forces centrales, la vîtesse multipliée par l'élément de la courbe, fait toujours un *minimum.* Ce Théorême est une belle application du principe de la moindre action, au mouvement des planètes.

Par le Mémoire du 15 Avril 1744, que nous venons de citer, on voit que les réflexions de M. de Maupertuis, sur les loix de la réfraction, l'ont conduit au Théorême dont il s'agit. On sait le principe que M. de Fermat, & après lui, M. Léibnitz, ont employé pour expliquer les loix de la réfraction. Ces grands Géomètres ont prétendu qu'un corpuscule de lumiere, qui va d'un point à un autre, en traversant deux milieux différens, dans chacun desquels il a une vîtesse différente, doit y aller *dans le tems le plus court* qu'il est possible: &, d'après ce principe, ils ont démontré géométriquement, que ce corpuscule ne doit pas aller d'un point à l'autre en ligne droite, mais qu'étant arrivé sur la surface qui sépare les deux milieux, il doit changer de direction, de maniere que le sinus de son incidence, soit au sinus de la réfraction, comme sa vîtesse dans le premier milieu, est à sa vîtesse dans le second; d'où ils ont déduit la loi si connue du rapport constant des sinus. *Voyez* SINUS, RÉFRACTION, &c.

Cette explication, quoique fort ingénieuse, est sujette à une grande difficulté, c'est qu'il faudroit que le corpuscule s'approchât de la perpendiculaire, dans les milieux où sa vîtesse est moindre, & qui par conséquent lui résistent davantage; ce qui paroît contraire à toutes les explications méchaniques qu'on a données jusqu'à présent de la réfraction des corps, & en particulier de la réfraction de la lumiere.

L'explication, entr'autres, qu'a imaginée M. Neuton, la plus satisfaisante de toutes celles qui ont été données jusqu'ici, rend parfaitement raison du rapport constant des sinus, en attribuant la réfraction des rayons, à la force attractive des milieux; d'où il s'ensuit que les milieux plus denses, dont l'attraction est plus forte, doivent approcher le rayon de la perpendiculaire, ce qui est en effet confirmé par l'expérience. Or l'attraction du milieu ne sauroit approcher le rayon de la perpendiculaire, sans augmenter sa vîtesse, comme on peut le démontrer aisément: ainsi, suivant M. Neuton, la réfraction doit se faire en s'approchant de la perpendiculaire, lorsque la vîtesse augmente; ce qui est contraire à la loi de MM. Fermat & Léibnitz. M. de Maupertuis a cherché à concilier l'explication de M. Neuton, avec les principes métaphysiques: au lieu de supposer avec MM. de Fermat & Léibnitz, qu'un corpuscule de lumière va d'un point à un autre dans le plus court tems possible, il suppose qu'un corpuscule de lumière va d'un point à un autre, de manière que la quantité d'*action* soit la moindre qu'il soit possible. Cette quantité d'*action*, dit-il, est la vraie dépense que la nature ménage: par ce principe philosophique, il trouve que non-seulement les sinus sont en raison constante, mais qu'ils sont en raison inverse des vîtesses, (ce qui s'accorde avec l'explication de M. Neuwton), & non-pas en raison directe, comme le prétendent MM. de Fermat & Léibnitz.

Il est singulier que tant de philosophes, qui ont écrit sur la réfraction, n'aient pas imaginé une manière si simple de concilier la Métaphysique avec la Mécanique; il ne falloit, pour cela, que faire un assez léger changement au calcul fondé sur le principe de M. de Fermat. En effet, suivant ce principe, le tems, c'est-à-dire, l'espace divisé par la vîtesse, doit être un *minimum*: de sorte que, si l'on appelle E l'espace parcouru dans le premier milieu avec la vîtesse V, & e l'espace parcouru dans le second milieu avec la vîtesse v, on aura $\frac{E}{V} + \frac{e}{v} =$ à un *minimum*, c'est-à-dire, $\frac{dE}{V} + \frac{de}{v} = o$. Or il est facile de voir que les sinus d'incidence & de réfraction sont entr'eux comme dE à $-de$; d'où il s'ensuit que ces sinus sont en raison directe des vîtesses V, v; & c'est ce que prétend M. Fermat. Mais, pour que ces sinus fussent en raison inverse de vîtesses, il n'y avoit qu'à supposer $VdE + vde = o$, ce qui donne $E \times V + e \times v =$ à un *minimum*; & c'est le principe de M. de Maupertuis. *Voyez* MINIMUM.

On peut voir dans les Mémoires de l'Académie de Berlin, que nous avons déjà cités, toutes les autres applications qu'il a faites de ce même principe, qu'on doit regarder comme un des plus généraux de la Mécanique.

Quelque partie qu'on prenne sur la métaphysique qui lui sert de base, ainsi que sur la notion que M. de Maupertuis a donnée de la quantité d'*action*, il n'en sera pas moins vrai que le produit de l'espace par la vîtesse, est un *minimum* dans les loix les plus générales de la nature. Cette vérité géométrique, dûe à M. de Maupertuis, subsistera toujours, & on pourra, si l'on veut, ne prendre le mot de *quantité d'action*, que pour une manière abrégée, d'exprimer le produit de l'espace par la vîtesse (*O*).

ACUTANGLE, adj. Un triangle *acutangle* est celui dont les trois angles sont aigus. On appelle aussi cette espèce de triangle, *Triangle oxigone*. *Voyez* Triangle.

ACUTANGULAIRE. *Section acutangulaire d'un cône*, est la section d'un cône, par un plan qui fait un angle avec l'axe du cône.

Les premiers Géomètres qui considérèrent les sections coniques, ne firent attention qu'au cône droit, tel que le cône défini par Euclide. (*Déf. 18. livre XI.*); & ils s'attachèrent uniquement aux sections formées par un plan perpendiculaire à un des côtés du cône. Il est manifeste qu'une pareille section est une ellipse, si le cône est acutangle; une parabole, s'il est rectangle; & une hyperbole, s'il est obtusangle, parce que, dans le premier cas, le plan coupant rencontre le côté opposé du cône; dans le second cas, le plan est parallele au côté opposé; & dans le troisième cas, le plan rencontre le cône opposé par le sommet au cône coupé. Aussi Archimède ne parle que de la section du cône acutangle, de celle du cône rectangle, & de celle du cône obtusangle. Les noms d'*ellipse*, de *parabole* & d'*hyperbole* se trouvent pour la première fois dans Appollonius, qui fut probablement le premier à considérer le cône scalene & les sections obtusangles. *Voyez* Wallis *Oper. tome I, page 293.* (*J. D. C.*)

AEROMETRIE. *Voyez* Airométrie.

ADD

ADDITION, s. f. (*Arithmétique*). opération par laquelle on trouve un nombre égal à plusieurs autres pris ensemble. Le nombre trouvé s'appelle *somme* des nombres ajoutés.

Tout nombre qui n'est exprimé que par un seul chiffre, s'ajoute à un autre nombre quelconque, par les premiers principes de la numération. Par exemple, si, au nombre 15, on veut ajouter le nombre 8, on observera que chacune des unités de 8 étant jointe successivement au nombre 15, il en résulte le nombre 23. De même, s'il faut ajouter 7 au nombre 349, on verra que le nombre 349 étant augmenté de 7 unités, donne le nombre 356. On apprendra en très-peu de tems à ajouter tout d'un coup, & avec le seul secours de la mémoire, chacun des nombres simples 1, 2, 3, 4, 5, 6, 7, 8, 9, avec un autre nombre exprimé par tant de chiffres qu'on voudra. Cette première connoissance est la base de l'*addition* pour toutes sortes de nombres, comme on le va voir.

Problême I. *Ajouter ensemble plusieurs nombres incomplexes* (*Voyez* ce mot) *exprimés chacun par tant de chiffres qu'on voudra?*

Ecrivez tous ces nombres les uns sous les autres, en observant de placer dans la même colonne verticale, les unités du même ordre, c'est-à-dire, les unités simples sous les unités simples, les dixaines sous les dixaines, les centaines sous les centaines, &c. Les nombres étant ainsi disposés, tirez au-dessous une barre horizontale: ajoutez ensemble successivement tous les chiffres d'une même colonne verticale, en commençant par la colonne qui contient les unités du plus bas ordre, & passant successivement aux autres colonnes de la gauche. Si la somme des nombres d'une même colonne peut s'exprimer par un seul chiffre, vous le placerez dans cette colonne au-dessous de la barre; si la somme est exprimée par plus d'un chiffre, vous placerez celui de la droite dans la colonne proposée, comme étant du même ordre qu'elle, & vous retiendrez les autres pour les joindre avec la somme des nombres de la colonne voisine à gauche. Mêmes opérations successivement pour toutes les colonnes. Il est clair que le nombre total écrit au-dessous de la barre, & résultant de toutes les opérations qu'on vient d'indiquer, est la somme demandée, puisqu'il est l'assemblage des unités, des dixaines, des centaines, &c., qui composent les nombres qu'on devoit ajouter.

Exemple I. *Ajouter ensemble les nombres* 5049; 7898; 459?

```
 5049
 7898
  459
-----
13406
```

Ces nombres étant écrits comme on le voit ici: premièrement, j'ajoute ensemble les unités, en disant 9 & 8 font 17, & 9 font 26; j'écris le chiffre 6 sous la colonne des unités, & je retiens le chiffre 2, qui exprime des dixaines, pour l'ajouter avec la colonne des dixaines. Passant à cette colonne, je dis 2 de retenus & 4 font 6, & 9 font 15, & 5 font 20; j'écris 0 sous la colonne des dixaines, & je retiens 2 centaines pour les joindre à la troisième colonne. A cette colonne, je dis 2 de retenus, & 0 font toujours 2, & 8 font 10, & 4 font 14; j'écris 4 sous la colonne des centaines, & je retiens 1 mille pour la colonne des mille. Je continue & je dis, 1 de retenu & 5 font 6, & 7 font 13, que j'écris, en mettant le chiffre 3 sous les mille, & le chiffre 1 au rang des dixaines de mille. Les opérations sont ainsi finies, & on a 13406 pour la somme des trois nombres qu'il falloit ajouter ensemble.

Exemple II. *Ajouter les nombres* 458; 98475; 24; 94002?

```
   458
 98475
    24
 94002
------
192959
```

J'écris les quatre nombres qu'il faut ajouter ensemble, comme on le voit ici; puis j'ajoute ensemble les chiffres qui composent chaque colonne, en commençant par celle des unités, & passant successivement aux dixaines, aux centaines, aux mille, &c. Ces *additions* particulieres se font comme dans l'exemple précédent ; & on trouve que la ſomme des quatre nombres en queſtion eſt 192959.

Tous ces nombres peuvent être ou de ſimples nombres abſtraits (*Voyez* ABSTRAIT), ou des nombres concrets (*Voyez* CONCRET), comme des livres, ou des toiſes, *&c.*

Remarque. Lorſque les nombres, qu'il faut ajouter enſemble, contiennent des parties décimales (*Voyez* NUMÉRATION), on écrit les dixièmes ſous les dixièmes, les centièmes ſous les centièmes, les millièmes ſous les millièmes, *&c.* Puis l'*addition* ſe fait en commençant par la colonne des parties décimales du plus bas ordre, & paſſant ſucceſſivement aux colonnes ſupérieures, juſqu'à ce qu'on les ait toutes épuiſées. Il peut ſe trouver dans les ordres ſupérieurs, des unités ſimples, des dixaines, des centaines, *&c.*

EXEMPLE I. *Ajouter les nombres* 478 ; 489,745 ; 8,03 ; 0,029 ?

Ayant diſpoſé ces nombres, comme on le voit ici, on les additionnera à l'ordinaire, en commençant par la colonne des millièmes, qui ſont les unités du plus bas ordre, & venant enſuite aux autres colonnes à gauche. On trouvera pour ſomme, 975,804.

478
489,745
8,03
0,029
975,804

Comme on ne change point (*Voyez* NUMÉRATEUR.) la valeur d'un nombre, en écrivant à ſa droite, après la virgule, tant de zéros qu'on voudra, on auroit pu donner le même nombre de places décimales aux nombres propoſés, en les écrivant ſous la forme qu'on voit ici. Et on auroit toujours trouvé la même ſomme. Par ce moyen, les unités du plus bas ordre ſe trouvent de la même eſpèce, ce qui eſt plus clair & marque mieux la diſtinction des places.

478,000
489,745
8,030
0,029
975,804

EXEMPLE II. *Ajouter enſemble les nombres* 45,0484 ; 9462 ; 425,079 ; 4,7926 ?

J'écris ces nombres, comme on le voit ici, & je trouve pour ſomme, 9936,9200. On peut ſupprimer, dans ce nombre, les deux zéros de la fin, ſans en changer la valeur (*Voyez* NUMÉRATION) ; ce qui donne 9936,92 pour notre ſomme.

45,0484
9462,0000
425,0790
4,7926
9936,9200

PROBLÊME II. *Ajouter enſemble pluſieurs nombres complexes ?* (*Voyez* COMPLEXE).

L'*addition* de ces ſortes ſe fait comme celle des nombres incomplexes. On écrit tous les nombres propoſés les uns ſous les autres, de manière que ceux de même eſpèce ſoient dans une même colonne, & on commence par ajouter les nombres de la plus baſſe eſpèce. On retient autant d'unités qu'ils en peuvent fournir, pour les porter avec celles de l'eſpèce immédiatement ſupérieure. Le réſultat de toutes ces *additions* forme la ſomme totale.

EXEMPLE I. *Additionner enſemble les trois nombres complexes qu'on voit ici, & qui ſont compoſés de livres, ſols & deniers ?*

Je commence par ajouter enſemble les deniers ; &, comme les dixaines de deniers ne ſont pas des unités particulières, & qu'il faut 12 deniers pour faire un ſol, on ajoutera à-la-fois les dixaines de deniers avec les unités, pour ne former du tout qu'une même ſomme. Ainſi, je dirai 9 deniers & 11 deniers font 20 deniers, & 6 deniers font 26 deniers. Dans ces 26 deniers, il y a 2 ſols & 2 deniers. J'écris les deux deniers ſous la colonne des deniers, & je retiens 2 ſols pour les ajouter avec les ſols.

345 ₶	8 ſ	9 ₰
542	12	11
2453	10	6
3341 ₶	12 ſ	2 ₰

Paſſant à l'*addition* des ſols, & obſervant que 2 dixaines de ſols font une livre, j'additionnerai ſucceſſivement les unités & les dixaines de ſols. Je dirai donc 2ſ de retenus de la colonne des deniers, & 8ſ font 10ſ, & 2ſ font 12ſ ; j'écris 2ſ ſous les unités de ſols, & je retiens 1 dixaine de ſols pour la joindre aux dixaines de ſols. Je pourſuis, & je dis, 1 dixaine de ſols de retenue, & 1 dixaine, font 2 dixaines, & 1 font trois dixaines, qui donnent 1 dixaine de ſols & 1 ₶. J'écris la dixaine de ſols, & je retiens 1 ₶ pour la joindre à la ſomme des livres.

Cette ſomme ſe trouve comme nous l'avons vu pour les nombres incomplexes.

Ainſi, la ſomme totale des trois nombres propoſés eſt 3341 ₶ 12ſ 2 ₰.

Remarque. Il eſt clair que, dans les nombres de ce genre, qu'on propoſe d'ajouter enſemble, il ne peut pas entrer au rang des ſols plus de 19 ſols, ni au rang des deniers plus de 11 deniers ; autrement, il en réſulteroit des livres & des ſols, qui ſeroient cenſés faire partie des livres & des ſols, & qu'il faudroit y rapporter. De même, s'il étoit queſtion d'ajouter enſemble des nombres compoſés de jours, d'heures, de minutes, on ne pourroit pas mettre plus de 23 heures au rang des heures, ni plus de 59 minutes au rang des minutes. Ainſi des autres eſpèces de nombres complexes.

EXEMPLE. II. *Ajouter enſemble les trois nombres ſuivants, qui ſont compoſés de toiſes, pieds, pouces ?*

La ſomme des pouces eſt 29, qui donnent 5 pouces & 2 pieds. J'écris les 5 pouces, & je retiens les 2 pieds pour les joindre aux pieds.

345ᵗ	5ᵖ	8ᵖ
98	3	11
1249	4	10
1694ᵗ	2ᵖ	5ᵖᵒ.

La ſomme des pieds, en y comprenant les 2 dont on vient de parler, eſt 14, qui donnent 2 pieds & 2 toiſes ; j'écris les 2 pieds, & je retiens les deux toiſes.

Ces deux toiſes, jointes à la ſomme de toutes les autres toiſes, forment la ſomme 1694 toiſes.

Ainsi, la somme totale des trois nombres qu'il s'agissoit d'ajouter, est 1694ᵗ 2ᵖ 5ᵖᵒ· (*L. B.*).

ADDITION (*Algèbre*) : opération par laquelle on ajoute ensemble plusieurs quantités algébriques (*Voyez* QUANTITÉ).

Les quantités qu'on propose d'ajouter ensemble, peuvent être *positives* ou *négatives* (*Voyez* ces mots). On distingue les unes des autres, en écrivant au-devant des premières le signe + qui signifie *plus*; & au-devant des secondes le signe — qui veut dire *moins*. Sur quoi il faut observer que, lorsqu'une quantité n'est précédée d'aucun signe, elle est censée être précédée du signe +, & par conséquent du genre des quantités positives.

Cela posé, ajouter ensemble plusieurs quantités, c'est les joindre, les prendre à-la-fois avec les signes qu'elles ont. Ainsi, ajouter ensemble plusieurs biens, c'est former un bien plus grand; ajouter ensemble plusieurs dettes, c'est former une dette plus grande; ajouter un bien avec une dette, c'est former un résultat qui est l'excès du bien sur la dette, ou de la dette sur le bien, selon que le bien est plus grand que la dette, ou que la dette est plus grande que le bien.

Il est clair par-là qu'en Algèbre, *ajouter* ne signifie pas toujours *augmenter*. Quand j'ajoute un bien avec un bien, j'augmente le bien; de même quand j'ajoute une dette avec une dette, j'augmente la dette. Mais quand je joins un bien avec une dette, je *diminue* réellement l'une ou l'autre quantité.

PROBLÊME I. *Ajouter ensemble plusieurs monomes?* (*Voyez* MONOME.)

Ecrivez tous ces monomes les uns à la suite des autres, avec les signes + & — qu'ils ont. Si dans le résultat, la somme des quantités positives l'emporte sur la somme des quantités négatives, c'est une marque qu'il y a plus de biens que de dettes; au contraire, il y auroit plus de dettes que de biens, si la somme des quantités négatives l'emportoit sur la somme des quantités positives. Par exemple, qu'il s'agisse d'ajouter ensemble les quatre monomes $+a$, $+b$, $-c$, $+d$? On écrira $+a+b-c+d$, ou bien $a+b-c+d$, en sous-entendant le signe + qui commence la phrase.

PROBLÊME II. *Ajouter des monomes avec des polynomes, ou des polynomes avec des polynomes?* (*Voyez* POLYNOME).

Il est clair qu'un tout étant égal à la somme de toutes ses parties prises ensemble, on aura la somme demandée, en joignant ensemble tous les termes des grandeurs qu'il faut ajouter, & en les affectant des signes qu'ils ont.

EXEMPLE I. *Ajouter ensemble les trois polynomes :*

$$a+b-c,$$
$$g-h-k,$$
$$m+n-p?$$

Somme $a+b-c+g-h-k+m+n-p$.

EXEMPLE II. *Ajouter ensemble les quatre polynomes :*

$$a+b+c-d,$$
$$b-f+g+a,$$
$$c+e-b+g,$$
$$h+c+n-d?$$

Somme $a+b+c-d+b-f+g+a+c+e-b+g+h+c+n-d$.

Remarque. Lorsque, dans la somme, il se trouve des termes *semblables*, c'est-à-dire, des termes qui contiennent la même lettre, s'ils n'ont qu'une dimension; ou les mêmes lettres écrites le même nombre de fois, s'ils ont plus d'une dimension : alors au lieu d'écrire plusieurs fois le même terme, on ne l'écrit qu'une seule fois, mais on met au-devant un chiffre qui marque combien de fois ce terme doit être répété. Cela s'appelle *faire la réduction*. Ainsi, dans l'exemple précédent, au lieu de $a+a$, j'écris $2a$; au lieu de $+b+b-b$, j'écris simplement $+b$, parce que l'un des biens $+b$, est détruit par la dette $-b$, & que par conséquent le résultat du tout $+b+b-b$ est simplement $+b$; au lieu de $+c+c+c$, j'écris $+3c$; au lieu de $-d-d$, j'écris $-2d$; enfin, au lieu de $+g+g$, j'écris $+2g$. Par toutes ces réductions, notre somme devient $2a+b+3c-2d-f+2g+e+h+n$.

Le chiffre qu'on place ainsi au-devant d'une quantité, pour marquer combien de fois elle doit être répétée positivement ou négativement, s'appelle *coëfficient*.

Lorsqu'une quantité n'a point de coëfficient, elle est censée avoir l'unité pour coëfficient. Ainsi a est la même chose que $1a$; ab est la même chose que $1ab$.

Voici encore deux exemples d'additions de polynomes, avec les réductions.

EXEMPLE I. *Ajouter ensemble les polynomes :*

$$3a-2b+4c-8d,$$
$$-8a+7b-5c+4d,$$
$$3a-4b+6h?$$

Somme $-2a+b-c-4d+6h$.

EXEMPLE II. *Ajouter ensemble les polynomes :*

$$6aa-5bc+3k\sqrt{de},$$
$$-7aa+3bc-2k\sqrt{de},$$
$$2mn-f\sqrt[3]{mnp}+ff-gh?$$

Somme $-aa-2bc+k\sqrt{de}+2mn-f\sqrt[3]{mnp}+ff-gh$. (*L. B.*).

ADDITIONNEL, adj. (*Tuyaux additionnels.*) C'est ainsi que j'appelle, dans mon Hydrodynamique, des tuyaux cylindriques de 2 à 3 pouces de longueur, que j'adapte à un réservoir qui a de minces parois, afin que l'eau suive la direction de ces cylindres, & sorte *à gueule-bée*, par l'orifice extérieur. En effet, l'expérience m'a appris qu'en supposant ces orifices égaux, & les charges d'eau égales, il n'est pas indifférent que l'eau sorte par un orifice percé dans une mince paroi, (j'appelle ici ces sortes d'orifices, *orifices simples*, pour abréger), ou par un tuyau *additionnel*; car l'eau, au sortir de l'orifice simple, éprouve une contraction de la premiere espèce (*Voyez* CONTRACTION), qui diminue dans le rapport de 8 à 5, ou de 16 à 10, le produit que l'orifice devroit donner suivant la théorie, au lieu que l'eau, au sortir d'un tuyau *additionnel*, éprouve une contraction de la seconde espèce, qui diminue seulement, dans le rapport de 16 à 13, le produit théorique; de sorte que pour des orifices égaux, & des charges d'eau égales, le produit par un orifice simple, est au produit par un tuyau *additionnel*, comme 10 est à 13, du moins à peu de chose près. Voyez mon *Hydrodynamique*, *tome II*, *page* 47 & *suiv*. (*L. B.*).

ADIGEGE ou ADEGIGE, (*astron.*) Nom que les Arabes donnent à la constellation du cygne, & qui signifie rose odoriférante.

ADJACENT, adj. (*Géom.*) *ce qui est immédiatement à côté d'un autre.* On dit qu'un angle est *adjacent* à un autre angle, quand l'un est immédiatement contigu à l'autre; de sorte que les deux angles ont un côté commun. On se sert même plus particulièrement de ce mot, lorsque les deux angles ont non-seulement un côté commun, mais encore lorsque les deux autres côtés forment une même ligne droite. *Voyez* ANGLE & CÔTÉ.

Ce mot est composé de *ad*, à, & *jacere*, être situé.

ADOUBLER, v. a. (*terme de Jeu.*) se dit au jeu de trictrac, aux dames, aux échecs, pour faire connoître qu'on ne touche une pièce que pour l'arranger en sa place, & non pas pour la jouer.

ÆGOCEROS ou ÆGOCERUS, (*astron.*) nom que quelques Auteurs donnent à la constellation du capricorne, & qui vient du mot Grec Αἴξ chevre; il y en a qui donnent ce nom à la constellation du bélier, mais il appartient au capricorne, comme on le voit dans Lucain, L. IX, vers 537 & L. X, vers 213.

...... *Varii mutator circulus anni*

Ægoceron, cancrumque tenet.......

C'est-à-dire, le zodiaque qui s'étend depuis le tropique du capricorne, jusqu'à celui du cancer. *Voyez* CAPRICORNE. Les Poëtes disent que Pan mis par les Dieux au rang des astres, se métamorphosa lui-même en chevre, ce qui le fit surnommer Ægoceros. (*D. L.*)

ÆQUATEUR. *Voyez* ÉQUATEUR.

AÉRIENNE, (PERSPECTIVE) *Optique*. Illusion d'optique qui change l'apparence des couleurs, des jours & des ombres dans les objets, suivant les différens degrés de leur éloignement. Voici comment la décrit le Comte Algarotti, grand connoisseur, parlant des objets vus dans la chambre obscure. (*Saggio sopra la Pittura, nel tom. II. delle sue opere, page* 153, 154, *édit. de Livourne* 1764.)

« Le tableau que nous offre la chambre obscure, » différencie à merveille les figures qui sont plus » près ou plus loin du spectateur. Non-seulement » la grandeur des objets y diminue à mesure qu'ils » s'éloignent de l'œil, mais aussi leurs couleurs & » leur lumière s'affoiblissent, & leurs parties se con» fondent. Plus l'éloignement est considérable, » moins les objets sont colorés, moins on distingue » leurs contours; &, le jour étant plus foible ou » plus éloigné, les ombres sont moins fortes. Au » contraire, lorsque les objets sont plus près de » l'œil, & plus grands, les contours sont plus pré» cis, les ombres plus vives, & les couleurs plus » éclatantes. C'est en cela que consiste la perspective » qu'on nomme *aérienne*. » La perspective linéaire consiste dans le changement du contour. *Voyez* PERSPECTIVE. (*J. D. C.*).

AFFECTÉ. *Equation affectée, en Algebre*, est une équation dans laquelle la quantité inconnue monte à deux ou plusieurs degrés différens. Telle est, par exemple, l'équation $x^3 - px^2 + qx = a^2 b$, dans laquelle il y a trois différentes puissances de x; savoir x^3, x^2, & x^1 ou x. *Voyez* ÉQUATION.

Affecté se dit aussi quelquefois en Algebre, en parlant des quantités qui ont des coëfficiens: par exemple, dans la quantité $2\,a$, a est *affecté* du coëfficient 2. *V.* COEFFICIENT.

On dit aussi qu'une quantité algébrique est *affectée* du signe $+$ ou du signe $-$, ou d'un signe radical, pour dire qu'elle a le signe $+$ ou le signe $-$, ou qu'elle renferme un signe radical. *Voyez* RADICAL, &c. (*O*).

AFFECTION, terme qu'on employoit autrefois en Géométrie, pour désigner une propriété de quelque courbe. *Cette courbe a telle affection*, est la même chose que *cette courbe a telle propriété*. *Voyez* COURBE. (*O*).

AFFIRMATIF, IVE, adj. Il y a *en Algebre* des quantités *affirmatives* ou positives. Ces deux mots reviennent au même. *Voyez* QUANTITÉ & POSITIF.

Le signe ou le caractere *affirmatif* est $+$ (*O*).

AGE *de la Lune*, (*en Astron.*) se dit du nombre de jours écoulés depuis la nouvelle Lune. Ainsi, trouver l'*âge de la Lune*, c'est trouver le nombre de jours écoulés depuis la nouvelle Lune. *Voyez* LUNE (*O*).

AGENT, s. m. (*Méch.*) Puissance ou force qui produit ou tend à produire du mouvement.

AGIR, se dit en *Méchanique* & en *Physique*, pour *produire* tel ou tel effet. On dit aussi qu'un corps *agit* sur un autre, lorsqu'il le pousse, ou tend à le pousser.

AIGLE, (*Astron.*) constellation boréale. *Aquila*, *Jovis nutrix*, *Jovis Armiger*, *raptrix Ganymedis*, *servans Antinoum*, *Promethei Aquila*, *Vultur volans*, *tortor Promethei*. Les poëtes disent que l'*aigle* apportoit du nectar à Jupiter, lorsqu'il étoit caché dans une antre de Crete, son pere voulant le faire périr : l'*aigle* contribua à sa victoire contre les géans, en lui apportant des armes ; il contribua à ses plaisirs, en enlevant Ganymede, pour le servir à table. C'est pourquoi l'*aigle* étoit consacré à Jupiter ; il fut placé dans le ciel. D'autres prétendent que c'est l'*aigle* engendré par Typhon, qui dévoroit le cœur de Prométhée, & qui fut tué par Hercule. M. Dupuis croit que l'*aigle* fut placé dans le ciel, comme le symbole de la plus grande élévation du soleil, & qu'il marquoit le solstice d'été par son coucher héliaque, dans le premier établissement des constellations. *Voyez* son *Mémoire* dans le IV. volume de mon *Astronomie*.

La constellation de l'*aigle* réunie avec celle d'Antinous, renferme 71 étoiles dans le Catalogue britannique ; & dans ce nombre est une belle étoile qui approche de la premiere grandeur, & dont on verra la position au mot ETOILE.

AIGU, adj. (*Géom.*) On appelle *angle aigu*, celui qui est plus petit qu'un angle droit. *Voyez* ANGLE.

AIGUILLE, (*Hydrodynamique.*) est une pièce de bois arrondie, assez menue, & longue de six pieds, retenue en tête par la brise, & portant par le pied sur le seuil d'un pertuis. Cette pièce sert, en la fermant, à faire hausser l'eau. (*K.*)

AILE, s. f. (*Hydr.*) On appelle ailes ou *ailerons* des planches rectangulaires, qu'on place à des distances égales, sur la circonférence d'une roue hydraulique, pour recevoir le choc de l'eau. C'est par cette raison, qu'on appelle ces sortes de roues, *roues à ailes*. *Voyez* ROUES.

On appelle aussi *ailes*, dans les machines à vent, les chassis garnis de toile, qui reçoivent l'impulsion du vent, & qui par-là font marcher le moulin.

AILES, *terme de riviere*, sont deux planches formant arrondissement, de trois pouces d'épaisseur, que l'on met au bout des semelles d'un bateau foncet, en avant & en arriere. *Voyez* FONCET.

AIR, s. m. (*Hydr.*) : assemblage de molécules, très-subtiles, élastiques, & parfaitement mobiles, qui forment cette masse fluide & invisible, qu'on appelle *atmosphere*, dans laquelle nous vivons, nous nous mouvons, que nous inspirons & expirons alternativement.

Il ne s'agit point ici d'examiner la nature physique de l'*air*, ni l'analogie & les différences qu'il a avec les fluides que l'on appelle du nom générique de *gaz*, du mot hollandois *Ghoast*, qui signifie *esprit*. Nous renvoyons tous ces objets au *Dictionnaire de Physique*. Ici nous ne considérons que les propriétés *méchaniques* de l'*air*, ou les effets qui résultent de sa fluidité, de sa pesanteur, de son élasticité, de sa mobilité, *&c.*

I. *L'air est fluide.* En effet, il cede sans peine au toucher, au mouvement des corps qui le traversent ; il transmet avec facilité & promptitude, les sons, les odeurs, & en général, toutes les émanations qui s'échappent des corps : il se meut lui-même avec une grande vîtesse, aussi-tôt qu'il trouve un espace dans lequel il puisse se répandre ; en un mot, il a tous les caracteres de la fluidité.

II. *L'air est un fluide pesant.* Car la pesanteur est une force universelle, répandue dans la nature, & il n'y a point de corps qui ne lui soit soumis. Cependant, les anciens, loin de soupçonner que l'air est un fluide pesant, le regardoient comme un corps *léger*, c'est-à-dire, comme un corps qui, par sa nature, tend à s'élever. Galilée est le premier qui ait connu la pesanteur de l'*air* ; son disciple Toricelli la démontra en 1643, par une expérience que nos Barometres ordinaires nous mettent sans cesse sous les yeux.

Tout le monde sait que le Baromètre est un tuyau de verre, fermé hermétiquement par en-haut, ouvert par en bas, dans lequel une colonne de mercure demeure suspendue à une certaine hauteur au-dessus du mercure contenu dans une cuvette, où l'extrêmité inférieure du tube est plongée. La cause qui soutient le mercure du tube au dessus du mercure de la cuvette, est la pression de l'*air* extérieur sur la surface de la cuvette, pression qui n'a pas lieu sur la colonne de mercure, puisque le bout supérieur du tube étant fermé, ne permet pas à l'*air* d'y entrer. Car, si l'on ouvre ce bout, la colonne de mercure tombe aussi-tôt, & se répand dans la cuvette.

Il faut faire à ce sujet deux remarques : 1.° la hauteur du mercure dans le tube du Baromètre est différente, & plus ou moins grande, selon que les lieux sont moins ou plus élevés par rapport à un même niveau, tel, par exemple, que celui de la mer. La premiere expérience de ce genre, est celle que Pascal fit exécuter sur la montagne du Puy de Domme, voisine de Clermont en Auvergne. Du pied au sommet de cette montagne, qui est élevée d'environ 500 toises au dessus de Clermont, le mercure baissa dans le tube de trois pouces une ligne & demie ; 2.° dans un même lieu, la hauteur du mercure dans le tube n'est pas constante : elle varie à raison des changemens qui arrivent dans le poids où le ressort de l'atmosphère, par la pluie, par les vents, *&c.* L'explication de ces phénomènes n'appartient pas à notre sujet.

III. COROLLAIRE I. Il est facile de trouver, du moins pour un instant donné, le poids de toute la masse d'air qui environne le globe terrestre. Car soient R le rayon du globe terrestre, r la hauteur donnée du filet de mercure, auquel la pression de l'atmosphère fait équilibre ; Π le rapport de la circonférence au diamètre, ϖ la pesanteur spécifique du mercure. On cherchera les solides de deux sphères, dont l'une a pour rayon $R + r$, l'autre R ; & on retranchera le second solide du premier ; ce qui donnera $\frac{4\Pi(R+r)^3}{3} - \frac{4\Pi R^3}{3}$ ou $4\Pi\left(R^2 r + r^2 R + \frac{3}{r^3}\right)$ pour reste. On multipliera ce reste par ϖ, &, observant que les termes, qui contiennent r^2 & r^3, peuvent être négligés

sans

sans craindre d'erreur sensible, on aura $4 \pi R^2 r$ pour l'expression générale & très-approchée du poids demandé.

Par exemple, soient $r = 28$ pouces; le poids d'un pied cube de mercure $= 960$ livres. Supposons de plus, suivant les observations, que chaque dégré d'un grand cercle de la terre, est de 57000 toises. On trouvera, en effectuant tous les calculs indiqués par la formule précédente, que le poids total de l'atmosphère, est de 11028854877090909091 livres environ.

IV. Corollaire II. Deux colonnes, l'une de mercure, l'autre d'eau, qui se font mutuellement équilibre, ont des hauteurs réciproquement proportionnelles à leurs pesanteurs spécifiques. *V.* Pression; de sorte que si la colonne de mercure a 28 pouces de hauteur, celle d'eau doit avoir environ 32 pieds de hauteur. Or la pression de l'atmosphère contrebalance la premiere de ces deux colonnes, comme nous venons de le voir; donc elle contrebalancera aussi la seconde. Ainsi, dans le vuide, la pression de l'atmosphère doit soutenir une colonne d'eau d'environ 32 pieds de hauteur.

V. Corollaire III. Soit *ABHO* (*Hyd. fig. 1*) un syphon recourbé & composé de deux branches d'inégale longueur; qu'on plonge la plus courte *BA* dans la liqueur *CN* d'un tonneau *CD;* & qu'on ôte l'air contenu dans l'intérieur du syphon, en le suçant par le bout *O:* alors la liqueur du tonneau montera dans le syphon, & sortira par le bout *O*, pourvu que ce bout soit au dessous de la surface *MN* de la liqueur du tonneau.

Ce phénomène est le même que celui du Barometre. En effet, imaginons que le bout *O* du syphon est plongé dans un vase *EF*, qui contient de la liqueur. On voit que chacune des parties *AB*, *OH* du syphon, peut être regardée comme un tube particulier, pareil à celui de Toricelli. Ainsi, en représentant la pression de l'atmosphère, par *KX*, le poids de la colonne fluide *AB* par *KV*, celui de la colonne *HO*, par *KZ*, il est clair que *VX* exprime la force qui soulève le fluide dans le tuyau *AB*, & que *ZX* exprime la force qui tend à soulever le fluide dans le tuyau *OH*. Or, comme ces deux dernieres forces sont contraires, la plus foible est détruite; & *ZV* est la force restante, qui produit l'écoulement dans le sens *ABHO*.

On voit par-là, 1.° que si $KV = KZ$, il ne peut pas y avoir d'écoulement; 2.° que si le poids de la plus courte branche, est plus grand que celui de l'atmosphère, il n'y aura pas d'écoulement, parce qu'alors la pression de l'atmosphère n'a pas la force suffisante pour soulever la liqueur jusqu'en *B*. Ainsi, par exemple, si la liqueur est de l'eau, il faut que la hauteur de la plus courte branche *AB* soit de moins de 32 pieds; pour le mercure, *AB* doit être moins de 28 pouces, *&c.*

VI. *L'air est un fluide élastique.* Qu'on prenne une vessie, & qu'on la gonfle, en y introduisant de l'air: on aura un ballon qui se comprime lorsqu'on le presse, & qui se dilate, lorsqu'on cesse de le presser. Donc, *&c.*

VII. *La force élastique de l'air comprimé, est égale à celle qui produit la compression.* La fontaine de *Héron* en fournit la preuve. Cette machine (*Hyd. fig. 2*) qu'on fait ordinairement avec du fer-blanc, est composée d'une caisse *ABCD*, fermée de tous côtés, pleine d'eau jusqu'en *EF*, un peu au dessous de *AB;* d'une autre caisse *GHKI*, aussi fermée de tous côtés, égale à la premiere, & pleine d'air; d'un tuyau *OT*, soudé exactement avec les platines *AB*, *DC*, *GH*, lequel communique au dehors par le bout *O*, & avec la caisse inférieure par le bout *T* qui est très-près du fond *IK;* d'un tuyau *XY*, soudé aux deux caisses, & dont le bout supérieur *X* est près du fond *AB;* d'un tuyau *QP*, dont le bout inférieur *P* est proche le fond *DC*, & le bout supérieur *Q*, soudé avec le fond *AB*, est garni d'un ajutage. Cela posé, fermez l'ajutage *Q* avec le doigt, & versez un peu d'eau par le bout *O* du tuyau *OT:* elle descendra jusqu'en *IK*, & montera, par exemple, en *VS*. Alors il n'y aura plus aucune communication de l'*air* extérieur avec celui qui reste dans les deux caisses. Continuez à verser de l'eau; l'air contenu dans les espaces *GHSV*, *ABFE*, *XY* se condensera peu-à-peu, jusqu'à ce que sa force élastique soit en équilibre avec la pression de l'eau versée par *OT*. Si la surface de l'eau dans la caisse *GHKI* est *MN*, l'air dont on vient de parler, pressera perpendiculairement chaque partie de la surface qui l'environne, avec une force égale au poids d'une colonne d'eau, qui auroit pour base la partie pressée, & *OL* pour hauteur. Ainsi, la surface *EF* de l'eau contenue dans la caisse supérieure, est poussée de haut en bas par ce même air, & tend à s'élever par le tuyau *PQ;* de sorte que si l'on ôte le doigt de dessus l'ajutage, il sortira un jet d'eau qui s'élevera à la hauteur *RZ* égale à *OL*. On voit donc que le ressort de l'air produit le même jet que produiroit le poids de l'eau, par lequel il a été comprimé.

On peut remarquer qu'en faisant rentrer par *O*, l'eau qui tombe du jet, cette eau passe dans la caisse inférieure, & que par conséquent le jet durera jusqu'à ce que toute l'eau comprise depuis le point *P* jusqu'en *EF*, soit sortie en jaillissant.

VIII. *L'air se comprime lui-même par son propre poids.* Car l'air étant un fluide pesant, si l'on conçoit l'atmosphère partagée en une infinité de tranches, ou plutôt de couches perpendiculaires à la direction de la pesanteur; il est évident que les couches inférieures seront chargées du poids des supérieures; d'où résultera nécessairement une compression qui sera plus grande, toutes choses d'ailleurs égales, à mesure que la couche comprimée sera placée plus bas dans l'atmosphère. Je dis *toutes choses d'ailleurs égales*, car il y a d'autres causes, comme le froid & le chaud, qui concourent à comprimer & à dilater l'air. La densité de ce fluide est extrêmement variable; elle est environ huit ou neuf cent fois moindre que celle de l'eau ordinaire. Le rapport moyen de ces densités, dans nos climats, peut s'exprimer sensiblement par la fraction $\frac{1}{850}$.

IX. Corollaire. De-là & de l'article VII, il suit que si l'air, après s'être comprimé lui-même par son propre poids, vient à agir par son seul ressort, il produira le même effet qu'il produisoit par son poids; cela est confirmé par l'expérience que voici.

Prenez une bouteille de verre *ABCD* (*Fig.* 3) de figure cylindrique; versez-y du mercure *AEFD*; faites-y entrer un petit tuyau de verre *K* de 29 ou 30 pouces de hauteur, ouvert par les deux bouts, & dont celui d'en bas trempe de quelques lignes dans le mercure; scellez ce tuyau exactement au cou de la bouteille, de manière que l'air contenu dans l'espace *EBCF* n'ait aucune communication avec l'air extérieur; mettez ensuite cette bouteille & son tuyau sous le récipient *LIHM* de la machine pneumatique, pompez, autant qu'il sera possible, l'air contenu dans ce récipient: alors le mercure s'abaissera en *NO*, & il s'élevera dans le tuyau au dessus de *NO*, à-peu-près à la même hauteur qu'il se soutient dans le Baromètre, dans l'endroit où l'on fait l'expérience. La raison en est évidente; car avant que de commencer à faire le vuide dans la machine pneumatique, l'air contenu dans l'espace *EBCF*, est dans le même état que l'air extérieur; lorsqu'ensuite on vient à faire le vuide sous le récipient, le même air *EBCF* déploye son ressort, force, en conséquence le mercure à s'abaisser en *NO*, & à monter dans le tuyau vuide; & cette ascension est à-peu-près égale à celle qui est produite dans le Baromètre, par le poids de l'air. Je dis *à-peu-près*, parce qu'il n'est jamais possible de vuider parfaitement d'air, le récipient de la machine pneumatique.

X. *Si l'on comprime une même masse ou quantité d'air, & qu'on la réduise à occuper différens espaces ou volumes, ces volumes seront entr'eux, en raison inverse des forces comprimantes.* Cette proposition se prouve par l'expérience suivante, qui est très-connue des Physiciens, & que M. Mariotte a fait le premier. Soit *ABC* (*Fig.* 4), un tuyau de verre recourbé, fermé hermétiquement par le bout *C*, & ouvert par le bout *A*. Les deux branches *DA*, *EC* sont verticales; mais la branche *DE* de jonction, est horizontale. On donne ordinairement trois ou quatre lignes de diamètre intérieur à ce tuyau. La petite tranche *EC* doit être parfaitement cylindrique, pour pouvoir comparer exactement entr'eux les différens volumes de la masse d'air qu'on y condense. Nous supposons qu'elle ait 12 pouces de hauteur; l'autre *DA* est beaucoup plus haute. Versez légèrement dans le tube un peu de mercure pour remplir la branche horizontale, & faites en sorte que les deux surfaces *DV*, *IE* de ce fluide, dans les deux branches verticales, soient de niveau, afin que l'air enfermé dans l'espace *EC*, soit dans le même état que l'air extérieur; car il est évident que si le ressort de l'air intérieur *EC*, étoit plus ou moins tendu que celui de l'air extérieur, les surfaces *IE*, *DV* seroient inégalement pressées, & que par conséquent elles ne pourroient pas être de niveau. Continuez ensuite à verser du mercure dans la branche *DA*, & vous verrez qu'à mesure qu'il s'élevera en *H*, la surface *EI* s'élevera en *F*. En supposant que la pression de l'atmosphère soit équivalente au poids d'une colonne de mercure, de 28 pouces de hauteur, vous trouverez que si, ayant mené l'horizontale *FG*, la hauteur $GH = 14$ pouces, la hauteur *FC* de l'espace occupé par l'air sera $= 8$ pouces; si $GH = 28$ pouces, *FC* sera $= 6$ pouces, *&c.* Or il suit de-là, que les différens volumes de l'air enfermé d'abord dans *EC*, suivent la raison inverse des poids comprimans; car au premier instant où cet air ne supporte que la pression de l'atmosphère, il peut être regardé comme chargé du poids d'une colonne de mercure, haute de 28 pouces; lorsqu'on met ensuite dans la branche *DA* du mercure, à la hauteur de 14 pouces au dessus de la ligne de niveau *FG*, la pression que souffre notre masse d'air, est égale au poids d'une colonne de mercure, qui a 28 pouces + 14 pouces, ou 42 pouces de hauteur; lorsque la hauteur du mercure dans la branche *DA*, au dessus de $FG = 28$ pouces, la pression de la même masse d'air est égale au poids d'une colonne de mercure, qui a 28 pouces + 14 pouces + 14 pouces, ou en tout 56 pouces de hauteur, &c. D'où l'on voit que les poids comprimans étant représentés par les nombres 28, 42, 56, les volumes de la masse d'air sont exprimés par les nombres 12, 8, 6. Or, on a ces différentes proportions, $12 : 8 :: 42 : 28$; $12 : 6 :: 56 : 28$; $8 : 6 :: 56 : 42$. Donc les volumes suivent la raison renversée des poids comprimans.

On fera des raisonnemens analogues pour des hauteurs de mercure qui suivroient tout autre rapport dans les deux branches du tube; & ces raisonnemens fondés sur l'experience, aboutiront à la même conclusion finale.

Toutes ces expériences doivent être faites, de manière que l'air enfermé en *FC*, ait la même température que l'air extérieur, & que par conséquent son volume ne varie qu'à raison des poids comprimans. Sans cette précaution, le chaud & le froid n'agissant pas de même sur les deux airs, changeroient les résultats, & il seroit difficile de séparer, par une méthode sûre & non hypothétique, leurs effets avec ceux des poids comprimans.

XI. Corollaire I. Puisque la force élastique de l'air est égale à la force qui le comprime (VII), il s'ensuit que les différentes forces élastiques d'une même masse d'air, à qui l'on fait occuper différens volumes, sont en raison inverse de ces volumes.

XII. Corollaire II. Sous même masse, les densités sont en raison inverse des volumes (*V.* Densité). Donc les densités d'une même masse d'air, comprimée par différens poids, sont directement proportionnelles à ces poids, ou (VII) aux forces élastiques qu'elle a dans ces différens états.

XIII. Corollaire III. Les densités des différens points d'une colonne verticale de l'atmosphère, forment, à température égale, une progression géométrique, décroissante à l'infini, cette suite étant supposée commencer à un même niveau, par exemple, à celui de la mer, & se continuer suivant la hauteur de l'atmosphère; car si l'on imagine que la colonne dont il s'agit, est composée d'une infinité de tranches horizontales de même masse, la densité de chacune de ces tranches est proportionnelle au poids dont elle est chargée, c'est-à-dire, à la somme faite de son propre poids, & de la somme des poids des tranches supérieures, ou à la somme faite de la densité dûe à son propre poids, & de la somme des densités des tranches supérieures. Or, si l'on a une progression géométrique, $\div\div a : b : c : d : e : f :$ &c. décroissante à l'infini, & que l'on nomme s la somme entière de ses termes, s' la somme depuis b inclusivement, s'' la somme depuis c inclusivement, &c.; on aura ces proportions (*Voyez* Progression) $a : b :: s : s - a$; $b : c :: s' : s' - b$; $c : d :: s'' : s'' - c$; &c. Ainsi, les densités de nos tranches suivent entr'elles la même loi que les termes d'une progression géométrique, décroissante à l'infini, & forment par conséquent une telle progression.

XIV. *Remarque.* Toutes les expériences qu'on a faites sur la compressibilité de l'air, prouvent qu'une même masse de ce fluide se comprime suivant la proportion des poids dont elle est chargée; mais on doit observer que ces expériences ont pour objet des condensations *moyennes;* car il paroît que dans les cas extrêmes, la règle ne sauroit être exacte. En effet, imaginons d'abord que la compression augmente à l'infini: il faudroit que la condensation augmentât de même, & qu'enfin l'air n'occupât plus qu'un espace infiniment petit. Or, quelque figure qu'on attribue aux molécules aëriennes; il est clair que lorsque leurs ressorts ont été comprimés jusqu'à ce que toutes leurs parties se touchent, l'impénétrabilité mutuelle de ces parties ne permet plus de compression. Ajoutez que l'air peut être mêlé de parties dures, dénuées de ressort, ou douées d'un ressort très-imparfait. Si au contraire on suppose que la compression diminue à l'infini, on ne peut pas supposer de même que l'air se dilate à l'infini; car le ressort parfait ou imparfait des molécules aëriennes, ne peut avoir qu'une extension déterminée, & il est impossible de concevoir qu'une masse finie vienne à occuper un espace infini. Il n'est donc pas vrai en rigueur que les condensations de l'air suivent généralement le rapport des poids comprimans. Mais comme les forces comprimantes que nous pouvons employer dans nos expériences, ne passent jamais certaines limites; la proposition de l'article X peut alors être regardée comme vraie sans restriction.

XV. *Scholie.* Les principes précédens servent encore à expliquer l'ascension de l'eau dans les pompes. *Voyez* Pompes. Nous allons déduire ici des mêmes principes une théorie du mouvement de l'air, laquelle est nécessaire & suffisante pour l'explication d'un grand nombre de phénomènes physiques. On trouvera au mot Son, la théorie des ébranlemens de l'air, qui produisent le son.

XVI. Soit *ABCD* (*fig.* 5) un cylindre fermé de tous côtés, contenant un air homogène & également dense dans toute son étendue. Cet air est dans un état de compression, & si-tôt qu'on lui donne quelque issue, ou qu'on lui facilite le moyen de s'étendre ou de se dilater, il se dilate en effet, & sa force élastique diminue. Dans chaque état de compression, la force élastique est toujours égale à la force qui a produit cette compression (X). Ainsi, par exemple, si l'air *ABCD* est pareil à celui que nous respirons, & que par conséquent il ait été comprimé, ou par la pression même de l'atmosphère, ou par une force équivalente, il soutiendra par son ressort le poids d'une colonne d'eau de 32 pieds de hauteur; c'est-à-dire, qu'en regardant le fond supérieur *AD* du cylindre, comme un couvercle librement mobile le long des parois, & imaginant que ce couvercle est chargé dans toute sa surface, d'une colonne d'eau de 32 pieds de hauteur, il y aura équilibre entre la force élastique de l'air, & le poids de la colonne d'eau; & le couvercle *AD* ne pourra ni monter, ni descendre. Je suppose que la chaleur de l'air *ABCD* demeure toujours la même; car si elle venoit à augmenter ou à diminuer, la force élastique augmenteroit ou diminueroit. Pareillement je supposerai dans la suite, que le dégré de chaleur est le même pour tous les airs dont je chercherai à mesurer & à comparer les forces élastiques.

XVII. L'expérience fait voir (X & XI), que si une même masse d'air, qui conserve toujours le même dégré de température, est réduite à occuper successivement différens volumes; les forces qui la compriment, & par conséquent aussi ses différentes forces élastiques, suivent la raison inverse des volumes, ou la raison directe des densités. Or, réduire une même masse d'air à occuper différens volumes, c'est la même chose que faire entrer dans un même volume différentes quantités d'air, dont les densités soient les mêmes respectivement que celles de la masse proposée dans ses différens états. Concluons donc de cette expérience, que si différentes masses d'air occupent successivement un même volume, elles ont des forces élastiques qui leur sont proportionnelles; ou, ce qui revient au même, qui sont proportionnelles à leurs densités, puisque la densité n'est autre chose que la quantité de matière comprise sous un même volume donné.

XVIII. Problême I. *Déterminer la vîtesse avec laquelle l'air sort à chaque instant du vase* ABCD, *par le petit orifice* C, *en supposant qu'il s'échappe dans le vuide, ou qu'il n'éprouve aucune résistance à sa sortie?*

Soient, pour le premier instant du mouvement, *P* le poids auquel la force élastique de l'air peut faire équilibre, *Q* la densité de ce fluide, *V* sa vîteſſe; & nommons q la denſité qu'il a au bout d'un certain tems t, u ſa vîteſſe à la fin de ce même tems. De plus, nommons M & m les maſſes d'*air* qui ſortent en tems égaux dans les deux cas. On voit, par l'article précédent, que la force élaſtique de l'air, après le tems t, ſera $\frac{Pq}{Q}$; & comme les forces motrices ſont proportionnelles aux quantités de mouvement qu'elles produiſent dans le même tems, on aura $P : \frac{Pq}{Q} :: MV : mu$. Mais les maſſes M & m ſont comme les produits de leurs volumes par leurs denſités, & leurs volumes ſont comme les produits de l'orifice par les vîteſſes. Ainſi, l'orifice étant le même dans les deux cas, on aura $M : m :: QV : qu$. Donc $P : \frac{Pq}{Q} :: QVV : quu$. D'où l'on tire $u = V$. Ainſi, l'*air* ſort continuellement avec la même vîteſſe, qui eſt la vîteſſe initiale V.

XIX. Corollaire. Suppoſons qu'au premier inſtant l'*air* contenu dans le vaſe ſoit de l'*air* naturel, ou que le poids P ſoit égal au poids d'une colonne d'eau, de 32 pieds de hauteur. Comme l'*air* eſt environ 850 fois moins denſe que l'eau, il eſt évident que l'écoulement de l'*air* par l'orifice C, eſt le même que ſi cet *air* étoit pouſſé par la preſſion d'une colonne d'*air*, de pareille denſité uniforme, & de 850 fois 32 pieds de hauteur, ou de 27200 pieds de hauteur. Ainſi, la vîteſſe V eſt dûe à cette chûte. Or un corps grave, qui tombe de 15 pieds de hauteur, acquiert une vîteſſe capable de lui faire parcourir uniformément 30 pieds en une ſeconde. Par conſéquent on aura la vîteſſe V, pour une ſeconde, en faiſant cette proportion, $\sqrt{15} : \sqrt{27200} :: 30$ pieds $: V = 1277$ pieds. L'*air* doit donc parcourir, en vertu de ſon reſſort dans l'état ordinaire de l'atmoſphere, environ 1277 pieds en 1 ſeconde, dans le vuide.

XX. Problême II. *Déterminer en général, dans l'hypothèſe du problême précédent, le tems t que l'air emploie à paſſer de la denſité Q à la denſité q?*

Soient H la hauteur dûe à la vîteſſe conſtante V de l'*air* au paſſage C; a la hauteur *donnée* qu'un corps grave parcourt en tombant pendant le tems *donné* θ; C l'aire de l'orifice; A le volume du cylindre $ABCD$. Il ſortira, pendant l'inſtant dt, un petit volume d'*air*, exprimé par $\frac{2C\,dt\sqrt{aH}}{\theta}$ (*Voyez* Écoulement). Or la maſſe étant comme le produit du volume par la denſité (*V.* Masse, Volume, Densité), il s'enſuit qu'il ſort, pendant l'inſtant dt, une petite maſſe d'*air* exprimée par $\frac{2Cq\,dt\sqrt{aH}}{\theta}$; mais, d'un autre côté, il eſt évident que, durant le tems t, il eſt ſorti du cylindre une maſſe exprimée par $AQ - Aq$. On aura donc $\frac{2Cq\,dt\sqrt{aH}}{\theta} = d(AQ - Aq) = -A\,dq$; ce qui donne $dt = \frac{\theta A}{2C\sqrt{aH}} \times -\frac{dq}{q}$, dont l'intégrale eſt (en faiſant $t = 0$, lorſque $q = Q$), $t = \frac{\theta A}{2C\sqrt{aH}} \times L\frac{Q}{q}$. (*Voyez* Intégrale).

On voit, par cette expreſſion du tems, que le vaſe ne ſe videroit entièrement qu'au bout d'un tems infini; mais il ne faut pas oublier ici que, ſuivant la remarque de l'article XIV, l'hypothèſe ſur laquelle cette formule eſt fondée, ceſſe d'être exacte, lorſque la denſité q devient très-petite.

XXI. Problême III. *L'air ayant été condenſé dans le vaſe* ABCD, *on demande la vîteſſe avec laquelle il ſortira par le petit orifice* C, *en ſuppoſant qu'il ſe répande dans un air environnant plus rare que lui, & d'une étendue infinie telle qu'on peut toujours l'attribuer à l'atmoſphère par rapport au vaſe* ABCD?

Nommons D la denſité de l'*air* extérieur; F ſa force élaſtique; Q la denſité initiale de l'*air* intérieur, ou de l'*air* contenu dans le vaſe, & par conſéquent $\frac{QF}{D}$ ſa force élaſtique initiale; q la denſité de l'*air* intérieur, après un certain tems t, & par conſéquent $\frac{qF}{D}$ ſa force élaſtique correſpondante; M la petite maſſe initiale d'*air* qui ſort par l'orifice; V ſa vîteſſe; m la petite maſſe d'*air* qui ſort après le tems t; u ſa vîteſſe. L'*air* extérieur oppoſant conſtamment la réſiſtance F à la ſortie de l'*air* intérieur, il eſt évident que la force expulſive initiale de l'*air* intérieur eſt $\frac{QF}{D} - F$, ou $\frac{(Q-D)F}{D}$, & que la force expulſive, après le tems t, eſt $\frac{(q-D)F}{D}$. Or les forces expulſives ſont comme les quantités de mouvement qu'elles produiſent dans le même tems; ainſi, on a $\frac{(Q-D)F}{D} : \frac{(q-D)F}{D} :: MV : mu$. Mais les maſſes M & m ſont comme les produits de leurs denſités par leurs volumes, & ces volumes ſont comme les produits de l'orifice par les vîteſſes; donc $\frac{(Q-D)F}{D} : \frac{(q-D)F}{D} :: QV^2 : qu^2$; ce qui donne $u = V \times \sqrt{\frac{Q(q-D)}{q(Q-D)}}$.

On voit qu'on aura $u = 0$, ou que l'*air* ceſſera de couler, lorſqu'on aura $q = D$. Je n'ai pas beſoin de faire obſerver que, ſi on avoit $D = Q$, il n'y auroit point du tout de mouvement, puiſqu'alors la force expulſive initiale $\frac{(Q-D)F}{D}$ étant nulle, la vîteſſe initiale V feroit auſſi nulle.

XXII. Corollaire. Suppoſons, par exemple, $Q = 10D$, $q = 9D$; & que la preſſion de l'atmoſphère, ou la force élaſtique F, ſoit équivalente au poids d'une colonne d'eau de 32 pieds de hauteur. La force expulſive initiale $\frac{(Q-D)F}{D}$ de l'*air* équivaudra au poids d'une colonne d'eau de 9×32 pieds, ou de 288 pieds de hauteur : &, comme l'*air*, que cette force fait sortir par l'orifice, est 85 fois moins dense que l'eau, il s'ensuit que l'écoulement initial est le même que si l'*air* étoit alors chassé par la pression d'une colonne d'*air*, partout de même densité que lui, & de 85 fois 288 pieds, ou de 24480 pieds de hauteur; & que par conséquent la vîtesse V est dûe à cette hauteur. Donc la vîtesse V, pour une seconde, sera de 30 pieds $\times \frac{\sqrt{24480}}{\sqrt{15}}$, & la vîtesse u, aussi pour une seconde, sera de 30 pieds $\times \frac{\sqrt{24480}}{\sqrt{15}} \times \frac{\sqrt{80}}{\sqrt{81}}$. Ainsi, on aura, à-peu-près, $V = 1212$ pieds, $u = 1204$ pieds.

On peut se faire par-là une idée de la vîtesse avec laquelle une balle est chassée de ces fusils qu'on appelle *arquebuses à vent*, & dont la description se trouve dans tous les Livres de Physique.

XXIII. PROBLÊME IV. *Trouver le tems t que l'air emploie à passer de la densité Q à la densité q, dans l'hypothèse du problême précédent?*

En représentant par H la hauteur dûe à la vîtesse initiale V, & considérant (*Voyez* ACCÉLÉRÉ) que les hauteurs dûes aux vîtesses V & u sont comme les quarrés de ces vîtesses : on verra que la hauteur dûe à la vîtesse u sera $H \times \frac{Q(q-D)}{q(Q-D)}$. Ainsi, la petite masse d'*air* qui sort pendant l'instant dt, est $\frac{2Cq\,dt}{\theta} \sqrt{\frac{aHQ(q-D)}{q(Q-D)}}$. Mais cette masse a pour autre expression $d(AQ - Aq)$. Par conséquent on aura $dt = \frac{\theta A \sqrt{(Q-D)}}{2C\sqrt{aHQ}} \times \frac{-dq}{\sqrt{(qq-Dq)}}$, dont l'intégrale est (en faisant toujours $t = 0$, lorsque $q = Q$), $t = \frac{\theta A}{2C} \sqrt{\left(\frac{Q-D}{AHQ}\right)} \times$ $l. \left(\frac{Q - \frac{1}{2}D + \sqrt{(Q^2 - D.Q)}}{q - \frac{1}{2}D + \sqrt{(qq - Dq}}\right)$.

Nous avons vu que l'*air* cesse de couler, lorsque $q = D$. Faisant donc $q = D$, on aura, pour le tems que dure l'écoulement, $t = \frac{\theta A}{2C} \sqrt{\left(\frac{Q-D}{aHQ}\right)} \times$ $l. \left(\frac{Q - \frac{1}{2}D + \sqrt{(Q^2 - D.Q)}}{\frac{1}{2}D}\right)$.

XXIV. PROBLÊME V. *Le vase* ABCD *étant supposé contenir un air plus rare, que celui de l'atmosphère, on demande la vîtesse avec laquelle ce dernier entrera dans le vase, par le petit orifice* C?

En nommant D la densité constante de l'*air* extérieur; F sa force élastique; Q la densité initiale de l'*air* contenu dans le cylindre, & par conséquent $\frac{QF}{D}$ sa force élastique initiale; q la densité de cet *air*, après le tems t, & par conséquent $\frac{qF}{D}$ sa force élastique après ce même tems; V la vîtesse initiale avec laquelle l'*air* extérieur entre dans le cylindre; u sa vîtesse après le tems t : on voit que la force impulsive initiale de l'*air*, dans le cylindre, est $F - \frac{QF}{D}$ ou $\frac{(D-Q)F}{D}$, & qu'après le tems t la force impulsive est $\frac{(D-q)F}{D}$. On aura donc, $\frac{(D-Q)F}{D} : \frac{(D-q)F}{D} :: DV^2 : Du^2$; & par conséquent $u = V \times \sqrt{\frac{D-q}{D-Q}}$.

Si, au premier instant, le cylindre étoit vuide, on auroit $Q = 0$; & alors $u = V \times \sqrt{\frac{D-q}{D}}$.

On voit, dans l'un & l'autre cas, que l'*air* cesse d'entrer dans le cylindre, lorsque $q = D$, ou lorsque la densité de l'*air* est la même en dedans qu'en dehors.

XXV. PROBLÊME VI. *Trouver l'équation entre le tems t & la densité q, dans l'hypothèse générale du problême précédent?*

Soit H la hauteur dûe à la vîtesse V, & gardons les autres dénominations. La petite masse d'*air* qui entre dans le cylindre $ABCD$, pendant l'instant dt, est exprimée par $2C \cdot D\,dt \cdot \sqrt{\frac{aH(D-q)}{D-Q}}$; &, comme elle a pour seconde valeur $d(Aq)$, on aura $dt = \frac{\theta A}{2C\sqrt{[aH(D-Q)]}} \times \frac{dq}{\sqrt{(D-q)}}$, dont l'intégrale est (en faisant $t = 0$, lorsque $q = D$) $t = \frac{\theta A \sqrt{(D-Q)}}{CD\sqrt{aH}} \times [\sqrt{(D-Q)} - \sqrt{(D-q)}]$.

XXVI. PROBLÊME VII. *Les deux cylindres* ABCD, FCHG (*fig.* 6), *fermés de tous côtés, & contenant des airs differemment condensés : on demande la vîtesse avec laquelle l'air passera d'un cylindre dans l'autre, par le petit orifice* C?

Il est d'abord évident que l'*air* le plus dense coulera dans le plus rare. Supposons que cet écoulement se fasse du vase $ABCD$ dans le vase $FCHG$. Nommons D la densité de l'*air* de l'atmosphère; F sa force élastique; Q la densité initiale de l'*air* $ABCD$, & par conséquent $\frac{QF}{D}$ sa force élastique initiale; q sa densité après le tems t; & par conséquent $\frac{qF}{D}$ sa force élastique après ce même tems; R la densité initiale de l'air $FCHG$, & par conséquent $\frac{RF}{D}$ sa force élastique initiale; r sa densité après le tems t, & par conséquent $\frac{rF}{D}$ sa force élastique après ce même tems; V la vîtesse initiale de l'*air* $ABCD$; u sa vîtesse après le tems t. Il est clair que la force expulsive de l'air $ABCD$ est $\frac{QF}{D} - \frac{RF}{D}$, au premier instant; & $\frac{qF}{D} - \frac{rF}{D}$;

après le tems t. Ainsi, on aura $\frac{QF - RF}{D} : \frac{qF - rF}{D} :: QVV : quu$; ce qui donne $u = V \times \sqrt{\frac{Q(q-r)}{q(Q-R)}}$.

L'écoulement cessera, quand on aura $r = q$.

Comme la masse totale d'*air*, contenue dans les deux cylindres, demeure constamment la même; si l'on nomme A la capacité ou le volume du cylindre $ABCD$, B celui du cylindre $FCHG$, on aura cette seconde équation $A \cdot Q + B \cdot R = A \cdot q + B \cdot r$, parce que les masses sont comme les produits des volumes par les densités. Cette équation donne $r = \frac{A(Q-q) + B \cdot R}{B}$. Substituant cette valeur de r dans la valeur de u, on aura $u = V \times \sqrt{\frac{Q[B(q-R) - A(Q-q)]}{Bq(Q-R)}}$: équation qui donne la vîtesse u correspondante à chaque densité q.

XXVII. Problème VIII. *Trouver l'équation entre le tems t & la densité q, dans l'hypothèse du problème précédent?*

Supposons, pour abréger un peu le calcul, $AQ + BR = f$, $AQ + BQ = K$, $BQ - BR = m$: on trouvera, en raisonnant toujours de même, $2Cqdt\sqrt{\frac{aH(Kq - fQ)}{mq}} = d(AQ - Aq) = -Adq$; ou bien $dt = \frac{A\sqrt{m}}{2C\sqrt{aHK}} \times \frac{-dq}{\sqrt{\left(q^2 - \frac{fQ}{K} \cdot q\right)}}$, dont l'intégrale est (en faisant $t = 0$, lorsque $q = Q$), $t = \frac{A\sqrt{m}}{2C\sqrt{aHK}} \times$

$$L. \left\{ \frac{Q - \frac{fQ}{2K} + \sqrt{\left(Q^2 - \frac{fQ}{2K}\right)}}{q - \frac{fQ}{2K} + \sqrt{\left(q^2 - \frac{fQ}{2K}\right)}} \right\}.$$

Nous ne nous arrêterons pas à développer en détail toutes les conséquences qui résultent de ces formules: le lecteur y suppléra facilement. (*L. B.*).

AIRE, s. f. (*Géométrie*): surface d'une figure rectiligne, curviligne, ou mixtiligne, c'est-à-dire, l'espace que cette figure renferme. *Voyez* Surface, Figure, *&c.*

Si une *aire*, par exemple un champ, a la figure d'un quarré, dont le côté soit de 40 pieds, cette *aire* aura 1600 pieds quarrés, ou contiendra 1600 petits quarrés, dont le côté sera d'un pied. *Voyez* Quarré, Mesure.

Ainsi, trouver l'*aire* ou la surface d'un triangle, d'un quarré, d'un parallélogramme, d'un rectangle, d'un trapèze, d'un rhombe, d'un polygone, d'un cercle, ou d'une autre figure, c'est trouver combien cette *aire* contient de pieds, de pouces & de lignes quarrés. Quant à la manière de faire cette réduction d'une surface en surfaces partielles quarrées. *Voyez* Triangle.

Pour mesurer un champ, un jardin, un lieu entouré de murs, fermé de haies, ou terminé par des lignes, il faut prendre les angles qui se trouvent dans le contour de ce lieu, les porter sur le papier, & réduire ainsi l'*aire* comprise entre ces angles & leurs côtés en arpens, *&c.*, en suivant les méthodes prescrites pour la mesure des figures planes en général. *Voyez* Faire ou Lever un Plan.

Si du centre du soleil, on conçoit une ligne tirée au centre d'une planete, cette ligne engendrera autour du soleil des *aires* elliptiques proportionnelles au tems. Telle est la loi que suivent les planetes dans leur mouvement autour du soleil; ainsi le soleil étant supposé en S, & une planete en A, (*Pl. Astronom. figure 86*) si cette planete parvient en B, dans un tems quelconque donné; le rayon vecteur AS aura formé dans ce mouvement l'*aire* ASB: soit ensuite la même planete parvenue en P, & soit pris le point F, tel que l'*aire* PSF, soit égale à l'*aire* ASB; il est certain par la proposition précédente, qu'elle aura parcouru les arcs PF & AB, dans des tems égaux. *Voyez* Planete & Ellipse.

Le célebre Neuton a démontré que tout corps qui dans son mouvement autour d'un autre, suit la loi dont nous venons de parler, c'est-à-dire que tout corps qui décrit autour d'un autre corps, des *aires* proportionnelles au tems, gravite ou tend vers ce corps. *Voyez* Gravivation & Philosophie Neutonniene (*O*).

Aire *de pont*; c'est le dessus d'un pont sur lequel on marche, pavé ou non pavé.

Aire *d'un bassin*; c'est un massif d'environ un pied d'épaisseur, fait de chaux & de ciment avec des cailloux, ou un corroi de glaise pavé par-dessus; ce qui fait le fond du bassin. Cette *aire* se conserve long-tems, pourvu que la superficie de l'eau s'écoule aisément; quand le tuyau de décharge est trop menu, l'eau superflue régorgeant sur les bords, délaye le terrein sur lequel est assis le bassin, & le fait périr (*K*).

Aires proportionnelles au tems, (*Astron.*) c'est une des loix de Kepler, qui ont lieu dans les mouvemens des planetes, & que ce grand homme découvrit en même temps que la figure elliptique de leurs orbites; elle consiste en ce que le rayon mené du centre du soleil, au centre de la planete qui tourne autour de lui, parcourt des secteurs égaux, en tems égaux: si la planete est deux fois plus éloignée du soleil, elle va deux fois plus lentement; en sorte que le triangle ou le secteur parcouru, étant deux fois plus étroit, quoique deux fois plus long, la surface est toujours la même.

Kepler démontre d'abord à la page 165 de sa *nouvelle Physique céleste*, que le mouvement des planetes dans les apsides, est proportionnel à leur distance au soleil, même dans l'hypothèse de Ptolomée; c'est-à-dire, qu'en prenant un arc de l'excentrique, vers l'aphelie, & un autre arc de même longueur vers le perihelie, la planete est plus long-tems dans l'arc aphelie, à proportion que la distance aphelie est plus grande. Soit E (*Astron. fig. 81.*) le point autour duquel le mouvement est supposé uniforme; S le centre du soleil à même distance du centre C que le point E, ayant tiré deux lignes MEO, NEP, l'arc MN, & l'arc OP sont parcourus dans le même temps, suivant cette hypothèse; puisque les angles en E sont égaux. Si du point S on tire les lignes SO, SP, & les lignes SN, SM, elles formeront des secteurs égaux OSP, NSM: en effet, à cause des triangles semblables NEM, OEP, on a cette proportion $MN : OP :: ER : EQ$; donc $MN \cdot EQ = OP \cdot ER = OP \cdot SQ = MN \cdot SR$; donc le secteur SNM est égal au secteur OSP: donc dans l'hypothèse même d'un cercle excentrique, si l'on prend deux arcs MN & OP décrits par une planète dans des temps égaux, on aura au point S des *aires* égales.

Lorsque Kepler passe à la considération des orbes elliptiques, il transporte à l'ellipse cette propriété qu'il n'avoit prouvée que pour le cercle excentrique, & cela sans y employer de nouvelles démonstrations. Il n'avoit d'abord considéré que le cas de l'aphelie & du perihelie; mais la régle se trouva vérifiée d'ailleurs par un accord général entre les observations & les calculs.

Ce fut Neuton qui, dans son fameux livre des principes, fit voir que cette loi étoit une suite nécessaire du mouvement des planetes autour du soleil & de la force centrale, dirigée constamment vers le soleil.

Considérons une planete tournant autour du soleil S *fig. 82.* en un point quelconque Q de son orbite, venant de parcourir l'instant d'auparavant une très-petite portion PQ de cette orbite, que l'on suppose une très-petite ligne droite; la planete parvenue de P en Q & le rayon de son orbite ayant passé de SP en SQ, a décrit l'*aire* SPQ en une minute de temps; je dis que dans la minute suivante, il décrira une *aire* SQR, égale à l'*aire* SPQ; ou un triangle égal en surface à SPQ, en sorte que l'*aire* décrite par le rayon, sera égale en tems égal. En effet, si la planete livrée à elle-même, eût continué à se mouvoir de Q en F, en vertu de la loi générale du mouvement, elle auroit décrit une *aire* QSF égale à l'*aire* PSQ, parce que ces deux triangles sont égaux, ayant des bases égales PQ & QF, & pour hauteur commune la perpendiculaire abaissée du point S sur la direction FQP prolongée au dehors; mais à cause de la force centrale, qui attire la planete vers le soleil, avec une force exprimée par QG, elle décrira la diagonale QR d'un parallélogramme $FQGR$, & ce sera une *aire* QSR (à la place de l'*aire* QSF) qui sera décrite par la planete: or les triangles QSR, QSF sont encore égaux, parce qu'ils ont la même base QS, & sont compris entre les mêmes paralleles FR & QS; donc l'*aire* QSR est aussi égale à l'*aire* PSQ: ainsi il est démontré que la petite *aire* décrite dans la premiere minute est égale à la petite *aire* décrite dans la minute suivante; procédant ensuite de minute en minute dans toute la durée de la révolution, on démontreroit avec la même facilité, que la même planete décrira éternellement la même *aire* dans le même tems, à quelque distance du soleil qu'elle parvienne, tant qu'il ne surviendra pas une force étrangère, qui puisse troubler l'égalité entre QF & PQ, c'est-à-dire, entre la ligne qu'une planete vient de parcourir, & celle qu'elle tend à parcourir dans la minute suivante.

Ainsi la loi des *aires* proportionnelles aux tems, est prouvée non-seulement par l'observation, c'est-à-dire, par l'accord général des calculs fondés sur cette loi avec les observations, mais encore par la nature même des deux forces qui animent les planetes. *Voyez* LOIX DE KEPLER. PLANETES. (*M. DE LA LANDE.*)

AIROMETRIE, f. f. Science des propriétés de l'air. *Voyez* AIR.

AIS, *terme de Paumier;* c'est une planche maçonnée dans le mur à l'extrémité d'un tripot ou jeu de paume, qu'on appelle *quarré*. L'*ais* est placé précisément dans l'angle du jeu de paume, qui touche à la galerie, & dans la partie du tripot, où est placé le serveur. Les tripots ou jeux de paume qu'on appelle des *dedans*, n'ont point d'*ais*. Quand la balle va frapper de volée dans l'*ais*, ce qui se connoît par le son de la planche, le joueur, qui l'a poussée, gagne un quinze. *Voyez* JEU DE PAUME.

AISSIEU, (*Astron.*) *Voyez* AXE.

AISSIEU, (*Méch.*) *Voyez* ESSIEU.

AIXOLENIA, (*Astron.*): c'est un des noms de la constellation de la *chevre*.

AJUTAGE ou AJUTOIR, f. m. (*Hyd.*): orifice par lequel un fluide sort d'un réservoir ou d'un vase quelconque. On donne ordinairement ce nom à des tronçons de cylindre ou de cones, de cuivre, de fer-blanc, de plomb, qu'on adapte à un réservoir, ou à la *souche* d'un tuyau de conduite, pour procurer l'écoulement d'un fluide, ou pour former un jet d'eau. La quantité d'eau que donne un *ajutage*, est proportionnelle au produit de sa surface, par la racine quarrée de la hauteur de l'eau au dessus de cet *ajutage*. On peut prendre pour cette hauteur, la distance du centre de gravité de la surface de l'*ajutage* au plan horizontal, qui rase la surface du fluide dans le réservoir, parce qu'ordinairement le diametre de l'*ajutage* est très-petit en comparaison de la hauteur proposée; autrement il faudroit déterminer la quantité d'eau écoulée, par la méthode qu'on expliquera au mot ÉCOULEMENT.

Voyez au mot JET D'EAU la meilleure forme des *ajutages*, pour produire la plus grande élévation de l'eau. (*L. B.*).

ALAMAC, ALAMAK ou AMAK, (*Astron.*)

nom que les Arabes ont donné à une étoile de la seconde grandeur, qui est dans le pied austral d'Andromede; elle est appellée γ dans les cartes célestes de Bayer & de Flamsteed, ainsi que dans nos catalogues d'étoiles. (*M. de la Lande.*)

ALBEGALA, (*Astr.*): c'est un des noms de la lyre.

ALBIREO, (*Astr.*): c'est un des noms de l'étoile β du cygne.

ALCYONE, (*Astr.*): c'est le nom d'une des pleiades, la plus brillante de toutes, marquée γ dans nos catalogues.

ALDEBARAN, (*Astr.*): nom que les Auteurs Arabes ont donné, & que nous donnons encore à l'étoile de la premiere grandeur, qui est dans les hyades, appellée aussi *œil du taureau*; le nom Arabe signifie étoile principale ou dominante: on l'appelle en Grec, λαμπαδίας & ὑπόχιρρος, en Latin, *palilicium* ou *parilicium*, *subrufa*; en Arabe, *abenezra*, *Atin*, *Eltaur*: mais son nom le plus ordinaire, est *Aldebaran*. On croit que c'est le Taschter des Indiens, le génie qui présidoit à l'équinoxe du printemps. Voyez *M. Bailly*, *Histoire de l'Astronomie*; on peut facilement la reconnoître, en la voyant dans le méridien, à neuf heures du soir, le 8 Janvier à 57° de hauteur à Paris: nous verrons à l'article Constellation, d'autres manieres de reconnoître cette étoile, de même que toutes celles qui sont un peu remarquables. *Aldebaran* est souvent éclipsée par la lune, & ces éclipses sont fort utiles pour trouver les longitudes des lieux; elle est sujette à de petites inégalités, qui annoncent un déplacement réel, *Voy.* Étoile. (*D. L.*)

ALÉSÉ, adj. (*Hydraul.*): se dit des parois ou côtés d'un tuyau qui sont bien limés, c'est-à-dire, dont on a abbatu tout le rude (*K*).

ALFONSINES, *Voyez* Alphonsines.

ALGEBAR ou ALGEBARO, nom Arabe de la constellation d'Orion.

ALGÈBRE, s. f. *Science du calcul des grandeurs considérées généralement.* On a choisi, pour représenter les grandeurs ou les quantités, les lettres de l'alphabet, comme étant d'un usage plus facile & plus commode qu'aucune autre sorte de signes.

Ménage dérive ce mot de l'Arabe *Algiabarat*, qui signifie le *rétablissement d'une chose rompue*; supposant faussement que la principale partie de l'*Algèbre* consiste dans la considération des nombres rompus. Quelques-uns pensent contre M. d'Herbelot, que l'*Algèbre* prend son nom de Geber, philosophe Chimiste & Mathématicien célèbre, que les Arabes appellent *Giabert*, & que l'on croit avoir été l'inventeur de cette science; d'autres prétendent que ce nom vient de *gefr*, espèce de parchemin, fait de la peau d'un chameau, sur lequel Ali & Giafur Sadek écrivirent en caractères mystiques la destinée du Mahométisme, & les grands événemens qui devoient arriver jusqu'à la fin du monde; d'autres le dérivent du mot *geber*, dont avec la particule *al* on a formé le mot *Algèbre*, qui est purement arabe, & signifie proprement *la réduction des nombres rompus en nombres entiers*; étymologie qui ne vaut gueres mieux que celle de Ménage. Au reste, il faut observer que les Arabes ne se servent jamais du mot *Algèbre* seul, pour exprimer ce que nous entendons aujourd'hui par ce mot; mais ils y ajoutent toujours le mot *macabelah*, qui signifie *opposition & comparaison*; ainsi *Algebra-Almacabelah* est ce que nous appellons proprement *Algèbre*.

Quelques Auteurs définissent l'Algèbre, l'*art de résoudre les problêmes mathématiques*: mais c'est-là l'idée de l'Analyse ou de l'art analytique plutôt que de l'*Algèbre*. *Voyez* Analyse.

En effet l'*Algèbre* a proprement deux parties: 1.° la méthode de calculer les grandeurs, en les représentant par les lettres de l'alphabet; 2.° la maniere de se servir de ce calcul pour la solution des problêmes. Comme cette derniere partie est la plus étendue & la principale, on lui donne souvent le nom d'*Algèbre* tout court, & c'est principalement dans ce sens que nous l'envisagerons dans la suite de cet article.

Les Arabes l'appellent *l'art de restitution & de comparaison*, ou *l'art de résolution & d'équation*. Les anciens Auteurs Italiens lui donnent le nom de *regula rei & census*, c'est-à-dire, la règle de la racine & du quarré: chez eux, la racine s'appelle *res*; & le quarré, *census*. *Voyez* Racine, Quarré. D'autres la nomment *Arithmétique spécieuse*, *Arithmétique universelle*, &c.

L'*Algèbre* est proprement la méthode de calculer les quantités indéterminées; c'est une sorte d'Arithmétique, par le moyen de laquelle on calcule les quantités inconnues, comme si elles étoient connues. Dans les calculs algébriques, on regarde la grandeur cherchée, nombre, ligne, ou toute autre quantité, comme si elle étoit donnée; & par le moyen d'une ou de plusieurs quantités données, on marche de conséquence en conséquence, jusqu'à ce que la quantité que l'on a supposée d'abord inconnue, ou au moins quelqu'une de ses puissances, devienne égale à quelques quantités connues; ce qui fait connoître cette quantité elle-même. *Voyez* Quantité & Arithmétique.

On peut distinguer deux espèces d'*Algèbre*; la *numérale* & la *littérale*.

L'*Algèbre numérale* ou *vulgaire*, est celle des anciens Algébristes, qui n'avoit lieu que dans la résolution des questions arithmétiques. La quantité cherchée y est représentée par quelque lettre ou caractère: mais toutes les quantités données sont exprimées en nombre. *Voyez* Nombre.

L'*Algèbre littérale* ou *spécieuse*, ou la *nouvelle Algèbre*, est celle où les quantités données ou connues, de même que les inconnues, sont exprimées ou représentées généralement par les lettres de l'alphabeth, *Voyez* Spécieuse.

Elle soulage la mémoire & l'imagination, en diminuant beaucoup les efforts qu'elles seroient obligées

obligées de faire, pour retenir les différentes choses nécessaires à la découverte de la vérité sur laquelle on travaille, & que l'on veut conserver présentes à l'esprit : c'est pourquoi quelques Auteurs appellent cette science *Géométrie métaphysique*.

L'*Algèbre spécieuse* n'est pas bornée comme la *numérale*, à une certaine espèce de problêmes : mais elle sert universellement à la recherche ou à l'invention des théorêmes, comme à la résolution & à la démonstration de toutes sortes de problêmes, tant arithmétiques que géométriques. *Voyez* THÉORÊME, *&c.*

Les lettres dont on fait usage en *Algèbre*, représentent chacune séparément des lignes ou des nombres, selon que le problême est arithmétique ou géométrique ; & mises ensemble, elles représentent des produits, des plans, des solides & des puissances plus élevées, si les lettres sont en plus grand nombre : par exemple ; en Géométrie, s'il y a deux lettres, comme $a\,b$, elles représentent un rectangle dont deux côtés sont exprimés, l'un par la lettre a, & l'autre par b ; de sorte qu'en se multipliant réciproquement, elles produisent le plan $a\,b$: si la même lettre est répétée deux fois, comme $a\,a$, elle signifie un quarré : trois lettres $a\,b\,c$, représentent un solide ou un parallélipipede rectangle, dont les trois dimensions sont exprimées par les trois lettres a, b, c ; la longueur par a, la largeur par b, la profondeur ou l'épaisseur par c ; en sorte que par leur multiplication mutuelle, elles produisent le solide $a\,b\,c$.

Comme dans les quarrés, cubes, 4.es puissances, *&c.* la multiplication des dimensions ou degrés est exprimée par la multiplication des lettres, & que le nombre de ces lettres peut croître jusqu'à devenir trop incommode, on se contente d'écrire la racine une seule fois, & de marquer à la droite l'exposant de la puissance, c'est-à-dire le nombre des lettres dont est composée la puissance ou le degré qu'il s'agit d'exprimer, comme a^2, a^3, a^4, a^5 : cette dernière expression a^5 veut dire la même chose que a élevé à la cinquième puissance ; & ainsi du reste. *Voyez* PUISSANCE, RACINE, EXPOSANT, *&c.*

Quant aux symboles, caractères, *&c.* dont on fait usage en *Algèbre*, avec leur application, *&c. Voyez les articles*, CARACTÈRE, QUANTITÉ, *&c.*

Pour la méthode de faire les différentes opérations de l'*Algèbre*, *voyez* ADDITION, SOUSTRACTION, MULTIPLICATION, *&c.*

Quant à l'origine de cet art, nous n'avons rien de fort clair là-dessus : on en attribue ordinairement l'invention à Diophante, Auteur grec, qui en écrivit treize livres, quoiqu'il n'en reste que six. Xylander les publia pour la première fois en 1575 ; & depuis ils ont été commentés & perfectionnés par Gaspard Bachet, sieur de Meziriac, de l'Académie Françoise, & ensuite par M. de Fermat.

Néanmoins il semble que l'*Algèbre* n'a pas été totalement inconnue aux anciens Mathématiciens, qui existoient bien avant le siècle de Diophante : on en voit les traces en plusieurs endroits de leurs ouvrages, quoiqu'ils paroissent avoir eu le dessein d'en faire un mystère. On en apperçoit quelque chose dans Euclide, ou au moins dans Theon, qui a travaillé sur Euclide. Ce Commentateur prétend que Platon avoit commencé le premier à enseigner cette science. Il y en a encore d'autres exemples dans Pappus, & beaucoup plus dans Archimede & Apollonius.

Mais la vérité est que l'analyse dont ces Auteurs ont fait usage, est plutôt géométrique qu'algébrique, comme cela paroît par les exemples que l'on en trouve dans leurs ouvrages ; en sorte que l'on peut dire que Diophante est le premier & le seul Auteur parmi les Grecs, qui ait traité de l'*Algèbre*. On croit que cet art a été fort cultivé par les Arabes : on dit même que les Arabes l'avoient reçu des Perses, & les Perses des Indiens. On ajoute que les Arabes l'apportèrent en Espagne ; d'où, suivant l'opinion de quelques-uns, il passa en Angleterre avant que Diophante y fût connu.

Luc Paciolo, ou Lucas à Burgo, Cordelier, est le premier dans l'Europe, qui ait écrit sur ce sujet : son livre, écrit en Italien, fut imprimé à Venise en 1494. Il étoit, dit-on, disciple d'un Léonard de Pise, & de quelques autres dont il avoit appris cette méthode : mais nous n'avons aucun de leurs écrits. Selon Paciolo, l'*Algèbre* vient originairement des Arabes : il ne fait aucune mention de Diophante ; ce qui feroit croire que cet Auteur n'étoit pas encore connu en Europe. Son *Algèbre* ne va pas plus loin que les équations simples & quarrées ; encore son travail sur ces dernières observations est-il fort imparfait, comme on peut le voir par le détail que donne sur ce sujet M. l'Abbé du Gua, dans un excellent Mémoire imprimé parmi ceux de l'Académie des Sciences de Paris 1741. *V.* QUARRÉ *ou* QUADRATIQUE, ÉQUATIONS, RACINE, *&c.*

Après Paciolo parut Stifelius, Auteur qui n'est pas sans mérite : mais il ne fit faire aucun progrés remarquable à l'*Algèbre*. Vinrent ensuite Scipion Ferrei, Tartaglia, Cardan & quelques autres, qui poussèrent cet art jusqu'à la résolution de quelques équations cubiques : Bombelli les suivit. On peut voir dans la dissertation de M. l'Abbé du Gua que nous venons de citer, l'histoire très-curieuse & très-exacte des progrès plus ou moins grands que chacun de ces Auteurs fit dans la science dont nous parlons : tout ce que nous allons dire dans la suite de cet article sur l'histoire de l'*Algèbre*, est tiré de cette dissertation. Elle est trop honorable à notre nation, pour n'en pas insérer ici la plus grande partie.

« Tel étoit l'état de l'*Algèbre* & de l'Analyse, » lorsque la France vit naître dans son sein François » Viete, ce grand Géomètre, qui lui fit seul autant » d'honneur que tous les Auteurs dont nous venons » de faire mention, en avoient fait ensemble à » l'Italie.

» Ce que nous pourrions dire ici à son éloge, se» roit certainement au-dessous de ce qu'en ont dit » déjà depuis long-tems les Auteurs les plus illustres,

» même parmi les Anglois, dans la bouche desquels » ces louanges doivent être moins suspectes de par- » tialité, que dans celle d'un compatriote. *Voyez* ce » qu'en dit M. Halley, *Transf. philos. n.° 190. art 2.* » *an. 1687.*

» Ce témoignage, quelque avantageux qu'il soit » pour Viete, est à peine égal à celui qu'Harriot, » autre Algébriste Anglois, rend au même Auteur » dans la préface du livre qui porte pour titre, *Artis* » *analyticæ praxis.*

» Les éloges qu'il lui donne, sont d'autant plus » remarquables, qu'on les lit à la tête de ce même » ouvrage d'Harriot, où Wallis a prétendu apper- » cevoir les découvertes les plus importantes qui » se soient faites dans l'analyse, quoiqu'il lui eût » été facile de les trouver presque toutes dans Viete, » à qui elles appartiennent en effet pour la plupart; » comme on le va voir.

» On peut entr'autres en compter sept de ce » genre.

» La première, c'est d'avoir introduit dans les » calculs les lettres de l'alphabeth, pour désigner » même les quantités connues. Wallis convient de » cet article, & il explique au *chap. xiv.* de son » traité d'*Algèbre*, l'utilité de cette pratique.

» La seconde, c'est d'avoir imaginé presque toutes » les tranformations des équations, aussi bien que » les différens usages qu'on en peut faire, pour » rendre plus simples les équations proposées. On » peut consulter là-dessus son traité *de recognitione* » *Æquationum*, à la page 91 & suivantes, édition » de 1646, aussi bien que le commencement du » traité *de emendatione Æquationum*, page 127 & » suivantes.

» La troisième, c'est la méthode qu'il a donnée, » pour reconnoître, par la comparaison de deux » équations, qui ne différoient que par les signes, » quel rapport il y a entre chacun des coëfficiens » qui leur sont communs, & les racines de l'une » & de l'autre. Il appelle cette méthode *syncrisis*, » & il l'explique dans le traité *de recognitione*, page » 104 & suivantes.

» La quatrième, c'est l'usage qu'il fait des décou- » vertes précédentes, pour résoudre généralement » les équations du quatrième degré, & même celles » du troisième. *Voyez* le traité *de emendatione*, » pages 140 & 147.

» La cinquième, c'est la formation des équations » composées par leurs racines simples, lorsqu'elles » sont toutes positives, ou la détermination de » toutes les parties de chacun des coëfficiens de » ces équations, ce qui termine le livre *de emen-* » *datione*, page 158.

» La sixième & la plus considérable, c'est la ré- » solution numérique des équations, à l'imitation » des extractions de racines numériques, matière » qui fait elle seule l'objet d'un livre tout entier.

» Enfin on peut prendre pour une septième dé- » couverte, ce que Viete a enseigné de la méthode » pour construire géométriquement les équations, » & qu'on trouve expliquées *pages 229 & suiv.*

» Quoiqu'un si grand nombre d'inventions pro- » pres à Viete dans la seule Analyse, l'aient fait » regarder, avec raison, comme le père de cette » Science, nous sommes néanmoins obligés d'a- » vouer qu'il ne s'étoit attaché à reconnoître com- » bien il pouvoit y avoir dans les équations de » racines de chaque espèce, qu'autant que cette » recherche entroit dans le dessein qu'il s'étoit pro- » posé, d'assigner en nombre les valeurs ou exactes, » ou approchées de ces racines. Il ne considéra » donc point les racines réelles négatives, non » plus que les racines impossibles, que Bombelli » avoit introduites dans le calcul; & ce ne fut que » par des voies indirectes, qu'il vint à bout de » déterminer, lorsqu'il en eut besoin, le nombre » des racines réelles positives. L'illustre M. Halley » lui fait même avec fondement, quelques reproches » sur les règles qu'il donne pour cela.

» Ce que Viete avoit omis de faire au sujet du » nombre des racines, Harriot qui vint bientôt » après, le tenta inutilement dans son *Artis ana-* » *lyticæ praxis.* L'idée que l'on doit se former de » cet ouvrage, est précisément celle qu'en donne sa » préface; car pour celle qu'on pourroit en prendre » par la lecture du traité d'*Algèbre* de Wallis, elle » ne seroit point du tout juste. Non-seulement ce » livre ne comprend point, comme Wallis vouloit » l'insinuer, tout ce qui avoit été découvert de plus » intéressant dans l'analyse, lorsque Wallis a écrit; » on peut même dire qu'il mérite à peine d'être » regardé comme un ouvrage d'invention. Les abré- » gés que Harriot a imaginés dans l'*Algèbre*, se » réduisent à marquer les produits de différentes » lettres, en écrivant ces lettres immédiatement les » unes après les autres: (car nous ne nous arrête- » rons point à observer avec Wallis, qu'il a em- » ployé dans les calculs les lettres minuscules au » lieu des majuscules). Il n'a point simplifié les » expressions où une même lettre se trouvoit plu- » sieurs fois, c'est-à-dire les expressions des puis- » sances, en écrivant l'exposant à côté. On verra » bientôt que c'est à Descartes qu'on doit cet abrégé, » ainsi que les premiers élémens du calcul des puis- » sances; découverte qui en a été la suite naturelle, » & qui a été depuis d'un si grand usage.

» Quant à l'analyse, le seul pas qu'Harriot pa- » roisse proprement y avoir fait, c'est d'avoir em- » ployé dans la formation des équations du 3.e & » du 4.e degré, les racines négatives, & même des » produits de deux racines impossibles; ce que n'a- » voit point fait Viete dans son dernier chapitre » *de emendatione*: encore trouve-t-on ici une faute; » c'est que l'Auteur forme les équations du 4.e de- » gré, dont les quatre racines doivent être tout-à-la- » fois impossibles, par le produit de $bc + aa = 0$, » & $df + aa = 0$, ce qui n'est pas assez général, » les quatre racines ne devant pas être tout-à-la-fois supposées des imaginaires pures, mais tout au plus deux imaginaires pures, & deux mixtes imaginaires. »

M. l'Abbé du Gua fait encore à Harriot plusieurs autres reproches qu'on peut lire dans son mémoire.

« Il n'est presque aucune Science qui n'ait dû au grand Descartes quelque degré de perfection : mais l'*Algèbre* & l'Analyse lui sont encore plus redevables que tous les autres. Vraisemblablement il n'avoit point lu ce que Viete avoit découvert dans ces deux sciences, & il les poussa beaucoup plus loin. Non-seulement il marque, ainsi que Harriot, le produit de deux lettres, en les écrivant à la suite l'une de l'autre ; il ajoute à cela l'expression du produit de deux polynomes, en se servant du signe de la multiplication, & en tirant une ligne sur chacun de ces polynomes en particulier, ce qui soulage beaucoup l'imagination. C'est lui qui a introduit dans l'*Algèbre* les exposans, ce qui a donné les principes élémentaires de leurs calculs : c'est lui qui a imaginé le premier des racines aux équations, dans les cas mêmes où ces racines sont impossibles ; de façon que les imaginaires & les réelles remplissent le nombre des dimensions de la proposée : c'est lui qui a donné le premier des moyens de trouver les limites des racines des équations, qu'on ne peut résoudre exactement ; enfin il a beaucoup ajouté aux affections géométriques de l'*Algèbre* que Viete nous a laissées, en déterminant ce que c'est que les lignes négatives ; c'est-à-dire celles qui répondent aux racines des équations qu'il nomme *fausses* ; & en enseignant à multiplier & à diviser les lignes les unes par les autres. *V. le commencement de sa Géométrie.* Il forme, comme Harriot, les équations par la multiplication de leurs racines simples, & ses découvertes dans l'analyse pure se réduisent principalement à deux. La première, d'avoir enseigné combien il se trouve de racines positives ou négatives dans les équations qui n'ont point de racines imaginaires. *Voyez* RACINE. La seconde, c'est l'emploi qu'il fait de deux équations du second degré à coëfficiens indéterminés, pour former par leur multiplication une équation qui puisse être comparée terme à terme avec une proposée quelconque du quatrième degré, afin que ces comparaisons différentes fournissent la détermination de toutes les déterminées qu'il avoit prises d'abord, & que la proposée se trouve ainsi décomposée en deux équations du second degré, faciles à résoudre par les méthodes qu'on avoit déjà pour cet effet. *Voyez sa Géométrie, page 89, édit. d'Amst. An. 1649.* Cet usage des indéterminés, est si adroit & si élégant, qu'il a fait regarder Descartes comme l'inventeur de la méthode des indéterminés ; car c'est cette méthode qu'on a depuis appellée & qu'on nomme encore aujourd'hui proprement l'*Analyse de Descartes* ; quoiqu'il faille avouer que Ferrei, Tartaglia, Bombelli, Viete sur-tout, & après lui Harriot, en eussent eu connoissance.

Pour l'Analyse mixte, c'est-à-dire l'application de l'Analyse à la Géométrie, elle appartient presque entièrement à Descartes, puisque c'est à lui qu'on doit incontestablement les deux découvertes qui en sont comme la base. Je parle de la détermination de la nature des courbes par les équations à deux variables, (*page 26*), & de la construction générale des équations du 3.e & du 4.e degré, (*page 95*). On peut y ajouter l'idée de déterminer la nature des courbes à double courbure par deux équations variables, (*page 74*) ; la méthode des tangentes, qui est comme le premier pas qui se soit fait vers les infiniment petits, (*page 46*) ; la détermination des courbes propres à réfléchir ou à réunir par réfraction, en un seul point, les rayons de lumière ; enfin l'application de l'Analyse & de la Géométrie à la Physique, dont on n'avoit point vu jusqu'alors d'aussi grand exemple. Si on réunit toutes ces différentes productions, quelle idée ne se formera-t-on pas du grand homme de qui elles nous viennent ! & que sera-ce en comparaison de tout cela que le peu qui restera à Harriot, lorsque des découvertes que Wallis lui avoit attribuées sans fondement dans le chapitre 53 de son *Algèbre historique & pratique*, on aura ôté, comme on le doit, ce qui appartient à Viete ou à Descartes, suivant l'énumération que nous en avons faite ?

Outre la détermination du nombre des racines vraies ou fausses, c'est-à-dire, positives ou négatives, dans les équations de tous les degrés qui n'ont point de racines imaginaires, Descartes a mieux déterminé qu'on n'avoit fait jusqu'alors, le nombre & l'espèce des racines des équations quelconques du 3.e & du 4.e degré, soit au moyen des remarques qu'il a faites sur les formules algébriques, soit en employant à cet usage différentes observations sur ses constructions géométriques.

Ce dernier ouvrage qu'il avoit néanmoins laissé imparfait, a été perfectionné depuis peu-à-peu par différens Auteurs, Debaune, par exemple, jusqu'à ce que l'illustre M. Halley y ait mis, pour ainsi dire la dernière main, dans un beau mémoire inséré dans les *Transactions philosophiques, n.o 190. art. 2. an. 1687*, & qui porte le titre suivant : *De numero radicum in æquationibus solidis ac biquadraticis, sive tertiæ ac quartæ potestatis, eorumque limitibus, tractatulus.*

Quoique Newton fût né dans un tems où l'analyse paroissoit déjà presque parfaite, cependant un si grand génie ne pouvoit manquer de trouver à y ajouter encore. Il a donné en effet successivement dans son Arithmétique universelle, 1.o une règle très-élégante & très-belle pour connoître les cas où les équations peuvent avoir des diviseurs rationels, & pour déterminer dans ces cas, quels polynomes peuvent être ces diviseurs ; 2.o une autre règle pour reconnoître dans un grand nombre d'occasions, combien il doit se trouver de racines

» imaginaires dans une équation quelconque : une » troisième, pour déterminer, d'une manière nouvelle, les limites des équations ; enfin une quatrième qui est peu connue, mais qui n'en est pas » moins belle, pour découvrir en quel cas les équations des degrés pairs peuvent se résoudre en » d'autres degrés inférieurs, dont les coëfficiens ne » contiennent que de simples radicaux du premier » degré.

» A cela il faut joindre l'application des fractions » au calcul des exposans ; l'expression en suites infinies des puissances entières ou fractionnaires, » positives ou négatives d'un binome quelconque ; » l'excellente règle connue sous le nom de *Règle du parallélogramme*, & au moyen de laquelle » Neuton assigne en suites infinies, toutes les racines d'une équation quelconque ; enfin la belle » méthode que cet Auteur a donnée pour interpoler » les séries, & qu'il appelle *methodus differentialis*.

» Quant à l'application de l'analyse à la Géométrie, Neuton a fait voir combien il y étoit versé, » non-seulement par les solutions élégantes de différens problêmes qu'on trouve ou dans son Arithmétique universelle, ou dans ses principes de la » Philosophie naturelle ; mais principalement par » son excellent traité *des Lignes du troisième ordre*. » *Voyez* COURBE. »

Voilà tout ce que nous dirons sur le progrès de l'*Algèbre* : les élémens de cet art furent compilés & publiés par Kersey en 1671 ; l'Arithmétique spécieuse, & la nature des équations y sont amplement expliquées & éclaircies par un grand nombre d'exemples différens : on y trouve toute la substance de Diophante. On y a ajouté plusieurs choses qui regardent la composition & la résolution mathématique, tirée de Ghetaldus. La même chose a été exécutée depuis par Prestet en 1694, & par Ozanam en 1703. Mais ces Auteurs ne parlent point, ou ne parlent que fort brièvement de l'application de l'*Algèbre* à la Géométrie. Guisnée y a suppléé dans un traité écrit en françois ; qu'il a composé exprès sur ce sujet, & qui a été publié en 1705 : aussi bien que le Marquis de l'Hopital, dans son *traité analytique des sections coniques*, 1707. Il existe une multitude d'ouvrages où l'on peut s'instruire de l'*Algèbre*. Tels sont *le traité de la Grandeur*, du P. Lamy ; l'*Analyse démontrée*, du P. Reyneau ; *la Science du calcul*, du même Auteur ; les élémens d'*Algèbre*, de Saunderson, de Maclaurin, de Clairaut ; & dans ces derniers tems, l'*Algèbre* de M. l'Abbé Bossut ; celle de M. Bezout ; celle de M. l'Abbé de la Caille, augmentée par M. l'Abbé Marie, &c.

On a appliqué aussi l'*Algèbre* à la considération & au calcul des infinis ; ce qui a donné naissance à une nouvelle branche fort étendue du calcul algébrique : c'est ce que l'on appelle *la doctrine des fluxions*, ou *le calcul différentiel*. *Voyez* FLUXIONS & DIFFÉRENTIEL. On peut voir à l'*article* ANALYSE, les principaux Auteurs qui ont écrit sur ce sujet.

Je me suis contenté dans cet article, de donner l'idée générale de l'*Algèbre*, telle à-peu-près qu'on la donne communément ; & j'y ai joint, d'après M. l'Abbé du Gua, l'histoire de ses progrès. Les savans trouveront à l'*article* ARITHMÉTIQUE UNIVERSELLE, des réflexions plus profondes sur cette Science ; & à l'*article* APPLICATION, des observations sur l'*application de l'Algèbre à la Géométrie* (*O*).

ALGÉBRIQUE, adj. ce qui appartient à l'Algèbre. *Voyez* ALGÈBRE.

Ainsi l'on dit *caractères* ou *symboles algébriques*, *courbes algébriques*, *solutions algébriques*. *Voyez*, CARACTÈRE, &c.

Courbe algébrique, c'est une courbe dans laquelle le rapport des abcisses aux ordonnées, peut être déterminé par une équation *algébrique*. *V.* COURBE.

On les appelle aussi *lignes* ou *courbes géométriques*. *Voyez* GÉOMÉTRIQUE.

Les courbes *algébriques* sont opposées aux courbes *méchaniques* ou *transcendantes*. *Voyez* MÉCHANIQUE & TRANSCENDANT, (*O*).

ALGÉBRISTE, s. m. se dit d'une personne versée dans l'Algèbre. *Voyez* ALGÈBRE (*O*).

ALGEDI, nom de l'étoile γ du Capricorne.

ALGENEB ou ALGENIB, (*Astr.*) ; c'est le nom d'une étoile de la seconde grandeur, située dans la constellation de Pégase, & que les astronomes marquent par la lettre γ ; d'autres donnent ce nom à la ceinture de Persée.

ALGOL ou *tête de Méduse* ; étoile fixe de la seconde grandeur, dans la constellation de Persée. *Voyez* PERSÉE.

On avoit remarqué, dans le dernier siècle, que cette étoile changeoit de grandeur & de lumière ; mais, en 1783, M. Goodricke, gentilhomme d'Yorck, a reconnu que cette étoile, qui est ordinairement de seconde grandeur, n'est plus que de la 4e pendant quelques heures ; & cela tous les trois jours ; la période de ces variations est de 69 heures ; elle emploie trois heures & demie à diminuer, & autant à recouvrer sa lumière. Le 3 mai 1783, à 9 heures du soir, elle étoit la plus foible, & tous les 23 jours cette phase doit revenir vers la même heure ; ce sera donc à minuit, le 1.er février 1784, le 24, &c. Cette étoile ne reste à Paris, sous l'horizon, que pendant une heure & 27 minutes. On peut expliquer ces variations par la figure applatie de cette étoile, comme Maupertuis, par quelque grande tache à sa surface, comme Riccioli, ou par l'interposition de quelque grande planète qui tourneroit autour de cette belle étoile : c'est l'opinion de M. Goodricke. (DE LA LANDE).

ALGOMEIZA, nom de l'étoile Procyon.

ALGORAB, nom de l'étoile γ du Corbeau.

ALGORITHME, s. m. *terme Arabe*, employé par quelques auteurs, & singulièrement par les

Espagnols, pour signifier *la pratique de l'Algèbre*. *Voyez* ALGÈBRE.

Il se prend aussi quelquefois pour l'*Arithmétique par chiffres*. *Voyez* ARITHMÉTIQUE.

L'*algorithme*, selon la force du mot, signifie proprement l'*art de supputer avec justesse & facilité*: il comprend les règles de l'Arithmétique vulgaire. Ainsi, l'on dit l'*algorithme* des entiers, l'*algorithme* des fractions, l'*algorithme* des nombres sourds, &c.

Le même mot se prend, en général, pour désigner la méthode & la notation de toute espèce de calcul. En ce sens, on dit l'*algorithme du calcul intégral*, l'*algorithme du calcul exponentiel*, l'*algorithme du calcul des sinus*, &c.

ALHABOR, nom de l'étoile Sirius.

ALHAIOTH, nom Arabe de la belle étoile de la Chèvre.

ALHATOD, autre nom de la belle étoile de la Chèvre.

ALIATH, (*Astr.*) c'est le nom que les Arabes donnoient à la première étoile de la queue de la grande ourse, que nous marquons par la lettre grecque ε; elle est aussi appellée quelquefois *Ris Alioth*, *Allioth*, *Mirach*, *Micar*, ou *Mizar*, suivant Bayer, dans son *Uranométrie*. (*M.* DE LA LANDE).

ALIDADE ou ALHIDADE, règle qui se meut sur le centre d'un quart de cercle, & qui porte une lunette pour mesurer les angles. *Voyez* MURAL (*D. L.*).

ALIDADE, s. f. (*Géom.*). On l'appelle ainsi l'index ou la règle mobile, qui, partant du centre d'un instrument astronomique ou géométrique, peut en parcourir tout le limbe pour montrer les degrés qui marquent les angles, avec lesquels on détermine les distances, les hauteurs, &c. Ce mot vient de l'arabe, où il a la même signification. En grec & en latin, on l'appelle souvent διόπτρα, *dioptra*, & encore *linea fiduciæ*, ligne de foi.

Cette pièce porte deux pinnules élevées perpendiculairement à chaque extrémité. *Voy.* PINNULE, DEMI-CERCLE, &c.

ALIEMINI, nom de la belle étoile du Grand-chien. *V.* SIRIUS.

ALIQUANTE, adj. f. (*Arith.*), du mot latin *aliquantus*. Les parties *aliquantes* d'un nombre, ou, en général, d'un tout, sont celles qui ne sont pas contenues un certain nombre de fois, juste, dans ce tout. Par exemple, 5 est une partie *aliquante* de 12, parce que 5 est contenu plus de *deux fois*, & moins de *trois fois*, dans 12.

ALIQUOTE, adj. f. (*Arith.*), du mot latin *aliquotus*. Partie *aliquote* d'un tout, partie qui est contenue un certain nombre de fois juste dans ce tout. Par exemple, 3 est une partie *aliquote* de 12, parce que 3 est contenu juste quatre fois dans 12.

ALKAMELUZ, nom de l'étoile Arcturus.

ALLIAGE, s. m. (*Arith.*). On appelle, en général, *alliage*, un mélange que l'on fait d'un certain nombre de choses de différentes valeurs, pour former un tout d'un même nombre de parties, égales entr'elles, & d'une valeur moyenne. La *règle d'alliage*, en Arithmétique, sert à trouver, ou cette valeur moyenne de l'une des parties du mélange, quand on connoît la valeur & le nombre des choses dont il est composé; ou le nombre des parties des choses qui doivent être alliées, quand on connoît la valeur de chacune de ces parties, & celle du mélange. Le premier de ces problêmes est déterminé dans tous les cas; le second est susceptible de plusieurs solutions, lorsqu'il entre plus de deux espèces de choses dans le mélange, comme on le verra ci-dessous.

QUESTION I. *Trouver la valeur de l'unité du mélange, lorsque l'on connoît le nombre & la valeur des choses dont il doit être composé?*

Multipliez le nombre des choses de chaque espèce, par la valeur de l'unité de chaque chose; additionnez ensemble tous ces produits, & divisez la somme par le nombre total des choses alliées, le quotient vous donnera la valeur de l'unité du mélange. Par exemple, si on propose de mêler ensemble 300 bouteilles de vin, à 25 sols la bouteille; 200 bouteilles à 20 sols; 150 bouteilles à 15 sols, & de trouver la valeur d'une bouteille du mélange, il faudra multiplier 25 sols par 300, & le produit 7500 sols sera la valeur de toutes les bouteilles de la première espèce; de même, en multipliant 20 sols par 200, le produit 4000 sols sera la valeur de toutes les bouteilles de la seconde espèce; & en multipliant 15 sols par 150, le produit 2250 sols sera la valeur de toutes les bouteilles de la troisième espèce. Donc, si l'on ajoute ensemble ces trois produits, la somme 13750 sols est le prix de toutes les bouteilles, ou du mélange qui en résulte. Donc, en divisant cette somme par 650, nombre total des bouteilles, le quotient 21 sols $\frac{2}{13}$ sera évidemment le prix de la bouteille du mélange.

QUESTION II. *Deux quantités de différentes valeurs étant données, déterminer ce qu'il faut prendre de chacune pour former une quantité moyenne dont la valeur est donnée?*

Je prends, pour exemple, le problême de la couronne de Hieron, Roi de Syracuse. Ce Prince, soupçonnant que sa couronne n'étoit pas d'or pur, & qu'elle étoit formée d'un mélange d'or & d'argent, propose à Archimède de déterminer les quantités de ces deux matières, qui peuvent entrer dans le mélange. Archimède, instruit par les loix de l'*hydrostatique* (*voyez* ce mot), que les corps d'un même *volume* (*voyez* ce mot), étant plongés dans l'eau, y perdent des parties égales de leurs poids, parvient à former une masse d'or pur, une masse d'argent pur, qui ont chacune le même volume que la couronne; & pesant ensuite hors de l'eau la masse d'or, la masse d'argent, & la couronne, il juge, par la comparaison des poids, si la couronne est d'or pur, ou d'argent pur, ou enfin un mêlange d'or & d'argent. Supposons ce dernier cas. Supposons de plus que les poids de la masse d'or, de celle d'argent, & de la couronne, soient entr'eux en nombres ronds, comme les nombres 19, 10, 15. La question se réduit donc à former, avec les parties de deux corps égaux en volume, qui pèsent 19 & 10, un troisième corps, de même volume, qui pèse 15. Pour y parvenir, imaginons que les trois volumes égaux de nos trois corps sont partagés chacun en un même nombre de parties égales. Cela posé, l'excès du poids 19, sur le poids 15, étant 4, tandis que l'excès du poids 15, sur le poids 10, est 5, il est clair que, si l'on mettoit, dans le mêlange, pareil nombre de parties du volume d'or & du volume d'argent, les premières y produiroient une augmentation de poids, exprimée par 4, tandis que les secondes y produiroient une diminution de poids, exprimée par 5. Or, pour que l'augmentation & la diminution se compensent mutuellement, on doit prendre sur les volumes composants plus ou moins de parties, selon que ces parties sont moins ou plus pesantes. Donc, si vous prenez en tout 9 parties sur les deux volumes composants, vous en devez prendre 4 sur celui d'argent, & 5 sur celui d'or. Donc, en représentant chacun de nos trois volumes égaux par 1, ou par la fraction $\frac{9}{9}$, le volume $\frac{9}{9}$ du mêlange, ou de la couronne, sera composé des $\frac{4}{9}$ du volume d'argent, & des $\frac{5}{9}$ du volume d'or.

En raisonnant de la même manière, dans tous les cas pareils, on formera cette règle générale pour résoudre ces sortes de problêmes. Faites deux fractions qui aient pour dénominateur commun l'excès de la plus haute valeur sur la plus petite, & dont la première ait pour numérateur l'excès de la plus haute valeur sur la moyenne, & l'autre, pour numérateur, l'excès de la valeur moyenne sur la plus petite. La première fraction sera la partie qu'il faut prendre de la plus petite quantité; & la seconde, la partie qu'il faut prendre de la plus grande quantité.

Cette règle peut se démontrer ainsi, en général, par le calcul algébrique. Soient A & B les poids des deux corps composants; M le poids du corps mixte; G le volume commun aux trois corps; x & y les parties qu'il faut prendre des volumes des corps composants, pour former le corps mixte. Il est clair d'abord qu'on aura $x + y = G$. D'un autre côté, le poids de x sera $\frac{Ax}{G}$, comme étant le quatrième d'une proportion (*Voyez* PROPORTION), dont les trois premiers sont G, x, A; & par une raison semblable, le poids de y sera $\frac{By}{G}$. Or la somme des deux poids $\frac{Ax}{G}$, $\frac{By}{G}$ doit être M. Ainsi, on aura $\frac{Ax + By}{G} = M$. Mettons dans cette équation, pour y, sa valeur $G - x$, que donne la première, nous aurons $Ax + BG - Bx = GM$; ce qui donne $x = G \times \left(\frac{M - B}{A - B}\right)$; & (à cause de $y = G - x$), $y = G \times \left(\frac{A - M}{A - B}\right)$. On voit que ces valeurs de x & y sont celles que prescrit la règle proposée.

Remarque. Si, dans ces sortes de questions, le mêlange devoit être composé de plus de deux espèces de choses, il y auroit plusieurs manières de prendre ces choses pour former le mêlange. Ainsi, dans le problême de la couronne du Roi Hieron, si l'on ne savoit pas, ou l'on ne supposoit pas que la couronne ne contient que de l'or & de l'argent; & si, outre ces deux métaux, elle contenoit, par exemple, du cuivre, alors les pesanteurs de l'or, de l'argent & du cuivre étant à-peu-près comme les nombres 19, 10, 8, il est clair qu'on pourra former successivement avec l'argent & le cuivre, une infinité de corps mixtes, chacun de même volume que chacune des trois matières proposées, & combiner ensuite chacun de ces mixtes avec l'or, pour former, des trois métaux, un mixte qui pèse 15 livres. On pourroit aussi former d'abord, de plusieurs manières, un mixte d'or & d'argent, pourvu que ce mixte pesât plus de 15 livres, puis le combiner avec le cuivre.

Dans ces sortes de cas, où le problême admet plusieurs solutions, il est *indéterminé*. Sur quoi, *Voyez* PROBLÊME (*L. B.*).

ALLONGÉ, adj. se dit généralement, en *Géométrie*, de ce qui est plus long que large. C'est en ce sens qu'on dit, *un exagone, un eptagone, un octogone*, &c. *allongé*, *un ovale fort allongé*.

Sphéroïde allongé, se dit d'un sphéroïde dont l'*axe* seroit plus grand que le diamètre du cercle perpendiculaire à cet axe, & également éloigné de ses extrémités.

Ainsi, on peut donner le nom de *sphéroïde allongé* à un sphéroïde qui est formé par la révolution d'une demi-ellipse autour de son grand axe. *Voyez* SPHÉROÏDE. Si le sphéroïde est formé par la révolution d'une demi-ellipse autour de son petit axe, ou, en général, si son axe est plus petit que le diamètre du cercle dont le plan est perpendiculaire au milieu de cet axe, il s'appelle alors *sphéroïde applati*. Cette dernière figure est à-peu-près celle de la terre que nous habitons, & peut-être de toutes les planètes, dans la plupart desquelles on observe que l'axe est plus petit que le diamètre de l'équateur. *Voyez* TERRE. Le mot *allongé* s'emploie aussi quelquefois en parlant des cycloïdes & des épicycloïdes, dont la base est plus grande que la circonférence du cercle générateur. *Voyez* CYCLOÏDE & EPICYCLOÏDE (*O*).

ALLUCHON, s. m. (*Méch.*); on appelle *alluchons* les *dents* d'une roue, lorsque ces dents ne forment pas corps avec elle, & sont chacune d'une pièce particulière appliquée ou fixée solidement à la roue; ce qui a lieu dans les grandes machines, comme, par exemple, dans les roues de moulins. *Voyez* DENT & ROUE.

ALMAGESTE, nom du plus ancien livre d'Astronomie qui nous soit resté, & qui fut composé par Ptolomée, vers l'an 140; son nom vient de Μέγιστον, qui signifie très-grand. Ce livre est intitulé en grec, Μεγάλη Συνταξις, grande composition; il fut traduit du grec en arabe, vers l'an 827, par l'ordre du calife Almamom, qui régnoit à Bagdad. L'Empereur Frédéric II le fit traduire en latin vers l'an 1230. Il fut imprimé, pour la première fois, à Venise en 1515, mais le texte grec ne fut imprimé qu'en 1538, à Bale. Georges de Trebizonde fit une traduction latine de l'*almageste*, qui fut imprimée à Venise en 1537, à Bâle en 1541 & en 1551. Ce livre contient un Recueil précieux d'anciennes observations; ce sont les seules qui nous soient parvenues; mais toutes les conclusions que l'auteur en avoit tirées sont défectueuses, & ont été rectifiées par les modernes, comme on le peut voir sur-tout dans les Elémens d'Astronomie publiés par M. Cassini, en 1740, & dans les Mémoires que j'ai donnés sur la Théorie de Mercure dans le volume de l'Académie des Sciences, pour 1766. Riccioli a donné aussi un grand ouvrage d'Astronomie intitulé, *Almagestum novum*, en 2 volumes *in-folio*, à Bologne, 1651, qui est une collection immense & précieuse de toute l'Astronomie historique & théorique, & dont les astronomes font un usage continuel, ainsi que de l'*almageste* de Ptolomée. (*D. L.*)

ALMANACH, s. m. (*Astron.*) *calendrier* ou *table*, où sont marqués les jours de fêtes de l'année, le cours de la Lune pour chaque mois, *&c.* *Voyez* CALENDRIER, ANNÉE, JOUR, MOIS, LUNE, *&c.*

Les grammairiens ne sont point d'accord sur l'origine de ce mot: les uns le font venir de la particule arabe *al*, & de *manah*, compte: d'autres, du nombre desquels est Scaliger, le derivent de cette même préposition *al*, & du mot grec μάνακος, *le cours des mois.* Golius n'est pas de ce sentiment: voici quel est le sien. C'est, dit-il, l'usage, dans tout l'Orient, que les sujets fassent des présens à leurs princes au commencement de l'année: or le présent que font les astronomes, sont des *éphémérides* pour l'année commençante; & c'est de-là que ces éphémérides ont été nommées *almanha*, qui signifie *étrennes* ou *présens* de la nouvelle année. *Voyez* EPHÉMÉRIDE. Enfin Verstegan écrit *almon-ac*, & le fait venir du saxon. Nos ancêtres, dit-il, traçoient le cours des lunes pour toute l'année, sur un bâton ou morceau de bois quarré, qu'ils appelloient *al monaght*, par contraction, pour *al-moon-held*, qui signifie en vieil anglois ou en vieux saxon, *contenant toutes les lunes.*

Nos *almanachs* modernes répondent à ce que les anciens Romains appelloient *fastes.*

Le lecteur peut s'instruire de ce qu'il faut faire pour construire un *almanach*, à l'*article* CALENDRIER.

Le roi de France Henri III, par une ordonnance de l'an 1579, défendit « à tous faiseurs » d'*almanachs* d'avoir la témérité de faire des pré» dictions sur les affaires civiles ou de l'état, ou » des particuliers, soit en termes exprès, ou en » termes couverts. » *Voyez* ASTROLOGIE. Notre siecle est trop éclairé pour qu'une pareille défense soit nécessaire; & quoique nous voyons encore plusieurs *almanachs* remplis de ces sortes de prédictions, à peine le plus bas peuple y ajoute-t-il quelque foi.

La plupart de nos *almanachs* d'aujourd'hui contiennent non-seulement les jours & les fêtes de l'année, mais encore un très-grand nombre d'autres choses.

Un des plus connus en France, est l'*Almanach Royal*, vol. *in-8°.* Dans son origine, qui remonte à l'année 1679, cet *almanach* ou calendrier, avec quelques prédictions, ajoutées aux phases de la lune, renfermoit seulement le départ des couriers, le journal des fêtes du Palais, un extrait des principales foires du royaume, & les villes où l'on bat monnoie. Les premières lettres de privilège sont datées du 16 mars 1679; il a subsisté à-peu-près dans la même forme jusqu'en 1697. Louis XIV ayant eu la curiosité de le voir cette année, Laurent d'Houry eut l'honneur de le lui présenter, & peu de tems après, il obtint un renouvellement de privilège, sous le titre d'*Almanach Royal*, le 29 janvier 1699. Le but de l'auteur, dès cet instant, fut d'y ajouter peu-à-peu les naissances des Princes & les noms de toutes les personnes importantes dans le Clergé, l'Epée, la Robe, & la Finance; ce qu'il a exécuté en très-grande partie jusqu'à sa mort, arrivée en 1725. Depuis ce tems, cet ouvrage a été continué, tant par la veuve d'Houry que par Le Breton, petit-fils d'Houry. Cet *almanach* a aujourd'hui 683 pages; les calculs en sont tirés de mes Ephémérides.

L'*almanach* de Paris, qui sert de base à tous les autres pour les calculs du calendrier, est la *connoissance des tems*, que l'Académie des Sciences publie chaque année depuis 1679; ce fut M. Picard, célèbre astronome du dernier siècle, qui en fut le premier auteur; elle a été continuée successivement par M. Lefebvre, M. Lieutaud, M. Godin, M. Maraldi, ensuite par moi, actuellement par M. Jeaurat; elle s'imprime chaque année à l'Imprimerie Royale à Paris. Mais le plus utile de tous les *almanachs* de ce genre, est celui qu'on a publié en Angleterre sous le nom de *Nautical Almanac.* *Voyez* EPHÉMÉRIDE.

Depuis 1750 ou environ, l'usage des *almanachs* s'est prodigieusement multiplié: en France, on a vu sur-tout avec plaisir l'*almanach* des Beaux Arts, aujourd'hui la France Littéraire, celui des Spectacles, celui des Curiosités de Paris, l'*almanach* de Gotha, rempli de faits intéressans pour la Physique & l'Histoire; il y a des *almanachs* Géographiques, Militaires, des *almanachs* Chantans, *&c.* Toutes les connoissances utiles & les choses d'agrément ont été mises en *almanachs*, & je crois que cet usage a contribué à répandre le goût de la littérature. (*D. L.*)

ALMERZAMONNAGIED, nom de l'étoile qui est à l'épaule orientale d'Orion.

ALMICANTARATS ou ALMUCANTARATHS, (*Astron.*): ce sont de petits cercles parallèles à l'horizon; c'est-à-dire, dont tous les points sont à la même hauteur au dessus de l'horizon: on les appelle aussi cercles de hauteur, parallèles de hauteur. Quand un astre a, par exemple, vingt degrés de hauteur, tous les points qui sont à cette même hauteur, en faisant le tour du Ciel, parallèlement à l'horizon, forment l'*Almicantarat* de l'astre dont il s'agit; ce mot est venu, par corruption, du Grec & de l'Arabe; car du mot Grec, κέντρον, centre. Les Arabes ont fait Mokenter, suivant la manière de former les participes, & au pluriel Mokenterat, ce qui désigne des cercles dont les centres sont sur une même ligne verticale. (*Costard, History of Astronomy.* 1767, *page* 18).

Les passages de deux étoiles connues par un même *Almicantarat*, peuvent faire connoître l'heure qu'il est: si l'on a ces passages par deux *Almicantarats*, on peut trouver la hauteur du pôle, & la déclinaison de deux étoiles. F. C. Mayer a résolu ce problême dans les mémoires de Pétersbourg, & Maupertuis, dans son *Astronomie nautique*, de même que plusieurs autres questions de cette espèce, mais qui ne sont d'aucun usage dans l'astronomie. (*D. L.*)

ALMUCANTARAT. *Voyez* ALMICANTARAT.

ALMUCÉDIE ou ALMUREDIN, nom de l'étoile ε à l'aile précédente de la vierge.

ALPHERAZ, nom Arabe de la belle étoile à l'aile de Pégase, marquée α & qu'on appelle aussi *Markab.*

ALPHETA, *terme d'Astronomie*: c'est le nom d'une étoile fixe de la couronne septentrionale, qu'on appelle autrement *lucida coronæ* ou *luisante de la couronne. Voyez l'article* COURONNE (*O*).

ALPHONSINES, (*Astron.*): on appelle *Tables Alphonsines*, des tables astronomiques, rédigées sous les ordres d'Alphonse X, Roi de Castille, surnommé le Sage; il fut le premier qui voulut corriger les tables de Ptolomée: dès l'année 1240, & du vivant même de son père, il avoit attiré à Tolede les Astronomes les plus habiles de son tems, Chrétiens, Maures ou Juifs, dont les travaux procurèrent enfin les Tables *Alphonsines*, l'an 1252, la première année de son règne. On prétend qu'il employa sur-tout Isaac Hazan. (Riccioli Almag. *T.* 1. *page* 444); mais c'étoit une bien grande entreprise, & les connoissances de ce tems-là étoient insuffisantes; cependant ces tables ont été long-tems employées comme les meilleures que l'on eut, & la durée de l'année n'y est que de 28″ trop forte. Alphonse mourut en 1284; ses tables furent imprimées, pour la première fois, en 1483, à Venise, par Radtolt, qui excelloit dans l'Imprimerie vers ce tems-là: cette édition comprend 24 feuillets; elle est extrêmement rare; il y a d'autres éditions de 1492, 1521, 1545, *&c.* (Weidler, *Hist. Astron. page* 280). (*M.* DE LA LANDE.)

ALRAMECH ou ARAMECH, nom de la belle étoile du bouvier *Arcturus.*

ALRUCCABAH, nom de l'étoile polaire.

ALTAIR, ATAIR, ou ALCAIR, nom de la belle étoile de l'aigle.

ALTERNATION, s. f. se dit quelquefois pour exprimer le changement d'ordre qu'on peut donner à plusieurs choses ou à plusieurs personnes, en les plaçant successivement les unes auprès des autres, ou les unes après les autres. Ainsi trois lettres *a, b, c*, peuvent subir une *alternation* en six façons différentes; *abc, acb, bac, bca, cba, cab.*

L'*alternation* est une des différentes espèces de combinaisons. *Voyez* COMBINAISON. En voici la règle: pour trouver toutes les *alternations* possibles d'un nombre de choses donné, par exemple, de cinq choses, (comme de cinq lettres, de cinq personnes, *&c.*) prenez tous les nombres depuis l'unité jusqu'à cinq, & multipliez-les successivement les uns par les autres, 1 par 2, puis par 3, puis par 4, puis par 5; le produit 120 sera le nombre d'*alternations* cherché.

La raison de cette pratique est bien simple. Prenons, par exemple, deux lettres *a* & *b*, il est évident qu'il n'y a que deux *alternations* possibles, *ab; ba;* prenons une troisième lettre *c*, il est évident que cette troisième lettre peut être disposée de trois manières différentes dans chacune des deux *alternations* précédentes; savoir, ou à la tête, ou au milieu, ou à la fin. Voilà donc pour trois lettres deux fois trois *alternations* ou six. Prenons une quatrième lettre, elle pourra de même occuper quatre places différentes dans chacune des six *alternations* de trois lettres, ce qui fait six fois 4 ou 24; de même cinq lettres feront 24 fois 5 ou 120, & ainsi de suite (*O*).

ALTERNE, adj. (*Géom.*). Lorsque deux droites *parallèles AB, EF*, (*géom. fig.* 9) sont coupées par une droite quelconque *KL*, cette seconde forme, avec les parallèles, des *angles* intérieurs & extérieurs, que l'on appelle *alternes*, quand on les prend, en sens contraire, deux à deux au dedans des parallèles, ou deux à deux, au dehors des parallèles. Ainsi les deux angles *BDH, EHD* se nomment *alternes internes*; de même les deux angles *ADH, FHD* sont *alternes internes.* Les deux angles *ADL, FHK* sont *alternes externes;* & de même les deux angles *BDL, FHK* sont *alternes externes.* *Voyez* PARALLÈLE.

Si l'on a une proportion géométrique quelconque, $A : B :: C : D$, & qu'on fasse changer de place aux deux termes moyens, on aura la proportion $A : C :: B : D$,

A ⁚ *C* ⁚⁚ *B* ⁚ *D*, qu'on appelle *proportion alterne*, relativement à la première. *Voyez* PROPORTION.

ALTIMÉTRIE, f. f. (*Géom.*) : art de mesurer les hauteurs accessibles ou inaccessibles ; c'est une partie de la Géométrie pratique, ou de la Trigonométrie.

AMASSER, v. act. *en Hydraulique*. Pour *amasser* des eaux, il faut examiner si la source est découverte & peu profonde, si elle n'est point apparente, ou si elle est enfoncée dans les terres : on agira différemment suivant ces trois cas.

Lorsque la source est découverte, vous creusez seulement pour l'*amasser*, un trou quarré, dont vous tirez les terres doucement, que vous soutiendrez par des pierres sèches. Dans l'endroit de l'écoulement, vous creusez une rigole dans les terres, ou une pierrée bâtie de blocailles ou pierres sèches, que vous couvrez de terre, à mesure que vous marchez. Si la source n'est pas apparente, on fera plusieurs puits éloignés de trente à quarante pas, & joints par des tranchées, qui ramasseront toutes les eaux. Dans le cas où la source est enfoncée plus avant dans la terre, vous creuserez jusqu'à l'eau un passage, en forme de voûte par-dessous les terres, que vous retiendrez avec des planches & des étressillons. Lorsque vous aurez construit plusieurs de ces voûtes & des pierrées de communication, vous les conduirez dans une grande tranchée de recherche, dont les berges seront coupées en talus des deux côtés, en pratiquant des rameaux à droite & à gauche, en forme de pattes d'oie, pour ramasser le plus d'eau que vous pourrez. Toutes ces pierrées, tranchées & rameaux se rendront par une petite pente douce, dans une seule & grande pierrée, qui portera l'eau dans le regard de prise, ou dans le réservoir.

On pratique depuis ce regard de 50 toises en 50 toises, des puisarts ou puits maçonnés, pour examiner si l'eau y coule, & en connoître la quantité. On marque le chemin de l'eau par des bornes, afin d'empêcher les plantations d'arbres dont les racines perceroient les tranchées, & feroient perdre les eaux (*K*).

AMBEZAS, se dit au *trictrac* de deux as qu'on amène en jouant les dés. *Voyez* AS, RAFLE & TRICTRAC.

AMBIGÈNE, adj. (*Géom.*) : c'est le nom qu'on donne à une espèce d'*hyperbole*, qui a une de ses branches infinies inscrite, l'autre circonscrite à son asymptote. Telle est (*Pl. analy. fig. 38*) la *courbe* *BCED*, dont une branche *CB* est inscrite à l'asymtote *AG*, c'est-à-dire, tombe au-dedans ; & l'autre branche *CED*, est circonscrite à l'asymptote *AF*, c'est-à-dire, tombe au dehors de cette asymptote. Newton paroît être le premier qui se soit servi de ce terme, pour désigner certaines courbes hyperboliques du troisième ordre. (*O*).

AMBLYGONE, adj. (*Géom.*) : on appelle triangle *amblygone*, ou plus ordinairement *triangle* *obtusangle*, un triangle qui a un angle obtus. *Voyez* TRIANGLE & ANGLE.

AMIABLES, (*Arith.*) : on entend par nombres *amiables*, ceux qui sont réciproquement égaux à la somme totale des parties aliquotes l'un de l'autre : tels sont les nombres 284 & 220 ; car les parties aliquotes du premier sont 1, 2, 4, 71, 142, dont la somme est 220 ; & les parties aliquotes du second sont 1, 2, 4, 5, 10, 11, 20, 22, 44, 55, 110, dont la somme est 284. *Voyez* NOMBRE (*O*).

AMIS & ENNEMIS, *terme d'Astrologie*, par lequel on exprimoit autrefois la correspondance des arcs qui indiquoient du bonheur ou du malheur : les signes amis, par exemple, étoient ceux qui employoient le même tems à s'élever dans le mouvement diurne de la sphère ; mais ceux qui sont dans la partie d'été, commandent à ceux qui sont dans la partie d'hiver ; ceux qui sont éloignés de 30 degrés ou de 150 sont ennemis. *Voyez* le livre *de judiciis*, attribué à Ptolomée. (*D. L.*)

AMPHISCIENS, *terme d'Astronomie ou de Géographie*, par lequel on exprime les peuples qui voyent leurs ombres à midi, quelquefois vers un des poles, & quelquefois vers l'autre. Lucain observe avec raison, que dans la Zone tempérée boréale, on a toujours l'ombre à droite ou au nord, en regardant le couchant : au lieu qu'on a dans certains tems les ombres vers le midi, c'est-à-dire à gauche, en regardant le couchant, dès qu'on est dans la Zone Toride.

Ignotum vobis, Arabes, venistis in orbem ;
Umbras mirati nemorum non ire sinistras.
Pharf. III. 247.

Il nous apprend aussi qu'à Syene, ville d'Egypte, située sous le Tropique, l'ombre du soleil disparoissoit à midi le jour du solstice, & ne s'étendoit ni à droite, ni à gauche.

Umbras nusquàm flectente Syene. I. 587.

Les diverses situations des ombres à midi, ont produit une subdivision géographique des habitans de la terre en Hétérosciens, Périsciens, *Amphisciens* ou *Asciens*. Les Hétérosciens sont ceux dont les ombres méridiennes sont toujours tournées du côté du même pole ; tels sont les habitans des Zones tempérées : ainsi, dans nos régions, l'ombre verticale se dirige toujours à midi vers le nord, parce qu'elle est toujours opposée au soleil qui est du côté du midi. Les Périsciens sont ceux dont les ombres tournent en 24 heures, vers tous les points de l'horizon : ce sont les habitans des Zones froides, pour qui le soleil ne se couche pas pendant un certain tems de l'année ; lorsqu'il est du côté du midi, les ombres vont vers le nord ; & lorsqu'il est du côté du nord, au-dessous du pole, il rejette l'ombre vers le midi. Les *Amphisciens* sont ceux dont les ombres méridiennes sont tantôt au nord, & tantôt au sud ; tels sont les habitans de la Zone Torride : mais afin que cette définition comprît aussi ceux qui habitoient sous les Tropiques même, Varenius y substitue dans sa Géographie, le mot Asciens ; cela veut dire ceux pour qui l'ombre devient totalement nulle à un ou deux jours de l'année, le soleil étant alors au Zenit. On divisa les Asciens en deux parties: les *Asciens-Amphisciens*, pour qui l'ombre s'étend quelquefois vers le nord, & quelquefois vers le midi, & disparoît deux fois l'année: les Asciens-Hétérosciens, dont les ombres sont toujours du même côté, & disparoissoient seulement une fois, c'est-à-dire le jour où le soleil arrive dans le Tropique, sous lequel ces peuples sont situés; ces différens mots sont formés de σκια, *umbra*, avec les prépositions relatives à chaque signification, comme Αμφι, *ex utraque parte*. (*D. L.*)

AMPHORA, (*Astronom.*): ce nom qui est latin, se donne quelquefois à la constellation du Verseau. *Voyez* VERSEAU (*O*).

AMPLIFICATION, *en optique*, signifie l'augmentation du diamètre d'un objet vu dans un télescope, ou dans une lunette. L'amplification linéaire dans une lunette astronomique simple à deux verres, est égale au nombre de fois que le foyer de l'objectif contient le foyer de l'oculaire; par exemple, un objectif de six pieds de foyer, combiné avec un oculaire de 2 pouces, grossira la largeur d'un objet 36 fois, parce que 2 pouces sont contenus 36 fois dans 6 pieds.

Les lunettes dont les Astronomes se servent actuellement plus souvent, grossissent 100 ou 150 fois au plus. Short avoit fait un télescope de 12 pieds qu'il prétendoit grossir 1000 fois; mais personne n'étoit parvenu au point de les faire grossir 6000 fois, comme M. Herschel, qui donne ce résultat dans les transactions philosophiques de 1782; l'usage d'un pareil télescope est infiniment difficile: un astre n'emploie que trois secondes de tems à traverser le champ de télescope; & il faut une adresse singulière, pour pouvoir se servir d'une semblable machine.

Pour mesurer le grossissement d'une lunette ordinaire, on regarde un objet des deux yeux à-la fois, ayant un œil au télescope, tandis que l'autre œil voit l'objet directement & simplement: alors les images qu'apperçoivent les deux yeux, sont différentes; & comme on les voit l'une à côté de l'autre, il est aisé de voir combien la petite image est contenue dans la grande. On rend cette opération plus facile, en traçant des lignes sur un objet éloigné, pour examiner combien l'un des intervalles vu dans le télescope, couvre d'intervalles vus à l'œil nud.

L'amplification se dit aussi de l'augmentation que les corps lumineux paroissent avoir, quand ils sont comparés à des corps obscurs; ainsi la lune, deux ou trois jours avant ou après sa conjonction, se voit à la vérité toute entière, mais la partie qui est éclairée par le soleil, paroît excéder & déborder le reste de la circonférence, qui n'est éclairée que par la réflexion de la lumière de la terre. *Voyez* LUMIÈRE CENDRÉE.

Les Astronomes soupçonnent que le soleil, même dans les meilleures lunettes, est sujet à une espèce d'amplification de quelques secondes, ou environné d'une couronne d'aberration, qui augmente son véritable disque: il m'a paru que cette quantité devoit être de 6 ou 7 secondes sur le diamètre du soleil, vu dans une lunette de 18 pieds, à en juger par les passages de Vénus sur le soleil, où cet effet doit disparoître. (*M. DE LA LANDE*).

AMPLITUDE, (*Astron.*): c'est l'arc de l'horizon, compté depuis le vrai point d'orient ou d'occident, jusqu'à celui où un astre paroît se lever ou se coucher: les navigateurs s'en servent pour trouver la déclinaison de l'aiguille aimantée, ou la variation du compas. Pour cet effet, on a publié long-tems dans le livre de la *connoissance des tems*, des tables où l'*amplitude* est marquée pour chaque degré de la terre, & pour les différens degrés de la déclinaison que les astres peuvent avoir: on y voit, par exemple, qu'à 50° de latitude géographique, un astre qui auroit 6° de déclinaison septentrionale, se leveroit à 10° d'*amplitude*; si le navigateur, au même instant, voit l'aiguille de sa boussole à 80° du soleil levant, il sera sûr qu'elle est véritablement dirigée vers le nord, ou qu'elle n'a point de variation ou de déclinaison; mais si l'aiguille n'est qu'à 70° degrés du soleil levant, c'est une preuve qu'elle est à 80° du vrai point d'orient, au lieu d'être à 90 degrés, comme le vrai point du nord; c'est-à-dire qu'elle varie de dix degrés à l'orient: l'*amplitude* magnétique est alors de 20 degrés du point de l'est, marqué par la boussole. *Voyez* AMPLITUDE *dans le dictionnaire de marine*.

Les navigateurs cherchent quelquefois l'*amplitude* par une simple opération géographique; mais les Astronomes qui veulent tenir compte de la réfraction, se servent du triangle *P Z S*, (*Astr. fig. 40.*) dans lequel on connoît trois côtés; savoir, *P Z*, qui est le complément de la latitude, *P S* qui est la somme ou la différence de 90 degrés, & de la déclinaison vraie de l'astre au moment donné; *Z S* qui est de 90 degrés & 33 m à cause de la réfraction moins la parallaxe du soleil; & l'on cherche l'angle *Z* ou *P Z S* de ce même triangle. La différence entre cet angle *Z* & 90 degrés, sera l'*amplitude* cherchée.

L'*amplitude* diffère de l'azimut, premièrement, parce que l'azimut se compte depuis le point du midi; c'est le supplément de l'angle *P Z S*, qui est compté depuis le nord: ainsi l'azimut d'un astre qui se lève, est la somme ou la différence de 90 degrés & de l'*amplitude*. Secondement, le mot d'*amplitude* s'applique seulement à l'astre qui est dans l'horizon, au lieu que l'azimut se dit également d'un astre qui est élevé, & qu'on rapporte à l'horizon par le moyen d'un arc de cercle vertical, passant par le zenit de l'observateur, & par l'astre dont il s'agit. (*M. DE LA LANDE*).

AMPLITUDE, s. f. (*Géom.*): on appelle *amplitude* d'un arc de *parabole*, la ligne horizontale, comprise entre le point d'où l'on suppose qu'un arc ou portion de parabole commence, & le point où cette portion se termine. Ce terme est principalement en usage dans le jet des bombes; & l'*amplitude* de la parabole s'appelle alors *amplitude du jet. Voyez* PARABOLE & PROJECTILE.

AN, *voyez* ANNÉE. On dit l'an de grace, pour dire l'année de Jésus-Christ ou de l'Ere vulgaire; l'*an* de Rome, *&c.*; mais le mot d'année est plus usité.

Jour de l'an. Chez les Romains, le premier & le dernier jour de l'*an* étoient consacrés à Janus; & c'est par cette raison qu'on le présentoit avec deux visages.

C'est de ce peuple que vient la cérémonie de souhaiter la bonne année; cérémonie qui paroît très-ancienne. Non-seulement les Romains se rendoient des visites, & se faisoient réciproquement des complimens avant la fin du premier jour: mais ils se présentoient aussi des étrennes, *strenæ*, & offroient aux Dieux des vœux pour la conservation les uns des autres. Lucien en parle comme d'une coutume très-ancienne, même de son tems, & il en rapporte l'origine à Numa.

Ovide fait allusion à la même cérémonie au commencement de ses fastes.

Postera lux oritur, linguisque animisque favete;
Nunc dicenda bono sunt bona verba die.

Et Pline dit plus expressément, L. XXVIII. c. v. *primum anni incipientis diem lætis precationibus invicem faustum ominantur.*

ANABIBAZON, s. m. *terme d'Astronomie*; c'est le nom qu'on donne à la queue du dragon, ou au nœud méridional de la lune; c'est-à-dire, à l'endroit où elle coupe l'écliptique, pour passer de la latitude septentrionale à la méridionale. C'est le nœud descendant opposé au nœud ascendant de la lune. *Voyez* NŒUD.

ANACAMPTIQUE, adj. m. (*Acoustique*), signifie la même chose que *réfléchissant*, & se dit singulièrement des échos qu'on dit être des sons réfléchis. *Voyez* RÉFLEXION, ECHO, SON.

Et par analogie, quelques-uns appellent aussi *anacamptique*, la science qui a pour objet les rayons réfléchis, & qu'on appelle autrement *catoptrique. Voyez* CATOPTRIQUE & PHONIQUE.

ANACLASTIQUE, s. m. (*Opt.*), est la partie de l'optique qui a pour objet les réfractions: c'est la même chose que ce qu'on appelle autrement *dioptrique.* Car le mot d'*anaclastique* s'emploie rarement. *Voyez* DIOPTRIQUE.

Ce mot se prend aussi adjectivement: *point anaclastique*, est le point où un rayon de lumière se rompt; c'est-à-dire, le point où il rencontre la surface rompante. *Voyez* RÉFRACTION. Ce mot est formé des mots Grecs, ἀνὰ, de rechef, & κλάζω, *frango*, je romps.

Courbes anaclastiques, est le nom que M. de Mairan a donné aux courbes apparentes que forme le fond d'un vase plein d'eau, pour un œil placé dans l'air; ou le plafond d'une chambre, pour un œil placé dans un bassin plein d'eau, au milieu de cette chambre; ou la voûte du Ciel, vue par réfraction, à travers l'atmosphère. M. de Mairan détermine ces courbes d'après un principe d'optique adopté par plusieurs Auteurs, & rejetté par d'autres, mais qu'on peut ne prendre, dans son mémoire, que pour un principe purement géométrique, auquel cas ses recherches conserveront tout le mérite qu'elles ont à cet égard. Barrow à la fin de son *Optique*, détermine ces mêmes courbes par un autre principe. *Voyez* ce que c'est que le principe de M. de Mairan, & celui de Barow, à l'*article* APPARENT. *Mém. ac. 1740.* (*O*).

ANALEMMATIQUE, *voyez* CADRAN.

ANALEMME, (*Astron.*): L'*analemme* est un planisphère ou une projection orthographique de la sphère sur le plan du méridien, l'œil étant supposé à une distance infinie, & dans le point oriental ou occidental de l'horizon, comme dans la figure 23, où l'équateur & l'horizon sont représentés par des lignes droites; si cette projection est faite sur l'écolure des solstices, l'écliptique y sera aussi une ligne droite: c'est ainsi que l'*analemme* est exprimé dans Ozanam, Bion, *&c. V.* PLANISPHÈRE, PROJECTION. *Analemme* vient du verbe grec ἀνάλημμα, qui signifie hauteur, parce qu'il sert à trouver quelle est la hauteur du soleil, à une heure quelconque, par une opération graphique. L'*analemme* donne aussi le tems du lever & du coucher du soleil, pour un jour & pour une latitude quelconque, & l'heure du jour quand on connoît la hauteur. En effet, soit P le pole, *fig. astron. 186*, QV l'équateur, QH un arc égal a la déclinaison du soleil HG le rayon du parallèle diurne du soleil HDE; IA égal au sinus de la hauteur du soleil; la perpendiculaire AD marquera sur le point D du parallèle, un arc DH égal à l'angle horaire du soleil, ou sa distance au méridien; & cette distance étant convertie en tems, fera connoître l'heure qu'il est. *Voyez* PROJECTION, ASTROLABE.

L'instrument appellé *Trigone des signes*, s'appelle aussi quelquefois *analemme. Voyez* TRIGONE DES SIGNES, CADRAN.

ANALYSE, s. f. est proprement la méthode de résoudre les problêmes mathématiques, en les réduisant à des équations. *Voyez* PROBLÊME & EQUATION.

L'*analyse*, pour résoudre tous les problêmes, emploie le secours de l'algèbre, ou le calcul des grandeurs en général: aussi ces deux mots, *analyse, algèbre*, sont souvent regardés comme synonymes.

L'*analyse* est l'instrument ou le moyen général par lequel on a fait depuis près de deux siécles, dans les Mathématiques, de si belles découvertes. Elle fournit les exemples les plus parfaits de la manière dont on doit employer l'art du raisonnement, donne à l'esprit une merveilleuse promptitude pour découvrir des choses inconnues, au moyen d'un petit nombre de données; & en employant des signes abrégés & faciles pour exprimer les idées, elle présente à l'entendement des choses, qui autrement sembleroient être hors de la sphère. Par ce moyen, les démonstrations géométriques peuvent être singulièrement abrégées : une longue suite d'argument, où l'esprit ne pourroit, sans le dernier effort d'attention, découvrir la liaison des idées, est convertie en des signes sensibles, & les diverses opérations qui y sont requises, sont effectuées par la combinaison de ces signes. Mais ce qui est encore plus extraordinaire, c'est que, par le moyen de cet art, un grand nombre de vérités sont souvent exprimées par une seule ligne; au lieu que, si on suivoit la manière ordinaire d'expliquer & de démontrer, ces vérités rempliroient des volumes entiers. Ainsi, par la seule étude d'une ligne de calcul, on peut apprendre en peu de tems des sciences entières, qui autrement pourroient à peine être apprises en plusieurs années. *Voy.* MATHÉMATIQUE, THÉORÊME, ALGÈBRE, *&c.*

L'*analyse* est divisée, par rapport à son objet, en *analyse des quantités finies*, & *analyse des quantités infinies.*

Analyse des quantités finies, est ce que nous appellons autrement *Arithmétique spécieuse* ou *Algèbre. Voyez* ALGÈBRE.

Analyse des quantités infinies ou *des infinis*, appellée aussi *la nouvelle Analyse*, est celle qui calcule les rapports des quantités qu'on prend pour infinies, ou infiniment petites. Une de ses principales branches est *la méthode des fluxions* ou *le calcul différentiel. V.* FLUXION, INFINIMENT PETIT, & DIFFÉRENTIEL.

Le grand avantage des mathématiciens modernes sur les anciens, vient principalement de l'usage qu'ils font de l'*analyse.*

Les anciens auteurs d'*analyse* sont nommés par Pappus, dans la préface de son septième livre des Collections Mathématiques; savoir, Euclide, en ses *Data & Porismata;* Apollonius, *de Sectione Rationis*, & dans ses *Coniques;* Aristæus, *de Locis solidis;* & Eratosthenes, *de Mediis proportionalibus.* Mais les anciens auteurs d'*Analyse* étoient très-différens des modernes. *Voyez* ARITHMÉTIQUE.

L'algèbre appartient principalement à ceux-ci : on en peut voir l'histoire, avec ses divers auteurs, sous l'*article* ALGÈBRE.

Les principaux auteurs sur l'*Analyse* des infinis, sont Walis, dans son *Arithmétique des infinis;* Newton, dans son *Analysis per quantitatum series, fluxiones & differentias*, & dans son excellent traité, qui a pour titre, *de Quadraturâ curvarum :* Léibnitz, *act. erudit.* an. 1684. le marquis de l'Hôpital, en son *Analyse des infiniment petits*, 1696. Carré, en sa *méthode pour la mesure des surfaces, la dimension des solides*, &c. *par l'application du calcul intégral*, 1700. G. Manfredi, dans son ouvrage *de constructione equationum differentialium primi gradûs*, 1707. Nic. Mercator, dans sa *Logarithmotechnia*, 1668. Cheyne, dans sa *Methodus fluxionum inversa*, 1703. Craig, *Methodus figurarum lineis rectis & curvis comprehensarum, quadraturas determinandi*, 1685, & *de quadraturis figurarum curvilinearum & locis*, &c. 1693. Dav. Gregory, dans son *Exercitatio geometrica, de dimensione figurarum*, 1684, & Nieuwentijt, dans ses *Considerationes circà analyseos ad quantitates infinitè parvas applicatæ, principia*, 1695.

L'*Analyse* démontrée du P. Reynau de l'Oratoire, imprimée, pour la première fois, à Paris en 1708, en 2 volumes *in-4.°* est un livre auquel ceux qui veulent étudier cette science, ne peuvent se dispenser d'avoir recours. Quoiqu'il s'y soit glissé quelques erreurs, c'est cependant jusqu'à présent un des ouvrages les plus complets que nous ayons sur l'*Analyse.* Il seroit à souhaiter que quelque habile Géomètre nous donnât sur cette matière un traité encore plus exact & plus étendu à certains égards, & moins étendu à d'autres, que celui du P. Reynau. On pourroit abréger le premier volume, qui contient, sur la théorie, des équations beaucoup de choses assez inutiles, & augmenter ce qui concerne le calcul intégral, en se servant pour cela des différens ouvrages qui en ont été publiés, & des morceaux répandus dans les mémoires des Académies des Sciences de Paris, de Berlin, de Londres & de Péterbourg, dans les actes de Leipsick, dans les ouvrages de MM. Bernoulli, Euler, Maclaurin, *&c. Voyez* CALCUL INTÉGRAL.

Cet article *analyse* est destiné au commun des lecteurs, & c'est pour cela que nous l'avons fait assez court : on trouvera à l'*article* ARITHMÉTIQUE UNIVERSELLE, un détail plus approfondi; & à l'*article* APPLICATION, on traitera de celle de l'*Analyse* à la Géométrie. L'*article* ALGÈBRE contient l'histoire de l'*Analyse* (*O*).

§ ANALYSE, (*Mathématiques*). Le judicieux & profond écrivain, qui a composé l'*article* ANALYSE qui précède, s'est borné au sens que les modernes donnent à ce mot; &, dans ce sens, il a traité ce sujet d'une manière digne de lui dans l'article cité, & dans les autres auxquels il renvoie. Cependant je ne crois pas inutile de dire quelque chose de la méthode des anciens.

L'*analyse*, dit Pappus dans la préface du septième livre de ses *Collections mathématiques*, est la méthode de parvenir, par des conséquences nécessaires depuis ce qu'on cherche, & qu'on regarde comme déjà trouvé, à une conclusion qui fournisse la réponse à la question proposée, c'est-à-dire, à une proposition connue, & mise au nombre des principes.

Le but de l'*analyse* est ou de découvrir la vérité, ou de trouver le moyen d'exécuter ce qu'on s'est proposé. Considérée sous le premier point de vue, l'*analyse* s'appelle *théorétique;* elle suppose certaine la proposition douteuse, & en tire des conséquences jusqu'à ce qu'elle parvienne à une conclusion manifestement vraie ou manifestement fausse. Dans se premier cas, la proposition prise pour vraie, l'est réellement, & dans le second cas, elle est fausse. Sous la seconde face, l'*analyse* se nomme *problématique*; elle regarde comme fait ce qu'on doit faire, & tire de cette supposition des conséquences jusqu'à ce qu'elle parvienne à une conclusion évidemment possible & exécutable, ou certainement impossible; dans le premier cas, le problême est possible; dans le second, il est impossible; toujours il est résolu, comme il est manifeste.

Je me suis servi du mot *exécutable* pour rendre le ποριστὸν des Grecs, parce que les anciens distinguoient, pour ce qui concerne les problêmes, ce que nous savons & pouvons exécuter de ce qui est possible en soi, mais que nous ne pouvons pas déterminer. Ainsi, la trisection de l'angle est possible en elle-même; elle est possible géométriquement, c'est-à-dire, par la ligne droite & le cercle: la quadrature indéfinie du cercle est possible en elle-même; mais nous ne la connoissons pas. Les anciens ne regardoient pas comme pleinement & géométriquement résolu un problême qui étoit amené à la trisection de l'angle ou à la quadrature du cercle.

J'ai dit que la quadrature indéfinie du cercle est possible; j'ai voulu dire que l'impossibilité de trouver un espace terminé par des droites, & égal à la surface d'un segment de cercle quelconque, n'est pas démontrée. Au reste, je sais qu'il est démontré qu'on ne peut pas exprimer par nombres la vraie raison du diamètre à la circonférence. Ainsi, je regarde comme impossible la quadrature *arithmétique* du cercle, mais je crois très-possible la quadrature *géométrique*; nous en avons un exemple dans les *Lunules* d'Hippocrate. Revenons.

Les anciens n'avoient rien qui ressemblât à notre calcul: ils pratiquoient leur *analyse* à force de tête. Pour en diminuer la difficulté, ils avoient composé des livres qui contenoient la solution détaillée de quelques problêmes généraux, auxquels ils tâchoient de ramener les autres. La note de ces livres se trouve dans la première partie du présent article. Ainsi, l'on regardoit comme résolu un problême qui étoit réduit à celui de faire passer un cercle par deux points donnés, en sorte qu'il touchât une droite donnée de position, parce que ce dernier problême étoit résolu dans le traité *de Tactionibus* d'Appollonius.

Il ne nous reste des écrits analytiques des anciens, que les *Data* d'Euclide, & le traité *de sectione rationis* d'Apollonius. Nous devons ce dernier à l'étonnante patience & à la merveilleuse sagacité du célèbre Edmond Halley, qui le traduisit de l'Arabe qu'il ignoroit. Feu M. Simson, professeur à Edimbourg, a fort bien restitué ces *lieux plans* d'Apollonius. Quelques autres traités ont été rétablis par d'autres auteurs, qui tous se sont servis de l'algèbre, & ont fourni une tâche qui, de cette manière, n'étoit pas fort difficile. « Mais, dit » Halley, autre chose est résoudre en quelque façon » un problême, ce qu'ordinairement on peut exé» cuter de plusieurs manières différentes; autre » chose est le résoudre par la méthode la plus élé» gante, en faisant usage de l'*analyse* la plus courte » & la plus claire, & de la synthèse ou construction la plus convenable & la plus facile. » C'est ce que les anciens ont fait, &c. (*Verum perpendum est, aliud esse problema aliqualiter resolutum dare, quod modis variis plerumque fieri potest, aliud methodo elegantissimâ idipsum efficere, analysi brevissimâ & simul perspicuâ, synthesi concinnâ & minimè operosâ. Hoc veteres præstitisse, argumento est* Apollonii *liber, quem in præsentarium tibi sistimus.* Halley, *præf. ad Apoll. de sect. rat. circa finem*).

Si nous en croyons cet homme illustre, qui certainement possédoit les calculs des modernes, la méthode des anciens dispute à l'algèbre l'avantage de la facilité, & l'emporte de beaucoup sur elle par l'évidence & l'élégance de ses démonstrations (*methodus hæc cum* algebra speciosa *facilitate contendit, evidentia verò & demonstrationum elegantiâ eam longe superare videtur.* Halley, *loc. cit. p. 4*). Je ne vais pas si loin. A mon avis, les découvertes étonnantes que les modernes ont faites dans la physique & dans les mathématiques, sont uniquement dûes à leurs calculs. Pour s'élever au-dessus des connoissances ordinaires, les anciens devoient péniblement entasser raisonnement sur raisonnement, comme les géans entassèrent montagne sur montagne pour escalader les cieux. Les modernes, comme Dédale, se sont fait des ailes, avec lesquelles ils montent aisément aux plus sublimes régions auxquelles puisse s'élever l'entendement humain. Ceux qui ont perfectionné les calculs, & qui les perfectionnent journellement avec tant de peine & avec tant de sagacité, méritent toute notre admiration & toute notre reconnoissance.

Les calculs ont deux avantages sur la méthode des anciens. Ils soulagent infiniment l'attention par les symboles qu'ils emploient; & ils ne demandent que la connoissance d'un petit nombre de théorêmes pour résoudre les problêmes les plus difficiles. Ils sont pour les sciences, ce que les métaux sont pour le commerce; ils représentent sans embarras, & procurent sans peine les vraies richesses. Il me semble cependant qu'on tireroit encore plus de parti des calculs, si l'on faisoit plus d'usage de quelques théorêmes que les anciens nous ont laissés. Tels sont sur-tout, à mon avis, ceux qui sont contenus dans le livre des *Data* d'Euclide. Il ne renferme que quatre-vingt & quinze théorêmes, (Pappus, dans sa préface, n'en compte que quatre-vingt-dix). De ces théorêmes, au moins quarante sont connus au moindre géomètre. Il suffiroit de charger sa mémoire de quarante ou quarante-cinq propositions de plus. Pour en voir l'utilité, considérons rapidement la nature de ces *Data*. Je tâcherai de me mettre à la portée de ceux même qui ne sont pas géomètres.

Quand on commande, par exemple, une table à un menuisier, ce n'est pas assez de dire qu'on veut une table; il faut fixer la matière, la figure, les dimensions. Quand on propose un problème à un géomètre, il faut déterminer certaines choses. Il ne suffit pas de dire qu'on veut un triangle; il faut déterminer ou la longueur de chaque côté de ce triangle, ou celle de deux côtés, & la grandeur de l'angle que ces deux côtés forment, ou la longueur d'un côté, & la grandeur des deux angles qui sont sur ce côté, &c.

Dans cet exemple, les côtés & les angles, en général toutes les choses qui sont déterminées par celui qui propose le problème, s'appellent des *données* ou des *data*, d'un mot latin que les géomètres François ont adopté. Je les appellerai des *données par convention*. Car chaque chose qui est donnée de cette manière, est nécessairement accompagnée d'autres données, qu'on ne découvre qu'avec quelque attention; par exemple, les trois côtés d'un triangle étant donnés de longueur, les angles, la surface du triangle, la perpendiculaire tirée du sommet d'un angle sur le côté opposé, *&c.* sont aussi donnés. C'est ainsi qu'ayant prescrit au menuisier la sorte de bois & les dimensions de ma table, je lui ai aussi prescrit le poids. J'appelle *données en conséquence* les données de la seconde sorte, pour les distinguer de celle de la première.

Euclide réduisit, sous certains chefs, tout ce qui peut être donné *par convention* en Géométrie, & fit voir les *données en conséquence*, qui nécessairement accompagnent chaque *donnée par convention*. C'est ce que contient son livre des *Data*. Les propositions qu'on y trouve, servent d'abord à faire voir quelles conditions d'un problème sont superflues, parce qu'elles sont nécessairement renfermées dans les autres. En second lieu, les mêmes propositions sont utiles à résoudre plusieurs problèmes géométriques sans peine & sans calcul, & à simplifier le calcul nécessaire à la solution de nombre d'autres.

Cet article n'est fait que pour les commençans; c'est pourquoi je donnerai un exemple simple & facile de la seconde utilité des *Data* d'Euclide, en résolvant, par une seule proposition de ce livre, les problèmes 4. 5. 6. 7. 8. 9. 10. de l'*Arithmétique universelle* de Neuton. Quand je la commentai, je ne vis pas cette solution. Je n'avois pas assez présens à l'esprit les *data* que je n'avois lus que fort tard. Mon exemple doit engager les jeunes gens, qui se destinent aux mathématiques, à étudier ce livre de bonne heure, & à se le rendre familier.

La proposition dont je fais usage, est la 67 de ce traité. L'auteur la démontre en quatre manières différentes. Voici la troisième avec un léger changement, nécessaire pour faciliter la construction des problèmes. La proposition d'Euclide est:

Si un triangle a un angle donné, l'excès du quarré de la somme des deux côtés qui forment l'angle donné, sur le quarré de la base, est au triangle en raison donnée.

Dans le triangle ABC (*Géom. fig. 106, 107, 108*), soit donné l'angle ABC; prolongez le côté AB, que pour épargner la multiplicité des cas & des figures, je suppose le plus grand des deux côtés qui forment l'angle donné; & prenez BD égale à BC; donc la droite AD est égale aux deux CB, BA ensemble. Du point C tirez sur la droite AD la perpendiculaire CE.

Avant d'entamer la démonstration, je remarquerai:

1.° Que, pour cette proposition, j'ai fait trois figures: la première pour l'angle B aigu; la seconde pour l'angle B obtus; la troisième pour le même angle droit, afin de démontrer tous les cas de cette proposition importante.

2.° Que, comme cette proposition se démontre par la comparaison des rectangles & des quarrés, je me sers des signes algébriques. Dans ces cas, le raisonnement des anciens ne diffère du calcul des modernes, qu'en ce que le second s'exprime d'une manière beaucoup plus courte que le premier. Les principales opérations de l'algèbre sont démontrées dans le second livre d'*Euclide*; & tout ce qu'on prouve par ce second livre, est prouvé algébriquement, aussi bien quand on se sert des mots, que quand on se sert des signes.

Démonstration.

On sait que $\overline{AD}^2 = \overline{AB}^2 + 2AB \times BD + \overline{BD}^2 = AB^2 + 2AB \times BC + \overline{BC}^2$, parce que l'on a fait BD égale à BC. On sait aussi que $\overline{AB}^2 + \overline{BC}^2 = \overline{CA}^2 \pm 2AB \times BE$ (où il faut prendre le signe $+$ pour la *fig. 106*, dans laquelle l'angle ABC est aigu; & le signe $-$ pour la *fig. 107*, dans laquelle l'angle ABC est obtus); donc $\overline{AD}^2 = \overline{CA}^2 + 2AB(DB \pm BE)$, ou bien, $\overline{DA}^2 - \overline{AC}^2 = 2AB \times ED$; mais $2AB \times ED : 2AB \times EC = DE : EC$ & $2AB \times EC$ est égal à quatre fois la surface du triangle ABC: donc l'excès du quarré de la somme des deux côtés d'un triangle sur le quarré du troisième côté ($\overline{DA}^2 - \overline{AC}^2 = (AB + BC)^2 - AC)^2$ est à la surface du triangle ABC, comme DE à la quatrième partie de EC.

Cette raison est donnée lorsque l'angle ABC est donné, parce que, dans ce cas, l'angle ADC, qui en est la moitié, est aussi donné; c'est pourquoi le triangle rectangle CED est donné d'espèce, & la raison de DE à EC est donnée. C. Q. F. D.

J'ajoute qu'aussi *l'excès du quarré de la base sur le quarré de la différence des côtés qui forment l'angle donné, est au triangle en raison donnée.*

Prenez la partie BF égale au côté BC, & joignez CF; donc AF est la différence des côtés AB, BC. D'abord $\overline{AF}^2 + 2AB \times BF = \overline{AB}^2 + \overline{BF}^2 = \overline{AB}^2 + \overline{BC}^2 = \overline{CA}^2 \pm 2AB \times BE$; donc $\overline{CA}^2 - \overline{AF}^2 = 2AB(FB \mp BE) = 2AB \times EF$; mais $2AB \times EF : 2AB \times EC = FE : EC$; & l'angle BFC, moitié de l'angle donné CBD, est donné; donc le triangle FEC, rectangle en E, est donné d'espèce; & la raison de FE à EC est donné, aussi-bien que celle de FE, au quart de EC; & la dernière est la même que celle de l'excès du quarré de la base du triangle sur le quarré de la différence des deux côtés qui forment l'angle donné, de $(CA)^2 - (AB - BC)^2$ à la surface du triangle; donc cette raison est donnée.

Cette démonstration s'applique sans peine à la *fig. 108*.

En termes trigonométriques, la première raison est celle de la cotangente de la moitié de l'angle donné au quart du rayon, & la seconde est celle de la tangente de la moitié de l'angle donné au quart du rayon. Parce que, si CE représente le rayon, ED représente la cotangente de l'angle CDE, moitié de l'angle donné CBA; mais FE représente la cotangente de l'angle EFC, moitié de CBD, supplément de l'angle donné.

Observez que l'angle DCF est droit, puisque les angles CDF, DFC ensemble font un droit, étant la moitié des angles ABC, CBD qui ensemble valent deux droits. Ou bien parce que le demi-cercle décrit du centre B & de l'intervalle BD, passe par les points C & F, puisque les droites BD, BC, BF sont égales, donc $DE : EC = CE : EF$.

Nous avons vu que le premier excès est au quadruple de la surface du triangle, comme DE à EC; que le second excès est au quadruple de la même surface, comme FE à EC; & que DE est à EC comme CE à EF. Il en résulte que le quadruple de la surface d'un triangle est moyen proportionel entre l'excès du quarré de la somme de deux côtés sur le quarré du troisième côté, & l'excès du quarré du troisième côté sur le quarré de la différence des deux autres côtés. Nous montrerons dans la suite que ce corollaire renferme une proposition trigonométrique importante, que les modernes démontrent d'une manière fort embarrassée.

De cette proposition résulte aussi que, si la raison de l'excès du quarré de la somme de deux côtés d'un triangle sur le quarré du troisième côté au triangle, ou celle de l'excès du quarré du troisième côté sur le quarré de la différence de deux côtés au même triangle est donnée, l'angle EDC, ou EFC, & par conséquent l'angle ABC est donné.

C'est par cette proposition qu'on résout sans peine les problèmes de *Neuton* rendus généraux. Ils se réduisent à décrire un triangle, étant donnés:

1.° Un angle, le périmètre, & la perpendiculaire tirée de l'angle donné sur le côté opposé. C'est le probl. IV de l'*Arithmétique universelle*.

2.° Un angle, le côté opposé à l'angle donné, & la somme des deux côtés qui forment l'angle donné & de la perpendiculaire tirée de l'angle donné sur le côté opposé & donné. C'est le problème V.

3.° Un angle, la somme des côtés qui le forment, & la perpendiculaire tirée de l'angle donné sur le côté opposé. C'est le probl. VI.

4.° Un angle, la somme des côtés qui le forment, & la somme de la base & de la perpendiculaire tirée de l'angle donné sur le côté opposé. C'est le probl. VII.

5.° Un angle, la surface & le périmètre. C'est le problème VIII.

6.° La base, la perpendiculaire élevée sur la base, & la somme des deux côtés. C'est le probl. IX.

7.° Un angle, la somme des côtés qui le forment & le côté opposé. C'est le probl. X.

1.° Soit donc $AB + BC + CA = a$; $CE = b$; $AB = x$; donc $BC + CA = a - x$, (jusqu'ici comme *Neuton*); $(BC + CA)^2 = a^2 - 2ax + x^2$; $(BC + CA)^2 - \overline{BA}^2 = a^2 - 2ax$; & $AB \times BC = bx$.

Mais, par la proposition précédente, la raison de $a^2 - 2ax$ à $2bx$ est donnée. Soit donc $a^2 - 2ax : 2bx = e : b$; donc $a^2 - 2ax = 2ex$; $a^2 = 2ex + 2ax$; & $\frac{a^2}{2e + 2a} = x$.

2.° Soit $AC + CB + CE = a$; $AB = b$; $CE = x$; par conséquent $AC + CB = a - x$, comme dans *Neuton*. Mais $(AC + CB)^2 = a^2 - 2ax + x^2$; $(AC + CB)^2 - \overline{AB}^2 = a^2 - 2ax + x^2 - b^2$; $AB \times CE = bx$; & par la proposition précedente, $a^2 - 2ax + x^2 - b^2 : 2bx = e : b$; donc $a^2 - 2ax + x^2 - 2b^2 = 2ex$; & $a^2 - b^2 = 2ax + 2ex - x^2$.

Ces deux conclusions s'accordent avec celles de *Neuton*, qui fait droit l'angle donné. Car, dans ce cas, la tangente de la moitié de l'angle droit est $= b$ dans ces deux problêmes.

3.° Soit $AC + CB = a$; $CE\, b$; $AB = x$, comme *Neuton* dans la seconde solution. Ici $(AC + CB)^2 = a^2$; $(AC + CB)^2 - \overline{B}^2 = a^2 - x^2$; $AB \times CE = bx$; & $a^2 - x^2 : 2bx = c : b$; par conséquent $a^2 - x^2 = 2ex$, comme Neuton.

4.° Soit $AC + CB = a$; $AB + CE = b$; $AB = y$. Donc $(AC + CB)^2 - \overline{AB}^2 = a^2 - y^2$; $CE = b - y$; $CE \times AB = by - y^2$. Mais $a^2 - y^2 : 2by - 2y^2 = e : b$: donc $a^2 - y^2 = 2ey - \frac{2ey^2}{b}$.

Cette équation, quand l'angle est droit, & par conséquent $e = b$, devient $a^2 = 2by - y^2$, équation que Neuton auroit trouvé, si, au lieu d'exterminer y, il avoit exterminé x.

5.° Soit A l'angle donné, & $AB+CB+CA=a$; $AB \times CE=2b^2$; $BC=y$; donc $BA+AC=a-y$; $(BA+AC)^2=a^2-2ay+y^2$; $(BA+AC)^2-BC^2=a^2-2ay$; & $a^2-2ay : 4b^2=e : b$; donc $a^2-2ay=4be$.

6.° Soit $CE=a$; $AB=2b$; $BC+CA=2e$; $BC-CA=2z$; donc $(BC+CA)^2-AB^2=4e^2-4b^2$. La surface du triangle $=\frac{AB \times CE}{2}=ab$; $\overline{AB}^2-(BC-CA)^2=4b^2-4z^2$. Mais par le théorême, $4e^2-4b^2 : 4ab=4ab : 4b^2-4z^2$; donc $\frac{a^2 b^2}{e^2-b^2}=b^2-z^2$; & $z^2=b^2-\frac{a^2 b^2}{e^2-b^2}$, comme Neuton.

7.° Enfin soit C l'angle donné; $AC+CB=2b$; $AB=a$; $CE=y$; $(AC+CB)^2-\overline{AB}^2=4b^2-a^2$; $AB \times CE=ay$; mais $4b^2-a^2 : 2ay=f : a$; donc $4b^2-a^2=2fy$.

Si, dans ce dernier problême, on avoit, comme Neuton, cherché la difference des côtés, on auroit trouvé la même équation que l'auteur. Car soit B l'angle donné; CE la perpendiculaire sur AB; $BD=BC$; & $CA=a$; $AB+BC=2b$; $AB-BC=2x$. Il est clair que $(AB+BC)^2-\overline{CA}^2=4b^2-a^2$; & $\overline{CA}^2-(AB-BC)^2=a^2-4x^2$.

Or $4b^2-a^2$ est à quatre fois la surface du triangle en raison donnée de DE à EC. Soit $DE : EC=m : n$; donc quatre fois la surface du triangle est à $a^2-4x^2=$ comme m à n; donc $\frac{4b^2 n-a^2 n}{m} : a^2-4x^2=m : n$; & $\frac{4b^2 n^2-a^2 n^2}{m^2}=a^2-4x^2$; par conséquent $x^2=\frac{a^2(m^2+n^2)-4b^2 n^2}{4m^2}$.

Newton a fait $CB : BE=d : e$; & il a trouvé $x^2=\frac{a^2 d-2b^2(d-e)}{2d+2e}$.

Cette équation & la précédente sont les mêmes. Car, suivant notre auteur, $CB : BE=d : e$; donc $\overline{CB}^2 : \overline{BE}^2=d^2 : e^2$; & $\overline{CB}^2-\overline{BE}^2(CE)^2 : \overline{BE}^2=d^2-e^2 : e^2$, & aussi $CB+BE(DE) : EB=d+e : e$; & $\overline{BE}^2 : \overline{ED}^2=e^2 : (d+e)^2$; donc *ex æquo*, $CE^2 : \overline{ED}^2=d^2-e^2 : (d+e)^2=d-e : d+e$.

Nous avons fait $CE : ED=n : m$, c'est-à-dire, $\overline{CE}^2 : \overline{ED}^2 :=n^2 : m^2$; c'est pourquoi $d=e : d+e=n^2 : m^2$; & *componendo*, $2d : d+e=n^2+m^2 : \frac{m^2}{2}$: ou $\frac{d-e}{d+e}=\frac{n^2}{m^2}$, & $\frac{2d}{d+e}=\frac{m^2+n^2}{m^2}$.

Donc $\frac{a^2(m^2+n^2)}{4m^2}-\frac{a^2 d}{2d+2e}$; & $-\frac{b^2 n^2}{m^2}=-\frac{2b^2(d-e)}{d+e}=\frac{2b^2(d-e)}{2d+2e}$, qui est précisément l'équation de Neuton.

J'ai un peu étendu ces solutions en faveur des commençans, à qui cet article est destiné. Cependant je ne m'arrêterai pas à résoudre les mêmes problêmes, en supposant données les différences au lieu des sommes, &c. Je finirai en montrant, comme je l'ai promis, que le théorême fondamental de cet article renferme celui qu'on donne pour trouver la surface d'un triangle par les côtés; voici la règle. Prenez la moitié du périmètre du triangle, ce sera la premiere quantité. De cette moitié de périmètre, ôtez successivement les trois côtés du triangle, vous aurez trois autres quantités qui, avec la première, feront quatre quantités; tirez la racine quarrée du produit de ces quatre quantités, vous aurez la surface du triangle. Nous avons montré que quatre fois la surface d'un triangle est moyenne proportionnelle entre l'excès du quarré de la somme de deux côtés sur le quarré de la base; & entre l'excès du quarré de la base sur le quarré de la différence des côtés. Mais, par la cinquième proposition du *II livre* d'Euclide, la différence de deux quarrés est égale à un rectangle, dont un côté est la somme, & l'autre est la différnce des côtés des quarrés: donc les deux côtés du premier excès sont l'un, le périmètre du triangle, & l'autre l'excès de la somme des deux côtés sur la base; & les deux côtés de l'autre sont l'un la somme de la base & de la différence des deux côtés, & l'autre l'excès de la base sur la même différence, & prenant le quart des rectangles, ou la moitié de chacun des quatre facteurs, &c. (*J. D. C.*)

ANALYSTE, s. m. *en Mathématique*, se dit d'une personne versée dans l'*analyse* mathématique. *Voyez* ANALYSE.

ANALYTIQUE, adj. (*Math.*), qui appartient à l'*analyse*, ou qui est de la nature de l'*analyse*, ou qui se fait par la voie de l'*analyse*. *V.* ANALYSE. Ainsi l'on dit *équation analytique*, *démonstration analytique*, *recherches analytiques*, *table analytique*, *calcul analytique*, &c. *Voyez* MÉTHODE.

La *méthode analytique* est opposée à la *synthétique*. Dans la Philosophie naturelle, aussi bien que dans les Mathématiques, il faut commencer à applanir les difficultés par la *méthode analytique*, avant que d'en venir à la méthode synthétique. Or cette analyse consiste à faire des expériences & des observations, à en tirer des conséquences générales par la voie de l'induction, & ne point admettre d'objections contre ces conséquences, que celles qui naissent des expériences ou d'autres vérités constantes. Et quand même les raisonnemens qu'on fait sur les expériences par la voie de l'induction, ne seroient pas des démonstrations des conséquences générales qu'on a tirées, c'est du moins la meilleure méthode de raisonner sur ces sortes d'objets; le

raisonnement

raisonnement sera d'autant plus fort, que l'induction sera plus générale. S'il ne se présente point de phénomènes, qui fournissent d'exception, on peut tirer la conséquence générale. Par cette voie *analytique*, on peut procéder des substances composées à leurs élémens, des mouvemens aux forces qui les produisent, & en général des effets à leurs causes, & des causes particulières à de plus générales, jusqu'à ce que l'on soit parvenu à celle qui est la plus grande de toutes. Voilà ce que c'est que la méthode *analytique*, dit M. Neuton.

La méthode synthétique consiste à prendre comme principes, les causes déjà connues & constatées; à les faire servir à l'explication des phénomènes qui en proviennent, & à justifier cette explication par des preuves. *Voyez* SYNTHÈSE.

Méthode analytique, en Géométrie, est la méthode de résoudre les problêmes, & de démontrer les théorêmes de Géométrie, en y employant l'analyse ou l'algèbre. *Voyez* ALGÈBRE, ANALYSE & APPLICATION.

Cette méthode est opposée à la méthode appellée *synthétique*, qui démontre les théorêmes, & résout les problêmes, en se servant des lignes mêmes qui composent les figures, sans représenter ces lignes par des noms algébriques. La méthode synthétique étoit celle des anciens; l'*analytique* est dûe aux modernes. *Voyez les articles cités ci-dessus; voyez aussi* SYNTHÈSE (*O*).

ANAMORPHOSE, s. f. *en perspective & en peinture*, se dit d'une projection monstrueuse, ou d'une représentation défigurée de quelque image, qui est faite sur un plan ou sur une surface courbe, & qui néanmoins, à un certain point de vue, paroît régulière & faite avec de justes proportions. *Voyez* PROJECTION.

Pour faire une *anamorphose*, ou une projection monstrueuse sur un plan, tracez le quarré *ABCD*, (*pl. de perspective, fig. 19, n.° 1.*) d'une grandeur à volonté, & subdivisez-le en aréoles ou en petits quarrés. Dans ce quarré ou cette espèce de réseau que l'on appelle *prototype craticulaire*, tracez au naturel l'image dont l'apparence doit être monstrueuse: tirez ensuite la ligne *a b*, (*fig. 19, n.° 2.*) égale à *A B*, & divisez-la dans le même nombre de parties égales que le côté du prototype *A D*: au point du milieu *E*, élevez la perpendiculaire *E V*, & menez *V S* perpendiculaire à *E V*, en faisant la ligne *EV* d'autant plus longue, & la ligne *VS* d'autant plus courte, que vous avez dessein d'avoir une image plus difforme. De chaque point de division, tirez au point *V* des lignes droites, & joignez les points *b*, *S*, par la ligne droite *b*, *S*. Par les points *c*, *e*, *f*, *g*, &c., tirez des lignes droites parallèles à *a b*: alors *a b c d* sera l'espace où l'on doit tracer la projection monstrueuse; & c'est ce que l'on appelle *l'ectype craticulaire*.

Enfin dans chaque aréole ou petit trapèze de l'espace *a b c d*, dessinez ce que vous voyez tracé dans l'aréole correspondante du quarré *ABCD*; par ce moyen vous aurez une image difforme, qui paroîtra néanmoins dans ses justes proportions, si l'œil est placé de manière qu'il en soit éloigné de la longueur *E V*, & élevé au dessus, à la hauteur de *V S*.

Le spectacle sera beaucoup plus agréable, si l'image défigurée ne représente pas un pur chaos, mais quelqu'autre apparence: ainsi, l'on a vu une rivière avec des soldats, des chariots, &c., marchant sur l'une de ses rives, représentée avec un tel artifice, que quand elle étoit regardée au point *S*, il sembloit que ce fût le visage d'un satyre: mais on ne peut donner facilement des règles pour cette partie, qui dépend principalement de l'industrie & de l'adresse de l'artiste.

On peut aussi faire méchaniquement une *anamorphose* de la manière suivante: on percera de part en part le prototype à coups d'aiguille, dans son contour & dans plusieurs autres points; ensuite on l'exposera à la lumière d'une bougie ou d'une lampe, & on marquera bien exactement les endroits où tombent sur un plan, ou sur une surface courbe, les rayons qui passent à travers ces petits trous; car ils donneront les points correspondans de l'image difforme, par le moyen desquels on peut achever la déformation.

Faire une anamorphose sur la surface convexe d'un cône. Il paroit assez par le problême précédent, qu'il ne s'agit que de faire un ectype craticulaire sur la surface d'un cône qui paroisse égal au prototype craticulaire, l'œil étant placé à une distance convenable, au dessus du sommet du cône.

C'est pourquoi, soit la base *A B C D* du cône, (*fig. 20.*) divisée par des diamètres en un nombre quelconque de parties égales; ou, ce qui revient au même, soit divisée la circonférence de cette base, en tel nombre qu'on voudra de parties égales, & soient tirées par les points de division des lignes droites au centre. Soit aussi divisé un rayon en quelques parties égales; par chaque point de division, décrivez des cercles concentriques; par ce moyen vous aurez tracé le prototype craticulaire *A*. Avec le double du diamètre *A B*, comme rayon, décrivez le quart de cercle *E G* (*fig. 21.*), afin que l'arc *E G* soit égal à la circonférence entière, & pliez ce quart de cercle, de manière qu'il forme la surface d'un cône, dont la base soit le cercle *A B C D*; divisez l'arc *E G* dans le même nombre de parties égales que le prototype craticulaire est divisé, & tirez des rayons de chacun des points de division; prolongez *G F* en *I*, jusqu'à ce que $FI = FG$: du centre *I*, & du rayon *I F*, décrivez le quart de cercle *F K H*, & du point *I* au point *D*, tirez la droite *I E*; divisez l'arc *K F* dans le même nombre de parties égales que le rayon du prototype craticulaire; & du centre *I* par chaque point de division, tirez des rayons qui rencontrent *E F* aux points 1, 2, 3, &c.; enfin du centre *F*, & des rayons *F* 1, *F* 2, *F* 3; décrivez des arcs concentriques: de cette manière vous aurez l'ectype craticulaire, dont les aréoles paroîtront égales entr'elles.

Ainsi, en transportant dans les aréoles de l'ectype craticulaire, ce qui est dessiné dans chaque aréole du prototype craticulaire, vous aurez une image monstrueuse, qui paroîtra néanmoins dans ses justes proportions, si l'œil est élevé au dessus du sommet du cône, d'une quantité égale à la distance de ce sommet à la base.

Si l'on tire dans le prototype craticulaire, les cordes des quarts de cercle, & dans l'ectype craticulaire, les cordes de chacun de ses quarts, toutes choses d'ailleurs restant les mêmes, on aura l'ectype craticulaire dans une pyramide quadrangulaire.

Il sera donc aisé de dessiner une image monstrueuse sur toute pyramide, dont la base est un polygone régulier quelconque.

Comme l'illusion est plus parfaite, quand on ne peut pas juger, par les objets contigus, de la distance des parties de l'image monstrueuse, il est mieux de ne regarder ces sortes d'images, que par un petit trou.

On voit à Paris, dans le cloître des Minimes de la Place Royale, deux *anamorphoses* tracées sur deux des côtés du cloître; l'une représente la Magdelène, l'autre, S. Jean écrivant son évangile. Elles sont telles, que quand on les regarde directement, on ne voit qu'une espèce de paysage, & quand on les regarde d'un certain point de vue, elles représentent des figures humaines très-distinctes. Ces deux figures sont l'ouvrage du P. Niceron, Minime, qui a fait sur ce même sujet un traité latin, intitulé: *Thaumaturgus opticus*, Optique miraculeuse, dans lequel il traite de plusieurs phénomènes curieux d'optique, & donne fort au long les méthodes de tracer ces sortes d'*anamorphoses* sur des surfaces quelconques. Le P. Emmanuel Maignan, Minime, a aussi traité cette même matière, dans un ouvrage latin, intitulé: *Perspectiva horaria*, imprimé à Rome en 1648. *Voyez la proposition 77 de la catoptrique horaire de ce dernier ouvrage, page 438.*

Comme les miroirs cylindriques, coniques & pyramidaux, ont la propriété de rendre difformes les objets qu'on leur expose, & que par conséquent ils peuvent faire paroître naturels des objets difformes; on donne aussi dans l'optique, des moyens de tracer sur le papier des objets difformes, qui étant vus par ces sortes de miroirs, paroissent de leur figure naturelle.

Par exemple, si on veut tracer une image difforme, qui paroisse de sa figure naturelle, étant vue dans un miroir cylindrique; on commencera, (*fig. 14, perspect.*) par décrire un cercle *HBC*, égal à la base du cylindre; ensuite supposant que *O* soit le point où tombe la perpendiculaire menée de l'œil; on tirera les tangentes *OC* & *OB*, on joindra les points d'attouchement *C* & *B* par la droite *CB*; on divisera cette ligne *CB* en tant de parties égales qu'on voudra, & par les points de division, on tirera des lignes au point *O*; on supposera que les rayons *OH*, *OI* se réfléchissent en *F* & en *G*, ensuite (*fig. 15, perspect.*) sur une droite indéfinie *MQ*, on élevera la perpendiculaire *MP* égale à la hauteur de l'œil; on fera *MQ* égale à *OH* de la *fig. 14*, & au point *Q*, on élevera la perpendiculaire *QR* égale à *CB*, & divisée en autant de parties que *CB*; par les points de division, on tirera des lignes au point *P*, qui étant prolongées jusqu'à la ligne *MN*, donneront les points *I*, *III*, &c. & les distances *QI*, *III*, *IIIII*, &c. qu'il faudra transporter dans la *fig. 14* de *I* en *I*, de *I* en *II*, de *II* en *III*, &c. de cette manière, les points *F*, *G* de la *fig. 14*, répondront au point *N* ou *IV* de la *fig. 15*. Par ces points *FG*, & par le point *K*, tel que *KH* = *IG*, on tracera un arc de cercle jusqu'en *S* & en *T*, c'est-à-dire, jusqu'à la rencontre des tangentes, *OS*, *OT*, & on fera de même pour les points *III*, *II*, &c. ensuite on dessinera une figure quelconque dans un quarré dont les côtés soient égaux à *CB* ou *QR*, & soient divisés en autant de parties qu'on a divisé ces lignes, en sorte que le quarré dont il s'agit, soit partagé lui-même en autant de petits quarrés. On dessinera après cela dans la figure *SFGT*, une image difforme, dont les parties soient situées dans les parties de cette figure correspondante aux parties du quarré. Cette image étant approchée d'un miroir cylindrique, dont *HBC* soit la base, & l'œil étant élevé au dessus du point *O*, à une hauteur égale à *MP*, on verra dans le miroir cylindrique, la figure naturelle qui avoit été tracée dans le petit quarré.

On a aussi des méthodes assez semblables à la précédente, pour tracer des images difformes, qui soient rétablies dans leur figure naturelle, par des miroirs coniques ou pyramidaux. On peut voir une idée de ces méthodes dans la *Catoptrique* de M. Wolf. Nous nous bornerons ici à ce qui regarde nos miroirs cylindriques, comme étant les plus communs. On trouve dans les actes de Leipsick de 1712, la description d'une machine *anamorphotique* de M. Jacques Léopold, par le moyen de laquelle on peut décrire méchaniquement & assez exactement des images difformes qui soient rétablies dans leur état naturel par des miroirs cylindriques ou coniques.

On fait aussi dans la dioptrique des *anamorphoses*. Elles consistent en des figures difformes, qui sont tracées sur un papier, & qui paroissent dans leur état naturel, lorsqu'on les regarde à travers un verre polyèdre, c'est-à-dire, à plusieurs faces. Et voici de quelle manière elles se font.

Sur une table horizontale *ABCD*, on élève à angles droits (*fig. 11, Persp.*) une planche *AFED*; on pratique dans chacune de ces deux planches ou tables, deux coulisses, telles que l'appui *BHC* puisse se mouvoir entre les coulisses de la table horizontale, & qu'on puisse faire couler un papier entre les coulisses de la planche verticale; on adapte à l'appui *BHC* un tuyau *IK*, garni en *I* d'un verre polyèdre, plan convexe, composé de 24 plans triangulaires, disposés à-peu-près suivant la courbure d'une parabole. Le tuyau est percé en *K* d'un petit trou, qui doit être un peu au-delà du foyer du verre; on éloigne l'appui *BHC* de la planche verticale, & on l'en éloigne d'autant plus que l'image difforme doit être plus grande.

On met au-devant du trou *K* une lampe; on marque avec du crayon les aréoles ou points lumineux que sa lumière forme sur la planche *ADEF*; & pour ne point se tromper en les marquant, il faut avoir soin de regarder par le trou si en effet ces aréoles ne forment qu'une seule image.

On tracera ensuite dans chacune de ces aréoles des parties d'un objet, qui, étant vue par le trou *K*, ne paroîtront former qu'un seul tout; & on aura soin de regarder par le trou *K*, en faisant cette opération, pour voir si toutes ces parties forment en effet une seule image. A l'égard des espaces intermédiaires, on les remplira de tout ce qu'on voudra; & pour rendre le phénomène plus curieux, on aura soin même d'y tracer des choses toutes différentes de celles qu'on doit voir par le trou; alors regardant par le trou *K*, on ne verra qu'une image distincte, fort différente de celle qui paroissoit sur le papier à la vue simple.

On voit à Paris, dans la bibliothèque des Minimes de la place Royale, deux *anamorphoses* de cette espèce, elles sont l'ouvrage du P. Niceron, dont nous avons déjà parlé: & on trouve aussi, dans le *tome IV des Mémoires de l'Académie Impériale de Péterfbourg*, la description d'une *anamorphose* semblable, faite par M. Lutman, membre de cette Académie, en l'honneur de Pierre II, empereur de Russie: cet auteur expose la méthode qu'il a suivie pour cela, & fait des remarques utiles sur cette matière. *Voyez, sur cet article, la* CATOPTRIQUE *& la* DIOPTRIQUE *de M. Wolf, déjà citées* (*O*).

ANCIENNE GÉOMÉTRIE peut s'entendre de deux manières; ou de la Géométrie des *anciens*, jusqu'à Descartes, dans laquelle on ne faisoit aucun usage du calcul analytique; ou de la Géométrie depuis Descartes jusqu'à l'invention des calculs différentiel & intégral. *Voyez* ALGÈBRE, DIFFÉRENTIEL, INTÉGRAL, *&c. Voyez aussi* GÉOMÉTRIE (*O*).

ANDROIDE, s. m. (*Méchan.*), automate ayant figure humaine, & qui, par le moyen de certains ressorts, *&c.* bien disposés, agit & fait d'autres fonctions extérieurement semblables à celles de l'homme. *Voyez* AUTOMATE. Ce mot est composé du grec ἀνὴρ, génitif ἀνδρὸς, *homme*, & de εἶδος, *forme*.

Albert le Grand avoit, dit-on, fait un *androïde*. Nous en avons vu un à Paris en 1738, dans le *Flûteur automate* de M. Vaucanson, de l'Académie Royale des Sciences.

L'auteur publia cette année 1738, un Mémoire approuvé avec éloge par la même Académie: il y fait la description de son *Flûteur*, que tout Paris a été voir en foule. Nous insérerons ici la plus grande partie de ce Mémoire, qui nous a paru digne d'être conservé.

La figure est de cinq pieds & demi de hauteur environ, assise sur un bout de rocher, placée sur un piédestal quarré, de quatre pieds & demi de haut sur trois pieds & demi de large.

A la face antérieure du piédestal (le panneau étant ouvert), on voit à la droite un mouvement, qui, à la faveur de plusieurs roues, fait tourner en-dessous un axe d'acier de deux pieds six pouces de long, coudé en six endroits dans sa longueur par égale distance, mais en sens différens. A chaque coude sont attachés des cordons qui aboutissent à l'extrémité des panneaux supérieurs de six soufflets de deux pieds & demi de long sur six pouces de large, rangés dans le fond du piédestal, où leur panneau inférieur est attaché à demeure; de sorte que, l'axe tournant, les six soufflets se haussent & s'abaissent successivement les uns après les autres.

A la face postérieure, au-dessus de chaque soufflet, est une double poulie, dont les diamètres sont inégaux; savoir, l'un de trois pouces, & l'autre d'un pouce & demi; & cela pour donner plus de levée aux soufflets, parce que les cordons, qui y sont attachés, vont se rouler sur le plus grand diamètre de la poulie, & ceux qui sont attachés à l'axe qui les tire, se roulent sur le petit.

Sur le grand diamètre de trois de ces poulies du côté droit, se roulent aussi trois cordons, qui, par le moyen de plusieurs petites poulies, aboutissent aux panneaux supérieurs de trois soufflets placés sur le haut du bâti, à la face antérieure & supérieure.

La tension qui se fait à chaque cordon, lorsqu'il commence à tirer le panneau du soufflet où il est attaché, fait mouvoir un levier placé au-dessus, entre l'axe & les doubles poulies, dans la région moyenne & inférieure du bâti. Ce levier, par différens renvois, aboutit à la soupape, qui se trouve au-dessous du panneau inférieur de chaque soufflet, & la soutient levée, afin que l'air y entre sans aucune résistance, tandis que le panneau supérieur, en s'élevant, en augmente la capacité. Par ce moyen, outre la force que l'on gagne, on évite le bruit que fait ordinairement cette soupape, causé par le tremblement que l'air occasionne en entrant dans le soufflet: ainsi, les neuf soufflets sont mûs sans secousse, sans bruit, & avec peu de force.

Ces neuf soufflets communiquent leur vent dans trois tuyaux différens & séparés. Chaque tuyau reçoit celui de trois soufflets; les trois qui sont dans le bas du bâti à droite par la face antérieure, communiquent leur vent à un tuyau qui règne en devant sur le montant du bâti du même côté, & ces trois-là sont chargés d'un poids de quatre livres, les trois qui sont à gauche dans le même rang, donnent leur vent dans un semblable tuyau, qui règne pareillement sur le montant du bâti du même côté, & ne sont chargés chacun que d'un poids de deux livres : les trois qui sont sur la partie supérieure du bâti, donnent aussi leur vent à un tuyau qui règne horizontalement sous eux & en devant; ceux-ci ne sont chargés que du poids de leur simple panneau.

Ces tuyaux, par différens coudes, aboutissent à trois petits réservoirs placés dans la poitrine de la figure. Là, par leur réunion, ils en forment un seul, qui, montant par le gosier, vient par son élargissement former dans la bouche une cavité, terminée par deux espèces de petites lèvres qui posent sur le trou de la flûte; ces lèvres donnent plus ou moins d'ouverture, & ont un mouvement particulier pour s'avancer & se reculer. En-dedans de cette cavité, est une petite languette mobile, qui, par son jeu, peut ouvrir & fermer au vent le passage que lui laissent les lèvres de la figure.

Voilà par quel moyen le vent a été conduit jusqu'à la flûte. Voici ceux qui ont servi à le modifier.

A la face antérieure du bâti à gauche, est un autre mouvement qui, à la faveur de son rouage, fait tourner un cylindre de deux pieds & demi de long sur soixante-quatre pouces de circonférence. Ce cylindre est divisé en quinze parties égales d'un pouce & demi de distance. A la face postérieure & supérieure du bâti, est un clavier traînant sur ce cylindre, composé de quinze leviers très-mobiles, dont les extrémités du côté du dedans sont armées d'un petit bec d'acier, qui répond à chaque division du cylindre. A l'autre extrémité de ces leviers, sont attachés des fils & chaînes d'acier, qui répondent aux différens réservoirs de vent, aux doigts, aux lèvres & à la langue de la figure. Ceux qui répondent aux différens réservoirs de vent, sont au nombre de trois, & leurs chaînes montent perpendiculairement derrière le dos de la figure jusque dans la poitrine, où ils sont placés, & aboutissent à une soupape particulière à chaque réservoir : cette soupape étant ouverte, laisse passer le vent dans le tuyau de communication qui monte, comme on l'a déjà dit, par le gosier dans la bouche. Les leviers qui répondent aux doigts sont au nombre de sept, & leurs chaînes montent aussi perpendiculairement jusqu'aux épaules, & là se coudent pour s'insérer dans l'avant-bras jusqu'au coude, où elles se plient encore pour aller le long du bras jusqu'au poignet; elles y sont terminées chacune par une charnière qui se joint à un tenon que forme le bout du levier contenu dans la main, imitant l'os que les anatomistes appellent l'os *du métacarpe*, & qui, comme lui, forme une charnière avec l'os de la première phalange, de façon que, la chaîne étant tirée, le doigt puisse se lever. Quatre de ces chaînes s'insèrent dans le bras droit, pour faire mouvoir les quatre doigts de cette main, & trois dans le bras gauche pour trois doigts, n'y ayant que trois trous qui répondent à cette main. Chaque bout de doigt est garni de peau, pour imiter la molesse du doigt naturel, afin de pouvoir boucher le trou exactement. Les leviers du clavier qui répondent au mouvement de la bouche, sont au nombre de quatre : les fils d'acier qui y sont attachés forment des renvois, pour parvenir dans le milieu du rocher en dedans; & là ils tiennent à des chaînes qui montent perpendiculairement & parallèlement à l'épine du dos dans le corps de la figure; & qui, passant par le cou, viennent dans la bouche s'attacher aux parties, qui font faire quatre différens mouvemens aux lèvres intérieures : l'un fait ouvrir ces lèvres pour donner une plus grande issue au vent; l'autre la diminue en les rapprochant; le troisième les fait retirer en arrière, & le quatrième les fait avancer sur le bord du trou.

Il ne reste plus sur le clavier qu'un levier, où est pareillement attachée une chaîne qui monte ainsi que les autres, & vient aboutir à la languette qui se trouve dans la cavité de la bouche derrière les lèvres, pour en boucher le trou, comme on l'a dit ci-dessus.

Ces quinze leviers répondent aux quinze divisions du cylindre par les bouts où sont attachés les becs d'acier, & à un pouce & demi de distance les uns des autres. Le cylindre venant à tourner, les lames de cuivre placées sur ses lignes divisées, rencontrent les becs d'acier, & les soutiennent levés plus ou moins long-tems, suivant que les lames sont plus ou moins longues : &, comme l'extrémité de tous ces becs forme entr'eux une ligne droite, parallèle à l'axe du cylindre, coupant à angle droit toutes les lignes de division, toutes les fois qu'on placera à chaque ligne une lame, & que toutes leurs extrémités formeront entr'elles une ligne également droite, & parallèle à celle que forment les becs des leviers, chaque extrémité de lame (le cylindre retournant) touchera & soulevera dans le même instant chaque bout de levier; & l'autre extrémité des lames formant également une ligne droite, chacune laissera échapper son levier dans le même tems. On conçoit aisément par-là comment tous les leviers peuvent agir & concourir tous à-la-fois à une même opération, s'il est nécessaire. Quand il n'est besoin de faire agir que quelques leviers, on ne place des lames qu'aux divisions où répondent ceux qu'on veut faire mouvoir : on en détermine même le tems, en les plaçant plus ou moins éloignées de la ligne que forment les becs : on fait cesser aussi leur action plutôt ou plus tard, en les mettant plus ou moins longues.

L'extrémité de l'axe du cylindre du côté droit, est terminée par une vis sans fin à simples filets, distans entr'eux d'une ligne & demie, & au nombre de douze, ce qui comprend en tout l'espace d'un pouce & demi de longueur, égal à celui des divisions du cylindre.

Au-dessus de cette vis, est une pièce de cuivre immobile, solidement attachée au bâti, à laquelle tient un pivot d'acier d'une ligne environ de diamètre, qui tombe dans une canelure de la vis, & lui sert d'écrou, de façon que le cylindre est obligé, en tournant, de suivre la même direction que les filets de la vis, contenus par le pivot d'acier, qui est fixe. Ainsi, chaque point du cylindre décrira continuellement en tournant une ligne spirale, & sera par conséquent un mouvement progressif de droite à gauche.

C'est par ce moyen que chaque division du cylindre, déterminée d'abord sous chaque bout de levier, changera de point à chaque tour qu'il fera, puisqu'il s'en éloignera d'une ligne & demie, qui est la distance qu'ont les filets de la vis entre eux.

Les bouts des leviers attachés au clavier restant donc immobiles, & les points du cylindre auxquels ils répondent d'abord, s'éloignant à chaque instant de la perpendiculaire, en formant une ligne spirale, qui, par le mouvement progressif du cylindre, est toujours dirigée au même point, c'est-à-dire, à chaque bout de levier, il s'ensuit que chaque bout de levier trouve à chaque instant des points nouveaux sur les lames du cylindre, qui ne se répètent jamais, puisqu'elles forment entr'elles des lignes spirales qui forment douze tours sur le cylindre, avant que le premier point de division vienne sous un autre levier, que celui sous lequel il a été déterminé en premier lieu.

C'est dans cet espace d'un pouce & demi qu'on place toutes les lames, qui forment elles-mêmes les lignes spirales, pour faire agir le levier sous qui elles doivent toujours passer pendant les douze tours que fait le cylindre. A mesure qu'une ligne change pour son levier, toutes les autres changent pour le leur; ainsi, chaque levier a douze lignes de lames, de 64 pouces de diamètre, qui passent sous lui, & qui font entr'elles une ligne de 768 pouces de long. C'est sur cette ligne que sont placées toutes les lames suffisantes pour l'action du levier durant tout le jeu.

Il ne reste plus qu'à faire voir comment tous ces différens mouvemens ont servi à produire l'effet qu'on s'est proposé dans cet automate, en les comparant avec ceux d'une personne vivante.

Est-il question de lui faire tirer du son de sa flûte, & de former le premier ton, qui est le *ré* d'en bas? On commence d'abord à disposer l'embouchure; pour cet effet, on place sur le cylindre une lame dessous le levier qui répond aux parties de la bouche, servant à augmenter l'ouverture que font les lèvres. Secondement, on place une lame sous le levier, qui sert à faire reculer ces mêmes lèvres. Troisièmement, on place une lame sous le levier, qui ouvre la soupape du réservoir du vent qui vient des petits soufflets qui ne sont point chargés. On place, en dernier lieu, une lame sous le levier, qui fait mouvoir la languette pour donner le coup de langue; de façon que, ces lames venant à toucher dans le même tems les quatre leviers qui servent à produire les susdites opérations, la flûte sonnera le *ré* d'en bas.

Par l'action du levier qui sert à augmenter l'ouverture des lèvres, on imite l'action de l'homme vivant, qui est obligé de l'augmenter dans les tons bas. Par le levier, qui sert à faire reculer les lèvres, on imite l'action de l'homme, qui les éloigne du trou de la flûte, en la tournant en dehors. Par le levier qui donne le vent provenant des soufflets qui ne sont chargés que de leur simple panneau, on imite le vent foible que l'homme donne alors, vent qui n'est pareillement poussé hors de son réservoir, que par une légère compression des muscles de la poitrine. Par le levier qui sert à faire mouvoir la languette, en débouchant le trou que forment les lèvres pour laisser passer le vent, on imite le mouvement que fait aussi la langue de l'homme, en se retirant du trou pour donner passage au vent, & par ce moyen lui faire articuler une telle note. Il résultera donc de ces quatre opérations différentes, qu'en donnant un vent foible, & le faisant passer par une issue large dans toute la grandeur du trou de la flûte, son retour produira des vibrations lentes, qui seront obligées de se continuer dans toutes les particules du corps de la flûte, puisque tous les trous se trouveront bouchés, & par conséquent la flûte donnera un ton bas; c'est ce qui se trouve confirmé par l'expérience.

Veut-on lui faire donner le ton au-dessus, savoir, le *mi?* aux quatre premières opérations pour le *ré*, on en ajoute une cinquième; on place la lame sous le levier, qui fait lever le troisième doigt de la main droite, pour déboucher le troisième trou de flûte, & on fait approcher tant-soit-peu les lèvres du trou de la flûte, en baissant un peu la lame du cylindre qui tenoit le levier élevé pour la première note, savoir, le *ré*: ainsi, donnant plutôt aux vibrations une issue en débouchant le premier trou du bout, la flûte doit sonner un ton au-dessus; ce qui est aussi confirmé par l'expérience.

Toutes ces opérations se continuent à-peu-près les mêmes dans les tons de la première octave, où le même vent suffit pour les former tous; c'est la différente ouverture des trous, par la levée des doigts, qui les caractérise: on est seulement obligé de placer sur le cylindre des lames sous les leviers, qui doivent lever les doigts pour former tel ou tel ton.

Pour avoir les tons de la seconde octave, il faut changer l'embouchure de situation, c'est-à-dire, placer une lame dessous le levier, qui contribue à faire avancer les lèvres au-delà du diamètre du trou de la flûte, & imiter par-là l'action de l'homme vivant, qui, en pareil cas, tourne la flûte un peu en-dedans. Secondement, il faut placer une lame sous le levier, qui, en faisant rapprocher les deux lèvres, diminue leur ouverture : opération que fait pareillement l'homme quand il serre les lèvres pour donner une moindre issue au vent. Troisièmement, il faut placer une lame sous le levier qui fait ouvrir la soupape du réservoir, qui contient le vent provenant des soufflets chargés du poids de deux livres : vent qui se trouve poussé avec plus de force, & semblable à celui que l'homme vivant pousse par une plus forte compression des muscles pectoraux. De plus, on place des lames sous les leviers nécessaires, pour faire lever les doigts qu'il faut. Il s'ensuivra de toutes ces différentes opérations, qu'un vent envoyé avec plus de force, & passant par une issue plus petite, redoublera de vitesse & produira par conséquent les vibrations doubles; & ce sera l'*octave.*

A mesure qu'on monte dans les tons supérieurs de cette seconde octave, il faut de plus en plus serrer les lèvres, pour que le vent, dans un même tems, augmente de vitesse.

Dans les tons de la troisième octave, les mêmes leviers, qui vont à la bouche, agissent comme dans ceux de la seconde, avec cette différence que les lames sont un peu plus élevées, ce qui fait que les lèvres vont tout-à-fait sur le bord du trou de la flûte, & que le trou qu'elles ferment devient extrêmement petit. On ajoute seulement une lame sous le levier qui fait ouvrir la soupape, pour donner le vent qui vient des soufflets les plus chargés, savoir, du poids de quatre livres; par conséquent le vent poussé avec une plus forte compression, & trouvant une issue encore plus petite, augmentera de vitesse en raison triple; on aura donc *la triple octave.*

Il se trouve des tons dans toutes ces différentes octaves plus difficiles à rendre les uns que les autres; on est pour lors obligé de les ajuster, en plaçant les lèvres sur une plus grande ou plus petite corde du trou de la flûte, en donnant un vent plus ou moins fort, ce que fait l'homme dans les mêmes tons où il est obligé de ménager son vent, & de tourner la flûte plus ou moins en-dedans ou en-dehors.

On conçoit facilement que toutes les lames placées sur le cylindre, sont plus ou moins longues, suivant le tems que doit avoir chaque note, & suivant la différente situation où doivent se trouver les doigts pour les former; ce qu'on ne détaillera point ici, pour ne point donner à cet article trop d'étendue. On fera remarquer seulement que, dans les enflemens de son, il a fallu, pendant le tems de la même note, substituer imperceptiblement un vent foible à un vent fort, & à un plus fort un plus foible, & varier conjointement les mouvemens des lèvres, c'est-à-dire, les mettre dans leur situation propre pour chaque vent.

Lorsqu'il a fallu faire le doux, c'est-à-dire, imiter un écho, on a été obligé de faire avancer les lèvres sur le bord du trou de la flûte, & envoyer un vent suffisant pour former un tel ton, mais dont le retour, par une issue aussi petite qu'est celle de son entrée dans la flûte, ne peut frapper qu'une petite quantité d'air extérieur; ce qui produit, comme on l'a dit ci-dessus, ce qu'on appelle *écho.*

Les différens airs de lenteur & de mouvement ont été mesurés sur le cylindre, par le moyen d'un levier, dont une extrémité, armée d'une pointe, pouvoit, lorsqu'on frappoit dessus, marquer ce même cylindre. A l'autre bras du levier, étoit un ressort qui faisoit promptement relever la pointe. On lâchoit le mouvement qui faisoit tourner le cylindre avec une vitesse déterminée pour tous les airs : dans le même tems, une personne jouoit sur la flûte l'air qu'on vouloit mesurer; un autre battoit la mesure sur le bout du levier, qui pointoit le cylindre, & la distance qui se trouvoit entre les points étoit la vraie mesure des airs qu'on vouloit noter; on subdivisoit ensuite les intervalles en autant de parties que la mesure avoit de tems. *(O).*

* Combien de finesse dans tout ce détail! Que de délicatesse dans toutes les parties de ce méchanisme! Si cet article, au lieu d'être l'exposition d'une machine exécutée, étoit le projet d'une machine à faire, combien de gens ne le traiteroient-ils pas de chimère? Quant à moi, il me semble qu'il faut avoir bien de la pénétration & un grand fonds de méchanique, pour concevoir la possibilité du mouvement des lèvres de l'automate, de la ponctuation du cylindre, & d'une infinité d'autres particularités de cette description. Si quelqu'un nous propose donc jamais une machine moins compliquée, telle que seroit celle d'un harmonomètre, ou d'un cylindre divisé par des lignes droites & des cercles dont les intervalles marqueroient les mesures, & percé sur ces intervalles de petits trous, dans lesquels on pourroit insérer des pointes mobiles, qui, s'appliquant à discrétion sur telles touches d'un clavier que l'on voudroit, exécuteroit telle pièce de Musique qu'on desireroit à une ou plusieurs parties; alors gardons-nous bien d'accuser cette machine d'être impossible, & celui qui la propose d'ignorer la Musique; nous risquerions de nous tromper lourdement sur l'un & sur l'autre cas. *(M. Diderot).*

ANDROMEDE, (*Astr.*) constellation boréale, située au nord des poissons & du belier; on l'appelle quelquefois en latin, *Persea, mulier catenata, virgo devota* : les Arabes peignent à sa place un phoca, ou veau marin, enchaîné avec l'un des poissons. On rapporte cette constellation à l'histoire d'*Andromède*, que son père Cephée fut obligé de sacrifier à un monstre marin, pour garantir son royaume de la peste, & qui fut délivrée par Persée. Cette constellation contient 63 étoiles dans le grand catalogue Britannique : voici les plus remarquables *a* à la tête d'*Andromède*; cette étoile est commune aussi à la constellation de Pegase, elle est appellée *umbilicus Pegasi*. La seconde est l'étoile β à la ceinture d'*Andromède*, appellée *mirach* ou *mizar*; la troisième γ est sur le pied austral d'*Andromède* : elle s'appelle *alamack*, quelquefois *alhamec*. Le coucher d'*Andromède*, lorsque le soleil est dans le signe du Belier, a donné lieu au 9e travail d'Hercule, contre les Amazones (*Astr. IV, 490*).

ANELAR ou ANHELAR, nom de l'étoile α des Gemeaux, tête de Castor. (*M. de la Lande*).

ANÉMOMÈTRE, s. m. (*Hyd.*) : machine qui sert à estimer la force du vent. *Voyez* Vent. Il y a des *anémomètres* de différentes façons.

On trouve dans les *Transactions philosophiques* la description d'un *anémomètre*, qui consiste en une plaque mobile sur le limbe gradué d'un quart de cercle. Le vent est supposé souffler perpendiculairement contre cette plaque mobile, & sa force est indiquée par le nombre de degrés qu'il lui fait parcourir.

M. Wolf donne dans son *cours de Mathématiques* la construction d'un autre *anémomètre*, qui se meut par le moyen des ailes *A, B, C, D*, (*Pneumat. fig. 17*). Ces ailes sont assez ressemblantes à celles d'un moulin à vent. En tournant, elles font mouvoir le rayon *KM*, de sorte que le corps *L*, placé dans une rainure qu'on a pratiquée dans ce rayon, s'éloigne de plus en plus du centre du mouvement, & conséquemment agit à chaque instant sur ce rayon, & par son moyen sur l'axe auquel il est attaché, avec une force qui va toujours en croissant; car le bas du levier, auquel ce corps est appliqué, s'alonge jusqu'à ce que le mouvement des ailes soit arrêté : alors le poids fait équilibre avec la force du vent; & cette force est marquée par une aiguille *MN*, fixée sur l'axe, & faisant un angle droit avec le rayon *KM*, laquelle tourne, par son extrémité *N*, sur un quart de cercle divisé en parties égales. La force est d'autant plus grande ou plus petite, que l'aiguille marque un plus grand ou un plus petit nombre de ces parties égales, soit en descendant, soit en montant. Cette machine ne paroît pas fort exacte.

M. d'Onsenbray a donné la description d'un *anémomètre* de son invention, qu'il prétend marquer de lui-même sur un papier, non-seulement les vents différens qui ont soufflé vingt-quatre heures, avec les heures auxquelles ils ont commencé & cessé de régner, mais encore les forces ou vîtesses de ces vents. *Voyez Mémoires de l'Académie des Sciences, ann. 1734, p. 169. Voyez* un plus long détail à l'*article* Vent (*O*).

ANÉMOSCOPE, s. m. (*Hyd.*) : machine qui sert à prédire les changemens du vent.

On a prétendu que des hygroscopes faits des boyaux d'un chat, *&c.* se trouvoient en effet très-bons *anémoscopes* pour annoncer d'avance les variations du vent : mais ce fait mériteroit d'être vérifié. *Voyez* Hygroscope.

L'*anémoscope* en usage parmi les anciens, paroît, suivant la description qu'en donne *Vitruve*, avoir plus servi à montrer de quel côté venoit le vent, qu'à faire prévoir d'où il viendroit.

Otto de Guericke donne le nom d'*anémoscope* à une machine de son invention, pour indiquer d'avance les changemens de tems. *Voyez* Tems.

C'étoit un petit homme de bois, qui s'élevoit & retomboit dans un tube de verre, selon que l'atmosphère étoit plus ou moins pesante.

M. Lomiers a montré que cet *anémoscope* n'étoit qu'une application du Baromètre ordinaire. *Voyez* Baromètre. *Voyez aussi Merc. Gal. 1683. Act. Erud. 1684, page 26.* (*O*).

ANES, s. m. pl. (*Astr.*) sont deux étoiles de la constellation du cancer ou de l'écrevisse, marquées par les lettres γ & δ dans les catalogues, & qui sont de quatrième & cinquième grandeur; on voit entre ces deux étoiles un amas appellé l'*étable* (*præsepe*), & que l'on nomme plus communément la *nébuleuse du cancer*. Ces deux *ânes* représentent, suivant les poëtes, ceux qui, dans la guerre de Jupiter contre les géans, contribuèrent à sa victoire, ou par leurs cris, ou parce qu'ils servirent à Vulcain & aux satyres qui venoient au secours de Jupiter. Quoi qu'il en soit, ce nom est ancien, car il se trouve dans l'*almageste* de Ptolemée. (*M. de la Lande*).

ANGLE, s. m. (*Géom.*). On appelle *angle* l'ouverture formée par deux lignes qui se rencontrent : tel est (*Géom. fig. 2, 3, 4*) l'*angle BAC*, formé par les deux lignes *BA, CA*, qui se rencontrent au point *A*.

On désigne ordinairement un *angle* par la simple lettre placée à sa *pointe* ou *sommet A*, ou par trois lettres, & alors celle du milieu répond au sommet.

Un *angle* est appellé *rectiligne*, lorsque ses *côtés* ou *jambes BA, CA* sont des lignes droites (*fig. 2*); *curviligne*, lorsque ses jambes sont des lignes courbes (*fig. 3*); *mixtiligne*, lorsqu'une jambe est droite, & l'autre courbe (*fig. 4*).

On doit bien prendre garde qu'un *angle* n'est pas l'espace compris entre ses côtés, mais uniquement l'inclinaison que ces côtés ont, l'un par rapport à l'autre, à leur intersection *A*. Ainsi, la grandeur d'un *angle* ne dépend point de la longueur de ses côtés; en sorte que, si, par exemple, on prolonge les côtés *AB*, *AC* de l'*angle* rectiligne *BAC* (*fig. 2*), vers *D* & *E*, ces côtés, quoique devenus plus longs, conserveront toujours, l'un à l'égard de l'autre, la même situation ou inclinaison, ou formeront toujours le même *angle*. Il en est de même pour les *angles* curvilignes ou mixtilignes : car, par exemple, l'*angle* curviligne *BAC* (*fig. 3*), est la même chose que l'*angle* rectiligne *MAN*, formé par les deux droites *MA, NA*, qui touchent les courbes *BA, CA*, au sommet *A*, & qui ont par conséquent les mêmes directions que ces courbes à leur origine

A; il demeure donc toujours constant, quelles que soient les longueurs de ses côtés *BA*, *CA*. On voit en même tems par-là que la mesure des *angles* curvilignes ou mixtilignes se réduit à celle des *angles* rectilignes, puisque la question, dans tous les cas, est de mesurer l'*angle* que forment deux lignes droites, qui se rencontrent en un point *A*.

Deux plans, ou, en général, deux surfaces qui se rencontrent, forment un *angle* qui se réduit pareillement à un *angle* rectiligne. *Voyez* PLAN.

On appelle, dans un sens un peu impropre, *angle solide* l'espace formé autour d'un point par plusieurs plans qui passent tous par ce point.

Tout angle rectiligne MCN (fig. 5), peut être mesuré par l'arc de cercle MN, décrit du sommet C, pour centre, avec un rayon arbitraire, entre ses côtés CM, CN.

En effet, nous pouvons concevoir que l'*angle* *MCN* est produit par la rotation du côté *CN*, qui tourne autour du point *C*, tandis que le côté *CM* demeure immobile. Supposons donc qu'au premier instant le côté *CN* étoit couché sur le côté *CM*, & que le point *N* étoit confondu avec le point *M*: on voit qu'à mesure que le point *N* chemine, & décrit l'arc *MN*, il se forme successivement autant de petits *angles* *MCm'*, *mCm*, *&c.* qu'il y a de parties élémentaires *Mm*, *mm*, *&c*, dans l'arc *MN*. Or la somme de tous ces petits *angles*, n'est autre chose que l'*angle* proposé *MCN*; donc ce même *angle* est proportionnel au nombre de parties de l'arc *MN*, ou peut être mesuré par cet arc.

Nous avons pris à volonté le rayon *CM*, parce qu'il y a dans l'arc *MN* le même nombre de parties, relativement à la circonférence entière pour ce rayon, qu'il y en auroit dans l'arc *M'N'*, décrit avec le rayon *CM'*, relativement à la circonférence entière pour ce rayon. Ainsi, les *angles* égaux ont pour mesures des arcs égaux en nombre de parties des circonférences auxquelles ces arcs appartiennent. Si les rayons sont égaux, non-seulement les arcs seront égaux en nombre de parties des circonférences, mais ces parties elles-mêmes seront égales en longueur.

Il y a, en général trois sortes d'*angles*, l'*angle droit*, l'*angle aigu* & l'*angle obtus*.

L'*angle droit* est celui qui est formé par deux lignes perpendiculaires entr'elles (*Voyez* PERPENDICULAIRE). Ainsi, lorsqu'une droite *DE* (*fig. 6*) tombe sur une autre *AB*, sans pencher d'aucun côté, les *angles* *ACD*, *BCD*, *ACE*, *BCE* sont droits. Il est évident que tous les *angles* droits sont égaux entr'eux, & que tout *angle* droit a pour mesure un quart de circonférence.

L'*angle aigu* est moindre que l'*angle* droit, & au contraire l'*angle obtus* est plus grand que l'*angle droit*. Dans la *figure 7*, *BCO* est un *angle* aigu, & *ACO* est un *angle* obtus. L'arc qui mesure l'*angle* aigu est moindre qu'un quart de circonférence, & l'arc qui mesure l'*angle* obtus est plus grand qu'un quart de circonférence.

Les deux *angles* *BCO*, *OCA*, formés d'un même côté de la droite *AB*, s'appellent *angles de suite*. Ils valent ensemble deux *angles* droits, puisque leur somme est évidemment égale à celle des deux *angles* droits *BCD*, *DCA*. On les appelle *supplémens* l'un de l'autre.

On voit pareillement que la somme d'un nombre quelconques d'*angles* *BCO*, *OCF*, *FCH*, *HCA*, formés d'un même côté de la droite *AB*, (*fig. 8*), vaut deux *angles* droits; & que la somme d'un nombre quelconque d'*angles* *BCO*, *OCF*, *FCH*, *HCA*, *AGR*, *RCK*, *KCB*, formés autour du point *C*, vaut quatre *angles* droits.

Deux *angles* *BCO*, *OCD* (*fig. 7*), qui, pris ensemble, valent un *angle* droit, s'appellent *complémens* l'un de l'autre.

Deux *angles* *BCD*, *ACQ* (*fig. 10*), formés par deux droites *BA*, *DQ*, qui se rencontrent en *C* (& qu'on appelle *angles opposés par le sommet*), sont égaux entr'eux, puisque le premier joint à l'*angle* *DCA*, vaut deux *angles* droits, & que le second joint au même *angle* *DCA*, vaut aussi deux *angles* droits.

Le sommet d'un *angle* peut être placé ailleurs qu'au centre d'un cercle; & on a souvent besoin de mesurer l'*angle* par des arcs de la circonférence de ce cercle. C'est à quoi on parviendra par le moyen des propositions suivantes.

Un angle qui a son sommet à la circonférence d'un cercle, & qui est formé par deux cordes, a pour mesure la moitié de l'arc compris entre ses côtés.

En effet, nous venons de voir qu'un *angle*, qui a son sommet au centre du cercle, a pour mesure l'arc compris entre ses côtés : il sera donc démontré qu'un *angle*, qui a son sommet à la circonférence, a pour mesure la moitié de l'arc compris entre ses côtés, si l'on démontre que cet arc est la moitié de celui que comprendroient les côtés de l'*angle*, s'il avoit son sommet au centre. Or il peut arriver trois cas : ou l'un des côtés de l'*angle*, proposé *BAD* (*fig. 11, 12, 13*), passe par le centre *C* (*fig. 11*); ou le centre est placé au-dedans de l'*angle* (*fig. 12*); ou le centre est placé hors de l'*angle* (*fig. 13*).

I.er CAS. (*fig. 11*). Menez le diamètre *MN* parallèle à la corde *AB*: les deux *angles* *BAD*, *NCD* sont égaux (*Voyez* PARALLÈLE); donc l'arc *ND*, qui est la mesure de l'*angle* *NCD*, dont le sommet est au centre *C* du cercle, est aussi la mesure de l'*angle* *BAD*. Or l'arc *ND* est la moitié de l'arc *DB*, ou, ce qui revient au même, l'arc *ND* = l'arc *NB*; car les deux *angles* *NCD*, *MCA*, opposés par le sommet, étant égaux, les arcs *ND*, *MA*, qui en sont les mesures, sont égaux; mais l'arc *MA* = l'arc *NB*, puisque, si l'on mène le diamètre *KH* perpendiculaire aux deux parallèles *AB*, *MN*, & que l'on l'on conçoive que le demi-cercle *KAMH* tournant autour de *KH*, vienne s'appliquer sur le demi-cercle *KBNH*, le point *A* tombera sur le point *B*, le point *M* sur le point *N*, & l'arc *AM* sur l'arc *BN*; donc l'arc *BN* = l'arc *ND*.

IIe & IIIe Cas (*fig. 12 & 13*). Menez par le sommet *A* de l'*angle* proposé *BAD*, le diamètre *AO* : chacun des deux *angles* *BAO*, *DAO* a pour mesure la moitié de l'arc compris entre ses côtés (*cas a*); & par conséquent l'*angle* *BAD*, qui est la somme ou la différence de ces deux *angles*, a pour mesure la moitié de l'arc *BO*, plus ou moins la moitié de l'arc *BO*, c'est-à-dire, la moitié de l'arc *BO*.

Il suit de-là qu'un *angle* est droit, lorsqu'ayant son sommet à la circonférence, il s'appuie sur un diamètre, ou qu'il comprend entre ses côtés une demi-circonférence; & qu'il est aigu ou obtus, selon que l'arc compris est moins ou plus grand qu'une demi-circonférence.

Un angle BAF (fig. 14), formé par une corde AB & par une droite AF, extérieure au cercle, a pour mesure la moitié de l'arc AEB, sous-entendu par la corde AB, plus la moitié de l'arc AGD, sous-entendu par la corde AD, prolongement de FA.

Car la somme des deux *angles* de suite *BAD*, *BAF*, étant égale à la somme de deux *angles* droits, a pour mesure la demi-circonférence. Or l'*angle* *BAD*, formé par les deux cordes *AB*, *AD*, a pour mesure la moitié de l'arc *BOD*. Donc l'*angle* *BAF* a pour mesure la moitié de la partie restante *BEAGD*, ou la moitié de l'arc *BEA*, plus la moitié de l'arc *AGD*.

Un angle BAD (fig. 15), qui a son sommet en un point quelconque, au-dedans du cercle, a pour mesure la moitié de l'arc BOD, compris entre ses côtés, plus la moitié de l'arc bod *compris entre les prolongemens Ab, Ad de ses côtés.*

Menez, par le point *b*, la corde *bf* parallèle à *dD*, l'*angle* *BAD* sera égal à l'*angle* *Bbf* (*Voy.* Parallèle); & par conséquent ces deux *angles* auront la même mesure. Or l'*angle* *Bbf* a pour mesure la moitié de l'arc *Bof*, ou, ce qui revient au même, la moitié de l'arc *BOD*, plus la moitié de l'arc *Df*. Et comme les arcs *Df*, *db* sont égaux, à cause des cordes parallèles *bf*, *dD*, nous pouvons dire que l'*angle* *Bbf* a pour mesure la moitié de l'arc *BOD*, plus la moitié de l'arc *bod*. Donc aussi l'*angle* *BAD* a la même mesure.

Un angle BAD (fig. 16), qui a son sommet hors du cercle, a pour mesure la moitié de l'arc concave BD, compris entre ses côtés, moins la moitié de l'arc convexe HK, compris aussi entre ses côtés.

Menez, par le point *K*, la corde *KQ* parallèle à *AB*, les deux *angles* *BAD*, *QKD* sont égaux, & par conséquent ils auront la même mesure. Or l'*angle* *QKD* a pour mesure la moitié de l'arc *QD*, ou, ce qui revient au même, la moitié de l'arc *BD*, moins la moitié de l'arc *BQ*. Et comme l'arc *BQ* = l'arc *HK*, à cause des parallèles *AB*, *KQ*, il s'ensuit que la mesure de l'*angle* *QKD* est la moitié de l'arc *BD*, moins la moitié de l'arc *HK*. Donc l'*angle* *BAD* a cette même mesure.

Si on veut faire un angle qui soit égal à un angle donné ACB (fig. 17), ou qui en soit multiplié un certain nombre de fois.

1.° Du sommet *C*, avec le rayon arbitraire *CA*, on décrira l'arc *AMB*, & on tirera la corde *AB*; du point *c* pour centre (*fig. 18*), avec le rayon *ca*=*CA*, on décrira l'arc *ambde*; du point *a* pour centre, avec un rayon *ab* égal à la corde *AB*, on décrira un arc de cercle qui coupe l'arc *ambd* au point *b*; on tirera la droite *cb*; & par-là l'*angle* *acb* = l'*angle* proposé *ACB*.

2.° On fera de même chacun des *angles* *bcd*, *dce* égal à l'*angle* *ACB*. D'où l'on voit que l'*angle* *acd* sera double de l'angle *ACB*; que l'*angle* *ace* en sera triple, ainsi de suite.

Si on veut partager un angle ACB (fig. 19) en deux parties égales : du point *C*, pour centre, avec un rayon arbitraire *CA*, on décrira l'arc *AmB*; ensuite des points *A* & *B*, pour centres, on décrira, avec un même rayon, deux arcs de cercle qui se coupent au point *x*; on menera la droite *Cx*, & par-là l'*angle* proposé *ACB* sera partagé en deux *angles* égaux *ACm*, *mCB*, parce que la droite *Cx* est perpendiculaire sur le milieu de la corde *AB*, & partage l'arc *AmB* en deux parties égales. (*V.* Perpendiculaire).

En opérant de la même manière, on peut partager chacun des *angles* *ACm*, *mCB*, en deux parties égales; de même chacun des *angles* résultans peut être partagé en deux parties égales; chacun de ceux-ci en deux parties égales, ainsi de suite. D'où l'on voit que l'*angle* primitif *ACB* peut être partagé successivement en un nombre de parties égales, exprimé par les termes de cette progression géométrique ÷ 2 : 4 : 8 : 16 : 32 : 64 : &c.

Pour couper un *angle* en trois parties égales, *voyez* le mot Trisection (*L. B.*).

L'art de prendre la valeur des *angles* est une opération d'un grand usage & d'une grande étendue dans l'arpentage, la Navigation, la Géographie, l'Astronomie, &c. *Voyez* Hauteur, Arpentage.

Les instrumens qui servent principalement à cette opération, sont les *quarts de cercle*, les *théodolites* ou *planchettes rondes*, les *graphomètres*, &c. *Voyez* Cercle d'Arpenteur, Planchette, Graphomètre, &c.

Les *angles* dont il faut déterminer la mesure ou la quantité, sont sur le papier ou sur le terrein. 1.° Quand ils sont sur le papier, il n'y a qu'à appliquer le centre d'un rapporteur sur le sommet de l'*angle* *O* (*Table d'Arpent. fig. 29*), de manière que le rayon *OB* soit couché sur l'un des côtés de cet *angle*; alors le degré que coupera l'autre côté *OP* sur l'arc du rapporteur, donnera la quantité de l'*angle* proposé. *Voyez* RAPPORTEUR. On peut aussi déterminer la grandeur d'un *angle* par le moyen de la ligne des cordes. *Voyez* CORDE & COMPAS DE PROPORTION.

2.° Quand il s'agit de prendre des *angles* sur le terrein, il faut placer un graphomètre ou un demi-cercle (*fig. 16.*), de telle sorte que le rayon *C G* de l'instrument réponde bien exactement à l'un des côtés de l'*angle*, & que le centre *C* soit verticalement au-dessus du sommet : on parvient à la première de ces opérations, en observant, par les pinnules *F*, *G*, quelque objet remarquable, placé à l'extrémité ou sur l'un des points du côté de l'*angle*; & à la seconde, en laissant tomber un plomb du centre de l'instrument. Ensuite on fait aller & venir l'alidade jusqu'à ce que l'on apperçoive, par ses pinnules, quelque marque placée sur l'un des points de l'autre côté de l'*angle* : & alors le degré que l'alidade coupe sur le limbe de l'instrument, fait connoître la quantité de l'*angle* que l'on se proposoit de mesurer. *V.* DEMI-CERCLE.

L'on peut voir aux articles CERCLE D'ARPENTEUR, PLANCHETTE, BOUSSOLE, &c., comment l'on prend des *angles* avec ces instrumens.

Que l'on consulte aussi les articles LEVER UN PLAN & RAPPORTER, pour savoir la manière de tracer un *angle* sur le papier quand sa grandeur est donnée. *Voyez* aux mots SPHÉRIQUE, EXTÉRIEUR, INTÉRIEUR, ALTERNES, &c., ce qu'on entend par un *angle sphérique*, un *angle extérieur*, un *angle intérieur*, des *angles alternes*, &c.

ANGLE (*Astr.*), se dit dans plusieurs circonstances différentes. Les *angles* ou les arcs dont ils sont la mesure, se prennent les uns pour les autres, & l'*angle* sous lequel nous voyons la distance de deux astres, est la même chose que l'arc qui les sépare.

ANGLE *d'élongation*, est la différence vue de la terre entre la longitude d'une planète & celle du soleil.

ANGLE *horaire*, est un *angle* sphérique formé au pole du monde, où l'arc de l'équateur, compris entre le méridien & le cercle horaire ou cercle de déclinaison qui passe par un astre; c'est la distance au méridien; elle marque l'heure qu'il est quand il s'agit du soleil; & c'est la mesure directe du tems vrai, ainsi, lorsque le soleil est à 15° du méridien, il est toujours une heure, si c'est à l'occident, ou 11^h du matin, si c'est à l'orient, dans le triangle *P Z S* (*fig. 40*), dans lequel *P* représente le pole, *Z* le zénit, & *S* le soleil ou un astre quelconque; l'*angle* ou pole, ou l'*angle* horaire *P* sert à trouver la distance au zénit *Z S*, & par conséquent la hauteur de l'astre. *Voyez* ANGLE *horaire, dans le Dictionnaire de Marine, où M. Blondeau explique la manière de le calculer, par le moyen de la hauteur observée en mer.*

ANGLE *azimutal. Voyez* AZIMUT.

ANGLE *d'azimut* (*Astr.*); dans le calcul des éclipses de soleil, est quelquefois l'*angle* formé au centre du soleil par le vertical & par la ligne qui joint les centres du soleil & de la lune; cet *angle* dépend en effet de la différence d'azimut entre les deux astres, & s'évanouit avec elle.

ANGLE *de commutation*, c'est la différence entre la longitude d'une planète vue du soleil, & la longitude de la terre vue du même point, l'une & l'autre comptées sur l'écliptique, en partant de l'astre qui a le moins de mouvement pour aller à celui qui en a le plus. Copernic appelloit *commutation* ce qu'on appelle aujourd'hui *parallaxe annuelle* ou *parallaxe du grand orbe*, c'est-à-dire, la différence entre la longitude vue du soleil & la longitude vue de la terre, comptée dans l'écliptique.

ANGLE *de conjonction*, dans le calcul des éclipses, est l'*angle* formé par le cercle de latitude & l'arc qui joint les centres du soleil & de la lune; cet *angle* dépend en effet de la distance à la conjonction, & il est nul dans la conjonction même, la ligne des centres coïncidant avec le cercle de latitude.

ANGLE *parallactique*, dans l'usage de l'astronomie, se dit de l'*angle* formé par le vertical & par un cercle ou de déclinaison ou de latitude; ainsi, l'on en distingue de deux sortes : l'*angle* parallactique du cercle de latitude sert à trouver les parallaxes de longitude & de latitude, & par conséquent à calculer les éclipses; cette méthode est celle que j'ai adoptée de préférence, comme la plus exacte & la plus courte, & que j'ai expliquée fort au long dans le Xe *livre* de mon *Astronomie*.

ANGLE *de position*, dans l'Astronomie moderne, est l'*angle* formé au centre du soleil ou d'une étoile par le cercle de déclinaison & le cercle de latitude : cet *angle* dépend en effet de la position de l'astre, par rapport aux poles de l'écliptique & de l'équateur. La manière de le calculer pour le soleil, consiste à dire : le rayon est à la tangente de l'obliquité de l'écliptique 23° 28', comme le cosinus de la longitude du soleil est à la tangente de l'*angle* de position. Pour les étoiles, il faut dire : le cosinus de la latitude de l'étoile est au cosinus de l'ascension droite, comme le sinus de l'obliquité de l'écliptique est au sinus de l'*angle* de position. J'ai donné, dans la *Connoissance des mouvemens célestes* pour 1766, une table générale de l'*angle* de position, & dans le IVe *livre* de mon *Astronomie*, une table particulière pour 157 étoiles principales, avec le changement pour dix ans.

ANGLE *oriental*, en Astrologie, se dit de l'horoscope.

ANGLE *d'occident*, est la septième maison.

ANGLES *du ciel* ou *maisons angulaires*, en Astrologie, sont les maisons 1, 4, 7, 10.

ANGLE *au soleil*, se disoit autrefois de l'anomalie vraie.

ANGLE *de la terre*, en Astrologie, est la quatrième maison, dans le plus bas du ciel.

Angle *horaire*, dans la Gnomonique, se dit quelquefois de l'*angle* formé au centre du cadran par une ligne horaire avec la méridienne. (*M. de la Lande*).

ANGUINÉE, adj. *f. terme de Géométrie;* c'est le nom que M. Neuton donne dans son énumération des lignes du troisième ordre, aux hyperboles de cet ordre, qui, ayant des points d'inflexion, coupent leur asymptote, & s'étendent vers des côtés opposés. *Voyez* Asymptote, Inflexion. Telle est la courbe *DHGAFIC* (*fig. 40. Anal. n.° 2*), qui coupe son asymptote *DAB* en *A*, & qui, ayant en *H* & en *I* des points d'inflexion, s'étend vers des côtés opposés; savoir, à la gauche de *AD* en en-haut, & à la droite de *AB* en en-bas.

Cette courbe s'appelle *anguinée* du mot *anguis*, serpent, parce qu'elle paroît serpenter autour de son asymptote. *Voyez* Serpentement.

ANGULAIRE, adj. m. (*Géom.*) se dit de tout ce qui a des angles, ou ce qui a rapport aux angles. *Voyez* Angle.

La distance fait disparoître les angles des polygones; l'œil appercevant le corps de l'objet, lorsqu'il n'appercevoit plus les inégalités que les angles faisoient sur sa surface, on croit que cette surface est unie, & le corps de l'objet paroît rond. *Voyez* Vision.

Mouvement angulaire. C'est le mouvement d'un corps qui décrit un angle, ou qui se meut circulairement autour d'un point. Ainsi, les planètes ont un *mouvement angulaire* autour du soleil. Le *mouvement angulaire* d'un corps est d'autant plus grand, que ce corps décrit, dans un tems donné, un plus grand angle. Deux points mobiles *A*, *F* (*Méch. fig. 9*), dont l'un décrit l'arc *AB*, & l'autre l'arc *FG*, dans le même tems, ont le même *mouvement angulaire*, quoique le mouvement réel du point *A* soit beaucoup plus grand que le mouvement réel du point *F;* car l'espace *AB* est beaucoup plus grand que *FG*.

Le *mouvement angulaire* se dit aussi d'une espèce de mouvement composé d'un mouvement rectiligne, & d'un mouvement circulaire, &c.

Tel est le mouvement d'une roue de carrosse, ou d'une autre voiture. *Voyez* Roue d'Aristote (*O*).

ANN

ANNEAU *de saturne* (*Astron.*); c'est une bande circulaire large & mince, qui environne, à une certaine distance, le globe de saturne, & qui paroit être située dans le plan de son équateur. Elle accompagne saturne dans sa révolution, & reste toujours parallèle à elle-même. Ce cercle, vu obliquement, paroît sous une forme ovale ou elliptique (*fig. 160 d'Astron.*) & disparoît totalement, quand il ne nous présente que son épaisseur.

L'*anneau* de saturne est une des choses les plus singulières qu'on ait découvertes par le moyen des lunettes d'approche. Galilée écrivoit, en 1612, qu'il avoit vu saturne composé de trois parties, *saturnum triformem;* mais, comme cela paroissoit fort extraordinaire, & qu'il le vit ensuite d'une forme tout-à-fait ronde, il ne suivit point cette recherche. Gassendi, en 1643, disoit que saturne lui paroissoit accompagné de deux globes de même blancheur que saturne lui-même; Hévélius, dans sa *Sélénographie*, publiée en 1647, disoit formellement qu'il ne comprenoit rien à ces deux bras de saturne. En 1656, dans sa Dissertation *de saturni facie*, il distinguoit six phases différentes de saturne; il l'appelloit *monosphæricum, trisphæricum, spherico-cuspidatum, spherico-ansatum, elliptico-ansatum diminutum, elliptico-ansatum plenum.* Mais la seconde & même la troisième phase étoient des illusions optiques provenant du défaut de ses lunettes. Personne avant Huygens ne comprit & n'expliqua la cause de ces apparences de saturne. Les uns crurent que c'étoit la figure particulière de la planète, vue plus ou moins obliquement; les autres deux gros satellites (*Veidler historia Astronomiæ, p. 500*). Mais depuis l'explication de Huygens, dans son *Systema saturnium*, 1659, il n'y a plus eu aucun doute. L'*anneau* est concentrique à saturne, également éloigné de sa surface dans tous ses points; il est soutenu par la pesanteur naturelle & simultanée de toutes ses parties, tout ainsi qu'un pont, qui seroit assez vaste pour environner toute la terre, se soutiendroit sans piliers. La partie de l'*anneau* qui est la plus voisine de saturne, est un peu plus lumineuse que les parties éloignées. Domin. Cassini observa que la largeur de l'*anneau* étoit divisée, en deux parties égales, par un trait obscur dont la courbure étoit la même que celle de l'*anneau*; mais Short, avec son grand télescope de douze pieds, m'assura, en 1763, qu'il y avoit distingué plusieurs lignes noires concentriques à la circonférence de l'*anneau*, & qui donnent lieu de croire qu'il y a comme plusieurs couches ou plusieurs *anneaux* placés dans un même plan; mais Hadley n'en voyoit qu'un avec son télescope de 5 $\frac{1}{4}$ pieds de foyer (*Phil. transf. n.° 378, abrégé VI, 222*). Les lignes noires, représentées dans la *figure 160*, mais qui s'apperçoivent difficilement dans le ciel, distinguent les couches de l'*anneau;* elles se rapprochent & se confondent vers le milieu, en *C* & en *E*, parce que l'*anneau* y est trop étroit, à raison de l'obliquité de l'œil. Il y a aussi une bande obscure que l'on voit sur le disque de saturne, qui paroît être l'ombre de l'*anneau*. On voit encore quelquefois le bord de l'ombre de saturne, projetté sur la partie de l'*anneau* qui est au-delà de saturne.

Le diamètre de l'*anneau* est à celui du globe de saturne comme 7 est à 3 suivant les mesures de Pound; le vide *AF* qui est entre le globe & l'*an*-

neau, est à-peu-près égal à la largeur *A B* de l'*anneau*, ainsi la largeur de la couronne est un tiers du diamètre de saturne. Le rayon de saturne dans ses moyennes distances, étant de 9″; le diamètre intérieur de l'*anneau* sera de 15″ & le diamètre extérieur 21″, le vide étant de 6″, & la largeur de la couronne également de 6″. A l'égard de la grandeur absolue, le diamètre de saturne étant de 28601 lieues, celui de l'*anneau* est de 66737 lieues. *Voyez* la table, à l'article *planète*, ainsi la largeur est de 9534 lieues.

L'*anneau* de saturne paroît être comme l'équateur de cette planète, incliné sur son orbite de 30° & toujours parallèle à lui-même pendant la révolution de saturne. Ce parallélisme produit ses diverses apparences dans la durée d'une révolution, comme celui de l'axe de la terre produit la diversité des saisons. L'*anneau* disparoît quelquefois, comme on l'a observé en 1655, 1671, 1714, 1760 & 1773, & comme on l'observera encore en 1789, 1803, 1819, 1832, 1848, 1862, 1878 & 1891. Il y a trois causes qui peuvent occasionner cette phase ronde.

Lorsque saturne est dans le 20.e degré de la vierge ou des poissons, le plan de son *anneau* qui est constamment dirigé vers ces points de l'écliptique, (considérée dans la région des étoiles à une distance infinie), se trouve en même-tems dirigé vers le soleil : il ne reçoit de lumière que sur son épaisseur, qui n'est pas assez considérable pour être apperçue de si loin ; saturne alors paroît rond & sans *anneau*. Huygens le vit ainsi en 1655 ; (*systema saturnium*). M. Maraldi observa sur-tout avec grand soin cette phase ronde, depuis le 13 octobre 1714, jusqu'au 10 février 1715. (*Mém. Acad. 1715, pag. 12; 1716, pag. 172*). Enfin nous l'avons observé depuis le 5 octobre 1773, jusqu'au 11 janvier 1774, & depuis le 3 avril jusqu'au premier juillet : il suffit que le soleil soit élevé sur le plan de l'*anneau* d'un angle de trois minutes, pour qu'il paroisse éclairé ; aussi cet *anneau* ne disparoît faute de lumière que pendant trois ou quatre jours avant le passage de saturne par les nœuds de l'*anneau*. (*Mém. 1774, pag. 91*).

Voici à-peu-près les tems où saturne se trouvant à $5^{s}\ 20^{\circ}$ ou $11^{s}\ 20^{\circ}$, l'*anneau* doit être dirigé vers le soleil, suivant les calculs de M. Heinsius. Le 21 décembre 1671, 6 juin 1701, 31 janvier 1715, 20 novembre 1730, 15 juillet 1744, 5 mai 1760, 30 décembre 1773, 20 octobre 1789, 17 juin 1803, 6 avril 1819, &c. ; mais au lieu du 30 décembre 1773, j'ai trouvé par observation le 11 janvier 1774. *Voyez* les circonstances des autres disparitions jusqu'en 1891 dans l'ouvrage de M. du Séjour, intitulé : *essai sur les phénomènes relatifs aux disparitions périodiques de l'anneau de saturne*, 1776, in-8.°, pag. 124 — 180.

Le lieu du nœud de l'*anneau* sur l'orbite de saturne, étoit à $5^{s}\ 20^{\circ}\ 30'$ vers le milieu du dernier siècle, suivant Huygens, de même que le nœud des quatre premiers satellites de saturne. Par les observations de 1685, le nœud de l'anneau parut à $5^{s}\ 19^{\circ}\ 55'$, compté sur l'orbite de saturne. M. Cassini dans ses élémens d'Astronomie, le place à $5^{s}\ 22^{\circ}$; M. Maraldi à $5^{s}\ 19^{\circ}\ 48'$, par les observations de 1715 ; cette position fut observée & discutée avec le plus grand soin ; enfin j'ai trouvé pour 1774, $5^{s}\ 20^{\circ}\ 38'$ ou $5^{s}\ 17^{\circ}\ 5'$ sur l'écliptique, ce qui ne diffère de M. Maraldi qu'à raison de la précession des équinoxes en 59 ans. Ainsi, le nœud de l'*anneau* paroît être sensiblement immobile.

On auroit pu croire cependant que les attractions du soleil, de jupiter & des satellites de saturne sur un équateur aussi mince, devoient causer un déplacement pareil à celui que la terre éprouve & qui fait la précession des équinoxes ; c'est ce qui me détermina en 1773 à rappeller l'attention des astronomes sur ce phénomène par des avertissemens réitérés dans les papiers publics. Ces avis n'ont point été inutiles, ces observations furent faites en divers endroits, & elles réussirent très-bien. Je me transportai moi-même à Béziers au mois d'octobre 1773, pour observer sous le plus beau ciel de la France, la première disparition ; & j'en ai rendu compte, ainsi que de toutes les autres observations qui nous sont parvenues dans les *Mémoires de 1774*.

M. Messier a publié aussi beaucoup d'observations dans les *Mémoires de Berlin* pour 1776.

L'*anneau* disparoît lorsque son plan passe par notre œil, étant dirigé vers la terre ; nous ne voyons alors que son épaisseur, qui est trop petite pour qu'on puisse l'appercevoir.

Heinsius dans sa dissertation, publiée à Leipzick en 1745, croyoit qu'il falloit que la terre fût élevée au moins d'un demi-degré sur le plan de l'*anneau*, pour qu'on pût l'appercevoir avec une bonne lunette de 15 pieds, ce qui faisoit dans certains cas plus de huit jours avant ou après le passage ; mais par les observations de 1774, j'ai reconnu que l'*anneau* ne disparoît que le jour même où la terre passe par le plan de l'*anneau*. (*Mém. de l'Ac. 1774, pag. 91*). Le mouvement de la terre fait que ce passage est plus rapide que celui du soleil par le plan de l'*anneau*, & qu'il est plus aisé d'observer la disparition qui vient du passage de la terre, que celle qui vient du passage du soleil ; d'ailleurs on peut avoir pour celui de la terre deux phases correspondantes qui rendent la détermination plus exacte ; voila pourquoi j'expliquerai bientôt la manière de trouver le nœud de l'*anneau* par les dernières observations. M. du Séjour croit que l'*anneau* n'a disparu que lorsque la terre avoit déjà une petite dépression d'une ou deux minutes. (*p. 369*.)

Il y a une troisième cause qui peut faire disparoître pour nous l'*anneau* de saturne ; elle a lieu lorsque son plan passe entre nous & le soleil ; car alors sa surface éclairée n'est point tournée vers nous : tant que saturne est entre $11^{s}\ 20^{\circ}$ & $5^{s}\ 20^{\circ}$ de longitude, le soleil éclaire la surface méridionale de l'*anneau*; si la terre est alors élevée sur la surface septentrionale, elle ne peut voir la lumière de l'*anneau*, & ce sera un des tems de la phase ronde; ainsi, l'on peut voir disparoître les anses deux fois dans la même année, & les voir reparoître deux fois, comme on l'a véritablement observé (*Mém. Acad. 1716, 1774*)

Ces disparitions étant bien observées, font connoître les positions du nœud de l'*anneau*. Soit *LMA* (*Planches d'Astronomie, Figure 163*), le globe de saturne, sur lequel on imagine trois cercles pour représenter l'écliptique, l'orbite de saturne, & le cercle de l'*anneau*. La ligne *NM* représente l'orbite que le soleil paroît décrire en trente ans autour de saturne; cet orbite est exactement dans le même plan, & décrite avec les mêmes vitesses que l'orbite de saturne vue du soleil. Le cercle *ATOSL* représente la trace du plan de l'*anneau* sur la surface de saturne; enfin, le cercle *NOI* représente un plan qui passe par le centre de saturne, parallèlement à l'écliptique ou au plan de l'orbite terrestre: ce plan *NOI* prolongé dans l'immensité de la sphere céleste, passe sur les mêmes étoiles & marque dans le ciel la même trace & les mêmes points que le plan de l'orbe terrestre également prolongé. L'arc *NOI* appartient donc à un plan que l'on conçoit parallèle au plan de l'écliptique, faisant en *N* un angle de 2° 30′ 20″ qui est l'inclinaison de l'orbite de Saturne, à 3^s 21° 31′ de longitude pour 1750. Supposons le nœud *S* de l'*anneau* & de l'orbite de saturne, à 5^s 20° 8′ pour l'année 1744, avec Heinsius, & le nœud *N* de saturne à 3^s 21° 55′, la distance *SN* sera de 58° 13′; l'on connoît l'angle *N* & l'angle *S*, inclinaison de l'*anneau* sur l'orbite de saturne, que les observations donnent de 30°, on pourra résoudre le triangle *NSO*. L'on trouvera *NO*=54° 41′ 30″ ce qui, ajouté à la longitude du nœud *N*, donnera pour la longitude du nœud *O*, 5^s 17° 36′ 30″; c'est ce que MM. Maraldi & Heinsius appellent *la longitude du nœud de l'anneau sur l'écliptique*. Mais quoique le cercle *NOI* représente l'écliptique, il ne faut pas imaginer que la terre ou le soleil décrive ce cercle réellement, c'est seulement un cercle parallèle dont les pôles étant prolongés dans l'immensité de la sphère étoilée, répondent aux mêmes points que les pôles de l'écliptique, ou de l'orbite de la terre. Mais cela n'empêche pas que cette écliptique ne serve à calculer les observations. Par exemple, la terre étant supposée en *T*, avec une latitude *TE* vue de saturne, égale à celle de saturne vue de la terre, le point *E* étant éloigné de six signes de la longitude géocentrique de saturne réduite à l'écliptique, telle qu'on l'observe de la terre, l'arc *TE* & l'angle *TOE* nous feront trouver *OE*, & par conséquent la longitude du nœud *O* sur l'écliptique. Dans la disparition de l'*anneau*, observée au mois d'octobre 1714, le lieu de saturne dans l'écliptique, opposé au point *E*, étoit de 5^s 19° 15′ vu de la terre, suivant M. Maraldi. La latitude septentrionale *ET* de la terre, égale à celle de saturne, étoit 1° 51′; & l'angle *O* de 31° 20′, d'où l'on conclut le côté *EO*=3° 3′ & la longitude du nœud *O* sur l'écliptique 5^s 16° 12′; je l'ai trouvé en 1774 5^s 17° 5′. Ces déterminations donnent aussi un moyen de trouver le nœud *S* de l'*anneau* sur l'orbite de saturne; car dans le triangle *SON*, supposant l'angle *S* & l'angle *N* connus, de même que la distance *ON* du nœud *N* de l'orbite au nœud *O* de l'*anneau* sur l'écliptique, on trouve *SN* qui, ajouté à la longitude du nœud *N* de l'orbite de saturne, donne celle du nœud *S* de l'*anneau* sur l'orbite de saturne, que j'ai trouvé en 1774, 5^s 20° 38′. M. du Séjour dans un mémoire analytique lu à l'Académie en 1773 sur cette matiere, faisoit voir que dans un espace de 59 ans, il y avoit quatre disparitions de l'*anneau*, deux consécutives qui sont doubles, mais dont il peut arriver qu'une soit invisible, & les deux autres qui sont simples, c'est-à-dire, où l'*anneau* ne disparoît qu'une fois, mais il a beaucoup plus approfondi cette matière dans l'ouvrage que j'ai cité, & il fait voir (*p. 186*), que cette période ne fait pas une régle constante. En 1714 & en 1773, on a observé des phénomènes correspondans & semblables, presque dans les mêmes jours du mois. Le 13 octobre 1714 & le 5 octobre 1773, la terre approchant du plan de l'*anneau*, on cessa de le distinguer. Le 10 février 1715 & le 11 Janvier 1774, le soleil ayant passé au nord de l'*anneau*, on recommença de le voir. Le 23 mars 1715 & le 3 avril 1774, la terre revenant vers le plan de l'*anneau*, il disparut pour la seconde fois. Le 12 Juillet 1715 & le premier Juillet 1774, la terre dépassa de nouveau le plan de l'*anneau* & on le revit pour la seconde fois. (*Mém. Acad. 1715, 1716, 1774*). En 1789, il y aura aussi deux disparitions & deux réapparitions, les 5 mai, 24 août, 16 octobre, & 30 Janvier 1790, (*M. du Séjour, p. 164*), en 1832 & 1833, l'on observera presque la même chose. (*pag. 171*).

Les différences des lunettes, & les inégalités de l'atmosphere en divers climats, mettent quelques jours d'incertitude dans ces sortes d'observations, mais avec les lunettes achromatiques, dont la plupart des astronomes se servent actuellement, & qui sont à-peu-près égales, on a été d'accord à un ou deux jours près dans les observations de 1774; il n'y a que la disparition du mois d'octobre 1773 sur laquelle on a différé de quelques jours, parce que le tems étoit peu serein & saturne fort près de l'horizon. Dès le 5 octobre presque tous les astronomes l'avoient perdu de vue, quoique ce ne dût être que le 9 suivant le calcul déduit des autres phases.

Dans la détermination du nœud de l'*anneau*, l'on suppose connue son inclinaison, parce qu'une petite incertitude sur l'inclinaison n'empêcheroit pas qu'on ne déterminât fort bien le lieu du nœud. Passons actuellement à la recherche de cette inclinaison,

Lorſque ſaturne eſt le plus éloigné du nœud de l'*anneau*, & que la terre eſt la plus élevée au-deſſus du plan de l'*anneau*, il nous paroît ſous la forme d'une ellipſe, dont le petit axe eſt la moitié du grand, du moins en réduiſant les obſervations au centre du ſoleil; ainſi, en ſuppoſant l'*anneau* abſolument circulaire, il faut que ſon inclinaiſon ſoit de 30° ſur le plan de l'orbite de ſaturne, pour paroître ſous cette forme; par-là il eſt aiſé de calculer quelle doit être l'inclinaiſon de cet *anneau* ſur le plan de l'écliptique; car dans le triangle *N O S* on connoît l'angle *N*, la diſtance *N S* des nœuds, & l'angle *S* de 30°; on aura facilement l'angle *O* qui eſt de 31° 20′; mais nous n'obſervons jamais l'*anneau* d'une ſi grande ouverture, à cauſe de la latitude de ſaturne.

Il eſt aiſé de déduire de ces principes la figure de l'*anneau* pour un tems donné, car elle ne dépend que de l'élévation de la terre ſur le plan de cet *anneau*. Soit *B* le lieu de la terre oppoſé à la longitude géocentrique de ſaturne, *B F* la latitude de la terre vue de ſaturne, égale à la latitude de ſaturne vue de la terre, mais de dénomination contraire, *O F* la différence entre la longitude de la terre vue de ſaturne, & celle du nœud de l'*anneau* ſur l'écliptique; dans le triangle *F B O*, l'on cherchera *B O*, & l'angle *O*, la ſomme ou la différence de *B O F* & de l'angle *S O F*, inclinaiſon de l'*anneau* ſur l'écliptique, 31° 20′, donnera l'angle *S O B* ou *G O B*; dans le triangle *B O G*, l'on connoît l'hypothenuſe *O B*, & l'angle *B O S*, l'on cherchera *B G* qui eſt la latitude de la terre, par rapport à l'*anneau*, vue de ſaturne, ou l'élévation de la terre au-deſſus de l'*anneau*.

Par le moyen de l'élévation de notre œil ſur le plan de l'*anneau*, on trouve la figure de l'*anneau*, ou le rapport des axes de ſon ellipſe apparente pour un tems quelconque; car le grand axe eſt toujours au petit, comme le rayon eſt au ſinus de l'élévation ou de l'obliquité de l'œil.

L'élévation du ſoleil au-deſſus du plan de l'*anneau* eſt plus aiſée à calculer. Suppoſons le ſoleil en *C* ſur l'orbite qu'il paroît décrire autour de ſaturne, l'arc *C D* perpendiculaire ſur l'*anneau* *L S A*, *C D* eſt la latitude du ſoleil, par rapport à l'*anneau* qui ſe trouve par le ſimple triangle *CSD* dans lequel on connoît la diſtance héliocentrique *C S* de ſaturne au nœud *S* de l'*anneau*, meſurée ſur l'orbite de ſaturne *M C S N*, & l'angle *S* 30°, cet arc *C D* eſt l'inclinaiſon du rayon ſolaire ſur le plan de l'*anneau*, ou l'élévation du ſoleil, par rapport à ce plan. De-là on pourroit conclure les tems où l'angle de cette inclinaiſon eſt aſſez petit, pour que le ſoleil ne puiſſe plus éclairer ſenſiblement une des ſurfaces de l'*anneau*, & nous le rendre viſible. On peut auſſi par les mêmes principes réduire les obſervations qu'on en fait ſur la terre à celles qui auroient lieu pour un obſervateur ſitué dans le ſoleil.

J'ai dit que l'*anneau* eſt comme un plan ou un corps très-mince; en effet, dès qu'il eſt dirigé vers nous & que ſon plan paſſe par notre œil, nous ne diſtinguons rien; nous le perdons de vue, parce qu'il n'y a pour lors que ſon épaiſſeur qui ſe préſente à nous, & elle eſt trop petite pour être diſtinguée; il eſt vrai qu'alors on voit l'ombre de l'*anneau* ſur le diſque de ſaturne, parce que le ſoleil l'éclaire obliquement & qu'il y a par conſéquent une ombre plus large que celle de l'épaiſſeur de l'*anneau*. Quand l'*anneau* eſt dirigé vers le ſoleil & que ſon épaiſſeur ſeule eſt éclairée, il diſparoit également; ce qui prouve que cette épaiſſeur eſt fort petite, c'eſt-à-dire, inſenſible pour nous; car elle pourroit être encore aſſez grande, ſans que nous puſſions la diſtinguer, le diametre réel de l'*anneau* étant de 66737 lieues, & un quart de ſeconde étant inſenſible ſur une planete auſſi peu éclairée.

L'*anneau* eſt ſi mince que les anſes diſparoiſſent, le jour même que la terre eſt dans le plan de l'*anneau*, & reparoiſſent dès que la terre a dépaſſé le plan. M. Maraldi s'en étoit aſſuré en 1715; & j'ai trouvé le même réſultat par la diſparition du 3 avril 1774 & la réapparition du premier Juillet. En effet, le 3 avril la latitude géocentrique de ſaturne, ou celle de la terre *E T*, étoit de 2° 27′ 5″ ſi l'on diviſe la tangente de cet arc par celle de l'inclinaiſon de l'*anneau* ſur l'écliptique, ou de l'angle *E O T* 31° 20′ l'on a le ſinus de la diſtance *E O* de la terre au nœud, ſur l'écliptique; = 4° 1′ 20″ & cette diſtance retranchée du lieu de la terre ou de ſaturne, en *E*, 11ˢ 21° 7′ 38″ donne le lieu du nœud *O* ſur l'écliptique 11ˢ 17° 6′ 18″.

Dans la réapparition du premier juillet, la latitude 2° 12′ 23″ donne pour la diſtance au nœud 3° 37′ 16″ & comme la longitude de ſaturne étoit 11ˢ 20° 41′ 41″ le lieu du nœud ſe trouve 11ˢ 17° 4′ 25″. La différence 1′ 53″ entre ces deux réſultats ne dépend que de quelques heures de différence dans les obſervations; ainſi, il eſt évident que c'eſt le jour même du paſſage de la terre dans le plan de l'*anneau* que nous le voyons diſparoître ou reparoître. Le ſegment *A B*, *fig.* 160, de 88° 50′ qui eſt entièrement illuminé, & dont la corde entière a 29″ 4, paroît 12 heures après le paſſage de la terre dans le plan de l'*anneau* comme ſi il avoit 36 lieues; ainſi, l'épaiſſeur de l'*anneau* peut n'être que de cette quantité, ou ſeulement de 18 lieues ſi l'on voit les anſes détachées douze heures avant que nous ſoyons dans le plan de l'*anneau*. (*Mém.* 1774, *pag.* 93).

L'*anneau* de ſaturne paroît n'être pas exactement plan, car Maraldi obſerva qu'une des anſes diſparoiſſoit avant l'autre, & Heinſius aſſure que le 29 novembre 1743, l'anſe orientale étoit plus courte que l'autre; ce qui ſemble annoncer qu'il y a un peu de courbure dans l'*anneau*.

Le 9 octobre 1714, les anſes étoient de moitié plus courtes qu'à l'ordinaire; (*Mém.* 1715, *p.* 12). la partie orientale paroiſſoit plus large que l'occidentale. Le 12 octobre ſaturne parut avec une ſeule anſe du côté de l'occident, cela pourroit donner lieu de croire que depuis le 9 juſqu'au 12, la rotation de saturne avoit pu faire passer de l'orient à l'occident cette partie de l'*anneau* qui étoit la plus visible, la moins inclinée ou la moins approchante de notre rayon visuel.

Le 6 octobre 1773, on ne voyoit à Cadix que l'anse occidentale. Le 11 janvier 1774, M. Messier voyoit les anses détachées, & l'anse orientale plus longue. Le premier juillet, il remarqua sur l'*anneau* qui étoit encore extrêmement mince, des points lumineux plus gros que le filet de lumière qui formoit les anses. Ces observations faites sur des objets imperceptibles, ne sont ni faciles à faire, ni d'une certitude absolument satisfaisante; mais elles indiquent cependant qu'il y a un peu de courbure dans le plan de l'*anneau*; car s'il étoit dans un seul plan, ses parties droites & gauches disparoîtroient en même-tems, & le segment extérieur qui est d'une lumière pleine ne disparoîtroit pas le premier, comme cela arrive quelquefois.

On trouve des conjectures & des réflexions ingénieuses sur la cause & la formation de l'*anneau* de saturne, dans Maupertuis; *Discours sur les figures des astres*, imprimé en 1732, & en 1742.

Anneau *solaire* ou *horaire*, est une espèce de petit cadran portatif, qui consiste en un *anneau* ou cercle de cuivre d'environ deux pouces de diamètre, & d'un tiers de pouce de largeur.

Dans un endroit du contour de l'*anneau*, il y a un trou par lequel on fait passer un rayon du soleil, qui fait une petite marque lumineuse à la circonférence concave du demi-cercle opposé; & le point sur lequel tombe cette petite marque, donne l'heure du jour que l'on cherche.

Mais un instrument ainsi disposé n'est bon que dans le tems des équinoxes; pour qu'il puisse servir tout le long de l'année, il faut que le trou puisse changer de place, & que les lignes du zodiaque où les jours du mois soient marqués sur la convexité de l'*anneau*; au moyen de quoi le cadran peut donner l'heure pour tel jour de l'année qu'on veut.

Pour s'en servir, il ne faut que mettre le trou sur le jour du mois ou sur le degré du zodiaque que le soleil occupe ce jour-là, ensuite suspendre le cadran à l'ordinaire vis-à-vis du soleil; le rayon qui passera par le trou, marquera l'heure sur le point opposé où il tombera.

Anneau *astronomique* ou *universel*, est un instrument composé de deux ou trois cercles, qui sert à trouver l'heure du jour en quelqu'endroit que ce soit de la terre, au lieu que l'*anneau* solaire dont nous venons de parler est borné à une certaine latitude. L'*anneau* astronomique est représenté dans les *planches d'Astronomie*, *fig.* 248. dans sa construction la plus simple. C'est une espèce de cadran équinoxial portatif, & qui s'oriente à-peu-près de la façon que nous l'expliquerons en indiquant la construction du cadran équinoxial. *Voyez* Cadran.

L'*anneau* astronomique est une imitation des armilles d'Eratosthène, qui étoient à Alexandrie 250 ans avant J. C. & les armilles portatives ont été employées très-anciennement. Gemma-Frison, dans son usage de l'*anneau* astronomique, imprimé en 1544, dit que ce n'est pas du tout son invention, mais qu'il en a rendu l'usage plus étendu.

On fait des *anneaux* astronomiques depuis deux pouces de diamètre jusqu'à six: il consiste en deux *anneaux* ou cercles minces, qui sont larges & épais à proportion de la grandeur de l'instrument. Le cercle extérieur *A* représente le méridien du lieu où l'on est; il contient deux divisions de 90^d chacune, diamétralement opposées, & qui servent, l'une pour l'hémisphère boréal, l'autre pour l'hémisphère austral. L'*anneau* intérieur représente l'équateur, & tourne exactement en dedans du premier par le moyen de deux pivots qui sont en *E* & en *F* dans chaque cercle. Au dedans des deux cercles est une petite règle *AP*, ou lame mince, qui tourne aussi sur deux pivots avec un curseur marqué *C*, qui peut glisser le long du milieu de la règle. Dans ce curseur est un petit trou pour laisser passer les rayons du soleil.

On regarde l'axe de la règle *AP* comme l'axe du monde, & ses extrémités comme les deux poles. On y marque d'un côté les signes du zodiaque, de l'autre les jours du mois: sur le méridien est une pièce de suspension qui peut glisser sur la circonférence, & à laquelle on attache un petit pendant *G*, qui porte une boucle *H* pour tenir l'instrument suspendu.

Usage de cet instrument. Mettez le milieu du pendant, au degré de latitude ou de hauteur du pole du lieu où vous êtes, sur la circonférence *AMP*, par exemple, à 48^d 50' pour Paris; mettez le trou du curseur au degré du signe, ou au jour du mois sur la règle *DD*; ouvrez ensuite l'instrument, de sorte que les deux *anneaux* fassent un angle droit entr'eux, & suspendez-le par la boucle *H*, de manière que l'axe de la règle qui représente celui de l'instrument puisse être parallèle à l'axe du monde; ensuite tournez le côté plat de la règle vers le soleil, jusqu'à ce que le rayon qui passera par le petit trou tombe exactement sur la ligne circulaire qui est tracée au milieu de la circonférence concave *DB* de l'*anneau* intérieur: le rayon solaire marquera l'heure qu'il est sur cette circonférence concave. En effet on éloigne l'alidade de l'équateur, par exemple, de 23° $\frac{1}{2}$ si c'est au solstice, dans cet état le soleil passant par l'alidade rasera l'équateur dès que cet équateur est bien placé, puisqu'on a fait d'avance l'angle égal à celui du rayon solaire sur le plan de l'équateur, & qu'une ligne détermine un plan quand l'inclinaison de ce plan est donnée.

Pour diviser la règle *DD* suivant les signes ou les jours, on met dans le milieu *N* les équinoxes 21 de mars & 21 de septembre, & sur un rayon *FN* on forme des angles égaux aux déclinaisons du soleil, au commencement de chaque signe, ou au commencement chaque mois, en sorte que les portions de la règle, à partir du milieu, suivent le progrès des tangentes des déclinaisons du soleil.

Il faut remarquer que l'heure de 12 ou de midi n'est point donnée par le cadran, par la raison que le cercle extérieur étant dans le plan du méridien, il empêche les rayons du soleil de tomber sur le cercle intérieur. D'ailleurs le soleil changeant peu de hauteur aux environs du midi, la situation de l'*anneau* est mal déterminée. L'*anneau*, tel que nous venons de le décrire, ne donnera point non plus l'heure quand le soleil sera dans l'équateur, parce qu'alors ses rayons seront parallèles au plan du cercle intérieur; mais on y remédie par une autre construction.

En effet, il y a encore une espèce d'*anneau astronomique*, auquel on ajoute un cercle horaire tournant autour des poles *A P*, & portant une alidade: ainsi, au lieu de deux cercles, il en a trois; mais il faut que l'instrument soit plus grand, celui-ci marque lorsque le soleil est dans l'équateur, & il est beaucoup plus juste. On ne se sert plus guère de ces instrumens, l'usage des montres ayant rendu inutiles tous ces cadrans qui ne donnent pas l'heure avec une certaine justesse, mais l'*anneau astronomique* est excellent pour porter dans les campagnes où l'on n'a point de méridiens & de cadrans solaires.

On fait des *anneaux astronomiques* de six pouces qui coûtent cent écus, *voy. fig. 249*, où l'on distingue facilement toutes les minutes d'heures; la hauteur du pole de deux en deux minutes, & les minutes de la déclinaison du soleil par le moyen d'un vernier qui occupe 60° sur le cercle horaire.

L'équateur y est maintenu perpendiculairement au méridien par une rainure dans laquelle entre une pointe fixée dans le cercle horaire qui tourne autour des poles.

La pièce de suspension est formée comme la lampe de Cardan, afin que l'instrument prenne son à-plomb dans tous les sens, & on l'arrête avec une vis sur la hauteur du pole du lieu où l'on observe.

L'alidade, qui se meut sur le plan du cercle horaire, a un verre objectif au lieu d'un trou de pinule, & l'image du soleil qui se peint sur la pinule opposée, sert à prendre des hauteurs correspondantes, qu'on peut avoir facilement à 2″ près, comme l'a éprouvé M. le cardinal de Luynes.

Dans les *anneaux* où il y a un cercle horaire portant l'alidade des déclinaisons, le rayon solaire ne peut enfiler l'alidade que quand le cercle horaire est dirigé à la distance actuelle du soleil au méridien; ainsi, il y a deux tatonemens à faire pour avoir le rayon solaire dans l'alidade.

On le sentira mieux dans le cas le plus simple qui est celui de l'équinoxe; je suppose que le soleil est dans l'équateur, & que je veux diriger vers le soleil l'alidade qui tourne dans le plan de l'équateur de l'*anneau*, il ne suffira pas de tourner ce plan vers le soleil, il faudra encore tourner l'alidade à la hauteur du soleil, ou à la distance du méridien.

Anneau astronomique en terme de marine, est un instrument fort simple dont on se sert en mer pour prendre simplement la hauteur du soleil: c'est un cercle de métal où il y a un trou éloigné de 45 degrés de la suspension, & à la partie opposée du cercle, des divisions qui marquent les hauteurs du soleil de degré en degré, lorsque le rayon solaire passant par le petit trou tombe sur les divisions opposées. (*D. L.*)

ANNEAU (*Mesure de bois*), c'est un cercle de fer qui a six piés & demi de circonférence, que l'on nomme aussi *moule*, & dont le patron prototype est à l'hôtel-de-ville. C'est sur ce patron que tous ceux dont on se sert sont étalonnés & marqués aux armes de la ville. Trois moules ou *anneaux* remplis, plus douze bûches, doivent faire la charge d'une charrette. Le tout fait ordinairement depuis cinquante-deux jusqu'à soixante-deux bûches, qui sont nommées par cette raison *bois de compte*. Toutes les bûches qui sont au-dessous de dix-sept à dix-huit pouces de grosseur, doivent être rejetées du moule & renvoyées au bois de corde: mais il y a encore tant d'inégalité entre les plus grosses, que souvent ce nombre ne se trouve pas complet. Il y en a quelquefois de si grosses, sur-tout dans le bois qui vient de Montargis, que les quarante-sept ou quarante-huit bûches remplissent les trois *anneaux*, & font la voie. *Voyez* VOIE.

Le bois qui vient par la riviere d'Andelle, & qui en porte le nom, n'ayant que deux piés & demi de longueur, quand il s'en rencontre d'assez gros pour être de moule ou de compte, on en donne quatre *anneaux* & seize bûches pour la voie.

ANNÉE, s. f. (*Astron.*) est le tems que le soleil emploie à faire le tour du zodiaque pour ramener les saisons, sa véritable durée est de 365 jours, 5 heures, 48 minutes, 48 secondes; mais le nom d'*année* a été donné à toutes sortes de périodes, servant à mesurer le tems, *année* solaire, *année* lunaire, *année* de saturne, de jupiter, &c. *Voyez* RÉVOLUTION & PÉRIODE.

Il paroît que les jours furent d'abord la seule manière de compter; du moins on explique d'une manière satisfaisante les 450 mille *années* dont se vantoient les babyloniens suivant Ciceron & Diodore; cela s'accorde avec les *années* dont parloit Calisthènes suivant Simplicius. *Voyez M. Bailly, hist. de l'Astron. p. 373.*

Le mois lunaire étant très-remarquable pour tous les yeux, fut la première période ou la première *année* chez presque tous les peuples du monde. *Voyez Diodore, l. 1, p. 30, édition 1745; Varron, suivant Lactance, inst. l. 2, c. 13; Pline, l. vij, ch. 49; Plutarque dans la vie de Numa, p. 72, édit. 1624; Eudoxe suivant Platon dans son Timée, p. 31 de l'édition de 1602; Stobée Eclogæ phys. p. 21, édit.*

édit. de 1609 ; Geminus, p. 34, édition du P. Petau, 1630 ; Suidas au mot Ἥλιος, tom. II, p. 54, édition de Cambridge, 1605.

Dans la suite, on vit qu'il y avoit douze mois lunaires ou douze changemens des phases de la lune d'un hiver à l'autre, & on forma l'*année* lunaire. Ces variétés du cours de la lune étant plus fréquentes & par conséquent mieux connues aux hommes que celles de toutes les autres planètes, les romains réglèrent leurs *années* par la lune jusques au tems de Jules César. *Voy.* CALENDRIER, LUNE.

Les juifs avoient aussi leur mois lunaire. Quelques rabins disent que le mois lunaire ne commençoit pas au premier moment où la lune paroissoit, mais qu'il y avoit une loi qui obligeoit la première personne qui la verroit paroître d'en aller avertir le sanhedrin : sur quoi le président du sanhedrin prononçoit solemnellement que le mois étoit commencé, & on en donnoit avis au peuple par des feux qu'on allumoit au haut des montagnes ; les arabes ne comptent encore leur *année* que quand ils ont vu paroître la lune.

On distingua aussi les tems par saisons, & voilà pourquoi l'on trouve des *années* de trois mois, de quatre mois, de six mois ; *Diodore, ibid. Pline, ibid. Censorinus, ch. 19 ; S. Augustin, de civitate Dei, l. 12, c. 10 :* mais il réfute ceux qui prétendent que la division de quatre mois étoit sur-tout naturelle en Egypte, où l'inondation faisoit abandonner les terres pendant quatre mois, où il y avoit quatre mois de fécondation & quatre mois sans culture. Le P. Kircher prétend même qu'outre l'*année* solaire, quelques provinces d'Egypte avoient des *années* lunaires, & que dans les *années* les plus reculées, quelques-uns des peuples de ces provinces prenoient une seule révolution de la lune pour une *année* ; que d'autres trouvant cet intervalle trop court, faisoient l'*année* de deux mois, d'autres de trois, *&c. Œdip. Egypt. tom. II, p. 252.*

Un auteur de ces derniers tems assure que Varron a attribué à toutes les nations ce que nous venons d'attribuer aux égyptiens, & il ajoute que Lactance le relève à ce sujet.

Nous ne savons pas sur quels endroits de Varron & de Lactance cet auteur se fonde ; tout ce que nous pouvons assurer, c'est que Lactance, *divin. instit. lib. II. cap. xiij.* en parlant de l'opinion de Varron suppose qu'il parle seulement des égyptiens.

Au reste Saint-Augustin, *de civit. Dei, lib. XV, cap. xiv*, fait voir que les *années* des patriarches rapportées dans l'Ecriture, sont les mêmes que les nôtres ; & qu'il n'est pas vrai, comme beaucoup de gens se le sont imaginés, que dix de ces *années* n'en valoient qu'une d'à-présent.

Les habitans de l'île de Taïti, découverte depuis quelques *années*, comptent par lunes de 29 jours, & 13 lunes font une *année* ; ils désignent chaque mois par un nom propre, & les 13 mois par un nom collectif, mais dont ils ne se servent qu'en parlant des mystères de leur religion. Le jour est divisé en 12 parties, dont six pour la nuit, ce qui est une suite naturelle des 12 lunes qui se trouvent dans une *année* solaire ; cependant ils comptent par 10 dans l'usage de la numération ordinaire. *Hydrographie de la mer du sud, par M. de Freville, 1774, tom. 1, pag. 451.*

Indépendamment de la variété des saisons qui suivoient la période du soleil, les peuples Pasteurs virent bientôt que les étoiles se levoient & se couchoient deux heures plutôt à chaque mois, & qu'au bout d'environ 12 mois, elles paroissoient & disparoissoient à la même heure ; ils comprirent alors que le soleil tournoit en douze lunes ou en douze mois, & parcouroit tout le ciel. Alors on examina les étoiles, dont il s'approchoit successivement ; l'on en forma douze grandes divisions, qui formèrent les douze signes du zodiaque. Cette invention parut une découverte admirable, & on la chanta avec enthousiasme. On en fit les douze travaux du dieu Hercule, les voyages de Bacchus, tels qu'ils sont dans le poëme des Dyonisiaques, de Nonnus, & une quantité d'autres fables, ainsi que l'a fait voir M. Dupuis, professeur de rhétorique en l'Université de Paris, dans le Journal des Savans de 1779, & dans un mémoire qui fait partie du quatrième volume de mon *Astronomie*. Chaque signe se partageoit en trois parties, qu'on appelloit Decans, parce qu'elles contenoient environ dix jours ; les dix doigts de la main déterminèrent de toute ancienneté la division par dix, & voilà peut-être pourquoi l'on fit d'abord les *années* de 360 jours.

Il est constant, par le témoignage des anciens, que les *années* comptées en Egypte, depuis l'origine de la monarchie, n'étoient pas de 12 mois ; mais que l'*année* fut augmentée par plusieurs rois. *Voyez Diodore de Sic. liv. 1, pag. 22. editi Hanov. 1604 ; Pline, l. 7, c. 48 ; Plut. in Numa. Censorinus, corrigé par Saumaise ; in Solin. S. August. de civ. Dei, l. 12, c. 11, & l. 15, c. 12 ; Riccioli chron. ref. p. 31.*

Il y a des auteurs qui pensent que du tems de Moyse l'*année* n'avoit encore que 360 jours ; ils se fondent sur le calcul que donne la Genese de la durée du déluge, où il paroît que l'*année* dont l'historien fait usage, est de douze mois, chacun de 30 jours ; il ne dit rien qui puisse faire supprimer qu'on connût alors la nécessité d'ajouter quelques jours aux 360 que donnent douze mois de 30 jours chacun pour égaler la durée de l'*année* civile à la révolution du soleil. En effet, dit M. Goguet, on voit, *Gen. ch. 7, v. 11 & 24, & ch. 8, v. 3 & 4, selon l'hébreu*, que le déluge commença le 17e jour du second mois, l'an 600 de Noé ; que les eaux s'accrurent & se soutinrent ensuite au même degré d'élévation pendant 150 jous consécutifs, jusqu'au dix-septième du septième mois. Ainsi les cinq mois de l'*année* valoient 150 jours : ces mois étoient donc de 30 jours chacun, & l'*année* entière de 360 jours.

On ajoute à cela le témoignage des auteurs, qui disent que la plupart des nations de l'antiquité, même les plus éclairées, n'ont connu pendant bien des siècles d'autre *année* que celle de 360 jours. *Voyez* la dissert. de M. Allin, insérée dans la théorie de la terre de Wiston, *l. 2, p. 144; édit. de Londres, 1737*.

On croit sur-tout que l'*année* des égyptiens étoit autrefois de 360 jours : on peut voir à ce sujet *Plutarque de Iside, Diodore de Sicile, Scaliger, Kircher, Golius sur Alfragan, M. Goguet origine des loix, des arts & des sciences, tom. 1, p. 220, 230, t. 2, p. 254, in-4.°*

L'enceinte de Babylone avoit 360 stades; elle avoit été bâtie en un an, un stade chaque jour. Les prêtres astronomes de Memphis étoient au nombre de 360, & chacun observoit un jour de l'*année* : enfin la division du cercle en 360°, en fournit une indication bien ancienne; mais ne pourroit-on pas dire que les 360 jours formoient douze mois, & que les cinq derniers jours additionels ou épagomènes, étant hors de rang, on n'en tenoit pas compte dans certaines circonstances, quoiqu'on les connût très-bien. Ne voit-on pas que même du tems de Ptolemée, cent ans après l'ère vulgaire, on comptoit tous les mois de 30 jours, quoique l'*année* en eût 365 ? J'ai peine à concevoir qu'on ait été long-tems à se tromper de cinq jours sur la durée de l'*année*, aussi-tôt qu'on eut observé les levers héliaques des différentes étoiles, du moins les égyptiens faisoient monter jusqu'à une antiquité fabuleuse l'origine de l'*année* de 365 jours; c'étoit mercure qui avoit joué aux dez avec la lune; *Plutarque, t. 2, p. 355, édition de Paris, 1624; Diodore, l. 1, p. 17, édition de 1745*.

Le Syncelle (*p. 123, édit. de Paris, 1612*), dit qu'un roi d'Egypte, nommé Aseth, avoit réglé l'*année* égyptienne à 365 jours, & qu'avant lui elle n'avoit eu que 360 jours; mais on ne peut savoir en quel tems vivoit Aseth.

Neuton, dans sa chronologie, prétend que l'*année* de 365 jours fut établie en Egypte sous le regne d'Amenophis, 884 ans avant la naissance de J. C., 72 ans après la mort de Sesostris; que c'étoit en mémoire de cet établissement que l'on avoit placé dans le *Memnonium* un cercle d'or de 365 coudées de tour, dont chacune répondoit à un jour de l'*année*, & pour tous les jours étoient marqués les levers des étoiles, suivant Diodore, de Sicile, *l. 1, p. 30*.

Mais Freret, qui a si bien réfuté le systême chronologique de Neuton, soutient que Osimandès ou Osimandias, roi de Thèbes, dont le tombeau étoit environné par le cercle dont il s'agit, étoit plus ancien que Sesostris. (*Défense de la chronologie, pag. 387*) Il fait Sesostris contemporain de Moyse 1550 ans avant J. C. (*Ib. p. 247.*)

M. Goguet (*t. 2, p. 255*), estime qu'Osimandès vivoit vers le tems de la guerre de Troye, 1284 ans avant J. C. Il y a donc apparence qu'à cette époque on avoit déjà fait l'*année* de 365 jours; mais on fut ensuite bien long-tems avant de penser à y ajouter un quart de jour, & avant de reconnoître l'erreur de six heures : c'est ce que je vais discuter en faisant voir que plusieurs auteurs se sont trompés sur l'époque de cette découverte.

Le Syncelle nous dit que l'ancienne chronique égyptienne comptoit 36525 ans depuis le règne du soleil jusqu'à celui d'Alexandre. Les égyptiens attribuoient à mercure 36525 traités, & il est sûr qu'ils attachoient quelques significations cachées à ce nombre. (*Freret, p. 230*) M. Dupuis pense que cela signifioit 365 & un quart, exprimés en décimales, & cela supposeroit la connoissance du quart de jour; mais on ne peut pas savoir à quelle époque remontoit la fable des 36525 ans. Le Syncelle dit que ce nombre marquoit les *années* de la révolution des étoiles par rapport aux équinoxes; mais, comme cet auteur étoit fort ignorant en Astronomie, il n'est pas étonnant qu'il se soit trompé sur cet article; quoi qu'il en soit, ce nombre mystérieux ne prouve pas qu'on connût le quart de jour, ou le cycle caniculaire, seulement 600 ans avant J. C.

Le cycle caniculaire de 1460 ans, ou la période Sothiaque, qui ramenoit les levers d'étoiles aux mêmes saisons de l'*année*, indique bien la connoissance du quart de jour; mais ce cycle ne me paroît pas avoir été connu dans la haute antiquité.

M. de la Nauze, qui a donné une histoire du calendrier égyptien dans les mémoires de l'Académie royale des inscriptions & belles-lettres (*tom. xiv, pag. 334*), fixe cette découverte à l'*année* 1322, qui est celle où le lever de Sirius concouroit avec le premier jour du mois thot, & qui fut la première *année* du cycle caniculaire ou de la période Sothiaque, dont les *années* sont employées par Censorinus; mais il a déjà été réfuté par M. Dupuy, de l'Académie des inscriptions, dans le tome xxix de la même Académie.

M. Freret (*défense de la chronologie, p. 400*), est du même avis que M. de la Nauze. Il va même plus loin; & trouvant des indices du cycle précédent qui avoit dû commencer 2782 ans avant J. C., il pense que le cycle qui avoit commencé l'an 1322 n'étoit pas le plus ancien, ni celui au commencement duquel on avoit établi l'usage de l'*année* vague de 365 jours. Mais de ce que Manethon, Censorinus, Clement d'Alexandrie se servent de ce cycle, il ne s'ensuit pas qu'on le connût déjà 1322 ans avant J. C.; & quant aux inductions que M. Freret tire des livres de Moyse, elles prouveroient tout au plus que l'usage de l'*année* de 365 jours avoit lieu au tems de Moyse, né selon lui l'an 1589. Les juifs avoient une *année* civile ancienne, qui commençoit en automne comme celle des égyptiens, & une *année* religieuse depuis l'exode ; celle-ci commençoit à la nouvelle lune, qui précédoit l'équinoxe du printems. Mais les équinoxes, les solstices, le lever de sirius, étoient des choses assez faciles à observer pour qu'on en ait fait des époques. Cela ne prouve pas qu'on connût déjà la durée de l'*année* à quelques heures près, & qu'on connût la différence de l'*année* vague de 365 jours & de l'*année* sydérale de 365 jours & un quart.

L'*année* vague étoit l'*année* religieuse qui servoit à régler les fêtes & les sacrifices. L'*année* civile régloit la culture des terres & le paiement des impôts. (*Vettius valens Anthol. liv. 1.*) Le commencement en étoit marqué par le lever héliaque de sothis ou sirius. (*Porphirius de antro nympharum, Bainbrigius de anno caniculari, ch. 4, pag. 26, M. Freret, pag. 393.*) Mais on ignore à quelle époque la différence de ces deux *années* a été connue. Les auteurs, d'après lesquels on fait remonter aussi haut la découverte du cycle caniculaire, sont des auteurs de deux ou trois cens ans avant Jesus-Christ, qui s'en servoient dans leurs calculs, qui ne disent point qu'on s'en fût servi à l'époque à laquelle ils remontent par le calcul. Suivant M. Dupuy dans les mémoires de l'Académie des inscriptions, *tom. xxix, p. 114,* il est douteux que même au tems d'Hérodote, 450 ans avant J. C., on connût d'autre *année* que celle de 365 jours, & qu'on sût en Egypte la différence de l'*année* fixe à l'*année* vague, qui est d'environ six heures. On voit dans Hérodote, *l. 1* que Solon donnoit 30 jours à chaque mois, & qu'il croyoit qu'en intercalant un mois tous les deux ans, on assignoit des limites au retour des saisons. Cependant il y avoit neuf jours & trois quart de trop dans cette méthode, connue sous le nom de Trieteride. On voit aussi dans Hérodote qu'il ignoroit le quart de jour, dont l'*année* surpasse l'*année* vague. (*l. 2, p. 57, édit. Henr. St. 1570*). Ce n'est que Geminus qui vivoit du tems de Cicéron, & Censorinus l'an 238, qui parlent du cycle caniculaire de 1461 *années* vagues. Les égyptiens croyoient qu'elles faisoient 1460 *années*, tant tropiques que sydérales, & que cette période devoit ramener le commencement de leur *année* civile au lever de la canicule, où ils avoient fixé le commencement de leur *année* tropique, suivant Censorinus ; mais il y avoit une erreur de 36 ans ou de 47 pour cette grande *année* sothiaque ; 36 ans pour les levers des étoiles, 47 pour les saisons. L'*année* tropique avoit environ 20 jours d'avance sur l'année sydérale à la fin de leur prétendue période caniculaire de 1461 *années* égyptiennes, civiles ou vagues ; car en divisant 365 jours par $5^h\ 48'\ 48''$ & par $6^h\ 9'\ 10''$, on trouve 1506,9 & 1423,7 pour les deux périodes ; c'est-à-dire, 47 ans de plus pour l'une, & 36 de moins pour l'autre : ainsi, dans le tems même où l'on faisoit usage du cycle caniculaire, on en connoissoit fort mal la durée, ce qui n'annonce pas une haute antiquité pour la découverte du quart de jour. Geminus (*p. 19*), cite Eratosthène comme ayant donné raison du cycle de 1460 ans : on connoissoit donc alors le quart de jour ; ainsi, c'est vers le tems de Platon, 80 ans après Hérodote, ou 370 ans avant J. C. qu'on a été certain de cette différence. M. Freret dans sa défense de la chronologie, *p. 247 & 400*, entreprend de prouver que 2780 ans avant l'ère vulgaire, les égyptiens connoissoient déjà la période sothiaque. M. Bailly, dans son Histoire de l'Astronomie, dit aussi que Manéthon donne lieu de croire que la période sothiaque remontoit à 2782 ans, & il regarde l'observation de quart de jour comme prouvant dans les observations la plus haute antiquité ; mais c'est parce que Manéthon, 280 ans avant J. C. s'en étoit servi pour calculer son histoire d'Egypte ; c'est comme si l'on vouloit prouver que Jules César avoit reformé le calendrier il y a 6000 ans, parce que nous comptone les *années* de la création du monde sur le calendrier Julien. Il n'y a pour le quart de jour aucune autorité, puisque les auteurs les plus anciens & les plus instruits, comme Platon & Hérodote, n'en parlent point.

Ainsi, du tems même de Platon, on ne connoissoit ni le quart du jour, ni la période caniculaire. Avant le tems d'Hipparque, il étoit très-difficile de déterminer la durée de l'année, parce qu'on n'observoit point les équinoxes, mais seulement les solstices qui sont très-difficiles à observer exactement. Pour le prouver, je remarque 1.° que Ptolemée ne put trouver d'équinoxes plus anciens que ceux d'Hipparque pour les comparer avec les siens. 2.° Que Hipparque, dans un passage cité par Ptolemée, se sert d'un solstice plus ancien. 3.° Que Ptolemée lui-même se sert d'un solstice. 4.° Que l'usage des gnomons étoit beaucoup plus ancien que celui des armilles, parce qu'il étoit plus naturel & plus simple : or, les gnomons donnoient facilement & directement les solstices ; ainsi il est évident qu'on a dû se borner long-tems à l'observation des solstices, mais ils n'étoient pas susceptibles de précision.

Voilà pourquoi l'on ignora jusqu'au tems d'Hipparque, la diminution de quelques minutes qu'il y avoit à faire au quart de jour. Il paroît donc qu'environ 300 ans avant l'ère chrétienne, on croyoit l'*année* de 365 jours & un quart. Meton la crut même un peu plus grande ; nous ignorons sur quel fondement. Ce furent les observations faites à Alexandrie qui commencèrent à donner le goût de la précision, & Hipparque vers l'an 130 avant l'ère vulgaire, s'apperçut qu'il y avoit quelque chose à ôter du quart de jour ; ainsi, la plus ancienne détermination que l'on ait de la durée de l'*année* est celle d'Hipparque, rapportée dans l'almageste de Ptolemée. (*Lib. 3, c. 2*). Dans un livre fait exprès sur la grandeur de l'année, Hipparque comparoit un solstice observé par Aristarque 280 ans avant l'ère vulgaire avec celui qu'il avoit observé lui-même après une intervalle de 145 ans, & il trouva qu'il étoit arrivé douze heures plutôt que ne l'avoit exigé le quart de jour. Dans un autre livre sur les mois & les jours intercalaires, il parloit de la durée de l'*année* qui étoit, suivant Meton & Euctemon, de 365 $\frac{1}{4}$ jours & quelques choses de plus, & il disoit : « nous avons trouvé le » même nombre qu'eux pour les mois solaires, » contenus dans 19 ans : mais nous avons trouvé » que l'année anticipoit de la trois-centième partie » d'un jour. Suivant Meton, il manque cinq jours » en 300 ans ; suivant Calippus c'est un jour seulement. J'ai écrit (ajoute Hipparque) sur la durée » de l'*année*, un livre où je démontre que l'*année* » solaire, c'est-à-dire le tems dans lequel le soleil » revient au solstice ou à l'équinoxe, ne contient » pas 365 jours & un quart, comme l'estiment » les mathématiciens, mais qu'il s'en faut la trois-centième partie d'un jour. » Ptolemée ajoute ; si nous partageons un jour en 300 parties, nous trouverons 12 parties sexagesimales secondes, qui étant ôtées de 365 jours, & 15 parties premières, il restera pour la durée de l'année 365. 14. 48.

Cette même quantité réduite en heures, minutes, secondes, suivant notre manière de compter, fait 365 jours 5^h 55′ 12″ ; ainsi, Hipparque diminua l'année de 4′ 48″, mais il y avoit encore 6′ 24″ d'erreur dans sa détermination. Cependant Ptolemée dit que c'est aussi à très-peu-près ce qu'il a trouvé par beaucoup d'observations ; mais il paroît que Ptolemée se servoit des observations d'Hipparque & de ses résultats, en sorte que la détermination précédente tire toute sa valeur de l'autorité d'Hipparque. On voit que la raison pour laquelle Ptolemée admit la durée de l'*année* d'après Hipparque, est qu'elle étoit commensurable avec le cycle lunaire de Meton ; mais, comme celui-ci étoit trop long, l'année se trouva aussi trop longue de six minutes. Ptolemée rempli de respect & d'admiration pour Hipparque, & se défiant de lui-même, comme le dit Boulliaud, (*Astron. philol.*, *p. 73*). ne crut pas pouvoir mieux faire que de s'en tenir aux déterminations d'Hipparque : mais pourquoi faire semblant de les avoir trouvées par ses propres observations ; c'est un reproche qu'on lui fera dans tous les tems, comme d'avoir changé les tems des observations pour les faire accorder avec ses hypothèses.

On ne connut pendant plusieurs siècles d'autre Astronomie que celle de Ptolemée, ni d'autre détermination de l'*année* que celle dont nous venons de parler. Mais enfin les Arabes furent à portée de reconnoître l'erreur, lorsqu'ils comparèrent leurs observations avec celles d'Hipparque ; aussi dans Albategnius, qui vivoit en 880, on ne trouve plus que 365 jours 5^h 46′ 24″ ; & dans les tables alphonsines 5^h 49′ 16″, ce qui approche beaucoup de ce que nous trouvons actuellement ; c'est celle-ci qui fut adoptée par Copernic & par les réformateurs du calendrier sous Grégoire XIII, en 1582. (*Voyez* Clavius, *Romani calendarii explicatio*, *p. 65*, *édit. 1612*, in-folio). Mais, comme il n'y a pas une demi-minute de trop, le calendrier grégorien n'en n'est pas moins très-exact relativement aux usages de la société, c'est-à-dire propre à ramener les saisons aux mêmes jours des mois.

Dans le livre de Copernic qui parut en 1543, la durée moyenne de l'*année* est de 365^j 5^h 49′ 16″.

Tycho, dans ses progymnasmes, *p. 53*, 365^j 5^h 48′ 45″ $\frac{1}{3}$.

Kepler dans ses Tables rudolphines, 365^j 5^h 48′ 57″ $\frac{1}{5}$.

Boulliaud, dans son Astronomie philolaïque, 365^j 5^h 49′ 4″ $\frac{1}{3}$.

Riccioli, dans son Almageste, *tom. 1*, *p. 139*, 365^j 5^h 48′ 40″. dans son Astronomie réformée, 48″.

Flamsteed & Neuton ont supposé la longueur de l'*année* 365^j 5^h 48′ 57″ $\frac{1}{2}$.

M. le Monnier, Institut. Astronom. *p. 469*, 365^j 5^h 48′ 57″.

M. Halley, dans ses Tables astronomiques, 365^j 5^h 48′ 54″, 8.

M. Cassini, dans ses tables, 365^j 5^h 48′ 52″ 4.

M. Mayer, (*Mem. de Gottingen*, *tom. III*). 365^j 5^h 48′ 51″.

M. de la Caille, dans ses tables (*Mém. Acad. 1757*, *p. 140*), 365^j 5^h 48′ 49″.

Enfin dans un grand Mémoire qui a remporté le prix de l'Académie de Copenhague en 1781, & qui sera imprimé dans les Mémoires de l'Académie des Sciences, j'ai discuté avec le plus grand soin les neuf équinoxes observés par Hipparque, qui m'ont donné 48″ ; les 22 équinoxes observés par Tycho-Brahé qui m'ont donné 46″ ; enfin 50 observations de Flamsteed, faites en 1689, 1690 & 1691, 56 observations de Mayer, & 56 observations faites par M. Dagelet à l'école militaire en 1780, elles m'ont donné 50″ ; ainsi, le milieu est encore 48″, ce qui prouve incontestablement que la durée de l'*année* solaire est réellement de 365^j 5^h 48′ 48″.

Ainsi, les observations d'Hipparque faites il y a près de deux mille ans, celles de Tycho-Brahé faites il y a deux cens ans, & celles du dernier siècle s'accordent également sur la durée de l'*année solaire*. Il n'y a que les observations de Ptolemée qui s'en écartent, mais il est prouvé qu'elles sont défectueuses ou supposées, & qu'il faut les rejetter.

Dans le tems où l'on admettoit les observations de Ptolemée, on étoit tenté de croire que la durée de l'*année* étoit devenue plus petite, c'est-à-dire, que la terre accéléroit son mouvement autour du soleil ; M. Euler, dans ses tables du soleil, admettoit cette diminution de l'année. Cette accélération de la terre donnoit déjà lieu à une funeste conséquence pour l'humanité, en nous annonçant presque & le tems & la manière dont elle doit finir : en effet, si la terre accélere ainsi son mouvement, c'est une preuve certaine qu'elle éprouve une résistance de la part de l'éther ou de la matière subtile qui remplit l'univers, ne fût-ce que celle de la lumière. L'idée la plus naturelle que l'on puisse se former de cette résistance, c'est qu'elle diminue la vîtesse de projection; or la force centripète dans une orbite donnée est comme le quarré de la vîtesse; donc si la vîtesse diminue, la force centrale prévaudra; la planète se rapprochera du centre; son orbite deviendra moindre; elle sera donc parcourue dans un tems plus court, parce que les durées des révolutions diminuent comme les racines quarrées des cubes des distances, ainsi on observera une accélération continuelle dans son mouvement.

Cette cause ayant commencé d'agir une fois, elle agiroit toujours; la distance de la terre au soleil ne cesseroit de diminuer, parce que la vîtesse éprouveroit toujours une nouvelle résistance, l'effet deviendroit même de plus en plus considérable, à mesure que la terre approcheroit du centre, parce que la densité de la lumière & la force centrale augmentent l'une & l'autre, comme le quarré de la distance diminue. C'est ainsi que la terre descendroit par dégrés jusqu'au soleil pour y être absorbée & détruite. Il seroit peut-être même possible de calculer le tems de ce grand événement: aussitôt que l'on reconnoîtroit par les observations le retardement qu'a éprouvé la terre depuis environ deux mille ans; & l'on verroit un jour les planètes inférieures, mercure & vénus, disparoître successivement à nos yeux, se perdre dans le soleil & nous marquer le tems de notre fin; mais j'écartai bientôt de si tristes présages en faisant voir qu'il falloit rejetter les observations de Ptolemée, & qu'il n'y avoit aucune preuve d'accélération dans le mouvement de la terre. (*Mém. de l'Ac. 1757, p. 413*).

L'*année solaire* dont nous venons de voir la durée exacte par les observations astronomiques est l'*année tropique* ou le tems qui s'écoule entre deux équinoxes de printems ou d'automne; on la nomme *année tropique*, parce qu'il faut que cet intervalle de tems s'écoule pour que chaque saison se rétablisse dans le même ordre qu'auparavant: cette *année* est de 365 jours 5 heures 48 minutes 48 secondes.

L'*année sydérale* est l'espace de tems que le soleil met à faire sa révolution apparente autour de la terre, & à revenir à la même étoile, ou plutôt, c'est le tems que la terre met à revenir au même point du ciel. Ce tems est de 365 jours 6 heures 9 minutes 11 secondes & demi. La raison de la différence entre l'*année solaire tropique* & l'*année sydérale*, vient de ce que l'équinoxe, ou la section de l'écliptique & de l'équateur retrograde de 50 secondes & un quart par an, le soleil, après qu'il est parti d'un équinoxe, doit paroître rencontrer ce même équinoxe l'*année* suivante dans un point un peu en-deçà de celui où il l'a quitté; & par conséquent le soleil n'aura pas encore achevé sa révolution entière lorsqu'il sera de retour aux mêmes points des équinoxes.

ANNÉE *civile* est celle que l'on compose d'un nombre de jours à-peu-près égal à celui de l'*année* solaire; elle est chez nous de 365 jours, & quelquefois de 366.

L'*année* civile des Egyptiens étoit de 365 jours, comme nous l'avons expliqué; c'étoit une *année* vague divisée en 12 mois, dont voici les noms: *thoth, phaophi, athyr, kiak, tybi, mechir, phamenoth, pharmouthi, pakon, payni, epiphi, mesori*, & cinq jours épagomènes. Ptolemée, dans son *Almageste*, compte des *années* égyptiennes depuis l'ere de Nabonassar, qui se rapporte au 26 février 746 avant J. C., suivant la méthode des Astronomes, ou 747, suivant la méthode des Chronologistes; en sorte que le premier du mois thoth avançoit d'un jour tous les 4 ans, & l'*année* 748 de Nabonassar tombe au 23 août de l'année zéro de notre ere, ou de celle qui sépare les années avant J. C. des années après J. C.

Lorsque les Egyptiens furent subjugués par les Romains, ils reçurent l'*année Julienne*, dont nous parlerons bientôt, mais avec quelqu'altération; car ils retinrent leurs anciens noms de mois avec les cinq jours épagomènes, & ils placèrent le jour intercalé tous les quatre ans, entre le 28 & le 29 d'août.

Le commencement de leur *année* répondoit au 29 août de l'*année Julienne*. Leur *année* réformée de cette maniere, s'appelloit *annus Actiacus*, à cause qu'elle avoit été instituée après la bataille d'Actium, 32 ans avant J. C.

L'*année Ethiopique* est une *année* solaire qui s'accorde parfaitement avec l'Actiaque, excepté dans les noms des mois. Son commencement répond à celui de l'*année* Egyptienne, c'est-à-dire, suivant quelques Auteurs, au 29 d'avril de l'*année* Julienne; mais je crois que c'est plutôt au 29 d'août.

Les mois de cette *année* sont, 1°. *mascaram*, 2.° *tykympl*, 3.° *hydar*, 4.° *tyshas*, 5.° *tyr*, 6.° *jacatil*, 7.° *magabit*, 8.° *mijaria*, 9.° *giribal*, 10.° *syne*, 11.° *hamle*, 12.° *hahase*, & il y a de plus cinq jours intercalaires.

L'*Année Grecque* étoit lunaire, & composée de douze mois, qui étoient d'abord tous de 30 jours, & qui furent ensuite alternativement de 30 & de 29 jours; les mois commençoient avec la premiere apparence de la nouvelle lune, & à chaque 3e, 5e, 8e, 11e, 14e, 16e, & 17e *année* du cycle de 19 ans, on ajoutoit un mois embolismique de trente jours, afin que les nouvelles & pleines lunes revinssent aux mêmes termes ou saisons de l'*année*. *Voyez* CYCLE LUNAIRE.

L'*année Grecque* commençoit à la premiere pleine lune d'après le solstice d'été. L'ordre de leurs mois étoit, 1.° *hecatombæon*, de 29 jours; 2.° *metagitnion*, de 30 jours; 3.° *boëdromion*, de 29 jours; 4.° *mæmacterion*, de 30 jours; 5.° *pyanepsion*, de 29 jours; 6.° *posideon*, de 30 jours; 7.° *gamelion*, de 29 jours; 8.° *anthesterion*, de 30 jours; 9.° *elaphebolion*, de 29 jours; 10.° *munichion*, de

30 jours; 11.° *thargelion*, de 29 jours; 12.° *scirophorion*, de 30 jours.

Cette *année* étoit particulièrement nommée l'*année Attique*; & le mois intercalaire ou embolismique se plaçoit après *posideon*, ou le sixième mois, il étoit appellé *posideon 2*, ou second *posideon*.

Les Macédoniens avoient donné d'autres noms à leurs mois, ainsi que les Syro-Macédoniens, les Smyrniens, les Tyriens, les peuples de Chypre, les Paphiens, les Bithiniens, &c.

L'ancienne *année Macédonienne* étoit une *année* lunaire, qui ne différoit de la Grecque que par le nom & l'ordre des mois. Le premier mois Macédonien répondoit au mois mæmactérion, ou quatrieme mois attique : voici l'ordre, la durée & les noms de ces mois Macédoniens : 1°. *panemus*, de 29 jours; 2°. *Lous* de 30 jours; 3°. *gorpiæus*, de 29 jours; 4°. *hyperberetæus*, de 30 jours; 5°. *dius*, de 29 jours; 6°. *apellæus* de 30 jours; 7°. *audynæus*, de 29 jours; 8°. *peritius*, de 30 jours; 9°. *dystrus*, de 29 jours; 10°. *xanticus*, de 30 jours; 11°. *artemisius*, de 29 jours; 12°. *dæsius*, de 30 jours.

La nouvelle *année Macédonienne* est une *année* solaire, dont le commencement est fixé au premier de Janvier de l'*année* Julienne, avec laquelle elle s'accorde parfaitement.

L'*année des Juifs* étoit une *année* lunaire composée ordinairement de 12 mois alternativement de 30 & de 29 jours. On la faisoit répondre à l'*année* solaire, en ajoutant à la fin 11 & quelfois 12 jours, ou en insérant un mois embolismique.

Voici les noms & la durée de ces mois : 1.° *nisan* ou *abib*, 30 jours; 2.° *jiar* ou *zius*, 29; 3.° *siban* ou *sivan*, 30; 4.° *thamuz* ou *tamuz*, 29; 5.° *ab*, 30; 6.° *elul*, 29; 7.° *tisri* ou *ethanim*, 30; 8.° *marchesvan* ou *bul*, 29; 9.° *cisleu*, 30; 10.° *thebeth*, 29; 11.° *sabat* ou *schebeth*, 30; 12.° *adar*, dans les *années* embolismiques, 30 jours; *adar* dans les *années* communes étoit de 29.

L'*année Juive moderne* est pareillement une *année* lunaire de 12 mois dans les *années* communes, & de 13 dans les *années* embolismiques, lesquelles sont la 3e, la 6e, 8e, 11e, 14e, 17e & 19e du cycle de 19 ans. Le commencement de cette *année* civile des Juifs est fixé à la nouvelle lune la plus voisine de l'équinoxe d'automne. En 1779, elle a commencé le 11 septembre; en 1780 le 7 septembre.

Les noms des mois & leur durée sont, 1.° *tisri*, 30 jours; 2.° *marchesvan*, 29; 3.° *cisleu*, 30; 4.° *Tebeth*, 29; 5°. *schebeth*, 30; 6°. *adar*, 29; 7°. *veadar*, dans les *années* embolismiques, 30; 8°. *nisan*, 30; 9°. *jiar*, 29; 10°. *sivan*, 29; 11°. *thamuz*, 29; 12°. *ab*, 30; 13°. *elul*, 29.

Selon les Juifs, l'*année* de la création du monde est la 959e de la période julienne, commençant au 7e d'octobre; & comme l'année de la naissance de J. C. est la 4714[e] de la période julienne, il s'ensuit que J. C. est né l'an 3761 de l'ere des Juifs : c'est pourquoi si on ajoute 3761 à une *année* quelconque de l'ere chrétienne, on aura l'*année* Juive correspondante qui doit commencer en automne; bien entendu qu'on regarde l'*année* Juive comme une *année* solaire : & elle peut être regardée comme telle en effet, à cause des années embolismiques, qui remettent à-peu-près de trois en trois ans le commencement de l'*année* Juive avec celui de l'*année* solaire.

L'*année Sabbatique*, chez les anciens Juifs, se disoit de chaque septieme *année*. Durant cette *année*, les Juifs laissoient toujours reposer leurs terres.

Chaque septième *année Sabbatique*, c'est-à-dire chaque 49e *année*, étoit appellée l'*année du Jubilé*, & étoit célébrée avec une grande solemnité.

ANNÉE *des anciens Romains*. Le *Calendrier romain*, qui est l'origine du nôtre, remonte à Romulus. Ce législateur, plus versé dans la guerre que dans les matieres astronomiques, ne divisa l'*année* qu'en dix mois, qui étoient alternativement de trente-un & de trente jours : elle commençoit le premier de Mars; ainsi, les Romains supposoient qu'au moyen de cette distribution, l'*année* recommençoit toujours au printems, s'imaginant que le soleil parcouroit toutes les saisons dans l'espace de trois cens quatre jours; il s'en falloit soixante-un jours que cette *année* ne s'accordât avec la vraie *année* solaire. *Macrobe, saturn. l. 1 : Solinus, memorab., page 1.*

Le premier mois, celui de mars, contenoit 31 jours; le second, celui d'avril, 30; 3.° Mai, 31; 4.° juin, 30; 5.° quintilis ou juillet, 31; 6.° sextilis (août), 30; 7.° septembre, 30; 8.° octobre, 31; 9.° novembre, 30; 10.° décembre, 30 : le tout faisant 304 jours. Ainsi, cette *année* se trouvoit moindre de 50 jours que l'*année lunaire* réelle, & de 61 que l'*année solaire*.

De-là il résultoit que le commencement de l'*année* de Romulus étoit vague, & ne répondoit à aucune saison fixe. Lorsqu'on appercevoit l'inconvénient d'une telle variation, l'on ajoutoit à l'*année* le nombre de jours nécessaires, pour que le premier mois répondît à-peu-près au même état du ciel : mais ces jours ajoutés n'étoient point partagés en mois. *Macrobe, lib. 1, cap. 12.*

Le *calendrier de Romulus* fut réformé par Numa. Voici de quelle maniere Dom Clément, savant Bénédictin, auteur de la derniere édition de l'Art de vérifier les dates, explique cette réformation dans un manuscrit qu'il a bien voulu me confier. Numa voulant mettre l'*année Romaine* dans un ordre plus conforme aux révolutions des astres, prit pour modele l'année dont se servoient la plupart des peuples de la Grèce, cependant il n'en suivit pas exactement les proportions.

Pour la distribuer en douze mois comme celle des Grecs, il ôta un jour de chacun des six mois pairs de l'*année* de Romulus, & les joignant aux cinquante-un jours qu'il avoit à ajouter, il les divisa en deux nouveaux mois: janvier composé de 29 jours, & février de 28. Par cette distribution, non-seulement l'*année*, mais tous ses mois furent impairs, ce qu'on croyoit d'un présage heureux; si on excepte le mois de février, qui étant destiné à des cérémonies lugubres, avoit un jour de moins, & contenoit le nombre funeste. (*Censorin.*, *c. 20; Macrob.*, *liv. 1*, *c. 12; Plut.* in Numa, *p. 72; Ovid.*, *liv. 1 Fast.*, *v. 43*).

Le mois de janvier fut le premier mois de l'*année*, & ce mois a conservé la place que Numa lui assigna; mais le mois de février destiné aux purifications, & consacré aux Dieux Manes, avoit été renvoyé par Numa à la fin des autres, & terminoit l'*année*.

Mais quelque conformité qu'eût cette *année* avec les révolutions de la lune, elle ne pouvoit suivre le cours du soleil & l'ordre des saisons. Les Grecs avoient remédié avec justesse à cet inconvénient; & comme leur *année* réduite à 354 jours, étoit de onze jours six heures plus courte que la révolution tropique du soleil, & qu'à cause de la fraction de six heures, il n'étoit pas possible de faire chaque *année* une juste intercalation; ils avoient établi que tous les huit ans on ajouteroit les 90 jours résultans des onze jours six heures qui manquoient à chacune de ces huit *années* lunaires. (*Macrob.*, *c. 12*, *Solin.*, *c. 1*), & leur *année* lunaire par les mois, devenoit solaire par l'embolisme; c'est le nom qu'ils donnoient à l'intercalation.

Numa sentit aussi la nécessité d'intercaler avec précision & avec ordre; mais oubliant que, par préjugé pour le nombre pair, il avoit formé son *année* d'un jour de plus que celle des Grecs, il donna à ses intercalations le même nombre de jours que ce peuple leur avoit assigné, & elles ne diffèrent de l'embolisme que par l'arrangement. Il régla que l'intercalation se feroit tous les deux ans. La premiere *année* de son calendrier fut une *année* commune de 355 jours; la deuxieme une *année* intercalaire simple de 377 jours; la troisième une *année* commune de 355 jours; la quatrième une *année* intercalaire double de 378 jours, & ainsi successivement. Par ce moyen, l'*année Romaine* moyenne étoit d'un jour plus longue que l'*année solaire*. (*Macrob.*, ibid. *Censorin.*, *c. 20. Plutar.* in Numa, *p. 72*). Il suit de cette premiere institution de Numa que chaque *année Romaine* avançant d'un jour sur l'*année astronomique*, elle devoit enfin s'écarter de l'ordre des saisons, & faire successivement passer à l'été & à l'automne les mois affectés dans le principe au printems & à l'hiver.

Nous venons de dire que les *années Romaines* étoient alternativement communes & intercalaires: l'*année* commune étoit composée de douze mois, & contenoit 355 jours, qui faisoient en quelque sorte la constitution fixe. L'*année* intercalaire simple contenoit 22 jours de plus, & l'*année* intercalaire double 23 jours de plus; par conséquent elle avoit un treizième mois nommé *intercalarius* par les Latins, & *merkedonius* par Plutarque.

Enfin, l'endroit que Numa désigna pour mettre l'intercalation fut entre le 23 & le 24 de février, c'est-à-dire après la fête des *terminales* & avant le *régifuge*; & quand on intercaloit, on ôtoit au mois de février les cinq derniers jours, & on les ajoutoit au mois intercalaire. (*Varo*, *de L. Lat.*, *lib. 5*, *p. 32. Macrob.*, *c. 12*). C'est dans ce sens que le Jurisconsulte *Celsus* (*in leg. 98*, §. 2 de verb. signif.), dit que le mois intercalaire étoit composé de 28 jours: il les contenoit en effet quand l'intercalation étoit double.

On trouve dans Tite-Live (*liv. 1*, *chap 19*), que Numa, dès les premiers jours de son règne, se hâta de faire ses institutions politiques & religieuses, & que la premiere de toutes fut la réformation du Calendrier. Plutarque (*Quæst. Rom.*, *p. 268*) & Ovide (*liv. 1*, *f. v. 160*), disent que Numa, en réformant le calendrier, mit le commencement de l'année au solstice d'hiver, & comme les anciens plaçoient les points cardinaux au 8e degré des signes, & que le soleil au tems de Numa entroit dans le capricorne du 29 au 30 décembre, en remontant suivant le calendrier julien; il suit de-là que la 1re année du calendrier de Numa doit être rapportée au 6 janvier julien de l'an 41 de Rome avant J. C. 713; mais elle s'en sépara bientôt, par la raison que l'*année romaine* moyenne avançoit d'un jour sur l'*année tropique*, & elle s'éloignoit toujours du solstice jusqu'au moment que ce prince l'arrêta par les nouvelles mesures dont nous allons parler.

Numa s'étant apperçu de ce vice & de la progression successive de son *année* sur le cours du soleil, voulut y remédier: pour cet effet, il divisa les tems en périodes de 24 *années*, il ordonna, (*Macrob.*; *lib. 1. Saturn.*, *c. 13*), que dans les huit dernières *années* de chaque période, au lieu d'intercaler 90 jours, on n'en intercaleroit que 66, & il crut par ce moyen remédier au défaut de son calendrier.

L'époque de ce changement dans l'ordre des intercalations est de l'an 76 de Rome, avant J. C. 678, 37e du regne de Numa; cette *année* auroit dû recevoir une intercalation de 23 jours, mais elle n'en eut qu'une de 22; & l'an 80, qui devoit également avoir une intercalation de 23 jours, n'en eut point. Ainsi il ne supprima, dans l'espace de 40 ans qu'il y eut depuis l'établissement de son calendrier jusqu'à la fin de l'an 80 de Rome, que 24 jours, au lieu qu'il auroit dû en supprimer 40, attendu que l'*année romaine* moyenne, comme nous l'avons déjà remarqué, avançoit d'un jour chaque *année* sur le cours du soleil; par conséquent il laissa seize jours de trop, puisque l'an 81 de Rome, le 1er janvier romain concourut avec le 22 janvier julien, au lieu de concourir avec le 6 de ce mois; & cette année 81 est la première d'un cycle; mais comme on trouve en remontant que l'an 57 de Rome, avant J. C. 697, a commencé aussi le 22 janvier julien, c'est cette *année* 57 où nous plaçons le premier cycle, & qui est le point fixe d'où partit chaque nouveau cycle, & où l'*année* revint à la fin de chaque révolution de 24 *années*.

D'après cette dernière disposition du calendrier de Numa, à commencer de l'an 57 de Rome, qui est celle où commence la première *année* du 1.er cycle, les 2e, 6e, 10e, 14e, 18e, 20e & 22e *années* devoient recevoir une intercalation de 22 jours; & l'intercalation de 23 jours devoit s'ajouter à la 4e, 8e, 12e & 16e *années* de chaque cycle. Par cette méthode Numa parvint à remettre tous les 24 ans son *année* au point où elle étoit quand la période avoit commencé; & sans qu'il parût rétracter ses principes, ni renverser totalement le premier ordre, il eut l'art de le corriger.

Le calendrier étant destiné à régler les jours de fêtes & de sacrifices, on le regarda comme faisant partie du culte, & l'on en confia la garde aux pontifes. Ils étoient chargés de le rédiger, & ils le firent servir à l'accroissement de leur pouvoir; le calendrier étoit caché avec le plus grand soin; & aucun citoyen ne sachant quel jour la religion permettoit de plaider, & même de tenir les comices, il devoit recourir, pour toutes ses affaires, aux ministres de la religion, & attendre qu'il leur plût de l'éclairer & de régler ses démarches. Les pontifes suivirent les principes établis par Numa pour les intercalations, jusqu'au commencement de la république; mais, dans la suite, ils dérogèrent aux règles établies par ce prince, & s'arrogèrent le pouvoir de supprimer ou d'ajouter l'intercalation à leur volonté : ce qu'ils firent, pour la première fois, l'an de Rome 257, avant J. C. 497; & cette manière arbitraire de placer les intercalations, est la vraie cause de la confusion qui se trouve dans l'ancien calendrier romain. Car ce désordre étoit parvenu dans les derniers tems de la république à tel point, que les mois destinés à concourir avec l'hiver, arrivoient dans l'automne, &c. ce que les pontifes auroient évité, s'ils eussent suivi exactement la dernière méthode prescrite par l'établissement des Cycles, puisqu'on n'auroit eu qu'à retrancher 12 jours de l'*année romaine*, pour la remettre au point d'où Jules-César vouloit la faire commencer l'an 47 avant J. C. comme on le verra ci-après.

Les mois de Numa étoient, 1.° janvier, 29 jours; 2.° mars, 31; 3.° avril, 29; 4.° mai, 31; 5.° juin, 29; 6.° quintilis, 31; 7.° sextilis, 29; 8.° septembre, 29; 9.° Octobre, 31; 10.° novembre, 29; 11.° décembre, 29; & 12.° février, 28. Cette disposition des mois ne subsista qu'environ trois siècles; l'an 304 de Rome, avant J. C. 450, les Décemvirs déplacèrent le mois de février, qu'ils mirent immédiatement après le mois de janvier de l'année suivante 305. Ainsi, ce mois, qui, dans l'ordre établi par Numa, étoit le dernier de l'année, devint le second. Suivant Tuditanus, cité par Macrobe (*l. 1, ch. 13*), les Décemvirs, dans la deuxième année de leur magistrature, donnèrent une loi sur les intercalations; & il y a lieu de croire qu'en dérangeant le mois de février, ils furent obligés de régler, par une loi, que les intercalations, qui devoient être mises par les loix de Numa à la fin de l'*année*, continueroient d'être attachées à ce mois, quoiqu'il cessât d'être le dernier de l'*année romaine*. Par cette innovation, les Décemvirs prolongeoient leur magistrature : ayant été installés suivant Denis d'Halicarnasse & Tite-Live aux Ides de Mai, le mois de février de l'*année* de leur installation (304) se trouvoit de droit dans l'*année* de leur décemvirat. Mais, employant le mois de février l'*année* suivante (305) plutôt qu'il n'étoit d'usage, & lui faisant quitter la dernière place qu'il occupoit dans l'*année*, pour le mettre à la suite du mois de janvier, ils donnoient à leur administration une *année* de 14 mois (compris l'intercalaire), faisant 406 jours, & se ménageoient plus de tems pour faire réussir leurs projets. Il n'y a que cet intérêt des Décemvirs qui ait pu les porter à déplacer ce mois. Cette confusion du calendrier romain ne fut levée que du tems de Jules-César; nous parlerons ci-après du calendrier julien.

L'*année syrienne* est une *année* solaire, dont le commencement est fixé au commencement du mois d'octobre de l'*année* julienne, & qui ne diffère d'ailleurs de l'*année* julienne que par le nom des mois, la durée étant la même. Les noms de ses mois sont, 1.° *tishrin* répondant au mois d'octobre & contenant 31 jours, 2.° le second *tishrin*, contenant ainsi que novembre 30 jours, 3.° *canun* 31, 4.° le second *canun* 31, 5.° *shabat* 28, 6.° *adar* 31, 7.° *nisan* 30, 8.° *achar* 31, 9.° *haziram* 30, 10.° *tamuz* 31, 11.° *ab* 31, 12.° *elul* 30.

L'*année persienne* est une *année* solaire de 365 jours, & composée de douze mois de 30 jours chacun, avec cinq jours intercalaires ajoutés à la fin. Voici le nom des mois de cette *année*, 1.° *atrudiamech*, 2.° *ardihasehlmeh*, 3.° *cardimeh*, 4.° *thirmeh*, 5.° *merdedmeh*, 6.° *schabarirmeh*, 7.° *meharmeh*, 8.° *abenmeh*, 9.° *adarmeh*, 10.° *dimeh*, 11.° *behenmeh*, 12.° *affirermeh*. Cette *année* est appellée *année jezdegerdique*. Cette *année* des perses est donc la même que l'*année* égyptienne ou *année* de Nabonassar, & elle fut employée depuis la mort de Jezdegerde, le dernier de rois de Perse, lequel fut tué par les sarrasins; l'*année persienne* étoit alors de 365 jours, sans qu'on se souciât d'y admettre aucune intercalation; & il paroît que plus anciennement, après 120 *années* écoulées, le premier jour de l'an, qui avoit rétrogradé très-sensiblement, étoit remis au même lieu qu'auparavant, en ajoutant un mois de plus à l'*année*, qui devenoit pour lors

de

de 13 mois. Mais l'*année* dont tous les auteurs qui ont écrit en Arabe ou en Persan, ont fait usage dans leurs tables astronomiques, est semblable aux *années* égyptiennes, lesquelles sont toutes égales, étant de 365 jours sans intercalation. *Inst. astr. de M. le Monnier.*

Golius, dans ses *notes sur Alfergan, pag. 27 & suiv.* est entré dans un grand détail sur la forme ancienne & nouvelle de l'*année* persienne, laquelle a été suivie de la plupart des auteurs orientaux. Il nous apprend que sous le sultan Gelaluddaulé Melicxa, ou Gelaleddan, vers le milieu du onzième siècle, on entreprit de corriger la grandeur de l'*année*, & d'établir une nouvelle epoque; il fut donc réglé que de quatre ans en quatre ans, on ajouteroit un jour à l'*année* commune, laquelle seroit par conséquent de 366 jours. Mais parce qu'on avoit reconnu que l'*année* solaire n'étoit pas exactement de 365 jours 6 heures, il fut décidé qu'alternativement (après 7 ou 8 intercalations) on intercaleroit la cinquième, & non pas la quatrième *année*; d'où il paroît que ces peuples connoissoient déjà fort exactement la grandeur de l'*année*, puisque selon cette forme, l'*année* persienne seroit de 365 jours 5 heures 49 minutes 31 secondes, ce qui diffère peu de l'*année grégorienne*, que les européens ou occidentaux n'ont employée dans leur calendrier que plus de 500 ans après les asiatiques ou orientaux.

Ainsi, le calendrier gélaléen est une correction du calendrier persan jezdegerdique. Le commencement de l'ère gélaléenne fut fixé à l'entrée du soleil dans le bélier, la 467e *année* de l'hégire, & de J. C. 1075. L'*année* arabique 467, commença au 27 août 1074. *Mémoires de l'Académie des Inscriptions, tom. 1, pag. 17.*

L'*année* arabe ou turque est une *année* lunaire, composée de 12 mois, qui sont alternativement de 30 & de 29 jours; quelquefois aussi elle contient 13 mois. Voici les noms de ces mois. 1.° *muharram* de 30 jours, 2.° *saphar* 29, 3.° *rabia* 30, 4.° *second rabia* 29, 5.° *jomada* 30, 6.° *second jomada* 29, 7.° *rajab* 30, 8.° *shaaban* 29, 9.° *samadan* 30, 10.° *shawal* 29, 11.° *dulkaadah* 30, 12.° *dulheggia* 29, & de 30 dans les *années* hyperhémères ou embolismiques. On ajoute un jour intercalaire à chaque 2.e 5.e 7.e 10.e 13.e 15.e 18.e 21.e 24.e 26.e 29.e *année* d'un cycle de 30 ans, & les *années* sont embolismiques ou de 355 jours; les autres communes, ou de 354 jours.

L'ère des mahométans commence au vendredi 6 juillet de l'an 622 de J. C. qui est la première *année* de l'hégire; d'où il s'ensuit que si d'une *année* quelconque de l'ère chrétienne on ôte 621, le reste sera le nombre des *années* de J. C. écoulées depuis le commencement de l'ère mahométane. Or l'*année* julienne est de 365 jours 6 heures, & les *années* de l'hégire, qui sont des *années* lunaires, sont de 354 jours 8 heures 48′; d'où il s'ensuit que chaque *année* de l'hégire anticipe sur l'*année* julienne de 10 jours 21 heures 12′; & par conséquent en 33 ans, de 359 jours 3 heures 36′, c'est-à-dire d'une *année*, plus 4 jours 18 heures 48′ : donc si on divise par 33 le nombre trouvé des *années* juliennes écoulées depuis l'ère mahométane; & qu'on ajoute le quotient à ce nombre d'*années*, on aura le nombre des *années* mahométanes: on n'a point d'égard au reste de la division. Ce calcul ne nous apprend pas quel jour l'*année* a commencé; mais ce détail seroit trop long. *Voyez* Gravius *Epochæ celebriores*, 1650.

Il faut remarquer que le surplus des 4 jours 18 heures 48′, doit former aussi une *année* au bout de plusieurs siècles, c'est-à-dire au bout d'environ 72 fois 33 ans. Mais les mahométans ne se piquent pas d'une si grande exactitude; ils ne sont pas même bien d'accord entr'eux sur le commencement de l'*année*. Il y a dans Gravius une table des *années* de l'hégire rapportées à notre calendrier; il y en a une dans *l'Art de vérifier les dates*, qui fait commencer les *années* de l'hégire un jour plus tard. M. Cardone m'a fait voir un calendrier turc d'accord avec la première table, & suivant des lettres de M. Fonton, premier interprête du roi à Constantinople, l'*année* 1195 de l'hégire a commencé le 28 décembre 1780, ce qui s'accorde avec la seconde table. Peut-être que la table de Gravius est dressée suivant l'usage des astronomes arabes, qui comptent depuis le coucher du soleil qui a précédé le jour civil, tandis que l'autre est dressée sur l'usage civil. Il y en a même qui font commencer l'*année* encore un jour plutôt, par exemple, le 26 décembre 1780. Au contraire, il y a des parties de l'Arabie où l'on ne commence l'*année* que quand on a vu la lune; ce qui retarde souvent de deux jours. *Voyez* Niebuhr, description de l'Arabie, *tom. 1, 1774, pag. 104.*

L'*année* lunaire est composée de douze mois lunaires: mais il y a deux espèces de mois ou de révolutions lunaires; savoir, la révolution périodique, qui est de 27 jours 7 heures 43 minutes 4 secondes; c'est à-peu-près le tems que la lune emploie à faire sa révolution autour de la terre par rapport aux points équinoxiaux: 2.° le mois synodique, qui est le tems que cette planète emploie à retourner vers le soleil à chaque conjonction; ce tems, qui est l'intervalle de deux nouvelles lunes, est de 29 jours 12 heures 44 minutes 3 secondes. *Voyez* SYNODIQUE, LUNE. Ce mois synodique, marqué par les phases de la lune, est le seul dont on se serve pour mesurer les *années* lunaires: or comme ce mois est d'environ 29 jours & demi, on a été obligé de supposer les mois lunaires civils de 29 jours & de 30 alternativement; ainsi, le mois synodique étant de deux espèces, astronomique & civil, il a fallu distinguer aussi deux espèces d'*années* lunaires, l'une astronomique, l'autre civile.

L'*année* astronomique lunaire est composée de douze mois synodiques lunaires, & contient par conséquent 354 jours 8 heures 48 minutes 35 secondes.

L'*année* lunaire civile, est ou commune ou embolismique.

L'*année* lunaire commune est de douze mois lunaires civils, c'est-à-dire, de 354 jours.

L'*année* embolismique ou intercalaire est de treize mois lunaires civils, & de 384 jours.

Années juliennes, ce sont celles dont on s'est servi dans toute l'Europe depuis le tems de Jules-César. Nous avons dit que les pontifes auxquels Numa avoit confié le soin du calendrier, avoient mis un grand désordre dans la constitution de l'*année*: Jules-César, en qualité de souverain pontife & de dictateur voulut y remédier. Dans cette vue, il s'adressa à Sosigènes, habile astronome : celui-ci chercha le moyen de rendre la distribution du tems dans le calendrier telle, que les mêmes saisons revinssent au même jour du mois ; & comme le cours annuel du soleil s'achève en 365 jours 6 heures, il fit l'*année* de ce même nombre de jours, & il en ajouta un tous les quatre ans. L'*année* de cette correction du calendrier fut une *année* de confusion ; car on fut obligé, afin d'ôter une erreur de 67 jours, dont le commencement de l'*année* s'étoit écarté du solstice d'hiver, d'ajouter deux mois outre l'intercalation de 23 jours, qui se trouvoit avoir lieu cette même *année* dans l'ancien calendrier ; de manière que cette *année* fut composée de quinze mois, faisant 445 jours (ou suivant d'autres 443). Cette réformation se fit l'an de Rome 707, quarante-sept ans avant J. C. Mais on ne compte ordinairement que de l'an 444 ; l'équinoxe arriva le 25 septembre. *Voyez* Scaliger & Petrus, *liv. 4, ch. 2, & liv. 10, chap. 61.*

Ce calendrier romain, que l'on appelle aussi calendrier julien, du nom de Jules-César, étoit donc disposé par périodes de quatre *années*. Les trois premières *années*, qu'on appelle *années* communes, ont 365 jours ; & la quatrième, nommée *bissextile*, en a 366, à cause des six heures qui, dans l'espace de quatre ans, composent un jour. On plaça le jour entier, formé par ces quatre fractions, après le vingt-quatrième de février, qui étoit le sixième des calendes de mars.

Or comme ce jour ainsi répété étoit appellé en conséquence *bis sexto calendas*, l'*année* où ce jour étoit ajouté, fut aussi appellé *bis sextus*, d'où est venu *bissextile*.

Le jour intercalaire n'est plus aujourd'hui regardé comme la répétition du 24 février, si ce n'est pour les fêtes de l'église ; mais il est ajouté à la fin de ce mois, & en est le vingt-neuvième.

Les mois de l'*année* julienne étoient disposés ainsi : 1.° janvier 31 jours, 2.° février 28, 3.° mars 31, 4.° avril 30, 5.° mai 31, 6.° juin 30, 7.° juillet 31, 8.° août 31, 9.° septembre 30, 10.° octobre 31, 11.° novembre 30, 12.° décembre 31 ; & dans toutes les *années bissextiles* le mois de février avoit comme à présent 29 jours : on trouvera les mois romains plus en détail au mot CALENDRIER.

Cette alternative de mois de 30 & de 31 jours ne suffit pas pour que les 12 signes du zodiaque soient d'accord avec les douze mois ; car pour que le soleil employât un mois à parcourir chaque signe, il faudroit que les trois premiers mois & les trois derniers fussent de 30 jours, & les autres de 31 ; dans les *années* communes on en ôteroit un du mois de janvier ou de décembre, qui sont les plus voisins du périgée du soleil, où sa vîtesse est la plus grande.

L'*année julienne* supposoit l'*année astronomique* de 365 jours 6 heures ; & elle surpassoit par conséquent la *vraie année solaire* d'environ 11 minutes, ce qui a occasionné la correction grégorienne.

L'*année grégorienne* n'est autre que l'*année julienne*, corrigée par la suppression de trois *bissextiles* en quatre siècles.

La raison de cette correction, fut que l'*année julienne* avoit été supposée de 365 jours 6 heures, au lieu que la véritable *année solaire* est de 365 jours 5 heures 48′ 48″, ce qui produisoit une anticipation de près d'un jour tous les cent ans, ou du moins de trois quarts de jour.

Or quoique cette erreur de 11 minutes qui se trouve dans l'*année julienne* soit fort petite, cependant elle étoit devenue si considérable en s'accumulant depuis le tems de Jules-César, qu'elle avoit monté à 10 jours, ce qui avoit considérablement dérangé l'équinoxe. Car du tems du concile de Nicée, lorsqu'il fut question de fixer les tems auquel on doit célébrer la Pâque, l'équinoxe du printems se trouvoit au 21 de mars. Mais cet équinoxe ayant continuellement anticipé, on s'est apperçu l'an 1582, lorsqu'on proposa de réformer le calendrier de Jules-César, que le soleil entroit déjà dans l'équateur dès le 11 mars ; c'est-à-dire, 10 jours plutôt que du tems du concile de Nicée. Pour remédier à cet inconvénient, qui devoit aller ensuite encore plus loin, le pape Grégoire XIII. fit venir les plus habiles astronomes de son tems, & concerta avec eux la correction qu'il falloit faire, afin que l'équinoxe tombât au même jour que dans le tems du concile de Nicée ; & comme il s'étoit glissé une erreur de dix jours depuis ce tems-là, on retrancha ces dix jours de l'*année* 1582, dans laquelle on fit cette correction ; & au lieu du 5 d'octobre de cette *année*, on compta tout de suite le 15.

La France, l'Espagne, les pays catholiques d'Allemagne, & l'Italie, en un mot tous les pays qui sont sous l'obéissance de l'église, reçurent cette réforme dès son origine : mais les protestans la rejettèrent d'abord.

En l'an 1700 l'erreur des dix jours avoit augmenté encore & étoit devenue de onze ; c'est ce qui détermina les protestans d'Allemagne à accepter la réformation grégorienne & à compter sur le nouveau style, aussi-bien que les danois & les hollandois. En Angleterre même on l'a adopté au mois de septembre 1752. Les Russes sont les seuls qui aient conservé le calendrier julien, ou le vieux style, & comptent onze jours de plus. Les *années* 1700, 1800, 1900, sont communes ; l'*année* 2000 sera bissextile, de même que 2400, 2800, & ainsi de suite en ajoutant toujours 4; ainsi, il n'y a que les *années* séculaires dont le nombre du siècle est divisible par 4 qui soient bissextiles; comme dans le cours d'un siècle il n'y a que les *années* divisibles par 4 qui soient bissextiles, 1784, 1788, 1792, &c.

Suivant cette règle, on supprime trois bissextiles sur quatre siècles, ou en 36 siècles 27 bissextiles; il seroit plus exact d'en supprimer 28, pour s'accorder avec la vraie durée de l'*année solaire*; mais la différence est insensible.

Commencement de l'année. Le jour de l'an, ou le jour auquel l'*année* commence, a toujours été très-différent chez les différentes nations.

Les françois, sous les rois de la race mérovingienne, commençoient l'*année* du jour de la revue des troupes, qui étoit le premier de mars; sous les rois Carlovingiens, ils commencèrent l'*année* le jour de Noël; & sous les Capétiens, le jour de Pâques; de sorte que le commencement de l'*année* varioit alors depuis le 22 mars jusqu'au 25 avril. L'*année ecclésiastique* en France commence au premier dimanche de l'Avent.

Quant à l'*année* civile, Charles IX. ordonna en 1564, qu'on la feroit commencer à l'avenir au premier de janvier.

A Rome, il y a deux manières de compter les *années*; l'une commence à la Nativité de Notre-Seigneur; & c'est celle que les Notaires suivent, datant *à Nativitate*; l'autre commence au 25 mars, jour de l'Incarnation, & c'est de cette façon que sont datées les bulles, *anno Incarnationis.*

En 1746, l'*année civile* à Pise, commençoit encore au 25 mars; l'Empereur ordonna le changement par un édit, dont l'extrait est gravé sur un marbre en lettres d'or, sur la rive gauche de l'arno. Cet usage remontoit aux Etrusques, de qui les Romains l'avoient emprunté.

L'*année civile* ou *légale*, en Angleterre, commence le jour de l'Annonciation, c'est-à-dire le 25 mars; quoique l'*année chronologique* commence le jour de la Circoncision, c'est-à-dire le premier jour de janvier, ainsi que l'*année* des autres nations de l'Europe. Guillaume le Conquérant ayant été couronné le premier de janvier, donna occasion aux Anglois de commencer à compter l'*année* de ce jour-là pour l'histoire; mais, pour certaines affaires civiles, ils ont encore retenu leur ancienne manière, qui étoit de commencer l'*année le* 25 mars.

Dans la partie de l'*année* qui est entre ces deux termes, on met ordinairement les deux dates à-la-fois, les deux derniers chiffres étant écrits l'un sur l'autre à la manière des fractions; par exemple, $172\frac{4}{5}$ est la date pour le tems entre le premier janvier 1725 & le 25 mars de la même *année*. Depuis Guillaume le Conquérant, les patentes des Rois, les chartres, *&c.* sont ordinairement datées de l'*année* du règne du Roi.

L'église d'Angleterre commence l'*année* au premier dimanche de l'Avent.

Les Juifs, ainsi que la plupart des autres nations de l'Orient, ont une *année* civile qui commence avec la nouvelle lune de Septembre, & une *année* ecclésiastique qui commence avec la nouvelle lune de Mars.

Les Grecs commencent l'*année* le premier septembre, & datent du commencement du monde.

Les Mahométans commencent l'*année* au moment où le soleil entre dans le bélier.

Les Persans, dans le mois qui répond à notre mois de juin.

Les Chinois, à la nouvelle lune, après que le soleil est entré dans les poissons. La plupart des Indiens commencent leur *année* avec la première lune du mois de mars. Les Brames avec la nouvelle lune d'Avril, auquel jour ils célèbrent une fête appellée *Samwat saradi pauduga*; c'est-à-dire, la fête du nouvel an.

Les Mexicains, suivant d'Acosta, commençoient l'*année* le 23 de février; tems où la verdure commençoit à paroître. Leur *année* étoit composée de dix-huit mois de vingt jours chacun, & ils employoient les cinq jours qui restoient après ces dix-huit mois, aux plaisirs, sans qu'il fût permis de vaquer à aucune affaire, pas même au service des temples. Alvarez rapporte la même chose des Abyssins, qui commençoient l'*année* le 26 d'août, & avoient cinq jours oisifs à la fin de l'*année*, qui étoient nommés *pagomen*; mais cela n'est point exact; on peut voir dans Ludolf ce qui regarde les Abyssins.

Grande année; année platonique est une expression à laquelle on a attaché différentes significations. C'étoit une opinion générale qu'il y avoit une *grande année* qui renfermoit en elle le principe & la fin de tous les êtres, leur changement & leur renouvellement: cette idée physique, morale ou superstitieuse fut mêlée avec des idées astronomiques, & forma cette *grande année* appellée platonique; mais Platon ne parle qu'en général de la période inconnue qui rameneroit les astres dans les mêmes circonstances; c'est ce qu'on doit appeller la *grande année* platonique. Voici ce qu'il en dit dans son Timée.

Est tamen intellectu facile, quod perfectus numerus temporis perfectum tum demum compleat annum cùm octo ambitus confectis suis cursibus, quos orbis ille semper idem similiterque procedens metitur, ad idem se caput retulerunt.

Cette *grande année* platonique a lieu, suivant Cicéron, *de nat. deor. l.* 2. lorsque le soleil, la lune & les cinq planètes reviennent à la même situation. Quelques-uns disoient que tout ce qui arrive dans le monde recommenceroit dans le même ordre; (*Clavius in sph. c.* 1), on croit que c'est celle dont parle Virgile, *Egl. 4. v. 5 & 36.*

Magnus ab integro sæclorum nascitur ordo, v. 5.
Atque iterum ad Trojam magnus mittetur Achilles, v. 36.

D'autres pensent que *magnus* signifie seulement illustre, & que la suite n'est qu'une manière de dire que le siècle d'or renaîtroit après la paix qui venoit d'être conclue à Pouzol, 40 ans avant Jesus-Christ, entre Octave & le fils de Pompée. Mais il seroit possible que Virgile, d'après les traditions anciennes, eût voulu dire que les événemens fabuleux recommenceroient dans le même ordre, puisque ces événemens, tels que le siècle d'or, les voyages des Agonautes, les travaux d'Hercule, &c., ne sont que des allégories tirées des situations des étoiles, & doivent par conséquent recommencer quand ces situations se trouvant les mêmes, produiront les mêmes phénomènes au bout de 25750 ans, ainsi que M. Dupuis l'a fait voir assez au long dans un Mémoire sur l'origine des constellations & de la fable, inseré dans le quatrième volume de mon *Astronomie*.

Mais ce mot de *grande année* a été pris en différens sens. Les uns l'ont entendu de la période de 600 ans qui ramène la lune & le soleil au même point du ciel; c'est la période lunisolaire dont M. Cassini a parlé dans son Traité de l'origine de l'Astronomie, & dans ses Règles de l'Astronomie indienne. M. de Mairan a donné une dissertation à ce sujet à la suite de ses lettres au P. Parennin; il est vrai que 7421 mois lunaires & 600 années tropiques font presque le même intervalle, cependant les 100 *années* sont $28\frac{1}{2}$ heures de moins.

On a aussi appellé la *grande année* la période caniculaire de 1460 ans, dans laquelle les *années* égyptiennes revenoient avec les *années* solaires; mais du moins on se trompe en citant Platon à ce sujet, il ne connut jamais cette période, ni même celle de la précession des équinoxes, qui est de 25750 ans suivant mes derniers calculs. D'autres ont fait la *grande année* de neuf mille ans, de 12, de 15, de 24, de 36, de 49, de 100, de 300, de 470 mille ans, & même de 1753 mille & de 6 570 000 ans. *Voyez* Joseph Scaliger canon. isagog. *p. 252.* Riccioli chronol. réform., *p. 8*. Hevelii prodromus, *p. 86*. Et M. de la Nauze, Mémoires de l'Académie des inscriptions. *Tom. XXIII.*

La durée de 4 320 000 ans que les Indiens donnent à la durée du monde, n'est qu'un nombre allégorique, exprimant les douze signes par douze mille, répétés 360 fois, ce qui forme la révolution de l'année; & la fable de la vache aux quatre jambes vient du taureau qui étoit le premier signe du printems. M. DUPUIS. *Mercure du 14 juin 1783.* (*M. DE LA LANDE*).

ANNUEL (*Astron.*) se dit de tout ce qui revient chaque année ou qui dure une année. On appelle mouvement *annuel* de la terre, celui par lequel elle décrit son orbite autour du soleil, comme nous le prouverons au mot Système de Copernic.

Le *mouvement annuel* d'une planète signifie son mouvement en 365 jours, quelquefois aussi son mouvement propre ou de révolution autour du soleil.

L'*argument annuel* dans les tables de la lune, est la distance du soleil à l'apogée de la lune, ainsi appellée, parce que l'inégalité qui en dépend est liée avec le mouvement *annuel* du soleil.

Equations annuelles de la lune, de son apogée & de son nœud; ce sont les inégalités que l'attraction du soleil produit à raison de l'excentricité de son orbite ou du changement de ses distances: l'équation *annuelle* de la lune fut indiquée par Tycho-Brahé, déterminée plus exactement par Horoccius, d'après les observations; enfin Neuton reconnut qu'elle étoit une suite de la Théorie de l'attraction, & il conclut qu'il y avoit une équation semblable pour l'apogée & une pour le nœud, dont le soleil augmente le mouvement, lorsqu'étant plus près de la terre, il agit sur la lune avec plus de force. L'action du soleil, en dilatant l'orbite de la lune, retarde son mouvement, & c'est ce qui produit l'équation *annuelle*. La plus grande équation *annuelle* de la lune est, dans Neuton, de 11′ 51″ pour la lune, 20′ 0″ pour l'apogée & 9′ 30″ seulement pour le nœud dont le mouvement est plus lent que celui de l'apogée; elles sont dans les nouvelles tables de Mayer de 11′ 16″, 23′ 12″ & 8′ 50″. *Voyez* LUNE. (*D. L.*)

Parallaxe annuelle. *Voyez* PARALLAXE.

ANNUITÉ, s. f. (*Alg*). se dit d'une rente qui n'est payée que pendant un certain nombre d'années: de sorte qu'au bout de ce tems, le débiteur se trouve avoir acquitté son emprunt avec les intérêts, en donnant tous les ans une même somme.

Les *annuités* sont extrêmement avantageuses au commerce dans les pays où elles sont en usage; le débiteur trouve dans cette manière d'emprunter, la facilité de s'acquitter insensiblement & sans se gêner, si le créancier a des dettes à payer avant l'échéance des *annuités*, & il s'en sert comme de l'argent en déduisant les intérêts à proportion du tems qu'il y a à attendre jusqu'à l'échéance.

Les *annuités* sont fort en usage en Angleterre, & l'état s'en sert très-avantageusement, lorsqu'il a des emprunts considérables à faire: peut-être un jour nous en servirons-nous en France. Les coupons de la lotterie royale de 1744 étoient des *annuités*, dont chaque coupon perdant après le tirage de la lotterie, doit produire 65 liv. par an, pendant dix ans, au bout desquels le billet sera remboursé.

M. de Parcieux, des Académies-Royales des sciences de Paris & de Berlin, a inséré à la fin de son *essai sur les probabilités de la durée de la vie humaine*, imprimé à Paris en 1746, une table fort utile par laquelle on voit la somme que l'on doit prêter pour recevoir 100 livres à la fin de chaque année, de manière qu'on soit remboursé entièrement au bout de tel nombre d'années qu'on voudra jusqu'à cent ans c'est-à-dire, la valeur des *annuités* qui rapporteroient 100 livres pendant un certain nombre d'années. Voici une partie de cette table, qui peut être très-commode dans le calcul des *annuités*.

TABLE des sommes qu'on doit prêter pour recevoir 100 liv. à la fin de chaque année, de manière qu'on soit remboursé entièrement au bout de tel nombre d'années qu'on voudra jusqu'à cent ans.

LES INTERETS comptés sur le pied du den. 20.							
Ans.	*Liv.*	*S.*	*D.*	*Ans.*	*Liv.*	*S.*	*D.*
1	95	4	9	51	1833	17	3
2	185	18	10	52	1841	15	6
3	272	6	6	53	1849	6	1
4	354	11	11	54	1856	9	7
5	432	19	0	55	1863	6	3
6	507	11	5	56	1869	16	4
7	578	12	9	57	1876	0	4
8	646	6	5	58	1881	18	4
9	710	15	8	59	1887	10	9
10	772	3	5	60	1892	17	10
11	830	12	9	61	1897	19	9
12	886	6	5	62	1902	16	10
13	939	7	1	63	1907	9	4
14	989	17	2	64	1911	17	4
15	1037	19	3	65	1916	1	4
16	1083	15	5	66	1920	1	3
17	1127	8	0	67	1923	17	4
18	1168	16	0	68	1937	9	9
19	1208	10	6	69	1930	19	8
20	1246	4	3	70	1934	4	6
21	1282	2	1	71	1937	7	1
22	1316	5	10	72	1940	6	9
23	1348	16	11	73	1943	3	6
24	1379	17	0	74	1945	17	7
25	1409	7	8	75	1948	9	11
26	1437	10	1	76	1950	18	1
27	1464	5	9	77	1953	4	10
28	1489	15	11	78	1955	9	4
29	1514	1	10	79	1957	11	8
30	1537	4	6	80	1859	12	0
31	1559	5	3	81	1961	10	5
32	1580	5	0	82	1963	7	0
33	1600	4	8	83	1965	1	11
34	1619	5	5	84	1966	15	1
35	1637	7	11	85	1968	6	9
36	1654	13	3	86	1969	16	10
37	1671	2	1	87	1971	5	6
38	1686	15	4	88	1972	12	10
39	1710	13	7	89	1973	18	10
40	1715	17	8	90	1975	3	7
41	1729	8	2	91	1976	7	2
42	1742	5	10	92	1977	9	8
43	1754	11	3	93	1978	11	1
44	1766	5	0	94	1979	11	5
45	1777	7	6	95	1980	10	10
46	1787	19	6	96	1976	9	4
47	1798	1	5	97	1982	6	11
48	1807	13	8	98	1983	3	8
49	1816	16	10	99	1983	19	8
50	1825	11	2	100	1984	14	10

Si l'on veut savoir la méthode sur laquelle cette table est formée, la voici. Supposons qu'on emprunte une somme, que j'appelle a, & que, les intérêts étant comptés sur le pied du denier 20, ou, en général, du denier $\frac{1}{m}$, on rende chaque année une somme b, & voyons ce qui en arrivera.

En premier lieu, puisque les intérêts sont comptés sur le pied du denier $\frac{1}{m}$, il s'ensuit que celui qui a emprunté la somme a, devra, à la fin de la première année, cette somme, plus le denier $\frac{1}{m}$ a de cette somme, c'est-à-dire, qu'il devra $a + \frac{1}{m} a$ ou $a \times \left(\frac{m+1}{m}\right)$. Or, par la supposition, il rend, à la fin de la première année, la somme b; donc, au commencement de la seconde année, il n'emprunte plus réellement que la somme $a \left(\frac{m+1}{m}\right) - b$.

A la fin de la seconde année, il devra donc $\left[a\left(\frac{m+1}{m}\right) - b\right] \times \left(\frac{m+1}{m}\right)$ ou $a\left(\frac{m+1}{m}\right)^2 - b\left(\frac{m+1}{m}\right)$; &, comme à la fin de cette seconde année, il rend encore b, il s'ensuit qu'au commencement de la troisième année, il n'emprunte plus que $a\left(\frac{m+1}{m}\right)^2 - b\left(\frac{m+1}{m}\right) - b$.

A la fin de la troisième année, il devra donc $a\left(\frac{m+1}{m}\right)^3 - b\left(\frac{m+1}{m}\right)^2 - b\left(\frac{m+1}{m}\right)$, dont il faut encore retrancher b, pour savoir ce qu'il emprunte réellement au commencement de la quatrième année.

En continuant à raisonner toujours de la même manière, on voit qu'à la fin de la n.e année, ou au commencement de l'année suivante, il doit réellement $a\left(\frac{m+1}{m}\right)^n - b\left(\frac{m+1}{m}\right)^{n-1} - b\left(\frac{m+1}{m}\right)^{n-2} \ldots - b$.

D'où il s'ensuit que, si le paiement doit se faire en un nombre n d'années, il n'y a qu'à faire la quantité précédente égale à zéro; puisqu'au bout de ce tems, par la supposition, le débiteur se sera entièrement acquitté, & qu'ainsi sa dette sera nulle, ou zéro, à la fin de la n.e année.

Or, dans cette dernière quantité, tous les termes qui sont multipliés par b, forment une progression géométrique, dont $\left(\frac{m+1}{m}\right)^{n-1}$ est le premier terme, $\left(\frac{m+1}{m}\right)^{n-2}$ le second, & 1 le dernier. D'où il s'ensuit (*voyez* PROGRESSION) que la somme de cette progression est $\left(\frac{m+1}{m}\right)^{2n-2} - \left(\frac{m+1}{m}\right)^{n-2}$ divisé par $\left(\frac{m+1}{m}\right)^{n-1} - \left(\frac{m+1}{m}\right)^{n-2}$, c'est-à-dire, $\left(\frac{m+1}{m}\right)^n - 1$ divisé par $\left(\frac{m+1}{m}\right) - 1$.

Ainsi, par cette équation générale, $a\left(\frac{m+1}{m}\right)^n - b \times \frac{\left[\left(\frac{m+1}{m}\right)^n - 1\right]}{\frac{m+1}{m} - 1} = 0$, ou $a\left(\frac{m+1}{m}\right)^{n+1} - a\left(\frac{m+1}{m}\right)^n - b\left(\frac{m+1}{m}\right)^n + b = 0$, on peut trouver;

1.° La somme a, qu'il faut prêter pour recevoir la somme b chaque année, pendant un nombre d'années n, les intérêts étant comptés sur le pied du denier $\frac{1}{m}$, c'est-à-dire, qu'on trouvera a, en supposant que b, n, $\frac{1}{m}$, soient donnés.

2.° On trouvera de même b, en supposant que a, n, $\frac{1}{m}$, soient données.

3.° Si a, b, n, sont données, on peut trouver $\frac{1}{m}$; mais le calcul est plus difficile, parce que, dans les deux cas précédens, l'équation n'étoit que du premier degré, au lieu que, dans celui-ci, l'équation qu'il faut résoudre, est d'un degré d'autant plus élevé que n est plus grand. *V.* EQUATION.

4.° Enfin, si a, b, & $\frac{1}{m}$ sont données, on peut trouver n, par le moyen des logarithmes. Pour cela, on écrira ainsi l'équation, $b = \left(\frac{m+1}{m}\right)^n \times \left(b + a - a\left[\frac{m+1}{m}\right]\right)$; d'où l'on tire $n = \frac{\log. b - \log. \left[b + a - a\left(\frac{m+1}{m}\right)\right]}{\log. \left(\frac{m+1}{m}\right)}$. *Voyez* EQUATION, INTÉRÊT.

M. de Parcieux, dans l'ouvrage que nous venons de citer, donne une table beaucoup plus étendue, & l'applique au calcul de la loterie royale de 1744.

Nous joindrons à cet article la table suivante, qui y a rapport, & qui est encore tirée de M. de Parcieux.

DISTRIBUTION *d'un emprunt de 6000000 livres, divisé en 12000 actions ou billets de 500 liv. chacun, pour acquitter intérêts & capital en dix ans, en payant tous les ans la même somme ou à-peu-près, tant pour les intérêts, que pour le remboursement d'une partie des actions ou billets.*

ANS.	ACTIONS existantes pendant chaque année.	Intérêts dûs à la fin de chaque année.	ACTIONS qu'on rembourse tous les ans.	Prix des actions qu'on rembourse tous les ans.	TOTAL de chaque année.
On compte les intérêts sur le pied du denier vingt.					
		Livres.		*Livres.*	
1	12000	300000	954	477000	777000
2	11046	276150	1002	501000	777150
3	10044	251100	1052	526000	777100
4	8992	224800	1104	552000	776800
5	7888	197200	1160	580000	777200
6	6728	168200	1218	609000	777200
7	5510	137750	1279	639500	777250
8	4231	105775	1342	671000	776775
9	2889	72225	1410	705000	777225
10	1479	36975	1479	739500	776475

Voici l'explication & l'usage de cette table.

Supposons qu'une compagnie de négocians, ou si l'on veut, l'état, veuille emprunter 6000000 livres en 12000 actions de 500 lives chacune, dont on paie l'intérêt au denier vingt, cette compagnie rendra donc 300000 livres chaque année; savoir 25 livres pour chaque billet. Supposons outre cela que cette compagnie se propose de rembourser chaque année une partie des billets, il est évident qu'elle devra donner chaque année plus de 300000 livres. Supposons enfin qu'elle veuille donner chaque année à-peu-près la même somme, tant pour les intérêts que pour le remboursement d'une partie des billets, en sorte que tout soit remboursé au bout de dix ans; on demande combien il faudra rembourser de billets par an.

On trouve d'abord, par la première table ci-dessus, que si l'on veut rembourser 6000000 livres en dix ans, en dix paiemens égaux sur le pié du denier vingt, il faut 777000 livres par an: ainsi comme les intérêts de 6000000 livres au bout d'un an font 300000 livres, il s'ensuit qu'il reste 477000 livres qui servent à rembourser 954 billets. Le débiteur ne doit donc plus que 11046 billets dont les intérêts dûs à la fin de la seconde année sont 276150 livres, qui étant ôtées des 777000 livres que le débiteur paie à la fin de chaque année, reste 500850 livres qui fournissent presque de quoi rembourser 1002 billets, &c. Pour les rembourser exactement, il faut 777150 livres, au lieu de 777000.

Par ce moyen on peut faire l'emprunt par classes. La première sera de 954 billets remboursables à la fin de la première année, le débiteur payant 777000 livres; 1002 à la fin de la seconde, le débiteur payant 777150 livres; 1052 pour être remboursés à la fin de la troisième année, le débiteur payant 777100 livres, &c., ainsi de suite.

Cette sorte d'emprunt pourroit être commode & avantageuse en certaines occasions, tant pour le débiteur que pour le créancier. *Voyez* l'ouvrage cité, *pag. 32 & suivantes.*

M. d'Alembert ajoute les réflexions suivantes, qui tendent à éclaircir la Théorie des *annuités.*

Soit a une somme prêtée; n le denier auquel est prêtée cette somme, m l'*annuité* ou la somme constante qu'on rend chaque année, k le nombre des années au bout desquelles la dette est acquittée, il est clair,

1°. Que la première année étant échue & payée, la dette n'est plus que $a(1+n)-m$:

2.° Qu'à la fin de la seconde année, la dette est $a(1+n)^2 - m(1+n) - m$:

3.° Qu'à la fin de la troisième année, la dette est $a(1+n)^3 - m(1+n)^2 - m(1+n) - m$; & ainsi de suite.

D'où il s'ensuit qu'à la fin de la 4e année, la dette est $a(1+k)^n - m(1+k)^{n-1} - m(1+k)^{n-2} \ldots m$; or cette quantité doit être $= o$, donc $m = a(1+n)^k$ divisé par $(1+n)^{-1} \ldots + 1 = a(1+n)^k$ divisé par la somme d'une progreſſion géométrique, dont 1 eſt le premier terme, k le nombre des termes, & $1 + n$ le ſecond terme, ce qui donne $a\,(1 + n)^k$ diviſé par $\frac{(1+n)^{k-1}}{n} = \frac{an\,(1+n)^k}{(1+n)^{k-1}}$.

Le dénominateur de cette fraction eſt $kn + n^2 \frac{(k-1 \cdot k)}{2} + \frac{n^3}{2 \cdot 3} \times (k \cdot k - 1 \cdot k - 2 \cdot)$ &c. & lorſque k eſt très-petit, $kn - \frac{kn^2}{2} + \frac{2 \cdot k n^3}{2 \cdot 3}$ &c. Donc alors la fraction précédente ou la valeur de m devient $\frac{an\,(1+n)^k}{k\,(1 - \frac{n^2}{2} + \frac{n^3}{3}\,\&c.)}$ = (en ſuppoſant $k = 0$), $\frac{an}{0} = \infty$; ce qui donne une très-fauſſe valeur de m, puiſqu'il eſt évident que, lorſque $k = 0$, on a $m = 0$.

La ſolution de cette difficulté, c'eſt que, lorſque k eſt une fraction, la formule des *annuités* $a\,(1 + n)^k - m\,(1 + n)^{k-1} \ldots - m$, n'eſt plus la même que lorſque k eſt un nombre entier, & devient même très-fautive.

Si on fait le paiement par demi-années, on aura $m = \frac{an\,(1+n)^{\frac{k}{2}}}{(1+n)^{\frac{k}{2}} - 1}$, & ſi $k = 2$, on aura $m = \frac{an\,(1+n)}{n} = a\,(1 + n)$, qui eſt la ſomme qu'on doit payer au bout d'un an; mais on remarquera que deux fois la valeur de m, c'eſt-à-dire, $\frac{2an\,(1+n)^{\frac{k}{2}}}{(1+n)^{\frac{k}{2}} - 1}$, n'eſt pas = (en-faiſant $k = 1$) à la ſomme $a\,(1 + n)$.

ANNULAIRE, adj. *éclipſe annulaire* (*Aſtron.*). On appelle ainſi une éclipſe de ſoleil dans laquelle la lune paroiſſant plus petite que le ſoleil, n'en couvre que le milieu, en ſorte que la lumière du ſoleil déborde tout-autour de la lune; telle a été l'éclipſe du premier avril 1764, qu'on a obſervée en Eſpagne, en France, en Angleterre, comme on le voyoit ſur la grande carte de cette éclipſe publiée par madame le Paute. Le diamètre de la lune eſt de 29′ 25″ dans ſon apogée, & de 33′ 37″ dans ſon périgée; le diamètre du ſoleil eſt de 31′ 31″ dans ſon apogée, & de 32′ 36″ dans ſon périgée: d'où il eſt aiſé de conclure qu'il doit y avoir un grand nombre d'écliſpes où le diamètre de la lune ne ſuffira pas pour couvrir celui du ſoleil. Dans la table des 59 écliſpes de ſoleil viſibles à Paris, que M. du Vaucel a donnée, & qui s'étend depuis 1769 juſqu'en 1900; il n'y en a aucune de totale pour Paris; mais il y en a une *annulaire*, annoncée pour le 8 octobre 1847. *Mém. préſentés à l'académie des Sciences*, *tome V*, *page 575*. Les écliſpes de 1737 & 1748 ont été *annulaires* en Ecoſſe, & M. le Monnier s'y tranſporta pour obſerver celle de 1748, & pour pouvoir meſurer le diamètre de la lune, lorſqu'il paroîtroit en entier ſur le ſoleil. Indépendamment des phénomènes optiques auxquels ces obſervations donnent lieu, & qu'on peut voir dans l'*Avertiſſement* de M. Deliſle ſur l'écliſpe de 1748; cette écliſpe a ſervi à prouver, ainſi que celle de 1764, que le diamètre de la lune ne paroît pas ſenſiblement plus petit lorſqu'il eſt ſur le ſoleil, que lorſque la lune eſt pleine & lumineuſe, quoique M. de la Hire le prétendît. Mais M. du Séjour, qui a fait ſur les obſervations de 1764 une multitude immenſe de calculs & de recherches, en a déduit une *inflexion* de 3 à 4 ſecondes, qui équivaut, pour la durée d'une écliſpe à une diminution de 6 ou 8 ſecondes dans le diamètre de la lune (*Mém. de l'acad. 1767.*) Il trouve auſſi que la plus grande durée poſſible d'une écliſpe *annulaire* eſt de 12′ 24″ (*Mém. de l'acad. 1777*), quoique la plus grande durée d'une écliſpe totale ne puiſſe pas aller au-delà de 7′ 58″, parce le diamètre apparent de la lune eſt plus ſouvent au deſſous qu'au deſſus de la valeur du diamètre ſolaire. (*M.* DE LA LANDE).

ANNULAIRES (*voûtes*), (*Méch.*). Ce ſont celles dont la figure imite les anneaux en tout ou en partie; telles ſont les voûtes ſur noyau, & dont le plan eſt circulaire ou elliptique. *Voyez* VOUTE.

On doit conſidérer ces voûtes comme des voûtes cylindriques dont l'axe ſeroit courbé circulairement: les joints de lits des claveaux étant prolongés, doivent paſſer par l'axe, & les joints ſont des portions de ſurfaces coniques. Les joints de tête doivent être perpendiculaires à l'axe; & en liaiſon entr'eux, comme doivent l'être ceux de toute bonne eſpèce de maçonnerie. *V.* LIAISON. (*D*).

ANO

ANOMALIE (*Aſtron.*). C'eſt la diſtance d'une planete à ſon apſide ou au ſommet du grand axe de ſon orbite. Ce mot nous vient du mot grec ἀνώμαλος, *inæqualis*, parce que la diſtance d'une planete à ſon apſide eſt en effet ce qui régle ſon inégalité, & ce qui ſert à la calculer dans les différens points de ſon orbite. Pour le ſoleil & la lune, l'*anomalie* eſt la diſtance par rapport à l'apogée; dans les cinq planetes principales, c'eſt la diſtance à l'aphélie: on diſtingue trois ſortes d'*anomalies*.

L'*anomalie* vraie eſt l'angle formé au foyer de l'élipſe par le rayon recteur, qui va du ſoleil à la planete, & par la ligne des apſides ou le grand axe de l'ellipſe. Soit S le ſoleil (*fig. d'Aſtronom. 83*) M le lieu de la planete dans ſon orbite AMP, A l'aphélie, P le périhélie, l'*anomalie* vraie eſt l'angle ASM.

L'*anomalie* excentrique eſt l'angle ACN formé au centre C de l'ellipſe par le grand axe & par le rayon CN d'un cercle circonſcrit, mené à l'extrémité de l'ordonnée RMN, qui passe par le lieu vrai M de la planete.

L'*anomalie* moyenne est une distance à l'aphélie supposée uniforme & proportionnelle au tems ; c'est celle qui augmente uniformément & également depuis l'aphélie jusqu'au périhélie : ainsi une planette qui emploiroit six mois à aller de l'aphélie au périhélie, auroit à la fin du premier mois 30 degrés d'*anomalie* moyenne, 60 degrés à la fin du second mois, & ainsi des autres.

Kepler ayant trouvé que les planetes décrivoient des ellipses avec des aires proportionnelles au tems (*Voyez* AIRES), sentit bien que pour déterminer le vrai lieu d'une planete pour un tems donné, il falloit trouver l'*anomalie* vraie par le moyen de l'*anomalie* moyenne, c'est ce qu'on appelle *Problême de Kepler*. Lorsqu'on connoît la durée de la révolution de la planette, par exemple, celle de mercure, qui est de 86 jours ; & qu'on demande le lieu de mercure au bout de deux jours, c'est-à-dire, au bout de la 43e partie de sa révolution, on sait dès-lors que l'aire du secteur compris entre l'aphélie & le rayon vecteur, est la 43e partie de la surface de l'ellipse : cette portion du tems ou cette portion de l'ellipse est proprement l'*anomalie* moyenne, que l'on peut exprimer aussi en degrés, en prenant la 43e partie de 360 degrés ou du cercle entier ; car nous pouvons appeller indifféremment *anomalie* moyenne une portion du tems, une portion de l'ellipse, une portion de la circonférence du cercle. C'est toujours une fraction qui est donnée, quand on cherche le lieu d'une planete ; mais, c'est en degrés que nous prenons les *anomalies* pour suivre la forme usitée dans les tables astronomiques, où toutes les *anomalies* & toutes les équations s'expriment en degrés, minutes & secondes. On peut imaginer une planete qui décrive le cercle ANP dans le même tems, & le point X où elle se trouvera marquera l'*anomalie* moyenne AX. Ainsi l'on connoît pour un tems quelconque l'*anomalie* AX, ou la surface AMS d'un secteur elliptique, & il s'agit de trouver l'*anomalie* vraie ou l'angle de ce secteur. Kepler sentit bien la difficulté de ce problême, qui est égale dans le cercle & dans l'ellipse ; il se contenta d'inviter les géomètres à en chercher la solution, sans espérer qu'on la pût trouver d'une maniere directe, parce qu'elle suppose connu le rapport entre les arcs & leurs sinus, qui n'est donné que par approximation. Ce fameux problême a toujours été appellé depuis *Problême de Kepler*, parce qu'en effet il le proposa le premier, & en donna même une solution approchée dans son bel ouvrage *de Stella martis*.

On a des solutions du problême de Kepler données par Wallis & Neuton, par le moyen de la cycloïde alongée ; Mais elles sont inutiles dans la pratique. La Hire en a donné une dans les *Mémoires de l'académie des sciences* en 1710. Keill, dans les *Transf. philosophiques* de 1713 ; M. Cassini dans les *Mémoires* de 1719 ; Herman dans le premier volume des *Mémoires de Petersbourg* ; Machin dans les *Transactions* de 1737 ; Simpson dans ses *Essays on several curious and usuful subjects*, Londres 1740, page 41 ; il y en a une solution analytique dans le XXIe livre de mon *Astronomie*.

Mais la solution inverse, qui consiste à trouver l'*anomalie* moyenne par le moyen de l'*anomalie* vraie, étant beaucoup plus simple & pouvant suffire dans tous les cas, nous nous contenterons de la démontrer.

Dans une ellipse AMP à laquelle on a circonscrit un cercle ANP, CX étant la ligne de l'*anomalie* moyenne, M le vrai lieu de la planete, RMN l'ordonnée qui passe par le lieu de la planete ; le secteur circulaire $ANSA$ est toujours égal au secteur circulaire ACX de l'*anomalie* moyenne. En effet, soit T le tems entier de la révolution entière de la planete, t le tems qu'elle a employé à aller de A en M, on aura par la règle des aires proportionnelles au tems, t est à T comme le secteur AMS est à la surface de l'ellipse ; de même puisque ACX est l'*anomalie* moyenne, on aura t est à T, comme ACX est à la surface du cercle ; donc AMS est à ACX comme la surface de l'ellipse, est à la surface du cercle. Mais par la propriété de l'ellipse AMS est à ANS, comme la surface de l'ellipse est à la surface du cercle. Nous avons donc deux proportions qui ont trois termes communs ; savoir AMS, la surface de l'ellipse & la surface du cercle ; le terme qui paroît différent est donc nécessairement le même ; donc ACX & ANS sont égaux entr'eux.

La racine carrée de la distance périhélie, est à la racine carrée de la distance aphélie, comme la tangente de la moitié de l'*anomalie* vraie, est à la tangente de la moitié de l'*anomalie* excentrique. En effet, c'est une propriété des triangles rectangles comme RSM, que la tangente de la moitié de l'angle RSM, est égal au côté opposé RM, divisé par la somme des deux autres côtés SR, SM ; ainsi, dans les triangles rectangles MSR & NCR, on a cette proportion : tang. $\frac{1}{2}MSR$: tang. $\frac{1}{2}NCR :: \frac{RM}{SR+SM} : \frac{RN}{CR+CN}$; si l'on met à la place du rapport RM à RN, celui de CD à CA, qui lui est égal par la propriété de l'ellipse, & à la place de $SR+SM$ sa valeur $PR \cdot \frac{SA}{CA}$, tirée aussi des propriétés de l'ellipse, & enfin PR à la place de $CR+CN$, on changera la proportion en celle-ci : tang. $\frac{1}{2}MSR$: tang. $\frac{1}{2}NCR :: \frac{CD \cdot CA}{PR \cdot SA} : \frac{CA}{PR} :: CD : SA$; & nommant a le demi-axe CA de l'ellipse, & e l'excentricité CS, on aura T. $\frac{1}{2}MSR$: tang. $\frac{1}{2}NCR :: CD : SA :: \sqrt{aa-ee} : a+e$; on divisera les deux derniers termes par $\sqrt{a+e}$, & l'on aura tang. $\frac{1}{2}MSR$: tang. $\frac{1}{2}NCR ::$ $\sqrt{a-e}$

$\sqrt{a-e} : \sqrt{a+e} :: \sqrt{PS} : \sqrt{SA}$: donc la tangente de la moitié de l'*anomalie* vraie ASM, est à la tangente de la moitié de l'*anomalie* excentrique ACN, comme la racine carrée de la distance périhélie PS est à celle de la distance aphélie AS. Cette proportion suffit pour trouver l'*anomalie* excentrique AN, au moyen de l'*anomalie* vraie ASM; la suivante fera trouver l'*anomalie* moyenne par le moyen de l'excentrique.

La différence entre l'*anomalie* excentrique & l'*anomalie* moyenne est égale au produit de l'excentricité, par le sinus de l'*anomalie* excentrique. En effet, puisque le secteur circulaire $ANSA$ est égal au secteur de l'*anomalie* moyenne ACX; si l'on ôte de tous deux la partie commune ACN, on aura le secteur NCX égal au triangle CNS. La surface du secteur circulaire NCX est égale au produit de CN par la moitié de l'arc NX; la surface du triangle CNS est égal au produit de CN par la moitié de la hauteur ST, qui est une perpendiculaire abaissée du foyer S sur la base NC prolongée au-delà du centre C. Ainsi, les deux surfaces étant égales, & ayant un des produisans CN qui est commun à toutes deux, les autres produisans sont aussi égaux; donc l'arc NX est égal à la ligne droite ST; mais dans le triangle STC, rectangle en T, l'on a $ST = CS$ sin. TCS, par les règles de la Trigonométrie rectiligne; donc aussi $NX = CS$ sin. $TCS = CS$ sin. ACN; donc la différence NX entre l'*anomalie* excentrique AN & l'*anomalie* moyenne AX est égale au produit de l'excentricité CS par le sinus de l'*anomalie* excentrique ACN; *C.Q.F.D.*

C'est en minutes & secondes qu'on a coutume d'exprimer toutes les *anomalies* des planetes; ainsi, pour trouver la différence en secondes entre l'*anomalie* moyenne & l'*anomalie* excentrique, il faut que l'excentricité soit aussi exprimée en secondes. Si cette excentricité est exprimée en parties de même espèce que la distance moyenne, on dira la distance moyenne est à l'excentricité, comme le nombre de secondes qui contient le rayon d'un cercle, 206264, 8, ou environ 57° est au nombre de secondes que l'excentricité contient.

Le rayon vecteur ou la distance d'une planete au soleil est facile à calculer, lorsqu'on connoît l'*anomalie* vraie & l'*anomalie* excentrique; il suffit de faire cette proportion : le sinus de l'*anomalie* vraie est au sinus de l'*anomalie* excentrique, comme la moitié du petit axe est au rayon vecteur. Car ayant tiré la ligne NQ (*fig. 83*) parallèle au rayon vecteur MS, on a par les triangles semblables cette proportion $SM : QN :: RM : RN :: CD : CK$ ou CN; donc $SM : CD :: QN : CN ::$ sin. QCN : sin. $CQN ::$ sin. RCN : sin. RSM; donc sin. ASM : sin. $NCR :: CD : SM$.

Pour donner aussi une idée de la maniere de résoudre directement par approximation le problême de Kepler, je choisirai la méthode de M. Cassini (*Elémens d'Astronomie*). Dans le cercle ANB *figure 84*, circonscrit à l'orbite AMB d'une planète, on a vu que l'arc AX étant pris pour *anomalie* moyenne, la différence NX entre l'*anomalie* moyenne & l'*anomalie* excentrique ACN est égale à la perpendiculaire ST : si du point X on tire une ligne HY parallèle à NCT ou perpendiculaire sur ST, la petite ligne SY sera la différence entre l'arc NX égal à ST, & YT, qui est égal au sinus de cet arc XN. Cette différence entre l'arc & le sinus n'excède pas une demi-seconde, lorsque l'arc NX ne va pas au-delà d'un degré & demi; on peut alors la négliger entièrement & considérer les lignes NC, XS, comme parallèles entr'elles. Dans ce cas, l'angle CXS est égal à l'angle NCX; dans le triangle SCX, on connoît deux côtés & l'angle compris; savoir, l'excentricité SC, le rayon du cercle, c'est-à-dire CX, égal à la distance moyenne ou au demi-axe de l'ellipse, & l'angle compris SCX, qui est le supplément de l'*anomalie* moyenne donnée ACX; on trouvera donc l'angle CXS égal à NCX, qui retranché de l'*anomalie* moyenne ACX, donnera l'*anomalie* excentrique ACN, dont le supplément est NCS; dans le triangle NCS, on connoît encore les deux côtés SC, CN, & l'angle compris NCS on trouvera donc l'angle NSP. On cherchera aussi SN pour parvenir à trouver la distance; enfin l'on dira suivant la propriété de l'ellipse, PN est à PM, ou le grand axe est au petit axe comme la tangente de ce dernier angle NSP est à la tangente de l'*anomalie* vraie MSP. On pourroit aussi à la place des deux dernières opérations, employer la règle que nous avons démontrée ci-dessus pour l'*anomalie* excentrique.

Si l'angle CXS ou l'arc NX, qui en diffère très-peu, est assez grand pour que son sinus égal à TY soit sensiblement moindre que l'arc ou que NX; c'est-à-dire, si cet angle passe, 1.° 30' on prendra la différence de l'arc au sinus en décimales du rayon CA, & M. Cassini en a fait une table; ainsi, on aura SY : alors on cherchera aussi le côté de SX du triangle CSX : dans le triangle YSX rectangle en Y, on connoitra SX & SY en parties du rayon CA, qui est toujours pris pour l'unité, on trouvera l'angle SXY, qui retranché de SXC, donnera YXC égal à l'angle NCX, dont on avoit besoin dans le calcul précédent, pour le retrancher de l'*anomalie* moyenne; le reste du calcul sera le même.

La distance de la planète au soleil est aisée à trouver en même tems que l'*anomalie* vraie; car dans les triangles PSN, PSM, en prenant SP pour rayon, les côtés SN & SM seront comme les secantes des angles PSN, PSM, ou ce qui revient au même, en raison inverse des cosinus, donc le cosinus de l'*anomalie* vraie est au cosinus de l'angle PSN comme le côté SN trouvé ci-devant est au rayon vecteur SM.

ANOMALIE *de commutation*, suivant Kepler, étoit l'angle formé entre les rayons menés à une planète & à la terre, & partans du centre d'égalité ou du centre du mouvement moyen de la planète. *De stellâ martis, page 128.*

Les anciens appelloient *anomalia orbis* la distance d'une planète au sommet de son épicycle ; c'étoit dans Copernic *anomalia commutationis, anomalia secundæ inæqualitatis ;* mais *anomalia excentrici* étoit le mouvement du centre de l'épicycle compté depuis l'apogée de l'excentrique ; & comme la lune avoit d'autres inégalités, il y avoit d'autres *anomalies* qui, suivant Kepler, s'appelloient *soluta, menstrua temporanea, menstrua perpetua ;* c'étoient les argumens des trois grandes inégalités de la lune.

ANOMALIE *égalée*, suivant quelques auteurs, est l'angle formé au centre de l'ellipse par le grand axe de l'orbite & la ligne menée au vrai lieu de la planète. Ozanam.

ANOMALIE *complette de l'orbe*, suivant quelques auteurs, est pour la lune ce que nous avons appellé *anomalie* vraie.

ANOMALIE *de l'obliquité du zodiaque, anomalie* des équinoxes, dans l'ancienne Astronomie étoient les inégalités qu'on admettoit dans ces deux élémens. On les appelloit aussi *libration premiere*, & *libration seconde*, & *trepidation*. (*D. L.*)

ANOMALISTIQUE, adj. (*Astron.*) se dit de la révolution d'une planète, par rapport à son apside, soit apogée, soit aphélie, ou du retour au même point de son ellipse. Si les orbites des planètes étoient fixes, & qu'elles répondissent toujours aux mêmes étoiles, la révolution *anomalistique* seroit égale à la révolution sydérale ; mais toutes les planètes ont un mouvement progressif dans leurs apsides ; ainsi, il faut plus de tems pour atteindre l'aphélie qui s'est avancé dans l'intervalle que pour revenir à la même étoile. Par exemple la révolution tropique du soleil, par rapport aux équinoxes est de 365^j 5^h 48′ 48″ l'année sydérale, ou le retour aux étoiles est de 365^j 6^h 9′ 10″ $\frac{1}{2}$; enfin la révolution *anomalistique* est de 364^j 6^h 15′ 22″, parce que l'apogée du soleil avance chaque année de 65″ $\frac{1}{2}$ par rapport aux équinoxes, & le soleil ne peut atteindre son apogée qu'après avoir parcouru les 65″ $\frac{1}{2}$ de plus que la révolution de l'année qui le ramène aux équinoxes. Pour trouver la durée d'une révolution *anomalistique*, on peut faire cette proportion, le mouvement total d'une planète, pendant un siècle, moins le mouvement de son aphélie, est à la durée d'un siècle, ou 3,155,760,000″ comme 360° sont à la durée de la révolution *anomalistique*. (*M.* DE LA LANDE).

A N S

ANSE *de pannier*, s. f. (*Géom.*) : c'est une courbe *AFDHB* (*pl. Géom. fig.* 31), composée de plusieurs arcs de cercle qui sont tous concaves d'un même côté, & qui pris ensemble, valent 180 dégrés ; elle ressemble à une demi-ellipse qui s'appuye sur son grand ou sur son petit axe, selon qu'elle est surbaissée ou surmontée. Dans la pratique de l'Architecture, on substitue souvent l'*anse de pannier* à l'ellipse pour former des ceintres de berceaux, parce qu'il est toujours plus facile de tracer des arcs de cercle que des arcs de l'ellipse. (*Voyez* ELLIPSE.)

Le nombre des arcs qui composent une *anse de pannier* est toujours impair, & celui *FDH* du milieu est coupé en deux parties égales par la montée *CD*.

Ordinairement l'*anse de pannier* est formée avec trois arcs de cercle ; cependant si elle devoit être fort surbaissée, par exemple, si la montée *CD* devoit être moindre que le quart du diamètre *AB*, il faudroit la composer de cinq arcs de cercle, ou de sept, ou de neuf, &c, en augmentant toujours ainsi le nombre des arcs de cercle à mesure qu'elle seroit plus surbaissée. En effet, si dans ces sortes de cas on employoit seulement trois arcs de cercle, les arcs extrêmes *AF*, *BH* auroient des courbures trop différentes de l'arc du milieu, & l'*anse* seroit d'une figure désagréable.

Nous allons traiter d'abord des *anses de pannier* à trois arcs, ou, comme on dit, *à trois centres ;* puis nous parlerons des *anses de pannier* à cinq centres, & ce que nous en dirons s'appliquera facilement aux cas où il y auroit un plus grand nombre de centres.

Des anses de pannier à trois centres.

I. Soient (*fig.* 31) *AB* le diamètre d'une *anse de pannier*, & *CD* perpendiculaire sur le milieu de *AB*, sa *montée*. Nous supposons que la courbe est *surbaissée ;* si elle étoit *surmontée*, on résoudroit le problême en regardant *CD* comme le demi-diamètre, & *AC* comme la montée. Soient les arcs égaux *AF* & *BH* les arcs extrêmes, *FDH* l'arc moyen. Les centres *K* & *M* des arcs extrêmes doivent être placés sur le diamètre *AB*, afin que la courbe tombe perpendiculairement sur ce diamètre, comme l'ellipse, & le centre *E* de l'arc moyen doit être placé sur la montée *DC* prolongée, afin que la courbe soit perpendiculaire en *D* sur la montée, de même que l'ellipse coupe perpendiculairement son petit axe. De plus, le centre *E*, le centre *K*, le point *F* de raccordement des deux arcs *AF*, *FDH*, doivent être en ligne droite, ainsi que le centre *E*, le centre *M*, le point *H* de raccordement des deux arcs *BH*, *FHD*, afin que les trois arcs qui forment la courbe se touchent simplement en se raccordant, & ne se coupent point. Cela posé, nommons AC, a ; CD, b ; AK, x ; ED, y. On aura $CK = a - x$; $EC = y - b$; $EK = y - x$. Or, par la nature de la courbe, on doit avoir $ED = EF = EH$, $KF = KA = MH = MB$. Donc (à cause du triangle rectangle ECK) on aura $(y-x)^2 = (a-x)^2 + (y-b)^2$; d'où l'on tire $2ax + 2by - 2xy = aa + bb$: équation entre les quantités données, & les deux rayons x & y, par laquelle on voit que connoissant l'un de ces rayons, on connoîtra aussi l'autre, & le nombre de dégrés des trois arcs *AF*, *BH*, *FDH*.

II. La meilleure forme de l'*anse de pannier* est celle où la courbure des arcs *AF*, *DFH* est la moins inégale qu'il est possible. Il faut donc faire en sorte que le rapport géométrique de la différence des deux rayons y & x à l'un d'eux, c'est-à-dire, $\frac{y-x}{x}$, ou $\frac{y-x}{y}$, soit un *minimum*. Or cette condition donne $xdy - ydx = 0$. Mettant, dans cette équation, à la place de y & de dy, leurs valeurs que donne l'équation $y = \frac{aa+bb-2ax}{2b-2x}$, résultante de l'article précédent, on trouvera $-2adx(bx-xx)-(bdx-2xdx)\times(aa+bb-2ax)=0$; d'où l'on tire d'abord facilement $x = \frac{aa+bb\pm(a-b)\sqrt{(aa+bb)}}{2a}$; puis (en mettant pour x cette valeur dans l'expression de y), $y = \frac{aa+bb\mp(a-b)\sqrt{(aa+bb)}}{2b}$.

On voit qu'à cause du double signe $\pm$, les rayons x & y ont chacun deux valeurs; ce qui fait deux cas.

III. Cas. I. Ayant tiré par les points *A* & *D* (*fig.* 32), la droite indéfinie *ADT*, portés *CD* en *CX*, & faites $DT = AX$: ensuite sur le milieu *Z* de la droite *AT*, élevez la perpendiculaire indéfinie *ZKF*, qui déterminera, sur le diamètre *AB*, le centre *K* de l'arc extrême qui doit passer par le point *A*, & sur la montée ou son prolongement, le centre *E* de l'arc moyen; en sorte que, si, après avoir pris $BM = AK$, vous menez les droites indéfinies *KEF*, *MEH*, & que du point *E* pour centre, avec le rayon *ED*, vous décriviez l'arc *FDH*, & que des points *K* & *M* pour centres, avec les rayons *KF*, *MH*, vous décriviez les arcs *FVA*, *HNB*: la courbe entière *AVFDHNB* sera celle qui satisfait aux deux premières valeurs de x & y; c'est-à-dire, qu'on aura AK ou $BM = \frac{aa+bb+(a-b)\sqrt{(aa+bb)}}{2a}$, $ED = \frac{aa+bb-(a-b)\sqrt{(aa+bb)}}{2b}$.

Car, 1.° par construction, $AT = \sqrt{(aa+bb)} + a - b$, $AZ = \frac{\sqrt{(aa+bb)}+a-b}{2}$; & (à cause des triangles semblables *ACD*, *AZK*), on a $AC : AD :: AZ : AK = \frac{aa+bb+(a-b)\sqrt{(aa+bb)}}{2a}$.

2.° Les triangles semblables *ACD*, *ECK* donnent $CD : CA :: CK : CE = \frac{aa-bb-(a-b)\sqrt{(aa+bb)}}{2b}$; donc $ED = \frac{aa+bb-(a-b)\sqrt{(aa+bb)}}{2b}$.

Il est visible que, la courbe que nous venons de tracer ne peut pas être l'*anse de pannier* demandée, puisqu'elle ne ressemble pas à une demi-ellipse, & que les arcs dont elle est composée se raccordent au-dessous du diamètre. Mais cette courbe satisfait au problême où l'on demanderoit de tracer une courbe avec trois arcs de cercle, qui passent par les points *A*, *B*, *D*, qui se touchent, & dont la courbure soit la moins inégale qu'il est possible, sans imposer d'ailleurs la condition que tous les arcs soient concaves d'un même côté du diamètre.

IV. Cas. II. Menez, comme ci-dessus, la droite *AD* (*fig.* 33); & faites $CX = CD$; mais, au lieu de porter *AX* sur le prolongement de *AD*, portez *AX* sur la droite *DA* même, de *D* en *T*. Sur le milieu *Z* de *AT*, élevez la perpendiculaire indéfinie *ZKE*, qui déterminera sur le diamètre *AB* le centre *K* de l'arc extrême *AF*, & sur le prolongement de la montée le centre *E* de l'arc moyen *FDH*. Prenez $BM = AK$; & ayant tiré par les points *E* & *M* la droite indéfinie *EMH*, du point *E* pour centre, avec le rayon *ED*, décrivez l'arc *FDH*; du point *K* pour centre, avec le rayon *KF*, décrivez l'arc *FA*; & du point *M* pour centre, avec le rayon *MH*, décrivez l'arc *HB*: la courbe entière *AFDHB* sera l'*anse de pannier* demandée.

Car, 1.° $AT = \sqrt{(aa+bb)} - (a-b)$; & (à cause des triangles semblables *ACD*, *AZK*) on a $AC : AD :: AZ : AK = \frac{aa+bb-(a-b)\sqrt{(aa+bb)}}{2a}$.

2.° Les triangles semblables *ACD*, *ECK* donnent $CD : AC :: CK : CE = \frac{aa-bb+(a-b)\sqrt{(aa+bb)}}{2b}$; donc $ED = \frac{aa+bb+(a-b)\sqrt{(aa+bb)}}{2b}$.

La construction géométrique de l'*anse de pannier* que nous venons de donner, est fort simple & très-facile à exécuter dans la pratique. Mais si on vouloit déterminer par le calcul les rayons *AK*, *ED*, & les angles *AKF*, *FEH*, la chose seroit fort aisée. En effet, dans le triangle rectangle *ACD*, *AC* & *CD* étant donnés, l'hypothenuse *AD* est aussi donnée; donc *AT* est connue; & comme *AZ* est la moitié de *AT*, la similitude des deux triangles rectangles *ACD*, *AZK* fera connoître *AK*. Retranchant *AK* de *AC*, on aura la droite *CK* par le moyen de laquelle & des deux triangles rectangles, semblables *ACD*, *KCE*, on connoîtra *CE*: ajoutant *CD* à *CE*, on aura *ED*: ainsi les rayons *AK*, *ED* seront connus. De plus, on pourra déterminer les angles *AKF*, *FEH* par les règles de la Trigonométrie (*voyez* ce mot), puisque dans le triangle *KEM* on connoît les trois côtés.

Des anses de pannier à cinq centres.

I. Soient (*fig. 34*) AB le diamètre, & CD perpendiculaire sur le milieu de AB, la montée; supposons que l'*anse de pannier* soit construite & composée de cinq arcs des cercles AF, FG, GDH, HI, IB. Il faut, 1.° que les centres S & T des arcs extrèmes égaux AF, BI, soient placés sur le diamètre AB, afin que ces arcs tombent perpendiculairement sur ce diamètre; 2.° que le centre O de l'arc moyen GDH soit placé sur le prolongement de la montée, afin que cet arc coupe perpendiculairement la montée; 3.° que la montée CD divise l'arc moyen GDH en deux arcs égaux DG, DH, ce qui rend égaux les arcs GF, HI, puisque les arcs AF, BI ont été supposés égaux; 4.° que les centres S, K des deux arcs consécutifs AF, FG, & leur point F de raccordement, soient placés sur une même ligne droite, afin que ces arcs, en se raccordant, ne fassent que se toucher sans se couper; 5.° par la même raison, les centres T, L & le point I de raccordement des arcs BI, IH doivent être placés sur une même ligne droite; 6.° & 7.° de même, les trois points O, K, G doivent être placés sur une même ligne droite, & les trois points O, L, H sur une même ligne droite.

II. Cela posé, on voit facilement que le diamètre AB & la montée CD étant donnés, on peut satisfaire aux conditions précédentes d'une infinité de manières. Le problême reste même indéterminé, en se donnant (outre le diamètre & la montée) les centres S & T des arcs extrèmes & les angles ASF, BTI; car les centres K & L peuvent occuper plusieurs places sur les droites données SM, TM, ce qui fait varier en même-tems la position du point O. Mais si, par exemple, connoissant toujours AB, CD, AS, & l'angle ASF, on connoissoit de plus la position du point K, c'est-à-dire, la perpendiculaire KN sur AB, ou la partie CN, ou quelqu'autre ligne relative à celles-là (on doit entendre la même chose pour l'autre moitié de l'*anse de pannier*): alors le problême seroit déterminé, & on trouveroit ainsi le rayon moyen OD.

III. Soient $AC = a$; $CD = b$; $AS = c$; l'angle $ASF = \theta$, pour le rayon 1; KF ou $KG = p$; l'inconnue OG ou $OD = q$. On aura d'abord $KN = KS \sin.\theta = (p - c) \sin.\theta$; $SN = (p - c) Cos.\theta$; KZ ou $CN = a - c - (p - c) Cos.\theta$; $OZ = OC - KN = q - b - (p - c) \sin.\theta$; $OK = OG - KG = q - p$. Ensuite le triangle rectangle OZK donne $(OK)^2 = (KZ)^2 + (ZO)^2$, c'est-à-dire, en termes analytiques, $(q-p)^2 = (a-c-(p-c) Cos.\theta)^2 + (q-b-(p-c)\sin.\theta)^2$; d'où l'on tire (A) $q = \frac{2cc + 2pc - aa - bb - 2cc + 2(a-c)(p-c) Cos.\theta - 2b(p-c)\sin.\theta}{2(p-(p-c)\sin.\theta) - 2b}$

IV. Dans la pratique, on suppose ordinairement que les quantités a, b, c étant données, l'angle ASF soit de 60 degrés, & que les deux angles FKG, GOD soient chacun de 15 degrés. Alors on a $Cos.\theta = \frac{1}{2}$; $\sin.\theta = \frac{\sqrt{\ }}{2}$. L'équation (A) a toujours lieu, &, dans le cas présent, il faudra y mettre pour $Cos\theta$ & $\sin.\theta$ leurs valeurs; mais les deux rayons p & q sont inconnus. Pour former entr'eux une seconde équation, on observera que chacun des angles OKM, KOM étant de 15 degrés, le triangle MKO est isoscèle. De plus, on a $SN = \frac{KS}{2} = \frac{p-c}{2}$; $MS = 2CS$; $KM = 2KZ = 2(a-c) - (p-c) = 2a-c-p$; $MZ = \frac{KM \cdot \sqrt{3}}{2}$.

Maintenant le triangle obtusangle MKO donne $\overline{OK}^2 = \overline{OM}^2 + \overline{KM}^2 + 2MO \times MZ$, c'est-à-dire, ici $\overline{OK}^2 = \overline{KM}^2 \times (2 + \sqrt{3})$, ou bien $OK = KM \cdot \sqrt{(2 + \sqrt{3})}$. Ainsi, en termes analytiques, on aura l'équation (B), $q - p = (2a-c-p) \times \sqrt{2 + \sqrt{3}}$. En combinant cette équation avec l'équation (A), on déterminera les deux inconnues p & q.

V. Si, connoissant les quantités a, b, c; θ, on vouloit déterminer les rayons p & q par la condition que la courbure des arcs FG, GDH fût la moins inégale qu'il est possible, il faudroit faire $\frac{q-p}{p}$, ou $\frac{q-p}{q} = minimum$; ce qui donneroit $p\,dq - q\,dp = 0$. Ensuite on mettroit dans cette équation, pour q & dq, leurs valeurs résultantes de l'équation (A); ce qui donneroit une équation d'où l'on tireroit la valeur de p. Connoissant p, l'on connoîtroit q par l'équation (A).

Je me contente d'indiquer ces calculs, qui n'ont de difficulté qu'un peu de longueur. (*L. B.*)

ANSES, s. pl. f. *en Astronomie*; ce sont les parties sensiblement éminentes de l'anneau de saturne, qu'on apperçoit lorsque cet anneau commence à s'ouvrir, c'est-à-dire, lorsque sa partie antérieure & sa partie postérieure commencent à se distinguer; à la vue elles ont la forme de deux *anses* attachées à cette planète. *Voyez* ANNEAU. (*O*)

ANTARCTIQUE, adj. m. (*Astronom.*). *Pole antarctique*, ou *pole méridional*, est l'extrémité méridionale de l'axe de la terre, & l'un des points autour desquels la terre tourne. *Voyez* POLE, &c. Ce mot est composé de la préposition ἀντι, *contra*, vis-à-vis, & de ἄρκτος, *ursa*, ourse. *Voyez l'article* OURSE.

Les étoiles voisines du pole *antarctique* ne paroissent jamais sur notre horizon. Ainsi à Paris, dont la latitude est de 48 degrés 50 minutes, on ne voit jamais aucune des étoiles qui sont éloignées du pole *antarctique* de moins de 48 degrés 50 minutes; car ces étoiles demeurent toujours au-dessous de l'horizon de Paris. *Voyez* ETOILE, HORIZON, &c.

Cercle *antarctique*, ou cercle polaire *antarctique*; c'est un des petits cercles de la sphère; il est parallele à l'équateur, & éloigné du pole méridional de 23 degrés 28 minutes. *Voy*. CERCLE.

L'épithète d'*antarctique* lui vient de son opposition à un autre cercle, qui est aussi parallèle à l'équateur & à la distance de 23 degrés 28 minutes du pole septentrional. On l'appelle *cercle arctique polaire*. *Voyez* ARCTIQUE. La partie de la surface du globe terrestre, comprise entre le pole *antarctique* & le cercle polaire *antarctique*, est appellée *zone glacée méridionale*. *Voyez* ZONE. (*O*)

ANTARÈS (*Astron.*); nom d'une étoile de la première grandeur, située vers le cœur du scorpion; en grec Ἀντάρης. On la voit dans le méridien au commencement de juillet à $9^h \frac{1}{2}$ du soir, & vers 15° de hauteur à Paris; sa longitude, en 1750, étoit de $8^s\ 6°\ 16'\ 28''$, & sa latitude $4°\ 32'\ 12''$ australe. (*D. L.*)

ANTECANIS. *V*. PROCYON.

ANTÉCÉDENT, f. m. (*Analyse*); c'est le nom qu'on donne au premier des deux termes qui composent un rapport. *Voyez* RAPPORT. *Voyez* aussi CONSÉQUENT. Ainsi, en général, dans le rapport de a à b, a est l'*antécédent*.

ANTECEDENTIA, *terme d'Astronomie*. On dit en Astronomie qu'une planète se meut *in antecedentia* ou *precedentia* lorsqu'elle paroît aller vers l'occident contre l'ordre des signes, comme du taureau dans le bélier. *Voyez* PLANÈTE, SIGNE, &c. Au contraire, lorsqu'elle se meut du côté de l'orient, en suivant l'ordre des signes, comme du bélier dans le taureau, on dit qu'elle se meut *in consequentia*. (*O*)

ANTICHTONES (*Astron.*), peuples qui habitent dans les hémisphères opposés de la terre, mais à des latitudes égales; l'un a l'été tandis que l'autre a l'hiver. Ce mot vient de ἀντὶ *contra*, & χθὼν *terra*. C'est pourquoi Macrobe appelle aussi *antichtones* les habitans qu'il suppose dans la lune comme étant une terre opposée à la nôtre. Ce nom a été quelquefois donné aux antipodes, quelquefois aux antisciens; mais il est peu usité, & la signification n'en est pas assez déterminée. (*D. L.*)

ANTILOGARITHME, f. m. (*Analyse*), se dit quelquefois du complément du logarithme d'un sinus d'une tangente, d'une sécante: c'est-à-dire, de la différence de ce logarithme à celui du sinus total. *Voyez* LOGARITHME & COMPLÉMENT.

ANTINOUS, constellation boréale qu'on réunit ordinairement avec l'aigle; Ptolemée n'en fait point une constellation, il dit seulement, *les étoiles informes autour de l'aigle, dans lesquelles est Antinous Proclus*; auteur du cinquième siècle n'en parle pas non plus. *Voyez* M. Bailly, *tom. 2*, *p. 199*. Cette constellation est appellée dans les auteurs *puer Adrianæus* ou *Bithynicus*, *novus Ægypti Deus*, *puer Troicus*, *Phrygius*, *puer Aquilæ*, *Jovis cynædus* ou *Catamitus* (Favori) *Pincerna* ou *Pocillator*, *Ganymedes*. C'étoit, selon l'opinion commune, un jeune-homme d'une très-grande beauté, né à Claudiopolis en Bithynie, qui se noya dans le Nil l'an 131 (*Spart. Dion. liv. lxix*); d'autres disent qu'il sacrifia sa vie pour sauver celle d'Adrien: cet empereur pleura sa perte amèrement, & honora sa mémoire au point de lui faire élever des autels comme à une nouvelle divinité. Goltzius, dans son Trésor des antiquités, rapporte une inscription grecque trouvée à Rome dans le champ de Mars, où étoit le temple d'Isis: *Antinoo eumdem cum diis Ægyptiis tronum occupanti*. Ce fut à l'honneur d'*Antinous* que l'empereur Adrien fit frapper des monnoies, & bâtir en Egypte une ville sous le nom d'Antinoïa, qui fut ensuite appellée *Adrianopolis*: il étoit également adoré en Arcadie. On peut voir au sujet du culte d'*Antinous* Pausanias, Dion, Spartianus, Athanase, Théophile, Eusebe, Athenagore, Tertulien, & le Dictionnaire de Bayle. M. Bailly, *hist. de l'Astron. II. 19*, reproche vivement à Ptolemée d'avoir nommé *Antinous* par une lâche flatterie. On a prétendu cependant que l'*Antinous* céleste étoit un des amans de Pénélope, dont Properce fait mention.

Penelopem quoque neglecto clamore mariti
Nubere lascivo cogeret Antinoo. L. iv. eleg. 5.

Enfin d'autres ont cru que l'*Antinous* céleste étoit le même que Ganymede, fils de Tros, roi des troyens, qui fut aimé par Jupiter; ce qui l'a fait surnommer *puer Troicus*; mais il y a plus d'apparence que c'est au verseau que cette dernière fable a rapport. Au reste Ptolemée nomme *Antinous*, mais il n'en fait pas une constellation, & ce sont les étoiles η, θ, ι, κ, λ de la constellation de l'aigle, qui sont représentées dans nos cartes célestes comme placées sur la figure d'*Antinous*. (*D. L.*)

ANTIPARALLÈLES (*Lignes*). (*Géom.*). Soient deux lignes droites tirées comme on voudra dans le même plan, & que nous appellerons A & B; soient deux autres lignes qui coupent les lignes A & B, & que nous appellerons C & D: si l'angle de la ligne C avec la ligne A ou la ligne B est égal à l'angle de la ligne D avec la ligne B ou la ligne A, les lignes C & D sont appellées *antiparallèles*; elles seroient parallèles si l'angle de C avec A ou B étoit égal à l'angle de D avec A ou B.

La section d'un cone oblique, faite par un plan *antiparallèle* à la base, est un cercle. *Voy*. CONE, (*O*).

ANTIPODES (*Astr. géogr.*), lieux de la terre qui sont diamètralement opposés. Ce mot vient du grec; il est composé ἀντὶ *contra*, & de πούς, ποδὸς, pied. Ceux qui sont sur des parallèles à l'équateur, également éloignés de ce cercle, les uns du côté du midi, les autres du côté du nord, qui ont le même méridien, & qui sont sous ce méridien à la distance les uns des autres de 180 degrés, ou de la moitié de ce méridien, sont *antipodes*, c'est-à-dire, ont les pieds diamètralement opposés. Les *antipodes* ont à-peu-près le même degré de chaud & de froid; ils ont les jours & les nuits également longs, mais dans des tems opposés; il est midi pour les uns quand il est minuit pour les autres; & lorsque les uns ont les jours les plus longs, les autres ont les jours les plus courts.

Platon passe pour avoir imaginé le premier la possibilité des *antipodes*, & pour être l'inventeur de ce nom; mais les premiers philosophes qui ont considéré que la terre étoit ronde, ont dû sentir la nécessité des *antipodes* : au contraire, ceux qui ont eu la présomption de raisonner sur ce qu'ils n'entendoient pas, ont nié l'existence des *antipodes*. Par exemple, Lactance disserte fort au long pour prouver qu'il ne peut pas y avoir des *antipodes*, parce qu'ils auroient la tête en bas, *Institutionum divinarum, l. 3, cap. 24.* Il traite de folie & d'impiété l'idée de la rondeur de la terre, & dit que le contraire est assez prouvé par les physiciens & par les écrivains sacrés. On a peine à concevoir une pareille ignorance dans le précepteur du fils de Constantin; & une évêque, nommé *Virgilius*, fut déposé pour avoir soutenu les *antipodes*.

On trouve encore de tems en tems même dans la bonne compagnie, des personnes qui ne peuvent se familiariser avec l'idée de ces habitans, dont les pieds sont tournés vers les nôtres; il semble au premier abord que les uns ou les autres doivent avoir la tête en bas, c'est-à-dire, être placés dans une situation renversée & contre l'état naturel. Mais, pour rectifier ses idées là-dessus, on n'a qu'à examiner pourquoi nous sommes debout sur la surface du globe, nos pieds tournés vers la terre & la tête élevée vers le ciel; pourquoi nous retombons sans cesse à cette première situation, dès qu'un effort ou un mouvement étranger nous en a détournés. Cette force avec laquelle tous les corps descendent vers la terre, soit qu'on l'appelle pesanteur, gravité ou attraction, quoique sa cause nous soit inconnue, se manifeste dans tous les points de notre globe; par-tout les corps graves tendent vers le centre de la terre, par un effort constant & inaltérable; par-tout on dit que ce qui tombe vers la terre descend, & qu'on monte en s'en éloignant. Ainsi le corps *A* (*planch. d'Astr. fig. 35*), attiré par le centre *C* du globe terrestre suivant la ligne *ABC*, ou le corps *E*, attiré dans un sens contraire, suivant la ligne *EDC*, tombent & descendent tous deux vers la terre, parce que leur tendance ou leur direction naturelle est de s'approcher du centre *C*. Un habitant placé en *B* verra tomber la pluie vers lui de *A* en *B*, & celui qui est aux *antipodes* en *D*, verra venir la pluie sur la terre de *E* en *D*; ce sont à la vérité des directions différentes, mais elles sont également naturelles, parce que le centre *C* de la terre est le terme commun, le point de réunion & de tendance de la pluie & de tous les autres corps graves.

J'ai oui des commençans demander pourquoi si le corps *A* descend de *A* en *B* l'autre ne descend pas pareillement de *D* en *E*; ils ne s'étoient pas encore accoutumés à observer que le corps *A* ne descend vers *B* que parce qu'il est forcé de se rapprocher de la terre *C*, au lieu que le corps *E* n'a plus rien du côté de *F* qui puisse le déterminer à se mouvoir, aucune force, aucune loi, aucun objet, aucune cause de mouvement; il n'a de rapport qu'avec la terre: c'est-là qu'est sa propension naturelle, la cause & le terme de son mouvement; & en allant de *E* vers *D*, il obéit à la même force, à la même cause; il se meut de la même manière, par la même raison, & il suit la même loi que le corps *A* en descendant vers *B* : ainsi, l'on peut dire que deux corps tombent l'un & l'autre, quoiqu'ils aillent en deux sens opposés; enfin c'est tomber que de se rapprocher de la terre.

Les voyageurs qui ont fait le tour du monde, & ils sont en grand nombre, ont été souvent à nos *antipodes*. Ceux de Paris sont dans la mer du sud, près de la nouvelle Zelande, dont le capitaine Cook nous a donné la description. Les *antipodes* de l'Espagne sont sur l'île même où M. Marion fut tué en 1772; & dans le planisphère austral fait par M. le duc de Croy & M. Robert de Vaugondy (*à Paris chez Fortin, 1773*), on trouve marqués les *antipodes* des principaux lieux de l'Europe. (DE LA LANDE).

ANTITHÈSE, s. f. (*Algèbre*). Quelques auteurs appellent *antithèse* l'opération par laquelle on transpose d'un membre à l'autre d'une équation un terme de cette équation; ce qui se fait en effaçant ce terme dans le membre où il se trouve, & le plaçant dans l'autre membre avec un signe contraire à celui qu'il avoit. Ainsi, de l'équation $x + b = a$, on tire par *antithèse* $x = a - b$.

A O U

AOUT, s. m. (*Astron.*) sixième mois de l'année de Romulus, le huitième de celle de Numa & de notre année moderne. Il étoit appellé *sextilis*, à cause du rang qu'il occupoit dans l'année de Romulus; & ce nom lui avoit été conservé dans l'année de Numa. *Voyez* année. Auguste lui donna son nom, *Augustus*, qu'il conserve encore, & d'où les François ont fait *Août* par corruption. Ce mois, & celui de juillet, dont le nom vient de Jules César, sont les deux seuls qui aient conservé les noms que les Empereurs leur ont donnés : le mois d'avril s'étoit appellé pendant quelque tems *Neroneus*, le mois de mai, *Claudius*, &c.

Le soleil pendant ce mois parcourt ou paroît parcourir la plus grande partie du signe du zodiaque, appellé *le lion*; & vers le 23 de ce mois il entre au signe de la vierge : mais, à proprement parler, c'est la terre qui parcourt réellement le signe du verseau, opposé à celui du Lion. Les mois d'*août* & de juillet sont ordinairement les plus chauds de l'année, quoique le soleil commence à s'éloigner de notre zénit dès le 21 juin, parce que la terre échauffée plus long tems, conserve plus de chaleur.

Les Anglois appellent le premier jour d'*août*, qui est la fête de S. Pierre ès liens, *Lammas-day*, comme qui diroit *fête à l'agneau;* cela paroît venir d'une coutume qui s'observoit autrefois dans la province d'Yorck : tous ceux qui tenoient quelque terre de l'église cathédrale, étoient obligés ce jour-là d'amener dans l'église à la grand-messe un agneau vivant pour offrande. (*O*).

APHÉLIE, s. m. C'est, *en Astronomie*, le point de l'orbite de la terre ou d'une planète, où la distance de cette planète au soleil est la plus grande qu'il est possible. *Voyez* ORBITE.

Aphélie est composé de ἀπὸ, *longè*, & de ἥλιος, *sol;* ainsi, lorsqu'une planète est en *A*, *Planch. d'Astron. fig 85.* comme la distance au soleil *S* est alors la plus grande qu'il est possible, on dit qu'elle est à son *aphélie*. *Voyez* PLANETE, SOLEIL, *&c.*

Dans le système de Ptolemée, ou dans la supposition que le soleil se meut autour de la terre, l'*aphélie* devient l'*apogée*. *Voyez* APOGÉE. L'*aphélie* est le point diamétralement opposé au périhélie. *Voyez* PÉRIHÉLIE. Les *aphélies* des planètes ne sont point en repos ; car l'action mutuelle qu'elles exercent les unes sur les autres, fait que ces points de leurs orbes sont dans un mouvement continuel, lequel est plus ou moins sensible. Ce mouvement se fait *in consequentia*, ou selon l'ordre des signes ; & en supposant qu'il soit produit par l'action d'une planète fort éloignée, comme jupiter ou saturne, sur plusieurs planètes inférieures, il est selon Neuton en raison sesquipliquée des distances de ces planètes au soleil, c'est-à-dire comme les racines carrées des cubes de ces distances. *Princip. l. III, pr. 14.* Suivant cette régle, l'*aphélie* de mars étant supposé se mouvoir de 35′ relativement aux étoiles fixes, dans l'espace de 100 ans ; les *aphélies* de la terre, de vénus & de mercure, feroient dans le même sens & dans le même intervalle de tems, 18 minutes 36 secondes, 11 minutes 27 secondes & 4 minutes 29 secondes. Mais, pour calculer ces mouvemens avec une certaine précision, il faudroit calculer l'action de chaque planète sur toutes les autres, car il est prouvé que tous les *aphélies* ont un mouvement causé par l'attraction des autres planètes, ainsi que l'apogée de la lune a un mouvement causé par l'attraction du soleil : on peut voir le calcul de ce mouvement de l'*aphélie*, produit par les attractions étrangères, dans le XXIIe livre de mon Astronomie, & dans les pièces de M. Euler, sur les inégalités de saturne, de jupiter & de la terre, dans la pièce de Clairaut sur les inégalités de la lune, & dans les *recherches* de M. d'Alembert.

Ce qu'il y a de plus nécessaire à expliquer ici au sujet de l'*aphelie* des planètes, est la manière d'en déterminer la position & le mouvement, par des observations astronomiques. La méthode la plus simple est celle que Kepler tiroit de la nature du mouvement elliptique, (*De stella Martis, p. 208.*) Le point de l'*aphélie A* (*Astr. fig. 86*) est celui où la planète a la plus petite vîtesse, & le périphélie *P* est le point de la plus grande vîtesse ; le grand axe *A P* de l'ellipse sépare deux portions de l'orbite qui sont égales, semblables, & parcourues en tems égaux, & avec les mêmes dégrés de vîtesse ; mais si l'on tire, par le foyer de l'ellipse, une autre ligne comme *D S E* qui ne passe point en *A* & en *P*, elle partagera l'ellipse en deux parties *D A E*, *D B P E*, qui ne seront ni égales, ni parcourues en tems égaux. La partie *D A E*, où se trouve l'*aphélie*, exigera plus de tems que l'autre, ou plus de la moitié de la révolution ; ainsi, l'on peut choisir deux observations d'une planète, où les longitudes observées réduites au soleil aient été diamétralement opposées entr'elles ; & si les tems de ces observations sont éloignés aussi d'une demi-révolution de la planète, on saura, par-là même, qu'elles ont été faites dans les apsides ; plus l'intervalle approchera de la demi-révolution juste, plus les positions observées approcheront d'être celles des absides, ou de l'*aphélie* & du périhélie. Cette méthode réussit très-bien pour trouver l'apogée du soleil. (*Mém. de l'Acad. 1757, pag. 141.*)

Pour les planètes dont les oppositions sont rares, il est difficile d'avoir deux longitudes vues du soleil diamétralement opposées ; on est obligé de supposer connues l'excentricité & la plus grande équation, & l'on trouve la situation de l'*aphelie* par une autre considération. L'on prend deux observations faites aux environs du point *A*, & du point *F* qui est vers les moyennes distances, on a le mouvement vrai, ou l'angle *A S F*, mais par la durée connue de la révolution, on sait toujours quel est le mouvement moyen pour un intervalle de tems donné ; la différence du mouvement vrai au mouvement moyen doit être d'accord avec l'équation de l'orbite calculée, en supposant qu'on connoisse bien le lieu *A* de l'*Aphélie* ; mais si l'on se trompe sur le lieu de l'*Aphélie*, il y aura une erreur dans l'équation calculée vers le point *A*, ou l'équation change rapidement ; il n'y en aura presque point vers la moyenne distance *F*, où l'équation ne varie pas sensiblement, étant à son maximum ; ainsi, le mouvement total calculé de *A* en *F*, ne pourra être conforme au mouvement observé, que quand on aura employé dans le calcul un lieu de l'*aphélie A* exactement connu ; alors on changera d'hypothèse jusqu'à ce que l'on ait accordé le calcul avec l'observation, & l'on reconnoîtra ainsi la vraie situation de l'*aphélie*.

La troisième méthode pour déterminer l'*aphelie* est celle que j'ai employée pour mercure, & qui m'a très-bien réussi ; elle consiste à observer la plus grande digression de la planète vers ses moyennes distances. Supposons que la terre T voit la planète F par un rayon visuel TF qui touche l'orbite en F & qui marque la plus grande digression STF; pour peu que vous changiez la situation AP de la ligne des apsides, le rayon SF changera de situation & sortira de l'angle STF du côté du point G, en sorte que l'angle d'élongation augmentera & deviendra STG, le calcul ne s'accordera plus avec l'observation que je suppose faite sur la ligne TF; ainsi, l'élongation observée nous apprend quelle situation il faut donner au point A de l'*aphélie* pour que le calcul s'accorde avec l'observation; donc en faisant différentes hypothèses, on trouvera quel est le vrai lieu de l'*aphélie*. (*Mém. de l'Acad. 1766, pag. 498.*)

Enfin il y a une quatrième méthode plus générale pour déterminer l'*aphélie* d'une planète; elle consiste à employer trois observations rapportées au soleil, pour déterminer à-la-fois les trois principaux élémens d'une orbite, c'est-à-dire, l'*aphélie*, l'excentricité & l'époque du moyen mouvement; pourvu que ces observations soient réparties vers les apsides & les moyennes distances; j'en ai donné le calcul appliqué à un exemple dans les *Mémoires de l'Académie pour 1755*; les principes sont d'ailleurs les mêmes que ceux dont je viens de faire usage: il s'agit de convertir les anomalies vraies en anomalies moyennes, dans différentes hypothèses d'*aphélies* & d'excentricités, jusqu'à ce qu'on ait trouvé deux différences d'anomalies moyennes, exactement d'accord avec les intervalles des observations.

On trouvera au mot planète le résultat des calculs que j'ai faits sur toutes les planètes, en construisant mes tables, pour avoir le lieu de l'*aphélie* en 1750, avec l'augmentation pour cent ans; ce changement ne seroit que de 1^d 23′ 45″ comme celui de la précession des équinoxes, si les *aphélies* étoient aussi fixes que les étoiles, & qu'ils n'eussent d'autre changement en longitude que celui qui vient de la rétrogradation du point équinoxial, d'où l'on compte ces longitudes; ainsi, l'excès de ces mouvemens sur celui de la précession, est le déplacement réel des *aphélies*, en un siècle, où le mouvement absolu, que j'ai mis dans la dernière colonne. Au reste ces quantités sont peu sensibles, & par conséquent n'ont pu être déterminées avec une bien grande exactitude. (*M. de la Lande*).

APHELLAN, nom de la belle étoile des gémeaux, marquée α.

APIS, taureau sacré des Egyptiens, emblême du taureau céleste ou équinoxial, qui étoit consacré dans les religions de tous les peuples anciens comme l'emblême du renouvellement de la nature, au printems.

Apis, constellation; *Voyez* Abeille.

APOCATASTASIS, (*Astron.*) signifie révolution; *Voyez* Grande année.

APOGÉE, (*Astron.*) vient de deux mots grecs ἀπὸ, *longe*, γῆ, *terra*, & signifie le point dans lequel une planète est la plus éloignée de la terre. Le soleil & la lune ont sur-tout un *apogée* qui est le sommet du grand axe des orbites, qu'ils décrivent ou paroissent décrire autour de la terre, car, quoique la terre tourne réellement autour du soleil, on dit souvent, pour se conformer à l'ancien usage, que le soleil est *apogée* lorsque la terre est aphélie, & les apparences sont absolument les mêmes quant au mouvement annuel; la manière de déterminer le lieu de l'*apogée* d'une planète, est exactement la même que pour déterminer le lieu de l'aphélie pour le soleil & les planètes supérieures. *Voyez* Aphélie. Le lieu de l'*apogée* du soleil, au commencement de 1750, étoit à 3^s 8° 38′ 4″ suivant les tables de la Caille, & son mouvement, par rapport aux équinoxes, est de 1° 49′ 10″ par siècle. La cause de ce mouvement est l'attraction des planètes, sur-tout de vénus & de jupiter, comme on le peut voir dans la pièce de M. Euler *sur les inégalités de la terre*, qui a remporte le prix de l'Académie des Sciences, en 1756; elle est dans le huitième volume des pièces couronnées, imprimé en 1771. On peut voir aussi les *recherches* de M. d'Alembert sur differens points importans du système du monde; le Mémoire de M. Clairaut sur l'orbite apparente du soleil qui est dans les Mémoires de l'Académie, pour 1754, & la seconde édition de mon Astronomie.

L'*apogée* de la lune, en 1750, étoit à 5^s 21° 2′ 32″; & son mouvement dans l'espace d'une année commune est de 1^s 10° 39′ 50″; suivant la table de Mayer, la révolution de l'*apogée*, par rapport aux étoiles fixes, est de 8 ans 311 jours ou 3231 jours 8^h 34′ 57″ ½. Outre le mouvement progressif de l'*apogée* de la lune, les astronomes ont considéré long tems l'orbite de la lune comme étant sujette à un balancement dans son *apogée*, joint à une variation dans l'excentricité. Horoccius fut le premier auteur de cette hypothèse ingénieuse que Neuton adopta dans son fameux livre des Principes, & sur laquelle sont fondées les tables de la lune de Halley & celles de Flamsteed, que M. le Monnier a données dans ses institutions astronomiques. M. Euler est le premier qui ait substitué à cette hypothèse une équation beaucoup plus commode, & que l'on appelle évection: sa quantité est de 1° 20′ 34″. Pour rendre raison de l'hypothèse d'Horoccius dans les principes de l'attraction, il faut considérer que le mouvement de l'*apogée* de la lune vient de ce que la force centrale de la lune vers la terre est diminuée, & le mouvement doit être le plus grand quand la ligne des syzigies concourt avec la ligne des apsides, ou lorsque le soleil répond à l'*apogée* ou au périgée de la lune. Quand il est dans les quadratures, le mouvement de l'*apogée* est au contraire le plus lent, parce que la diminution totale de la force centrale est la plus petite; quand le soleil est à

45°

45° des apsides, le mouvement vrai de l'*apogée* est égal au mouvement moyen; mais son vrai lieu est alors le plus différent du lieu moyen, & l'équation est la plus forte parce qu'elle est le résultat de tous les dégrés de vîtesse que l'*apogée* a reçus jusques-là: cette équation dans les tables de Halley montoit à 12° 18'.

Il y a aussi une inégalité dans le lieu de l'*apogée* qui provient des distances du soleil à la terre & qui est de 23' 12" additive quand le soleil est à 3 signes d'anomalie, c'est une *équation annuelle*.

Le mouvement de l'*apogée* de la lune est difficile à calculer par la théorie de l'attraction. Clairaut, en 1747, avoit cru que la théorie ne donnoit que la moitié du mouvement qui s'observe; il annonça solennellement ce résultat dans l'assemblée publique de l'Académie, du 15 novembre 1747, & il fit imprimer son Mémoire dans le volume de 1745, *pag. 336;* mais le volume n'étoit pas encore achevé d'imprimer qu'il lut à l'Académie, le 17 mai 1749, une espèce de rétractation qui se trouve dans le même volume, *pag. 557*, & plus en détail dans les Mémoires de 1748, *pag. 433*. La première théorie détaillée où l'on ait vu que la loi de l'attraction satisfaisoit exactement au mouvement de l'*apogée*, est la pièce de Clairaut, qui remporta le prix de de l'Académie de Péterbourg proposé en 1750. M. Euler, qui en étoit juge, m'a raconté qu'il avoit trouvé la chose si extraordinaire, qu'il n'avoit pu en être persuadé que quand il fut parvenu au même résultat par une méthode qui lui étoit particulière; il vit alors que des termes que tous les géomètres avoient cru absolument négligeables dans la théorie de la lune, influoient beaucoup sur l'*apogée*. Clairaut lui-même n'y étoit parvenu qu'en cherchant par un calcul très-rigoureux la valeur d'un terme qu'il falloit ajouter, suivant lui, à l'expression générale de l'attraction neutonienne pour trouver une autre loi d'attraction, propre à représenter le mouvement de l'*apogée*. Cette question ne fait aujourd'hui aucune difficulté, & M. d'Alembert a démontré de son côté que l'attraction du soleil en raison inverse du carré de la distance explique parfaitement la révolution de l'*apogée* de la lune, telle qu'elle se trouve par les observations. (DE LA LANDE).

APOJOVE, (*Astron.*) nom que quelques astronomes ont donné à l'apside supérieure de l'orbite du quatrième satellite de jupiter, ou au point de son plus grand éloignement, quoique ce terme soit composé d'un mot grec & d'un mot latin.

APOLLONIEN, adj. m. On désigne quelquefois l'hyperbole & la parabole ordinaire, par les noms d'*hyperbole* & de *paraboles Apolloniennes*, ou d'*Apollonius*, pour les distinguer de quelques autres courbes d'un genre plus élevé, & auxquelles on a aussi donné le nom d'*hyperbole* & de *parabole*. Ainsi $ax = yy$ désigne la parabole *apollonienne*; $aa = xy$ désigne l'hyperbole *apollonienne*: mais $aax = y^3$ désigne une parabole du 3e dégré; $a^3 = xyy$ désigne une hyperbole du même dégré. *Voyez* PARABOLE & HYPERBOLE. On appelle la parabole & l'hyperbole ordinaires, *parabole & hyperbole d'Apollonius*, parce que nous avons de cet ancien géometre un traité des sections coniques fort étendu. Ce mathématicien qu'on appelle *Apollonius Pergæus*, parce qu'il étoit de Perge en Pamphilie, vivoit environ 200 ans avant Jesus-Christ. Il ramassa sur les sections coniques, tout ce qu'avoient fait avant lui Aristée, Eudoxe de Cnide, Menœchme, Euclide, Conon, Trasidée, Nicotele: ce fut lui qui donna aux trois sections coniques les noms de *parabole*, d'*ellipse* & d'*hyperbole*, qui non-seulement les distinguent, mais encore les caractérisent. *Voyez leurs articles.* Il avoit fait huit livres qui parvinrent entiers jusqu'au tems de Pappus d'Alexandrie, qui vivoit sous Théodose; on ne put retrouver que les quatre premiers livres, jusqu'en 1658, que le fameux Borelli trouva dans la bibliotheque de Florence un manuscrit arabe qui contenoit, outre ces quatre premiers, les trois suivans: aidé d'un professeur d'arabe, qui ne savoit point de Géométrie, il traduisit ces livres, & les donna au public. *Voyez l'éloge de M. Viviani*, par M. de Fontenelle, *Hist. acad.* 1703.

Il semble que le huitième livre d'Apollonius ait été retrouvé depuis, car on lit dans l'éloge de M. Halley, par M. de Mairan (*Hist. acad.* 1742), que M. Halley donna en 1717 une traduction latine des huit livres d'Apollonius. Mais ce huitième livre d'Apollonius, qui se trouve dans l'édition donnée par M. Halley, n'est point de cet ancien géometre comme les sept autres; il a été rétabli par l'éditeur sur les indications de Pappus. *Voyez* l'*Hist. des Mathem.* de Montucla. *Tom. I, pag.* 262. (O)

APOMECOMÉTRIE, s. f. (*Géom.*) est l'art ou la manière de mesurer la distance des objets éloignés. *Voyez* DISTANCE. Ce mot vient des mots grecs ἀπὸ, μῆκος, *longueur*, & μετρεῖν, *mesurer*. (O)

APORON *ou* APORISME, signifie chez quelques anciens *géometres* un problème difficile à résoudre, mais dont il n'est pas certain que la solution soit impossible. *Voyez* PROBLÈME.

Ce mot vient du grec ἄπορος, qui signifie *quelque chose de très-dificile*, & même d'*impraticable*; il est formé d'ἀ privatif, & de πόρος, *passage*. Tel est le problème de la quadrature du cercle. *Voyez* QUADRATURE, &c.

Lorsque l'on proposoit une question à quelque philosophe Grec, sur-tout de la secte des académiciens, s'il n'en pouvoit donner la solution, sa réponse étoit ἀπορέω, *je ne la conçois pas, je ne suis pas capable de l'éclaircir*. (O).

APOTELESMA, (*Astron.*) signifie prédiction; dans Sextus Empiricus, il signifie *effectio*, ce qui a été fait, achevé, décidé. (M. DE LA LANDE).

APOTHEME, s. m. dans la *Géométrie élémentaire*, est la perpendiculaire menée du centre d'un polygone régulier sur un de ses côtés.

Ce mot vient du grec ἀπὸ, *ab*, de, & ἵστημι, *sto*,

pono, je pose; apparemment comme qui diroit *ligne tirée depuis le centre jusques sur le côté*. (*O*)

APOTOME, s. m. mot employé par quelques auteurs, pour désigner la différence de deux quantités incommensurables. Tel est l'excès de la racine quarrée de 2 sur 1. *Voyez* INCOMMENSURABLE.

Ce mot est dérivé du verbe grec ἀποτέμνω, *abscindo*, je retranche : un *apotome* en Géométrie, est l'excès d'une ligne donnée sur une autre ligne qui lui est incommensurable. Tel est l'excès de la diagonale d'un quarré sur le côté. (*O*)

APP

APPAREIL, s. m. (*Hydrod.*) : quelquefois on appelle ainsi le piston d'une pompe.

APPARENCE, s. f. (*perspective*) : représentation ou projection d'une figure, d'un corps ou d'un objet quelconque, sur le plan du tableau. *Voyez* PERSPECTIVE & PROJECTION.

On se sert du terme d'*apparence directe*, pour marquer la vue d'un objet par des rayons directs, c'est-à-dire, par des rayons qui viennent de l'objet sans avoir été ni réfléchis ni rompus. *Voy.* DIRECT & RAYON; *Voyez aussi* OPTIQUE & VISION.

APPARENT, adj. (*persp.*) : lieu *apparent*. Le lieu *apparent* d'un objet, en Optique, est celui où on le voit. Comme la distance *apparente* d'un objet est souvent fort différente de sa distance réelle, le lieu *apparent* est souvent fort différent du lieu *vrai*. Le lieu *apparent* se dit principalement du lieu où l'on voit un objet, en l'observant à-travers un ou plusieurs verres, ou par le moyen d'un ou plusieurs miroirs. *Voyez* DIOPTRIQUE, MIROIR, *&c.*

Nous disons que le lieu *apparent* est différent du lieu *vrai*; car lorsque la réfraction que souffrent à-travers un verre les principaux rayons que chaque point d'un objet fort proche envoie à nos yeux, a rendu ces rayons moins divergens; ou lorsque par un effet contraire, les rayons qui viennent d'un objet fort éloigné sont rendus par la réfraction aussi divergens que s'ils venoient d'un plus proche; alors il est nécessaire que l'objet paroisse à l'œil avoir changé de lieu : or le lieu que l'objet paroît occuper, après ce changement produit par la divergence ou la convergence des rayons, est ce qu'on appelle *son lieu apparent*. Il en est de même dans des miroirs. *Voyez* VISION.

Les Opticiens sont fort partagés sur le lieu *apparent* d'un objet vû par un miroir, ou par un verre. La plupart avoient cru, jusqu'à ces derniers tems, que l'objet paroissoit dans le point où le rayon réfléchi ou rompu passant par le centre de l'œil, rencontroit la perpendiculaire menée de l'objet sur la surface du miroir ou du verre. C'est le principe que le pere Tacquet a employé dans sa Catoptrique, pour expliquer les phénomenes des miroirs convexes & concaves; c'est aussi celui dont M. de Mairan s'est servi pour trouver la courbe *apparente* du fond d'un bassin plein d'eau, dans un *Mémoire* imprimé parmi ceux de l'académie de 1740. Mais le père Tacquet convient lui-même, à la fin de sa Catoptrique, que le principe dont il s'est servi n'est pas général, & qu'il est contredit par l'expérience. A l'égard de M. de Mairan, il paroît donner ce principe comme un principe de Géométrie plutôt que d'Optique; & il convient que Neuton, Barrow, & les plus célèbres auteurs ne l'ont pas entièrement admis. Ceux-ci, pour déterminer le lieu *apparent* de l'objet, imaginent d'abord que l'objet envoie sur la surface du verre ou du miroir, deux rayons fort proches l'un de l'autre, lesquels après avoir souffert une ou plusieurs réfractions ou réflexions, entrent dans l'œil. Ces rayons rompus ou réfléchis, étant prolongés, concourent en un point, & ils entrent par conséquent dans l'œil comme s'ils venoient de ce point; d'où il s'ensuit, selon Neuton & Barrow, que le lieu *apparent* de l'objet est au point de concours des rayons rompus ou réfléchis qui entrent dans l'œil, & ce point est aisé à déterminer par la Géométrie. Voyez l'*optique* de Neuton, & les *leçons optiques* de Barrow. Ce dernier auteur rapporte même une expérience qui paroît sans replique, & par laquelle il est démontré que l'image *apparente* d'un fil à plomb enfoncé dans l'eau, est courbe; d'où il résulte que le lieu *apparent* d'un objet vû par réfraction n'est point dans l'endroit où le rayon rompu coupe la perpendiculaire menée de l'objet sur la surface rompante. Mais il faut avouer aussi que Barrow, à la fin de ces *leçons d'optique*, fait mention d'une expérience qui paroît contraire à son principe sur le lieu *apparent* de l'image : il ajoute que cette expérience est aussi contraire à l'opinion du père Tacquet, qu'à la sienne : malgré cela Barrow n'en est pas moins attaché à son principe sur le lieu *apparent* de l'objet, qui lui paroît évident & très-simple; & il croit que, dans le cas particulier où ce principe semble ne pas avoir lieu, on n'en doit [illegible] la cause qu'au peu de lumières que [illegible] vision directe. A l'égard de M. Neuton, quoiqu'il suive le principe de B[illegible]rrow sur le lieu *apparent* de l'image, il paroît [illegible]arder la solution de ce problême comme [illegible] des plus difficiles de l'optique : *Puncti illius*, dit-il, *accurata determinatio problema solutu difficillimum præbebit, nisi hypothesi alicui saltem verisimili, si non accuratè veræ, nitatur assertio. Lec. opt. schol. Prop. VIII. pag. 80. Voyez* MIROIR & DIOPTRIQUE.

Quoi qu'il en soit, voici des principes dont tous les Opticiens conviennent.

Si un objet est placé à une distance d'un verre convexe, moindre que celle de son foyer, on pourra déterminer son lieu *apparent* : s'il est placé au foyer, son lieu *apparent* ne pourra être déterminé; on le verra seulement dans ce dernier cas extrêmement éloigné, ou plutôt on le verra très-confusément.

Le lieu *apparent* ne pourra point encore se déterminer, si l'objet est placé au-delà du foyer d'un verre convexe : cependant si l'objet est plus éloigné du verre convexe que le foyer, & que l'œil soit placé au-delà de la base distincte, son lieu *apparent* sera dans la base distincte. On appelle *base distincte* un plan qui passe par le point de concours des rayons rompus. *Voyez* LENTILLE.

De même si un objet est placé à une distance d'un miroir concave, moindre que celle de son foyer, on peut déterminer son lieu *apparent* : s'il est placé au foyer, il paroîtra infiniment éloigné, ou plutôt il paroîtra confusément, son lieu *apparent* ne pouvant être déterminé.

Si l'objet est plus éloigné du miroir que le foyer, & que l'œil soit placé au-delà de la base distincte, le lieu *apparent* sera dans la base distincte. *Voyez* MIROIR, CONCAVE & CATOPTRIQUE.

On peut toujours déterminer le lieu *apparent* de l'objet dans un miroir convexe. (*O*).

APPARENT, *apparens*, adj. m. *en Astronomie hauteur apparente*, est celle qu'on observe, & qui est affectée par la *réfraction* & le *parallaxe*.

Conjonction apparente. Il y a *conjonction apparente* de deux planètes lorsque leurs longitudes *apparentes*, vues de la surface de la terre, sont les mêmes. La *conjonction apparente* est distinguée de la *conjonction vraie*, où le centre de la terre est dans un même plan perpendiculaire à l'écliptique avec les centres des deux planètes. *Voyez* CONJONCTION.

Horizon apparent ou *sensible* ; c'est le grand cercle qui termine notre vue, ou celui qui est formé par la rencontre *apparente* du ciel & de la terre.

Cet horizon sépare la partie visible ou supérieure du ciel d'avec la partie inférieure qui nous est invisible, à cause de la rondeur de la terre. L'*horizon apparent* diffère de l'*horizon rationel* qui lui est parallèle, mais qui passe par le centre de la terre. *Voyez* HORIZON. On peut concevoir un cône dont le sommet seroit dans notre œil, & dont la base seroit le plan circulaire qui termine notre vue : ce plan est l'*horizon apparent* ou *sensible*. *Voyez* ABAISSEMENT.

Le diamètre *apparent* du soleil, de la lune ou d'une planète, est la quantité de l'angle sous lequel un observateur placé sur la surface de la terre, apperçoit ce diamètre : on le distingue du diamètre réel qui se compte en lieues ou en toises.

Les diamètres *apparens* des corps célestes ne sont pas toujours les mêmes. Le diamètre *apparent* du soleil n'est jamais plus petit que 31′ 31″ au commencement de juillet, & jamais plus grand que quand il est dans son périgée au commencement de janvier ; il est alors de 32′ 36″ : on trouvera les autres diamètres au mot PLANÈTE.

Quand les objets sont fort éloignés de l'œil, leurs diamètres *apparens*, c'est-à-dire, les grandeurs dont on les voit, sont proportionnels aux angles sous lesquels ils sont vus ; ainsi, quoique le soleil & la lune soient fort différens l'un de l'autre pour la grandeur réelle, cependant leur diamètre *apparent* est à-peu-près le même, parce qu'on les voit à-peu-près sous le même angle. La raison de cela est que quand deux corps sont fort éloignés, quelque différence qu'il y ait entre leurs distances réelles, cette différence n'est point apperçue par nos yeux, & nous les jugeons l'un & l'autre à la même distance *apparente* ; d'où il s'ensuit que la grandeur dont on les voit est alors proportionnelle à l'angle optique ou visuel. Par conséquent si deux objets sont fort éloignés, & que leurs grandeurs réelles soient comme leurs distances réelles, ces objets paroîtront de la même grandeur, parce qu'ils seront vus sous des angles égaux.

Il y a une différence très-sensible entre les *grandeurs apparentes* ou diamètres *apparens* du soleil & de la lune vers l'horizon, & leurs diamètres *apparens* lorsqu'ils sont fort élevés au méridien. Ce phénomène a beaucoup exercé les philosophes ; le P. Malebranche est celui qui paroît l'avoir expliqué de la manière la plus vraisemblable, & nous donnerons son explication au mot DIAMÈTRE.

La différence est encore plus singuliere quand on regarde dans une lunette ; souvent une personne y juge la planète grande comme une assiette, & l'autre comme une pièce de six sous ; il ne peut en effet y avoir de règle, parce qu'il n'y a point de terme de comparaison, & l'on estime la grandeur *apparente* au hazard, suivant le rapport qui s'établit involontairement entre l'impression qu'on éprouve alors dans l'œil, & celle qu'on a coutume d'éprouver en regardant des objets familiers.

La grandeur *apparente* peut donc changer, quoique l'angle du diamètre *apparent* ne change pas ; ainsi, quoique l'angle optique soit la mesure de la *grandeur apparente*, suivant les auteurs d'Optique, d'autres opticiens prétendent avec beaucoup de fondement que la *grandeur apparente* d'un objet ou plutôt le jugement que nous en portons, ne dépend pas seulement de l'angle sous lequel il est vu ; & pour le prouver, ils disent qu'un géant de six piés vu à six piés de distance, & un nain d'un pié vu à un pié de distance, sont vus l'un & l'autre sous le même angle, & que cependant le géant paroît beaucoup plus grand ; d'où ils concluent que tout le reste étant d'ailleurs égal, la *grandeur apparente* d'un objet dépend beaucoup de sa distance *apparente*, c'est-à-dire, de l'éloignement auquel il nous paroît être. *Voyez* ANGLE, DIAMÈTRE.

Ainsi, quand on dit que l'angle optique est la mesure de la *grandeur apparente*, on doit restreindre cette proposition aux cas où la distance *apparente* est supposée la même ; ou bien l'on doit entendre par le mot de *grandeur apparente* de l'objet, non pas la grandeur sous laquelle il paroît véritablement, mais la grandeur de l'image qu'il forme au fond de l'œil. Cette image est en effet proportionnelle à l'angle sous lequel on voit l'objet; & en ce sens on peut dire que la *grandeur apparente* d'un objet est d'autant de degrés que l'angle optique sous lequel on voit cet objet en contient. *Voyez* VISION.

Distance apparente est celle que l'on observe en degrés, minutes & secondes entre deux astres, avant qu'on l'ait dégagée de la réfraction qui la fait paroître trop petite, & de la parallaxe qui change aussi ces distances, c'est-à-dire, ces arcs *apparens* compris entre deux astres que l'on observe. *Voyez* LONGITUDE.

Tems apparent est la même chose que *tems vrai*; il diffère du tems moyen à raison de l'*équation du tems*. (*M.* DE LA LANDE.)

APPLATI, adj. m. On appelle *sphéroïde applati* un sphéroïde dont l'axe est plus petit que le diamètre de l'équateur. *Voyez* SPHÉROÏDE.

APPLICATION, c'est l'action d'appliquer une chose à une autre, en les approchant, ou en les mettant l'une auprès de l'autre.

On définit le mouvement, l'*application* successive d'un corps aux différentes parties de l'espace. *Voy.* MOUVEMENT.

On entend quelquefois en Géométrie par *application*, ce que nous appellons en Arithmétique *division*. Ce mot est plus d'usage en latin qu'en françois: *applicare 6 ad 3*, est la même chose que *diviser 6 par 3*. *Voyez* DIVISION.

Application, se dit encore de l'action de poser ou d'appliquer l'une sur l'autre deux figures planes égales ou inégales.

C'est par l'*application* ou superposition qu'on démontre plusieurs propositions fondamentales de la Géométrie élémentaire; par exemple, que deux triangles qui ont une même base & les mêmes angles à la base, sont égaux en tout; que le diamètre d'un cercle le divise en deux parties parfaitement égales; qu'un quarré est partagé par sa diagonale en deux triangles égaux & semblables, *&c.* *Voyez* SUPERPOSITION.

APPLICATION d'une science à une autre, en général se dit de l'usage qu'on fait des principes & des vérités qui appartiennent à l'une pour perfectionner & augmenter l'autre.

En général, il n'est point de science ou d'art qui ne tienne en partie à quelqu'autre. Le discours préliminaire qui est à la tête de l'Encyclopédie, & une multitude d'articles de ce Dictionnaire en fournissent la preuve.

APPLICATION *de l'Algèbre* ou *de l'Analyse à la Géométrie*. L'Algèbre étant, comme nous l'avons dit à son article, le calcul des grandeurs en général, & l'Analyse l'usage de l'Algèbre pour découvrir les quantités inconnues; il étoit naturel qu'après avoir découvert l'Algèbre & l'Analyse, on songeât à appliquer ces deux sciences à la Géométrie, puisque les lignes, les surfaces, & les solides dont la Géométrie s'occupe, sont des grandeurs mesurables & comparables entr'elles, & dont on peut par conséquent assigner les rapports. *Voyez* ARITHMÉTIQUE UNIVERSELLE. Cependant jusqu'à M. Descartes, personne n'y avoit pensé, quoique l'Algèbre eût déjà fait d'assez grands progrès, sur-tout entre les mains de Viete. *Voyez* ALGÈBRE. C'est dans la Géométrie de M. Descartes que l'on trouve pour la première fois l'*application* de l'Algèbre à la Géométrie, ainsi que des méthodes excellentes pour perfectionner l'Algèbre même: ce grand génie a rendu par-là un service immortel aux Mathématiques, & a donné la clé des plus grandes des découvertes qu'on pût espérer de faire dans cette science.

Il a le premier appris à exprimer par des équations la nature des courbes, à résoudre par le secours de ces mêmes courbes, les problêmes de Géométrie; enfin à démontrer souvent les théorèmes de Géométrie par le secours du calcul algébrique, lorsqu'il seroit trop pénible de les démontrer autrement en se servant des méthodes ordinaires. On verra aux articles CONSTRUCTION, EQUATION, COURBE, en quoi consiste cette *application* de l'Algèbre à la Géométrie. Nous ignorons si les anciens avoient quelque secours semblable dans leurs recherches: s'ils n'en ont pas eu on ne peut que les admirer d'avoir été si loin sans ce secours. Nous avons le traité d'Archimede sur les spirales, & ses propres démonstrations; il est difficile de savoir si ces démonstrations exposent précisément la méthode par laquelle il est parvenu à découvrir les propriétés des spirales; ou si, après avoir trouvé ces propriétés par quelque méthode particulière, il a eu dessein de cacher cette méthode par des démonstrations embarrassées. Mais s'il n'a point en effet suivi d'autre méthode que celle qui est contenue dans ces démonstrations mêmes, il est étonnant qu'il ne se soit pas égaré; & on ne peut donner une plus grande preuve de la profondeur & de l'étendue de son génie: car Bouillaud avoue qu'il n'a pas entendu les démonstrations d'Archimede, & Viete les a injustement accusées de paralogisme.

Quoi qu'il en soit, ces mêmes démonstrations qui ont coûté tant de peine à Bouillaud & à Viete, & peut-être tant à Archimede, peuvent aujourd'hui être extrêmement facilitées par l'*application* de l'Algèbre à la Géométrie. On en peut dire autant de tous les ouvrages géométriques des anciens, que presque personne ne lit, par la facilité que donne l'Algèbre de réduire leurs démonstrations à quelque lignes de calcul.

Cependant M. Neuton, qui connoissoit mieux qu'un autre tous les avantages de l'Analyse dans la Géométrie, se plaint en plusieurs endroits de ses ouvrages, de ce que la lecture des anciens géomètres est abandonnée.

En effet, on regarde communément la méthode dont les anciens se sont servis dans leurs livres de Géométrie, comme plus rigoureuse que celle de l'Analyse; & c'est principalement sur cela que sont fondées les plaintes de M. Neuton, qui craignoit que par l'usage trop fréquent de l'Analyse, la Géométrie ne perdît cette rigueur qui caractérise ses démonstrations. On ne peut nier que ce grand homme ne fût fondé, au moins en partie, à recommander jusqu'à un certain point la lecture des anciens géomètres. Leurs démonstrations étant plus difficiles, exercent davantage l'esprit, l'accoutument à une *application* plus grande, lui donnent plus d'étendue, & le forment à la patience & à l'opiniâtreté, si nécessaires pour les découvertes. Mais il ne faut rien outrer; & si on s'en tenoit à la seule méthode des anciens, il n'y a pas d'apparence que, même avec le plus grand génie, on pût faire dans la Géométrie de grandes découvertes, ou du moins en aussi grand nombre qu'avec le secours de l'Analyse. A l'égard de l'avantage qu'on veut donner aux démonstrations faites à la manière des anciens d'être plus rigoureuses que les démonstrations analytiques, je doute que cette prétention soit bien fondée. J'ouvre les *principes* de Neuton; je vois que tout y est démontré à la manière des anciens; mais en même tems je vois clairement que Neuton a trouvé ses théorèmes par une autre méthode que celle par laquelle il les démontre, & que ses démonstrations ne sont proprement que des calculs analytiques qu'il a traduits, & déguisés en substituant le nom des lignes à leur valeur algébrique. Si on prétend que les démonstrations de Neuton sont rigoureuses, ce qui est vrai; pourquoi les traductions de ces démonstrations en langage algébrique, ne seroient-elles pas rigoureuses aussi? Que j'appelle une ligne, *AB*; ou que je la désigne par l'expression algébrique *a*, quelle différence en peut-il résulter pour la certitude de la démonstration? A la vérité la dernière dénomination a cela de particulier que quand j'aurai désigné toutes les lignes par des caractères algébriques, je pourrai faire sur ces caractères beaucoup d'opérations, sans songer aux lignes ni à la figure; mais cela même est un avantage; l'esprit est soulagé, il n'a pas trop de toutes ses forces pour résoudre certains problèmes, & l'Analyse les épargne autant qu'il est possible. Il suffit de savoir que les principes du calcul sont certains; la main calcule en toute sûreté, & arrive presque machinalement à un résultat qui donne le théorème ou le problème que l'on cherchoit, & auquel sans cela l'on ne seroit point parvenu, ou l'on ne seroit arrivé qu'avec beaucoup de peine. Il ne tiendra qu'à l'analyste de donner à la démonstration ou à sa solution la rigueur prétendue qu'on croit lui manquer; il lui suffira pour cela de traduire la démonstration dans le langage des anciens, comme Neuton a fait les siennes. Qu'on se contente donc de dire que l'usage trop fréquent & trop facile de l'Analyse peut rendre l'esprit paresseux, & on aura raison, pourvu que l'on convienne en même tems de la nécessité absolue de l'Analyse pour un grand nombre de recherches; mais je doute fort que cet usage rende les démonstrations mathématiques moins rigoureuses. On peut regarder la méthode des anciens comme une route difficile, tortueuse, embarrassée, dans laquelle le géomètre guide ses lecteurs: l'analyste placé à un point de vue plus élevé, voit, pour ainsi dire, cette route d'un coup-d'œil; il ne tient qu'à lui d'en parcourir tous les sentiers, d'y conduire les autres, & de les y arrêter aussi long-tems qu'il le veut.

Au reste, il y a des cas où l'usage de l'Analyse, loin d'abréger les démonstrations, les rendroit au contraire plus embarrassées. De ce nombre sont entr'autres plusieurs problèmes ou théorèmes, où il s'agit de comparer des angles entr'eux. Ces angles ne sont exprimables analytiquement que par leurs sinus, & l'expression des sinus des angles est souvent compliquée; ce qui rend les constructions & les démonstrations difficiles en se servant de l'Analyse. Au reste, c'est aux grands géomètres à savoir quand ils doivent faire usage de la méthode des anciens, ou lui préférer l'Analyse. Il seroit difficile de donner sur cela des règles exactes & générales.

Application *de la Géométrie à l'Algèbre*. Quoiqu'il soit beaucoup plus ordinaire & plus commode d'appliquer l'Algèbre à la Géométrie, que la Géométrie à l'Algèbre, cependant cette dernière *application* a lieu en certains cas. Comme on représente les lignes géométriques par des lettres, on peut quelquefois représenter par des lignes les grandeurs numériques que des lettres expriment, & il peut même dans quelques occasions en résulter plus de facilité pour la démonstration de certains théorèmes, ou la résolution de certains problèmes. Pour en donner un exemple simple, je suppose que je veuille prendre le quarré de $a+b$; je puis par le calcul algébrique démontrer que ce quarré contient le quarré de a, plus celui de b, plus deux fois le produit de a par b. Mais je puis aussi démontrer cette proposition en me servant de la Géométrie. Pour cela, je n'ai qu'à faire un quarré, dont je partagerai la base & la hauteur chacune en deux parties, dont j'appellerai l'une a & l'autre b; ensuite tirant par les points de division les lignes parallèles aux côtés du quarré, je diviserai ce quarré en quatre surfaces, dont on verra au premier coup-d'œil que l'une sera le quarré de a, une autre celui de b, & les deux autres seront chacune un rectangle formé de a & de b; d'où il s'ensuit que le quarré du binome $a+b$ contient le quarré de chacune des deux parties, plus deux fois le produit de la première par la seconde. Cet exemple, très-simple & à la portée de tout le monde, peut servir à faire voir comment on applique la Géométrie à l'Algèbre, c'est-à-dire, comment on peut se servir quelquefois de la Géométrie pour démontrer les théorèmes d'Algèbre.

Au reste, l'*application* de la Géométrie à l'Algèbre n'est pas si nécessaire dans l'exemple que nous venons de rapporter, que dans plusieurs autres, trop compliqués pour que nous en fassions ici une énumération fort étendue. Nous nous contenterons de dire que la considération, par exemple, des courbes de genre parabolique, & du cours de ces courbes par rapport à leur axe, est souvent utile pour démontrer aisément plusieurs théorèmes sur les équations & sur leurs racines. *Voyez* entr'autres l'usage que M. l'abbé de Gua a fait de ces sortes de courbes, *Mém. acad. 1741*, pour démontrer la fameuse règle de Descartes sur le nombre des racines des équations. *Voyez* PARABOLIQUE, CONSTRUCTION, *&c.*

On peut même quelquefois appliquer la Géométrie à l'Arithmétique, c'est-à-dire, se servir de la Géométrie pour démontrer plus aisément sans Analyse & d'une manière générale certains théorèmes d'Arithmétique; par exemple, que la suite des nombres impairs 1, 3, 5, 7, 9, *&c.* ajoutés successivement, donne la suite des quarrés 1, 4, 9, 16, 25, *&c.*

Pour cela, faites un triangle rectangle ABE (*Méchan. fig. 65*) dont un côté soit horizontal & l'autre vertical (je les désigne par *horizontal* & *vertical*, pour fixer l'imagination): divisez le côté vertical AB en tant de parties égales que vous voudrez, & par les points de division 1, 2, 3, 4, *&c.* menez les parallèles $1f$, $2g$, *&c.* à BE, vous aurez d'abord le petit triangle $A1f$, ensuite le trapeze $1fg2$, qui vaudra trois fois ce triangle; puis un troisième trapeze $2gh3$, qui vaudra cinq fois ce triangle: de sorte que les espaces terminés par les parallèles $1f$, $2g$, *&c.* seront représentés par les nombres suivans, 1, 3, 5, 7, *&c.* en commençant par le triangle $A1f$, & désignant ce triangle par 1.

Or les sommes de ces espaces seront les triangles $A1f$, $A2g$, $A3h$, *&c.* qui sont comme les quarrés des côtés $A1$, $A2$, $A3$, c'est-à-dire, comme 1, 4, 9, *&c.* Donc la somme des nombres impairs donne la suite des nombres quarrés. On peut sans doute démontrer cette proposition algébriquement; mais la démonstration précédente peut satisfaire ceux qui ignorent l'Algèbre. *Voy.* ACCÉLÉRATION.

APPLICATION *de la Géométrie & de l'Algèbre à la Méchanique.* Elle est fondée sur les mêmes principes que l'*application* de l'Algèbre à la Géométrie. Elle consiste principalement à représenter par des équations les courbes que décrivent les corps dans leur mouvement, à déterminer l'équation entre les espaces que les corps décrivent (lorsqu'ils sont animés par des forces quelconques), & le tems qu'ils emploient à parcourir ces espaces, *&c.* On ne peut à la vérité comparer ensemble deux choses d'une nature différente, telles que l'espace & le tems; mais on peut comparer le rapport des parties du tems avec celui des parties de l'espace parcouru. Le tems par sa nature coule uniformément, & la méchanique suppose cette uniformité. Du reste, sans connoître le tems en lui-même, & sans en avoir de mesure précise, nous ne pouvons représenter plus clairement le rapport de ses parties, que par celui des parties d'une ligne droite indéfinie. Or l'analogie qu'il y a entre le rapport des parties d'une telle ligne, & celui des parties de l'espace parcouru par un corps qui se meut d'une manière quelconque, peut toujours être exprimé par une équation. On peut donc imaginer une courbe, dont les abscisses représentent les portions du tems écoulé depuis le commencement du mouvement; les ordonnées correspondantes désignant les espaces parcourus durant ces portions de tems. L'équation de cette courbe exprimera, non le rapport des tems aux espaces, mais, si on peut parler ainsi, le rapport du rapport que les parties de tems ont à leur unité, à celui que les parties de l'espace parcouru ont à la leur; car l'équation d'une courbe peut être considérée ou comme exprimant le rapport des ordonnées aux abscisses, ou comme l'équation entre le rapport que les ordonnées ont à leur unité, & celui que les abscisses correspondantes ont à la leur.

Il est donc évident que, par l'*application* seule de la Géométrie & du calcul, on peut, sans le secours d'aucun autre principe, trouver les propriétés générales du mouvement varié suivant une loi quelconque. On peut voir à l'*article* ACCÉLÉRÉ, un exemple de l'*application* de la Géométrie à la Méchanique; les tems de la descente d'un corps pesant y sont représentés par les abscisses d'un triangle, les vitesses par les ordonnées (*voyez* ABSCISSE & ORDONNÉE), & les espaces parcourus par l'aire des parties du triangle. *Voyez* TRAJECTOIRE, MOUVEMENT, TEMS, *&c.*

APPLICATION *de la Méchanique à la Géométrie.* Elle consiste principalement dans l'usage qu'on fait quelquefois du centre de gravité des figures pour déterminer les solides qu'elles forment. *Voyez* CENTRE DE GRAVITÉ.

APPLICATION *de la Géométrie & de l'Astronomie à la Géographie.* Elle consiste en trois choses. 1.° A déterminer par les opérations géométriques & astronomiques la figure du globe que nous habitons. *Voy.* FIGURE DE LA TERRE, DEGRÉ, *&c.* 2.° A trouver par l'observation des longitudes & des latitudes la position des lieux. *Voyez* LONGITUDE & LATITUDE. 3.° A déterminer par des opérations géométriques la position des lieux peu éloignés l'un de l'autre. *Voy.* CARTE.

L'Astronomie & la Géomérie sont aussi d'un

grand usage dans la navigation. *Voyez* NAVIGATION, &c.

APPLICATION *de la Géométrie & de l'Analyse à la Physique.* C'est à M. Neuton qu'on la doit comme on doit à M. Descartes l'*application* de l'Algèbre à la Géométrie. Elle est fondée sur les mêmes principes que l'*application* de l'Algèbre à la Géométrie. La plupart des propriétés des corps ont entr'elles des rapports plus ou moins marqués que nous pouvons comparer, & c'est à quoi nous parvenons par la Géométrie & par l'Analyse ou Algèbre. C'est sur cette *application* que sont fondées toutes les sciences physicomathématiques. Une seule observation ou expérience donne souvent toute une science. Supposez, comme on le sait par l'expérience, que les rayons de lumière se réfléchissent en faisant l'angle d'incidence égal à l'angle de réflexion, vous aurez toute la Catoptrique. *Voy.* CATOPTRIQUE. Cette expérience une fois admise, la Catoptrique devient une science purement géométrique, puisqu'elle se réduit à comparer des angles & des lignes données de position. Il en est de même d'une infinité d'autres. En général, c'est par le secours de la Géométrie & de l'Analyse que l'on parvient à déterminer la quantité d'un effet qui dépend d'un autre effet mieux connu. Donc cette science nous est presque toujours nécessaire dans la comparaison & l'examen des faits que l'expérience nous découvre. Il faut avouer cependant que les différens sujets de Physique ne sont pas également susceptibles de l'*application* de la Géométrie. Plusieurs expériences, telles que celles de l'aimant, de l'électricité, & une infinité d'autres, ne donnent aucune prise au calcul; en ce cas il faut s'abstenir de l'y appliquer. Les géomètres tombent quelquefois dans ce défaut, en substituant des hypothèses aux expériences, & calculant en conséquence; mais ces calculs ne doivent avoir de force qu'autant que les hypothèses sur lesquelles ils sont appuyés, sont conformes à la nature, & il faut pour cela que les observations les confirment, ce qui par malheur n'arrive pas toujours. D'ailleurs quand les hypothèses seroient vraies, elles ne sont pas toujours suffisantes. S'il y a dans dans un effet un grand nombre de circonstances dûes à plusieurs causes qui agissent à-la-fois, & qu'on se contente de considérer quelques-unes de ces causes, parce qu'étant plus simples, leur effet peut être calculé plus aisément: on pourra bien par cette méthode avoir l'effet partiel de ces causes; mais cet effet sera fort différent de l'effet total qui résulte de la réunion de toutes les causes.

APPLICATION *de la Méthode géométrique à la Métaphysique.* On a quelquefois abusé de la Géométrie dans la Physique, en appliquant le calcul des propriétés des corps à des hypothèses arbitraires. Dans les sciences qui ne peuvent par leur nature être soumises à aucun calcul, on a abusé de la méthode des géomètres, parce qu'on ne pouvoit abuser que de la méthode. Plusieurs ouvrages métaphysiques, qui ne contiennent souvent rien moins que des vérités certaines; ont été exécutés à la manière des géomètres; & on y voit à toutes les pages les grands mots d'*axiome*, de *théorème*, de *corollaire*, &c.

Les auteurs de ces ouvrages se sont apparemment imaginés que de tels mots faisoient par quelque vertu secrette l'essence d'une démonstration, & qu'en écrivant à la fin d'une proposition, *ce qu'il falloit démontrer*, ils rendroient démontré ce qui ne l'étoit pas. Mais ce n'est point à cette méthode que la Géométrie doit sa certitude, c'est à l'évidence & à la simplicité de son objet; & comme un livre de Géométrie pourroit être très-bon en s'écartant de la forme ordinaire, un livre de Métaphysique ou de Morale peut souvent être mauvais en suivant la méthode des Géomètres. Il faut même se défier de ces sortes d'ouvrages; car la plupart des prétendue démonstrations n'y sont fondées que sur l'abus des mots. Ceux qui ont réfléchi sur cette matière, savent combien l'abus des mots est facile & ordinaire, sur-tout dans les matières méthaphysiques. C'est en quoi on peut dire que les Scolastiques ont excellé. On ne sauroit trop regretter qu'ils n'aient pas fait de leur sagacité un meilleur usage.

APPLICATION *de la Métaphysique à la Géométrie.* On abuse quelquefois de la Métaphysique en Géométrie, comme on abuse de la méthode des Géomètres en Métaphysique. Ce n'est pas que la Géométrie n'ait, comme toutes les autres sciences une métaphysique qui lui est propre; cette métaphysique est même certaine & incontestable, puisque les propositions géométriques qui en résultent, sont d'une évidence à laquelle on ne sauroit se refuser. Mais, comme la certitude des Mathématiques vient de la simplicité de son objet, la méthaphysique n'en sauroit être trop simple & trop lumineuse: elle doit toujours se réduire à des notions claires, précises & sans aucune obscurité. En effet, comment les conséquences pourroient-elles être certaines & évidentes, si les principes ne l'étoient pas? Cependant quelques auteurs ont cru pouvoir introduire dans la Géométrie une métaphysique souvent assez obscure, & qui pis est, démontrer par cette métaphysique des vérités dont on étoit déjà certain par d'autres principes. C'étoit le moyen de rendre ces vérités douteuses, si elles avoient pu le devenir. La Géométrie nouvelle a principalement donné occasion à cette mauvaise méthode. On a cru que les infiniment petits qu'elle considère étoient des quantités réelles; on a voulu admettre des infinis plus grands les uns que les autres; on a reconnu des infiniment petits de différens ordres, en regardant tout cela comme des réalités; au lieu de chercher à réduire ces suppositions & ces calculs à des notions simples. *Voyez* DIFFÉRENTIEL, INFINI, & INFINIMENT PETIT.

Un autre abus de la Métaphysique en Géométrie, consiste à vouloir se borner dans certains cas à la Métaphysique pour des démonstrations géométriques. En supposant même que les principes métaphysiques dont on part soient certains & évidens, il n'y a guère de propositions géométriques qu'on puisse démontrer rigoureusement avec ce seul secours; presque toutes demandent, pour ainsi dire, la toise & le calcul. Cette manière de démontrer est bien matérielle, si l'on veut: mais enfin c'est presque toujours la seule qui soit sûre; c'est la plume à la main, & non pas avec des raisonnemens métaphysiques, qu'on peut faire des combinaisons & des calculs exacts.

Au reste, cette dernière métaphysique dont nous parlons, est bonne jusqu'à un certain point, pourvu qu'on ne s'y borne pas: elle fait entrevoir les principes des découvertes; elle nous fournit des vues; elle nous met dans le chemin: mais nous ne sommes bien sûrs d'y être, si on peut s'exprimer de la sorte, qu'après nous être aidés du bâton du calcul, pour connoître les objets que nous n'entrevoyons auparavant que confusément.

Il semble que les grands Géomètres devroient être toujours excellens Métaphysiciens, au moins sur les objets de leur science: cela n'est pourtant pas toujours. Quelques Géomètres ressemblent à des personnes qui auroient le sens de la vue contraire à celui du toucher; mais cela ne prouve que mieux combien le calcul est nécessaire pour les vérités géométriques. Au reste, je crois qu'on peut du moins assurer qu'un Géomètre, qui est mauvais Métaphysicien sur les objets dont il s'occupe, sera à coup sûr Métaphysicien détestable sur le reste. Ainsi, la Géométrie, qui mesure les corps, peut servir en certains cas à mesurer les esprits même.

Application *d'une chose à une autre*, en général se dit, *en matière de Science* ou *d'Art*, pour désigner l'usage dont la première est pour connoître ou perfectionner la seconde. Ainsi, l'*application* de la cycloïde aux pendules, signifie l'usage qu'on a fait de la cycloïde pour perfectionner les pendules. *Voyez* Pendule, Cycloïde, *&c.*, & ainsi d'une infinité d'autres exemples. (*O*).

Application, *terme d'Astrologie*, qui exprimoit le rapport d'un degré précédent à un degré suivant, quant aux influences. *Ptol. de judiciis, L. 1 in fine.* (*D. L*).

APPLIQUÉE, s. f. en *Géométrie*, c'est en général une ligne droite terminée par un courbe dont elle coupe le diamètre; ou, en général, c'est une ligne droite qui se termine par une de ses extrémités à une courbe, & par qui l'autre extrémité se termine encore à la courbe même, ou à une ligne droite tracée sur le plan de cette courbe. Ainsi, (*Sect. con. fig. 26*) *EM, MM*, sont des *appliquées* à la courbe *MAM*. *Voyez* Courbe, Diamètre, *&c.*

Le terme *appliquée* est synonyme à *ordonnée*. *V.* Ordonnée (*O*).

APPLIQUER, signifie, en *Mathématiques*, transporter une ligne donnée, soit dans un cercle, soit dans une autre figure curviligne ou rectiligne, en sorte que les deux extrémités de cette ligne soient dans le périmètre de la figure.

Appliquer signifie aussi *diviser*, sur-tout dans les Auteurs Latins. Ils ont accoutumé de dire *duc AB in CD*, *menez AB sur CD*; pour *multipliez AB par CD*, ou faites un pallélogramme rectangle de ces deux lignes; & *applica AB ad CD*, *appliquez AB à CD*, pour *divisez AB par CD*, ce qu'on exprime ainsi $\frac{AB}{CD}$. On entend encore par *appliquer*, tracer l'une sur l'autre des figures différentes; mais dont les aires sont égales.

APPOLLON (*Astronom.*), nom que quelques Auteurs ont donné à l'étoile des gémeaux, appellée aussi *castor*, c'est la précédente & la plus belle des deux; elle est marquée α (*D. L*).

APPROCHE, s. f. (*Méchan.*). *La courbe aux approches égales, accessus æquabilis*, demandée aux Géomètres par M. Leibnitz, est fameuse par la difficulté qu'ils eurent à en trouver l'équation. Voici la question.

Trouver une courbe le long de laquelle un corps descendant par l'action seule de la pesanteur, approche également de l'horizon en des tems égaux; c'est-à-dire, trouver la courbe *AMP* (*Méch. fig. 41*), qui soit telle que si un corps pesant se meut le long de la concavité *AMP* de cette courbe, & qu'on tire à volonté les lignes horizontales *QM, RN, SO, TP*, &c. également distantes l'une de l'autre, il parcourt en tems égaux les arcs *MN, NO, OP*, &c. terminés par ces lignes.

MM. Bernoulli, Varignon & d'autres ont trouvé que c'étoit la seconde parabole cubique, placée de manière que son sommet *A* fût sa partie supérieure. On doit de plus remarquer que le corps qui la doit décrire, pour s'approcher également de l'horizon en tems égaux, ne peut pas la décrire dès le commencement de sa chûte. Il faut qu'il tombe d'abord en ligne droite d'une certaine hauteur *VA*, que la nature de cette parabole détermine; & ce n'est qu'avec la vitesse acquise par cette chûte qu'il peut commencer à s'approcher également de l'horizon en tems égaux.

M. Varignon a généralisé la question à son ordinaire, en cherchant la courbe qu'un corps doit décrire *dans le vuide* pour s'approcher également du point donné en tems égaux, la loi de la pesanteur étant supposée quelconque.

M. de Maupertuis a aussi résolu le même problême, pour le cas ou le corps se mouvroit dans un milieu résistant comme le quarré de la vitesse, ce qui rend la question beaucoup plus difficile que dans le cas où l'on suppose que le corps se meuve dans le vuide. *Voyez Hist. acad. royale des Sciences, ann. 1699, pag. 82, & an. 1730, pag. 129, Mém. p. 333.* *Voyez aussi* Descente. (*O*).

APPROXIMATION, s. f. (*Alg.*) opération par laquelle on trouve d'une manière approchée la valeur

leur d'une quantité qu'on ne peut pas trouver rigoureusement.

Cette opération est d'usage pour les racines des nombres qui ne sont pas des puissances parfaites ; pour trouver la valeur approchée de l'inconnue dans une équation qu'on ne peut pas résoudre exactement, *&c.* Entrons dans quelques détails.

I. Tous les Traités d'Arithmétique enseignent à trouver par *approximation* les racines quarrée & cube des nombres qui ne sont pas des quarrés parfaits ou des cubes parfaits. On peut parvenir facilement au même but, pour une racine quelconque, au moyen de l'algèbre, comme je vais l'expliquer.

Soit d'abord à tirer la racine quarrée approchée d'un nombre qui n'est pas un quarré parfait. Je commence par observer qu'un pareil nombre (il s'agit toujours de nombres entiers) est compris entre deux quarrés consécutifs, c'est-à-dire, entre deux quarrés dont les racines ne diffèrent que de l'unité. D'où il suit que tout nombre non quarré peut être représenté par la formule $m^2 \pm n$; m^2 étant le quarré supérieur ou inférieur à ce nombre, n la partie qu'il faut ajouter à m^2, ou en soustraire, pour former le nombre en question. Cela posé, je considère que $\sqrt{(m^2 \pm n)}$ est la même que $(m^2 \pm n)^{\frac{1}{2}}$ (*voyez* EXPOSANT) ; & je développe $(m^2 \pm n)^{\frac{1}{2}}$ en série, par le moyen de la formule du binome (*voyez* BINOME) ; ce qui me donne $\sqrt{(m^2 \pm n)} = m \pm \frac{n}{2m} - \frac{n^2}{8m^3} \pm \frac{3^3}{16m^5} -$ &c. On voit que m & n étant supposés des nombres entiers, cette série convergera toujours, pourvu que $\frac{n}{m}$ ne surpasse pas l'unité.

Par exemple, soit le nombre 150, qui n'est pas un quarré parfait, & dont on demande la racine approchée : je commence par chercher, par les règles de l'arithmétique, la racine du plus grand quarré contenu dans 150 ; cette racine est 12, & le quarré 144 ; d'où je vois que 150 est compris entre le quarré de 12, c'est-à-dire 144, & celui de 13, c'est-à-dire 169 ; mais, comme le nombre 150 est plus voisin de 144 que de 169, je le rapporte à la formule $m^2 + n$, en prenant $m^2 = 144$, $n = 6$. Alors la formule devient $12 + \frac{6}{24} \frac{-36}{8 \cdot 1728} + \frac{216}{16 \cdot 248832} -$ *&c.* ; ce qui forme une série très-convergente. Il suffira de prendre ses trois premiers termes pour avoir la valeur approchée de toute la suite, ou de la racine quarrée de 150. Or les deux premiers termes, qui ont le signe $+$, étant ajoutés ensemble, donnent $12 + \frac{1}{4}$, dont retranchant la fraction $\frac{36}{8 \cdot 1728}$ ou $\frac{1}{384}$, on aura, pour résultat des trois termes en question, $12 + \frac{95}{384}$, ou (en réduisant la partie $\frac{95}{384}$ en parties décimales, *voyez* ce mot), 12, 247395, qui diffère à peine de la vraie racine de $\frac{1}{100000}$.

Soit, pour le second exemple, le nombre 1289, qui n'est pas un quarré parfait. On trouve d'abord que la racine du plus grand quarré, contenu dans ce nombre, est 35, & que le quarré est 1225. Le quarré immédiatement supérieur, c'est-à-dire, celui de 36 est 1296. Par conséquent le nombre proposé est compris entre les deux quarrés consécutifs 1225 & 1296 ; mais plus approchant du second que du premier. Je le rapporte donc à la formule $m^2 - n$, en prenant $m^2 = 1296$, $n = 7$. Alors la série devient $36 - \frac{7}{72} - \frac{49}{8 \cdot 46656} -$ *&c.* dont prenant seulement les trois premiers termes, on a 35, 902644 pour la racine quarrée approchée de 1289.

Le procédé est le même pour la racine cube, la racine quatrième, *&c.* Par exemple, un nombre qui n'est pas un cube parfait, peut être représenté par $m^3 \pm n$, m^3 étant le cube supérieur ou inférieur, n la partie additive ou soustractive, qui complète le nombre proposé. Alors on a $\sqrt[3]{(m^3 \pm n)} = (m^3 \pm n)^{\frac{1}{3}} = m \pm \frac{n}{3m^2} - \frac{n^2}{9m^5} \pm \frac{5n^3}{81m^2} - \frac{10n^4}{243m^{11}} \pm$ *&c.* L'application aux nombres n'a aucune difficulté.

II. L'art de résoudre par *approximation* les équations qu'on ne peut pas résoudre en rigueur, est fondé sur quelques principes généraux que je vais expliquer. Je commence par les équations numériques, c'est-à-dire par les équations où il n'y a point d'autre quantité littérale que l'inconnue.

III. THÉORÊME. *Si, en substituant dans une équation quelconque deux nombres différens à la place de l'inconnue, on obtient des résultats de signes contraires ; l'une des valeurs de l'inconnue sera comprise entre les deux nombres substitués.*

Soit, par exemple, l'équation $x^4 + nx^3 + px^2 + qx + r = 0$; supposons que ses quatre racines soient $x = a$, $x = b$, $x = c$, $x = d$, & qu'on ait $a > b$, $b > c$, $c > d$. Nous aurons $(x - a).(x - b).(x - c).(x - d) = 0$; & en substituant successivement g & h à la place de x, nous formerons les deux produits :

$$(A) \ldots (g-a) \times (g-b) \times (g-c \times (g-d),$$
$$(B) \ldots (h-a) \times (h-b) \times (h-c) \times (h-d).$$

Cela posé, 1.° soient $g > a$; $h < a$ & $h > b$: il est clair que tous les facteurs du produit (A) sont positifs, que le premier facteur du produit (B) est négatif & les autres positifs ; donc le produit (A) est positif, le produit (B) négatif, & la racine a est comprise entre g & h.

2.° Soient $g > b$, & $g < a$; $h < b$ & $h > c$: le premier facteur de (A) est négatif, les autres positifs : les deux premiers facteurs de (B) sont négatifs, les autres positifs ; donc le produit (A) est négatif, le produit (B) positif, & la racine b comprise entre g & h.

3.° Soient $g>c$, & $g<b$; $h<c$ & $h>d$: les deux premiers facteurs de (A) sont négatifs, & les deux autres positifs; les trois premiers facteurs de (B) sont négatifs, le quatrième positif; donc le produit (A) est positif, le produit (B) négatif, & la racine c est comprise entre g & h.

4.° Enfin, soient $g>d$ & $g<c$; $h>d$: les trois premiers facteurs de (A) sont négatifs, le quatrième positif; les quatre facteurs de (B) sont négatifs; donc le produit (A) est négatif, le produit (B) positif, & la racine d est comprise entre g & h.

On appliquera facilement la même démonstration à une équation de tout autre degré.

IV. Corollaire I. Il suit delà que si les deux nombres g & h ne diffèrent entr'eux que de l'unité, la valeur qu'on obtiendra pour x, en mettant g ou h à la place de cette inconnue, ne différera pas d'une unité de la vraie valeur de x.

V. Corollaire II. Toute équation dont le dernier terme est négatif, le premier étant positif, a nécessairement au moins une racine positive. Car soit l'équation générale $x^m + p x^{m-1} + q x^{m-2} \ldots - k = 0$. Si l'on fait $x = 0$, on aura le résultat négatif $-k$; & si l'on fait $x = \infty$ (a), on aura le résultat positif $+\infty$. Ainsi, on a ici $g = 0$, $h = \infty$. Donc l'une des valeurs de x est comprise entre 0 & ∞; elle est par conséquent l'un des nombres réels positifs compris entre ces deux limites.

VI. Corollaire III. Toute équation d'un degré impair a, au moins, une racine réelle, laquelle sera positive ou négative, selon que le dernier terme de l'équation sera négatif ou positif, le premier étant toujours supposé positif. En effet, on voit d'abord que le premier cas est compris dans l'article précédent. Pour démontrer le second, on observera que le nombre des termes d'une équation d'un degré impair étant pair, si l'on change les signes de ces termes pris de deux en deux à compter depuis le second inclusivement jusqu'au dernier, les racines positives deviendront négatives, & les négatives, positives (*Voyez* Racine). Or, par ce changement de signes, le dernier terme de l'équation devient négatif. Donc la nouvelle équation a, au moins, une racine positive, & par conséquent l'équation primitive a, au moins, une racine négative correspondante.

VII. Corollaire IV. Une équation d'un degré pair, dont le dernier terme est négatif, a au moins deux racines réelles, l'une positive, l'autre négative. Car d'abord elle a une racine réelle positive (V). Ensuite si l'on change les signes de ses termes pris de deux en deux, à compter depuis le second jusqu'au dernier, pour changer les racines positives en négatives, & les négatives en positives; on aura une équation dont le dernier terme demeurera le même en tout que celui de la proposée. Donc cette nouvelle équation aura au moins une racine réelle positive; & par conséquent la racine correspondante de l'équation proposée sera réelle & négative.

VIII. Remarque. Il peut se faire qu'une équation ne donne jamais de résultats de signes contraires, quelques nombres qu'on substitue à la place de l'inconnue. Cela arrive, 1.° lorsque l'équation contient seulement des racines égales deux à deux, quatre à quatre, *&c.* Ainsi, par exemple, l'équation $(x-a)^2 \times (x-b)^4 \ldots = 0$, conservera évidemment toujours le même signe, quelque valeur qu'on attribue à x.

2.° Lorsque l'équation contient seulement des racines imaginaires. Telle est l'équation $(x+a+b\sqrt{-1}).(x+a-b\sqrt{-1}).(x-c+d\sqrt{-1}).(x-c-d\sqrt{-1}) \ldots = 0$, qui aura toujours le même signe, quelque valeur qu'on donne à x. Sur quoi il faut se rappeller que les imaginaires vont toujours deux à deux, & que les deux racines qui composent une même paire, ne diffèrent jamais que par le signe de la partie imaginaire.

3.° Lorsque l'équation contient tout-à-la-fois des racines égales deux à deux, quatre à quatre, *&c.*, & des racines imaginaires. Telle est l'équation, $(x-a)^2 (x-b)^4 (x+c+d\sqrt{-1}) (x+c-d\sqrt{-1}) = 0$.

Concluons de-là que toute équation qui donne des résultats de signes contraires, en mettant à la place de l'inconnue des nombres réels, différens, ne tombe dans aucun des trois cas précédens.

IX. Problême. *Résoudre une équation quelconque, sinon rigoureusement, au moins par approximation.*

Je commence par examiner si cette équation ne contient pas des racines égales; ces racines, lorsqu'il y en a, se trouvent, comme on l'expliquera au mot *racine*; & on parvient à une équation d'un degré inférieur qui ne contient plus de racines égales. J'examine encore si l'équation réduite n'a pas de diviseurs commensurables, d'une dimension; ces diviseurs se trouvent par la méthode qu'on expliquera au mot *diviseur commensurable*. Au moyen de ces recherches préliminaires, on n'aura plus à résoudre que des équations qui contiennent des racines réelles inégales & incommensurables, ou des racines imaginaires, ou des racines en partie réelles inégales & incommensurables, en partie imaginaires. Je suppose donc que les équations qu'il faut ici résoudre par *approximation*, sont de cette nature: on verra par les exemples suivans comment il faut opérer en général. Ces différens exemples ont chacun leur difficulté particulière & se rapportent à différentes sortes d'équations.

Exemple I. *Résoudre par une première approximation, l'équation* $x^3 + 5x + 7 = 0$?

Comme cette équation est d'un degré impair, & que son dernier terme est positif, je suis assuré (VI)

(a) Ce caractère ∞ sert en général à désigner une grandeur infinie quelconque.

qu'elle a au moins une racine réelle négative; & que par conséquent je ne puis pas manquer d'obtenir des résultats de signes contraires, en substituant pour x deux nombres négatifs différens. Je fais donc d'abord $x=0$, ou $x=-0$, ce qui donne le résultat positif $+7$; je fais $x=-1$, ce qui donne encore un résultat positif $+2$; je fais $x=-2$, ce qui donne le résultat négatif -11. D'où je conclus que l'une des racines de l'équation est comprise entre -1 & -2. Les deux autres racines sont imaginaires; mais, si elles étoient réelles, on détermineroit semblablement leurs limites.

Nous apprendrons bientôt à trouver des limites plus étroites pour la racine réelle.

EXEMPLE II. *Résoudre par une première approximation l'équation* $x^4-16x^2+7x+37=0$?

Supposons successivement $x=0$, $x=1$, $x=2$, $x=3$, *&c*; puis $x=-0$, $x=-1$, $x=-2$; $x=-4$ *&c*: nous aurons la table qu'on voit ici:

Suppositions.	*Résultats.*	*Suppositions.*	*Résultats.*
$x=0$	$+37$	$x=-0$	$+37$
$x=1$	$+29$	$x=-1$	$+15$
$x=2$	$+3$	$x=-2$	-25
$x=3$	-5	$x=-3$	-47
$x=4$	$+65$	$x=-4$	$+9$
$x=5$	$+297$		

D'où nous devons conclure que l'une des valeurs de x est comprise entre 2 & 3; une seconde, entre 3 & 4; une troisième, entre -1 & -2; enfin la quatrième entre -3 & -4.

EXEMPLE III. *Résoudre, par une première approximation, l'équation* $x^4-15x^2+7x+37=0$?

En faisant successivement $x=0$, $x=1$, $x=2$, $x=3$, $x=4$, $x=5$, &c., on trouvera toujours des résultats positifs; mais on ne doit pas se hâter d'en conclure que l'équation n'a pas de racines positives: car il peut se faire que les valeurs supposées pour x, marchent par de trop grands sauts. Le plus court moyen de s'en assurer, est de changer l'équation en une autre dont les racines soient plus grandes, par exemple, dix fois plus grandes, & d'examiner si en augmentant successivement d'une unité la nouvelle inconnue, on ne parviendra pas à des résultats de signes contraires. Je fais donc $x=\frac{y}{10}$; (je ferois $x=\frac{y}{m}$, si je voulois avoir une équation dont les racines fussent m fois plus grandes). La supposition $x=\frac{y}{10}$ change l'équation proposée en celle-ci: $y^4-1500y^2+7000y+370000=0$. Ensuite je suppose successivement $y=0$, $y=1$, $y=2$, $y=3$, ... $y=10$, $y=11$, $y=12$, ... $y=20$, $y=21$, $y=22$, &c.; & je trouve que les deux suppositions $y=24$, $y=25$, donnent des résultats de signes contraires. Ainsi l'une des valeurs de y est entre 24 & 25; &, par conséquent, la valeur correspondante de x est entre $2,4$ & $2,5$. Même procédé, s'il est nécessaire, pour les autres racines de l'équation proposée.

EXEMPLE IV. *Trouver dans l'équation* $x^2+3x+7=0$, *dont les racines sont imaginaires, les expressions approchées de ces racines?*

Je feins que l'équation proposée provient de celle-ci: $(x+p+q\sqrt{-1})\times(x+p-q\sqrt{-1})=0$, ou $x^2+2px+pp+qq=0$, p & q étant des quantités réelles, qu'il faut déterminer, du moins à-peu-près. Or l'équation proposée & l'équation feinte devant être identiques, on aura $2p=3$, $pp+qq=7$. Nous connoissons d'abord p, puisque sa valeur est $\frac{3}{2}$ ou $1,5$; substituons cette valeur dans l'équation $pp+qq=7$; nous aurons $qq=7-\frac{9}{4}=\frac{19}{4}$, ou $q^2-\frac{19}{4}=0$. Cette équation a (*VII*) deux racines réelles, l'une positive, l'autre négative; & en faisant successivement $q=0$, $q=1$, $q=2$, $q=3$, &c.; puis $q=-1$, $q=-2$, &c., on trouve que la racine positive est entre 2 & 3, & la négative entre -2 & -3.

Cet exemple est fort simple; mais on opérera de même dans les cas analogues plus composés. Quel que soit le degré d'une équation qui contient des racines imaginaires, ces racines vont toujours deux à deux, & peuvent être regardées comme produites par des équations du second degré: elles sont donc toujours réductibles à la forme qu'on a attribuée aux racines de l'équation précédente. Ainsi, en feignant qu'une équation dont les racines sont imaginaires est le produit de plusieurs paires de racines imaginaires, semblables à celles de l'exemple précédent, & comparant terme à terme l'équation proposée avec l'équation feinte, on aura plusieurs équations qui serviront à éliminer tous les coëfficients inconnus des racines feintes, à l'exception d'un seul qui se trouvera dans une équation finale, laquelle aura, au moins, une racine réelle. On prendra cette racine pour la valeur du coëfficient dont on vient de parler; ensuite en remontant aux autres équations des coëfficients, on parviendra à les déterminer tous, à-peu-près. Il est clair que leurs valeurs seront des quantités réelles, & que les racines de l'équation ne sont imaginaires que parce que les coëfficients des équations feintes, sont en partie multipliés par $\sqrt{-1}$.

X. SCHOLIE I. La transformation employée dans l'Exemple III, a non-seulement l'avantage de lever facilement la difficulté qui se rencontre dans les questions de cette nature; mais elle sert encore à trouver, d'une manière plus approchée, les racines d'une équation, & en la répétant plusieurs fois, on poussera l'approximation aussi loin qu'on voudra. Pour rendre ceci clair, reprenons l'équation $x^3+5x+7=0$ (Exemple I). Je la change en une autre dont les racines soient dix fois plus grandes, en faiſant $x = \frac{y}{10}$; ce qui me donne $y^3 + 500y + 7000 = 0$; je détermine deux nombres qui ne diffèrent que de 1, & entre leſquels ſoit compriſe la valeur de y: & comme j'ai déjà trouvé que la valeur de x eſt entre -1 & -2, je vois tout de ſuite que celle de y eſt entre -10 & -20. Reſſerrons cet intervalle. La ſuppoſition $y = -10$, donne pour l'équation en y, un réſultat poſitif; & la ſuppoſition $y = -20$ donne un réſultat négatif. Faiſons $y = -15$; nous aurons un réſultat négatif; donc la valeur de y eſt entre -10 & -15. Soit $y = -12$; on aura encore un réſultat négatif; donc la valeur de y eſt entre -10 & -12. Soit $y = -11$; on aura un réſultat poſitif; donc la valeur de y eſt entre -11 & -12; & celle de x eſt entre $-1,1$ & $-1,2$.

Pour pouſſer l'approximation plus loin, je change l'équation en y en une autre dont les racines ſoient dix fois plus grandes que les valeurs de y, ou cent fois plus grandes que celles de x. Je fais donc $y = \frac{z}{10}$; & l'équation en y ſe change en celle-ci: $z^3 + 50000\,z + 7000000 = 0$. Et comme la valeur de y eſt entre -11 & 12, celle de z ſera entre -110 & -120. La ſuppoſition $z = -110$ donne pour l'équation en z, un réſultat poſitif, & la ſuppoſition $z = -120$ donne un réſultat négatif. Faiſons $z = -115$: nous aurons un réſultat négatif; donc la valeur de z eſt entre -110 & -115. Soit $z = -112$: nous aurons un réſultat négatif; donc la valeur de z eſt entre -110 & -112. Soit $z = -111$; le réſultat eſt poſitif; donc la valeur de z eſt entre -111 & -112; celle de y entre $-11,1$ & $-11,2$, & celle de x entre $-1,11$ & $-1,12$. On connoît donc x à moins de $\frac{1}{100}$ près; & en continuant à opérer toujours de la même manière, on pourra trouver une valeur qui diffère d'auſſi peu qu'on voudra de celle de x.

Je ferai obſerver, en paſſant, que la transformation d'une équation en une autre dont les racines ſoient 10 fois, 100 fois, 1000 fois, &c., plus grandes, ſert à changer une équation qui contient des parties décimales en un autre qui n'en contient pas. Par exemple, ſoit l'équation $x^3 + 5,745\,x^2 + 6,7847x + 9,7428 = 0$: le coëfficient du ſecond terme contenant trois figures décimales, je change l'équation en une autre dont les racines ſoient cent fois plus grandes; je fais donc $x = \frac{y}{1000}$ ce qui me donne $y^3 + 5745\,y^2 + 6784700\,y + 9742800000 = 0$, équation où il n'y a point de parties décimales.

XI. Scholie II. Quand on a trouvé, à moins de $\frac{1}{10}$ près, l'une des racines d'une équation, la méthode ſuivante, dûe à Newton, donne par un calcul très-expéditif la valeur de cette racine, approchée auſſi près qu'on voudra. Par exemple, ſoit encore notre équation $x^3 + 5x + 7 = 0$, dans laquelle la valeur de x eſt, à moins de $\frac{1}{10}$ près, $-1,1$, ainſi que nous l'avons trouvé.

Qu'on prenne $x = -1,1 + z$, z étant ce qu'il faudroit joindre à $-1,1$, pour avoir exactement x. Qu'au moyen de cette valeur, on élimine x de l'équation propoſée $x^3 + 5x + 7 = 0$; on aura la transformée $z^3 - z^2 + 8,63\,z + 0,169 = 0$. Or, comme la quantité z eſt au-deſſous de $\frac{1}{10}$, & que par conſéquent ſon quarré eſt au-deſſous de $\frac{1}{100}$, ſon cube au-deſſous de $\frac{1}{1000}$; il eſt clair que les deux termes qui contiennent z^3, z^2, ſont beaucoup plus petits que les autres, & qu'ils peuvent être négligés. Nous aurons en conſéquence $8,63\,z + 0,169 = 0$; ce qui donne $z = -\frac{0,169}{8,63} = -\frac{169}{8630} = -0,019$, à-peu-près. Donc $x = -1,1 + z = -1,119$, à-peu-près.

L'*approximation* peut être pouſſée beaucoup plus loin par divers moyens qui dépendent tous de la même méthode. D'abord nous pouvons écrire l'équation générale en z, ſous cette forme: $z = \frac{-0,169}{z^2 - 3,3z + 8,63}$. Subſtituant dans le dénominateur, à la place de z, ſa première valeur approchée $-0,019$, & à la place de z^2 ſa valeur pareillement approchée $0,000361$, on aura, $z = \frac{-0,169}{8,693061} = -0,0194$, à-peu-près. Donc $x = -1,1194$, à peu de choſe près.

La même équation générale en z peut être réſolue, ſans négliger d'autre terme que z^3. Par-là, on a l'équation du ſecond degré, $-3,3z^2 + 8,63z + 0,169 = 0$, laquelle donne $z = -0,0195$, à-peu-près. Donc $x = -1,1195$, à-peu-près.

Enfin, de la même manière qu'on s'eſt ſervi de la première valeur $-1,1$, approchée de x, pour trouver la ſeconde valeur $-1,119$ qui eſt plus exacte; nous pouvons nous ſervir de celle-ci pour en trouver une troiſième encore plus exacte. Suppoſons donc $x = -1,119 + u$; & mettons cette valeur dans l'équation propoſée $x^3 + 5x + 7 = 0$. Et comme les termes qui contiendront u^3 & u^2 peuvent être rejettés ſans ſcrupule, diſpenſons-nous d'écrire ces termes, pour nous épargner des calculs inutiles. La transformée en u ſera donc ſimplement, $8,756483\,u + 0,003831852 = 0$. D'où l'on tire à-peu-près $u = -0,00044$. Donc $x = -1,11944$, à-peu-près.

Il eſt clair que par le moyen de cette troiſième valeur approchée de x, on peut en trouver une quatrième encore plus approchée, ainſi de ſuite.

Je paſſe à la réſolution approchée des équations *littérales*, c'eſt-à-dire, des équations qui, outre l'inconnue, contiennent encore d'autres lettres quelconques.

XII. Les méthodes d'approximation pour les équations numériques, s'appliquent également aux équations littérales homogènes qui contiennent ſimplement deux lettres, c'eſt-à-dire l'inconnue, & une autre lettre connue. Par exemple, ſi on propoſe l'équation $x^4 - 5a^2x^2 + 7a^3x + 11a^4 = 0$, qui ne contient que l'inconnue x, & la quantité connue a; on supposera $a = 1$, & par-là on aura l'équation numérique $x^4 - 5x^2 + 7x + 11 = 0$. Quand on aura trouvé les racines de cette équation, on les multipliera par a, & on aura celles de la proposée. Il n'est donc pas question ici de ces sortes d'équations.

On doit observer que si une équation où il ne paroît que deux lettres, n'étoit pas homogène, elle seroit censée contenir trois lettres, parce que les termes où les dimensions sont les moindres, doivent être censés multipliés par les puissances d'une lettre que l'on a regardée comme l'unité & qui est sous-entendue. De même, une équation où il ne paroît que trois lettres, & qui n'est pas homogène, doit être censée contenir quatre lettres, ainsi de suite.

XIII. Problême I. *Trouver, au moyen d'une suite infinie convergente, la valeur approchée de l'une des racines d'une équation qui contient plus de deux lettres?*

Soit, par exemple, l'équation homogène & à trois lettres $x^3 + a^2x + abx - 2a^3 - b^3 = 0$. Les deux quantités données a & b doivent être regardées comme inégales; car si on avoit $a = b$, l'une ou l'autre de ces lettres pourroit être chassée de l'équation qui ne contiendroit alors que deux lettres.

I. Cas: $a > b$. Je feins qu'on ait $x = A + Bb + Cb^2 + Db^3 +$ &c.; A, B, C, D, &c. étant des coëfficients inconnus qu'il s'agit de déterminer. Au moyen de cette valeur de x, l'équation proposée $x^3 + a^2x + abx - 2a^3 - b^3 = 0$, donne, en ordonnant le second membre par rapport à b:

$$\begin{array}{rl}
x^3 = & +A^3 + 3A^2B \cdot b + 3AB^2 \cdot b^2 + B^3 \cdot b^3 + \&c. \\
& \qquad + 3A^2C \cdot b^2 + 3A^2D \cdot b^3 + \&c. \\
& \qquad\qquad + 6ABC \cdot b^3 + \&c. \\
+a^2x = & +a^2A + a^2B \cdot b + a^2C \cdot b^2 + a^2D \cdot b^3 + \&c. \\
+abx = & \quad + aA \cdot b + aBb^2 \quad + aCb^3 + \&c. \\
-2a^3 = & -2a^3 \\
-b^3 = & \cdots\cdots\cdots\cdots - 1b^3.
\end{array}$$

Et comme on a $x^3 + a^2x + abx - 2a^3 - b^3 = 0$, il s'ensuit que la somme de toutes les suites qui composent le second membre de l'expression précédente, doit être aussi égale à zero. Donc chaque terme particulier de cette somme doit être zero. En effet, la valeur de b peut être aussi petite qu'on voudra; & si on la suppose infiniment petite, on verra, en comparant entr'eux les termes du second membre, que le premier doit être regardé comme infini par rapport au second, le second comme infini par rapport au troisième, le troisième comme infini par rapport au quatrième; ainsi de suite. D'où il résulte qu'aucun terme ne peut être détruit ni par ceux qui le précédent, ni par ceux qui le suivent, & que par conséquent la totalité des termes ne seroit pas zero, si chacun d'eux en particulier n'étoit pas zero. On aura donc, pour déterminer A, B, C, D, &c. les équations particulières, $A^3 + a^2A - 2a^3 = 0$; $(3A^2 \cdot B + a^2B + aA)b = 0$; $(3AB^2 + 3A^2C + a^2C + aB)b^2 = 0$; $(B^3 + 3A^2 \cdot D + 6ABC + a^2D + aC - 1)b^3 = 0$, &c. La première donne $A = a$; la seconde donne (en divisant tout par b; & mettant pour A sa valeur), $3a^2B + a^2B + a^2 = 0$, & par conséquent $B = -\frac{1}{4}$. La troisième donne (en chassant b^2, A, B), $\frac{3}{16}a + 4a^2C - \frac{a}{4} = 0$, & par conséquent $C = \frac{1}{64a}$. La quatrième donne semblablement $D = \frac{131}{512a^2}$, &c. Substituons ces valeurs de A, B, C, D, &c. dans la suite feinte; & nous aurons $x = a - \frac{b}{4} + \frac{b^2}{64a} + \frac{131b^3}{512a^2} +$ &c. qui est la suite cherchée dans le premier cas. On voit que cette suite est convergente.

Il est à propos de remarquer qu'on a déterminé le premier coëfficient A par la résolution de l'équation $A^3 + a^2A - 2a^3 = 0$; résolution qui a été facile, parce que cette équation est décomposable en diviseurs rationnels. Mais si, en pareil cas, l'équation n'étoit pas décomposable en diviseurs rationnels, on détermineroit au moins A par approximation (XII), puisque l'équation est homogène, & ne contient que deux lettres.

II. Cas: $a < b$. Je feins qu'on ait $x = A + Ba + Ba^2 + Da^3 +$ &c. Donc, en ordonnant le second membre par rapport à a, on aura:

$$\begin{array}{rl}
x^3 = & +A^3 + 3A^2B \cdot a + 3AB^2 \cdot a^2 + B^3 \cdot a^3 + \&c \\
& \qquad + 3A^2C \cdot a^2 + 3A^2D \cdot a^3 + \&c \\
& \qquad\qquad + 6ABC \cdot a^3 + \&c \\
+a^2x = & \qquad + Aa^2 \quad + B \cdot a^3 + \&c. \\
+abx = & + Aba + Bba^2 \quad + C \cdot ba^3 + \&c. \\
-2a^3 = & \qquad\qquad -2 \cdot a^3 \\
-b^3 = & -b^3.
\end{array}$$

Donc, à cause de $x^3 + a^2x + abx - 2a^3 - b^3 = 0$; le second membre de l'expression précédente sera aussi zero. De plus, chacun des termes en particulier de cette expression sera zero. Ainsi, on aura les équations, $A^3 - b^3 = 0$; $(3A^2B + Ab)a = 0$; $(3AB^2 + 3A^2C + A + Bb)a^2 = 0$; $(B^3 + 3A^2D + 6ABC + B + Cb - 2)a^3 = 0$, &c., lesquelles donnent $A = b$, $B = -\frac{1}{3}$, $C = -\frac{1}{3b}$, $D = \frac{55}{81b^2}$, &c. Donc, en mettant pour A, B, C, D, &c., leurs valeurs, la suite feinte deviendra, $x = b - \frac{a}{3} - \frac{a^2}{3b} + \frac{55a^3}{81b^2} -$ &c.

XIV. Corollaire. La valeur trouvée pour x étant l'une des trois racines de l'équation proposée $x^3 + a^2x + abx - 2a^3 - b^3 = 0$: si l'on nomme

M cette racine, & qu'on divise l'équation par $x - M = o$, on obtiendra une équation d'un degré plus bas, dont on connoîtra, à peu de choses près, les coëfficients & le dernier terme, & dont on déterminera les racines par un procédé semblable au précédent, supposé que ces racines soient réelles. Il en sera de même pour les équations des degrés plus élevés.

XV. Scholie. Les équations qui contiennent plus de trois lettres, peuvent se traiter, à-peu-près, de la même maniére. Toute la difficulté qu'on éprouve à former les suites qui doivent exprimer les valeurs de l'inconnue, consiste à choisir, parmi les termes de l'équation, ceux qui sont plus grands que les autres, & qui déterminent en conséquence la loi suivant laquelle la série doit descendre. Neuton a donné, pour cela, une régle fort commode, qu'on appelle ordinairement *le parallélogramme de Neuton.* Elle est expliquée de la manière la plus claire & la plus détaillée dans un excellent Ouvrage de M. Cramer, qui a pour titre : *Introduction à l'Analyse des Lignes courbes Algébriques, Gen.* 1750. (*L. B.*)

*Nous allons ajouter une autre Méthode *d'avoir la valeur approchée de toutes les racines d'une équation numérale déterminée.* Cette Méthode est de M. de la Grange, qui l'a donnée dans les *volumes XXIII & XXIV* des *Mémoires de Berlin.*

Le premier objet que se propose M. de la Grange, est de trouver toutes les racines réelles, positives & inégales d'une équation; mais, pour cela, il faut commencer par connoître le nombre de ces racines. Soit donc la proposée $x - a \cdot x - b \cdot x - c \ldots = o$, il est aisé de voir que si je mets à la place de x un nombre positif quelconque, les $x - a$, $x - b$, $x - c$, &c, resteront toujours positifs, si a, b, c, sont des nombres négatifs; que s'ils sont imaginaires, le produit de chaque paire d'imaginaires sera aussi toujours positif, & il en sera de même de chaque paire de racines égales quel que soit leur signe : donc si on divise une équation proposée en deux facteurs A & B, dont l'un A renferme les racines imaginaires, les racines négatives, ou enfin les paires des racines égales, & B les racines réelles, positives & inégales, la valeur du facteur A ne changera point de signe, quelque nombre positif qu'on mette à la place de x, & restera toujours positive. Je considère donc seulement le facteur B, que je suppose égal à $x - a' \cdot x - b' \cdot x - c' \ldots$ les a', b', c', étant des nombres positifs, & $a' < b' < c' <$, &c, dans ce cas si je mets pour x un nombre plus petit que a', tous les facteurs seront négatifs; & si je mets pour x un nombre $> a'$ & $< b'$, ils seront encore tous négatifs hors le facteur $x - a'$, qui sera positif; donc le produit B changera de signe; il en changera encore lorsque l'on mettra pour x un nombre $> b' < c'$, & encore lorsqu'on mettra pour x un nombre $> c'$, & plus petit que la racine suivante, & ainsi de suite, en sorte que si on met pour x, o, Δ, 2Δ, 3Δ, &c. où la différence Δ soit plus petite que la plus petite différence entre deux racines consécutives, il y aura autant de racines réelles positives inégales que la valeur de la quantité égalée à zéro changera de signe; il faut donc connoître maintenant, 1.° un nombre tel qu'en mettant pour x un nombre quelconque plus grand, B ne change point de signe, afin de ne pas être obligé d'étendre à l'infini la substitution des o, Δ, 2Δ, 3Δ, &c. pour x; 2.° un nombre Δ, tel qu'il soit plus petit que la plus petite différence entre deux racines consécutives, ou en général entre deux racines.

Pour le premier point, comme cette valeur de x doit rendre B positif, le signe du premier terme l'étant aussi, il est clair que prenant un nombre égal au coëfficient le plus grand des termes négatifs augmenté de l'unité, B ne deviendra pas négatif, en mettant pour x ce nombre ou un nombre plus grand; car prenant le cas le plus défavorable, celui où l'on auroit $x^{n} = ax^{n-1} + bx^{n-2} \ldots + q$, a, b, $\ldots$ q étant positifs, on trouvera que $\overline{p+1}^{n} = p \cdot \overline{p+1}^{n-1} + p \cdot \overline{p+1}^{n-2} \ldots > a\overline{p+1}^{n-1} + b\overline{p+1}^{n-2} \ldots$ puisque a, $b \ldots q$ par l'hypothèse ne peuvent être plus grands que p.

Pour le second point, on prendra d'abord l'équation entre les différences des racines de la proposée, & pour cela on remarquera que soit u cette différence, & mettant au lieu de x, $x + u$ dans la proposée, on aura une équation qui devra avoir lieu en même tems que la proposée, & éliminant x, il restera une équation en u, qui sera l'équation cherchée. Cette équation ne contiendra que des puissances paires de u, parce que soient a & b, deux racines de la proposée, il est clair que l'équation pour les différences aura également pour racines $a - b$ & $b - a$, & que par conséquent $u^2 - \overline{a - b}^2$ sera un des diviseurs. De plus, elle sera autant de fois divisible par u^2, qu'il y aura de racines égales entr'elles. Puis donc que nous cherchons un nombre plus petit que cette différence entre des racines inégales, mettant au lieu de u^2 la quantité $\frac{1}{z}$, on aura une équation en z, & connoissant une valeur plus grande que la plus grande racine positive de cette équation, l'unité divisée par la racine quarrée de cette valeur sera plus petite que la plus petite différence entre les racines; & l'on trouvera cette valeur par la même méthode, que la limite des racines positives de la proposée trouvée ci-dessus. Cela posé, si on substitue à la place de x les nombres $o \cdot \Delta$, 2Δ, 3Δ, $\ldots \Delta$, étant $\frac{1}{\sqrt{z}}$ jusqu'au nombre $p + 1$, qui surpasse la plus grande racine positive, on aura autant de racines positives qu'il y aura de changemens de signes; mettant ensuite au lieu de x une quantité $-x$, & faisant les mêmes opérations, il y aura autant de racines négatives inégales que de changement de signes.

Quant aux racines égales, soit $X=o$ la proposée, $\frac{dX}{dx}=o$ aura lieu en même tems, s'il y a des racines égales. Mais de plus soit $\frac{dX}{dx}=\overline{x+a}\cdot\overline{x+b\cdot x+c}$ &c. $X=\int\overline{x+a}\cdot\overline{x+b}\cdots dx+N\cdot=\frac{\overline{x+a}^2}{2}\cdot\overline{x+b\cdot x+c}\cdots-\frac{\overline{x+a}^2}{2}\int\overline{x+b}\cdot\overline{x+c}\cdots dx+N$. Soit maintenant X aussi divisible par $x+a$, il faut qu'en mettant $-a$ pour x dans cette intégrale, elle devienne zéro; donc $N=0$; donc X est divisible par $\overline{x+a}^2$; donc toute racine commune entre X & $\frac{dX}{dx}=0$, donne une égalité de racines entre celles de $X=0$; prenant donc le commun diviseur de X & $\frac{dX}{dx}$, il est clair qu'il contient & ne contient que les racines égales de X, élevées à des puissances moindres d'une unité que dans X; donc, traitant le commun diviseur comme la proposée, on trouvera que la proposée a autant de racines réelles positives ou négatives égales en nombre pair, que le commun diviseur a de racines inégales. Ensuite, si j'appelle X' le commun diviseur, & que j'aie celui de X' & de $\frac{dX'}{dx'}$, j'aurai autant de racines égales, trois à trois, ou en nombre impair au-dessus de trois, que le diviseur commun a de racines inégales, & ainsi de suite. Soit, par exemple, m le degré de l'équation & $n<m$ le nombre des racines inégales, déterminé par la méthode ci-dessus, & où les racines égales en nombre impair sont comptées pour une racine, p celui des racines inégales du premier commun diviseur, r celui des mêmes racines pour le second diviseur commun, & s pour le troisième, & qu'il n'y en ait point au-delà, la proposée aura $n-r+2p-2s+3r+4s\ldots$ racines réelles, $n-r$, inégales, $p-s$ égales deux à deux, r égales trois à trois, & s égales quatre à quatre, & les r racines égales trois à trois auront été déterminées parmi les n racines que la méthode ci-dessus trouve par l'équation $X=0$, de même que les s parmi celles du commun diviseur de X & de dX égale à zéro.

Le nombre de racines imaginaires est égal au nombre total des racines moins celui des réelles: donc on aura le nombre des racines; & quant à la distinction de celles qui sont égales, on les trouvera comme ci-dessus, en connoissant le nombre de racines imaginaires des diviseurs communs.

Maintenant si on veut avoir une valeur approchée d'une des racines réelles positives & inégales de la proposée, on prendra une série, 0, Δ, 2Δ, 3Δ; &c. où Δ est à-la-fois plus petit que l'unité, & plus petit que la plus petite différence entre deux racines; on mettra successivement dans la proposée pour x les différens termes de cette série, & l'on observera le point où en mettant l'une après l'autre deux valeurs consécutives, le résultat changera de signe; alors la plus petite de ces valeurs ne différera de la plus petite des racines positives que d'une quantité moindre que Δ. Appellant p cette valeur, je ferai $x=p+\frac{1}{z}$, & j'aurai une équation en z, que je traiterai comme la proposée; appellant q sa première valeur, j'aurai $x=p+\frac{1}{q+\frac{1}{u}}$ & une équation en u; appellant r la première valeur de u, trouvée toujours par la même méthode, j'aurai $x=p+\frac{1}{q+\frac{1}{r+}}$ valeur qui approche continuellement de la vraie, puisque, par l'hypothèse, q, r, &c. sont des quantités plus grandes que l'unité.

Si Δ est plus petit que 1, faisant $\Delta=\frac{b}{a}$, a & b sont des entiers, on n'aura qu'à mettre, au lieu de x, une autre quantité $\frac{z}{b}$, & on aura pour l'équation en z, $\Delta=a$, & par conséquent Δ sera un entier & pourra être supposé 1, & on aura, 1.° les quantités p, q, r, &c. égales à des nombres entiers, ce qui simplifie la fraction continue; 2.° on aura une valeur exacte de la racine toutes les fois qu'elle y en a une rationnelle (*voyez* la fin de l'article), pourvu que tous les coëfficiens de l'équation en q soient entiers, ce qu'il est toujours possible de faire.

On pourra trouver, par cette méthode, successivement une valeur approchée de toutes les racines positives de la proposée; pour trouver celles de ces racines qui pourroient en avoir d'autres égales, appellant $X=0$, la proposée, prenant le commun diviseur de X & dX, ce commun diviseur contiendra les racines de la proposée, qui en ont d'autres qui leur sont égales, & elles seront toutes inégales entr'elles dans ce diviseur. Substituant donc dans ce diviseur la même série 0, Δ, 2Δ, &c. ou 0, 1, 2, 3, 4... que dans la proposée, on trouvera s'il y en a une ou plusieurs, des racines trouvées par *approximation*, qui soient aussi racines approchées du diviseur, & toutes celles qui sont dans le cas indiquent que, dans la proposée, elles sont égales au moins deux à deux; on trouvera de même celles qui sont égales trois à trois, en cherchant le commun diviseur de X, $\frac{dX}{dx}$, $\frac{ddX}{dx^2}$, & ainsi de suite.

Après avoir ainsi trouvé toutes les racines positives, faisant $x=-x'$, on aura une équation en x', dont on cherchera les racines positives; & les prenant avec le signe $-$, on aura les racines négatives cherchées.

Quant aux imaginaires, qui sont de la plus grande importance pour la solution approchée des équations différentielles (*voyez ci-dessous à l'article* Equation séculaire), on fera $x = a + b\sqrt{-1}$, & prenant la partie réelle & la partie imaginaire de ce que devient la proposée après cette substitution, les égalant chacune à zero, éliminant a, on parviendra d'abord à avoir $a = \frac{A}{B}$, A & B étant des fonctions rationnelles & entières de b, de plus on aura une équation en b. Cela posé, il est clair que chaque valeur réelle de b donnera une valeur réelle de a, à moins que A, B, ne soient nuls en même tems que la proposée. Si donc cela n'a point lieu, on prendra dans l'équation en b les valeurs approchées des racines réelles positives à chacune desquelles répondra une racine négative de la même valeur, on aura a en mettant dans $\frac{A}{B}$ au lieu de b cette valeur approchée, & par conséquent on connoîtra une valeur approchée des deux racines imaginaires $a + b\sqrt{-1}$, $a - b\sqrt{-1}$. Mais si l'équation en b a lieu en même tems que $A = 0$ & $B = 0$, on prendra le commun diviseur de ces trois équations, ensuite on divisera par ce commun diviseur l'équation en b, & chaque racine de l'équation ainsi divisée donnera une valeur de b; ensuite prenant le diviseur commun & une équation du second degré trouvée en éliminant a & de la forme $M a^2 + N a + P = 0$, on observera si le commun diviseur, M, N & P, peuvent être en même tems égaux à zero. Si cela ne peut arriver, on prendra les racines de ce commun diviseur à chacune desquelles répondent les deux racines de l'équation en a; si M, N, P, peuvent devenir nuls en même tems que le commun diviseur on prendra de nouveau le commun diviseur de ces quatre fonctions, & une équation du troisième degré trouvée en éliminant a, & qui sera de la forme $M' a^3 + N' a^2 + P' a + Q' = 0$, & on opérera comme ci-dessus, & ainsi de suite.

Toutes les fois que, dans la recherche des racines approchées, on aura substitué dans chaque *approximation* la série 0, 1, 2, 3, ... à la place de la racine, on sera sûr de trouver la valeur exacte lorsqu'elle sera rationnelle; en effet, cette valeur exacte est nécessairement entre p, première valeur trouvée, & $p + 1$, entre $p + \frac{1}{q}$ & $p + \frac{1}{q+1}$; q étant un entier, entre $p + \cfrac{1}{q + \cfrac{1}{r}}$ & $p + \cfrac{1}{q + \cfrac{1}{r+1}}$ & ainsi de suite. Or soit $\frac{m}{n}$ la quantité plus petite que 1 à ajouter à p pour avoir la vraie valeur, q sera égal au quotient de n par m, plus un reste, $\frac{n'}{m}$, $n' < m$; de même, r sera égal au quotient de m par n' un reste $\frac{m'}{n'}$, m'; étant plus petit que n'; donc, en suivant toujours, on parviendra à un reste nul ou égal à $\frac{1}{n}$, & par conséquent à la valeur exacte. *Voyez* Fractions continues.

La méthode dont je viens de rendre compte, est générale pour toutes les équations numérales, & elle donne pour tous les cas d'une manière certaine une valeur aussi approchée qu'on veut de chacune des racines. Elle a de plus l'avantage qu'il est inutile de connoître d'ailleurs la valeur approchée des racines, comme cela étoit nécessaire dans la méthode de Neuton.

Méthode d'avoir les valeurs approchées des racines d'une équation algébrique déterminée.

Il faudroit, pour que cette méthode fût générale, pouvoir trouver autant d'expressions de l'inconnue en séries convergentes que la proposée a de racines réelles.

Commençons par chercher un moyen général de réduire la valeur de x en série: pour cela, je remarque que quelle que soit une fonction de x qui soit égale à y, je puis supposer que j'aie l'équation $y - x + \Phi x = 0$, ou $x = y + \Phi x$; donc si je cherche à avoir en $y + \Phi x$ la valeur d'une fonction de x, j'aurai, par le théorème de Taylor, démontré à l'*article* Série,

$$\Psi x = \Psi y + \frac{d\Psi y}{dy}\Phi x + \frac{d^2\Psi y}{2dy^2}\Phi x^2 \dots\dots$$

& par conséquent,

$$\Phi x = \Phi y + \frac{d\Phi y}{dy}\Phi x + \frac{d^2\Phi y}{2dy^2}\Phi x^2 \dots\dots$$

faisant donc $\Phi x = \Phi y + B$, dans la seconde formule, & ordonnant par rapport aux puissances de Φy, il est aisé de voir que B doit être une série, dont le premier terme sera du second degré, égalant à zero le terme qui, après sa substitution, est de ce degré; & prenant la valeur qu'il donne pour B, j'aurai celle du premier terme de la vraie valeur de B, elle est $\frac{d\Phi y}{dy}\Phi y$, je ferai ensuite $B = \frac{d\Phi y}{dy}\Phi y + C$, ou C est une série, dont le premier terme est du troisième degré; &, continuant ainsi, je trouverai

$$\Phi x = \Phi y + \frac{d\Phi y^2}{2dy} + \frac{d^2\Phi y^3}{2 \cdot 3\, dy^3}, \&c.$$

par la même méthode,

$$\frac{\Phi x^2}{2} = \frac{\Phi y^2}{2} + \frac{2 d\Phi y^3}{2 \cdot 3\, dy} + \frac{3 d^2\Phi y^4}{2 \cdot 3 \cdot 4\, dy^2} + \&c.$$

$$\frac{\Phi x^3}{2 \cdot 3} = \frac{\Phi y^3}{2 \cdot 3} + \frac{3 d\Phi y^4}{2.3.4.dy} + \frac{2 \cdot 3 d^2\Phi y^5}{2 \cdot 3 \cdot 4 \cdot 5\, dy^2}, \&c.$$

substituant ces valeurs dans l'expression de Ψx, l'ordonnant par rapport aux puissances de Ψy & Φy, & réduisant chaque rang de termes, j'aurai finalement,

$$\Psi x = \Psi y + \frac{\Phi y\, d\Psi y}{dy} + \frac{d\,\Phi y^2\, d\Psi y}{2\, dy} + \frac{d^2\Phi y^3\, d\Psi y}{2 \cdot 3\, dy^2} + \&c.$$

..... série, dont la loi est très-facile à saisir.

Il

Il est aisé de voir que, si Φx contenoit encore y, on auroit également la valeur de Ψx en y, quand même Ψx contiendroit aussi y, en observant alors dans la manière de prendre les différences, que $\frac{d\Phi y}{dy}$ ou $\frac{d\Psi y}{dy}$, sont alors égaux à ce que devient $\frac{d\Phi x}{dx}$, $\frac{d\Psi x}{dx}$, si, après la différenciation, on met y pour x, ou ce qui revient au même, il faut différencier en regardant comme constans les y qui se trouvent dans x & Φx. On voit de-là comment, si l'on a $\Phi' x, y = 0$, on aura (par une série) x en y, & de même en une fonction quelconque de x & y. Si l'on veut appliquer cette manière d'avoir en y la valeur de x, lorsqu'on a x par une équation en x & en y à la solution des équations déterminées, on observera : 1.° que si on l'applique immédiatement, on n'aura que des expressions réelles & rationnelles pour la valeur de x : 2.° que pouvant prendre pour y telle quantité qu'on voudra, on aura une infinité de valeurs de x : 3.° que parmi toutes ces valeurs, il n'y en aura de réellement différentes, qu'autant que la proposée peut avoir des racines : 4.° qu'il y en aura un nombre de convergentes différentes entr'elles, égal au nombre de racines réelles : 5.° que si on prend un nombre m moindre que n degré de l'équation, qu'on fasse $a\,t \pm x^m = 0$, & qu'on substitue, au lieu de x, sa valeur en t, on aura une nouvelle équation, d'où tirant les valeurs d & t en série, on aura autant de valeurs imaginaires données par chaque série que l'équation $x^m \pm 1 = 0$ a de racines imaginaires, & la proposée aura autant des racines imaginaires, si une de ces séries est convergente.

Ces principes posés, on voit qu'il s'agit d'abord de savoir distinguer entre une infinité de séries celles qu'on peut prendre pour des racines différentes; soit donc la proposée $a + bx + cx^2 ---- + px^n = 0$; il est aisé de voir que, si on fait $a = 0$, il y a une racine qui s'évanouira, deux qui s'évanouiront, si on fait à-la-fois a & $b = 0$, trois, si on fait $a, b, c, = 0$, & ainsi de suite. Par conséquent, si on fait d'abord $b = 0$, on aura $a + cx^2 ---- + px^n = 0$, l'équation aura deux racines égales à zéro; en faisant $a = 0$, & par conséquent deux racines infiniment petites & égales aux deux racines de $a + cx^2 = 0$ lorsque a est infiniment petit. Il est aisé en effet de voir que a étant infiniment petit, & b manquant, la proposée a deux racines infiniment petites, que dans le cas de deux racines infiniment petites, c se réduit à être le produit de toutes les autres racines, puisque les autres termes qui entrent dans c disparoissent devant celui-là; & qu'ainsi a, qui est le produit de toutes les racines, étant divisé par c, devient le produit des deux racines infiniment petites, qui sont par conséquent égales aux racines de l'équation $a + cx^2 = 0$. De même si on fait b & c égaux à zero, & a infiniment petit, trois des racines de l'équation deviendront égales à celles de l'équation $a + cx^3 = 0$, & ainsi de suite.

Si donc on a différentes séries qui représentent la valeur de x, on pourra distinguer par-là celles qui sont réellement différentes, c'est-à-dire, qui appartiennent à des racines différentes.

La méthode proposée ci-dessus donne une valeur de x en quantités connues toutes les fois que x est donné par une équation déterminée, soit qu'il y ait, soit qu'il n'y ait pas de transcendantes. Mais on n'est pas sûr d'avoir cette valeur par une série qui soit toujours convergente. C'est par cette raison que je vais indiquer ici une méthode élémentaire & très-simple, par laquelle on parviendra toujours à toutes les valeurs approchées de x.

1.° Si la fonction $X = 0$ a plusieurs valeurs, on les prendra successivement; ainsi, X sera considéré dans la suite comme une fonction qui n'a qu'une valeur répondante à chaque valeur de x.

2.° On cherchera d'abord les valeurs de x positives qui tendent $X = 0$, & on commencera par déterminer pour x une quantité telle qu'en l'augmentant, x ne puisse plus changer de signe, ni devenir zero, ce qui sera toujours possible toutes les fois que $X = 0$ n'aura pas une infinité de racines. Ce dernier cas se rappelleroit aux autres en mettant au lieu de x, $x = \sin x$, par exemple, en effet alors au lieu de x, on auroit un angle dont le sinus est x, & au lieu d'un seul X à examiner, on en mettroit une infinité répondans à l'angle dont le sinus est $x + m\Pi$, m étant un entier quelconque.

3.° Connoissant les limites de x, on prendra $x + \frac{1}{y}$ qu'on substituera dans la proposée, & on aura $X' = 0$, alors $\frac{1}{y}$ représentera les différences qu'il y a entre x & la valeur de la racine de l'équation $X = 0$.

4.° Substituant dans $X = 0$ les valeurs successives en nombres entiers de x, depuis $x = 0$ jusqu'à sa limite, & cherchant pour chacune les limites de y, j'aurai $y = < A$, A étant cette limite, donc il n'y a point de racines de $X = 0$ entre cette valeur de x & $x + \frac{1}{A}$.

5.° Prenant ensuite toutes les valeurs $x + \frac{1}{A}$ entre 0 & la limite de x, on fera la même opération, & par ce moyen on parviendra à approcher des valeurs de x.

6.° Pour trouver les valeurs négatives, on fera dans la proposée $x = -x$, & on cherchera les valeurs positives de x.

7.° Pour trouver s'il y a des racines égales, on égalera à zéro la quantité $\frac{dX}{dx}$, ensuite on cherchera les racines positives ou négatives, & on verra si les racines ne diffèrent de celles de $X=0$ que d'une petite quantité, & si, en répétant les *approximations*, cette différence diminue continuellement.

La méthode de M. de la Grange fournit un moyen d'avoir en série la valeur d'une quantité quelconque y en x : lorsque y est donnée par une équation en x & y, & que cette équation est différentielle, on parviendra également à avoir une telle série : soit en effet une équation différentielle en y & x, on fera en sorte qu'elle ne contienne plus que dx; cela posé, si l'équation mise sous une forme rationnelle & entière, ayant tous ses rangs, & la plus haute différence se trouvant dans le premier, elle n'a point de terme constant, on fera $y = Ae^{fx} + Be^{f'x} + Ce^{f''x} \cdots + A'e^{2fx} + B'e^{\overline{f+f'}x} + C'e^{2f'x}$ &c. &, 1.° on aura A, B, C, &c. arbitraires; & si n est l'ordre de l'équation, f sera donné par une équation du degré n, f' par la même équation, &c. en sorte que f, f', f'' sont les différentes racines de cette équation : 2.° la substitution de $A'e^{2fx} + B'e^{\overline{f+f'}x}$ &c. dans le premier rang donnera des termes égaux chacun à chacun à ceux que $Ae^{fx} + Be^{f'x}$ &c. produit dans le second; donc A', B', &c. seront donnés en A, B, & ainsi de suite : 3.° si l'équation en f a deux racines égales, soit f cette racine, il faudra faire $Axe^{fx} + Be^{fx}$ &c. en effet, si $Pd^n y + Qd^{n-1} y + Rd^{n-2} y$ &c. est le premier rang de la proposée, on aura $A\left(Pf^n + Qf^{n-1} + Rf^{n-2} \text{ \&c.}\right) = 0$ & $B\cdot\left(Pf^n + Qf^{n-1} + Rf^{n-2} \ldots\right) + A\left(nPf^{n-1} + \overline{n-1}\,Qf^{n-2} + n-2\,Rf^{n-3} \ldots\right) = 0$; donc on aura à-la-fois,

$$Pf^n + Qf^{n-1} + Rf^{n-2}, \text{ \&c.} = 0;$$

& $nPf^{n-1} + n-1\,Qf^{n-2} + n-2\,Rf^{n-3}$, &c. $=0$. Ce qui a lieu toutes les fois que l'équation en f a deux racines égales. On prouvera de même que, si cette équation en a trois, il faudra faire $y = \overline{Ax^2 + Bx + C}\,e^{fx} + De^{fx}$, &c. & ainsi de suite, pour quatre, cinq, &c. racines égales : 4.° au lieu de $A'e^{2fx} + B'e^{\overline{f+f'}x} + Ce^{2f'x}$ &c. on voit que, dans le cas de deux racines égales, c'est $A'x^2e^{2fx} + B'xe^{2fx} + C'e^{2fx} + D'xe^{\overline{f+f'}x}$ &c, qu'il faut prendre, & ainsi de suite.

Par la même raison que, dans le cas des racines égales, il faut prendre, dans le 1.er rang de la valeur de y, un terme Axe^{fx} pour chaque racine égale, deux à deux, & ainsi de suite : de même, si l'on a f & f' étant deux racines, la somme de ces deux racines chacune multipliée par un nombre entier positif, égale à une de ces racines, ou à une autre des racines de l'équation en f, il est clair que, soit n & m ces nombres, & qu'on ait $nf + mf' = f''$, le terme $Ae^{\overline{nf+mf'}x}$ disparoîtra du 1.er rang de l'équation en y, on ne pourra donc point, en déterminant A, faire disparoître les termes $e^{\overline{nf+mf'}x}$, qui se trouveront dans les rangs supérieurs, & il faudra supposer, pour y parvenir dans la valeur de y, un terme $\overline{Ax + B}\,e^{\overline{nf+mf'}x}$. La même chose a lieu pour la somme de trois racines, &c. On en peut tirer cette règle générale, que toutes les fois que l'équation en f a des racines positives & négatives commensurables, la valeur de y contiendra x. La même chose a lieu lorsqu'il y a une valeur de f égale à zéro. Cette remarque a lieu, quelque méthode que l'on emploie, pour intégrer l'équation en y.

Si la proposée avoit eu un terme constant, & qu'elle eût contenu y au premier rang, on auroit fait

$y = A + Be^{fx} + Ce^{f'x}$ &c. $+ A'e^{2fx} + B'e^{\overline{f+f'}x}$, & si y avoit été dans les rangs supérieurs, on auroit trouvé les B; C, &c. toujours arbitraires, & f par une équation d'un degré dépendant du rang de la valeur hypothétique, où l'on se sera arrêté : si y manque dans les rangs supérieur de la proposée, alors f est encore donnée ici par une équation du degré n.

Si la proposée ne contient pas y au premier rang, & qu'elle ait un terme constant, il faudra prendre $y = Ax + Be^{fx} + Ce^{f'x}$ &c. $A'x^2 + B'xe^{fx}$ &c. & procéder, comme ci-dessus. Au reste, le cas où il y a un terme constant se peut rappeller aisément à celui où il manque, il suffit de différencier l'équation proposée.

La forme de y n'est pas la même dans ces deux méthodes : dans la première la valeur des f & leur nombre changent à mesure qu'on prend un plus grand nombre de termes de la série. Dans la seconde x entre nécessairement dans la valeur de y.

Cette méthode d'avoir en série la valeur de y; lorsqu'on a une équation différentielle en y & en x; s'applique au cas, où ayant m équations en $m+1$ variables $z, u, y \ldots x$, on cherche à exprimer $z, u, y, \ldots$ par une fonction en x.

On peut même l'étendre aux équations aux différences finies, où Δx est supposé constant, la solution sera la même absolument, à cela près que les arbitraires A, B, C, &c. seront dans ce cas égales à des fonctions de e^{ax}; a étant tel que $e^{a\Delta x} = 1$, & ces fonctions telles qu'elles ne changent pas de valeur, lorsque x devient $x + \Delta x$.

Cette même méthode s'appliquera encore aux équations aux différences partielles; soit en effet une de ces équations qui ne contienne que z, & ses différences, sans contenir de x de y, ni de terme constant, si je fais $z = A e^{fx+gy} + B e^{f'x+g'y}$ &c. $+ A' e^{2fx+2gy} + B' e^{2fx+g+g'y} +$ &c. j'aurai, les A, B, arbitraires, une équation en f & g, en sorte que f fera tout ce qu'on voudra, & g donné en f, & que le terme $A e^{fx+gy}$ &c. sera la somme de tous ces nombres dont le terme est infini.

S'il y a un nombre constant, & que z soit dans le premier rang, on fera $z = A + b e^{fx+gy}$ &c, & alors, selon le rang où l'on s'arrêtera, l'équation en f & g sera d'un ordre plus élevé.

Le moyen pour déterminer les arbitraires, sera le même que dans les équations linéaires. (*Voyez l'article* ÉQUATIONS LINÉAIRES).

La méthode exposée jusqu'ici sert à donner y en x, lorsqu'on sait que y est très-petit, & qu'on n'en peut négliger une certaine puissance. Voici une autre méthode qui peut servir à avoir y en x, quand x est très-petit, lorsque l'équation est du premier ordre.

Elle est fondée sur cette remarque, que, si $A dx + B dy$ est une équation qui a tous ses termes, A & B étant rationels, & que le facteur $\frac{A'}{B'}$ ces fonctions étant du degré m, rende différentielle exacte une équation peu différente de $A dx + B dy = 0$, on pourra, en prenant $\frac{A'+Z}{B'+Z}$ pour facteurs de $A dx + B dy$, faire Z & Z' d'un degré tel que, négligeant les secondes dimensions des coëfficiens de Z & Z', & des petits coëfficiens de $A dx + B dy$, dans la condition d'intégrabilité, on pourra faire en sorte que le nombre des coëfficiens indéterminés surpasse celui des équations de comparaison; donc on aura en série l'intégrale de $A dx + B dy$, toutes les fois que l'on aura celle d'une équation peu différente; donc on l'aura toutes les fois que l'on pourra regarder x comme une quantité très-petite.

On peut étendre cette méthode aux ordres plus élevés.

On peut aussi employer, pour les équations différentielles, la méthode suivante:

Soit, 1.° $dy = \Phi(x) dx$, A la valeur de y, lorsque $x = a$. La valeur de y, lorsque $x = a + \Delta x$; Δx étant très-petit, pourra être supposée, en générale, égale à $A + \Phi(a) \Delta x + \frac{d\Phi(a)}{2da} \Phi x^2$. Nous nous arrêterons au second terme; on voit qu'on pouvoit également ne s'arrêter qu'au 3.e au 4.e &c. Par la même raison, pour $x = a + 2\Delta x$, on aura,

$$y = A + \Phi(a)\Delta x + \frac{d\Phi(a)}{2da}\Delta x^2$$
$$+ \Phi(a + \Delta x)\Delta x + \frac{d\cdot\Phi(a+\Delta x)}{2\cdot da}\Delta x^2.$$

Pour $x + 3\Delta x$, y sera,

$$A + \Phi(a)\Delta x + \frac{d\Phi(a)}{2\cdot da}\Delta x^2$$
$$+ \Phi(a + \Delta x)\Delta x + \frac{d\cdot\Phi(a+\Delta x)}{2da}\Delta x^2$$
$$+ \Phi(a + 2\Delta x)\Delta x + \frac{d\Phi(a+2\Delta x)}{2da}\Delta x^2$$

& ainsi de suite jusqu'à $m \Delta x = x$. On aura donc, par ce moyen, une valeur approchée de y, & d'autant plus approchée, qu'on aura pu prendre m plus grand & Δx plus petit.

2.° Soit une équation $d^n y = \Phi \cdot dx^n$, nous supposerons d'abord qu'on connoisse des valeurs de y répondantes à $x = a$, $x = a + \Delta x$, $x = a + 2\Delta x$, $x = a + 3\Delta x \dots$ nous supposerons ensuite Δx étant regardé comme très-petit,

$$\Delta \cdot \frac{d^{-1} \cdot y}{dx^{n-1}} = \Phi \Delta x + \Phi' \Delta x^2$$

$$\Delta^2 \cdot \frac{d^{n-2} y}{dx^{n-2}} = \Phi \Delta x^2 + \Phi'' \Delta x^3$$

$\Delta^n y = \Phi \Delta x^n + \Phi'' \Delta x^{n+1}$, où $\Phi' \Phi'' \dots \Phi^{mn}$ sont pris en différentiant Φ en x & y, regardant les y, $\frac{dy}{dx} \dots$ comme des fonctions de x, & mettant à la place de $\frac{d^n y}{dx_n}$ sa valeur Φ.

Cela posé, les $\Phi' \dots \Phi''_n$ seront de même que Φ des fonctions de x, y, $\frac{dy}{dx} \dots \frac{d^{n-1} y}{dx^{n-1}}$, & l'on aura par conséquent n équation aux différences finies entre les $n + 1$ indéterminées $x\, y \dots \frac{d^{n-1} y}{dx^{n-1}}$, & par conséquent, après avoir éliminé une équation finale entre $x\, y$, Δy $\Delta^2 y \dots$

$\Delta^{\frac{n : n+1}{2}} y$. D'où il résulte qu'ayant une valeur de y donnée pour $x = a$, $a + \Delta x$ $a + \left(\frac{n \cdot n+1}{2} - 1\right) \Delta x$, on aura une valeur approchée de y, répondante à $x = a + \frac{n \cdot n+1}{2} \Delta x$, & successivement de la même manière que ci-dessus, pour $x = a + \left(\frac{n \cdot n+1}{2} - 1\right) \Delta x + m \Delta x$.

Il suffit pour l'objet de cet ouvrage d'indiquer ici les principes généraux de cette méthode, & nous n'entrerons point dans le détail, ni des moyens de la simplifier, ni de ceux de l'appliquer au cas où les valeurs de y connues, ne répondroient pas à des valeurs de x en proportion arithmétique.

Après avoir donné le moyen d'avoir y en x par une série lorsque y est donné par une équation différentielle, supposons que y soit très-petit, qu'on puisse en négliger une certaine puissance, & voyons ce qui doit arriver.

1.° La série, par laquelle y est exprimé, peut ou ne pas contenir x, ou le contenir.

2.° Si elle ne contient pas x, & que toutes les racines f soient ou réelles négatives, ou imaginaires avec une partie réelle négative, il est évident que la série, en conservant les mêmes coëfficiens, pourra être convergente depuis une certaine valeur donnée de x jusqu'à $x = \frac{1}{0}$.

3.° Si elle ne contient que des racines positives réelles ou imaginaires avec la partie réelle positive, la série ne sera convergente avec les mêmes coëfficiens, que depuis une certaine valeur négative de x jusqu'à $x = -\frac{1}{0}$.

4.° Si la série contenant x, cette variable ne monte qu'à une puissance finie & déterminée, quelque loin que l'on pousse la série, alors si les séries particulières qui multiplient les puissances de x sont convergentes pour toute l'étendue des valeurs de x, la série pourra être censée représenter y à très-peu près pour toutes ces valeurs.

5.° Si x est introduit dans la série parce qu'il y a dans l'équation en f des racines égales, & que les coëfficients de l'équation en y ne soient connus qu'à-peu-près, on ne pourra prononcer que x ne doit pas entrer dans la série, excepté quand ses racines seront très-inégales, & on ne sera jamais sûr que x doive y entrer.

6.° Il en sera de même si x est introduit dans la série, parce qu'il y a des racines telles que leurs sommes multipliées par des nombres entiers positifs, soient égales à une racine de la même équation. Mais on doit en excepter le cas où cette propriété des racines a lieu, parce qu'il manque à l'équation certains termes qui doivent manquer par la nature même du problême proposé, *Voyez* ÉQUATION SÉCULAIRE.

7.° Toutes les fois que l'équation n'aura que de racines imaginaires pures, c'est-à-dire, que la série sera composée de sinus & de cosinus multipliés de x, cette série contiendra nécessairement x au 3.e rang. En effet, soient deux racines imaginaires $+b\sqrt{-1}$, $-b\sqrt{-1}$, nous aurons au 3.e rang, $e^{(2 \cdot b\sqrt{-1} - b\sqrt{-1})x} = e^{b\sqrt{-1}x}$, terme qui satisfait, par l'hypothèse, à l'équation du terme linéaire en y. *Voyez* ÉQUATION SÉCULAIRE.

8.° Toutes les fois que la série ne donne la valeur de y convergente que pour une certaine étendue des valeurs de x, on sera obligé à prendre de nouvelles valeurs de y avec de nouveaux coëfficients arbitraires qu'on déterminera d'après les valeurs de y, données par une des séries précédentes dans des points où cette série étoit encore convergente. (*M. D. C.*)

APPUI *ou* POINT D'APPUI *d'un levier*, est le point fixe autour duquel le poids & la puissance sont en équilibre dans un levier; ainsi, dans une balance ordinaire le point du milieu par lequel on suspend la balance, est le *point d'appui*. Le *point d'appui* d'un levier, lorsque la puissance & les poids ont des directions parallèles, est toujours chargé d'une quantité égale à la somme de la puissance & du poids. Ainsi, dans une balance ordinaire à bras égaux, la charge du *point d'appui* est égale à la somme des poids qui sont dans les plats de la balance, c'est-à-dire, au double d'un de ces poids. On voit aussi par cette raison, que l'*appui* est moins chargé dans la balance appellée *romaine* ou *peson*, que dans la balance ordinaire; car pour peser, par exemple, un poids de six livres avec la balance ordinaire, il faut de l'autre côté un poids de six livres, & la charge de l'*appui* est de douze livres, au lieu qu'en se servant du peson, on peut peser le poids de six livres avec un poids d'une livre, & la charge de l'*appui* n'est alors que sept livres. *Voyez* PESON, ROMAINE, *&c.* (*O*).

APPULSE, (*Astron.*) exprime la proximité de la lune à une étoile, soit qu'il y ait éclipse, soit que le bord de la lune passe seulement à quelques minutes de l'étoile, de manière à être observée dans le même champ de la lunette. On observe les *appulses* avec soin pour déterminer les lieux de la lune, les erreurs des tables & les longitudes des lieux. On se sert, pour ces observations, d'un micromètre, avec lequel on observe les différences d'ascensions droites & de déclinaisons entre l'étoile & le bord de la lune, ou bien d'un héliomètre ou micromètre objectif, pour mesurer les distances entre l'étoile & le bord de la lune avant & après le moment de la plus courte distance. On calcule les *appulses* en rapportant la lune à sa place sur une figure ou zodiaque, comme celui de Senex ou de d'Heulland, fait sous les yeux de M. le Monnier, & cela est suffisant pour les prédire dans les *Ephémérides* ou dans la *Connoissance des tems*. (*D. L.*)

APPUYÉ, adj. m. on dit, *en terme de Géométrie*, que les angles dont le sommet est dans la circonférence de quelque segment de cercle, *s'appuyent* ou sont posés sur l'arc de l'autre segment de dessous. Ainsi (*Géomét. fig. 12*) l'angle *BAD*, dont le sommet est dans-la circonférence du segment *BGAHD*, est dit *appuyé* sur l'autre segment *BOD*. *Voyez* SEGMENT.

APR

APRETÉ, f. f. (*Méch.*) se dit de l'inégalité & de la rudesse de la surface d'un corps, par laquelle quelques-unes de ses parties s'élèvent tellement au dessus du reste, qu'elles empêchent de passer la main dessus avec aisance & liberté. *Voyez* PARTICULE.

L'âpreté ou la rudesse est opposée à la *douceur*, à l'égalité, à ce qui est uni ou poli, *&c.* Le frottement des surfaces contiguës vient de leur *âpreté*. *Voyez* SURFACE & FROTTEMENT.

L'âpreté plus ou moins grande des surfaces des corps, est une chose purement relative. Les corps qui nous paroissent avoir la surface la plus unie, étant vus au microscope, ne sont plus qu'un tissu de rugosités & d'inégalités.

Suivant ce que M. Boyle rapporte de Vermosen, aveugle très-fameux par la délicatesse & la finesse de son toucher, avec lequel il distinguoit les couleurs, il paroîtroit que chaque couleur a son degré ou son espèce particulière d'*âpreté*. Le noir paroît être la plus rude, de même qu'il est la plus obscure des couleurs; mais les autres ne sont pas plus douces à proportion qu'elles sont plus éclatantes; c'est-à-dire, que la plus rude n'est pas toujours celle qui réfléchit le moins de lumière: car le jaune est plus rude que le bleu; & le verd, qui est la couleur moyenne, est plus rude que l'une & l'autre. *Voyez* COULEUR & LUMIÈRE. (*O*)

APSIDES, *auges, apsides*, (*Astron.*) ce mot exprime les deux sommets d'une orbite elliptique; il vient de ἁψὶς courbure ou tortue, parce que ce sont les points où l'orbite se courbe, se replie & change de direction. L'*apside* supérieure, la grande apside, *summa apsis*, s'appelle apogée, quand il s'agit du soleil & de la lune; aphélie quand on parle des planètes principales; & quelquefois apojove, quand il s'agit des satellites de jupiter; la petite apside, *infima apsis*, est le périgée ou le périhélie.

La droite qui passe par le centre de l'orbite de la planète, & qui joint ces deux points, s'appelle la *ligne des apsides* de la planète. C'est le grand axe d'une orbite elliptique; telle est la ligne *AP*, *Planches d'Astronomie, fig. 83 & suiv.*, tirée de l'aphélie *A*, au périhélie *P*. *Voyez* ORBITE & PLANÈTE.

On compte l'excentricité sur la ligne des *apsides*; car c'est là distance du centre *C* de l'orbite de la planète au foyer *S* de l'orbite. *Voyez* EXCENTRICITÉ.

Neuton a donné dans son livre des *Principes*, une très-belle méthode pour déterminer le mouvement des *apsides* d'une planète causé par l'attraction d'une autre, en supposant que l'orbite décrite par la planète soit peu différente d'un cercle; il a fait voir que si le soleil étoit immobile, & que toutes les planètes pesassent vers lui en raison inverse du carré de leurs distances, le mouvement des *apsides* seroit nul, c'est-à-dire que la ligne de la plus grande distance & la ligne de la plus petite distance, seroient éloignées de 180 degrés l'une de l'autre, & ne formeroient qu'une seule ligne droite. Ce qui fait donc que les deux points des *apsides* ne sont pas toujours exactement en ligne droite avec le soleil, c'est que par la tendence mutuelle des planètes les unes vers les autres, leur gravitation vers le soleil n'est pas précisément en raison inverse du carré de la distance. Neuton donne une méthode très-élégante pour déterminer le mouvement des *apsides*, en supposant qu'on connoisse la force qui est ajoutée à la gravitation de la planète vers le soleil, & que cette force ajoutée ait toujours sa direction vers le soleil.

Cependant quelque belle que fût cette méthode, elle ne pouvoit suffire, comme l'observe M. d'Alembert, parce que dans toutes les planètes, tant premieres que secondaires, la force ajoutée à la gravitation vers le foyer de l'orbite, n'a presque jamais sa direction vers ce foyer: aussi M. Neuton ne s'en servit point pour déterminer le mouvement des *apsides* de l'orbite lunaire; & M. Clairaut fit voir que le calcul rigoureux de l'attraction du soleil sur la lune, étoit nécessaire pour trouver le mouvement de l'apogée de la lune conforme à l'observation. La manière de déterminer par observation la situation des apsides, a été expliquée au mot APHÉLIE. (*D. L.*)

APUS ou APOUS, (*Astron.*) c'est-à-dire, *pedibus carens*; quelquefois aussi par corruption *Apis*; mais ce nom est réservé à l'Abeille ou à la mouche. *Apus* est le nom d'une constellation méridionale, appellée en françois l'*oiseau de paradis*, *avis indica, manucodiata*, ou *paradisea*, c'est le nom que lui donne M. Linné. Cette constellation, dans les cartes de Bayer, a douze étoiles: il y en a un plus grand nombre dans le catalogue de M. l'abbé de la Caille. Voyez *Cœlum australe stelliferum*, & les *Mémoires de l'académie royale des Sciences de Paris de 1752, pag. 569*. La principale étoile de cette constellation est de la cinquième grandeur; elle avoit en 1750 214° 32′ 45″ d'ascension droite, & 77° 57′ 6″ de déclinaison australe: ainsi elle passe au méridien 37° au-dessous de l'horizon de Paris. (*D. L.*)

AQUARIUS, *Voyez* VERSEAU.

AQUEDUC, f. m. (*Hid.*) bâtiment de pierre, fait dans un terrein inégal, pour conserver le niveau de l'eau, & la conduire d'un lieu dans un autre. Ce mot est formé d'*aqua*, eau, & de *ductus*, conduit.

On en distingue de deux sortes, d'apparens & de souterrains. Les *apparens* sont construits à-travers les vallées & les fondrieres, & composés de tremeaux & d'arcades : tels sont ceux d'Arcueil, de Marli, & de Bucq, près de Versailles. Les *souterrains* sont percés à-travers les montagnes, conduits au-dessous de la superficie de la terre, bâtis de pierre de taille & de moilons, & couverts en-dessus de voûtes ou de pierres plates, qu'on appelle *dalles* : ces dalles mettent l'eau à l'abri du soleil ; tels sont ceux de Roquencourt, de Belleville, & du Pré S. Gervais.

On distribue encore les *aqueducs* en doubles ou triples, c'est-à-dire, portés sur deux ou trois rangs d'arcades : tel est celui du Pont-du-Gard en Languedoc, & celui qui fournit de l'eau à Constantinople ; auxquels on peut ajouter l'*aqueduc* que Procope dit avoir été construit par Cosroës, roi de Perse, pour la ville de Petra en Mingrelie ; il avoit trois conduits sur une même ligne, les uns élevés au-dessus des autres.

Souvent les *aqueducs* sont pavés ; quelquefois l'eau roule sur un lit de ciment fait avec art, ou sur un lit naturel de glaise : ordinairement elle passe dans des cuvettes de plomb, ou des auges de pierre de taille, auxquelles on donne une pente imperceptible pour faciliter son mouvement ; aux côtés de ces cuvettes sont ménagés deux petits sentiers où l'on peut marcher au besoin. Les *aqueducs*, les pierriers, les tranchées, *&c.* amenent les eaux dans un réservoir ; mais ne les élevent point. Pour devenir jaillissantes, il faut qu'elles soient resserrées dans des tuyaux. (*K*)

* Les *aqueducs* de toute espèce étoient jadis une des merveilles de Rome : la grande quantité qu'il y en avoit ; les frais immenses employés à faire venir des eaux d'endroits éloignés de trente, quarante, soixante, & même cent mille sur des arcades, ou continuées ou suppléées par d'autres travaux, comme des montagnes coupées ou des roches percées ; tout cela doit surprendre : on n'entreprend rien de semblable aujourd'hui ; on n'oseroit même penser à acheter si chèrement la commodité publique. On voit encore en divers endroits de la campagne de Rome de grands restes de ces *aqueducs* ; des arcs continués dans un long espace, au-dessus desquels étoient les canaux qui portoient l'eau à la ville ; ces arcs sont quelquefois bas, quelquefois d'une grande hauteur, selon les inégalités du terrein. Il y en a à deux arcades l'une sur l'autre ; & cela de crainte que la trop grande hauteur d'une seule arcade, ne rendît la structure moins solide : ils sont communément de briques, si bien cimentées, qu'on a peine à en détacher des morceaux. Quand l'élévation du terrein étoit énorme, on recouroit aux *aqueducs* souterrains ; ces *aqueducs* portoient les eaux à ceux qu'on avoit élevés sur terre, dans les fonds & les pentes des montagnes. Si l'eau ne pouvoit avoir de la pente qu'en passant au-travers d'une roche, on la perçoit à la hauteur de l'*aqueduc* supérieur : on en voit un semblable au-dessus de Tivoli, & au lieu nommé *Vicovaro*. Le canal qui formoit la suite de l'*aqueduc*, est coupé dans la roche vive l'espace de plus d'un mille, sur environ cinq pieds de haut & quatre de large.

Une chose digne de remarque, c'est que ces *aqueducs* qu'on pouvoit conduire en droite ligne à la ville, n'y parvenoient que par des sinuosités fréquentes. Les uns ont dit qu'on avoit suivi ces obliquités, pour éviter les frais d'arcades d'une hauteur extraordinaiae : d'autres, qu'on s'étoit proposé de rompre la trop grande impétuosité de l'eau qui, coulant en ligne droite par un espace immense, auroit toujours augmenté de vitesse, endommagé les canaux, & donné une boisson peu nette & mal-saine. Mais on demande pourquoi y ayant une si grande pente de la cascade de Tivoli à Rome, on est allé prendre l'eau de la même rivière à vingt milles & davantage plus haut ; que dis-je vingt milles, à plus de trente, en y comptant les détours d'un pays plein de montagnes. On répond que la raison d'avoir des eaux meilleures & plus pures, suffisoit aux Romains pour croire leurs travaux nécessaires & leurs dépenses justifiées ; & si l'on considere d'ailleurs que l'eau du Teveron est chargée de parties minérales, & n'est pas saine, on sera content de cette réponse.

Si l'on jette les yeux sur la planche 128 du *IV. volume des Antiquités* du P. Montfaucon, on verra avec quels soins ces immences ouvrages étoient construits. On y laissoit d'espace en espace des soupiraux ; afin que si l'eau venoit à être arrêtée par quelque accident, elle put se dégorger jusqu'à ce qu'on eût dégagé son passage. Il y avoit encore dans le canal même de l'*aqueduc* des puits où l'eau se jettoit, se reposoit & déchargeoit son limon, & des piscines où elle s'étendoit & se purifioit.

L'*aqueduc* de l'*Aqua-Marcia* a l'arc de seize pieds d'ouverture : le tout est composé de trois différentes sortes de pierres ; l'une rougeatre, l'autre brune & l'autre de couleur de terre. On voit en haut deux canaux, dont le plus élevé étoit de l'eau nouvelle du Teveron, & celui de dessous étoit de l'eau appellée *Claudienne* ; l'édifice entier a soixante & dix pieds romains de hauteur.

A côté de cet *aqueduc*, on a, dans le P. Montfaucon, la coupe d'un autre à trois canaux ; le supérieur est d'eau *Julia*, celui du milieu, d'eau *Tepula*, & l'inférieur, d'eau *Marcia*.

L'arc de l'*aqueduc* d'eau *Claudienne* est de très-belle pierre de taille ; celui de l'*aqueduc* d'eau *Néronienne* est de brique : ils ont l'un & l'autre soixante-douze pieds romains de hauteur.

Le canal de l'*aqueduc* qu'on appelloit *Aqua-*

Appia mérite bien que nous en fassions mention, par une singularité qu'on y remarque; c'est de n'être pas uni comme les autres, d'aller comme par degrés, en sorte qu'il est beaucoup plus étroit en bas qu'en haut.

Le consul Frontin, qui avoit la direction des *aqueducs* sous l'empereur Nerva, parle de neuf *apueducs* qui avoient 13594 tuyaux d'un pouce de diametre. Vigerus observe que, dans l'espace de vingt-quatre heures, Rome recevoit 500000 muids d'eau.

Nous pourrions encore faire mention de l'*aqueduc* de Drusus & de celui de Rimini : mais nous nous contenterons d'observer ici qu'Auguste fit réparer tous les *aqueducs ;* & nous passerons ensuite à d'autres monumens dans le même genre, & plus importans encore, de la magnificence romaine.

Un de ces monumens est l'*aqueduc* de Metz, dont il reste encore aujourd'hui un grand nombre d'arcades; ces arcades traversoient la Moselle, rivière grande & large en cet endroit. Les sources abondantes de Gorze fournissoient l'eau à la Naumachie; ces eaux s'assembloient dans un réservoir; de-là elles étoient conduites par des canaux souterrains faits de pierre de taille, & si spacieux qu'un homme pouvoit y marcher droit: elles passoient la Moselle sur ces hautes & superbes arcades qu'on voit encore à deux lieues de Metz, si bien maçonnées & si bien cimentées, qu'excepté la partie du milieu, que les glaces ont emportée, elles ont résisté & résistent aux injures les plus violentes des saisons. De ces arcades, d'autres *aqueducs* conduisoient les eaux aux bains & au lieu de la Naumachie.

Si l'on en croit Colmenarès, l'*aqueduc* de Ségovie peut être comparé aux plus beaux ouvrages de l'antiquité. Il en reste cent cinquante-neuf arcades, toutes de grandes pierres sans ciment. Ces arcades avec le reste de l'édifice ont cent deux pieds de haut; il y a deux rangs d'arcades l'un sur l'autre; l'*aqueduc* traverse la ville & passe par-dessus la plus grande partie des maisons qui sont dans le fond.

Après ces énormes édifices, on peut parler de l'*aqueduc* que Louis XIV. a fait bâtir proche Maintenon, pour porter les eaux de la rivière de Bucq à Versailles; c'est peut-être le plus grand *aqueduc* qui soit à présent dans l'univers; il est de 7000 brasses de long sur 2560 de haut, & a 242 arcades.

Les cloaques de Rome, ou ses *aqueducs* souterrains, étoient aussi comptés parmi ses merveilles; ils s'étendoient sous toute la ville, & se subdivisoient en plusieurs branches qui se déchargeoient dans la rivière : c'étoient de grandes & hautes voûtes bâties solidement, sous lesquelles on alloit en bateau; ce qui faisoit dire à Pline que la ville étoit suspendue en l'air, & qu'on navigeoit sous les maisons; c'est ce qu'il appelle *le plus grand ouvrage qu'on ait jamais entrepris.* Il y avoit sous ces voûtes des endroits où des charrettes chargées de foin pouvoient passer; ces voûtes soutenoient le pavé des rues. Il y avoit d'espace en espace des trous où les immondices de la ville étoient précipitées dans les cloaques. La quantité incroyable d'eau que les *aqueducs* apportoient à Rome y étoit aussi déchargée. On y avoit encore détourné des ruisseaux, d'où il arrivoit que la ville étoit toujours nette, & que les ordures ne séjournoient point dans les cloaques, & étoient promptement rejettées dans la rivière.

Ces édifices sont capables de frapper de l'admiration la plus forte : mais ce seroit avoir la vue bien courte que de ne pas la porter au-delà, & que de n'être pas tenté de remonter aux causes de la grandeur & de la décadence du peuple qui les a construits. Cela n'est point de notre objet; mais le lecteur peut consulter là-dessus les *Considérations* de M. le Président de Montesquieu, & celles de M. l'Abbé de Mably; il verra dans ces ouvrages, que les édifices ont toujours été & seront toujours comme les hommes, excepté peut-être à Sparte, où l'on trouvoit de grands hommes dans des maisons petites & chétives: mais cet exemple est trop singulier pour tirer à conséquence.

ARA

ARAIGNÉE (*Astron.*) : on donne quelquefois ce nom à l'un des cercles d'un astrolabe, qui est percé à jour & porte différens bras, dont les extrémités marquent la position des étoiles, *planch. d'Astronomie, fig. 230.* L'*araignée* tourne sur un planisphère où sont tracés les différens cercles auxquels on rapporte la position des étoiles pour trouver leur lever & leur coucher, &c. *Voyez* ASTROLABE. (*D. L.*)

ARAMECH, *voyez* ARCTURUS.

ARBALÈTE, s. f. (*Astron. navig.*), instrument avec lequel on observoit autrefois sur mer la hauteur du soleil, & qui est fait comme une espèce de croix. On l'appelle aussi *arbalestrille, flèche, rayon astronomique, radiomètre, croix géométrique, verge d'or,* autrefois *bâton de jacob,* en anglois *jacob staff, cross-staff* (*bâton à croix*) *fore-staff* (*baton de devant*), parce que l'on observe pardevant, ou en se tournant du côté du soleil; tandis qu'avec le quartier anglois on tourne le dos au soleil pour en mesurer la hauteur.

Cet instrument dérive des règles parallactiques de Ptolemée (*planches d'Astronomie, fig. 235*); car si l'on suppose que la règle *O D* soit toujours fixée perpendiculairement au bâton *A G*, on aura une *arbalète.* On en trouvera la figure dans le Dictionnaire de Marine; mais nous avons à parler ici de l'histoire & des progrès de ce genre d'observations. Jean Werner, né à Nuremberg en 1468, est le premier qui décrivit l'*arbalète* en 1514, & il la recommandoit aux marins pour observer les longitudes en mer par les distances de la lune aux étoiles (*Wales astronomical observations, 1777 , introd. p. xxiv*). Je crois que ce sont les observations de Werner qui furent imprimées en 1514; mais son livre *de motu octavæ sphæræ* , est de 1522 (Weidler , *pag. 335*). Appian, en 1524, & Gemma-Frisius en 1530, en recommandoient aussi l'usage.

Le P. Fournier, dans son Hydrographie, *p. 495*, dit que ce que les caldéens appelloient *bâton de Jacob*, & les astronomes *rayon astronomique*, est nommé *arbalête* ou *flèche* par Martin Cortez & Michel Coignet, en leurs ouvrages, & généralement par tous les matelots. Les flamands, dit-il, l'appellent *graëtboge*; on écrit graart boogh en hollandois. Les espagnols l'appellent *balestilla*. Le P. Dechalles l'appelle *crux geometrica*.

Le bâton, la flèche, ou la verge de l'instrument, a 3 ou 4 pieds de longueur; elle porte une pièce appellée par les anciens *traversaire*, & *curseur*, parce qu'elle se met de travers & en croix sur la verge ou flèche: on la fait courir le long de cette flèche; nos matelots l'appellent *marteau*; on a des marteaux de trois grandeurs différentes: c'est-à-dire, de 12 pouces, de 6 & de 1 ½ (Fournier, *pag. 496*). Dans le Dictionnaire de Marine d'Aubin, il y a curseur & marteau. Ozanam, dans son Dictionnaire, *pag. 256*, dit que le traversier ou marteau se meut le long de la flèche, & qu'on appelle cet instrument *verge d'or* par excellence, parce qu'il est le plus commode de tous les instrumens.

Ozanam, dans la table, met *flèche d'arbalête*; ce qui prouve qu'il adopte le nom d'*arbaleste* de préférence. MM. Bouguer & la Caille, *pag. 181, édit. de 1769, in-8.°*, l'appellent *arbalestrille*.

Gemma-Frisius (*principia Astronomiæ Comosgraphiæ, 1530*), est le premier qui ait parlé de trois marteaux dans l'*arbaleste*; il en est parlé aussi dans Michel Coignet d'Anvers: instruction nouvelle des points plus excellens & nécessaires touchant l'art de naviguer; & dans Waeghener, hollandois, qui fut si célèbre par ses cartes marines, que les matelots anglois appellent encore un Waeghener un volume de cartes pour la navigation.

Thomas Digges, en 1573, parle des transversales qui étoient dans son *arbalête*, comme étant imaginées depuis long-tems par Richard Chanceler.

Pierre Massé, dans son histoire des Indes, dit que Martin de Bohéme, disciple de Regiomontanus, recommandoit l'astrolabe; c'est-à-dire, un cercle divisé en degrés, & suspendu à une boucle pour prendre hauteur en mer; mais l'on ne voit pas que l'on s'en servît alors. Werner, qui décrit l'*arbalête*, en recommande l'usage, ainsi que Appian dans sa Comographie, écrite vers 1524 (Wales, *pag. xxiij*).

On faisoit aussi une demi-*arbalête*, où il n'y avoit qu'un demi-marteau, & les degrés y étoient une fois plus grand que sur les flèches ordinaires. Vers la fin du 16e siècle, on substitua un arc de cercle à la place des marteaux. John Davis, celui qui donna son nom au détroit de Davis, par lequel on alla dans la baie de Baffins, sous le cercle polaire, vers 1583, publia en 1594 un livre, intitulé : *Seaman's secrets*, où il décrit le back-staff; il est décrit dans Metius, *Astronomica institutio*, 1605; *de Arte navigandi*, 1624; *Doctrina Sphærica*, 1630: d'abord il n'y avoit qu'un arc où glissoit le marteau de l'œil; celui qui forme l'ombre étoit fixé à une règle droite emmortaisée à l'extrémité du rayon de l'instrument, & il étoit plus loin du centre ou du marteau de l'horizon, que l'arc même de l'instrument. On l'appelle *back-staff*, *bâton de derriere*, parce qu'on tourne le dos au soleil, par opposition à l'*arbalête*, appellée *fore-staff*. (Robertson). Dans le *Lexicon Technicum* de Harris, il est décrit au mot *back-staff*, & il l'appelle aussi *back-quadrant*, *Davis's quadrant*. L'ancienne *arbalête* est décrite au mot *Cross-staff*, quoique l'auteur dise qu'on l'appelle communément *fore-staff*; il dit, *voyez* CROSS-STAFF.

Le quartier de Davis avoit un arc de 60 degrés, & sur un des rayons un marteau ou pinule qui couloit & portoit une ouverture; mais il ne garda pas long-tems cette forme: car vers 1600, ou à-peu-près, on étendit l'arc jusqu'à 90° partie au-dessous du rayon & du marteau d'ombre qui y étoit fixé, jusqu'au degré qui parut le plus convenable; & dans cet état, il fut généralement connu sous le nom de *bow* (*arc*) *arbalête*. Peu d'années après, il reçut une autre perfection, & prit la forme qu'il a actuellement. Le marteau d'ombre étant jusqu'alors placé à une grande distance du centre, l'ombre étoit trop mal terminée sur le marteau d'horizon; & si le tems n'étoit pas très-clair, on ne la distinguoit pas du tout; il fallut donc diminuer le rayon de cette partie où est la pinule d'ombre: l'on ne sait pas aujourd'hui à qui l'on doit ces perfections; quelques-uns pensent que ce fut l'auteur lui-même, mais cela est douteux. On trouvera dans le Dictionnaire de Marine la figure du quartier de Davis.

Ces trois instrumens, l'astrolabe, l'*arbalête* & le quart de Davis, prirent différentes formes; le premier produisit le demi-cercle, *sea-rings* (anneau marin) *sea-quadrant* (quartier marin); le second produisit la demi-*arbalête*, le bâton de Hood, *Hood's staff*, &c, & le dernier produisit le *plough* (charrue), ainsi nommé à cause de sa forme, parce que l'arc plus petit, & le marteau plus grand lui donnoient presque la forme d'une charrue; il y eut encore le quartier d'Elton (Elton's quadrant), qui différoit un peu des deux précédens, M. Wales, *pag. xxix*.

M. Bouguer appelle l'instrument dans sa forme actuelle *quartier anglois*, ou *quart de nonante*; il dit que l'arc de 60° a 8 ou 9 pouces de rayon, l'autre 30° & 18 à 20 pouces; il appelle les *vane* des anglois des espèces de *pinules* ou de petits marteaux, & se sert indifféremment de ces deux mots *pinule* ou *marteau*.

M. Bourdé, dans son *Manuel des Marins*, 1773, ne se sert que des mots *quart de nonante* & *de marteau*. Aubin, dans son Dictionnaire de Marine, 1702, l'appelle aussi *quart de nonante*. Robertson, dans ses Elemens de Navigation, *tom. 2, pag. 293, édit. de 1772*, décrit seulement celui qu'il appelle *Davis's quadrant*, & que les étrangers appellent, dit-il, *english quadrant*. Suivant cet auteur, il y a un arc de 65° d'un plus petit rayon, sur lequel glisse la pinule de l'ombre, *shade vane*, ou glass-vane si l'on y met un verre ou une lentille. Il y a aussi un arc de 25° d'un rayon trois fois plus long, sur lequel glisse la pinule de l'œil *sight vane*; l'œil se place au petit trou de cette pinule, & regarde l'horizon par la fente de la pinule du centre, appellée *horizon vane*, sur laquelle tombe aussi le bord supérieur de l'ombre de la première pinule.

Flamsteed & Halley y substituèrent une lentille sur le marteau d'ombre, pour que l'on distinguât mieux l'image du soleil. Mais tous ces instrumens ont fait place pour l'usage de la navigation au *quartier de réflexion*; & tous les navigateurs qui ont des connoissances, ou qui aiment l'exactitude se servent de ce dernier. *Voyez* QUARTIER DE RÉFLEXION. (*D. L.*)

ARC

ARC, s. m. (*Géom.*); c'est une portion de courbe, par exemple, d'un cercle, d'une ellipse ou d'une autre courbe. *Voyez* COURBE.

Arc de cercle, est une portion de circonférence, moindre que la circonférence entière du cercle. Tel est *AEB*, (*Géom. fig. 20*). *Voyez* CERCLE & CIRCONFÉRENCE. La droite *AB*, qui joint les extrémités d'un *arc*, s'appelle *corde*; & la perpendiculaire *DE* tirée sur le milieu de la corde, s'appelle *flèche*. *Voy.* CORDE, FLECHE. Tous les angles sont mesurés par des *arcs*. Pour avoir la valeur d'un angle, on décrit un *arc* de cercle, dont le centre soit au sommet de l'angle. *Voyez* ANGLE. Tout cercle est supposé divisé en 360^d. Un *arc* est plus ou moins grand, selon qu'il contient un plus grand ou un plus petit nombre de ces degrés. Ainsi, l'on dit un *arc* de 30, de 80, de 100^d. *Voyez* DEGRÉ. La mesure des angles par les *arcs* de cercle, est fondée sur ce que la courbure du cercle est uniforme. Les *arcs* d'une autre courbe ne pourroient y servir.

Arcs concentriques, sont ceux qui ont le même centre : ainsi, dans la *figure 21*, les *arcs bH*, *eK*, sont des *arcs* concentriques. *Voyez* CONCENTRIQUE.

Arcs égaux, ce sont ceux qui contiennent le même nombre de degrés d'un même cercle ou de cercles égaux. Dans le même cercle ou dans des cercles égaux, les cordes égales soutiennent des *arcs* égaux. Un rayon *CE* (*fig. 20*) qui coupe en deux parties égales en *D* une corde *AB*, coupe aussi en *E* l'*arc* *AEB* en deux parties égales, & est perpendiculaire à la corde, & *vice versâ*. Le problème de *couper un arc* en deux parties égales sera donc résolu, en tirant une ligne *CE* perpendiculaire sur le milieu *D* de la corde.

Arcs semblables, ce sont ceux qui contiennent le même nombre de degrés de cercles inégaux. Tels sont les *arcs AXB* & *DHE*, *figure 22*. Si deux rayons partent du centre de deux cercles concentriques, les *arcs* compris entre ces deux rayons ont le même rapport à leurs circonférences entières; & les deux secteurs, le même rapport à la surface entière de leurs cercles.

ARC *semi-diurne* (*Astron.*), c'est l'*arc* du parallèle diurne d'un astre qui est compris entre le méridien & l'horizon; il règle le tems qui s'écoule depuis le lever jusqu'au passage par le méridien, & depuis ce passage jusqu'au coucher; ainsi, le calcul du lever ou du coucher d'un astre, se réduit à celui des *arcs semi-diurnes*, qui changent à raison de la hauteur du pole du lieu, & de la déclinaison de l'astre. On en trouve une table fort détaillée dans la plupart des anciens volumes de la *Connoissance des tems*, ouvrage que l'Académie publie chaque année, pour l'usage des astronomes & des navigateurs. *Voy.* LEVER, COUCHER.

ARC *d'émersion* ou *arc de vision* (*Astron.*) est la quantité dont il faut que le soleil soit abaissé verticalement au-dessous de l'horizon pour qu'un autre astre soit visible à la vue simple; on estime ordinairement l'*arc d'émersion* de dix-huit degrés pour les plus petites étoiles, de quatorze degrés pour les étoiles de troisième grandeur, de onze à douze degrés pour les étoiles de premiere grandeur, comme pour mars & saturne, de dix degrés pour mercure & jupiter, & de cinq degrés pour vénus; mais ce dernier varie beaucoup, & il se réduit même à rien, puisque l'on voit quelquefois vénus en plein jour, le soleil étant très-élevé sur l'horizon. *Voyez* CRÉPUSCULE.

L'arc de rétrogradation est un *arc* de l'écliptique qu'une planète semble décrire, en se mouvant contre l'ordre des signes. *Voyez* RÉTROGRADATION.

ARC *de position*, *angle de position* (*terme d'Astrol.*) l'*arc* de l'équateur compris entre le méridien & le cercle horaire ou cercle de déclinaison qui passe par le pole & par l'astre dont on s'occupe; c'est la même chose que ce que nous appellons aujourd'hui *angle horaire*. On l'appelloit *arc de position* parce qu'il marquoit la distance du cercle de position au méridien, ou l'*arc* de l'équateur qui doit passer depuis le moment où l'astre est dans le cercle de position jusqu'à celui où il passera au méridien. (*D. L.*).

ARC-EN-CIEL, *iris*, s. m. (*Opt.*) météore en forme d'*arc* de diverses couleurs, qui paroît lorsque le tems est pluvieux, dans une partie du ciel opposée au soleil, & qui est formé par la réfraction des rayons de cet astre, au travers des gouttes sphériques d'eau dont l'air est alors rempli. *Voyez* Météore, Pluie & Réfraction.

On voit pour l'ordinaire un second *arc-en-ciel* qui entoure le premier à une certaine distance. Ce second *arc-en-ciel* s'appelle *arc-en-ciel extérieur*, pour le distinguer de celui qu'il renferme, & qu'on nomme *arc-en-ciel intérieur*. L'*arc* intérieur a les plus vives couleurs, & s'appelle pour cela l'*arc principal*. Les couleurs de l'*arc* extérieur sont plus foibles, & de-là vient qu'il porte le nom de *second arc*. S'il paroît un troisieme *arc*, ce qui arrive fort rarement, ses couleurs sont encore moins vives que les précédentes. Les couleurs sont renversées dans les deux *arcs*; celles de l'*arc* principal sont dans l'ordre suivant, à compter du dedans en dehors: violet, indigo, bleu, verd, jaune, orange, rouge; elles sont arrangées au contraire dans le second *arc* en cet ordre: rouge, orangé, jaune, verd, bleu, indigo, violet: ce sont les mêmes couleurs que l'on voit dans les rayons du soleil qui traversent un prisme de verre. *Voyez* Prisme. Les physiciens font aussi mention d'un *arc-en-ciel lunaire* & d'un *arc-en-ciel marin*, dont nous parlerons plus bas.

L'*arc-en-ciel*, comme l'observe M. Neuton, ne paroît jamais que dans les endroits où il pleut & où le soleil luit en même tems; l'on peut le former par art en tournant le dos au soleil & en faisant jaillir de l'eau, qui poussée en l'air & dispersée en gouttes, vienne tomber en forme de pluie; car le soleil donnant sur ces gouttes, fait voir un *arc-en-ciel* à tout spectateur qui se trouve dans une juste position à l'égard de cette pluie & du soleil, sur-tout si l'on met un corps noir derrière les gouttes d'eau.

Antoine de Dominis montre dans son livre, *de radio visûs & lucis*, imprimé à Venise en 1611, que l'*arc-en-ciel* est produit dans des gouttes rondes de pluie, par deux réfractions de la lumière solaire, & une réflexion entre deux; & il confirme cette explication par des expériences qu'il a faites avec une phiole & des boules de verre pleines d'eau exposées au soleil. Il faut cependant reconnoître que quelques anciens avoient avancé, antérieurement à Antoine de Dominis, que l'*arc-en-ciel* étoit formé par la réfraction des rayons du soleil dans des gouttes d'eau. Kepler avoit eu la même pensée, comme on le voit par les lettres qu'il écrivit à Berenger en 1605, & à Harriot en 1606. Descartes, qui a suivi dans ses météores l'explication d'Antoine de Dominis, a corrigé celle de l'*arc* extérieur. Mais, comme ces savans hommes ne connoissoient point la véritable origine des couleurs, l'explication qu'ils ont donnée de ce météore est défectueuse à quelques égards. Antoine de Dominis a cru que l'*arc-en-ciel* extérieur étoit formé par les rayons qui rasoient les extrémités des gouttes de pluie, & qui venoient à l'œil après deux réfractions & une réflexion. Or on trouve, par le calcul, que ces rayons, dans leur seconde réfraction, doivent faire un angle beaucoup plus petit avec le rayon du soleil qui passe par l'œil, que l'angle sous lequel on voit l'*arc-en-ciel* intérieur; & cependant l'angle sous lequel on voit l'*arc-en-ciel* extérieur, est beaucoup plus grand que celui sous lequel on voit l'*arc-en-ciel* intérieur: de plus, les rayons qui tombent fort obliquement sur une goutte d'eau, ne font point de couleurs sensibles dans leur seconde réfraction, comme on le verra aisément par ce que nous dirons dans la suite. A l'égard de M. Descartes, qui a le premier expliqué l'*arc-en-ciel* extérieur par deux réflexions & deux réfractions, il n'a pas remarqué que les rayons extrêmes qui font le rouge, ont leur réfraction beaucoup moindre que selon la proportion de 3 à 4, & que ceux qui font le violet l'ont beaucoup plus grande: de plus, il s'est contenté de dire qu'il venoit plus de lumière à l'œil sous les angles de 41 & de 42^d, que sous les autres angles, sans prouver que cette lumière doit être colorée; & ainsi il n'a pas suffisamment démontré d'où vient qu'il paroît des couleurs sous un angle d'environ 42^d, & qu'il n'en paroît point sous ceux qui sont au-dessous de 40^d, & au-dessus de 44 dans l'*arc-en-ciel* intérieur. Ce célèbre auteur n'a donc pas suffisamment expliqué l'*arc-en-ciel*, quoiqu'il ait fort avancé cette explication. Neuton l'a achevée par le moyen de sa doctrine des couleurs.

Théorie de l'arc-en-ciel. Pour concevoir l'origine de l'*arc-en-ciel*, examinons d'abord ce qui arrive lorsqu'un rayon de lumière qui vient d'un corps éloigné, tel que le soleil tombe sur une goutte d'eau sphérique, comme sont celles de la pluie. Soit donc une goutte d'eau $ADKN$ (*Tab. Opt. fig.* 46), & les lignes EF, BA, des rayons lumineux qui partent du centre du soleil, & que nous pouvons concevoir comme parallèles entr'eux à cause de l'éloignement immense de cet astre. Le rayon BA étant le seul qui tombe perpendiculairement sur la surface de l'eau, & tous les autres étant obliques, il est aisé de concevoir que tous ceux-ci souffriront une réfraction & s'approcheront de la perpendiculaire; c'est-à-dire, que le rayon EF, par exemple, au lieu de continuer son chemin suivant FG, se rompra au point F; & s'approchera de la ligne HFI perpendiculaire à la goutte en F, pour prendre le chemin FK. Il en est de même de tous les autres rayons proches du rayon EF, lesquels se détourneront de *F* vers *K*, où il y en aura vraisemblablement quelques-uns qui s'échapperont dans l'air, tandis que les autres se réfléchiront suivant la ligne *KN*, pour faire des angles d'incidence & de réflexion égaux entr'eux. *Voyez* RÉFLEXION.

De plus, comme le rayon *KN* & ceux qui le suivent, tombent obliquement sur la surface de ce globule, ils ne peuvent repasser dans l'air sans se rompre de nouveau & s'éloigner de la perpendiculaire *MNL*; de sorte qu'ils ne peuvent aller directement vers *Y*, & sont obligés de se détourner vers *P*. Il faut encore observer ici que quelques-uns des rayons, après qu'ils sont arrivés en *N*, ne passent point dans l'air, mais se réfléchissent de nouveau vers *Q*, où souffrant une réfraction comme tous les autres, ils ne vont point en droite ligne vers *P*, mais vers *R*, en s'éloignant de la perpendiculaire *TV*. Mais, comme on ne doit avoir égard ici qu'aux rayons qui peuvent affecter l'œil, que nous supposons placé un peu au-dessous de la goutte, au point *Z*, par exemple, nous laissons ceux qui se réfléchissent de *N* vers *Q* comme inutiles, à cause qu'ils ne parviennent jamais à l'œil du spectateur. Cependant il faut observer qu'il y a d'autres rayons, comme 2, 3, qui se rompant de 3 vers 4, de-là se réfléchissant vers 5, & de 5 vers 6, puis se rompant suivant 6, 7, peuvent enfin arriver à l'œil qui est placé au dessous de la goutte.

Ce que l'on a dit jusqu'ici est très-évident: mais, pour déterminer précisément les degrés de réfraction de chaque rayon de lumière, il faut recourir à un calcul, par lequel il paroît que les rayons qui tombent sur le quart de cercle *AD*, continuent leur chemin suivant les lignes que l'on voit tirées dans la goutte *ADKN*, où il y a trois choses extrêmement importantes à observer. En premier lieu, les deux réfractions des rayons à leur entrée & à leur sortie sont telles, que la plupart des rayons qui étoient entrés parallèles sur la surface *AF*, sortent divergens, c'est-à-dire, s'écartent les uns des autres, & n'arrivent point jusqu'à l'œil. En second lieu, du faisceau de rayons parallèles qui tombent sur la partie *AD* de la goutte, il y en a une petite partie qui, ayant été rompus par la goutte, viennent se réunir au fond de la goutte dans le même point, & qui étant réfléchis de ce point, sortent de la goutte parallèles entr'eux comme ils y étoient entrés. Comme ces rayons sont proches les uns des autres, ils peuvent agir avec force sur l'œil en cas qu'ils puissent y entrer, & c'est pour cela qu'on les a nommés *rayons efficaces*; au lieu que les autres s'écartent trop pour produire un effet sensible, ou du moins produire des couleurs aussi vives que l'*arc-en-ciel*. En troisième lieu, le rayon *NP* a une ombre ou obscurité sous lui; car puisqu'il ne sort aucun rayon de la surface *N4*, c'est la même chose que si cette partie étoit couverte d'un corps opaque. On peut ajouter à ce que l'on vient de dire, que le même rayon *NP* a de l'ombre au-dessus de l'œil, puisque les rayons qui sont dans cet endroit, n'ont pas plus d'effet que s'ils n'existoient point du tout.

De-là il s'ensuit que, pour trouver les rayons efficaces, il faut trouver les rayons qui ont le même point de réflexion, c'est-à-dire, qu'il faut trouver quels sont les rayons parallèles & contigus, qui, après la réfraction, se rencontrent dans le même point de la circonférence de la goutte, & se réfléchissent de-là vers l'œil.

Or supposons que *NP* soit le rayon efficace, & que *EF* soit le rayon incident qui correspond à *NP*, c'est-à-dire, que *F* soit le point où il tombe un petit faisceau de rayons parallèles, qui après s'être rompus, viennent se réunir en *K*, pour se réfléchir de-là en *N*, & sortir suivant *NP*; & nous trouverons par le calcul que l'angle *ONP*, compris entre le rayon *NP* & la ligne *ON* tirée du centre du soleil, est de 41[d] 30'. On enseignera ci-après la méthode de le déterminer.

Mais comme, outre les rayons qui viennent du centre du soleil à la goutte d'eau, il en part une infinité d'autres des différens points de sa surface, il nous reste à examiner plusieurs autres rayons efficaces, sur-tout ceux qui partent de la partie supérieure & de la partie inférieure de son disque.

Le diamètre apparent du soleil étant d'environ 32', il s'ensuit que si le rayon *EF* passe par le centre du soleil, un rayon efficace qui partira de la partie supérieure du soleil, tombera plus haut que le rayon *EF* de 16', c'est-à-dire, fera avec ce rayon *EF* un angle d'environ 16'. C'est ce que fait le rayon *GH* (*fig. 46*) qui souffrant la même réfraction que *EF*, se détourne vers *I* & de-là vers *L*, jusqu'à ce que sortant avec la même réfraction que *NP*, il parvienne en *M* pour former un angle de 41[d] 14' avec la ligne *ON*.

De même le rayon *QR* qui part de la partie inférieure du soleil, tombe sur le point *R*, 16' plus bas, c'est-à-dire fait un angle de 16' en dessous avec le rayon *EF*, & souffrant une réfraction, il se détourne vers *S* & de-là vers *T*, où passant dans l'air il parvient jusqu'à *V*; de sorte que la ligne *TV* & le rayon *OT* forment un angle de 41[d] 46'.

A l'égard des rayons qui viennent à l'œil après deux réflexions & deux réfractions, on doit regarder comme efficaces ceux qui, après ces deux réflexions & ces deux réfractions, sortent de la goutte parallèles entr'eux.

Supputant donc les réflexions des rayons qui viennent, comme 23 (*fig. 45*), du centre du soleil, & qui, pénétrant dans la partie inférieure de la goutte, souffrent, ainsi que nous l'avons supposé, deux réflexions & deux réfractions, & entrent dans l'œil par des lignes pareilles à celle qui est marquée par 67 (*fig.* 47), nous trouvons que les rayons que l'on peut regarder comme efficaces, par exemple 67, forment avec la ligne 86 tirée du centre du soleil, un angle 867 d'environ 52^d: d'où il s'ensuit que le rayon efficace qui part de la partie la plus élevée du soleil, fait avec la même ligne 86 un angle moindre de 16′; & celui qui vient de la partie inférieure un angle plus grand de 16′.

Imaginons donc que *A B C D E F* soit la route du rayon efficace depuis la partie la plus élevée du soleil jusqu'à l'œil *F*; l'angle 86*F* sera d'environ 51^d 44′. De même, si *G H I K L M* est la route d'un rayon efficace qui part de la partie inférieure du soleil & aboutit à l'œil, l'angle 86 *M* approche de 52^d 16′.

Comme il y a plusieurs rayons efficaces outre ceux qui partent du centre du soleil, ce que nous avons dit de l'ombre souffre quelque exception; car, des trois rayons qui sont tracés (*fig.* 45 & 46), il n'y a que les deux extrêmes qui aient de l'ombre à leur côté extérieur.

A l'égard de la quantité de lumière, c'est-à-dire du faisceau de rayons qui se réunissent dans un certain point, par exemple, dans le point de réflexion des rayons efficaces, on peut le regarder comme un corps lumineux terminé par l'ombre. Au reste, il faut remarquer que jusqu'ici nous avons supposé que tous les rayons de lumière se rompoient également; ce qui nous a fait trouver les angles de 41^d 30′ & de 52^d. Mais les différens rayons qui parviennent ainsi jusqu'à l'œil, sont de diverses couleurs, c'est-à-dire, propres à exciter en nous l'idée de différentes couleurs; & par conséquent ces rayons sont différemment rompus de l'eau dans l'air, quoiqu'ils tombent de la même manière sur une surface réfrangible: car on sait que les rayons rouges, par exemple, souffrent moins de réfraction que les rayons jaunes, ceux-ci moins que les bleus, les bleus moins que les violets, & ainsi des autres. *Voyez* COULEUR.

Il suit de ce qu'on vient de dire, que les rayons différens ou hétérogènes se séparent les uns des autres & prennent différentes routes, & que ceux qui sont homogènes se réunissent & aboutissent au même endroit. Les angles de 41^d 30′ & de 52^d, ne sont que pour les rayons d'une moyenne réfrangibilité, c'est-à-dire, qui, en se rompant, s'approchent de la perpendiculaire plus que les rouges, mais moins que les rayons violets: & de-là vient que le point lumineux de la goutte où se fait la réfraction, paroît bordé de différentes couleurs, c'est-à-dire, que le rouge, le verd & le bleu, naissent de différens rayons rouges, verds & bleus du soleil, que les différentes gouttes transmettent à l'œil; comme il arrive, lorsqu'on regarde des objets éclairés à travers un prisme. *Voyez* PRISME.

Telles sont les couleurs qu'un seul globule de pluie doit représenter à l'œil: d'où il s'ensuit qu'un grand nombre de ces petits globules venant à se répandre dans l'air, y fera appercevoir différentes couleurs, pourvu qu'ils soient tellement disposés, que les rayons efficaces puissent affecter l'œil; car ces rayons ainsi disposés, formeront un *arc-en-ciel*.

Pour déterminer maintenant quelle doit être cette disposition, supposons une ligne droite tirée du centre du soleil à l'œil du spectateur, telle que *V X* (*fig.* 46), que nous appellerons *ligne d'aspect*: comme elle part d'un point extrêmement éloigné, on peut la supposer parallèle aux autres lignes tirées du même point; or on sait qu'une ligne droite qui coupe deux parallèles, forme des angles alternes égaux. *Voyez* ALTERNE.

Imaginons donc un nombre indéfini de lignes tirées de l'œil du spectateur à l'endroit opposé au soleil où sont des gouttes de pluie, lesquelles forment différens angles avec la ligne d'aspect, égaux aux angles de réfraction des différens rayons réfrangibles, par exemple, des angles de 41^d 46′, de 41^d 30′, & de 41^d 40. Ces lignes tombant sur des gouttes de pluie éclairées du soleil, formeront des angles de même grandeur avec les rayons tirés du centre du soleil aux mêmes gouttes; de sorte que les lignes, ainsi tirées de l'œil, représenteront les rayons qui occasionnent la sensation de différentes couleurs.

Celle, par exemple, qui forme un angle de 41^d 46′, représentera les rayons les moins réfrangibles ou rouges des différentes gouttes; & celle de 41^d 40′ les rayons violets qui sont les plus réfrangibles. On trouvera les couleurs intermédiaires & leurs réfrangibilités dans l'espace intermédiaire. *Voyez* ROUGE.

On sait que l'œil étant placé au sommet d'un cône, voit les objets sur sa surface comme s'ils étoient dans un cercle, au moins lorsque ces objets sont assez éloignés de lui: car quand différens objets sont à une distance assez considérable de l'œil, ils paroissent être à la même distance. Nous en avons donné la raison dans l'*article* APPARENT; d'où il s'ensuit qu'un grand nombre d'objets ainsi disposés, paroîtront rangés dans un cercle sur la surface du cône. Or l'œil de notre spectateur est ici au sommet commun de plusieurs cônes formés par les différentes espèces de rayons efficaces & la ligne d'aspect. Sur la surface de celui dont l'angle au sommet est le plus grand, & qui contient tous les autres, sont ces gouttes ou parties de gouttes qui paroissent rouges; les gouttes de couleur de pourpre sont sur la superficie du cône qui forme le plus petit angle à son sommet; & le bleu, le verd, &c. sont dans les cônes intermédiaires. Il s'ensuit donc que les différentes espèces de gouttes doivent paroître comme si elles étoient disposées dans autant de bandes ou arcs colorés, comme on le voit dans l'*arc-en-ciel.*

M. Neuton explique cela d'une manière plus scientifique, & donne aux angles des valeurs un peu différentes. Supposons, dit-il, que *O* (*fig. 48*) soit l'œil du spectateur, & *O P* une ligne parallèle aux rayons du soleil; & soient *P O E*, *P O F* des angles de 46^d $17'$, de 42^d $2'$, que l'on suppose tourner autour de leur côté commun *O P*: ils décriront par les extrémités *E*, *F*, de leurs autres côtés *O E* & *O F*, les bords de l'*arc-en-ciel.*

Car si *E*, *F* sont des gouttes placées en quelque endroit que ce soit des surfaces coniques décrites par *O E*, *O F*, & qu'elles soient éclairés par les rayons du soleil *S E*, *S F*; comme l'angle *S E O* est égal à l'angle *P O E* qui est de 40^d $17'$, ce sera le plus grand angle qui puisse être fait par la ligne *S E*; & par les rayons les plus réfrangibles qui sont rompus vers l'œil après une seule réflexion; & par conséquent toutes les gouttes qui se trouvent sur la ligne *O E*, enverront à l'œil, dans la plus grande abondance possible, les rayons les plus réfrangibles, & par ce moyen feront sentir le violet le plus foncé vers la région où elles sont placées.

De même l'angle *S F O* étant égal à l'angle *P O F* qui est de 42^d $2'$, sera le plus grand angle selon lequel les rayons les moins réfrangibles puissent sortir des gouttes après une seule réflexion; & par conséquent ces rayons seront envoyés à l'œil dans la plus grande quantité possible par les gouttes qui se trouvent sur la ligne *O F*, & qui produiront la sensation du rouge le plus foncé en cet endroit.

Par la même raison, les rayons qui ont des degrés intermédiaires de réfrangibilité viendront dans la plus grande abondance possible des gouttes placées entre *E* & *F*, & feront sentir les couleurs intermédiaires dans l'ordre qu'exigent leurs degrés de réfrangibilité, c'est-à-dire, en avançant de *E* en *F*, ou de la partie intérieure de l'*arc* à l'extérieure dans cet ordre, le violet, l'indigo, le bleu, le verd, le jaune, l'orangé & le rouge: mais le violet étant mêlé avec lumière blanche des nues, ce mélange le fera paroître foible, & tirant sur le pourpre.

Comme les lignes *O E*, *O F* peuvent être situées indifféremment dans tout autre endroit des surfaces coniques dont nous avons parlé ci-dessus, ce que l'on a dit des gouttes & des couleurs placées dans ces lignes, doit s'entendre des gouttes & des couleurs distribuées en tout autre endroit de ces surfaces; par conséquent le violet sera répandu dans tout le cercle décrit par l'extrémité *E* du rayon *O E* autour de *O P*; le rouge dans tout le cercle décrit par *F*, & les autres couleurs dans les cercles décrits par les points qui sont entre *E* & *F*. Voilà quelle est la manière dont se forme l'*arc-en-ciel intérieur.*

Arc-en-ciel extérieur. Quant au second *arc-en-ciel* qui entoure ordinairement le premier, en assignant les gouttes qui doivent paroître colorées, nous excluons celles qui partant de l'œil, font des angles un peu au-dessous de 42^d $2'$, mais non pas celles qui en font de plus grands.

Car si l'on tire de l'œil du spectateur une infinité de pareilles lignes, dont quelques-unes fassent des angles de 50^d $57'$ avec la ligne d'aspect, par exemple *O G*; d'autres des angles de 54^d $7'$, par exemple *O H*, il faut de toute nécessité que les gouttes sur lesquelles tomberont ces lignes, fassent voir des couleurs, sur-tout celles qui forment l'angle de 50^d $57'$.

Par exemple, la goutte *G* paroîtra rouge, la ligne *G O* étant la même qu'un rayon efficace, qui, après deux réflexions & deux réfractions, donne le rouge; de même les gouttes sur lesquelles tombent les lignes qui font avec *O P* des angles de 54^d $7'$, par exemple, la goutte *H* paroîtra couleur de pourpre; la ligne *O H* étant la même qu'un rayon efficace, qui, après deux réflexions & deux réfractions, donne la couleur de pourpre.

Or s'il y a un nombre suffisant de ces gouttes, & que la lumière du soleil soit assez forte pour n'être point affoiblie par deux réflexions & réfractions consécutives, il est évident que ces gouttes doivent former un second *arc* semblable au premier. Dans les rayons les moins réfrangibles, le moindre angle sous lequel une goutte peut envoyer des rayons efficaces après deux réflexions, a été trouvé, par le calcul, de 50^d $57'$, & dans les plus réfrangibles, de 54^d $7'$.

Supposons l'œil placé au point *O*, comme ci-devant, & que *P O G*, *P O H* soient des angles de 50^d $57'$, & de 54^d $7'$: si ces angles tournent autour de leur côté commun *O P*, avec leurs autres côtés *O G*, *O H*, ils décriront les bords de l'*arc-en-ciel* *C H D G*, qu'il faut imaginer, non pas dans le même plan que la ligne *O P*, ainsi que la figure le présente, mais dans un plan perpendiculaire à cette ligne.

Car si *G O* sont des gouttes placées en quelque endroit que ce soit des surfaces coniques décrites par *O G*, *O H*, & qu'elles soient éclairées par les rayons du soleil; comme l'angle *S G O* est égal à l'angle *P O G* de 50^d $57'$, ce sera le plus petit angle qui puisse être fait par les rayons les moins réfrangibles après deux réflexions; & par conséquent toutes les gouttes qui se trouvent sur la ligne *O G*, enverront à l'œil dans la plus grande abondance possible, les rayons les moins refrangibles, & feront sentir par ce moyen le rouge le plus foncé vers la région où elles sont placées.

De même l'angle *S H O* étant égal à l'angle *P O H*, qui est de 54^d $7'$, sera le plus petit angle sous lequel les rayons les plus réfrangibles puissent sortir des gouttes après deux réflexions; & par conséquent ces rayons seront envoyés à l'œil dans la plus grande quantité qu'il soit possible par les gouttes qui sont placées dans la ligne *O H*, & produiront la sensation du violet le plus foncé dans cet endroit.

Par la même raison, les rayons qui ont des degrés intermédiaires de réfrangibilité viendront dans la plus grande abondance possible des gouttes entre *G* & *H*, & feront sentir les couleurs intermédiaires dans l'ordre qu'exigent leurs degrés de réfrangibilité, c'est-à-dire, en avançant de *G* en *H*, ou de la partie intérieure de l'*arc* à l'extérieure, dans cet ordre, le rouge, l'orangé, le jaune, le verd, le bleu, l'indigo, & le violet.

Et comme les lignes *O G*, *O H* peuvent être situées indifféremment en quelqu'endroit que ce soit des surfaces coniques, ce qui vient d'être dit des gouttes & des couleurs qui sont sur ces lignes doit être appliqué aux gouttes & aux couleurs qui sont en tout autre endroit de ces surfaces.

C'est ainsi que seront formés deux *arcs* colorés; l'un intérieur, & composé de couleurs plus vives par une seule réflexion; & l'autre extérieur, & composé de couleurs plus foibles par deux réflexions.

Les couleurs de ces deux *arcs* seront dans un ordre opposé l'une à l'égard de l'autre; le premier ayant le rouge en dedans & le pourpre en dehors; & le second le pourpre en dehors & le rouge en dedans, & ainsi du reste.

Arc-en-ciel artificiel. Cette explication de l'*arc-en-ciel* est confirmée par une expérience facile: elle consiste à suspendre une boule de verre pleine d'eau en quelqu'endroit où elle soit exposée au soleil, & d'y jetter les yeux, en se plaçant de telle maniere que les rayons qui viennent de la boule à l'œil puissent faire avec les rayons du soleil un angle de 42 ou de 50^d; car si l'angle est d'environ 42 ou 43^d, le spectateur (supposé en *O*) verra un rouge fort vif sur le côté de la boule opposé au soleil, comme en *F*; & si cet angle devient plus petit, comme il arrivera en faisant descendre la boule jusqu'en *E*, d'autres couleurs paroîtront successivement sur le même côté de la boule, savoir, le jaune, le verd & le bleu.

Mais si l'on fait l'angle d'environ 50^d, en haussant la boule jusqu'en *G*, il paroîtra du rouge sur le côté de la boule qui est vers le soleil, quoiqu'un peu foible; & si l'on fait l'angle encore plus grand, en haussant la boule jusqu'en *H*, le rouge se changera successivement en d'autres couleurs en jaune, verd & bleu. On observe la même chose lorsque, sans faire changer de place à la boule, on hausse ou l'on baisse l'œil pour donner à l'angle une grandeur convenable.

On produit encore, comme nous l'avons dit, un *arc-en-ciel artificiel*, en tournant le dos au soleil, & jettant en haut de l'eau dont on aura rempli sa bouche; car on verra dans cette eau des couleurs de l'*arc-en-ciel*, pourvu que les gouttes soient poussées assez haut pour que les rayons tirés de ces gouttes à l'œil du spectateur, fassent des angles de plus de 41^d avec le rayon *O P*.

Dimension de l'arc-en-ciel. Descartes a le premier déterminé son diamètre par une méthode indirecte, avançant que sa grandeur dépend du degré de réfraction du fluide, & que le sinus d'incidence est à celui de réfraction dans l'eau, comme 250 à 187. *Voyez* Réfraction.

M. Halley a depuis donné, dans les *Transactions philosophiques*, une méthode simple & directe de déterminer le diamètre de l'*arc-en-ciel*, en supposant donné le degré de réfraction du fluide, ou réciproquement de déterminer la réfraction du fluide par la connoissance que l'on a du diamètre de l'*arc-en-ciel.* Voici en quoi consiste sa méthode. 1.° Le rapport de la réfraction, c'est-à-dire, des sinus d'incidence & de réfraction étant connu, il cherche les angles d'incidence & de réfraction d'un rayon, qu'on suppose devenir efficace après un nombre déterminé de réflexions, c'est-à-dire, il cherche les angles d'incidence & de réfraction d'un faisceau de rayons infiniment proches, qui, tombant parallèles sur la goutte, sortent parallèles après avoir souffert au-dedans de la goutte un certain nombre de réflexions déterminé. Voici la règle qu'il donne pour cela. Soit une ligne donnée *A C* (*Opt. fig.* 49.) on la divisera en *D*, en sorte que *D C* soit à *A C* en raison du sinus de réfraction au sinus d'incidence; ensuite on la divisera de nouveau en *E*, en sorte que *A C* soit *A E* comme le nombre donné de réflexions augmenté de l'unité est à cette même unité: on décrira après cela sur le diamètre *A E* le demi-cercle *A B E*; puis du centre *C* & du rayon *C D* on tracera un *arc* *D B*, qui coupe le demi-cercle au point *B*: on menera les lignes *A B*, *C B*; *A B C*, ou son complément à deux droits, sera l'angle d'incidence, & *C A B* l'angle de réfraction qu'on demande.

2.° Le rapport de la réfraction & l'angle d'incidence étant donnés, on trouvera ainsi l'angle qu'un rayon de lumière qui sort d'une boule après un nombre donné de réflexions fait avec la ligne d'aspect, & par conséquent la hauteur & la largeur de l'*arc-en-ciel.* L'angle d'incidence & le rapport de réfractions étant donnés, l'angle de réfraction l'est aussi. Or, si l'on multiplie ce dernier par le double du nombre des réflexions augmenté de 2, & qu'on retranche du produit le double de l'angle d'incidence, l'angle restant sera celui que l'on cherche.

Supposons avec M. Neuton que le rapport de réfraction soit comme 108 à 81 pour les rayons rouges, comme 109 à 81 pour les bleus, &c. le problème précédent donnera les angles ſous leſquels on voit les couleurs.

I. Arc-en-ciel.	rouge 42 d. 11′. violet 40 d. 16′.	Le ſpectateur ayant le dos tourné au ſoleil, parce que les rayons qui viennent à l'œil du ſpectateur, après une ou deux réflexions, ſont du même côté de la goutte que les rayons incidens.
II. Arc-en-ciel.	rouge 50 d. 58′. violet 54 d. 99′.	

Si l'on demande l'angle formé par un rayon après trois ou quatre réflexions, & par conſéquent la hauteur à laquelle on devroit appercevoir le troiſième & le quatrième *arc-en-ciel*, qui ſont très-rarement & très-peu ſenſibles, à cauſe de la diminution que ſouffrent les rayons par tant de réflexions réitérées, on aura

III Arc-en-ciel.	rouge 41 d. 37′. violet 37 d. 9′.	Le ſpectateur ayant le viſage tourné vers le ſoleil, parce que les rayons qui viennent à l'œil du ſpectateur, après trois ou quatre réflexions, ſortent de la goutte d'un côté oppoſé à celui par où ils y ſont entrés, & conſéquemment ſont, par rapport au ſoleil, d'un autre côté de la goutte que les rayons incidens.
IV. Arc-en-ciel.	rouge 43 d. 53′. violet 49 d. 53′.	

Il eſt aiſé ſur ce principe de trouver la largeur de l'*arc-en-ciel*; car le plus grand demi-diamètre du premier *arc-en-ciel*, c'eſt-à-dire de ſa partie extérieure, étant de $42^{d}\ 11'$, & le moindre, ſavoir, de la partie intérieure, de $40^{d}\ 16'$, la largeur de la bande meſurée du rouge au violet ſera de $1^{d}\ 55'$; & le plus grand diamètre du ſecond *arc* étant de $44^{d}\ 9'$, & le moindre de $50^{d}\ 58'$, la largeur de la bande ſera de $3^{d}\ 11'$, & la diſtance entre les deux *arcs-en-ciel* de $8^{d}\ 47'$.

On regarde dans ces meſures le ſoleil comme un point; c'eſt pourquoi, comme ſon diamètre eſt d'environ 30′, & qu'on a pris juſqu'ici les rayons qui paſſent par le centre du ſoleil, on doit ajouter ces 30′ à la largeur de chaque bande ou *arc* de rouge ou violet; ſavoir, 15′ en deſſous au violet à l'*arc* intérieur, & 15′ en deſſus au rouge dans le même *arc*; & pour l'*arc-en-ciel* extérieur, 15′ en deſſus au violet, & 15′ en deſſous au rouge; & il faudra retrancher 30′ de la diſtance qui eſt entre les deux *arcs*.

La largeur de l'*arc-en-ciel* intérieur ſera donc de $2^{d}\ 25'$, & celle du ſecond de $3^{d}\ 41'$ & leur diſtance de $8^{d}\ 17'$. Ce ſont là les dimenſions de l'*arc-en-ciel*, & elles ſont conformes à très-peu-près à celle que l'on trouve en meſurant un *arc-en-ciel* avec des inſtrumens.

Phénomènes particuliers de l'arc-en-ciel. Il eſt aiſé de déduire de cette théorie tous les phénomènes particuliers de l'*arc-en-ciel* : 1.° par exemple, pourquoi l'*arc-en-ciel* eſt toujours de même largeur? c'eſt parce que les degrés de réfrangibilité des rayons rouges & violets qui forment ſes couleurs extrêmes, ſont toujours les mêmes.

2.° Pourquoi on voit quelquefois les jambes de l'*ar-en-ciel* contigues à la ſurface de la terre, & pourquoi d'autres fois ces jambes ne viennent pas juſqu'à terre? c'eſt parce qu'on ne voit l'*arc-en-ciel* que dans les endroits où il pleut: or ſi la pluie eſt aſſez étendue pour occuper un eſpace plus grand que la portion viſible du cercle que décrit le point *E*, on verra un *arc-en-ciel* qui ira juſqu'à terre, ſinon l'on ne verra d'*arc-en-ciel* que dans la partie du cercle occupée par la pluie.

3.° Pourquoi l'*arc-en-ciel* change de ſituation à meſure que l'œil en change; pourquoi, pour parler comme le vulgaire, il fuit ceux qui le ſuivent, & ſuit ceux qui le fuient? c'eſt que les gouttes colorées ſont diſpoſées ſous un certain angle autour de la ligne d'aſpect, qui varie à meſure qu'on change de place. De-là vient auſſi que chaque ſpectateur voit un *arc-en-ciel* différent.

Au reſte, ce changement de l'*arc-en-ciel* pour chaque ſpectateur, n'eſt vrai que rigoureuſement parlant; car les rayons du ſoleil étant cenſés parallèles, deux ſpectateurs voiſins l'un de l'autre ont aſſez ſenſiblement le même *arc-en-ciel.*

4.° D'où vient que l'*arc-en-ciel* forme une portion du cercle, tantôt plus grande & tantôt plus petite? c'eſt que ſa grandeur dépend du plus ou moins d'étendue de la partie de la ſuperficie conique, qui eſt au-deſſus de la ſurface de la terre dans le tems qu'il paroît; & cette partie eſt plus grande ou plus petite, ſuivant que la ligne d'aſpect eſt plus inclinée ou oblique à la ſurface de la terre, cette obliquité augmentant à proportion que le ſoleil eſt plus élevé, ce qui fait que l'*arc-en-ciel* diminue à proportion que le ſoleil s'élève.

5.° Pourquoi l'*arc-en-ciel* ne paroît jamais lorſque le ſoleil eſt élevé d'une certaine hauteur? c'eſt que la ſurface conique ſur laquelle il doit paroître eſt cachée ſous terre lorſque le ſoleil eſt élevé de plus de 42^{d}; car alors la ligne *O P*, parallèle aux rayons du ſoleil, fait avec l'horizon en deſſous un angle de plus de 42^{d}, & par conſéquent la ligne *O E*, qui doit faire un angle de 42^{d} avec *O P*, eſt au deſſous de l'horizon, de ſorte que le rayon *E O* rencontre la ſurface de la terre, & ne ſauroit arriver à l'œil. On voit auſſi que ſi le ſoleil eſt plus élevé de 42^{d}, mais moins que 54, on verra l'*arc-en-ciel* extérieur, ſans l'*arc-en-ciel* intérieur.

6.° Pourquoi l'*arc-en-ciel* ne paroît jamais plus grand qu'un demi-cercle? le ſoleil n'eſt jamais viſible au-deſſous de l'horizon, & le centre de l'*arc-en-ciel* eſt toujours dans la ligne d'aſpect; or dans le cas où le soleil est à l'horizon, cette ligne rase la terre; donc elle ne s'éléve jamais au dessus de la surface de la terre.

Mais si le spectateur est placé sur une éminence considérable, & que le soleil soit dans ou sous l'horizon, alors la ligne d'aspect dans laquelle est le centre de l'*arc-en-ciel*, sera considérablement élevée au dessus de l'horizon, & l'*arc-en-ciel* pour lors sera plus d'un demi-cercle; & même si le lieu est extraordinairement élevé, & que la pluie soit proche du spectateur, il peut arriver que l'*arc-en-ciel* forme un cercle entier.

7.° Comment l'*arc-en-ciel* peut paroître interrompu & tronqué à sa partie supérieure? rien n'est plus simple à expliquer. Il ne faut pour cela qu'un nuage qui intercepte les rayons, & les empêche de venir de la partie supérieure de l'*arc* à l'œil du spectateur; car dans ce cas, n'y ayant que la partie inférieure qui soit vue, l'*arc-en-ciel* paroîtra tronqué à sa partie supérieure. Il peut encore arriver qu'on ne voie que les deux jambes de l'*arc-en-ciel*, parce qu'il ne pleut point à l'endroit où devroit paroître la partie supérieure de l'*arc-en-ciel*.

8.° Par quelle raison l'*arc-en-ciel* peut paroître quelquefois renversé? si le soleil étant élevé de 41^d $46'$ ses rayons tombent sur la surface de quelque lac spacieux, dans le milieu duquel le spectateur soit placé, & qu'en même tems il pleuve, les rayons venant à se réfléchir dans les gouttes de pluie, produiront le même effet que si le soleil étoit sous l'horizon, & que les rayons vinssent de bas en haut; ainsi, la surface du cône sur laquelle les gouttes colorées doivent être placées, sera tout-à-fait au dessus de la surface de la terre. Or, dans ce cas, si la partie supérieure est couverte par des nuages, & qu'il n'y ait que sa partie inférieure sur laquelle les gouttes de pluie tombent, l'*arc* sera renversé.

9.° Pourquoi l'*arc-en-ciel* ne paroît pas toujours exactement rond, & qu'il est quelquefois incliné? c'est que la rondeur exacte de l'*arc-en-ciel* dépend de son éloignement, qui nous empêche d'en juger: or, si la pluie qui le forme est près de nous, on appercevra ses irrégularités; & si le vent chasse la pluie, en sorte que sa partie supérieure soit plus sensiblement éloignée de l'œil que l'inférieur, l'*arc* paroîtra incliné; en ce cas l'*arc-en-ciel* pourra paroître ovale, comme le paroît un cercle incliné vu d'assez loin.

10.° Pourquoi les jambes de l'*arc-en-ciel* paroissent quelquefois inégalement éloignées? si la pluie se termine du côté du spectateur dans un plan tellement incliné à la ligne d'aspect, que le plan de la pluie forme avec cette ligne un angle aigu du côté du spectateur, & un angle obtus de l'autre côté, la surface du cône sur lequel sont placées les gouttes qui doivent faire paroître l'*arc-en-ciel*, sera tellement disposée, que la partie de cet *arc* qui sera du côté gauche, paroîtra plus proche de l'œil que celle du côté droit.

C'est un phénomène fort rare de voir en même tems trois *arcs-en-ciel*; les rayons colorés du troisième sont toujours fort foibles, à cause de leurs triples réflexions: aussi ne peut-on jamais voir un troisième *arc-en-ciel*, à moins que l'air ne soit entièrement noir pardevant, & fort clair parderrière.

M. Halley a vu, en *1698*, à Chester trois *arcs-en-ciel* en même tems, dont deux étoient les mêmes que l'*arc-en-ciel* intérieur & l'extérieur qui paroissent ordinairement. Le troisième étoit presqu'aussi vif que le second, & ses couleurs étoient arrangées comme celles du premier *arc-en-ciel*; ses deux jambes reposoient à terre au même endroit où reposoient celles du premier *arc-en-ciel*, & il coupoit en haut le second *arc-en-ciel*, divisant à peu-près cet *arc* en trois parties égales. D'abord on ne voyoit pas la partie de cet *arc* qui étoit à gauche; mais elle parut ensuite fort éclatante: les points où cet *arc* coupoit l'*arc* extérieur, parurent ensuite se rapprocher, & bientôt la partie supérieure du troisième *arc-en-ciel* se confondit avec l'*arc-en-ciel* extérieur. Alors l'*arc-en-ciel* extérieur perdit sa couleur en cet endroit, comme cela arrive lorsque les couleurs se confondent & tombent les unes sur les autres; mais aux endroits où les deux couleurs rouges tombèrent l'une sur l'autre en se coupant, la couleur rouge parut avec plus d'éclat que celle du premier *arc-en-ciel*. M. Senguerd a vu en 1685 un phénomène semblable, dont il fait mention dans sa *Physique*. M. Halley faisant attention à la manière dont le soleil luisoit, & à la position du terrein qui recevoit ses rayons, croit que ce troisième *arc-en-ciel* étoit causé par la réflexion des rayons du soleil qui tomboient sur la rivière Dée qui passe à Chester.

M. Celsius a observé à Dalécarlie, province de Suède, très-coupée de lacs & de rivières, un phénomène à peu-près semblable, le 8 Août 1743, vers les 6 à 7 heures du soir, le soleil étant à 11^d $30'$ de hauteur; & le premier qui en ait observé de pareils, a été M. Etienne, Chanoine de Chartres le 10 Août 1665. *Voyez le Journ. des Sav. & les transact. phil. de 1666, & l'Hist. acad. des Scienc. an. 1742.*

Vitellion dit avoir vu à Padoue quatre *arcs-en-ciel* en même tems; ce qui peut fort bien arriver, quoique Vicomercatus soutienne le contraire.

M. Langwith a vu en Angleterre un *arc-en-ciel* solaire avec ses couleurs ordinaires; & sous ce premier *arc-en-ciel* on en voyoit un autre, dans lequel il y avoit tant de verd, qu'on ne pouvoit distinguer ni le jaune ni le bleu. Dans un autre tems, il parut encore un *arc-en-ciel* avec ses couleurs ordinaires, au dessus duquel on remarquoit un *arc* bleu-d'un jaune clair en haut, & d'un verd foncé en bas. On voyoit de tems en tems au dessous deux *arcs* de pourpre rouge, & deux de pourpre verd. Le plus bas de tous ces *arcs* étoit de couleur de pourpre, mais fort foible; & il paroissoit & disparoissoit à diverses reprises. M. Musschenbroek explique

explique ces différentes apparences par les observations de M. Neuton sur la lumière. *Voyez l'Essai de Phys. de cet auteur, art. 1611.*

Arc-en-ciel *lunaire*. La lune forme aussi quelquefois un *arc-en-ciel* par la réfraction que souffrent ses rayons dans les gouttes de pluie qui tombent la nuit. *Voyez* Lune. Arioste dit qu'on ne l'avoit point remarqué avant lui, & qu'on ne l'apperçoit qu'à la pleine lune. Sa lumière dans d'autres tems est trop foible pour frapper la vue après deux réfractions & une réflexion.

Ce Philosophe nous apprend qu'on vit paroître de son tems un *arc-en-ciel* lunaire, dont les couleurs étoient blanches. Gemma Frisius dit aussi qu'il en a vu un coloré; ce qui est encore confirmé par M. Verdriers, & par Dan Sennert, qui en a observé un semblable en 1599. Snellius dit en avoir vu deux en deux ans de tems, & R. Plot en a remarqué un en 1675. En 1711, il en parut un dans la Province de Darbyshire en Angleterre.

L'*arc-en-ciel* lunaire a toutes les mêmes couleurs que le solaire, excepté qu'elles sont presque toujours plus foibles, tant à cause de la différente intensité des rayons, qu'à cause de la différente disposition du milieu. M. Toresby, qui a donné la description d'un *arc-en-ciel* lunaire dans les *Trans. phil. n.° 331*, dit que cet *arc* étoit admirable par la beauté & l'éclat de ses couleurs; il dura environ dix minutes, après quoi un nuage en déroba la vue.

M. Weidler a vu en 1719 un *arc-en-ciel* lunaire, lorsque la lune étoit à demi-pleine, dans un tems calme; & où il pleuvoit un peu; mais à peine put-il reconnoître les couleurs; les supérieures étoient un peu plus distinctes que les inférieures: l'*arc* disparut lorsque la pluie vint à cesser. M. Musschenbroek dit en avoir observé un le premier octobre 1729, vers les 10 heures du soir; il pleuvoit très-fort à l'endroit où il voyoit l'*arc-en-ciel*, mais il ne put distinguer aucune couleur, quoique la lune eût alors beaucoup d'éclat. Le même auteur rapporte que le 27 août 1736, à la même heure, on vit à Yffelstein un *arc-en-ciel* lunaire fort grand, fort éclatant; mais cet *arc-en-ciel* n'étoit par-tout que de couleur jaune.

Arc-en-ciel *marin*. L'*arc-en-ciel* marin est un phénomène qui paroît quelquefois lorsque la mer est extrêmement tourmentée, & que le vent agitant la superficie des vagues, fait que les rayons du soleil, qui tombent dessus, s'y rompent & y peignent les mêmes couleurs que dans les gouttes de pluie ordinaires. M. Bowrzes observe dans les *Transactions philosophiques*, que les couleurs de l'*arc-en-ciel* marin sont moins vives, moins distinctes, & de moindre durée que celles de l'*arc-en-ciel* ordinaire; & qu'on y distingue à peine plus de deux couleurs; savoir du jaune du côté du soleil, & un verd pâle du côté opposé.

Mais ces *arcs* sont plus nombreux, car on en voit souvent 20 ou 30 à-la-fois; ils paroissent à midi, & dans une position contraire à l'*arc-en-ciel*, c'est-à-dire renversés; ce qui est une suite nécessaire de ce que nous avons dit en expliquant les phénomènes de l'*arc-en-ciel* solaire.

On peut encore rapporter à cette classe une espèce d'*arc-en-ciel* blanc, que Menzelius & d'autres disent avoir observé à l'heure de midi. M. Mariote, dans son *Essai de Physique*, dit que ces *arcs-en-ciel* sans couleurs, se forment dans les brouillards, comme les autres se font dans la pluie; & il assure en avoir vu à trois différentes fois, tant le matin après le lever du soleil, que la nuit à la clarté de la lune.

Le jour qu'il vit le premier, il avoit fait un grand brouillard au lever du soleil; une heure après le brouillard se sépara par intervalles. Un vent qui venoit du levant ayant poussé un de ces brouillards séparés à deux ou trois cens pas de l'observateur, & le soleil dardant ses rayons dessus, il parut un *arc-en-ciel* semblable, pour la figure, la grandeur & la situation, à l'*arc-en-ciel* ordinaire. Il étoit tout blanc, hors un peu d'obscurité qui le terminoit à l'extérieur; la blancheur du milieu étoit très-éclatante, & surpassoit de beaucoup celle qui paroissoit sur le reste du brouillard: l'*arc* n'avoit qu'environ un degré & demi de largeur. Un autre brouillard ayant été poussé de même, l'observateur vit un autre *arc-en-ciel* semblable au premier. Ces brouillards étoient si épais qu'il ne voyoit rien au-delà.

Il attribue ce défaut de couleurs à la petitesse des vapeurs imperceptibles qui composent les brouillards: d'autres croient plutôt qu'il vient de la ténuité excessive des petites vésicules de la vapeur, qui n'étant en effet que de petites pellicules aqueuses remplies d'air, ne rompent point assez les rayons de lumière, outre qu'elles sont trop petites pour séparer les différens rayons colorés. De-là vient qu'elles réfléchissent les rayons aussi composés qu'elles les ont reçus, c'est-à-dire blancs.

Rohault parle d'un *arc-en-ciel* qui se forme dans les prairies par la réfraction des rayons du soleil dans les gouttes de rosée. *Traité de Physique.*

Nous ne nous arrêterons pas ici à exposer les sentimens ridicules des anciens philosophes sur l'*arc-en-ciel*. Pline & Plutarque rapportent que les prêtres dans leurs offrandes se servoient par préférence du bois sur lequel l'*arc-en-ciel* avoit reposé, & qui en avoit été mouillé, parce qu'ils s'imaginoient, on ne sait pourquoi, que ce bois rendoit une odeur bien plus agréable que les autres. *Voyez l'Essay de Physique de* Mussch. d'où nous avons tiré une partie de cet article. *V. aussi le Traité des météores de* Descartes, l'*Optique* de Neuton, les *Lectiones opticæ* de Barow, & le quatrième volume des *Œuvres* de Jean Bernoulli, imprimées à Lausanne, 1743. On trouve dans ces différens ouvrages & dans plusieurs autres, la théorie de l'*arc-en-ciel*.

Finissons cet article par une réflexion philosophique. On ne sait pas pourquoi une pierre tombe,

& on fait la cause des couleurs de l'*arc-en-ciel*, quoique ce phénomène soit beaucoup plus surprenant que le premier pour la multitude. Il semble que l'étude de la nature soit propre à nous enorgueillir d'une part, & à nous humilier de l'autre. (*O*).

* Pour faire aisément concevoir les phénomènes de l'*arc-en-ciel*, Musschenbroek a imaginé une machine, par le moyen de laquelle on les représente tous aisément, & d'une manière très-claire. (*AAAA*, *fig. 50.*) est une table à quatre piés, ouverte à son milieu, afin qu'on puisse faire monter & descendre à travers cette table un corps conique. *B C* est la moitié d'un cône, dont le sommet est en *D*. Ce sommet est appuyé sur un axe transversal sur lequel tourne le cône *B C* & sur lequel il s'élève au dessus de la table, ou sur lequel il s'abaisse au dessous : à l'extrémité du même sommet est adapté un œil de la grandeur ordinaire de l'œil d'un homme, & qui sert à représenter l'œil du spectateur : outre cela, une verge de fer longue de trois piés est adaptée au cône & à l'axe, l'extrémité de cette verge se termine par par un manche *M*: un globe doré *S* est enfilé sur cette verge, & ce globe représente le soleil ; la base du cône *B* est entourée d'une large bande semi-circulaire, sur laquelle on peint les sept couleurs de l'iris: le côté du cône forme avec l'axe un angle de 40^d 17′ : la largeur de la bande peinte sur la base du cône, est de près de deux degrés, conformément à la largeur ordinaire d'une iris principale. *E*, *E*, sont deux plans triangulaires mobiles, dont le centre du mouvement est placé au dessus du sommet du cône ; ces deux plans sont constamment appliqués à chaque côté du cône : ils servent à cacher l'échancrure faite à la table, & représentent en même temps l'horizon. On verra dans la *figure* 2 comment ils sont constamment appliqués aux deux côtés du cône. Cela posé, lorsque la tige de fer, ainsi que le soleil *S*, est parallèle à l'horizon, la moitié du cône est au dessus de la table, & l'œil du spectateur qui est en *D*, voit la bande colorée semi-circulaire placée à la base du cône : mais, lorsque la main de l'observateur saisit le manche de la tige de fer & élève le soleil *S*, le cône s'abaisse, ainsi que le limbe qui est adhérent à la base du cône, qui alors devient moindre qu'un demi-cercle. Si on élève encore le soleil *S*, on abaisse toujours dans la même proportion le cône, & conséquemment l'*arc* qui représente l'iris diminue aussi ; ce qui a lieu jusqu'à ce que le soleil *S* soit élevé à 42^d 1′ ; car alors tout l'*arc-en-ciel* se trouve au dessus de l'horizon, & les plans *E*, *E* couvrent entièrement le cône. Ce limbe coloré appliqué à la base du cône, représente la pluie qui tombe au devant & au loin du spectateur, dans le tems qu'on observe dans le ciel un ample *arc-en-ciel*. Mais, comme il arrive quelquefois que l'*arc-en-ciel* paroît plus petit, lorsque la pluie qui tombe n'est pas éloignée du spectateur, il y a sur cette machine un autre *arc* plan *L*, sur lequel on peint les sept couleurs de l'iris, qui est placé à une plus proche distance du sommet du cône, & dont la largeur est proportionnée, de façon que cet *arc* forme un demi-cercle sur l'horizon, lorsque le soleil est à l'horizon, & qu'il est tout-à-fait caché par les plans *E*, *E*, lorsque le soleil est élevé à 42^d 2′ au dessous de l'horizon : on représente donc aisément, à l'aide de cette machine, comment il arrive que l'*arc-en-ciel* paroisse quelquefois très-ample, & quelquefois très-petit.

Il y a outre cela sur cette machine un autre limbe *N*, placé au dessus du premier limbe *L*; ce limbe *N* représente la seconde iris, & les couleurs de cette dernière y sont peintes dans un ordre renversé. On a donné à ce dernier limbe une largeur suffisante, pour que cette iris paroisse à l'œil du spectateur placé en *D*, de 3^d 8′ de largeur. Ce limbe représente un demi-cercle au dessus de la table, lorsque le soleil *S* est placé dans le plan de cette table, ou se trouve à l'horizon. Mais lorsque le soleil *S* est élevé à 54^d 7′ au dessus de l'horizon, ce limbe descend au-dessous de l'horizon, & se dérobe à l'œil du spectateur. Les bords intérieurs des plans *E*, *E*, ceux qui sont contigus, & qui touchent les côtés du cône, sont aussi peints des mêmes couleurs que l'iris ; ils ont les mêmes dimensions que l'iris elle-même dans l'endroit où ils touchent le limbe de la base *B* : mais leur largeur va toujours en diminuant, & ils se terminent en un point auprès du sommet du cône. Ces bords colorés représentent les jambes de l'iris, celles qu'on remarque à la campagne dans une iris naturelle, lorsqu'une nuée qui lance la pluie passe sur la tête du spectateur, & fait tomber des gouttes de pluie qui s'attachent à l'herbe. La figure 51 représente la même machine, mais vue par derrière : on y voit même le limbe coloré qui est adhérent à la base du cône. Les plans triangulaires *E*, *E*, sont tirés par les cordes *H*, *H*, qui passent sur la circonférence de deux poulies horizontales *K*, *K*, pour venir embrasser les gorges de deux autres poulies verticales *R*, *R*: on attache aux extrémités de ces cordes deux poids *P*, *P*, par le moyen desquels les deux plans sont constamment tirés & appliqués contre les côtés du cône ; & par ce moyen l'échancrure faite à la table est continuellement cachée, & les plans *E*, *E* représentent l'horizon. On peut consulter sur cela, & sur ce qui y a rapport, les *Transactions philosophiques d'Angleterre*, n. 240, 267, 275 ; les *Notes* de Clarck, sur la *Physique* de Rohaut, *part. III, chap. 17*; les *Ouvrages* de Jean Bernoulli, *vol. IV, pag. 197*; l'*Optique* de Neuton, & ses *Leçons d'optique* ; *Smith compleat system of Optiks*, Book. 2, c. 10; Martin, dans sa *Philosoph. Britann.*, *vol. II*. Le célèbre Nocétus a décrit l'iris dans ses vers, d'une manière fort élégante (+).

ARCHITECTURE *hydraulique*, s. f. Application des principes de l'Hydrodynamique à la construction de tous les ouvrages méchaniques où l'action d'un fluide quelconque, eau, air, vapeur de l'eau, &c., est employée, soit comme puissance motrice, soit comme résistance à combattre ou à vaincre, soit de toutes ces manières à-la-fois.

On voit par-là qu'en général toutes les machines hydrauliques, les moulins, les pompes, les chapelets, la construction des digues, des batardeaux, des épis, de canaux de navigation, &c., se rapportent à l'*architecture hydraulique*.

L'ouvrage de M. Belidor sur cette matière, quoique défectueux en plusieurs endroits du côté de la théorie, renferme une multitude de détails très-utiles dans la pratique.

M. Fabre, Ingénieur hydraulique du pays de Provence, & correspondant de l'Académie royale des Sciences, &c., a publié en 1783, un ouvrage *sur la manière de construire les machines hydrauliques, & en particulier les moulins à bled*: ouvrage excellent, plein de recherches nouvelles, & où la théorie & l'expérience sont très-utilement combinées ensemble. (*L. B.*)

ARCTIQUE, adj. c'est, *en Astronomie*, une épithete qu'on a donné au pole septentrional, ou au pole qui s'éleve sur notre horizon. *Voyez* POLE.

Le pole septentrional a été appellé *pole arctique*, du mot grec ἄρκτος, qui signifie *ourse*; d'où l'on a fait le terme *arctique*, épithète qu'on a donnée au pole septentrional; parce que la dernière étoile située dans la queue de la petite ourse, en est très-voisine. *Voyez* OURSE.

Le *cercle polaire arctique* est un petit cercle de la sphere parallèle à l'équateur, & éloigné du pole *arctique* de 23^d 28′. C'est de ce pole qu'il prend le nom d'*arctique*.

Ce cercle & le cercle polaire *antarctique* son opposé, sont déterminés par les poles de l'écliptique. On peut les concevoir décrits par le mouvement des poles de l'écliptique autour des poles de l'équateur ou du monde. Depuis ce cercle jusqu'au pole *arctique*, est comprise la partie de la terre appellée *zone froide septentrionale*. Les observations faites en 1736 par les astronomes de l'Académie des Sciences pour déterminer la figure de la terre, ont été faites sous le cercle polaire *arctique*. *Voyez* FIGURE DE LA TERRE.

Proclus & les anciens Grecs appelloient cercle *arctique*, celui qui est tout entier sur l'horizon, tel seroit à Paris le cercle éloigné de 41° 10′ de l'équateur.

ARCTOPHYLAX, *terme d'Astronomie*, nom d'une constellation qu'on appelle ordinairement le *Bouvier*. *Arctophylax* signifie *gardien de l'ourse*: il est dérivé des deux mots grecs ἄρκτος, *ourse*, & φυλάσσω, *je garde*. La constellation du Bouvier est ainsi appellée, parce qu'elle se trouve près de la grande & de la petite ourse. (*O*)

ARCTURUS, (*Astron.*) en grec ἀρκτοῦρος dérivé d'ἄρκτος, *ourse*, & de οὐρὰ, *queue*; c'est une étoile fixe de première grandeur, située dans la constellation du bouvier, vers laquelle se dirige la queue de la grande ourse. *Voyez* BOUVIER. *Voyez aussi* OURSE & CONSTELLATION. On l'appelle en Arabe *Arameck*.

Cette étoile a été fort célèbre chez les anciens, comme on le voit pas ce vers de Virgile:

Arcturum, pluviasque Hyadas, geminosque Triones.

Il en est aussi parlé dans l'Ecriture en plusieurs endroits, comme on le voit par ces passages: *Qui fecit arcturum & oriona & hyadas, & interiora austri*, Job, c. ix. v. 9. & c. xxxviij. v. 31. *Numquid conjungere valebis micantes stellas pleiadas, aut gyrum arcturi poteris dissipare?* Mais il est douteux si le mot hébreu convient en effet à cette étoile.

Ce qu'il y a de plus remarquable dans cette étoile est le mouvement propre qu'on y observe, de quatre minutes par siècle, quantité dont cette étoile avance vers le midi & diminue de latitude, ce qui paroît venir d'un déplacement physique de cette étoile; il n'y en a aucune où il soit plus sensible; suivant les observations de Flamsteed, la latitude d'*arcturus* en 1690 étoit de 30° 57′ 0″; suivant la Caille, en 1750 elle n'étoit que de 30° 54′ 31″ ce qui fait une diminution de 2′ 29″ pour 60 ans ou de 4′ 8″ par siècle, & comme cette latitude devroit diminuer de 15″ par la cause générale, il reste 3′ 53″ pour le changement particulier propre à cette étoile & qui annonce un déplacement. J'ai fait voir que le soleil avec tout notre système, éprouve un semblable déplacement. *Voyez* SOLEIL. (*D. L.*)

ARCTUS, ἄρκτος, sub. m. (*Astronomie*) c'est le nom que les Grecs ont donné à deux constellations de l'hémisphere septentrional, que nous appellons *la petite ourse* & *la grande ourse*. *Voyez* OURSE.

A R E

ARÉOMETRE, s. m. (*Hyd.*): instrument qui sert à mesurer la densité ou la pesanteur des fluides. *Voyez* FLUIDE, GRAVITÉ, PESANTEUR & DENSITÉ.

L'*aréometre* ordinairement est de verre; il consiste en un globe rond & creux, qui se termine en un tube long, cylindrique & petit; on ferme ce tube hermétiquement, après avoir fait entrer dans le globe autant de mercure qu'il en faut pour fixer le tube dans une position verticale, lorsque l'instrument est plongé dans l'eau. On divise ce tube en degrés, comme on voit (*Hyd. figure 20*); & l'on estime la pesanteur d'un fluide, par le plus ou le moins de profondeur à laquelle le globe descend; en sorte que le fluide dans lequel il descend le moins bas est le plus pesant; & celui dans lequel il descend le plus bas, est le plus léger.

En effet, c'est une loi générale, qu'un corps pesant s'enfonce dans un fluide, jusqu'à ce qu'il occupe dans ce fluide la place d'un volume qui lui soit égal en pesanteur : de-là il s'ensuit que plus un fluide est dense, c'est-à-dire, plus il est pesant, plus la partie du fluide qui sera égale en poids à l'*aréometre*, sera d'un petit volume, & par conséquent le volume de fluide que l'*aréometre* doit déplacer sera aussi d'autant plus petit, que le fluide est plus pesant : ainsi, plus le fluide est pesant, moins l'*aréometre* doit s'y enfoncer. Il doit donc s'enfoncer moins dans l'eau que dans le vin, moins dans le vin que dans l'eau-de-vie, *&c.* comme il arrive en effet.

Il y a un autre *aréometre* de l'invention de M. Hombert : on en trouve la description suivante dans les *Transact. philos. n.° 262. A, fig. 11*, est une bouteille de verre ou matras, dont le col *C B* est si étroit, qu'une goutte d'eau y occupe cinq ou six lignes : à côté de ce col est un petit tube capillaire *D* de la longueur de six pouces, & parallele au col *C B*. Pour remplir ce vaisseau, on verse la liqueur par l'orifice *B*, dans lequel on peut mettre un petit entonnoir ; on versera jusqu'à ce qu'on voie sortir la liqueur par l'orifice *D*, c'est-à-dire, jusqu'à ce qu'elle soit dans le col *C B*, à la hauteur *C* ; par ce moyen, on aura toujours le même volume ou la même quantité de liqueur ; & conséquemment, on pourra trouver par le moyen d'une balance qu'elle est, parmi les différentes liqueurs dont on aura rempli cet *aréometre*, celle dont la pesanteur absolue est la plus grande, ou qui pese le plus.

Il faut avoir quelque égard à la saison de l'année, & au degré de chaleur ou de froid qui regne dans l'air ; car il y a des liqueurs que la chaleur raréfie, & que le froid condense beaucoup plus que d'autres, & qui occupe plus ou moins d'espace, selon qu'il fait plus ou moins chaud ou froid. *Voyez* PESANTEUR SPÉCIFIQUE, RARÉFACTION, *&c.*

A l'aide de cet instrument, son savant auteur a construit la table suivante, qui montre, tant pour l'été que pour l'hiver, les différentes pesanteurs spécifiques des fluides, dont l'usage est le plus ordinaire en Chymie.

ARÉOMETRE	PESÉ EN ÉTÉ			EN HIVER.		
plein de	*Onc.*	*Drag.*	*Gr.*	*Onc.*	*Drag.*	*Gr.*
Vif-argent.	11	00	06	11	00	32
Huile de tartre.	01	03	08	01	03	31
Esprit d'urine.	01	00	32	01	00	43
Huile de vitriol.	01	03	58	01	04	03
Esprit de nitre.	01	10	40	01	10	70
Sel.	01	00	39	01	00	47
Eau-forte.	01	01	38	01	01	55
Esprit-de-vin	00	06	47	00	06	61
Eau de rivière.	00	07	53	00	07	57
Eau distillée.	80	07	50	00	07	54

L'instrument vuide pesoit une dragme vingt-huit grains.

Une autre méthode pour connoître le degré de pesanteur d'un fluide, est de suspendre une masse de verre massif & de figure ronde à un crin de cheval, que l'on attache au-dessous d'un petit plat : cette masse ainsi suspendue dans l'air à une balance bien juste, demeure en équilibre avec un poids fait en forme de bassin, & suspendu à l'autre bras de la balance ; on plonge ensuite le corps de verre dans la liqueur dont on veut examiner la pesanteur, & sur-le-champ l'autre bras de la balance s'éleve & devient plus léger, parce que le corps de verre a perdu dans la liqueur une partie de son poids : on met ensuite sur le petit plat auquel le crin de cheval est attaché, autant de poids qu'il en faut pour que l'équilibre soit rétabli ; & ces poids ajoutés indiquent ce que la masse de verre a perdu de son poids dans la liqueur : or le poids que ce corps a perdu est égal au poids d'un pareil volume de la liqueur ; donc on connoît par-là ce que pese un volume de la liqueur égal à celui du petit corps de verre.

M. Muschenbroëk paroît préférer cette dernière méthode à toutes les autres qu'on a imaginées pour peser les liqueurs. Il prétend que la méthode de M. Homberg en particulier a ses inconvéniens, parce que la vertu attractive du tuyau étroit, fait que la liqueur y monte plus haut que dans le col large ; & comme les liqueurs ont une vertu attractive différente, il devra y avoir aussi une grande différence entre les hauteurs dans le col large, lorsqu'elles seront élevées jusqu'à l'orifice du tuyau étroit.

Si, au haut de la tige de l'*aréometre*, on met quelque petite lame de métal, *&c.* il s'enfonce plus avant, quoique dans la même liqueur. En effet, la partie plongée de l'*aréometre* souleve autant de liqueur qu'il en faut, pour faire équilibre à l'instrument entier. S'il pese une once, par exemple, il souleve moins d'eau que de vin, quant au volume, parce qu'il faut plus de vin que d'eau pour le poids d'une once ; & comme il ne fait monter la liqueur qu'en s'enfonçant, il doit donc plonger plus avant dans celle qui est la plus légere. Si l'on augmente le poids de l'*aréometre* par addition de quelque lame de métal ou autrement, il s'enfonce plus avant, quoique dans la même liqueur ; parce qu'alors il en faut une plus grande quantité pour lui faire équilibre. (*M.* FORMEY).

Cela sert à expliquer divers faits. Si tous les corps qui flottent, s'enfoncent plus ou moins, suivant la densité du fluide, une barque chargée en mer aura donc moins de parties hors de l'eau, si elle vient à remonter une riviere ; car l'eau salée pese plus que la douce, & les nageurs assurent qu'ils en sentent bien la différence. On doit donc avoir égard à cet effet, & ne pas rendre la charge aussi grande qu'elle pourroit l'être, si l'on prévoit qu'on doive passer par une eau moins chargée de sel, que celle où l'on s'embarque. On a vu quelquefois des îles flottantes, c'est-à-dire, des portions de terre assez considérables qui se détachent du continent, & se trouvant moins pesantes que l'eau, se soutiennent à la surface, & flottent au gré des vents. L'eau mine peu-à-peu certains terreins, qui sont plus propres que d'autres à se dissoudre: ces sortes d'excavations s'augmentent avec le tems, & s'étendent au loin: le dessus demeure lié par les racines des plantes & des arbres, & le sol n'est ordinairement qu'une terre bitumineuse fort légere; de sorte que cette espèce de croûte est moins pesante que le volume d'eau sur lequel elle est reçue, quand un accident quelconque vient à la détacher de la terre ferme, & à la mettre à flot. L'exemple de l'*aréometre* fait voir encore qu'il n'est pas besoin, pour surnager, que le corps flottant soit d'une manière plus légere que l'eau. Car cet instrument ne se soutient point en vertu du verre ou du mercure, dont il est fait, mais seulement parce qu'il a, avec peu de solidité, un volume considérable qui répond à une quantité d'eau plus pesante. Ainsi, l'on pourroit faire des barques de plomb, ou de tout autre métal, qui ne s'enfonceroient pas. Et en effet, les chariots d'artillerie portent souvent à la suite des armées des gondoles de cuivre, qui servent à établir des ponts pour le passage des troupes. (*M. Formey*).

Il faut apporter diverses précautions dans la construction & l'usage de cet instrument. 1.° Il faut que les liqueurs dans lesquelles on plonge l'*aréometre*, soient exactement au même degré de chaleur ou de froid, afin qu'on puisse être sûr que leur différence de densité ne vient point de l'une de ces deux causes, & que le volume de l'*aréometre* même n'en a reçu aucun changement.

2.° Que le col de l'instrument sur lequel sont marquées les gradations, soit par-tout d'une grosseur égale; car s'il est d'une forme irrégulière, les degrés marqués à égales distances ne mesureront pas des volumes de liqueurs semblables en se plongeant; il sera plus sûr & plus facile de graduer cette échelle relativement à la forme du col, en chargeant successivement l'instrument de plusieurs petits poids bien égaux, dont chacun produira l'enfoncement d'un degré.

3.° On doit avoir soin que l'immersion se fasse bien perpendiculairement à la surface de la liqueur, sans quoi l'obliquité empêcheroit de compter avec justesse le degré d'enfoncement.

4.° Comme l'usage de cet instrument est borné à des liqueurs qui diffèrent peu de pesanteur entre elles, on doit bien prendre garde que la partie qui surnage ne se charge de quelque vapeur ou saleté, qui occasionneroit un mécompte dans une estimation où il s'agit de différences peu considérables. Et lorsque l'*aréometre* passe d'une liqueur à l'autre, on doit avoir soin que sa surface ne porte aucun enduit, qui empêche que la liqueur où il entre ne s'applique exactement contre cette surface.

5.° Enfin, malgré toutes ces précautions, il reste encore la difficulté de bien juger le degré d'enfoncement, parce que certaines liqueurs s'appliquent mieux que d'autres au verre; & qu'il y en a beaucoup qui, lorsqu'elles le touchent, s'élevent plus ou moins au-dessus de leur niveau. Quand on se sert de l'*aréometre* que nous avons décrit, il faut le plonger d'abord dans la liqueur la moins pesante, & remarquer à quelle graduation se rencontre sa surface: ensuite il faut le rapporter dans la plus dense, & charger le haut de la tige, ou du col, de poids connus, jusqu'à ce que le dégré d'enfoncement soit égal au premier. La somme des poids qu'on aura ajoutés, pour rendre cette immersion égale à la première, sera la différence des pesanteurs spécifiques entre les deux liqueurs. Nous devons ces remarques à M. Formey, qui les a tirés de M. l'abbé Nollet, *Lect. Phis.* (*O*).

ARGO, *le navire argo* ou *le vaisseau des argonautes*, sub. m. C'est le nom d'une constellation de l'hémisphère méridional, appellée plus communément le Navire.

ARGUMENT (*Astron.*), en général c'est la quantité de laquelle dépend une équation, une inégalité, une circonstance quelconque du mouvement d'une planète. Ainsi, l'*argument* de latitude est la distance d'une planète à son nœud, parce que la latitude en dépend. L'anomalie ou la distance à l'apogée ou à l'aphélie, est l'*argument* de l'équation du centre ou de l'équation de l'orbite, puisque cette équation se calcule dans un orbite elliptique pour chaque degré d'anomalie, & qu'elle ne varie qu'à raison du changement de l'anomalie. Il faut avoir quatorze *argumens* pour calculer le lieu de la lune par nos nouvelles tables, parce qu'il y a quatorze inégalités dans son mouvement, & quatorze équations dans le calcul; la première est de 11′ 16″, multipliées par le sinus de l'anomalie moyenne du soleil, parce que cette équation, qui n'est de 11′ 16″ que quand le soleil est à 90ᵈ de son apogée, diminue comme le sinus de la distance à cet apogée, ou de l'anomalie du soleil; ainsi, cette anomalie, est l'*argument* de la première équation; il en est ainsi des autres.

L'*argument* annuel est la distance du soleil à l'apogée de la lune.

L'*argument* de la parallaxe est l'effet qu'elle produit dans l'observation, & qui sert à trouver la véritable quantité de la parallaxe horizontale; ainsi, quand M. de la Caille & moi observions la lune, au même instant, l'un au cap de Bonne-Espérance, & l'autre à Berlin, nous trouvions dans sa déclinaison 80′ de différence, c'étoit l'*argument* ou l'indication d'une parallaxe horizontale d'un degré, plus ou moins. (*D. L.*)

ARGYROCOME, adj. est le nom que certains auteurs donnent à une comète de couleur argentine, qui diffère très-peu de l'héliocomète, sinon qu'elle est d'une couleur plus brillante, & qu'elle jette assez d'éclat pour éblouir les yeux de ceux qui la regardent. Ce mot est formé du grec ἄργυρος, *argent*, & du mot latin *coma*, chevelure. *Voyez* HÉLIOCOMÈTE (*O*).

A R I

ARIADNE, (*Astron.*) *Voyez* COURONNE.

ARIDED, (*Astron.*) nom de l'étoile qui est à la queue du cygne, marquée par la lettre β.

ARIES, (*Astron.*) *V.* BELIER.

ARION, (*Astron.*) *V.* ORION.

ARISTÉE, (*Astron.*) *V.* OPHIUCUS.

ARITHMÉTICIEN, s. m. se dit en général d'une personne qui sait l'Arithmétique, & plus communément d'une personne qui l'enseigne. *Voyez* ARITHMÉTIQUE. Il y a des experts jurés écrivains *arithméticiens*. *Voyez* EXPERT, JURÉ, *&c.* (*E*).

ARITHMÉTIQUE, s. f. Ce mot vient du grec ἀριθμὸς, *nombre*. C'est l'art de démontrer, ou cette partie des Mathématiques qui considère les propriétés des nombres. On y apprend à calculer exactement, facilement, promptement. L'*arithmétique* est la base de toutes les Sciences mathématiques; car les rapports de toutes les espèces de quantités se réduisent finalement en nombres. *V.* NOMBRE, MATHÉMATIQUES, CALCUL.

Quelques auteurs définissent l'*Arithmétique*, la science de la quantité discrette. *Voyez* DISCRET & QUANTITÉ.

Les quatre grandes règles ou opérations, appellées l'*addition*, la *soustraction*, la *multiplication* & la *division*, composent proprement toute l'*Arithmétique*. *Voyez* ADDITION, *&c.*

Il est vrai que pour faciliter & expédier rapidement des calculs de commerce, des calculs astronomiques, *&c.* on a inventé d'autres règles fort utiles, telles que les règles de proportion, d'alliage, de fausse position, de compagnie, d'extraction de racines, de progression, de change, de troc, d'escompte, de réduction ou de rabais, *&c.* mais en faisant de ces règles, on s'apperçoit que ce sont seulement différentes applications des quatre règles principales. *Voy.* RÈGLE. *Voyez aussi* PROPORTION, ALLIAGE, *&c.*

Nous n'avons rien de bien certain sur l'origine & l'invention de l'*Arithmétique* : mais ce n'est pas trop risquer que de l'attribuer à la première société qui a eu lieu parmi les hommes, quoique l'histoire n'en fixe ni l'auteur ni le tems. On conçoit clairement qu'il a fallu s'appliquer à l'art de compter dès que l'on a été nécessité à faire des partages, & à les combiner de mille différentes manières. Ainsi, comme les tyriens passent pour être les premiers commerçans de tous les peuples anciens, plusieurs auteurs croient qu'on doit l'*Arithmétique* à cette nation. *Voyez* COMMERCE.

Josephe assure que par le moyen d'Abraham, l'*Arithmétique* passa d'Asie en Egypte, où elle fut extrêmement cultivée & perfectionnée; d'autant plus que la Philosophie & la Théologie des égyptiens rouloient entièrement sur les nombres. C'est de-là que nous viennent toutes ces merveilles qu'ils nous rapportent de l'unité, du nombre trois; des nombre quatre, sept, dix. *Voyez* UNITÉ, *&c.*

En effet, Kircher fait voir, dans son *Œdip. Ægypt. tom. II, pag. 2*, que les égyptiens expliquoient tout par des nombres. Pythagore lui-même assure que la nature des nombres est répandue dans tout l'univers, & que la connoissance des nombres conduit à celle de la divinité, & n'en est presque pas différente.

La science des nombres passa de l'Egypte dans la Grèce; d'où, après avoir reçu de nouveaux degrés de perfection par les astronomes de ce pays, elle fut connue des romains, & de-là est enfin venue jusqu'à nous.

Cependant l'ancienne *Arithmétique* n'étoit pas, à beaucoup près, aussi parfaite que la moderne: il paroît qu'alors elle ne servoit guère qu'à considérer les différentes divisions des nombres: on peut s'en convaincre en lisant les traités de Nicomaque, écrits ou composés dans le troisième siècle depuis la fondation de Rome & celui de Boëce, qui existent encore aujourd'hui. En 1556, Xylander publia en latin un abrégé de l'ancienne *Arithmétique*, écrite en grec par Psellus. Jordanus composa ou publia, dans le douzieme siècle, un ouvrage beaucoup plus ample de la même espèce, que Faber Stapulensis donna en 1480, avec un commentaire.

L'*Arithmétique*, telle qu'elle est aujourd'hui, se divise en différentes espèces, comme *théorique*, *pratique*, *instrumentale*, *logarithmique*, *numérale*, *spécieuse*, *décimale*, *tétractique*, *duodécimale*, *sexagésimale*, &c.

L'*Arithmétique* théorique est la science des propriétés & des rapports des nombres abstraits, avec les raisons & les démonstrations des différentes règles. *Voyez* NOMBRE.

On trouve une *Arithmétique* théorique dans les septième, huitième, neuvième livres d'Euclide. Le moine Barlaam a aussi donné une théorie des opérations ordinaires, tant en entiers qu'en fractions, dans un livre de sa composition, intitulé: *Logistica*, & publié en latin par Jean Chambers, anglois, l'an 1600. On peut y ajouter l'ouvrage italien de Lucas de Burgo, mis au jour en 1523: cet auteur y a donné les différentes divisions de nombres de Nicomaque & leurs propriétés, conformément à la doctrine d'Euclide, avec le calcul des entiers & des fractions, & des extractions de racines, *&c.*

L'*Arithmétique* pratique est l'art de nombrer ou de calculer, c'est-à-dire, l'art de trouver des nombres par le moyen de certains nombres donnés, dont la relation aux premiers est connue; comme si l'on demandoit, par exemple, de déterminer le nombre égal aux deux nombres donnés, 6, 8.

Le premier corps complet d'*Arithmétique* pratique nous a été donné en 1556 par Tartaglia, vénitien: il consiste en deux livres; le premier contient l'application de l'*Arithmétique* aux usages de la vie civile; & le second, les fondemens ou les principes de l'Algèbre. Avant Tartaglia, Stifelius avoit donné quelque chose sur cette matière en 1544: on y trouve différentes méthodes & remarques sur les irrationels, *&c.*

Nous supprimons une infinité d'autres auteurs de pure pratique qui sont venus depuis, tels que Gemma Frisius, Metius, Clavius, Ramus, *&c.*

Maurolicus, dans ses *Opuscula mathematica* de l'année 1577, a joint la théorie à la pratique de l'*Arithmétique*, il l'a même perfectionnée à plusieurs égards: Heneschius a fait la même chose dans son *Arithmetica perfecta* de l'année 1609, où il a réduit toutes les démonstrations en forme de syllogisme, ainsi que Tacquet dans sa *theoria & praxis Arithmetices* de l'année 1704. (*E*)

Les ouvrages sur l'*Arithmétique* sont si communs parmi nous, qu'il seroit inutile d'en faire le dénombrement.

L'*Arithmétique* instrumentale est celle où les règles communes s'exécutent par le moyen d'instrumens imaginés pour calculer avec facilité & promptitude: comme les bâtons de Neper. (*Voy.* Neper), l'instrument de M. Sam. Moreland, qui en a publié lui-même la description en 1666; celui de M. Leibnitz, décrit dans les *Miscellan. Berolin.* la machine arithmétique de M. Pascal, dont on donnera la description plus bas, *&c.*

L'*Arithmétique* logarithmique, est celle qui s'exécute par les tables des logarithmes. *Voyez* Logarithme. Ce qu'il y a de meilleur là-dessus est l'*Arithmetica logarithmica* de Hen. Brigg, publiée 1624.

On ne doit pas oublier les *tables arithmétiques universelles* de Prostapharèse, publiées en 1610 par Herwart, moyennant lesquelles la multiplication se fait aisément & exactement par l'addition, & la division par la soustraction.

Les chinois ne se servent guère de règles dans leurs calculs; au lieu de cela, ils font usage d'un instrument qui consiste en une petite lame longue d'un pié & demi, traversée de dix ou douze fils de fer, où sont enfilées de petites boules rondes: en les tirant ensemble, & les plaçant ensuite l'un après l'autre, suivant certaines conditions & conventions, ils calculent à-peu-près comme nous faisons avec des jettons, mais avec tant de facilité & de promptitude, qu'ils peuvent suivre une personne qui lit un livre de compte, avec quelque rapidité qu'elle aille; & à la fin l'opération se trouve faite: ils ont aussi leurs méthodes de la prouver. *Voyez le P. le Comte.* Les indiens calculent à-peu-près de même avec des cordes chargées de nœuds.

L'*Arithmétique numérale* est celle qui enseigne le calcul des nombres ou des quantités abstraites désignées par des chiffres: on en fait les opérations avec des chiffres ordinaires ou arabes. *Voy.* Caractère & Arabe.

L'*Arithmétique* spécieuse est celle qui enseigne le calcul des quantités désignées par les lettres de l'alphabet. *Voyez* Spécieuse. Cette *Arithmétique* est ce que l'on appelle ordinairement l'*Algèbre* ou *Arithmétique littérale*. *Voyez* Algèbre.

Wallis a joint le calcul numérique à l'algébrique, & démontré par ce moyen les règles des fractions, des proportions, des extractions de racines, *&c.*

Wels en a donné un abrégé sous le titre de *Elementa arithmeticæ*, en 1698.

L'*Arithmétique* décimale s'exécute par une suite de dix caractères, de manière que la progression va de dix en dix. Telle est notre *Arithmétique*, où nous faisons usage des dix caractères arabes, 0, 1, 2, 3, 4, 5, 6, 7, 8, 9; après quoi nous recommençons 10, 11, 12, *&c.*

Cette méthode de calculer n'est pas fort ancienne; elle étoit totalement inconnue aux grecs & aux romains. Gerbert, qui devint pape dans la suite sous le nom de Silvestre II, l'introduisit en Europe, après l'avoir reçue des maures d'Espagne. Il est fort vraisemblable que cette progression a pris son origine des dix doigts de la main, dont on faisoit usage dans les calculs avant que l'on eût réduit l'*Arithmétique* en art.

Les missionnaires de l'Orient nous assurent qu'aujourd'hui même les indiens sont très-experts à calculer par leurs doigts, sans se servir de plume ni d'encre. *Voyez les lettres édif. & curieus.* Ajoutez à cela que les naturels du Pérou, qui font tous leurs calculs par le différent arrangement des grains de maïs, l'emportent beaucoup, tant par la justesse que par la célérité de leurs comptes, sur quelque européen que ce soit avec toutes ses règles.

L'*Arithmétique* binaire est celle où l'on n'emploie uniquement que deux figures, l'unité ou 1 & le 0. *Voyez* Binaire.

M. Dagincourt nous a donné dans les *Miscell. Berol. tom. I*, un long mémoire sur cette *Arithmétique* binaire; il y fait voir qu'il est plus aisé de découvrir par ce moyen les loix des progressions, qu'en se servant de toute autre méthode où l'on feroit usage d'un plus grand nombre de caractères.

L'*Arithmétique* tétractique est celle où l'on

n'emploie que les figures 1, 2, 3 & 0. Erhard Weigel nous a donné un traité de cette *Arithmétique*; mais la binaire & la tétractique ne sont guère que de curiosité, relativement à la pratique, puisque l'on peut exprimer les nombres d'une maniere beaucoup plus abrégée par l'*Arithmétique* décimale.

L'*Arithmétique* vulgaire roule sur les entiers & les fractions. *Voyez* ENTIER & FRACTION.

L'*Arithmétique* sexagésimale est celle qui procède par soixantaines, ou bien c'est la doctrine des fractions sexagésimales. *Voyez* SEXAGÉSIMAL. Sam. Reyher a inventé une espèce de baguettes sexagénales, à l'imitation des bâtons de Neper, par le moyen desquelles on fait avec facilité toutes les opérations de l'*Arithmétique* sexagésimale.

L'*Arithmétique* des infinis est la méthode de trouver la somme d'une suite de nombres dont les termes sont infinis, ou d'en déterminer les rapports. *Voyez* INFINI, SUITE *ou* SERIE, *&c.*

M. Wallis est le premier qui ait traité à fond de cette méthode, ainsi qu'il paroît par ses *Opera mathematica*, où il en fait voir l'usage en Géométrie pour déterminer l'aire des surfaces & la solidité des corps, ainsi que leurs rapports; mais la méthode des fluxions, qui est l'*Arithmétique* universelle des infinis, exécute tout cela d'une manière beaucoup plus prompte & plus commode, indépendamment d'une infinité d'autres choses auxquelles la première ne sauroit atteindre. *Voyez* FLUXIONS, CALCUL, *&c.*

Sur l'*Arithmétique* des incommensurables ou irrationels, *voyez* INCOMMENSURABLE, IRRATIONEL, *&c.*

Jean de Sacrobosco ou Halifax composa, en 1232, selon Vossius, un traité d'*Arithmétique*; mais ce traité a toujours resté manuscrit; & selon M. l'abbé de Gua, Paciolo, qui a donné le premier livre d'Algèbre, est aussi le premier auteur d'*Arithmétique* qui ait été imprimé. *Voyez* ALGÈBRE. (*E*)

*Jusqu'ici nous nous sommes contentés d'exposer en abrégé ce que l'on trouve à-peu-près dans la plupart des ouvrages mathématiques sur la science des nombres, & nous n'avons guère fait que traduire l'article *Arithmétique* tel qu'il se trouve dans l'Encyclopédie angloise : tâchons présentement d'entrer davantage dans les principes de cette science, & d'en donner une idée plus précise.

Nous remarquerons d'abord que tout nombre, suivant la définition de M. Newton, n'est proprement qu'un rapport. Pour entendre ceci, il faut remarquer que toute grandeur qu'on compare à une autre, est ou plus petite, ou plus grande, ou égale; qu'ainsi toute grandeur a un certain rapport avec une autre à laquelle on la compare, c'est-à-dire, qu'elle y est contenue ou la contient d'une certaine manière. Ce rapport ou cette manière de contenir ou d'être contenu, est ce qu'on appelle *nombre*; ainsi, le nombre 3 exprime le rapport d'une grandeur à une autre plus petite, que l'on prend pour l'unité, & que la plus grande contient trois fois; au contraire, la fraction $\frac{1}{3}$ exprime le rapport d'une certaine grandeur à une plus grande, que l'on prend pour l'unité, & qui est contenue trois fois dans cette plus grande. Tout cela sera exposé plus en détail aux *articles* NOMBRE, FRACTION, *&c.*

Les nombres étant des rapports apperçus par l'esprit & distingués par des signes particuliers, l'*Arithmétique*, qui est la science des nombres, est donc l'art de combiner entr'eux ces rapports, en se servant pour faire cette combinaison des signes mêmes qui les distinguent. De-là les quatre principales règles de l'*Arithmétique*; car les différentes combinaisons qu'on peut faire des rapports, se réduisent ou à examiner l'excès des uns sur les autres, ou la manière dont ils se contiennent. L'addition & la soustraction ont le premier objet, puisqu'il ne s'agit que d'y ajouter ou d'y soustraire des rapports; le second objet est celui de la multiplication & de la division, puisqu'on y détermine de quelle manière un rapport en contient un autre. Tout cela sera expliqué plus en détail aux *articles* MULTIPLICATION & DIVISION.

Il y a, comme l'on sait, deux sortes de rapports, l'arithmétique & le géometrique. *Voyez* RAPPORT. Les nombres ne sont proprement que des rapports géométriques; mais il semble que dans les deux premières règles de l'*Arithmétique* on considère arithmétiquement ces rapports, & que dans les deux autres on les considère géométriquement. Dans l'addition de deux nombres (car toute addition se réduit proprement à celle de deux nombres), l'un des deux nombres représente l'excès de la somme sur l'autre nombre. Dans la multiplication, l'un des deux nombres est le rapport géométrique du rapport à l'autre nombre. *Voyez* SOMME, PRODUIT.

A l'égard du détail des opérations particulières de l'*Arithmétique*, il dépend de la forme & de l'institution des signes par lesquels on désigne les nombres. Notre *Arithmétique*, qui n'a que dix chiffres, seroit fort différente si elle en avoit plus ou moins; & les romains qui avoient des chiffres différens de ceux dont nous servons, devoient aussi avoir des règles d'*Arithmétique* toutes différentes des nôtres. Mais toute *Arithmétique* se réduira toujours aux quatre règles dont nous parlons, parce que de quelque manière qu'on désigne ou qu'on écrive les rapports, on ne peut jamais les combiner que de quatre façons, & même, à proprement parler, de deux manières seulement, dont chacune peut être envisagée sous deux faces différentes.

On pourroit dire encore que toutes les règles de l'*Arithmétique* se réduisent ou à former un tout par la réunion de différentes parties, comme dans l'addition & la multiplication, ou à résoudre un tout en différentes parties, ce qui s'exécute par la soustraction & la division. En effet, la multiplication n'est qu'une addition répétée, & la division n'est aussi qu'une soustraction répétée. D'où il s'ensuit encore que les règles primitives de l'*Arithmétique* peuvent à la rigueur se réduire à l'addition & à la soustraction. La multiplication & la division ne sont proprement que des manières abrégées de faire l'addition d'un même nombre plusieurs fois à lui-même, ou de soustraire plusieurs fois un même nombre d'un autre: aussi M. Neuton appelle-t-il les règles de l'*Arithmétique, compositio & resolutio arithmetica*, c'est-à-dire, *composition & résolution des nombres.*

Arithmétique *universelle*; c'est ainsi que M. Neuton appelle l'Algèbre ou calcul des grandeurs en général: & ce n'est pas sans raison que cette dénomination lui a été donnée par ce grand homme, dont le génie également lumineux & profond paroît avoir remonté dans toutes les sciences à leurs vrais principes métaphysiques. En effet, dans l'*Arithmétique* ordinaire on peut remarquer deux espèces de principes; les premiers sont des règles générales, indépendantes des signes particuliers par lesquels on exprime les nombres; les autres sont des règles dépendantes de ces mêmes signes, & ce sont celles qu'on appelle plus particulièrement *règles de l'Arithmétique.* Mais les premiers principes ne sont autre chose que des propriétés générales des rapports, qui ont lieu de quelque manière que ces rapports soient désignés: telles sont, par exemple, ces règles; si on ôte un nombre d'un autre, cet autre nombre joint avec le reste, doit rendre le premier nombre; si on divise une grandeur par une autre, le quotient multiplié par le diviseur doit rendre le dividende; si on multiplie la somme de plusieurs nombres par la somme de plusieurs autres, le produit est égal à la somme des produits de chaque partie par toutes les autres, *&c.*

De-là il s'ensuit d'abord qu'en désignant les nombres par des expressions générales, c'est-à-dire qui ne désignent pas plus un nombre qu'un autre, on pourra former certaines règles relatives aux opérations qu'on peut faire sur les nombres ainsi désignés. Ces règles se réduisent à représenter de la manière la plus simple qu'il est possible, le résultat d'une ou de plusieurs opérations qu'on peut faire sur les nombres exprimés d'une manière générale; & ce résultat ainsi exprimé, ne sera proprement qu'une opération *arithmétique* indiquée; opération qui variera selon qu'on donnera différentes valeurs *arithmétiques* aux quantités qui, dans le résultat dont il s'agit, représentent des nombres.

Pour mieux faire entendre cette notion que nous donnons de l'Algèbre, parcourons-en les quatre régles ordinaires, & commençons par l'addition. Elle consiste, comme nous l'avons vu dans l'*article* Addition, à ajouter ensemble avec leurs signes, sans aucune autre opération, les quantités dissemblables, & à ajouter les coëfficiens des quantités semblables: par exemple, si j'ai à ajouter ensemble les deux grandeurs dissemblables a, b, j'écrirai simplement $a+b$; ce résultat n'est autre chose qu'une manière d'indiquer que si on désigne a par quelque nombre, & b par un autre, il faudra ajouter ensemble ces deux nombres; ainsi, $a+b$ n'est que l'indication d'une addition *arithmétique*, dont le résultat sera différent, selon les valeurs numériques qu'on assignera à a & à b. Je suppose présentement qu'on me propose d'ajouter $5\,a$ avec $3\,a$, je pourrois écrire $5a+3a$, & l'opération *arithmétique* seroit indiquée comme ci-dessus; mais, en examinant $5\,a$ & $3\,a$, je vois que cette opération peut être indiquée d'une manière plus simple: car quelque nombre que a représente, il est évident que ce nombre pris 5 fois, plus ce même nombre pris 3 fois, est égal au même nombre pris 8 fois; ainsi je vois qu'au lieu de $5a+3a$, je puis écrire $8\,a$, qui est l'expression abrégée, & qui m'indique une opération *arithmétique* plus simple que ne me l'indique l'expression $5\,a+3\,a$.

C'est là-dessus qu'est fondée la règle générale de l'addition algébrique, d'ajouter les grandeurs semblables en ajoutant leurs coëfficients numériques, & écrivant ensuite la partie littérale une fois.

On voit donc que l'addition algébrique se réduit à exprimer de la manière la plus simple la somme ou le résultat de plusieurs nombres exprimés généralement, & à ne laisser, pour ainsi dire, à l'arithméticien que le moins de travail à faire qu'il est possible. Il en est de même de la soustraction algébrique. Si je veux retrancher b de a, j'écris simplement $a-b$, parce que je ne peux pas représenter cela d'une manière plus simple; mais si j'ai à retrancher $3\,a$ de $5\,a$, je n'écrirai point $5\,a-3\,a$, parce que cela me donneroit plusieurs opérations *arithmétiques* à faire, en cas que je voulusse donner à a une valeur numérique; j'écrirai simplement $2\,a$; expression plus simple & plus commode pour le calcul *arithmétique.* *V.* Soustraction.

J'en dis autant de la multiplication & de la division. Si je veux multiplier $a+b$ par $c+d$, je puis écrire indifféremment $(a+b)\times(c+d)$, ou $a\,c+b\,c+a\,d+b\,d$; & souvent même je préférerai la première expression à la seconde, parce qu'elle semble demander moins d'opérations *arithmétiques*: car il ne faut que deux additions & une multiplication pour la première, & pour la seconde il faut trois additions & quatre multiplications. Mais si j'ai à multiplier $5\,a$ par $3\,a$, j'écrirai $15\,a\,a$ au lieu de $5\,a\times3\,a$, parce que dans ce dernier cas j'aurois trois opérations *arithmétiques* à faire, & que dans le premier je n'en ai que deux; une pour trouver aa, & l'autre pour multiplier $a\,a$ par 15. De même si j'ai $a+b$ à multiplier par $a-b$, j'écrirai $aa-bb$, parce que ce résultat sera souvent plus commode que l'autre pour les calculs *arithmétiques*, & que d'ailleurs j'en tire un théorème, savoir que le produit de la somme des deux nombres, par la différence de ces deux nombres, est égal à la différence des quarrés de ces deux nombres. C'est ainsi qu'on a trouvé que le produit de $a+b$ par $a+b$, c'est-à-dire le quarré de $a+b$, étoit $aa+2\,ab+bb$, & qu'il contenoit par conséquent le quarré des deux parties, plus deux fois le produit de l'une par l'autre; ce qui sert à extraire la racine quarrée des nombres *Voy.* QUARRÉ & RACINE QUARRÉE.

Dans la division, au lieu d'écrire $\frac{20\,a\,b}{5\,b}$, j'écrirai simplement $4\,a$; au lieu d'écrire $\frac{aa-xx}{a+x}$, j'écrirai $a-x$: mais, si j'ai à diviser $b\,c$ par $h\,d$, j'écrirai $\frac{b\,c}{b\,d}$, ne pouvant trouver une expression plus simple.

On voit donc par-là que M. Neuton a eu raison d'appeller l'Algèbre *Arithmétique universelle*, puisque les règles de cette science ne consistent qu'à extraire, pour ainsi dire, ce qu'il y a de général & de commun dans toutes les *Arithmétiques* particulières qui se feroient avec plus ou moins ou autant de chiffres que la nôtre, & à présenter sous la forme la plus simple & la plus abrégée, ces opérations *arithmétiques* indiquées.

Mais, dira-t-on, à quoi bon tout cet échaffaudage? Dans toutes les questions que l'on peut se poser sur les nombres, chaque nombre est désigné & énoncé. Quelle utilité y a-t-il de donner à ce nombre une valeur littérale dont il semble qu'on peut se passer? Voici l'avantage de cette dénomination.

Toutes les questions qu'on peut proposer sur les nombres, ne sont pas aussi simples que celles d'ajouter un nombre donné à un autre ou de l'en soustraire; de les multiplier ou de les diviser l'un par l'autre. Il est des questions beaucoup plus compliquées, & pour la solution desquelles on est obligé de faire des combinaisons dans lesquelles le nombre ou les nombres que l'on cherche doivent entrer. Il faut donc avoir un art de faire ces combinaisons sans connoître les nombres que l'on cherche, & pour cela il faut exprimer ces nombres par des caractères différens des caractères numériques, parce qu'il y auroit un très-grand inconvénient à exprimer un nombre inconnu par un caractère numérique qui ne pourroit lui convenir que par un très-grand hasard. Pour rendre cela plus sensible par un exemple, je suppose que l'on cherche deux nombres dont la somme soit 100, & la différence 60. Je vois d'abord qu'en désignant les deux nombres inconnus par des caractères numériques à volonté, par exemple l'un par 25, & l'autre par 50, je leur donnerois une expression très-fausse, puisque 25 & 60 ne satisfont point aux conditions de la question. Il en seroit de même d'une infinité d'autres dénominations numériques. Pour éviter cet inconvénient, j'appelle le plus grand de ces nombres x, & le plus petit y; & j'ai par cette dénomination algébrique les deux conditions ainsi exprimées: x plus y est égal à 100, & x moins est égal à 60; ou en caractères algébriques:

$$x+y=100.$$
$$x-y=60.$$ *Voyez* CARACTÈRE.

Puisque $x+y$ est égal à 100, & $x-y$ égal à 60; je vois que 100, joint avec 60, doit être égal à $x+y$, joint à $x-y$. Or, pour ajouter $x+y$ à $x-y$, il faut, suivant les règles de l'addition algébrique écrire $2x$; je vois donc que $2x$ est égal à 160, c'est-à-dire que 160 est le double du plus grand nombre cherché; donc ce nombre est la moitié de 160, c'est-à-dire 80: d'où il est facile de trouver l'autre qui est y: car puisque $x+y$ est égal à 100, & que x est égal à 80, donc 80 plus y est égal à 100; donc y est égal à 100 dont on a retranché 80, c'est-à-dire 20; donc les deux nombres cherchés sont 80 & 20: en effet leur nombre est 100, & leur différence est 60.

Au reste, je ne prétends pas faire voir par cet article la nécessité de l'Algèbre, car elle ne seroit encore guère nécessaire, si on ne proposoit pas des questions plus compliquées que celle-là: j'ai voulu seulement faire voir par cet exemple très-simple, & à la portée de tout le monde, comment par le secours de l'Algèbre on parvient à trouver les nombres inconnus.

L'expression algébrique d'une question n'est autre chose, comme l'a fort bien remarqué M. Neuton, que la traduction de cette même question en caractères algébriques; traduction qui a cela de commode & d'essentiel, qu'elle se réduit à ce qu'il y a d'absolument nécessaire dans la question, & que les conditions superflues en sont bannies. Nous allons en donner, d'après M. Neuton, l'exemple suivant.

Question énoncée par le langage ordinaire.	*La même question traduite algébriquement.*
On demande trois nombres avec ces conditions.	x, y, z.
Qu'ils soient en proportion géométrique continue.	$x:y::y:z$, ou $xz=yy$. *Voyez* PROPORTION.
Que leur somme soit 20.	$x+y+z=20$.
Et que la somme de leurs quarrés soit 140.	$xx+yy+zz=140$.

Ainsi la question se réduit à trouver les trois inconnues x, y, z, par les trois équations $xz=yy$, $x+y+z=20$, $xx+yy+zz=140$. Il ne reste plus qu'à tirer de ces trois équations la valeur de chacune des inconnues.

On voit donc qu'il y a dans l'*Arithmétique universelle* deux parties à distinguer.

La première est celle qui apprend à faire les combinaisons & le calcul des quantités représentées par des signes plus universels que les nombres; de manière que les quantités inconnues, c'est-à-dire dont on ignore la valeur numérique, puissent être combinées avec la même facilité que les quantités connues, c'est-à-dire auxquelles on peut assigner des valeurs numériques. Ces opérations ne supposent que les propriétés générales de la quantité, c'est-à-dire qu'on y envisage la quantité simplement comme quantité, & non comme représentée & fixée par telle ou telle expression particulière.

La seconde partie de l'*Arithmétique universelle* consiste à savoir faire usage de la méthode générale de calculer les quantités, pour découvrir les quantités qu'on cherche par le moyen des quantités qu'on connoît. Pour cela il faut, 1.° représenter de la manière la plus simple & la plus commode la loi du rapport qu'il doit y avoir entre les quantités connues & les inconnues. Cette loi de rapport est ce qu'on nomme *équation;* ainsi, le premier pas à faire lorsqu'on a un problème à résoudre, est de réduire d'abord le problème à l'équation la plus simple.

Ensuite il faut tirer de cette équation la valeur ou les différentes valeurs que doit avoir l'inconnue qu'on cherche; c'est ce qu'on appelle *résoudre l'équation. Voyez l'article* EQUATION, où vous trouverez là-dessus un plus long détail, auquel nous renvoyons, ayant dû nous borner dans cet article à donner une idée générale de l'*Arithmétique universelle*, pour en détailler les règles dans les articles particuliers. *Voyez aussi* PROBLÈME, RACINE, &c.

La première partie de l'*Arithmétique universelle* s'appelle proprement *Algèbre*, ou science du calcul des grandeurs en général; la seconde s'appelle proprement *Analyse* : mais ces deux noms s'emploient assez souvent l'un pour l'autre. *V.* ALGÈBRE & ANALYSE.

Nous ignorons si les anciens ont connu cette science : il y a pourtant bien de l'apparence qu'ils avoient quelque moyen semblable pour résoudre au moins les questions numériques; par exemple, les questions qui ont été appellées *questions de Diophante. Voyez* DIOPHANTE; *voyez aussi* APPLICATION *de l'Analyse à la Géométrie.*

Selon M. l'Abbé de Gua, dans son excellente *Histoire de l'Algèbre*, dont on trouve la plus grande partie à l'*art.* ALGÈBRE de ce Dictionnaire, Théon paroît avoir cru que Platon est l'inventeur de l'Analyse; & Pappus nous apprend que Diophante & d'autres auteurs anciens s'y étoient principalement appliqués, comme Euclide, Appollonius, Aristée, Eratostène, & Pappus lui-même. Mais nous ignorons en quoi consistoit précisément leur Analyse, & en quoi elle pouvoit différer de la nôtre ou lui ressembler. M. de Malezieu, dans ses *Elémens de Géométrie*, prétend qu'il est moralement impossible qu'Archimède soit arrivé à la plupart de ses belles découvertes géométriques, sans le secours de quelque chose d'équivalent à notre Analyse : mais tout cela n'est qu'une conjecture; & il seroit bien singulier qu'il n'en restât pas au moins quelque vestige dans quelqu'un des ouvrages des anciens géomètres. M. de l'Hopital, ou plutôt M. de Fontenelle, qui est l'auteur de la préface des *infiniment petits*, observe qu'il y a apparence que M. Pascal est arrivé à force de tête & sans Analyse, aux belles découvertes qui composent son *Traité de la roulette*, imprimé sous le nom d'*Etonville.* Pourquoi n'en seroit-il pas de même d'Archimède & des anciens ?

Nous n'avons encore parlé que de l'usage de l'Algèbre pour la résolution des questions numériques : mais ce que nous venons de dire de l'Analyse des anciens, nous conduit naturellement à parler de l'usage de l'Algèbre dans la Géométrie : cet usage consiste principalement à résoudre les problèmes géométriques par l'Algèbre, comme on résout les problèmes numériques, c'est-à-dire à donner des noms algébriques aux lignes connues & inconnues; & après avoir énoncé la question algébriquement, à calculer de la même manière que si on résolvoit un problème numérique. Ce qu'on appelle en Algèbre *équation d'une courbe*, n'est qu'un problème géométrique indéterminé, dont tous les points de la courbe donnent la solution; & ainsi du reste. Dans l'application de l'Algèbre à la Géométrie, les lignes connues ou données sont représentées par des lettres de l'alphabet, comme les nombres connus ou donnés dans les questions numériques : mais il faut observer que les lettres qui représentent des lignes dans la solution d'un problème géométrique, ne pourroient pas toujours être exprimées par des nombres. Je suppose, par exemple, que dans la solution d'un problème de Géométrie, on ait deux lignes connues, dont l'une que j'appellerai a soit le côté d'un quarré, & l'autre que je nommerai b soit la diagonale de ce même quarré; je dis que si on assigne une valeur numérique à a, il sera impossible d'assigner une valeur numérique à b, parce que la diagonale d'un quarré & son côté sont incommensurables. *V.* INCOMMENSURABLE, DIAGONALE, HYPOTHENUSE, &c. Ainsi, les calculs algébriques appliqués à la Géométrie ont un avantage, en ce que les caractères qui expriment les lignes données peuvent marquer des quantités commensurables ou incommensurables; au lieu que dans les problèmes numériques, les caractères qui représentent les nombres donnés ne peuvent représenter que des nombres commensurables. Il est vrai que le nombre inconnu qu'on cherche, peut être représenté par une expression algébrique qui désigne un incommensurable : mais alors c'est une marque que ce nombre inconnu & cherché n'existe point, que la question ne peut être résolue qu'à-peu-près, & non exactement ; au lieu que dans l'application de l'Algèbre à la Géométrie, on peut toujours assigner par une construction géométrique la grandeur exacte de la ligne inconnue, quand même l'expression qui désigne cette ligne seroit incommensurable. On peut même souvent assigner la valeur de cette ligne, quoiqu'on ne puisse pas en donner l'expression algébrique, soit commensurable, soit incommensurable : c'est ce qui arrive dans le cas irréductible du troisième degré. *Voyez* IRRÉDUCTIBLE.

Un des plus grands avantages qu'on a tirés de l'application de l'Algèbre à la Géométrie, est le calcul différentiel ; on en trouvera l'idée au *mot* DIFFÉRENTIEL, avec une notion exacte de la nature de ce calcul. Le calcul différentiel a produit l'intégral. *Voyez* CALCUL & INTÉGRAL.

Il n'y a point de géomètre tant soit peu habile, qui ne connoisse aujourd'hui plus ou moins l'usage infini de ces deux calculs dans la Géométrie transcendante.

M. Neuton nous a donné sur l'Algèbre un excellent ouvrage, qu'il a intitulé : *Arithmetica universalis*. Il y traite des règles de cette science, & de son application à la Géométrie. Il y donne plusieurs méthodes nouvelles, qui ont été commentées pour la plupart par M. s'Gravesande dans un petit ouvrage très-utile aux commençans, intitulé : *Elementa algebræ*, & par M. Clairaut dans ses Elémens d'Algèbre. *Voyez à l'article* ALGÈBRE les noms de plusieurs auteurs qui ont traité de cette science.

Sur la manière d'appliquer l'Algèbre à la Géométrie, c'est-à-dire de réduire en équation les questions géométriques, nous ne connoissons rien de meilleur ni de plus lumineux que les règles données par M. Neuton, *p. 82 & suiv. de son Arithmétique universelle*, édition de Leyde 1732, *jusqu'à la page 96* ; elles sont trop précieuses pour être abrégées & trop longues pour être insérées ici dans leur entier ; ainsi, nous y renvoyons nos lecteurs : nous dirons seulement qu'elles peuvent se réduire à ces deux règles.

Première règle. Un problême géométrique étant proposé (& on pourroit en dire autant d'un problême numérique) comparez ensemble les quantités connues & inconnues que renferme ce problême, & sans distinguer les connues d'avec les inconnues, examinez comment toutes ces quantités dépendent les unes des autres ; & quelles sont celles qui étant connues, feroient connoître les autres en procédant par une méthode synthétique.

Seconde règle. Parmi ces quantités qui feroient connoître les autres, & que je nomme pour cette raison *synthétiques*, cherchez celle qui feroient connoître les autres le plus facilement, & qui pourroient être trouvées le plus difficilement, si on ne les supposoient point connues ; & regardez ces quantités comme celles que vous devez traiter de connues.

C'est là-dessus qu'est fondée la règle des Géomètres, qui disent que pour résoudre un problême géométrique algébriquement, il faut le supposer résolu : en effet, pour résoudre ce problême, il faut se représenter toutes les lignes, tant connues qu'inconnues, comme des quantités qu'on a devant les yeux, & qui dépendent toutes les unes des autres, en sorte que les connues & les inconnues puissent réciproquement & à leur tour être traitées, si l'on veut, d'inconnues & de connues. Mais en voilà assez sur cette matière, dans un ouvrage où l'on ne doit en exposer que les principes généraux. *Voyez* APPLICATION (*O*).

* ARITHMÉTIQUE *politique* ; c'est celle dont les opérations ont pour but des recherches utiles à l'art de gouverner les peuples, telles que celles du nombre des hommes qui habitent un pays ; de la quantité de nourriture qu'ils doivent consommer ; du travail qu'ils peuvent faire ; du tems qu'ils ont à vivre ; de la fertilité des terres ; de la fréquence des naufrages, *&c.* On conçoit aisément que ces découvertes & beaucoup d'autres de la même nature, étant acquises par des calculs fondés sur quelques expériences bien constatées, un ministre habile en tireroit une foule de conséquences pour la perfection de l'agriculture, pour le commerce tant intérieur qu'extérieur, pour les colonies, pour le cours & l'emploi de l'argent, *&c.* Mais souvent les ministres (je n'ai garde de parler sans exception) croient n'avoir pas besoin de passer par des combinaisons & des suites d'opérations *arithmétiques* : plusieurs s'imaginent être doués d'un grand génie naturel qui les dispense d'une marche si lente & si pénible, sans compter que la nature des affaires ne permet ni ne demande presque jamais la précision géométrique. Cependant si la nature des affaires la demandoit & la permettoit, je ne doute point qu'on ne parvînt à se convaincre que le monde politique, aussi bien que le monde physique, peut se régler à beaucoup d'égards par poids, nombre & mesure.

Le Chevalier Petty, Anglois, est le premier qui ait publié des essais sous ce titre. Le premier est sur la multiplication du genre humain ; sur l'accroissement de la ville de Londres, ses degrés, ses périodes, ses causes & ses suites. Le second, sur les maisons, les habitans, les morts & les naissances de la ville de Dublin. Le troisième est une comparaison de la ville de Londres & de la ville de Paris ; le chevalier Petty s'efforce de prouver que la capitale de l'Angleterre l'emporte sur celle de la France par tous ces côtés. M. Auzout a attaqué cet essai par plusieurs objections, auxquelles M. le chevalier Petty a fait des réponses. Le quatrième tend à faire voir qu'il meurt à l'Hôtel-Dieu de Paris environ trois mille malades par an, par mauvaise administration. Le cinquième est divisé en cinq parties : la 1re est en réponse à M. Auzout ; la 2e contient la comparaison de Londres & de Paris sur plusieurs points ; la troisième évalue le nombre des paroissiens des 134 paroisses de Londres à 696 mille ; la quatrième est une recherche sur les habitans de Londres, de Paris, d'Amſterdam, de Veniſe, de Rome; de Dublin, de Briſtol, & de Rouen; la cinquième a le même objet, mais relativement à la Hollande & au reſte des Provinces-Unies. Le ſixième embraſſe l'étendue & le prix des terres, les peuples, les maiſons, l'induſtrie, l'économie, les manufactures, le commerce, la pêche, les artiſans, les marins ou gens de mer, les troupes de terre, les revenus publics, les intérêts, les taxes, le lucre, les banques, les compagnies, le prix des hommes, l'accroiſſement de la marine & des troupes; les habitations, les lieux, les conſtructions de vaiſſeaux, les forces de mer, *&c.* relativement à tout pays en général, mais particulièrement à l'Angleterre, la Hollande, la Zéelande, & la France. Cet eſſai eſt adreſſé au Roi; c'eſt preſque dire que les réſultats en ſont favorables à la nation angloiſe. C'eſt le plus important de tous les eſſais du chevalier Petty; cependant il eſt très-court, ſi on le compare à la multitude & à la complication des objets. Le chevalier Petty prétend avoir démontré dans environ une centaine de petites pages *in*-12, gros caractère : 1.° Qu'une petite contrée avec un petit nombre d'habitans peut équivaloir par ſa ſituation, ſon commerce & ſa police, à un grand pays & à un peuple nombreux, ſoit qu'on les compare par la force ou par la richeſſe, & qu'il n'y a rien qui tende plus efficacement à établir cette égalité que la marine & le commerce maritime. 2.° Que toutes ſortes d'impôts & de taxes publiques tendent plutôt à augmenter qu'à affoiblir la ſociété & le bien public. 3.° Qu'il y a des empêchemens naturels & durables à jamais, à ce que la France devienne plus puiſſante ſur mer que l'Angleterre ou la Hollande : nos françois ne porteront pas un jugement favorable des calculs du chevalier Petty ſur cette propoſition, & je crois qu'ils auront raiſon. 4.° Que par ſon fonds & ſon produit naturels, le peuple & le territoire de l'Angleterre ſont à-peu-près égaux en richeſſe & en force au peuple & au territoire de France. 5.° Que les obſtacles qui s'oppoſent à la grandeur de l'Angleterre, ne ſont que contingens & amovibles. 6.° Que depuis quarante ans la puiſſance & la richeſſe de l'Angleterre ſe ſont fort accrues. 7.° Que la dixième partie de toute la dépenſe des ſujets du roi ſuffiroit pour entretenir cent mille hommes d'infanterie, trente mille hommes de cavalerie, quarante mille hommes de mer; & pour acquitter toutes les autres charges de l'état, ordinaires & extraordinaires, dans la ſeule ſuppoſition que cette dixième partie ſeroit bien impoſée, bien perçue & bien employée. 8.° Qu'il y a plus de ſujets ſans emploi qu'il n'en faudroit pour procurer à la nation deux millions par an, s'ils étoient convenablement occupés, & que ces occupations ſont toutes prêtes, & n'attendent que des ouvriers. 9.° Que la nation a aſſez d'argent pour faire aller ſon commerce. 10.° Enfin que la nation a tout autant de reſſources qu'il lui en faut pour embraſſer tout le commerce de l'univers, de quelque nature qu'il ſoit.

Voilà comme on voit des prétentions bien exceſſives : mais quelles qu'elles ſoient, le lecteur fera bien d'examiner dans l'ouvrage du chevalier Petty les raiſonnemens & les expériences ſur leſquels il s'appuie : dans cet examen, il ne faudra pas oublier qu'il arrive des révolutions, ſoit en bien, ſoit en mal, qui changent en un moment la face des états, & qui modifient & même anéantiſſent les ſuppoſitions; & que les calculs & leurs réſultats ne ſont pas moins variables que les événemens. L'ouvrage du chevalier Petty fut compoſé avant 1699. Selon cet auteur, quoique la Hollande & la Zéelande ne contiennent pas plus de 1,000,000 d'arpens de terre, & que la France en contienne au moins 8,000,000, cependant ce premier pays a preſque un tiers de la richeſſe & de la force de ce dernier. Les rentes des terres en Hollande ſont à proportion de celles de France, comme de 7 ou 8 à 1. (Obſervez qu'il eſt queſtion ici de l'état de l'Europe en 1699; & c'eſt à cette année que ſe rapportent tous les calculs du chevalier Petty, bons au mauvais). Les habitans d'Amſterdam ſont $\frac{2}{3}$ de ceux de Paris ou de Londres; & la différence entre ces deux dernières villes n'eſt, ſelon le même auteur, que d'environ une vingtième partie. Le port de tous les vaiſſeaux appartenans à l'Europe, ſe montent à environ deux millions de tonneaux, dont les anglois ont 500,000, les Hollandois 900,000, les François 100,000, les Hambourgeois, Danois, Suédois, & les habitans de Dantzick 250,000; l'Eſpagne, le Portugal, l'Italie, *&c.* à-peu-près autant. La valeur des marchandiſes qui ſortent annuellement de la France, pour l'uſage de différens pays, ſe monte en tout à environ 5,000,000 livres ſterlin; c'eſt-à-dire, quatre fois autant qu'il en entroit dans l'Angleterre ſeule. Les marchandiſes qu'on fait ſortir de la Hollande pour l'Angleterre valent 300,000 livres ſterlin; & ce qui ſort de-là pour être répandu par tout le reſte du monde, vaut 18,000,000 livres ſterlin. L'argent que le roi de France leve annuellement en tems de paix fait environ 6 $\frac{1}{2}$ millions ſterlin. Les ſommes levées en Hollande & Zéelande ſont autour de 2,100,000 l. ſterlin; & celles provenantes de toutes les Provinces-unies ſont enſemble environ 3,000,000 liv. ſterlin. Les habitans d'Angleterre ſont à-peu-près au nombre de 6,000,000; & leurs dépenſes à raiſon de 7 livres ſterlin par an, pour chacun d'eux, font 42,000,000 liv. ſterlin, ou 80000 liv. ſterlin par ſemaine. La rente des terres en Angleterre eſt d'environ 8,000,000 ſterlin; & les intérêts & profits des biens *propres* à-peu-près autant. La rente des maiſons en Angleterre 4,000,000 l. ſterlin. Le profit du travail de tous les habitans ſe monte à 26,000,000 livres ſterlin par an. Les habitans d'Irlande ſont au nombre de 1,200,000.

Le bled consommé annuellement en Angleterre, comptant le froment à 5 schelings le boisseau, & l'orge à 2 $\frac{1}{2}$, se monte à dix millions sterlin. La marine d'Angleterre avoit besoin en 1699, c'est-à-dire, du tems du chevalier Petty, ou à la fin du dernier siècle, de 36,000 hommes pour les vaisseaux de guerre, & 48,000 pour les vaisseaux marchands & autres; & il ne falloit pour toute la marine de France que 15,000 hommes. Il y a en France environ treize millions & demi d'ames; & en Angleterre, Ecosse & Irlande, environ neuf millions & demi. Dans les trois royaumes d'Angleterre, d'Ecosse & d'Irlande, il y a environ 20,000 ecclésiastiques; & en France, il y en a plus de 270,000. Le royaume d'Angleterre a plus de 40,000 matelots, & la France n'en a pas plus de 10,000. Il y avoit pour lors en Angleterre, en Ecosse, en Irlande, & dans les pays qui en dépendent, des vaisseaux dont le port se montoit environ à 60,000 tonneaux, ce qui vaut à-peu-près quatre millions & demi de livres sterlin. La ligne marine autour de l'Angleterre, de l'Ecosse, de l'Irlande, & des îles adjacentes, est d'envir. 3,800,000 mille. Il y a dans le monde entier environ 300,000,000 d'ames, dont il n'y a qu'environ 80,000,000 avec lesquels les anglois & les hollandois soient en commerce. La valeur de tous les effets de commerce ne passe pas 45,000,000 sterl. Les manufactures d'Angleterre qu'on fait sortir du royaume se montent annuellement à environ 5,000,000 l. sterl. Le plomb, le fer-blanc & le charbon, à 500,000 l. sterl. par an. La valeur des marchandises de France qui entre en Angleterre, ne passe pas 1,200,000 livres sterlin par an. Enfin il y a en Angleterre environ 6,000,000 sterlin d'espèces monnoyées. Tous ces calculs, comme nous l'avons dit, sont relatifs à l'année 1699, & ont dû sans doute bien changer depuis.

M. Davenant, autre auteur d'*arithmétique politique*, prouve qu'il ne faut pas compter absolument sur plusieurs des calculs du chevalier Petty: il en donne d'autres qu'il a faits lui-même, & qui se trouvent fondés sur les observations de M. King. En voici quelques-uns.

L'Angleterre contient, dit-il, 39,000,000 d'arpens de terre. Les habitans, selon son calcul, sont à-peu-près au nombre de 5,545,000 ames; & ce nombre augmente tous les ans d'environ 9000, déduction faite de ceux qui peuvent périr par les pestes, les maladies, les guerres, la marine, &c. & de ceux qui vont dans les colonies. Il compte 530,000 habitans dans la ville de Londres; dans les autres villes & bourgs d'Angleterre 870,000, & dans les villages & hameaux 4,100,000. Il estime la rente annuelle des terres à 10,000,000 sterlin; celle des maisons & des bâtimens à 2,000,000 par an; le produit de toutes sortes de grains, dans une année passablement abondante, à 9,075,000 liv. sterlin; la rente annuelle des terres en bled à 2,000,000, & leur produit net au-dessus de 9,000,000 sterlin; la rente des pâturages, des prairies, des bois des forêts, des dunes, &c. à 7,000,000 sterlin; le produit annuel des bestiaux en beurre, fromage & lait, peut monter, selon lui, à environ 2 $\frac{1}{2}$ millions sterlin. Il estime la valeur de la laine tondue annuellement à environ 2,000,000 sterlin; celle des chevaux, qu'on éleve tous les ans à environ 250,000 liv. sterlin; la consommation annuelle de viande pour nourriture, à environ 3,350,000 liv. sterlin; celle du suif & des cuirs environ 600,000 liv. sterlin; celle du foin pour la nourriture annuelle des chevaux, environ 1,300,000 liv. sterlin; & pour celle des autres bestiaux, 1,000,000 sterlin; le bois de bâtiment coupé annuellement 500,000 liv. sterlin. Le bois à brûler, &c. environ 500,000 livres sterlin. Si toutes les terres d'Angleterre étoient également distribuées parmi tous les habitans, chacun auroit pour sa part environ 7 $\frac{1}{4}$ arpens. La valeur du froment, du seigle & de l'orge, nécessaire pour la subsistance de l'Angleterre, se monte au moins à 6,000,000 sterlin par an. La valeur des manufactures de laines travaillées en Angleterre, est d'environ 8,000,000 par an; & toutes les marchandises de laine qui sortent annuellement de l'Angleterre, passent la valeur de 2,000,000 sterl. Le revenu annuel de l'Angleterre, sur quoi tous les habitans se nourrissent & s'entretiennent, & payent tous les impôts & taxes, se monte, selon lui, à environ 43,000,000: celui de la France à 81,000,000, & celui de la Hollande à 18,250,000 livres sterlin.

Le major Grant, dans ses observations sur les *listes mortuaires*, compte qu'il y a en Angleterre 39,000 quarrés de terre; qu'il y a en Angleterre & dans la principauté de Galles 4,600,000 ames; que les habitans de la ville de Londres sont à-peu-près au nombre de 640,000; c'est-à-dire, la quatorzième partie de tous les habitans de l'Angleterre; qu'il y a en Angleterre & dans le pays de Galles, environ 10,000 paroisses; qu'il y a 25,000,000 d'arpens de terre en Angleterre & dans le pays de Galles, c'est-à-dire, environ 4 arpens pour chaque habitant; que de 100 enfans qui naissent, il n'y en a que 64 qui atteignent l'âge de 6 ans; que dans 100, il n'en reste que 40 en vie au bout de 16 ans; que dans 100, il n'y en a que 25 qui passent l'âge de 26 ans; que 16 qui vivent 36 ans accomplis, & 10 seulement dans 100 vivent jusqu'à la fin de leur 46e année; & dans le même nombre, qu'il n'y en a que 6 qui aillent à 56 ans accomplis; que 3 dans 100 qui atteignent la fin de 66 ans; & que dans 100 il n'y en a qu'un qui soit en vie au bout de 76 ans, & que les habitans de la ville de Londres sont changés deux fois dans le cours d'environ 64 ans. *Voyez* VIE, &c. MM. de Moivre, Bernoulli, de Montmort & de Parcieux, se sont exercés sur des sujets relatifs à l'*Arithmétique politique*: on peut consulter *La doctrine des hasards*, de

M. de Moivre; l'*art de conjecturer*, de M. Bernoulli; l'*analyse des jeux de hasard*, de M. de Montmort; l'ouvrage *sur les rentes viageres & les tontines*, &c. de M. de Parcieux, & quelques mémoires de M. Halley, répandus dans les *Transactions philosophiques*, avec les articles de notre Dictionnaire, HASARD, JEU, PROBABILITÉ, COMBINAISON, ABSENT, VIE, MORT, NAISSANCE, ANNUITÉ, RENTE, TONTINE, &c. (*M. DIDEROT*).

* L'*Arithmétique politique* est, dans un sens plus étendu, l'application du calcul aux sciences politiques. Cette branche des Mathématiques a trois objets principaux, comme toutes celles qui ont pour but l'application du calcul à la connoissance de la nature : ainsi, on peut la diviser en trois parties; la première est l'art de se procurer des faits précis & tels que le calcul puisse s'y appliquer, & de réduire les faits particuliers qui ont été observés à des résultats plus ou moins généraux; la seconde a pour objet de tirer de ces faits les conséquences auxquels ils conduisent; la troisième enfin doit enseigner à déterminer la probabilité de ces faits & de ces conséquences.

Dans la plupart des sciences physiques on néglige presque absolument cette 3e partie, parce que les faits sur lesquels on s'appuie, & par conséquent les conséquences qu'on en déduit, ont une probabilité très-approchante de la certitude; que d'ailleurs les faits sont presque toujours susceptibles d'être connus avec une très-grande précision, ce qui dispense de rechercher avec quel degré de probabilité on peut se répondre que les erreurs ne seront pas au-delà de certaines limites; & qu'enfin toutes les fois que ces faits ou leurs conséquences ne doivent pas servir de base à notre conduite, il est en général peu important de déterminer avec exactitude leur degré de probabilité.

Ainsi, par exemple, si on a découvert une nouvelle planète, on cherche d'abord à s'en procurer des observations exactes; on déduit ensuite de ces observations les élémens de son orbite: mais personne ne songe à déterminer quel est le degré de probabilité qu'on ne s'est pas écarté de la vérité d'une quantité plus ou moins grande, soit parce qu'on sait d'avance que cette probabilité diffère peu de la certitude, soit parce que la connoissance exacte de cette probabilité seroit absolument inutile; & qu'il suffit de savoir qu'elle est ou fort grande ou très-petite.

Au contraire, si on appliquoit le calcul à des questions de médecine pratique, comme il faudroit régler sa conduite d'après les résultats de ce calcul, il seroit indispensable de s'assurer de leur degré de probabilité.

La plupart des questions d'*Arithmétique politique* sont dans ce dernier cas.

Par exemple, supposons qu'on veuille calculer le taux d'une rente viagère, il ne suffit pas de se procurer des tables de mortalité exactes & applicables à la question qu'on se propose de résoudre, & d'en déduire par le calcul le taux de cette rente, il faut de plus déterminer la probabilité que, par l'événement, le taux réel ne s'écartera pas de celui que donne le calcul au-delà de certaines limites.

L'*Arithmétique politique* n'a commencé à être une science que vers la fin du siècle dernier, & il paroît que c'est en Angleterre qu'elle a pris naissance: il y a lieu de croire que les anciens n'en ont eu aucune idée. Les loix romaines assujettissoient les successions testamentaires à un droit envers le Fisc; & comme pour éluder la loi on se bornoit à léguer un simple usufruit, on imagina d'assujettir cet usufruit à une partie du droit. La proportion qu'il convient d'établir entre le droit payé pour la propriété & celui qu'il faut payer pour l'usufruit, est une question d'*Arithmétique politique* assez compliquée; mais on a lieu de croire que les romains ne savoient pas même que cette question pût exister, & qu'ils fixèrent cette proportion au hasard.

Les recherches que l'on a faites sur cette science depuis le commencement de ce siècle, se bornent à des tables en général très-peu précises des productions de différens pays, de l'étendue de leur commerce, du profit annuel qui en résulte, à l'examen de quelques questions de droit. (*Voyez* la thèse de Nicolas Bernoulli, citée à l'article ABSENT) au calcul des annuités & des différentes espèces d'intérêts, à celui des rentes viagères, des tontines & des autres emprunts de ce genre, au calcul des différentes formes de loterie, à la manière de former les tables de mortalité, & d'en déduire des conséquences qui intéressent à-la-fois la politique & l'histoire naturelle de l'homme.

On ne peut regarder ces recherches que comme une très-petite partie d'une des sciences les plus étendues & les plus utiles. En général, les géomètres se sont plus occupés des méthodes de calcul que de l'examen des principes d'après lesquels chaque question devoit être résolue; ils n'ont presque traité que celles pour lesquelles la nécessité & la possibilité d'y appliquer le calcul se faisoit sentir au premier coup-d'œil, & ils ont rarement cherché à y soumettre les objets qui paroissoient devoir s'y refuser; enfin ils n'ont point étendu les principes & les méthodes de calcul qu'ils ont employés aux différentes questions auxquelles ces principes & ces calculs peuvent s'appliquer: leur but principal étoit le progrès de l'analyse mathématique plutôt que celui des sciences politiques.

Nous chercherons dans plusieurs articles de ce Dictionnaire à faire sentir toute l'importance & toute l'étendue d'une science qu'on doit regarder encore comme presque nouvelle, & qui ne peut faire de grands progrès qu'autant qu'elle sera cultivée par des hommes qui joindront à une connoissance approfondie des sciences politiques, des talens pour la Géométrie. *Voyez* les articles Evénemens, Probabilité des décisions, Preuve, Produit, Prix, Population, Salubrité, Opinions, &c. (*M. D. C.*)

Arithmétique, pris adjectivement, se dit de tout ce qui a rapport aux nombres, ou à la science des nombres, ou qui s'exécute par le moyen des nombres. On dit opération *arithmétique*, de toute opération sur les nombres.

Moyen *arithmétique*.	*Voyez*	Moyen.
Progression *arithmétique*.		Progression.
Proportion *arithmétique*.		Proportion.
Rapport *arithmétique*.		Rapport.

Triangle arithmétique. Voyez Triangle.

Echelles arithmétiques, est le nom que donne M. de Buffon (*Mém. Acad. 1741*) aux différentes progressions de nombres, suivant lesquelles l'*Arithmétique* auroit pu être formée. Pour entendre ceci, il faut observer que notre *Arithmétique* ordinaire s'exécute par le moyen de dix chiffres, & qu'elle a par conséquent pour base la progression *arithmétique* décuple ou dénaire, 0, 1, 2, 3, 4, 5, 6, 7, 8, 9, *voyez* Progression, &c. Il est vraisemblable, comme nous l'avons remarqué plus haut, que cette progression doit son origine au nombre des doigts des deux mains, par lesquels on a dû naturellement commencer à compter : mais il est visible aussi que cette progression en elle-même est arbitraire, & qu'au lieu de prendre dix caractères pour exprimer tous les nombres possibles, on auroit pu en prendre moins ou plus de dix. Supposons, par exemple, qu'on en eût pris cinq seulement, 0, 1, 2, 3, 4; en ce cas tout nombre passé cinq, auroit eu plus d'un chiffre, & cinq auroit été exprimé par 10; car 1 dans la seconde place, qui dans la progression ordinaire vaut dix fois plus qu'à la premiere place, ne vaudroit dans la progression quintuple que cinq fois plus. De même 11 auroit représenté 6; 25 auroit été représenté par 100, & tout nombre au-dessus de 25, auroit eu trois chiffres ou davantage. Au contraire si on prenoit vingt chiffres ou caractères pour représenter les nombres, tout nombre au-dessous de 20 n'auroit qu'un chiffre; tout nombre au-dessous de 400 n'en auroit que deux, &c.

La progression la plus courte dont on puisse se servir pour exprimer les nombres, est celle qui est composée de deux chiffres seulement, 0, 1, & c'est ce que M. Leibnitz a nommé *Arithmétique binaire. Voyez* Binaire. Cette *Arithmétique* auroit l'inconvénient d'employer un trop grand nombre de chiffres pour exprimer des nombres assez petits, & il est évident que cet inconvénient aura d'autant plus lieu, que la progression qui servira de base à l'*Arithmétique*, aura moins de chiffres. D'un autre côté, si on employoit un trop grand nombre de chiffres pour l'*Arithmétique*, par exemple vingt ou trente chiffres au lieu de dix, les opérations sur les nombres deviendroient trop difficiles; je n'en veux pour exemple que l'addition. Il y a donc un milieu à garder ici, & la progression décuple, outre son origine qui est assez naturelle, paroît tenir ce milieu : cependant il ne faut pas croire que l'inconvénient fût fort grand, si on avoit pris neuf ou douze chiffres au lieu de dix. *Voyez* Chiffre & Nombre.

M. de Buffon, dans le mémoire que nous avons cité, donne une méthode fort simple & fort abrégée pour trouver tout d'un coup la maniere d'écrire un nombre donné dans une échelle *arithmétique* quelconque, c'est-à-dire, en supposant qu'on se serve d'un nombre quelconque de chiffres pour exprimer les nombres. *Voyez* Binaire. (*O*)

* Arithmétique (*machine*); c'est un assemblage ou système de roues & d'autres pieces, à l'aide desquelles des chiffres ou imprimés ou gravés se meuvent, & exécutent dans leur mouvement les principales regles de l'*Arithmétique*.

La premiere *machine arithmétique* qui ait paru, est de Blaise Pascal, né à Clermont en Auvergne le 19 juin 1623; il l'inventa à l'âge de dix-neuf ans. On en a fait quelques autres depuis qui, au jugement même de MM. de l'Académie des Sciences, paroissent avoir sur celle de Pascal des avantages dans la pratique : mais celle de Pascal est la plus ancienne; elle a pu servir de modèle à toutes les autres; c'est pourquoi nous l'avons préférée.

Cette machine n'est pas extrêmement compliquée; mais entre ses pieces il y en a une sur-tout qu'on nomme *le sautoir*, qui se trouve chargée d'un si grand nombre de fonctions, que le reste de la machine en devient très-difficile à expliquer. Pour se convaincre de cette difficulté, le lecteur n'a qu'à jetter les yeux sur les figures du recueil des machines approuvées par l'Académie, & sur le discours qui a rapport à ces figures & à la machine de Pascal : je suis sûr qu'il lui paroîtra, comme à nous, presqu'aussi difficile d'entendre la machine de Pascal, avec ce qui en est dit dans l'ouvrage que nous venons de citer, que d'imaginer une autre *machine arithmétique*. Nous allons faire en sorte qu'on ne puisse pas porter le même jugement de notre article, sans toutefois nous engager à exposer le méchanisme de la machine de Pascal d'une maniere si claire, qu'on n'ait besoin d'aucune contention d'esprit pour le saisir. Au reste, cet endroit de notre Dictionnaire ressemblera à beaucoup d'autres, qui ne sont destinés qu'à ceux qui ont quelque habitude de s'appliquer.

Les

Les parties de la *machine arithmétique* se ressemblant presque toutes par leur figure, leur disposition & leur jeu, nous avons cru qu'il étoit inutile de représenter la machine entière : la portion qu'on en voit *Pl. II. d'arithmétique*, suffira pour en donner une juste idée. *N O P R*, *fig. 1*, est une plaque de cuivre qui forme la surface supérieure de la machine. On voit à la partie inférieure de cette plaque, une rangée *N O* de cercles *Q*, *Q*, *Q*, &c. tous mobiles, autour de leurs centres *Q*. Le premier à la droite a douze dents ; le second, en allant de droite à gauche, en a vingt ; & tous les autres en ont dix. Les pièces qu'on apperçoit en *S*, *S*, *S*, &c., & qui s'avancent sur les disques des cercles mobiles *R*, *R*, *R*, &c., sont des étochios ou arrêts qu'on appelle *potences*. Ces étochios sont fixes & immobiles ; ils ne posent point sur les cercles qui se peuvent mouvoir librement sous leurs pointes ; ils ne servent qu'à arrêter un stylet, qu'on appelle *directeur*, qu'on tient à la main, & dont on place la pointe entre les dents des cercles mobiles *Q*, *Q*, *Q*, &c. pour les faire tourner dans la direction 6, 5, 4, 3, &c. quand on se sert de la machine.

Il est évident par le nombre des dents des cercles mobiles *Q*, *Q*, *Q*, &c. que le premier à droite marque les deniers ; le second en allant de droite à gauche, les sous ; le troisième, les unités de livres ; le quatrième, les dixaines ; le cinquième, les centaines ; le sixième, les mille ; le septième, les dixaines de mille ; le huitième, les centaines de mille ; & quoiqu'il n'y en ait que huit, on auroit pu, en aggrandissant la machine, pousser plus loin le nombre de ces cercles.

La ligne *Y Z* est une rangée de trous, à-travers lesquels on apperçoit des chiffres. Les chiffres apperçus ici sont 46,309 l. 15 s. 10 d. mais on verra par la suite qu'on en peut faire paroître d'autres à discrétion par les mêmes ouvertures.

La bande *P R* est mobile de bas en haut ; on peut en la prenant par ses extrémités *R*, *P*, la faire descendre sur la rangée des ouvertures 46,309 l. 15 s. 10 d. qu'elle couvriroit : mais alors on appercevroit une autre rangée parallèle de chiffres à-travers des trous placés directement au-dessus des premiers.

La même bande *P R* porte des petites routes gravées de plusieurs chiffres, toutes avec une aiguille au centre, à laquelle la petite roue sert de cadran : chacune de ces roues portent autant de chiffres que les cercles mobiles *Q*, *Q*, *Q*, &c. auxquelles elles correspondent perpendiculairement. Ainsi, *V* 1 porte douze chiffres, ou plutôt a douze divisions ; *V* 2 en a vingt ; *V* 3 en a dix ; *V* 4 dix, & ainsi de suite.

A B C D, *fig. 2*. est une tranche verticale de la machine, faite selon une des lignes ponctuées *m x*, *m x*, *m x*, &c. de la *figure 1*. n'importe laquelle ; car chacune de ces tranchées, comprise entre deux parallèles *m x*, *m x*, contient toutes les parties de la *fig. 2* : outre quelques autres dont nous ferons mention dans la suite. 1 *Q* 2 représente un des cercles mobiles *Q* de la *fig. 1*. ce cercle entraîne par son axe *Q* 3, la roue à chevilles 4, 5. Les chevilles de la roue 4, 5, font mouvoir la roue 6, 7, la roue 8, 9, & la roue 10, 11, qui sont toutes fixées sur un même axe. Les chevilles de la roue 10, 11, engrennent dans la roue 12, 13, & la font mouvoir, & avec elle le barillet 14, 15.

Sur le barillet 14, 15, *même fig. 2*, soient tracées l'une au-dessus de l'autre, deux rangées de chiffres de la manière qu'on va dire. Si l'on suppose que ce barillet soit celui de la tranche des deniers, soient tracées les deux rangées :

0, 11, 10, 9, 8, 7, 6, 5, 4, 3, 2, 1.
11, 0, 1, 2, 3, 4, 5, 6, 7, 8, 9, 10.

Si le barillet 14, 15, est celui de la tranche des sous, soient tracées les deux rangées :

0, 19, 18, 17, 16, 15, 14, 13, 12, 11, 10,
19, 0, 1, 2, 3, 4, 5, 6, 7, 8, 9,
9, 8, 7, 6, 5, 4, 3, 2, 1.
10, 11, 12, 13, 14, 15, 16, 17, 18.

Si le barillet 14, 15, est celui de la tranche des unités de livres, soient tracées les deux rangées :

0, 9, 8, 7, 6, 5, 4, 3, 2, 1.
9, 0, 1, 2, 3, 4, 5, 6, 7, 8.

Il est évident, 1.° que c'est de la rangée inférieure des chiffres tracés sur les barillets, que quelques-uns paroissent à-travers les ouvertures de la ligne *X Z*, & que ceux qui paroîtroient à-travers les ouvertures couvertes de la bande mobile *P R*, sont de la rangée supérieure. 2.° Qu'en tournant, *fig. 1*, le cercle mobile *Q*, on arrêtera sous une des ouvertures de la ligne *XZ*, tel chiffre que l'on voudra ; & que le chiffre retranché de 11 sur le barillet des deniers, donnera celui qui lui correspond dans la rangée supérieure des deniers ; retranché de 29 sur le barillet des sous, il donnera celui qui lui correspond dans la rangée supérieure des sous ; retranché de 9 sur le barillet des unités de livres, il donnera celui qui lui correspond dans la rangée supérieure des unités de livres, & ainsi de suite. 3.° Que pareillement celui de la bande supérieure du barillet des deniers, retranché de 11, donnera celui qui lui correspond dans la rangée inférieure, &c.

La pièce *a b c d e f g h i k l*, qu'on entrevoit, *mêm. fig. 2*. est celle qu'on appelle *le sautoir*. Il est important d'en bien considérer la figure, la position & le jeu ; car sans une connoissance très-exacte de ces trois choses, il ne faut pas espérer d'avoir une idée précise de la machine : aussi avons-nous repété cette pièce en trois figures différentes, *a b c d e f g h i k l*, *fig. 2*, eſt le ſautoir, comme nous venons d'en avertir : 1 2 3 4 6 7 *x y T z v*, l'eſt auſſi, *fig. 3.* & 1 2 3 4 5 6 7 8 9 l'eſt encore, *fig. 4.*

Le ſautoir, *fig. 2*, a deux anneaux ou portions de douilles, dans leſquelles paſſe la portion *f k* & *g l* de l'axe de la roue à chevilles 8 9; il eſt mobile ſur cette partie d'axe. Le ſautoir *fig. 3.* a une concavité ou partie échancrée 3, 4, 5; un coude 7, 8, 9, pratiqués pour laiſſer paſſer les chevilles de la roue 8, 9; deux anneaux dont on voit un en 9, l'autre eſt couvert par une portion de la roue 6, 7, à la partie inférieure de l'échancrure 3, 4, 5; en 2, une eſpèce de couliſſe, dans laquelle le cliquet 1 eſt ſuſpendu par le tenon 2, & preſſé par un reſſort entre les chevilles de la roue 8, 9. Pour qu'on apperçût ce reſſort & ſon effet, on a rompu, *fig 3*, un des côtés de la couliſſe en *x*, *y*; 12 eſt le cliquet; 2 le tenon qui le tient ſuſpendu; & Z *v* le reſſort qui appuie ſur ſon talon, & pouſſe ſon extrémité entre les chevilles de la roue 8, 9.

Ce qui précède bien entendu, nous pouvons paſſer au jeu de la machine. Soit *figure 2*, le cercle mobile 1 *Q* 2, mû dans la direction 1 *Q* 2, la roue à chevilles 4, 5, ſera mûe, & la roue à chevilles 6, 7; & *fig. 3.* la roue *VIII*, *IX*; car c'eſt la même que la roue 8, 9 de la *figure 2*. Cette roue *VIII*, *IX*, ſera mûe dans la direction *VIII*, *VIII*, *IX*, *IX*. La première de ſes deux chevilles *r*, *s*, entrera dans l'échancrure du ſautoir; le ſautoir continuera d'être élevé, à l'aide de la ſeconde cheville *R S*. Dans ce mouvement, l'extrémité 1 du cliquet ſera entraînée; & ſe trouvant à la hauteur de l'entre-deux de deux chevilles immédiatement ſupérieur à celui où elle étoit, elle y ſera pouſſée par le reſſort. Mais la machine eſt conſtruite de manière que ce premier échappement n'eſt pas plutôt fait, qu'il s'en fait une autre, celui de la ſeconde cheville *R S* de deſſous la partie 3, 4, du ſautoir : ce ſecond échappement laiſſe le ſautoir abandonné à lui-même; le poids de ſa partie 4 5 6 7 8 9, fait agir l'extrémité 1 du cliquet contre la cheville de la roue 8, 7, ſur laquelle elle vient de s'appuyer par le premier échappement; fait tourner la roue 8, 9, dans le ſens 8, 8, 9, 9, & par conſéquent auſſi dans le même ſens la roue 10, 11, 11, & la roue 12, 13, en ſens contraire, ou dans la direction 13, 13, 12; & dans le même ſens que la roue 12, 13, le barillet 14, 15. Mais telle eſt encore la conſtruction de la machine que, quand par le ſecond échappement, celui de la cheville *R S* de deſſous la partie 3, 4, du ſautoir, ce ſautoir ſe trouve abandonné à lui-même, il ne peut deſcendre & entraîner la roue 8, 9, que d'une certaine quantité déterminée. Quand il eſt deſcendu de cette quantité, la partie *T*, *fig. 2.* de la couliſſe rencontre l'étochio *r* qui l'arrête.

Maintenant ſi l'on ſuppoſe 1.° que la roue *VIII*, *IX*, a douze chevilles, la roue *X*, *XI* autant, & la roue *XII*, *XIII* autant encore : 2.° que la roue 8, 9 a vingt chevilles, la roue 10, 11 vingt, & la roue 12, 13, autant : 3.° que l'extrémité *T* du ſautoir, *figure 3*, rencontre l'étochio *r* préciſément quand la roue 8, 9, *fig. 4*, a tourné d'une vingtième partie, il s'enſuivra évidemment que le barillet *XIV*, *XV*, fera un tour ſur lui-même, tandis que le barillet 14, 15 ne tournera ſur lui-même que de ſa vingtième partie.

Si l'on ſuppoſe 2.° que la roue *VIII*, *IX* a vingt chevilles, la roue *X*, *XI* autant, & la roue *XII*, *XIII* autant : 2.° que la roue 8, 9, ait dix chevilles, la roue 10, 11 autant, & la roue 12, 13 autant : 3.° que l'extrémité *T* du ſautoir ſoit arrêtée, *figure 3*, par l'éthochio *r*, que quand la roue 8, 9, *figure 4*, a tourné d'une dixième partie, il s'enſuivra évidemment que le barillet *XIV*, *XV* fera un tour entier ſur lui-même, tandis que le barillet 14, 15 ne tournera ſur lui-même que de ſa dixième partie.

Si l'on ſuppoſe, 3.° que la roue *VIII*, *IX* ait dix chevilles, la roue *X*, *XI* autant, & la roue *XII*, *XIII* autant : 2.° que la roue 8, 9 ait pareillement dix chevilles, la roue 10, 11 autant, & la roue 12, 13 autant auſſi : 3.° que l'extrémité *T* du ſautoir *fig. 3*, ne ſoit arrêtée par l'éthochio *r*, que quand la roue 8, 9, *fig. 4.* aura tourné d'un dixième, il s'enſuivra évidemment que le barillet *XIV*, *XV* fera un tour entier ſur lui-même, tandis que le barillet 14, 15 ne tournera ſur lui-même que d'un dixième.

On peut donc, en général, établir tel rapport qu'on voudra entre un tour entier du barillet *XIV*, *XV*, & la partie dont le barillet 14, 15 tournera dans le même tems.

Donc, ſi l'on écrit ſur le barillet *XIV*, *XV* les deux rangées de nombre ſuivantes, l'une au-deſſus de l'autre, comme on le voit,

0, 11, 10, 9, 8, 7, 6, 5, 4, 3, 2, 1.
11, 0, 1, 2, 3, 4, 5, 6, 7, 8, 9, 10.

& ſur le barillet 14, 15, les deux rangées ſuivantes, comme on le voit,

0, 19, 18, 17, 16, 15, 14, 13, 12, 11, 10,
19, 0, 1, 2, 3, 4, 5, 6, 7, 8, 9,
9, 8, 7, 6, 5, 4, 3, 2, 1.
10, 11, 12, 13, 14, 15, 16, 17, 18.

& que les zeros des deux rangées inférieures des barillets correſpondent exactement aux intervalles *A*, *B*, il eſt clair qu'au bout d'une révolution du barillet *XIV*, *XV*, le zero correſpondra encore à l'intervalle *B* : mais que ce ſera le chiffre *I* du barillet 14, 15, qui correſpondra dans le même tems à l'intervalle *A*.

Donc, ſi l'on écrit ſur le barillet *XIV*, *XV* les deux rangées ſuivantes, comme on les voit,

0, 19, 18, 17, 16, 15, 14, 13, 12, 11, 10,
19, 0, 1, 2, 3, 4, 5, 6, 7, 8, 9,
9, 8, 7, 6, 5, 4, 3, 2, 1.
10, 11, 12, 13, 14, 15, 16, 17, 18.

& ſur le barillet 14, 15, les deux rangées ſuivantes, comme on les voit,

0, 9, 8, 7, 6, 5, 4, 3, 2, 1.
9, 0, 1, 2, 3, 4, 5, 6, 7, 8.

& que les zeros des deux rangées inférieures des barillets correſpondent en même tems aux intervalles *A*, *B*, il eſt clair que dans ce cas, de même que dans le premier, lorſque le zero du barillet *XIV*, *XV* correſpondra, après avoir fait un tour, à l'intervalle *B*, le barillet 14, 15 préſentera à l'ouverture ou eſpace *A*, le chiffre 1.

Il en ſera toujours ainſi, quelles que ſoient les rangées de chiffres que l'on trace ſur le barillet *XIV*, *XV*, & ſur le barillet 14, 15 : dans le premier cas, le barillet *XIV*, *XV* tournera ſur lui-même, & préſentera les douze caractères à l'intervalle *B*, quand le barillet 14, 15, n'ayant tourné que d'un vingtième, préſentera à l'intervalle *A*, le chiffre 1. Dans le ſecond cas, le barillet *XIV*, *XV* tournera ſur lui-même, & préſentera ſes vingt caractères à l'ouverture ou intervalle *B*, pendant que le barillet 14, 15, n'ayant tourné que d'un dixième, préſentera à l'ouverture ou intervalle *A*, le chiffre 1. Dans le troiſième cas, le barillet *XIV*, *XV* tournera ſur lui-même, & aura préſenté ſes dix caractères à l'ouverture *B*, quand le barillet 14, 15, n'ayant tourné que d'un dixième, préſentera à l'ouverture ou intervalle *A*, le chiffre 1.

Mais au lieu de faire toutes ces ſuppoſitions ſur deux barillets, je peux les faire ſur un grand nombre de barillets, tous aſſemblés les uns avec les autres, comme on voit ceux de la *fig. 4.* Rien n'empêche de ſuppoſer à côté du barillet 14, 15 un autre barillet placé par rapport à lui, comme il eſt placé par rapport au barillet *XIV*, *XV*, avec les mêmes roues, un ſautoir & tout le reſte de l'aſſemblage. Rien n'empêche que je ne puiſſe ſuppoſer douze chevilles à la roue *VIII*, *IX* & les deux rangées 0, 11, 10, 9, *&c.* tracées
11, 0, 1, 2, *&c.*
ſur le barillet *XIV*, *XV*, vingt chevilles à la roue 8, 9, & les deux rangées 0, 19, 18, 17, 16, 15, *&c.*
19, 0, 1, 2, 3, 4, *&c.*
tracées ſur le barillet 14, 15; dix chevilles à la première, pareille à la roue 8, 9, & les deux rangées 0, 9, 8, 7, 6, *&c.* ſur le troiſième ba-
9, 0, 1, 2, 3, *&c.*
rillet; dix chevilles à la ſeconde pareille de 8, 9, & les deux rangées 0, 9, 8, 7, 6, *&c.* ſur le
9, 0, 1, 2, 3, *&c.*
quatrième barillet; dix chevilles à la troiſième pareille de 8, 9, & les deux rangées 0, 9, 8, 7, 6, *&c.*
9, 0, 1, 2, 3, *&c.*
ſur le cinquième barillet, & ainſi de ſuite.

Rien n'empêche non plus de ſuppoſer que tandis que le premier barillet préſentera ſes douze chiffres à ſon ouverture; le ſecond ne préſentera plus que le chiffre 1 à la ſienne; que tandis que le ſecond barillet préſentera ſes vingt chiffres à ſon ouverture, ou intervalle, le troiſième ne préſentera que le chiffre 1; que tandis que le troiſième barillet préſentera ſes dix caractères à ſon ouverture, le quatrième n'y préſentera que le chiffre 1; que tandis que le quatrième barillet préſentera ſes dix caractères à ſon ouverture, le cinquième barillet ne préſentera à la ſienne que le chiffre 1, & ainſi de ſuite.

D'où il s'enſuivra, 1.° qu'il n'y aura aucun nombre qu'on ne puiſſe écrire avec ces barillets; car après les deux échappements, chaque équipage de barillet demeure iſolé, eſt indépendant de celui qui le précède du côté de la droite, peut tourner ſur lui-même tant qu'on voudra dans la direction *VIII*, *VIII*, *IX*, *IX*, & par conſéquent offrir à ſon ouverture celui des chiffres de ſa rangée inférieure qu'on jugera à propos : mais les intervalles *A*, *B*, ſont aux cylindres nuds *XIV*, *XV*, 14, 15, ce que leur ſont les ouvertures de la ligne *Y*, *X*, *fig. 2*, quand ils ſont couverts de la plaque *NORP*.

2.° Que le premier barillet marquera des deniers, le ſecond des ſous, le troiſième des unités de livres, le quatrième des dixaines, le cinquième des centaines, *&c.*

3.° Qu'il faut un tour du premier barillet, pour un vingtième du ſecond; un tour du ſecond, pour un dixième du troiſième; un tour du troiſième, pour un dixième du quatrième; & que par conſéquent les barillets ſuivent entre leurs mouvemens la proportion qui règne entre les chiffres de l'Arithmétique, quand ils expriment des nombres; que la proportion des chiffres eſt toujours gardée dans les mouvemens des barillets, quelle que ſoit la quantités des tours qu'on faſſe faire au premier, ou au ſecond ou au troiſième, & que par conſéquent de même qu'on fait les opérations de l'*Arithmétique* avec des chiffres, on peut les faire avec les barillets & les rangées de chiffres qu'ils ont.

4.° Que, pour cet effet, il faut commencer par mettre tous les barillets de manière que les zéros de leur rangée inférieure correſpondent en même tems aux ouvertures de la bande *YZ*, & de la plaque *NORP*; car ſi tandis que le premier barillet, par exemple, préſente 0 à ſon ouverture, le ſecond préſente 4 à la ſienne, il eſt à préſumer que le premier barillet a déjà fait quatre tours; ce qui n'eſt pas vrai.

5.° Qu'il eſt aſſez indifférent de faire tourner les barillets dans la direction *VIII*, *VIII*, *IX*; que ce mouvement ne dérange rien à l'effet de la machine; mais qu'il ne faut pas qu'ils aient la liberté de rétrograder; & c'eſt auſſi la fonction du cliquet ſupérieur *C* de la leur ôter.

Il permet, comme on voit, aux roues de tourner dans le ſens *VIII*, *VIII*, *IX* : mais il les empêche de tourner dans le ſens contraire.

6.° Que les roues ne pouvant tourner que dans la direction *VIII*, *VIII*, *IX*, c'est de la ligne ou rangée de chiffres inférieure des barillets qu'il faut se servir pour écrire un nombre; par conséquent pour faire l'addition; par conséquent encore pour faire la multiplication; & que comme les chiffres des rangées sont dans un ordre renversé, la soustraction se doit faire sur la rangée supérieure, & par conséquent aussi la division.

Mais tous ces corollaires s'éclairciront davantage par l'usage de la machine, & la manière de faire les opérations.

Mais, avant que de passer aux opérations, nous ferons observer encore une fois que chaque roue 6, 7, *fig.* 4, a sa correspondance 4, 5, *fig.* 2; & chaque roue, 4, 5, son cercle mobile *Q*; que chaque roue 8, 9, a son cliquet supérieur & son cliquet inférieur; que ces deux cliquets ont une de leurs fonctions communes: c'est d'empêcher les roues *VIII*, *IX*, 8, 9, *&c.* de rétrograder; enfin que le talon 1, pratiqué au cliquet inférieur, lui est essentiel.

Usage de la machine arithmétique pour l'addition. Commencez par couvrir de la bande *P R*, la rangée supérieure d'ouvertures, en sorte que cette bande soit dans l'état où vous la voyez *fig.* 1; mettez ensuite toutes les roues de la bande inférieure ou rangée à zero; & soient les sommes à ajouter:

69	7	8
584	15	6
342	12	9

Prenez le conducteur; portez sa pointe dans la huitième denture du cercle *Q*, le plus à la droite; faites tourner ce cercle jusqu'à ce que l'arrêt ou la potence *S* vous empêche d'avancer.

Passez à la roue des sous, ou au cercle *Q* qui suit immédiatement celui sur lequel vous avez opéré en allant de la droite à la gauche; portez la pointe du conducteur dans la septième denture, à compter depuis la potence; faites tourner ce cercle jusqu'à ce que la potence *S* vous arrête; passez aux livres, aux dixaines, & faites la même opération sur leur cercle *Q*.

En vous y prenant ainsi, votre première somme sera évidemment écrite: opérez sur la seconde précisément comme vous avez fait sur la première, sans vous embarrasser des chiffres qui se présentent aux ouvertures, puis sur la troisième. Après votre troisième opération, remarquez les chiffres qui paroîtront aux ouvetures de la ligne *YZ*, ils marqueront la somme totale de vos trois sommes partielles.

Démonstration. Il est évident que si vous faites tourner le cercle *Q* des deniers de huit parties, vous aurez 8 à l'ouverture correspondante à ce cercle: Il est encore évident que si vous faites tourner le même cercle de six autres parties, comme il est divisé en douze, c'est la même chose que si vous l'aviez fait tourner de douze parties, plus 2, mais en le faisant tourner de douze, vous auriez remis à zero le barillet des deniers correspondant à ce cercle des deniers, puisqu'il eût fait un tour exact sur lui-même: mais il n'a pu faire un tour sur lui-même, que le second barillet, ou celui des sous n'ait tourné d'un vingtième, & par conséquent mis le chiffre 1 à l'ouverture des sous. Mais le chiffre des deniers n'a pu rester à zero; car ce n'est pas seulement de douze parties que vous l'avez fait tourner, mais de douze parties plus deux. Vous avez donc fait en sus comme si le barillet des deniers étant à zero, celui des sous à 1, vous eussiez fait tourner le cercle *Q* des deniers de deux dentures: mais en faisant tourner le cercle *Q* des deniers de deux dentures, on met le barillet des deniers à 2, ou ce barillet présente 2 à son ouverture. Donc le barillet des deniers offrira 2 à son ouverture, & celui des sous 1, mais 8 deniers & 6 deniers font 14 deniers, ou un sou, plus 2 deniers; ce qu'il falloit en effet ajouter; & ce que la machine a donné. La démonstration sera la même pour tout le reste de l'opération.

Exemple de la soustraction. Commencez par baisser la bande *P R* sur la ligne *X Y* d'ouvertures inférieures; écrivez la plus grande somme sur les ouvertures de la ligne supérieure, comme nous l'avons prescrit pour l'addition par le moyen du conducteur; faites l'addition de la somme à soustraire, ou de la plus petite avec la plus grande, comme nous l'avons prescrit à l'exemple de l'addition: cette addition faite, la soustraction le sera aussi. Les chiffres qui paroîtront aux ouvertures marqueront la différence des deux sommes, ou l'excès de la grande sur la petite, ce que l'on cherchoit.

Soit	9121	9	2
dont il faut soustraire	8989	16	11

Si vous exécutez ce que nous vous avons prescrit, vous trouverez aux ouvertures 131 9 3.

Démonstration. Quand j'écris le nombre 9121 l. 9 s. 2 d. pour faire paroître 2 à l'ouverture des deniers, je suis obligé de faire passer avec le directeur, onze dentures du cercle *Q* des deniers; car il y a à la rangée supérieure du barillet des deniers onze termes depuis 0 jusqu'à 2: si à ce deux j'ajoute encore 11, je tomberai sur 3: car il faut encore que je fasse faire onze dentures aux cercles *Q*: or comptant 11, depuis 2, on tombe sur 3. La démonstration est la même pour le reste. Mais remarquez que le barillet des deniers n'a pu tourner de 22, sans que le barillet des sous n'ait tourné d'un vingtième ou de douze deniers. Mais comme à la rangée d'en haut, les chiffres vont en rétrogradant dans le sens que les barillets tournent; à chaque tour du barillet des deniers, les chiffres du barillet des sous diminuent d'une unité; c'est-à-dire que l'emprunt que l'on fait pour un barillet est acquitté sur l'autre, ou que la soustraction s'exécute comme à l'ordinaire.

Exemple de multiplication. Revenez aux ouvertures inférieures ; faites remonter la bande *PR* sur les ouvertures supérieures ; mettez toutes les roues à zero ; par le moyen du conducteur, comme nous l'avons dit plus haut. Ou le multiplicateur n'a qu'un caractère, ou il en a plusieurs ; s'il n'a qu'un caractère, on écrit, comme pour l'addition, autant de fois le multiplcande qu'il y a d'unité dans ce chiffre du multiplicateur : ainsi, la somme 1245 étant à multiplier par 3, j'écris ou pose trois fois cette somme à l'aide de mes roues & des cercles *Q* ; après la dernière fois, il paroît aux ouvertures 3735, qui est en effet le produit de 1245 par 3.

Si le multiplicateur a plusieurs caractères, il faut multiplier tous les chiffres du multiplicande par chacun de ceux du multiplicateur, les écrire de la même maniere que pour l'addition : mais il faut observer au second multiplicateur de prendre pour première roue celle des dixaines.

La multiplication n'étant qu'une espèce d'addition, & cette règle se faisant évidemment ici par voie d'addition, l'opération n'a pas besoin de démonstration.

Exemple de division. Pour faire la division, il faut se servir des ouvertures supérieures ; faites donc descendre la bande *P R* sur les inférieures ; mettez à zero toutes les roues fixées sur cette bande, & qu'on appelle *roues de quotient ;* faites paroître aux ouvertures votre nombre à diviser, & opérez comme nous allons dire.

Soit la somme 65 à diviser par cinq ; vous dites, en six, cinq y est ; & vous ferez tourner votre roue comme si vous vouliez additionner 5 & 6 ; cela fait, les chiffres des roues supérieures allant toujours en rétrogradant, il est évident qu'il ne paroîtra plus que 1 à l'ouverture où il paroissoit 6 ; car dans 0, 9, 8, 7, 6, 5 ; 4, 3, 2, 1 ; 1 est le cinquième terme après 6.

Mais le diviseur 5 n'est plus dans 1, marquez donc 1 sur la roue des quotiens, qui répond à l'ouverture des dixaines ; passez ensuite à l'ouverture des unités, ôtez-en 5 autant de fois qu'il sera possible, en ajoutant 5 au caractère qui paroît à travers cette ouverture, jusqu'à ce qu'il vienne à cette ouverture ou zero, ou un nombre plus petit que cinq, & qu'il n'y ait que des zeros aux ouvertures qui précèdent : à chaque addition faites passer l'aiguille de la roue des quotiens qui est au dessous de l'ouverture des unités, du chiffre 1 sur le chiffre 2, sur le chiffre 3 ; en un mot, sur un chiffre qui ait autant d'unités que vous ferez de soustractions : ici, après avoir ôté trois fois 5 du chiffre qui paroissoit à l'ouverture des unités, il est venu zero ; donc 5 est 13 fois en 65.

Il faut observer ici qu'en ôtant une fois 5 du chiffre qui paroît aux unités, il vient tout de suite zero à cette ouverture ; mais que pour cela l'opération n'est pas achevée, parce qu'il reste une unité à l'ouverture des dixaines, qui fait, avec le zero qui suit, 10, qu'il faut épuiser ; or il est évident que 5 ôté deux fois de 10, il ne restera plus rien ; c'est-à-dire que pour exhaustion totale, ou que pour avoir zero à toutes les ouvertures, il faut encore soustraire 5 deux fois.

Il ne faut pas oublier que la soustraction se fait exactement comme l'addition, & que la seule différence qu'il y ait, c'est que l'une se fait sur les nombres d'en bas, & l'autre sur les nombres d'en haut.

Mais si le diviseur a plusieurs caractères, voici comment on opérera : soit 9989 à diviser par 124, on ôtera 1 de 9, chiffre qui paroît à l'ouverture des mille ; 2 du chiffre qui paroît à l'ouverture des centaines ; 5 du chiffre qui paroît à l'ouverture des dixaines, & l'on mettra l'aiguille des cercles du quotient, qui répond à l'ouverture des dixaines, sur le chiffre 1. Si le diviseur 124 peut s'ôter encore une fois de ce qui paroîtra, après la première soustraction, aux ouvertures des mille, des centaines & des dixaines, on l'ôtera & on tournera l'aiguille du même cercle du quotient sur 2, & on continuera jusqu'à l'hexhaustion la plus complette qu'il sera possible ; pour cet effet, il faudra réitérer ici la soustraction huit fois sur les trois mêmes ouvertures ; l'aiguille du cercle du quotient qui répond aux dixaines, sera donc sur 8, & il ne se trouvera plus aux ouvertures que 69, qui ne peut plus se diviser par 124 ; on mettra donc l'aiguille du cercle du quotient, qui répond à l'ouverture des unités, sur 9, ce qui marquera que 124 ôté 80 fois de 9989, il reste ensuite 69.

Manière de réduire les livres en sous & les sous en deniers. Réduire les livres en sous, c'est multiplier par 20 les livres données ; & réduire les sous en deniers, c'est multiplier par douze. *Voyez* MULTIPLICATION.

Convertir les sous en livres & les deniers en sous, c'est diviser dans le premier cas par 20, & dans le second par douze. *Voyez* DIVISION.

Convertir les deniers en livres, c'est diviser par 240. *Voyez* DIVISION.

Il parut en 1725 une autre machine *arithmétique*, d'une composition plus simple que celle de M. Pascal, & que celle qu'on avoit déjà faites à l'imitation ; elle est de M. de l'Epine ; & l'Académie a jugé qu'elle contenoit plusieurs choses nouvelles & ingénieusement pensées. On la trouvera dans le recueil des machines : on y en verra encore une autre de M. Boitissendeau, dont l'Académie fait aussi l'éloge. Le principe de ces machines une fois connu, il y a peu de mérite à les varier : mais il falloit trouver ce principe ; il falloit appercevoir que si l'on fait tourner verticalement de droite à gauche un barillet chargé de deux suites de nombres placées l'une au dessus de l'autre, en cette sorte, 0, 9, 8, 7, 6 *&c.*

9, 0, 1, 2, 3 *&c.*

l'addition se faisoit sur la rangée supérieure, & la

construction sur l'inférieure, précisément de la même manière. (*M. Diderot*).

A R M

ARMILLAIRE, adj. *en Astronomie*; c'est ainsi que l'on appelle une *sphère artificielle*, composée de plusieurs cercles de métal ou de bois, qui représentent différens cercles de la sphère du monde, mis ensemble dans leur ordre naturel. Ce mot *armillaire* est formé d'*armilla*, qui veut dire un bracelet. La sphère *armillaire* sert à aider l'imagination pour concevoir l'arrangement des cieux & le mouvement des corps célestes.

On en voit la représentation dans la première *planche d'Astronomie*; elle sera expliquée au mot *sphère*. Il y a cette différence entre le globe & la sphère *armillaire*, que la sphère est à jour, & ne contient précisément que les principaux cercles; au lieu que le globe est entièrement solide, & que les cercles y sont simplement tracés. Outre la sphère *armillaire*, qui représente les différens cercles qu'on imagine sur le globe terrestre ou céleste, il y a d'autres sphères *armillaires*, qui représentent les orbites ou les cercles que décrivent les planètes dans les différens systêmes. Ainsi, il y a la sphère *armillaire* de Ptolemée, celle de Copernic, celle de Tycho : ces différentes sphères représentent les différens arrangemens des planètes, suivant ces astronomes. Mais quoique le systême de Copernic soit le véritable, la sphère de Ptolemée est la plus usitée, & suffit pour les notions élémentaires, comme étant la plus simple.

ARMILLES, s. m. pl. (*Astronomie. Instrum.*) Les *armilles* d'Alexandrie sont célèbres dans l'Astronomie, par les observations de Tymocharès & d'Eratosthene. La plus ancienne observation faite à Alexandrie sous le règne des Ptolemées, environ 294 ans avant J. C., sur la déclinaison de l'épi de la Vierge, fut faite avec ces *armilles*; & ces observations servirent à Hipparque pour découvrir le changement de situation des étoiles fixes ou la précession des équinoxes. Ces *armilles* consistoient probablement en deux cercles de cuivre, fixés dans le plan de l'équateur & du méridien, & peut-être un troisième cercle mobile, à-peu-près comme l'astrolabe que Ptolemée décrit dans l'Almageste. Ces *armilles* avoient une demi-aune de diamètre, suivant Proclus; & comme l'aune des anciens étoit, suivant quelques auteurs, la longueur des bras étendus, Flamsteed pense que ces *armilles* pouvoient avoir trois pieds de diamètre. *Historia cœlestis; prolegomena, p. 19, 21, 30*; & il croit qu'on pouvoit observer à cinq minutes près avec ces *armilles*. Ptolemée s'en servit aussi pour observer les équinoxes, depuis l'an 132 de J. C. jusqu'à l'an 147, à l'exemple d'Hipparque, dont Ptolemée rapporte de semblables observations; mais celles de Ptolemée sont tout-à-fait défectueuses.

Tycho-Brahé avoit aussi des *armilles* ou des cercles mobiles les uns dans les autres, pour observer les positions des astres. *Voyez* Planches d'Astronomie, *fig. 229*, où ces *armilles* équatoriennes sont représentées. Le cercle extérieur *NZH* représente le méridien, & il est supposé en effet placé dans le plan du méridien; en sorte que le point *N* regarde directement le midi, & que le point *H* soit au nord : ce cercle étoit de cuivre poli, & divisé de minute en minute. Les autres cercles étoient seulement couverts de lames de cuivre. Autour de l'axe *PA*, tournent les deux cercles *FI* & *QN*; le cercle *FI* n'est point divisé, parce qu'il ne sert qu'à soutenir & porter l'équateur *NMR* qui est mobile. L'axe *PA* est de cuivre, & porte un cylindre *D* au centre de cette sphère. Les pinnules *R* & *N* qui sont sur l'équateur, sont de cuivre; elles servent à mesurer les distances des astres au méridien ou les angles horaires, & les différences d'ascension droite. On a même cet avantage avec un équateur mobile, c'est que lorsqu'on met un astre sur le degré d'ascension droite qui lui convient, on voit dans le méridien même l'ascension droite du milieu du ciel, dont les astronomes ont souvent besoin; d'où l'on conclut l'heure qu'il est quand on sait l'ascension droite du soleil.

Le cercle intérieur *VQC* est un cercle horaire, un cercle de déclinaison, ou un méridien qui tourne autour de l'axe *PA*, & dont le plan est toujours perpendiculaire à celui de l'équateur *RMN*. On dirige ce méridien mobile vers l'astre dont on veut mesurer la déclinaison; & au moyen des pinnules mobiles *Q* ou *C*, & du cylindre *D* qui est au centre de l'instrument porté sur l'axe même, on s'aligne vers l'étoile dont la déclinaison se trouve marquée par la pinnule.

Toute cette machine étoit placée sur un pied de cuivre très-solide, qu'il faut concevoir au-dessous de *T*. (*D. L.*)

A R P

ARPENTAGE, s. m. (*Géometrie.*) C'est proprement l'art ou l'action de mesurer les terreins, c'est-à-dire, de prendre les dimensions de quelques portions de terre, de les décrire ou de les tracer sur une carte, & d'en trouver l'aire. *Voy.* Mesure & Carte, *&c.*

L'*arpentage* est un art très-ancien : on croit même que c'est lui qui a donné naissance à la Géometrie. *Voyez* Géométrie.

L'*arpentage* a trois parties; la première consiste à prendre les mesures & à faire les observations nécessaires sur le terrein même; la seconde, à mettre sur le papier ces mesures & ces observations; la troisième, à trouver l'aire du terrein.

La première partie est proprement ce qu'on appelle l'*arpentage*; la seconde est l'art de lever ou de faire un plan; la troisième est le calcul du toisé.

De plus, la première se divise en deux parties, qui consistent à faire les observations des angles & à prendre les mesures des distances. On fait les observations des angles avec quelqu'un des instrumens suivans: le graphomètre, le demi-cercle, la planchette, la boussole, &c. On peut voir la description & la manière de faire usage de ces instrumens, aux *articles* GRAPHOMETRE, PLANCHETTE, BOUSSOLE, CERCLE *d'Arpenteur*, &c.

On mesure les distances avec la chaîne ou l'odomètre. *Voyez* la description & la manière d'appliquer ces instrumens, aux *articles* CHAÎNE & ODOMETRE *ou* COMPTE-PAS.

La seconde partie de l'*arpentage* s'exécute par le moyen du rapporteur & de l'échelle d'arpenteur. *Voyez*-en les usages aux *articles* RAPPORTEUR, ECHELLE, &c. Voy. *aussi* CARTE.

La troisième partie de l'*arpentage* se fait en réduisant les différentes divisions, les différens enclos, &c. en triangles, en quarrés, en parallélogrammes, en trapèses, &c. mais principalement en triangles; après quoi l'on détermine l'aire ou la surface de ces différentes figures, suivant les règles exposées aux *articles* AIRE, TRIANGLE, QUARRÉ, &c.

La croix d'*arpentage* ou le bâton d'arpenteur est un instrument peu connu & encore moins usité en Angleterre, quoiqu'en France, &c. l'on s'en serve au lieu de graphomètre ou de quelqu'autre instrument semblable. Il est composé d'un cercle de cuivre, ou plutôt d'un limbe circulaire gradué, & de plus divisé en quatre parties égales par deux lignes droites qui se coupent au centre à angles droits; à chacune des quatre extrémités de ces lignes & au centre sont attachées deux pinules ou des visières, & le tout est monté sur un bâton. *Voyez* BATON. (*E*)

* Il s'est élevé depuis quelque temps une question relative à la pratique de l'*arpentage*. Il s'agit de savoir si, dans la mesure d'un terrein incliné, on doit prendre ou sa superficie réelle ou celle de sa base horizontale.

Nous remarquerons d'abord que cette question n'est pas directement du ressort de la Géométrie. En effet, quelque manière qu'on prenne, il faudra nécessairement déterminer les limites du terrein qu'on mesure & son inclinaison sur l'horizon, & après cela, soit qu'on mesure sa base horizontale, soit qu'on mesure sa superficie, on voit que le résultat final détermine également le même terrein.

Mais l'*arpentage* est encore plus l'art de reconnoître, de partager & d'évaluer un champ, que celui d'en marquer la position, de le mesurer & de le diviser; & c'est dans cette partie civile & économique de l'art, qu'il peut seulement y avoir quelques difficultés qu'on résoudra facilement dans tous les cas, à l'aide des principes suivans.

1.° On peut proposer de mesurer un tel nombre d'arpens de terre, pris dans un champ dont la position est donnée. Dans ce cas, il faut examiner d'abord si cette quantité à prendre n'a pas été déterminée par un *arpentage* antérieur; & si cela est, & qu'on connoisse la méthode qu'on a suivie, il faut encore la suivre. Si c'est le premier *arpentage*, nous remarquerons que le seul but qu'on puisse avoir, est de prendre la méthode qui donne en général un produit de culture proportionnel à la mesure; ainsi, si le produit d'un plan incliné étoit à celui de sa base horizontale comme la superficie de ces deux plans, ce seroit la superficie du terrein incliné qu'il faudroit mesurer : mais c'est ce qu'on ne peut assurer. Car si la difficulté de la culture, les ravines, la dégradation des terreins est plus que compensée par la facilité de placer les plantes à des distances horizontales moins grandes, il est aisé de voir que cet avantage n'est pas, à beaucoup près, dans la proportion dont je viens de parler : en effet, il faudroit pour cela qu'une supercifie inclinée à 60 degrés, par exemple, produisît autant que la même superficie horizontale; ce que personne ne s'avisera de soutenir. Ainsi, il sera en général plus commode de mesurer seulement la base horizontale, & de se conduire, par rapport à l'avantage des terreins inclinés, comme si dans le même champ on avoit des terreins de différentes valeurs.

2.° Si on a un champ à diviser en raison donnée, il faut encore préférer la méthode de mesurer la base horizontale, & on auroit alors à partager un champ horizontal, mais dont les différentes parties sont inégales quant au produit. Ainsi, pour que le partage soit égal, il faut, au lieu de le diviser en parties égales, le diviser en parties qui soient entr'elles en raison inverse de leur produit.

3.° S'il est question d'évaluer un champ par la quantité de sa superficie, on voit que pour une évaluation exacte, il faut ou mesurer sa base horizontale, & avoir égard aux avantages de l'inclinaison, ou mesurer la superficie inclinée, & avoir égard à son désavantage sur une superficie égale & horizontale. Or, puisque dans aucun des deux cas une simple mesure ne suffit, c'est la méthode de mesurer la base horizontale qu'il faut préférer.

Elle est, dans tous les cas, aussi exacte pour le but civil, qui est le rapport des produits plutôt que celui des surfaces, & l'autre ne peut être pratiquée avec exactitude sur des terreins de courbures souvent irrégulières, sans des attentions & des précautions qu'on ne doit pas attendre des arpenteurs.

Lorsqu'il est question de lever des plans & de désigner les terreins mesurés par leurs limites, la manière de prendre, pour leur superficie, celle du plan incliné, rend la construction & l'usage de ces plans presqu'impratiquable, & c'est une raison pour faire préférer l'autre méthode toutes les fois qu'un *arpentage* fait antérieurement, & qui doit servir de règle, n'oblige pas à prendre la première : je crois même qu'il seroit utile de faire une règle générale qui astreignît à suivre la méthode qu'on vient de voir être la meilleure ; & dans les cas où l'autre auroit été employée d'avance, on détermineroit aisément qu'elle seroit, dans la méthode de mesurer la base horizontale, la mesure des terreins auxquels on auroit assigné une mesure par l'autre méthode.

La méthode qui ne mesure que les bases s'appelle, par les gens de l'art, *méthode de cultellation*, & celle qui mesure le plan incliné, *méthode de développement* ; les arpenteurs préféreront longtemps cette dernière, quoique très-fautive entre leurs mains, parce que, de la manière dont ils l'emploient, elle est beaucoup plus aisée dans la pratique, & que sur des terreins peu inclinés & peu étendus, ses inconvéniens sont assez bornés. (*M. D. C.*)

ARPENTER, v. act. & neut. (*Géom.*) c'est l'action de mesurer un terrein, c'est-à-dire, de l'évaluer en arpens. *Voyez* ARPENT & ARPENTAGE.

ARPENTEUR, s. m. (*Géom.*) On appelle ainsi celui qui mesure, ou dont l'office est de mesurer les terreins, c'est-à-dire, de les évaluer en arpens ou en toute autre mesure convenue dans le pays où se fait l'arpentage. *Voyez* ARPENTAGE. Il faut qu'un *arpenteur* sache bien l'Arithmétique & la Géométrie pratiques ; on ne devroit même jamais en recevoir à moins qu'ils ne fussent instruits de la théorie de leur art. Celui qui ne sait que la pratique est l'esclave de ses règles ; si la mémoire lui manque, ou s'il se présente quelque circonstance imprévue, son art l'abandonne, ou il s'expose à commettre de très-grandes erreurs : mais quand on est muni d'une bonne théorie, c'est-à-dire, quand on est bien rempli des raisons & des principes de son art, on trouve alors des ressources ; on voit toujours clairement si la nouvelle route que l'on va suivre conduit droit au but, ou jusqu'à quel point elle peut en écarter. (*E*)

ARR

ARRÉRAGES s. m. (*calcul des probabilités*) se dit des paiemens d'une rente ou redevance annuelle, pour raison desquels le débiteur est en retard. On ne peut pas demander au-delà de 29 années d'*arrérages* d'une rente foncière, ni plus de cinq d'une rente constituée. Tous les *arrérages* échus antérieurement aux 29 années ou aux cinq, sont prescrits par le laps de tems, à moins que la prescription n'en ait été interrompue par des commandemens ou demandes judiciaires. *Voyez* RENTE, INTÉRÊT, &c. (*H*)

Toute rente peut être regardée comme le denier d'une certaine somme prêtée ; soit donc a la somme prêtée, & m le denier, c'est-à-dire, la fraction qui désigne la partie de la somme qu'on doit payer pour la rente : si l'intérêt est simple, la somme dûe au bout d'un nombre d'années q pour les *arrérages* sera $a\,m\,q$; c'est-à-dire, l'intérêt dû à la fin de chaque année, multiplié par le nombre des années : & si l'intérêt est composé, la somme dûe au bout de ce tems sera $a\,(1+m)^q - a$, c'est-à-dire, la somme totale dûe à la fin du nombre d'années exprimé par q ; de laquelle somme il faut retrancher le principal.

Pour avoir l'expression arithmétique de $a\,(1+m)^q - a$, supposons que la somme prêtée ou le principal soit 1,000,000 liv. que le nombre des années soit 10, & que le denier soit 20, il faudra chercher une fraction qui soit égale à $\frac{21}{20}$ multiplié par lui-même 10 fois moins une, c'est-à-dire, 9 fois ; ce qu'on peut trouver aisément par le secours des logarithmes (*Voyez* LOGARITHME), & cette fraction étant diminuée de l'unité & multipliée par 1,000,000, donnera la somme cherchée.

Ceux de nos lecteurs qui sont un peu algébristes, verront aisément sur quoi ces deux formules sont fondées. Les autres en trouveront la raison à l'*article* INTÉRÊT, avec beaucoup d'autres remarques importantes sur cette matière.

On pourroit au reste se proposer ici une difficulté. Dans le cas où l'intérêt est simple, ce qui dépend de la convention entre le débiteur & le créancier, le débiteur ne doit en tout à la fin d'un nombre d'années q, que la somme totale $a + a\,m\,q$, composée du principal a, & du denier $a\,m$ répété autant de fois qu'il y a d'années : ainsi, retranchant de la somme totale qui est dûe le principal a, il ne reste que $a\,m\,q$ d'*arrérages* à payer en argent comptant. Mais dans le cas où l'intérêt est composé, l'intérêt joint au principal devient chaque année un nouveau principal : ainsi, à la fin de la $q-1^e$ année, ou ce qui revient au même, au commencement de la q^e année, le débiteur est dans le même cas que s'il recevoit du créancier la somme $a\,(1+m)^{q-1}$ de principal. Cette somme travaillant pendant l'année, le débiteur doit à la fin de cette année la somme totale $a\,(1+m)^q$, d'où retranchant le principal $a\,(1+m)^{q-1}$ qui est censé prêté à la fin de l'année précédente, il s'ensuit, ou il paroît s'ensuivre que le débiteur à la fin de la q^e année doit payer au créancier en argent comptant la somme $a\,(1+m)^q - a\,(1+m)^{q-1}$, & non pas $a\,(1+m)^q - a$. Pour rendre cette difficulté plus sensible, examinons en quoi consiste proprement le paiement d'une rente. Un particulier prête une somme à un autre ; au bout de l'année le débiteur doit la somme totale $a + a\,m$, tant pour le principal que pour l'intérêt ; de cette somme totale il ne paie que la partie $a\,m$; ainsi, il reste débiteur de la partie a comme au commencement de la première année : donc le débiteur qui paie exactement sa rente est dans le même cas que si chaque année il rendoit au créancier la somme $a + a\,m$, & qu'en même tems le créancier lui reprêtât la somme a : donc tout ce que le débiteur ne rend ne rend point au créancier est censé au commencement de chaque année former un nouveau principal dont il doit à la fin de l'année les intérêts en argent comptant. Ainsi, à la fin de la $q-1^e$ année le débiteur est censé recevoir $a(1+m)^{q-1}$ de principal; donc, à la fin de l'année suivante, il doit payer $a(1+m)^q - a(1+m)^{q-1}$ d'argent comptant, par la même raison que s'il recevoit b en argent comptant il devroit payer à la fin de l'année $b(1+m)-b$.

La réponse à cette difficulté, est que la quantité d'argent que le débiteur doit payer dépend absolument de la convention qu'il fera avec le créancier, & que d'une manière ou d'une autre le créancier n'est nullement lésé; car si le débiteur paie à la fin de la q^e année la somme $a(1+m)^q - a$, il ne devra donc plus au créancier au commencement de l'année suivante que la somme a; il se retrouvera dans le même cas où il étoit avant le tems où il a cessé de payer, & à la fin de l'année $q+1$, il ne devra au créancier que la somme $a\bar{m}$. Mais si le débiteur ne paie que la somme $a(1+m)^q - a(1+m)^{q-1}$, laquelle est moindre que $a(1+m)^q - a$; toutes les fois que q est plus grand que 1, comme on le suppose ici; alors le débiteur au commencement de la $q+1^e$ année se trouvera redevable d'une somme plus grande que a; & s'il veut en faire la rente annuelle, il devra payer $a(1+m)^q \times m$ d'intérêt chaque année en argent comptant. Ainsi, le créancier recevra une somme moindre ou plus grande dans les années qui suivront celle du paiement des *arrérages*, selon que le débiteur aura donné pour le paiement de ces *arrérages* une somme plus ou moins grande. Il n'est donc lésé ni dans l'un ni dans l'autre cas, & tout dépend de la convention qu'il voudra faire avec le débiteur.

Autre question qu'on peut faire sur les *arrérages* dans le cas d'intérêt composé. Nous avons vu que le débiteur au commencement de la q^e année doit la somme totale $a(1+m)^{q-1}$; supposons qu'il veuille s'acquitter au milieu de l'année suivante, & non pas à la fin, que doit-il payer pour les *arrérages?* Il est visible que pour résoudre cette question il faut d'abord savoir ce que le débiteur doit au milieu de la q^e année. En premier lieu, le principal ou somme totale $a(+m)^{q-1}$ étant multiplié par $1+m$, doit donner la somme qui sera dûe à la fin de la q^e année, savoir $a(1+m)^q$, ou, ce qui revient au même, le débiteur devra à la fin de cette année $a(1+m)^{q-1}$, plus l'intérêt de cette somme, c'est-à-dire, $a(1+m)^{q-1} \times m$. Dans le cours de l'année, il doit d'abord $a(1+m)^{q-1}$ qui est le principal; il doit de plus une portion de ce principal pour l'intérêt qui court depuis le commencement de l'année: cette portion doit certainement être moindre que $a(1+m)^{q-1} \times m$, qui est l'intérêt dû à la fin de l'année; mais quelle doit-elle être? Bien des gens s'imaginent que pour l'intérêt de la demi-année il faut prendre la moitié de l'intérêt de l'année, c'est-à-dire, $a(1+m)^{q-1} \times \frac{m}{2}$, le tiers de l'intérêt pour le tiers de l'année, & ainsi du reste: mais ils sont dans l'erreur. En effet, qu'arrive-t-il dans le cas de l'intérêt composé? c'est que les sommes dûes au bout de chaque année sont en progression géométrique, comme il est aisé de le voir. Or pourquoi cette loi n'auroit-elle pas lieu aussi pour les portions d'années, comme pour les années entières? J'avoue que je ne vois point quelle en pourroit être la raison. La somme dûe à la fin de la $q-1^e$ année est $a(1+m)^{q-1}$, celle qui est dûe à la fin de la q^e année est $a(+m)^q$, celle qui seroit dûe à la fin de la $q+1^e$ seroit $a(1+m)^{q+1}$; & ces trois sommes sont dans une proportion géométrique continue. Donc la somme dûe au milieu de la q^e année doit être moyenne proportionnelle géométrique entre les deux sommes dûes au commencement & à la fin de cette année; c'est-à-dire, entre $a(1+m)^{q-1}$ & $a(1+m)^q$; donc cette somme sera $a(1+m)^{q-\frac{1}{2}} = a(1+m)^{q-1} \times (1+m)^{\frac{1}{2}}$. Or cette somme est moindre que $a(1+m)^{q-1} + a(1+m)^{q-1} \times \frac{m}{2}$, qui seroit dûe suivant l'hypothèse que nous combattons.

De même, s'il est question de ce qui est dû au bout du tiers de la q^e année, on trouvera que la somme cherchée est la première de deux moyennes proportionnelles géométriques entre $a(1+m)^{q-1}$, & $a(1+m)^q$, c'est-à-dire, $a(1+m)^{q-1}$; & en général k étant un nombre quelconque d'années entier, rompu, ou en partie entier, & en partie fractionnaire, on aura $a(1+m)^k$ pour la somme dûe à la fin de ce nombre d'années.

Dans l'hypothèse que nous combattons, on suppose que l'intérêt est regardé comme composé d'une année à l'autre, mais que, dans le cours d'un seule & unique année, il est traité comme intérêt simple; supposition bizarre, qui ne peut être admise que dans le cas d'une convention formelle entre le créancier & le débiteur. En effet, dans cette supposition, le débiteur paieroit plus qu'il ne doit réellement payer, comme nous l'avons vu tout-à-l'heure. Nous traiterons cette matière plus à fond à l'*article* INTÉRÊT, & nous espérons la mettre dans tout son jour, & y joindre plusieurs autres remarques curieuses. Mais comme l'observation précédente peut être utile, & est assez peu connue, nous avons cru devoir la placer d'avance dans cet article.

Soit donc $\frac{1}{r}$ la portion d'année écoulée, il est visible, par ce que nous venons de dire, que le créancier doit, au bout de cette portion, la somme totale $a(1+m)^{q-1+\frac{1}{r}}$; &, pour avoir les *arrérages*, il faudra retrancher de cette somme ou le principal a, ou le principal $a(1+m)^{q-1}$; ce qui dépend, comme nous l'avons observé, de la convention mutuelle du débiteur & du créancier.

On peut proposer une autre question dans le cas de l'intérêt simple. Dans ce cas, il y a cette convention, du moins tacite, entre le créancier & le débiteur, que le principal seul, touché par le débiteur, & prêté par le créancier, produit chaque année am d'intérêt, & que l'intérêt (non payé chaque année) est un argent mort, ou un principal qui ne produit point d'intérêt; ainsi, dans le cas où cette convention tacite seroit sans restriction, la somme totale dûe à la fin de la q^e année seroit $a+amq$, & les *arrérages* seroient amq. Mais si la convention entre le débiteur & le créancier étoit, par exemple, que le débiteur payât tous les cinq ans l'intérêt simple $5am$, & que le débiteur fût quinze ans sans payer, alors la somme $a+5am$ dûe à la fin de la cinquième année, est regardée comme un nouveau principal sur le paiement & les intérêts duquel le créancier peut faire au débiteur telles conditions qu'il lui plaît. Supposons, par exemple que, par leur convention, il doive porter intérêt simple durant cinq ans : en ce cas, au bout des cinq années qui suivent les cinq premières, la somme totale dûe par le débiteur sera $a+5am+am+25amm$; & à la fin de cinq années suivantes, c'est-à-dire, au bout des quinze années révolues, la somme dûe sera $a+5am+5am+25amm+5am+25amm+25amm+125am^3=a+15am+75amm+125am^3$. *Voyez* INTÉRÊT, ANNUITÉ, RENTE, TONTINE, &c. (*O*)

ARRIÈRE-MAIN, *terme de Paumier*; prendre une balle d'*arrière-main*, c'est la prendre à sa gauche. Pour cela, il faut avoir le bras plié, & l'étendre en la chassant.

ARIOPH (*Astr.*), nom de la belle étoile à la queue du cygne.

ARTEMON, s. m. (*Méchan.*) : troisième moufle qui est au tas du polyspate ou plutôt du trispaste. *Voyez* POLYSPATON.

ARTIFICIEL, se dit en *Astronomie* du globe par lequel on représente la concavité du ciel, ou la convexité de la terre. On appelle aussi *sphère artificielle* la sphère armillaire.

L'*horizon artificiel* est l'horizon rationel ou mathématique, distingué de l'horizon sensible de chaque observateur, qui varie suivant le plus ou moins de hauteur.

Le *jour artificiel* est la durée du temps que le soleil reste sur l'horizon. *Clavius, dans son Commentaire sur la sphere* de Sacro Bosco. (*D. L.*)

ARTIFICIEL. On appelle en *Géométrie* lignes *artificielles* des lignes tracées sur un compas de proportion ou une échelle quelconque, lesquelles représentent les logarithmes des sinus & des tangentes, & peuvent servir, avec la ligne des nombres, à résoudre assez exactement tous les problêmes de trigonométrie, de navigation, &c. Les nombres *artificiels* sont les sécantes, les sinus & les tangentes. *V.* SÉCANTE, SINUS & TANGENTE. *Voyez aussi* LOGARITHME. (*E*).

A S

AS, *au jeu de Trictrac*, se dit du seul point qui est marqué sur une des faces du dez que l'on joue; au jeu de cartes, de celles qui n'ont qu'une seule figure placée dans le milieu. L'*as* vaut aux cartes ou un, dix, ou même onze, selon le jeu qu'on joue.

ASANGUE (*Astr.*) nom de la lyre.

ASCENDANT (*Astron.*), se dit dans plusieurs circonstances pour indiquer le mouvement qui se fait en montant. Le *nœud ascendant* d'une planète est le point où elle traverse l'écliptique en passant du midi au nord, comme le nœud descendant est celui par lequel elle passe du nord au midi. Le nœud ascendant de la lune s'appelloit aussi *tête de dragon*; il se représente ainsi ☊; le nœud descendant est celui qui lui est opposé ☋.

Les *signes ascendans* sont les trois premiers & les trois derniers de l'écliptique, c'est-à-dire, le bélier, le taureau, les gemeaux, le capricorne, le verseau & les poissons; ils ont été appellés ainsi, parce que le soleil, en parcourant ces signes, s'élève de jour à autre au-dessus de l'horizon dans nos régions septentrionales, & semble monter vers notre zénit. Malgré l'étymologie du mot de signes ascendans, le nom est resté affecté aux signes que nous venons de nommer, même pour le pays où le soleil ne monte pas lorsqu'il est dans ces signes-là; mais lorsqu'il arrive qu'un Astronome parle des signes *ascendans* uniquement à raison de ce que le soleil s'élève, en sorte que pour d'autres pays, ces signes soient sujets à changer, il doit en avertir; les six autres signes sont appellés *descendans* par une raison contraire, parce que le soleil, en les décrivant, paroît descendre & s'éloigner de notre zénit.

On appelle quelquefois *ascendant* le point de l'écliptique, situé dans l'horizon oriental, c'est-à-dire le point qui se lève; les astronomes en font le calcul pour trouver la situation de l'écliptique dans les éclipses de soleil, & en conclure les parallaxes. *Voyez* NONAGÉSIME. Les astrologues appelloient le même point *horoscope*, & le calculoient pour dresser le *thème* d'une nativité. La division du ciel en douze maisons commençoit dans ce point; & l'on disoit qu'une planète dominoit à l'*ascendant*, lorsqu'elle répondoit à ce point de l'écliptique situé dans l'horizon. C'est de-là peut-être qu'est venue l'expression avoir de l'*ascendant* sur quelqu'un, par comparaison avec l'influence considérable que l'on supposoit dans l'horoscope sur la conduite les inclinations & le sort des hommes. (*D. L.*)

ASC

ASCENDANTE (Progression), *Géométrie*. Quelques géomètres nomment *progression ascendante*, celle dont les termes vont en croissant: telle est la progression arithmétique des nombres naturels 1, 2, 3, *&c.* (*J. D. C.*)

ASCENSION, s. f. est proprement une *élévation* ou un *mouvement en haut*. *Voyez* Élévation.

C'est dans ce sens qu'on dit l'*ascension* des liqueurs dans les pompes, dans les tuyaux capillaires. *V.* Pompe, Tuyaux capillaires (*O*).

Ascension, *en Astronomie*, est l'arc compris entre le point équinoxial & le point de l'équateur qui se lève avec une étoile; elle est droite ou oblique; l'*ascension* droite du soleil ou d'une étoile est l'arc de l'équateur compris entre le dégré de l'équateur qui se lève avec le soleil ou avec l'étoile dans la sphère droite, & le point équinoxial ou le commencement d'Ariès. *V.* Sphère. C'est le degré & la minute de l'équateur, à compter depuis le commencement d'Ariès, qui passe par le méridien avec le soleil, une étoile ou quelqu'autre point du ciel. *Voyez* Soleil, Etoile.

On rapporte l'*ascension droite* au méridien, parce qu'il fait toujours un angle droit avec l'équinoxial, au lieu qu'il n'en est ainsi de l'horizon que dans la sphère droite.

Deux étoiles fixes qui ont la même *ascension* droite, c'est-à-dire qui sont à la même distance du premier degré d'Ariès, ou, ce qui revient au même, qui sont dans un même méridien, ou cercle de déclinaison, se lèvent en même tems dans la sphère droite, c'est-à-dire pour les peuples qui habitent l'équateur. Si elles ne sont pas dans le même méridien, l'intervalle qui s'écoule entre leurs passages au méridien, est la différence de leurs *ascensions* droites. Dans la sphère oblique, où l'horizon coupe tous les méridiens obliquement, différens points d'un méridien ne se lèvent ni ne se couchent jamais en même tems: ainsi, deux étoiles qui sont dans un même méridien, ne se lèvent ni ne se couchent jamais en même tems pour ceux qui ont la sphère oblique, c'est-à-dire qui habitent entre l'équateur & le pole; & plus la sphère est oblique, c'est-à-dire plus on est près du pole, plus l'intervalle de tems qui est entre leur lever & leur coucher est grand. *Voyez* Lever, Coucher, *&c.*

Ainsi, l'arc de l'*ascension* droite d'une étoile est la portion de l'équateur, comprise entre le commencement d'Ariès & le point de l'équateur qui passe au méridien avec elle.

L'Ascension *oblique* est un arc de l'équateur, compris entre le premier point d'Ariès & le point de l'équateur, qui se lève en même tems que l'astre, dans la sphère oblique. *V.* Sphère.

L'*ascension* oblique se prend d'occident en orient, & elle est plus ou moins grande, selon la différente obliquité de la sphère.

La différence entre l'*ascension* droite & l'*ascension* oblique, s'appelle *différence ascensionelle*.

Pour trouver par la trigonométrie ou par le globe l'*ascension* oblique du soleil, *voyez* Ascensionnel.

La détermination de l'*ascension* droite du soleil & de celle d'une étoile fixe est la base de toute l'astronomie; aussi M. de la Caille a-t-il intitulé *Astronomiæ fundamenta*, le livre dans lequel il a donné toutes les observations qu'il avoit faites à ce sujet; & comme l'*ascension* droite d'une seule étoile fixe donne facilement celle de toutes les autres, la principale difficulté consiste à s'assurer d'une étoile pour servir de terme de comparaison.

On ne peut déterminer l'*ascension* droite d'une étoile que par celle du soleil; car, comme c'est le soleil qui parcourt & qui marque l'écliptique, de même que le point équinoxial quand il traverse l'équateur, on ne peut reconnoître les distances à ce point équinoxial que par le soleil qui en fournit l'indication.

D'un autre côté, l'on ne peut déterminer l'*ascension* droite du soleil que par le moyen de sa déclinaison, & celle-ci se conclut de la hauteur méridienne; ainsi, la hauteur du soleil à midi est le point d'où il faut partir. Supposons qu'on ait observé à Paris la hauteur du soleil, & qu'après l'avoir corrigée par la réfraction & la parallaxe, on ait trouvé cette hauteur à midi de 51° 10′, on sait que la hauteur de l'équateur n'est que de 41° 10′ à Paris, on retranchera l'une de l'autre, & l'on aura 10^d pour la déclinaison du soleil, ou la quantité dont il est éloigné de l'équateur. Alors dans le triangle formé par l'écliptique, l'équateur & le cercle de déclinaison, on connoît le petit côté qui est la déclinaison du soleil, & l'angle opposé qui est l'obliquité de l'écliptique 23° 28′; il est aisé de trouver l'autre côté qui est l'*ascension* droite du soleil, & l'hypothénuse qui est la longitude comptée sur l'écliptique.

Mais cette méthode dépend de la réfraction, de la parallaxe, de la hauteur de l'équateur & de l'obliquité de l'écliptique, car chacune des erreurs que l'on commettroit dans un de ces élémens, influeroit & en produiroit une deux ou trois fois plus grande sur l'*ascension* droite; pour y remédier, il n'y a qu'à faire la même opération deux fois en six mois, à la même hauteur du soleil, avant

& après le solstice; l'erreur qui augmentoit l'*ascension* droite avant le solstice la diminue nécessairement après, & en prenant le milieu des deux résultats, on a la véritable *ascension* droite du soleil. C'est à cela que revient la méthode la plus parfaite, & celle qui est adoptée actuellement par les meilleurs astronomes, pour observer l'*ascension* droite du soleil; elle consiste à le comparer deux fois l'année avec la même étoile, lorsqu'il se trouve dans son parallèle avant & après le solstice; nous allons expliquer cette méthode qui a servi, soit à M. le Monnier pour son zodiaque, soit à M. de la Caille pour construire le nombreux catalogue d'étoiles que nous avons de lui. *V.* Flamesteed, *Historia cælestis*, in-fol. *Histoire céleste*, par M. le Monnier, 1741, in-4.°; *Leçons d'Astronomie*, par M. de la Caille, 1761, in-8.°, pag. 175.

Soit *E K Q E*, *planches d'Astr.*, *fig.* 42, l'équateur *E H Q R E* l'écliptique, *A* une étoile & *S* le soleil, lorsqu'il passe dans le même parallèle que l'étoile *A*, c'est-à-dire, quand sa déclinaison *D S* est égale à la déclinaison *A C* de l'étoile. Supposons que ce jour-là on ait observé la différence d'*ascension* droite *D C* entre le soleil & l'étoile *A*; le soleil ayant passé ensuite par le solstice *H*, reviendra quelques mois après au point *G* de l'écliptique, & il aura encore la même déclinaison *G B* que l'étoile; sa distance *B Q* à l'équinoxe d'automne sera pour lors égale à la distance *E D*, où il se trouvoit dans la première observation par rapport à l'équinoxe du printems; je suppose que ce jour là on observe encore la différence *C B* d'*ascension* droite entre le soleil & la même étoile, on ajoutera ensemble les deux différences observées, *DC* & *CB*, l'on aura *D B*, qui est le mouvement total en *ascension* droite qu'a eu le soleil dans l'intervalle des deux observations; la moitié *D K* ou *B K* de ce mouvement, sera la distance au colure des solstices, parce que le soleil étoit chaque fois à une égale distance, soit des équinoxes, soit des solstices; enfin le complément de *DK* sera *ED*, *ascension* droite du soleil dans la première observation; d'où l'on conclura l'*ascension* droite *E C* de l'étoile; en sorte que par cette observation l'on aura les *ascensions* droites du soleil & de l'étoile.

L'usage de cette méthode exige dans la pratique de l'Astronomie quelques attentions & quelques corrections que l'on peut voir, ainsi que l'exemple détaillé dans le quatrième livre de mon *Astronomie*.

C'est en appliquant cette méthode à des centaines d'observations, que la Caille a trouvé l'*ascension droite* de Sirius, le 1 janvier 1750 de 98° 32′ 2″, & celle de la Lyre 277° 7′ 4″: ces positions fondamentales ne diffèrent que de quelques secondes de celles que Bradley, Mayer & M. le Monnier ont assignées par des observations & des méthodes très-différentes: cela suffit pour montrer quel degré de certitude il y a dans la méthode & dans l'observation des *ascensions droites*.

J'ai dit qu'une seule *ascension droite* donnoit aisément toutes les autres; il ne faut qu'observer la différence des passages au méridien, ou par des hauteurs correspondantes, ou par une lunette méridienne, & convertir en degrés la différence des tems, on aura celle des *ascensions droites* des deux astres observés. On choisit pour terme de comparaison les étoiles les plus brillantes, telles Sirius & la Lyre, afin que l'on puisse les voir de jour & en tout tems de l'année pour y comparer toutes les étoiles observées dans une même nuit, & dont on veut avoir l'*ascension droite*. On trouvera au mot *étoile* un catalogue des *ascensions droites* des principales étoiles.

L'*ascension droite* du milieu du ciel, est une chose dont les astronomes se servent très-souvent, surtout pour calculer les éclipses par le moyen du nonagésime; c'est l'*ascension droite* du point de l'équateur qui se trouve dans le méridien; elle est égale à la somme de l'*ascension droite* du soleil & de l'angle horaire ou du tems vrai réduit en degrés, ou à la somme de la longitude moyenne du soleil & du tems moyen. (*D. L.*)

ASCENSIONNEL, adj. *différence ascensionnelle*, *terme d'Astr.* La *différence ascensionnelle* est la différence entre l'ascension oblique & l'ascension droite d'un même point de la surface de la sphère. *Voyez* Ascension.

Ainsi, de 27^d 54′ qui est l'ascension droite du premier degré du taureau, ôtant 14^d 24′ qui est l'ascension oblique du même degré sur l'horizon de Paris, le reste 13^d 30′ en est la *différence ascensionnelle*. Si on réduit en heures & minutes, les degrés & minutes de la *différence ascensionnelle*, on connoît de combien les jours de l'année auxquels elle répond, diffèrent du jour de l'équinoxe: car ajoutant le double du tems de cette *différence ascensionnelle* aux 12 heures du jour de l'équinoxe on a la durée des longs jours, le soleil parcourant la moitié de l'écliptique, qui est du côté du pole apparent; & si l'on ôte ce même tems de 12 heures, on aura la longueur des petits jours, qui arrivent quand le soleil parcourt la moitié de l'écliptique, qui est du côté du pole invisible.

Ainsi, le double de 13^d 30′ est 27^d, lesquels réduits en tems, à raison de 4′ d'heure pour chaque degré, on aura une heure & 48′; ce qui fait connoître que le soleil étant le 20 Avril au premier degré du taureau, le jour est de 13 heures 48′ sur l'horizon de Paris, ensuite dequoi l'on connoît facilement l'heure du lever & du coucher du soleil, en négligeant la réfraction. Dans les signes septentrionaux, les ascensions droites des degrés de l'écliptique sont plus grandes que leurs ascensions obliques; mais au contraire aux signes méridionaux, les ascensions droites des degrés de la même écliptique sont plus petites que leurs ascensions obliques.

Pour avoir la *différence ascensionnelle*, la latitude du lieu & la déclinaison du soleil étant données, on fait cette proportion: le rayon est à la tangente de la latitude, comme la tangente de la déclinaison du soleil est au sinus de la *différence ascensionnelle*. Si le soleil est dans un des signes septentrionaux, & qu'on ôte la *différence ascensionnelle* de l'ascension droite, le reste sera l'ascension oblique. Si le soleil est dans un des signes méridionaux, il faudra ajouter la *différence ascensionnelle* à l'ascension droite, & la somme sera l'ascension oblique. C'est ainsi qu'on a construit des tables d'ascensions obliques pour les différens degrés de l'écliptique, sous différentes élévations du pole. Mais on y supplée aujourd'hui par les tables des arcs semidiurnes.

ASCHEMIE, (*Astron.*) nom du petit chien Procyon.

ASCHÉRE, (*Astron.*) nom du grand chien Sirius.

ASCIENS, (*Astron.*) nom des peuples qui étant entre les tropiques, ont quelquefois le soleil au zénit, & n'ont point d'ombre à midi ce jour là, ce mot est composé de σκιὰ, ombre, avec un α privatif. *Voyez* AMPHISCIENS.

ASCONE, nom que les Italiens ont quelquefois donné aux cometes.

A S P

ASPECT, s. m. *aspectus*, *en Astronomie*, se dit de la situation des étoiles ou des planètes, les unes par rapport aux autres; ou bien c'est une certaine configuration ou relation mutuelle entre les planètes, qui vient de leurs situations dans le zodiaque, en vertu desquelles les astrologues croient que leur puissance ou leurs forces croissent ou diminuent, selon que leurs qualités actives ou passives se conviennent ou se contrarient. *Voyez* PLANÈTE, ASTROLOGIE.

Quoique ces configurations puissent être variées & combinées de mille manières, néanmoins on n'en considere qu'un petit nombre; c'est pourquoi on définit plus exactement l'*aspect*, la rencontre ou l'angle des rayons lumineux qui viennent de deux planètes à la terre. *Voyez* RAYON & ANGLE.

La doctrine des *aspects* a été introduite par les astrologues comme le fondement de leurs prédictions. Ainsi, Kepler définit l'*aspect*, un angle formé par des rayons, qui partant de deux planètes, viennent se rencontrer sur la terre, & qui ont la propriété de produire quelque influence naturelle. Quoique toutes ces opinions soient des chimères, nous allons les rapporter ici en peu de mots.

Les anciens comptoient cinq *aspects*, à savoir, la conjonction marquée par le caractère ☌, l'opposition par ☍, l'*aspect* trine par △, l'*aspect* quadrat par □, & l'*aspect* sextile par ⚹. La conjonction & l'opposition sont les deux *aspects* extrêmes, le premier étant le moindre de tous, & le second le plus grand ou le dernier. *Voyez* CONJONCTION & OPPOSITION.

L'*aspect* trigone ou trine est la troisième partie d'un cercle, ou l'angle mesuré par l'arc *A B*. *Tab. Astron. fig.* 285.

L'*aspect* tétragone ou quadrat est la quatrième partie d'un cercle, ou l'angle mesuré par le quart de cercle *A D* : l'*aspect* sextile, qui est la sixième partie d'un cercle ou d'un angle, est mesuré par le sextant *A G*. *Voyez* TRIGONE, TETRAGONE, QUADRAT & SEXTILE.

Par rapport aux influences qu'on suppose aux *aspects*, on les divise en *benins*, *malins* & *indifférens*.

L'*aspect* quadrat & l'opposition sont réputés *malins* ou *mal-faisans*; le trine & le sextile *benins* ou *propices*; & la conjonction un *aspect indifférent*. *Voyez* le livre *de judiciis*, attribué à Ptolemée.

Aux cinq *aspects* des anciens, les modernes en ont ajouté beaucoup d'autres, comme le *décile* qui contient la dixième partie d'un cercle; le *tridécile*, qui en contient trois dixièmes; & le *biquintile*, qui en contient quatre dixièmes ou deux cinquièmes. Kepler en ajoute d'autres, qu'il dit avoir reconnu efficaces par des observations météorologiques, tel que le *demi-sextile*, qui contient la douzième partie d'un cercle, & le *quincunce*, qui en contient cinq douzièmes. Enfin nous sommes redevables aux médecins astrologues d'un *aspect octile*, contenant un huitième de cercle, & d'un *aspect trioctile*, qui en contient les trois huitièmes. Quelques médecins y ont encore mis l'*aspect quintile*, contenant un cinquième du cercle, & l'*aspect biquintile*, qui, comme on a déjà dit, en contient les deux cinquièmes.

Caractères des aspects.

☌ Conjonction.	*T d* Tridecile.
S S Semi-sextile.	△ Trine.
⚹ Sextile.	*B q* Biquintile.
Q Quintile.	*V c* Quinconce.
□ Quadrat *ou* Quartile.	☍ Opposition.

L'angle intercepté entre deux planètes dans l'*aspect* de la conjonction est = 0; dans l'*aspect* semi-sextile, il contient 30°; dans le decile 36°; dans l'octile 45°; dans le sextile 60°; dans le quintile 72°; dans le quartile 90°; dans le tridécile 108°; dans le trine 120°; dans le trioctile 135°; dans le biquintile 144°; dans le quincunce 150°; dans l'opposition 180°.

Ces angles ou intervalles se comptent par les degrés de longitude des planètes, tellement que les *aspects* sont censés les mêmes, soit qu'une planète se trouve dans l'écliptique, ou qu'elle soit hors de ce cercle.

On divise ordinairement les *aspects* en *partiles* & *platiques*. Les *aspects* partiles ont lieu quand les planètes sont distantes les unes des autres d'autant de degrés précisément qu'en contient quelqu'uns des diviſions précédentes. Il n'y a que ceux-là qui ſoient proprement des *aſpects*. Les *aſpects* platiques arrivent quand les planètes ne ſont pas les unes par rapport aux autres préciſément dans quelqu'une des diviſions dont nous venons de parler. (*O*)

ASPIRANT, adj. m. *en Hydraulique :* on appelle un tuyau *aſpirant*, celui dont on ſe ſert dans une pompe pour élever l'eau à une certaine hauteur. Il doit être d'un plomb moulé bien épais & reforgé, de crainte des ſoufflures qui empêcheroient l'eau de monter. (*K*)

ASPIRATION, ſ. f. eſt la même choſe, *en Hydraulique*, qu'*aſcenſion*. L'eau dans les pompes ne peut guère être aſpirée qu'à 25 ou 26 pieds de haut, quoique l'on puiſſe la pouſſer, ſuivant les règles, juſqu'à 32 pieds, pourvu que l'air extérieur comprime la ſurface de l'eau du puits ou de la rivière dans laquelle trempe le tuyau de l'*aſpiration ;* alors la colonne d'eau fait équilibre avec la colonne d'air. *Voyez* POMPE.

Si on n'aſpire l'eau qu'à 20 ou 26 pieds de haut, c'eſt afin que le piſton ait plus de vivacité & plus de force pour tirer l'eau. *Voyez* AIR, POMPE. (*K*)

ASS

ASSURANCES (*maritimes*). Nous nous bornerons dans cet article à donner, comme dans l'article *abſens*, les principes généraux d'après leſquels on peut appliquer le calcul aux différentes queſtions qui peuvent ſe préſenter.

I. Le traité d'*aſſurance* conſiſte en général de la part du commerçant à payer à l'aſſureur une certaine partie de la valeur d'un bâtiment ou d'une cargaiſon, à condition que ſi la cargaiſon ou le bâtiment viennent à périr, l'aſſureur lui en paiera le prix total.

De quelque manière que les traités d'*aſſurance* ſoient formés, ils ſe réduiſent néceſſairement à des combinaiſons de ce traité ſimple que nous venons de définir, & ils doivent être calculés d'après les mêmes principes.

Le motif qui fait former un de ces traités eſt de la part de chacun des contractans l'opinon que ce traité lui eſt avantageux. Nous examinerons donc dans quel ſens un traité d'*aſſurance* peut être regardé comme étant avantageux à-la-fois à l'aſſureur & au commerçant.

Nous avertirons d'abord ici que dans toute la ſuite de ce 1er article nous ferons abſtraction de l'intérêt de l'argent conſidéré indépendamment du riſque des entrepriſes, & par conſéquent que nous ſuppoſerons les paiemens ou les recettes de part & d'autre réduits au même tems.

Suppoſons maintenant qu'un négociant riſque, dans différentes entrepriſes, une ſomme a, en ſorte que ſa miſe dans n, entrepriſes ſoit na; ſuppoſons que l'eſpérance de réuſſir dans chaque entrepriſe ſoit g, que la probabilité qu'il perdra ſes fonds ſoit p, & qu'on ait $g+p=1$. les termes de la ſérie, $g^{n} + n g^{n-1} p + \left(\frac{n}{2}\right) g^{n-3} p^{3} + \left(\frac{n}{3}\right) g^{n-3} p^{3} \ldots + \left(\frac{n}{m}\right) g^{n-m} p^{n} \ldots + p^{n} = \overline{g+p}^{\,n}$ $\left(\frac{n}{m}\right)$ étant $\frac{n,\ n-1 \quad n-m+1}{1 \cdot 2 \ldots m}$ exprimeront les probabilités de réuſſir dans n, $n-1 \ldots m \ldots 1, 0$ entrepriſes, & de perdre dans $0, 1 \ldots m \ldots n-1, n$ autres entrepriſes.

Soit maintenant b la ſomme qu'il gagnera dans chaque entrepriſe heureuſe, & qui eſt ici la ſeule partie du profit, deſtinée à compenſer le riſque, il eſt clair que, pour le terme $\left(\frac{n}{m}\right) g^{n-m} p^{m}$, il perdra $m a$, & gagnera $\overline{n-m}\, b$. Il ſera donc en gain tant que $\overline{n-m}\, b > ma$, & il commencera à être en perte lorſque $m a > \overline{n-m}\, b$.

Un homme raiſonnable ne doit ſe livrer au commerce que dans le cas où il trouve une probabilité aſſez grande qu'il retirera ſes fonds, avec l'intérêt commun & le prix de ſon travail.

Il lui faudroit ſans doute une probabilité à peine différente de la certitude de ne pas perdre la totalité de ſes fonds, & même d'en conſerver la partie qui eſt néceſſaire à ſa ſubſiſtance & à celle de ſa famille ; & une probabilité encore très-grande de ne pas les diminuer juſqu'à un certain point.

Mais nous ne conſidérons d'abord ici que la première condition, celle d'avoir une eſpérance aſſez grande de retirer, avec ſes avances, leur intérêt & le ſalaire de ſon travail.

Il y a trois cas à conſidérer, celui où $\frac{b}{a} = \frac{p}{g}$, celui où $\frac{b}{a} > \frac{p}{g}$, celui où $\frac{b}{a} < \frac{p}{g}$, ſi $\frac{b}{a} = \frac{p}{g}$: il eſt clair que l'on aura du profit tant $\overline{n-m}$. $p > m g$.

Cela poſé, faiſons $g = \frac{g'}{g'+p'}$, & $p = \frac{p'}{g'+p'}$, p' & g' étant des nombres entiers, & ſoit $n = \overline{p' + g'}\, n'$.

Il eſt clair, 1.° que, ſi $\frac{b}{a} = \frac{p}{g} = \frac{p'}{g'}$, lorſque $m = p' n'$ & $\overline{n-m} = g' n'$, on aura $\overline{n-m}\, b = m a$, & qu'il n'aura pas de gain. Le gain ceſſera donc au terme $\left(\frac{n}{p' n'}\right) g^{n-p'n'} p^{p'n'}$. Or ſi $g > p$ la ſomme de tous les termes, juſqu'à celui-là incluſivement, tend toujours à s'approcher de la valeur $\frac{1}{2}$, après l'avoir d'abord ſurpaſſée. Ainſi, plus le Négociant continuera ſon commerce, plus il approchera d'avoir une probabilité de gagner égale à celle de perdre.

La même chose aura lieu, si $p > g$, excepté que la probabilité de perdre sera d'abord plus grande, & se rapprochera ensuite de l'égalité.

Supposons maintenant $\frac{b}{a} > \frac{p}{g}$ ou $\frac{p'}{g'}$, & égal à $\frac{p'+1}{g'-1}$: par exemple, il est clair que le gain du commerçant s'étendra jusqu'au terme $\left(\frac{n}{\overline{p'+1}\,n'}\right) g^{n-\overline{p'+1}\,n'} p^{\overline{p'+1}\,n'}$

Or, dans ce cas, soit que g soit plus grand, soit qu'il soit plus petit que p, la somme de tous ces termes, qui exprime la probabilité du gain pour le négociant, croîtra continuellement, jusqu'à se rapprocher indéfiniment de l'unité, à mesure que n' croîtra. Mais si $g > p$ elle pourra aller en décroissant, jusqu'à un certain terme.

On trouvera la conclusion précisément contraire, dans le cas où $\frac{b}{a} < \frac{p}{g}$ ou $\frac{p'}{g'}$.

Dans ce second cas, si $g < p$ la probabilité pourra aller d'abord en croisant & ensuite en décroissant.

Il suit de ce que nous venons de dire que pour qu'un négociant puisse avoir de l'avantage en continuant un commerce exposé à des risques, il faut que le rapport du profit à la mise soit plus grand que celui du risque au succès.

On peut aussi voir par cette formule que la règle de faire ces deux rapports égaux n'a pu être établie que parce que c'est le seul cas où les limites de la probabilité de la perte ou du gain sont également $\frac{1}{2}$. Ces deux probabilités étant, l'une croissante, l'autre décroissante, à mesure que le nombre de risques courus augmente, selon que la probabilité du risque est inférieure ou supérieure à celle du gain.

Il suit de ce qu'on vient d'exposer, que, pourvu que $\frac{b}{a} > \frac{p}{g}$, on peut avoir une probabilité toujours de plus en plus grande de gagner; que, si on suppose cette probabilité donnée, c'est-à-dire, qu'on fixe un *minimum* de probabilité en-deçà duquel on regarderoit comme imprudent de s'exposer au risque; plus $\frac{b}{a}$ sera grand, moins il faudra répéter de fois la même entreprise pour obtenir cette probabilité, & réciproquement que plus le nombre des entreprises sera petit, plus il faudra que $\frac{b}{a}$ soit grand.

Supposons ici, pour plus de simplicité, que ces entreprises se fassent à-la-fois, si le bien d'un commerçant *A* est $n a$, il ne pourra faire que n entreprises & il faudra que son profit soit b; mais si le bien d'un autre commerçant *B* est $n m a$, m étant un nombre entier, il pourra faire $m n$ entreprises, & par conséquent il pourra avoir la même probabilité de gagner, en se contentant d'un profit b' plus petit que b. Mais puisque $b' < b$ la concurrence entre les négocians fera tomber le profit au-dessous de b dont le négociant *A* ne pourra faire le commerce avec assez d'avantage.

Il est vrai que si *A* partageoit la somme $n a$ en $m n$ parties, il pourroit se contenter du même profit que *B*, & qu'ainsi il peut réparer son désavantage, pourvu qu'il divise ses risques en plus petites parties; mais cela n'est pas toujours possible dans la pratique & dans le cas, le Négociant peut être intéressé à trouver un moyen de se mettre à l'abri du danger de perdre.

Les *assurances* sont ce moyen.

Le risque des assureurs se répandant sur un nombre d'objets beaucoup plus grands que celui du négociant; ils peuvent, en conservant une très-grande probabilité de gagner, se contenter d'un profit beaucoup plus petit.

Le taux de l'*assurance* se détermine donc pour chaque espèce de risque par un certain milieu que la concurrence établit entre la partie du profit que le négociant peut abandonner; & celle qui est nécessaire à l'assureur pour avoir une très-grande probabilité de gagner; & plus il y aura de concurrence entre les négocians & les assureurs, plus ce prix moyen approchera de ce dernier terme, & plus le prix des denrées baissera pour les acheteurs.

Nous allons chercher à déterminer les deux limites du taux d'*assurance*. Soit a la mise première d'un négociant dont il attend le retour au bout de deux ans, par exemple; $a \cdot \overline{1+c}^2$ est ce qu'il doit recevoir au bout de deux ans, c étant le denier d'intérêt pour les entreprises, où il n'y a pas de risque, soit de plus c' le profit qu'il doit tirer de cette entreprise comme salaire de son tems & de ses peines, & b le profit qui résulteroit du succès, il est clair que $b - (2c + c^2 + c')\, a$ est ce qu'il peut donner pour assurer cette somme au bout de deux années. Soit n le nombre de ses entreprises, g la probabilité du succès, p celle de la perte, & soit pris $\overline{g+p}^n$, développé suivant tous ses termes.

La perte du négociant pour chaque vaisseau qui périra, sera exprimée par $a\,(\overline{1+c}^2 + c')$; son gain, pour chaque vaisseau qui arrivera, sera $b - \overline{2c + c^2 + c'}\, a$.

Ainsi, prenons un terme $\left(\frac{n}{m}\right) g^{n-m} p^m$ pour le dernier où le négociant seroit en gain, puisqu'il perd m fois, sa perte sera $m \cdot a \cdot (\overline{1+c}^2 + c')$, & son gain $\overline{n-m}\,(b - \overline{2c + c^2 + c'}\, a)$; il commencera donc à perdre lorſque $\frac{m}{n-m} > \frac{b - \overline{2c + c^2 + c'}\, a}{a\,(\overline{1+c}^2 + c')}$.

Si donc l'on connoît b, on aura (connoiſſant m pour le dernier terme, où $\frac{m}{n-m}$ eſt plus petit que l'autre membre) la probabilité que le négociant ne ſera pas en perte; & ſi on appelle P la probabilité néceſſaire pour entreprendre le commerce avec prudence, en prenant la valeur de m qui y répond, on aura la valeur de b pour laquelle le négociant commence à avoir de l'avantage à faire aſſurer.

Soit maintenant n' le nombre de vaiſſeaux qu'un aſſureur doit aſſurer, il faudra qu'au bout de deux années, il perde $a + b$ pour chaque bâtiment qui aura péri, & qu'il touche b' pour chacun des vaiſſeaux.

Soit donc g la probabilité qu'un vaiſſeau ſe ſauvera, & p la probabilité qu'il périra, nous prendrons $\overline{g+p}^{\,n'} = g^{n'} + n' g^{n'-1} p + \left(\frac{n'}{2}\right) g^{n'-2} p^2 \ldots\ldots$

Si maintenant on appelle P' la probabilité que l'aſſureur doit avoir de ne point perdre ſur les n' vaiſſeaux, on pouſſera cette ſérie juſqu'au terme où la ſomme eſt égale ou plus grande que P', ſoit $\left(\frac{n'}{m'}\right) g^{n'-m'} p^{m'}$ ce terme, il eſt clair que l'aſſureur perdroit alors $m'(a+b) + e$, e repréſentant ici le ſalaire de ſa peine; mais il lui doit être payé $n' b'$: donc on aura $b' = \frac{m'}{n'}(a+b) + \frac{e}{n'}$. Suppoſons enſuite que $b' = b - \overline{2c + c^2 + c'}\, a$, nous aurons $b = \left(\frac{m'}{n'} + 2c + c^2 + c'\right) \frac{n'}{n'-m'}\, a + \frac{e}{n'-m'}$, & ce ſera la plus petite valeur poſſible de b, où la concurrence puiſſe faire tomber le commerce, en ſuppoſant qu'il reſte encore avantageux.

Il eſt bon d'expliquer ici ce que nous entendons par le profit de l'aſſureur & par celui du négociant.

Le profit du négociant eſt la ſomme qu'il doit gagner chaque année pour avoir un motif ſuffiſant de faire cet emploi de ſes fonds, & de ne pas préférer un autre emploi qui demande moins de peine.

Le profit de l'aſſureur doit être, outre les dépenſes de bureau & de correſpondance dont il doit être rembourſé, une ſomme ſuffiſante pour lui faire préférer cette manière de faire valoir ſes fonds.

Il arrive ſouvent qu'un négociant n'ayant point fait aſſurer, parce que le riſque étoit très-petit, ſe trouve expoſé à de nouveaux riſques par des événemens imprévus.

Cette circonſtance change abſolument ſon état. Suppoſons en effet qu'il ait mis ſur quatre vaiſſeaux toute ſa fortune, & que le danger ſoit de trois contre un, il aura le danger $\frac{81}{256}$ de tout perdre, le danger $\frac{108}{256}$ de perdre trois vaiſſeaux; & comme ſoit à cauſe des marchandiſes déjà emmagaſinées, ſoit à cauſe de la diminution de conſommation, l'augmentation du prix eſt bien loin d'être dans les premiers momens proportionnelle à celle du riſque; il eſt évident qu'il ſera expoſé à un très-grand danger de perdre ſa fortune, du moins en grande partie.

L'état de l'aſſureur n'eſt pas changé par cet événement; il en réſulte ſeulement que g étant diminué, & p augmenté, il faut, pour parvenir à une probabilité égale, que l'aſſureur exige une plus grande différence entre $\frac{b'}{a+b}$ & p'.

Ce ſera donc alors, avec ce qu'exige néceſſairement l'aſſureur, qu'il faut comparer l'état du négociant; pour cela, ſoit a ſa miſe avec les intérêts $a + b$ ce qu'il la vendra, b' le prix auquel l'aſſureur aſſure $a + b$, le négociant touchera $a + b - b'$; il ſe trouvera donc en perte toutes les fois que $b' > b$.

Juſqu'ici nous avons ſuppoſé que le négociant cherchoit à mettre abſolument hors de riſque, ſoit la totalité de ſes fonds & de ſes profits de commerce, ſoit dans le cas d'un riſque extraordinaire, toute la partie de ſes fonds, que les circonſtances lui permettent de mettre en ſûreté. Nous avons ſuppoſé également que l'aſſureur vouloit obtenir un certain degré de probabilité de ne rien perdre, & d'être rembourſé de ſes dépenſes; mais cette ſuppoſition n'eſt pas rigoureuſe.

Suppoſons en effet qu'un négociant riſque une ſomme a, il ſera poſſible qu'il ſe contente d'une probabilité P de retirer a, d'une probabilité plus grande P' de ne perdre que la partie de ſon profit, deſtinée à le dédommager de ſes peines, d'une probabilité plus grande encore P'' de ne perdre que les intérêts de ſes fonds, & qu'il ne cherche que la certitude de ne pas entamer ſes fonds au-delà d'un certain terme.

De même dans le cas où des dangers imprévus expoſeroient le négociant à perdre tout, & où l'*aſſurance* ne lui ſauvera qu'une partie de ſa miſe, il peut arriver qu'il ſe contente de la certitude de ne point perdre au-delà d'un certain terme, & qu'il préfère de riſquer plus pour conſerver l'eſpérance de quelque profit.

Il parviendra à ce but, en ne faiſant aſſurer qu'une partie de ſes marchandiſes, ſoit en faiſant aſſurer en entier ſeulement une partie des navires, ſoit en ne faiſant aſſurer ſur chacun qu'une partie de leur valeur. Dans l'un & l'autre cas, ſon état n'eſt pas le même. Suppoſons, en effet, que ra ſoit

ſoit le nombre total des vaiſſeaux, n celui qu'il faudroit ne pas aſſurer, pour que n, vaiſſeaux non aſſurés, équivaluſſent à une valeur a' non aſſurée ſur rn vaiſſeaux; ce qui, a étant la valeur d'un vaiſſeau, donne $a' = \frac{a}{r}$

Le terme où le négociant commencera à perdre ſera $\left(\frac{rn}{rm}\right) g^{r \cdot \overline{n-m}}\, p^{rm}$ dans un cas, & $\left(\frac{n}{m}\right) g^{n-m}\, p^{m}$ dans un autre. Cela poſé, le rapport de la perte au profit peut être ici plus grand ou plus petit que $\frac{g}{p}$; ſi ce rapport eſt plus grand, le négociant trouvera du déſavantage à répandre ſon riſque ſur un plus grand nombre de vaiſſeaux; ſi au contraire il eſt plus petit, il y trouvera de l'avantage : mais cependant cet avantage pourra, même dans ce cas, ne commencer à avoir lieu que lorſque le nombre des vaiſſeaux ſera très-grand.

Quant à l'aſſureur, on trouvera d'une manière ſemblable, que plus il aſſurera de bâtimens, plus il aura de probabilité de ne pas perdre au-delà du terme pour lequel il a voulu acquérir une grande probabilité; mais que s'il baiſſe le rapport du taux d'*aſſurance* à la ſomme aſſurée au-deſſous du rapport de la probabilité de la perte du bâtiment à celle du nombre des bâtimens aſſurés, plus il aſſurera de bâtimens, moins il aura de probabilité de gagner, en ſorte qu'il ne doit tomber au-deſſous de ce taux que dans des cas rares, & où il ne s'agit que d'aſſurer un petit nombre de vaiſſeaux.

Nous avons ſuppoſé juſqu'ici que l'on connoiſſoit, 1.° la probabilité de la perte de chaque bâtiment qu'on ſe propoſe d'aſſurer; 2.° le degré de probabilité qu'un négociant ou un aſſureur doit avoir de ne point perdre pour qu'il puiſſe s'expoſer à un riſque, ſans mériter qu'on l'accuſe d'imprudence.

Il faut donc chercher à connoître ces deux données.

II. La probabilité du riſque que court un vaiſſeau ne peut être connue que par l'obſervation du ſort qu'ont éprouvé des vaiſſeaux dans des circonſtances qu'on peut regarder comme ſemblables.

On trouvera, article *événemens* la méthode de déduire de la connoiſſance des événemens paſſés la probabilité des événemens futurs qu'on ſuppoſe aſſujettis aux mêmes loix.

Il en réſulte; 1.° que pour avoir quelque probabilité ſur la loi des événemens futurs, il faut que le nombre des événemens paſſés ſoit très-grand, & ſurpaſſe de beaucoup celui des événemens futurs dont on calcule la probabilité.

2.° Que, dans ce cas, ſi N eſt le nombre des vaiſſeaux perdus, par exemple, & M celui des vaiſſeaux qui n'ont point péri, on pourra ſans une grande erreur, ſuppoſer pour le nombre n de vaiſſeaux à aſſurer $g = \frac{M+1}{M+N+2}$, $p = \frac{N+1}{M+N+2}$, pourvu que n ſoit beaucoup plus petit que $M+N$.

3.° Que cette détermination de g & p n'eſt pas conſtante, mais doit varier pour chaque genre de commerce, à meſure qu'on eſt inſtruit d'événemens nouveaux; ainſi, lorſque l'on ſaura que, ſur les n vaiſſeaux, M' ont été ſauvés, & N' ont péri, il faudra, ſi on veut calculer de nouveau les *aſſurances* pour n nouveaux vaiſſeaux, faire $g = \frac{M+M'+1}{M+N+M'+N'+2}$, & $p = \frac{N+N'+1}{M+N+M'+N'+2}$.

4.° Que, ſi on a $M > N$ la valeur de g, $\frac{M+1}{M+N+2}$ eſt trop grande, & celle de p trop petite, & que ſi au contraire $N > M$, la valeur de g ci-deſſus eſt trop petite, & celle de p trop grande.

Mais lorſque $M+N$ eſt beaucoup plus grande que n, cette différence eſt très-petite; & dans les différens cas particuliers, on pourra en aſſigner les limites, & avoir une valeur de g & de p, qui repréſentera ces quantités aſſez exactement pour la pratique. *Voyez* l'article ÉVÉNEMENS.

III. Nous avons ſuppoſé qu'il y avoit dans différentes circonſtances un degré de probabilité de ne pas perdre, au-delà duquel un négociant ou un aſſureur ne doit pas s'expoſer à riſquer du moins une partie conſidérable de ſa fortune.

On pourroit, d'après des principes généraux, chercher à déterminer ce degré pour les différens cas que peuvent ſe préſenter dans la conduite de la vie. *Voyez* l'article PROBABILITÉ. Mais il peut être auſſi très-utile de ſavoir comment dans la pratique les hommes qui paſſent pour ſages, & dont les projets ont réuſſi, ont réſolu le même problême; par exemple, quelle a été la probabilité de ne pas perdre que les aſſureurs ont ſu ſe procurer dans les différens bureaux d'*aſſurances* qui ont pu continuer le commerce avec avantage.

La ſolution de cette queſtion peut être enviſagée de deux manières. Suppoſons, par exemple, que l'on ait des tables pour différens taux d'*aſſurance* qui contiennent le nombre des vaiſſeaux aſſurés, le nombre des vaiſſeaux qui ont péri, celui des vaiſſeaux qui n'ont point éprouvé d'accidens, on aura par conſéquent g & p par l'article précédent, & le taux d'*aſſurance* étant connu, on cherchera dans $\overline{g+p}^{\,n}$ le terme $g^{n-m}\, p^{m}$, tel que pour $g^{n-m-1}\, p^{m+1}$; l'aſſureur ſeroit en perte, & par conſéquent $g^{n} + n\, g^{n-1}\, p^{1} \cdots + \left(\frac{n}{m}\right) g^{n-m}\, p^{m}$ exprimera la probabilité qu'il avoit de ne pas perdre.

Cette méthode auroit quelque inexactitude; en effet, on détermine ici la probabilité que court chaque vaisseau, d'après ce qui est arrivé, après l'*assurance*, au lieu que c'est ce qui s'est passé avant le contrat d'*assurance* qui a décidé l'opinion de l'assureur: ainsi, il seroit plus exact de prendre le moyen suivant. On déterminera *g* & *p* d'après les événemens d'un commerce semblable, antérieurs à l'époque qu'on voudroit considérer; on chercheroit ensuite pour cette époque la probabilité que l'assureur a eu de ne pas perdre; le taux d'*assurance*, étant celui que l'assureur a fixé à cette même époque. Mais il faut recommencer le calcul pour chaque époque, parce que l'assureur étant instruit des événemens arrivés aux bâtimens assurés peut former un jugement différent de celui qu'il avoit formé avant de les connoître.

On sent enfin qu'on ne peut employer pour élémens dans cette détermination que des taux d'*assurance*, choisis parmi ceux où le négociant faisant assurer avant que ses bâtimens soient exposés au risque, ce taux d'*assurance* est réglé entre l'assureur & lui au-dessous du terme où le négociant perdroit, en faisant assurer, & au-dessus de celui où l'assureur s'exposeroit trop à perdre en assurant. En effet, il est aisé de voir que dans le cas où le négociant est obligé de faire assurer pour sauver une partie de sa fortune, que des événemens imprévus ont exposée, il doit arriver souvent que cette circonstance l'oblige à faire assurer à un taux trop fort.

On a étendu les *assurances* à beaucoup d'autres risques que ceux des entreprises maritimes.

Nous nous bornerons à parler des *assurances* des édifices contre les incendies; il est facile d'y appliquer les principes généraux que nous venons d'exposer; & même comme ici les risques pendant un long-tems, sont absolument semblables, & le taux des *assurances* constant, on pourroit, si l'on avoit un relevé exact des registres d'une chambre d'*assurances* pour cet objet, en tirer avec plus de facilité & d'exactitude, que dans toute autre circonstance, le degré de probabilité de ne point perdre, d'après lequel ce taux a été réglé par les assureurs.

A la vérité, cette détermination ne pourroit point s'appliquer rigoureusement aux autres cas, aux *assurances* maritimes, par exemple; en effet, comme ici le taux est très-foible, & la perte des assureurs très-grande pour chaque événement contraire, il est évident qu'ils doivent se procurer une très-grande probabilité de ne pas perdre: d'ailleurs, comme en ce genre il y a peu de concurrence entre les assureurs, & que l'intérêt d'assurer sa maison est très-grand pour chaque particulier; il est très-vraisemblable que le taux de ces *assurances* est, dans les pays où elles ont lieu, beaucoup plus fort qu'il ne devroit être; mais ces tables donneroient du moins pour la probabilité de ne point perdre, qu'exige la prudence, une limite exacte, au-dessous de laquelle cette probabilité ne doit descendre beaucoup dans aucun cas.

Nous avons supposé toujours ici le paiement de la chose assurée, lorsqu'elle périt, comme se faisant à une époque fixe, ainsi que le paiement de la prime d'*assurance*. Lorsqu'au contraire le terme ou l'assureur doit payer dépend du moment où l'accident arrive, ou il a connoissance de la perte, le problême devient plus compliqué, par exemple, si un homme s'assujettit à donner chaque année 100 liv. pendant 10 ans pour assurer une maison de 100,000 liv., à condition que l'assureur lui paiera cette somme un mois après que la maison aura été détruite par un incendie. On voit que la probabilité de l'incendie & la somme donnée, qu'on doit regarder comme produisant un intérêt variant continuellement; & que si les principes pour résoudre cette question sont les mêmes que ci-dessus, leur application peut exiger des recherches de calcul très-difficiles.

Nous ne nous arrêterons pas plus long-tems sur cet objet. Il nous suffit d'avoir exposé les principes généraux sur lesquels le calcul doit s'appuyer. L'application à la pratique demanderoit des recherches trop étendues, & il seroit peut-être même assez difficile de se procurer les données nécessaires pour rendre cette application assez exacte pour pouvoir être utile. Il s'est formé à Londres un établissement, sous le titre de *Société*, pour l'équitable *assurance* des vies & survivances. Nous en parlerons en détail, *art.* SOCIÉTÉ. (*M. D. C.*)

ASSURER, v. a. en *Méchanique*, signifie *rendre ferme*.

AST

ASTACUS, *Voyez* CANCER.

ASTAROTH, nom de la planète de vénus.

ASTÉRÉOMETRE, (*Astron.*) Instrument destiné à calculer le lever & le coucher des astres, dont on connoît la déclinaison & l'heure du passage au méridien. M. Jeaurat en a donné la description & la figure dans les Mémoires de l'Académie pour 1779. Un plateau circulaire mobile, divisé en 24 heures & en minutes, tourne autour de son centre; une règle mobile entre deux coulisses se meût parallélement à elle-même, de manière à intercepter sur la circonférence du cercle, un arc égal à la durée du jour. Les coulisses entre lesquelles se meût la régle, sont divisées, suivant les degrés de déclinaison, par le moyen de la table des arcs sémidiurnes, de manière qu'en plaçant la règle sur la déclinaison, elle intercepte sur le cercle une quantité double de l'arc sémidiurne: alors mettant à la partie supérieure de l'instrument le nombre qui marque le passage d'un astre au méridien, la règle marque sur le cercle d'un côté le lever, de l'autre le coucher de l'astre. (*D. L.*)

ASTERIO *Voyez* CHIENS DE CHASSE.

ASTÉRISME, *asterismus*, f. m. signifie *en Astronomie* la même chose que *constellation*. *Voyez*

CONSTELLATION. Ce mot vient du grec ἀστήρ, *stella*, étoile. *Voyez* ETOILE. (*O*)

ASTEROPE, (*Astron.*) l'une des filles d'Atlas, & l'une des sept étoiles principales qui composent les Pleïades. Ovide, *Fast. IV*, 170. (*D. L.*)

ASTRAL; ce mot vient du latin *astrum*, qui lui-même vient du mot grec ἀστὴρ, *étoile*. Il est peu en usage : mais on s'en sert quelquefois pour signifier ce qui a rapport aux étoiles, ou qui dépend des étoiles & des astres. *Voyez* ETOILE.

Année astrale ou *sidérale*, c'est le tems que la terre emploie à faire sa révolution autour du soleil; c'est-à-dire, à revenir d'un point de son orbite au même point. Elle est différente de l'année tropique, qui est le tems qui s'écoule entre deux équinoxes de printems ou d'automne; & cette année est plus courte de 20′ 24″; que l'année sidérale qui est de $365^j\ 6^h\ 9'\ 11''$ & $\frac{56}{100}$, tandis que l'année tropique est de $365^j\ 5^h\ 48'\ 48''$.

ASTRE, *astrum*, s. m. est un mot général qui s'applique aux étoiles, tant fixes qu'errantes; c'est-à-dire aux étoiles proprement dites, aux planètes & aux comètes. *Voyez* ETOILE, PLANETE, &c.

ASTRÉE. *Voyez* VIERGE.

ASTROCYNOLOGIE, *astrocinologia*, mot composé du grec ἄστρον, *astre*, κύων, *chien*, & λόγος, *discours*, *traité*. C'est le nom d'un ouvrage de Fiorentini sur les jours caniculaires, cité dans les actes de Leipsick, *acta eruditorum* 1702. *Déc.* 514. *Voyez* CANICULAIRE.

ASTROKYON; nom de la belle étoile appellée aussi SIRIUS.

ASTROLABE, s. m. (*Astronomie*); instrument d'Astronomie dont les anciens se servoient pour les observations; il y en a eu de plusieurs espèces, ou plutôt le même nom a été donné à plusieurs espèces d'instrumens très-différens. Celui de Ptolemée, décrit dans son Almageste (*liv. v, ch. 1, l. vij, c. 4.* ἀστρολάβος), avoit deux cercles exactement tournés, placés l'un dans l'autre à angles droits; l'un représentoit l'écliptique, & l'autre le colure des solstices, sur lequel on marquoit les poles de l'équateur. Un troisième cercle tournoit autour des poles de l'écliptique sur deux cylindres qui y étoient fixés: il servoit à marquer les longitudes. Un quatrième cercle au-dedans des trois autres portoit deux pinules ou deux trous qui servoient à viser à la lune, ou à un autre astre, pour mesurer leur longitude & leur latitude. L'*astrolabe* dont parle Copernic, étoit composé de six cercles, tant fixes que mobiles (*l. ij, c. 14*), à-peu-près dans le goût des *Armilles*, *fig.* 219. *V.* EQUATORIAL.

Mais ce que l'on a appellé *astrolabe* dans les siècles postérieurs, n'est proprement que le planisphère de Ptolemée, sur lequel il y avoit seulement une règle avec deux pinules pour mesurer la hauteur d'un astre : c'est celui qui a été décrit dans une foule de livres du 16e siècle. On appella aussi *météoroscope* cet *astrolabe* planisphère; le *Torquetum* imaginé par les arabes, & qu'on a même attribué aux anciens Caldéens, avoit aussi des surfaces planes au lieu d'armilles, suivant Tycho (*Astronomiæ instauratæ mecanica*, *p.* 39). Enfin on a appellé *astrolabe* de mer un simple cercle avec une alidade pour prendre hauteur en mer : c'est ainsi que ce mot est employé dans Bion, *Traité de la construction des instrumens de Mathématiques*, 1752, *p.* 268.

L'*astrolabe* planisphère, sur lequel on a fait tant d'ouvrages, est une projection des cercles de la sphère sur un plan, par le moyen de laquelle on résout les problèmes de la sphère, comme de trouver les ascensions droites, les déclinaisons, les amplitudes, les hauteurs, les levers & les couchers d'étoiles, même les maisons célestes; car quand l'*astrolabe* étoit à la mode, on faisoit beaucoup d'usage de l'Astrologie judiciaire, & par conséquent des douze maisons.

Dans l'*astrolabe* de Ptolemée, l'œil étoit supposé au pole; l'équateur étoit le plan de projection, & tous les méridiens étoient des lignes droites.

Dans l'*astrolabe* de Gemma Frisius, l'œil est supposé au point d'orient ou d'occident, en même tems que le point équinoxial; ainsi, l'équateur & l'écliptique y sont représentés par des lignes droites, ainsi que le colure des équinoxes & le cercle horaire de six heures; mais ces lignes droites sont divisées inégalement, les degrés sont plus petits vers le centre que vers les bords, comme dans la projection stéréographique. Le plan de projection est un méridien, & l'œil est supposé au point d'orient ou au pole du méridien.

Dans l'*astrolabe* de Roias, auteur espagnol, l'œil est supposé à une distance infinie comme dans la projection ortographique, & les degrés sont beaucoup plus petits sur les bords & plus grands vers le centre; cet *astrolabe* peut s'appeller aussi *analemme*. Messealla donna assez bien la construction & l'usage de l'*astrolabe* planisphère; mais il s'étendit peu sur la théorie. Celle de Ptolemée, dans son *Planisphère*, est pleine de calculs fatiguans, & peu propre à instruire; ce que les grecs Nicephore & Proclus en ont donnée est si obscur & si incomplet, que l'on pourroit croire qu'ils n'ont pas entendu cette théorie, du moins ils n'ont pas su la rendre intelligible. Jordanus fut le premier qui rendit cette théorie d'une manière satisfaisante. Stoffler expliqua très-bien ensuite la construction & l'usage de l'*astrolabe*; & Maurolycus dans ses opuscules, publiés en 1575, en donna une théorie lumineuse fondée sur les sections coniques d'Apollonius.

Dans les grands *astrolabes* en cuivre qui ont un pié de diamètre, qu'on exécutoit, sur-tout en Flandre vers 1565, on trouve celui que Gemma Frisius nommoit universel, *Planisphærium catho-*

licum, *Astrolabium catholicum*, & de l'autre côté, l'*astrolabe* de Ptolemée, *Planisphærium particulare*. On peut voir pour la théorie & les usages de celui-ci Clavius (*Operum*, *t. 3*), & pour l'*astrolabe* universel, l'ouvrage d'Adrien Metius (*Primum mobile*, *Amsterd. 1633*.) : celui-ci étoit professeur de mathématiques en Frise, & il a fait graver les figures de l'*astrolabe* de Ptolemée & de celui de Gemma. *Voyez* aussi Bion, usage des *astrolabes*, 1702. La pièce la plus apparente de l'*astrolabe* universel, ou planisphère, est ce qu'on appelle l'*araignée*. *Planches d'Astronomie*, *fig. 230*. On l'appelle aussi *reseau*, *rete* ; c'est un chassis évidé où il y a des crochets qui marquent par leurs pointes les positions des principales étoiles ; *A* pour l'aigle, *B* pour arcturus, *C* pour la couronne, *S* pour sirius, *O* pour le pied d'orion.

Ce chassis porte une écliptique, & tourne sur une autre plaque fixe où sont marqués l'équateur, les tropiques, l'horizon *HH* & ses parallèles, les verticaux, suivant l'*astrolabe* de Ptolemée, pour trouver les situations des astres par rapport à tous ces cercles, & résoudre ainsi la plupart des problêmes de la sphère. La plaque du fond se retourne & se change pour présenter les horizons de différens pays, & résoudre différens problêmes. L'alidade, qui tourne sur le tout, marque les déclinaisons & les durées du jour : nous l'avons représenté séparément à côté de l'*astrolabe*.

Le pole est supposé au centre de l'araignée ; le cercle extérieur de la plaque située au-dessous, représente le tropique du capricorne projetté sur l'équateur ; le petit cercle intérieur est le tropique du cancer ; celui du milieu *E Q* est l'équateur : on y met aussi l'écliptique.

Une alidade mobile autour du centre, divisée en dégrés de déclinaisons, se place sur les dégrés d'ascension droite marqués autour du limbe, & sert à indiquer sur l'*astrolabe* la position des étoiles. Les plus brillantes sont chacune désignées par une des pointes du chassis mobile. Ce sont ces différens bras qui donnent à ce plan une figure d'araignée.

L'horizon est aussi tracé sous l'araignée avec les verticaux. Quand on amène sur l'horizon oriental une étoile, & qu'on place l'alidade sur cette étoile, elle marque sur la circonférence la différence ascensionnelle. L'alidade étant menée ensuite sur le lieu du soleil pour ce jour-là, on a la différence des heures sur le bord du cercle, & c'est l'heure du lever de l'étoile.

On trace encore sur l'*astrolabe* des verticaux des cercles de hauteur, & l'on s'en sert pour trouver la hauteur du soleil à une heure quelconque. On place l'alidade sur l'heure ; on tourne l'araignée, jusqu'à ce que le point du zodiaque où est le soleil vienne sous l'alidade ; & ce point marque, parmi les cercles de hauteur, le dégré de hauteur du soleil, en même tems qu'il marque, entre les cercles verticaux, l'azimut du soleil.

La partie postérieure de l'*astrolabe*, qu'on appelle spécialement le *planisphère universel*, contient un grand nombre de cercles, comme les méridiens d'une mappemonde, & les parallèles à l'équateur ; en conséquence, nous n'en avons pas donné ici de figure particulière. Ces cercles y sont tracés suivant les règles de la projection stéréographique, l'œil étant supposé à la partie de la circonférence directement opposée au centre du *planisphère*. On y voit des heures le long de l'équateur, des étoiles marquées suivant leurs ascensions droites & leurs déclinaisons, & une ligne droite passant par le centre pour représenter l'écliptique. Ces mêmes cercles représentent aussi, quand on le veut, les cercles de latitude & les parallèles à l'écliptique, ou bien les verticaux & les almicantarats, suivant que les deux points de concours de ces cercles se prennent pour les poles de l'équateur, de l'écliptique ou de l'horizon. Sur un cercle d'un pié de diamètre, il y a autant de méridiens que de degrés, du moins jusqu'à ce qu'on soit assez près des poles pour être forcé à ne les tirer que de 2 en 2, de 10 en 10, & même de 30 en 30 dans le dernier degré.

La règle qui tourne autour du centre de ce *planisphère*, s'appelle *la ligne horizontale*, parce qu'en effet elle représente communément l'horizon ; mais on y marque aussi le degré de l'écliptique, & toujours par des divisions inégales plus grandes, à mesure qu'on s'éloigne du centre, comme dans la projection stéréographique. Avec cette alidade on trouve sur le planisphère l'ascension droite & la déclinaison d'un astre dont on connoît la longitude & la latitude, & l'on résout tous les autres problêmes de la sphère comme avec un globe, & même avec plus de commodité, parce qu'un planisphère est moins embarrassant, & plus d'exactitude, parce qu'un globe n'est jamais bien rond.

Lorsque l'alidade qui tourne sur ce plan représente l'horizon ; si on la place à 49° du pole, elle coupera le tropique du cancer sur le méridien de 8 heures ; ce qui fait voir que le soleil se couche à 8 heures le jour du solstice d'été, & ainsi des autres cas.

Si l'on veut connoître l'ascension & la déclinaison d'un astre, comme d'Arcturus, dont on connoît la longitude $6^s\ 21°$, & la latitude 31°, on considère les cercles convergens comme des cercles de latitude, & les petits cercles comme des parallèles à l'écliptique ; l'on y marque la position de l'étoile, & on y fait venir le bras ou l'index, ou une équerre qui puisse être fixée à la règle. On fait mouvoir la règle jusqu'à $23° \frac{1}{2}$ de l'écliptique, & la pointe du même index montre 31° pour les cercles convergens, & $20 \frac{1}{2}$ pour le parallèle, c'est-à-dire, que l'étoile est à 31° du point équinoxial, ou à 211° d'ascension droite, & à 20 ½ de déclinaison.

On demande la hauteur & l'azimut du soleil à deux heures pour Paris, lorsqu'il a 15° de déclinaison boréale: à l'endroit où le cercle de 30 degrés coupe le parallèle de 15°, on marque la place du soleil; on met la règle à 49° du pole, & l'index sur la place du soleil; on ramène ensuite la règle sur l'équateur, & la considérant comme horizon, l'index marque sur les parallèles celui de 48°, qui est la hauteur du soleil, & sur les cercles convergens celui de 46 degrés, à compter du cercle extérieur, & ce sera l'azimut du soleil, à compter du méridien.

Cette opération est fondée sur ce que dans la projection stéréographique tous les cercles qui passent par le centre sont des lignes droites, divisées de la même manière, & que les cercles qui leur sont perpendiculaires ou parallèles ont la même configuration. Ainsi, dès que l'écliptique, par exemple, & l'équateur sont placés entr'eux convenablement, une étoile rapportée à l'équateur par l'index est également bien rapportée à l'écliptique, & il ne s'agit, pour en compter les degrés de longitude & de latitude, que de transporter la règle avec l'index sur le cercle qui est tout divisé avec ses parallèles & ses cercles perpendiculaires convergens.

Il seroit bien inutile de s'étendre sur les usages de cet *astrolabe* dont on ne fait plus d'usage; mais il falloit en dire quelque chose, parce qu'on en trouve encore fréquemment chez les ouvriers d'instrumens, quoique la plupart aient été fondus comme mitraille, pour en employer le cuivre à d'autres choses.

Dans les trois espèces d'*astrolabes* dont nous avons parlé, il y avoit un défaut commun, celui d'altérer tellement les figures des constellations, qu'elles n'étoient pas faciles à comparer avec le ciel, & d'avoir en quelques endroits des degrés si serrés, qu'ils ne laissoient pas d'espace suffisant pour les opérations. Comme ces deux défauts ont le même principe, la Hire voulut y remédier en même tems, en trouvant une position de l'œil d'où les divisions des cercles projettés fussent moins inégales dans toute l'étendue de l'instrument. Les deux premiers *astrolabes* plaçoient l'œil au pole du cercle & du plan de projection, le troisième à une distance infinie, & ils rendoient les divisions inégales dans un ordre contraire. La Hire trouva un point moyen, d'où elles sont suffisamment égales. Il prend pour son point de projection celui d'un méridien, & par conséquent fait un *astrolabe universel;* & il place l'œil sur l'axe de ce méridien prolongé de la valeur du sinus de 45 degrés; c'est-à-dire que si le diamètre du méridien est supposé de 200 parties, il le faut prolonger de 70 à-peu-près. De ce point ou l'œil est placé, une ligne tirée au milieu du quart de cercle, passe précisément par le milieu du rayon qui lui répond; & puisque de cette manière les deux moitiés égales du quart de cercle répondent aux deux moitiés égales du rayon, il n'est pas possible que les autres parties égales du quart de cercle répondent à des parties du rayon qui soient fort inégales. La Hire fit exécuter par cette méthode des planisphères ou des *astrolabes* plus commodes; mais comme il n'étoit pas absolument démontré que le point de vue d'où les divisions de la moitié du quart de cercle & de la moitié du rayon sont égales, fût celui d'où les autres divisions sont les plus égales qu'il se puisse, Parent chercha en général quel étoit ce point, & s'il n'y en avoit pas quelqu'un d'où les divisions des autres parties fussent moins inégales, quoique celles des moitiés ne soient pas égales. En se servant donc de la géométrie des infiniment petits, Parent détermina le point d'où un diamètre étant divisé, les inégalités ou différences de toutes ses parties prises ensemble font la moindre quantité qu'il se puisse; mais il seroit encore à desirer que la démonstration s'étendît à prouver que cette somme d'inégalités, la moindre de toutes, est distribuée entre toutes les parties dont elle résulte, le plus également qu'il se puisse: car ce n'est précisément que cette condition qui rend les parties les plus égales entr'elles qu'elles puissent l'être; & il seroit possible que des grandeurs dont la somme des différences seroit moindre, seroient plus inégales, parce que cette somme totale seroit répandue plus inégalement. Parent chercha aussi le point où doit être placé l'œil pour voir les zones égales d'un hémisphère les plus égales qu'il se puisse, par exemple, les zones d'un hémisphère de la terre partagé de 10 en 10 degrés. Ce point est à l'extrémité d'un diamètre de 200 parties, qui est l'axe des zones prolongé de 110 ½. *Voyez l'hist. de l'Acad. des Sciences*, 1701, *pag.* 100, & 1702, *pag.* 79. Mais alors on commençoit à abandonner l'usage des *astrolabes*, en sorte qu'on en a exécuté fort peu dans les nouvelles constructions. Ceux que l'on trouve encore de tems en tems sont des *astrolabes* de Gemma Frisius. Au reste, comme on résout les mêmes problèmes par le moyen du globe, on ne fait plus usage des *astrolabes*. (*D. L.*)

ASTROLOGIE, mot dérivé de ἀστήρ, étoile, & de λόγος, discours : ainsi l'*Astrologie* seroit, en suivant le sens de ce terme, la connoissance du ciel & des astres, & c'est aussi ce qu'il exprimoit dans son origine; mais la signification de ce mot a changé, & nous appellons maintenant Astronomie ce que les anciens appelloient *Astrologie*.

L'*Astrologie* judiciaire est l'art de prédire les évènemens futurs par les aspects, les positions & les influences des corps célestes.

L'*Astrologie* passe pour avoir pris naissance dans la Chaldée, d'où elle pénétra en Egypte, en Grèce & en Italie. Il y a des auteurs qui la font Egyptienne d'origine, & qui en attribuent l'invention à

Cham : quant à nous, c'est des Arabes que nous la tenons. Le peuple Romain en fut tellement infatué, que les astrologues ou les mathématiciens, car c'est ainsi qu'on les appelloit alors, se soutinrent dans Rome malgré les édits des empereurs qui les en bannissoient.

L'*Astrologie*, étant aussi analogue à la superstition & à la crédulité des peuples qu'elle étoit favorable au crédit de ceux qui savoient l'employer, fut aussi de tout temps cultivée, autant & plus que l'Astronomie : celle-ci eut même les plus grandes obligations à l'*Astrologie*. (*M. Goguet, I, 215, III, 225; Kepler, Tab. Rud. præf. pag. 4.*) Aujourd'hui les livres d'*Astrologie* sont aussi méprisés qu'ils sont méprisables.

Les règles de l'*Astrologie*, que l'on prétendoit tirer de la nature des choses, étoient dans le fond absolument arbitraires : ainsi, la partie du ciel qui étoit à l'orient ou qui se levoit, formoit la maison de nativité ou la maison de vie, & celle qui alloit se coucher étoit la maison de la mort. *Voyez* MAISON.

Les influences des planètes étoient également arbitraires. Saturne, étant très-éloigné, étoit supposé une planète de nature froide. Jupiter, Vénus & la Lune étoient des planètes tempérées & bienfaisantes ; Saturne & Mars des planètes dangereuses. Le Soleil & Mercure participoient aux propriétés des unes & des autres, suivant les circonstances. (*Ptolemæus de judicis.*) Chaque planète avoit parmi les signes du Zodiaque une maison d'exaltation, où elle étoit censée exercer son pouvoir ; mais les règles de l'*Astrologie* n'étoient pas par-tout les mêmes, & l'on a beaucoup varié dans les principes comme dans les applications.

Actuellement ce n'est que dans les pays d'ignorance, en Asie, au Japon, dans les isles Maldives, où l'*Astrologie* est recherchée. Nous ne pouvons lire les anciens livres des astrologues Européens, sans déplorer l'ignorance & l'aveuglement du vulgaire, qui s'est laissé si long-temps abuser par de si sottes prédictions, & de faire observer combien il étoit utile pour le genre humain de pénétrer & d'approfondir les sciences qui ont su enfin guérir les hommes d'une si misérable imbécillité & d'une stupidité si flétrissante.

Ce n'est pas sans peine qu'enfin l'esprit philosophique a dissipé ces erreurs ; on venoit encore quelquefois, au commencement de ce siècle, consulter, sur l'avenir, des astronomes de l'Académie, & en 1705, M. Lieutaud crut devoir mettre à la tête de la *Connoissance des Temps* : « On ne trouvera ici aucune prédiction, parce que l'Académie n'a jamais reconnu de solidité dans les règles que les anciens ont données pour prévoir l'avenir par les configurations des astres. » En lisant dans le Mercure (*1763, Janvier, 11 vol. pag. 95*), une lettre où je racontois la curiosité que le Grand-Seigneur eut, en 1762, de recevoir tous les ouvrages publiés par les astronomes de l'Académie, on remarquera qu'il demandoit sur-tout les prédictions qui se faisoient sur l'avenir par la science des astres. Peut-être Sa Hautesse ne desiroit nos livres d'Astronomie, que dans l'espérance d'y voir le sort des puissances qui sembloient alors acharnées à se détruire.

Voy. MAISONS, THÊME, HOROSCOPE, DIRECTION, PROMISSEUR, SIGNIFICATEUR. (*D. L.*)

ASTROMETRE. *Voy.* HÉLIOMETRE.

ASTRONOMIE, *Astronomia*, science des mouvemens célestes, des phénomènes qu'on observe dans le ciel, & de tout ce qui a rapport aux astres. C'est une partie des Mathématiques mixtes, dans laquelle on apprend à connoître les grandeurs, les mouvemens & les distances des étoiles, des planètes & des comètes, autant que l'industrie humaine, aidée de l'observation & du calcul, peut nous y faire pénétrer. Le mot d'*Astronomie* vient des mots grecs Ἀστὴρ, *astre*, Νόμος, *loi*. Les grecs appelloient cette science Astrologie ; mais ce dernier terme est réservé aujourd'hui à la science conjecturale dont nous avons parlé *au mot* ASTROLOGIE.

L'*Astronomie* est de toutes les sciences, celle qui nous présente le tableau le plus grand, le plus sublime, le plus digne d'occuper l'esprit humain, par la noblesse & l'immensité de ses objets. Aussi les plus grands philosophes de l'antiquité parlèrent de l'*Astronomie* avec admiration. Laërce raconte qu'on demandoit à Anaxagore pour quel objet il étoit né ; il répondit que c'étoit pour contempler les astres. S'il y a dans cette réponse de l'exagération en faveur de l'*Astronomie*, on y voit au moins l'enthousiasme avec lequel un homme de génie contemploit le spectacle du ciel.

Pythagore disoit que les hommes ne devroient avoir que deux études, celle de la nature pour éclairer l'esprit, celle de la vertu pour régler le cœur. On regarde avec raison l'étude de la morale comme la plus nécessaire & la plus digne de l'homme. *The proper study of mankind is man*, dit Pope ; mais on se tromperoit en croyant qu'on peut être véritablement philosophe sans l'étude des sciences naturelles : pour être sage, non par foiblesse, mais par principe ; il faut savoir réfléchir & penser fortement, il faut, à force d'étude, s'être affranchi des préjugés qui trompent la raison, & qui s'opposent au développement de l'esprit. Voilà pourquoi Pythagore ne vouloit point recevoir de disciple qui n'eût étudié les Mathématiques.

Platon faisoit aussi le plus grand cas de l'*Astronomie*. *Voyez* ce qu'il en dit dans son 35e livre, intitulé *Epinomis vel philosophus*, que Marcile-Ficin appelle *le Trésor de Platon*. *Nolite ignorare Astronomiam sapientissimum quiddam esse*. Il va jusqu'à dire dans un autre endroit que les yeux ont été donnés à l'homme à cause de l'*Astronomie* : c'étoit peut-être l'idée d'Ovide lorsqu'il disoit :

Finxit in effigiem moderantum cuncta deorum,
Pronaque cùm spectent animalia cætera terram,
Os homini sublime dedit cœlumque tueri
Jussit, & erectos ad sidera tollere vultus.

Métam. I. 83.

Peut-on envisager sans un mouvement de compassion & de honte, la stupidité des peuples qui croyoient autrefois qu'en faisant un grand bruit dans une éclipse de lune, on apportoit du remède aux souffrances de cette déesse, ou que ces éclipses étoient produites par des enchantemens ?

Cum frustra resonant æra auxiliaria lunæ.

Met. IV. 333.

Cantus & è curru lunam deducere tentat,
Et faceret, si non æra repulsa sonent.

Tib. I. 8.

Indépendamment de ces terreurs qui dégradent le peuple, on trouve dans l'histoire plusieurs traits qui montrent le désavantage que l'ignorance de l'*Astronomie* donna à des généraux, à des nations entières. Nicias, général des athéniens, avoit résolu de quitter la Sicile avec son armée ; une éclipse de lune dont il fut frappé lui fit perdre le moment favorable, & fut cause de la mort du général & de la ruine de son armée, suivant Plutarque ; perte si funeste aux athéniens, qu'elle fut l'époque de la décadence de leur patrie. Alexandre même, avant la bataille d'Arbelle, fut obligé de faire rassurer son armée effrayée par une éclipse de lune ; il fit venir des astronomes égyptiens, & ordonna des sacrifices. Paul Emile, la veille de la bataille contre Persée, fit aussi des sacrifices à la lune & à la terre, comme aux divinités qui causoient les éclipses.

On voit au contraire d'autres généraux, à qui leurs connoissances en *Astronomie* ne furent pas inutiles. Périclès conduisoit la flotte des Athéniens, il arriva une éclipse de soleil qui causa une épouvante générale ; le pilote même trembloit. Périclès le rassura par une comparaison familière : il prit le bout de son manteau, & lui en couvrant les yeux, il lui dit : crois-tu que ce que je fais-là soit un signe de malheur ? non, sans doute, dit le Pilote ; cependant c'est aussi une éclipse pour toi, & elle ne diffère de celle que tu as vûe, qu'en ce que la lune étant plus grande que mon manteau, elle cache le soleil à un plus grand nombre de personnes.

Agatocles, Roi de Syracuse, dans une guerre d'Afrique vit aussi, dans un jour décisif, la terreur se répandre dans son armée, à la vue d'une éclipse ; il se présenta devant ses soldats, leur en expliqua les causes & dissipa leurs craintes. Tacite parle d'une éclipse dont Drusus se servit pour appaiser une sédition. On raconte des choses de cette espèce à l'occasion de Sulpitius Gallus, lieutenant de Paul Emile dans la guerre contre Persée, & de Dion, Roi de Sicile.

Nous lisons un fait également honorable à l'*Astronomie*, dans l'épitre que Roias adresse à Charles-Quint, en lui dédiant ses commentaires sur le planisphere.

Christophe Colomb, en commandant l'armée que Ferdinand, Roi d'Espagne, avoit envoyée à la Jamaïque, dans les premiers tems de la découverte de cette île, se trouva dans une disette de vivres si générale, qu'il ne lui restoit aucune espérance de sauver son armée, & il alloit être à la discrétion des Sauvages : l'approche d'une éclipse de lune fournit à cet habile homme un moyen de sortir d'embarras. Il fit dire aux chefs des Sauvages que si dans quelques heures on ne lui envoyoit pas toutes les choses qu'il demandoit, il alloit les livrer aux derniers malheurs, & qu'il commenceroit par priver la lune de sa lumière. Les Sauvages méprisèrent d'abord ses menaces ; mais aussitôt qu'ils virent que la lune commençoit en effet à disparoitre, ils furent frappés de terreur ; ils apportèrent tout ce qu'ils avoient aux pieds du Général, & vinrent eux-mêmes demander grace.

Combien les hommes ne doivent-ils pas s'applaudir d'avoir perfectionné l'*Astronomie* assez pour s'affranchir de cette misérable imbécillité, dont ils furent si long-tems dupes ; l'aventure de l'année 1186 dut couvrir de honte les astrologues de toute l'Europe. Chrétiens, Juifs ou Arabes, ils s'étoient tous réunis pour annoncer sept ans auparavant, par des lettres qui furent publiées par toute l'Europe, une conjonction de toutes les planettes, qui devoit être accompagnée de si terribles ravages, qu'il y avoit à craindre un bouleversement universel. On s'attendoit à voir la fin du monde ; cette année se passa néanmoins comme à l'ordinaire, mais cent autres mensonges aussi bien avérés n'auroient pas suffi pour détacher des hommes ignorants & crédules des préjugés de leur enfance ; il a fallu qu'un esprit de philosophie & de recherche se répandît parmi les hommes, leur développa l'étendue & les bornes de la nature, & les accoutumât à ne plus s'effrayer sans examen & sans preuve.

Les comètes furent sur-tout, comme on le sait, un de ces grands objets de terreur que l'*astronomie* a enfin dissipés, même parmi le peuple. On est fâché de trouver encore des préjugés aussi étrangers dans le plus beau poëme du seizième siècle.

Qual con le chiome sanguinose orrende
Splender cometa suol per l'aria adusta
Ch'i regni muta ei fieri morti adduce
E a' purpurei tiranni in fausta luce.

Gerus. liber. VII. 52.

Les charmes de la poésie sont actuellement employés d'une manière bien plus philosophique & plus utiles. Témoin ce beau passage de Voltaire au sujet des comètes, dans son épitre à la Marquise du Châtelet.

Comètes que l'on craint à l'égal du tonnerre,
Cessez d'épouvanter les peuples de la terre;
Dans une ellipse immense achevez votre cours,
Remontez descendez près de l'astre du jour;
Lancez vos feux, volez & revenant sans cesse,
Des mondes épuisés ranimez la vieillesse.

C'est ainsi que l'étude approfondie & les progrès de la véritable *astronomie* ont dissipé des préjugés absurdes & rétabli notre raison dans tous ses droits. Mais ce n'est point à cela seul que se réduit l'utilité de cette science, elle contribue au bien général de plus d'une manière.

On sait assez que la Cosmographie & la Géographie ne peuvent se passer de l'*Astronomie*. Les observations de la hauteur du pole, apprirent aux hommes que la terre étoit ronde; les éclipses de lune servirent à connoître les longitudes des différens pays de la terre, ou leurs distances mutuelles d'occident en orient. La découverte des satellites de jupiter a donné une plus grande perfection à nos cartes géographiques & marines, que n'auroient pu faire mille ans de navigations & de voyages, & quand leur théorie sera encore mieux connue, la méthode des longitudes sera encore plus exacte & plus facile. L'étendue de la méditerannée étoit presque inconnue vers l'an 1600; on la croyoit de 53 degrés, au lieu de 35 qu'il y a réellement, on connoît aujourd'hui cette étendue aussi exactement que celle de France.

C'est à l'*Astronomie* qu'on fut redevable des premières navigations des Phéniciens, & c'est encore à elle que nous devons la découverte du nouveau monde. Christophe Colomb avoit une connoissance intime de la sphère, peut-être plus que personne de son tems, puisqu'elle lui donna cette certitude & lui inspira cette confiance avec laquelle il dirigea sa route vers l'occident, certain de rejoindre par l'orient le continent de l'Asie, ou d'en trouver un nouveau.

S'il reste actuellement quelque chose à desirer pour la perfection & la sûreté de la navigation; c'est de trouver aisément les longitudes en mer; on les a quand on veut par le moyen de la lune, comme on le fera voir au mot Longitude, & si les navigateurs étoient un peu astronomes, leur estime ne les tromperoit jamais de dix lieues, tandis qu'ils sont à deux cents lieues d'incertitude dans des voyages ordinaires. L'usage que l'on fait de l'*Astronomie* pour le Calendrier, pour la Chronologie, pour la Gnomonique, sont des objets sur lesquels nous aurons occasion de nous étendre dans d'autres articles de cet ouvrage. Enfin M. Dupuis a fait voir que toute la Mythologie de l'antiquité se réduit à des symboles & des allégories astronomiques; il est évident qu'il faut connoître très-bien le ciel pour pouvoir les entendre; c'est par-là que M. Dupuis est parvenu à cette singulière découverte dont j'ai rendu compte dans le quatrième volume de mon *Astronomie*.

La Météorologie, c'est-à-dire, la connoissance des changemens de l'air, des vents, des pluies, des sécheresses, des mouvemens du thermomètre & du baromètre, a certainement un rapport bien essentiel & bien immédiat avec la santé du corps humain; il est probable que l'*Astronomie* seroit d'une utilité sensible, si l'on étoit parvenu, à force d'observations, à trouver les influences physiques du soleil & de la lune sur l'atmosphère & les révolutions qui en résultent. M. Toaldo a cru reconnoître que la période de 19 ans de la lune ramène les années pluvieuses; *Della vera influenza degli astri, delle stagion si mutazioni di tempo, saggio amteorologico in Padova 1781*, in-4°. & le saros météorologique 1781. Sur la Météorologie appliquée à la médecine, *Voyez* la dissertation de M. Retz, Amiens 1780, in-8.° Gallien avertit les médecins d'avoir égard au cours des astres; je ne doute pas qu'il ne voulut parler des principes de l'Astrologie judiciaire & des influences qu'on imaginoit alors, d'après une ignorante superstition. Mais en réduisant tout à sa juste valeur, il paroît que les attractions qui soulèvent deux fois le jour les eaux de l'océan, peuvent bien influer sur l'état de l'atmosphère. On peut consulter, à ce sujet, Hoffmann, Méad & autres qui en ont parlé assez au long; il faudroit que les médecins consultassent au moins l'expérience à cet égard, & qu'ils examinassent si ces cercrises & les paroxismes des maladies n'ont pas quelque correspondance avec les situations de la lune, par rapport à l'équateur, aux syzygies & aux apsides; plusieurs médecins habiles m'en ont persuadé.

Ces différens avantages qui se rassemblent en faveur de l'*Astronomie*, l'ont fait rechercher de tous les tems & chez tous les peuples du monde. Josephe dans ses antiquités judaïques, fait remonter jusqu'à Adam l'étude de l'*Astronomie* & les découvertes qu'on y fit. Il nous dit que les descendans de Seth y firent des progrès considérables, & que voulant en conserver la mémoire, ils gravèrent sur des colonnes de pierre & de brique leurs observations astronomiques. Josephe attribue à Abraham les premières connoissances des Egyptiens.

On voit plusieurs passages dans le livre de Job, où Dieu même parle d'*Astronomie*: *numquid conjungere valebis micantes stellas pleyadas, aut gyrum arcturi poteris dissipare? numquid producis luciferum in tempore suo & vesperum super filios terræ consurgere facis?*

On attribue aussi à Moïse des connoissances de même espèce; du moins S. Etienne dit de lui dans

dans les actes des Apôtres, qu'il étoit versé *in omni sapientia Egyptiorum;* ce qu'on doit entendre principalement de la connoissance des astres, qui avoit rendu les Egyptiens si célèbres.

C'est ce qui a fait dire à quelques savans, que les Patriarches avoient été les premiers inventeurs de l'*Astronomie;* M. l'abbé Renaudot, dans son Mémoire sur l'origine de la sphère, *Acad. des inscript. T. 1*, semble incliner pour cette opinion; il en apporte plusieurs raisons, mais nous osons croire avec Basnage qu'elles ne méritent pas d'être réfutées. Il en seroit peut-être de même de l'origine mythologique, rapportée par les Grecs, si la célébrité des noms que la fable nous a conservés, ne méritoit du moins des citations. En lisant les Auteurs qui ont parlé de l'origine de l'*Astronomie*, on trouve une discordance & une obscurité dont on ne pourroit se tirer, si l'on ne distinguoit exactement les époques, ainsi que les différentes parties de l'*Astronomie*, & les degrés des connoissances dont on prétend parler; nous distinguerons donc avec soin la Mythologie, qui remonte tout au plus à 2400 ans avant l'ére chrétienne, tems auquel on a accoutumé de supposer le déluge : les observations Caldéennes, qui ne vont guère qu'à 720 ans avant Jesus-Christ, & les recherches de détails qui ne commencent que 400 ans avant l'ére chrétienne.

M. Bailly, dans son Histoire de l'*Astronomie*, remonte encore plus haut, & jusqu'à un peuple antediluvien, dont la mémoire s'est perdue; M. Dupuis fait aussi remonter l'*Astronomie* des Egyptiens, à plusieurs milliers d'années avant l'époque ordinaire du déluge. On peut voir le Mémoire que j'ai cité.

Quoi qu'il en soit, on voit assez que cette *Astronomie* ancienne ne comprenoit autre chose que la connoissance du mouvement diurne, celle des révolutions apparentes de la lune & du soleil, la situation & les noms des étoiles & des constellations les plus remarquables, & les tems de l'année où elles étoient cachées par le soleil. *V.* HÉLIAQUE. Les Caldéens y ajoutèrent des observations plus exactes sur les éclipses de la lune, avec une légère connoissance des planètes; mais ce ne fut enfin que 400 ans avant Jesus-Christ, qu'on rechercha les inégalités de la lune & des autres planètes, la durée de leurs révolutions, la situation de leurs orbites, la grandeur de la terre & la forme du systême planétaire, & qu'on entreprit de prédire les éclipses.

Pline le naturaliste se plaint vivement de la négligence des anciens à écrire l'histoire de l'*Astronomie :* c'est une ingratitude, dit-il; & une dépravation de l'esprit; on aime à remplir ses annales de guerres & de carnages pour faire connoître les crimes des humains, tandis qu'on leur laisse ignorer la structure de l'univers, & les bienfaits de ceux qui les ont éclairés. *Liv. 2, c. 9.* Diodore de Sicile parlant des Atlantes, raconte assez au long ce qu'ils disoient de la naissance des Dieux, & il ajoute que leur sentiment n'est pas en cela fort éloigné de celui des Grecs; ainsi, nous le rapporterons comme une des sources de la Mythologie grecque. Les Atlantes étoient le peuple le plus policé de l'Afrique : leur pays étoit riche & rempli de grandes villes. Ils prétendoient que les Dieux avoient pris naissance sur les côtes maritimes de leur pays, & cela s'accorde assez, ajoute Diodore, avec ce que les Grecs en racontent. Leur premier Roi fut Uranus. Ce Prince rassembla dans les villes des hommes qui, avant lui, étoient répandus dans les campagnes; il régla leurs usages & les retira de la vie grossière qu'ils menoient. Comme il étoit soigneux observateur des astres, il détermina plusieurs circonstances de leurs révolutions; il mesura l'année par le cours du soleil, & les mois par celui de la lune, & il désigna le commencement & la fin des saisons. Ces peuples qui ne savoient pas encore combien le mouvement des astres est égal & constant, étonnés de la justesse de ses prédictions, crurent qu'il étoit d'une nature plus qu'humaine, & après sa mort ils lui rendirent des honneurs divins à cause de son habilité dans l'*Astronomie*, & des bienfaits qu'ils avoient reçus de lui. Diodore *L. III, T. 1, pag. 444* de la trad. françoise de Terrasson.

Parmi les fils d'Uranus, les deux plus célèbres furent Atlas & Saturne, qui se partagèrent le royaume d'Uranus. Atlas eut en partage les côtes maritimes; on dit qu'il excelloit dans l'*Astronomie*, & que ce fut lui qui représenta l'univers par une sphère. C'est pour cette raison qu'on a prétendu qu'Atlas portoit le monde sur ses épaules. Diod. *pag. 453.* Mais probablement la constellation du bouvier, dont la tête étoit autrefois près du pole & de l'axe du monde, a donné lieu à cette fable d'Atlas.

Cicéron l'expliquoit de la même manière que Diodore : *nec verò Atlàs cœlum sustinere traderetur, nisi cœlestium divina cognitio nomen eorum ad errorem fabulæ traduxisset.* Tuscul. liv. 5, c. 8. Presque tous les auteurs attribuent à Atlas l'invention de la sphère & les premières connoissances des mouvemens célestes. *Voyez*, au sujet d'Atlas, Homere dans l'Odissée, *liv. 1, v. 52.* Vitruve *liv. 6; c. 10.* Virgile, *Æneïd 1, 745.* Diodore, *liv. 4, tom. 2, pag. 62 de l'édition françoise.* Plin, *liv. 2, c. 8.* Weidler, *hist. astronomiæ, pag. 3 & 11.* Atlas donna son nom aux peuples qui habitoient les côtes, & à l'une des plus grandes chaînes de montagnes qu'il y ait en Afrique.

Diodore de Sicile ajoute, qu'Atlas fit part de ses lumières à Hercule, pour reconnoître le service que ce héros lui avoit rendu, en délivrant ses filles qui avoient été enlevées par des voleurs. Hercule transmit aux Grecs ces connoissances qu'il avoit reçues d'Atlas, & passa dans la suite pour l'inventeur de l'*Astronomie. Sophocles in palamede. Vossius de natura artium.*

Le P. Pétau estime qu'Atlas a vécu vers l'an 1638 avant Jesus-Christ, & Hercule 400 ans plus tard. Ceux qui rapportent le siécle d'Atlas à 2400 ans avant Jesus-Christ, le placent au tems où vécut Noé, suivant les commentateurs de l'Ecriture; c'est aussi le siécle d'Yao, suivant les Chinois, & c'est la plus haute antiquité qu'on ait coutume de donner aux élémens de la plus simple *Astronomie*, en admettant même la tradition des Grecs sur l'ancienneté d'Atlas.

Aux fables d'Uranus, d'Atlas & d'Hercule, on doit ajouter celle de tous les hommes illustres qui s'étoient distingués dans l'*Astronomie* & qui passèrent pour inventeurs; Lucien dans son petit ouvrage sur l'Astrologie, expliqua par-là les fables d'Orphée, Tirésias, Atrée, Thieste, Bellerophon, Phrixus, Dædale, Pasiphaë, Endimion, Phaëton: tous, au jugement même des anciens, durent leur célérité à leurs connoissances dans l'*Astronomie*: les hommes étonnés, admiroient avec un saint respect ceux qui leur avoient appris des choses aussi sublimes. Cicéron; *Tusecul. quæst. liv.* 5; *c.* 8. Pline 2. 9.

Enfin l'on sait assez que la Mythologie des Grecs & l'histoire de ses héros est mêlée avec les noms des signes, des constellations & des planetes, on en peut voir les détails dans Aratus, Hyginus, Manilius, Lucien. *Voyez* aussi Jos Scaliger dans ses notes sur Manilius, Riccioli dans son Almageste, *tom.* 1, *pag.* 398 & Blaew ou Phil. Cæsius, *cœlum astronomico poeticum*, 1662. Enfin le mémoire de M. Dupuis, qui explique la Mythologie par les levers & les aspects des constellations, & il cite en témoignage Porphyre, Synesius, Jamblique, Athénagore, &c.

Jusqu'ici ce n'est qu'une tradition obscure & fabuleuse; mais vers le tems de l'expédition des argonautes, 1300 ou 1400 ans avant Jesus-Christ, l'*Astronomie* fit quelques progrès. Le centaure Chiron, Thessalien, que d'autres ont dit être fils de Saturne, apprit le premier aux hommes la justice & le culte des dieux, & les figures du ciel, suivant l'auteur de la *Titanomachie*, cité par Clement d'Alexandrie, *Strom. liv.* 1, *ch.* 15; il en est aussi parlé dans Ausone, *Edyllium* 5, *v.* 20, comme ayant été élevé & instruit par Achille. *Mém. Acad. des Inscriptions & Belles-Lettres, tome xiv.* 361. *xvij.* 46.

L'expédition des argonautes paroît liée avec l'établissement des constellations dans la Grèce, suivant Neuton dans sa chronologie, & Fréret dans sa défense de la chronologie, publiée en 1758. Cela semble prouver que ces noms furent donnés par les grecs aux constellations, peu après le voyage des argonautes. C'est aussi ce que pensoit Sénèque quand il disoit, il n'y a pas encore 1500 ans que la grèce a compté & nommé les étoiles *Nat. quæst. liv.* 7. 25. Sénèque écrivoit vers l'an 65; ainsi, il supposoit que ces noms étoient plus anciens de 1400 ans tout au plus que notre ère vulgaire.

Astronomie *caldéenne*. Les habitans des vastes plaines de Sennaar, où fut bâtie la ville de Babylone, sont les plus anciens astronomes, & les premiers de tous les observateurs dont les observations nous soient parvenues. Tout concouroit à porter leur attention vers le ciel; la garde des troupeaux faisoit leur principale occupation: mais la chaleur du jour leur faisoit choisir le tems de la nuit pour leurs travaux, leurs exercices & leurs voyages; en sorte que le spectacle des astres les devoit occuper, pour ainsi dire, malgré eux. Ajoutons à cela, que dans ces plaines, dont quelques-unes étoient couvertes souvent d'un sable léger que le vent dispersoit facilement, les astres devoient servir à reconnoître les chemins (*Voyages des Indes orientales*, Carré, *chap.* 1, *pag.* 230), & à se conduire dans les voyages; enfin la curiosité, la superstition, & peut-être le goût de l'Astrologie, ajoutés dans la suite à des motifs plus raisonnables, achevèrent de porter les caldéens vers l'*Astronomie*. Ils furent, peut-être, les premiers à y faire des progrès distingués. Les égyptiens devroient peut-être les précéder dans l'histoire de l'*Astronomie*, & quelques auteurs ont donné la préférence aux égyptiens, sur-tout Lucien & Marsham; l'un parmi les anciens; l'autre parmi les modernes, & enfin M. Dupuis, qui trouve les noms de tous les signes du zodiaque, d'accord avec le calendrier rural des égyptiens.

L'*Astrologie* des babyloniens est citée dans divers endroits de l'écriture. Plusieurs auteurs ont regardé Abraham comme un astronome caldéen qui avoit appris l'Arithmétique & l'*Astronomie* aux égyptiens, *Philo de nobilitate*, *pag.* 702, *édit. de Cologne*, 1613; Josephe, Alexandre Polyhistor & Artapanus, cités par Eusebe, *præp. ev. liv. ix*, *ch.* 16, 17 & 18; Vossius, *ch.* 30, §. 6, il est parlé de plusieurs constellations dans le livre de Job, *ch.* 9, & Job étoit arabe de nation, c'est-à-dire, voisin de la Babylonie. On trouve dès le tems d'Achaz, 750 ans avant Jesus-Christ, l'usage des cadrans solaires à Jérusalem, & il paroît qu'on les avoit reçus des babyloniens, à qui Hérodote en attribue l'invention (II. 109); d'ailleurs, on voit que ce prince avoit des liaisons avec Teglath-Phalasar, roi d'Assyrie, *Reg. iv*, 16, *v.* 8. Les babyloniens envoyèrent à Ezéchias, pour s'informer de ce qui étoit arrivé au cadran d'Achaz, dont ils avoient entendu parler. *Paralip. l.* 2, *c.* 32.

Il y a dans la Babylonie, dit Strabon, des philosophes très-occupés de l'Astrologie, & qu'on appelle *caldéens*. Quelques-uns, ajoute-t-il, croient pouvoir annoncer aux hommes, dès leur naissance, ce qui doit leur arriver; mais ils sont désavoués par les autres. La nation des caldéens, & la Babylonie qu'ils habitent, est voisine de l'Arabie & de la mer qu'on appelle *Persique*. Strabon, *l.* 16, *p.* 739, *édit. de Paris*, 1620: il dit ailleurs que les grecs avoient appris cette ſcience des égyptiens & des caldéens, *lib. 17, p. 806.*

Cicéron raconte auſſi que les aſſyriens, qui habitoient de vaſtes plaines, où rien ne pouvoit borner la vue, & empêcher la contemplation du ciel, avoient donné tout leur ſoin à la connoiſſance des aſtres, *de Divinatione, l. 1, n.os 2 & 93.* Diodore de Sicile, quoique prévenu en faveur des égyptiens, dit préciſément que les caldéens ſont les plus habiles aſtrologues qu'il y ait au monde, comme ayant cultivé la ſcience des aſtres avec plus de ſoin qu'aucune autre nation, *l. 2, t. 1, p. 280.* Vitruve en parle à-peu-près de même, *l. 9, c. 7.*

Platon les joint aux égyptiens ſous le nom des ſyriens. *Epin. pag. 622, édit. de 1548*, comme nous le dirons bientôt; ils ſont également cités comme inventeurs de l'Aſtrologie dans Ariſtote, *de cælo* (II. 12), & dans ſon commentateur Simplicius, *fol. 77, verſo, édit. lat. de Veniſe*, 1540; dans Pline, *vij. 56;* dans la vie de Pythagore, par Jamblique, *c. 29, ſect. 158;* dans le commentaire grec de Théon ſur Aratus, *pag. 80, édit. de Paris*, 1559; dans Achille Tatius, au commencement de ſon *Iſagoge, Petavii uranalogion, pag. 73, édit. d'Anvers*, 1705; dans Solinus *Aſia, cap. 65, p. 168;* dans Martianus Capella, *l. 6, de Babyl. p. 225, édit. de 1599.* S. Clément d'Alexandrie, après avoir dit que les égyptiens furent les premiers qui apprirent aux hommes l'Aſtrologie, ajoute auſſi-tôt, & de même auſſi les caldéens, *Stromatum, l. 1, art. 16. p. 361* de l'édition grecque & latine faite à Oxford en 1715, & il les cite toujours enſemble. (*pag. 354, &c.*)

Parmi les modernes, Voſſius a été ſur-tout perſuadé que les babyloniens avoient été les premiers inventeurs de l'*Aſtronomie*, *de naturâ artium, l. III, cap. 30, p. 105. Voyez* auſſi M. Goguet, de l'origine des loix, des arts & des ſciences, *t. 1, p. 215, in-4.o*, & M. l'abbé Renaudot dans le premier volume des *Mémoires de l'Académie des Inſcriptions.*

Les caldéens prétendoient avoir des obſervations de 470 mille ans; mais il y a lieu de croire que c'étoient des jours. *Voyez* Année. Ptolemée, dans ſon *Almageſte*, le plus ancien ouvrage d'*Aſtronomie* que ayons, emploie trois éclipſes de la lune, dont la première avoit été obſervée à Babylone, 720 ans avant J. C.; il paroît donc que c'eſt vers cette date qu'il faut placer les plus anciennes obſervations qui euſſent mérité d'être conſervées. Tout ce qui avoit précédé n'étoit qu'un commencement groſſier de connoiſſances aſtronomiques; il ſe réduiſoit à l'obſervation du zodiaque, des tems du lever & du coucher héliaque des conſtellations, du retour des phaſes de la lune. Il n'y a point d'apparence que la période des 18 ans & 10 jours, qui ramène à-peu-près les éclipſes dans le même ordre, ait été connue de ces premiers caldéens, quoiqu'on l'ait appellée *période caldaïque.*

Le temple de Jupiter Bélus, que Semiramis avoit fait bâtir à Babylone, renfermoit une tour immenſe, qui, ſuivant Hérodote, *l. 1, n.o 181*, avoit un ſtade de hauteur, environ 100 toiſes, & autant de largeur, bâtie avec des briques & de l'aſphalte, au-deſſus de laquelle il y avoit encore ſept grandes tours les unes ſur les autres; elles ſubſiſtoient même du tems d'Hérodote, 440 ans avant Jeſus-Chriſt. Diodore de Sicile dit qu'on convient que ce temple étoit d'une hauteur exceſſive, & que les caldéens y avoient parfaitement obſervé les levers & les couchers des aſtres. *L. II, t. 1, p. 233.*

Diodore de Sicile nous apprend auſſi que les caldéens n'avoient qu'une théorie imparfaite des éclipſes; qu'ils n'oſoient les déterminer, ni en prédire le tems. *L. II, t. 1, p. 279.* Ils connoiſſoient bien les planètes, mercure, vénus, mars, jupiter & ſaturne; mais il paroît qu'ils connoiſſoient mal la durée de leurs révolutions, puiſque Ptolemée, long-tems après, ne ſe flattoit pas encore de les connoître bien; ils faiſoient leur année de 365 jours, & il ne paroît pas qu'ils connuſſent encore l'erreur de ſix heures.

Hérodote nous dit expreſſément que les grecs avoient appris des babyloniens l'uſage du pole, du gnomon & de la diviſion du jour en douze parties; le pole étoit un inſtrument fait pour montrer l'heure du jour; le gnomon ſervoit à montrer les longueurs de l'ombre en différentes ſaiſons, & par conſéquent la longueur de l'année. Pherecydes, vers l'an 540, fit un cadran ſolaire dans l'île de Scyros, l'une des Cyclades, comme nous l'apprend Diogène Laërce; mais Anaximandre, mort l'an 547, en avoit fait un à Lacédémone, & l'horloge d'Achaz paroît devoir faire remonter cette découverte au moins juſqu'à l'an 727. Il ne ſeroit pas étonnant qu'elle eût paſſée des babyloniens aux ſyriens, & de Damas à la Judée. Il n'y eut à Rome de cadran ſolaire que l'an 306 avant Jeſus-Chriſt; ce fut Papirius Curſor qui le fit faire. *Cenſor. ch. 23; Pline, vij. 60.*

Geminus parle beaucoup des obſervations des caldéens; mais il ne diſtingue pas celles qui avoient été faites ſous les rois de Babylone, & ſous les princes Médoperſans: on ne ſait pas s'il y en eut beaucoup depuis la priſe de Babylone par Cyrus juſqu'à la conquête d'Alexandre. Celles dont parle Ptolemée ſe terminent à l'an 492 avant J. C., à la réſerve de deux éclipſes de lune des années 384 & 383, & de quelques obſervations de mercure, que je crois avoir été faites à Babylone; les rois de Perſe n'y réſidant point, négligèrent probablement d'y encourager les ſciences. La révolte arrivée vers l'an 510, avoit déjà préparé la décadence de cette ville. La réputation des caldéens en *Aſtronomie* occaſionna encore long-tems après les impostures des avanturiers, qui, sous le nom de caldéens, alloient prédire l'avenir à la crédule populace.

Caldæis sed major erit fiducia.
Juven. 6. 553.

mais alors la superbe Babylone étoit en ruine, & ne ressembloit plus qu'à un désert; les sciences avoient passé en Grèce & en Egypte.

Les égyptiens s'attribuèrent l'invention de l'*Astronomie;* ils sont cités conjointement avec les caldéens, dans le plus grand nombre des auteurs grecs. Hérodote attribue sur-tout aux égyptiens la plus grande partie des connoissances des grecs: Aristote, Pline, Macrobe (*Somn. scip.* 22), attribuent la première invention de l'*Astronomie* aux égyptiens & aux caldéens, conjointement, Vossius, *de naturâ artium, l. III, c. 30, §. 13, p. 106.*

Marsham étoit persuadé que l'*Astronomie* avoit pris naissance en Egypte, & non pas en Caldée. *Canon chronicus, p. 143, 475, 481, édit. de 1696;* mais il accorde aux babyloniens le rétablissement des sciences en Egypte, après la destruction de l'empire de Perse; car, dit-il, pendant le tems où l'Egypte fut gouvernée par les perses, les arts y furent négligés, & passèrent à Babylone. (*p. 475. 505*) Marsham parle des deux mercures, dont l'un surnommé Thoth, fut regardé comme l'inventeur de l'*Astronomie*, peu de tems après le déluge, & le second surnommé Trismégiste, vécut peu après Moyse, 1500 ans avant Jesus-Christ (*p. 34 & 241*). Il cite Syncelle, Eusebe & Jamblique. Les égyptiens se vantoient d'avoir envoyé des colonies par toute la terre: selon eux, Bélus en avoit conduit une dans la Babylonie; il y avoit institué les prêtres caldéens, qui s'adonnèrent à l'étude des astres, à l'imitation des prêtres, des naturalistes & des astrologues égyptiens. *Diod. Sic. l. 1, pag. 56 & 173.* Pausanias dit aussi que Babylone tiroit son nom de Belus, égyptien.

Cependant la manière mystérieuse & énigmatique dont s'expliquoient les prêtres égyptiens, en enveloppant leurs connoissances sous des hyéroglyphes & des emblêmes, fait qu'on n'a rien su de positif sur la date & l'origine de leur première *Astronomie;* elle étoit peut-être plus ancienne, mais plus bornée.

Diodore de Sicile, quoique très-favorable aux prétentions des égyptiens, dit peu de chose de leurs connoissances en ce genre, si ce n'est qu'ils marquoient au juste les révolutions des planètes & leurs mouvemens directs, stationnaires & rétrogrades. *Diod. t. 1, p. 172.*

Diodore, en parlant des habitans de Thèbes ou Diospolis, ville de la haute Egypte, qui se prétendoient les plus anciens habitans de la terre, & les premiers inventeurs de l'*Astronomie*, dit seulement, il paroît qu'ils avoient observé soigneusement les éclipses, & qu'ils faisoient des prédictions à ce sujet; mais Diodore ne dit pas précisément & clairement, comme M. Terrasson le lui fait dire, qu'ils prédisoient des éclipses, *l. 1, t. 1, p. 129.*

Diogène Laërce, dit aussi que depuis le tems de Nilus, 1200 ans avant J. C. jusqu'à celui d'Alexandre, les égyptiens avoient observé 373 éclipses du soleil, & 832 de la lune; mais il ne dit point où & comment on avoit fait ces observations.

Il ne paroît pas qu'Hipparque ait fait aucun usage des éclipses observées en Egypte, dont probablement le tems & la mesure n'avoient pas été assez bien déterminés; il ne se servit que de celles de Babylone.

On est incertain si les égyptiens ont connu plus de 400 ans avant J. C. l'erreur d'environ six heures qu'il y a dans les années communes de 365 jours; il semble qu'ils l'ignoroient alors, comme le croient M. Goguet & M. Dupuy. *Mém. de l'Acad. des Inscript. tom. 29, pag. 116. Voyez* Année.

Hérodote n'en parle pas; mais Platon & Eudoxe, 80 ans après Hérodote, apprirent des égyptiens, comme une chose mystérieuse & secrette, la circonstance des six heures. Strabon, *l. 17, p. 806;* ce qui semble prouver que la découverte étoit récente en Egypte. Goguet, *t. 3, pag. 98.*

C'est alors probablement qu'on distingua l'année astronomique & l'année civile; celle-ci continua cependant à être de 365 jours. (*Geminus, c. 6.*) *Voyez* l'histoire du *calendrier égyptien*, par M. de la Nauze, dans les *Mém. de l'Acad. des Inscript. t. 14, p. 334.* M. Dupuy, *t. 29.* M. des Vignoles, Miscell. Berolin. *t. 4, p. 1.* Théod. Gaza, *de mensibus, apud Petav. in Uranol. Censor. c. 18, p. 93.*

Diogène Laërce attribue beaucoup de connoissances aux égyptiens; mais il paroît, par ce que nous venons de dire, que c'est environ à l'an 400 avant J. C. qu'il faut rapporter ce qu'il en dit. Suivant cet auteur, on savoit en Egypte que les étoiles étoient des feux; que le monde étoit rond comme une boule; que la lune s'éclipsoit en entrant dans l'ombre de la terre, & que le mouvement des planètes étoit fort inégal. (*in proemio, p. 3.*) Diodore de Sicile dit à-peu-près la même chose, *liv. 1, tom. 1, pag. 149, édit. françoise.*

Il en est probablement de même de ce que rapporte Macrobe (*Somn. scip. l. 1, c. 19*), quand il dit: les égyptiens ont découvert que le cercle décrit par le soleil est environné par un cercle extérieur que mercure décrit, & que le cercle de vénus renferme encore celui de mercure, de manière que ces deux astres sont au-delà du soleil lorsqu'ils sont à la partie supérieure de leurs orbites. Vitruve, *l. 9, c. 4*, en parle assez au long, comme nous le dirons à l'occasion du systême de Copernic, qui étendit cette belle idée à toutes les autres planètes; ils eurent la première idée de la pluralité des mondes, & Orphée la répandit parmi les grecs. *Voyez* PLURALITÉ.

La période ou semaine de sept jours, dont chacun est consacré à une des sept planètes, suivant Hérodote, *l. II, c. 82*, & Dion Cassius, *liv. 37*, fut un établissement des égyptiens, adopté ensuite par les grecs & par les romains.

Le lever & le coucher des étoiles en divers tems de l'année a dû être un des premiers objets de l'attention des peuples observateurs; aussi les égyptiens en avoient dressé des tables, comme il paroît par un passage de Diodore de Sicile, *l. 1, p. 46 de l'édit. de 1604*, où il s'agit du tombeau d'Osymandias, roi d'Héliopolis. On y voyoit un cercle d'or de 365 coudées (chacune répond à 20 ½ pouces). On voyoit un jour de l'année à chaque coudée, avec le lever & le coucher des étoiles, qui répondoient à chaque jour, & les propriétés qu'on leur attribuoit. Ce cercle fut enlevé sous le règne de Cambyse, roi de Perse, lors de la conquête de l'Egypte, 524 ans avant J. C.

Le lever héliaque de sirius ou de la canicule, fut sur-tout observé soigneusement en Egypte. Ce genre d'observations avoit précédé, selon les apparences, tous les autres, & remonte peut-être à 4 mille ans avant J. C., ou même beaucoup plus haut, suivant quelques auteurs.

Strabon, qui voyagea en Egypte vers le tems d'Auguste, ne trouva presque plus de vestiges de ces sciences parmi les prêtres d'Egypte, & les égyptiens n'avoient brillé long-tems auparavant qu'à raison de l'ignorance des grecs; mais au tems de Strabon, leurs sciences & leur célébrité avoient passé aux habitans de la Grèce, comme la plupart des grands établissemens de la Grèce avoient été formés par des colonies venues d'Egypte.

Les grecs instruits à l'école des égyptiens, les ont regardé comme les inventeurs de toutes les sciences, & leurs écrivains en ont parlé sur ce ton; de sorte qu'il devient très-difficile pour nous de démêler le mérite des autres nations, sur-tout des caldéens. Nous croyons cependant que les caldéens étoient presque aussi ignorans en *Astronomie* 800 ans avant J. C.; que les péruviens & les mexicains se sont trouvés l'être dans le 15e siècle.

ASTRONOMIE *des Grecs*. Platon attribue aux barbares, c'est-à-dire, aux étrangers, toute la philosophie des grecs, comme l'observe S. Clément d'Alexandrie. *Stromatum, l. 1, c. 15, p. 355*. Il remarque encore que Pythagore étoit tyrrenien; Antisthènes, phrigien; Thalès, phénicien; qu'Orphée étoit de Thrace; & Homère, égyptien, suivant le plus grand nombre. Tout annonce l'antériorité des africains & des asiatiques sur les grecs.

Thalès de Milet, que plusieurs ont dit être phénicien, parut dans un tems où les grecs n'avoient encore aucune *Astronomie* planétaire, environ 600 ans avant J. C. Diogène Laërce (*l. 1, p. 6, édit. de 1594*), d'après Eudeme, qui avoit fait l'histoire de l'*Astronomie*, nous apprend que Thalès fut le premier des grecs qui détermina le cours du soleil d'un solstice à l'autre, & qui régla la division de l'année. Il voyagea en Egypte étant déjà avancé en âge: Thalès fut le premier qui apprit aux grecs la cause des éclipses, *de Placit. phil. l. II, ch. 24*; il connoissoit la rondeur de la terre, & la divisoit en zones par le moyen des tropiques & des cercles polaires; il parloit du cercle oblique du zodiaque, du méridien, qui coupe tous les cercles en s'étendant du nord au sud, & de la grandeur du diamètre apparent du soleil.

Hérodote, *l. 1, n.° 74*; Cicéron, *de divin. 1*; Pline, *II. 12*, assurent que Thalès avoit prédit aux joniens une éclipse totale de soleil, qui arriva pendant la guerre des lydiens & des mèdes. Riccioli & Neuton croient que cette éclipse fut celle du mois de mai, 585 ans avant J. C. Suivant Bayer dans les mémoires de Péterslbourg, & M. Costard dans les Transactions philosophiques de 1753, ce fut celle qui arriva le 18 mai 603, à huit heures du matin: M. Chasseboeuf la met à 621. Au reste, la manière dont Hérodote raconte cette prédiction est si vague, qu'on a peine à croire qu'elle ait réellement été faite; mais s'il étoit vrai que Thalès eût prédit une éclipse de soleil, ce ne pourroit être que par le moyen de la période générale de 18 ans & 11 jours, dont il auroit eu connoissance par les égyptiens ou caldéens; car on n'étoit pas encore au point de pouvoir prédire les éclipses par un calcul exact des mouvemens de la lune.

L'année des grecs, aussi bien que celle des égyptiens, avoit été originairement de 354 jours; elle étoit encore de 360 au tems de Solon. (*Marsham, pag. 360.*)

A l'égard des planètes, vénus est la seule dont il soit parlé dans Hésiode & dans Homère, comme dans l'Ecriture. Démocrite soupçonnoit qu'il y avoit plusieurs étoiles errantes; mais il n'avoit pas osé en déterminer le nombre. *Sen. quæst. nat. l. 7, cap. 3*, & les grecs ne connoissoient point encore les mouvemens des cinq planètes, lorsque Eudoxe en apporta d'Egypte la première connoissance, 380 ans avant J. C. Les grecs en voyant vénus briller, tantôt le soir & tantôt le matin, en avoient fait deux planètes différentes, esperos & eosphoros. On prétend que Pythagore fut le premier qui fit connoître aux grecs que ces deux astres n'en faisoient qu'un. Stobée, *Ecl. phys. l. 1, p. 55*; Plin. *liv. II, cap. 8*; Diog. Laërce, *l. 8, sect. 14*.

Anaximandre, né 610 ans avant Jesus-Christ; ensuite Anaximène, Anaxagore, Démocrite, Phi-

Iolaus de Crotone, sont célébrés par les auteurs grecs comme ayant contribué aux progrès de l'*Astronomie*. Eudoxe naquit 421 ans avant J. C. Cicéron dit qu'on peut le regarder comme le prince des astronomes; & cela au jugement des hommes les plus savans, *de Divinat. II. 87.* Sextus Empiricus cite Eudoxe avec Hipparque, c'est-à-dire, avec le plus grand astronome de la grèce. *Advers. Mathem. lib. 5. initio.* Cependant en voyant combien la sphère d'Eudoxe, ou la situation des cercles de la sphère par rapport aux étoiles, qu'on lui attribue, est différente de celle qui devoit avoir lieu de son tems, on a sujet de croire qu'Eudoxe n'observa presque point lui-même, & n'écrivit que d'après les égyptiens, chez lesquels il avoit été pour apprendre l'*Astronomie*, comme le racontent Cicéron, Strabon, Diogène Laërce. Sénèque dit aussi qu'Eudoxe rapporta le premier de l'Egypte la connoissance des mouvemens planétaires. *Quæst. nat. 7. 3.*

Vitruve lui attribue l'invention de l'araignée, espèce de cadran solaire. *Arachnen Eudoxus astrologus, non nulli dicunt Appollonium.* (IX. 9. *initio.*) Hipparque, l'un des plus grands astronomes dont les observations nous soient parvenues, cite quelquefois Eudoxe avec éloge. On peut encore citer Pytheas parmi les astronomes grecs; cependant leurs progrès furent lents & médiocres jusqu'au tems où Ptolemée Philadephe ranima les sciences à Alexandrie, en se déclarant le protecteur des savans, vers l'an 280 avant J. C. Les observations de Timocharès, d'Aristylle, d'Eratosthène & d'Hipparque, donnèrent à l'*Astronomie* une nouvelle face. Ces observations firent connoître la grandeur de la terre, la précession des équinoxes, la durée & les inégalités des mouvemens planétaires; mais les connoissances que l'on eut sur cette partie étoient encore bien imparfaites: aussi Ptolemée fait-il cette remarque à l'occasion d'Hipparque: le tems depuis lequel nous avons des observations des planètes rédigées par écrit, est si court en comparaison de la grandeur d'une telle entreprise, qu'on ne peut être assuré des prédictions qu'on en feroit pour un long espace de tems....... Ainsi je pense qu'Hipparque, amateur du vrai, entreprit à la vérité ce travail pour les mouvemens du soleil & de la lune, en démontrant, autant qu'il étoit possible, que ces mouvemens étoient réellement circulaires; mais il ne l'entreprit pas pour les autres cinq planètes, du moins autant qu'il paroît par les ouvrages que nous avons pu avoir de lui. *Almageste, liv. ix, chap. 2.*

Posidonius doit être aussi compté au nombre des astronomes grecs; c'est lui dont Pline a adopté les opinions sur les distances des planètes, & elles étoient fort exactes: il vivoit 80 ans avant J. C.

Pour avoir sur les astronomes grecs tous les détails possibles de la plus vaste érudition; il faut consulter Fabricius, *Biblioth. græca, t. 11.* On a l'histoire de l'*Astronomie* de Weidler, qui a fait très-grand usage du livre de Fabricius: on peut aussi consulter Scaliger dans ses prolégomènes sur Manilius, Vossius, *de Sci. mat.* le P. Pétau, *Uranalogion*, & sur-tout l'histoire de l'*Astronomie* par M. Bailly.

Les romains, occupés de l'art militaire, cultivèrent peu les sciences. Le Senatus-Consulte, de l'an 52 de J. C., par lequel les mathématiciens furent chassés d'Italie, renouvellé par Domitien, en 83, dut éloigner encore le goût des Mathématiques. Nous n'y voyons d'autre astronome connu que Menelaüs, qui vivoit à Rome au commencement du régne de Trajan, l'an de Jesus-Christ 98. (*Petau, l. xj, cap. 23*). Il détermina les longitudes de plusieurs étoiles, par le moyen des conjonctions de la lune: il en est parlé dans Ptolemée, *vij. 3.*

Ptolemée est le seul de tous les anciens astronomes dont il nous soit resté un ouvrage important: c'est à lui que nous sommes obligés d'avoir recours pour l'histoire de cette science; on en peut voir la notice dans Weidler, *pag. 184, 202*, & ci-devant *au mot* ALMAGESTE.

Théon d'Alexandrie est le seul successeur de Ptolemée dont il nous reste un livre utile, qui est un commentaire sur l'*Almageste* de Ptolemée; il y a une éclipse de soleil observée à Alexandrie l'an 365. Il eut une fille nommée Hypatia, dont les connoissances en *Astronomie* excitèrent une si grande jalousie parmi ses concitoyens, qu'elle fut assassinée, déchirée & traînée dans les rues par la populace d'Alexandrie. Boulliaud, *Astron. phil. p. 15.* Il cite Suidas & Hesychius, *in vitis Phil.*

L'éclipse observée par Théon, avec celle que Thius observa l'an 500 à Athènes, sont presque les seules observations qui aient été faites dans la Grèce depuis Ptolemée; si cependant l'on cherchoit avec soin dans les manuscrits des grandes bibliothèques, il seroit possible qu'il s'en trouvât encore quelques-unes.

On ne voit pas précisément dans quel tems les sciences s'éteignirent dans la Grèce; nous savons seulement que dans la division de l'Empire, l'Egypte resta aux Empereurs d'Orient jusqu'à l'an 614 qu'elle fut ôtée à l'Empereur Héraclius par les Perses, sous la conduite de Cosroës (*Abulfaragius, Hist. Dynast.*); sous Omar, second Calife ou second successeur de Mahomet, Alexandrie fut prise par Amrou Ebno'l-Aas, & la fameuse bibliothèque fut brûlée l'an 641. Ce fut-là le terme du progrès des Sciences en Egypte & en Grèce; car les Arabes n'eurent d'abord ni le goût ni le loisir de s'en occuper.

ASTRONOMIE *des Arabes.* Il se passa près de 200 ans de guerres & de révolutions avant que les Arabes fissent rien pour les sciences. Mais enfin, les Califes de Babylone ayant étendu leur domination jusqu'aux Indes, le loisir les dirigea vers l'étude; le second Calife de la famille des Abbassides fût Almanfor ou Almanfour, Prince rempli de connoissances, & qui commença de répandre dans son Empire le goût de l'étude. *Historia compendiosa Dinastiarum, autore Georgio Abulpharajio*, &c., 1763, 2 vol in-4., pag. 160. *Voyez aussi le Dictionnaire de Bayle*, au mot ABULPHARAGE.

Almamon, fils de Harun Al-Rashid, & petit-fils d'Almanfor, parvint à l'Empire en 814; ayant été élevé avec soin & dans l'amour des sciences, il s'appliqua à les cultiver & à les faire fleurir dans ses états; il demanda aux Empereurs Grecs les livres de Philosophie qu'il y avoit chez eux. Si c'est à Michel le Begue, qu'il avoit vaincu plusieurs fois, cet Empereur, qui ne savoit ni lire ni écrire, ne dut pas se rendre fort difficile à cet égard; Almamon rassembla des interprètes habiles tels que Mesué son Médecin, pour en faire des traductions; il encourageoit ses sujets à les étudier; il fréquentoit les savans & assistoit à leurs exercices (*Abulpharage, page 160*). Il fit traduire l'Almageste; il détermina l'obliquité de l'écliptique; il fit mesurer un degré de la terre sur les bords de la mer rouge, comme on le voit dans les *Elémens d'Astronomie* d'Alfragan, qui vivoit dans le même tems, c'est-à-dire vers l'an 830.

Albategnius, Prince Arabe, qui vivoit l'an 912, fit aussi des observations à Aracte en Méfopotamie, & à Antioche. Il rectifia les tables de Ptolémée, & ses observations servirent encore dans la suite pour les tables Alphonsines. Nous avons aussi des observations de Tabeth & de Ibn-Iounis.

On trouve dans les transactions philosophiques de la Société royale de Londres un Mémoire d'Edouard-Bernard, où il est parlé d'un très-grand nombre d'Astronomes Arabes, dont les ouvrages n'existent qu'en manuscrits: une seule bibliothèque d'Oxford en renferme plus de quarante qui contiennent des traités ou des observations astronomiques; il y en a plusieurs dans la bibliothèque du Roi à Paris, & dans la bibliothèque de l'Escurial, dont on a publié le catalogue il y a quelques années. Il seroit bien à souhaiter que nos savans Interprètes voulussent tourner leurs vues sur ces objets, qui seroient plus utiles que les romans qu'ils ont traduits, & qui illustreroient la Littérature orientale dont ils s'occupent.

Les Arabes, dans le VIIIe siècle, s'emparèrent de l'Espagne; ils y portèrent leur *Astronomie* & la Philosophie péripateticienne, & il y eut plusieurs hommes célèbres qui firent long-tems la réputation de l'Espagne. Parmi les Astronomes on compte sur-tout Arzachel & Alhazen.

Les sciences pénétrèrent avec le Musulmanisme jusques dans la Perse, & de-là dans la Tartarie & dans les Indes. Il nous en reste un monument précieux dans les ouvrages d'Ulug-Beg ou Ulug-Beigh, qui étoit petit-fils du grand Tamerlan, & qui, vers l'an 1430, régnoit dans la Bactriane: la capitale de son Empire étoit Samarkande,

située à 39 degrés 37′ 23″ de latitude, & 6 degrés à l'orient de la mer caspienne. La domination de ce Prince s'étendoit sur les deux rives du fleuve Oxus ou Gihon, qu'on appelle aussi Gilhus. Nous avons de lui un catalogue célèbre des longitudes & des latitudes des étoiles. Ulug-Beg composa aussi des tables astronomiques pour le méridien de Samarkande, tant sur ses observations que sur celles de Salaheddin Al-Roumi, qui en avoit formé l'entreprise. On dit que ces tables étoient si exactes, qu'elles différoient peu de celles de Tycho-Brahé. *D'Herbelot, page 935.*

ASTRONOMIE *des Chinois.* Quoique l'*Astronomie* ait été cultivée très-anciennement à la Chine, elle y avoit fait peu de progrès, & il semble que l'on voie les Chinois suivre pas à pas les autres nations dans leurs progrès. Le P. Gaubil a composé une histoire de l'*Astronomie* chinoise, publiée par le P. Souciet en 1729 & 1732, dans laquelle on trouve d'assez grands détails historiques; mais on n'y trouve, pour ainsi dire, qu'une seule observation de l'an 1278, dont les Astronomes aient profité.

Dans les premiers siècles de l'Histoire de la Chine il n'est fait mention que d'une seule éclipse, que les uns rapportent à l'année 1948 av. J. C. d'autres à 2159; le P. Gaubil la fixe au 12 Octobre 2155, tome II, pag. 115, en comptant à la manière des chronologistes ordinaires. M. Fréret, étayé des calculs de M. Cassini, la place au 23 Septembre 2007. (*Acad. des Inscrip. XVIII, 251*); mais ces différences prouvent que l'éclipse est très-douteuse.

Dans les siècles postérieurs, jusqu'à l'an 721, il n'y a de même qu'une seule éclipse dont il soit fait mention; elle arriva le 6 septembre 776 avant J. C. (II. 154); la suite des 32 éclipses rapportées par Confucius dans le Tchun-Tsieou, ne commence qu'à l'an 721, & va jusqu'à l'an 480; mais les Caldéens observoient alors avec assiduité & avec précision, en sorte qu'on seroit tenté de croire que les Chinois auroient emprunté des Caldéens les observations dont ils ont enrichi leur histoire; on y trouve d'ailleurs de fausses éclipses, suivant le P. Couplet. (*M. Cassini, Règles de l'Astronomie indienne*).

Vers l'an 66 avant J. C., Lieou-Hin écrivit un cours entier d'*Astronomie*. Il supposoit l'obliquité de l'écliptique de 24 degrés chinois, ou 23°, 39 minutes 18 secondes. Il ignoroit le mouvement propre des étoiles, aussi-bien que toutes les équations & les inégalités de la lune, du soleil & des planètes. Il rapportoit à l'équateur la situation de tous les astres. Ainsi, l'on voit que l'*Astronomie* étoit moins avancée à la Chine qu'à Alexandrie, où Hipparque venoit de découvrir la précession des équinoxes.

L'an 206 de J. C., Lieou-Hong & Tsay-Yong parlèrent les premiers des inégalités de la lune qu'ils faisoient de cinq degrés chinois; ils reconnurent que la longueur de l'année n'étoit pas tout-à-fait de 365 jours six heures, mais l'*Astronomie* de Ptolémée étoit alors connue dans tout l'orient, & il n'est pas possible qu'on n'en eut connoissance à la Chine.

Les observations de Co-Cheou-King faites à Pekin avec un gnomon de 40 piés de hauteur, l'an 1278, sont de beaucoup postérieures à celles que les Arabes avoient faites au tems d'Almamon & d'Albategnius. Enfin l'*Astronomie* étoit extrêmement négligée, lorsque les Missionnaires Jésuites y portèrent celle des Européens, qui fut bientôt adoptée par ordre des Empereurs.

Renouvellement de l'Astronomie. Depuis l'an 800 jusqu'à l'année 1300, l'Europe étant plongée dans la plus profonde ignorance, il n'y eut de bons ouvrages & de gens habiles que parmi les Arabes. L'Empereur Frédéric II, vers l'an 1230, prépara le renouvellement des sciences, en se déclarant protecteur des savans. Il rétablit l'Université de Naples; il fonda celle de Vienne en Autriche en 1237; il donna une nouvelle vigueur aux écoles de Bologne & de Palerme; il fit traduire de l'arabe plusieurs anciens livres de Médecine & de Philosophie, en particulier l'Almageste de Ptolemée qui fit la première époque du renouvellement de l'*Astronomie* en Europe.

Sacro-Bosco, mort en 1256, fut un des premiers qui acquirent de la réputation dans l'*Astronomie* : Alphonse, Roi de Castille, fit construire des tables nommées *Alphonsines*, en 1252. Purbachius publia en 1460 ses Théoriques, sur lesquelles il y a eu plusieurs commentaires; il mourut en 1461. Gassendi a composé la vie de Purbachius, tome V, aussi bien que Melchior Adam *vitæ germ. philosop. Heidelbergæ*, 1615, in-8°. Tannstetter, dans la préface qu'il a mise dans les tables des éclipses de cet auteur, & Weidler, page 301, ont donné le catalogue de tous ses ouvrages. Quoiqu'il fût très-peu observateur, l'on trouve cependant quelques observations de lui, avec celles de Regiomontanus & de Waltherus, publiées par Schoner.

Mais c'est à Regiomontanus que commence la liste des véritables observateurs, & le renouvellement de l'*Astronomie*. Ses observations & celles de son disciple Waltherus sont encore aujourd'hui d'un très-grand secours aux astronomes.

Copernic commença vers l'an 1507 à méditer sur l'*Astronomie*, à faire de nouvelles recherches & de nouvelles tables des mouvemens célestes, & il finit en 1543 son fameux livre *de revolutionibus orbium cœlestium*, qui fait époque dans l'histoire de l'*Astronomie*. *V.* SYSTÈME DE COPERNIC.

Pierre Apian publia en 1540 son *Astronomicum Cæsareum*; Erasme Reinhold composa en 1551 des tables astronomiques, dédiées à Albert de Brandebourg, Duc de Prusse, qui étoit son bienfaiteur, & intitulées par cette raison: *Tabulæ prutenicæ*; elles étoient faites sur les observations de Copernic & & de Ptolemée; mais elles étoient plus exactes que celles de Copernic, parce que celui-ci, à qui les longueurs des calculs déplaisoient, avoit mis peu de soin dans la construction de ses tables astronomiques; souvent même elles ne représentent pas exactement les observations sur lesquelles l'auteur les avoit établies. Les tables de Reinhold sont pour le méridien de Kœnigsberg, capitale du royaume de Prusse sur la mer baltique. Reinhold publia encore plusieurs ouvrages, & il en préparoit beaucoup d'autres, lorsqu'il mourut en 1553.

Oronce Finé, Gemma Frisius, Leovitius, Jean Fernel, Pierre Cardan, Rheticus, Nonius, Stadius, Mœstlinus se distinguèrent aussi dans le XVIe siècle, les uns par des éphémérides, les autres par des tables, des traités ou des inventions d'*Astronomie*. Le Landgrave de Hesse-Cassel, Guillaume IV, fut le Souverain qui contribua le plus par sa protection, ses dépenses & ses travaux personnels au rétablissement de l'*Astronomie* depuis 1561 jusqu'en 1592 : il s'appliqua lui-même aux observations astronomiques; il s'attacha Rothmann & Birgius, le premier qui étoit grand astronome, & le second qui excelloit à faire les instrumens connus de son tems; ses observations sont les meilleures qui aient été faites avant Tycho : la plupart ont été publiées à Leyde en 1618; on les trouve encore avec le catalogue des étoiles tiré des observations de ce Prince dans l'Histoire céleste de Tycho; publiée en 1666; les autres sont en manuscrits; il y en a une copie dans la bibliothèque de l'Académie des Sciences de Paris.

Enfin parut TYCHO-BRAHÉ, le plus grand observateur qu'il y ait eu; il fut le premier qui, par l'exactitude & le nombre de ses observations, donna lieu à la perfection de l'*Astronomie*; toutes les théories, les tables & les découvertes de Képler sont fondées sur ses observations, & leurs noms, à la suite d'Hipparque & de Ptolemée, doivent aller à l'immortalité.

Depuis l'an 1582 jusqu'en 1597, Tycho fit à Uranibourg une si grande quantité d'observations sur toutes les parties de l'*Astronomie*, que non-seulement il perfectionna toutes les théories & tous les calculs dont on faisoit usage avant lui, mais il donna lieu à Kepler de découvrir ses fameuses loix des mouvemens planètaires qui ont conduit Newton à la découverte de l'attraction, & qui par conséquent ont amené l'*Astronomie* au degré de perfection où nous la possédons actuellement. Tycho mourut le 24 octobre 1601.

KEPLER, né en 1571, mort en 1631, donna, en 1626, les meilleures tables qu'on eût eu jusqu'alors sous le nom de *Tables rudolphines*; il découvrit les véritables loix des mouvemens planètaires, & à cet égard on peut le regarder comme le premier de tous les astronomes qui aient jamais paru.

Voici maintenant les astronomes du XVIIe siècle qui ont précédé l'établissement des Académies. Jean Bayer publia en 1603 des cartes célestes où toutes les étoiles étoient marquées par des lettres grecques dont on se sert encore aujourd'hui. Le P. Clavius, Jésuite, donna un vaste traité du calendrier; Pitiscus publia des tables de sinus beaucoup plus étendues

étendues qu'on ne les avoit avant lui. Fabricius découvrit la changeante de la Baleine : Magini calcula d'amples éphémérides, ainsi que David Origan. Simon Marius découvrit la nébuleuse d'Andromède, & disputa à Galilée la découverte des satellites de jupiter. Snellius publia une mesure de la terre en 1617. Nicolas Muler donna, en 1611, de bonnes tables astronomiques, intitulées : *tabulæ frisicæ*.

Neper, baron écossois, mérite d'être célébré dans l'histoire de l'*Astronomie*, pour l'invention des logarithmes qu'il publia à Edimbourg, en 1614. *V.* LOGARITHMES.

Lansberg ou Lansbergius, né à Gand en 1560, donna en 1632 des tables astronomiques dont on s'est servi long-tems, quoique peu exactes; il y a plusieurs ouvrages de lui, qu'on a imprimés, en 1663, à Midelbourg en un vol. *in-fol.* Il mourut en 1632 en Zélande où il étoit ministre de la religion protestante.

Henri Briggs, professeur de Géométrie à Oxford, commença le calcul des grandes tables de logarithmes dont nous nous servons encore. Il mourut le 26 janvier 1630, à l'âge de 74 ans.

Justus Byrgius, né en Suisse en 1552, travailloit aux observations & aux instrumens mathématiques à Cassel, comme nous l'avons dit en parlant du Landgrave de Hesse. Il avoit beaucoup de talent: on dit qu'il eut avant Neper l'idée des logarithmes, & avant Huygens, celle du pendule dans les horloges. Il mourut en 1633.

Laurent Eichstadius composoit ses éphémérides à Dantzick en 1634; il donna, en 1644, ses tables astronomiques. On a de lui quelques observations. Jérémie Horroccius ou Horrockes s'occupoit d'*Astronomie* en Angleterre dès 1635; il mourut le 3 janvier 1641 à l'âge de 22 ou 23 ans. Le recueil de ses ouvrages a été imprimé à Londres en 1678, in-4.°, avec des additions de Flamsteed.

Guillaume Crabtrée, drapier de Broughton, près de Manchester dans la province de Lancastre, observa le passage de vénus en 1639; il fit beaucoup d'observations astronomiques, comme on le voit par celles que Wallis fit imprimer avec les œuvres d'Horroccius. Crabtrée mourut, comme son ami Horroccius, en 1641. *Voyez Sherburn* dans son *Manilius*, où il y a une chronologie des astronomes.

Galilée, né à Florence en 1564, mort en 1642, est célèbre par la découverte des satellites de jupiter, des loix d'accélération, de la libration de la lune, de taches du soleil; il fut un des premiers restaurateur de la Physique & de l'*Astronomie*. Il fit le premier des lunettes d'approche, & s'ouvrit par-là un nouveau ciel; il mit hors de doute le systême de Copernic. *Voyez son Eloge* par le P. Frisi.

Longomontanus, ou Christian Severini, fils d'un laboureur de Danemarck, naquit en 1562; il vécut pendant huit ans chez Tycho; il lui servoit beaucoup pour ses observations & ses calculs. Il mourut à Copenhague en 1647. Nous avons de lui des tables, & l'*Astronomia danica*, qui est un très-bon ouvrage. *Voyez Bartholinus de Scriptis Danorum*; le *Dictionnaire de Bayle*, au mot LONGOMONTANUS; *M. Lenoble, au tome II d'Uranie ou des Tableaux des Philosophes*. Longomontanus est appellé mal-à-propos Christophe dans Vossius, dans Moreri, dans le Catalogue d'Oxfort, & dans le *Diarium* de Witte.

Christophe Scheiner, jésuite, né dans la Souabe en 1575, mort à Neiss en 1650; nous en parlerons à l'occasion des taches du soleil, qu'il découvrit, ou du moins qu'il observa le premier d'une manière complette.

Denis Petau, jésuite, un des plus habiles chronologistes qu'il y ait eu, & l'un des plus grands calculateurs en matière d'*Astronomie* ancienne; il étoit encore historien, poëte, orateur, & critique plein de sagacité: il naquit à Orléans en 1583, & mourut à Paris en 1652. Son grand ouvrage *de Doctrina temporum*, & sur-tout le troisième volume, intitulé *Uranologion*, renferme beaucoup de choses importantes en *Astronomie*.

Pierre Gassendi, né en 1592 près de Digne, mourut à Paris en 1655. *Voyez* le Mémoire de M. l'abbé Goujet sur le Collége royal, *tom. 11, pag. 157, in-12.* Dans le recueil de ses ouvrages en cinq volumes *in-folio*, il y a beaucoup d'observations & de dissertations astronomiques.

Jean-Baptiste Morin, né à Villefranche en Beaujolois, le 23 février 1583, fut professeur de Mathématique au Collége royal de France; il devint célèbre par son livre sur la science des longitudes, dont la première partie parut en 1634. Nous avons de lui beaucoup de bons ouvrages; il mourut en 1656. *Voyez* le Mém. historique sur le Collége royal, par M. l'abbé Goujet, *tom. II, p. 237, édit. in-12.*

Thomas Street, publia en 1661 à Londres, des tables carolines, dont les astronomes ont fait long-tems usage, & qui ont été réimprimées en 1705 & en 1710; ce fut Halley lui-même qui prit soin de l'édition de 1710.

Cornelius, marquis de Malvasia, composa ses éphémérides à Bologne en 1672. Domin. Cassini observoit avec lui, & il fut un des plus illustres amateurs de cette science; il étoit sénateur de Bologne, & général des troupes du duc de Modène.

Adrien Auzout observoit à Paris en 1666 & 1668. Ses observations sont dans l'histoire céleste de M. le Monnier; il est regardé comme l'inventeur du *Micromètre* à curseur ou à fil mobile, & il a partagé avec M. Picard le mérite d'avoir su appliquer les lunettes au quart de cercle, invention que M. de l'Isle attribue à Roberval: Auzout mourut en 1691.

Stanislas Lubienietzki, gentilhomme polonois, fut l'auteur du grand ouvrage, intitulé: *Theatrum Comet ticum*, en deux volumes *in-folio*. Amst. 1667, réimprimé à Leyde en 1681, & il fut empoisonné en 1675. *Voyez* le Dictionnaire de Bayle.

Gabriel Mouton, né à Lyon, étoit docteur en Théologie, & maître de chœur à l'église collégiale de Saint-Paul de la même ville; il publia en 1670 un ouvrage, intitulé : *Observationes diametrorum*, où il y a des observations, des tables, des remarques très-intéressantes. L'auteur avoit beaucoup de talent pour l'*Astronomie*; ce fut lui qui calcula les logarithmes des sinus & des tangentes, de secondes en secondes, avec onze chiffres pour les quatre premiers degrés: le manuscrit est à la bibliothèque de l'Académie; M. Maraldi & M. Guerin en ont des copies : le P. Pezenas, à qui je l'avois communiqué, l'a fait imprimer, du moins les huit premiers chiffres dans son édition des logarithmes, à Avignon. Mouton proposa le premier l'usage d'une mesure fixe, & l'usage des interpolations astronomiques par les secondes & troisièmes différences. *Voyez* INTERPOLATION.

Jean-Baptiste Riccioli, jésuite, étoit né à Ferrare en 1598 : nous citerons souvent son *Almageste*, son *Astronomie réformée*, sa *Géographie réformée*, qui sont les ouvrages les plus utiles aux astronomes, non-seulement comme de vastes collections, mais comme des traités complets pour leur tems; il mourut en 1671 : le P. Grimaldi travailloit avec lui, & il le cite souvent dans ses ouvrages.

Nicolas Mercator étoit né dans le Holstein, province de Danemarck; il donna une cosmographie, en 1651, des institutions astronomiques en 1676 : sa logarithmotechnie en 1678, & quelques pièces dans les *Transactions philosophiques*, *n.° 13 & 57*. *Voyez* le nouveau Dictionnaire historique & critique pour servir de supplément ou de continuation au Dictionnaire de Bayle, par Jacques-George de Chaufepied, à Amsterdam, 1750, 1756, quatre vol. *in-folio*.

Jean Hévélius (Hevelke), naquit à Dantzick le 28 janvier 1611; il mourut le 28 janvier 1687. Ses observations, faites depuis 1641 jusqu'à 1678, sont un immense trésor pour l'*Astronomie*, d'après lequel on calcule encore les mouvemens des planètes: mais ce ne fut pas le seul mérite d'Hévélius; il perfectionna l'art des instrumens d'*Astronomie*, & il fit pour ses progrès des dépenses si considérables, qu'elles étoient dignes d'exciter l'émulation des souverains.

L'Académie des Sciences de Paris, établie en 1666, forme une des époques les plus mémorables dans l'histoire de l'*Astronomie*, comme dans celle des autres sciences qu'elle embrasse. Toutes les parties de l'*Astronomie* ont été découvertes ou perfectionnées dans le sein de cette compagnie, comme on peut le voir dans le recueil des mémoires faits avant 1699, en onze volumes, dans l'histoire de l'Académie, par Duhamel, & l'histoire céleste, par M. le Monnier, publiée en 1741. ce dernier ouvrage est un recueil des anciennes observations de l'Académie. *Voyez* aussi l'histoire de l'*Astronomie*, par Weidler, *pag. 518 & suiv.* Parmi les découvertes essentielles de l'*Astronomie*, qui y ont été faites, nous devons compter les satellites de saturne, la grandeur & la figure de la terre, l'application du pendule aux horloges, celle des lunettes aux quarts de cercle, faite en 1668, & celle des micromètres aux lunettes, la propagation successive de la lumière, *&c.* Les principaux points de l'*Astronomie* y furent tous discutés & établis, spécialement la théorie du soleil & de la lune, leurs inégalités, leurs diamètres, leurs parallaxes, les réfractions, l'obliquité de l'écliptique, les inégalités des satellites de jupiter.

La société royale de Londres fut formée vers le même tems, & comme l'Académie des sciences, par des assemblées de curieux & de savans, qui se réunirent à Oxford & à Londres. Les plus célèbres étoient Boyle, Ward, Wallis, Wilkins, Petty, Willis, Goddard, Mathieu Wren, Christophe Wren. Wallis fait remonter l'établissement de cette société à l'an 1645, dans la préface de *Peter Langloft's chronicle*, édition de Thomas Hearne. M. Birch dit que Théodore Haak, qui étoit du Palatinat, donna le premier l'idée de ces assemblées philosophiques. *Voyez* l'histoire de la société royale, par Thomas Sprat, *in-8.°*, édition françoise de 1669, *page 72*, & sur-tout le grand ouvrage, intitulé : *The history of the royal society of London, for improving of natural knowledge, fromits first rise; By Thomas Birch, D. D. secretary to the royal society*, 1756 & 1757, 4 vol. *in-4.°* Cette histoire ne va que jusqu'en 1687, & il n'y a point de table de matières; mais on y trouve beaucoup d'anecdotes curieuses pour l'histoire des sciences, & un détail jour par jour de tout ce qui se passa dans les assemblées de la société royale, depuis le 28 novembre 1660, tems où l'on convint de tenir des séances réglées au collége de Gresham, dans l'appartement de Rooke, & de former un corps d'académie, *according to the manner in other countries*, comme on le faisoit dans d'autres pays; en effet, l'établissement des académies en France, qui datoit de 1323, époque des jeux floraux de Toulouse, avoit eu lieu à Paris même, pour les sciences, & le chancelier Bacon parle de ces assemblées d'une manière brillante, dans un passage remarquable, dont j'ai donné la traduction dans le mercure de janvier 1759. L'ouvrage est intitulé: *Francisci Baconi de Verulamio, scripta in naturali & universali philosophia. Amstel. 1653, p. 318.*

Les astronomes de Paris étoient Gassendi, Auzout, Roberval; ceux d'Angleterre étoient Rook, Hooke, Wren, Ward : mais l'Académie des sciences fit bientôt l'acquisition de Picard,

Cassini, Huygens; & la Société royale eut bientôt Flamsteed & Neuton.

Christian Huygens, de Zuylichem en Hollande, fils d'un conseiller du prince d'Orange, naquit en 1619; le premier ouvrage par lequel il acquit de la célébrité, fut le *Systema Saturnium*, 1659, où il expliqua les apparences singulières de l'anneau de saturne, sur lesquelles Galilée & Hévélius s'étoient totalement abusés; il annonça dans le même ouvrage la découverte d'un satellite de saturne, qu'il avoit découvert en 1655.

L'application du pendule aux horloges, qu'il avoit annoncée dès l'année 1658, fut détaillée en 1673 dans l'ouvrage, intitulé: *Horlogium oscillatorium.* Il mourut en Hollande le 8 juillet 1695.

Jean-Dominique Cassini, naquit à Perinaldo, dans le comté de Nice, le 8 juin 1625. Il fut un de ces hommes rares, qui semblent formés par la nature pour donner aux sciences une nouvelle face: l'*Astronomie*, accrue & perfectionnée dans toutes ses parties par les découvertes de Cassini, éprouva entre ses mains une des plus étonnantes révolutions. A l'âge de 25 ans, il fut fait professeur de Mathématiques à Bologne; il traça la méridienne de S. Petrone, qui devint le plus grand & le meilleur instrument d'*Astronomie;* il observa les comètes de 1664 & 1665, sur lesquelles il composa des ouvrages; il observa la rotation de jupiter & celle de mars; il donna des tables des satellites de jupiter en 1666: il fut appellé à Paris en 1669; là il détermina la parallaxe du soleil; il observa la comète de 1680, sur laquelle il composa un traité; il découvrit la lumière zodiacale en 1683, & quatre satellites de saturne en 1684: le roi fit frapper une médaille à cette occasion. En 1700, il continua de tracer dans les provinces méridionales de la France la grande méridienne, qui avoit été commencée par Picard; il observa la libration de la lune; enfin, après un grand nombre d'autres ouvrages, devenu aveugle, ainsi que Galilée, il mourut comblé de gloire le 14 Septembre 1712, laissant pour successeur Jean-Jacques Cassini son fils, que l'Académie a perdu en 1756, mais dont le fils & petit-fils continuent à enrichir l'*Astronomie* par leurs travaux.

Jean Picard, né à la Flèche en Anjou, l'un des plus anciens & des plus célèbres astronomes qu'ait eu l'Académie des sciences dans le tems de son établissement, observoit déjà à Paris dès 1645 avec Gassendi. Il entreprit en 1669 la mesure de la terre; il fut envoyé en 1671 à Uranibourg, où avoit observé Tycho-Brahé, pour en déterminer plus exactement la longitude & la latitude, afin de pouvoir comparer sans aucune erreur les observations de Paris avec celles de l'île d'Huenne.

Picard employa le premier des lunettes sur les quarts de cercle: Morin avoit eu cette idée dès 1640; il s'établit en 1673 à l'observatoire royal. Le roi y étant venu le premier mai 1682, fut charmé de l'activité, du zèle & des progrès des astronomes qui y observoient. Il envoya ses ordres pour la continuation de la méridienne de France; mais Picard, qui devoit y travailloit, mourut le 12 octobre 1682.

Jean Flamsteed a été le plus célèbre observateur d'Angleterre. L'histoire céleste qu'il nous a laissée en trois volumes *in-folio*, contient un recueil prodigieux d'observations faites pendant 33 ans, avec un catalogue fameux de près de trois mille étoiles. Il naquit à Derby le 19 août 1646. Dès l'an 1670, on voit de lui des calculs astronomiques dans les Transactions philosophiques. Dans les œuvres d'Horoccius, publiées en 1672, on trouve des observations & des tables du soleil qu'il avoit faites. En 1676, il entra en possession de l'observatoire royal, que Charles II, par les soins du chevalier Moor, venoit de faire construire à Greenwich, près de Londres: c'est-là qu'il exécuta le grand Catalogue dont nous avons parlé, ouvrage immortel, que les astronomes ont entre les mains, & que je viens de faire réimprimer dans mon huitième volume des éphémérides: c'est sur les observations de Flamsteed que sont fondées les tables de Halley. Flamsteed mourut le 31 octobre 1719.

Isaac Neuton, naquit le 25 décembre 1642: le nom seul de ce génie étonnant tient lieu d'éloges. La découverte de l'attraction suffit pour le rendre immortel dans l'histoire de l'*Astronomie*. Il mourut le 10 mars 1727: son éloge est dans l'histoire de l'Académie pour la même année.

Nous allons rappeller aussi en abrégé les astronomes, qui, ayant eu moins de célébrité, ont cependant contribué sensiblement aux progrès de l'*Astronomie*. Le recueil des *Transactions philosophiques* de la société royale de Londres, composé des mémoires de cette illustre Académie, ne commença qu'en 1665, comme le journal des savans de Paris, qui parut le 5 janvier 1665, & dont l'auteur étoit M. de Sallo, conseiller au Parlement. *Voyez* le Journal des Savans de janvier 1764. On rendit compte des Transactions philosophiques dans le journal du 30 mars. Ces deux ouvrages se ressembloient un peu, & formèrent dès-lors un commerce réciproque des savans de Paris & de Londres avec ceux du reste de l'Europe.

Laurent Rook, premier professeur d'*Astronomie*, & ensuite de Géométrie au collége de Gresham à Londres, fut un des premiers qui observèrent exactement les immersions & les émersions des satellites de jupiter; il contribua beaucoup à l'établissement de la Société royale de Londres, & mourut le 27 juin 1662 à l'âge de 40 ans. Son épitaphe, faite par l'évêque Seth-Ward, est imprimée dans le catalogue de Sherburn à la tête de son *Manilius* anglois.

Ismaël Boulliaud, né à Loudun en 1605, fit

beaucoup d'observations astronomiques : le manuscrit est dans la bibliothèque du roi ; il y en a une copie au dépôt de la marine. Son *Astronomie philolaïque* est un des meilleurs livres que l'on ait fait pour déterminer les orbites de toutes les planètes : on y trouve de bonnes tables astronomiques. Boulliaud mourut à Paris en 1694.

Parmi les observations de Boulliaud, on en trouve d'un jardinier de Vizille en Dauphiné, nommé Feronce : cela rappelle les noms de plusieurs paysans qui se sont fait remarquer dans l'*Astronomie*.

Pierre Anich, dont le P. Hell a parlé dans ses éphémérides pour 1767. Chrét. Gartner, marchand de fer à Dolkewitz, qui découvrit les petites comètes de l'automne 1757 & de l'été 1758. Jean-George Palitzsch, paysan à Prohlis, entre Dresde & Pirna, qui découvrit le premier la fameuse comète de 1759 ; il est très-instruit, & cependant il ne néglige point son métier. Bernoulli, *Nouv. litt. 5. 51.*

Robert Hooke, né en 1635, fut un des plus savans hommes de l'Angleterre ; il fut, pour ainsi dire, l'occasion de la découverte de l'attraction & de celle de l'aberration ; il découvrit une tache dans jupiter en 1664. *Philos. transf. n.° 1.* Il fit beaucoup d'ouvrages astronomiques ; il mourut à Londres le 3 mars 1702.

David Gregori, étoit neveu de Jacques Gregori, mathématicien célèbre ; il fut fait, en 1691, professeur d'*Astronomie* à Oxford. En 1702, il publia ses *Elémens d'Astronomie, in-folio*, qui ont eu de la réputation, & qu'on a réimprimés à Genève en 1726, *in-4.°* L'auteur étoit mort dès l'an 1708.

Guillaume Whiston publia sa Théorie de la Terre en 1696, ses Leçons d'Astronomie à Cambridge en 1707, & quelques autres ouvrages très-bien faits, où il y a des dissertations intéressantes.

Matthieu de Chazelles, né à Lyon le 25 Juillet 1657, fit à Marseille & dans ses voyages du Levant, beaucoup d'observations importantes. Il mourut le 16 Janvier 1710. Son éloge est dans l'histoire de l'Académie des Sciences pour la même année. La collection de ses observations est dans les manuscrits de M. de l'Isle, de même que celles du P. Feuillée, minime, qui fit plusieurs voyages pour la Géographie, celles du P. Sigalloux, qui lui succéda, & celles du P. Laval, jésuite, faites à Marseille, à Toulon, & dans des voyages semblables à ceux de M. de Chazelles.

Godefroi Kirch, né en 1640, à Guben dans la basse Lusace, avoit demeuré chez Hévélius. Il publia des Ephémérides en 1681. Il s'établit à Berlin en 1700 ; il y fit un grand nombre d'observations, & il mourut le 25 Juillet 1710, à l'âge de 71 ans. Ses observations sont rassemblées dans les manuscrits de M. de l'Isle, de même que celles de MM. Wagner, Hoffman, Eimmarr, Wurtzelbau, Rost, Zumbach de Koesfeld, &c.

Olaus Romer, ou Roemer, né en 1644 en Danemarck, vint en France en 1672, avec Picard : ce fut lui qui découvrit la propagation successive de la lumière en 1675. Il retourna, en 1681, à Copenhague, où il fit diverses observations. Il mourut le 19 Septembre 1710. L'incendie du 20 Octobre 1728, qui arriva à Copenhague, a consumé ce qui restoit de ses manuscrits. M. Horrebow a publié une partie de ses observations.

Philippe de la Hire, né à Paris le 18 Mars 1640, publia ses premières Tables Astronomiques en 1687 ; il fit un très-grand nombre d'observations, de tables, de recherches astronomiques. Il y a eu deux de ses fils dans l'Académie des Sciences. Il mourut à Paris le 21 Avril 1718. *Voy.* son éloge dans l'histoire de l'Académie. Ses observations depuis 1685 jusqu'en 1718, sont dans les manuscrits de M. de l'Isle, qui avoit eu communication de tous ses papiers.

François Bianchini, né à Vérone le 13 Décembre 1662, mort à Rome le 2 Mars 1729, fit beaucoup d'observations, principalement sur la rotation de Vénus, *hesperi & phosphori nova phœnomena*, 1728. Il est appellé *Blanchinus* dans tous ses ouvrages Latins ; mais en Italien, l'on dit *Bianchini*. Ses observations ont paru à Vérone en 1737, *in-folio*.

Jacques-Philippe Maraldi, né à Perinaldo dans le Comté de Nice, le 21 Août 1665, est mort à Paris le premier Décembre 1729 ; il avoit attiré auprès de lui, en 1728, M. Jean-Dominique Maraldi son neveu, aujourd'hui de l'Académie des Sciences, retiré à Perinaldo. *Histoire de l'Acad.* 1729. Ils ont perfectionné l'un & l'autre, la théorie, des satellites de Jupiter, & plusieurs autres branches de l'Astronomie.

Eugène de Louville, né le 14 Juillet 1671, observoit à Paris dès l'année 1704 ; il mourut à Carré près d'Orléans, le 10 Octobre 1732. Il y a une copie de toutes ses observations dans les manuscrits de M. de l'Isle au dépôt de la Marine. Il travailla principalement sur l'obliquité de l'écliptique. Ce fut lui qui le premier appliqua le micromètre au quart de cercle, invention très-utile.

Eustache Manfredi, né à Bologne le 20 Septembre 1674, mort le 15 Février 1739. (Voyez *l'Histoire de l'Académie*, 1739.)

Christfried Kirch, né en 1694, a fait de très-bonnes observations à Dantzick, & ensuite à Berlin où il vivoit, & calculoit des éphémérides avec ses trois sœurs ; il publia, en 1740, des observations choisies. Il mourut le 9 Mars 1740. Voyez *Miscellanea Berolinensia*.

Parmi les astronomes morts depuis quelques années, & qui ont contribué aux progrès de l'Astronomie, on compte sur-tout Halley, & Bradley célèbre par la découverte de l'aberration & de la nutation ; la Caille, qui a travaillé lui seul autant que tous les autres astronomes de son temps pris ensemble ; Joseph-Nicolas de l'Isle, frère du célèbre géographe de ce nom ; Bouguer, connu par un très-beau traité de la figure de la terre; enfin Tobie Mayer, mort en 1762, à l'âge de 39 ans, à qui nous devons les meilleures tables de la lune que l'on ait faites.

Après avoir fait en abrégé l'histoire de l'Astronomie, je vais indiquer l'ordre que l'on doit suivre pour l'étudier, en observant de mettre en lettres CAPITALES *les mots qu'il faudra chercher dans ce Dictionnaire, pour suivre une méthode régulière & facile.*

LA MÉTHODE la plus naturelle pour traiter de l'*Astronomie* & pour l'étudier, consiste à suivre l'ordre des phénomènes qu'on observe, & des conséquences que l'on peut en tirer. Le premier de tous les phénomènes célestes, le plus simple de tous, le plus frappant & le plus facile à observer, est le MOUVEMENT DIURNE, c'est-à-dire, celui que paroît avoir tout le ciel; il s'achève dans l'espace d'environ 24 h. Nous voyons chaque jour le soleil se lever & se coucher: si nous faisons attention aux astres qui ne paroissent que la nuit, nous les verrons de même, pour la plupart, se lever & se coucher tous les jours, c'est-à-dire, paroître sur l'horizon du côté de l'orient, & se cacher sous l'horizon du côté de l'occident.

En considérant d'une manière plus attentive & plus suivie ce mouvement général des astres, pendant l'espace d'une nuit ou de plusieurs, on remarque bientôt que chaque étoile décrit un cercle dans l'espace d'environ 24 h. Les étoiles qui sont plus au nord décrivent de plus petits cercles que les autres; & l'on voit tous ces cercles décrits par différentes étoiles, diminuer de plus en plus, aller enfin se perdre & se confondre en un point élevé de la rondeur du ciel, que nous appellons le *Pôle du monde*. Celui que nous voyons en Europe est le pôle boréal, septentrional ou arctique. Ainsi, pour se former une idée de l'*Astronomie*, il faut d'abord apprendre à connoître le pôle du monde, c'est-à-dire, l'endroit du ciel étoilé vers lequel il se trouve placé. On remarque dans le ciel une étoile qui en est fort proche, & qu'on nomme pour cette raison l'ÉTOILE POLAIRE. On reconnoît cette étoile par le moyen de la constellation de la grande ourse appellée communément le *chariot de David* (*planches d'Astron. fig. 2.*), dont les deux dernières étoiles indiquent une direction qui rend à l'étoile polaire, & cette seule constellation peut nous faire connoître toutes les autres. *Voy.* CONSTELLATION.

Lorsqu'on a reconnu le pôle du monde autour duquel se fait le mouvement diurne, il est naturel de concevoir le pôle qui lui est opposé, c'est-à-dire, le pôle austral & antarctique, & l'ÉQUATEUR qui est un cercle placé à égales distances des deux pôles. On rapporte à l'équateur les situations des différentes étoiles par ASCENSIONS DROITES & par DÉCLINAISONS, & l'on a un nouveau moyen de distinguer & de reconnoître en tout temps les différentes constellations.

Parmi les astres dont on avoit observé le *mouvement diurne*, on apperçut bientôt qu'il y en avoit dont la situation n'étoit pas toujours la même, & qui changeoient de place par rapport aux autres; on les appella PLANÈTES, & c'est l'observation de leurs mouvemens, comme de ceux du soleil & de la lune, qui a fait le premier objet de curiosité & de difficulté dans l'*Astronomie*.

Le plus simple & le plus sensible de tous ces mouvemens propres, celui qui dut frapper le plus tous les yeux, fut le mouvement de la lune qui s'achève en un mois.

Après le mouvement propre de la lune, le plus remarquable est le MOUVEMENT ANNUEL du soleil: si l'on remarque le soir du côté de l'occident quelque étoile fixe après le coucher du soleil, & qu'on la considère attentivement plusieurs jours de suite à la même heure, on la verra de jour en jour plus près du soleil, en sorte qu'elle disparoîtra & sera effacée par les rayons du soleil dont elle étoit assez loin quelques jours auparavant. Il sera aisé en même-temps de reconnoître que c'est le soleil qui s'est approché de l'étoile, & que ce n'est pas l'étoile qui s'est approchée du soleil. En effet, on verra que tous les jours les étoiles se lèvent & se couchent aux mêmes points de l'horizon vis-à-vis des mêmes objets terrestres, qu'elles sont toujours aux mêmes distances les unes des autres, tandis que le soleil change continuellement les points de son lever & de son coucher, & sa distance aux étoiles: on verra d'ailleurs chaque étoile se lever tous les jours environ 4 minutes plutôt que le jour précédent relativement au soleil; on ne doutera pas que le soleil seul n'ait changé de place par rapport à l'étoile, & ne se soit rapproché d'elle. Cette observation peut se faire en tout temps; mais il faut prendre garde à ne pas confondre une étoile fixe avec une planète; nous apprendrons ci-après à les distinguer.

Le premier phénomène que présente le mouvement propre du soleil, est donc celui-ci. Le soleil se rapproche de jour en jour des étoiles qui sont plus orientales que lui, c'est-à-dire qu'il s'avance chaque jour vers l'orient; ainsi, le mouvement propre du soleil se fait d'occident en orient: tous les jours il est d'environ un degré, & au bout de 365 jours, on revoit l'étoile vers le couchant à la même heure & au même endroit où elle paroissoit l'année précédente à pareil jour, c'est-à-dire, que le soleil est venu se placer au même point par rapport à l'étoile; ainsi, le soleil a fait une révolution: c'est ce que nous appellons le mouvement annuel. En l'observant pendant plusieurs années, on a reconnu que la durée de chacun de ces retours du soleil, par rapport à une étoile, étoit de 365 jours, 6 h 9′ 11″; c'est ce qu'on appelle l'*année sydérale*.

Après avoir considéré attentivement les étoiles, on reconnut bientôt qu'il y avoit cinq astres presque semblables aux étoiles, mais qui changeoient de position par rapport aux autres, & ce sont les PLANÈTES. On en remarqua une dont le changement est très-lent, & qui, pour faire le tour du ciel & répondre successivement aux différentes étoiles fixes, emploie 29 ans 177 jours; c'est saturne : une autre qui faisoit la même révolution dans l'espace d'environ 12 ans, c'est jupiter; une troisième qui parcouroit toute la circonférence du ciel en un an & 322 jours, c'est mars. La quatrième, qui paroissoit la plus brillante de toutes, & que nous appellons *vénus*, accompagne le soleil qu'elle précède quelquefois le matin, ou qu'elle suit après son coucher; elle revient à-peu-près à la même position dans l'espace de 584 jours. Cette circonstance peut la faire reconnoître au défaut de sa révolution, qu'on ne peut suivre, par rapport aux étoiles fixes, comme celles des trois précédentes : enfin la cinquième planète, & la plus difficile à voir, parce qu'elle suit toujours le soleil de très-près, est mercure, que nous voyons revenir à la même position par rapport au soleil, dans l'espace de 116 jours.

Après avoir ainsi reconnu les planètes, on vit que la trace de leur mouvement s'écartoit peu de celle du soleil, & l'on voulut rapporter tout à celle-ci qu'on appella l'ÉCLIPTIQUE, & dont l'obliquité, par rapport à l'équateur, est de 23^d 28'. On rapporte à l'écliptique les positions des astres par le moyen des LONGITUDES & des LATITUDES; celles-ci s'observent par le moyen des ascensions & des déclinaisons qui supposent la détermination des équinoxes & l'observation de la HAUTEUR DU POLE.

La nécessité de rapporter les astres à l'équateur, à l'écliptique, à l'horizon & au méridien, a fait imaginer la trigonométrie sphérique, par le moyen de laquelle on assigne les mouvements & les positions des astres dans tous les sens, lorsqu'on en a déterminé les circonstances dans deux directions différentes.

Les révolutions des planètes étant inégales, on a cherché à reconnoître leurs ÉQUATIONS ou inégalités, leurs EXCENTRICITÉS, leurs APHÉLIES. Les plans des orbites étant tous différens les uns des autres, il a été nécessaire de déterminer leurs INCLINAISONS & leurs NŒUDS. Les loix de Kepler ont fait connoître les rapports des révolutions avec les distances & la règle des principales inégalités des planètes, des satellites & des comètes; elles ont conduit à la découverte de l'ATTRACTION, & celle-ci a fait trouver les petites inégalités qui avoient échappé à l'observation.

Les distances absolues des planètes, par rapport à nous, étoient une des plus grandes difficultés de l'Astronomie: on est parvenu à les découvrir par le moyen des PARALLAXES, & celles-ci ont fait connoître plus exactement les circonstances des ÉCLIPSES de soleil qui étoient les plus difficiles à calculer. Indépendamment des révolutions des planètes, on observe aussi leurs ROTATIONS & la figure de leurs taches ou de leurs bandes, qui conduisent à la détermination de leurs équateurs ou de leurs axes de rotation.

Les observations qui ont servi à toutes ces découvertes, se font par le moyen d'un grand nombre d'instruments, tels sont les LUNETTES, QUARTS DE CERCLES, MICROMÈTRES, HÉLIOMÈTRES, LUNETTES MÉRIDIENNES, LUNETTES PARALLATIQUES, HORLOGES à pendules, *&c*. Les observations se font principalement par le moyen des HAUTEURS, des distances entre différens astres, de leurs PASSAGES au méridien, de leurs conjonctions, de leurs OPPOSITIONS. Les observations exigent des corrections à raison de la RÉFRACTION qui change les hauteurs, les levers & les couchers des astres, de même que la parallaxe.

Enfin les usages & les applications de cette science se trouvent dans la prédiction des éclipses, dans l'observation des LONGITUDES EN MER, dans la Géographie, la chronologie, le calendrier, la gnomonique; c'est en consultant tous les articles que nous venons d'indiquer, qu'on parviendra à trouver dans ce *Dictionnaire*, malgré les inconvéniens de l'ordre alphabétique, un cours complet d'*Astronomie*.

Nous ne pouvons mieux terminer cet article que par un catalogue des meilleurs livres d'*Astronomie*.

On en trouvera un recueil immense dans l'ouvrage qui a pour titre : *Joannis Friderici Weidleri Bibliographia astronomica, temporis, quo libri vel compositi vel editi sunt ordine servato. Wittembergæ 1755, 126 pag. in-8*. Cette bibliographie est comme la suite d'un excellent ouvrage du même auteur, intitulé : *Joannis Friderici Weidleri Historia Astronomiæ, sive de ortu & progressu Astronomiæ, Wittembergæ 1741, 624 pages in-4.°*, dans laquelle on trouvera de très-grands détails sur tous les astronomes connus par quelqu'ouvrage que ce puisse être. Nous ne mettrons dans notre catalogue que les livres modernes que tout le monde peut avoir à Paris. Les ouvrages de Ptolemée, de Tycho, de Kepler, d'Hévélius, de Riccioli, Boulliaud *&c.*, devroient être à la tête du catalogue; mais ils sont si rares, qu'il seroit inutile de les indiquer à ceux qui veulent actuellement se former une bibliothèque; d'ailleurs nous aurons occasion de les citer presque tous.

Je commencerai par avertir ici que la collection des *Mémoires de l'Académie des Sciences* de Paris renferme le plus riche trésor que nous ayons en *Astronomie* : toutes les parties de cette vaste science y sont traitées dans le plus grand détail & de la manière la plus complette. Il y en a actuellement 81 volumes *in-4.°* depuis 1699 inclusivement, jusqu'au volume de 1779, publié en 1782. Il y a aussi onze volumes de *Mémoires* faits avant 1699, neuf volumes de pièces qui ont remporté les prix proposés par l'Académie, & neuf des *Mémoires présentés par des savans étrangers*. Les *Transactions philosophiques* de la société royale de Londres, depuis 1665 jusqu'à présent, renferment aussi une riche collection de *Mémoires d'Astronomie.* Les *Mémoires de l'Académie* de Berlin, depuis 1747, contiennent encore beaucoup d'excellentes choses sur l'*Astronomie* physique; les *Mémoires* de Pétersbourg, de Bologne, & de plusieurs autres Académies, méritent aussi d'être cités avec éloge.

Il y a quelques ouvrages élémentaires d'*Astronomie* en Angleterre, qui sont très-bons, tels que ceux de Street, Mercator, Whiston, Keill, Long, Ferguson, Leadbetter, Dunthorn, Hodgson, Costard, &c. Nous n'en dirons rien, parce que nous écrivons sur-tout pour les lecteurs françois, & parce qu'ils ne contiennent guère autre chose que ce qui est contenu dans ceux qui sont imprimés à Paris. Nous ne citerons les livres étrangers que lorsqu'ils seront absolument nécessaires à un astronome, tels que les ouvrages de Flamsteed & l'*optique* de Smith, dont il y a deux éditions françoises imprimées à Avignon & à Brest en 1767, avec les tables des logarithmes de Gardiner.

Traités généraux d'Astronomie.

Histoire de l'Astronomie, par M. Bailly 1775—1782, 4 vol. *in*-4.°, chez les freres de Bure. *Gregori Astronomiæ Elementa*, 2 vol. *in*-4.°. *Wolfii Elementa matheseos. Elémens d'Astronomie*, par M. Cassini, avec les *tables astronomiques* du même auteur. Paris, 1740, 2 vol. *in*-4.° de l'imprimerie royale: ce livre contient sur-tout la détermination des orbites planétaires.

Institutions astronomiques, par M. le Monnier, *in*-4.° 1746, chez la veuve Desaint, rue du Foin. C'est une traduction du livre de Keill, augmentée considérablement; on y trouve les tables de la lune de Flamsteed.

Leçons élémentaires d'Astronomie géométrique & Physique, par M. de la Caille, 1780, *in*-8.°, chez la veuve Desaint. C'est un excellent abrégé de toute l'*Astronomie.*

Tables astronomiques de M. Halley *pour le soleil, la lune les planètes & les comètes, augmentées de plusieurs tables nouvelles pour les satellites, les étoiles fixes*, Chappe & de la Lande 1759, *in*-8.°. chez Bailly, rue Saint-Honoré.

Astronomie, divisée en vingt-quatre livres, de la Lande, 2 vol. *in*-4.°, 1764, seconde édition en 3 vol., 1771; le quatrième a paru en 1781, chez la veuve Desaint, rue du Foin. Cet ouvrage renferme un abrégé de tout ce qu'on a fait jusqu'ici dans la théorie & la pratique de l'*Astronomie*, la connoissance des mouvemens du soleil, de la lune, des planètes, des comètes, des satellites & des étoiles fixes; la description de tous les instrumens; la manière de les vérifier & de s'en servir; l'histoire des astronomes célèbres, celle de leurs ouvrages & de leurs découvertes, suivant l'ordre naturel qui les a dû produire; le calcul intégral appliqué aux attractions célestes; la manière de connoître les constellations; un recueil d'observations choisies; des tables nouvelles pour le soleil, la lune, les planètes & les satellites; enfin tout ce qui est nécessaire pour bien connoître l'*Astronomie*, & l'indication constante de toutes les sources où l'on peut trouver de plus amples détails sur chaque branche de cette science. On n'a rien oublié pour rendre ce livre le plus complet qu'il puisse être, dans l'état actuel de l'*Astronomie.*

Historia cœlestis, Flamsteed, 1725, 3 vol. *in-fol.* Ce grand ouvrage comprend une collection prodigieuse d'observations astronomiques, avec le grand *catalogue d'étoiles* du même auteur, que nous citerons plus d'une fois.

Tables of logarithms. London, 1742, *in*-4.°, par Gardiner. Le P. Pezenas les fit réimprimer à Avignon en 1770, avec une augmentation des quatre premiers degrés en secondes, & M. Jombert est occupé à en faire une seconde édition *in*-8.°; ces tables sont les plus étendues & les plus commodes qu'on puisse trouver actuellement, celles d'Ulacq étant devenues très-rares.

On trouve à Paris chez la veuve Desaint, de petites tables abrégées extrêmement commodes pour de moindres opérations; mais dans les grands calculs astronomiques, il est indispensable d'avoir des logarithmes de sinus de 10 en 10 s., & ceux des nombres jusqu'à cent mille tels qu'on les trouve dans les tables d'Ulacq, *Trigonometria artificialis*, &c. *Goudæ, 1633*, ou dans les tables que nous venons de citer.

A Compleat System of opticks by Robert Smith, 1738, Cambridge, 2 vol. *in*-4.° Cet excellent ouvrage contient toutes les théories de l'optique une ample description des instrumens d'*Astronomie* & d'optique. Il en a paru deux traductions françoises en 1767, avec des augmentations, l'une du P. Pezenas, l'autre de M. le Roy.

Traités particuliers d'Astronomie.

La *Figure de la terre*, par M. Bouguer, 1749, *in*-4.°, 374 pages, chez Jombert, rue Dauphine. Ce livre renferme les meilleures recherches pour la pratique & la théorie des observations délicates.

Mesure des trois premiers degrés du méridien, par M. de la Condamine 1751, *in*-4.°, de l'Imprimerie royale. *Journal du voyage*; &c. avec plusieurs supplémens. Cet ouvrage est très-méthodique, très-clair, très-bien écrit, également curieux pour la partie historique, & pour la partie astronomique.

La Méridienne de Paris vérifiée, &c. par M. Cassini de Thuri, 1744, *in*-4.° On y trouve une multitude d'observations faites par M. de Thury & M. de la Caille pour *la figure de la terre.*

De litteraria expeditione, &c. PP. Boscovich & Maire, *in*-4.° à Rome; traduit en françois &

imprimé à Paris en 1770 : ce livre est de même nature que celui de M. Bouguer.

Histoire céleste ou *recueil d'observations faites dans le dernier siècle*; par M. Picard, la Hire, &c. avec un discours préliminaire, par M. le Monnier 1741, *in-4.°*

Observations astronomiques de M. le Monnier, *in-folio*, 1751-1771, de l'imprimerie royale. Il y a déja quatre livres d'imprimés d'environ 60 pages chacun : M. Maskelyne a donné en Angleterre un semblable recueil.

La figure de la terre, déterminée par les observations faites au cercle polaire, &c. par M. de Maupertuis, 1738, *in-8.°*

Degré du méridien entre Paris & Amiens, déterminé par la mesure de M. Picard, & par les observations de MM. de Maupertuis, Clairaut, Camus, le Monnier, 1740, *in-8.°*

Dimensio graduum meridiani Viennensis & Hungarici, à Jos. Liesganig. Vindobonæ 1770.

Connoissance des tems ou *connoissance des mouvemens célestes*, depuis 1760 jusqu'en 1784. Chez Moutard, rue des Mathurins. On trouve dans ce livre, grand nombre d'observations & de tables nouvelles pour l'usage des astronomes.

Ephémérides de la Caille, depuis 1745 jusqu'en 1774, 6 vol. *in-4.°* chez Hérissant, rue de la Parcheminerie. Tous ces volumes, sur-tout le dernier, sont enrichis de *mémoires intéressans sur l'Astronomie* : le septième & le huitième volume sont de moi.

Il y a de semblables *éphémérides* publiées à Bologne, par M. Zanotti.

Ephemerides astronomicæ, par Hell, depuis 1757 jusqu'à 1783. *Viennæ*, *in-8.°* Tous ces volumes renferment aussi beaucoup de tables & d'observations intéressantes, de même que les éphémérides de Berlin (en allemand), & de Milan en latin.

On a commencé à publier à Londres, en 1767, un ouvrage encore plus considérable, intitulé : *The Nautical Almanac*, dont il a déjà paru 20 volumes : ils contiennent un détail prodigieux sur les distances & les mouvemens de la lune, relativement à la manière de trouver les longitudes en mer. Guide du navigateur par M. Levêque, à Nantes.

Livres d'Astronomie physique, fondés sur les calculs de l'attraction.

Théorie de la figure de la terre, par M. Clairaut, 1743, *in-8.°*

Recherches sur la précession des équinoxes, par M. d'Alembert, 1749, *in-4.°* chez Barbou, rue Mathurins.

Theoria motus lunæ, L. Euler, 1772 *in-4.°* à Pétersbourg.

Théorie du mouvement des comètes, par M. Clairaut, 1760 *in-8.°* chez Panckoucke, rue des Poitevins.

Recherches sur différens points importans du système du monde, par M. d'Alembert, 1754 & suiv. 3 vol. *in-4.°* chez David.

Opuscules mathématiques, 8 vol. *in-4.°* 1768, &c. chez Barbou.

Pièce sur la théorie de la lune, par M. Clairaut, avec de nouvelles tables de la lune, seconde édition, 1765, chez Desaint & Saillant.

Pièce sur les inégalités de Saturne, qui a remporté le prix de l'Académie en 1748, par M. Euler. Cette pièce est la première où l'on ait traité le problême des trois corps par une méthode analytique & nouvelle. T. Simpson a donné, en 1740, 1743 & 1757, trois volumes de différens *mémoires* ou opuscules en anglois, parmi lesquels on en trouve plusieurs sur l'*astronomie physique*, faits de main de maître : l'auteur est mort en 1760. *Connoissance des mouvemens célestes* pour 1767. On trouvera l'indication de tous les livres nouveaux d'*Astronomie* dans le *Recueil pour les astronomes*, & les nouvelles littéraires de M. Jean Bernoulli, à Berlin 1771 & suiv. On les trouve à Paris chez la veuve Desaint.

Sur les cartes célestes qui représentent les différentes constellations. *Voyez* CARTES CÉLESTES.

ASTRONOMIE sphérique, c'est celle qui traite de la situation & des rapports des cercles de la sphère entr'eux, du mouvement diurne, & des apparences des mouvemens planétaires.

ASTRONOMIE théorique, c'est celle qui considère les mouvemens réels, inégalités, distances & grandeurs des astres.

ASTRONOMIE physique; elle a pour objet les causes de ces mouvemens, telles que l'attraction, dont les calculs ont éclairé cette science au point de lui donner une nouvelle face.

ASTRONOMIE nautique; elle enseigne à trouver l'heure en mer, la longitude & la latitude d'un vaisseau, sa route & les autres circonstances utiles à la navigation. Elle a été traitée spécialement par Maupertuis, Bouguer, la Caille, Pezenas, M. le Monnier, M. l'Evêque.

ASTRONOMIE comparée, est celle où l'on examine les phénomènes qui ont lieu pour les habitans des autres planètes, s'il y en a; Kepler en a traité dans son *Astronomia lunaris*, & l'on en trouvera un exemple au mot JUPITER. (*D. L.*)

ASTRONOMIQUE, adj. *astronomicus*, on entend par ce mot tout ce qui a rapport à l'Astronomie. *Voyez* ASTRONOMIE.

Calendrier astronomique. *Voyez* CALENDRIER.

Heures astronomiques. *Voyez* HEURE.

Observations astronomiques. *Voyez* OBSERVATIONS CÉLESTES.

Fractions Astronomiques, nom que quelques auteurs ont donné aux fractions sexagésimales, à cause

cause de l'usage qu'on en fait dans les calculs *astronomiques*. *Voyez* SEXAGÉSIMAL, CALCUL.

Tables astronomiques. *Voyez* TABLES.

Théologie astronomique, c'est le titre d'un ouvrage de M. Derham, chanoine de Windsor, de la Société royale de Londres, dans lequel l'auteur se propose de démontrer l'existence de Dieu par les phénomènes admirables des corps célestes. *Voyez* THÉOLOGIE. (*O*)

ASTROPHANOMETRE, nom que M. Jeaurat avoit donné à l'instrument appellé ci-dessus *astéréometre*.

ASTROSTATE. *Voyez* HÉLIOSTATE.

ASUGIA, nom de la constellation d'Orion.

ASY

ASYMÉTRIE, f. f. composé de α privatif, de σὺν, *avec*, & de μέτρον, *mesure*, c'est-à-dire, *sans mesure*. On entend par ce mot un défaut de proportion ou de correspondance entre les parties d'une chose. *Voyez* SYMMÉTRIE.

Ce mot désigne *en Mathématique*, ce qu'on entend plus ordinairement par *incommensurabilité*. Il y a incommensurabilité entre deux quantités, lorsqu'elles n'ont aucune mesure: tels sont le côté du quarré & sa diagonale: en nombres les racines sourdes comme $\sqrt{2}$, *&c.* sont aussi incommensurables aux nombres rationels. *Voyez* INCOMMENSURABLE, SOURD, QUARRÉ, *&c.* (*E*)

ASYMPTOTE, f. f. *asymptotus*, *terme de Géométrie*. Quelques auteurs définissent l'*asymptote* une ligne indéfiniment prolongée, qui va en s'approchant de plus en plus d'une autre ligne qu'elle ne rencontrera jamais. *Voyez* LIGNE. Mais cette définition générale de l'*asymptote* n'est pas exacte, car elle peut être appliquée à des lignes qui ne sont pas des *asymptotes*. En effet, soit (*fig. 20, n.° 2, sect. con.*) l'hyperbole KSL; son axe SM; son axe conjugué AB. On sait que si du centre C, on mene les droites indéfinies CD, CE, paralleles aux lignes BS, AS, tirées du sommet S de l'hyperbole, aux extrémités de son axe conjugué: ces lignes CD, CE, seront les *asymptotes* de l'hyperbole KSL.

Maintenant, soient tirées les paralleles fg, hi, *&c.* à l'*asymptote* CD: il est évident que ces paralleles indéfiniment prolongées, vont en s'approchant continuellement de l'hyperbole qu'elles ne rencontreront jamais. La définition précédente de l'*asymptote* convient donc à ces lignes; elle n'est donc pas exacte.

Qu'est-ce donc qu'une *asymptote* en général? C'est une ligne, qui étant indéfiniment prolongée, s'approche continuellement d'une autre ligne aussi indéfiniment prolongée, de maniere que sa distance à cette ligne ne devient jamais zéro absolu, mais peut toujours être trouvée plus petite qu'aucune grandeur donnée.

Soit tirée la ligne $Nopq$ perpendiculairement à l'*asymptote* CD, & à ses paralleles fg, hi, *&c*: il est évident que l'*asymptote* CD peut approcher de l'hyperbole plus près que d'aucune grandeur donnée; car la propriété de l'*asymptote* CD consiste en ce que le produit de Cp par pq est toujours constant; d'où il s'ensuit que Cp augmentant à l'infini, pq diminue aussi à l'infini: mais la distance des paralleles fg, hi, à cette courbe sera toujours au moins de Np, de op, *&c*; & par conséquent ne sera pas plus petite qu'aucune grandeur donnée. *Voyez* HIPERBOLE.

Le mot *asymptote* est composé de α privatif, de σὺν, *avec*, & de πίπτω, *je tombe*, c'est-à-dire, qui n'est pas co-incident, ou qui ne rencontre point. Quelques auteurs latins ont nommé les *asymptotes*, *lineæ intactæ*.

Certains géometres distinguent plusieurs especes d'*asymptotes*; il y en a, selon ces auteurs, de *droites*, de *courbes*, &c. Ils distribuent les courbes en *concaves*, *convexes*, &c. & ils proposent un instrument pour les tracer toutes: le mot d'*asymptote* tout court ne désigne qu'une *asmyptote* droite.

L'*asymptote* se définit encore plus exactement une ligne droite, qui étant indéfiniment prolongée, s'approche continuellement d'une courbe ou d'*une portion de courbe* aussi prolongée indéfiniment, de maniere que sa distance à cette courbe ou portion de courbe ne devient jamais zéro absolu, mais peut toujours être trouvée plus petite qu'aucune grandeur donnée.

Je dis, 1.° d'une courbe ou d'une portion de courbe, afin que la définition convienne, tant aux courbes serpentantes qu'aux autres.

Car la ligne fh (*fig. 20, n.° 3*) ne peut être considérée comme l'*asymptote* de la courbe serpentante $mnoprs$, que quand cette courbe a pris un cours réglé relativement à elle, c'est-à-dire, un cours par lequel elle a été toujours en s'en approchant.

Je dis, 2.° que la distance de l'*asymptote* à la courbe peut toujours être trouvée moindre qu'aucune grandeur donnée; car, sans cette condition, la définition conviendroit à l'*asymptote* & à ses paralleles. Or une définition ne doit convenir qu'à la chose définie.

On dit quelquefois que deux courbes sont *asymptotes* l'une à l'autre, lorsqu'indéfiniment prolongées elles vont en s'approchant continuellement, sans pouvoir jamais se rencontrer. Ainsi, deux paraboles de même parametre, qui ont pour axe une même ligne droite, sont *asymptotes* l'une à l'autre.

Entre les courbes du second degré, c'est-à-dire, entre les sections coniques, il n'y a que l'hyperbole qui ait des *asymptotes*.

Toutes les courbes du troisieme ordre ont toujours quelques branches infinies, mais ces branches infinies n'ont pas toujours des *asymptotes*; témoins les paroles cubiques, & celles de M. Neuton a nommées *paraboles divergentes du troisième ordre*. Quant aux courbes du quatrième, il y en a une infinité, qui non-seulement n'ont pas quatre *asymptotes*, mais qui n'en ont point du tout, & qui n'ont pas même de branches infinies, comme l'ellipse de M. Cassini. *Voyez* COURBE, BRANCHE, ELLIPSE, *&c.*

La conchoïde, la cissoïde, & la logarithmique qu'on ne met point au nombre des courbes géométriques, ont chacune une *asymptote*. *Voyez* COURBE.

L'*asymptote* de la conchoïde est très-propre pour donner des notions claires de la nature des *asymptotes* en général. Soit (*Planche de l'Analyse, fig. 1*) *MMAM* une portion de conchoïde, *C* le pole de cette courbe, & *BD* une ligne droite au-delà de laquelle les parties *QM*, *EA*, *QM*, &c. des droites tirées du pole *C*, sont toutes égales entr'elles. Cela posé, la droite *BD* sera l'*asymptote* de la courbe. Car la perpendiculaire *MI* étant plus courte que *MO*, & *MR* plus courte que *MQ*, &c., il s'ensuit que la droite *BD* va en s'approchant continuellement de la courbe *MMAM*; de sorte que la distance *MR* va toujours en diminuant, & peut être aussi petite qu'on voudra, sans cependant être jamais absolument nulle. *Voyez* DIVISIBILITÉ, INFINI, &c. *Voyez aussi* CONCHOIDE.

On trace de la manière suivante les *asymptotes* de l'hyperbole. Soit (*Planche des sect. coniq. fig. 20.*) une droite *DE* tirée par le sommet *A* de l'hyperbole, parallèle aux ordonnées *Mm*, & égale à l'axe conjugué *de*; en sorte que la partie *AE* soit égale à la moitié de cet axe, & l'autre partie *DA* égale à l'autre moitié. Les deux lignes tirées du centre *C* de l'hyperbole par les points *D* & *E*, savoir *CF* & *CG*, seront les *asymptotes* de cette courbe.

Il résulte de tout ce que nous avons dit jusqu'ici, qu'une courbe peut avoir dans certains cas pour *asymptote* une droite, & dans d'autres cas une courbe. Toutes les courbes qui ont des branches infinies, ont toujours l'une ou l'autre de ces *asymptotes*, & quelquefois toutes les deux; l'*asymptote* est droite, quand la branche infinie est hyperbolique; l'*asymptote* est courbe, lorsque la branche infinie est parabolique, & alors l'*asymptote* courbe est une parabole d'un degré plus ou moins élevé. Ainsi, la théorie des *asymptotes* des courbes dépend de celle de leurs branches infinies. *Voyez* BRANCHE.

Une courbe géométrique ne peut avoir plus d'*asymptotes* droites, qu'il n'y a d'unités dans l'exposant de son ordre. *Voyez* Stirling, *Enum. lin. 3. ord. prop. vj. cor. 7*, & l'*Introduction à l'analyse des lignes courbes*, par M. Cramer, *page 344, art. 147*. Ce dernier ouvrage contient une excellente théorie des *asymptotes* des courbes géométriques & de leurs branches, *chap. viij.*

Si l'hyperbole *GMR* (*fig. 12*) est une des courbes, dont la nature exprimée par l'équation aux *asymptotes*, soit renfermée dans l'équation générale $x^m y^n = a^{m+n}$; tirez la droite *PM*, par-tout où vous voudrez, parallèle à l'*asymptote CS*; achevez le parallélogramme *PCOM*. Ce parallélogramme sera à l'espace hyperbolique *PMGB*, terminé par la ligne *PM*, par l'hyperbole indéfiniment continue vers *G*, & par la partie *PB* de l'*asymptote* indéfiniment prolongée du même côté, comme $m - n$ est à n. Ainsi, lorsque m sera plus grand que n, l'espace hyperbolique sera quarrable. Si $m = n$, comme dans l'hyperbole ordinaire, le parallélogramme *PCOM* sera à l'espace hyperbolique comme zéro est à 1, c'est-à-dire, que cet espace sera infini relativement au parallélogramme, & par conséquent non quarrable. Enfin si m est moindre que n, le parallélogramme sera à l'espace hyperbolique comme un nombre négatif à un nombre positif, l'espace *PMGB* sera infini, & l'espace *MPCE* sera quarrable. *Voyez* la fin du cinquième livre *des sections coniques* de M. le marquis de l'Hopital. *Voy. aussi un mémoire de* M. Varignon, imprimé en 1705, parmi ceux de l'Académie royale des Sciences, & qui a pour titre *Réflexions sur les espaces plus qu'infinis de* M. Wallis. Ce dernier géomètre prétendoit que l'espace *PMGB*, étant au parallélogramme comme un nombre positif à un nombre négatif, l'espace *PMGB* étoit plus qu'infini. M. Varignon censure cette expression, qui n'est pas sans doute trop exacte. Ce qu'on peut assurer avec certitude, c'est que l'espace *PMGB* est un espace plus grand qu'aucun espace fini, & par conséquent qu'il est infini.

Pour le prouver, & pour rendre la démonstration plus simple, faisons $a = 1$, & nous aurons l'équation $x^m y^n = 1$ ou $y = x^{-\frac{m}{n}}$ (*Voyez* EXPOSANT). Donc $y\,dx$, élément de l'aire $PMGB = x^{-\frac{m}{n}}\,dx$, dont l'intégrale (*voyez* INTÉGRAL) est $\dfrac{x^{-\frac{m}{n}+1}}{-\frac{m}{n}+1}$; pour compléter cette intégrale, il faut qu'elle soit $= 0$, lorsque $x = 0$; d'où il s'ensuit que l'intégrale complète est $\dfrac{0^{-\frac{m}{n}+1}}{-\frac{m}{n}+1} + \dfrac{x^{-\frac{m}{n}+1}}{-\frac{m}{n}+1}$. Donc,

1.° si $m < n$, on a $1 - \frac{m}{n}$ égal à une quantité positive. Ainsi, l'intégrale se réduit à $\dfrac{x^{1-\frac{m}{n}}}{1-\frac{m}{n}}$ qui représente l'espace $ECPM$; d'où l'on voit que cet espace est fini tant que x est fini, & que quand x devient infini, l'espace devient infini aussi. Donc l'espace total renfermé par la courbe & ses deux *asymptotes*, est infini; & comme l'espace $ECPM$ est fini, il s'ensuit que l'espace restant $PMGB$ est infini.

Il n'y a que l'hyperbole ordinaire où les espaces $PMGB$, $ECPM$, soient tous deux infinis; dans toutes les autres hyperboles l'un des espaces est infini, & l'autre fini; l'espace infini est $PMGB$ dans le cas de $m < n$, & dans le cas de $m > n$ c'est $PMCE$. Mais il faut observer de plus que dans le cas de $m < n$, l'espace infini $PMGB$ est plus grand en quelque maniere que celui de l'hyperbole ordinaire, quoique l'un & l'autre espaces soient tous deux infinis; c'est-là sans doute ce qui a donné lieu au terme *plus qu'infini* de M. Wallis. Pour éclaircir cette question, supposons $CP = 1$ & $PM = 1$, & imaginons par le point M une hyperbole équilatere entre les deux *asymptotes* CB, CE, que je suppose faire ici un angle droit; ensuite par le même point M décrivons une hyperbole, dont l'équation soit $x^m y^n = 1$, m étant $< n$: il est visible que dans l'hyperbole ordinaire $y = x^{-1}$, & que, dans celle-ci, $y = x^{-\frac{m}{n}}$; d'où l'on voit que x étant plus grand que 1, c'est-à-dire, que CP, l'ordonnée correspondante de l'hyperbole ordinaire sera plus petit que celle de l'autre hyperbole. En effet, si x est plus grand que 1, & que $\frac{m}{n}$ soit < 1, il suit que $x^{-\frac{m}{n}}$ sera $> x^{-1}$, puisque m étant $< n$, on a $x^n > x^m$, lorsque x est plus grand que 1. D'où il s'ensuit que $x > x^{\frac{m}{n}}$ & $\frac{1}{x}$ ou $x^{-1} > \frac{1}{x^{\frac{m}{n}}}$ ou $x^{-\frac{m}{n}}$. Donc l'espace $PMGB$ de l'hyperbole représentée par $x^m y^n = 1$, renfermera l'espace de l'hyperbole ordinaire représentée par l'équation $xy = 1$, & ayant la même ordonnée PM. Ainsi, quoique ce dernier espace soit infini, on peut dire que l'autre, qui est infini à plus forte raison, est en quelque manière un infini plus grand. *Voy. à l'article* INFINI, la notion claire & nette que l'on doit se former de ces prétendus infinis plus grands que d'autres.

Soit MS (*fig.* 33) une logarithmique, PR son *asymptote*, PT sa soutangente, & PM une de ses ordonnées. L'espace indéterminé $RPMS$ sera égal à $PM \times PT$; & le solide engendré par la révolution de la courbe autour de son *asymptote* PV, sera égal à la moitié du cylindre, qui auroit pour hauteur une ligne égale à la soutangente, & pour demi-diametre de sa base une ligne égale à l'ordonnée QV. *Voyez* LOGARITHMIQUE. (*O*)

ASYMPTOTIQUE, *asymptoticus*, adj. m. *espace asymptotique*, est l'espace renfermé entre une hyperbole & son asymptote, ou en général entre une courbe & son asymptote; cet espace est quelquefois fini, & quelquefois infini. *Voyez* ASYMPTOTE. (*O*)

A T A

ATAIR, nom de la belle étoile de l'aigle.

ATAUR, nom de la constellation du taureau.

ATIN, ATIR ou **ATYR**, nom de l'étoile appellée aussi *aldebaran*.

ATLAS, nom que doit avoir eu la constellation du *bouvier*, suivant M. Dupuis, qui explique, par cette constellation, toutes les fables d'Atlas.

ATLANTIDES, nom des pleïades dans Ovide.

ATMOSPHERE, s. f. (*Hyd.*) nom qu'on donne à l'air qui environne la terre. *Voy. ci-dessus le mot* AIR, & *le Dictionnaire de Physique*.

Sur l'atmosphère de la lune & des planètes, *voy. les mots* LUNE, PLANÈTE.

ATTELIER DU SCULPTEUR, (*Astron.*) nom d'une constellation méridionale introduite par l'abbé de la Caille, dans son *Planisphère des étoiles australes*; il l'appelle *Apparatus sculptoris*. Elle est située sur le colure des solstices, au-dessus de la grue & du phénix. La plus belle étoile de cette constellation est de la cinquième grandeur; son ascension droite au commencement de 1750, étoit de 11^d 38′ 58″, & sa déclinaison 30^d 45′ 3″ australe. Voy. *Cœlum Australe stelliferum* 1763. (*D. L.*)

ATTOUCHEMENT, s. m. (*Géom.*) point d'*attouchement*, qu'on appelle aussi point de *contact* ou de *contingence*, est le point dans lequel une ligne droite touche une ligne courbe, ou dans lequel deux courbes se touchent. *Voyez* CONTINGENCE.

On dit ordinairement en Géométrie, que le point d'*attouchement* vaut deux points d'intersection, parce que la tangente peut être regardée comme une sécante qui coupe la courbe en deux points infiniment proches. En effet, disent les géomètres, concevons, par exemple, une ligne droite indéfinie qui coupe un cercle en deux points; imaginons ensuite que cette ligne droite se meuve parallélement à elle-même vers le sommet du cercle; les deux points d'intersection se rapprocheront insensiblement, & enfin se confondront, ou ne feront plus qu'un point, lorsque par ce mouvement la sécante sera devenue tangente, c'est-à-dire ne fera plus que toucher le cercle.

Comme il n'y a point réellement de quantités infiniment petites, & que par conséquent l'on ne sauroit concevoir deux points infiniment proches (*voy.* INFINI & INFINIMENT PETIT), il est très-important de se former une idée nette de cette façon de parler, que *le point d'attouchement vaut deux points d'intersection infiniment proches*. Elle signifie seulement que le point d'*attouchement* est la *limite* ou le terme de tous les doubles points d'intersection des sécantes parallèles à la tangente, c'est-à-dire que si on mène parallélement à la tangente une ligne qui coupe en deux points la courbe, par exemple le cercle, on peut toujours imaginer cette ligne à une telle distance de la tangente, que la distance des deux points d'intersection soit aussi petite qu'on voudra; mais que cette distance ne deviendra pourtant jamais absolument nulle, à moins que la sécante ne se confonde absolument avec la tangente. Cette idée des *limites* est très-utile pour réduire la Géométrie des infiniment petits à des notions claires. *Voyez* LIMITE, *&c.*

Au reste, il n'est question jusqu'ici que du point d'*attouchement* simple; car il y a des points d'*attouchement* qui équivalent à trois points d'intersection, comme dans l'*attouchement* au point d'inflexion; d'autres équivalent à quatre points d'intersection, comme dans l'*attouchement* au point de serpentement infiniment petit, & ainsi à l'infini; *voy.* INFLEXION, SERPENTEMENT : ce qui, en réduisant la chose à des notions claires, signifie simplement que la valeur de la sécante, devenue touchante, a dans ce cas trois ou quatre, *&c.* racines égales dans l'équation de la courbe; je dis *de la sécante devenue touchante*, car il y a des cas où une sécante a plusieurs racines égales, sans être touchante, comme dans les points doubles & dans les points conjugués. Ce qui distingue ces points des points d'*attouchement*, c'est que si vous donnez une autre direction à la ligne qui étoit tangente, en la faisant toujours passer par le point d'*attouchement*, alors elle ne coupe plus la courbe qu'en un point, & l'équation, qui représente son intersection, cesse d'avoir des racines égales; au lieu que, dans les points multiples & conjugués, la sécante a toujours plusieurs racines égales, quelque position qu'on lui donne, pourvu qu'elle passe toujours par le point multiple ou conjugué. *Voy.* RACINE, INTERSECTION, POINT MULTIPLE, POINT CONJUGUÉ, *&c.* (O).

ATTRACTIF, adj. m. se dit de ce qui a le pouvoir ou la propriété d'attirer. *Voy.* ATTRACTION, *&c.* Ainsi on dit *force attractive*, vis attractiva, *&c.*

La vertu *attractive* de l'aimant se communique au fer, en faisant toucher le fer à l'aimant. *Voy. le Dictionnaire de Physique.* (O).

ATTRACTION, s. f. *attractio* ou *tractio*, composé de *ad* & de *traho*, je tire, signifie, *en Méchanique*, l'action d'une force motrice, par laquelle un mobile est tiré ou rapproché de la puissance qui le meut. *Voyez* PUISSANCE & MOUVEMENT.

Comme la réaction est toujours égale & contraire à l'action, il s'ensuit que, dans toute *attraction*, le moteur est attiré vers le mobile autant que le mobile vers le moteur. *Voyez* ACTION & RÉACTION.

Dans l'usage ordinaire, on dit qu'un corps *A* est attiré vers un autre corps *B*, lorsque *A* est lié ou attaché avec *B* par le moyen d'une corde, d'une courroie ou d'un bâton : c'est de cette manière qu'un cheval tire un chariot ou une barque; & en général, on dit qu'un corps en attire un autre, lorsqu'il communique du mouvement à cet autre par le moyen de quelque corps placé entr'eux, & que le corps moteur précède celui qui est mû.

De plus, lorsqu'on voit deux corps libres éloignés l'un de l'autre s'approcher mutuellement sans que l'on apperçoive de cause, on donne encore à ce phénomène le nom d'*attraction*; & c'est principalement dans ce dernier sens qu'il a été employé par les philosophes anciens & modernes. L'*attraction* prise dans le premier sens, se nomme plus communément *traction*. *Voyez*. TRACTION.

Attraction ou *force attractive*, dans l'ancienne Physique, signifie une force naturelle qu'on suppose inhérente à certains corps, & en vertu de laquelle ils agissent sur d'autres corps éloignés, & les tirent à eux. *Voyez* FORCE.

Le mouvement que ces prétendues forces produisent, est appellé, par les péripatéticiens, *mouvement d'attraction*, & en plusieurs occasions, *suction*; & ils rapportent différens exemples où, selon eux, ce mouvement se remarque : ainsi, nous respirons l'air, disent-ils, par *attraction* ou *suction*; de même nous suçons par *attraction* une pipe de tabac : c'est encore par *attraction* qu'un enfant tette : c'est par *attraction* que le sang monte dans les ventouses, que l'eau s'élève dans les pompes, & la fumée dans les cheminées, les vapeurs & les exhalaisons sont attirées par le soleil, le fer par l'aimant, les pailles & la poussière par l'ambre & les autres corps électriques. *Voyez* SUCTION.

Si ces philosophes avoient fait un plus grand nombre d'expériences, ils auroient bientôt reconnu que ces différens phénomènes venoient de l'impulsion d'un fluide invisible. Ainsi, la plupart des effets que les anciens attribuoient à l'*attraction*, sont aujourd'hui attribués à des causes plus naturelles & plus sensibles, principalement à la pression de l'air. *Voyez* AIR & PRESSION.

C'est la pression de l'air, par exemple, qui produit les phénomènes de l'inspiration des ventouses, de la suction des pompes, des vapeurs, des exhalaisons, *&c. Voy.* RESPIRATION, SUCTION, POMPE, VENTOUSE, VAPEUR, FUMÉE, EXHALAISON, *&c.* (*Diction. de Phys.*)

Sur les phénomènes de l'*attraction* électrique & magnétique, *voyez* MAGNÉTISME & ELECTRICITÉ. *Ibid.*

La puissance opposée à l'*attraction* est appellée *répulsion*; & on observe que la répulsion a lieu dans quelques effets naturels. *Voy.* RÉPULSION.

Attraction ou *puissance attractive*, se dit plus particulièrement, dans la *philosophie Neutonienne*, d'une puissance ou principe, en vertu duquel toutes les parties, soit d'un même corps, soit de corps différens, tendent les unes vers les autres;

ou pour parler plus exactement, l'*attraction* est l'effet d'une puissance par laquelle chaque particule de matiere tend vers une autre particule. *Voyez* MATIERE & PARTICULE. Les lois & les phénomenes de l'*attraction* sont un des points principaux de la philosophie Neutonienne. *Voy.* PHILOSOPHIE NEUTONIENNE.

Quoique ce grand philosophe se serve du mot d'*attraction*, comme les philosophes de l'école, cependant, selon la plupart de ses disciples, il y attache une idée bien différente. Nous disons *selon la plupart de ses disciples*, car nous ne faisons que détailler ici ce qui a été dit sur l'*attraction*, nous réservant à exposer à la fin de cet article notre sentiment particulier.

L'*attraction* dans la Philosophie ancienne étoit, selon eux, une espèce de qualité inhérente à certains corps, & qui résultoit de leurs *formes* particulieres & spécifiques; & l'idée que les anciens philosophes attachoient à ce mot de *forme*, étoit fort obscure.

L'*attraction neutonienne*, au contraire, est un principe indéfini, c'est-à-dire, par lequel on ne veut désigner ni aucune espèce ou maniere d'action particuliere, ni aucune cause physique d'une pareille action, mais seulement une tendance en général, un *conatus accedendi* ou *effort pour s'approcher*, quelle qu'en soit la cause physique ou métaphysique; c'est-à-dire, soit que la puissance qui le produit soit inhérente aux corps même, soit qu'elle consiste dans l'impulsion d'un agent extérieur.

Aussi Neuton dit-il expressément dans ses *principes*, qu'il se sert indifféremment des mots d'*attraction*, d'*impulsion* & de *propension*, & avertit le lecteur de ne pas croire que par le mot d'*attraction* il veuille désigner une maniere d'action ou sa cause efficiente, & supposer qu'il y a réellement une force attractive dans des centres qui ne sont que des points mathématiques, *liv. I, pag. 5.* Et, dans un autre endroit, il dit qu'il considère les forces centripètes comme des *attractions*, quoique peut-être elles ne soient, physiquement parlant, que de véritables impulsions, *ib. pag. 147.* Il dit aussi dans son *Optique, pag. 322*, que ce qu'il appelle *attraction*, est peut-être l'effet de quelque impulsion qui agit suivant les lois différentes de l'impulsion ordinaire, ou peut-être aussi l'effet de quelque cause qui nous est inconnue.

Si on considère l'*attraction*, continuent les neutoniens, comme une qualité qui résulte des formes particulieres de certains corps, on doit la proscrire avec les sympathies, antipathies & qualités occultes. Mais, quand on a une fois écarté cette idée, on remarque dans la nature un grand nombre de phénomenes, entre autres la pesanteur des corps ou leur tendance vers un centre, qui semblent n'être point l'effet d'une impulsion, ou dans lesquels au moins l'impulsion n'est pas sensible : de plus, ajoutent-ils, cette action paroît différer à quelques égards de l'impulsion que nous connoissons; car l'impulsion est toujours proportionnelle à la surface des corps, au lieu que la gravité agit sur les parties solides & intérieures, & est toujours proportionnelle à la masse, & par conséquent doit être l'effet d'une cause qui pénetre toute leur substance.

D'ailleurs les observations nous ont appris qu'il y a divers cas où les corps s'approchent les uns des autres, quoiqu'on ne puisse découvrir en aucune maniere qu'il y ait quelque cause extérieure qui agisse pour les mettre en mouvement. Quiconque attribue ce mouvement à une impulsion extérieure, suppose donc un peu trop légérement cette cause. Ainsi, quand on voit que deux corps éloignés s'approchent l'un de l'autre, on ne doit pas se presser de conclure que ces corps sont poussés l'un vers l'autre par l'action d'un fluide ou d'un autre corps invisible, jusqu'à ce que l'expérience l'ait démontré, comme il est arrivé dans les phénomenes que les anciens attribuoient à l'horreur du vuide, & qu'on a reconnus être l'effet de la pression de l'air. Encore moins doit-on attribuer ces phénomenes à l'impulsion, lorsqu'il paroît impossible, ou au moins très-difficile, de les expliquer par ce principe, comme il est prouvé à l'égard de la pesanteur. Musch. *Essai de Physique.*

Le principe inconnu de l'*attraction*, c'est-à-dire, inconnu par la cause (car les effets sont sous les yeux de tout le monde) est ce que l'on appelle *attraction*; &, sous ce nom général, on comprend toutes les tendances mutuelles dans lesquelles l'impulsion ne se manifeste pas, & qui par conséquent ne peuvent s'expliquer par le secours d'aucunes lois connues de la nature.

C'est de-là que sont venues les différentes sortes d'*attractions*; savoir la pesanteur, l'ascension des liqueurs dans les tuyaux capillaires, la rondeur des gouttes de fluide, *&c.*, qui sont l'effet d'autant de différens principes agissans par des loix différentes; *attractions* qui n'ont rien de commun, sinon qu'elles ne sont peut-être point l'effet d'une cause physique, & qu'elles paroissent résulter d'une force inhérente aux corps, par laquelle ils agissent sur des corps éloignés, quoique notre raison ait beaucoup de difficulté à admettre une pareille force.

L'*attraction* peut se diviser, eu égard aux lois qu'elle observe, en deux espèces. La premiere s'étend à une distance sensible: telles sont l'*attraction* de la pesanteur qui s'observe dans tous les corps, & l'*attraction* du magnétisme, de l'électricité, *&c.* qui n'a lieu que dans certains corps particuliers. *Voyez les loix de chacune de ces attractions, aux mots* GRAVITÉ, MAGNÉTISME, *&c.*

L'*attraction* de la gravité, que les mathématiciens appellent aussi *force centripete*, est un des plus grands principes & des plus universels de la nature. Nous la voyons & nous la sentons dans les corps qui sont proches de la surface de la terre, (*Voyez*

Pesanteur); & nous trouvons par observation, que la même force (c'est-à-dire, cette force qui est toujours proportionnelle à la quantité de matière, & qui agit en raison inverse du quarré de la distance), que cette force, dis-je, s'étend jusqu'à la lune & jusqu'aux autres planètes premières & secondaires, aussi-bien que jusqu'aux comètes, & que c'est par elle que les corps célestes sont retenus dans leurs orbites. Or comme nous trouvons la pesanteur dans tous les corps qui sont le sujet de nos observations, nous sommes en droit d'en conclure par une des régles reçues en Philosophie, qu'elle se trouve aussi dans tous les autres : de plus, comme nous remarquons qu'elle est proportionelle à la quantité de matière de chaque corps, elle doit exister dans chacune de leurs parties; & c'est par conséquent une loi de la nature, que chaque particule de matière tende vers chaque autre particule. *Voyez* la preuve plus étendue de cette vérité, & l'application de ce principe aux mouvemens des corps célestes, sous les *articles* Philosophie Neutonienne, Soleil, Lune, Planète, Comete, Satellite, Centripete, Centrifuge.

C'est donc de l'*attraction*, suivant M. Neuton, que proviennent la plupart des mouvemens, & par conséquent des changemens qui se font dans l'univers : c'est par elle que les corps pesans descendent, & que les corps légers montent; c'est par par elle que les projectiles sont dirigés dans leur course, que les vapeurs montent, & que la pluie tombe; c'est par elle que les fleuves coulent, que l'air presse, que l'océan a un flux & reflux. *Voyez* Mouvement, Descente, Ascension, Projectile, Vapeur, Pluie, Fleuve, Flux & Reflux, Air, Atmosphere, &c. Les mouvemens qui résultent de ce prince, sont l'objet de cette partie si étendue des Mathématiques, qu'on appelle *Méchanique* ou *Statique*, comme aussi de l'*Hydrostatique*, de l'*Hydraulique*, *&c.* &c. qui en sont comme les branches & la suite, *&c. Voyez* Méchanique, Statique, Hydrostatique, Pneumatique; *voyez aussi* Mathématique, Philosophie, *&c.*

La seconde espèce d'*attraction* est celle qui ne s'étend qu'à des distances insensibles. Telle est l'*attraction* mutuelle qu'on remarque dans les petites parties dont les corps sont composés; car ces parties s'attirent les unes les autres au point de contact, ou extrêmement près de ce point, avec une force très-supérieure à celle de la pesanteur, mais qui décroît ensuite à une très-petite distance, jusqu'à devenir beaucoup moindre que la pesanteur. Un auteur moderne a appellé cette force *attraction de cohésion*, supposant que c'est elle qui unit les particules élémentaires des corps pour en faire des masses sensibles.

Toutes les parties des fluides s'attirent mutuellement, comme il paroît par la ténacité & par la rondeur de leurs gouttes, si on en excepte l'air, le feu & la lumière, qu'on n'a jamais vus sous la forme de gouttes. Ces mêmes fluides se forment en gouttes dans le vuide comme dans l'air, ils attirent les corps solides, & en sont réciproquement attirés; d'où il paroît que la vertu attractive se trouve répandue par-tout. Qu'on mette l'une sur l'autre deux glaces de miroir bien unies, bien nettes & bien séches, on trouvera alors qu'elles tiennent ensemble avec beaucoup de force, de sorte qu'on ne peut les séparer l'une de l'autre qu'avec peine. La même chose arrive dans le vuide, lorsqu'on retranche une petite portion de deux balles de plomb, en sorte que leurs surfaces deviennent unies à l'endroit de la section, & qu'on les presse ensuite l'une contre l'autre avec la main, en leur faisant faire en même tems la quatrième partie d'un tour; on remarque que ces balles tiennent ensemble avec une force de 40 ou 50 livres. En général, tous les corps dont les surfaces sont unies, séches & nettes, principalement les métaux, se collent & s'attachent mutuellement l'un à l'autre quand on les approche; de sorte qu'il faut quelque force pour les séparer. Musschenbroek. *essai de Phys.*

Les corps s'attirent réciproquement, non-seulement lorsqu'ils se touchent, mais aussi lorsqu'ils sont à une certaine distance les uns des autres : car mettez entre les deux glaces de miroir dont nous venons de parler, un fil de soie fort fin, alors ces deux glaces ne pourront pas se toucher, puisqu'elles seront éloignées l'une de l'autre de toute l'épaisseur du fil; cependant on ne laissera pas de voir que ces deux glaces s'attirent mutuellement, quoiqu'avec moins de force que lorsqu'il n'y avoit rien entr'elles. Mettez entre les glaces deux fils que vous aurez tordus ensemble, ensuite trois fils tors de même, & vous verrez que l'*attraction* diminuera à mesure que les glaces s'éloigneront l'une de l'autre. Musschenbroek. *ibid.*

On peut encore faire voir d'une manière bien sensible cette vertu attractive par une expérience curieuse. Prenez un corps solide & opaque, qui finisse en pointe, soit de métal, soit de pierre, ou même de verre; si des rayons de lumière parallèles passent tout près de la pointe ou du tranchant de ce corps dans une chambre obscure, alors le rayon qui se trouvera tout près de la pointe, sera attiré avec beaucoup de force vers le corps; &, après s'être détourné de son chemin, il en prendra un autre, étant brisé par l'*attraction* que ce corps exerce sur lui. Le rayon un peu plus éloigné de la pointe est aussi attiré, mais moins que le précédent, & ainsi il sera moins rompu, & s'écartera moins de son chemin. Le rayon suivant qui est encore plus éloigné, sera aussi moins attiré & moins détourné de sa première route. Enfin, à une certaine distance fort petite, il y aura un rayon qui ne sera plus attiré du tout, ou du moins sensiblement, qui conservera sans se rompre sa direction primitive. Musch. *ibid.*

C'est à M. Neuton que nous devons la découverte de cette dernière espèce d'*attraction*, qui n'agit qu'à de très-petites distances; comme c'est à lui que nous devons la connoissance plus parfaite de l'autre, qui agit à des distances considérables. En effet, les loix du mouvement & de la percussion des corps sensibles dans les différentes circonstances où nous pouvons les supposer, ne paroissent pas suffisantes pour expliquer les mouvemens intestins des particules des corps, d'où dépendent les différens changemens qu'ils subissent dans leurs contextures, leurs couleurs, leurs propriétés; ainsi, notre philosophie seroit nécessairement en défaut, si elle étoit fondée sur le principe seul de la gravitation, porté même aussi loin qu'il est possible. *Voyez* LUMIÈRE, COULEUR, *&c.*

Mais outre les loix ordinaires du mouvement dans les corps sensibles, les particules dont ces corps sont composés, en observent d'autres, qu'on n'a commencé à remarquer que depuis peu de tems, & dont on n'a encore qu'une connoissance fort imparfaite. M. Neuton, à la pénétration duquel nous en devons la première idée, s'est presque contenté d'en établir l'existence; &, après avoir prouvé qu'il y a des mouvemens dans les petites parties du corps, il ajoute que ces mouvemens proviennent de certaines puissances ou forces, qui paroissent différentes de toutes les forces que nous connoissons. « C'est en vertu de ces forces, selon » lui, que les petites particules des corps agissent » les unes sur les autres, même à une certaine dis» tance, & produisent par-là plusieurs phénomènes » de la nature. Les corps sensibles, comme nous » avons déjà remarqué, agissent mutuellement les » uns sur les autres; & comme la nature agit d'une » manière toujours constante & uniforme, il est » fort vraisemblable qu'il y a beaucoup de forces » de la même espèce; celles dont nous venons de » parler s'étendent à des distances assez sensibles, » pour pouvoir être remarquées par des yeux » vulgaires : mais il peut y en avoir d'autres qui » agissent à des distances trop petites, pour qu'on » ait pu les observer jusqu'ici; & l'électricité, par » exemple, agit peut-être à de telles distances, » même sans être excitée par le frottement. »

Cet illustre auteur confirme cette opinion par un grand nombre de phénomènes & d'expériences, qui prouvent clairement, selon lui, qu'il y a une puissance & une action *attractive* entre les particules, par exemple, du sel & de l'eau; entre celles du vitriol & de l'eau, du fer & de l'eau forte, de l'esprit de vitriol & du salpetre. Il ajoute que cette puissance n'est pas d'une égale force dans tous les corps; qu'elle est plus forte, par exemple, entre les particules du sel de tartre & celles de l'eau-forte, qu'entre les particules du sel de tartre & celles de l'argent : entre l'eau forte & la pierre calaminaire, qu'entre l'eau-forte & le fer : entre l'eau forte & le fer, qu'entre l'eau forte & le cuivre; encore moindre entre l'eau forte & l'argent, ou entre l'eau-forte & le mercure. De même l'esprit de vitriol agit sur l'eau, mais il agit encore davantage sur le fer & sur le cuivre.

Il est facile d'expliquer par l'*attraction* mutuelle la rondeur que les gouttes d'eau affectent; car comme ces parties doivent s'attirer toutes également & en tout sens, elles doivent tendre à former un corps, dont tous les points de la surface soient à distances égales de son centre. Ce corps seroit parfaitement sphérique, si les parties qui les composent étoient sans pesanteur : mais cette force qui les fait descendre en embas, oblige la goutte de s'alonger un peu; & c'est pour cette raison, que les gouttes de fluide attachées à la surface inférieure des corps, dont le grand axe est vertical, prennent une figure un peu ovale. On remarque aussi cette même figure dans les gouttes d'eau qui sont placées sur la surface supérieure d'un plan horizontal; mais alors le petit axe de cette figure est vertical, & sa surface inférieure, c'est-à-dire celle qui touche le plan, est plane; ce qui vient tant de la pesanteur des particules de l'eau, que de l'*attraction* du corps sur lequel elles sont placées, & qui altere l'effet de leur *attraction* mutuelle. Aussi, moins la surface sur laquelle la goutte est placée, a de force pour attirer ses parties, plus la goutte reste ronde : c'est pour cette raison, que les gouttes d'eau qu'on voit sur quelques feuilles de plantes, sont parfaitement rondes, au lieu que celles qui se trouvent sur du verre, sur des métaux ou sur des pierres, ne sont qu'à demi-rondes, ou quelquefois encore moins. Il en est de même du mercure, qui se partage sur le papier en petites boules parfaitement rondes, au lieu qu'il prend une figure applatie lorsqu'il est mis sur du verre ou sur quelqu'autre métal. Plus les gouttes sont petites, moins elles ont de pesanteur; & par conséquent lorsqu'elles viendront à s'attirer, elles formeront un globule beaucoup plus rond que celui qui sera formé par les grosses gouttes, comme on pourroit le démontrer plus au long, & comme l'expérience le confirme. Il est à remarquer que tous ces phénomènes s'observent également dans l'air & dans le vuide. *Mussch.*

On peut s'assurer encore de la force avec laquelle les particules d'eau s'*attirent*, en prenant une phiole dont le cou soit fort étroit, & n'ait pas plus de deux lignes de diamètre, & en renversant cette phiole, après l'avoir rempli d'eau : car on remarquera alors qu'il n'en sort pas une seule goutte.

Comme dans une goutte d'eau, les parties qui s'attirent réciproquement ne restent pas en repos avant que d'avoir formé une petite boule, de même aussi deux gouttes d'eau situées l'une proche de l'autre, & légèrement attirées par la surface sur laquelle elles se trouvent, se précipiteront l'une vers l'autre par leur *attraction* mutuelle; & dans l'*instant* même de leur premier contact, elles se réuniront & formeront une boule, comme on l'observe en effet; la même chose arrive à deux gouttes de mercure.

Lorsqu'on verse ensemble les parties de divers liquides, elles s'attirent mutuellement; celles qui se touchent alors, tiennent l'une à l'autre par la force avec laquelle elles agissent; c'est pourquoi les liquides pourront en ce cas se changer en un corps solide, qui sera d'autant plus dur, que l'*attraction* aura été plus forte; ainsi ces liquides se coaguleront. *Mussch.*

Lorsqu'on a fait dissoudre des parties de sel dans une grande quantité d'eau, elles sont attirées par l'eau avec plus de force qu'elles ne peuvent s'attirer mutuellement, & elles restent séparées assez loin les unes des autres: mais lorsqu'on fait évaporer une grande quantité de cette même eau, soit par la chaleur du soleil, soit par celle du feu, soit par le moyen du vent, il s'éleve sur la surface de l'eau une pellicule fort mince, formée par les particules de sel qui se tiennent en haut, & dont l'eau s'est évaporée. Cette pellicule, qui n'est composée que des parties de sel, peut alors attirer & séparer de l'eau qui est au-dessous, différentes particules salines, avec plus de force que ne pouvoit faire auparavant cette même eau déjà diminuée de volume; car, par l'évaporation d'une grande quantité d'eau, les parties salines se rapprochent davantage, & s'unissent beaucoup plus qu'auparavant; & l'eau se trouvant en moindre quantité, elle a aussi moins de force pour pouvoir agir sur les parties salines qui sont alors attirées en-haut vers la pellicule de sel à laquelle elles se joignent. Cette petite peau devient par conséquent plus épaisse & plus pesante que le liquide qui est au-dessous, puisque la pesanteur spécifique des parties salines est beaucoup plus grande que celle de l'eau; ainsi, dès que cette peau est devenue fort pesante, elle se brise en pièces; ces morceaux tombent au fond, & continuent d'attirer d'autres parties salines; d'où il arrive qu'augmentant encore de volume, ils se forment en grosses masses de différentes grandeurs appellées *crystaux*. Mussch.

L'air, quoiqu'il doive surnager tous les liquides que nous connoissons, & qui sont beaucoup moins pesans que lui, ne laisse pas d'en être *attiré*, & de se mêler avec eux; & M. Petit a fait voir par plusieurs expériences, de quelle manière il est adhérent aux corps fluides, & se colle, pour ainsi dire, aux corps solides. *Mém. Acad. 1731.*

Les effervescences qui arrivent lorsqu'on mêle ensemble différens liquides, nous donnent un exemple remarquable de ces sortes d'*attractions* entre les petites parties des corps fluides; on en verra ci-dessous une explication un peu plus détaillée.

Il n'est pas non plus fort difficile de prouver que les liquides sont attirés par les corps solides. En effet, qu'on verse de l'eau dans un verre bien net, on remarquera qu'elle est attirée sur les côtés contre lesquels elle monte & auxquels elle s'attache, de sorte que la surface de la liqueur est plus basse au milieu que celle qui touche les parois du verre, & qui devient concave: au contraire, lorsqu'on verse du mercure dans un verre, sa surface devient convexe, étant plus haute au milieu que proche les parois du verre; ce qui vient de ce que les parties du mercure s'attirent réciproquement avec plus de force, qu'elles ne sont attirées par le verre.

Si on prend un corps solide bien net, & qui ne soit pas gras, & qu'on le plonge dans un liquide, & qu'ensuite on le leve fort doucement & qu'on l'en retire, la liqueur y restera attachée, même quelquefois à une hauteur assez considérable; en sorte qu'il reste entre le corps & la surface du liquide, une petite colonne qui y demeure suspendue: cette colonne se détache & retombe lorsqu'on a élevé le corps assez haut, pour que la pesanteur de la colonne l'emporte sur la *force attractive*. Mussch.

La force avec laquelle le verre attire les fluides, se manifeste principalement dans les expériences sur les tuyaux capillaires. *Voyez* TUYAUX CAPILLAIRES.

Il y a une infinité d'autres expériences qui constatent l'existence de ce principe d'*attraction* entre les particules des corps.

Toutes ces actions en vertu desquels les particules des corps tendent les unes vers les autres, sont appellées en général par Neuton du nom indéfini d'*attraction*, qui est également applicable à toutes les actions par lesquels les corps sensibles agissent les uns sur les autres, soit par impulsion, ou par quelqu'autre force moins connue: & par-là cet auteur explique une infinité de phénomènes, qui seroient inexplicables par le seul principe de la gravité: tels sont la cohésion, la dissolution, la coagulation, la crystallisation, l'ascension des fluides dans les tuyaux capillaires, les secrétions animales; la fluidité, la fixité, la fermentation, *&c.* *Voyez dans les Dictionnaires de Physique & de Chimie, les articles* COHÉSION, DISSOLUTION, COAGULATION, CRISTALLISATION, ASCENSION, SECRÉTION, FERMENTATION, *&c.*

« En admettant ce principe, ajoute cet illustre » auteur, on trouvera que la nature est par-tout » conforme à elle-même, & très-simple dans ses » opérations; qu'elle produit tous les grands mouvemens des corps célestes par l'*attraction* de la » gravité qui agit sur les corps, & presque tous » les petits mouvemens de leurs parties, par le » moyen de quelqu'autre puissance *attractive* ré» pandue dans ces parties. Sans ce principe il n'y » auroit point de mouvement dans le monde; & » sans la continuation de l'action d'une pareille » cause, le mouvement périroit peu-à-peu, puisqu'il » devroit continuellement décroître & diminuer, » si ces puissances actives n'en reproduisoient » sans cesse de nouveaux. » *Optique, page 373.*

Il est facile de juger après cela combien sont injustes ceux des philosophes modernes qui se déclarent hautement contre le principe de l'*attraction*, sans en apporter d'autre raison, sinon qu'ils ne

conçoivent

conçoivent pas comment un corps peut agir sur un autre qui en est éloigné. Il est certain que, dans un grand nombre de phénomènes, les philosophes ne reconnoissent point d'autre action, que celle qui est produite par l'impulsion & le contact immédiat: mais nous voyons dans la nature plusieurs effets, sans y remarquer d'impulsion: souvent même nous sommes en état de prouver, que toutes les explications qu'on peut donner de ces effets, par le moyen des loix connues de l'impulsion, sont chimériques & contraires aux principes de la méchanique la plus simple. Rien n'est donc plus sage & plus conforme à la vraie Philosophie, que de suspendre notre jugement sur la nature de la force qui produit ces effets. Par-tout où il y a un effet, nous pouvons conclure qu'il y a une cause, soit que nous la voyions ou que nous ne la voyions pas. Mais quand la cause est inconnue, nous pouvons considérer simplement l'effet, sans avoir égard à la cause, & c'est même à quoi il semble qu'un philosophe doit se borner en pareil cas: car, d'un côté, ce seroit laisser un grand vuide dans l'histoire de la nature, que de nous dispenser d'examiner un grand nombre de phénomènes sous prétexte que nous en ignorons la cause; & de l'autre, ce seroit nous exposer à faire un roman, que de vouloir raisonner sur des causes qui nous sont inconnues. Les phénomènes de l'*attraction* sont donc la matière des recherches physiques; & en cette qualité ils doivent faire partie d'un système de physique: mais la cause de ces phénomènes n'est du ressort du physicien, que quand elle est sensible, c'est-à-dire, quand elle paroît elle-même être l'effet de quelque cause plus relevée (car la cause immédiate d'un effet ne paroît elle-même qu'un effet, la première cause étant invisible). Ainsi, nous pouvons supposer autant de causes d'*attraction* qu'il nous plaira, sans que cela puisse nuire aux effets. L'illustre Neuton semble même être indécis sur la nature de ces causes: car il paroît quelquefois regarder la gravité, comme l'effet d'une cause immatérielle (*Optiq. page 343, &c.*); & quelquefois il paroît la regarder comme l'effet d'une cause matérielle. *Ibid. page 325.*

Dans la philosophie neutonienne, la recherche de la cause est le dernier objet qu'on a en vue: jamais on ne pense à la trouver que quand les loix de l'effet & les phénomènes sont bien établis, parce que c'est par les effets seuls qu'on peut remonter jusqu'à la cause: les actions mêmes les plus palpables & les plus sensibles n'ont point une cause entièrement connue: les plus profonds philosophes ne sauroient concevoir comment l'impulsion produit le mouvement, c'est-à-dire, comment le mouvement d'un corps passe dans un autre par le choc: cependant la communication du mouvement par l'impulsion est un principe admis, non-seulement en Philosophie, mais encore en Mathématique; & même une grande partie de la Méchanique élémentaire, a pour objet les loix & les effets de cette communication. *Voyez* PERCUSSION & COMMUNICATION *de mouvement.*

Concluons donc que quand les phénomènes sont suffisamment établis, les autres espèces d'effets, où on ne remarque point d'impulsion, ont le même droit de passer de la Physique dans les Mathématiques, sans qu'on s'embarrasse d'en approfondir les causes qui sont peut-être au-dessus de notre portée: il est permis de les regarder comme causes occultes (car toutes les causes le sont, à parler exactement), & de s'en tenir aux effets, qui sont la seule chose immédiatement à notre portée.

Neuton a donc éloigné avec raison de sa philosophie cette discussion étrangère & métaphysique; & malgré tous les reproches qu'on a cherché à lui faire là-dessus, il a la gloire d'avoir découvert dans la méchanique un nouveau principe, qui étant bien approfondi, doit être infiniment plus étendu que ceux de la méchanique ordinaire: c'est de ce principe seulement que nous pouvons attendre l'explication d'un grand nombre de changemens qui arrivent dans les corps, comme productions, générations, corruptions, &c. en un mot, de toutes les opérations surprenantes de la Chimie. *Voyez* GÉNÉRATION, CORRUPTION, OPÉRATION, CHIMIE, &c. (*Dict. de Phys. & de Ch.*)

Quelques philosophes anglois ont approfondi les principes de l'*attraction*. M. Keil en particulier a tâché de déterminer quelques-unes des loix de cette nouvelle cause, & d'expliquer par ce moyen plusieurs phénomènes généraux de la nature, comme la cohésion, la fluidité, l'élasticité, la fermentation, la mollesse, la coagulation. M. Freind, marchant sur ces traces, a encore fait une application plus étendue de ces mêmes principes aux phénomènes de la Chymie. Aussi quelques philosophes ont été tentés de regarder cette nouvelle méchanique comme une science complette, & de penser qu'il n'y a presqu'aucun effet physique dont la force *attractive* ne fournisse une explication immédiate.

Cependant en tirant cette conséquence, il y auroit lieu de craindre qu'on ne se hâtât un peu trop: un principe si fécond a besoin d'être examiné encore plus à fond; & il semble qu'ayant d'en faire l'application générale à tous les phénomènes, il faudroit examiner plus exactement ses loix & ses limites. L'*attraction* en général est un principe si complexe, qu'on peut par son moyen expliquer une infinité de phénomènes différens les uns des autres: mais, jusqu'à ce que nous en connoissions mieux les propriétés, il seroit peut-être bon de l'appliquer à moins d'effets, & de l'approfondir davantage. Il se peut faire que toutes les *attractions* ne se ressemblent pas, & que quelques-unes dépendent de certaines causes particulières, dont nous n'avons pu nous former jusqu'à présent aucune idée, parce que nous n'avons pas assez d'observations exactes, ou parce que les phénomènes sont si peu sensibles qu'ils échappent à nos sens. Ceux qui viendront après nous, découvriront peut-être ces diverses sortes de phénomènes: c'est pourquoi nous devons rencontrer un grand nombre de phénomènes qu'il nous est impossible de bien expliquer, ou de démontrer avant que ces causes ayent été découvertes. Quant au mot d'*attraction*, on peut se servir de ce terme jusqu'à ce que la cause soit mieux connue.

Pour donner un essai du principe d'*attraction*, & de la manière dont quelques philosophes l'ont appliqué, nous joindrons ici les principales loix qui ont été données par M. Neuton, M. Keil, M. Freind, *&c.*

THÉOR. I. Outre la force *attractive* qui retient les planètes & les comètes dans leurs orbites, il y en a une autre par laquelle les différentes parties dont les corps sont composés, s'attirent mutuellement les unes les autres; & cette force décroît plus qu'en raison inverse du quarré de la distance.

Ce théoreme, comme nous l'avons déjà remarqué, peut se démontrer par un grand nombre de phénomènes. Nous ne rappellerons ici que les plus simples & les plus communs: par exemple, la figure sphérique que les gouttes d'eau prennent, ne peut provenir que d'une pareille force: c'est par la même raison que deux boules de mercure s'unissent & s'incorporent en une seule dès qu'elles viennent à se toucher, ou qu'elles sont fort près l'une de l'autre: c'est encore en vertu de cette force que l'eau s'élève dans les tuyaux capillaires, *&c.*

A l'égard de la loi précise de cette *attraction*, on ne l'a point encore déterminée: tout ce que l'on sait certainement, c'est qu'en s'éloignant du point de contact, elle décroît plus que dans la raison inverse du quarré de la distance, & que par conséquent elle suit une autre loi que la gravité. En effet, si cette force suivoit la loi de la raison inverse du quarré de la distance, elle ne seroit guere plus grande au point de contact que fort proche de ce point; car M. Neuton a démontré dans ses *Principes mathématiques*, que si l'*attraction* d'un corps est en raison inverse du quarré de la distance, cette *attraction* est finie au point de contact, & qu'ainsi elle n'est guere plus grande au point de contact, qu'à une petite distance de ce point; au contraire, lorsque l'*attraction* décroît plus qu'en raison inverse du quarré de la distance, par exemple, en raison inverse du cube, ou d'une autre puissance plus grande que le quarré; alors, selon les démonstrations de M. Neuton, l'*attraction* est infinie au point de contact, & finie à une très-petite distance de ce point. Ainsi, l'*attraction* au point de contact est beaucoup plus grande, qu'elle n'est à une très-petite distance de ce même point. Or il est certain par toutes les expériences, que l'*attraction* qui est très-grande au point de contact, devient presque insensible à une très-petite distance de ce point. D'où il s'ensuit que l'*attraction* dont il s'agit, décroît en raison inverse d'une puissance plus grande que le quarré de la distance: mais l'expérience ne nous a point encore appris, si la diminution de cette force suit la raison inverse du cube, ou d'une autre puissance plus élevée.

II. La quantité de l'*attraction* dans tous les corps très-petits, est proportionnelle, toutes choses d'ailleurs égales, à la quantité de matière du corps *attirant*, parce qu'elle est en effet, ou du moins à très-peu-près, la somme ou le résultat des *attractions* de toutes les parties dont le corps est composé; ou, ce qui revient au même, l'*attraction* dans tous les corps fort petits, est comme leurs solidités, toutes choses d'ailleurs égales.

Donc, 1.° à distances égales, les *attractions* de deux corps très-petits seront comme leurs masses, quelque différence qu'il y ait d'ailleurs entre leur figure & leur volume.

2.° A quelque distance que ce soit, l'*attraction* d'un corps très-petit est comme sa masse divisée par le quarré de la distance.

Il faut observer que cette loi, prise rigoureusement, n'a lieu qu'à l'égard des atômes, ou des plus petites parties composantes des corps, que quelques-uns appellent *particules de la dernière composition*, & non pas à l'égard des corpuscules faits de ces atômes.

Car lorsqu'un corps est d'une grandeur finie, l'*attraction* qu'il exerce sur un point placé à une certaine distance, n'est autre chose que le résultat des *attractions*, que toutes les parties du corps *attirant* exercent sur ce point, & qui, en se combinant toutes ensemble, produisent sur ce point une force ou une tendance unique dans une certaine direction. Or, comme toutes les particules dont le corps *attirant* est composé, sont différemment situées par rapport au point qu'elles attirent, toutes les forces que ces particules exercent ont chacune une valeur & une direction différente; & ce n'est que par le calcul qu'on peut savoir si la force unique qui en résulte est comme la masse totale du corps *attirant* divisée par le quarré de la distance. Aussi cette propriété n'a-t-elle lieu que dans un très-petit nombre de corps, par exemple dans les sphères, de quelque grandeur qu'elles puissent être. M. Neuton a démontré que l'*attraction* qu'elles exercent sur un point placé à une distance quelconque, est la même que si toute la matière étoit concentrée & réunie au centre de la sphère; d'où il s'ensuit que l'*attraction* d'une sphère est en général comme sa masse divisée par le quarré de la distance qu'il y a du point *attiré* au centre de la sphère. Lorsque le corps *attirant* est fort petit, toutes ses parties sont censées être à la même distance du point *attiré*, & sont censées agir à-peu-près dans le même sens; c'est pour cela que dans les petits corps, l'*attraction* est censée proportionnelle à la masse divisée par le quarré de la distance.

Au reste, c'est toujours à la masse, & non à la grosseur ou au volume, que l'*attraction* est proportionnelle; car l'*attraction* totale est la somme des *attractions* particulières des atômes dont un corps est composé. Or ces atômes peuvent être tellement unis ensemble, que les corpuscules les plus solides forment les particules les plus légères, c'est-à-dire, que leurs surfaces n'étant point propres pour se toucher intimement, elles seront séparées par de si grands interstices, que la grosseur ne sera point proportionnelle à la quantité de matière.

III. Si un corps est composé de particules, dont chacune ait une force *attractive* décroissante en raison triplée ou plus que triplée des distances, la force avec laquelle une particule de matière sera attirée par ce corps au point de contact, sera infiniment plus grande que si cette particule étoit placée à une distance donnée du corps. M. Neuton a démontré cette proposition dans ses *principes*, comme nous l'avons déja remarqué. *Voyez Princ. math. sect. xiij. liv. I*, *proposition première*.

IV. Dans la même supposition, si la force *attractive* qui agit à une distance assignable, a un rapport fini avec la gravité, la force *attractive* au point de contact, ou infiniment près de ce point, sera infiniment plus grande que la force de la gravité.

V. Mais si, dans le point de contact, la force *attractive* a un rapport fini à la gravité, la force à une distance assignable sera infiniment moindre que la force de la gravité, & par conséquent sera nulle.

VI. La force *attractive* de chaque particule de matière au point de contact, surpasse presque infiniment la force de la gravité, mais cependant n'est pas infiniment plus grande. De ce théorème & du précédent, il s'ensuit que la force *attractive* qui agit à une distance donnée quelconque, sera presque égale à zéro.

Par conséquent cette force *attractive* des corps terrestres ne s'étend que dans un espace extrêmement petit, & s'évanouit à une grande distance. C'est ce qui fait qu'elle ne peut rien déranger dans le mouvement des corps célestes qui en sont fort éloignés, & que toutes les planètes continuent sensiblement leur cours, comme s'il n'y avoit point de force *attractive* dans les corps terrestres.

Où la force *attractive* cesse, la force répulsive commence, selon M. Neuton, ou plutôt la force *attractive* se change en force *répulsive*. *Voy.* RÉPULSION.

VII. Supposons un corpuscule qui touche un corps : la force par laquelle le corpuscule est poussé, c'est-à-dire, la force avec laquelle il est adhérent au corps qu'il touche, sera proportionnelle à la quantité du contact; car les parties un peu éloignées du point de contact ne contribuent en rien à la cohésion.

Il y a donc différens degrés de cohésion, selon la différence qui peut se trouver dans le contact des particules; la force de la cohésion est la plus grande qu'il est possible, lorsque la surface touchante est plane : en ce cas, toutes choses d'ailleurs égales, la force par laquelle le corpuscule est adhérent, sera comme les parties des surfaces touchantes.

C'est pour cette raison que deux marbres parfaitement polis, qui se touchent par leurs surfaces planes, sont si difficiles à séparer, & ne peuvent l'être que par un poids fort supérieur à celui de l'air qui les presse.

VIII. La force de l'*attraction* croît dans les petites particules à mesure que le poids & la grosseur de ces particules diminue, ou, pour s'expliquer plus clairement, la force de l'*attraction* décroît moins à proportion que la masse, toutes choses d'ailleurs égales.

Car, comme la force *attractive* n'agit qu'au point de contact, ou fort près de ce point, le moment de cette force doit être comme la quantité de contact, c'est-à-dire, comme la densité des parties & la grandeur de leurs surfaces : or les surfaces des corps croissent ou décroissent comme les quarrés des diamètres, & les solidités comme les cubes de ces mêmes diamètres; par conséquent, les plus petites particules ayant plus de surface à proportion de leur solidité, sont capables d'un contact plus fort, &c. Les corpuscules dont le contact est le plus petit & le moins étendu qu'il est possible, comme les sphères infiniment petites, sont ceux qu'on peut séparer le plus aisément l'un de l'autre.

On peut tirer de ce principe la cause de la fluidité; car, regardant les parties des fluides comme de petites sphères ou globules très-polis, on voit que leur *attraction* & cohésion mutuelle doit être très-peu considérable, & qu'elles doivent être fort faciles à séparer & à glisser les unes sur les autres; ce qui constitue la fluidité.

IX. La force par laquelle un corpuscule est attiré par un autre corps qui en est proche, ne reçoit aucun changement dans sa quantité, soit que la matière du corps attirant croisse ou diminue, pourvu que le corps attirant conserve toujours la même densité, & que le corpuscule demeure toujours à la même distance.

Car, puisque la puissance attractive n'est répandue que dans un fort petit espace, il s'ensuit que les corpuscules qui sont éloignés d'un autre, ne contribuent en rien pour attirer celui-ci; par conséquent le corpuscule sera attiré vers celui qui en est proche, avec la même force, soit que les autres corpuscules y soient ou n'y soient pas, & par conséquent aussi, soit qu'on en ajoute d'autres ou non.

Donc les particules auront différentes forces attractives, selon la différence de leur structure: par exemple, une particule percée dans sa longueur n'attirera pas si fort qu'une particule qui seroit entiere; de même aussi la différence dans la figure en produira une dans la force attractive. Ainsi une sphère attirera plus qu'un cone, qu'un cylindre, *&c.*

X. Supposons que la contexture d'un corps soit telle, que les dernières particules élémentaires dont il est composé soient un peu éloignées de leur premier contact par l'action de quelque force extérieure, comme par le poids ou l'impulsion d'un autre corps, mais sans acquérir en vertu de cette force un nouveau contact; dès que l'action de cette force aura cessé, ces particules tendant les unes vers les autres par leur force attractive, retourneront aussi-tôt à leur premier contact. Or, quand les parties d'un corps, après avoir été déplacées, retournent dans leur première situation, la figure du corps, qui avoit été changée par le dérangement des parties, se rétablit aussi dans son premier état : donc les corps qui ont perdu leur figure primitive, peuvent la recouvrer par l'*attraction*.

Par-là on peut expliquer la cause de l'élasticité; car quand les particules d'un corps ont été un peu dérangées de leur situation par l'action de quelque force extérieure, si-tôt que cette force cesse d'agir, les parties séparées doivent retourner à leur première place, & par conséquent le corps doit reprendre sa figure, *&c.*

XI. Mais si la contexture d'un corps est telle que ses parties, lorsqu'elles perdent leur contact par l'action de quelque cause extérieure, en reçoivent un autre du même degré de force, ce corps ne pourra reprendre sa première figure.

Par-là on peut expliquer en quoi consiste la mollesse des corps.

XII. Un corps plus pesant que l'eau peut diminuer de grosseur à un tel point, que ce corps demeure suspendu dans l'eau sans descendre, comme il le devroit faire par sa propre pesanteur.

Par-là on peut expliquer pourquoi les particules salines, métalliques, & les autres petits corps semblables, demeurent suspendus dans les fluides qui les dissolvent.

XIII. Les grands corps s'approchent l'un de l'autre avec moins de vîtesse que les petits corps. En effet, la force avec laquelle deux corps *A B* s'attirent (*fig. 32, méch. n.° 2.*), réside seulement dans les particules de ces corps les plus proches; car les parties plus éloignées n'y contribuent en rien : par conséquent la force qui tend à mouvoir les corps *A* & *B*, n'est pas plus grande que celle qui tendroit à mouvoir les seules particules *c* & *d.* Or les vîtesses des différens corps mûs par une même force sont en raison inverse des masses de ces corps; car plus la masse à mouvoir est grande, moins cette force doit lui imprimer de vîtesse: donc la vîtesse avec laquelle le corps *A* tend à s'approcher de *B*, est à la vîtesse avec laquelle la particule *c* tendroit à se mouvoir vers *B*, si elle étoit détachée du corps *A*, comme la particule *c* est au corps *A*; donc la vîtesse du corps *A* est beaucoup moindre que celle qu'auroit la particule *c*, si elle étoit détachée du corps *A*.

C'est pour cela que la vîtesse avec laquelle deux petits corpuscules tendent à s'approcher l'un de l'autre, est en raison inverse de leurs masses; c'est aussi pour cette même raison que le mouvement des grands corps est naturellement si lent, que le fluide environnant & les autres corps adjacens le retardent & le diminuent considérablement; au lieu que les petits corps sont capables d'un mouvement beaucoup plus grand, & sont en état par ce moyen de produire un très-grand nombre d'effets, tant il est vrai que la force ou l'énergie de l'*attraction* est beaucoup plus considérable dans les petits corps que dans les grands. On peut aussi déduire du même principe la raison de cet axiome de Chimie : *Les sels n'agissent que quand ils sont dissous.*

XIV. Si un corpuscule placé dans un fluide est également attiré en tout sens par les particules environnantes, il ne doit recevoir aucun mouvement; mais s'il est attiré par quelques particules plus fortement que par d'autres, il doit se mouvoir vers le côté où l'*attraction* est la plus grande, & le mouvement qu'il aura sera proportionné à l'inégalité d'*attraction*, c'est-à-dire, que plus cette inégalité sera grande, plus aussi le mouvement sera grand : & au contraire.

XV. Si des corpuscules nagent dans un fluide, & qu'ils s'attirent les uns les autres avec plus de force qu'ils n'attirent les particules intermédiaires du fluide, & qu'ils n'en sont attirés, ces corpuscules doivent s'ouvrir un passage à travers les particules du fluide, & s'approcher les uns des autres avec une force égale à l'excès de leur force attractive sur celle des parties du fluide.

XVI. Si un corps est plongé dans un fluide dont les particules soient attirées plus fortement par les parties du corps, que les parties de ce corps ne s'attirent mutuellement, & qu'il y ait dans ce corps un nombre considérable de pores ou d'interstices à travers lesquels les particules du fluide puissent passer, le fluide traversera ces pores. De plus, si la cohésion des parties du corps n'est pas assez forte pour résister à l'effort que le fluide fera pour les séparer, ce corps se dissoudra.

Donc pour qu'un menstrue soit capable de dissoudre un corps donné, il faut trois conditions; 1.° que les parties du corps attirent les particules du menstrue plus fortement qu'elles ne s'attirent elles-mêmes les unes les autres; 2.° que les pores du corps soient perméables aux particules du menstrue; 3.° que la cohésion des parties du corps ne soit pas assez forte pour résister à l'effort & à l'irruption des particules du menstrue.

XVII. Les sels ont une grande force attractive, même lorsqu'ils sont séparés par beaucoup d'interstices qui laissent un libre passage à l'eau : par conséquent les particules de l'eau sont fortement attirées par les particules salines; de sorte qu'elles se précipitent dans les pores des parties salines, séparent ces parties & dissolvent le sel.

XVIII. Si les corpuscules sont plus attirés par les parties du fluide qu'elles ne s'attirent les unes les autres, ces corpuscules doivent s'éloigner les uns des autres, & se répandre çà & là dans le fluide.

Par exemple, si on dissout un peu de sel dans une grande quantité d'eau, les particules du sel, quoique d'une pesanteur spécifique plus grande que celle de l'eau, se répandront & se disperseront dans toute la masse de l'eau, de manière que l'eau sera aussi salée au fond qu'à sa partie supérieure. Cela ne prouve-t-il pas que les parties du sel ont une force centrifuge ou répulsive, par laquelle elles tendent à s'éloigner les unes des autres, ou plutôt qu'elles sont attirées par l'eau plus fortement qu'elles ne s'attirent les unes des autres? En effet, comme tout corps monte dans l'eau lorsqu'il est moins attiré par sa gravité terrestre que les parties de l'eau, de même toutes les parties de sel qui flottent dans l'eau, & qui sont moins attirées par une partie quelconque de sel que les parties de l'eau ne le sont; toutes ces parties, dis-je, doivent s'éloigner de la partie de sel dont il s'agit, & laisser leur place à l'eau qui en est plus attirée. Neuton, *Opt. p. 363*.

XIX. Si des corpuscules qui nagent dans un fluide tendent les uns vers les autres, & que ces corpuscules soient élastiques, ils doivent, après s'être rencontrés, s'éloigner de nouveau, jusqu'à ce qu'ils rencontrent d'autres corpuscules qui les réfléchissent; ce qui doit produire une grande quantité d'impulsions, de répercussions, & pour ainsi dire de conflits entre ces corpuscules. Or, en vertu de la force attractive, la vîtesse de ces corps augmentera continuellement; de manière que le mouvement intestin des particules deviendra enfin sensible aux yeux.

De plus, ces mouvemens seront différens, & seront plus ou moins sensibles & plus ou moins prompts, selon que les corpuscules s'attireront l'un l'autre avec plus ou moins de force, & que leur élasticité sera plus ou moins grande.

XX. Si les corpuscules qui s'attirent l'un l'autre viennent à se toucher mutuellement, ils n'auront plus de mouvement, parce qu'ils ne peuvent s'approcher de plus près. S'ils sont placés à une très-petite distance l'un de l'autre, ils se mouvront: mais si on les place à une distance plus grande, de manière que la force avec laquelle ils s'attirent l'un l'autre, ne surpasse point la force avec laquelle ils attirent les particules intermédiaires du fluide; alors ils n'auront plus de mouvement.

De ce principe dépend l'explication de tous les phénomènes de la fermentation & de l'ébullition. *Voyez* FERMENTATION & EBULLITION. (*Dict. de Phys. & de Ch.*)

Ainsi, on peut expliquer par-là pourquoi l'huile de vitriol fermente & s'échauffe quand on verse un peu d'eau dessus; car les particules salines qui se touchoient sont un peu désunies par l'effusion de l'eau : or, comme ces particules s'attirent l'une l'autre plus fortement qu'elles n'attirent les particules de l'eau, & qu'elles ne sont pas également attirées en tout sens, elles doivent nécessairement se mouvoir & fermenter. *Voyez* VITRIOL. (*Dict. de Ch.*)

C'est aussi pour cette raison qu'il se fait une si violente ébullition, lorsqu'on ajoute à ce mélange de la limaille d'acier; car les particules de l'acier sont fort élastiques, & par conséquent sont réfléchies avec beaucoup de force.

On voit aussi pourquoi certains menstrues agissent plus fortement, & dissolvent plus promptement le corps, lorsque ces menstrues ont été mêlés avec l'eau. Cela s'observe lorsqu'on verse sur le plomb ou sur quelques autres métaux de l'huile de vitriol, de l'eau-forte, de l'esprit-de-nitre rectifiés; car ces métaux ne se dissoudront qu'après qu'on y aura versé de l'eau.

XXI. Si les corpuscules qui s'attirent mutuellement l'un l'autre n'ont point de force élastique, ils ne seront point réfléchis; mais ils se joindront en petites masses, d'où naîtra la coagulation.

Si la pesanteur des particules ainsi réunies surpasse la pesanteur du fluide, la précipitation s'en suivra. *Voyez* PRÉCIPITATION. (*Dict. de Ch.*)

XXII. Si des corpuscules nageant dans un fluide s'*attirent* mutuellement, & si la figure de ces corpuscules est telle, que quelques-unes de leurs parties aient plus de force *attractive* que les autres, & que le contact soit aussi plus fort dans certaines parties que dans d'autres; ces corpuscules s'uniront en prenant de certaines figures; ce qui produira la crystallisation. *Voy.* CRYSTALLISATION. (*Ibid.*)

Des corpuscules qui sont plongés dans un fluide dont les parties ont un mouvement progressif égal & uniforme, s'*attirent* mutuellement de la même manière que si le fluide étoit en repos; mais si toutes les parties du fluide ne se meuvent point également, l'*attraction* des corpuscules ne sera plus la même.

C'est pour cette raison que les sels ne crystallisent point, à moins que l'eau où on les met ne soit froide.

XXIII. Si entre deux particules de fluide se trouve placé un corpuscule dont les deux côtés opposés aient une grande force *attractive*, ce corpuscule forcera les particules du fluide de s'unir & de se conglutiner avec lui; & s'il y a plusieurs corpuscules de cette sorte répandus dans le fluide, ils fixeront toutes les particules du fluide, & en feront un corps solide, & le fluide sera gelé ou changé en glace.

XXIV. Si un corps envoie hors de lui une grande quantité de corpuscules dont l'*attraction* soit très-forte, ces corpuscules, lorsqu'ils approcheront d'un corps fort léger, surmonteront par leur *attraction* la pesanteur de ce corps, & l'attireront à eux; & comme les corpuscules sont en plus grande abondance à de petites distances du corps qu'à de plus grandes, le corps léger sera continuellement tiré vers l'endroit où l'émanation est la plus dense, jusqu'à ce qu'enfin il vienne s'attacher au corps même d'où les émanations partent.

Par-là on peut expliquer plusieurs phénomènes de l'électricité. *Voyez* ELECTRICITÉ. (*Dict. de Phys.*)

Nous avons cru devoir rapporter ici ces différens théorèmes sur l'*attraction*, pour faire voir comment on a taché d'expliquer, à l'aide de ce principe, plusieurs phénomènes de Chimie : nous ne prétendons point cependant garantir aucune de ces explications; & nous avouerons même que la plupart d'entr'elles ne paroissent point avoir cette précision & cette clarté qui est nécessaire dans l'exposition des causes des phénomènes de la nature. Il est pourtant permis de croire que l'*attraction* peut avoir beaucoup de part aux effets dont il s'agit; & la manière dont on croit qu'elle peut y satisfaire, est encore moins vague que celle dont on prétend les expliquer dans d'autres systêmes. Quoi qu'il en soit, le parti le plus sage est sans doute de suspendre encore son jugement sur ces choses de détail, jusqu'à ce que nous ayons une connoissance plus parfaite des corps & de leurs propriétés.

Voici donc, pour satisfaire à ce que nous avons promis au commencement de cet article, ce qu'il nous semble qu'on doit penser sur l'*attraction*.

Tous les philosophes conviennent qu'il y a une force qui fait tendre les planètes premières vers le soleil, & les planètes secondaires vers leurs planètes principales. Comme il ne faut point multiplier les principes sans nécessité, & que l'impulsion est le principe le plus connu & le moins contesté du mouvement des corps, il est clair que la première idée d'un philosophe doit être d'attribuer cette force à l'impulsion d'un fluide. C'est à cette idée que les tourbillons de Descartes doivent leur naissance; & elle paroissoit d'autant plus heureuse, qu'elle expliquoit à-la-fois le mouvement de translation des planètes par le mouvement circulaire de la matière du tourbillon, & leur tendance vers le soleil par la force centrifuge de cette matière. Mais ce n'est pas assez pour une hypothèse de satisfaire aux phénomènes en gros, pour ainsi dire, & d'une manière vague; les détails en sont la pierre de touche, & ces détails ont été la ruine du systême cartésien. *Voy.* PESANTEUR, TOURBILLON, *&c.*

Il faut donc renoncer aux tourbillons, quelque agréable que le spectacle en paroisse. Il y a plus; on est presque forcé de convenir que les planètes ne se meuvent point en vertu de l'action d'un fluide : car de quelque manière qu'on suppose que ce fluide agisse, on se trouve exposé de tous côtés à des difficultés insurmontables : le seul moyen de s'en tirer, seroit de supposer un fluide qui fût capable de pousser dans un sens, & qui ne résistât pas dans un autre : mais le remede, comme on voit, seroit pire que le mal. On est donc réduit à dire, que la force qui fait tendre les planètes vers le soleil vient d'un principe inconnu, & si l'on veut, d'une *qualité occulte;* pourvu qu'on n'attache point à ce mot d'autre idée que celle qu'il présente naturellement, c'est-à-dire d'une cause qui nous est cachée. C'est vraisemblablement le sens qu'Aristote y attachoit, en quoi il a été plus sage que ses sectateurs, & que bien des philosophes modernes.

Nous ne dirons donc point, si l'on veut, que l'*attraction* est une propriété primordiale de la matière, mais nous nous garderons bien aussi d'affirmer, que l'impulsion soit le principe nécessaire des mouvemens des planetes. Nous avouons même que si nous étions forcés de prendre un parti, nous pancherions bien plutôt pour le premier que pour le second; puisqu'il n'a pas encore été possible d'expliquer par le principe de l'impulsion, les phénomènes célestes; & que l'impossibilité même de les expliquer par ce principe, est appuyée sur des preuves très-fortes, pour ne pas dire sur des démonstrations. Si M. Neuton paroît indécis, en quelques endroits de ses ouvrages, sur la nature de la force *attractive;* s'il avoue même qu'elle peut venir d'une impulsion, il y a lieu de croire que c'étoit une espece de tribut qu'il vouloit bien payer au préjugé, ou, si l'on veut, à l'opinion générale de son siecle; & on peut croire qu'il avoit pour l'autre sentiment une sorte de prédilection; puisqu'il a souffert que M. Côtes son disciple adoptât ce sentiment sans aucune réserve, dans la préface qu'il a mise à la tête de la seconde édition des *Principes;* préface faite sous les yeux de l'auteur, & qu'il paroît avoir approuvée. D'ailleurs M. Neuton admet entre les corps célestes une *attraction* réciproque; & cette opinion semble supposer que l'*attraction* est une vertu inhérente aux corps. Quoi qu'il en soit, la force *attractive*, selon M. Neuton, décroît en raison inverse des quarrés des distances : ce grand philosophe a expliqué par ce seul principe une grande partie des phénomènes célestes; & tous ceux qu'on a tenté d'expliquer depuis par ce même principe, l'ont été avec une facilité & une exactitude qui tiennent du prodige. Le seul mouvement des apsides de la lune a paru durant quelque tems se refuser à ce systême : mais ce point a été enfin décidé, & le systême Neutonien en est forti à son honneur. *Voyez* LUNE. Toutes les autres inégalités du mouvement de la lune, qui, comme l'on fait, sont très-considérables & en grand nombre, s'expliquent très-heureusement dans le systême de l'*attraction*. Je m'en suis aussi assuré par le calcul, & j'ai publié mon travail.

Tous les phénomènes nous démontrent donc qu'il y a une force qui fait tendre les planètes les unes vers les autres. Ainsi, nous ne pouvons nous dispenser de l'admettre ; & quand nous serions forcés de la reconnoître comme primordiale & inhérente à la matière, j'ose dire que la difficulté de concevoir une pareille cause seroit un argument bien foible contre son existence. Personne ne doute qu'un corps qui en rencontre un autre ne lui communique du mouvement : mais avons-nous une idée de la vertu par laquelle se fait cette communication ? Les philosophes ont avec le vulgaire bien plus de ressemblance qu'ils ne s'imaginent. Le peuple ne s'étonne point de voir une pierre tomber, parce qu'il l'a toujours vu ; de même les philosophes, parce qu'ils ont vu dès l'enfance les effets de l'impulsion, n'ont aucune inquiétude sur la cause qui les produit. Cependant si tous les corps qui en rencontrent une autre s'arrêtoient sans leur communiquer du mouvement, un philosophe qui verroit, pour la première fois, un corps en pousser un autre, seroit aussi surpris qu'un homme qui verroit un corps pesant se soutenir en l'air sans retomber. Quand nous saurions en quoi consiste l'impénétrabilité des corps, nous n'en serions peut-être guere plus éclairés sur la nature de la force impulsive. Nous voyons seulement, qu'en conséquence de cette impénétrabilité, le choc d'un corps contre un autre doit être suivi de quelque changement, ou dans l'état des deux corps, ou dans l'état de l'un des deux : mais nous ignorons, & apparemment nous ignorerons toujours, par quelle vertu ce changement s'exécute, & pourquoi, par exemple, un corps qui en choque une autre ne reste pas toujours en repos après le choc, sans communiquer une partie de son mouvement au corps choqué. Nous croyons que l'*attraction* répugne à l'idée que nous avons de la matière : mais approfondissons cette idée, nous serons effrayés de voir combien peu elle est distincte, & combien nous devons être réservés dans les conséquences que nous en tirons. L'univers est caché pour nous derriere une espéce de voile, à-travers lequel nous entrevoyons confusément quelques points. Si ce voile se déchiroit tout-à-coup, peut-être serions-nous bien surpris de ce qui se passe derrière. D'ailleurs la prétendue incomptabilité de l'*attraction* avec la matière, n'a plus lieu dès qu'on admet un être intelligent & ordonnateur de tout, à qui il a été aussi libre de vouloir que les corps agissent les uns sur les autres à distance, que dans le contact.

Mais autant que nous devons être portés à croire l'existence de la force d'*attraction* dans les corps célestes, autant, ce me semble, nous devons être réservés à aller plus avant. 1.° Nous ne dirons point que l'*attraction* est une propriété *essentielle* de la matière, c'est beaucoup de la regarder comme une propriété *primordiale* ; & il y a une grande différence entre une propriété *primordiale* & une propriété *essentielle*. L'impénétrabilité, la divisibilité, la mobilité, sont du premier genre ; la vertu impulsive est du second. Dès que nous concevons un corps, nous le concevons nécessairement divisible, étendu, impénétrable : mais nous ne concevons pas nécessairement qu'il mette en mouvement un autre corps. 2.° Si on croit que l'*attraction* soit une propriété inhérente à la matière, on pourroit en conclure que la loi du quarré s'observe dans toutes ses parties. Peut-être néanmoins seroit-il plus sage de n'admettre l'*attraction* qu'entre les parties des planètes, sans prendre notre parti sur la nature ni sur la cause de cette force, jusqu'à ce que de nouveaux phénomènes nous éclairent sur ce sujet. Mais du moins faut-il bien nous garder d'assurer que quelques parties de la matière s'attirent suivant d'autres loix que celles du quarré. Cette proposition ne paroît point suffisamment démontrée. Les faits sont l'unique boussole qui doit nous guider ici, & je ne crois pas que nous en ayons encore un assez grand nombre pour nous élever à une assertion si hardie : on peut en juger par les différens phénomènes que nous venons de rapporter d'après M. Keil & d'autres philosophes. Le systême du monde est en droit de nous faire soupçonner que les mouvemens des corps n'ont peut-être pas l'impulsion seule pour cause ; que ce soupçon nous rende sages, & ne nous pressons pas de conclure que l'*attraction* soit un principe universel, jusqu'à ce que nous y soyons forcés par les phénomènes. Nous aimons, il est vrai, à généraliser nos découvertes ; l'analogie nous plaît, parce qu'elle flatte notre vanité & soulage notre paresse : mais la nature n'est pas obligée de se conformer à nos idées. Nous voyons si peu avant dans ses ouvrages, & nous les voyons par de si petites parties, que les principaux ressorts nous en échappent. Tâchons de bien appercevoir ce qui est autour de nous ; & si nous voulons nous élever plus haut, que ce soit avec beaucoup de circonspection : autrement nous n'en verrions que plus mal, en croyant voir plus loin ; les objets éloignés seroient toujours confus, & ceux qui étoient à nos pieds nous échapperoient.

Après ces réflexions, je crois qu'on pourroit se dispenser de prendre aucun parti sur la dispute qui a partagé deux académiciens célèbres, savoir si la loi d'*attraction* doit nécessairement être comme une puissance de la distance, ou si elle peut être en général comme une fonction de cette même distance ; (*Voyez* PUISSANCE & FONCTION) question purement métaphysique, & sur laquelle il est peut-être bien hardi de prononcer, après ce que nous venons de dire ; aussi n'avons-nous pas cette prétention, sur-tout dans un ouvrage de la nature de celui-ci. Nous croyons cependant que si on regarde l'*attraction* comme une propriété de la matière, ou une loi primitive de la nature, il est assez naturel de ne faire dépendre cette *attraction* que de la seule distance ; & en ce cas, sa loi ne pourra être représentée que par une puissance ; car toute autre fonction contiendroit un paramètre ou quantité constante qui ne dépendroit point de la distance, & qui paroîtroit se trouver là sans aucune raison suffisante. Il est du moins certain qu'une loi exprimée par une telle fonction, seroit moins simple qu'une loi exprimée par une seule puissance.

Nous ne voyons pas d'ailleurs quel avantage il y auroit à exprimer l'*attraction* par une fonction. On prétend qu'on pourroit expliquer par-là, comment l'*attraction* à de grandes distances est en raison inverse du quarré, & suit une autre loi à de petites distances : mais il n'est pas encore bien certain que cette loi d'*attraction* à de petites distances, soit aussi générale qu'on veut le supposer. D'ailleurs, si on veut faire de cette fonction une loi générale qui devienne fort différente du quarré à de très-petites distances, & qui puisse servir à rendre raison des *attractions* qu'on observe ou qu'on suppose dans les corps terrestres ; il nous paroît difficile d'expliquer dans cette hypothèse comment la pesanteur des corps qui sont immédiatement contigus à la terre, est à la pesanteur de la lune à-peu-près en raison inverse du quarré de la distance. Ajoutons qu'on devroit être fort circonspect à changer la loi du quarré des distances, quand même, ce qui n'est pas encore arrivé, on trouveroit quelque phénomène céleste, pour l'explication duquel cette loi du quarré ne suffiroit pas. Les différens points du système du monde, au moins ceux que nous avons examinés jusqu'ici, s'accordent avec la loi du quarré des distances : cependant comme cet accord n'est qu'un à-peu-près, il est clair qu'ils s'accorderoient de même avec une loi qui seroit un peu différente de celle du quarré des distances : mais on sent bien qu'il seroit ridicule d'admettre une pareille loi par ce seul motif.

Reste donc à savoir si un seul phénomène qui ne s'accorderoit point avec la loi du quarré, seroit une raison suffisante pour nous obliger à changer cette loi dans tous les autres ; & s'il ne seroit pas plus sage d'attribuer ce phénomène à quelque cause ou loi particulière. M. Neuton a reconnu lui-même d'autres forces que celles-là, puisqu'il paroît supposer que la force magnétique de la terre agit sur la lune, & on sait combien cette force est différente de la force générale d'*attraction*, tant par son intensité, que par les loix suivant lesquelles elle agit.

M. de Maupertuis, un des plus célébres partisans du Neutonianisme, a donné dans son discours sur les *figures des astres*, une idée du système de l'*attraction*, & des réflexions sur ce système, auxquelles nous croyons devoir renvoyer nos lecteurs, comme au meilleur précis que nous connoissions de tout ce qu'on peut dire sur cette matière. Le même auteur observe dans les *Mém. acad. 1734*, que M. de Roberval, de Fermat & Pascal ont cru long-tems avant M. Neuton, que la pesanteur étoit une vertu attractive & inhérente aux corps, en quoi on voit qu'ils se font expliqués d'une manière bien plus choquante pour les Cartésiens, que M. Neuton ne l'a fait. Nous ajouterons que M. Kook avoit eu la même idée, & avoit prédit qu'on expliqueroit un jour très-heureusement par ce principe, les mouvemens des planètes. Ces réflexions, en augmentant le nombre des partisans de M. Neuton, ne diminue rien de sa gloire, puisqu'étant le premier qui ait fait voir l'usage du principe, il en est proprement l'auteur & le créateur. (*O*)

ATTRACTION. *Histoire de la découverte de la loi de l'attraction.* Quoique l'*attraction* universelle se manifeste dans toute la nature, & qu'elle influe dans tous les phénomènes de la Physique ; c'est sur-tout dans le ciel qu'elle est évidente & essentielle.

La loi de l'*attraction* a été découverte par Neuton ; mais l'idée de cette force générale est très-ancienne.

Anaxagore, Démocrite, Epicure, admettoient déjà cette tendance de la matière vers les centres communs, soit sur la terre, soit ailleurs ; Plutarque en parle d'une manière bien claire dans l'ouvrage sur la cessation des oracles (*pag. 471, édition de Francfort*, 1600) ; il y explique comment chaque monde a son centre particulier, ses terres, ses mers, & la force nécessaire pour assembler les corps, & les retenir autour du centre.

Copernic avoit la même idée de l'attraction générale ; car il attribuoit la rondeur des corps célestes à la tendance qu'ont leurs différentes parties à se réunir (*de Révolution. c. 9*) : d'où il suivoit que cette tendance avoit lieu dans chaque planète aussi bien que sur la terre. Tycho lui-même admettoit une force centrale dans le soleil pour retenir les planètes dans leurs orbites autour de lui, quoique cette attraction fût difficile à concilier avec son système. Kepler, génie plus vaste & plus hardi que tous ceux qui l'avoient précédé, porta ses idées plus loin ; il sentit que l'attraction étoit générale & réciproque, & que l'attraction du soleil devoit s'étendre aussi à la terre (*de Stella Martis*, 1609, *épit. Astron. Cop.* 1618, *pag.* 555, *hist. des Math.* par M. Montucla, 1758, *tom. II, pag.* 213, 527, 538). Dans la préface de ce livre fameux, où Kepler démontra le premier que les orbites des planètes n'étoient point circulaires, il dit précisément que, si la lune & la terre n'étoient pas en mouvement, elles s'approcheroient l'une de l'autre, & se réuniroient à leur centre de gravité commun; il dit ailleurs que l'action du soleil produit les inégalités de la lune, que l'action de la lune produit le flux & reflux de la mer, que le soleil attire les planètes, & en est attiré par une espèce de magnétisme.

Le Traité de l'aimant, publié par Gilbert, lui faisoit comparer à cette force de l'aimant celle des planètes entr'elles.

Galilée, Bacon, Fermat, Roberval & le docteur Hook, en parlèrent d'une manière assez positive; celui-ci, disoit sur-tout ces paroles remarquables: « que les forces attractives sont d'autant » plus puissantes dans leurs opérations, que le » corps sur lequel elles agissent est plus près de » leur centre. Pour ce qui est de la *proportion*, » suivant laquelle ces forces diminuent à mesure » que la distance augmente, j'avoue que je ne l'ai » pas encore vérifiée..... Je donne cette ouver» ture à ceux qui ont assez de loisir & de con» noissances pour cette recherche. » Cette loi, qu'il proposoit de trouver, fut précisément celle que chercha Neuton. Pemberton nous raconte que les premières idées de Neuton sur cette matière lui vinrent en 1666; il se promenoit seul dans un jardin, méditant sur la pesanteur & sur ses propriétés: cette force, disoit-il, ne diminue pas sensiblement, quoiqu'on s'élève au sommet des plus hautes montagnes; il est donc naturel d'en conclure que cette puissance doit s'étendre plus loin. Pourquoi ne s'étendroit-elle pas jusqu'à la lune? Mais si cela est, il faut que cette pesanteur influe sur le mouvement de la lune; peut-être sert-elle à retenir la lune dans son orbite? & quoique la force de la gravité ne soit pas sensiblement affoiblie par un petit changement de distance, tel que nous pouvons l'éprouver ici-bas, il est très-possible que dans l'éloignement où se trouve la lune cette force soit fort diminuée. Pour parvenir à estimer quelle pouvoit être la quantité de cette diminution, Neuton songea que si la lune étoit retenue dans son orbite par la force de la gravité, il n'y avoit pas de doute que les planètes principales ne tournassent autour du soleil, en vertu de la même puissance. En comparant les périodes des différentes planètes avec leur distance au soleil, il trouva que si une puissance semblable à la gravité les retenoit dans leurs orbites, sa force devoit diminuer en raison inverse du carré de la distance: nous en donnerons le calcul ci-après. Il supposa donc que le pouvoir de la gravité s'étendoit jusqu'à la lune, & diminuoit dans le même rapport, & il calcula si cette force seroit suffisante pour retenir la lune dans son orbite; il faisoit ces calculs dans un temps où il n'avoit point sous la main les livres qui lui auroient été nécessaires, & il supposoit, suivant l'estime commune employée par les géographes & les marins avant la mesure faite par Picard, que 60 milles d'Angleterre faisoient un degré de latitude sur la terre; mais comme cette supposition étoit très-défectueuse (puisque chaque degré doit contenir $69 \frac{1}{2}$ milles), le calcul ne répondit point à son attente; il crut alors qu'il y avoit au moins quelque autre chose jointe à la pesanteur, qui agit sur la lune, & il abandonna ses recherches sur cette matière. Quelques années après, une lettre du docteur Hook lui fit rechercher quelle est la vraie courbe décrite par un corps grave qui tombe, & qui est entraîné par le mouvement de la terre sur son axe; ce fut une occasion pour Neuton de reprendre ses premières idées sur la pesanteur de la lune. Picard venoit de mesurer en France le degré de la terre; & en se servant de ces mesures Neuton vit que la lune étoit retenue dans son orbite par le seul pouvoir de la gravité; d'où il suivoit que cette gravité diminuoit en s'éloignant du centre de la terre, de la même manière que notre auteur l'avoit d'abord conjecturé. D'après ce principe, Neuton trouva que la ligne décrite par la chûte d'un corps étoit une ellipse, dont le centre de la terre occupoit un foyer: or les planètes principales décrivent aussi des ellipses autour du soleil; il eut donc la satisfaction de voir que cette solution, qu'il avoit entreprise d'abord par pure curiosité, pourroit s'appliquer aux plus grandes recherches. En conséquence, il composa une douzaine de propositions, relatives au mouvement des planètes principales autour du soleil. Plusieurs années après, le docteur Halley étant allé voir Neuton à Cambridge, l'engagea dans la conversation à reprendre ses méditations à ce sujet, & fut l'occasion du grand ouvrage des *Principes* qui parut en 1687, & dont la dernière édition a paru en 1726 (*a View of sir Isaac Newton's philosophy*, *London*, 1728, *in-4.° Préface.*)

La loi de Kepler, suivant laquelle les carrés des tems sont, comme les cubes des distances, suffisoit pour reconnoître que l'*attraction* du soleil, qui retenoit des planètes sous cette loi, étoit en raison inverse du carré de la distance. Soient deux orbites circulaires & concentriques PB, TV (*fig. Astron.* 171), dans lesquelles tournent deux planètes, dont les tems périodiques sont dans l'une t, & dans l'autre l'unité; par exemple, saturne & la terre; supposons les arcs PB & TV infiniment petits & semblables, c'est-à-dire, compris entre les rayons STP, SVB; ces arcs PB & TV seroient parcourus en tems égaux, si les révolutions des deux planètes étoient égales; mais la planète supérieure P ayant une révolution plus lente que la terre, ne décrira qu'un arc PE, tandis que la terre décrira l'arc TV, alors PD sera l'effet, la mesure & l'expression de la force centrale, que le soleil exerce sur cette planète, tandis que TR est l'effet de la force centrale qu'il exerce sur la terre T; & nous n'aurons à chercher que le rapport des petits sinus verses PD & TR. Suivant la propriété connue des petits arcs, on a cette proportion $PD : PC :: PE^2 : PB^2$;

mais la planète supérieure auroit parcouru PB, si la durée de sa révolution, que j'appelle t, étoit égale à l'unité ou à la durée de la révolution de la terre; donc $PE : PB :: 1 : t$: ainsi, $PD : PC :: 1 : t^2$; donc $PD = \frac{PC}{t^2}$. Or $PC : TR :: PS : TS :: r : 1$, puisque les arcs PB & TV sont semblables; donc $PC = r \cdot TR$; & puisque $PD = \frac{PC}{t^2}$, on a aussi $PD = \frac{rTR}{t^2}$; donc $\frac{PD}{TR} = \frac{r}{t^2}$. Mais suivant la loi Kepler $t^2 : 1 :: r^3 : 1$; ou $r^3 = t^2$; donc $\frac{PD}{TR} \left(= \frac{r}{t^2} \right)$ sera égale à $\frac{r}{r^3}$ ou $\frac{1}{r^2}$; donc $PD : TR :: 1 : r^2$; c'est-à-dire, que l'effet de la force centrale est en raison inverse du carré de la distance.

Il étoit donc facile à Neuton de reconnoître cette loi de l'*attraction*, par le moyen de la loi de Kepler.

Mais il ne s'en tint pas à cette belle découverte; il en fit des applications immenses au moyen de la Géométrie des infiniment petits, qu'il venoit lui-même de découvrir; les inégalités de la lune, le flux & le reflux de la mer, la figure de la terre, la précession des équinoxes, le mouvement des apsides, *&c.* tout fut soumis au calcul dans son livre *des Principes*; les applications qu'en ont fait successivement les plus grands géomètres, se trouvent dans les ouvrages dont nous avons donné le catalogue au mot ASTRONOMIE. (*D. L.*)

ATTRACTION *des montagnes.* Il est certain, d'après le principe de l'*attraction* mutuelle de toutes les parties de la terre, qu'il peut y avoir des montagnes dont la masse soit assez considérable pour que leur *attraction* soit sensible. En effet, supposons pour un moment que la terre soit un globe d'une densité uniforme, & dont le rayon ait 1500 lieues, & imaginons sur quelqu'endroit de la surface du globe une montagne de la même densité que le globe, laquelle soit faite en demi-sphère & ait une lieue de hauteur; il est aisé de prouver qu'un poids placé au bas de cette montagne sera attiré dans le sens horizontal par la montagne, avec une force qui sera la 3000e partie de la pesanteur, de manière qu'un pendule ou fil à plomb placé au bas de cette montagne, doit s'écarter d'environ une minute de la situation verticale; le calcul n'en est pas difficile à faire.

Il peut donc arriver que quand on observe la hauteur d'un astre au pié d'une fort grosse montagne, le fil à plomb, dont la direction sert à faire connoître la hauteur de l'astre, ne soit point vertical. Mais comment s'assurer qu'un fil à plomb n'est pas exactement vertical, puisque la direction même de ce fil est le seul moyen qu'on puisse employer pour déterminer la situation verticale? Voici le moyen de résoudre cette difficulté.

Imaginons une étoile au nord de la montagne, & que l'observateur soit placé au sud. Si l'*attraction* de la montagne agit sensiblement sur le fil à plomb, il sera écarté de la situation verticale vers le nord, & par conséquent le zénit apparent reculera, pour ainsi dire, d'autant vers le sud: ainsi, la distance de l'étoile observée au zénit, doit être plus grande que s'il n'y avoit point d'*attraction.*

Donc, si après avoir observé au pied de la montagne la distance de cette étoile au zénit, on se transporte loin de la montagne sur le même parallèle, & sans changer de latitude, à l'est ou à l'ouest, en sorte que l'*attraction* ne puisse plus avoir d'effet, la distance de l'étoile observée dans cette nouvelle station doit être moindre que la première, au cas que l'*attraction* de la montagne produise un effet sensible. Mais si le fil à plomb au sud de la montagne est écarté vers le nord, ce même fil à plomb au nord de la montagne sera écarté vers le sud; ainsi le zénit, qui dans le premier cas étoit pour ainsi dire reculé en arrière vers le sud, sera, dans le second cas, rapproché en avant vers le nord; donc dans le second cas la distance de l'étoile au zénit sera moindre que s'il n'y avoit point d'*attraction*, au lieu que dans le premier cas elle étoit plus grande. Prenant donc la différence de ces deux distances & la divisant par la moitié, on aura la quantité dont le pendule est écarté de la situation verticale par l'*attraction* de la montagne.

On peut voir toute cette théorie fort clairement exposée avec plusieurs remarques qui y ont rapport, dans un excellent mémoire de Bouguer, imprimé en 1749, à la fin de son livre de la figure de la terre. Il donne dans ce mémoire le détail des observations qu'il fit, conjointement avec la Condamine, au sud & au nord, d'une grosse montagne du Pérou appellée *Chimboraço*; il résulte de ces observations, que l'*attraction* de cette grosse montagne écarte le fil à plomb d'environ 7″ & demie de la situation verticale.

Au reste, M. Bouguer fait à cette occasion une remarque judicieuse, que la plus grosse montagne pourroit avoir très-peu de densité par rapport au globe terrestre, tant par la nature de la matière qu'elle peut contenir, que par les vuides qui peuvent s'y rencontrer, *&c.* qu'ainsi cent observations où on ne trouveroit point d'*attraction* sensible, ne prouveroient rien contre le système neutonien; au lieu qu'une seule, qui lui est favorable, comme celle de *Chimboraço*, mérite de la part des philosophes la plus grande attention. (*O*)

Depuis les observations de Bouguer, on a reconnu dans plusieurs endroits cet effet de l'*attraction* des montagnes; il se remarque sur-tout dans les opérations par lesquelles on détermine la grandeur des degrés de la terre, parce qu'on y fait usage du fil-à-plomb, pour mesurer avec une grande précision la distance des étoiles au zénit.

Le P. Boscovich ayant trouvé le degré du méridien en Italie de 56979 toises, tandis qu'il auroit dû être de 57110, en le réglant sur ceux du nord & du Pérou, a pensé que les termes de la mesure étant placés l'un au nord & l'autre au midi de la grande chaîne des montagnes de l'Appennin, les observations faites par le moyen du fil-à-plomb avoient pu être troublées par l'*attraction* de cette masse de montagnes, & donner un moindre nombre de toises pour chaque degré.

L'abbé de la Caille pensoit aussi qu'à Perpignan, lors des observations faites pour la méridienne de France, le voisinage des Pyrenées avoit pu faire dévier le fil-à-plomb vers le sud, faire paroître le zénit plus au nord qu'il ne l'est réellement, & rendre plus petits les arcs compris entre Perpignan & les autres villes de la France; aussi voyons-nous qu'il abandonne, pour ainsi dire, les observations faites à Perpignan, pour conclure la longueur du degré, dont le milieu passe à 45° de latitude 57028 toises. *Mém. Acad. 1758, page 244.*

Le P. Beccaria a trouvé en Piémont une différence encore plus grande; entre Turin & Andra, l'arc mesuré s'est trouvé de 26″ plus petit qu'en France sur une égale longueur, & le degré qu'on en auroit voulu conclure auroit été trop grand de 900 toises; mais Andra est situé sur le penchant de Monte-Barone, qui va toujours en s'élevant sur une longueur de plus de sept lieues jusqu'au sommet de Monte-Rosa, qui a 2330^t de hauteur & qui est par conséquent une des plus hautes montagnes de l'Europe. *Gradus Taurinensis*, 1774.

En Angleterre, M. Cavendish croit que le degré qui a été mesuré dans l'Amérique septentrionale, pourroit bien avoir été diminué de 60 ou 100 toises par le défaut d'*attraction* du côté de la mer; & il pense que les degrés mesurés en Italie & au cap de Bonne-Espérance pourroient bien être sensiblement affectés de la même cause. *Philos. Trans. 1768, pag. 328.* Le P. Boscovich estime qu'on pourroit s'en assurer en faisant des opérations à S. Malo, lorsque la mer est très-basse; & lorsqu'ensuite s'élevant de 45 pieds par l'effet des grandes marées, son *attraction* devient considérablement plus forte.

Enfin nous avons eu depuis quelques années une confirmation bien positive de cette *attraction* des montagnes; M. Maskelyne, astronome royal d'Angleterre, étant allé exprès en Ecosse pour faire des observations au nord & au sud de la montagne de Schehallien dans la province de Perth, & il trouva une déviation de près de six secondes. *Philosophical Transactions*, 1775. Journal de Physique, mai 1776. (*D. L.*).

ATTRACTIONNAIRE, adj. pris subst., est le nom que l'on donne aux partisans de l'attraction. *Voyez* ATTRACTION. (*O*)

ATTRITION, s. f. Ce mot vient du verbe *atterere*, frotter, user, & se forme de la préposition *ad*, à, unie au verbe *tero*, j'use. Il signifie un frottement réciproque de deux corps, au moyen duquel se détachent les particules brisées de leurs surfaces. *Voyez* MOUVEMENT & FROTTEMENT.

C'est par ce mouvement que l'on aiguise & que l'on polit. *Voyez aux articles* CHALEUR, LUMIÈRE, FEU, ELECTRICITÉ, les effets de l'*attrition*.

M. Gray a trouvé qu'une plume frottée avec les doigts, acquit par cela seul un tel degré d'électricité, qu'un doigt, auprès duquel on la tenoit, devenoit pour elle un aimant; qu'un cheveu qu'il avoit trois fois ou quatre fois ainsi frotté, voloit à ses doigts, n'en étant éloigné que d'un demi-pouce; qu'un poil & des fils de soie étoient par ce même moyen rendus électriques. L'expérience fait voir la même chose sur des rubans de diverses couleurs & de quelques pieds de long, la main les attire quand ils sont frottés : imprégnés de l'air humide, ils perdent leur électricité; mais le feu la leur redonne.

Le même philosophe dit que les étoffes de laine, le papier, le cuir, les coupeaux, le parchemin, sont rendus électriques par l'*attrition*.

Il y a même quelques-uns de ces corps que l'*attrition* seule rend lumineux. *Voyez* PHOSPHORE. (*Dict. de Phys.*)

ATTRITION se prend aussi quelquefois pour le frottement de deux corps qui, sans user leurs surfaces, ne fait que mettre en mouvement les fluides qu'ils contiennent: ainsi, on dit que les sensations de la faim, de la douleur, du plaisir, sont causées par l'*attrition* des organes qui sont formés pour ces effets. (*O*)

AVA

AVANT-MAIN, *terme de Paumier*; prendre une balle d'*avant-main*, c'est la chasser devant soi avec la raquette, après l'avoir prise du côté de la main dont on tient la raquette. En prenant une balle d'*avant-main*, il faut avoir le bras tendu & le raccourcir un peu en chassant la balle.

AVANTAGE, s. m. *en termes de jeu:* on dit qu'un joueur a de l'*avantage*, lorsqu'il y a plus à parier pour son gain que pour sa perte, c'est-à-dire, lorsque son espérance surpasse sa mise. Pour éclaircir cette définition par un exemple très-simple, je suppose qu'un joueur *A* parie contre un autre *B*, d'amener *deux* du premier coup avec un dez, & que la mise de chaque joueur soit d'un écu: il est évident que le joueur *B* a un grand *avantage* dans ce pari; car le dez ayant six faces peut amener six chiffres différens, dont il n'y en a qu'un qui fasse gagner le joueur A : ainsi, la mise totale étant deux écus; il y a cinq contre un à parier que le joueur B gagnera. Donc l'espérance de ce joueur est égale à $\frac{5}{6}$ de la mise totale, c'est-à-dire, à $\frac{10}{6}$ d'écu, puisque la mise totale est deux écus. Or, $\frac{10}{6}$ d'écu valent un écu & deux tiers d'écu : donc, puisque la mise du joueur B est un écu, son *avantage*, c'est-à-dire, l'excès de ce qu'il espère gagner sur la somme qu'il met au jeu, est $\frac{2}{3}$ d'écu; de façon que si le joueur A, après avoir fait le pari, vouloit renoncer au jeu, & n'osoit tenter la fortune, il faudroit qu'il rendît au joueur B son écu, & outre cela deux livres, c'est-à-dire, $\frac{2}{3}$ d'écu. *Voyez* PARI, JEU, DEZ, PROBABILITÉ, *&c.* (*O*)

AVANTAGE, *en termes de jeu*, se dit encore d'un moyen d'égaliser la partie entre deux joueurs de force inégale. On donne la *main* au piquet, le pion & le trait aux échecs, le dez au trictrac, *&c.*

Le même terme se prend dans un autre sens à la *Paume*. Lorsque les deux joueurs ont *trente* tous les deux, au lieu de dire de celui qui gagne le *quinze* suivant, qu'il a *quarante-cinq*, on dit qu'il a l'*avantage*.

AUBE, s. f. (*Hydr.*) veut dire la même chose qu'*aile* ou *aileron*. *Voyez* AILE. Le mot *aube* étant le plus usité, j'ai renvoyé ici ce que j'avois à dire sur ce sujet.

I. Soit (*pl. Hydr. fig. 7.*) $AHLK$ une roue plongée dans un fluide $XYTZ$ en mouvement, & garnie d'*aubes* AB, DE, KS, &c., que le fluide frappe successivement. Il est clair que le fluide, en frappant la partie VE d'une *aube* quelconque DE, perd une partie de sa vîtesse, & que s'il avoit la liberté de s'échapper par les côtés, il n'atteindroit pas la partie AO de l'*aube* antécédente; mais étant retenu par le fluide environnant, il a encore de la vîtesse dans l'espace $VAOE$. Je suppose que cette vîtesse soit la même, du moins à-peu-près, que celle avec laquelle le plan AO tend à presser le fluide antécédent : par-là l'impulsion du fluide contre VE ne se fait point sentir contre la partie analogue AO de l'*aube* antécédente; ce qui simplifie la question, & ce qui ne peut pas s'écarter beaucoup de la vérité dans la pratique.

II. La roue, en tournant, communique le mouvement, ou à des meules de moulins, ou à des pistons de pompes, *&c.* Je représente en général la résistance qu'elle est obligée de combattre ainsi continuellement, par un poids Q attaché à l'extrémité d'une corde $Qghf$ qui passe sur la poulie de renvoi g, & qui s'enveloppe autour du cylindre ou tambour fbd. Dans les premiers instans du choc de l'eau, le mouvement du poids Q s'accélère; mais, après trois ou quatre tours, il parvient à l'uniformité, & demeure ensuite toujours en cet état. Alors l'impulsion du fluide est à chaque instant en équilibre avec le poids Q & avec la résistance du frottement. On voit donc que la vîtesse uniforme du poids Q étant représentée par v, le produit Qv représente l'effet réel de la machine, déduction faite des résistances étrangères qui absorbent continuellement une partie de la force mouvante.

III. On a agité long-tems la question si une *aube* a plus de force pour tourner quand elle est frappée perpendiculairement, que quand elle est frappée obliquement. Pour savoir à quoi nous en tenir sur ce point, supposons que l'*aube* AB soit placée dans la verticale, & que par conséquent l'*aube* suivante DE soit inclinée au courant. Ayant pris sur AB les deux points infiniment voisins R, r, soient menées les horizontales RM, rm qui déterminent sur DE l'élément Mm correspondant à Rr. Comparons entr'eux le moment de l'impulsion que recevroit l'élément Rr s'il étoit frappé librement, ou que l'*aube* DE par laquelle il est couvert fût anéantie, & le moment de l'impulsion qui résulte perpendiculairement contre l'élément Mm. Le choc contre chaque point de Rr est plus grand que le choc contre chaque point de Mm. Mais, d'un autre côté, $Rr < Mm$, & le bras de levier CR, de Rr, est plus petit que le bras de levier CM, de Mm. L'évaluation exacte des deux momens dont il s'agit, peut seule décider lequel des deux est le plus grand.

IV. Supposons que Mx représente l'espace parcouru en un instant par le fluide, & que Rt, My représentent les espaces parcourus durant le même instant, par les points R & M des *aubes* AB, DE. En prenant CM pour sinus total, & nommant V la vîtesse Mx du fluide, u la vîtesse Rt du point R, l'impulsion contre Rr sera représentée (*Voyez* au mot PERCUSSION *la Théorie de la Percussion des Fluides.*) par $Rr \times (V-u)^2 \times \overline{CM}^2$; & le moment de cette impulsion, relativement au centre C de la roue, sera représenté par $Rr \times (V-u)^2 \times \overline{CM}^2 \times CR$. Pour connoître le moment de l'impulsion contre Mm, je décompose la vîtesse Mx du fluide en deux autres My, Mz, dont la première est la même que celle du point M, & ne produit par conséquent aucun effet sur l'élément Mm, la seconde est la seule à laquelle il faille avoir égard. En vertu de cette dernière vîtesse, il résulte perpendiculairement contre Mm une impulsion représentée par $Mm \times \overline{Mz}^2 \times (\sin. DMz)^2$, & dont le moment, par rapport au centre C, est par conséquent $Mm \times \overline{Mz}^2 \times (\sin. DMz)^2 \times CM$. Or, puisque My est perpendiculaire à CM, & que xzn est parallèle à My, il est clair que le triangle Mnx est rectangle en n, & semblable au triangle MRC. On a donc

$CM : CR :: Mx : xn = Mx \times \frac{CR}{CM} = V \times \frac{CR}{CM}$; & comme $zx = My = Rt \times \frac{CM}{CR} = u \times \frac{CM}{CR}$: on aura $nz = nx - zx = V \times \frac{CR}{CM} - u \times \frac{CM}{CR} = \left(V - u \times \frac{\overline{CM}^2}{\overline{CR}^2} \right) \times \frac{CR}{CM}$. Donc à cause de sin. $DMz = nz \times \frac{CM}{Mz}$, ($CM$ étant toujours le sin. tot.); le moment $Mm \times \overline{Mz}^2 \times (\text{sin. } DMz)^2 \times CM$ deviendra $Mm \times \left(V - u \times \frac{\overline{CM}^2}{\overline{CR}^2} \right)^2 \times \overline{CR}^2 \times CM$. Ainsi, le moment de l'impulsion contre Rr, est au moment de l'impulsion contre Mm, comme $Rr \times (V - u)^2 \times \overline{CM}^2 \times CR$, est à $Mm \times \left(V - u \times \frac{\overline{CM}^2}{\overline{CR}^2} \right)^2 \times \overline{CR}^2 \times CM$; ou comme $Rr \times (V - u)^2 \times CM$, est à $Mm \times \left(V - u \times \frac{\overline{CM}^2}{\overline{CR}^2} \right)^2 \times CR$. Or à cause des parallèles MR, mr, on a $Rr : Mm :: CR : CM$, & par conséquent $Rr \times CM = Mm \times CR$. Donc le premier moment est au second, comme $(V - u)^2$ est à $\left(V - u \times \frac{\overline{CM}^2}{\overline{CR}^2} \right)^2$. Mais on a toujours $\frac{\overline{CM}^2}{\overline{CR}^2} > 1$, & par conséquent $V - u > V - u \times \frac{\overline{CM}^2}{\overline{CR}^2}$. Donc enfin le premier moment est toujours plus grand que le second. Le même raisonnement ayant lieu pour tous les autres élémens correspondans dont les parties finies AO, VE des *aubes* AB, DE sont composées, on doit conclure que le moment de l'impulsion de l'eau contre l'*aube* verticale est plus grand que le moment de l'impulsion contre l'*aube* inclinée au courant, & que par conséquent la première *aube* est à cet égard plus avantageuse que la seconde.

V. Lorsque les *aubes* sont en repos au moment qu'elles sont choquées par le fluide, on a $u = 0$; & le moment de l'impulsion contre chaque élément Rr devient égal au moment de l'impulsion contre chaque élément correspondant Mm. Il est donc alors indifférent que le fluide frappe la partie AO de l'*aube* verticale ou la partie correspondante de l'*aube* inclinée. Mais comme la partie OB de l'*aube* verticale est encore frappée par le fluide, il s'ensuit que même en ce cas il est plus avantageux que l'*aube* choquée soit posée verticalement, que d'être inclinée au courant.

VI. Des auteurs ont établi en général l'avantage de l'*aube* verticale sur l'*aube* inclinée, d'une manière erronée. Voici leur raisonnement. Il est certain, disent-ils, que si l'*aube* DE trempe dans l'eau, tandis que l'*aube* AB est encore dans la verticale, la partie VE de la première couvrira la seconde sur toute la hauteur AO qui ne sera point frappée, & qu'ainsi l'*aube* AB sera seulement frappée dans la partie OB. Il est vrai, poursuivent-ils, que cette diminution de choc semble réparée par l'impulsion que reçoit la partie VE, qui est plus grande que la partie AO; mais la compensation n'est pas complette : car la percussion directe contre AO ou VI est à la percussion qui résulte perpendiculairement contre VE, comme $VI \times (\text{sin. } tot.)^2$, est à $VE \times (\text{sin. } VEI)^2$, ou comme $VI \times \overline{VE}^2$, est à $VE \times \overline{VI}^2$, ou enfin comme VE est à VI. De-là, concluent-ils, il faut que l'extrémité E de l'*aube* DE (*fig.* 8.) ne fasse que rencontrer la surface XY du fluide, au moment que l'*aube* AB cesse d'être verticale. Alors il est facile de déterminer le nombre des *aubes* dont une roue doit être garnie; car dans le triangle réctangle EAC, on connoît le côté CA qui est le rayon de la roue $AHLK$, & l'hypothénuse CE, puisque la hauteur DE de l'*aube* est donnée : ainsi, on connoîtra l'arc DA. Divisant la circonférence entière par la valeur de l'arc DA, le quotient exprimera le nombre des *aubes* de la roue. Les auteurs dont il s'agit, ont ainsi calculé laborieusement des tables du nombre des *aubes* d'une roue, relativement au rayon de cette roue & à la hauteur des *aubes*.

VII. Tout cet échaffaudage de calcul tombe; 1.° parce qu'on n'y tient pas compte des différens bras de levier de l'*aube* verticale & de l'*aube* inclinée; 2.° parce que, si dans le cas de la *fig.* 8, le moment de l'impulsion de l'eau contre l'*aube* verticale AB est le plus grand qu'il est possible; d'un autre côté, lorsque l'*aube* DE a pris une position telle que l'angle ECB est divisé en deux parties égales par la verticale, le moment de l'impulsion est moindre alors qu'il ne feroit, si la roue avoit un plus grand nombre d'*aubes*; & qu'on est incertain si le moment *moyen* ne sera pas plus grand dans le second cas que dans le premier.

VIII. Le même paralogisme a déja été relevé dans un mémoire sur les machines hydrauliques, imprimé il y a quelques années. Mais l'auteur de ce mémoire a lui-même employé un faux principe, d'après lequel il conclut que le moment de l'impulsion contre la partie VE de l'*aube* inclinée DE (*fig.* 7), est toujours égal au moment de l'impulsion contre la partie correspondante AO de l'*aube* verticale, soit que la roue soit en repos, ou qu'elle tourne déja à l'instant du choc. La chose n'est vraie que pour le premier cas (IV & V). La manière dont cet auteur mesure la percussion d'un fluide contre un plan mobile, est fautive. Il décompose la vîtesse du plan en deux autres, l'une parallèle, l'autre perpendiculaire à la direction du fluide; & il affirme que le fluide n'agit sur le plan qu'en vertu de l'excès de sa propre vîtesse sur la première des deux vîtesses dont on vient de parler. Or il est évident qu'en vertu de la vîtesse que le plan a perpendiculairement à la direction du fluide, ce plan est repoussé par l'eau de la même manière que s'il étoit en repos, & que l'eau vînt le frapper avec cette même vîtesse; d'où résulte une nouvelle impulsion qui se combine avec la première, & que l'auteur a négligée mal-à-propos. Son mémoire contient d'ailleurs plusieurs choses vraies & utiles.

IX. Puisque dans le cas où la roue est en repos lorsqu'elle est frappée par le fluide, le moment de l'impulsion contre la partie VE de l'*aube* inclinée, est égal au moment de l'impulsion contre la partie AO de l'*aube* verticale (V); il s'ensuit qu'alors plus on multipliera le nombre des *aubes*, plus le fluide imprimera de force à la roue: car en augmentant le nombre des *aubes*, on fait diminuer l'angle ECB compris entre deux *aubes* voisines, & on augmente par conséquent le moment de l'impulsion que reçoit la roue lorsque les *aubes* se trouvent, relativement au choc, dans la position la plus défavorable, position qui arrive quand l'angle compris entre deux *aubes* contiguës est divisé en deux parties égales par la verticale. Comme la loi de continuité s'observe constamment dans les différens états d'accroissement ou de décroissement que peuvent subir les quantités de même espèce, concluons encore de-là que si une roue tourne avec une vîtesse fort lente par rapport à celle du fluide, on augmentera sa force en lui donnant un grand nombre d'*aubes*.

X. Il se présente à ce sujet une difficulté qui pourroit embarrasser quelques lecteurs, & qu'il est à propos d'éclaircir. En supposant la roue immobile à l'instant du choc, il est clair que dans la rigueur géométrique, le nombre le plus avantageux d'*aubes* doit être *infini*. Or, dira-t-on, si le nombre des *aubes* devient infini, leurs extrémités formeront une circonférence de cercle $FBGO$ (*fig.* 9); & l'impulsion qui résultera perpendiculairement contre chaque élément KN de l'arc FBG, étant dirigée au centre, ne tendra à produire aucun mouvement de rotation; d'où il paroît s'ensuivre que, bien loin que la roue reçoive alors le plus grand moment possible d'impulsion, elle n'en recevra point du tout. Mais il faut remarquer que dans notre calcul, les *aubes* sont regardées comme une suite de plans différemment inclinés, tous dirigés au centre, & frappés par le fluide sous différentes obliquités; que si par conséquent on détruit cette hypothèse, on détruit nécessairement les conséquences qui en résultent. Or la supposition que FBG est un arc de cercle, continu & composé d'élémens KN qui, loin d'être dirigés au centre C, sont perpendiculaires aux rayons CK, est entièrement contraire à la précédente. Il n'est donc pas surprenant qu'on arrive à des résultats très-différens dans les deux cas.

Concluons cependant de-là que, comme les filets d'eau sont composés de molécules physiques, ou qui ont des grosseurs finies, & que de plus ces filets se gênent les uns les autres dans leurs mouvemens, les extrémités des *aubes* doivent toujours laisser entr'elles un certain intervalle qui permette au fluide d'exercer son action autant qu'il est possible. Le nombre d'*aubes* qu'il convient de donner à une roue en repos, & à plus forte raison à une roue en mouvement, pour se procurer la plus grande force qu'il est possible de la part du fluide, est donc toujours fini & limité: à quoi on peut ajouter qu'en multipliant le nombre des *aubes*, on rend la roue plus pesante, & par-là sujette à un plus grand frottement.

XI. Lorsque le mouvement de la roue est devenu uniforme & permanent, sa vîtesse est ordinairement très-comparable à celle du fluide; elle en est la moitié, ou le tiers, ou le quart, &c. Alors il est difficile de déterminer en général, pour un instant quelconque, le moment de l'impulsion de l'eau contre toutes les *aubes* à-la-fois, & d'en conclure la combinaison la plus avantageuse des élémens de la question. J'ai donné la solution générale de ce problême, dans le *tome II de mon Hydrodynamique*, & dans les Mémoires de l'Académie Royale des Sciences, pour l'année 1769. On me permettra d'y renvoyer le lecteur.

XII. Ici je me borne à la solution d'un problême très-utile dans la pratique. Il consiste à *déterminer la vîtesse que la roue doit prendre par rapport à celle du fluide, pour que l'effet de la machine soit un* maximum.

Ce problême fait partie de celui que je viens d'indiquer; mais pour parvenir ici à des résultats simples & facilement applicables à la pratique, je supposerai, suivant l'usage ordinaire, qu'à la place des *aubes* plongées dans l'eau, on substitue une surface plane & verticale qui soit frappée perpendiculairement par le fluide, & qui avant ce choc ait déjà une vîtesse uniforme & permanente. Nommons A cette surface, u la vîtesse primitive & uniforme de son centre d'impression, b la distance de ce centre à celui de la roue, V la vîtesse du fluide, Q le fardeau élevé, v sa vîtesse, c son bras de levier; & de plus, supposons que l'impulsion perpendiculaire du fluide contre une surface B en repos, soit égale à un poids connu F. L'impulsion reçue par la surface A sera représentée par $F \times \frac{A \times (V-u)^2}{B \times V^2}$. Donc, à cause de l'équilibre qu'il y a à chaque instant entre cette impulsion & l'action que la pesanteur exerce sur le poids Q, on aura $F \times \frac{A \times (V-u)^2}{B \times V^2} \times b = Q \times c$. Multipliant le second membre par v, & le premier par $\frac{cu}{b}$ quantité qui est égale à v, on trouvera $Qv = \frac{F \times A \times (V-u)^2 \times u}{B \times V^2}$.

Or le produit Qv, qui représente l'effet de la machine, doit être un *maximum*. Par conséquent $\frac{F \times A \times (V-u)^2 \times u}{B \times V^2}$ en sera aussi un; &, comme le facteur $\frac{F \times A}{B \times V^2}$ est constant & donné, il est clair que $\frac{F \times A \times (V-u)^2 \times u}{B \times V^2}$ sera un *maximum*, lorsque $(V-u)^2 \times u$ en sera un.

La méthode ordinaire *de maximis & minimis*, donne $u = \frac{V}{3}$. Ainsi, *pour que l'effet de la machine soit un* maximum, *il faut que la vîtesse du centre d'impression de chaque aube, soit le tiers de la vîtesse du fluide.*

XIII. Pour connoître la valeur absolue du *maximum*, il faut substituer dans l'équation $Qv = \frac{F \times A \times (V-u)^2 \times u}{B \times V^2}$, à la place de u la valeur $\frac{V}{3}$ que nous venons de trouver. Alors on aura $Qv = \frac{4F \cdot A \cdot V}{27 B}$, ou, (en faisant la surface donnée $B = A$), $Qv = \frac{4F \cdot V}{27}$. Soient H la hauteur dûe à la vîtesse V du fluide, $F = n \cdot A \cdot H$, n étant un coëfficient donné: on aura $Qv = \frac{4n \cdot A \cdot H}{27} \times V$.

Pour les roues plongées dans des fluides indéfinis, comme les roues qui trempent dans des rivières, on a sensiblement $n = 1$; &, pour les roues qui tournent dans des coursiers étroits, on a sensiblement $n = 2$. Ainsi, dans le premier cas, le plus grand effet de la machine est d'imprimer à un poids d'eau représenté par $\frac{4A \cdot H}{27}$ la vîtesse V du courant, ou à un poids d'eau exprimé par $A \cdot H$ les $\frac{4}{27}$ de la vîtesse du fluide; &, dans le second cas, le plus grand effet de la machine est double du précédent.

On trouvera aux articles *moulin, roue*, la théorie des aîles des moulins à vent & celle des roues horizontales.

XIV. Nous avons supposé, dans tout ce qui précède, que les *aubes* étoient dirigées au centre de la roue; mais l'expérience a fait connoître qu'il étoit avantageux de les incliner un peu par rapport à la direction du courant. *Voy. mon Hydrodynamique, tom. II, pag. 383 & suiv.* (*L. B.*)

AVELLAN ou AVELLAR, nom de l'étoile appellée aussi *pollux*.

AUGE, *en Hydraulique & Jardinage*. On appelle ainsi la rigole de pierre ou de plomb sur laquelle coule l'eau d'un aqueduc ou d'une source, pour se rendre dans un regard de prise ou dans un réservoir. (*K*)

AUGES, s. m. (*Astron.*) *V.* Apsides, Aphélie, Apogée.

AUGMENT, vieux mot qui veut dire la même chose qu'accroissement, augmentation.

AURIGA. *Voyez* Cocher.

AVRIL, s. m. quatrième mois de l'année, suivant notre calendrier. C'étoit le second mois de l'ancienne année romaine, c'est-à-dire de l'année de Romulus, qui commençoit par le mois de mars, & qui avoit dix mois. Numa ajouta à cette année les deux mois de janvier & février, & le mois d'*avril* se trouva alors le quatrième. *Voyez* Mois.

Ce mot vient du latin *aprilis*, & celui-ci d'*aperio*, j'ouvre, à cause que dans ce mois la terre commence à ouvrir son sein pour la production des végétaux.

Dans ce mois le soleil parcourt le signe du taureau, ou, pour parler plus exactement, le soleil entre au signe du taureau vers le 20 d'*avril*, & paroît parcourir ce signe jusqu'au 21 de mai; c'est-à-dire que la terre parcourt alors réellement le signe du scorpion, opposé à celui du taureau. (*O*)

AURORE, s. f. (*Astron. physiq.*) est le crépuscule du matin, cette lumière foible qui commence à paroître quand le soleil est à 18 degrés de l'horizon, & qui continue en augmentant jusqu'au lever du soleil. *Voyez* Crépuscule.

Nicod fait venir ce mot du verbe *auresco*, dérivé d'*aurum*, *quia ab oriente sole aer aurescit*, parce que le soleil levant dore, pour ainsi dire, l'atmosphère.

AUSTRAL, *australis*, méridional; ce mot vient d'*auster*, vent du midi.

Les signes *australix* sont les six derniers du zodiaque; on les nomme ainsi, parce qu'ils sont au midi de la ligne équinoxiale. *Voyez* Signe.

On dit de même *pole austral, hémisphère austral*, pour *pole méridional, hémisphère méridional*, &c.

AUTEL (*Astron.*) *ara*, constellation méridionale, appellée aussi *altare*, *thymele*, (qui signifie autel) *vesta* à cause de la déesse du feu, *pharus*, (c'est-à-dire élévation) *sacrarium*, *templum*, *puteus*, *focus*, *lar*, *thuribulum*, *acerra*; (vase à mettre de l'encens) *prunarum conceptaculum*, *ignitabulum*, *batillus*, (Rechaud) *ara thymiamatis*, (autel de l'encens) *ara centauri*. Les Dieux, disent les poëtes, étant en guerre contre les Titans, firent construire par Vulcain un autel sur lequel ils se lièrent par un serment mutuel, & cet autel fut placé parmi les constellations : on a dit aussi que cet autel étoit celui sur lequel Chiron sacrifia un loup.

La principale étoile de l'*autel* est de 3.e grandeur, elle avoit, en 1750, 258° 8′ 25″ d'ascension droite, & 49° 38′ 31″ de déclinaison australe. (*D. L.*)

AUTOMATE, sub. m. (*Méchaniq.*) engin qui se meut de lui-même, ou machine qui porte en elle le principe de son mouvement.

Ce mot est grec αὐτόματον, & composé de αὐτὸς, *ipse*, & μάω, *je suis excité* ou *prêt*, ou bien de μάτην, *facilement*, d'où vient αὐτόματος, *spontanée*, *volontaire*. Tel étoit le pigeon volant d'Architas, dont Aulugelle fait mention au *liv. X*, *ch. xij* des *nuits attiques*; supposé que ce pigeon volant ne soit point une fable.

Quelques auteurs mettent au rang des *automates* les instrumens de méchanique, mis en mouvement par des ressorts, des poids internes, *&c*, comme les horloges, les montres, *&c. Voyez Joan. Bapt. Porta mag. nat. chap. xjx. Scaliger. subtil. 326.*

Le flûteur *automate* de M. de Vaucanson, membre de l'académie royale des Sciences, le canard, quelques autres machines du même auteur, sont au nombre des plus célèbres ouvrages qu'on ait vus en ce genre depuis fort long-tems.

Voyez à l'article ANDROIDE ce que c'est que le *flûteur*.

L'auteur encouragé par le succès, exposa, en 1741, d'autres *automates*, qui ne furent pas moins bien reçus. C'étoit:

1.° Un canard, dans lequel il représente le méchanisme des visceres destinés aux fonctions du boire, du manger & de la digestion; le jeu de toutes les parties nécessaires à ces fonctions y est exactement imité : il alonge son cou pour aller prendre du grain dans la main, il l'avale, le digere, & le rend par les voies ordinaires tout digéré; tous les gestes d'un canard qui avale avec précipitation, & qui redouble de vitesse dans le mouvement de son gosier, pour faire passer son manger jusque dans l'estomac, y sont copiés d'après nature: l'aliment y est digéré comme dans les vrais animaux, par dissolution, & non par trituration; la matière digérée dans l'estomac est conduite par des tuyaux, comme dans l'animal par ses boyaux, jusqu'à l'anus, où il y a un sphincter qui en permet la sortie.

L'auteur ne donne pas cette digestion pour une digestion parfaite, capable de faire du sang & des sucs nourriciers pour l'entretien de l'animal ; on auroit mauvaise grace de lui faire ce reproche. Il ne prétend qu'imiter la méchanique de cette action en trois choses, qui sont : 1.° d'avaler le grain; 2.° de le macérer, cuire ou dissoudre; 3.° de le faire sortir dans un changement sensible.

Il a cependant fallu des moyens pour les trois actions, & ces moyens mériteront peut-être quelque attention de la part de ceux qui demanderoient davantage. Il a fallu employer différens expédiens pour faire prendre le grain au canard artificiel, le lui faire aspirer jusque dans son estomac, & là dans un petit espace, construire un laboratoire chimique, pour en décomposer les principales parties intégrantes, & le faire sortir à volonté, par des circonvolutions de tuyaux, à une extrémité de son corps toute opposée.

On ne croit pas que les anatomistes aient rien à desirer sur la construction de ses aîles. On a imité os par os, toutes les éminences qu'ils appellent *apophyses*. Elles y sont régulièrement observées, comme les différentes charnieres, les cavités, les courbes. Les trois os qui composent l'aîle, y sont très-distincts : le premier qui est l'*humerus*, a son mouvement de rotation en tout sens, avec l'os qui fait l'office d'omoplate; le second qui est le *cubitus* de l'aîle, a son mouvement avec l'*humerus* par une charnière, que les anatomistes appellent *par gynglime*; le troisième qui est le *radius*, tourne dans une cavité de l'*humerus*, & est attaché par ses autres bouts aux petits os du bout de l'aîle, de même que dans l'animal.

Pour faire connoître que les mouvemens de ces aîles ne ressemblent point à ceux que l'on voit dans les grands chef-d'œuvres du coq de l'horloge de Lyon & de Strasbourg, toute la méchanique du canard artificiel a été vue à découvert, le dessein de l'auteur étant plutôt de démontrer, que de montrer simplement une machine.

On croit que les personnes attentives sentiront la difficulté qu'il y a eu de faire faire à cet *automate* tant de mouvemens différens; comme lorsqu'il s'éleve sur ses pattes, & qu'il porte son cou à droite & à gauche. Ils connoîtront tous les changemens des différens points d'appui : ils verront même que ce qui servoit de point d'appui à une partie mobile, devient à son tour mobile sur cette partie, qui devient fixe à son tour; enfin ils découvriront une infinité de combinaisons méchaniques.

Toute cette machine joue sans qu'on y touche, quand on l'a montée une fois.

On oublioit de dire que l'animal boit, barbote dans l'eau, croasse comme le canard naturel. Enfin l'auteur a tâché de lui faire faire tous les gestes d'après ceux de l'animal vivant, qu'il a considéré avec attention.

2.° Le second *automate* est le joueur de tambourin, planté tout droit sur son piedestal, habillé en berger danseur, qui joue une vingtaine d'airs, menuets, rigodons ou contre-danses.

On croiroit d'abord que les difficultés ont été moindres

moindres qu'au flûteur *automate* : mais sans vouloir élever l'un pour rabaisser l'autre, il faut faire réflexion qu'il s'agit de l'instrument le plus ingrat, & le plus faux par lui-même; qu'il a fallu faire articuler une flûte à trois trous, où tous les tons dépendent du plus ou moins de force de vent, & de trous bouchés à moitié; qu'il a fallu donner tous les vents différens, avec une vitesse que l'oreille a de la peine à suivre; donner des coups de langue à chaque note, jusque dans les doubles croches, parce que cet instrument n'est point agréable autrement. L'*automate* surpasse en cela tous nos joueurs de tambourin, qui ne peuvent remuer la langue avec assez de légéreté, pour faire une mesure entière de doubles croches toutes articulées; ils en coulent la moitié : & ce tambourin *automate* joue un air entier avec des coups de langue à chaque note.

Quelle combinaison de vents n'a-t-il pas fallu trouver pour cet effet? L'auteur a fait aussi des découvertes dont on ne se seroit jamais douté; auroit-on cru que cette petite flûte est un des instrumens à vent qui fatigue le plus la poitrine des joueurs?

Les muscles de leur poitrine font un effort équivalent à un poids de 56 livres, puisqu'il faut cette même force de vent, c'est-à-dire, un vent poussé par cette force ou cette pesanteur, pour former le *si* d'en-haut, qui est la dernière note ou cet instrument puisse s'étendre. Une once seule fait parler la première note, qui est le *mi* : que l'on juge quelle division de vent il a fallu faire pour parcourir toute l'étendue du flageolet provençal.

Ayant si peu de positions de doigts différentes, on croiroit peut-être qu'il n'a fallu de différens vents, qu'autant qu'il y a de différentes notes : point du tout. Le vent qui fait parler, par exemple, le *ré* à la suite de l'*ut*, le manque absolument quand le même *ré* est à la suite du *mi* au-dessus, & ainsi des autres notes. Qu'on calcule, on verra qu'il a fallu le double de différens vents, sans compter les dièses pour lesquels il faut toujours un vent particulier. L'auteur a été lui-même étonné de voir cet instrument avoir besoin d'une combinaison si variée, & il a été plus d'une fois prêt à désespérer de la réussite : mais le courage & la patience l'ont enfin emporté.

Ce n'est pas tout : ce flageolet n'occupe qu'une main; l'*automate* tient de l'autre une baguette, avec laquelle il bat du tambour de Marseille; il donne des coups simples & doubles; fait des roulemens variés à tous les airs; & accompagne en mesure les mêmes airs qu'il joue avec son flageolet de l'autre main. Ce mouvement n'est pas un des plus aisés de la machine. Il est question de frapper tantôt plus fort, tantôt plus vîte, & de donner toujours un coup sec, pour tirer du son du tambour. Cette méchanique consiste dans une combinaison infinie de leviers & de ressorts différens, tous mus avec assez de justesse pour suivre l'air; ce qui seroit trop long à détailler. Enfin cette machine a quelque ressemblance avec celle du flûteur; mais elle a été construite par des moyens bien différens. *Voyez Obser. sur les écrits mod.* 1741. (*O*)

AUTOMNE, s. m. (*Astron.*) troisième saison de l'année, tems de la recolte des fruits de l'été.

Quelques-uns le font venir d'*augeo*, j'accrois, *quod annum frugibus augeat.*

L'*automne* commence le 23 septembre; la hauteur méridienne du soleil se trouve moyenne entre la plus grande & la plus petite. La fin de l'*automne* se rencontre avec le commencement de l'hiver, le 21 Décembre. Durant l'*automne* les jours vont en décroissant, & sont toujours plus courts que les nuits; excepté le premier jour d'*automne*, qui est le jour de l'équinoxe, ou le lendemain à cause de la réfraction.

Diverses nations ont compté les années par les *automnes*, comme les Anglo-saxons par les hivers. Tacite nous dit que les anciens Germains connoissoient toutes les saisons de l'année, excepté l'*automne*, dont ils n'avoient nulle idée.

On a toujours pensé que l'*automne* étoit une saison mal saine. Tertulien l'appelle, *tentator valetudinum.* Horace dit aussi, *gravis autumnus; autumnus libitinæ questus acerbæ.*

Equinoxe d'automne, est le tems où le soleil entre dans la balance vers le 23 septembre. *Voyez* AUTOMNAL. (*O*)

AUVERGNE, (*jeu de l'homme d'*) : ce jeu a un grand rapport à celui de la triomphe; on peut y jouer depuis deux jusqu'à six. Le jeu de cartes en contient jusqu'à trente-deux : mais si l'on ne joue que deux ou trois, il ne sera que de vingt-huit, parce qu'on levera les sept. Les cartes conservent leur valeur ordinaire : après que l'on a vu à qui fera, celui qui est à mêler fait couper le joueur de sa gauche, & donne à chacun cinq cartes par deux ou trois, & en prend autant pour lui; il tourne la carte qui est dessus le talon, & qui sert de triomphe; alors chacun voit s'il peut jouer avec son jeu, sinon il passe, comme à la bête. Si personne n'a assez beau jeu pour jouer dans la couleur retournée, on se réjouit en ce cas, & jusqu'à trois fois, si les deux premières cartes retournées n'ont pu accommoder les joueurs. Il faut faire trois mains pour gagner, & deux premières, quand elles sont partagées entre les joueurs. Lorsque le jeu de carte est reconnu faux, on refait, & les coups précédents sont bons, & même celui où on l'auroit reconnu tel, s'il étoit fini. Celui qui donne mal perd un jeu & remêle : si en mêlant il se trouve quelque carte retournée, on refait. Celui qui retourne un roi pour triomphe, gagne un jeu pour ce roi, & autant pour tous ceux qu'il a dans la main; tous les joueurs ont le même avantage. Celui qui joue avant son tour perd un jeu au profit du jeu : celui qui renonce perd la partie; le sens de ce terme, en ce cas, est qu'il n'y peut plus prétendre. Celui qui fait jouer & perd, démarque un jeu au profit de celui qui gagne : celui qui a en main le roi de la couleur retournée en réjouissance, à le même droit que celui qui l'a de la première tourne, & marque un jeu pour ce roi, & un jeu pour chaque autre qu'il auroit encore, pourvu néanmoins qu'il n'eût pas eu dans son jeu le roi de la triomphe précédente dans le même coup, pour lequel il auroit déjà marqué.

S'il arrive que l'un des joueurs, après s'être réjoui, vienne à perdre en jouant le roi de la première triomphe, soit que l'on lui coupât ou autrement, celui qui feroit cette levée gagneroit une marque sur celui qui l'auroit jetté, & ainsi des autres rois pour lesquels on gagne des jeux.

AXE

AXE, s. m. (*Méchanique*). Un *axe* ou *essieu* est proprement une ligne ou un long morceau de fer ou de bois qui passe par le centre d'un corps, & qui sert à le faire tourner sur lui-même. *Voyez* ESSIEU.

C'est en ce sens que nous disons l'*axe* d'une sphère ou d'un globe, l'*axe* ou l'*essieu* d'une roue. *Voyez* GLOBE, ROUE, &c.

L'*axe* d'une balance est une ligne droite sur laquelle elle se tourne & se meut. *Voyez* BALANCE.

L'*axe d'oscillation* d'un pendule est une ligne droite parallèle à l'horizon, qui passe par le centre autour duquel un pendule fait ses vibrations. *Voyez* OSCILLATION & PENDULE.

Axe en Géométrie. L'*axe* de rotation ou de circonvolution est une ligne droite autour de laquelle on imagine qu'une figure plane se meut, pour engendrer dans ce mouvement un solide, ou qu'une ligne se meut pour engendrer une surface. *Voyez* SOLIDE, GÉNÉRATION, &c.

Ainsi, pour engendrer une sphère, on imagine qu'un demi-cercle tourne sur son diamètre. Pour avoir un cône droit, on imagine qu'un triangle rectangle tourne sur un des côtés qui forment l'angle droit, comme sur un *axe*.

L'*axe* d'un cercle ou d'une sphère est une ligne droite qui passe par le centre du cercle ou de la sphère, & qui se termine par l'une & l'autre de ses extrémités à la circonférence du cercle, ou à la surface de la sphère. *Voyez* CERCLE, SPHÈRE.

L'*axe* du cercle s'appelle autrement son *diamètre. Voyez* DIAMÈTRE. Un cercle a donc une infinité d'*axes*.

On entend encore plus généralement par *axe*, une ligne droite tirée du sommet d'une figure sur le milieu de sa base. *Voyez* FIGURE, SOMMET, BASE, &c.

L'*axe* d'un cylindre droit ou rectangle, est proprement cette ligne immobile autour de laquelle tourne le parallélogramme rectangle, qui dans ce mouvement engendre le cylindre droit. *Voyez* CYLINDRE.

En général, la ligne droite qui passe par le centre des bases opposées des cylindres, en est l'*axe*, soit que ces cylindres soient droits ou qu'ils soient obliques.

L'*axe* d'un cône droit est la ligne droite, ou le côté sur lequel on a fait mouvoir le triangle rectangle qui a engendré le cône. *Voyez* CÔNE.

Il suit de-là qu'il n'y a proprement que le cône droit qui ait un *axe ;* car il n'y a point de manière d'engendrer le cône oblique, en faisant mouvoir triangle autour d'un de ses côtés immobiles. Mais par analogie, tous les auteurs qui ont traité des cônes, ont dit que la ligne tirée du sommet du cône oblique au centre de sa base, en étoit l'*axe*.

L'*axe* d'une section conique est une ligne droite qui passe par le milieu de la figure, & qui coupe à angles droits & en deux parties égales toutes les ordonnées.

Ainsi (*Sect. coniques, fig. 31*), si AP est perpendiculaire à FE, passant par le centre C, & qu'elle divise la section en deux parties égales, semblables & semblablement situées par rapport à cette ligne AP, elle sera l'*axe* de cette section. *Voyez* CONIQUE.

L'*axe* transverse ou le grand *axe* d'une ellipse, c'est la même chose : on l'appelle ainsi pour le distinguer de son conjugué, ou du petit *axe. Voy.* TRANSVERSE.

Dans l'ellipse, l'*axe* transverse est le plus long; & dans l'hyperbole, il coupe cette courbe aux points A & P (*fig. 32.*)

Axe conjugué, ou second *axe* de l'ellipse, c'est, (*fig. 31*) la ligne FE qui passe par le centre C de la figure, parallélement à l'ordonnée MN, & perpendiculairement à l'*axe* transverse AP, & qui se termine par l'une & l'autre de ses extrémités à la courbe. *Voyez* ELLIPSE & CONJUGUÉ.

L'*axe* conjugué est le plus court dans l'ellipse : cette courbe n'est pas la seule où l'*axe* transverse ait son conjugué; cela lui est commun avec l'hyperbole.

L'*axe* conjugué, ou le second *axe* d'une hyperbole, est une droite EF (*fig. 32*) qui passe par le centre parallélement aux ordonnées MN, MN, & perpendiculairement à l'*axe* tranverse AP. *Voyez* HYPERBOLE.

L'*axe* de la parabole est d'une longueur indéterminée; c'est-à-dire, indéfinie. L'*axe* de l'ellipse est d'une longueur déterminée. La parabole n'a qu'un *axe ;* l'ellipse & l'hyperbole en ont deux. *Voyez* COURBE.

Suivant les définitions précédentes, l'*axe* d'une courbe est en général une ligne tirée dans le plan de cette courbe, & qui divise la courbe en deux parties égales, semblables & semblablement posées de part & d'autre de cette ligne. Ainsi, il y a un grand nombre de courbes qui n'ont point d'*axe* possible: cependant pour la facilité des dénominations, on est convenu d'appeller généralement *axe* d'une courbe, une ligne quelconque tirée où l'on voudra dans le plan de cette courbe; sur laquelle on prend les abscisses, & à laquelle les ordonnées de la courbe sont perpendiculaires. Ainsi, toute courbe en ce sens peut avoir un *axe* placé où l'on voudra. Si les ordonnées ne sont pas perpendiculaires, l'*axe* s'appelle *diamètre*. *Voyez* ABSCISSE, DIAMÈTRE, ORDONNÉE.

Une courbe ne rencontre son *axe* que dans les points où l'ordonnée est égale à zéro.

En général, l'on appelle la ligne des abscisses *axe des abscisses*, ou simplement *axe*; & la ligne des ordonnées, *axe des ordonnées*; (toujours avec cette condition que les deux *axes* soient perpendiculaires l'un à l'autre, sinon ce sont deux diamètres). Cependant plusieurs auteurs, entr'autres M. Cramer, nomment ces deux lignes *axes*, quelqu'angle qu'elles fassent entr'elles.

Pour savoir les points où la courbe coupe l'*axe* des abscisses, il n'y a qu'à faire $y = 0$ dans l'équation de la courbe; l'équation restante ne contiendra plus que x, & la courbe coupera l'*axe* des abscisses en autant de points que cette équation aura de racines.

Au contraire, pour trouver les points où la courbe coupe l'*axe* des ordonnées, il faut faire $x = 0$. *Voyez l'introduction à l'analyse des lignes courbes de* M. Cramer, *Genève*, 1750.

Axe, en Optique. L'*axe* optique ou visuel est un rayon qui passe par le centre de l'œil; ou c'est le rayon qui, passant par le milieu du cône lumineux, tombe perpendiculairement sur le crystallin, & conséquemment passe aussi par le centre de l'œil. *Voyez* OPTIQUE, RAYON, CÔNE, VISION, *&c.*

L'*axe* moyen ou commun est une droite tirée du point de concours des deux nerfs optiques, sur le milieu de la ligne droite qui joint les extrémités des mêmes nerfs. *Voyez* NERF OPTIQUE.

L'*axe* d'une lentille ou d'un verre, est une ligne droite qui fait partie de l'*axe* du solide dont la lentille est un segment. *Voyez* LENTILLE & VERRE.

Ainsi, une lentille sphérique convexe étant un segment de sphère, l'*axe* de cette lentille sera l'*axe* même de la sphère, ou une ligne droite qui passe par le centre de la sphère. *Voyez* CONVEXE.

On peut encore définir l'*axe* d'un verre une ligne droite qui joint les points de milieu de deux surfaces de ce verre. *Voyez* VERRE.

L'*axe* d'incidence, *en Dioptrique*, est une ligne droite qui passe par le point d'incidence, perpendiculairement à la surface rompante. *Voyez* INCIDENCE.

L'*axe* de réfraction est une ligne droite tirée du point d'incidence ou de réfraction, perpendiculairement à la surface rompante. *Voyez* RÉFRACTION.

L'*axe* de l'aimant, ou l'*axe* magnétique, est une ligne droite dont les extrémités sont des poles de l'aimant. *Voyez* MAGNÉTISME.

Axe dans le tambour, ou *essieu dans le tour*, *axis in peritrochio*; c'est une des cinq machines simples inventées pour élever des poids. *Voy.* MÉCHANIQUE, PUISSANCE, *&c.*

Cette machine est composée d'une espèce de tambour représenté par *AB* (*Méch. fig. 44*) mobile avec un cylindre qui lui est concentrique, autour de l'*axe EF*. Ce cylindre s'appelle l'*axe* ou l'*essieu*; & le tambour se nomme *tour*. Les leviers adaptés au cylindre, sans quelquefois qu'il y ait de tambour, portent le nom de *rayons*. *Voyez* TOUR.

Dans le mouvement du tour, une corde se roule sur le cylindre, & fait monter le poids.

On rapporte à l'essieu dans le tour, toutes les machines où l'on peut concevoir que l'effort se fait par le moyen d'une circonférence ou tambour fixé sur un cylindre, dont la base est dans le même plan que cette circonférence; comme dans les grues, les moulins, les cabestans, *&c.* *Voy.* ROUE.

Propositions sur l'essieu dans le tour, 1.° Si la puissance appliquée à l'essieu dans le tour suivant la direction *AL* (*fig. 10*) est perpendiculaire au rayon, & si cette puissance est au poids *G*, comme le rayon *CE* de l'*axe* ou du cylindre est au rayon *CA* du tour; la puissance suffira pour soutenir le poids, ou la puissance & le poids seront en équilibre.

2.° Si la puissance appliquée en *F* agit selon la direction *FD*, oblique au rayon du tour, mais parallèle à *AL*, cette puissance sera à une puissance qui lui feroit équilibre, & qui agiroit suivant *AL*, comme le sinus total est au sinus de l'angle de la direction *CFD*.

3.° Les puissances appliquées au tour en différens points *F*, *K*, &c. selon les directions *FD*, *KI*, &c. parallèles à la direction perpendiculaire *AL*, & faisant équilibre avec le même poids *G*, sont entr'elles réciproquement comme les distances au centre du mouvement *CD*, *CI*, &c. *Voyez* LEVIER.

Ainsi, à mesure que la distance au centre du mouvement augmente, la puissance diminue en même proportion, & *vice versâ*.

D'où il s'ensuit encore que puisque le rayon *AC* est la plus grande distance possible, & que la puissance qui agit dans la direction *AL* lui est toute perpendiculaire, cette puissance perpendiculaire sera la plus petite de toutes celles qui seront capables de faire équilibre avec le poids *G*.

4.° Si une puissance qui agit dans la direction perpendiculaire *A L*, fait monter le poids *G*; l'espace parcouru par la puissance sera à l'espace parcouru en même-tems par le poids, comme le poids à la puissance.

Car à chaque révolution du tour, la puissance aura parcouru la circonférence entière du tour, & le poids aura monté dans le même tems d'une quantité égale à la circonférence du cylindre; donc l'espace parcouru par la puissance est à l'espace parcouru par le poids, comme la circonférence du tour est à la circonférence de l'*axe*: mais la puissance est au poids, comme le rayon de l'*axe* est à celui du tour; donc, *&c.*

5.° Une puissance *A* & un poids *G* étant donnés, voici la manière de construire un essieu dans le tour où la puissance soit en équilibre avec le poids.

Soit le rayon de l'*axe* ou essieu tel, que le poids puisse être soutenu, sans que cet *axe* ou essieu rompe; faites ensuite, comme la puissance est au poids, ainsi le rayon de l'*axe* au rayon du tour.

Lors donc que la puissance sera fort petite relativement au poids, il faudra que le rayon du tour soit extrêmement grand : soit par exemple le poids = 3000 & la puissance 50; le rayon du tour doit être à celui de l'*axe*, pour qu'il y ait équilibre, comme 60 est à 1.

On remédie à cet inconvénient en augmentant le nombre des roues & des essieux, & en les faisant tourner les uns sur les autres par le moyen des dents & des pignons. *Voyez* ROUE & PIGNON. (*O*)

AXE *d'un cadran*, c'est le style qui marque l'heure. *Voyez* CADRAN.

A X I

AXIFUGE, adj. on appelle, *en Méchanique*, *force axifuge*, la force avec laquelle un corps qui tourne autour d'un axe, tend à s'éloigner de cet axe; c'est proprement une force centrifuge, dont le centre est dans cet axe. *Voyez* CENTRIFUGE.

Quand une toupie tourne sur elle-même, tous les points de cette toupie, qui sont hors de la ligne ou axe qui passe par son milieu, ont une force *axifuge*. (*O*)

AXIOME, s. m. En *Mathématique*, on appelle *axiomes* des propositions évidentes par elles-mêmes, & qui n'ont pas besoin de démonstrations. Telles sont les propositions suivantes : *le tout est plus grand que sa partie; si à de grandeurs égales on ajoute des grandeurs égales, les sommes seront égales; si deux figures étant appliquées l'une sur l'autre se couvrent parfaitement, ces deux figures sont égales en tout.*

AYUK, nom de l'étoile appellée communément la chèvre, dans la constellation du cocher.

AZELPHAGE, nom de l'étoile qui est à la queue du cygne.

AZIMECH, nom que les Arabes donnent à l'épi de la vierge; Bayer l'applique aussi à Arcturus.

AZIMUT, (*Astron.*) l'arc de l'horizon compris entre le méridien & un vertical quelconque, dans lequel se trouve le soleil ou une étoile. M. Cossard croit que ce nom vient par corruption du mot arabe *assempt*, qui signifie proprement un point ou une marque.

L'*azimut*, quand l'astre se lève ou se couche, est le complément de l'amplitude orientale ou occidentale, ou ce qui lui manque pour faire un quart de la circonférence. *Voyez* AMPLITUDE.

Pour calculer l'*azimut* d'un astre à une heure donnée, quand on connoît sa déclinaison & sa distance au méridien, on résout le triangle *P Z S* (*fig. 39 d'Astron.*) formé au pole, au zénit & à l'astre, dont on connoît deux côtés *P Z*, *P S* & l'angle compris, & l'on cherche l'angle *Z*, qui a pour mesure l'arc *C O* de l'horizon. Ce même triangle sert à calculer la hauteur d'un astre à une heure donnée.

Pour connoître par observation l'*azimut* d'une étoile, on tirera sur le plan de l'horizon une ligne méridienne, au-dessus de laquelle on suspendra un fil perpendiculaire ou vertical, en y attachant un poids. On suspendra ensuite un autre fil, en y attachant de même un poids & le plaçant de manière que l'étoile puisse être apperçue derrière les deux fils & désigner ainsi le vertical de l'étoile, l'on mesurera l'angle de la méridienne & de la ligne des deux fils, & ce sera l'*azimut* de l'astre, (*Inst. Astronom. de M. le Monnier.*) Mais la méthode la plus exacte est d'avoir un quart de cercle *azimutal*, à la manière de Tycho-Brahé & d'Hévélius. *Voyez* l'optique de Smith, édition du P. Pezenas. On trouve dans la connoissance des tems de 1762 & de 1782 des tables de hauteur & d'*azimut* pour Paris.

AZIMUT *magnétique*, est un arc de l'horizon compris entre le cercle *azimutal* du soleil & le méridien magnétique; c'est la distance apparente du soleil au point du nord ou du midi, marqué par la boussole. *Voyez* MAGNÉTIQUE.

On trouve l'*azimut magnétique* en observant le soleil avec un compas *azimutal*, lorsqu'il est élevé sur l'horizon à la hauteur de 10 ou de 15 degrés, soit avant midi soit après. *Voyez* le dictionnaire de marine.

Cadran azimutal; c'est un cadran solaire dont le style ou gnomon est perpendiculaire au plan de l'horizon. *Voyez* CADRAN.

La connoissance de l'*azimut* sert quelquefois à

tracer la méridienne, qui est fort utile dans la géométrie pratique, & nécessaire dans la gnomonique & dans la navigation. Aussi nous expliquerons dans la gnomonique divers moyens de trouver l'*azimut*.

On appelle quelquefois *azimuts* les cercles verticaux. *Voyez* VERTICAL AZIMUTAL; cercle *azimutal* est un cercle horizontal qu'on applique à un quart de cercle astronomique pour y marquer l'*azimut*; on le voit en *h fig. 188 des planches d'Astronomie.* (*D. L.*)

B A C

BACULAMETRIE, s. f. (*Géom.*) c'est l'art de mesurer avec des bâtons ou des verges les lignes tant accessibles qu'inaccessibles. *Voyez* ACCESSIBLE, ARPENTAGE, MESURE, LEVER UN PLAN, *&c.*

BAGUETTE *divine* ou *divinatoire*, s. f. (*Méch.*) on appelle ainsi un rameau fourchu ou une baguette courbée en arc, que certains charlatans font tourner sur les doigts des deux mains, & qui tourne (disent-ils ou veulent-ils persuader aux spectateurs crédules) en vertu des émanations d'une eau souterraine, d'une pièce d'or ou d'argent cachée, d'une mine, *&c.* Il n'est fait aucune mention de cette baguette dans les auteurs qui ont vécu avant le onzième siècle. Les premiers qui l'ont employée prenoient pour cela un rameau fourchu de coudrier, d'aune, de hêtre ou de pommier. Les charlatans de ces derniers tems se sont apperçu qu'une baguette de matière quelconque courbée en arc, produisoit le même mouvement. En effet on va voir que ce mouvement est purement méchanique, & que les indications de la *baguette divinatoire* ne sont que des tours de passe-passe que tout le monde peut exécuter, en éloignant & rapprochant alternativement les points d'appui de la *baguette*, ou (pour mieux tromper les yeux) en posant d'abord la *baguette* sur deux doigts de chaque main à même hauteur, puis levant & baissant alternativement les deux doigts d'une même main, ou des deux mains, ce qui peut se faire avec un peu d'usage, d'une manière presque imperceptible. Voici à quoi se réduit la question, considérée méchaniquement.

Soient (*pl. Méch. fig. 11.*) *A O B* un arc de cercle, situé d'abord dans une position horizontale; *C*, son centre de figure; *G*, son centre de gravité; *A B*, sa corde; *O F*, sa flèche. A l'effort des mains qui soutiennent réellement la *baguette* par les points *K* & *H* placés symmétriquement, substituons un axe horizontal qui passe hors du point *G*, & qui enfile l'arc aux points *K* & *H*, de telle manière que cet arc ne puisse avoir aucun mouvement de glissement, & que nous n'ayons à considérer que la simple rotation. Cela posé, il est clair, 1.° que la pesanteur de l'arc, agissant suivant la verticale qui passe par le point *G*, l'arc tournera autour de l'axe *K H*, dans le sens de *O* vers *C*.

2.° Si l'axe *K H* demeuroit immobile, il est évident que le point *O* étant arrivé au zénith, passeroit de l'autre côté, en vertu du mouvement acquis; puis reviendroit sur ses pas; puis se mouvroit dans le premier sens; ainsi de suite: ce qui se rapporte au mouvement d'oscillation des pendules ordinaires. Mais si lorsque le point *O* a passé le zénith, ou a reçu le mouvement nécessaire pour passer le zénith, on conçoit que l'axe *K H* est transporté parallélement à lui-même en *K' H'*, alors le point *O* continuera à se mouvoir dans le premier sens: ce même mouvement se perpétuera, si le point *O* étant arrivé à l'horizon, l'axe revient en *K H*; puis en *K' H'*; ainsi de suite. Or cette transposition mentale de l'axe produit le même effet que produit réellement le charlatan, en élevant & baissant les doigts d'une main ou des deux mains, & faisant ainsi changer de place aux points d'appui *K* & *H*.

On voit que la *baguette* tournera à volonté du dedans au dehors, ou du dehors au dedans. Cela dépendra de la position initiale du point *V* ou *V'*, par rapport au centre de gravité *G*. (*L. B.*).

B A J

BAJOYERS ou JOUILLIÈRES, s. f. pl. (*Hydraul.*) sont les ailes de maçonnerie qui revêtissent l'espace ou la chambre d'une écluse fermée aux deux bouts, par des portes ou des vannes que l'on leve à l'aide de cables qui filent sur un treuil, que plusieurs hommes manœuvrent.

On pratique le long des *bajoyers*, des contre-forts, des enclaves pour loger les portes quand on les ouvre, & des pertuis pour communiquer l'eau d'une écluse des deux côtés, sans être obligé d'ouvrir ses portes. (*K*)

* On donne aussi, sur les rivières, le nom de *bajoyers* aux bords d'une rivière, près les culées d'un pont.

BAISEMENT, s. m. (*Géom.*) *Voyez* OSCULATION.

BAISER, *terme de Géométrie.* On dit que deux courbes ou deux branches de courbes se *baisent*, lorsqu'elles se touchent en tournant leurs concavités vers le même côté; c'est-à-dire de manière que la concavité de l'une regarde la convexité de l'autre; mais si l'une tourne sa concavité d'un côté, & l'autre d'un autre côté, ou ce qui revient au même, si les deux convexités se regardent, alors on dit simplement qu'elles se touchent. Ainsi le point *baisant* & le point *touchant* sont différens.

On emploie plus particulièrement le terme de *baiser*, pour exprimer le contact de deux courbes qui ont la même courbure au point de contact, c'est-à-dire le même rayon de développée. Le *baisement* s'appelle encore alors *osculation. Voyez*

OSCULATION, DÉVELOPPÉE, COURBURE, &c. (O).

BALANCE, s. f. (*Méch.*) C'est une machine qui se rapporte au levier, & dont l'usage est de faire connoître l'égalité ou la différence de poids de deux corps pesants.

Il y a plusieurs sortes de *balances* : les principales sont la *balance ordinaire* ou *moderne*, la *romaine*, & le peson *suédois* ou *danois*.

I. La *balance* ordinaire (*Méch. fig.* 12.) est composée d'un levier droit AB (*Voyez* LEVIER) nommé ici *fléau*, aux extrémités duquel sont suspendus, avec des cordons, deux bassins C & D, qui reçoivent les marchandises qu'on veut peser. Le fléau porte dans son milieu un axe xy, qui leur est perpendiculaire & dont les extrémités entrent & tournent librement dans des *yeux* pratiqués aux deux branches montantes d'une *chasse* EM qui soutient la machine. Ces extrémités de l'anse n'ont pas la forme cylindrique; elles sont taillées en couteaux, plus ou moins émoussés, suivant que la *balance* est destinée à peser des marchandises plus ou moins pesantes; le fléau s'appuie par les tranchants de ces couteaux dans les yeux de la chasse, avec une entière liberté de s'incliner de part ou d'autre; il porte une *aiguille* fg qui est dans la chasse quand il y a équilibre & que le fléau est horizontal, & qui, en s'écartant à droite ou à gauche de la chasse par sa partie supérieure, fait connoître non-seulement en quel sens le fléau s'est incliné, mais encore les plus petites inclinaisons dont il peut être affecté, ce qui sert à peser les marchandises avec toute l'exactitude possible.

Avant que de faire usage de la balance, il faut commencer par le mettre en équilibre, c'est-à-dire par faire en sorte que le fléau soit bien horizontal. Les deux bras EA, EB, doivent être exactement égaux. Si cette condition étant remplie, & les deux bras étant garnis de leurs bassins, un des côtés l'emporte sur l'autre, on mettra du côté le plus foible de petits-poids en quantité suffisante pour établir l'équilibre, & maintenir le fléau dans la position horizontale. Ces petits poids doivent être regardés comme faisant partie de la *balance* même, & comme étrangers à ceux qu'on veut contrepeser.

Lorsque les deux bras AE, BE ne sont pas égaux, le plus long favorise le poids placé de son côté: car supposons que le fléau AB étant en équilibre & dans la position horizontale, on mette dans le bassin C un poids P, & dans le bassin D une marchandise Q, de manière qu'il y ait équilibre; ces deux poids P & Q se faisant équilibre, on aura (*Voyez* LEVIER) $P : Q :: BE : AE$. Donc, si par exemple $BE > AE$, on aura $P > Q$. Les deux poids étant donc supposés égaux, l'un d'eux cependant l'emportera sur l'autre & paroîtra plus pesant. On appelle ces sortes de *balances*, *balances fausses*. Elles peuvent servir néanmoins, de la manière suivante, à déterminer exactement le poids d'une marchandise.

Sans vous embarrasser quel est le plus long bras d'une *balance* que vous soupçonnez être *fausse*, mettez 1.° dans l'un des bassins, par exemple dans le bassin D, la marchandise Q que vous voulez peser; & observer le poids P qui lui fait équilibre. 2.° Transposez la marchandise Q, mettez-la dans l'autre bassin C, & observez le nouveau poids P' qui lui fait équilibre. Cela posé, multipliez P par P', & tirez la racine quarrée du produit; elle sera la valeur exacte de Q. Car, par le principe de l'équilibre du levier, on a ces deux équations, $P \times AE = Q \times BF$; $P' \times BE = Q \times AE$, lesquelles étant d'abord multipliées ensemble, puis divisées par le facteur commun $AE \times BE$, donnent $P \times P' = Q^2$, & $Q = \sqrt{(P \times P')}$.

On s'épargne la peine de transposer les poids, & sur-tout la longueur d'une extraction de racine quarrée, en faisant d'abord, & avant tout usage, les deux bras de la *balance* exactement égaux entr'eux. Nous observerons cependant encore, au sujet de l'extraction de la racine quarrée, que, si les deux poids P & P' différoient peu l'un de l'autre, on pourroit supposer, sans craindre d'erreur sensible, $Q = \frac{P+P'}{2}$; car soit $P' = P + p$, p étant une quantité très-subite par rapport à P, on aura $Q = \sqrt{(P^2 + Pp)} = P + \frac{p}{2}$, sensiblement; ou bien $Q = \frac{P+P'}{2}$.

Une chose à laquelle on doit faire la plus grande attention, est de mettre, autant qu'il est possible, dans une même ligne horizontale, le tranchant du couteau qui sert d'axe, & les deux points A, B d'où pendent les bassins; car si le point d'appui E (*fig.* 13 & 14) est au-dessous ou au-dessus de l'horizontale AB, pour peu que cette ligne soit inclinée à l'horizon, elle sera divisée en deux parties inégales par la verticale EM menée par l'appui, & conséquemment les poids qui se feront équilibre ne seront pas égaux. Dans le premier cas (*fig.* 13), la *balance* est trop mobile sur le point E, & elle est nommée *folle*; dans le second (*fig.* 14), elle trebuche trop difficilement, & elle est nommée *sourde*.

II. La *romaine*, ainsi nommée à cause du grand usage qu'on en faisoit chez les romains, sert à peser des marchandises de différentes pesanteurs, par le moyen d'un seul & même poids qu'on éloigne plus ou moins du point d'appui. Cette machine (*fig.* 15) est composée d'un fleau AB, suspendu par une anse EK qui le divise en deux bras EA, EB fort inégaux. Le bras le plus court porte un bassin C, ou un crochet destiné à soutenir les marchandises qu'on veut peser; & on fait couler, au moyen d'un anneau, le long du bras $E B$, le poids constant P qui doit leur faire équilibre.

Il faut commencer par mettre la romaine en équilibre, ou le fléau dans la position horizontale, indépendamment de la marchandise & du poids qui doit la contre-balancer. Ensuite on établira l'équilibre de la marchandise & du poids, en vertu de l'équation $P \times E a = Q \times E A$, dans laquelle Q représente la marchandise, P le poids prépondérant, $E A$ & $E a$ les bras de levier de ces deux poids. Cette même équation sert à déterminer la graduation du bras $E B$. On voit, par exemple, que si le poids $Q = 10$ livres & le poids $P = 1$ livre, il faudra que la partie $E a = 10\, E A$, ainsi des autres.

Cette *balance* a cela d'avantageux, qu'avec un seul & même poids on peut contre-passer d'autres poids très-considérables. De plus, elle fatigue moins les yeux de la chasse que la *balance* ordinaire: car si, par exemple, on veut contre-peser avec celle-ci un poids $4 P$, les deux bassins portent chacun un poids pareil, & la pression sur les yeux de la chasse est $4 P + 4 P$, ou $8 P$ (*voy.* FORCES PARALLÈLES); au lieu que dans la romaine, où le poids P, appliqué à la quatrième division du bras $E B$, contre-balance le poids $4 P$ mis dans le bassin C, la pression sur les yeux de la chasse est simplement $4 P + P$, ou $5 P$. Mais, d'un autre côté, le bras $E B$ de la romaine est exposé à se plier quand il est un peu long; ce qui est un inconvénient auquel la *balance* ordinaire est moins sujette.

III. Le peson *danois* ou *suédois*, qui est fort usité en Danemarck & en Suede, est une longue pièce $A B$ (*fig. 16*) de fer ou de bois, portant à l'une de ses extrémités une lourde masse A, & à l'autre un bassin ou un crochet C pour soutenir les marchandises qu'on veut peser; elle est traversée par un anneau E qui la soutient, & qu'on fait glisser suivant sa longueur, jusqu'à ce qu'il y ait équilibre de part & d'autre du point E. Voici le principe de cet équilibre & de la graduation du peson.

Considérons le système de la masse A, de la verge $A B$, & du bassin ou crochet C, comme ne faisant qu'un seul & même poids P réuni à son centre de gravité H; nommons Q le poids de la marchandise qu'on veut peser: pour qu'il y ait équilibre, on doit avoir l'équation $P \times E H = Q \times B E$, ou bien $P \times (B H - B E) = Q \times B E$; ce qui donne $B E = \frac{P \times B H}{P + Q}$. D'où l'on voit que, connoissant P & $B H$, il sera facile de graduer la verge $B H$, relativement aux différens poids Q qu'on veut peser. (*L. B.*)

* On appelle *balance de roberval*, une sorte de levier où des poids égaux sont en équilibre, quoiqu'ils paroissent situés à des extrémités de bras de levier inégaux. *Voyez* LEVIER.

Comme la *balance* est un vrai levier, sa propriété est la même que celle du levier; savoir, que les poids qui y sont suspendus doivent être en raison inverse de leurs distances à l'appui, pour être en équilibre. Mais cette propriété du levier, que l'expérience nous manifeste, n'est peut-être pas une chose facile à démontrer en toute rigueur. Il en est à-peu-près de ce principe comme de celui de l'équilibre; on ne voit l'équilibre de deux corps avec toute la clarté possible que lorsque les deux corps sont égaux, & qu'ils tendent à se mouvoir en sens contraire avec des vîtesses égales. Car alors il n'y a point de raison pour que l'un se meuve plutôt que l'autre; & si l'on veut démontrer rigoureusement l'équilibre lorsque les deux corps sont inégaux, & tendent à se mouvoir en sens contraire avec des vîtesses qui soient en raison inverse de leurs masses, on est obligé de rappeller ce cas au premier, où les masses & les vîtesses sont égales. De même on ne voit bien clairement l'équilibre dans la *balance*, que quand les bras en sont égaux & chargés de poids égaux. La meilleure manière de démontrer l'équilibre dans les autres cas, est peut-être de les ramener à ce premier, simple & évident par lui-même: c'est ce qu'a fait M. Neuton dans le premier livre de ses *Principes*, *section première*.

Soient, dit-il (*Méch. fig. 17*), $O K$, $O L$, des bras de levier inégaux, auxquels soient suspendus les poids $A P$; soit fait $O D =$ à $O L$, le plus grand des bras, la difficulté se réduit à démontrer que les poids $A P$, attachés au levier $L O D$, sont en équilibre. Il faut pour cela que le poids P soit égal à la partie du poids A qui agit suivant la ligne $D C$ perpendiculaire à $O D$; car les bras $O L$, $O D$, étant égaux, il faut que les forces qui tendent à les mouvoir soient égales, pour qu'il y ait équilibre. Or l'action du poids A, suivant $D C$, est au poids A, comme $D C$ à $D A$, c'est-à-dire, comme $O K$ à $O D$. Donc la force du poids A suivant $D C = \frac{A \times O K}{O D}$. Et comme cette force est égale au poids P, & que $O L = O D$, on aura $\frac{A \times O K}{O D} = P$, c'est-à-dire, que les poids A, P, doivent être en raison des bras de levier $O L$, $O K$, pour être en équilibre.

Mais en démontrant ainsi les propriété du levier, on tombe dans un inconvénient: c'est qu'on est obligé alors de changer le levier droit en un levier recourbé & brisé en son point d'appui, comme on le peut voir dans la démonstration précédente; de sorte qu'on ne démontre les propriétés du levier droit à bras inégaux que par celles du levier courbe, ce qui ne paroît pas être dans l'analogie naturelle. Cependant il faut avouer que cette manière de démontrer les propriétés du levier est peut-être la plus exacte & la plus rigoureuse de toutes celles qu'on a jamais données.

Quoi qu'il en soit, c'est une chose assez singulière

que les propriétés du levier courbe, c'est-à-dire dont les bras ne sont pas en ligne droite, soient plus faciles à démontrer rigoureusement que celles du levier droit. L'auteur du traité de *Dynamique*, imprimé à Paris en 1743, a réduit l'équilibre dans le levier courbe à l'équilibre de deux puissances égales & directement opposées; mais comme ces puissances égales & opposées s'évanouissent dans le cas du levier droit, la démonstration pour ce dernier cas ne peut être tirée qu'indirectement du cas général.

On pourroit démontrer les propriétés du levier droit dont les puissances sont parallèles, en imaginant toutes ces puissances réduites à une seule, dont la direction passe par le point d'appui. C'est ainsi que M. Varignon en a usé dans sa *Méchanique*. Cette méthode, entre plusieurs avantages, a celui de l'élégance & de l'uniformité; mais n'a-t-elle pas aussi, comme les autres, le défaut d'être indirecte, & de n'être pas tirée des vrais principes de l'équilibre? Il faut imaginer que les directions des puissances prolongées concourent à l'infini; les réduire ensuite à une seule par la décomposition, & démontrer que la direction de cette dernière passe par le point d'appui. Doit-on s'y prendre de cette manière pour prouver l'équilibre de deux puissances égales appliquées suivant des directions parallèles à des bras égaux de levier? Il semble que cet équilibre est aussi simple & aussi facile à concevoir que celui de deux puissances opposées en ligne droite, & que nous n'avons aucun moyen direct de réduire l'un à l'autre. Or, si la méthode de M. Varignon, pour démontrer l'équilibre du levier, est indirecte dans un cas, elle doit aussi l'être nécessairement dans l'application au cas général. (*O*)

Balance hydrostatique, est une espèce de *balance* qu'on a imaginée, pour trouver la pesanteur spécifique des corps liquides & solides. *Voyez* Gravité *ou* Pesanteur spécifique.

Cet instrument est d'un usage considérable pour connoître les degrés d'alliages des corps de toute espèce, la qualité & la richesses des métaux, mines, minéraux, *&c.* les proportions de quelque mélange que ce soit, *&c.* la pesanteur spécifique étant le seul moyen de juger parfaitement de toutes ces choses.

L'usage de la *balance hydrostatique* est fondé sur ce Théorème d'*Archimede*, qu'un corps plus pesant que l'eau, pese moins dans l'eau que dans l'air, du poids d'une masse d'eau de même volume que lui. D'où il suit que si l'on retranche le poids du corps dans l'eau de son poids dans l'air, la différence donnera le poids d'une masse d'eau égale à celle du solide proposé.

Cet instrument (*Hydrod. fig.* 12.) n'a pas besoin d'une description fort ample. On pese d'abord dans l'air le poids *E*, qui n'est autre chose qu'un plateau garni ou couvert de différens poids, & le poids qu'on veut mesurer, lequel est suspendu à l'extrémité du bras *F*; ensuite on met ce dernier poids dans un fluide, & on voit par la quantité de poids qu'il faut ôter de dessus le plateau *E*, combien le poids dont il s'agit a perdu, & par conséquent combien pese un volume de fluide égal à celui du corps.

Pour peser un corps dans l'eau, on le met quelquefois dans le petit seau de verre *I K*, & alors on ne doit pas oublier de couler le plateau *R* sur le petit plateau quarré *E*, afin que le poids de ce plateau, qui est censé égal à celui du volume d'eau dont le seau occupe la place, puisse rétablir l'équilibre.

A l'égard des gravités spécifiques des fluides, on se sert pour cela d'une petite boule de verre *G*, de la manière suivante.

Pour trouver la pesanteur spécifique d'un fluide, suspendez à l'extrémité d'un des bras *F* un petit bassin, & mettez dedans la boule *G*; remplissez ensuite les deux tiers d'un vaisseau cylindrique *O V*, avec de l'eau commune: lorsque vous aurez mis la boule dedans, il faudra mettre sur le plateau *E* de petits poids, jusqu'à ce que les bras *E*, *F*, demeurent dans une position horizontale.

Ainsi, l'excès du poids de la boule sur celui d'un égal volume d'eau, se trouvera contrebalancé par les poids ajoutés au plateau *E*, ce qui la fera demeurer en équilibre au milieu de l'eau. Or concevons à présent cette boule ainsi en équilibre, comme si elle étoit réellement une quantité d'eau congélée dans la même forme: si à la place de l'eau qui environne cette partie congélée, nous substituons quelqu'autre liqueur de différente pesanteur, l'équilibre ne doit plus subsister; il faudra donc pour le rétablir, mettre des poids sur celui des plateaux *E*, *F*, de la *balance*, qui sera le plus foible.

Ces poids qu'il aura fallu ajouter dans la *balance*, seront la différence en gravité de deux quantités, l'une d'eau, l'autre de la liqueur qu'on a voulu examiner, & dont le volume est égal à celui de la boule de verre. Supposons donc que le poids du volume d'eau dont la boule occupe la place, soit de 803 grains; si nous ajoutons à ce nombre celui des grains qu'il aura fallu ajouter sur le plateau auquel la boule est attachée, ou si nous ôtons de 803 grains le nombre de ceux qu'il auroit fallu mettre sur le plateau opposé, le reste sera le poids du volume du fluide égal à celui de la boule, & la gravité spécifique de l'eau sera à celle de ce fluide comme 803 est à ce reste; enfin si on divise ce même reste par 803, le quotient exprimera la gravité spécifique du fluide, l'unité exprimant celle de l'eau.

Pour rendre ceci plus sensible par un exemple, supposons qu'on veuille savoir la gravité du lait: plongeant dans cette liqueur la boule telle qu'elle est attachée à la *balance*, on trouve qu'il faudra mettre 28 grains sur le plateau auquel elle est suspendue,

pendue, pour rétablir l'équilibre: ajoutant donc 28 grains à 803, la somme sera 831; & ainsi la gravité spécifique du lait sera à celle de l'eau, comme 803 à 831. On peut donc, par le moyen de la *balance* hydrostatique, 1.° connoître la pesanteur spécifique d'une liqueur: 2.° comparer les pesanteurs spécifiques de deux liqueurs: 3.° comparer les gravités spécifiques de deux corps solides; car si les deux corps solides pesent autant l'un que l'autre dans l'air, celui qui a le plus de pesanteur spécifique pesera davantage dans l'eau: 4.° comparer la gravité spécifique d'un corps solide avec celle d'une liqueur; car la gravité spécifique du corps est à celle de la liqueur comme le poids du corps dans l'air est à ce qu'il perd de son poids dans la liqueur. *Voyez aussi* ARÉOMETRE.

Le docteur Hook a imaginé une *balance* hydrostatique qui peut être d'une grande utilité pour examiner la pureté de l'eau, &c. Elle consiste en un ballon de verre d'environ trois pouces de diamètre, lequel a un col étroit d'une demi-ligne de diamètre: on charge ce ballon de *minium*, afin de le rendre tant soit peu plus pesant qu'un pareil volume d'eau; on le trempe ensuite dans l'eau après l'avoir attaché au bras d'une exacte *balance*, qui a un contrepoids à l'autre bras. Cela fait, on ne sauroit ajouter à l'eau la plus petite quantité de sel, que le col du ballon ne s'éleve au-dessus de l'eau d'un demi-pouce plus qu'il n'étoit d'abord. En effet, l'eau devenant plus pesante par l'addition du sel, le ballon qui y étoit auparavant en équilibre, doit s'élever. *Transact. philosoph. n. 197.*

Plusieurs savans se sont donnés la peine de rédiger en table les pesanteurs d'un grand nombre de matières tant solides que fluides: on doit assurément leur savoir gré de ce travail, & l'on en sent toute la difficulté, quand on pense aux attentions scrupuleuses & au tems qu'on est obligé de donner à ces sortes de recherches: mais leurs expériences, quelques exactes qu'elles aient été, ne peuvent nous servir de régle que comme des à-peu-près; car les individus de chaque espèce varient entr'eux quant à la densité, & l'on ne peut pas dire que deux diamans, deux morceaux de cuivre, deux gouttes de pluie, soient parfaitement semblables. Ainsi, quand il est question de savoir au juste la pesanteur spécifique de quelque corps, il faut le mettre lui-même à l'épreuve; c'est le seul moyen d'en bien juger. Au reste, on sera sans doute bien aise de trouver ici une table dressée sur des expériences fort exactes. Il suffit de dire qu'elles sont de M. Musschembroëk. Les pesanteurs spécifiques de toutes les matières énoncées en cette table, sont comparées à celle de l'eau commune, & on prend pour eau commune celle de la pluie dans une température moyenne; ainsi, quand on voit dans la table, eau de pluie 1, 000; or de coupelle 19, 640; air 1, 001 $\frac{1}{4}$, c'est-à-dire que la pesanteur spécifique de l'or le plus fin est à celle de l'eau, comme 19 $\frac{1}{4}$ à-peu-près à 1, & que la pesanteur de l'air n'est presque que la millième partie de celle de l'eau.

Table alphabétique des matières les plus connues, tant solides que fluides, dont on a éprouvé la pesanteur spécifique.

Acier flexible & non trempé	7, 738.
Acier trempé	7, 704.
Agate d'Angleterre	2, 512.
Air	0, 001 $\frac{1}{4}$.
Albâtre	1, 872.
Alun	1, 714.
Ambre	1, 040.
Amiante	2, 913.
Antimoine d'Allemagne	4, 000.
Antimoine d'Hongrie	4, 700.
Ardoise bleue	3, 500.
Argent de coupelle	11, 091.
Bismuth	1, 700.
Bois de Brésil	1, 030.
cedre	0, 613.
orme	0, 600.
gayac	1, 337.
ébene	1, 177.
érable	0, 755.
frêne	0, 845.
boüis	1, 030.
Borax	1, 720.
Caillou	2, 542.
Camphre	0, 995.
Charbon de terre	1, 240.
Cinabre naturel	7, 300.
artificiel	8, 200.
Cire jaune	0, 995.
rouge	2, 689.
blanche	2, 500.
Corne de Bœuf	1, 840.
cerf	1, 875.
Crystal de roche	2, 650.
d'Islande	2, 720.
Cuivre de Suede	8, 784.
jetté en moule	8, 000.
Diamant	3, 400.
Écailles d'huitre	2, 092.
Encens	1, 071.
Eau commune ou de pluie	1, 000.
distillée	0, 993.
de rivière	1, 009.
Esprit de vin rectifié	0, 866.
de thérébenthine	0, 874.
Étain pur	7, 320.
allié d'Angleterre	7, 471.
Fer	7, 645.
Gomme arabique	1, 375.
Grenat de Bohême	4, 360.
de Suede	3, 978.

Huile de lin	0, 932.
d'olive	0, 913.
de vitriol	1, 700.
Karabé ou ambre jaune	1, 065.
Lait de vache	1, 030.
Litarge d'or	6, 000.
d'argent	6, 040.
Magnese	3, 530.
Marbre noir d'Italie	2, 704.
blanc d'Italie	2, 707.
Mercure	13, 593.
Noix de galle	1, 034.
Or d'essai ou découpé	19, 640.
de Guinée	18, 888.
Os de bœuf	1, 656.
Pierre sanguine	4, 360.
calaminaire	5, 000.
à fusil, opaque	2, 542.
transparente	2, 641.
Poix	1, 150.
Sang humain	1, 040.
Sapin	0, 550.
Sel de Glauber	2, 246.
ammoniac	1, 453.
gemme	2, 143.
Polycreste	2, 148.
Soufre commun	1, 800.
Talc de Venise	2, 780.
Tartre	1, 849.
Turquoise	2, 508.
Verd-de-gris	1, 714.
Verre blanc	3, 150.
Verre commun	2, 620.
Vin de Bourgogne	0, 953.
Vinaigre de vin	1, 011.
Vitriol d'Angleterre	1, 880.
Ivoire	1, 825.

(*M. Formey.*)

Balance, (*Astron.*) septième signe du zodiaque, & constellation du même nom ; elle est appellée dans Cicéron, *jugum* ; dans Ampelius *mochos* ; dans Virgile & Ptolemée, les serres du scorpion : cette *balance* indique, suivant quelques auteurs, l'équilibre de la nature, l'égalité des jours & des nuits, la température de l'automne. Les anciens y ajoutoient la figure d'un homme, peut-être celle de Mochos, inventeur des poids & des *balances* ; d'autres mettoient cette *balance* dans la main de la vierge. Virgile feint que c'étoit la justice d'Auguste consacrée par le nom d'une nouvelle constellation ; peut-être, comme l'observe Scaliger, parce que la naissance d'Auguste tomboit au commencement du signe de la *balance*. Mais M. Dupuis fait voir que la *balance* existoit dans le zodiaque bien plus anciennement, & il croit qu'elle avoit dû être, dans l'origine, placée à l'équinoxe du printems. (*Astronomie T. IV, p. 373*). Virgile lui-même semble reconnoître une autre étymologie à ce nom de *libra*.

Libra die somnique pares ubi fecerit horas
Et medium luci atque umbris jam dividet orbem ;
Exercete, viri, tauros. Géorg. I. 208.

Les Perses fixoient autrefois au lever héliaque de cette constellation, la fin de l'âge d'or, & l'entrée du mal dans l'univers ; ou comme l'explique M. Dupuis, le retour de l'hiver, la dévastation périodique de la nature végétative & le commencement du règne du mauvais principe.

Il y a 51 étoiles de la balance dans le catalogue britannique. (*D. L.*)

BALANCEMENT, *Voyez* Oscillation.

BALANCIER, s. m. (*Méchan*). Ce nom est donné communément à toute partie d'une machine qui a un mouvement d'oscillation, & qui sert ou à ralentir ou à régler le mouvement des autres parties.

Balancier *de pompe*, (*Hydrod.*). C'est le plus souvent une pièce de bois, ou une barre de fer posée horizontalement sur un point d'appui, qui en fait un levier de la première espèce. A une de ses extrémités répond un ou plusieurs pistons, & à l'autre est une bille bandante, ou quelqu'autre pièce répondante à une manivelle, qui donne le mouvement au *balancier* qui fait alors hausser le piston. On nomme aussi *balanciers* les pièces de bois qui servent à entretenir les barres de fer qui composent les chaînes de la machine de Marly, c'est-à-dire, les chaînes qui donnent le mouvement aux pompes du premier & du second puisard. (†)

BALEINE, constellation méridionale qui contient 97 étoiles, suivant le catalogue de Flamsteed ; elle est appellée aussi *cetus*, *cete*, *draco*, *leo*, *ursus marinus*, *canis tritonis*, ou chien de mer, *pistris* ou *pristis*, espèce d'hydre ou de serpent : en arabe, *kaitos* ou *elketos*. Bayer, dans son *Uranométrie*, a peint un dragon au lieu d'une *baleine* ; il trouvoit que la situation des étoiles sembloit l'exiger : d'ailleurs il y a eu des sphères anciennes où l'on avoit peint un dragon. Cependant le nom de *baleine* a universellement prévalu ; les poëtes disent que Neptune, dont l'amour pour Andromède s'étoit tourné en fureur, envoya une *baleine* pour la dévorer : ce monstre fut tué par Persée, & Neptune le plaça dans le ciel. Selon d'autres, Laomédon, roi des troyens, ayant été obligé d'immoler Hésione sa fille, pour appaiser Neptune, elle fut délivrée par Hercule ; & le monstre marin qui étoit l'instrument de la colère de Neptune, fut changé en cette constellation, appellée *baleine*.

Il y a dans cette constellation une étoile changeante fort singulière. *Voyez* Etoile. (*D. L.*)

BALISTIQUE, s. f. Science du mouvement des corps pesans & jettés en l'air suivant une direction quelconque.

On trouvera à *l'article* Projectile les loix de la *Balistique*. La théorie du jet des bombes est une partie considérable de cette science, & c'est principalement cette théorie qu'on y traite. Nous avons là-dessus plusieurs ouvrages, l'*art de jetter les bombes*, de M. Blondel, de l'Académie des Sciences, un des premiers qui aient paru sur cette matière; *le Bombardier françois*, par M. Belidor, *&c.* Mais personne n'a traité cette science d'une manière plus élégante & plus courte que M. de Maupertuis, dans un Mémoire imprimé parmi ceux de l'Académie des Sciences de Paris, de 1732; ce mémoire est intitulé *Balistique arithmétique*, & on peut dire qu'il contient en deux pages plus de choses que plusieurs traités que nous avons sur cette matière. M. de Maupertuis cherche d'abord l'équation analytique de la courbe AMB (*Méch. fig.* 47), que décrit un projectile A jetté suivant une direction quelconque AR; il trouve l'équation de cette courbe entre les deux co-ordonnées AT, x, & TM, y; & il n'a pas de peine à faire voir que cette équation est celle d'une parabole. En faisant $y=0$, dans cette équation, la valeur correspondante de x lui donne la partie AB du jet; pour avoir le cas où la portée AB est la plus grande qu'il est possible, il prend la différence de la valeur de AB, en ne faisant varier que la tangente de l'angle de projection RAB; & il fait ensuite cette différence $=0$, suivant la règle de *maximis & minimis*; ce qui lui donne la valeur de la tangente de l'angle de projection, pour que AB soit la plus grande qu'il est possible, & il trouve que cette tangente doit être égale au rayon, c'est-à-dire, que l'angle BAR doit être de 45 degrés. Pour avoir la hauteur tm du jet, il n'y a qu'à faire la différence de $y=0$, parce que tm est la plus grande de toutes les ordonnées. Pour frapper un point donné n avec une charge donnée de poudre, il substitue dans l'équation de la parabole, à la place de x, la donnée AI, & à la place de y, la donnée In, & il a une équation dans laquelle il n'y a d'inconnue que la tangente de l'angle de projection RAB, qu'il détermine par cette équation, *&c.* & ainsi des autres.

Au reste, la plupart des auteurs qui ont traité juqu'à présent de la *Balistique*, ou ce qui est presque la même chose, *du jet de bombes*, ne l'ont fait que dans la supposition que les corps se meuvent dans un milieu non résistant; supposition qui est assez éloignée du vrai. M. Neuton a démontré dans ses principes, que la courbe décrite par un projectile dans un milieu fort résistant, s'éloigne beaucoup de la parabole; & la résistance de l'air est assez grande pour que la différence de la courbe de projection des graves avec une parabole ne soit pas insensible. M. Robins, de la Société royale de Londres, a donné en anglois de *nouveaux principes d'Artillerie*, où il traite du jet des bombes, & en général du mouvement des projectiles, en ayant égard à la résistance de l'air qu'il détermine en joignant les expériences à la théorie. M. Euler a fait d'excellentes remarques sur cet ouvrage; & le tout a été traduit & publié en françois, cette année 1783, par M. Lombard, Professeur Royal de Mathématiques aux Ecoles d'Artillerie d'Auxonne. (*O*).

B A N

BANDES *de Jupiter*, *en Astronomie*, sont des *bandes* qu'on remarque sur le disque de jupiter, & qui ressemblent à des ceintures. *Voyez* la figure 162 des planches d'Astronomie.

Les *bandes* de jupiter sont plus brillantes que le reste de son disque, & terminées par des lignes parallèles. Elles ne sont pas toujours de la même grandeur, & en même nombre.

Elles ne sont pas non plus toujours à la même distance: il semble qu'elles augmentent & diminuent alternativement. Tantôt elles sont fort éloignées l'une de l'autre; tantôt elles paroissent se rapprocher: mais c'est toujours avec quelque nouveau changement. Elles sont sujettes à s'altérer de même que les taches du soleil: une tache très-considérable que M. Cassini avoit apperçue sur jupiter en 1665, ne s'y conserva que près de deux années. Elle parut pendant tout ce tems immobile au même endroit de la surface. On en détermina pour lors la figure aussi-bien que la situation par rapport aux *bandes*. Elle disparut enfin en 1667, & ne reparut que vers l'an 1672, où l'on continua de l'appercevoir pendant trois années consécutives. Enfin elle s'est montrée & cachée alternativement; de manière qu'en 1708, on comptoit depuis 1665 huit apparitions complettes de cette tache. *Voyez* les anciens mémoires de l'Académie des Sciences, 1692, *Mém.* 1699, 1708, 1714. C'est par ses révolutions, observées un grand nombre de fois, qu'on a découvert le tems de la rotation de jupiter autour de son axe, d'environ $9^h\ 56'$; il faut voir dans les Transactions philosophiques de 1781, les figures des *bandes* observées en différens tems par M. Herschel.

Il est vraisemblable que la terre que nous habitons est dans un état plus tranquille & bien différent de celui de jupiter; puisque l'on observe dans la surface de cette planète des changemens, tels qu'il en arriveroit sur notre globe, si l'Océan, par exemple, changeant de lieu venoit à se répandre indifféremment sur toutes les terres, en sorte qu'il s'y formât de nouvelles mers, de nouvelles îles, & de nouveaux continens. *Inst. astron.* de M. le Monnier; mais Herschel croit que ce sont des nuages. *Trans. Phil.* 1781. Huygens apperçut aussi une espèce de *bande* sur le disque de mars: mais elle n'est pas régulière, & on la voit difficilement.

BANQUE, f. f. c'est ainsi qu'on nomme à certains jeux, comme à celui du commerce, les cartes qui restent après qu'on en a donné à tous les joueurs le nombre qu'exige le jeu. La *banque* s'appelle à d'autres jeux, *talon* ou *fond*. *Voyez* TALON & FOND.

BANQUETTE (*en Hydraulique*) est un sentier construit des deux côtés de la cuvette ou rigole d'un aqueduc pour y pouvoir marcher & examiner si l'eau s'arrête ou se perd en quelqu'endroit : on donne ordinairement 18 pouces de large à ces sortes de *banquettes*. (*O*)

BANQUIER (*terme de Jeu*), c'est celui qui taille au *pharaon*, *à la bassette*, &c. & qui dans ces jeux a toujours de l'avantage : les autres joueurs s'appellent *pontes* *Voyez* PHARAON, BASSETTE, PONTE. (*O*)

BAR

BARBE *d'une comète* (*Astron.*), c'est le nom qu'on donne à ces espèces de rayons qu'envoie une comète, vers la partie du ciel ou son mouvement paroît la porter. *Voyez* COMÈTE.

C'est en quoi la *barbe* de la comète est distinguée de sa queue, qui est formée des rayons poussés vers la partie d'où il semble que son mouvement l'éloigne. En un mot la *barbe* de la comète est une espèce de chevelure lumineuse & rayonnante qui la précède, & la queue est une chevelure lumineuse & rayonnante qui la suit. *Voyez* sur ce sujet les conjectures des philosophes, *au mot* COMÈTE. (*O*)

BAROMÈTRE, s. m. (*Hyd.*), instrument qui sert à mesurer la pesanteur ou l'élasticité de l'atmosphère & ses variations. *Voyez le Dictionnaire de Physique.*

BAROSCOPE, s. m. (*Hydr.*), signifie la même chose que baromètre.

BARRE, s. f. (*Méch.*), pièce de bois ou de fer qu'on emploie pour soulever un corps, ou pour faire tourner une machine. *Voyez* LEVIER.

BARRE (*Hydrol.*) : on appelle ainsi une espèce de banc de sable ou de gravier qui se forme toujours d'une manière plus ou moins sensible à l'embouchure d'une rivière dans la mer, ou même à la jonction de deux rivières.

Il est démontré par la théorie & par l'expérience, que la pente des rivières diminue à mesure qu'elles s'approchent de la mer. Ainsi, aux environs de l'embouchure, le courant devenu horizontal, ou sensiblement tel, s'écoule par tous les endroits qui lui en offrent la facilité ; il s'étend en superficie, & diminue en profondeur. De-là résulte, à la jonction de la rivière avec la mer, la formation d'un atterrissement ou d'une espèce de *barre*, au-dessus de laquelle l'eau a peu de hauteur. Lorsque la mer est sujette au flux & reflux ; dans le tems du flux, l'eau de la mer qui entre dans le lit de la rivière, tend à transporter en amont la terre qui forme la barre ; mais dans le tems du reflux, l'eau de la rivière reprend son cours naturel, ramène la terre, & tend à rétablir les choses dans leur premier état. Au bout d'un certain tems, ces deux courants contraires, en se combattant sans cesse, font prendre au fond de la rivière une forme permanente, & propre à établir une espèce d'équilibre entre les effets réciproques qu'ils produisent. Dans la figure 12, (*pl. Hydrod.*) qui est un profil de la rivière & de la mer, pris suivant la longueur de la rivière, la courbe *D E F* représentante le fond de la rivière *A B E D* & de la mer *C B E F*; le point *E* est le sommet de la *barre*. On peut considérer *B E* comme un pertuis par lequel passent tour-à-tour les deux courans dont nous venons de parler. Il prend la profondeur requise pour modifier leurs forces & pour établir entr'elles la proportion convenable. Il a pour élémens principaux de ses dimensions, la quantité d'eau de la rivière, sa vîtesse & l'élévation de la haute mer.

On croit ordinairement que les *barres* sont formées par les dépôts des matières que l'eau charie avec elle, & qui tombent au fond de la rivière à mesure que son lit s'approche de l'horizontale, & que par conséquent la vîtesse du courant diminue. Mais, quand même les eaux seroient parfaitement pures, il se formeroit toujours à l'embouchure une *barre* plus ou moins sensible. Car, en vertu de la force que l'eau a pour corroder le fond, elle tend à le rendre & le rend en effet à-peu-près horizontal dans le voisinage de l'embouchure. La profondeur de l'eau doit donc, par cette seule raison, devenir alors fort petite. Ensuite l'action du flux & reflux (si la mer y est sujette), la modifie, l'augmente ou la diminue, conformément aux loix de l'équilibre dont nous avons déjà parlé. Les dépôts des matières chariées par l'eau produisent des changemens dans la figure & dans les dimensions de la *barre*; mais ils n'en sont pas la cause primordiale. Elle peut souffrir aussi des variétés par les sables que les vents transportent, & qui, en formant à l'embouchure, des *dunes* ou des atterrissemens, font quelquefois changer de cours à l'eau.

Il y a au-dessus de Bayonne une fameuse *barre* à l'embouchure de la rivière d'adour dans la mer. Pour la détruire ou la diminuer, on a changé plusieurs fois le cours de l'adour en cet endroit. Après avoir construit en divers tems des épis qui n'avoient eu que des effets passagers, on se détermina en 1729, d'après le projet de M. de Touros, directeur des fortifications, à enfermer l'adour depuis un village appellé le *Boucau* jusqu'à la mer, entre deux longues digues de maçonnerie qui furent dès-lors commencées, qui ne sont pas encore achevées, & qui doivent se prolonger à une certaine distance dans la mer. La passe des vaisseaux fut dirigée ouest nord-ouest, suivant la délibération d'un conseil composé d'officiers de la marine & du corps de Génie. Les ouvrages pour la construction des digues ont été souvent interrompus

& repris. On est parvenu à procurer 7 à 8 pieds de hauteur d'eau au-dessus de la *barre* en basse mer.

Comme la mer monte de 11 à 12 pieds, la hauteur de l'eau est d'environ 18 pieds en haute mer. Si cette profondeur étoit bien franche, elle seroit suffisante pour l'entrée d'assez grands vaisseaux; mais à cause de l'agitation des vagues, il faut en rabattre 3 ou 4 pieds; & de plus, comme on ne doit pas attendre le moment précis de la haute mer pour entrer en rivière, il faut encore retrancher environ 2 pieds de la hauteur. Ainsi, pour l'ordinaire, on ne doit guères compter en haute mer qu'environ 12 pieds de profondeur d'eau pour l'entrée des vaisseaux, profondeur qui n'est pas suffisante & qu'on travaille à augmenter. Il est certain que le meilleur moyen d'y parvenir, est de resserrer l'adour entre deux digues, dont la direction & la hauteur aient d'ailleurs, autant qu'il est possible, l'avantage de faciliter l'entrée les vaisseaux & d'empêcher les ensablemens occasionnés par les vents. En diminuant ainsi la largeur de l'adour & en prolongeant les digues un peu avant dans la mer, on augmente la vitesse de la rivière; elle combat avec plus d'avantage le courant contraire de la mer; le fond prend la forme *D H e*, & le sommet de la *barre* est porté en *e*, point auquel répond une profondeur *C e* plus grande que *B E*. Je dis que le sommet de la *barre* est en *e*; car il faut remarquer qu'en la détruisant dans un endroit, on l'a fait renaître, au bout d'un certain tems, en un autre, & que jamais on ne parviendra à l'anéantir totalement. En effet, les mêmes causes qui produisoient la *barre* avant l'existence des digues, doivent évidemment en produire une autre après leur construction. Mais, comme elle sera portée plus avant dans la mer, elle pourra laisser au-dessus d'elle, pendant un long intervalle de tems, la hauteur d'eau dont on a besoin. Il conviendra de diminuer, le plus qu'il est possible, l'espace compris entre les digues, relativement au volume d'eau de la rivière, & sans qu'il en résulte aucune gêne pour la navigation; de ne leur pas faire faire des coudes, car ces coudes sont très-nuisibles au mouvement de l'eau, & ils occasionnent pour l'ordinaire des attérissemens ou des ensablemens dans leurs environs. Il faudroit de plus qu'en descendant vers la mer, la largeur du canal diminuât, afin que dans le tems du reflux, le courant de la rivière resserrée de plus en plus, augmentât de plus en plus de vîtesse & de profondeur, & qu'au contraire dans le tems du flux, la vîtesse de la mer, entre les digues, diminuât de plus en plus par l'élargissement du canal. Je crois que, par tous ces moyens, on se procureroit une navigation commode & sûre au-dessus de la *barre*. Mais une précaution essentielle dans la construction des ouvrages, est de les mener de front, ou d'établir une espèce d'équilibre entre leurs parties correspondantes. Faute d'observer cet équilibre, les ouvrages qu'on fait d'un côté de la rivière jettent l'eau vers le côté opposé, y occasionnent des gorges & des attérissemens. Ces dommages, qu'il faut réparer, augmentent la dépense & mettent dans l'achevement des digues une lenteur très-préjudiciable.

Les mêmes remarques s'appliquent, proportion gardée, à l'embouchure de deux rivières qui sont sujettes à croître & à décroître en des tems différens, comme cela est assez ordinaire. Il se forme à leur embouchure une espèce de flux & reflux qui produit à-peu-près les mêmes effets que celui de la mer.

Le mot de *barre* se prend encore quelquefois pour signifier cette espèce de remons auquel les rivières qui se jettent dans la mer sont sujettes pendant que la mer monte. Tel est, par exemple, le remons qui se fait sur la seine, pendant la durée du flux, depuis l'embouchure de cette rivière à Honfleur, jusques au pont de l'arche à plusieurs lieues au-dessus de Rouen. On voit l'eau de la mer remonter avec rapidité & glisser sur celles de la seine, à-peu-près comme elle feroit sur un terrein uni, sur-tout dans le voisinage de l'embouchure & dans les endroits où le lit de la rivière est resserré. On observe la même chose, proportion gardée, à l'embouchure de deux rivières qui se jettent l'une dans l'autre; quand l'une de ces rivières croît sans que l'autre croisse en même tems ou en même proportion. (*L. B.*)

Barres, (*jeu*) est le nom que les jeunes gens donnent à un jeu qui consiste à se séparer en deux troupes, à venir se provoquer réciproquement, à courir les uns contre les autres entre des limites marquées; en sorte que si quelqu'un de l'un ou de l'autre parti est pris par ses adversaires, il demeure prisonnier jusqu'à ce que quelqu'un de son parti le délivre en l'emmenant malgré les poursuites du parti contraire. (*G*)

BARRILLET, s. m. (*Hydraulique*) est un corps de bois arrondi en-dedans & en-dehors, avec un clapet posé sur le dessus. Ce corps loge dans une pompe à bras qui n'a point de corps de pompe, & sert de fond au jeu de piston, qui fait lever le clapet du *barillet*, & ensuite le fait refermer; & au moyen de la filasse dont il est garni, l'eau ne peut retomber dans le puits quand la soupape est fermée.

On appelle encore quelquefois *barillet*, le piston d'une pompe à bras qui n'a point de corps de pompe, mais qui joue dans un tuyau de plomb, & qui tire l'eau par aspiration d'un puits ou d'une citerne.

Ces sortes de *barillets* sont attachés à une anse de fer, suspendue à une verge aussi de fer; & ils ont sur le dessus un clapet qui s'ouvre & se ferme à chaque coup de piston. *Voyez* Pompe, Piston, Clapet.

BAS DU CIEL, on donne quelquefois ce nom à la partie inférieure du méridien.

BASCULE, s. f. (*Mécanique.*) est une pièce de bois qui monte, descend, se hausse & se baisse par le moyen d'un essieu qui la traverse dans sa longueur pour être plus ou moins en équilibre. Ce peut être encore le contre-poids d'un pont levis ou d'un moulin à vent, pour en abattre le frein : elle a son axe ou œil par où passe un boulon qui la soutient sur un bâti de charpente. En général, *bascule* est proprement un levier de la première espèce, où le point d'appui se trouve entre la puissance & la résistance. (*K*)

BASE. La *base* d'une figure, *en Géométrie*, est proprement, & en général, la plus basse partie de son circuit. *Voyez* FIGURE.

La *base*, dans ce sens, est opposée au *sommet*, comme à la partie la plus élevée.

On appelle *base* d'un triangle un côté quelconque de cette figure, quoiqu'à proprement parler, le mot *base* convienne au côté le plus bas, sur lequel le triangle est comme appuyé : ainsi, la ligne *A B* est la *base* du triangle *A B C* (*planch. Geom. fig. 21*), quoiqu'en d'autres occasions les lignes *A C* ou *B C* en puissent être la *base*. Dans un triangle rectangle, la *base* est ordinairement le côté opposé à l'angle droit, c'est-à-dire, l'*hypothénuse*. *Voy.* HYPOTHÉNUSE. La *base* d'un triangle isoscèle est de même le côté inégal aux deux autres. La *base* d'un solide est la surface inférieure, ou celle sur laquelle toute la figure est appuyée, ou peut être censée appuyée. *Voy.* SOLIDE.

La *base* d'une section conique est une ligne droite qui se forme dans l'hyperbole & la parabole par la commune section du plan coupant & de la *base* du cone. *Voy.* CONE & CONIQUE.

BASE, (*Astronomie,*) est une distance de deux ou trois lieues que l'on mesure avec la plus grande exactitude entre deux clochers, ou autres termes fixe pour établir les triangles qui servent à mesurer l'étendue d'un degré, & par conséquent la grandeur de la terre. La plus célèbre *base* astronomique est celle de 5717 toises, mesurée entre les centres des deux pyramides de Ville-Juive & de Juvisy, sur le chemin de Paris à Fontainebleau. Cette *base* a été mesurée plusieurs fois, comme on le voit dans le *livre* de la *Méridienne vérifiée*, & dans les *Mémoires de l'académie royale des sciences de Paris 1754, pag. 181.* On a mesuré des *bases* semblables dans tous les pays où l'on a voulu avoir la longueur d'un degré. *Voyez* DEGRÉ & FIGURE DE LA TERRE. (*D. L.*)

Les astronomes mesurent aussi des *bases* pour avoir la valeur des parties de leurs micromètres. (*D. L.*)

BASILISCUS, (*Astronomie.*) en grec βασιλισκος, nom de la belle étoile qui est au cœur du lion, appellée aussi *regulus*, *stella regia*, en arabe *kalbeleced.* (*D. L.*)

BASSETTE, s. f. sorte de jeu de carte qui a été autrefois fort à la mode en France; mais il a été défendu depuis, & il n'est plus en usage aujourd'hui. En voici les principales règles.

A ce jeu, comme à celui du *pharaon* (*voyez* PHARAON), le banquier tient un jeu entier composé de 52 cartes. Il les mêle, & chacun des autres joueurs qu'on nomme *pontes*, met une certaine somme sur une carte prise à volonté. Le banquier retourne ensuite le jeu, mettant le dessus dessous; en sorte qu'il voit la carte de dessous : ensuite il tire toutes ces cartes deux à deux jusqu'à la fin du jeu.

Dans chaque couple ou taille de cartes, la première est pour le banquier, la seconde pour le ponte; c'est-à-dire, que si le ponte a mis, par exemple, sur un roi, & que la première carte d'une paire soit un roi, le banquier gagne tout ce que le ponte a mis d'argent sur son roi : mais si le roi vient à la seconde carte, le ponte gagne, & le banquier est obligé de donner au ponte autant d'argent que le ponte en a mis sur sa carte.

La première carte, celle que le banquier voit en retournant le jeu, est pour le banquier, comme on vient de le dire : mais il ne prend pas alors tout l'argent du ponte, il n'en prend que les $\frac{2}{3}$; cela s'appelle *facer.*

La dernière carte, qui devroit être pour le ponte, est nulle.

Quand le ponte veut prendre une carte dans le cours du jeu, il faut que le banquier baisse le jeu, en sorte qu'on voie la première carte à découvert: alors si le ponte prend une carte (qui doit être différente de cette première), la première carte que tirera le banquier sera nulle pour ce ponte; si elle vient la seconde, elle sera facée pour le banquier; si elle vient dans la suite, elle sera en pur gain ou en pure perte pour le banquier, selon qu'elle sera la première ou la seconde d'une taille.

M. Sauveur a donné dans le *Journal des Savans 1679*, six tables, par lesquelles on peut voir l'avantage du banquier à ce jeu. M. Jacques Bernoulli a donné dans son *Ars conjectandi* l'analyse de ces tables, qu'il prouve n'être pas entièrement exactes. M. de Montmort, dans son *Essai d'analyse sur les jeux de hasard*, a aussi calculé l'avantage du banquier à ce jeu. On peut donc s'instruire à fond sur cette matière dans les ouvrages que nous venons de citer : mais, pour donner là-dessus quelque teinture à nos lecteurs, nous allons calculer l'avantage du banquier dans un cas fort simple.

Supposons que le banquier ait six cartes dans les mains, & que le ponte en prenne une qui soit une fois dans ces six cartes, c'est-à-dire, dans les cinq cartes couvertes : on demande quel eſt l'avantage du banquier.

Il eſt viſible (*voyez* ALTERNATION & COMBINAISON) que les cinq cartes étant déſignées par *a*, *b*, *c*, *d*, *e*, peuvent être combinées en 120 façons différentes, c'eſt-à-dire, en 5 fois 24 façons. Imaginons donc que ces 120 arrangemens ſoient rangés ſur cinq colonnes de 24 chacune, de manière que dans la première de ces colonnes *a* ſe trouve à la première place, que dans la ſeconde ce ſoit *b* qui occupe la première place, *c* dans la troiſième, &c.

Suppoſons que *a* ſoit la carte du ponte, la colonne où la lettre *a* occupe la première place, eſt nulle pour le banquier & pour les pontes.

Dans chacune des quatre autres colonnes, la lettre *a* ſe trouve ſix fois à la ſeconde place, ſix fois à la troiſième, ſix fois à la quatrième, & ſix fois à la cinquième, c'eſt-à-dire, qu'en ſuppoſant *A* la miſe du ponte, il y a 24 arrangemens qui font gagner $\frac{2A}{3}$ au banquier, 24 qui le font perdre, c'eſt-à-dire, qui lui donnent $-A$, 24 qui le font gagner, c'eſt-à-dire, qui lui donnent *A*, & 24 enfin qui ſont nuls. Cela s'enſuit des règles du jeu expliquées plus haut.

Or, pour avoir l'avantage d'un joueur dans un jeu quelconque, il faut, 1.° prendre toutes les combinaiſons qui peuvent le faire gagner ou perdre, ou qui ſont nulles, & dont le nombre eſt ici 120. 2.° Il faut multiplier ce qu'il doit gagner (en regardant les pertes comme des gains négatifs) par le nombre des cas qui le lui feront gagner ; ajouter enſemble ces produits, & diviſer le tout par le nombre total des combinaiſons. *Voy.* JEU, PARI. Donc l'avantage du banquier eſt ici,

$$\frac{24 \times \frac{2}{3}A + 24 \times -A + 24 \times A}{120} = \frac{2}{15}A;$$

c'eſt-à-dire que, ſi le ponte a mis, par exemple, un écu ſur ſa carte, l'avantage du banquier eſt de $\frac{2}{15}$ d'écu ou de huit ſols.

M. de Montmort calcule un peu différemment l'avantage du banquier ; mais ſon calcul, quoique plus long que le précédent, revient au même dans le fond. Il remarque que la miſe du banquier étant égale à celle du ponte, l'argent total qui eſt ſur le jeu avant que le ſort en ait décidé, eſt $2A$: dans les cas nuls, le banquier ne fait que retirer ſon enjeu & le ponte le ſien ; ainſi le banquier gagne *A* : dans le cas où il perd, ſon gain eſt *o* ; dans les cas facés, il retire $A + \frac{2}{3}A$: dans les cas qui ſont pur gain, il retire $2A$; ainſi, le ſort total du banquier, ou ce qu'il peut eſpérer de retirer de la ſomme $2A$, eſt

$$\frac{24 \times A + 24 \times \frac{5}{3}A + 24 \times 0A + 24 \times 2A + 24 \times A}{120}$$

$= A + \frac{2}{15}A$; & comme il a mis au jeu *A*, il s'enſuit que $\frac{2}{15}A$ eſt ce qu'il peut eſpérer de gagner, ou ſon avantage.

M. de Montmort examine enſuite l'avantage du banquier lorſque la carte du ponte ſe trouve deux, ou trois, ou quatre fois, &c. dans les cartes qu'il tient ; mais c'eſt un détail qu'il faut voir dans ſon livre même. Cette matière eſt auſſi traitée avec beaucoup d'exactitude dans l'ouvrage de M. Bernoulli que nous avons cité.

A ce jeu, dit M. de Montmort, comme à celui du pharaon, le plus grand avantage du banquier eſt quand le ponte prend une carte qui n'a point paſſé, & ſon moindre avantage quand le ponte en prend une qui a paſſé deux fois. *Voy.* PHARAON. Son avantage eſt auſſi plus grand lorſque la carte du ponte a paſſé trois fois, que lorſqu'elle a paſſé ſeulement une fois.

M. de Montmort trouve encore que l'avantage du banquier, à ce jeu, eſt moindre qu'au *pharaon* ; il ajoute que ſi les cartes facées ne payoient que la moitié de la miſe du ponte, alors l'avantage du banquier ſeroit fort peu conſidérable ; & il dit avoir trouvé que le banquier auroit du déſavantage, ſi les cartes facées ne payoient que le tiers. (*O*)

BASSIN, ſ. m. (*Hydraul.*) On appelle ainſi en général un vaſe deſtiné à recevoir de l'eau ou une liqueur quelconque ; mais on déſigne plus particulièrement par ce mot affecté au même uſage, une caiſſe de pierre, de bois, de plomb, de tôle, ou un eſpace creuſé dans la terre & revêtu de maçonnerie ou de gazon.

Les *baſſins* des fontaines ſont ordinairement formés en pierre ou en marbre, enrichis de ſculptures, & placés à une certaine hauteur au-deſſus du ſol d'un édifice ou d'une place publique.

Baſſin de décharge ſe dit d'une pièce d'eau où ſe rendent les eaux des fontaines d'un jardin ou d'un édifice.

Baſſin ou *point de partage*, *baſſin de diſtribution*, ſe dit d'un baſſin placé, dans un canal artificiel, à l'endroit le plus élevé : c'eſt-là que ſe rendent les eaux qui doivent alimenter le canal. Ainſi, par exemple, dans le canal de Languedoc, le *baſſin* ou le point de partage eſt placé entre Toulouſe & Béziers, & diſtant de ... lieues de la première de ces villes, & de ... lieues de la ſeconde.

Voyez, pour la conſtruction & pour une plus grande nomenclature, le *Dictionnaire d'Architecture.*

BASSIN (*Optique*). Les miroitiers-lunettiers ſe ſervent de divers *baſſins* de cuivre, de fer ou de métal compoſé, les uns grands, les autres plus petits, ceux-ci plus profonds, ceux-là moins, ſuivant le foyer des verres qu'ils veulent travailler.

C'eſt dans ces *baſſins* que ſe font les verres convexes. Les ſphères, qu'on nomme autrement des *boules*, ſervent pour les verres concaves ; &

le rondeau, pour les verres dont la superficie doit être plane & unie.

On travaille les verres au *bassin* de deux manières : pour l'une l'on attache le *bassin* à l'arbre d'un tour, & l'on y use la piece qui tient avec du ciment à une molette de bois, en la présentant & la tenant ferme de la main droite dans la cavité du *bassin*, tandis qu'on lui donne avec le pied un mouvement convenable; pour l'autre, on affermit le *bassin* sur un billot ou sur un établi, n'y ayant que la molette garnie de son verre qui soit mobile. Les *bassins* pour le tour sont petits, & ne passent guères six à sept pouces de diamètre: les autres sont très-grands, & ont plus de deux pieds de diamètre.

Pour dégrossir les verres qu'on travaille au *bassin*, on se sert des grés de gros émeri; on les adoucit avec les mêmes matières, mais plus fines & tamisées : le tripoli & la potée servent à les polir : enfin on en achève le poliment au papier, c'est-à-dire, sur un papier qu'on colle au fond du *bassin*. Quelques-uns appellent ces *bassins* des *moules*, mais improprement.

La matière la plus convenable pour faire ces *bassins*, est le fer & le laiton, l'un & l'autre le plus doux qu'on puisse trouver; car comme ils doivent être formés sur le tour, la matière en doit être traitable & douce, mais pourtant assez ferme pour bien retenir sa forme dans le travail des verres. Ces deux sortes de matières sont excellentes & préférables à toutes les autres; le fer néanmoins est sujet à la rouille, & le laiton ou cuivre jaune à se piquer & verdir par les liqueurs âcres & salées : c'est pourquoi ces deux matières demandent que les instrumens qui en sont faits soient proprement tenus, bien nettoyés & essuyés après qu'on s'en est servi. L'étain pur & sans alliage est moins propre pour le premier travail de verre qui est le plus rude, à cause que sa forme s'altère aisément : on peut cependant l'employer utilement après l'avoir allié avec la moitié d'étain de glace. Le métal allié, qu'on ne peut former au tour à cause de sa trop grande dureté, comme celui des cloches qui est composé d'étain & de cuivre, ne vaut rien pour les formes dont nous parlons.

On peut préparer ces deux matières à recevoir la forme de deux manières, suivant qu'elles sont malléables ou fusibles : elles demandent toutes deux des modèles sur lesquels elles puissent être formées, au moins grossièrement d'abord, pour qu'on puisse ensuite les perfectionner au tour. La matière malléable demande pour modèle des arcs de cercle, faits de matière solide sur les diamètres des sphères desquelles on les veut former. Celle qui est fusible demande des modèles entiers de matières aisées à former au tour, comme de bois, d'étain, &c. pour en tirer des moules dans lesquels on puisse la jetter, pour lui donner la forme la plus approchante de celle qu'on desire; car il est ensuite fort aisé de la rendre régulière & de la perfectionner au tour.

Quoiqu'on puisse forger les formes de laiton ou cuivre jaune à froid au marteau, je conseille cependant de les mouler en fonte, & de leur donner même une épaisseur convenable à la grandeur de la sphère dont on veut les former, aussi bien qu'à la largeur de la superficie qu'on veut leur donner : premièrement, à cause qu'étant forgées & écrouées à froid, elles feroient aisément ressort sur leur largeur, & qu'elles altéreroient par ce moyen leur forme dans l'agitation du travail; en second lieu, pour empêcher, par cette épaisseur convenable, que ce métal, s'échauffant sur le tour, ne se roidisse contre l'outil, comme il fait pour l'ordinaire, se rejettant dehors avec violence jusqu'à s'applanir, ou même devenir convexe de concave qu'il étoit, s'il n'a pas une épaisseur suffisante pour résister à son effort.

Pour faire les modèles qui doivent servir à faire les moules de ces platines, on ne sauroit employer de meilleure matière que l'étain, à cause qu'on peut le fondre avec peu de feu, & le tourner nettement sans altérer sa forme. Le bois néanmoins qui est plein, comme le poirier ou le chêne, qui est gras & moins liant, étant bien sec, y peut servir assez commodément : pour l'empêcher même de s'envoler, & de se déjetter à l'humidité de la terre ou du sable qui servent à les mouler, aussi-bien que dans les changemens de tems, il convient de l'enduire & imbiber d'huile de noix, de lin, ou d'olive au défaut de ces deux premières, laissant doucement sécher ces modèles d'eux-mêmes dans un lieu tempéré & hors du grand air.

La meilleure manière de mouler ces modèles est celle où l'on emploie le sable. Tout cuivre n'est pas propre pour faire ces formes; on doit choisir celui qui est jaune & qu'on nomme *laiton doux*. On peut aussi se servir d'étain pur d'Angleterre, ou de celui d'Allemagne, allié avec moitié d'étain de glace. Le fer doux est aussi fort propre pour faire les *bassins* à travailler les verres.

M. Gouffier a trouvé une méthode de donner aux *bassins* & aux moules dans lesquels il fond les miroirs de télescope, telle courbure qu'il peut souhaiter, soit parobolique, elliptique, hyperbolique, ou autre dont l'équation est donnée. Cette méthode sera expliquée dans un ouvrage particulier qu'il doit donner au public, sur l'art de faire de grands télescopes de réflexion, d'en mouler les miroirs, de manière qu'ils sortent du moule presque tout achevés. *Voyez* LUNETTES.

BASSINET, s. m. *en Hydraulique*, est un petit retranchement cintré que l'on ménage sur les bords intérieurs d'une cuvette, pour y faire entrer la quantité d'eau distribuée aux particuliers par une ou plusieurs auges de différens diamètres; ce qui s'appelle *jauger*.

On appelle

On appelle encore de ce nom un *baſſin* trop petit pour le lieu. (*K*)

BASSINS, nom des deux principales étoiles de la balance, *baſſin* auſtral & *baſſin* boréal.

BAT

BATADEUR, ſ. m. *au jeu de Revertier*, ſont les dames qui font ſurcaſe ſur la même flèche où il y en a déjà d'accouplées. Elles ſont nommées *batadeur*, parce qu'elles ſervent à battre les dames découvertes, ſans qu'on ſoit obligé à ſe découvrir ſoi-même.

BATARDEAU, ſ. m. *terme de rivière & de mer:* c'eſt une eſpèce de digue faite d'un double rang de pieux joints par des planches, & dont l'intervalle eſt rempli de terre; on s'en ſert pour détourner l'eau d'une rivière.

On donne auſſi le nom de *batardeau* à une eſpèce d'échafaud fait de quelques planches qu'on élève ſur le bord d'un vaiſſeau pour empêcher l'eau d'entrer ſur le pont, lorſqu'on couche le vaiſſeau ſur le côté pour le radouber. (*Z*)

BATEN-KAITOS, nom de l'étoile ζ de la baleine, la plus ſeptentrionale des trois étoiles qui ſont ſur le milieu du corps.

BATON DE JACOB. On donne quelquefois ce nom aux trois étoiles du baudrier d'Orion, qui ſont en ligne droite, *fig. 3 des planches d'Aſtronomie.*

BATON d'arpenteur. *Voyez* EQUERRE d'arpenteur, inſtrument dont on ſe ſert en mer pour meſurer la hauteur des aſtres: on l'appelle autrement *arbalête*, *arbaleſtrille. Voyez* ARBALÊTE.

BATONNET, *jeu d'enfant :* il ſe joue avec deux bâtons; l'un long, aſſez gros, rond, & long d'une aulne ou environ; l'autre plus petit, rond, aiguiſé par les deux bouts, & long de quatre à cinq pouces. On tient à la main le gros bâton; on frappe ſur une des extrémités pointues du petit qu'on appelle *bâtonnet;* le bâton s'élève en l'air; & l'adreſſe du jeu conſiſte à le frapper tandis qu'il eſt en l'air, & à l'envoyer bien loin. Si on ne l'atteint pas, ou ſi on ne l'envoie pas, en l'atteignant, à une certaine diſtance, on cède le *bâtonnet* à ſon adverſaire, & l'on ſe ſuccède ainſi alternativement.

BATTRE *une dame au jeu du revertier:* c'eſt mettre une dame ſur la même fleche où étoit placée celle de ſon adverſaire. Quand toutes les dames ſont *battues* hors du jeu, on ne peut plus jouer, à moins qu'on ne les ait toutes rentrées.

* BATTRE *au trictrac :* c'eſt en comptant de la droite à la gauche les points amenés par les dés, tomber de la flèche la plus voiſine d'une ſes dames, ſur une flèche de ſon adverſaire où il n'y ait qu'une dame; cette dame découverte eſt *battue*, ſi le dernier point d'un des dés ou de tous les deux tombe ſur elle.

On peut *battre* de trois façons; d'un dé, de l'autre, & des deux enſemble.

On *bat* par doublets, lorſqu'on a amené le même point des deux dés, comme deux quatre, deux cinq, *&c.*

On *bat* à faux, lorſqu'en comptant les points amenés par les deux dés, le dernier point de l'un & de l'autre des dés tombe ſur une flèche de l'adverſaire couverte de deux dames.

On gagne ſur une dame *battue* ſimplement & d'une façon, dans le grand jan, deux points; de deux façons, quatre; de trois façons, ſix.

On gagne ſur une dame *battue* par doublets dans le grand jan, quatre points; ſix dans le petit jan.

Quand on *bat* à faux, on perd ce qu'on eût gagné en *battant* bien.

On *bat* le coin comme une dame, quand on a le ſien & que l'adverſaire ne l'a pas.

On *bat* les deux coins quand on n'a que deux dames abattues, & que les points amenés par l'un & l'autre dés, tombent tous les deux ſur le coin.

On gagne quatre points quand on *bat* le coin ou les deux coins ſimplement; ſix quand on les *bat* par doublets.

On en perd autant ſi on *bat* le coin à faux; ce qui arrive quand on n'a que deux dames abattues, & que l'adverſaire a ſon coin.

Il y a encore d'autres manières de *battre. Voyez* TRICTRAC, DAME, FLECHE, *&c.*

BEL

BELIER, (*Aſtron*). nom d'une conſtellation qui a donné ſon nom à l'un des douze ſignes du zodiaque. Le *bélier* étoit du tems d'Homere & d'Héſiode la première conſtellation du zodiaque, & le premier des douze ſignes s'appelle encore le *bélier*. Il eſt appellé *princeps zodiaci*, *dux orgis*, *vervex*, *vernus portitor*, *ovis aurea*, *chryſomallus*, c'eſt-à-dire, toiſon d'or, jupiter Ammon, *jovis ſidus*, *minervæ ſidus*, Κριὸς ou *aries*, &c. *Voyez* CÆSIUS, *Cœlum aſtronomico poeticum*, pag. 21. Suivant la plupart des auteurs, le bélier céleſte eſt celui dont la toiſon occaſionna le voyage des argonautes. Suivant M. Dupuis, c'eſt ſur ce bélier, dont le lever héliaque annonçoit autrefois le primtems, lorſque l'équinoxe étoit au taureau que fut faite la fable aſtronomique de la conquête de la toiſon d'or. Le ſerpentaire, appellé en Aſtronomie jaſon, fixoit par ſon lever, les premières étoiles du vaiſſeau par leur coucher du ſoir, l'arrivée du ſoleil dans le taureau; le lendemain le *bélier* céleſte dégagé des rayons ſolaires annonçoit le jour & le paſſage du ſoleil vers nos régions. C'eſt ſur ce fondement que fut établie la fable de Jaſon ſubjuguant un taureau qui vomiſſoit des flammes, & emportant la toiſon précieuſe d'un *bélier*, gardée par un dragon. Ce dragon eſt la baleine céleste, appellée souvent *draco*, & peinte sous la figure d'un monstre qui est placé sous le *bélier*; elle étoit alors absorbée en partie dans les feux solaires, le jour de l'équinoxe; c'est peut-être aussi le dragon des hespérides, dont le mauvais principe empruntoit la forme pendant l'hiver & qui étoit tué par le bon principe au printems. Il y en a qui prétendent que c'étoit le nom ou le pavillon du vaisseau sur lequel Phrixus & sa sœur Hellé prirent la fuite, pour éviter d'être sacrifiés par leur père Athamas. Sous le nom du *bélier*, il y en a qui ont entendu aussi le gouverneur de Phrixus, fils d'Athamas, qui fut si célèbre par sa science, que les habitans de la Colchide ne pouvoient se résoudre à le perdre, & que les grecs allèrent en force le délivrer de cet exil. D'autres, comme Suidas, ont entendu sous le nom de toison d'or, un livre en parchemin qui enseignoit le secret de la pierre philosophale, ou l'art de faire de l'or. Suivant Plutarque, une mine d'or; suivant Justin, les paillettes d'or qu'on retiroit des fleuves avec des peaux de brebis, ou les trésors que Phrixus avoit emportés dans la Colchide. *Voyez* DIODORE, *liv. IV*, & XENOPHON, *liv. VI*. Le combat d'Hercule contre les Amazones est l'entrée du soleil dans le *bélier*. *Voyez* ASTRONOMIE, *t. IV*, *p.* 490.

Il est parlé de la constellation du *bélier* dans Ovide, sous le nom de la brebis d'Hellé, au septième des calendes de mai ou au 25 avril.

Et frustra pecudem quæres athamantidos helles
Signaque dant imbres, exoriturque canis.

Fast. IV. 903.

Le *bélier* étoit consacré en Egypte à Jupiter Ammon, qui présidoit à l'équinoxe du printems. Jablonski *Pantheon ægyptiorum*, I. 163. M. Dupuis trouve qu'il étoit l'emblême des pâturages où l'on conduisoit les troupeaux à la fin du débordement (*Astron. IV*, 367).

Le caractère qui exprime ce signe est ♈.

Cette constellation contient 66 étoiles dans le catalogue britannique.

Le soleil entre dans le signe du *bélier* vers le 20 mars, mais le signe du *bélier* est différent de la constellation du *bélier*. (*D. L.*)

BELLATRIX, nom de la belle étoile à l'épaule occidentale d'Orion.

BELLEROPHON, nom de la constellation de pégase.

BENETHNASH, nom de la dernière étoile de la queue de la grande ourse.

BERENICE. *Voyez* CHEVELURE DE BERENICE.

BÊT

BÊTE, *jeu de la bête ou de l'homme*, (*Jeu*). Il se joue à trois, quatre, cinq, six & même sept; mais, dans ce dernier cas, il faut que le jeu soit composé de trente-six cartes, & que la tourne soit la dernière du jeu de celui qui mêle : mais le mieux c'est de la jouer à cinq & à trois. Le jeu de cartes, quand on n'est que cinq, ne doit contenir que trente-deux cartes : & à quatre & à trois on ôte les sept. Le roi est la principale carte du jeu de la *bête*; la dame le suit & emporte le valet, qui leve l'as, celui-ci le dix, & ainsi des autres. Celui à qui il échoit de mêler les cartes, les fait couper à l'ordinaire au premier de sa gauche, & en distribue cinq à chaque joueur, en tel nombre à-la-fois qu'il lui plaît. Il y a de l'avantage à jouer en premier. Quand les cartes sont ainsi données, l'on tourne la première du talon que l'on y laisse retournée, parce qu'elle est la triomphe pendant tout le coup.

En commençant, chaque joueur met devant soi une fiche & deux jettons, l'un pour le jeu, & l'autre pour le roi de triomphe, quoique celui qui l'a ne joue pas; suffisant pour cela que le coup se joue; & celui qui mêle y en ajoute un troisième, qui le fait reconnoître pour avoir mêlé les cartes. Celui qui gagne tire les jettons & une fiche, & ainsi des autres à tous les coups, jusqu'à ce que toutes les fiches soient gagnées; après quoi chacun en remet un autre, & l'on recommence comme auparavant. Celui qui fait jouer, & a toutes les mains, gagne tous les jettons, tout ce qui est sur jeu, fût-ce des *bêtes* qui n'y auroient pas été mises pour le coup, & même les fiches; & outre cela chaque joueur est encore obligé de lui payer un jetton : s'il ne fait pas toutes les mains, il n'a pour l'avoir entrepris, que la peine & le chagrin de ne les avoir pas faites. Mais lorsque celui qui fait jouer ne leve pas trois mains, ou les deux premières, lorsqu'elles sont partagées entre les joueurs, il fait la *bête*, c'est-à-dire, qu'il met autant de jettons qu'il en auroit tiré s'il eût gagné. Ainsi, si le coup étoit simple, c'est-à-dire qu'il n'y eût pas sur le jeu des *bêtes* faites précédemment, & si l'on étoit cinq, celui qui feroit la *bête* ne la feroit que de 11 jettons, parce que la fiche & le jetton que chacun met devant soi en fait dix, & celui qui mêle met le onzième. Cependant il peut avoir été réglé entre les joueurs de mettre moins devant soi; alors la *bête* seroit proportionnée au nombre de jettons fixé.

L'on voit que, dans les onze jettons dont nous venons de parler plus haut, nous ne comprenons pas celui qui est destiné pour le roi de triomphe, qu'il laisseroit cependant, si faisant jouer il perdoit le coup : mais quand le roi le tire, chaque joueur en met de nouveaux pour le coup suivant. Toute *bête* simple doit aller sur le coup où elle a été faite; & s'il y en avoit plusieurs simples faite d'un même coup, elles iroient toutes ensemble. Mais les *bêtes* doubles doivent aller les unes après les autres dans les coups suivans, & toujours les plus grosses les premières.

Lorsqu'il y a une *bête* sur le jeu, les autres joueurs ne mettent point de jettons, excepté celui qui mêle, qui donne le sien à l'ordinaire. Celui qui gagne lorsqu'il y a une *bête* double au jeu, leve outre la *bête* une fiche, & tous les jettons qui sont au jeu; & fait la *bête* proportionnellement au gain, lorsqu'il perd. Quand nous avons dit que pour gagner il falloit au moins faire les deux premières mains, c'est bien entendu qu'aucun des joueurs n'en fait trois; puisqu'alors on perd comme si on les eût faites le dernier.

Il arrive assez souvent dans ce jeu que deux joueurs se disputent le gain du coup, parce que celui qui a fait jouer d'abord, n'empêche point de jouer aussi quiconque se trouve un assez beau jeu pour l'emporter sur lui & sur tous les joueurs qui se liguent contre lui en faveur du premier joueur; parce que le second risque de perdre le double de ce qui est au jeu: ce qui fait voir qu'on ne dit point *contre*, sans un très-beau jeu. On n'est plus reçu à le dire, quand une fois la première carte est jettée. Toute l'habileté des joueurs consiste à forcer celui qui fait jouer à surcouper, ou à se défaire de leurs bonnes cartes à propos, pour donner plus de force à ceux qui sont en état de le faire perdre; ce qui cependant n'est de loi que dans le cas où il n'y a point de vole à craindre. On doit au contraire garder tout ce qui peut l'empêcher, lorsqu'on en est menacé. On doit encore fournir de la couleur jouée; couper si l'on n'en a point; & si quelqu'autre avoit déjà coupé, il faudroit le faire d'une triomphe plus haute que la première, si l'on pouvoit.

Lorsque tous les joueurs ont vu leur jeu & passé, chacun peut aller en *curieuse*, en mettant un jetton au jeu. *V.* CURIEUSE. La curieuse est également avantageuse pour tous les joueurs, & n'est pas un moindre agrément du jeu de *bête*: mais on doit se contenter d'en avoir une. Nous avons déjà dit, que celui qui avoit le roi de triomphe retiroit les jettons qui lui sont destinés; celui qui retourne ce roi a le même privilège, pourvu toutefois, en l'un & l'autre cas, que le jeu se joue: celui qui fait la dévole, double tout ce qui est au jeu; fait autant de *bêtes* qu'il auroit pu en gagner, & donne un jetton à chaque joueur.

Pour faire jouer au jeu, il faut avoir en main un jeu dont on puisse faire trois mains, ou deux tout au moins, que l'on doit se hâter de faire le premier pour gagner. L'expérience apprendra bientôt quels sont les jeux qu'on peut jouer.

Celui qui renonce fait la *bête*; celui qui donne mal en est quitte pour un jetton à chacun, & refait: lorsque le jeu de cartes est faux, le coup où il est trouvé tel est nul; mais les précédens sont bons.

BÊTE, (*au jeu de*) La *bête* désigne la perte que fait un joueur qui ne fait pas trois mains ou les deux premières, quand un autre joueur en fait trois.

BÊTE *simple*; c'est une *bête* faite en premier lieu, simplement sur l'enjeu de chaque joueur.

BÊTE *double*; se dit d'une *bête* faite sur une autre *bête*, non-seulement de l'enjeu de chaque joueur, mais encore de la *bête* qui étoit au jeu, & qu'on se proposoit de tirer.

BÊTE *de renonce*; c'est le double paiement qu'on est obligé de faire de tout ce qui s'enlève du jeu dans un coup ordinaire, pour n'avoir pas fourni de la couleur qu'on demandoit.

BETEIGEUSE *ou* BETELGEUSE, nom de la belle étoile à l'épaule orientale d'orion.

BEVAU *ou* BIVEAU *ou* BEUVEAU, s. m. (*Géom.*) On appelle ainsi du mot latin *bivium*, (chemin fourchu) l'angle que forment entr'elles deux faces contigues d'un corps, ou l'instrument destiné à prendre cet angle. *Voyez* SAUTERELLE.

On rencontre souvent dans la pratique de la coupe des pierres, des angles solides formés par trois plans qui se coupent; & on a besoin de savoir déterminer l'angle que deux quelconques de ces plans font ensemble. Cela s'appelle en termes d'ouvrier, *trouver le beuveau de deux panneaux*. (*Voyez* PANNEAU). La question réduite à la Géométrie se résout de la manière suivante.

Soient les trois plans ASB, ASC, $ESDD$ (*fig. 35*), étendus d'abord sur un même plan, qui est celui de la planche, & qu'on peut regarder comme horizontal pour fixer les idées. Je suppose que le plan ASB demeurant immobile, les deux autres se relèvent & tournent, l'un ASC autour de AS comme charnière; l'autre $ESBD$ autour de SB comme charnière, jusqu'à ce que les deux lignes SC, SE, supposées égales, viennent se confondre & former une seule & même arête. Il naîtra de ce double mouvement un angle solide autour du point S; & la question, est par exemple, de déterminer l'angle que les deux plans ASB, ASC feront alors ensemble.

Cet angle est le même que l'angle rectiligne formé par deux perpendiculaires, tirées dans les deux plans, à un même point de leur section commune. (*Voyez* PLAN). Pour parvenir à trouver celui-ci, du point C, je mène CO perpendiculaire à la section commune AS, prolongée, des deux plans ASB, ASC; & du point E, je mène EG, perpendiculaire à BS. Cela posé, j'observe que pendant la rotation simultanée des deux plans ASC, $ESBD$, autour des lignes SA, SB, les droites CO, EG, demeurent toujours perpendiculaires aux lignes ASO, BSG; & que lorsque les points C & E viendroient à se confondre, ils seront placés à l'extrémité supérieure d'une ligne verticale dont l'extrémité inférieure est représentée par le point H, intersection des droites CO, EG, sur le plan horizontal. De plus, j'observe que l'extrémité supérieure de la même verticale est distante du point O, de la quantité CO, puisque le point C décrit un arc de cercle, dont OC est le rayon. Donc, si l'on mène HI perpendiculaire sur CO, & que du point O, comme centre avec le rayon OC, on dérive un arc de cercle, qui coupe HI, au point I; qu'ensuite on imagine que le triangle rectangle OHI tourne sur OH comme charnière, jusqu'à devenir vertical: le point I se confondra avec les points C & E. De plus, en regardant la droite CO comme située dans le plan horizontal, c'est-à-dire, dans le plan ASB; il est évident que l'angle IOC est le même que celui que le plan ASC relevé, fait avec le prolongement ASb, du plan ASB, puisque cet angle IOC est formé par deux perpendiculaires, IO, CO, menées dans les deux plans ASC, ASb, au même point O de leur section commune. Donc, pour avoir l'angle que le plan ASC fait avec le plan ASB, il faut faire un angle, qui joint à l'angle IOC, vaille deux droits; ou, ce qui en est la suite, faire un angle qui soit composé d'un angle droit & d'un angle aigu, égal à l'angle OIH. Or cela peut s'exécuter ainsi très-commodément, à l'aide des lignes qui sont déjà tirées dans la figure: du point H, comme centre, avec le rayon OC ou OI, décrivez un arc de cercle qui coupe SA au point M; vous aurez le triangle rectangle MOH parfaitement égal au triangle rectangle IHO. Donc, si par le point M, on mène MN perpendiculaire à SA, l'angle HMN sera l'angle demandé, puisque cet angle est égal à la somme des deux angles SMN, OMH, dont le premier est droit, & dont le second est égal à l'angle OIH.

On déterminera, par la même méthode, les angles que les plans ASB, ASC font chacun avec le plan $ESBD$.

Ce problême est d'un fréquent usage dans les constructions de ces routes qu'on appelle *trompes*. *Voyez ce mot*. (*L. B.*)

BEZET, *au jeu de trictrac*, est la même chose que deux as.

BID

BIDET, ou *charger le bidet* (*au trictrac*) se dit de l'action par laquelle un joueur met un grand nombre de dames sur une même flèche. Ce terme, autrefois assez usité, n'est plus d'usage à présent.

BIEZ, s. m. (*Arts méchaniq. & hydraul*). est un canal élevé & un peu biaisé, qui conduit les eaux pour les faire tomber sur la roue d'un moulin; sa figure qui approche d'une *biere*, fait croire que son nom en est tiré.

On appelle *arrière-biez*, les canaux qui sont au-delà en remontant. (*K*)

BILBOQUET, (*jeu*) petit bâton tourné, avec une cavité à chacun de ses bouts; on jette en l'air une petite boule attachée à un fil qui tient au milieu du *bilboquet*, & l'on tâche de la faire retomber & rester dans une des deux cavités.

BILLION, s. m. (*Arithmet.*) On donne ce nom en Arithmétique au chiffre qui occupe la dixième place d'une suite horizontale de chiffres, en commençant de la droite vers la gauche, ainsi qu'on en est convenu dans la numération. *Voyez* NUMÉRATION.

BIMÉDIAL, adj. (*Géom.*) Quand deux lignes commensurables seulement en puissance, sont jointes ensemble, la toute est irrationnelle par rapport à l'une de ces deux lignes; & on l'appelle *ligne première bimédiale*. Euclide, *liv. X, propos.* 38. *Voyez* COMMENSURABLE, IRRATIONNELLE, PUISSANCE. (*E*)

BINAIRE. L'ARITHMÉTIQUE *binaire* est une nouvelle sorte d'Arithmétique que M. Leibnitz fondoit sur la progression la plus courte & la plus simple: c'est celle qui se termine à deux chiffres. Le fondement de toute notre Arithmétique ordinaire étant purement arbitraire, il est permis de prendre une autre progression qui nous donne une autre Arithmétique. On a voulu que la suite première & fondamentale des nombres allât jusqu'à dix, & que la suite infinie des nombres fût une suite infinie de dixaines; mais il est visible que d'avoir étendu la suite fondamentale des nombres jusqu'à dix, ou de ne l'avoir pas étendu plus loin, c'est une institution qui eût pu être différente; & même il paroît qu'elle a été faite assez au hazard par les peuples, & que les mathématiciens n'ont pas été consultés, car ils auroient pu aisément établir quelque chose de plus commode. Par exemple, si l'on eût poussé la suite des nombres jusqu'à douze, on y eût trouvé sans fraction des tiers & des quarts, qui ne sont pas dans dix. Les nombres ont deux sortes de propriétés, les unes essentielles, les autres dépendantes d'une institution arbitraire, & de la manière de les exprimer. Que les nombres impairs toujours ajoutés de suite, donnent la suite naturelle des quarrés; c'est une propriété essentielle à la suite infinie des nombres, de quelque manière qu'on l'exprime. Mais que, dans tous les multiples de 9, les caractères qui les expriment additionnés ensemble, rendent toujours 9, ou un multiple de 9, moindre que celui qui a été proposé, c'est une propriété qui n'est nullement essentielle au nombre 9, & qu'il n'a que parce qu'il est le pénultième nombre de la progression décuple qu'il nous a plu de choisir. Si l'on eût pris la progression de douze, le nombre 11 auroit eu la même propriété.

Ainsi, dans toute l'*arithmétique binaire*, il n'y auroit que deux caractères, 1 & 0. Le zero auroit la puissance de multiplier tout par deux, comme dans l'Arithmétique ordinaire il multiplie tout par dix: 1 seroit *un*; 10, *deux*; 11, *trois*; 100, *quatre*; 101, *cinq*; 110, *six*; 111, *sept*; 1000, *huit*; 1001, *neuf*; 1010, *dix*, &c. ce qui est entièrement fondé sur les mêmes principes que les expressions de l'Arithmétique commune. Il est vrai que celle-ci seroit très-incommode par la grande quantité de caractères dont elle auroit besoin, même pour de très-petits nombres. Il lui faut, par exemple, quatre caractères pour exprimer huit, que nous exprimons par un seul. Aussi M. Leibnitz ne vouloit-il pas faire passer son Arithmétique dans un usage populaire; il prétendoit seulement que dans les recherches difficiles elle auroit des avantages que l'autre n'a pas, & quelle conduiroit à des spéculations plus élevées. Le P. Bouvet, jésuite, célèbre missionnaire de la Chine, à qui M. Leibnitz avoit écrit l'idée de son *Arithmétique binaire*, lui manda qu'il étoit très-persuadé que c'étoit-là le véritable sens d'une ancienne énigme chinoise laissée il y a plus de 4000 ans par l'Empereur Fohi, fondateur des Sciences à la Chine, aussi-bien que de l'empire, entendue apparemment dans son siècle, & plusieurs siècles après lui, mais dont il étoit certain que l'intelligence s'étoit perdue depuis plus de 1000 ans, malgré les efforts & les recherches des plus savans *lettrés*, qui n'avoient vu dans ce monument que des allégories puériles & chimériques. Cette énigme consiste dans les différentes combinaisons d'une ligne entière & d'une ligne brisée, répétées un certain nombre de fois, soit l'une, soit l'autre. En supposant que la ligne entière signifie 1, & la brisée 0, on trouve les mêmes expressions des nombres que donne l'*Arithmétique binaire*. La conformité des combinaisons des deux lignes de Fohi, & des deux uniques caractères de l'Arithmetique de M. Leibnitz, frappa le P. Bouvet, & lui fit croire que Fohi & M. Leibnitz avoient eu la même pensée.

Nous devons cet article à M. Formey, qui l'a tiré de l'histoire de l'académie des Sciences de Paris, *année* 1702. *Voyez* ECHELLES ARITHMÉTIQUES.

Cette Arithmétique seroit, comme on vient de le dire, peu commode; il faudroit trop de caractères pour exprimer d'assez petits nombres: cependant si le lecteur est curieux d'avoir une méthode pour trouver dans cette Arithmétique la valeur d'un nombre donné, ou pour exprimer un nombre quelconque, la voici en peu de mots.

On commencera par faire une table des différentes puissances de 2; savoir 2^0 ou 1, 2, 4, 8, 16, 32, 64, 128, *&c.* que l'on poussera le plus loin qu'il sera possible. Cela posé:

Soit donné, par exemple, le nombre 110101; dont on veut savoir la valeur; comme ce nombre a six chiffres, je prends la sixième puissance de 2, qui est 32, & qui sera représenté par le chiffre 1, qui est le plus à gauche: le chiffre suivant 1 indiquera la 5e puissance 16; le chiffre suivant 0 ne donnera rien; le chiffre suivant 1 indiquera la 3e puissance, c'est-à-dire 4; le chiffre suivant 0 ne donnera rien; enfin le dernier chiffre 1 donnera 1: ainsi, le nombre proposé équivaut à la somme des nombres 32, 16, 4, 1, c'est-à-dire 53, & ainsi des autres.

Présentement je suppose qu'on veuille exprimer le nombre 230 par l'*Arithmétique binaire*; je cherche d'abord la plus grande puissance de 2 contenue dans 230, c'est 128; & comme 128 est la 8e puissance de 2, je vois que le nombre 230 exprimé comme on le desire, aura huit chiffres. Je mets donc

1 pour le premier chiffre à gauche:

j'ôte 128 de 230, il me reste 102; & comme *64*, qui est la puissance de 2 qui suit immédiatement 128, se trouve dans 102, cela me fait voir que je dois encore mettre

1 à la seconde place à gauche;

je retranche *64* de 102, il me reste 38; or 32, qui est la puissance de 2 après *64*, est encore dans 38; ainsi je mets

1 à la 3e place à gauche:

je retranche 32 de 38, il me reste *6*; or 16, qui est la puissance après 32, n'est point dans *6*: je mets donc

0 à la 4e place:

je retranche 8 de *6*; & comme il n'y est pas, je mets encore

0 à la 5e place:

je retranche 4 de *6*, ce qui me donne

1 à la 6e place:

enfin il me reste 2, qui s'exprimera par

1 à la 7e place:

& comme il ne reste rien, on aura

0 à la 8e place:

donc 230 sera exprimé par

11100110

Il est visible qu'à l'imitation de cette Arithmétique, on peut en imaginer une infinité d'autres où les nombres seront exprimés par plus ou moins de chiffres. *Voyez* ARITHMÉTIQUE & ECHELLES ARITHMÉTIQUES.

Soit en général n le nombre de caractères d'une Arithmétique quelconque, en sorte que 0, 1, 2, 3, ... $n-1$ soient ces caractères; & soit proposé de trouver la valeur d'un nombre quelconque, par exemple, $b\ c\ d\ e\ f$, exprimé avec les caractères de cette Arithmétique: on aura $b\ c\ d\ e\ f = b \times n^4 + c \times n^3 + d \times n^2 + e \times n + f$, & ainsi des autres.

Si on veut exprimer un nombre quelconque A par cette même Arithmétique, soit n^p la plus grande puissance de n contenue dans A; soit divisé A par n^p; soit a le quotient & le reste r; soit ensuite divisé r par n^{p-1}, b le quotient & le reste s; soit ensuite divisé s par n^{-2}, le quotient c, & le reste

q : & ainsi de suite; jusqu'à ce qu'on arrive à un reste K, qui soit ou o, ou moindre que n : on aura $A = a\,b\,c \ldots\ldots K$, & le nombre des chiffres sera $p+1$, *&c.* Voyez *Mém. Acad.* 1741, une méthode de M. de Buffon pour faire ce calcul par les logarithmes. (*O*)

BINOCLE, ou TÉLESCOPE *binoculaire*, c'est un télescope par lequel on peut voir les objets avec les deux yeux en même-tems. *Voyez* TÉLESCOPE. Il est composé de deux tuyaux qui contiennent chacun des verres de même force. On a cru qu'il représentoit les objets plus clairs & plus grands que le télescope monoculaire; & cette raison a engagé plusieurs auteurs à en traiter assez au long, entre autres le P. Antoine-Marie de Reita, capucin, dans son *oculus Enoch & Eliæ*, & après lui le P. Chérubin d'Orléans, aussi capucin, dans le *tome 2 de sa Dioptrique oculaire*, qui a pour titre *de la Vision parfaite*; mais on a reconnu que ces sortes de télescopes étoient plus embarrassans qu'utiles : aussi la plupart des meilleurs auteurs qui ont traité de la dioptrique, n'en ont fait aucune mention.

On fait aussi des microscopes *binocles*; mais comme ils ont les mêmes inconvéniens que les télescopes de cet espèce, ils sont très-peu en usage. (*O. T.*)

J'ai vû à la Haye, chez M. Hemstruys, des *binocles* de différentes especes, qui réussissoient très-bien. M. de Lisle s'en servoit aussi pour de très-grandes lunettes, parce qu'on n'autoit pas pu, sans cela, réunir le grossissement avec l'étendue du champ. (*D. L.*)

BINOME, s. m. (*Algèbre.*) C'est une quantité composée de deux parties ou de deux termes liés par les signes + ou — (*voyez* MONOME); ainsi, $a+e$ & $5-3$ sont des *binomes*.

Si une quantité algébrique a trois parties, comme $a+b+c$, on l'appelle *trinome*; si elle en a quatre, on la nomme *quadrinome*, &c.; & en général *multinome*.

M. Neuton a donné une méthode pour élever en général un *binome* $a+b$ à une puissance quelconque m, dont l'exposant soit un nombre entier ou rompu, positif ou négatif.

Voici en quoi cette formule consiste :

$$(a+b)^m = a^m + m\,a\,b + \frac{m \cdot m-1}{2} a^{m-2} b^2 + \frac{m \cdot m-1 \cdot m-2}{2 \cdot 3} a^{m-3} b^3 + \&c.$$

La seule inspection des termes en fait voir la loi mieux qu'un long discours.

Il est visible que lorsque m est un nombre entier, cette suite se réduit à un nombre fini de termes; car soit par exemple $m=2$, donc $m-2=0$, donc tous les termes qui suivront les trois premiers seront $=0$, puisqu'ils seront multipliés chacun par $m-2$.

M. le marquis de l'Hôpital, dans son *traité des Sections coniques, livre 10*, a démontré cette formule pour le cas où m est un nombre entier. M. l'abbé de Molieres a fait la même chose dans ses *élémens de Mathématiques*.

M. Clairaut, dans ses *Elémens d'Algebre*, a démontré en général la formule du *binome* par les combinaisons; M. l'abbé Bossut l'a aussi démontrée dans les siens.

Lorsque m est un nombre négatif ou une fraction, la suite est infinie, & pour lors elle ne représente la valeur de $(a+b)^m$ que dans le cas où elle est convergente, c'est-à-dire, où chaque terme est plus grand que le suivant. *Voyez* SÉRIE *ou* SUITE.

Soit, par exemple, un quarré imparfait $aa+b$, dont il faille extraire la racine quarrée : il n'y aura qu'à élever $aa+b$ à la puissance $\frac{1}{2}$; car tirer la racine quarrée ou élever à la puissance $\frac{1}{2}$, c'est la même chose. *Voy.* EXPOSANT. Ainsi, on aura

$$(aa+b)^{\frac{1}{2}} = aa^{\frac{1}{2}} + \tfrac{1}{2} \times b \times aa^{\frac{1}{2}-1} + \tfrac{1}{2} \times \tfrac{1}{2}-1 \times \frac{b^2 \times aa^{\frac{1}{2}-2}}{2}, \&c. = a + \frac{b}{2a} - \frac{bb}{8a^3}, \&c.:$$

formule ou suite infinie qui approchera de plus en plus de la racine cherchée.

De même, si on veut extraire la racine cube de a^3+b, il faudra élever cette quantité à l'exposant $\frac{1}{3}$; & on trouvera,

$$(a^3+b)^{\frac{1}{2}} = a + \frac{b}{2a^3} - \frac{b^2}{9a^5}, \&c.$$

& ainsi des autres. Mais ces séries infinies ne sont bonnes qu'autant qu'elles sont convergentes.

Soit n le rang qu'occupe un terme quelconque dans la suite du *binome* $a+b$ élevé à la puissance quelconque m, on trouvera que ce terme est au suivant comme 1 est à $\frac{b}{a} \times \frac{m-n+1}{n}$; d'où il s'ensuit que, pour que la série soit convergente, c'est-à-dire, que les termes aillent toujours en diminuant, il faut que $b \times (m-n+1)$ soit toujours plus petit que $n\,a$.

Ainsi, pour pouvoir trouver la racine approchée de $aa+b$ par la formule précédente, il faut que $b \times (\frac{1}{2}-n+1)$, pris positivement, soit plus petit que $n\,a\,a$, n étant un nombre entier quelconque.

De même pour extraire par cette formule la racine de a^3+b, il faut que $b \times (\frac{1}{3}-n+1)$, pris positivement, soit toujours plus petit que $n\,a^3$. (*O*)

* Nous allons ajouter ici une démonstration de la formule du *binome*, l'exposant étant quelconque.

Soit $\overline{1+x}$ le *binome* qu'il faut élever à la puissance n : la question se réduit à trouver une fonction ordonnée par rapport aux puissances de x, qui soit égale à $\overline{1+x}^n$.

Définissons d'abord l'expression $\overline{1+x}^n$. C'est

une fonction de x & de n, telle que, mettant $n+1$ à la place de n, on ait une nouvelle fonction égale à la première, multipliée par $1+x$; avec cette condition que, lorsque $n=0$, elle soit 1, ou, si l'on veut, $1+x$, lorsque $n=1$.

Cela posé, soit $\overline{1+x}^{n} = A + Bx + Cx^2 + Dx^3 \ldots + (n)^m x^m \ldots A, B, C, D$, étant des fonctions de n sans x; $\overline{1+x}^{n+1}$ sera égal à $A' + B'x + C'x^2 + D'x^3 \ldots + (n+1)^m x^m \ldots A', B' \ldots (n+1)^m$, étant ce que deviennent $A, B \ldots (n)^m$ en mettant $n+1$ à la place de n. On aura donc (à cause de $\overline{1+x}^{n+1} = \overline{1+x}^{n} \times \overline{1+x}$), $A' + B'x + C'x^2 + D'x^3 \ldots + (n+1)^m x^m \ldots = (A + Bx + Cx^2 + Dx^3 \ldots + (n)^m x^m \ldots)(1+x)$.

D'où, comparant terme à terme, $A' = A$, $B' = B + A$, $C' = C + B$, $D' = D + C \ldots$ & en général $(n+1)^m = (n)^m + (n)^{m-1}$.

Nous aurons donc, 1.° A toujours constant & égal à 1;

2.° A cause de $B' = B + 1$, $B = n$;

3.° A cause de $C' = C + n$, $C = \frac{n^2 - n}{2} = \frac{n \cdot \overline{n-1}}{2}$.

On pourroit satisfaire encore à ces équations, en ajoutant un terme arbitraire & indépendant de n aux A, B, C, &c. Mais il est évident que ces termes doivent tous être o, puisque lorsque $n = o$, $\overline{1+x}^{n} = 1$, quelque soit x.

En général, on observera que $(n+1)^m$, étant ce que devient $(n)^m$, en y mettant $n+1$ au lieu de n, puisque $(n+1)^m - (n)^m = (n)^{m-1}$; si $(n)^{m-1}$ est une fonction rationnelle de n du degré p, $(n)^m$ pourra être une fonction rationnelle de n du degré $p+1$. Or quand $m=1$, $(n)^m$ est du degré 1, donc pour $m=2$, $(n)^m$ sera du degré 2.... & généralement $(n)^{m-1}$ sera du degré $m-1$, & $(n)^m$ du degré m.

On aura donc sûrement $(n)^m$; mais, en observant les premiers termes de la valeur de $\overline{1+x}^{n}$, on trouve $B = n.A$, $C = \frac{n-1}{2} B$, $D = \frac{n-2}{3} C$; il y a donc lieu de croire que, supposant $P(n)^m = Q(n)^{m-1}$, on aura pour P & Q des valeurs très-simples.

Or nous avons par ce qui précède

$$(n)^m = (n-1)^m + (n-1)^{m-1}$$
$$(n)^{m-1} = (n-1)^{m-1} + (n-1)^{m-2};$$

& par l'hypothèse

$\overline{P+p}\,(n-1)^m = (Q+q)(n-1)^{m-1}$ & $\overline{P+p'}\,(n-1)^{m-1} = (Q+q')(n-1)^{m-2}$; $P+p$, $Q+q$, étant ce que deviennent P & Q en mettant $n-1$ pour n, & $P+p'$, $Q+q'$ ce que deviennent P & Q en mettant $n-1$ pour n, & $m-1$ pour m.

On aura donc les deux équations,

$$P(n-1)^m + P(n-1)^{m-1} = Q(n-1)^{m-1} + Q(n-1)^{m-2}$$

$$\& \; P(n-1)^m + P(n-1)^{m-1} + p(n-1)^m + p'(n-1)^{m-1} = \left\{ \begin{array}{l} Q(n-1)^{m-1} + Q(n-1)^{m-2} \\ + q(n-1)^{m-1} + q'(n-1)^{m-2} \end{array} \right\}$$

d'où $p(n-1)^m + p'(n-1)^{m-1} = q(n-1)^{m-1} + q'(n-1)^{m-2}$.

Or il est évident qu'on satisfait à cette équation, en faisant $p = 0$, $q' = 0$, $p' = q$, & qu'on satisfera ainsi à ces équations, en supposant P & Q égales à des fractions rationnelles du premier ordre; soit en effet $P = am + bn + c$, & $Q = a'm + b'n + c'$, on aura $P = -b$, $p' = -a - b$, $q = -b'$, $q' = -a' - b'$: d'où $b = 0$, $a' = -b'$, $a = b'$ & $P = am + c$, $Q = a\overline{n-m} + c'$.

Mais nous avons pour $m = 1$, $\frac{Q}{P} = n$: d'où $an + cn = an - a + c'$, ou $c = c' - a$, & $a + c = a = c'$ & $c = 0$; donc $P = am$, $Q = a(n-m+1)$, & $\frac{Q}{P} = \frac{n-m+1}{m}$; donc $(n)^m = (n)^{m-1} \cdot \frac{n-m+1}{m}$, & par conséquent $(n)^m = \frac{n \cdot \overline{n-m} \; \overline{n-2} \ldots \overline{n-m+1}}{1 \cdot 2 \ldots m}$.

Cette démonstration est rigoureuse & purement

analytique; elle ne demande que deux suppositions, l'une de l'équation $P(n) = Q(n)$: supposition à laquelle on est conduit par le calcul des premiers termes; la seconde est celle de P & de Q linéaires, qui est encore indiquée par le même calcul, & qui, de toutes, est la plus simple. (*M. D. C.*)

BIQUADRATIQUE, adj. (*Algèbre.*) On donne ce nom à la puissance qui est immédiatement au-dessus du cube, c'est-à-dire, au quarré-quarré ou à la quatrième puissance. *Voy.* PUISSANCE, RACINE, QUARRÉ-QUARRÉ, *&c.* (*E*)

BI-QUINTILE, adj. (*Astron.*) c'est un aspect de deux planètes quand elles sont à 144 degrés de distance l'une de l'autre. *Voy.* ASPECT.

On appelle cet aspect *bi-quintile*, parce que les planètes sont alors éloignées l'une de l'autre de deux fois la cinquième partie de 360 degrés, c'est-à-dire, de deux fois 72 degrés, ou 144. (*O*)

BISSECTION, s. f. *en Géométrie*, est la division d'une étendue quelconque, comme un angle, une ligne, *&c.* en deux parties égales; c'est ce qu'on nomme autrement *bipartition*. *Voyez* DIVISION, *&c.* (*E*)

BIRIBI, s. m. (*Jeu*). C'est un jeu de hazard qui a été long-tems en vogue, & qui se joue encore quelquefois à Paris. Il nous est venu d'Italie, ainsi que le cavagnol, & les Italiens le nomment *biribisso*; mais alors il différoit, quant aux chiffres, du *biribi* que l'on joue actuellement. On place sur une grande table un tableau divisé en soixante & dix cazes; dans chacune de ces cazes se voient une figure & un nombre, depuis un jusqu'à soixante & dix, & les pontes mettent ce qu'ils veulent sur chaque nombre. On a un sac fermant à clef, dans lequel sont également soixante & dix olives; dans chacune est un billet peint sur vélin, qui porte une figure & un nombre correspondant à l'un de ceux du grand tableau. Le banquier fait sortir les olives une à une, par le moyen d'un ressort qui est à la tête du sac; si le billet qui en sort se trouve répondre à une caze chargée, le banquier paye soixante-quatre fois la mise qui s'y trouve. La couche appartient aussi toujours au banquier; en sorte qu'il a un avantage de sept sur soixante & dix. Le *biribi* est au cavagnol ce que le pharaon est au lansquenet; car le pharaon & le *biribi* sont avantageux au banquier qui tient constamment; mais au lansquenet & au cavagnol, tous les joueurs sont banquiers à leur tour, lorsque cela leur convient, c'est-à-dire, tiennent la main ou le sac qui renferme les boules; le cavagnol est même d'une parfaite égalité, & le banquier n'y a aucune espèce d'avantage.

Le *biribi* se joue encore aux côtés, c'est-à-dire, au pair; en sorte que le banquier ne donne que ce qui se trouve sur la caze; mais il a toujours pour lui trois cazes d'exception, qui font perdre le ponte quoique son côté arrive.

Le *biribi* se joue encore à la raie droite; on met ce que l'on veut à la tête du tableau où il n'y a que sept chiffres, dont un produit l'avantage, au choix du ponte, & l'on emploie des jettons qui different, ou par la couleur, ou par le dessin, pour qu'on puisse reconnoître ce qu'ils valent & à qui ils appartiennent: le prix ordinaire qu'on leur attribue est de quatre sols moins un liard, sept sols & demi, quinze sols, & ainsi de suite en doublant toujours. (*D. L.*)

BOI

BOIS, *résistance des bois*, (*Méch.*) Plusieurs auteurs, entr'autres M. de Buffon & M. Duhamel, ont cherché à déterminer, par la voie de l'expérience, la résistance qu'une pièce de bois oppose à l'effort d'un poids ou d'une force quelconque qui tend à la rompre: question de la plus grande importance pour l'architecture & pour la navigation. *Voy. les Mémoires de l'Academie Royale des Sciences pour l'année 1741*, & le *traité* de M. Duhamel sur la *résistance des bois*. Ici je me borne à donner sur cette matière une théorie facilement applicable à la pratique.

I. Soit le rectangle $ABDC$ (*fig. 18*) le profil d'une pièce de bois équarrie en parallélipipède rectangle, soutenue horizontalement par les deux appuis A & B; que cette pièce, considérée comme non pesante (1), soit chargée, en un endroit quelconque N, d'un poids Q qui fasse équilibre à la résistance qu'elle oppose à sa rupture: on demande la valeur de Q?

Imaginons que la pièce soit composée d'une infinité de fibres ou de filets parallèles à AB & à CD. Dans l'instant où elle est prête à se rompre, les fibres s'alongent d'une certaine quantité dans la section verticale NT, & les petits alongemens forment un espace triangulaire FNI, dont le sommet est en N & la base FI sur AB. De plus, les élémens HK, PM, FI, &c. du triangle FNI, sont proportionnels aux forces avec lesquelles les fibres sont tendues en ces endroits, puisqu'ils expriment les quantités dont les fibres sont tirées de leur état naturel pour résister à l'effort du poids Q qui tend à rompre la pièce.

Les résistances (que j'appelle A & B) des appuis étant des forces qui sont censées agir dans les sens AS, BV, il est clair qu'on peut considérer CNT & DNT comme deux leviers angulaires dont l'appui est en N. Dans le premier, le bras CN est poussé par la force A, tandis que le bras NT est tiré par la somme des tensions des bras

(1) Si on vouloit avoir égard au poids de la pièce, il faudroit considérer Q comme la résultante de ce poids, & du poids étranger dont elle est chargée, lequel seroit alors placé ailleurs qu'en N.

des bras HK, PM, FI, &c.; & pareillement dans le second, le bras ND est poussé par la force B, tandis que le bras NT est tiré par la somme des tensions des fibres HK, PM, FI, &c. Ainsi, il y aura équilibre, si les momens des forces A & B, par rapport au point N, sont chacun égaux séparément à la somme des momens des tensions des fibres HK, PM, FI, &c., par rapport au même point N.

Soient
- AB ou CD . . . . $= a$
- CN . . . . $= b$
- ND . . . . $= a - b$
- La hauteur ou épaisseur NT de la pièce . . . . $= h$
- Sa largeur ou dimension horizontale perpendiculaire à la longueur . . . . $= k$
- NR . . . . $= x$
- Le filet inférieur FI . . . . . . $= f$.

La lettre f, qui exprime le dernier filet FI, peut représenter en même tems sa tension, les tensions des filets du triangle de rupture NFI étant proportionnelles à ces filets.

On aura les deux équations $A \times b = \int \frac{fkx^2dx}{h}$; $B \times (a-b) = \int \frac{fkx^2dx}{h}$, dans lesquelles on doit faire $x = h$, après les intégrations; ce qui donne $Ab = \frac{fkh^2}{3}$, $B(a-b) = \frac{fkh^2}{3}$. Donc $A + B = \frac{fkh^2}{3b} + \frac{fkh^2}{3(a-b)}$; mais, d'un autre côté, on a $A + B = Q$; donc $Q = \frac{fkh^2}{3b} + \frac{fkh^2}{3(a-b)} = \frac{fakh^2}{3(ab-bb)}$. Telle est l'expression générale de Q.

II. Lorsque le point N est le milieu de la pièce, on a $b = \frac{1}{2}a$, & $Q = \frac{4fkh^2}{3a}$. D'où l'on voit qu'à cause de f donnée & constante, *la résistance* (toujours mesurée par le poids Q) *qu'une pièce de bois équarrie opposé à être rompue dans son milieu, est comme le produit de la largeur par le quarré de la hauteur ou épaisseur, divisé par la longueur de la pièce.*

III. En général, les dimensions de la pièce, & la situation du point N étant données, on connoîtra Q, lorsque l'on connoîtra f. Or, suivant la septième Table de M. de Buffon (*Mém. de l'Acad. 1741, pag. 334*), une pièce de *bois* de chêne de 5 pouces d'équarrissage, sur 7 piés ou 84 pouces de longueur, se rompt sous la charge de 11525 livres; on a donc alors 11525 livres $= \frac{4f \times 5 \times 5 \times 5}{3 \times 84}$; d'où l'on tire $f = 5808{,}6$ livres; valeur qu'on substituera dans l'expression générale de Q.

IV. On voit, par cette même expression $Q = \frac{fakh^2}{3(ab-bb)}$, que tout restant, d'ailleurs le même, le poids Q devient un *minimum*, lorsque le point N se trouve à égales distances des points d'appuis A & B; car alors le dénominateur $ab - bb$ devient un *maximum*. Ainsi, le point de la moindre résistance de la pièce, ou le point où elle est le plus exposée à se rompre, sous une charge donnée, est son milieu, ce qui est évident par soi-même.

V. On voit aussi (ce qui est également évident) qu'il est avantageux de poser de champ une pièce de bois: car, toutes choses d'ailleurs égales, la résistance est comme h^2k, lorsque h marque l'épaisseur de la pièce, & k la largeur; & la résistance de la pièce est comme hk^2, lorsque k marque l'épaisseur, & h la largeur. Or, en supposant $h > k$, il est visible que h^2k est plus grand que hk^2, dans le rapport de h à k.

VI. Il y a plus: une même pièce de *bois* de forme originairement cylindrique, peut être équarrie de plusieurs manières; &, parmi ces manières, il faut trouver celle qui rendra un *maximum* la résistance de la pièce posée de champ. Or, pour résoudre ce problème, soit le cercle MAN (*fig. 19*) la coupe d'une pièce de *bois*, il s'agit d'équarrir cette pièce en parallélipipède rectangle $ABDC$; de telle sorte que le produit $\overline{AC}^2 \times AB$ (qui, pour un point donné, représente la résistance de la pièce), soit un *maximum*?

Soient le diametre $BC = 2a$; $AB = x$; & par conséquent $\overline{AC}^2 = 4aa - xx$. Ainsi, $x(4aa - xx) =$ *maximum*; ce qui donne, par la méthode ordinaire de *maximis* (*V.* MAXIMUM), $x = \frac{2a}{\sqrt{3}}$; & $AC = \frac{2a\sqrt{2}}{\sqrt{3}}$. Donc $AB : AC :: 1 : \sqrt{2}$. D'où l'on voit qu'*afin que la pièce soit capable de la plus grande résistance possible; la largeur AB doit être à l'épaisseur AC, comme le côté d'un quarré est à sa diagonale.*

VII. Examinons maintenant la résistance d'une pièce de *bois* cylindrique. Je suppose donc que $ABDC$ (*fig. 20*) représente une telle pièce posée horizontalement sur les deux appuis A & B, & chargée d'un poids R; que FI soit, comme ci-devant, l'écartement dans la partie inférieure, à l'instant de la rupture. Menons la verticale NT, & coupons, suivant cette ligne, la pièce perpendiculairement à sa longueur; ce qui donne, pour section, le cercle $NLTl$.

Par un point quelconque V de NT, menons dans le cercle la double ordonnée Ll. Il est aisé de voir, par l'article I, qu'en supposant AB ou $CD = m$; $CN = n$; $NT = 2r$; $FI = f$;

$NV = x$: on aura ces deux équations $A \times n = \int \frac{f x^2 dx \sqrt{(2rx - xx)}}{r}$; $B \times (m - n) = \int \frac{f x^2 dx \sqrt{(2rx - xx)}}{r}$, dans lesquelles on doit faire $x = 2r$, après les intégrations. Donc (en nommant Π le rapport de la circonférence au diamètre), $A \times n = \frac{5 \Pi f r^2}{8}$, $B \times (m - n) = \frac{5 \Pi f r^3}{8}$. Ainsi, $A + B$, ou $R = \frac{5 \Pi f r^3 m}{8(mn - nn)}$, expression générale de la résistance d'une pièce de *bois*, de forme cylindrique.

VIII. Plusieurs praticiens m'ont demandé quelle étoit, à masses égales & en parité de circonstances, celle de deux pièces, l'une cylindrique, l'autre équarrie en parallélipipède de la manière la plus avantageuse, qui opposoit le plus de résistance à sa rupture. La réponse à cette question se tire facilement des formules précédentes. En effet, il ne faut, pour cela, que comparer l'expression de R avec celle qui a été trouvée pour Q (*art.* 1), en faisant $m = a$; $n = b$; ensuite $kh = \Pi r^2$; & (VI) $h = k \sqrt{2}$; ce qui donne $h^2 = \Pi r^2 \sqrt{2}$, $k = r \sqrt{\Pi} \cdot \sqrt[4]{2}$. Alors on trouvera $R : Q :: 15 : 8 \sqrt{\Pi} \cdot \sqrt[4]{2} :: 15 : 16, 86$, à-peu-près. D'où l'on voit que, pour des longueurs & des masses égales, & sous des charges semblablement posées, la résistance de la pièce cylindrique est un peu moindre que la résistance de la pièce équarrie. Mais il faut considérer, d'un autre côté, que cette dernière pièce devant être tirée d'un arbre originairement cylindrique, on a (en nommant X le rayon de cet arbre), $X^2 = \frac{h^2 + k^2}{4} = \frac{3}{8} h^2 = \frac{3}{8} \Pi r^2 \sqrt{2}$. Donc $X^2 : r^2 :: 3 \Pi \sqrt{2} : 8 :: 13 : 8$, à-peu-près. Ainsi, pour une même longueur, la masse du cylindre dont on tire la pièce de *bois* équarrie, est plus grande que la masse de la pièce cylindrique, dans le rapport d'environ 13 à 8. Il y a donc une perte de *bois* assez considérable pour former la pièce équarrie ; ce qui donne, à cet égard, de l'avantage à la pièce cylindrique. Reste à savoir si, dans deux arbres de même nature, inégaux en grosseurs, les ténacités ou résistances des fibres élémentaires sont les mêmes. C'est sur quoi il faut interroger l'expérience.

Il y auroit plusieurs autres problèmes à résoudre sur ce sujet ; mais il suffit d'en avoir établi les principes. (*L. B.*)

Bois, *au jeu de trictrac*, se dit en général des dames avec lesquelles on joue. Voyez Dame & Trictrac.

BOOTES. (*Astron.*) Voyez Bouvier.

BORÉAL (*Astron.*) se dit de tout ce qui est du côté du nord ou du septentrion.

BOUC, (*Astron.*) est le nom que quelques auteurs ont donné à la constellation du capricorne ; d'autres à la belle étoile de la chèvre, qui est dans la constellation du cocher. (*D. L.*)

Bouc : on donne ce nom, *dans les machines hydrauliques*, à une espèce de poulie garnie de cornes de fer qui font monter & descendre une chaîne sans fin. C'est par le moyen d'un *bouc* que les eaux sont élevées du puits salé de Moyenvic.

BOUFFÉES, *en termes d'Hydraulique*, est synonyme à *secousses*.

Lorsque les jets sont engorgés par les vents, ils ne sortent que par *bouffées* ; c'est-à-dire, par *secousses*. (*K*)

BOULE, *au jeu de quilles*, c'est un morceau de bois parfaitement rond, & percé d'un trou pour mettre le pouce, & d'une espèce de mortaise pour les autres doigts de la main. Elle sert à abattre les quilles.

Boule, (*jeu de*) exercice fort connu. On le joue à un, deux, trois contre trois, ou plus même, avec chacun deux *boules* pour l'ordinaire : les joueurs fixent le nombre des points à prendre dans la partie à leur choix. C'est toujours ceux qui approchent le plus près des buts qui comptent autant de points qu'ils y ont de *boules*. Ces buts sont placés aux deux bouts d'une espèce d'allée très-unie, rebordée d'une petite berge de chaque côté, & terminée à chacune de ses extrémités par un petit fossé appellé *noyon*. Voy. Noyon. Quand on joue, si quelque joueur ou autre arrête la *boule*, le coup se recommence. Il n'est pas permis de taper des pieds pour faire rouler sa *boule* davantage, ni de la pousser en aucune façon, sous peine de perdre la partie. Une *boule* qui est entrée dans le noyon, & a encore assez de force pour revenir au but, ne compte point : un joueur qui joue devant son tour, recommence si l'on s'en apperçoit ; celui qui a passé son tour, perd son coup. Il est libre de changer de rang dans la partie, à moins qu'on ne soit convenu autrement. Qui change de *boule* n'est obligé qu'à reprendre la sienne, & rejouer son coup si personne n'a encore joué après lui ; mais si quelqu'un a joué, il remet la *boule* à la place de celle qu'il a jouée, si l'autre veut jouer avec sa *boule*. L'adresse d'un joueur consiste à donner à sa *boule* le degré de force nécessaire pour arriver au but ; pour cela, il faut qu'il fasse attention à sa pesanteur, & qu'il tourne toujours le fort vers l'endroit du jeu le plus raboteux, ce qui varie cependant selon la disposition du terrein & la qualité de la *boule*.

Boule, *avoir la boule* ; c'est, au jeu de ce nom, avoir droit de jouer le premier. Ce droit s'acquiert en jettant une quille vers la *boule* ; celui dont la quille est restée le plus près de la *boule*, joue le premier, & est dit *avoir la boule*.

BOULE, *au jeu de mail*, est une pièce de buis, ou d'autre bois très-dur bien tourné, que l'on chasse avec la masse ou mail. *Voyez* MAIL. Ces *boules* doivent être d'un poids proportionné à celui du mail, c'est-à-dire, environ de moitié. Si le mail dont on se sert pese dix onces, il faut que la *boule* en pèse cinq, & ainsi des autres. Les meilleures de ces *boules* viennent des pays chauds.

Boules qui ne s'éventent pas au jeu de mail, sont des *boules* qui ne sautent point, & qui ne se détournent point de leur chemin naturel.

BOUSSOLE. *Voyez* MAGNÉTISME ; & pour l'usage de la *boussole* dans la levée des plans, *voyez* PLAN.

BOUSSOLE, (*Astron.*) constellation méridionale, établie par M. de la Caille dans son *Planisphère austral* : il l'appelle en latin *Pixis nautica* ; elle est située sur la proue de l'ancienne constellation du vaisseau. La principale étoile de cette constellation est de cinquième grandeur ; son ascension droite, en 1750, étoit de 128° 23′ 59″, & sa déclinaison 32° 18′ 10″ australe ; en sorte qu'elle s'élève de 9 degrés à Paris. (*D. L.*)

BOUSSOLE, instrument d'Astronomie ; il sera décrit dans le *Dictionnaire de Physique*. Il nous suffit de dire ici que la déclinaison de la *boussole* à Paris est, en 1783, d'environ 21 degrés à l'ouest. *Voyez* DÉCLINAISON.

BOUVIER, (*Astron.*) *Bootes*, constellation boréale qui a 53 étoiles, suivant Flamsteed.

On l'appelle aussi *Bootis*, *Bubulus*, *Bubulcus*, *Tardi-bubulcus*, *Pastor*, *Custos boum*, *Clamator*, *Vociferator*, *Plaustri custos*, *Custos Erimantidos*, *Ursæ*, *Arcturus*, *Arcturus minor*, *Septentrio*, *Philomelus* (fils de Cérès), *Icarus*, *Lycaon*, *Orion*, *Arcas*, *Lanceator*, *Venator Ursæ*, *Arctophylax*. La belle étoile de cette constellation est appellée aujourd'hui généralement *Arcturus* ; chez les Arabes, *Aramech*. Homere dit que cette étoile est d'un présage funeste. Pline l'appelle aussi *Sidus Horridum*.

On a appellé cette constellation *Atlas* ; & l'on disoit qu'il portoit l'axe du monde, parce que, autrefois, sa tête étoit fort près du pôle. *Voyez* le *Mémoire* de M. Dupuis, *Astron. p.* 410 & 423. Il épouse Hesperis, & il en naît sept filles ; parce que quand cette constellation se couche, les Pléiades se lèvent : en effet, les sept étoiles des pléiades sont appellées *Atlantides* ou *filles d'Atlas*.

Germanicus César dit que ce *bouvier* ou ce pasteur, qu'on a placé dans le ciel, étoit Icare, père d'Erigone, dont nous parlerons à l'article de la vierge ; Bacchus lui avoit appris l'art de faire le vin pour l'enseigner aux hommes : il fut lapidé par des bergers qui étoient ivres. Sa fille découvrit le corps de son père par le moyen d'un chien qui lui étoit resté fidèle : elle se tua de désespoir ; & elle fut placée dans le ciel avec son père & son chien. Voilà pourquoi Properce appelle *bœufs d'Icare* les sept étoiles de la grande ourse.

Flectant Icarii sidera tarda boves.

D'autres prétendent que le *bouvier* est Arcas, fils de Jupiter & de Callisto, qui enseigna aux hommes la manière de faire du pain, après l'avoir apprise de Triptolème, & fut déifié par la reconnoissance des hommes.

Suivant M. Dupuis, il étoit naturel de placer un moissonneur pour marquer l'entrée du soleil dans le signe de la vierge, qui est une moissonneuse. Il y trouve aussi le fondement de la fable du roi Œnopion, dont il est parlé à l'occasion d'Orion : c'est le *prince Boivin* qui fait allusion à Icare, à qui Bacchus découvrit l'art de cultiver la vigne. Il est détrôné par Crone ou pétrifié par Persée, parce qu'au lever de Persée il se cachoit derrière les montagnes. (*Astr. IV*, 423.)

En effet, la constellation du *bouvier*, quoique fort septentrionale, descend sous l'horizon & se couche pour nous, comme le remarque Ovide :

Tingitur oceano custos erimanthidos ursæ,
Æquoreasque suo sidere turbat aquas.
Trist. I, 4, 1.

Le coucher comique du *bouvier*, c'est-à-dire, le tems où il se couche au soleil levant, est annoncé, par Ovide, pour le cinquième de mars.

Sive est arctophilax, sive est piger ille bootes
Mergetur, visus effugietque tuos.
Fast. III, 405.

Plutarque donne le nom de janus à une des étoiles de cette constellation, & M. Dupuis observe qu'effectivement cette constellation, du tems de Numa, marquoit le minuit du solstice d'hiver & le commencement de l'année des Romains. Ce génie à quatre visages portoit les clefs du tems, avoit douze autels à ses pieds pour représenter les douze mois, & le nombre de 365 dans les mains : il semble donc que ce n'étoit autre chose que la constellation qui fixoit le départ de l'année & des sphères, & ouvroit la marche du tems. (*D. L.*)

BRA

BRACHYSTOCHRONE, s. f. (*Méchanique*) est le nom que Jean Bernoulli, alors professeur de Mathématique à Groningue, a donné à une courbe *A C B* (*pl. Méchan. fig.* 21) dont la propriété est telle qu'un corps qui tombe du point *A*, en vertu de sa pesanteur, le long de la concavité de cette courbe, arrive de *A* en *B* en moins de tems qu'il n'y arriveroit, s'il descendoit le long de toute autre courbe *A D B*, passant par les mêmes points A, B; ou même s'il descendoit le long de la droite AB. Il proposa aux géomètres, en 1697, de déterminer quelle étoit cette courbe. Le problème fut résolu par Jacques Bernoulli son frère, professeur de Mathématique à Bâle, par Leibnitz, par le marquis de l'Hôpital & par Neuton. Jean Bernoulli avoit averti les géomètres, dans son programme, que la ligne droite A, B, passant par les deux points $A B$, quoiqu'elle fût la plus courte de toutes celles qu'on pouvoit faire passer par ces points, n'étoit pas néanmoins celle qu'un corps pesant, tombant de A, devoit parcourir en moins de tems; & en effet, on trouva que c'étoit une cycloïde, ou plutôt un arc de cycloïde passant par les points A, B, & dont le point A étoit l'origine. *Voyez* Cycloïde.

Il n'est pas impossible de faire sentir à ceux même qui sont peu versés dans la Méchanique transcendante, comment il peut se faire que la ligne droite $A B$ ne soit pas la ligne de la plus courte descente. Car imaginons la ligne horizontale $E C$ qui partage la courbe $A C B$ en deux parties $A C$, $C B$, telles que la partie $A C$ soit plus courte que $A E$, & la partie $C B$ plus longue que $E B$; il est certain que le corps A arrivera en C plutôt qu'il n'arriveroit en E, puisqu'il aura moins de chemin à faire. Il est vrai qu'il emploïera ensuite plus de tems à parcourir $C B$, qu'il n'en mettra à parcourir $E B$; mais il faut remarquer que les tems employés à parcourir les lignes $A E$, $A C$, $C B$, $E B$, ne sont point entr'eux comme ces lignes, parce que le corps ne les décrit pas d'un mouvement uniforme : ainsi, il ne doit pas paroître impossible que l'excès du tems par $A E$ sur le tems par $A C$, soit plus grand que l'excès du tems par $C B$ sur le tems par $E B$. Ainsi, de ce que la ligne droite $A B$ est plus courte que la ligne courbe $A C B$, il ne s'ensuit nullement que la ligne droite $A B$ doive être descendue en moins de tems que la ligne courbe $A C B$. L'espèce de raisonnement métaphysique que nous venons de faire, peut bien servir à faire soupçonner que la ligne de la plus vîte descente peut être une courbe : mais ce raisonnement ne sauroit jamais être une démonstration. C'est par le calcul seul qu'on peut s'assurer si ce qu'on a soupçonné est vrai, & le calcul démontre en effet qu'on a soupçonné juste. Voici à-peu-près comment on s'y prend pour déterminer la courbe de la plus vîte descente. Soit $A C B$ cette courbe, & ayant pris un arc infiniment petit $C c$, soit imaginé un arc quelconque infiniment petit $C O c$, terminé aux points C, c; il est évident que le corps pesant arrivé en C, doit parcourir l'arc $C c$ en moins de tems que l'arc $C O c$: car s'il étoit moins de tems à parcourir l'arc $C O c$, alors ce seroit $A C O c B$, & non $A C B$ qui seroit la courbe de la plus vîte descente, ce qui est contre l'hypothèse. Ainsi, la propriété de la courbe dont il s'agit est telle qu'un de ses arcs quelconques infiniment petit $C c$, est parcouru en moins de tems que tout autre arc infiniment petit $C O c$, passant par les mêmes points C, c.

Maintenant, soient imaginés les points infiniment proches C, c; & soit cherchée sur la ligne horizontale QL (*fig.* 22) la position du point K, tel que $C K c$ soit parcouru en moins de tems que tout autre chemin $C K c$ passant par C & c: on trouvera (*voyez* Réfraction) en menant les lignes $K R$, $c r$, perpendiculaires à $Q L$, que le sinus de l'angle $C K R$ doit être au sinus de $K c r$, comme la vîtesse le long de $C K$ à la vîtesse le long de $K c$; d'où il s'ensuit que la courbe cherchée doit être telle que le sinus de l'angle qu'un de ses côtés quelconques infiniment petit $C K$ fait avec la verticale $K R$, soit proportionnel à la vîtesse en K, laquelle vîtesse est comme la racine quarrée de la hauteur d'où le corps est parti. Or en achevant le calcul, on trouve que cette propriété convient à la cycloïde. *Voy.* Cycloïde.

Si l'on supposoit qu'un corpuscule de lumière traversât l'atmosphère, de maniere qu'il arrivât d'un point à un autre dans le plus court tems possible, la courbe qu'il décriroit seroit une *brachystochrone*, pourvu que l'on fît certaine hypothèse sur la densité du milieu. *Voyez* Réfraction, Action, Causes finales.

Voyez dans les Mémoires de l'Académie de 1718, deux solutions du problème de la *brachystochrone*, données par Jean Bernoulli, & toutes deux fort simples. Galilée a cru faussement que la *brachystochrone* étoit un arc de cercle. La Géométrie, de son tems, n'étoit pas encore assez avancée pour résoudre ce problème. On trouve dans le second volume de la *Mécanique* de M. Euler, imprimé à Pétersbourg en 1736, une solution très-élégante de ces problèmes, & des théorèmes fort simples & fort généraux sur les propriétés de la *brachystochrone*. La solution du problème devient beaucoup plus difficile lorsqu'on suppose que le corps se meut dans un milieu résistant, parce qu'alors la vîtesse ne dépend pas de la hauteur seule. M. Euler a donné aussi la *brachystochrone* pour ce cas-là, ce que personne n'avoit encore fait avant lui. (*O*)

BRACON, s. m. (*Machine hydraulique*) : on appelle *bracon* d'un vanteau, d'une porte d'écluse, la console, la potence, ou l'appui qui soutient cette porte. (*K*)

BRANCHE *de courbe, terme de Géométrie.* Pour entendre ce que c'est que *branche* de courbe, imaginez une courbe géométrique, dont on a l'équation en x & en y, x représentant les abscisses, & y les ordonnées. *Voyez* Courbe, Abscisse, Ordonnée, *&c.* Il est évident:

1.° Qu'en prenant x positive, y aura un certain nombre de valeurs correspondantes à la même valeur de x.

2.° Qu'en prenant x négative, y aura de même un certain nombre de valeurs correspondantes à la même x.

Or la courbe a autant de *branches* que y a de valeurs répondantes aux x tant positives que négatives. *Voyez à l'article* COURBE, pourquoi les ordonnées positives se prennent du même côté de l'abscisse, & les négatives du côté opposé.

Au reste, il est bon d'observer que les géomètres n'ont pas encore bien fixé la signification du mot *branche*. Par exemple, soit une courbe qui ait pour équation $y = \frac{xx}{6x} + x + \frac{5}{6}a$, on regarde d'ordinaire cette courbe comme n'ayant qu'une seule *branche*, parce que y n'a qu'une seule valeur. Cependant cette *branche* est quelquefois comptée pour deux, parce qu'elle s'étend à l'infini du côté des x positives, & du côté des x négatives. *Introduct. à l'analyse des lignes courbes par* M. Cramer.

On appelle *branche infinie* une *branche* de courbe qui s'étend à l'infini.

L'hyperbole & la parabole ont des *branches* infinies. Mais le cercle & l'ellipse n'en ont point; ce sont deux courbes qui rentrent en elles-mêmes.

Les *branches infinies* d'une courbe sont ou *paraboliques* ou *hyperboliques*.

Les *branches paraboliques* sont celles qui peuvent avoir pour asymptote une parabole d'un degré plus ou moins élevé. Par exemple, la courbe dont l'équation seroit $y = \frac{x^2}{a} + \frac{b^2}{x}$, auroit une *branche infinie parabolique*, qui auroit, pour asymptote, une parabole ordinaire, dont l'équation seroit $y = \frac{x^2}{a}$. En effet, x étant infinie, l'équation se réduit à $y = \frac{x^2}{a}$, qui est celle de la parabole ordinaire. De même, si l'équation étoit $y = \frac{x^3}{a^2} + \frac{b^3}{xx}$, on trouveroit que la *branche infinie* auroit pour asymptote une parabole du troisième degré $y = \frac{x^3}{a^2}$.

Les *branches hyperboliques* sont celles qui ont, pour asymptote, une ligne droite; elles peuvent aussi avoir, pour asymptote, une hyperbole d'un degré plus ou moins élevé. Par exemple, la courbe $y = \frac{x^2}{a} + \frac{b^2}{x}$ dont nous venons de parler, se réduit à $y = \frac{b^2}{x}$, lorsque $x = 0$; elle a pour asymptote l'ordonnée infinie qui passe par l'origine, & elle peut avoir aussi pour asymptote l'hyperbole ordinaire.

De même la courbe $y = \frac{x^3}{a} + \frac{b^3}{x^2}$ a pour asymptote l'ordonnée infinie, qui passe par le point où $x = 0$; & elle a aussi pour asymptote une hyperbole cubique.

Il est visible que toutes les *branches infinies* sont ou *hyperboliques* ou *paraboliques*. Car soit dans l'équation d'une courbe y exprimée en x par une série dont tous les termes soient réels; il est évident que quand x sera infinie ou infiniment petite, toute cette équation se réduit à $y = x^m$, tous les autres termes étant alors regardés comme nuls. Or la *branche* sera parabolique, si m est positif & plus grand que 1, & hyperbolique, si m est négatif, ou 0, ou 1. *Voyez* SÉRIE.

Au reste, il ne faut pas croire que cette équation $y = x^m$ qui détermine si une *branche* est hyperbolique ou parabolique, soit suffisante pour connoître le nombre & la position des *branches*. Par exemple, soit $y = \frac{x^2}{a} + \sqrt{ax}$; en faisant x infinie, on a $y = \frac{x^2}{a}$, & l'on voit que la *branche* est parabolique. De plus, on est tenté de croire que cette courbe aura, comme la parabole, deux *branches infinies*, l'une du côté des x positives, l'autre du côté des x négatives. Mais on seroit dans l'erreur, si on le pensoit; car x étant négative, l'ordonnée $y = \frac{x^2}{a} + \sqrt{ax}$ sera imaginaire. On peut bien négliger $\sqrt{ax}$ vis-à-vis de $\frac{x^2}{a}$, lorsque $\sqrt{ax}$ & $\frac{x^2}{a}$ sont tous deux réels : mais, lorsque $\sqrt{ax}$ devient imaginaire, alors ce terme $\sqrt{ax}$ rend imaginaire $\frac{x^2}{a}$, & on ne sauroit conserver l'un sans l'autre. Je suis le premier qui ait fait cette remarque. *Voy. les Mémoires de l'Acad. Royale des Sciences de Prusse, année 1746. Voyez aussi* REBROUSSEMENT.

On trouvera une théorie très-complette des *branches infinies* des courbes dans le *viij. chapitre de l'introduction à l'analyse des lignes courbes, par* M. Cramer. Il y donne la méthode de déterminer les différentes *branches* d'une courbe, & leurs asymptotes droites ou courbes. Comme cette théorie nous conduiroit trop loin, nous renvoyons là-dessus à son ouvrage. On trouve aussi d'excellentes choses sur ce sujet dans les *usages de l'analyse de Descartes*, par M. l'abbé de Gua. (*O*)

BRASSARD, s. m. instrument de bois dont on se sert pour jouer au ballon: c'est une douille de bois de chêne assez mince, de la longueur de l'avant-bras qu'on y fait entrer à force avec des mouchoirs, serviettes, ou autres linges. On peut avec le bras ainsi armé, recevoir le ballon & le frapper si fort que l'on veut sans se blesser. La surface du *brassard* est taillée en grosses dents, afin que le coup ne glisse pas sur le ballon.

Les anciens à qui le jeu de ballon n'étoit pas inconnu, ont eu aussi leurs *brassards*: mais ils n'étoient pas de bois; c'étoient des courroies d'un cuir fort, dont ils faisoient plusieurs tours sur leurs bras.

BRE

BREDOUILLE, s. f. *terme de Trictrac* : on appelle ainsi le jetton qui sert à marquer que les points qu'on a, on les a pris sans interruption : ainsi, je gagne quatre points, je marque ces quatre points avec un jetton accompagné de celui de la *bredouille* : j'en gagne encore deux, qui avec quatre que j'avois font six, je marque ces six points avec un jetton, toujours accompagné de celui de la *bredouille*. Mon adversaire joue, il gagne deux points; alors je perds la *bredouille*, & c'est lui qui la gagne, & qui la conservera jusqu'à ce que je la lui ôte en lui gagnant quelques points avant qu'il en ait pris douze : alors nous ne l'aurons ni l'un ni l'autre; car nous nous serons interrompus tous les deux en prenant alternativement des points. Si l'on gagne douze points sans interruption, ou, comme on dit au jeu, douze points *bredouille*, on marque deux trous; s'ils ne sont pas *bredouille*, on ne marque qu'un trou.

S'il y a des trous *bredouille*, il y a aussi des parties *bredouille*. La partie du trictrac est de douze trous; on la gagne *bredouille* quand on prend ces douze trous tout de suite & sans interruption. Il y a des joueurs qui la font payer double.

Pour que le trou & la partie soient *bredouille*, il n'est pas nécessaire que votre adversaire ne prenne point de trous ni de points; il suffit que vous fassiez vos douze points ou vos douze trous tout de suite; que votre adversaire eût des points ou des trous avant que vous en prissiez, cela est indifférent.

BRELAND, s. m. (*jeu de cartes*); il se joue à tant de personnes que l'on veut : mais il n'est beau, c'est-à-dire, très-ruineux, qu'à trois ou cinq. L'ordre des cartes est as, roi, dame, valet, dix, neuf, huit, sept, six : l'as vaut onze points; le roi, la dame, le valet & le dix, en valent dix; les autres cartes comptent autant de points qu'elles en portent; on laisse rarement les six dans le jeu.

On donne trois cartes, ou par une, ou par deux & une, ou par une & deux, mais non par trois. Si un joueur a dans ses trois cartes, l'as, le roi & la dame d'une même couleur, il compte trente-un; s'il a l'as & le dix, il compte vingt-un : s'il a le dix, le neuf & le sept; il compte vingt-six, & ainsi des autres cartes ou jeux qui peuvent lui venir.

S'il a dans ses trois cartes, ou trois as, ou trois rois, ou trois valets, &c., il a *breland*. Un *breland* est supérieur à quelque nombre de points que ce soit; & entre les *brelands*, celui d'as est supérieur à celui de rois; celui de rois à celui de dames, & ainsi de suite.

Les as, ou plus généralement les cartes qui se trouvent dans la main des joueurs, emportent toutes les cartes inférieures de la même couleur qui se trouvent aussi sur le jeu; ainsi, si un joueur a trois cœurs par le valet, & qu'un autre joueur ait ou l'as, ou la dame, ou le roi de cœur seul ou accompagné, il ne reste rien au premier, & le second a quatre cœurs au moins. Il n'y a d'exception à cette règle que le cas du *breland*; les as mêmes n'emportent point les cartes qui font *breland* dans la main d'un joueur.

Celui qui donne met seul au jeu; cet enjeu s'appelle *passe*, & la passe est si forte ou si foible qu'on veut. Il y a primauté entre les joueurs. Celui qui est le plus à droite du donneur, prime sur celui qui le suit; celui-ci sur le troisième, & ainsi de suite. Le donneur est le dernier en carte. A égalité de points entre plusieurs joueurs, le premier en carte a gagné.

On n'est jamais forcé de jouer; si l'on a mauvais jeu, on *passe* : si tout le monde passe, la main va à celui qui étoit le premier en carte; il joint son enjeu au précédent, & il y a deux *passes* : le nombre des enjeux ou passes augmente jusqu'à ce que quelqu'un joue. Mais si un joueur dit, *je joue*, n'eût-il point de concurrent, il tire toutes les passes qui sont sur jeu, sans même être obligé de montrer son jeu.

Si un joueur dit, *je joue*, il met autant d'argent sur jeu qu'il y a de passes; si un autre joueur dit aussi, *je joue*, il en fait autant, & ainsi de tous ceux qui joueront : puis ils abattent leurs cartes. Ils s'enlèvent les uns aux autres les cartes de même couleur, inférieures à celles qu'ils ont; & celui qui compte le plus de points dans les cartes d'une seule couleur, a gagné : ou s'il y a des *brelands*, celui qui a le *breland* le plus haut; ou celui qui a un *breland*, s'il n'y en a qu'un, tire tout l'argent qui est sur le jeu.

Il faut observer que la carte retournée est du nombre de celles qui peuvent être enlevées ou par celui qui a dans sa main la carte la plus haute de la même couleur, ou de préférence par celui qui a trois autres cartes, non de la même couleur, mais de la même espèce : ainsi, dans le cas où la carte retournée seroit un dix, le joueur qui auroit trois dix en main, auroit de droit le quatrième; ce qui lui formeroit le jeu qu'on appelle *tricon*. Le tricon est le jeu le plus fort qu'on puisse avoir; cependant ce jeu n'est pas sûr.

Si le *breland* est un jeu commode, en ce qu'on ne joue que quand on veut, c'est un jeu cruel, en ce qu'on n'est guère libre de ne jouer que ce qu'on veut. Tel se met au jeu avec la résolution de perdre ou de gagner un louis dans la soirée, qui en perd 50 en un coup. C'est votre tour à parler, vous croyez avoir jeu de risquer la valeur de la *passe*; je suppose qu'elle soit d'un écu, vous dites, *je joue*, & vous mettez au jeu un écu. Celui qui vous suit, croira pouvoir aussi risquer un écu, & dira, *je joue*, & mettra son écu : mais le troisième croira son jeu meilleur qu'un écu; il dira, *je joue aussi, voilà l'écu de la passe, mais j'en mets vingt, trente, quarante en sus.* Le quatrième joueur, ou passe, ou tient, ou enchérit

S'il passe, il met ses cartes au talon; s'il tient, il met & l'écu de passe, & l'enchère du troisième joueur; s'il enchérit, il met & l'écu de passe, & l'enchère du troisième joueur, & son enchère particulière. Le cinquième joueur choisit aussi de passer, de tenir ou de pousser. S'il tient; il met la passe, l'enchère du troisième, & celle du quatrième; s'il pousse ou enchérit, il ajoute encore son enchère. Le jeu se continue de cette manière, jusqu'à ce que le tour de parler revienne à celui qui a joué le premier; il peut ou passer, en ce cas il perd ce qu'il a déjà mis sur jeu; ou tenir, en ce cas il ajoute à sa mise la somme nécessaire pour que cette mise & son addition fassent une somme égale à la mise totale du dernier enchérisseur, où il pousse & enchérit lui-même; & en ce cas, il ajoute encore à cette somme totale son enchère. Les enchères ou tenues se continuent, & vont aussi loin que l'acharnement des joueurs les entraîne, à moins qu'elles ne soient arrêtées tout court par une dernière tenue faite dans un moment où celui qui tient, ajoutant à sa mise ce qui manque pour qu'elle fasse avec son addition une somme totale égale à la dernière enchère, tous les joueurs se trouvent avoir sur le jeu la même somme d'argent, excepté celui qui a fait, à qui il en coûte toujours la passe de plus qu'aux autres. En général, tout joueur qui a moins d'argent sur jeu qu'un autre joueur peut enchérir, & les enchères se poussent nécessairement jusqu'à ce qu'il arrive une tenue au moment où la mise de tous ceux qui ont suivi les enchères, est absolument égale.

Il faut savoir qu'on n'est point obligé de suivre les enchères, & qu'on les abandonne quand on veut; mais aussi qu'on perd en quittant, tout ce qu'on a mis d'argent sur le jeu: il n'y a que ceux qui suivent les enchères jusqu'au bout, qui puissent gagner.

Lorsque tous les joueurs qui ont suivi les enchères sont réduits à l'égalité de mise & arrêtés par quelque tenue, ils abattent leurs cartes, ils se distribuent celles qui leur appartiennent par le droit de supériorité de celles qu'ils ont; s'il n'y a point de *breland*; & celui qui forme le point le plus haut dans les cartes d'une même couleur, gagne tout. S'il y a un *breland*, celui qui l'a, tire; s'il y en a plusieurs, tout l'argent appartient au plus fort *breland*, à moins qu'il n'y ait un tricon: le tricon a barre sur tout. Il n'y a de ressource contre le tricon, que d'avoir plus d'argent que lui, & que de le forcer à quitter par une enchère qu'il n'est pas en état de suivre. C'est par cette raison que nous avons dit que le tricon étoit le plus beau jeu que l'on pût avoir, sans toutefois être un jeu sûr.

Tel est le jeu qu'on appelle *breland*: il n'y a peut-être aucun jeu de hazard plus terrible & plus attrayant. Il est difficile d'y jouer sans en prendre la fureur; & quand on en est possédé, on ne peut plus supporter d'autres jeux; ce qu'il faut, je crois, attribuer à ses révolutions, & à l'espérance qu'on a de pousser le gain tant qu'on veut, & de recouvrer en un coup la perte de dix séances malheureuses; espérances extravagantes, car il y a démonstration morale que le gain ne peut aller que jusqu'à un certain point; & il est d'expérience que le grand gain rend les joueurs plus resserrés & plus timides, & que la grande perte les rend plus avides & plus téméraires. La police n'a pas tardé à sentir les tristes suites de ce jeu, & il a été proscrit sous les peines les plus sévères: cependant il se joue toujours, & je suis convaincu que les hommes n'y renonceront que quand ils en auront inventé un autre qui soit aussi égal & plus orageux; deux conditions difficiles à remplir, car il faut convenir que le *breland* est un jeu très-égal, quand l'enchère la plus forte est bornée.

BRICOLE, s. m. (*Méch*). On dit au jeu de billard qu'une bille en frappe une autre par bricole, lorsqu'au lieu d'être poussée directement contre elle, elle ne vient la rencontrer qu'après avoir frappé la bande du billard, & avoir été renvoyée par cette bande.

Soit F une des billes, & A l'autre, (*Méch. fig.* 23), HG la bande du billard; si on pousse la bille F suivant FE, & que renvoyée suivant EA par le point E de la bande, elle vienne choquer la bille A, cela s'appelle *choquer de bricole*. Pour trouver le point E de la bande auquel il faut pousser la bille F pour choquer la bille A de *bricole*, menez de la bille A la perpendiculaire AG à la bande GH, & prolongez-la de manière que GB soit égal à AG: ensuite visez de F en B, & poussez la bille F suivant FB; le point E où FB coupera GH, sera le point de *bricole*: car tirant FE & AE, il est aisé de démontrer que l'angle FEH est égal à l'angle AEG. Donc, suivant les loix de la réflexion des corps, (*Voyez* RÉFLEXION), la bille poussée suivant FE, rejaillira suivant FA.

Au reste les bons joueurs, par la seule habitude, trouvent ce point E sans préparation, & les maladroits le manquent avec cet échafaudage.

On peut donner aussi des régles géométriques pour toucher une bille par deux *bricoles* ou davantage; mais elles seroient plus curieuses dans la théorie, qu'utiles dans la pratique. *Voyez l'article* MIROIR, où l'on traite assez au long de la réflexion simple ou multiple des rayons; réflexion qui représente parfaitement les *bricoles* simples ou multiples d'une bille de billard. (*O*)

BRINEK, (*Astronomie*). nom que les Arabes donnent à la belle étoile de la Lyre.

BRISE, s. f. (*Architect. Hydrauliq*) c'est une poutre en bascule, posée sur la tête d'un gros pieu, laquelle sert à appuyer par le haut les aiguilles d'un pertuis. (*K*)

BRUSQUEMBILLE, (*jeu de la*). On peut jouer à la *brusquembile* deux, trois, quatre ou cinq; mais il est bon d'observer qu'à deux & à quatre on ne joue qu'avec trente-deux cartes, qui sont les mêmes que celles avec lesquelles on joue au piquet; & lorsque l'on joue trois ou cinq, il faut que le jeu soit composé de trente cartes seulement; c'est-à-dire qu'on enlevera deux sept, n'importe lesquels. Lorsqu'on joue à quatre, l'on est deux contre deux; & l'on se met ensemble, afin de pouvoir se communiquer le jeu.

Les *brusquembilles* sont les as & les dix : elles enlevent les autres cartes de la même couleur, mais elles sont enlevées par les triomphes : le reste des cartes conserve le rang & la supériorité ordinaires.

Lorsque l'on joue en partie, c'est-à-dire un contre un, deux contre deux, on convient d'abord de ce qu'on jouera; & si l'on joue trois ou cinq, on prend un certain nombre de jettons que l'on fait valoir ce qu'on veut; celui qui mêle, donne à couper à sa gauche, & distribue ensuite à chaque joueur trois cartes, une à une ou toutes ensemble, en prend autant pour lui, & en retourne une dessus le talon, qui est celle qui fait la triomphe, & qu'il met retournée à moitié sous le talon, de maniere qu'on puisse la voir. Celui qui est premier, jette la carte qu'il veut de son jeu; le second joue ensuite sur cette carte celle de son jeu qu'il juge à-propos, & ainsi des autres, chacun à son tour. Celui qui gagne la main, prend une carte au talon; chacun des autres joueurs en fait autant, en allant de droite à gauche : l'on recommence à jouer comme au premier coup, & l'on continue jusqu'à ce que toutes les cartes du talon soient prises, chaque joueur y en prenant une pour remplacer celle de son jeu qu'il jette à chaque coup; & celui qui prend la derniere carte, prend la triomphe qui retourne.

J'ai dit que le second à jouer jettoit la carte que bon lui sembloit, parce qu'on n'est point obligé de fournir à ce jeu de la couleur de la carte jouée, encore qu'on en ait : il n'y a point de renonce : on peut couper une carte à laquelle on auroit pu fournir; voilà la maniere de jouer le jeu. On recommence à chaque tour de la même façon, jusqu'à ce que l'on ait joué les coups dont on est convenu. Il y a quelques personnes qui prétendent qu'on ne peut renoncer, lorsqu'une fois toutes les cartes du talon sont levées, & qu'il faut couper absolument si l'on n'a pas de la couleur jouée; mais je crois que cela dépend de la volonté des joueurs. Passons aux droits qui se paient à ce jeu.

Celui qui joue la *brusquembille* de l'as de triomphe, reçoit deux jettons de chacun. Il retire également deux jettons de chaque joueur, pour tous les as qu'il jouera après, pourvu qu'il fasse la levée; car s'il ne la faisoit, au lieu de gagner deux jettons de chaque joueur, il est obligé de leur en payer deux à chacun. Il en est de même des dix, qui valent de chaque joueur un jetton chacun; mais s'il ne leve pas la main, il est obligé d'en donner un à chaque joueur. Celui qui a plus de points dans les levées qu'il a faites, gagne enfin la partie. Voici la maniere de compter ces points. Après que toutes les cartes du talon ont été prises, & que l'on a joué toutes les cartes que l'on avoit en main, chacun voit les levées qu'il a, & comme onze points pour chaque as, dix pour chaque dix, quatre pour chaque roi, trois pour chaque dame, deux pour chaque valet, & les autres ne sont comptées pour rien. Celui qui, en comptant ainsi, se trouve avoir plus de points, gagne la partie : l'on doit par conséquent tâcher de faire des levées où il y ait beaucoup de points, des as, des rois, des dames, des dix & des valets, afin de pouvoir gagner le jeu. L'usage & le bon sens apprendront mieux à jouer ce jeu, que tout ce que nous pourrions en dire, la situation du jeu demandant de jouer un même coup tantôt d'une façon, tantôt d'une autre. Il est quelquefois bon d'avoir la main, d'autrefois de l'abandonner à son adversaire. En général, pour bien jouer la *brusquembille*, il faut une grande attention pour voir, non-seulement les triomphes qui sont déjà sorties, mais encore les *brusquembilles* qui sont passées & celles qui sont encore dans le jeu, afin d'en faire son avantage en jouant.

Voici quelques règles qui pourront rendre plus complette la connoissance qu'on a déjà de ce jeu, sur ce que nous en avons dit. Celui qui mêle & trouve une ou plusieurs cartes retournées, ou en retourne lui-même, refait, sans autre peine. Si le jeu de carte est faux par une carte de moins, tout ce qui a été payé dans le coup est bien payé; mais on ne peut gagner la partie, & l'on cesse de jouer pour deux cartes qui manqueroient, aussi-tôt qu'on s'en apperçoit; si le coup est fini, il est bon. Celui qui joue avant son rang, ne peut reprendre sa carte. Celui qui a jetté sa carte, ne sauroit y revenir sous quelque pretexte que ce soit. Celui qui prendroit avant son tour une carte du talon, s'il a joint à son jeu la carte prise au talon, paie à celui à qui elle auroit été de droit, la moitié de ce qui est au jeu, & il la lui rend; & s'il ne l'avoit pas jointe à son jeu, mais vûe seulement, il donneroit deux jettons à chaque joueur, & la laisseroit aller à qui doit la prendre de droit. Celui qui en tirant sa carte du talon en voit une seconde, paie deux jettons à chaque joueur. Lorsque l'on joue en partie deux contre deux, si l'un des joueurs, en prenant sa carte du talon, voit celle qui doit aller à son adversaire, il leur est libre de recommencer la partie; & si la carte vûe revient à lui ou à son compagnon, le jeu se continue. Il n'y a point de renonce, & l'on n'est point forcé à mettre plus haut sur une carte jouée. Celui qui ayant accusé avoir un certain nombre de points, en auroit davantage, & ne les accuseroit qu'après que les cartes seroient brouillées, ne pourroit y revenir, & perdroit

& perdroit la partie, si un autre joueur avoit plus de points dans ses levées qu'il n'en auroit accusé. Celui qui quitteroit le jeu avant la partie finie, la perdroit.

BRUSQUEMBILLE, *au jeu de ce nom*, est le nom qu'on donne aux as & aux dix, qui sont les premières cartes du jeu; les as enlèvent cependant les dix. *Voyez l'article précédent.*

BURIN. (*Astron.*) Constellation méridionale établie par M. de la Caille dans son planisphère austral. Il l'appelle en latin *cœlum scalptorium*; elle est placée entre l'éridan, la colombe & la dorade. La principale étoile de cette constellation est de cinquième grandeur. Elle avoit en 1750, 68° 8′ 21″ d'ascension droite, & 42° 21′ 6″ de déclinaison australe; ainsi, on peut la voir dans les provinces méridionales de la France. (*D. L.*)

CAB

CABESTAN, s. m. (*Méch.*) c'est une machine de bois, reliée de fer, faite en forme de cylindre ou de cone tronquée, posée perpendiculairement sur le pont d'un vaisseau, que des barres passées en travers par le haut de l'essieu font tourner en rond. Ces barres étant conduites à force de bras, font tourner autour du cylindre un cable, au bout duquel sont attachés les gros fardeaux qu'on veut élever.

C'est encore en virant le *cabestan*, qu'on remonte les bateaux, & qu'on tire sur terre les vaisseaux pour les calfater, qu'on les décharge des plus grosses marchandises, qu'on leve les vergues & les voiles, aussi-bien que les ancres.

Il y a deux *cabestans* sur les vaisseaux, qu'on distingue par *grand* & *petit cabestan*: le *grand cabestan* est placé derrière le grand mât sur le premier pont, & s'élève jusqu'à quatre ou cinq pieds de hauteur au-dessus du deuxième. On l'appelle aussi *cabestan double*, à cause qu'il sert à deux étages pour lever les ancres, & qu'on peut doubler sa force en mettant des gens sur les deux ponts pour le faire tourner.

Le *petit cabestan* est posé sur le second pont, entre le grand mât & le mât de misène. Il sert principalement à hisser les mâts de hune & les grandes voiles, & dans les occasions où il faut moins de force que pour lever les ancres.

Il est visible par la description de cette machine, que le *cabestan* n'est autre chose qu'un treuil, dont l'axe au lieu d'être horizontal, est vertical. *Voyez à l'article* AXE les loix par lesquelles on détermine la force du treuil, appellé en latin *axis in peritrochio*, axe dans le tambour, *ou* aissieu dans le tour. Dans le *cabestan* le tambour, *peritrochium*, est le cylindre, & l'axe ou l'essieu sont les leviers qu'on adapte aux cylindres, & par le moyen desquels on fait tourner le *cabestan*.

Le *cabestan* n'est donc proprement qu'un levier, ou un assemblage de leviers auxquels plusieurs puissances sont appliquées. Donc, suivant les loix du levier, & abstraction faite du frottement, la puissance est au poids comme le rayon du cylindre est à la longueur du levier auquel la puissance est attachée; & le chemin de la puissance est à celui du poids comme le levier est au rayon du cylindre. Moins il faut de force pour élever le poids, plus il faut faire de chemin: il ne faut donc point faire de leviers trop longs, afin que la puissance ne fasse pas trop de chemin; ni trop courts, afin qu'elle ne soit pas obligée de faire trop d'effort; car, dans l'un & l'autre cas, elle seroit trop fatiguée.

On appelle encore en général du nom de *cabestan* tout treuil dont l'axe est posé verticalement: tels sont ceux dont on se sert sur les ports à Paris, pour attirer à terre les fardeaux qui se trouvent sur les gros bateaux, comme pierres, *&c.*

Un des grands inconvéniens du *cabestan*, c'est que la corde qui se roule dessus descendant de sa grosseur à chaque tour, il arrive que, quand elle est parvenue tout-à-fait au bas du cylindre, le *cabestan* ne peut plus virer, & l'on est obligé de choquer, c'est-à-dire de prendre des bosses, de dévirer le *cabestan*, de hausser le cordage, *&c.* manœuvre qui fait perdre un tems considérable. C'est pour y remédier que l'Académie des Sciences de Paris proposa, pour le sujet du prix de 1739, de trouver un *cabestan* qui fût exempt de ces inconvéniens. Elle remit ce prix à 1741; & l'on a imprimé, en 1745, les quatre pièces qu'elle crut devoir couronner, avec trois *accessit*. L'Académie dit, dans son avertissement, qu'elle n'a trouvé aucun des *cabestans* proposés exempt d'inconvéniens. Cela n'empêche pas néanmoins, comme l'Académie l'observe, que ces pièces, sur-tout les quatre pièces couronnées, & parmi les *accessit*, celle de M. l'abbé Fenel, ne contiennent d'excellentes choses, principalement par rapport à la Théorie. Nous y renvoyons nos lecteurs. (*O*)

CAD

CADMUS, nom de la constellation du serpentaire.

CADRAN SOLAIRE, (*Astronom.*, *Gnomoniq.*) est un instrument propre à montrer l'heure qu'il est; ou une surface sur laquelle sont tracées des lignes qui indiquent l'heure par l'ombre d'un style, ou par un rayon solaire.

On fait aussi des *cadrans* pour trouver l'heure par les étoiles. La science des *cadrans* s'appelle Gnomonique, nous en donnerons l'histoire au mot *Gnomonique*: nous allons décrire ici les différentes espèces de *cadrans*, avec les principes, les démonstrations & les règles de pratique nécessaires pour les bien entendre & les exécuter.

I. *Cadran équinoxial*: le premier objet de tout *cadran solaire* n'est autre chose que l'art de diviser en 24 heures égales le mouvement du soleil; ainsi, le premier & le plus simple de ses moyens doit être de placer un cercle divisé en 24 parties égales, de manière que le soleil en parcoure la circonférence, & réponde en 24^h à ses 24 parties. Pour cela, il ne faut que le placer parallèlement à l'équateur, & c'est-là le *cadran équinoxial*.

Le cas le plus simple du *cadran équinoxial* est celui où le soleil est dans l'équateur; & l'observateur placé sous la ligne équinoxiale: il faut alors que le plan du cercle ou du *cadran* soit vertical; & si on le dirige le matin vers le soleil levant, on est sûr que le soleil le suivra jusqu'à son coucher. L'axe ou le style qu'on aura placé perpendiculairement au cercle, & dans le centre, jettera son ombre sur les 12 parties égales pendant les 12 heures du jour.

Si l'on étoit sous le pole, ce seroit un cercle horizontal qui formeroit en tout tems une division du mouvement diurne en 24 parties égales. Si l'observateur s'avance vers un des poles, l'équateur s'abaissera d'autant, & le cercle qui doit servir de *cadran* devra être incliné de même; par exemple, à Paris de 41 degrés.

Nous prendrons donc ici un cercle divisé en 24 parties, nous l'inclinerons à l'horizon de 41^d, ce qui se peut faire avec un triangle de bois, dont un côté soit à l'autre comme sept à huit, le plus grand côté étant placé horizontalement; nous dirigerons le cercle vers le soleil le matin, le jour de l'équinoxe, sans changer cette inclinaison, & nous serons sûrs que le soleil suivra le cercle pendant toute la journée, parce qu'ils sont l'un & l'autre dans l'équateur.

Si l'on ignoroit la hauteur de l'équateur, on pourroit encore y suppléer; on dirigeroit le matin le cercle vers le soleil, & marquant la ligne de ce plan qui auroit été dirigée vers le soleil, on tiendroit cette ligne immobile, & vers le tems de midi, on feroit tourner ce cercle autour de cette ligne fixe pour le diriger encore vers le soleil; & comme deux lignes déterminent un plan, le cercle se trouveroit encore par-là dans le plan de l'équateur.

On feroit la même chose en élevant le plan du cercle vers le midi, à la hauteur du soleil lorsqu'il cesse de monter sensiblement, & sans changer cette hauteur du plan, on le tourneroit le soir à droite ou à gauche pour le diriger vers le soleil.

Dans le cas ou le soleil n'est pas dans l'équateur, mais où il a une déclinaison, il faut élever au centre du cercle un style, qui, sur le rayon du cercle soutende un angle égal à cette déclinaison au-dessus ou au-dessous du plan; alors les cercles horaires passant tous par les 12 rayons & par le style, l'ombre du style répondra sur les 12 lignes horaires. En effet, les cercles horaires qui passent tous par les poles, marquent nécessairement les heures; quand le soleil est à 15 degrés du méridien ou dans un cercle horaire qui fait avec le méridien un angle de 15 degrés; il est nécessairement une heure de tems vrai, quelle que soit la déclinaison du soleil. *Voyez* ANGLE HORAIRE.

Si la déclinaison n'est pas connue exactement, il faut mettre le style égal aux quantités suivantes que j'ai calculées en centièmes du rayon; ce seront des lignes du pied de roi, en supposant le rayon du cercle de 8 pouces & un tiers.

Table de la longueur du style nécessaire pour former & placer un cadran équinoxial.

Déclinaison.	Jours de l'année où le soleil a cette déclinaison.				Longueurs du style.
2°	15 mars	25 mars	17 sept.	27 sept.	$3\frac{1}{2}$
4	10	30	12	3 oct.	7
6	5 mars	4 avril	7	8	$10\frac{1}{2}$
8	27 fév.	10	1 sept.	13	14
10	22	15	25 août	19	18
12	16	21	21	24	21
14	21	27 avril	15	30 oct.	25
16	4 fév.	4 mai	8	6 nov.	29
18	28 janv.	11	1 août	13	$32\frac{1}{2}$
20	20 janv.	20	23 juillet	21 nov.	36
22	9 janv.	31 Mai	12 juillet	2 déc.	40
$23\frac{1}{2}$		21 juin		21 déc.	$43\frac{1}{2}$

Si l'on manquoit même de cette table, on feroit varier le style & l'angle du plan jusqu'à ce qu'on eût le matin & le soir deux ombres égales; alors le *cadran* seroit orienté, quelque fut la longueur du style.

Enfin, si l'on ignoroit entièrement la déclinaison, il faudroit d'abord orienter le *cadran* par deux ombres égales le matin & le soir, & le lendemain l'élever aux environs de midi jusqu'à ce que l'ombre fût encore égale à celles du matin & du soir.

Ainsi, l'on peut faire un *cadran équinoxial* avec la première planche qui se trouve, sans connoître ni la latitude du lieu, ni la déclinaison du soleil, pourvu que l'ombre du style soit de la même longueur pendant quelques heures avant & après midi; si l'ombre est plus grande le matin que le soir, c'est une preuve que le *cadran* regardoit trop le couchant; si elle est plus grande à midi & que ce soit dans la face supérieure du *cadran*, c'est une preuve que le cadran est trop relevé, & on l'abaisse pour la rendre égale.

Si l'on sait la déclinaison du soleil & que l'on fasse le style égal à la tangente de cette déclinaison, & l'inclinaison du plan égale à la hauteur de l'équateur, le *cadran* sera placé dès le premier moment où l'on aura vu le soleil; & plus l'on sera près de six heures, plus la position sera exacte. Il suffira que l'ombre du style vienne sur la circonférence du cercle.

Quand même il ne feroit pas élevé convenablement, s'il est bien orienté & que la ligne de six heures soit horizontale, il marquera très-juste aux environs de six heures & de midi : il n'y aura que les heures intermédiaires qui pourront être défectueuses.

Comme l'ombre de la pointe d'un style est mal terminée, on peut se servir d'un style au bout duquel il y ait un petit bouton, ou mieux encore un petit trou qui soit de l'orient à l'occident, & qu'on puisse tourner pour l'observation du midi. Je néglige le changement de déclinaison dans l'espace de quelques heures; l'erreur qui en résulte se corrigeroit facilement dans la saison opposée ou le changement se feroit en sens contraire, mais elle est indifférente dans l'usage ordinaire.

Le *cadran équinoxial* doit avoir deux faces, une au nord pour les tems ou le soleil a une déclinaison boréale, une au midi pour les déclinaisons australes, à moins qu'il ne soit transparent ou évidé. Le style passe au travers & marque sur les deux faces. Si l'on veut qu'il marque le jour même de l'équinoxe, il faut qu'il y ait un rebord ou un anneau sur une partie de sa circonférence, pour recevoir l'ombre du style.

On trouve presque par-tout de petits *cadrans* à boussole dans de petites boîtes carrées d'yvoire, appellées vulgairement *cadrans de Dieppe ;* le dessus de la boîte sert de *cadran équinoxial*, en plaçant au centre un style ou une épingle, & l'inclinant pour la latitude du lieu par le moyen d'un petit support qui est placé dessous.

On voit dans la *figure 246 des planches d'Astronomie*, un cercle divisé en parties égales, avec les heures marquées tout au tour, comme elles doivent l'être sur le *cadran équinoxial.* La figure 247 représente un *cadran équinoxial*, monté à la hauteur du pole par le moyen d'un quart de cercle *A E* avec son style *B D*, la boussole *G* qui sert à l'orienter; cet instrument n'a pas besoin d'explication. Un des avantages du *cadran* que nous venons d'expliquer, c'est qu'on peut se tromper sensiblement sur la position du cercle, sans qu'il en résulte une erreur sensible pour les heures marquées sur le *cadran.*

II. L'*anneau astronomique* est une espèce de *cadran équinoxial portatif*, & qui s'oriente de lui-même à-peu-près de la façon que nous avons expliquée en indiquant la construction du *cadran équinoxial ;* nous en avons donné la description au mot *Anneau.*

III. Le *cadran sphérique* est aussi naturel & aussi simple que le *cadran équinoxial ;* il est donné immédiatement par la nature & la direction du mouvement diurne. Je suppose qu'on ait un globe isolé, comme on en voit dans les jardins exposés au soleil & qu'on ait un style qui puisse s'appliquer perpendiculairement à la surface du globe dans tous les points par le moyen de trois pieds.

Si le style est creux de manière qu'un rayon solaire puisse passer au travers dans toute sa longueur, on marquera une suite de points pendant quelques heures, & ce sera le parallèle diurne du soleil pour ce jour-là. Il n'en faut pas davantage pour tracer tout le *cadran* & tous les cercles de la sphère du monde avec la plus grande facilité.

Ayant cherché les points du globe qui sont à égales distances de tous les points du cercle qu'on a décrit, on aura les poles de l'équateur. Le cercle qui sera dans le milieu à la même distance des deux poles sera l'équateur.

Le point le plus élevé de l'équateur sera le point de midi.

Les deux points qui seront situés horizontalement à la hauteur du centre, seront les points de six heures. Les autres heures seront dans les points intermédiaires de 15 en 15 degrés.

On fera mouvoir autour des deux poles un demi-cercle horaire, que l'on tournera vers le soleil quand on voudra savoir l'heure qu'il est, jusqu'à ce qu'il couvre son ombre exactement, il sera dès-lors dirigé vers le soleil.

Comme il y a toujours la moitié de ce globe, & la moitié de son équateur éclairée par le soleil, la séparation de la lumière & de l'ombre suffiroit pour indiquer l'heure qu'il est ; car à midi cette limite doit tomber sur les points de six heures, & à six heures sur ceux de midi & de minuit : mais cette ombre étant mal terminée & la séparation difficile à distinguer, il vaut mieux se servir d'un demi-cercle mobile.

Si l'on faisoit les mêmes opérations au printems & en automne, on trouveroit deux équateurs différens de douze minutes, à cause du changement de déclinaison du soleil, & l'on prendroit le milieu; mais cette différence n'est d'aucune importance pour les heures du *cadran ;* elle est même absolument insensible sur un globe d'un pied de diamètre, & c'est à-peu-près la grandeur qu'on peut donner à de pareils *cadrans.*

IV. CADRAN *horizontal.* Le *cadran* le plus commun & le plus facile dans l'usage ordinaire, est le *cadran* horizontal qu'on place sur une fenêtre, sur un pilier dans un jardin, & qu'on transporte à volonté; ainsi, nous l'expliquerons avec tout le détail nécessaire, & par toutes les méthodes qu'on peut y employer.

La théorie commence à être ici un peu plus compliquée que pour le *cadran* équinoxial; mais on peut se passer, dans la pratique, de cette théorie : cependant, comme les principes doivent être établis & démontrés dans cet ouvrage, nous allons tâcher de les rendre clairs, en nous servant du *cadran* équinoxial pour trouver la construction du *cadran* horizontal.

Commençons par donner une idée de la projection gnomonique ou de l'intersection des cercles horaires, avec le plan d'un *cadran.* Imaginons une petite sphère semblable à la terre, qui aura son horizon parallèle au nôtre, son axe élevé &

parallèle à celui de la terre, son équateur placé dans le même sens que le cercle équinoxial du monde, ses cercles horaires situés de la même manière.

Le soleil étant à l'horizon de Paris, sera aussi dans l'horizon de ce globe, car ils sont parallèles; & la distance du soleil est si grande, que la différence est insensible entre le centre de la terre & le centre d'un globe situé à la surface de la terre.

Quand le soleil sera dans le méridien du lieu, il sera dans le méridien du globe, *&c.*

A six heures, le soleil est dans un cercle horaire perpendiculaire au méridien : il voit donc l'axe de côté & perpendiculairement; tous ses rayons visuels sont perpendiculaires à l'axe, au méridien & à la méridienne, & parallèles à l'horizon; ainsi, l'ombre de cet axe sera perpendiculaire à l'ombre méridienne. D'ailleurs le soleil & l'axe sont dans le plan du cercle de six heures, qui coupe l'horizon à l'*est* & à l'*ouest*; ainsi, l'ombre ne peut sortir de ce plan, & coupera l'horizon sur la ligne qui va de l'orient à l'occident.

Si la terre devenoit transparente, & que nous vissions notre axe former une ombre sur l'horizon, à six heures nous la verrions perpendiculaire à la ligne de midi. Ainsi, la ligne de six heures est la section de l'horizon & du cercle horaire de 90° ou de six heures, soit dans l'intérieur de la terre, soit sur un autre globe quelconque qui auroit, comme la terre, son horizon, son axe, son cercle de six heures.

Cette section sur l'horizon est le premier article fondamental qu'il faut avoir bien conçu avant d'aller plus loin. Le soleil, à six heures, est toujours à 90° du méridien, plus ou moins près du pole ou de l'équateur, plus ou moins élevé sur l'horizon, mais toujours dans le cercle horaire de six heures. Le soleil, l'axe, l'ombre de cet axe, & par conséquent la ligne d'ombre ou la ligne horaire du *cadran*, sont dans ce plan. Sur quelque plan que vous receviez cette ombre, vous y aurez une ligne horaire de six heures, & cette ligne sera toujours la commune section du cercle de six heures & du plan où vous recevez l'ombre : car la commune section de deux plans ou de deux cercles est la rencontre de ces cercles ou plans, prolongés ou non prolongés; c'est la ligne qu'un de ces plans vous cache sur l'autre plan quand vous bornoyez dans le premier; c'est le tracé de toutes les lignes du premier à leur rencontre sur le second.

Ainsi, toute ligne qui sera, dans le cercle de six heures, placée en quelque sens que ce soit, aura toujours son ombre sur la commune section de ce cercle & du plan où vous la recevrez.

Si l'on choisit l'axe, c'est parce que l'axe appartient non-seulement à cette heure, mais à toutes les autres & à tous les cercles horaires.

Ce que j'ai dit du cercle de six heures a lieu pour tous les autres cercles horaires dont il faut avoir les intersections sur l'horizon, & ce seront les lignes horaires du *cadran* horizontal.

Ainsi, pour faire un *cadran* horizontal, il ne faut que placer un axe parallèle à l'axe du monde, concevoir les cercles de 1, 2, 3, 4, 5 heures à 15, 30, 45, 60, 75 degrés du méridien, & marquer sur le plan horizontal leur trace ou leur section.

Pour cela, il suffit d'avoir un point de chacune de ces lignes horaires, car l'axe marque un point commun à toutes les lignes, & nous l'appellerons le *centre du cadran*; c'est le point où l'axe, le style, l'aiguille du *cadran*, coupe le plan de ce même *cadran*. Pour avoir un point de section de la ligne d'une heure sur le plan du *cadran*, on concevra l'axe *C A*, figure 250 relevé au-dessus du plan, & incliné de 49°, si c'est pour Paris; une ligne *A E* qui lui sera perpendiculaire, & qui représentera un rayon de l'équateur qui est nécessairement perpendiculaire à l'axe du monde. Par cette ligne *A E*, l'on concevra un plan perpendiculaire à l'axe *A C*, & ce sera le plan de l'équateur; il coupera la méridienne *C P D* & le plan horizontal du *cadran* sur la ligne *E H*, qui sera la commune section de l'équateur & du plan, ou la ligne équinoxiale du *cadran*.

Transportons le rayon *A E* de l'équateur sur *E D*, & du centre *D* décrivons le cercle *E Q*. Prenons un arc *E F* de 45°, & tirons le rayon *D F G*, je dis que le point *G* de l'équinoxiale est le point cherché, où le cercle de 45° ou de neuf heures du matin coupe l'équinoxiale, ensorte que la ligne *C G* sera la ligne de neuf heures.

En effet, le point *A* étant le centre de l'équateur relevé au-dessus du plan, & le plan de l'équateur passant en *E*, la ligne *B E H* est tangente à l'équateur, ainsi qu'au cercle *E Q*. Si l'on prend 45° de l'équateur à la droite du point *E*, & qu'on tire par le centre *A* un rayon à ce point de 45°, il ira rencontrer la tangente *E H* au point *G*; le plan passant par la ligne *C A* & par le point *G*, fera un angle de 45° avec le plan du méridien *C A E*; car cet angle sera mesuré par les 45° de l'équateur, les angles des plans étant toujours mesurés par l'angle de deux lignes perpendiculaires à la commune section : ainsi, la ligne *A E* & la ligne qu'on suppose aller de *A* en *G* étant, dans le plan de l'équateur, perpendiculaire à l'axe *C A* qui est leur commune section, elles mesurent l'angle des deux plans du méridien & du cercle horaire; mais l'un passe en *E*, donc l'autre passe en *G*, le point *C* étant commun.

Ce que j'ai fait avec 45° pour trois heures de distance au méridien, se fera avec 30° pour deux heures, avec 15° pour une heure, & ainsi de suite : les lignes de la gauche sont pareilles à celles de la droite. On voit dans la *figure 250*, un *cadran* horizontal tracé pour la latitude de Paris.

Nous pouvons chercher une expreſſion géométrique de l'angle que nous venons de trouver; nous prendrons CE pour unité ou pour rayon; AE ſera le ſinus de la hauteur du pole, par exemple, de 49° pour Paris; ED ſera auſſi le ſinus de 49°; & comme EG eſt la tangente de 45° pour le rayon ED, elle ſera en parties du rayon CE, égale à ſin. 49° tang. 45° : mais EG eſt la tangente de l'angle de trois heures ſur le *cadran*, ou de l'angle ECG pour le rayon même que nous avons choiſi; d'où il ſuit que l'angle cherché ou l'angle du *cadran* pour trois heures eſt tel que ſa tangente, eſt égale au produit du ſinus de la latitude par la tangente de l'angle horaire.

Voici une table des angles des lignes horaires dans un *cadran* horizontal pour 48° 50′ de latitude à chaque demi-heure.

Il y a des tables pareilles pour différentes latitudes dans la Gnomonique de M. de Parcieux, &c.

Matin.	*Deg.*	*Min.*	*Soir.*
XII	0	0	
	5	39	
XI	11	25	I
	17	18	
X	23	29	II
	30	1	
IX	36	58	III
	44	26	
VIII	52	31	IV
	61	11	
VII	70	24	V
	80	5	
VI	90	0	VI
	99	55	
V	109	36	VII
	118	49	
IV	127	29	VIII

L'expreſſion que je viens de démontrer pour les angles d'un *cadran* horizontal, fournit une conſtruction qui eſt plus commode, à certains égards, que celle dont nous avons fait uſage, en ſuivant la poſition de l'équateur, & conſidérant les interſections naturelles des lignes horaires ſur l'équinoxiale.

On prendra un arc PZ, *fig. 251*, égal au complément de la hauteur du pole, & ZO égal à l'angle de 15° ſi c'eſt pour une heure, &c., ainſi que l'arc GF; ayant tiré les lignes FD & OB perpendiculaires ſur CZ, & DE perpendiculaire ſur CP, on prendra BA égale à CE, & la ligne CA ſera la ligne d'une heure, CZ étant priſe pour la méridienne.

En effet, par la conſtruction $CD =$ ſin. 15°, $CE =$ ſin. lat. ſin. 15° $= BA$; $CB =$ coſ. 15°, donc $\frac{BA}{BC} =$ tang. $BCA = \frac{\text{ſin. } 15°}{\text{coſ. } 15°}$ ſin. lat. $=$ tang. 15° ſin. lat. ce qui eſt l'expreſſion de l'angle d'une heure ſur le *cadran*, comme nous l'avons déjà démontré.

On évite, par cette conſtruction, de ſe ſervir des tangentes qui, en approchant de 90°, ſont trop longues, & exigeroient une trop grande figure. Il y a pluſieurs autres méthodes pour tracer un *cadran* horizontal; Lambert & M. Caſtillon en ont donné dans les ſupplémens de l'Encyclopédie. On peut y employer une ellipſe, ſuivant M. Ferguſſon; mais de ſi longs détails ne ſont pas du reſſort de cet ouvrage.

Le calcul trigonométrique donne encore la même expreſſion pour les lignes du *cadran* horizontal. Soit PX, *fig. 40* d'Aſtronomie, le cercle horaire d'une heure, qui fait avec le méridien $PZEH$ un angle de 15°, & qui coupe en X l'horizon HO; le point X eſt celui où ſe dirige néceſſairement la ligne d'une heure dans le *cadran* horizontal, puiſque cette ligne eſt la ſection du cercle d'une heure avec l'horizon. Il ne s'agit donc que de trouver l'arc HX ou l'arrc XO. Dans le triangle POX rectangle en O, on a, par les règles de la Trigonométrie ſphérique, cette proportion. Le rayon eſt au ſinus du côté PO ou de la hauteur du pole, comme la tangente de l'angle P eſt à la tangente du côté oppoſé XO; ainſi, la tangente de cet arc ou la tangente de ſon ſupplément, qui eſt l'angle d'une heure ſur le *cadran* horizontal, eſt égale à la tangente de 15°, multipliée par le ſinus de la latitude.

On a cherché à éviter ce calcul par des échelles gnomoniques, ſemblables aux différentes lignes des compas de proportion; & M. Caſtillon a donné de grands détails à ce ſujet dans les ſupplémens de l'Encyclopédie.

Les étuis de Mathématiques qui nous viennent d'Angleterre, contiennent en effet deux échelles par leſquelles on conſtruit les *cadrans* ſolaires avec autant d'exactitude que de facilité, pour quelque hauteur du pole que ce ſoit : elles devroient ſe trouver dans tous les compas de proportion; cependant elles ſont peu connues en France. Clavius en parla dans ſes *Œuvres mathématiques* imprimées en 1612, & Van-Schooten en donna la démonſtration dans ſes *Exercices mathématiques, liv. v, ſect. 29, pag. 510 & ſuiv.* (*édition de J. Elzevir*, 1657.)

Van-Schooten en attribue l'invention à Samuel Forſter, profeſſeur d'Aſtronomie dans le collège de Gresham à Londres, qui, en 1638, publia à ce ſujet un traité, intitulé: *The art of dialing, by a new eaſy and moſt ſpeedit way.* Jean Collin décrit au long cette méthode dans un livre, intitulé: *The deſcription and uſes of a great univerſal quadrant*, imprimé à Londres en 1658 : cet auteur en attribue l'invention à Jean Ferrero, Espagnol. Harris en parle dans son *Lexicon technicum*, article *Dialling-lines*. Krafft en a donné une démonstration algébrique dans le treizième tome des *Mémoires de Pétersbourg pour les années 1741—43*, *pag. 255 & suiv.* Enfin M. Lambert, de l'académie royale des sciences & belles-lettres de Berlin, dans ses *Remarques* pour étendre l'usage des Mathématiques pratiques, *tom. 3*, imprimé en allemand à Berlin 1772, sous le titre de *propriété particulière des tangentes*, se propose la chose comme un problême qu'il résout par le calcul d'une manière plus simple que n'avoit fait Krafft. Sa méthode est expliquée fort au long dans les supplémens de l'Encyclopédie, au mot *cadran*: mais ces calculs sont trop longs & trop abstraits pour devoir trouver place dans une Encyclopédie; ils seroient bons tout au plus dans un grand traité de Gnomonique.

Lorsque le *cadran* est tracé, il faut y placer le style ou l'axe, c'est-à-dire, une ligne qui fasse avec le *cadran* un angle égal à la hauteur du pole, ou une plaque de métal dont les côtés fassent le même angle.

Si le *cadran* est un peu grand, la plaque devant être épaisse, c'est le bord occidental du style qui doit marquer le matin, & le bord oriental pour le soir: dans ce cas, il faut tracer deux méridiennes parallèles entr'elles & séparées d'une quantité égale à l'épaisseur du style, & l'on a comme deux moitiés de *cadran* éloignées de cette quantité. On le voit ainsi dans la *figure 274*.

Lorsqu'un *cadran* solaire est tracé sur une pièce de cuivre, sur une ardoise, sur une pierre ou sur une planche bien dressée, & qu'on y a fixé le style, il s'agit de le placer dans la direction de la méridienne, ou de l'orienter; il faut d'abord qu'il soit bien horizontal : on se sert pour cela d'un niveau, ou bien on se contente d'y verser un peu d'eau pour voir si elle ne coule d'aucun côté.

L'orientation du *cadran* se peut faire par le moyen de la boussole; mais il faut bien avoir égard à la déclinaison de l'aiguille, qui est actuellement de 21° à Paris, & qui est différente suivant les tems & les lieux. Les boussoles sont sujettes à nous tromper; une barre de fer qu'on ne voit pas peut déranger l'aiguille.

Il vaut donc mieux tracer une ligne méridienne par les méthodes que nous indiquerons *au mot* Méridienne, comme par des hauteurs correspondantes, par des cercles concentriques, ou par le moyen de l'étoile polaire, en prenant le moment où l'étoile de la racine de la grande ourse passe au-dessous de l'étoile polaire.

On peut encore se servir d'une seule hauteur en cherchant l'azimut par la figure de l'analemme, expliquée *au mot* Projection. En effet, si l'on a observé à un certain moment la longueur de l'ombre *TQ*, *fig. 252*, d'un style *BT*, & qu'on fasse un triangle *BTQ*, on aura la hauteur *HB* du soleil : ayant décrit le demi-cercle *HBO*, on prendra *PO* égal à la hauteur du pole; on tirera la ligne *PQ* pour représenter l'axe du monde; & une perpendiculaire *EQ* pour faire le demi-diamètre de l'équateur, tandis que *HQO* sera le diamètre de l'horizon. On prendra l'arc *EM* égal à la déclinaison du soleil, & la perpendiculaire *MA* sera le rayon du parallèle du soleil pour le jour donné. Du point *B* qui marque la hauteur du soleil par l'observation, l'on menera la ligne horizontale *BC*, qui marquera le diamètre de l'almicantarat du soleil; elle coupera la ligne *MA* au point *S*, qui sera la projection du lieu du soleil, & la ligne verticale *ZQ* au point *G*, qui sera le centre de l'almicantarat : donc l'intervalle *GS* sera le sinus de l'azimut sur le petit cercle, ou le sinus de la distance au vrai point d'orient ou d'occident. Ainsi, en portant le double de *GS* sur la ligne des cordes d'un compas de proportion, ouvert pour le rayon *BG*, qui est la corde de 60°, l'on aura un nombre de degrés, dont la moitié sera la distance du soleil au point d'orient ou d'occident. Le complément sera son azimut ou sa distance horizontale au vrai point de midi; ce qui suffira pour tracer une méridienne, ou pour orienter le *cadran*, en faisant avec la ligne de l'ombre un angle égal à celui de la méridienne avec la ligne d'ombre qu'on a marquée.

Cet azimut du soleil peut se trouver également par le calcul trigonométrique ; mais l'opération graphique dont je viens de parler est bien suffisante dans la pratique.

Avec un seul point d'ombre pris sur un plan horizontal, on peut trouver le centre du *cadran*, & par conséquent avoir la méridienne. Soit *S* (*fig. 253 d'Astr.*) la pointe d'un style élevé sur un plan horizontal, ou une plaque percée d'un trou, & dont le rayon tombe en *R*, *P* le pied du style ou le point qui répond perpendiculairement au-dessous de *S*, & *C* le centre que l'on cherche. La longueur de la ligne *SC* est facile à connoître; car c'est l'hypothénuse d'un triangle dont *SP* est le côté, & l'angle *SCP* égal à la hauteur du pole: ainsi *SC* est égal à *SP* divisé par le sinus de la hauteur du pole, & on peut la trouver avec le compas en faisant un triangle. On mesure la longueur *SR* du rayon solaire; on connoît aussi l'angle *CSR*, qui est le complément de la déclinaison du soleil; on peut calculer *RC*, ou la trouver graphiquement en faisant un triangle, dont les deux côtés & l'angle connu soient ceux du triangle *CSR* : quand on aura la longueur *RC*, on décrira avec ce rayon un arc de cercle dont *R* soit le centre. On prendra sur cet arc un point qui soit éloigné de la pointe du style *S* de la quantité *SC* qui a été trouvée, & ce point sera le centre du *cadran*, ou le point par lequel on peut mener la méridienne, *PC*.

L'inégalité des intervalles entre les lignes horaires d'un *cadran* horizontal fournit encore un moyen fort simple pour orienter un *cadran*, si l'on a une montre qui ne varie pas dans l'espace de quelques heures; car ayant mis le *cadran* à-peu-près dans la situation qu'on estime qu'il doit avoir, on mettra la montre d'accord avec le *cadran* à midi ou une heure; si elle est encore également d'accord à 5 ou 6 heures, c'est une preuve que le *cadran* est bien orienté.

Il y a un autre moyen pour orienter un *cadran* horizontal, quand il est un peu grand: on fera une équerre ou un triangle rectangle *CSB*, (*fig.* 253) dont les côtés *CS* & *CB* puissent s'ajuster exactement sur l'axe du *cadran*, & sur une ligne horaire comme celle de six heures: l'extrémité *B* marquera le point de l'équinoxe; & si l'on fait au sommet *S* du style un angle *BSR*, égal à la déclinaison du soleil pour un jour quelconque, le point *R* marquera le point où doit passer l'ombre ce jour-là sur la ligne de six heures. Ce point *R* tombera en dedans du triangle *CSB*, si la déclinaison du soleil est australe: alors il ne s'agira que de tourner le *cadran* horizontalement, de manière que l'ombre du point *S* vienne sur le point *R* qu'on a marqué, & y vienne quand cette ombre sera sur la ligne de 6 heures: le tâtonnement n'est pas difficile.

Si l'on veut attendre le jour de l'équinoxe pour orienter un *cadran*, la ligne équinoxiale qui a servi à le tracer, servira aussi à le placer; car si l'ombre du sommet du style tombe sur l'équinoxiale, un peu loin du midi, l'on est sûr que le *cadran* est bien placé.

Enfin on peut orienter un *cadran* horizontal en plaçant sur la même plaque un *cadran* azimutal, dont nous donnerons ci-après la description, comme dans la *figure* 274. Aussi-tôt que les deux *cadrans* marqueront la même heure, on sera sûr qu'ils sont tous deux bien orientés.

Un *cadran* horizontal fait pour Paris avec son style fixe, peut servir à toutes les latitudes, en l'inclinant de la quantité dont on a changé de latitude; par exemple, à 51° de latitude, il suffit d'incliner le *cadran* de 2° vers le midi. Sous l'équateur, on élevera le plan du *cadran* de 49°; son style deviendra parallèle à l'horizon, & marquera sur le plan du *cadran* incliné les mêmes heures qu'il marquoit quand le *cadran* étoit horizontal, & le style incliné ou élevé de 49° comme le pole. C'est sur ce principe qu'étoit fondé le *cadran universel & à méridienne*, décrit par Julien le Roi, horloger célèbre de Paris, & père de quatre fils qui se sont distingués dans différentes carrières. On trouve de tems en tems de ces *cadrans*, où il y a une platine à charnière qui peut s'incliner à différentes latitudes sur la platine horizontale qui porte la boussole.

V. CADRAN *méridional*, est un *cadran* vertical qui est tourné directement vers le midi, ou celui que l'on décrit sur la surface du premier vertical, qui regarde le midi.

Le soleil éclaire le plan du premier vertical qui regarde le midi, lorsque dans sa course il passe de ce vertical au méridien, ou qu'il va du méridien au premier vertical; il emploie six heures avant midi & six heures après, le jour de l'équinoxe, & environ quatre heures & demie avant midi, & quatre heures & demie après, le jour du solstice d'été; en hiver, le soleil ne paroît sur l'horizon qu'après six heures: d'où il s'ensuit qu'un *cadran méridional* ne peut marquer les heures que depuis six heures du matin jusqu'à six heures du soir.

La manière de tracer ce *cadran* est la même que pour le *cadran* horizontal (*fig.* 250); sur le vertical qui regarde le midi, tracez une ligne verticale pour servir de méridienne *CED*; faites un angle *ACE* égal à l'élévation de l'équateur, ou au complément de la hauteur du pole; tirez une ligne droite *AE* qui fasse un angle droit *CAE*, & qui rencontre la perpendiculaire en *E*, par le point *E* tirez la ligne droite *BH* qui coupe la méridienne *CED* à angles droits. Prenez *ED* égal à *EA*, & avec ce rayon décrivez un quart de cercle *EQ*. Le reste se fait comme dans le *cadran horizontal*, excepté que les heures d'après midi doivent être écrites à main droite, & celles d'avant-midi à main gauche, au contraire du *cadran* horizontal de la figure 250. Enfin au point *A* fixez un style oblique, qui fasse un angle égal à l'élévation de l'équateur; ou bien, élevez en *P* un style perpendiculaire au plan, & égal à *PA*; ou enfin élevez sur *CP* un triangle *ACP*, qui soit perpendiculaire au plan du *cadran*.

L'ombre du style *CA* couvrira les différentes lignes horaires aux heures qui répondent à ces lignes.

Le *cadran septentrional*, ou le *cadran vertical directement septentrional*; se trace sur la surface opposée du premier vertical, qui regarde le nord; la manière de le décrire est la même, si ce n'est que le centre est en bas, parce que le style est toujours dirigé vers le pole élevé, ou parallèle à l'axe du monde.

Le soleil n'éclaire cette surface que quand il avance de l'orient au premier vertical, ou qu'il vient de ce même vertical au couchant: de plus le soleil est dans le premier vertical à six heures du matin & à six heures du soir le jour de l'équinoxe; le jour du solstice d'été il se leve sur l'horizon de Paris à quatre heures, & arrive au premier vertical vers les sept heures & demie; & en hiver le soleil n'éclaire point du tout ce plan septentrional: d'où il est évident que le *cadran septentrional* ne peut marquer que les heures d'avant sept heures & demie du matin, & celles d'après sept heures & demie du soir. C'est pourquoi comme dans l'automne & dans l'hiver le soleil ne se leve pas avant six heures, & qu'il se couche avant six heures du soir, on voit que pendant toutes ces deux saisons, le *cadran septentrional* n'est d'aucun usage : mais en le joignant au *cadran méridional*, il supplée ce qui manque à celui-ci.

VI. Le *cadran oriental*, ou le *cadran droit directement oriental*, est celui que l'on trace sur le côté du méridien qui regarde l'orient. Comme le soleil n'éclaire le plan du méridien qui regarde l'orient qu'avant midi ; un *cadran oriental* ne peut marquer les heures que jusqu'à midi. On tire une ligne droite *A B* (*fig.* 254) parallèle à l'horizon, & une ligne *A K*, qui fasse avec elle un angle *K A B*, égal à l'élévation de l'équateur. D'un point *D* avec un rayon *D E* pris à volonté, on décrit un cercle ; & par le centre *D*, on tire *E D C* perpendiculaire à *A K* ; le cercle est divisé en quatre quarts : on subdivise chacun de ces quarts en six parties égales ; & du centre *D*, par les différentes divisions, l'on tire les lignes droites *D* 4, *D* 5, *D* 6, *D* 7, &c. & par les points de rencontre de ces rayons & de la tangente *E G*, parallèle à *A D*, on tire les lignes horaires qui sont toutes parallèles à *E C*. Enfin en *D*, l'on élève un style égal au rayon *D E* perpendiculairement au plan, ou sur deux pieds fixés perpendiculairement en *E*, *C*, & égaux au même rayon *D E*, l'on attache un axe ou un style parallèle au plan du *cadran*, & répondant perpendiculairement sur la ligne *E C* : c'est le style du *cadran*. Par ce moyen, le bout de l'*index*, ou le style entier aux différentes heures, jettera son ombre sur les lignes respectives 44, 55, 66, &c. Le style est toujours dirigé vers le pole ; le cercle *C K E* étant conçu, relevé perpendiculairement au plan du *cadran*, représentera l'équateur, & les lignes *E* 7, *E* 8, sont les tangentes de 15°, de 30°, en partant du cercle de six heures.

Le *cadran occidental*, ou le *cadran droit directement occidental*, se trace sur le côté occidental du méridien, par un procédé tout semblable.

Comme le soleil n'éclaire qu'après midi le côté du plan du méridien, qui regarde l'occident, on voit qu'un *cadran* occidental ne peut marquer les heures que depuis midi jusqu'au soleil couchant.

Ainsi, en joignant le *cadran occidental* avec l'*oriental*, ces deux *cadrans* marqueront toutes les heures du jour.

Pour tracer un *cadran occidental*, la construction est précisément la même que celle du *cadran oriental*, excepté que les heures vont en croissant de bas en haut, depuis une heure jusqu'à huit.

VII. Le *cadran polaire* est celui qu'on trace sur un plan incliné, qui passe par les poles du monde, & par les points de l'orient & de l'occident sur l'horizon. Il y en a de deux especes ; s'ils regardent le zénit, on les appelle *polaires supérieurs* ; s'ils regardent le nadir, ils sont appellés *polaires inférieurs*.

Ainsi, le *cadran polaire* est incliné à l'horizon avec lequel il fait un angle égal à l'élévation du pole : il forme le plan du cercle de six heures ; il y a un quart de l'équateur, & de chacun des parallèles à l'équateur, intercepté entre ce plan & le méridien : donc la surface supérieure est éclairée par le soleil depuis six heures du matin jusqu'à six heures du soir ; & la surface inférieure depuis le lever du soleil jusqu'à six heures du matin, & depuis six heures du soir jusqu'au coucher du soleil.

C'est pourquoi le *cadran polaire inférieur* marque les heures du matin depuis le lever du soleil jusqu'à six heures, & celles du soir depuis six heures jusqu'à son coucher ; & le *cadran polaire supérieur* marque les heures depuis six heures du matin jusqu'à six heures du soir.

Pour tracer un *cadran polaire supérieur*, tirez une ligne droite *A B* (*fig.* 255) parallèle à l'horizon ; & ayant choisi *C E* pour la ligne méridienne, divisez *C E* en deux parties égales, & par *C* tirez une ligne droite *F G*, parallèle à *A B* ; ensuite d'un centre *D* avec l'intervalle *D E*, décrivez un quart de cercle, & divisez-le en six parties égales : du centre *D*, par les différens points de division, tirez les lignes droites *D* 1, *D* 2, *D* 3, *D* 4, *D* 5, jusqu'à la tangente *E B* ; portez les mêmes intervalles à gauche ou à l'occident pour le matin, & des points 5, 4, 3, 2, 1, &c. élevez des perpendiculaires qui rencontrent la ligne *F G* aux points correspondans, ce seront les lignes horaires. Enfin élevez en *D* un style perpendiculaire égal à *D E* ; ou sur deux styles égaux à cette même ligne *D E*, placez une règle horizontale, parallèle à *E C* ; son ombre marquera les heures en tombant sur les lignes marquées 1, 2, 3, qui sont les lignes horaires ; leurs intervalles sont les tangentes des angles horaires 15°, 30°, &c. Si l'on conçoit le quart de cercle *E G* relevé perpendiculairement au plan du *cadran*, de maniere que le centre *D* réponde perpendiculairement sur le point *E*, ce cercle représentera l'équateur, & l'on concevra facilement que le soleil décrivant l'équateur, les rayons *D* 1, *D* 2, seront dirigés vers le soleil, à une heure, à deux heures, & ainsi des autres.

Un *cadran polaire supérieur* ne diffère des *cadrans orientaux* & *occidentaux* que par sa situation, & que par la maniere d'écrire les heures ; ce qui fait la ligne du midi pour un *cadran polaire*, est la ligne de 6 heures pour les *cadrans orientaux* ou *occidentaux*.

On a un *cadran polaire inférieur* en supprimant les heures d'avant midi, 9, 10, &c. & celles d'après midi, 1, 2, &c. & en ne laissant que les heures 7 & 8 du matin, & 4 & 5 du soir, qui deviendront alors les heures 7 & 8 du soir, & 4 & 5 du matin, en retournant le *cadran*.

On trouve sur les petits *cadrans* d'ivoire, qui sont communs par-tout, un *cadran polaire* tracé, avec des courbes, qui marquent les arcs des signes. Pour s'en servir, il faut orienter la boîte du *cadran*, du *cadran*, élever le couvercle vers le pole du monde, & planter au centre une épingle ou un ſtyle, dont la longueur ſoit égale à *D E* ou *D G*, c'eſt-à-dire, à la diſtance qu'il y a ſur le *cadran* entre la ligne de midi & celle de trois heures.

CADRAN *vertical déclinant.* Tous les *cadrans* dont nous venons de parler, ſont des cas particuliers de la Gnomonique : nous paſſons à des méthodes plus générales.

Le *cadran vertical déclinant* eſt celui que l'on pratique le plus ſur les murailles. Nous expliquerons huit méthodes différentes pour le faire, ou du moins pour en déterminer la partie fondamentale.

Mais il eſt néceſſaire d'avertir que la plupart des murailles ont une inclinaiſon qu'il faut corriger par une couche de plâtre bien verticale & bien plane, ſi l'on veut employer exactement les méthodes que je vais décrire.

La premiere méthode ſuppoſe un *cadran* équinoxial, qui eſt le premier & le plus ſimple de tous les *cadrans*, déjà fait & placé devant le mur ſur lequel on veut tracer un *cadran vertical*; le ſtyle du *cadran* équinoxial prolongé juſqu'à la muraille, marquera la place, la direction & la ſituation du ſtyle; car c'eſt toujours parallélement à l'axe du monde que le ſtyle doit être placé, dans l'un comme dans l'autre.

Les lignes du *cadran* équinoxial, prolongées en droiture juſques à la muraille, y marqueront chacune un point par où doit paſſer la ligne correſpondante du *cadran vertical.* Le centre du *cadran* eſt un autre point commun à toutes ces lignes: ainſi, l'on pourra tirer les lignes horaires ſur le plan vertical déclinant.

En effet, les lignes horaires étant les interſections des cercles horaires ſur le plan du *cadran*, dès qu'il y a un point commun aux plans des deux *cadrans* par où paſſe une ligne horaire de l'un des *cadrans*, elle marque néceſſairement ſur l'autre un point du même cercle, du même plan, & par conſéquent de la ligne horaire.

On pourroit ſur-tout réuſſir facilement à tracer ainſi un *cadran* déclinant, ſi l'on avoit pour *cadran* équinoxial un *équatorial*, inſtrument qui s'oriente de lui-même; j'en ai vu un deſſiné par M. Mignon, à Lonray, près d'Alençon, d'une manière très-commode pour ces opérations. Le centre de l'équateur eſt traverſé par un tube, dans lequel on s'aligne pour marquer le centre du *cadran*; l'équateur porte une alidade que l'on dirige ſur les différentes heures, & par laquelle on bornoye pour marquer ſur la muraille la trace de la ligne équinoxiale, & les points horaires de cette ligne.

La ſeconde méthode que l'on peut indiquer pour tracer un *cadran vertical*, ſuppoſe un *cadran* horizontal bien orienté, par une des méthodes que j'ai expliquées aſſez au long. On prolongera le ſtyle & les lignes horaires juſqu'à la rencontre de la muraille, ainſi que je viens de le dire pour le *cadran* équinoxial, & l'on aura de même la poſition du ſtyle & des lignes horaires ſur le *cadran vertical.*

On feroit la même choſe avec un *cadran vertical* méridional, qui ſeroit portatif, & qu'on orienteroit devant le mur. Il pourroit être tracé ſur une glace; & alors mettant une lumière pendant la nuit à la pointe du ſtyle, l'ombre des lignes iroit marquer ſur le mur la direction de toutes les lignes horaires.

Au défaut d'une glace, il ſuffiroit de quelques trous faits ſur les lignes horaires du *cadran vertical* méridional.

Si le mur approchoit trop d'être expoſé à l'orient ou à l'occident, en ſorte que le ſtyle prolongé ne pût le rencontrer que fort loin, il faudroit faire le *cadran* ſans centre. Pour avoir une ligne horaire du *cadran vertical*, on tendroit un fil depuis la ligne horaire du *cadran* horizontal par divers points du ſtyle; ce fil iroit marquer autant de points ſur le plan vertical: ce qui détermineroit la ligne horaire cherchée.

La troiſième méthode que l'on emploie pour tracer un *cadran vertical déclinant*, conſiſte dans une opération graphique, dont je vais donner les règles & les démonſtrations; mais elle ſuppoſe qu'on connoiſſe la déclinaiſon du plan ou l'angle du méridien, ſoit par une méridienne déjà tracée au moyen des méthodes que nous avons expliquées, ſoit par le moyen du déclinateur repréſenté dans la figure 256, qui porte une règle mobile *F G* ſur un demi-cercle *A E D* & une bouſſole *G.*

Soit la méridienne verticale *C L M* (*fig.* 257) l'horizontale *L P*, on fera l'angle *M L D* égal à la déclinaiſon du plan; on élevera en un point *D* à volonté la verticale *D P*, & la perpendiculaire *L P*: le point *P* ſera le pied du ſtyle; car ſi l'on imagine la ligne *L D* relevée en l'air, & le triangle perpendiculaire au plan de la figure & du *cadran*, le ſtyle paſſant en *D*, la perpendiculaire *D P* ſera le ſtyle droit, & *P* le pied du ſtyle.

Ayant pris *L H* égale à *D L*, & fait l'angle *L H C* égal à la hauteur du pole, l'interſection *C* ſera le centre du *cadran*, & la ligne *C P B* ſera la ſouſtylaire, c'eſt-à-dire, la ligne du *cadran* ſur laquelle répondra perpendiculairement le ſtyle du *cadran.* En effet, *H* étant conçu relevé, ainſi que le point *D* perpendiculairement ſur le point *P*, ou dans une poſition horizontale & dans la direction *L D* de la méridienne, la ligne *H C* ſera le ſtyle du *cadran.*

Sur la ligne *P S* perpendiculaire à la ſouſtylaire, on prendra *P S* égal à *P D*, qui eſt le ſtyle droit, & *C S X* marquera le ſtyle du *cadran*; on lui tirera une perpendiculaire *S B*, & par le point *B* on tirera une ligne *B M*, perpendiculaire à la ſouſtylaire, & ce ſera l'équinoxiale; car *S* étant regardé comme le centre de l'équateur, dont le plan est perpendiculaire au style ou à l'axe du monde, l'intersection de l'équateur avec le plan du *cadran* sera l'équinoxiale: or cette ligne est une perpendiculaire tirée sur la soustylaire; en effet, toutes les fois que deux plans sont perpendiculaires sur un troisième, leur commune section est perpendiculaire aux deux autres sections, qu'ils font sur le troisième plan. Il suffit de mettre un livre entr'ouvert, debout sur une table pour sentir l'évidence de cette proposition, mieux que par un appareil de démonstration. Or l'équateur & le plan du *cadran* sont tous deux perpendiculaires au cercle horaire, qui est le méridien du plan: ainsi leur commune section, qui est l'équinoxiale sera perpendiculaire sur les deux sections, dont l'une est le rayon de l'équateur, & l'autre la soustylaire.

Le point d'intersection *R* de l'équinoxiale avec l'horizontale *H L P R*, sera le point de 6 heures; car le rayon de 6 heures dans l'équinoxe est perpendiculaire au style, & horizontal, comme la ligne *S P*, qui est perpendiculaire au plan: donc il doit être à la même hauteur que le point *P*; donc il est placé à la rencontre de l'horizontale *PR* & de l'équinoxiale *B R*.

Ayant pris sur la soustylaire *B A* égale à *B S*, ce sera le rayon de l'équinoxial, supposé couché sur le plan du *cadran*, le point *A* sera le centre diviseur de l'équinoxiale, le point *M* étant le point du midi; l'angle *R A M* sera droit: on divisera le quart de cercle *K O* en 6 heures; & tirant des rayons par les points de divisions, ils rencontreront l'équinoxiale aux points par lesquels doivent passer les lignes horaires menées du centre *C*. Ainsi, ayant pris, par exemple, un arc *K N* de 15 degrés, & tiré une ligne *A N Q* jusqu'à l'équinoxiale, on aura le point *Q*, par lequel doit passer la ligne d'une heure *C Q*.

En prenant de même 30°, l'on trouvera la ligne de deux heures, & ainsi des autres.

Quatrième méthode. La déclinaison du mur sur lequel on veut tracer un *cadran* étant la chose la plus difficile ou la plus embarrassante, on a cherché divers moyens de s'en passer, & sur-tout par les points d'ombre; & le moyen le plus simple consiste à trouver la soustylaire du *cadran* par le moyen de deux ombres égales. Cette méthode ressemble à celle qu'on emploie pour tracer une méridienne par des cercles concentriques. Gnomonique de la Hire, 1698, *pag. 35*.

Je suppose qu'on ait planté dans le mur un faux style, soit une pointe pour en marquer l'ombre, soit un trou pour laisser passer un rayon ou une image du soleil. M. de Parcieux faisoit ses faux styles de deux pièces, comme on le voit, *fig. 258*.

Lorsque le soleil arrive dans le cercle horaire, qui est perpendiculaire au plan du *cadran*, ou dans le méridien du plan, il répond perpendiculairement sur la soustylaire, & l'ombre est la plus courte qui soit possible. Avant & après il la voit obliquement, & les ombres sont plus longues: l'obliquité est la même une heure avant & une heure après; car le soleil faisant 15° par heure d'un cercle horaire à l'autre, il est 15° au-dessous de la méridienne du plan dans le premier cas, & 15° au-dessus dans le second cas; il est dans les deux cas à des situations parfaitement semblables au-dessus & au-dessous: ainsi les ombres doivent être égales dans les deux cas.

Ainsi, ayant marqué le pied du style ou le point du mur, où répond perpendiculairement la pointe du style, ou le trou de lumière, on décrira de ce pied comme centre des cercles concentriques; on marquera sur chaque circonférence le point d'ombre avant & après le passage du soleil par la méridienne du plan; on partagera en deux les arcs interceptés sur chaque circonférence; le milieu sera un des points de la ligne cherchée, qui doit aussi passer par le pied du style.

On peut faire cette opération à plusieurs intervalles différens, & l'on aura plusieurs points d'ombre, qui tous appartiendront à la soustylaire.

Lorsqu'on a la soustylaire, il est facile de décrire le reste du *cadran* comme dans la méthode précédente.

La difficulté d'avoir de ces faux styles percés d'un trou pour les points de lumière, a fait dire à M. de la Prise qu'on pourroit y suppléer par un solide *S* de 9 à 10 pouces, *fig. 259*, & de deux pouces & demi d'équarrissage, avec deux traverses qui affleurent le dessous du solide, & en forment comme une quadruple équerre qui assure la situation perpendiculaire du solide sur le plan.

L'ombre *O* de l'angle *S* du solide, se détermine avec assez de précision; en tirant des lignes *O A*, *OB* qui rasent légérement l'ombre des côtés *C* & *D* de la base supérieure du prisme; le point de concours de ces deux lignes donne le point d'ombre cherché. *Méthode nouvelle pour tracer des cadrans, par M. de la Prise*, à Caën, 1781.

Cinquième méthode. Un seul point d'ombre peut donner le centre d'un *cadran vertical*, de la manière que nous avons employée pour le *cadran horizontal*. Car quand on connoît la longueur du rayon solaire *SO*, *fig. 260*, la longueur du style *S C* qui est égale au style droit divisé par le cosinus de la latitude, & l'angle *C S O* qui est égal à 90° plus ou moins la déclinaison du soleil, on peut résoudre le triangle, soit par le calcul, soit par une opération graphique, & trouver le côté *C O*; alors du point *O*, comme centre avec le rayon *O C*, l'on décrira un arc de cercle; du centre *S* avec une longueur égale à *S C*, on décrira un autre arc, & l'intersection commune sera le centre *C* du *cadran*.

Quand le faux style est une plaque percée d'un trou pour laisser passer le rayon solaire, il faut le boucher avec une pièce de bois bien ronde, & dont le centre puisse servir aux opérations précédentes.

Sixième méthode. On peut auſſi trouver la poſition de l'axe du *cadran* par deux points d'ombres qui ne ſuppoſent point des ombres égales; mais qu'on prend les plus éloignés qu'il ſoit poſſible.

On tendra deux fils comme *S O* du ſommet du ſtyle *S* aux deux points d'ombre, & un troiſième *S C* qui faſſe avec les deux autres un angle égal au complément de la déclinaiſon du ſoleil; celui-ci marquera la poſition de l'axe ou du ſtyle *S C*.

Deux triangles de carton *C S O* découpés de manière qu'un de leurs angles *S* ſoit le complément de la déclinaiſon du ſoleil, & dont un côté ſeroit dans la direction du point d'ombre, étant réunis par leurs côtés ſupérieurs, marqueroient auſſi la direction de l'axe.

On pourroit encore ſe contenter d'un ſeul point d'ombre, & faire un des triangles de carton, de manière que ſon côté vertical fît avec l'autre un angle égal au complément de la hauteur du pole, (à Paris 41°) & quand un de ſes côtés, réuni avec celui de l'autre triangle s'appliqueroit contre le mur, il y marqueroit le centre du *cadran*, & le côté oblique marqueroit la poſition du ſtyle.

Septième méthode. Lorſqu'on a un ſtyle comme *A B*, *fig. 261*, dont la pointe *B* a donné trois points d'ombre *C*, *D*, *F*, il ne s'agit que d'avoir un cercle *O D H* qui touche les trois rayons *B C*, *B D*, *B F* & l'axe *I B* qui, traverſant perpendiculairement le cercle, paſſera en *B* au bout du ſtyle, indiquera l'axe du *cadran*.

C'eſt le premier fondement de la *Manière univerſelle de M. Deſargues pour poſer l'eſſieu aux cadrans*, publiée en 1643. Elle eſt en effet très-ſimple dans la Théorie & aſſez commode dans la pratique. La figure fait voir comment on aſſemble la pointe du ſtyle avec les trois points d'ombre au moyen de trois règles ou de trois fils, ſur leſquels on ajuſte le deſſous de l'axe *I B*, ou la partie qui paſſe exactement par le centre de la platine ou du cercle *D H* deſtiné à repréſenter le parallèle diurne du ſoleil pour ce jour-là. Les principes établis ci-deſſus feront aſſez comprendre que les trois rayons ſolaires *BC*, *BD*, *BF* faiſant le même angle avec l'axe *B I* & avec le cercle *D H G*, le ſtyle *B I* du cadran eſt néceſſairement parallèle à l'axe du monde; les angles que les rayons font avec l'axe *B I* ſeroient des angles droits le jour de l'équinoxe, alors le cercle ſeroit parallèle aux trois rayons ou aux trois fils.

La huitième méthode que l'on peut employer pour les *cadrans* verticaux déclinans, eſt celle de la hauteur & de l'azimut du ſoleil, calculés par un point d'ombre, à la manière de M. de Parcieux qui a compoſé un volume preſqu'entier pour l'explication de cette méthode, en détaillant tous les cas, tous les calculs, toutes les précautions, tous les exemples avec beaucoup de clarté; mais avec une eſpèce de prolixité. *Nouveaux traités de Trigométrie & Gnomonique*, Paris 1741, *in-4°*.

Ayant planté un faux ſtyle *S*, *fig. 262*, marque le pied du ſtyle *P* & un point d'ombre *O*, l'on tire une horizontale *P H* & une verticale *H O*, on en meſure exactement les longueurs, & l'on s'en ſert pour trouver par la Trigonométrie la hauteur du ſoleil & la différence de ſon azimut à celui du plan.

La hauteur du ſoleil ſert à trouver ſon azimut vrai, & la différence trouvée précédemment donne celui du plan ou ſa déclinaiſon.

Quand on connoît la déclinaiſon du plan, l'on peut trouver les lignes horaires ſoit par l'opération graphique de la troiſième méthode, ſoit par la Trigonométrie ſphérique, comme nous l'expliquerons dans la neuvième méthode.

Si l'on conçoit le ſtyle *S* relevé perpendiculairement au-deſſus de *P* & réuni avec le point *H* par une ligne horizontale *S H*, on aura un triangle rectangle en *P*, ſitué horizontalement, dont on aura meſuré exactement les côtés *S P*, *P H*, & dont on pourra calculer & même meſurer l'hypothénuſe *S H*. On calculera auſſi l'angle *H* qui ſera la différence entre l'azimut du ſoleil & celui du plan, puiſque c'eſt un angle formé dans un plan horizontal entre la ligne *P H* du plan, & la ligne *S H* qui eſt dans le vertical du ſoleil. L'hypothénuſe *S H* formera avec la verticale *H O* un triangle rectangle en *H*, dans le plan du vertical du ſoleil; connoiſſant les deux côtés *SH* & *HO* de ce triangle & même *S O* que l'on peut meſurer, on calculera l'angle *O*, qui eſt la diſtance du ſoleil au zénit, au moment où l'on a meſuré le point d'ombre.

Dans le triangle *P Z S*, *fig. 39*, connoiſſant la diſtance *Z S* du ſoleil au zénit, ſa diſtance au pole *P S*, & la diſtance du pole au zénith *P Z*, on calculera l'angle *Z* qui eſt l'azimut du ſoleil. Ainſi, l'on connoîtra l'angle que fait le vertical du ſoleil avec le méridien, & comme l'on connoît par l'opération précédente, l'angle que fait le vertical du ſoleil avec le plan du cadran, la ſomme ou la différence de ces deux angles donnera l'angle du méridien & du cadran; ainſi, l'on connoîtra par un ſeul point d'ombre la poſition du mur ſur lequel on ſe propoſe de tracer un cadran, après quoi l'on exécutera l'opération graphique dont nous avons donné le détail & la démonſtration dans la troiſième méthode, où l'on y appliquera le calcul trigonométrique.

La neuvième méthode pour tracer les *cadrans* verticaux eſt celle de la Trigonométrie ſphérique, en ſuppoſant la déclinaiſon du plan connue par un des moyens que nous avons indiqués. Soit *Z*, *fig. 40*, le zénit, *P*, le pole, *Z D R B* le vertical qui eſt dans le plan du *cadran*.

P Z D angle du plan *Z B* du *cadran* avec le méridien *Z P O*.

P R un arc perpendiculaire ſur *ZB*, qui eſt le méridien du plan, le cercle de la ſouſtylaire; l'arc *P R* eſt l'angle de l'axe avec la ſouſtylaire.

P D un cercle horaire, par exemple, celui d'une

heure qui fait avec le méridien un angle ZPD de 15°.

L'arc ZR est égal à l'angle de la soustylaire avec la verticale ou la méridienne.

L'arc DR est l'angle de la soustylaire avec la ligne horaire qui passe en D.

Dans le triangle ZPR on connoît PZ & l'angle Z du plan avec le méridien, l'on cherchera ZX, & ZPX, par les analogies suivantes.

R : cos. Z :: tan. PZ : tang. ZR.

R : sin. PZ ou cos. latit. :: sin. Z : sin PR angle de l'axe avec la soustylaire.

R : cos. PZ ou sin lat. :: tang. Z : cos. ZPR angle du méridien avec le cercle PR ou méridien du plan; cet angle s'appelle quelquefois différence des longitudes.

On ôtera l'angle horaire ZPD de l'angle ZPR ou on les ajoutera, pour avoir l'angle DPR, & l'on fera cette proportion; R : sin. PR :: tang. DPR : tang. DR, angle de la ligne horaire avec la soustylaire, mesuré dans le plan du *cadran.* M. de Clapiès a donné dans les Mémoires de l'Académie pour 1707, le calcul des angles des lignes horaires pour les *cadrans* solaires, verticaux ou inclinés, démontrées par les triangles rectilignes. M. de Parcieux a donné lui-même des tables des angles horaires dans les *cadrans* verticaux à Paris, pour différentes déclinaisons; & M. Garnier en a donné même pour différentes latitudes en Europe, *Gnomonique mise à la portée de tout le monde;* Marseille 1773, *in*-8°.

Lorsqu'on connoît par le calcul les angles des lignes horaires, on peut les tracer sur la muraille, en calculant en pieds, pouces & lignes, ou en parties égales d'une échelle quelconque les distances de ces lignes à la méridienne ou à la soustylaire. Soit SP, *fig.* 263, la hauteur du style droit, X le centre du *cadran*, PX la soustylaire. On mesure d'abord le style droit ou la distance perpendiculaire SP du faux style ou de la pointe du style au plan du *cadran;* dans le triangle SPX dont on connoît un côté SP & l'angle SXP du style avec la soustylaire, on trouvera la distance PX du centre du *cadran* au pied du style, & la distance SX; dans le triangle SXE rectangle en S, on trouvera XE distance du centre X à l'équinoxiale EQ.

Pour tirer une ligne horaire comme $XKTLR$ dont on connoît l'angle avec la soustylaire, connoissant XE & l'angle EXL, on trouvera EL en parties de la même échelle que la hauteur du du style droit SP, on prendra donc EL de la quantité trouvée, & l'on tirera du centre X la ligne horaire par le point L.

Pour s'assurer de l'exactitude de ces mesures avant que de peindre les lignes, on prendra sur une bonne montre l'espace d'une heure, & l'on verra si l'ombre a parcouru exactement l'intervalle des deux lignes horaires dans l'espace d'une heure.

Si l'on veut tirer les lignes horaires par le moyen de la méridienne verticale XFM, on se servira des angles que font ces mêmes lignes comme XR; dans le triangle XEM, on connoît XE & l'angle MXE que fait la méridienne avec la soustylaire; on cherchera la longueur de la ligne XM ou la méridienne depuis le centre X jusqu'à l'équinoxiale M.

Dans le triangle MXR rectangle en M, connoissant XM & l'angle MXR de la méridienne avec la ligne horaire, on cherchera MR, & par le point R, on tirera du centre X la ligne horaire XR.

Cadran *sans centre.* Lorsqu'un *cadran* vertical décline beaucoup vers l'orient ou vers l'occident, le centre est si loin, qu'il seroit difficile, souvent impossible de le marquer, à moins de faire le *cadran* très-petit : on y supplée par deux équinoxiales ou deux horizontales, en calculant deux fois la hauteur du style droit, ou deux fois le rayon de l'équateur pour des points de l'axe éloignés d'une certaine quantité.

On choisira les deux horizontales quand la déclinaison du plan sera petite, & que cependant l'on ne pourra pas avoir de centre. On préférera les deux équinoxiales quand la déclinaison sera fort grande, parce que les deux horizontales seroient trop près, si l'on vouloit s'en servir pour trouver les lignes horaires éloignées de la méridienne.

Si le point E, *fig.* 263, est l'intersection de l'équinoxiale avec la soustylaire, on prendra la distance SE de la pointe du style au point E, on la portera de E en C, on décrira le cercle AE qui représente l'équateur : le rayon CAM, mené au point de midi, déterminera le point A duquel il faut partir pour diviser le cercle AE de 15 en 15 degrés; l'arc AO étant supposé de 15°, on tirera COL, ce qui donnera sur l'équinoxiale ME le point L où doit passer la ligne horaire comme XL pour une heure après-midi.

On tirera une autre ligne FD parallèle à l'équinoxiale ME; & ayant pris sur l'axe SVB un autre point B dont la distance à l'équinoxiale soit une ligne BD perpendiculaire au style en D, on portera cette distance sur la soustylaire de D en G. On décrira un autre cercle HD qui représentera encore l'équateur; & en partant du rayon GHF qui passe par la méridienne F, on prendra des arcs de 15° comme HN : on tirera par chaque point N des rayons GNK qui, prolongés jusqu'à la tangente FDV, donneront sur cette seconde équinoxiale les points horaires K correspondans à ceux de la première équinoxiale ME, & on tirera les lignes horaires comme KL, par les points correspondans K & L des deux lignes équinoxiales.

Si l'on a employé le calcul comme dans la méthode précédente, on saura quel angle doit faire chaque ligne horaire KL avec la méridienne FM,

& combien le centre X doit être éloigné de l'équinoxiale M; ainsi, dans le triangle XMR connoissant le côté M & l'angle X, on trouvera la valeur de MR. On prendra un point F deux ou trois pieds plus haut; & résolvant le triangle XFT, on trouvera la valeur de la perpendiculaire FT, ce qui déterminera la ligne horaire TR, sans employer le centre X.

On connoît aussi l'angle SXP du style avec la soustylaire, on connoît SP, on calcule des perpendiculaires comme VD & QE pour des distances XE, XD prises à volonté, & l'on place le style VQ au-dessus de la soustylaire DE, en mettant une triple équerre, *fig. 264*, à un bout du style, & une double équerre à l'autre bout pour le soutenir en place, jusqu'à ce que les supports $VDQE$ soient scellés.

IX. Cadrans *inclinés & déclinans*. On choisit rarement, pour tracer des *cadrans*, les surfaces qui ne sont ni verticales, ni horizontales; cependant M. de la Hire, considérant que les murailles les plus solides ne sont jamais exactement verticales, a regardé tous les *cadrans* comme pouvant avoir un certain degré d'inclinaison, & il a cherché des méthodes générales qui pussent servir pour des *cadrans* inclinés : nous en traiterons à son exemple, mais beaucoup plus en abrégé, parce qu'il nous a paru qu'il y avoit dans ces méthodes plus d'élégance & de savoir, que d'utilité pour la pratique.

On appelle quelquefois *reclinans* ces *cadrans* inclinés quand ils ne passent pas par le pole, & *déinclinés* lorsqu'ils ne regardent pas les points cardinaux, ou qu'ils sont à-la-fois inclinés & déclinans.

Je commencerai par indiquer un moyen mécanique, mais facile de tracer ces *cadrans* sur toutes sortes de plans, en y employant un *cadran* équinoxial ou un *cadran* horizontal bien orienté. La méthode est la même que celle qu'on a vue pour les *cadrans* verticaux dans la première & seconde méthode.

Je passe donc à la méthode indiquée par la plupart des auteurs, & qui suppose qu'on connoisse la déclinaison & l'inclinaison du plan. On connoît la première par le moyen du déclinateur, *fig. 256*, & la seconde par le moyen d'un demi-cercle décrit sur une planche carrée AB CD, *fig. 265*, & garni d'un à-plomb FGH qu'on applique sur le plan incliné $IBCL$, en observant de le placer sur une ligne perpendiculaire aux lignes horizontales du plan; la distance EG entre le fil-à-plomb & la ligne du milieu FE, forme un arc égal à celui qui mesureroit l'angle L, inclinaison du plan IL sur la ligne horizontale KL.

Supposons un plan qui décline du midi à l'orient de 35 degrés, c'est-à-dire, qui regarde le midi & l'orient sous un angle de 35° & incliné de 25°, supérieur.

Tirez les deux lignes AE, GD à angles droits, le point d'intersection E étant supposé le lieu ou le pied du style; prenez sur la ligne horizontale une quantité EF égale à la longueur du style; de l'extrémité F, comme centre, soit décrit un arc HI, coupant l'horizontale GD au point G; prenez l'arc GH égal à l'inclinaison qui est de 25°, & GI égal à son complément 65°, la ligne imaginée de F en I sera horizontale, & de F en H verticale. Par le point I tirez l'horizontale MI LN, & par le point H la ligne FKH qui coupera la ligne OE au point K.

Prenez la distance FL, & portez-la de L en O; du point O, comme centre, décrivez l'arc PLQ, du point L prenez l'arc LQ égal à la déclinaison du plan 35°, à droite du point L, si le *cadran* décline vers l'orient; ou s'il décline du septentrion à l'occident, prenez l'arc LP égal au complément de la déclinaison; la ligne OQN marquera au point N le point du midi; car puisque FL égale OL, si l'on imagine le point F & le point O relevés horizontalement à la hauteur du point L, ayant pris l'arc LQ égal à la déclinaison du plan, la ligne horizontale OQN sera dans le méridien : mais la ligne FK est verticale, & la ligne menée de F à N est une méridienne horizontale; le point K est donc dans le méridien, donc la ligne NK est la méridienne du *cadran*, & la ligne perpendiculaire OPM marquera en M le point de six heures.

Ayant tiré la méridienne par le point N & le point K pour avoir le centre C, on abaissera du point M une perpendiculaire MBR sur la méridienne; on portera l'espace NO depuis le point N jusqu'en R sur cette perpendiculaire, ou bien l'espace KF depuis K; car le point F & le point R sont un même point; pour faire une intersection en R, & l'on tirera la ligne oculte NR: du point R on décrira l'arc VSX, on prendra SV de 49°, qui est la hauteur du pole pour Paris, & la ligne VRC ira marquer en C, sur la méridienne, le centre du *cadran*.

En effet, pour trouver le centre du *cadran* C, il faut avoir une ligne NR qui soit placée, par rapport à la méridienne du plan & dans le plan, comme la méridienne horizontale ON l'étoit dans le méridien, c'est-à-dire, qui fasse avec la méridienne du plan le même angle que faisoit la méridienne horizontale; pour cela, il ne s'agit que de faire tourner la ligne ON autour du point N, sans changer ni sa longueur, ni sa distance perpendiculaire à la méridienne NC, & l'amener en NR. Pour cela, je conçois un plan perpendiculaire au méridien, passant par la ligne horizontale OM qui est perpendiculaire au méridien, & je le fais tourner jusqu'à ce qu'il soit perpendiculaire à la méridienne NC de mon plan; alors la ligne tirée du point M & la ligne tirée du point O seront également perpendiculaires en B sur la méridienne, puisqu'elles sont toutes deux dans un plan perpendiculaire à la méridienne en B; la ligne BR sera la hauteur perpendiculaire du point O ou du point R au-dessus de la méridienne; & en renversant sur le plan le triangle NBR, nous aurons le même angle KNR, puisque l'hypothénuse & le côté BR sont les mêmes, & il importe peu que BR soit perpendiculaire à la méridienne NB, ou dans le plan ou au-dessus du plan. Prenons donc au-dessus de la méridienne horizontale NR un arc SV de 49°, la ligne RV ira au pole & au centre du *cadran*, la ligne RX dans l'équateur & dans le méridien; donc l'équinoxiale passera par le point Z de la méridienne.

On fera aussi SX égal au complément de la hauteur du pole; la ligne ou le rayon RX coupera la méridienne en Z, & par ce point on tirera l'équinoxiale MZ. La soustylaire CE est perpendiculaire à l'équinoxiale en T; car elle est formée par l'assemblage des perpendiculaires abaissées de l'axe du *cadran* sur le plan, & par la commune section de deux cercles qui sont perpendiculaires l'un à l'autre, le plan & le méridien du plan : mais l'équateur est aussi perpendiculaire au méridien du plan; donc il fera sur le plan une commune section qui sera perpendiculaire à celle du méridien ou du cercle horaire du plan. En effet, quand deux plans sont perpendiculaires l'un à l'autre, un autre plan aussi perpendiculaire à l'un ne peut faire qu'une section parallèle à celle du premier; le style passe par C & par le bout F du style droit EF. Pour tracer les heures, on peut porter sur le cercle PIQ les arcs des heures pris sur un *cadran* horizontal dont la méridienne soit sur OQN, on prolongera les rayons jusqu'à la tangente horizontale MN, & l'on aura les points où passent les lignes horaires, ou bien l'on cherchera le centre W diviseur de l'équinoxiale MTZ, en portant la distance TF entre le point T & le bout du style sur la soustylaire CT. On décrira sur ce rayon un cercle dont l'équinoxiale soit tangente, on le divisera de 15 en 15 degrés, en commençant au point Z où la méridienne coupe l'équinoxiale, ou au point M de 6 heures; les rayons tirés de 15 en 15 degrés marqueront sur l'équinoxiale les points par lesquels il faut tirer les lignes horaires qui partent du centre C du *cadran*.

C'est sur ce principe que l'on trace des *cadrans* sur différentes faces d'un polyèdre ou d'un solide à plusieurs pans, comme on en voit souvent dans les jardins.

Les opérations que nous venons d'exécuter avec la règle & le compas, se peuvent remplacer par la Trigonométrie sphérique, si l'on avoit à construire un très-vaste *cadran*.

Soit TRB, *fig.* 267, la moitié de l'horizon, Z le zénit, P le pole, AR le grand cercle dans le plan duquel est le *cadran* incliné & déclinant. L'arc ZV, perpendiculaire au plan, est le complément de l'inclinaison, & l'angle AZV le complément de la déclinaison ER du *cadran*. L'arc PY, perpendiculaire sur le plan, est l'angle du style avec la soustylaire.

Dans le triangle AZV, on cherchera l'arc AZ qui, ajouté avec PZ, donnera AP; l'on cherchera aussi l'angle A.

Dans le triangle APY, connoissant AP & l'angle A, on trouvera AY, angle de la soustylaire avec la méridienne, S l'élévation du style sur le plan égale à PY, & l'angle APY que le méridien du lieu fait avec le cercle horaire perpendiculaire au *cadran*, ou avec le méridien du plan.

Pour trouver les lignes horaires, on supposera un cercle horaire PO, faisant avec le méridien un angle P de 15° pour une heure, &c.; on l'ôtera de l'angle APY pour avoir OPY qui, avec l'arc PY, fera trouver OY : c'est la mesure de l'angle que fait dans le plan du *cadran* la ligne d'une heure avec la soustylaire.

Si l'on veut rapporter les lignes horaires à l'horizontale du plan, on résoudra le triangle ARI dans lequel on connoît l'inclinaison R & la déclinaison IR par rapport au méridien; on trouvera AR qui mesure l'angle de la méridienne avec l'horizontale du *cadran*.

Ce problême général a été résolu analytiquement dans un mémoire qui fait partie du volume, intitulé : *Recherches sur la Gnomonique, les Rétrogradations & les Eclipses* 1761, dont les auteurs étoient M. du Séjour & M. Goudin. Celui-ci en a donné une solution dans l'Encyclopédie d'Yverdon au mot *Gnomonique*, & dans les supplémens de Paris au mot *Cadran*.

Jusqu'ici j'ai supposé qu'on connût l'inclinaison & la déclinaison du plan sur lequel on veut tracer un *cadran*; mais on peut y suppléer avec des points d'ombre, comme dans les *cadrans* verticaux.

Quand on connoît la hauteur du pole & la déclinaison du soleil, il suffit d'un seul point d'ombre pour trouver la soustylaire sur un plan quelconque. (La Hire, *p.* 44.)

Soit S la pointe du style (*fig.* 268), qui a donné le point A; P le pied du style, ou le point sur lequel tombe la perpendiculaire abaissée du style S sur le plan; Hh une ligne horizontale qui réponde ou soit de niveau à la hauteur du style S; PZ parallèle à Hh, & égale au style droit PS; BPH perpendiculaire sur l'horizontale Hh; on tirera HZ, & ZB perpendiculaire à ZH.

On fera séparément un angle psa (*fig.* 269) égal à la distance du soleil au pole, & l'angle psb égal au complément de la hauteur du pole, pour que psd représentant l'axe du *cadran*, la ligne sb soit verticale; & ayant pris un point d à volonté, on fera sb égale à ZB, & sa égale au rayon solaire, mesuré de S en A; on joindra les lignes ad & bd.

On tirera la ligne *AB*; du point *B* comme centre, avec un demi-diamètre égal à *b d*, on décrira un arc *f L*; du point *A* avec un rayon égal à *a d*, on décrira un arc *g L*; du point *L*, on menera la ligne *L O* perpendiculaire sur *AB*: cette ligne sera le rayon d'un cercle sur lequel doit être le point de l'axe que l'on cherche, représenté par le point *d*.

Du point *O* comme centre avec un rayon *O L*, on décrira un arc de cercle *D L e*; du point *P*, on menera *P G K* perpendiculaire à *O L*, ou parallèle à *B A*; du point *P*, comme centre avec un rayon égal à *d s*, on fera une intersection *I* sur la ligne *O L*. Alors *G I* sera égale au rayon de la base d'un cône, dont l'axe est égal à *P G*, & le côté égal à *P I*.

On fera *G K* égale à la hauteur du style *P S* du point *K* avec un rayon égal à *G I*; on décrira un arc *R D*, qui coupera le cercle *D L* en *D*, ce point étant conçu relevé au-dessus de la ligne *L G I O*, est celui où doit passer le style en sorte que *D Q* perpendiculaire sur *L O*, marquera le point de la soustylaire, qui répond perpendiculairement sous le point *d* du style.

En effet, si l'on conçoit le cône dont le sommet est au point *S*, relevé au-dessus de *P*, le centre de la base au point *K* relevé au-dessus de *G*, & le côté *P I* égal à *d s*; la circonférence de sa base renfermera tous les points où peut répondre le point *d* de l'axe. Mais le cercle *L D* renfermera aussi tous les points qui sont éloignés de *A* & de *B* autant que le point *d*: donc c'est à la rencontre des deux arcs que doit être le point *d* de l'axe; donc la perpendiculaire *D Q* marquera le point de la soustylaire, correspondant au point *d* de l'axe.

Ayant un point *Q* de la soustylaire, on tirera la ligne *P Q* par le pied du style, & ce sera la soustylaire, au moyen de laquelle on décrira le *cadran* par la méthode indiquée ci-devant.

Dans la Gnomonique de M. de la Hire, il y a dix méthodes semblables pour trouver par deux ou trois points d'ombre, ou la soustylaire, ou le centre d'un *cadran* incliné, sans connoître même la déclinaison du soleil, ni la hauteur du pole; la plupart de ces méthodes sont assez compliquées pour les démonstrations, & il me semble qu'elles ne sont pas fort utiles pour la pratique.

X. *Cadran sans style par la hauteur du soleil.* Dans tous les *cadrans* dont nous avons parlé jusqu'ici, il y a un style parallèle à l'axe du monde; mais on peut aussi trouver l'heure qu'il est par la hauteur du soleil ou par son azimut, de plusieurs manières différentes; & c'est ce que nous allons expliquer.

L'astrolabe ou planisphère, dont les astronomes depuis Ptolemée ont fait un usage continuel, s'appliquoit à tous les problèmes de la sphère & de la Trigonométrie sphérique. On dut naturellement l'appliquer à trouver l'heure par le moyen de la hauteur du soleil; ce qui produisit les *cadrans* où l'heure est marquée par le fil même qui sert à mesurer la hauteur du soleil.

Aussi voyons-nous ces *cadrans* décrits dans les plus anciens auteurs de Gnomonique. Sebastien Munster en décrit un, dont il dit *quadrans juxta veterum usum*, & il cite Regiomontanus comme en ayant fait un d'une espèce particulière, différent de ceux des anciens. Dans celui de Munster, les lignes horaires sont des courbes tracées par la table des hauteurs du soleil à différentes heures du jour & en différens tems de l'année; & c'est celui que nous allons décrire. Munster se servoit de l'astrolabe pour trouver les hauteurs du soleil à toute heure; mais il y a des tables des hauteurs qui sont propres à construire de pareils *cadrans*, elles se trouvent dans la *Connoissance des tems*, de 1782, pour Paris, & pour d'autres latitudes dans la Gnomonique de Dom Bedos, & dans les *Tables du Nonagésime*, imprimées à Avignon en 1776: celles-ci ont été calculées par M. Trebuchet, d'Auxerre.

On y peut suppléer par la résolution du triangle *P Z S*, que nous avons expliqué *au mot* HAUTEUR, & qui sert également à trouver l'heure qu'il est quand on a observé la hauteur du soleil, ou la hauteur pour une heure donnée.

Mais, pour un *cadran*, il suffiroit de l'opération graphique de l'analemme. (*V.* PROJECTION.) Soit *H O* l'horizon, *fig. 252*, *P* le pole, *E Q* l'équateur, *M S A* le parallèle diurne du soleil pour une déclinaison *E M*, *H B* la hauteur observée du soleil, *B C* une ligne parallèle à *A O*; ayant ouvert un compas de proportion sur le rayon *M A* du parallèle, on cherchera quel est l'arc dont le double de *S A* est la corde, on en prendra le supplément à 180°, & prenant une heure pour 30°. 2^h pour 60°, *&c.* on aura l'heure qui répond à la hauteur *B H* observée, ou à la position du point *S* sur le parallèle diurne du soleil.

Connoissant la hauteur du soleil à différentes heures, nous allons tracer les lignes horaires sur le *cadran*.

Soient *P* & *C* (*fig. 270*) les deux pinnules que l'on dirige vers le soleil pour mesurer sa hauteur; *A B*, *E D* deux arcs de cercles décrits du centre *C*, dont l'un serve pour le solstice d'hiver, l'autre pour le solstice d'été, on pourra en décrire tant qu'on voudra dans l'intervalle *A E* pour les différens mois de l'année.

Si je veux marquer 9 heures du matin pour le 21 décembre, je cherche la hauteur du soleil, qui est 7° $\frac{1}{4}$; je prends un arc *A F* de cette quantité, & le point *F* est un des points de la ligne de 9 heures.

Si je fais la même opération avec la hauteur du soleil le 21 juin, qui est 46 $\frac{2}{3}$, il faudra prendre ce nombre de degrés sur le cercle d'en haut; on aura l'arc *E G*, & le point *G* sera l'autre extrémité de la ligne de 9 heures.

Pour trouver le point qui répond au 1er avril, je me sers d'un cercle décrit par le point *H*, & le nombre de degrés que le soleil a ce jour-là de hauteur tombant en *K*, me donne un troisième point de la ligne horaire cherchée : quand on a ainsi un grand nombre de points, on trace la ligne à la main.

Le fil à plomb, qui pend librement du centre *C*, porte un coulant, une perle, un grain d'émail, que l'on peut changer de place ; on amène le fil sur la ligne *CA*, l'on met la perle à la distance *CH*, si c'est le premier avril, on dirige les pinules vers le soleil, & le fil à-plomb se trouvant tomber dans la direction *CK* à neuf heures, la perle marquera en *K* sur la ligne de 9 heures, & l'on sera sûr qu'il est en effet 9 heures du matin.

On a donné dans les supplémens *in-folio* de l'Encyclopédie, la description d'un semblable *cadran*, par M. Lambert, disposé tout différemment, mais qui n'a pas plus d'avantage. Dans les mêmes supplémens *au mot* AZIMUT, on trouve la description d'un instrument semblable pour trouver l'azimut du soleil par le moyen de sa hauteur ; il est de l'invention de M. Lambert, ainsi qu'un double secteur qui sert au même usage ; mais l'article étant très-long, & ne me paroissant pouvoir être que peu d'usage, il m'a semblé ne devoir pas entrer dans ce Dictionnaire.

L'anneau solaire est un *cadran* de même espèce, c'est-à-dire, où l'on marque l'heure par les hauteurs du soleil, dans la concavité d'un petit anneau où les lignes horaires sont tracées, *Bion*, *pag. 375*.

XI. CADRAN *univérsel par les hauteurs du soleil*. Ce *cadran*, qui est appellé quelquefois *le capucin* (*fig. 271*) à cause de sa forme pointue de sa partie supérieure, se trouve dans Sebastien Munster, sous le nom de *Quadrangulum Horoscopium*, ou *Horologium quadrangulum generale* : il est aussi dans Oronce Finé ; ce qui me fait penser que l'invention en est plus ancienne que les ouvrages de ces deux auteurs, publiés en 1531. Il est décrit dans Clavius, *pag. 537* ; mais aucun de ces auteurs n'en a donné la démonstration : je vais tâcher d'y suppléer.

Construction. D'un point *A* pris pour centre (*fig. 271*), on décrit un arc de cercle *EF* ; on prend de chaque côté de la ligne du milieu *AD* des arcs de 23° 28′ pour y marquer les déclinaisons du soleil au premier degré, au 10e & au 20e de chaque signe, ou pour le 1, le 10 & le 20 de chaque mois ; à droite les déclinaisons australes, à gauche les déclinaisons boréales. Pour cet effet, on peut décrire sur la corde *EF* un cercle divisé en degrés ; on y marquera les longitudes du soleil ; on tirera par chaque longitude une perpendiculaire sur *EF* ; elle coupera l'arc *EDF* au point de la déclinaison cherchée.

Ayant pris *OL* pour la largeur du *cadran*, on décrira un quart de cercle *OM*, sur lequel on prendra les latitudes terrestres ; on en marquera les tangentes sur le bord extérieur *OV*, & par ces différens points on tirera des perpendiculaires dans le trigone *AEF* : ainsi *AM*, *AG* seront égales aux tangentes de 45° de 60°, & les lignes passant par les points *M* & *G* parallélement à *EF*, sont celles où l'index devra être placé sous les latitudes de 45 & de 60° respectivement, & ainsi des autres.

A l'extrémité *L* de la ligne *OAL*, on fera encore un trigone des signes *CAB*, en y transportant les divisions de la ligne *MX*, qui passe à 45°, & dont la distance *AM* est égale à *AL*. On mettra en haut les déclinaisons boréales de *L* en *C*, en bas les déclinaisons australes de *L* en *B*.

Pour tracer les lignes horaires, on continuera le cercle décrit sur *OA* ; on divisera la partie *ONL* de 15 en 15 degrés ; on tirera des perpendiculaires à *OA*, & ce seront les lignes horaires *CH*, *AN*, *OP*, en commençant par *CH*, qui sera la ligne de midi, mais qui ne peut servir réellement, parce que la hauteur du soleil varie trop peu aux environs du midi.

Usage. On suspend un fil à-plomb sur le point du trigone *AEF*, qui répond à la hauteur du pole du lieu où l'on est, & à la déclinaison ou au lieu du soleil le jour de l'observation. Le fil à-plomb a une perle ou un nœud mobile qu'on amène sur le point de la ligne *BLC*, qui répond encore au lieu du soleil sur le petit trigone. Dans cet état, le grain est à la distance convenable de la suspension pour marquer l'heure sur les lignes horaires lorsque le bord supérieur *EF* sera dirigé vers le soleil, ou élevé de la quantité de la hauteur du soleil par le moyen des pinules qui sont au bord supérieur de la plaque du *cadran*.

Je suppose, par exemple, qu'on soit à 60° de latitude, & que le soleil soit au solstice d'été, on suspendra le fil à-plomb au point *E* ; on fera couler la perle jusqu'en *C*, & la longueur du fil *EC* rendu libre marquera l'heure sur les lignes *CH*, *AN*, *OP*.

Pour varier aisément la suspension du fil à-plomb, on se sert d'un petit bras recourbé & brisé, mobile à frottement, dont on amène l'extrémité sur le point d'intersection de la ligne de déclinaison & de la ligne de latitude.

Démonstration. Pour plus de facilité, je commencerai par le cas le plus simple ; si l'observateur est sous la ligne équinoxiale, & le soleil dans l'équateur, le point de suspension est en *A*, & la perle du fil à-plomb partant du point *L* à midi quand le soleil est au zénit arrive en *N* quand le soleil se couche, & que la ligne *EF* est dirigée vers l'horizon ; elle parcourt des arcs égaux en tems égaux, ou 15 degrés à chaque heure sur la circonférence *LN* ; ainsi, les lignes horaires qui

qui font tirées de 15 en 15 degrés, satisfont dans ce cas-là.

Si le soleil est dans le tropique, le fil à-plomb à midi tombe à l'extrémité *B* du petit zodiaque, où il fait un angle de 66° avec la ligne *AN*; c'est la hauteur méridienne ce jour-là pour un observateur situé sous la ligne. A mesure que la ligne s'abaisse, l'angle *BAN* diminue comme la hauteur du soleil; les intervalles des lignes horaires, comprises entre *LH* & *AN*, sont les cosinus des angles horaires par la construction, puisqu'on a pris ces angles horaires sur l'arc *LN*; ainsi, les sinus des angles du fil à-plomb avec la ligne *AN* diminuent comme les cosinus des angles horaires. Or il est facile de voir que c'est aussi la marche des hauteurs du soleil dans ce cas-là. En effet, soit *EV* (*fig. 33*), le diamètre de l'équateur, *HO* l'horizon, *TP* le rayon du tropique, décrit par le soleil; suivant la propriété de la projection de l'analemme, le soleil à 4 heures répond en *M* dans la projection, en sorte que le cosinus *TM* de l'angle horaire est la moitié du rayon *TP* du parallèle; mais *MT* est aussi le sinus de la hauteur du soleil: donc le sinus de la hauteur du soleil est comme le cosinus de l'angle horaire; donc le *cadran* répond à ce qui se passe dans la sphère pour ce cas-là.

Supposons maintenant pour l'observateur une latitude quelconque égale à *PO* (*fig. 252*), *EQ* l'équateur, *MAF* le parallèle du soleil, *K* le lieu du soleil dans la projection analemmatique, *KL* le sinus de la hauteur du soleil, *KA* le cosinus de l'angle horaire; on voit que la ligne *KL* sera toute la journée proportionnelle à *KF*, qui est la somme du cosinus de l'angle horaire actuel, & du cosinus *AF* de l'angle horaire au lever ou au coucher du soleil.

Or si le point de suspension dans le *cadran* est en *E* (*fig. 271*), & que la perle décrive l'arc *KQC* depuis le lever du soleil, qu'elle sera en *K* jusqu'à midi qu'elle sera en *C*, le sinus, comme *QR* de l'arc *QK*, qu'elle aura décrit à sept heures du matin, sera la somme de *QS* & de *SR*, c'est-à-dire, du cosinus de l'angle horaire à sept heures, & du cosinus de l'angle horaire au point *K* vers 2ᵈ P', qui est le lever du soleil dans ce cas-là: donc elle marquera les heures & les hauteurs comme nous avons vu qu'elles sont dans l'analemme.

J'ai dit que la perle étoit en *C* à midi; il est aisé de voir qu'en effet l'angle *CEK* est égal à la hauteur méridienne du soleil; car le triangle *EAC* est semblable au triangle *GAL* (dont l'angle *G* est égal à la hauteur de l'équateur, puisque *AG* est la tangente de la latitude), les côtés *AE* & *AC* étant plus grands que *AG* & *AL* dans le rapport de la sécante de $23^d\frac{1}{2}$ au rayon; ainsi, la ligne *EC* est plus inclinée que *GL* de $23^d\frac{1}{2}$ par rapport à *GA* ou *EK*; donc elle est inclinée d'une quantité égale à la somme de la hauteur de l'équateur & la déclinaison du soleil, c'est-à-dire, égale à la hauteur méridienne.

On trouve le lever & le coucher du soleil sur ce *cadran* en plaçant le fil à-plomb parallélement à la ligne *VOP*, & regardant à quelle ligne horaire il répond.

On peut aussi mesurer la hauteur du soleil à une heure quelconque, en suspendant le fil en *A* au centre du demi-cercle *LNO* qu'on peut diviser en degrés, & que les lignes horaires partagent en quarts d'heure, qui sont chacun $3^d\frac{3}{4}$ de la circonférence.

Dans les supplémens de l'Encyclopédie *au mot* HEURE, on a donné la description & la figure de ce *cadran*, d'après un journal anglois, en y ajoutant un quart de cercle mobile, avec une alidade & deux règles qui se meuvent par des coulisses pour placer le centre du quart de cercle sur un point quelconque. Mais l'ancienne méthode que j'ai suivie ici est aussi commode & moins dispendieuse; & j'ai cru qu'il falloit préférer ici l'explication des *cadrans*, que l'on a le plus souvent exécutés, & que l'on rencontre le plus fréquemment.

On trouve aussi dans les supplémens de l'Encyclopédie *au mot* CADRAN, la description d'un instrument, qui donne également l'heure par le moyen de la hauteur en faisant mouvoir une règle pour différentes latitudes, & une alidade pour les différentes déclinaisons: cet instrument est de M. Lambert.

XII. *Cadran analemmatique* ou *azimutal*, *fig. 274*. Il fut donné en 1644, par Vaulezard, dans un ouvrage françois, intitulé: *Traité de l'origine, démonstration, construction & usage du quadrant analemmatique*, & il fit le principal objet d'un livre de Forster, publié, en 1654, à Londres sous le nom de *Elliptical Horologiography*. Ce *cadran* a été copié depuis par tous les auteurs de Gnomonique, toujours sans démonstration; ce qui fit que j'en donnai une dans les *Mémoires de l'Académie*, année 1757; mais en voici une autre bien plus simple, déduite du principe de la projection orthographique.

Construction. Soit *ABD* (*fig. 272*) une ellipse décrite sur un plan horizontal, dont le petit axe soit au grand, comme le sinus de la latitude est au rayon (à Paris comme 753 est à 1000); du centre *C*, l'on prendra sur la méridienne du côté du nord, quand le soleil déclinera au nord une distance *CM* égale au produit du cosinus de la latitude par la tangente de la déclinaison du soleil (à Paris 286 au solstice), on élevera en *M* un style vertical. On divisera l'ellipse *ABD* en heures par des perpendiculaires comme *EF* abaissées de 15 en 15 degrés du cercle circonscrit *AED*, & le style marquera l'heure sur la circonférence de l'ellipse.

Démonstration. Soit *H O* (*fig.* 273), l'horizon vu de profil, ou projeté sur le méridien, *O E Q* la projection de l'équateur ou d'un *cadran* équinoxial, dont le style est *B E S*. Concevons que le *cadran* équinoxial soit projeté sur l'horizon par des perpendiculaires, sa circonférence formera une ellipse, dont le petit axe *H O* sera le sinus de l'angle *Q* égal à la latitude du lieu. Le style *E S*, qui est égal à la tangente de la déclinaison, aura pour projection *M C* ou *S A* plus petite que *S E* dans le rapport du sinus de l'angle *S E A*, ou du cosinus de la latitude au rayon.

Au moment où le sommet du style *S* marque l'heure sur un point horaire de la circonférence du *cadran* équinoxial, on peut considérer le rayon solaire, qui va du sommet du style au point horaire, comme projeté, ainsi que le sommet *S*, la projection de ce rayon solaire ira du point *M* au point où se projete le point horaire; ainsi, on peut ne considérer que la projection, & l'on sentira que le point *M* doit faire ombre sur le point de l'ellipse, qui répond au même point du cercle, ou qui en est la projection.

On peut aussi concevoir un cercle vertical passant par le soleil & par le sommet du style *S*, l'ombre du point *S* sera nécessairement dans ce vertical, ainsi que le point horaire du *cadran*, & sa projection; donc le point *M* & l'ombre toute entière du style vertical *S M*, se trouveront dans le plan du même cercle vertical; donc l'ombre du point *S* & du point *M* tombera sur le point de l'ellipse où tombe le point horaire du cercle ou du *cadran* équinoxial.

Pour éviter le calcul de la quantité *C M*, on peut employer la construction suivante. Ayant pris un arc *P O* (*fig.* 273) égal à la hauteur du pole, & *D O* égal à la déclinaison, on tirera *E P*, *E D* & la perpendiculaire *P G*; le segment *G K* sera la quantité dont le style devra être éloigné du centre, sur un *cadran* dont le rayon *E O* feroit le demi-grand axe. En effet, *G K* = *E G*, tang. déclin. = cos. latit. tang. déclin. expression qui revient au même que celle de la démonstration précédente.

On peut aussi trouver le point *M* en cherchant le foyer *F* de l'ellipse, & faisant l'angle *C F M* égal à la déclinaison du soleil; car la distance *B F* du foyer au petit axe est égale au rayon *A C*; ainsi *C F* est le cosinus de la latitude: donc *C M* = cos. lat. tang. déclin.

On trouve dans la plupart des auteurs une construction fort compliquée, & que je ne rapporterai point ici par cette raison, mais elle revient au même que celle-ci.

On lit aussi dans les supplémens de l'Encyclopédie *in-folio* une théorie générale, mais très-longue de ce *cadran*, & une construction géométrique de M. Lambert; mais je crois l'article précédent très-suffisant pour le *cadran* azimutal.

Il est inutile de parler ici de la manière de tracer une ellipse; on peut le faire ou avec un cordon égal au grand axe, fixé sur les deux foyers, ou avec un compas à ellipse, ou enfin avec deux cercles concentriques divisés en 24 heures, de la manière que nous expliquerons en parlant des éclipses.

Voici une table des principales mesures nécessaires à la construction de ces *cadrans* pour différentes hauteurs du pole.

La moitié du grand axe étant divisée en 1000 parties égales, on voit dans cette table combien de ces parties doit avoir la distance qu'il faut mettre entre le centre du *cadran* & le style, le 21 de chaque mois, ou à l'entrée du soleil dans chaque signe.

DISTANCES ENTRE LE CENTRE ET LE STYLE, *dans un Cadran analemmatique.*

Hauteurs du pole ou latitudes.	21 { *Février, Avril, Août, Octobre.*	21 { *Janvier, Mai. Juillet, Novembre.*	21 { *Juin, Décembre.*	*Moitié du petit axe.*
30 d	176	318	376	500
35	166	301	356	574
40	156	282	333	643
45	144	260	307	707
50	131	236	279	766
55	117	210	249	819

Ce *cadran* azimutal a l'avantage de n'être pas sujet à l'inégalité des réfractions.

M. Lambert a remarqué dans les éphémérides de Berlin, pour 1777, qu'on peut substituer à l'ellipse un cercle horizontal divisé en parties égales, pourvu que le style soit incliné vers le point qui tient le milieu entre le zénit & le pole, & que sa distance au centre soit égale au produit de la tangente de la moitié de la hauteur de l'équateur par celle de la déclinaison; je n'en donnerai pas ici la démonstration; c'est un objet de pure curiosité.

XIII. CADRAN *cylindrique par les hauteurs.* On fait souvent de petites colonnes portatives qui, présentées au soleil, y marquent l'heure qu'il est, au moyen d'un style horizontal perpendiculaire à l'axe du *cadran.* On voit dans la figure 275 le développement du papier dont on environne le cylindre; la ligne *B A* qui est égale à la circonférence du cylindre, est divisée en six parties égales pour répondre à six mois de l'année, parce que les six autres se répètent sur les mêmes divisions. Sur chacune de ces divisions, on tire une ligne verticale comme *C D*, sur laquelle on cherche les points de chacune des lignes horaires, par le moyen de la table des hauteurs du soleil à différentes heures du jour. Pour cet effet, ayant pris une longueur *S T* égale à la saillie du style qui doit faire ombre, on tire une ligne *T E* qui fasse un angle *T* égal à la hauteur du soleil pour le jour & l'heure donnés; par exemple, à deux heures pour le 20 de mai ou de juillet, & l'on porte la longueur *S E* de *C* en *F* sur la ligne du 20 mai ou du 20 juillet; le point *F* marque l'endroit où doit passer la ligne de deux heures : car lorsque le style sera tourné sur le point *C*, & exposé directement au soleil de manière que son ombre couvre la ligne *C D*, la pointe *T* du style jettera son ombre au point *F* & y marquera deux heures, puisque la ligne *G F H* est la ligne de 2 heures. On trouvera de plus grands détails sur cette espèce de *cadran*, dans la *Gnomonique* de Dom Bedos 1774; mais ce que je viens de dire suffit pour en faire comprendre le principe, & peut-être même pour la plupart de ceux qui voudroient en construire.

XIV. CADRAN *qui se voit à Paris sur la colonne de l'hôtel de Soissons ou de la halle au blé* L'hôtel de Soissons fut bâti en 1573 par Catherine de Médicis, sur l'emplacement de l'ancien hôtel de Nesle; il prit le nom d'hôtel de Soissons en 1604, ayant été acheté par Charles de Bourbon, comte de Soissons : le prince de Carignan, mort en 1741, ayant laissé des dettes, les créanciers le firent démolir; la ville de Paris acheta le terrein, & l'on y a bâti la halle au blé.

Catherine de Médicis y avoit fait faire une colonne de 80 pieds de haut, par Jean Bulland : M. de Bachaumont l'acheta pour empêcher qu'elle ne fût démolie; & en 1764, M. de Viarmes, prévôt des marchands, engagea M. Pingré à y faire un *cadran* solaire; il n'y en avoit aucun parmi ceux qui avoient été décrits jusqu'alors qui pût convenir à cette colonne, & M Pingré a imaginé celui dont je vais donner la description d'après l'ouvrage qu'il publia en 1764 : *Mémoire sur la colonne de la halle aux blés*; à Paris, chez Barrois. J'y ajouterai les résultats des calculs qu'il n'avoit point publiés, & une figure exacte du *cadran*, avec la partie de la colonne sur laquelle il est tracé.

On a choisi à 50 pieds de hauteur au-dessus du pavé un espace de 9 pieds, qu'on a rendu cylindrique en remplissant les cannelures de la colonne, & qui s'est trouvé avoir 29 pieds 9 pouces 9 lignes & $\frac{1}{3}$ de circonférence, & le rayon en lignes 683,35. Une ligne verticale tirée sur la face méridionale de ce tambour, exprime la section du méridien & de la colonne; les intersections des cercles horaires sont des ellipses qu'on y a tracées, & qui forment sur le tambour les lignes horaires du *cadran.*

Un cercle horizontal qui fait le tour de la partie supérieure, porte 15 styles horizontaux qui ont 4 pieds 5 pouces 2 lignes de saillie, & dont chacun couvre par son ombre une des ellipses horaires à l'heure qu'elle marque.

Toutes ces lignes horaires se réunissent en un point qui exprime le pole austral ou l'intersection de l'axe du monde & du *cadran;* il est au-dessous de l'horizontale de 5 pieds 5 pouces 2 lignes $\frac{3}{10}$, qui est la tangente de la latitude du lieu 41° 8′ 10″, pour un rayon de 4 pieds 8 pouc. 11 lign. 35.

Pour trouver la place des styles sur le cercle supérieur, ou l'intersection des lignes horaires avec l'horizon, il suffit d'avoir le point de l'horizon où passent les cercles horaires d'une heure, de deux heures, &c. Soit *H P O* le méridien, *fig.* 40, *P* le pole, *P X* le cercle horaire d'une heure, qui fait avec le méridien un angle *P* de 15°; dans le triangle *P O X* rectangle en *O*, dont on connoît *P O* qui est la latitude du lieu, 48° 51′ 50″, & l'angle *P*, l'on trouvera *HX*, 11° 24′ 34″ : ainsi, le premier style est implanté à 11° 24′ 34″ de la méridienne sur le cercle horizontal du *cadran.* Cet angle est le même que celui de la ligne d'une heure sur un *cadran* horizontal; j'en ai donné la table ci-dessus : mais voici les complémens des angles *X*, ou les inclinaisons des cercles horaires par rapport aux verticaux, pour servir à tracer les lignes horaires sur le *cadran*, telles qu'on les voit dans la *figure* 276.

HEURES.		*Inclinaison des cercles horaires.*	
Soir.	*Matin.*		
1	11	9°	48
2	10	19	12
3	9	27	43
4	8	34	44
5	7	39	27
6	6	41	8
7	5	39	27
8	4	34	44

Pour tracer les courbes horaires sur le tambour, il falloit en chercher plusieurs points. Je suppose qu'on veuille savoir à quelle distance de la méridienne passe la ligne d'une heure prise un pied au-dessous de la ligne horizontale ; je suppose que *H* soit le pied du style d'une heure ou de onze heures, *H V* une ligne verticale tirée sur la surface de la colonne, *O* le point cherché sur la surface de la colonne, *O V* une ligne horizontale tirée du point *O* au-dedans de la colonne perpendiculairement sur le plan du vertical, dont *H V* est l'intersection ; on a trouvé ci-dessus l'angle formé en *H* entre le vertical & le plan du cercle horaire dans lequel est la ligne horaire *H O* ; on cherchera la longueur de la perpendiculaire *O V*, en disant : Le sinus total est à un pied ou 144 lignes, comme la tangente de 9° 48′ 10″ ½ à la perpendiculaire *O V*, 24 l. 81. Cette perpendiculaire forme un triangle horizontal avec le rayon de la colonne qui passe en *O* ; & pour avoir l'angle au centre, il suffira de dire : Le rayon de la colonne 683,35 est à *O V* comme le sinus total est au sinus d'un angle qu'on trouvera 2° 5′ 12″ ; c'est la distance horizontale entre le vertical du point *O* & celui du point *H* : or le vertical du point *H*, suivant le calcul précédent, est éloigné de 11° 24′ 34″ de la méridienne ; donc le point *O* en sera éloigné de 9° 19′ 22″. M. Pingré a calculé ainsi de pied en pied pour la hauteur, la situation horizontale de chaque ligne horaire, & il a fait passer ses courbes par tous les points ainsi marqués.

Distance à la méridienne.	I heure.	II.	III.	IV.	V.	VI.	VII.
Sur l'horizontale,	11° ....25′	23° ....30′	36° ....59′	52° ....32′	70° ....25′	90° ....0′.	109° ...35′
un pié plus bas.	9......19	19.....17	30.....38	44.....8.	60.....26	79.....24	99.....36
2 piés........	7......14	15.....4.	24.....11	35.....32	50.....7.	68.....24	89.....17
3..............	5......8.	10.....47	17.....35	26.....32	39.....4.	56.....29	78.....14
4..............	3......2.	6......26	10.....42	16.....46	26.....29	42.....35	....
5..............	0......55	1......58	3......22	5......36	10.....18	23.....2.	....
6..............	1......13	2......37	4......39	....	....	....	....
7..............	3......21	7......24	13.....49	....	....	....	....
8..............	5......31	12.....27	25.....22	....	....	....	....
9..............	7......43	17.....51	48.....17	....	....	....	....

On voit sur cette colonne d'autres courbes qui sont dorées, & qui marquent les arcs des signes : ils sont représentés dans la figure ; mais il seroit trop long d'en donner ici la démonstration & le calcul.

XV. Cadran *aux étoiles ;* on l'appelle quelquefois *nocturnal de Munster*. Il est composé de trois pièces principales ; 1.° une platine *C D*, *fig.* 277, percée au centre *G* pour appercevoir l'étoile polaire au travers ; 2.° un *cadran* mobile divisé en 24 heures ; 3.° une alidade *G H* mobile autour du cercle, & dont une partie déborde la circonférence. On suppose que l'on regarde l'étoile polaire par le trou du centre, le manche *B* étant en bas dans le plan d'un vertical, le plan de l'instrument incliné comme l'équateur. On regarde en même-tems une autre étoile circompolaire, & l'on place l'alidade sur cette étoile. La figure est faite pour la claire de la petite ourse qui est la précédente, ou supérieure des deux gardes ou des deux belles étoiles de la petite ourse, marquée β ; elle a 14h 51′ d'ascension droite : ainsi, elle passe au méridien à midi le 7 novembre. Le *cadran* des heures est mobile sur la platine, de manière que l'heure du passage au méridien (de l'étoile pour laquelle il est fait) soit toujours à la partie supérieure, & le passage inférieur au bas de la platine. Par exemple, la claire de la petite ourse passe au méridien inférieur à minuit le 7 novembre ; si l'on amène donc le nombre 12 en bas où est le 7 novembre, marqué d'une fleur de lys dans la figure, le cercle des heures est disposé comme un *cadran* équinoxial fait pour le soleil ; le midi est en haut, parce que l'étoile passe à midi ; le 5 décembre elle passe à dix heures ; il faut donc que les 10h du *cadran* soient en bas ce jour-là ; pour cela on avance à droite de 30° l'index, la fleur de lys ou les 12h, ou on les met au 5 de décembre.

Il y a 200 ans que l'on comptoit 11 jours de moins à pareille situation du soleil : aussi l'on trouve de ces *cadrans* où il y a le 27 octobre ; cette différence vient du vieux style sur lequel on comptoit 11 jours de moins. *Voyez* Calendrier. La précession de l'étoile est peu considérable. On se servoit assez souvent des deux dernières étoiles de la grande ourse ; on mettoit alors en bas le 29 août ; c'étoit à-peu-près cela dans le dernier siècle. Actuellement c'est le 3 septembre ; car ce jour-là on a 10h 48 ou 50′ pour l'ascension droite du soleil, égale à celle de ces deux étoiles. Les heures vont vers la gauche en haut, parce qu'en regardant le nord, les étoiles qui avancent vers le couchant vont à gauche.

Les jours du mois vont aussi à gauche ou du même sens, puisque plus le soleil avance dans l'écliptique, & plus l'étoile avance en passant plutôt au méridien; il faut donc qu'on ait dans le méridien un moindre nombre d'heures, & pour cela on doit tourner le *cadran* vers la gauche.

On ne fait plus guère de ces sortes d'instrumens; ils ne sauroient avoir de la précision à cause de leur petitesse, & à raison de la différence qu'il y a entre l'étoile polaire & le vrai pole du monde auquel on ne peut pas diriger le centre de l'instrument.

On peut trouver l'heure exactement par le passage des étoiles au-dessous de la polaire; je l'ai expliqué en détail dans le premier volume de mon Astronomie, où j'ai donné la table de ce qu'il faut ajouter à la distance de l'équinoxe au soleil, pour avoir exactement l'heure qu'il est quand une étoile passe dans le vertical ou dans l'à-plomb de l'étoile polaire. *Voyez* ETOILE.

XVI. Le *cadran à la lune* ou le *cadran lunaire* est celui qui montre l'heure pendant la nuit, par le moyen de la lumière de la lune, ou de l'ombre d'un style que la lune éclaire. On peut faire des *cadrans* où les intersections des lignes horaires avec les lignes qui marquent le quantième à la lune, indiquent l'heure; mais on peut se servir aussi d'un *cadran solaire*, comme si c'étoit un *cadran lunaire*, c'est-à-dire, trouver l'heure à la lune par le moyen d'un *cadran solaire*. On observera l'heure que l'ombre du style montre à la lumière de la lune; on trouvera l'âge de la lune dans le calendrier, & on multipliera le nombre des jours par trois quarts; le produit sera le nombre d'heures qu'il faut ajouter à l'heure marquée par l'ombre, afin d'avoir l'heure qu'on demande. La raison de cette pratique est, que la lune passe tous les jours au méridien, ou à quelque cercle horaire que ce soit, trois quarts d'heure plus tard que le jour précédent : or le jour de la nouvelle & de la pleine lune, elle passe au méridien en même-tems que le soleil; d'où il s'ensuit, par exemple, que le troisième jour après la nouvelle lune, elle doit passer deux fois trois quarts d'heure ou une heure & demie plus tard au méridien; le 16 de la lune il y a douze heures, & ainsi des autres.

Si le nombre des jours multipliés par $\frac{3}{4}$ & ajoutés au nombre des heures excède 12, il faudra en ôter douze.

Les arcs des signes que l'on voit souvent sur les grands *cadrans* & même sur les petits, sont des courbes hyperboliques décrites par l'ombre de la pointe du style en divers tems de l'année; on n'en trace jamais que six, trois au-dessus de l'équinoxial, & trois au-dessous; comme on les voit sur le *cadran* vertical, *fig. 278*, la ligne équinoxiale ♈ ♎ tenant lieu de la courbe qui répond aux équinoxes.

Pour tracer ces courbes on en cherche un point sur chaque ligne horaire au moyen du *Trigone*, *fig. 279*. C'est un instrument composé d'une règle *D A* & d'un secteur de cercle qui a $23°\frac{1}{2}$ de chaque côté de la ligne du milieu, perpendiculaire à *D A*; les points *c* & *d* sont éloignés de 11° 29′ du milieu, & les points *b* & *f* de 20° 10′. Ce sont les déclinaisons du soleil à un signe & à deux signes de distance aux équinoxes. La ligne *D A* représentant l'axe du monde ou le style d'un *Cadran*, les rayons *D a*, *D b*, &c. représentent les rayons solaires au commencement de chaque signe.

On dispose l'instrument en sorte que le bout de règle *A D* soit le long de l'axe du *cadran*, *fig. 280*, le point *D* à l'extrémité du style, & le plan de l'instrument dans le plan du cercle horaire, sur lequel on veut opérer; c'est dans la figure le plan même du méridien. On prend ensuite le fil *D F* par l'extrémité *F*, & on l'étend, en sorte qu'il passe par-dessus une division de l'instrument; on fait une marque *f* à l'endroit où le fil rencontre la ligne horaire du *cadran*; & cette marque est un des points par où passera l'arc du signe auquel la division dont on s'est servi se rapporte : c'est dans notre figure aux signes du ♌, & des ♊; de même aux autres divisions.

Après avoir ainsi trouvé dans un cercle horaire les sept rencontres ou extrémités des sept lignes de l'instrument prolongées, on le changera de position, en sorte que son plan coincide avec le plan d'un autre cercle horaire, dans lequel on trouvera de même les extrémités du prolongement des lignes de l'instrument; on ne les a marqué sur la figure 280 que sur la ligne méridienne. Ayant ainsi dans chaque ligne horaire les points que le fil aura marqué pour chaque signe, il ne reste plus qu'à les joindre les uns aux autres; savoir tous les ♈ ensemble, tous les ♉, *&c.* & l'on aura les arcs des signes tracés, ainsi qu'ils sont dans la *fig. 278* & d'autant plus exactement, que le nombre des lignes horaires sera plus grand.

On doit remarquer que tous les ♈ sont en ligne droite; c'est qu'ils représentent l'intersection de l'équateur & du plan du cadran, qui est une ligne droite; les autres sont des sections coniques, parce qu'elles représentent l'intersection du plan du *cadran*; & des surfaces coniques que décrivent les rayons. Ces courbes ont un axe commun, qui est la soustilaire.

Ce moyen de trouver les arcs des signes, en se servant de l'instrument, n'est pas très-exact si le *cadran* est fort grand, on peut bien avec un petit instrument prendre des angles, dont les côtés sont très-grands, mais l'erreur se multiplie. Voici une autre méthode fondée sur la même théorie.

Il faut tracer en grand sur un mur ou sur le

plancher, la figure du *trigone* telle qu'elle est représentée, *fig.* 281, sur la ligne ♈ *D*, élever la perpendiculaire *D A*, égale à la longueur de l'axe du *cadran*; prendre ensuite sur la ligne *D* ♈ l'intervalle *D o*, égal à la distance du sommet du style à l'équinoxiale du *cadran* sur une ligne horaire, mener ensuite la ligne *A M*, elle sera coupée par les lignes du *trigone* aux points *a b c o d f g*; qu'il faut ensuite rapporter sur la ligne horaire à laquelle appartient la distance *D o* dont on s'est servi; procéder ainsi sur chaque ligne horaire, & joindre ensuite ensemble tous les points correspondans au même signe comme dans la première méthode.

Pour trouver les mêmes points par le calcul, il faut connoître l'angle du style avec la ligne horaire, dont la mesure est l'arc *P O*, *fig.* 267 du cercle horaire compris entre le pole & le plan du *cadran*; il faut connoître aussi la distance *S X*, *fig.* 263, entre le sommet du style & le centre du *cadran*, en pieds, pouces & lignes, ce qui est facile dès qu'on a la hauteur du style droit *S P* & l'angle *S X P* du style & de la soustylaire, dont la mesure est *P Y*, *fig.* 267. Alors dans le triangle *A D f*, *fig.* 280, connoissant l'angle *A D f* distance du soleil au pole, qui est la somme ou la différence de 90° & de la déclinaison du soleil avec l'angle *D A f* & le côté *A D*, on trouvera la longueur de *A f*.

La méridienne du tems moyen est une des choses qui méritent le plus d'être tracées sur de grands *Cadrans*, parce que le tems moyen & uniforme est celui que l'on devroit toujours employer dans l'usage de la vie comme dans les observations & les tables astronomiques. Cependant la première ligne de cette espèce a été celle de M. de Fouchy chez le comte de Clermont. On en trouve la description détaillée dans les Gnomoniques faites par de Parcieux & D. Bedos.

La méridienne, *fig.* 284, est supposée horizontale; elle est environnée d'une courbe qui commence en haut le 21 juin 76″ à droite, & finit en bas le 21 décembre 78″ à gauche de la méridienne du tems vrai.

Pour tracer cette courbe, il faut tracer les arcs des signes de cinq en cinq degrés, diviser un quart d'heure avant & après midi en minutes & en secondes, prendre dans une table de l'équation du tems la différence entre le midi vrai & le midi moyen, & la prendre sur l'arc du signe qui répond au jour donné; & l'on a ainsi une suite de points par lesquels on fait passer une courbe.

On traçoit autrefois sur de grands *cadrans* les heures italiques, babyloniques & judaïques, ainsi, nous devons en donner ici une petite explication.

Les heures italiques qui commencent au coucher du soleil, & les heures babyloniennes qui commencent au lever, doivent commencer à la ligne horizontale *H Q*, *fig.* 282, qui est la ligne de 24 heures italiques si le *cadran* regarde le couchant, ou de 24 heures babyloniques s'il regarde l'orient.

Le point de l'équinoxiale *E Q* marqué 5 ʰ du soir pour un *cadran* occidental, appartient à la ligne de 23 ʰ italiques ou de 11 ʰ babyloniques, puisque le soleil étant dans l'équateur se couche à 6 heures, donc à cinq heures du soir il est 23 heures d'Italie; mais alors il se leve à 6 heures du matin, donc il est 11 ʰ de Babylone.

Le même point marqué 11 ʰ du matin pour un *cadran* oriental, appartient à 13 ʰ italiques & à une heure babylonique.

Pour avoir un autre point de chacune des lignes dont nous venons de parler, il faut décrire un parallele diurne *A B C D F G*, c'est-à-dire un des arcs des signes que nous venons d'expliquer. Je choisis pour exemple celui que le soleil décrit quand il se leve à 8 heures du matin, & qu'il se couche à 4 heures du soir; le point *C* qui précède d'une heure le coucher sur un *cadran* occidental, appartient à la ligne de 23 heures italiques & à la ligne de 7 heures babyloniques.

Le point *C* sur un *cadran* oriental, suit d'une heure le lever du soleil; ainsi, il appartient à la ligne d'une heure babylonique, & à la ligne de 17 heures italiques.

Quand on aura bien compris cet exemple, on pourra tracer toutes les lignes dont il s'agit; je n'entrerai pas dans un plus grand détail, puisque l'on ne fait plus aucun usage des lignes horaires babyloniques, & très-peu des italiques. *Voyez* M. de la Hire, *page* 153.

Les heures judaïques, appellées aussi les heures antiques ou planétaires, commençoient au lever du soleil, divisoient le jour & la nuit séparément en 12 heures; ainsi, pour les tracer sur un *cadran*, il faut diviser les arcs sémidiurnes sur les parallèles ou arcs des signes en six parties égales depuis l'horizontale jusqu'à la méridienne; par les points de division on tirera des lignes courbes qui seront les lignes horaires sur lesquelles la pointe du style marquera les heures judaïques.

Par exemple le parallèle *A O*, *fig.* 283, pour le solstice d'hiver depuis la méridienne en *A* jusqu'à la ligne l'horizontale en *O*, renferme 4 heures qui répondent à la partie *E Q* de l'équinoxiale, c'est cette partie qu'il faut diviser en six également.

Du point *C* centre-diviseur de l'équinoxiale, on décrira un arc de cercle *D F*, on tirera des rayons aux points *E* & *Q* de l'équinoxiale, & l'on divisera en six parties égales l'arc *E Q*, qui dans ce cas est de 60°. On conduira des lignes *C G*, *C H*, *C I*, *C K*, *C L*, jusqu'à l'équinoxiale : par ces points de l'équinoxiale, on tirera des lignes qui se dirigent vers le centre, s'il y en a un dans le *cadran* proposé; ces lignes *G g*, *H h*, &c. diviseront l'arc sémidiurne *A O* en six parties égales.

Les autres parallèles étant divisés de même, on marquera d'abord les autres points de division de chacun, à partir de l'horizontale ou de la méridienne, & la courbe qui passera par tous ces points sera une des lignes horaires antiques.

TABLE DES DÉCLINAISONS DU SOLEIL,

A CHAQUE JOUR DU MOIS,

Pour une année moyenne entre deux bissextiles, vers la fin de ce siècle, telle que les années 1782, 1786, 1790.

JANVIER.			FÉVRIER.			MARS.			AVRIL.			MAI.			JUIN.		
Jours.	*Déclin. Australe.*		Jours.	*Déclin. Australe.*		Jours.	*Déclin. Australe.*		Jours.	*Déclin. Boréale.*		Jours.	*Déclin. Boréale.*		Jours.	*Déclin. Boréale.*	
	D.	M.		D.	M.		D.	M.		D.	M.		D.	M.		D.	M.
1	22	59	1	16	58	1	7	25	1	4	42	1	15	12	1	22	7
2	22	54	2	16	41	2	7	2	2	5	5	2	15	30	2	22	15
3	22	48	3	16	23	3	6	39	3	5	28	3	15	47	3	22	22
4	22	41	4	16	5	4	6	16	4	5	51	4	16	5	4	22	29
5	22	35	5	15	47	5	5	53	5	6	14	5	16	22	5	22	36
6	22	27	6	15	29	6	5	30	6	6	36	6	16	39	6	22	42
7	22	20	7	15	10	7	5	6	7	6	59	7	16	55	7	22	48
8	22	12	8	14	51	8	4	43	8	7	21	8	17	12	8	22	54
9	22	3	9	13	32	9	4	19	9	7	44	9	17	28	9	22	59
10	21	54	10	14	12	10	3	56	10	8	6	10	17	43	10	23	3
11	21	45	11	13	52	11	3	32	11	8	28	11	17	59	11	23	8
12	21	35	12	13	32	12	3	9	12	8	50	12	18	14	12	23	12
13	21	25	13	13	12	13	2	45	13	9	11	13	18	29	13	23	15
14	21	14	14	12	52	14	2	22	14	9	33	14	18	43	14	23	18
15	21	3	15	12	31	15	1	58	15	9	54	15	18	58	15	23	21
16	20	51	16	12	10	16	1	34	16	10	16	16	19	11	16	23	23
17	20	40	17	11	49	17	1	11	17	10	37	17	19	15	17	23	25
18	20	27	18	11	28	18	0	47	18	10	58	18	19	38	18	23	26
19	20	15	19	11	7	19	0	23	19	11	19	19	19	51	19	23	27
20	20	2	20	10	45	20	0 B.	1	20	11	39	20	20	4	20	23	28
21	19	48	21	10	24	21	0	24	21	12	0	21	20	16	21	23	28
22	19	35	22	10	2	22	0	48	22	12	20	22	20	28	22	23	28
23	19	20	23	9	40	23	1	12	23	12	40	23	20	39	23	23	27
24	19	6	24	9	18	24	1	35	24	12	59	24	20	51	24	23	26
25	18	51	25	8	55	25	1	59	25	13	19	25	21	1	15	23	25
26	18	36	26	8	33	26	2	22	26	13	38	26	21	12	26	23	23
27	18	21	27	8	10	27	2	46	27	13	58	27	21	22	27	23	20
28	18	5	28	7	48	28	3	9	28	14	16	28	21	32	28	23	18
29	17	49				29	3	32	29	14	35	29	21	41	29	23	14
30	17	32				30	3	56	30	14	53	30	21	50	30	23	11
31	17	15				31	4	19				31	21	59			

TABLE DES DÉCLINAISONS DU SOLEIL,

A CHAQUE JOUR DU MOIS,

Pour une année moyenne entre deux bissextiles, vers la fin de ce siècle, telle que les années 1782, 1786, 1790.

JUILLET.			AOUT.			SEPTEMB.			OCTOBRE.			NOVEMBRE.			DÉCEMBRE.		
JOURS.	*Déclin. Boréale.*		JOURS.	*Déclin. Boréale.*		JOURS.	*Déclin. Boréale.*		JOURS.	*Déclin. Australe.*		JOURS.	*Déclin. Australe.*		JOURS.	*Déclin. Australe.*	
	D.	M.		D.	M.		D.	M.		D.	M.		D.	M.		D.	M.
1	23	7	1	17	58	1	8	11	1	3	20	1	14	35	1	21	54
2	23	3	2	17	43	2	7	49	2	3	43	2	14	54	2	22	3
3	22	58	3	17	27	3	7	27	3	4	6	3	15	13	3	22	12
4	23	53	4	17	11	4	7	4	4	4	30	4	15	31	4	22	20
5	22	47	5	16	55	5	6	42	5	4	53	5	15	50	5	22	27
6	22	41	6	16	38	6	6	20	6	5	16	6	16	8	6	22	34
7	22	35	7	16	22	7	5	57	7	5	39	7	16	25	7	22	41
8	22	28	8	16	5	8	5	35	8	6	2	8	16	43	8	22	48
9	22	21	9	15	47	9	5	12	9	6	25	9	17	0	9	22	53
10	22	14	10	15	30	10	4	49	10	6	48	10	17	17	10	22	59
11	22	6	11	15	12	11	4	26	11	7	10	11	17	34	11	23	4
12	21	57	12	14	54	12	4	3	12	7	33	12	17	50	12	23	8
13	21	49	13	14	36	13	3	40	13	7	55	13	18	6	13	23	12
14	21	40	14	14	17	14	3	17	14	8	18	24	18	22	14	23	16
15	21	30	15	13	59	15	2	54	15	8	40	15	18	37	15	23	19
16	21	21	16	13	40	16	2	31	16	9	2	16	18	52	16	23	22
17	21	10	17	13	20	17	2	8	17	9	24	17	19	7	17	23	24
18	21	0	18	13	1	18	1	44	18	9	46	18	19	21	18	23	26
19	20	49	19	12	41	19	1	21	19	10	8	19	19	35	19	23	27
20	20	38	20	12	22	20	0	58	20	10	30	20	19	49	20	23	28
21	20	26	21	12	2	21	0	34	21	10	51	21	20	2	21	23	28
22	20	15	22	11	42	22	0	11	22	11	12	22	20	15	22	23	28
23	20	2	23	11	21	23	0A.	13	23	11	33	23	20	28	23	23	27
24	19	50	24	11	0	24	0	36	24	11	54	24	20	40	24	23	26
25	19	37	25	10	40	25	0	59	25	12	15	25	20	52	25	23	24
26	19	24	26	10	19	26	1	23	26	12	36	26	21	3	26	23	22
27	19	10	27	9	58	27	1	46	27	12	56	27	21	14	27	23	20
28	18	56	28	9	37	28	2	10	28	13	16	28	21	25	28	23	17
29	18	42	29	9	15	29	2	33	29	13	36	29	21	35	29	23	13
30	18	28	30	8	54	30	2	57	30	13	56	30	21	45	30	23	9
31	18	13	31	8	32				31	14	16				31	23	5

L'horizontale

L'horizontale & la méridienne sont les seules qui soient des lignes droites, & celle-ci est toujours la sixième heure, il y en a 12 depuis le lever jusqu'au coucher du soleil, & la première se compte une heure après le lever, la sixième à midi, la douzième au coucher du soleil, après quoi l'on compte les heures de nuit comme on avoit compté les 12 heures de jour.

En suivant cette méthode, nous aurions à Paris des heures de jour qui seroient doubles de celles de la nuit en été, & qui n'en seroient que la moitié en hiver; aussi cette méthode abandonnée depuis long-tems, n'est plus pour la Gnomonique qu'un objet d'érudition & de pure curiosité.

Il en est de même des autres lignes que l'on a mis quelquefois sur les *cadrans*; comme les maisons célestes, &c. mais on n'en fait plus usage.

M. Bizot, Conseiller au Présidial de Besançon, a fait au fauxbourg de Taragnôz un *cadran* vertical déclinant d'une espèce singulière, qui ne paroît que lorsque le soleil luit. Il a fait peindre un ange gardien sur un mur; il a mis au-dessus un avant-toit formé par trois plaques de tole, on a tracé les lignes horaires sur ces trois plaques & on les a ouvert avec la lime, aussi-bien que les chiffres; les demi-heures sont indiquées par une suite de trous faits avec le forêt, le soleil passant au travers de ces ouvertures, représente un *cadran* lumineux, tel que l'heure actuelle se trouve à l'extrémité du doit index de l'ange. *Mercure de février* 1758.

CAL

CALCUL ASTRONOMIQUE, assemblage des règles & des méthodes, par lesquelles on *calcule* les mouvemens des astres, & sur-tout les éclipses, avec les fractions sexagésimales, les logarithmes, les règles de la trigonométrie, &c. Comme nous n'avons rien dit à ce sujet au *mot* ARITHMÉTIQUE, il est bon de donner ici une idée des premiers élémens du *calcul astronomique*.

Les astronomes divisent le ciel en 12 signes, chaque signe en 30 dégrés, le dégré en 60 minutes, la minute en 60 secondes; c'est-là ce qu'on appelle les *fractions sexagésimales*; l'addition s'en fait comme celle des nombres ordinaires, en observant de retenir 60 secondes pour en former une minute; 60 minutes pour en former un dégré; 30 dégrés pour en former un signe, & de rejetter 12 signes, lorsque la somme va au-delà. Exemple pour additionner les deux quantités suivantes:

4^s	15^d	$58'$	$45''$
8	14	30	16
1	00	29	01

On observe dans les secondes que 6 dixaines doivent former la minute: on remarque pour les minutes que de 8 dixaines, il n'en faut mettre que 2 sous les minutes & retenir les 6 autres qui forment un dégré: à l'égard des dégrés, comme il s'en trouve 30, on en compose un signe entier, de même que s'il y avoit 24 heures, on en composeroit un jour: enfin de 13 signes qu'il devroit y avoir dans la somme, on en retranche 12: en effet le cercle entier étant passé, on se trouve au même point que s'il n'y eût pas été; il est donc inutile d'y avoir égard. Un astre qui auroit parcouru 13 signes, & celui qui n'en auroit parcouru qu'un, s'ils étoient partis du même point, s'y retrouveroient tout de même, sans aucune différence dans leurs situations.

La soustraction des fractions sexagésimales suppose la même règle; il faut emprunter une minute pour en former 60 secondes, ou un dégré pour en former 60 minutes, un signe pour en former 30 dégrés, & un cercle entier pour en former douze signes, si la quantité que l'on veut soustraire est la plus grande. Exemple:

de	4^s	6^d	$25'$	$30''$
il faut ôter	5	8	35	40
il reste	10	27	49	50

Il est clair que si de 4 signes, on en ôte 5, il doit en rester onze; car un astre qui auroit 4 signes de longitude & que l'on feroit rétrograder de 5 signes, se trouveroit avoir repassé le point équinoxial d'un signe tout entier, & auroit par conséquent 11 signes de longitude.

Il est rare que l'on fasse des multiplications ou des divisions avec des fractions sexagésimales; mais dans les cas où l'on auroit à faire une règle de trois, on pourroit réduire en minutes ou en secondes les trois premiers termes de la proposition, & opérer comme sur les nombres ordinaires.

On trouve dans tous les anciens livres d'Astronomie, comme dans les *Ephémérides* d'Argoli, &c. une table qui a pour titre *Tabula sexagenaria*, qui servoit à ces sortes de parties proportionnelles; elle renferme 60 nombres du haut en bas, depuis 1 jusqu'à 60; chacune des colonnes suivantes a en tête la suite des nombres naturels, ou des nombres 1, 2, 3, 4, 5, 6, *ou* 2, 4, 6, &c. quand il y en a plus de 60, on met une minute & le surplus en secondes: ainsi, dans la colonne de 10 & vis-à-vis de 15, c'est-à-dire dans la 15e ligne horizontale de cette colonne, on trouve 2' 30"; c'est le quatrième terme d'une proportion qui commenceroit par 60 minutes & dont les termes suivans seroient 10 & 15. Cette table sexagénaire peut servir également à la division des fractions sexagésimales; on préfère aujourd'hui l'usage des logarithmes logistiques; mais on a publié en Angleterre, en 1780, des tables sexagésimales de M. Taylor, qui sont fort utiles pour ceux qui ont beaucoup de calculs à faire. Il y a aussi une table sexcentenaire publiée à Londres en 1779, par M. Bernoulli, pour les cas où le premier terme de la proportion est 10′ 0″; ces tables donnent jusqu'aux dixièmes de seconde.

On a proposé bien des fois de substituer les décimales à la méthode actuelle du *calcul* astronomique. Mercator publia en 1676 des *Institutions astronomiques*, dans lesquelles les *Tables rudolphines* étoient réduites à ce principe, & où le cercle étoit divisé en décimales; mais le changement considérable que cette méthode auroit exigé dans toutes les méthodes & dans toutes les tables connues, a empêché que les astronomes n'aient adopté la méthode.

Le calcul astronomique est fondé aussi sur les *logarithmes*, la trigonométrie sphérique; mais ces différentes parties seront expliquées à leurs places respectives. (*D. L.*)

CALCUL, s. m. (*Mathém. pures.*) supputation de plusieurs sommes ajoutées, soustraites, multipliées, ou divisées. *Voyez* ARITHMÉTIQUE.

L'art de calculer en général, est proprement l'art de trouver l'expression d'un rapport unique, qui résulte de la combinaison de plusieurs rapports. Les différentes espèces de combinaisons donnent les différentes règles de *calcul*. Cela est expliqué plus au long à l'*article* ARITHMÉTIQUE.

Voyez les différentes espèces de *calcul* aux *articles* ALGÈBRE, DIFFÉRENTIEL, EXPONENTIEL, INTÉGRAL, ADDITION, *&c.*

Plusieurs peuples de l'Amérique, de l'Afrique & de l'Asie calculent avec des cordes, auxquelles ils font des nœuds.

Le *calcul aux jettons* se fait aisément, en représentant les unités par les jettons, les dixaines par d'autres jettons, les centaines par d'autres. Par exemple, si je veux exprimer 315 avec des jettons, je mets 3 jettons pour marquer les centaines, 1 pour les dixaines, 5 pour les unités. *Voyez* DIXAINE, *&c.*

Le mot *calcul* vient du latin *calculus*, qui signifie une *pierre*, parce que les anciens se servoient de petits cailloux plats pour faire leur supputations, soit des sommes multipliées ou divisées dans les comptes, soit en Astronomie & en Géométrie. De-là vient que nous avons donné le nom de *calcul* aux Sciences des nombres, à l'Arithmétique, à l'Algèbre. Les Romains s'en servoient encore pour donner les suffrages dans les assemblées & dans les jugemens; ils marquoient aussi les jours heureux avec une pierre blanche, *dies albo notanda lapillo*, dit Horace, & les jours malheureux par une pierre noire. Ils avoient emprunté la première de ces coutumes des Grecs, qui nommoient ces espèces de jettons naturels ψῆφοι; c'étoient d'abord des coquilles de mer, remplacées depuis par des pièces d'airain de la même figure, appellées *spondyles*. Deux choses distinguoient les *calculs*; la forme & la couleur. Ceux qui portoient condamnation étoient noirs & percés par le milieu, les autres étoient entiers & blancs. M. l'abbé de Canaye, (*Mém. de l'Acad. des Belles-Lettres*, *Tom. I & VII.*) dit qu'on pourroit regarder la précaution de percer les noirs comme une preuve que les Aréopagites, qui s'en servoient, jugeoient pendant la nuit; car à quoi bon percer les *calculs* noirs, si l'on eût pu voir les uns & les autres, & appercevoir, par le secours de la lumière, la différence de leur couleur; au lieu qu'en jugeant dans les ténèbres il est clair qu'on avoit besoin d'une différence autre que celle de la couleur & relative au tact, pour démêler les *calculs* de condamnation d'avec ceux qui marquoient l'absolution. On comptoit ces *calculs*, & le nombre des uns & des autres décidoit pour ou contre l'accusé.

On se servoit aussi de *calculs* ou *bulletins* pour tirer les athlètes au sort dans les jeux publics, & les apparier. Voici comme la chose se pratiquoit aux jeux olympiques, au rapport de Lucien dans son dialogue, intitulé: *Hermotime* ou *des Sectes*. « On place, dit-il, devant les juges, une urne » d'argent consacrée au dieu en l'honneur de qui » se célèbrent les jeux. On met dans cette urne » des ballottes de la grosseur d'une féve, & dont » le nombre répond à celui des combattans. Si » ce nombre est pair, on écrit sur deux de ces » ballotes la lettre *A*, sur deux autres la lettre *B*, » sur deux autres la lettre *T*, & ainsi du reste. » Si le nombre est impair, il y a de nécessité une » des lettres employées qui ne se trouve inscrite » que sur une seule ballote; ensuite les athlètes » s'approchent l'un après l'autre, & ayant invoqué » Jupiter, chacun met la main dans l'urne & en » tire une ballote. Mais un des mastigophores ou » porteverges lui retenant la main, l'empêche de » regarder la lettre marquée sur cette ballote jusqu'à » ce que tous les autres ayent tiré la leur. Alors » un des juges faisant la ronde examine les ballotes » de chacun, & apparie ceux qui ont les lettres » semblables. Si le nombre des athlètes est impair, » celui qui a tiré la lettre unique est mis en ré» serve pour se battre contre le vainqueur. » (*O*)

CALCULER, v. act. c'est en général appliquer les règles ou de l'Arithmétique ou de l'Algèbre, ou les unes & les autres, à la détermination de quelque quantité. *Voyez* CALCUL.

CALENDES, chez les Romains étoit le nom du premier jour du mois.

CALENDRIER, s. m. (*Astron.*) c'est une distribution de tems disposée pour les usages de la vie; ou bien c'est une table ou un almanach qui contient l'ordre des jours, des semaines, des mois, des fêtes, *&c.* qui arrivent pendant le cours de l'année. *Voyez* TEMS, ANNÉE, MOIS & FÊTE.

Il a été appellé *calendrier*, du mot *calendæ*, que l'on écrivoit anciennement en gros caractères au commencement de chaque mois. *Voyez* CALENDES.

La première chose à remarquer dans le *calendrier*

est l'ordre des années, nous avons parlé de la durée & de la forme des années chez tous les Peuples du monde au *mot* ANNÉE, mais nous devons développer ici le *calendrier* des Romains, & celui dont on se sert actuellement dans toute l'Europe, qui est le *calendrier* Grégorien.

Le *calendrier* des Romains, tel qu'il fut établi par César, contient les 12 mois comme celui de Numa, les uns de 30 jours les autres de 31; mais au lieu de compter comme nous le premier du mois, le 2, le 3, *&c.* le premier jour s'appelloit jour des calendes, le suivant étoit le quatrième ou le sixième avant les nones, on le verra suffisamment dans la table suivante qui contient un *calendrier* romain, que des savans ont recueilli d'après divers monumens, & que M. Felice a donné dans l'Encyclopédie d'Yverdon en 1771, & qu'on a inséré dans les supplémens de l'Encyclopédie de Paris *in-folio*, il paroît tiré des antiquités romaines de Rosin & de Demster pour la partie des fêtes romaines, avec plusieurs additions, & M. l'abbé Brotier y a fait diverses corrections. Je ne sais où la partie astronomique a été prise, elle est différente dans d'autres *calendriers*, il y en a un de Geminus, deux qui portent le nom de Ptolémée, un du P. Petau dans son *uranologium*, celui-ci est le plus complet, parce qu'il y cite Ovide, Pline, Columelle.

Dans ce *calendrier* de Jules-César, on voit le même ordre & la même suite de mois que dans celui de Numa; janvier, mars, mai, quintil ou juillet, sextil ou août, octobre & décembre, ont chacun 31 jours; & les quatre mois, avril, juin, septembre & novembre, seulement 30. Février, dans les années communes, n'a que 28 jours, & 29 dans les années intercalaires ou bissextiles. La suite des huit lettres *nundinales*, est placée sans interruption depuis le premier jusqu'au dernier jour de l'année, pour qu'il y ait toujours à chaque année une lettre qui marque les jours des assemblées, appellées *nundinæ* par les romains, & qui revenoient tous les neuf jours : les citoyens de la campagne se rendoient à la ville ces jours-là, pour y apprendre ce qui concernoit la discipline, la religion ou le gouvernement. C'est pourquoi si le jour nundinal de la première année étoit sous la lettre *A*, qui est au premier, au neuvième, au dix-septième, au vingt-cinquième de janvier, *&c.* la lettre du jour nundinal de l'année suivante étoit *D*, qui est au quatrième, au douzième, au vingtième du même mois, *&c.* Car la lettre *A* se trouvant aussi au vingt-septième de décembre, si de ce jour on compte huit lettres, outre les quatre *B*, *C*, *D*, *E*, qui restent après *A* dans le mois de décembre, il en faudra prendre quatre autres au commencement de janvier de l'année suivante; savoir, *A*, *B*, *C*, *D*, afin que la lettre *D*, qui se trouve la première dans le mois de janvier, soit la neuvième après le dernier *A* du mois de décembre précédent, & qu'elle soit par conséquent la lettre nundinale, ou qui marque les jours de ces assemblées, auxquelles on peut aussi donner le nom de *foires* ou *marchés publics*. Ainsi, par le même calcul, la lettre nundinale de la troisième année sera *G*; celle de la quatrième *B*, & ainsi des autres, à moins qu'il n'arrive du changement par l'intercalation.

Pour entendre les lettres marquées dans la seconde colonne pour la qualité de chaque jour, il faut savoir que l'on ne pouvoit plaider & juger qu'à certains jours. On appelloit *fastos*, en françois *fastes*, les jours auxquels on pouvoit rendre la justice, *quibus fas esset jure agere*; & *nefastos*, ceux auxquels cela n'étoit pas permis, *quibus nefas esset*, comme nous l'apprenons dans ces deux vers d'Ovide :

Ille nefastus erit per quem tria verba silentur;
Fastus erit per quem jure licebit agi.

C'est-à-dire, que le jour est néfaste, dans lequel le prêteur ne prononce point les trois mots solemnels, ou la formule de droit, *do*, *dico*, *addico*, comme on diroit chez nous qu'il est fête ou vacance au palais; il y avoit aussi de certains jours qu'on appelloit *comitiaux*, marqués par un *C*, dans lesquels le peuple s'assembloit au champ de Mars, pour élire les magistrats, ou pour y traiter des affaires de la république, ces assemblées du peuple étoient appellées *comitia*, comices. Le prêtre ou sacrificateur, qui étoit appellé *Rex*, se trouvoit quelquefois dans ces comices; enfin il y avoit un jour de l'année où l'on avoit coutume de nettoyer le temple de Vesta, & d'en transporter le fumier; ce qui se faisoit avec tant de cérémonie, qu'il n'étoit pas permis de plaider pendant ce tems-là.

Ces remarques suffisent pour entendre les lettres de la seconde colonne, 1.° la lettre *N* signifie *nefastus dies*, ou *jour néfaste*, cela signifie qu'on ne peut pas rendre la justice en ce jour. 2.° *F*, ou *fastus*, veut dire qu'on peut rendre la justice. 3.° *FP*, ou *fastus primâ parte diei*, signifie qu'on peut la rendre dans la première partie du jour. 4.° *NP*, ou *nefastus primâ parte diei*, qu'on ne peut pas la rendre dans la première partie du jour. 5.° *EN*, ou *endotercisus* ou *intercisus*, c'est-à-dire, entrecoupé, qu'on le peut dans certaines heures, & qu'on ne le peut pas dans d'autres. 6.° *C*, ou *comitialis*, veut dire que l'on tient en ce jour-là les assemblées qu'on appelle *comices*. 7.° Quand il y a ces lettres *Q*, *rex C*, *F*, ou *quando rex commitavit*, *fas*, qu'on le peut lorsque le sacrificateur, appellé le *roi*, a assisté aux comices. 8.° Enfin ces lettres *Q*, *ST*, *D*, *F*, signifie *quando stercus delatum*, *fas*, qu'on le peut aussi-tôt que le fumier a été transporté hors du temple de la déesse Vesta.

Lettres Nundinales.	Qualités des Jours.	Nombre d'Or.	J. du Mois.			JANVIER, *Sous la protection de Junon.*
A	F	I.	1	*Kalendis.*	Januar.	Sacrifices à Janus, à Junon, à Jupiter & à Esculape.
B	F		2	IV.	Nonas.	Jour malheureux, *Dies ater.*
C	C	IX.	3	III.	Nonas.	Coucher de l'écrevisse.
D	C		4	Pridie	Nonas.	
E	F	XVIII.	5	*Nonis.*	Januar.	Lever de la lyre. Coucher au soir de l'aigle.
F	F	VI.	6	VIII.	Idus.	
G	C		7	VII.	Idus.	
H	C	XIV.	8	VI.	Idus.	Sacrifices à Janus.
A		III.	9	V.	Idus.	Les Agonales.
B	EN		10	IV.	Idus.	Milieu de l'hiver.
C	NP	XI.	11	III.	Idus.	Les Carmentales.
D	C		12	Pridie	Idus.	Les Compitales.
E	NP	XIX.	13	*Idibus*	Januar.	Les trompettes font des publications par la ville en habit de femme.
F	EN	VIII.	14	XIX.	Kal. Febr.	Jour vicieux par décret du Sénat.
G			15	XVIII.	Kal. Febr.	A Carmenta, Porrima & Postverta.
H	C	XVI.	16	XVII.	Kal. Febr.	A la Concorde. Commencement du coucher au matin du lion.
A	C	V.	17	XVI.	Kal. Febr.	Le Soleil dans le verseau.
B	C		18	XV.	Kal. Febr.	
C	C	XIII.	19	XIV.	Kal. Febr.	
D	C	II.	20	XIII.	Kal. Febr.	
E	C		21	XII.	Kal. Febr.	
F	C	X.	22	XI.	Kal. Febr.	
G	C		23	X.	Kal. Febr.	Coucher de la lyre.
H	C	XVIII.	24	IX.	Kal. Febr.	Les fêtes sementines ou des semailles.
A	C	VII.	25	VIII.	Kal. Febr.	
B	C		26	VII.	Kal. Febr.	
C	C	XV.	27	VI.	Kal. Febr.	A Castor & Pollux.
D	C	IV.	28	V.	Kal. Febr.	
E	F		29	IV.	Kal. Febr.	Les équiries au champ de Mars.
F	F	XII.	30	III.	Kal. Febr.	Coucher de la Fidicule, ou Lyre... Les Pacales, ou Dédicace de l'Autel de la Paix.
G	F	I.	31	Pridie	Kal. Febr.	Aux dieux Pénates.

Lettres Nundinales.	Qualités des Jours.	Nombre d'Or.	J. du Mois.			FÉVRIER, *Sous la protection de Neptune.*
H	N	IX.	1	*Kalendis*	Febr.	A Junon Sospita, à Jupiter, à Hercule, à Diane. Les Lucaïres.
A	N	XVIII.	2	IV.	Nonas.	
B	N		3	III.	Nonas.	Coucher de la lyre & du milieu du lion.
C	N	VI.	4	Pridie	Nonas.	Coucher du dauphin.
D			5	*Nonis*	Febr.	Lever du verseau.
E	N	XIV.	6	VIII.	Idus.	
F	N	III.	7	VII.	Idus.	
G	N		8	VI.	Idus.	
H	N	XI.	9	V.	Idus.	Commencement du printems.
A	N		10	IV.	Idus.	
B	N	XIX.	11	III.	Idus.	Jeux génialiques. Lever de l'arcture.
C	N	VIII.	12	Pridie	Idus.	
D	NP		13	*Idibus*	Febr.	A Faune & à Jupiter. Défaite & mort des Fabiens.
E	C	XVI.	14	XVI.	Kal. Mart.	Lever du corbeau, de la coupe & du serpent.
F	NP	V.	15	XV.	Kal. Mart.	Les Lupercales.
G	END		16	XIV.	Kal. Mart.	Le Soleil au signe des poissons.
H	NP	XIII.	17	XIII.	Kal. Mart.	Les Quirinales.
A	C	II.	18	XII.	Kal. Mart.	Les Fornacales. Les Férales aux dieux Manes.
B	C		19	XI.	Kal. Mart.	
C	C	X.	20	X.	Kal. Mart.	
D	F		21	IX.	Kal. Mart.	A la déesse Muta ou Larunda. Les Férales.
E	C	XVIII.	22	VIII.	Kal. Mart.	Les Carysties.
F	NP	VII.	23	VII.	Kal. Mart.	Les Terminales.
G	N		24	VI.	Kal. Mart.	Le Regifuge. Lieu du Bissexte.
H	C	XV.	25	V.	Kal. Mart.	Lever au soir de l'arcture.
A	EN	IV.	26	IV.	Kal. Mart.	
B	NP		27	III.	Kal. Mart.	Les équiries au champ de Mars.
C	C	XII.	28	Pridie	Kal. Mart.	Les Tarquins vaincus.

Lettres Nundinales.	Qualités des Jours.	Nombre d'Or.	J. du Mois.			MARS, *Sous la protection de Minerve.*
D	NP	I.	1	*Kalendis*	Mart.	Les Matronales. A Mars. Fêtes des Anciles.
E	F		2	VI.	Nonas.	A Junon Lucine.
F	C	IX.	3	V.	Nonas.	Coucher du second des poissons.
G	C		4	IV.	Nonas.	
H	C	XVII.	5	III.	Nonas.	Coucher de l'arcture. Lever du vendangeur. Lever de l'écrevisse.
A	NP	VI.	6	Pridie	Nonas.	Les Vestaliennes. En ce jour, Auguste fut créé grand Pontife.
B	F		7	*Nonis*	Mart.	A Vé-Jupiter au bois de l'asyle. Lever du Pégase.
C	F	XIV.	8	VIII.	Idus.	Lever de la couronne.
D	C	III.	9	VII.	Idus.	Lever de l'orion. Lever du poisson septentrional.
E	C		10	VI.	Idus.	
F	C	XI.	11	V.	Idus.	
G	C		12	IV.	Idus.	
H	EN	XIX.	13	III.	Idus.	Ouverture de la mer.
A	NP	VIII.	14	Pridie	Idus.	Les équiries secondes sur le Tibre.
B	NP		15	*Idibus*	Mart.	A Anna Pérenna. Le Parricide. Coucher du scorpion.
C	F	XVI.	16	XVII.	Kal. April.	
D	NP	V.	17	XVI.	Kal. April.	Les Libérales ou les Bacchanales. Les Agones. Coucher du milan.
E	C		18	XV.	Kal. April.	Le Soleil au signe du bélier.
F	N	XIII.	19	XIV.	Kal. April.	Les Quinquatres de Minerve pendant cinq jours.
G	C	II.	20	XIII.	Kal. April.	
H	C		21	XII.	Kal. April.	Premier jour du siècle. Coucher au matin du cheval.
A	N	X.	22	XI.	Kal. April.	
B	NP		23	X.	Kal. April.	Le Tubilustre.
C	Q. Rex. C. F.	XVIII.	24	IX.	Kal. April.	
D	C	VII.	25	VIII.	Kal. April.	Les Hilaries à la mère des dieux. Equinoxe du printems.
E	C		26	VII.	Kal. April.	
F	NP	XV.	27	VI.	Kal. April.	En ce jour, César se rendit maître d'Alexandrie.
G	C	IV.	28	V.	Kal. April.	Les Mégaléfiens.
H	C		29	IV.	Kal. April.	
A	C	XII.	30	III.	Kal. April.	A Janus, à la Concorde, au Salut & à la Paix.
B	C	I.	31	Pridie	Kal. April.	A la Lune ou à Diane sur l'Aventin.

Lettres Nundinales.	Qualités des Jours.	Nombre d'Or.	J. du Mois.	AVRIL, *Sous la protection de Vénus.*		
C	N	IX.	1	*Kalendis*	Aprilis.	A Vénus, avec des fleurs & du myrthe. A la Fortune virile.
D	C		2	IV.	Nonas.	Coucher des Pléiades.
E	C	XVIII.	3	III.	Nonas.	
F	C	VI.	4	Pridie	Nonas.	Jeux Mégaléſiens à la mère des dieux, pendant huit jours.
G			5	*Nonis.*	Aprilis.	A la Fortune publique citérieure.
H	NP	XIV.	6	VIII.	Idus.	Jeux pour la victoire remportée par Céſar ſur Juba, en Afrique.
A	N	III.	7	VII.	Idus.	Naiſſance d'Apollon & de Diane.
B	N		8	VI.	Idus.	Coucher de la balance. Coucher d'orion.
C	N	XI.	9	V.	Idus.	
D	N		10	IV.	Idus.	Les Céréales. Les jeux Circenſes.
E	N	XIX.	11	III.	Idus.	A la Fortune primigénie.
F	N	VIII.	12	Pridie	Idus.	La mère des dieux amenée à Rome. Jeux en l'honneur de Cérès, pendant huit jours.
G	NP		13	*Idibus.*	April.	A Jupiter vainqueur, & à la Liberté.
H	N	XVI.	14	XVIII.	Kal. Maii.	
A	NP	V.	15	XVII.	Kal. Maii.	Les Fordicides ou Fordicales.
B	N		16	XVI.	Kal. Maii.	Auguſte ſalué Empereur. Coucher des Hyades.
C	N	XIII.	17	XV.	Kal. Maii.	
D	N	II.	18	XIV.	Kal. Maii.	Les équiries au grand Cirque. Brûlement des renards.
E	N		19	XIII.	Kal. Maii.	Les Céréales. Le Soleil au ſigne du taureau.
F	N	X.	20	XII.	Kal. Maii.	
G	NP		21	XI.	Kal. Maii.	Les Paliliennes ou Pariliennes. Naiſſance de Rome.
H	N	XVIII.	22	X.	Kal. Maii.	Les ſecondes Agoniennes ou Agonales.
A	NP	VII.	23	IX.	Kal. Maii.	Les premières Vinaliennes à Jupiter & à Vénus.
B	C		24	VIII.	Kal. Maii.	
C	NP	XV.	25	VII.	Kal. Maii.	Les Robigales. Coucher du bélier. Milieu du printems.
D	F	IV.	26	VI.	Kal. Maii.	Lever du chien. Lever des chevreaux.
E	C		27	V.	Kal. Maii.	Les Féries latines au mont Sacré.
F	NP	XII.	28	IV.	Kal. Maii.	Les Florales pendant ſix jours. Lever au matin de la chèvre.
G	C	I.	29	III.	Kal. Maii.	Coucher au ſoir du chien.
H	C		30	Pridie	Kal. Maii.	A Veſta Palatine. Les premières Larentales.

Lettres Nundinales.	Qualités des Jours.	Nombre d'Or.	J. du Mois.			MAI, Sous la protection d'Apollon.
A	N	IX.	1	*Kalendis*	Maii.	A la bonne Déesse. Aux Lares Prestites ou Protecteurs. Jeux floraux pendant trois jours.
B	F		2	VI.	Nonas.	Les Compitales.
C	C		3	V.	Nonas.	Lever du Centaure & des Hyades.
D	C	XVII.	4	IV.	Nonas.	
E	C	VI.	5	III.	Nonas.	Lever de la lyre.
F	C		6	Pridie	Nonas.	Coucher du milieu du scorpion.
G	N	XIV.	7	*Nonis*	Maii.	Lever au matin des virgilies, ou pleïades.
H	F	III.	8	VIII.	Idus.	Lever de la chevrette. (chèvre.)
A	N		9	VII.	Idus.	Les Lemuriennes de nuit pendant trois jours. Les Luminaires.
B	C	XI.	10	VI.	Idus.	
C	N		11	V.	Idus.	Coucher d'orion. Jour malheureux pour se marier.
D	N P	XIX.	12	IV.	Idus.	A Mars le vengeur au cirque.
E	N	VIII.	13	III.	Idus.	Les Lémuriennes. Lever des Piéïades. Commencement de l'été.
F	C		14	Pridie	Idus.	A Mercure. Lever du taureau.
G	N P	XVI.	15	*Idibus*	Maii.	A Jupiter. Fêtes des marchands. Naissance de Mercure. Lever de la lyre.
H	F.	V.	16	XVII.	Kal. Jun.	
A	C		17	XVI.	Kal. Jun.	
B	C	XIII.	18	XV.	Kal. Jun.	
C	C	II.	19	XIV.	Kal. Jun.	Le Soleil dans les gémeaux.
D	C		20	XIII.	Kal. Jun.	
E	N P	X.	21	XII.	Kal. Jun.	Les Agonales ou Agoniennes de Janus.
F	N		22	XI.	Kal. Jun.	A Vé-Jupiter. Lever du chien.
G	N P	XVIII.	23	X.	Kal. Jun.	Les Féries de Vulcains. Les Tubilustres.
H	Q. Rex. C. F.	VII.	24	IX.	Kal. Jun.	
A	C		25	VIII.	Kal. Jun.	A la Fortune. Lever de l'aigle.
B	C	XV.	26	VII.	Kal. Jun.	Le second Regifuge. Coucher de l'arcture.
C	C	IV.	27	VI.	Kal. Jun.	Lever des Hyades.
D	C		28	V.	Kal. Jun.	
E	C	XII.	29	IV.	Kal. Jun.	
F	C	I.	30	III.	Kal. Jun.	
G	C	IX.	31	Pridie	Kal. Jun.	

Lettres Nundinales.	Qualités des Jours.	Nombre d'Or.	J. du Mois.			JUIN, Sous la protection de Mercure.
H	N	XVII.	1	*Kalendis*	Jun.	A Junon. A la Monnoie. A Tempesta. A Fabaria. Lever de l'aigle.
A	F	VI.	2	IV.	Nonas.	A Mars. A la déesse Carna. Lever des Hyades.
B	C		3	III.	Nonas.	A Bellone.
C	C	XIV.	4	Pridie	Nonas.	A Hercule au Cirque.
D	N	III.	5	*Nonis*	Jun.	A la Foi. A Jupiter Sponsor, ou au dieu Fidius, Saint, Semipater.
E	N		6	VIII.	Idus.	A Vesta.
F	N	XI.	7	VII.	Idus.	Les jours Piscatoriens au champ de Mars. Lever de l'arcture.
G	N		8	VI.	Idus.	A l'entendement au Capitole.
H	N P	XIX.	9	V.	Idus.	Les Vestaliennes. Autel de Jupiter Pistor. Couronnement des ânes.
A	N	VIII.	10	IV.	Idus.	Les Matraliennes de la Fortune forte. Lever au soir du dauphin.
B	N		11	III.	Idus.	A la concorde. A la mère Matula.
C	N	XVI.	12	Pridie	Idus.	A Jupiter Invictus. Le petit Quinquatrus. Commencement de la chaleur.
D	N	V.	13	*Idibus*	Jun.	
E	N		14	XVIII.	Kal. Jul.	
F	Q. ST. D. F.	XIII.	15	XVII.	Kal. Jul.	Transport du temple de Vesta. Lever des Hyades.
G	C	II.	16	XVI.	Kal. Jul.	Lever d'orion.
H	C		17	XV.	Kal. Jul.	Lever du dauphin entier.
A	C	X.	18	XIV.	Kal. Jul.	
B	C		19	XIII.	Kal. Jul.	A Minerve au mont Aventin. Le soleil au signe du cancer.
C	C	XVIII.	20	XII.	Kal. Jul.	A Summanus. Lever du serpentaire.
D	C	VII.	21	XI.	Kal. Jul.	
E	C		22	X.	Kal. Jul.	
F	C	XV.	23	IX.	Kal. Jul.	
G	C	IV.	24	VIII.	Kal. Jul.	A la Fortune forte. Solstice d'été.
H	C		25	VII.	Kal. Jul.	
A	C	XII.	26	VI.	Kal. Jul.	Lever de la ceinture d'orion.
B	C	I.	27	V.	Kal. Jul.	A Jupiter Stator & au Lar.
C	C		28	IV.	Kal. Jul.	
D	F	IX.	29	III.	Kal. Jul.	A Quirinus au mont Quirinal.
E	C		30	Pridie.	Kal. Jul.	A Hercule & aux Muses. Les Poplifuges.

Lettres Nundinales.	Qualités des Jours.	Nombre d'Or.	J. du Mois.			QUINTILE ou JUILLET, *Sous la protection de Jupiter.*
F	N	XVII.	1	*Kalendis*	Jul.	Passage d'une maison en d'autres.
G	N	VI.	2	VI.	Nonas.	
H	N		3	V.	Nonas.	
A	N P	XIV.	4	IV.	Nonas.	Coucher au matin de la couronne. Lever des Hyades.
B	N	III.	5	III.	Nonas.	Le Poplifuge.
C	N		6	Pridie	Nonas.	Jeux Apollinaires pendant huit jours. A la Fortune féminine.
D	N	XI.	7	*Nonis*	Jul.	Les Nones Caprotines. La fête des Servantes. Disparition de Romulus.
E	N		8	VIII.	Idus.	La Vitulation. Coucher du milieu du capricorne.
F	E N	XIX.	9	VII.	Idus.	Lever au soir de Céphée.
G	C	VIII.	10	VI.	Idus.	Les vents étésiens commencent à souffler.
H	C		11	V.	Idus.	
A	N P	XVI.	12	IV.	Idus.	Naissance de Jules-César.
B	C	V.	13	III.	Idus.	
C	C		14	Pridie	Idus.	A la Fortune féminine. Les Mercatus ou les Mercuriales, pendant six jours.
D	N P	XIII.	15	*Idibus*	Jul.	A Castor & à Pollux.
E	F	II.	16	XVII.	Kal. Aug.	Lever de l'avant-chien.
F	C		17	XVI.	Kal. Aug.	Jour funeste de la bataille d'Allia.
G	C	X	18	XV.	Kal. Aug.	Les Lucariens. Jeux pendant quatre jours.
H	N P		19	XIV.	Kal. Aug.	Jeux pour la victoire de César. Le Soleil au signe du lion.
A	C	XVIII.	20	XIII.	Kal. Aug.	Les Lucariennes.
B		VII.	21	XII.	Kal. Aug.	
C	C		22	XI.	Kal. Aug.	Jeux de Neptune.
D		XV.	23	X.	Kal. Aug.	
E	N	IV.	24	IX.	Kal. Aug.	Les Furinales. Jeux Circenses pendant six jours. Coucher du verseau.
F	N P		25	VIII.	Kal. Aug.	Lever de la canicule.
G	C	XII.	26	VII.	Kal. Aug.	Lever de l'aigle.
H	C	I.	27	VI.	Kal. Aug.	
A	C		28	V.	Kal. Aug.	
B	C	IX.	29	IV.	Kal. Aug.	Coucher de l'aigle.
C	C		30	III.	Kal. Aug.	
D	C	XVII.	31	Pridie	Kal. Aug.	

Lettres Nundinales.	Qualités des Jours.	Nombre d'Or.	J. du Mois.			SEXTILE ou AOUT, *Sous la protection de Cérès.*
E	N	VI.	1	*Kalendis*	Aug.	A Mars. A l'Espérance.
F	C	XIV.	2	XIV.	Nonas.	Féries. De ce que César a subjugué l'Espagne.
G	C	III.	3	III.	Nonas.	
H	C		4	Pridie.	Nonas.	Lever du milieu du lion.
A	F	XI.	5	*Nonis*	Aug.	Au Salut au mont Quirinal.
B	F		6	VIII.	Idus.	A l'Espérance. Coucher du milieu de l'arcture.
C	C	XIX.	7	VII.	Idus.	Coucher du milieu du verseau.
D	C	VIII.	8	VI.	Idus.	Au Soleil indigète au mont Quirinal.
E	NP		9	V.	Idus.	
F	C	XVI.	10	IV.	Idus.	A Opis & à Cérès.
G	C	V.	11	III.	Idus.	A Hercule au cirque Flaminien. Coucher de la lyre. Commencement de l'automne.
H	C		12	Pridie	Idus.	Les Lignapésies.
A	NP	XIII.	13	*Idibus*	Aug.	A Diane au bois Aricien. A Vertumne. Fêtes des esclaves & des servantes.
B	F	II.	14	XIX.	Kal. Sept.	Coucher au matin du dauphin.
C	C		15	XVIII.	Kal. Sept.	
D	C	X.	16	XVII.	Kal. Sept.	
E	NP		17	XVI.	Kal. Sept.	Les Portumnales. A Janus.
F	C	XVIII.	18	XV.	Kal. Sept.	Les Consuales. Ravissement des Sabines.
G	FP	VII.	19	XIV.	Kal. Sept.	Les Vinales dernières. Mort d'Auguste.
H	C		20	XIII.	Kal. Sept.	Coucher de la lyre. Le Soleil au signe de la vierge.
A	NP	XV.	21	XII.	Kal. Sept.	Les Vinales Eustiques. Les grands Mystères. Les Consuales.
B	EN	IV.	22	XI.	Kal. Sept.	Lever au matin du vendangeur.
C	NP		23	X.	Kal. Sept.	Les Vulcanales au cirque Flaminien.
D	C	XII.	24	IX.	Kal. Sept.	Les Féries de la lune.
E	NP	I.	25	VIII.	Kal. Sept.	Les Opiconsives au Capitole.
F	C		26	VII.	Kal. Sept.	
G	NP	IX.	27	VI.	Kal. Sept,	Les Volturnales.
H	NP		28	V.	Kal. Sept.	A la victoire in Curia. Coucher de la flèche. Fin des vents étésiens.
A	F	XVII.	29	IV.	Kal. Sept.	
B	F	VI.	30	III.	Kal. Sept.	On montre les ornemens de la déesse Cérès.
C	C		31	Pridie	Kal. Sept.	Lever au soir d'Andromède.

Lettres Nundinales.	Qualités des Jours.	Nombre d'Or.	J. du Mois.			SEPTEMBRE, *Sous la protection de Vulcain.*
D	N	XIV.	1	*Kalendis*	Septemb.	A Jupiter Maimactes. Fêtes à Neptune.
E	N	III.	2	IV.	Nonas.	A la victoire d'Auguste. Féries.
F	NP		3	III.	Nonas.	Les Dionysiaques ou les Vendanges.
G	C	XI.	4	Pridie	Nonas.	Jeux Romains pendant huit jours.
H	F		5	*Nonis*	Sept.	
A	F	XIX.	6	VIII.	Idus.	A l'Érèbe d'un bélier & d'une brebis noire.
B	C	VIII.	7	VII.	Idus.	
C	C		8	VI.	Idus.	
D	C	XVI.	9	V.	Idus.	Lever de la chevrette. (le soir).
E	C	V.	10	IV.	Idus.	Lever de la tête de Méduse.
F	C		11	III.	Idus.	Lever du milieu de la vierge.
G	N	XIII.	12	Pridie	Idus.	Lever du milieu de l'Arcture.
H	NP	II.	13	*Idibus*	Sept.	A Jupiter. Dédicace du Capitole. Le clou fiché par le Préteur. Départ des Hirondelles.
A	F		14	XVIII.	Kal. Oct.	Épreuve des chevaux.
B		X.	15	XVII.	Kal. Oct.	Les grands jeux Circenses voués pendant cinq jours.
C	C		16	XVI.	Kal. Oct.	
D	C	XVIII.	17	XV.	Kal. Oct.	
E	C	VII.	18	XIV.	Kal. Oct.	Lever au matin de l'épi de la vierge.
F	C		19	XIII.	Kal. Oct.	Le Soleil dans le signe de la balance.
G	C	XV.	20	XII.	Kal. Oct.	Le Mercatus pendant quatre jours. Naissance de Romulus.
H	C	IV.	21	XI.	Kal. Oct.	
A	C		22	X.	Kal. Oct.	Coucher d'Argo & des poissons.
B	NP	XII.	23	IX.	Kal. Oct.	Jeux Circenses. Naissance d'Auguste. Lever au matin du centaure.
C	C	I.	24	VIII.	Kal. Oct.	Équinoxe de l'automne.
D	C		25	VII.	Kal. Oct.	A Vénus, à Saturne & à Mania.
E	C	IX.	26	VI.	Kal. Oct.	
F	C		27	V.	Kal. Oct.	A Vénus mère. A la Fortune de retour.
G	C	XVII.	28	IV.	Kal. Oct.	Fin du lever de la vierge.
H	F	VI.	29	III.	Kal. Oct.	
A	C	XIV.	30	Pridie	Kal. Oct.	Festin à Minerve. Les Méditrinales.

Lettres Nundinales.	Qualités des Jours.	Nombre d'Or.	J. du Mois.	OCTOBRE, *Sous la protection de Mars.*		
B	N	III.	1	*Kalendis*	Octob.	
C	F		2	VI.	Nonas.	
D	C	XI.	3	V.	Nonas.	
E	C		4	IV.	Nonas.	Coucher au matin du Bootès.
F	C	XIX.	5	III.	Nonas.	On montre les ornemens de Cérès.
G	C	VIII.	6	Pridie	Nonas.	Aux dieux Manes.
H	F		7	*Nonis.*	Octob.	
A	F	XVI.	8	VIII.	Idus.	Lever de l'étoile brillante de la couronne.
B	C	V.	9	VII.	Idus.	
C	C		10	VI.	Idus.	Les Ramales.
D		XIII.	11	V.	Idus.	Les Méditrinales. Commencement de l'hiver.
E	NP	II.	12	IV.	Idus.	Les Augustales.
F	NP		13	III.	Idus.	Les Fontinales. A Jupiter libérateur. Jeux pendant trois jours.
G	EN	X.	14	Pridie	Idus.	
H	NP		15	*Idibus.*	Octob.	Les Marchands à Mercure.
A	F	XVIII.	16	XVII.	Kal. Nov.	Jeux populaires. Coucher d'arcture.
B	C	VII.	17	XVI.	Kal. Nov.	
C	C		18	XV.	Kal. Nov.	A Jupiter libérateur. Jeux.
D	NP	XV.	19	XIV.	Kal. Nov.	L'Armilustre.
E	C	IV.	20	XIII.	Kal. Nov.	Le Soleil au signe du scorpion.
F	C		21	XII.	Kal. Nov.	Jeux pendant quatre jours.
G	C	XII.	22	XI.	Kal. Nov.	
H	C	I.	23	X.	Kal. Nov.	Au pere Liber. Coucher du taureau.
A	C		24	IX.	Kal. Nov.	
B	C	IX.	25	VIII.	Kal. Nov.	
C	C		26	VII.	Kal. Nov.	
D	C	XVII.	27	VI.	Kal. Nov.	Jeux à la Victoire.
E	C	VI.	28	V.	Kal. Nov.	Les petits Mystères. Coucher des Virgilies.
F	C		29	IV.	Kal. Nov.	
G	C	XIV.	30	III.	Kal. Nov.	Les Féries de Vertumne. Jeux voués.
H	C	III.	31	Pridie	Kal. Nov.	Coucher d'arcture.

Lettres Nundinales.	Qualités des Jours.	Nombre d'Or.	J. du Mois.			NOVEMBRE, *Sous la protection de Diane.*
A	N		1	*Kalendis*	Novemb.	Banquet de Jupiter. Jeux Circenſes. Coucher de la tête du taureau.
B	F	XI.	2	IV.	Nonas.	Coucher au ſoir de l'arcture.
C	F		3	III.	Nonas.	Lever au matin de la Fidicule. (la lyre).
D		XIX.	4	Pridie	Nonas.	
E	F	VIII.	5	*Nonis*	Novemb.	Les Neptunales. Jeux pendant huit jours.
F	F		6	VIII.	Idus.	
G	C	XVI.	7	VII.	Idus.	Montre des ornemens.
H	C	V.	8	VI.	Idus.	Lever de la claire du ſcorpion.
A	C		9	V.	Idus.	
B	C	XIII.	10	IV.	Idus.	
C	C	II.	11	III.	Idus.	Clôture de la mer. Coucher des Virgilies.
D	C		12	Pridie	Idus.	
E	NP	X.	13	*Idibus*	Nov.	Banquet commandé. Les Lectiſternies.
F	F		14	XVIII.	Kal. Dec.	Épreuve des chevaux.
G	C	XVIII.	15	XVII.	Kal. Dec.	Jeux populaires au cirque, durant trois jours.
H	C	VII.	16	XVI.	Kal. Dec.	Fin des ſemailles de froment.
A	C		17	XV.	Kal. Dec.	
B	C	XV.	18	XIV.	Kal. Dec.	Le Mercatus durant trois jours. Le Soleil au ſagittaire.
C	C	IV.	19	XIII.	Kal. Dec.	Souper des Pontifes en l'honneur de Cybèle.
D	C		20	XII.	Kal. Dec.	Coucher des cornes du taureau.
E	C	XII.	21	XI.	Kal. Dec.	Les Libérales. Coucher au matin du lièvre.
F		I.	22	X.	Kal. Dec.	A Pluton & à Proſerpine.
G	C		23	IX.	Kal. Dec.	
H	C	IX.	24	VIII.	Kal. Dec.	Bruma ou les Brumales pendant trois jours.
A	C		25	VII.	Kal. Dec.	Coucher de la canicule. (ſirius).
B	C	XVII.	26	VI.	Kal. Dec.	
C	C	VI.	27	V.	Kal. Dec.	Sacrifices mortuaires aux Gaulois déterrés & aux Grecs, *in foro Boario.*
D	C		28	IV.	Kal. Dec.	
E	C	XIV.	29	III.	Kal. Dec.	
F	F	III.	30	Pridie	Kal. Dec.	

Lettres Nundinales.	Qualités des Jours.	Nombre d'Or.	J. du Mois.	DÉCEMBRE, *Sous la protection de Vesta.*		
G	N	XI.	1	*Kalendis*	Decemb.	A la Fortune féminine.
H			2	IV.	Nonas.	
A		XIX.	3	III.	Nonas.	
B		VIII.	4	Pridie	Nonas.	A Minerve & à Neptune.
C	F		5	*Nonis.*	Decemb.	Les Faunales.
D	C	XVI.	6	VIII.	Idus.	Coucher du milieu du sagittaire.
E	C	V.	7	VII.	Idus.	Lever au matin de l'aigle.
F	C		8	VI.	Idus.	
G	C	XIII.	9	V.	Idus.	A Junon Jugale.
H	C	II.	10	IV.	Idus.	
A	NP		11	III.	Idus.	Les Agonales. Les quatorze jours Alcyoniens.
B	EN	X.	12	Pridie	Idus.	
C	NP		13	*Idibus*	Decemb.	Les Equiries ou course des chevaux.
D	F	XVIII.	14	XIX.	Kal. Jan.	Les Brumales. Les Ambrosiannes.
E	NP	VII.	15	XVIII.	Kal. Jan.	Les Consuales. Lever du matin de l'écrevisse entière.
F	C		16	XVII.	Kal. Jan.	
G			17	XVI.	Kal. Jan.	Les Saturnales pendant cinq jours.
H	C	XV.	18	XV.	Kal. Jan.	Lever du cigne. Le Soleil au signe du capricorne.
A	NP	IV.	19	XIV.	Kal. Jan.	Les Opaliennes.
B	C		20	XIII.	Kal. Jan.	Les Sigillaires pendant deux jours.
C	NP	XII.	21	XII.	Kal. Jan.	Les Angéronales. Les Divales. A Hercule & à Vénus, avec du vin miélé.
D	C	I.	22	XI.	Kal. Jan.	Les Compitales. Les Fériées dédiées aux Lares. Jeux.
E	NP	IX.	23	X.	Kal. Jan.	Les Féries de Jupiter. Les Larentinales ou Laurentinales. Coucher de la chèvre.
F	C		24	IX.	Kal. Jan.	Les Juvénales. Jeux.
G	C	XVII.	25	VIII.	Kal. Jan.	La fin des Brumales. Solstice d'hiver.
H	C	VI.	26	VII.	Kal. Jan.	
A	C		27	VI.	Kal. Jan.	A Phébus pendant trois jours. Lever au matin du dauphin.
B	C	XIV.	28	V.	Kal. Jan.	
C	F	III.	29	IV.	Kal. Jan.	Coucher au soir de l'aigle.
D	F		30	III.	Kal. Jan.	Coucher au soir de la canicule.
E	F	XI.	31	Pridie	Kal. Jan.	

5.° La troisième colonne est pour les dix-neuf caractères des nombres du cycle lunaire, ou *nombre d'or*, pour marquer les nouvelles lunes dans toute l'année, suivant l'ordre auquel elles arrivoient du tems de Jules-César, du moins plusieurs savans ont pensé qu'on avoit compté ainsi dès le tems de César, & qu'on avoit pris pour la première année du cycle lunaire l'an 45 avant J. C. ou l'année de la réforme julienne; il est vrai que la nouvelle lune cette année-là, fut le premier janvier: mais Scaliger & Petau pensent que ces nombres n'ont été mis dans le *calendrier* julien que depuis le concile de Nicée.

Quoi qu'il en soit, cette colonne est tirée de Gauricus, & le P. Petau, *l. 6, c. 14*, en a donné l'explication détaillée. Dans la première année du cycle de 19 ans, la nouvelle lune arrivoit le 1 janvier & le 31, le 1 mars & le 31, le 29 avril, *&c.* en sorte qu'on trouve le nombre I vis-à-vis de tous ces jours-là. Le nombre II se trouve vis-à-vis de tous les jours de l'année, où arrivoit la nouvelle lune dans la seconde année de chaque cycle de 19 ans, comme au 20 de janvier, au 18 février, *&c.* qui étoient des jours de nouvelle lune, l'an 44 avant J. C. ou 43, suivant la manière de compter des astronomes. Cela suffiroit pour trouver les nouvelles lunes d'une année quelconque dans l'histoire romaine; car tous les 19 ans elles revenoient au premier janvier. *Voyez* Cycle lunaire.

6.° La quatrième colonne marque la suite des jours des mois, suivant notre usage; on les a mis pour montrer le rapport qu'il y a entre la manière de nommer & de compter les jours des romains & la nôtre, & faire voir quels sont, selon notre façon de compter, les jours auxquels les fêtes romaines peuvent répondre.

7.° La cinquième colonne contient la division des mois en calendes, nones & ides, qui étoient en usage parmi les romains. Elle n'est point en parties égales, comme les calendes des grecs, mais en portions fort différentes, dont on peut voir les raisons dans le P. Petau, *Doctr. temp. liv. 2, ch. 74.* Les variétés en sont renfermées dans ces vers latins:

Sex majus nonas, october, julius & mars;
Quatuor at reliqui. Dabit idus quilibet octo.

C'est-à-dire, que les mois de mars, mai, juillet & octobre, ont six jours de nones, & que tous les autres n'en ont que quatre; mais qu'il y a dans tous huit jours d'ides; ce qu'il faut entendre ainsi, savoir: que le premier jour de chaque mois s'appelle toujours *calendæ* ou *kalendæ*, les calendes; qu'aux quatre mois, mars, mai, juillet & octobre, le septième du mois s'appelle *nonæ*, les nones, & le treizième *idus*, les ides. Les autres jours se comptent à rebours du mois suivant, comme le 28, le 29, *&c.* avant les calendes du mois suivant. Les jours qui sont depuis les calendes jusqu'aux nones, prennent le nom de nones du mois courant: les autres jours qui sont entre les nones & les ides, prennent aussi le nom des ides du même mois. Mais tous les autres jours depuis les ides jusqu'à la fin, prennent le nom des calendes du mois suivant. On voit au reste que les tables des fastes, sur lesquelles les romains plaçoient leurs mois & leurs jours par année, prirent dans la suite le nom de *calendrier*, parce que ce nom de *calendes* étoit écrit en gros caractères à la tête de chaque mois.

8.° Enfin la dernière colonne comprend les choses qui appartiennent principalement à la religion des romains, comme sont les fêtes, les sacrifices, les jeux, les cérémonies, les jours heureux ou malheureux; aussi bien que les commencemens des signes, les quatre points cardinaux de l'année, qui font les quatre saisons, le lever & le coucher des étoiles, *voyez* Lever héliaque, *&c.* Cela étoit d'un grand usage parmi les anciens, qui s'en sont long-tems servi pour marquer la différence des saisons, au lieu de *calendrier*, au moins jusqu'à ce qu'il eût été rédigé dans une forme plus régulière par la correction de Jules-César. Nous voyons dans la plupart des livres anciens, que l'on se gouvernoit entièrement par l'observation du lever & du coucher des étoiles, dans la Navigation, dans l'Agriculture, dans la Médecine & dans la plus grande partie des affaires publiques & particulières, parce que les apparitions d'étoiles étoient plus faciles à bien distinguer que les limites des saisons & l'inégalité des jours.

J'aurois augmenté cette partie du *calendrier*; mais les auteurs anciens sont si peu d'accord entr'eux, que j'ai cru le travail trop peu utile.

Calendrier *gregorien*, est celui dont nous nous servons depuis 1582, & qui fut rédigé à Rome sous le pape Grégoire XIII. Il y avoit long-tems qu'on s'occupoit de ce projet de réformation, comme on peut le voir dans l'histoire ecclésiastique du P. Alexandre. Pierre d'Ailly, chancelier de l'Université de Paris, en 1414, le cardinal Cusa, Regio Montanus, sous le règne de Sixte IV, s'en occupèrent; l'ouvrage fut enfin terminé sous Gregoire XIII.

Le point fixe, d'où l'on partit dans la réformation du *calendrier*, fut la règle qu'on attribue aux pères du concile de Nicée tenu en 325. Suivant cette règle, l'équinoxe doit être le 21 de mars, & la fête de Pâque le dimanche après le XIVe de la lune du premier mois, c'est-à-dire, de la lune, dont le 14e arrive ou le jour même, ou après le jour de l'équinoxe.

On croyoit, au tems du concile de Nicée, que l'année étoit à-peu-près de 365^{j} 5^{h} 55', suivant le sentiment de Ptolemée. On supposa donc que l'équinoxe, qui arrivoit alors le 21 de mars, arriveroit toujours de même, ou qu'on y remédieroit dans la suite. Mais comme il y a six minutes de moins dans la véritable durée de l'année solaire, l'équinoxe l'équinoxe arrivoit chaque année six minutes plutôt qu'on ne croyoit; & du tems de Gregoire XIII, en 1577, il se trouvoit arriver le 11 de mars; il auroit fallu omettre trois jours de l'année tous les 400 ans, pour que le 21 de mars fût toujours près du véritable équinoxe.

Ce fut le 24 février 1581 que parut le bref par lequel Gregoire XIII ordonna l'observation des trois articles qui devoient remplir pour toujours l'intention attribuée aux PP. du concile de Nicée: les voici en abrégé.

1.° Il est dit qu'après le 4 octobre 1582, on retrancha 10 jours du mois, en sorte que le jour qui suivra la fête de S. François, qu'on a coutume de célébrer le 4 octobre, sera appellé non le 5, mais le 15 d'octobre, & que la lettre dominicale G sera changée en C.

2.° Pour qu'à l'avenir l'équinoxe du printems ne puisse pas s'éloigner du 21 de mars, les années bissextiles qui avoient lieu de quatre en quatre ans, n'auront pas lieu dans les années séculaires 1700, 1800, 1900, mais seulement l'an 2000, & ainsi dans la suite à perpétuité; de sorte que trois années séculaires soient toujours communes, & la quatrième bissextile. Le troisième article de la réformation, a pour objet les nouvelles lunes, & nous en parlerons ci-après.

Voici la table des années séculaires bissextiles ou communes, dans laquelle on voit que les nombres séculaires 16, 20, 24, &c. divisibles par 4 sans reste, sont les seuls qui expriment des années bissextiles, comme dans le cours d'un siècle les nombres divisibles par 4 expriment aussi des années bissextiles.

1600 bissextile.	2000 b.	2400 b.
1700 commune.	2100 c.	2500 c.
1800 commune.	2200 c.	2600 c.
1900 commune.	2300 c.	2700 c.

En continuant ainsi, l'on verra que l'année 5200 doit être bissextile, parce que 52 est divisible par 4; mais, pour plus grande exactitude, il faudroit faire cette année de 365 jours seulement, en sorte que depuis 4800 jusqu'à 5600, il n'y eût point de bissextile; car l'année étant réellement de $365^j\ 5^h\ 48'\ 48''$, les $11'\ 12''$ qu'il y a de moins font un jour en 128 ans, ou 28 jours en 3600 ans; ainsi, il faudroit retrancher 28 bissextiles séculaires sur 36 siècles, au lieu que la règle précédente n'en retranche que 27.

Il y auroit encore une correction à faire dans la forme des années civiles, si l'on pouvoit changer ainsi les usages des nations pour la commodité des calculs; ce seroit la distribution des mois.

M. Carouge considérant la durée du tems que le soleil emploie à parcourir chaque signe, observe que si l'on avoit placé le commencement de l'année au solstice d'hiver en faisant les trois premiers mois & les trois derniers de 30 jours, le soleil entreroit dans chaque signe presque toujours le premier du mois, & chaque saison occuperoit précisément trois mois; & comme le mois de janvier répond au signe où le soleil est le moins de tems, ce seroit celui qu'on feroit de 29 jours dans les années communes. (*Journal des Savans*, août 1776, janvier 1779.)

Tous les États catholiques adoptèrent le *calendrier* de Gregoire XIII, & les dix jours que l'on retrancha de l'année en 1582, furent cause d'une différence qui a subsisté long-tems en Europe dans la manière de compter les jours; toutes les fois, par exemple, que l'on comptoit en Angleterre le 2 janvier, on comptoit le 12 en France, c'est-à-dire, 10 jours de plus; les personnes qui craignoient l'équivoque datoient ainsi, $\frac{2}{12}$ janvier, c'est-à-dire, le deux vieux style, ou style julien, & le 12 nouveau style ou style grégorien. Lorsqu'en 1700 on eut supprimé une bissextile, suivant le *calendrier* grégorien, la différence se trouva de 11 jours, parce que dans le *calendrier* julien on avoit fait l'année 1700 plus longue d'un jour; ce qui faisoit compter ensuite un jour de moins.

Cette différence du vieux & du nouveau style a subsisté long-tems entre les pays protestans & les pays catholiques: les protestans d'Allemagne ont reçu en 1700 le nouveau *calendrier*. On voit dans les *Transactions philosophiques*, n.° 203, &c. ce que l'on pensoit en Angleterre de la réformation; mais elle y a été adoptée enfin, & le nouveau style a commencé en Angleterre au mois de septembre 1752. On a retranché alors 11 jours, & l'on s'est trouvé d'accord avec le *calendrier* grégorien: l'uniformité a lieu actuellement dans tous les États de l'Europe; la Russie est le seul pays où l'on compte encore 11 jours de moins que dans les autres pays de l'Europe.

La réformation du *calendrier* avoit encore un autre objet dans les vues de l'église; c'étoit de remettre les nouvelles lunes, & sur-tout le quatorzième de la lune paschale, au même état où elles avoient été en 325, au tems du concile de Nicée, & dont elles étoient éloignées de plus de quatre jours. Denis le Petit assure que, suivant l'intention du concile, on doit célébrer la fête de Pâque le premier dimanche *après* le 14e de la lune, si ce 14e arrive le 21 de mars ou après le 21 de mars: ainsi, la fête de Pâque ne doit jamais arriver plutôt que le 22 de mars; car la règle dit que ce sera le premier dimanche *après* le quatorzième. De même elle ne doit jamais arriver plus tard que le 25 avril: car si la pleine lune tombe au 20 mars, ce ne sera pas la pleine lune paschale; on attendra celle qui suit le 21 mars ou celle du 18 avril; & si le 18 avril se trouve un dimanche, ce ne sera encore que le dimanche suivant, 25 avril, qui sera le jour de Pâque.

Le P. Alexandre fait voir combien l'église a pris de soin, depuis le concile de Nicée, pour empêcher qu'il ne se glissât quelques erreurs dans la célébration de la Pâque : on s'en est occupé dans divers siècles ; & l'un des premiers qui s'en occupèrent, fut S. Hyppolite, évêque & martyr, qui vivoit l'an 228. Enfin Grégoire XIII rassembla à Rome des savans de divers pays dès l'année 1576. Un médecin de Calabre, nommé *Luigi Lilio*, ou *Aloisius Lilius*, lui présenta pour lors un projet de *calendrier*, intitulé : *Compendium novæ rationis restituendi calendarii*, que le pape adressa, en 1577, à tous les princes chrétiens & à toutes les universités célèbres pour le faire examiner, & qui fut adopté dans le bref de la réformation.

L'épacte, dans son principe, est ce qu'il faut ajouter à l'année lunaire pour former l'année solaire. La suite des épactes est la suite des différences qui se trouvent entre ces deux sortes d'années. Il y a des épactes astronomiques destinées à trouver exactement les syzygies astronomiques moyennes en heures, minutes & secondes. *Voyez* Epacte. Mais celles du *calendrier* sont destinées seulement à trouver, suivant l'intention de l'église & la règle établie en 1582, les jours des nouvelles lunes ecclésiastiques : je dis suivant l'intention & la règle de l'église, parce que les nouvelles lunes ecclésiastiques ne sont pas tout-à-fait d'accord avec les N. L. moyennes de l'Astronomie.

L'épacte qu'on assigne à chaque année dans le *calendrier*, est le nombre qui indique l'âge de la lune au commencement de cette année, suivant le *calendrier* ecclésiastique : de-là il suit que si la nouvelle lune arrive le 1 janvier, l'épacte est zéro pour cette année-là ; mais, l'année suivante, elle sera de 11, parce que l'année lunaire n'est que de 354 jours, & l'année solaire de 365, ou 11 jours de plus ; ce qui fait que la nouvelle lune étant tombée au 20 décembre, la lune aura 11 jours le 1 janvier de l'année suivante. De même l'année d'après, l'épacte est de 22 ; la troisième année elle seroit de 33, si l'on en ôtoit 30 pour former un mois complet : elle se réduit donc à 3. Par ce moyen les épactes d'années suivent l'ordre naturel des multiples de onze, en retranchant toujours 30 ; savoir, 11, 22, 3, 14, 25, 6, 17, 28, 9, 20, 1, 12, 23, 4, 15, 26, 7, 18, 29. Tel est l'ordre naturel & primitif des épactes, quand on suppose les mois lunaires de 29 & de 30 jours, les années civiles de 365 jours, avec un bissextile tous les quatre ans.

Cet ordre primitif & régulier est celui qu'on suppose à l'époque du concile de Nicée ; mais en s'en éloignant, on observe deux défauts dans cette règle, ou deux interruptions : on les appelle *équation lunaire* & *équation solaire* ; la première vient de ce que le cycle lunaire de 19 ans est défectueux d'environ $1^h \frac{1}{2}$, les 235 lunaisons ne faisant pas tout-à-fait 19 ans ; de sorte qu'au bout de 312 ans, les nouvelles lunes arrivent un jour plutôt, & l'on est obligé de prendre l'épacte plus forte d'une unité. La seconde équation a lieu à cause du retranchement de trois bissextiles sur l'espace de 400 ans, qui fait que la nouvelle lune arrive plus tard, & qu'il faut diminuer l'épacte. De cette double inégalité, il résulte que chaque siècle exige un nouvel ordre d'épacte ; il y en a 30 suites différentes qui forment ce qu'on appelle la *table étendue des épactes*, & que l'on trouvera ci-après.

Ces 30 suites tiennent lieu de 30 *calendriers* qu'il auroit fallu avoir ; elles composent un total aussi parfait que les règles de l'église & de la société civile pouvoient l'exiger.

Ces 30 lignes sont désignées par 30 lettres de l'alphabet qui descendent dans un ordre rétrograde, mais dans lesquelles on a seulement évité d'employer certaines lettres qui pouvoient occasionner de la confusion dans les caractères. En tête de la table, on trouve les 19 nombres du cycle lunaire, en commençant par 3, qui, au tems du concile de Nicée, se plaçoit vis-à-vis le 1 janvier. La première ligne horizontale de la table, marquée *P*, n'est autre chose que la suite des nombres que nous avons indiqués ci-dessus, en commençant par 0, ou *, sans autre interruption que celle d'un jour de plus, quand le nombre d'or devient 1, parce qu'alors la dernière lunaison n'est que de 29 jours au lieu de 30 ; ce qui fait avancer les nouvelles lunes d'un jour. Cette dernière lunaison est une des sept intercalaires qu'il y a en 19 ans ; mais elle est exceptée de la règle. *Voyez* Cycle lunaire. La seconde ligne marquée *N* a une unité de moins, & ainsi des autres.

La première ligne de la table des épactes, marquée *P*, fut attribuée, dans la réformation du *calendrier*, au sixième siècle : on supposa que les nombres d'or indiquoient exactement, pour ce siècle-là, les nouvelles lunes. L'on prit pour époque du *calendrier* l'année 550, tems postérieur à celui du concile, parce qu'on voulut que les nouvelles lunes du *calendrier* fussent en retard sur les nouvelles lunes astronomiques moyennes, de peur que la fête de Pâque ne vînt à être célébrée avant le XIV de la lune paschale, contre l'intention de l'église. Or les nouvelles lunes moyennes arrivent quelquefois un peu avant la nouvelle lune vraie, sur laquelle les Juifs se régloient : l'église a donc voulu avoir dans son *calendrier* des nouvelles lunes moyennes qui ne pussent jamais devancer les vraies, mais qui les suivissent toujours.

On a donc pris pour racine l'année 550, sous le règne de l'empereur Justinien ; alors les nombres d'or indiquoient les nouvelles lunes environ 16 heures plus tard qu'au tems du concile de Nicée, comme on le voit par les tables astronomiques, & il n'y avoit plus de danger qu'elles pussent être indiquées plutôt que les nouvelles lunes vraies. L'on attribue à l'année 500, & au sixième siècle entier la première ligne de la table générale des épactes, qui est marquée *P* dans la table étendue que nous expliquons ici : mais comme au bout de 300 ans, c'est-à-dire l'an 800, il y a une équation lunaire, & que la lune anticipe d'un jour dans le *calendrier*, les nouvelles lunes arrivant un jour plutôt, c'est le nombre précédent qui indique les nouvelles lunes; il faut prendre la dernière ligne *a*, dont les épactes sont plus fortes d'un jour. Après un autre intervalle de 300 ans, c'est-à-dire l'an 1100, il y a encore une équation lunaire; la lune anticipe encore d'un jour : il faut donc, pour le douzième siecle, remonter d'une ligne, & l'on aura la ligne *b* qui commence par II, XIII, &c.; de même en 1400, on aura la ligne *c*, qui commence par l'épacte III.

En 1582, l'on retrancha 10 jours de l'année : les nouvelles lunes arrivèrent donc 10 jours plus tard; ainsi, il faut descendre de dix lignes dans la table générale, & venir à *D* pour 1583 : je dis que cela s'appelle *descendre*, parce que de la ligne *c* à la ligne *a*, on descend d'abord de deux lignes; & si l'on diminue encore l'épacte de l'unité, on trouve les nombres de la première ligne *P* qui est censée descendre encore davantage; car la table générale des épactes est comme un cercle dans lequel on recommence dans le même ordre & sans interruption, lorsqu'on l'a parcouru tout entier.

En 1600, il n'y a eu ni équation lunaire, ni équation solaire, puisque la première avoit été employée en 1400, & que la seconde ne devoit arriver qu'en 1700, 1800 & 1900; ainsi, l'on a conservé la ligne *D* qui commence par XXIII.

En 1700, il y a eu une équation solaire, parce qu'on a omis une bissextile, & que l'année a été plus courte d'un jour : les nouvelles lunes ont dû arriver, par cette raison, un jour plus tard; & pour les indiquer un jour plus tard, il faut avoir l'épacte plus petite d'une unité : ainsi, en 1700, il a fallu descendre d'une ligne dans la table, & prendre la suite des épactes qui répond à la lettre *C*, & qui commence par XXII. Cela doit arriver ainsi toutes les fois que l'on omet un jour ou qu'on passe une bissextile; ce que nous appellons équation solaire. Il auroit dû y avoir une équation lunaire en 1700; mais elle fut remise à 1800.

Quoique l'équation lunaire eût été employée pour l'année 1400, la lune anticipe d'un jour sur le cycle lunaire, non pas en 300 ans, mais seulement en 312 ½ ans. Ces 12 ½ ans avoient été omis quatre fois depuis l'an 500; savoir, en 800, 1100, 1400, 1700 : ainsi, il y avoit 50 ans dont on avoit anticipé l'équation lunaire. D'ailleurs, en partant de l'année 550, c'étoit en 850, 1150, 1450, 1750 qu'on devoit employer l'équation lunaire; ainsi, ajoutant encore à 1750 les 50 ans dont on étoit resté encore en retard, on trouve qu'en 1800, il faudra employer l'équation lunaire : on retarde ainsi tous les 25 siecles. Cette équation seroit une augmentation dans l'épacte de 1800 : mais cette année-là, il y aura un jour intercalaire omis, de même qu'en 1700; & par conséquent on devroit de même retrancher un de l'ordre des épactes, & descendre d'une ligne dans la table générale. Ces deux effets se détruiront; les nouvelles lunes ne monteront ni ne descendront; elles demeureront aux mêmes jours; la même ligne *C* dans la table générale servira pour tout le 19e siecle qui commence en 1800, comme elle avoit servi pour le siecle précédent.

En 1900, on omettra encore un jour intercalaire; les nouvelles lunes descendront d'un jour; il faudra descendre à la ligne *B* de la table générale. L'année 2000 ne changera point de ligne, parce qu'il n'y a cette année-là ni intercalaire omise, ni équation lunaire. En 2100, on omet un intercalaire, & l'on emploie l'équation lunaire, parce qu'il y a 300 ans d'écoulés depuis 1800, où l'on a fait la dernière équation : ainsi, le 22e siecle, qui commence à 2100, conservera la même lettre *B* que le siecle précedent, de même que je l'ai remarqué pour l'année 1800.

En 2200, on omettra une intercalaire, & il n'y aura point d'équation lunaire : ainsi, on descendra à la ligne *A* de la table générale; & par la même raison, en 2300, on descendra à la ligne *u*.

En 2400, on aura eu 300 ans depuis la dernière équation lunaire de 2100 : il y aura donc une équation lunaire; mais il n'y aura point d'équation solaire : ainsi, les nouvelles lunes monteront d'un jour, & on reviendra à la ligne *A*.

2500, équation sol. on descendra à la ligne *u*.
2600, équation sol. on descendra à la ligne *t*.
2700, équat. sol. & lun. on conservera la ligne *t*.
2800, aucune équation, on conservera la ligne *t*.

Ainsi, dans les principes de Lilius, il est aisé de continuer à l'infini la table de l'*équation des épactes*, si l'on a égard à l'intercalaire qu'on doit retrancher trois fois en 400 ans, & à l'équation lunaire qui doit arriver tous les 300 ans, d'abord sept fois de suite, & après cela au bout de 400 ans seulement, à cause des 12 ans & demi qu'on néglige tous les 300 ans, & qui se trouvent avoir produit 100 ans au bout de 8 fois 300 ans ou de 2400 ans : il faut renvoyer alors l'équation lunaire & l'année séculaire qui suivra comme nous l'avons indiqué, lorsque parvenus à 1700 ans nous avons rejetté l'équation lunaire à 1800. Il arrivera donc toujours que l'équation lunaire sera différée au bout de 2400 ans, à compter de 1800, c'est-à-dire, dans les années 4300, 6800, 9300, 11800, & ainsi de suite, en allant toujours par 2500; alors, au lieu d'être employée au bout de 300 ans, elle ne le sera qu'au bout de 400 ans pour cette fois-là : par ce moyen, la lune ne remonte dans le *calendrier* que de 8 jours en 2500 ans, au lieu qu'elle remonteroit de 8 jours en 2400 ans. On a marqué ces années de retard d'un double caractère ☾☾ dans la table de l'équation des épactes qu'on trouvera plus bas, & où l'on voit quelle ligne on doit prendre pour chaque siecle dans la table étendue des épactes.

TABLE ÉTENDUE DES ÉPACTES,

Contenant les trente suites d'Epactes qui peuvent avoir lieu dans différens siècles, suivant le Calendrier Grégorien. *Article* 1575, *page* 303.

Remarques. Les Nombres d'Or sont dans la première ligne de la Table, en tête de chaque colonne. La 9e ligne marquée C, est celle qui a lieu depuis 1700 jusqu'à 1900, & qui recommence tous les 19 ans. Par exemple, l'Epacte est XXII en 1769, 1788, 1807, &c.

	3	4	5	6	7	8	9	10	11	12
P	*	XI	XXII	III	XIV	XXV	VI	XVII	XXVIII	IX
N	XXIX	X	XXI	II	XIII	XXIV	V	XVI	XXVII	VIII
M	XXVIII	IX	XX	I	XII	XXIII	IV	XV	XXVI	VII
H	XXVII	VIII	XIX	*	XI	XXII	III	XIV	XXV	VI
G	XXVI	VII	XVIII	XXIX	X	XXI	II	XIII	XXIV	V
F	XXV	VI	XVII	XXVIII	IX	XX	I	XII	XXIII	IV
E	XXIV	V	XVI	XXVII	VIII	XIX	*	XI	XXII	III
D	XXIII	IV	XV	XXVI	VII	XVIII	XXIX	X	XXI	II
C	XXII	III	XIV	XXV	VI	XVII	XXVIII	IX	XX	I
B	XXI	II	XIII	XXIV	V	XVI	XXVII	VIII	XIX	*
A	XX	I	XII	XXIII	IV	XV	XXVI	VII	XVIII	XXIX
u	XIX	*	XI	XXII	III	XIV	XXV	VI	XVII	XXVIII
t	XVIII	XXIX	X	XXI	II	XIII	XXIV	V	XVI	XXVII
s	XVII	XXVIII	IX	XX	I	XII	XXIII	IV	XV	XXVI
r	XVI	XXVII	VIII	XIX	*	XI	XXII	III	XIV	25
q	XV	XXVI	VII	XVIII	XXIX	X	XXI	II	XIII	XXIV
p	XIV	XXV	VI	XVII	XXVIII	IX	XX	I	XII	XXIII
n	XIII	XXIV	V	XVI	XXVII	VIII	XIX	*	XI	XXII
m	XII	XXIII	IV	XV	XXVI	VII	XVIII	XXIX	X	XXI
l	XI	XXII	III	XIV	XXV	VI	XVII	XXVIII	IX	XX
k	X	XXI	II	XIII	XXIV	V	XVI	XXVII	VIII	XIX
i	IX	XX	I	XII	XXIII	IV	XV	XXVI	VII	XVIII
h	VIII	XIX	*	XI	XXII	III	XIV	XXV	VI	XVII
g	VII	XVIII	XXIX	X	XXI	II	XIII	XXIV	V	XVI
f	VI	XVII	XXVIII	IX	XX	I	XII	XXIII	IV	XV
e	V	XVI	XXVII	VIII	XIX	*	XI	XXII	III	XIV
d	IV	XV	XXVI	VII	XVIII	XXIX	X	XXI	II	XIII
c	III	XIV	XXV	VI	XVII	XXVIII	IX	XX	I	XII
b	II	XIII	XXIV	V	XVI	XXVII	VIII	XIX	*	XI
a	I	XII	XXIII	IV	XV	XXVI	VII	XVIII	XXIX	X

TABLE ÉTENDUE DES ÉPACTES,

Contenant les trente ſuites d'Epactes qui peuvent avoir lieu dans différens ſiècles, ſuivant le Calendrier Grégorien. *Article* 1575, *page* 303.

REMARQUES. *Les Nombres d'Or ſont dans la première ligne de la Table, en tête de chaque colonne. La 9e ligne marquée C, eſt celle qui a lieu depuis 1700 juſqu'à 1900, & qui recommence tous les 19 ans. Par exemple, l'Epacte eſt XXII en 1769, 1788, 1807, &c.*

	13	14	15	16	17	18	19	1	2
P	XX	I	XII	XXIII	IV	XV	XXVI	VIII	XIX
N	XIX	*	XI	XXII	III	XIV	25	VII	XVIII
M	XVIII	XXIX	X	XXI	II	XIII	XXIV	VI	XVII
H	XVII	XXVIII	IX	XX	I	XII	XXIII	V	XVI
G	XVI	XXVII	VIII	XIX	*	XI	XXII	IV	XV
F	XV	XXVI	VII	XVIII	XXIX	X	XXI	III	XIV
E	XIV	25	VI	XVII	XXVIII	IX	XX	II	XIII
D	XIII	XXIV	V	XVI	XXVII	VIII	XIX	I	XII
C	XII	XXIII	IV	XV	XXVI	VII	XVIII	*	XI
B	XI	XXII	III	XIV	25	VI	XVII	XXIX	X
A	X	XXI	II	XIII	XXIV	V	XVI	XXVIII	IX
u	IX	XX	I	XII	XXIII	IV	XV	XXVII	VIII
t	VIII	XIX	*	XI	XXII	III	XIV	XXVI	VII
s	VII	XVIII	XXIX	X	XXI	II	XIII	XXV	VI
r	VI	XVII	XXVIII	IX	XX	I	XII	XXIV	V
q	V	XVI	XXVII	VIII	XIX	*	XI	XXIII	IV
p	IV	XV	XXVI	VII	XVIII	XXIX	X	XXII	III
n	III	XIV	25	VI	XVII	XXVIII	IX	XXI	II
m	II	XIII	XXIV	V	XVI	XXVII	VIII	XX	I
l	I	XII	XXIII	IV	XV	XXVI	VII	XIX	*
k	*	XI	XXII	III	XIV	25	VI	XVIII	XXIX
i	XXIX	X	XXI	II	XIII	XXIV	V	XVII	XXVIII
h	XXVIII	IX	XX	I	XII	XXIII	IV	XVI	XXVII
g	XXVII	VIII	XIX	*	XI	XXII	III	XV	XXVI
f	XXVI	VII	XVIII	XXIX	X	XXI	II	XIV	XXV
e	25	VI	XVII	XXVIII	IX	XX	I	XIII	XXIV
d	XXIV	V	XVI	XXVII	VIII	XIX	*	XII	XXIII
c	XXIII	IV	XV	XXVI	VII	XVIII	XXIX	XI	XXII
b	XXII	III	XIV	25	VI	XVII	XXVIII	X	XXI
a	XXI	II	XIII	XXIV	V	XVI	XXVII	IX	XX

TABLE DE L'ÉQUATION DES ÉPACTES.

Années.	Lignes d'Epactes.	Années.	Lignes d'Epactes.	Années.	Lignes d'Epactes.
1582	D	☉ 2500	u	☉ 3500	p
Biſſex. 1600	D	☉ 2600	t	Biſſex. ☾ ☉ 3600	q
☉ 1700	C	☾ ☉ 2700	t	☉ 3700	p
☾ ☾ ☉ 1800	C	Biſſex. 2800	t	☉ 3800	n
☉ 1900	B	☉ 2900	ſ	☾ ☉ 3900	n
Biſſex. 2000	B	☾ ☉ 3000	ſ	Biſſex. 4000	n
☾ ☉ 2100	B	☉ 3100	r	☉ 4100	m
☉ 2200	A	Biſſex. 3200	r	☉ 4200	l
☉ 2300	u	☾ ☉ 3300	r	☾ ☾ ☉ 4300	l
Biſſex. ☾ 2400	A	☉ 3400	q	Biſſex. 4400	l

Il y auroit un changement à faire après l'an 8100 dans les règles précédentes, & un autre au bout de 481 436 ans, mais on les a négligés, on en peut voir le détail dans Clavius.

En ſuivant ces règles, on trouveroit le retour des mêmes lettres & dans le même ordre au bout de 300 mille ans; c'eſt-là le grand cycle du calendrier, mais comme les données ne comportent pas une ſi grande précision, nous ne nous arrêterons pas à ce détail.

Quand on a trouvé par la table étendue des épactes, quelle eſt celle des 30 lignes que l'on doit employer dans le ſiècle où l'on ſe trouve; le nombre d'or qui eſt à la tête de chaque colonne vous apprend quelle eſt l'épacte de l'année; ainſi, en 1782 le nombre d'or étant 16, on trouve au-deſſous de 16, dans la neuvième ligne marquée *C*, que l'épacte eſt XV; en 1786 elle ſera * qui veut dire 30 ou zero.

Connoiſſant l'épacte de l'année, on peut trouver toutes les nouvelles lunes & les jours de la ſemaine dans le *calendrier perpétuel* des épactes, ou *calendrier* de Grégoire XIII que l'on trouvera ci-après, où ſont marquées les épactes *, xxix, xxviij, &c. & les lettres *A*, *B*, *C*, *D*, *E*, *F*, *G*, en commençant par le premier jour de janvier; dans ce *calendrier* tous les jours auxquels répond l'épacte de l'année ſont ceux des nouvelles lunes cette année-là, mais il y a trois obſervations à faire ſur trois articles particuliers de ce *calendrier* perpétuel.

Au lieu du nombre 30, on met une étoile * qui tient lieu de 30 & de zero; en effet, dans les années où il y a une nouvelle lune le premier décembre & le 31, l'épacte qui marque l'âge de la lune quand l'année finit, devroit être 30, parce que la lune a 30 jours quand l'année finit, mais elle devroit être zero ſi l'on conſidéroit la nouvelle lune du 31 décembre; ainſi, l'on met un ſigne ambigu qui tient lieu de l'une & de l'autre, & qui s'applique également à ces deux circonſtances.

Dans le *calendrier perpétuel* on a pratiqué ſix interruptions, où l'on a mis enſemble les épactes XXIV & XXV, ſans cela les 12 ſuites des épactes qui ſont de 30 chacune, formeroient 360 jours, au lieu de 354 qu'elles doivent former pour s'accorder avec l'année lunaire qui a 11 jours de moins que l'année ſolaire. Cette ſuppreſſion de 6 jours a été repartie ſur la ſeconde trentaine, ſur la 4e, la 6e, la 8e, la 10e & la 12e; & les jours où elle tombe ſont le 5 février, le 5 avril, le 3 juin, le 1 août, le 29 ſeptembre & le 27 novembre. Ces ſix jours qui, par la diſpoſition précédente, devroient avoir XXV d'épacte, ont tout-à-la-fois XXV & XXIV. Par-là on gagne un nombre à chaque fois, & il ſe trouve qu'à la fin de décembre on a gagné 6 jours, qui, ajoutés aux 5 jours qu'il y a de moins dans les 360 jours d'épacte, que dans l'année, font 11 jours, comme cela doit être puiſque l'année lunaire n'a que 354 jours.

CALENDRIER PERPÉTUEL DES ÉPACTES,

SUIVANT GRÉGOIRE XIII,

Pour servir à trouver toutes les nouvelles Lunes, les jours de la semaine, & les Fêtes mobiles pour une année quelconque.

J. du M.	JANVIER. Epactes.	Let. dom.	FÉVRIER.		MARS.		AVRIL,		MAI.		JUIN.	
1	*	A	XXIX	D	*	D	XXIX	G	XXVIII	B	XXVII	E
2	XXIX	B	XXVIII	E	XXIX	E	XXVIII	A	XXVII	C	25.XXVI	F
3	XXVIII	C	XXVII	F	XXVIII	F	XXVII	B	XXVI	D	XXV.XXIV	G
4	XXVII	D	25.XXVI	G	XXVII	G	25.XXVI	C	25.XXV	E	XXIII	A
5	XXVI	E	XXV.XXIV	A	XXVI	A	XXV.XXIV	D	XXIV	F	XXII	B
6	25.XXV	F	XXIII	B	25.XXV	B	XXIII	E	XXIII	G	XXI	C
7	XXIV	G	XXII	C	XXIV	C	XXII	F	XXII	A	XX	D
8	XXIII	A	XXI	D	XXIII	D	XXI	G	XXI	B	XIX	E
9	XXII	B	XX	E	XXII	E	XX	A	XX	C	XVIII	F
10	XXI	C	XIX	F	XXI	F	XIX	B	XIX	D	XVII	G
11	XX	D	XVIII	G	XX	G	XVIII	C	XVIII	E	XVI	A
12	XIX	E	XVII	A	XIX	A	XVII	D	XVII	F	XV	B
13	XVIII	F	XVI	B	XVIII	B	XVI	E	XVI	G	XIV	C
14	XVII	G	XV	C	XVII	C	XV	F	XV	A	XIII	D
15	XVI	A	XIV	D	XVI	D	XIV	G	XIV	B	XII	E
16	XV	B	XIII	E	XV	E	XIII	A	XIII	C	XI	F
17	XIV	C	XII	F	XIV	F	XII	B	XII	D	X	G
18	XIII	D	XI	G	XIII	G	XI	C	XI	E	IX	A
19	XII	E	X	A	XII	A	X	D	X	F	VIII	B
20	XI	F	IX	B	XI	B	IX	E	IX	G	VII	C
21	X	G	VIII	C	X	C	VIII	F	VIII	A	VI	D
22	IX	A	VII	D	IX	D	VII	G	VII	B	V	E
23	VIII	B	VI	E	VIII	E	VI	A	VI	C	IV	F
24	VII	C	V	F	VII	F	V	B	V	D	III	G
25	VI	D	IV	G	VI	G	IV	C	IV	E	II	A
26	V	E	III	A	V	A	III	D	III	F	I	B
27	IV	F	II	B	IV	B	II	E	II	G	*	C
28	III	G	I	C	III	C	I	F	I	A	XXIX	D
29	II	A			II	D	*	G	*	B	XXVIII	E
30	I	B			I	E	XXIX	A	XXIX	C	XXVII	F
31	*	C			*	F			XXVIII	D		

CALENDRIER PERPÉTUEL DES ÉPACTES,

SUIVANT GRÉGOIRE XIII,

Pour servir à trouver toutes les nouvelles Lunes, les Jours de la semaine, & les Fêtes mobiles pour une année quelconque.

J. du M.	JUILLET. Epactes.	Let. dom.	AOUT.		SEPTEMBRE.		OCTOBRE		NOVEMBRE.		DÉCEMB.	
1	XXVI	G	XXV. XXIV	C	XXIII	F	XXII	A	XXI	D	XX	F
2	25. XXV	A	XXIII	D	XXII	G	XXI	B	XX	E	XIX	G
3	XXIV	B	XXII	E	XXI	A	XX	C	XIX	F	XVIII	A
4	XXIII	C	XXI	F	XX	B	XIX	D	XVIII	G	XVII	B
5	XXII	D	XX	G	XIX	C	XVIII	E	XVII	A	XVI	C
6	XXI	E	XIX	A	XVIII	D	XVII	F	XVI	B	XV	D
7	XX	F	XVIII	B	XVII	E	XVI	G	XV	C	XIV	E
8	XIX	G	XVII	C	XVI	F	XV	A	XIV	D	XIII	F
9	XVIII	A	XVI	D	XV	G	XIV	B	XIII	E	XII	G
10	XVII	B	XV	E	XIV	A	XIII	C	XII	F	XI	A
11	XVI	C	XIV	F	XIII	B	XII	D	XI	G	X	B
12	XV	D	XIII	G	XII	C	XI	E	X	A	IX	C
13	XIV	E	XII	A	XI	D	X	F	IX	B	VIII	D
14	XIII	F	XI	B	X	E	IX	G	VIII	C	VII	E
15	XII	G	X	C	IX	F	VIII	A	VII	D	VI	F
16	XI	A	IX	D	VIII	G	VII	B	VI	E	V	G
17	X	B	VIII	E	VII	A	VI	C	V	F	IV	A
18	IX	C	VII	F	VI	B	V	D	IV	G	III	B
19	VIII	D	VI	G	V	C	IV	E	III	A	II	C
20	VII	E	V	A	IV	D	III	F	II	B	I	D
21	VI	F	IV	B	III	E	II	G	I	C	*	E
22	V	G	III	C	II	F	I	A	*	D	XXIX	F
23	IV	A	II	D	I	G	*	B	XXIX	E	XXVIII	G
24	III	B	I	E	*	A	XXIX	C	XXVIII	F	XXVII	A
25	II	C	*	F	XXIX	B	XXVIII	D	XXVII	G	XXVI	B
26	I	D	XXIX	G	XXVIII	C	XXVII	E	25. XXVI	A	25. XXV	C
27	*	E	XXVIII	A	XXVII	D	XXVI	F	XXV. XXIV	B	XXIV	D
28	XXIX	F	XXVII	B	25. XXVI	E	25. XXV	G	XXIII	C	XXIII	E
29	XXVIII	G	XXVI	C	XXV. XXIV	F	XXIV	A	XXII	D	XXII	F
30	XXVII	A	25 XXV	D	XXIII	G	XXIII	B	XXI	E	XXI	G
31	25. XXVI	B	XXIV	E			XXII	C			19. XX	A

Les 12

Les 12 lunaisons de chaque année sont alternativement de 30 & de 29 jours ; aussi l'on met alternativement 30 épactes & 29, d'abord les 30 dans le mois de janvier, ensuite 29 seulement, en en réunissant deux au même jour, puis 30 & ainsi de suite. L'épacte XXIV dans février & toutes celles qui la suivent, se trouve remontée d'un rang au-dessus de sa place naturelle vers le commencement du mois, à cause des deux épactes XXV & XXIV qui sont réunies au 5 février : ainsi, les lunaisons qui commencent par les 30 épactes qui précèdent les deux épactes accumulées au 5 de février ; c'est-à-dire, par les épactes XXV, XXVI, XXVII, XXVIII, XXIX, *, I, II, &c. jusqu'à l'épacte XXIV inclusivement, contiennent seulement 29 jours ; il faut dire la même chose des lunaisons qui répondent aux 30 épactes semblables, qui précèdent dans cinq autres endroits du *calendrier* la réunion de XXIV & XXV.

Dans les mois qui ont deux épactes au même jour XXV & XXIV, on pourroit craindre qu'il n'y eût deux nouvelles lunes indiquées au même jour dans l'espace de 19 ans, savoir, l'une quand l'épacte de l'année seroit XXV, & l'autre quand elle seroit XXIV ; or il ne peut pas y avoir deux nouvelles lunes dans les 19 ans qui tombent au même jour du mois, puisqu'ils n'y reviennent qu'après les 19 ans révolus. Pour obvier à cet inconvénient dans la disposition des épactes de la table étendue, on a mis 25 en chiffre arabe au lieu de XXV dans toutes les suites d'épactes, ou dans toutes les lignes où les deux nombres 24 & 25 se trouvent ensemble & peuvent revenir dans l'espace de 19 ans, ce nombre 25 est mis dans le *calendrier* à côté de XXVI, parce que dans ces mêmes lignes d'épactes les nombres 25 & XXVI ne peuvent pas se trouver ensemble dans l'espace de 19 ans.

Dans les mois qui ont 25 & XXVI d'épacte au même rang ou au même jour, il ne peut pas arriver non plus que la nouvelle lune soit indiquée deux fois au même jour en 19 ans, parce que 25 ne se trouve point dans les huit suites d'épactes qui contiennent vingt-cinq & vingt-six, on n'a mis dans celle-ci que le nombre romain XXV, qui, dans le *calendrier*, est à côté de XXIV ; mais XXV & XXIV ne sont point ensemble dans ces huit suites-là ; ainsi, l'on a toujours eu soin de faire en sorte que les deux figures qui sont ensemble dans le calendrier à un même jour, ne fussent pas dans une même suite d'épactes ; il est bien vrai que les mêmes nombres y sont, mais l'un est en chiffres romains & en petites capitales, l'autre en chiffres arabes, & cette différence de forme les distingue assez ; quelquefois on met le 25 en rouge comme dans les breviaires ou dans les livres imprimés en deux couleurs.

Toutes les fois que dans les cycles de 19 ans, l'épacte XXV concourt avec un nombre d'or plus grand que onze, c'est-à-dire, avec les nombres d'or, 12, 13, 14, 15, 16, 17, 18, 19, il y a toujours dans ce même cycle une épacte XXIV, mais si pour lors on prend l'épacte 25 qui est d'un caractère ou d'une couleur différente, qui dans six endroits du *calendrier* est placée à côté de l'épacte XXVI, il ne pourra jamais y avoir deux nouvelles lunes au même jour, parce que cette épacte 25, marquée d'un caractère & d'une autre couleur, répond par-tout à un jour différent de celui qui a l'épacte XXIV.

Mais lorsque dans un cycle de 19 ans, l'épacte XXV se rencontre avec un nombre d'or plus petit que 12, ou avec les nombres d'or 1, 2, 3, 4, 5, 6, 7, 8, 9, 10 & 11, il ne peut pas arriver que dans le même cycle l'épacte XXIV se trouve employée avec l'épacte XXV, pour lors on prend l'épacte XXV qui, dans six endroits, est marquée au même jour que l'épacte XXIV, & puisque l'épacte XXIV n'aura pas lieu dans ce cycle-là, on ne risque point de trouver dans le même cycle deux nouvelles lunes au même jour.

De même, quoique l'épacte 25 qui est différente en caractère ou en couleur, se trouve dans six jours de l'année à côté de l'épacte XXVI, on ne craindra pas cependant de trouver deux nouvelles lunes au même jour dans les 19 ans, parce que quand l'épacte XXV se trouve avec un nombre d'or plus grand que 11, (& ce sont les seuls cas où l'on se serve du caractère 25,) l'épacte XXVI n'a jamais lieu dans le même cycle pour indiquer les nouvelles lunes.

En effet, dans la table étendue des épactes, on voit aux 8 lignes marquées *N*, *E*, *B*, r, n, k, e, b, qui chacune répondent à un cycle lunaire entier de 19 ans ; l'épacte 25 distinguée par les chiffres arabes sous les 8 nombres d'or, 12, 13, 14, 15, 16, 17, 18, 19, l'épacte XXIV sous les onze autres & jamais l'épacte XXVI ; mais dans les 22 autres lignes horizontales de la table, où l'épacte XXV se trouve sous les 11 petits nombres d'or depuis 1 jusqu'à 12, on trouve quelquefois l'épacte XXVI, mais on n'y trouve pas XXIV. Si donc on prend tantôt l'épacte XXV qui est dans le *calendrier* à côté de XXIV, & tantôt l'épacte 25 qui est d'un autre caractère ou d'une autre couleur, & placée dans le *calendrier* à côté de XXVI, ayant égard aux nombre d'or petits ou grands avec lesquels elle concourt ; il n'arrivera jamais que, dans le même cycle de 19 ans, il y ait deux nouvelles lunes au même quantième du mois, quoique dans les six endroits ci-dessus marqués, il y ait au même jour XXV avec XXIV, & XXVI avec l'épacte 25 d'un caractère différent.

Ainsi l'épacte XXIV ne peut pas avoir lieu quand l'épacte* XXV concourt avec un des onze premiers nombres d'or, mais seulement quand elle concourt avec un nombre d'or plus grand que 11, & l'épacte XXVI n'a jamais lieu lorsque l'épacte 25 de caractère différent concourt avec un nombre d'or plus grand que 11.

Cette épacte 25 relevée d'un jour, fait que la 2ᵉ lune de l'année a 29 jours & non pas 30, & répond mieux au moyen mouvement de la lune que l'épacte XXV qui est un peu en retard.

On a choisi les épactes XXV & XXIV pour les accumuler ensemble, quoiqu'on eût pu choisir deux autres épactes quelconques; mais c'étoit à-peu-près vers ces mêmes jours que l'on employoit l'équation de la lune dans l'ancien *calendrier* des nombres d'or du Concile de Nicée, & l'on a cherché à s'en rapprocher le plus qu'il étoit possible dans la disposition du nouveau *calendrier*.

Ces nombres XXV & XXIV que l'on met ensemble, ont même été choisis d'ailleurs avec dessein, pour faire en sorte que presque toutes les lunaisons paschales fussent de 29 jours, comme le vouloient les pères du concile de Nicée, & qu'elles commençassent toujours entre le 8 de mars & le 5 avril. Il n'y a dans le nouveau *calendrier* que deux exceptions à la première règle, c'est lorsqu'on a pour épacte 25 ou XXIV, & que 25 concourt avec un nombre d'or plus grand que 11, ce qui arrive bien rarement; il n'y a que ces deux lunes paschales qui soient de 30 jours. Lorsque les PP. de Nicée assignèrent un espace de 29 jours pour les nouvelles lunes paschales, depuis le 8 de mars jusqu'au 5 avril, il étoit facile d'y arranger 19 nombres d'or, de façon que tous donnassent des lunaisons de 29 jours; mais comme il y a 30 épactes, on ne sauroit les arranger toutes dans 29 jours, à moins qu'on n'en mette deux à-la-fois au même jour, comme cela arrive au 5 avril, c'est ce qui fait que la lunaison de l'épacte XXIV a 30 jours, & par conséquent aussi celle de l'épacte 25, placée au-dessus de XXIV. (Clavius, *page* 103.)

L'équation de la lune se place au 5 avril par une raison semblable pour se rapprocher de l'ancien usage de l'église, mais il seroit trop long d'entrer ici dans ces détails.

Le troisième artifice employé dans la disposition des épactes du *calendrier perpétuel*, consiste à avoir mis à la fin de décembre à côté de l'épacte XX, une épacte extraordinaire 19, qui est aussi différente ou par le caractère ou par la couleur. Celle-ci sert uniquement à marquer la nouvelle lune le dernier de décembre, lorsque l'épacte XIX concourt avec les nombres d'or 19, ce qui n'arrivera plus jusqu'après l'an 8200, & lorsque de 30 cycles de la table étendue, celui qui à la lettre *D*, sera en usage comme il l'a été depuis la correction grégorienne jusqu'à l'année 1700 exclusivement; c'est dans cette ligne *D* seulement que l'épacte XIX se trouve sous le nombre d'or 19; l'épacte 19 placée au 31 de décembre, doit alors indiquer une nouvelle lune comme cela est arrivé en 1595, 1614, 1633, 1652, 1671, 1690; en effet, dès que le nombre d'or est 19, on doit ajouter 12 à l'épacte de l'année pour former celle de l'année suivante, au lieu qu'on n'ajouteroit que 11 dans les autres cas. Ainsi, à l'épacte XIX lorsqu'elle a lieu avec le nombre d'or 19, il faut ajouter 12 & l'on a 1 d'épacte pour l'année suivante, mais l'usage de l'épacte 1 ne se trouve dans le *calendrier* qu'au 30 de janvier; donc si l'épacte 19 n'étoit pas placée dans le *calendrier* au 31 de décembre pour indiquer une nouvelle lune, la lunaison de décembre ne contenant alors que 29 jours, il n'y auroit point de lunaison indiquée dans le *calendrier* depuis le 2 décembre jusqu'au 29 de janvier, car, dans le mois de décembre, il n'y a pas d'autre épacte XIX que celle du 2 de décembre, & dans le mois de janvier il n'y a pas d'épacte 1 avant le 30. Cependant il y a dans le cas dont il s'agit une lune de 29 jours qui commence le 2 décembre; le calcul prouve même qu'il y a en effet une nouvelle lune moyenne ce jour-là, quand le nombre d'or 19 concourt avec l'épacte XIX. (Clavius, *page* 104.)

Mais l'exception dont il s'agit, ou l'addition de l'épacte 19, extraordinairement cumulée avec l'épacte XX au 31 décembre, ne fait dans le *calendrier* aucune confusion, parce qu'elle est à côté de l'épacte XX qui n'a jamais lieu dans le cycle où l'épacte XIX concourt avec le nombre d'or 19: en effet, on peut voir dans la table étendue des épactes, que la ligne *D* qui a lieu dans le cas prévu ne renferme pas l'épacte XX. Ce nombre ne se trouve point dans les 19 épactes de ce cycle, il ne peut donc pas y avoir double emploi, ni deux nouvelles lunes indiquées au même jour dans l'espace de 19 ans, quoiqu'il y ait deux épactes au même jour, c'est-à-dire 19 & XX.

Les épactes ne peuvent indiquer que les nouvelles lunes moyennes, c'est-à-dire, les nouvelles lunes qui auroient lieu, si la lune & le soleil alloient toujours d'un mouvement uniforme, & que leur longitude moyenne fût toujours égale à leur longitude vraie. Ce seroit assez pour l'usage du *calendrier* civil; car l'on est toujours sûr de ne pas se tromper de plus d'un jour même en se restreignant aux moyens mouvemens; mais nous devons observer encore, que non-seulement les nouvelles lunes désignées dans le *calendrier* par les épactes ne sont point les nouvelles lunes astronomiques vraies qu'on observe & qu'on trouve dans nos éphémérides, mais elles ne sont pas même exactement d'accord avec les nouvelles lunes moyennes. Il y a souvent des différences qui deviennent sensibles; par exemple, en 1700 la pleine lune moyenne arriva le samedi, 3 avril, vers les 11ʰ du soir à Rome; Pâque devoit donc se célébrer le lendemain, suivant la règle; mais dans le *calendrier* la pleine lune étoit indiquée pour le 4 avril, la fête se trouva renvoyée au 11 du même mois. (*Voyez l'Hist. de l'Acad.* 1701.) Lors de la correction grégorienne on voulut remettre les nouvelles lunes aux mêmes lieux où elles étoient du tems du concile de Nicée, par le moyen du cycle des 19 ans. Mais comme en 625 ans le cycle ramena la nouvelle lune deux jours plutôt, il y avoit alors quatre jours de différence entre les nouvelles lunes astronomiques & celles du cycle. Dans l'exécution, on n'a tenu compte que de 3 jours au lieu de 4; de-là vient que la pleine lune astronomique moyenne vient souvent un jour avant la pleine lune paschale, & que le *calendrier* n'a point à cet égard la justesse qu'on avoit eu intention de lui donner; de-là vient aussi la contradiction apparente que l'on trouvera quelquefois entre les calculs rigoureux de l'Astronomie, & les calculs du comput ecclésiastique.

Ainsi, dans l'exécution du projet de la réformation, l'on n'a pas exactement suivi l'intention de la bulle de Gregoire XIII; il auroit dû y avoir une équation lunaire en 1700. Depuis 1700, l'épacte répondant au nombre d'or I, auroit dû être I, au lieu qu'on ne lui attribue que o ou *, en sorte qu'on n'a augmenté que de 3 jours les épactes lunaires, depuis le concile jusqu'à présent, au lieu de 4 jours. Cette erreur d'un jour a fait tomber la fête de Pâque, en 1704, au 23 mars, au lieu qu'elle auroit dû être le 20 avril, parce que la pleine lune dans cette année-là, devoit être marquée au 20 mars, & qu'elle ne le fut qu'au 21 : or le 20 mars n'est point du mois paschal, mais le 21 en est. (*Hist. Acad.* 1701.) (*Jo. Bernoulli opera*, Lausanne, 1743, *tom. iv.*) La raison de ce défaut, est que l'objet des réformateurs étoit de demeurer plutôt au-dessous qu'au-dessus des véritables nouvelles lunes, pour empêcher que les épactes n'indiquassent la nouvelle lune plutôt qu'elle n'arrive réellement; & que la fête de Pâque ne fût célébrée le XIVe de la lune, ou même plutôt, c'est-à-dire, en même tems que chez les juifs ou chez les hérétiques, *quarto decimans* (Fleury, *Hist. ecclés.* ann. 196.) Pour cet effet, on a eu plus d'égard à la pleine lune qu'à la nouvelle lune; on n'a pas craint qu'il arrivât que la fête de Pâque fût célébrée plus tard que le XXIe de la lune; mais on redoutoit la célébration qui auroit pu tomber le XIVe de la lune, quand il se trouve un dimanche, parce que c'est le jour que choisissent les juifs pour immoler l'agneau paschal.

Cette remarque avoit déja été faite par Clavius, qui observe que c'étoit l'ancien usage de l'église, *pag. 55 & 352.* Cela auroit dû prévenir le reproche astronomique fait par Cassini au *calendrier* grégorien, si ce n'est que Cassini ne trouva pas cette raison suffisante pour avoir fait mettre entre le *calendrier* & l'Astronomie une semblable différence. Elle nuit à l'exactitude du *calendrier*, relativement à l'usage qu'on en peut faire pour trouver les nouvelles lunes véritables.

Pour trouver l'épacte & les fêtes mobiles dans une année quelconque, on commencera par chercher le nombre d'or. Ce nombre, pris au haut de la table étendue des épactes, marquera la colonne dans laquelle doit se trouver l'épacte.

Pour savoir dans quelle ligne de la table, & vis-à-vis de quelle lettre il faut chercher l'épacte, on prendra dans la table de l'*équation des épactes*, la lettre qui convient au siecle où l'on se trouve, & ce sera dans cette ligne qu'il faudra prendre l'épacte répondante au nombre d'or.

Pour avoir une regle particuliere dans ce siecle-ci & le suivant, où l'on emploie la ligne *C*, on part de l'épacte XVIII, qui a lieu la derniere année de chaque cycle lunaire, on ajoute 11 pour chaque année & un de plus, parce que la premiere année du cycle l'épacte augmente de 11, & l'on ôte 30 autant de fois qu'on le peut. Ainsi, on multipliera par 11 le nombre d'or de l'année courante : on ajoutera 19; on divisera cette somme par 30, & l'on aura pour reste l'épacte de l'année. On peut aussi multiplier par 11 le nombre d'or diminué d'une unité, & diviser le produit par 30: le reste de la division est l'épacte cherchée.

Ainsi, pour avoir l'épacte de 1762, on multiplie le nombre d'or 15 par 11, on a 165; on y ajoute 19, ce qui fait 184; l'on divise cette somme par 30; le quotient est 6, mais il reste 4, qui forme l'épacte cherchée. On peut la trouver encore autrement; on multiplie par 11 le nombre 62 de l'année; on ajoute 9 au produit (c'est l'épacte de 1700); & de plus, autant d'unités que le nombre d'or I est revenu de fois depuis 1700; ce qui est arrivé en 1710, 1729 & 1748, parce que dans ces années-là l'augmentation est plus forte d'une unité; la somme 694 étant divisée par 30, le quotient est 23, & le reste 4 est l'épacte de 1762 : cette regle ne sert que pour le 18e siecle.

L'épacte de l'année indique tous les jours de pleine lune dans le *calendrier* perpétuel : ainsi, pour avoir la nouvelle lune paschale, qui ne peut arriver qu'après le 7 de mars, il faut voir à quel jour répond l'épacte de l'année, à compter du 8 de mars inclusivement, & ce sera celui de la nouvelle lune paschale; le quatorzieme jour, à compter de la nouvelle lune inclusivement, sera le jour de la pleine lune paschale, & le premier dimanche après cette pleine lune exclusivement, c'est-à-dire, le premier jour où l'on trouvera la lettre dominicale de l'année, sera le jour de Pâque.

Les limites paschales, sont le 22 mars, le 25 avril; ainsi, en 1598, 1693 & 1761, la fête de Pâque est arrivée le 22 mars; elle s'y trouvera encore en 1818, 2285, 2437, 2505, *&c.* Au contraire, cette fête n'est tombée qu'au 25 avril, en 1546, en 1666 & en 1734, & cela arrivera encore en 1886, 1943, 2038, 2190, *&c.*

La septuagésime est toujours neuf semaines avant Pâque, ou le 64e jour, y compris celui de Pâque; le mercredi des cendres le 47e avant le jour de Pâque, en comptant l'un & l'autre.

On trouve la fête de l'Ascension, en comptant 40 jours après Pâque; la Pentecôte, en comptant 50; la Trinité 57 jours, & la fête Dieu 61 jours après Pâque; celle-ci arrive toujours le même quantieme du mois que le samedi saint.

Le *calendrier réformé* ou *corrigé*, est celui où sans s'embarrasser de tout l'appareil des nombres d'or, des épactes, des lettres dominicales, on détermine la pleine lune de Pâque & les fêtes mobiles qui en dépendent, par les calculs astronomiques, suivant les tables du soleil & de la lune, appellées *tables rudolphines*, ou *tables de Kepler.*

Ce *calendrier* fut introduit dans les états protestans d'Allemagne en 1700; l'on retrancha tout-d'un-coup onze jours du mois de février, de manière qu'en 1700, février n'eut que dix-huit jours; par ce moyen, le style corrigé revint à celui du *calendrier* grégorien. Les protestans d'Allemagne ont ainsi reçu, du moins pour un certain tems, la forme de l'année grégorienne, jusqu'à ce que la quantité réelle de l'année tropique étant déterminée par observation d'une manière encore plus exacte, les catholiques romains puissent convenir avec eux d'une forme d'année exacte & commode.

CALENDRIER *perpétuel.* On appelle ainsi une suite de *calendriers* relatifs aux différens jours où la fête de Pâque peut tomber; & comme cette fête n'arrive jamais plus tard que le 25 avril, ni plutôt que le 22 mars, le *calendrier perpétuel* est composé d'autant de *calendriers* particuliers qu'il y a de jours depuis le 22 mars inclusivement, jusqu'au 25 avril inclusivement; ce qui fait 35 *calendriers.*

On trouve un *calendrier perpétuel* fort utile & fort bien entendu, dans l'excellent ouvrage de l'*art de vérifier les dates*, par des Bénédictins de la congrégation de S. Maur, Dom Clement & Dom Durand.

La seconde édition, en 1770, a été donnée par Dom Clement, & la troisième en 1783; dans celles-ci, il a trouvé le moyen de réduire les 35 *calendriers* à sept.

CALENDRIER ou *almanach*, est une table des 12 mois ou des 365 jours de l'année. L'on y marque les jours de la semaine, les fêtes mobiles ou fixes, les noms des saints, dont on fait l'office à chaque jour dans l'église; il y en a une table dans le martyrologe romain, & une dans le livre que nous venons de citer.

On y met le lever & le coucher du soleil & de la lune, & les phases de la lune, l'entrée du soleil dans les signes des équinoxes & des solstices, & les éclipses.

Quelquefois on y ajoute les longitudes, latitudes & déclinaisons du soleil, de la lune & des autres planètes; le commencement & la fin du crépuscule, les phénomènes remarquables qui arrivent dans le ciel, comme conjonctions, oppositions, éclipses d'étoiles ou de satellites. *Voyez* ÉPHÉMÉRIDE, CONNOISSANCE DES TEMS.

CALENDRIER *rustique*, est le nom qu'on donne à un *calendrier* propre pour les gens de la campagne, dans lequel ils apprennent les tems où il faut semer, planter, tailler la vigne, *&c.* Ces sortes de *calendriers* sont ordinairement remplis de beaucoup de règles fausses & de prédictions hasardées sur la pluie & les saisons fondées sur les influences prétendues, & sur les aspects de la lune & de planètes. Mais les gens instruits distinguent avec soin les règles qui sont fondées sur des expériences exactes & réitérées, d'après celles qui ne sont fondées que sur le préjugé & l'ignorance. (*D. L.*)

On se sert aussi du mot *calendrier* pour désigner le catalogue ou les fastes que l'on gardoit anciennement dans chaque église, & où étoient les saints que l'on y honoroit en général ou en particulier, avec les évêques de cette église, les martyrs, *&c.*

Il ne faut pas confondre les *calendriers* avec les martyrologes; car chaque église avoit son *calendrier* particulier, au lieu que les martyrologes regardent toute l'église en général: ils contiennent les martyrs & les confesseurs de toutes les églises. De tous les différens *calendriers*, on en a formé un seul martyrologe, en sorte que les martyrologes sont postérieurs aux *calendriers.*

Il y a encore quelques-uns de ces *calendriers* qui existent, particulièrement un de l'église de Rome fort ancien, qui fut fait vers le milieu du quatrième siècle; il contenoit les fêtes des payens comme celles des chrétiens: ces derniers étoient alors en assez petit nombre. Le père Mabillon a fait imprimer aussi le *calendrier* de l'église de Carthage, qui fut fait vers l'an 483. Le *calendrier* de l'église d'Ethiopie, & celui des Cophtes, publiés par Ludolphe, paroissent avoir été faits après l'année 760. Le *calendrier* des syriens, imprimé par Genebrard, est fort imparfait; celui des moscovites, publié par le père Papebrock, convient pour la plus grande partie avec celui des grecs, publié par Genebrard. Le *calendrier* mis au jour par Dom Dachéry, sous le titre d'*année solaire*, ne diffère en rien du *calendrier* de l'église d'Arras. Le *calendrier* que Beckius publia à Augsbourg en 1687, est, selon toute apparence, celui de l'ancienne église d'Augsbourg, ou plutôt de Strasbourg, qui fut écrit vers la fin du dixième siècle. Le *calendrier mosarabique*, dont on fait encore usage dans les cinq églises de Tolède; le *calendrier ambrosien* de Milan, & ceux d'Angleterre, avant la réformation, ne contiennent rien que l'on ne trouve dans ceux des autres églises occidentales, c'est-à-dire, les saints que l'on honore dans toutes ces églises en général, & les saints particuliers aux églises qui faisoient usage de ces *calendriers.* (CHAMBERS.)

CALER *un quart de cercle* (*Astron.*), c'est mettre son plan dans une situation exactement verticale par le moyen du fil à-plomb qui doit raser le limbe, sans appuyer, & sans être trop en l'air, & qui doit battre légèrement sur le milieu du point de la division, auquel on veut qu'il réponde. C'est ordinairement par le moyen des vis du pied, que l'on *cale un quart de cercle*, & pour que ce mouvement ne le fasse pas charier, on fait porter chacune des quatre vis sur une coquille dont la surface inférieure a des aspérités qui se gripent sur le pavé. Quelquefois aussi l'on se sert du niveau à bulle d'air pour *caler les quarts de cercles*, tels sont ceux qu'a fait longtems le célèbre Bird en Angleterre, dans lesquels la lunette tourne autour du centre, le fil vertical restant toujours sur le premier point de la division; mais la chaleur du soleil faisant varier le niveau, peut occasionner des erreurs. (*D. L.*)

CALIPPIQUE, nom d'une période de 76 ans, propre à corriger l'erreur du cycle lunaire.

CALISTO (*Astr.*) Voyez OURSE.

CAMELEON *ou* CHAMELEON (*Astron.*), l'une des douze constellations méridionales, figurées dans les anciennes cartes de Bayer; elle est sur le colure des équinoxes & au-dedans du cercle polaire antarctique; elle n'est composée que de neuf étoiles dans Bayer: mais il y en a un beaucoup plus grand nombre dans le catalogue de la Caille; celle qu'il a marquée α, & qu'il a observée avec soin, avoit au commencement de 1750, 126^d 8' 38" d'ascension droite, & 76^d 7' 12" de déclinaison australe. (*D. L.*)

CAMELEOPARD (*Astron.*) *Voy.* GIRAFFE.

CAMMARUS (*Astron.*) *Voyez* CANCER.

CAN

CANCER, *écrevisse*; quatrième signe du zodiaque: c'est aussi le nom d'une constellation.

Le *cancer* a été appellé *cammarus*, qui en grec signifie écrevisse; *astacus* du mot grec ἀστακος, (*cancer marinus.*) Il paroît que ce nom est venu de ce que le soleil arrivé à sa plus grande déclinaison, sembloit retourner sur ses pas quand il étoit dans ce signe. Suivant les poëtes, l'écrevisse fut placée dans le ciel par Jupiter, pour avoir servi ses amours, en retardant par sa piqûre la fuite d'une nymphe, fille de Garamanthe. Ampelius dit que cette écrevisse fut placée dans le ciel par Junon, après qu'elle eut été écrasée par Hercule en voulant l'incommoder dans le combat contre l'hydre de lerne. On sait que Junon, toujours ennemie d'Hercule, poursuivoit par-tout ce héros, & suscitoit des obstacles à toutes ses entreprises.

M. Dupuis a expliqué ingénieusement cette fable, en faisant voir que le lever héliaque des premières étoiles de l'hydre étoit accompagné de celui du *cancer*, avant que la queue de l'hydre eût achevé de disparoître, ou avant que le second travail d'Hercule fût consommé. Mais le travail d'Hercule, qui répond à la constellation du *cancer*, est son voyage en Hesperie pour enlever des pommes d'or ou des brebis à toison d'or; il s'explique par le coucher de la constellation d'Hercule.

Les deux ânes, qui sont deux étoiles de la constellation du *cancer*, marquées γ & δ dans nos catalogues, représentent, suivant les poëtes, ceux qui, dans la guerre de jupiter contre les géans, contribuèrent à sa victoire, ou par leurs cris, ou parce qu'ils servoient de monture à Vulcain, & aux satyres qui venoient au secours de jupiter. On voit entre ces deux étoiles un amas d'étoiles appellé *l'étable*, *præsepe*, à cause des deux ânes, qui en sont tout proches: c'est ce que nous appellons *la nébuleuse du cancer*; mais ce n'est pas une véritable nébuleuse dans le sens qu'on y attache aujourd'hui.

Les étoiles de cette constellation sont au nombre de 83 dans le catalogue britannique; mais elles sont peu remarquables: la plus belle marquée β, n'est que de 3e à 4e grandeur.

On représente le *cancer* par deux figures placées l'une auprès de l'autre, & assez semblables à celles dont on se sert pour exprimer soixante-neuf en Arithmétique *69*.

Tropique du cancer, est un des petits cercles de la sphère, parallèle à l'équateur, & qui passe par le commencement du signe du *cancer*. Ce tropique est dans l'hémisphère septentrional, & est éloigné de l'équateur de 23^d 28': c'est celui que le soleil paroît décrire le jour du solstice d'été.

CANICULAIRES: *jours caniculaires*, marquent proprement un certain nombre de jours qui précèdent, & qui suivent celui où la canicule se levoit autrefois le matin avec le soleil, c'est-à-dire, les jours de la plus grande chaleur. Les égyptiens & les éthiopiens commençoient leur année aux jours *caniculaires*. Dans nos almanachs de provinces, on les compte ordinairement depuis le 22 juillet jusqu'au 23 août: c'est le tems que le soleil emploie à parcourir le signe du lion.

Mais il y en a qui comptent les jours *caniculaires* jusqu'à la fin d'août. Varénius, *pag.* 275, édit. 1712.

CANICULE, f. f. (*Astron.*) c'est le nom de la belle étoile du grand chien, qu'on appelle aussi simplement *l'étoile du chien*; les grecs la nommoient σειριος, *sirius*. *Voyez* SIRIUS.

Pline & Galien donnent aussi à la *canicule* le nom de *procyon*, quoiqu'en effet *procyon* soit le nom d'une autre étoile dans le petit chien. *Voyez* PROCYON.

Quelques auteurs anciens nous disent, après Hippocrate & Pline, *lib.* 2, *c.* 40, que le jour où la *canicule* se leve la mer bouillonne, le vin tourne, les chiens entrent en rage, la bile s'augmente & s'irrite, & tous les animaux tombent en langueur & dans l'abattement; que les maladies qu'elle cause le plus ordinairement sont les fièvres ardentes & continues, les dyssenteries & les phrénésies. On sent bien que ce sont les effets de la chaleur, qu'on attribuoit à l'astre qui annonçoit les chaleurs.

C'est actuellement le 20 août qu'arrive le lever héliaque de sirius; & cependant alors ce qu'on appelle les jours *caniculaires*, sont près de finir.

Les romains étoient si persuadés de la malignité de la *canicule*, que pour en écarter les influences ils lui sacrifioient tous les ans un chien roux; le chien avoit eu la préférence dans le choix des victimes, à cause de la conformité des noms. Ce n'est pas la seule occasion où cette conformité ait donné naissance à des branches de superstition : la *canicule* passoit ou pour la chienne d'Erigone, ou pour le chien que Jupiter donna à Minos, que Minos donna à Procris, & que Procris donna à Cephale.

CANON, *en Géométrie & en Algèbre*, signifie une règle générale pour la solution de plusieurs questions d'un même genre : ce mot est aujourd'hui peu usité. On se sert plus communément des termes *méthode* & *formule*. *Voyez* MÉTHODE & FORMULE.

CANON *naturel des triangles*; c'est une table qui contient tout ensemble les sinus, les tangentes & les sécantes des angles; on la nomme de la sorte, parce qu'elle sert principalement à la résolution des triangles. *Voyez* TRIANGLE.

CANON *artificiel des triangles*; c'est une table où se trouvent les logarithmes des sinus & des tangentes, &c. *Voyez* SINUS, TANGENTE, LOGARITHME.

CANOPUS (*Astron.*) étoile de la première grandeur, située dans l'hémisphère austral, à l'extrémité la plus australe de la constellation appellée *argo*, ou le navire. On l'appelle aussi *canobus*, χάνωβος, *Ptolemæon*, *Suel* (Bayer); mais Pline dit *canopus*. Ce nom est celui du pilote de Menelas, roi de Troye. Selon M. Castard, il vient du mot χρῦβ, qui en langue cophte signifie de l'or, & le cophte dérive du grec.

C'est, après *sirius*, la plus belle étoile du ciel : on la voit de l'île de Rodes raser l'horizon; elle annonçoit aux égyptiens l'entrée du soleil dans le verseau; de-là vint ce qu'on appelloit *Regnum canopicum*. *Voyez* mon *Astronomie*, *t. 4*, *p. 443*. (*D. L.*)

C A P

CAPABLE, (*Géom.*) on dit qu'un segment de cercle est *capable* d'un angle, lorsque ce segment est tel qu'on y peut inscrire cet angle; en sorte que les deux côtés de l'angle se terminent aux extrémités du segment, & que le sommet de l'angle soit sur la circonférence du segment. On fait que tous les angles inscrits dans un même segment sont égaux; ainsi, le segment *E F D* (*pl. Géom. fig. 21*), est *capable* de l'angle *E F D*, ou de son égal *E H D*. On a plusieurs méthodes pour décrire un segment *capable* d'un angle donné : en voici une assez simple. Faites un triangle isoscèle, dont l'angle au sommet *E F D* soit égal à l'angle donné; ou, ce qui est la même chose, faites les angles *F E D*, *F D E*, égaux chacun à la moitié de 180 degrés moins la moitié de l'angle donné; & par les points *F*, *D*, décrivez l'arc de cercle *E F D*. *Voyez* CERCLE. (*O*)

CAPOT, *terme de jeu de Piquet*. On dit de celui qui ne fait aucune levée ou main, qu'il est *capot*.

Le *capot* vaut quarante points. *Voyez* PIQUET. Celui qui gagne seulement les cartes, n'en compte que dix.

CAPRICORNE (*Astron.*) *caper*, dixième signe du zodiaque; on l'appelle aussi le *bouc*, la *chevre amalthée*, le *signe de l'hiver*, la *porte du soleil*; car on regardoit les deux tropiques comme les deux portes du ciel. Par l'une, le soleil montoit dans les régions supérieures; par l'autre, il redescendoit à la région la plus basse du ciel. Quelques poëtes disent que cette constellation représente la chèvre amalthée, dont le lait servit aux nymphes qui prirent soin de Jupiter sur le mont Ida, & que Jupiter par reconnoissance plaça ensuite parmi les astres : mais c'est une confusion; la chèvre amalthée est celle qui est entre le bras du cocher. *V.* CHÈVRE. D'autres expliquent la forme bizarre du *capricorne*, qui est moitié bouc & moitié poisson, en forme d'égipan, par le moyen d'une autre fable. Les dieux étant à table dans un endroit de l'Egypte, Typhon, le plus terrible des géans, parut subitement, & causa une si grande frayeur, que tous les dieux cherchèrent leur sûreté dans la fuite, & se changèrent en différentes formes. Pan, le dieu des chasseurs, des pasteurs & de toute la nature, se plongea dans le Nil jusqu'à moitié du corps, prit la forme d'un poisson par derrière, & celle d'une chèvre par sa partie antérieure, & Jupiter voulut conserver la mémoire de cet événement, en plaçant dans le ciel cet animal monstrueux : ces origines sont si absurdes, qu'on ose à peine les rapporter. Mais M. Dupuis fait voir que ce signe indiquoit l'élévation du soleil après la saison des pluies; il croit que dans l'origine le *capricorne* fut placé au solstice d'été : on y réunissoit autrefois un *capricorne* & un poisson, parce que le débordement du Nil commençoit sous ce signe, & les indiens l'appellent encore *poisson*. *Astron. t. iv*, *p. 363*.

Il y a 51 étoiles du *capricorne* dans le catalogue britannique; mais il y en a beaucoup plus dans ceux de Mayer & la Caille. (*D. L.*)

C A R

CARACTERE, f. m. signe dont on se sert dans les Mathématiques pour abréger le discours & pour simplifier les calculs.

Les *caractères numéraux* sont ceux qu'on emploie pour exprimer les nombres ; ce sont des *lettres* ou des *figures*, que l'on appelle autrement *chiffres*. Les especes de *caracteres* qui sont principalement en usage aujourd'hui, sont le commun & le romain : on peut y joindre le grec, & un autre nommé le *caractere françois*, ainsi que les lettres des autres alphabets, dont on s'est servi pour exprimer les nombres.

Le *caractere commun* est celui que l'on appelle ordinairement le *caractere arabe*, parce que l'on suppose qu'il a été inventé par les astronomes arabes, quoique les Arabes eux-mêmes l'appellent le *caractere indien*, comme s'ils l'avoient emprunté des peuples de l'Inde.

Il y a dix *caracteres arabes* ; savoir, 1, 2, 3, 4, 5, 6, 7, 8, 9, 0, dont le dernier s'appelle en latin *cyphra*. En France, on donne en général le nom de *chiffre* à tout *caractere* qui sert à exprimer les nombres.

On se sert du *caractere arabe* presque dans toute l'Europe, & presque dans toutes les circonstances où il peut avoir lieu, en fait de commerce, de mesure, de calculs astronomiques, *&c.*

Le *caractere romain* est composé de lettres majuscules de l'alphabet romain, d'où probablement lui est venu son nom ; ou peut-être de ce que les anciens Romains en faisoient usage sur leurs monnoies, & dans les inscriptions de leurs monumens publics, érigés en l'honneur de leurs divinités & de leurs hommes illustres, de même que sur leurs tombeaux, *&c.*

Les lettres numérales qui composent le *caractere romain*, sont au nombre de sept ; savoir, *I*, *V*, *X*, *L*, *C*, *D*, *M*.

Le *caractere I* signifie un ; *V*, cinq ; *X*, dix ; *L*, cinquante ; *C*, un cent ; *D*, cinq cens ; & *M*, un mille.

Le *I*, répété deux fois, fait deux, *II* ; trois fois, trois, *III* ; quatre s'exprime ainsi, *IV*. *I*, mis devant *V* ou *X*, retranche une unité du nombre exprimé par chacune de ces lettres.

Pour exprimer six, on ajoute *I* à *V*, *VI* ; pour sept, on y en ajoute deux, *VII* ; & pour huit, trois, *VIII* : on exprime neuf, en mettant *I* devant *X*, *IX*, conformément à la remarque précédente.

On peut faire la même remarque par rapport à *X* devant *L* ou *C* ; ce *X* indique alors qu'il faut retrancher dix unités du nombre suivant : ainsi, *XL* signifie *quarante*, & *XC*, *quatre-vingt-dix* ; une *L* suivie d'un *X*, signifie *soixante LX*, &c. On a désigné quelquefois quatre cens par *CD*, mais cela est rare.

Outre la lettre *D*, qui exprime *cinq cent*, on peut encore exprimer ce nombre par un *I* devant un *C* renversé de cette maniere *IↃ* ; de même au lieu de *M*, qui signifie un *mille*, on se sert quelquefois de *I* entre deux *C*, l'un droit & l'autre renversé en cette sorte *CIↃ* : suivant cette convention, on peut exprimer *six cent* par *IↃC*, & *sept cent* par *IↃCC*, &c.

L'addition de *C* & *Ↄ* devant & après, augmente *CIↃ* en raison décuple ; ainsi, *CCIↃↃ* signifie 10000 ; *CCCIↃↃↃ*, 100000, &c.

Ceci est la maniere commune de marquer les nombres, anciennement usitée par les Romains, qui exprimoient aussi tout nombre de mille par une ligne tirée sur un nombre quelconque moindre que mille. Par exemple, $\overline{V}$ signifie 5000 ; $\overline{LX}$, 60000 ; pareillement $\overline{M}$ est 1000000 ; $\overline{MM}$ est 2000000, *&c.*

Outre cela, 1.° certaines libertés ou variations ont été admises, au moins dans quelques écrivains modernes ; par exemple, *IIX* signifie 8 ; *IICIX*, 89 : 2.° certains *caracteres* ont été en usage, qui semblent avoir du rapport aux lettres ; par exemple *M*, par lequel on exprime *mille*, 1000, a été formé de *CXↃ* ou *CIↃ*, dont la moitié, c'est-à-dire *IↃ*, étoit prise pour 500 ; de même, afin d'avoir peut-être plus de commodité pour écrire, *IↃ* semble avoir été changé en *D*. Nous ignorons au reste comment les Romains faisoient leurs calculs par le moyen de ces nombres. Ils avoient sans doute une arithmétique comme nous, & peut-être ne seroit-il pas impossible de la retrouver ; mais ce seroit une recherche de pure curiosité. Le *caractere arabe*, qui a prévalu par-tout, nous en exempte.

Chiffres grecs. Les Grecs avoient trois manieres d'exprimer les nombres. 1.° La plus simple étoit pour chaque lettre en particulier, suivant sa place dans l'alphabet, afin d'exprimer un nombre depuis α 1 jusqu'à ω 24 ; c'est de cette maniere que sont distingués les livres de l'Iliade d'Homere. 2.° Il y avoit une autre maniere qui se faisoit par une division de l'alphabet en huit unités : α 1, ϐ 2, *&c.* 8 dixaines α : ι 10, κ 20, *&c.* 8 centaines, ρ 100, σ 200, *&c.* *N. B.* ils exprimoient mille par un point ou un accent sous une lettre : par exemple, ᾳ 1000, ϐ 2000, *&c.* 3.° Les Grecs avoient une troisieme maniere qui se faisoit par six lettres capitales, en cette maniere, Ι [ἴα pour μία] 1, Π [πέντε] 5, Δ [δέκα] 10, Η [ἕκατον] 100, Χ [χίλια] 1000, Μ [μύρια] 10000 ; & quand la lettre Π en renfermoit quelques-unes, excepté Ι, cela montroit que la lettre renfermée étoit le quintuple de sa propre valeur, comme

$\overline{|Δ|}$ 50, $\overline{|Η|}$ 500, $\overline{|Χ|}$ 5000, $\overline{|Μ|}$ 500000.

Chiffres hébraïques. L'alphabet hébreu étoit divisé en neuf unités, א 1, ב 2, *&c.* ; en neuf dixaines, י 10, כ 20, *&c.* ; en neuf centaines, ק 100, ר 200, *&c.* ; ך 500, ם 600, ן 700, ף 800, ץ 900. Les mille s'exprimoient quelquefois par les unités que l'on mettoit avant les cent, אתקלד, 1534, & de même devant les dixaines, אע, 1070. Mais en général, on exprimoit *mille* par le mot אלף, & 2000 par אלפ[illegible] ; אלפי[illegible], précédé des autres lettres numérales, servoit à déterminer le nombre de mille : par exemple, גאלפים, 3000, &c.

Le *caractère françois*, ainsi appellé à cause que les François l'ont inventé, & en font principalement usage, est plus ordinairement nommé *chiffre de compte* ou *de finance*.

Ce n'est proprement qu'un chiffre romain en lettres non majuscules; ainsi, au lieu d'exprimer 56 par *LVI*, en chiffre romain, on l'exprime en plus petits *caractères*, par *lvj*, & ainsi des autres, *&c.*

On en fait principalement usage dans les chambres des comptes, dans les comptes que rendent les trésoriers, les receveurs, *&c.*, & autres personnes employées dans l'administration des revenus.

En *Algèbre*, les premières lettres de l'alphabet a, b, c, d, *&c.*, sont les signes ou les *caractères* qui expriment les quantités *données*; & les dernières lettres z, y, x, *&c.*, sont les *caractères* des quantités *cherchées*. *Voyez* QUANTITÉ; *voyez aussi l'article* ARITHMÉTIQUE UNIVERSELLE, où nous avons expliqué pourquoi l'Algèbre se sert de lettres pour désigner les quantités, soit connues, soit inconnues.

Observez que les quantités égales se marquent par le même *caractère*. Les lettres m, n, r, s, t, *&c.*, sont les *caractères* des exposans indéterminés des rapports & des puissances; ainsi, x^m, y^n, z^r, *&c.* désignent les puissances indéterminées de différentes espèces; mx, ny, rz, les différens multiples ou sous-multiples des quantités x, y, z, selon que m, n, r représentent des nombres entiers ou rompus.

$+$ Est le signe de ce qui existe réellement; & on l'appelle *signe affirmatif* ou *positif*; il fait comprendre que les quantités qui en sont précédées, ont une existence réelle & positive. *Voy.* POSITIF.

C'est aussi le signe de l'addition; & en lisant, on prononce *plus* : ainsi, $9 + 3$ se prononce neuf *plus* trois, c'est-à-dire, 9 ajouté à 3, ou la somme de 9 & 3; ce qui fait 12. *Voyez* ADDITION.

Quand le signe $-$ précède une quantité simple, il exprime une négation ou bien une existence négative; il fait voir, pour ainsi dire, que la quantité qui en est précédée, est moindre que rien. Car on peut dire, par exemple, d'un homme qui a 20000 livres de dettes, & qui n'a rien d'ailleurs, que sa fortune est au-dessous de rien de la valeur de 20000 livres, puisque si on lui donnoit 20000 livres, il seroit obligé de payer ses dettes, & il ne lui resteroit rien; ce qu'on peut exprimer ainsi, *la fortune de cet homme est* $-$ 20000 livres. Au reste, nous donnerons plus au long & plus exactement l'idée des quantités négatives à *l'article* NÉGATIF.

Si on met ce signe entre des quantités, c'est le signe de la soustraction; & en le lisant, on prononce *moins* : ainsi, $14 - 2$ se lit 14 *moins* 2, ou diminué de 2, c'est-à-dire, le reste de 14, après que l'on en a soustrait 2; ce qui fait 12. *Voyez* SOUSTRACTION.

$=$ Est le signe de l'égalité; ainsi, $9 + 3 = 14 - 2$, signifie que 9 *plus* 3 sont égaux à 14 *moins* 2.

Hariot est le premier qui a introduit ce *caractère*. En sa place, Descartes se sert de ∝. Avant Hariot, il n'y avoit aucun signe d'égalité. Wolf & quelques autres auteurs se servent du même *caractère* $=$ pour exprimer l'identité des rapports, ou pour marquer les termes qui sont en proportion géométrique, ce que plusieurs auteurs indiquent autrement.

Le signe $\times$ est la marque de la multiplication; il fait voir que les quantités qui sont de l'un & de l'autre côté de ce signe, doivent être multipliées les unes par les autres : ainsi, 4×6 se lit 4 multiplié par 6, ou bien le produit de 4 & $6 = 24$, ou le rectangle de 4 & de 6. Cependant, dans l'Algèbre, on omet assez souvent ce signe, & l'on met simplement les deux quantités ensemble : ainsi, bd exprime le produit des deux nombres marqués par b & d, lesquels étant posés valoir 2 & 4, leur produit est 8 signifié par bd.

Wolf & d'autres auteurs prennent pour signe de multiplication un point (.) placé entre deux multiplicateurs; ainsi 6.2 signifie le produit de 6 & 2, c'est-à-dire 12. *Voyez* MULTIPLICATION.

Quand un des facteurs ou tous les deux sont composés de plusieurs termes, on les distingue par une ligne que l'on tire dessus; ainsi, le produit de $\overline{a + b - c}$ par d s'écrit $d \times \overline{a + b - c}$.

Guido Grandi, & après lui Leibnitz, Wolf & d'autres, pour éviter l'embarras des lignes, au lieu de ce moyen, distinguent les multiplicateurs composés en les renfermant dans une parenthèse de la manière suivante $(a + b - c)\, d$.

Le signe $\div$ exprimoit autrefois la division; ainsi, $a \div b$ désignoit que la quantité a est divisée par la quantité b. Mais aujourd'hui, en Algèbre, on exprime le quotient sous la forme d'une fraction; ainsi, $\frac{a}{b}$ signifie le quotient de a divisé par b.

Wolf & d'autres prennent pour indiquer la division, le signe (:); ainsi $8 : 4$ signifie le quotient de 8 divisé par $4, = 2$.

Si le diviseur ou le dividende, ou bien tous les deux sont composés de plusieurs lettres; par exemple, $a + b$ divisé par c, au lieu d'écrire le quotient sous la forme d'une fraction de cette manière $\frac{a+b}{c}$, Wolf renferme dans une parenthèse les quantités composées, comme $(a + b) : c$. *Voyez* DIVISION.

$>$ est le signe de majorité ou de l'excès d'une quantité sur une autre. Quelques-uns se servent du *caractère* ⊏ ou de celui-ci ⊣.

$<$ est le signe de minorité. Hariot introduisit le premier ces deux *caractères*, dont tous les auteurs modernes ont fait usage depuis.

D'autres

D'autres auteurs emploient d'autres signes; quelques-uns se servent de celui-ci ‾|; mais aujourd'hui on n'en fait aucun usage.

∽ est le signe de similitude, recommandé dans les *miscellanea berolinensia*, & dont Leibnitz, Wolf & d'autres ont fait usage, quoiqu'en général les auteurs s'en servent rarement. *Voyez* SIMILITUDE.

D'autres auteurs emploient ce même *caractère*, pour marquer la différence entre deux quantités, lorsque l'on ignore laquelle est la plus grande. *Voyez* DIFFÉRENCE.

Le signe $\sqrt{}$ est le *caractère* de radicalité; il fait voir que la racine de la quantité qui en est précédée, est extraite ou doit être extraite : ainsi, $\sqrt{25}$ ou $\sqrt[2]{25}$ signifie la *racine quarrée* de 25, c'est-à-dire 5; & $\sqrt[3]{25}$ indique la *racine cubique* de 25. *Voyez* RACINE, RADICAL.

Ce *caractère* renferme quelquefois plusieurs quantités; ce que l'on distingue en tirant une ligne dessus : ainsi, $\sqrt{b+d}$ signifie la *racine quarrée* de la somme des quantités *b* & *d*.

Wolf, au lieu de ce signe, renferme dans une parenthèse les quantités composées, & affecte le tout de l'exposant de la racine : ainsi, pour désigner la *racine quarrée* de $a+b-c$, il écrit $(a+b-c)^{\frac{1}{2}}$. *Voyez* EXPOSANT.

Le signe ⁚ est le *caractère* de la proportion arithmétique; ainsi, 7. 3 ⁚ 13. 9. fait voir que trois est surpassé par 7 autant que 9 l'est par 13, c'est-à-dire de 4. *Voyez* PROPORTION.

Le signe ∷ est le *caractère* de la proportion géométrique; ainsi, 8. 4 ∷ 30. 15, ou 8 ⁚ 4 ∷ 30 ⁚ 15. montre que le rapport de 30 à 15 est le même que celui de 8 à 4, ou que les quatre termes sont en proportion géométrique, c'est-à-dire, que 8 est à 4 comme 30 est à 15. *Voy.* PROPORTION.

Au lieu de ce *caractère*, Wolf se sert du signe d'égalité = qu'il préfere au premier, comme plus scientifique & plus expressif. D'autres désignent ainsi la proportion géométrique, $a \mid b \parallel c \mid d$. Tout cela est indifférent.

Le signe ∺ est le *caractère* de la proportion géométrique continue; il montre que le rapport est toujours le même sans interruption : ainsi, ∺ 2. 4. 8. 16. 32. sont dans la même proportion continue; car 2 est à 4 comme 4 est à 8, comme 8 est à 16, *&c.* *Voyez* PROPORTION & PROGRESSION.

En *Géométrie*, ∥ est le *caractère* du parallélisme, qui montre que deux lignes ou deux plans doivent être à égale distance l'un de l'autre. *Voyez* PARALLÈLE.

△ est le *caractère* d'un triangle. *Voy.* TRIANGLE.

□ est le signe d'un quarré; ⊥̳ marque l'égalité des côtés d'une figure.

▭ signifie un *rectangle*; < est le signe d'un *angle*.

O caractérise un *cercle*; |__ marque un *angle droit*.

$\underline{\underline{\vee}}$ exprime l'*égalité des angles*; |_ est le signe d'une *perpendiculaire*.

° exprime un degré; ainsi, 75° signifie *soixante & quinze degrés*.

′ est le signe d'une *minute* ou d'une *prime*; ainsi, 50′ dénote *cinquante minutes*. ″, ‴, ⁗, *&c.*, sont les *caractères* des *secondes*, des *tierces*, des *quartes*, &c., de *degrés*; ainsi, 5″, 6‴, 18⁗, 20′⁗, signifient 5 *secondes*, 6 *tierces*, 18 *quartes*, 20 *quintes*. Les quartes & les quintes s'expriment aussi par IV & par V.

Au reste, plusieurs des *caractères* de Géométrie, dont nous venons de parler, sont peu usités aujourd'hui.

Dans les calculs *différentiel* & *intégral*, la lettre *d*, placée au-devant d'une quantité variable *x*, veut dire la *différence* de cette quantité. Ainsi, *dx* signifie la *différence de x*, ou la *différentielle de x* : c'est la notation ordinaire. Les Anglois désignent la même chose par la lettre *x* surmontée d'un point, en cette sorte $\dot{x}$; & ils appellent *fluxion* ce que les autres nations appellent *différence* d'après Leibnitz.

Le signe ∫, placée au-devant d'une différentielle, signifie l'*intégrale* de cette différentielle. Ainsi, ∫ *dx* veut dire l'*intégrale de dx*. Les Anglois désignent la même chose par *Fl.* $\dot{x}$, qui veut dire la *fluente de la fluxion* $\dot{x}$.

Voy. DIFFÉRENTIEL, INTÉGRAL, FLUXION, FLUENTE.

CARACTÉRISTIQUE, f. f. La *caractéristique* d'un logarithme est son exposant, c'est-à-dire, le nombre entier qu'il renferme; ainsi, dans ce logarithme, 1, 000 000, 1 est l'exposant : de même 2 est l'exposant dans celui-ci, 2, 4523, *&c.*

En général, on appelle en Mathématiques, *caractéristique*, une marque ou caractère par lequel on désigne quelque chose. *V.* CARACTÈRE. Ainsi, *d* est la *caractéristique* des quantités différentielles, suivant M. Leibnitz; & suivant M. Newton, la *caractéristique* des fluxions est un point. *V.* FLUXION, DIFFÉRENTIEL.

Dans la haute Géométrie, on appelle *triangle caractéristique* d'une courbe, un triangle rectiligne rectangle, dont l'hypothénuse fait une partie de la courbe, qui ne diffère pas sensiblement d'une ligne droite, parce que cette portion de courbe est supposée infiniment petite. Ce triangle a été appellé *caractéristique*, à cause qu'il sert ordinairement à distinguer les lignes courbes. *Voyez* COURBE.

Supposons, par exemple, la demi-ordonnée *p m* (*pl. d'Anal. fig. 18*) infiniment proche d'une autre demi-ordonnée *P M*: alors *P p* sera la différence de l'abscisse; & abaissant une perpendiculaire *M R*

$=Pp$, Rm ſera la différence de la demi-ordonnée. Tirant donc une tangente TM, en ce cas l'arc infiniment petit Mm ne différera pas d'une ligne droite ; par conſéquent MmR eſt un triangle rectiligne rectangle, & conſtitue le triangle *caractériſtique* de cette courbe, autrement appellé *triangle différentiel*. En effet, l'équation différentielle qui eſt entre les petits côtés de ce triangle, eſt l'équation qui déſigne & caractériſe la courbe. *Voyez* TRIANGLE DIFFÉRENTIEL. (*O*)

CARDINAUX (*ſignes*), adj. pl. (*Aſtronomie.*) Points *cardinaux* de l'horizon, ſont l'orient, l'occident, le ſeptentrion & le midi ; ceux du zodiaque ſont les premiers degrés des ſignes où le ſoleil eſt cenſé entrer au commencement de chaque ſaiſon ; ſavoir, le *bélier*, le *cancer*, la *balance* & le *capricorne*.

CARNABONS (*Aſtronomie*), nom que l'on donne quelquefois à la conſtellation du ſerpentaire.

CARRÉ (*Aſtronomie*), ſe dit de trois conſtellations qui ſe font remarquer par quatre étoiles principales diſpoſées en quadrilatère. On dit le *carré* de la grande ourſe, le *carré* de Pégaſe & le *carré* d'Orion. (*D. L.*)

CARREAU (*Franc-*), ſorte de jeu dont M. de Buffon a donné le calcul en 1733, avant que d'être de l'Académie des Sciences. Voici l'extrait qu'on trouve de ſon mémoire ſur ce ſujet, dans le volume de l'Académie pour cette année-là.

Dans une chambre carrelée de *carreaux* égaux & ſuppoſés réguliers, on jette en l'air un louis ou un écu, & on demande combien il y a à parier que la pièce ne tombera que ſur un ſeul *carreau* ou *franchement*.

Suppoſons que le *carreau* donné ſoit quarré ; dans ce quarré inſcrivons-en un autre qui en ſoit diſtant par-tout de la longueur du demi-diamètre de la pièce ; il eſt évident que toutes les fois que le centre de la pièce tombera ſur le petit quarré ou ſur ſa circonférence, la pièce tombera franchement ; & qu'au contraire elle ne tombera pas franchement, ſi le centre de la pièce tombe hors du quarré inſcrit : donc la probabilité que la pièce tombera franchement, eſt à la probabilité contraire, comme l'aire du petit quarré eſt à la différence de l'aire des deux quarrés.

Donc pour jouer à jeu égal, il faut que le grand quarré ſoit double du petit, c'eſt-à-dire, que le diamètre de la pièce étant 1, & x le côté du grand quarré, on aura $x^2 : (x-1)^2 :: 2 : 1$; d'où l'on tire facilement la valeur de x, qui ſera incommenſurable avec le diamètre de la pièce.

Si la pièce, au lieu d'être ronde, étoit quarrée, &, par exemple, égale au quarré inſcrit dans la pièce circulaire dont nous venons de parler, il ſaute aux yeux que la probabilité de tomber franchement deviendroit plus grande : car il pourroit arriver que la pièce tombât franchement hors du petit quarré : le problème devient alors un peu plus difficile, à cauſe des différentes poſitions que la pièce peut prendre ; ce qui n'a point lieu quand la pièce eſt circulaire, car toutes les poſitions ſont alors indifférentes. Voici dans un problème ſimple une idée qu'on peut ſe former de ces différentes poſitions.

Sur un ſeul plancher formé de planches égales & parallèles, on jette une baguette d'une certaine longueur, & ſuppoſée ſans largeur : on demande la probabilité qu'elle tombera franchement ſur une ſeule planche. Que l'on conçoive le point du milieu de la baguette à une diſtance quelconque du bord de la planche, & que de ce point, comme centre, on décrive un demi-cercle dont le diamètre ſoit perpendiculaire aux côtés de la planche ; la probabilité que la baguette tombera franchement, ſera à la probabilité contraire, comme le ſecteur circulaire renfermé au-dedans de la planche eſt au reſte de l'aire du demi-cercle ; d'où il eſt aiſé de tirer la ſolution cherchée. Car nommant x la diſtance du centre de la baguette à l'un des côtés de la planche, X le ſecteur correſpondant, dont il eſt toujours facile de trouver la valeur en x, & A l'aire du demi-cercle ; la probabilité cherchée ſera à la probabilité contraire, comme $\int X\,dx$ eſt à $\int dx\,(A-X)$. *Voy.* JEU, PARI. (*O*)

CARTE, ſ. f. (*Aſtronomie géographique.*) figure plane qui repréſente la figure de la terre, ou une de ſes parties, ſuivant les loix de la perſpective.

Une *carte* eſt donc une projection de la ſurface du globe ou d'une de ſes parties, qui repréſente les figures & les dimenſions, ou au moins les ſituations des villes, des rivières, des montagnes, *&c.* *Voyez* PROJECTION.

Cartes univerſelles, ſont celles qui repréſentent toute la ſurface de la terre, ou les hémiſphères. On les appelle ordinairement *mappemonde*. *Voyez* MAPPEMONDE.

Cartes particulières, ſont celles qui repréſentent quelques pays particuliers, ou quelques portions de pays.

Ces deux eſpèces de *cartes* ſont nommées ſouvent *cartes géographiques*, ou *cartes terreſtres*, pour les diſtinguer des *hydrographiques* ou *marines*, qui ne repréſentent que la mer, ſes îles, & ſes côtes.

Les conditions requiſes pour une bonne *carte*, ſont 1.° que tous les lieux y ſoient marqués dans leur juſte ſituation, eu égard aux principaux cercles de la terre, comme l'équateur, les parallèles, les méridiens, *&c.* 2.° que les grandeurs de différens pays aient entre elles les mêmes proportions ſur la *carte*, qu'elles ont ſur la ſurface de la terre : 3.° que les différens lieux ſoient reſpectivement ſur la *carte* aux mêmes diſtances les uns des autres, & dans la même ſituation que ſur la terre elle-même.

Pour les principes de la conſtruction des *cartes*, & les loix de projection, *voyez* PERSPECTIVE & PROJECTION *de la ſphère*. *Voici l'application de ces principes à la conſtruction des cartes.*

Construction d'une carte, l'œil étant supposé placé dans l'axe. Supposons, par exemple, qu'il faille représenter l'hémisphère boréal tel qu'il doit paroître à un œil situé dans un des points de l'axe, comme dans le pôle austral, & en prenant le plan de l'équateur pour celui où la représentation doit se faire : nous imaginerons pour cela des lignes tirées de chaque point de l'hémisphère boréal à l'œil, & qui coupent le plan en autant de points. Tous ces derniers points joints ensemble, formeront par leur assemblage la *carte* requise.

Ici l'équateur sera la limite de la projection; le pôle de la terre se présentera ou se projettera au centre; les méridiens de la terre seront représentés par des lignes droites qui iront du centre de l'équateur ou du pôle de la *carte*, à tous les points de l'équateur; les parallèles de latitude formeront de petits cercles, dont les centres seront le centre même de l'équateur ou de la projection.

La meilleure manière de concevoir la projection d'un cercle sur un plan, c'est d'imaginer un cône dont le sommet placé à l'endroit où nous supposons l'œil, soit radieux ou envoie des rayons; dont la base soit le cercle qu'il faut représenter, & dont les côtés soient autant de rayons lancés par le point lumineux : la représentation du cercle ne sera alors autre chose que la section de ce cône, par le plan sur lequel elle doit se faire; & il est clair que, selon les différentes positions du cône, la représentation sera une figure différente.

Voici maintenant l'application de cette théorie à la pratique. Prenez pour pôle le milieu *P* (*Pl. de géog. fig. 2.*) de la feuille de laquelle vous voulez faire votre *carte*; & de ce point comme centre, décrivez, pour représenter l'équateur, un cercle de la grandeur que vous voulez donner à votre *carte*. Ces deux choses peuvent se faire à volonté; & c'est d'elles que dépend la détermination de tous les autres points ou cercles. Divisez votre équateur en 360 parties, & tirez des droites du centre à chaque commencement de degré : ces droites seront les méridiens de votre *carte*, & vous prendrez pour premier méridien celle qui passera par le commencement du premier degré ou par zero. *Voyez* MÉRIDIEN.

Constructions des parallèles sur la carte. Marquez par les lettres *AB*, *BC*, *CD*, *DA*, les quatre quarts de l'équateur, compris, le premier depuis zero jusqu'à 90; le second, depuis 90 jusqu'à 180; le troisième, depuis 180 jusqu'à 270; & le quatrième, depuis 270 jusqu'à zero; & de tous les degrés d'un de ces quarts de cercle *BC*, comme aussi des points qui marquent 23^d 30′ à 66^d 30, tirez des droites occultes au point *D*, qui marquent celui où ces lignes coupent le demi-diamètre *APC* : enfin du point *P* comme centre, décrivez différens arcs qui passent par les différens points de *PC*; ces arcs seront les parallèles de latitude; le parallèle 23^d 30′ sera le tropique du cancer; & celui de 66′ 30′ sera le cercle polaire arctique. *Voyez* PARALLÈLE & TROPIQUE.

Les méridiens & les parallèles ayant été ainsi décrits, on écrira les différens lieux au moyen d'une table de longitude & de latitude, comptant la longitude du lieu sur l'équateur, à commencer du premier méridien, & continuant vers le méridien du lieu; & pour la longitude du lieu, on la prendra sur le parallèle de la même latitude. Il est évident que le point d'intersection de ce méridien & de ce parallèle représentera le lieu sur la *carte*, & l'on s'y prendra de même pour y représenter tous les autres lieux.

Quant à la moitié de l'écliptique qui passe dans cet hémisphère, ce grand cercle doit se représenter par un arc de cercle; de façon qu'il ne s'agit plus que de trouver sur la *carte* trois points de cet arc. Le premier point, c'est-à-dire, celui où l'écliptique coupe l'équateur, est le même que celui où le premier méridien coupe l'équateur, & il se distingue par cette raison par le signe d'*aries*. Le dernier point de cet arc de cercle, ou l'autre intersection de l'équateur & de l'écliptique, c'est-à-dire, la fin de *virgo*, sera dans leur point opposé de l'équateur à 180 degrés. Le milieu de l'arc est le point où le méridien de 90 degrés coupe le tropique du *cancer*. Ainsi, nous avons trois points de cet arc, qui donneront l'arc entier. *Voyez* CERCLE & CORDE.

Les *cartes* de cette première projection ont la première des qualités requises ci-dessus ; mais elles manquent de la seconde & de la troisième, car les degrés égaux des méridiens sont représentés sur ces *cartes* par des portions de ligne droite inégales.

On peut par cette méthode représenter dans une *carte* presque toute la terre, en plaçant l'œil, par exemple, dans le pôle antarctique, & prenant pour plan de projection celui de quelque cercle voisin, par exemple, celui du cercle antarctique. Il ne faut ici, de plus qu'à la première projection, que continuer les méridiens, tirer des parallèles du côté de l'équateur, & achever l'écliptique : mais ces *cartes* seroient trop embrouillées & trop difformes pour qu'on pût en faire usage.

On se contente pour l'ordinaire de tracer les deux hémisphères séparément, ce qui rend la *carte* beaucoup plus nette & plus commode. Si l'on veut avoir par le moyen de cette *carte* la distance de deux lieux *A*, *B*, (*fig. 3, n.° 2, géog.*) situés sous le même méridien *PB*, on décrira les arcs de cercle *AE*, *BD*; on verra combien la partie *ED* contient de divisions ou de degrés, & on aura le nombre de degrés depuis *E* jusqu'en *D*. Or, comme un degré de la terre contient 25 lieues, il faudra prendre 25 fois ce nombre de degrés pour avoir la distance de *A* en *B*.

M. de Maupertuis a démontré dans son discours *sur la parallaxe de la lune*, que les loxodromiques, dans cette projection, devenoient des spirales logarithmiques. *Voyez* LOXODROMIQUE & SPIRALE.

LOGARITHMIQUE. Supposons donc que *A G* (*fig. 3. n.° 4, géog.*) soit une portion de spirale logarithmique, ou projection de la loxodromique, & qu'on veuille savoir la distance *A G* des deux lieux placés sur le même rhumb; il est certain que *A G* sera *A B* en raison constante, c'est-à-dire, dans le rapport du sinus total au cosinus de l'angle du rhumb, ou de l'angle de la loxodromique avec le méridien : donc, connoissant *A B* par la méthode précédente, & sachant de plus, comme on le suppose, l'angle du rhumb, on connoîtra *A G*, c'est-à-dire, on connoîtra de combien de lieues sont éloignés l'un de l'autre les deux endroits dont les points *A*, *G*, sont la projection.

Cette projection est la plus aisée de toutes : mais on préfère pour l'usage celle où l'œil est placé dans l'équateur. C'est en effet de cette dernière sorte qu'on fait ordinairement les *cartes*. Au reste, comme la situation de l'écliptique, par rapport à chaque lieu de la terre, change continuellement, ce cercle ne doit point avoir lieu, à proprement parler, sur la surface de la terre : mais on s'en sert pour représenter, conformément à sa situation, quelques momens marqués; par exemple, celui où le commencement d'*aries* & de *libra* seroit dans l'intersection du premier méridien & de l'équateur.

Construction des cartes, supposant l'œil placé dans le plan de l'équateur. Cette méthode de projection, quoique plus difficile, est cependant plus juste, plus naturelle, & plus commode que la première. Pour la concevoir, nous supposerons que la surface de la terre soit coupée en deux hémisphères par la circonférence entière du premier méridien; nous proposant de représenter chacun de ces hémisphères dans une *carte* particulière, l'œil sera placé dans un point de l'équateur, éloigné de 90 degrés du premier méridien, & nous prendrons pour plan transparent où la représentation doit se faire, celui du premier méridien. Dans cette projection, l'équateur devient une droite, aussi bien que le méridien éloigné de 90 degrés du premier : mais les autres méridiens, ou parallèles aux équateurs, deviennent des arcs de cercle ainsi que l'écliptique. *Voyez* PROJECTION STÉRÉOGRAPHIQUE DE LA SPHÈRE.

Voici la méthode pour les construire. Du point *E* comme centre, (*fig. 3.*) décrivez un cercle de la grandeur que vous voulez donner à votre *carte*; il représentera le premier méridien, qui est aussi le même que celui de 180 degrés, car tirant le diamètre *B D*, il partagera le méridien en deux demi-cercles, dont le premier *B A D* conviendra à zero, & l'autre *B C D* à 180 degrés. Ce diamètre *B D* représentera le méridien de 90 degrés; ainsi, le point *B* sera le pôle arctique, & le point *D*, le pôle antarctique. Le diamètre *A C* perpendiculaire à *B D*, sera l'équateur. Divisez les quarts de cercle *A B*, *B C*, *C D*, *D A*, en 90 degrés chacun; & pour trouver les arcs des méridiens & des parallèles, vous vous y prendrez de cette sorte. Il faudra, par la méthode donnée ci-dessus, & démontrée à l'*article* PROJECTION STÉRÉOGRAPHIQUE DE LA SPHÈRE, diviser l'équateur en ses degrés, savoir en 180, parce que celui de la *carte* ne représente en effet que la moitié de l'équateur. Par ces différentes divisions & par les deux pôles, vous décrirez des arcs de cercles *B* 10 *D*, *B* 20 *D*, & ces arcs représenteront les méridiens.

Pour décrire les parallèles, il faudra diviser de la même sorte le méridien *B D* en 180 degrés, & par chacune de ces trois divisions, & les divisions correspondantes des quarts de cercles *A B*, *B C*, décrire les arcs de cercles; on aura de cette manière les parallèles de tous les degrés, avec les tropiques, les polaires & les méridiens.

L'écliptique peut se marquer de deux façons; car sa situation sur la terre peut être telle que ses intersections avec l'équateur répondent perpendiculairement au point *T*: en ce cas, la projection de ce demi-cercle, depuis le premier degré du cancer jusqu'au premier du capricorne, sera une droite qu'on déterminera en comptant un arc de $23^d\ 30'$ de *A* vers *B*, & tirant par l'extrémité *F* de cet arc un diamètre. Ce diamètre représentera l'écliptique pour la situation dont nous parlons; & l'on pourra, comme ci-dessus, le diviser en degrés, & y marquer les nombres, signes, *&c.* Mais si l'écliptique est placée de façon que son intersection avec l'équateur réponde au point *A*, sa projection sera en ce cas un arc de cercle qui passera par les points d'intersection *A* & *C* de l'écliptique & de l'équateur, pris sur la droite qui marque la projection de l'équateur; & par celui qui marque l'intersection du tropique du cancer, & du méridien de 90 degrés pris sur la droite, qui sert de projection à ce méridien. Ces points suffisent pour décrire cet arc de cercle.

Il ne reste plus, pour rendre la *carte* parfaite, qu'à prendre dans les tables les longitudes & les latitudes des différens lieux, & à placer ces lieux conformément sur la *carte*; ce qu'on fera selon qu'on l'a enseigné dans la construction des *cartes* de la première espèce. On pourroit, dans cette projection, représenter sur une seule *carte* presque tout le globe de la terre; il ne faudroit pour cela que prendre pour plan de projection, au lieu du plan du premier méridien, le plan de quelqu'autre petit cercle parallèle à ce premier méridien, & fort proche de l'œil; car par ce moyen on pourra décrire tous les méridiens & les parallèles à l'équateur en entier, sans qu'ils sortent des limites de la *carte*. Mais comme cela rendroit la *carte* confuse & embrouillée, on ne le fait que rarement; & il paroît plus à propos de représenter les deux hémisphères en entier sur deux *cartes* différentes.

Un des avantages de cette projection est, qu'elle représente d'une manière un peu plus vraie que la précédente, les longitudes & les latitudes des lieux; leurs distances de l'équateur & du premier méridien. Ses inconvénients sont : 1.° qu'elle rend les degrés de l'équateur inégaux, ces degrés devenant d'autant plus grands qu'ils sont plus près de *D A B* ou de son opposé *B C D* : ce qui fait que des espaces inégaux sur la terre sont représentés comme égaux sur la *carte*, & réciproquement; défaut qu'on n'éviteroit que par d'autres, peut-être plus grands. 3.° Que les distances des lieux, & leurs situations mutuelles ne peuvent pas se bien déterminer dans les *cartes* de cette projection.

Construction des cartes sur le plan de l'horizon, ou dont un lieu donné quelconque à volonté doive être le centre ou le milieu. Supposons, par exemple, qu'on veuille décrire la *carte* dont le centre soit la ville de Paris, nous supposerons sa latitude de 48^d 50′ 10″; l'œil sera placé dans le nadir; la *carte* transparente sera le plan de l'horizon, ou quelqu'autre plan parallèle à celui-là, en supposant qu'on veuille représenter dans la *carte* plus qu'un hémisphère : prenez le point *E*, *fig. 4*, pour Paris, & de ce point comme centre, décrivez le cercle *A B C D* pour représenter l'horizon que vous diviserez en quatre quarts de cercle, & chacun d'eux en 90 degrés Que le diamètre *B D* soit le méridien; *E*, celui du nord; *D*, celui du sud; la ligne tirée de l'est de l'équinoxe, à l'ouest de l'équinoxe, marquera le premier vertical; *A*, le côté de l'est; *C*, celui de l'ouest, c'est-à-dire deux points du premier vertical, éloignés de part & d'autre de 9 degrés du zénith. Tous les verticaux sont représentés par des droites tirées du centre *E*, aux différens degrés de l'horizon. Divisez *B D* en 180 degrés par les méthodes précédentes, & le point de *E B* qui représentera 48^d 50′ 10″, à compter depuis *B*, sera la projection du pôle boréal, que nous marquerons par la lettre *P*. Le point de *B D* qui représentera 48^d 50′ 10″ de l'arc *D C*, en allant de *C* vers *D*, sera l'intersection de l'équateur avec le méridien de Paris, que vous marquerez par la lettre *Q*. De ce point *Q*, en allant vers *P*, vous écrirez les nombres 1, 2, 3, *&c.* comme aussi en allant de *Q* vers *D*, & en allant de *B* vers *P*, il faudra marquer les degrés de cette sorte, 48, 47, 46, *&c.*

Vous prendrez ensuite les points correspondans des degrés égaux; & de leur distance prise pour diametre, vous décrirez des cercles qui représenteront les parallèles ou cercles de latitude avec l'équateur, les tropiques & le cercle polaire. Pour les méridiens, vous décrirez par les points *A*, *P*, *C* un cercle qui représentera le méridien de 90 degrés de Paris, & dont le centre sera le point *M*, & *P N* le diamètre; & ayant divisé *K L* en degrés par les méthodes précédentes, vous décrirez par les points *P*, *N*, & par les points de division de la ligne *K L*, des cercles dont les portions renfermées dans le cercle *B A D C* représenteront les méridiens.

Les *cartes rectilignes* sont celles où les méridiens & les parallèles sont tout-à-la-fois représentés par des droites; ce qui est réellement impossible par les loix de la perspective, parce qu'on ne peut point assigner de position pour l'œil & le plan de projection, telle que les cercles de longitude & de latitude deviennent tout-à-la-fois des lignes droites. Dans la première méthode que nous avons donnée ci-dessus, les méridiens étoient des droites, mais les parallèles étoient des cercles. Dans la plupart des autres espèces de projections, les méridiens & les parallèles sont des courbes. Il y a une espèce de projections où les méridiens sont des droites, & les parallèles des hyperboles : c'est lorsque l'œil seroit supposé placé dans le centre de la terre, & que la projection se feroit sur une parallèle au méridien; mais cette projection est plutôt de pure curiosité que d'usage.

Construction des cartes particulières. Les *cartes* particulières de grandes étendues de pays, comme les *cartes* d'Europe, se projettent de la même manière que les *cartes* générales, observant seulement qu'il est à propos de faire choix de différentes méthodes pour différentes pratiques : par exemple, l'Afrique & l'Amérique par où passe l'équateur, ne se projetteroient pas convenablement par la première méthode, mais par la seconde; l'Europe, l'Asie se projetteroient mieux par la troisième; & les pays voisins des pôles, & qu'on nomme les zones froides, par la première.

Ainsi, pour commencer, tirez sur votre plan ou papier une droite, que vous prendrez pour le méridien du lieu sur lequel l'œil est imaginé placé, & divisez-la comme ci-dessus en degrés, qui seront les degrés de latitude; prenez ensuite dans les tables la latitude des deux parallèles qui en terminent les deux extrémités : il faudra marquer dans le méridien ces degrés de latitude, & tirer par ces mêmes degrés des perpendiculaire qui serviront à la *carte* de limite nord & sud. Cela fait, il faudra tirer des parallèles dans les différens degrés des méridiens, & placer les lieux jusqu'à ce que la *carte* soit complète.

Des cartes particulieres de moindre étendue. Les géographes suivent une autre méthode dans la construction des *cartes* qui doivent représenter une plus petite portion de la terre. Premièrement on tire une droite au bas du plan, qui puisse représenter la longitude, & qui serve de borne à la partie méridionale du pays qu'on veut décrire. On prend dans cette ligne autant de parties égales que le pays comprend de degrés de longitude; au milieu de cette ligne, on lui élève une perpendiculaire dans laquelle on prend autant de parties que le pays contient de degrés de latitude. On détermine de quelle grandeur ces parties doivent être par la proportion d'un degré de grand cercle aux degrés des parallèles qui terminent le pays dont on fait la *carte*. Par l'extrémité de cette perpendiculaire, on tire une autre droite perpendiculaire ou parallèle à celle d'en-bas, sur laquelle les degrés de longitude doivent se représenter comme dans la ligne d'en-bas, c'est-à-dire, presque égaux les uns aux autres, à moins que les latitudes des deux extrémités ne soient fort différentes l'une de l'autre : car si la parallèle la plus basse est située à une distance considérable du cercle équinoxial, ou que la latitude de la limite boréale soit beaucoup plus grande que celle de l'australe, les parties ou degrés de la ligne supérieure ne seront plus égaux aux parties ou degrés de l'inférieure ; mais ils seront moindres, suivant la proportion du degré de la partie septentrionale, au degré de la partie méridionale. Après qu'on aura ainsi déterminé, soit sur la ligne supérieure, soit sur l'inférieure, les parties qu'on doit prendre pour les degrés de longitude, on tirera, par les points de division des parallèles, des droites qui représenteront les méridiens ; & par les différens degrés de la perpendiculaire élevée au milieu de la première ligne transversale, on tirera des lignes parallèles à cette première ligne transversale, lesquelles représenteront les parallèles de latitude. Enfin, on placera les lieux suivant la méthode qui a été déjà enseignée, aux points dans lesquels les méridiens ou cercles de longitude concourront avec les parallèles ou cercles de latitude.

Pour les *cartes* de province ou de pays de peu d'étendue, comme de paroisses, de terres, *&c.*, on se sert d'une autre méthode plus sûre & plus exacte qu'aucune des précédentes. Les angles de position ou ceux sur lesquels doivent tomber les lieux, y sont déterminés par des instrumens propres à cet effet, & rapportés ensuite sur le papier. Cela fait un art à part, qu'on appelle *arpentage*. *Voyez* LEVÉE DES PLANS.

Les *figures 10 & 11 de la Géographie* représentent des *cartes* particulières de quelque portion de la terre ; la *figure 10* est la représentation d'une portion assez considérable, où les méridiens, comme on le voit, sont des lignes convergentes. La *fig. 11* est la représentation d'une portion peu étendue, où les méridiens & les parallèles sont des lignes droites sensiblement parallèles. *L*, *K*, *I*, sont trois lieux placés sur la *carte*. Si l'on connoît les lieux *K*, *I*, & leur distance au lieu *L*, on connoîtra sûrement la position du lieu *L* ; car il n'y a qu'à décrire des centres *K*, *I*, & des distances *LK*, *LI*, qu'on suppose données, deux arcs de cercle qui se couperont au point cherché *L*.

L'usage des *cartes* se déduit facilement de leur construction. Les degrés des méridiens & des parallèles marquent les longitudes & les latitudes des lieux ; & l'échelle des lieues qui y est jointe, la distance des uns aux autres. La situation des lieux, les uns par rapport aux autres, comme aussi par rapport aux points cardinaux, paroît à la seule inspection de la *carte*, puisque le haut en est toujours tourné vers le nord, le bas vers le sud, la droite vers l'est & la gauche vers l'ouest, à moins que la boussole qu'on met assez souvent sur la *carte*, ne marque le contraire.

CARTE *marine*, est la projection de quelques parties de la mer sur un plan, pour l'usage des navigateurs. *Voyez* PROJECTION.

Le P. Fournier rapporte l'invention des *cartes marines* à Henri, fils de Jean, roi de Portugal ; elles diffèrent beaucoup des *cartes géographiques terrestres*, qui ne sont d'aucun usage dans la navigation. Toutes les *cartes marines* ne sont pas non plus de la même espèce ; car il y en a qu'on nomme *cartes planes* ; d'autres, *réduites* ; d'autres, *cartes de Mercator* ; d'autres, *cartes du globe*, &c.

Les *cartes planes* sont celles où les méridiens & les parallèles sont représentés par des droites parallèles les unes aux autres.

Ptolemée les rejette dans sa Géographie, à cause des erreurs auxquelles elles sont sujettes, quoiqu'elles puissent être utiles dans des voyages courts. Leurs défauts sont, 1.° que puisque tous les méridiens se rencontrent en effet dans les pôles, il est absurde de les représenter, sur-tout dans de grandes *cartes*, par des droites parallèles ; 2.° que les *cartes* planes représentent les degrés des différens parallèles égaux à ceux de l'équateur, & par conséquent les distances des lieux de l'est à l'ouest, plus grandes qu'elles ne sont ; 3.° que dans une *carte plane*, le vaisseau paroît, tant qu'on garde le même rhumb de vent, faire voile dans un grand cercle du globe ; ce qui est pourtant très-faux.

Malgré ces défauts des *cartes planes*, elles sont cependant assez exactes, lorsqu'elles ne représentent qu'une petite portion de la mer ou de la terre ; & elles peuvent être en ce cas d'un usage fort simple & commode.

Construction d'une carte plane. 1.° Tirez une droite comme *A B* (*pl. de navigation*, *fig. 9.*), & divisez-la en autant de parties égales qu'il y a de degrés de latitude dans la portion de mer qu'il faut représenter ; 2.° joignez-y en une autre *B C* à angles droits, & divisez-la en autant de parties égales les unes aux autres & à la première, qu'il y a de degrés de longitude dans la portion de mer que vous voulez représenter ; 3.° achevez le parallélogramme *A B C D*, & partagez son aire en petits quarrés : les droites parallèles à *A B*, *C D*, seront les méridiens ; & les parallèles à *A D* & *B C*, les cercles parallèles. 4.° vous y placerez, au moyen d'une table de longitudes & de latitudes, les côtes, les îles, les baies, les bancs de sable, les rochers, de la manière qui a été prescrite ci-dessus pour les *cartes* particulières.

Il s'ensuit de-là 1.° que la latitude & la longitude du lieu où est un vaisseau, étant données, on pourra aisément représenter son lieu dans la *carte* ; 2.° qu'étant donnés dans la *carte* les lieux *F* & *G* d'où le vaisseau part & où il va, la ligne *FG*, tirée de l'un à l'autre, fait avec le méridien *A B* un angle *A F G* égal à l'inclinaison du rhumb ; & puisque les portions *F* 1, 12, 2 *G*, entre des parallèles équidistans sont égales, & que l'inclinaison de la droite *F G* à tous les méridiens ou à toutes les droites parallèles à *A B* est la même, la droite *F G* représente donc le rhumb. On peut prouver de la même manière, que cette *carte* représente véritablement les milles de longitude.

Il s'ensuit de-là qu'on peut se servir utilement des *cartes planes* pour diriger un vaisseau dans un voyage qui ne soit pas de long cours, ou même dans un voyage assez long, pourvu qu'on ait soin qu'il ne se glisse point d'erreur dans la distance des lieux *F* & *G*; ce qu'on corrigera de la manière suivante.

Construction d'une échelle pour corriger les erreurs des distances dans les cartes planes. 1.° Transportez cinq degrés de la *carte* à la droite *A B*, *fig.* 20, & divisez-les en 300 parties égales ou milles géographiques ; 2.° décrivez sur cette droite un petit cercle *A C B*, qu'il faudra diviser en 90 parties égales : si l'on veut savoir en conséquence combien cinq degrés font de milles dans le parallèle de cinquante, qu'on prenne au compas l'intervalle *A C* égal à cinquante, & qu'on le transporte au diamètre *A B*, sur lequel il marquera le nombre de milles qu'on veut savoir.

Il s'ensuit de-là que si un vaisseau fait voile sur un rhumb à l'est ou à l'ouest hors de l'équateur, les milles correspondans aux degrés de longitude se trouvent comme dans l'article précédent ; s'il fait voile sur un rhumb collatéral, alors on peut supposer toujours la course de l'est à l'ouest dans un parallèle moyen entre le parallèle du lieu d'où le vaisseau vient & de celui où il va.

Il est vrai que cette réduction par une parallèle moyenne arithmétique n'est pas exacte ; cependant on s'en sert souvent dans la pratique, parce que c'est une méthode commode pour l'usage de la plupart des marins. En effet, elle ne produira point d'erreur considérable, si toute la course est divisée en parties dont chacune ne passe pas un degré ; ce qui fait qu'il est convenable de ne pas prendre le diamètre du demi-cercle *A C B* de plus d'un degré, & de le diviser au plus en milles géographiques. *Pour l'application des cartes planes à la navigation, voyez* Navigation.

Carte réduite ou *carte de réduction* : c'est celle dans laquelle les méridiens sont représentés par des droites convergentes vers les pôles, & les parallèles par des droites parallèles les unes aux autres, mais inégales. Il paroît donc, par leur construction, qu'elles doivent corriger les erreurs des *cartes planes*.

Mais puisque les parallèles y devroient couper les méridiens à angles droits, il s'ensuit aussi que ces *cartes* sont défectueuses à cet égard, puisqu'elles représentent les parallèles comme inclinées aux méridiens ; c'est ce qui a fait imaginer une autre espèce de *cartes réduites*, dans lesquelles les méridiens sont parallèles, mais les degrés inégaux ; on les appelle *cartes de Mercator*.

Carte de Mercator : c'est celle dans laquelle les méridiens & les parallèles sont représentés par ces droites parallèles, mais où les degrés des méridiens sont inégaux, & croissent toujours à mesure qu'ils s'approchent du pôle dans la même raison que ceux des parallèles décroissent sur le globe ; au moyen de quoi ils conservent entr'eux la même proportion que sur le globe.

Cette *carte* tire son nom de celui de l'auteur qui l'a proposée le premier, & qui a fait la première *carte* de cette construction ; savoir, de *Mercator* : mais il n'est ni le premier qui en ait eu l'idée (car Ptolomée y avoit pensé quinze cens ans auparavant), ni celui à qui l'on en doit la perfection, M. Whright étant le premier qui l'ait démontrée, & qui ait enseigné une manière aisée de la construire, en étendant la ligne méridienne par l'addition continuelle des sécantes.

Construction de la carte de Mercator. 1.° Tirez une droite, & divisez-la en parties égales qui représentent les degrés de longitude, soit dans l'équateur, soit dans les parallèles qui doivent terminer la *carte* ; élevez de ces différens points de division des perpendiculaires qui représentent les différens méridiens, de façon que des droites puissent les couper toutes sous un même angle, & par conséquent représenter les rhumbs ; & vous ferez le reste comme dans la *carte plane*, avec cette condition de plus, que pour que les degrés des méridens soient dans la proportion convenable avec ceux des parallèles, il faut augmenter les premiers ; car les derniers restent les mêmes, à cause du parallélisme des méridiens. *Voyez* Degré.

Décrivez donc dans l'équateur *C D* & de l'intervalle d'un degré (*pl. navig. fig.* 21.), le quart de cercle *D L E*, & élevez en *D* la perpendiculaire *D G* ; faites l'arc *D L* égal à la latitude, & par le point *L* tirez *C G* ; cette droite *C G* sera le degré du méridien propre à être transporté sur le méridien de la *carte* ; le reste se fera comme dans les *cartes planes*. Supposons qu'on demande dans la pratique de construire une *carte plane de Mercator*, depuis le quarantième jusqu'au cinquantième degré de latitude boréale, & depuis le sixième jusqu'au dix-huitième degré de longitude ; tirez d'abord une droite qui représente le quarantième parallèle de l'équateur, & divisez-la en douze parties égales, pour les douze degrés de longitude que la *carte* doit contenir : prenez ensuite une ligne des parties égales, sur l'échelle de laquelle ces parties sont égales à chacun des degrés de longitude ; & à chacune de ses extrémités élevez des perpendiculaires pour représenter deux méridiens parallèles, qu'il faut diviser au moyen de l'addition continuelle des sécantes, lesquelles on démontre croître dans la même proportion que les degrés de longitude décroissent. *Voyez* Sécante.

Ainsi, pour la distance de 40 degrés de latitude à 41 degrés, prenez 131 & demi parties égales de l'échelle, qui sont la sécante de 40 deg. 30'; pour la distance de 41 deg. à 42 deg., prenez 133 & demi parties égales de l'échelle, qui sont la sécante de 41 deg. 30', & ainsi de suite jusqu'au dernier degré de votre *carte*, qui contiendra 154 de ces parties égales, lesquelles sont la sécante de 49 deg. 30', & doivent donner par conséquent la distance de 49 degrés de latitude à 50. Par cette méthode, les degrés de latitude se trouveront évidemment augmentés dans la proportion suivant laquelle les degrés de longitude décroissent sur le globe.

Le méridien étant divisé, il faudra y ajouter la boussole ou le compas de mer : choisissant pour cela quelque endroit convenable dans le milieu, on tirera par cet endroit une parallèle au méridien divisé, laquelle sera le rhumb du nord; & au moyen de celle-ci, on aura les 31 autres points de compas : enfin, on rapportera les villes, les ports, les côtes, les îles, *&c.*, au moyen d'une table de latitude & de longitude, & la *carte* sera finie.

Dans la *carte de Mercator*, l'échelle change à proportion des latitudes : si par conséquent un vaisseau fait voile entre le 40eme & le 50eme degrés de latitude, les degrés des méridiens entre ces deux parallèles devront servir d'échelle pour mesurer le chemin du vaisseau; d'où il s'ensuit que, quoique les degrés de longitude soient égaux en longueur sur la *carte*, ils doivent néanmoins contenir un nombre inégal de milles ou de lieues, & qu'ils décroîtront à mesure qu'ils approcheront plus près du pôle, parce qu'ils sont en raison inverse d'une quantité qui croît continuellement.

Cette *carte* est très-bonne, quoique fausse en apparence : on trouve par expérience qu'elle est fort exacte, & qu'il est en même-tems fort aisé d'en faire usage. En effet, elle a toutes les qualités requises pour l'usage de la navigation. La plupart des marins, dit Chambers, paroissent cependant éloignés de s'en servir, & aiment mieux s'en tenir à leur vieille *carte plane*, qui est, comme on l'a vu, très-fautive.

Pour l'usage de la *carte plane de Mercator* dans la navigation, *voyez* NAVIGATION.

Carte du globe. C'est une projection qu'on nomme de la sorte à cause de la conformité qu'elle a avec le globe même, & qui a été proposée dans ces derniers tems par MM. Senex, Wilson & Harris : les méridiens y sont inclinés, les parallèles à égales distances les uns des autres & courbes, & les rhumbs réels sont en spirales comme sur la surface du globe. Cette projection est encore peu connue; nous n'en pouvons dire que peu de chose, jusqu'à ce que sa construction & ses usages aient une plus grande publicité.

Cartes composées par rhumbs & distances. Ce sont celles où il n'y a ni méridiens ni parallèles, mais qui ne montrent la situation des lieux que par rhumbs & par l'échelle des milles.

On s'en sert principalement en France, & surtout dans la Méditerranée.

On les trace sans beaucoup d'art, & il seroit par conséquent inutile de vouloir rendre un compte exact de la manière de les construire; on ne s'en sert que dans de courts voyages. (*O*)

* Les *cartes géographiques* les plus estimées sont celles de Guillaume de l'Ile, premier géographe du roi de France, mort en 1726, de M. d'Anville, de M. Buache, de M. Robert de Vaugondy, de M. Bellin, celles de Homann à Nuremberg, les *cartes* gravées à la calcographie de Rome, les *cartes* marines de Hollande, celles de M. Bonne, *&c.*

CARTE *hydrographique.* L'invention des *cartes hydrographiques* est l'ouvrage du prince don Henri de Portugal. Il y avoit long-tems que celles de géographie étoient connues; mais des *cartes* construites suivant le même principe eussent été inutiles dans la navigation. Le prince dont nous parlons & ses mathématiciens préférèrent, par les raisons qu'on verra bientôt, de développer la surface du globe terrestre, en étendant les méridiens en lignes droites & parallèles entr'elles. Pour prendre une idée claire de ce développement, qu'on imagine que les parallèles du globe terrestre soient en même-tems flexibles & extensibles, & les méridiens seulement flexibles; qu'on déploie ensuite toute la surface de ce globe, en étendant les méridiens en lignes droites & parallèles, on aura la surface terrestre développée en un rectangle, dont la longueur sera la circonférence de l'équateur, & la largeur celle d'un demi-méridien. Ce sont-là les premières *cartes* qu'employèrent les navigateurs, & qu'on nomme *plates*, parce qu'elles sont en quelque sorte formées de la surface du globe applatie.

Le motif pour lequel on s'est astreint à désigner les méridiens par les lignes droites & parallèles, est celui-ci : c'étoit afin que la trace du vaisseau qui auroit parcouru un certain rhumb de vent, pût se marquer dans la *carte* par une ligne droite; car s'ils eussent été inclinés les uns les autres, ou des lignes courbes comme dans les *cartes* ordinaires de géographie, cette trace n'auroit pu être qu'une ligne courbe : ce qui n'auroit point répondu à l'intention du navigateur.

Mais il y a dans ces sortes de *cartes* deux inconvéniens; l'un consiste en ce que la proportion des degrés des prallèles & de ceux des méridiens n'y est point conservée. Ils y sont représentés comme égaux, quoiqu'ils soient réellement d'autant plus inégaux, qu'on approche davantage du pôle.

C'est-là le défaut que Ptolomée reprochoit dans sa *Géographie*, aux *cartes* de Marin de Tyr, qui étoient précisément comme celles qu'on vient de décrire. De-là naît une erreur sur l'estime du chemin, qui paroît plus grand qu'il n'est réellement dans tous les rhumbs obliques, & dans ceux d'est & d'ouest. A la vérité, les navigateurs ont des méthodes pour prévenir cette erreur; mais les réductions qu'ils pratiquent, à moins qu'il n'y ait pas une grande différence en latitude, sont ou peu exactes ou fort laborieuses.

Le second & le plus essentiel défaut des *cartes* plates, est que le rhumb qu'elles indiquent, en tirant une ligne d'un lieu à un autre, n'est point le véritable, excepté lorsque ces lieux sont sous le même méridien ou le même parallèle. Je m'étonne que cette erreur ait échappé à la plupart des auteurs de navigation; car lorsqu'ils veulent enseigner le rhumb de vent convenable pour aller d'un lieu à un autre, ils ordonnent de les joindre par une ligne droite, & d'examiner à quel rhumb de la rose des vents cette ligne est parallèle, ou quel angle elle fait avec les méridiens. Il est cependant facile de se convaincre que cet angle n'est point celui du véritable rhumb. Il suffit pour cela de faire attention que le rapport des degrés du méridien & des parallèles n'étant point conservé, les deux côtés du triangle rectangle qui déterminent l'angle du rhumb, ne sont point dans leur vrai rapport; ainsi, l'angle qu'on trouve par ce moyen ne sauroit être le véritable. On peut encore le montrer par un exemple fort simple: nous supposerons deux lieux, l'un sous l'équateur & le premier méridien, l'autre à la latitude de 89 degrés, avec une longitude de 90 degrés. Il est visible que le véritable rhumb pour aller de l'un à l'autre, différeroit à peine du méridien; cependant, si l'on cherchoit ce rhumb suivant la méthode précédente, on trouveroit un angle presque demi-droit. L'angle qu'indiquent les *cartes* plates est donc faux. Heureusement les navigateurs ne cherchent jamais à faire des courses aussi considérables en suivant un seul rhumb. Les divers obstacles qu'ils rencontrent en mer, comme les côtes, les endroits dangereux par les bancs ou les écueils, les obligent de partager leur route en une multitude de petites portions. C'est par cette raison que l'erreur que nous venons de relever leur a échappé; car elle est d'autant moindre, que la distance est moins considérable; & il leur est d'ailleurs familier d'attribuer aux courans, à la dérive, &c., la plupart de celles qu'ils commettent dans leur estime, quoiqu'il y en ait parmi elles, qui sont, comme celle-ci, des erreurs de théorie.

On remarquoit, dès le milieu du seizième siècle, le premier des défauts dont je viens de parler, & l'on sentoit dès-lors la nécessité de chercher quelque autre manière de représenter la surface du globe terrestre qui en fût exempte. Mercator, fameux géographe des Pays-Bas, en donna la première idée, en remarquant qu'il faudroit étendre les degrés des méridiens, d'autant plus qu'on s'éloigneroit davantage de l'équateur; mais il s'en tint là, & il ne paroît pas avoir connu la loi de cette augmentation. Edouard Wrigth la dévoila le premier, & il montra qu'en supposant le méridien divisé en petites parties, par exemple, de dix en dix minutes, il falloit que ces petites parties fussent de plus en plus grandes en s'éloignant de l'équateur dans le même rapport que les sécantes de leur latitude. Ceci mérite d'être développé: voici le raisonnement par lequel on a découvert ce rapport.

Puisque le degré des parallèles qui décroît réellement est toujours représenté par la même ligne, si l'on veut conserver le rapport du degré du méridien avec celui du parallèle adjacent, il faut augmenter celui du méridien en même raison que l'autre décroît. Mais on sait que le degré du parallèle décroît comme le cosinus de la latitude, c'est-à-dire, qu'un degré d'un parallèle quelconque est à celui du méridien ou de l'équateur, comme le cosinus de la latitude au sinus total. D'un autre côté, le cosinus d'un arc est au sinus total, comme celui-ci à la sécante: il faudroit donc que chaque petite partie du méridien, comprise entre deux parallèles très-voisins, soit à la partie semblable de l'équateur, comme la sécante de la latitude au sinus total; & par exemple, le degré compris entre les parallèles qui passent par les 30 & 31 degrés de latitude, sera au degré de l'équateur, comme la somme des sécantes des petites parties dans lesquelles on aura divisé ce degré, à autant de fois le rayon. Si donc on additionne continuellement les sécantes de minute en minute, par exemple, jusqu'à un certain parallèle, cette somme des sécantes représentera la distance de ce parallèle à l'équateur, dans les *cartes* réduites, sans erreur sensible. Wrigth publia cette invention en 1599, dans un livre imprimé à Londres. Dans cet ouvrage, Wrigth calcule l'accroissement des parties du méridien par l'addition continuelle des sécantes de dix en dix minutes. Cela est à-peu-près suffisant dans la pratique de la navigation; mais les géomètres qui ne se contentent pas d'approximations, quand ils peuvent atteindre à l'exactitude rigoureuse, ont depuis recherché le rapport précis de cet accroissement. Pour cela, ils ont supposé, en suivant les traces du raisonnement de Wrigth, que le méridien fût divisé en parties infiniment petites; & ils ont démontré que cette somme des sécantes infinies en nombre, comprises entre l'équateur & un parallèle quelconque, suit le rapport du logarithme de la tangente du demi-complément de la latitude de ce parallèle. On a dressé sur ce principe des tables plus exactes de l'accroissement des parties du méridien, pour guider les constructeurs des *cartes* hydrographiques. On trouve ces *cartes* dans divers traités modernes de navigation, comme ceux de M. Bouguer, de M. Robertson, &c.

Cette sorte de *cartes* remplit parfaitement toutes les vues des navigateurs. A la vérité, les parties de la terre y sont représentées toujours en croissant du côté des poles, & d'une manière tout-à-fait difforme; mais cela importe peu, pourvu qu'elles fournissent un moyen facile & sûr de se guider dans sa route. Or c'est l'avantage propre aux *cartes* dont nous parlons. Les rhumbs de vent y sont représentés comme dans les premières par des lignes droites, & ces lignes indiquent, par l'angle qu'elles forment avec le méridien, le véritable angle du rhumb. On a enfin sur ces lignes la vraie distance des lieux ou la longueur du chemin parcouru, pourvu que pour les mesurer, on se serve de l'arc du méridien compris entre les mêmes parallèles, comme d'échelle; ce qui donne une solution en même-tems aisée & exacte de tous les problêmes de navigation. On nomme ces cartes, *cartes réduites*, ou *par latitude croissante*. Elles commencèrent à s'introduire chez les navigateurs vers l'an 1630; & ce furent, suivant le P. Fournier, des pilotes Dieppois qui en firent usage les premiers. Quoi qu'il en soit, ce sont, sans contredit, les meilleures; nous dirons plus, les seules bonnes pour des navigations de long cours; & il seroit à desirer que ce fussent les seules qu'on vît entre les mains des navigateurs. (+)

CARTE *itinéraire*. (*Géogr.*) L'étendue des conquêtes des Romains, & la distance où étoient de l'Italie les pays dans lesquels on envoyoit des armées, dont les marches devoient être réglées d'avance, firent sentir la nécessité d'avoir des *cartes itinéraires*, sur lesquelles les stations des troupes & la distance d'une station à l'autre, pussent être marquées distinctement. Nous voyons par plusieurs passages de Pline, que sur les *cartes itinéraires* d'Agrippa, on marquoit les distances avec une précision assez grande pour rendre sensible la différence de quelques milles, qui se trouvoit entre la mesure d'un pays donnée par les géographes Grecs, & celle qu'en donnoient ces *cartes*. Sous les empereurs, on distribuoit de semblables *cartes* aux généraux que l'on envoyoit en expédition, aux magistrats chargés de régler la marche des troupes, & même à ceux qui avoient l'inspection des voitures publiques.

Les copies des ces *cartes*, distribuées aux généraux & aux magistrats, ne contenoient qu'un pays particulier; & l'usage que l'on faisoit de ces copies obligeant à les renouveller continuellement, il est visible que l'on en devoit conserver des prototypes ou des originaux. M. Fréret croît que la géographie de l'anonyme des Ravennes, écrite après la destruction de l'empire d'occident, a été manifestement composée sur une semblable *carte itinéraire*, de laquelle l'auteur avoit copié les routes, mais en omettant les distances. On doit conclure de-là, selon M. Fréret, qu'il s'étoit conservé quelques copies de ces *cartes itinéraires* dans les bibliothèques, même après la destruction de l'empire d'occident; cependant il n'est fait aucune mention de ces *cartes itinéraires* dans les écrivains du moyen âge. (+)

CARTES *célestes* (*Astron.*) sont celles dans lesquelles on représente les constellations, & les étoiles qui les composent. Le plus bel ouvrage que l'on ait en ce genre, est l'*Atlas cœlestis*, gravé à Londres, en 1729, en 28 feuilles, d'après le grand *Catalogue britannique* de Flamsteed. Ce sont ces figures que les astronomes suivent toujours, excepté pour les constellations australes de l'abbé de la Caille; elles coûtent à Londres deux guinées. On en trouve une réduction *in-4.°* à Paris chez Fortin, qui est très-suffisante pour l'usage; & M. Bode en a donné une à Berlin, qui est faite avec beaucoup de soin en 1782.

On supplée aussi à ce grand ouvrage par le moyen des planisphères publiés à Paris, en 1764, par M. Robert de Vaugondy, de ceux du P. Chrysologue de Gy, capucin, ou des deux planisphères gravés à Londres par Senex; ils sont en deux feuilles chacun. L'on y trouve aussi toutes les constellations & toutes les étoiles du *Catalogue britannique*, placées, dans l'un, suivant les longitudes & les latitudes; dans l'autre, suivant les ascensions droites & les déclinaisons. Les planisphères de Senex coûtent trois schillings, c'est-à-dire trois livres dix sols la feuille, à Londres; il suffit d'avoir ou les deux feuilles projettées sur l'équateur, ou les deux feuilles projettées sur l'écliptique. Celui de M. de Vaugondy a l'avantage de renfermer les constellations nouvelles du pôle austral; mais il est gravé à contre-sens des autres, & représente la convexité du globe céleste, au lieu de sa concavité. Celui du P. Chrysologue renferme aussi une partie des nouvelles constellations.

Parmi les ouvrages plus anciens, dont on peut aussi tirer avantage pour connoître les constellations, il y a, 1.° l'*Uranométrie* de Bayer, dont nous avons deux éditions; la première parut en 1603, à Ausbourg, en 15 feuilles; 2.° les *cartes* du P. Pardies, jésuite, en six feuilles, publiées en 1673; 3.° les quatre *cartes* du ciel, d'Augustin Royer, imprimées en 1679; 4.° celles d'Hévélius, contenues dans un ouvrage assez rare, qui parut à Dantzick en 1690, intitulé: *Firmamentum Sobiescianum*, en 54 feuilles.

De toutes les *cartes célestes*, celle dont les astronomes font le plus d'usage, est la *carte* qui représente le zodiaque, & dans laquelle on voit toute la zone céleste qui environne l'écliptique, avec 8 degrés de chaque côté de l'écliptique. Nous avons deux fort bons *zodiaques*; celui qui fut dessiné & gravé par Jean Senex, de la société royale de Londres, sur la fin du siècle dernier, en deux grandes feuilles, sous les yeux de Halley; & celui qui a été gravé en France par Dheulland, & publié vers l'an 1755; celui-ci avoit été entrepris dès l'année 1741 par M. le Monnier, & exécuté par d'Heulland, graveur; il est accompagné d'un catalogue gravé en 30 pages, de toutes les étoiles zodiacales, dont Flamsteed avoit donné les longitudes pour 1690; ces longitudes ont été réduites à 1755. Ce *zodiaque* se trouve chez

Dezauche, géographe de la Marine, rue des Noyers.

Ce *zodiaque françois* n'est qu'en une feuille, parce qu'on l'a gravé sur une plus petite échelle & sur une plus grande planche que celui de Senex, cela n'empêche pas qu'il ne soit aussi commode que le *zodiaque anglois*; il a même l'avantage de représenter les étoiles qui sont jusqu'à 10 degrés de latitude au nord & au sud de l'écliptique, au lieu que celui de Senex ne renfermoit que 8 degrés de latitude.

Au défaut des *cartes célestes*, on peut se servir des globes, pour reconnoître les constellations.

On trouve une différence remarquable entre les *cartes* de différens auteurs. Hévélius reproche à Bayer d'avoir représenté sur ses *cartes*, le ciel tel que nous le voyons, étant placés comme nous le sommes au-dedans de la sphère, au-lieu que les anciens le représentoient comme on le voit par dehors sur la convexité des globes célestes, ou comme si l'on étoit au-dessus de la sphère étoilée. Hévélius se plaint de ce que, par ce changement de disposition, Bayer a fait que les étoiles qui sont à notre droite quand on regarde le globe, sont à notre gauche en regardant les *cartes célestes* de Bayer, *Hevelii Firmamentum Sobiesc.* Mais les astronomes n'ont point adopté à cet égard le sentiment d'Hévélius; ils aiment mieux, ce me semble, les *cartes célestes* sur lesquelles on voit la concavité du ciel, que ces globes où l'on ne voit que la convexité, & pour lesquels il faut se retourner en idée autrement que quand on regarde le ciel; cela me paroît beaucoup plus commode pour le spectateur : cependant il y en a qui veulent encore représenter les constellations à l'envers, & mettre l'occident à la droite, entr'autres, M. Robert de Vaugondy, dans le *Planisphère* qu'il a publié en 1764.

Il se trouve encore une différence entre les *cartes célestes* de divers auteurs. Schikardus (*in Astroscopio, pag. 39*,) reprocha le premier à Bayer, que la plupart de ses figures étoient retournées de droite à gauche, par rapport aux anciens catalogues, ce qui produisoit une différence entre les dénominations anciennes des parties droites ou gauches, & celles de Bayer; Flamsteed a eu raison, ce semble, de corriger Bayer en cela, comme il l'a fait, du moins pour certaines constellations; car il a laissé Orion tel que Bayer l'avoit mis.

Il en est de même d'Hévélius, qui a voulu s'en tenir aux anciens. La constellation d'Orion qui, dans les *cartes* de Bayer & de Flamsteed, est tournée vers le ciel ou vers le haut de la sphère, regarde au contraire le centre du globe dans celles d'Hévélius; l'épaule orientale α est dans Bayer & Flamsteed l'épaule gauche; dans Hévélius, comme dans les anciens, c'est l'épaule droite; l'étoile β, ou *rigel*, qui est sur le pied droit dans Bayer, est sur le pied gauche dans Hévélius; dans l'un, ce géant paroît à genoux, & élevant le pied droit; dans l'autre, il semble monter en levant le pied gauche; dans Bayer, il tient sa massue élevée à l'orient de la main gauche; dans Hévélius, il la tient de la main droite; toutes ces différences font voir la nécessité des lettres par lesquelles on est convenu de désigner les étoiles, & l'inconvénient qu'il y auroit à se servir dans les catalogues des mots de droite & de gauche; il vaut beaucoup mieux se servir des mots *oriental* & *occidental*. En effet, quoique Flamsteed ait suivi en général les *cartes* de Bayer, il y a cependant encore des différences; par exemple, Orion, dans les *cartes* de Bayer, a la tête tournée à gauche; dans celle de Flamsteed, il l'a tournée du côté droit, en sorte que les étoiles λ & φ, qui sont à la tempe gauche dans Bayer, sont sur la tempe droite dans Flamsteed. *Voyez* l'explication de mon globe céleste, à Paris chez Lattré. (*D. L.*)

CARTE MILITAIRE, (*Géograph.*) est la *carte* particulière d'un pays ou d'une portion de pays, ou d'une frontière, ou des environs d'une place, d'un poste, sur laquelle sont exprimés tous les objets qu'il est essentiel de connoître pour former & exécuter un projet de campagne. On y voit les marches qu'une armée peut faire, les lieux où elle peut camper, les divers postes qu'elle doit occuper; les défilés & leur longueur; les rivières, les ruisseaux, leur largeur, leur profondeur, les gués, la nature du fonds, la hauteur des bords, les ponts, les passages, les moulins, les canaux, les étangs; les villages, les hameaux, les châteaux, les métairies & autres lieux qui sont bons à occuper; les montagnes, leur hauteur, leur pente, leurs escarpemens; les vallons, les ravins, leur largeur, leur profondeur; les fossés, les champs clos, les bois les marais; la nature des plaines, les cantons de fourrages; la distance d'un lieu à un autre, le nombre des maisons & écuries de chaque lieu, les différens chemins, leur qualité, *&c.* Si la carte représente quelque partie de mer, on y distingue la nature de la côte, les laisses de haute & de basse mer, de morte-eau comme de vive-eau; les sondes des anses, des baies, des rades; les dangers de toute espèce, les différentes batteries établies pour la défense des mouillages, des passes; les retranchemens, les épaulemens pratiqués dans les parties où l'ennemi peut tenter une descente; les camps, les postes qui doivent couvrir les principaux établissemens & l'intérieur du pays, *&c.* Tous ces détails peuvent être compris dans une *carte militaire*, & à l'aide d'une légende ou d'un mémoire, se faire sentir aisément; mais il y a très-peu de gens capables d'un tel travail: il n'y en a pourtant pas de plus important pour pouvoir régler & conduire les opérations d'une campagne. On ne sauroit donc former trop de sujets pour une partie si profonde & si essentielle. C'est aussi dans cette vue que notre ministère n'a pas discontinué depuis la paix d'employer des officiers de l'état-major de l'armée, avec des ingénieurs-géographes, sur les frontières & sur les côtes du royaume.

L'usage des *cartes militaires* étoit connu des anciens; Végece ne nous laisse aucun doute à cet égard. « Un général, dit cet auteur, doit avoir des tables dressées avec exactitude, qui lui marquent non-seulement la distance des lieux par le nombre de pas, mais la qualité des chemins, les routes qui abrégent, les logemens qui s'y trouvent, les montagnes & les rivières. On assure que les plus habiles généraux, non contens de ces simples mémoires, ont fait lever les plans du théatre de la guerre, afin de déterminer plus sûrement leur marche sur le tableau même des lieux. » On ne sait si ces plans étoient aussi parfaits que nos *cartes* topographiques, mais au moins devoient-ils donner beaucoup de facilités aux généraux pour leurs opérations.

Nous avons aujourd'hui un grand nombre de *cartes* qui, quoiqu'elles ne contiennent pas, à beaucoup près, tous les détails nécessaires, ne laissent pas de pouvoir être très-utiles à un officier qui seroit chargé de reconnoître un pays, ou qui l'entreprendroit pour son instruction : telles sont celles de la France, dressées par MM. de l'Académie royale des Sciences; celles des pays-bas, par Fricx; celles du théatre de la guerre dernière en Hesse & pays circonvoisins, par M. de la Rosière; copiées à Paris par les géographes Beaurain, & Julien; celles des campagnes de M. le prince Ferdinand de Brunswick, en Westphalie, par le colonel Bawr, maréchal-général des logis de l'armée Hanovrienne; celles de la Bavière, par Finck; celles de la Bohème, par le major Muller, & quantité d'autres *cartes* particulières de différens pays de l'Allemagne, publiées à Nuremberg, à Ausgbourg, à Berlin; celles du théatre de la guerre en Italie, par les ingénieurs du prince Eugène; celles de la Savoie & du Piémont, publiées par Jaillot, &c.

La plupart des *cartes* qu'on vient d'indiquer, ayant été levées géométriquement, peuvent servir à construire des *cartes militaires*; en faisant d'avance des extraits des campagnes qui auront été faites dans les pays qu'elles représentent, en dessinant sur une plus grande échelle les parties des pays qu'on devra reconnoître, en cherchant les lieux élevés pour mieux découvrir le terrain, en questionnant les gens de la campagne, en parcourant le pays de tout sens, & en voyant par soi-même tous les objets qui méritent attention.

Lorsqu'on n'a point de *cartes* particulières, qu'on n'a pas le tems d'en lever, ou que l'occasion ne permet pas d'opérer, on a recours aux *cartes* générales. On y prend les positions qui paroissent le mieux déterminées; on les trace à grand point sur des feuilles séparées, & on fait une *carte à vue* qu'on accompagne d'un mémoire. Il n'y a point d'officier d'état-major qui ne doive savoir cette méthode, qui est on ne peut pas plus nécessaire, sur-tout en campagne. (*M. D. L. R.*)

* CARTE MILITAIRE, *Reconnoissacne militaire.* La connoissance généralisée d'un pays suffit pour calculer les avantages des principales positions qu'il offre à une armée, & pour déterminer d'avance celles qui répondent le mieux aux projets qu'elle peut méditer; mais quand il est question des opérations successives des troupes, de l'ouverture des marches, de l'emplacement des camps, de la sûreté des communications & de tous les objets quelconques subordonnés à la nature du terrein, c'est par des *cartes militaires* que l'on parvient à éclairer ses mouvemens. Ces *cartes* sont levées dans un plus ou moins grand détail, suivant que le tems a pu le permettre, & que les circonstances l'ont exigé. Lorsque, pendant la paix, on leve le plan d'une frontière ou d'une partie de côte, à l'effet de rechercher quels moyens de défense la nature particulière du local peut présenter pour pouvoir en faire l'application au besoin, il est évident que ce travail peut & doit être exécuté dans le plus grand détail & avec l'exactitude la plus scrupuleuse; mais lorsque dans le tumulte de la guerre, sous les yeux même de l'ennemi, il s'agit de rendre compte d'un pays où il faut tout de suite faire mouvoir, marcher, manœuvrer une nombreuse armée, l'établir dans un camp ou dans des quartiers; c'est par le moyen d'une *carte* figurée à vue avec la plus grande célérité, & d'un mémoire qui instruise des choses que le dessin seul ne peut rendre intelligibles, qu'on parvient à remplir cet objet important. C'est à ce genre d'ouvrage qu'on donne particulièrement le nom de *reconnoissance militaire.* A la manière dont il est exécuté, on distingue l'intelligence & la sagacité de l'officier qui en est chargé; s'il est doué du talent de bien discerner quels éclaircissemens particuliers exige le besoin du moment, il se gardera de s'appésantir sur des détails dont la connoissance est inutile pour concourir au but que l'on se propose, & d'employer à cela un tems d'autant plus précieux qu'il est alors limité. Une expérience plus ou moins éclairée l'instruit à pénétrer dans les vues du général, & son travail ne porte que sur des objets qu'il est absolument nécessaire de savoir.

Il résulte de ce que l'on vient d'avancer qu'il y a deux espèces de *cartes militaires*, savoir celles qui sont levées géométriquement & à l'aide des instrumens usités pour cela, & celles qui sont simplement faites à vue, auxquelles appartient proprement le nom de *reconnoissance.* Entre ces deux espèces, on peut cependant en considérer une troisième, qui se rapproche plus ou moins de l'une ou de l'autre; telle seroit une *carte* dont les principaux points seroient calculés ou arrêtés à la planchette, d'après une base exactement mesurée, & dont tout le détail auroit été rempli à vue. Ces différents genres de plans topographiques ont cela de commun, qu'ils exigent de la part des personnes qui s'en occupent, une grande facilité de figurer le terrein, laquelle ne s'acquiert que par l'usage.

L'article *levée des plans topographiques* dans lequel on considère l'art de lever des plans d'une manière générale & applicable à toute sorte d'objets, indique les procédés les plus simples & les plus expéditifs pour dresser des cartes de toutes les différentes espèces dont on vient de faire mention; on y renvoie le lecteur. Mais comme l'usage le plus répété que l'on fasse aujourd'hui de cet art, est sans contredit pour le service des armées, sur-tout depuis que la défense des frontières est moins appuyée sur la multiplicité des places fortes, que sur les ressources d'une tactique habile & approfondie; on va rechercher dans cet article quelles sont les connoissances qu'un officier doit joindre à l'art de figurer les terreins, & examiner de quelle nature il faut que soient les comptes détaillés qui doivent accompagner une *carte* ou une *reconnoissance*.

Il y a encore des éclaircissemens accessoires, lesquels n'ont point un rapport immédiat avec la guerre, & qu'on pourroit rassembler dans un mémoire particulier, lorsque l'on est chargé en tems de paix de lever une *carte militaire;* on terminera cet article par en faire une exposition succinte.

Tout officier qui se destine à ce genre de travail, doit réunir aux études particulières qu'il exige, une théorie assez étendue sur la guerre, pour donner à ses talens leur juste application, & les élever à leur vrai point d'utilité. Plus il est en état de pénétrer dans les motifs d'un général, plus ses opérations deviennent essentielles aux entreprises que l'on se propose. Il ajoute à ses figurés plus ou moins rapides, des observations lumineuses qui développent tout ce qu'il n'a pu exprimer, & ses renseignemens de vive voix complettent l'instruction qu'on a droit d'attendre de lui.

Celui qui ne fait que représenter un terrein, est un ouvrier méchanique dont on ne peut interroger que les plans; celui qui n'a que l'art de composer un mémoire, n'offre que des détails isolés, qui donnent difficilement une idée claire de l'ensemble; il faut nécessairement la réunion de l'un & l'autre moyen pour remplir avec succès l'objet d'une *reconnoissance militaire*.

L'habitude de juger le terrein militairement, est le fruit de réflexions plus composées que l'on ne pense: il faut le voir en géomètre pour en évaluer l'étendue; il faut le voir en tacticien, pour y appliquer les mouvemens d'une armée, en raison des formes qu'il présente; il faut le voir en méchanicien, pour y découvrir à propos la possibilité de créer ou d'anéantir des obstacles.

La Théorie des fortifications, la science de l'artillerie, l'examen des différens ordres sur lesquels se forment les armées, l'analyse de leurs rapports avec l'attaque & la défense, la combinaison des armes, des manœuvres & des circonstances; voilà les sources où l'on doit puiser, pour apprendre à évaluer d'une manière aussi prompte que sûre, tout le parti que l'on peut tirer d'un terrein.

Les écrits des Xénophon, des Polibe, des César, des Vegece, des Saxe, des Puisegur, des Folard, des Feuquières & des auteurs modernes qui marchent sur leurs traces, présentent d'abondantes lumières à ceux qui veulent acquérir des connoissances militaires. L'industrie de l'homme, mise en action par les intérêts les plus grands, y fait voir & l'origine & les effets de ces ressources ingénieuses qu'elle sait joindre à la nature pour en multiplier les forces. La raison s'y trouve guidée par l'expérience de tous les tems, & elle s'approprie sans effort des vérités que la pratique ne découvre jamais ou qu'elle achette par des erreurs sans nombre.

Il ne suit point de-là que l'art de rendre compte d'un pays exige que l'on s'appesantisse minutieusement sur les détails de toutes les parties de la guerre; on ne doit les approfondir que d'une manière relative au besoin que l'on en peut avoir; on les généralise & l'on en extrait, pour ainsi dire, l'esprit essentiel qui appartient à la carrière que l'on embrasse.

Ce n'est point du simple exercice des armes, ou du talent de rompre de petits corps de troupes dans tous les sens possibles que l'on s'occupera principalement; c'est de la grande tactique; c'est de l'art de disposer une armée & de la faire manœuvrer de la manière la plus favorable à l'effet que l'on veut produire. On évitera avec soin l'adoption exclusive de ces systêmes, qui plient tous les terreins à leurs méthodes & à leurs organisations particulières; on appréciera chaque ordre d'après ses avantages & ses inconvéniens absolus & relatifs, & l'on parviendra à se convaincre que leur degré de supériorité dépend du moment, du local & d'une infinité d'autres données, que l'habitude de juger fait seule saisir avec justesse. Il est nécessaire de bien connoître les différentes manières de former & de déployer les colonnes, ainsi que la composition actuelle des régimens, bataillons, escadrons, *&c.*, & l'étendue de ces corps en bataille. C'est en s'exerçant à représenter sur le papier les mouvemens combinés de ces différentes masses, que l'on s'accoutume à tracer des tableaux exacts & intelligens des opérations des armées.

Soit que l'on travaille, à la guerre ou pendant la paix, à faire des *reconnoissances militaires*, ce sont toujours les mêmes vues qui doivent diriger dans les mémoires instructifs que l'on y joint; on suppose en tems de paix ce qui existe quand les armées sont rassemblées, & l'on raisonne en conséquence de ces suppositions, pour bien faire connoître toutes les ressources dont chaque lieu est susceptible. Les détails dans lesquels nous allons entrer, appartiennent donc à tous les momens, & l'on y trouvera ce que chaque circonstance particulière peut exiger.

Les eaux & les montagnes sont les objets toujours subsistants que la nature oppose à l'attaque pour favoriser la défense; l'art qui agit plus ou moins sur ces deux obstacles, dispose absolument de tous les autres.

Les moyens que présentent les alpes & les pyrénées pour s'y maintenir, sont fort différens de ceux que fournissent les vastes plaines de la Flandre. Là des chaînes entièrement escarpées forment des murs impénétrables, dont les points accessibles sont toujours disputés au moyen de très-peu de troupes; ici les rivières & les canaux sont les principales barrières qu'une armée puisse opposer à l'ennemi. Il faut pour en empêcher le passage qu'elle calcule sa position & ses mouvemens sur l'étendue du front à défendre, sur la profondeur du lit, la largeur & l'escarpement de ses bords, sur l'épaisseur des haies & des bois adjacens, & enfin sur les stratagêmes que l'on peut employer pour lui faire prendre le change.

Ces deux manières de faire la guerre sont entièrement différentes; mais elles tiennent aux mêmes principes, & elles se réunissent plus ou moins l'un & l'autre à l'art des fortifications pour la défense de tous les pays.

C'est donc de la connoissance la plus exacte des lieux où l'on doit opérer, que dépend l'exécution d'un systême quelconque de mouvemens. Il faut que celui qui est chargé de reconnoître, joigne à sa *carte* un mémoire local qui fasse mention de tout ce qui peut concerner les montagnes, les plaines, les rivières, les ruisseaux, les chemins, les villes, les châteaux, les moulins, *&c.*, & qui indique les différens moyens dont on pourroit se servir pour augmenter leur degré d'avantages, ou pour affoiblir leurs inconvénients.

On divise un mémoire en autant de chapitres qu'il y a d'espèce d'objets à parcourir; on expose ensuite quels sont les camps que pourroient occuper les armées, en faisant voir avec soin leurs ressources en tout genre, & l'on finit par un état des subsistances & des autres secours que peut fournir le pays dont on fait la description.

Comme les terreins que l'on a à reconnoître militairement en tems de paix sont toujours sur les côtes ou sur les frontières en première & seconde ligne, on peut, à la suite d'un mémoire local, supposer de la part de l'ennemi des entreprises sur les points qui sont les plus exposés à ses attaques. On fait valoir alors tout ce que le pays peut présenter d'obstacles, & on suit l'ennemi dans ses succès pour lui opposer à chaque pas de nouvelles difficultés. Cette manière de mettre en mouvement toutes les parties de son tableau, fait sentir la valeur des détails & récapitule de la façon la plus instructive ce que l'on a dit en traitant de tous les objets en particulier.

Des Montagnes.

Lorsque l'on parlera de la nature des hautes montagnes, on distinguera les chaînes principales qui servent d'enceinte à un pays, des différens rameaux qui en défendent ou qui en favorisent les issues; on fera connoître les hauteurs relatives de toutes leurs parties, les rochers, les bois, les vallons que l'on y rencontre, & comme c'est à la naissance des vallons que se trouvent ces cols ou ports qui facilitent les moyens de les franchir; on s'attachera à en exprimer parfaitement les détails, & à mettre sous les yeux tout ce qui peut concourir à les protéger.

Si la suite de montagnes que l'on a à décrire est assez étendue pour que l'on s'occupe d'un plan de défense, on dira comment une armée pourroit s'y établir, quelles seroient ses communications, où elle feroit des abattis, sur quels points elle placeroit des redoutes, quels chemins elle auroit à détruire, & l'on exposeroit généralement toutes les ressources dont elle seroit à même de disposer pour se retrancher avec sûreté.

Le choix des positions dans les montagnes demande le coup d'œil le plus militaire; la moindre faute peut devenir irréparable quand on a à faire à un ennemi éclairé; il faut lui ôter toute possibilité de vous tourner, de vous forcer ou de vous renfermer; les obstacles sont fortement marqués, on doit seulement les saisir avec intelligence, & joindre l'art à la nature pour les fortifier particuliérement, & les lier à la ligne totale de défense.

Il sera fort essentiel encore, en imaginant le pays au pouvoir de l'ennemi, de faire connoître comment on pourroit parvenir à le traverser. Au sein des montagnes les plus escarpées, on découvre toujours quelques routes praticables, qui, au moyen d'attaques simulées sur d'autres points, peuvent servir au passage des troupes. Les guides ne remplacent jamais à cet égard les cartes & les mémoires; leur ignorance, leur imposture & leur manière de voir tout-à-fait étrangere aux rapports militaires, exposent à une infinité de dangers, dont le moindre est toujours de voir échouer ses projets.

Les montagnes qui ne sont que des plaines élevées, exigent des comptes aussi exacts & des observations peut-être plus judicieuses. Dans les premières, tout est caractérisé, la nature bien développée indique elle-même les moyens de défense; dans celle-ci, les traits beaucoup moins prononcés laissent bien plus à l'arbitraire, & la manière d'en profiter varie comme les degrés d'expérience. L'essentiel est d'exposer avec clarté tout ce qui est contenu dans les différentes masses entourrées par des rivières, des ruisseaux ou d'autres obstacles, de décrire les vallons qu'elles forment, les plaines qu'elles renferment, & de bien faire connoître les rapports qui les lient les unes aux autres, & tous les défilés qui leur servent d'issues. Les avantages de chaque portion de terrein, outre sa force absolue, dépendent beaucoup de tout ce qui l'avoisine, & c'est dans le système supposé des mouvemens de l'ennemi, que l'on fait encore mieux sentir toutes ces relations.

Des Eaux.

La largeur des rivières & des ruisseaux, leur rapidité, leur profondeur, leur fond vaseux ou couvert de graviers, les différentes hauteurs de leurs rives, les tems de leurs crûes & les changemens de toutes ces données dans l'étendue de leur cours: voilà les premiers objets de l'article des eaux. On y détaillera avec soin les endroits où elles sont guéables, la quantité de bateaux que l'on peut y trouver, la solidité des ponts qui les traversent, les parties où l'on pourroit en jetter de nouveaux, & le genre de travaux que l'on pourroit faire pour conserver ces communications. Les villes, les villages, les châteaux, les moulins, les écluses, les bois, les haies, &c. qui appartiennent à une rivière ou à ses bords, doivent être décrits avec la plus grande exactitude, ou récapitulés avec des renvois aux articles dans lesquels il en est fait mention. La nature des lacs & des terreins marécageux, les moyens de les dessécher, s'ils en sont susceptibles; la manière d'arrêter des inondations, ou de les occasionner, l'ordre des écluses dont on se sert pour naviguer sur les canaux, tous ces détails méritent, ainsi que beaucoup d'autres, la plus grande attention, & c'est à celui qui reconnoît à réunir tous les renseignemens utiles qui appartiennent à son travail.

Une *carte* bien levée & un mémoire qui calcule avec précision le fort & le foible de tout ce qui concerne une rivière, mettent à même de juger de ce qu'il faut faire pour en empêcher le passage; on sera le maître cependant de supposer des entreprises sur leurs points les plus intéressans, & de s'exercer à déployer tous les efforts & toutes les ruses qu'un ennemi peut tenter contre un corps de troupes destiné à les défendre. Cette méthode d'analyser ainsi tous les obstacles en les menaçant tous également, & en mettant en œuvre tous les moyens capables de les forcer, oblige de planer sur leur ensemble, & accoutume à voir les objets de la manière la plus militaire.

Des Villes.

On a environné les villes de murs pour se soustraire à des tentatives imprévues; on a élevé des remparts pour se créer des asyles contre les entreprises soutenues d'un ennemi; l'expérience a disposé leurs contours en parties saillantes & rentrantes, pour qu'elles se défendent mutuellement, & le besoin de s'opposer à de nouvelles armes a développé les ressources d'un art qui n'a de bornes que celles du génie. Le mérite d'une simple enceinte, quand la ville est bien située, est de servir de poste & de retarder quelque tems les efforts des assaillans, pour donner le moyen de lui préparer de nouveaux obstacles. La destination d'une place de guerre est toujours la résistance d'un petit nombre d'hommes contre les attaques d'un plus grand nombre & de couvrir par sa situation une étendue déterminée de pays. C'est à celui qui fait un mémoire local & militaire à examiner ce que l'on doit attendre de chaque ville en particulier, & si elle répond aux vues qui ont dirigé son emplacement, & la construction des ouvrages qui la défendent. Une juste évaluation de la bonté primitive de ses parties, ainsi que l'exposition détaillée de leur état actuel, mettent à même de juger de son degré de force réelle, & des changemens ou réparations qu'il y auroit à faire pour en augmenter la défense. On se rappellera dans ces examens, que le vrai but des fortifications est de compenser ce qui manque à la quantité de bras, & l'on ne présentera point de ces projets qui supposent des armées entières pour défendre une ville de guerre. Il est inutile de se renfermer si l'on est en état de tenir la campagne, & l'art des savantes manœuvres, du choix des positions, l'emporte de beaucoup sur l'art de hérisser la terre de bastions, & d'enchaîner des armées pour les rendre absolument passives.

Des Villages.

Après avoir traité des villes & donné leur description, sans la surcharger de ces détails qui sont nécessairement connus, lorsqu'elles nous appartiennent, on fera voir tout ce que les villages, les haies qui les couvrent, les murs qui entourent leurs jardins, & les grandes fermes qui s'y rencontrent peuvent présenter d'intéressant. Souvent un seul cimetière devient, par sa position, par son enceinte & par le secours de l'art, un ouvrage de fortification où l'on peut se défendre avec beaucoup d'avantage. Chaque local particulier a des moyens de défense qui lui appartiennent, & qu'il faut avoir l'art d'appercevoir & le soin d'indiquer. Des chariots placés à propos, des abattis de bois bien disposés servent quelquefois à disputer long tems un terrein qui eût été emporté tout de suite.

A cet article on ajoutera un détail complet des châteaux forts & des maisons isolées, environnées de fossés & de murs, qui sont répandus dans la campagne, & l'on mettra à portée de juger de la valeur de tous les postes en ce genre que peut offrir un pays.

Des Chemins.

Il ne suffit pas de présenter les difficultés de

toute espèce dont chaque lieu peut être susceptible, la connoissance exacte des communications & du tems que l'on emploie à les parcourir, est indispensable à un général pour combiner les mouvemens des troupes. On donnera donc un état circonstancié de toutes les chaussées que l'on aura reconnues, des chemins intermédiaires qui pourroient être intéressans par les points essentiels où ils conduisent, & des chemins en corniches ou en tourniquets qui se trouvent dans les montagnes. Les suites de hauteurs qui bordent une route, ont des relations avec elle qu'il est nécessaire d'exposer; il faut savoir si elle est commandée par la campagne ou si elle la commande elle-même; enfin la largeur, les encaissemens, les pas dangereux, les réparations à faire aux ponts pour le transport de l'artillerie, sont autant de détails qu'il ne faut point omettre.

Pour faire marcher une armée d'un lieu à un autre, il n'y a souvent qu'un seul chemin, & l'on est obligé alors de reconnoître & d'ouvrir des passages aux différentes colonnes. Cet inconvénient doit être prévu, & d'après les suppositions de marche qui seront dictées par le local lui-même, on indiquera la trace des colonnes sur lesquelles l'armée pourroit se porter.

Lorsqu'il sera question sur la frontière ou sur la côte de pratiquer quelque nouvelle route, on examinera quelle doit être sa direction pour qu'elle réponde aux vues du commerce sans présenter des issues trop favorables à l'ennemi, ou les moyens d'intercepter nos communications; on cherchera à la rendre la plus militaire possible, en la plaçant du côté où il seroit aisé de lui en ôter la disposition, & où l'on pourroit se l'approprier soi-même avec le plus d'avantage.

Des Bois & des Haies.

Les forêts, les bois & les haies qui couvrent la campagne sont des obstacles trop conséquents pour ne pas en détailler la nature. Des haies telles que celles de Bretagne & de Normandie sont seules autant de parapets d'un excellent profil, qui peuvent servir à disputer le terrein pied-à-pied, & à ralentir singuliérement ou même rendre impossible la marche d'un ennemi; elles offrent en beaucoup d'endroits une suite de postes que l'on peut défendre avec très-peu de monde, car celui qui voudroit les forcer ne pouvant juger de la quantité d'hommes en état de lui résister, ne marche & n'attaque qu'avec incertitude, il redoute à chaque instant des surprises & la crainte de se voir couper la retraite l'oblige de se retirer; ou donne le tems aux troupes d'arriver & de tomber sur lui avec avantage. C'est sur-tout sur les côtes que l'on peut employer avec succès de semblables retranchemens. De simples paysans conduits avec intelligence, peuvent arrêter assez long-tems l'effort d'un ennemi pour rendre son attaque inutile, lui faire manquer son entreprise, ou tout au moins laisser le loisir de rassembler contre lui des forces plus puissantes.

Il faut faire savoir si les bois sont fourrés ou s'ils sont clairs, quelle est l'espèce des arbres qui les composent, & dans quel sens on peut les traverser. Leur position, leur étendue & leur différente épaisseur décident ensemble la manière d'en faire usage. Ici ils offrent une barrière impénétrable en couvrant des ruisseaux & des vallons; là ils servent à appuyer les ailes d'un camp & à en étendre le front; ailleurs leur proximité met à portée d'en employer les arbres à faire des abattis & des pallissades pour augmenter la force d'un retranchement; par-tout ils fournissent à de petites troupes les moyens de se poster avantageusement pour attaquer à l'improviste, ou pour se défendre avec avantage contre des forces supérieures.

Des Côtes.

La description des côtes renferme une infinité d'objets, tous plus essentiels les uns que les autres; tantôt elles sont hérissées de rochers plats qui rendent leur abord plus ou moins dangereux; tantôt elles sont bordées de falaises qui en interdisent absolument l'accès. Quelques-unes de leurs parties, entiérement développées & découvertes, présentent la plus grande facilité pour la descente; d'autres, par leurs formes rentrantes, offrent des anses & des ports pour mettre les vaisseaux à l'abri des grands vents. L'art a profité des caps & des pointes pour y établir des forts ou de simples batteries qui flanquent les endroits accessibles. Les îles adjacentes sont devenues des ouvrages avancés qui servent de barrières aux tentatives de l'ennemi; tout présente dans une étendue un peu considérable de côtes, une variété d'accidens qui demande l'ordre le plus suivi & les notions les plus exactes, d'après ses propres observations & les rapports des marins éclairés. La nature des vents qui sont nécessaires pour l'entrée & la sortie des ports, ainsi que tous les avantages & inconvéniens de chacun d'eux doivent être spécifiés. On expose tout ce qui caractérise les endroits accessibles & les tems de marée qui sont plus ou moins favorables à leur approche. On rend compte de l'état actuel de tous les forts qui protègent la côte, des batteries, des corps de garde & de toutes les pièces d'artillerie qui peuvent s'y trouver; on indique quels sont les lieux où l'on pourroit faire de nouvelles constructions d'une position plus ressortissante aux parties qui sont à défendre; on recueille avec soin les différens projets qui ont été faits pour améliorer tel ou tel port, relativement à la guerre & au commerce, & pour le mettre à l'abri de toute insulte, soit du côté de la mer, soit du côté des terres. On en donne une analyse, & l'on conclut soi-même par l'exposé de ce que l'on croit le plus propre à remplir ces différentes

différentes vues ; on calcule les forces que peuvent fournir dans un moment de surprise les canonniers gardes-côtes, en attendant que les troupes réglées se soient portées, s'il en est besoin, sur les points attaqués. Les effets que produisent les marées sur les rivières qui ont leur embouchure dans la mer, l'ordre & le tems des différens changemens qu'elles leur font éprouver, & l'influence qu'elles ont sur leur passage, exigent que l'on en rende un compte exact. Enfin mille autres détails qu'une rade, un chenal, un mouillage, *&c.*, peuvent présenter à une vue exercée, & qu'une instruction aussi générale que la nôtre ne nous permet pas de parcourir, servent à compléter cet article, & à fonder d'une manière sûre le vrai systême de défense, qui appartient à une partie de côtes quelconque.

Des Camps.

Dans un mémoire relatif à une *carte militaire*, il ne sera point question en traitant des camps, de faire mention de tous les emplacemens que peut occuper une armée. On n'aura pour objet que de réunir le plus de lumières possibles sur ces positions essentielles que l'on peut prendre dans un pays, lorsqu'on s'y propose quelque entreprise, ou sur celles qui serviroient à en défendre l'entrée, en couvrant à-la-fois tous les endroits par où l'on tenteroit d'y pénétrer. Ce n'est donc que de ces deux sortes de camps que l'on aura à parler. Dans les premiers, tout doit être relatif aux points qu'il faut attaquer. On s'y établit pour observer les mouvemens de l'ennemi, on lui donne de la jalousie sur toutes les parties environnantes, & l'on profite de ses moindres fautes pour se porter en avant & opérer l'exécution de ses projets. Dans les seconds, tout se rapporte aux points qu'il faut défendre ; on cherche, pour en protéger l'ensemble, à n'avoir que des cordes à parcourir, tandis que l'ennemi est obligé de décrire des arcs ; on augmente les obstacles du front & des flancs par des batardeaux & des retranchements, & l'on se ménage une retraite assurée sur ses derrières, en cas que l'on fût près d'être tourné. Il est nécessaire dans les uns & dans les autres, de bien développer les moyens d'établir ses subsistances, & d'empêcher qu'elles ne soient interceptées. On emploie, autant qu'il est possible, les ruisseaux pour couvrir le front des camps, & les marais ou les bois impraticables pour en appuyer les ailes. La description la plus exacte doit par conséquent expliquer tout ce qui concerne ces différentes barrières, afin de mettre une armée à l'abri de toute surprise. Il faut faire savoir qu'elle est la profondeur d'un camp, quel est son champ de bataille, si les eaux dont on peut disposer sont d'une bonne qualité, & si elles ne sont point de nature à tarir. Aucune obscurité ne doit régner sur les notions que l'on donne, car c'est des bonnes positions & de l'art d'en tirer parti, que dépend le succès des campagnes : toute erreur, à cet égard, est capable d'entraîner les plus grands désordres, & l'on ne sauroit mettre trop d'exactitude dans les reconnoissances que l'on en fait, & dans les comptes que l'on en rend.

Des productions du Pays.

Toutes les ressources qu'un pays peut offrir en grains, en vins, en bestiaux, en bois, en fourrages, *&c.*, doivent être comprises dans un état clair & précis que l'on puisse consulter avec confiance ; on y joindra le nombre d'habitans dont les bras peuvent être appliqués aux travaux de force, ainsi que la quantité de voitures & de bêtes de charge dont on seroit à même de disposer ; & cet article terminera la partie locale du mémoire.

C'est à l'intelligence à créer le reste de l'ouvrage, elle appellera à son secours toutes les connoissances qui peuvent donner plus d'essor à sa marche ; elle n'opposera point un ennemi foible & ignorant à un général éclairé, qui profiteroit à chaque moment de ses fautes ; il en est des suppositions sur le papier comme des exercices d'un camp de manœuvres. On ne présente de vrais images de la guerre, qu'autant que les forces opposées combinent tous leurs mouvemens d'après les formes du terrein. L'ennemi n'aura de succès qu'en raison de sa supériorité, & ses avantages serviront à développer l'art qu'une résistance éclairée fait employer à transformer chaque objet en obstacles.

Des Quartiers d'hiver.

Les différens mémoires qui accompagnent une suite de portions de *cartes*, sont les études d'un tableau général, que l'on pourra tracer ensuite, pour former un systême complet de défense, sur toute l'étendue d'une côte ou d'une frontière. C'est dans ce tableau qu'entrera naturellement, si l'on s'en occupe, l'examen de tout ce qui peut regarder l'établissement des quartiers d'hiver. On se rappellera, en exposant ses moyens, qu'il doit y avoir des communications assurées entre tous les quartiers d'une armée, qu'ils ne doivent pas couvrir une trop grande étendue de pays, pour que les troupes soient à portée de se secourir réciproquement, & de se rassembler, s'il est possible sur un champ de bataille, avant que l'ennemi pût tenter de les enlever séparément. Il faut déterminer les villes où l'on pourroit établir ses magasins, & les fortifications qu'elles demanderoient pour éviter les surprises, & tenir avec sûreté pendant un certain nombre de jours contre les attaques les plus vives. Enfin on y donnera un état circonstancié des travaux à faire dans chaque quartier, & de tous les forts & autres ouvrages nécessaires à construire sur les rivières, les marais & autres obstacles qui intercepteroient ses communications.

L'utilité qui résulte des travaux faits en tems de paix est certainement réelle sous le rapport des notions en tout genre que peuvent en recueillir les généraux, mais leur vrai point de vue doit être de former des sujets qui connoissent eux-mêmes tous les détails d'un pays, & qui acquièrent l'habitude de voir tous les terreins d'une manière militaire & avec la plus grande célérité possible.

La lenteur à la guerre est incompatible avec ce que l'on attend d'un officier chargé de reconnoître. Il ne s'agit pas de plaire par des dessins finis & des mémoires bien écrits, il est question d'éclairer par des croquis rapides, & par des notes aussi simples que judicieuses. Il est donc essentiel de s'exercer souvent en ce genre de travail pour en contracter l'habitude, sans négliger cependant la perfection du dessin qui est la base des bonnes esquisses, comme celle des ouvrages achevés.

Des Langues.

Les langues étrangères, & sur-tout l'allemand, devroient faire partie de la masse des connoissances que l'on se propose d'acquérir en entrant dans cette carrière. Les yeux ne saisissent, pour ainsi dire, que la surface, & qu'un seul instant des objets ; mais ces objets peuvent changer d'un moment à l'autre. C'est des gens du pays qu'on parvient à connoître ces successions. Eh ! comment les consulter & en tirer habilement ce que leur propre intérêt les engage souvent à cacher, si l'on ne peut le faire que par le secours d'un interprète ?

Tel est le cercle que la théorie & la pratique doivent tracer autour de chaque élève. L'étendue du rayon dépend de son application & de son aptitude. Nous n'avons considéré ses talens que relativement aux fonctions militaires qui appartiennent à son état ; mais il ne suit point de-là que nous voulions fixer des bornes à l'essor dont ils sont susceptibles en tout autre sens. Nous nous permettrons même, avant de terminer cet article, de jetter un coup-d'œil sur les recherches aussi agréables qu'utiles, auxquelles il pourroit se livrer en mettant à profit les momens dont il jouiroit.

Des Travaux accessoires.

Rien ne l'empêcheroit, en tems de paix, de joindre, à ses travaux ordinaires, des mémoires particuliers sur tout ce que le commerce, la politique, les arts, la nature & les monumens anciens pourroient lui offrir d'intéressant dans les pays où il seroit employé. La nécessité de parcourir successivement tous les points d'une surface, lui fait appercevoir une infinité d'objets qui doivent échapper aux recherches rapides du voyageur & aux yeux rarement éclairés de l'habitant.

Le commerce soumettroit à ses observations le projet d'un canal de navigation, le choix de son emplacement, la direction d'une chaussée, l'établissement d'une manufacture, l'exploitation d'une mine, l'amélioration de la culture, le desséchement des marais, le défrichement des landes, & tous les moyens généralement quelconques qui peuvent concourir à augmenter son énergie.

La politique offriroit à ses jugemens les différens objets d'échanges que les puissances voisines seroient dans le cas de se proposer sur les frontières. Il détermineroit leur valeur absolue & les relations encore plus conséquentes qui les lient à la guerre & au commerce, & ses remarques mettroient à même de compenser avantageusement par des accessoires essentiels des pertes apparentes qui sembleroient n'appartenir qu'à une négligence de vérification.

Les arts lui apprendroient tout ce que peut l'industrie appliquée aux besoins de l'homme, & il s'accoutumeroit à bien analyser l'organisation d'une machine utile, & à calculer si ses effets répondent à l'emploi des forces & du tems.

Quelle variété d'aspects lui présente la nature, & pour le récréer & pour l'instruire ! Il parcourt tour-à-tour les différentes espèces de métaux, de fossiles, de pierres, de terres, les propriétés particulières des eaux, les productions rares en tout genre, les inscriptions respectées par les tems ; & en consignant toutes ses découvertes dans son ouvrage, il en forme une collection de matériaux précieux où le naturaliste & l'historien peuvent puiser à l'envi des lumières. Qui mieux que lui rencontrera ces premières empreintes de la nature qu'elle se plaît à recéler au milieu des rochers & des hautes montagnes que la main des hommes n'a pu défigurer ; son œil exercé les cherche & les saisit, & il s'empresse d'en enrichir la somme des monumens que les observateurs ont déjà rassemblés.

Non-seulement tous ses pas sont utiles, mais son jugement se perfectionne, & l'habitude de voir les objets sous tous leurs rapports possibles, donne encore plus d'essor à ses dispositions militaires. La guerre, qui est un métier pour les uns & un art pour les autres, devient la plus vaste science quand le génie préside à ses opérations. Tous les talens, toutes les connoissances humaines sont les instrumens qu'elle emploie pour préparer & pour assurer ses succès. (*Par M. JOLY, Ingénieur-Géog. Milit.*).

CARTES. *Problême sur les cartes.* (*Arithmét.*) Pierre tient huit *cartes* dans ses mains qui sont ; un as, un deux, un trois, un quatre, un cinq, un six, un sept & un huit, qu'il a mêlées : Paul parie que les tirant l'une après l'autre, il les devinera à mesure qu'il les tirera.

L'on demande combien Pierre doit parier contre un que Paul ne réussira pas dans son entreprise ?

Par l'énoncé de la question, on suppose que Paul parie de tirer toutes les *cartes* l'une après l'autre, sans les remettre dans le jeu après les avoir tirées, & sans manquer une seule fois à deviner juste la *carte* qu'il tirera.

Dans ce cas, en ſuivant les règles ordinaires des probabilités, l'eſpérance de Paul au premier coup eſt $\frac{1}{8}$; au ſecond $\frac{1}{7}$; d'où il s'enſuit que ſon eſpérance pour les deux premiers coups eſt $\frac{1}{8} \times \frac{1}{7}$; & en effet, il eſt aiſé de voir que le premier coup ayant huit cas poſſibles, & le ſecond ſept, la combinaiſon des deux aura 8×7 coups, dont il n'y en a qu'un ſeul qui faſſe gagner Pierre, celui où il devinera juſte deux fois de ſuite. Par la même raiſon, l'eſpérance de Paul pour trois coups ſera $\frac{1}{8} \times \frac{1}{7} \times \frac{1}{6}$; pour quatre, $\frac{1}{8} \times \frac{1}{7} \times \frac{1}{6} \times \frac{1}{5}$; & pour ſept (car il n'y en peut avoir huit, attendu qu'après ſept tirages il ne reſte plus de *cartes* à tirer, & il n'y a plus de jeu), elle ſera $\frac{1}{8} \times \frac{1}{7} \ldots \times \frac{1}{2}$; donc l'enjeu de Pierre ſera à celui de Paul comme $8 \times 7 \times \ldots . 2 - 1$ eſt à 1, c'eſt-à-dire, comme $56 \times 720 - 1$ eſt à 1; ou comme 40319 eſt à 1.

Si Paul parioit d'amener ou de deviner juſte à un des ſept coups ſeulement, ſon eſpérance ſeroit $\frac{1}{8} + \frac{1}{7} + \ldots . \frac{1}{2}$, & par conſéquent l'enjeu de Pierre à celui de Paul, comme $\frac{1}{8} + \frac{1}{7} \ldots . + \frac{1}{2}$ à $1 - \frac{1}{8} - \frac{1}{7} \ldots . - \frac{1}{2}$.

Si Paul parioit d'amener juſte dans les deux premiers coups ſeulement, ſon eſpérance ſeroit $\frac{1}{8} + \frac{1}{7}$, & le rapport des enjeux celui de $\frac{1}{8} + \frac{1}{7}$ à $1 - \frac{1}{8} - \frac{1}{7}$.

S'il parioit d'amener juſte dans deux coups quelconques, ſon eſpérance ſeroit $\frac{1}{8} \times \frac{1}{7} + \frac{1}{8} \times \frac{1}{6} \ldots . + \frac{1}{8} \times \frac{1}{2} + \frac{1}{7} \times \frac{1}{6} \ldots . + \frac{1}{7} \times \frac{1}{2} \ldots . + \frac{1}{6} \times \frac{1}{5}$, &c.

Autre Problême.

On demande combien il y a à parier contre un que tirant cinq *cartes* dans un jeu de piquet, compoſé de trente-deux, l'on ne tirera pas une quinte majeure indéterminée, ſans nommer en quelle couleur, ſoit en cœur, ſoit en carreau, en pique ou en trefle?

Pour réſoudre la queſtion propoſée, il faut d'abord chercher en combien de façons trente-deux *cartes* peuvent être priſes cinq à cinq, & on trouvera par les règles connues des combinaiſons, que ce nombre de fois eſt le produit des cinq nombres 28, 29, 30, 31, 32; ce produit étant diviſé par le produit de cinq autres nombres 1, 2, 3, 4, 5, ou par 120: c'eſt-à-dire, que le nombre de fois cherché eſt le produit des nombres 28, 29, 31, 8, ou 201376. Maintenant, comme il y a quatre quintes majeures, il faut ôter ce nombre 4 de 201376, ce qui donnera 201372, & il y aura à parier 4 contre 201372, ou 1 contre 50343 qu'on ne tirera pas une quinte majeure à volonté.

S'il s'agiſſoit d'une quinte quelconque, comme il y a en tout ſeize quintes, ſavoir, quatre de chaque couleur, le pari ſeroit 16 contre 201376 moins 16, ou de 16 contre 201360, ou de 1 contre 12585, (*O*)

* Cartes, ſ. f. (*Jeux*) petits feuillets de carton oblongs, ordinairement blancs d'un côté, peints de l'autre de figures humaines ou autres, & dont on ſe ſert à pluſieurs jeux, qu'on appelle par cette raiſon *jeux de cartes*. *Voyez* Lansquenet, Breland, Pharaon, Ombre, Piquet, Bassette, &c. Entre ces jeux il y en a qui ſont purement de hazard, & d'autres qui ſont de hazard & de combinaiſon. On peut compter le lanſquenet, le breland, le pharaon, au nombre des premiers; l'ombre, le piquet, le médiateur, au nombre des ſeconds. Il y en a où l'égalité eſt très-exactement conſervée entre les joueurs, par une juſte compenſation des avantages & des déſavantages; il y en a d'autres où il y a évidemment de l'avantage pour quelques joueurs, & du deſavantage pour d'autres; il n'y en a preſqu'aucun dont l'invention ne montre quelqu'eſprit; & il y en a pluſieurs qu'on ne joue point ſupérieurement, ſans en avoir beaucoup, du moins de l'eſprit du jeu.

Le père Méneſtrier, jéſuite, dans ſa *bibliothèque curieuſe & inſtructive*, nous donne une petite hiſtoire de l'origine du *jeu de cartes*. Après avoir remarqué que les jeux ſont utiles, ſoit pour délaſſer, ſoit même pour inſtruire; *que la création du monde a été pour l'Etre ſuprême une eſpèce de jeu;* que ceux qui montroient chez les romains les premiers élémens, s'appelloient *ludi magiſtri*; que Jeſus-Chriſt même n'a pas dédaigné de parler des jeux des enfans: il diſtribue les jeux en jeux de hazard, comme les dés; (*Voyez* Dés) en jeux d'eſprit, comme les échecs; (*Voyez* Echecs) & en jeux d'hazard & d'eſprit, comme les *cartes*. Mais il y a des *jeux de cartes*, ainſi que nous l'avons remarqué, qui ſont de pur hazard.

Selon le même auteur, il ne paroît aucun veſtige de *cartes* à jouer avant l'année 1392, que Charles VI. tomba en phrénéſie. Le *jeu de cartes* a dû être peu commun avant l'invention de la gravure en bois, à cauſe de la dépenſe que la peinture des *cartes* eût occaſionnée. Le P. Meneſtrier ajoute que les allemands, qui eurent les premiers des gravures en bois, gravèrent auſſi les premiers des moules de *cartes*, qu'ils chargèrent de figures extravagantes: d'autres prétendent encore que l'impreſſion des *cartes* eſt un des premiers pas qu'on ait fait vers l'impreſſion en caractères gravés ſur des planches de bois, & citent à ce ſujet les premiers eſſais d'imprimerie faits à Harlem, & ceux qu'on voit dans la bibliothèque Bodleyane. Ils penſent que l'on ſe ſeroit plutôt apperçu de cette ancienne origine de l'imprimerie, ſi l'on eût conſidéré que les grandes lettres de nos manuſcrits de 900 ans paroiſſent avoir été faites par des enlumineurs.

On a voulu par le *jeu de cartes*, dit le P. Méneſtrier, donner une image de la vie paiſible, ainſi que par le jeu des échecs, beaucoup plus ancien, on en a voulu donner une de la guerre. On trouve dans le *jeu de cartes* les quatres états de la vie;

le *cœur* repréſente les gens d'égliſe ou de chœur, eſpèce de rébus; le *pique*, les gens de guerre; le *trefle*, les laboureurs; & les *carreaux*, les bourgeois dont les maiſons ſont ordinairement carrelées. Voilà une origine & des alluſions bien ridicules. On lit dans le P. Méneſtrier que les Eſpagnols ont repréſenté les mêmes choſes par d'autres noms. Les quatre rois, David, Alexandre, Céſar, Charlemagne, ſont des emblêmes des quatre grandes monarchies, Juive, Grecque, Romaine, & Allemande. Les quatre dames, Rachel, Judith, Pallas & Argine, anagramme de *regina*, (car il n'y a jamais eu de reine appellée *Argine*) expriment les quatre manières de régner, par la beauté, par la piété, par la ſageſſe, & par le droit de la naiſſance. Enfin les valets repréſentoient les ſervans d'armes. Le nom de *valet* qui s'eſt avili depuis, ne ſe donnoit alors qu'à des vaſſaux de grands ſeigneurs, ou à de jeunes gentilshommes qui n'étoient pas encore chevaliers. Les Italiens ont reçu le *jeu de cartes* les derniers. Ce qui pourroit faire ſoupçonner que ce jeu a pris naiſſance en France, ce ſont les fleurs-de-lis qu'on a toujours remarquées ſur les habits de toutes les figures en *carte*. *Lahire*, nom qu'on voit au bas du valet de cœur, pourroit avoir été l'inventeur des *cartes*, & s'être fait compagnon d'Hector & d'Ogier le danois, qui ſont les valets de carreau & de pique, comme il ſemble que le cartier ſe ſoit réſervé le valet de trefle pour lui donner ſon nom. *Voyez l'article* JEU, *Belliot. av. & inſtit.*, *page 168.*

CAS IRRÉDUCTIBLE *du troiſieme degré*, ou ſimplement CAS IRRÉDUCTIBLE, *en Analyſe*, c'eſt celui où une équation du troiſième degré a ſes trois racines réelles, inégales & incommenſurables. Dans ce *cas*, ſi on réſout l'équation par la méthode ordinaire, la racine quoique réelle, ſe préſente ſous une forme qui renferme des quantités imaginaires, & l'on n'a pu juſqu'à préſent réduire cette expreſſion à une forme réelle, en chaſſant les imaginaires qu'elle contient. *Voyez* RÉEL, IMAGINAIRE, *&c.* Entrons ſur ce ſujet dans quelque détail.

Soit $x^3 + qx + r = 0$ une équation du troiſième degré, dans laquelle le ſecond terme eſt évanoui. *Voyez* EVANOUISSEMENT, EQUATION & TRANSFORMATION, *&c.* Pour la réſoudre, je fais $x = y + z$, & j'ai $x^3 = y^3 + 3yyz + 3zyy + z^3 = y^3 + 3yzx + z^3$; donc $x^3 - 3yzx - y^3 = 0$. Cette équation étant comparée terme à terme avec $x^3 + qx + r = 0$, on aura, 1.° $-3yz = q$ ou $z = -\frac{q}{3y}$; 2.° $y^3 + z^3 = -r$, ou $y^3 + r = \frac{q^3}{27y^3}$, ou $y^6 + ry^3 = \frac{q^3}{27}$.

Cette équation, qu'on ramène au ſecond degré, (en faiſant $y^3 = t$,) étant réſolue à la manière ordinaire (*Voyez* EQUATION,) donne $y^3 = -\frac{r}{2} \pm \sqrt{\left(\frac{q^3}{27} + \frac{r^2}{4}\right)}$. Donc, à cauſe de $z^3 = -r - y^3$, on aura $z^3 = -\frac{r}{2} \mp \sqrt{\left(\frac{q^3}{27} + \frac{r^2}{4}\right)}$; donc x ou $y + z = \sqrt[3]{-\frac{r}{2} \pm \sqrt{\left(\frac{q^3}{27} + \frac{r^2}{4}\right)}} + \sqrt[3]{-\frac{r}{2} \mp \sqrt{\left(\frac{q^3}{27} + \frac{r^2}{4}\right)}}$. Telle eſt la forme de la valeur de x. Cela poſé.

1.° Il eſt évident que ſi q eſt poſitif, r étant poſitif ou négatif, cette forme eſt réelle, puiſqu'elle ne contient que des quantités réelles. Or dans ce *cas*, comme on le verra à *l'article* EQUATION, deux des racines ſont imaginaires. Ainſi, la ſeule racine réelle ſe trouve exprimée par une formule qui ne contient que des quantités réelles. Ce *cas* ne tombe donc point dans le *cas irréductible*, & n'a aucune difficulté.

2.° Si q eſt négatif, & que $\frac{r^2}{4} = \frac{q^3}{27}$, alors l'équation a deux racines égales, & il n'y a encore aucune difficulté.

3.° Si q eſt négatif & $\frac{r^2}{4} > \frac{q^3}{27}$, il y a deux racines imaginaires, & la racine réelle ſe trouve repréſentée par une formule toute réelle; ce qui n'a point de difficulté non plus.

4.° Mais ſi q eſt négatif, & que $\frac{r^2}{4} < \frac{q^3}{27}$, alors $-\frac{r^3}{27} + \frac{r^3}{4}$ eſt une quantité négative, & par conſéquent $\sqrt{\left(-\frac{q^3}{27} + \frac{r^2}{4}\right)}$ eſt imaginaire. Ainſi, l'expreſſion de x renferme alors des imaginaires.

Cependant on démontre en Algèbre, que dans ce *cas* les trois racines ſont réelles & inégales. On peut en voir la preuve à la fin de cet article. Comment donc peut-il ſe faire que la racine x ſe préſente ſous une forme qui contienne des imaginaires?

M. Nicole a le premier réſolu cette difficulté (*Mém academ.* 1738.) Il a fait voir que l'expreſſion de x, quoiqu'elle contienne des imaginaires, eſt en effet réelle. Pour le prouver, ſoit $\sqrt{\left(-\frac{q^3}{27} + \frac{r^2}{4}\right)} = b\sqrt{-1}$, & $-\frac{r}{2} = a$, on aura $x = \sqrt[3]{a + b\sqrt{-1}} + \sqrt[3]{a - b\sqrt{-1}}$. Il s'agit de montrer que cette expreſſion, quoiqu'elle renferme des imaginaires, repréſente une quantité réelle. Pour cela, ſoit formée, ſuivant les règles données à *l'article* BINOME, une ſérie qui exprime la valeur de $\sqrt[3]{a + b\sqrt{-1}}$, ou $\overline{a + b\sqrt{-1}}^{\frac{1}{3}}$ & celle de $(a - b\sqrt{-1}^{\frac{1}{3}})$; on trouvera, après avoir ajouté enſemble ces deux ſéries, que tous les termes imaginaires se détruiront, & qu'il ne restera qu'une suite infinie de termes composés de quantités toutes réelles. Ainsi, la valeur de x est en effet réelle. La difficulté est de sommer cette série ; c'est à quoi on n'a pu parvenir jusqu'à présent. Cependant M. Nicole l'a sommée dans quelques *cas* particuliers, qu'il a par conséquent soustraits, pour ainsi dire, au *cas irréductible*. Voyez *les Mém. académ.* 1738, *& suiv.*

Lorsque l'une des trois racines réelles & inégales est commensurable, alors l'équation n'est plus dans le *cas irréductible*, parce que l'un des diviseurs du dernier terme donne la racine commensurable. *Voyez* DIVISEUR & RACINE.

Mais quand la racine est incommensurable, il faut, pour trouver l'expression réelle de la racine, ou sommer la série susdite, ou dégager de quelqu'autre manière l'expression trouvée de la formule imaginaire qui la défigure pour ainsi dire. C'est à quoi on travaille inutilement depuis deux cens ans.

Cette racine du *cas irréductible*, si difficile à trouver par l'Algèbre, se trouve aisément par la Géométrie. *Voyez* CONSTRUCTION. Mais quoiqu'on ait la valeur linnéaire, on n'en est pas plus avancé pour son expression algébrique. *Voyez* INCOMMENSURABLE.

Cet inconvénient du *cas irréductible* vient de la méthode qu'on a employée jusqu'ici pour résoudre les équations du troisième degré ; méthode imparfaite, mais la seule qu'on ait pu trouver jusqu'à présent. Voici en quoi consiste l'imperfection de cette méthode. On suppose $x = y + z$, y & z étant deux quantités indéterminées ; ensuite on a tout-à-la-fois $x^3 - 3yzx - y^3 - z^3 = 0$, & $x^3 + qx + r = 0$. On compare ces équations terme à terme, & cette comparaison *terme à terme* enferme une supposition tacite, qui amène une forme irréductible sous laquelle x est exprimée ; à la rigueur on a $qx + r = -3yzx - y^3 - z^3$; voilà la seule conséquence *rigoureuse* qu'on puisse tirer de la comparaison des deux équations ; mais outre cela, on veut encore supposer que la première partie de $qx + r$, c'est-à-dire qx soit égale à $-3yzx$ première partie du second membre. Cette supposition n'est point absolue ni rigoureusement nécessaire, on ne l'a fait que pour parvenir plus aisément à trouver la valeur de y & de z, qu'on ne pourroit pas trouver sans cela ; d'ailleurs comme y & z sont l'une & l'autre indéterminées, on peut supposer $-3yzx = qx$ & $-y^3 - z^3 = r$. Mais cette supposition même fait que les deux quantités y & z, au lieu d'être réelles comme elles devroient, se trouvent chacune imaginaires. Il est vrai qu'en les ajoutant ensemble, leur somme est réelle ; mais l'imaginaire qui s'y trouve toujours, & qu'on ne peut en chasser, rend inutile l'expression de x qui s'en tire.

En un mot l'équation $x = y + z$ ne donne à la rigueur que cette équation $qx + r = -3zxy - y^3 - z^3$, ou $qy + qz + r = -3yyz - 3yzz - y^3 - z^3$ & toutes les fois que l'on voudra de cette équation en faire deux autres particulières, on fera une supposition tacite qui pourra entraîner des inconvéniens impossibles à éviter, comme il arrive ici, où y & z se trouvent imaginaires.

Il faudroit voir si, par quelque moyen, on ne pourroit pas couper l'équation susdite en deux autres, qui donnassent à y & à z une forme réelle & facile à trouver : mais cette opération paroît devoir être fort difficile, si elle n'est pas impossible.

J'ai fait voir dans les *Mémoires de l'Académie des Sciences de Prusse de 1746*, que l'on pouvoit toujours trouver par la trisection d'un arc de cercle, une quantité $c + e\sqrt{-1}$, égale à la racine cube de $a + b\sqrt{-1}$; & que si $c + e\sqrt{-1} = \sqrt[3]{a + b\sqrt{-1}}$, on a $\sqrt[3]{a - b\sqrt{-1}} = c - c\sqrt{-1}$. *Voy.* IMAGINAIRE. D'où il s'ensuit que dans les *cas* où un arc de cercle peut être divisé géométriquement, c'est-à-dire par la règle & le compas, en trois parties égales, on peut assigner la valeur algébrique de c & de e, ce qui pourroit fournir des vûes pour résoudre en quelques occasions des équations du troisième degré qui tomberoient dans le *cas irréductible*. Voyez *le Mémoire que j'ai cité*.

Quoi qu'il en soit, la racine étant incommensurable dans le *cas irréductible*, l'expression réelle de cette racine, quand on la trouveroit, n'empêcheroit pas de recourir aux approximations. On a donné à l'*article* APPROXIMATION la méthode générale pour approcher de la racine d'une équation, & nous y avons indiqué les auteurs qui ont donné des méthodes particulières d'approximation pour le *cas irréductible*. Voyez *aussi* CASCADE.

Puisque nous en sommes sur cette matière des équations du troisième degré, nous croyons qu'on ne nous saura pas mauvais gré de faire ici quelques remarques nouvelles qui y ont rapport, & dont nos lecteurs pourront tirer de l'utilité.

On sait que toute équation du troisiéme degré a trois racines. Il faudroit donc, pour résoudre d'une manière complète, une équation du troisième degré, trouver une méthode qui fît trouver à-la-fois les trois racines, comme on trouve à-la-fois les deux racines d'une équation du second degré. Jusqu'à ce qu'on ait trouvé cette méthode, il y a bien de l'apparence que la théorie des équations du troisième degré restera imparfaite : mais la trouvera-t-on, cette méthode ? c'est ce que nous n'osons ni nier ni prédire.

Examinons présentement de plus près la méthode dont on se sert pour trouver les racines d'une équation du troisième degré. On a d'abord une équation du sixième degré y^6, *&c.* telle qu'on l'a vue ci-dessus, & qui a par conséquent six racines, qu'on peut aisément prouver être toutes inégales: on a ensuite une équation du troisième degré $z^3 = -y^3 - r$; & comme y^3 a deux valeurs différentes à cause de l'équation $y^6 + ry^3$, &c. $= 0$, & que z est élevé au troisième degré, il s'ensuit que cette équation doit donner aussi six valeurs différentes de z, trois pour chaque valeur de y^3; or chacune des six valeurs de z étant combinée avec chacune des six valeurs de y, on aura trente-six valeurs différentes pour $z + y$; donc x paroît avoir trente-six valeurs différentes. Cependant l'équation étant du troisième degré, x ne doit avoir que trois valeurs : comment accorder tout cela?

Je réponds d'abord que les trente-six valeurs prétendues de $y + z$ doivent se réduire à dix-huit. En effet, il ne faut pas combiner indifféremment chaque valeur de z avec toutes les valeurs de y, mais seulement à toutes les valeurs de y qui correspondent à la valeur qu'on a supposée à y^3. Par exemple, on a $y^3 = -\frac{r}{2} \pm \sqrt{\left(-\frac{q^3}{27} + \frac{r^2}{4}\right)}$; d'où l'on tire $z^3 = -\frac{r}{2} \mp \sqrt{\left(-\frac{q}{27} + \frac{r^2}{4}\right)}$; le signe + qui précède le signe radical dans la valeur de y^3, répond au signe — qui précède le signe radical dans la valeur de z^3, & le signe — au signe +; ce qui est évident, puisque $z^3 = -r - y^3$: donc pour chacune des trois valeurs de y qui répondent au signe + placé devant le signe radical, il y a trois valeurs de z qui répondent au signe — placé devant le signe radical : ce qui fait neuf valeurs de $y + z$; & en y ajoutant les neuf autres valeurs pour le cas du signe —, placé avant le signe radical dans l'expression de y^3, cela fait 18 au lieu de 36 qu'on auroit en combinant indifféremment les signes. Mais ce n'est pas tout.

Quoique chacune des valeurs de y & de z, employées & combinées comme on vient de le prescrire, paroisse donner une valeur de $y + z$, il faut encore rejetter celles dans lesquelles le produit zy ne sera pas égal à $-\frac{q}{3}$; car c'est une des conditions de la solution, comme on l'a vu plus haut, que $-3zy = q$; il est vrai que les dix-huit valeurs de y & z satisfont à la condition que $-27y^3 z^3 = q^3$. Mais cette condition $-27y^3 z^3 = q^3$ est beaucoup plus étendue que la condition $-3zy = q$, quoique d'abord elle paroisse la même. Par exemple, $u = b$ ne donne qu'une valeur de u: mais $u^3 = b^3$ donne trois valeurs de u. Pour le prouver, soit $u^3 - b^3 = 0$, & divisons par $u - b$, il viendra $uu + bu + bb = 0$, ce qui donne $u = -\frac{b}{2} \pm \sqrt{\left(-\frac{3bb}{4}\right)}$; ainsi, $u^3 = b^3$ donne $u = b$, $u = b \times \left(-\frac{1}{2} + \frac{\sqrt{-3}}{2}\right)$ & $u = b \times \left(-\frac{1}{2} - \frac{\sqrt{-3}}{2}\right)$. Donc, quoique, dans les dix-huit valeurs de $y + z$, on ait $27y^3 z^3 = -q^3$, il ne faut prendre que celles où $3yz = -q$. Cela posé.

Soient ces quatre équations :

$$\text{I.}\quad y^3 = -\frac{r}{2} + \sqrt{\left(-\frac{q^3}{27} + \frac{r^2}{4}\right)}.$$
$$\text{II.}\quad z^3 = -\frac{r}{2} - \sqrt{\left(-\frac{q^3}{27} + \frac{r^2}{4}\right)}.$$
$$\text{III.}\quad y^3 = -\frac{r}{2} - \sqrt{\left(-\frac{q^3}{27} + \frac{r}{4}\right)}.$$
$$\text{IV.}\quad z^3 = -\frac{r}{2} + \sqrt{\left(-\frac{3}{2} + \frac{r^2}{4}\right)}.$$

Et soit $a + b\sqrt{-1} =$ à la racine cubique de $-\frac{r}{2} + \sqrt{\left(-\frac{q^3}{27} + \frac{r^2}{4}\right)}$, on aura $a - b\sqrt{-1} =$ à la racine de $-\frac{r}{2} - \sqrt{\left(-\frac{q^3}{27} + \frac{r^2}{4}\right)}$, ce qui donnera:

Racines de la première équation.

1. $y = a + b\sqrt{-1}$.
2. $y = (a + b\sqrt{-1}) \cdot \left(-\frac{1 + \sqrt{-3}}{2}\right)$.
3. $y = (a + b\sqrt{-1}) \cdot \left(-\frac{1 - \sqrt{-3}}{2}\right)$.

Racines de la seconde.

4. $z = a - b\sqrt{-1}$.
5. $z = (a - \sqrt{-1}) \cdot \left(-\frac{1 + \sqrt{-1}}{2}\right)$.
6. $z = (a - b\sqrt{-1}) \cdot \left(-\frac{1 - \sqrt{-3}}{2}\right)$.

Racines de la troisième.

Sont les mêmes que de la seconde.

Racines de la quatrième.

Sont les mêmes que de la première.

Donc, 1.° la combinaison des racines de la troisième équation avec celles de la quatrième, donnera le même résultat que celle des racines des deux premières.

2.° Il ne faudra combiner ensemble que les valeurs de y & de z, & dont le produit sera $= -\frac{q}{3}$, c'est-à-dire $aa + bb$; car $a + b\sqrt{-1}$ étant $=$ à $\sqrt[3]{-\frac{r}{2} + \sqrt{\left(\frac{q^2}{27} - \frac{r^2}{4}\right)}}$ & $a - b\sqrt{-1} = \sqrt[3]{-\frac{r}{2} - \sqrt{\left(\frac{q^3}{27} - \frac{r^2}{4}\right)}}$, on aura $aa + bb = \sqrt[3]{-\frac{q^3}{27}} = -\frac{q}{3}$. D'où il s'ensuit,

3.° Qu'il faudra combiner la racine marquée

(1) avec la racine marquée (4), ce qui donnera $y = 2a$.

4.° Qu'il faudra combiner la racine marquée (2) avec la racine marquée (6), ce qui donnera $-a + b\sqrt{3}$.

5.° Qu'il faudra combiner la racine marquée (3) avec la racine marquée (5), ce qui donnera $-ab\sqrt{3}$.

Voilà les trois racines de l'équation, & il est visible par les règles que nous avons établies, que toutes les autres valeurs de $y + z$ donneroient des expressions fausses de la racine x, & que toutes les trois racines sont ici réelles.

On peut trouver aisément par la même méthode les trois valeurs de x dans tout autre *cas* que le *cas irréductible*. Par exemple, si q est positif, ou si q est négatif & $<$ ou $= \frac{r^2}{4}$, alors il faudra supposer

$$\sqrt[3]{-\frac{r}{2} + \sqrt{\left(-\frac{q^3}{27} + \frac{r^2}{4}\right)}} = a + b,$$

$$\sqrt[3]{-\frac{r}{2} - \sqrt{\left(-\frac{q^3}{27} + \frac{r^2}{4}\right)}} = a - b;$$

& l'on trouvera en ce *cas* une racine réelle & deux imaginaires, ou une racine réelle & deux autres réelles, égales entr'elles. C'est ce qu'il est inutile d'expliquer plus en détail : il ne faut pour s'en convaincre, que faire un calcul semblable à celui que nous avons fait pour trouver les trois racines dans le *cas irréductible*. (O)

CASCADE, *Méthode des cascades* (*Algèbre.*) est le nom que M. Rolle, géomètre de l'Académie des Sciences, a donné autrefois à une méthode qu'il avoit imaginée pour résoudre les équations. Il la publia en 1699 dans son *traité d'Algèbre*. Par cette méthode on approche toujours de la valeur de l'inconnue, par des équations successives qui vont toujours en baissant ou en tombant d'un degré, & de-là est venu le nom de *cascades*. *Voyez* ÉQUATION.

On trouve dans l'*Analyse démontrée du* P. Reynaud, *liv. VI.* une méthode par laquelle on approche des racines d'une équation, en résolvant des équations qui vont toujours en baissant d'un degré; & cette méthode paroît avoir beaucoup de rapport à celle de M. Rolle. En voici l'idée. Soit, par exemple, une équation du troisième degré $x^3 - px^2 + qx + r = 0$ dont les trois racines soient réelles & positives a, b, c, a étant la plus petite, & c la plus grande; soit multipliée cette équation par les termes d'une progression arithmétique 3, 2, 1, 0; elle deviendra l'équation du second degré $3x^2 - 2px + q = 0$, dont les deux racines sont réelles, & sont telles que la plus petite est entre a & b, & la plus grande entre b & c : ainsi, cherchant les deux racines de cette équation du second degré, on aura les limites entre lesquelles b est renfermé; & on pourra trouver ensuite cette racine b par approximation; la racine b étant trouvée, on connoîtra les autres a, c.

Pour démontrer cette méthode, soit $x^3 - px^2 + qx + r = y$, l'équation d'une courbe de *genre parabolique. Voyez ce mot.* L'équation $3x^2 - 2px + q = 0$, sera l'équation des points qui donneront les *maxima* de y. *Voyez* MAXIMUM. Et ces points, comme il est aisé de le voir, seront situés de manière qu'ils seront l'un d'un côté, l'autre de l'autre côté du point qui donnera la racine moyenne de l'équation $x^3 - px^2 + qx + r = 0$, c'est-à-dire du second point où la courbe coupera son axe. *Voyez* RACINE; *voyez* aussi dans les *Mém. acad.* 1741. deux Mémoires de M. l'abbé de Gua sur le nombre des racines, où il fait usage des courbes de genre parabolique.

En voilà assez pour faire sentir comment on parvient à trouver au-moins par approximation les racines d'une équation, en changeant cette équation en une autre d'un degré inférieur. On trouve *dans le livre VI. du* P. Reyneau, tout le détail de cette méthode, qui est extrêmement pénible, peu commode, & très-imparfaite dans la pratique, sur-tout lorsqu'il y a des racines imaginaires. *Voy.* LIMITES. (O)

CASE, s. f. (*jeu de Trictrac*), se dit de deux dames posées sur la même ligne ou flèche où l'on joue. S'il n'y a qu'une dame sur la flèche, elle fait la demi-case.

On appelle *case du diable* celle de la seconde flèche du grand-jan : on ne lui donne guère ce nom que lorsque c'est la seule qui soit à faire, parce qu'il ne reste alors dans le petit-jan que cinq dames, & que tous les coups que l'on joue sans remplir, avancent ces dames, les font même passer, & mettent dans le cas, ou de ne point faire son plein, ou de ne pas tenir long-tems. *Voyez* TRICTRAC.

CASER, v. n. au *Trictrac*, c'est accoupler deux dames, ou les placer sur la même flèche.

CASSINOIDE (*Astron.*), nom que l'on a donné quelquefois à une courbe proposée par Cassini pour représenter le mouvement du soleil. Cette courbe est telle, que le produit des deux lignes tirées des foyers à la circonférence est constant; au lieu que dans l'ellipse c'est la somme qui est constante. *Voyez* les *Élemens d'Astronomie* de M. Cassini le fils, *pag.* 149.

L'analogie entre ces deux courbes fait que l'on appelle quelquefois la cassinoïde, *ellipse cassinienne*, quoiqu'elles ne soient pas du même genre.

CASSIOPÉE (*Astron.*), constellation boréale, composée de 54 étoiles principales dans le catalogue de Flamsteed.

Suivant les grecs, une reine d'Ethiopie, femme de Cephée, donna son nom à cette constellation; elle y est représentée comme dans un trône, tenant une palme à la main. On a appellé quelquefois cette constellation *cathedra mollis*, *sili-*

quastrum, solium, mulier sedis, mulier habens palmam delibutam; elle est aussi appellée *cerva, canis:* car les arabes ne peignent qu'un chien ou une biche à la place d'une reine, & les syriens un sanglier.

M. Dupuis croit que c'est pour cela que le troisième travail d'Hercule, ou l'entrée du soleil dans la balance, est marqué par la défaite du sanglier d'Erimanthe : c'étoit l'emblême du coucher de *cassiopée* au lever du soleil.

Il parut en 1572 une nouvelle étoile dans cette constellation, qui surpassoit d'abord jupiter en éclat & en grandeur; mais elle diminua peu-à-peu, & disparut entièrement au bout de dix-huit mois. Ce phénomène extraordinaire exerça tous les astronomes de ce tems-là, & fut la matière de plusieurs ouvrages; les uns prétendirent que c'étoit une comète, d'autres ajoutoient de plus que c'étoit la même que celle qui avoit paru à la naissance de Jesus-Christ, & qu'elle annonçoit son second avénément. Tycho les réfuta, & composa sur cette fameuse étoile un grand ouvrage *De nova stella anni 1572. Voyez* ÉTOILES NOUVELLES. (*D. L.*)

CASTOR, *en Astronomie*, est le nom d'une des deux belles étoiles de la constellation des gemeaux. *Voyez* GEMEAUX.

CAT

CATABIBAZON, *en Astronomie*, est le nœud descendant de la lune, celui qu'on appelloit aussi *anabibazon* & *queue du dragon*. *Voyez* LUNE. (*O*)

CATACAUSTIQUE, s. f. (*Opt.*) est la caustique formée par des rayons réfléchis; on la nomme ainsi pour la distinguer de la *diacaustique*. *Voyez* CAUSTIQUE, DIACAUSTIQUE, RÉFLEXION, CATOPTRIQUE, &c. (*O*)

CATACOUSTIQUE, s. f. qu'on appelle aussi *cataphonique*, est la science qui a pour objet les sons réfléchis; ou cette partie de l'acoustique qui considère les propriétés des échos, ou en général les sons qui ne viennent pas directement du corps sonore à l'oreille, mais qui ne la frappent qu'après qu'ils y ont été renvoyés par quelqu'autre corps. Ce mot *catacoustique* est analogue au mot *catoptrique*, qui signifie *la science qui a pour objet les rayons de lumière réfléchis, & leurs propriétés*; ainsi, la *catacoustique* est à l'acoustique proprement dite, ce que la *catoptrique* est à l'optique. *Voyez* ACOUSTIQUE, ECHO & SON.

CATADIOPTRIQUE, adj. (*Optique.*) On donne ce nom à ce qui appartient à-la-fois à la *catoptrique* & à la *dioptrique*, c'est-à-dire, à ce qui appartient à la théorie de la lumière réfléchie & de la lumière rompue. *Voyez* CATOPTRIQUE & DIOPTRIQUE. Par exemple, un instrument ou lunette qui réfléchit & rompt en même-tems les rayons, est appellé *télescope catoptrique*. *Voyez* TÉLESCOPE. (*O*)

CATADUPES (*Hydrod.*), nom que les anciens donnoient à ce que nous appellons aujourd'hui *cataractes*. *Voyez* CATARACTE.

CATALOGUE *d'étoiles* (*Astron.*) est la table des positions des différentes étoiles par longitudes & latitudes, ascensions droites & déclinaisons pour une certaine époque : on en trouvera un abrégé *au mot* ÉTOILE.

Le plus ancien *catalogue* est celui qui nous a été conservé par Ptolemée dans son *Almageste*, & qui renferme 1022 étoiles, dont les positions sont à-peu-près pour l'année 63 de l'ere chrétienne: quoiqu'il les ait appliquées à l'année 137; on ne croit pas que Ptolemée en fût l'auteur. Il est plus probable qu'il ne fit que réduire à l'année 137 de J. C. celui d'Hipparque, qui étoit pour l'année 130 avant J. C. en retranchant $2^d\ 40'$ de toutes les longitudes; *Almag. VIII. 2.* Copernic se contenta de même de réduire à son tems le *catalogue* de Ptolemée, sans faire, à ce sujet, de nouvelles observations.

Parmi les arabes, Albategnius & Ulug-Beg; parmi les européens, Tycho-Brahé & Hévélius firent des *catalogues* plus exacts & plus amples. Mais le plus grand & le plus fameux de tous, est le *catalogue britannique* de Flamsteed, qui parut à Londres en 1712, dans son *Historia Cœlestis*, publiée d'abord en un seul volume *in-folio*, & en trois volumes en 1725, & je l'ai fait réimprimer en 1783 dans le huitième volume des éphémérides. C'est sans comparaison le *catalogue* le plus parfait & le plus ample qu'on ait fait: on y trouve les longitudes, latitudes, ascensions droites, & les déclinaisons de 2919 étoiles, pour le commencement de 1690, déterminés par des observations exactes & assidues, que Flamsteed, astronome royal à Greenwich, avoit faites depuis 1676 jusqu'à 1705, avec un arc mural placé dans le méridien.

Dans le recueil de *Tables astronomiques*, publié sous la direction de l'Académie de Berlin, en 1776, il y a un *catalogue* de 4535 étoiles, au lieu de 2919 que contient le *catalogue britannique*; mais on a ajouté les autres d'après les *catalogues* d'Hévélius, de la Caille & de Bradley.

Ce fut la première fois que les astronomes purent compter sur des positions d'étoiles, au point de s'en servir sans examen, pour en conclure celles des planètes. Ce *catalogue* a été la base de tous les calculs & de toutes les théories des astronomes jusqu'au tems où M. le Monnier & l'abbé de la Caille entreprirent de dresser de nouveaux *catalogues* pour l'année 1750, comme nous allons le dire.

On ne pourroit guère compter aujourd'hui sur les positions d'étoiles tirées du *catalogue britannique*, si ce n'est à une ou deux minutes près, parce que bien des étoiles ont des mouvemens propres, qui sont encore inconnus, en sorte qu'il y en a plusieurs qui s'écartent un peu du mouvement commun

commun & de la loi générale : c'est ce qui a déterminé les astronomes à en former de nouveaux.

Le premier *catalogue* d'étoiles de la Caille, fut publié en 1757, dans un livre fort rare actuellement, qui a pour titre, *Astronomiæ fundamenta*: j'ai inséré ce *catalogue* dans mon *Astronomie*; il est composé de 397 étoiles principales, dont il avoit déterminé les positions avec une exactitude inconnue jusqu'alors. Il donne dans le même livre les observations qui avoient servi à dresser ce *catalogue*; savoir, les hauteurs correspondantes de toutes ces étoiles prises au nombre de dix à douze pour chaque étoile, & les distances au zénit, mesurées aussi à plusieurs reprises avec deux instrumens de six pieds de rayon : ces 397 étoiles lui coûterent plus de tems & de peine, que n'auroient fait 4000, en suivant la méthode de Flamsteed; aussi M. de la Caille y avoit travaillé pendant dix ans, & tous les astronomes ont regardé ces positions d'étoiles comme le vrai fondement actuel de l'Astronomie, & comme un prodige de travail.

Ce premier *catalogue* a été suivi de celui de 1942 étoiles australes; elles étoient choisies sur le nombre d'environ dix mille, que M. de la Caille observa au cap de Bonne-Espérance & aux îles de France & de Bourbon, depuis 1751 jusqu'en 1754, en les comparant aux étoiles primitives du *catalogue* précédent. On n'a point encore osé entreprendre de calculer les 8000 étoiles restantes. Ce second *catalogue* est imprimé dans les *Mémoires de l'Académie* pour 1752, *pag. 539*, & dans le *Recueil* des observations des dix mille étoiles australes, intitulé : *Cœlum australe*, que M. Maraldi nous a procuré en 1763. Il se trouve à Paris chez Desaint, prix 15 livres; il y en a peu d'exemplaires.

Le troisième *catalogue* de M. de la Caille, est celui des étoiles zodiacales, au nombre d'environ 600, qu'il observa à Paris pendant l'hiver de 1762, avec une lunette méridienne. Ce dernier ouvrage, qui lui coûta la vie, est resté imparfait; cependant la plus grande partie est achevée, & M. Bailly en ayant fini les calculs, il l'a publié à la tête du volume des *Ephémérides*, que M. de la Caille avoit calculées pour les années 1765 – 1774; mais les calculs n'ayant été faits qu'une fois, il s'y trouve diverses imperfections.

Dans le même tems, M. le Monnier s'occupoit aussi du projet d'établir les fondemens de l'Astronomie par un nouveau *catalogue* d'étoiles; il en a publié les principaux résultats dans les trois premiers livres de ses *Observations*, imprimées au Louvre, *in-folio*.

M. Mayer, qui faisoit à Gottingue de semblables observations, a laissé un *catalogue* de 998 étoiles, fort exact, qui est imprimé dans ses *Œuvres posthumes*, & dans la *Connoissance des tems*, de 1778.

Il nous reste à desirer un *catalogue* des étoiles boréales plus récent que le *catalogue britannique*, & aussi détaillé que celui que M. de la Caille a fait pour les étoiles australes. Cet astronome infatigable, songeoit à l'entreprendre & à s'établir pour quelque tems dans une des villes méridionales de France, où l'on jouit d'un plus beau ciel qu'à Londres & à Paris; une mort prématurée a privé l'Astronomie de cet important ouvrage. M. Dagelet, professeur à l'Ecole Militaire, a eu le courage de l'entreprendre, & il en est occupé actuellement. (Août 1783.)

On a publié en Angleterre, en 1771, dans le *nautical Almanac* de 1773, un *catalogue* précieux de 387 étoiles, dont les ascensions droites, les déclinaisons, les longitudes & les latitudes ont été calculées d'après les observations du célèbre docteur Bradley, mort en 1762, & réduites à 1760. C'est une partie intéressante des observations faites pendant un grand nombre d'années à l'observatoire royal de Greenwich avec d'excellens instrumens, mais qui sont encore entre les mains des héritiers de l'auteur. Ce *catalogue* a été imprimé par Fortin, dans son édition de l'*Atlas de Flamsteed*: on en trouve l'errata dans le huitième volume des *Ephémérides*. (*D. L.*)

CATARACTE, s. f. (*Hydrod.*) chûte ou précipice dans le canal ou lit d'une rivière, qui à pour cause des rochers, ou d'autres obstacles qui arrêtent le courant, & font tomber l'eau avec beaucoup de bruit & une grande impétuosité.

M. de Maupertuis, dans la relation de son voyage au nord pour la mesure de la terre, parle des *cataractes* du fleuve de Tornéo, & de la manière dont les gens du pays les franchissent dans des nacelles fort minces. On peut voir aussi dans le tome I de l'*Histoire ancienne* de M. Rollin, la description abrégée des *cataractes* du Nil, & de l'intrépidité avec laquelle les peuples du pays s'y exposent.

Strabon appelle aussi *cataractes* ce qu'on appelle aujourd'hui *cascade*; & ce que nous appellons présentement *cataracte*, les anciens l'appelloient *catadupes*.

Dans presque tous les fleuves, dit M. de Buffon, la pente va en diminuant jusqu'à leur embouchure, d'une manière assez insensible; mais il y en a dont la pente est très-brusque dans certains endroits, ce qui forme ce qu'on appelle une *cataracte*, qui n'est autre chose qu'une chûte d'eau plus vive que le courant ordinaire du fleuve. Le Rhin, par exemple, a deux *cataractes*; l'une à Bilefeld, & l'autre auprès de Schafhouse. Le Nil en a plusieurs, & entr'autres deux qui sont très-violentes, & qui tombent de fort haut entre deux montagnes : la rivière Vologda, en Moscovie, a aussi deux *cataractes* auprès de Ladoga : le Zaïre, fleuve de Congo, commence par une forte *cataracte* qui tombe du haut d'une montagne. Mais la plus fameuse *cataracte* est celle de la rivière de Niagara, en Canada ; elle tombe de cent cinquante-six pieds de hauteur perpendiculaire, comme un torrent prodigieux, & elle a plus d'un quart de lieue de largeur : la brume ou le brouillard que l'eau fait en tombant, se voit de cinq lieues, & s'élève jusqu'aux nues ; il s'y forme un très-bel arc-en-ciel lorsque le soleil donne dessus. Au-dessous de cette *cataracte*, il y a des tournoiemens d'eau si terribles, qu'on ne peut y naviguer jusqu'à six milles de distance ; & au-dessus de la *cataracte*, la rivière est beaucoup plus étroite qu'elle ne l'est dans les terres supérieures. *V. Transact. philos. abr. vol. vj, part. ij, pag. 119.* Voici la description qu'en donne le P. Charlevoix : « Mon premier soin fut » de visiter la plus belle cascade qui soit peut-être » dans la nature ; mais je reconnus d'abord que le » baron de la Hontan s'étoit trompé sur sa hau- » teur & sur sa figure, de manière à faire juger » qu'il ne l'avoit point vue.

» Il est certain que si l'on mesure sa hauteur par » les trois montagnes qu'il faut franchir d'abord, » il n'y a pas beaucoup à rabattre des six cens » pieds que lui donne la carte de M. de l'Isle, » qui sans doute n'a avancé ce paradoxe que sur » la foi du baron de la Hontan & du P. Hen- » nepin : mais après que je fus arrivé au sommet » de la troisième montagne, j'observai que dans » l'espace de trois lieues que je fis ensuite jusqu'à » cette chûte d'eau, quoiqu'il faille quelquefois » monter, il faut encore plus descendre ; & c'est » à quoi ces voyageurs paroissent n'avoir pas fait » assez d'attention. Comme on ne peut approcher » la cascade que de côté, ni la voir que de pro- » fil, il n'est pas aisé d'en mesurer la hauteur avec » les instrumens : on a voulu le faire avec une » longue corde attachée à une longue perche ; & » après avoir souvent réitéré cette manœuvre, on » n'a trouvé que cent quinze ou cent vingt pieds » de profondeur. Mais il n'est pas possible de » s'assurer si la perche n'a pas été arrêtée par » quelque rocher qui avançoit ; car quoiqu'on l'eût » toujours retirée mouillée, aussi-bien qu'un bout » de la corde à quoi elle étoit attachée, cela ne » prouve rien, puisque l'eau qui se précipite de » la montagne rejaillit fort haut en écumant. Pour » moi, après l'avoir considérée de tous les endroits » d'où on peut l'examiner à son aise, j'estime » qu'on ne sauroit lui donner moins de cent qua- » rante ou cent cinquante pieds.

» Quant à la figure, elle est en fer à cheval, » & elle a environ quatre cens pas de circonfé- » rence ; mais précisément dans son milieu, elle » est partagée en deux par une île fort étroite & » d'un demi-quart de lieue de long qui y aboutit. » Il est vrai que ces deux parties ne tardent pas » à se rejoindre ; celle qui étoit de mon côté, & » qu'on ne voyoit que de profil, a plusieurs pointes » qui avancent : mais celle que je découvrois en » face me parut fort unie. Le baron de la Hon- » tan y ajoute un torrent qui vient de l'ouest : il » faut que dans la fonte des neiges les eaux sau- » vages viennent se décharger là par quelque ra- » vine, *&c.* » *Pag. 332, &c., tom. iij.*

Il y a, continue M. de Buffon, une *cataracte* à trois lieues d'Albanie, dans la nouvelle Yorck, qui a environ cinquante pieds de hauteur ; & de cette chûte d'eau, il s'élève aussi un brouillard dans lequel on apperçoit un léger arc-en-ciel, qui change de place à mesure qu'on s'en éloigne ou qu'on s'en approche. *Voyez Transact. philos. abr. vol. vj, pag. 119.*

En général, dans tous les pays où le nombre d'hommes n'est pas assez considérable pour former des sociétés policées, les terreins sont plus irréguliers & le lit des fleuves plus étendu, moins égal & rempli de *cataractes*. Il a fallu des siècles pour rendre le Rhône & la Loire navigables ; c'est en contenant les eaux, en les dirigeant & en nettoyant le fond des fleuves, qu'on leur donne un cours assuré. Dans toutes les terres où il y a peu d'habitans, la nature est brute & quelquefois difforme. *Hist. nat.* de MM. de Buffon & Daubenton, *tom. j.*

Il est dit dans la Genèse, à l'occasion du déluge, que les *cataractes du ciel furent ouvertes.* Il y a apparence que le mot de *cataractes* en cet endroit, signifie un *grand réservoir d'eau.*

M. Neuton a donné le nom de *cataracte* à la courbe que décrivent, selon lui, les particules d'un fluide qui s'échappe d'un vase par un trou horizontal. *Voyez* HYDRODYNAMIQUE. (*O*)

CATHETE, *en Géométrie*, se prend généralement pour désigner une ligne qui tombe perpendiculairement sur une autre ligne ou sur une surface. *Voyez* PERPENDICULAIRE.

Les deux petits côtés d'un triangle rectangle sont deux *cathètes*. *Voyez* RECTANGLE.

Ce mot est principalement en usage dans la catoptrique, ou dans la partie de l'optique qui considère les propriétés des rayons de lumière réfléchis.

CATOPTRIQUE, s. f. science de la vision réfléchie, ou la partie de l'optique qui enseigne les loix que suit la lumière réfléchie par les miroirs. *Voyez* MIROIR & RÉFLEXION ; *voyez aussi* VISION, LUMIERE & OPTIQUE. Vous trouverez à ces articles les principes & les loix de la *catoptrique*. Ce mot vient du grec κάτοπτρον, *speculum* ; formé de κατὰ & ὄπτομαι, *video*, je vois.

La *catoptrique* traite non-seulement de la réflexion des rayons de lumière & des loix que suit cette réflexion ; elle traite aussi des phénomènes qui en résultent par rapport à la vision, & cette partie est extrêmement curieuse. Cependant les principes n'en sont pas encore bien développés, sur-tout par rapport à ce qui concerne le lieu de l'image & sa grandeur apparente. Sur quoi *voyez l'article* APPARENT.

Les principaux auteurs qui ont traité de la *catoptrique*, sont parmi les anciens, Euclide avant

J. C., Alhazen & Vitellion dans les onze & douzième siècles; & parmi les modernes, le P. Tacquet, le P. Fabri, dans son livre, intitulé : *Synopsis optica;* Jacques Grégory, dans son *Optica promota,* & sur-tout le célèbre Isaac Barrow dans ses *Leçons optiques.* Ce dernier ouvrage est sans contredit le meilleur; l'auteur semble y avoir démontré les loix de la *catoptrique* par des principes plus exactes & plus lumineux que les auteurs qui l'ont précédé; cependant il ne traite que des propriétés des miroirs sphériques, soit concaves, soit convexes, & il ne dit rien des miroirs plans. Les propriétés de ces derniers miroirs sont démontrées fort au long dans le premier livre de la *Catoptrique* du P. Tacquet, imprimé dans le recueil de ses œuvres, *in-folio.* M. Smith, dans son *Optique,* a aussi traité avec beaucoup d'étendue des loix de la *catoptrique.*

Catoptrique se prend aussi adjectivement pour ce qui a rapport à la *catoptrique,* ou ce qui s'exécute par des rayons réfléchis. Ainsi, on dit *cadran catoptrique, télescope catoptrique,* &c. *Voyez* CADRAN, TÉLESCOPE, &c. (*O*)

C A U

CAUDA LUCIDA, (*Astron.*) la queue du lion, est une étoile de la première ou seconde grandeur. Sa longitude, en 1750, étoit de $168^{d}\ 9'$, sa latitude de $12^{d}\ 17'$. *Voyez* LION.

CAUSES *finales* (*Méch.*). Le principe des *causes finales* consiste à chercher les *causes* des effets de la nature par la fin que son auteur a dû se proposer en produisant ces effets. On peut dire plus généralement, que le principe des *causes finales* consiste à trouver les loix des phénomènes par des principes métaphysiques.

Ce mot a été fort en usage dans la philosophie ancienne, où l'on rendoit raison de plusieurs phénomènes, tant bien que mal, par les principes métaphysiques, tant bons que mauvais. Par exemple, l'on disoit : *L'eau monte dans les pompes, parce que la nature a horreur du vuide;* voilà le principe métaphysique absurde par lequel on expliquoit ce phénomène. Aussi le chancelier Bacon, ce génie sublime, ne paroît pas faire grand cas de l'usage des *causes finales* dans la physique. *Causarum finalium,* dit-il, *investigatio sterilis est, & tanquam virgo Deo consecrata, nil parit. De augm. scient. lib. iij, cap. 5.* Quand ce grand génie parloit ainsi, il avoit sans doute en vue le principe des *causes finales,* employé même d'une manière plus raisonnable que ne l'employoient les scholastiques; car l'horreur du vuide, par exemple, est un principe plus que stérile, puisqu'il est absurde. Bacon avoit bien senti que nous voyons la nature trop en petit pour pouvoir nous mettre à la place de son auteur; que nous ne voyons pas quelques effets qui tiennent à d'autres, & dont nous n'appercevons que la chaîne; que la *fin* du Créateur doit presque toujours nous échapper, & que c'est s'exposer à bien des erreurs que de vouloir la démêler, & sur-tout expliquer par-là les phénomènes. Descartes a suivi la même route que Bacon, & sa philosophie a proscrit les *causes finales* avec la scholastique. Cependant un grand philosophe moderne, M. Leibnitz, a essayé de ressusciter les *causes finales,* dans un écrit imprimé *Act. erud.* 1682, sous le titre de *Unicum opticæ, catoptricæ, & dioptricæ principium.* Dans cet ouvrage, M. Leibnitz se déclare hautement pour cette manière de philosopher, & il en donne un essai, en déterminant les loix que suit la lumière.

La nature, dit-il, agit toujours par les voies les plus simples & les plus courtes; c'est pour cela qu'un rayon de lumière dans un même milieu va toujours en ligne droite tant qu'il ne rencontre point d'obstacle : s'il rencontre une surface solide, il doit se réfléchir de manière que les angles d'incidence & de réflexion soient égaux, parce que le rayon obligé de se réfléchir, va dans ce cas d'un point à un autre par le chemin le plus court qu'il est possible. Cela se trouve démontré par-tout. *Voyez* MIROIR & RÉFRACTION. Enfin si le globule lumineux rencontre une surface transparente, il doit se rompre de manière que les sinus d'incidence & de réfraction soient en raison directe des vîtesses dans les deux milieux, parce que dans ce cas, il ira d'un point à un autre, dans le tems le plus court qu'il est possible.

M. de Fermat, avant M. Leibnitz, s'étoit servi de ce même principe pour déterminer les loix de la réfraction; & il ne faudroit peut-être que ce que nous venons de dire, pour démontrer combien l'usage des *causes finales* est dangereux.

En effet, il est vrai que dans la réflexion sur les miroirs plans & convexes, le chemin du rayon est le plus court qu'il est possible : mais il n'en est pas de même dans les miroirs concaves; & il est aisé de démontrer que souvent ce chemin, au lieu d'être le plus court, est le plus long. J'avoue que le père Tacquet, qui a adopté dans sa *Catoptrique* ce principe du plus court chemin pour expliquer la réflexion, n'est pas embarrassé de la difficulté des miroirs concaves. Lorsque la nature, dit-il, ne peut pas prendre le chemin le plus court, elle prend le plus long, parce que le chemin le plus long est unique déterminé, comme le chemin le plus court. On peut bien appliquer ici ce mot de Ciceron : *Nihil tam absurdum excogitari potest, quod dictum non sit ab aliquo philosophorum.*

Voilà donc le principe des *causes finales* en défaut sur la réflexion. C'est bien pis sur la réfraction; car en premier lieu, pourquoi dans le cas de réflexion, la nature suit-elle tout à-la-fois le plus court chemin & le plus court tems; au lieu que dans la réfraction, elle ne prend que le plus court tems, & laisse le plus court chemin? On dira qu'il a fallu choisir, parce que dans le cas de la réfraction, le plus court tems & le plus court chemin ne peuvent s'accorder ensemble. A la bonne heure; mais pourquoi préférer le tems au chemin? En second lieu, suivant MM. Fermat & Leibnitz, les sinus sont en raison directe des vitesses, au lieu qu'ils doivent être en raison inverse. *Voyez* RÉFRACTION & ACTION. Reconnoissons donc l'abus des *causes finales* par le phénomène même que leurs partisans se proposent d'expliquer à l'aide de ce principe.

Mais s'il est dangereux de se servir des *causes finales à priori* pour trouver les loix des phénomènes, il peut être utile, & il est au moins curieux de faire voir comment le principe des *causes finales* s'accorde avec les loix des phénomènes, pourvu qu'on ait commencé par déterminer ces loix d'après des principes de méchanique clairs & incontestables. C'est ce que M. de Maupertuis s'est proposé de faire à l'égard de la réfraction en particulier, dans un *Mémoire imprimé parmi ceux de l'Académie des Sciences*, 1744. Nous en avons parlé au mot ACTION. Il fait à la fin & au commencement de ce mémoire, des réflexions très-judicieuses & très-philophiques sur les *causes finales*. Il a depuis étendu ces réflexions, & porté plus loin leur usage dans les *Mémoires de l'Académie de Berlin*, 1746, & dans sa *Cosmologie*. Il montre dans ces ouvrages l'abus qu'on a fait du principe des *causes finales*, pour donner des preuves de l'existence de Dieu par les effets les moins importans de la nature, au lieu de chercher en grand des preuves de cette vérité si incontestable. *Voy. l'article* COSMOLOGIE. Ce qui appartient à la sagesse du Créateur, dit M. de Fontenelle, semble être encore plus au-dessus de notre foible portée, que ce qui appartient à sa puissance. *Eloge de M. Leibnitz.* Voyez aussi des réflexions très-sages de M. Mairan sur le principe des *causes finales*, dans les *Mém. acad.* 1723. (*O*)

CAUSE, s. f. (*Méch.*) se dit de tout ce qui produit du changement dans l'état d'un corps, c'est-à-dire, qui le met en mouvement ou qui l'arrête, ou qui altère son mouvement.

C'est une loi générale de la nature, que tout corps persiste dans son état de repos ou de mouvement, jusqu'à ce qu'il survienne quelque *cause* qui change cet état.

Nous ne connoissons que deux sortes de *causes* capables de produire ou d'altérer le mouvement dans les corps; les unes viennent de l'action mutuelle que les corps exercent les uns sur les autres, à raison de leur impénétrabilité : telles sont l'impulsion & les actions qui en dérivent, comme la traction. *Voyez ces deux mots.* En effet, lorsqu'un corps en pousse un autre, cela vient de ce que l'un & l'autre corps sont impénétrables : il en est de même lorsqu'un corps en tire un autre; car la traction, comme celle d'un cheval attaché à une voiture, n'est proprement qu'une impulsion. Le cheval pousse la courroie attachée à son poitrail; & cette courroie étant attachée au char, le char doit suivre.

On peut donc regarder l'impénétrabilité des corps comme une des *causes* principales des effets que nous observons dans la nature; mais il est d'autres effets dont nous ne voyons pas aussi clairement que l'impénétrabilité soit la *cause*, parce que nous ne pouvons démontrer par quelle impulsion méchanique ces effets sont produits, & que toutes les explications qu'on en a données par l'impulsion, sont contraires aux loix de la méchanique, ou démenties par les phénomènes. Telles sont la pesanteur des corps, la force qui retient les planètes dans leurs orbites, *&c. Voyez* PESANTEUR, GRAVITATION, ATTRACTION, *&c.*

C'est pourquoi, si l'on ne veut pas décider absolument que ces phénomènes aient une autre *cause* que l'impulsion, il faut au moins se garder de croire & de soutenir qu'ils aient l'impulsion pour *cause*: il est donc nécessaire de reconnoître une classe d'effets, & par conséquent de *causes* dans lesquelles l'impulsion ou n'agit point, ou ne se manifeste pas.

Les *causes* de la première espèce, savoir, celles qui viennent de l'impulsion, ont des loix très-connues; & c'est sur ces loix que sont fondées celles de la *percussion*, celles de la *dynamique*, &c. *Voyez ces mots.*

Il n'en est pas de même des *causes* de la seconde espèce. Nous ne les connoissons pas; nous ne savons donc ce qu'elles sont que par leurs effets: leur effet seul nous est connu, & la loi de cet effet ne peut être donnée que par l'expérience, puisqu'elle ne sauroit l'être *à priori*, la *cause* étant inconnue. Nous voyons l'effet; nous concluons qu'il a une *cause* : mais voilà jusqu'où il nous est permis d'aller. C'est ainsi qu'on a découvert, par l'expérience, la loi que suivent les corps pesans dans leur chûte, sans connoître la *cause* de la pesanteur.

C'est un principe communément reçu en méchanique, & très-usité, que *les effets sont proportionnels à leurs causes.* Ce principe cependant n'est guère plus utile & plus fécond que les axiomes. *Voyez* AXIOME. En effet, je voudrois bien savoir de quel avantage il peut être.

1.° S'il s'agit des *causes* de la seconde espèce, qui ne sont connues que par leurs effets, il ne peut jamais servir de rien. Car si l'on ne connoît pas l'effet, on ne connoîtra rien du tout; & si l'on connoît l'effet, on n'a plus besoin du principe, puisque deux effets différens étant donnés, on n'a qu'à les comparer immédiatement, sans s'embarrasser s'ils sont proportionnés ou non à leurs *causes*.

2.° S'il s'agit des *causes* de la première espèce, c'est-à-dire, des *causes* qui viennent de l'impulsion, ces *causes* ne peuvent jamais être autre chose qu'un corps qui est en mouvement, & qui en pousse un autre. Or, non-seulement on a des loix de l'impulsion & de la percussion, indépendamment de ce principe, mais il seroit même possible, si l'on s'en servoit, de tomber dans l'erreur. Je l'ai fait voir, *article 119* de mon *Traité de dynamique*, & je vais le répéter ici en peu de mots.

Soit un corps M qui choque avec la vîtesse u un autre corps en repos m, il est démontré, *voyez* PERCUSSION, que la vîtesse commune aux deux corps après le choc sera $\frac{Mu}{M+m}$. Voilà, si l'on veut, l'effet; la cause est dans la masse M, animée de la vîtesse u. Mais quelle fonction de M & de u prendra-t-on pour exprimer cette *cause?* sera-ce Mu, ou Muu, ou $M2u$, ou Mu^3, &c., & ainsi à l'infini? D'ailleurs, laquelle de ces fonctions qu'on prenne pour exprimer la *cause*, la vîtesse produite dans le corps m variera à mesure que m variera, & ne sera point par conséquent proportionnelle à la *cause*, puisque M & u restant constans, la *cause* reste la même. On dira peut-être que je ne prends ici qu'une partie de l'effet, savoir, la vîtesse produite dans le corps m, & que l'effet total est $\frac{MMu}{M+m}+\frac{Mmu}{M+m}$, c'est-à-dire, la somme des deux quantités de mouvement, laquelle est égale & proportionnelle à la *cause* Mu. A la bonne heure: mais l'effet total dont il s'agit, est composé de deux quantités de mouvement qu'il faut que je connoisse séparément; & comment les connoîtrai-je avec ce principe, que l'*effet est proportionnel à sa cause?* Il faudroit donc diviser la *cause* en deux parties pour chacun des deux effets partiels: comment se tirer de cet embarras?

Il seroit à souhaiter que les méchaniciens reconnussent enfin bien distinctement que nous ne connoissons rien dans le mouvement que le mouvement même, c'est-à-dire, l'espace parcouru & le tems employé à le parcourir, & que les *causes métaphysiques* nous sont inconnues; que ce que nous appellons *causes*, même de la première espèce, n'est tel qu'improprement; ce sont des effets desquels il résulte d'autres effets. Un corps en pousse un autre, c'est-à-dire, ce corps est en mouvement, il en rencontre un autre, il doit nécessairement arriver du changement à cette occasion dans l'état des deux corps, à cause de leur impénétrabilité; on détermine les loix de ce changement par des principes certains, & l'on regarde en conséquence le corps choquant comme la *cause* du mouvement du corps choqué. Mais cette façon de parler est impropre. La *cause métaphysique*, la vraie *cause* nous est inconnue. *Voyez* IMPULSION.

D'ailleurs quand on dit que les *effets sont proportionnels à leurs causes*, ou l'on n'a point d'idée claire de ce qu'on dit, ou l'on veut dire que ces deux *causes*, par exemple, sont entr'elles comme leurs effets. Or, si ce sont deux *causes métaphysiques* dont on veut parler, comment peut-on avancer une pareille assertion? Les effets peuvent se comparer, parce qu'on peut trouver qu'un espace est double ou triple, &c., d'un autre parcouru dans le même-tems; mais peut-on dire qu'une *cause méthaphysique*, c'est-à-dire, qui n'est pas elle-même un effet matériel, & pour ainsi dire palpable, soit double d'une autre *cause métaphysique?* C'est comme si l'on disoit qu'une sensation est double d'une autre; que le blanc est double du rouge, &c. Je vois deux objets, dont l'un est double de l'autre: peut-on dire que mes deux sensations sont proportionnelles à leurs objets?

Un autre inconvénient du principe dont il s'agit, c'est le grand nombre de paralogismes dans lesquels il peut entraîner, lorsqu'on sait mal démêler les *causes* qui se compliquent quelquefois plusieurs ensemble, pour produire un effet qui paroît unique. Rien n'est si commun que cette mauvaise manière de raisonner. Concluons donc que le principe dont nous parlons est inutile, & même dangereux. Il y a beaucoup d'apparence que si l'on ne s'étoit jamais avisé de dire que les effets sont proportionnels à leurs *causes*, on n'eût jamais disputé sur les forces vives. *Voyez* FORCE. Car tout le monde convient des effets. Que n'en restoit-on là? Mais on a voulu subtiliser, & on a tout brouillé, au lieu d'éclaircir tout. (*O*)

CAUSTIQUE, s. f. *dans la Géométrie transcendante*, est le nom que l'on donne à la courbe que touchent les rayons réfléchis ou réfractés par quelque autre courbe. *Voyez* COURBE. Si une infinité de rayons de lumière infiniment proches tombent sur toute l'étendue d'une surface, & que ces rayons soient supposés réfléchis ou rompus suivant les loix de la réflexion & de la réfraction, la suite des points de concours des rayons réfléchis ou rompus infiniment proches, formera un polygone d'une infinité de côtés ou une courbe qu'on appelle *caustique;* cette courbe est touchée par les rayons réfléchis ou rompus, puisque ces rayons ne sont que le prolongement des petits côtés de la *caustique*.

Chaque courbe a ses deux *caustiques*, ce qui fait diviser les *caustiques* en *catacaustiques* & *diacaustiques*; les premières sont formées par réflexion, & les autres par réfraction.

On attribue ordinairement l'invention des *caustiques* à M. Tschirnhausen; il les proposa à l'Académie des Sciences en l'année 1682; elles ont cette propriété remarquable, que lorsque les courbes qui les produisent sont géométriques, elles sont toujours rectifiables.

Ainsi, la *caustique* formée des rayons réfléchis par un quart de cercle, est égale aux $\frac{3}{4}$ du diamètre. Cette rectification des *caustiques* a été antérieure au calcul de l'infini, qui nous a fourni celle de plusieurs autres courbes. *V.* RECTIFICATION. L'Académie nomma un comité pour examiner ces nouvelles courbes; il étoit composé de MM. Cassini, Mariotte & de la Hire, qui révoquèrent en doute la description ou génération que M. Tschirnhausen avoit donnée de la *caustique* par réflexion du quart de cercle: l'auteur refusa de leur découvrir sa méthode, & M. de la Hire persista à soutenir qu'on pouvoit en soupçonner la génération de fausseté. Quoi qu'il en soit, M. Tschirnhausen la proposoit avec tant de confiance, qu'il l'envoya aux actes de Leipsick, mais sans démonstration. M. de la Hire a fait voir depuis dans son *traité des Epicycloïdes*, que M. Tschirnhausen s'étoit effectivement trompé dans la description de cette *caustique*. On trouve dans l'*Analyse des infiniment petits de M. le marquis de l'Hopital*, une méthode pour déterminer les *caustiques* de réflexion & de réfraction d'une courbe quelconque, avec les propriétés générales de ces sortes de courbes, que le calcul des infiniment petits rend très-aisées à découvrir & à entendre.

Le mot *caustique* vient du grec *χαίω*, *je brûle*, parce les rayons étant ramassés sur la *caustique* en plus grande quantité qu'ailleurs, peuvent y brûler, si la *caustique* est d'une fort petite étendue. Dans les miroirs paraboliques, la *caustique* des rayons parallèles à l'axe est un point qu'on nomme le *foyer de la parabole*.

Dans les miroirs sphériques d'une étendue de 20 à 30 degrés, la *caustique* des rayons parallèles à l'axe est d'une très-petite étendue, ce qui rend les miroirs sphériques & paraboliques capables de brûler.

Si plusieurs rayons partent d'un point & tombent sur une surface plane, les rayons réfléchis prolongés se réuniront en un point; & pour trouver ce point, il n'y a qu'à mener du point d'où les rayons partent une perpendiculaire à la surface plane, prolonger cette perpendiculaire jusqu'à ce que la partie prolongée lui soit égale, & le point cherché sera à l'extrémité de cette partie prolongée. *Voyez* MIROIR.

Cette proposition peut faire naître sur les *caustiques* une difficulté capable d'arrêter les commençans, & qu'il est bon de lever ici. On sait que dans la Géométrie des infiniment petits, une portion de courbe infiniment petite est regardée comme une ligne droite dont la tangente est le prolongement. Supposons donc un petit côté de courbe prolongé en tangente, & imaginons deux rayons infiniment proches qui tombent sur ce petit côté; il semble, d'après ce que nous venons de dire, que pour trouver le point de concours des rayons réfléchis, il suffise de mener du point d'où les rayons partent une perpendiculaire à cette tangente, & de prolonger cette perpendiculaire d'une quantité égale. Cependant le calcul & la méthode de M. de l'Hopital font voir que l'extrémité de cette perpendiculaire n'est pas un point de la *caustique*. Comment donc accorder tout cela? Le voici. En considérant la petite portion de courbe comme une ligne droite, il faudroit que les perpendiculaires à la courbe, tirées aux deux extrémités du petit côté, fussent exactement parallèles, comme elles le seroient si la surface totale au lieu d'être courbe étoit droite: or cela n'est pas; les perpendiculaires concourent à une certaine distance, & forment par leur concours ce qu'on appelle le *rayon de la développée*. *Voyez* DÉVELOPPÉE. Ainsi, il faut avoir égard à la position de ces perpendiculaires concourantes pour déterminer la position des rayons réfléchis, & par conséquent leur point de concours, qui est tout autre que si la surface étoit droite. En considérant une courbe comme un polygone, les perpendiculaires à la courbe ne doivent pas être les perpendiculaires aux côtés de la courbe; ce sont les lignes qui divisent en deux également l'angle infiniment obtus que forment les petits côtés; autrement, au point de concours de deux petits côtés, il y auroit deux perpendiculaires, une pour chaque côté. Or cela ne se peut, puisqu'à chaque point d'une courbe il n'y a qu'une perpendiculaire possible. Les rayons incidens & réfléchis doivent faire avec la perpendiculaire des angles égaux. D'après cette remarque sur les perpendiculaires, on peut déterminer les *caustiques* en regardant les courbes comme polygones; & on ne trouvera plus aucune absurdité ni contradiction apparente entre les principes de la Géométrie de l'infini. *Voyez* DIFFÉRENCIEL, INFINI, &c. (*O*)

CAZIMI, (*Astron.*) ce mot arabe est employé par les astronomes de ce pays pour marquer le disque du soleil; lorsqu'ils disent qu'une telle planète *est en cazimi*, c'est comme s'ils vouloient dire qu'elle ne paroît point éloignée de 16 minutes du centre du soleil, le demi-diamètre de cet astre étant de 16 minutes.

C E G

CEGINUS, s. m. (*Astr.*) est une étoile de la troisième grandeur, dans l'épaule gauche du bouvier marquée γ; la latitude est $49^d\ 33'\ \frac{1}{2}$, sa longitude en 1750, 6 signes $14^o\ 9'$. (*O*)

CÉLÉRITÉ, s. f. (*Méchanique*) est proprement la vitesse d'un corps en mouvement, ou cette affection du corps en mouvement, par laquelle il est mis en état de parcourir un certain espace dans un certain tems. *Voy.* VITESSE, ESPACE; *voyez aussi* MOUVEMENT.

Ce mot s'emploie presque toujours dans un sens figuré. On se sert rarement du mot de *célérité* pour exprimer la vitesse d'un corps en mouvement: mais on s'en sert souvent dans l'usage ordinaire; lorsqu'on dit, par exemple, qu'une telle affaire demande expédition & *célérité*, &c. Ce mot vient du latin *celeritas*, qui signifie la même chose. (*O*)

CÉLIDOGRAPHIE (*Astron.*) nom que Bianchini a donné à sa description des taches de vénus, ce mot vient de Κηλὶς, Κηλῖδος, *macula*. *Voyez* son ouvrage intitulé, *hesperi & phosphori nova phenomena.*

CEN

CENTAURE, (*Astron.*) constellation méridionale, *centaurus*, *semivir*, *pelenor*, Chiron; Phillyrides, *pelethronius*, *pholos*, *minotaurus*, *acris venator*; chez les Arabes *albeze* : ils peignent un ours sur un cheval. Les *centaures* étoient un peuple de nomades ou de pâtres, errants aux environs du mont ossa, qu'on disoit avoir inventé l'art de dompter les chevaux; de-là vient la fable qui les faisoit demi-hommes & demi-chevaux. Les anciens crurent qu'il existoit véritablement une race d'hommes de cette forme, & l'on en montroit un à Rome conservé dans le miel. (Pline, VIII, 3, Freret, Déf. de la chron., *pag. 143.*) On appella aussi *centaures* les gardes de Saturne, & en général ceux qui passèrent pour inventeurs de l'art d'exercer les chevaux, ou de garder les troupeaux à cause des mots Κέντρον, *éperon*, & ταῦρος, *taureau.* De-là vient que l'on attribue à plusieurs héros de la fable la constellation du *centaure* : d'autres ont dit que c'étoit le *centaure* Chiron, représenté moitié homme & moitié cheval, parce qu'il avoit sû rendre l'art de la médecine utile aux hommes & aux chevaux; enfin d'autres prétendent que c'est le symbole de la volupté qui rend l'homme semblable aux animaux; mais nous ignorons totalement la première origine de l'allégorie qui a fait placer un *centaure* dans les constellations. On lui mettoit dans les mains une outre pleine de vin, symbole des vendanges, qui arrivoient tant que le soleil étoit près de cette constellation, comme l'observe M. Dupuis. (*Astron. T. IV. pag. 484* & *488.*) On en a fait le septième travail d'Hercule, ou son triomphe sur un taureau furieux, parce que le soleil dans le signe du versau faisoit disparoître ce monstre minotaure ou cette constellation.

Le *centaure* ne renferme que cinq étoiles dans le catalogue britannique, mais il y en a un grand nombre dans le catalogue de la Caille, une entre autres de la première grandeur, qui avoit en 1750 215° 42′ 29″ d'ascension droite, & 59° 47′ 8″ de déclinaison australe, en sorte qu'elle passe à près de 19 degrés au-dessous de notre horizon. (*D. L.*)

CENTIEME, adj. (*Arith.*), partie d'un tout supposé divisé en cent parties égales.

CENTRAL, adj. (*Méchanique*) se dit de ce qui a rapport à un centre. *Voyez* CENTRE.

C'est ainsi que nous disons *éclipse centrale*, *feu central*, *force centrale*, *règle centrale*, &c. *Voyez les articles* FEU, ÉCLIPSE, *&c.*

Forces centrales, sont des forces ou puissances par lesquelles un corps mû tend vers un centre de mouvement, ou s'en éloigne.

C'est une loi générale de la nature, que tout corps tend à s'émouvoir en ligne droite; par conséquent, un corps qui se meut sur une ligne courbe, tend parfaitement à s'échapper par la tangente de cette courbe : ainsi, pour l'empêcher de s'échapper suivant cette tangente, il faut nécessairement une force qui l'en détourne & qui le retienne sur la courbe. Or, c'est cette force qu'on appelle *force centrale*. Par exemple un corps *A* (*Méchan. fig. 24*) qui se meut sur le cercle *B E A*, tend à se mouvoir au point *A* suivant la tangente *A G*, & il se mouvroit effectivement suivant cette tangente, s'il n'avoit pas une *force centrale* qui le pousse vers le point *C*, & qui lui feroit parcourir la ligne *A M* dans le même tems qu'il parcourroit *A D*; de sorte qu'il décrit la petite portion de courbe *A E*.

Remarquez qu'il n'est pas nécessaire que la *force centrale* soit toujours dirigée vers un même point : elle peut changer de direction à chaque instant, il suffit que sa direction soit différente de celle de la tangente, pour qu'elle oblige le corps à décrire une courbe. *Voyez* CENTRE DE MOUVEMENT; *voyez aussi* FORCE.

Les *forces centales* se divisent en deux espèces, eu égard aux différentes manières dont elles sont dirigées par rapport au centre, savoir en *centripetes* & en *centrifuges*. *Voyez ces mots.*

Loix des forces centrales. Le célèbre M. Huygens est le premier qui ait découvert ces loix. Mais outre qu'il les a données sans démonstration, il ne s'est appliqué qu'à déterminer les loix des *forces centrales* dans le cas où le corps décrit un cercle. Plusieurs auteurs ont démontré depuis les loix données par M. Huygens, & le célèbre M. Neuton a étendu la théorie des *forces centrales* à toutes les courbes possibles.

Parmi les auteurs qui ont démontré les propositions de M. Huygens, personne ne l'a fait plus clairement & d'une manière plus simple, que le marquis de l'Hopital dans les *Mémoires de l'Académie de* 1701. 1.° Il commence par enseigner la manière de comparer la *force centrale* avec la pesanteur; & il donne là-dessus la règle générale suivante, qui renferme toute la théorie des *forces centrales.*

Supposons qu'un corps d'un poids déterminé se meuve uniformément autour d'un centre avec une certaine vitesse, il faudra trouver de quelle hauteur il devroit être tombé pour acquérir cette vitesse; après quoi on fera cette proportion : comme le rayon du cercle que le corps décrit est au double de cette hauteur, ainsi son poids est à sa force centrifuge. Il est visible que par cette proportion on peut toujours trouver le rapport de la *force centrale* d'un corps à son poids; & que par conséquent on pourra facilement comparer les *forces centrales* entr'elles. Mais si on veut se contenter de comparer les *forces centrales* entr'elles sans les comparer avec la pesanteur ; on peut se servir de ce théorème, que les *forces centrales* de deux corps sont entr'elles comme les produits de leurs masses multipliées par les quarrés de leurs vîtesses, divisés par rayons ou par les diamètres des cercles qu'ils décrivent. On peut démontrer cette proposition sans calcul, d'après M. Neuton, de la manière suivante. Imaginons les cercles que ces corps décrivent comme des polygones réguliers semblables, d'une infinité de côtés ; il est certain que les forces avec lesquelles chacun des corps frappe un des angles de ces polygones, sont comme des produits de leurs masses par leurs vîtesses. Or, dans un même tems, ils rencontrent d'autant plus d'angles qu'ils vont plus vîte, & que le cercle est d'un rayon plus petit : donc le nombre des coups dans un même tems, est comme la vîtesse divisée par le rayon, donc le produit du nombre des coups par un seul coup, c'est-à-dire la *force centrale*, sera comme le produit de la masse multipliée par le quarré de la vîtesse, divisé par le rayon.

Donc, si deux corps M, m, décrivent les circonférences C, c, de deux cercles avec des vîtesses V, v, pendant les tems T, t, & que les *forces centrales* de ces corps soient F, f, & les rayons des cercles qu'ils décrivent R, r, on aura $F : f :: \frac{M \times VV}{R} : \frac{mvv}{r}$; de plus on a $V : v :: \frac{C}{T} : \frac{c}{t} :: \frac{R}{T} : \frac{r}{t}$; donc on aura encore $F : f :: \frac{MR}{TT} : \frac{mr}{tt}$.

2.° Il est aisé de conclure de-là, que si deux corps de poids égal décrivent des circonférences de cercles inégaux dans des tems égaux, leurs *forces centrales* seront comme les diamètres AB & HL (*Planc. Méchan. fig.* 24.) ; car si $m = M$ & $t = T$, on aura $F : f :: R : r$; & par conséquent si les *forces centrales* de deux corps qui décrivent des circonférences de deux cercles inégaux, sont comme leurs diamètres, ces corps feront leurs révolutions dans des tems égaux.

3.° La *force centrale* d'un corps qui se meut dans une circonférence de cercle, est comme le quarré de l'arc infiniment petit AE, divisé par le diamètre AB ; car cet arc infiniment petit décrit dans un instant, peut représenter la vîtesse, puisqu'il lui est proportionnel. Ainsi puisqu'un corps décrit dans des tems égaux, par un mouvement uniforme, des arcs égaux AE, la *force centrale* par laquelle le corps est poussé dans la circonférence du cercle, doit être constamment la même.

4.° Si deux corps décrivent par un mouvement uniforme différentes circonférences, leurs *forces centrales* seront en raison composée de la doublée de leur vîtesse, & de la réciproque de leur diamètre ; d'où il s'ensuit que si les vîtesses sont égales, les *forces centrales* seront réciproquement comme les diamètres ; & si les diamètres AB & HL sont égaux, c'est-à-dire si les mobiles se meuvent dans la même circonférence, mais avec des vîtesses inégales, les *forces centrales* seront en raison doublée des vîtesses.

Si les *forces centrales* de deux corps qui se meuvent dans des circonférences différentes, sont égales, les diamètres AB & HL seront en raison doublée des vîtesses.

5.° Si deux corps qui se meuvent dans des circonférences inégales sont animés par des *forces centrales* égales, le tems employé à parcourir la plus grande circonférence sera au tems employé à parcourir la plus petite, en raison soudoublée du plus grand diamètre AB, au moindre HL : c'est pourquoi on aura $T^2 : t^2 :: D : d$; c'est-à-dire que les diamètres des cercles dans les circonférences desquels ces corps sont emportés par une même *force centrale*, sont en raison doublée des tems.

Il s'ensuit aussi de-là, que le tems que des corps poussés par des *forces centrales* égales emploient à parcourir des circonférences inégales, sont proportionnels à leurs vîtesses.

Les *forces centrales* sont en raison composée de la directe des diamètres & de la réciproque des quarrés des tems employés à parcourir les circonférences entières.

6.° Si les tems dans lesquels les corps parcourent les circonférences entières ou des arcs semblables, sont comme les diamètres des cercles, les *forces centrales* seront alors réciproquement comme ces mêmes diamètres.

7.° Si un corps se meut uniformément dans la circonférence d'un cercle avec la vîtesse qu'il acquiert en tombant de la hauteur FA, nous avons dit que la *force centrale* sera à la gravité comme le double de la hauteur FA est au rayon CA; & par conséquent, si on nomme G la gravité du corps, la force centrifuge sera $\frac{2FA \times G}{CA}$. Par-là on connoîtra quelle doit être la force centrifuge & la vîtesse d'un corps attaché à un fil, pour qu'il ne rompe point ce fil en circulant horizontalement : car, supposons qu'un poids de trois livres, par exemple, rompe le fil, & que le poids du corps soit de deux livres, on aura G égal à deux livres, & $\frac{2FA \times 2}{CA}$ devra être plus petit que trois livres, d'où l'on tire $FA < \frac{3CA}{4}$; ainsi, la vîtesse que le corps doit avoir pour ne point rompre le fil, doit être plus petite que celle qu'il acquerroit en tombant d'une hauteur égale aux $\frac{3}{4}$ du rayon. Si le corps circuloit verticalement, il faudroit que $\frac{2AF \times G}{CA} + G$ fût $<$ trois livres.

8.° Si un corps grave se meut uniformément dans la circonférence d'un cercle, & avec la vîtesse qu'il qu'il peut acquérir en tombant d'une hauteur égale à la moitié du rayon : la *force centrale* sera alors égale à la gravité ; réciproquement si la *force centrale* est égale à la gravité, le corps se mouvra dans la circonférence du cercle avec la même vîtesse qu'il auroit acquise en tombant d'une hauteur égale à la moitié du rayon.

9.° Si la *force centrale* est égale à la gravité, le tems qu'elle emploiera à faire parcourir la circonférence entière, sera au tems dans lequel un corps grave tomberoit de la moitié du rayon, comme la circonférence est au rayon.

10.° Si deux corps se meuvent dans des circonférences inégales & avec des vîtesses inégales, de sorte que les vîtesses soient entr'elles en raison réciproque de la soudoublée des diamètres, les *forces centrales* seront en raison réciproque de la doublée des distances au centre des forces.

11.° Si deux corps se meuvent dans des circonférences inégales avec des vîtesses qui soient entr'elles réciproquement comme les diamètres, les *forces centrales* seront en raison inverse des cubes de leurs distances au centre des forces.

12.° Si les vîtesses de deux corps qui se meuvent dans des circonférences inégales, sont en raison inverse de la soudoublée des diamètres, les tems qu'ils emploieront à faire leur révolution entière ou à parcourir des arcs semblables, seront en raison inverse de la triplée des distances du centre des forces : c'est pourquoi si les *forces centrales* sont en raison inverse de la doublée des distances du centre, les tems que les corps emploieront à faire leur révolution entière ou à parcourir des arcs semblables, seront en raison inverse de la triplée des distances.

13.° Ces différentes loix sont aisées à déduire de la formule que nous avons donnée dans l'article 1. pour la comparaison des *forces centrales* entr'elles. Or, pour comparer les *forces centrales* sur des courbes, autres que des cercles, il faut prendre au lieu des rayons des cercles, les rayons de la développée de ces courbes, qui changent à chaque point, & qu'on trouve par des méthodes géométriques : d'où l'on voit que quand un corps décrit une courbe, autre qu'un cercle, la valeur de la *force centrale* change à chaque instant ; au lieu qu'elle est toujours la même quand le corps décrit un cercle. Il faudra de plus diviser la quantité trouvée par le rapport du sinus total au cosinus de l'angle que la direction de la *force centrale* fait avec la tangente.

14.° Si un corps tend à se mouvoir suivant AD (*fig.* 25.) & qu'il soit en même tems sollicité par une force centripete vers un point fixe C, placé dans le même plan, il décrira alors une courbe dont la concavité sera tournée vers C, & dont les différentes aires comprises entre deux rayons quelconques AC & CB, seront proportionnels aux tems employés à parcourir ces aires, c'est-à-dire à parvenir de l'extrémité d'un de ces rayons à l'extrémité de l'autre. Car sans la *force centrale* qui pousse suivant BF, le corps parcourroit dans des tems égaux $BD = AB$: mais à cause de la *force centrale*, il décrira la diagonale BE du parallélogramme $FBDE$ dans le même tems qu'il a décrit AB. Or le triangle $CBA = CBD$, à cause de $BD = AB$; & à cause des parallèles DE, FB, on a $CBE = CBD$. Donc $CBE = CAB$. Donc, &c.

15.° Quelque différentes que soient des *forces centrales* dans des cercles, on pourra toujours les comparer ensemble : car elles seront toujours en raison composée de celle des quantités de matière que contiennent les mobiles, de celles de leur distance au centre, & enfin de l'inverse de la doublée des tems périodiques. Si l'on multiplie donc la quantité de matière de chaque mobile par sa distance du centre, & qu'on divise le produit par le quarré du tems périodique, les quotiens qui résulteront de ces opérations seront entr'eux dans la raison des *forces centrales* : c'est une suite de l'article 1.

16.° Si les quantités de matières sont égales, il faudra diviser les distances par les quarrés des tems périodiques, pour déterminer le rapport des *forces centrales*.

17.° Lorsque la force par laquelle un corps est sollicité vers un point, n'est pas par-tout la même, mais qu'elle augmente ou diminue à proportion de la distance du centre ; cette nouvelle condition fait décrire alors au mobile différentes courbes plus ou moins composées. Si la force décroît en raison inverse des quarrés des distances à ce point, le mobile décrira alors une ellipse, qui est une courbe ovale, dans laquelle se trouvent deux points qu'on nomme *foyers*, dont l'un est alors occupé par le point C, vers lequel se dirige la force dont nous parlons ; de façon qu'à chaque révolution le corps s'approche une fois de ce point, & s'en éloigne une fois. Le cercle appartient aussi à cette espèce de courbe, de sorte que dans ce cas le mobile peut aussi décrire un cercle. Le mobile peut aussi, en lui supposant une plus grande vîtesse, décrire les deux autres sections coniques, la parabole & l'hyperbole ; lesquelles ne retournent point sur elles-mêmes. Si la force croît en même tems que la distance, & en raison de la distance même, le corps décrira encore une ellipse : mais le point vers lequel se dirigera la force sera alors le centre de l'ellipse, & le mobile à chaque révolution s'approchera deux fois & s'éloignera deux fois de ce point. Il peut arriver encore en ce cas que le corps se meuve dans un cercle. *Voyez* ORBITE, PLANÈTE, TRAJECTOIRE & PROJECTILE. *Voyez aussi les principes mathem. de*

M. Neuton, *liv. I. & les élémens de méchan. de* Volf.

Les courbes peuvent être considérées, ou comme courbes rigoureuses, ou comme polygones infinis; or l'expression de la *force centrale* est différente dans les deux cas : ce paradoxe singulier sera expliqué à l'*article* COURBE.

Règle centrale ; c'est une règle ou une méthode qui a été découverte par Thomas Baker, géomètre anglois; au moyen de laquelle on trouve le centre & le rayon du cercle qui peut couper une parabole donnée dans des points, dont les abscisses représentent les racines réelles du troisième ou du quatrième degré, qu'on se propose de construire. *Voyez* CONSTRUCTION.

La *règle centrale* est sur-tout fondée sur cette propriété de la parabole; que si on tire dans cette courbe une perpendiculaire à un diamètre quelconque, le rectangle formé des segmens de cette ligne, est égal au rectangle fait de la portion correspondante du diamètre, & du paramètre de l'axe.

La *règle centrale* est préférable, selon Baker, à la méthode de Descartes pour construire les équations, en ce que, dans cette dernière, on a besoin de préparer l'équation, en lui ôtant le second terme; au lieu que dans celle de Baker on n'a point cet embarras, puisqu'elle donne le moyen de construire, par l'intersection d'un cercle & d'une parabole, toute équation qui ne passe pas le quatrième degré, sans en faire évanouir ni changer aucun terme. *Voyez transactions philosophiq. n.° 157.* Mais il est très-facile, en suivant l'esprit de la méthode de Descartes, de construire par le moyen du cercle & de la parabole, toutes les équations du troisième & du quatrième degré, sans en faire évanouir le second terme. *Voyez la solution de ce problème dans l'article 386 des sections coniques de* M. de l'Hôpital. (*O*)

CENTRE, s. m. (*Géométrie.*) dans un sens général marque un point également éloigné des extrémités d'une ligne, d'une figure, d'un corps, ou le milieu d'une ligne, ou un plan par lequel un corps est divisé en deux parties égales.

CENTRE *d'un cercle* : c'est le point du milieu du cercle, situé de façon que toutes les lignes menées de-là à la circonférence, sont égales. Euclide démontre que l'angle au *centre* est double de celui de la circonférence, c'est-à-dire que l'angle qui est fait de deux lignes qui sont tirées des deux extrémités d'un arc de cercle au *centre*, est double de l'angle que font deux lignes tirées des extrémités d'un même arc, & qui aboutissent à la circonférence. *Voyez* CIRCONFÉRENCE & ANGLE. (*E.*)

CENTRE *d'une section conique* : c'est le point où concourent tous les diamètres. *Voyez* DIAMÈTRE, *voyez aussi* SECTIONS CONIQUES. Ce point est dans l'ellipse en-dedans de la figure, & dans l'hyperbole au-dehors. *Voyez* ELLIPSE & HYPERBOLE.

CENTRE *d'une courbe d'un genre plus élevé* : c'est le point où deux diamètres concourent. *Voyez* DIAMÈTRE.

Lorsque tous les diamètres concourent en un même point, M. Neuton appelle ce point *centre général. Voyez* COURBE. M. l'abbé de Gua, dans *ses usages de l'analyse de Descartes*, a donné une méthode pour trouver les *centres* généraux des courbes, & des remarques importantes sur la définition des *centres* généraux donnée par M. Neuton.

M. l'abbé de Gua appelle *centre général d'une courbe* un point de son plan, tel que toutes les droites qui y passent aient de part & d'autre de ce point des portions égales terminées à la courbe; & il observe, 1.° que cette définition convient assez à l'acception ordinaire du mot *centre.* 2.° Que la définition de M. Neuton est comprise dans la sienne. 3.° Que ce n'est qu'en se servant de sa définition, qu'on peut parvenir aux conditions que M. Neuton a assignées pour les courbes, qui ont, selon ce grand géomètre, un *centre général;* d'où il paroît s'ensuivre que M. Neuton a eu en vue plutôt la définition de M. l'abbé de Gua, que la sienne propre, lorsqu'il a déterminé ces *centres. Voyez l'ouvrage cité de* M. l'abbé de Gua, *pages 17 & suivantes.*

M. Cramer, dans son *introduction à l'analyse des lignes courbes*, donne une méthode très-exacte pour déterminer les *centres* généraux. Dans l'extrait que le *journal des savans de* 1740 a donné de l'ouvrage de M. l'abbé de Gua, on trouve à la fin une remarque assez importante sur la méthode de cet habile géomètre pour trouver les *centres* généraux. (*O*)

CENTRE *de gravité*, (*Méchanique*) : point situé dans l'intérieur d'un corps, de telle manière que tout plan qui y passe, partage le corps en deux segmens qui se font équilibre, c'est-à-dire dont l'un ne peut pas faire mouvoir l'autre.

D'où il s'ensuit que si on empêche la descente du *centre* de gravité, c'est-à-dire si on suspend un corps par son *centre* de gravité, il restera en repos.

La gravité totale d'un corps peut être conçue réunie à son *centre* de gravité. Les droites qui passent par le *centre* de gravité s'appellent *diamètres de gravité ;* ainsi, l'intersection de deux diamètres de gravité détermine le *centre. Voyez* DIAMÈTRE.

Tout plan qui passe par le *centre* de gravité, ou ce qui est la même chose, dans lequel ce *centre* se trouve, s'appelle *plan de gravité ;* & ainsi l'intersection commune de deux plans de gravité, est un diamètre de gravité.

Dans les corps homogènes qui peuvent se diviser en parties égales & semblables, le *centre* de gravité est la même chose que le *centre* de figure ou le point du milieu du corps; c'est pourquoi, si on coupe une droite en deux parties égales, le point de section sera le *centre* de gravité.

Centre commun de gravité de deux corps, c'est un point situé dans la ligne droite qui joint les *centres* de gravité de ces deux corps, de manière que s'il étoit soutenu, le système des deux corps resteroit en repos, & la gravité de l'un de ces deux corps ne pourroit prévaloir sur celle de l'autre; ainsi le point de suspension dans la balance ordinaire ou dans la romaine, c'est-à-dire le point sur lequel les deux poids font équilibre, est le *centre* commun de gravité des deux poids.

LOIX DU CENTRE DE GRAVITÉ : 1.° *Si on joint (Pl. Méchaniq. fig. 26.) les centres de gravité de deux corps* A *&* B*, par une droite* A B*, les distances* B C *&* C A *du centre commun de gravité* C *aux centres particuliers de gravité* B *&* A*, seront entr'elles en raison réciproque des poids. Voyez* BALANCE *&* LEVIER.

Donc si les poids A & B sont égaux, le *centre commun de gravité* C sera dans le milieu de la droite AB. De plus puisque A est à B comme BC est à AC, il s'ensuit que $A \times AC = B \times BC$, ce qui fait voir que les forces des corps en équilibre, doivent être estimées par le produit de la masse & de la distance du *centre* de gravité, ce qu'on appelle ordinairement *moment des corps. Voyez* MOMENT.

De plus, puisque $A : B :: BC : AC$, on en peut conclure que $A + B : A :: BC + AC : BC$; ce qui fait voir que pour trouver le *centre* commun de gravité C de deux corps, il n'y aura qu'à prendre le produit de l'un de ces deux poids par la distance AB des *centres* particuliers de gravité AB; & le diviser par la somme des poids A & B. Supposons, par exemple, $A = 12$, $B = 4$, $AB = 24$, on aura donc $BC = \frac{24 \times 12}{16} = 18$: si le poids A est donné, ainsi que la distance AB des *centres* particuliers de gravité, & le *centre* commun de gravité C, on aura le poids de $B = \frac{A \times AC}{BC}$, c'est-à-dire, qu'on le trouvera, en divisant le moment du poids donné par la distance du poids qu'on cherche, au *centre* commun de gravité : supposons $A = 12$, $BC = 18$, $AC = 6$, & on aura $B = \frac{6 \times 12}{18} = \frac{12}{3} = 4$.

2.° Pour déterminer le *centre commun de gravité de plusieurs corps donnés* a, b, c, d, (*même figure*) trouvez dans la ligne AB le *centre* commun de gravité des deux premiers corps a & b que je supposerai en F; concevez ensuite un poids $a + b$ appliqué en F, & trouvez dans la ligne FE le *centre* commun de gravité des deux poids $a + b$, & c que je supposerai en G; enfin supposez un poids $a + b + c$ appliqué en G, égal aux deux poids $a + b$ & c, & trouvez le *centre* commun de gravité de ce poids $a + b + c$ & de d, lequel je supposerai en H, & ce point H sera le *centre* commun de gravité de tout le système des corps $a + b + c + d$; & on peut trouver de la même manière le *centre* de gravité d'un plus grand nombre de corps tels qu'on voudra.

3.° *Deux poids* D *&* E (*fig. 27.*) *étant suspendus par une ligne* C O *qui ne passe point par leur centre commun de gravité, trouver lequel des deux corps doit emporter l'autre?*

Il faudra pour cela multiplier chaque poids par sa distance du *centre* de suspension, celui du côté duquel se trouvera le plus grand produit, sera le prépondérant, & la différence entre les deux sera la quantité dont il l'emportera sur l'autre.

Les momens des poids D & E, suspendus par une ligne qui ne passe point par le *centre* de gravité, étant en raison composée des poids D & E, & des distances du point de suspension, il s'ensuit encore que le moment d'un poids suspendu précisément au point C, n'aura aucun effet par rapport aux autres poids D & E.

4.° *Soient plusieurs corps*, a, b, c, d, (*fig. 28*) *suspendus en* C *par une droite* C O *qui ne passe point par leur centre de gravité : on propose de déterminer de quel côté sera la prépondérance, & qu'elle en sera la quantité.*

On multipliera pour cela les poids c & d par leur distance CE & CB du point de suspension, & la somme sera le moment de leur poids ou leur moment vers la droite: on multipliera ensuite les poids a & b par leurs distances AC & CD; & la somme sera le moment vers la gauche; on soustraira l'un de ces momens de l'autre, & le reste donnera la prépondérance cherchée.

5.° *Un nombre quelconque de poids* a, b, c, d, *étant suspendus en* C *par une ligne* C O *qui ne passe point par leur centre commun de gravité, & la prépondérance étant vers la droite: déterminer un point* F, *où la somme de tous les poids étant suspendue, la prépondérance continueroit à être la même que dans la première situation.*

Trouvez le moment des poids c & d, c'est-à-dire $c \times CE$ & $d \times CB$; & puisque le moment des poids suspendus en F doit être précisément le même, le moment trouvé des poids c & d sera donc le produit de CF par la somme des poids; & ainsi ce moment étant divisé par la somme des poids, le quotient donnera la distance CF, à laquelle la somme des poids doit être suspendue, pour que la prépondérance continue à être la même qu'auparavant.

6.° *Trouver le centre de gravité d'un parallélogramme & d'un parallélipipède.*

Tirez les diagonales AD & EG (*fig. 29*) ainsi que CB & HF; & puisque chacune des diagonales AD & CB divisent le parallélogramme $ACDB$ en deux parties égales & semblables, chacune d'elles passe donc par le *centre* de gravité;

donc le point d'interſection I eſt le *centre* de gravité d ι parallélogramme.

De même puiſque les plans $CBFH$ & $ADGE$ diviſent le parallélipipède en deux parties égales & ſemblables, ils paſſent l'un & l'autre par ſon *centre* de gravité; & ainſi leur interſection IK eſt le diamètre de gravité, & le milieu en eſt le *centre*.

On pourra trouver de la même manière le *centre* de gravité dans les priſmes & les cylindres, en prenant le milieu de la droite qui joint leurs baſes oppoſées.

Dans les polygones réguliers, le centre de gravité eſt le même que celui du cercle circonſcrit ou inſcrit à ces polygones.

7.° *Trouver le centre de gravité d'un cône & d'une pyramide.* Le *centre* de gravité d'un cône eſt dans ſon axe AC (*fig.* 30); ſi l'on fait donc $AC = a$, $CD = r$, p la circonférence dont le rayon eſt r; $AP = x$, $Pp = dx$, le poids de l'élément du cône ſera $\frac{p r x^2 dx}{2 a^2}$, & ſon moment ſera $\frac{p r x^3 dx}{2 a^2}$; & par conféquent l'intégrale des momens ſera $\frac{p r x^4}{6 a^2}$, laquelle, diviſée par l'intégrale des poids $\frac{p r x^3}{6 a^2}$, donne la diſtance du *centre* de gravité de la portion AMN au ſommet A, $= \frac{6 a^2 p r x^4}{8 a^2 p r x^3} = \frac{3}{4} x$ $= \frac{3}{4} AP$; d'où il s'enſuit que le *centre* de gravité du cône entier eſt éloigné du ſommet des $\frac{3}{4}$ de AC; & on trouve de la même manière la diſtance du *centre* de gravité de la pyramide au ſommet de cette pyramide $= \frac{3}{4} AC$.

8.° *Déterminer le centre de gravité d'un triangle BAC* (*fig.* 31.) Tirez la droite AD au point milieu D de BC; & puiſque le triangle DAB eſt égal au triangle BAC, on pourra donc diviſer chacun de ces triangles en un même nombre de petits poids, appliqués de la même manière à l'axe commun AD, de façon que le *centre* de gravité du triangle BAC ſera ſitué dans AD. Pour déterminer ce point précis, ſoit $AD = a$, $BC = b$, $AP = x$, $MN = y$, & on aura $AP : MN :: AD : BC$,

$$x : y :: a : b$$

ce qui donnera $y = \frac{b x}{a}$; d'où il s'enſuit que le moment $y x dx = \frac{b x^2 dx}{a}$, & $f \cdot y x dx = \frac{b x^3}{3 a}$, intégrale qui, étant diviſée par l'aire AMN du triangle, c'eſt-à-dire, par $\frac{b x^2}{2 a}$ donne la diſtance du *centre* de gravité au ſommet $= \frac{2 a b x^3}{3 ab x^2} = \frac{2}{3} x$; & ainſi ſubſtituant a pour x, la diſtance du *centre* total de gravité au ſommet ſera $= \frac{2}{3} a$.

9.° *Trouver le centre de gravité de la portion de parabole SAH,* (*fig.* 32.) ſa diſtance du ſommet

A ſe trouve être $= \frac{3}{5} AE$ par les méthodes précédentes.

10.° *Le centre de gravité d'un arc de cercle*, eſt éloigné du *centre* de cet arc, d'une droite qui eſt troiſième proportionnelle à cet arc, à ſa corde, & au rayon. La diſtance du *centre* de gravité d'un ſecteur de cercle au *centre* de ce cercle, eſt à la diſtance du centre de gravité de l'arc au même *centre*, comme 2 eſt à 3.

Les *centres* de gravité des ſegmens des conoïdes, des paraboloïdes, des ſphéroïdes, des cones tronqués, &c., demandent des calculs un peu plus compliqués, mais ſe trouvent d'ailleurs de la même manière. *Voyez le cours de* M. Volf.

11.° *Déterminer méchaniquement le centre de gravité d'un corps.* Placez le corps donné HI (*fig.* 33) ſur une corde tendue ou ſur le bord d'un priſme triangulaire FG, & avancez-le plus ou moins, juſqu'à ce que les parties des deux côtés ſoient en équilibre; le plan vertical paſſant par KL, paſſera par le *centre* de gravité: changez la ſituation du corps & avancez-le encore plus ou moins ſur la corde ou ſur le bord du priſme, juſqu'à ce qu'il reſte en équilibre ſur quelques lignes MN; & l'interſection des deux lignes MN & KL déterminera ſur la baſe du corps le point O correſpondant au *centre* de gravité.

On peut faire la même choſe en plaçant le corps ſur une table horizontale, & le faiſant déborder hors de la table le plus qu'il ſera poſſible ſans qu'il tombe, & cela dans deux poſitions différentes en longueur & en largeur: la commune interſection des lignes, qui dans les deux ſituations correſpondront au bord de la table, déterminera le *centre* de gravité; on peut auſſi en venir à bout, en plaçant le corps ſur la pointe d'un ſtyle, juſqu'à ce qu'il reſte en équilibre. On a trouvé dans le corps humain que le *centre* de gravité eſt ſitué entre les feſſes & le pubis, de façon que la gravité du corps eſt ramaſſée en entier dans l'endroit où la nature a placé les parties de la génération; d'où M. Wolf prend occaſion d'admirer la ſageſſe du Créateur, qui a placé le membre viril dans l'endroit qui eſt le plus propre de tous à la copulation; réflexion auſſi fauſſe qu'indécente, puiſque cette loi n'a point lieu dans la plupart des animaux.

12.° Toute figure ſuperficielle ou ſolide, produite par le mouvement d'une ligne ou d'une ſurface, eſt égale au produit de la quantité qui l'engendre, par la ligne que décrit ſon *centre* de gravité. *Voyez l'article* CENTROBARIQUE.

Ce théorème eſt regardé comme une des plus belles découvertes qu'on ait faites dans les derniers tems, & il eſt le fondement de la *méthode centrobarique;* Pappus en eut, à la vérité la première idée: mais c'eſt le P. Guldin, Jéſuite, qui l'a portée à ſa perfection. Leibnitz a prouvé que cette propoſition a encore lieu, ſi l'axe ou le *centre* changeoient continuellement durant le mouvement. On en tire trop de corollaires, pour qu'il ſoit poſſible de les rapporter tous ici en détail. *Voyez, dans les mémoires de l'Académie de 1714, un écrit de* M. Varignon *sur ce sujet.* (CHAMBERS.)

* (*Mouvement du centre de gravité.*) Lorsque plusieurs corps se meuvent semblablement en ligne droite, soit dans un même plan, soit dans des plans différens : leur *centre* de gravité commun se meut aussi de la même manière, ou demeure en repos.

Je vais démontrer cette proposition d'une manière générale, & sans décomposer, comme on fait ordinairement, les mouvemens en d'autres qui soient parallèles à des lignes données de position. Commençons par quelques définitions.

I. On dit que deux corps M & N (*fig.* 34.) décrivent semblablement les droites MQ, NS, lorsque ces lignes & leurs parties correspondantes sont parcourues en tems proportionnels ; c'est-à-dire, si l'on a $MQ : NS :: MP : NR :: PQ : RS$, & que les tems employés à parcourir les lignes entières MQ, NS soient entr'eux comme les tems employés à parcourir les parties correspondantes MP & NR, ou PQ & RS, des deux mêmes lignes.

Par où l'on voit que si les tems employés à parcourir les lignes entières MQ & NS sont égaux, les tems employés à parcourir leurs parties correspondantes MP & NR, PQ & RS, seront aussi égaux.

Il est clair que tous les mouvemens uniformes sont semblables ; car en désignant le tems employé à parcourir une ligne par la lettre initiale T mise au-devant de cette ligne, on a dans ces mouvemens, $MQ : MP :: T.MQ : T.MP$; & $NS : NR :: T.NS : T.NR$. Donc, si on a $MQ : MP :: NS : NR$, on aura $T.MQ : T.MP :: T.NS : T.NR$. D'où il suit que les droites entières MQ, NS, & leurs parties homologues MP, NR, seront parcourues de la même manière. Mais dans ce qui suit, nous envisageons les mouvemens semblables sous un point de vue plus général : ces mouvemens peuvent être uniformes ou variés suivant une loi quelconque, pourvu qu'ils soient astreints à la condition énoncée ci-dessus, laquelle est le caractère de leur similitude. Ensuite on fixera dans chaque cas particulier la signification des mots *semblablement* ou *mouvemens semblables*, par rapport à l'espèce particulière de mouvemens qu'on aura en vue.

J'avertis qu'en parlant des espaces parcourus par des corps, je supposerai, pour abréger le discours, ou que chaque corps est assez petit pour pouvoir être censé concentré en un seul & même point, qu'il est par conséquent permis de prendre pour son *centre* de gravité ; ou que ces espaces sont réellement ceux que parcourent les *centres* de gravité des corps, quelle que soit la grandeur de ces corps.

II. LEMME. *Si dans un quadrilatère quelconque* ABCD (Fig. 35 & 36), *dont les quatre côtés peuvent être situés ou non situés dans un même plan, on divise les côtés opposés, ou les deux diagonales & deux côtés opposés, de manière que l'on ait les deux proportions quelconques,*

$$AF : FB :: DH : HC,$$
$$AE : ED :: BG : GC ;$$

qu'ensuite on tire les droites FH, EG : *ces lignes se couperont en un point* O, *& on aura ces deux suites de proportionnelles,*

$$EO : OG :: AF : FB :: DH : HC,$$
$$FO : OH :: AE : ED :: BG : GC.$$

1.° Menez & prolongez indéfiniment les droites BD, FE, GH. Les deux droites BD, FE sont situées dans le même plan ABD, & par conséquent elles se rencontreront en un point ; de même les deux droites BD, GH se rencontreront, comme étant situées dans le même plan CBD.

Par le point D, menez parallèlement à AB, la droite DI, qui rencontre FE au point I ; & parallèlement à BC, la droite DL, qui rencontre GH au point L. Les triangles semblables AEF, DEI donnent $AE : ED :: AF : DI = \frac{AF \times ED}{AE}$.

De même, à cause des triangles semblables CHG, DHL, on a $DL = \frac{CG \times DH}{CH}$. Donc $DI : DL :: \frac{AF \times ED}{AE} : \frac{CG \times DH}{CH} :: \frac{AF \times CH}{DH} : \frac{CG \times AE}{ED} :: FB : BG$, parce qu'en vertu de l'hypothèse, $FB = \frac{AF \times CH}{DH}$, & $BG = \frac{CG \times AE}{ED}$. D'où il suit, par les principes de la Géométrie, que les trois lignes BD, FI, GL iront concourir en un même point K ; & cela, quand même les droites AD, BC ne seroient pas dans un même plan. Donc les quatre lignes FK, GK, EG, FH sont dans un même plan ; & par conséquent les deux lignes EG, FH se coupent en quelque point O.

2.° Ayant tiré la droite indéfinie FGM, menez CM parallèle à AB ; & du point H, tirez aux points I, M, les droites HI, HM qui sont dans un même plan, lequel contient la droite CD, & les parallèles CM, DI. Les triangles semblables CGM, BGF, l'hypothèse & les triangles semblables DEI, AEF, donnent cette suite de rapports égaux, $CM : BF :: CG : GB :: DE : AE :: DI : AF$. Ainsi, $CM : BF :: DI : AF$, ou *alternando* $CM : DI :: BF : AF :: CH : HD$. Donc les deux triangles CHM, DHI sont semblables, puisque les angles C & D sont égaux comme formés par des côtés parallèles chacun à chacun, & que ces angles sont compris entre côtés proportionnels. Donc les trois points

M, *H*, *I*, sont placés sur une seule & même ligne droite.

Les triangles semblables *CGM*, *BGF*, l'hypothèse & les triangles semblables *DEI*, *AEF* donnent cette suite de rapports égaux, *GM* : *GF* :: *CG* : *GB* :: *DE* : *AE* :: *EI* : *EF*. D'où il résulte, par la Géométrie, que les droites *IM*, *EG* sont parallèles.

Maintenant, les parallèles *EG*, *IM*, les triangles semblables *DHI*, *CHM*, & l'hypothèse donnent *EO* : *OG* :: *IH* : *HM* :: *DH* : *HC* :: *AF* : *FB*. Ainsi, on aura *EO* : *OG* :: *AF* : *FB* :: *DH* : *HC*.

3.° On aura par des considérations semblables, *FO* : *OH* :: *FE* : *EI* :: *AE* : *ED* :: *BG* : *GC*.

III Théorême. *Si deux corps* A & B, (*Fig.* 37 & 38) *décrivent semblablement & en même tems les droites* AD, BC, *situées ou non situées dans un même plan, & que le centre de gravité de leur système se meuve; ce centre aura un mouvement semblable à ceux des corps* A & B.

Ayant mené les droites *AB*, *CD*, divisez ces lignes aux points *F*, *H*, de manière que l'on ait *B* : *A* :: *AF* : *FB* :: *DH* : *HC* : le point *F* sera le centre de gravité du système des deux corps au moment qu'ils commencent à parcourir les deux droites *AD*; *BC*; & le point *H* sera le centre de gravité du système, au moment où ils acheveront de parcourir les mêmes lignes. Ainsi, il faut démontrer que si l'on tire la droite *FH*, le centre de gravité du système sera continuellement sur cette ligne, & qu'il la décrira avec un mouvement semblable à ceux des corps *A* & *B*.

Divisez les droites *AD*, *BC*, aux points indéterminés *E* & *G*, de manière qu'on ait *AE* : *ED* :: *BG* : *GC*; & menez la droite *EG*. Les deux corps ayant des mouvemens semblables, arriveront en même tems aux deux points *E* & *G*. Or, à cause des deux proportions *AF* : *FB* :: *DH* : *HC*, & *AE* : *ED* :: *BG* : *GC*, les droites *FH*, *EG* se coupent au point *O*, & on a les deux suites de proportionnelles, *EO* : *OG* :: *AF* : *FB* :: *DH* : *HC* :: *B* : *A*; *FO* : *OH* :: *AE* : *ED* :: *BG* : *GC*. D'où il suit que le centre de gravité du système arrive en *O*, lorsque les corps arrivent en *E* & *G*; & que ce *centre* se meut d'un mouvement semblable à ceux des mêmes corps.

IV. Corollaire I. En regardant les deux corps *A* & *B* comme réunis au *centre* de gravité de leur système, & ne formant qu'un seul & même corps qui décrit la droite *FH*; si l'on combine ce corps avec un autre qui se meuve de la même manière, on verra, par la démonstration précédente, que le centre de gravité du nouveau système se mouvra d'un mouvement semblable à ceux des corps dont le système est composé. La même chose se démontrera, en allant de proche en proche, pour un système composé de quatre corps, de cinq corps, & en général d'un nombre quelconque de corps.

Ainsi, on peut dire en général que si dans un système composé d'un nombre quelconque de corps, tous les corps se meuvent semblablement & en même tems, le centre de gravité de tout le système se mouvra de la même manière.

V. Corollaire II. Si les droites *AD*, *BC* décrites par les deux corps *A* & *B*, sont dans un même plan, la droite *FH* décrite par le *centre* de gravité de leur système, sera aussi dans ce même plan; & si l'on a un troisième corps qui se meuve comme les deux premiers & dans le même plan qu'eux, le centre de gravité du système des trois corps se mouvra aussi semblablement, & dans le même plan. Ainsi de suite, pour un système composé d'un nombre quelconque de corps qui se mouvroient tous semblablement, en même tems, & dans un même plan.

VI. Corollaire III. Supposons que les droites *AD*, *BC*, (*fig.* 39 & 40) décrites par les deux corps proposés *A* & *B*, soient parallèles, & par conséquent dans un même plan. Les droites *BA*, *CD*, qui sont situées dans ce plan, étant prolongées s'il est nécessaire, se rencontreront en un point *S*; & puisqu'on a *B* : *A* :: *AF* : *FB* :: *DH* : *HC*, on aura *componendo* *AF* : *AF* + *FB*, ou *AB* :: *DH* : *DH* + *HC*, ou *DC*; & *alternando*, *AF* : *DH* :: *AB* : *DC*. Or, à cause des parallèles *AD*, *BC*, on a *AB* : *DC* :: *SA* : *SD* :: *SB* : *SC*. Donc *AF* : *DH* :: *SA* : *SD* :: *SB* : *SC*; & par conséquent les droites *AD*, *BC*, *FH* sont parallèles.

Il en sera de même en général pour un nombre quelconque de corps. Si tous ces corps décrivent semblablement & en même tems des droites parallèles, qui peuvent d'ailleurs être ou n'être pas toutes dans un même plan, le centre de gravité de leur système décrira semblablement & en même tems une droite parallèle aux chemins parcourus par tous les corps.

VII. Corollaire IV. Soient deux corps *A* & *B* (*fig.* 41 & 42) qui décrivent semblablement & en même tems les côtés homologues & parallèles chacun à chacun, de deux polygones semblables *ADEP*, *BCGM*. Il est clair, par ce qui précède, que le centre de gravité *F* de leur système décrira semblablement & en même tems les côtés *FH*, *HN*, *NO*, d'un polygone, lesquels seront parallèles respectivement aux droites *AD* & *BC*, *DE* & *CG*, *EP* & *GM*. Or, puisque les deux polygones *ADEP*, *BCGM* sont semblables, & qu'on a par conséquent *AD* : *BC* :: *DE* : *CG* :: *EP* : *GM*; il s'ensuit que toutes les lignes *AB*, *DC*, *EG*, *PM* iront concourir en un même point *S*. Donc les trois polygones *ADEP*, *BCGM*, *FHNO* sont composés d'un même nombre de triangles semblables *SAD*, *SBC*, *SFH*, &c. Donc ces trois polygones sont semblables. Ainsi, le *centre* de gravité du système décrit le contour d'un polygone semblable à ceux que décrivent les corps *A* & *B*.

Qu'un troisième corps *I* décrive le contour d'un polygone *I R V T* semblable à ceux dont on vient de parler : il est clair, toujours par les mêmes principes, que le *centre* de gravité du système des trois corps *A*, *B*, *I*, décrira le contour d'un polygone semblable aux précédents. Ainsi de suite pour un nombre quelconque de corps.

VIII. Corollaire V. Si l'on imagine que les côtés des polygones de l'article précédent deviennent infiniment petits, mais que leur nombre augmente à l'infini ; alors tous ces polygones deviendront des courbes semblables, dont les parties infiniment petites & correspondantes seront parallèles chacune à chacune. Ainsi, lorsque plusieurs corps parcourent semblablement & en même tems les contours des courbes semblables & composées d'élémens correspondants, parallèle chacun à chacun, le *centre* de gravité du système décrit de la même manière une courbe semblable aux précédentes, & qui leur est parallèle élément à élément.

IX. Remarque. On a fait attention sans doute dans l'énoncé du Théorème de l'article III, à ces paroles : *& que le centre de gravité de leur système se meuve*. Cette restriction a été mise, parce qu'il peut se faire que le *centre* de gravité demeure immobile.

En effet, supposons deux corps *A* & *B* (*fig.* 43) qui décrivent semblablement, en même tems & en sens contraires, les droites *A D*, *B C*, qui leur soient réciproquement proportionnelles, en sorte qu'on ait *A* : *B* :: *B C* : *A D* ; le *centre* de gravité demeurera en repos. Car si l'on tire les droites *A B*, *C D* qui se coupent en *F*, & que par le point *F* on mène la droite *E F K*, qui rencontre *A D* & *B C* aux points *E* & *K*, on aura cette suite de proportionnelles, *A* : *B* :: *B C* : *A D* :: *B F* : *A F* :: *C F* : *D F* :: *B K* : *A E* :: *K C* : *E D*. D'où il suit que le point *F* est le *centre* de gravité du système au commencement & à la fin du mouvement, & lorsque les deux corps sont arrivés aux points correspondants *E* & *K* de leurs chemins. Donc le *centre* de gravité ne change pas de place.

En regardant maintenant le corps *A* comme le système de plusieurs corps qui vont dans un sens, & le corps *B* comme le système de plusieurs corps qui vont dans un sens opposé ; nous pouvons conclure en général que, si un système est composé d'un nombre quelconque de corps qui vont en partie dans un sens, en partie dans le sens opposé, & que les *centres* de gravité des deux parties du système décrivent semblablement & en même tems des droites parallèles, réciproquement proportionnelles aux sommes de corps qui composent ces deux parties, le *centre* de gravité du système général demeurera en repos.

Il résulte donc, de tout ce qui précède, que lorsque plusieurs corps se meuvent semblablement, & en même tems ; ou le centre de gravité de leur système se meut, & alors il se meut de la même manière que tous les corps ; ou bien il demeure en repos.

X. M. d'Alembert a démontré, dans son *traité de Dynamique*, que la même proposition a lieu, dans le cas où les corps d'un système agissent les uns sur les autres d'une manière quelconque. *Voyez ce Traité*. (*L. B.*)

* Centre *de mouvement* : point autour duquel tournent, ou peuvent être censés tourner plusieurs corps qui composent un même système.

* Centre *d'oscillation*. On appelle *pendule* composé l'assemblage de plusieurs corps liés solidement entr'eux, & qui oscillent autour d'un même axe fixe ; & *centre d'oscillation* le point de ce pendule où il faudroit placer un petit corps, de masse insensible (qu'on appelle *pendule simple*), pour que ce dernier pendule, oscillant seul & librement, fît ses oscillations dans le même tems que le pendule composé. *Voyez les Loix des Oscillations des pendules simples*, au mot Pendule.

Problême. *Déterminer la longueur* EQ (fig. 44) *d'un pendule simple qui fasse ses oscillations dans le même tems qu'un pendule composé, c'est-à-dire, qu'un système de corps* A, B, C (fig. 45), *liés entr'eux par des verges inflexibles sans pesanteur, ou attachés solidement à un plan matériel sans pesanteur & sans inertie, qui oscille autour du point fixe* O ?

Considérons d'abord chacun des corps *A*, *B*, *C*, comme s'il étoit seul ; & décomposons sa pesanteur en deux forces, l'une dirigée suivant la verge à laquelle il est appliqué, l'autre perpendiculaire à la même verge. Il est clair que les forces de la première espèce sont détruites par la résistance du point *O* ; & que celles de la seconde, que je représente par *A a*, *B b*, *C c*, sont les seules qui feroient osciller les corps. Je mène la verticale *O K*, & je nomme *g* la gravité, c'est-à-dire, l'espace que la pesanteur feroit parcourir en un instant à un corps tombant librement ; 1, le sinus total ; *m*, le sinus de l'angle *A O K* ; *n*, le sinus de l'angle *B O K* ; *q*, le sinus de l'angle *C O K*. Les forces *A a*, *B b*, *C c* étant supposées de même nature que la gravité *g*, on aura $Aa = g \times \frac{m}{1} = gm$; $Bb = gn$; $Cc = gq$.

Maintenant, comme les corps *A*, *B*, *C*, forment un même système, & qu'ainsi aucun d'eux ne peut se mouvoir sans agir sur les autres, soit pour accélérer, soit pour retarder leurs mouvemens, il y a nécessairement équilibre entre les mouvemens perdus d'une part, & les mouvemens gagnés, d'autre part. Je suppose que le corps *A*, qui auroit parcouru *A a*, s'il avoit été seul, parcoure simplement *A g*, à cause de la réaction des autres corps ; que le corps *B*, au lieu de parcourir *B b*, parcoure *B h* ; que le corps *C*, au lieu de parcourir *C c*, parcoure *C i*. On voit que $A \times ga$ est la quantité de mouvement perdue par le corps *A* ; que $B \times bh$ est la quantité de mouvement gagnée par B; que $C \times ci$ est la quantité de mouvement gagnée par C. Or ces quantités de mouvement doivent être regardées comme des forces qui se font équilibre, en agissant aux extrémités des bras de levier OA, OB, OC. Par conséquent on a l'équation (M), $A \times ga \times OA = B \times bh \times OB + C \times ci \times OC$.

Les corps A, B, C, conservant toujours entr'eux la même position, les arcs Ag, Bh, Ci sont évidemment semblables; donc, si l'on suppose $OA=a$, $OB=b$, $OC=c$, $Ag=f$: on aura $Bh=\frac{fb}{a}$; $Ci=\frac{fc}{a}$; $ga=gm-f$; $bh=\frac{fb}{a}-gn$; $ci=\frac{fc}{a}-gq$. Substituant pour ga, bh, ci, OA, OB, OC, leurs valeurs dans l'équation (M), elle deviendra $A(gm-f)a=B\left(\frac{fb}{a}-gn\right)b+C\left(\frac{fc}{a}-gq\right)c$; d'où l'on tire $f=$ .... $\frac{g(mAa^2+nBab+qCac)}{Aa^2+Bb^2+Cc^2}$.

Soit H le centre de gravité du système; & des points A, B, C, H, menons perpendiculairement à OK les droites AV, BE, CK, HD: on aura par la propriété du centre de gravité, $A \times AV + B \times BE + C \times CK = (A+B+C) \times HD$. Mais $AV=ma$, $BE=nb$, $CK=qc$, $HD=rh$, en nommant h la droite OH, r le sinus de l'angle HOK; donc $Ama+Bnb+Cqc=(A+B+C)rh$, & par conséquent $f=gr \times \frac{ah(A+B+C)}{Aa^2+Bb^2+Cc^2}$.

Nous voyons, par cette expression de la force accélératrice simple f du corps A, que, si l'on fait l'angle QEM du pendule simple (*fig. 44*), égal à l'angle HOK du pendule composé (*fig. 45*); nous voyons, dis-je, qu'en décomposant les arcs semblables décrits par les points Q & A, en un même nombre d'élémens correspondans chacun à chacun, deux élémens correspondans seront parcourus en tems égaux, & par conséquent les arcs entiers seront aussi parcourus en tems égaux, si la force accélératrcie simple du point Q, qui est gr, & celle du point A, qui est f, sont entr'elles comme les arcs, ou comme les rayons EQ, OA. La durée égale de mouvemens, ou le *synchronisme* du pendule simple & du pendule composé, est donc fondé sur la proportion, $gr : \frac{grah(A+B+C)}{Aa^2+Bb^2+Cc^2} :: EQ : a$; ce qui donne $EQ=\frac{Aa^2+Bb^2+Cc^2}{(A+B+C)h}$.

Ainsi, *pour avoir l'expression de la longueur du pendule simple qui fait ses oscillations dans le même tems que le pendule composé, il faut multiplier chaque corps du pendule composé par le quarré de sa distance à l'axe de rotation; ajouter ensemble tous ces produits, & diviser la somme par le produit de la somme de tous les corps multipliée par la distance du centre de gravité du système à l'axe de rotation.*

On observera que les deux angles QEM, HOK, doivent être fort petits, si l'on veut que non-seulement les oscillations correspondantes, ou de même amplitude, des deux pendules, soient de même durée, mais encore que les oscillations soient, au moins sensiblement, de même durée, quoique les amplitudes soient différentes.

Nous observerons encore que, si les verges ou les liens qui retiennent les corps du système avoient de la pesanteur ou de l'inertie, on pourroit les décomposer en une infinité de petits corps, qu'on regarderoit comme formant un même système auquel on appliqueroit la règle précédente, qui est absolument générale, quel que soit le nombre de corps élémentaires du pendule composé.

Corollaire. Si l'on porte la longueur EQ (*fig. 44*), de O en t (*fig. 45*), le point t sera ce qu'on appelle le *centre d'oscillation* du pendule composé. Ce point peut être regardé comme chargé de tous les corps qui composent le système, & il fait ses oscillations de la même manière & dans le même tems que le pendule simple dont EQ ou Ot est la longueur.

On doit remarquer que le point t est différent du centre de gravité H, & que $Ot > OH$, ce qu'on démontrera, en comparant l'expression de Ot avec celle de OH.

Appliquons cette théorie à quelques exemples.

Trouver le centre d'oscillation d'une ligne droite AB (*fig. 46*), *qui oscille autour de son extrémité* A?

Soient $AB=a$, $AP=x$, $Pp=dx$; & nommons S la somme des produits des élémens Pp par les quarrés de leurs distances au point A. On aura $S=\int x^2\,dx$, intégration où (après l'avoir effectuée), il faudra faire $x=a$; ce qui donne $S=\frac{a^3}{3}$. Divisant cette quantité par le produit de la ligne AB, multipliée par la distance de son *centre* de gravité au point A, c'est-à-dire, par $a \times \frac{a}{2}$, on aura $\frac{2}{3}a$ pour la distance du *centre* d'oscillation au point A.

Trouver le centre d'oscillation d'un triangle isoscèle ABC (*fig. 47*), *qui oscille autour d'un axe* MX, *passant par le sommet* A, *perpendiculaire à la hauteur* AH, *& situé dans le plan du triangle?*

Soient $AH=a$, $BC=c$, $AP=x$, $Pp=dx$; & nommons S la somme des produits des élémens $NN'n'$ par les quarrés de leurs distances à l'axe MX. On aura $NN'=\frac{bx}{a}$; $NN'n'n=\frac{bx\,dx}{a}$; $S=\int\frac{bx^3\,dx}{a}$, intégration où (après l'avoir effectuée), il faut faire $x=a$. Ainsi, $S=\frac{ba^3}{4}$. Divisant cette quantité par le produit de l'aire du triangle, multipliée par la distance de son *centre* de gravité au sommet A, c'est-à-dire par $\frac{ab}{2} \times \frac{2}{3}a$, on aura

$\frac{3}{4}a$ pour la distance du *centre* d'oscillation du triangle à l'axe MX.

Trouver le centre d'oscillation d'un triangle isocelle ABC (*fig. 48*), *qui oscille autour d'un axe* MX, *passant par le sommet* A, & *perpendiculaire tout à-la-fois à la hauteur* AH, & *au plan du triangle?*

Ce cas est fort différent du précédent, & quelques auteurs s'y sont trompés.

Soient $AH = a$; $BC = b$; $AP = x$; $Pp = dx$. Prenons sur PN la partie indéterminée $PQ = z$, & $Qq = dz$. Il faut d'abord chercher la somme des produits des élémens Qq par les quarrés de leurs distances à l'axe MX. Or, en nommant Z cette somme, on a $Z = \int dz\,(xx + zz)$, intégration dans laquelle il n'y a que z de variable, & où (après l'avoir effectuée), il faut faire $z = \frac{bx}{2a}$; puis doubler Z, pour avoir la somme des produits des élémens de la ligne NN' par les quarrés de leurs distances à l'axe MX; d'où il suit que cette dernière somme est $\frac{bx^3}{a} + \frac{b^3x^3}{12a^3}$.

Maintenant, nommons S la somme des produits des élémens $NN'n'n$ par les quarrés de leurs distances à l'axe MX, on aura $S = \int dx \left(\frac{bx^3}{a} + \frac{b^3x^3}{12a^3}\right)$, où il faudra faire $x = a$, après avoir effectué l'intégration. Ainsi $S = \frac{ba^3}{4} + \frac{b^3a}{48}$.

Divisant cette quantité par le produit de l'aire du triangle multipliée par la distance de son *centre* de gravité à l'axe MX, c'est-à-dire, par $\frac{ab}{2} \times \frac{2}{3}a$, on aura $\frac{3}{4}a + \frac{b^2}{16a}$ pour la distance du *centre* d'oscillation du triangle à l'axe MX.

Le procédé est le même pour les autres figures & pour les solides. (*L. B.*)

* CENTRE *de percussion*. On appelle *centre de percussion* un point dans lequel la masse d'un système de corps A, B, C (*fig. 49*), (qu'il faut regarder comme attachés solidement, à des distances invariables les uns des autres, sur un plan matériel, sans pesanteur & sans inertie, mobile autour de l'axe O), étant supposée réunie & agissant perpendiculairement à l'extrémité d'un levier égal à la distance de ce point à l'axe O, donneroit le plus grand coup possible à un obstacle qu'on lui opposeroit.

PROBLÊME. *Déterminer le centre de percussion d'un système de corps liés entr'eux par des verges inflexibles sans pesanteur, qui oscille autour d'un axe fixe.*

Il est d'abord évident que le *centre de percussion* est placé dans la direction de la résultante des mouvemens de rotation de tous les corps A, B, C. Ainsi, il s'agit de trouver la position & la quantité de cette résultante.

Les corps A, B, C, étant forcés de se mouvoir tous à-la-fois, par une cause quelconque, prennent des vîtesses proportionnelles à leurs distances AO, BO, CO, à l'axe de rotation. Par conséquent leurs quantités de mouvemens, ou les forces qui les animent, peuvent être exprimées respectivement par les produits $A \times AO$, $B \times BO$, $C \times CO$; & ces forces agissent suivant les droites AN, BN, CN', perpendiculaires aux distances OA, OB, OC. Soit N le point de concours de AN & de BN; je mène la droite ON, sur laquelle, comme diamètre, je décris une demi-circonférence de cercle qui passera par les points A & B, puisque les angles OAN, OBN sont droits. Le point N étant nécessairement un de ceux par où passe la direction de la résultante des deux forces $A \times AO$, $B \times BO$, je suppose que ZN soit cette direction; du point Z où elle coupe la demi-circonférence $OABN$, au point O, je mène la droite ZO qui rencontre en H la droite AB qui joint les deux corps A & B. Cela posé, on sait, par la Méchanique, que les deux forces $A \times AO$, $B \times BO$ sont entr'elles comme les sinus des angles BNZ, ANZ, ou des angles BOZ, AOZ: on aura donc, $A \times AO : B \times BO :: \sin. BOZ : \sin. AOZ$. Or, si des points A & B on abaisse sur OZ les perpendiculaires AR, BS, & qu'on nomme 1 le sinus total, on a $\sin. BOZ = \frac{BS}{BO}$, $\sin. AOZ = \frac{AR}{OA}$; donc on aura $A \times AO : B \times BO :: \frac{BS}{BO} : \frac{AR}{AO}$, ou bien (à cause des triangles semblables BHS, AHR), $A \times AO : B \times BO :: \frac{H}{BO} : \frac{AH}{OA}$; ce qui donne $A \times AH = B \times BH$, & fait voir que le point H est le *centre* de gravité des deux corps A & B. La résultante des deux forces $A \times AO$, $B \times BO$, est donc perpendiculaire à la droite OHZ menée par le point O, & par le *centre* de gravité du système particulier des deux corps A & B. De plus, en nommant Z cette résultante, on a, par la méchanique, $Z : B \times BO :: \sin. ANB : \sin. ANZ :: \sin. AOB : \sin. AOZ$, ou bien (en abaissant des points B & H les perpendiculaires BX, HV sur OA prolongée) $:: \frac{BX}{BO} : \frac{HV}{OH}$, ou bien (à cause des triangles semblables BAX, HAV) $:: \frac{AB}{BO} : \frac{AH}{HO}$, ou bien (à cause que le point H est le *centre* de gravité des deux corps A & B) $:: \frac{A+B}{BO} : \frac{B}{OH}$; d'où l'on tire, en concluant du premier rapport au dernier, $Z = (A+B) \times OH$. Connoissant Z, on trouvera OZ, en observant que, si l'on considère les momens par rapport au point O, le moment de la résultante Z doit être égal à la somme des momens de ses deux forces compoſantes $A\times AO$, $B\times BO$; ce qui donne $(A+B)\times OH\times OZ=(A\times AO)\times AO+(B\times BO)\times BO$; & par conſéquent $OZ=\frac{A\times(AO)^2+B\times(BO)^2}{(A+B)\times HO}$. Voilà donc d'abord la formule pour déterminer le centre Z de percuſſion du ſyſtême des deux corps A & B.

Soit N' le point de concours de la force Z, & de la force $C\times CO$ du corps C; ce point eſt néceſſairement placé dans la direction de la réſultante de ces deux forces, direction que je ſuppoſe être $Z'N'$. Je mène la droite ON' ſur laquelle, comme diamètre, je décris une demi-circonférence de cercle qui paſſera par les points Z & C, puiſque les angles OZN', OCN' ſont droits. Ayant tiré la droite CH, du point Z' où $Z'N'$ rencontre la demi-circonférence $OZCN'$; je mène au point O la droite $Z'O$ qui rencontre CH en H'. Cela poſé, on aura, $Z : C\times CO ::$ ſin. $CN'Z'$: ſin. $ZN'Z'$ :: ſin. COZ' : ſin. ZOZ', ou bien (en abaiſſant des points C & H les perpendiculaires CS', HR', ſur OZ') :: $\frac{CS'}{CO} : \frac{HR'}{OH} :: \frac{CH'}{CO} : \frac{HH'}{OH}$; ce qui donne, en concluant du premier rapport au dernier, $\frac{Z\times HH'}{OH}=C\times CH'$, ou $(A+B)\times HH'=C\times CH'$, & ce qui fait voir que le point H' eſt le *centre* de gravité du ſyſtême des trois corps A, B, C. Ainſi, la réſultante des deux forces Z & $C\times CO$, ou des trois forces $A\times AO$, $B\times BO$, $C\times CO$, eſt perpendiculaire à la droite OZ' menée par le point O, & par le *centre* de gravité H' du ſyſtême des trois corps A, B, C. Soit nommée Z' cette même réſultante : on aura $Z' : C\times CO ::$ ſin. $ZN'C$: ſin. $ZN'Z'$ :: ſin. ZOC : ſin. ZOZ', ou bien (en abaiſſant des points C & H' les perpendiculaires CX', $H'V'$, ſur OZ prolongée), :: $\frac{CX'}{CO} : \frac{H'V'}{OH'}$, ou bien (à cauſe des triangles ſemblables HCX', $HH'V'$) :: $\frac{CH}{CO} : \frac{HH'}{OH'}$, ou bien (à cauſe que le point H' eſt le *centre* de gravité du ſyſtême des trois corps A, B, C), :: $\frac{A+B+C}{CO} : \frac{C}{OH'}$; donc, en concluant du premier rapport au dernier, $Z'=OH'\times(A+B+C)$. Connoiſſant Z', on connoîtra OZ', par la conſidération que le moment de la réſultante Z', relativement au point O, doit être égal à la ſomme des momens des trois forces compoſantes $A\times AO$, $B\times BO$, $C\times CO$, relativement au même point; conſidération qui donne $(A+B+C)\times OH'\times Z'O=(A\times AO)\times AO+(B\times BO)\times BO+(C\times CO)\times CO$; & par conſéquent $Z'O=\frac{A\times(AO)^2+B\times(BO)^2+C\times(CO)^2}{(A+B+C)\times OH'}$.

Il eſt clair que la même méthode eſt applicable à un ſyſtême compoſé de tant de corps qu'on voudra, & qu'on trouvera toujours des réſultats analogues aux précédens; en ſorte qu'on peut conclure en général, 1.°, que *le centre de percuſſion d'un ſyſtême quelconque de corps eſt placé ſur la droite menée par le centre de rotation, & par le centre de gravité du ſyſtême. 2.° Que la diſtance du centre de percuſſion au centre de rotation, eſt égale au quotient qui réſulte en diviſant la ſomme des produits des corps multipliés chacun par le quarré de ſa diſtance à l'axe de rotation, par la ſomme de tous les corps multipliée par la diſtance du centre de gravité du ſyſtême à l'axe de rotation.*

On voit que le *centre de percuſſion* & le *centre* d'oſcillation ſe confondent, puiſqu'ils ſont placés à la même diſtance de l'axe de rotation. On auroit pu les déterminer par la même méthode; mais, pour varier les uſages des principes de la Méchanique, j'ai cru devoir les chercher chacun par des méthodes particulières. (*L. B.*)

*Centre *de converſion* : c'eſt ainſi que pluſieurs auteurs appellent le point autour duquel un corps, libre d'ailleurs, tourne ou tend à tourner, lorſqu'il eſt pouſſé inégalement dans ſes différens points, ou par une puiſſance dont la direction ne paſſe pas par ſon *centre* de gravité.

Jean Bernoulli (*voyez ſes œuvres, tom. iv, pag. 265*), appelle ce même point *centre ſpontané de rotation*, comme qui diroit *centre volontaire de rotation*, pour le diſtinguer du *centre* de rotation forcé. La méthode pour trouver le *centre* ſpontané de rotation eſt très-ſimple, au moyen du théorême ſuivant.

Lemme. *Lorſqu'un corps eſt pouſſé ſuivant une direction qui ne paſſe pas par ſon centre de gravité, 1.° ce centre eſt mu de la même manière que s'il ſe trouvoit ſur la direction de la force imprimée; 2.° le corps tourne, du moins au premier inſtant, comme ſi le centre de gravité étoit fixe, autour d'un axe mené par ce centre, perpendiculairement au plan paſſant par ce même point & par la direction de la force.*

Soit un corps de figure quelconque (*fig. 50*) pouſſé par une force F dont la direction FK paſſe hors de ſon *centre* de gravité G. Par ce point & par la droite FK, ſoit mené le plan MRD qui diviſe le corps en deux parties, & ſoit tiré l'axe GV perpendiculaire à ce plan. Je prends FA pour repréſenter la force F; & ayant diviſé cette ligne FA en deux également au point B, ſur FB comme diagonale, je conſtruis le parallélogramme $FNBO$ dont le côté FN paſſe par le *centre* de gravité G, & dont le côté FO eſt perpendiculaire à FB. La moitié FB de la force FA peut ſe décompoſer en deux autres forces FN, FO. Soit prolongée FG de manière que $GT=FG$, & ſoit priſe $TQ=FN$. Imaginons que la force FN eſt appliquée au point T de ſa direction, & qu'elle eſt repréſentée par TQ; enſuite ſoit décompoſée cette force en deux autres TP, TZ, l'une perpendiculaire, l'autre parallèle à KGS.

Cela posé, il est clair que le corps est mu de la même manière que si au lieu d'être animé de la force primitive FA, il étoit animé des quatre forces BA, FO, TP, TZ. Or, 1.° les deux forces BA, TP étant parallèles, égales, & passant à égales distances du *centre* de gravité, comme il est évident, elles ont pour résultante une force GE qui passe par le *centre* de gravité G, qui leur est parallèle & qui est égale à leur somme, puisqu'elles agissent dans le même sens. De plus, puisque $BA+TH=FA$, on aura aussi $GE=FA$: d'où il suit que le *centre* de gravité G est mu exactement de la même manière que s'il se trouvoit sur la direction de la force proposée FA.

2.° Les deux forces FO, TZ sont évidemment égales, parallèles, & passent à égales distances du *centre* de gravité G, suivant des directions opposées; donc elles ne peuvent faire avancer ce *centre* ni suivant GK, ni suivant GS, ni suivant aucune autre direction; donc, en vertu de ces deux forces, le *centre* de gravité G doit demeurer immobile. Mais, d'un autre côté, ces deux mêmes forces ne se détruisent pas, puisqu'elles ne sont pas directement opposées; donc tout l'effet qu'elles peuvent produire est de faire tourner, au moins au premier instant, le corps dans le même sens autour de l'axe GV, en agissant perpendiculairement aux extrémités des bras de levier GH, GI; donc si du point G comme *centre*, avec le rayon GH ou GI, on décrit un cercle, on pourra imaginer, relativement au mouvement de rotation, que la force TZ, au lieu d'agir suivant ITZ, à l'extrémité du rayon GI, agit suivant HFO, à l'extrémité du rayon GH. Alors le moment de la force qui fait tourner le corps dans le sens Hh Ii est $(FO+TZ)\times GH$, ou $2FO\times FK$, ou $2BN\times FK$. Or, à cause des triangles semblables FKG, FBN, on a $BN\times FK=FB\times GK$, & par conséquent $2BN\times FK=2FB\times GK=FA\times GK$, qui est l'expression du moment de la force proposée FA par rapport à l'axe GV: donc le corps tendra à tourner autour de cet axe, de la même manière que si le *centre* de gravité étoit fixe.

Remarque. Soit que le plan MRD partage ou non le corps en deux parties égales & semblables, le mouvement du *centre* de gravité est toujours le même. Mais le mouvement de rotation instantanée autour de l'axe GV ne se perpétue que dans le premier cas; car lorsque les deux parties du corps ne sont pas égales & semblables, les forces centrifuges en vertu desquelles les molécules du corps tendent à s'écarter de l'axe GV, ne se font pas équilibre; l'axe GV s'incline d'un côté ou d'autre, & le corps pirouette en différens sens autour de son *centre* de gravité. Tous ces mouvemens peuvent être soumis au calcul par les principes précédens; mais je suppose ici que le plan perpendiculaire à l'axe de rotation partage le corps en deux parties égales & semblables, & alors le mouvement de rotation demeure toujours le même, comme le mouvement de translation du *centre* de gravité; ou si cette condition n'a pas lieu, je ne considère le mouvement de rotation autour de l'axe proposé, que pour le premier instant.

Problême. *Déterminer le centre spontané de rotation d'un corps quelconque?*

Représentons le corps par la baguette AB (*fig.* 51) que je suppose poussée perpendiculairement par une force F dont la direction FK ne passe pas par son milieu ou *centre* de gravité C. On voit par le lemme précédent, que le *centre* de gravité C se recouvra de C en H, perpendiculairement à AB, de la même manière que si la force F passoit par C, & que la baguette fût transportée parallélement à elle-même de AB en ab. Ainsi, en nommant M la masse du corps, V la vîtesse CH, on aura $V=\frac{F}{M}$.

2.° Imaginons que le point H est fixe, & que pendant que le point C parvient de C en H, la baguette ab tourne autour du point H & prend la position Nn. Du point H pour centre, avec le rayon donné HR, soit décrit l'arc Rr, & avec le rayon variable HT, l'arc Tt. En nommant R le rayon donné HR, u la vîtesse angulaire Rr du point R, z le rayon variable HT: la vîtesse angulaire Tt du point T sera représentée par $\frac{zu}{R}$. Multiplions cette vîtesse par la molécule de matière placée en T (molécule que j'appelle m); nous aurons $\frac{mzu}{R}$ pour la quantité de mouvement angulaire de m, & $\frac{mz^2u}{R}$ pour le moment de cette quantité de mouvement, par rapport au *centre* H de rotation. Donc le moment de la quantité de mouvement angulaire imprimé à toute la masse du corps sera exprimé par $\int\frac{mz^2u}{R}$, expression dans laquelle la fraction $\frac{u}{R}$ est une quantité constante pour tous les points du corps. Nommons S la quantité $\int mz^2$, prise dans toute l'étendue du corps; c la distance CK de la direction de la force F au *centre* de gravité C; & considérons que la force F agissant à l'extrémité du bras du levier CK, produit le mouvement angulaire: nous aurons cette seconde équation $Fc=\frac{Su}{R}$, ou bien $u=\frac{FcR}{S}$.

Maintenant, supposons que la baguette parvenue dans la position Nn coupe en z la droite AB qui est sa position initiale: alors le point z sera le *centre* spontané de rotation. Supposons que le rayon R qui est donné, mais arbitraire, devienne $=HZ$, & que les espaces CH, Zz soient infiniment petits; il est clair qu'en vertu du mouvement de translation, le point z de AB parcourt $zZ = CH = V$, & qu'en vertu du mouvement de rotation, il est ramené de Z en z par l'espace $Zz = u$. La position du point z sera donc déterminée par la condition qu'on ait $V = u$, c'est-à-dire, $\frac{F}{M} = \frac{FcR}{S}$; d'où l'on tire $R = \frac{S}{Mc}$; ou $Cz = \frac{S}{M \times cK}$, expression de la distance du *centre* spontané de rotation au *centre* de gravité du corps.

On voit que la force F n'entre point dans cette valeur, & que par conséquent la position du *centre* spontané de rotation sera toujours la même, quelle que soit la quantité de la force F, pourvu seulement que la direction de cette force passe à la même distance CK du *centre* de gravité.

On doit remarquer qu'en général le *centre* spontané de rotation change à chaque instant : car ce point doit se trouver, 1.° sur une droite perpendiculaire à FK. 2.° A la distance Cz du *centre* de gravité C, de sorte qu'il est placé successivement sur tous les points de la circonférence d'un cercle décrit du centre C, avec le rayon Cz. Mais il peut se faire que le *centre* spontané de rotation demeure toujours le même. Qu'on ait, par exemple, une ligne droite chargée de deux masses inégales, & qu'on imprime en sens contraire à ces masses, des vitesses qui leur soient réciproquement proportionnelles; le système tournera autour du *centre* de gravité qui demeurera immobile, & le centre spontané de rotation se confondra avec le *centre* de gravité.

On remarquera aussi que le *centre* spontané de rotation peut se trouver placé hors du corps : car on voit par l'expression $Cz = \frac{S}{M \times cK}$ que S & M demeurant les mêmes, on peut faire augmenter Cz tant qu'on voudra, en diminuant la distance CK de la direction de la puissance au *centre* de gravité. (*L. B.*)

* Centre *des corps pesans*, est dans notre globe de même que le *centre* de la terre, vers lequel tous les corps graves ont une espèce de tendance. Il est cependant bon de remarquer que les corps graves ne tendroient véritablement vers un *centre*, que dans le cas où la terre seroit parfaitement sphérique; mais comme elle est un sphéroïque applati vers les poles, ainsi que la théorie & les observations le démontrent, les corps pesans ne sauroient tendre vers un même point à la rigueur : il n'y a donc point à la rigueur de *centre des corps pesans*. Cependant, comme la terre diffère peu de la figure sphérique, il s'en faut peu que les corps pesans ne tendent tous vers un même point; & on prend dans le discours ordinaire le *centre* de la terre, pour le *centre* commun de tendance des graves.

Centre *d'équilibre*, dans un système de corps, est le point autour duquel ces corps seroient en équilibre, ou, ce qui est la même chose, un point tel que si le système étoit suspendu ou soutenu par ce seul point, il resteroit en équilibre. Le point d'appui d'un levier est son *centre* d'équilibre. *Voyez* Appui & Levier.

A cette occasion nous croyons devoir indiquer ici un principe d'équilibre trouvé par M. le marquis de Courtivron, de l'Académie des Sciences, & dont la démonstration a été lue à l'Académie le 13 juin 1750. Voici ce principe. De toutes les situations que prend successivement un système de corps animés par des forces quelconques, & liés les uns aux autres par des fils, des leviers, ou par tel autre moyen qu'on voudra supposer, la situation où le système a la plus grande somme de produits des masses par le quarré des vitesses, est la même que celle où il auroit fallu d'abord le placer pour qu'il restât en équilibre. En effet, une quantité variable devient la plus grande, lorsque son accroissement, & par conséquent la cause de son accroissement = o : or un système de corps dont la force augmente continuellement, parce que le résultat des pressions agissantes fait accélération, aura atteint son *maximum* de forces lorsque la somme des pressions sera nulle; & c'est ce qui arrive lorsqu'il a pris la situation que demande l'équilibre.

L'auteur ne s'est pas borné à cette démonstration, qui, quoique vraie & exacte, est un peu métaphysique, & pourroit être chicanée par les adversaires des forces vives. *Voyez* Force. Il en donne une autre plus géométrique & absolument rigoureuse : mais il faut renvoyer ce détail important à son mémoire même, qui nous paroît digne de l'attention des géomètres. (*O*)

CENTRER, (*Astron.*) On appelle *centrer* une lunette, faire en sorte que l'axe optique passe par le centre de l'objectif, de manière que toutes les parties du champ soient semblables & semblablement situées par rapport à l'axe de la lunette. Le moyen le plus simple est de couvrir l'objectif avec un diaphragme que l'on fait promener sur sa surface en la présentant au soleil de manière que la lumière réfléchie par la partie convexe, fasse un cercle concentrique & parallèle à celui de l'image fournie par la surface concave. (*D. L.*)

CENTRIFUGE, adj. (*Méchan.*) *Force centrifuge*, c'est celle par laquelle un corps qui tourne autour d'un centre, fait effort pour s'éloigner de ce centre.

C'est une des loix constante de la nature, que tout mouvement est par lui-même rectiligne (*voyez* Mouvement), & qu'un mobile ne s'éloignera jamais de la direction rectiligne de son premier mouvement, tant qu'il n'y sera pas obligé par quelque nouvelle force imprimée dans une direction différente : après cette nouvelle impulsion, le mouvement devient composé; mais il continue toujours en ligne droite, quoique la direction de la ligne ait changé. *Voyez* Composition.

Pour qu'un corps se meuve dans une courbe, il

faut qu'il reçoive à chaque moment une nouvelle impulsion, & dans une direction différente de la sienne, parce qu'une courbe ne peut se réduire à des lignes droites, à moins qu'elles ne soient infiniment petites; par conséquent si un corps attiré continuellement vers un centre, est lancé outre cela dans une direction qui ne passe point par ce centre, il décrira alors une courbe, dans chaque point *A* de laquelle (*planch. Méch. fig.* 24.) il tâchera de s'éloigner de la courbe, & de continuer son mouvement dans la tangente *A D*; ce qu'il feroit en effet si rien ne l'en empêchoit : en sorte que dans le même tems qu'il décrit l'arc *A E*, il s'éloigneroit, par sa *force centrifuge*, de la longueur de la ligne *D E* perpendiculaire à *A D*; ainsi, en supposant l'arc *A E* infiniment petit, la *force centrifuge* est proportionnelle à la ligne *D E* perpendiculaire à la ligne *A D*.

Un corps obligé à décrire un cercle, le décrit le plus grand qu'il peut, un plus grand cercle étant en quelque sorte moins circulaire, moins courbe ou moins différent de la droite qu'un plus petit. *Voyez* Courbure. Un corps souffre donc plus d'altération dans son mouvement, & exerce plus vivement sa *force centrifuge* lorsqu'il décrit un petit cercle, que lorsqu'il en décrit un grand, c'est-à-dire, que la *force centrifuge* est toujours proportionnelle, toutes choses d'ailleurs égales, à la courbure du cercle dans laquelle le corps est emporté.

Il en est des autres courbes comme des cercles; car une courbe, quelle qu'elle puisse être, peut être regardée comme formée d'une infinité d'arcs de cercle infiniment petits, décrits de différens rayons, de façon que les endroits où la courbe est le plus courbe, sont ceux où la *force centrifuge* est plus grande, tout le reste d'ailleurs égal; & ainsi, dans une même courbe, la *force centrifuge* du corps qui la décrit, varie suivant les différens points où il se trouve.

On peut voir les loix & la théorie des *forces centrifuges* exposées plus en détail dans l'article des Forces centrales, *au mot* Central. (*O*)

CENTRIPETE, adj. (*Méch.*) *Force centripète*, c'est celle par laquelle un mobile poussé dans une droite *A G* (*fig.* 24), est continuellement détourné de son mouvement rectiligne, & sollicité à se mouvoir dans une courbe.

Ainsi, en supposant l'arc *A E* infiniment petit, la *force centripète* est proportionnelle à la droite *D E* perpendiculaire à *A D*; d'où il s'ensuit que la *force centripète* ou centrale & la force centrifuge sont égales. *Voyez l'article* Central. (*O*)

CENTROBARIQUE, *méthode centrobarique* (*en Méchanique*) : c'est une méthode pour mesurer ou déterminer la quantité d'une surface ou d'un solide, en les considérant comme formés par le mouvement d'une ligne ou d'une surface, & multipliant la ligne ou la surface génératrice par le chemin parcouru par son centre de gravité. Cette méthode est renfermée dans le théorème suivant & ses corollaires.

Toute surface plane ou courbe, ou tout solide produit par le mouvement ou d'une ligne ou d'une surface, est égal au produit de cette ligne ou surface par le chemin du centre de gravité, c'est-à-dire, *par la ligne que ce centre de gravité décrit. Voyez* Centre de gravité. Voici la démonstration générale que certains auteurs ont cru pouvoir donner de ce théorème.

Supposons le poids de la ligne ou surface génératrice ramassé dans son centre de gravité; le poids total produit par son mouvement sera égal au produit du poids mu par le chemin du centre de gravité : mais lorsque les lignes & les figures sont regardées comme des corps pesans homogènes, leurs poids sont alors entr'eux comme leur volume, & par conséquent le poids mu devient alors la ligne ou figure génératrice, & le poids produit est la grandeur engendrée; la figure engendrée est donc égale au produit de la ligne ou de la figure qui l'engendre, par le chemin de son centre de gravité. Il ne faut pas être bien difficile à satisfaire en démonstration, pour se payer d'une preuve si insuffisante & si vague, qu'on trouve néanmoins dans M. Wolf, d'où Chambers a tiré une partie de cet article.

Pour mettre nos lecteurs à portée d'en trouver une meilleure preuve, considérons un levier chargé de deux poids, & imaginons un point fixe dans ce levier prolongé ou non : on sait (*voy.* Centre & Levier) que la somme des produits faits de chaque poids par sa distance à ce point, est égale au produit de la somme des poids par la distance de leur centre de gravité à ce point; donc si on fait tourner le levier autour de ce point fixe, il s'ensuit que les circonférences étant proportionnelles aux rayons, la somme des produits de chaque poids par le chemin ou circonférence qu'il décrit, est égale au produit de la somme des poids par la circonférence décrite par le centre de gravité. Cette démonstration faite par deux poids, s'applique également & facilement à tel nombre qu'on voudra.

Corollaire I. Puisqu'un parallélogramme *A B C D* (*pl. Méch. fig.* 52) peut être regardé comme produit par le mouvement de la droite *C D* mue toujours parallélement à elle-même le long d'une autre droite *C A* & dans la direction de celle-ci, & que dans ce mouvement le chemin du centre de gravité est égal à la droite *E F* perpendiculaire à *C D*, c'est-à-dire, à la hauteur du parallélogramme; son aire est donc égale au produit de la base *C D*, ou de la ligne qui décrit le parallélogramme par la hauteur *E F*. *Voyez* Parallélogramme.

Ce corollaire pourroit faire naître quelque soupçon sur la vérité & la généralité de la regle précédente; car on pourroit dire que la ligne *C D* se mouvant le long de *C A*, le centre de gravité de cette ligne, qui est son point de milieu, décrit une ligne égale & parallele à CA, & qu'ainsi l'aire du parallélogramme $ACDB$ est le produit de CD par AC; ce qui seroit faux. Mais on peut répondre que CA n'est point proprement la directrice de CD, quoique CD se meuve le long de CA; que cette directrice est proprement la ligne EF, qui mesure la distance de AB à CD; & que le chemin du centre de gravité par lequel il faut multiplier la ligne décrivante CD, n'est point le chemin absolu de ce centre, mais son chemin estimé dans le sens de la directrice ou le chemin qu'il fait dans un sens perpendiculaire à la ligne décrivante. Cette remarque est nécessaire pour prévenir les paralogismes dans lesquels on pourroit tomber, en appliquant sans précaution la regle précédente à la mesure des surfaces & des solides.

Coroll. II. On prouvera de la même maniere que la solidité de tout corps décrit par un plan qui descend toujours parallélement à lui-même le long de la droite AC, & suivant la direction de cette droite, doit se trouver en multipliant le plan décrivant par sa hauteur. *Voyez* PRISME & CYLINDRE.

Coroll. III. Puisque le cercle se décrit par la révolution du rayon CL (*fig. 53*) autour du centre C, & que le centre de gravité du rayon CL est dans son milieu F, le chemin du centre de gravité est donc ici une circonférence d'un cercle X décrit par un rayon soudouble, & par conséquent l'aire du cercle est égale au produit du rayon CL, par la circonférence que décriroit un rayon soudouble de CL; ce qu'on sait d'ailleurs. *Voyez* CERCLE.

Coroll. IV. Si un rectangle $ABCD$ (*planch. Méch. fig. 54*) tourne autour de son axe AD, le rectangle décrira par ce mouvement un cylindre, & le côté BC la surface de ce cylindre: mais le centre de gravité de la droite BC est dans son milieu F, & le centre de gravité du plan qui engendre le cylindre, est dans le milieu G de la droite EF. Ainsi, le chemin de ce dernier centre de gravité est la circonférence d'un cercle décrit du rayon EG, & celui du premier la circonférence d'un cercle décrit du rayon EF; donc la surface du cylindre est le produit de la hauteur BC par la circonférence d'un cercle décrit du rayon EF, & la solidité du cylindre est le produit du rectangle $ABCD$ qui sert à sa génération, par la circonférence d'un cercle décrit du rayon EG soudouble de EF, demi-diametre du cylindre. Supposons, par exemple, la hauteur du plan qui engendre le cylindre, par conséquent celle du cylindre $BC = a$, le diametre de la base $DC = r$, on aura donc $EG = \frac{1}{2} r$; & supposant que le demi-diametre soit à la circonférence comme 1 est à m, la circonférence décrite par le rayon $\frac{1}{2} r$ sera $= \frac{1}{2} mr$; d'où il s'ensuit que multipliant $\frac{1}{2} mr$ par l'aire du rectangle $AC = ar$, on aura la solidité du cylindre $= \frac{1}{2} mar^2$; mais $\frac{1}{2} mar^2 = \frac{1}{2} r \times mr \times a$: or $\frac{1}{2} mrr =$ l'aire du cercle décrite par le rayon EG. Il est donc évident que le cylindre est égal au produit de sa base par sa hauteur, ce qu'on sait d'ailleurs.

De même puisque le *centre* de gravité de la droite AB (*Pl. Méch. fig. 30.*) est dans son milieu M, & qu'on décrit la surface du cone droit en faisant mouvoir le triangle ABC autour d'un de ses côtés AB pris pour axe, on en peut conclure que si $PM = \frac{1}{2} BC$, la surface du cone sera égale au produit de son côté AB par la circonférence du cercle décrit du rayon PM, c'est-à-dire d'un rayon soudouble du demi-diametre de la base BC.

Supposons, par exemple, $BC = r$, $AB = a$, le rayon étant à la circonférence, comme 1 est à m; on aura donc $PM = \frac{1}{2} r$, & la circonférence décrite de ce rayon $= \frac{1}{2} mr$; & ainsi multipliant $\frac{1}{2} mr$ par le côté AB du cône, le produit qui sera $\frac{1}{2} amr$ devra représenter la surface du cône: mais $\frac{1}{2} amr$ est le produit de $\frac{1}{2} a$ par mr; donc la surface du cone droit est le produit de la circonférence de sa base par la moitié de son côté, ce qu'on sait d'ailleurs.

Coroll. V. Si le triangle ACB (*Pl. Méchan. fig. 55.*) tourne autour d'un axe, il décrit un cone: mais si on coupe CB en deux également au point D, qu'on tire la droite AD, & que $AO = \frac{2}{3} AD$, il est démontré que le *centre* de gravité sera alors situé en O; donc la solidité du cone est égale au produit du triangle CAB par la circonférence du cercle décrit du rayon PO. Or AD est à AO, comme BD est à OP: D'ailleurs $AO = \frac{2}{3} AD$, & $DB = \frac{1}{2} CB$; donc $OP = \frac{2}{3} DB = \frac{1}{3} CB$. Supposons, par exemple, $CB = r$; $AB = a$, & la raison du rayon à la circonférence celle de 1 à m; on aura donc $OF = \frac{1}{3} r$, la circonférence décrite de ce rayon $= \frac{1}{3} mr$, le triangle $ACB = \frac{1}{2} ar$, & par conséquent la solidité du cone $= \frac{1}{2} r \times a \times \frac{1}{3} mr = \frac{1}{6} amr^2$; mais $\frac{1}{6} amr^2 = \frac{1}{2} r \times mr \times \frac{1}{3} a$, ou le produit de la base du cone par le tiers de sa hauteur, ce qu'on sait d'ailleurs.

Ce théoreme si général & si beau sur le *centre* de gravité, peut être mis au nombre des plus curieuses découvertes qu'on ait faites en Géométrie. Il avoit été apperçu il y a long-tems par Pappus: mais le P. Guldin, jésuite, est le premier qui l'ait mis dans tout son jour, & qui en ait montré l'usage dans un grand nombre d'exemples.

Plusieurs autres géometres s'en sont servi aussi après Pappus & Guldin, pour mesurer les solides & les surfaces produites par une rotation autour d'un axe fixe, sur-tout avant qu'on eût les secours que le calcul intégral a fournis pour cela; & on peut l'employer encore à présent dans certains cas où le calcul intégral seroit plus difficile.

M. Leibniz a observé que cette méthode seroit encore bonne, quand même l'axe ou le *centre* changeroit continuellement durant le mouvement. (*O*).

M. Varignon a donné dans le volume *de l'Académie de 1714*, un Mémoire qui a pour titre, *Réflexion sur l'usage que la Mécanique peut avoir en Géométrie*. Il y démontre la propriété du *centre* de gravité, dont nous avons parlé dans cet article, & plusieurs autres propriétés encore plus générales & aussi curieuses. On peut se servir utilement de ces propriétés pour résoudre avec plus de facilité certains problêmes de Méchanique. Par exemple, si on demande quelle figure doit avoir une courbe *G A H* (*fig. 56.*) pour qu'en tournant autour de l'axe *G H* elle produise une surface courbe plus grande que celle que produiroit en tournant autour de *G H* toute autre ligne courbe qui passeroit par les mêmes points *G, H*, & qui seroit de la même longueur que la courbe qu'on cherche; on trouveroit sans aucun calcul, en se servant du théorème précédent, que la courbe *G A H* qu'on demande doit être celle que prendroit une chaîne chargée d'une infinité de petits poids, & qu'on attacheroit aux points *G* & *H* : car une chaîne qui est ainsi attachée, doit se disposer de manière que le centre de gravité des poids qui la composent, c'est-à-dire le *centre* de gravité de la courbe même, descende le plus bas qu'il est possible; d'où il s'ensuit que la courbe formée par cette chaîne aura son *centre* de gravité plus éloigné de l'horizontale *G H* que toute autre ligne courbe de la même longueur, & passant par les mêmes points : par conséquent le cercle décrit par le *centre* de gravité de la courbe formée par la chaîne, lorsque cette courbe tourne autour de *G H*, est plus grand que le cercle décrit par le *centre* de gravité de toute autre courbe de même longueur, & passant par les mêmes points *G, H*; donc la surface du solide produit par la première courbe, est plus grande que toute autre. On voit donc que le problème se réduit à trouver la courbe formée par la chaîne; courbe connue par les géomètres sous le nom de *chaînette*, & dont ils ont donné la construction il y a long-tems. *Voyez* CHAÎNETTE.

Le mot *centrobarique* est formé des mots κέντρον, *centrum*, centre, & βαρὺς, *poids*, *pesanteur*. (*O*)

CEPHÉE, (*Astron.*) constellation boréale appellée aussi *vir regius*, *regulus*, *jasides*, (fils de Jasus,) *nereus*, *senex æquoreus*, *juvenis æquoreus*. *Céphée* étoit roi d'Ethiopie ou de l'Inde, (Pline, *liv. V*, *chap. 23*, *31*.) car les premiers grecs appellèrent de ce nom d'inde toutes les terres situées au de-là de mer méditerannée. *Céphée* étoit père d'Andromede, & les poëtes disent que Persée obtint de Jupiter que *Céphée*, avec sa femme Cassiopée & sa fille Andromede, fut placé parmi les astres. Ovid. IV, 670. (*Voyez* ANDROMEDE.) Il y a des savans qui croyent aussi que le centaure Chiron formant les constellations 1350 ans avant J. C. leur donna les noms des héros de son siècle ou des princes dont ils descendoient; voilà peut-être en effet pourquoi l'on y trouve Callisto, Orion, *Céphée*, Persée, Andromede, Cassiope, Hercule, le vaisseau des Argonautes. (M. Fréret, défense de la Chronologie, *pag. 20* & *501*.)

Les étoiles de *Céphée* ne sont pas très-remarquables; il y en a 34 dans le catalogue britannique. (*D. L.*)

CER

CERATIAS, s. m. (*Astron.*) selon certains auteurs, est une comète cornue, qui paroit souvent barbue & quelquefois avec une queue. Ils prétendent que quelques-unes de ces comètes ressemblent à la figure de la nouvelle lune : celles qui ont des queues, les ont crochues & recourbées ou vers le haut ou vers le bas; d'autres ont des queues d'une égale largeur ou épaisseur, &c. *Hevelii cometographia. Harris.*

CERBERE, (*Astron.*) constellation boréale, introduite par Hévélius, pour renfermer quatre étoiles, qui sont sur la main d'Hercule, ou aux environs. Flamstéed l'a adoptée dans son *catalogue britannique*, & elle est figurée dans son *Atlas celeste*.

Le triomphe d'Hercule sur cerbère s'explique suivant M. Dupuis, par le coucher du petit chien; on le peint en effet avec les attributs du serpent ou de l'hydre qui se leve au-dessus de sa tête; Hercule approche alors de l'horizon, ce qui a fait imaginer sa descente aux enfers. *Voyez mon* ASTRONOMIE, *T. IV*, *pag. 494*. (*D. L.*)

CERCLE *de réflexion*, (*Astron.*) est un instrument circulaire propre à observer les distances & les hauteurs en mer. *Voyez* LE DICTIONNAIRE DE MARINE.

CERCLE *du haut solstice*, c'est le nom que l'on a donné quelquefois au tropique du cancer.

CERCLE, sub. m. (*en Géométrie*) figure plane, renfermée par une seule ligne qui retourne sur elle-même, & au milieu de laquelle est un point situé de manière que les lignes qu'on en peut tirer à la circonférence sont toutes égales. *Voyez* CENTRE.

A proprement parler, le *cercle* est l'espace renfermé par la circonférence, quoique dans l'usage vulgaire on entende par ce mot la circonférence seule. *Voyez* CIRCONFÉRENCE.

Tout *cercle* est supposé divisé en 360 degrés, que l'on marque ainsi 360°; chaque degré se divise en 60 minutes ainsi marquées ′, chaque minute en 60 secondes marquées par ″, chaque seconde en 60 tiers ainsi marquées ‴. On a divisé le *cercle* en 360 parties, à cause du grand nombre de diviseurs dont le nombre 360 est susceptible. *Voyez* DÉGRÉ, MINUTE, *&c.* DIVISEUR.

On trouve l'aire d'un *cercle* en multipliant la circonférence par le quart du diamètre, ou la moitié de la circonférence par la moitié du diamètre. On peut avoir l'aire, à-peu-près, en trouvant une quatrième proportionnelle à 1000, à 785, & au quarré du diamètre.

Les *cercles* & les figures semblables qu'on peut y inscrire, sont toujours entr'elles comme les quarrés des diamètres; ou, comme les Géomètres s'expriment, les *cercles* sont entr'eux en raison doublée des diamètres, & par conséquent aussi des rayons.

Le *cercle* est égal à un triangle dont la base est la circonférence, & la hauteur le rayon. Les *cercles* sont donc en raison composée de celles des circonférences & de celles des rayons.

Trouver la proportion du diamètre du cercle à sa circonférence. Trouvez en coupant continuellement les arcs en deux, les côtés des polygones inscrits, jusqu'à ce que vous arriviez à un côté qui soutende un arc si petit que vous voudrez choisir. Ce côté étant trouvé, cherchez le côté du polygone circonscrit semblable; multipliez ensuite chacun de ces polygones par le nombre de ses côtés, ce qui vous donnera le périmètre de chacun d'eux : la raison du diamètre à la circonférence du *cercle* sera plus grande que celle du diamètre à la circonférence du polygone circonscrit, mais moindre que celle du diamètre au polygone inscrit.

La différence des deux étant connue, on aura aisément en nombres très-approchés, mais cependant non exacts, la raison du diamètre à la circonférence.

Ainsi, Wolf la trouve la même que celle de 100 000 000 000 000 000 à 3 141 592 653 689 7932. Archimède a donné pour raison approchée celle de 7 à 22; Ludolphe de Ceulen a porté cette recherche à une plus grande exactitude, & il trouve qu'en prenant l'unité pour diamètre, la circonférence doit être plus grande que 3. 141 592 653 589 793 238 462 643 383 879 50, mais moindre que ne deviendroit ce même nombre si l'on changeoit seulement le zéro qui le termine en l'unité.

Metius nous a donné la proportion la meilleure de toutes celles qui ont paru jusqu'à présent exprimées en petits nombres. Il suppose le diamètre de 113 parties, & la circonférence doit être à moins d'une unité près 355, suivant son calcul.

Circonscrire un cercle à un polygone régulier donné. Coupez deux des angles du polygone *E* & *D* (*planch. Géom. fig. 23*) en deux également : du point de concours *F* des lignes *EF*, *DF*, pris pour centre, & du rayon *EF* décrivez un *cercle*; ce sera celui que vous cherchez.

Inscrire un polygone régulier donné dans un cercle: Divisez d'abord 360 par le nombre des côtés, pour parvenir par-là à connoître la quantité de l'angle *EFD*; cela étant fait, appliquez la corde *ED* de cet angle à la circonférence autant de fois que vous le pourrez, & vous aurez par-là inscrit le polygone dans le *cercle*.

Par trois points donnés A, B, C, *qui ne sont point en ligne droite* (*fig. 24*) *décrire un cercle*. Des points *A* & *C*, & d'un même intervalle pris à volonté, décrivez deux arcs de *cercle* qui se coupent en *D* & *E*; & pareillement des points *C* & *B*, décrivez-en deux autres qui se coupent en *G* & *H*; tirez ensuite les droites *DE*, *GH*: le point de leur intersection *I* sera le centre du *cercle* : par-là on peut venir à bout, en prenant trois points dans la circonférence d'un *cercle* ou d'un arc donné, de trouver le centre de ce *cercle* ou de cet arc, & de continuer l'arc si ce n'est pas un *cercle* entier.

Donc si trois points d'une circonférence conviennent ou co-incident avec trois points d'une autre circonférence, les deux circonférences co-incideront en entier, & les *cercles* seront égaux.

Donc aussi tout triangle peut être inscrit dans un *cercle*. *Voyez* TRIANGLE.

On démontre en Optique qu'un *cercle*, s'il est fort éloigné de l'œil, ne peut jamais paroître véritablement *cercle*, à moins que le rayon visuel ne lui soit perpendiculaire & ne passe par son centre. Dans tous les autres cas, le *cercle* paroît oblong; & pour qu'il paroisse au contraire véritablement circulaire, il faut qu'il soit en effet oblong. *Voyez* PERSPECTIVE.

Les *cercles paralleles* ou *concentriques* sont ceux qui sont également éloignés les uns des autres dans toutes leurs parties, ou qui sont décrits d'un même centre; & par opposition, ceux qui sont décrits de centres différens sont dits *excentriques*, l'un par rapport à l'autre. *Voyez* CONCENTRIQUE, EXCENTRIQUE, *&c.*

La quadrature du *cercle*, ou la manière de faire un quarré dont la surface soit parfaitement & géométriquement égale à celle d'un *cercle*, est un problème qui a occupé les mathématiciens de tous les siècles. *Voyez* QUADRATURE.

Plusieurs soutiennent qu'elle est impossible; elle est du moins d'une difficulté qui l'a fait passer pour telle jusqu'à présent. Archimède est celui des anciens géomètres qui a approché le plus de la *quadrature du cercle*. (CHAMBERS).

Cercles des degrés supérieurs; ce sont des courbes dans lesquelles $AP^m : PN^m :: PN : PB$, ou $AP^m : PN^m :: PN^n : PB^n$ (*Planche d'Analyse, fig. 9.*)

Au reste, ce n'est que fort improprement que ces courbes ont été appellées *cercles*; car on est convenu d'appeller *cercle*, la seule figure dont l'équation est $AP \times PB = PN^2$: mais on peut imaginer des *cercles* de plusieurs degrés comme des paraboles de plusieurs degrés, quoique le nom de *parabole* ne convienne rigoureusement qu'à la parabole d'Apollonius. *Voyez* PARABOLE.

Coroll. I. Supposons $AP = x$, $PN = y$, $AB = a$, & nous aurons $BP = a - x$, & par conséquent $x^m : y^m :: y : a - x$, ce qui nous donne une équation

équation qui détermine les *cercles* des degrés supérieurs à l'infini; savoir, $y^{m+1} = a x^m - x^{m+1}$, & on pourroit avoir d'une manière à-peu-près semblable cette autre équation $y^{m+n} = (a-x)^n x^m$.

Coroll. II. Si $m = 1$, nous aurons $y^2 = a x - x x$, & par conséquent il n'y aura que le *cercle* ordinaire ou celui du premier degré qui soit alors compris sous l'équation.

Si $m = 2$, on aura $y^3 = a x^2 - x^3$, équation qui appartient au *cercle* du second degré ou du second ordre.

* COUPE-CERCLE, *instrument de Mathém.* C'est une des pointes d'un compas: elle est tranchante, & divise circulairement le papier ou le carton sur lequel on l'appuie. On donne le même nom en *Menuiserie* à un villebroquin qui est armé à son extrémité d'une couronne tranchante, au centre de laquelle il y a une pointe qui fixe le villebroquin, & qui perce un trou tandis que la couronne emporte uue pièce circulaire. *V.* TRÉPAN.

CÉRES, (*Astron.*) nom de la constellation de la vierge.

CERVA, (*Astr.*) nom de la constellation de Cassiopée.

CHA

CHAINE, *dans l'Arpentage*, signifie une mesure composée de plusieurs pièces de gros fil-de-fer ou de laiton recourbées par les deux bouts: chacune de ces pièces a un pied de long, y compris les petits anneaux qui les joignent ensemble.

Les *chaînes* se font ordinairement de la longueur de la perche du lieu où l'on veut s'en servir, ou bien de quatre à cinq toises de long, & même plus longues, si l'on a des grandes stations à mesurer, comme de huit ou dix toises. On les distingue quelquefois, par un plus grand anneau, de toise en en toise: ces sortes de *chaînes* sont fort commodes, en ce qu'elles ne se noüent point comme celles qui sont faites de petites mailles de fer. *Voyez les articles* PERCHE, VERGE, *&c.*

En 1668, on plaça un nouvel étalon ou modèle de la toise fort juste, au bas de l'escalier du grand châtelet de Paris, pour y avoir recours en cas de besoin.

La *chaîne* sert à prendre les dimensions des terreins. C'est ce que le P. Mersenne appelle l'*arvipendium* des anciens. *Voyez* ACRE.

On emploie aussi au lieu de *chaînes* des cordes; mais elles sont sujettes à beaucoup d'inconvéniens, qui proviennent soit des différens degrés d'humidité, soit de la force qui les tend.

Schwenturus, dans sa *Géométrie pratique*, nous dit qu'il a vu une corde de seize pieds de long, réduite en une heure de tems à quinze, par la seule chûte d'une gelée blanche. Pour prévenir ces inconvéniens, Wolf conseille de tortiller en sens contraire les petits cordons dont la corde est composée, de tremper la corde dans de l'huile bouillante, & quand elle sera séche, de la faire passer à-travers de la cire fondue, afin qu'elle s'en imbibe: une corde ainsi préparée ne se ralongera ni ne se raccourcira point-du-tout, quand même on la garderoit un jour entier sous l'eau.

Usage de la chaîne dans l'arpentage. La manière d'appliquer la *chaîne* à la mesure des longueurs est trop connue, pour avoir besoin d'être décrite. Lorsqu'on enrégistre les dimensions prises par la *chaîne*, il faut séparer la *chaîne* & les chaînons par des virgules; ainsi, une ligne longue de soixante-trois *chaînes* & cinquante-cinq chaînons, s'écrit en cette sorte, 63, 55. Si le nombre des chaînons n'est exprimé que par un seul caractère, on met alors un zero au-devant: ainsi dix *chaînes*, huit chaînons, s'écrivent en cette sorte, 10, 08.

Pour trouver l'aire d'un champ dont les dimensions sont données en *chaînes* & chaînons, *voyez* AIRE, TRIANGLE, QUARRÉ.

Pour prendre avec la *chaîne* un angle DAE, (*Pl. d'Arpent. fig. 1.*) vous mesurerez en partant du sommet A, une petite distance jusqu'en d & en c; ensuite vous mesurerez la distance dc. Pour tracer cela sur le papier, vous prendrez à volonté la ligne AE, & vous y rapporterez, au moyen de votre échelle, la distance mesurée sur le côté qu'elle représente. *Voyez* ECHELLE.

Ensuite prenant avec votre compas la longueur mesurée sur l'autre côté, du sommet A, comme centre, décrivez un arc dc; & du point c, comme centre, avec la distance mesurée cd, décrivez un autre arc ab: par le point où cet arc coupe le premier, tirez la ligne AD: par ce moyen l'angle est rapporté sur le papier; & l'on pourra, si l'on veut, en prendre la quantité sur une ligne des cordes. *Voyez* CORDE & COMPAS DE PROPORTION.

Pour lever le plan, ou pour faire le dessein d'un lieu, comme $ABCDE$, (*fig. 2.*) en se servant de la *chaîne*, on en fera d'abord une esquisse grossière; & mesurant les différens côtés AB, BC, CD, DE, on écrira la longueur de chaque côté le long de son côté correspondant dans l'esquisse; ensuite si on leve le plan en-dedans du lieu proposé, au lieu de mesurer les angles comme ci-dessus, on mesurera les diagonales AD, BD, & la figure se trouvera de la sorte réduite en trois triangles, dont tous les côtés seront connus, comme dans le premier cas, & pourront être rapportés sur le papier suivant la méthode ci-dessus.

Si on leve le plan en-dehors du lieu proposé, il faudra prendre en ce cas les angles de la manière suivante. Pour prendre, par exemple, l'angle BCD, on prolongera les lignes BC, CD, à des distances égales en a, b (par exemple de la longueur de cinq *chaînes*), & on mesurera la distance ab; on aura par-là un triangle isocelle cab, dans lequel l'angle $a\,b\,c = BCD$ son opposé, est connu : ainſi, l'on connoîtra l'angle BCD, & l'on pourra le tracer comme ci-deſſus.

Trouver avec la chaîne *la diſtance entre deux objets inacceſſibles l'un par rapport à l'autre, de quelque point, comme* C, (fig. 3.) *dont la diſtance à chaque objet* A & B, *ſoit acceſſible en ligne droite.* Meſurez la diſtance CA, que je ſuppoſe de cinquante *chaînes*, & prolongez-là juſqu'en D, c'eſt-à-dire, cinquante *chaînes* encore plus loin; meſurez de même BC, que je ſuppoſe de trente *chaînes*, & prolongez-la juſqu'en E, trente *chaînes* encore plus loin : vous formerez de la ſorte le triangle CDE, ſemblable & égal au triangle ABC; & ainſi meſurant la diſtance DE, vous aurez la diſtance inacceſſible cherchée.

Trouver la diſtance d'un objet inacceſſible, comme la largeur d'une rivière, par le moyen de la chaîne. Sur l'une des rives plantez bien perpendiculairement une perche haute de quatre ou cinq pieds, où il y ait dans une fente pratiquée en haut, une petite pièce de fil-de-fer, ou d'autre matière ſemblable, bien droite; & longue de deux ou trois pouces; vous ferez enſuite gliſſer cette petite pièce en haut ou en bas, juſqu'à ce que votre œil apperçoive ou rencontre l'autre rive, en regardant le long de ce fil-de-fer : vous tournerez enſuite la perche, en laiſſant toujours le fil-de-fer dans la même direction; & regardant le long de ce fil, comme ci-deſſus, remarquez ſur le terrein où vous pouvez opérer, l'endroit où aboutit votre rayon viſuel : enfin meſurez la diſtance qu'il y a de votre perche à ce dernier point; ce ſera la largeur de la rivière propoſée. *Voyez* ARPENTAGE, RAPPORTEUR, &c. (E)

CHAINETTE, *dans la Géométrie tranſcendante*, ligne courbe dont une chaîne ou une courbe prend la figure par ſon propre poids, lorſqu'elle eſt ſuſpendue librement par ſes deux extrémités; ſoit que ces deux extrémités ſoient de niveau dans une même ligne horizontale, ou qu'elles ſoient placées dans une ligne oblique à l'horizon.

Pour concevoir la nature de cette courbe, ſuppoſons une ligne peſante & flexible, (*Pl. Méch. fig. 56.*) dont les extrémités ſoient fixées aux points G, H; elle ſe fléchira par ſon propre poids en une courbe GAH, qu'on nomme la *chaînette* ou *catenaria*.

Le P. Reyneau, dans ſon *Analyſe démontrée*, trouve ainſi l'équation de cette courbe. Soit A le ſommet de la courbe, ou ſon point le plus bas; que BD & bd ſoient parallèles à l'horizon; fD perpendiculaire à BD; BD, perpendiculaire à AB; & ſoient les points B, b, & les lignes BD, bd, infiniment près l'un de l'autre : les loix de la méchanique nous apprennent que trois puiſſances qui ſe font mutuellement équilibre, ſont entr'elles comme des parallèles aux lignes de leurs directions, terminées par leur concours mutuel; par conſéquent les lignes Df & df feront entr'elles comme les forces verticales & horizontales, qui tendent à mettre la particule Dd dans la ſituation Dd : or la première de ces forces eſt le poids de la portion AD de la chaîne, & elle eſt repréſentée par AD. L'autre force eſt une force conſtante, n'étant autre choſe que la réſiſtance du point A : nommant donc AB, x, BD, y, l'arc AD ou ſon poids, s, & la force conſtante a, on aura $dx : dy :: s . a$, & $dy = \frac{adx}{s}$. Donc $\frac{dy}{dx} = \frac{a}{\int \sqrt{(dx^2 + dy^2)}}$, & $\sqrt{(dx^2 + dy^2)} = a\,d\left(\frac{dx}{dy}\right)$.

Il ſemble que cette ſolution, quoiqu'aſſez ſimple, laiſſe encore de l'obſcurité dans l'eſprit; mais ce même problème a été réſolu de différentes manières : les plus élégantes ſont celles que l'on trouve dans l'eſſai de M. Jean Bernoulli ſur la manœuvre des vaiſſeaux, imprimé à Bâle, 1714; & dans un écrit de M. Daniel Bernoulli ſon fils, *tome III des Mémoires de l'Académie de Pétersbourg.*

Pour parvenir à l'équation de la *chaînette*, il faut d'abord décompoſer toutes les puiſſances qui agiſſent ſur un point quelconque, en deux autres, dont l'une ſoit parallèle à l'axe, & l'autre perpendiculaire à cet axe; ce qui eſt toujours poſſible, puiſqu'il n'y a point de puiſſance qui ne puiſſe ſe réduire à deux autres de poſition donnée; enſuite on regardera la *chaînette* comme un polygone d'une infinité de côtés; & ſuppoſant chaque puiſſance appliquée au point de concours des deux côtés, on décompoſera, ce qui eſt toujours poſſible, chaque puiſſance en deux autres qui ſoient dans la direction de deux côtés contigus : de cette manière on trouvera que chaque côté de la courbe eſt tiré à chacune de ſes extrémités en ſens contraires, par deux puiſſances qui agiſſent ſuivant la direction de ce côté. Or pour qu'il y ait équilibre, il faut que les deux puiſſances ſoient égales : égalant donc ces deux puiſſances enſemble, on aura l'équation de la *chaînette*. Voyez *un plus long détail dans les ouvrages cités*. Il nous ſuffit ici d'avoir expoſé le principe. Si une courbe eſt preſſée en chaque point par une puiſſance qui ſoit perpendiculaire à la courbe, on trouvera par ce principe que pour qu'il y ait équilibre, il faut que chaque puiſſance ſoit en raiſon inverſe du rayon de la développée de la courbe, au point où la puiſſance agit.

Pluſieurs auteurs ont trouvé qu'une voûte, pour être en équilibre, devoit avoir la même figure que la *chaînette*. En effet, imaginons cette voûte en équilibre, comme compoſée de petites ſphères ſolides qui ſe touchent, & joignons les centres de ces ſphères par des lignes droites; imaginons enſuite que la direction de la peſanteur de ces ſphères change tout-à-coup, & ſe faſſe en ſens contraire; & que les ſphères ſoient liées enſemble par des fils ou autrement, de manière qu'elles ne puiſſent pas obéir à l'impulſion verticale de la peſanteur : il eſt viſible que l'équilibre ne ſera point troublé, puiſque des puiſſances qui ſont en équilibre continuent d'y être, lorsque sans changer ces puissances, on ne fait que leur donner à toutes des directions contraires. Il est visible de plus que dans ce cas la voûte deviendra une *chaînette* dont les pieds droits de la voûte seront les points fixes, & qu'il n'y aura d'autre différence que dans le renversement de la figure : donc la courbe de la *chaînette* est la même que celle de la voûte. *Voyez* VOUTE. (*O*)

CHAISE *marine*, (*Astron.*) c'est le nom d'une machine proposée en Angleterre vers 1760, par M. Irwin, pour suspendre un observateur dans un vaisseau par le moyen de deux axes, comme la lampe de Cardan; on pouvoit, par ce moyen, observer en mer des éclipses de satellites. Cette machine avoit été proposée en France par Besson, dans son COSMOLABE.

CHAMBRE *obscure* ou *chambre close*, *en termes d'Optique*, est une *chambre* fermée avec soin de toutes parts, & dans laquelle les rayons des objets extérieurs étant reçus à travers un verre convexe, ces objets sont représentés distinctement, & avec leurs couleurs naturelles, sur une surface blanche placée en-dedans de la *chambre*, au foyer du verre. Outre ces expériences que l'on peut faire dans une *chambre* ainsi fermée, on fait des *chambres obscures*, ou machines portatives, dans lesquelles on reçoit l'image des objets extérieurs par le moyen d'un verre.

La première invention de la *chambre obscure* est attribuée à Jean-Baptiste Porta.

La *chambre obscure* sert à beaucoup d'usages différens. Elle jette de grandes lumières sur la nature de la vision; elle fournit un spectacle fort amusant, en ce qu'elle présente des images parfaitement semblables aux objets; qu'elle en imite toutes les couleurs & même les mouvemens, ce qu'aucune autre sorte de représentation ne peut faire. Par le moyen de cet instrument, sur-tout s'il est construit conformément à la dernière des trois manières de le construire dont on parlera plus bas, quelqu'un qui ne sait pas le dessin, pourra néanmoins dessiner les objets avec la dernière justesse & la dernière exactitude; & celui qui sait dessiner ou même peindre, pourra encore par ce même moyen se perfectionner dans son art.

La théorie de la *chambre obscure* est contenue dans les propositions suivantes tirées de l'*Optique* de Wolf.

Si un objet *A B* (*pl. d'Opt. fig. 16*) envoie des rayons à travers la petite ouverture *C*, sur une muraille blanche opposée à cet objet, & que la place où les rayons vont aboutir, derrière l'ouverture *C*, soit sombre; l'image de l'objet se peindra en *a b* sur la muraille de haut en-bas.

Car l'ouverture *C* étant fort petite, les rayons qui viennent du point *B*, tomberont sur *b*; ceux qui viennent des points *A* & *D*, tomberont sur *a* & *d*; c'est pourquoi, comme les rayons qui partent des différens points de l'objet, ne sont point confondus lorsque la muraille les réfléchit, ils porteront avec eux les traits de l'objet qu'ils représenteront sur la muraille. Mais comme les rayons *A C* & *B C* se coupent l'un l'autre à l'ouverture, & que les rayons qui partent des points d'en-bas vont aboutir en-haut, il faudra nécessairement que l'objet soit représenté dans une figure renversée.

Ainsi, comme les angles en *D* & en *d* sont droits, & que les angles en *C* sont égaux; *B* & *b*, *A* & *a* seront aussi égaux; conséquemment si la muraille sur laquelle l'objet est représenté est parallèle à l'objet, $ab : AB :: dC : CD$, c'est-à-dire, que la hauteur de l'image sera à la hauteur de l'objet, comme la distance de l'image à l'ouverture est à la distance de l'objet à cette même ouverture. Il est évident par cette démonstration qu'on peut faire une *chambre obscure*, en se contentant de faire en *C* un trou fort petit, sans y mettre de verre. Mais l'image sera beaucoup plus distincte, si on place un verre convexe en *C*; car lorsqu'il n'y a en *C* qu'un simple trou, les points *A*, *B*, *D*, &c. de l'objet ne peuvent se représenter en *a*, *b*, *d*, que par de simples rayons *A b*, *D d*, *B a*; au lieu que si on place un verre en *C*, tous les rayons qui viennent du point *A* par ex. & qui tombent sur ce verre, sont réunis au foyer, de sorte que le point *a* est beaucoup plus vif & plus distinct; & la réunion sera d'autant plus exacte & plus parfaite au foyer, que le verre fera portion d'une plus grande sphère; ainsi, moins le verre sera convexe, plus l'image sera distincte. Il est vrai aussi que le foyer sera d'autant plus éloigné, que le verre sera moins convexe, ce qui fait un inconvénient. C'est pourquoi il faut prendre le verre d'une convexité moyenne.

Construction d'une chambre obscure, *dans laquelle les objets de dehors seront représentés distinctement & avec leurs couleurs naturelles, ou de haut en-bas, ou dans leur vraie situation.* 1.° Bouchez tous les jours d'une *chambre* dont les fenêtres donnent des vues sur un certain nombre d'objets variés, & laissez seulement une petite ouverture à une des fenêtres. 2.° Adaptez à cette ouverture un verre lenticulaire, plan, convexe, ou convexe des deux côtés, qui forme une portion de surface d'une assez grande sphère. 3.° Tendez à quelque distance, laquelle sera déterminée par l'expérience même, un papier blanc ou quelques étoffes blanches, à moins que la muraille même ne soit blanche; au moyen de quoi vous verrez les objets peints sur la muraille de haut en-bas. 4.° Si vous les voulez voir représentés dans leur situation naturelle, vous n'avez qu'à placer un verre lenticulaire entre le centre & le foyer du premier, ou recevoir les images des objets sur un miroir plan incliné à l'horizon sous un angle de 45 degrés, ou enfermer deux verres lenticulaires, au lieu d'un dans un tuyau de lunette. Si l'ouverture est très-petite, les objets pourront se peindre, même sans qu'il soit besoin de verre lenticulaire.

Pour que les images des objets soient bien visibles & bien distinctes, il faut que le soleil donne sur les objets : on les verra encore beaucoup mieux, si l'on a soin de se tenir auparavant un quart-d'heure dans l'obscurité. Il faut aussi avoir grand soin qu'il n'entre de la lumière par aucune fente, & que la muraille ne soit point trop éclairée.

Construction d'une chambre obscure portative. 1.° Ayez une cassette ou boîte de bois sec (*pl. d'Opt. fig. 17*) de la figure d'un parallelépipede, large d'environ dix pouces, & longue de deux pieds ou davantage, à proportion du diamètre que vous voudrez donner au verre lenticulaire. 2.° Dans le plan *C A O* ajustez un tuyau à lunette *E F*, avec deux verres lenticulaires; ou bien mettez l'image à une petite distance du tuyau avec trois verres lenticulaires convexes des deux côtés, dont les deux de dehors ou de devant auront de diamètre $\frac{60}{100}$ de pied, & celui de dedans $\frac{40}{100}$. En dedans de la boîte, à une distance raisonnable du tuyau, mettez un papier huilé *G H* dans une situation perpendiculaire, en sorte qu'on puisse voir à travers, les images qui viendront s'y peindre. Enfin en *I* faites un trou rond par où une personne puisse regarder commodément.

Alors si le tuyau est tourné vers l'objet, les verres étant arrêtés à une distance convenable, qui sera déterminée par l'expérience, l'objet sera peint sur le papier *G H* dans sa situation naturelle.

On peut encore faire une *chambre obscure portative* de cette manière. 1.° Au milieu d'une cassette ou boîte de même forme (*pl. d'Opt. fig. 18*), mettez une petite tourette ronde ou quarrée *H I*, ouverte du côté de l'objet *A B*. 2.° Derrière l'ouverture placez un petit miroir *a b I* à une inclinaison de 45 degrés, pour réfléchir les rayons *A a* & *B b*, sur le verre convexe des deux côtés *G*, enfermé dans le tuyau *G L*. 3.° A la distance de son foyer mettez une planche couverte d'un papier blanc *E F*, pour recevoir l'image *a b*: enfin faites en *N M* une ouverture oblongue pour regarder dans la boîte. (*O*)

CHAMÉLEON. *Voyez* CAMÉLEON.

CHAMMA, nom que les astronomes arabes donnent au soleil.

CHAMP *d'une lunette*, est l'étendue des objets qu'on y peut voir à-la-fois; le *champ* est déterminé par la largeur de l'oculaire ou du diaphragme, que l'on met au foyer de l'objectif; car la longueur du foyer est au diamètre de cet anneau comme le rayon est au sinus de l'angle qui mesure le champ de la lunette; on le détermine par observation en comptant le nombre de minutes & de secondes qu'un astre met à le traverser. (*D. L.*)

*On voit donc que le *champ* d'une lunette est l'espace que cette lunette embrasse, c'est-à-dire ce que l'on voit en regardant dans la lunette. C'est une perfection dans une lunette d'embrasser beaucoup de *champ*; mais cette perfection nuit souvent à une autre, c'est la netteté des objets : car les rayons qui tombent sur les bords du verre objectif, & d'où dépend le *champ* de la lunette, sont rompus plus inégalement que les autres, ce qui produit des couleurs & de la confusion. On remédie à cet inconvénient par un diaphragme placé au-dedans de la lunette, qui en interceptant ces rayons, diminue le *champ*; mais rend la vision plus distincte. (*O*)

CHANCE, (*jeux de hazard*) est encore employé dans plusieurs jeux de cette espèce, mais particulièrement dans la taupe & tingue. *Voyez l'article* TAUPE & TINGUE.

CHANGEANTES, (*Astron.*) On désigne sous ce nom certaines étoiles qui sont sujettes à des diminutions & à des augmentations alternatives de lumière. Il y a plusieurs étoiles dans lesquelles on soupçonne de semblables variations; mais il n'y en a que deux où elles aient été discutées & observées avec assez de soin, pour qu'on puisse les prédire : l'une est la *changeante* de la baleine; l'autre est la *changeante* du cygne.

La *changeante* de la baleine, appellée *o* dans Bayer, fut apperçue le 13 août 1596, par David Fabricius. Boulliaud, dans un traité imprimé à Paris en 1667, dit que cette étoile revient à sa plus grande clarté au bout de 333 jours; mais Cassini en compte 334, *Elém. d'Astron.*, *page 68*. Elle paroît de la seconde grandeur plus belle que *α* & *β* de la baleine pendant l'espace de 15 jours, & diminue ensuite jusqu'à disparoître quelquefois totalement. Hévélius rapporte quelle fut quatre années entières sans paroître; savoir, depuis le mois d'octobre 1672, jusqu'au mois de décembre 1676. Elle n'emploie pas toujours un tems égal, depuis le commencement de son apparition jusqu'à sa disparition; mais tantôt elle augmente plus vite qu'elle ne diminue & tantôt elle s'accroît plus lentement. Cassini la trouva dans son plus grand éclat au commencement d'août 1703, & elle paroissoit alors de troisième grandeur comme Fabricius l'avoit jugée le 13 août 1596. Elle avoit eu, dans cet espace de 39080 jours, 117 révolutions, ce qui donne la période moyenne de ses variations de 334 jours; mais il peut y avoir dans ces déterminations deux ou trois jours d'incertitude. *Voyez* Cassini, *Elémens d'Astron.*, *page 68*. Maraldi, *Mém. de l'Académie 1719*. *Philos. transactions n.° 134* & *346*. M. Herschel l'a trouvée dans son plus grand éclat les 10 ou 15 novembre 1779; elle étoit invisible le 7 février 1780. *Philos. transact.* 1780. On a observé dans le cygne trois étoiles *changeantes* : la plus remarquable des trois est celle qui est appellée *χ* dans Bayer, & dont on observe encore les phases. Kirch fut le premier qui remarqua en 1686 ces variations de lumière; le 11 juillet il n'avoit pu appercevoir cette étoile, mais le 19 octobre, elle lui parut de cinquième grandeur. Au mois de février 1687, elle avoit encore disparu, on ne la voyoit pas même avec une lunette. Dans la suite Maraldi & Cassini ayant observé plusieurs fois ses variations, trouvèrent la période de 405 jours. *M. Acad.* 1719. M. le Gentil a trouvé, par de nouvelles observations 405 jours & $\frac{3}{16}$: voici le tems de son plus grand éclat tels qu'il les a annoncés. Le 24 mai 1784, 4 juillet 1785, 13 août 1786, 22 septembre 1787, 1 novembre 1788, 10 décembre 1789; 30 janvier 1791, 10 mars 1792, 19 avril 1793, &c. La table de M. le Gentil continue jusqu'à la fin du siècle, *Mém. Acad.* 1759, *pag.* 247. On doit observer que ces retours sont aussi sujets à des inégalités physiques; car cette étoile fut presqu'invisible pendant les années 1699, 1700, 1701, même dans les tems où par les observations des années précédentes & suivantes, elle devoit être dans sa plus grande clarté. Cassini, *page* 72.

Nous devons encore dire quelques mots de deux autres *changeantes* du cygne, l'une est située proche l'étoile γ, qui est dans la poitrine; elle fut découverte par Kepler en 1600; on ne la trouve point dans le catalogue de Tycho, quoiqu'il ait marqué plusieurs étoiles qui sont près de cette *changeante*, & qui paroissent même plus petites : Bayer & Janson l'ont regardée comme nouvelle. Pendant 19 ans qu'elle fut observée par Kepler, elle parut toujours de la même grandeur, n'étant pas tout-à-fait si grande que γ à la poitrine du cygne, mais plus grande que celle qui est dans le bec. Elle paroissoit encore au témoignage de Liceti en 1621, mais elle disparut ensuite. Cassini l'observa de nouveau en 1655; elle augmenta pendant cinq années jusqu'à égaler les étoiles de la troisième grandeur: en 1677, 1682 & 1715, elle n'étoit encore que comme une étoile de la sixième grandeur. Cassini, *Elémens d'Astron.*, pag 69. Maraldi, *Mém. Acad.* 1719. On trouve diverses observations d'Hévélius sur les *changeantes* de la baleine & du cygne dans les *transactions Philosophiques*, *n.°* 134.

La troisième étoile *changeante* du cygne ne paroît plus actuellement; elle fut découverte le 20 juin 1670, par le P. Anthelme, chartreux, près de la tête du cygne, du côté de la flèche; elle étoit alors de troisième grandeur; mais, le 10 août, elle n'étoit plus que de cinquième grandeur, & elle se perdit bientôt entièrement : sa longitude étoit à a^d 55′ du verseau, elle avoit 47^d 28′ de latitude boréale, elle passoit par le méridien 27″ avant la luisante de l'aigle; son ascension droite étoit de 293^d 33′, & sa déclinaison 26^d 33′. Le P. Anthelme la revit le 17 Mars 1671, & la jugea de quatrième grandeur. Cassini y remarqua cette année-là plusieurs variations. Elle fut deux fois dans son plus grand éclat; d'abord le 4 avril, ensuite au commencement de mai; ce qu'on n'a vu arriver à aucune autre étoile. Par la comparaison des observations de ces deux années, il paroissoit d'abord qu'elle employoit environ 10 mois à revenir à la même phase; de sorte qu'on auroit dû la voir au mois de février 1672; cependant on ne put l'appercevoir au rapport d'Hévélius, que le 29 mars : elle n'étoit encore que de sixième grandeur & elle n'a pas reparu depuis 1672. Cassini, *Elém. d'Astr.*, *pag.* 71. *Voyez* mon *Astronomie liv. III*, *page* 317, où il y a encore plusieurs exemples de variations observées ou soupçonnées dans différentes étoiles, & où je rapporte l'hypothèse de Maupertuis sur la cause de ces variations. On auroit trouvé probablement beaucoup d'étoiles *changeantes*, si l'on eût observé souvent & avec soin les plus petites étoiles.

Cette année même 1783, on a découvert les diminutions de lumière de l'étoile *Algol* à la tête de Méduse, β de Persée; elle est ordinairement de seconde grandeur & devient de quatrième toutes les 69 heures, & cela dure quelques heures. Montanari avoit remarqué ces variations dans le dernier siècle, Maraldi les avoit aussi observées à Paris, comme on le voit dans l'histoire de l'Académie à l'année 1695; il ne put à la vérité observer aucune variation en 1692 & 1693, mais en 1694 l'étoile augmenta & diminua, elle parut de seconde & quatrième grandeur, peut-être que dans les années précédentes Maraldi n'y avoit pas regardé dans les jours & les heures où elle devoit avoir son moindre degré de lumière. Suivant une lettre de M. Herschel, la période de lumière de l'étoile *algol* paroissoit de 25 jours 20 heures 47 minutes; la première fois qu'il l'a vue dans sa plus petite lumière, c'étoit le 3 mai 1783 à huit heures 57 minutes, jusqu'à 10 heures 10 minutes, à Windsor; sa lumière ne surpassoit que très-peu celle de *Ro* de Persée qui n'en est qu'à deux degrés & qui est marquée de 4e grandeur. Le 20 mai depuis 14 heures 17 minutes jusqu'à 14 heures 30 minutes, elle lui parut encore de la grandeur de ρ de Persée, cependant elle m'a semblé un peu plus grosse dans les jours où j'ai observé son moindre éclat. La durée de cette période est de deux jours 20 heures $48\frac{3}{4}$ minutes. Ces variations de lumière ont été remarquées sur-tout par M. Goodricke, Gentilhomme d'Yorck, à la fin de l'année 1782. On les explique ou par de grandes parties obscures, comme Riccioli, ou par une figure très-applatie, comme Maupertuis, ou par l'interposition d'une grosse planète : c'est le sentiment de M. Goodricke. Nous parlerons de divers autres changemens au *mot* ETOILE. (*D. L.*)

CHANGEMENT D'ORDRE, *en Arithmétique & en Algèbre*, est la même chose que *permutation*. *Voyez* PERMUTATION.

On demande, par exemple, combien de *changemens d'ordre* peuvent avoir six personnes assises à une table : on trouvera 720. *Voyez* ALTERNATION & COMBINAISON. (*O*)

CHAPE, s. f. (*Méch.*) Nom qu'on donne en général à des trous percés dans le bois, dans le fer, ou toute autre matière, & destinés à recevoir les extrémités de l'essieu d'une poulie, d'une balance, d'un tour, &c.

On affecte particulièrement ce nom à ces bandes de fer recourbées en demi-cercle, entre lesquelles sont suspendues & tournent des poulies sur un pivot ou une goupille qui les traverse & leur sert d'axe, & va se placer & rouler dans deux trous pratiqués, l'un à l'une des aîles de la *chape*, & l'autre à l'autre aîle. Tout cet assemblage de la *chape* & de la poulie est suspendu par un crochet, soit à une barre de fer, soit à tout autre appui solide. On voit de ces poulies encastrées dans des *chapes* au-dessus des puits. *Voyez* POULIE.

CHAPEAU, s. m. (*Méch.*) On appelle ainsi, dans certains batis de charpente, un assemblage de trois pièces de bois, dont deux posées verticalement & emmortoisées avec une troisième sur ses extrémités, tiennent cette troisième horizontale.

Dans l'*hydraulique pratique*, le *chapeau* est une pièce de bois attachée avec des chevilles de fer sur les couronnes d'une file de pieux, soit dans un batardeau, soit dans une chaussée.

CHAPELET, s. m. (*Hydrod.*) Machine hydraulique, composée d'une suite de *godets* ou de *clapets* attachés à une corde ou chaîne sans fin, qui trempent alternativement dans l'eau d'un puisard, & qui se remplissent ou se chargent avant que d'entrer dans un tuyau, d'où ils sortent par l'autre bout, & se vuident dans un bassin ou creux quelconque destiné à recevoir l'eau.

Comme il est nécessaire que les *clapets* ou *godets* entrent un peu juste dans le tuyau montant, il y a quelquefois un frottement assez considérable dans cette machine.

La chaîne sans fin doit être écartée dans son chemin, & pour entrer verticalement dans le tuyau montant, & pour que les *godets* ou *clapets* vuident l'eau dans le réservoir de decharge; ainsi, il faut qu'elle tourne & s'accroche sur deux hérissons ou rouets à crocs, placés à ses extrémités. De plus, son mouvement doit être un peu prompt, pour ne pas donner à l'eau le tems de redescendre par le tuyau montant. *Voyez* une plus ample description & l'usage de ces machines dans l'*architecture hydraulique* de Belidor, & dans la *Physique* de Desaguliers.

CHARA. (*Astron.*) *Voyez* CHIENS DE CHASSE.

CHARGE *d'eau*; (*Hydrod.*): hauteur verticale de l'eau au-dessus d'un orifice, ou d'un point quelconque.

CHARGÉ (*Jeu*) se dit des dés dont on a rendu une des faces plus pesante que les autres; c'est une friponnerie dont le but est d'amener le point foible ou fort à discrétion. On *charge* le dé en remplissant les points mêmes de quelque matière plus lourde en pareil volume que la quantité d'ivoire qu'on en a ôtée pour les marquer. On les *charge* d'une manière plus fine; c'est en transposant le centre de gravité hors du centre de masse; ce qui se peut, ce qui est même très-souvent contre l'intention du tablétier & des joueurs, lorsque la matière des dés n'est pas d'une consistance uniforme. Alors il est naturel que les dés s'arrêtent plus souvent sur la face dont le centre de gravité est le moins éloigné. *Exemple:* Si un dé a été coupé dans une dent, de manière qu'une de ses faces soit faite de l'ivoire qui touchoit immédiatement à la concavité de la dent, & que la face opposée ait par conséquent été prise dans l'extrémité solide de la dent; il est clair que cet endroit sera plus compact que l'endroit opposé, & que le dé sera *chargé* tout naturellement: on peut donc sans fourberie étudier les dés au trictrac, & à tout autre jeu de dés. La petite différence qui se trouve entre l'égalité de pesanteur en tout sens, ou, pour parler plus exactement, entre le sens de pesanteur & celui de masse, se fait sentir à la longue, & donne un avantage certain à celui qui l'a connoît: or le plus petit avantage certain pour un des joueurs à l'exclusion des autres, dans un jeu de hazard, est presque le seul qui reste quand le jeu dure long-tems.

CHARIER, (*Hydrod.*) *entraîner avec soi:* les eaux tant de rivière que de fontaine *charient* naturellement du sable, du gravier. (*K*)

CHARIOT, (*Méch.*) *Voyez* TRAINEAU.

CHARIOT, (*Astronomie.*) Le *chariot* est une constellation qu'on appelle aussi *la grande ourse*; elle a en effet quelque ressemblance avec un chariot. *Voyez* GRANDE OURSE. (*O*)

CHARIVARI, s. m. (*jeu*) se dit à l'ombre à trois, d'un hazard qui consiste à porter les quatre dames. On reçoit pour ce jeu de chacun une fiche, si l'on gagne; on la paie à chaque joueur, si l'on perd.

CHARNIERE, s. f. (*Méch.*) pièce sur laquelle tournent au moyen d'une virole ou d'un axe, les deux parties d'une boîte, les deux jambes d'un compas, &c.

CHASSE, s. f. (*Méch.*) On appelle *chasse* d'une balance la partie perpendiculaire au fléau, & par laquelle on soutient la balance quand on veut s'en servir. *Voyez* BALANCE & FLÉAU.

Les lunetiers appellent aussi *chasse* la monture d'une lunette dans laquelle les verres sont embrassés; cette chasse est de corne, d'écaille, d'acier bien élastique, &c.

Ce même mot se prend aussi dans la Méchanique pour signifier l'espace libre qu'il faut accorder à une machine entière, ou à quelqu'une de ses parties, pour en augmenter ou du moins en faciliter l'action. Trop ou trop peu de *chasse* nuit à l'action: c'est à l'expérience à déterminer la juste quantité. Voici un exemple simple de ce qu'on entend par *chasse*. La *chasse*, dans la scie à scier du marbre, est la quantité précise dont cette scie doit être plus longue que le marbre à scier, pour que toute l'action du scieur soit employée sans lui donner un poids de scie superflu qu'il tireroit, & qui ne seroit point appliqué si la *chasse* étoit trop longue: il est évident que dans ce cas, la longueur des bras de l'ouvrier permettra plus de *chasse*. La *chasse* ordinaire est depuis un pied jusqu'à dix-huit pouces.

CHASSE, s. f. (*Jeu*) c'est au jeu de paume la distance qu'il y a entre le mur du côté où l'on sert, & l'endroit où tombe la balle du second bond. Cette distance se mesure par les carreaux: quand la *chasse* est petite, on dit *une chasse à deux, à trois carreaux & demi*, &c. C'est au garçon à examiner, annoncer & marquer fidellement les *chasses*. Ce garçon en est appellé *le marqueur*. *Voyez l'article* PAUME.

CHASSIS, s. m. se dit généralement de tout assemblage de fer ou de bois assez ordinairement quarré, destiné à environner un corps & à le contenir. Le *chassis* prend souvent un autre nom, selon le corps qu'il contient, selon la machine dont il fait partie, relativement à une infinité d'autres circonstances. Il y a peu d'arts & même assez peu de machines considérables, où il ne se rencontre des *chassis* ou des parties qui en font la fonction sous un autre nom.

CHASSIS, (*Hydr.*) est un assemblage de bois ou de fer qui se place au bas d'une pompe, pour pouvoir par le moyen de deux coulisses pratiquées dans un dormant de bois, la lever au besoin, & visiter les corps de pompe. (*K*)

CHATEB, nom de la planète de Mercure.

CHATIERE, s. f. (*Hydrod.*) differe de la pierrée, en ce qu'elle est moins grande, & bâtie seulement de pierres sêches posées de champ des deux côtés, & recouverte de pierres plates appellées *couvertures*, en sorte qu'elles forment un espace vuide d'environ 9 à 10 pouces en quarré, pour faire écouler l'eau superflue d'un bassin, ou d'une très-petite source. Ces *chatieres* bâties ainsi légérement sont fort sujettes à s'engorger. (*K*)

CHEF *de l'épicycle* ou *apogée de l'épicycle*, est la partie la plus éloignée de la terre.

CHE

CHELUB, nom de la constellation de Persée.

CHEMIN *de S. Jacques*. *Voyez* VOYE LACTÉE.

CHENAL, s. m. (*Hydrod.*) c'est un courant d'eau en forme de canal, bordé le plus souvent des deux côtés de terres coupées en talus, & quelquefois revêtu de murs. Le *chenal* sert à faire entrer un bâtiment de mer ou de rivière dans le bassin d'une écluse. (*K*)

CHÊNE DE CHARLES II, (*Astron.*) constellation méridionale, introduite par Halley, en mémoire du *chêne royal*, sur lequel se retira Charles II, lorsqu'il eût été défait à Worcester, le 3 septembre 1651 : voici ce qu'en raconte le célébre M. Humes, dans son *Histoire de la maison des Stuards*.

Le roi s'étant échappé de Worcester à six heures du soir, fit environ vingt-six milles sans s'arrêter, accompagné de cinquante ou de soixante de ses plus fidèles amis: ensuite l'intérêt de sa sûreté personnelle lui fit prendre le parti de quitter ses compagnons, sans leur avoir communiqué ses desseins; & se livrant à la conduite du comte de Derby, il se rendit sur les confins de Staffordshire à Boscobel, métairie écartée, dont un nommé *Penderell* étoit le fermier. Charles ne fit pas de difficulté de s'ouvrir à lui; cet homme avoit des sentimens fort au-dessus de sa condition, quoique la peine de mort fût prononcée contre ceux qui donneroient une retraite au roi, & qu'on eût promis une grosse récompense à ceux qui le trahiroient, il promit & sut garder une fidélité inviolable. Ses freres, au nombre de quatre, & gens d'honneur comme lui, prêtèrent leur assistance: ils firent prendre à Charles des habits tels que les leurs, ils le menèrent dans un bois voisin, & lui mettant une hache entre les mains, ils feignirent de l'employer à faire leur provision de fagots; pendant quelques nuits le roi n'eut d'autre lit que de la paille, & sa nourriture fut celle qui se trouva dans la ferme. Pour se cacher mieux, il monta sur un grand *chêne*, dont les feuilles & les branches lui servirent d'asyle pendant vingt-quatre heures; il vit passer sous ses pieds plusieurs soldats, tous employés à chercher le roi, & qui la plupart témoignoient une extrême envie de s'en saisir. Cet arbre reçut ensuite le nom de *chêne royal*, & fut regardé long-tems par tous les habitans du pays avec une extrême vénération.

On trouve aussi dans le *Journal des savans*, du 23 novembre 1676, l'extrait d'un livre anglois, intitulé: *Boscobel*, du nom d'une des deux maisons qui servirent de retraite à Charles-II; ce livre a été traduit en françois, on y trouve la figure des deux maisons & celle de ce fameux *chêne*, qu'on regardoit comme un prodige, & qui étoit si gros & si touffu, que vingt hommes auroient pu s'y cacher.

L'abbé de la Caille se plaignoit de ce que Halley avoit pris des étoiles de la constellation du navire pour former la constellation de son protecteur; (*Voyez le Journal du voyage* de la Caille 1763, *in*-12;) mais le monarque & l'astronome méritoient que cette constellation fût conservée, & j'ai représenté sur mon globe céleste, gravé en 1773, ce même *chêne*, situé contre le vaisseau, & passant sur toutes les étoiles que Halley lui avoit assignées, elles sont au nombre de vingt-quatre dans le catalogue des étoiles australes de Halley; la principale est une étoile de seconde grandeur, qui avoit au commencement de 1678, $6^s\ 27^d\ 25'$ de longitude, & $72^d\ 15'$ de latitude australe: cette constellation s'étend depuis $6^s\ 13^d$ jusqu'à $7^s\ 6^d$ de longitude, & depuis 51^d jusqu'à 72^d de latitude; cet intervalle renferme un grand nombre d'autres étoiles du navire, dans le catalogue du *Cælum australe* de la Caille. (*D. L.*)

CHENIB *ou* GENIB, nom de la belle étoile de Persée.

CHERCHE, s. f. (*Méch.*) On donne ce nom 1.° aux différentes courbes selon lesquelles on pratique le renflement léger qui fait tant à l'élégance des colonnes. *Voyez* CONCHOIDE DE NICOMÈDE. C'est en effet cette courbe qu'on suit pour les Ioniques & les Corinthiennes renflées à la manière de Vignole. 2.° Au trait d'un arc surbaissé ou rampant, déterminé par plusieurs points ou intersections de cercles, ou d'autres courbes, ou de droites & de courbes. On dit aussi dans ce cas, *cerce*, de même que *cherche*. La *cherche* est *surbaissée*, quand elle a moins d'élévation que la moitié de sa base ; & *surhaussée*, quand le rapport de la hauteur à la base est plus grand que celui de 2 à 1. 3.° Au développement de plusieurs circonférences fait selon quelque ligne verticale ; pour cet effet, il faut concevoir un fil élastique courbé circulairement, de manière que toutes les circonférences ou tours tombent les uns sur les autres ; si l'on fixe à terre la première circonférence, & qu'en prenant le bout du fil élastique on le tire en haut, on aura le développement appellé *cherche*, & l'on donnera à ce développement l'hépithète de *ralongé*, & autres, selon le rapport qu'il y aura entre la circonférence la plus basse & celles qui s'élèveront en spirale au-dessus de cette circonférence. 4.° Au profil d'un contour courbe, découpé sur une planche même, pour diriger le relief ou le creux d'une pierre, en indiquant au tailleur les parties qu'il doit enlever. Si la pierre doit être concave, la *cherche* est convexe ; si au contraire la *cherche* est concave, c'est que la pierre doit être convexe.

CHERCHÉE, adj. *quantité cherchée*, (*Algeb. ou Géom.*) Les Géomètres ou les Algébristes appellent ainsi la quantité qu'il s'agit de découvrir quand on propose un problème. Si l'on demandoit, par exemple, que l'on déterminât le nombre, lequel multiplié par 12 produise 48, on trouveroit que le nombre 4 est la *quantité cherchée*. (*Chambers.*)

* On distingue dans chaque problème les quantités connues, & la quantité ou les *quantités cherchées*. Ainsi, dans le problème précédent, 12 & 48 sont les quantités connues. *Voyez* PROBLÊME, EQUATION, &c. L'art des équations consiste à comparer & à combiner ensemble les quantités connues & les *quantités cherchées*, comme si les unes & les autres étoient connues ; & à découvrir par le moyen de cette combinaison les *quantités cherchées*, c'est-à-dire à parvenir à une équation où la *quantité cherchée* soit exprimée sous une forme qui ne renferme que les quantités connues. *Voyez* ARITHMÉTIQUE UNIVERSELLE. (*O*)

CHESIL, nom hébreu d'une constellation, que les uns appliquent à Orion, les autres au scorpion ou aux Ourses. *Voyez mon* ASTRONOMIE, art. 611. (*D. L.*)

CHERCHEUR, (*Astron.*), petite lunette que l'on adapte aux télescopes ou aux fortes lunettes acromatiques dont le champ est petit, & cela pour trouver plus facilement les astres ; on en voit un en *E E*, *fig. 224 des planches d'Astronomie*. Le *chercheur* a un très-grand champ, & l'on y met l'astre fort aisément, on le fait venir sur les fils qui se croisent au foyer du *chercheur* ; &, si son axe est exactement parallèle à celui du télescope, l'astre se voit au milieu du champ du télescope. (*D. L.*)

CHEVAL, (*Astron.*) nom que l'on donne à la constellation de Pegase.

CHEVAL *ou* PETIT CHEVAL, constellation boréale située entre le dauphin & la tête de pegase, on l'appelle aussi *equuleus*, *equus minor*, *hinnulus*, *equi caput*, *sectio equina*, *sectio equi minoris*, *cyllarus*, (ou cheval) *semi perfectus*. On appelle cette constellation le *petit cheval*, pour la distinguer de pegase qui est le *grand cheval* : on n'en voit sur les cartes célestes que la moitié, comme si le reste du corps étoit caché dans les nuages, ainsi que le taureau dont on ne peint souvent que la moitié. Suivant la Mythologie, ce *cheval* est celui que Mercure avoit donné à Castor & qui se nommoit Cillarus, (*Virg. géorg. III. 90.*) ou celui dont Saturne prit la forme lorsqu'il fut surpris avec Philyra fille de l'océan ; mais comme tous les dieux & tous les héros de l'antiquité ont fait usage du *cheval*, on a donné à cette constellation une multitude d'origines différentes sur lesquelles on ne sauroit rien statuer. *Voyez Cæsius*, *cœlum Astronomico poeticum*.

Cette constellation ne contient que dix étoiles, dont la plus belle α est marquée de troisième grandeur dans Flamsteed, & de quatrième grandeur dans le catalogue de la Caille. Sa longitude au commencement de 1750, étoit de $10^s\ 19^d\ 37'\ 54''$, & sa latitude de $20^d\ 8'\ 56''$ boréale. (*D. L.*)

CHEVALET *du peintre*, (*Astron.*) constellation méridionale, qui contient 25 étoiles dans le *Cœlum australe* de M. de la Caille, où elle est appellée *apparatus sculptoris*, la plus belle α n'est que de cinquième grandeur ; son ascension droite pour 1750 est $11^\circ\ 38'\ 58''$ avec $30^\circ\ 43'\ 3''$ de déclinaison méridionale, en sorte qu'elle passe plus de dix degrés au-dessus de l'horizon de Paris. (*D. L.*)

CHEVALET, s. m. (*Méch.*) On donne ce nom à une infinité d'instrumens dont l'énumération n'appartient pas à notre sujet. Le *chevalet* ordinaire est une longue pièce de bois horizontale, soutenue par quatre pieds, dont deux sont assemblés à un bout de la pièce, & les deux autres à l'autre bout.

CHEVALIER, s. m. (*Jeu.*) C'est le nom d'une pièce aux échecs. *Voyez* ECHECS.

CHEVELURE DE BÉRÉNICE, (*Astronom.*) ancienne constellation boréale ; il en est parlé dans l'almageste l'almageste de Ptolemée parmi les étoiles informes du Lyon, quoiqu'il n'en fasse pas une constellation; il dit qu'il y a un amas qu'on appelle les cheveux πλόκαμος, sans parler de *Bérénice*. *Voyez* à ce sujet M. Bailly, *T. II*, *page 199*. Proclus, dans sa sphère, nous dit que cette constellation avoit été célébrée par le poëte Callimaque, (environ 236 ans avant l'ére vulgaire,) en quoi il a été suivi par Catulle, par Hyginus, &c. Ptolemée Lagus, premier de ce nom, roi d'Egypte, épousa *Bérénice* qui fut mère de Ptolemée Philadelphe. Son fils Ptolemée Evergete, surnommé Céraunus ou foudroyant, épousa *Bérénice* sa sœur dont il eut Ptolémée Philopator, c'est cette *Bérénice*, femme de Ptolemée Evergete, qui ayant vu partir son mari pour l'Asie à la tête de son armée, fit vœu de couper ses cheveux s'il revenoit vainqueur; elle les consacra en effet dans le temple de Vénus; ces cheveux disparurent le lendemain: le roi témoigna du regret, & Conon son mathématicien, pour le distraire, lui montra sept étoiles qui n'appartenoient à aucune constellation, en lui disant c'est la *chevelure de Bérénice*; ce fut alors que le Poëte Callimaque de Cyrène en fit l'objet d'une élégie qui donna de la célébrité à la nouvelle constellation. Catulle qui l'a suivi parle aussi de Conon.

Idem me ille Conon cœlesti numine vidit
E Bereniceo vertice cæsariem.

Il paroît que Virgile l'avoit également en vue lorsqu'il disoit dans sa troisième éclogue:

In medio duo signa Conon, & quis fuit alter
Descripsit radio totum qui gentibus orbem.

Conon & Callimaque attribuèrent à cette constellation sept étoiles situées au nord de la queue du lion, formant une espèce de triangle; mais il y a aussi trois étoiles qui, dans Ptolémée, appartiennent à la constellation du lion, & que l'on doit rapporter à celle de la *chevelure de Bérénice*, savoir les étoiles 33, 34 & 37. On a appellé ces trois étoiles *tricas*, car en grec on appelle les cheveux τρίχες; ces étoiles qui, au tems de Ptolémée, appartenoient au lion, ont été attribués quelquefois à la constellation de la vierge. (*Stœfler, in Procli sphæram commentarius, fol. 120.*) Bayer observe que plus anciennement on y peignoit une gerbe, (*Voyez* Cæsius, *page* 134.) & chez les arabes elle a conservé le nom d'huzimeth ou gerbe de bled. La raison qui put donner lieu à cette ancienne dénomination tient à l'assemblage de toutes les constellations voisines; on y voit le moissonneur, le chariot, les bœufs, il falloit bien y mettre les gerbes de bled, & M. Dupuis fait voir que cette constellation, par son lever héliaque annonçoit les moissons. (*Astron. T. IV*, *page 405.*) (*D. L.*)

CHEVRE, (*Astron.*) *capella*, étoile brillante & de première grandeur dans la constellation du cocher, que l'on appelle aussi *capra*, *hircus*, *cabrilla*, *amalthea*, *olenia*, à cause d'Olenus ville de Béotie, où l'on disoit que cette *chevre* avoit été nourrie, en arabe, *alhaiot* ou *alhatod*; elle est située vers l'épaule gauche ou l'épaule précédente du Cocher: elle est la troisième de cette constellation dans les catalogues de Ptolemée & de Tycho, & la quatorzième dans le catalogue Britannique. Sa longitude, en 1750, étoit de $78^{d}\ 21'\ 51''$; & sa latitude de $22^{d}\ 51'\ 43''$. *Voyez* Cocher. Cette étoile est la plus belle de celles qui ne se couchent point à Paris. Les poëtes disent que c'est la *chevre* Amalthée qui alaita Jupiter dans son enfance. Horace en parle en disant: *insana sydera capræ*. Ovide dit aussi: *oleniæ sidus pluviale capellæ*, *Métam. III 549.*

Chevre, est aussi quelquefois le nom de la constellation du capricorne. (*D. L.*)

CHEVRE, s. f. (*Méch.*) Machine composée de trois longues pièces de bois *RA*, *RB*, *RC*, (*Pl. Méch. fig. 67*) lesquelles s'assemblent à genouillière au sommet *B*, & s'écartent par en-bas. Au point *B* est attachée une poulie sur laquelle passe une corde, qui d'un côté soutient le poids *M*, & de l'autre va s'envelopper sur un tour *T*. Des hommes appliqués aux extrémités des leviers *TH*, *TL*, font tourner le cylindre & obligent le poids *M* de monter.

CHEVREAUX, (*Astron.*) La constellation du cocher renferme aussi les *chevreaux*, que l'on représente portés sur le bras gauche du cocher; ils sont formés par trois étoiles ε, ζ & η, qui font un triangle isocelle dont l'angle supérieur est fort aigu. Ce triangle, situé à trois degrés au midi de la chevre, sert même à distinguer cette étoile des autres de première grandeur.

Les poëtes disent que ces *chevreaux* avoient été nourris du même lait que Jupiter. Autrefois le lever des *chevreaux* étoit suivi d'ouragans, ce qui a fait dire:

Quantus ab occasu veniens pluvialibus hædis
Verberat imber humum. Virg. IX. 668.
Non ulli tutum est hædis surgentibus æquor.

On verra la manière de les reconnoître *au mot* Constellation. (*D. L.*)

CHIENS (*Astronomie*), constellations célestes, au nombre de trois, deux anciennes au midi, une nouvelle du côté du nord.

Le grand *chien* est appellé *Canis major*, *magnus*, *alter*, *dexter*, *sequens*, *australior*, *æstifer*; Horace l'appelle *Sidus fervidum*, *invidum Agricolis*; Homere, *Astre d'automne*; les Egyptiens, *Isis*, étoile d'Isis, *Sotis* ou *Seth*, *Anubis*; d'autres enfin l'appellent *Sirius*, la canicule, *Mæra*; les Arabes, *Scera*, *Alchabor*, *Elchabar* ou *Kabir*, c'est-à-dire, le grand; dans les tables alphonsines, *Aliemini*. Cette constellation contient 31 étoiles dans le catalogue britannique, & sur-tout une étoile de première grandeur, la plus belle de toutes les étoiles, appellée *Sirius* ou *Siris*, du nom d'Osiris, divinité égyptienne, ou à cause du Nil qu'on appelloit aussi *Siris* (*Plin. liv. v, chap. 9*), & qui paroissoit avoir avec le lever de cette étoile une correspondance remarquable. D'autres enfin tirent son nom du mot grec σειριᾶν, briller, parce qu'en effet c'est l'étoile la plus brillante du ciel. Les Grecs prétendoient que le *chien* avoit été ainsi nommé, à cause du *chien* dont l'Aurore fit présent à Céphale, comme du plus prompt de tous les *chiens*; Céphale voulut en faire l'épreuve sur un renard, qu'on disoit surpasser tous les animaux à la course : ils coururent tous les deux si long-tems (& même sans se fatiguer), que Jupiter voulut récompenser ce *chien*, en le plaçant parmi les astres. Il s'appelloit *Lælaps*, & a donné aussi son nom à la constellation.

Le nom & la forme de *chien* que l'on donne à cette constellation, paroît plutôt venir d'Anubis, divinité égyptienne, qu'on représentoit avec une tête de *chien*; *semi-deosque canes*, dit Lucain (*liv. viij, v. 832*); & Virgile (*Æn. viij, 678*), *latrator anubis*, parce qu'il étoit le gradien d'Osiris & d'Isis, & qu'il avoit découvert les membres d'Osiris, déchiré par son frère Typhon, ou parce qu'il étoit grand chasseur : il est plus vraisemblable que c'est parce qu'il avertissoit les Egyptiens de la saison du débordement, comme un chien fidèle avertit son maître de l'arrivée des voleurs. Suivant Plutarque, ce *chien* signifie l'horizon. Les Egyptiens considéroient Anubis comme un gardien fidèle placé aux portes du jour & de la nuit, c'est-à-dire, aux limites de l'hémisphère éclairé qu'ils appelloient *Isis*, & de l'hémisphère obscur nommé *Nephta*. Il paroît que les Egyptiens firent de cette étoile leur mercure Anubis; il étoit honoré en Ethiopie comme le chef des étoiles. *Astron. IV. 392.* Nous avons parlé, au mot *canicule*, du lever héliaque de Sirius, qui fut si célèbre dans l'antiquité; il arrivoit en été, comme on le voit dans Virgile :

Jam rapidus torrens sitientes Sirius indos,
Ardebat cœlo, & medium sol igneus orbem
Hauserat : arebant herbæ.

Georg. IV, 425.

Et dans Manilius :

Latratque canicula Flammans,
Et rabit igne suo, geminatque incendia solis.

Manil. V, 205.

Il faut remarquer que Sirius est appellé *Canis dexter, australior*; au lieu que le petit *chien* dont nous allons parler, est nommé *Canis sinister, septentrionalis*, parce que les Orientaux, dans leurs adorations, tournoient la face au levant; & dans cette position, ils avoient le midi à la droite & le nord à la gauche : or Procyon est plus septentrional que Sirius.

On a beaucoup disputé sur la signification d'un passage de Virgile, où il est parlé du *chien* à l'occasion de l'entrée du soleil dans le signe du taureau, ou du commencement de l'année qui, dans Hésiode, étoit marqué au lever des pleïades.

Candidus auratis aperit cum cornibus annum,
Taurus & adverso cedens Canis occidit astro.

Georg. I, 217.

Peut-être que *cedens* doit se rapporter à *taurus*, & non à *Canis*; c'est le taureau qui, en se couchant, cède la place à l'astre du *chien* qui est vis-à-vis, parce qu'en effet le taureau se couchoit avant le *chien*, & que ces deux animaux se regardent dans le ciel. On peut dire aussi que c'est le *chien* qui cède au soleil, astre ennemi, parce que le soleil l'absorbe dans ses rayons; car c'est le tems du coucher héliaque de Sirius.

M. l'abbé de Lille, dans ses Géorgiques, traduit ainsi, en suivant, dit-il, l'interprétation de Macrobe :

Et quand l'astre du jour
Ouvrant dans le taureau sa brillante carrière,
Engloutit Sirius dans les flots de lumière.

Mais il convient que ce vers est le plus inintelligible de toutes les Géorgiques. Du tems de Servius, vers l'an 340; il y avoit quelques exemplaires où on lisoit *adverso*; ce n'étoit donc pas la leçon ordinaire : aussi Heinsius lit *averso*, & le P. de la Rue adopte cette leçon, en appliquant ce mot au navire, constellation qui suit le *chien*, mais qui présente la poupe, *aversam partem*, sa partie postérieure, au lieu de la proue. Mais rien dans Virgile n'annonce ici le vaisseau.

Le P. Lacerda explique *adverso* par l'influence fâcheuse du grand *chien*; en effet, suivant Varron, au sixième des calendes de mai, *occidit Canis Sirius per se vehemens*, on célébroit les fêtes appellées *robigalia*. M. Costard cite un poëte Anglois dont il adopte la traduction, & qui dit que le taureau effrayé fuit un astre contraire; mais il ne dit pas comment il entend ce mot de contraire : pour moi, je préfère les deux explications que j'ai données plus haut.

On trouve dans les monumens un animal monstrueux à 3 têtes, de chien, de lion & de loup; il paroît que c'étoit pour indiquer les constellations qui, à l'équinoxe, occupoient l'orient, l'occident & le méridien, ou la route du soleil dans les signes supérieurs. *V.* l'explication de M. Dupuis dans mon *Astron. t. iv, p. 494* & *553*.

On voit aussi un *chien* hérissé de serpens, pour faire allusion à la constellation de l'hydre, dont la tête semble menacer celle du *chien*. *Ib. p. 494*.

Le petit chien contient 14 étoiles, dont une de première grandeur. Il est appellé *Procyon* ou *Antecanis*, *Canis minor*, *Catellus*, *Canis primus*, *Antecursor*, *Precedens*, *Septentrionalis*, *Sinister*, *Canis Orionis*, *Canis Icarius*, *sive Erigonius*, *Mæra*, *Fovea*, *Morus*; en arabe, *Algomeysa*.

Cette constellation a été nommée le petit *chien*, suivant les poëtes, à cause du *chien* d'Orion ou de celui d'Icare, appellé *Mæra*, qui se précipita dans un puits après avoir vu périr son maître Icare, & Erigone, fille d'Icare, qui s'étoit pendue de désespoir : il est appellé *chien d'Icare* dans ces vers, où Ovide annonce qu'il se lève le 25 avril, les moissons commençant à s'annoncer & les chaleurs à se faire sentir; mais ce passage est encore sujet à des difficultés.

Est Canis Icarium dicunt, quo sidere moto
Tota sitit tellus præciditurque seges.
Fast. IV, in fine.

D'autres prétendent que c'est le *chien* qu'Hélène aimoit tendrement lorsqu'elle fut enlevée par Pâris; elle le perdit dans l'Euripe, & conçut une si grande douleur, qu'elle pria Jupiter de le recevoir dans le ciel.

Le nom que lui donnent Bayer & Schillerus, de *Fovea*, qui signifie une fosse où l'on déposoit le bled pour le garder, a pu venir de ce que cet astre indiquoit l'abondance & la moisson : mais il est plus vraisemblable que l'idée de fosse vient du mot grec σειρὸς, qui signifie quelquefois magasin de bled, qu'on a confondu avec celui de Sirius. Ce dernier nom est approprié au grand *chien*; mais souvent le grand & le petit ont porté le même nom, entr'autres celui de *Mæra*.

Le mot arabe *algomeysa* signifie sycomore ou figuier sauvage, parce qu'apparemment les Arabes peignoient ici cet arbre au lieu d'un *chien*, & c'est à quoi répond le latin Morus. M. Dupuis observe qu'on y peignit autrefois un singe.

Chiens *de chasse*, (*Astron.*) les levriers, *canes venatici*, ou *Asterio* & *Chara*, constellation boréale introduite par Hévélius dans son *Firmamentum Sobiescianum* (qui parut en 1690) pour rassembler les étoiles informes qui se trouvent entre la grande ourse & le bouvier; il explique lui-même dans son *Prodomus*, *pag.* 114, la raison de cette dénomination. Le bouvier ayant été représenté quelquefois comme un chasseur qui poursuit l'ourse à la chasse, & qui élève les bras comme s'il excitoit ses chiens de la voix & de la main, il a paru naturel de placer les *chiens* à côté de lui. Le nom d'*Asterio*, fort connu des poëtes, convenoit spécialement à une figure qui renferme plusieurs petites étoiles; l'autre a été appellée *Chara*, comme la chienne favorite du chasseur. Parmi les étoiles que renferme cette constellation, il y en a deux sous la queue de la grande ourse, qui étoient connues des anciens; Hévélius en observa & en détermina 21 qui étoient nouvelles pour les astronomes. Flamsteed, dans son grand *catalogue britannique*, en a mis 24; la principale est de seconde ou troisième grandeur : c'est celle que Halley appelloit *Cœur de Charles II*, à l'honneur du roi, fondateur de l'observatoire royal d'Angleterre, & de la société royale de Londres; nous en parlerons ci-après. (*D. L.*)

CHIFFRE, s. m. (*Arithm.*) caractère dont on se sert pour désigner les nombres. Les différens peuples se sont servis de différens *chiffres*; on peut en voir le détail *au mot* Caractère. Les seuls en usage aujourd'hui, du moins dans l'Europe & dans une grande partie de la terre, sont les *chiffres* arabes au nombre de dix, dont le zéro (o) fait le dixième. Le zéro s'est appellé pendant quelque tems du nom de chiffre, *cyphra*, en sorte que ce nom lui étoit particulier. Aujourd'hui on donne le nom de *chiffre* à tous les caractères servant à exprimer les nombres; & quelques auteurs refusent même le nom de *chiffre* au zéro, parce qu'il n'exprime point de nombre, mais sert seulement à en changer la valeur.

On doit regarder l'invention des *chiffres* comme une des plus utiles, & qui fait le plus d'honneur à l'esprit humain. Cette invention est digne d'être mise à côté de celle des lettres de l'alphabet. Rien n'est plus admirable que d'exprimer avec un petit nombre de caractères toutes sortes de nombres & toutes sortes de mots. Au reste, on auroit pu prendre plus ou moins de dix *chiffres*; & ce n'est précisément pas dans cette idée que consiste le mérite de l'invention, quoique le nombre de dix *chiffres* soit assez commode. *Voyez* Binaire & Echelles arithmétiques. Le mérite de l'invention consiste dans l'idée qu'on a eue de varier la valeur d'un *chiffre* en le mettant à différentes places; & d'inventer un caractère *zéro* qui se trouvant devant un *chiffre*, en augmentât la valeur d'une dixaine. *Voyez* Nombre, Arithmétique, Numération. On trouve dans ce dernier article la manière de représenter un nombre donné avec des *chiffres*, & d'exprimer ou dénoncer un nombre représenté par des *chiffres*. (*O*)

CHIFFRER, expression populaire dont on se sert pour signifier l'art de compter.

CHILIADE, s. f. (*Arith.*) Assemblage de plusieurs choses qu'on compte par mille. Ainsi, une *chiliade* ou un *mille* c'est la même chose.

CHILIOGONE, s. m. (*Géom.*) C'est une figure plane & régulière de mille côtés, & d'autant d'angles. Quoique l'œil ne puisse pas s'en former une image distincte, nous pouvons néanmoins en avoir une idée claire dans l'esprit, & démontrer aisément que la somme de tous ses angles est égale à 1996 angles droits : car les angles internes de toute figure plane sont égaux à deux fois autant d'angles droits moins quatre, que la figure a de côtés; ce qui peut se démontrer aisément en partageant la figure en autant de triangles qu'elle a de côtés. Ces triangles auront chacun pour base un côté de la figure, & leur sommet à chacun sera dans un point placé au-dedans de la figure. *Voyez* TRIANGLE. (*O*)

CHOC, s. m. (*Méch.*), action par laquelle un corps en mouvement en rencontre un autre, & tend à le pousser : c'est la même chose que *percussion. Voyez* PERCUSSION & COMMUNICATION DU MOUVEMENT. (*O*)

CHOROBATE, s. m. (*Méch.*), espèce de niveau dont se servoient les anciens.

Le grand niveau qu'ils appelloient *chorobate*, étoit une pièce de bois de 20 pieds de longueur, soutenue par quelques pièces aux extrémités, & qui avoit dans sa partie supérieure un canal qu'on remplissoit d'eau, avec quelques petits plombs qui pendoient aux côtés, pour s'assurer si cette pièce étoit de niveau. C'étoit-là toute la longueur de leurs nivellemens; car ils transportoient le *chorobate* de 20 en 20 pieds pour conduire leurs ouvrages. Ce niveau étoit fort défectueux : nos modernes en ont inventé de beaucoup meilleurs. *Voy.* NIVEAU, NIVELLEMENT, *article de M. le chevalier de Jaucourt.*

CHUTE, s. f. (*Méch.*), chemin que fait un corps pesant en s'approchant du centre de la terre. *Voyez* PESANTEUR.

Galilée est le premier qui ait découvert la loi de la chûte des corps graves. *Voyez l'article* ACCÉLÉRÉ.

CHUTE *d'eau* (*Hydrod.*). On dit qu'un ruisseau, une rigole, un courant d'eau quelconque, forme une chûte d'eau au-devant d'un moulin ou d'une machine hydraulique qu'il fait mouvoir.

CHUTE *des graves à la surface de chaque planète.* La vîtesse des graves à la surface de la terre, 15 pieds $\frac{104}{1000}$, étant multipliée par la masse d'une planète & divisée par le quarré de son rayon, en prenant pour unités la masse & le rayon de la terre, donne la vîtesse des graves à la surface de chaque planète. Par exemple, la masse de Jupiter est 288 fois plus considérable que celle de la terre; ainsi, les corps graves y seroient attirés 288 fois plus qu'ils ne le sont sur la terre, & décriroient 288 fois 15 pieds, si le rayon de Jupiter n'étoit environ 11 fois plus grand que celui de la terre, & le carré de la distance du centre a la surface 116 fois plus grand, ce qui rend la pesanteur 116 fois moindre : or 288 diminué 116 fois, ou divisé par 116, donne un peu moins de 2 $\frac{1}{2}$; ainsi, la pesanteur des corps situés à la surface de jupiter, est presque deux fois & demie celle des nôtres; au lieu de décrire 15 pieds par seconde, ils en décrivent 37. On en trouvera la table *au mot* PLANÈTE.

CHUTE des planètes vers le soleil. *Voy.* D[...]CENTE.

CHUTE d'une planète dans l'Astrologie, ou *déjection*, est le signe où elle a le moins d'influence; il est opposé à celui de l'exaltation. (*D. L.*)

CIEL, *dans l'Astronomie ancienne*, signifie plus particulièrement un *orbe* ou *une région circulaire du ciel éthéré.*

Les anciens astronomes admettoient autant de *cieux* différens qu'ils remarquoient de mouvemens différens dans les astres. Quelques-uns croyoient les *cieux* tous solides, ne pouvant pas s'imaginer qu'ils pussent sans cette solidité soutenir tous les corps qui y sont attachés : de plus, ils les faisoient de crystal, afin que la lumière pût passer à travers; & ils leur donnoient une forme sphérique, comme étant celle qui convenoit le mieux à leur mouvement.

Ainsi, on comptoit sept *cieux* pour les sept planètes; savoir, le *ciel* de la lune, de mercure, de vénus, du soleil, de mars, de jupiter & de saturne.

Le huitième, qu'ils nommoient le *firmament*, étoit pour les étoiles fixes; aussi le nom de huitième *ciel* est très-commun dans les auteurs. Il y en a qui comptoient un neuvième *ciel*, appellé *primum mobile*, le premier mobile, & qui entraînoit tous les autres chaque jour.

Alphonse, roi de Castille, ajouta deux *cieux* crystallins, pour expliquer quelques irrégularités qu'on avoit trouvées dans les mouvemens célestes. On étendit enfin sur le tout un *ciel* empyrée, dont on fit le séjour de Dieu; & ainsi l'on compléta le nombre de douze *cieux*. Riccioli a donné un grand détail de ces diverses opinions. *Almag. t. 1, p. 271 & suiv.*

On supposoit que les deux *cieux* crystallins étoient sans astres, qu'ils entouroient les *cieux* inférieurs, étoilés & planétaires, & leur communiquoient leur mouvement. Le premier *ciel* crystallin servoit à rendre compte du mouvement des étoiles fixes, qui les fait avancer d'un degré vers l'orient en soixante-dix ans; d'où vient la précession de l'équinoxe. Le second *ciel* crystallin servoit à expliquer les mouvemens de libration par lesquels on croyoit que la sphère céleste faisoit des balancemens d'un pole à l'autre pour la diminution de l'obliquité de l'écliptique.

Quelques-uns ont admis beaucoup d'autres *cieux* selon leurs différentes vues & hypothèses. Eudoxe en a admis vingt-trois; Calippus, trente; Régiomontanus, trente-trois; Aristote, quarante-sept, & Fracastor en comptoit jusqu'à soixante-dix.

Nous pouvons ajouter que les astronomes ne se mettoient pas fort en peine si les *cieux* qu'ils admettoient ainsi étoient réels ou non; il leur suffisoit qu'ils pussent servir à rendre raison des mouvemens célestes, & qu'ils fussent d'accord avec les phénomènes. *Chambers.* (*O*)

Parmi plusieurs rêveries des rabbins, on lit dans le talmud qu'il y a un lieu où les *cieux* & la terre se joignent; que le rabbi Barchana s'y étant rendu, il posa son chapeau sur la fenêtre du *ciel*, & que l'ayant voulu reprendre un moment après, il ne le retrouva plus, les *cieux* l'avoient emporté; il faut qu'il attende la révolution des orbes pour le rattraper.

CIERGES (*Hydraulique*). Ce sont des jets élevés & perpendiculaires, fournis sur la même ligne par le même tuyau, qui étant proportionné à leur quantité, à leur souche & à leur sortie, leur conserve toute la hauteur qu'ils doivent avoir. On a un bel exemple des *cierges* ou grilles d'eau en haut de l'orangerie de Saint-Cloud.

On prétend que les *cierges* d'eau sont plus éloignés les uns des autres que les grilles. (*K*)

CINQ, s. m. (*Arithmétique*), nom de nombre. Tout nombre terminé par 5 est divisible par 5, & tout multiple de 5 se termine par 5 ou par zéro; la démonstration en est facile à trouver.

Cinq (*Jeux de Carte*) est une carte marquée de cinq points. Le point est ou cœur, ou pique, ou trefle, ou carreau. Ainsi, il y a quatre cinq dans le jeu.

CIRCONFÉRENCE, s. f. (*Géom.*), se dit de la ligne courbe qui renferme un cercle ou un espace circulaire, & qu'on nomme aussi quelquefois *périphérie*. *Voyez* Cercle. Ce mot est formé du latin *circum*, environ, & de *fero*, je porte.

Toutes les lignes tirées du centre à la *circonférence* du cercle, & qu'on appelle *rayons*, sont égales entr'elles. *Voyez* Rayon.

Une partie quelconque de la *circonférence* s'appelle *arc*; une ligne droite tirée de l'extrémité de cet arc à l'autre, s'appelle la *corde* de cet arc. *Voy.* Arc & Corde.

La *circonférence* du cercle est supposée divisée en 360 parties égales, qu'on appelle *degrés*. *Voyez* Degré.

L'angle à la *circonférence* est sous-double de celui qui est au centre. *Voy.* Angle & Centre.

Tout le cercle est égal à un triangle rectiligne, dont la base est égale à la *circonférence*, & la hauteur égale au rayon. *Voyez* Triangle.

Les *circonférences* sont entr'elles comme leurs rayons. *Voyez* Rayon.

De plus, puisque la *circonférence* de tout cercle est à son rayon comme celle de tout autre cercle est au sien, la raison de la *circonférence* au rayon est donc la même dans tous les cercles.

Archimede donne pour raison approchée du diamètre à la *circonférence*, celle de 7 à 22. Cette proposition d'Archimede est démontrée dans plusieurs livres de Géométrie.

D'autres qui approchent plus de la vérité, sont de 10000000000000000 à 31415926535897932.

Dans l'usage, Viette, Huyghens, &c., donnent la proportion de 100 à 314 pour des petits cercles, & celle de 10000 à 31415 pour les grands cercles; mais la proportion la plus juste en petits nombres est celle de Metius, savoir, de 113 à 355. *Voy.* Diamètre.

D'où il suit que le diamètre d'un cercle étant donné, on a aussi sa *circonférence*, laquelle multipliée par le quart du diamètre, donne l'aire du cercle. *Voyez* Aire. (*Chambers.*)

Circonférence, se dit aussi en général du contour d'une courbe quelconque. *V.* Courbe. (*E*)

CIRCONPOLAIRE, adj. (*Astron.*) étoiles *circonpolaires*, ce sont celles qui sont près de notre pole boréal, qui tournent autour de lui sans se coucher jamais par rapport à nous, c'est-à-dire, sans s'abaisser jamais au-dessous de notre horizon. Comme Paris est éloigné de l'équateur de $48^d\ 50'$, on n'a qu'à prendre depuis le pole arctique de part & d'autre de ce pole $48^d\ 50'$, & toutes les étoiles qui seront renfermées dans cette zone de $97^d\ 40'$, ne se coucheront jamais à Paris.

Dans ce sens, toutes les étoiles comprises dans l'hémisphère boréal ou septentrional, seroient *circonpolaires* pour les habitans du pole arctique, c'est-à-dire, ne se couchent jamais pour eux.

On trouve l'heure qu'il est la nuit par le moyen des étoiles *circonpolaires*. *Voyez* mon *Astronomie*, *liv. iv.* & Etoile.

CIRCONSCRIPTION, s. f. (*Géomét.*), c'est l'action de circonscrire un cercle à un polygone, ou un polygone à un cercle, ou à toute figure courbe. *Voyez* Circonscrire.

La *circonscription* des polygones ne consiste que dans l'art de tirer des tangentes; car tous les côtés d'un polygone circonscrit à une courbe, sont des tangentes de cette courbe. *Voyez* Tangente. (*E*)

CIRCONSCRIRE, *en Géométrie élémentaire*, c'est décrire une figure régulière autour d'un cercle, de manière que tous ses côtés deviennent autant de tangentes de la circonférence du cercle. *Voyez* Cercle, Polygone, &c.

Ce terme se prend aussi pour la description d'un cercle autour d'un polygone, de façon que chaque côté du polygone soit corde du cercle; mais dans ce cas, on dit que le polygone est *inscrit*, plutôt que de dire que le cercle est *circonscrit*.

Une figure régulière quelconque *A B C D E*, (*pl. de Géomét. fig. 36.*), inscrite dans un cercle, se résoud en des triangles semblables & égaux, en tirant des rayons du centre *F* du cercle auquel le polygone est inscrit, aux différens angles de ce polygone, & son aire est égale à un triangle rectangle, dont la base seroit la circonférence totale du polygone, & la hauteur une perpendiculaire *F H* tirée du centre du polygone sur un de ses côtés; comme *A B*.

On peut dire la même chose du polygone *circonscrit a b c d e* (*fig. 23*), excepté que la hauteur doit être ici le rayon *F h*.

L'aire de tout polygone, qui peut être inscrit dans un cercle, est moindre que celle du cercle,

& celle de tout polygone qui y peut être *circonscrit*, est plus grande. Le périmètre du premier des deux polygones dont nous parlons, est plus petit que celui du cercle, & celui du second est plus grand. *Voyez* PÉRIMÈTRE, *&c.*

C'est de ce principe qu'Archimede est parti pour chercher la quadrature du cercle, qui ne consiste effectivement qu'à déterminer l'aire ou la surface du cercle. *Voyez* QUADRATURE.

Le côté de l'exagone régulier est égal au rayon du cercle *circonscrit*. *Voyez* EXAGONE.

Circonscrire un cercle à un polygone régulier donné, *ABCDE* (*fig. 23*), *& réciproquement.* Coupez pour cela en deux parties égales deux des angles du polygone, par exemple *A* & *B*; & du point *F*, où les lignes de section se rencontrent, pris pour centre, décrivez avec le rayon *FA* un cercle.

Circonscrire un quarré autour d'un cercle. Tirez deux diamètres *AB*, *DE* (*fig. 37*), qui se coupent à angles droits au centre *C*; & par les quatre points où ces deux diamètres rencontreront le cercle, tirez quatre tangentes à ce cercle, elles formeront par leur rencontre le quarré demandé.

Circonscrire un polygone régulier quelconque, par exemple *un pentagone autour d'un cercle.* Coupez en deux parties égales la corde *AE* de l'arc ou de l'angle qui convient à ce polygone (*fig. 23*), par la perpendiculaire *FO* partant du centre, & vous la continuerez jusqu'à ce qu'elle coupe l'arc en *g*. Par les points *A*, *E*, tirez des rayons *AF*, *EF*; & par le point *g* une parallèle à *AE*, qui rencontre ces rayons prolongés en *a*, *e*; alors *ae* sera le côté du polygone *circonscrit*. Prenez la corde $AB = AE$; tirez le rayon *FB*, & prolongez-le en *b* jusqu'à ce que *Fb* soit égal à *Fe*; tirez ensuite *ab*, ce sera un autre côté du polygone, & vous tracerez tous les autres de la même manière.

Inscrire un polygone régulier quelconque dans un cercle. Divisez 360^d par le nombre des côtés, pour trouver la quantité de l'angle *EFD*; faites un angle au centre égal à celui-là, & appliquez la corde de cet angle à la circonférence, autant de fois qu'elle pourra y être appliquée; ce sera la figure qu'il falloit inscrire dans le cercle. (*Chambers.*)

CIRCONSCRIT, adj. (*Géomét.*). On dit, *en Géométrie*, qu'un polygone est *circonscrit* à un cercle, quand tous les côtés du polygone sont des tangentes au cercle; & qu'un cercle est *circonscrit* à un polygone, quand la circonférence du cercle passe par tous les sommets des angles du polygone. *Voyez* CIRCONSCRIRE. (*E*)

Hyperbole circonscrite, *dans la haute Géométrie*, est une hyperbole du troisième ordre, qui coupe ses asymptotes, & dont les branches renferment au-dedans d'elles les parties coupées de ces asymptotes. Telle est la courbe ou portion de courbe *CEDH* (*fig. 39*, *Analyse.*), dont les branches *CE*, *DH*, sont chacune au-dehors de leurs asymptotes respectives *AF*, *AG*. *Voyez* COURBE. (*O*)

CIRCONVOLUTION, s. f. (*Géom.*). On dit quelquefois qu'une surface est produite par la *circonvolution* d'une ligne, qu'un solide est produit par la *circonvolution* d'une surface; au lieu de dire *par la révolution.*

CIRCUIT, s. m. (*Géom.*), contour ou périmètre d'une figure.

CIRCULAIRE, adj. (*Géom. Méch. Astron. &c.*) se dit de tout ce qui a rapport au cercle. Ainsi, on appelle *arc circulaire* un arc ou une portion de la circonférence du cercle; *mouvement circulaire* le mouvement d'un corps dans la circonférence d'un cercle, *&c.*

Les astronomes modernes ont prouvé que les corps célestes ne se mouvoient pas d'un mouvement *circulaire*, mais elliptique. *Voyez* PLANÈTE.

Nombres circulaires: ce sont ceux dont les puissances finissent par le caractère même qui marque la racine, comme cinq, dont le quarré est 25, & le cube 125. *Voyez* NOMBRE. (*Chambers.*)

CIRCULATION, *en Géométrie.* Le P. Guldin, jésuite, appelle *voie de circulation* la ligne droite ou courbe que décrit le centre de gravité d'une ligne ou d'une surface, qui par son mouvement produit une surface ou un solide. *Voyez à l'article* CENTROBARIQUE l'usage de la voie de *circulation*, pour déterminer les surfaces & les solides, tant curvilignes que rectilignes. Cette méthode fort ingénieuse en elle-même, n'est presque plus d'usage depuis la découverte du calcul intégral, qui fournit des méthodes plus aisées pour résoudre tous les problèmes de cette espèce. *Voyez* CENTRE DE GRAVITÉ. (*O*)

CIRCULATOIRE, adj. (*Méch.*). On dit quelquefois mouvement *circulatoire*, vîtesse *circulatoire*, pour désigner le mouvement ou la vîtesse d'un corps qui tourne autour d'un point.

CIRCULER, v. n. (*Méch.*), se dit proprement du mouvement d'un corps ou d'un point qui décrit un cercle; mais on a appliqué ce mot au mouvement des corps qui décrivent des courbes non circulaires; par exemple, au mouvement des planètes qui ne décrivent point des cercles autour du soleil, mais des ellipses. *Voyez* PLANETE. On l'a appliqué aussi au mouvement du sang, par lequel ce fluide est porté du cœur aux artères, & revient occuper les reins. En général ce mot *circuler* peut s'appliquer par analogie au mouvement d'un corps qui, sans sortir d'un certain espace, fait dans cet espace un chemin quelconque, en revenant de tems en tems au même point d'où il est parti. (*O*)

CISSOIDE, s. f. (*Géom.*) courbe algébrique qui a été imaginée par Dioclès, ce qui l'a fait appeller plus particulièrement la *cissoïde de Dioclès.* *Voyez* COURBE.

Voici comme on peut concevoir la formation de la *cissoïde*.

Sur le diamètre AB (*Pl. d'Anal. fig.* 9), du demi-cercle AOB, tirez une perpendiculaire indéfinie BC; tirez ensuite à volonté les droites AH, AC, dans les deux quarts de cercles OB, OA, & faites $Am = IH$, & dans l'autre quart de cercle $LC = AN$, & les points m & L seront à une courbe $AmOL$, qu'on appelle la *cissoïde de Dioclès*.

Propriétés de la cissoïde. Il s'ensuit de sa génération, 1°. que si on tire les droites KI, pm, perpendiculaires à AB, on aura $Ap : KB :: Am : IH$; mais $Am = IH$, & par conséquent $Ap = KB$; d'où il s'ensuit que $AK = pB$, & $pN = IK$.

2.° Il s'ensuit aussi que la *cissoïde* AmO coupe la demi-circonférence AOB en deux également au point O.

3.° De plus $AK : KI :: KI : KB$; c'est-à-dire, que $AK : pN :: pN : Ap$; d'ailleurs AK, $pN :: Ap : pm$; donc $pN : Ap :: Ap : pm$; & par conséquent AK, pN, Ap & pm, sont quatre lignes en proportion continue; & l'on prouvera de la même manière que Ap, pm, AK, & KL sont en proportion continue.

4.° Dans la *cissoïde*, le cube de l'abscisse Ap est égal à un solide formé du quarré de la demi-ordonnée pm, & du complément pB au diamètre du cercle générateur.

Et par conséquent lorsque le point p, tombe en B, & qu'on a $pB = o$, on a $y^2 = \frac{a}{o}$, & par conséquent $o : 1 :: a^3 y^2$; c'est-à-dire, que la valeur de y devient infinie; & qu'ainsi la *cissoïde* $AmOL$, quoiqu'elle approche continuellement & de plus près que toute distance donnée de la droite BC, ne la rencontre cependant jamais.

5.° BC est donc l'asymptote de la *cissoïde*. *Voy.* ASYMPTOTE.

Les anciens faisoient usage de la *cissoïde*, pour trouver deux moyennes proportionnelles entre deux droites données. En effet, supposons qu'on cherche par exemple deux moyennes proportionnelles entre deux lignes données égales à AK & à pm, il n'y a qu'à supposer la *cissoïde* tracée; puis prenant sur l'axe AE une portion $= AK$, & tirant l'ordonnée de la *cissoïde* $= pm$, on trouvera les moyennes proportionnelles pN & Ap. *Voyez* PROPORTIONNELLE.

On trouve dans la dernière section de l'*application de l'Algèbre à la Géométrie*, par M. Guisnée, les propriétés principales de la *cissoïde* expliquées avec beaucoup de clarté.

M. Neuton a donné dans ses *opuscules* la longueur d'un arc quelconque de la *cissoïde*. Ce problème se résout par le calcul intégral (*O*).

CLA

CLAPET, s. m. (*Méchan.*), est une espèce de soupape faite d'un rond de cuir, fortement serré entre deux platines de métal, par le moyen d'une ou de plusieurs vis. Le rond de cuir tient par une queue à une couronne de cuir, laquelle est fortement serrée entre le collet du tuyau supérieur au *clapet* & le collet du tuyau inférieur : c'est sur cette queue, qu'on fait beaucoup plus étroite que le *clapet*, que se fait le jeu du *clapet* comme sur une charnière.

La platine de métal qui est sur le cuir du *clapet*, est plus grande que l'ouverture du diaphragme que le *clapet* doit couvrir; & la platine de dessous qui doit se loger dans l'ouverture du diaphragme quand le *clapet* se ferme, est un peu plus petite que cette ouverture.

Le *clapet* étant ainsi construit, lorsqu'il est fermé, le cuir porte exactement sur les bords du diaphragme, & empêche l'eau de passer. La platine de métal qui est sur le cuir, le garantit du poids de la colonne d'eau, & en porte toute la charge que le cuir ne pourroit pas soutenir. La platine de métal qui est sous le cuir, sert à deux choses; 1.° elle sert avec la platine supérieure, à comprimer le cuir pour le rendre plan; 2.° elle empêche que l'eau qui pourroit s'insinuer entre la platine supérieure & le cuir, n'enfonce le cuir & ne le fasse passer par l'ouverture du diaphragme. *Voyez Hist. & Mém. acad. 1739. Voy. aussi* SOUPAPE. (*O*)

CLÉ (*Fontainier*), ce sont de grosses barres de fer ceintrées, dont on fourre la boîte dans le fer d'un regard pour tourner les robinets. Ce fer est montant, & se divise en parties plates qui embrassent les branches d'un robinet, au moyen d'un boulon claveté qui passe à travers. (*K*)

CLEPSYDRE, s. f. (*Hydrod.*) : horloges d'eau dont les anciens se servoient pour mesurer le tems.

I. On donnoit à ces horloges différentes figures ornées & variées, soit pour en imposer aux yeux, soit pour former un spectacle agréable. M. Perrault, dans ses *Remarques* sur Vitruve, entre, à ce sujet, dans des explications que l'on peut consulter. La question réduite aux principes de l'Hydrodynamique, est de savoir mesurer le tems que la surface d'un fluide employe à s'abaisser d'une hauteur proposée, dans un vase d'une certaine forme : elle dépend donc de la solution du problème général suivant.

II. PROBLÊME. *Le vase* ADEC (*Pl. Hyd. fig.* 13) *étant d'abord rempli d'eau jusqu'en* AC, *déterminer le tems que cette eau sortant par le petit orifice* DE, *mettra à s'abaisser de la hauteur quelconque* KP?

Imaginons le fluide partagé en une infinité de tranches horizontales, telles que $MNnm$. L'orifice DE pouvant être regardée, au moins sensiblement, comme infiniment petit, il s'ensuit que, lorsque la surface du fluide est parvenue en MN, la hauteur dûe à la vîtesse au sortir de l'orifice, est la verticale PD. Nommons a la hauteur *donnée* d'où tombe un corps grave pendant le tems *donné* θ; h la hauteur KD primitive & donnée du fluide; K l'aire de l'orifice; t le tems de la descente du fluide par la hauteur indéterminée KP; x cette hauteur; X la section MN du vase, laquelle est une quantité dépendante de la figure du vase : on aura d'abord (*Voyez* ECOULEMENT.) $\frac{2K\,dt\sqrt{a}\cdot\sqrt{(h-x)}}{\theta}$ pour la quantité élémentaire d'eau qui sort pendant l'instant dt. Or cette même quantité = la tranche $MNnm = X\,dx$. On aura donc $dt = \theta \times \frac{X\,dx}{2K\cdot\sqrt{a}\cdot\sqrt{(h-x)}}$. D'où l'on voit que, connoissant la relation de t à x, on trouvera X, & par conséquent la figure du vase; ou que, si la figure du vase est donnée, on trouvera t, en intégrant l'équation précédente, après y avoir substitué pour X sa valeur donnée par la figure du vase.

III. COROLLAIRE I. Si on veut, par exemple, qu'en tems égaux la surface du fluide parcoure des parties égales de la hauteur KD, il faudra faire $t = nx$, n étant un nombre constant & donné : alors on aura $dt = n\,dx$, & par conséquent $n = \frac{\theta X}{2K\sqrt{a}\cdot\sqrt{(-x)}}$; d'où l'on tire $X = \frac{2nK\sqrt{a}\cdot\sqrt{(h-x)}}{\theta}$; ce qui détermine la figure du vase.

La même hypothèse subsistant, si l'on suppose de plus que le vase soit un solide de révolution produit par le mouvement circulaire de la courbe AMD autour de l'axe KD, & qu'on prenne l'abscisse $DP = z$, l'ordonnée $PM = y$: on aura $X = \frac{\Pi y^2}{2}$, Π étant le rapport de la circonférence au diamètre; & $x = h - z$. Substituant ces valeurs dans l'expression qu'on a trouvée pour X, on aura $y^2 = \frac{4nK\sqrt{a}\cdot\sqrt{z}}{\theta\Pi}$, ou (en faisant $\frac{4nK\sqrt{a}}{\theta\Pi} = m^{\frac{3}{2}}$), $y^4 = m^3 z$. D'où l'on voit que la courbe AMD est une parabole du troisième genre.

IV. COROLLAIRE II. Supposons que le vase proposé ait la forme prismatique ou cylindrique $AFHC$ (*fig.* 14) : la quantité X sera ici une quantité constante que je nomme A; & on aura $dt = \frac{\theta A}{2K\sqrt{a}} \times \frac{dx}{\sqrt{(h-x)}}$, dont l'intégrale est $t = \frac{\theta A}{K\sqrt{a}} \times (\sqrt{h} - \sqrt{(h-x)})$.

Il est facile de construire, au moyen de cette formule, une *clepsydre* cylindrique. Voulez-vous, par exemple, partager la hauteur KD ou CH en douze parties, qui soient parcourues en tems égaux par la surface du fluide? Représentez CH par 144, quarré de 12; de ces 144 parties égales qui composent CH, retranchez 121, quarré de 11, le reste 23 sera connoître la première partie cherchée CG; de 121, retranchez 100, quarré de 10, le reste 21 donnera la seconde partie cherchée; de 100, retranchez 81, quarré de 9, le reste donnera la troisième partie cherchée; ainsi de suite. D'où l'on voit que les parties successives de la hauteur CH, comptées depuis le point C, sont entr'elles comme les termes de la progression arithmétique décroissante ÷ 23. 21. 19. 17. &c., la hauteur totale CH étant exprimée par le nombre 144.

Quant à la mesure précise du tems employé à parcourir chaque partie de la hauteur CH, on le déterminera par la même formule. Supposons, par exemple, que la hauteur totale CH doive être parcourue en 12 heures, & que par conséquent chacune de ces parties doive être parcourue en 1 heure : on trouvera 12 heures $= \frac{\theta A\sqrt{h}}{K\sqrt{a}}$. Il faudra donc tellement combiner les trois quantités A, K, h (les seules dont on peut ici disposer), que l'équation précédente ait lieu en effet. On voit que deux de ces trois quantités étant données, on en conclut la troisième. (*L. B.*)

CLIMATS, parties ou zones de la terre, dans lesquelles le plus long jour d'été est de 12 ½ heures, 13 heures, &c. on distingue 24 *climats* d'heures. *C'est un terme de l'ancienne Géographie.*

CLOISON (*Hyd.*); on nomme ainsi des séparations de cuivre, de plomb, ou de fer-blanc, qu'on place dans les cuvettes des fontaines & des jauges. On en distingue de deux sortes : celle de calme, appellée *languette*, est placée près de l'endroit où tombe l'eau, sans interrompre sa communication dans toute la cuvette, elle ne fait qu'en rompre le flot, qui dérangeroit le niveau de l'eau en même tems qu'il en augmenteroit la dépense; l'autre *cloison* est celle du bord où s'attachent les bassinets pour la distribution de l'eau. *Voyez* BASSINETS. (*K*)

COC

COCHER, *ou le chartier* (*Astron.*); constellation boréale, composée de 66 étoiles dans le catalogue britannique; elle est appellée, dans les auteurs, *auriga*, *aurigator*, *agitator currus*, *arator*, *heniochus*, *habenifer* (qui tient les renes) *Ericthonius*; dans Homère, *Ericheus*; chez les Egyptiens, *Orus*; d'autres l'ont appellé *Phaeton*, *Absyrthe*, *Bellerophon*, *Custos caprarum*, *Trochilus*, *Œnomaus*, *Hippolitus*. L'étoile brillante de cette constellation est appellée la *chèvre*. La même constellation renferme aussi les *chevreaux*, qui, suivant les poëtes, avoient été nourris du même lait que Jupiter.

Cet Ericthon étoit, non le fils de Dardanus, mais un roi d'Athènes, qui fut déifié comme l'inventeur

venteur de plusieurs arts utiles, & sur-tout de celui des chars.

Primus Ericthonius currus & quatuor ausus
Jungere equos, rapidisque rotis insistere victor.
Georg. III. 113.

Dans le commentaire de Theon sur Aratus, Bellerophon est cité comme l'auteur de l'invention du char, & comme étant le cocher céleste; d'autres y substituent Myrtyle, Cillantus, ou le Cocher de Pelops, & Orus, qui enseigna le premier l'Agriculture aux Egyptiens.

On peut très-bien imaginer que les anciens placèrent un laboureur dans la partie du ciel, qui pouvoit désigner l'entrée du soleil dans le taureau, & ces deux constellations reçurent un culte spécial.

Suivant M. Dupuis, c'est cette constellation qui a fourni au *Jupiter Ægiochus* des grecs, & à *Pan*, leurs attributs. On la considéroit comme une des formes de l'ame du monde. Le bouc adoré à Mendès, & le bouc *asima* des samaritains, ne sont que l'image de la belle étoile de cette constellation, appellée *hircus* par un ancien commentateur de Ptolemée. Cette constellation se levoit au tems de l'équinoxe, & se couchoit le matin en automne. C'est par-là que M. Dupuis explique la fable de Phaëton, qui tombe dans l'Eridan, parce qu'il se couche peu après ce fleuve. (*Astron. t. iv, p. 521.*)

Suivant M. Hyde, c'est à la chèvre, ou à ses petits, que se rapporte le nom d'*Aisch*, donné par Job à une de nos constellations: c'est le Αἶξ des grecs. (*D. L.*)

COCHLEA, en *Méchanique;* terme latin qui signifie l'*une des cinq machines simples :* on la nomme en françois *vis. Voyez* VIS.

On l'appelle de la sorte, à cause de sa ressemblance avec la coquille du limaçon ou *cochlea.* (*O*)

COCHONNET (*Jeu*), espèce de dé taillé à douze faces pentagonales, chargées chacune d'un chiffre depuis 1 jusqu'à douze. On joue au *cochonnet* comme aux dés.

On donne le même nom à une balle ou pierre que celui qui a gagné le coup précédent jette à discrétion, & à laquelle tous les joueurs dirigent leurs boules. La boule plus voisine du *cochonnet* gagne le coup.

CODILLE, *terme de Jeux.* On dit Itre *codille à l'ombre*, au *médiateur*, au *quadrille*, &c. quand on ne fait pas le nombre de mains prescrites par le gain ou la remise de la partie. *Voyez ces mots.*

COEFFICIENT, s. m. (*Algèbre*) en langage algébrique, est le nombre ou la quantité quelconque placée devant un terme; & qui, en se multipliant avec les quantités du même terme qui suivent, sert à former ce terme. *Voyez* TERME.

Ainsi, dans $3\,a$, $b\,x$, $C\,x\,x$, 3 est le *coefficient* du terme $3\,a$, b celui de $b\,x$, C celui de $C\,x\,x$.

Lorsqu'une lettre n'est précédée d'aucun nombre, elle est toujours censée avoir 1 pour *coefficient*, parce qu'il n'y a rien qu'on ne puisse regarder comme multiplié par l'unité. Ainsi a, $b\,c$ sont absolument la même chose que $1\,a$, $1\,b\,c$. Il ne faut pas confondre les *coefficiens* avec les exposans. Dans la quantité $3\,a$, le *coefficient* 3 indique que a est pris trois fois, ou que a est *ajouté* deux fois à lui-même. Au contraire, dans la quantité a^3, l'exposant 3 indique que a est *multiplié* deux fois de suite par lui-même.

Par exemple, supposons que a soit 4, $3\,a$ sera 3 fois 4, c'est-à-dire 12, & a^3 sera $4 \times 4 \times 4$, c'est-à-dire 64.

Dans une équation ordonnée, le *coefficient* du second terme est la somme de toutes les racines prises avec des signes contraires (*voyez* RACINE); en sorte que si la somme des racines positives est égale à celles des racines négatives, & que par conséquent la somme totale des racines soit zéro, il n'y aura point de second terme dans l'équation.

Le *coefficient* du troisième terme dans la même équation ordonnée, est la somme de tous les produits des racines prises deux à deux de toutes les manières possibles.

Le *coefficient* du quatrième terme est la somme de tous les produits des racines prises trois à trois de toutes les manières possibles, avec des signes contraires ; & ainsi des autres termes à l'infini.

La méthode des *coefficiens* indéterminés est une des plus importantes découvertes que l'on doive à Descartes. Cette méthode très en usage dans la théorie des équations, dans le calcul intégral, & en général dans un très-grand nombre de problèmes mathématiques, consiste à supposer l'inconnue égale à une quantité dans laquelle il entre des *coefficiens* qu'on suppose connus, & qu'on désigne par des lettres; on substitue ensuite cette valeur de l'inconnue dans l'équation ; & mettant les uns sous les autres les termes homogènes, on fait chaque *coefficient* $= o$, & on détermine par ce moyen les *coefficiens* indéterminés. Par exemple, soit proposée cette équation différencielle, $dy + b\,y\,dx + a\,x^2\,dx + c\,x\,dx + f\,dx = o$, on supposera $y = A + B\,x + C\,x\,x$, & on aura,

$$\begin{aligned} dy &= B\,dx + 2\,C\,x\,dx \\ + b\,y\,dx &= b\,A\,dx + b\,B\,x\,dx + b\,C\,x\,x\,dx \\ + a\,x^2\,dx &= a\,x^2\,dx \\ + c\,x\,dx &= + c\,x\,dx \\ + f\,dx &= + f\,dx. \end{aligned}$$

Ensuite on fera $B + b\,A + f = o$, $2\,C + b\,B + c = o$, $b\,C + a = o$; & résolvant ces équations à l'ordinaire (*voyez* EQUATION), on aura les inconnues A, B, C. (*O*)

CŒUR (*Géométrie*). Quelques géomètres, entr'autres M. Varignon, dans les *Mém. de l'Acad. des Sc. ann.* 1692, ont donné ce nom au solide que formeroit une demi-ellipse en tournant, non autour de son axe, mais autour d'un de ses diamètres ; & en effet un tel solide auroit assez la figure d'un *cœur* pointu par le bas, & enfoncé par le haut. M. Varignon a cherché la dimension de ce solide ; mais il s'est trompé, comme il seroit aisé de le faire voir. On peut trouver facilement la dimension du *cœur* par la méthode suivante.

Soit imaginée une demi-ellipse dont les deux axes soient égaux aux deux diamètres de l'ellipse donnée ; chaque ordonnée sera aussi égale de part & d'autre, excepté que dans l'ellipse formatrice du *cœur* les ordonnées seront obliques à l'axe, & que dans l'autre elles lui seront perpendiculaires ; celles-ci dans la rotation formeront des cercles, & les autres formeront des surfaces coniques qui seront aux cercles dans le rapport du sinus de l'angle des deux diamètres à l'angle droit : rien n'est plus facile à démontrer. De plus, dans le *cœur* les surfaces coniques seront obliquement posées par rapport à l'axe ; au lieu que dans le solide formé par l'autre ellipse, les cercles seront perpendiculaires à l'axe : donc l'élément du *cœur* est encore à l'élément de l'autre solide, envisagé sous ce point de vue, comme le sinus de l'angle des deux diamètres est au sinus total. Donc, puisque ce rapport entre deux fois dans le rapport total des deux élémens, il s'ensuit que l'élément du *cœur* est à l'élément de l'autre solide, comme le quarré du sinus de l'angle des diamètres est au quarré du sinus total : donc les deux solides sont aussi entr'eux dans ce rapport. En voilà assez pour mettre sur la voie ceux qui voudront aller plus loin, faire de cette proposition une démonstration en forme, & reconnoître en quoi pêche celle de M. Varignon. (*O*)

CŒUR *du lion* ou *Regulus*, *Basiliscus* (*Astr.*) étoile de la première grandeur dans la constellation du lion.

CŒUR *de Charles* (*Astron.*) c'est le nom d'une petite constellation boréale ; elle est marquée sous ce nom dans le planisphère en deux feuilles, gravé en Angleterre, & appellé communément *planisphère de Senex*, quoiqu'on y voie le nom de Harris comme rédacteur, & celui de Bowles comme marchand. Elle n'est remarquable que par une étoile de seconde grandeur, située sous la queue de la grande ourse, du côté de la chevelure de Bérenice & de la queue du lion. Cette étoile est appellée dans le catalogue de Tycho-Brahé, *informis inter caudam hujus & leonis.* Dans le *Catalogue britannique*, publié en 1712, par Halley, sur les *Observations* de Flamsteed, elle est appellée *clara sub caudâ informis* ; il paroît qu'alors on ne lui avoit pas encore donné le nom qu'elle porte actuellement. Dans l'édition de 1725, donnée par Flamsteed lui-même, elle est comprise dans la constellation des chiens de chasse, introduite par Hévélius ; *in annullo armillæ charæ informis sub caudâ ursi.* Dans les grandes cartes célestes de Flamsteed, elle est en effet située sur le collier d'un des chiens, sans aucune figure de *cœur*. Cette dénomination de *cœur de Charles*, a probablement été introduite par Halley, ainsi que le chêne de Charles II, roi d'Angleterre, par respect pour la mémoire d'un prince, fondateur de l'Académie & de l'Observatoire d'Angleterre. Flamsteed n'a point adopté cette dénomination de Halley, qu'il n'aimoit pas ; mais on la trouve sur les planisphères de Senex, sur ceux de M. Robert de Vaugondy, sur mon globe céleste, gravé en 1773, sur le petit *Atlas* de Fortin, qui est une réduction des cartes de Flamsteed, & sur le planisphère qui est dans les figures de ce Dictionnaire. La principale étoile avoit en 1690, $5^s\ 20^d\ 13'\ 22''$ de longitude, & $40^d\ 7'\ 18''$ de latitude boréale. (*D. L.*)

CŒUR *de l'hydre* (*Astronomie*), étoile de la seconde grandeur dans le *cœur* de la constellation de l'hydre, la douzième dans le catalogue de Ptolemée, la onzième dans celui de Tycho, & la vingt-cinquième dans celui d'Angleterre. *Voyez* HYDRE. (*O*)

COIN, s. m. (*Méchan.*) : prisme triangulaire *ABCDEF* (*Pl. méc. fig.* 58) de fer, qu'on introduit dans une fente pour écarter ou séparer les deux parties d'un corps. Quelquefois aussi on s'en sert pour soulever des poids, ou pour comprimer des corps.

Les couteaux, les rasoirs, les ciseaux, & en général tous les instrumens tranchans, ou pénétrans, se rapportent au *coin.*

On appelle *tête du coin* la face parallélogrammique *A B C D* qui reçoit le coup, ou l'impression de la force motrice ; l'arrête *E F*, par laquelle le *coin* commence à s'enfoncer, en est le tranchant ; & les faces parallélogrammiques *ABFE*, *DCFE*, par lesquelles il presse les corps contigus, en sont les *côtés.*

Nous représenterons cet instrument par son simple profil *D A E* (*fig.* 59), c'est-à-dire par le triangle qui, en se mouvant parallélement à lui-même, engendre le *coin.*

I. Supposons un corps appuyé par sa base *Z F* (*fig.* 60) sur un plan immobile. Que pour écarter les deux parties *M* & *N* de ce corps, on introduise entr'elles un *coin* *D E A* frappé ou poussé perpendiculairement à sa tête par une force *Q*. Il est clair que cette force étant détruite uniquement par les résistances que les parties du corps à fendre opposent à l'action du *coin*, doit nécessairement se décomposer en deux forces, dirigées vers les appuis *I* & *K*, perpendiculairement aux côtés *A E*, *D E* du *coin*, qu'on peut regarder comme des plans tangens aux appuis *I* & *K*. Ainsi la force *Q* & les deux pressions qu'elle produit aux points *I* & *K*, sont dans un même plan, & concourent au même point *O*. Nommons *Q*, *I*, *K*, ces trois forces ; & considérons que leurs directions *Q O*, *O I*, *O K*, étant perpendiculaires chacune à chacun des trois côtés

AD, AE, DE, du triangle AED, on a $Q : I : K :: AD : AE : DE$; & par conséquent aussi, $Q : I + K :: AD : AE + DE$.

II. A cause de l'équilibre, les deux pressions I & K sont détruites par deux résistances contraires & égales chacune à chacune, que les parties du corps à fendre leur opposent. Ainsi, *la force imprimée perpendiculairement à la tête du* coin, *est à la somme des résistances que les parties du corps à fendre opposent immédiatement à son action, comme la tête du* coin, *est à la somme de ses côtés.*

On voit que plus le *coin* deviendra tranchant, plus la même puissance acquerra d'avantage sur la somme des résistances à vaincre, & plus, par conséquent, le *coin* trouvera de facilité à s'enfoncer.

III. Lorsque le *coin* est isoscèle, c'est-à-dire, lorsque les côtés AE, DE, sont égaux, les deux forces I & K sont égales, & on a $Q : I + K :: AD : 2AE :: \frac{AD}{2} : AE$. Donc alors *la force imprimée perpendiculairement à la tête du* coin, *est à la somme des résistances que les parties du corps à fendre lui opposent, comme la demi-tête du* coin *est à l'un des côtés.*

IV. Prenons en général sur les directions des deux forces I, K, les parties IV, KH, égales respectivement aux côtés AE, DE du *coin*, pour représenter ces forces; & décomposons chacune des mêmes forces en deux autres, l'une perpendiculaire, l'autre parallèle à la base ZF, en construisant les deux parallélogrammes rectangles $IRVT$, $KSHG$, qui satisfassent à cette condition. Il est évident que les deux forces IR, KS, étant perpendiculaires au plan sur lequel le corps s'appuie, ne peuvent imprimer aucune sorte de mouvement à ce corps. Mais la force IT tend à mouvoir la partie M parallélement à ZF; & la force KG tend à mouvoir la partie N parallélement à FZ. Nommons T & G les deux forces IT, KG. Cela posé,

1.° On aura $I : T :: IV$ ou $AE : IT$; & comme on a I, $Q : I :: AD : AE$; si l'on multiplie ces deux proportions par ordre, on aura $Q : T :: AD : IT$.

2.° On trouvera semblablement, $K : G :: AD : KG$.

Ces deux proportions donnent la suite de proportionnelles, $Q : T : G :: AD : IT : KG$; & par conséquent aussi, $Q : T + G :: AD : IT + KG$.

V. Supposons que la tête DA du *coin* soit parallèle à la base ZF, & menons du tranchant E, la perpendiculaire EB sur la tête. Les deux triangles rectangles IVT, EAB, qui ont des hypothénuses égales par construction, & qui ayant tous les côtés perpendiculaires chacun à chacun, sont équiangles, sont parfaitement égaux. On aura donc $IT = FB$. On démontrera de même que $KG = EB$. Ainsi, les deux forces T & G sont égales; & la suite précédente donne, $Q : T + G :: AD : 2EB :: \frac{AD}{2} : EB$.

Il suit de-là que *lorsque la tête du* coin *est parallèle au plan sur lequel le corps s'appuie, la force imprimée perpendiculairement à la tête du* coin, *est à la somme des résistances que les deux parties du corps à fendre lui opposent parallélement à la tête du* coin, *comme la demi-tête du coin est à sa hauteur.*

Cette propriété peut être appliquée au cas où l'on se sert du *coin* pour comprimer; car alors la résistance s'exerce parallélement à la tête du *coin.*

VI. Telle est à-peu-près toute la théorie mathématique du *coin*. Nous ne devons pas dissimuler que l'application de cette théorie à la pratique n'est pas susceptible d'une grande précision, parce que les différens corps sont composés de parties plus ou moins adhérentes entr'elles, ou de fibres plus ou moins flexibles; d'où il résulte que la même force appliquée au même *coin*, ne produira pas les mêmes enfoncemens dans deux matières différentes, & que chaque enfoncement particulier ne peut guère être déterminé exactement que par la voie d'une expérience immédiate. (*L. B.*)

COIN (*au jeu de trictrac*): qui dit simplement le *coin*, entend le *coin de repos*, ainsi nommé parce que le joueur est moins exposé quand il s'est emparé de ce *coin*; c'est toujours la onzième case, non compris celle du tas de dames.

Une des règles les plus sûres, c'est de le prendre le plutôt qu'on peut, & d'avoir pour cela des dames sur les cases de quine & de sonnez.

Le *coin de repos* se prend par puissance ou par effet; dans le premier cas, lorsque celui contre qui l'on joue n'a pas le sien, & que du dé que vous amenez vous pouvez mettre deux dames dans son *coin*, ce qui ne se fait point: on n'empêche point son adversaire de se faire son grand jan, quoiqu'on en ait la puissance; il est plus avantageux de prendre son *coin*. On le prend par effet lorsque son dé a deux dames qui battent son propre *coin*. Comme on ne peut se saisir de son *coin* qu'avec deux dames, les règles du jeu ne permettent pas aussi qu'on le quitte sans les lever toutes deux ensemble. Qui s'empare de son *coin* par effet, n'est plus en droit de reprendre par puissance: si celui contre qui l'on joue s'est saisi du sien, cette puissance est ôtée.

COIN *bourgeois*, *au trictrac*, se dit de la case de quine & de sonnez. *Voyez* QUINE & SONNEZ.

COINCIDENCE, s. f. *en Géométrie*, se dit des figures, lignes, &c. dont toutes les parties se répondent exactement lorsqu'elles sont posées l'une sur l'autre, ayant les mêmes termes ou les mêmes limites.

La *coincidence* désigne donc une égalité parfaite, c'est-à-dire, que les figures ou lignes entre lesquelles il y a *coincidence*, sont égales & semblables. *Voyez* ÉGALITÉ & SEMBLABLE.

Euclide, & presque tous les autres géomètres à son exemple, démontrent un grand nombre de propositions élémentaires, par le seul principe de la *coincidence* ou superposition. *Voyez* SUPERPOSITION. (*O*)

COINCIDER, *terme de Géométrie* : on dit que deux lignes ou surfaces *coincident*, lorsqu'étant appliquées l'une sur l'autre, elles s'ajustent & se confondent parfaitement. *Voyez* COINCIDENCE. (*O*)

C O L

COLIN-MAILLARD, s. m. *jeu d'enfans* ; on bouche les yeux à un d'entr'eux, il poursuit ainsi les autres à tâton jusqu'à ce qu'il en ait attrapé un autre qu'il est obligé de nommer, & qui prend sa place, & qu'on appelle aussi *colin-maillard.*

COLLER *au jeu de billard*, c'est faire toucher la bille à la bande, de façon qu'on ne puisse pas la jouer aisément.

COLLIMATION, *ligne de collimation* (*Astr.*) est celle par laquelle on vise à un objet, par les deux pinules d'un graphomètre. Dans une lunette c'est la ligne qui passe par le centre des verres, ou l'axe optique de la lunette. La ligne de *collimation* doit être parallèle à la ligne de foi, c'est-à-dire, à la ligne qui passe par le centre de l'instrument & par le point de l'index qui marque la division. On dit aussi *la ligne de foi* pour dire la *ligne de collimation*, parce que ces deux lignes étant parallèles entr'elles & peu distantes l'une de l'autre, elles se dirigent au même point du ciel. (*D. L.*)

COLLISION, s. f. (*Méch.*) veut dire la même chose que choc. *Voyez* CHOC.

COLOMBE (*Astron.*), constellation méridionale, située au-dessous du lièvre & du grand chien, introduite vers le commencement du XVIIe siècle, lorsque les navigateurs commencèrent à observer les étoiles australes & à leur donner des noms : on prétendit placer la *colombe* de Noé à côté du vaisseau que l'on considéra comme l'arche de Noé. Elle est représentée dans les cartes de Bayer avec neuf étoiles, sans autre explication que celle-ci : *recentioribus columba.* Dans le catalogue de Flamsteed, elle contient dix étoiles ; dans celui de la Caille, elle en renferme un bien plus grand nombre. La principale, appellée α, avoit en 1750, 82^d 39′ 13″ d'ascension, & 34^d 13′ 21″ de déclinaison ; d'où il suit qu'on peut très-bien la voir en Europe, puisqu'elle passe au méridien près de 7 degrés au-dessus de l'horizon de Paris. Elle est de seconde grandeur. (*D. L.*)

COLONNE, force des *colonnes* (*Méchanique de l'Architecture*). Comme on ne bâtit pas seulement avec le bois, mais aussi avec la pierre & le marbre, il seroit à souhaiter pour le bien de l'architecture que nous eussions des expériences bien faites sur la force des *colonnes* de pierre.

M. Van Musschenbroek a déjà là-dessus fait quelques expériences, qu'il rapporte dans ses *Ess. de Phys.* Il a pris une *colonne* quarrée faite de terre glaise, & aussi dure que la brique rouge durcie au feu : cette *colonne*, qui avoit onze pouces & demi de long, & dont chaque côté étoit de $\frac{5}{12}$ d'un pouce, fut rompue par 195 livres. Une pierre de brême, longue de douze pouces $\frac{10}{12}$, & dont chaque côté étoit de $\frac{5}{12}$ d'un pouce, fut rompue par 150 livres. Un marbre blanc un peu veiné, long de treize pouces $\frac{1}{4}$, épais d'un côté de $\frac{4}{12}$ d'un pouce, & qui avoit de l'autre côté l'épaisseur de $\frac{5}{12}$ d'un pouce, fut rompu par 250 livres.

Si l'on prend un pilier de pierre fait de demi-pierres posées les unes sur les autres, ayant l'épaisseur de trois pouces, la largeur de sept pouces, & la hauteur de dix piés, on demande quelle charge pourra supporter ce pilier de pierre, en supposant qu'il soit bâti de briques rouge durcies par le feu.

Si ce pilier étoit de la même épaisseur que celle qu'avoit la *colonne* dans l'expérience précédente, & qu'il fût de la hauteur de dix piés, il ne pourroit supporter deux livres, parce que les forces sont en raison inverse des quarrés des hauteurs ; mais si l'on compte qu'une pierre est de la longueur de 7 pouces, c'est-à-dire, dix-sept fois plus large que n'est la *colonne* dans l'expérience ; alors ce même pilier de mur qui a l'épaisseur de $\frac{5}{12}$ de pouce, & la largeur de sept pouces, pourra supporter trente livres. Mais la pierre est de l'épaisseur de trois pouces, qui est le côté courbé par le poids dont il est chargé ; ce côté est donc à celui de la *colonne* rompue comme 36 à 5, dont les quarrés sont comme 1296 à 25 : c'est pourquoi le pilier de mur qui est de la hauteur de dix piés, ne pourra être chargé que de 1555 livres ; mais s'il étoit de l'épaisseur d'une pierre entière, il pourroit supporter un fardeau quatre fois plus pesant.

Par conséquent un mur qui sera de l'épaisseur d'une demi-pierre, & qui aura dix piés de haut, pourra être chargé de 1555 livres, autant de fois qu'il sera de la longueur des pierres entières ou de sept pouces. Il est certain que s'il étoit fait de pierres plus dures, il pourroit supporter une charge encore plus pesante avant que d'être renversé. Si l'on compare la force d'un pilier de pierre avec celle d'un pilier de bois de chêne, qui soit aussi de la hauteur de dix piés, & dont les côtés aient trois pouces & sept pouces, on trouvera que le bois de chêne pourra supporter beaucoup davantage, & même presque 2800 livres.

Comme on élève dans les églises plusieurs *colonnes* qui soutiennent tout le bâtiment ; si l'on prenoit une *colonne* de marbre blanc de la hauteur de quarante piés, & dont le diamètre seroit de quatre piés, elle pourroit supporter à-peu-près le poids de 105,011,085 livres. Ainsi, l'on est en état de calculer quel poids étoient capables de soutenir les 127 *colonnes* du temple de la diane d'Ephèse, qui étoient toutes d'une pièce de 60 piés de hauteur.

Comme on bâtit souvent des maisons à deux portes qui donnent sur le coin des rues, de sorte que tout le poids de la façade repose sur le poteau de ce coin: il n'est pas indifférent de savoir l'épaisseur qu'il convient de donner à ce poteau; mais il seroit encore bon de calculer les avantages & les désavantages qu'il y auroit à le former en *colonnes* de pierre par préférence, parce que ce poteau doit supporter sans aucun danger le poids de la façade qui repose sur lui. (*M.* LE CHEVALIER DE JAUCOURT.)

*(M. Euler & M. de la Grange ont donné, le premier dans les Mémoires de l'Académie de Berlin pour l'année 1757, l'autre dans le v.[e] volume des Mémoires de l'Académie de Turin, d'excellentes recherches *sur la force des colonnes.*

COLONNE *d'eau* (*Hyd.*): eau contenue dans un tuyau, qui la fait monter d'une rivière ou d'un réservoir quelconque par le moyen d'une machine hydraulique. On appelle aussi *colonne d'eau* l'eau qui forme un jet au sortir d'un ajutage. On dit également, dans des sens analogues, une *colonne* d'air, une *colonne* de mercure, &c.

COLURES (*Astron.*) sont deux grands cercles passant par les poles du monde, l'un par les équinoxes, l'autre par les solstices; leur nom, suivant quelques auteurs, vient du mot grec κόλουρος, *mutilus, truncus*, parce que dans les sphères artificielles on fait des entailles sur ces cercles, pour fixer, assembler & retenir les autres cercles; cependant Macrobe dit que ce nom vient de ce qu'ils ne font pas tout le tour de la sphère. *Nomen dedit imperfecta conversio; ambientes enim septentrionalem verticem poli, atque inde, in diversa diffusi, & se in summo intersecant & quinque parallelos in quaternas partes æqualiter dividunt; zodiacum ita intersecantes, ut unus eorum per arietem & libram, alter per cancrum atque capricornum meando decurrat; sed ad australem verticem non pervenire creduntur. Somn. Scip. I. 15.* Il est vrai que nous ne voyons jamais la partie des *colures* qui avoisine le pole austral; mais l'existence de cette partie ne doit pas moins se supposer. Le *colure*, ou cercle passant par les poles du monde ou de l'équateur, & par les points solsticiaux, s'appelle *colure des solstices*; on a donné à ce méridien un nom distinctif, parce qu'il sert à mesurer l'obliquité de l'écliptique. Tous les astres placés sur ce *colure*, ont 90° ou 270^d d'ascension droite, & autant de longitude.

Le *colure des équinoxes* est un autre méridien qui est perpendiculaire au précédent, ou au *colure* des solstices, & qui passe par les poles du monde & par les points équinoxiaux. Tous les astres placés sur ce *colure* ont zéro ou 180 degrés d'ascension droite, mais leurs longitudes varient. (*D. L.*)

COMBINAISON, s. f. (*Analyse*) ne devroit se dire proprement que de l'assemblage de plusieurs choses deux à deux; mais on l'applique dans les Mathématiques à toutes les manières possibles de prendre un nombre de quantités données.

Le P. Mersenne a donné les *combinaisons* de toutes les notes & sons de la Musique au nombre de 64; la somme qui en vient ne peut s'exprimer, selon lui, qu'avec 60 chiffres ou figures.

Le P. Sébastien a montré, dans les *Mémoires de l'Académie*, 1704, que deux carreaux partagés chacun par leurs diagonales en deux triangles de différentes couleurs, fournissoient 64 arrangemens différens d'échiquier: ce qui doit étonner, lorsqu'on considère que deux figures ne sauroient se combiner que de deux manières. *Voy.* CARREAU.

On peut faire usage de cette remarque du P. Sébastien, pour carreler des appartemens.

Doctrine des combinaisons. Un nombre de quantités étant donné avec celui des quantités qui doit entrer dans chaque *combinaison*, trouver le nombre des *combinaisons*.

Une seule quantité, comme il est évident, n'admet point de *combinaison*; deux quantités *a* & *b* donnent une *combinaison*; trois quantités *a*, *b*, *c*, combinées deux à deux, donnent trois *combinaisons* *ab*, *ac*, *bc*; quatre en donneroient six *ab*, *ac*, *bc*, *ad*, *bd*, *cd*; cinq en donneroient dix *ab*, *ac*, *bc*, *ad*, *bd*, *cd*, *ae*, *be*, *ce*, *de*.

En général, la suite des nombres des *combinaisons* est 1, 3, 6, 10, &c. c'est-à-dire la suite des nombres triangulaires; ainsi, *q* représentant le nombre des quantités à combiner, $\frac{q-1}{1} \times \frac{q+0}{2}$ sera le nombre de leurs *combinaisons* deux à deux. *Voyez* NOMBRES TRIANGULAIRES.

Si on a trois quantités *a*, *b*, *c*, à combiner trois à trois, elles ne fourniront qu'une seule *combinaison* *a b c*; qu'on prenne une quatrième quantité *d*, les *combinaisons* que ces quatre quantités peuvent avoir trois à trois, seront les quatre *abc*, *abd*, *bcd*, *acd*; qu'on en prenne une cinquième, on aura les dix *combinaisons* *abc*, *abd*, *bcd*, *acd*, *abe*, *bde*, *bce*, *ace*, *ade*; qu'on en mette une sixième, on aura vingt *combinaisons*, &c. En sorte que la suite des *combinaisons* trois à trois est celle des nombres pyramidaux; & que *q* exprimant toujours le nombre des quantités données, $\frac{q-2}{1} \times \frac{q-1}{2} \times \frac{q-0}{3}$, est celui de leurs *combinaisons* trois à trois.

Le nombre des *combinaisons* quatre à quatre des mêmes quantités se trouveroit de la même manière $\frac{q-3}{1} \times \frac{q-2}{2} \times \frac{q-1}{3} \times \frac{q-0}{4}$; & en général *n* exprimant le nombre de lettres qu'on veut faire entrer dans chaque terme de la *combinaison*, la quantité $\frac{q-n+1}{1} \times \frac{q-n+2}{2} \times \frac{q-n+3}{3} \times \frac{q-n+4}{4} \times \ldots . . \frac{q}{n}$ exprimera le nombre demandé des *combinaisons*.

Que l'on demande, par exemple, en combien de manières six quantités peuvent se prendre quatre à quatre, on fera $q = 6$ & $n = 4$, & l'on substituera ces nombres dans la formule précédente, ce qui donnera $\frac{6-4+1}{1} \times \frac{6-4+2}{2} \times \frac{6-4+3}{3} \times \frac{6-4+4}{4} = 15$.

Corollaire. Si on veut avoir toutes les *combinaisons* possibles d'un nombre de lettres quelconque, prises tant deux à deux que trois à trois, que quatre à quatre, *&c.* il faudra ajouter toutes les formules précédentes $\frac{q-1}{1} \times \frac{q-0 ; q-2 \times q-1 \times q-0 ; q-3}{2 . 1 \times 2 \times 3 . 1} \times \frac{q-2}{2} \times \frac{q-1}{3} \times q-1$, *&c.* c'est-à-dire que le nombre de toutes ces *combinaisons* sera exprimé par

$$\frac{q \times q-1}{1 \cdot 2} + \frac{q \cdot q-1 \cdot q-2}{2 \cdot 3} + \frac{q \times q-1 \cdot q-2 \cdot q-3}{2 \cdot 3 \cdot 4} + \&c.$$

Si on compare présentement cette suite avec celle qui représente l'élévation d'un binome quelconque à la puissance q, on verra qu'en faisant égal à l'unité chacun des termes de ce binome; les deux suites sont les mêmes aux deux premiers termes près 1, & q, qui manquent à la suite précédente. De-là il suit qu'au lieu de cette suite, on peut écrire $2^q - 1 - q$. Ce qui donne une manière bien simple d'avoir toutes les *combinaisons* possibles d'un nombre q de lettres. Que ce nombre soit par exemple 5, on aura donc pour le nombre total de ses *combinaisons* $2^5 - 5 - 1 = 32 - 6 = 26$. *Voyez* BINOME.

Un nombre quelconque de quantités étant donné, trouver le nombre des combinaisons *& d'alternations qu'elles peuvent recevoir, en les prenant de toutes les manières possibles.*

Supposons d'abord qu'il n'y ait que deux quantités a, b; on aura d'abord $a b$ & $b a$, c'est-à-dire, le nombre 2; & comme chacune de ces quantités peut aussi se combiner avec elle-même, on aura encore $a a$ & $b b$, c'est-à-dire, que le nombre des *combinaisons* & alternations est en ce cas $2 + 2 = 4$. S'il y a trois quantités a, b, c; & que l'exposant de leur variation soit deux, on aura trois termes pour leurs *combinaisons*, lesquels seront $a b$, $b c$, $a c$: à ces trois termes, on en ajoutera encore trois autres $b a$, $c b$, $c a$, pour les alternations; & enfin trois autres pour les *combinaisons* $a a$, $b b$, $c c$, des lettres a, b, c, prise chacune avec elle-même : ce qui donnera $3 + 3 + 3 = 9$. En général, il sera aisé de voir que si le nombre des quantités est n, & que l'exposant de la variation soit 2, n^2 sera celui de toutes leurs *combinaisons* & de leurs alternations.

Si l'exposant de la variation est 3, & qu'on ne suppose d'abord que trois lettres a, b, c, on aura pour toutes les *combinaisons* & alternations $a a a$, $a a b$, $a b a$, $b a a$, $a b b$, $a a c$, $a c a$, $c a a$, $a b c$, $b a c$, $b c a$, $a c b$, $c a b$, $c b a$, $a c c$, $c a c$, $c c a$, $b b a$, $b a b$, $b b b$, $b b c$, $c b b$, $b c b$, $b c c$, $c b c$, $c c b$, $c c c$, c'est-à-dire, le nombre 27 ou 3^3.

De la même manière, si le nombre des lettres étoit 4, l'exposant de la variation 3, 4^3, ou 64, seroit le nombre des *combinaisons* & alternations. Et en général si le nombre des lettres étoit n, n^3 seroit celui des *combinaisons* & alternations pour l'exposant 3. Enfin si l'exposant est un nombre quelconque, m, n^m exprimera toutes les *combinaisons* & alternations pour cet exposant.

Si on veut donc avoir toutes les *combinaisons* & alternations d'un nombre n de lettres dans toutes les variétés possibles, il faudra prendre la somme de la série $n^n + n^{n-1} + n^{n-2} + n^{n-3} + n^{n-4} + n^{n-5} + n^{n-6} +$, *&c.* jusqu'à ce que le dernier terme soit n.

Or, comme tous les termes de cette suite sont en progression géométrique, & qu'on a le premier terme n^n, le second n^{n-1}, & le dernier n; il s'ensuit qu'on aura aussi la somme de cette progression, laquelle sera $\frac{n^{n+1} - 1}{n - 1}$.

Que n, par exemple, soit égal à 4, le nombre de toutes les *combinaisons* & alternations possibles sera $\frac{4^5 - 1}{4 - 1} = \frac{1020}{3} = 340$. Que n soit 24, on aura alors pour toutes les *combinaisons* & alternations possibles $\frac{24^{25} - 24}{24 - 1} = \frac{32009658644456818986777955348272600}{23} = 1391724288887252999425128493402200$; & c'est cet énorme nombre qui exprime les *combinaisons* de toutes les lettres de l'alphabet entr'elles.

Voyez l'*ars conjectandi* de Jacques Bernoulli & l'*analyse des jeux de hasard* de Montmort. Ces deux auteurs, sur-tout le premier, ont traité avec beaucoup de soin la matière des *combinaisons*. Cette théorie est en effet très-utile dans le calcul des jeux de hasard; & c'est sur elle que roule toute la science des probabilités. *Voyez* JEU, PARI, PROBABILITÉ, *&c.*

Il est visible que la science des anagrammes dépend de celles des *combinaisons*. Par exemple, dans *Roma* qui est composé de quatre lettres, il y a vingt-quatre *combinaisons* (*voy.* ALTERNATION); & de ces vingt-quatre *combinaisons* on en trouvera plusieurs qui forment des noms latins, *armo*, *ramo*, *mora*, *amor*, *maro*; on y trouve aussi *omar*; de même dans Rome, on trouve *mare*, *omer*, &c. (*O*)

* Nous ajouterons ici l'écrit suivant de M. de Mairan, sur le nombre considérable de manières différentes dont certains mots françois peuvent être écrits.

Manières différentes d'écrire le mot HAINAUT *en françois, dans la supposition que l'*h *ne s'aspire pas.*

1.° Par *h*, ou sans *h*.............. 2 *man.*

2.° *e*, *ee*, *ei*, *ai*, *ey*, ou *ay*......6
Dont le produit est 2 X 6, & donne.. 12 *man.*

3.° Ensuite avec *n*, ou *nn*..........2
Produit....12 X 2, & donne.. 24 *man.*

4.° Dans le cas d'un seul *n*, il peut être procédé de *s*, ou de *x*, ce qui se combine avec la moitié du dernier produit, & donne 24 à ajouter audit produit, somme.............................. 48 *man.*

5.° Dans les deux cas de *n*, ou *nn*, il peut y avoir après, ou n'y avoir pas un *h*..............................2
Produit....48 X 2, & donne.. 96 *man.*

6.° Dans tous les cas précédens, on peut finir le mot par *o*, *au* ou *eau*, sans consonne, ce qui fait 3 cas qui se combinent, &c. ci...........................3
Produit....96 X 3, & donne.. 288 *man.*

7.° Enfin on peut terminer ce mot par ces consonnes *s*, *t*, *l*, *ls*, *x*, *lt*, *th*, *lth*; cela fait 8 nouveaux cas, qui par leur combinaison, avec les précédens donnent le produit. 288 X 8, ou.... 2304 *man.*

Le mot *Hainaut* peut donc être écrit de 2304 différentes manières sans qu'un françois le prononce différemment.

COMBUSTION, *terme de l'ancienne Astronomie:* quand une planète est en conjonction avec le soleil, on dit que la planète est en *combustion.* Ce mot vient du latin *comburere*, *brûler* parce qu'une planète qui est en cet état doit paroître passer sur le disque du soleil ou derrière le corps de cet astre, & par conséquent se plonger, pour ainsi dire, dans ses rayons, & en être comme brûlée.

Suivant Argoli, une planète est en *combustion*, quand elle n'est pas éloignée du soleil de plus de huit degrés trente minutes, à l'orient ou à l'occident. On ne se sert plus de ce mot, qui n'a été employé que par les astrologues. *Harris* & *Chambers.* (O)

COMETES, s. f. (*Astron.*), corps célestes qui paroissent quelquefois dans le ciel avec un mouvement propre, très-différent dans les différentes *comètes*, & qui pour l'ordinaire sont accompagnés d'une lumière éparse : c'est le mouvement des *comètes* qui les distingue des étoiles nouvelles que l'on a vues de tems à autres; car dans celles-ci l'on n'a jamais remarqué de mouvement propre : d'ailleurs la lumière des *comètes* est toujours foible & douce; c'est une lumière du soleil qu'elles réfléchissent vers nous, aussi-bien que les planètes; cela est prouvé spécialement par la phase observée dans la *comète* de 1744, dont la partie éclairée n'étoit visible qu'à moitié. On distingue principalement les *comètes* par les traînées de lumière, dont elles sont souvent entourées & suivies, qu'on appelle tantôt *la chevelure* ou *la barbe*, tantôt *la queue de la comète*; cependant il y a eu des *comètes* sans queue, sans barbe, sans chevelure. La *comète* de 1585, observée pendant un mois par Tycho, étoit ronde; elle n'avoit aucun vestige de queue : seulement sa circonférence étoit moins lumineuse que le noyau, comme si elle n'eût eu vers sa circonférence que quelques fibres lumineux. *Tycho*, *Progymn. p. 752.* La *comète* de 1665 étoit fort claire, suivant Hévélius; il n'y avoit presque pas de chevelure : la *comète* de 1682, au rapport de M. Cassini, étoit aussi ronde & aussi claire que jupiter. *Mémoire Acad. 1699.* Enfin la *comète* que nous avons vue depuis le 28 septembre 1763 jusqu'au 25 novembre, n'avoit aucune queue, quoiqu'elle fût assez près de la terre. Ainsi, l'on ne doit pas regarder les queues des *comètes* comme leur caractère distinctif. Leur véritable caractère consiste à avoir un mouvement particulier, & à n'être visible qu'un certain tems: les apparitions les plus longues ont été de six mois.

Les Caldéens, les plus anciens astronomes dont les observations nous soient parvenues, regardèrent les *comètes* comme de véritables planètes; il y a même des auteurs qui ont écrit qu'ils en connoissoient les retours, (Senèque *Quæst. nat. l. 7.*) cela est très-douteux. Quoi qu'il en soit du sentiment des Caldéens, il est sûr que beaucoup d'anciens philosophes ont considéré les *comètes* comme des astres & des planètes perpétuelles & périodiques. Ainsi, nous ne dirons qu'un mot des systêmes de ceux qui prirent les *comètes* pour des illusions, pour des météores, ou pour des corps d'une existence passagère. On peut voir à ce sujet Riccioli, *Almag. II. 35*, & beaucoup d'autres auteurs qui ont expliqué les rêves des anciens philosophes.

Panaetius crut qu'elles étoient de pures apparences de lumière, semblables aux iris, aux halo & aux parhélies. Héraclides de Pont, les regarda comme des nuées très-légères & très-élevées. *Plut. de plac. phil.* 3. 2. Aristote les regarda comme un météore igné, formé au haut de l'atmosphère par les exhalaisons de la terre & de la mer. *Meteor. lib. 1, cap. 7 & 10.* Tous les péripatéticiens & plusieurs autres philosophes en eurent à-peu-près la même idée. Les stoïciens, ou les philosophes latins du tems de Senèque, étoient à-peu-près d'un avis semblable, & supposoient que les *co-*

mètes étoient formées par un air condensé. Seneq. *Quæst. nat. l. vij, c. 21.*

Il paroît que Ptolemée crut que le cours des planètes ou de leurs tourbillons étoit la cause de la formation des *comètes* (*de Astrorum Jud. lib. ij, textu 53*). Ce fut le sentiment d'Hévélius.

Galilée même crut que les *comètes* étoient formées par des exhalaisons assez légères pour s'élever au-dessus de la lune. *Dial. 1, de Syst. mundi. Trutinator.*

Tycho & Longomontanus crurent que les *comètes* étoient véritablement des corps célestes formés de la substance de la voix lactée, mais sujets à se décomposer, & d'une existence passagère.

Képler même laissa les *comètes* au nombre des phénomènes momentanés, & Hévélius n'en jugea pas mieux, quoiqu'il ait eu le premier sur les *comètes* une très-belle idée, dont nous parlerons bientôt.

Enfin le P. Riccioli. *Alm.* 2. 43. après avoir examiné fort au long la question si les *comètes* sont perpétuelles & reviennent après de longues périodes, finit par dire que cela n'est guère probable, & qu'il lui paroît qu'elles se forment de nouveau. (*Alm.* 2, 58.) Après avoir raconté différentes opinions sur la cause physique de leur formation, & n'étant point satisfait de ces différens systêmes, il propose religieusement son avis, qui étoit de recourir à des actes particuliers & volontaires de la toute puissance divine.

On voit avec peine l'illustre chancelier d'Angleterre, François Bacon, au nombre de ceux qui ont regardé les *comètes* comme des météores; il parle à la vérité des prédictions qu'on peut faire : *Prædictiones fieri possunt de cometis, qui ut nostra fert conjectura prænonciari possunt.* (*de augmentis scient. lib. 3, cap. 4, pag. 103, editio, 1740.*) Mais il met cette prédiction dans le catalogue de mille prédictions astrologiques, dont on étoit encore persuadé de son tems; il mourut en 1626.

Mais si l'on voit quelques philosophes avoir eu des idées si fausses & si absurdes sur les *comètes* on en trouve un grand nombre d'autres, même parmi les plus célèbres de l'antiquité, qui ont eu des notions plus justes sur cette matière.

Suivant Aristote même, *Meteor. lib. 1, c. 6*, quelques philosophes d'Italie, appellés pythagoriciens, soutinrent que les *comètes* étoient des astres errans qui ne paroissoient qu'après un long espace de tems, de même que mercure se voyoit rarement & pendant peu de tems sur l'horizon; il ajoute qu'Hippocrate de Chio étoit du même sentiment avec tous ses disciples, & sur-tout Aeschyle.

Plutarque dit aussi que quelques pythagoriciens avoient regardé les *comètes* comme de véritables astres qui ne paroissoient pas continuellement, mais qui, après avoir achevé leur tour, revenoient dans des tems réglés; il ajoute que Diogène le pensoit ainsi, *de plac. phil. lib. 3, c. 2.* Quelques pythagoriciens croyoient que les *comètes* partoient du soleil, & y retournoient ensuite, parce qu'on avoit vu souvent autrefois les *comètes* disparoître dans les rayons du soleil. Aristote réfute à cet égard les pythagoriciens; mais Pline a mal entendu le passage d'Aristote, quand il lui fait dire que les *comètes* ne sont jamais dans la partie occidentale du ciel. *Kepler de cometis, pag. 96.*

Démocrite, qui, au jugement de Ciceron & de Senèque, fut le subtil de tous les anciens philosophes, avoit étudié chez les Caldéens. Il soupçonna, dit Senèque (*Quæst. nat. lib. vij, cap. 1*) qu'il y avoit beaucoup de planètes dont chacune avoit son mouvement; mais il n'entreprit pas de les nommer & d'en assigner le nombre dans un tems où le cours des cinq planètes, étoit à peine bien connu.

A l'égard de la formation & de l'origine des *comètes*, je crois, comme Riccioli, qu'Aristote a mal interprété le sentiment de Démocrite & d'Anaxagore; ils ne pensèrent jamais, comme on l'a dit, que les *comètes* fussent formées par la réunion des planètes que nous connoissons, mais peut-être que les grandes *comètes* pouvoient se produire par la réunion de plusieurs astres inconnus; ce qui n'a rien que de très-physique & de très-digne de ces philosophes : ce fut aussi le sentiment de Zenon, Senèque, *lib. vij, c. 19.*

Senèque nous apprend qu'Appollonius le Myndien pensoit qu'il y avoit beaucoup de *comètes*, & que c'étoient autant d'astres particuliers aussi-bien que le soleil & la lune; mais que leur route s'étendoit dans le plus haut du ciel, & ne nous permettoit de les voir que dans la partie inférieure de leur cours. Senèque parle dans le premier livre de ses *Questions naturelles*, de ces météores, que Pline met au rang des *comètes*, *pogoniæ, lampades, cyparissiæ*; mais il n'en dit qu'un mot à l'occasion de ceux qui regardoient les *comètes* comme des météores : c'est dans son septième livre qu'il traite de la nature des *comètes* & de leur mouvement. On lui doit ce témoignage, qu'aucun auteur ancien n'en a parlé d'une manière aussi sublime que lui. On y voit briller la pénétration d'un homme de génie, & les grandes idées d'un esprit véritablement philosophique; il réfute les systêmes & les opinions absurdes de son tems, & il annonce à la postérité une connoissance exacte de ce qui lui étoit alors inconnu.

« On a cru, dit-il, que les *comètes* n'étoient » point des astres, parce qu'elles n'ont pas la » figure ronde des autres corps célestes. Mais ce » n'est que la lumière qu'elles répandent qui est » alongée; le corps d'une *comète* est arrondi : son » éclat ou sa lumière la fait paroître alongée; & » quoiqu'elle ait une autre figure, il ne s'ensuit » pas

» pas qu'elle soit d'une espèce différente. La nature n'a pas tout fait sur un modèle unique, » & c'est ignorer son étendue & sa puissance que » de vouloir rapporter tout à la forme ordinaire : » la diversité de ses ouvrages annonce sa grandeur..... On ne peut point encore connoître » le cours des *comètes*, & savoir si elles ont des » retours réglés, parce que leurs apparitions sont » trop rares ; mais leur marche, non plus que celle » des planètes, n'est point vague & désordonnée » comme celle des météores, qui seroient agités » par le vent. On observe des *comètes* de formes » très-différentes ; mais leur nature est semblable » & ce sont en général des astres qu'on n'a pas » coutume de voir, & qui sont accompagnés d'une » lumière inégale ; elles paroissent en tout tems » & dans toutes les parties du ciel, mais sur-tout » vers le nord ; elles sont comme tous les corps » célestes, des ouvrages éternels de la nature : la » foudre & les étoiles volantes, & tous les feux » de l'atmosphère, sont passagers, & ne paroissent que dans leur chûte : les *comètes* ont leurs » routes qu'elles parcourent ; elles s'éloignent, » mais ne cessent point d'exister. Vous prétendez » que si c'étoient des planètes, elles se trouveroient » dans le zodiaque ; & qui donc a fixé dans le » zodiaque les limites des corps célestes ? Qui » peut assigner des bornes aux ouvrages divins ? » Le ciel n'est-il pas libre de tous côtés ? N'est-il » pas plus convenable à la grandeur de l'univers » d'admettre plusieurs routes différentes, que de » réduire tout à une seule région du ciel ? Dans » cet ouvrage magnifique de la nature, nous » voyons briller une multitude d'étoiles qui embellissent la nuit ; elles nous apprennent que le » ciel de toutes parts est rempli de corps célestes. » Pourquoi faut-il qu'il n'y en ait que cinq » avec des mouvemens qui soient réguliers ? Pourquoi tous les astres doivent-ils être immobiles ? » On me demandera peut-être pourquoi donc il » n'y en a que cinq dont on ait observé le cours. » Je répondrai qu'il y a beaucoup de choses que » nous savons être, sans savoir de quelle manière » elles sont. Nous avons un esprit qui agit & » nous dirige : nous ne savons ni ce que c'est, » ni comment il agit. Ne nous étonnons pas que » l'on ignore encore la loi du mouvement des » *comètes* dont le spectacle est si rare ; qu'on ne » connoisse ni le commencement ni la fin de ces » astres, qui reviennent d'une énorme distance. » Il n'y a pas encore quinze cens ans que la » Grèce a compté les étoiles, & leur a donné des » noms : (*Stellis numeros & nomina fecit.*) Il y a » encore bien des nations qui n'ont que la simple » vue du ciel ; qui ne savent pas même pourquoi » ils voient la lune s'éclipser : il n'y a pas bien » long-tems que nous le savons d'une manière » certaine ; il viendra un tems où, par l'étude » de plusieurs siècles, les choses qui sont cachées » actuellement paroîtront au grand jour. Un siècle » ne suffit pas pour découvrir tant de choses, » quand même on y donneroit tout son tems ; » cependant nous ne partageons que trop celui » qui nous est donné : les vices en ont la plus » grande part..... On étudie quand on manque » de spectacles, ou quand la pluie empêche les » promenades...... On conserve les noms des » comédiens, mais on oublie ceux des philosophes. Un jour viendra où la postérité s'étonnera que des choses si claires nous soient échappées. On démontrera dans quelles régions vont » errer les *comètes*, pourquoi elles s'éloignent » tant des autres astres, quel est leur nombre » & leur grandeur ; ceux qui nous suivront trouveront des vérités nouvelles : contentons-nous » de celles qu'on a découvertes : *Nec miremur tam* » *tarde erui quæ tam alte jacent*...... Que de » choses dont l'existence nous est inconnue, & » que l'auteur de la nature semble se réserver ! » Nous ne savons pas ce qu'est celui sans lequel » rien ne peut être ; quand on ignore ainsi la » partie la plus essentielle de l'univers, on ne » doit pas être surpris que les petites parties nous » échappent. »

Tel est l'abrégé des réflexions philosophiques de Senèque, répandues dans son septième livre, que j'ai traduites & rapprochées pour en faire mieux sentir toute la force, & montrer tout le génie des anciens philosophes, même dans cette partie où l'observation ne leur avoit rien appris.

Descartes renouvella dans l'Europe le goût de la philosophie, non-seulement par des étincelles de génie, comme l'avoit fait Bacon en Angleterre, mais par une géométrie profonde & une physique toute nouvelle ; il eut des *comètes* une idée plus juste que les astronomes même les plus célèbres & les plus occupés de l'étude des astres, quoiqu'il ne les eût étudiées lui-même que comme une branche de l'univers & de la nature, dont sa philosophie embrassoit la vaste étendue.

Descartes suppose qu'un astre placé d'abord dans un tourbillon quelconque, soit plus solide que les parties du second élément qui forment ce tourbillon : cet astre s'éloigne alors du centre, & passe dans les limites d'un autre tourbillon ; il acquiert assez d'agitation pour passer au-delà, & entrer dans un troisième tourbillon, & continuer ainsi de l'un à l'autre. Ces astres, qui passent d'un tourbillon dans un autre, sont ceux, dit-il, qu'on nomme *comètes*. Nous verrons ci-après les découvertes de Neuton mettre fin à toutes les disputes qu'il y avoit eu jusqu'alors sur les *comètes*.

Nombre des comètes. Riccioli, dans son énumération des *comètes*, n'en compte que cent cinquante-quatre, citées par les historiens jusqu'à l'année 1651, où il composoit son *Almageste*, & la dernière étoit celle de 1618. Mais dans le grand ouvrage de Lubienietz, où les moindres passages des auteurs sont scrupuleusement rapportés toutes les fois qu'ils ont le moindre rapport aux *comè-*

tes, on voit quatre cens quinze apparitions jusqu'à la *comète* de l'année 1665, qui parut depuis le 6 jusqu'au 20 avril, entre pégase & les cornes du bélier. Depuis ce tems-là, on en a observé 46 en comptant celles qui ont paru dans l'année 1781 : on trouvera un catalogue de toutes ces anciennes apparitions dans le recueil des *Tables astronomiques*, publié par l'Académie de Berlin, en 3 vol. *in*-8.°, en 1776, & dans le grand Traité des *comètes*, par M. Pingré, qui est actuellement sous presse. (1783.)

On en trouve aussi beaucoup de citées dans un ouvrage anglois, intitulé : *A general chronology*, &c.

Mais de toutes ces apparitions de *comètes*, nous n'en trouvons aucune dont la route soit décrite d'une façon circonstanciée avant l'année 837, & le nombre de celles dont on a pu voir assez de circonstances pour calculer leurs orbites, se réduit jusqu'ici à 68, en ne comptant que pour une seule *comète* celles de 1456, 1531, 1607 & 1682, & de 1759, qui sont bien reconnues pour n'être qu'une seule & même planète. J'ai réuni de même celles de 1532 & 1661, & celles de 1264 & 1556, qu'on croit être les mêmes.

Au reste, nous devons être persuadés qu'il a paru de tout tems beaucoup de *comètes*, dont nos historiens ne parlent point, & qu'il y en a eu beaucoup plus encore qui n'ont point été apperçues. Les anciens même le savoient; car Posidonius avoit écrit, suivant Senèque (*Quæst. nat. lib. vij, c. 20*) qu'à la faveur de l'obscurité produite par une éclipse de soleil, on avoit vu une *comète* très-proche du soleil : c'étoit vers l'an 60 avant J. C. Ce qui donne lieu de croire que dans de pareilles circonstances, on en verroit souvent. Depuis l'année 1757, qu'on a attendu & cherché la *comete* de 1682, & que l'attention des observateurs s'est tournée de ce côté-là, on a observé vingt autres *comètes* dans l'espace de 24 ans. M. Messier, de l'Académie des Sciences, en a sur-tout découvert beaucoup : il y en a 8 qu'il a apperçues avant que personne en eût connoissance. M. Mechain, aussi de l'Académie des Sciences, en a découvert deux en 1781; & quand on prendra la peine de les chercher dans le ciel, on en trouvera sans doute un grand nombre.

Alstedius observe que, dans les années qui précédèrent & suivirent l'an 1101, date de la 225e *comète*, on en vit presque toutes les années. *Lubieniecii theat. cometicum.* Il est même arrivé plus d'une fois que l'on a vu en même tems plusieurs *comètes*. Riccioli en rapporte des exemples des années 729, 761, 1165, 1214, 1337, 1529, 1618. Au mois de mai 1748, on croit avoir vu trois *comètes* différentes dans une même nuit. M. Struick, *Phil. Transf. t. 46.* Le 11 février 1760, on en voyoit deux. *Mém Acad.* 1760, *pag. 168.* Il y a apparence qu'il existe plus de 300 *comètes* autour du soleil, & M. Lambert conjecture qu'il peut y en avoir des millions. *Système du monde*, Bouillon, 1772.

Les *comètes* dont l'apparition a été la plus longue, sont celles qui ont paru pendant six mois; la première du tems de Néron, l'an 64 de J. C. (Senèque, *l. vij, c. 21*); la seconde vers l'an 603, au tems de Mahomet; la troisième en 1240, lors de l'irruption du grand Tamerlan. De nos jours, la *comète* de 1729 a été observée pendant six mois, depuis le 31 juillet 1729 jusqu'au 21 janvier 1730; celle de 1769 pendant près de 4 mois. Riccioli, dans son *Almageste*, *t. 2, p. 24*, nous donne une table de la durée de beaucoup d'autres *comètes*, suivant différens historiens : on y voit quatre *comètes* de quatre mois, savoir celles des années 676, 1264, 1363, 1433.

Mouvement des comètes. Toutes les *comètes* paroissent tourner comme les autres astres par l'effet du mouvement diurne; mais elles ont aussi un mouvement propre, de même que les planètes, par lequel elles répondent successivement à différentes étoiles fixes : ce mouvement propre se fait tantôt vers l'orient, comme celui des autres planètes, tantôt vers l'occident; quelquefois le long de l'écliptique ou du zodiaque; quelquefois dans un sens tout différent, & presque perpendiculaire à l'écliptique.

La *comète* de 1472 fit en un jour 120 degrés, ayant rétrogradé depuis l'extrémité du signe de la vierge jusqu'au commencement du signe des gémeaux, suivant l'observation de Regiomontanus (Riccioli, *Alm. 2. 8.*) La *comète* de 1760 entre le 7 & le 8 janvier, changea de 41 degrés en longitude; celle de 1770 fut à-peu-près dans le même cas : on pourroit citer d'autres exemples d'une très-grande vîtesse observée dans le mouvement apparent des *comètes*, & elles pourroient aller bien plus vîte, en apparence, si elles passoient plus près de la terre.

Quelquefois les *comètes* paroissent si peu de tems, que dans la durée de leur apparition, leur situation ne change que très-peu, mais il y a des *comètes* dont le mouvement est fort étendu. Celle de 1664 parcourut 160 degrés par mouvement rétrograde en apparence; & du 20 décembre jusqu'au 6 janvier 1665, en 17 jours, elle parcourut 143°: celle de 1769 parcourut 8 signes, ou 240 degrés, tant avant qu'après sa conjonction. Celle de 1556, un demi-cercle ou environ 180 degrés: celle de 1472 fit environ 170 degrés : celle de 1618 ne parcourut que 107 degrés; mais ce fut dans l'espace de 28 jours. Riccioli, *Alm. 2. 28.*

Képler fut le premier qui entreprit de calculer l'orbite d'une *comète*, ou la trajectoire & la trace réelle de son véritable mouvement; il crut reconnoître que ce mouvement approchoit de la régularité d'une ligne droite : il dit même positivement à la page 35 de son livre *de Cometis*, que le cercle ne suffit pas pour représenter le mouvement de la *comète* de 1618, & que son mouvement a été exactement rectiligne; ainsi, jusqu'au tems de Képler, on ne favoit prefque rien du mouvement des *comètes*. Hévélius me paroît être celui qui, dans cette théorie, fit d'abord le plus grand pas, puifqu'il devina le premier, non-feulement que la route des *comètes* étoit courbée vers le foleil, mais encore que cette courbe étoit parabolique. Je crois à cette occafion devoir ici relever une injuftice, que plufieurs auteurs modernes ont faite à ce grand homme. Une brochure allemande d'un nommé Doerfeld, imprimée en 1681, paffe pour être le premier livre où l'on ait démontré que la parabole pouvoit repréfenter le mouvement des *comètes*. Doerfeld applique en effet cette méthode à la *comète* de 1681; mais il en conclut une diftance-périhélie dix fois plus grande qu'on ne l'a trouvée depuis: c'eft cependant à lui qu'on a donné l'honneur de cette théorie, & c'eft lui qu'on fait à cet égard le précurfeur de Neuton. On en juge bien autrement, lorfqu'on ouvre la cométographie d'Hévélius, imprimée dès l'an 1668, c'eft-à-dire, 13 ans avant la date de Doerfeld. Hévélius obferve d'abord que tous les projectiles décrivent des paraboles, & qu'il n'y a de différence qu'à raifon de la réfiftance de l'air; il décompofe enfuite cette parabole pour faire voir qu'elle eft le réfultat d'une double impreffion: la reffemblance entre les projectiles que nous voyons fur la terre & les *comètes*, lui paroît évidente; il voit de part & d'autre une gravité, une tendance vers un centre commun, qui eft le centre du foleil pour les planètes, & celui de la terre pour les corps terreftres; de part & d'autre un mouvement d'explofion, de projection en ligne droite qui fe combine avec la gravité pour former une parabole, en forte que la *comète* abandonneroit la parabole pour fuivre une tangente, fi la gravité ceffoit d'agir fur elle, comme elle tomberoit vers le foleil, fi la force de projection ne l'en éloignoit pas. Ces idées d'Hévélius étoient bien fingulières pour ce tems-là; s'il y eût appliqué la loi de Képler, c'eft-à-dire, la règle des aires proportionnelles aux tems, il ne lui auroit rien manqué pour être en état de calculer les mouvemens d'une *comète*.

C'eft à Neuton qu'il étoit réfervé de joindre cette découverte à tant d'autres: dans le tems qu'il étoit occupé de la théorie des forces centrales, & de la loi de l'attraction; on vit paroître la *comète* de 1680, qui réveilla l'attention des philofophes, produifit les réflexions ingénieufes de Bayle & les fublimes recherches de Neuton fur cette matière. La première idée qui dut lui venir en voyant cette *comète* s'approcher du foleil le matin & s'en éloigner enfuite le foir, fut qu'elle tournoit autour du foleil, en vertu de l'attraction de cet aftre & d'une force quelconque de projection, tout ainfi que les autres planètes. Sur ce fimple foupçon, il étoit bien naturel d'en faire l'épreuve, & de tenter le calcul en employant les loix ordinaires des mouvemens des planètes: il le fit; le fuccès fut complet, & toutes les obfervations que Flamfteed avoit faites fur cette *comète*, depuis le 12 décembre 1680 jufqu'au 5 février 1681, fe trouvèrent très-bien repréfentées par l'hypothèfe de Neuton, quoique le mouvement de la *comète* eût été plus de 130 degrés: il fut donc alors démontré que les *comètes* étoient de véritables planètes qui tournoient autour du foleil. Enfin le retour de la *comète* de 1682, obfervée en 1759, a donné le dernier degré de certitude & d'évidence à la théorie des *comètes*. Il étoit aifé de juger, par la rareté de leurs apparitions, que leurs orbites étoient très-vaftes, très-alongées & très-excentriques, & qu'il n'y avoit qu'une petite partie de leurs orbites qui fût vifible pour nous; dès-lors il étoit naturel de calculer leurs mouvemens dans une portion de parabole, parce qu'il y a peu de différence entre une ellipfe fort excentrique & une parabole, & parce que le calcul de la parabole eft beaucoup plus facile que celui d'une ellipfe. C'eft la méthode que nous fuivons encore pour déterminer les orbites des *comètes*, & dont nous allons expliquer les règles & les méthodes. Halley fut le premier qui calcula ainfi des orbites de *comètes*, qu'il publia en 1705.

Bradley refta feul après la mort de Halley, dépofitaire de la méthode de calculer les *comètes*; il calcula celles de 1723, 1737 & 1742; & dans le mois de feptembre 1742, il envoya en France les élémens de celle-ci, avec une idée de fa méthode, comme on le voit dans la *Théorie des comètes* de M. le Monnier. M. Maraldi, à l'occafion d'une petite *comète* qui avoit paru au commencement de l'année 1743, donna le premier calcul de *comète* qui ait été fait en France. (M. de la Caille, *Ephém.* 1765, *pag. xliij.*)

Suppofons une *comète* qui tourne dans une parabole, dont le foyer ou le centre d'attraction foit au centre S du foleil (*planch. Aftron. fig.* 164) & que cette parabole PD ait une diftance périhélie SP, égale à la diftance moyenne du foleil à la terre, ou au rayon du cercle que la terre eft fuppofée décrire quand on néglige l'excentricité de fon orbite. La vîteffe de la *comète* en P eft à celle de la terre dans fon cercle, à pareille diftance, comme la racine de deux eft à l'unité, ou environ comme fept eft à cinq; tel eft le rapport des aires ou des furfaces décrites qui ont lieu perpétuellement dans la parabole & dans le cercle.

De-là on conclut que la *comète* arriveroit au point O, qui eft à 90° du périhélie P dans l'efpace de 109 jours $14^h\ 46'\ 20''$.

Connoiffant le tems qui répond à 90^d d'anomalie vraie, ou à l'angle droit PSO, on trouve le tems qui répond à une autre anomalie quelconque, ou à un autre angle PSD; car nommant t la tangente de la moitié de l'anomalie vraie, il fuffit de multiplier le quart de $t^3 + 3t$ par les 109 jours qui répondent à 90°, pour avoir le tems qui répond à l'angle proposé. Par ce moyen qui est fort simple, on a construit une table parabolique, où pour chaque jour on trouve l'anomalie vraie correspondante: cette table se trouve fort au long dans mon *Astronomie*, dans le recueil des tables de Berlin, & dans le traité de M. Pingré. Cette table générale du mouvement parabolique de la *comète* de 109 jours, sert pour toutes les autres paraboles, pourvu que l'on augmente les tems en raison de la racine carrée du cube de la distance périhélie; en effet, pour un même degré d'anomalie vraie, les carrés des tems de différentes paraboles, qui ont toujours le même rapport avec le cercle du rayon égal, doivent augmenter comme les cubes des distances périhélies, suivant la loi de Kepler, ou les tems, comme les racines carrées des cubes des distances périhélies: donc une seule table peut servir pour toutes les paraboles.

Par ce moyen, l'on divise en jours de grandes figures, où l'on marque la situation d'une *comète* sur son orbite de jour en jour, comme on le voit sur les paraboles de la figure 165 pour 10 jours, 20, 30, *&c.* de distance au périhélie; sur la plus petite parabole, on voit les jours 1, 2, 3, 4, *&c.*: j'ai donné les dimensions de ces paraboles calculées en détail dans les Mémoires de l'Académie pour 1773.

Avec la table parabolique, on trouve le passage d'une *comète* à son périhélie, lorsqu'on connoît le jour où elle étoit en un point D de sa parabole, *fig.* 164, & l'angle PSD d'anomalie vraie; ainsi, dès qu'on connoît l'anomalie d'une *comète* pour un jour donné, il est aisé d'en conclure quel jour elle a passé par son périhélie; & nous en indiquerons bientôt l'usage dans la détermination de ces orbites.

Par une autre propriété de la parabole, le rayon vecteur SD de la *comète*, ou sa distance au soleil, est égale à la distance périhélie SP, divisée par le carré du cosinus de la moitié de l'anomalie vraie c'est-à-dire de l'angle PSD. Ainsi, quand pour un tems donné l'on a trouvé l'anomalie vraie d'une *comète* dans son orbite, on a le rayon vecteur SD, en divisant la distance périhélie SP par le carré du cosinus de la moitié de cette anomalie; & si l'on a un rayon vecteur SD avec l'anomalie correspondante PSD, on peut également trouver la distance périhélie SP de cette même *comète*.

Enfin il y a une dernière propriété de la parabole, qui est d'un grand usage dans la détermination des orbites des *comètes*. Quand on connoît deux rayons vecteurs d'une parabole, comme SO & SD avec l'angle compris, on peut trouver la distance périhélie, & les deux anomalies qui répondent aux deux rayons vecteurs, en faisant cette proportion: la somme des racines des rayons vecteurs est à leur différence, comme la cotangente de la demi-somme des demi-anomalies vraies est à la tangente de leur demi-différence. Quand on a la somme & la différence, il est aisé d'avoir chacune des anomalies vraies, & de trouver, par le tems qui leur répond, le moment du passage par le périhélie, en même tems que le lieu du périhélie de la *comète*.

Au moyen des théorêmes précédens, qui sont démontrés fort au long dans mon *Astronomie*, on peut trouver une parabole qui satisfasse à trois longitudes d'une *comète* observée de la terre, & c'est en quoi consiste le problême important de la détermination des orbites des *comètes*. Supposons que la terre soit en A (*fig.* 166) à une distance AS du soleil, & qu'elle voie le lieu de la *comète* réduit à l'écliptique sur un rayon AG, en sorte que l'angle SAG soit l'angle d'élongation, ou la différence entre la longitude du soleil & celle de la *comète*. On ne connoît dans le triangle ASG qu'un côté & un angle; on est obligé de faire une supposition ou une hypothèse sur la valeur du côté SG, distance accourcie de la *comète* au soleil; d'après cette supposition, arbitraire si l'on veut, mais qui sera vérifiée ou réformée par la suite du calcul, on cherche l'angle au soleil, ou la commutation ASG, en résolvant le triangle ASG, & l'on a la longitude héliocentrique de la *comète*; on en conclut sa latitude héliocentrique, sa distance vraie au soleil, ou le rayon vecteur. On fait la même chose pour une seconde observation faite, quand la terre étoit en B & la *comète* en H, & l'on a deux longitudes héliocentriques comptées sur l'orbite de la *comète*, & par conséquent l'angle des deux rayons vecteurs, qui est nécessairement la somme ou la différence de deux anomalies vraies; on en conclut chacune des deux anomalies par la règle précédente, & par conséquent le lieu du périhélie P, la distance périhélie SP, & le tems qui répond à ces deux anomalies dans l'hypothèse qu'on a faite sur la distance SG de la *comète* au soleil. Si l'intervalle de tems trouvé par le moyen de ces deux anomalies n'est pas d'accord avec l'intervalle donné des deux observations, c'est une preuve qu'une des deux distances au soleil, qui ont été supposées, doit être changée: on en conservera une, & l'on fera varier l'autre par diverses suppositions, jusqu'à ce qu'à la fin du calcul on trouve un intervalle de tems égal à celui des deux observations; alors on aura une parabole qui satisfait à toutes deux dans la première hypothèse faite sur la distance SG de la *comète* au soleil.

Mais il ne suffit pas d'avoir une parabole qui satisfasse à l'intervalle de deux observations, car il y en a une infinité; & à chaque hypothèse qu'on aura faite sur la première distance SG de la *comète* au soleil, on trouvera par les diverses suppositions de la seconde distance SH, ou de la distance du soleil, dans la seconde observation, une parabole qui satisfera aux deux mêmes observations. La difficulté qui reste, est de se déterminer par une troisième observation, c'est-à-dire, de faire un choix entre toutes ces paraboles qui représentent les deux premières observations, mais dont une seule doit s'accorder avec la troisième.

On calculera donc dans chaque hypothèse, ou dans chaque parabole, la troisième observation. Pour cet effet, on supposera que *P* soit le pole de l'écliptique (*fig. 167*) *Q R N* l'orbite de la *comète*, dont on connoît le mouvement *R Q* entre les deux observations & les latitudes héliocentriques *R M*, *Q O*, on déterminera le lieu du nœud *N*, & l'angle d'inclinaison *R N M*. Connoissant le tems du passage au périhélie & le tems de la troisième observation, on trouvera par la table parabolique le mouvement d'anomalie; on en conclura la longitude héliocentrique de la *comète* sur l'orbite dans la troisième observation, sa latitude, sa distance au soleil; enfin sa longitude géocentrique, ainsi que pour les planètes. Si cette longitude calculée étoit d'accord avec la longitude observée, la parabole qu'on a employée seroit la véritable orbite; l'on n'auroit pas besoin d'examiner les autres hypothèses : mais cela n'arrive jamais. On est donc obligé de calculer ainsi la troisième observation dans différentes hypothèses, jusqu'à ce qu'on en ait trouvé une qui satisfasse à la troisième observation.

Celle des différentes hypothèses, qui s'accorde le mieux avec la longitude de la troisième observation, est la meilleure, & une simple proportion suffit quelquefois pour trouver une autre hypothèse qui satisfasse exactement à toutes les trois observations. Cette méthode indirecte & de fausse position, me paroît plus simple & plus commode que les méthodes plus directes & plus élégantes, données par les plus savans géomètres, depuis Neuton jusqu'à nos jours. J'ai donné les détails, les préceptes, & les exemples de ma méthode dans le *XIX livre* de mon *Astronomie ;* je ne pouvois donner ici que l'esprit de cette méthode.

C'est par des essais à-peu-près semblables, mais bien plus longs sans doute, que Halley détermina par les anciennes observations vingt-quatre paraboles ou orbites cométaires, y compris celle de 1698. Bradley, Maraldi, la Caille, Struyck, M. Pingré, M. Mechain, & moi, en avons calculé plusieurs autres, en sorte que le nombre s'est accru jusqu'à 68, y compris celle de 1783; mais je ne compte que pour une seule toutes les apparitions de celles dont les périodes sont connues. On trouvera ci-après la table des élémens de toutes ces *comètes*, qui est le principal résultat de toutes les les observations faites jusqu'à présent sur les *comètes*, *page 368*.

Les élémens d'une *comète* sont les six articles qui déterminent la situation & la grandeur de l'orbite qu'elle décrit, & qui établissent sa théorie, c'est-à-dire, le lieu du nœud vu du soleil, l'inclinaison, le lieu du périhélie, la distance périhélie, & le tems moyen du passage par le périhélie, qui tient lieu d'époque; enfin la direction de son mouvement qui peut être direct ou rétrograde.

Le calcul fait dans une parabole, satisfait ordinairement à toutes les observations à 2 ou 3 minutes près; mais la *comète* de 1770 a exercé singulièrement les calculateurs : M. Prosperin reconnut d'abord qu'il falloit employer trois portions de paraboles différentes pour représenter son apparition toute entière. *Voyez Brevis commentatio de motu cometæ anni 1770 :* cette dissertation a été insérée dans les Mémoires de l'Académie d'Upsal. M. Lambert pensoit qu'elle avoit été dérangée par l'attraction de la terre (*Mém. de Berlin*, 1770). M. du Séjour, dans son *Essai sur les comètes*, crut que ces différences tenoient à la parallaxe; enfin M. Lexell, après des calculs immenses, a trouvé qu'on ne pouvoit représenter ces observations que par une révolution de cinq ans & demi, ou 5, 585, & la distance moyenne 3, 14786. C'est une chose très-extraordinaire, & qui vient peut-être des grands dérangemens que cette *comète* a éprouvés par des attractions étrangères. Quoi qu'il en soit, j'ai mis dans la table les élémens qu'il a donnés. (*Mém. de l'Acad.* 1776, *pag. 639*, & 1777, *pag. 352. Mém. de Péterßbourg*, 1777, *pag. 370*.

Le calcul fait sur ces élémens ne s'écarte presque jamais de 2 minutes de l'observation; & en supposant seulement une période de 7 ans, on trouve pour quelques observations des erreurs qui ne sont pas vraisemblables.

Comme cette *comète* dans son aphélie est presque dans la région de jupiter, il peut se faire qu'elle ait été dérangée par cette planète, & qu'elle ait eu une orbite très-différente de celle de 1770 (*ib. p. 648*); sans cela elle auroit été vue plusieurs fois.

On avoit d'abord mis au nombre des *comètes* l'astre découvert par M. Herschel, le 13 mars 1781; mais on vit bientôt qu'il avoit beaucoup de ressemblance avec les cinq planètes. *Voyez* HERSCHEL.

Retour des comètes. Lorsque Halley eut calculé 24 orbites paraboliques pour les *comètes*, dont il put rassembler les observations, il vit que celles de 1607 & de 1682 se ressembloient beaucoup; la distance périhélie, la vitesse, l'inclinaison, le nœud, étoient presque les mêmes; il remonta encore 76 ans plus haut, & il trouva une *comète* observée en 1531, qui pouvoit s'accorder avec la même orbite; il soupçonna dès-lors que ce pouvoit être une même *comète*. « Cependant, » dit-il, je me contentai de proposer mon idée » comme probable, lorsqu'en 1705 je publiai pour » la première fois cet abrégé; la différence des » périodes & des inclinaisons me paroissoit un peu » trop grande, pour oser prononcer sur l'identité

„ & les observations d'Apian & de Kepler, que „ j'avois employées dans le calcul des deux premières, étoient trop imparfaites, ou plutôt trop „ grossières pour des recherches si délicates; „ j'avertis cependant dès-lors les astronomes de „ la rechercher avec soin vers l'année 1758, où „ elle me sembloit devoir encore revenir; mais „ lorsqu'après les recherches que je fis des anciennes *comètes* j'en eus trouvé encore trois „ autres qui avoient paru auparavant dans le même „ ordre, & à des intervalles de tems égaux; „ savoir, en 1305, aux environs de Pâques, en „ 1380 (on ne sait pas dans quel mois) & en „ 1456, au mois de juin : je repris un peu plus „ d'assurance dans mon premier sentiment. „ En effet, il finit cet article en disant : « Tel est „ l'accord des élémens de ces trois *comètes*, accord „ qui seroit bien étonnant, si c'étoient trois *comètes* différentes, ou que ce ne fût pas le retour „ d'une *comète* dans un orbe elliptique qui passe „ assez près de la terre & du soleil; si donc elle „ revient encore, suivant notre prédiction vers „ l'an 1758, la postérité se souviendra que c'est à „ un anglois que l'on en doit la découverte. „ *Voyez* la *Théorie des Comètes* de Halley, que j'ai publiée avec ses tables en 1759; j'y ai donné l'histoire de l'apparition de cette *comète* en 1758 & 1759, par laquelle cette prédiction de Halley fut parfaitement constatée.

Il y a encore deux *comètes* dont la période paroît connue, & dont on espère le retour; 1.° celle de 1531 & 1661 qu'on attend pour 1789 ou 1790. Cette *comète* de 1532 & 1661 se retrouve dans les historiens & sur-tout en 1402, 1145, 891, 245, & même 11 ans avant J. C., de manière que ce qu'on en rapporte s'accorde avec les élémens calculés par M. Pingré. La pièce de M. Méchain qui a remporté le prix de l'Académie en 1782, & qui est dans le Tome X des *Mémoires présentés par des savans étrangers*, contient des calculs très-détaillés sur les apparitions de 1532 & de 1661, & il en résulte quelque doute sur l'identité de ces deux *comètes*. Il faut donc attendre l'événement; mais si cette *comète* arrivoit à son périhélie dans le mois de juillet, on la verroit difficilement & elle pourroit bien nous échapper. 2.° La *comète* de 1264 & celle de 1556, doit reparoître probablement en 1848; mais les observations de 1264 ont bien peu de précision pour établir l'identité. Au sujet de cette *comète*, on peut voir les *Mém. de l'Acad. 1760, pag. 192.* Enfin la grande *comète* de 1680, suivant Halley, devroit reparoître en 2254. Il croit que c'est celle qui parut du tems de César; dans ce cas-là ce seroit aussi celle dont parle Homère (*Iliad. IV. 75.*) & elle auroit paru 619 ans avant J. C. Si cette *comète* de 1680 achève sept révolutions en 4028 ans, elle a dû passer près de la terre 2349 ans avant J. C., & peut servir à ceux qui veulent expliquer physiquement le déluge, comme Whiston, (*New theory of the earth, page 186.*) Mais il y a des doutes sur cette période, parce que la *comète* de 1680 n'auroit pu être au mois de mars 1106 dans le cancer, & aller contre l'ordre des signes; elle auroit dû être directe & dans le taureau. Quoi qu'il en soit de cette dernière, il est évident par le retour de la *comète* de 1682, que les *comètes* sont périodiques, & que leurs orbites sont elliptiques, de même que celles des planètes. La distance aphélie de la *comète* de 1759 est de 1200 millions de lieues, & c'est celle qui s'éloigne le moins du soleil; on peut juger par-là de l'énorme distance de toutes les autres, & de la longueur de leurs révolutions.

Lorsqu'on a observé deux apparitions d'une même *comète*, la différence des deux passages au périhélie donne la durée de sa révolution. Ainsi, la *comète* de 1682 passa par son périhélie le 14 septembre, & celle de 1759, qui suivoit la même orbite, passa par son périhélie le 12 mars; la différence est de 76 ans & demi, c'est la durée de sa révolution; mais cette dernière révolution avoit été un peu alongée par des attractions étrangères.

Connoissant la durée de la révolution, 28070 jours, on trouve la distance moyenne au soleil par la loi de Képler, que les carrés des tems sont comme les cubes des distances; cette distance est 18,075759; on connoît donc le grand axe de l'ellipse que la *comète* a réellement parcourue, de même que la distance périhélie, & par conséquent l'excentricité : on en conclut facilement son anomalie moyenne & ensuite son anomalie vraie & son rayon vecteur, par les méthodes que nous avons expliquées au *mot* ANOMALIE; ainsi, l'on calcule le lieu d'une *comète* de la même manière que celui d'une planète.

Une seule apparition d'une *comète* observée pendant quelques mois, pourroit suffire à la rigueur pour déterminer cette ellipse toute entière, & par conséquent pour connoître la distance moyenne & la révolution, & prédire le retour de la *comète*; mais la partie que nous pouvons appercevoir de la terre, est si petite en comparaison de la partie de l'orbite qui échappe à notre vue, que les erreurs inévitables de nos observations produiroient des erreurs énormes dans de semblables prédictions. Il est inutile de les entreprendre, ni de chercher le retour d'une *comète*, si ce n'est quand on l'a déjà vue deux fois. Cependant M. Euler a donné des formules pour le même objet dans un ouvrage intitulé : *Recherches & calculs sur la vraie orbite elliptique de la* comète *de 1769 & son tems périodique, exécutés sous la direction de M. Léonard* EULER, *par les soins de M.* LEXELL, *adjoint de l'Académie impériale des Sciences de Pétersbourg;* à Pétersbourg, de l'imprimerie de l'Acad. impér. des Sciences, 159 pages *in-4.°* avec figures. Il détermine dans cet ouvrage la révolution par trois observations; mais supposant que les erreurs des trois observations employées par M. Euler soient d'une minute, la révolution peut aller de 449 ans à 519 ans dans les cas extrêmes : cela suffit pour faire voir qu'on ne peut espérer de donner quelque chose de probable sur le retour de la *comète* de 1769. Mais il y aura des *comètes* où les erreurs des observations ne produiront pas de si grandes différences sur la période ; ainsi, il ne faut point regarder comme indifférentes les recherches qu'on peut faire sur la révolution des *comètes*, par une seule apparition. Indépendamment de l'élégance géométrique & analytique de ces formules de M. Euler, elles pourront devenir utiles aux astronomes lorsqu'ils auront des *comètes* observées assez long tems & assez exactement pour espérer d'en pouvoir prédire le retour par une seule apparition, & il y en aura probablement quelques-unes dans ce cas-là.

Les calculs que M. Lexell a faits sur trois observations sont si considérables, qu'on ne se plaindra pas qu'il en soit demeuré-là ; mais il eût été à souhaiter qu'il pût déterminer la même période par d'autres observations prises trois à trois, & calculer les erreurs de l'hypothèse elliptique & de l'hypothèse parabolique dans chaque observation, pour voir un peu plus exactement quelle est enfin la précision avec laquelle nous pouvons croire que la période de cette *comète* de 1769 est connue. M. de la Grange dans les Ephémérides de Berlin pour 1783, & dans les Mémoires de Berlin pour 1778, a donné une méthode analytique pour trouver aussi la période d'une *comète* par une seule apparition ; enfin il y en a une de M. le Marquis de Condorcet dans la pièce qui a remporté le prix de Berlin, & qui a été imprimée à Utrecht en 1780 avec celles de M. Tempelhoff & de M. Hennert.

La *comète* de 1779, calculée par M. Prosperin, lui paroît avoir une période de 1150 ans ; il a aussi cherché à découvrir la période de la *comète* de 1773. *Ephem. de Berlin 1777, page 127.*

Mais ces calculs exigeroient une bien grande précision dans les observations, & ces périodes doivent être bien altérées par les attractions, comme on en peut juger par ce que nous avons dit de la *comète* de 1770, & ce que nous dirons de celle de 1759.

Perturbations des comètes. L'attraction universelle des corps célestes, prouvée par tous les phénomènes célestes, doit se manifester dans le dérangement des *comètes*. Halley s'apperçut que la *comète* de 1682 avoit eu une de ses périodes plus courte que l'autre, & il en attribuoit la cause à l'action de Jupiter ; mais il n'avoit fait à cet égard aucune espèce de calcul.

La même *comète* ayant reparu en 1759, sa période s'est trouvée plus longue que la précédente d'environ 600 jours ; & il est prouvé actuellement que les attractions seules de Jupiter & de Saturne pouvoient produire une aussi grande différence. Dans le tems que nous étions occupés à chercher la *comète*, je proposai en 1757 à M. Clairaut, de lui calculer une table des distances de cette *comète* à Jupiter & à Saturne, depuis 1531 jusqu'à 1759, avec les angles de commutation & les forces attractives de ces deux planètes sur la *comète*, afin qu'il y appliquât sa théorie du problême des trois corps, & que nous pussions voir si cette attraction devoit accélérer ou retarder le retour qu'on attendoit pour 1757 ou 1759. Ce travail étoit immense ; mais il eut tout le succès que nous en espérions, comme je l'ai expliqué fort au long dans l'*Histoire* & dans les *Mémoires de l'Académie pour 1759*. M. Clairaut trouva que la révolution de la *comète* devoit être plus grande environ de 611 jours que celle de 1607 à 1682 ; savoir, de 100 jours par l'action de Saturne, & de 511 jours par l'effet de Jupiter. Suivant ces premiers calculs, elle devoit passer dans son périhélie au milieu d'avril (*Voyez* ma *Théorie des comètes*, à la suite des *Tables de Halley, 1759, pag. 110.*). Elle y passa le 13 mars ; & malgré l'immensité des calculs que nous fîmes M. Clairaut & moi, les quantités négligées produisirent un mois d'erreur dans la prédiction ; mais M. Clairaut l'avoit prévu, & il a fait voir ensuite que l'erreur se réduisoit à 22 jours, & qu'il y auroit des moyens de pousser l'approximation assez loin, pour rendre l'erreur encore moindre, à moins que d'autres attractions ne se joignissent à celles de Jupiter & de Saturne. Les recherches de M. Clairaut sur cette matière, se trouvent en abrégé dans une pièce qui a remporté le prix de l'Académie à Pétersbourg en 1762, & plus en détail dans sa *Théorie du mouvement des comètes* (*1760, 241 pages in-8°.*). On trouvera aussi de savantes recherches de M. d'Alembert, sur le même sujet, dans le second volume de ses *Opuscules Mathématiques, pag. 97 & suivantes*, & dans la pièce de M. Albert Euler, qui a remporté, en 1762, le prix proposé par l'Académie de Pétersbourg, concurremment avec M. Clairaut. Enfin, l'Académie ayant proposé le même sujet pour le prix de 1780, M. de la Grange a composé une très-belle pièce sur ce sujet.

Table des Comètes.

Nous terminerons l'Astronomie cométaire par la table de toutes les *comètes* connues ; nous en avons expliqué le calcul ci-devant *page 365*. En consultant cette table, on voit aussi-tôt si une *comète* nouvellement observée ressemble à quelqu'une de celles qui avoient été vues précédemment ; dès-lors sa révolution se trouve connue.

Au moment où l'on imprimoit cette table, j'aurois voulu l'augmenter par une nouvelle *comète* que M. Méchain a découverte le 26 Novembre 1783 dans la constellation du bélier ; il l'a observée aussi-tôt, mais les calculs ne sont pas achevés. Cette *comète* est extrêmement petite, & ne ressemble qu'à une nébuleuse fort obscure ; le voisinage d'une étoile de 8e grandeur suffisoit pour la faire disparoître dans la lunette.

ÉLÉMENS

DES LXVII COMETES

Qui ont été observées assez exactement pour pouvoir être calculées.

Ordre des Comètes.	Années de l'appar.	Longitude du Nœud ascendant. S. D. M. S.	Inclinaison de l'Orbite. D. M. S.	Lieu du Périhélie. S. D. M. S.	Distance périhélie celle du Soleil étant 1.	Passage au périhélie Temps moyen à Paris. Jours. H. M. S.	Mouvement.	Noms des Auteurs qui ont calculé ces Orbites.
I.	837	6/26 33	10 ou 12°	9 19 3	0, 58	1 Mars....	Rétrograde.	*M. Pingré.*
II.	1231	0 13 30	6 5	4 14 48	0, 9478	30 Janv..... 7 22 0	Directe.	*M. Pingré.*
III.	1264	5 19 0	36 30	9 21 0 0	0, 445	6 Juillet... 8 0 0	Directe.	*Dunthorn*
		5 28 45	30 25	9 5 45 0	0, 41081	17 Juillet... 6 10 0	Directe.	*M. Pingré.*
IV.	1299	3 17 8	68 57	0 3 20	0, 3179	31 Mars.... 7 38 0	Rétrograde.	*M. Pingré.*
V.	1301	0 15 envir.	70 envir.	9 ou 10 s	0, 45	22 Octob. environ.	Rétrograde.	*M. Pingré.*
VI.	1337	2 24 21	32 11	1 7 59	0, 40666	2 Juin..... 6 34 0	Rétrograde.	*Halley*, à-peu-près.
		2 6 22	32 11	0 20	0, 6445	1 Juin..... 0 40 0		*M. Pingré.*
49	1456	1 18 30	17 56	10 1 0	0, 5855	8 Juin..... 22 10 0	Rétrograde.	*M. Pingré*, à-peu-près.
VII.	1472	9 11 46 20	5 20	1 15 33 30	0, 54273	20 Février... 22 32 0	Rétrograde.	*Halley*, à-peu-près.
49	1531	0 19 25	17 56	10 1 39	0, 56700	24 Août.... 21 27 0	Rétrograde.	*Halley*, à-peu-près.
19	1532	2 20 27	32 36	8 21 7	0, 50910	19 Octobre.. 22 21 0	Directe.	*Halley*, à-peu-près.
VIII.	1533	4 5 44	35 49	4 27 16	0, 2028	16 Juin..... 19 39 0	Rétrograde.	*Douwes*, à-peu-près.
3	1556	5 25 42	32 6 30	9 8 50	0, 46390	21 Avril.... 20 12 0	Directe.	*Halley*, à-peu-près.
IX.	1557	0 25 52	74 32 45	4 9 22	0, 18342	26 Octobre.. 18 54 0	Rétrograde.	*Halley.*
X.	1580	0 18 57 20	64 40 0	3 19 5 50	0, 59628	28 Novemb.. 15 9 0	Directe.	*Halley*, à-peu-près.
		0 19 7 37	64 51 50	3 19 11 55	0, 59553	28 Novemb.. 13 54 0		*M. Pingré*, exactement.
XI.	1582	7 21 7 20	61 27 50	8 5 23 10	0, 2257	6 Mai..... 16 9 0	Rétrograde.	*M. Pingré*, à-peu-près.
XII.	1585	1 7 42 30	6 4	0 8 51	1, 09358	7 Oct. N. S. 19 29 0	Directe.	*Halley.*
XIII.	1590	5 15 30 40	29 40 40	7 6 54 30	0, 57661	8 Fév. N. S. 3 54 0	Rétrograde.	*Halley.*
XIV.	1593	5 14 15 0	87 58	5 26 19	0, 08911	18 Juil. N. S.. 13 48 0	Directe.	*La Caille*, à-peu-près.
XV.	1596	10 15 36 50	52 9 45	7 28 30 50	0, 549415	8 Août.... 15 43 0	Rétrograde.	*M. Pingré.*
		10 12 12 30	55 12	7 18 16	0, 51293	10 Août.... 20 4 0	Rétrograde.	*Halley.*
49	1607	1 20 21	17 2	10 2 16 0	0, 58680	26 Oct...... 3 59 0	Rétrograde.	*Halley.*
XVI.	1618	9 23 25	21 28	10 18 20 0	0, 51298	17 Août.... 3 12 0	Directe.	*M. Pingré*, à-peu-près.
XVII.	1618	2 16 1	37 34	0 2 14 0	0, 37975	8 Novemb.. 12 32 0	Directe.	*Halley.*
XVIII.	1652	2 28 10	79 28 0	0 28 18 40	0, 84750	12 Novemb.. 15 49 0	Directe.	*Halley.*
XIX.	1661	2 22 30 30	32 35 50	3 25 58 40	0, 44851	26 Janvier... 23 50 0	Directe.	*Halley.*
XX.	1664	2 21 14	21 18 30	4 10 42 25	1, 025755	4 Décembr.. 12 1 0	Rétrograde.	*Halley.*
XXI.	1665	7 18 2	76 5 0	2 11 54 30	0, 10649	24 Avril.... 5 24 0	Rétrograde.	*Halley.*
XXII.	1672	9 27 30 30	83 22 10	3 16 59 30	0, 69739	1 Mars..... 8 46 0	Directe.	*Halley.*
XXIII.	1677	7 26 49 10	79 3 15	4 17 37 5	0, 28059	6 Mai...... 0 46 0	Rétrograde.	*Halley.*
XXIV.	1678	5 11 40 0	3 4 20	10 27 46 0	1, 23801	26 Août..... 14 12 0	Directe.	*Douwes*, à-peu-près.
XXV.	1680	9 2 2 0	60 56 0	8 22 39 30	0, 006125	18 Décembr.. 0 15 0	Directe.	*Halley.*
49	1682	1 21 16 30	17 56 0	10 2 52 45	0, 58328	14 Septemb.. 7 48 0	Rétrograde.	*Halley.*
XXVI.	1683	5 23 23 0	83 11 0	2 25 29 30	0, 56020	13 Juillet.... 2 59 0	Rétrograde.	*Halley.*
XXVII.	1684	8 28 15 0	65 48 40	7 28 52 0	0, 96015	8 Juin..... 10 25 0	Directe.	*Halley.*
XXVIII.	1686	11 20 34 40	31 21 40	2 27 0 30	0, 32500	16 Septemb.. 14 42 0	Directe.	*Halley.*
XXIX.	1689	10 23 45 20	69 17 0	8 23 44 45	0, 016889	1 Décembr. 15 5 0	Rétrograde.	*M. Pingré*, à-peu-près.
XXX.	1698	8 27 44 15	11 46 0	9 0 51 15	0, 69129	18 Oct...... 17 6 0	Rétrograde.	*Halley.*
XXXI.	1699	10 21 45 35	69 20 0	7 2 31 6	0, 74400	13 Janvier... 8 32 0	Rétrograde.	*La Caille*, à-peu-près.
XXXII.	1702	6 9 25 15	4 30 0	4 18 41 3	0, 64590	13 Mars..... 14 22 0	Directe.	*La Caille*, à-peu-près.
XXXIII.	1706	0 13 11 40	55 14 10	2 12 29 10	0, 42581	30 Janv..... 4 32 0	Directe.	*La Caille.*
		0 13 11 23	55 14 5	2 12 36 25	0, 426865	30 Janv..... 5 5 0		*Struick.*
XXXIV.	1707	1 22 46 30	88 36 0	2 19 54 56	0, 85974	11 Décemb... 23 39 0	Directe.	*La Caille.*
		1 22 50 29	88 37 40	2 19 58 9	0, 85904	11 Décemb.. 23 52 47	Directe.	*Struick.*
XXXV.	1718	4 8 43 0	30 20 0	4 1 30 0	1, 026 5	14 Janv...... 23 48 0	Rétrograde.	*La Caille.*

SUITE

SUITE DES ÉLÉMENS

DES LXVII COMETES

Qui ont été observées assez exactement pour pouvoir être calculées.

Ordre des Comètes.	Années de l'appar.	Longitude du Nœud ascendant.	Inclinaison de l'Orbite.	Lieu du Périhélie.	Distance périhélie celle du Soleil étant 1.	Passage au périhélie Temps moyen à Paris.		Mouvement.	Noms des Auteurs qui ont calculé ces Orbites.
		S. D. M. S.	D. M. S.	S. D. M. S.		Jours.	H. M. S.		
		4 7 55 20	31 12 53	4 1 26 36	1, 02565	15 Janv.	1 24 36	Rétrograde.	*Struick.*
XXXVI.	1723	0 14 16 0	49 59 0	1 12 52 20	0, 99865	27 Septemb..	16 20 0	Rétrograde.	*Bradley.*
XXXVII.	1729	10 10 32 37	76 58 4	10 22 40 0	4, 26140	25 Juin.....	11 16 0	Directe.	*La Caille.*
		10 10 35 15	77 1 58	10 22 16 53	4, 0698	23 Juin.....	6 45 22	Directe.	*Douwes.*
XXXVIII.	1737	7 16 22 0	18 20 45	10 25 55 0	0, 222825	30 Janvier....	8 30 0	Directe.	*Bradley.*
XXXIX.	1739	6 27 25 14	55 42 44	3 12 38 40	0, 67358	17 Juin.......	10 9 0	Rétrograde.	*La Caille.*
XL.	1742	6 5 38 25	66 59 14	7 7 35 13	0, 76568	8 Eévrier...	4 48 0	Rétrograde.	*La Caille.*
		6 5 34 45	67 4 11	7 7 33 14	0, 765555	8 Février...	4 30 30	Rétrograde.	*Struick.*
XLI.	1743	2 18 21 15	2 19 33	3 2 41 45	0, 83501	10 Janvier...	20 35 0	Directe.	*La Caille*, à-peu-près.
		2 8 10 48	2 15 50	3 2 58 4	0, 838115	10 Janvier...	21 24 57	Directe.	*Struick.*
XLII.	1743	0 5 16 25	45 48 20	8 6 33 52	0, 52157	20 Septemb..	21 26 0	Rétrograde.	*Klinkenberg.*
XLIII.	1744	1 15 46 11	47 5 18	6 17 10 0	0, 22250	1 Mars.....	8 13 0	Directe.	*La Caille.*
		1 15 45 20	47 8 36	6 17 12 55	0, 22206	1 Mars.....	8 26 20	Directe.	*Bliss*, très-exacte.
XLIV.	1746	4 27 18 50	79 6 20	9 7 2 0	2, 19851	3 Mars 1747	7 20 0	Rétrograde.	*La Caille*
		4 26 58 27	77 56 55	9 10 5 41	2, 29388	28 Février.....	11 54 15	Rétrograde.	*Chesaux.*
XLV.	1748	7 22 52 16	85 26 57	7 5 0 50	0, 84067	28 Avril....	19 34 45	Rétrograde.	*M. Maraldi.*
XLVI.	1748	1 4 39 43	56 59 3	9 6 9 24	0, 65525	18 Juin.....	1 33 0	Directe.	*Struich*, à-peu-près.
XLVII.	1757	7 4 5 50	12 39 6	4 2 39 0	0, 33907	21 Oct......	9 42 0	Directe.	*La Caille.*
XLVIII.	1758	7 20 50 9	68 19 0	8 27 37 45	0, 21535	11 Juin.....	3 27 0	Directe.	*M. Pingré.*
XLIX.	1759	1 23 49 0	17 39 0	10 3 16 0	0, 58349	12 Mars.....	13 41 0	Rétrograde.	*La Caille.*
		1 23 45 35	17 40 14	10 3 8 10	0, 58490	12 Mars.....	13 59 24		*De la Lande.*
		1 23 49 21	17 35 20	10 3 16 20	0, 5836	12 Mars.....	12 57 36		*M. Maraldi, Mém.* 1759.
L.	1760	4 19 39 24	78 59 22	1 23 24 20	0, 79851	27 Nov. 1759.	2 28 20	Dir. Lion.	*La Caille.*
LI.	1760	2 19 50 45	4 51 32	4 18 24 35	0, 96599	16 Déc. 1759.	21 13 0	Rét. Orion.	*La Caille.*
		6 19 20 24	4 42 10	4 19 3 52	0, 9618	16 Déc. 1759.	12 58 12		*Chappe.*
LII.	1762	11 19 20 0	84 45 0	3 15 15 0	1, 0124	28 Mai......	15 27 0	Directe.	*De la Lande.*
		11 18 35 23	85 40 10	3 13 42 38	1, 00686	28 Mai	2 2 0		*M. Klinkenberg.*
		11 19 2 22	85 3 2	3 14 29 46	1, 009856	28 Mai......	7 0 49		*Struick.*
		11 18 55 31	85 22 21	3 15 22 23	1, 01415	29 Mai	0 27 49		*M. Maraldi.*
LIII.	1763	11 26 29 25	73 39 29	2 25 0 48	0, 49842	1 Novemb..	21 6 29	Directe.	*Pingré, Mém. Ac.* 1764.
LIV.	1764	3 19 20 6	53 54 19	0 16 11 48	0, 56418	12 Février...	10 29 0	Rétrograde.	*Pingré, Mém. Ac.* 1764.
LV.	1766	8 4 10 50	40 50 20	4 23 15 25	0, 50533	17 Février...	8 50 0	Rétrograde.	*Pingre, Mém.* 1766.
LVI.	1766	2 14 22 50	11 8 4	8 2 17 53	0, 33274	22 Avril	20 55 40	Directe.	*M. Pingré.*
LVII.	1769	5 25 0 43	40 37 33	4 24 5 54	0, 12376	7 Oct......	12 30 0	Directe.	*De la Lande.*
		5 25 6 32	40 48 49	4 24 11 7	0, 12272	7 Oct.......	14 58 40		*M Prosperin, M. A.* 1769.
LVIII.	1770	4 19 39 5	1 44 30	11 25 27 16	0, 636878	9 Août	0 16 54	Directe.	*M. Pingré.*
		4 12 0 9	1 33 40	11 26 16 26	0, 674381	13 Août	13 5 0	½ axe 3, 148	*M. Lexell.*
LIX.	1771	3 18 42 10	31 25 55	6 28 22 44	0, 52824	22 Nov. 1770.	22 5 48	Rétrograde.	*M. Pingré.*
LX.	1771	0 27 51	11 15	3 13 28	0, 906	18 Avril	22 14 0	Directe.	*M. Pingré.*
LXI.	1772	8 12 43	19 0	3 18 6	1, 018	18 Février....	20 51 0	Directe.	*De la Lande.*
LXII.	1773	4 1 16	61 25	2 15 36	1, 134	5 Sept......	11 19 0	Directe.	*M. Pingré.*
LXIII.	1774	6 0 49	83 0	10 17 22	1, 429	15 Août	10 55 0	Directe.	*M. Méchain.*
LXIV.	1779	0 25 6	32 24	2 27 13	0, 71312	4 Janv.	2 12 0	Directe.	*M. Méchain.*
		0 25 4	32 25½	2 27 14	0, 7132	4 Janv.	2 24½ 0		*M. le Chevalier d'Angos.*
LXV.	1780	4 4 9	53 48	8 6 21	0, 09925	30 Sept......	18 13 0	Rétrograde.	*M. Méchain*
LXVI.	1781	2 22 58	81 48	7 28 56	0, 77585	7 Juillet....	2 23 0	Directe.	*M. Méchain.*
LXVII.	1781	2 17 22	27 12	0 16 3	0, 961	29 Nov......	12 32 1	Rétrograde.	*M. Méchain.*

Comètes *qui peuvent approcher de la terre.* Whiston, Maupertuis & d'autres, avoient déja remarqué que les *comètes* pourroient se rencontrer, ou rencontrer la terre, & y produire les plus étranges révolutions; mais on n'avoit fait à cet égard que des conjectures très-vagues. Je voulus examiner parmi les *comètes* déja connues, s'il y en avoit qui naturellement pussent rencontrer la terre, ou en approcher, de manière à nous mettre en danger: je trouvai qu'il y en avoit huit dont les orbites passent très-près de celle de la terre (en négligeant l'excentricité de son orbite); & si nous ne connoissons que la cinquième partie des *comètes*, il peut y en avoir plus de quarante dans ce cas-là. Les dérangemens que les attractions étrangères produisent sur le mouvement des *comètes*, suffisent pour rapprocher leurs nœuds de la route de la terre, & par conséquent pour faire concourir les circonférences de leurs orbites avec la nôtre; dans ce cas-là, chacune de ces *comètes* pourroit venir choquer la terre, ou du moins en passer si près que la mer en seroit soulevée, comme elle l'est tous les jours par le soleil & par la lune, & qu'une partie de la terre pourroit en être submergée: c'est l'objet d'un mémoire que je publiai en 1773, & qui a pour titre: *Réflexions sur les comètes qui peuvent approcher de la terre* (à Paris, chez Mérigot). Ces calculs qui avoient été annoncés dans quelques conversations, occasionnèrent dans Paris la terreur & les bruits les plus étranges; on prétendoit que j'avois prédit la fin du monde, & il fallut que mon mémoire fût publié pour dissiper ces bruits populaires. Je fis voir dans cet écrit que, quoique ces rencontres de planètes soient très-possibles, elles supposent tant de circonstances réunies, qu'on ne sauroit en faire un objet de terreur. M. du Séjour a achevé de dissiper ces terreurs dans un ouvrage exprès, intitulé: *Essais sur les comètes*, 1775, in-8.° (à Paris, chez Valade), où il fait voir combien il est difficile que les *comètes* approchent assez de la terre pour causer des révolutions. M. Euler a fait la même chose dans les *Mémoires de Pétersbourg pour 1774*. M. Prosperin a calculé une table de la plus proche distance des *comètes* à la terre dans les *Mémoires de Suede*, & je l'ai insérée dans les *Mémoires de l'Académie pour 1773*.

Indépendamment du grand nombre de chances qui rendent ces approches de *comètes* très-difficiles, j'ai d'ailleurs observé que la terre parcourant six cens mille lieues par jour dans son orbite, elle ne pouvoit être au plus qu'une heure de tems exposée à l'attraction d'une *comète*, & qu'il étoit difficile qu'en si peu de tems les eaux pussent s'élever à une bien grande hauteur. Cependant, il semble que si l'on cherche une cause physique & naturelle des révolutions anciennes de notre globe, dont on trouve des traces dans le sein de la terre comme au sommet des montagnes, on la peut trouver dans les approches de quelques-unes de ces *comètes*.

Queues des comètes. Les anciens n'ont parlé communément de la grandeur des *comètes*, qu'en faisant attention au spectacle de leur queue ou de leur chevelure; cependant il y a des *comètes* dont le diamètre apparent semble avoir été très-considérable, indépendamment de la queue. Après la mort de Démétrius, roi de Syrie, père de Démétrius & d'Antiochus, un peu avant la guerre d'Achaïe, l'an 146, avant J. C., il parut une *comète* aussi grosse que le soleil (*Seneque, vij, 15.*): celle qui parut à la naissance de Mithridate, 130 ans avant J. C., répandoit, suivant Justin, plus de lumière que le soleil; elle étoit si terrible, qu'elle sembloit embrâser tout le ciel; sa queue occupoit environ 45 degrés.

La *comète* de l'an 1006, rapportée par erreur en l'an 1200 dans quelques livres, & qui fut observée par Haly-Ben-Rodoan (*Cardan, Astron. liv. ij, c. 9, text. 14.*), étoit quatre fois plus grosse que Vénus, & jettoit autant de lumière que le quart de la lune pourroit faire. Cette *comète* paroît être la même que celles de 1682 & 1759. Cardan dit la même chose de celles de 1521 & 1556 (*de Variet. lib. xiv.*). Nous n'avons rien de bien déterminé sur la grandeur apparente des *comètes* avant celle de 1577; son diamètre apparent, suivant Tycho, étoit de 7', c'est-à-dire, selon lui, le double de Vénus à la vue simple.

Mais les queues des *comètes* ont toujours paru la chose la plus singulière de ces astres extraordinaires. Nous rapportons ici la figure de celle de 1744, dont on se souvient encore, & qui étoit très-singulière; elle avoit jusqu'à 34° de longueur, *figures d'Astronomie, 168.* On en peut voir plusieurs, figurées dans la Cométographie d'Hévélius. La *comète* de 1618 avoit une queue de 70 degrés au moins, suivant Képler; on l'appercevoit même à 104°, suivant Longomontanus, le 10 décembre 1618. La *comete* de 1680 avoit une queue de 70° le 26 décembre, & même de 90° suivant des lettres de Constantinople, où on la voyoit mieux. La *comete* de 1769 nous paroissoit à Paris avoir une queue de 60°; mais M. Pingré, qui étoit sur mer, la voyoit jusqu'à 90°.

Suivant Neuton, l'atmosphère des *cometes* peut fournir une vapeur suffisante pour former leurs queues. Quant à l'ascension des vapeurs qui forment la queue des *cometes*, Neuton la croyoit occasionnée par la raréfaction de l'atmosphère de la *comète*, ou par la chaleur du soleil?

Les queues étant ainsi produites, la force qu'elles ont pour conserver leur mouvement & celle qui les pousse vers le soleil, les oblige à suivre la *comete* même, & à l'accompagner dans toute son orbite. En effet, la gravitation des vapeurs vers le soleil, n'est pas plus propre à détacher la queue d'une *comete* de sa tête & à la faire tomber sur le soleil, qu'à détacher la terre de son atmosphère; mais leur gravitation commune est cause qu'elles se meuvent également, & qu'elles sont poussées de la même manière.

Par ce moyen les queues des *cometes* produites pendant le tems de leurs périhélies, peuvent être entraînées avec ces astres dans les régions du ciel les plus reculées, & revenir ensuite avec les *cometes* au bout d'un grand nombre d'années : mais il est plus naturel qu'elles se détruisent peu-à-peu entièrement, & qu'en se rapprochant du soleil les *cometes* en reprennent de nouvelles, d'abord très-peu sensibles, ensuite plus grandes par degrés jusqu'au périhélie, tems auquel elles reprennent toute leur grandeur, les *cometes* étant alors les plus échauffées qu'il est possible.

Les vapeurs dont ces queues sont composées, se dilatant & se répandant dans toutes les régions célestes, sont vraisemblablement, ainsi que Neuton l'observe, attirées par les planètes, & mêlées avec leurs atmosphères. Il ajoute que les *cometes* semblent nécessaires pour l'entretien des fluides qui sont sur les planètes ; lesquels s'évaporent continuellement par les végétations & les putréfactions, & se convertissent en terre sèche. Car comme tous les végétaux se nourrissent & s'accroissent par les fluides, & qu'ils redeviennent terre pour la plus grande partie par la putréfaction (comme on le peut voir par le limon que les liqueurs putréfiantes déposent continuellement), il s'ensuit que pendant que la terre s'accroît sans cesse, l'eau diminueroit en même proportion, si la perte n'en étoit pas rétablie par d'autres matières. Neuton soupçonne que cette partie, la plus subtile & la meilleure de notre air, laquelle est absolument nécessaire pour la vie & l'entretien de tous les êtres, vient principalement des *cometes*.

D'après ce principe, il y auroit quelque fondement aux opinions populaires des présages des *cometes*, puisque les queues des *cometes* se mêlant ainsi avec notre atmosphère, pourroient avoir des influences sensibles sur les corps animaux & végétaux.

La grandeur de la queue dans la *comete* de 1680, s'accorde avec la grande proximité de cette *comete* au soleil : en effet, sa distance au soleil dans son périhélie le 8 décembre, étoit à la distance de la terre au soleil comme 6 à 1000 ; d'où il suit que la chaleur communiquée par le soleil à la *comete*, devoit être alors à celle qu'on éprouve sur la terre au milieu de l'été, comme 28000 à 1. Neuton considérant ensuite que par l'expérience la chaleur de l'eau bouillante est un peu plus que triple de celle de la terre échauffée par les rayons du soleil au fort de l'été, & prenant la chaleur du fer rouge pour trois ou quatre fois plus grande que celle de l'eau bouillante, il en conclut que la chaleur du corps de la *comete* dans le tems de son périhélie, devoit être 2000 fois plus grande que celle du fer rouge.

La *comete* ayant acquis une aussi grande chaleur, doit être un tems immense à se refroidir. Le même auteur a calculé qu'un globe de fer rouge de la grosseur de la terre, seroit à peine refroidi en 50000 ans. Ainsi, quand même la *comete* se refroidiroit cent fois plus vîte que le fer rouge, elle ne laisseroit pas encore, à cause que sa chaleur est 2000 fois plus grande, de mettre un million d'années à se refroidir.

M. de Buffon a donné des calculs à ce sujet dans le premier volume de ses *Supplémens*, imprimé en 1774, *pag. 215—235 de l'édition in-12.* Ce fut à l'occasion de ce passage de Neuton sur la chaleur de la *comete* dont je parlois un jour avec M. de Buffon, qu'il entreprit des expériences sur le refroidissement des corps ; elles lui ont appris des faits curieux & importans pour la physique, & lui ont donné occasion de faire de grands établissemens de forges : il a trouvé que la durée du refroidissement est en bien plus grande raison que celle des diamètres des corps, & non pas en moindre raison comme le dit Neuton, & celui-ci même semble l'indiquer dans la onzième question de son *Traité d'Optique* ; en sorte que M. de Buffon soupçonne que c'est par inadvertance qu'on aura mis *minori* pour *majori* : il trouve qu'au lieu de 50000 ans, il faudroit 96670 ans pour refroidir un globe gros comme la terre au point de la température actuelle : on pourroit même augmenter encore cette durée, à cause du contact de l'air qui accélère le refroidissement des corps.

Suivant les expériences de M. de Buffon, il faut $15\frac{1}{2}$ fois plus de tems pour refroidir les corps que pour les chauffer à blanc ; ce qui exigeroit encore un grand changement dans le résultat de Neuton.

Neuton dit que la chaleur du fer rouge est 3 ou 4 fois plus grande que celle de l'eau bouillante : il faut supposer 7 à 8 fois, même d'après un mémoire de Neuton qui est dans les *Transactions philosophiques de 1701* ; en sorte que la chaleur de la *comete* auroit été mille fois seulement, & non pas 2000 fois plus grande que celle du fer rouge : il y a la moitié à rabattre par cette seule considération.

Mais cette diminution à faire dans la chaleur évaluée par Neuton, n'est rien en comparaison de celle qui résulte du peu de tems que la *comete* a été près du soleil ; car 24 heures avant qu'elle fût à son périhélie, sa distance étoit six fois plus grande : en tenant compte de la durée du tems qu'elle a resté à chaque distance & du degré de chaleur qu'elle y recevoit, M. de Buffon trouve, d'après les nombres que je lui avois fournis, qu'il auroit fallu qu'elle restât 392 ans dans la partie inférieure de son orbite (à compter de la distance égale à celle de la terre), pour pouvoir être chauffée à blanc, au lieu qu'elle n'y a été que 55 jours ; encore faudroit-il la supposer frappée de tous côtés à-la-fois des rayons du soleil. Il trouve aussi par ses expériences, que pour le refroidissement de la glaise il ne faut pas la moitié du tems qu'il faut pour celui du fer; ainsi, à cet égard, il faudroit diminuer la durée du refroidissement, déduite des expériences.

On voit par ces différentes considérations combien il entre d'élémens dans un semblable calcul, & combien celui de Neuton seroit insuffisant pour juger de la chaleur effective de la *comete;* mais il lui suffisoit de donner une idée de la chaleur qui avoit eu lieu dans le point de son périhélie, pour faire voir que les matieres susceptibles d'évaporation avoient dû être volatilisées : il donne ainsi l'explication de cette queue immense que traînoit après elle la *comete* de 1680.

M. Boscovich, dans une dissertation imprimée à Rome en 1746, observe aussi que l'atmosphère prodigieuse des *cometes* doit nécessairement empêcher qu'elles ne s'échauffent autant que d'autres corps. La partie supérieure est trop rare pour recevoir beaucoup de chaleur; elle garantit la partie inférieure. Cette atmosphère conserve aussi la chaleur dans le grand éloignement de la *comete;* elle la distribue à ses différentes parties : elle conserve une lumière presque constante, & la rend plus habitable que Neuton ne l'a cru. Mais cette lumière est trop dispersée pour qu'elle puisse paroître dans un grand éloignement, & voilà pourquoi les *cometes* ne paroissent point quand elles sont parvenues seulement à la distance de Jupiter.

Cette atmosphère empêche qu'on ne distingue les phases des *cometes*; & M. Cassini avoit tort de juger la *comete* de 1680 beaucoup plus éloignée que le soleil, tandis qu'elle étoit beaucoup plus près; il se fondoit sur ce que sa lumière étoit pleine, & n'avoit point la forme de croissant : mais on ne distingue point de phases dans les *cometes*, à cause de la dispersion de lumière causée par l'atmosphère.

Le P. B. compare la queue d'une *comete* à la fumée qui s'élève à cause de la pesanteur de l'air : l'atmosphère du soleil pèse vers le soleil; les vapeurs de la *comete* ont moins de pesanteur, elles s'éloignent du soleil. (*D. L.*)

COMETE ou *de manille* (*jeu de la*) jeu de cartes qui se joue de la manière suivante : l'enjeu ordinaire est de neuf fiches, qui valent dix jetons chacune, & de dix jetons; l'on peut, comme l'on voit, perdre au jeu deux ou trois mille jetons dans une séance. On se sert de toutes les cartes, c'est-à-dire, des cinquante-deux : & l'on peut y jouer depuis deux personnes jusqu'à cinq; le jeu à deux n'est cependant pas si beau qu'à trois & au-dessus. Il y a de l'avantage à faire au *jeu de la comète*. Les cartes battues, coupées à l'ordinaire, se partagent aux joueurs trois à trois, ou quatre à quatre, & de cette manière : vingt-six à chacun, si on joue deux personnes; dix-sept, si c'est à trois, & il en reste une qu'on ne peut pas voir; à quatre, treize, & à cinq, dix, & il en restera encore deux qu'on ne pourra point voir non plus.

Toutes les cartes étant données, on les arrange selon l'ordre naturel en commençant par l'as, qui dans ce jeu ne vaut qu'un, par le deux, le trois, ainsi du reste jusqu'au roi. On commence à jouer par telle carte qu'on veut, mais il est plus avantageux de jouer d'abord celle dont il y a le plus de cartes de suite : ainsi, en supposant qu'il y ait depuis le six des cartes qui se suivent jusqu'au roi, on les jettera toutes l'une après l'autre, en disant six, sept, huit, neuf, dix, valet, dame & roi; mais s'il manquoit une de ces cartes, on nommeroit celle qui est immédiatement devant; & on diroit *sans telle carte*, qui seroit celle qui devroit suivre celle qu'on déclare; si c'étoit le huit, par exemple, qui manquât dans sa séquence, on diroit *sept sans huit*, &c. le joueur suivant qui auroit la carte dont l'autre manqueroit, continueroit en la jettant, & diroit comme le premier jusqu'à ce qu'il lui manquât quelque nombre dans sa suite; auquel cas un autre qui auroit ce nombre, recommenceroit de la même manière; s'il avoit poussé jusqu'au roi, il continueroit de jouer par telle carte qu'il voudroit. La différence des couleurs ne fait rien à ce jeu, pourvu que les cartes que l'on a forment une suite juste. Le joueur qui vient après celui qui a dit *huit sans neuf*, ou toute autre carte, reprend le jeu s'il a le nombre manquant; si ni lui, ni les autres ne l'ont, le premier qui a dit *huit sans neuf*, continue à jouer le reste de son jeu par telle carte qu'il lui plaît, & se fait donner un jeton de chaque joueur. Il faut autant qu'on le peut se défaire de ses cartes les plus hautes en point, parce que l'on paie autant de jetons que l'on a de points dans toutes les cartes qui restent dans la main à la fin du coup. Ceux qui jouent petit jeu, ne donnent qu'autant de jetons qu'il leur reste de cartes. Il n'est pas moins avantageux de se défaire des as, parce que si l'on attend trop tard à les jetter, on ne se remet dedans qu'avec peine, à moins qu'on n'ait un roi pour rentrer. On doit donner une fiche ou moins, selon la convention, à celui qui joue la *comète*; il n'est plus reçu à la demander dès qu'elle est couverte de quelque carte, & elle est perdue pour lui. Celui qui gagne la partie se fait donner une fiche & neuf jetons, qui sont la valeur de la *comète* de celui qui l'ayant dans son jeu, ne s'en est point défait dans le tour. Celui qui jette sur table des rois qu'il a dans son jeu, gagne un jeton de chaque joueur pour chacun de ses rois; au lieu qu'il paie un jeton à chaque joueur, & dix au gagnant, pour chacun des rois qui lui restent : si l'on paie par point, c'est celui qui a plutôt joué ses cartes qui gagne la partie & les fiches que chaque joueur a mis au jeu, sans parler des marques qu'il se fait payer de chacun, selon qu'il a plus ou moins de cartes ou de points dans sa main.

Il n'est pas permis de voir les cartes qu'on a déjà jouées, pour conduire son jeu & jouer plus avantageusement pour soi, à peine de donner un jeton à chaque joueur; à moins qu'on ne l'ait décidé autrement avant de commencer.

Voilà les principales & premieres régles du *jeu de la comete*; elles ont beaucoup changé, & vraisemblablement elles changeront encore beaucoup, si ce jeu continue d'être à la mode. On paiera plus ou moins, quand on fera opéra: *faire opéra*, c'est jouer toutes ses cartes sans interruption; on chargera de conditions l'emploi de la *comete*; on fera payer plus ou moins selon la carte pour laquelle on la mettra: à présent on peut la mettre pour toute carte; on fera perdre plus ou moins à celui dans la main de qui on la fera gorger, ou rester, c'est la même chose, &c. Nous ne nous piquons guère d'exactitude sur ces choses, elles en valent peu la peine; d'ailleurs, ce qui seroit exact dans le moment où nous écrivons, cesseroit bientôt de l'être par le caprice des joueurs, qui ajoutent, ôtent des conditions au jeu, en retranchent, ou les altèrent.

COMMENSURABLE, adj. Les quantités *commensurables*, en *Mathémat.* sont celles qui ont quelque partie aliquote commune, ou qui peuvent être mesurées par quelque mesure commune, sans laisser aucun reste dans l'une ni dans l'autre. *Voy.* MESURE & INCOMMENSURABLE.

Ainsi, un pié & une aune sont *commensurables*, parce qu'il y a une troisième quantité qui peut les mesurer l'un & l'autre exactement; savoir, un pouce, lequel pris douze fois fait un pié, & pris quarante-quatre fois donne une aune.

Les quantités *commensurables* sont l'une à l'autre comme l'unité est à un nombre entier rationel, ou comme un nombre entier rationel est à un autre entier rationel. En effet, puisque les quantités *commensurables* ont une partie commune qui les mesure exactement, elles contiennent donc exactement cette partie: l'une, un certain nombre de fois; l'autre, un autre nombre de fois: donc elles sont entr'elles comme ces deux nombres. Il en est autrement dans les incommensurables. *Voyez* INCOMMENSURABLE, NOMBRE & RATIONEL.

Les nombres *commensurables* sont ceux qui ont quelqu'autre nom qui les mesure, ou qui les divise sans aucun reste.

Ainsi 6 & 8 sont, l'un par rapport à l'autre, des nombres *commensurables*, parce que 2 les divise.

Commensurable en puissance. On dit que des lignes droites sont *commensurables* en puissance, quand leurs quarrés sont mesurés exactement par un même espace ou une même surface; ou, ce qui revient au même, quand les quarrés de ces lignes ont entr'eux un rapport de nombre à nombre.

Les nombres sourds *commensurables*, sont ceux qui, étant réduits à leurs plus petits termes, sont entr'eux comme une quantité rationelle est à une autre quantité rationelle. *Voy.* SOURD. Ainsi $3\sqrt{2}$ & $2\sqrt{2}$ sont des nombres sourds *commensurables*, parce qu'ils sont entr'eux comme 3 à 2.

Les nombres *commensurables* sont proprement les seuls & vrais nombres. En effet, tout nombre enferme l'idée d'un rapport, *voyez* NOMBRE; & tout rapport réel entre deux quantités suppose une partie aliquote qui leur soit commune; c'est ce qui sera plus détaillé à l'*art.* INCOMMENSURABLE. $\sqrt{2}$ n'est point un nombre proprement dit, c'est une quantité qui n'existe point, & qu'il est impossible de trouver. Les fractions même ne sont des nombres *commensurables*, que parce que ces fractions représentent proprement des nombres entiers. En effet, qu'est-ce que cette fraction $\frac{3}{4}$? c'est trois fois le quart d'un tout; & ce quart est ici pris pour l'unité: il est vrai que ce quart lui-même est partie d'une autre unité dans laquelle il est contenu quatre fois. Mais cela n'empêche pas ce quart d'être regardé comme une seconde unité dans la fraction $\frac{3}{4}$; cela est si vrai, qu'on en trouve la preuve dans la définition même des fractions; le dénominateur, dit-on, compte le nombre des parties dans lesquelles le tout est divisé, & le numérateur compte combien l'on prend de ces parties; ou ce qui est la même chose, combien de fois on en prend *une*. Cette partie est donc ici une véritable *unité*. Après cela, on ne doit pas être surpris que pour comparer entr'elles les fractions, on change leur rapport en celui de nombres entiers *commensurables*. Par exemple, pour avoir le rapport de $\frac{3}{4}$ à $\frac{2}{3}$, on trouve par les règles ordinaires que ce rapport est celui de 9 à 8: cela est évident. Qu'est-ce que $\frac{3}{4}$? c'est la même chose que $\frac{9}{12}$, ou 9 fois le douzième de l'unité. Qu'est-ce que $\frac{2}{3}$? c'est la même chose que $\frac{8}{12}$ ou 8 fois le douzième de l'unité: donc les deux fractions comparées à la même unité (savoir $\frac{1}{12}$), la contiennent 9 & 8 fois; donc elles sont entr'elles comme 9 à 8, c'est-à-dire, que la partie aliquote commune qui mesure, par exemple, les $\frac{3}{4}$ & les $\frac{2}{3}$ d'un pié, est la douzième partie du pié, & que cette douzième partie est contenue 9 fois dans la première & 8 dans la seconde.

De-là on peut conclure que non-seulement les nombres *commensurables* sont proprement les seuls & vrais membres, mais que les nombres entiers sont proprement les seuls vrais nombres *commensurables*, puisque tous les nombres sont proprement des nombres entiers. *Voyez* NOMBRE, FRACTION, &c. (O)

COMMÈRE ACCOMMODEZ-MOI. (*Jeu de*) Ce jeu ainsi appellé parce que toute l'habileté du joueur est de chercher à accommoder son jeu, a beaucoup de rapport à celui du commerce, & ne laisse pas d'être amusant, quoiqu'à en juger par son nom il ne soit guère joué que par les petites gens.

On se sert d'un jeu de cartes tout entier. On peut y jouer sept ou huit personnes. Chacun prend autant de jetons que l'on veut, & dont on a déterminé la valeur. On met peu ou beaucoup au jeu, selon que l'on a intention de perdre ou de gagner de même. Celui à qui il est échu de faire, ayant mêlé & fait couper à l'ordinaire, donne trois cartes à chaque joueur, toutes ensemble ou séparément. Les cartes ainsi distribuées, on ne songe plus qu'à tirer au point, à la sequence, & au tricon, la sequence emportant le point, & le tricon la sequence & le point. Le plus fort gagne le plus foible; & s'ils sont égaux, c'est celui qui est le plus proche de celui qui a mêlé à droite. L'as vaut onze au jeu & est la premiere de toutes les cartes. *Voyez* TRICON, SEQUENCE & POINT.

Celui qui gagne la partie par le point ne tire que la poule; celui qui gagne par une sequence, gagne un jeton de chaque joueur avec la poule, & celui qui gagne avec tricon en gagne deux outre la poule.

Souvent les joueurs ne trouvent point à s'accommoder dès la premiere donne, malgré tous les échanges qu'ils aient pu faire, & pour lors celui qui a fait prend le talon & donne une carte à chaque joueur, qui lui en rend une autre à la place, en commençant par la droite & mettant toujours les cartes échangées sous le talon; mais il faut que tous les joueurs y consentent, sinon l'on refait.

Quand on a reçu cette carte du talon, on fait l'échange comme auparavant, en s'accommodant l'un l'autre jusqu'à ce qu'un des joueurs ait fait son jeu. Si les joueurs ne s'accommodoient point encore, on pourroit donner une seconde carte, ce qui pourtant n'arrive guère, non plus que de faire plus de deux donnes à ce jeu.

Celui qui donne mal n'est tenu que de refaire. Lorsque le jeu est reconnu faux, le coup est nul, mais les précédens sont bons; & si même le coup où l'on s'apperçoit que le jeu est incomplet étoit fini, & que quelqu'un eût gagné, le coup seroit estimé valide.

COMMUN, *en Géométrie*, s'entend d'un angle, d'une ligne, d'une surface, ou de quelque chose de semblable qui appartient également à deux figures, & qui fait une partie nécessaire de l'une & de l'autre. *Voyez* FIGURE.

Les parties *communes* à deux figures servent à trouver souvent l'égalité entre deux figures différentes, comme dans le théorème des parallélogrammes sur même base & de même hauteur, dans celui de la quadrature des lunules d'Hippocrate, *&c.* *Voy.* PARALLÉLOGRAMME, LUNULE, *&c.* (O)

COMMUNICATION *du mouvement* (*Méch.*), est l'action par laquelle un corps qui en frappe un autre, met en mouvement le corps qu'il frappe.

L'expérience nous fait voir tous les jours que les corps se communiquent du mouvement les uns aux autres. Les philosophes ont enfin découvert les loix suivant lesquelles se fait cette *communication*, après avoir long-tems ignoré qu'il y en eût, & après s'être long-tems trompé sur les véritables. Ces loix confirmées par l'expérience & par le raisonnement, ne sont plus révoquées en doute de la plus saine partie des physiciens. Mais la raison métaphysique, & le principe primitif de la *communication du mouvement*, sont sujets à beaucoup de difficultés.

Le P. Malebranche prétend que la *communication du mouvement* n'est point nécessairement dépendante de principes physiques, ou d'aucune propriété des corps, mais qu'elle procède de la volonté & de l'action immédiate de Dieu. Selon lui, il n'y a pas plus de connexion entre le mouvement ou le repos d'un corps, & le mouvement ou le repos d'un autre, qu'il n'y en a entre la forme, la couleur, la grandeur, *&c.* d'un corps & celle d'un autre; & ce philosophe conclut de-là, que le mouvement du corps choquant n'est point la cause physique du mouvement du corps choqué.

Il n'y a point de doute que la volonté du Créateur ne soit la cause primitive & immédiate de la *communication du mouvement*, comme de tous les autres effets de la nature. Mais s'il nous est permis d'entrer dans les vues de l'Etre suprême, nous devons croire que les loix de la *communication du mouvement* qu'il a établies, sont celles qui convenoient le mieux à la sagesse & à la simplicité de ses desseins. Ce principe du P. Malebranche, qu'*il n'y a pas plus de connexion entre le mouvement d'un corps & celui d'un autre, qu'entre la figure & la couleur de ces corps*, ne paroît pas exactement vrai: car il est certain que la figure & la couleur d'un corps n'influent point sur celles d'un autre; au lieu que quand un corps *A* en choque un autre *B*, il faut nécessairement qu'il arrive quelque changement dans l'état actuel de l'un de ces corps, ou dans l'état de tous les deux; car le corps *B* étant impénétrable, le corps *A* ne peut continuer son chemin suivant la direction qu'il avoit, à moins que le corps *B* ne soit déplacé; ou si le corps *A* perd tout son mouvement, en ce cas ce corps *A* change par la rencontre du corps *B* son état de mouvement en celui de repos. C'est pourquoi il faut nécessairement que l'état du corps *B* change, ou que l'état du corps *A* change.

De-là on peut tirer une autre conséquence; c'est que l'impénétrabilité des corps, qui est une de leurs propriétés essentielles, demandant nécessairement que le choc de deux corps produise du changement dans leur état, il a été nécessaire au Créateur d'établir des loix générales pour ces changemens: or quelques-unes de ces loix ont dû nécessairement être déterminées par la seule impénétrabilité, & en général par la seule essence des corps: par exemple, deux corps égaux & semblables, sans ressort, venant se frapper directement avec des vitesses égales, c'est une suite nécessaire de leur impénétrabilité qu'ils restent en repos. Il en est de même, si les masses de ces corps sont en raison inverse de leurs vîtesses. Or si d'après ce principe, on peut déterminer généralement les loix de la *communication du mouvement*, ne sera-t-il pas bien vraisemblable que ces loix sont celles que le Créateur a dû établir par préférence, puisque ces loix seroient fondées sur des principes aussi simples qu'on pourroit le desirer, & liées en quelque manière à une propriété des corps aussi essentielle que l'impénétrabilité?

Loix de la communication du mouvement. Dans la suite de cet article, nous appellerons *mouvement d'un corps* ou *degré de mouvement*, un nombre qui exprime le produit de la masse de ce corps par sa vîtesse; & en effet il est évident que le mouvement d'un corps est d'autant plus grand que sa masse est plus grande, & que sa vîtesse est plus grande; puisque plus sa masse & sa vîtesse sont grandes, plus il a de parties qui se meuvent, & plus chacune de ces parties a de vîtesse.

Si un corps qui se meut frappe un autre corps déja en mouvement, & qui se meuve dans la même direction, le premier augmentera la vîtesse du second, mais perdra moins de sa vîtesse propre que si ce dernier avoit été absolument en repos.

Par exemple, si un corps en mouvement, triple d'un autre corps en repos, le frappe avec 32^d de mouvement, il lui communiquera 8^d de son mouvemement, & n'en gardera que 24 : si l'autre corps avoit eu déja 4^d de mouvement, le premier ne lui en auroit communiqué que 5, & en auroit gardé 27, puisque ces 5^d auroient été suffisans par rapport à l'inégalité de ces corps, pour les faire continuer à se mouvoir avec la même vîtesse. En effet, dans le premier cas, les mouvemens après le choc étant 8 & 24, & les masses 1 & 3, les vîtesses seront 8 & 8, c'est-à-dire, égales; & dans le second cas, on trouvera de même que les vîtesses seront 9 & 9.

On peut déterminer de la même manière les autres loix de la *communication du mouvement*; pour les corps parfaitement durs & destitués de toute élasticité. Mais tous les corps durs que nous connoissons étant en même tems élastiques, cette propriété rend les loix de la *communication du mouvement* fort différentes, & beaucoup plus compliquées.

Tout corps qui en rencontre un autre, perd nécessairement une partie plus ou moins grande du mouvement qu'il a au moment de la rencontre. Ainsi, un corps qui a déja perdu une partie de son mouvement par la rencontre d'un autre corps en perdra encore davantage par la rencontre d'un second, d'un troisième. C'est pour cette raison qu'un corps qui se meut dans un fluide, perd continuellement de sa vîtesse, parce qu'il rencontre continuellement des corpuscules auxquels il en communique une partie.

D'où il s'ensuit, 1.° que si deux corps homogènes de différentes masses, se meuvent en ligne droite dans un fluide avec la même vîtesse, le plus grand conservera plus long-tems son mouvement que le plus petit : car les vîtesses étant égales par la supposition, les mouvemens de ces corps sont comme leurs masses, & chacun communique de son mouvement aux corps qui l'environnent, & qui touchent sa surface en raison de la grandeur de cette même surface. Or quoique le plus grand corps ait plus de surface absolument que le plus petit, il en a moins à proportion, comme nous l'allons prouver; donc il perdra à chaque instant moins de son mouvement que le plus petit.

Supposons, par exemple, que le côté d'un cube *A* soit de deux piés, & celui d'un cube *B* d'un pié; les surfaces seront comme 4 à 1, & les masses comme 8 à 1; c'est pourquoi si ces corps se meuvent avec la même vîtesse, le cube *A* aura huit fois plus de mouvement que le cube *B* : donc, afin que chacun parvienne au repos en même tems, le cube *A* doit perdre à chaque moment huit fois plus de son mouvement que le cube *B* : mais cela est impossible; car leurs surfaces étant l'une à l'autre comme 4 à 1, le corps *A* ne doit perdre que quatre fois plus de mouvement que le corps *B*, en supposant (ce qui n'est pas fort éloigné du vrai) que la quantité du mouvement perdue, est proportionnelle à la surface : c'est pourquoi quand le cube *B* deviendra parfaitement en repos, *A* aura encore une grande partie de son mouvement.

2.° De-là nous voyons la raison pourquoi un corps fort long, comme un dard, lancé selon sa longueur, demeure en mouvement beaucoup plus long-tems, que quand il est lancé tranversalement; car quand il est lancé suivant sa longueur, il rencontre dans sa direction un plus petit nombre de corps auxquels il est obligé de communiquer son mouvement, que quand il est lancé transversalement. Dans le premier cas, il ne choque que fort peu de corpuscules par sa pointe; & dans le second cas, il choque tous les corpuscules qui sont disposés suivant sa longueur.

3.° De-là il suit qu'un corps qui se meut presque entièrement sur lui-même, de sorte qu'il communique peu de son mouvement aux corps environnans, doit conserver son mouvement pendant un long-tems. C'est pour cette raison qu'une boule de laiton polie, d'un demi-pié de diamètre, portée sur un axe délié & poli, & ayant reçu une assez petite impulsion, tournera sur elle-même pendant un tems considérable. *Voyez* RÉSISTANCE, *&c.*

Au reste, quoique l'expérience & le raisonnement nous aient instruits sur les loix de la *communication du mouvement*, nous n'en sommes pas plus éclairés sur le principe métaphysique de cette *communication*. Nous ignorons par quelle vertu un corps partage, pour ainsi dire, avec un autre le mouvement qu'il a; le mouvement n'étant rien de réel en lui-même, mais une simple manière d'être du corps, dont la *communication* est aussi difficile à comprendre que le seroit celle du repos d'un corps à un autre corps. Plusieurs philosophes ont imaginé les mots de *force*, de *puissance*, d'*action*, &c. qui ont embrouillé cette matière au lieu de l'éclaircir. *Voyez ces mots.* Tenons-nous en donc au simple fait, & avouons de bonne foi notre ignorance sur la cause première. (*O*)

COMMUTATION, (*Astronomie*) distance entre le lieu de la terre vue du soleil, & le lieu d'une planète réduit à l'écliptique.

Ainsi l'angle *P S T* (*Planches d'Astronomie, fig. 93.*) qui a pour base la distance entre le vrai lieu de la terre en *T*, & celui d'une planète *P* vue du soleil réduit à l'écliptique, est l'*angle de commutation.*

La *commutation* que les astronomes employent pour calculer le lieu géocentrique d'une planète, se forme en soustrayant la longitude du soleil de la longitude héliocentrique d'une planète inférieure; mais celle de la planète supérieure s'ôte de la longitude du soleil; on a, par ce moyen, une *commutation* différente de six signes de celle que nous venons d'expliquer; mais cela est un peu plus commode dans les calculs.

Copernic appelloit *commutation* ce que nous appellons parallaxe annuelle, ou la différence qui servoit à trouver le lieu d'une planète ou de la terre, par le moyen du lieu vu du soleil.

Kepler appelloit *anomalie de commutation*, la différence entre le lieu de la planète vu du soleil & le lieu moyen de la terre.

COMPAGNIE, *règle de compagnie* (*Arith.*) La règle de *compagnie* est une opération par laquelle plusieurs marchands ou entrepreneurs ayant mis ensemble des fonds pour un même objet, on partage le gain ou la perte proportionnellement à leurs mises.

La règle de trois répétée plusieurs fois est le fondement de la *règle de compagnie*, & satisfait pleinement à toutes les questions de cette espèce; car la mise de chaque particulier doit être à sa part du gain ou de la perte, comme le fonds total est à la perte, ou au gain total: donc il faut additionner les différentes sommes d'argent que les associés ont fournies, pour en faire le premier terme; le gain ou la perte commune sera le second; chaque mise particulière sera le troisième, & il faudra répéter la règle de trois autant de fois qu'il y a d'associés.

Cette règle a deux cas: il y a différens tems à observer, ou il n'y en a point.

La *règle de compagnie*, sans distinction de tems, est celle dans laquelle on ne considère que la quantité de fonds que chaque associé a fourni, sans avoir égard au tems que cet argent a été employé, parce que l'on suppose que tous les fonds ont été mis dans le même tems. Un exemple rendra cette opération facile.

A, B, & C, ont chargé un vaisseau de 212 tonneaux de vin; A a fourni 1342 liv. B 1178 liv. & C 630 liv. toute la cargaison est vendue à raison de 32 liv. chaque tonneau. On demande combien il revient à chacun?

Trouvez le produit entier du vin en multipliant 212 par 32, qui revient à 6784 liv. ensuite ajoutant ensemble les mises particulières 1342 liv., 1178 & 630 liv. qui font 3150 liv. l'opération sera

$$3150 : 6784 \left\{ \begin{array}{l} 1342 \text{ est à } 2890. \\ 1178 \text{ est à } 2537. \\ 630 \text{ est à } 1356. \end{array} \right.$$

Preuve........3150 6783.

(*Chambers.*)

La raison pour laquelle on n'a point d'égard aux tems dans cette règle, c'est qu'étant le même pour chaque mise, il doit influer également sur le gain ou la perte que chacune doit porter. Mais il n'en est pas de même, lorsque le tems de chaque mise est différent. C'est ce qu'on appelle *règle de compagnie* par tems, & qu'il est bon d'expliquer avec clarté, d'autant que plusieurs de ceux qui en ont parlé y ont laissé des difficultés.

Supposons deux particuliers, que, pour plus de facilité, je distinguerai par *A* & par *B*, qui aient fait ensemble une société. L'un met au premier janvier la somme *a*, & au premier avril la somme *b*; le second met au premier janvier la somme *c*, au premier juillet la somme *d*; & au bout de quinze mois, il leur vient la somme *e*, qu'il faut partager entre eux. On demande de quelle manière on la doit partager?

Il est évident que la mise de chacun doit être regardée comme un fonds qui travaille pendant tout le tems qui s'écoule depuis cette mise jusqu'aux tems du profit; que par conséquent on peut la regarder comme de l'argent placé à un certain denier *x*, dont la quantité dépend de la somme *e*. De plus, ce denier doit être le même pour chacun des intéressés, il n'y aura que le plus ou moins de tems qui fera varier le profit; en sorte que, si xa est le denier x de a pour un mois, xb, xc, xd, seront aussi le denier de b, c, &c. pour un mois.

Il faut savoir maintenant sur quel pié l'intérêt doit être envisagé ici, il est simple ou composé. *Voyez* INTÉRÊT. C'est une chose qui dépend uniquement de la convention entre les intéressés. C'est ce qu'on a déjà fait sentir à l'*article* ARRÉRAGES, & qui sera expliqué plus en détail à l'*article* INTÉRÊT. On regarde ordinairement l'intérêt comme simple dans ces sortes de calculs; nous allons d'abord le considérer sous ce point de vue.

1.° Supposons que l'intérêt soit simple, que x soit le denier de la somme a pour un mois; il est certain que la somme a mise au 1er janvier, doit, au bout des quinze mois produire $a(1+15x)$; que

que la somme b mise au 1er avril, & travaillant pendant douze mois, doit, au bout des douze mois, produire $b(1+12x)$; que la somme c mise au 1er janvier produira $c(1+15x)$; & que la somme d mise au 1er juillet, & travaillant pendant neuf mois, doit produire $d(1+9x)$. Or ces quatre quantités mises ensemble doivent être égales à somme retirée e. Donc $a+b+c+d+15ax+12bx+15cx+9dx=e$.

Donc $x=\frac{e-a-b-c-d}{15a+12b+15c+9d}$.

Donc la somme $a+15ax+b+12bx$ gagnée par le premier sera

$$a+b+\frac{15ae-15aa-15ba-15ac-15ad}{15a+12b+15c+9d}$$

$$+\frac{12be-12ab-12bb-12bc-12bd}{15a+12b+15c+9d},$$ laquelle sera

$$=\frac{15ae-3ba-8a}{15a+12b+15c+9d}+\frac{12bc+3ab+3bc-3db}{15a+12b+15c+9d},$$

& ainsi des autres.

Si l'intérêt est composé, en ce cas, au lieu de $a(1+15x)$, il faudra $a(1+x)^{15}$ &c. & l'on aura $a(1+x)^{15}+b(1+x)^{12}+c(1+x)^{15}+d(1+x)^{9}=e$. Equation beaucoup plus difficile à résoudre que la précédente, mais dont on peut venir à bout par approximation.

Il me semble que, dans les *règles de compagnie*, on devroit traiter l'intérêt comme composé; car tout intérêt est tel par sa nature, à moins qu'il n'y ait, entre les intéressés, une convention formelle du contraire; *voyez* INTÉRÊT & ARRÉRAGES. Mais il semble que l'usage, sans qu'on sache trop pourquoi, est de regarder l'intérêt comme simple dans ces sortes d'associations.

Quand le tems des mises est égal, alors, soit qu'on regarde l'intérêt comme simple ou comme composé, il est inutile d'avoir égard au tems. En effet, supposons que les deux mises soient a & c, on a dans le premier cas $a(1+15x)+c(1+15x)=e$; donc $x=\frac{e-a-c}{15a+15c}$; &

$$a+15ax=\frac{15aa+15ac+15ae-15aa-15ac}{15a+15c}$$

$=\frac{ae}{a+c}$; d'où l'on voit que le gain de a est à la mise comme le gain total e est à la mise totale $a+c$, ainsi que le donne la *règle de compagnie*, où l'on n'a point d'égard au tems.

Si l'intérêt est composé, on aura $a(1+x)^{15}+c(1+x)^{15}=e$; donc $(1+x)^{15}=\frac{e}{a+c}$; donc $a(1+x)^{15}=\frac{ae}{a+c}$, ce qui donne encore la même analogie.

Il y a cependant une observation à faire dans la *règle de compagnie* par tems, quand l'intérêt est simple. Je suppose, comme ci-dessus, que l'intéressé A mette a au mois de janvier & b au mois d'avril: il est évident qu'au premier avril, $a(1+3x)$ exprimera ce que l'intéressé A doit retirer, ou plutôt sa véritable mise; & cette mise étant augmentée de b, on aura $(1+3x)+b$ pour sa mise au premier avril. Or cette mise étant multipliée par $(1+12x)$ donnera $[a(1+3x)+b]\times(1+12x)$ pour la mise totale de A la fin des quinze mois, ce qui diffère de $a+15ax+b+12bx$ qu'on a trouvé ci-dessus pour la mise totale de A, puisque cette mise est plus petite de la quantité $3baxx$; comment accorder tout cela? en voici le dénouement.

Tout dépend ici de la convention mutuelle des intéressés; c'est précisément le même cas que nous avons touché dans l'*article* ARRÉRAGES, en supposant que le débiteur rembourse au créancier une partie de son dû. En multipliant $a(1+3x)$ par $(1+12x)$, l'intérêt cesse d'être simple rigoureusement parlant, puisque l'intérêt de a, qui devroit être $15ax$, est $15ax+3baxx$. C'est pourquoi l'intérêt étant supposé simple, il faut prendre simplement $a+15ax+b+12bx$ pour la mise de A, à moins qu'il n'y ait entre les intéressés une convention formelle pour le contraire. Cet inconvénient n'a pas lieu dans le cas de l'intérêt composé; car $a(1+x)^{15}+b(1+x)^{12}$ ou $[a(1+x)^{3}+b]+(1+x)^{12}$ sont la même chose: ce qui prouve, pour le dire en passant, que l'intérêt doit par sa nature être regardé comme composé, puisqu'on trouve le même résultat de quelque manière qu'on envisage la question.

Si l'un des intéressés, par exemple B, retire de la société la somme f au bout de trois mois, alors dans le cas de l'intérêt composé il faudra ajouter à la mise de A la somme $f(1+x)^{12}$, & retrancher de la mise de B la même somme, & achever le calcul, comme ci-dessus, en faisant la somme des deux mises égales à e. Si l'intérêt est simple, il faudra retrancher $f(1+12x)$ de la mise de B, & l'ajouter à la mise de A, ou (si la convention entre les intéressés est telle) il faudra prendre pour la mise de A, $[a(1+3x)+f+b](1+12x)$; & pour celle de B il faudra d'abord prendre $[c(1+3x)-f]+[1+3x]$; ajouter cette quantité à d, & multiplier le tout par $1+9x$, puis faire la somme des deux mises égales à e.

Il est évident que, quel que soit le nombre des intéressés, on pourra employer la même méthode pour trouver le gain ou la perte de chacun. Ainsi, nous n'en dirons pas davantage sur cette matière. Nous aurions voulu employer un langage plus à la portée de tout le monde que le langage algébrique; mais nous aurions été beaucoup plus longs, & beaucoup moins clairs: ceux qui entendent cette langue n'auront aucune difficulté à nous suivre.

On peut rapporter aux *règles de compagnie* ou de partage cette question souvent agitée. Un père en mourant laisse sa femme enceinte, & ordonne par son testament que si sa femme accouche d'un fils, elle partagera son bien avec ce fils, de manière que la part du fils soit à celle de la mère comme a à b, & que si elle accouche d'une fille, elle partagera avec la fille, de manière que la part de la mère soit à celle de la fille comme c à d. On suppose qu'elle accouche d'un fils & d'une fille, on demande comment le partage doit se faire.

Soit A le bien total du pere, x, y, z les parts du fils, de la mère & de la fille. Il est évident, 1.° que $x + y + z = A$; 2.° que suivant l'intention du testateur, x doit être à y comme a est à b. Donc $y = \frac{bx}{a}$; 3.° que, suivant l'intention du même testateur, y doit être à z comme c à d. Donc $z = \frac{dy}{c} = \frac{dbx}{ac}$. Donc $x + \frac{bx}{a} + \frac{dbx}{ac} = A$. Equation qui servira à résoudre le problême.

Plusieurs arithméticiens ont écrit sur cette question qui les a fort embarrassés. La raison de leur difficulté étoit qu'ils vouloient la résoudre de manière que les deux parts du fils & de la fille fussent entr'elles comme a est à d, & qu'outre cela la part du fils fût à celle de la mère comme a est à b, & celle de la mère à celle de la fille comme c est à d. Or cela ne peut avoir lieu quand $b = c$. Leur difficulté se seroit évanouie s'ils avoient pris garde que le cas du fils & de la fille n'ayant été nullement prévu par le testateur, il n'a eu aucune intention de régler le partage entre le fils & la fille, c'est uniquement entre le fils & la mère, ou entre la fille & la mère, qu'il a voulu faire un partage. Ainsi, en faisant $x : y :: a : b$, & $y : z :: c : d$, on a satisfait à la question suivant l'intention du testateur, & il ne faut point s'embarrasser du rapport qu'il doit y avoir entre x & z. Une preuve que ce prétendu rapport est illusoire, c'est que si, au lieu du rapport de c à d, on mettoit celui de nc à nd, qui lui est égal, il faudroit donc alors que x & z, au lieu d'être entr'eux comme a est à d, fussent entr'eux comme a est à nd. Ainsi, comme n peut être pris pour un nombre quelconque, la question auroit une infinité de solutions, ce qui seroit ridicule. (*O*)

COMPAS, s. m. (*Géom.*), instrument de Mathématique, dont on se sert pour décrire des cercles & mesurer des lignes, *&c.* *Voyez* CERCLE, LIGNE, *&c.*

Le *compas* ordinaire est composé de deux jambes ou branches de laiton, de fer ou de quelque autre métal, pointues par en-bas, & jointes en-haut par un rivet sur lequel elles se meuvent comme sur un centre.

On attribue l'invention du *compas* à Talaüs, neveu de Dédale par sa sœur. Selon les poëtes, Dédale conçut une telle envie contre Talaüs, qu'il le tua. L'auteur du labyrinthe de Crète ne devoit pourtant point être jaloux d'un *compas*.

Nous avons aujourd'hui des *compas* de différentes espèces & constructions, comme des:

COMPAS *à trois branches*. Leur construction est semblable à celle des *compas* ordinaires, excepté qu'ils ont une branche de plus. Ils servent à prendre trois points à-la-fois, & ainsi à former des triangles, à placer trois positions à-la-fois d'une carte que l'on veut copier, *&c.*

Le *compas à verge* consiste en une longue branche ou verge, portant deux curseurs ou boîtes de laiton, l'une fixée à un bout, l'autre pouvant glisser le long de la verge avec une vis, pour l'assujettir suivant le besoin. On peut visser à ses curseurs des pointes de toute espèce, soit d'acier ou de quelque autre chose semblable. On s'en sert pour décrire de grands cercles ou prendre de grandes longueurs.

Le *compas d'artisan* est fort & solide, son usage ordinaire étant de servir à couper le carton, le cuivre, *&c.* Il est traversé par un quart de cercle, afin qu'on puisse l'arrêter fixement à une ouverture, en serrant une vis qui appuie sur le quart de cercle.

Le *compas à l'allemande* a ses branches un peu courbées, en sorte que les pointes ne se joignent que par les bouts.

COMPAS *à pointes changeantes*. On appelle ainsi des *compas* qui ont différentes pointes, que l'on peut ôter & remettre selon le besoin. Ils sont fort utiles dans les dessins d'Architecture, où il s'agit assez souvent de faire des traits bien formés, bien distincts & très-déliés.

COMPAS *à ressort*. Ce *compas* est fait tout d'acier trempé, & sa tête est contournée de manière qu'il s'ouvre de lui-même par son ressort; la vis qui le traverse en arc sert à l'ouvrir & à le fermer à volonté par le moyen d'un écrou. Cette sorte de *compas* est fort commode pour prendre de petites mesures & faire de petites divisions; mais ils doivent être un peu courts, & trempés de manière qu'ils fassent bien ressort & qu'ils ne cassent pas.

COMPAS *à pointes tournantes*: c'est une nouvelle invention de *compas* pour éviter l'embarras de changer de pointes; son corps est semblable au *compas* ordinaire; vers le bas & en-dehors, on ajoute aux pointes ordinaires deux autres pointes, dont l'une porte un crayon, & l'autre sert de plume; elles sont ajustées toutes deux de manière qu'on puisse les tourner au besoin.

Quant à la trempe de ces *compas*, les pointes des petits se trempent par le moyen d'un chalumeau & d'une lampe; on les fait chauffer jusqu'à ce qu'ils soient rouges; on les laisse refroidir, & elles sont trempées, c'est-à-dire durcies. Les pointes plus grosses se trempent au feu de charbon & avec le chalumeau; on les chauffe jusqu'à ce qu'elles soient d'un rouge cerise, & on les plonge ensuite dans l'eau. (*Harris & Chambers.*)

Compas *de proportion*. Cet instrument de Mathématique, que les Anglois appellent *secteur*, est d'un grand usage pour trouver des proportions entre des quantités de même espèce, comme entre lignes & lignes, surfaces & surfaces, *&c.*; c'est pourquoi on l'appelle en France *compas de proportion.*

Le grand avantage du *compas de proportion* sur les échelles communes, consiste en ce qu'il est fait de telle sorte, qu'il convient à tous les rayons & à toutes les échelles. Par les lignes des cordes, des sinus, *&c.*, qui sont sur le *compas de proportion*, on a les lignes des cordes, des sinus, *&c.*, d'un rayon quelconque, comprises entre la longueur & la largeur du *secteur* ou *compas de proportion* quand il est ouvert. *Voyez* Echelle & Ligne.

Le *compas de proportion* est fondé sur la quatrième proposition du sixième livre d'Euclide, où il est démontré que les triangles semblables ont leurs côtés homologues proportionnels. Voici comment on peut en prendre une idée. Supposons que les lignes *A B*, *A C* (*Pl. Géom. fig. 38*) soient les jambes du *compas*, & que *A D*, *A E* représentent deux sections égales qui passent par le centre ou qui partent du centre; si alors on joint les points *C*, *B* & *D*, *E*, les lignes *CB*, *DE* seront parallèles : c'est pourquoi les triangles *A D E*, *A B C* sont semblables, & par conséquent les côtés *A D*, *D E*, *A B* & *B C* sont proportionnels; c'est-à-dire que *A D. D E* : : *A B. B C*: donc si *A D* est la moitié, le tiers ou le quart de *A B*, *D E* sera aussi la moitié, le tiers ou le quart de *B C*. Il en est de même de tout le reste. C'est pourquoi si *A D* est corde, sinus ou tangente d'un nombre quelconque de degrés pour le rayon *A B*, *D E* sera la même chose pour le rayon *B C*. *Voy.* Corde, Sinus, *&c.*

Description du compas de proportion. Cet instrument consiste en deux règles ou jambes égales de cuivre ou d'autre matière, rivées l'une à l'autre, en sorte néanmoins qu'elles peuvent tourner librement sur leur charnière. *Voyez* sa figure (*Plan. géom. fig. 39*). Sur les faces de cet instrument sont tracées plusieurs lignes, dont les principales sont la ligne des parties égales, la ligne des cordes, la ligne des sinus, la ligne des tangentes, la ligne des sécantes & la ligne des polygones.

La ligne des parties égales, que l'on appelle aussi *ligne des lignes*, marquée *L*, est une ligne divisée en 100 parties égales; & quand la longueur de la jambe le permet, chaque partie est subdivisée en moitiés & quarts. Cette ligne se trouve sur chaque jambe du *compas* & du même côté, avec les divisions marquées 1, 2, 3, 4, *&c.*, jusqu'à 10, qui est vers l'extrémité de chaque jambe. Remarquez que dans la pratique, 1 est pris pour 10, ou 100, ou 1000, ou 10000, *&c.*, suivant le besoin; en ce cas, 2 représente 20, ou 200, ou 2000, *&c.*, & ainsi du reste. La ligne des cordes marquée *C* sur chaque jambe est divisée suivant la manière ordinaire, & numérotée 10, 20, 30, *&c.*, jusqu'à 60. *Voyez* Corde. La ligne des sinus, marquée sur chaque jambe par la lettre *S*, est une ligne des sinus naturels, numérotée 10, 20, 30, *&c.*, jusqu'à 90. *Voyez* Sinus.

La ligne des tangentes, marquée sur chaque jambe par la lettre *T*, est une ligne des tangentes naturelles, numérotée 10, 20, 30, *&c.*, jusqu'à 45. Outre cela, il y a une autre petite ligne des tangentes sur chaque jambe, qui commence à 48° & s'étend jusqu'à 75°; elle est marquée par la lettre *t*. *Voyez* Tangente. La ligne des sécantes, marquée sur chaque jambe par la lettre *S*, est une ligne des sécantes naturelles, numérotée 10, 20, 30, *&c.*, jusqu'à 75. Cette ligne ne part pas du centre de l'instrument; son commencement en est distant de deux pouces. *Voyez* Sécante. La ligne des polygones, marquée par la lettre *P* sur chaque jambe, est numérotée 4, 5, 6, *&c.*, jusqu'à 12; elle commence à trois pouces du centre de l'instrument. *Voyez* Polygone.

Outre ces lignes, qui sont essentielles au *compas de proportion*, il y en a d'autres proche de ses bords extérieurs sur l'une & l'autre face, & parallèles à ces bords; elles servent aussi à des usages particuliers dont nous parlerons.

Les lignes que l'on trouve par le moyen du *compas de proportion* sont de deux espèces; elles sont latérales ou parallèles. Les premières sont celles que l'on trouve sur la longueur des côtés de cet instrument, comme *A B*, *A C* (*fig. 38*); & les dernières, celles qui traversent d'une jambe à l'autre, comme *D E*, *C B*. Remarquez que l'ordre ou l'arrangement des lignes sur les *compas de proportion* les plus modernes, est différent de celui qui est observé sur les anciens; car la même ligne n'est pas mise aujourd'hui à la même distance du bord de chaque côté : mais la ligne des cordes, par exemple, est la plus intérieure d'un côté, & la ligne des tangentes sur l'autre. L'avantage en est que quand l'instrument est mis à un rayon pour les cordes, il sert aussi pour les sinus & les tangentes, sans que l'on soit obligé d'en changer l'ouverture; car la parallèle entre les nombres 60 & 60 des cordes, celle qui est entre les nombres 90 & 90 des sinus, & celle qui est entre les nombres 45 & 45 des tangentes, sont toutes égales. (*Chambers.*)

La description que l'on vient de donner de cet instrument, est conforme à la construction angloise. Les *compas de proportion* qui composent ce que l'on appelle en France *un étui de Mathématiques*, consistent aussi en deux règles assemblées comme ci-dessus, dont chacune a pour l'ordinaire 6 pouces de long, 6 à 7 lignes de large, & environ 2 lignes d'épaisseur. On en fait de plus petits, pour avoir la commodité de les porter dans la poche, & de plus grands pour travailler sur le terrein, dont on proportionne la largeur & l'épaisseur. On a coutume d'y tracer 6 sortes de lignes; savoir, la ligne des parties égales, celle des plans & celle des polygones d'un côté; la ligne des cordes, celle des solides & celle des métaux de l'autre côté des jambes de cet instrument.

On met encore ordinairement sur le bord d'un côté une ligne divisée, qui sert à connoître le calibre des canons, & de l'autre côté une ligne qui sert à connoître le diamètre & le poids des boulets de fer, depuis un quart jusqu'à 64 livres.

Usage de la ligne des parties égales du compas de proportion. Pour diviser une ligne donnée en un nombre quelconque des parties égales, par exemple en sept, prenez la ligne donnée avec votre *compas;* mettez une de ses pointes sur une division de la ligne des parties égales, en sorte que cette longueur puisse être exactement divisée par 7; mettez-la, par exemple, sur 70, dont la septième partie est 10; ouvrez la section ou plutôt le *compas de proportion*, jusqu'à ce que l'autre pointe tombe exactement sur le nombre 70 de la même ligne des parties égales tracées sur l'autre jambe: dans cette disposition, si l'on met une pointe du *compas* au nombre 10 de la même ligne, & qu'on lui donne une ouverture telle que son autre pointe tombe au nombre 10 de la même ligne tracée sur l'autre jambe, cette ouverture sera la septième partie de la ligne donnée. Remarquez que si la ligne à diviser est trop longue pour être appliquée aux jambes du *compas de proportion*, on en divisera seulement une moitié ou une quatrième partie par 7, & le double ou le quadruple de cette ligne sera la septième partie de la ligne totale.

2.° Pour mesurer les lignes du périmètre d'un polygone, dont un des côtés contient un nombre donné de parties égales, prenez la ligne donnée avec votre *compas*, & mettez-la sur la ligne des parties égales, au nombre de parties sur chaque côté qui exprime sa longueur; le *compas de proportion* restant dans cet état, mettez la longueur de chacune des autres lignes parallélement à la première, & les nombres où chacune d'elles tombera exprimeront la longueur de ces lignes.

3.° Une ligne droite étant donnée & le nombre des parties qu'elle contient, par exemple 120, pour en retrancher une plus petite qui contienne un nombre quelconque des mêmes parties égales, par exemple 25, prenez la ligne donnée avec le *compas* ordinaire; ouvrez le *compas de proportion* jusqu'à ce que les deux pointes tombent sur 120 de chaque côté; alors la distance de 25 à 25 donnera la ligne demandée.

4.° Pour trouver une troisième proportionnelle à deux lignes données ou une quatrième à trois, dans le premier cas, prenez, avec votre *compas*, la longueur de la première ligne donnée, & mettez-la sur la ligne des parties égales depuis le centre jusqu'au nombre où elle se termine; alors ouvrez le *compas de proportion*, jusqu'à ce que la longueur de la seconde ligne soit renfermée dans l'ouverture comprise entre les extrémités de la première. Le *compas de proportion* restant ainsi ouvert, mettez la longueur de la seconde ligne sur l'une des jambes de l'instrument, en commençant au centre, & remarquez où elle se termine; la distance qui est comprise entre ce nombre & le même qui lui répond sur l'autre jambe, donne la troisième proportionnelle: dans le second cas, prenez la seconde ligne avec votre *compas;* & ouvrant le *compas de proportion*, appliquez cette étendue aux extrémités de la première que l'on a portée sur les deux jambes de l'instrument depuis le centre. Le *compas de proportion* restant ainsi ouvert, portez la troisième ligne comme ci-dessus depuis le centre; alors l'étendue qui est entre le nombre où elle se termine sur les deux jambes, est la quatrième proportionnelle.

5.° Pour diviser une ligne en une raison donnée quelconque, par exemple en deux parties qui soient l'une à l'autre comme 40 est à 70, ajoutez ensemble les deux nombres donnés, leur somme est 110; alors prenez avec votre *compas* la ligne proposée que l'on suppose 165, & ouvrez l'instrument jusqu'à ce que cette distance s'étende de 110 à 110 sur les deux jambes; le secteur demeurant ainsi ouvert, prenez la distance de 40 à 40, comme aussi celle de 70 à 70; la première donnera 60 & la dernière 105, qui seront les parties que l'on proposoit de trouver; car 40 . 70 : : 60 . 105.

6.° Pour ouvrir le *compas de proportion* de sorte que les deux lignes des parties égales fassent un angle droit, trouvez trois nombres comme 3, 4 & 5, ou leurs équimultiples, 60, 80, 100, qui puissent exprimer les côtés d'un triangle rectangle; prenez alors avec votre *compas* la distance du centre à 100, & ouvrez l'instrument jusqu'à ce qu'une des pointes de votre *compas* étant mise sur 80, l'autre pointe tombe sur le point 60 de l'autre jambe; alors les deux lignes des parties égales renferment un angle droit.

7.° Pour trouver une ligne droite égale à la circonférence d'un cercle, comme le diamètre d'un cercle est à sa circonférence à-peu-près comme 50 est à 157; prenez le diamètre avec votre *compas*, & mettez ce diamètre sur les jambes de l'instrument de 50 à 50; en le laissant ainsi ouvert, prenez avec le *compas* la distance de 157 à 157, elle sera la circonférence demandée.

Usage de la ligne des cordes du compas de proportion. 1.° Pour ouvrir cet instrument en sorte que les deux lignes des cordes fassent un angle d'un nombre quelconque de degrés, par exemple 40, prenez sur la ligne des cordes la distance depuis la charnière jusqu'à 40, nombre des degrés proposés; ouvrez l'instrument jusqu'à ce que la distance de 60 à 60 sur chaque jambe soit égale à la distance susdite de 40; alors la ligne des cordes fait l'angle requis.

2.° L'instrument étant ouvert, pour trouver les degrés de son ouverture, prenez l'étendue de 60 à 60; mettez-la sur la ligne des cordes en commençant au centre, le nombre où elle se terminera fera voir les degrés de son ouverture. En mettant des visières ou des pinnules sur la ligne des cordes, le *compas de proportion* peut servir à prendre des angles sur le terrein, de même que l'équerre d'arpenteur, le demi-cercle ou le graphomètre.

3.° Pour faire un angle d'un nombre donné de degré quelconque sur une ligne donnée, décrivez sur la ligne donnée un arc de cercle dont le centre est le point où doit être le sommet de l'angle; mettez le rayon de 60 à 60; & l'instrument restant dans cette situation, prenez sur chaque jambe la distance des deux nombres qui expriment les degrés proposés, & portez-la de la ligne donnée sur l'arc qui a été décrit; enfin tirant une ligne du centre par l'extrémité de l'arc, cette ligne fera l'angle proposé.

4.° Pour trouver les degrés que contient un angle donné, autour du sommet décrivez un arc, & ouvrez le *compas de proportion* jusqu'à ce que la distance de 60 à 60 sur chaque jambe soit égale au rayon du cercle; prenant alors avec le *compas* ordinaire la corde de l'arc, & la portant sur les jambes de cet instrument, voyez à quel même nombre de degrés sur chaque jambe tombent les pointes du *compas*; ce nombre est la quantité de degrés que contient l'angle donné.

5.° Pour retrancher un arc d'une grandeur quelconque de la circonférence d'un cercle, ouvrez l'instrument jusqu'à ce que la distance de 60 à 60 soit égale au rayon du cercle donné; prenez alors l'étendue de la corde du nombre de degrés donné sur chaque jambe de l'instrument, & mettez-la sur la circonférence du cercle donné. Par ce moyen, on peut inscrire dans un cercle donné un polygone régulier quelconque, aussi-bien que par la ligne des polygones.

Usage de la ligne des polygones du compas de proportion. 1.° Pour inscrire un polygone régulier dans un cercle donné, prenez avec le *compas* ordinaire le rayon du cercle donné, & ajustez-le au nombre 6 de la ligne des polygones sur chaque jambe de l'instrument; en le laissant ainsi ouvert, prenez la distance des deux mêmes nombres qui expriment le nombre des côtés que doit avoir le polygone; par exemple, la distance de 5 à 5 pour un pentagone, de 7 à 7 pour un eptagone, &c., ces distances portées autour de la circonférence du cercle, la diviseront en un pareil nombre de parties égales.

2.° Pour décrire un polygone régulier, par exemple un pentagone, sur une ligne droite donnée, avec le *compas* ordinaire, prenez la longueur de la ligne, appliquez-la à l'étendue des nombres 5, 5 sur les lignes des polygones; l'instrument demeurant ainsi ouvert, prenez sur les mêmes lignes l'étendue de 6 à 6: cette distance sera le rayon du cercle dans lequel le polygone proposé doit être inscrit; alors si des extrémités de la ligne donnée l'on décrit avec ce rayon deux arcs de cercle, leur intersection sera le centre du cercle cherché.

3.° Pour décrire sur une ligne droite un triangle isocèle, dont les angles sur la base soient doubles chacun de l'angle au sommet, ouvrez l'instrument jusqu'à ce que les extrémités de la ligne donnée tombent sur les points 10 & 10 de chaque jambe; prenez alors la distance de 6 à 6, elle sera la longueur de chacun des deux côtés égaux du triangle cherché.

Usage de la ligne des plans du compas de proportion. On voudroit construire un triangle *A B C* semblable au triangle donné *a b c*, & triple en surface (*Planc. d'Arpentage, fig. 13.*); il n'y a qu'à prendre avec un *compas* commun la longueur du côté *a b*, la porter sur la ligne des plans à l'ouverture du premier plan: le *compas de proportion* restant ainsi ouvert, on prendra avec le *compas* commun l'ouverture du troisième plan, & l'on aura la longueur du côté homologue au côté *a b*: on trouvera de la même manière les côtés homologues aux deux autres côtés du triangle proposé, & de ces trois côtés l'on en formera le triangle *A B C*, qui sera semblable au triangle donné *a b c*, & triple en surface.

Si le plan proposé a plus de trois côtés, on le réduira en triangles par une ou plusieurs diagonales: si c'est un cercle qu'il s'agisse de diminuer ou d'augmenter, on fera sur son diamètre l'opération que nous venons de décrire.

Etant données deux figures planes semblables (*fig. 14.*), trouver quel rapport elles ont entre elles.

Prenez lequel vous voudrez des côtés de l'une de ces figures, & le portez à l'ouverture de quelque plan; prenez ensuite le côté homologue de l'autre figure, & voyez à l'ouverture de quel plan il convient; les deux nombres auxquels conviennent les deux côtés homologues, expriment la raison que les plans proposés ont entr'eux: si le côté *a b*, par exemple, de la plus petite convient au quatrième plan, & que le côté homologue *A B* de l'autre convienne au sixième plan, les deux plans proposés seront entr'eux comme 4 est à 6, ou comme 2 est à 3. Mais si le côté d'une figure ayant été mis à l'ouverture d'un plan, le côté homologue ne peut s'ajuster à l'ouverture d'aucun nombre entier, il faudra mettre ledit côté de la première figure à l'ouverture de quelque autre plan, jusqu'à ce qu'on trouve un nombre entier dont l'ouverture convienne à la longueur du côté homologue de l'autre figure, afin d'éviter les fractions.

Si les figures proposées sont si grandes qu'aucun de leurs côtés ne se puisse appliquer à l'ouverture des jambes du *compas de proportion*, prenez les moitiés, les tiers ou les quarts, &c., de chacun des deux côtés homologues desdites figures; & les comparant ensemble, vous aurez la proportion des plans.

Entre deux lignes droites données trouver une moyenne proportionnelle.

Portez chacune des deux lignes données sur la ligne des parties égales du *compas de proportion*, afin de savoir le nombre que chacune en contient; & supposé, par exemple, que la moindre ligne soit de 20 parties égales, & la plus grande de 45, portez cette plus grande à l'ouverture du quarante-cinquième plan, qui dénote le nombre de ses parties: le *compas de proportion* restant ainsi ouvert, prenez l'ouverture du vingtième plan, qui marque le nombre des parties égales de la plus petite ligne; cette ouverture qui doit contenir trente des mêmes parties, donnera la moyenne proportionnelle; car 20 sont à 30 comme 30 sont à 45.

Mais comme le plus grand nombre de la ligne des plans est 64, si quelqu'une des lignes proposées contenoit un plus grand nombre de parties égales, on pourroit faire ladite opération sur leurs moitiés, tiers ou quarts, &c., en cette sorte: supposant, par exemple, que la moindre des lignes proposées soit de 32 & l'autre de 72, portez la moitié de la grande ligne à l'ouverture du trente-sixième plan, & prenez l'ouverture du seizième; cette ouverture étant doublée donnera la moyenne proportionnelle que l'on cherche.

Usage de la ligne des solides du compas de proportion. Augmenter ou diminuer des solides semblables quelconques selon une raison donnée.

Soit proposé, par exemple, un cube duquel on en demande un qui soit double en solidité; portez le côté du cube donné sur la ligne des solides à l'ouverture de tel nombre que vous voudrez, comme, par exemple, de 20 à 20; prenez ensuite l'ouverture d'un nombre double, comme est en cet exemple le nombre 40; cette ouverture est le côté d'un cube double du proposé.

Si l'on propose un globe ou sphère, & qu'on veuille en faire une autre qui soit trois fois plus grosse, portez le diamètre de la sphère proposée à l'ouverture de tel nombre qui vous plaira, comme par exemple de 20 à 20, & prenez l'ouverture de 60, ce sera le diamètre d'une autre sphère triple en solidité.

Si les lignes sont trop grandes pour être appliquées à l'ouverture du *compas de proportion*, prenez-en la moitié, le tiers ou le quart; ce qui en proviendra après l'opération, sera moitié, tiers ou quart des dimensions que l'on demande.

Etant donnés deux corps semblables, trouver quel rapport ils ont entr'eux.

Prenez lequel vous voudrez des côtés de l'un des corps proposés; & l'ayant porté à l'ouverture de quelque solide, prenez le côté homologue de l'autre corps, & voyez à quel nombre des solides il convient; les nombres auxquels ces deux côtés homologues conviennent, indiquent le rapport de deux corps semblables proposés.

Si le premier ayant été mis à l'ouverture de quelque solide, le côté homologue du second ne peut s'accommoder à l'ouverture d'aucun nombre, portez le côté du premier corps à l'ouverture de quelque autre solide, jusqu'à ce que le côté homologue du second corps s'accommode à l'ouverture de quelque nombre des solides.

Usage de la ligne des métaux. Etant donné le diamètre d'un globe ou boulet de quelqu'un des six métaux, trouver le diamètre d'un autre globe de même poids & duquel on voudra desdits métaux.

Prenez le diamètre donné & le portez à l'ouverture des deux points marqués du caractère qui dénote le métal du boulet; & le *compas de proportion* demeurant ainsi ouvert, prenez l'ouverture des points cottés du caractère qui signifie le métal dont on veut faire le boulet: cette ouverture sera son diamètre.

Si au lieu de globes on propose des corps semblables ayant plusieurs faces, faites la même opération que ci-dessus, pour trouver chacun des côtés homologues les uns après les autres, afin d'avoir les longueurs, largeurs & épaisseurs des corps qu'on veut construire.

Usages des lignes des sinus, des tangentes, des sécantes, lorsqu'il y en a de tracées sur le compas de proportion. Par plusieurs lignes qui sont placées sur cet instrument, nous avons des échelles pour différens rayons; en sorte qu'ayant une longueur ou un rayon donné qui n'excede pas la plus grande étendue de l'ouverture de l'instrument, on en trouve les cordes, les sinus, &c. Par exemple, supposons que l'on demande la corde, le sinus ou la tangente de dix degrés pour un rayon de trois pouces, donnez trois pouces à l'ouverture de l'instrument entre 60 & 60 sur les lignes des cordes des deux jambes; alors la même longueur s'étendra de 45 à 45 sur la ligne des tangentes, & de 90 à 90 sur la ligne des sinus de l'autre côté de l'instrument; en sorte que la ligne des cordes étant mise à un rayon quelconque, toutes les autres se trouvent mises au même rayon. C'est pourquoi si, dans cette disposition, on prend avec le *compas* ordinaire l'ouverture entre 10 & 10 sur les lignes des cordes, cela donnera la corde de dix degrés; en prenant de la même manière l'ouverture de 10 en 10 sur les lignes des sinus, on aura le sinus de dix degrés; enfin si l'on prend encore de la même manière l'ouverture de 10 en 10 sur les lignes des tangentes, cette distance donnera la tangente de dix degrés.

Si l'on veut la corde ou la tangente de 70 degrés, pour la corde on peut prendre l'ouverture de la moitié de cet arc, c'est-à-dire 35; cette distance prise deux fois donne la corde de 70^d. Pour trouver la tangente de 70^d pour le même rayon, on doit faire usage de la petite ligne des tangentes, l'autre s'étendant seulement jusqu'à 45^d; c'est pourquoi, donnant trois pouces à l'ouverture entre 45 & 45 sur cette petite ligne, la distance en 70 & 70 degrés sur la même ligne sera la tangente de 70 degrés pour un rayon de trois pouces.

Pour trouver la sécante d'un arc, faites que le

rayon donné soit l'ouverture de l'instrument entre o & o sur la ligne des sécantes; alors l'ouverture de 10 en 10 ou de 70 entre 70 sur lesdites lignes, donnera la sécante de 10 ou de 70 degrés.

Si l'on demande la converse de quelqu'un des cas précédens, c'est-à-dire, si l'on demande le rayon dont une ligne donnée est le sinus, la tangente ou la sécante, il n'y a qu'à faire que la ligne donnée, si c'est une corde, soit l'ouverture de la ligne des cordes entre 10 & 10; alors l'instrument sera ouvert au rayon requis, c'est-à-dire que le rayon demandé est l'ouverture entre 60 & 60 sur ladite ligne. Si la ligne donnée est un sinus, une tangente ou une sécante, il n'y a qu'à faire qu'elle soit l'ouverture du nombre donné de degrés; alors la distance de 90 à 90 sur les sinus, de 45 à 45 sur les tangentes, de o à o sur les sécantes, donnera le rayon.

Usage du compas de proportion en Trigonométrie. 1.° La base & la perpendiculaire d'un triangle rectangle étant données, trouver l'hypothénuse.

Supposons la base *A C* (*Pl. Trigonom. fig.* 2.) = 40 milles, & la perpendiculaire *A B* = 30; ouvrez l'instrument jusqu'à ce que les deux lignes des lignes, c'est-à-dire les deux lignes des parties égales, fassent un angle droit; puis prenez pour la base 40 parties de la ligne des parties égales sur une jambe, & pour la perpendiculaire 30 parties de la même ligne sur l'autre jambe; alors la distance du nombre 40 sur l'une des jambes, au nombre 30 sur l'autre jambe, étant prise avec le *compas* ordinaire, sera la longueur de l'hypothénuse : cette ligne se trouvera = 50 milles.

2.° Etant donnée la perpendiculaire *A B* d'un triangle rectangle *A B C* = 30, & l'angle *B C A* = 37^d, pour trouver l'hypothénuse *B C*, prenez le côté *A B* donné, & mettez-le de chaque côté sur le sinus de l'angle donné *A C B*; alors la distance parallèle du rayon, ou la distance de 90 à 90, sera l'hypothénuse *B C*, laquelle mesurera 50 sur la ligne des sinus.

3.° L'hypothénuse & la base étant donnés, trouver la perpendiculaire. Ouvrez l'instrument jusqu'à ce que les deux lignes des lignes soient à angles droits; alors mettez la base donnée sur l'une de ces lignes depuis le centre; prenez l'hypothénuse avec votre *compas*; & mettant l'une de ses pointes à l'extrémité de la base donnée, faites que l'autre pointe tombe sur la ligne des lignes de l'autre jambe : la distance depuis le centre jusqu'au point où le *compas* tombe, sera la longueur de la perpendiculaire.

4.° L'hypothénuse étant donnée & l'angle *A C B*, trouver la perpendiculaire. Faites que l'hypothénuse donnée soit un rayon parallèle, c'est-à-dire, étendez-la de 90 à 90 sur les lignes des lignes : alors le sinus parallèle de l'angle *A C B* sera la longueur du côté *A B*.

5.° La base & la perpendiculaire *A B* étant données, trouver l'angle *B C A*. Mettez la base *A C* sur les deux côtés de l'instrument depuis le centre, & remarquez son étendue; alors prenez la perpendiculaire donnée, ouvrez l'instrument à l'étendue de cette perpendiculaire placée aux extrémités de la base; le rayon parallèle sera la tangente de l'angle *B C A*.

6.° En tout triangle rectiligne, deux côtés étant donnés avec l'angle compris entre ces côtés, trouver le troisième côté. Supposez le côté *A C* = 20, le côté *B C* = 30, & l'angle compris *A C B* = 110 degrés; ouvrez l'instrument jusqu'à ce que les deux lignes des lignes fassent un angle égal à l'angle donné, c'est-à-dire un angle de 110 degrés; mettez les côtés donnés du triangle depuis le centre de l'instrument sur chaque ligne des lignes; l'étendue entre leurs extrémités est la longueur du côté *A B* cherché.

7.° Les angles *C A B* & *A C B* étant donnés avec le côté *C B*, trouver la base *A B*. Prenez le côté *C B* donné, & regardez-le comme le sinus parallèle de son angle opposé *C A B*, & le sinus parallèle de l'angle *A C B* sera la longueur de la base *A B*.

8.° Les trois angles d'un triangle étant donnés, trouver la proportion de ses côtés. Prenez les sinus latéraux de ces différens angles, & mesurez-les sur la ligne des lignes; les nombres qui y répondront donneront la proportion des côtés.

9.° Les trois côtés étant donnés, trouver l'angle *A C B*. Mettez les côtés *A C*, *C B* le long de la ligne des lignes depuis le centre, & placez le côté *A B* à leurs extrémités; l'ouverture de ces lignes fait que l'instrument est ouvert de la grandeur de l'angle *A C B*.

10.° L'hypothénuse *A C* (*fig.* 3.) d'un triangle rectangle sphérique *A B C* donné, par exemple, de 43°, & l'angle *C A B* de 20^d, trouver le côté *C B*. La règle est de faire cette proportion : comme le rayon est au sinus de l'hypothénuse donnée = 43^d, ainsi le sinus de l'angle donné = 20^d, est au sinus la perpendiculaire *C B*. Prenez alors 20^d avec votre *compas* sur la ligne des sinus depuis le centre, & mettez cette étendue de 90 à 90 sur les deux jambes de l'instrument; le sinus parallèle de 43^d, qui est l'hypothénuse donnée, étant mesuré depuis le centre sur la ligne des sinus, donnera $13^d\ 30'$ pour le côté cherché.

11.° La perpendiculaire *B C* & l'hypothénuse *A C* étant données, pour trouver la base *A B*, faites cette proportion : comme le sinus du complément de la perpendiculaire *B C* est au rayon, ainsi le sinus du complément de l'hypothénuse est au sinus du complement de la base. C'est pourquoi, faites que le rayon soit le sinus parallèle de la perpendiculaire donnée, par exemple, de $76^d\ 30'$; alors le sinus parallèle du complément de l'hypothénuse, par exemple de 47^d, étant mesuré sur la ligne des sinus, sera trouvé de $49^d\ 25'$, qui est le complément de la base cherchée, & par conséquent la base elle-même sera de $40^d\ 35'$.

Usages particuliers du compas de proportion en

Géométrie, &c. 1.° Pour faire un polygone régulier dont l'aire doit être d'une grandeur donnée quelconque, supposons que la figure cherchée soit un pentagone dont l'aire = 125 pieds; tirez la racine quarrée de $\frac{1}{5}$ de 125 que l'on trouvera = 5; faites un quarré dont le côté ait 5 pieds; & par la ligne des polygones, ainsi qu'on l'a déjà prescrit, faites le triangle isocèle *C G D* (*Planches géom. fig.* 40), tel que *C G* étant le demi-diamètre d'un cercle, *C D* puisse être le côté d'un pentagone régulier inscrit à ce cercle, & abaissez la perpendiculaire *G E*; alors continuant les lignes *E G*, *E C*, faites *E F* égal au côté du quarré que vous avez construit, & du point *F* tirez la ligne droite *F H* parallèle à *G C*: une moyenne proportionnelle entre *H E* & *E F*, sera égale à la moitié du côté du polygone cherché; en le doublant, on aura donc le côté entier. Le côté du pentagone étant ainsi déterminé, on pourra décrire le pentagone lui-même, ainsi qu'on l'a prescrit ci-dessus.

2.° Un cercle étant donné, trouver un quarré qui lui soit égal. Divisez le diamètre en 14 parties égales, en vous servant de la ligne des lignes, comme on l'a dit; alors 12 · 4 de ces parties trouvées par la même ligne seront le côté du quarré cherché.

3.° Un quarré étant donné, pour trouver le diamètre d'un cercle égal à ce quarré, divisez le côté du quarré en 11 parties égales par le moyen de la ligne des lignes, & continuez ce côté jusqu'à 12 · 4 parties; ce sera le diamètre du cercle cherché.

4.° Pour trouver le côté d'un quarré égal à une ellipse dont les diamètres transverses & conjugués sont donnés, trouvez une moyenne proportionnelle entre le diamètre transverse & le diamètre conjugué, divisez-la en 14 parties égales; 12 $\frac{4}{10}$ de ces parties seront le côté du quarré cherché.

5.° Pour décrire une ellipse dont les diamètres aient un rapport quelconque, & qui soit égale en surface à un quarré donné, supposons que le rapport requis du diamètre transverse au diamètre conjugué, soit égal au rapport de 2 à 1; divisez le côté du quarré donné en 11 parties égales; alors comme 2 est 1, ainsi 11 × 14 = 154 est à un quatrième nombre, dont le quarré est le diamètre conjugué cherché; puis comme 1 est à 2, ainsi le diamètre conjugué est au diamètre transverse. Présentement,

6.° Pour décrire une ellipse dont les diamètres transverse & conjugué sont donnés, supposons que *A B* & *E D* (*Planches des coniq. fig.* 21.) soient les diamètres donnés; prenez *A C* avec votre *compas*, donnez à l'instrument une ouverture égale à cette ligne, c'est-à-dire, ouvrez l'instrument jusqu'à ce que la distance de 90 à 90 sur les lignes des sinus, soit égale à la ligne *A C*; alors la ligne *A C* peut être divisée en ligne des sinus, en prenant avec le *compas* les étendues parallèles du sinus de chaque degré sur les jambes de l'instrument, & les mettant depuis le centre *C*. La ligne ainsi divisée en sinus (dans la figure on peut se contenter de la diviser de dix en dix), de chacun de ces sinus élevez des perpendiculaires des deux côtés; alors trouvez de la manière suivante des points par lesquels l'ellipse doit passer: prenez entre les jambes de votre *compas* l'étendue du demi-diamètre conjugué *C E*, & ouvrez l'instrument jusqu'à ce que son ouverture de 90 en 90 sur la ligne des sinus soit égale à cette étendue; prenez alors les sinus parallèles de chaque degré des lignes des sinus du *compas de proportion*, & mettez-les sur ces perpendiculaires tirés par leurs complémens dans les lignes des sinus *A C*; par-là vous aurez deux points dans chaque perpendiculaire par lesquels l'ellipse doit passer. Par exemple, le *compas de proportion* restant toujours le même, prenez avec le *compas* ordinaire la distance de 80 à 80 sur les lignes des sinus; & mettant un pied de ce *compas* au point 10 sur la ligne *A C*, avec l'autre marquez les points *a*, *m* sur les perpendiculaires qui passent par ce point; alors *a* & *m* seront deux points dans la perpendiculaire, par lesquels l'ellipse doit passer. Si l'on joint tous les autres points trouvés de la même manière, ils donneront la demi-ellipse *D A E*. On construira l'autre moitié de la même manière.

Usage du compas de proportion dans l'Arpentage. Etant donnée la position respective de trois lieux, comme *A*, *B*, *C* (*Planches d'Arpent. fig.* 4), c'est-à-dire, étant donnés les trois angles *A B C*, *B C A* & *C A B*; & la distance de chacun de ces endroits à un quatrième point *D* pris entr'eux, c'est-à-dire les distances *B D*, *D C*, *A D* étant données: trouver les distances respectives des différens endroits *A*, *B*, *C*, c'est-à-dire, déterminer les longueurs des côtés *A B*, *B C*, *A C*. Ayant fait le triangle *E F G* (*fig.* 5), semblable au triangle *A B C*, divisez le côté *E G* en *H*, de telle sorte que *E H* soit à *H G*, comme *A D* est à *D C*, ainsi qu'on l'a déjà prescrit; & de la même manière *E F* doit être divisé en *I*, tellement que *E I* soit à *I F*, comme *A D* est à *D B*. Alors continuant les côtés *E G*, *E F*, dites: comme *E H* — *H G* est à *H G*, ainsi *E H* + *H G* est à *G K*; & comme *E I* — *I F* est à *I F*, ainsi *E I* + *I F* est à *F M*: ces proportions se trouvent aisément par la ligne des parties égales sur le *compas de proportion*. Cela fait, coupez *H K* & *I M* aux points *L*, *N*, & de ces points, comme centres, avec les distances *L H* & *I N*, décrivez deux cercles qui s'entrecoupent au point *O*, auquel du sommet des angles *E F G*, tirez les lignes droites *E O*, *F O* & *O G* qui auront entr'elles la même proportion que les lignes *A D*, *B D*, *D C*. Présentement, si les lignes *E O*, *F O* & *G O* sont égales aux lignes données *A D*, *B D*, *D C*, les distances *E F*, *F G* & *E G* seront les distances des lieux que l'on demande. Mais si *E O*, *O F*, *O G* sont plus petites que *A D*, *D B*, *D C*, prolongez-les longez-les jusqu'à ce que PO, OR & OQ leur soient égales ; alors si l'on joint les points P, Q, R, les distances PR, RQ & PQ seront les distances des lieux cherchés. Enfin si les lignes EO, OF, OG sont plus grandes que AD, DB, DC, retranchez-en des parties qui soient égales aux lignes AD, BD, DC, & joignez les points de section par trois lignes droites ; les longueurs de ces trois lignes droites seront les distances des trois endroits cherchés. Remarquez que si EH est égal à HG, ou EI à IF, les centres L & N seront infiniment distans de H & de I, c'est-à-dire qu'aux points H & I, il doit y avoir des perpendiculaires élevées sur les côtés EF, FG, au lieu de cercles, jusqu'à ce qu'elles s'entrecoupent : mais si EH est plus petit que HG, le centre L tombera sur l'autre côté de la base prolongée, & l'on doit entendre la même chose de EI & IF.

Le *compas de proportion* sert particulièrement à faciliter la projection ; tant orthographique que stéréographique. *Voyez* PROJECTION & STÉRÉOGRAPHIE. (*E*)

COMPAS *à coulisse* ou *compas de réduction* : il consiste en deux branches (*Pl. de Géom. fig. 41*), dont les bouts de chacune sont terminés par des pointes d'acier. Ces branches sont évidées dans leur longueur pour admettre une boîte ou coulisse, que l'on puisse faire glisser à volonté dans toute l'étendue de leur longueur ; au milieu de la coulisse, il y a une vis qui sert à assembler les branches & à les fixer au point où l'on veut.

Sur l'une des branches du *compas*, il y a des divisions qui servent à diviser les lignes dans un nombre quelconque de parties égales, pour réduire des figures, *&c.* ; sur l'autre, il y a des nombres pour inscrire toutes sortes de polygones réguliers dans un cercle donné. L'usage de la première branche est aisé. Supposez, par exemple, qu'on veuille diviser une ligne droite en trois parties égales ; poussez la coulisse jusqu'à ce que la vis soit directement sur le nombre 3 ; & l'ayant fixée là, prenez la longueur de la ligne donnée, avec les parties du *compas* les plus longues ; la distance entre les deux plus courtes sera le tiers de la ligne donnée. On peut, de la même manière, diviser une ligne dans un nombre quelconque de parties.

Usage de la branche pour les polygones. Supposez, par exemple, qu'on veuille inscrire un pentagone régulier dans un cercle ; poussez la coulisse jusqu'à ce que le milieu de la vis soit vis-à-vis de 5, nombre des côtés d'un pentagone ; prenez avec les jambes du *compas* les plus courtes le rayon du cercle donné ; l'ouverture des pointes des jambes les plus longues sera le côté du pentagone qu'on vouloit inscrire dans le cercle. On en fera de même pour un polygone quelconque.

COMPAS *de réduction avec les lignes du compas de proportion.* La construction de ce *compas*, quoiqu'un peu plus parfaite que celle du *compas de réduction* ordinaire, lui est cependant si semblable, qu'elle n'a pas besoin d'une description particulière (*fig. 42, pl. de Géométrie*). *Voyez plus haut l'article* COMPAS DE PROPORTION.

Sur la première face, il y a la ligne des cordes, marquées *cordes*, qui s'étend jusqu'à 60 ; & la ligne des lignes, marquées *lignes*, qui est divisée en cent parties inégales, dont chaque dixième partie est numérotée.

Sur l'autre face sont tracées la ligne des sinus qui va jusqu'à 90^d, & la ligne des tangentes jusqu'à 45^d. Sur le premier côté, l'on trouve les tangentes depuis 45 jusqu'à $71^d\ 34'$; sur l'autre, les sécantes, depuis 0^d jusqu'à $70^d\ 30'$.

Manière de se servir de ce compas. 1.° Pour diviser une ligne dans un nombre quelconque de parties égales, moindre que 100 ; divisez 100 par le nombre des parties requises ; faites avancer la coulisse jusqu'à ce que la ligne marquée sur la queue d'aronde mobile soit parvenue vis-à-vis le quotient sur l'échelle des lignes : alors prenant toute la ligne entre les pointes les plus éloignées du centre ; l'ouverture des autres donnera la division cherchée. 2.° Une ligne droite étant donnée, que l'on suppose divisée en 100 parties, pour prendre un nombre quelconque de ces parties, avancez la ligne marquée sur la queue d'aronde jusqu'au nombre des parties requises ; & prenez la ligne entière avec les pointes du *compas* les plus distantes du centre, l'ouverture des deux autres sera égale au nombre des parties demandées. 3.° Un rayon étant donné, trouver la corde de tout arc au-dessous de 60^d ; amenez la ligne marquée sur la queue d'aronde, jusqu'au degré que l'on demande sur la ligne des cordes, & prenez le rayon entre les pointes les plus éloignées du centre de la coulisse ; l'ouverture des autres pointes donnera la corde cherchée, pourvu que l'arc soit au-dessus de 29^d : car s'il étoit au-dessous, la différence du rayon & de cette ouverture seroit alors la corde cherchée. 4.° Si la corde d'un arc au-dessous de 60^d est donnée, & qu'on en cherche le rayon, faites avancer la ligne marquée sur la queue d'aronde, jusqu'au degré proposé sur la ligne des cordes ; prenez ensuite la corde donnée entre les pointes les plus proches du centre, l'ouverture des autres pointes donnera le rayon cherché. 5.° Un rayon étant donné, trouver le sinus d'un arc quelconque ; amenez la ligne marquée sur la queue d'aronde, jusqu'au degré de la ligne des sinus dont on veut avoir le sinus ; prenez le rayon entre les pointes les plus éloignées du centre, l'ouverture des autres donnera le sinus cherché : mais si le sinus cherché étoit au-dessous de 30^d, alors la différence des ouvertures des pointes opposées donneroit le sinus cherché. 6.° Un rayon étant donné, trouver la tangente d'un arc quelconque au-dessous de 71^d, si la tangente cherchée est au-dessous de $26^d\ 30'$; faites glisser la ligne de la queue d'aronde jusqu'au degré proposé sur la ligne des tangentes ; prenez le rayon entre les pointes les plus distantes du centre, l'ouverture des autres donnera la tangente cherchée, si la tangente requise est au-dessus de 26^d 30' : mais au-dessous de 45^d, la ligne de la coulisse doit être amenée jusqu'au nombre de degrés donnés sur la ligne des tangentes; alors, en prenant le rayon entre les pointes les plus distantes du centre, l'ouverture des autres donnera la tangente. (*E*)

COMPAS *sphérique* ou *d'épaisseur.* On se sert de cet instrument pour prendre les diamètres, l'épaisseur, ou le calibre des corps ronds ou cylindriques, tels que des canons, des tuyaux, &c. Ces sortes de *compas* consistent en quatre branches assemblées en un centre, dont deux sont circulaires & deux autres plates, un peu recourbées par les bouts.

Pour s'en servir, on fait entrer une des pointes plates dans le canon, & l'autre par dehors; lesquelles étant serrées, les deux pointes opposées marquent l'épaisseur.

Il y a aussi des *compas sphériques* qui ne diffèrent des *compas* communs, qu'en ce que leurs jambes sont recourbées pour prendre les diamètres des corps ronds. *Chambers.* (*E*)

COMPAS *elliptiques* : ils servent à décrire toutes sortes d'ellipses ou d'ovales. On en a imaginé de différentes sortes, dont la construction est fondée sur différentes propriétés de l'ellipse. Par exemple, soient deux droites *CG*, *GL* (*Pl. Géom. fig.* 43 égales chacune à la moitié de la somme ou de la différence de deux axes *CB*, *CA*, attachées l'une à l'autre par leur extrémité commune *G*, en sorte qu'elles puissent se mouvoir autour de ce point, comme les jambes d'un *compas* autour de sa tête. Soit le point *C* fixe au centre de l'ellipse, & soit *LB* = *CA*; le point *B* décrira l'ellipse. Cette construction est démontrée *article* 69 *des Sections coniques de* M. de l'Hôpital, & nous y renvoyons le lecteur. Au reste, cette espèce de *compas*, ainsi que tous les autres semblables, est assez peu commode par toutes sortes de raisons.

Ceux qui ont besoin de décrire souvent des ellipses & autres sections coniques, dit M. le marquis de l'Hôpital, préfèrent la méthode de les décrire par plusieurs points, parce que les méthodes de les décrire par des mouvemens continus, sont fautives & peu exactes dans la pratique. (*O*)

COMPAS-*azimuthal.* Ce *compas* revient au *compas* de variation, & diffère du *compas* de mer ordinaire de plusieurs manières : en voici la description. *Voyez les figures du Dict. de Marine.* Sur la boîte qui contient la rose est adapté un large cercle dont une moitié est divisée en 90^d, & subdivisée diagonalement en minutes. Sur le cercle est posé un index ou alidade mobile autour du centre, ayant une pinnule élevée perpendiculairement & mobile sur une charnière. Une soie fort fine va du milieu de l'index au haut de la pinnule, pour former une ombre sur la ligne du milieu de l'index. Enfin le cercle est traversé à angles droits par deux fils, des extrémités desquels quatre lignes sont tirées dans l'intérieur de la boîte; & sur la rose, il y a pareillement quatre lignes tirées à angles droits. La boîte ronde, sa rose, le cercle gradué & l'index, tout cela est suspendu sur deux cercles de laiton, & ces cercles sont ajustés dans la boîte quarrée.

Usage du compas azimuthal pour trouver l'azimuth du soleil, ou plutôt son amplitude magnétique, pour en déduire ensuite la variation du compas. Si l'on veut, par exemple, observer l'amplitude orientale du soleil ou son azimuth, on fera parvenir le centre de l'index sur la pointe ouest de la rose, de sorte que les quatre lignes de l'extrémité de la rose répondent aux quatre autres qui sont dans l'intérieur de la boîte. Si, au contraire, on veut observer l'amplitude occidentale, ou l'azimuth après midi, on tournera le centre de l'index directement au-dessus de la pointe est de la rose. Ceci étant fait, on tournera l'index jusqu'à ce que l'ombre du fil tombe positivement sur la fente de la pinnule, & le long de la ligne du milieu de l'index; alors son bord intérieur marquera sur le cercle le degré & la minute de l'amplitude du soleil, prise ou du côté du nord, ou du côté du sud.

Mais l'on remarquera que si le *compas* étant ainsi placé, l'azimuth du soleil se trouve à moins de 45^d du sud, l'index ne marquera plus, passant alors au-delà des divisions du limbe; en ce cas, on tournera le *compas* d'un quart de tour, c'est-à-dire qu'on fera répondre le centre de l'index à la pointe nord ou sud de la rose, selon l'aspect du soleil; alors le bord de l'index marquera le degré de l'azimuth magnétique du soleil, en comptant du nord comme ci-devant. *Voyez* AMPLITUDE.

L'amplitude magnétique étant une fois trouvée, on déterminera la variation de l'aiguille aimantée de cette façon. *Exemple.*

Etant en mer, le 15 mai 1715, à 45^d de latitude nord, les tables me donnent la déclinaison du soleil de 19^d au nord, & son amplitude orientale de 27^d 25' nord, & je trouve par le *compas azimuthal* l'amplitude orientale du soleil entre 62 & 63^d, en comptant depuis le nord vers l'est, c'est-à-dire, entre 27 & 28^d, en comptant de l'est vers le nord; partant, l'amplitude magnétique étant égale à la vraie amplitude, l'aiguille n'aura point de variation.

Mais si l'amplitude orientale que donne le *compas* s'étoit trouvée entre 52 & 53^d, en comptant toujours du nord vers l'est, on auroit eu, en comptant de l'est vers le nord, l'amplitude magnétique entre 37 & 38^d, plus grande de 10^d que la vraie amplitude; ce qui donne la variation de 10^d au nord-est.

Si l'amplitude orientale trouvée par l'instrument est moindre que la vraie amplitude, leur différence donnera la variation occidentale.

Si la vraie amplitude orientale est méridionale, de même que l'amplitude donnée par l'instrument, & que celle-ci soit la plus grande, la variation sera au nord-ouest, & *vice versâ*.

Ce que l'on a dit de l'amplitude nord-est, est le même pour l'amplitude sud-ouest; comme ce que l'on a dit pour l'amplitude sud-est, est vrai de l'amplitude nord-ouest. *Voyez* AMPLITUDE.

Enfin, si on trouve les amplitudes de différentes dénominations, comme, par exemple, la vraie amplitude de 6^d nord & l'amplitude magnétique de 5^d sud, la variation qui, dans ce cas-là, est nord-est, sera égale à la somme des amplitudes vraies & magnétiques. On doit entendre la même chose des amplitudes occidentales.

On peut trouver de même la variation par les azimuths; mais il faut alors que la déclinaison du soleil, la hauteur & la latitude du lieu soient donnés pour trouver l'azimuth. *Voy.* AZIMUTH.

COMPAS *de variation. V. le Diction. de Marine.*

Il y a plusieurs espèces de *compas* à l'usage des différens arts; on en trouvera la description dans le *Dictionnaire des Arts & Métiers.*

COMPAS, (*Astron.*) constellation méridionale introduite par l'abbé de la Caille; elle est placée sous les pieds du centaure au-dessus du triangle austral: la plus belle étoile de cette constellation est de quatrième grandeur; elle avoit en 1750 $217^d\ 29'\ 51''$ d'ascension droite, & $63^o\ 31'\ 46''$ de déclinaison australe; elle contient onze étoiles dans le catalogue des 1942 étoiles australes de l'abbé de la Caille. (*D. L.*)

COMPLEMENT, sub. m. se dit en général d'une partie, qui, ajoutée à une autre, formeroit un tout ou naturel ou artificiel.

COMPLÉMENT *arithmétique d'un logarithme*, c'est ce qui manque à un logarithme pour être égal à 100,000000, en supposant les logarithmes de neuf caractères. *Voyez* LOGARITHME. Ainsi, le *complément* arithmétique de 71,079054 est 28,920946. (*O*)

COMPLÉMENT *d'un angle ou d'un arc, en Géométrie*, est ce qui reste d'un angle droit ou de quatre-vingt-dix degrés, après qu'on en a retranché cet angle ou cet arc. *Voyez* ARC, ANGLE.

Ainsi l'on dit que *le complément d'un angle ou d'un arc de* 30 *degrés est de* 60 *degrés*, puisque $60 + 30 = 90$.

L'arc & son *complément* sont des termes relatifs, qui ne se disent que de l'un à l'égard de l'autre.

On appelle *co-sinus* le sinus du *complément* d'un arc, & *co-tangente*, la tangente du *complément*. *Voyez* CO-SINUS & CO-TANGENTE, *&c.* Voyez *aussi* SINUS. (*CHAMBERS*)

On appelle *complément d'un angle à* 180 *degrés* l'excès de 180 degrés sur cet angle: ainsi, le *complément* à 180 degrés d'un angle de 100 degrés, est 80 degrés; mais *complément* tout court ne se dit que du *complément* à 90. (*O*)

Les *complémens* d'un parallélogramme sont deux parallélogrammes que la diagonale ne transverse pas, & qui résultent de la division de ce parallélogramme par deux lignes tirées d'un point quelconque de la diagonale parallélement à chacun de ses côtés. Tels sont les parallélogrammes *C* & *M* (*pl. Géomét. fig.* 44). L'on démontre que dans tout parallélogramme les *complémens* *C* & *M* sont égaux: car $Z + C + o = R + M + x$, à cause que les deux grands tiangles sont égaux (la diagonale divisant le parallélogramme en deux également); & de même $Z = R$, & $o = x$: c'est pourquoi les parallélogrammes restans *C*, *M* sont égaux. *Voyez* PARALLÉLOGRAMME. (*O*)

COMPLEXE, adj. (*Alg.*): une quantité *complexe* est une quantité comme $a + b - c$, composée de plusieurs parties a, b, c, jointes ensemble par les signes + & —. (*O*)

COMPOSÉ, adj. (*Arithmét.*) On dit qu'un nombre est *composé*, quand il peut être mesuré ou divisé exactement, & sans reste, par quelque nombre différent de l'unité: tel est le nombre 12, qui peut être mesuré ou divisé par 2, 3, 4, 6.

Les nombres *composés* entr'eux sont ceux qui ont quelque mesure commune différente de l'unité: comme les nombres 12 & 15, dont l'un & l'autre peut être exactement mesuré ou divisé par 3.

Cette dénomination est peu en usage. On se sert plus communément des expressions suivantes: *tel nombre a des diviseurs, ou n'est pas un nombre premier; ces deux nombres ont un diviseur commun.* *Voyez* NOMBRE, PREMIER, DIVISEUR.

La raison *composée* est celle qui résulte du produit des antécédens de deux ou de plusieurs raisons, & de celui de leurs conséquens. Ainsi, 77 est à 10 en raison *composée* de 7 à 2, & de 11 à 5. On dit dans le même sens *rapport composé*. *Voyez* ANTÉCÉDENT, CONSÉQUENT, PROPORTION. (*O*)

COMPOSÉ; *quantités composées*, en *Algèbre*, se dit de l'assemblée de plusieurs quantités liées ensemble par les signes + & —: ainsi $a + b - c$, & $bb - ac$, sont des quantités *composées.*

On les appelle autrement *quantités complexes* ou *multinomes*, pour les distinguer des quantités simples ou monomes, lesquelles ne consistent que dans un terme. *Voyez* MONOME & MULTINOME. (*O*)

COMPOSÉ (*pendule*) *en Méchanique*, signifie celui qui consiste en plusieurs poids, conservant constamment la même position entr'eux & la même distance au centre du mouvement, autour duquel ils font leurs vibrations. Ainsi, une verge *A B* (*pl. Méch. fig.* 61) chargée de plusieurs poids *B*, *H*, *F*, *D*, qui sont attachés à cette verge, est un pendule *composé*, & toutes les pendules sont réellement de cette nature: car dans un pendule même qui paroît simple, c'est-à-dire, *composé* d'une verge & d'un seul poids, toutes les particules de la verge sont chacune autant de poids placés à différentes distances du centre de suspension; & le poids même qui est attaché au bout n'étant pas infiniment petit, est un *composé* de plusieurs petits poids, dont les distances au centre de suspension sont réellement différentes. Le problème des centres d'oscillation consiste à trouver les vibrations d'un *pendule composé*. *Voy.* CENTRE D'OSCILLATION. (*O*).

COMPOSÉ, *en Méchanique; mouvement composé*, est le mouvement résultant de l'action de plusieurs puissances concourantes ou conspirantes. *Voyez* PUISSANCE.

On dit que des puissances conspirent ou concourent, lorsque la direction de l'une n'est pas directement opposée à celle de l'autre; comme lorsqu'on conçoit qu'un point se meut le long d'une ligne horizontale qui se meut elle-même verticalement. *Voyez à l'article* COMPOSITION DU MOUVEMENT, *les loix du mouvement composé*.

Tout mouvement dans une ligne courbe est *composé*; car un corps tend de lui-même à se mouvoir en ligne droite, & il se meut en effet de cette manière tant que rien ne l'en détourne: par conséquent pour qu'il se meuve en ligne courbe, il faut nécessairement qu'il soit poussé au moins par deux forces à chaque point de cette courbe. *Voyez* FORCE CENTRALE & MOUVEMENT.

Tout le monde sait ce théorème de Méchanique, que dans un mouvement *composé* uniforme, la puissance unique produite par les puissances concourantes, est à chacune de ces puissances séparément, comme la diagonale d'un parallélogramme, dont chaque côté exprime la direction & l'énergie de chaque puissance, est à chacun de ces côtés. *Voyez* MOUVEMENT & DIAGONALE. (*O*)

COMPOSITION, *en Arithmétique*: supposons que l'on ait deux rapports tels, que l'antécédent du premier soit à son conséquent, comme l'antécédent du second est à son conséquent; alors on saura par *composition de raison*, que la somme de l'antécédent & du conséquent du premier rapport, est à l'antécédent ou au conséquent du même rapport, comme la somme de l'antécédent & du conséquent du second rapport à l'antécédent, ou au conséquent du même rapport.

Par exemple, si $A : B :: C : D$, on aura par *composition de raison* cette autre proportion $A+B : A$ ou $B :: C+D : C$ ou D. (*O*)

COMPOSITION *du mouvement*, est la réduction de plusieurs mouvemens à un seul. La *composition* du mouvement a lieu lorsqu'un corps est poussé ou tiré par plusieurs puissances à-la-fois. *Voyez* MOUVEMENT. Ces différentes puissances peuvent agir toutes suivant la même direction, ou suivant des directions différentes; ce qui produit les loix suivantes.

Si un point qui se meut en ligne droite est poussé par une ou plusieurs puissances dans la direction de son mouvement, il se mouvra toujours dans la même ligne droite: sa vîtesse seule changera, c'est-à-dire, augmentera ou diminuera toujours en raison des forces impulsives. Si les directions sont opposées, par exemple, si l'une tend en-bas & l'autre en-haut; la ligne de tendance du mouvement sera cependant toujours la même. Mais si les mouvemens *composans*, ou, ce qui est la même chose, les puissances qui les produisent n'ont pas une même direction, le mouvement composé n'aura aucune de leurs directions particulières; mais en aura une autre toute différente qui sera dans une ligne ou droite ou courbe, selon la nature & la direction particulière des différens mouvemens *composans*.

Si les deux mouvemens *composans* sont toujours uniformes, quelque angle qu'ils fassent entr'eux; la ligne du mouvement *composé* sera une ligne droite, pourvu que les mouvemens *composans* fassent toujours le même angle. Il en est de même, si les mouvemens ne sont point uniformes, pourvu qu'ils soient semblables, c'est-à-dire, qu'ils soient accélérés ou retardés en même proportion, & pourvu qu'ils fassent toujours le même angle entr'eux.

Ainsi, si le point *a* (*Planches de Méchanique, fig. 62*) est poussé par deux forces de directions différentes, savoir en-haut, vers *b*, & en-avant vers *d*; il est clair que quand il aura été en-avant jusqu'en *c*, il devra nécessairement être monté jusqu'au point *e* de la ligne *c e*; de sorte que si les mouvemens, suivant *a d* & *a b*, étoient uniformes, il se mouvroit toujours dans la diagonale *a e*. Car comme les lignes *a c*, *c e*, sont toujours en proportion constante, & que par l'hypothèse le mouvement, suivant *a d*, & le mouvement perpendiculaire à celui-ci, sont tous deux uniformes; il s'ensuit que les lignes *a c*, *c e*, seront parcourues dans le même tems; & qu'ainsi tandis que le point *a* parcourra *a c* par un de ses mouvemens, il parcourra en vertu de l'autre mouvement la ligne *c e*. D'où il s'ensuit qu'il se trouvera successivement sur tous les points *e* de la diagonale: & que par conséquent il parcourra cette ligne.

Dans la *fig. 62*, on a fait les lignes *a c*, *c e*, égales entr'elles, c'est-à-dire, qu'on a supposé que non-seulement les mouvemens étoient uniformes, mais encore qu'ils étoient égaux. Cependant la démonstration précédente auroit toujours lieu, quand même les mouvemens, suivant *a d* & *ab*, ne seroient point égaux, pourvu que ces mouvemens fussent uniformes, ou du moins qu'ils gardassent toujours entr'eux la même proportion. Par exemple, si le mouvement, suivant *a d*, est double du mouvement suivant *a b* au commencement, le point *a* parcourra toujours la diagonale *a e*, quelque variation qu'il arrive dans chacun des mouvemens, suivant *a d* & *a b*, pourvu que le premier demeure toujours double du second.

De plus, il est évident que la diagonale *a c* sera parcourue dans le même tems que l'un des côtés *a d* ou *a b* auroit été parcouru, si le point *a* n'avoit eu qu'un seul des deux mouvemens. Si un corps est poussé à-la-fois par plus de deux forces, par exemple par trois, on cherche d'abord le mouvement composé qui résulte de deux de ces forces; ensuite regardant ce mouvement composé comme une force unique, on cherche le nouveau mouvement composé qui résulte de ce premier mouvement & de la troisième force. Par-là, on a le mouvement composé qui résulte des trois forces.

S'il y avoit quatre forces au lieu de trois, il faudroit chercher le mouvement composé de la quatrième force & du second mouvement composé, & ainsi des autres.

Mais si les mouvemens composans ne gardent pas entr'eux une proportion constante, le point *a* décrira une courbe par son mouvement composé.

Si un corps comme *b* (*fig. 63*), est poussé ou tiré par trois différentes forces dans trois différentes directions *b a*, *b c*, *b d*, de sorte qu'il ne cède à aucune, mais qu'il reste en équilibre; alors ces trois forces ou puissances seront entr'elles comme trois lignes droites parallèles à ces lignes, terminées par leur concours mutuel, & exprimant leurs différentes directions, c'est-à-dire, que ces trois puissances seront entr'elles comme les lignes *b e*, *b c* & *b d*.

Voilà des principes généraux dont tous les méchaniciens conviennent. Ils ne sont pas aussi parfaitement d'accord sur la manière de les démontrer. Il est certain qu'un corps poussé par deux forces uniformes, qui ont différentes directions & qui agissent continuellement sur lui, décrit la diagonale d'un parallélogramme formé sur les directions de ces forces; car, le point *a*, par exemple, étant poussé continuellement, suivant *a d* & suivant *a b*, ou plutôt suivant des directions parallèles à ces deux lignes, il est dans le même cas que s'il étoit sur une règle *a d* qu'il parcourût d'un mouvement uniforme, tandis que cette règle *a d* se mouvroit toujours parallélement à elle-même, suivant *d c* ou *a b*.

Or dans cette supposition, on démontre sans peine que le point *a* décrit la diagonale *a c*. Mais lorsque le point *a* reçoit une impulsion suivant *a d*, & une autre en même tems, suivant *a b*, & que les forces qui lui donnent ces impulsions l'abandonnent tout-à-coup, il n'est pas alors aussi facile de démontrer en toute rigueur que ce point *a* décrit la diagonale *a c*. Il est vrai que presque tous les auteurs ont voulu réduire ce second cas au premier, & il est vrai aussi qu'il doit s'y réduire. Mais on ne voit pas, ce me semble, assez évidemment l'identité de ces deux cas pour la supposer sans démonstration. On peut prouver qu'ils reviennent au même, de la manière suivante. Supposons que les deux puissances agissent sur le point *a* durant un certain tems, & qu'elles l'abandonnent ensuite; il est certain que durant le premier tems il décrira la diagonale, & qu'étant abandonné par ces puissances, il tendra de même à la décrire, & continuera à s'y mouvoir avec un mouvement uniforme, soit que le tems pendant lequel elles ont agi, soit long ou court. Ainsi, puisque la longueur du tems pendant lequel les puissances agissent, ne détermine rien ni dans la direction du mobile, ni dans le degré de son mouvement, il s'ensuit qu'il décrira la diagonale dans le cas même où il n'auroit reçu des deux puissances qu'une impulsion subite.

M. Daniel Bernoulli a donné dans le premier volume des mémoires de l'académie de Pétersbourg, une dissertation où il démontre la *composition* des mouvemens par un assez long appareil de propositions. Comme il s'est proposé de la démontrer d'une manière absolument rigoureuse, on doit moins être surpris de la longueur de sa démonstration. Cependant il semble que le principe dont il s'agit étant un des premiers de la Méchanique, il doit être fondé sur des preuves plus simples & plus faciles; car telle est la nature de presque toutes les propositions dont l'énoncé est simple.

L'auteur du traité de Dynamique, imprimé à Paris en 1743, a aussi essayé de démontrer en toute rigueur le principe de la *composition* des mouvemens. C'est aux savans à décider s'il a réussi.

Sa méthode consiste à supposer que le corps soit sur un plan, & que ce plan puisse glisser entre deux coulisses par un mouvement égal & contraire à l'un des mouvemens *composans*, tandis que les deux coulisses emportent le plan par un mouvement égal & contraire à l'autre mouvement *composant*. Il est facile de voir que le corps dans cette supposition demeure en repos dans l'espace absolu. Or il n'y demeureroit pas, s'il ne décrivoit la diagonale. Donc, *&c.* On peut voir ce raisonnement plus développé dans l'ouvrage que nous venons de citer. Pour lui donner encore plus de force, ou plutôt pour ôter tout lieu à la chicane, il n'y a qu'à supposer que la ligne que le corps décrit en vertu des deux forces *composantes*, soit tracée sur le plan en forme de rainure; en ce cas, il arrivera de deux choses l'une, ou cette rainure sera la diagonale même, & en ce cas il n'y a plus de difficulté; ou si elle n'est pas la diagonale, on n'aura nulle peine à concevoir comment les parois de la rainure agissent sur le corps & lui communiquent les deux mouvemens du plan pour chaque instant; d'où l'on conclura par le repos absolu dans lequel le corps doit être, que cette rainure sera la diagonale même. C'est d'ailleurs une supposition très-ordinaire, que d'imaginer un corps sur un plan qui lui communique du mouvement, & qui l'emporte avec lui.

Au reste, les loix de la *composition* des forces suivent celles de la *composition* des mouvemens, & on en déduit aussi les loix de l'équilibre des puissances. Par exemple, que *b e* (*fig. 63*) représente la force avec laquelle le corps *b* est poussé de *b* vers *a*, alors la même ligne droite *b e* représentera la force contraire égale, par laquelle il doit être poussé de *b* vers *e* pour rester en repos; mais par ce qui a été dit ici-dessus, la force *be* se peut résoudre dans deux forces agissantes, selon les deux directions *b d* & *b c*; & la force poussant de *b* vers *e*, est à ces forces comme *b e* est à *b d*, & à *b c* ou *d e* respectivement. Donc les deux forces qui agissent suivant les directions *b d*, *b c*, seront équivalentes à la force agissant suivant la direction *b a*, & elles seront à cette force agissant selon la direction *b a* comme *b d*, *b c*, sont à *b a*; c'est-à-dire, que si le corps est poussé par trois différentes puissances dans les directions *b a*, *b d*, *b c*, lesquelles fassent équilibre entr'elles, ces trois forces seront l'une à l'autre respectivement comme *b a*, *b d*, & *b e* ou *b c*. Ce théorème & ses corollaires servent de fondement à toute la méchanique de M. Varignon, & on en peut déduire immédiatement la plupart des théorèmes méchaniques de Borelli, dans son traité *de motu animalium*, & calculer d'après ce théorème la force des muscles. (*O*)

COMPRESSION, s. f. (*Méch.*) : action de presser ou de serrer un corps, de laquelle il résulte qu'il occupe, ou tend à occuper un moindre volume. Il ne faut pas confondre (rigoureusement parlant) la *compression* avec la *condensation*. La *compression* est proprement l'action de serrer un corps, soit qu'il soit réduit ou non à occuper un moindre volume : la *condensation* est l'état d'un corps qui, par une cause quelconque, est réduit à occuper un moindre volume.

COMPTEPAS, s. m. instrument qui sert à mesurer le chemin qu'on a fait à pied, ou même en voiture. On l'appelle aussi *odometre*. *Voyez* ODOMETRE. (*O*)

COMPUT ou COMPOST *ecclésiastique*, se dit du calendrier destiné à régler les fêtes mobiles.

CON

CONCAVE, adj. (*Géom. & optique*) se dit de la surface intérieure d'un corps creux, particuliérement s'il est circulaire.

Concave est proprement un terme relatif; une ligne ou surface courbe concave vers un côté, est convexe du côté opposé. *Voyez* SURFACE, CONVEXITÉ, &c.

Concave, se dit particuliérement des miroirs & des verres optiques. Les verres *concaves* sont ou concaves des deux côtés, qu'on appelle simplement *concaves*; ou concaves d'un côté & plans de l'autre, qu'on appelle *plans concaves* ou *concaves plans*; ou enfin *concaves* d'un côté & convexes de l'autre. Si dans ces derniers la convexité est d'une moindre sphère que la concavité, on les appelle *ménisques*; si elle est de la même sphère, *sphériques concaves*; & si elle est d'une sphère plus grande, *convexe-concaves*.

Les verres *concaves* ont la propriété de courber en dehors, & d'écarter les uns des autres les rayons qui les traversent, au lieu que les verres convexes ont celle de les courber en dedans & de les rapprocher, & cela d'autant plus, que leur concavité ou leur convexité sont des portions de moindres cercles. *Voyez* LENTILLE & MIROIR.

D'où il s'ensuit que les rayons parallèles, comme ceux du soleil, deviennent divergens, c'est-à-dire, s'écartent les uns des autres après avoir passé à travers un verre *concave*, que les rayons déjà divergens le deviennent encore davantage, & que les rayons convergens sont rendus ou moins convergens ou parallèles, ou même divergens.

C'est pour cette raison que les objets vus à travers des verres *concaves* paroissent d'autant plus petits; que les concavités des verres sont des portions de plus petites sphères. *Voyez* un plus grand détail à ce sujet *aux articles* LENTILLE, REFRACTION.

Les miroirs *concaves* ont un effet contraire aux verres *concaves*; ils réfléchissent les rayons qu'ils reçoivent, de manière qu'ils les rapprochent presque toujours les uns des autres, & qu'ils les rendent plus convergens qu'avant l'incidence; & ces rayons sont d'autant plus convergens, que le miroir est une portion d'une plus petite sphère. (HARRIS & CHAMBERS.)

Je dis presque toujours, car cette règle n'est pas générale : quand l'objet est entre le sommet & le centre du miroir, les rayons sont rendus moins convergens par la réflexion. Mais quand les rayons viennent d'au-delà du centre, ils sont rendus plus convergens; & c'est pour cela que les miroirs *concaves* exposés au soleil, brûlent les objets placés à leur foyer. (*O*)

CONCAVITÉ, s. f. (*Géom.*) se dit de la surface concave d'un corps, ou de l'espace que cette surface renferme. *Voyez* CONCAVE. (*O*)

CONCENTRIQUE, adj. (*terme de Géométrie & d'Astronomie*) On donne ce nom à deux ou plusieurs cercles ou courbes qui ont le même centre. *Voyez* CENTRE.

Ce mot est principalement employé lorsqu'on parle des figures & des corps circulaires ou elliptiques, *&c.* mais on peut s'en servir aussi pour les polygones dont les côtés sont parallèles, & qui ont le même centre. *Voyez* CERCLE, POLYGONE, *&c.*

Concentrique est opposé à *excentrique*. *Voyez* EXCENTRIQUE. (CHAMBERS.)

CONCHOIDE, s. f. (*Géom.*) c'est le nom d'une courbe géométrique qui a une asymptote. *Voyez* ASYMPTOTE & COURBE. En voici la description.

Ayant tiré deux lignes RD, AC (*Pl. Anal. fig.* 1.) perpendiculaires l'une à l'autre, & placé sur la ligne AEC les trois points A, F, C, dont les deux premiers soient à égale distance de E, on tirera par le point C autant de droites $CFEA$, COM, CQN, CM, &c. qu'on voudra avoir de points de la courbe: on prendra ensuite sur ces lignes, tant au-dessus de BD qu'au-dessous, les parties QM, QN, QM, &c. toutes égales à AE. Cela fait, les deux lignes $MMAMM$, NFN terminées par les extrémités de ces lignes droites, seront les deux parties d'une même courbe géométrique appellée *conchoïde*; le point C est appellé le *pole* de cette *conchoïde*; la ligne BD est son asymptote, & la partie constante AE sa règle. Si $EF=CE$ la courbe a un point de rebroussement en F; si $EF<CE$, elle a un nœud en F. On peut la tracer ainsi.

$AEDKG$, (*fig.* 2.) est un équerre dans la branche AD de laquelle est pratiquée une coulisse qui représente l'asymptote de la courbe, & qui a dans son autre branche un clou K qui doit être le pole de la *conchoïde*. $CFKB$, est une règle à laquelle est attaché un clou F qui passe dans la coulisse AD, où il a liberté de glisser. C & c sont deux stylets ou crayons attachés à la même règle, & à égale distance du clou F. OK est une coulisse pratiquée dans cette règle, & dont le commencement O est placé à la même distance de F que K de AD.

Cela posé, si on fait mouvoir la règle CD, de manière que le clou F ne sorte jamais de la coulisse AD, & que la coulisse OB passe toujours dans le clou K, les deux crayons placés en C & en c décriront les deux branches CH, ch de la *conchoïde*. Nous avons dit que la ligne AD est asymptote de cette courbe, c'est-à-dire, qu'elle en approche toujours sans jamais la rencontrer; cela est aisé à comprendre par sa description, puisque la ligne constante CF s'inclinant toujours sans se coucher jamais sur AB, le point C doit toujours approcher de la droite AD sans jamais y arriver.

Nicomède est l'inventeur de cette courbe; & on ajoute ordinairement au nom de *conchoïde*, celui de Nicomède, afin de la distinguer d'autres courbes analogues qui pourroient avoir ce nom.

Par exemple, la courbe $MMAM$ (*fig.* 1.) que l'on formeroit en prennant QM, non constant comme on vient de faire, mais de telle grandeur que $EC^m : CQ^m :: QM^m : AE^m$, seroit une courbe qui auroit encore BD pour asymptote, & qu'on peut nommer aussi *conchoïde*. *Voyez*, sur les propriétés générales de la *conchoïde*, *la dernière section de l'application de l'Algebre à la Géométrie*, par M. Guisnée.

MM. de la Hire & de la Condamine nous ont donné plusieurs recherches sur les *conchoïdes*; l'un dans les *Mémoires de l'Académie de 1708*; l'autre dans ceux de *1733 & 1734*. M. de Mairan, dans les *Mémoires de l'Académie de 1735*, a remarqué avec raison que l'espace conchoïdal, c'est-à-dire, l'espace renfermé par la *conchoïde*, & son asymptote, étoit infini & non fini, comme quelques Auteurs l'ont prétendu. En effet, soit $AE=a$, $CE=b$, & $EQ=x$, on trouve que $ADQM$ est $<$ que ab $[\log. x+\sqrt{xx+bb}-\log. b.]$ Or cette quantité est ∞ lorsque $x=\infty$. Donc, &c. (*O*)

CONCOURANTES, (PUISSANCES) *en Méch.* sont celles dont les directions concourent, c'est-à-dire, ne sont point parallèles, soit que les directions de ces puissances concourent effectivement, soit qu'elles tendent seulement à concourir, & ne concourent en effet qu'étant prolongées. On appelle aussi *puissances concourantes* celles qui concourent à produire un effet, pour les distinguer des puissances opposées, qui tendent à produire des effets contraires. *Voyez* PUISSANCES CONSPIRANTES. (*O*)

CONCOURIR. On dit en *Géométrie* que deux lignes, deux plans *concourent*, lorsqu'ils se rencontrent & se coupent, ou du moins lorsqu'ils sont tellement disposés qu'ils se rencontreroient étant prolongés. (*O*)

CONCOURS, *terme de Géométrie*. *Point de concours de plusieurs lignes*, est le point dans lequel elles se rencontrent, ou dans lequel elles se rencontreroient, si elles étoient prolongées. *Point de concours* de plusieurs rayons. *Voyez* FOYER. (*O*)

CONDUIRE *les eaux* (*Hydrauliq.*). La manière de *conduire* l'eau dans une ville n'est pas la même que dans la campagne & dans un jardin.

Dans une ville, on n'a d'autre sujétion que de se servir de tuyaux de plomb, assez gros pour fournir les fontaines publiques & la quantité d'eau concédée aux particuliers, en la faisant tomber dans les cuvettes de distribution. Si, dans la pente des rues, l'eau est obligée de remonter ou de se mettre de niveau après la pente, ou enfin si on soude une branche sur le gros tuyau, on fait dans cet endroit un regard avec un robinet, pour arrêter cette charge & conserver les tuyaux: cela sert encore à les vider dans les fortes gelées.

Dans la campagne, on n'a ordinairement à *conduire* que des eaux roulantes; après l'avoir amassée par des écharpes, des rameaux, des rigoles, dans des pierrées, l'avoir amenée dans un regard de prise, on la fait entrer dans des tuyaux de grès ou de bois, selon la nature du lieu; s'il y a des contre-foulemens où l'eau soit obligée de remonter, on la fait couler dans des aqueducs, ou au moins dans des tuyaux assez forts pour y résister. On sent bien qu'il seroit ridicule d'y employer des tuyaux de plomb, qui seroient trop exposés à être volés; ceux de fer sont à préférer. On les enfoncera de quatre à cinq piés, pour éviter le vol & la malice des gens mal intentionnés.

Le plus difficile à ménager en conduisant les eaux pendant un long chemin, ce sont les fonds & les vallées appellées *ventre* ou *gorges*; ils se trouvent dans l'irrégularité du terrein de la campagne, & interrompent le niveau d'une conduite:

alors on est obligé de faire remonter l'eau sur la montagne vis-à-vis, pour en continuer la route; c'est dans cette remontée que l'eau contrefoulée a tant de peine à s'élever, que les tuyaux y crevent en peu de tems.

Soit la montagne *A* (*pl. Hydr. fig.* 15) d'où descend l'eau qu'on suppose amenée depuis la prise par un terrein plat, dans des tuyaux de grès ou des pierrées. *B* est la seconde montagne où se trouve la contrepente opposée à la pente de la première montagne *A*, d'où vient la source *C* conduite dans des tuyaux de grès. *DD* est le ventre ou gorge, où l'eau se trouve forcée partout. *EE* est la ligne de mire ou nivellement; pour connoître la hauteur du contrefoulement *B*. La conduite qu'on posera dans cette gorge ou fondrière *DD*, sera de fer, ainsi que dans la contrepente où l'eau force le plus, jusqu'à ce qu'elle se soit remise de niveau sur la montagne *B*; on reprendra alors des tuyaux de grès ou des pierrées, pour éviter la dépense, jusqu'au réservoir, parce que l'eau n'y fait que rouler, & ne force que dans le ventre & la remontée.

Si, dans un long chemin, il se rencontroit deux ou trois contrepentes, ce qui peut encore arriver en ramassant des eaux de plusieurs endroits, on les conduiroit de la même manière. Quand la gorge n'est pas longue, comme seroit celle *FF* de la *figure* 16, un bout d'aqueduc ou un massif de blocailles est le meilleur parti qu'on puisse prendre, & l'eau y roulera de la même manière que depuis le regard de prise dans des tuyaux de grès, ou des pierrées continuées sur des massifs de blocailles. Lorsque cette gorge est longue, & que le contrefoulement est élevé de vingt à trente piés, les tuyaux de fer coûteront moins, & dureront plus long-tems.

Si le contrefoulement étoit plus haut que cent piés, il faudroit y bâtir un aqueduc, parce que les tuyaux de fer auroient de la peine à résister; alors le niveau étant continué par l'élévation de l'aqueduc, l'eau y rouleroit & y regagneroit l'autre montagne, d'où elle rentreroit dans des auges ou tuyaux jusqu'au réservoir.

On peut encore éviter un contrefoulement, en faisant suivre une conduite le long d'un côteau, & regagnant petit-à-petit le niveau de la contrepente: mais il faut qu'il n'y ait pas un grand circuit à faire dans cette situation appellée *poële* ou *bassin*; parce que la longueur d'une conduite ainsi circulaire, quoiqu'en grès ou en pierrée, coûte plus que d'amener l'eau en droite ligne par des tuyaux capables de résister au contrefoulement.

Dans les jardins, en supposant l'eau amassée dans le réservoir au haut d'un parc, il ne se rencontre pas tant de difficultés: le terrein y est dressé, & les conduites descendent plutôt en pente douce qu'elles ne remontent. On se servira, dans les eaux forcées, de tuyaux de fer, de plomb ou de bois, suivant le pays, & même de grès, bien conditionnés, pourvu que la chûte ne passe pas quinze à vingt piés. Ces conduites étant parvenues jusqu'aux bassins, on y fera un regard pour loger un robinet de cuivre d'une grosseur convenable au diametre de la conduite; on soudera ensuite debout une rondelle ou collet de plomb un peu large autour du tuyau, & dans le milieu de l'endroit du corroi ou massif du bassin où il passe, afin que l'eau, ainsi arrêtée par cette plaque, ne cherche point à se perdre le long du tuyau. Quand ce sont des tuyaux de fer, on les pose de manière qu'une de leurs brides soit dans le milieu du corroi, ce qui sert de rondelle: cette règle est générale pour tous les tuyaux qui traversent les corrois & massifs d'un bassin; comme aussi de ne jamais engager les tuyau, & de les faire passer à découvert sur le plafond d'un bassin.

Dans le centre du bassin, à l'endroit même où doit être le jet, on soudera sur la conduite un tuyau montant appellé *souche*, au bout duquel on soudera encore un écrou de cuivre sur lequel se visse l'ajutage: il faut que cette souche soit de même diametre que la conduite; si elle étoit retrécie, elle augmenteroit le frottement, & retarderoit la vîtesse & la hauteur du jet. A deux piés environ par-delà la souche, on coupera la conduite, & on la bouchera par un tampon de bois de chêne, avec une rondelle de fer chassée à force au bout du tuyau, ou par un tampon de cuivre vis-à-vis que l'on y soudera. Ces tampons facilitent le moyen de dégorger une conduite.

Evitez les coudes, les jarrets & les angles droits qui diminuent la force des eaux; prenez-les d'un peu loin pour en diminuer la roideur: & même il ne sera pas mal d'employer des tuyaux plus gros dans les coudes pour éviter les frottemens.

Dans les conduites un peu longues & fort chargées, on place des ventouses d'espace en espace pour la sortie des vents: on les fait ordinairement de plomb; on les branche sur la tige de quelque grand arbre, en observant qu'elles soient de deux ou trois piés plus hautes que le niveau du réservoir, afin qu'elles ne dépensent pas tant d'eau; de cette maniere, il n'y a que les vents qui sortent. Quand, après une pente roide, les conduites se remettent de niveau, il faut placer dans cet endroit des robinets pour arrêter cette charge; ce qui sert encore à trouver les fautes, & à tenir les conduites en décharge pendant l'hiver.

Faites toujours passer les tuyaux dans les allées, pour en mieux connoître les fautes, & y remédier sans rien déplanter; & les conduites sous des terrasses ou sous des chemins publics, passeront sous des voûtes, afin de les visiter de tems en tems. Les eaux de décharge rouleront dans des pierrées faites en chatières, ou dans des tuyaux de grès sans chemise, quand ces eaux vont se perdre dans quelque puisart ou cloaque; mais, quand elles servent à faire jouer des bassins plus bas, on les entourera d'une bonne chemise de ciment, ou l'on y emploiera y emploiera des tuyaux ordinaires comme étant des eaux forcées. Tenez toujours les tuyaux de décharge, tant de la superficie que du fond d'un bassin, plus gros que le reste de la conduite, afin que l'eau se perde plus vîte qu'elle ne vient, que le tuyau ne s'engorge point, & de peur que l'eau, passant pardessus les bords, ne détrempe toutes les terres qui soutiennent le bassin, & n'en affaisse le niveau. (*K*)

CONDUITE *d'eau* (*Hydraul.*), est une suite de tuyaux pour conduire l'eau d'un lieu à un autre, que Vitruve appelle *canalis ductilis.* Si les tuyaux sont de fer, on la nomme *conduite de fer;* s'ils sont de plomb, *conduite de plomb;* s'ils sont de terre ou de grès cuit, *conduite de terre* ou *de poterie;* enfin, s'ils sont de bois, on l'appelle *conduite de tuyaux de bois. Voyez* TUYAU. (*P*)

CONE, s. m. On donne ce nom *en Géométrie*, à un corps solide, dont la base est un cercle, & qui se termine par le haut en une pointe que l'on appelle *sommet. Voyez* (*pl. des coniq. fig.* 2.)

Le *cone* peut être engendré par le mouvement d'une ligne droite *KM*, qui tourne autour d'un point immobile *K*, appellé *sommet*, en rasant par son autre extrémité la circonférence d'un cercle *MN*, qu'on nomme sa *base*.

On appelle en général *axe du cone*, la droite tirée de son sommet au centre de sa base.

Quand l'axe du *cone* est perpendiculaire à sa base, alors ce solide prend le nom de *cone droit;* si cet axe est incliné ou oblique, c'est un *cone scalène.* Les *cones* se divisent encore en *obtusangles* & *acutangles*.

Si l'axe *AB* (*fig.* 3) est plus grand que le rayon *CB* de la base, le *cone* est *acutangle;* s'il est plus petit, le *cone* est *obtusangle;* enfin c'est un *cone rectangle*, quand l'axe est égal au rayon de la base.

Quelques auteurs définissent en général le *cone une figure solide*, dont la base est un cercle comme *CD* (*fig.* 3), & qui est produite par la révolution entière du plan d'un triangle rectangle *CAB*, autour du côté perpendiculaire *AB;* mais cette définition ne peut regarder que le *cone* droit, c'est-à-dire, celui dont l'axe tombe à angles droits sur sa base.

Afin donc d'avoir une description du *cone*, qui convienne également au *cone droit* & à l'*oblique*, supposons un point immobile *A* (*fig.* 4), au-dehors du plan du cercle *BDEC;* & soit tirée par ce point une ligne droite *AE*, prolongée indéfiniment de part & d'autre, qui se meuve tout autour de la circonférence du cercle: les deux surfaces engendrées par ce mouvement, sont appellées *surfaces coniques;* & quand on les nomme relativement l'une à l'autre, elles s'appellent des *surfaces verticalement opposées* ou *opposées par le sommet;* ou simplement des *surfaces opposées*.

Voici les principales propriétés du *cone*. 1.° L'aire ou la surface de tout *cone* droit, faisant abstraction de la base, est égale à un triangle, dont la base est la circonférence de celle du *cone*, & la hauteur le côté du *cone*. *Voyez* TRIANGLE. Ou bien la surface courbe d'un *cone* droit est à l'aire de sa base circulaire, comme la longueur de l'hypothénuse *AC* (*fig.* 3), du triangle rectangle générateur est à *CB*, base du même triangle, c'est-à-dire, comme le côté du *cone* au demi-diamètre de la base.

D'où il suit que la surface d'un *cone* droit est égale à un secteur de cercle, qui a pour rayon le côté du *cone*, & dont l'arc est égal à la circonférence de la base de ce solide: d'où il est aisé de conclure que cet arc est à 360 degrés, comme le diamètre de la base est au double du côté du *cone*.

On a donc une méthode très-simple de tracer une surface ou un plan, qui enveloppe exactement celle d'un *cone* droit proposé. Car, sur le diamètre de la base *AB*, l'on n'a qu'à décrire un cercle (*pl. des coniq. fig.* 5); prolonger le diamètre jusqu'en *C*, en sorte que *AC* soit égal au côté du *cone;* chercher ensuite une quatrième proportionnelle aux trois grandeurs 2 *AC*, *AB*, 360^d; & du centre *C*, avec le rayon *CA*, décrire un arc *DE*, qui ait le nombre de degrés trouvés par la quatrième proportionnelle; alors le secteur *CDE*, avec le cercle *AB*, fera une surface propre à envelopper exactement le *cone* proposé.

A-t-on un *cone* droit tronqué dont on voudroit avoir le développement? Que l'on porte le côté de ce *cone* de *A* en *F;* que l'on décrive un arc *GH* avec le rayon *CF;* que l'on cherche ensuite une quatrième proportionnelle à 360^d, au nombre de degrés de l'arc *GH*, & au rayon *CF*, afin de déterminer, par ce moyen, le diamètre du cercle *IF*, & l'on aura une figure plane, dont on pourra envelopper le *cone* tronqué.

Car *CDBAE* enveloppera le *cone* entier; *CGFIH* enveloppera le *cone* retranché; il faut donc que *DBEHIG* soit propre à envelopper le *cone* tronqué.

2.° Les *cones* de même base & de même hauteur sont égaux en solidité. *Voyez* PYRAMIDE.

Or il est démontré que tout prisme triangulaire peut être divisé en trois pyramides égales; & qu'ainsi une pyramide triangulaire est la troisième partie d'un prisme de même base & de même hauteur.

Puis donc que tout corps multangulaire ou polygone peut être résolu en solides triangulaires; que toute pyramide est le tiers d'un prisme de même base & de même hauteur; qu'un *cone* peut être considéré comme une pyramide *infinitangulaire*, c'est-à-dire d'un nombre infini de côtés; & le cylindre comme un prisme infinitangulaire: il est évident qu'un *cone* est le tiers d'un cylindre de même base & de même hauteur.

L'on a donc une méthode très-simple pour mesurer la solidité d'un *cone*: car il n'y a qu'à trouver celle d'un prisme ou d'un cylindre de même base & de même hauteur que le *cone* (*voyez* PRISME & CYLINDRE); après quoi l'on en prendra le tiers, qui sera la solidité du *cone* ou de la pyramide. Si la solidité d'un cylindre est 605592960 piés cubes, on trouvera que celle du *cone* vaut 201864320 piés cubes.

Quant aux surfaces, on a celle d'un *cone* droit en multipliant la moitié de la circonférence de la base par le côté de ce *cone*, & ajoutant à ce produit l'aire de la base.

Si l'on veut avoir la surface & la solidité d'un *cone* droit tronqué $ABCD$ (*fig.* 6), sa hauteur CH & les diamètres des bases AB, CD, étant données, on déterminera d'abord leurs circonférences : ensuite on ajoutera au quarré de la hauteur CH le quarré de la différence AH des rayons; & extrayant la racine quarrée de cette somme, on aura le côté AC du *cone* tronqué : on multipliera ensuite la demi-somme des circonférences par le côté AC, & cette multiplication donnera la surface du *cone* tronqué.

Pour en avoir la solidité, on fera d'abord cette proportion; la différence AH des rayons est à la hauteur CH du *cone* tronqué, comme le plus grand rayon AF est à la hauteur FE du *cone* entier : cette hauteur étant trouvée, on en soustraiera celle du *cone* tronqué, & l'on aura la hauteur EG du *cone* supérieur. Que l'on détermine présentement la solidité du *cone* CED & celle du *cone* AEB, & que l'on ôte la premiere de la seconde, il restera la solidité du *cone* tronqué $ACDB$.

Sur les sections du *cone*, *voyez* CONIQUE; sur le rapport des *cones* & des cylindres, *voy.* CYLINDRE; & sur les centres de gravité & d'oscillation du *cone*, *voyez* CENTRE.

Le nom de *cone* se donne encore à d'autres solides qu'à ceux dont les surfaces sont produites par le mouvement d'une ligne autour de la circonférence d'un cercle; il s'étend à toutes les especes de corps que l'on peut former de la même maniere, en prenant une courbe quelconque pour circonférence de la base.

La méthode pour déterminer la solidité d'un *cone* oblique, est la même que celle pour déterminer la solidité du *cone* droit; tout *cone* en général est le produit de sa base par le tiers de sa hauteur, c'est-à-dire par le tiers de la ligne menée du sommet perpendiculairement à la base. Dans les *cones* droits, cette ligne est l'axe même; dans les autres, elle est différente de l'axe.

Mais la surface du *cone* oblique est beaucoup plus difficile à trouver que celle du *cone* droit; on ne peut la réduire à la mesure d'un secteur de cercle, parce que, dans le *cone* oblique, toutes les lignes tirées du sommet à la base, ne sont pas égales. *Voyez* le Mémoire que M. Euler a donné sur ce sujet, dans le *tome I des nouv. Mém. de Péterbourg.* Borrow, dans ses *Lectiones Geometricæ*, donne une méthode ingénieuse pour trouver la surface d'un *cone* qui a pour base une ellipse, lorsque ce *cone* fait portion d'un *cone* droit. Voici en deux mots sa méthode. Du point où l'axe du *cone* droit coupe l'ellipse, il imagine des perpendiculaires sur les différens côtés du *cone*; & comme ces perpendiculaires sont égales, il n'a pas de peine à prouver que la solidité du *cone* elliptique est égale au produit de sa surface par le tiers de l'une de ces perpendiculaires. Or cette même solidité est aussi égale au tiers de la hauteur du *cone*, multiplié par la base elliptique. Donc comme la perpendiculaire ci-dessus désignée est à la hauteur du *cone*, ainsi la base elliptique est à la hauteur cherchée.

On appelle, en Optique, *cone de rayons*, l'assemblage des rayons qui partent d'un point lumineux quelconque, & tombent sur la prunelle ou sur la surface d'un verre ou d'un miroir. *Voyez* RAYON. (*O*)

* Ajoutons ici quelques propriétés du *cone*, que j'ai données dans mes *Elémens de Géométrie*, & qui ne se trouvent, du moins que je sache, dans aucun autre livre de cette espece.

I. *Si, sur la surface convexe d'un cone droit* SABCD (*fig.* 7), *on trace une courbe quelconque* EF, *terminée par les côtés* SC, SI; *& que, de tous les points de cette courbe, on abaisse des perpendiculaires sur la base, lesquelles y forment, par leurs extrémités, la courbe* GH : *la surface conique* SEF *sera à la surface* OGH, *comprise entre la courbe* GH *& les rencontres* OG, OH *des plans* SOC, SOI *avec la base, comme le côté* SC *du cone est au rayon* OC *de sa base.*

L'espace OGH, qu'on peut regarder comme formé par les extrémités des perpendiculaires abaissées de tous les points de la surface conique SEF, s'appelle la *projection ortographique*, ou simplement la *projection* de cette surface.

Qu'on mene, suivant l'axe SO du *cone*, les deux plans SOx, SOy, qui forment entr'eux un angle infiniment petit, & qui rencontrent la surface du *cone* suivant les droites Sx, Sy, & la base suivant les droites Ox, Oy. Il est clair que le petit triangle Sst a pour projection le petit triangle Ouz. Des points s & u, soient abaissées les petites perpendiculaires sr, un sur les côtés St, Oz. Les deux triangles dont nous venons de parler, pouvant être considérés l'un & l'autre comme rectilignes, la surface du premier est $\frac{St \times sr}{2}$, & celle du second est $\frac{Oz \times un}{2}$. Or, à cause des deux triangles semblables Sxy, Ssr, on a $Sx : xy :: Ss : sr = Ss \times \frac{xy}{Sx}$; &, à cause des triangles semblables Oxy, Oun, on a $Ox : xy :: Ou : un = Ou \times \frac{xy}{Ox}$. Donc, en mettant pour sr & un leurs valeurs dans les expressions des surfaces des deux triangles Sst, Ouz, ces expressions deviendront $\frac{St}{2}$

$\times \frac{Ss \times xy}{Sx}$, $\frac{Oz}{2} \times \frac{Ou \times xy}{Ox}$; &, en divisant par le facteur commun $\frac{xy}{2}$, elles seront entr'elles, dans le rapport de $St \times \frac{Ss}{Sx}$ à $Oz \times \frac{Ou}{Ox}$. Or, à cause des parallèles SO, su, on a $Ss : Sx :: Ou : Ox$; ce qui donne $\frac{Ss}{Sx} = \frac{Ou}{Ox}$; &, à cause des parallèles SO, tz, le rapport de St à Oz, est le même que celui de Sy à Oy. Donc la surface du triangle Sst est à celle du triangle de projection Ouz, comme le côté Sy du *cone* est au rayon Oy de la base. Le même rapport ayant lieu entre un autre triangle quelconque élémentaire de la surface conique SEF, & le triangle de projection, correspondant; on doit conclure que la surface conique entière SEF est à sa projection entière OGH, comme le côté du *cone* est au rayon de sa base.

II. Corollaire. Donc, si la projection OGH est un espace quarrable, la surface conique SEF sera aussi quarrable, puisque ces deux surfaces sont entr'elles dans un rapport donné.

On voit par-là que, pour assigner des espaces quarrables sur la surface d'un *cone* droit, il ne s'agit que de tracer sur sa base une figure rectiligne, & par conséquent quarrable, & d'élever ensuite de tous les points de cette figure, des parallèles à l'axe du *cone* : l'espace que ces lignes détermineront sur la surface du *cone*, sera quarrable.

Ainsi, on peut, au moyen des simples élémens de Géométrie, résoudre, pour le *cone* droit, un problême analogue à celui que Viviani avoit proposé & résolu pour les voûtes hémisphériques. *Voyez l'Eloge de Viviani, par M. de Fontenelle.*

III. *Le cone droit* SABCD (fig. 8) *étant coupé par un plan quelconque* EFQ, *qui forme sur sa surface la courbe* FEQ : *on demande l'expression de la surface conique* SFEQS, *comprise entre cette courbe, & les côtés* SF, SQ, *en supposant qu'on connoisse la surface* EFQ?

Soit $OFHQO$ la projection ortographique de la surface conique $SFEQS$: on aura (I), $SFEQS = OFHQO \times \frac{SF}{OF}$, ou bien (à cause que l'espace $OFHQO$ est la somme du triangle OFQ & de l'espace FQH), $SFEQS = (OFQ + FQH) \times \frac{SF}{OF}$. Reste à trouver les surfaces OFQ, FQH.

Qu'on mène, par l'axe SO du *cone* & par le sommet E de la courbe FEQ, un plan $SOHE$ qui rencontre en EV le plan EFQ : ces deux seront perpendiculaires entr'eux, & la droite EV sera perpendiculaire à FQ, puisque les deux courbes partielles EF, EQ sont parfaitement égales & semblables, & que $FV = VQ$. Ainsi, 1°. la surface du triangle isoscèle $OFQ = \frac{FQ \times OV}{2}$.

2.° Nous pouvons regarder la surface EFQ, comme composée d'une infinité de lignes, telles que mn parallèles à EV, & sa projection FQH, comme composée d'une infinité de lignes correspondantes np, parallèles à VH. Ainsi, puisque les deux triangles rectangles mnp, EVH, ont tous les angles égaux, & sont par conséquent semblables; il s'ensuit que chaque élément mn de la surface EFQ, est à chaque élément correspondant np de la projection FQH, dans le rapport constant de EV à VH. Donc la surface entière EFQ est à sa projection entière FQH, comme EV est à VH; ce qui donne $FQH = \frac{EFQ \times VH}{EV}$.

Substituons les valeurs de OFQ, & de FQH dans l'expression de $SFEQS$, trouvée ci-dessus; & nous aurons $SFEQS = \left(\frac{FQ \times OV}{2} + \frac{EFQ \times VH}{EV} \right) \times \frac{SF}{OF}$. D'où l'on voit que la surface conique $SFEQS$ est exprimée en quantités toutes connues.

IV. Corollaire I. Lorsque EFQ passe par le centre O de la base du *cone*, le triangle OFQ s'évanouit (*fig. 9*); & l'on a $SFEQS = \frac{EFQ \times OH}{OE} \times \frac{SF}{OF}$.

V. Corollaire II. Si le plan EFQ passe toujours par le centre O, & qu'il soit de plus parallèle au côté SA du *cone*, on aura $\frac{OH}{OE} = \frac{OA}{SA} = \frac{OF}{SF}$. Donc alors $SFEQS = EFQ$; c'est-à-dire, que la surface conique $SFEQS$ est égale à la surface EFQ.

Dans le cas présent, la courbe FEQ s'appelle une *parabole*; & on démontre, par des méthodes qui n'appartiennent pas tout-à-fait aux élémens de Géométrie, que la surface $EFQ = \frac{2FQ \times EO}{3}$. Ainsi, la surface conique $SFEQS = \frac{2FQ \times EO}{3}$. Nous avons rempli notre objet, qui étoit de trouver la surface conique lorsqu'on connoît la surface EFQ.

Ce corollaire fournit une manière très-simple de déterminer les surfaces des voûtes connues sous le nom de *trompes droites sur le coin*; car ces sortes de trompes sont des portions de *cones* droits coupés par des plans parallèles à leurs côtés.

VI. Corollaire III. Si l'on coupe un *cone* droit $SABCD$ (*fig. 10*), perpendiculairement au triangle SAC, par un plan $EFRQ$, qui rencontre les côtés SC, SA, aux points E, R,

& l'axe au point M; qu'ensuite on abaisse du sommet S la perpendiculaire SK à la section commune EM des deux plans $EFRQ$, SAC, & du point M la perpendiculaire MN au côté SC du *cone* : la surface conique $SEFRQE$ aura pour expression, $EFRQ \times \frac{SK}{MN}$. Car, si nous menons MH perpendiculaire à SM, & EL parallèle à SM; & si nous faisons attention que SH & MH peuvent être regardées comme le côté & le rayon de la base d'un *cone* droit qui seroit produit par la révolution du triangle rectangle SMH autour de SM, nous verrons (III) que la surface conique $SERFQE = EFRQ \times \frac{ML}{EM} \times \frac{SH}{MH}$. Or, à cause des deux triangles rectangles semblables MLE, SKM, on a $\frac{ML}{EM} = \frac{SK}{SM}$; &, à cause des deux triangles rectangles semblables SMH, SNM, on a $\frac{SH}{MH} = \frac{SM}{MN}$. Donc, en substituant ces valeurs de $\frac{ML}{EM}$, & de $\frac{SH}{MH}$, on aura $SEFRQE = EFRQ \times \frac{SK}{MN}$.

M. d'Alembert démontre ce Théorême d'une manière très-différente dans ses *Opuscules mathématiques, tom. 1, pag. 238 & 239.*

VII. Corollaire IV. Reprenons la figure 8. Puisque nous possédons (III) la méthode de déterminer la surface conique $SFEQS$, & que, d'un autre côté, la surface conique $SFCQS$, comprise entre les côtés SF, SQ, & l'arc FCQ de la base, est évidemment égale au produit $\frac{FCQ \times SF}{2}$, il est clair qu'en retranchant de cette expression celle de la surface $SFEQS$, nous aurons la surface convexe extérieure de l'onglet conique $EFQC$. Si, à cette surface, nous ajoutons la surface EFQ, qui est supposée connue, & la surface du segment circulaire FQC qui se trouve, en retranchant du secteur circulaire $OFCQ$ le triangle OFQ, nous aurons l'enveloppe, ou la surface totale du même onglet.

La surface de l'autre partie $SFAQES$ du *cone* se trouvera de la même manière.

VIII *Déterminer la solidité de l'onglet* $EFQC$ (figure 8.)

Il est clair qu'on peut considérer la portion conique $SFQC$, comme une pyramide qui a pour base le segment circulaire FQC, & pour hauteur la hauteur SO du *cone*, & la portion conique $SFEQ$ comme une pyramide qui a pour base la section EFQ, & pour hauteur la perpendiculaire SK abaissée du sommet du *cone* sur le plan de la section EFQ. Retranchant la seconde pyramide de la première, on aura la solidité de l'onglet $EFQC$.

L'autre onglet $EFQSA$ se trouvera, ou directement, d'une manière semblable, ou en retranchant de la solidité du *cone* celle de l'onglet $EFQC$.

IX. L'article précédent a également lieu pour le *cone* oblique.

Quant aux autres articles, qui concernent la surface du *cone* droit, ils n'ont pas lieu pour la surface du *cone* oblique.

X. Nous ferons encore une observation sur le *cone* oblique.

En le coupant, suivant son axe, par une infinité de plans, les sections avec sa surface & sa base, formeront une infinité de triangles qui auront tous des bases égales, puisque ces bases sont des diamètres du cercle de la base du *cone*, mais des hauteurs différentes. De tous ces triangles, le *moindre en surface* est celui qui partage le *cone* en deux parties égales & semblables, & qui contient en même tems l'axe & la hauteur du *cone*; & le *plus grand en surface* est celui qui est perpendiculaire au précédent. (*L. B.*)

CONFIGURATION, (*Astron.*) situation des planètes les unes par rapport aux autres. *Voyez* Aspect. Ce mot s'applique principalement aux satellites de jupiter, que l'on ne pourroit distinguer l'un de l'autre, sans le secours d'une figure où leurs situations respectives sont marquées; on la trouve pour tous les jours dans la *connoissance des tems*, dans le *Nautical almanac*, & dans les *Ephémérides de Vienne.*

Pour former ces *configurations*, on se contente de calculer, une fois le mois, les longitudes des satellites vues de jupiter, par le moyen des tables qui se trouvent dans Cassini, & dans mon *Exposition du calcul astronomique* : le reste se fait par le moyen d'un instrument que nous appellons joviłabe, & qui est représenté dans les *planches d'Astronomie, fig. 147.*

Il y en a un pareil pour les configurations des satellites de saturne décrit & représenté dans mon *Astronomie.*

CONJONCTION, (*Astronomie*) rencontre apparente de deux astres ou de deux planètes au même point du ciel, ou plutôt au même signe du zodiaque; car, pour que deux astres soient censés en *conjonction*, il n'est pas nécessaire que leur latitude soit la même; il suffit qu'ils aient la même longitude. Les astronomes se servent assez généralement du mot de *conjonction*, pour exprimer la situation de deux astres, dont les centres se trouvent avec le centre de la terre dans un même plan perpendiculaire au plan de l'écliptique.

Conjonction *partile*, est celle où les deux planètes n'ont pas la même latitude, elle est opposée à *centrale* ou *corporelle.* (Ozanam.)

Grandes *conjonctions* sont celles qui arrivent rarement, comme celles de jupiter & de saturne tous les 20 ans. *Conjonctions* très-grandes sont celles qui arrivent encore plus rarement, comme pour mars, jupiter & saturne qui ne reviennent en *con-*

jonction tous les cinq cens ans ; mais ce n'est qu'à peu-près. Ces planètes supérieures au bout de 159 ans se retrouvent presque ensemble, en 476 ans cela est plus approchant, & en 2378 encore davantage ; cette espèce de *conjonction* est arrivée en 1743 : ces trois planètes furent vues ensemble plusieurs mois dans la constellation du lyon ; mais elles ne se trouvèrent que successivement à la même longitude, & en opposition avec le soleil ; savoir, mars le 16 février, saturne le 21, & jupiter le 28 ; ce qui ne fait qu'un intervalle de 12 jours, & ce qui arrive très-rarement : l'œil placé successivement sur chacune de ces planètes, auroit donc vu dans le même ordre trois *conjonctions* de la terre au soleil. On trouvera dans l'histoire & les mémoires de l'Académie de 1743, un plus ample détail sur ce sujet. Les anciens établissoient une distinction des *conjonctions*, qui n'est fondée que sur des notions imaginaires des prétendues influences des corps célestes, dans tels & tels aspects.

Le P. Martini & le P. Souciet parlent d'une ancienne *conjonction* des planètes dont il est question dans les livres chinois, & qu'on rapporte à l'an 2449 avant J. C. M. Cassini la rapporte à l'an 2012. *Réflexions sur la chronologie chinoise, anciens Mémoires de l'Académie, Tom VIII. Voyez* M. Bailly, *Tom. I, pag. 345*, le P. souciet, *Tom. II, pages 33* & *149* de son *Hist. de l'Astron.* chinoise. *Miscellanea Berolinensia, Tom. III, pag. 165*, & *Tom. V, pag. 193.*

Le P. Souciet, *Tom. I, page 103*, parle aussi d'une grande *conjonction* arrivée en 1725 entre mercure, venus, mars & jupiter. Mais ces *conjonctions* ne sauroient être rigoureuses qu'après des tems énormes, & qu'il seroit bien inutile de calculer, puisque les mouvemens célestes ne sont point assez connus pour qu'on puisse faire des calculs un peu exacts pour d'aussi longs intervalles.

La *conjonction* est le premier ou le principal des aspects & celui auquel tous les autres commencent ; comme l'opposition est le dernier & celui où ils finissent.

Les observations des planètes dans leurs *conjonctions* sont très-importantes pour l'Astronomie ; ce sont autant d'époques qui servent à déterminer les mouvemens des corps célestes, les routes qu'ils tiennent, & la durée de leur cours. Les *conjonctions* de vénus sont les plus importantes. *Voyez* PASSAGES SUR LE SOLEIL.

Les planètes inférieures, savoir vénus & mercure, ont deux sortes de *conjonctions* : l'une arrive lorsque la planète se trouve entre le soleil & la terre, & par conséquent se trouve le plus près de la terre ; on la nomme *conjonction inférieure* : l'autre arrive quand la planète est le plus éloignée de la terre qu'il est possible, c'est-à-dire que le soleil se trouve entre la planète & la terre ; on l'appelle *conjonction supérieure*.

La lune se trouve en *conjonction* avec le soleil tous les mois. On appelle ses *conjonctions* & ses oppositions du nom général de *syzygies*. Il n'y a jamais d'éclipse de soleil que lorsque sa *conjonction* avec la lune se fait proche les nœuds de l'écliptique, ou dans ces nœuds même. Le retour des planètes à leurs *conjonctions* avec le soleil, s'appelle *révolution synodique*.

La *conjonction* apparente diffère de la *conjonction* vraie à raison de la *parallaxe*.

Le tems de la *conjonction* de la lune avec le soleil ou avec une étoile, étant déduit de l'observation d'une éclipse ou d'une appulse en deux lieux différens, donne la différence des méridiens ou la différence des *longitudes*. *Voyez* ÉCLIPSE. (*D. L*)

CONIQUE, adj. (*Géom.*) se dit en général de tout ce qui a rapport au *cone*, ou qui lui appartient, ou qui en a la figure. On dit quelquefois les *coniques*, pour exprimer cette partie de la Géométrie des lignes courbes, où l'on traite des *sections coniques*.

CONIQUE, *section conique*, ligne courbe que donne la section d'un cone par un plan. *Voyez* CONE & SECTION.

Les *sections coniques* sont l'ellipse, la parabole & l'hyperbole, sans compter le cercle & le triangle, qu'on peut mettre au nombre des *sections coniques* : en effet le cercle est la section d'un cone par un plan parallèle à la base du cone ; & le triangle en est la section par un plan qui passe par le sommet. On peut en conséquence regarder le triangle comme une hyperbole dont l'axe transverse ou premier axe est égal à zéro.

Quoique les principales propriétés des *sections coniques* soient expliquées en particulier à chaque article de l'ellipse, de la parabole & de l'hyperbole ; nous allons cependant les exposer toutes en général, & comme sous un même point de vue ; afin qu'en les voyant plus rapprochées, on puisse plus aisément se les rendre familières : ce qui est nécessaire pour la haute Géométrie, l'Astronomie, la Méchanique, &c.

1. Si le plan coupant est parallèle à quelque plan qui passe par le sommet, & qui coupe le cone ; ou ce qui revient au même, si le plan coupant étant prolongé rencontre à-la-fois les deux cones opposés, la section de chaque cone s'appelle *hyperbole*. Pour représenter sous un même nom les deux courbes que donne chaque cone, lesquelles ne font réellement ensemble qu'une seule & même courbe, on les appelle *hyperboles opposées*.

2. Si le plan coupant est parallèle à quelque plan qui passe par le sommet du cone, mais sans couper le cone ni le toucher, la figure que donne alors cette section est une *ellipse*.

3. Si le plan passant par le sommet, & auquel on suppose parallèle le plan de la section, ne fait simplement que toucher le cone, le plan coupant donnera alors une *parabole*.

Mais au lieu de considérer les *sections coniques*

par leur génération dans le cone, nous allons, à la manière de Descartes & des autres auteurs modernes, les examiner par leur description sur un plan.

Description de l'ellipse. H, I, (*sect. coniq. fig. 11*) étant deux points fixes sur un plan; si l'on fait passer autour de ces deux points un fil *IHB*, que l'on tende par le moyen d'un crayon ou stylet en *B*, en faisant mouvoir ce stylet autour des points *H* & *I* jusqu'à ce qu'on revienne au même point *B*, la courbe qu'il décrira dans ce moment sera une ellipse.

On peut regarder cette courbe comme ne différant du cercle qu'autant qu'elle a deux centres au lieu d'un. Aussi si on imagine que les points *H*, *I* se rapprochent, l'ellipse sera moins éloignée d'un cercle, & en deviendra un exactement, lorsque ces points *H* & *I* se confondront.

Suivant les différentes longueurs que l'on donnera au fil *BHI*, par rapport à la distance ou longueur *HI*, on formera différentes espèces d'ellipses; & toutes les fois qu'on augmentera l'intervalle *HI*, & la longueur du fil *HBI*, en même raison, l'ellipse restera de la même espèce; les limites des différentes ellipses sont le cercle, & la ligne droite dans laquelle cette courbe se change lorsque les points *H* & *I* sont éloignés à leur plus grande distance; c'est-à-dire, jusqu'à la longueur entière du fil. La différence frappante qui est entre le cercle, qui est la première de toutes les ellipses, & la ligne droite ou ellipse infiniment allongée qui est la dernière, indique assez que toutes les ellipses intermédiaires doivent être autant d'espèces d'ellipses différentes les unes des autres; & il seroit aisé de le démontrer rigoureusement.

Dans une ellipse quelconque *DFKR* (*fig. 13*), le point *C* est appellé *le centre*; les points *H* & *I*, *les foyers*; *DK*, le *grand axe*, ou *l'axe transverse*, ou bien encore *le principal diamètre* ou *le principal diamètre transverse*; *FR le petit axe*. Toutes les lignes passant par *C* sont nommées *diamètres*: les lignes terminées à deux points de la circonférence, & menées parallèlement à la tangente *Mμ*, au sommet d'un diamètre, sont les ordonnées à ce diamètre. Les parties comme *Mν*, terminées entre le sommet *M* du diamètre, & les *ordonnées*, sont les *abscisses*. Le diamètre mené parallèlement aux ordonnées d'un diamètre, est son *diamètre conjugué*; enfin la troisième proportionnelle à un diamètre quelconque, & à son diamètre conjugué est le *paramètre* de ce diamètre quelconque. *Voy.* CENTRE, FOYER, AXE, DIAMÈTRE, &c.

Propriétés de l'ellipse. 1.° Les ordonnées d'un diamètre quelconque sont toutes coupées en deux parties égales par ce diamètre.

2.° Les ordonnées des axes ou diamètres principaux sont perpendiculaires à ces axes. Mais les ordonnées aux autres diamètres leur sont obliques. Dans les ellipses de différentes espèces, plus les ordonnées sont obliques sur leur diamètre à égale distance de l'axe, plus les axes diffèrent l'un de l'autre. Dans la même ellipse plus les ordonnées seront obliques sur leurs diamètres, plus ces diamètres seront écartés des axes.

3.° Il n'y a que deux diamètres conjugués qui soient égaux entr'eux; & ces diamètres *MG*, *VT*, sont tels que l'angle $FCM = FCV$.

4.° L'angle obtus *VCM*, des deux diamètres conjugués égaux, est le plus grand de tous les angles obtus que forment entr'eux les diamètres conjugués de la même ellipse; c'est le contraire pour l'angle aigu *VCB*.

5.° Les lignes *μP* & *νB* étant des demi-ordonnées à un diamètre quelconque *MG*, le quarré de *μP* est au quarré de *νB*, comme le rectangle $M\mu \times \mu G$ est au rectangle $M\nu \times \nu G$. Cette propriété est démontrée par MM. de l'Hôpital, Guisnée, &c.

6.° Le paramètre du grand axe, qui suivant la définition précédente doit être la troisième proportionnelle aux deux axes, est aussi égal à l'ordonnée *MI* (*fig. 11.*) qui passe par le foyer *I*.

7.° Le quarré d'une demi-ordonnée quelconque *Pμ* à un diamètre *MG* (*fig. 13.*), est moindre que le produit de l'abscisse *Mμ* par le paramètre de ce diamètre. C'est ce qui a donné le nom à l'ellipse, ἔλλειψις, signifiant *défaut*.

8.° Si d'un point quelconque *B* (*fig. 11.*) on tire les droites *BH* & *BI* aux foyers, leur somme sera égale au grand axe; & si l'on divise par la ligne *Ba* l'angle *IBH* que font ces deux lignes, en deux parties, cette ligne *Ba* sera perpendiculaire à l'ellipse dans le point *B*.

9.° Un corps décrivant l'ellipse *DFK* autour du foyer *H*, est dans sa plus grande distance à ce foyer *H*, lorsqu'il est en *K*; dans sa plus petite, lorsqu'il est en *D*; & dans ses moyennes distances, lorsqu'il est en *F* & en *E*.

10.° De plus, cette moyenne distance *FH* & *EH* est égale à la moitié du grand axe.

11.° L'aire d'une ellipse est à celle du cercle circonscrit *DmK*, comme le petit axe est au grand axe. Il en est de même de toutes les parties correspondantes *MIK*, *mIK* de ces mêmes aires. Cette propriété suit de celle-ci, que chaque demi-ordonnée *MI* de l'ellipse, est à la demi-ordonnée *mI* du cercle dans la raison du petit axe au grand. Ce seroit le contraire, si on comparoit un cercle à une ellipse circonscrite, c'est-à-dire, qui auroit pour petit axe le diamètre de ce cercle.

12.° Tous les parallélogrammes décrits autour des diamètres conjugués des ellipses, sont égaux entr'eux. Le parallélogramme *αβγδ* (*fig. 13.*) par exemple, est égal au parallélogramme *εζηθ*. M. Euler a étendu cette propriété à d'autres courbes. *Voyez le premier volume de l'Histoire Françoise de l'Académie de Berlin, 1745.*

13.° Si la ligne droite *BI* passant par l'un des foyers, se meut en telle sorte que l'aire qu'elle décrit soit proportionnelle au temps, le mouvement angulaire de BH autour de l'autre foyer, lorsque l'ellipse ne diffère pas beaucoup du cercle, est fort approchant d'être uniforme ou égal. Car, dans une ellipse qui diffère peu d'un cercle, les secteurs quelconques BID, EID, &c. sont entr'eux à très-peu près comme les angles correspondans BHD; *Voyez Inst. Astron. de M. le Monnier, pag. 506 & suiv.*

Description de la parabole. YLK (*fig. 14. sect. coniq.*) est une équerre dont on fait mouvoir la branche YL le long d'une règle fixe YI; PF est un fil dont une extrémité est attachée en X à cette équerre, & l'autre en F à un point fixe F. Si pendant le mouvement de cette équerre on tend continuellement le fil par le moyen d'un stylet P, qui suive toujours l'équerre, le stylet décrira la courbe appellée *parabole*.

La ligne LI est nommée la *directrice*; F le foyer; le point T qui divise en deux parties égales la perpendiculaire FI à la directrice, est le sommet de la parabole. La droite TF, prolongee indéfiniment, l'axe.

Toute ligne comme ni parallèle à l'axe, est appellée un *diametre*. Les lignes comme Hl terminées à deux points H, l de la parabole, & menées parallèlement à la tangente au sommet d'un diamètre, sont les ordonnées à ce diamètre. Les parties iq sont les abscisses. Le quadruple de la distance du point i au point F, est le paramètre du diamètre in: d'où il suit que le quadruple de FT est le paramètre de l'axe, qu'on appelle aussi le *parametre de la parabole*.

Propriétés de la parabole. 1.° Les ordonnées à un diamètre quelconque, sont toujours coupées en deux parties égales par ce diamètre.

2.° Les ordonnées à l'axe lui sont perpendiculaires, & sont les seules qui soient perpendiculaires à leur diamètre; les autres sont d'autant plus obliques, que le diamètre dont elles sont ordonnées, est plus éloigné de l'axe.

3.° Le quarré d'une demi-ordonnée quelconque ql, est égal au rectangle de l'abscisse correspondante iq, par le paramètre du diamètre in de ces ordonnées: c'est de cette égalité qu'est tiré le nom de la parabole, παραβολη, signifiant *égalité* ou *comparaison*.

4.° Le paramètre de la parabole, c'est-à-dire, le paramètre de l'axe, est égal à l'ordonnée à l'axe, laquelle passe par le foyer F, & se termine de part & d'autre à la parabole.

5.° La distance PF d'un point quelconque P de la parabole au foyer F, est égale à la distance PL du même point à la directrice LI; cette propriété suit évidemment de la description de la courbe.

6.° Lorsque l'abscisse est égale au paramètre, la demi-ordonnée est aussi de la même longueur.

7.° Les quarrés des deux ordonnées au même diamètre, qui répondent à deux différents points de la parabole, sont entr'eux dans la même proportion que les deux abcisses de ces ordonnées.

8.° L'angle hin entre la tangente ht au point quelconque i, & le diamètre in au même point, est toujours égal à l'angle iF, que cette tangente fait avec la ligne iF tirée au foyer. Ainsi, si Hil représente la surface d'un miroir exposée aux rayons de lumière de manière qu'ils viennent parallèlement à l'axe, ils seront tous réfléchis au point F, où ils brûleront par leur réunion: c'est ce qui fait qu'on a nommé ce point le *foyer*.

9.° La parabole est une courbe qui s'étend à l'infini à droite & à gauche de son axe.

10°. La parabole à mesure qu'elle s'éloigne du sommet, a une direction plus approchante du parallélisme à l'axe, & n'y arrive jamais qu'après un cours infini.

11.° Si deux paraboles ont le même axe & le même sommet, leurs ordonnés à l'axe répondant aux mêmes abscisses, seront toujours entr'elles en raison sous-doublée de leurs paramètres, ainsi que les aires terminées par ces ordonnées.

12.° La valeur d'un espace quelconque iqH, renfermé entre un arc de parabole, le diamètre iq au point i, & l'ordonnée Hq au point H, est toujours le double de l'espace ihH renfermé entre le même arc iH, la tangente ih, & la parallèle hH à iq; ou ce qui revient au même, l'espace iHq est toujours les deux tiers du parallélogramme circonscrit.

13.° Si d'un point quelconque H de la parabole, on mène une tangente Hm à cette courbe, la partie im comprise entre le point où cette tangente rencontre un diamètre quelconque & le point i sommet de ce diamètre, est toujours égale à l'abscisse iq, qui répond à l'ordonnée qH de ce diamètre pour le point H.

14.° Toutes les paraboles sont semblables entr'elles & de la même espèce, ainsi que les cercles.

15.° Si on fait passer un diamètre par le concours de deux tangentes quelconques, ce diamètre divisera en deux parties égales la ligne qui joint les deux points de contact: cette propriété est commune à toutes les *sections coniques*.

Description de l'hyperbole. La règle IBT, (*fig. 15.*) est attachée au point fixe I, autour duquel elle a la liberté de tourner. A l'extrémité T de cette règle est attaché un fil HBT, dont la longueur est moindre que IT; l'autre bout de ce fil est attaché à un autre point fixe H, dont la distance au premier I est plus grande que la différence qui est entre le fil & la règle IT, & plus petite que la longueur de cette règle. Cela posé, si pendant que la règle IT tourne autour du point I, on tend continuellement le fil par le moyen d'un stylet qui suive toujours cette règle, ce stylet décrira la courbe appellée *hyperbole*.

Les points H & I sont appellés les *foyers*. Le point C qui divise en deux parties égales l'intervalle IH, est le centre. Le point D qui est celui où tombe le point B, lorsque la règle IT tombe sur la ligne IH, est le sommet de l'hyperbole. La droite DK double de DC, eſt l'axe tranſverſe ; la figure SKL égale & ſemblable à BDT, que l'on décriroit de la même manière en attachant la règle en H, au lieu de l'attacher en I, ſeroit l'hyperbole oppoſée à la première.

Le rapport qui eſt entre la diſtance des points H & I, & la différence du fil à la règle, eſt ce qui caractériſe l'eſpèce de l'hyperbole.

Il y a une autre manière de décrire l'hyperbole, qui rend plus facile la démonſtration de la plupart de ſes propriétés, Voici cette méthode.

LL & MM (*fig.* 26.) étant deux droites quelconques données de poſition qui ſe coupent en un point C, & $cDdC$ un parallélogramme donné, ſi on trace une courbe eDh qui ait cette propriété, qu'en menant de chacun de ſes points e les parallèles ed, & ec à LL & MM, le parallélogramme $cedC$ ſoit égal au parallélogramme $DcCd$, cette courbe ſera une hyperbole.

La courbe égale & ſemblable à cette courbe que l'on décriroit de la même manière dans l'angle oppoſé des lignes MM, LL, ſeroit l'hyperbole oppoſée.

Les deux hyperboles que l'on décriroit avec le même parallélogramme entre les deux autres angles qui ſont les complémens à deux droits des deux premiers, ſeroient les deux courbes appellées les *hyperboles conjuguées* aux premiers. *Voyez* CONJUGUÉ.

Le point C où les deux droites MM, LL, ſe rencontrent, eſt le centre de toutes ces hyperboles.

Toute ligne paſſant par le centre, & terminée aux deux hyperboles oppoſées, eſt un diamètre de ces hyperboles. Toutes les droites menées parallélement à la tangente au ſommet de ce diamètre & terminées par l'hyperbole, ſont les ordonnées à ce diamètre, & les parties correſpondantes du prolongement de ce diamètre, leſquelles ſont terminées par le ſommet de ce diamètre & par les ordonnées, ſont les abſciſſes.

Un diamètre quelconque de deux hyperboles oppoſées, a pour diamètre conjugué celui des hyperboles conjuguées qui a été mené parallélement aux ordonnées du premier.

Le paramètre d'un diamètre quelconque, eſt la troiſième proportionnelle à ce diamètre & à ſon conjugué.

Les lignes LL, MM ſont appellées les *aſymptotes*, tant des hyperboles oppoſées que des conjuguées. *Voyez* ASYMPTOTE.

Propriétés de l'hyperbole. 1.° Les ordonnées à un diamètre quelconque ſont toujours coupées en deux parties égales par ce diamètre.

2.° Les ordonnées à l'axe ſont les ſeules qui ſoient perpendiculaires à leur diamètre ; les autres ſont d'autant plus obliques, que le diamètre eſt plus écarté de l'axe ; & en comparant deux hyperboles de différentes eſpèces, les diamètres qui ſeront à même diſtance de l'axe, auront des ordonnées d'autant plus obliques, que la différence de l'angle LCM à ſon complément ſera plus grande.

3.° Le quarré d'une ordonnée à un diamètre quelconque eſt au quarré d'une autre ordonnée quelconque au même diamètre, comme le produit de l'abſciſſe correſpondante à cette première ordonnée, par la ſomme de cette abſciſſe & du diamètre, eſt au produit de l'abſciſſe correſpondante à la ſeconde ordonnée, par la ſomme de cette abſciſſe & du diamètre.

4.° Le paramètre de l'axe tranſverſe eſt égal à l'ordonnée qui paſſe par le foyer.

5.° Le quarré d'une demi-ordonnée à un diamètre eſt plus grand que le rectangle de l'abſciſſe correſpondante par le paramètre de ce diamètre. C'eſt de cet excès, appellé en grec ὑπερβολὴ, qu'eſt venu le nom de l'*hyperbole*.

6.° Si d'un point quelconque B (*fig.* 25.) on tire deux lignes BH, BI aux foyers, leur différence ſera égale au grand axe ; ce qui ſuit évidemment de la première deſcription de l'hyperbole.

7.° Si on diviſe en deux parties égales l'angle HBI, compris entre les deux lignes qui vont d'un point quelconque aux foyers, la ligne de biſſection ſera tangente à l'hyperbole en B.

8.° Les lignes droites LL, MM (*fig.* 26.) dans leſquelles ſont renfermées les deux hyperboles oppoſées & leurs conjuguées, ſont aſymptotes de ces quatre hyperboles, c'eſt-à-dire, qu'elles en approchent continuellement ſans jamais les rencontrer, mais qu'elles peuvent en approcher de plus près que d'une diſtance donnée, ſi petite qu'on la ſuppoſe.

9.° L'ouverture de l'angle que font les aſymptotes des deux hyperboles oppoſées, caractériſe l'eſpèce de cette hyperbole. Lorſque cet angle eſt droit, l'hyperbole s'appelle *équilatere*, à cauſe que ſon axe (*latus tranſverſum*) & ſon paramètre (*latus rectum*) ſont égaux entr'eux. Cette hyperbole eſt à l'égard des autres, ce que le cercle eſt à l'égard des ellipſes. Si par exemple ſur le même axe, en variant l'axe conjugué, on conſtruit différentes hyperboles, les ordonnées de ces différentes hyperboles qui auront les mêmes abſciſſes, ſeront à l'ordonnée correſpondante de l'hyperbole équilatere, comme l'axe conjugué eſt à l'axe tranverſe.

10.° Si par le ſommet d'un diamètre quelconque, on tire une tangente à l'hyperbole, l'intervalle retranché ſur cette tangente par les aſymptotes, eſt toujours égal au diamètre conjugué.

11.° Si par un point quelconque m de l'hyperbole (*fig.* 27.) on tire à volonté des lignes KmH, rmR qui rencontrent les deux aſymptotes, on aura $MR = mr$, $HE = mK$: ce qui fournit une manière bien ſimple de décrire une hyperbole, dont les aſymptotes CQ, CT ſoient données, & qui paſſe par un point donné m : car menant par m une ligne quelconque KmH, & prenant $HE = mK$, le point E ſera à l'hyperbole. On

trouvera

trouvera de même un autre point M de l'hyperbole, en menant une autre ligne rmR, & prenant $MR = mr$; & ainsi des autres.

12°. Si sur l'une des asymptotes OM (*fig. 16.*) l'on prend les parties CI, CII, $CIII$, CIV, CV, &c. qui soient en progression géométrique, & qu'on mene par les points CI, CII, $CIII$, CIV, les parallèles $I1$ $II2$, $III3$, $IV4$, $V5$, &c. à l'autre asymptote, les espaces $I2$, $II3$, $III4$, $IV5$, $V6$, &c. seront tous égaux. D'où il suit que si l'on prend les parties CI, CII, $CIII$, &c. suivant l'ordre des nombres naturels, les espaces $I2$, $II3$, $III4$, &c. représenteront les logarithmes de ces nombres.

De toutes les propriétés des *sections coniques* on peut conclure: 1.° que ces courbes sont toutes ensemble un système de figures régulières, tellement liées les unes aux autres, que chacune peut dans le passage à l'infini, changer d'espèce & devenir successivement de toutes les autres. Le cercle, par exemple, en changeant infiniment peu le plan coupant, devient une ellipse; & l'ellipse en reculant son centre à l'infini, devient une parabole, dont la position étant ensuite un peu changée, elle devient la première hyperbole: toutes ces hyperboles vont ensuite en s'élevant, jusqu'à se confondre avec la ligne droite, qui est le côté du cone.

On voit, 2.° que, dans le cercle, le paramètre est double de la distance du sommet au foyer ou centre; dans l'ellipse, le paramètre de tout diamètre est à l'égard de cette distance dans une raison qui est entre la double & la quadruple; dans la parabole cette raison est précisément le quadruple, & dans l'hyperbole la raison passe le quadruple.

3.° Que tous les diamètres des cercles & des ellipses se coupent au centre & en-dedans de la courbe; que ceux de la parabole sont tous parallèles entr'eux & à l'axe; que ceux de l'hyperbole se coupent au centre, aussi-bien que ceux de l'ellipse, mais avec cette différence que c'est en-dehors de la courbe. (CHAMBERS.)

On peut s'instruire des principales propriétés des *sections coniques*, dans l'*application de l'Algèbre à la Géométrie*, par M. Guisnée: ceux qui voudront les apprendre plus en détail, auront recours à l'ouvrage de M. le marquis de l'Hôpital, qui a pour titre, *Traité analytique des sections coniques*: enfin on trouvera les propriétés des *sections coniques* traitées fort au long dans l'ouvrage *in-folio* de M. de la Hire, qui a pour titre, *sectiones conicæ in novem libros distributæ*; mais les démonstrations en sont pour la plupart très-longues, & pleines d'une synthèse difficile & embarrassée. Enfin M. de la Chapelle, de la Société royale de Londres, a publié sur cette matière un Traité instructif & assez court, approuvé par l'Académie royale des Sciences.

Les *sections coniques*, en y comprenant le cercle, composent tout le système des lignes du second ordre ou courbes du premier genre, la ligne droite étant appelée *ligne* du premier ordre. Ces lignes du second ordre ou courbes du premier genre, sont celles dans l'équation desquelles les indéterminées x, y, montent au second degré. Ainsi, pour représenter en général toutes les *sections coniques*, il faut prendre une équation dans laquelle x, y, montent au second degré, & qui soit la plus composée qui se puisse, c'est-à-dire, qui contienne, outre les quarrés xx & yy, 1.° le plan xy, 2.° un terme qui renferme x linéaire, 3.° un terme qui contienne y linéaire, & enfin un terme tout constant. Ainsi, l'équation générale des *sections coniques* sera

$$yy + pxy + bxx + cx + a = 0.$$
$$\quad + qy$$

Cela posé, voici comment on peut réduire cette équation à représenter quelqu'une des *sections coniques* en particulier.

Soit $y + \frac{px}{2} + \frac{q}{2} = z$, on aura $zz - \frac{p^2x^2}{4} - \frac{2pqx}{4} + bxx - \frac{qq}{4} + cx + a = 0$. Equation qu'on peut changer en celle-ci: $zz + Axx + Bx + C = 0$.

Alors on verra facilement que les nouvelles coordonnées de la courbe sont z, & une autre ligne u qui est en rapport donné avec x, de sorte qu'on peut supposer $x = mu$; ainsi l'équation pour les coordonnées z, u, sera

$$zz + Duu + Fu + G = 0.$$

Or, 1.° si $D = 0$, la courbe est une parabole: 2.° si D est négatif, la courbe est une ellipse; & elle sera un cercle, si $D = -1$, & que l'angle des coordonnées z & u soit droit: 3.° si D est positif, la courbe sera une hyperbole. Au reste, il arrivera quelquefois que la courbe sera imaginaire, lorsque la valeur de z en u sera imaginaire.

C'est ainsi qu'on pourroit parvenir à donner un traité vraiment analytique des *sections coniques*; c'est-à-dire, où les propriétés de ces courbes seroient déduites immédiatement de leur équation générale, & non pas, comme dans l'ouvrage de M. le marquis de l'Hôpital, de leur description sur un plan. M. l'abbé de Gua a fait sur ce sujet de fort bonnes réflexions dans son ouvrage intitulé, *usage de l'analyse de Descartes*; & il y a tracé le plan d'un pareil traité.

M. le marquis de l'Hôpital, après avoir donné dans les trois premiers livres de son ouvrage les propriétés de chacune des *sections coniques* en particulier, a consacré le quatrième livre à exposer les propriétés qui leur sont communes à toutes: par exemple, que toutes les ordonnées à un même diamètre sont coupées en deux également par ce diamètre, que les tangentes aux deux extrémités d'une même ordonnée aboutissent au même point du diamètre, *&c.*

Les anciens avoient considéré d'abord les *sections coniques* dans le cone où elles sont nées; & la meilleure maniere de traiter ces courbes, seroit peut-être de les envisager d'abord dans le cone, d'y chercher leur équation, & de les transporter ensuite sur le plan pour trouver plus facilement par le moyen de cette équation leurs autres propriétés; c'est ce que M. de la Chapelle s'est proposé de faire dans l'ouvrage dont nous avons parlé.

Quelques auteurs, non contens de démontrer les propriétés des *sections coniques* sur le plan, ont encore cherché le moyen de démontrer ces propriétés, en considérant les *sections coniques* dans le cone même. Ainsi, M. le marquis de l'Hôpital a consacré le sixième livre de son ouvrage à faire voir comment on retrouve dans le solide les mêmes propriétés des *sections coniques* démontrées sur le plan : il a rempli cet objet avec beaucoup de clarté & de simplicité. Dans cet article, nous avons envisagé les *sections coniques* de la manière qui demande le moins d'apprêt, mais qui n'est peut-être pas la plus naturelle : la méthode que nous avons suivie convenoit mieux à un ouvrage tel que celui-ci; & celle que nous proposons conviendroit mieux à un ouvrage en forme sur les *sections coniques*. *Voyez les articles* COURBE, LIEU, CONSTRUCTION, &c.

Pour démontrer les propriétés des *sections coniques* dans le cone, il est bon de prouver d'abord que toute *section conique* est une courbe du second ordre, c'est-à-dire, où les inconnues ne forment pas une équation plus haute que le second degré. Cela se peut prouver très-aisément par l'Algèbre, en imaginant un cercle qui serve de base à ce cone, en faisant les ordonnées de la *section conique* parallèles à celles du cercle, & en formant des triangles semblables qui aient pour sommet commun celui du cone, & pour bases les ordonnées parallèles, &c. Nous ne faisons qu'indiquer la méthode : les lecteurs intelligens la trouveront sans peine; & les autres peuvent avoir recours à la théorie des *ombres* dans l'ouvrage de M. l'abbé de Gua, qui a pour titre *usages de l'analyse de Descartes*, &c.

Cela bien démontré, il est visible que la section d'un cone par un plan qui le traverse entièrement, ne peut être qu'une ellipse ou un cercle; car cette section rentre en elle-même, & ne sauroit être par conséquent ni hyperbole ni parabole : de plus, son équation ne monte qu'au second degré, ainsi elle ne peut être que cercle ou ellipse. Mais on n'a pas trop bien démontré dans quel cas la section est un cercle ou une ellipse.

1.° Elle est un cercle, lorsqu'elle est parallèle à la base du cone.

2.° Elle est encore un cercle, lorsqu'elle forme une section *sous-contraire*, & lorsqu'elle est de plus perpendiculaire au triangle passant par l'axe du cone, & perpendiculaire lui-même à la base; cela est démontré dans plusieurs livres.

3.° Il est aisé de conclure de la démonstration qu'on donne d'ordinaire de cette proposition, & qu'on peut voir, si l'on veut, dans le *traité des sections coniques* de M. de la Chapelle, que toute section perpendiculaire au triangle par l'axe, & qui ne fait pas une section sous-contraire, est une ellipse. Mais si la section n'est pas perpendiculaire à ce triangle, il devient un peu plus difficile de le démontrer. Voici comment il faut s'y prendre.

En premier lieu, si, dans cette hypothèse, la *section conique* passe par une autre ligne que celle que forme la section sous-contraire avec le triangle par l'axe, il est aisé de voir que le produit des segmens de deux lignes tirées dans le plan de la courbe ne sera pas égal de part & d'autre; & qu'ainsi la courbe n'est pas un cercle, puisque dans le cercle les produits des segmens sont égaux.

En second lieu, si, dans cette même hypothèse, le plan de la courbe passe par une ligne que forme la section sous-contraire avec le triangle par l'axe, il n'y a qu'à imaginer un autre triangle perpendiculaire à celui-ci, & passant par l'axe; on verra aisément, 1.° que ce triangle sera isocele; 2°. que la section de ce triangle avec la section sous-contraire, sera parallèle à la base; 3.° que par conséquent le plan dont il s'agit étant différent de la section sous-contraire (hyp.), coupera ce nouveau triangle suivant une ligne oblique à la base; & il est très-aisé de voir que les segmens de cette ligne font un produit plus grand que celui des segmens de la ligne parallèle à la base. Or ce second produit est égal au produit des segmens de la section sous-contraire, puisque cette section est un cercle; donc le premier produit est plus grand; donc la section est une ellipse. Je ne sache pas que cette proposition ait été démontrée dans aucun livre. Ceux qui travailleront dans la suite sur les *coniques*, pourront faire usage des vues qu'on leur donne ici. (*O*).

* On trouve dans le Traité de *la Coupe des pierres* de M. Frézier (*tome 1, page 222*), un problème des sections coniques, relatif à cet art, & dont MM. Jean Bernoulli, père & fils, ont donné chacun une solution particulière. Le voici résolu d'une manière encore différente & plus générale.

PROBLÊME. *Soit* (fig. 18) *un cone droit érigé sur une base elliptique dont* CX *est le grand axe*, & FD *le petit : on demande la nature de la courbe que formera, sur la surface de ce cone, le plan* AMSY, *qu'on suppose perpendiculaire au plan triangulaire* FTD?

Soit mené par un point quelconque M de la courbe $AMSY$, un plan NMO parallèle à la base du cone : les deux plans $AMSY$, NMO se rencontreront dans la droite MP, qui sera par conséquent une ordonnée commune aux axes AS, NO des courbes qu'ils forment sur la surface *conique*. Ayant encore mené parallèlement à l'axe TE du cone la droite PHV qui rencontre le côté FT en H, & qui est terminé par TV parallèle au demi-axe FE, on abaissera du point A la perpendiculaire AQ sur TE. Cela posé, soient

$FD = 2a$, $CX = 2b$, $TE = h$, $RT = g$, $AR = c$, $AQ = m$, $AP = x$, $PM = y$. On aura, par la propriété de l'ellipse, $\overline{PM}^2 = \left(\overline{BN}^2 - \overline{BP}^2\right) \times \frac{bb}{aa}$. Mais, à cause des triangles semblables EFT, BNT, on a $TE\,(h) : FE\,(a) :: TB : BN = \frac{BT \times a}{h}$. Les triangles semblables ART, APH donnent $AR\,(c) : RT\,(g) :: AP\,(x) : PH = \frac{gx}{c}$, & les triangles semblables TFE, HTV donnent $FE\,(a) : ET\,(h) :: TV : HV = \frac{TV \times h}{a}$. Enfin, à cause des triangles semblables ARQ, PRB, TV ou $BP = \frac{mc - mx}{c}$; donc $HV = \frac{mch - mhx}{ac}$; donc aussi $BT = PH + HV = \frac{gx}{c} + \frac{mhc - mhx}{ac} = \frac{agx - mhx + mch}{ac}$, & $\overline{BN}^2 = \overline{BT}^2 \times \frac{aa}{hh} = \left(\frac{agx - mhx + mch}{ac}\right)^2 \times \frac{aa}{hh}$. D'où il suit qu'on aura, après les réductions ordinaires, PM^2 ou $yy = \frac{2abbcghmx - (2abbgmh - a^2b^2g^2)xx}{aacchh}$; équation à la courbe cherchée, laquelle est, comme on voit, une section *conique*. Si $2abbghm = a^2b^2g^2$, ou $2hm = ag$, elle sera une parabole. Si $2hm > ag$, elle sera, en général, une ellipse. Enfin, si $2hm < ag$, elle sera une hyperbole.

Supposons maintenant qu'on demande le cas où cette courbe devient un cercle. Voici comment on résoudra cette question avec la plus grande facilité.

L'équation $yy = \frac{2abbcghmx - (2abbghm - a^2b^2g^2)xx}{aacchh}$ appartiendra au cercle, si on peut la réduire à cette forme $yy = Bx - xx$. Or, pour cela, il faut qu'on ait $\frac{2abbghm - a^2b^2g^2}{aacchh} = 1$; d'où l'on tire $cc = \frac{2abbghm - a^2b^2g^2}{aahh}$. Le point A est toujours fixe; mais, dans l'équation générale, AR dépend de RT. La courbe peut être une ellipse, en faisant varier AR & RT d'une infinité de façon; mais, pour qu'elle soit un cercle, il est clair que le rapport de AR à RT doit être un rapport déterminé. Il faut donc considérer $AR\,(c)$ & $RT\,(g)$ comme deux inconnues. Nous avons déja l'équation $cc = \frac{2abbghm - a^2b^2g^2}{aahh}$, & nous aurons $\overline{RQ}^2$, ou $(TQ - RT)^2 = \overline{AR}^2 - \overline{AQ}^2$, c'est-à-dire en termes analytiques, $\left(\frac{mh}{a} - g\right)^2 = cc - mm$. De la comparaison de ces deux équations, on tire

$$g = \frac{mh \pm mh\sqrt{\frac{bb - aa}{bb + hh}}}{a}$$

$$c = \frac{bm}{a}\sqrt{\frac{aa + hh}{bb + hh}}.$$

La droite AR est donc connue de position, & le problême est résolu. Ce résultat s'accorde parfaitement, quant au fonds, avec ceux de MM. Bernoulli. (*L. B.*)

CONJUGUÉ, adj. Dans les sections coniques on appelle diamètres *conjugués*, ceux qui sont réciproquement parallèles à leurs tangentes au sommet. *Voyez* DIAMÈTRE, SECTION CONIQUE.

Axe *conjugué*, est le nom que plusieurs auteurs donnent au plus petit des diamètres ou au petit axe d'une ellipse. *Voyez* ELLIPSE.

Il est démontré, 1.° que dans une ellipse le quarré de l'axe *conjugué* est au quarré de l'axe transverse, comme le quarré de la demi-ordonnée à l'axe *conjugué* est au rectangle des segmens de cet axe: 2.° que toute ligne droite tirée du foyer aux extrémités du demi-axe *conjugué*, est égale au demi-axe transverse. De-là il suit que les deux axes étant donnés, on a aussitôt les foyers, par le moyen desquels il est aisé ensuite de tracer l'ellipse. *Voyez* FOYER.

L'axe *conjugué* dans une ellipse ou hyperbole, est le moyen proportionnel entre l'axe transverse & le paramètre. *Voyez* ELLIPSE, HYPERBOLE, PARAMÈTRE.

Ovale conjuguée, dans la *haute Géométrie*, se dit d'une ovale qui appartient à une courbe, & qui se trouve placée sur le plan de cette courbe, de manière qu'elle est comme isolée & séparée des autres branches ou portions de la courbe. On trouve de ces sortes d'ovales dans les courbes du second genre ou lignes du troisième ordre, comme M. Newton l'a remarqué. Quelques-unes de ces courbes sont composées de plusieurs branches infinies, telles qu'on les voit (*fig. 43. analyse*), & d'une ovale A séparée des autres branches, & placée dans le plan de la courbe.

Il y a des cas où l'ovale A se réduit à un seul point, & cette ovale s'appelle alors *point-conjugué*.

Quelquefois l'*ovale conjuguée* touche la courbe, & le point *conjugué* y est adhérent.

M. l'abbé de Gua, dans son livre qui a pour titre *usages de l'analyse de Descartes*, remarque & prouve que la courbe appellée *cassinoïde* ou *ellipse* de M. Cassini, doit dans certains cas être composée de deux *ovales conjuguées*, telles que A, B, (*fig. 44. analyse*) distantes l'une de l'autre, & que ces ovales peuvent même se réduire chacune à un seul point *conjugué*, en sorte que la courbe dont il s'agit n'aura alors d'ordonnées réelles que dans deux de ses points, & se réduira par conséquent à deux points *conjugués* uniques & isolés, placés à une certaine distance l'un de l'autre sur le plan de la courbe.

Pour qu'une courbe se réduise à un point *conjugué*, il faut que la valeur de y en x soit telle, que cette valeur ne soit réelle que quand x a elle-même une certaine valeur déterminée; par exemple, la courbe dont l'équation seroit $yy + xx = o$, ou $y = \sqrt{-xx}$, se réduit à un point *conjugué*; car c'est l'équation d'un cercle dont le rayon est nul ou zéro; ce cercle se réduit donc à un point. La valeur de y est nulle lorsque $x = o$, & imaginaire si x est réelle.

Ceux qui ont peu réfléchi sur la nature des lignes courbes, entant qu'elle est représentée par des équations, trouveront d'abord fort extraordinaires ces ovales & ces points *conjugués*, isolés & séparés du reste de la courbe. Comme les courbes les plus familières & les plus connues n'en ont point, savoir le cercle, les sections coniques, la conchoïde, *&c.* & que ces différentes courbes se décrivent ou peuvent se décrire par un mouvement continu; ces autres courbes dont les parties sont, pour ainsi dire, détachées, paroissent d'abord fort singulières; cependant on pourroit observer que l'hyperbole nous fournit en quelque manière un exemple de ces courbes, dont les parties sont détachées; car les deux hyperboles opposées paroissent n'avoir entr'elles rien de commun, & appartiennent pourtant à une seule & même courbe.

Tout ce mystère prétendu disparoîtra, si on fait réflexion qu'une courbe représentée par une équation, n'est proprement que le lieu des différens points qui peuvent servir à résoudre un problème indéterminé; que les ordonnées qui répondent aux différentes valeurs x, ne sont autre chose que les valeurs de y, qu'on auroit en résolvant séparément cette équation pour chaque valeur de x; & que si la valeur de x est telle que l'y correspondante soit imaginaire, l'ordonnée sera imaginaire; qu'ainsi un point *conjugué* dans une courbe ne signifie autre chose sinon que la valeur de x qui répond à ce point *conjugué*, donne une valeur réelle pour y, & que si on prend x un peu plus grande ou un peu plus petite, la valeur de y sera imaginaire; ce qui n'a plus rien de merveilleux. C'est ainsi qu'avec des idées nettes & précises, on peut ôter à bien des vérités certain air paradoxe que quelques savans ne sont pas fâchés de leur donner, & qui en fait souvent tout le mérite. (*O*).

CONJUGUÉES. (*Hyperboles*). On appelle ainsi deux hyperboles opposées, que l'on décrit dans l'angle vuide des asymptotes des hyperboles opposées, & qui ont les mêmes asymptotes que ces hyperboles, & le même axe, avec cette seule différence, que l'axe transverse des opposées est le second axe des *conjuguées*, & réciproquement.

Quelques Géomètres se sont imaginés que le système des *hyperboles conjuguées* & des hyperboles opposées formoit un seul & même système de courbes; mais ils étoient dans l'erreur. Prenons pour exemple les hyperboles opposées équilateres. L'équation est $yy = xx - aa$, d'où l'on voit que $x < a$ donne y imaginaire; & qu'ainsi dans l'angle des asymptotes, autre que celui où sont les hyperboles opposées, on ne peut tracer de courbes qui appartiennent au même système; car alors $x < a$ donneroit y réel. On peut encore s'assurer sans calcul, que les *hyperboles conjuguées* & les hyperboles opposées, ne forment point un même système, parce que l'on trouve bien dans un cone & dans son opposé les hyperboles opposées, mais jamais les *conjuguées*. Mais, dira-t-on, si je formois cette équation $(yy - xx)^2 - a^4 = o$, cette équation représenteroit le système des quatre hyperboles; car on auroit $yy - xx = \pm aa$; & $y = \pm\sqrt{xx - aa}$, $y = \pm\sqrt{xx + aa}$; d'où l'on voit aisément que les deux premieres valeurs de y représentent les hyperboles opposées, & les deux autres les *hyperboles conjuguées*; ainsi, conclura-t-on, le système des *hyperboles conjuguées* & opposées apartiennent à une même courbe, dont l'équation est $(yy - xx)^2 - a^4 = o$. Mais il faut remarquer que cette équation se divise en deux autres, $yy - xx + aa = o$, $yy - xx - aa = o$; & qu'une équation n'appartient jamais à un seul & même système de courbes, que lorsqu'elle ne peut se diviser en deux autres équations rationnelles. Ainsi, $yy - xx = o$, ne représente point un seul & même système de courbes, parce que cette équation se divise en $y - x = o$, $y + x = o$; mais $yy - xx + aa = o$ représente un seul & même système, parce qu'on ne peut diviser cette équation qu'en ces deux-ci, $y - \sqrt{xx - aa} = o$, & $y + \sqrt{xx - aa} = o$, qui ne sont pas rationnelles. *Voyez* COURBE. Cette remarque est très-importante pour les commençans, qui ne la trouveront guère ailleurs. (*O*)

CONNOISSANCE DES TEMS, (*Astronomie.*) titre que porte l'ancienne éphéméride des mouvemens célestes, ou almanach que publie chaque année l'Académie des Sciences de Paris, pour l'usage des astronomes & des navigateurs. Ce titre a pu faire croire à ceux qui n'avoient pas consulté l'ouvrage, qu'on y annonçoit le beau tems ou la pluie; mais il ne s'agit dans cet ouvrage que des tems considérés astronomiquement, & par rapport aux mouvemens célestes qui en sont la mesure.

Ce livre, qui a été le modèle de tous les almanachs, & qui sert encore à faire tous ceux de la France, fut publié pour la première fois en 1679 par Picard, célèbre astronome de ce tems-là, avec ce titre : *La connoissance des tems ou calendrier & éphémérides du lever & du coucher du soleil, de la lune & des autres planètes, avec les éclipses pour l'année 1679, calculées sur Paris, & la manière de s'en servir pour les autres élévations*, *avec plusieurs autres tables & traités d'Astronomie & de physique, & des éphémérides de toutes les planètes, en figures.* A Paris, chez J. B. Coignard, *imprimeur du roi, rue Saint-Jacques, à la Bible d'or.* C'étoit un très-petit *in-12*, composé de 60 pages; il étoit dédié au roi, qui en avoit approuvé le projet. On lit dans un avis qui est en tête, qu'il fut hazardé fort avant dans l'année, à l'occasion du voyage du roi; (car on avoit résolu de ne le commencer qu'en 1680) & que l'on travailloit à calculer des éphémérides d'une méthode toute nouvelle qui dévoient commencer l'année suivante.

Dans ce premier volume, on voit d'abord un calendrier, le lever & coucher du soleil & de la lune, avec les jours de ses phases & de ses plus grands abaissemens ou élévations sur l'horizon: pour le soleil, le premier instant qu'un de ses bords paroît, ou que le dernier disparoît, eu égard aux réfractions; pour la lune, l'instant où elle paroît toute entière en touchant l'horizon, eu égard aux réfractions & aux parallaxes: une autre table contient leur lever & coucher pour Calais, Paris, Lyon, Marseille, ce qui pouvoit servir à le trouver pour tous les autres pays. On y voit des figures d'éclipses pour plusieurs momens de leur durée: une table du passage de la lune par le méridien, l'ascension droite du soleil & l'équation de l'horloge, ou ce dont elle doit avancer ou retarder, par rapport à un cadran solaire sur lequel elle aura été mise le 16 juin ou le 23 décembre, avec des usages pour trouver l'heure sur les cadrans solaires au moyen de la lune, en y ajoutant son passage au méridien, & pour connoître les marées, en supposant que la mer se trouve haute à Brest, constamment deux heures après le passage de la lune par la méridienne; à Calais, à quatre heures & demi; à Saint-Malo six heures après; à Dieppe, neuf heures; à Rouen & Honfleur, onze heures.

Le moyen de trouver par vingt étoiles qui passent dans le même fil à plomb que la polaire, l'heure qu'il est, en ajoutant l'ascension droite du soleil à l'heure marquée sur une planche qui se voit dans le livre. L'on y voit une explication sur le mouvement des pendules avec une autre petite table; les entrées du soleil dans tous les signes du zodiaque; on y parle de la manière dont les planètes seront vues pendant toute l'année; des latitudes & différences de longitudes de vingt-trois villes de France; les plus longs jours & les plus longues nuits pour différentes élévations de pôle; enfin des observations sur le baromètre & les vents, faites pendant l'année 1678.

Picard, l'un des plus célèbres astronomes de l'académie de Paris, étoit l'auteur anonyme de cet ouvrage; dès l'année suivante, il l'augmenta de plusieurs tables & de plusieurs remarques intéressantes. Dans celui de 1681, il annonça l'apparition de la fameuse comète, avec des réflexions très-philosophiques à ce sujet; dans celui de 1682, il annonça les nouvelles opérations de la figure de la terre: enfin ce livre ne cessa de s'augmenter chaque année, soit entre les mains du premier auteur, soit dans celle de Lefebvre qui fut chargé de cet ouvrage en 1685; Lieutaud lui succéda en 1702, il y mit en 1729 la liste de l'Académie des Sciences; Godin lui succéda en 1730; M. Maraldi commença l'année 1735, & a fini en 1759. Je commençai en 1760 à être chargé de cet ouvrage par ordre du roi, & sur le choix de l'Académie; dès ce moment, j'en changeai la forme en entier, j'y rassemblai tout ce que les astronomes pouvoient desirer de plus nouveau & de plus intéressant, pour leurs observations, & leurs calculs, & tout ce que les navigateurs pouvoient desirer pour être à portée de trouver la longitude en mer par le moyen de la lune; M. Jeaurat qui a commencé en 1776, continue sur le même plan. Mais en 1767, le bureau des longitudes d'Angleterre fit calculer par un grand nombre d'astronomes réunis sous la direction de l'astronome royal, M. Maskelyne, un ouvrage beaucoup plus étendu, intitulé: *The nautical almanac and astronomical ephemeris for the year 1767.* Voyez ALMANAC. Cet ouvrage destiné spécialement à la navigation, n'a point empêché la continuation de la *connoissance des tems*, nécessaire pour la ville de Paris, & dans laquelle on continue d'ailleurs de mettre des tables nouvelles chaque année, pour l'usage des astronomes. *Voyez* EPHÉMÉRIDE. (*D. L.*)

CONOIDE, s. m. (*Géom.*) nom que l'on donne à un corps solide formé par la révolution d'une courbe quelconque autour de son axe, & qu'on donne quelquefois aussi à d'autres solides qui au lieu d'être composés, comme celui-ci, de tranches circulaires perpendiculaires à l'axe, sont composés d'autres espèces de tranches.

Le *conoïde* prend le nom de la courbe qui l'a produit par sa révolution. Un *conoïde* parabolique, qu'on appelle aussi un *paraboloïde*, est le solide produit par la révolution de la parabole autour de son axe, *&c.*

Archimède a fait un livre des *conoïdes* & des sphéroïdes, dans lequel ce grand géomètre a donné les dimensions des solides ou *conoïdes* paraboliques, elliptiques, hyperboliques, *&c.*

Comme l'ellipse a deux axes, elle produit aussi deux *conoïdes*, selon qu'on la fait tourner autour de l'un ou de l'autre de ces axes. Chacun de ces *conoïdes* s'appelle *sphéroïde.* L'hyperbole produit aussi deux *conoïdes* par sa révolution autour de l'un ou de l'autre de ces axes. Mais Archimède n'a examiné que le *conoïde* produit par la révolution de l'hyperbole autour de son axe transverse ou premier, & M. Parent (*voyez Hist. acad.* 1709.) s'est appliqué à considérer le *conoïde* formé par la révolution de l'hyperbole autour de son second axe. Ce *conoïde* s'appelle *cylindroïde*, à cause qu'il ressemble plus à un cylindre qu'à un cone, ne se terminant pas en pointe comme les autres *conoïdes.* Car quoique le mot de *conoïde* s'applique assez généralement à tous les solides formés par la révolution des courbes autour de leur axe, cependant ce mot, qui est dérivé de *cone*, convient encore d'une manière plus particulière à ceux qui se terminent en pointe, ou qui, comme le cone, ont un sommet.

Nous donnerons à cette occasion une méthode particulière pour mesurer la surface courbe d'un *conoïde*: cette méthode est assez simple; nous la croyons nouvelle, & elle peut être utile en quelques cas.

D'un point quelconque de la courbe qui engendre le *conoïde*, soit menée une ordonnée perpendiculaire à l'axe de rotation, & une perpendiculaire à la courbe qui aboutisse à l'axe: soit prolongée l'ordonnée hors de la courbe jusqu'à ce que le prolongement soit égal à l'excès de la perpendiculaire sur l'ordonnée; & imaginant que l'on fasse la même chose à chaque point de la courbe, soit supposée une nouvelle courbe qui passe par les extrémités des ordonnées ainsi prolongées: je dis que la surface courbe du *conoïde* sera à l'aire de cette nouvelle courbe, comme la circonférence du cercle est au rayon. Cette proposition est fondée sur ces deux-ci: 1.° l'élément de la surface du *conoïde* est le produit du petit côté de la courbe par la circonférence du cercle dont l'ordonnée est le rayon: 2.° la perpendiculaire est à l'ordonnée, comme l'élément de la courbe est à l'élément de l'abscisse; deux propositions dont la démonstration est très-facile.

Par le moyen de cette proposition on peut trouver aisément la surface courbe du *conoïde* qu'une section conique quelconque engendre en tournant autour de son axe. Car on trouvera que la courbe formée par les ordonnées prolongées est toujours une section conique; & par conséquent la mesure de la surface courbe se réduira à la quadrature de quelque section conique, c'est-à-dire, à la quadrature de la parabole, qui est connue depuis long-temps, ou à la quadrature du cercle, ou à celle de l'hyperbole. *Voyez* CYLINDROÏDE. (*O*)

CONSÉQUENT, adj. (*Arith.*); c'est ainsi que l'on appelle en Arithmétique le dernier des deux termes d'un rapport, ou celui auquel l'antécédent est comparé. *Voyez* ANTÉCÉDENT, RAPPORT & PROPORTION.

Ainsi, dans le rapport de *b* à *c*, la grandeur *c* est le *conséquent*, & la grandeur *b* l'antécédent. (*O*)

CONSEQUENTIA, terme latin en usage dans l'Astronomie. On dit qu'une étoile, une planète, ou une comète, située en quelque point du ciel, se meut ou paroît se mouvoir *in consequentia*, lorsqu'elle se meut & paroît se mouvoir d'occident en orient, suivant l'ordre des signes du zodiaque. Ce mot est opposé à *antecedentia*. (*O*)

CONSERVES, subst. f. pl. (*Optique*); c'est une espèce de lunette qui ne doit point grossir les objets, mais affoiblir la lumière qui en rejaillit, & qui pourroit blesser la vue; c'est de cette propriété que leur est venu le nom de *conserves*. *Voy.* LUNETTES.

CONSOLATION, *terme de jeu*: on donne ce nom dans plusieurs jeux à une espèce de tribut qu'on paie, soit à ceux qui ne jouent point, soit à ceux qui jouent & qu'on fait perdre, soit même à ceux qui gagnent, soit à celui qui perd, selon les conventions bizarres des jeux, où l'on a voulu quelquefois que la *consolation* fût faite par celui qui perd, & qui, par conséquent, devroit être consolé.

CONSPIRANT, adj. (*Méch.*). *Puissances conspirantes*, en Mécanique, sont celles qui n'agissent pas dans des directions opposées. Les puissances sont d'autant plus *conspirantes*, que leurs directions sont moins opposées: on peut même dire qu'à proprement parler, il n'y a de puissances véritablement *conspirantes*, que celles qui agissent suivant la même direction; car alors l'effet produit par les deux puissances agissant ensemble, est égal à la somme des effets que chacune, agissant en particulier, auroit produit: mais quand les directions font un angle entr'elles, l'effet produit par les deux puissances conjointes est plus petit que la somme des deux effets pris séparément, par la raison que la diagonale d'un parallélogramme est moindre que la somme des deux côtés. *Voyez* COMPOSITION. Cela vient de ce que deux puissances dont les directions font angles, sont en partie *conspirantes* & en partie opposées. Il peut même arriver que l'angle des puissances soit si obtus, que la puissance qui en résulte soit moindre que chacune d'elles; & alors les puissances ne seront appellées *conspirantes* que fort improprement, puisqu'elles détruisent alors mutuellement une partie de leur effet. *Voy.* PUISSANCE & MOUVEMENT. (*O*)

CONSTANTE, (*Quantité*). On appelle ainsi, *en Géométrie*, une quantité qui ne varie point par rapport à d'autres quantités qui varient, & qu'on nomme *variables*. Ainsi, le paramètre d'une parabole, le diamètre d'un cercle, sont des *quantités constantes*, par rapport aux abscisses & ordonnées qui peuvent varier tant qu'on veut. *Voyez* PARAMÈTRE, COORDONNÉES, &c. En algèbre, on marque ordinairement les *quantités constantes* par les premières lettres de l'alphabet, & les variables par les dernières.

Quand on a intégré une différentielle, on y ajoute une *constante* qui est quelquefois nulle, mais qui souvent aussi est une quantité réelle, dont l'omission seroit une faute dans la solution. C'est à quoi les commençans doivent sur-tout prendre garde. La règle la plus facile & la plus ordinaire pour bien déterminer la *constante*, est de supposer que la différentielle représente l'élément de l'aire d'une courbe, dont l'abscisse soit x, de faire $x = 0$, de voir ce que la différentielle devient en ce cas, & d'ajouter ce résultat avec un signe contraire.

Par exemple, soit $dx\sqrt{x+a}$, la quantité à intégrer.

On peut la regarder comme l'élément de l'aire d'une courbe, dont x est l'abscisse, & $\sqrt{x+a}$ l'ordonnée. L'aire de cette courbe ou l'intégrale de cet élément doit être nulle, lorsque $x=o$. Or l'intégrale de $dx\sqrt{(x+a)}$ est $\frac{2}{3}(x+a)^{\frac{3}{2}}+C$, C désignant une *constante* quelconque; on aura donc, lorsque $x=o$, $\frac{2}{3}a^{\frac{3}{2}}+C=o$. Donc $C=-\frac{2}{3}a^{\frac{3}{2}}$. Donc l'intégrale cherchée est $\frac{2}{3}(x+a)^{\frac{3}{2}}-\frac{2}{3}a^{\frac{3}{2}}$. Ainsi, on voit que la *constante* C n'est autre chose que $\frac{2}{3}(x+a)^{\frac{3}{2}}$, en faisant $x=o$, & changeant le signe. Cet exemple suffit pour démontrer & faire sentir la règle. On trouvera un plus grand détail dans tous les Traités de *calcul intégral*. (*O*)

CONSTELLATION, sub. f. *en Astronomie*, est l'assemblage de plusieurs étoiles, exprimées & représentées sous le nom & la figure d'un homme, d'un animal, ou de quelqu'autre chose: on l'appelle aussi un *astérisme*. Les principales constellations sont représentées dans les planches d'Astronomie, *fig.* 4 & 5.

Les anciens astronomes ne se sont pas seulement attachés à distribuer les étoiles selon leurs différentes grandeurs; comme on le verra à l'*article* ÉTOILE; mais ils ont encore imaginé, pour les faire reconnoître plus facilement, de faire plusieurs cartes qui expriment la situation exacte, & la disposition des unes à l'égard des autres dans les différentes régions du ciel. Pour cet effet, ils ont partagé le firmament en plusieurs parties ou *constellations*, réduisant un certain nombre d'étoiles sous la représentation de certaines figures, afin d'aider l'imagination & la mémoire à concevoir & à retenir leur nombre, leur arrangement, & même pour distinguer les vertus qu'ils leur attribuoient: c'est dans ce sens qu'ils disoient qu'un homme étoit né sous une heureuse *constellation*, c'est-à-dire sous une heureuse disposition des corps célestes. *Voyez* ASTROLOGIE.

La division des cieux en *constellations* est fort ancienne, & paroît l'être autant que l'Astronomie même; au moins a-t-elle été connue des plus anciens auteurs qui nous restent, soit sacrés, soit profanes. Il en est fait mention dans le livre de Job, témoin cette apostrophe: *peux-tu arrêter les douces influences des Pleïades ou détacher les bandes d'Orion?* On peut observer la même chose dans les plus anciens écrivains payens, Homère & Hésiode qui répètent souvent le nom de plusieurs *constellations*. En un mot, il est vraisemblable que les astronomes ont senti dès le commencement la nécessité de partager ainsi les régions du ciel. Les douze *constellations* du zodiaque ont toujours occupé spécialement les observateurs; ainsi, le ciel étoilé a trois parties principales; celle du milieu appellée *zodiaque*, renferme toutes les étoiles qui se trouvent dans les environs de la route des planètes pendant leur révolution, & le zodiaque s'étend de plus jusqu'à 8 ou 9 degrés, au-delà desquelles les planètes ne sauroient s'écarter de l'écliptique. Cette zone ou bande du zodiaque sépare les *constellations* de la partie boréale qui est au nord du zodiaque, & celles de la partie qui est au midi, & se nomme *australe*. *Voyez* le catalogue au *mot* ETOILE.

Les *constellations* des anciens comprénoient ce qui étoit visible pour eux dans le firmament, au nombre de 48, dont les 12 qui comprennent le zodiaque furent nommées *aries*, *taurus*, *Gemini*, *cancer*, *leo*, *Virgo*, *libra*, *Scorpius*, *Sagittarius*, *Capricornus*, *aquarius*, *pisces*; en françois, le bélier, le taureau, les gemeaux, l'écrévisse, le lion, la vierge, la balance, le scorpion, le sagittaire, le capricorne, le verseau, les poissons; d'où les signes du zodiaque & de l'écliptique ont pris leur nom, quoique depuis long-tems ils ne soient plus contigus aux *constellations* d'où ils l'ont tiré. *Voyez* ZODIAQUE, PRÉCESSION & les noms de ces différentes *constellations* dans ce dictionnaire.

Les autres étoiles au nord du zodiaque dans la partie boréale, furent rangées sous 21 *constellations*, savoir, *ursa major*, *ursa minor*, *draco*, *cepheus*, *bootes*, *corona septentrionalis*, *hercules*, *lyra*, *cygnus*, *cassiopea*, *perseus*, *andromeda*, *triangulum*, *auriga*, *pegasus*, *equuleus*, *delphinus*, *sagitta*, *aquila*, *ophiucus* ou *serpentarius*; & *serpens*; en françois, la grande ourse, la petite ourse, le dragon, céphée, le bouvier, la couronne boréale, hercule, la lyre, le cygne, cassiopée, persée, andromède, le triangle, le cocher, pegase, le petit cheval, le dauphin, la flèche, l'aigle, le serpentaire & le serpent. On y ajouta dans la suite deux autres *constellations*, composées de quelques étoiles qui se trouvoient entre ces anciennes *constellations*, & qu'on nommoit pour cette raison *étoiles informes*, ou *sparsiles*, *sporades*. Ces deux *constellations* sont la chevelure de Bérenice & Antinous; ainsi, cela forme 23 *constellations* anciennes.

Les anciens distribuèrent les étoiles qui étoient au midi du zodiaque en 15 *constellations*: *cetus*, *eridanus*, *lepus*, *Orion*, *canis major*, *canis minor*, *argo*, *hydra*, *crater*, *corvus*, *centaurus*, *lupus*, *ara*, *corona meridionalis*, & *piscis australis*; en françois, la baleine, l'éridan, le liévre, orion, le grand chien, le petit chien, le navire argo, l'hydre, la coupe, le corbeau, le centaure, le loup, l'autel, la couronne australe & le poisson austral. Après les voyages du seizième siécle aux indes, on forma 12 nouvelles *constellations*: *phœnix*, *grus*, *pavo*, *indus*, *apus*, *triangulum australe*, *musca*, *cameleo*, *piscis volans*, *toucan*, *hydrus* & *Xiphias*; en françois: le phénix, la grue, le paon, l'indien, l'oiseau du paradis, le triangle austral, la mouche, le cameleon, le poisson volant, le toucan *ou* l'oie d'Amérique, l'hydre mâle, la dorade; on y ajoute quelquefois le grand nuage & le petit nuage. Les positions des étoiles qui composent ces douze dernières *constellations*, furent déterminées par M. Halley, qui alla exprès pour cela à l'île de Sainte-Hélène en 1677; & par l'abbé de la Caille qui alla au cap de Bonne-Espérance en 1751. *Voyez* chaque *constellation* & les étoiles qu'elle contient sous son propre article.

De ces *constellations*, les 12 dernières & la plus grande partie du navire argo, du centaure & du loup, ne sont pas visibles sur l'horizon de Paris. Jusqu'au commencement du dix-septième siècle, & même dans l'Uranométrie de Bayer en 1603, il ne fut question que des anciennes *constellations* dont nous venons de parler; mais dans l'ouvrage de Bartschius, publié en 1624, on en trouve sept autres qu'il dit avoir été formées par les modernes.

La Giraffe, (*giraffa*, *camelopardalis*) entre l'étoile polaire, la grande ourse & persée.

Le fleuve du Tygre, composé des étoiles informes de Pégase, du petit cheval, du cygne & d'ophiucus.

Le Jourdain, formé des étoiles de la grande ourse & du lyon.

La Mouche, *vespa*, *apes*, *apis*, sur le dos du bélier, entre les pléiades, le bélier, la tête de méduse & le triangle.

La Colombe de Noé, au-dessus du liévre, devant le grand chien.

La Licorne, *unicornu*, *monoceros*, entre le grand chien & le petit chien.

Le Rhombe, du côté du pôle austral, (entre les deux nuages) que Habrecht avoit introduit dans son globe.

Le Coq, *gallus*, derrière le grand chien.

Dans les cartes célestes, publiées en 1679 par Royer, avec le catalogue de 1806 étoiles, fait par le P. Anthelme, chartreux de Dijon, on trouve les *constellations* précédentes, excepté le coq; & une nouvelle appellée le Sceptre & *la main de justice*, placée entre le cygne céphée, Pégase & Andromede. Royer avoit formé cette *constellation* à la gloire de Louis XIV.

Au lieu de la mouche dont nous avons parlé cy-dessus, on y trouve le *lys*.

Dans les cartes d'Hévélius, publiées en 1690 après la mort de l'auteur, intitulées: *firmamentum Sobiescianum*, avec le *prodromus Astronomiæ*, on trouve 10 constellations nouvelles.

Les Chiens de chasse, *canes venatici*, astérion & chara, au-dessus de la grande ourse, à la place du jourdain.

Le Lezard, *lacerta*, à la place du sceptre & de la main de justice.

Le Petit lyon, *leo minor*, à la place du jourdain entre la grande ourse & le lyon.

Le Lynx, à la place du tygre, entre la grande ourse & le cocher.

Le Sextant d'Uranie, entre l'hydre & le lyon.

Le Bouclier de Sobieski, *scutum Sobiescianum*, à l'honneur du roi de Pologne, au-dessus du sagittaire, entre l'aigle & le serpentaire, assez près du capricorne.

Le Petit triangle, au-dessus de la tête du bélier, sous l'ancien triangle.

Le Renard et l'Oye, *vulpecula & anser*, à la place du tygre, entre l'aigle & le cygne.

Cerbere, dans la main d'hercule.

Le Mont Mænale, sous les pieds du bouvier au-dessus de la vierge, c'est une montagne d'Arcadie dont parle Virgile, *Ecl. VIII*, *v.* 22. Hévélius compte cependant 12 *constellations* nouvelles, à cause de l'arc & de la flèche qu'il ajoute à Antinous, il explique dans son *prodromus*, *pag.* 124, les causes de toutes ces dénominations, & elles ont été conservées par les modernes, à cause de la réputation d'Hévélius.

Halley forma aussi deux nouvelles *constellations*, le Chêne de Charles II & le Cœur de Charles II, à l'honneur du roi d'Angleterre.

Dans les cartes célestes de Flamsteed, on trouve le *rameau* qui répond à cerbère & la petite croix, *crosiers* au-dessous du centaure. L'abbé de la Caille ayant été au cap de Bonne-Espérance en 1751, pour observer les étoiles australes, a publié des observations de dix mille étoiles, dans son ouvrage, intitulé: *Cœlum australe stelliferum*, & il a été obligé, pour les lier méthodiquement, de former quatorze nouvelles *constellations*; mais bien éloigné de vouloir en cela faire sa cour, comme Hévélius ou Halley, ni faire entrer du personnel dans une affaire de sciences, il voulut consacrer aux arts ces nouvelles *constellations*. Il proposa ses idées à l'Académie des Sciences, & nous convînmes tous qu'on ne pouvoit faire un meilleur emploi des nouvelles *constellations*. Les voici donc suivant l'ordre des ascensions droites, & telles que la Caille les rapporte dans les *Mémoires* de 1752, *pag.* 588.

1.° *L'attelier du sculpteur*; il est composé d'un scabellon qui porte un modèle, & d'un bloc de marbre sur lequel on a posé un maillet & un ciseau. 2.° Le *fourneau chymique*, avec son alembic & son récipient. 3.° L'*horloge* à pendule & à secondes. 4.° Le *réticule romboïde*, petit instrument astronomique, dont il sera parlé dans son lieu. *Voyez* Réticule. 5.° Le *burin du graveur*; la figure est composée d'un burin & d'un échope en sautoir, liés par un ruban. 6.° Le *chevalet du peintre*, auquel est attachée une palette. 7.° La *boussole*, ou le compas de mer. 8.° La *machine pneumatique*, avec son récipient, qui appartient à la physique expérimentale. 9.° L'*octans*, ou le quartier de réflexion, dont on se sert généralement en mer pour observer les latitudes & les longitudes. 10.° Le *compas*. 11.° L'*équerre & la règle*, pour indiquer l'architecture, & en même tems l'abbé de la Caille y a joint en forme de niveau, le triangle austral qui subsistoit déjà. 12.° Le *télescope*, ou la grande lunette astronomique suspendue à un mât. 13.° Le *microscope*, pour servir

à l'histoire

à l'histoire naturelle; c'est un tuyau placé au-dessus d'une boîte quarrée. 14.° La *montagne de la table*, célèbre au cap de Bonne-Espérance, où le grand travail de la Caille sur les étoiles a été fait : il l'a mise au-dessous du *grand nuage*, pour faire allusion à un nuage blanc qui vient couvrir cette montagne en forme de nape, aux approches des grands vents de sud-est.

En formant ces quatorze nouvelles *constellations*, l'abbé de la Caille donna des lettres grecques & latines à chacune des étoiles visibles à la vue simple, comme Bayer l'avoit fait en 1603, en donnant les premières lettres aux plus belles étoiles. Il fut obligé de changer les lettres que Bayer avoit assignées aux *constellations* du navire, du centaure, de l'autel, du loup & du poisson austral, parce que plusieurs belles étoiles n'en avoient point, & que les autres lettres étoient fort mal distribuées : il étoit même quelquefois impossible de reconnoître dans le ciel les étoiles auxquelles Bayer avoit voulu attribuer certaines lettres, parce que les planisphères de cet auteur avoient été construits, en cette partie, sur l'ancien catalogue de Ptolemée, & sur les observations peu circonstanciées de quelques pilotes Portugais.

Il a été obligé de donner des lettres latines aux étoiles les plus méridionales de l'éridan, du grand chien, de l'hydre femelle & du sagittaire, en laissant aux étoiles visibles de nos climats, les lettres de Bayer auxquelles nous sommes accoutumés.

Il a voulu supprimer le chêne, *constellation* formée par Halley en 1677, sous le nom de *robur carolinum*, pour laquelle Halley avoit détaché neuf belles étoiles du navire, afin d'en composer une nouvelle *constellation* à l'honneur de Charles II, roi d'Angleterre : ces étoiles étoient, ou désignées formellement dans les anciens *catalogues* comme des étoiles du navire, ou reconnues par l'usage pour appartenir à cette *constellation*; ainsi, la Caille, en laissant au navire les étoiles qui lui appartenoient, a pensé avec raison que par respect pour la réputation de Halley, & pour un prince protecteur des Sciences, il falloit représenter un arbre sur le rocher auquel est attaché le navire. *Voyez* le *Journal du voyage* de la Caille, *in-12*, 1763.

M. le Monnier au retour du grand voyage au cercle polaire, fit une *constellation* du RENNE, entre cassiopée & l'étoile polaire, comme on le peut voir dans l'édition *in-4.°* de l'Atlas de Flamsteed, publiée à Paris en 1776 par Fortin. Le MESSIER que j'ai ajouté dans mon globe céleste, est à côté de Renne.

M. Poczobut, astronome du roi de Pologne, dans ses observations imprimées en 1777, a mis le *taureau royal* de Poniatowski entre l'aigle & le serpentaire, en l'honneur du roi de Pologne, bienfaiteur de l'Astronomie; on l'a gravé en 1778 sur une planche du petit Atlas de Flamsteed, qui avoit été publié à Paris en 1776.

M. le Monnier a formé en 1776, une *constellation* du SOLITAIRE, (oiseau des Indes) au-dessous du scorpion. Toutes ces *constellations* sont peu apparentes, on en fait rarement usage; il nous suffit d'avoir cité les auteurs où il en est parlé, d'ailleurs chacune aura son article dans ce dictionnaire.

On peut voir dans Hyginus, Noel le Comte, Cæsius, Riccioli, dans mon Astronomie & dans ce dictionnaire-ci, les fables absurdes & bizarres que les poëtes grecs & romains ont tirées de l'ancienne Théologie sur l'origine des *constellations*; & l'on verra dans les divers articles de ce dictionnaire des explications allégoriques de ces fables, en apparence si ridicules. Mais ces noms sont trop anciens pour qu'on puisse espérer de les changer.

Cependant le vénérable Bede, au lieu des noms & des figures profanes des douze *constellations* du zodiaque, substitua celles des douze apôtres; quelques astronomes modernes venus depuis ont suivi son exemple, & suivi cette réforme, en donnant à toutes les *constellations* des noms tirés de l'Écriture sainte.

Alors *aries*, ou le bélier, devint S. Pierre; *taurus*, ou le taureau, S. André; andromède, le sépulchre de Jesus-Christ; la lyre, la crèche de Jesus-Christ; hercule, les mages venant de l'Orient; *canis major*, David, &c.

Weigelius, professeur en Mathématiques dans l'université de Jena, fit un nouvel ordre de *constellations*, changeant le firmament dans un *cœlum heraldicum*, & substituant les armes de tous les princes de l'Europe aux anciennes *constellations*. Ainsi, il transforma l'*ursa major*, dans l'éléphant du roi de Danemarck; *ophiuchus*, dans la croix de Cologne; le *triangle*, dans le compas, qu'il appelle le *symbole des artistes*; & *les pléïades*, dans l'*abacus pytagoricus*, qu'il appelle *celui des marchands*. *Voyez* ABAQUE. *Chambers & Wolf.*

Mais les astronomes n'ont jamais approuvé de pareilles innovations, qui ne servent qu'à introduire de la confusion dans la lecture des auteurs. C'est pourquoi on a gardé les noms des anciennes *constellations*.

Les Chinois ont des *constellations* toutes différentes, comme on le peut voir dans l'histoire de l'Astronomie chinoise du P. Gaubil; & dans un mémoire de M. Guignes le fils, où il les a fait graver en 1782. *Mémoires présentés*, Tome X.

Les étoiles sont ordinairement distinguées dans les *constellations* par la partie de la figure qu'elles occupent. Bayer, de plus, les distingue encore par les lettres de l'alphabet grec, & il y en a même beaucoup qui ont leurs noms particuliers, comme *arcturus* entre les pieds du bouvier; *sirius* à la bouche du grand chien; *aldebaran* dans l'œil du taureau; les *pléïades* dans le dos, & les *hyades* dans le front du taureau : castor & pollux dans les gemeaux, la chèvre dans le cocher; *regulus* dans le cœur du lyon, l'épi dans la main de la vierge, la vendangeuse dans son épaule; *antarcs* au *cœur du ſcorpion; fomalhaut* dans la bouche du poiſſon auſtral; rigel dans le pied d'orion; & l'étoile polaire qui eſt la dernière de la queue de la petite ourſe. *Voyez* SIRIUS, *&c.*

Méthode pour reconnoître les étoiles & les conſtellations. Les noms qu'on a donnés aux différentes *conſtellations* ſont arbitraires, & n'ont preſque aucun rapport aux figures que préſentent aux yeux ces *conſtellations;* cependant comme on ne ſauroit entendre les livres d'Aſtronomie, & faire uſage des obſervations ſans employer les noms qui ſont reçus, il eſt néceſſaire d'apprendre à rapporter ces noms aux objets qu'ils expriment, c'eſt ce qu'on appelle *connoître les étoiles & les conſtellations.*

Quelques-unes ſont ſi aiſées à reconnoître, qu'il ſuffit d'en déſigner la figure, pour qu'un obſervateur ſeul & iſolé puiſſe les diſtinguer, mais elles ſont en petit nombre; auſſi les ſeules *conſtellations* dont il ſoit parlé dans le livre de Job, dans Homère & dans Héſiode, ſont la grande ourſe, le bouvier, orion, le grand chien, les hyades, les pléïades & le ſcorpion; parce que ce ſont véritablement les plus faciles à reconnoître, & celles dont la forme eſt la plus frappante.

En partant de ces *conſtellations* faciles à reconnoître, on peut trouver toutes les autres par des alignemens que je vais expliquer en détail; on doit être d'abord prévenu que ces alignemens ne ſauroient avoir une exactitude & une préciſion bien rigoureuſes; mais, quand il ne s'agit que de reconnoître la forme d'une *conſtellation*, il ſuffit que les alignemens indiquent à-peu-près le lieu où elle eſt, pour qu'on ne prenne jamais une *conſtellation* pour l'autre.

On voit dans la *fig.* 2 la forme de la grande ourſe, compoſée de ſept étoiles de ſeconde grandeur; cette *conſtellation* ſe voit en tout tems, elle eſt dans le méridien au plus haut du ciel, & preſque ſur notre tête à neuf heures du ſoir au commencement de mai; la direction d'une ligne tirée par les deux dernières étoiles du quarré, marquées α & β indique l'étoile polaire, qui eſt toujours ſenſiblement à la même place, & autour de laquelle toutes les autres ſemblent tourner.

Arcturus, qui eſt la principale étoile du bouvier, eſt une étoile de la première grandeur, indiquée par la queue de la grande ourſe, dont elle n'eſt éloignée que de 31 degrés. Les deux dernières étoiles de la grande ourſe ζ & η, (*fig.* 2) forment une ligne qui va preſque ſe diriger vers *arcturus.*

Caſſiopée eſt une *conſtellation* directement oppoſée à la grande ourſe, par rapport à l'étoile polaire, en ſorte que la ligne ou le cercle qui va du milieu de la grande ourſe ou de l'étoile ϵ, par l'étoile polaire, va paſſer au milieu de caſſiopée, de l'autre côté du pôle; elle eſt formée de ſix à ſept étoiles en forme d'un *Y*, ou, ſi l'on veut, d'une chaiſe renverſée; cette forme eſt aſſez équivoque, mais les étoiles de caſſiopée ſe font ſuffiſamment remarquer, pluſieurs étant de la ſeconde grandeur.

La *petite ourſe* eſt une *conſtellation* qui a preſque la même figure que la grande ourſe, & qui lui eſt parallèle, mais dans une ſituation renverſée; l'*étoile polaire* qui eſt de la troiſième grandeur, fait l'extrémité de la queue; les quatre étoiles ſuivantes ſont fort petites, n'étant que de la quatrième grandeur, mais les deux dernières du carré ſont encore de troiſième grandeur; on les appelle *gardes de la petite ourſe;* elles ſont ſur la ligne menée par le centre du carré de la grande ourſe, perpendiculairement à ſes deux grands côtés.

Dans la ſituation de la ſphère que nous venons de ſuppoſer, on voit encore deux étoiles de la première grandeur; la lyre & la chèvre, l'une à l'orient, l'autre à l'occident; ſur une ligne horizontale menée par l'étoile polaire, perpendiculairement à celle de la grande ourſe à caſſiopée.

Si c'eſt dans une ſoirée d'hiver qu'on obſerve, au mois de janvier ou de février, & qu'on ſoit dans un lieu dégagé, vers les ſept ou huit heures du ſoir, on verra du côté du midi la grande conſtellation d'*Orion;* elle eſt formée de trois étoiles de la ſeconde grandeur, qui ſont fort près l'une de l'autre ſur une ligne droite, & dans le milieu d'un très-grand quadrilatere; on en voit la forme dans la *figure 3* de nos *planches d'Aſtronomie;* & quand je ne l'aurois pas donnée, il eſt impoſſible de méconnoître cette *conſtellation* ſur les caractères que je viens d'indiquer.

Ces trois étoiles qu'on appelle le *baudrier-d'orion*, vulgairement *les trois rois* ou *le rateau*, indiquent par leur direction, d'un côté ſirius, & de l'autre les pléïades. *Sirius*, la plus belle étoile du ciel, ſe fait remarquer par ſa ſcintillation & ſon éclat; elle eſt du côté de l'orient ou du ſud-eſt, par rapport à orion. Les pléïades ſont du côté de l'occident, en tirant vers le nord; c'eſt un grouppe d'étoiles accumulées qui ſe diſtingue facilement: il eſt d'ailleurs ſur le prolongement de la ligne menée de ſirius par le milieu des étoiles du baudrier-d'orion; & la direction de ces trois étoiles du baudrier, qui tend preſque vers les pléïades ou un peu plus au midi, les fera connoître aiſément; elles ſont ſur le dos du taureau.

Aldebaran, qui forme l'œil du taureau, eſt une étoile de la première grandeur, ſituée fort près des pléïades, ſur la ligne menée de l'épaule occidentale d'orion γ aux pléïades. *Procyon* ou le petit chien, eſt une étoile de la première grandeur, ſituée au nord de ſirius, & plus orientale qu'orion; elle fait avec ſirius & le baudrier-d'orion, un triangle preſque équilatéral, & cela ſuffit pour la diſtinguer.

Les *gémeaux* ſont deux étoiles de la ſeconde grandeur, aſſez proches l'une de l'autre, ſituées dans le milieu de l'eſpace qu'il y a entre orion & la grande-ourſe. On les diſtinguera encore par le moyen d'orion; car en tirant une ligne de rigel ou β d'orion, qui eſt la plus occidentale &

la plus méridionale de son grand quadrilatère, par l'étoile ζ, qui est la troisième ou la plus orientale des trois du baudrier, elle se dirige aussi vers les deux têtes des gémeaux. Enfin les deux premières étoiles de la queue de la grande-ourse ζ, ε, avec la diagonale du carré, menée par δ & β, forme une ligne qui va encore se diriger vers les deux têtes des gémeaux, après avoir passé sur une des pattes de la grande-ourse : cette même ligne, au-delà des têtes des gémeaux, passe sur les pieds des gémeaux, qui sont quatre étoiles sur une ligne droite perpendiculaire à la première. Enfin la ligne tirée de la grande-ourse aux gémeaux, étant prolongée au-delà des pieds des gémeaux, aboutit enfin à l'épaule orientale & la plus boréale du grand quadrilatère d'orion.

La ligne menée de Rigel par l'épaule occidentale d'orion γ, va rencontrer, vers le nord, la corne australe du *Taureau* ζ, de la troisième grandeur, à même distance de γ d'orion que celle-ci l'est de rigel; c'est environ 14^d. La corne boréale du taureau β est de seconde grandeur; elle est sur la ligne menée par l'épaule orientale d'orion α & par la corne australe ζ, à huit degrés de celle-ci: l'écliptique passe entre les deux cornes du taureau.

Le *Lion* peut se reconnoître par les deux étoiles précédentes α & β du carré de la grande-ourse (*fig. 2*); car ces deux étoiles qui nous ont servi à trouver l'étoile polaire du côté du nord, indiquent par leur alignement le lion du côté du midi, à 45^d de la grande-ourse : le lion est un grand trapèze, où l'on remarque sur-tout une étoile de la première grandeur, appellée *Regulus* ou le cœur du lion; elle est sur la ligne menée de rigel par procyon, mais à 37^d de celui-ci; ainsi, l'on a une seconde manière de la reconnoître. La queue du lion β est une étoile de la seconde grandeur, située un peu au midi de la ligne qui va de regulus à arcturus; elle est à 15^d de regulus vers l'orient.

Le *cancer* ou l'*écrevisse* est une *constellation* formée de petites étoiles qui sont difficiles à distinguer : la nébuleuse du cancer est un amas d'étoiles, moins sensible que celui des pléïades; on le rencontre à-peu-près en allant du milieu des gémeaux au cœur du lion, ou de procyon à la queue de la grande-ourse.

Au midi des trois étoiles du baudrier-d'orion, on voit une traînée d'étoiles qui forme ce qu'on appelle l'*épée* & la nébuleuse d'orion : la direction de ces étoiles, en passant sur l'étoile ε au milieu du baudrier, va passer sur la corne australe ζ du taureau, & ensuite sur le milieu du *Cocher;* c'est un grand pentagone irrégulier, dont la partie la plus septentrionale a une étoile de la première grandeur, appellée *la chevre* : on rencontre aussi la chevre par le moyen d'une ligne menée sur les deux étoiles δ & α les plus boréales du carré de la grande-ourse.

Le *belier*, la première des douze *constellations* du zodiaque, est formée principalement de deux étoiles de la troisième grandeur, assez voisines l'une de l'autre, dont la plus occidentale β est accompagnée d'une plus petite étoile de quatrième grandeur, appellée γ, ou la première étoile du bélier; on reconnoît cette *constellation* par une ligne menée de procyon à aldébaran, qui va se diriger vers le bélier, 36^d plus loin qu'aldébaran.

Persée est composé de trois étoiles, dont une de la seconde grandeur, qui forment comme un arc courbé vers la grande-ourse; c'est la ceinture de persée : la ligne tirée de l'étoile polaire aux pléïades, passe sur la ceinture de persée, & suffit pour la reconnoître; mais on y peut encore employer un autre alignement, celui des gémeaux & de la chevre, dont la ligne se dirige vers la ceinture de persée. La ligne menée du baudrier-d'orion par aldébaran, va sur la tête de méduse β, que persée tient dans sa main. Cette étoile, nommée aussi *algol*, est ordinairement de seconde grandeur, mais quelquefois de 4e.

Le *cygne* est une *constellation* fort remarquable, où il y a une étoile de la seconde grandeur, & qui a la forme d'une grande croix : la ligne menée des gémeaux à l'étoile polaire, va rencontrer le cygne de l'autre côté, & à pareille distance de l'étoile polaire; il y a des tems de l'année où on les voit en même-tems sur l'horizon. Nous donnerons ci-après un autre alignement pour le cygne.

Le carré de *Pégase* est formé par quatre étoiles de seconde grandeur; la plus boréale des quatre de ce carré, forme la tête d'andromède : la ligne tirée des deux précédentes de la grande-ourse β & α, par l'étoile polaire, va passer au-delà du pôle sur le milieu du carré de pégase. La ligne menée du baudrier-d'orion par le bélier, va sur la tête d'andromède : la ligne menée des pléïades par le bélier, va sur l'aile de pégase γ, *algenib*, qui est une des quatre du carré; les deux autres sont à l'occident; la plus boréale des occidentales est β *scheat;* la plus méridionale α ou *markab*.

Le *dragon* est situé entre la lyre & la petite-ourse, où les quatre étoiles de sa tête font un losange assez visible; sa queue est entre l'étoile polaire & le carré de la grande-ourse. La ligne menée par les deux gardes de la petite-ourse β & γ, va se diriger vers l'étoile η du dragon. Cette étoile est entre θ plus méridionale, & ζ plus boréale, sur une même ligne qui se dirige presque vers le pôle de l'écliptique, & un peu plus loin vers δ & ε du dragon, pour aller traverser ensuite la *constellation* de céphée entre β & α.

L'une des diagonales du carré de pégase se dirige au nord-ouest vers la queue du cygne α; l'autre diagonale du carré de pégase se dirige au nord-est vers la ceinture de persée; elle passe d'abord vers l'étoile β de la ceinture d'andromède, & ensuite vers l'étoile γ au pied d'andromède : ces deux étoiles β & γ, de seconde grandeur, divisent en trois parties égales l'espace compris entre la tête d'andromède & la ceinture de persée; la ligne qui les joint passe entre cassiopée & le bélier.

Les *constellations* qui paroissent le soir en été, n'ont pas des caractères aussi marqués que celles d'hiver; mais on les reconnoîtra par le moyen des précédentes. Quand le milieu de la queue de la grande ourse ou l'étoile ζ est dans le méridien au-dessus de l'étoile polaire, & au plus haut du ciel, ce qui arrive à neuf heures du soir à la fin de mai, on voit l'épi de la vierge dans le méridien du côté du midi, à 31° de hauteur à Paris; c'est une étoile de la première grandeur. La diagonale du carré de la grande ourse menée par α & γ, va marquer aussi à-peu-près cette étoile, quoiqu'à la distance de 68 degrés. Enfin, cette étoile fait à-peu-près un triangle équilatéral avec arcturus & la queue du lion, dont elle est éloignée d'environ 33^d.

On voit alors un peu à droite & plus bas que l'épi de la vierge, un trapèze formé par les quatre principales étoiles du corbeau, qui sont aussi sur la ligne menée par la lyre & l'épi de la vierge.

La ligne menée des dernières étoiles du carré de la grande ourse δ & γ, par le cœur du lion, régulus, va rencontrer à 22 degrés plus au midi, le cœur de l'hydre; sa tête est au midi de l'écrevisse, entre procyon & régulus, ou un peu plus méridionale. La coupe est entre le corbeau & l'hydre: l'hydre s'étend depuis le petit chien jusqu'au-dessous de l'épi de la vierge.

La *lyre* est une étoile de la première grandeur, l'une des plus brillantes de tout le ciel, qui fait presque un triangle rectangle avec arcturus & l'étoile polaire, l'angle droit étant vers l'orient à la lyre.

La *couronne* est une petite *constellation* située près d'arcturus, sur la ligne menée d'arcturus à la lyre. On la reconnoît facilement par les sept étoiles en forme de demi-cercle dont elle est composée; il y en a une de la seconde grandeur: les deux premières étoiles de la queue de la grande ourse ε & ζ, forment une direction qui va rencontrer aussi la couronne.

L'*aigle* contient sur-tout une belle étoile de la seconde grandeur, qui est au midi de la lyre & du cygne; on la distingue facilement, parce qu'elle est entre les deux autres étoiles β & γ de troisième grandeur, qui forment une ligne droite avec elle, & qui en sont fort proches.

Le grand cercle ou la ligne qui passe par régulus & l'épi de la vierge, c'est à-peu-près l'écliptique, va rencontrer plus à l'orient la *constellation* du scorpion, qui est fort remarquable; elle est composée de quatre étoiles au front du scorpion, dont une est de la seconde grandeur, qui forment un grand arc du nord au sud, & d'une étoile plus orientale qui est comme le centre de l'arc: cette étoile est de la première grandeur, & s'appelle *antares* ou *le cœur du scorpion*. Les étoiles du front, en commençant par le nord, sont β, δ, π, ρ.

La *balance* contient deux étoiles de seconde grandeur, qui forment les deux bassins de la balance, dont la ligne est à-peu-près perpendiculaire sur le milieu de celle qui est menée depuis arcturus jusqu'au front du scorpion, c'est-à-dire, qu'elles sont placées dans le milieu de l'intervalle, quoiqu'un peu à l'occident de cette ligne: le bassin austral est entre l'épi de la vierge & antarès, toutes trois étant fort près de l'écliptique: il y a 21 degrés entre l'épi & le bassin austral, & 25 entre celle-ci & antarès.

Le *sagittaire* est une *constellation* qui suit le scorpion, c'est-à-dire, qui est un peu plus à l'orient; elle est sur la direction de l'épi de la vierge & d'antarès, qui suit à-peu-près l'écliptique. Le sagittaire contient plusieurs étoiles de troisième grandeur qui forment un grand trapèze, & deux étoiles du trapèze en forment un plus petit avec deux autres étoiles; mais ce second trapèze est dans un sens perpendiculaire au premier: cette *constellation* est aussi marquée par une ligne menée depuis le milieu du cygne sur le milieu de l'aigle; car le sagittaire est environ 35° au midi de l'aigle, comme le cygne est au nord de l'aigle. Le sagittaire est encore indiqué par la diagonale du carré de pégase, prolongée du côté du midi; c'est cette diagonale qui, prolongée du côté du nord, indiquoit la ceinture de persée.

Le cercle mené depuis antarès jusqu'à l'étoile polaire, traverse d'abord la *constellation* d'*Ophiucus* ou du serpentaire, & plus haut rencontre celle d'*Hercule*. Ces deux *constellations* étant un peu difficiles à débrouiller, je vais les suivre avec quelque détail. La ligne menée depuis antarès jusqu'à la lyre, passe entre les deux têtes d'hercule & d'ophiucus, qui sont deux étoiles de seconde grandeur, fort proches l'une de l'autre, dont la ligne se dirige vers la couronne. La plus méridionale & la plus orientale des deux est la tête d'ophiucus; la ligne menée par ces deux têtes va rencontrer γ d'hercule 13 degrés plus loin, & l'étoile β d'hercule est à 3 degrés au nord-est de γ. La ligne menée de γ à β d'hercule, va rencontrer ε d'hercule vers le nord, & cette ligne va sur α du serpent vers le sud-ouest; celle-ci forme aussi un triangle équilatéral avec la tête d'hercule & la couronne. La ligne tirée de la tête d'ophiucus au bassin austral de la balance, passe sur les étoiles ε & δ, l'une de la quatrième grandeur, l'autre de la troisième, qui sont à 1$^d \frac{1}{2}$ l'une de l'autre, sur une direction perpendiculaire au milieu de cette ligne: l'étoile δ est la plus septentrionale & la plus occidentale. Ces étoiles δ & ε se dirigent au sud-est vers ζ au genou occidental d'ophiucus, qui est à 7 degrés $\frac{1}{2}$ de ε, & presque vers η au genou oriental qui est 9 degrés $\frac{1}{2}$ plus loin que ζ, du côté du nord-ouest; ces deux étoiles δ & ε se dirigent un peu au-dessous de α du serpent; le grouppe de ces deux étoiles δ & ε d'ophiucus, fait à-peu-près un triangle équilatéral avec β de la balance ou le bassin boréal, & α du serpent; près de celle-ci est δ du serpent, 4 degrés ½ au nord-ouest, & ε qui est 2 degrés au sud-est. La direction de ces trois étoiles indique encore δ & ε d'ophiucus, qui sont à 10 degrés de ε du serpent. Les étoiles β & γ à l'épaule orientale d'ophiucus, sont sur la ligne menée de la tête d'hercule à celle du sagittaire, sur le même méridien que la tête d'ophiucus; β est à 8 degrés, & γ à 10 degrés plus au midi que la tête d'ophiucus; leur direction passe entre les deux têtes d'ophiucus & d'hercule.

La ligne menée de la tête d'hercule à celle d'ophiucus, se dirige vers θ, extrêmité de la queue du *serpent*, qui est à 21 degrés de la tête d'ophiucus vers l'occident; c'est une étoile changeante. La ligne menée des étoiles les plus orientales de la couronne, qui regardent la lyre jusqu'à α du serpent, passe sur la tête du serpent, entre γ & β de troisième grandeur; celle-ci est la plus occidentale des deux. Le pied occidental d'ophiucus est entre antarès & β, ou la boréale au front du scorpion; son pied oriental est entre antarès & μ, qui est la supérieure & l'occidentale, ou précédente de l'arc du sagittaire; ses deux pieds sont sur l'écliptique même, & la lune rencontre quelquefois les étoiles au pied du serpentaire.

Le *capricorne* est marqué par le prolongement de la ligne qui passe par la lyre & l'aigle : il y a deux étoiles de troisième grandeur α & β, à deux degrés l'une de l'autre, placées sur le prolongement de cette ligne; elles sont à la tête du capricorne; & à 20 degrés de-là, du côté de l'orient, deux autres étoiles γ & δ, situées de l'orient à l'occident à deux degrés l'une de l'autre, marquent la queue du capricorne.

Fomalhaut, ou la *bouche du Poisson* austral, étoile de la première grandeur, est indiquée par la ligne menée de l'aigle à la queue du capricorne, & prolongée 20 degrés au-delà.

Le *Dauphin* est une petite *constellation* située environ 15 degrés à l'orient de l'aigle; elle est formée par un losange de quatre étoiles de la troisième grandeur.

Le *verseau* est désigné par une ligne menée de la lyre sur le dauphin, prolongée vers le midi, à la même distance du dauphin que le dauphin de l'aigle, c'est-à-dire, environ à 30 degrés : le verseau est un peu à l'orient de cette ligne. En allant du dauphin à fomalhaut, on traverse dans toute sa longueur la *constellation* du verseau, & l'on passe d'abord entre les deux épaules α & β, qui sont deux étoiles de troisième grandeur, à 10 degrés l'une de l'autre, & les plus remarquables de toute cette *constellation*.

La *Baleine* est une grande *constellation* située au midi du bélier, au-dessous de l'espace qui est entre les pléïades & pégase. La ligne menée de la ceinture d'andromède entre les deux étoiles du bélier, va passer sur l'étoile α à la mâchoire de la baleine, qui est une étoile de la seconde grandeur, à 25 degrés des deux cornes du bélier. La ligne menée de la chevre par les pléïades, va passer aussi vers α de la baleine. La ligne menée par aldébaran & la mâchoire de la baleine, va passer sur β ou la queue de la baleine, autre étoile de seconde grandeur, qui est à 42 degrés plus loin, tout près de l'eau du verseau.

Les *poissons*, qui forment le douzième signe du zodiaque, sont peu remaquables dans le ciel : l'un des poissons est placé le long du côté méridional du carré de pégase, sous α & γ de pégase; l'autre poisson est placé à l'orient du carré de pegase, entre la tête d'andromède & la tête du bélier. L'étoile α, la plus remarquable de cette *constellation*, est le nœud du lien des poissons, la seule de la troisième grandeur; elle est située sur la ligne menée du pied d'andromède par la tête du bélier, & sur la ligne menée des pieds des gemeaux par aldébaran, à 40 degrés à l'occident de cette dernière étoile.

Je ne conduirai pas plus loin ce détail des *constellations*; les autres étant plus petites & moins remarquables, on aura besoin, pour les bien distinguer, du secours des cartes célestes : je me contenterai d'indiquer sommairement leur position. Le *lievre* est une *constellation* située au midi d'orion; la *colombe* est au midi du lièvre; le *centaure*, au midi de la vierge; le *loup*, au midi du scorpion; le *navire*, au midi du lion; *antinoüs*, au midi de l'aigle; le *petit cheval*, entre le dauphin, le verseau & le pégase; le *grand triangle*, le *petit triangle* & *la mouche*, sont entre la ceinture d'andromède & les pléïades; l'*éridan*, entre rigel ou le pied d'orion, la baleine & sirius; la *chevelure de bérénice*, entre la queue du lion & la queue de la grande ourse; la *fleur-de-lys*, entre le bélier & la tête de méduse; le *lynx*, entre les gémeaux, la grande ourse & orion; la *licorne*, au midi de procyon, entre orion & l'hydre; le *petit lion*, au nord du lion, & le sextant au midi du lion; le *lézard*, entre le cygne & andromède; la *giraffe* & le *renne*, entre la grande ourse & cassiopée; les *chiens de chasse*, sous la queue de la grande ourse, entre cette *constellation* & celle du bouvier; la *flèche*, le *renard* & l'*oie*, au midi de la lyre & du cygne, ou au nord de l'aigle & du dauphin; le *mont Ménale*, entre le serpent & la vierge; le *rameau* ou *cerbere*, dans la main d'hercule; l'*écu de sobieski*, entre le serpent & antinoüs.

Après avoir appris à connoître le pôle du monde, on doit être curieux de distinguer aussi le pôle de l'écliptique, puisque c'est un des points les plus remarquables dans le ciel. Le pôle boréal de l'écliptique est situé sur la ligne menée par les deux suivantes γ & δ de la grande ourse; il fait un triangle presque équilatéral avec la lyre & α du cygne; il est aussi sur la ligne menée par les deux précédentes du carré de la grande ourse & par les gardes de la petite ourse, 3 degrés au-delà de l'étoile ω du dragon qui est à-peu-près sur la même ligne que les étoiles θ, η, ζ, du dragon, dont la direction s'étend de cassiopée à arcturus. Enfin le pôle de l'écliptique fait un triangle rectangle & isocèle avec l'étoile polaire & β de la petite ourse, qui est la plus voisine de l'étoile polaire des deux dernières de la petite ourse, l'angle droit est à l'étoile β.

Je pense que, pour mettre le lecteur à portée d'estimer en degrés les distances des étoiles, il suffit de rapporter ici en nombres ronds les distances de quelques-unes les plus remarquables. La grande ourse a 26 degrés de longueur depuis α jusqu'à η; la diagonale d'orion, depuis rigel jusqu'à l'épaule orientale, est de 19 degrés; les épaules sont distantes de sept degrés; les deux têtes des gemeaux de quatre degrés ½. On peut trouver un grand nombre de ces distances exactement mesurées dans les livres de Tycho, d'Hévélius & de Flamsteed; mais on s'en sert fort peu actuellement. Il faut aussi se rappeller qu'on ne doit examiner ces distances que quand les étoiles sont un peu élevées : les constellations paroissent plus grandes quand elles sont voisines de l'horizon, par l'erreur d'un jugement involontaire que nous tâcherons d'expliquer à l'article DIAMETRE.

Explication des fables par les constellations. Une des plus belles applications de l'Astronomie, est celle qu'a faite en 1779 M. Dupuis, professeur au collége de Lisieux à Paris, en faisant voir que les fables anciennes & la mythologie de presque tous les peuples du monde, n'est qu'une allégorie astronomique. Cette curieuse découverte fut annoncée dans le *Journal des Savans de 1779*, & détaillée dans un mémoire qui fait partie du 4e volume de mon Astronomie : on en verra divers traits aux articles de chaque constellation, & au mot ZODIAQUE, où nous expliquerons les douze travaux d'hercule par les constellations. (*D. L.*)

CONSTRUCTION, s. f. (*Géom.*). Ce mot exprime, en Géométrie, les opérations qu'il faut faire pour exécuter la solution d'un problême. Il se dit aussi des lignes qu'on tire, soit pour parvenir à la solution d'un problême, soit pour démontrer quelque proposition. *Voyez* PROBLÊME, &c.

La *construction* d'une équation, est la méthode d'en trouver les racines par des opérations faites avec la règle & le compas, ou, en général, par la description de quelque courbe. *Voyez* EQUATION & RACINE. Nous allons donner d'abord la *construction* des équations du premier & du second degré.

Pour construire une équation du premier degré, il n'y a autre chose à faire que de réduire à une proportion la fraction qui exprime la valeur de l'inconnue, ce qui s'entendra très-facilement par les exemples suivans.

1.° Supposons qu'on ait $x = \frac{ab}{c}$, on en tirera $c : a = b : x$; ainsi, x sera facile à avoir par la méthode de trouver une quatrième proportionnelle.

2.° Qu'on ait $x = \frac{abc}{de}$, on commencera par construire $\frac{ab}{d}$ à l'aide de la proportion $d : a = b : \frac{ab}{d}$. Ayant trouvé $\frac{ab}{d}$, & l'ayant nommé g pour abréger, on fera la proportion $e : g = c : x$, c'est-à-dire, que l'on aura x par la quatrième proportionnelle à c, g, e.

3.° Que l'on ait $x = \frac{aa - bb}{c}$: comme $aa - bb$ est le produit de $a - b$ par $a + b$, on n'aura autre chose à faire qu'à construire la proportion $c : a - b = a + b : x$.

4.° Que $x = \frac{a^2 b - bc^2}{ad}$; par le premier cas, on trouve une ligne $g = \frac{ab}{d} = \frac{a^2 b}{ad}$, & une ligne $h = \frac{bc}{d}$. De plus, par le même cas, on construit aussi une ligne $i = \frac{hc}{a}$; donc x, qui est alors $= g - i$, sera la différence des deux lignes g & i construites par ces proportions.

5.° Que $x = \frac{a^2 b + bcd}{af + cg}$; on cherchera d'abord $\frac{cg}{a}$, & on fera $h = f + \frac{cg}{a}$, ce qui donnera $ah = af + cg$, & par conséquent $x = \frac{a^2 b + bcd}{ah}$: ainsi, la difficulté sera réduite au cas précédent.

6.° Que $x = \frac{a^2 b - bad}{af + bc}$: on cherchera $\frac{af}{b}$, & on fera $\frac{af}{b} + c = h$, ce qui donnera $af + bc = bh$, & par conséquent $x = \frac{a^2 b - bad}{af + bc} = \frac{a^2 - ad}{h}$, d'où l'on tirera $h : a = a - d : x$.

7.° Si $x = \frac{a^2 + bb}{c}$: on construira le triangle rectangle ABC (*Pl. Algèbre, fig. 1*), dont le côté AB soit a, BC, b, & l'hypothénuse sera alors $\sqrt{aa + bb}$: faisant $AC = m$, on aura $x = \frac{mm}{c}$, & par conséquent $c : m = m : x$.

8.° Si $x = \frac{a^2 - b^2}{c}$, sur $AB = a$ (*fig. 2*), on décrira un demi-cercle, & l'on prendra $AC = b$, ce qui donnera $BC = \sqrt{aa - bb}$; faisant donc $CB = m$, on aura $x = \frac{mm}{c}$, c'est-à-dire, $c : m = m : x$.

9.° Si $x = \frac{a^2 b + b c d}{a f + b c}$, on cherchera $\frac{f a}{b}$, & l'on fera $h = \frac{f a}{b} + c$, ce qui donnera $b c + a f = b h$, & par conséquent $x = \frac{a^2 b + b c d}{b g} = \frac{a^2 + c d}{h}$. Trouvant alors entre $AC = c$ (*fig. 3*), & $CB = d$ la moyenne proportionnelle $CD = \sqrt{cd}$, & faisant $CE = a$, on aura $DE = \sqrt{a^2 + cd}$, qui, étant nommée m, donnera $x = \frac{mm}{h}$: & partant $h : m = m : x$.

Il est à remarquer que les *constructions*, que nous venons de donner des trois derniers exemples, ne sont que pour plus d'élégance & de simplicité; car on pourroit les construire, & on en a déjà construit plusieurs autrement ci-dessus, *n.os* 3 & 5.

La *construction* des équations du second degré, lorsque l'inconnue est délivrée, ne demande pas d'autres règles que celles qu'on vient de donner. Qu'on ait, par exemple, $x^2 = ab$, on en tirera $x = \sqrt{ab}$ que l'on construit en trouvant la moyenne proportionnelle DC entre $AC = a$ & $BC = b$.

Si l'équation a un second terme comme $xx + ax = \pm bb$, qui donne $x = -\frac{1}{2}a \pm \sqrt{\frac{1}{4}aa \pm bb}$, toute la difficulté consistera à construire $\sqrt{\frac{1}{4}aa + bb}$ ou $\sqrt{\frac{1}{4}aa - bb}$. Pour le premier cas, on fera comme dans les *constructions* précédentes (*fig. 1*), $AB = \frac{1}{2}a$ & $BC = b$, ce qui donnera $AC = \sqrt{\frac{1}{4}aa + bb}$. Dans le second, on fera (*fig. 2*) $AC = b$, & $AB = \frac{1}{2}a$, ce qui donnera $CB = \sqrt{\frac{1}{4}a^2 - b^2}$.

Les équations du troisième degré peuvent se construire, 1.° par l'intersection d'une ligne droite & d'un lieu du troisième degré. Par exemple, soit $x^3 + ax^2 - bbx + c^3 = o$; on construira le lieu ou la courbe $EMBCF$ (*fig. 4, Algèbr.*) dont l'équation soit $x^3 + ax^2 - bbx + c^3 = y$, en prenant les variables AP pour x & PM pour y; & les points B, C, D, où cette courbe rencontrera son axe, donneront les racines AB, AC, AD de l'équation; car, dans ces points, y est $= o$, puisque y exprime, en général, la distance PM de chaque point M de la courbe à son axe AD : par conséquent on a $x^3 + ax^2 - bbx + c^3 = o$; 1.° lorsque x est $= AB$: 2.° lorsque $x = AC$: 3.° lorsque $x = AD$. Donc les valeurs de l'inconnue x, propres à rendre $x^3 + axx - bbx + c^3 = o$, sont AB, AC, AD. Les racines de l'équation seront positives ou négatives, selon que les points B, C, D, tomberont d'un côté ou de l'autre par rapport à A; & si la courbe ne coupoit pas son axe en trois points, ce seroit une marque qu'il y auroit des racines imaginaires.

Je rapporte ici cette méthode de construire les équations du troisième degré, parce qu'elle peut s'appliquer généralement aux degrés plus élevés à l'infini, & qu'elle est peut-être aussi commode & aussi simple qu'aucun autre. Ainsi, en général, l'équation $x^n + ax^{n-1} + bbx^{n-2} + \&c. + e^n = o$ peut se construire par la courbe dont l'équation seroit $x^n + ax^{n-1} + bbx^{n-2} + \&c. + e^n = y$, dont les intersections avec son axe donneront les racines de l'équation. Ces sortes de courbes où l'indéterminé y ne monte qu'à un degré, s'appellent *courbes de genre parabolique*. Et je dois remarquer ici que M. l'abbé de Gua s'est servi avec beaucoup de sagacité de la considération de ces sortes de courbes, pour découvrir & démontrer de fort beaux théorèmes sur les racines des équations. *Voyez* RACINE; *voyez* aussi *les Mémoires de l'Acad. des Scienc. de Paris, de 1741*, & l'*article* COURBE.

Mais, en général, la méthode de résoudre les équations du troisième & du quatrième degré consiste à y employer deux sections coniques, & ces deux sections coniques doivent être les plus simples qu'il se puisse; c'est pourquoi on construit toutes ces équations par le moyen du cercle & de la parabole. Voici une légère idée de cette méthode. Soit proposé de construire $x^3 = bbc$, on suppose d'abord $x^4 = bbcx$, en multipliant le tout par x; ensuite on suppose $xx = by$, qui est l'équation d'une parabole, & on a par la substitution $x^4 = bbyy = bbcx$, & $yy = cx$, qui est l'équation d'une parabole. Ainsi, on pourroit résoudre le problème, en construisant les deux paraboles BAC, DA (*fig. 5*), qui ont pour équation $yy = cx$ & $xx = by$; le point d'intersection C de ces paraboles donneroit la valeur OC de l'inconnue x. Car l'inconnue x doit être telle que $xx = by$ & que $yy = cx$: or nommant en général AP, x, PR, y, ou AS, y, SR, x; il n'y a que le seul point C où l'on ait à-la-fois $xx = by$ & $yy = cx$. Mais comme le cercle est plus facile à construire que la parabole, au lieu d'employer deux paraboles, on n'en emploie qu'une; par exemple, celle qui a pour équation $xx = by$, & on combine ensemble les deux équations $xx = by$ & $yy = cx$, de manière qu'elles donnent une équation au cercle; ce qui se fait en ajoutant une de ces équations à l'autre ou en l'en retranchant, comme on le peut voir expliqué plus au long dans l'application de l'Algèbre à la Géométrie de M. Guisnée, & dans le neuvième livre des sections coniques de M. le marquis de l'Hôpital. Par exemple, dans le cas dont il s'agit ici, on aura $cx - xx = yy - by$ qui est une équation au cercle; & si on construit ce cercle, ses points d'intersection avec la parabole qui a pour équation $xx = by$, donneront les racines de l'équation.

On voit par-là que pour construire une équation du troisième degré, il faut d'abord, en la multipliant par x, la changer en une du quatrième : on peut en ce cas la regarder comme une équation du quatrième degré, dont une des racines seroit $= o$. Car soient $x = a$, $x = b$, $x = c$, les racines d'une équation du troisième degré, $x^3 + pxx + qx + r = o$, si on multiplie cette équation par x, on aura $x^4 + px^3 + qxx + rx = o$, dont les racines seront $x = o$, $x = a$, $x = b$, $x = c$. Aussi lorsque l'équation est du troisième degré, l'équation au cercle qu'on en déduit n'a point de terme constant; d'où il s'ensuit qu'en faisant dans cette équation $y = o$, x est aussi $= o$, *V.* COURBE & EQUATION; & comme dans l'équation à la parabole $xx = by$, $y = o$ rend aussi $x = o$, on voit que quand l'équation est du troisième degré, le cercle & la parabole se coupent dans le point qui est l'origine des x & des y, & c'est cette intersection qui donne la racine $x = o$: les trois autres intersections donnent les trois racines. C'est ainsi qu'en Géométrie tout s'accorde & se rapproche.

Les équations des degrés plus composés se construisent de même par l'intersection de courbes plus élevées; par exemple, un lieu du sixième degré par l'intersection de deux courbes du troisième, qu'il faut toujours choisir de manière que leur équation soit la plus simple qu'il se puisse, selon plusieurs auteurs: cependant, selon d'autres, cette règle ne doit pas être suivie à la rigueur, parce qu'il arrive souvent qu'une courbe dont l'équation est composée, est plus facile à décrire qu'une courbe dont l'équation est fort simple. *Voyez* sur cela l'*article* COURBE, ainsi que sur la *construction* des équations différentielles. (*O*)

CONTACT, s. m. (*Géom.*), point de contact, *punctum contactûs*, est le point où une ligne droite touche une ligne courbe, ou dans lequel deux lignes courbes se touchent.

Angle de contact. Voyez ANGLE DE CONTINGENCE *au mot* CONTINGENCE.

CONTIGU, (*Géométrie*) : deux espaces ou solides sont dit *contigus*, lorsqu'ils sont placés immédiatement l'un auprès de l'autre.

Les angles *contigus*, *en Géométrie*, sont ceux qui ont un côté commun; on les appelle autrement *angles adjacens*, par opposition à ceux qu'on appelle *opposés au sommet*, qui sont produits par la continuation des côtés des angles au-delà de leur sommet. *Voyez* ANGLE & ADJACENT.

CONTINGENCE, s. f. (*Géométrie.*) On appelle *angle de contingence* un angle tel que l'angle LAB (*pl. géom. fig.* 45.), qu'un arc de cercle AL fait avec la tangente BA au point A, où la ligne BA touche le cercle. *Voyez* ANGLE.

Euclide a démontré que la droite BA, élevée perpendiculairement sur le rayon CA, touche le cercle en un seul point, & qu'on ne peut tirer aucune ligne droite entre le cercle & cette tangente.

De-là il s'ensuit que l'angle de *contingence* est moindre qu'un angle rectiligne, & que l'angle que le cercle fait avec son rayon, est plus grand qu'aucun angle aigu.

La nature de l'angle de *contingence* a fait autrefois le sujet de beaucoup de disputes. Un auteur, par exemple, a soutenu contre Clavius, que l'angle de *contingence* étoit aussi hétérogène aux angles rectilignes, que la ligne l'est à la surface. Wallis, qui a fait un traité particulier de l'angle de *contingence*, & de celui que le cercle fait avec son rayon, soutient le même sentiment. (CHAMBERS). *V.* TANGENTE.

Depuis que les géomètres se sont appliqués à examiner une infinité d'autres courbes que le cercle, ils ont nommé en général *angle de contingence*, l'angle compris entre l'arc d'une courbe quelconque, & la ligne qui touche cet arc à son extrémité.

Quant à la dispute sur l'angle de *contingence*, elle pourroit bien n'être qu'une question de nom; tout dépend de l'idée qu'on attache au mot *angle*. Si on entend par ce mot une portion finie de l'espace compris entre la courbe & la tangente, il n'est pas douteux que cet espace ne soit comparable à une portion finie de celui qui est renfermé par deux lignes droites qui se coupent. Si on veut y attacher l'idée ordinaire de l'angle formé par deux lignes droites, on trouvera, pour peu qu'on y réfléchisse, que cette idée prise absolument & sans modification, ne peut convenir à l'angle de *contingence*, parce que dans l'angle de *contingence*, une des lignes qui le forme est courbe. Il faudra donc donner pour cet angle une définition particulière; & cette définition, qui est arbitraire, étant une fois bien exposée & bien établie, il ne pourra plus y avoir de difficulté. Une bonne preuve que cette question est purement de nom, c'est que les géomètres sont d'ailleurs entièrement d'accord sur toutes les propriétés qu'ils démontrent de l'angle de *contingence*; par exemple, qu'entre un cercle & sa tangente on ne peut faire passer de lignes droites; qu'on y peut faire passer une infinité de lignes circulaires, *&c.*

M. Newton remarque dans la *scholie du lem. xj du premier liv. de ses principes*, qu'il y a des courbes telles, qu'entre elles & leur tangente on ne peut faire passer aucun cercle, & qu'ainsi on peut dire qu'à cet égard l'angle de *contingence* de ces courbes est infiniment moindre que l'angle de *contingence* du cercle. Ce grand géomètre mesure l'angle de *contingence* d'une courbe en un point quelconque, par la courbure de cette courbe en ce point, c'est-à-dire par le rayon de sa développée. *Voyez* COURBURE & OSCULATION. D'après ce principe, il fait voir que l'angle de *contingence* d'une courbe peut en ce sens être infiniment moindre ou infiniment plus grand que l'angle de *contingence* d'une autre courbe. Les courbes dans lesquelles le rayon de la développée est $=$ à l'infini en certains

tains points, ont à ces points l'angle de *contingence* $= o$, & infiniment plus petit que l'angle de *contingence* du cercle. Les courbes, au contraire, qui ont en quelque point le rayon de la développée $= o$, ont en ce point l'angle de *contingence* infiniment plus grand, pour ainsi dire, que l'angle de *contingence* du cercle, parce que tout cercle d'un rayon fini, quelque petit qu'il soit, peut passer entre la courbe & la tangente.

Soit $y = x^m$, m étant une fraction positive: on trouvera que si m est $< \frac{1}{2}$, le rayon de la développée est infini à l'origine, & qu'il est o si $m > \frac{1}{2}$. *V.* Développée.

Ligne de contingence, dans la *Gnomonique*, est une ligne qui coupe la soustylaire à angles droits. Dans les cadrans horizontaux, équinoxiaux, polaires, *&c.*, la ligne de *contingence* est perpendiculaire à la méridienne, ainsi que dans tous les cadrans où la soustylaire & la méridienne se confondent. Cette ligne, dans les cadrans horizontaux, est la ligne de section ou de rencontre du plan du cadran, avec un plan parallèle à l'équateur, qu'on imagine passer par le bout du style. *Voyez* Soustylaire & Gnomonique. (*O*)

* Pour dissiper un petit air de mystère qui reste sur ce sujet, nous ajouterons l'explication suivante, qui fera disparoître le merveilleux & rendra la chose plus intelligible.

Deux lignes qui coïncident ne font point d'angle, & deux lignes qui coïncident ont la même position; celles qui ne coïncident pas ne l'ont point. Deux choses qui ne sont pas les mêmes, sont semblables ou différentes. Deux lignes semblablement posées sont parallèles (*voyez* Parallèle): donc les lignes qui font un angle ont des positions différentes. On voit bien qu'il s'agit ici, & dans tout le reste de cet article, des angles plans. *Voyez* Angle.

Remarque. Il n'est pas vrai qu'au contraire deux lignes qui ont des positions différentes fassent toujours un angle. Les lignes asymptotiques (*voyez* Asymptote) ont des positions différentes & ne font point d'angle, parce qu'elles ne se rencontrent jamais.

Il en résulte que l'angle se détermine par la différente position de deux lignes qui, prolongées s'il est nécessaire, se rencontrent.

On sait que toutes les parties d'une droite, déterminées & considérées comme on veut, ont la même position. Aussi Euclide demande que d'un point donné à un autre point donné on puisse mener une ligne droite, c'est-à-dire, que deux points étant donnés de position, la droite qui passe par ces points est aussi donnée de position. Ensuite il (*dém. 1*) pose pour axiome que *deux lignes droites n'enferment point un espace* (*ax. 11*), c'est-à-dire, par deux points donnés on ne peut tirer qu'une seule droite. La définition qu'Euclide donne de la ligne droite revient à celle que je viens de donner, & qu'on peut expliquer d'une manière populaire, en disant: *La ligne droite est celle qui, tournant autour de deux de ses points, ne change point de place.*

Une ligne courbe n'a pas trois de ses points qui aient la même position; c'est ce qui suit naturellement de la notion que chacun a naturellement de la ligne courbe.

Donc, à parler exactement, il n'y a d'autres angles que les angles rectilignes (*voyez* Angle). De-là vient que tous les géomètres déterminent unanimement l'angle que font deux courbes, par celui que forment leurs tangentes (*voyez* Curviligne). Ainsi, l'angle sphérique *ACE* (*Pl. de Trigon. fig. 21.*), c'est-à-dire, l'angle que forment les deux arcs de cercle *AIC*, *EGC* tracés sur la surface d'une sphère, se détermine par l'inclinaison mutuelle des deux plans *CAF*, *CEF* (*voyez* Sphérique), & l'inclinaison de ces deux plans se mesure par l'angle que forment les perpendiculaires à la droite *CE*, tirées l'une dans le plan *CAF*, & l'autre dans le plan *CEF*; & ces perpendiculaires sont les tangentes; l'une du cercle *CAF*, & l'autre du cercle *CEF*. Ainsi, pour connoître l'angle que font les branches des courbes qui ont un nœud (*voyez* Nœud) en *A* (*planches d'Anal. fig. 42*), on tire par le point *A* les tangentes des deux branches. De-là vient que, par exemple, on dit que la cissoïde (*voyez* Cissoïde) *AOL* (*planche d'Anal. figure 9.*) est, au point *A*, perpendiculaire au cercle générateur *ANOB*, parce que la tangente commune aux deux branches de la cissoïde à ce point *A* est *AB*, diamètre du cercle auquel est perpendiculaire la tangente du cercle, tirée par le même point *A*.

Par conséquent on peut bien fixer l'angle que font deux points d'une ou de deux courbes, ou le même point considéré comme appartenant à deux courbes ou à deux différentes branches de la même courbe; mais on ne peut pas fixer l'angle que font deux courbes, puisque les angles varient à chaque point. Les courbes qui se rencontrent en un point, & qui ont à ce point une même tangente, ne font point d'angle entr'elles: mais les unes s'écartent de la tangente plus lentement que les autres; & quand on dit que l'angle du contact formé par une courbe & sa tangente au sommet de la courbe, est infiniment plus petit qu'un pareil angle formé par une autre courbe, on veut dire que celle des courbes de la première sorte qui se détourne le plus de la tangente, immédiatement après le point de contact, s'en détourne moins que celle des courbes de la seconde sorte qui s'en détourne le moins.

Par exemple, l'équation aux paraboles de quelque ordre que ce soit est $a^n x = y^{n+1}$. Prenons pour toutes les paraboles d'un même ordre (*Pl. de Géométrie, fig. 46*) la même ordonnée DF ou AB (y); le produit $a^n x$ ou $a^n \times AD = a^n \times BF$ est constant; donc plus a est grand, plus x est petit, & au contraire. Si donc les courbes AE & AF sont deux paraboles du même ordre, en sorte que le paramètre de la courbe AE soit plus petit que le paramètre de la courbe AF, l'abscisse AK sera plus grande que l'abscisse AD, & la parabole AE plus courbe que la parabole AF. Ainsi, dans un ordre quelconque de paraboles, en augmentant leur paramètre, on aura une suite de courbes qui s'écarteront toujours moins de la tangente commune; c'est dans ce sens qu'on dit qu'elles feront les angles de contact toujours plus petits.

A présent que les courbes AE, AF représentent des paraboles du premier ordre, dont l'équation est $ax = y^2$, & que le paramètre de la courbe AF soit supposé aussi grand qu'on veut.

Prenons des paraboles du second ordre, dont l'équation est $b^2 x = y^3$; & soit leur ordonnée commune (y) la même que dans la supposition précédente: de plus que BG indique l'abscisse qui correspond à l'ordonnée y dans une de ces paraboles. On aura donc

$$FB : BG = \frac{y^2}{a} : \frac{y^3}{b^2} = \frac{b^2}{a} : y.$$

Quelque petit que soit b^2, & quelque grand que soit a, la fraction $\frac{b^2}{a}$ est toujours finie; mais plus le point B s'approche du point A, plus nous nous approchons de ce que nous cherchons, qui est la position du point de la courbe qui suit immédiatement le point A: on peut donc prendre AB plus petite que $\frac{b^2}{a}$; & dans ce cas BG est plus petite que BF; quelque petit que soit le paramètre d'une parabole du second ordre, cette courbe s'écarte moins de la tangente qu'une parabole du premier ordre, quelque grand que soit son paramètre. C'est dans ce sens qu'on dit que si, avec le même axe & avec le même sommet, on décrit des paraboles des différens ordres, en passant régulièrement de l'ordre inférieur à celui qui lui est immédiatement supérieur, on aura une suite d'angles de contingence qui décroîtront à l'infini; & c'est dans ce sens qu'a parlé Neuton dans l'endroit qu'on a cité ci-dessus: endroit qui se trouve au *coroll. VII. de l'ex. IV. du prob. V.* dans l'*Opuscule II* du premier des opuscules de Neuton, que j'ai donnés, *pag. 114, 115*.

Ainsi, tout le merveilleux disparoît & se réduit à cette idée simple & claire, que chaque ordre de lignes, chaque ligne du même ordre & de la même espèce a sa courbure particulière, différente de la courbure de toute autre ligne, & que la courbure des lignes d'un ordre peut approcher de l'autre tant qu'on veut, sans que l'une devienne l'autre, comme plus on augmente le rayon d'un cercle, moins la circonférence devient courbe, sans devenir jamais droite.

Au reste, il est douteux qu'Euclide ait parlé de l'angle de contact du cercle & de la tangente; *voyez* les remarques que Simson a mises à la fin de son édition d'*Euclide*. C'est pourquoi mon fils a omis, par mon conseil, dans son édition de cet auteur, la partie de l'énoncé de la *prop. 16 du liv. iij*, qui regarde l'angle du contact. Observez que ni Euclide ni Apollonius, quand ils parlent d'une tangente & d'un cercle ou d'une section conique, ne disent jamais *angle*; ils disent toujours *lieu*, espace (τόκοι). Cette remarque est de Wallis, *de ang. contact. cap. 1*. (*J. D. C.*)

CONTRACTION *de la veine fluide* (*Hyd.*). On appelle ainsi le resserrement qu'éprouve la colonne fluide qui sort d'un vase par un orifice. Cette *contraction* diminue le produit que l'orifice devroit donner, suivant la théorie, si tous les points fluides sortoient perpendiculairement au plan de l'orifice. Nommons le produit dont nous venons de parler, *produit théorique*. Dans ses écoulemens par des orifices percés dans de minces parois, la *contraction* de la veine fluide diminue le produit théorique, dans le rapport de 8 à 5, à-peu-près; & dans les écoulemens par des tuyaux additionnels, la *contraction* de la veine fluide diminue le produit théorique, dans le rapport de 16 à 13, à-peu-près. *Voyez* ADDITIONNEL. J'ai traité amplement la matière des *contractions*, dans mon *Hydrodynamique*. (*L. B.*)

CONTRE-FOULEMENT, f. m. (*Hydraul.*), se fait lorsqu'en conduisant des eaux forcées, les tuyaux descendent d'une montagne dans une gorge, & qu'on est obligé de les faire remonter sur une hauteur vis-à-vis, où l'eau se trouve alors contre-foulée & forcée si vivement, qu'il n'y a que les bons tuyaux qui puissent y résister. (*K*)

CONTRE-HARMONIQUE (*Géom.*); trois nombres sont en proportion *contre-harmonique*, lorsque la différence du premier & du second est à la différence du second & du troisième, comme le troisième est au premier. *Voyez* PROPORTION.

Par exemple, 3, 5 & 6 sont des nombres en proportion *contre-harmonique*; car $2 : 1 :: 6 : 3$. Pour trouver un moyen proportionnel *contre-harmonique* entre deux quantités données, la règle est de diviser la somme des deux nombres quarrés par la somme des racines; le quotient sera un moyen proportionnel *contre-harmonique* entre les deux racines. Car soient a, b les deux nombres, & x le moyen proportionnel qu'on cherche; on aura donc par la définition $x - a : b - x :: b : a$; donc $ax - aa = bb - bx$; donc $aa + bb = ax + bx$; & $x = \frac{aa + bb}{a + b}$.

CONTRE-PENTE. *V.* CONTRE-FOULEMENT.

CONVERGENT, adj. *en Algèbre*, se dit d'une

férie, lorſque ſes termes vont toujours en diminuant. Ainſi, $1, \frac{1}{3}, \frac{1}{4}, \frac{1}{5}$, &c., eſt une férie *convergente*. V. SÉRIE, SUITE & DIVERGENT. (O)

CONVERGENT : *droites convergentes, en Géométrie*, ſe dit de celles qui s'approchent continuellement, ou dont les diſtances diminuent de plus en plus, de manière qu'étant prolongées, elles ſe rencontrent en quelque point, au contraire des lignes divergentes, dont les diſtances vont toujours en augmentant. Les lignes qui ſont *convergentes* d'un côté, ſont divergentes de l'autre. *Voyez* DIVERGENT.

Les rayons *convergens, en Dioptrique*, ſont ceux qui, en paſſant d'un milieu dans un autre d'une denſité différente, ſe rompent s'approchant l'un vers l'autre, tellement que s'ils étoient aſſez prolongés, ils ſe rencontreroient dans un point ou foyer. *Voyez* RAYON & RÉFRACTION., &c.

Tous les verres convexes rendent les rayons parallèles *convergens*, & tous les verres concaves les rendent divergens, c'eſt-à-dire que les uns tendent à rapprocher les rayons, & que les autres les écartent; & la *convergence* ou divergence des rayons eſt d'autant plus grande, que les verres ſont des portions de plus petites ſphères. V. CONCAVE, &c. C'eſt ſur ces propriétés que tous les effets des lentilles, des microſcopes, des téleſcopes, &c., ſont fondés. *Voyez* LENTILLE, MICROSCOPE, &c.

Les rayons qui entrent *convergens* d'un milieu plus denſe dans un milieu plus rare, le deviennent encore davantage, & ſe réuniſſent plutôt que s'ils avoient continué à ſe mouvoir dans le même milieu. *Voyez* RÉFRACTION.

Les rayons qui entrent *convergens* d'un milieu plus rare dans un milieu plus denſe, deviennent moins *convergens*, & ſe rencontrent plus tard que s'ils avoient continué leur mouvement dans le même milieu.

Les rayons parallèles qui paſſent d'un milieu plus denſe dans un milieu plus rare, comme par exemple du verre dans l'air, deviennent *convergens* & tendent à un foyer, lorſque la ſurface dont ils ſortent a ſa concavité tournée vers le milieu le plus denſe, & ſa convexité vers le milieu le plus rare. *Voyez* RÉFRACTION.

Les rayons divergens ou qui partent d'un même point éloigné dans les mêmes circonſtances, deviennent *convergens* & ſe rencontrent; & à meſure qu'on approche le point lumineux, le foyer devient plus éloigné : de ſorte que ſi le point lumineux eſt placé à une certaine diſtance, le foyer ſera infiniment diſtant, c'eſt-à-dire que les rayons ſeront parallèles; & ſi on l'approche encore davantage, ils ſeront divergens. *Voy.* DIVERGENT; *voyez auſſi* CONVEXITÉ, CONCAVE, FOYER, &c.

Si la ſurface qui ſépare les deux milieux eſt plane, les rayons parallèles ſortent parallèles, mais à la vérité dans une autre direction; & ſi les rayons tombent divergens, ils ſortent plus divergens : mais s'ils tombent *convergens*, ils ſortent

plus *convergens*. C'eſt tout le contraire, ſi les rayons paſſent d'un milieu plus rare dans un plus denſe. (O)

CONVERGENT : *hyperbole convergente*, eſt une hyperbole du troiſième ordre, dont les branches tendent l'une vers l'autre, & vont toutes deux vers le même côté. Telles ſont (*fig. 35, ſeƈt. con.*) les branches hyperboliques AB, CD, qui ont ont une aſymptote commune. (O)

CONVERSE, adj. *en Géométrie*. Quand on met en ſuppoſition une vérité que l'on vient de démontrer, pour en déduire le principe qui a ſervi à ſa démonſtration, c'eſt-à-dire, quand la concluſion devient principe & le principe concluſion, la propoſition qui exprime cela s'appelle la *converſe* de celle qui la précède.

Par exemple, on démontre en Géométrie que ſi les deux côtés d'un triangle ſont égaux, les deux angles oppoſés à ces côtés le ſont auſſi; & par la propoſition *converſe*, ſi les deux angles d'un triangle ſont égaux, les côtés oppoſés à ces angles le ſeront auſſi.

La *converſe* s'appelle auſſi *inverſe*. Il y a pluſieurs propoſitions dont l'inverſe n'eſt pas vraie : par exemple, cette propoſition, *les trois côtés d'un triangle étant donnés, on peut connoître les trois angles*, eſt vraie & facile à démontrer, mais ſon inverſe ſeroit fauſſe; *les trois angles étant donnés, on connoît les trois côtés*; car il y a une infinité de triangles qui peuvent avoir les mêmes angles, ſans avoir les mêmes côtés. *Voyez* TRIANGLES SEMBLABLES. (O)

CONVERSION, ſ. f. On ſe ſert, *en Arithmétique*, de l'expreſſion, *propoſition par converſion de raiſon*, pour ſignifier la comparaiſon de l'antécédent, avec la différence de l'antécédent & du conſéquent dans deux raiſons égales.

Par exemple, y ayant même raiſon de 2 à 3 que de 8 à 12, on en conclut qu'il y a auſſi même raiſon de 2 à 1 que de 8 à 4; c'eſt-à-dire, en général, que, ſi $a : b :: c : d$, on en conclut que $a : b - a :: c : d - c$, ce qui eſt évident; car $a\,d = b\,c$ donne $a\,d - a\,c = b\,c - a\,c$; & par conſéquent $a : b - a :: c : d - c$. *Voyez* ANTÉCÉDENT, CONSÉQUENT, RAISON, RAPPORT, &c. (O)

CONVERSION *des équations, en Algèbre*, ſe dit de l'opération qu'on fait lorſqu'une quantité cherchée ou inconnue, ou une de ſes parties, étant ſous la forme de fraction, on réduit le tout à un même dénominateur, & qu'enſuite omettant les dénominateurs, il ne reſte, dans l'équation, que les numérateurs. *Voyez* EQUATION & FRACTION.

Ainſi, ſuppoſez $x - b = \dfrac{x\,x + c\,c}{d} + b$, x étant l'inconnue : multipliez le tout par d, & vous aurez $x\,d - b\,d = x\,x + c\,c + b\,d$. *Voyez* EQUATION, TRANSFORMATION, &c. Ce terme eſt aujourd'hui peu en usage; on se sert du mot de *faire évanouir les fractions. Voyez* RÉDUCTIONS. (*O*)

CONVERSION, *centre de conversion*, (*Méchan.*) *Voyez* CENTRE.

CONVERSION *des degrés*, en *Astronomie*, se dit de l'opération par laquelle on convertit les degrés en tems, ou les tems en degrés. Le mouvement diurne qui s'achève en 24 heures, & par lequel 360 degrés de la sphère traversent le méridien, étant divisé en 24 parties, chacune vaut une heure & répond à 15^d; car 15^d sont la 24e partie de 360. En continuant de subdiviser, on trouve de même les parties du tems qui répondent aux parties du cercle; 1^d vaut $4'$ de tems; $1'$ de degré vaut $4''$ de tems.

De même pour convertir le tems en degrés, on prendra d'abord 15^d pour chaque heure; on prendra le quart des minutes de tems pour en faire des degrés; le quart des secondes, & l'on en fera des minutes; le quart des tierces de tems, & l'on en fera des secondes de degrés.

Cette pratique est fondée sur ce que les arcs de l'équateur sont la mesure la plus naturelle du tems. Quand le soleil est éloigné du méridien de 15^d, il est une heure; aussi le tems vrai ou l'heure vraie dans le sens précis & exact de l'Astronomie, n'est autre chose que l'arc de l'équateur, compris entre le méridien & le cercle de déclinaison qui passe par le soleil, converti en tems, à raison de 15^d par heure : on appelle cela convertir en degrés les heures du premier mobile, parce que le mouvement du premier mobile ou le mouvement diurne des 360 degrés de la sphère, s'achève en 24 heures de tems vrai quand on ne considère que le soleil, ou en 24 heures des étoiles quand on ne considère que les étoiles.

La *conversion des degrés* se fait aussi, dans certains cas, en heures solaires moyennes : cela suppose qu'on prenne 24 heures pour $360^d\ 59'\ 8''$, ou $15^d\ 2'\ 28''$ par heure. Les 24 heures répondent à $360^d\ 59'\ 8''$, puisqu'en 24 heures solaires moyennes, non-seulement une étoile revient au méridien, ce qui complète les 360^d, mais le soleil lui-même qui avoit fait $59'\ 8''$ en sens contraire, par son propre mouvement, y arrive à son tour; ce qui termine les 24 heures solaires moyennes. Une horloge réglée sur ces 24 heures, n'indique plus 15^d par heure, mais $15^d\ 2'\ 28''$, qui est la 24e partie des $360^d\ 59'\ 8''$ qui passent en 24 heures, & ainsi des autres parties du tems; c'est ce qu'on appelle *convertir les heures solaires moyennes en degrés*. On trouve dans la *connoissance des tems de chaque année*, une table pour cet effet; elle est d'un usage continuel pour les astronomes, dont les horloges ou pendules suivent ordinairement les heures solaires moyennes; car ils observent les différences d'ascension droite entre les étoiles & les planètes, en prenant pour chaque heure de leur horloge $15^d\ 2'\ 28''$ de la sphère étoilée.

CONVERSIONS se disoit aussi, dans l'ancienne *Astronomie*, de toutes les révolutions célestes. (*D.L.*)

CONVEXE, adj. (*Géom.*), se dit de la surface extérieure d'un corps rond, par opposition à la surface intérieure qui est creuse ou concave.

Ce mot est particulièrement en usage dans la Dioptrique & la Catoptrique, où l'on s'en sert par rapport aux miroirs & aux lentilles. *Voy.* MIROIR & LENTILLE.

Un miroir *convexe* représente les images plus petites que leurs objets; un miroir concave les représente souvent plus grandes. Un miroir *convexe* rend divergens les rayons qu'il réfléchit; c'est pourquoi il les disperse & affoiblit leur effet : un miroir concave, au contraire, les rend presque toujours convergens par la réflexion; de sorte qu'ils concourent en un point, & que leur effet est augmenté. Plus le miroir *convexe* est portion d'une petite sphère, plus il diminue les objets & plus il écarte les rayons.

Les verres *convexes* des deux côtés s'appellent *lentilles*; s'ils sont plans d'un côté & *convexes* de l'autre, on les appelle *verres plans-convexes* ou *convexes-plans*; s'ils sont concaves d'un côté & *convexes* de l'autre, on les appelle *verres convexo-concaves*, ou *concavo-convexes*, selon que la surface *convexe* ou concave est la plus courbe (c'est-à-dire qu'elle est une portion d'une plus petite sphère), ou selon que la surface *convexe* ou concave est tournée vers l'objet.

Toutes les lentilles donnent aux rayons de lumière, dans leur passage, une tendance l'un vers l'autre, c'est-à-dire que les rayons sortent de ces lentilles, convergens ou moins divergens qu'ils n'étoient, de sorte qu'ils concourent souvent dans un point ou foyer. *Voyez* CONVERGENT.

Les lentilles ont aussi la propriété de grossir les objets, c'est-à-dire, de représenter les images plus grandes que les objets; & elles les grossissent d'autant plus, qu'elles sont des portions de plus petites sphères. *Voyez* LENTILLE, RÉFRACTION, &c. (*O*)

CONVEXITÉ, f. f. (*Géom.*), se dit de la surface convexe d'un corps. *Voyez* CONVEXE ET COURBE.

Les mots *convexe* & *concave* étant purement relatifs, il est assez difficile de les définir; car ce qui est convexe d'un côté est concave de l'autre. Pour fixer les idées, prenons une courbe, & rapportons-la à un axe placé sur le plan de cette ligne, & appellons *sommet de la courbe* le point où cet axe la coupe; tirons des différens points de la courbe des tangentes qui aboutissent à l'axe: si ces tangentes, depuis le sommet de la courbe, aboutissent toujours à des points de l'axe de plus en plus élevés, ou, ce qui revient au même, si les soutangentes vont en augmentant, la courbe est concave vers son axe, & convexe du côté opposé ; sinon elle est convexe vers son axe, & concave de l'autre cô é. (*O*)

COORDONNÉES, adj. pl. (*Géom.*) ; on appelle de ce nom commun les abscisses & les ordonnées d'une courbe (*voyez* ABSCISSES & ORDONNÉES), soit qu'elles fassent un angle droit ou non. La nature d'une courbe se détermine par l'équation entre ses *coordonnées*. *V.* COURBE. On appelle *coordonnées rectangles*, celles qui font un angle droit. (*O*)

COPERNIC, *systême de Copernic*, est celui dans lequel on suppose que le soleil est en repos au centre du monde, & que les planètes & la terre se meuvent autour de lui. *Voyez* SYSTÊME DE COPERNIC.

COPERNIC est encore le nom d'un instrument astronomique proposé par Whiston, pour calculer & représenter les mouvemens des planètes.

Il a été ainsi appellé par l'auteur, comme étant fondé sur le systême de *Copernic*, ou comme représentant les mouvemens des corps célestes, tels qu'ils s'exécutent suivant *Copernic*. Il est composé de plusieurs cercles concentriques. Par les différentes dispositions de ces cercles, qui sont faits de façon qu'ils glissent les uns dans les autres, on résout beaucoup de questions astronomiques, au moyen de quoi on évite, selon Chambers, de grands calculs, & on réduit l'ouvrage de plusieurs heures à celui de quelques minutes. Cet instrument représente jusqu'aux éclipses. L'auteur a fait un livre pour l'expliquer ; mais cet instrument est peu en usage, & doit être plus curieux qu'utile. *Voyez* PLANETAIRE.

* COPERNICIEN, s. m., nom par lequel on désigne ceux qui soutiennent le systême de Copernic.

CORBEAU (*Astron.*), ou l'oiseau de Phébus, constellation méridionale, composée de 9 étoiles ; dans le catalogue britannique, *corvus* ; en grec, κόραξ ; dans Ovide, *phœbeius ales* ; dans Florus, *avis satyra*, ou *pomptina*, *ales ficarius*, *garrulus proditor* ; en arabe, *gorab* ou *algourab*. Ce *corbeau* passe pour être celui qu'Apollon condamna à une soif éternelle. D'autres veulent que ce soit le *corbeau* qui révéla à Apollon l'infidélité de Coronis, & fut cause de sa mort. *Ovid. métam. ij, 54.* La victoire que Valérius Corvinus dut à un *corbeau*, lui a fait donner l'épithète de *Pomptina*, parce que ce fut près des marais Pontins. *Tite-live, vij, 26.* Cette constellation annonçoit le solstice par son coucher héliaque. (*Astron. tom. iv, pag. 469.*)

La principale étoile du *corbeau* est celle qui est marquée β ; elle est de 3e grandeur : elle avoit en 1750 185° 19′ 34″ d'ascension droite, & 22° 0′ 37″ de déclinaison australe. (*D. L.*)

CORDE (*Méch.*). *De la résistance des cordes.* La résistance des *cordes* est fort considérable, & doit, par toutes sortes de raisons, entrer dans le calcul de la puissance des machines. M. Amontons remarque dans les *Mémoires de l'Académie royale des Sciences, 1699*, qu'une *corde* est d'autant plus difficile à courber, 1.° qu'elle est plus roide & plus tendue par le poids qu'elle porte ; 2°. qu'elle est plus grosse ; & 3.° qu'elle est plus courbée, c'est-à-dire, qu'elle enveloppe un plus petit cylindre.

Il rapporte des expériences qu'il a faites pour s'assurer des proportions dans lesquelles ces différentes résistances augmentent. Ces expériences apprennent que la roideur de la *corde*, occasionnée par le poids qui la tire, augmente à proportion du poids, & que celle qui vient de l'épaisseur de la *corde* augmente à proportion de son diamètre ; enfin que celle qui vient de la petitesse des poulies autour desquelles elle doit être entortillée, est plus forte pour les petites circonférences que pour les grandes, quoiqu'elle n'augmente pas dans la même proportion que ces circonférences diminuent.

D'où il s'ensuit que la résistance des *cordes* dans une machine, étant estimée en livres, devient comme un nouveau fardeau qu'il faut ajouter à celui que la machine devoit élever ; & comme cette augmentation de poids rendra les *cordes* encore plus roides, il faudra de nouveau calculer cette augmentation de résistance. Ainsi, on aura plusieurs sommes décroissantes qu'il faudra ajouter ensemble, comme quand il s'agit du frottement, & qui peuvent se monter très-haut. *Voy.* FROTTEMENT.

En effet, lorsqu'on se sert de *cordes* dans une machine, il faut ajouter ensemble toutes les résistances que leurs roideurs produisent, & toutes celles que le frottement occasionne ; ce qui augmentera si considérablement la difficulté du mouvement, qu'une puissance mécanique qui n'a besoin que d'un poids de 1500 liv. pour en élever un de 3000 livres par le moyen d'une mousle simple, c'est-à-dire, d'une poulie mobile & d'une poulie fixe, doit, selon M. Amontons, en avoir un de 3942 livres, à cause des frottemens & de la résistance des *cordes*.

Ce que nous venons de dire des poulies doit servir de règle dans l'usage des treuils, des cabestans, &c., & des autres machines pour lesquelles on se sert de *cordes* : si on négligeoit de compter leur roideur, on tomberoit infailliblement dans des erreurs considérables, & le mécompte se trouveroit principalement dans les cas où il est très-important de ne se point tromper, je veux dire dans les grands effets ; car alors les *cordes* sont nécessairement fort grosses & fort tendues.

M. Camus examine, dans les *Mémoires de l'Académie de 1739*, quelle est la meilleure manière d'employer les seaux pour élever de l'eau. Car il est certain que de la manière dont on les emploie ordinairement, le poids de la *corde* s'ajoute à celui du seau ; de sorte que si le puits a

150 pieds, par exemple, de profondeur, on aura un plus grand effort à faire au commencement de l'action ou de l'élévation du seau que vers la fin, parce qu'au commencement on aura à soutenir le poids du seau, plus celui de toute la *corde*, qui, si elle pèse 2 livres par toise, en pesera 50 pour ce puits de 25 toises de profondeur; augmentation très-considérable au poids du seau plein & sortant de l'eau, dont il aura peut-être puisé 24 livres. Il est vrai que cette première difficulté de l'élévation du seau ira toujours en diminuant, & sera nulle au bord du puits: mais en ce cas, l'action de l'homme qui tirera le seau sera fort inégale; &, dans cette supposition, il est impossible qu'il ne se fatigue pas trop, qu'il ne perde du tems, & qu'il ne fasse moins qu'il n'auroit pu, parce qu'il est presque impossible qu'il ne donne précisément que ce qu'il faudra de force pour surmonter à chaque instant la résistance décroissante du seau & de la *corde*. Il seroit plus avantageux & plus commode pour la puissance, d'avoir une machine qui réduisît à l'égalité une action inégale par elle-même, de sorte qu'on n'eût jamais à soutenir que le même poids ou à employer le même effort, quoique la résistance de la *corde* fût toujours variable. Pour cela, le seul moyen est que, quand le poids de la *corde* sera plus grand, ou, ce qui est le même, quand il y aura plus de *corde* à tirer, la puissance agisse par un plus long bras de levier, plus long précisément à proportion de ce besoin, & par conséquent il faudra que les leviers soient toujours changeans & décroissans pendant toute l'élévation du seau. C'est pourquoi il faudra donner à la poulie dont on se servira, une forme pareille à-peu-près à celle des fusées des montres qui sont construites sur le même principe, ou plutôt il faudra que cette poulie soit comme un assemblage de plusieurs poulies concentriques & inégales: on peut voir sur cette matière un plus grand détail dans l'*hist. de l'Acad. de 1739, p. 51.*

Il s'ensuit de ce que nous avons dit sur la résistance des *cordes*, 1.° qu'on doit préférer autant que faire se peut les grandes poulies aux petites, non-seulement parce qu'ayant moins de tours à faire, leur axe a moins de frottement, mais encore parce que les *cordes* qui les entourent y souffrent une moindre courbure, & ont par conséquent moins de résistance. Cette considération est d'une si grande conséquence dans la pratique, qu'en évaluant la roideur de la *corde* selon la règle de M. Amontons, on voit clairement que, si on vouloit élever un fardeau de 800 liv. avec une *corde* de 20 lignes de diamètre, & une poulie qui n'eût que 3 pouces, il faudroit augmenter la puissance de 212 livres pour vaincre la roideur de la *corde*, au lieu qu'avec une poulie d'un pied de diamètre, cette résistance céderoit à un effort de 22 livres, toutes choses d'ailleurs égales,

On peut juger par-là que les poulies mouflées, c'est-à-dire, les poulies multiples, ne peuvent jamais avoir tout l'effet qui devroit en résulter suivant la théorie. Car, dans ces sortes de machines, les *cordes* ont plusieurs retours; & quoique les puissances qui les tendent chargent d'autant moins les axes qu'il y a plus de poulies, cependant, comme il n'y a point de *cordes* parfaitement flexibles, on augmente leur résistance en multipliant les courbures.

Cet inconvénient, qui est commun à toutes les mouffles, est encore plus considérable dans celles où les poulies, rangées les unes au-dessus des autres, doivent être de plus en plus petites, pour donner lieu aux *cordes* de se mouvoir sans se toucher & se frotter; car une *corde* a plus de peine à se plier quand elle enveloppe un cylindre d'un plus petit diamètre. Ainsi, les poulies mouflées qui sont toutes de même grandeur, sont en général préférables aux autres.

Les *cordes* qui sont le plus en usage dans la Méchanique, celles dont il s'agit principalement ici, sont des assemblages de fil que l'on tire des végétaux, comme le chanvre, ou du règne animal, comme la soie, ou certains boyaux que l'on met en état d'être filés. Si ces fibres étoient assez longues par elles-mêmes, peut-être se contenteroit-on de les mettre ensemble, de les lier en forme de faisceaux sous une enveloppe commune. Cette manière de composer les *cordes* eût peut-être paru la plus simple & la plus propre à leur conserver la flexibilité qui leur est si nécessaire; mais, comme toutes ces matières n'ont qu'une longueur fort limitée, on a trouvé moyen de les prolonger en les filant, c'est-à-dire, en les tortillant ensemble: le frottement qui naît de cette sorte d'union est si considérable, qu'elles se cassent plutôt que de se glisser l'une sur l'autre. C'est ainsi que se forment les premiers fils dont l'assemblage fait un cordon; & de plusieurs de ces cordons réunis & tortillés ensemble, on compose les plus grosses *cordes*. On juge aisément que la qualité des matières contribue beaucoup à la force des *cordes*; on conçoit bien aussi qu'un plus grand nombre de cordons également gros, doit faire une *corde* plus difficile à rompre; mais quelle est la manière la plus avantageuse d'unir les fils ou le cordons? *V.* le *Traité de la Corderie* de M. Duhamel.

Les cables & autres gros cordages que l'on emploie, soit sur les vaisseaux, soit dans les bâtimens, étant toujours composés de plusieurs cordons, & ceux-ci d'une certaine quantité de fils unis ensemble, il est évident qu'on en doit point attendre toute la résistance dont ils seroient capables, s'ils ne perdoient rien de leur force par le tortillement; & cette considération est d'autant plus importante, que de cette résistance dépend souvent la vie d'un très-grand nombre d'hommes.

Mais si le tortillement des fils en général rend les *cordes* plus foibles, on les affoiblit d'autant plus qu'on les tord davantage : il faut donc éviter avec soin de tordre trop les *cordes*.

Lorsqu'on a quelque grand effort à faire avec plusieurs *cordes* en même-tems, on doit observer de les faire tirer le plus également qu'il est possible ; sans cela, il arrive souvent qu'elles cassent les unes après les autres, & mettent quelquefois la vie en danger. *Voyez*, sur la résistance des *cordes*, *la Méchanique* de M. l'abbé Bossut, & *la Pièce* de M. Coulomb, qui remporta, en 1781, le prix double de l'Académie, *sur le frottement & la roideur des cordes dans les machines*. (O)

Cordes (*Méchan.*). *De la tension des cordes*. Si une *corde* *A B* est attachée à un point fixe *B* (*fig. 64, Méchan.*), & tirée suivant sa longueur par une force ou puissance quelconque *A*, il est certain que cette *corde* souffrira une tension plus ou moins grande, selon que la puissance *A* qui la tire, sera plus ou moins grande. Il en est de même, si au lieu du point fixe *B*, on substitue une puissance égale & contraire à la puissance *A*; il est certain que la *corde* sera d'autant plus tendue, que les puissances qui la tirent seront plus grandes. Mais voici une question qui a jusqu'ici fort embarrassé les Méchaniciens. On demande si une *corde* *A B*, attachée fixement en *B* & tendue par une puissance quelconque *A*, est tendue de la même manière qu'elle le seroit, si au lieu du point fixe *B*, on substituoit une puissance égale & contraire à la puissance *A*. Plusieurs auteurs ont écrit sur cette question, que Borelli a le premier proposée. Je crois qu'on peut la résoudre facilement, en regardant la *corde* tendue *A B* comme un ressort dilaté, dont les extrémités *A*, *B* font également effort pour se rapprocher l'une de l'autre. Je suppose donc d'abord que la *corde* soit fixe en *B*, & qu'elle soit tendue par une puissance appliquée en *A*, dont l'effort soit équivalent à un poids de dix livres ; il est certain que le point *A* sera tiré suivant *A D* avec un effort de dix livres ; & comme ce point *A*, par l'hypothèse, est en repos, il s'ensuit que par la résistance de la *corde*, il est tiré suivant *A B* avec une force de dix livres, & fait par conséquent un effort de dix livres pour se rapprocher du point *B*. Or le point *B*, par la nature du ressort, fait le même effort de dix livres suivant *B A*, pour se rapprocher du point *A*, & cet effort est soutenu & anéanti par la résistance du point fixe *B*. Qu'on ôte maintenant le point fixe *B*, & qu'on y substitue une puissance égale & contraire à *A*; je dis que la *corde* demeurera tendue de même : car l'effort de dix livres que fait le point *B* suivant *B A*, sera soutenu par un effort contraire de la puissance *B* suivant *B C*. La *corde* restera donc tendue, comme elle l'étoit auparavant : donc une *corde* *A B*, fixe en *B*, est tendue par une puissance appliquée en *A*, comme elle le seroit, si au lieu du point *B* on substituoit une puissance égale & contraire à la puissance *A*. *Voyez* Tension. (O)

Cordes, (*vibrations des*) *Méch.* Si une *corde* tendue *A B* (*fig. 65, Méchan.*) est frappée en quelqu'un de ses points par une puissance quelconque, elle s'éloignera jusqu'à une certaine distance de la situation *A B*, reviendra ensuite, & fera des vibrations comme une pendule qu'on tire de son point de repos. Les géomètres ont trouvé les lois de ces vibrations. On savoit depuis longtems, par l'expérience & par des raisonnemens assez vagues, que toutes choses d'ailleurs égales, plus une *corde* étoit tendue, plus ses vibrations étoient promptes ; qu'à égale tension, les *cordes* faisoient leurs vibrations plus ou moins promptement, en même raison qu'elles étoient moins ou plus longues ; de sorte que deux *cordes*, par exemple, étant de la même grosseur, également tendues, & leurs longueurs en raison de 1 à 2, la moins longue faisoit, dans le même tems, un nombre de vibrations double du nombre des vibrations de l'autre, un nombre triple, si le rapport des longueurs étoit celui d'1 à 3, *&c.* M. Taylor, célèbre géomètre Anglois, est le premier qui ait démontré les différentes loix des vibrations des *cordes* avec quelque exactitude, dans son savant ouvrage intitulé : *Methodus incrementorum directa & inversa*, 1715 ; & ces mêmes loix ont été démontrées encore depuis par M. Jean Bernoulli, dans le *tome II des Mémoires de l'Académie impériale de Pétersbourg*. On n'attend pas sans doute de nous que nous rapportions ici les théories de ces illustres auteurs, qu'on peut voir dans leurs ouvrages, & qui ne pourroient être à la portée que d'un très-petit nombre de personnes. Nous nous contenterons de donner la formule qui en résulte, & au moyen de laquelle tout homme tant soit peu initié dans le calcul, pourra connoître facilement les loix des vibrations d'une *corde* tendue.

Avant que d'exposer ici cette formule, il faut remarquer que la *corde* fait des vibrations en vertu de l'élasticité que sa tension lui donne. Cette élasticité fait qu'elle tend à revenir toujours dans la situation rectiligne *A B*; & quand elle est arrivée à cette situation rectiligne, le mouvement qu'elle a acquis, en y parvenant, la fait repasser de l'autre côté précisément comme un pendule. *Voyez* Pendule.

Or cette force d'élasticité peut toujours être comparée à la force d'un poids, puisqu'on peut imaginer toujours un poids qui donne à la *corde* la tension qu'elle a. Cela posé, si on nomme *L* la longueur de la *corde*, *M* la masse de la *corde* ou la quantité de sa matière, *P* la force du ressort de la *corde*, ou plutôt un poids qui représente la force avec laquelle la *corde* est tendue, *D* la longueur d'un pendule donné, par exemple, d'un pendule à secondes, *p* le rapport de la circonférence d'un cercle à son diamètre, le nombre des vibrations faites par la *corde* durant une vibration du pendule donné D, sera exprimé par $p\frac{\sqrt{D\times P}}{\sqrt{L\times M}}$.

De-là il s'ensuit, 1.° que, si les longueurs L, & les masses M de deux *cordes* sont égales, les nombres de leurs vibrations, en tems égaux, seront comme $\sqrt{D\times P}$, ou (à cause que D est le même pour tous les deux), comme $\sqrt{P}$, c'est-à-dire, comme les racines des nombres qui expriment le rapport des tensions. 2.° Que, si les tensions P & les longueurs L sont égales, les nombres des vibrations, en tems égal, seront comme $\frac{1}{\sqrt{M}}$, c'est-à-dire en raison inverse des racines des masses, & par conséquent en raison inverse des diamètres, si les *cordes* sont de la même matière. 3.° Que, si les tensions P sont les mêmes, & que les *cordes* soient de la même matière & de la même grosseur, les nombres des vibrations, en tems égaux, seront en raison inverse des longueurs; car ces nombres de vibrations seront alors comme $\frac{1}{\sqrt{L\times M}}$; or, quand les *cordes* sont de même grosseur & de même matière, les masses M sont comme les longueurs L; donc $\frac{1}{\sqrt{L\times M}}$ est alors comme $\frac{1}{\sqrt{LL}}$, ou comme $\frac{1}{L}$.

Il est visible que l'on peut déduire de la formule générale $p\frac{\sqrt{D\times P}}{\sqrt{L\times M}}$, autant de Théorêmes qu'on voudra sur les vibrations des *cordes*. Ceux que nous venons d'indiquer suffisent pour montrer la route qui y conduit.

Les mêmes géomètres dont nous avons parlé, ne se sont pas contentés de déterminer les vibrations de la *corde* tendue AB; ils ont cherché aussi quelle est la figure que prend cette *corde* en faisant ses vibrations; & voici, selon eux, quelle est la nature de la courbe ACB que forme cette *corde*. Soit D le point de milieu de AB, CD la distance du point de milieu C de la *corde* au point B dans un instant quelconque; ayant décrit le quart de cercle CE du rayon CD, soit pris par-tout FN à l'arc correspondant CM, comme DB est à l'arc CE, le point N sera à la courbe CB; de sorte que la courbe ACB que forme la *corde* tendue, est une courbe connue par les géomètres sous le nom de *courbe des arcs* ou *compagne de la cycloïde extrêmement alongée*. *Voy.* Compagne de la Cycloïde & Trochoïde.

MM. Taylor & Bernoulli ont déterminé cette courbe d'après la supposition que tous les points de la *code* arrivent en même-tems à la situation rectiligne AB. C'est ce que l'expérience paroît prouver, du moins autant qu'on peut en juger, en examinant des vibrations qui se font presque toujours très-promptement. M. Taylor prétend même démontrer, sans le secours de l'expérience, que tous les points de la *corde* ACB doivent arriver en même-tems dans la situation rectiligne AB. Mais dans une dissertation sur les vibrations des *cordes* tendues, imprimée parmi les mémoires de l'académie royale des sciences de Prusse pour l'année 1747, j'ai démontré que M. Taylor s'est trompé en cela, & j'ai fait voir de plus, 1.° qu'en supposant que tous les points de la *corde* ACB arrivent en même-tems à la situation rectiligne AB, la *corde* ACB peut prendre une infinité d'autres figures que celle d'une courbe des arcs alongée; 2.° qu'en ne supposant pas que tous les points arrivent en même-tems à la situation rectiligne, on peut déterminer en général la courbure que doit avoir à chaque instant la *corde* AB en faisant ses vibrations. Cependant il est bon de remarquer, ce que personne n'avoit encore fait, que quelque figure que prenne la *corde* ACB, en faisant ses vibrations, le nombre de ces vibrations dans un tems donné doit toujours être le même, pourvu que ses points arrivent en même-tems à la situation rectiligne; c'est ce qu'on peut déduire fort aisément de la théorie dont nous venons de parler. Je crois donc avoir résolu le premier, d'une manière générale, le problême de la figure que doit prendre une *corde* vibrante; M. Euler l'a résolu après moi, en employant presque exactement la même méthode, avec cette différence seule que sa méthode semble un peu plus longue. *Voyez les Mémoires de l'Académie de Berlin*, 1748. Dans les *Mémoires de la même Académie*, pour l'année 1750, *pag. 355 & suiv.*, j'ai donné encore quelques recherches sur cette matière, & des observations sur le mémoire de M. Euler & sur les vibrations des *cordes*. Nous y renvoyons nos lecteurs. (O)

On peut voir dans les mémoires de Berlin, de Turin, de Pétersbourg, & dans plusieurs volumes de nos opuscules mathématiques, la suite de nos recherches & de celles de MM. de la Grange, Euler & Daniel Bernoulli sur ce problême. Nous joindrons ici à ces recherches les observations suivantes sur le problême des *cordes vibrantes*.

Un habile géomètre m'ayant consulté sur la manière suivante, de trouver le mouvement d'une *corde* dont l'épaisseur n'est pas uniforme, le paralogisme de cette solution m'a paru assez subtil pour faire voir en quoi il consiste.

Soit LDM (*planches Méchaniques, figure 66*) la *corde* proposée; LD ou $LA = S$ (on met indifféremment LD ou LA, parce que la *corde* est supposée faire de très-petites vibrations, en sorte que DA est fort petite); soit encore $DA = y$, S l'épaisseur de la *corde* en D. Soit maintenant une *corde* ldm (*fig. 67*), d'une épaisseur uniforme, & dont la tension soit égale à la tension de la *corde* LDM pour chaque point A de la *corde* donnée; soit supposé dans l'autre *corde*

$la = s' = \int ds \sqrt{S}$, & la correſpondante $ad = AD$, on prétend que les deux *cordes* feront leurs vibrations en même-tems.

Car ſoit, dit-on, dans la *corde* uniformément épaiſſe ldm, $ab = bc = ds'$ & conſtant, on aura en faiſant $ds\sqrt{S}$ auſſi conſtant dans la courbe LDM, l'ordonnée EB (conſtruct.) $= eb$, & $GC = gc$. Donc la baſe de l'angle de contingence qui a ſon ſommet en E & ſa baſe en G, baſe que j'appelle ω, eſt égale à la baſe de l'angle de contingence qui a ſon ſommet en e & ſa baſe en g. Or les tenſions (hyp.) étant égales, & les maſſes de part & d'autre étant $S.BC$ & ab, on trouvera facilement par-là que les forces accélératrices des points E, e, ſont entr'elles comme $\frac{\omega}{BC.S.BC}$ ou $\frac{\omega}{Sds^2}$ à $\frac{\omega}{ab^2}$ ou $\frac{\omega}{ds'^2}$; donc, à cauſe de $ds'^2 = Sds^2$ (hyp.) ces forces accélératrices ſeront égales; donc les points E, e parcourent des lignes égales au premier inſtant; & comme on a de plus $EB = eb$, ils ſeront encore également éloignés de la poſition horizontale à la fin du premier inſtant; & comme la même choſe aura lieu pour tous les autres points de la *corde* & pour tous les inſtans ſuivans, il s'enſuit, &c.

Le paralogiſme de cette ſolution conſiſte à conclure de l'égalité de AD & ad, BE & be, GC & gc, que la valeur de ω eſt la même de part & d'autre. Elle le ſeroit ſans doute, ſi les lignes AB, BC étoient égales entr'elles, comme le ſont les lignes ab, bc; mais à cauſe de $ds\sqrt{S}$ conſtant (hyp.), ds n'eſt pas conſtant dans la courbe LDM; donc AB & BC diffèrent d'une quantité dds, infiniment petite à la vérité par rapport à elles; mais cette différence influe beaucoup ſur la valeur de ω dans la courbe LDM.

Pour le démontrer, ſoit prolongée DE (*fig. 68*) juſqu'en F, & ſoit $BC = ds + dds$, $FG = \omega$, $EH = dy$, $CG = y'$; on aura $FO = dy + \frac{dy\,dds}{ds}$, & $FG = FC - GC = y + 2dy - y' + \frac{dy\,dds}{ds}$. En faiſant de même $ab = bc$, $ad = AD$, $eb = EB$, $gc = GC$, on aura (comme il eſt aiſé de le voir) $fg = y + 2dy - y' =$ (en regardant ds' ou ab comme conſtant) $-ddy$; je mets $-$ parce que le courbe eſt ſuppoſé concave vers ſon axe; donc $FG = -ddy + \frac{dy\,dds}{ds}$; & comme $\frac{dy\,dds}{ds}$ eſt évidemment une quantité du même ordre que $-ddy$, il eſt évident que FG & fg ne ſont pas égales, & que leur différence eſt une quantité du même ordre qu'elles. Donc, *&c.*

On peut conſidérer encore, pour s'aſſurer que la ſolution précédente eſt vicieuſe, que l'équation générale, pour le mouvement des *cordes* dont l'épaiſſeur n'eſt pas uniforme, eſt $\frac{ddy}{dt^2} = \frac{ddy}{Sds^2}$, t étant le tems, & ds étant ſuppoſé conſtant; & que l'équation générale du mouvement des *cordes* uniformes eſt $\frac{ddy}{dt^2} = \frac{ddy}{ds'^2}$, dont l'intégrale, comme je l'ai fait voir ailleurs, eſt $y = \varphi(s' + t) + \text{n}(s' - t)$. D'où il s'enſuit que, ſi la ſolutios précédente étoit bonne, on auroit, pour les *corde* dont l'épaiſſeur n'eſt pas uniforme, $y = \varphi(t + \int ds\sqrt{S}) + y\varphi(-t + \int ds\sqrt{S})$. Or il eſt aiſé de voir que cette équation ne peut être l'intégrale de $\frac{ddy}{dt^2} = \frac{ddy}{Sds^2}$; car, ſi on prend la différence ſeconde de y en faiſant varier s, & enſuite en faiſant varier t, la première de ces deux différences, diviſée par Sds^2 ne ſera pas égale à la ſeconde, diviſée par dt^2.

En voilà aſſez pour faire voir en quoi conſiſte le défaut de cette ſolution. On peut conſulter d'ailleurs, ſur le problême des *cordes* dont l'épaiſſeur n'eſt pas uniforme, ce que j'en ai dit dans les *Mémoires de Berlin* de 1763, *p. 242 & ſuiv.* (*O*). *Voyez* VIBRATIONS.

CORDE, *terme de jeu de Paume;* c'eſt une groſſe *corde* qu'on attache en travers des deux côtés d'un jeu de paume, préciſément dans le milieu de ſa longueur & à environ quatre pieds de hauteur. La *corde* baiſſe toujours vers le milieu de ſa longueur, à cauſe de ſon poids. Depuis la *corde* juſqu'à terre eſt attaché un filet ou rezeau de ficelle, pour arrêter les balles qu'on y jette. Les joueurs qui ne font pas paſſer la balle par-deſſus la *corde*, perdent un quinze. *Voyez* PAUME.

CORDE, *au jeu de Billard*, ce ſont deux clous attachés ſur les bandes des côtés, en-deçà deſquels le joueur qui commence à jouer doit placer ſa bille.

CORDE, ſ. f. (*Géom.*), ligne droite qui joint les deux extrémités d'un arc. *Voy.* ARC. Ou bien c'eſt une ligne droite qui ſe termine par chacune de ſes extrémités à la circonférence du cercle, ſans paſſer par le centre, & qui diviſe le cercle en deux parties inégales qu'on nomme *ſegmens*: Tel eſt la droite AB (*pl. Géom. fig. 20*). *Voyez* SEGMENT.

La *corde* du complément d'un arc eſt la *corde* qui ſoutend le complément de cet arc, ou ce dont il s'en faut que cet arc ne ſoit un demi-cercle. *Voyez* COMPLÉMENT.

La *corde* eſt perpendiculaire à la ligne CE, tirée du centre du cercle au milieu de l'arc dont elle eſt *corde*; & elle a, par rapport à cette droite, la même diſpoſition que la *corde* d'un arc à tirer des flèches a par rapport à la flèche. C'eſt ce qui a ſervi de motif aux anciens géomètres pour appeller cette ligne *corde de l'arc;* & l'autre, *flèche du même arc.* Le premier de ces noms s'eſt conſervé, quoique le ſecond ne ſoit plus ſi fort en usage. Ce que les anciens appelloient *flèche* s'appelle maintenant *sinus verse*. *Voyez* FLÈCHE & SINUS.

La *demi-corde* BD du double de l'arc est ce que nous appellons maintenant *sinus droit* de cet arc; & la partie DE du rayon, comprise entre le sinus droit BD & l'extrémité du rayon, est ce qu'on nomme *sinus verse*. *Voyez* SINUS.

La *corde* d'un angle & la *corde* de son complément à quatre angles droits ou au cercle entier, sont la même chose; ainsi, la *corde* de 50 degrés & celle de 310 degrés sont la même chose.

On démontre, en Géométrie, que le rayon CE qui coupe la *corde* BA en deux parties égales au point D, coupe de même l'arc correspondant en deux parties égales au point E, & qu'il est perpendiculaire à la *corde* AB, & réciproquement: on démontre de plus, que si la droite NE coupe la *corde* AB en deux parties égales & qu'elle lui soit perpendiculaire, elle passera par le centre, & coupera en deux parties égales l'arc AEB, aussi-bien que l'arc ANB. On peut tirer de-là plusieurs corollaires utiles, comme 1.° la manière de diviser un arc AB en deux parties égales: il faut pour cela tirer une perpendiculaire au milieu D de la *corde* AB, & cette perpendiculaire coupera en deux parties égales l'arc donné AB.

2.° La manière de décrire un cercle qui passe par trois points donnés quelconques, A, B, C, *fig.* 24, pourvu qu'ils ne soient pas dans une même ligne droite.

Décrivez pour cela des points A & C, & d'un même rayon des arcs qui se coupent en D, E; & des points C, B, & encore d'un même rayon, décrivez d'autres arcs qui se coupent en G & H; tirez les droites DE, GH, & leur intersection sera le centre du cercle cherché qui passe par les points A, B, C.

Démonstration. Par la construction, la ligne EI a tous ses points à égale distance des extrémités A, C de la ligne AC; c'est la même chose de la ligne GI par rapport à CB: ainsi, le point I d'intersection étant commun aux deux lignes FI, GI, sera également éloigné des trois points proposés A, C, B; il pourra donc être le centre d'un cercle que l'on fera passer par les trois points A, C, B.

Ainsi, prenant trois points dans la circonférence d'un cercle ou d'un arc quelconque, on pourra toujours trouver le centre, & achever ensuite la circonférence.

De-là il s'ensuit aussi que si trois points d'une circonférence de cercle conviennent ou coïncident avec trois points d'un autre, les circonférences totales coïncident aussi; & ainsi, les cercles seront égaux, ou le même. *Voyez* CIRCONFÉRENCE & CERCLE.

Enfin on tire de-là un moyen de circonscrire un cercle à triangle quelconque.

La corde d'un arc AEB (*fig.* 20), *& le rayon* CE *étant donnés, trouver la corde de la moitié* AE *de cet arc.* Du quarré du rayon CE, ôtez le quarré de la moitié AD de la *corde* donnée AB, le reste sera le quarré de DC; & tirant la racine quarrée, elle sera égale à CD; on la soustraira du rayon EC, & il restera DE: on ajoutera les quarrés de AD & de ED, & la somme sera le quarré de AE; dont tirant la racine, on aura la *corde* de la moitié AE.

Ligne des cordes, c'est une des lignes du compas de proportion. *Voyez* COMPAS DE PROPORTION. *Wolf* & *Chambers*. (*E*)

CORDON (*Hydraul.*), est un tuyau que l'on fait tourner autour d'une fontaine, pour fournir une suite de jets placés au milieu ou sur les bords. (*K*)

CORNET (*Jeux de hasard*): espèce de petit gobelet rond & délié, ordinairement de corne, & dont on fait usage pour agiter les dés quand on joue.

Le *cornet* dont les anciens se servoient pour jouer aux dés & aux osselets, & qui peut-être fut inventé pour empêcher les coups de main, étoit rond en forme d'une petite tour, plus large par le bas que par le haut, dont le cou étoit étroit. Ordinairement il n'avoit point de fond, mais plusieurs degrés au-dedans qui faisoient faire aux dés & aux osselets plusieurs cascades avant que de tomber sur la table, comme il paroît par ce passage d'Ausone:

Alternis vicibus, quos præcipitante rotatu
Fundunt excussi per cava buxa gradus.

On l'appelloit, chez les Latins, *turris*, *turricula*, *orca*, *phimus*, *fritillus*, &c. Ce sont les tabletiers-cornetiers qui font les *cornets*. (*M. le chevalier de* JAUCOURT.)

CORNETS *pour l'ouie* (*Acoustique*): instrument à l'usage de ceux qui ont l'oreille dure. Le son se conserve dans ces instrumens, parce qu'en traversant leurs parois il ne peut se répandre circulairement, & le son ainsi ramassé frappe l'organe avec plus de force. On peut encore augmenter l'effet du son, en donnant à ces tuyaux une forme en partie parabolique, parce que le son est réfléchi & comme ramassé en un seul point appellé *foyer*, où l'oreille est placée. *Voyez* ECHO & PORTE-VOIX. Ces *cornets* sont à-peu-près à l'égard de l'oreille, ce que les lunettes d'approche sont par rapport à la vue. On peut les perfectionner comme on fait les lunettes. Mais nous croyons avec M. de Buffon, qu'il faut, pour que les *cornets* aient tout l'effet possible, que l'oreille soit dans un endroit désert, ou du moins tranquille; autrement, comme le son ne se propage pas en ligne droite ainsi que la lumière, le bruit des objets voisins frappant l'oreille suivant toutes sortes de directions, altéreroit & affoibliroit le bruit augmenté par le *cornet.* (*O*)

CORNU, adj., *angle cornu* (*Géométrie*): mot employé par quelques anciens géometres pour désigner l'angle formé par une ligne droite tangente ou sécante, & par la circonférence du cercle.

COROLLAIRE, s. m., *en Géométrie*, est une conséquence tirée d'une proposition qui a déjà été avancée ou démontrée: comme si de cette proposition, *Un triangle qui a deux côtés égaux, a aussi deux angles égaux*, on tire la conséquence, *donc un triangle qui a les trois côtés égaux, a aussi les trois angles égaux.*

On auroit tout aussi-tôt fait de dire *conséquence* que *corollaire*; cela seroit plus à portée de tout le monde: mais c'est le sort de presque toutes les sciences d'être chargées de mots scientifiques assez inutiles. Il ne faut pas espérer qu'on les change, & ceux qui en traitent sont obligés de s'y conformer. Il faut avouer aussi que ce n'est pas toujours la faute des savans ni des artistes, si les mots scientifiques sont si multipliés. Comme la plupart des sciences & des arts nous viennent des Grecs & des Latins, les mots nous en sont venus avec les choses; la plupart de ces mots scientifiques n'ont point passé dans l'usage ordinaire, & sont devenus obscurs pour le vulgaire. Un Athénien, sans savoir de Géométrie, entendoit tout de suite que le mot de *théorème* signifioit une vérité de spéculation. Chez nous, c'est un mot savant pour ceux qui ignorent le grec, & ainsi des autres.

Plutarque, dans la vie de Cicéron, le loue d'avoir le premier donné des noms latins dans ses ouvrages, aux objets dont les philosophes grecs s'étoient occupés, & qui, jusqu'à lui, avoient retenu leurs noms grecs. On ne sauroit rendre le langage des sciences trop simple, & pour ainsi dire trop populaire; c'est ôter un prétexte de les décrier aux sots & aux ignorans, qui voudroient se persuader que les termes qu'ils n'entendent pas en font tout le mérite, & qui, pour parler le langage de Montagne, *parce qu'ils ne peuvent y prétendre, se vengent à en médire.* (*O*)

CORPS, *en Géométrie*, signifie la même chose que *solide*. *Voyez* SOLIDE. Nous avons expliqué dans le discours préliminaire de l'Encyclopédie comment on se forme l'idée des *corps* géométriques. Ils different des *corps* physiques, en ce que ceux-ci sont impénétrables; au lieu que les *corps* géométriques ne sont autre chose qu'une portion d'étendue figurée, c'est-à-dire une portion de l'espace terminée en tout sens par des bornes intellectuelles. C'est proprement le fantôme de la matiere, comme nous l'avons dit dans ce discours; & on pourroit définir l'étendue géométrique, l'*étendue intelligible & pénétrable.*

Les *corps* réguliers sont ceux qui ont tous leurs côtés, leurs angles & leurs plans égaux & semblables, & par conséquent leurs faces régulieres. Il n'y a que cinq *corps* réguliers, le *tétraëdre* composé de quatre triangles équilatéraux, l'*octaëdre* de huit, l'*icosaëdre* de vingt, le *dodecaëdre* de douze pentagones réguliers, & le *cube* de six quarrés. Quand on dit ici *composé*, cela s'entend de la surface; les figures que nous venons de dire renferment ou contiennent la solidité, & composent la surface de ces *corps*. *Voy.* RÉGULIER, IRRÉGULIER, &c. (*O*)

CORRECTION du midi, ou équation du midi, est la quantité qu'il faut ôter du midi conclu des hauteurs correspondantes du soleil, ou ajouter pour avoir le midi vrai. *Voyez* HAUTEURS CORRESPONDANTES.

CORRESPONDANTES. (*Astronomie*) *Voyez* HAUTEURS CORRESPONDANTES.

COS

CO-SECANTE, s. f. *en Géométrie*, c'est la sécante d'un arc qui fait le complément d'un autre; ainsi la *co-sécante* d'un angle de 30 degrés est la sécante de 60 degrés. *Voyez* SÉCANTE & COMPLÉMENT. (*O*)

CO-SINUS, s. m. (*Géom.*): c'est le sinus droit d'un arc qui est le complément d'un autre; ainsi, le *co-sinus* d'un angle de 30 degrés, est le sinus d'un angle de 60 degrés. *Voyez* SINUS, COMPLÉMENT, ANGLE, DEGRÉ.

CO-SINUS VERSE, est un nom que quelques-uns donnent à la partie du diametre qui reste après en avoir retranché le sinus verse. *Voyez* SINUS VERSE. *Chambers.* (*O*)

COSMIQUE, se dit, *en Astronomie*, du lever ou du coucher d'une étoile quand il arrive le matin. Une étoile se leve *cosmiquement*, quand elle se leve avec le soleil, ou avec le degré de l'écliptique où est le soleil. *Voyez* LEVER.

Le coucher *cosmique* arrive lorsqu'une étoile se couche dans le même tems que le soleil se leve.

Selon Kepler, *se lever* ou *se coucher cosmiquement*, c'est seulement s'élever sur l'horizon ou descendre dessous. *Voyez* ACRONIQUE. *Chambers.* (*O*)

COSMOLABE, s. m. (*Astron.*) ancien instrument de Mathématique; c'est presque la même chose que l'astrolabe; il servoit à prendre des hauteurs & à représenter les cercles de la sphere. Ce mot est dérivé de κόσμος, *monde*, & λαμβάνω, *je prends*, parce que cet instrument sert pour prendre les mesures sur le globe du monde. Il y a un ouvrage de Jaques Besson, imprimé à Paris en 1567, intitulé le *cosmolabe*, ou instrument universel; ce livre est remarquable par l'idée d'une chaise marine suspendue pour faire des observations sur un vaisseau, idée qui a été proposée en Angleterre de nos jours, par M. Trubin. (*D. L.*)

COSMOLOGIE, s. f. Ce mot, qui est formé

de deux mots grecs, κοσμὸς, *monde*, λόγος, *discours*, signifie à la lettre *science qui discourt sur le monde*, c'est-à-dire, qui *raisonne* sur cet univers que nous habitons, & tel qu'il existe actuellement.

La *Cosmologie* est donc proprement une Physique générale & raisonnée, qui, sans entrer dans les détails trop circonstanciés des faits, examine du côté métaphysique les résultats de ces faits mêmes, fait voir l'analogie & l'union qu'ils ont entre eux, & tâche par-là de découvrir une partie des loix générales par lesquelles l'Univers est gouverné. Tout est lié dans la nature; tous les êtres se tiennent par une chaîne dont nous appercevons quelques parties continues, quoique dans un plus grand nombre d'endroits la continuité nous échappe. L'art du Philosophe ne consiste pas, comme il ne lui arrive que trop souvent, à rapprocher de force les parties éloignées pour renouer la chaîne mal-à-propos dans les endroits où elle est interrompue; car, par un tel effort, on ne fait que séparer les parties qui se tenoient, ou les éloigner davantage de celles dont elles étoient déjà éloignées par l'autre bout opposé à celui qu'on rapproche; l'art du Philosophe consiste à ajouter de nouveaux chaînons aux parties séparées, afin de les rendre le moins distantes qu'il est possible: mais il ne doit pas se flatter qu'il ne restera point toujours de vuides en beaucoup d'endroits. Pour former les chaînons dont nous parlons, il faut avoir égard à deux choses; aux faits observés qui forment la matière des chaînons, & aux loix générales de la Nature qui en forment le lien. J'appelle *loix générales*, celles qui paroissent s'observer dans un grand nombre de phénomènes; car je me garde bien de dire *dans tous*. Telles sont les loix du mouvement, qui sont une suite de l'impénétrabilité des corps, & la source de plusieurs des effets que nous observons dans la Nature. *Figure* & *mouvement* (j'entends le mouvement qui vient de l'impulsion,) voilà une grande partie des principes sur lesquels roule la *Cosmologie*. Il ne faut pas s'en écarter sans nécessité, mais aussi il ne faut pas trop affirmer qu'ils soient les seuls: nous ne connoissons pas tous les faits, comment pourrions-nous donc assurer qu'ils s'expliqueront tous par une seule & unique loi? cette assertion seroit d'autant plus téméraire, que parmi les faits mêmes que nous connoissons, il en est que les loix de l'impulsion n'ont pu expliquer jusqu'aujourd'hui. *Voyez* ATTRACTION. Peut-être y parviendra-t-on un jour: mais en attendant cette grande découverte, suspendons notre jugement sur l'universalité de ces loix. Peut-être (& cela est du moins aussi vraisemblable) y a-t-il une loi générale qui nous est & qui nous sera toujours inconnue, dont nous ne voyons que les conséquences particulières, obscures, & limitées; conséquences que nous ne laissons pas d'appeller *loix générales*. Cette conjecture est très-conforme à l'idée que nous devons nous former de l'unité & de la simplicité de la Nature. Au reste, si nous réfléchissons sur la foiblesse de notre esprit, nous serons plus étonnés encore de ce qu'il a découvert, que de ce qui lui reste caché.

Mais l'utilité principale que nous devons retirer de la *Cosmologie*, c'est de nous élever par les loix générales de Nature, à la connoissance de son auteur; dont la sagesse a établi ces loix, nous en a laissé voir ce qu'il nous étoit nécessaire d'en connoître pour notre utilité ou pour notre amusement, & nous a caché le reste pour nous apprendre à douter. Ainsi, la *Cosmologie* est la science du Monde ou de l'Univers considéré en général, entant qu'il est un être composé, & pourtant simple par l'union & l'harmonie de ses parties; un tout, qui est gouverné par une intelligence suprême, & dont les ressorts sont combinés, mis en jeu, & modifiés par cette intelligence.

« Avant M. Wolf, dit M. Formey dans un article qu'il nous a communiqué, ce nom étoit inconnu dans les écoles, c'est-à-dire, qu'il n'y avoit aucune partie distincte du cours de Philosophie qui fût ainsi appellée. Aucun métaphysicien ne sembloit même avoir pensé à cette partie, & tant d'énormes volumes écrits sur la Métaphysique, ne disoient rien sur la *Cosmologie*. Enfin M. Wolf nous a donné un ouvrage sous ce titre: *Cosmologia generalis, methodo scientifica pertracta, quâ ad solidam, imprimis Dei atque naturæ cognitionem via sternitur. Francof. & Lips.* in-4.° 1731. Il y en a eu une nouvelle édition en 1737. Il donna cet ouvrage immédiatement après l'Ontologie, & comme la seconde partie de sa métaphysique, parce qu'il y établit des principes, qui lui servent dans la Théologie naturelle à démontrer l'existence & les attributs de Dieu par la contingence de l'Univers & par l'ordre de la Nature. Il l'appelle *Cosmologie générale* ou *transcendante*, parce qu'elle ne renferme qu'une théorie abstraite, qui est, par rapport à la Physique, ce qu'est l'Ontologie à l'égard du reste de la Philosophie.

» Les notions de cette science se dérivent de l'Onthologie, car il s'agit d'appliquer au Monde la théorie générale de l'être & de l'être composé. A cette considération du Monde, *à priori*, on joint le secours des observations & de l'expérience. De sorte qu'on peut dire qu'il y a une double *Cosmologie*; *Cosmologie scientifique*, & *Cosmologie expérimentale*.

» De ces deux *Cosmologies*, M. Wolf s'est proprement borné à la première, comme le titre de son ouvrage l'indique; mais il n'a pas négligé néanmoins les secours que l'expérience a pu lui donner pour la confirmation de ses principes.

» L'une & l'autre fournissent des principes, qui servent à démontrer l'existence & les attributs de Dieu. Les principales matières qu'embrasse la *Cosmologie générale*, se réduisent à expliquer comment le Monde résulte de l'assemblage des substances simples, & à développer les principes

„généraux de la modification des choses maté„rielles.

„C'est-là le fruit le plus précieux de la *Cosmo*„*logie*; il suffit seul pour en faire sentir le prix, & „pour engager à la cultiver, n'en produisît-elle „aucune autre. C'est ainsi qu'on parvient à dé„montrer que la contemplation du Monde visible „nous mène à la connoissance de l'être invisible „qui en est l'auteur. M. Wolf paroît extrêmement „persuadé de l'utilité & de la certitude de cette „nouvelle route qu'il s'est frayée, & voici com„ment il s'exprime là-dessus. „ *In honorem Dei, confiteri cogor, me de cognitione Dei methodo scientificâ tradendâ plurimùm sollicitum, non reperisse viam aliam, quâ ad scopum perveniri datur, quam eam quam propositio præsens monstrat, nec reperisse philosophum qui eandem rite calcaverit, etsi laude sitá defrudandi non sint, qui nostris præsertim temporibus theologiæ naturali methodum demonstrativam applicare conati fuerint.* Wolf, *Cosmolog. prolegom.* §. 6. *in schol.*

M. de Maupertuis a donné un essai de *Cosmologie*, qui paroît fait d'après les principes & suivant les vues que nous avons exposées plus haut. Il croit que nous n'avons ni assez de faits ni assez de principes, pour embrasser la Nature sous un seul point de vue. Il se contente d'exposer le systême de l'Univers; il se propose d'en donner les loix générales, & il en tire une démonstration nouvelle de l'existence de Dieu. Cet ouvrage ayant excité en 1752, une dispute très-vive, je vais placer ici quelques réflexions qui pourront servir à éclaircir la matière. J'y serai le plus court qu'il me sera possible, & j'espère y être impartial.

La loi générale de M. de Maupertuis est celle de la moindre quantité d'action, *voyez-en* la définition & l'exposé *au mot* ACTION: nous ajouterons ici les remarques suivantes.

Leibnitz s'étant formé une idée particulière de la force des corps en mouvement, dont nous parlerons *au mot* FORCE, l'a appellé *force vive*, & a prétendu qu'elle étoit le produit de la masse par le quarré de la vîtesse, ou ce qui revient au même, qu'elle étoit comme le quarré de la vitesse en prenant la masse pour l'unité. M. Wolf, *dans les Mémoires de Pétersbourg, tome I*, a imaginé de multiplier la force vive par le tems, & il a appellé ce produit *action*, supposant apparemment que l'action d'un corps est le résultat de toutes les forces qu'il exerce à chaque instant, & par conséquent la somme de toutes les forces vives instantanées. On pourroit demander aux Leibnitiens, dont M. Wolf est regardé comme le chef, pourquoi ils ont imaginé cette distinction métaphysique entre l'action & la force vive; distinction qu'ils ne devroient peut-être pas mettre entr'elles, du moins selon l'idée qu'ils se forment de la force vive; mais ce n'est pas de quoi il s'agit ici, & nous en parlerons *au mot* FORCE. Nous pouvons en attendant admettre comme une définition *de nom* arbitraire cette idée de l'action; & nous remarquerons d'abord qu'elle revient au même que celle de M. de Maupertuis. Car le produit de l'espace par la vîtesse, est la même chose que le produit du quarré de la vîtesse par le tems. M. de Maupertuis, dans les ouvrages que nous avons cités *au mot* ACTION, ne nous dit point s'il avoit connoissance de la définition de M. Wolf; il y a apparence que non: pour nous, nous l'ignorions quand nous écrivions ce dernier article, & nous voulons ici rendre scrupuleusement à chacun ce qui lui appartient. Au reste, il importe peu que M. de Maupertuis ait pris cette idée de M. Wolf, ou qu'il se soit seulement rencontré avec lui; car il s'agit ici uniquement des conséquences qu'il en a tirées, & auxquelles M. Wolf n'a aucune part. M. de Maupertuis est constamment le premier qui ait fait voir que dans la réfraction la quantité d'action est un *minimum*: il n'est pas moins constant, 1.° que ce principe est tout différent de celui-ci, *que la Nature agit toujours par la voie la plus simple;* car ce dernier principe est un principe vague, dont on peut faire cent applications toutes différentes, selon la définition qu'on voudra donner de ce qu'on regarde comme la voie la plus simple de la Nature, c'est-à-dire, selon qu'on voudra faire consister la simplicité de la Nature & sa voie la plus coute, ou dans la direction rectiligne, c'est-à-dire, dans la brièveté de la direction, ou dans la brièveté du tems, ou dans le *minimum* de la quantité de mouvement, ou dans le *minimum* de la force vive, ou dans celui de l'action, *&c.* Le principe de M. de Maupertuis n'est donc point le principe de la voie la plus simple pris vaguement, mais un exposé précis de ce qu'il croit être la voie la plus simple de la Nature.

2.° Nous avons fait voir que ce principe est très-différent de celui de Leibnitz; *voyez* ACTION: & il seroit assez singulier si Leibnitz a eu connoissance du principe de M. de Maupertuis, comme on l'a prétendu, que ce philosophe n'eût pas songé à l'appliquer à la réfraction; mais nous traiterons plus bas la question de fait.

3.° Il n'est pas moins constant que ce principe de M. de Maupertuis appliqué à la réfraction, concilie les causes finales avec la méchanique du moins dans ce cas-là, ce que personne n'avoit encore fait. On s'intéressera plus ou moins à cette conciliation, selon qu'on prendra plus ou moins d'intérêt aux causes finales; *voyez ce mot.* Mais les Leibnitiens du moins doivent en être fort satisfaits. De plus, M. Euler a fait voir que ce principe avoit lieu dans les courbes que décrit un corps attiré ou poussé vers un point fixe: cette belle proposition étend le principe de M. de Maupertuis à la petite courbe même que décrit le corpuscule de lumière, en passant d'un milieu dans un autre; de manière qu'à cet égard le principe se trouve vrai généralement & sans restriction. M. Euler, dans les *Mém. de l'Acad. des Sciences de Prusse de* 1751, a montré encore plusieurs autres cas où le principe s'applique avec élégance & avec facilité.

4.° Ce principe est différent de celui de la nullité de force vive, par deux raisons; parce qu'il s'agit dans le principe de M. de Maupertuis non de la *nullité*, mais de la *minimité*; & de plus, parce que, dans l'action, on fait entrer le tems qui n'entre point dans la force vive. Ce n'est pas que le principe de la nullité de la force vive n'ait lieu aussi dans plusieurs cas, ce n'est pas même qu'on ne puisse tirer de la nullité de la force vive plusieurs choses qu'on tire de la minimité d'action; mais cela ne prouve pas l'identité des deux principes, parce que l'on peut parvenir à la même conclusion par des voies différentes.

5.° Nous avons vu à l'*article* CAUSES FINALES, que le principe de la minimité du tems est en défaut dans la réflexion sur les miroirs concaves. Il paroît qu'il en est de même de la minimité d'action; car alors le chemin du rayon de lumière est un *maximum*, & l'action est aussi un *maximum*. Il est vrai qu'on pourroit faire quadrer ici le principe, en rapportant toujours la réflexion à des surfaces planes; mais peut-être les adversaires des causes finales ne goûteront pas cette réponse; il vaut mieux dire, ce me semble, que l'action est ici un *maximum*, & dans les autres cas un *minimum*. Il n'y en aura pas moins de mérite à avoir appliqué le premier ce principe à la réfraction, & il en sera comme du principe de la conservation des forces vives qui s'applique au choc des corps élastiques, & qui n'a point lieu dans les corps durs.

6.° M. de Maupertuis a expliqué cette même loi de la minimité d'action au choc des corps, & il a déterminé le premier, par un seul & même principe, les loix du choc des corps durs & des corps élastiques. Il est vrai que l'application est ici un peu plus compliquée, plus détournée, moins simple, & peut-être moins rigoureuse, que dans le cas de la réfraction.

Ce que nous disons ici ne sera point désavantageux dans le fond à M. de Maupertuis, quand nous l'aurons expliqué. Il suppose que deux corps durs A, B, se meuvent dans la même direction, l'un avec la vitesse a, l'autre avec la vitesse b, & que leur vitesse commune après le choc soit x; il est certain, dit-il, que le *changement arrivé dans la Nature* est que le corps A a perdu la vitesse $a-x$, & que le corps B a gagné la vitesse $x-b$; donc la quantité d'action nécessaire pour produire ce changement, & qu'il faut faire égale à un *minimum*, est $A\,(a-x)^2+B\,(x-b)^2$, ce qui donne la formule ordinaire du choc des corps durs $x=\frac{Aa+Bb}{A+B}$. Tout cela est fort juste. Mais tout dépend aussi de l'idée qu'on voudra attacher aux mots de *changement arrivé dans la Nature*: car ne pourroit-on pas dire que le changement arrivé consiste en ce que le corps A qui avant le choc a la quantité d'action ou de force Aaa, la change après le choc en la quantité Axx, & de même du corps B; qu'ainsi $Aaa-Axx$, est le changement arrivé dans l'état du corps A, & $Bxx-Bbb$, le changement arrivé dans le corps B; de sorte que la quantité d'action qui a opéré ce changement, est $Aaa-Axx+Bxx-Bbb$. Or cette quantité égalée à un *minimum* ne donne plus la loi ci-dessus du choc des corps durs. C'est une objection que l'on peut faire à M. de Maupertuis, qu'on lui a même faite à-peu-près; avec cette différence que l'on a supposé $Axx+Bxx-Aaa-Bbb$, égale à un *minimum*, en retranchant la quantité $Aaa-Axx$ de la quantité $Bxx-Bbb$, au lieu de la lui ajouter, comme il semble qu'on l'auroit aussi pu faire: car les deux quantités $Aaa-Axx$ & $Bxx-Bbb$, quoique l'une doive être retranchée de Aaa, l'autre ajoutée à Bbb, sont réelles, & peuvent être ajoutées ensemble, sans égard au sens dans lequel elles agissent. Quoi qu'il en soit, il semble qu'on pourroit concilier ou éviter toute difficulté à cet égard, en substituant aux mots *changemens dans la Nature*, qui se trouvent dans l'énoncé de la proposition de M. de Maupertuis, les mots *changement dans la vitesse*: alors l'équivoque vraie ou prétendue ne subsistera plus.

On objecte aussi que la quantité d'action, dans le calcul de M. de Maupertuis, se confond en ce cas avec la quantité de force vive: cela doit être en effet; car le tems étant supposé le même, comme il l'est ici, ces deux quantités sont proportionnelles l'une à l'autre, & on pourroit dire que la quantité d'action ne doit jamais être confondue avec la force vive, attendu que le tems, suivant la définition de M. de Maupertuis, entre dans la quantité d'action, & que d'ailleurs, dans le cas des corps durs, le changement se faisant dans un instant indivisible, le tems est $=o$, & par conséquent l'action nulle. On peut répondre à cette objection, que dès qu'un corps se meut ou tend à se mouvoir avec une vitesse quelconque, il y a toujours une quantité d'action réelle ou possible, qui répondroit à son mouvement, s'il se mouvoit uniformément pendant un tems quelconque avec cette vitesse; ainsi, au lieu de ces mots, *la quantité d'action nécessaire* POUR PRODUIRE ce changement, on pourroit substituer ceux-ci, *la quantité d'action* QUI RÉPOND *à ce changement*, &c. & énoncer ainsi la règle de M. de Maupertuis: *Dans le changement qui arrive par le choc à la* VITESSE *des corps, la quantité d'action* QUI RÉPONDRA *à ce changement, le tems étant supposé constant, est la moindre qu'il est possible.* Nous disons, *le tems étant supposé constant*; cette modification, & limitation même si l'on veut, est nécessaire pour deux raisons: 1.° parce que dans le choc des corps durs, où à la rigueur le temps est $=o$, la supposition du tems constant ou du tems variable, sont deux suppositions également arbitraires, & qu'il faut par conséquent énoncer l'une des deux: 2.° parce que dans le choc des corps élastiques, le changement se fait pendant un tems fini, quoique très court; que ce tems n'est pas le même dans tous les chocs, qu'au moins cela est fort douteux; & qu'ainsi il est encore plus nécessaire d'énoncer ici la supposition dont il s'agit: en effet le tems qu'on suppose ici constant est un tems pris à la volonté, & totalement indépendant de celui pendant lequel se fait la communication du mouvement; & l'on pourroit prendre pour la vraie quantité d'action employée au changement arrivé, la somme des petites quantités d'action consumées, pendant le tems que le ressort se bande & se débande. On dira peut-être qu'en ce cas M. de Maupertuis auroit dû ici se servir du mot de *force vive*, au lieu de celui d'*action*, puisque le tems n'entre plus ici proprement pour rien. A cela, il répondra sans doute, qu'il a cru pouvoir lier cette loi par une expression commune, à celle qu'il a trouvée sur la réfraction. Mais quand on substitueroit ici le mot de *force vive* à celui d'*action*, il seroit toujours vrai que M. de Maupertuis auroit le premier réduit le choc des corps durs & celui des corps élastiques, à une même loi; ce qui est le point capital; & son théorême sur la réfraction n'y perdroit rien d'ailleurs.

Il est vrai qu'on a trouvé les loix du mouvement sans ce principe: mais il peut être utile d'avoir montré comment il s'y applique. Il est encore vrai que ce principe ainsi appliqué ne sera & ne peut être que quelque autre principe, connu, présenté différemment. Mais il en est ainsi de toutes les vérités mathématiques; au fond elles ne sont que la traduction les unes des autres. *Voyez le Discours préliminaire.* Le principe de la conservation des forces vives, par exemple, n'est en effet que le principe des anciens sur l'équilibre, comme je l'ai fait voir dans ma Dynamique, *II. part. chap. iv.* cela n'empêche pas que le principe de la conservation des forces vives ne soit très-utile, & ne fasse honneur à ses inventeurs.

7.° L'auteur applique encore son principe à l'équilibre dans le levier; mais il faut pour cela faire certaines suppositions, entr'autres que la vîtesse est toujours proportionnelle à la distance du point d'appui, & que le tems est constant, comme dans le cas du choc des corps; il faut supposer encore que la longueur du levier est donnée, & que c'est le point d'appui qu'on cherche: car si le point d'appui & un des bras étoient donnés, & qu'on cherchât l'autre, on trouveroit par le principe de l'action que ce bras est égal à zéro. Au reste, les suppositions que fait ici M. de Maupertuis, sont permises; il suffit de les énoncer pour être hors d'atteinte, & toute autre supposition devroit de même être énoncée. L'application & l'usage du principe ne comporte pas une généralité plus grande. A l'égard de la supposition qu'il fait, que les pesanteurs sont comme les masses; cette supposition est donnée par la Nature même, & elle a lieu dans tous les théorêmes sur le centre de gravité des corps, qui n'en sont pas regardés pour cela comme moins généraux.

Il résulte de tout ce que nous venons de dire, que le principe de la minimité d'action a lieu dans un grand nombre de phénomènes de la nature; qu'il y en a auxquels il s'applique avec beaucoup de facilité, comme la réfraction, & le cas des orbites des planètes, ainsi que beaucoup d'autres, examinés par M. Euler. *Voyez les Mém. acad. de Berlin 1751*, & *l'article* ACTION; que ce principe s'applique à plusieurs autres cas, avec quelques modifications plus ou moins arbitraires, mais qu'il est toujours utile en lui-même à la Méchanique, & pourroit faciliter la solution de différens problêmes.

On a contesté à M. de Maupertuis la propriété de ce principe. M. Kœnig avoit d'abord avancé, pour le prouver, un passage de Leibnitz, tiré d'une lettre manuscrite de ce philosophe. Ce passage, imprimé dans les actes de Leipsick; *Mai 1751*, contenoit une erreur grossière, que M. Kœnig assure être une faute d'impression: il l'a corrigée, & en effet ce passage réformé est du moins en partie le principe de la moindre action. Quand la lettre de Leibnitz seroit réelle (ce que nous ne décidons point, cette lettre n'ayant jamais été publique), le principe tel qu'il est n'en appartiendroit pas moins à M. de Maupertuis; & M. Kœnig semble l'avouer dans son *Appel au Public* du jugement que l'Académie des Sciences de Prusse a prononcé contre la réalité de ce fragment. M. Kœnig avoit d'abord cité la lettre dont il s'agit, comme écrite à M. Herman; mais il a reconnu depuis qu'il ne savoit à qui elle avoit été écrite: il a produit dans son *appel* cette lettre toute entière, qu'on peut y lire; elle est fort longue, datée d'Hanovre le 16 Octobre 1707; & sans examiner l'authenticité du total, il s'agit seulement de savoir si celui qui l'a donnée à M. Kœnig, a ajouté ou altéré le fragment en question. M. Kœnig dit avoir reçu cette lettre des mains de M. Henzy, décapité à Berne il y a quelques années. Il assure qu'il a entre les mains plusieurs autres lettres de Leibnitz, que ce même M. Henzy lui a données; plusieurs sont écrites, selon M. Kœnig, de la main de M. Henzy. A l'égard de la lettre dont il s'agit, M. Kœnig ne nous dit point de quelle main elle est; il dit seulement qu'il en a plusieurs autres écrites de cette même main, & qu'une de ces dernières se trouve dans le recueil imprimé *in-4.°* & il transcrit dans son *appel* ces lettres. M. Kœnig ne nous dit point non plus s'il a vu l'original de cette lettre, écrit de la main de Leibnitz. Voilà les faits, sur lesquels c'est au public à juger si le fragment cité est authentique, ou s'il ne l'est pas.

Nous devons avertir aussi que M. Kœnig, dans les *act. de Leips.* donne un théorême sur les forces vives, absolument le même que celui de M. de

Courtivron, imprimé dans les *Mémoires de l'Acad. de 1748, pag. 304*, & que M. de Courtivron avoit lu à l'Académie avant la publication du mémoire de M. Kœnig. *Voyez* ce théorême au *mot* CENTRE D'ÉQUILIBRE.

Il ne nous reste plus qu'à dire un mot de l'usage métaphysique que M. de Maupertuis a fait de son principe. Nous pensons, comme nous l'avons déjà insinué plus haut, que la définition de la *quantité d'action* est une définition de *nom purement mathématique & arbitraire*. On pourroit appeller *action*, le produit de la masse par la vitesse ou par son quarré, ou par une fonction quelconque de l'espace & du tems; l'espace & le tems sont les deux seuls objets que nous voyons clairement dans le mouvement des corps; on peut faire tant de combinaisons mathématiques qu'on voudra de ces deux choses, & on peut appeller tout cela *action;* mais l'idée primitive & métaphysique du mot *action* n'en sera pas plus claire. En général, tous les théorêmes sur l'action définie comme on voudra, sur la conservation des forces vives, sur le mouvement nul ou uniforme du centre de gravité, & sur d'autres loix semblables, ne sont que des théorêmes mathématiques plus ou moins généraux, & non des principes philosophiques. Par exemple, quand de deux corps attachés à un levier l'un monte & l'autre descend, on trouve, si l'on veut, comme M. Kœnig, que la somme des forces vives est nulle, parce que l'on ajoute, avec des signes contraires, des quantités qui ont des directions contraires: mais c'est là une proposition de Géométrie, & non une vérité de Métaphysique; car au fond ces forces vives pour avoir des directions contraires, n'en sont pas moins réelles, & on pourroit nier dans un autre sens la nullité de ces forces. C'est comme si on disoit qu'il n'y a point de mouvement dans un système de corps, quand les mouvemens de même part sont nuls, c'est-à-dire, quand les quantités de mouvement sont égales & de signes contraires, quoique réelles.

Le principe de M. de Maupertuis n'est donc, comme tous les autres, qu'un principe mathématique; & nous croyons qu'il n'est pas fort éloigné de cette idée, d'autant plus qu'il n'a pris aucun parti dans la question métaphysique des forces vives, à laquelle tient celle de l'action. *Voyez les pages 15 & 16 de ses œuvres, imprimées à Dresde, 1752, in-4.°* Il est vrai qu'il a déduit l'existence de Dieu de son principe: mais on peut déduire l'existence de Dieu d'un principe purement mathématique, lorsqu'on reconnoît ou qu'on croit que ce principe s'observe dans la nature. D'ailleurs il n'a donné cette démonstration de l'existence de Dieu que comme un exemple de démonstration tirée des loix générales de l'Univers; exemple auquel il ne prétend pas donner une force exclusive, ni supérieure à d'autres preuves. Il prétend seulement avec raison que l'on doit s'appliquer sur-tout à prouver l'existence de Dieu par les phénomènes généraux, & ne pas se borner à la déduire des phénomènes particuliers, quoiqu'il avoue que cette déduction a aussi son utilité. *Voyez*, sur ce sujet, *préface de son ouvrage*, où il s'est pleinement justifié des imputations calomnieuses que des critiques ignorans ou de mauvaise foi lui ont faites à ce sujet; car rien n'est plus à la mode aujourd'hui, que l'accusation d'athéisme intentée à tort & à travers contre les philosophes, par ceux qui ne le sont pas. *Voyez* aussi, sur cet article *Cosmologie*, les *actes de Leipsick de Mai 1751*, *l'appel de* M. Kœnig *au public*, les *mémoires de Berlin 1750 & 1751*, (dont quelques exemplaires portent mal-à-propos 1752); & dans les mémoires de l'Académie des Sciences de Paris de 1749, *un écrit de* M. d'Arcy *sur ce sujet.* Voilà quelles sont (au moins jusqu'ici, c'est-à-dire, en Février 1754) les pièces véritablement nécessaires du procès, parce qu'on y a traité la question, & que ceux qui l'ont traitée sont au fait de la matière. Nous devons ajouter que M. de Maupertuis n'a jamais rien répondu aux injures qu'on a vomies contre lui à cette occasion, & dont nous dirons: *nec nominetur in vobis, sicut decet philosophos.* Cette querelle de l'*action*, s'il nous est permis de le dire, a ressemblé à certaines disputes de religion, par l'aigreur qu'on y a mise, & par la quantité de gens qui en ont parlé sans y rien entendre. (*O*)

COSSIQUE, adj. *nombre cossique en Arithmétique & en Algèbre*, est un terme qui n'est plus en usage aujourd'hui, mais dont les premiers auteurs d'Algèbre se sont fréquemment servis. Il y a apparence que ce mot vient de l'Italien *cosa*, qui veut dire *chose*. On sait en effet que les Italiens ont été les premiers, du moins en Europe, qui ayent écrit sur l'Algèbre. *Voyez* ALGÈBRE.

Les Italiens appelloient dans une équation *res* ou *cosa*, *la chose*, le coëfficient de l'inconnue linéaire; ainsi dans $xx + px + q = 0$, ou $x^3 + px + q = 0$, p étoit nommé *res.* Voyez *les Mém. de l'Acad.* 1741, *pp.* 437 438, &c.; ainsi, ils ont appellé *nombres cossiques*, les nombres qui désignent les racines des équations: & comme ces nombres sont pour l'ordinaire incommensurables, on a depuis transporté cette expression aux nombres incommensurables. *Voyez* ce mot. Luc Paciolo, dans son Algèbre, appelle *cosa census* la racine d'une équation du second degré. (*O*)

CO-TANGENTE, s. f. (*Géom.*) c'est la tangente d'un arc qui est le complément d'un autre. Ainsi la *co-tangente* de 30 degrés est la tangente de 60 degrés. *Voyez* TANGENTE, ANGLE & DEGRÉ. (*O*)

COTÉ, s. m. *en Géométrie*. Le *côté* d'une figure est une ligne droite qui fait partie de son périmètre.

Le *côté* d'un angle est une des lignes qui forment l'angle. *Voyez* ANGLE.

CO-VERSE, s. m. (*Géom.*) Quelques Géomètres se servent de l'expression *sinus co-verse*, pour

pour désigner la partie du diamètre d'un cercle, laquelle reste après que l'on a ôté le sinus verse. *Voyez* SINUS VERSE. (*O*)

C O U

COUCHANT, (*Astronom.*) *ouest*, *occident*; est l'endroit du ciel où le soleil paroît se coucher. Le mot d'*occident* est proprement celui que les Astronomes employent; le mot d'*ouest* celui des marins; & le mot de *couchant* est plus usité dans le discours ordinaire.

Quoique le vrai point du *couchant* change tous les jours selon la situation du soleil, cependant on a pris pour point fixe du *couchant*, celui où le soleil se couche aux équinoxes; & qui partage en deux parties égales le demi-cercle de l'horizon, qui est entre le midi & le nord. Lorsqu'on est tourné vers le midi, on a le *couchant* à sa droite. Le *couchant d'hyver* se trouve entre le midi & le vrai *couchant*; il est d'autant plus éloigné du vrai *couchant*, que la déclinaison du soleil & l'élévation du pôle sont plus grandes. Le *couchant d'été* est entre le nord & le vrai *couchant*, & il en diffère d'autant plus que la déclinaison du soleil & l'élévation du pôle sont plus grandes; dans les autres tems, cette distance est différente; elle s'appelle *amplitude*.

COUCHER, *en Astronomie*, est le moment où le soleil, une étoile, ou une planète disparoît, ou se cache sous l'horizon.

Les astronomes & les poëtes distinguent trois sortes de *coucher* des étoiles, le cosmique, l'acronyque, & l'héliaque. La manière de calculer les *couchers*, est la même que pour calculer les levers. Nous l'expliquerons au *mot* LEVER.

COUCOU, (*Jeu de cartes.*) L'on peut jouer à ce jeu depuis cinq jusqu'à vingt personnes. Lorsqu'on est un grand nombre, on joue avec un jeu de cartes entier, c'est-à-dire où sont toutes les basses; autrement on joue avec le jeu de piquet ordinaire, en observant que les as sont les dernières & les moindres cartes du jeu. Comme il y a un grand avantage à avoir la main, on voit à qui l'aura. Après avoir pris chacun huit ou dix jettons, qu'on fait valoir ce qu'on veut, celui qui a la main ayant fait couper à sa gauche, donne une carte, sans la découvrir, à chaque joueur, qui l'ayant regardée, dit, si sa carte lui paroît bonne, *je suis content*; mais si sa carte est un as, ou une autre carte dont il soit mécontent, il dit, *contentez-moi* à son voisin à droite, qui doit prendre sa carte & lui céder la sienne, à moins qu'il n'ait un roi; auquel cas il ne peut être contraint à échanger, & il répond, *coucou*: alors le mécontent garde sa carte, tandis que les autres continuent à se faire contenter de la même manière, c'est-à-dire à changer de carte avec leur voisin à droite & à gauche, jusqu'à ce qu'on en soit venu à celui qui a mêlé, qui, lorsqu'on lui demande à être contenté, doit donner la carte de dessus le talon, à moins que, comme il a déjà été dit, ce ne soit un roi. Enfin la régle générale, c'est que chaque joueur peut, s'il le croit avantageux à son jeu, & que ce soit à son tour à parler, forcer son voisin à droite de changer de carte avec lui, à moins qu'il n'ait un roi. Après que le tour est ainsi fini, chacun étale sa carte sur la table, & celui ou ceux qui ont la plus basse carte, payent un jetton au jeu, qu'ils mettent dans un corbillon qui est exprès au milieu de la table. Il peut se faire que quatre joueurs payent à la fois, & c'est toujours la plus basse espèce des cartes qui soit sur le jeu, qui paye. Les as payent toujours, quand il y en a sur le jeu; & au défaut des as, les deux; au défaut des deux, les trois, & ainsi des autres. L'avantage de celui qui mêle, est qu'il a trois cartes sur lesquelles il peut choisir celle qu'il veut pour lui. Chacun mêle à son tour; & quand quelqu'un des joueurs a perdu tous ses jettons, il se retire du jeu, n'y ayant plus d'espérance pour lui. Celui au contraire qui conserve encore des jettons quand les autres n'en ont plus, gagne la partie & prend tout ce qui a été déposé dans le corbillon.

COUDE ou JARRET, (*Hydrauliq.*) C'est dans le tournant d'une conduite de fer ou de grais, un bout de tuyau de plomb *coudé* pour raccorder ensemble les tuyaux de fer. (*K*)

COULEUR, s. f. (*Optique*) suivant les Physiciens est une propriété de la lumière, par laquelle elle produit, selon les différentes configurations & vitesses de ses particules, des vibrations dans le nerf optique, qui étant propagées jusqu'au *sensorium*, affectent l'ame de différentes sensations. *Voyez* LUMIÈRE.

La *couleur* peut être encore définie une sensation de l'ame excitée par l'action de la lumière sur la rétine; & différente suivant le degré de réfrangibilité de la lumière & la vîtesse ou la grandeur de ses parties.

On trouvera les propriétés de la lumière à l'*article* LUMIÈRE.

Le mot *couleur*, à proprement parler, peut être envisagé de quatre manières différentes; ou en tant qu'il désigne une disposition & affection particulière de la lumière, c'est-à-dire, des corpuscules qui la constituent; ou en tant qu'il désigne une disposition particulière des corps physiques, à nous affecter de telle ou telle espece de lumière; ou en tant qu'il désigne l'ébranlement produit dans l'organe par tels ou tels corpuscules lumineux; ou en tant enfin qu'il marque la sensation particulière, qui est la suite de cet ébranlement.

C'est dans ce dernier sens que le mot *couleur* se prend ordinairement; & il est très-évident que le mot *couleur* pris en ce sens, ne désigne aucune propriété du corps, mais seulement une modification de notre ame; que la blancheur, par exemple, la rougeur, &c. n'existent que dans nous, & nullement dans les corps auxquels nous les rapportons néanmoins par une habitude prise dès notre enfance; c'est une chose très-singulière & digne de l'attention des métaphysiciens, que ce penchant que nous avons à rapporter à une substance matérielle & divisible, ce qui appartient réellement à une substance spirituelle & simple; & rien n'est peut-être plus extraordinaire dans les opérations de notre ame, que de la voir transporter hors d'elle-même & étendre, pour ainsi dire, ses sensations sur une substance à laquelle elles ne peuvent appartenir. Quoi qu'il en soit, nous n'envisagerons guère dans cet article le mot *couleur*, en tant qu'il désigne une sensation de notre ame. Tout ce que nous pourrions dire sur cet article, dépend des loix de l'union de l'ame & du corps, qui nous sont inconnues. Nous dirons seulement deux mots sur une question que plusieurs philosophes ont proposée, savoir si tous les hommes voyent le même objet de la même *couleur*. Il y a apparence que oui; cependant on ne démontrera jamais que ce que j'appelle *rouge*, ne soit pas verd pour un autre. Il est au reste assez vraisemblable que le même objet ne paroît pas à tous les hommes d'une *couleur* également vive, comme il est assez vraisemblable que le même objet ne paroît pas également grand à tous les hommes. Cela vient de ce que nos organes, sans différer beaucoup entre eux, ont néanmoins un certain degré de différence dans leur force, leur sensibilité, &c. Mais en voilà assez sur cet article : venons à la *couleur* en tant qu'elle est une propriété de la lumière & des corps qui la renvoyent.

Il y a de grandes différences d'opinions sur les *couleurs* entre les anciens & les modernes, & entre les différentes sectes des philosophes d'aujourd'hui. Suivant l'opinion d'Aristote, qui étoit celle qu'on suivoit autrefois, on regardoit la *couleur* comme une qualité résidante dans les corps colorés, & indépendante de la lumière.

Les Cartésiens n'ont point été satisfaits de cette définition; ils ont dit que puisque le corps coloré n'étoit pas immédiatement appliqué à l'organe de la vue pour produire la sensation de la *couleur*, & qu'aucun corps ne sauroit agir sur nos sens que par un contact immédiat, il falloit donc que les corps colorés ne contribuassent à la sensation de la *couleur*, que par le moyen de quelque milieu, lequel étant mis en mouvement par leur action, transmettoit cette action jusqu'à l'organe de la vue.

Ils ajoutent que puisque les corps n'affectent point l'organe de la vue dans l'obscurité, il faut que le sentiment de la *couleur* soit seulement occasionné par la lumière qui met l'organe en mouvement; & que les corps colorés ne doivent être considérés que comme des corps qui réfléchissent la lumière avec certaines modifications : la différence des *couleurs* venant de la différente texture des parties des corps qui les rend propres à donner telle ou telle modification à la lumière. Mais c'est sur-tout à M. Newton que nous devons la vraie théorie des *couleurs*, celle qui est fondée sur des expériences sûres, & qui donne l'explication de tous les phénomènes. Voici en quoi consiste cette théorie.

L'expérience fait juger que les rayons de lumière sont composés de particules dont les masses sont différentes entre elles : du moins quelques-unes de ces parties, comme on ne sauroit guère en douter, ont beaucoup plus de vîtesse que les autres : car lorsque l'on reçoit dans une chambre obscure un rayon de lumière *F E* (*Pl. d'Optiq. fig. 5.*) sur une surface refringente *A D*, ce rayon ne se réfracte pas entièrement en *L*, mais il se divise & se répand, pour ainsi dire, en plusieurs autres rayons, dont les uns sont réfractés en *L*, & les autres depuis *L* jusqu'en *G*; en sorte que les particules qui ont le moins de vîtesse, sont celles que l'action de la surface réfringente détourne le plus facilement de leur chemin rectiligne pour aller vers elle, & que les autres, à mesure qu'elles ont plus de vîtesse, se détournent moins, & passent plus près de *G*. *Voyez* RÉFRANGIBILITÉ.

De plus, les rayons de lumière qui diffèrent le plus en réfrangibilité les uns des autres, sont aussi ceux qui diffèrent le plus en *couleur*; c'est une vérité reconnue par une infinité d'expériences. Les particules les plus réfractées, par exemple, sont celles qui forment les rayons violets, & cela, selon toute apparence, à cause que ces particules ayant le moins de vîtesse, sont aussi celles qui ébranlent le moins la rétine, y excitent les moindres vibrations, & nous affectent, par conséquent, de la sensation de *couleur* la moins forte & la moins vive, telle qu'est le violet. Au contraire, les particules qui se réfractent le moins, constituent les rayons de la *couleur* rouge; parce que ces particules ayant le plus de vîtesse, frappent la rétine avec le plus de force, excitent les vibrations les plus sensibles, & nous affectent de la sensation de *couleur* la plus vive, telle qu'est la *couleur* rouge.

Les autres particules étant séparées de la même manière, & agissant suivant leurs vîtesses respectives, produiront par les différentes vibrations qu'elles exciteront, les différentes sensations des *couleurs* intermédiaires, ainsi que les particules de l'air excitent, suivant leurs différentes vibrations respectives, les différentes sensations des sons. *Voyez* VIBRATION.

Il faut ajouter à cela que non-seulement les *couleurs* les plus distinctes les unes des autres, telles que le rouge, le jaune, le bleu, doivent leur origine à la différente réfrangibilité des rayons; mais qu'il en est de même des différents degrés & nuances de la même *couleur*, telles que celles qui sont entre le jaune & le verd, entre le rougé & le jaune, &c.

De plus, les *couleurs* des rayons ainsi séparés ne peuvent pas être regardées comme de simples modifications accidentelles de ces rayons, mais comme des propriétés qui leur sont nécessairement attachées, & qui consistent, suivant toutes les apparences, dans la vitesse & la grandeur de leurs parties; elles doivent donc être immuables & inséparables de ces rayons, c'est-à-dire, que ces *couleurs* ne sauroient s'altérer par aucune réfraction ou réflexion.

Or c'est ce que l'expérience confirme d'une manière sensible; car quelque effort qu'on ait fait pour séparer, par de nouvelles réfractions, un rayon coloré quelconque donné par le prisme, on n'a pas pu y réussir. Il est vrai qu'on fait quelquefois des décompositions apparentes de *couleurs*, mais ce n'est que des couleurs qu'on a formées en réunissant des rayons de différentes *couleurs*; & il n'est pas étonnant alors que la réfraction fasse retrouver les rayons qu'on avoit employés pour former cette *couleur*.

De-là il s'ensuit que toutes les transmutations de *couleurs* qu'on produit par le mélange de *couleurs* de différentes espèces, ne sont pas réelles, mais de simples apparences, ou des erreurs de la vue, puisque aussi-tôt qu'on sépare les rayons de ces *couleurs*, on a les mêmes *couleurs* qu'auparavant: c'est ainsi que des poudres bleues & des poudres jaunes étant mêlées, paroissent à la vue simple former du verd; & que sans leur donner aucune altération, on distingue facilement, à l'aide d'un microscope, les parties bleues d'avec les jaunes.

On peut donc dire qu'il y a deux sortes de *couleurs*; les unes *primitives*, *originaires* & *simples*, produites par la lumière homogene, ou par les rayons qui ont le même degré de réfrangibilité, & qui sont composés de parties de même vitesse & masse, telles que le rouge, l'orangé, le jaune, le verd, le bleu, l'indigo, le violet, & leurs nuances; les autres *secondaires* ou *hétérogenes*, composés des premières, ou du mélange des rayons de différente réfrangibilité.

On peut produire par la voie de la composition, des *couleurs* secondaires, semblables aux *couleurs* primitives, quant au ton ou à la nuance de la *couleur*, mais non par rapport à la permanence ou à l'immutabilité. On forme de cette manière du verd avec du bleu & du jaune; de l'orangé avec du rouge & du jaune; du jaune avec de l'orangé & du verd jaunâtre; & en général avec deux *couleurs* qui ne sont pas éloignées l'une de l'autre dans la suite des *couleurs* données par le prisme, on parvient assez facilement à faire les *couleurs* intermédiaires. Il faut savoir aussi que plus une *couleur* est composée, moins elle est vive & parfaite, & qu'en la composant de plus en plus, on parvient jusqu'à l'éteindre entièrement. Par le moyen de la composition, on peut parvenir aussi à former des *couleurs* qui ne ressemblent à aucune de celles de la lumière homogene. Mais l'effet le plus singulier que peut donner la com-

position des *couleurs* primitives, c'est de produire le blanc; il se forme en employant à un certain degré des rayons de toutes les *couleurs* primitives: c'est ce qui fait que la *couleur* ordinaire de la lumière est le blanc, à cause qu'elle n'est autre chose que l'assemblage des lumières de toutes les *couleurs* mêlées & confondues ensemble.

La réfraction que donne une seule surface réfringente, produit la séparation de la lumière en rayons de différentes *couleurs*; mais cette séparation devient beaucoup plus considérable, & frappe d'une manière tout-à-fait sensible, lorsqu'on emploie la double réfraction causée par les deux surfaces d'un prisme ou d'un morceau de verre quelconque, pourvu que ces deux surfaces ne soient pas parallèles. Comme les expériences que l'on fait avec le prisme, sont la base de toute théorie des *couleurs*, nous allons en donner un précis.

1.° Les rayons du soleil traversant un prisme triangulaire, donnent sur la muraille opposée une image de différentes *couleurs*, dont les principales sont le rouge, le jaune, le verd, le bleu & le violet. La raison en est que les rayons differemment colorés, sont séparés les uns des autres par la réfraction; car les bleus, par exemple, marqués (*Pl. d'Opt. fig.* 6.) par une ligne ponctuée, après s'être séparés des autres en *d d*, par la première réfraction occasionnée par le côté *c a* du prisme *a b c* (ou par la première surface du globe d'eau *a b c, fig.* 7.) viennent à s'en écarter encore davantage en *e e* par la réfraction du même sens, que produit l'autre côté du prisme, (ou la seconde surface du globe *a b c*): il arrive au contraire dans le verre plan *a b c f, figure* 9. (ou sur le prisme *g l o, fig.* 8. placé dans une autre situation,) que les mêmes rayons bleus qui avoient commencé à se séparer par la première surface en *d d*, deviennent, par une seconde réfraction, parallèles à leur première direction, & se remêlent par conséquent avec les autres rayons.

2.° L'image colorée n'est pas ronde, mais oblongue, sa longueur étant environ cinq fois sa largeur, lorsque l'angle du prisme est d'environ 60 ou 65 degrés. La raison en est que cette image est composée de toutes les images particulières que donne chaque espèce différente de rayons, & qui se trouvent placées les unes au-dessus des autres, suivant la force de la réfrangibilité de ces rayons.

3.° Les rayons qui donnent le jaune, sont plus détournés de leur chemin rectiligne que ceux qui donnent le rouge; ceux qui donnent le verd, plus que ceux qui donnent le jaune, & ainsi de suite jusqu'à ceux qui donnent le violet. En conséquence de ce principe, si on fait tourner autour de son axe le prisme sur lequel tombent les rayons du soleil, de manière que le rouge, le jaune, &c. tombent successivement sur un autre prisme fixe placé à une certaine distance du premier, comme douze piés, par exemple; & que les rayons de ces différentes *couleurs* ayent auparavant passé l'un après l'autre par une ouverture placée entre les deux prismes; les rayons rompus que donneront ces différents rayons, ne se projetteront pas tous à la même place, mais les uns au dessus des autres.

Cette expérience simple & néanmoins décisive, est celle par laquelle M. Neuton leva toutes les difficultés dans lesquelles les premières l'avoient jetté, & qui l'a entièrement convaincu de la correspondance qui est entre la *couleur* & la réfrangibilité des rayons de lumière.

4.° Les *couleurs* des rayons séparés par le prisme, ne sauroient changer de nature ni se détruire, quoique ces rayons passent par un milieu éclairé, qu'ils se croisent les uns les autres, qu'ils se trouvent voisins d'une ombre épaisse, qu'ils soient réfléchis ou rompus d'une manière quelconque; d'où l'on voit que les *couleurs* ne sont pas des modifications dûes à la réfraction ou à la réflexion, mais des propriétés immuables & attachées à la nature des rayons.

5.° Si par le moyen d'un verre lenticulaire ou d'un miroir concave, on vient à réunir tous les différents rayons colorés que donne le prisme, on forme le blanc; cependant ces mêmes rayons, qui, tous rassemblés, ont formé le blanc, donnent après leur réunion, c'est-à-dire, au-delà du point où ils se croisent, les mêmes *couleurs* que celles qu'ils donnoient en sortant du prisme, mais dans un ordre renversé, à cause du croisement des rayons. La raison en est claire; car le rayon étant blanc avant d'être séparé par le moyen du prisme, doit l'être encore par la réunion de ses parties que la réfraction avoit écartées les unes des autres, & cette réunion ne peut, en aucune manière, tendre à détruire ou à altérer la nature des rayons.

De même, si on mêle dans une certaine proportion de la *couleur* rouge avec du jaune, du verd, du bleu & du violet, on formera une *couleur* composée qui sera blanchâtre, (c'est-à-dire, à-peu-près semblable à celle qu'on forme en mêlant du blanc & du noir) & qui seroit entièrement blanche, s'il ne se perdoit & ne s'absorboit pas quelques rayons. On forme encore une *couleur* approchante du blanc, en teignant un rond de papier de différentes *couleurs*, & en le faisant tourner assez rapidement pour qu'on ne puisse distinguer aucune des *couleurs* en particulier.

6.° Si on fait tomber fort obliquement les rayons du soleil sur la surface intérieure d'un prisme, les rayons violets se réfléchiront, & les rouges seront transmis: ce qui vient de ce que les rayons qui ont le plus de réfrangibilité, sont ceux qui se réfléchissent plus facilement.

7.° Si on remplit deux prismes creux, l'un d'une liqueur bleue, l'autre d'une liqueur rouge, & qu'on applique ces deux prismes l'un contre l'autre, ils deviendront opaques, quoique chacun d'eux, pris seul, soit transparent, parce que l'un d'eux ne laissant passer que les rayons rouges, & l'autre que les rayons bleus, ils n'en doivent laisser passer aucun lorsqu'on les joint ensemble.

8.° Tout les corps naturels, mais principalement ceux qui sont blancs, étant regardés au travers d'un prisme, paroissent comme bordés d'un côté de rouge & de jaune, & de l'autre de bordures bleues & violettes; car ces bordures ne sont autre chose que les extrémités d'autant d'images de l'objet entier, qu'il y a de différentes *couleurs* dans la lumière; & qui ne tombent pas toutes dans le même lieu, à cause des différentes réfrangibilités des rayons.

9.° Si deux prismes sont placés de manière que le rouge de l'un & le violet de l'autre tombent sur un même papier, l'image paroîtra pâle; mais si on la regarde au travers d'un troisième prisme, en tenant l'œil à une distance convenable, elle paroîtra double, l'une rouge, l'autre violette. De même si on mêle deux poudres, dont l'une soit parfaitement rouge, & l'autre parfaitement bleue, & qu'on couvre de ce mélange un corps de peu d'étendue, ce corps regardé au travers d'un prisme, aura deux images, l'une rouge, l'autre bleue.

10.° Lorsque les rayons qui traversent une lentille convexe, sont reçus sur un papier avant qu'ils soient réunis au foyer, les bords de la lumière paroîtront rougeâtres; mais si on reçoit ces rayons après la réunion, les bords paroîtront bleus: car les rayons rouges étant les moins réfractés, doivent être réunis le plus loin, & par conséquent être les plus près du bord, lorsqu'on place le papier avant le foyer; au lieu qu'après le foyer, c'est au contraire les rayons bleus réunis les premiers, qui doivent alors renfermer les autres, & être vers les bords.

L'image colorée du soleil, que Neuton appelle *le spectre solaire*, n'offre à la première vue que cinq *couleurs*, violet, bleu, verd, jaune & rouge, mais en rétrécissant l'image, pour rendre les *couleurs* plus tranchantes & plus distinctes, on voit très-bien les sept, rouge, orangé, jaune, verd, bleu, indigo, violet. M. de Buffon (*Mém. acad.* 1743.) dit même en avoir distingué dix-huit ou vingt; cependant il n'y en a que sept primitives, par la raison qu'en divisant le spectre, suivant la proportion de Neuton, en sept espaces, les sept *couleurs* sont inaltérables par le prisme; & qu'en le divisant en plus de sept, les *couleurs* voisines sont de la même nature.

L'étendue proportionnelle de ces sept intervalles de *couleurs*, répond assez juste à l'étendue proportionnelle des sept tons de la Musique: c'est un phénomène singulier; mais il faut bien se garder d'en conclure qu'il y ait aucune analogie entre les sensations des *couleurs* & celles des tons : car nos sensations n'ont rien de semblable aux objets qui les causent.

M. de Buffon, dans le Mémoire que nous venons de citer, compte trois manières dont la nature produit les *couleurs ;* la réfraction, l'inflexion & la réflexion. *Voyez* ces mots. *Voyez aussi* DIFFRACTION.

Couleurs des lames minces. Le phénomène de la séparation des rayons de différentes *couleurs* que donne la réfraction du prisme & des autres corps d'une certaine épaisseur, peut encore être constaté par le moyen des plaques ou lames minces, transparentes comme les bulles qui s'élèvent sur la surface de l'eau de savon ; car toutes ces petites lames, à un certain degré d'épaisseur, transmettent les rayons de toutes les *couleurs*, sans en réfléchir aucune ; mais, en augmentant d'épaisseur, elles commencent à réfléchir premièrement les rayons bleus, & successivement après, les verds, les jaunes, & les rouges tous purs : par de nouvelles augmentations d'épaisseur, elles fournissent encore des rayons bleus, verds, jaunes & rouges, mais un peu plus mêlés les uns avec les autres ; & enfin elles viennent à réfléchir tous ces rayons si bien mêlés ensemble, qu'il s'en forme le blanc.

Mais il est à remarquer que dans quelqu'endroit d'une lame mince que se fasse la réflexion d'une *couleur*, telle que le bleu, par exemple, il se fera au même endroit une transmission de la *couleur* opposée, qui sera en ce cas ou le rouge ou le jaune.

On trouve par expérience, que la différence de *couleur* qu'une plaque donne, ne dépend pas du milieu qui l'environne, mais seulement la vivacité de cette *couleur*. Toutes choses égales, la *couleur* sera plus vive, si le milieu le plus dense est environné par le plus rare.

Une plaque, toutes choses égales, réfléchira d'autant plus de lumière, qu'elle sera plus mince jusqu'à un certain degré, par de-là lequel elle ne réfléchira plus aucune lumière.

Dans les plaques dont l'épaisseur augmente suivant la progression des nombres naturels 1, 2, 3, 4, 5, 6, 7, &c., si les premières, c'est-à-dire, les plus minces, réfléchissent un rayon de lumière homogène, la seconde le transmettra ; la troisième le réfléchira de nouveau, & ainsi de suite ; en sorte que les plaques de rangs impairs, 1, 3, 5, 7, &c. réfléchiront les mêmes rayons, que ceux que leurs correspondantes en rangs pairs, 2, 4, 6, 8, &c. laisseront passer. De-là une *couleur* homogène donnée par une plaque, est dite *du premier ordre*, si la plaque réfléchit tous les rayons de cette *couleur*. Dans une plaque trois fois plus mince, la *couleur* est dite *du second ordre*. Dans un autre d'épaisseur cinq fois moindre, la *couleur* sera *du troisième ordre*, &c.

Une *couleur* du premier ordre est la plus vive de toutes, & successivement la vivacité de la *couleur* augmente avec l'ordre de la *couleur*. Plus l'épaisseur de la plaque est augmentée, plus il y a de *couleurs* réfléchies & de différens ordres. Dans quelques cas la *couleur* variera, suivant la position de l'œil ; dans d'autres, elle sera permanente.

Cette théorie sur la *couleur* des lames minces, est ce que M. Neuton appelle dans son Optique, la *théorie des accès de facile réflexion & de facile transmission ;* & il faut avouer que toute ingénieuse qu'elle est, elle n'a pas à beaucoup près tout ce qu'il faut pour convaincre & satisfaire entièrement l'esprit. Il faut ici s'en tenir aux simples faits, & attendre, pour en connoître ou en chercher les causes, que nous soyons plus instruits sur la nature de la lumière & des corps, c'est-à-dire, attendre fort long-tems, & peut-être toujours. Quoi qu'il en soit, voici quelques expériences résultantes des faits qui servent de base à cette théorie.

Anneaux colorés des verres. Si on met l'un sur l'autre deux verres objectifs de fort grandes sphères, l'air qui se trouve entre ces deux verres, forme comme un disque mince, dont l'épaisseur n'est pas la même par-tout : or au point de contact l'épaisseur est zéro, & on voit du noir en cet endroit ; ensuite on voit autour plusieurs anneaux différemment colorés, & séparés les uns des autres par un anneau blanc. Voici l'ordre des *couleurs* de ces anneaux, à commencer par la tache noire du centre :

Noir, bleu, blanc, jaune, rouge,
Violet, bleu, verd, jaune, rouge,
Pourpre, bleu, verd, jaune, rouge,
Verd, rouge.

Il y a encore d'autres anneaux, mais ils vont toujours en s'affoiblissant.

En regardant les verres par-dessous, on verra des *couleurs* aux endroits où les anneaux paroissoient séparés, & ces *couleurs* seront dans un autre ordre. *Voyez* Musschenbroek, *Ess. de Phys.* §. 1134 *& suiv.*

On explique par-là les *couleurs* changeantes qu'on observe aux bulles de savon, selon que l'épaisseur de ces bulles est plus ou moins grande.

Couleur des corps naturels. Les corps ne paroissent de telle ou telle *couleur*, qu'autant qu'ils ne réfléchissent que les rayons de cette *couleur*, ou qu'ils réfléchissent plus de rayons de cette *couleur* que des autres ; ou plutôt ils paroissent de la *couleur* qui résulte du mélange des rayons qu'ils réfléchissent.

Tous les corps naturels sont composés de petites lames minces, transparentes ; & lorsque ces petites lames seront disposées les unes à l'égard des autres, de manière qu'il n'y aura ni réfraction ni réflexion entre leurs interstices, les corps seront transparents ; mais si les intestices qui sont entre ces lames sont remplis de matière si hétérogène par rapport à celle des lames elles-mêmes, qu'il se fasse beaucoup de réfractions & de réflexions dans l'intérieur du corps, ce corps sera alors opaque.

Les rayons qui ne sont pas réfléchis par un corps opaque, pénètrent au dedans de ce corps, & y souffrent une quantité innombrable de réfractions & de réflexions jusqu'à ce qu'enfin ils s'unissent avec les particules de ce corps.

De-là il suit que les corps opaques s'échauffent d'autant moins qu'ils réfléchissent plus de lumière : aussi voyons-nous que les corps blancs, qui sont ceux qui réfléchissent le plus de rayons, s'échauffent beaucoup moins que les corps noirs, qui n'en réfléchissent presque point.

Pour déterminer la constitution de la surface des corps d'où dépend leur *couleur*, il faut considérer que les corpuscules ou premières parties dont ces surfaces sont composées, sont très-minces & transparentes ; de plus, qu'elles sont séparées par un milieu qui diffère d'elles en densité. On peut donc regarder la surface de chaque corps coloré, comme un nombre infini de petites lames, dans le cas de celles dont nous venons de parler, & auxquelles on peut appliquer tout ce qu'on a dit à cette occasion.

De-là il suit que la *couleur* d'un corps dépend de la densité & de l'épaisseur des particules de ce corps, renfermées entre ses pores : que la *couleur* est d'autant plus vive & plus homogène, que ces parties sont plus minces ; & que, toutes choses égales, ces parties doivent être les plus épaisses dans les corps rouges, & les plus minces dans les violets : qu'ordinairement les particules des corps sont plus denses que celles du milieu qui remplit leurs interstices : mais que dans les queues de paons, dans quelques étoffes de soie, & dans tous les corps dont la *couleur* dépend de la situation de l'œil, la densité des parties est moindre que celle du milieu ; & qu'en général la *couleur* d'un corps est d'autant moins vive, qu'il est plus rare par rapport au milieu que renferment ses pores.

De plus, ceux des différents corps opaques dont les *lamelles* sont les plus minces, sont ceux qui paroissent noirs, & les corps blancs sont ceux qui sont composés des lamelles les plus épaisses, ou de lamelles qui diffèrent considérablement en épaisseur, & sont par conséquent propres à réfléchir toutes sortes de *couleurs*. Les corps dont les lamelles seront d'une épaisseur moyenne entre ces premières, seront ou bleus, ou verds, ou jaunes, ou rouges, suivant celle de ces *couleurs* qu'ils réfléchiront en plus grande quantité, absorbant les autres, ou les laissant passer.

C'est cette dernière circonstance de renvoyer ou de laisser passer les rayons de telle ou telle *couleur*, qui fait que certaines liqueurs, telles, par exemple, que celle de l'infusion de bois néphrétique, paroissent rouges ou jaunes par la réflexion de la lumière, & qu'elles paroissent bleues lorsqu'on les place entre l'œil & la lumière. Il en est de même des feuilles d'or, qui sont jaunes dans le premier cas, & bleues dans le second.

On peut encore ajouter à cela que le changement de *couleur* qui arrive à quelques poudres employées par les peintres, lorsqu'elles sont broyées extrêmement fin, vient sans-doute de la diminution sensible des parties de ces corps produite par le broyement, de même que le changement de *couleur* des lamelles est produit par celui de leur épaisseur.

Enfin ce phénomène si singulier du mélange des liqueurs d'où résultent différentes *couleurs*, ne sauroit venir d'une autre cause que des différentes actions des corpuscules salins d'une liqueur, sur les corpuscules qui constituent la *couleur* d'une autre liqueur : si ces corpuscules s'unissent, leurs masses en seront ou rétrécies ou alongées, & leur densité, par conséquent, en sera altérée ; s'ils fermentent, la grandeur des particules sera diminuée, & par conséquent les liqueurs colorées deviendront transparentes ; si elles se coagulent, une liqueur opaque sera le résultat de deux *couleurs* transparentes.

On voit encore aisément par les mêmes principes, pourquoi une liqueur colorée étant versée dans un verre conique placé entre l'œil & la lumière, paroît de différentes *couleurs* dans les différents endroits du verre où l'on regarde : car suivant que la section du verre sera plus éloignée du bas ou de la pointe, il y aura plus de rayons interceptés ; & dans le haut du verre, c'est-à-dire, à la base du cône, tous les rayons seront interceptés, & on n'en appercevra aucun que par la réflexion.

M. Neuton prétend qu'on peut déduire l'épaisseur des parties composantes des corps naturels de la *couleur* de ces corps ; car les particules des corps doivent donner les mêmes *couleurs* que les lamelles de même épaisseur, pourvu que la densité soit aussi la même. Toute cette théorie est conjecturale.

Couleurs qui résultent du mélange de différentes liqueurs, ou de l'arrangement de différents corps. Lorsqu'on fait infuser, pendant un court espace de tems des roses rouges avec de l'eau-de-vie, & qu'on verse sur cette infusion encore blanche quelque esprit acide de sel, comme l'esprit de vitriol, de soufre, de sel marin, de nitre, ou de l'eau-forte, mais en si petite quantité qu'on ne puisse même y remarquer l'acide, l'infusion blanche deviendra d'abord d'un beau rouge couleur-de-rose. Si on verse sur cette teinture rouge quelque sel alkali dissous, comme de la lessive de potasse, ou de l'esprit de sel ammoniac, elle se changera en un beau verd : mais si on verse sur l'infusion de roses du vitriol dissous dans de l'eau, il en naîtra d'abord une teinture noire comme de l'encre. Musſch. *eſſ. de Phyſ.*

Si on fait infuſer pendant peu de tems des noix de gales dans l'eau, en ſorte que cette infuſion demeure blanche, & qu'on y verſe du vitriol commun, ou qui ait été calciné au feu juſqu'à ce qu'il ſoit devenu blanc, ou qu'on l'ait réduit en colcothar rouge, on aura d'abord une teinture noire. Si on verſe ſur cette teinture quelques gouttes d'huile de vitriol ou d'eau-forte, toute la *couleur* noire diſparoîtra, & la teinture reprendra ſon premier éclat. Mais ſi on verſe ſur cette liqueur quelques gouttes de leſſive de potaſſe, tout ce mêlange deviendra d'abord fort noir; & pour lui faire perdre cette noirceur, il ſuffira de verſer deſſus un peu d'eſprit acide.

Si on met ſur du papier d'un bleu obſcur un morceau de papier blanc, qui ait été auparavant légérement frotté d'eau-forte, le bleu deviendra roux; & enſuite pâle. La même choſe arrive auſſi lorſqu'on a écrit ſur du papier bleu avec le phoſphore urineux. Si on éclaircit du ſirop violet commun avec de l'eau, & qu'on le verſe dans deux différents verres, le ſirop avec lequel on mêlera une liqueur acide deviendra rouge, & celui auquel on ajoutera une liqueur alkaline ou de ſel, deviendra verd : ſi on mêle enſuite enſemble ces deux ſirops ainſi changés, on aura un ſirop bleu, ſuppoſé qu'on ait employé autant d'acide que d'alkali : mais ſi l'alkali domine, tout ce mêlange fera verd ; & ſi l'acide s'y trouve en plus grande quantité, le mêlange deviendra rouge. Lorſqu'on verſe un peu de leſſive de ſel de tartre ſur du mercure ſublimé diſſous dans de l'eau, ce mêlange devient rouge, épais & opaque; mais ſi on verſe ſur ce mêlange un peu d'eſprit urineux ou de ſel ammoniac, il redevient blanc.

Si on diſſout auſſi un peu de vitriol bleu dans une grande quantité d'eau, en ſorte que le tout reſte blanc & tranſparent, & qu'on verſe enſuite dans cette liqueur un peu d'eſprit de ſel ammoniac, on verra paroître, après que ce mêlange aura été fait, une belle *couleur* bleue; mais ſi on y verſe un peu d'eau-forte, la *couleur* bleue diſparoîtra ſur-le-champ, & l'eau deviendra claire & blanche : enfin ſi l'on y joint encore de nouvel eſprit de ſel ammoniac, la *couleur* bleue reparoîtra de nouveau. Lorſqu'on verſe une infuſion de thé-bou ſur de l'or diſſous dans de l'eſprit-de-vin éthéré, il s'y forme une chaux de *couleur* pourprée qui ſe précipite au fond. Lorſqu'on diſſout de l'étain dans de l'eau régale, & qu'après avoir éclairci cette ſolution avec de l'eau, on y verſe quelques gouttes d'or fondu dans de l'eau régale, on voit paroître une belle *couleur* de pourpre fort agréable à la vue. Ceux qui veulent voir un plus grand nombre d'expériences ſur le changement des *couleurs*, doivent conſulter la chymie de Boerhaave : on peut auſſi en trouver d'autres dans l'ouvrage des philoſophes de Florence : enfin on ne fera pas mal de conſulter encore ſur cette matière les *tranſ. philoſ. n.° 238 §. vj.* Muſſch. *ibid.*

L'infuſion de noix de gale verſée ſur la ſolution de vitriol, produit un mêlange dont les parties abſorbent toute la lumière qu'elles reçoivent, ſans en réfléchir que fort peu ou point d tout; d'où il arrive que cette teinture paroît noire; mais nous ignorons quel eſt l'arrangement de ces parties : lorſqu'on verſe ſur cette teinture quelques gouttes d'eau-forte, elle redevient auſſi claire que l'eau, & la *couleur* noire diſparoît; parce que l'eau-forte attire d'abord à elle avec beaucoup de violence le vitriol qui ſe ſépare des noix de gale, leſquelles nagent alors dans leur eau comme elles faiſoient auparavant, en lui laiſſant toute ſa clarté & ſa tranſparence. Dès qu'on verſe enſuite ſur ce mêlange quelques gouttes de leſſive de potaſſe, qui étant un ſel alkali, agit fortement ſur l'acide, elles attirent ſur-le-champ les parties acides de l'eau-forte, qui de ſon côté ſe ſépare du vitriol qu'elle avoit attiré, de ſorte que le vitriol trouve encore par-là le moyen de ſe réunir avec les parties de noix de gale, & de produire la même *couleur* noire qu'auparavant.

Les parties de la ſurface d'un papier d'un bleu-violet, ont une épaiſſeur & une grandeur déterminée; mais auſſi-tôt que l'eau-forte les rend plus minces, ou qu'elles ſe ſéparent un peu des autres parties, il faut qu'elles écartent des rayons de lumière qui ont une *couleur* différente de celle des premiers, ce qui fait que la *couleur* bleue ſe change en une *couleur* rouſſâtre; & comme les particules du papier deviennent chaque jour plus minces, & qu'elles ſont comme rongées par l'humidité de l'air qui ſe joint aux parties de l'eau-forte, il faut qu'elles rompent continuellement d'autres rayons colorés, & par conſéquent qu'elles faſſent paroître le papier d'une autre *couleur.* *Voyez* Muſſch. eſſ. de Phyſ. *pag. 556 & ſuivantes d'où ceci eſt extrait.*

Couleurs accidentelles, ſont des *couleurs* qui ne paroiſſent jamais que lorſque l'organe eſt forcé, ou qu'il a été trop fortement ébranlé. C'eſt ainſi que M. de Buffon, dans un Mémoire fort curieux, imprimé parmi ceux de l'Académie des Sciences de 1743, a nommé ces ſortes de *couleurs*, pour les diſtinguer des *couleurs* naturelles qui dépendent uniquement des propriétés de la lumière, & qui ſont permanentes du moins tant que les parties extérieures de l'objet demeurent les mêmes.

Perſonne, dit M. de Buffon, n'a fait avant M. Jurin d'obſervations ſur ce genre de *couleurs*; cependant elles tiennent aux *couleurs* naturelles par pluſieurs rapports, & voici une ſuite de faits aſſez ſinguliers qu'il nous expoſe ſur cette matière.

1. Lorſqu'on regarde fixement & long-tems une tache ou une figure rouge, comme un petit quarré rouge, ſur un fond blanc, on voit naître autour de la figure rouge une eſpèce de cou-

ronne d'un verd foible; & si on porte l'œil en quelqu'autre endroit du fond blanc, en cessant de regarder la figure rouge, on voit très-distinctement un quarré d'un verd tendre tirant un peu sur le bleu.

2. En regardant fixement & long-tems une tache jaune sur un fond blanc, on voit naître autour de la tache une couronne d'un bleu pâle; & portant son œil sur un autre endroit du fond blanc, on voit distinctement une tache bleue de la grandeur & de la figure de la tache jaune.

3. En regardant fixement & long-tems une tache verte sur un fond blanc, on voit autour de la tache verte une couronne blanche légérement pourprée; & en portant l'œil ailleurs, on voit une tache d'un pourpre pâle.

4. En regardant de même une tache bleue sur un fond blanc, on voit autour de la tache bleue une couronne blanchâtre un peu teinte de rouge; & portant l'œil ailleurs, on voit une tache d'un rouge pâle.

5. En regardant de même avec attention une tache noire sur un fond blanc, on voit naître autour de la tache noire une couronne d'un blanc vif; & portant l'œil sur un autre endroit, on voit la figure de la tache exactement dessinée, & d'un blanc beaucoup plus vif que celui du fond.

6. En regardant fixement & long-tems un quarré d'un rouge vif sur un fond blanc, on voit d'abord naître la petite couronne d'un verd tendre dont on a parlé; ensuite en continuant à regarder fixement le quarré rouge, on voit le milieu du quarré se décolorer, & les côtés se charger de *couleur*, & former comme un quadre d'un rouge beaucoup plus fort & beaucoup plus foncé que le milieu : ensuite en s'éloignant un peu & continuant toujours à regarder fixement, on voit le quadre de rouge foncé se partager en deux dans les quatre côtés, & former une croix d'un rouge aussi foncé; le quarré rouge paroît alors comme une fenêtre traversée dans son milieu par une grosse croisée & quatre panneaux blancs; car le quadre de cette espèce de fenêtre est d'un rouge aussi fort que la croisée. Continuant toujours à regarder avec opiniâtreté, cette apparence change encore, & tout se réduit à un rectangle d'un rouge si foncé, si fort & si vif, qu'il offusque entièrement les yeux; ce rectangle est de la même hauteur que le quarré, mais il n'a pas la sixième partie de sa largeur. Ce point est le dernier degré de fatigue que l'œil peut supporter, & lorsqu'enfin on détourne l'œil de cet objet, & qu'on le porte sur un autre endroit du fond blanc, on voit au lieu du quarré rouge réel l'image du rectangle rouge imaginaire exactement dessinée, & d'une *couleur* verte brillante. Cette impression subsiste fort long-tems, ne se décolore que peu-à-peu, & reste dans l'œil même après qu'il est fermé. Ce que l'on vient de dire du quarré rouge arrive aussi lorsqu'on regarde un quarré jaune ou noir, ou de toute autre *couleur;* on voit de même le quadre jaune ou noir, la croix & le rectangle; & l'impression qui reste est un rectangle bleu, si on a regardé du jaune; un rectangle blanc brillant, si on a regardé un quarré noir, *&c.*

7. Personne n'ignore qu'après avoir regardé le soleil, on porte quelquefois très-long-tems l'image de cet astre sur tous les objets. Ces images colorés du soleil sont du même genre que nous venons de décrire.

8. Les ombres des corps qui par leur essence doivent être noires, puisqu'elles ne sont que la privation de la lumière, sont toujours colorées au lever & au coucher du soleil. Voici les observations que M. de Buffon dit avoir faites sur ce sujet. Nous rapporterons ses propres paroles.

« Au mois de juillet 1743, comme j'étois » occupé de mes *couleurs accidentelles*, & que je » cherchois à voir le soleil dont l'œil soutient » mieux la lumière à son coucher qu'à toute » heure du jour, pour reconnoître ensuite les » *couleurs* & les changemens de *couleurs* causés » par cette impression, je remarquai que les » ombres des arbres qui tomboient sur une mu- » raille blanche étoient vertes; j'étois dans un » lieu élevé, & le soleil se couchoit dans une » gorge de montagnes, en sorte qu'il me paroissoit » fort abaissé au dessous de mon horison; le ciel » étoit serein, à l'exception du couchant, qui, » quoiqu'exempt de nuages, étoit chargé d'un » rideau transparent de vapeurs d'un jaune rou- » geâtre; le soleil lui-même étoit fort rouge, & » sa grandeur apparente au moins quadruple de » ce qu'elle est à midi : je vis donc très-distinc- » tement les ombres des arbres qui étoient à vingt » ou trente piés de la muraille blanche, colorées » d'un verd tendre tirant un peu sur le bleu; » l'ombre d'un treillage qui étoit à trois piés de » la muraille, étoit parfaitement dessinée sur cette » muraille, comme si on l'avoit nouvellement » peinte en verd-de-gris : cette apparence dura » près de cinq minutes, après quoi la *couleur* » s'affoiblit avec la lumière du soleil, & ne dis- » parut entièrement qu'avec les ombres. Le len- » demain au lever du soleil, j'allai regarder d'autres » ombres sur une autre muraille blanche; mais » au lieu de les trouver vertes comme je m'y » attendois, je les trouvai bleues, ou plutôt de la » *couleur* de l'indigo le plus vif : le ciel étoit » serein, & il n'y avoit qu'un petit rideau de » vapeurs jaunâtres au levant; le soleil se levoit » sur une colline, en sorte qu'il me paroissoit » élevé au dessus de mon horizon; les ombres » bleues ne durèrent que trois minutes, après » quoi elles me parurent noires : le même jour, » je revis au coucher du soleil les ombres vertes, » comme je les avois vues la veille. Six jours se » passèrent ensuite sans pouvoir observer les

» ombres

» ombres au coucher du soleil, parce qu'il étoit » toujours couvert de nuages : le septième jour, » je vis le soleil à son coucher; les ombres n'étoient » plus vertes, mais d'un beau bleu d'azur, je re- » marquai que les vapeurs n'étoient pas fort abon- » dantes, & que le soleil, ayant avancé pendant » sept jours, se couchoit derrière un rocher qui » le faisoit disparoître avant qu'il pût s'abaisser » au dessous de mon horizon. Depuis ce tems, » j'ai très-souvent observé les ombres, soit au » lever, soit au coucher du soleil, & je ne les ai » vues que bleues, quelquefois d'un bleu pâle, » d'un bleu foncé, mais constamment bleues, & » tous les jours bleues. » (*O*)

Un habile Physicien a cru devoir ajouter un supplément à l'article sur les *couleurs* accidentelles. Nous allons mettre ses observations sous les yeux du public.

COULEURS ACCIDENTELLES, *Optique*. Les phénomènes que présentent ces *couleurs* imaginaires, sont, à bien des égards, très-remarquables; & ils paroissent demander en particulier l'attention des astronomes, parce qu'ils fournissent des explications naturelles & faciles d'un grand nombre d'observations illusoires, qui ont embarrassé fréquemment les observateurs dans les éclipses, dans les occultations d'étoiles par la lune, dans les passages de Vénus devant le disque du soleil, & peut-être dans beaucoup d'autres occasions. Cependant ils sont presque ignorés, tant des physiciens que des astronomes; & on connoît encore moins généralement les nouvelles expériences qu'a faites, après M. de Buffon, le P. Scherffer jésuite, & professeur de Physique à Vienne en Autriche, & les conjectures plausibles que cet habile jésuite a exposées sur la nature & sur les causes des *couleurs accidentelles*, dans un écrit allemand imprimé en 1765. Nous sommes persuadés d'ailleurs, que ce que nous avons dit d'après le Mémoire de M. de Buffon, (*Hist. de l'Acad. R. des Sc.* 1743.) ne peut qu'avoir excité la curiosité de ceux qui auront lu cet article; & toutes ces raisons nous engagent à entrer ici dans de nouveaux détails sur les *couleurs accidentelles*. Nous suivrons presque pas à pas le petit ouvrage du P. Scherffer : nous tâcherons d'éviter que cet article ne se ressente de l'obscurité qui dépare assez souvent l'original; & quoique nous soyons obligés de passer sous silence plusieurs détails, nous espérons de mettre le lecteur en état de se rendre raison de la plupart des phénomènes que nous avons rapportés ci-dessus, concernant les *couleurs accidentelles*.

Comme ce sont les expériences de M. de Buffon qui ont occasionné celles du P. Scherffer, c'est aussi par les rapporter & par en attester la conformité avec les siennes dans les points principaux, que ce dernier entre en matière. M. de Buffon décrit deux suites d'expériences, & nous les avons déjà tirées de son Mémoire; ainsi, nous ne ferons ici qu'une courte récapitulation, d'abord de la première.

Lorsqu'on regarde fixement & long-tems une tache ou une figure rouge, sur un fond blanc, comme un petit quarré de papier rouge sur un papier blanc, on voit naître autour du petit quarré rouge une espèce de couronne d'un verd foible : en cessant de regarder le quarré rouge, si on porte l'œil sur le papier blanc, on voit très-distinctement un quarré d'un verd tendre, tirant un peu sur le bleu : cette apparence subsiste plus ou moins long-tems, selon que l'impression de la *couleur* rouge a été plus ou moins forte. La grandeur du quarré verd imaginaire est la même que celle du quarré réel rouge; & ce verd ne s'évanouit qu'après que l'œil s'est rassuré, & s'est porté successivement sur plusieurs autres objets, dont les images détruisent l'impression trop forte causée par le rouge. M. de Buffon a remarqué, comme nous l'avons dit, des apparences semblables, en mettant à la même épreuve les autres *couleurs* primitives; & voici le tableau des résultats de cette suite d'expériences.

Le *rouge naturel*	produit le	*verd accidentel.*
Le *jaune*	. . . .	*bleu.*
Le *verd*	. . . .	*pourpre.*
Le *bleu*	. . . .	*rouge.*
Le *noir*	. . . .	*blanc.*
Le *blanc*	. . . .	*noir.*

La dernière expérience suppose qu'on ait considéré le quarré blanc sur un fond noir, & qu'on ait porté l'œil sur un autre endroit du fond noir; & nous ajouterons que le P. Scherffer trouve qu'on fait ces expériences en général avec plus de succès, en considérant les *couleurs* naturelles sur un fond noir. Outre qu'on ménage par-là sa vue, il a observé que les *couleurs accidentelles*, que M. de Buffon a toujours vu très-pâles, étoient alors bien marquées, lorsqu'on transportoit l'œil du fond noir sur le blanc.

L'explication de cette suite d'expériences exige quelques demandes préliminaires que nous allons indiquer, sans entrer cependant dans le détail des raisonnemens qui leur servent de preuves, d'autant qu'elles sont fondées principalement sur l'expérience & sur la doctrine très-connue de Neuton sur les *couleurs*.

1.° La *couleur blanche* consiste en un mélange de toutes les *couleurs* des rayons de la lumière, tel que toutes, pour ainsi dire, sont en équilibre, & qu'aucune ne prévaut sur l'autre : de sorte qu'en vertu de ce tempérament, l'impression que chaque espèce de rayons fait sur l'œil, correspond aux autres; de façon que la lumière étant réfléchie d'un corps blanc, il n'est aucune de ces espèces qui fasse plus de sensation que les autres.

2.° Dans les corps colorés, l'arrangement des particules infiniment petites qui agissent sur la lumière, eſt tel que l'eſpèce de rayons qui donne ſon nom à la *couleur* du corps, eſt réfléchie plus abondamment vers l'œil que ne le font les autres eſpèces; & que par-là, l'impreſſion que font les rayons des autres *couleurs* devient, en quelque façon, inſenſible en comparaiſon de celle-là.

3.° Lorſqu'un de nos ſens éprouve deux impreſſions, dont l'une eſt vive & forte, mais dont l'autre eſt foible, nous ne ſentons point celle-ci. Cela doit avoir lieu, principalement quand elles ſont toutes deux d'une même eſpèce, ou quand une action forte d'un objet ſur quelque ſens, eſt ſuivie d'une autre de même nature, mais beaucoup moins violente; que cela vienne, ou de ce que l'organe de ce ſens eſt fatigué, & en quelque manière relâché, & qu'il lui faut un certain tems pour ſe remettre en état de tranſmettre aux nerfs des impreſſions même foibles; ou bien de ce que ce mouvement & l'ébranlement violent des moindres parties de cet organe, ne ceſſe pas auſſi-tôt avec l'action de l'objet extérieur.

Cette troiſième remarque préliminaire ſuffit ſeule pour expliquer les phénomènes que préſentent les taches blanches & noires. Si l'on conſidere fixement pendant quelque tems un quarré blanc ſur un fond noir, la partie du fond de l'œil ſur laquelle ſe peint la figure blanche, ſera, pour ainſi dire, fatiguée par l'abondante réflexion des rayons, tandis que le reſte de la rétine ſouffre très-peu de la foible lumière que renvoie la ſurface noire. Qu'on ceſſe enſuite de regarder le quarré blanc, & qu'on jette l'œil à côté ſur quelqu'autre endroit du fond noir, l'impreſſion de la lumière renvoyée par cet endroit, agira avec beaucoup moins de force ſur la partie qui avoit été occupée par la figure blanche, & dans laquelle les moindres nerfs ſont affoiblis, qu'elle n'agira ſur le reſte de l'œil qui éprouvera par conſéquent un plus haut degré de ſenſation. C'eſt cette inégalité qui fait que nous trouvons la tache que nous croyons voir, beaucoup plus noire que le fond ſur lequel nos yeux ſont fixés; & que tant ſa grandeur que ſa configuration nous paroiſſent les mêmes que précédemment, pourvu que l'endroit où nous la voyons ſoit à la même diſtance de l'œil qu'étoit la figure blanche. Cette tache nous paroîtra bien plus noire encore & plus nette, ſi, après avoir conſidéré la figure blanche, nous jettons l'œil, non ſur une ſurface noire, mais ſur un fond blanc; la lumière plus forte de ce fond frappera d'autant plus vivement les fibres qui ſont encore fraîches, & la ſenſation de celles qui ſont fatiguées en deviendra d'autant moins ſenſible.

On remarquera au contraire ſur un fond blanc, ou même noir, une tache bien plus claire & plus luiſante, après avoir conſidéré fixement une figure noire ſur une ſurface blanche : car, dans ce cas, la forte réflexion de cette ſurface affecte l'œil vivement; & il n'y en a que la partie qui a reçu l'image de la figure noire, qui ne s'affoiblit pas: cette partie eſt donc la ſeule qui ſoit en état de reſſentir enſuite vivement la blancheur du papier, tandis que l'impreſſion que les autres parties reçoivent eſt inſenſible. Que ſi l'on jette l'œil ſur un fond noir, il arrivera de même que les parties qui ne ſont point affoiblies ſeront affectées davantage; & l'effet de cette lumière, quelque foible qu'elle ſoit, ne laiſſera pas d'être une ſenſation plus forte que celle qu'éprouve la partie affoiblie.

Le docteur Jurin, qui le premier a parlé (à la fin du traité de *la Viſion diſtincte & indiſtincte*, joint à l'*Optique* de Smith) des illuſions que cauſent des taches blanches ou noires qu'on regarde attentivement pendant quelque tems, n'avoit plus qu'un pas à faire pour en donner la même explication : il ne falloit que rédiger ſes idées & ſes raiſonnemens ſur les différentes diſpoſitions de l'œil, quand il éprouve les mêmes ſenſations dans des circonſtances différentes; & c'eſt ce que le P. Scherffer a fait.

On peut aſſigner encore une autre raiſon, de conclure que le phénomène de la figure imaginaire dépend d'une certaine durée de l'impreſſion que la figure vraie fait ſur l'œil, & qui le diſpoſe à une plus grande ou moindre faculté de reſſentir l'action d'un nouvel objet : cette raiſon eſt, que ſi la ſurface blanche ſur laquelle nous jettons l'œil, en eſt plus éloignée que la figure véritable, nous trouvons l'accidentelle d'autant plus grande que celle-là : car ſi deux objets peignent ſur la rétine des images égales en grandeur, c'eſt celui de ces deux objets qui eſt le plus éloigné, qui nous paroît le plus grand : or, comme l'impreſſion de la figure véritable occupe dans l'œil le même eſpace ſur lequel cette figure avoit agi d'abord, & que nous croyons voir ſon image ſur la ſurface même où les axes viſuels ſe croiſent, il s'enſuit que cette figure nous paroîtra néceſſairement plus grande, ſi la ſurface ſur laquelle nous la voyons eſt plus éloignée.

Mais paſſons aux *couleurs accidentelles* que produiſent les corps colorés. Pour les expliquer, il faut principalement ſe rappeller, en quatrième lieu, ce que contient la VIe propoſition de la IIe partie du premier livre de l'*Optique* de Neuton, au ſujet des règles pour connoître dans un mélange de *couleurs* primitives la *couleur* du compoſé, lorſque la quantité & la qualité de chaque *couleur* ſont données; mais en faiſant attention cependant de ne pas donner exactement aux arcs du cercle que décrit Neuton, les proportions des ſept tons de muſique, ou des intervalles des huit tons contenus dans une octave; il vaut mieux, d'après une remarque du P. Benvenuti, dans ſa *Diſſertation ſur la lumière*, donner au rayon rouge $\frac{1}{8}$ ou arc de 45 degrés, à l'orangé $\frac{3}{40}$ ou 27 degrés, au jaune $\frac{2}{15}$ ou 48 degrés, au verd $\frac{1}{6}$ ou 60 degrés, au bleu $\frac{1}{6}$ ou 60 degrés, à l'indigo $\frac{1}{9}$ ou 40 degrés, ou violet $\frac{2}{9}$ ou 80 degrés.

Cela posé, qu'on commence, par exemple, par chercher le mêlange de toutes les *couleurs* prismatiques, excepté la verte : il s'agit donc de déterminer le centre de gravité commun des arcs de cercle qui représentent les *couleurs* qui entrent dans le mêlange, & il n'est pas nécessaire pour cela de suivre tout le procédé prescrit en méchanique. Il est clair, en premier lieu, que ce centre tombera fort près du centre, & que par conséquent la *couleur* résultante approchera du blanc, & sera très-pâle : de plus, ce centre de gravité se trouvera sur la ligne qui passe par le centre du cercle en partant du milieu de l'arc omis; & comme cette ligne va tomber sur l'arc violet, & seulement à 10 degrés de distance du rouge, il s'ensuit que la *couleur* composée ou résultante sera un violet très-pâle, & tirant beaucoup sur le rouge. Or, n'est-ce pas là précisément ce pourpre foible, semblable à la *couleur* d'une améthiste pâle que M. de Buffon a vu succéder à la contemplation d'une tache verte sur un fond blanc? En effet, l'œil fatigué par une longue attention à la *couleur* verte, & jetté ensuite sur la surface blanche, n'est pas en état de ressentir vivement une impression moins forte de rayons verds : ainsi, quoique toutes les modifications de la lumière soient réfléchies par une surface blanche, comme cependant les vertes sont en beaucoup moindre quantité en comparaison de celles qui frappoient l'œil en venant de la tache verte, il arrivera que si on fixe l'œil sur le papier blanc, les parties qui auparavant avoient senti une plus forte impression de la lumière verte que les autres, ne pourront pas éprouver à présent tout l'effet de cette lumière, mais qu'elles auront la sensation d'une *couleur* mêlée des autres rayons, laquelle ressemblera, comme on vient de le conclure, à une *couleur* purpurine pâle.

M. de Buffon a trouvé que la *couleur accidentelle* d'une figure bleue, considérée sur un fond blanc, étoit rougeâtre & pâle; ce phénomène s'explique de la même manière, mais il faudra donner encore plus d'étendue à l'hypothèse que l'œil, après une forte sensation de quelque *couleur*, est hors d'état de ressentir une impression moins forte de rayons de la même espèce. On accordera sans peine que l'œil alors ne sera pas en état de distinguer avec précision les rayons qui ont une affinité avec ceux-là, & qui déja naturellement sont encore plus foibles; on remarquera que l'indigo n'étant qu'un bleu foncé, l'impression de cette *couleur* n'est pas suffisante pour faire sensation sur un œil qui s'est déjà fatigué en regardant un bleu clair; enfin on en concluera que pour déterminer d'avance la *couleur accidentelle* en question, il suffira de chercher la *couleur* qui résulte du mêlange du rouge; de l'orangé, du jaune, du verd & du violet, en faisant abstraction du bleu & de l'indigo.

Ce qu'on vient d'observer sur l'affinité qui a lieu entre l'indigo & le bleu clair, s'entend aussi du rouge & du violet clair, principalement quand on destine à l'expérience un rouge un peu foncé & approchant du pourpre : en partant de-là, & en cherchant le centre de gravité commun des arcs des autres *couleurs*, on trouve que la *couleur accidentelle* du rouge doit être un verd tirant un peu sur le bleu; ce qui est assez conforme à l'expérience de M. de Buffon. Il est à remarquer que la *couleur* résultante approche encore davantage du bleu, si on tient compte d'une partie de l'arc violet; & au reste, il ne faut en général pas s'arrêter à de légeres différences, parce que M. de Buffon, dans son mémoire, n'indique jamais les *couleurs* que par les noms généraux de *bleu*, de *rouge*, &c., sans désigner les nuances.

La méthode du P. Scherffer, fait voir qu'en omettant le jaune, la *couleur* mêlée tombe dans l'indigo, & fort près du violet, duquel elle sera cependant plus éloignée si on omet aussi l'orangé; ce qui explique pourquoi une tache jaune, fixée pendant quelque tems, se peint en bleu sur une surface blanche. Enfin, on se convaincra encore de plus en plus de la justesse de cette méthode en faisant servir aux expériences les *couleurs* primitives avec le secours du prisme.

On peut tirer des principes de notre auteur plusieurs autres conséquences, qui, si elles sont d'accord avec l'expérience, garantissent la solidité de ces principes : nous en citerons quelques-unes que le P. Scherffer a mises à l'épreuve.

La *couleur accidentelle* d'une tache rouge considérée sur un fond noir ou blanc, doit être obscure ou ombrée, si on jette l'œil sur une surface rouge, de même qu'on ne voit sur un fond blanc que l'ombre d'une tache blanche qu'on a considérée auparavant sur un fond noir.

Si la surface sur laquelle on considere un quarré rouge est elle-même colorée, par exemple, si elle est jaune, un papier blanc sur lequel on jette l'œil paroîtra bleu, & on y remarquera un quarré verd; car en général on doit appercevoir non-seulement la *couleur* apparente de la figure, mais aussi celle du fond.

Si dans le tems qu'on considere la figure colorée, on change la situation de l'œil de maniere que l'image vienne à occuper une autre place sur la rétine, on verra la figure double, ou du moins dissemblable de la vraie.

La figure apparente prendra sur le papier blanc un bord pâle, lorsque dans le tems qu'on regarde la tache colorée, on en approche un peu l'œil sans que l'image change de place sur la rétine.

On verra une figure verte sur un fond jaunâtre, après avoir considéré un quarré rouge sur du papier bleu, *&c.*

Pareillement, si le fond a été jaune & la tache bleue, on verra une tache jaune dans un champ bleu, *&c.*

Le P. Scherffer laiſſe un peu plus à deſirer au ſujet de l'explication de la ſeconde ſuite d'expériences de M. de Buffon. Il avoue d'abord naturellement qu'il n'a pu voir ni croiſée de fenêtre, ni panneaux blancs, ni un rétréciſſement conſidérable de la figure, & il s'arrête à l'idée que M. de Buffon aura fatigué ſes yeux au point de n'être plus en état de les tenir aſſez tranquilles, pour que les axes viſuels ſe rencontraſſent ſur le quarré : car, dit-il, ſi ces axes ſe coupent en deçà ou au-delà de l'objet, on verra néceſſairement double, comme il arrive ordinairement dans de pareils cas : or il ſe peut très-bien que les figures qui ſe ſont préſentées ayent été ſi proches l'une de l'autre, qu'elles n'ont fait qu'une ſeule ſurface, & que ſi avec cela la longue fatigue a fait changer à l'image ſa place dans l'œil, il en ſoit réſulté quatre images jointes enſemble, & repréſentant quatre panneaux de fenêtre avec leur croiſée.

Le P. Scherffer paſſe à ce qu'il y a d'ailleurs de remarquable dans ces expériences, & diſtingue trois obſervations en particulier. La première eſt que M. de Buffon a vu les bords du quarré rouge ſe charger de *couleur* : notre auteur obſerve ſur cela, qu'en général le bord d'une figure qu'on conſidere plus long-tems qu'il ne ſeroit néceſſaire pour la voir repréſentée ſur un fond blanc, ſe teint de la *couleur accidentelle* du fond ſur lequel la figure repoſe. L'expérience lui a appris qu'on voit le bord d'un quarré blanc devenir jaune, ſi le quarré repoſe ſur un fond bleu ; verd s'il eſt ſur un fond rouge ; rougeâtre ſur un fond verd, & ainſi de ſuite. Cela poſé, comme les *couleurs accidentelles*, quand elles tombent ſur de réelles, ſont très-foibles en comparaiſon de celles-ci ; & qu'outre cela elles ſont luiſantes, elles ne font ordinairement d'autres effets que de renforcer un peu la *couleur* véritable du bord, & de lui donner plus d'éclat. Mais l'ombre étant la *couleur accidentelle* du blanc, on doit voir le bord de la figure ſe rembrunir quand on la conſidere ſur du papier blanc. Le P. Scherffer explique au reſte ces phénomènes par des contractions & des extenſions alternatives de l'image qui ſe forme ſur la rétine lorſqu'on conſidere la figure pendant long-tems, & cette conjecture nous paroît d'autant plus fondée, que le bord dont il s'agit eſt tantôt plus large & tantôt plus étroit, & qu'il diſparoît ſouvent entiérement.

La ſeconde circonſtance que notre auteur indique, c'eſt que, ſuivant M. de Buffon, la *couleur* du quarré devient plus foible dans l'intérieur de ces bords plus colorés ; il aſſure que de ſon côté il a ſeulement pu voir au commencement la *couleur* de la figure devenir un peu plus ſombre vers le milieu, & la figure paroître enſuite indiſtincte, & pour ainſi dire, nébuleuſe, quand il la conſidéroit ſur une ſurface blanche : « je n'ai » jamais, ajoute-t-il, pu remarquer une véritable » blancheur ſur des figures colorées ; mais quand » je regardois des taches blanches ſur du papier » coloré, elles paroiſſoient légérement teintes de » la *couleur* du fond en dedans de leur périphérie, » je ne voudrois cependant pas garantir que cela » ait toujours lieu. »

La troiſième obſervation ſur laquelle le P. Scherffer inſiſte, c'eſt que toutes les fois qu'on a conſidéré les taches colorées plus long-tems que de coutume, leurs *couleurs accidentelles* ſe voient non-ſeulement ſur un fond blanc, mais auſſi quand en fermant les yeux on ne regarde rien abſolument ; il trouve ce phénomène difficile à expliquer, & il entre à ce ſujet dans des détails trop longs pour pouvoir trouver place ici, d'autant qu'au fond ce ne ſont que des conjectures. Le P. Scherffer inſiſte beaucoup ſur celle que l'œil eſt d'une nature à demander d'être rafraîchi après de fortes impreſſions de la lumière, non-ſeulement par le repos, mais auſſi par la diverſité des *couleurs*, & que le dégoût que nous reſſentons en regardant long-tems la même *couleur*, ne dérive pas tant de notre inconſtance naturelle, que de la conſtitution même de l'œil.

Ces mêmes conjectures cependant, combinées avec d'autres, & principalement avec les principes que nous avons expoſés, rendent auſſi plauſibles les explications que notre auteur donne des faits & des expériences que nous allons ſimplement indiquer. 1.° « En conſidérant, dit-il, pendant quelque temps un quarré blanc ſur du papier jaune, &, détournant enſuite l'œil à côté ſur le jaune, je vis le quarré d'un jaune foncé ; mais, en jettant enſuite les yeux ſur du papier blanc, ce papier me parut bleu avec un quarré d'un jaune fort ſombre, reſſemblant à un petit nuage qui obſcurciſſoit le papier. »

De même une tache blanche vue ſur un fond rouge en produit une plus foncée à côté, & l'on voit enſuite ſur une muraille blanche une tache d'un rouge foncé dans un champ verd.

Les expériences de MM. de Buffon, Béguelin & Æpinus, & du P. Scherffer, ne laiſſent aucun doute que l'ombre d'un corps ſur lequel tombe la lumiere du jour, ne ſoit bleue ; auſſi le jaune eſt-il ſa *couleur accidentelle*. Notre auteur a fait ſur cette ombre les expériences ſuivantes.

2.° En conſidérant l'ombre du jour pendant long-tems à la lueur d'une lampe, le papier blanc lui montra une figure ſemblable toute de *couleur* orangée.

3.° Et de la même maniere, cette ombre jaune étant éclairée par la ſeule lumiere d'une lampe, devenoit violette.

4.° En laiſſant tomber un autre ſoir l'ombre bleue ſur un papier jaune, le mêlange donna un beau verd clair ; comme auſſi lorſque le P. Scherffer reçut l'ombre jaune ſur un papier bleu, la *couleur accidentelle* de l'un & de l'autre fut le pourpre, qui eſt celle de toutes les *couleurs* vertes.

Il faut remarquer, par rapport à ces dernieres expériences, que la lumiere que répand une chandelle ou une lampe allumée, est jaune; &, qu'ainsi les expériences qu'on fait à la lueur d'une telle lumiere, doivent différer de celles qui se feroient à la lumiere du jour: nous pourrions en citer, d'après le P. Scherffer plusieurs qui ont trait à cette considération. Pareillement, si c'est la lumiere du soleil qui tombe sur les figures destinées aux expériences, les *couleurs accidentelles* en souffrent quelque altération, parce que les rayons jaunes prédominent aussi un peu dans cette lumiere.

Ceux qui seront curieux de s'occuper des *couleurs accidentelles*, pourront vérifier aussi les expériences que le P. Scherffer a faites avec la lumiere d'une chandelle, considérée de jour & de nuit; avec la flamme de l'esprit-de-vin; avec des charbons ardents & du fer rougi au feu; avec des nuages éclairés par le soleil; avec du papier blanc; avec l'image du soleil, reçue sur les feuilles de papier de différentes *couleurs* par le foyer d'une lentille.

Nous ne nous arrêterons pas à ces expériences, afin de rapporter plutôt les suivantes, que nous regardons comme plus intéressantes, & que le P. Scherffer a faites à l'occasion d'une conjecture qu'il formoit, que chaque espèce de rayons agit sur telles parties de l'œil dont les forces ont avec elle un rapport plus immédiat.

« Je voulus éprouver, dit-il, si les *couleurs accidentelles* se mêlent de la même maniere que les vraies. Je mis, dans ce dessein, sur un papier noir, deux petits quarrés exactement l'un à côté de l'autre; le quarré à gauche étoit jaune, l'autre étoit rouge. Je tournai les axes visuels d'abord sur le centre du jaune, & le considérai pendant quelque tems : après cela, je portai les yeux, sans remuer la tête, sur le centre du rouge, & le fixai pendant le même espace de tems; je jettai la vue ensuite de nouveau sur le milieu du quarré jaune, & de-là sur le rouge. Je fis cela à trois ou quatre reprises, & me tournai ensuite vers une muraille blanche, où je vis trois quarrés qui se touchoient, comme ceux qui reposoient sur le fond noir : le quarré du côté gauche étoit violet; celui du milieu, un mélange de verd & de bleu; & le quarré à la droite parut d'un verd clair, parce que la *couleur* rouge du véritable tiroit sur le pourpre.

Je considérai de la même façon alternativement deux quarrés, l'un jaune & l'autre verd; & je vis sur la muraille, à gauche, un quarré bleu foncé, au milieu un quarré de *couleur* violette mêlée de beaucoup de rouge, & à droite un quarré d'un rouge pâle.

Deux quarrés, l'un verd & l'autre bleu, produisirent du côté gauche une *couleur* rougeâtre, à droite un jaune pâle, & au milieu de l'orangé.

Enfin, la figure apparente d'un quarré rouge & d'un verd se trouva verte & rouge, sans que je pusse distinguer au milieu autre chose qu'une ombre obscure de même grandeur que les quarrés.

Je continuai par mettre trois petits quarrés à côté l'un de l'autre; un verd à gauche, un jaune au milieu, & un rouge à droite. Je les considérai l'un après l'autre sans remuer la tête, suivant l'ordre que je viens de désigner, & en commençant par le rouge. Après que je les eus contemplés à diverses reprises, je vis cinq quarrés sur la muraille blanche : le premier, à gauche, étoit rougeâtre; le second, d'un pourpre foncé; le troisième, d'un bleu encore plus obscur; la *couleur* du quatrième étoit un mêlange plus clair de verd & de bleu; celle du cinquième étoit un verd clair.

Je changeai l'expérience en substituant un quarré bleu au verd; & je vis alors à gauche, d'abord un quarré d'un jaune pâle : à côté de celui-ci étoit un bleu qui tenoit du verd, au milieu un quarré d'un verd très-foncé; puis venoit un mêlange de verd & de bleu; le dernier enfin étoit d'un verd clair. »

Il suffit d'avoir saisi les principes du P. Scherffer, & d'avoir des notions ordinaires sur le mêlange des *couleurs*, pour tirer de ces expériences la conclusion que le mêlange des *couleurs accidentelles* se fait de la même manière que celui des *couleurs* véritables. Elles donnent lieu aussi au P. Scherffer de faire plusieurs remarques fines qui répandent du jour sur cette partie de l'optique, mais qui sont trop liées entr'elles pour que nous puissions ici nous y arrêter. Au reste, si l'on considère, de la manière qu'on vient de voir, un plus grand nombre de quarrés rangés sur une ligne, leur nombre devient trop grand sur la muraille, & les *couleurs accidentelles* deviennent trop foibles, pour qu'on puisse bien distinguer celles-ci.

On trouvera aussi dans la brochure du P. Scherffer des remarques sur quelques phénomènes observés par des savans célèbres, mais, mal expliqués, ou laissés sans explication, faute d'avoir connu la théorie des *couleurs accidentelles*. Enfin, notre auteur fait voir aussi que ces *couleurs* peuvent servir à des récréations d'optique, dans le goût de celles qu'on fait avec des cônes & des cylindres de métal : il a peint des fleurs, & même des figures humaines, en *couleurs* renversées, c'est-à-dire, avec les *couleurs accidentelles* de celles qu'il vouloit que ses figures eussent pour être représentées ensuite au naturel sur un fond blanc; & ces expériences l'ont beaucoup amusé, ainsi que ceux qui les ont faites avec lui. Il faut seulement, pour y réussir, avoir un peu d'habitude, & tenir l'œil fixé à peu-près sur le centre de la figure.

Après avoir rapporté ce qu'il y a de plus essentiel sur les *couleurs accidentelles* dans le petit traité du P. Scherffer, nous dirons encore quelque chose sur les phénomènes de cette espèce, qu'on voit après avoir regardé un instant le soleil. Le P. Scherffer ne paroît pas s'en être beaucoup occupé, quoiqu'à la vérité cette image du soleil que nous avons dit plus haut qu'il recevoit fur du papier blanc, au moyen d'une lentille, offre à-peu-près les mêmes apparences.

C'eft d'après un mémoire de M. Æpinus, inféré dans le tome X des *nouveaux Commentaires de Pétersbourg*, que nous ajouterons à cet article ce qui fuit.

« Lorfque le foleil eft affez proche de l'horizon, ou bien quand il eft couvert par de légers nuages, fon éclat eft affez diminué pour qu'en le regardant fixement pendant environ le quart d'une minute, l'œil en reffente feulement une vive impreffion, fans en être cependant bleffé tout-à-fait. Mais cette impreffion & la fenfation qui en réfulte, ne s'évanouiffent pas d'abord, quand on détourne enfuite les yeux ; elles reftent pendant trois ou qu... plus : minutes, & fouvent plus long-tems. Il y a ... ferme les on éprouve ... e fenfation, foit qu'... y..., foit qu'on les ouvre ; les ...conftances qui l'accompagnent font finguliè...., & j'ai trouvé par plufieurs expériences qu'on peut les réduire aux loix fuivantes.

1.° Quand auffi-tôt qu'on a ceffé de regarder le foleil on ferme les yeux, on voit une tache irréguliérement arrondie, dont le champ intérieur eft d'un jaune pâle, tirant fur le verd, tel à-peu-près que *la couleur* du foufre commun, & cet efpace jaune eft entouré d'un bord ou anneau qui femble teint en rouge.

2.° Qu'on ouvre enfuite les yeux, & qu'on les jette fur un mur ou fur quelqu'autre furface blanche, on verra fur ce fond blanc une tache tout-à-fait pareille, tant pour la grandeur que pour la figure, à celle qu'on voyoit avec les yeux fermés, mais qui fe diftingue par de tout autres *couleurs* : car,

3.° Le champ qui paroiffoit jaune aux yeux fermés, fe voit, quand on les ouvre, d'une couleur rouge, ou plutôt brune tirant fur le rouge, & l'anneau qui auparavant étoit rouge, paroît de *couleur* bleu-célefte fur le fond blanc.

4.° Si on referme enfuite les yeux, on revoit les apparences du n.° 1, & en ouvrant de nouveau les yeux, on voit auffi revenir celles des n.° 2 & 3. Mais les *couleurs* cependant ne reftent pas tout-à-fait les mêmes, elles s'altèrent continuellement & de plus en plus ; & fi on fait attention à ces changemens, on remarque qu'après la première minute à-peu-près,

5.° Le champ paroît aux yeux fermés d'un beau verd, & que le bord, quoiqu'il continue de paroître rouge, a changé cependant fenfiblement ; ce rouge différant déja affez de celui du n.° 1.

6.° Qu'on r'ouvre les yeux, on voit fur le fond blanc l'efpace intérieur de la tache plus rouge, & l'anneau d'un bleu-célefte plus gai.

7.° Environ après la feconde minute, fi on a les yeux fermés, le champ paroît, à la vérité, encore verd, mais tirant cependant affez fur le bleu-célefte ; quant au bord, il eft rouge, mais encore différent des n.° 1 & 5.

8.° Si enfuite on r'ouvre les yeux, le champ paroît encore rouge fur le fond blanc, & .. bord bleu-célefte ; mais ces *couleurs* n'ont .. tout-à-fait les mêmes nuances qu'auparavan..

9.° Enfin, au bout de qu...e ou cinq minutes, on apperçoit, ayant les ...ux fermés, le champ entièrement bleu-célef... & l'anneau d'un beau rouge ; & en r'ouvr... les yeux, le champ fe voit rouge, & le bor... d'un bleu-célefte vif.

10.° Cette d...ière fenfation fe conferve pendant un certain...pace de tems, & jufqu'à ce que s'étant affoibl...e plus en plus, elle s'évanouiffe tout-à-fait...mais il ne faut pas croire que pendant cet ...ervalle les *couleurs* dont nous avons parlé reftent toûjours les mêmes : il eft certain au contraire que, quoique l'efpèce refte la même, elles changent continuellement de modifications.

J'avoue que j'ai plutôt évité les occafions de faire cette expérience, que je ne les ai recherchées, parce que je doute qu'on puiffe fans danger faire éprouver fouvent aux yeux une fi forte impreffion. Mais, quoique je n'aie donc pas répété fréquemment ces effais, je ne laiffe pas de pouvoir affurer que les phénomènes qu'ils préfentent, obfervent prefque conftamment l'ordre que nous avons décrit. Je n'ofe pas les donner tout-à-fait pour conftants, parce qu'il m'eft arrivé un petit nombre de fois de remarquer dans les *couleurs* une fucceffion un peu différente.

On peut, au refte, tirer de ces obfervations, diverfes conclufions remarquables que je vai joindre ici en peu de mots.

Il eft hors de doute que les rayons du foleil reçus directement au fond de l'œil, n'agiffent fur les nerfs & y caufent une certaine altération dont notre ame eft affectée. Or nous voyons par les obfervations que nous avons détaillées, que cette altération ou cette impreffion caufée aux nerfs, ne ceffe pas en même tems que l'action de la lumière, & qu'au contraire elle continue encore pendant un tems affez long, & que l'ame fe trouve affectée comme s'il y avoit réellement hors de l'œil un objet, & que des rayons de lumière réfléchis par cet objet, exerçaffent une action fur les nerfs. Si donc nous admettons cette fuppofition, ainfi qu'on peut évidemment le faire, nous devons conclure naturellement de nos obfervations :

1.° Que l'impreffion excitée par les rayons de lumière les plus forts, paffe après la ceffation de l'action même en une autre impreffion qui eft celle des rayons jaunes ; que celle-ci devient l'impreffion des rayons verds, & que cette dernière enfin fe change en celle que produifent ordinairement les rayons bleus-céleftes ; c'eft-à-dire, qu'après que l'action des rayons blancs a ceffé, les nerfs fe trouvent fucceffivement dans les différens états que produifent ordinairement les rayons jaunes, verds & bleus-céleftes.

2.° Que l'impreffion caufée par la *couleur* blanche d'un mur ou d'une table blanchie, fi elle fe mêle à celle que produit la *couleur* jaune, verte & bleue-céleste, devient la même impression qu'à coutume de produire une *couleur* brune qui tire plus ou moins sur le rouge.

3.° Que l'impression causée par l'image du soleil au fond de l'œil, se communique à des parties de la rétine auxquelles l'image même ne s'est pas fait sentir, mais qui sont voisines de la place qu'occupe l'image, & que cette impression y cause une altération qui est dûe ordinairement aux rayons qui produisent la *couleur* rouge.

4.° Que cette impression, mêlée avec celle que fait naître la *couleur* blanche du mur ou de la table, produit l'impression causée par le bleu-céleste.

Je trouve très-digne de remarquer ici que, dans les *couleurs accidentelles*, il arrive tout-à-fait, comme dans les réelles, que le jaune devient bleu en passant par le verd : car il est très-connu que dans les dernières, savoir, les *couleurs* réelles, si on mêle avec le jaune de plus en plus du bleu, on obtient une *couleur* qui tire d'abord sur le verd, qui devient bientôt entiérement verte, & qui tirant ensuite sur le bleu devient entièrement bleue, si c'est une forte quantité de cette *couleur* qu'on ajoute au même mélange.

Ceux qui voudront répéter cette expérience, observeront encore un autre phénomène que je ne crois pas devoir passer sous silence : je ne parle de ce qu'en projettant la tache sur un fond blanc, quand on a les yeux ouverts, on la voit tantôt disparoître, puis revenir, puis disparoître de nouveau. Je fus long-temps en doute au commencement sur la cause de ce paradoxe ; mais je remarquai à la fin que la tache disparoissoit toujours précisément quand je faisois un effort pour la considérer plus attentivement, qu'elle revenoit lorsque je jettois les yeux sur le plan comme sans attention. Cette circonstance faisoit naître d'abord même quelque difficulté dans le procédé de l'expérience ; car au moment même que l'esprit se propose de faire attention à la tache, l'œil se dispose de manière, sans qu'on le sache & qu'on le veuille, à voir distinctement le plan sur lequel la tache est projettée, & dans le même moment la tache disparoît. Il s'ensuit de-là que l'expérience, pour être bien faite, demande une certaine habitude ; il faut que l'observateur s'accoutume à ce que son esprit fasse attention à la tache, & que ses yeux cependant soient empêchés de se disposer de manière à lui rendre la vision du plan distincte. Nous conclurons de-là que pendant que l'œil se dispose de manière à voir distinctement un objet un peu écarté, les nerfs retournent à l'état dans lequel ils se trouvent quand rien ne les affecte ; mais que bientôt ils rentrent dans leur premier état, quand l'œil de nouveau se dispose d'une autre manière.

Mais je crains, ajoute M. Æpinus, de tomber dans des erreurs, si je continue de vouloir tirer des conclusions dans une matière qui sera enveloppée de ténèbres aussi long-tems que nous ignorerons en quoi consiste proprement l'impression de la lumière sur les nerfs qui servent à la vision. (*J. B.*)

Couleurs passantes, nom que quelques auteurs donnent aux *couleurs* qui se déchargent ou ne sont pas de longue durée, comme celles de l'arc-en-ciel, des nuages avant ou après le coucher du soleil, &c.

Les *couleurs passantes* sont la même chose que celles qu'on appelle *couleurs fantastiques* ou *emphatiques*, &c.

On dit d'une pièce de drap que *sa couleur est passante*, pour dire qu'elle change promptement & se flétrit à l'air. (*Chambers.*)

COULEUR *favorite*. (*Jeu*) au médiateur est une *couleur* qu'on tire au hazard dans le jeu entier, pour lui attacher certains privilèges, comme d'avoir la préférence à jouer de cette *couleur*, quoiqu'on ne demande, si l'on ne joue, ni médiateur, ni sans prendre, qu'après un autre ; & quoiqu'on ne joue l'un de ces deux jeux qu'après qu'on les auroit voulu jouer en *couleur* simple. C'est la première tirée qui est *couleur favorite*, sans qu'il y ait aucun choix pour cela. Par exemple, si on a tiré un cœur, le cœur sera *couleur favorite* pendant toute la reprise, & ainsi des trois autres *couleurs*, si on amenoit une d'elles.

COULISSE, (*Hydraulique*) rainures faites dans les dormans, par le moyen desquelles on leve les chassis des corps de pompe, pour en visiter les brides & les cuirs. *Voyez* DORMANT. (*K*)

COUP *de niveau*, (*Hydraulique*) se dit d'un alignement entier pris entre deux stations d'un nivellement. *Voyez* NIVELLER. (*K*)

COUP *sec*, (*Jeu de Billard*) Jouer *coup sec*, c'est frapper la bille avec la masse du billard ; & la faire partir sans la suivre ni la conduire. Les billes faites du *coup sec* sont les seules qui se comptent.

COUP *d'ajustement*, est, *au Mail*, le dernier des *coups* que l'on doit jouer avec le mail, pour s'ajuster & envoyer la boule à portée d'être jettée à la passe avec la leve.

COUPE, (*Astronomie*) constellation méridionale placée sur l'hydre, contenant 31 étoiles dans le catalogue de Flamsteed ; *crater, vas aquarium, scyphus, urna, patera, calix, albatina, poculum Apollinis, Bacchi, Herculis, Demophoontis, Achillis, Didonis* ; en arabe *elkis* ou *alkes*. Nous verrons, en parlant de l'hydre, l'origine poétique de cette constellation ; on a prétendu aussi qu'elle étoit le symbole de l'oubli. Suivant les Platoniciens, les ames en venant habiter les corps humains, descendent par la porte du cancer, comme lorsqu'elles sont délivrées de cette prison corporelle, elles montent par le capricorne ; mais en descendant vers la terre, elles boivent plus ou moins dans la coupe de l'oubli ; c'est-là ce qui rend certaines ames si éloignées de l'état spirituel & céleste par lequel elles ont passé. D'autres ont vu différentes coupes dont la fable fait mention. (Cœsius, *p. 275.*)

La principale étoile de la coupe est de quatrième grandeur; elle avoit en 1750 161° 54′ 14″ d'ascension droite, & 16° 58′ 26″ de déclinaison australe.

Coupée, adj. pris subst. *en Géométrie*, est la même chose qu'abscisse, *abscissa*, qui est dérivé du latin, & qui signifie la même chose. *V.* Abscisse. (*O*)

Couper, *terme de Jeu*; c'est diviser le jeu de cartes en deux parties; ce qui se fait par un des joueurs, après que celui qui a la main a mêlé. La partie qui étoit dessus se met dessous, & celle qui étoit dessous se met dessus. Il ne faut point *couper* une carte.

Couper la Bale, (*jeu de Paume*) c'est la frapper avec la raquette inclinée; ce qui la faisant tourner du haut en bas relativement au côté de celui qui l'a *coupée*, elle ne fait point de bond quand elle vient à tomber à terre, ou n'en fait que très-peu, & trompe toujours le joueur inexpérimenté en le faisant faux, c'est-à-dire, en se jettant après le bond ou à droite ou à gauche, ou même en avant, au lieu que le bond devroit être en arrière. Cela vient de la manière dont la balle tourne quand elle est *coupée*, & de la manière dont le carreau lui fait obstacle quand elle tombe: l'obstacle qu'il lui fait quand elle est *coupée*, est précisément en sens contraire de celui qu'il lui feroit si elle ne l'étoit pas.

Couper les Dés, *terme de Jeu*; c'est en retirant le cornet leur donner en arrière une impulsion, qui compense celle qu'ils ont reçue pour aller en avant, en sorte qu'en tombant sur la table ils y restent sans se mouvoir.

COUPE-TÊTE, (*Jeu*) jeu d'enfans qui consiste à se courber & à sauter les uns par-dessus les autres.

COURANT, s. m. (*Hyd.*) est le nom qu'on donne en général à une certaine quantité d'eau qui se meut suivant une direction quelconque. *V.* Fleuve.

Les *courans*, par rapport à la navigation, peuvent être définis un mouvement progressif que l'eau de la mer a en différens endroits, soit dans toute sa profondeur, soit à une certaine profondeur seulement, & qui peut accélérer ou retarder la vîtesse du vaisseau, selon que sa direction est la même que celle du vaisseau, ou lui est contraire.

Les *courans* en mer sont ou naturels & généraux, en tant qu'ils viennent de quelque cause constante & uniforme; ou accidentels & particuliers, en tant qu'ils sont causés par les eaux qui sont chassées vis-à-vis les promontoires, ou poussées dans les golfes & les détroits, dans lesquels n'ayant pas assez de place pour se répandre, elles sont obligées de reculer, & troublent par ce moyen le flux & reflux de la mer. *Voyez* Mer, Flux & Reflux.

Il y a grande apparence qu'il en est des *courans* comme des vents, qui parmi une infinité de causes accidentelles ne laissent pas d'en avoir de réglées. L'auteur des réflexions sur la cause générale des vents, imprimées à Paris en 1746, paroît porté à croire que les *courans* considérables qu'on observe en pleine mer, peuvent être attribués à l'action du soleil & de la lune: il prétend que si la terre étoit entièrement inondée par l'océan, l'action du soleil & de la lune qui produit les vents d'est réglés de la zone torride, donneroit aux eaux de la mer sous l'équateur une direction constante d'orient en occident, ou d'occident en orient, selon que les eaux seroient plus ou moins profondes; & il ajoute qu'on pourroit expliquer par le plus ou moins de hauteur des eaux, & par la disposition des côtes, les différens *courans* réglés & constans que les navigateurs observent, & que les oscillations horizontales de la pleine mer dans le flux & le reflux, pourroient être l'effet de plusieurs *courans* contraires. *Voyez* sur cela l'Histoire Naturelle de MM. de Buffon & Daubenton, *tome I, art. des courans.* C'est sur-tout aux inégalités du fond de la mer que M. de Buffon attribue les *courans*. Quelques-uns, selon lui, sont produits par les vents; les autres ont pour cause le flux & le reflux modifié par les inégalités dont il s'agit. Les *courans* varient à l'infini dans leurs vîtesses & dans leurs directions, dans leur force, leur largeur, leur étendue. Les *courans* produits par les vents, changent de direction avec les vents, sans changer d'ailleurs d'étendue ni de vîtesse. C'est sur-tout à l'action des *courans* que M. de Buffon attribue la cause des angles correspondans des montagnes.

Les principaux *courans*, les plus larges & les plus rapides, sont 1.° un près de la Guinée, depuis le cap-Verd jusqu'à la baie de Fernandopo, d'occident en orient, faisant faire aux vaisseaux cent cinquante lieues en deux jours. 2.° Auprès de Sumatra, du midi vers le nord. 3.° Entre l'île de Java & la terre de Magellan. 4.° Entre le cap de Bonne-Espérance & l'île de Madagascar. 5.° Entre la terre de Natal & le même cap. 6.° Sur la côte du Pérou dans la mer du Sud, du midi au nord, *&c.* 7.° Dans la mer voisine des Maldives, pendant six mois d'orient en occident, & pendant six autres mois en sens contraire. *Hist. Nat. tome I, pag.* 454.

Les *courans* sont si violens sous l'équateur, qu'ils portent les vaisseaux très-promptement d'Afrique en Amérique: mais aussi ils les empêchent absolument de revenir par le même chemin; de sorte que les vaisseaux, pour retourner en Europe, sont forcés d'aller chercher le cinquantième degré de latitude.

Dans le détroit de Gibraltar, les *courans* poussent presque toujours les vaisseaux à l'est, & les jettent dans la Méditerranée: on trouve aussi qu'ils se meuvent suivant la même direction dans d'autres endroits. La grande violence de la mer dans le détroit de Magellan, qui rend ce détroit fort périlleux, est attribuée à deux *courans* directement contraires, qui viennent l'un de la mer du Nord, & l'autre de celle du Sud. (*O*)

L'observation & la connoissance des *courans* est un des points principaux de l'art de naviger: leur direction & leur force doit être soigneusement remar-

quée,

quée. Pour la déterminer, les uns examinent, quand ils sont à la vue du rivage, les mouvemens de l'eau, & la violence avec laquelle l'écume est chassée: mais, suivant Chambers, la méthode la plus simple & la plus ordinaire est celle-ci. D'abord on arrête le navire de son mieux par différens moyens; on laisse aller & venir le vaisseau comme s'il étoit à l'ancre: cela fait, on jette le lock; & à mesure que la ligne du lock file, on examine sa vîtesse & sa direction. *V.* Lock *dans le dict. de Marine.* Par ce moyen, on connoît s'il y a des *courans* ou s'il n'y en a point; & quand il y en a, on détermine leur direction & leur degré de force. Il faut cependant observer qu'on ajoute quelque chose à la vîtesse du lock pour avoir celle du vaisseau; car quoique le vaisseau paroisse en repos, cependant il est réellement en mouvement. Voici comment se détermine ce qu'on doit ajouter. Si la ligne du lock file jusqu'à soixante brasses, on ajoute le tiers de sa vîtesse; si elle file à quatre-vingt, le quart, & le cinquième, si elle file à cent brasses. Si le vaisseau fait voile suivant la direction même du *courant*, il est évident que la vîtesse du *courant* doit être ajoutée à celle du vaisseau; s'il fait voile dans une direction contraire, la vîtesse du *courant* doit être soustraite de la vîtesse du vaisseau; si la direction du vaisseau traverse celle du *courant*, le mouvement du vaisseau sera composé de son mouvement primitif & de celui du *courant*, & sa vîtesse sera augmentée ou retardée, selon l'angle que fera sa direction primitive avec celle du *courant*; c'est-à-dire, que le vaisseau décrira la diagonale formée sur ces deux directions, dans le même tems qu'il auroit décrit l'un des deux côtés, les forces agissant séparément. *Voyez* Composition de Mouvement. (*Chambers.*)

Ce qui rend la détermination des *courans* si difficile, c'est la difficulté de trouver un point fixe en pleine mer. En effet, le vaisseau ne le sauroit être, car il est mû par le *courant* même; de sorte que la vîtesse du vaisseau se combine avec celle du *courant*, & est cause qu'on ne sauroit exactement démêler celle-ci. L'Académie Royale des Sciences proposa ce sujet pour le prix double de l'année 1751; *voyez* la pièce de M. Daniel Bernoulli qui remporta ce prix.

Sous-courans. M. Halley croit qu'il est fort vraisemblable que dans les dunes, dans le détroit de Gibraltar, *&c.* il y a des *sous-courans*; c'est-à dire, des *courans* qui ne paroissent point à la surface de la mer, & dans lesquels l'eau est poussée avec la même violence que dans les *courans* qui se font à la surface. M. Halley appuie cette opinion sur l'observation qu'il a faite de la haute mer entre le nord & le sud de Foreland; savoir que le flux ou le reflux arrive dans cette partie des dunes trois heures avant qu'il arrive dans la pleine mer: ce qui prouve, selon lui, que tandis que le flux commence à la partie supérieure, le reflux dure encore à la partie inférieure, dont les eaux sont resserrées dans un lit plus étroit; & réciproquement que le flux dure encore à la partie inférieure, lorsque le reflux commence à la partie supérieure. Donc, conclud-il, il y a dans ces détroits deux *courans* contraires, l'un supérieur, l'autre inférieur.

L'auteur confirme son sentiment par une expérience faite dans la mer Baltique, & qu'il dit lui avoir été communiquée par un habile homme de mer témoin oculaire. Cet homme étant dans une des frégates du Roi, elle fut tout d'un-coup portée au milieu d'un *courant*, & poussée par les eaux avec beaucoup de violence. Aussitôt on descendit dans la mer une corbeille où on mit un gros boulet de canon; la corbeille étant descendue à une certaine profondeur, le mouvement du vaisseau fut arrêté: mais quand elle fut descendue plus bas, le vaisseau fut porté contre le vent, & dans une direction contraire à celle du *courant* supérieur, qui n'avoit qu'environ quatre ou cinq brasses de profondeur. M. Halley ajoute qu'au rapport de ce marin, plus on descendoit la corbeille, plus on trouvoit que le *courant* intérieur étoit fort.

Par ce principe il est aisé d'expliquer, selon M. Halley, comment il peut se faire qu'au détroit de Gibraltar, dont la largeur n'est que d'environ vingt milles, il passe continuellement une si grande quantité d'eau de la mer Atlantique dans la Méditerranée par le moyen des *courans*, sans cependant que l'eau s'élève considérablement sur la côte de Barbarie, ni qu'elle inonde les terres qui sont fort basses le long de cette côte. L'auteur paroît donc supposer qu'il y a au détroit de Gibraltar un *courant* inférieur & intérieur contraire au courant supérieur; mais cela est assez difficile à comprendre. (*O*)

COURBE, adj. pris subst. (*Géom.*) est, dit-on, une ligne dont les différens points sont dans différentes directions, ou sont différemment situés les uns par rapport aux autres. C'est du moins la définition que donne Chambers après une foule d'auteurs. *Voyez* Ligne.

Courbe, ajoute-t-on, pris en ce sens, est opposé à *ligne droite*, dont les points sont tous situés de la même manière les uns par rapport aux autres.

On trouvera peut-être chacune de ces deux définitions peu précise; & on n'aura pas tort. Cependant elles paroissent s'accorder assez avec l'idée que tout le monde a de la ligne droite & de la ligne *courbe*: d'ailleurs il est très-difficile de donner de ces lignes une notion qui soit plus claire à l'esprit que la notion simple qu'excite en nous le seul mot de *droit* & de *courbe*. La définition la plus exacte qu'on puisse donner de l'une & de l'autre, est peut-être celle-ci: La ligne droite est le chemin le plus court d'un point à un autre; & la ligne *courbe* est une ligne menée d'un point à un autre, & qui n'est pas la plus courte. Mais la première de ces définitions renferme plutôt une propriété secondaire que l'esſence de la ligne droite; & la ſeconde, outre qu'elle ne renferme qu'une propriété négative, convient auſſi-bien à un aſſemblage de lignes droites qui font angle, qu'à ce qu'on appelle proprement *courbe ;* & qu'on peut regarder comme l'aſſemblage d'une infinité de petites lignes droites contigues entr'elles à angles infiniment obtus. *Voyez plus bas* COURBE POLYGONE; *voyez auſſi* CONVEXE. Peut-être feroit-on mieux de ne point définir la ligne *courbe* ni la ligne droite, par la difficulté & peut-être l'impoſſibilité de réduire ces mots à une idée plus élémentaire que celle qu'ils préſentent d'eux-mêmes.

Les figures terminées par des lignes *courbes* ſont appellées *figures curvilignes*, pour les diſtinguer des figures qui ſont terminées par des lignes droites, & qu'on appelle *figures rectilignes. Voyez* RECTILIGNE & FIGURE.

La théorie générale des *courbes*, des figures qu'elles terminent, & de leurs propriétés, conſtitue proprement ce qu'on appelle la *haute géométrie* ou la *géométrie tranſcendante. Voyez* GÉOMÉTRIE.

On donne ſur-tout le nom de *géométrie traſcendante* à celle qui, dans l'examen des propriétés des *courbes*, emploie le calcul différentiel & intégral. *Voyez ces mots; voyez auſſi la ſuite de cet article.*

Il ne s'agit point ici, comme on peut bien le croire, des lignes *courbes* que l'on peut tracer au haſard & irrégulièrement ſur un papier. Ces lignes n'ayant d'autre loi que la main qui les forme, ne peuvent être l'objet de la Géométrie; elles peuvent l'être ſeulement de l'art d'écrire. Un géomètre moderne a pourtant cru que l'on pouvoit toujours déterminer la nature d'une *courbe* tracée ſur le papier; mais il s'eſt trompé en cela. Nous en donnerons plus bas la preuve.

Nous ne parlerons d'abord ici que des *courbes* tracées ſur un plan & qu'on appelle *courbe à ſimple courbure.* On verra dans la ſuite la raiſon de cette dénomination. Pour déterminer la nature d'une *courbe*, on imagine une ligne droite tirée dans ſon plan à volonté. Par tous les points de cette ligne droite, on imagine des lignes tirées parallélement & terminées à la *courbe.* La relation qu'il y a entre chacune de ces lignes parallèles, & la ligne correſpondante de l'extrémité de laquelle elle part, étant exprimée par une équation, cette équation s'appelle l'*équation de la courbe. Voyez* EQUATION.

Dans une *courbe*, la droite AD (*Pl. Géom. fig.* 47.) qui diviſe en deux également les lignes parallèles MM, eſt ordinairement appellée *diamètre.* Si le diamètre coupe ces lignes à angles droits, il eſt appellé *axe*; & le point A par où l'axe paſſe eſt appellé le *ſommet de la courbe. Voyez* DIAMÈTRE, AXE & SOMMET.

Les lignes parallèles MM ſont appellées *ordonnées* ou *appliquées*; & leurs moitiés PM *demi-ordonnées* ou *ordonnées. Voyez* ORDONNÉE.

La portion du diamètre AP, compriſe entre le ſommet ou un autre point fixe, & l'ordonnée eſt appellée *abſciſſe. Voyez* ABSCISSE. Le point de concours des diamètres ſe nomme *centre. Voyez* CENTRE; *voyez auſſi les remarques* que fait ſur ce ſujet M. l'abbé de Gua dans la première ſection de ſon ouvrage intitulé: *Uſages de l'analyſe de Deſcartes.* Il appelle plus proprement *centre d'une courbe* un point de ſon plan, tel que ſi on mène par ce point une ligne droite quelconque terminée à la *courbe* par ſes deux extrémités, ce point diviſe la ligne droite en deux parties égales.

Au reſte, on donne aujourd'hui en général le nom d'*axe* à toute ligne tracée dans le plan de la *courbe* & à laquelle ſe rapporte l'équation; on appelle *l'axe des x*, ou ſimplement *axe*, la ligne ſur laquelle ſe prennent les abſciſſes; *axe des y*, la ligne parallèle aux ordonnées, & paſſant par le point où x eſt $= o$. Ce point eſt nommé l'*origine des coordonnées* ou *l'origine de la courbe. Voyez* COORDONNÉES.

Deſcartes eſt le premier qui ait penſé à exprimer les lignes *courbes* par des équations. Cette idée ſur laquelle eſt fondée l'application de l'Algèbre à la Géometrie (*voyez* APPLICATION) eſt très-heureuſe & très-féconde.

Il eſt viſible que l'équation d'une *courbe* étant réſolue, donne une ou pluſieurs valeurs de l'ordonnée y pour une même abſciſſe x, & que par conſéquent une *courbe* tracée n'eſt autre choſe que la ſolution géométrique d'un problème indéterminé, c'eſt-à-dire, qui a une infinité de ſolutions: c'eſt ce que les anciens appelloient *lieu géométrique.* Car quoiqu'ils n'euſſent pas l'idée d'exprimer les *courbes* par des équations, ils avoient vu pourtant que les *courbes* géométriques n'étoient autre choſe que le lieu, c'eſt-à-dire, la ſuite d'une infinité de points qui ſatisfaiſoient à la même queſtion; par exemple, que le cercle étoit le lieu de tous les points qui déſignent les ſommets des angles droits, qu'on peut former ſur une même baſe donnée, laquelle baſe eſt le diamètre du cercle; & ainſi des autres.

Les *courbes* ſe diviſent en algébriques, qu'on appelle ſouvent avec Deſcartes *courbes géométriques*; & en tranſcendantes, que le même Deſcartes nomme *méchaniques.*

Les *courbes* algébriques ou géométriques ſont celles où la relation des abſciſſes AP aux ordonnées PM (*fig.* 48.) eſt ou peut être exprimé par une équation algébrique. *Voyez* EQUATION & ALGÉBRIQUE.

Suppoſons, par exemple, que dans un cercle on ait $AB = a$, $AP = x$, $PM = y$; on aura $PB = a - x$: par conſéquent, puiſque $PM^2 = AP \times PB$, on aura $yy = ax - xx$; ou bien ſi on ſuppoſe $PC = x$, $AC = a$, $PM = y$, on aura $MC^2 - PC^2 = PM^2$, c'eſt-à-dire, $a^2 - x^2 = y^2$.

Il eſt viſible par cet exemple, qu'une même *courbe* peut être repréſentée par différentes équations. Ainſi, ſans changer les axes dans l'équation précédente, ſi on prend l'origine des x au ſommet du cercle, au lieu de les prendre au centre, on trouve, comme on vient de le voir, $yy = ax - xx$ pour l'équation.

Pluſieurs auteurs, après Deſcartes, n'admettent que les *courbes* géométriques dans la conſtruction des problêmes, & par conſéquent dans la Géométrie; mais M. Neuton, & après lui, MM. Leibnitz & Wolf ſont d'un autre ſentiment, & prétendent avec raiſon que dans la conſtruction d'un problême, ce n'eſt point la ſimplicité de l'équation d'une *courbe* qui doit la faire préférer à une autre, mais la ſimplicité & la facilité de la conſtruction de cette *courbe*. *Voyez* CONSTRUCTION, PROBLÊME, & GÉOMÉTRIQUE.

Courbe tranſcendante ou méchanique, eſt celle qui ne peut être déterminée par une équation algebrique. *Voyez* TRANSCENDANT.

Deſcartes exclud ces *courbes* de la géométrie; mais Neuton & Leibnitz ſont d'un avis contraire par la raiſon que nous venons de dire. En effet, une ſpirale, par exemple, quoique *courbe* méchanique, eſt plus aiſée à décrire qu'une parabole cubique.

L'équation d'une *courbe* méchanique ne peut être exprimée que par une équation différentielle entre les dy & les dx. *Voyez* DIFFÉRENTIEL. Entre ces deux genres de *courbes*, on peut placer, 1.° les *courbes* exponentielles dans l'équation deſquelles une des inconnues, ou toutes les deux entrent en expoſant, comme une *courbe* dont l'équation ſeroit $y = a^x$, ou $y^x = a^y$, &c. *Voyez* EXPONENTIEL. 2.° Les *courbes* interſcendantes dans l'équation deſquelles les expoſans ſont des radicaux, comme $x = y^{\sqrt{2}}$. Ces deux eſpèces de *courbes* ne ſont proprement ni géométriques ni méchaniques, parce que leur équation eſt finie ſans être algébrique.

Une *courbe* algébrique eſt infinie, lorſqu'elle s'étend à l'infini, comme la parabole & l'hyperbole; finie, quand elle fait des retours ſur elle-même comme l'ellipſe; & mixte, quand une de ſes parties eſt infinie, & que d'autres retournent ſur elles-mêmes.

Pour ſe former l'idée d'une *courbe* par le moyen de ſon équation, il faut imaginer que l'équation de la *courbe* ſoit réſolue, c'eſt-à-dire, qu'on ait la valeur de y en x. Cela poſé, on prend toutes les valeurs poſitives de x depuis o juſqu'à l'infini, & toutes les valeurs négatives depuis o juſqu'à — l'infini. Les ordonnées correſpondantes donneront tous les points de la *courbe*, les ordonnées poſitives étant priſes toutes du même ſens, & les négatives du côté oppoſé. Voilà ce qu'on trouve dans tous les Algébriſtes & géomètres modernes. Mais aucun n'a donné la raiſon de cette règle. Nous la donnerons dans la ſuite de cet article, après avoir parlé auparavant de la transformation des axes d'une *courbe*.

Il eſt certain qu'après avoir rapporté l'équation d'une *courbe* à deux axes quelconques d'abſciſſes & d'ordonnées, on peut la rapporter à deux autres axes quelconques tirés, comme on voudra, dans le plan de la *courbe*. De ces deux axes, l'un peut être parallèle ou coïncident à l'axe des x, & l'autre parallèle ou coïncident à l'axe des y; ils peuvent auſſi n'être point parallèles ni l'un ni l'autre aux deux premiers axes, mais faire avec eux des angles quelconques. Suppoſons, par exemple, que AP (x) & PM (y) ſoient (*figure 49.*) les abſciſſes & les ordonnées d'une *courbe*, & qu'on veuille rapporter la *courbe* aux nouvelles coordonnées quelconques Ap & pM; on tirera AB & Bq parallèles à y & à x, & on nommera les coordonnées nouvelles Ap (z) & pM (u). Cela poſé, il eſt viſible que l'angle apM eſt donné, comme on le ſuppoſe, ainſi que l'angle pBq, & l'angle Bqm ou ſon égal AmM, & que aB & AB ſont auſſi donnés de grandeur & de poſition. Donc ſi on nomme aB, a, & AB, b, on aura $Bp = z - a$, Bq ou $Am = (z - a)\,m$; m exprimant le rapport connu de Bq à Bp; $Pm = yn$, n étant de même un coefficient donné; & par conſéquent AP ou $x = (z - a)\,m + yn$: de plus $Mm = pM - pm = pM - AB - pq = u - b - zq + aq$, q étant de même un coefficient donné, & Mp ou $y = (u - b - zq + aq) \times k$: donc on aura $y = (u - b - zq + aq)\,k$, & $x = (z - a)\,m + nk\,(u - b - zq + aq)$; donc, ſi on met à la place de x & de y leurs valeurs qu'on vient de trouver en z & en u, on aura une nouvelle équation par rapport aux coordonnées z & u. Voyez *à l'art.* TRANSFORMATION DES AXES *un plus grand détail.*

Il eſt viſible qu'on peut placer non-ſeulement l'axe des z & l'axe des u, mais auſſi l'axe des x & celui des y, par-tout où l'on voudra, ſans que la *courbe* change pour cela de place, & que la poſition de la *courbe* eſt totalement indépendante de la poſition des axes; de ſorte que les ordonnées u partant de l'axe des z, doivent aboutir au mêmes points que les ordonnées y, partant de l'axe des x. Cela eſt évident par les opérations même que l'on fait pour la transformation des axes. D'ailleurs on doit conſidérer qu'une *courbe* n'eſt autre choſe que le lieu d'une infinité de points qui ſervent à réſoudre un problême indéterminé, c'eſt-à-dire, un problême qui a une infinité de ſolutions. Or la ſituation de ces points eſt totalement indépendante de la poſition des axes auxquels on les rapporte, ces axes pouvant être placés par-tout où l'on voudra. De ces principes, on peut tirer les conſéquentes ſuivantes ſur la poſition des ordonnées.

1.° Les ordonnées poſitives doivent être priſes d'un même côté; car, ſoit (*figure 50*) AP l'axe des x, & qu'on trouve deux valeurs poſitives pour y; ſoit Pm la plus grande de ces valeurs, je dis que la plus petite PM doit être priſe du même côté. Car ſoit tranſpoſé l'axe AP en ap, en ſorte que $Pp = a$, & ſoit $ap = x$, & $pm = z$; on aura l'équation rapportée aux axes x & z, en mettant $z - a$ pour y dans l'équation de la *courbe*; & on aura chaque valeur de z égale aux valeurs correſpondantes de y, augmentées chacune de a; donc, au point p, on aura deux valeurs positives de z, savoir $a+PM$ & $a+Pm$. Or, si on ne prenoit pas PM du même côté que Pm, mais de l'autre côté, l'ordonnée pM, au lieu d'être $a+PM$, seroit $a-PM$; la *courbe* changeroit donc ou d'équation ou de figure, en changeant d'axe; & tandis qu'une de ses parties resteroit à la même place, l'autre se promeneroit, pour ainsi dire, suivant que l'on changeroit l'axe de place. Or ni l'un ni l'autre ne se peut. Donc il faut que PM & Pm soient pris du même côté, quand ils sont tous deux positifs.

2.° Si on a deux valeurs, l'une positive PM, l'autre négative Pm (*figure 51.*), il faudra les prendre de différens côtés. Car soit, par exemple, $PM=\sqrt{x}$, & $Pm=-\sqrt{x}$: transposant l'axe AP en ap, en sorte que $pP=a$ & mettant $z-a$ pour y, dans l'équation de la *courbe*, on aura $z=a+\sqrt{x}$, & $z=a-\sqrt{x}$. Si on suppose $\sqrt{x}<a$, ce qui se peut toujours, puisque a est arbitraire, on trouvera z ou $pM=a+PM$ & z ou $pm=a-PM$. Donc Pm doit être égale à PM, & prise dans un sens contraire. Tout cela est aisé à voir avec un peu d'attention.

Lorsque les ordonnées sont positives, elles appartiennent toutes également à la *courbe*, ce qui est évident, puisqu'il n'y a pas de raison pour préférer l'une à l'autre. Mais lorsqu'elles sont négatives, elles n'appartiennent pas moins à la *courbe*; car pour s'en convaincre, il n'y a qu'à reculer l'axe de façon que toutes les ordonnées deviennent positives. Dans cette derniere position de l'axe, toutes les ordonnées appartiendront également à la *courbe*. Donc il en sera de même dans la premiere position que l'axe avoit.

Donc supposant x positives, toutes les valeurs de y tant positives que négatives, appartiennent à la *courbe*; mais au-lieu de prendre la ligne des x pour l'axe, on peut prendre la ligne des y, & alors on aura des valeurs tant positives que négatives de x, lesquelles par la même raison appartiendront aussi à la *courbe*. Donc la *courbe* renferme toutes les valeurs de y répondantes à une même x; & toutes les valeurs de x répondantes à une même y; ou ce qui revient au même, elle renferme toutes les valeurs positives & négatives de y répondantes, soit aux x positives, soit aux x négatives. En effet, si dans la valeur des y qui répond aux x positives, on change les signes des termes où x se trouve avec une dimension impaire, on aura la valeur de y correspondante aux x négatives; & cette équation sera évidemment la même qu'on auroit, en résolvant l'équation en x & en y, après avoir changé d'abord dans cette équation les signes des termes où x se trouve avec une dimension impaire. Or je dis que cette derniere équation appartient également à la *courbe*; car ordonnons l'équation primitive par rapport à x, avant d'avoir changé aucun signe, & cherchons les valeurs de x en y; nous venons de voir que les valeurs, tant positives que négatives de x, appartiennent à la *courbe*. Or les valeurs négatives sont les mêmes que l'on auroit avec un signe positif, en changeant dans l'équation primitive les signes des termes où x se trouve avec une dimension impaire; car on sait que, dans une équation ordonnée en x, si on change les signes des termes où x se trouve avec une dimension impaire, toutes les racines changent de signe sans changer d'ailleurs de valeur. *Voyez* EQUATION. Donc l'équation en x, avec le changement des signes indiqué, appartient aussi-bien à la *courbe* que l'équation en x, sans changer aucun signe. Donc, &c. Il est donc important de changer les signes de x, s'il est nécessaire, pour avoir la partie de la *courbe* qui s'étend du côté des x négatives. En effet soit, par exemple, $yy=aa-xx$ l'équation du cercle, on aura, en prenant x positive, $y=\pm\sqrt{aa-xx}$; & en faisant x négative, on aura de même $y=\pm\sqrt{aa-xx}$: ce qui donne le cercle entier. Si on prenoit seulement x positive, on n'auroit que le demi-cercle; & si on ne prenoit y que positive, on n'auroit que le quart du cercle.

Voilà donc une démonstration générale de ce que tous les géomètres n'ont supposé jusqu'à présent que par induction. En effet, ils ont vu, par exemple, que si $y=a-x$, c'est l'équation d'une ligne droite qui coupe son axe au point où $x=a$, & qui ensuite passe de l'autre côté. Or quand $x>a$, on a y négative; ainsi, ont-ils dit, l'ordonnée négative doit être prise du côté opposé à la positive. Ils ont vu encore que $y=\pm\sqrt{px}$ est l'équation de la parabole, & que cette *courbe* a en effet deux parties égales & semblables, l'une à droite, & l'autre à gauche de son axe, ce qui prouve que $-\sqrt{px}$ doit être prise du côté opposé à $\sqrt{px}$. Plusieurs autres exemples pris du cercle, des sections coniques rapportées à tel axe qu'on jugera à propos, ont prouvé la régle de la position des ordonnées & la nécessité de prendre x négative, après l'avoir pris positive. On s'en est tenu là, mais ce n'étoit pas une démonstration rigoureuse.

Les différentes valeurs de y répondantes à x positive & à x négative, donnent les différentes branches de la *courbe*. *Voyez* BRANCHE.

Lorsqu'on a ordonné l'équation d'une *courbe* par rapport à y ou à x, s'il ne se trouve point dans l'équation de terme constant, la *courbe* passe par l'origine; car en faisant $x=o$, & $y=o$ dans l'équation, tout s'évanouit. Donc la supposition de $y=o$ quand $x=o$, est légitime. Donc la *courbe* passe par le point où $x=o$.

En général, si on ordonne l'équation d'une *courbe* par rapport à y, en sorte que le dernier terme ne contienne que x avec des constantes; & qu'on cherche les valeurs de x propres à rendre ce dernier terme égal à zéro, ces valeurs de x donneront les points où la *courbe* coupera son axe; car puisque ces valeurs de x substituées dans le dernier terme le rendront $=o$, on prouvera par le même raiſonnement que ci-deſſus, que dans les points qui répondent à ces valeurs de x, on a $y=o$.

Lorſque la valeur de l'ordonnée y eſt imaginaire, la *courbe* manque dans ces endroits-là; par exemple, lorſque $x>a$ dans l'équation $y=\pm\sqrt{aa-xx}$, la valeur d'y eſt imaginaire: auſſi le cercle n'exiſte point dans les endroits où $x>a$; de même ſi, dans l'équation $y=\pm\sqrt{px}$, on fait x négative, on trouvera y imaginaire, ce qui prouve que la parabole ne paſſe point du côté des x négatives.

On verra aux articles EQUATION & IMAGINAIRE, que toute quantité imaginaire, ou racine imaginaire d'une équation peut ſe réduire à $A+B\sqrt{-1}$, A & B étant des quantités réelles, & que toute équation qui a pour racine $A+B\sqrt{-1}$, a pour racine auſſi $A-B\sqrt{-1}$. Or, quand une ordonnée paſſe du réel à l'imaginaire, cela vient de ce qu'une quantité comme C, qui étoit ſous un ſigne radical $\sqrt{C}$, devient négative, en ſorte que $C=B\sqrt{-1}$, B étant une quantité réelle. Or, pour que C devienne négative, de poſitive qu'elle étoit, il faut qu'elle paſſe par le zero, ou par l'infini. *Voyez* MAXIMUM. Donc, au point où l'ordonnée paſſe à l'imaginaire, on a B nul ou infini; donc les racines $A+B\sqrt{-1}$, & $A-B\sqrt{-1}$ deviennent égales en ce point-là. Donc la limite qui ſépare les ordonnées réelles des ordonnées imaginaires, renferme deux ou pluſieurs ordonnées égales, leſquelles feront $=o$, ou finies ou infinies; égales à zéro, ſi $A=o$, & ſi B eſt zéro; finies, ſi A eſt finie, & B zéro; infinies, ſi A eſt infinie, & B zéro, ou ſi A eſt finie & B infinie, ou ſi A & B ſont infinies l'une & l'autre.

Par exemple, ſi $x=a$, & que l'équation ſoit $y=a-x\pm\sqrt{a-x}$, on a $y=o$; ſi l'équation eſt $y=a\pm\sqrt{a-x}$, y ſera $=a$; ſi l'équation eſt $y=a\pm\frac{1}{\sqrt{a-x}}$, ou $y=\frac{1}{a-x}\pm\sqrt{a-x}$, y ſera infinie; & ſi, dans tous ces cas, on prend $x>a$, la valeur de y ſera imaginaire.

Quand on a l'équation d'une *courbe*, il faut examiner d'abord ſi cette équation ne peut pas ſe diviſer en pluſieurs équations rationnelles; car, ſi cela eſt, l'équation ſe rapporte, non à une ſeule & même *courbe*, mais à des *courbes* différentes. On en peut voir un exemple *à l'article* HYPERBOLES CONJUGUÉES *au mot* CONJUGUÉ. Nous ajouterons ici, 1.° qu'il faut, pour ne point ſe tromper là-deſſus, mettre d'abord tous les termes de l'équation d'un côté, & zéro de l'autre, & voir enſuite ſi l'équation eſt réductible en d'autres équations rationnelles; car ſoit, par exemple, $yy=aa-xx$, on ſeroit tenté de croire d'abord que l'équation peut ſe changer en ces deux-ci $y=a-x$ & $y=a+x$, dont le produit donne $yy=aa-xx$; ainſi, on pourroit croire que l'équation $yy=aa-xx$, qui appartient réellement au cercle, appartiendroit au ſyſtême de deux lignes droites, $y=a+x$ & $y=a-x$. Or on ſe tromperoit en cela; mais, pour connoître ſon erreur, il n'y a qu'à faire $yy-aa+xx=o$, & l'on verra alors facilement que cette équation n'eſt pas le produit des deux équations $y-a+x=o$ & $y-a-x=o$; en effet, on ſent aſſez que $yy=aa-xx$ ne donne ni $y=a-x$, ni $y=a+x$; mais, ſi on avoit l'équation $yy-2ay+aa-xx=o$, on trouveroit que cette équation viendroit des deux $y-a-x=o$ & $y-a+x=o$, & qu'ainſi elle repréſenteroit non une *courbe*, mais un ſyſtême de deux lignes droites.

2.° Les équations dans leſquelles l'équation apparente d'une *courbe* ſe diviſe, n'en ſeroient pas moins rationnelles, quand elles renfermeroient des radicaux, pourvu que la variable x ne ſe trouvât pas ſous ces radicaux; par exemple, une équation qui ſeroit formée de ces deux-ci, $y-\sqrt{aa+bb}-x=o$, & $y-\sqrt{aa+bb}+x=o$, repréſenteroit toujours le ſyſtême de deux lignes droites. Il faut ſeulement remarquer que l'équation $yy-2y\sqrt{aa+bb}+aa+bb-xx=o$, qui réſulte de ces deux-là, ſe change, en faiſant évanouir tout-à-fait le ſigne radical, en celle-ci $(yy+aa+bb-xx)^2-4yy(aa+bb)=o$, qui eſt du quatrième degré, & qui renferme le ſyſtême de 4 lignes droites, $y-\sqrt{aa-bb}-x=o$, $y-\sqrt{aa-bb}+x=o$, $y+\sqrt{aa+bb}-x=o$, $y+\sqrt{aa+bb}+x=o$.

3.° Les équations ſont encore rationnelles, quand même x ſe trouveroit ſous le ſigne radical; pourvu qu'on puiſſe l'en dégager; par exemple, $y-\sqrt{aaxx+bbxx}=o$ & $y-\sqrt{ddx^2+eex^2}=o$, ſe changent en $y=\pm x\sqrt{aa+bb}$, & $y=\pm x\sqrt{dd+ee}$, qui eſt le ſyſtême de quatre lignes droites, où l'on voit que les deux équations radicales en ont fourni chacune deux autres, parce que la racine de xx eſt également $+x$ & $-x$. Je m'étens ſur ces différens objets, parce qu'ils ne ſont point traités ailleurs, ou qu'ils le ſont trop ſuccinctement, ou qu'ils le ſont mal.

Ceci nous conduit à parler d'une autre manière d'envisager l'équation des *courbes*, c'eſt de déterminer une *courbe* par l'équation, non entre x & y, mais entre les y qui répondent à une même abſciſſe.

Exemple. On demande une *courbe*, dans laquelle

la somme de deux ordonnées correspondantes à une même x soit toujours égale à une quantité constante $2a$; je dis que l'équation de cette *courbe* sera $y = a + \sqrt{X}$, X désignant une quantité *radicale* quelconque, composée de x & de constantes. En effet, les deux ordonnées $y = a + \sqrt{X}$ & $y = a - \sqrt{X}$ ajoutées ensemble, donnent une somme $= 2a$; mais il faut bien remarquer que $\sqrt{X}$ doit être une quantité irrationnelle; car, par exemple, $y = a + \frac{x^3}{b^2}$ & $y = a - \frac{x^3}{b^2}$ ne satisferoient pas au problème, parce que ces deux équations ne désigneroient pas le système d'une seule & même *courbe*. De même, si on demande une *courbe*, dans laquelle le produit des deux ordonnées correspondantes à x soit une quantité Q, qui contienne x avec des constantes, ou qui soit une constante, on fera $y = P \pm \sqrt{PP - Q}$, P étant une quantité quelconque qui contienne x avec des constantes, ou qui soit une constante; car le produit des deux valeurs $P + \sqrt{PP - Q}$ & $P - \sqrt{PP - Q}$ donnera Q. Voyez, sur tout cela, les Journaux de Leipsick de 1697, les Mémoires de l'Académie des Sciences de 1734, l'*introductio ad Analysim infinitorum*, par M. Euler, *c. xiv*.

Cours d'une courbe. Pour déterminer le cours d'une *courbe*, on doit d'abord résoudre l'équation de cette *courbe*, & trouver la valeur de y en x; ensuite on prend différentes valeurs de x, & on cherche les valeurs de y correspondantes; on voit par-là les endroits où la *courbe* coupe son axe, savoir, les points où la valeur de $y = 0$; les endroits où la *courbe* a une asymptote, c'est-à-dire, les points où y est infinie, x restant finie, ou bien où y est infinie, & a un rapport fini avec x supposée aussi infinie; les points où y est imaginaire, & où par conséquent la *courbe* ne passe pas, *&c.* Ensuite on fait les mêmes opérations, en prenant x négative. Par exemple, soit $\left(y - \frac{aa}{a-x}\right)^2 = xx + aa$ l'équation d'une *courbe*, on aura donc $y = \frac{aa}{a-x} \pm \sqrt{xx + aa}$. Ce qui fait voir, 1.° que chaque valeur de x donne deux valeurs de y, à cause du double signe $\pm$; 2.° que, si $x = 0$, on a $y = a \pm a$, c'est-à-dire $y = 0$ & $y = 2a$; 3.° que, si $x = a$, $y =$ à l'infini, & que par conséquent la *courbe* a une asymptote au point où $x = a$; 4.° que, si $x =$ à l'infini, on a $y = \pm x$; ce qui prouve que la *courbe* a des asymptotes qui font, avec son axe, un angle de 45 degrés; en faisant x négative, on trouve $y = \frac{aa}{a+x} \pm \sqrt{xx + aa}$, équation sur laquelle on fera des raisonnemens semblables. Il en est de même des autres cas. Si l'équation avoit $\sqrt{xx - aa}$, on trouveroit qu'au point où $x = 0$, l'ordonnée devient imaginaire, *&c.*

On peut tracer à-peu-près une courbe par plusieurs points, en prenant plusieurs valeurs de x assez près l'une de l'autre, & cherchant les valeurs de y. Ces méthodes de décrire une *courbe* par plusieurs points sont plus commodes, & en un sens plus exactes que celles de les décrire par un mouvement continu. *Voyez* COMPAS ELLIPTIQUE.

Les anciens n'ont guère connu d'autres *courbes* que le cercle, les sections coniques, la conchoïde, & la cissoïde. *Voyez ces mots*. La raison en est toute simple, c'est qu'on ne peut guère traiter des *courbes* sans le secours de l'algèbre, & que l'algèbre paroît avoir été peu connue des anciens. Depuis ce tems, on y a ajouté les paraboles & hyperboles cubiques, & le trident ou parabole de Descartes; voilà où on en est resté, jusqu'au Traité des lignes du troisième ordre de M. Neuton, dont nous parlerons plus bas. *Voyez* PARABOLE, HYPERBOLE, TRIDENT, *&c.*

Nous avons dit ci-dessus que les *courbes* méchaniques sont celles dont l'équation entre les coordonnées n'est & *ne peut être* algébrique, c'est-à-dire finie.

Nous disons *ne peut être*; car, si l'équation différentielle d'une *courbe* avoit une intégrale finie, cette *courbe*, qui paroîtroit d'abord méchanique, seroit réellement géométrique. Par exemple, si $dy = \frac{adx}{\sqrt{2ax}}$, la *courbe* est géométrique, parce que l'intégrale est $y = \sqrt{2ax} + A$; ce qui représente une parabole. Mais l'équation $dy = \frac{adx}{\sqrt{2ax - xx}}$ est l'équation d'une *courbe* méchanique, parce que l'on ne sauroit trouver l'intégrale de cette équation différentielle. *Voyez* DIFFÉRENTIEL, INTÉGRAL & QUADRATURE.

Les anciens ont fait très-peu d'usage des *courbes* méchaniques; nous ne leur en connoissons guere que deux, la spirale d'Archimède & la quadratrice de Dinostrate. *Voyez ces mots*. Ils se servoient de ces *courbes* pour parvenir d'une maniere plus aisée à la quadrature du cercle. Les modernes ont multiplié à l'infini le nombre des *courbes* méchaniques; le calcul différentiel a facilité extrêmement cette multiplication, & les avantages qu'on pouvoit en tirer. Revenons aux *courbes* algébriques ou géométriques, qui sont celles dont il sera principalement mention dans cet article, parce que le caractère de leurs équations qui consiste à être exprimées en termes finis, nous met à portée d'établir sur ces *courbes* des propositions générales, qui n'ont pas lieu dans les *courbes* méchaniques. C'est principalement la Géométrie des *courbes* méchaniques, qu'on appelle *Géométrie transcendante*, parce qu'elle emploie nécessairement le calcul infinitésimal; au lieu que la Géométrie des *courbes* algébriques n'emploie point, du moins nécessairement, ce calcul pour la découverte des propriétés de ces *courbes*, si on en excepte leurs rectifications & leurs quadratures; car on peut déterminer, par exemple, leurs tangentes, leurs asymptotes, leurs branches, &c. & toutes les autres propriétés de cette espece, par le secours du seul calcul algébrique ordinaire. *Voyez* les ouvrages de MM. Euler & de Gua, déja cités, & l'ouvrage de M. Cramer, qui a pour titre: *Introduction à l'analyse des lignes courbes, Genev.* 1750, in-4.°

Nous avons vu ci-dessus comment on transforme les axes x & y d'une *courbe* par les équations $x = Az + Bu + C$, $y = Dz + Eu + F$; c'est-là la transformation la plus générale, & si on veut faire des transformations plus simples, on n'a qu'à supposer un des coëfficiens A, B, C, D, &c., ou plusieurs égaux à zéro, pourvu qu'on ne suppose pas, par exemple, A & B ensemble égaux à zéro, ni D & E ensemble égaux à zéro, car on auroit $x = C$, & $y = F$; ce qui ne se peut, puisque x & y qui sont des indéterminées ne peuvent être égales à des constantes. On ne doit point non plus supposer en même-temps B & $E = 0$ ni A & $D = 0$; car substituant les valeurs de x & de y, on n'auroit plus, dans l'équation de la *courbe*, qu'une seule indéterminée u. Or il faut qu'il y en ait toujours deux.

Il est visible que, si on substitue à la place de x & de y les valeurs ci-dessus dans l'équation de la *courbe*, l'équation n'augmentera pas de dimension; car on détermine la dimension & le degré de l'équation d'une *courbe*, par la plus haute dimension à laquelle se trouve l'une ou l'autre des inconnues x, y, ou le produit des inconnues; par exemple, l'équation d'une *courbe* est du troisième degré, lorsqu'elle contient le cube y^3, ou le cube x^3, ou le produit xyy ou xxy, ou toutes ces quantités à-la-fois, ou quelques-unes seulement. Or, comme dans les équations $x = Az + Bu + C$, $y = Dz + Eu + F$, z & u ne montent qu'au premier degré, il est évident que, si on substitue ces valeurs dans l'équation en x & en y, la dimension de l'équation & son degré n'augmentera pas. Il est évident, par la même raison, qu'elle ne diminuera pas; car, si elle diminuoit, c'est-à-dire si l'équation en z & en u étoit de moindre dimension que l'équation en x & en y, alors, substituant pour z & pour u leurs valeurs en x & en y, lesquelles sont d'une seule dimension, comme il est aisé de le voir, on retrouveroit l'équation en x & en y, & par conséquent on parviendroit à une équation d'une dimension plus élevée que l'équation en z & en u; ce qui est contre la première proposition.

Donc en général, quelque transformation d'axe que l'on fasse, l'équation de la *courbe* ne change point de dimension. On peut voir dans l'ouvrage de M. l'abbé du Gua, & dans l'introduction à l'analyse des lignes *courbes* par M. Cramer, les manières abrégées de faire le calcul pour la transformation des axes. Mais ce n'est pas de quoi il s'agit ici, cette abréviation de calcul étant indifférente en elle-même aux propriétés de la *courbe*. *Voyez* aussi TRANSFORMATION *des axes*.

Courbes algébriques du même genre ou du même ordre ou du même degré, sont celles dont l'équation monte à la même dimension. *V.* ORBE & DEGRÉ.

Les *courbes* géométriques étant une fois déterminées par la relation des ordonnées aux abscisses, on les distingue en différens genres ou ordres; ainsi, les lignes droites sont les lignes du premier ordre, les lignes du second ordre sont les sections coniques.

Il faut observer qu'une *courbe* du premier genre est la même qu'une ligne du second ordre, parce que les lignes droites ne sont point comptées parmi les *courbes*, & qu'une ligne du troisième ordre est la même chose qu'une *courbe* du second genre. Les *courbes* du premier genre sont donc celles dont l'équation monte à deux dimensions; dans celle du second genre, l'équation monte à trois dimensions, à quatre dans celle du troisième genre, *&c.*

Par exemple, l'équation d'un cercle est $y^2 = 2ax - xx$, ou $y^2 = a^2 - x^2$; le cercle est donc une *courbe* du premier genre & une ligne du second ordre.

De même la *courbe*, dont l'équation est $ax = y^2$, est une *courbe* du premier genre; & celle qui a pour équation $a^2 x = y^3$, est *courbe* du second genre & ligne du troisième ordre.

Sur les différentes *courbes* du premier genre & leurs propriétés, *voyez* SECTIONS CONIQUES *au mot* CONIQUE.

On a vu, à cet article CONIQUE, quelle est l'équation la plus générale des lignes du second ordre, & on trouve que cette équation a $3 + 2 + 1$ termes; on trouvera de même que l'équation la plus générale des lignes du troisième ordre est $y^3 + axy^2 + bxxy + cx^3 + ey^2 + fxy + gxx + hx + iy + l = 0$, & qu'elle a $4 + 3 + 2 + 1$ termes, c'est-à-dire 10; en général, l'équation la plus composée de l'ordre n, aura un nombre de termes $= (n + 2) \times \left(\frac{n+1}{2}\right)$, c'est-à-dire à la somme d'une progression arithmétique dont $n + 1$ est le premier terme & 1 le dernier. *V.* PROGRESSION ARITHMÉTIQUE.

Il est clair qu'une droite ne peut jamais rencontrer une ligne du n^e ordre qu'en n points tout au plus; car, quelque transformation qu'on donne aux axes, l'ordonnée n'aura jamais que n valeurs réelles tout au plus, puisque l'équation ne peut être que du degré n. On peut voir dans l'ouvrage M. Cramer, déja cité, plusieurs autres propositions auxquelles nous renvoyons, sur le nombre des points, où les lignes de différens ordres ou du même ordre peuvent se couper. Nous dirons seulement que l'équation d'une *courbe* du degré n étant ordonnée, par exemple, par rapport à y, en sorte que y^n n'ait pour coëfficient que l'unité, cette équation aura autant de coëfficiens qu'il y a de termes, moins un, c'est-à-dire, $\frac{nn+3n}{2}$. Donc, si on donne un pareil nombre de points, la *courbe* du n^e ordre, qui doit passer par ces points, sera facilement déterminable; car, en prenant un axe quelconque à volonté, & menant des points donnés des ordonnées à cet axe, on aura $\frac{nn+3n}{2}$ ordonnées connues, ainsi que les abscisses correspondantes, & par conséquent on pourra former autant d'équations, dont les inconnues seront les coëfficiens de l'équation générale. Ces équations ne donneront jamais que des valeurs linéaires pour les coëfficiens, qu'on pourra par conséquent trouver toujours facilement.

Au reste, il peut arriver que quelques-uns des coëfficiens soient indéterminés; auquel cas, on pourra faire passer plusieurs lignes du même ordre par les points donnés; ou que les points donnés soient tels que la *courbe* n'y puisse passer: pour lors l'équation sera réductible en plusieurs autres rationnelles. Par exemple, qu'on propose de faire passer une section conique par cinq points donnés (car n étant $=2$, $\frac{nn+3n}{2}$ est $=5$): il est visible que, si trois de ces points sont en ligne droite, la section n'y pourra passer; car une section conique ne peut jamais être coupée qu'en deux points par une ligne droite, puisque son équation n'est jamais que de deux dimensions. Qu'arrivera-t-il donc? l'équation sera réductible en deux du premier degré, qui représenteront non une section conique, mais le système de deux lignes droites, & ainsi des autres.

On peut remarquer aussi que, si quelques coëfficiens se trouvent infinis, l'équation se simplifie; car les autres coëfficiens sont nuls par rapport à ceux-là, & on doit par conséquent effacer les termes où se trouvent ces coëfficiens nuls.

M. Neuton a fait, sur les *courbes* du second genre, un traité intitulé: *Enumeratio linearum tertii ordinis.* Les démonstrations des différentes propositions de ce traité se trouvent, pour la plupart, dans les ouvrages de MM. Stirling & Maclaurin sur les *courbes*, & dans les autres ouvrages dont nous avons déjà parlé. Nous allons rapporter sommairement quelques-uns des principaux articles de l'ouvrage de M. Neuton. Cet auteur remarque que les *courbes* du second genre & des genres plus élevés, ont des propriétés analogues à celles des *courbes* du premier genre: par exemple, les sections coniques ont des diamètres & des axes; les lignes que ces diamètres coupent en deux parties égales sont appellées *ordonnées*; & le point de la *courbe* où passe le diamètre est nommé *sommet*; de même, si, dans une *courbe* du second genre, on tire deux lignes droites parallèles qui rencontrent la *courbe* en trois points, une ligne droite qui coupera ces parallèles, de manière que la somme des deux parties comprises entre la sécante & la *courbe* d'un même côté, soit égale à l'autre partie comprise entre la sécante & la *courbe*, elle coupera, suivant la même loi, toutes les autres lignes qu'on pourra mener parallèlement aux deux premières, & qui seront terminées à la *courbe*, c'est-à-dire, les coupera de manière que la somme des deux parties d'un même côté sera égale à l'autre partie.

En effet, ayant ordonné l'équation de manière que y^3, sans coëfficient, soit au premier terme, le second terme sera $y^2(a+bx)$, & ce second terme contiendra la somme des racines, c'est-à-dire des valeurs de y. *Voyez* ÉQUATION. Or, par l'hypothèse, il y a deux valeurs de x qui rendent ce second terme $=0$, puisqu'il y a deux valeurs de x (*hyp.*) qui donnent la somme des ordonnées positives égale à la somme des négatives Donc il y a deux valeurs de x, savoir, A & B, qui donnent $a+bA=0$, $a+Bb=0$. Or cela ne peut être, à moins qu'en général on n'ait $a=0$, $b=0$. Donc $a+bx=0$, quelque valeur qu'on suppose à x. Donc le second terme manque dans l'équation. Donc la somme des ordonnées positives est partout égale à la somme des ordonnées négatives.

On peut étendre ce théorême aux degrés plus élevés. Par exemple, dans le quatrième ordre, le 2e terme étant $y^3(a+bx)$, c'est encore la même chose; &, si deux valeurs de x donnent la somme des ordonnées nulle, toutes les autres valeurs la donneront.

Outre cela, comme, dans les sections coniques non paraboliques, le quarré d'une ordonnée, c'est-à-dire le rectangle des ordonnées situées de deux différens côtés du diamètre, est au rectangle des parties du diamètre terminées aux sommets de l'ellipse ou de l'hyperbole, comme une ligne donnée appellée *latus rectum* ou *paramètre*, est à la partie du diamètre comprise entre les sommets, & appellée *latus transversum*; de même, dans les *courbes* du second genre non paraboliques, le parallelépide sous trois ordonnées est au parallelépipède sous les trois parties du diamètre terminées par les sommets & par la rencontre des ordonnées, dans un rapport constant.

Cela est fondé sur ce que le dernier terme de l'équation, savoir, hx^3+lx^2+mx+n, est le produit de toutes les racines; que ce dernier terme est, outre cela, le produit de $Ax+B$ par $Dx+E$, & par $Fx+G$, & que, aux points où $y=0$, c'est-à-dire où le diamètre coupe la *courbe*, points que l'on appelle ici *sommets*, on a $x=-\frac{A}{B}$, $x=-\frac{E}{D}$, $x=-\frac{G}{F}$; avec ces propositions, on trouvera facilement la démonstration dont il s'agit, ainsi que celle des théorêmes suivans, qui sont aussi tirés de M. Neuton.

Comme, dans la parabole conique, qui n'a qu'un

sommet sur un seul & même diamètre, le rectangle des ordonnées est égal au produit de la partie du diamètre comprise entre le sommet & l'ordonnée, par une ligne constante appellée *latus rectum*; de même, dans celles des *courbes* du second genre qui n'ont que deux sommets sur un même & unique diamètre, le parallelépipède sous trois ordonnées est égal au parallelépipède sous les deux parties du diamètre, comprise entre les sommets & la rencontre de l'ordonnée, & sous une troisième ligne constante, que l'on peut par conséquent nommer *latus rectum*. V. PARABOLE.

De plus, dans les sections coniques, si deux lignes parallèles & terminées à la section, sont coupées par deux autres lignes parallèles & terminées à la section, la première par la troisième, & la seconde par la quatrième, le rectangle des parties de la première est au rectangle de la partie de la troisième, comme le rectangle des parties de la seconde est au rectangle des parties de la quatrième; de même aussi, si on tire dans une *courbe* du second genre deux lignes parallèles, terminées à la *courbe* en trois points, & coupées par deux autres parallèles terminées à la même *courbe*, chacune en trois points, le parallelépipède des trois parties de la première ligne sera à celui des trois parties de la troisième, comme le parallepipède des trois de la seconde est à celui des trois parties de la quatrième.

Enfin les branches infinies des *courbes* du premier & du second genre & des genres plus élevés, sont ou du genre hyperbolique, ou du genre parabolique : une branche hyperbolique est celle qui a une asymptote, c'est-à-dire qui s'approche continuellement de quelque ligne droite; une branche parabolique est celle qui n'a point d'asymptote. V. ASYMPTOTE & BRANCHE.

Ces branches peuvent se distinguer encore mieux par leurs tangentes. En effet, si le point de contact d'une tangente est supposé infiniment éloigné, la tangente de ce point se confond avec l'asymptote dans une branche hyperbolique; & dans une branche parabolique, elle s'éloigne à l'infini, & disparoît. On peut donc trouver l'asymptote d'une branche, en cherchant sa tangente à un point infiniment éloigné, & on trouve la direction de cette branche, en cherchant la position d'une ligne droite parallèle à la tangente, lorsque le point de contact est infiniment éloigné; car la direction de la branche infinie à son extrémité est parallèle à celle de cette ligne droite.

Les lignes d'un ordre impair, par exemple, du troisième, du cinquième, ont nécessairement quelques branches infinies; car on peut toujours, par une transformation d'axes, s'il est nécessaire, préparer l'équation, en sorte que l'une au moins, des coordonnées, se trouve élevée à une puissance impaire dans l'équation; elle aura donc toujours au moins une valeur réelle, quelque valeur qu'on suppose à l'autre coordonnée. Donc, &c.

Nous avons dit plus haut que, dans une ligne *courbe* d'un genre quelconque, on peut toujours imaginer l'axe tellement placé, que la somme des ordonnées d'une part soit égale à la somme des ordonnées de l'autre. L'axe, en ce cas, s'appelle ordinairement *diamètre*. Il est évident que toute *courbe* en a une infinité; car, ayant transformé les axes d'une manière quelconque, on peut toujours supposer cette transformation telle que le second terme de la transformée manque, & en ce cas l'un des axes sera diamètre.

On appelle *diamètre absolu* celui qui divise les ordonnées en deux également; tels sont ceux des sections coniques.

M. de Bragelongne appelle *contre-diamètre* un axe des abscisses, tel que les abscisses opposées égales aient des ordonnées opposées égales, c'est-à-dire, tel que x négative donne y négative, sans changer d'ailleurs de valeur.

Ceci nous conduit naturellement à parler des *centres*, dont nous avons déjà dit un mot plus haut. Pour qu'une *courbe* ait un centre, il faut qu'en supposant l'origine placée dans ce centre, & prenant deux x opposées & égales, les y correspondantes soient aussi opposées & égales; c'est-à-dire, il faut que, faisant x négative dans l'équation, on trouve pour y la même valeur, mais négative. L'équation doit donc être telle par rapport à x & à y, qu'en changeant les signes de x & de y, elle demeure absolument la même; donc cette équation ne doit contenir que des puissances ou des dimensions impaires de x & de y, sans terme constant, ou des puissances & des dimensions paires de x & de y, avec ou sans terme constant. Car, dans le premier cas, tous les signes changeront, en faisant x & y négatives, ce qui est la même chose que si aucun signe ne changeoit; &, dans le second cas, aucun signe ne changera. Voulez-vous donc savoir si une *courbe* a un centre? L'équation étant ordonnée par rapport à x & à y, imaginez que l'origine soit transportée dans ce centre, en sorte que l'on ait $x+a=z$, $y+b=u$; & déterminez a & b à être telles, qu'il ne reste plus, dans la transformée, que des dimensions paires, ou des dimensions impaires sans terme constant; si la *courbe* a un centre possible, vous trouverez pour a & b des valeurs réelles. Dans l'extrait du livre de M. l'abbé de Gua, *Journal des Savans, mai 1740*, extrait dont je suis l'auteur, on a remarqué que l'énoncé de la méthode de cet habile géomètre pour déterminer les centres, étoit un peu trop générale.

Nous ne nous étendrons pas ici sur les manières de déterminer les différentes branches des *courbes*; nous renvoierons, sur ce sujet, au livre de M. Cramer, qui a pour titre : *Introduction à la ligne des lignes courbes*. Nous dirons seulement ici que ce problème dépend de la connoissance des séries & de la règle du parallélogramme, dont nous parlerons en leur lieu. *Voyez* PARALLELOGRAMME, SÉRIE, &c.

Diviſion des courbes en différens ordres. Nous avons vu à l'*article* CONIQUE, comment l'équation générale des ſections coniques ou ligne du ſecond ordre donne trois *courbes* différentes. Nous remarquerons ſeulement ici, 1.° qu'il faut, à l'endroit dont il s'agit, $-Duu$, au lieu de Duu; c'eſt une faute d'impreſſion : 2.° que, lorſque D eſt négatif, & par conſéquent $-Duu$ poſitif, alors l'équation primitive & générale $yy+pxy+bxx+qy+cx+a=0$ eſt telle que la portion $yy+pxy+bxx$ a ſes deux facteurs imaginaires, c'eſt-à-dire que cette portion $yy+pxy+bxx$ ſuppoſée égale à zéro, ne donneroit aucune racine réelle. On peut aiſément s'en aſſurer par le calcul; car, en ce cas, on trouvera $\frac{pp}{4}<b$, & la quantité A dans la transformée $zz+Axx+Bx+C=0$ ſera poſitive, & par conſéquent $-D$ poſitive.: 3.° dans l'équation $zz-Duu+Fu+G=0$. on peut réduire les trois termes $-Duu+Fu+G$ à deux $+Ktt+H$, lorſque D n'eſt pas $=0$, par la même méthode qu'on emploie pour faire évanouir le ſecond terme d'une équation du ſecond degré; c'eſt-à-dire en faiſant $u-\frac{F}{2D}=t$, & alors l'équation ſera $zz+Ktt+H=0$, équation à l'ellipſe, ſi K eſt poſitif; & à l'hyperbole, ſi K eſt négatif : 4.° ſi $D=0$, en ce cas, on fera $Fu+G=kt$, & l'équation ſera $zz+kt=0$, qui eſt à la parabole : 5.° dans le cas où $D=0$, $yy+pxy+bxx$ a ſes deux facteurs égaux; & dans le cas où D eſt poſitif, c'eſt-à-dire où $-Duu$ eſt négatif, $yy+pxy+bxx$ a ſes deux facteurs réels & inégaux, & l'équation apartient à l'hyperbole, car, en ce cas, $\frac{pp}{4}>b$, & A eſt négative. *Voyez* ſur cela, ſi vous le jugez à propos, le ſeptième livre des ſections coniques de M. de l'Hôpital, qui traite des lieux géométriques; vous y verrez comment l'équation générale des ſections coniques ſe transforme en équation à la parabole, à l'ellipſe ou à l'hyperbole, ſuivant que $yy+pxy+bxx$ eſt un quarré, ou une quantité compoſée de facteurs imaginaires, ou de facteurs réels inégaux. Paſſons maintenant aux lignes du troiſième ordre ou *courbes* du ſecond genre.

Réduction des courbes du ſecond genre. M. Neuton réduit toutes les *courbes* du ſecond genre à quatre eſpèces principales repréſentées par quatre équations. Dans la première, le rapport des ordonnées y aux abſciſſes x, eſt repréſenté par l'équation $xyy+cy=ax^3+bxx+cx+d$; dans la ſeconde, l'équation a cette forme $xy=ax^3+bxx+cx+d$; dans la troiſième, l'équation eſt $yy=ax^3+bx^2+cx+d$; enfin la quatrième a pour équation $y=ax^3+bx^2+cx+d$.

Pour arriver à ces quatre équations, il faut d'abord prendre l'équation générale la plus compoſée des lignes du troiſième ordre, & l'écrire ainſi.

$$\left.\begin{array}{l} z^3+bz^2u+czu^2+cu^3 \\ \quad +fzz+gzu+huu \\ \qquad\quad +iz+lu \\ \qquad\qquad +m \end{array}\right\}=0.$$

On remarquera que le plus haut rang $z^3+bzu^2+cuz^2+cu^3$ étant du troiſième degré, il aura au moins un facteur réel; les deux autres étant, ou égaux entr'eux & inégaux au premier facteur, ou réels & inégaux, tant entr'eux qu'avec le premier facteur, ou imaginaires, ou enfin égaux au premier. Soit $z+Au$ ce facteur réel, & faiſons d'abord abſtraction du cas où les trois facteurs ſont égaux; ſoit ſuppoſé $z+Au=t$, on aura une transformée qui contiendra t^3, t^2, t, tuu, utt, tu, uu & u, avec un terme conſtant; or on fera d'abord diſparoître le terme uu, en ſuppoſant $t+F=ſ$; enſuite, en faiſant $u=Nſ+p+Q$ (les grandes lettres déſignent ici les coëfficiens), on fera diſparoître les termes utt & ut, & il ne reſtera plus que des termes qui repréſenteront la première équation $xyy+ey=ax^3+bxx+cx+d$.

En ſecond lieu, ſi les trois facteurs du plus haut rang ſont égaux, on n'aura dans l'équation transformée, en faiſant $z+Au=t$, que les termes t^3, t^2, t, u, tu, uu, & un terme conſtant. Or on peut faire diſparoître les termes tu & u, en ſuppoſant $u+Rt+K=ſ$; & l'on aura une équation de la forme $yy=ax^3+bx^2+cx+d$. Troiſième forme de M. Neuton. Nous remarquerons même que cette équation pourroit encore ſe ſimplifier; car, en ſuppoſant $x=R+q$, on feroit évanouir les termes bxx ou d, & quelquefois le terme cx.

3.° Si les trois facteurs du premier rang ſont égaux, & que de plus un de ces facteurs ſoit auſſi facteur du ſecond rang $fzz+gzu+huu$, alors la transformée aura des termes de cette forme t^3, t, tu, tt, u, & un terme conſtant. Or, faiſant $t+R=q$, on fera diſparoître le terme u, & on aura une équation de cette forme $xy=ax^3+bx^2+cx+d$. Seconde forme de M. Neuton. Cependant on pourroit encore ſimplifier cette équation, & faire diſparoître les deux termes bx^2+cx, en ſuppoſant $x=Qp$, & $y=Np+Rz+M$.

4.° Enfin, ſi les trois facteurs du premier rang étant égaux, ceux du ſecond ſont les mêmes, l'équation alors n'aura que des termes de cette forme t^3, tt, u & t, avec un terme conſtant, & elle ſera de la quatrième forme de M. Neuton $y=ax^3+bx^2+cx+d$, de laquelle on peut encore faire diſparoître les termes bx^2+cx+d, en ſuppoſant $x=p+R$, & $y+Nx+Q=z$. En ce cas, l'équation ſera de la forme $y=Ax^3$, & repréſentera la première parabole cubique. *Voyez les usages de l'analyse de Descartes*, par M. l'abbé du Gua, *pag. 437 & suiv.*

On voit, par ce détail, sur quoi est fondée la division générale des lignes du troisième ordre qu'a donné M. Neuton; on voit de plus que les équations qu'il a données auroient pu encore recevoir toutes une forme plus simple, à l'exception de la première.

Enumération des courbes du second genre. L'auteur subdivise ensuite ces quatre espèces principales en un grand nombre d'autres particulières, à qui il donne différens noms.

Le premier cas, qui est celui de $xyy + ex = ax^3 + bx^2 + cx + d$, est celui qui donne le plus grand nombre de subdivisions; les trois subdivisions principales sont que les deux autres racines du plus haut rang soient ou réelles & inégales, ou imaginaires, ou réelles & égales, & chacune de ces subdivisions en produit encore d'autres. *Voyez l'ouvrage* de M. l'abbé de Gua, *pag. 440 & suiv.*

Lorsqu'une hyperbole est toute entière au-dedans de ses asymptotes comme l'hyperbole conique, M. Neuton l'appelle *hyperbole inscrite ;* lorsqu'elle coupe chacune de ses asymptotes, pour venir se placer extérieurement par rapport à chacune des parties coupées, il la nomme *hyperbole circonscrite ;* enfin, lorsqu'une de ses branches est inscrite à son asymptote, & l'autre circonscrite à la sienne, il l'appelle *hyperbole ambigène ;* celle dont les branches tendent du même côté, il la nomme *hyperbole convergente ;* celle dont les branches ont des directions contraires, *hyperbole divergente ;* celle dont les branches tournent leur convexité de différens côtés, *hyperbole à branches contraires ;* celle qui a un sommet concave vers l'asymptote & des branches divergentes, *hyperbole conchoïdale ;* celle qui coupe son asymptote avec des points d'inflexion, & qui s'étend vers deux côtés opposés, *hyperbole anguinée* ou *serpentante ;* celle qui coupe la branche conjuguée, *cruciforme ;* celle qui retourne sur elle-même & se coupe, *hyperbole à nœud ;* celle dont les deux parties concourent en un angle de contact & s'y terminent, *hyperbole à pointe* ou *à rebroussement ;* celle dont la conjuguée est une ovale infiniment petite, c'est-à-dire un point, *hyperbole pointée* ou *à point conjugué ;* celle qui, par l'impossibilité de deux racines, n'a ni ovale, ni point conjugué, ni point de rebroussement, *hyperbole pure :* l'auteur se sert, dans le même sens, des dénominations de *parabole convergente, divergente, cruciforme,* &c. Lorsque le nombre des branches hyperboliques surpasse celui des branches de l'hyperbole conique, il l'appelle l'hyperbole *redundante.*

M. Neuton compte jusqu'à soixante-douze espèces inférieures de *courbes* du second genre ; de ces *courbes* il y en a neuf qui sont des hyperboles redundantes sans diamètre, dont les trois asymptotes forment un triangle. De ces hyperboles, la première en renferme trois, une inscrite, une circonscrite & une ambigène, avec une ovale ; la seconde est à nœud, la troisième à pointe, la quatrième pointée, la cinquième & la sixième pures, la septième & la huitième cruciformes, la neuvième anguinée.

Il y a de plus douze hyperboles redundantes qui n'ont qu'un diamètre ; la première a une ovale, la seconde est à nœud, la troisième à pointe, la quatrième pointée ; la cinquième, sixième, septième & huitième pures ; la neuvième & la dixième cruciformes, la onzième & la douzième conchoïdales. Il y a deux hyperboles redundantes qui ont trois diamètres.

Il y a encore neuf hyperboles redundantes, dont les trois asymptotes convergent en un point commun ; la première est formée de la cinquième & de la sixième hyperbole redundantes, dont les asymptotes renferment un triangle ; la seconde de la septième & de la huitième, la troisième & la quatrième de la neuvième ; la cinquième est formée de la huitième & de la septième des hyperboles redundantes, qui n'ont qu'un diamètre ; la sixième de la sixième & de la septième, la septième de la huitième & de la neuvième, la huitième de la dixième & de la onzième, la neuvième de la douzième & de la treizième. Tous ces changemens se font en réduisant en un point le triangle compris par les asymptotes.

Il y a encore six hyperboles défectives sans diamètre ; la première a une ovale, la seconde est à nœud, la troisième à pointe, la quatrième pointée, la cinquième pure, *&c.*

Il y a sept hyperboles défectives qui ont des diamètres ; la première & la seconde sont conchoïdales avec une ovale, la troisième est à nœud, la quatrième à pointe : c'est la cissoïde des anciens ; la cinquième & la sixième sont pointées, la septième pure.

Il y a sept hyperboles paraboliques qui ont des diamètres ; la première ovale, la seconde à nœud, la troisième à pointe, la quatrième pointée, la cinquième pure, la sixième cruciforme, la septième anguinée.

Il y a quatre hyperboles paraboliques, quatre hyperbolismes de l'hyperbole, trois hyperbolismes de l'ellipse, deux hyperbolismes de la parabole.

Outre le trident, il y a encore cinq paraboles divergentes ; la première a une ovale, la seconde est à nœud, la troisième pointée, la quatrième est à pointe (cette dernière est la parabole de Neil, appellée communément *seconde parabole cubique*), la cinquième est pure. Enfin il y a une dernière *courbe* appellée communément *première parabole cubique.* Remarquons ici que M. Stirling a déjà fait voir que M. Neuton, dans son énumération, avoit oublié quatre espèces particulières, ce qui fait monter le nombre des *courbes* du second genre jusqu'à soixante-seize, & que M. l'abbé de Gua y en a encore ajouté deux autres, observant de plus que la division des lignes du troisième ordre en espèces pourroit être beaucoup plus nombreuse, si on assignoit à ces différentes espèces des caractères distinctifs, autres que ceux que M. Neuton leur donne.

On peut voir dans l'ouvrage de M. Neuton, & dans l'endroit cité du livre de M. l'abbé de Gua, ainsi que dans M. Stirling, les subdivisions détaillées des *courbes* du troisième ordre, qu'il seroit trop long & inutile de donner dans un dictionnaire. Mais nous ne pouvons-nous dispenser de remarquer que les principes sur lesquels ces divisions sont fondées, sont assez arbitraires; & qu'en suivant un autre plan, on pourroit former d'autres divisions des lignes du troisième ordre. On pourroit, par exemple, comme MM. Euler & Cramer, distinguer d'abord quatre cas généraux; celui où le plus haut rang n'a qu'une racine réelle, celui où elles sont toutes trois réelles & inégales, celui où deux sont égales, celui où trois sont égales, & subdiviser ensuite ces cas. Cette division générale paroît d'autant plus juste & plus naturelle, qu'elle seroit parfaitement analogue à celle des lignes du second ordre ou sections coniques, dans laquelle on trouve l'ellipse pour le cas où le plus haut rang a ses deux racines imaginaires, l'hyperbole pour le cas où le plus haut rang a ses racines réelles & inégales, & la parabole pour le cas où elles sont égales. Au reste, il faut encore remarquer que toutes les subdivisions de ces quatre cas, & même la division générale, auront toujours de l'arbitraire. Cela se voit même dans la division des lignes du second ordre : car on pourroit à la rigueur, par exemple, regarder la parabole comme une espèce d'ellipse dont l'axe est infini (*voy.* PARABOLE), & ne faire que deux divisions pour les sections coniques; & on pourroit même n'en faire qu'une, en regardant l'hyperbole comme une ellipse, telle que dans l'équation $yy = aa - xx$, le quarré de l'abscisse xx ait le signe $+$. Il semble qu'en Géométrie comme en Physique, la division en genres & en espèces ait toujours nécessairement quelque chose d'arbitraire; c'est que dans l'une & dans l'autre il n'y a réellement que des individus, & que les genres n'existent que par abstraction de l'esprit.

M. Cramer trouve quatorze genres de *courbes* dans le troisième ordre, & M. Euler seize; ce qui prouve encore l'arbitraire des subdivisions.

On peut, par une méthode semblable, faire la division des *courbes* d'un genre supérieur. *Voyez* ce que M. Cramer a fait par rapport aux lignes du quatrième ordre dans le *chap. ix* de son ouvrage.

Pour rappeller à l'une des quatre formes de M. Neuton une ligne quelconque du troisième ordre, dont l'équation est donné en z & en u, on transformera d'abord les axes de la manière la plus générale, en supposant $x = Az + Bu + C$, & $y = Dz + Eu + F$: substituant ensuite ces valeurs, on déterminera les coëfficiens A, B, &c. à être tels que l'équation en x & en y ait une des quatre formes susdites.

Points singuliers & multiples des courbes. On appelle *point multiple* d'une *courbe* celui qui est commun à plusieurs branches qui se coupent en ce point, &, par opposition, *point simple* celui qui n'appartient qu'à une branche. Il est visible qu'au point multiple, l'ordonnée y a plusieurs valeurs égales répondantes à un même x. C'est-là une propriété du point multiple; mais il ne faut pas croire que le point soit multiple toutes les fois que l'ordonnée a plusieurs valeurs égales : car si une ordonnée touche la *courbe*, par exemple, il est aisé de voir que l'ordonnée a dans ce point deux valeurs égales, sans que le point soit double. *Voyez* TANGENTE. La propriété du point multiple, c'est que l'ordonnée y a plusieurs valeurs égales, *quelque situation qu'on lui donne;* au lieu que dans le point simple, l'ordonnée qui peut avoir plusieurs valeurs égales dans une certaine situation, n'en a plus qu'une dès que cette situation change; ce qui est évident par la seule inspection d'un point multiple & d'un point simple. *Voyez* POINT.

De-là il s'ensuit que si on transporte l'origine en un point supposé multiple, en faisant $z + A = x$, $u + B = y$, il faut qu'en supposant z infiniment petit, on ait plusieurs valeurs nulles de u, quelque direction qu'on lui donne. Ainsi, pour trouver les points multiples, il n'y a qu'à, après avoir transporté l'origine dans le point supposé, donner une direction quelconque à l'ordonnée, & voir si, dans cette direction quelconque, l'ordonnée aura plusieurs valeurs égales à zéro. *Voy.* M. l'abbé de Gua, *page 88*, & M. Cramer, *page 409*.

On prouvera, par ces principes, que les sections coniques ne peuvent avoir de points multiples; ce qu'on savoit d'ailleurs. On prouvera aussi que les *courbes* du troisième ordre ne peuvent avoir de points triples, *&c.*; mais cette proposition se peut encore prouver d'une manière plus simple en cette sorte. Imaginons que l'ordonnée soit tangente d'une des branches, elle rencontrera cette branche en deux points. Or si le point est un point double, par exemple, l'ordonnée rencontreroit donc la *courbe* en trois points, ce qui ne peut être dans une section conique; car jamais une droite ne peut la rencontrer qu'en deux points, puisque son équation ne passe jamais le second degré; & qu'ainsi, quelque position qu'on donne à l'ordonnée, elle ne peut avoir jamais plus de deux valeurs. On prouvera de même qu'une *courbe* du second genre, ou ligne du troisième ordre, ne peut avoir de point triple, parce que la *courbe* ne peut jamais être coupée qu'en trois points par une ligne droite.

A l'égard des points doubles des *courbes*, nous avons déjà remarqué que les *courbes* du second genre peuvent être coupées en trois points par une ligne droite. Or deux de ces points se confondent quelquefois, comme il arrive, par exemple, quand la ligne droite passe par une ovale infiniment petite, ou par le point de concours de deux parties d'une *courbe* qui se rencontrent & s'unissent en une pointe. Quelquefois les lignes droites ne coupent la *courbe* qu'en un point, comme il arrive aux ordonnées de la parabole de Descartes, & de la première parabole cubique; en ce cas, il faut concevoir que ces lignes droites passent par deux autres points de la *courbe* placés à une distance infinie ou imaginaire. Deux de ces intersections coïncidentes, faites à une distance infinie ou même imaginaire, constituent une espèce de *point double*.

On appelle *points singuliers* les points simples qui ont quelque propriété particulière, comme les points conjugués, les points d'inflexion, les points de serpentement, &c. *Voyez* Point, Conjugué, Inflexion, Serpentement, &c.; *voyez aussi* Rebroussement, Nœud, &c. Sur les tangentes des *courbes* en général & sur les tangentes des points multiples, *voy.* Tangente.

Description organique des courbes. 1.° Si deux angles de grandeur donnée, *PAD*, *PBD* (*figure 52.*), tournent autour de deux poles *A* & *B* donnés de position, & que le point de concours *P* des côtés *AP*, *BP* décrive une ligne droite, le point de concours *D* des deux autres côtés décrira une section conique qui passera par les poles *A* & *B*, à moins que la ligne ne vienne à passer par l'un ou l'autre des poles *A* & *B*, ou que les angles *BAD* & *ABD* ne s'évanouissent à-la-fois, auquel cas le point de concours décrira une ligne droite.

2.° Si le point de concours *P* des côtés *AP*, *BP* décrit une section conique passant par l'un des poles *A*, le point de concours *D* des deux autres côtés *AD*, *BD* décrira une *courbe* du second genre qui passera par l'autre pole *B*, & qui aura un point double dans le premier pole *A*, à moins que les angles *BAD*, *ABD* ne s'évanouissent à-la-fois, auquel cas le point *D* décrira une autre section conique qui passera par le pole *A*.

3.° Si la section conique, décrite par le point *P*, ne passe ni par *A* ni par *B*, le point *D* décrira une *courbe* du second ou du troisième genre, qui aura un point double, & ce point double se trouvera dans le concours des côtés décrivans *AD*, *BD*, quand les deux angles *BAP*, *ABP* s'évanouissent à-la-fois. La *courbe* décrite sera du second genre, quand les angles *BAD*, *ABD* s'évanouiront à-la-fois, sinon elle sera du troisième genre, & aura deux points doubles en *A* & en *B*.

Les démonstrations de ces propositions, qu'il seroit trop long de donner ici, se trouveront dans l'ouvrage de M. Maclaurin, qui a pour titre: *Geometria organica*, où il donne des méthodes pour tracer des *courbes* géométriques par un mouvement continu. *Voyez aussi le VIII. livre des sections coniques de* M. de l'Hopital.

Génération des courbes du second genre par les ombres. Si les ombres des *courbes* de différens genres sont projettés sur un plan infini, éclairé par un point lumineux, les ombres des sections coniques seront des sections coniques; celles des *courbes* du second genre seront des *courbes* du second genre; celles des *courbes* du troisième genre seront des *courbes* du troisième genre, &c.

Et comme la projection du cercle engendre toutes les sections coniques, de même la projection des cinq paraboles divergentes engendre toutes les autres *courbes* du second genre; & il peut y avoir de même, dans chaque autre genre, une suite de *courbes* simples, dont la projection sur un plan éclairé par un point lumineux, engendre toutes les autres *courbes* du même genre. MM. Nicole & Clairaut, dans les *Mémoires de l'Acad. de 1731*, ont démontré la propriété des cinq paraboles divergentes dont nous venons de parler, propriété que M. Neuton n'avoit fait qu'énoncer sans démonstration. *Voyez aussi*, sur cette proposition, l'*ouvrage cité* de M. l'abbé de Gua, *pag. 198 & suiv. Voyez aussi* Ombre.

Usages des courbes pour la construction des équations. L'usage principal des *courbes*, dans la Géométrie, est de donner, par leur point d'intersection, la solution des problêmes. *Voy.* Construction.

Supposons, par exemple, qu'on ait à construire une équation de 9 dimensions, comme $x^9 + bx^7 + cx^6 + dx^5 + ex^4 + (m+f)x^3 + gx^2 + hx + k = o$, dans laquelle b, c, d, &c. signifient des quantités quelconques données, affectées des signes $+$ ou $-$, on prendra l'équation à la parabole cubique $x^3 = y$; & mettant y pour x^3 dans la première équation, elle se changera en $y^3 + bxy^2 + cy^2 + dx^2y + exy + my + fx^3 + gx^2 + hx + k = o$, équation à une autre *courbe* du second genre, dans laquelle m ou f peuvent être supposés $= o$. Si on décrit chacune de ces *courbes*, leurs points d'intersection donneront les racines de l'équation proposée. Il suffit de décrire une fois la parabole cubique. Si l'équation à construire se réduit à 7 dimensions par le manquement des termes hx & k, l'autre *courbe* aura, en effaçant m, un point double à l'origine des abscisses, & pourra être décrite par différentes méthodes. Si l'équation est réduite à 6 dimensions par le manquement des trois termes $gx^2 + hx + k$, l'autre *courbe*, en effaçant f, deviendra une section conique; & si, par le manquement des six derniers termes, l'équation est réduite à trois dimensions, on retombera dans la construction que Wallis en a donnée par le moyen d'une parabole cubique

& d'une ligne droite. *Voyez* CONSTRUCTION, & *l'ouvrage de* M. Cramer, *chap. iv.*

COURBE *polygone*. On appelle ainsi une *courbe* considérée non comme rigoureusement *courbe*, mais comme un polygone d'une infinité de côtés. C'est ainsi que dans la géométrie de l'infini on considère les *courbes*; ce qui ne signifie autre chose, rigoureusement parlant, sinon qu'une *courbe* est la limite des polygones, tant inscrits que circonscrits. *Voy.* LIMITE, EXHAUSTION, INFINI, DIFFÉRENTIEL, &c., & POLYGONE.

Il faut distinguer, quand on traite une *courbe* comme polygone ou comme rigoureuse; cette attention est sur-tout nécessaire dans la théorie des forces centrales & centrifuges : car quand on traite la *courbe* comme polygone, l'effet de la force centrale, c'est-à-dire la petite ligne qu'elle fait parcourir, est égale à la base de l'angle extérieur de la *courbe*; & quand on traite la *courbe* comme rigoureuse, l'effet de la force centrale est égal à la petite ligne, qui est la base de l'angle curviligne formé par la *courbe* & par sa tangente. Or il est aisé de voir que cette petite ligne n'est que la moitié de la première, parce que la tangente rigoureuse de la *courbe* divise en deux également, l'angle extérieur que le petit côté prolongé fait avec le côté suivant. La première de ces lignes est égale au quarré du petit côté divisé par le rayon du cercle osculateur, *voyez* OSCULATEUR & DÉVELOPPÉE; la seconde au quarré du petit côté divisé par le diamètre du même cercle. La première est censée parcourue d'un mouvement uniforme, la seconde d'un mouvement uniformément accéléré. Dans la première, la force centrale est supposée n'agir que par une impulsion unique, mais grande; dans la seconde, elle est supposée agir, comme la pesanteur, par une somme de petits coups égaux, & ces deux suppositions reviennent à une même : car l'on sait qu'un corps mû d'un mouvement accéléré parcourroit uniformément, avec sa vîtesse finale, le double de l'espace qu'il a parcouru d'un mouvement uniformément accéléré, pour acquérir cette vîtesse. *Voyez les articles* ACCÉLÉRÉ, CENTRAL & DESCENTE. *Voyez aussi l'Hist. de l'Acad.* 1722, & *mon Traité de Dynamique, pag.* 20, *article* 20, & *pag.* 30, *article* 26.

Rectification d'une courbe, est une opération qui consiste à trouver une ligne droite égale en longueur à cette *courbe*. *Voyez* RECTIFICATION.

Inflexion d'une courbe. *Voyez* INFLEXION.

Quadrature d'une courbe, est une opération qui consiste à trouver l'aire ou l'espace renfermé par cette *courbe*, c'est-à-dire, à assigner un quarré dont la surface soit égale à un espace curviligne. *Voyez* QUADRATURE.

Famille de courbes, est un assemblage de plusieurs *courbes* de différens genres, représentées toutes par la même équation d'un degré indéterminé, mais différent, selon la diversité du genre des *courbes*. *Voyez* FAMILLE.

Par exemple, supposons qu'on ait l'équation d'un degré indéterminé $a^{m-1} x = y^m$: si $m = 2$, on aura $a x = y^2$; si $m = 3$, on aura $a^2 x = y^3$; si $m = 4$, $a^3 x = y^4$. Toutes les *courbes* auxquelles ces équations appartiennent sont dites de la même famille par quelques géomètres.

Les équations qui représentent des familles de *courbes*, ne doivent pas être confondues avec les équations exponentielles; car quoique l'exposant soit indéterminé par rapport à toute une famille de *courbes*, il est déterminé & constant par rapport à chacune des *courbes* qui la composent; au lieu que dans les équations exponentielles, l'exposant est variable & indéterminé pour une seule & même *courbe*. *Voyez* EXPONENTIEL.

Toutes les *courbes* algébriques composent, pour ainsi dire, une certaine famille qui se subdivise en une infinité d'autres, dont chacune contient une infinité de genres. En effet, dans les équations par lesquelles les *courbes* sont déterminées, il n'entre que des produits, soit des puissances des abscisses & des ordonnées par des coëfficiens constans, soit des puissances des abscisses par des puissances des ordonnées, soit de quantités constantes pures & simples, les unes par les autres. De plus, chaque équation d'une *courbe* peut toujours avoir zéro pour un de ses membres, par exemple, $a x = y^2$ se change en $a x - y^2 = o$. Donc l'équation générale, qui représentera toutes les *courbes* algébriques, sera

$$\left.\begin{array}{l} a y^{m} + b x y^{m-1} + n x^{2} y^{m-2} \ldots + f y^{m} \\ \quad + f y^{m-1} + k x y^{m-2} \\ \quad\quad + q y^{m-2} \end{array}\right\} = o.$$

Nous devons remarquer ici que le P. Reyneau s'est trompé dans le second volume de son *analyse démontrée*, lorsque, voulant déterminer les tangentes de toutes les *courbes* géométriques en général, il prend pour l'équation générale de toutes ces *courbes* $y^m + b x^n y^q + c x^p = o$, équation qui n'a que trois termes. Il est visible que cette équation est insuffisante, & qu'on doit lui substituer celle que nous venons de donner.

Courbe caustique. *Voyez* CAUSTIQUE.

Courbe diacaustique. *Voyez* DIACAUSTIQUE.

Les meilleurs ouvrages dans lesquels on puisse s'instruire de la théorie des *courbes*, sont, 1.° *l'enumeratio linearum tertii ordinis* de M. Neuton, d'où une partie de cet article COURBE est tiré; 2.° l'ouvrage de M. Stirling sur le même sujet, & *Geometria organica* de M. Maclaurin, dont nous avons parlé; 3.° les *usages de l'analyse* de Descartes, par

M. l'abbé de Gua, déjà cités, ouvrage original & plein d'excellentes choses, mais qu'il faut lire avec précaution (*V.* BRANCHE & REBROUSSEMENT); 4.° l'*introduction à l'analyse des lignes courbes*, par M. Cramer, ouvrage très-complet, très-clair & très-instructif, & dans lequel on trouve d'ailleurs plusieurs méthodes nouvelles; 5.° l'ouvrage de M. Euler, qui a pour titre: *Introductio in analyss. infinitorum*, Lausan. 1748.

Sur les propriétés, la génération, &c., des différentes *courbes* méchaniques particulières; par exemple, de la cycloïde, de la logarithmique, de la spirale, de la quadratrice, &c. *Voyez les articles* CYCLOÏDE, LOGARITHMIQUE, &c.

On peut voir aussi la dernière section de l'application de l'Algèbre à la Géométrie de M. Guisnée, où l'on trouvera quelques principes généraux sur les *courbes* méchaniques. *Voyez aussi* MÉCHANIQUE & TRANSCENDANT.

On peut faire passer une *courbe* géométrique & régulière par tant de points qu'on voudra d'une *courbe* quelconque irrégulière, tracée sur le papier; car ayant imaginé dans le plan de cette *courbe* une ligne droite quelconque, qu'on prendra pour la ligne des abscisses; & ayant abaissé des points donnés de la *courbe* irrégulière des perpendiculaires à la ligne des x, on nommera a la première ordonnée, & b l'abscisse qui lui répond; c la seconde ordonnée, & e l'abscisse correspondante; f la troisième ordonnée, & g l'abscisse correspondante, &c. Ensuite on supposera une *courbe* dont l'équation soit $y = A + Bx + Cx^2 + Dx^3 +$ &c.; & faisant successivement $y = a$, $x = b$, $y = c$, $x = e$, $y = f$, $x = g$, &c., on déterminera les coëfficiens A, B, C, &c., en tel nombre qu'on voudra, & la *courbe* régulière dont l'équation est $y = A + Bx + Cx^2$, &c., passera par tous les points donnés. S'il y a n points donnés, il faudra supposer n coëfficiens A, B, C, D, &c. On peut donc faire approcher aussi près qu'on voudra une *courbe* irrégulière d'une *courbe* régulière, mais jamais on ne parviendra à faire coïncider l'un avec l'autre; & il ne faut pas s'imaginer qu'on puisse jamais, à la vue simple, déterminer l'équation d'une *courbe*, comme l'a cru le géomètre dont nous avons parlé au commencement de cet article.

Les *courbes* dont l'équation $y = A + Bx + Cx^2$, &c., s'appellent *courbes de genre parabolique*. *Voyez* PARABOLIQUE. Elles servent à rendre une *courbe* quelconque irrégulière ou méchanique, le plus géométrique qu'il est possible; elles servent aussi à la quarrer par approximation. *Voy.* QUADRATURE. Au reste, il y a des *courbes*, par exemple, les *courbes ovales* ou *rentrant en elles-mêmes*, par lesquelles on ne peut jamais faire passer une *courbe* de genre parabolique, parce que dans cette dernière *courbe*, l'ordonnée n'a jamais qu'une valeur, & que dans les *courbes* ovales, elle en a toujours au moins deux. Mais on pourroit, par exemple, rapporter ces *courbes*, lorsqu'elles ont un axe qui les divise en deux également, à l'équation $yy = A + Bx + Cx^2 +$, &c. *Voyez* MÉTHODE DIFFÉRENTIELLE.

Courbe à double courbure. On appelle ainsi une *courbe* dont tous les points ne sauroient être supposés dans un même plan, & qui, par conséquent, est doublement *courbe*, & par elle-même, & par la surface sur laquelle on peut la supposer appliquée. On distingue, par cette dénomination, les *courbes* dont il s'agit, d'avec les *courbes* à simple courbure ou *courbes* ordinaires. M. Clairaut a donné un traité de ces *courbes* à double courbure; c'est le premier ouvrage qu'il ait publié.

Une *courbe* quelconque à double courbure étant supposée tracée; on peut projetter cette *courbe* sur deux plans différens, perpendiculaires l'un à l'autre, & les projections seront deux *courbes* ordinaires qui auront un axe commun & des ordonnées différentes. L'équation d'une de ces *courbes* sera, par exemple, en x & en y, l'autre en x & en z. Ainsi, l'équation d'une *courbe* à double courbure sera composée de deux équations à deux variables chacune; qui ont chacune une même variable commune. Il est à remarquer que quand on a l'équation en x & en y, & l'équation en x & en z, on peut avoir, par les règles connues (*voyez* EQUATION), une autre équation en y & en z; & ce sera l'équation d'une troisième *courbe*, qui est la projection de la *courbe* à double courbure sur un troisième plan perpendiculaire aux deux premiers.

On peut regarder, si l'on veut, une des *courbes* de projection, par exemple, celle qui a pour coordonnées x & y, comme l'axe curviligne de la *courbe* à double courbure. Si on veut avoir la tangente de cette dernière *courbe* en un point quelconque, on menera d'abord la tangente de la *courbe* de projection au point correspondant, c'est-à-dire au point qui est la projection de celui dont on demande la tangente; & sur cette tangente, prolongée autant qu'il sera nécessaire, on prendra une partie $= \frac{z\,ds}{dz}$, ds exprimant le petit arc de la *courbe* de projection: on a le rapport de ds à dx par l'équation de la *courbe* en x & en y (*voyez* TANGENTE & DIFFÉRENTIEL); on a celui de dx à dz par l'équation de la *courbe* en x & en z. Donc $\frac{z\,ds}{dz}$ pourra toujours être exprimé par une quantité finie, d'où les différentielles disparoîtront. Une *courbe* à double courbure est algébrique, quand les deux *courbes* de projection le sont; elle est mécanique, quand l'une des *courbes* de projection est mécanique, ou quand elles le sont toutes deux. Mais, dans ce dernier cas, on n'en trouvera pas moins les tangentes; car, par l'équation différentielle des *courbes* de projection, on aura toujours la valeur de ds en dx & celle de dz en dx.

Surfaces courbes. Une ſurface *courbe* eſt repréſentée, en Géométrie, par une équation à trois variables, par exemple, x, y & z. En effet, ſi on prend une ligne quelconque au-dedans ou au-dehors de la ſurface *courbe* pour la ligne des x, & qu'on imagine à cette ligne une infinité de plans perpendiculaires qui coupent la ſurface *courbe*, ces plans formeront autant de *courbes* dont l'équation ſera en y & en z, & dont le paramètre ſera la diſtance variable x du plan coupant à l'origine des x. Ainſi, $zz = xx - yy$, eſt l'équation d'un cone droit & rectangle, dont l'axe eſt la ligne des x. M. Deſcartes eſt le premier qui ait déterminé les ſurfaces *courbes* par des équations à trois variables, comme les lignes *courbes* par des équations à deux.

Une ſurface *courbe* eſt géométrique, quand ſon équation eſt algébrique & exprimée en termes finis; elle eſt méchanique, quand ſon équation eſt différentielle & non algébrique : dans ce cas, on peut repréſenter l'équation de la ſurface *courbe* par $dz = \alpha dx + \beta dy$, α & β étant des fonctions de x, de y & de z. Il ſemble d'abord qu'on aura cette ſurface *courbe*, en menant à chaque point de la ligne des x un plan perpendiculaire à cette ligne, & en traçant enſuite ſur ce plan la *courbe* dont l'équation eſt $dz = \beta dy$, x étant regardée comme un paramètre conſtant, & dx étant ſuppoſée $= 0$. Cette conſtruction donneroit à la vérité une ſurface *courbe*; mais il faut que la ſurface *courbe* ſatisfaſſe encore à l'équation $dz = \alpha dx$, y étant regardé comme conſtant, c'eſt-à-dire, il faut que les ſections de la ſurface *courbe*, par un plan parallèle à la ligne des x, ſoient repréſentées par l'équation $dz = \alpha dx$. Or cela ne peut avoir lieu que lorſqu'il y a une certaine condition entre les quantités α & β, condition que M. Fontaine, de l'académie des Sciences, a découvert le premier. On trouvera auſſi dans les *Mémoires de l'Académie de Pétersbourg, tom. iij*, des recherches ſur la ligne la plus courte que l'on puiſſe tracer ſur une ſurface *courbe* entre deux points donnés. Sur une ſurface plane, la ligne la plus courte eſt une ligne droite; ſur une ſurface ſphérique, la ligne la plus courte eſt un arc de grand cercle paſſant par les deux points donnés. Et en effet il eſt aiſé de voir, par les principes de la Géométrie ordinaire, que cet arc eſt plus petit que tout autre ayant la même corde; car, à cordes égales, les plus petits arcs ſont ceux qui ont un plus grand rayon. *Voyez* auſſi les *Œuvres* de Jean Bernoulli, *tom. iv, pag. 108.* La ligne dont il s'agit a cette propriété, que tout plan paſſant par trois points infiniment proches, ou deux côtés contigus de la *courbe*, doit être perpendiculaire au plan qui touche la *courbe* en cet endroit. En voici la preuve. Toute *courbe* qui paſſe par deux points infiniment proches d'une ſurface ſphérique, & qu'on peut toujours regarder comme un arc de cercle, eſt évidemment la ligne la plus courte, lorſqu'elle eſt un arc de grand cercle; & cet arc de grand cercle eſt perpendiculaire au plan touchant, comme on peut le démontrer aiſément par les élémens de Géométrie. Or toute portion de ſurface *courbe* infiniment petite peut être regardée comme une portion de ſurface ſphérique, & toute partie de *courbe* infiniment petite comme un arc de cercle : donc, *&c.* La perpendiculaire à la méridienne de la France, tracée par M. Caſſini, eſt une *courbe* à double courbure, & eſt la plus courte qu'on puiſſe tracer ſur la ſurface de la terre, regardée comme un ſphéroïde applati. *Voyez les Mémoires de l'Acad. de* 1732 & 1733. Voilà tout ce que nous pouvons dire, ſur cette matière, dans un ouvrage de l'eſpèce de celui-ci.

Des courbes méchaniques, & de leur uſage pour conſtruction des équations différentielles. Nous avons expliqué plus haut ce que c'eſt que ces *courbes*. Il ne s'agit que d'expliquer ici comment on les conſtruit, ou, en général, comment on conſtruit une équation différentielle. Soit, par exemple, $dy = \frac{a\,dx}{\sqrt{2ax - xx}}$ une équation à conſtruire, on aura $y = \int \frac{a\,dx}{\sqrt{2ax - xx}} + C$, C étant une conſtante qu'on ajoute, parce que $\int \frac{aa\,dx}{\sqrt{2ax - xx}}$ eſt ſuppoſée $= 0$ lorſque $x = 0$, & qu'on ſuppoſe que $x = 0$ rend $y = C$. *Voyez* CONSTANTE. On conſtruira d'abord une *courbe* géométrique, dont les ordonnées ſoient $\frac{aa}{\sqrt{2ax - xx}}$: les abſciſſes étant x, l'aire de cette *courbe* (*Voyez* QUADRATURE) ſera $\int \frac{aa\,dx}{\sqrt{2ax - xx}}$; ainſi, en ſuppoſant cette *courbe* quarrable, ſi on fait un quarré $zz = \int \frac{aa\,dx}{\sqrt{2ax - xx}}$, on aura $y = \frac{zz}{a} + C$, & on conſtruira la *courbe* dont l'ordonnée eſt y.

Cette méthode ſuppoſe, comme on voit, que les indéterminées ſoient ſéparées dans l'équation différentielle (*Voyez* INTÉGRAL); elle ſuppoſe de plus les quadratures, ſans cela elle ne pourroit réuſſir.

Soit en général $X dx = Y dy$, X étant une fonction de x (*Voyez* FONCTION), & y une fonction de y. On conſtruira d'abord, par la méthode précédente, une *courbe* dont les abſciſſes ſoient x, & dont les ordonnées z ſoient $= \int X dx$ diviſé par une conſtante convenable, c'eſt-à-dire, par une conſtante m qui ait autant de dimenſions qu'il y en a dans X; en ſorte que $\int \frac{X dx}{m}$ ſoit d'une dimenſion, pour pouvoir être égale à une ligne z. Enſuite on conſtruira de même une *courbe* dont les abſciſſes ſoient y, & dont les ordonnées u ſoient $= \int \frac{Y dy}{m}$; prenant enſuite u dans la dernière

nière *courbe* $= z$ dans l'autre, on aura l'x & l'y correspondantes; & ces x & y joints à angles droits, si les coordonnées doivent faire un angle droit, donneront la *courbe* qu'on cherche.

Voyez, dans la *dernière section de* l'application de l'Algèbre à la Géométrie de M. Guisnée, & dans l'*analyse des infinimens petits* de M. de l'Hopital, plusieurs exemples de construction des équations différentielles par des *courbes méchaniques*. (*O*)

COURBURE, s. f. (*Géom.*) On appelle ainsi la quantité dont un arc infiniment petit d'une courbe quelconque, s'écarte de la ligne droite : or un arc infiniment petit d'une courbe, peut être considéré comme un arc de cercle (*Voyez* DÉVELOPPÉE); par conséquent on détermine la *courbure* d'une courbe par celle d'un arc de cercle infiniment petit. Imaginons donc, sur une corde infiniment petite, deux arcs de cercle qui aient différens rayons; le plus petit sera plus écarté de sa corde que le plus grand, & on démontre, en Géométrie, que les écarts seront en raison inverse des rayons des cercles : donc, en général, la *courbure* d'un cercle est en raison inverse de son rayon, & la *courbure* d'une courbe, en chaque point, est en raison inverse de son rayon osculateur. Au reste, il y a de l'arbitraire dans cette définition; car si, d'un côté, on peut dire qu'un arc de petit cercle est plus courbe qu'un arc de grand cercle rapporté à la même corde, on peut dire, d'un autre côté, que ces arcs sont également courbes, rapportés à des cordes différentes & proportionnelles à leurs rayons; & cette façon de parler pourroit être admise aussi, d'autant que les cercles sont des courbes semblables. En nous conformant à la première définition, il est clair que la *courbure* d'une courbe en un point quelconque est finie, si le rayon osculateur en ce point est fini; que la *courbure* est nulle, si le rayon osculateur est infini; & que la *courbure* est infinie, si le rayon osculateur est $= o$. Voyez *le Scholie sur le lemme XI. des princ. math.* de Newton, *l. I.* M. Cramer, *chap. xij.* & M. Euler, *l. II. ch. xiv.* Il y a cependant, sur ce dernier chapitre, quelques observations à faire. *Voyez* REBROUSSEMENT. (*O*)

COURONNE, s. f. *en Géométrie*, est un plan terminé ou enfermé par deux circonférences parallèles de cercles inégaux, ayant un même centre, & qu'à cause de cela on appelle *cercles concentriques*. On a la surface de la *couronne*, en multipliant sa largeur par la longueur de la circonférence moyenne arithmétique entre les deux circonférences qui la terminent, c'est-à-dire que, si l'on veut mesurer la *couronne* dont la largeur est *AB* (*pl. Geom, fig. 53*), & qui est terminée par les cercles dont les rayons sont *CA* & *CB*, il faut prendre le produit de la largeur *AB* & de la circonférence décrite du centre *C* par le point de milieu *D* de la largeur *AB*. La démonstration en est bien simple; soit a le rayon du grand cercle, c sa circonférence, $\frac{ca}{2}$ sera son aire; soit r le rayon du petit cercle, $\frac{ca}{2} \times \frac{rr}{aa}$ ou $\frac{crr}{2a}$ sera son aire; donc la différence des deux aires, c'est-à-dire la surface de la *couronne* $= \frac{ca}{2} - \frac{crr}{2a} = (a - r) \times \frac{c}{2} \frac{a+r}{a}$. Or $AB = a - r$, & la circonférence, dont le rayon est CD, a pour expression $\frac{c}{a} \times \left(r + \frac{a-r}{2}\right) = c\left(\frac{a+r}{2a}\right)$. Donc, &c. (*O*)

COURONNE *australe*, *corona austrina*, *corolla notia*, *sertum australe*, *caduceus*, *orbiculus capitis*, *corona sagittarii*, *rota Ixionis*. Cette constellation paroît à peine sur notre horizon au commencement du mois de juillet, vers le milieu de la nuit. Les poëtes racontent que Bacchus plaça dans le ciel cette *couronne* à l'honneur de sa mère Sémélé; d'autres disent que cette *couronne* est celle qui fut déférée à Corinne de Thebes, fille d'Archelodore, célèbre par ses succès dans la Poésie, & qui remporta cinq fois la victoire sur Pindare.

La principale étoile de la *couronne* n'est que de 5.e grandeur. Elle avoit, en 1750, 283° 6′ 35″ d'ascension droite, & 38° 16′ de déclinaison australe; ainsi, elle est visible sur l'horizon de Paris.

COURONNE *boréale* (*Astron.*), constellation formée de 21 étoiles, suivant le catalogue britannique; *corona Ariadnæ*, *Cretica*, *Gnossia*, *corona Vulcani*, *Amphitrites*, *Thesei*, *Minoïs*, *Diadema Cœli*, *Oculus*. La plus belle des étoiles de cette constellation s'appelle spécialement *Gnossia*, *Gemma*, *Margarita*, *Pupilla*, *Rosa aperta*; chez les Arabes, *Munir*.

La figure de cette constellation suffisoit pour y faire imaginer une *couronne*. Les poëtes supposent que c'est celle d'Ariadne, fille de Minos & de Pasiphaë, qui aida Théfée à se tirer du labyrinte de Crète; de-là l'épithète de *Gnossia*, *Cretica*. Ariadne fut ensuite abandonnée dans l'île de Naxos & épousée par Bacchus : ce dieu plaça dans le ciel une *couronne* que Vulcain avoit donnée à Vénus, & Vénus à Ariadne. Cette constellation est située entre Hercule & Ophiucus, comme Ovide l'a remarqué.

. . . . . Utque perenni
Sidere clara foret sumptum de fronte coronam
Immisit cœlo : tenues volat illa per auras,
Dumque volat gemmæ nitidos vertuntur in ignes.
Consistuntque loco, specie remanente coronæ,
Qui medius nixique genu est, anguemque tenentis.

Métam. VIII, 177.

Bacchus amat flores, Baccho placuisse coronam
Ex Ariadnæo sidere nosses potes.

Fast. V.

D'autres ont écrit que cette *couronne* étoit celle que Thésée reçut d'Amphitrite, lorsqu'il se jetta dans la mer pour y chercher la perle de Minos. M. Dupuis prouve que cette constellation a formé la fameuse Proserpine des anciens, & que le serpentaire qui est au-dessous est leur Pluton. En effet, la *couronne* boréale porte le même nom que Proserpine, *Libera*, suivant Ovide; elle fixoit, par son lever héliaque, le passage du soleil dans les signes inférieurs, & le commencement du règne de la nuit & de l'empire de Pluton. Elle se lève après la vierge ou Cerès, au tems des semailles; mais son lever du soir annonçoit le printems: aussi Proserpine étoit six mois dans le ciel, & elle avoit deux fêtes (*Astron. iv, p. 567*). Jupiter, amoureux de Cerès, se change en taureau; il lui présente les testicules d'un bélier qu'il a coupés; il en naît Proserpine, dont ensuite il devient amoureux: cela veut dire que le soleil sortant du bélier, la vierge se couche le matin, le taureau se couche le soir au même endroit, & fait lever la *couronne;* Jupiter Taureau fecondant Cerès, jette dans son sein le germe de la fécondité qu'il a emprunté du bélier. Jupiter s'unit à elle sous la forme d'un serpent, & il en naît un taureau, parce que quand elle se couche, le taureau se lève, & le soleil est vers le serpentaire. (*D. L.*)

GOURSIER (*Hydraul.*), est un chemin entre deux rangs de pilotis ou de planches, que l'on donne à l'eau pour arriver aux aubes de la roue d'un moulin, & qu'on ferme quand on veut, en baissant la vanne qui est au-devant de la roue. (*K*)

COUSSINETS (*Astron.*), pièces de métal de timbre concaves, qui supportent les axes d'une lunette ou d'un instrument des passages; ils sont représentés dans les n.os 8 & 9, figure 213 d'Astronomie. (*D. L.*)

COUVRIR, *au Trictrac,* c'est placer une dame sur une autre qui étoit découverte ou seule. *Voy.* TRICTRAC.

CRA

CRAPAUDINE (*Hydraul.*), sont des espèces de boîtes ou coffres de tole, de plomb, de bois, ou simplement des grilles de fil-d'archal, qui renferment les soupapes pour les garantir des ordures inséparables des fontaines. Elles se placent encore au-devant des tuyaux de décharge, qui fournissent d'autres bassins ou qui vont se perdre dans des puisarts. On les perce de plusieurs trous, pour donner à l'eau un passage libre. (*K*)

CRATICULAIRE, adj. (*Optique*). On appelle *prototype* & *ectype craticulaire*, le modèle d'une anamorphose & l'anamorphose même. *Voy.* ANAMORPHOSE.

CRECHE (*Hydraul.*), espèce d'éperon bordé d'une file de pieux, & rempli de maçonnerie devant & derrière les avant-becs de la pile d'un pont. C'est encore une file de pieux en manière de bâtardeau rempli de maçonnerie, pour empêcher que l'eau ne dégravoie un pilotis. (*K*)

CREPUSCULAIRE (*Astron.*), cercle *crépusculaire*, petit cercle parallèle à l'horizon, & abaissé au-dessous de l'horizon de 18 degrés; c'est le cercle terminateur des crépuscules.

CREPUSCULE, s. m., *en Astronomie*, est le tems qui s'écoule depuis la premiere pointe du jour jusqu'au lever du soleil, & depuis le coucher du soleil jusqu'à la nuit fermée.

On suppose ordinairement que le *crépuscule* commence & finit quand le soleil est à 18 degrés au-dessous de l'horizon. Il dure plus long-tems dans la sphère oblique que dans la sphère droite, parce que le soleil, descendant obliquement, emploie plus de tems à s'abaisser de 18 degrés: par la même raison, le *crépuscule* est plus long en été qu'en hiver.

Les *crépuscules* sont causés par la réfraction que souffrent les rayons du soleil en passant par l'atmosphère, qui réfléchit ensuite ces rayons jusqu'à nos yeux. En effet, supposons un observateur en *O* (*pl. astronomique, fig. 111*), dont l'horizon sensible soit *AB*, & que le soleil *S* soit au-dessous de l'horizon; le rayon *SE* entre d'abord dans l'atmosphère en *E*, & devroit naturellement continuer sa route suivant *ET*, en s'éloignant de la terre. Mais, comme les couches de l'atmosphère sont d'autant plus denses qu'elles sont plus proches de la terre, les rayons du soleil passent continuellement d'un milieu plus rare dans un plus dense: ils doivent donc se rompre (*voyez* RÉFRACTION) en s'approchant toujours de la perpendiculaire, c'est-à-dire du demi-diamètre *CE*. Par conséquent ces rayons n'iront point en *T*, mais viendront toucher la terre en *D*, pour tomber ensuite sur *A* en un point de l'horizon sensible; & de tous les rayons qui sont rompus en *E*, aucun ne peut arriver en *A* que le rayon *AD*. Or, comme les particules de l'atmosphère réfléchissent les rayons du soleil (*voyez* RÉFLEXION), & que l'angle *DAC* est égal à *CAO*, les rayons réfléchis en *A* viendront en *O*, lieu du spectateur; ainsi, le spectateur recevra quelques rayons, & par conséquent commencera à appercevoir la pointe du jour.

On peut expliquer de la même manière le *crépuscule* du soir, par la réfraction & la réflexion des rayons du soleil.

L'abaissement du soleil sous l'horizon, au commencement du *crépuscule* du matin ou à la fin du *crépuscule* du soir, se détermine aisément, savoir, en observant le moment où le jour commence à paroître le matin, ou bien celui où il finit le soir, & trouvant ensuite le lieu du soleil pour ce moment, & par conséquent la quantité dont il est abaissé au-dessous de l'horizon.

Alhazen trouve cet abaissement du cercle crépusculaire de dix-neuf degrés, Tycho de dix-sept, Stevin de dix-huit, Cassini de quinze, Riccioli le matin dans les équinoxes de 16d, le soir de 20d 30', le matin au solstice d'été de 21d 25', & le matin au solstice de l'hiver de 17d 25'.

On ne sera point étonné de la différence qui se trouve entre les calculs de ces divers astronomes, si l'on remarque que la cause du *crépuscule* est sujette à divers changemens. En effet, si les exhalaisons répandues dans l'atmosphère sont plus abondantes ou plus hautes qu'à l'ordinaire, le *crépuscule* du matin commencera plutôt, & celui du soir finira plus tard; car plus les exhalaisons seront abondantes, plus il y aura de rayons réfléchis, par conséquent plus la lumière sera grande; & plus les exhalaisons seront hautes, plus elles seront éclairées de bonne heure par le soleil. A quoi on peut ajouter que quand l'air est plus dense, la réfraction est plus grande; & que non-seulement la densité de l'atmosphère est variable, mais aussi sa hauteur par rapport à la terre. Cependant il paroît qu'aujourd'hui les astronomes conviennent assez généralement de prendre dix-huit degrés pour la quantité du moins moyenne de l'abaissement du soleil, à la fin ou au commencement du *crépuscule*.

De ce que nous venons de dire, il s'ensuit que quand la déclinaison du soleil & l'abaissement de l'équateur sous l'horizon sont tels que le soleil ne descend pas de 18 degrés au-dessous de l'horizon, le *crépuscule* doit durer toute la nuit. C'est pour cela qu'à Paris, vers le solstice d'été, nous n'avons pour ainsi dire point de nuit, & que dans des climats plus septentrionaux, il n'y en a point du tout, quoique le soleil soit sous l'horizon. C'est ce qui arrive quand la différence entre l'abaissement de l'équateur & la déclinaison boréale du soleil est plus petite que 18 degrés. Il suffit de faire la figure pour s'en convaincre.

L'élévation du pole & la déclinaison du soleil étant données; trouver le commencement du crépuscule *du matin & la fin du* crépuscule *du soir.* Soit *P* le pôle (*fig. 115*), *Z* le zénit, *S* le soleil abaissé de 18 degrés au-dessous de l'horizon *HO*; dans le triangle *PSZ*, les trois côtés sont donnés; savoir, *PZ* complément de l'élévation *PO* du pole, *PS* complément de la déclinaison, & *SZ* somme du quart de cercle *ZA*, & de l'abaissement *AS* du soleil: on trouvera l'angle horaire *ZPS* par les règles de la Trigonométrie sphérique. Ensuite on convertira en tems le nombre de degrés de cet angle à raison de 15 degrés par heure, & l'on aura le tems qui doit s'écouler depuis le commencement du *crépuscule* du matin jusqu'à midi.

Pour trouver le *crépuscule* par le moyen du globe artificiel, on placera le lieu du soleil & l'aiguille de la rosette sur midi, on conduira le lieu du soleil à 18 degrés au-dessous de l'horizon, & l'aiguille marquera l'heure.

Le *crépuscule* est un des principaux avantages que nous retirons de notre atmosphère. En effet, si nous n'avions point d'atmosphère autour de nous, la nuit viendroit dès que le soleil se cacheroit sous notre horizon, ou le jour naîtroit dès que le soleil reparoîtroit, & nous passerions ainsi tout d'un coup des ténèbres à la lumière & de la lumière aux ténèbres. L'atmosphère dont nous sommes environnés fait que le jour & la nuit ne viennent que par des degrés insensibles.

Les *crépuscules* d'hiver sont moins longs que ceux d'été, parce qu'en hiver, l'air, étant plus condensé, doit avoir moins de hauteur, & par conséquent les *crépuscules* finissent plutôt: c'est le contraire en été. De plus, les *crépuscules* du matin sont plus courts que ceux du soir; car l'air est plus dense & plus bas le matin que le soir, parce que la chaleur du jour le dilate & le raréfie, & par conséquent augmente son volume & sa hauteur. Le commencement du *crépuscule* arrive lorsque les étoiles de la sixième grandeur disparoissent le matin; mais il finit quand elles commencent à paroître sur le soir, la lumière du soleil étant le seul obstacle qui les empêchoit de paroître. En été, vers les solstices, le *crépuscule* s'est trouvé quelquefois durer trois heures quarante minutes, à Bologne en Italie, & celui du soir presque la moitié de la nuit. *Inst. astron.* de M. le Monnier, *pag. 402.*

De tout ce que nous avons dit, il s'ensuit que le commencement du *crépuscule* du matin ou la fin de celui du soir étant donnés, on trouvera facilement l'élévation de l'air qui réfléchit la lumière: car la fin du *crépuscule* arrive lorsque les rayons *ED* (*fig. 111*) qui partent du soleil rasent la terre, & se réfléchissent vers l'œil de l'observateur par les parties les plus élevées *A* de l'atmosphère; de sorte que, menant du point *O* un rayon *OA* tangent à la terre, qui soit réfléchi en *AD*, & qui rase la terre en *D*, il faut que la hauteur *AN* de l'atmosphère soit telle, que ce rayon *AD* fasse avec l'horizon *AB* un angle de 18 degrés, parce que le *crépuscule* commence ou finit lorsque le soleil est à 18 degrés au-dessous de l'horizon. La Hire a fait ce calcul dans les Mémoires de l'Académie des Sciences de Paris pour l'année 1713, en ayant égard à quelques autres circonstances dont nous ne faisons point mention ici, & qu'on peut voir dans son *Mémoire* & dans les *Inst. astron. pag. 403*; il a trouvé la hauteur *AN* de l'atmosphère capable de réfléchir la lumière à nos yeux d'environ 15 $\frac{2}{3}$ lieues. (*O*)

Problème du plus court crépuscule.

Il y a, pour chaque endroit du monde, un jour dans l'année où le crépuscule est le plus court qu'il est possible. On trouve dans l'*Analyse des infiniment petits*, à la fin de la troisième section, un problème où il s'agit de trouver ce jour du plus petit crépuscule, l'élévation du pole étant donnée. On trouve aussi une solution de la même question dans les *Inst. Astronomiques* de M. le Monnier, page 407. Ce problême est résolu très-élégamment dans les deux ouvrages, & ne présente aucune difficulté considérable. Cependant M. Jean Bernoulli dit, dans le Recueil de ses Œuvres, *tom. 1*, *pag. 64*, qu'il en a été occupé cinq ans sans en pouvoir venir à bout. Cela vient apparemment de ce qu'il avoit d'abord résolu le problême analytiquement, au lieu d'employer l'espèce de synthèse qu'on trouve dans *l'Analyse des infiniment petits*, & dans les *Inst. Astr.* synthèse qui rend la solution bien plus simple. En effet, si l'on résoud ce problême analytiquement, on tombe dans une équation du quatrième degré, dont il faut d'abord trouver les quatre racines, & ensuite déterminer celle ou celles de ces racines qui résolvent la question. Comme cette matière n'a été traitée dans aucun ouvrage que je sache avec assez de détail, je vais la développer ici.

Soit (*fig. 172 d'Astron.*) P le pole, Z le zénit, HO l'horizon, EC le rayon de l'équateur, Ee la déclinaison cherchée du soleil le jour du plus petit crépuscule; ho le cercle crépusculaire parallèle à l'horizon, lequel cercle est abaissé au-dessous de l'horizon de 18 degrés, suivant les observations. Soit l'inconnue Cc sinus de la déclinaison du soleil $= s$, & soient les données $CZ = 1$, CQ sinus de 18 degrés $= k$, PN sinus de la hauteur du pole $= h$, on trouvera $cT = \frac{hs}{\sqrt{1-hh}}$; $TS = \frac{k}{\sqrt{1-hh}}$, & par conséquent $cS = \frac{hs+k}{\sqrt{1-hh}}$; or ce ou $\sqrt{1-ss}$ étant prise pour sinus total, cS est le sinus de l'angle horaire depuis le moment de six heures jusqu'à la fin du crépuscule, & cT le sinus de l'angle horaire depuis le moment de six heures jusqu'à l'instant où le soleil atteint l'horison; donc $\frac{ks+k}{\sqrt{1-hh}\cdot\sqrt{1-ss}}$ est le sinus du premier angle, & $\frac{hs}{\sqrt{1-hh}\cdot\sqrt{1-ss}}$ est le sinus du second; or la différence de ces deux angles est proportionnelle au tems du crépuscule; donc, nommant le premier sinus u, & le second u', on aura $\int\frac{du}{\sqrt{1-uu}} - \int\frac{du'}{\sqrt{1-u'u'}}$, un *minimum*; & par conséquent $\frac{du}{\sqrt{1-uu}} = \frac{du'}{\sqrt{1-u'u'}}$; substituant pour u & u' leurs valeurs, en ne faisant varier que s, on parviendra à une équation de cette forme $\frac{h+sk}{\sqrt{1-ss-hh-2hsk-kk}}\ \frac{-h}{\sqrt{1-ss-hh}} = 0$; c'est-à-dire, $s^4 + \frac{2hs^3}{k} - ss + sshh - \frac{2hs}{k} - hh = 0$.

Cette équation peut être regardée comme le produit de ces deux-ci: $ss - 1 = 0$; $ss + \frac{2hs}{k} + hh = 0$ (*voyez* EQUATION); d'où l'on tire les quatre valeurs suivantes de s; $s = 1$, $s = -1$;

$$s = -\frac{h}{k} + \sqrt{\frac{hh}{kk} - hh} = -\frac{h}{k} + \frac{h}{k}\sqrt{1-kk},$$

$$\& \; s = -\frac{h}{k} - \frac{h}{k}\sqrt{1-kk}.$$

Or, de ces quatre valeurs, il est d'abord évident qu'il faut rejetter les deux premières; car l'une donneroit la déclinaison boréale du soleil $= 1$, l'autre la déclinaison australe $= 1$, & cela ne se peut pour deux raisons: 1.° parce que la déclinaison du soleil n'est jamais égale à 90 degrés: 2.d parce que $s = 1$, donneroit les sinus des deux angles horaires égaux à l'infini, comme il est aisé de le voir: ce qui ne se peut; car tout sinus réel d'un angle réel ne sauroit être plus grand que l'unité. Il ne reste donc que les deux valeurs $-\frac{h - h\sqrt{1-kk}}{k}$ & $-\frac{h + h\sqrt{1-kk}}{k}$. J'examine d'abord la seconde de ces deux valeurs, & je vois qu'elle est négative; ce qui indique que la déclinaison donnée par cette valeur est australe, & non boréale, comme nous l'avons supposé dans la solution.

D'ailleurs il faut que $\frac{h + h\sqrt{1-kk}}{k}$ soit plus petit que le sinus total, & jamais plus grande que le sinus e de $23^d\frac{1}{2}$, qui est la plus grande déclinaison du soleil; ce qui donne $h + h\sqrt{1-kk} <$ ou $= ke$, & par conséquent $h =$ ou $< \frac{ke}{1+\sqrt{1-kk}}$. De plus, si on cherche la tangente de la moitié de l'angle dont le sinus est k, c'est-à-dire de la moitié de l'arc crépusculaire de 18 degrés, & par conséquent la tangente de neuf degrés, on trouvera que cette tangente est $\frac{k}{1+\sqrt{1-kk}}$; car, 1.° la tangente de l'angle dont le sinus est k est $\frac{k}{\sqrt{1-kk}}$ (*voyez* TANGENTE); 2.° si l'on divise cet angle en deux parties égales, & qu'on nomme x la tangente de la moitié de l'angle, on aura cette proportion $x : \frac{k}{\sqrt{1-kk}} - x :: 1 : \frac{1}{\sqrt{1-kk}}$; car on sait que, dans un triangle dont l'angle du sommet est divisé en deux parties égales, les parties de la base sont comme les côtés adjacens. Donc $x = \frac{k}{1+\sqrt{1-kk}}$; donc, au lieu de $s = -h\left(\frac{1+\sqrt{1-kk}}{k}\right)$, on peut mettre $s = -\frac{h}{x}$; donc on dira, comme la tangente x de neuf degrés est au sinus de l'élévation du pole, ainsi le sinus total est au sinus de la déclinaison australe. Il faut donc, pour que s soit $= \frac{h}{x}$, que l'élévation du pole soit très-petite, puisque x est déja une quantité très-petite, & que $\frac{h}{x}$ ne sauroit être $> e$; ainsi, cette racine $s = \mp\frac{h}{x}$ ne servira de rien dans le cas où $+\frac{h}{x}$ sera $> e$. Nous verrons dans la suite ce qu'elle indique lorsque $\frac{h}{x}$ est $< e$.

A l'égard de l'autre valeur $s = -\frac{h - h\sqrt{1-kk}}{k}$, elle est évidemment négative aussi, puisque 1 est $> \sqrt{1-kk}$; ce qui donne encore la déclinaison du soleil australe; & comme on a $\frac{1-\sqrt{1-kk}}{k} = \frac{k}{1+\sqrt{1-kk}}$ (ce qu'il est aisé de voir en multipliant en croix les deux membres); il s'ensuit que cette seconde valeur est $= -hx$; donc on dira, comme le rayon est à la tangente de neuf degrés, ainsi le sinus de la hauteur du pole est à la déclinaison australe cherchée. C'est l'analogie que M. Jean Bernoulli & M. de l'Hôpital ont donnée pour la solution de ce problème, & la racine $s = -hx$ résout par conséquent la question, parce que hx est toujours plus petit que e; car la tangente x de neuf degrés est plus petite que le sinus e de $23^d \frac{1}{2}$. Mais l'autre racine $s = \frac{-h}{x}$ résout-elle aussi le problème? Voilà où est la difficulté. Pour la résoudre, nous n'avons qu'à supposer, dans la solution primitive, que la déclinaison soit australe au lieu d'être boréale, & faire le calcul comme dessus, nous trouverons $\frac{k-hs}{\sqrt{1-ss}\cdot\sqrt{1-hh}}$ pour le sinus d'un des deux angles horaires, & $\frac{hs}{\sqrt{1-ss}\cdot\sqrt{1-hh}}$ pour l'autre; nous verrons de plus que c'est alors la somme de ces angles, & non leur différence, qui est le tems du *crépuscule*, comme il est aisé de le prouver en considérant la figure, le point e se trouvant de l'autre côté de E; car le point c se trouvera alors entre les points T & S, & TS sera égale non à la différence, mais à la somme de cS & de cT. Achevant donc le calcul, on trouvera une équation qui ne différera de l'équation du quatrième degré en s trouvée ci-dessus, que par les signes des termes impairs; c'est-à-dire, des termes où sont s^3 & s. Cette équation sera le produit de $ss - 1$ par $ss - \frac{2hs}{k} + hh$; & l'on aura deux valeurs positives de s; savoir, $s = \frac{h \pm h\sqrt{1-kk}}{k}$, ce sont les deux valeurs de s, lorsque la quantité du quatrième degré $s^4 - \frac{2hs^3}{k} +$ &c. est supposée $= 0$. Cela posé, on peut regarder cette quantité comme le produit de $1 - ss$ positive par $\frac{2hs}{s} - hh - ss$; & lorsque $s^4 - \frac{2hs^3}{k} +$ &c., sera > 0, on aura $\frac{2hs}{k} - hh - ss > 0$, & $ss + hh - \frac{2hs}{k} > 0$, & par conséquent $s - \frac{h}{k} < \frac{h\sqrt{1-kk}}{k}$, & $\frac{h}{k} - s < \frac{h\sqrt{1-kk}}{k}$. Donc $s < \frac{h}{k} + \frac{h\sqrt{1-kk}}{k}$, & $s < \frac{h-h\sqrt{1-kk}}{k}$. Donc la quantité $s^4 - \frac{2hs^3}{k}$ &c. < 0 donnera $s > \frac{h}{k} + \frac{h\sqrt{1-kk}}{k}$; & $s < \frac{h-h\sqrt{1-kk}}{k}$. Or la quantité $s^4 - \frac{2hs^3}{k}$ &c. $= 0$, vient de $(sk-h)\sqrt{1-ss-hh} = \mp h\sqrt{1-ss-hh+2hks-kk}$; en supposant la somme ou la différence des deux angles horaires égale à un *minimum*, la somme pour le cas de $-h$ & la différence pour le cas de $+h$; donc la quantité $s^4 - \frac{2hs^3}{k}$ &c. < 0, ou $-s^4 + \frac{2hs^3}{k}$ &c. > 0 viendra (en supposant $sk - h$ positive de $(sk - h)\sqrt{1-ss-hh} > h\sqrt{1-ss-hh+2hks-kk}$; or, pour que $sk - h$ soit positive dans cette condition, il faut prendre $s > \frac{h}{k} + h\frac{\sqrt{1-kk}}{k}$. Donc, si $s > \frac{h}{k} + h\frac{\sqrt{1-kk}}{k}$, on a la différence des deux angles horaires positive: je dis la différence, & non la somme; car, si c'étoit la somme, il faudroit que h, dans le second membre, eût le signe $-$; donc la valeur de $s = \frac{h}{k} + h\frac{\sqrt{1-kk}}{k}$ donne, non la somme des deux arcs égale à un *minimum*, mais leur différence égale à un *minimum*; je dis à un *minimum*, car, prenant s plus grand que $\frac{h+h\sqrt{1-kk}}{k}$, la différence se trouve positive. *Voyez* MINIMUM.

Donc la valeur de $s = \frac{h+h\sqrt{1-kk}}{k}$ ne résoud pas le problème du plus court *crépuscule*, mais un autre problème qui n'est ni celui du plus court, ni celui du plus long *crépuscule*, & qui néanmoins se réduit finalement à la même équation du quatrième degré, parce que les quantités étant élevées au quarré, la différence des signes disparoît. Ceci ne surprendra point les algébristes qui savent que souvent une équation donne, par ses différentes racines, non-seulement la solution du problème qu'on s'est proposé, mais la solution d'autres problèmes qui ont rapport à celui-là, sans être le même. Plusieurs équations très-différentes, lorsqu'on n'a pas ôté les signes radicaux, deviennent la même lorsqu'on les ôte. *Voyez* EQUATION.

Enfin, si on suppose $s^4 - \frac{2hs^3}{k}$ &c. > 0, & $s > \frac{h - h\sqrt{1-kk}}{k}$, on trouvera que ces conditions donnent $-s^4 + \frac{2hs^3}{k}$ &c. < 0, & (à cause que $h - sk$ est ici positif) $(h - sk)\sqrt{1-ss-hh} < h\sqrt{1-ss-hh+2hsk-kk}$, & $h\sqrt{1-ss-hh-2hsk-kk} + (sk-h)\sqrt{1-ss-hh} > 0$; donc la différence de la somme des deux arcs est $= 0$, lorsque $s = \frac{h - h\sqrt{1-kk}}{k}$; & est positive, lorsque s est plus grand. Donc cette somme est un véritable *minimum* lorsque $s = \frac{h - h\sqrt{1-kk}}{k}$, & par conséquent cette valeur de s est la seule qui résolve véritablement le problème du plus court *crépuscule*; je dis du plus court, & non pas du plus long. Car l'équation du plus long *crépuscule* seroit la même que celle du plus court, en faisant la différence $= 0$; parce que la règle pour les *maxima* & les *minima* est la même : ainsi, il pouvoit encore rester ici de l'équivoque; mais elle est levée entièrement lorsque l'on considère que $s > \frac{h}{k} - h\frac{\sqrt{1-kk}}{k}$ donne la différence positive, ce qui indique le *minimum*. Si la différence étoit négative, alors le tems du *crépuscule* seroit un *maximum*. Mais dira-t-on quel sera le jour du plus long *crépuscule*? car il y en aura un. Je réponds que le plus long *crépuscule* ne se trouve pas en faisant la différence de la somme des arcs égale à zéro, mais en prenant le *crépuscule* du jour de la plus grande déclinaison boréale du soleil, & celui du jour de la plus grande déclinaison australe, & en cherchant lequel de ces deux *crépuscules* est le plus grand. Car il n'y a qu'un seul *crépuscule* qui soit le plus court, puisqu'il n'y a qu'une valeur de s pour le plus court *crépuscule*, donc c'est un des deux *crépuscules* extrêmes, qui est le plus long. *Voyez*, sur tout cela, les *articles* MAXIMUM & MINIMUM, où nous ferons plusieurs remarques sur les quantités plus grandes & plus petites.

M. de Maupertuis, dans la première édition de son *Astronomie nautique*, s'est proposé la même question que nous venons de discuter; il l'a résolue en très-grande partie, & nous devons ici lui en faire honneur; cependant il y restoit encore quelque chose à discuter, & c'est apparemment pour cette raison qu'il a supprimé cette solution dans la seconde édition de son ouvrage, pour n'être pas obligé, en la donnant tout au long, d'entrer dans un détail que son plan ne comportoit pas. Nous avons tâché d'y suppléer ici, & de remplir un objet que M. de Maupertuis auroit sans doute rempli aisément lui-même, s'il l'avoit jugé à propos. (*O*)

Autre solution, dans la forme du calcul Astronomique. Soit *H O* l'horizon (*planches d'Astronomie, fig. 125*), *CHZPOD* le méridien, *CSD* le cercle crépusculaire abaissé de 18° sous l'horizon, *Z* le zénit du lieu donné, *P* le pole élevé, *S* & *N* les deux points où le soleil coupe le cercle crépusculaire & l'horizon, quand il se lève. La durée du *crépuscule*, ou de son passage de *S* à *N*, est mesurée par l'angle *NPS*, que nous supposons le plus petit de tous. Soit *TPR* la durée de ce même passage pour un parallèle infiniment voisin, ou, si l'on veut, pour le jour précédent ou pour le suivant. Par la nature du *minimum*, ces deux angles seront égaux : car, lorsqu'une quantité est la plus petite, ou la plus grande qu'elle puisse être, son changement est nul. Otant de ces deux angles la partie commune *NPG*, on aura $NPT = SPR$, ou $dZPN = dZPS$. Dans les triangles *ZPN*, & *ZPS*, qui ont deux côtés constans *PZ* & *ZN*, *PZ* & *ZS*, l'on a par les formules différentielles de la Trigonometrie sphérique (*Astronomie de M. de la Lande, art. 3821.*)

$$dPN : dZPN :: \text{sin. } PN : \text{cot. } ZNP,$$
$$dPS : dZPS :: \text{sin. } PS : \text{cot. } ZSP.$$

Si l'on suppose $PN = PS$, ainsi que $PT = PR$ (la différence n'est que de 1′ 42″ pour la latitude de Paris, & l'erreur sur la durée du *crépuscule* de 8″ ; cette erreur ne seroit que de 42″ à 70° de latitude), on aura $dPN = dPS$. Donc, ayant trois termes qui sont égaux dans les deux analogies, il en résulte que le quatrième l'est aussi, & que $ZNP = ZSP$, c'est-à-dire, que l'angle du vertical, avec le cercle de déclinaison, est constant dans le tems où le *crépuscule* est le plus court.

Pour connoître la déclinaison du soleil qui a lieu lorsque ces deux angles sont égaux, si l'on prend l'arc $SQ = 90° = ZN$, les triangles *SQP*, *NZP* seront égaux, puisqu'ils ont deux côtés égaux avec l'angle compris. Donc $PQ = PZ$, & $ZQ = 18°$. Dans le triangle isoscèle *PQZ*, si l'on abaisse un arc perpendiculaire *EP*, il divisera la base *ZQ* en deux parties égales, & dans le triangle *PES*, on aura $\text{cos. } PE = \frac{\text{cos. } PS}{\text{cos. } SE} = \frac{\text{cos. } PS}{\text{sin. } QE}$. Dans le triangle rectangle *PEQ*, l'on a aussi $\text{cos. } PE = \frac{\text{cos. } PQ}{\text{cos. } QE} = \frac{\text{cos. } PZ}{\text{cos. } QE}$. Donc

$\frac{cof.\ PS}{fin.\ QE} = \frac{cof.\ PZ}{cof.\ QE}$, & *cof.* $PS =$ *cof.* PZ tang. QE, ou *fin.* déclinaifon = *fin.* latitude tang. 9°. Cette déclinaifon du foleil eft auftrale, parce que *cof.* SE étant négatif, tang. QE, qui en dépend, l'eft auffi.

La durée du plus court *crépufcule* eft mefurée par l'angle $SPN = ZPQ$. Mais, dans le triangle ifofcèle ZPQ, on a *fin.* $\frac{1}{2}P = \frac{fin.\ \frac{1}{2}\ ZQ}{fin.\ PZ}$ (*Aftronomie, art.* 3665); donc le finus de la moitié de l'angle qui répond à la durée du plus court *crépufcule*, eft égal au finus de 9° divifé par le cofinus de la latitude du lieu.

Par le moyen de ces deux équations, on trouve que le plus court *crépufcule* arrive à Paris quand le foleil a 6° 51′ de déclinaifon auftrale; ce qui a lieu vers le 2 mars, & le 10 octobre, & que fa durée eft de 1^h 47′. Mais le plus court *crépufcule* qui puiffe avoir lieu fur la terre, eft fous l'équateur au tems de l'équinoxe; & il eft de 1^h 12′. (*M.* CAGNOLI.)

CRIC, f. m. (*Méch.*), machine dont plufieurs ouvriers, entr'autres les charpentiers & les maçons, fe fervent pour élever les corps très-pefans. Elle eft ordinairement compofée de plufieurs roues dentées, qui font fortir d'une forte boîte, par une ouverture pratiquée en-deffus, une barre de fer qui peut monter & defcendre par le moyen des dents qu'on a pratiquées fur fes côtés, & dans lefquelles s'engrennent celles des roues. Cette barre eft terminée par un crochet qu'on applique aux poids à élever. Le principe de la force de cette machine eft le même que celui des roues dentées. *Voyez* DENT.

CROISSANT, adj. (*Géom.*) On appelle quantité *croiffante*, une quantité qui augmente à l'infini ou jufqu'à un certain terme, par oppofition à une quantité conftante (*voyez* CONSTANT) ou à une quantité décroiffante. Ainfi, dans l'hyperbole rapportée aux afymptotes, l'abfciffe étant décroiffante, l'ordonnée eft *croiffante*. De même, dans un cercle, l'abfciffe prife depuis le fommet étant *croiffante*, l'ordonnée eft *croiffante* jufqu'au centre, & enfuite décroiffante, *&c.* (*O*)

CROISSANT (*Aftron.*) fe dit de la lune nouvelle, qui nous montre une petite partie de fa furface terminée par deux pointes, comme on le voit en *G* (*planch. d'Aftron. fig.* 18). Quand la lune continue à s'éloigner du foleil, cette partie éclairée augmente jufqu'à ce que la lune foit pleine & dans fon oppofition. *Voyez* LUNE.

Ce mot vient de *crefcens* ou de *crefco*, je crois, j'augmente. Les pointes ou extrémités du *croiffant* s'appellent *cornes*; l'une eft méridionale, l'autre boréale. *Tertia jam lunæ fe cornua lumine complent*, pour dire *voilà le troifième mois.*

On appelle auffi *croiffant* la même figure de la lune en décours; mais alors fes pointes ou cornes font tournées du côté de l'occident, au lieu que, dans l'autre cas, elles font du côté de l'orient.

Peu avant ou après la nouvelle lune, lorfque le *croiffant* paroît affez foible & mince, on peut appercevoir, outre le *croiffant*, le refte du globe de la lune, à la vérité d'une lumière beaucoup moins vive que le *croiffant*. *Voyez* LUMIÈRE CENDRÉE. (*O*)

CROIX (*Aftron.*), nom de la conftellation du cygne.

CROIX (*Aftron.*), *croix auftrale* ou *croix du fud*, *croifade* ou *croifette*, en anglois, *croziers*, conftellation méridionale, remarquable par une étoile de la première grandeur, qui avoit, en 1750, 183° 13′ 56″ d'afcenfion droite, 61° 42′ 45″ de déclinaifon méridionale: cette conftellation contient 17 étoiles dans le *cœlum auftrale ftelliferum* de M. de la Caille. (*D. L.*)

CROIX *géométrique*. *Voyez* ARBALÈTE.

CROIX OU PILE, (*analyfe des hafards.*) Ce jeu, qui eft très-connu, & qui n'a pas befoin de définition, nous fournira les réflexions fuivantes. On demande combien il y a à parier qu'on amenera *croix* en jouant deux coups confécutifs. La réponfe qu'on trouvera dans tous les auteurs, & fuivant les principes ordinaires, eft celle-ci. Il y a quatre combinaifons.

Premier coup.	Second coup.
Croix.	*Croix.*
Pile.	*Croix.*
Croix.	*Pile.*
Pile.	*Pile.*

De ces quatre combinaifons, une feule fait perdre & trois font gagner; il y a donc 3 contre 1 à parier en faveur du joueur qui jette la pièce. S'il parioit en trois coups, on trouveroit huit combinaifons, dont une feule fait perdre, & fept font gagner; ainfi, il y auroit 7 contre 1 à parier. *Voyez* COMBINAISON & AVANTAGE. Cependant cela eft-il bien exact? Car, pour ne prendre ici que le cas de deux coups, ne faut-il pas réduire à une les deux combinaifons qui donnent *croix* au premier coup? Car, dès qu'une fois *croix* eft venu, le jeu eft fini, & le fecond coup eft compté pour rien. Ainfi, il n'y a proprement que trois combinaifons de poffibles:

Croix, premier coup.
Pile, *Croix*, premier & fecond coup.
Pile, *pile*, premier & fecond coup.

Donc il n'y a que 2 contre 1 à parier. De même, dans le cas de trois coups, on trouvera:

Croix.
Pile, *croix.*
Pile, *pile*, *croix.*
Pile, *pile*, *pile.*

Donc il n'y a que 3 contre 1 à parier. Ceci eft

digne, ce me semble, de l'attention des calculateurs, & iroit à réformer bien des règles unanimement reçues sur les jeux de hasard.

Autre question. Pierre joue contre Paul à cette condition, que, si Pierre amène *croix* du premier coup, il paiera un écu à Paul; s'il n'amène *croix* qu'au second coup, deux écus; si au troisième coup, quatre, & ainsi de suite. On trouve, par les règles ordinaires (en suivant le principe que nous venons de poser), que l'espérance de Paul, & par conséquent ce qu'il doit mettre au jeu est $\frac{1+2+4+\&c.}{1+1+1+\&c.}$ quantité qui se trouve infinie. Cependant il n'y a personne qui voulût mettre à ce jeu une somme un peu considérable. On peut voir dans les *Mémoires de l'Académie de Pétersbourg, tome V*, quelques tentatives pour résoudre cette difficulté; mais nous ne savons si on en sera satisfait; & il y a ici quelque scandale qui mérite bien d'occuper les algébristes. Ce qui paroît surprenant dans la solution de ce problème, c'est la quantité infinie que l'on trouve pour l'espérance de Paul. Mais on remarquera que l'espérance de Paul doit être égale au risque de Pierre. Ainsi, il ne s'agit que de savoir si le risque de Pierre est infini, c'est-à-dire (suivant la véritable notion de l'infini), si ce risque est tel qu'on puisse toujours le supposer plus grand qu'aucun nombre fini assignable. Or, pour peu qu'on réfléchisse à la question, on verra que ce risque est tel en effet. Car ce risque augmente avec le nombre des coups, comme il est très-évident par le calcul. Or le nombre des coups peut aller & va en effet à l'infini, puisque, par les conditions du jeu, le nombre n'est pas fixé. Ainsi, le nombre indéfini des coups est une des raisons qui font trouver ici le risque de Pierre infini. *Voyez* ABSENT & PROBABILITÉ.

Selon un très-savant géomètre, avec qui je raisonnois un jour sur cette matière, l'espérance de Paul & son enjeu ne peut jamais être infini, parce que le bien de Pierre ne l'est pas; & que, si Pierre n'a, par exemple, que 2^{20} écus de bien, il ne doit y avoir que 21 coups, après lesquels on doit cesser, parce que Pierre ne sera pas en état de payer. Ainsi, le nombre des coups possibles est déterminé, fini & égal à 21, & on trouvera que l'espérance de Paul est $\frac{2^{21}-1}{22}$. Quoique cette somme ne soit plus infinie, je doute que jamais aucun joueur voulût la donner. Ainsi, cette solution, toute ingénieuse qu'elle est, ne paroît pas d'abord résoudre la difficulté. Cependant, toutes choses bien examinées, il me semble qu'on doit en être satisfait. Car il ne s'agit pas ici de la peine ou de la facilité que Paul doit avoir à risquer la somme en question, il s'agit de ce qu'il doit donner pour jouer à jeu égal avec Pierre; & il est certain que ce qu'il doit donner est la somme ci-dessus. Paul seroit un fou sans doute de la donner; mais il ne le seroit, que parce que Pierre est un fou aussi de proposer un jeu où lui Pierre peut perdre en une minute des sommes immenses. Or, pour jouer avec un fou à jeu égal, il faut se faire fou comme lui. Si Pierre, jouant en un seul coup, parioit un million qu'il amenera *pile*, il faudroit que chacun mît au jeu un demi-million : cela est incontestable. Il n'y a pourtant que deux insensés qui pussent jouer un pareil jeu.

Nous remarquerons à cette occasion que, pour rendre plus complettes, & pour ainsi dire plus usuelles, les solutions de problèmes concernans les jeux, il seroit à souhaiter qu'on pût y faire entrer les considérations morales, relatives, soit à la fortune des joueurs, soit à leur état, soit à leur situation, à leur force même (quand il s'agit des jeux de commerce), & ainsi du reste. Il est certain par exemple, que, de deux hommes inégalement riches qui jouent à jeu égal suivant les règles ordinaires, celui qui est le moins riche risque plus que l'autre. Mais, toutes ces considérations étant presque impossibles à soumettre au calcul, à cause de la diversité des circonstances, on est obligé d'en faire abstraction, & de résoudre les problèmes mathématiquement, en supposant d'ailleurs les circonstances morales parfaitement égales de part & d'autre, ou en les négligeant totalement. Ce sont ensuite ces circonstances, quand on vient à y faire attention, qui font croire le calcul en faute, quoiqu'il n'y soit pas. *Voyez* AVANTAGE, JEU, PARI, *&c.* (*O*)

CROTON, (*Astron.*) nom que l'on a donné quelquefois à la constellation du sagittaire, parce qu'on a cru qu'elle représentoit l'ancien poëte *Croton*, qui étoit aussi grand chasseur, & que l'on disoit avoir été élevé sur l'Hélicon, dans la compagnie des muses, & ensuite placé dans le ciel à la prière de ces déesses. (*D. L.*)

CROWN-GLASS, (*Astron.*) nom anglois, qui est reçu depuis quelques années dans nos livres d'optique & d'astronomie; ce mot signifie *verre à couronne*, il signifie une espèce de verre semblable à celui de nos vitres ordinaires, & que l'on tourne en plateaux ronds, par le moyen de la force centrifuge que produit le mouvement circulaire. Ce verre, dont on fait aussi les vitres en Angleterre, fut employé avec succès en 1759, par Dollond le père, pour les lunettes achromatiques, combiné avec le *flint-glass* ou crystal d'Angleterre; il remédie à la dispersion des rayons colorés, qui forment des iris au foyer des lunettes ordinaires; la dispersion de ce verre, ou la longueur du spectre coloré qu'il produit, n'étant que les deux tiers de la dispersion qui a lieu dans le *flint-glass*. *Voy.* ACHROMATIQUES & LUNETTES. (*D. L.*)

CRUCIFORME, adj. (*Géom.*) hyperbole *cruciforme*, est une hyperbole du troisième ordre, ainsi appellée par M. Neuton, parce qu'elle est formée de deux branches qui se coupent en forme de croix. *Voyez* COURBE. (*O*)

CRYSTAL

CRYSTAL (*cieux de*), *en Astronomie*, étoient des orbes que les anciens astronomes avoient imaginés dans le systême de Ptolemée, où les cieux étoient supposés solides, & n'être susceptibles que d'un mouvement simple. Les astronomes anciens s'en servoient pour expliquer différens mouvemens apparens de la sphère céleste. *Voyez* CIEL & SYSTÊME.

Les découvertes modernes ont débarrassé la physique de cette absurde complication. L'embarras de tous ces cieux de *crystal* étoit si grand, pour les anciens mêmes, que le roi Alphonse, qui étoit obligé d'en imaginer de nouveaux, parce qu'il ne connoissoit rien de meilleur, disoit que, si Dieu l'eût appellé à son conseil quand il fit le monde, il lui auroit donné de bons avis. Ce grand prince vouloit seulement dire par-là qu'il lui paroissoit difficile que Dieu eût fait le monde ainsi. (*O*)

CRYSTAL *d'Angleterre* pour les lunettes. *Voyez* FLINT-GLASS.

CUB

CUBATURE *ou* CUBATION D'UN SOLIDE, (*Géom.*): c'est l'art ou l'action de mesurer l'espace que comprend un solide, comme un cone, un cylindre, une sphère. *Voyez* CONE, PYRAMIDE, CYLINDRE, *&c.*

La *cubature* consiste à mesurer la solidité du corps comme la *quadrature* consiste à en mesurer la surface. Quand on a déterminé cette solidité, on trouve ensuite un cube qui soit égal au solide proposé, & c'est-là probablement la *cubature*. Ce second problême est souvent fort difficile, même après que le premier est résolu. Ainsi, si l'on trouvoit un solide qui fût double d'un certain cube connu, par exemple, d'un pié cube, il seroit ensuite fort difficile d'assigner exactement un cube qui fût égal au solide trouvé, & par conséquent double du cube connu. *Voyez* DUPLICATION DU CUBE. Le problême de la *cubature* de la sphère, outre la difficulté de la quadrature du cercle qu'il suppose, renferme encore celle de cuber le solide qu'on auroit trouvé égal en solidité à la sphère. (*O*)

CUBE, sub. m. *en terme de Géométrie*, signifie *un corps solide régulier*, composé de six faces quarrées & égales, & dont tous les angles sont droits, & par conséquent égaux. *Voyez* SOLIDE.

Ce mot vient du grec κύϐος, *tessera*, dé.

Le cube est aussi appellé *hexaedre*, à cause de ses six faces. *Voyez* HEXAEDRE.

On peut considérer le *cube* comme engendré par le mouvement d'une figure plane quarrée le long d'une ligne égale à un de ses côtés, à laquelle cette figure est toujours perpendiculaire dans son mouvement. D'où il suit que toutes les sections du *cube* parallèle à sa base, sont égales en surface à cette base, & conséquemment sont égales entr'elles.

Pour construire le développement du *cube*, c'est-à-dire une figure plane, dont les parties, étant pliées, forment la surface d'un *cube*; il faut d'abord tirer une ligne droite AB (*Pl. géom. fig. 54*), sur laquelle on portera quatre fois le côté du *cube* qu'on veut construire. Du point A, on élevera une perpendiculaire AC égale au côté du *cube* AI, & on achevera le parallélogramme $ABCD$: d'un intervalle égal au côté du *cube*, on déterminera dans la ligne CD les points K, M & O; enfin on tirera les lignes droites IL, LM, NO & BD; on prolongera IK & LM de E vers F, & de G vers H, de manière que $EI = IK = KF$, & $GH = LM = MH$; enfin on tirera FG, FH. *Voyez* DÉVELOPPEMENT.

Pour déterminer la surface & la solidité d'un *cube*, on prendra d'abord le produit d'un des côtés du *cube* par lui-même, ce qui donnera l'aire d'une de ses faces quarrées; & on multipliera cette aire par six, pour avoir la surface entière du *cube*; ensuite on multipliera l'aire d'une des faces par le côté pour avoir la solidité. *Voyez* SURFACE & SOLIDITÉ.

Ainsi, le côté d'un *cube* étant dix piés, sa surface sera six cens piés quarrés, & sa solidité mille piés *cubes*; si le côté est 12, la solidité sera 1728: par exemple, la toise étant de six piés, & le pié de 12 pouces, la toise *cube* sera de 216 piés *cubes*, & le pié *cube* de 1728 pouces cubes.

CUBE se dit aussi adjectivement. Un nombre *cubé* ou *cubique*, *en terme d'Arithmétique*, signifie un *nombre* qui provient de la multiplication d'un nombre quarré par la racine. *Voyez* RACINE.

Donc, puisque l'unité est à la racine comme la racine est au quarré, & que l'unité est à la racine comme le quarré est au *cube*, il s'ensuit que la racine est au quarré comme le quarré est au *cube*, c'est-à-dire que l'unité, la racine, le quarré & le *cube*, sont en proportion continue, & que la racine du *cube* est la première des deux moyennes proportionnelles entre l'unité & le *cube*. *Voyez* PUISSANCE.

Théorie de la composition des nombres cubes. Tout nombre *cube*, dont la racine est un binome, est composé du *cube* des deux parties de cette racine; de trois fois le produit de la seconde partie par le quarré de la première, & de trois fois le produit de la première par le quarré de la seconde.

Démonstration. Un nombre *cube* est le produit d'un quarré par sa racine. Or le quarré d'une racine binome contient le quarré de chacune des deux parties, & deux fois le produit de la première par la seconde. *Voyez* QUARRÉ.

Par conséquent le nombre *cube* est composé du *cube* de la première partie, du *cube* de la seconde, du triple produit de la première par le quarré de la seconde, & du triple produit de la seconde par le quarré de la première. *V.* RACINE.

L'exemple ſuivant donnera une démonſtration à l'œil de cette règle. Suppoſons que la racine ſoit 24 ou 20 + 4, on aura $\overline{24}^2 = \overline{20}^2 + 2 \times 4 \times 20 + 4^2$

$$20 + 4,$$

$$\overline{24}^3 = \overline{20}^3 + 2 \times 4 \times \overline{20}^2 + 20 \times \overline{4}^2$$
$$+ \quad 4 \times \overline{20}^2 + 2 \times 20 \times \overline{4}^2 + \overline{4}^3.$$

$$\overline{24}^3 = \overline{20}^3 + 3 \times 4 \times \overline{20}^2 + 3 \times 20 \times \overline{4}^2 + \overline{4}^3.$$

$$\text{Or } \overline{20}^3 = 8000$$
$$3 \times 4 \times \overline{20}^2 = 4000$$
$$3 \times 20 \times \overline{4}^2 = 960$$
$$4^3 = 64$$

Donc $\overline{24}^3 = 13824$.

Comme la partie qui eſt le plus à la droite déſigne des unités, & que la partie qui ſuit vers la gauche déſigne des dixaines, le *cube* de la partie qui eſt à droite doit ſe terminer au dernier chiffre vers la droite; le produit de trois fois le quarré de la ſeconde partie par la première, doit ſe terminer au ſecond chiffre vers la droite; le produit de trois fois le quarré de la première par la ſeconde, au troiſième chiffre vers la droite; enfin le *cube* de la première partie, au quatrième chiffre vers la droite.

Si la racine eſt un multinome, en ce cas, deux ou un plus grand nombre de caractères vers la droite doivent être regardés comme n'en faiſant qu'un ſeul, afin que cette racine puiſſe être conſidérée comme un binome. Il eſt évident que le *cube* eſt compoſé, en ce cas, des *cubes* des deux parties de la racine; du produit du triple quarré de la première partie du binome par la ſeconde, & du produit du triple quarré de la ſeconde partie par la première. Suppoſons, par exemple, que la racine ſoit 243, ſi on prend 240 pour une partie de la racine, 3 ſera l'autre partie; & l'on aura

$$\overline{240 + 3}^3 = \overline{240}^3 + 3 \times \overline{240}^2 \times 3 + 3 \times 3^2 \times 240 + \overline{3}^3.$$

$$\text{Or } \overline{240}^3 = 13824000$$
$$3 \times \overline{240}^2 \times 3 = 518400$$
$$3 \times 3^2 \times 240 = 6480$$
$$3^3 = 27$$

Ainſi $\overline{243}^3 = 14348907$.

Les places des différens produits ſe déterminent par ce qui a été dit ci-deſſus; & on doit remarquer que, ſi ces produits ſont écrits ſeuls, il faudra laiſſer la place du nombre de zéros convenable, qui doit ſe trouver au bout de chaque produit.

La compoſition des nombres *cubiques* étant une fois bien conçue, l'extraction de la racine *cubique* eſt fort aiſée. *Voyez* EXTRACTION.

Racine *cube* ou racine *cubique* eſt un nombre qui, étant multiplié par lui-même, & étant de nouveau multiplié par le produit, donne un nombre *cube*. *V.* CUBIQUE.

Extraire la racine *cubique*, eſt donc la même choſe que de trouver un nombre comme 2, lequel, étant multiplié deux fois de ſuite par lui-même, donne le *cube* propoſé, par exemple, 8. *Voyez les articles* EXTRACTION & RACINE. (*O*)

CUBE-DU-CUBE, *cubus-cubi*, nom que les écrivains arabes, & ceux qui les ont ſuis, ont donné à la 9e puiſſance d'un nombre, ou au produit d'un nombre multiplié neuf fois de ſuite par lui-même. Diophante; & après lui Viette, Oughtred, *&c.* appellent cette puiſſance *cubo-cubo-cubus*, *cubo-cubo-cube*. (*O*)

CUBIQUE, adj. ſe dit de tout ce qui a quelque rapport au *cube*. Une équation *cubique* eſt une équation où l'inconnue a trois dimenſions, comme $x^3 = a^3$, ou $x^3 + px + q = 0$, *&c. Voy.* EQUATION.

Sur la conſtruction des équations *cubiques*, *voyez* CONSTRUCTION. Sur leur réſolution, *voyez* RÉSOLUTION, EQUATION & CAS IRRÉDUCTIBLE. Sur leurs racines, *voyez* RACINE & CUBE.

Pié *cubique* ou pié *cube*. *Voyez* PIÉ & CUBE.

Première parabole *cubique*, eſt une des paraboles du ſecond genre, dont l'équation eſt $a^2 x = y^3$.

Seconde parabole *cubique*, eſt celle dont l'équation eſt $ax^2 = y^3$. *Voyez* COURBE & PARABOLE. (*O*)

CUBO-CUBE, ſ. m. *cubo-cubus*, (*Géométrie*) terme dont ſe ſervent Diophante, Viette, *&c.* pour exprimer la ſixième puiſſance que les arabes appellent *quadratum cubi*, quarré du cube. *V.* PUISSANCE & CUBE. (*O*)

CULTELLATION, ſ. f. (*Géom.*) terme dont quelques auteurs ſe ſont ſervis pour ſignifier la meſure d'un terrein, en le rapportant au plan de l'horizon. *Voyez* ARPENTAGE.

CULMINATION, (*Aſtron.*) paſſage d'une étoile ou d'une planète par le méridien, c'eſt-à-dire par le point où elle eſt à la plus grande hauteur. *Voyez* PASSAGE, *&c.*

CUNEUS, eſt le nom latin d'une des puiſſances méchaniques, appellée plus communément *coin*. *Voyez* COIN.

CURSEUR, (*Aſtron.*) fil mobile par le moyen d'une vis, qui, dans un micromètre, ſert à renfermer les deux bords d'un aſtre, pour meſurer ſon diamètre apparent. (*D. L.*)

CURTATION, en latin *curtatio*, eſt un terme d'Aſtronomie plus uſité en latin qu'en françois; c'eſt l'accourciſſement de la diſtance, ou la différence entre la distance réelle d'une planète au soleil, & sa distance réduite au plan de l'écliptique, qu'on appelle *distantia curtata*, distance accourcie. *Voyez* PLANETE.

Il est aisé de voir que la distance réduite au plan de l'écliptique, se détermine par le point où ce plan est rencontré par une perpendiculaire menée du centre de la planète : il est donc facile de construire des tables de *curtation*, en multipliant la distance par le cosinus de la latitude.

Comme la distance d'une planète a l'écliptique, la réduction de son lieu au même plan, & sa *curtation*, dépendent de l'argument de la latitude; Kepler, dans ses tables Rudolphines, a réduit toutes les tables de ces quantités en une seule, sous le titre de *tabulæ latitudinariæ*. J'ai donné aussi dans mes tables cette *curtation*, que j'ai appellée *Réduction de la distance*. (*D. L.*)

CURTICONE, s. m. *en terme de Géométrie*, signifie un *cone*, dont le sommet a été retranché par un plan parallèle à sa base: on l'appelle plus communément *cone tronqué*. *Voyez* TRONQUÉ. (*O*)

CURVILIGNE, adj. *terme de Géométrie*. Les figures *curvilignes* sont des espaces terminés par des lignes courbes, comme le cercle, l'ellipse, le triangle sphérique, &c. *Voy.* COURBE & FIGURE.

Angle curviligne, est un angle formé par des lignes courbes. Pour la mesure de l'angle *curviligne*, tirez au point de concours des deux courbes ou sommet de l'angle les tangentes de chacune de ces courbes, l'angle formé par les tangentes sera égal à l'angle *curviligne*. Cela vient de ce que l'on peut regarder une courbe comme un polygone d'une infinité de côtés, dont les tangentes sont le prolongement; d'où il s'ensuit qu'en tirant les tangentes, on a la position des petits côtés, & par conséquent leur inclinaison. (*O*)

CYC

CYCLE, (*Astron.*) signifie une *certaine période* ou *suite de nombres* qui procèdent par ordre jusqu'à un certain terme, & qui reviennent ensuite les mêmes sans interruption. *Voyez* PÉRIODE. Les *cycles* les plus usités sont le *cycle lunaire*, le *cycle solaire* & le *cycle d'indiction*.

Le *cycle* lunaire est une période de 19 ans ou de 6930 jours, dans lequel il arrive 235 lunaisons; en sorte qu'au bout des 19 ans, les nouvelles lunes arrivent au même degré du zodiaque, & par conséquent au même jour de l'année que 19 ans auparavant. On compte, pour première année d'un *cycle* lunaire, celle où la nouvelle lune arrive le 1er janvier, du moins suivant le Calendrier Grégorien. De ces 235 lunaisons, on en donne 12 à chaque année, ce qui fait 228 lunaisons alternativement de 29 & de 30 jours : il en reste 7 qu'on appelle lunaisons embolismiques ou intercalaires. Il y en a 6 de 30 jours chacune; mais la 7e est de 29 jours seulement, on la place à la fin du *cycle* ou de la 19e année, où elle forme une irrégularité. Ce *cycle* fut publié en grèce par Méton, environ 430 ans avant Jesus-Christ, & fut regardé comme une découverte si belle, qu'on en gravoit le calcul en lettres d'or; l'on appelle encore *nombre d'or* l'année du cycle lunaire dans laquelle on se trouve; c'est l'année 17, en 1783.

Toutes les fois que la nouvelle lune arrive le 1er jour de janvier, on recommence un cycle lunaire, & l'on a 1 pour le nombre d'or. Voici la règle générale pour trouver le nombre d'or en tout tems. On ajoute un à l'année de notre ere, parce que, dans l'année un de Jesus-Christ, le nombre d'or a dû être 2, on divise la somme par 19; le reste, s'il y en a un, marque l'année du cycle lunaire, où l'on se trouve, c'est-à-dire le nombre d'or qui convient à l'année proposée; ainsi, en 1764, après avoir ajouté 1, l'on divisera 1765 par 19; le quotient sera 92, parce qu'en 1764 le cycle lunaire avoit recommencé 92 fois depuis J. C. Mais il restera 17; cela nous apprend que le nombre d'or, en 1764, est 17. Si l'on ne trouve aucun reste dans la division, c'est une preuve qu'on est à la dernière année du cycle lunaire, & que le nombre d'or est 19.

Les orientaux commencèrent à se servir de ce cycle au tems du concile de Nicée, & ils prirent pour la première année du cycle, celle où la nouvelle lune paschale tomboit au 23 de mars; de sorte que le *cycle lunaire* III tombe au 1er janvier de la troisième année.

Au contraire, les occidentaux mirent le nombre I au 1er janvier, comme on le voit dans l'ancien calendrier que nous avons rapporté ci-devant, ce qui produisit une différence très-considérable dans le tems de la pâque pour l'orient & pour l'occident; aussi Denis le Petit, cherchant à dresser un nouveau calendrier, persuada aux chrétiens d'occident d'anéantir cette différence, & de suivre la pratique de l'église d'Alexandrie.

On forma donc une table générale par laquelle on trouvoit facilement les nouvelles lunes pour chaque année, & qui servit par toute l'église chrétienne. Cette table avoit le nombre III au 1er janvier. On peut la voir dans le *tome IV des Elémens de Mathématiques de* Wolf. De sorte que, quand on avoit trouvé le nombre du *cycle lunaire* pour une année, on trouvoit vis-à-vis de ce nombre, dans la table ou calendrier, les jours des nouvelles lunes pour toute cette année.

Lorsqu'au tems du concile de Nicée, on résolut d'adopter dans le calendrier le *cycle* de 19 ans, ce *cycle* marquoit assez bien les nouvelles lunes, & cela continua à-peu-près de même pendant quelques siècles. Mais, dans ce siècle-ci, comme les lunaisons ont anticipé d'un jour en 3 siècles, elles arrivoient cinq jours plutôt que dans le calendrier établi du tems du concile de Nicée; ou, ce qui revient au même, les nouvelles lunes célestes anticipoient de cinq jours sur celles qui résultoient du nombre d'or de l'ancien calendrier ecclésiastique. Malgré ces difficultés, l'église anglicane a conservé long-tems l'ancienne méthode de calculer les nouvelles lunes par les nombres d'or, tels qu'ils avoient été reçus dans le calendrier du tems du concile de Nicée; les nouvelles lunes ainsi calculées se nommoient *ecclésiastiques*, pour les distinguer des véritables; mais actuellement le calendrier Grégorien y est reçu.

On croyoit anciennement que le *cycle* de 19 ans comprenoit exactement 235 lunaisons; & qu'après une révolution des 19 années du *cycle lunaire*, les nouvelles lunes revenoient précisément aux mêmes jours & aux mêmes heures. Mais la chose bien examinée ne s'est pas trouvée exacte, & c'est ce qui a fait imaginer les épactes. Dans l'espace de 19 années Juliennes, il y a 6939 jours 18 heures; & comme il est certain, selon les plus exactes observations des astronomes modernes, que chaque lunaison ou mois lunaire sont de $29^j\ 12^h\ 44'\ 3''$, il s'ensuit que 235 lunaisons répondoient à $6939^j\ 16^h\ 31'\ 45''$. Il n'est donc pas exact de dire que 235 lunaisons répondent exactement à 19 années Juliennes; mais il s'en faut environ une heure $\frac{1}{2}$. Ainsi, les nouvelles lunes, après 19 ans, n'arriveront pas précisément à la même heure qu'auparavant, mais environ une heure & demie plutôt; de manière que, dans l'espace de 312 ans & demi, suivant les auteurs du calendrier, les nouvelles lunes anticipent d'un jour dans l'année Julienne. Je trouve, par un calcul plus rigoureux, que ce seroit en 308 ans & 201 jours, en supposant les années de 365 jours & un quart; mais c'est sur 312 $\frac{1}{2}$ qu'on a réglé l'équation lunaire ou *proemptose*, on la fait d'un jour tous les 300 ans; &, à cause des 12 ans & demi, on laisse passer un siècle au bout de 24 sans tenir compte de l'équation lunaire, & sans interrompre l'ordre des épactes, comme nous l'avons expliqué en parlant de la construction de la Table étendue des épactes; au mot CALENDRIER.

Au reste, il ne faut pas confondre le *cycle lunaire* de Meton avec la période de Pline ou saros Chaldaïque, qui ne contient que 18 ans ou 223 lunaisons. Cette période ou saros étant de 18 ans & environ 11 jours de plus, ramène les éclipses à-peu-près dans le même ordre & vers les mêmes points de l'orbite lunaire; au lieu qu'il s'en faut bien que les pleines lunes, qui arrivent aux mêmes jours tous les 19 ans, se retrouvent dans une position semblable, tant à l'égard du nœud que de l'anomalie moyenne, le lieu de l'apogée de la lune étant d'ailleurs dirigé bien différemment à l'égard de la ligne qui doit passer par le soleil.

Dans *l'Art de vérifier les Dates*, on remarque qu'il y a une différence entre le *cycle lunaire & le cycle de 19 ans*. Le premier commençoit trois ans plus tard que le second. Mais le *cycle* de 19 ans a prévalu, on a oublié l'autre, & l'on a transporté au dernier le nom de *cycle lunaire*.

L'usage du *cycle* de 19 ans, dans l'ancien calendrier, est d'apprendre, par le moyen de la nouvelle lune de chaque mois, le jour où doit par conséquent tomber pâques. Car la fête de pâques doit se célébrer le dimanche d'après la pleine lune qui suit ou qui tombe sur l'équinoxe du printems fixé au 21 de mars. Dans le nouveau calendrier, l'usage du *cycle lunaire* se borne à faire trouver les épactes. *Voyez* CALENDRIER.

Cycle solaire est une période de 28 ans, qui ramène les mêmes jours de la semaine aux mêmes jours du mois. Cette période étant écoulée, les lettres dominicales & celles qui désignent les autres jours de la semaine, reviennent en leur première place, & procèdent dans le même ordre qu'auparavant.

On appelle ce *cycle*, *cycle solaire*, non à cause du cours du soleil avec lequel il n'a aucun rapport, mais parce que le dimanche étoit autrefois appellé *jour du soleil*, DIES SOLIS, & que les lettres dominicales, ou qui servent à marquer le dimanche, sont principalement celles pour lesquelles cette période a été inventée : ces lettres, qui sont les premières lettres de l'alphabet, ont succédé aux anciennes lettres nundinales des Romains, que l'on peut voir ci-devant au mot CALENDRIER.

Pour trouver le *cycle solaire* d'une année proposée, comme 1763, ajoutez 9 au nombre donné, & divisez la somme 1772 par 28, le nombre restant 8, exprimera le *cycle* cherché, & le quotient marquera le nombre des périodes du *cycle solaire* depuis l'ere vulgaire.

S'il n'y a point de reste, c'est une marque que l'année dont il s'agit est la vingt-huitième ou la dernière du *cycle*. La raison de cette opération est que, dans la première année de J. C., neuf années du *cycle* s'étoient déjà écoulées, ou étoient censées s'être écoulées. Chaque année bissextile ayant un jour de plus que les autres, elle a aussi deux lettres dominicales, dont la première sert jusqu'à la veille de saint Matthias, & la seconde jusqu'à la fin de l'année. Si, dans la première année du *cycle solaire*, les lettres dominicales étoient *G F*, celle de la seconde année du *cycle* seroit *E*, celle de la troisième *D*, celle de la quatrième *C*; mais la cinquième année étant bissextile, auroit pour lettres dominicales *B* & *A*, & ainsi de suite. Tel étoit l'ordre du *cycle solaire* dans le calendrier Julien.

Grégoire XIII. en réformant le calendrier, fit plusieurs changemens à cet ordre. Le *cycle solaire* de l'année 1582, dans laquelle se fit cette réformation, étoit 23, & par conséquent *G* étoit la lettre dominicale, suivant la table du *cycle solaire* des années Juliennes. Or, cette année 1582, on retrancha dix jours du mois d'octobre; de façon qu'au lieu du 5 octobre, on compta le 15 (afin que l'équinoxe fût remis au 21 de mars, comme il l'étoit du tems du concile de Nicée), par conséquent la lettre dominicale, qui étoit *G* cette année-là, devint *C*; car le 7 d'octobre, où se trouve la lettre *G* dans le calendrier perpétuel, devoit être un dimanche; par conséquent le 4 d'octobre, qui a la lettre *D*, étoit un jeudi; le 15, qui a la lettre *A*, fut un vendredi, & le 17, qui a la lettre *C*, fut un dimanche. Ainsi, la table des lettres dominicales répondantes aux années du *cycle solaire*, fut changée depuis 1582 jusqu'à 1700. Les années 1700, 1800 & 1900 ne devant point être bissextiles, comme elles auroient dû l'être suivant le calendrier Julien, cette table doit encore changer; par exemple, l'année 1700 le *cycle solaire* est 1, & les lettres dominicales auroient été *C* & *B*. Mais, comme 1700 n'est point bissextile, *C* est seule lettre dominicale pour toute l'année, par conséquent l'année suivante la lettre dominicale est *B*, & pour les deux autres on a *A* & *G*. Ainsi, on voit que, dans le *cycle solaire* depuis l'année 1700 jusqu'à 1800, l'ordre sera *DC*, *B*, *A*, *G*, dont on peut déduire la table suivante.

Cycle solaire, depuis l'année Grégorienne 1700 jusqu'à l'année 1800.

1	*DC*	5	*FE*	9	*AG*	13	*CB*	17	*ED*	21	*GF*	25	*BA*
2	*B*	6	*D*	10	*F*	14	*A*	18	*C*	22	*E*	26	*G*
3	*A*	7	*C*	11	*E*	15	*G*	19	*B*	23	*D*	27	*F*
4	*G*	8	*B*	12	*D*	16	*F*	20	*A*	24	*C*	28	*E*

Ce même *cycle* doit encore changer en l'année 1800. Car le *cycle solaire* de l'année 1800 est 17, par conséquent *E*, *D* devroient être les lettres dominicales; mais, comme cette année ne sera point bissextile, la lettre dominicale sera *E* pendant toute l'année, & celles des années suivantes *D*, *C*, *B*. Ainsi, la colonne où est *FE*, *D*, *C*, *B*, doit être la première du *cycle* depuis 1800 jusqu'en 1900, & l'on peut former une table pareille, en mettant vis-à-vis de 1, 2, 3, 4, les lettres *FE*, *D*, *C*, *B*, & ainsi de suite. Par la même raison, on trouvera que la colonne *AG*, *F*, *E*, *D*, doit être la première du *cycle* depuis 1900 jusqu'à 2000, & depuis 2000 jusqu'à 2100, parce que l'année 2000 sera bissextile.

Cycle des indictions, est une période de 15 ans, qui revient constamment la même, comme les autres *cycles*, & qui commence à la troisième année avant J. C.

Les chronologistes sont fort partagés sur le tems où le *cycle* des indictions s'établit parmi les Romains, & sur l'usage auquel ce *cycle* servoit. Le P. Petau n'a pas cru devoir prendre de parti sur cette question. L'opinion la plus probable est que le *cycle* des indictions commença à être en usage l'an 312, après la mort de Constantin.

Pour trouver le *cycle* d'indiction d'une année proposée, il faut ajouter 3 à cette année, & diviser la somme par 15, le reste est le *cycle* d'indiction; s'il ne reste rien, l'indiction est 15. La raison de cette opération est que, l'année qui a précédé la naissance de J. C., le nombre de l'indiction étoit 3. C'est pour cela qu'on ajoute 3 au nombre des années de J. C.

On peut observer que le mot *cycle* est non-seulement appliqué, en général, à tous les nombres qui composent la période, mais à chaque nombre en particulier. Ainsi, on dit que la première année de l'ere vulgaire a pour *cycle solaire* 1, pour *cycle lunaire* ou nombre d'or 2, pour lettre dominicale *B*, & pour *cycle d'indiction* 4.

Cycle paschal. Si on multiplie le *cycle solaire* par le *cycle lunaire*, c'est-à-dire 19 par 28, il en résultera une période de 532 ans, appellée *cycle paschal.* Voici pourquoi on lui a donné ce nom. Dans l'ancien calendrier, on faisoit généralement chaque quatrième année bissextile, & on supposoit, en adoptant le *cycle lunaire*, qu'au bout de 19 ans les pleines lunes tomboient aux mêmes jours; de-sorte qu'au bout de 28 fois 19 ans ou 532 ans, le jour de pâques tomboit au même jour, & le *cycle* recommençoit.

Dans la préface de l'*art de vérifier des dates*, on observe que le *cycle paschal* ou produit du *cycle solaire* 28 par le *cycle lunaire* 19, a été appellé par quelques anciens *annus magnus*, & par d'autres *circulus* ou *cyclus magnus*. On l'appelle encore *période victorienne* du nom de *Victorius* son auteur, qui l'a fait commencer à l'an 28 de J. C. Denis le Petit, qui a corrigé cette période, l'a fait commencer un an avant l'ère chrétienne; ce qui lui a fait donner le nom de *période Dyonisienne*, qu'elle a retenu.

Si on multiplie le *cycle solaire*, le *cycle lunaire* & le *cycle des indictions*, l'un par l'autre, on forme une période de 7980 ans, appellée *période Julienne.* (*O*)

CYCLOIDAL, adj. (*Géom.*). L'*espace cycloïdal* est l'espace renfermé par la cycloïde & par sa base. M. de Roberval a trouvé le premier que cet espace eſt triple du cercle générateur, & on peut le prouver aiſément par le calcul intégral. En effet, ſoit x l'abciſſe du cercle générateur priſe au ſommet de la cycloïde, y l'ordonnée du demi-cercle, & z celle de la cycloïde, l'arc correſpondant du cercle ſera $\int \frac{a\,dx}{\sqrt{2ax - xx}}$, a étant le rayon du cercle; & on aura par la propriété de la cycloïde $z = y + \int \frac{a\,dx}{\sqrt{2ax-xx}} = \sqrt{2ax - xx} + \int \frac{a\,dx}{\sqrt{2ax-xx}}$; cette quantité étant multipliée par dx, donnera pour l'élément de l'aire de la cycloïde $dx\sqrt{2ax-xx} + dx \int \frac{a\,dx}{\sqrt{2ax-xx}}$; dont l'intégrale eſt $\int dx \sqrt{2ax - xx} + x \int \frac{a\,dx}{\sqrt{2ax-xx}} - \int \frac{ax\,dx}{\sqrt{2ax-xx}}$; d'où il eſt facile de conclure que la moitié de l'*eſpace cycloïdal* = 1.° le demi-cercle; 2.° le diamètre multiplié par la demi-circonférence, c'eſt-à-dire, le double du cercle entier, d'où il faut retrancher le produit du rayon par cette demi-circonférence, c'eſt-à-dire le cercle entier; ainſi, la moitié de l'*eſpace cycloïdal* eſt égal à trois fois le demi-cercle. Donc l'*eſpace cycloïdal* total vaut trois fois le cercle générateur.

On peut démontrer encore, par une méthode fort ſimple, que l'eſpace renfermé entre le demi-cercle & la demi-cycloïde, eſt égal au cercle générateur. Prenez deux ordonnées de la cycloïde, terminées au cercle & à égales diſtances du centre, la ſomme de ces ordonnées ſera égale au demi-cercle; d'où il ſera facile de faire voir, en diviſant l'*eſpace cycloïdal* en petits trapèſes, que l'aire de deux trapèſes, pris enſemble, eſt égal au produit de la demi-circonférence par l'élément du rayon. Donc la ſomme des trapèſes eſt égale au produit de la demi-circonférence par le rayon, c'eſt-à-dire égale au cercle. (*O*)

CYCLOIDE, ſ. *en Géomét.* eſt une des courbes méchaniques, ou, comme les nomment d'autres auteurs, *tranſcendantes.* On l'appelle auſſi quelquefois *trochoïde* & *roulette.* *Voyez* COURBE, EPICYCLIDE & TROCHOIDE.

Elle eſt décrite par le mouvement d'un point *A* (*Pl. de Géomét. fig.* 55.) de la circonférence d'un cercle, tandis que le cercle fait une révolution ſur une ligne droite *A P.* Quand une roue de caroſſe tourne, un des clous de la circonférence décrit dans l'air une *cycloïde.*

De cette génération, il eſt facile de déduire pluſieurs propriétés de cette courbe, ſavoir que la ligne droite *A E* eſt égale à la circonférence du cercle *A B C D*, & *A C* égale à la demi-circonférence; & que, dans une ſituation quelconque du cercle générateur, la ligne droite *A d* eſt égale à l'arc *a d*; &, comme *a d* eſt égale & parallèle à *d c*, *a d* ſera égale à l'arc du cercle générateur *d F.* De plus, la longueur de la *cycloïde* entière eſt égale à quatre fois le diamètre du cercle générateur; & l'eſpace cycloïdal *A F E* eſt triple de l'aire de ce même cercle. *Voyez ci-deſſus l'article* CYCLOÏDAL. Enfin une portion quelconque *F I* de la courbe priſe depuis le ſommet, eſt toujours égale au double de la corde correſpondante *F b* du cercle; & la tangente *G I* à l'extrémité *I* eſt toujours parallèle à la même corde *F b*. Si le cercle tourne & avance en même tems, de manière que ſon mouvement rectiligne ſoit plus grand que ſon mouvement circulaire, la *cycloïde* eſt alors nommée *cycloïde allongée*, & la baſe *AE* eſt plus grande que la circonférence du cercle générateur. Au contraire, ſi le mouvement rectiligne du cercle eſt moindre que le mouvement circulaire, la *cycloïde* eſt nommée *cycloïde accourcie*, & ſa baſe eſt moindre que la circonférence du cercle. *Voyez* ROUE D'ARISTOTE.

La *cycloïde* eſt une courbe aſſez moderne; & quelques perſonnes en attribuent l'invention au P. Merſenne, d'autres à Galilée; mais le docteur Wallis prétend qu'elle eſt de plus ancienne date; qu'elle a été connue d'un certain Bovillus vers l'année 1500, &, que le Cardinal Cuſa en avoit même fait mention long-tems auparavant, c'eſt-à-dire avant l'an 1451. *Voyez le tome V des Œuvres de Paſcal, imprimées en 1779, & le diſcours de M. l'abbé Boſſut, à la tête de cette édition.*

Cette courbe a des propriétés bien ſingulières. Son identité avec ſa développée, les chûtes en tems égaux par des arcs inégaux de cette courbe, & la plus vîte deſcente, ſont les plus remarquables. En général, à meſure qu'on a approfondi la *cycloïde*, on y a découvert plus de ſingularités. Si l'on veut qu'un pendule faſſe des vibrations inégales en des tems exactement égaux, il ne faut point qu'il décrive des arcs de cercle, mais des arcs de *cycloïde.* Si l'on développe une *demi-cycloïde*, en commençant par le ſommet, elle rend, par ſon développement, une autre *demi-cycloïde* ſemblable & égale; & l'on ſait quel uſage M. Huyghens fit de ces deux propriétés pour l'Horlogerie. En 1697, M. Bernoulli, profeſſeur de Mathématique à Groningue, propoſa ce problème à tous les géomètres de l'europe : ſuppoſé qu'un corps tombât obliquement à l'horizon, quelle étoit la ligne courbe qu'il devoit décrire pour tomber le plus vîte qu'il fût poſſible. Car, ce qui peut paroître étonnant, il ne devoit point décrire une ligne droite, quoique plus courte que toutes les lignes courbes terminées par les mêmes points. Ce problème réſolu, il ſe trouva que cette courbe étoit une *cycloïde.* Une des plus importantes connoiſſances que l'on puiſſe avoir ſur les courbes conſiſte à meſurer exactement l'eſpace qu'elles renferment, ou ſeules, ou avec des lignes droites; & c'eſt ce qu'on appelle leur *quadrature.* Si cette quadrature ſe peut meſurer, quelle que ſoit la portion de la courbe qui y entre, ou les parties du diamètre qui le terminent avec elle, c'est la quadrature absolue ou indéfinie, telle qu'on l'a de la parabole. Mais il arrive quelquefois que l'on ne peut quarrer que des espaces renfermés par de certaines portions de la courbe & par de certaines ordonnées, ou de certaines parties du diamètre déterminées. On vit d'abord que la quadrature indéfinie de la *cycloïde* dépendoit de celle de son cercle générateur, & que par conséquent elle étoit impossible selon toutes les apparences. Mais M. Huyghens trouva le premier la quadrature d'un certain espace cycloïdal déterminé. M. Léibnitz ensuite trouva encore celle d'un autre espace pareillement déterminé; & l'on croyoit qu'après ces deux grands géomètres, on ne trouveroit plus aucun espace quarrable dans la *cycloïde*. Cependant M. Bernoulli découvrit depuis, dans la *cycloïde*, une infinité d'espaces quarrables, dans lesquels sont compris, & pour ainsi dire absorbés, les deux de M. Huyghens & de M. Léibnitz. C'est ainsi que la Géometrie, à mesure qu'elle est maniée par de grands génies, va presque toujours s'élevant du particulier à l'universel, & même à l'infini. *Hist. & Mém. de l'Acad. 1699.*

M. Huyghens a démontré le premier que, de quelque point ou hauteur que descende un corps pesant qui oscille autour d'un centre, par exemple, un pendule, tant que ce corps se mouvra dans une *cycloïde*, les tems de ses chûtes ou oscillations seront toujours égaux entr'eux. Voici comment M. de Fontenelle essaie de faire concevoir cette propriété de la *cycloïde*. La nature de la *cycloïde*, dit-il, est telle qu'un corps qui la décrit, acquiert plus de vitesse à mesure qu'il décrit un plus grand arc, dans la raison précise qu'il faut, pour que le tems qu'il met à décrire cet arc soit toujours le même, quelle que soit la grandeur de l'arc que le corps parcourt; & de-là vient l'égalité dans le tems, nonobstant l'inégalité des arcs, parce que la vitesse se trouve exactement plus grande ou moindre, en même proportion que l'arc est plus grand ou plus petit. C'est cette propriété de la *cycloïde* qui a fait imaginer l'horloge à pendule. M. Huyghens a donné sur ce sujet un ouvrage plein de génie & d'invention, intitulé: *Horologium Oscillatorium. Voyez* Brachystochrone, Tautochrone, Isochrone, *&c.* (*O*)

CYCLOMÉTRIE, s. f. (*Géom.*) c'est l'art de mesurer des cercles & des cycles. *Voyez* Cycle & Cercle. (*O*)

CYGNE, (*Astron.*) constellation boréale, qui renferme 81 étoiles dans le Catalogue Britannique; en latin, *cygnus, olor, helenæ genitor, Ales jovis, Ales ledæus, phœbi assessor, avis veneris, ciconia, milvus, gallina, vultur cadens, crux* ou la Croix. Manilius, avec la plupart des auteurs grecs & latins, dit que ce *cygne* est celui dont Jupiter prit la figure pour séduire Léda. Néanmoins, comme Platon rapporte qu'Orphée, après avoir été déchiré par les Bacchantes, fut changé en *cygne*, quelques-uns pensent qu'en mémoire de cet événement, on plaça, dans le ciel, le *cygne* à côté de la lyre d'Orphée; on l'a appellé aussi *myrthilus*, du mot de myrthe, arbrisseau consacré à Vénus.

Suivant M. Dupuis, c'est le *cygne* fécondant l'œuf du monde ou de la nature, parce qu'il annonçoit le printems. (*Astron. t. iv, p. 446 & 464.*)

Il y a, dans cette constellation, une étoile changeante. *Voyez* Etoile. (*D. L.*)

CYLINDRE, s. m. nom que les *géomètres* donnent à un corps solide, terminé par trois surfaces, dont deux sont planes & parallèles, & l'autre convexe & circulaire. On peut le supposer engendré par la rotation d'un parallélogramme rectangle *CBEF* (*Pl. Géom. fig. 56*), autour d'un de ses côtés *CF*, lorsque le *cylindre* est droit, c'est-à-dire, lorsque son axe *CF* est perpendiculaire à sa base. Un bâton rond est un *cylindre*.

La surface d'un *cylindre* droit, sans y comprendre ses bases, est égale au rectangle fait de la hauteur du *cylindre* par la circonférence de sa base. Ainsi, la circonférence de la base, & par conséquent la base elle-même, étant donnée, si on multiplie l'aire de cette base par 2, & qu'on ajoute ce produit à celui de la circonférence de la base par la hauteur du *cylindre*, on aura la surface entière du *cylindre*, & sa solidité sera égale au produit de la hauteur par l'aire de la base. Car il est démontré qu'un *cylindre* est égal à un prisme quelconque qui a même base & même hauteur, ce qui est aisé à voir; & l'on démontre aussi aisément que la solidité d'un prisme est égale au produit de sa base par sa hauteur. Donc la solidité du *cylindre* est égale à celle de ce prisme, qui est le produit de sa hauteur par sa base. *Voyez* Prisme.

De plus, le cone pouvant être regardé comme une pyramide d'une infinité de côtés, & le *cylindre* comme un prisme d'une infinité de côtés, il s'ensuit qu'un cone est le tiers d'un *cylindre* de même base & de même hauteur. *Voyez* Cone.

Outre cela, un *cylindre* est à une sphère de même base & de même hauteur, comme 3 à 2. *V.* Sphère, *Voyez aussi* Centrobarique.

Tous les *cylindres*, cones, *&c.* sont entr'eux en raison composée de leurs bases & de leurs hauteurs. Donc, si les bases sont égales, ils sont entr'eux comme leurs hauteurs; & si leurs hauteurs sont égales, ils sont entr'eux comme leurs bases. De plus, comme les bases des cones & des *cylindres* sont des cercles, & que les cercles sont en raison doublée de leurs diamètres, il s'ensuit que les *cylindres*, les cones, *&c.* sont entr'eux en raison composée de leurs hauteurs & du quarré des diamètres de leurs bases; & que par conséquent, si leurs hauteurs sont égales, ils sont entr'eux comme les quarrés de leurs diamètres.

Donc, si les hauteurs des *cylindres* sont égales aux diamètres de leurs bases, ils sont entr'eux en raison triplée, ou comme les cubes de ces diamètres. Les *cylindres* semblables sont encore entr'eux en raison triplée de leurs côtés homologues, comme aussi de leurs hauteurs.

Les *cylindres*, cones, *&c.* égaux ont leurs bases en raison réciproque de leurs hauteurs. *Voyez* CONE.

Enfin un *cylindre*, dont la hauteur est égale au diamètre de sa base, est au cube de ce diamètre à-peu-près comme 785 à 1000.

Pour trouver un cercle égal à la surface convexe d'un *cylindre* droit, on se servira du théorème suivant : la surface convexe d'un *cylindre* est égale à un cercle dont le rayon est moyen proportionnel entre la hauteur du cylindre & le diamètre de sa base. *Voyez* SURFACE, AIRE, *&c.*

Le diamètre d'une sphère & la hauteur d'un *cylindre*, qui lui doit être égal, étant donnés, pour trouver le diamètre du *cylindre*, on se servira de ce théorème : le quarré du diamètre de la sphère est au quarré du diamètre d'un *cylindre* qui lui est égal, comme le triple de la hauteur du *cylindre* est au double du diamètre de la sphère. *Voyez* SPHÈRE.

Pour trouver le développement d'un *cylindre* ou un espace curviligne, qui, étant roulé sur la surface du *cylindre*, s'y applique & la couvre exactement, on décrira deux cercles d'un diamètre égal à celui de la base; on en trouvera la circonférence, &, sur une ligne égale à la hauteur du *cylindre*, on formera un rectangle dont la base soit égale à la circonférence trouvée. Ce rectangle roulé sur la surface du *cylindre*, la couvrira exactement. *Voyez* DÉVELOPPEMENT.

Quand le *cylindre* est oblique, la détermination de sa surface courbe dépend de la rectification de l'ellipse; car, ayant imaginé un plan perpendiculaire à l'axe, & par conséquent à tous les côtés du *cylindre*, ce plan formera, sur le *cylindre*, une ellipse, & la surface du *cylindre* sera égale au produit de la circonférence de cette ellipse par le côté du *cylindre*. Donc, *&c.* (*O*)

CYLINDRIQUE, adj. (*Géom.*) se dit de tout ce qui a la forme d'un cylindre, ou qui a quelque rapport au cylindre.

CYLINDROIDE, s. m. signifie quelquefois, *en Géométrie*, un corps solide qui approche de la figure d'un cylindre, mais qui en diffère à quelques égards, par exemple, en ce que ses bases opposées & parallèles sont elliptiques, *&c.* (*O*)

CYLINDROÏDE, (*Géom.*) est aussi le nom que M. Parent a donné, d'après M. Wren, à un solide formé par la révolution d'une hyperbole autour de son second axe. On trouve, dans l'Histoire de l'Académie Royale des Sciences de 1709, l'extrait d'un mémoire que M. Parent donna sur ce sujet à cette Académie. Il démontra entr'autres une propriété remarquable du *cylindroïde*; savoir, que, quand les deux axes de l'hyperbole génératrice, auront un certain rapport avec ceux d'un sphéroïde applati qui y sera inscrit, les surfaces de ces sphéroïdes seront en égalité continue, comme celles de la sphère & du cylindre circonscrit. *Voyez l'article* CONOÏDE, où vous trouverez une méthode pour déterminer la surface des conoïdes, qui peut servir à démontrer la propriété dont il s'agit. C'est un travail que nous laissons à l'industrie de nos lecteurs. (*O*)

CYNOSURE, (*Astr.*) c'est le nom que les grecs ont donné à la petite ourse. Ce mot signifie *queue de chien*; il est formé de οὐρὰ, *queue*, κύων, κυνὸς, *chien*.

D A C

DACTYLONOMIE, s. f. (*Arith.*) ce mot est formé de mots grecs, δάκτυλος, *doigt*, & νόμος, *loi*, l'art de compter par les doigts. *Voyez* NUMÉRATION.

En voici tout le secret : on donne 1 au pouce de la main gauche, 2 à l'index, & ainsi de suite jusqu'au pouce de la main droite, qui, étant le dixième, a par conséquent le zéro, 0. *V.* CARACTÈRE.

Cette façon de compter ne peut être que fort incommode. Comment, en effet, faire commodément les additions & autres opérations de l'Arithmétique par cette méthode ? Comment peut-on seulement indiquer commodément un nombre donné, par exemple, 279 ? Je sais qu'on l'indiquera en levant les trois doigts de la main qui désignent ces trois nombres, & en baissant les autres; mais comment distinguera-t-on l'ordre dans lequel les chiffres doivent se trouver placés, en sorte que ce soit 279, & non pas, par exemple, 297 ou 729, *&c.*? Ce sera apparemment en ne montrant d'abord que 2, & tenant les autres doigts baissés, puis en montrant 7, puis 9 : mais une manière encore plus commode d'indiquer ce nombre par signes, seroit de lever d'abord deux doigts, puis sept, puis neuf. Au reste, tout cela ne seroit bon qu'entre des muets. L'arithmétique écrite est bien plus commode.

Il y a apparence que ce sont les dix doigts de la main qui ont donné naissance aux dix caractères de l'Arithmétique; & ce nombre de caractères augmenté ou diminué changeroit entièrement les calculs. *Voyez* BINAIRE. On auroit peut-être mieux fait encore de prendre douze caractères, parce que 12 a plus de diviseurs que 10; car 12 a quatre diviseurs 2, 3, 4, 6, & 10 n'en a que deux, 2, 5. Au reste, il est à remarquer que les romains n'employoient point l'arithmétique décimale; ils n'avoient que trois caractères jusqu'à cent, *I*, *V*, *X*; *C* étoit pour cent, *D* pour cinq cent, *M* pour mille : mais comment calculoient-ils ? C'est ce que nous ignorons, & qu'il seroit assez curieux de retrouver. (*O*)

DAME. (*Jeu.*) On donne ce nom à de petites tranches cylindriques de bois ou d'ivoire qui sont peu

peu épaiſſes, qui ont à-peu-près pour diamètre le côté d'un quarreau du damier, & dont on ſe ſert pour jouer aux dames. Il y en a de deux couleurs ; un des joueurs prend les dames d'une couleur, & l'autre joueur les dames de l'autre couleur. Voyez les deux articles ſuivans.

DAMES. (Jeu de) Le jeu de dames ſe joue avec les dames. Il y a deux ſortes principales de jeu de dames ; on appelle l'un les dames françoiſes, & l'autre les dames polonoiſes. Aux dames françoiſes, chaque joueur a douze dames, aux dames polonoiſes, vingt. On commence le jeu par placer ſes dames.

Aux dames françoiſes, le joueur A place ſes douze dames ſur les douze quarreaux ou caſes a, b, c, d, &c., & le joueur B, les douze ſiennes ſur les douze caſes 1, 2, 3, 4, 5, &c. (Jeux, fig. 1). Chaque joueur joue alternativement. Lorſque le joueur A a pouſſé une de ſes dames, le joueur B en pouſſe une des ſiennes. Les dames ne ſont qu'un pas ; elles vont de la caſe où elles ſont, ſur les caſes vides de même couleur, qui leur ſont immédiatement contiguës par leurs angles, ſur la bande qui eſt immédiatement au-deſſus : d'où l'on voit qu'une dame quelconque ne peut jamais avoir que deux caſes au plus à choiſir. Au bout d'un certain nombre de coups, il arrive néceſſairement à une des dames du joueur A ou B, d'être immédiatement contiguë à une des dames du joueur B ou A. Si c'eſt au joueur A à jouer, & que la dame M ſoit contiguë à la dame N du joueur B, en ſorte que celle-ci ait une caſe vuide parderrière elle ; la dame M ſe placera dans la caſe vide, & la dame N ſera enlevée de deſſus le damier. S'il y a pluſieurs dames de ſuite en avançant vers le fond du damier, placées de manière qu'elles ſoient toutes ſéparées par une ſeule caſe vide contiguë ; la même dame M les enlevera toutes, & ſe placera ſur la dernière caſe vide. Ainſi, dans le cas qu'on voit ici (fig. 2), la dame M enlevera les dames 9, 7, 5, 3, & s'arrêtera ſur la caſe d. Quand une dame eſt arrivée ſur la bande d'en haut de l'adverſaire, on dit qu'elle eſt arrivée à dame : pour la diſtinguer des autres, on la couvre d'une autre dame, & elle s'appelle dame damée. La dame damée ne fait qu'un pas, non plus que les autres dames, mais les dames ſimples ne peuvent point reculer ; elles avancent toujours ou s'arrêtent, & ne prennent qu'en avant : la dame damée, au contraire, avance, recule, prend en avant, en arrière, en tout ſens, tout autant de dames qu'elle en rencontre ſéparées par des caſes vides, pourvû qu'elle puiſſe ſuivre l'ordre des caſes ſans interrompre ſa marche. Que cet ordre ſoit ici en avançant, là en reculant, la dame damée prend toujours, au lieu que, quand elle n'eſt pas damée, il faut que l'ordre des dames priſes ſoit toujours en avançant ; elles ne peuvent jamais faire un pas en arrière. Ainſi, (fig. 3.) la dame damée M prend les dames 1, 2, 3, 4, 5, &c. au lieu que la dame ſimple ne pourroit prendre que

Mathématiques. Tome I, IIe. Partie.

les dames 1, 2. Si on ne prend pas quand on a à prendre, & qu'on ne prenne pas tout ce qu'on avoit à prendre, on perd la dame avec laquelle on devoit prendre, ſoit ſimple, ſoit damée ; cela s'appelle ſouffler : votre adverſaire vous ſouffle & joue, car ſouffler n'eſt pas jouer. Le jeu ne finit que quand l'un des joueurs n'a plus de dame ; c'eſt celui à qui il en reſte qui a gagné.

Les dames polonoiſes ſe joüent comme les dames françoiſes, mais ſur un damier polonois, c'eſt-à-dire à cent caſes, & chaque joueur a vingt dames. Les dames polonoiſes ſimples avancent un pas ſeulement, comme les dames françoiſes ſimples ; mais elles prennent comme les dames damées françoiſes, & les dames damées polonoiſes marchent comme les foüs aux échecs : elles prennent d'un bout d'une ligne à l'autre, toutes les dames qui ſe trouvent ſéparées les unes des autres par une ou pluſieurs caſes vides ; paſſent, ſans interrompre leur marche, d'un ſeul & même coup, ſur toutes les lignes obliques, tant qu'elles rencontrent des dames à prendre, & ne s'arrêtent que quand elles n'en trouvent plus. On ſouffle auſſi à ce jeu les dames ſimples & damées ; & on perd ou gagne, comme aux dames françoiſes, quand on manque de dames ou qu'on en garde le dernier.

DAMIER, ſ. m. (Jeu) ſurface plane où ſont des quarreaux alternativement blancs & noirs. Le damier qui ſert pour les dames françoiſes ou pour les échecs, n'a que ſoixante-quatre quarreaux ou caſes. Chaque bande de quarreau eſt de huit dans chaque bande ; ſi le quarreau d'une bande eſt noir, les correſpondans dans les bandes immédiatement au-deſſus & au-deſſous, ſeront blancs. Ainſi, dans une bande quelconque, ſuppoſé que les quarreaux ſoient, en allant de la gauche à la droite, blanc, noir, blanc, noir, &c., dans la bande au-deſſous & au-deſſus de cette bande, les quarreaux ſeront, en allant pareillement de la gauche à la droite, noir, blanc, noir, blanc, &c. .... Le damier qui ſert pour les dames polonoiſes, ne diffère de celui-ci que par le nombre de ſes caſes ou quarreaux ; il en a cent, dix ſur chaque bande. Voyez l'article DAME, JEU, & l'art. ECHEC. Voyez auſſi la Pl. du Jeu.

DATE, ſ. f. indication du tems précis dans lequel un événement s'eſt paſſé, à l'aide de laquelle on peut lui aſſigner dans la narration hiſtorique & ſucceſſive, & dans l'ordre chronologique des choſes, la place qui lui convient. On trouve à la tête du grand ouvrage, qui a pour titre : l'Art de vérifier les dates, une très-bonne diſſertation ſur les dates des anciennes chartes & chroniques, & ſur les difficultés auxquelles ces dates peuvent donner occaſion. Une des ſources de ces difficultés vient des divers tems auxquels on a commencé l'année, & du peu d'uniformité des anciens auteurs là-deſſus. Les uns la commençoient avec le mois de mars, les autres avec le mois de janvier ; quelques-uns sept jours plutôt, le 25 décembre; d'autres le 25 mars, d'autres le jour de Pâques. *Voyez*, sur ce sujet, un détail très-curieux & très-instructif dans l'ouvrage cité. *Voyez aussi l'article* ANNÉE, *&c.* (*O*).

DAVIS, quart de *davis*. *V.* ARBALÊTE.

DAUPHIN, (*Astron.*) constellation boréale, composée de 18 étoiles suivant Flamsteed; on l'appelle *delphinus*, *delphin*, *animal repandirostrum* (à large bec recourbé), *incurvicerricum*, *piscium rex*: dans Pline, *hermippus* (mercure cheval), *Simon* (camus), *persuasor amphitrites*, *vector arionis*, *neptunus*, *triton*, *apollo*, *musicum signum*, *tyrrheni nautæ*.

Le *dauphin* étoit regardé par les anciens comme l'ami & le défenseur des hommes. Télémaque fût sauvé par un *dauphin*, de même qu'Arion, célèbre poëte lyrique: le *dauphin* servit à découvrir Amphitrite, & à la fléchir en faveur de Neptune; le *dauphin* étoit regardé comme le symbole du dieu des mers; Apollon se changeoit aussi en *dauphin*; enfin les poëtes disent que Triton, fils de Neptune, espèce de monstre marin, ayant servi les dieux dans la guerre des géans, par le moyen d'une trompette terrible qu'il avoit imaginée, fut changé en *dauphin* & placé dans ciel.

Le lever de cette constellation héliaque est annoncée par Ovide, au 9 de janvier.

Interea Delphin clarum super æquora sidus.
Tollitur, & patriis exerit ora vadis.

Fast. I. 457.

Le lever acronyque est indiqué au 10 de juin dans le VIe livre, & le coucher au 3 de février.

Quem modo cœlatum stellis Delphina videbas
Is fugiet visus nocte sequente tuos.... Fast. II.

(*D. L.*)

DEB

DÉ (*Anal. des hasards*): cube dont les six faces sont numérotées *un*, *deux*, *trois*, *quatre*, *cinq* & *six*.

Il est visible qu'avec deux *dés* on peut amener trente-six coups différens; car chacune des six faces du *dé* peut se combiner six fois avec chacune des six faces de l'autre. De même, avec trois *dés*, on peut amener 36×6; ou 216 coups différens: car chacune des 36 combinaisons des deux *dés* peut se combiner six fois avec les six faces du troisième *dé*; donc, en général, avec un nombre de *dés* $= n$, le nombre des coups possibles est 6^n.

Donc il y a 35 contre 1 à parier qu'on ne fera pas rafle de 1, de 2, de 3, de 4, de 5, de 6, avec deux *dés*. *Voyez* RAFLE. Mais on trouveroit qu'il y a deux manières de faire 3, 3 de faire 4, 4 de faire 5, 5 de faire 6, & 6 de faire 7, 5 de faire 8, 4 de faire 9, 3 de faire 10, 2 de faire 11, 1 de faire 12; ce qui est évident par la table suivante, qui exprime toutes les 36 combinaisons.

2	3	4	5	6	7
3	4	5	6	7	8
4	5	6	7	8	9
5	6	7	8	9	10
6	7	8	9	10	11
7	8	9	10	11	12

Dans la première colonne verticale de cette table, je suppose qu'un des *dés* tombe successivement sur toutes ses faces, l'autre *dé* amenant toujours 1; dans la seconde colonne, que l'un des *dés* amène toujours 2, l'autre amenant ses six faces, *&c.* les nombres pareils se trouvent sur la même diagonale. On voit donc que 7 est le nombre qu'il est le plus avantageux de parier qu'on amenera avec deux *dés*, & que 2 & 12 sont ceux qui donnent moins d'avantage. Si on prend la peine de former ainsi la table des combinaisons pour trois *dés*, on aura six tables de 36 nombres chacune, dont la première aura 3 à gauche en haut, 13 à droite en bas, & la dernière aura 8 à gauche en haut, & 18 à droite en bas; & l'on verra, par le moyen des diagonales, que le nombre de fois que le nombre 8 peut arriver, est égal à $6 + 5 + 4 + 3 + 2 + 1$, c'est-à-dire 21; qu'ainsi, il y a 21 cas sur 216 pour que ce nombre arrive, qu'il y a 15 cas pour amener 7, 10 pour 6, 6 pour 5, 3 pour 4, 1 pour 3; que, pour amener 9, il y a un nombre de combinaisons $= 5 + 6 + 5 + 4 + 3 + 2 = 25$; que, pour amener 10, il y a $4 + 5 + 6 + 5 + 4 + 3 = 27$; que, pour amener 11, il y a $3 + 4 + 5 + 6 + 5 + 4 = 27$; que, pour amener 12, il y a $2 + 3 + 4 + 5 + 6 + 5 = 25$; que, pour amener 13, il y a $1 + 2 + 3 + 4 + 5 + 6 = 21$; que, pour amener 14, il y a 15; que, pour amener 15, il y a 10; que, pour amener 16, il y a 6; que, pour amener 17, il y a 3; & pour amener 18, une seule combinaison. Ainsi, 10 & 11 sont les deux nombres qu'il est le plus avantageux de parier qu'on amenera avec trois *dés*: il y a à parier 27 sur 216, c'est-à-dire 1 contre 8, qu'on les amenera; ensuite c'est neuf ou douze, ensuite c'est huit ou treize, *&c.*

On peut déterminer, par une méthode semblable, quels sont les nombres qu'il y a le plus à parier qu'on amenera avec un nombre donné de *dés*; ce qu'il est bon de savoir dans plusieurs jeux. *Voyez* TRICTRAC, *&c.* (*O*).

DÉBANQUER, v. act. (*Jeu*) c'est au pharaon ou à la bassette épuiser le banquier, & lui gagner tout ce qu'il avoit d'argent, ce qui le force de quitter la partie.

DÉBOITER, v. act. (*Hydraul.*) c'est séparer des tuyaux de bois ou de grès endommagés, pour en remettre de neufs. (*K*).

DÉBREDOUILLER, v. act. (*Jeu*) : il se dit au trictrac dans le sens qui suit : il faut prendre un certain nombre de points (douze) pour gagner un trou, & un certain nombre de trous (douze) pour gagner la partie : si l'on prend, ou tous les points qui donnent le trou, ou tous les trous qui donnent la partie, sans que l'adversaire vous interrompe, soit en gagnant quelques points, soit en gagnant un trou ; on gagne ou le trou bredouille, ou la partie bredouille. Le trou & la partie simples ne valent qu'un trou, qu'une partie ; le trou bredouille & la partie bredouille valent deux trous, deux parties. On marque qu'on a la brebouille, c'est-à-dire qu'on a pris ce qu'on a de points sans interruption, avec un jeton qu'on prend ou qu'on ôte, selon qu'il convient. *V.* TRICTRAC.

DÉCADE, s. f. (*Arithm. & Hist.*). Quelques anciens auteurs d'Arithmétique se sont servis de ce mot pour désigner ce que nous appellons aujourd'hui *dixaine* ; il est formé du mot latin *decas*, dérivé lui-même d'un mot grec qui signifie la même chose. On ne se sert plus de ce mot que pour désigner les dixaines de livres dans lesquelles on a partagé l'Histoire Romaine de Tite-Live. Il ne nous reste aujourd'hui de cet ouvrage, qui contenoit quatorze *décades*, que trois *décades* & demi. La seconde *décade*, qui contenoit entr'autres l'histoire de la première guerre Punique, est perdue ; de sorte que la *décade*, appellée aujourd'hui la *seconde*, est réellement la troisième. On a avancé, sans aucun fondement, que cette *décade* perdue existoit dans la bibliothèque des empereurs de Constantinople. Dans ce qui nous reste de Tite-Live, le style paroît se ressentir des différens âges où il peut avoir composé. La première *décade*, qu'il a écrite étant plus jeune, est d'un style plus orné & plus fleuri ; la seconde est d'un style plus ferme & plus mâle ; le style de la troisième est plus foible. On regarde cet historien comme le premier des historiens latins ; cependant il n'est pas douteux que Tacite ne lui soit fort supérieur, dans le grand art de démêler & de peindre les hommes, qui est, sans contredit, la première qualité de l'historien : & pour ce qui concerne le style, il paroît que la narration de Salluste, sans être trop coupée, est encore plus énergique & plus vive. A l'égard de la véracité, on lui a reproché d'être trop partial en faveur des Romains ; on peut en voir un exemple dans l'excellente dissertation de M. Melot sur la prise de Rome par les Gaulois, imprimée dans le recueil de l'Académie des Belles-Lettres. On lui a reproché aussi l'espèce de puérilité avec laquelle il rapporte tant de prodiges ; puérilité qui paroît supposer en lui une crédulité bien peu philosophique : il n'y a peut-être que Plutarque qui puisse le lui disputer sur ce point. Néanmoins Tite-Live peut avoir été digne en effet de la place qu'on lui a donnée, par l'excellence, la pureté, & les autres qualités de son style : mais c'est de quoi aucun moderne ne peut juger. (*O*)

DECAGONE, s. m. (*Géom.*) : nom qu'on donne, en Géométrie, à une figure plane qui a dix côtés & dix angles. *Voyez* FIGURE.

Si tous les côtés & les angles du *décagone* sont égaux, il est appellé pour lors *décagone régulier*, & peut être inscrit dans un cercle.

Les côtés du *décagone* régulier sont égaux en grandeur & en puissance au plus grand segment d'un exagone inscrit dans le même cercle, & coupé en moyenne & extrême raison. En voici la démonstration.

Soit AB (*pl. Géom. fig. 57*) le côté du *décagone*, C le centre, l'angle ACB est de 36^d, par conséquent les angles A & B sont chacun de 72 : car les trois angles d'un triangle sont égaux à deux droits. *Voyez* TRIANGLE.

Si on divise l'angle A en deux également par la ligne AD, l'angle BAD sera de 36^d, & les angles B & D chacun de 72 : donc le triangle BAD sera semblable au triangle ABC. De plus, l'angle DAC & l'angle C étant chacun de 36^d, on aura $CD = AB$: donc on aura AC est à AB ou AD ou CD :: AD ou CD est à DB : or le rayon AC est le côté de l'exagone. *Voyez* EXAGONE, *&c.* donc, *&c. Voyez* MOYENNE ET EXTRÊME RAISON.

Un ouvrage de fortification composé de dix bastions, s'appelle quelquefois un *décagone*. (*O*)

DÉCANS, *decania* dans Manilius, sont les dixaines de degrés ou les tiers de signes dont on faisoit usage autrefois. *V. mon Astronomie, t. iv, p. 443.* (*D. L.*)

DÉCEMBRE, s. m. c'étoit le dixième mois de l'année romaine, comme son nom le désigne assez : & c'est le douzième de la nôtre, depuis que nous commençons l'année en janvier, c'est-à-dire depuis l'édit de Charles IX. en 1564.

Environ le 21 de ce mois, le soleil entre au signe du capricorne ; c'est le jour le plus court de l'année, & le commencement de l'hiver.

DÉCHARGE, (*Hydraul.*) se dit de tout tuyau qui conduit l'eau superflue d'un bassin dans un autre, ou dans un puisart. Il y en a de deux sortes ; celle du fond, & celle de superficie.

La *décharge* du fond a plusieurs usages ; elle sert, 1.° à vider entièrement un bassin, quand on le veut nettoyer : 2.° à faire jouer des bassins plus bas, & alors le bassin où est cette *décharge* se peut appeller le *réservoir* de celui qu'il fournit.

La *décharge* de superficie est un tuyau qui se met sur le bord d'un bassin ou d'un réservoir, & sert à faire écouler l'eau à mesure qu'elle vient, de manière que le bassin reste toujours plein. Cette superficie se met quelquefois à un pié plus bas que le fond, afin qu'elle se trouve un peu chargée, pour faire monter le jet qu'elle fournit. (*K*)

DÉCHARGEOIR, s. m. (*Hydraul.*) Dans une écluse, il sert à écouler l'eau de superficie ou superflue, que le courant d'une rivière ou d'un ruiſſeau fournit continuellement, & qui vient, par le moyen d'une buſe ou d'un contre-foſſé, ſe joindre à l'eau qui eſt en bas, & dont on peut faire encore d'autres uſages. On ouvre ſouvent la conduite du *déchargeoir*, par le moyen d'un moulinet ou d'une bonde placée ſur la ſuperficie de la terre. (*K*)

DÉCHET, (*Hydraul.*) eſt la diminution des eaux d'une ſource; c'eſt auſſi ce qui manque d'eau à un jet, par rapport à ce qu'il devroit fournir ou dépenſer. (*K*)

DÉCHIRER, (*Hydraul.*) On dit qu'une nappe d'eau ſe *déchire*, quand l'eau ſe ſépare avant que de tomber dans le baſſin d'en bas. Souvent, quand on n'a pas aſſez d'eau pour fournir une nappe, on la *déchire*; c'eſt-à-dire que, pratiquant ſur les bords de la coquille ou de la coupe des reſſauts de pierre ou de plomb, l'eau ne tombe que par eſpaces : ce qui fait un aſſez bel effet, quand ces déchirures ſont ménagées avec intelligence. (*K*)

DÉCIL ou DEXTIL, adj. *terme d'Aſtronomie* ou plutôt d'*Aſtrologie*, qui ſignifie l'*aſpect* ou la *poſition* de deux planètes éloignées l'une de l'autre de la dixième partie du zodiaque, ou de 36 degrés. Ce mot n'eſt plus en uſage depuis que l'Aſtrologie eſt proſcrite. *V.* ASPECT & ASTROLOGIE. (*O*)

DÉCIMALE, ſ. f. (*Arith.*). On appelle *parties décimales* ou *fractions décimales* des fractions dont l'unité eſt continuellement ſous décuple de l'unité principale. Ainſi, les fractions $\frac{7}{10}$, $\frac{83}{100}$, $\frac{9}{1000}$ ſont des fractions *décimales*. Quelques auteurs appellent *Arithmétique décimale* la partie de l'arithmétique, qui traite du calcul des fractions *décimales*.

De même que, dans le ſyſtême de notre arithmétique ordinaire (*voyez* NUMÉRATION), en ajoutant enſemble dix *unités*, on forme une *dixaine*; en ajoutant enſemble dix *dixaines*, on forme une *centaine*; en ajoutant enſemble dix *centaines*, on forme un *mille*, ainſi de ſuite: ſemblablement, ſi l'on conçoit que l'unité ſoit partagée en dix parties égales, chacune de ces parties formera un *dixième*; que chaque dixième ſoit partagé en dix parties égales, chacune de ces parties vaudra un *centième*; que chaque centième ſoit partagé en dix parties égales, chacune de ces parties vaudra un *millième*, ainſi de ſuite. D'où l'on voit qu'à partir de l'unité, les dixaines, les centaines, les mille, &c. forment une ſuite aſcendante de gauche à droite, & les dixièmes, les centièmes, les millièmes, &c forment une ſuite deſcendante de droite à gauche. Les nombres, dont ces ſuites ſont compoſées, peuvent donc être exprimés par les mêmes chiffres, en faiſant occuper à ces chiffres les places convenables. Alors les fractions *décimales* ne ſe préſentent plus ſous la forme des fractions ordinaires, & les opérations, que l'on fait pour le calcul des unités principales, ont également lieu pour le calcul des parties *décimales*. *V.* ADDITION, SOUSTRACTION, MULTIPLICATION, DIVISION.

Pour diſtinguer les parties *décimales* d'avec les unités principales, on écrit, après celles-ci, un point, ou plus ordinairement une virgule : enſuite, après cette virgule, & en allant de gauche à droite, on écrit les parties *décimales*. Suivant cet ordre, & les parties *décimales* étant toujours priſes comparativement à l'unité principale, le premier chiffre, après la virgule, exprime des *dixièmes*; le ſecond, des *centièmes*; le troiſième, des *millièmes*; le quatrième, des *dix millièmes*, ainſi de ſuite. Il en eſt donc des parties *décimales*, comme des unités ſimples; à meſure qu'un chiffre avance d'un rang vers la droite, il devient dix fois plus petit, & réciproquement. Ainſi, dans le nombre 345,7, le chiffre 7 exprime ſept *dixièmes*; dans le nombre 345,07, le chiffre 7 exprime ſept *centièmes*; dans le nombre 345,007, le chiffre 7 exprime ſept *millièmes*, &c. On voit par-là, en même tems, que ſi, dans un nombre, il manque des parties *décimales* d'un certain ordre, les places de cet ordre ſont occupées par des zéros.

Cela bien entendu, il eſt facile d'énoncer un nombre qui contient des parties *décimales*. Soit, par exemple, le nombre 423,549. Les chiffres écrits à gauche de la virgule, repréſentent quatre cens vingt-trois *unités ſimples*; le chiffre 5, qui vient immédiatement après la virgule, exprime cinq *dixièmes* de l'unité ſimple; le chiffre 4 en exprime quatre *centièmes*; le chiffre 9, neuf *millièmes*. Par conſéquent le nombre 423,549 peut d'abord s'énoncer ainſi : quatre cens vingt-trois *unités*, cinq *dixièmes*, quatre *centièmes*, neuf *millièmes*. Mais, comme chaque unité de dixième vaut une dixaine de centièmes, & une centaine de millièmes, & que chaque unité de centième vaut une dixaine de millièmes : il eſt clair qu'au lieu de dire cinq dixièmes, quatre centièmes, neuf millièmes, nous pouvons dire, cinq cens quarante-neuf *millièmes*. Notre nombre 423,549 s'énoncera donc : quatre cens vingt-trois *unités*, cinq cens quarante-neuf *millièmes*. De même le nombre 54,3075, où il n'y a point de dixièmes, s'énonce : cinquante-quatre *unités*, trois mille ſoixante & quinze *dix millièmes*. Le nombre 0,5408, où il n'y a ni unités ſimples, ni millièmes, s'énonce : cinq mille quatre cens huit *dix millièmes*. Ainſi des autres.

Les nombres qui contiennent des unités ſimples & des parties *décimales*, peuvent encore s'énoncer d'une manière plus abrégée, en conſidérant que chaque unité ſimple vaut dix *dixièmes*, ou cent *centièmes*, ou mille *millièmes*, ou &c.; que chaque dixaine vaut cent *dixièmes*, ou mille *centièmes*, ou dix mille *millièmes*, ou &c.; que chaque centaine vaut mille *dixièmes*, ou dix mille *centièmes*, ou cent mille *millièmes*, ou &c. D'où il ſuit que, par exemple, le nombre 423,549 pourra ſe prononcer : quatre cens vingt-trois mille cinq cens quarante-neuf *millièmes*. On voit que, dans cet énoncé, les *millièmes* sont regardés, par rapport aux autres chiffres à gauche, comme faisant la fonction d'unités simples. On entendra la même chose, avec les changemens convenables, pour les autres nombres de cette espèce.

Puisque la virgule fait la séparation des parties *décimales* d'avec les unités principales, il est clair qu'en avançant cette virgule d'un rang vers la droite, ou vers la gauche, on rendra le nombre dix fois plus grand ou plus petit. Soit, par exemple, le nombre 467,8435. Si, en avançant la virgule d'un rang vers la droite, on écrit 4678,435, on voit que les centaines du premier nombre deviennent des mille; les dixaines, des centaines; les unités, des dixaines; les dixièmes, des unités; les centièmes, des dixièmes, ainsi de suite. Donc, par le déplacement de la virgule, chaque partie du premier nombre est devenue dix fois plus grande. Le nombre lui-même est donc devenu aussi dix fois plus grand. Au contraire, en reculant la virgule d'un rang vers la gauche, le nombre deviendroit dix fois plus petit, puisque chacune de ses parties deviendroit dix fois plus petite.

On voit, par un raisonnement semblable, qu'en avançant la virgule vers la droite de deux, trois, quatre, &c. places, on rendroit le nombre 100 fois, 1000 fois, 10000 fois, &c. plus grand; & qu'au contraire, en reculant la virgule vers la gauche, de deux, trois, quatre, &c. places, on rendroit le nombre 100 fois, 1000 fois, 10000 fois, &c. plus petit.

On ne change point la valeur d'un nombre qui contient des parties *décimales*, en écrivant à la droite de ce nombre tant de zéros qu'on voudra. Soit, par exemple, le nombre 45,67. On peut, à sa place, écrire 45,670, ou 45,6700, ou 45,67000, &c. Car, puisque chaque *centième* vaut 10 *millièmes*, ou 100 *dix millièmes*, ou 1000 *cent millièmes*, &c. il est clair que les 67 *centièmes* vaudront 670 *millièmes*, ou 6700 *dix millièmes*, ou 67000 *cent millièmes*, &c.

Réciproquement, si, à la droite des figures *décimales* significatives, il se trouve des zéros, on pourra supprimer ces zéros, sans changer la valeur du nombre. Ainsi, le nombre 48,54000 est la même chose que 48,54.

D'après les idées que je viens de donner des parties *décimales*, on voit que la numération est également facile, & toujours sujette aux mêmes loix, soit que les nombres contiennent ou non de telles parties. Il seroit donc à desirer que, lorqu'on a besoin de considérer des nombres plus petits que celui qui sert d'unité, on divisât toujours cette unité en parties *décimales*. Les opérations de l'arithmétique en seroient plus simples & plus commodes. Mais on ne s'assujettit pas à cet ordre, soit parce que la nature des parties *décimales* n'a pas d'abord été bien connue, soit parce que des circonstances particulières ont introduit d'autres divisions. Les différens arts subdivisent différemment leur unité principale. Dans les monnoies, la livre se divise en 20 parties, qui valent chacune 1 sol; & le sol en 12 parties, qui valent chacune 1 denier. La livre (poids) se partage en 2 marcs; le marc, en 8 onces; l'once, en 8 gros; le gros, en 3 deniers; le denier, en 24 grains. Dans les toisés, la toise se divise en 6 pieds; le pié, en 12 pouces; le pouce, en 12 lignes; la ligne en 12 points, &c. (*L. B.*)

* Tout le calcul des fractions *décimales* est fondé sur ce principe très-simple, qu'une quantité *décimale*, soit fractionnaire, soit qu'elle contienne des entiers en partie, équivaut a une fraction dont le dénominateur est égal à l'unité suivie d'autant de zéros, qu'il y a de chiffres après la virgule; ainsi, 0.563 est $= \frac{563}{1000}$, 0,0005 $= \frac{5}{10000}$; 36.52 $= 36 + \frac{52}{100}$; & ainsi des autres.

Par conséquent, si on veut ajouter ensemble les trois fractions ci-dessus, il faut supposer que ces trois fractions sont réduites au même dénominateur commun 10000, c'est-à-dire, supposer 0,563 = 0,5630, 36,52 = 36,5200; c'est ce que l'on fait, du moins tacitement, en écrivant les nombres qui contiennent des parties *décimales*, comme on l'a vu à l'*article* ADDITION. Il en est de même de la soustraction. A l'égard de la multiplication, on n'a point cette préparation à faire, de réduire toutes les fractions au même dénominateur, en ajoutant des zéros à la droite de celles qui en ont besoin. On multiplie simplement à l'ordinaire; & il est visible que, si 10^n est censé le dénominateur d'une des fractions, & 10^m l'autre; le dénominateur du produit sera 10^{m+n}. Donc, supprimant ce dénominateur, il faudra que le produit ait autant de parties *décimales*, c'est-à-dire de chiffres après la virgule, qu'il y a d'unités dans $m + n$. Il en sera de même de la division, avec cette différence que le dénominateur, au lieu d'être 10^{m+n}, sera 10^{m-n}, & que par conséquent $m - n$ sera le nombre des chiffres qui doivent se trouver après la virgule dans le quotient. *Voyez* FRACTION & DIVISION.

On a expliqué, à l'*article* APPROXIMATION, comment, par le moyen des fractions *décimales*, on approche aussi près qu'on veut de la racine d'un nombre quelconque.

Il ne nous reste plus qu'à observer qu'on ne réduit pas toujours exactement & rigoureusement une fraction quelconque en fraction *décimale*. Soit, par exemple, $\frac{p}{q}$ une fraction à réduire en fraction *décimale* $\frac{r}{10n}$; on aura donc $r = \frac{p \times 10n}{q}$. Or $10^n = 2^n 5^n$, & on verra à l'*article* DIVISEUR, que $\frac{p \times {}^{n} \times 5^{n}}{q}$ ne sauroit être égal à un nombre entier r, à moins que q ne ſoit égal à quelque puiſſance de 2 ou de 5, ou de 2×5, ou au produit de quelque puiſſance de 2 par quelque puiſſance de 5, puiſſances moindres que n; car on ſuppoſe que $\frac{p}{q}$ eſt une fraction réduite à la plus ſimple expreſſion; c'eſt-à-dire que p & q n'ont aucun diviſeur commun. *Voyez* DIVISEUR. Dans tout autre cas, $\frac{p \times 10^n}{q}$ ne pourra jamais être exactement & rigoureuſement égal à un nombre entier r. Mais il eſt viſible que plus n ſera grand, c'eſt-à-dire, plus le dénominateur de la fraction aura de zéros, plus $\frac{r}{10^n}$ ſera près d'être égal à $\frac{p}{q}$; car l'erreur, s'il y en a, ſera toujours moindre que $\frac{1}{10^n}$, puiſqu'en faiſant la diviſion de $p \times 10^n$ par q, le quotient r qu'on trouvera, & qui ſera trop petit, ſera au contraire trop grand, ſi on l'augmente d'une unité. Donc $\frac{r}{10^n} < \frac{p}{q}$ & $\frac{r \times 1}{10^n} > \frac{p}{q}$. Donc, *&c.*

Ainſi, la réduction des fractions en *décimales* eſt toujours utile, puiſqu'on peut du moins approcher de leur valeur auſſi près qu'on voudra, quand on ne les a pas exactement. (*O*)

DECLICQ, ſ. m. (*méchan.*) Ce terme déſigne toute eſpèce de reſſort, tel que celui qu'on attache à un bélier ou mouton d'une peſanteur extraordinaire qu'on élève bien haut; & par le moyen d'une petite corde qui détache le *déclicq*, on fait tomber le mouton ſur la tête d'un pilot. (*K*)

DÉCLIN *de la lune. Voyez* DÉCOURS.

DÉCLINAISON, *en terme d'Aſtronomie*, ſignifie la *diſtance* qu'il y a du ſoleil, d'une étoile, d'une planete, ou de quelqu'autre point de la ſphère du monde, à l'équateur, ſoit vers le Nord, ſoit vers le Sud. *Voyez* ÉQUATEUR.

La *déclinaiſon* eſt *boréale*, ſi l'aſtre eſt dans l'hémiſphère boréal; & *auſtrale* dans l'hémiſphère auſtral.

La *déclinaiſon* eſt meſurée par un arc de grand cercle, comme EK, (*Pl. aſtron. fig. 23.*) compris entre le point donné K, où l'on ſuppoſe l'aſtre, & l'équateur EQ, & perpendiculaire au plan de l'équateur; par conſéquent le cercle $PGKE$, dont l'arc ſert à meſurer la *déclinaiſon*, paſſe par les poles du monde P & R, & ce cercle s'appelle *cercle de déclinaiſon*, ou *méridien*.

La *déclinaiſon* d'une étoile ſe trouve, en obſervant d'abord la hauteur du pole PH. Cette hauteur du pole étant ôtée de 90.^{d} donne la hauteur de l'équateur EO. On obſerve enſuite la hauteur méridienne OK de l'étoile; & ſi elle eſt plus grande que la hauteur de l'équateur, on en ôte la hauteur de l'équateur, & le reſte eſt la *déclinaiſon* boréale EK de l'étoile. Mais ſi la hauteur méridienne de l'étoile M eſt moindre que la hauteur de l'équateur, on la retranche de la hauteur de l'équateur, & on a la *déclinaiſon* auſtrale EM au-deſſous de l'équateur.

Si l'étoile eſt dans le quart ZH, alors ſa plus petite hauteur BH étant ôtée de la hauteur du pole PH, on aura la diſtance PB de l'étoile au pole; & cette diſtance étant ôtée du quart de cercle PQ, on aura la *déclinaiſon* BQ. Par exemple; on a obſervé PB, diſtance de l'étoile polaire au pole de $2^d\ 2'$ qui, étant ôtée de 90^d, donne BQ de $87^d\ 58'$; c'eſt par cette méthode que ſont conſtruites les tables des *déclinaiſons* des étoiles fixes; données dans les *Catalogues. Voyez* ETOILE.

Nous ſuppoſons au reſte, que dans ces calculs, on ait égard à la réfraction, à l'aberration, & à la nutation, toutes quantités dont on doit tenir compte pour déterminer rigoureuſement la *déclinaiſon* de l'étoile. On doit même avoir égard encore à la parallaxe, lorſqu'il s'agit du ſoleil ou de quelque planète, ſur-tout ſi cette planète eſt la lune.

On trouvera au mot *étoile*, une table des *déclinaiſons* des principales étoiles. On y voit que cette *déclinaiſon* n'eſt pas conſtante, ce qui vient de pluſieurs cauſes: 1.° de ce que l'axe de la terre a un mouvement autour des poles de l'écliptique; *voyez* PRÉCESSION: 2.° de ce que quelques étoiles peuvent avoir des mouvemens particuliers dont on ignore encore la cauſe, ſur-tout *Arcturus.*

La *déclinaiſon* du ſoleil eſt d'un grand uſage dans l'Aſtronomie, nous en avons donné une table au mot CADRAN.

La *déclinaiſon*, en Aſtronomie, eſt la même choſe que la latitude en Géographie. *Voyez* LATITUDE.

Les Mathématiciens modernes ont fort agité la queſtion, ſi la *déclinaiſon* ou l'obliquité de l'écliptique eſt variable ou non; mais il eſt prouvé qu'elle diminue. *Voyez* OBLIQUITÉ.

Parallaxe de déclinaiſon, eſt l'arc du cercle de *déclinaiſon*, qui meſure la quantité dont la *déclinaiſon* d'un aſtre eſt augmentée ou diminuée par la parallaxe de hauteur. *Voyez* PARALLAXE.

Réfraction de déclinaiſon, eſt un arc du cercle de *déclinaiſon*, qui meſure la quantité dont la réfraction augmente ou diminue la *déclinaiſon* d'une étoile. *Voyez* RÉFRACTION.

Déclinaiſon d'un plan vertical, en terme *de Gnomonique*, eſt un arc de l'horizon compris entre le premier vertical & la ſection du plan du cadran avec l'horizon.

Les auteurs de Gnomonique nous ont donné différens moyens pour trouver la *déclinaiſon* des plans: le plus facile de ces moyens eſt celui qui ſe pratique par la bouſſole. *Voyez* DÉCLINATEUR & CADRAN.

Déclinaiſon de l'aiman ou *de la bouſſole*, eſt la quantité dont l'aiguille aimantée s'écarte du vrai point du nord. Cet article ſera traité plus au long dans le dictionnaire de Phyſique, & dans celui de Marine; mais, comme les aſtronomes en font un uſage fréquent, nous croyons utile de mettre ici une table de la *déclinaiſon* obſervée depuis quelques années. En 1610, la *déclinaison* étoit, à Paris, de 8 degrés à l'est; en 1663, elle étoit nulle, & elle a toujours été vers l'ouest jusqu'en 1769, qu'elle m'a paru de 20 degrés. Depuis ce temps-là, on ne voit pas distinctement si elle augmente ou si elle diminue : suivant les observations rapportées dans le Journal des Savans, on trouve la *déclinaison* moyenne, en 1771, 20° 0′; en 1773, 19° 55′; en 1775, 19° 42′; en 1777, 19° 35′; (mais cette année-là, M. le Monnier la trouva de 20° 26′); en 1779, 19° 41′, (M. le Monnier, 20° 30′); en 1781, 20° 17′; en 1782, 20° 20′; des différences de quelques minutes sont insensibles dans ces sortes d'observations, sur-tout à cause des variations continuelles qui arrivent dans la *déclinaison de l'aiman*, à différentes heures du jour, & en différens temps de l'année. *Voyez les pièces de M. Van-Swinden & de M. Coulomb, qui ont remporté le prix de l'Académie, en 1777, sur ce sujet.* Si l'on admet l'hypothèse du refroidissement successif de la terre, on aura un moyen d'expliquer ce changement de la *déclinaison* magnétique, par l'inégalité de refroidissement dans les parties hétérogènes du globe terrestre. (*D. L.*)

DÉCLINANT, adj. Cadrans *déclinans*, *en Gnomonique*, sont des cadrans qui ne regardent pas le midi, comme des cadrans verticaux, dont le plan coupe obliquement le plan du premier cercle vertical. *Voyez* CADRAN.

Si on imagine que le plan du premier vertical se meuve autour de la ligne du zénith & du nadir, ce plan deviendra *déclinant*; & il ne sera plus coupé à angles droits par le méridien, mais par quelqu'autre vertical, passant par d'autres points que les deux poles.

En général, on peut appeler *déclinant*, tout plan, vertical ou non, dont la section, avec l'horizon, fait un angle avec le premier vertical, & qui ne passe point par l'orient & l'occident.

Il y a des auteurs qui appellent aussi *déclinant*, en général, tout cadran qui ne regarde pas directement quelqu'un des points cardinaux; selon eux, pour qu'un cadran ne soit pas *déclinant*, il faut qu'il passe par la commune section du méridien & de l'horizon, ou du premier vertical & de l'horizon.

Les cadrans *déclinans* sont fort fréquens, parce que les murs, sur lesquels on trace des cadrans, déclinent presque toujours des points cardinaux. Les cadrans inclinés & réclinés, & sur-tout les cadrans déinclinés, sont plus rares. *Voyez* CADRAN. (*O*)

DÉCLINATEUR ou DÉCLINATOIRE, f. m. (*Gnomon.*) est un instrument de Gnomonique, par le moyen duquel on détermine la déclinaison & l'inclinaison du plan d'un cadran.

En voici la construction : sur une planche quarrée de bois *ABCD* (*Planc. Astronom. fig. 256*), on décrit un demi-cercle *AED*, & on divise les deux quarts de cercle *AE* & *ED* en 90 degrés chacun; lesquels 90 degrés commencent en *E*, comme dans la figure. Ensuite on ajuste au centre un régulateur *FG*, fixé tellement qu'il puisse se mouvoir librement autour de ce centre : sur ce régulateur, on fixe une boussole en *G*, de manière que le *déclinateur* étant posé contre un plan perpendiculaire au méridien, & la partie *G* du régulateur étant en *E*, la ligne nord & sud de la boussole soit la continuation de la ligne *EF*; ce qui donne le méridien magnétique.

Maintenant, pour trouver par le moyen de cet instrument la déclinaison du plan, on applique au plan proposé *MN*, le côté *AD* de l'instrument, & on fait mouvoir le régulateur *FG* autour du centre *F*, jusqu'à ce que l'aiguille reste sur la ligne du méridien magnétique du lieu. Ensuite si le régulateur, dans cet état, coupe le demi-cercle en *E*, le plan est, ou vers le nord, ou vers le sud : s'il le coupe entre *D* & *E*, le plan décline à l'est de la quantité de l'angle *GFE*.

Le même instrument peut aussi servir pour trouver si un plan est inclinant ou réclinant. Pour cela, au lieu du régulateur & de l'aiguille, il faudra attacher, au centre *F*, un fil avec un plomb, (*fig. 265*) : on appliquera ensuite, sur le plan proposé *IL*, le côté *BC* du déclinateur *ABCD*; & si la ligne à plomb *FGH*, coupe le demi-cercle *AED* au point *E*, le plan est horizontal; mais si elle coupe le quart de cercle *ED* en un point quelconque *G*, alors *EFG* fera l'angle d'inclinaison : enfin, si lorsqu'on applique le côté *AB* au plan, le fil à plomb passe par le point *E*, le plan sera vertical. Si l'on compare l'angle d'inclinaison avec la hauteur du pole ou de l'équateur, on connoîtra facilement si le plan est inclinant ou réclinant. *Voyez* CADRAN. (*M. le Roy.*)

DÉCLINATOIRE, f. m. (*Géom. prat.*) instrument dont on se sert pour orienter une planchette sur laquelle on a tracé la direction de l'aiguille aimantée. *Voyez* LEVÉE DES PLANS.

C'est une petite boëte rectangulaire qui contient une aiguille aimantée, en équilibre sur un pivot. Ce pivot est placé perpendiculairement, au centre du fond de la boëte, de sorte que lorsqu'elle est fixée horizontalement, & que les deux extrémités de l'aiguille répondent à deux points de *division* qui marquent les milieux des deux petits côtés opposés, l'alignement de chacun des grands est parallèle à l'aiguille & donne la direction de la méridienne magnétique.

Le *déclinatoire* diffère de la boussole employée à lever les plans, en ce que son aiguille n'est point environnée d'un cercle de métal divisé en degrés, & qu'elle n'indique que les points nord & sud. Il a ordinairement cinq pouces de long, deux & demi de large, & dix lignes de hauteur. (*M. Jolly, Ingénieur-Géographe.*)

DÉCOMPOSITION DES FORCES, (*Méchan.*) On a vu à l'*article* COMPOSITION, que deux ou plusieurs puissances, qui agissent à-la-fois sur un corps, peuvent être réduites à une seule, & on a expliqué de quelle maniere se fait cette réduction : c'est ce qu'on appelle *composition des forces*. Réciproquement, on peut transformer une puissance qui agit sur un corps en deux autres ; leurs directions & leurs valeurs seront représentées par les côtés d'un parallélogramme, dont la diagonale représentera la direction & la valeur de la puissance donnée ; il est visible que chacune de ces deux puissances, ou l'une des deux seulement, peut se changer de même en deux autres. Cette division, pour ainsi dire, d'une puissance en plusieurs autres, s'appelle *décomposition*. Elle est d'un usage extrème dans la Statique & dans la Méchanique ; & M. Varignon entr'autres en a fait beaucoup d'usage pour déterminer les forces des machines, dans son projet d'une nouvelle méchanique, & dans sa nouvelle méchanique imprimée depuis sa mort.

Quand une puissance *A* fait équilibre à plusieurs autres *B*, *C*, *D*, &c. il faut qu'en décomposant cette puissance en plusieurs autres que j'appellerai *b*, *c*, *d*, &c. & qui soient dans la direction de *B*, de *C*, & de *D*, les puissances *b*, *c*, *d*, soient égales aux puissances *B*, *C*, *D*, & agissent en sens contraire. *Voyez* MACHINE FUNICULAIRE. Quand une puissance ne peut exercer toute sa force à cause d'un obstacle qui l'arrête en partie, il faut la décomposer en deux autres, dont l'une soit entiérement anéantie par l'obstacle, & dont l'autre ne soit nullement arrêtée par l'obstacle. Ainsi, quand un corps pesant est posé sur un plan incliné, on décompose sa pesanteur en deux forces, l'une perpendiculaire au plan, que le plan détruit entiérement ; l'autre parallele au plan, que le plan n'empêche nullement d'agir. Quand plusieurs puissances agissent de quelque maniere que ce puisse être, & se nuisent en partie, il faut les décomposer en deux ou plusieurs autres, dont les unes se détruisent tout-à-fait, & les autres ne se nuisent nullement. C'est-là le grand principe de la Dynamique. *Voyez ce mot.*

On se sert aussi des mots *décomposition* & *décomposer* dans d'autres parties des Mathématiques, lorsqu'il est question en général de diviser un tout en plusieurs parties ; par exemple, on *décompose* un polygone quelconque en triangles, pour en trouver la surface ; on *décompose* une équation en plusieurs membres ou en plusieurs équations partielles, afin de la résoudre ; on *décompose* un produit dans ses facteurs, *&c.*

Au reste, quand on *décompose* une puissance en Méchanique, il ne faut pas croire que les puissances composantes ne fassent qu'un tout égal à la composée ; la somme des puissances composantes est toujours plus grande, par la raison que la somme des côtés d'un parallélogramme est toujours plus grande que la diagonale. Cependant ces puissances n'équivalent qu'à la puissance simple, que la diagonale représente ; parce qu'elles se détruisent en partie, & sont en partie conspirantes. *Voyez* CONSPIRANTES & COMPOSITION. (*O*)

DÉCOURS, s. m. (*Astron.*) On dit que la lune est en *décours* pendant le tems que sa lumiere décroît, ou qu'elle passe de l'opposition à la conjonction, c'est le tems qui s'écoule entre la pleine lune & la nouvelle lune suivante. Ce mot est opposé à *croissant*. *Voyez* INFLUENCE.

DÉCRIRE, verbe act. On dit *en Géométrie* qu'un point *décrit* une ligne droite ou courbe par son mouvement, lorsqu'on suppose que ce point se meut, & trace, en se mouvant, la ligne droite ou courbe dont il s'agit. On dit de même qu'une ligne par son mouvement *décrit* une surface, qu'une surface *décrit* un solide. *Voyez* DESCRIPTION, GÉNÉRATION. (*O*)

DÉCRIVANT, adj. *terme de Géométrie*, qui signifie *un point*, *une ligne* ou *une surface* dont le mouvement produit une ligne, une surface, un solide. Ce mot n'est plus guère en usage ; on se sert le plus ordinairement du mot *générateur*. *Voyez* GÉNÉRATEUR *ou* GÉNÉRATION. (*O*)

DÉCROCHER, (*Hydraul.*) On *décroche* une manivelle dans une machine hydraulique, quand on veut en diminuer le produit, ou qu'on a dessein de la raccommoder. (*K*)

DÉCUPLE, adj. *en terme d'Arithmétique*, signifie la *relation* ou le *rapport* qu'il y a entre une chose, & une autre qu'elle contient dix fois, *voyez* RAPPORT ; ainsi 20 est *décuple* de 2. Il ne faut pas confondre *décuple* avec *décuplé* : une chose est à une autre en raison *décuple*, lorsqu'elle est dix fois aussi grande ; & deux nombres sont en raison *décuplée* de deux autres nombres, lorsqu'ils sont comme la racine dixième de ces nombres : ainsi 2 est à 1, en raison *décuplée* de 2^{10} à 1 ; car la racine dixième de 2^{10} est 2. *Voyez* RACINE. *Voyez aussi* DOUBLE & DOUBLÉE, *&c.* (*O*)

DÉCUSSATION, s. f. on appelle, *en Optique*, le point de *décussation*, le point ou plusieurs rayons se croisent, tels que le foyer d'une lentille, d'un miroir, *&c.* Il y a une *décussation* des rayons au-delà du crystallin, sur la rétine, quand la vision est distincte.

DEDANS, espèce de jeu de paume, qui diffère d'avec les autres qu'on appelle *quarrés*, en ce que dans le grand mur, du côté de la grille, il y a un tambour, & qu'au lieu du mur du bout où il y a le trou & l'ais, il est garni dans presque toute sa largeur d'une galerie à jour, qui avance d'environ trois piés dans le jeu, & est couverte d'un toit semblable à celui qui est à l'autre bout.

Cette galerie qui est à l'extrémité se nomme aussi le *dedans* ; elle est garnie d'un filet ou réseau de ficelle, qui ne tient que par le haut, pour amortir le coup des balles, & empêcher que ceux qui regardent jouer n'en soient frappés.

DEFAUT,

DÉFAUT, (*Hydraul.*) eſt la différence qui ſe trouve entre la hauteur où les jets s'élèvent, & celle où ils devroient s'élever. *V.* JETS.

DÉFECTIF, *nombres défectifs*, (*Arithm.*) eſt la même choſe que nombres déficiens. *V.* DÉFICIENT. (*O*)

DÉFECTIF, adj. (*Géom.*) *hyperboles défectives*, ſont des courbes du troiſième ordre, ainſi appellées par M. Neuton, parce que n'ayant qu'une ſeule aſymptote droite, elles en ont une de moins que l'hyperbole conique ou appollonienne. Elles ſont oppoſées aux hyperboles redundantes du même ordre. *V.* HYPERBOLE & REDUNDANT.

Nous avons vu à l'*article* COURBE que $xyy + ey = ax^3 + bx^2 + cx + d$ eſt l'équation de la première diviſion générale des courbes du troiſième ordre. On tire de cette équation $y = -\frac{e}{2x} \pm \sqrt{\left(ax^2 + bx + c + \frac{d}{x} + \frac{e^2}{4xx}\right)}$. Or il eſt viſible, 1.° que $x = o$, donne $y = -\frac{e}{o}$; 2.° que, ſi x eſt infinie, on a $y = \pm\sqrt{ax^2} = \pm x\sqrt{a}$. D'où l'on voit, 1.° qu'au point où $x = o$, la courbe a une aſymptote qui eſt l'ordonnée même; 2.° que, ſi a eſt négatif, la valeur $x\sqrt{a}$ eſt imaginaire, & qu'ainſi $y = x\sqrt{a}$ ne déſigne alors qu'une aſymptote imaginaire. L'hyperbole, dans ce cas, eſt défective, puiſqu'elle n'a qu'une aſymptote réelle. *V. aux articles* COURBE & SUITE, &c. pourquoi $y = x\sqrt{a}$ déſigne une aſymptote, quand x eſt infinie & a poſitif. (*O*)

DÉFÉRENT, (*Aſtron.*) c'étoit, dans l'ancienne aſtronomie, un cercle qui portoit l'épicycle d'une planète, ou la planète elle-même.

Pour expliquer les inégalités des planètes, on ſuppoſoit que leur mouvement propre ſe faiſoit dans un cercle qui n'étoit pas concentrique à la terre; & ce cercle excentrique étoit appellé *déférent*, parce que, paſſant par le centre de la planète, ou plutôt de l'épicycle, il ſembloit la porter & la ſoutenir, pour ainſi dire, dans ſon orbite. Le *déférent* étoit diſtingué du cercle, autour duquel le mouvement de la planète étoit uniforme.

On ſuppoſoit que ces *déférens* étoient inclinés différemment à l'écliptique, mais qu'aucun ne l'étoit au-delà de huit degrés.

On expliquoit aſſez bien, par le moyen de ces cercles excentriques, pourquoi les planètes paroiſſoient tantôt plus éloignées, tantôt plus proches de la terre.

Képler a depuis changé ces cercles en ellipſes dont le ſoleil occupe le foyer commun, & Neuton a fait voir, par la gravitation univerſelle, que les planètes devoient en effet décrire des ellipſes autour du ſoleil.

Déférent des nœuds, étoit un cercle ou un orbe qu'on imaginoit dans le ciel pour expliquer la révolution des nœuds de la lune en 18 ans.

DÉFICIENT, adj. (*Arithm.*). Les nombres *déficiens* ſont ceux dont les parties aliquotes, ajoutées enſemble, font une ſomme moindre que le tout dont elles ſont parties.

Tel eſt le nombre 8, dont les parties aliquotes 1, 2, 4, priſes enſemble, ne font que 7. *V.* ABONDANT.

Soit ab un nombre qui eſt le produit de deux nombres premiers a, b, b étant $> a$. Pour que ab ſoit un nombre *déficient*, il faut que $1 + a + b < ab$, c'eſt-à-dire que $\frac{1+a}{a-1} < b$. Ainſi, par exemple, 2×5 ou 10 eſt un nombre *déficient*.

Puiſque b eſt ſuppoſé $> a$, & que b & a ſont des nombres premier, donc b eſt au moins 3. Or, quel que ſoit a, on a $\frac{1+a}{a-1} = \frac{a-1+2}{a-1}$, c'eſt-à-dire, $= 1 + \frac{2}{a-1}$. Donc, 1.° ſi $a = 2$, & que b ſoit > 3, ab ſera un nombre défectif. 2.° Si $a > 2$, ab ſera toujours défectif. On peut, à l'exemple de ce théorême, en faire une infinité d'autres pareils ſur ces ſortes de nombres. *V.* NOMBRE PARFAIT.

Hyperbole déficiente ou *déficiente*. *Voyez* DÉFECTIF. (*O*)

DÉFINITION, *en Mathématiques*, c'eſt l'explication du ſens, ou de la ſignification d'un mot, ou ſi l'on veut, une énumération de certains caractères, qui ſuffiſent pour diſtinguer la choſe définie de toute autre choſe.

Telle eſt la *définition* du mot *quarré*, quand on dit qu'on doit entendre par ce mot, une figure renfermée par quatre côtés égaux, & perpendiculaires l'un à l'autre.

On ne ſauroit en Mathématiques, s'appliquer avec trop de ſoin à donner des *définitions* exactes: car l'inexactitude de la *définition* empêche de bien ſaiſir la vraie ſignification des mots; le lecteur eſt à chaque inſtant en danger de s'écarter du vrai ſens des propoſitions.

Les *définitions* mathématiques ne ſont, à la rigueur, que des *définitions* de nom (pour uſer de l'expreſſion des Logiciens); c'eſt-à-dire qu'on s'y borne à expliquer ce qu'on entend par un mot, & qu'on ne prétend pas expliquer par la *définition* la nature de la choſe: ainſi, les Mathématiciens ſont plus réſervés que bien des philoſophes, qui croyent donner des *définitions* de choſe, entendant par ce mot l'explication de la nature de la choſe, comme ſi la nature des choſes nous étoit connue, comme ſi même les mots de *nature* & d'*eſſence* préſentoient des idées bien nettes. Ce qu'il y a de ſingulier, c'eſt que les *définitions* des philoſophes, dont nous parlons, & celles du géomètre, ſont ſouvent les mêmes, quoique leurs prétentions soient si différentes. Le géometre dit : un triangle rectiligne est une figure renfermée par trois lignes droites ; le philosophe diroit la même chose : mais le premier explique seulement ce qu'il entend par *triangle* ; le second croit en expliquer la nature, quoiqu'il n'ait peut-être une idée bien nette, ni de l'espace, ni de l'angle, ni de la ligne, *&c.*

Les *définitions* des Mathématiciens regardées comme *définitions* de nom, sont absolument arbitraires, c'est-à-dire, qu'on peut donner aux objets des mathématiques, tel nom, & aux mots, tel sens qu'on veut. Cependant il faut, autant qu'il est possible, se conformer à l'usage de la langue & des savans : il seroit ridicule, par exemple, de définir le triangle, une figure ronde, quoiqu'on pût faire, à la rigueur, des élémens de Géométrie exacts (mais ridicules) en appellant *triangle*, ce qu'on appelle ordinairement *cercle.* (*O*)

DÉGORGER, v. act. (*Hydraul.*) se dit d'un tuyau que l'on vuide pour le nettoyer. Il faut souvent faire jouer long-tems un jet, une cascade, pour faire sortir les ordures & l'eau sale amassée ou rougie dans les tuyaux. *Voyez* JET-D'EAU, *&c.* (*K*)

DÉGRAVELER UN TUYAU, (*Hydr.*) c'est ôter d'un tuyau de fer ou de plomb, servant à conduire les eaux dans les fontaines, le sédiment qui s'y forme.

DÉGRAVOYER, v. act. & DÉGRAVOYEMENT, s. m. (*Hydr.*) c'est l'effet que produit l'eau courante de déchausser & désacoter des pilotis de leur terrein, par un mouvement continuel. On y peut remédier en faisant une creche autour du pilotage. *Voyez* CRECHE. (*K*)

DEGRÉ. Ce mot, *en Géométrie*, signifie la 360.e partie d'une circonférence de cercle. *Voyez* CERCLE.

Toute circonférence de cercle grande & petite est supposée divisée en 360 parties qu'on appelle *degrés.* Le *degré* se subdivise en 60 parties plus petites, qu'on nomme *minutes*, la minute en 60 autres appellées *secondes*, la seconde en 60 tierces, *&c.* d'où il s'ensuit que les *degrés*, les minutes, les secondes, *&c.* dans un grand cercle sont plus grands que dans un petit. *Voyez* MINUTE, SECONDE, *&c.*

Il y a apparence qu'on a pris 360 pour le nombre des *degrés* du cercle, parce que ce nombre, quoiqu'il ne soit pas fort considérable, a cependant beaucoup de diviseur ; car il est égal à $2 \times 2 \times 2 \times 3 \times 3 \times 5$, & par conséquent, il peut se diviser par 2, par 4, par 5, par 6, par 8, par 9, par 10, & par beaucoup d'autres nombres. *Voyez* DIVISEUR.

Les subdivisions des *degrés* sont des fractions, dont les dénominateurs procèdent en raison de 1 à 60, c'est-à-dire que la minute est $\frac{1}{60}$ de *degré*, la seconde $\frac{1}{3600}$, la tierce $\frac{1}{21600}$; mais comme ces dénominateurs sont embarrassans, on substitue à leur place des expressions plus simples dans l'usage ordinaire pour les indiquer.

Ainsi, un *degré* étant l'unité ou un entier, est exprimé par ^{d}, la minute ou prime par $'$, la seconde par $''$, la tierce par $'''$; c'est pourquoi 3 *degrés*, 25 minutes, 16 tierces, s'écrivent ainsi $3^d\ 25'\ 16'''$. Stevin, Ougthred, Wallis, ont desiré que l'on proscrivît cette division sexagésimale du *degré*, pour mettre la décimale à sa place. Il est certain que cela abrégeroit les opérations. Car, si au lieu de diviser, par exemple, le *degré* en 60 minutes, on le divisoit en 100, la minute en 100 secondes ; *&c.* on réduiroit plus promptement les fractions de *degrés* en minutes. Ainsi, pour réduire $\frac{51}{72}$ de *degré* en minutes, il faudroit simplement diviser 5100 par 72, au lieu qu'il faut d'abord multiplier 51 par 60, & diviser ensuite par 72 : on s'épargneroit donc une multiplication. En général, il seroit à souhaiter que la division décimale fût plus en usage. *Voyez* DÉCIMAL.

La grandeur des angles se désigne par les *degrés* ; ainsi, on dit un angle de 90 *degrés* ; de 70 *degrés*, 50 *minutes* ; de 25 *degrés*, 15 *minutes*, 49 *secondes. Voyez* ANGLE. On dit aussi : *Telle étoile est montée de tant de* degrés *au-dessus de l'horizon ; décline de l'équateur de tant de* degrés, *&c. Voyez* HAUTEUR & DÉCLINAISON.

La raison pourquoi on mesure un angle quelconque par les *degrés* ou parties d'un cercle, c'est, 1.° que la courbure du cercle est uniforme & parfaitement la même dans toutes ses parties ; en sorte que des angles égaux dont le sommet est au centre d'un cercle, renferment toujours les arcs parfaitement égaux de ce cercle ; ce qui n'arriveroit pas dans une autre courbe, par exemple, dans l'ellipse dont la courbure n'est pas uniforme : 2.° deux angles égaux renferment des arcs de cercle d'un même nombre de *degrés*, quelques rayons différens que l'on donne à ces cercles. Ainsi, on n'a point d'équivoque ni d'erreur à craindre, en désignant un angle par le nombre de *degrés* qu'il renferme, c'est-à-dire par le nombre de *degrés* que contient un arc de cercle décrit du sommeil de l'angle comme centre, & d'un rayon quelconque.

Le mot *degré* s'employe aussi dans l'Algebre, en parlant des équations. On dit qu'une équation est du second *degré*, lorsque l'exposant de la plus haute puissance de l'inconnue est 2 ; du troisieme *degré*, lorsque l'exposant est 3, & ainsi de suite. *Voyez* EQUATION, EXPOSANT, PUISSANCE, *&c.*

On se sert encore du mot *degré* en parlant des courbes. On dit qu'une courbe est du second *degré*, lorsque la plus haute dimension des deux inconnues ou d'une seule, est 2 ; du troisieme *degré*, lorsque cette plus haute dimension est 3. *Voyez* COURBE. Au lieu du mot *degré*, on se sert quelquefois de celui de *genre* ; courbe du second genre est la même chose que courbe du second *degré*.

DEGRÉ *de la terre*, est l'espace de vingt-cinq

lieues qu'il faut parcourir dans le sens du méridien, pour que la ligne du zénith, ou la ligne verticale ait changé d'un *degré*, ainsi que la hauteur du pole & les hauteurs des astres. C'est par la mesure d'un *degré* que l'on a cherché de tout tems à connoître l'étendue de la terre, aussi-tôt qu'on a compris qu'elle étoit ronde.

L'observation de la longueur des ombres, de la hauteur du pole, & de la hauteur de l'équateur, ou, si l'on veut, de la hauteur méridienne du soleil, en différens pays, fut la première chose qui dut apprendre aux hommes que la terre étoit ronde. Ce fut d'abord par l'ombre des corps terrestres, que l'on détermina les différences de hauteur du pole; plus on avançoit vers le nord, plus le soleil paroissoit bas à midi, & plus ces ombres mesurées le même jour, par exemple, le jour du solstice, à midi, se trouvoient longues, ce qui prouvoit que la hauteur du soleil, au-dessus de l'horizon, étoit devenue plus petite, & que l'observateur, situé vers le nord, n'étoit pas sur le même plan que l'observateur situé vers le midi, puisqu'alors ils auroient eu l'un & l'autre des ombres égales; on dut en conclure que la terre étoit arrondie.

On vit ensuite que l'ombre de la terre, dans les éclipses de lune, paroissoit toujours ronde; & que les vaisseaux vus de loin, en pleine mer, disparoissoient par degrés; on les voyoit descendre & se perdre peu-à-peu, par la courbure de la surface: telles furent les marques auxquelles les anciens philosophes reconnurent la courbure & la rondeur de la terre.

Après avoir ainsi reconnu la rondeur de la terre, on se servit du même moyen pour connoitre sa grandeur; & le changement des latitudes & des hauteurs, soit du pole, soit des astres, servit à connoître l'étendue de notre globe, en en mesurant une petite partie. Posidonius, au rapport de Cleomèdes (*lib. I, cap. 26.*) observa, il y a 1900 ans, que l'étoile appellée *Canopus*, qui passoit au méridien d'Alexandrie, à la hauteur d'une quarante-huitième partie du cercle, ou de $7^{\circ} \frac{1}{2}$, ne s'élevoit presque pas à Rhodes, mais qu'elle passoit à l'horizon, & ne faisoit qu'y paroître; il suivoit de-là que ces deux Villes, (situées d'ailleurs sous le même méridien ou à-peu-près), étoient éloignées de la quarante-huitième partie du cercle; d'un autre côté, leur distance itinéraire en ligne droite, étoit de 3752 stades, suivant Eratosthène, cité par Pline, (*V. 31*), & par Strabon, d'où l'on conclut, par une seule règle de trois, que les 360 *degrés* de la terre faisoient 180 000 stades, aussi, Ptolemée, dans sa *Géographie*, donne à la terre entière 180 000 stades; si l'on évalue le stade Egyptien avec M. le Roy, (*ruines des monumens de la Grece*, page 55), & avec M. Fréret, à 114 toises $\frac{11}{100}$, on aura, pour la circonférence de la terre, 8999 lieues, chacune de 2283 toises, ce qui s'éloigne bien peu de la mesure constatée par l'Académie, qui est d'environ 9000 lieues, comme on le verra bientôt.

Posidonius, suivant un autre passage de Cléomède, donnoit à la terre 240 mille stades; Eratosthène, 250; d'autres, suivant Cléomède, 300; en remontant encore plus haut, on trouve dans Aristote 400 000 stades: il est vraisemblable que ces stades n'étoient pas les mêmes, & M. Bailly, dans son histoire de l'*Astronomie moderne*, accorde ces mesures d'une manière vraisemblable, en distinguant les différentes espèces de stades. La mesure d'Eratosthène est la plus célèbre; il trouva qu'il y avoit 5000 stades entre Alexandrie & Syene, & que leur latitude différoient d'un 50.e du cercle. M. Bailly y applique un stade de 85 toises & demi, & il trouve, pour le *degré*, 59 442 toises. Si l'on y appliquoit le stade des Romains, on trouveroit 66 000 toises, c'est-à-dire un huitième de trop.

Les Arabes firent aussi une mesure de la terre; mais ne sachant pas ce que valloit leur mille, on ne peut savoir si leur mesure s'accorde avec les nôtres.

C'est à un françois, nommé *Fernel*, que l'on dut la première connoissance, un peu exacte, de la grandeur de la terre: il rapporte, dans sa *cosmothéorie*, cette mesure qu'il fit en 1550, en allant à un *degré* au nord de Paris, & en comptant les tours de roue, il trouva 56 746 toises.

Norwood, en 1635, mesura le *degré* entre Londres & Yorck & sa mesure, de 367 200 pieds anglois, donne 57 424 toises. Cette mesure étoit à-peu-près aussi exacte que celle de Fernel, & le milieu des deux est fort juste; cependant Riccioli, après s'en être occupé fort long-tems, trouva le *degré* de 64 363 pas de Bologne, que Picard évalue à 62 900 toises, & Cassini, à 62 650 toises.

La première mesure qu'on ait faite, avec précision, pour connoître la grandeur de la terre, celle qui a été répétée avec le plus de soin, est la mesure du *degré* entre Paris & Amiens. Je prendrai cette mesure, pour exemple, en expliquant la méthode qui a fait trouver, avec tant de précision, la grandeur & la figure de la terre.

L'objet que se proposa Picard, en 1669, fut de connoître le nombre de toises qu'il y avoit en ligne droite, entre Paris & Amiens, & combien de minutes & de secondes il y avoit pour leur différence de latitude, sur la circonférence du méridien de la terre: ainsi, il y a deux opérations principales dans ce travail; mesure géodésique en toises, mesure astronomique en *degrés*.

A l'égard de la mesure géodésique, il seroit long & difficile de mesurer toise à toise, d'un bout à l'autre, un espace de vingt-cinq lieues, quoique cela se soit fait en Amérique (*Phil. trans. 1768*). Picard préféra d'employer la trigonométrie, & se contenta de mesurer avec soin, au midi de Paris, un espace de 5663 toises de long, sur le chemin de Villejuive à Juvisy, qui étoit déjà pavé en droite ligne, & d'en conclure tout le reste par des triangles. Depuis ce temps-là, on a élevé à Villejuive & à Juvisy, deux pyramides qui sont exactement à 5717 toises l'une de l'autre, suivant la mesure que l'Académie a fait faire en 1756.

On voit dans la *figure* 119, la disposition des premiers triangles de Picard; la distance de Villejuive à Juvisy ayant été mesurée, il se transporta aux deux extrémités de cette base, pour mesurer les angles d'un triangle dont le sommet étoit le clocher de Brie-Comte-Robert. Etant placé à Juvisy avec un quart de cercle de trois pieds de rayon, qui portoit deux lunettes, l'une fixe, & l'autre mobile (*fig.* 181), il dirigea, l'une, sur le moulin de Villejuive, où commençoit sa mesure, & l'autre, sur le clocher de Brie; l'angle formé par les deux lunettes, se trouva de 95° 6′ 55″; il se transporta pareillement à Villejuive, & là, pointant une des lunettes sur le pavillon de Juvisy, qui avoit servi de terme à sa base, & l'autre, sur le clocher de Brie; il trouva l'angle de 54° 4′ 35″; de ces deux angles, avec le côté compris, il étoit aisé de conclure, par le calcul, la distance de Villejuive à Brie, 11 012 toises 5 pieds; pour vérifier l'observation, il ne négligea pas de mesurer encore immédiatement le troisième angle; il observa aussi la direction de ces triangles par rapport à la méridienne, au moyen des amplitudes du soleil.

Le second triangle se terminoit à la tour de Monthléry; il fit trouver la distance de Brie à Monthléry, 13 121 $\frac{1}{2}$; c'est celle que nous trouvons actuellement de 13 108 toises, parce que notre toise est plus longue d'un millième, que celle de Picard. Ces triangles étant prolongés jusqu'à Amiens, l'on a trouvé l'arc du méridien terrestre, compris entre la face méridionale de l'observatoire de Paris, & la flèche de la Cathédrale d'Amiens, 60 390 toises, (*mérid. vérifiée*, pag. 46 & 50.)

En observant avec soin la distance au zénith, des mêmes étoiles à Paris & Amiens, avec un secteur semblable à celui que nous décrirons au mot SECTEUR, *figure* 200, l'on trouve 1° 1′ 13″ 1 de différence dans toutes les hauteurs, entre deux points, dont la distance étoit 58 233 toises; il ne reste donc plus qu'à faire la proportion suivante, 1° 1′ 13″ 1, est à 58 233 toises, comme 1° 0′ 0″, est à un quatrième terme, qu'on trouve de 57 074 toises; c'est la longueur du *degré* de la terre entre Paris & Amiens. En préférant la mesure de la base de Villejuive, faite en 1756, avec la toise qui a servi à la mesure du *degré* vers l'équateur, on trouve 57 069 toises, pour le *degré*, entre Paris & Amiens, dont le milieu est par 49° 20′ de latitude; telle est la première mesure exacte qu'on ait eu du *degré* & de la grandeur de la terre. Depuis ce tems, on en a fait plusieurs autres pour constater son applatissement, nous en donnerons la table au mot *figure de la terre*; mais en attendant, nous allons placer ici la table des *degrés* de la terre, soit en latitude, soit en longitude, telle qu'on la trouve dans le recueil des tables de Berlin; elle suppose la terre elliptique & le rapport des diamètres, tel que Newton l'avoit donné; l'on a ôté environ 50 toises du *degré* mesuré sous l'équateur, & on les a ajoutés au *degré* mesuré en France, pour que la table tînt à-peu-près le milieu entre les observations.

Table des degrés de longitude & de latitude, en toises, pour toute la terre.

Latitude.	*Degrés de latitude.*	*Degrés de longitude.*
Degrés.	Toises.	Toises.
0	56700	57196
1	56701	57188
2	56702	57162
3	56703	57119
4	56705	57058
5	56707	56981
6	56710	56886
7	56713	56774
8	56716	56644
9	56720	56498
10	56725	56335
11	56730	56154
12	56735	55957
13	56740	55743
14	56747	55512
15	56754	55264
16	56760	54999
17	56767	54718
18	56774	54420
19	56783	54105
20	56791	53774
21	56799	53427
22	56809	53064
23	56818	52285
24	56828	52289
25	55837	51878
26	56847	51451
27	56858	51008
28	56869	50540
29	56879	50076
30	56891	49587
31	56903	49083
32	56914	48552
33	56926	48031
34	56938	47482
35	56950	46920
36	56962	46342
37	56975	45751
38	56988	45146
39	57000	44527
40	57013	43894
41	57026	43248
42	57039	42588
43	57052	41916
44	57064	41230

Table des degrés de longitude & de latitude, en toises, pour toute la terre.

Latitude.	*Degrés de latitude.*	*Degrés de longitude.*
Degrés.	Toises.	Toises.
45	57078	40532
46	57091	39821
47	57104	39099
48	57117	38364
49	57129	37742
50	57143	36859
51	57155	36070
52	97168	35309
53	57181	34517
54	57193	33715
55	57205	32903
56	57217	32080
57	57229	31282
58	57241	30404
59	57253	29553
60	57265	28692
61	57275	27822
62	57285	26943
63	57296	26056
64	57307	25151
65	57317	24259
66	57327	23349
67	57336	22431
68	57346	21506
69	57354	20575
70	57362	19638
71	57370	18694
72	57378	17744
73	57386	16789
74	57393	15829
75	57399	14864
76	57405	13894
77	57411	12920
78	57417	11942
79	57421	10959
80	57425	9974
81	57430	8986
82	57434	7994
83	57437	7000
84	57439	6003
85	57442	5006
86	57443	4007
87	57445	3006
88	57446	2005
89	57446	1003
90	57446	0

DÉGUELLEUX, s. m. (*Hydr.*) : ce sont de gros masques de pierre ou de plomb dont on orne les cascades, & qui vomissent l'eau dans un bassin. (*K*)

DEJECTION, *en Astrologie*, ou *chûte d'une planète*, étoit le signe opposé à celui où elle avoit le plus d'influence.

DÉINCLINANT *ou* DÉINCLINÉ, adj. (*Gnom.*) On appelle quelquefois cadrans *déinclinans* ou *déinclinés*, ceux qui déclinent & inclinent ou reclinent tout-à-la-fois, c'est-à-dire, qui ne passent, ni par la ligne du zénith, ni par la commune section du méridien avec l'horizon, ni par celle du premier vertical avec l'horizon; ils sont peu en usage. *Voyez* CADRAN.

DELTOTON. *Voyez* TRIANGLE.

D E M

DEMANDE, s. f. *terme de Mathématique*; c'est une proposition évidente, par laquelle l'on affirme qu'une chose peut ou ne peut pas être faite. *Voyez* PROPOSITION.

Une proposition déduite immédiatement d'une définition simple, si elle exprime quelque chose qui convient ou ne convient pas à une autre, est appellée un *axiome*; si elle affirme qu'une chose peut ou ne peut pas être faite, c'est une *demande*.

Par exemple, il suit évidemment de la génération du cercle, que toutes les lignes droites tirées du centre à la circonférence, sont égales, puisqu'elles ne représentent qu'une seule & même ligne dans une situation différente; c'est pourquoi cette proposition est regardée comme un axiome. *Voyez* AXIOME.

Mais puisqu'il est évident, par la même définition, qu'un cercle peut être décrit avec un intervalle quelconque, & d'un point quelconque, cela est regardé comme une *demande*; c'est pourquoi les axiomes & les *demandes* semblent avoir à-peu-près le même rapport l'un à l'autre, que les théorêmes ont aux problêmes. *Voyez* THÉORÊME, *&c.* *Chambers.* (*E*)

Les *demandes* s'appellent aussi *hypothèses* ou *postulata*, mot latin qui signifie la même chose. On leur donne sur-tout le nom d'*hypothèse*, lorsqu'elles tombent sur des choses qui, à la rigueur, peuvent être niées, mais qui sont nécessaires pour établir les démonstrations. Par exemple, on suppose en Géométrie, que les surfaces sont parfaitement unies, les lignes parfaitement droites & sans largeur; en Méchanique, que les leviers sont inflexibles, que les machines sont sans frottement & parfaitement mobiles; en Astronomie, que le soleil est le centre immobile du monde, que les étoiles sont à une distance infinie, *&c.* Il est visible par cette énumération, que les hypothèses influent plus ou moins sur la rigueur des démonstrations. Par exemple, en Géométrie, les inégalités des surfaces & des lignes, n'empêchent pas les démonstrations d'être sensiblement & à très-peu-près exactes ; mais en Méchanique, les frottemens, la masse des machines, la flexibilité des leviers, la roideur des cordes, &c. altèrent beaucoup les résultats qu'on trouve dans la spéculation, & il faut avoir égard à cette altération dans la pratique.

C'est bien pis encore dans les sciences physico-mathématiques; car les hypothèses que l'on fait dans celles-ci, conduisent souvent à des conséquences très-éloignées de ce qui est réellement dans la nature. En Méchanique, les hypothèses sont utiles, non-seulement, parce qu'elles simplifient les démonstrations, mais parce qu'en donnant le résultat purement mathématique, elles fournissent le moyen de trouver ensuite, par l'expérience, ce que les qualités & circonstances physiques changent à ce résultat; mais dans les sciences physico-mathématiques, où il est question du calcul appliqué à la Physique, toute hypothèse qui s'éloigne de la nature, est souvent une chimère, & toujours une inutilité. *Voyez le Discours préliminaire, & la préface de mon Essai sur la résistance des fluides*, *Paris*, 1752. (*O*)

DEMANDER, *au jeu de Quadrille*, se dit d'un joueur qui n'ayant pas, par son propre jeu, de quoi faire les six mains qu'il faut avoir pour gagner, nomme un roi, qui est de moitié avec lui, en cas qu'il gagne, & de moitié de perte, s'il perd.

DEMARCATION, (*Géogr.*) On appella *ligne de demarcation* le méridien des Açores, qu'Alexandre VI, choisi pour arbitre entre le Portugal & l'Espagne, donna pour limites en 1493, laissant aux espagnols toutes les découvertes faites à l'occident de ce méridien jusqu'à 180 degrés de-là. *Voyez* Riccioli, *Geogr. reformata*, p. 105. (*D. L.*)

DEMI-CASE, *au Trictrac*, se dit de celle où il n'y a qu'une dame d'abbatue sur une fleche.

DEMI-CERCLE, f. m. *en Géométrie;* c'est la moitié d'un cercle ou l'espace compris entre le diamètre d'un cercle & la moitié de la circonférence. *Voyez* CERCLE.

Deux *demi-cercles* ne peuvent pas s'entre-couper en plus de deux points : ils peuvent se couper ou se toucher en un seul; mais deux cercles entiers, dès qu'ils se coupent, se coupent nécessairement en deux points. (*O*)

DEMI-CERCLE est aussi un instrument d'Arpentage, que l'on appelle quelquefois *graphometre*. Voy. ARPENTAGE & GRAPHOMETRE.

C'est un limbe demi-circulaire, comme *FIG* (*Pl. d'Arpent. fig.* 16.) divisé en 180 degrés, & quelquefois divisé en minutes diagonalement ou autrement. Ce limbe a pour sous-tendante le diamètre *FG*, aux extrémités duquel sont élevées deux pinnules. Au centre du *demi-cercle* ou du demi-diamètre, il y a un écrou & un style, avec une alidade ou règle mobile, qui porte deux autres pinnules, comme *H*, *I*. Le tout est monté sur un bâton ou support, avec un genou.

Le *demi-cercle* en cet état n'est pas différent de la moitié du *théodolite* ou demi-bâton d'arpenteur: toute la différence consiste en ce qu'au-lieu que le limbe du bâton d'arpenteur étant un cercle entier, donne successivement tous les 360 degrés; dans le *demi-cercle* les degrés allant seulement depuis 1 jusqu'à 180, pour avoir les autres 180 degrés, c'est-à-dire, ceux qui vont depuis 180 jusqu'à 360, on les gradue sur une autre ligne du limbe, en-dedans de la premiere ligne.

Pour prendre un angle avec le *demi-cercle* placez l'instrument de maniere que le rayon *CG* puisse répondre directement & parallélement à un côté de l'angle à mesurer, & le centre *C* sur le sommet du même angle.

La premiere de ces deux choses se fait en visant par les pinnules *F* & *G*, qui sont aux extrémités du diamètre, à une marque plantée à l'extrémité d'un côté : & la seconde, en laissant tomber un plomb du centre de l'instrument. Après cela, tournez la règle mobile *HI* sur son centre vers l'autre côté de l'angle, jusqu'à ce que par les pinnules qui sont élevées sur cette règle, vous puissiez appercevoir la marque plantée à l'extrémité du côté: alors le degré que l'adidade coupe sur le limbe, est la quantité de l'angle proposé.

Quant aux autres usages du *demi-cercle*, ils sont les mêmes que ceux du bâton d'arpenteur, ou théodolite. *Voyez* BATON D'ARPENTEUR, GRAPHOMÈTRE, PLANCHETTE (*E*).

DEMI-DIAMÈTRE, f. f. (*Géom.*) c'est une ligne droite tirée du centre d'un cercle ou d'une sphère, à sa circonférence; c'est ce que l'on appelle autrement un *rayon*. Voyez DIAMÈTRE, CERCLE, & RAYON.

DEMI-ORDONNÉES, f. f. pl. *en Géométrie;* ce sont les moitiés des ordonnées ou des appliquées.

Les *demi-ordonnées* sont terminées d'un côté à la courbe, & de l'autre à l'axe de la courbe, ou à son diamètre, ou à quelqu'autre ligne droite. On les appelle souvent *ordonnées* tout court. *Voyez* ORDONNÉES. (*O*)

DEMI-PARABOLE, *en Géométrie*, c'est le nom que quelques géomètres donnent en général à toutes les courbes définies ou exprimées par l'équation $a x^{m-1} = y^m$, comme $a x^2 = y^3$, $a x^3 = y^4$. *Voyez* PARABOLE & COURBE.

Il me semble que la raison de cette dénomination est que dans l'équation de ces courbes, les exposans de x & de y different d'une unité comme dans l'équation $a x = y^2$ de la parabole ordinaire: ce qui a fait imaginer que ces courbes avoient, par-là, quelque rapport à la parabole. Mais cette dénomination est bien vague & bien arbitraire; car par une raison semblable on pourroit appeller *demi-paraboles* toutes les courbes, dont l'équation est $y^m = a^n x^{m-n}$, parce que l'équation de ces courbes a deux termes comme celle de la parabole ordinaire. On dira peut-être que les courbes $a x^{m-1} = y^m$, ont toujours comme la parabole ordinaire, deux branches égales & semblablement situées, ou par rapport à l'axe des x, si m est pair, ou par rapport à celui des y, si m est impair. Mais par la même raison toutes les courbes $a^n x^{m-n} = y^m$ seroient des *demi-paraboles* toutes les fois que m ou $m-n$ seroient pairs. Ainsi, il faut abandonner toutes ces dénominations, & se contenter d'appeller *demi-parabole* la moitié de la parabole ordinaire; & en général *demi-ellipse*, *demi-hyperbole* & *demi-courbe*, la moitié d'une courbe qui a deux portions égales & semblables par rapport à un axe. *Voyez* COURBE. (*O*)

DEMON *Méridien*. Voyez FLECHE.

DEN

DENDROMETRE, (*Géométrie-pratique*, *Méchanique*). Cet instrument ingénieux & utile (*Pl. trig. fig. 4*), par lequel on réduit la science de la Trigonométrie rectiligne à une simple opération méchanique, est fondé sur la 2, 5, 6 & 33e proposition du VIe livre d'Euclide. Il est construit d'une telle maniere que l'on connoît par la seule inspection la hauteur & le diametre d'un arbre & de ses branches beaucoup plus exactement qu'on ne l'a fait jusqu'ici, & qu'on peut à l'aide des tables jointes au Traité qu'on en a publié en anglois, & qu'il seroit trop long de donner ici, savoir la quantité de bois que contient un arbre sans se servir de calcul. Il fournit à l'acheteur & au vendeur une règle sûre & certaine pour n'être point trompé dans une branche de commerce aussi importante que l'exploitation des bois.

Quoique ce soit un grand avantage de pouvoir mesurer les arbres sur pied par un moyen aussi simple que celui que fournit l'instrument en question, il a celui de pouvoir être appliqué à des usages encore plus importans. Par exemple, on peut s'en servir pour mesurer les hauteurs & les distances accessibles & inaccessibles, situées dans des plans parallèles ou obliques à celui de l'instrument, pour prendre des angles de telle espèce qu'ils soient, sans recourir au calcul trigonométrique, soit qu'ils soient de niveau avec la ligne de station, plus haut ou plus bas, accessibles ou inaccessibles, sur leurs propres plans, ou sur celui de l'horizon. Il ne peut qu'être utile aux ingénieurs & aux arpenteurs dans les différentes opérations qu'ils sont obligés de faire; vu que, par le moyen de l'altimètre, de l'index d'élévation & des autres parties mobiles de l'instrument, on peut déterminer la valeur des côtés & des angles droits ou obliques avec assez d'exactitude, sans le secours du calcul & des tables dont on ne peut se passer lorsqu'on se sert d'instrumens gradués. Les ingénieurs, sur-tout, peuvent l'employer pour connoître la distance où ils sont d'une place, & pour élever leurs batteries, sans être obligés d'aller reconnoître le terrein, ou de s'exposer au feu de l'ennemi. Son utilité dans l'arpentage consiste en ce qu'on connoît par son moyen l'élévation ou la chûte perpendiculaire d'un terrein, l'hypothénuse & la base sans le secours du calcul: en un mot, cet instrument a le double avantage de faciliter le toisé des arbres, de même que les opérations du génie & de l'arpentage.

Renvois pour la figure citée ci-dessus.

A. Demi-cercle.
B. Son diamètre.
C. Altimètre.
D. La corde.
E. Le rayon.
F. Index d'élévation.
G. Petit demi-cercle de l'altimètre.
H. Appuis de l'altimètre.
I. Vis qui sert à avancer & à reculer le rayon.
K. Pièce qui le contient en place.
L. Le plomb.
M. Traverse de la pièce coulante.
N. L'axe.
O. Clef de la vis.
P. Pièce coulante.
Q. Bras mobile.
R. Alidade qui porte le télescope.
S. Petits arcs qui servent à donner à la partie de la pièce coulante & à l'index horizontal, la position qu'on veut.
T. Petit quart-de-cercle de l'alidade. (*V*)

DENEB, terme arabe qui signifie *queue*, & dont les astronomes se servent dans la dénomination de différentes étoiles fixes; ainsi, deneb elecet ou denebola, est l'*étoile* β *de la queue du lion*; deneb adigege, ou edigege, celle *de la queue du cygne*; deneb algedi, l'*étoile* γ *du capricorne*.

DÉNOMINATEUR, s. m. *terme d'Arithmétique*, dont on se sert en parlant des fractions ou nombres rompus. *Voyez* FRACTION.

Le *dénominateur* d'une fraction est le nombre ou la lettre qui se trouve sous la ligne de la fraction, & qui marque en combien de parties l'entier ou l'unité est supposée divisée.

Ainsi dans la fraction $\frac{7}{12}$ *sept douziemes*, le nombre 12 est le *dénominateur*, & apprend que l'unité est divisée en 12 parties égales; de même dans la fraction $\frac{a}{b}$, b est le *dénominateur*.

Le *dénominateur* représente toujours l'entier ou l'unité. Le nombre 7, qui est au-dessus de 12, est appellé *numérateur*. *Voyez* NUMÉRATEUR.

On peut regarder une fraction comme un nombre

entier, dont l'unité n'eſt autre choſe qu'une partie de l'unité primitive, laquelle partie eſt exprimée par le *dénominateur*. Ainſi, dans la fraction $\frac{7}{12}$ de pié, 1 pié eſt l'unité primitive ; $\frac{1}{12}$ de pié eſt une douzieme partie de cette unité primitive, qu'on prend ou qu'on peut prendre ici pour l'unité particuliere, & le numérateur 7 indique que cette unité particuliere eſt priſe ſept fois.

Pour réduire deux fractions au même *dénominateur*, la règle générale eſt de multiplier le haut & le bas de la premiere par le *dénominateur* de la ſeconde, & le haut & le bas de la ſeconde par le *dénominateur* de la premiere. Mais, quand les *dénominateurs* ont un diviſeur commun, on ſe contente de multiplier le haut & le bas de la premiere fraction, par le quotient qui vient de la diviſion du *dénominateur* de la ſeconde par le diviſeur commun, & de même de l'autre. Ainſi $\frac{a}{b}$ & $\frac{c}{d}$ ſe réduiſent au même *dénominateur*, en écrivant $\frac{ad}{bd}$ & $\frac{bc}{bd}$;

mais $\frac{af}{be}$ & $\frac{cg}{de}$ s'y réduiſent en écrivant $\frac{afd}{bde}$ & $\frac{cgb}{ede}$. *Voyez* FRACTION & DIVISEUR.

On dit quelquefois réduire à même *dénomination*, au-lieu de réduire au même *dénominateur*.

Le *dénominateur* d'un rapport eſt, ſelon quelques-uns, le quotient qui réſulte de la diviſion de l'antécédent par le conſéquent. *Voyez* RAPPORT.

Ainſi le *dénominateur* du rapport 30 : 5 eſt 6, parce que 30 diviſé par 5 donne 6. Le *dénominateur* s'appelle autrement *expoſant du rapport*. *Voy.* EXPOSANT. (*O*)

DENSITÉ, (*Aſtron.*) La *denſité* des planètes ſe trouve d'après la loi de l'attraction, en comparant le volume ou la groſſeur d'une planète avec ſa maſſe, ou ſa quantité de la matière, indiquée par la force attractive. Cette découverte des *denſités*, qui paroît d'abord bien ſingulière, eſt cependant une ſuite naturelle de la loi de l'attraction, puiſque la force attractive eſt un indice certain de la quantité de matière. Prenons pour terme de comparaiſon, la maſſe ou la force attractive de la terre, dont les effets nous ſont connus & familiers, & cherchons la maſſe de jupiter par rapport à celle de la terre. Le premier ſatellite de jupiter fait ſa révolution à une diſtance de jupiter, qui eſt la même que celle de la lune à la terre, (du moins elle n'eſt que d'un douzième plus petite.) Si ce ſatellite tournoit auſſi autour de jupiter dans le même eſpace de tems que la lune tourne autour de la terre, il s'enſuivroit évidemment que la force de jupiter pour retenir ce ſatellite dans ſon orbite, ſeroit égale à celle de la terre pour retenir la lune, & que la quantité de matière dans jupiter, ou ſa maſſe, ſeroit la même que celle de la terre ; dans ce cas-là, il faudroit que la *denſité* de la terre fût 1281 fois plus grande que celle de jupiter ; car la groſſeur ou le volume de jupiter contient 1281 fois la groſſeur de la terre ; or ſi le poids eſt le même, la *denſité* eſt d'autant

plus grande que le volume eſt plus petit. Ainſi, la *denſité* de jupiter ſeroit 1281 fois moindre que celle de la terre. Mais ſi le ſatellite tourne 16 fois plus vîte que la lune, il faut pour le retenir 256 fois plus de force, (16 fois 16 = 256) car la force centrale eſt comme le carré de la viteſſe ; une viteſſe double exige & ſuppoſe une force centrale quadruple à diſtances égales ; & la viteſſe du ſatellite 16 fois plus grande que celle de la lune, quoique dans une orbite égale, ſuppoſe dans jupiter une énergie ou une maſſe 256 fois plus grande que celle de la terre ; d'un autre côté, l'on trouve un volume 1281 fois plus grand que celui de la terre ; donc le volume de jupiter, conſidéré par rapport à celui de la terre, eſt cinq fois plus grand que la quantité de matière réelle & effective, par rapport à celle de la terre ; donc la *denſité* de la terre eſt cinq fois plus grande que celle de jupiter. En calculant plus exactement on trouve un peu moins, mais tel eſt l'eſprit de la méthode par laquelle Neuton a calculé les maſſes & les *denſités* des planètes : puis un ſatellite eſt éloigné de la planète, & plus il tourne rapidement, plus auſſi il indique de force & de matière dans la planète principale qui le retient ; on peut y appliquer le calcul rigoureux, comme je l'ai fait dans mon *Aſtronomie*.

Cette force ou cette maſſe d'une planète étant diviſée par le volume, exprimé de même, en prenant pour unité le volume du ſoleil, donne la *denſité* de la planète cherchée par rapport à la *denſité* du ſoleil ; c'eſt ainſi que Neuton trouva que la terre étoit environ quatre fois plus denſe que le ſoleil, quatre fois & un quart plus denſe que Saturne. Neuton, *liv. III, prop.* 8. Ces *denſités* ſont calculées plus exactement dans la table qu'on trouvera au mot PLANÈTE. Nous pouvons comparer ces *denſités* avec des objets familiers : on ſait que l'antimoine eſt quatre fois plus denſe que l'eau, & ſix fois plus denſe que le bois de prunier ; ainſi, en ſuppoſant que les ſubſtances du ſoleil & de jupiter aient la *denſité* de l'eau, la terre aura celle de l'antimoine, & ſaturne aura la légéreté du bois ; il me paroit même que ces ſubſtances répondent aſſez bien à ce que j'ai voulu expliquer par leur moyen. On trouve à-peu-près le même rapport entre l'acier, l'ivoire & le bois le plus peſant, comme l'ébène ; il ſuffira de conſulter la table des peſanteurs ſpécifiques, donnée par l'abbé Nollet, dans ſes *Leçons de Phyſique*, ou celle de Muſſchenbroek.

Les *denſités* de vénus, de mercure & de mars, ne peuvent ſe trouver par la méthode précédente ; puiſque ces planètes n'ont point de ſatellites, qui puiſſent nous indiquer l'intenſité de leur attraction ; mais voyant dans les trois planètes dont les *denſités* ſont connues, une augmentation de *denſité* quand on approche du ſoleil, on a regardé comme probable que cet accroiſſement avoit lieu également pour les trois autres planètes. En eſſayant de reconnoître une loi dans ces augmentations, on voit que les *denſités* connues ſont preſque proportionnelles

nelles aux racines de moyens mouvemens. Par exemple, le mouvement de la terre est environ 11, 86, celui de jupiter étant 1; la racine est $3\frac{1}{2}$; la *densité* de la terre approche en effet de $3\frac{1}{2}$ fois celle de jupiter. On peut donc supposer la même proportion dans les autres planètes; c'est ainsi que j'ai calculé les *densités* qui sont rapportées dans la table, excepté celle de vénus qui seroit un peu plus grande que celle de la terre, mais que j'ai supposé plus petite d'après son action sur l'obliquité de l'écliptique. *Mém. Acad.* 1780.

La masse de la lune, &, par conséquent, sa *densité*, sont difficiles à déterminer exactement, parce qu'elles se manifestent par des phénomènes que nous ne pouvons mesurer avec assez d'exactitude; je veux dire les hauteurs des marées, & la quantité de la nutation de l'axe de la terre. Si les hauteurs des marées dans les syzygies s'étant trouvées de sept pieds, ne sont que trois pieds dans les quadratures, en supposant des circonstances pareilles, c'est-à-dire, si les grandes marées sont aux petites comme $3\frac{1}{2}$ est à $1\frac{1}{2}$, la somme des forces de la lune & du soleil doit être à leur différence comme $3\frac{1}{2}$ est à $1\frac{1}{2}$; ces forces seront donc entr'elles comme 5 à 2; car la somme de 5 & de 2 est à la différence comme $3\frac{1}{2}$ est à $1\frac{1}{2}$: c'est le rapport auquel s'en tient Daniel Bernouilli. J'ai trouvé $2\frac{7}{10}$ pour la force de la lune, dans mon *Traité du flux & du reflux de la mer*, p. 158.

Supposons donc la force du soleil 1, celle de la lune $2\frac{7}{10}$; pour avoir la masse de la lune, il suffit de savoir quelle est sa force, en la supposant à la distance du soleil.

La force diminue en raison inverse du cube de la distance, quand on la décompose sur une direction différente de la primitive : il faut donc multiplier la force actuelle de la lune par le cube de $\frac{8''\ 6}{57'\ 3''}$ qui est le rapport des parallaxes, & l'on aura la masse de la lune, celle du soleil étant prise pour unité; mais la masse de la terre est seulement $\frac{1}{552813}$ de celle du soleil; il faut donc encore diviser la masse trouvée par cette fraction, & l'on aura $\frac{1}{66}$, qui est la masse de la lune, celle de la terre étant prise pour unité.

La masse de la lune $\frac{1}{66}$, étant divisée par son volume qui est $\frac{1}{49}$, ou 0, 02036 donne sa densité 0, 742; c'est-à-dire, que la *densité* de la lune est les trois quarts, ou $\frac{26}{35}$ de celle de la terre.

C'est d'après ces diverses méthodes que j'ai calculé les *densités* des planètes, par rapport à la terre, comme elles sont dans la table qui est au mot Planète, en fractions décimales de la *densité* de la terre que nous prenons pour unité. Cette table suppose la parallaxe du soleil dans ses moyennes distances, de huit secondes & six dixièmes, comme les observations du passage de vénus, en 1769, me l'ont donnée. (*D. L.*).

DENT. f. f. (*Méchan.*) On appelle *dents* d'une roue, des parties saillantes, placées à sa circonférence, & par le moyen desquelles cette roue pousse les *dents* d'une autre roue, & lui transmet l'action qu'elle a reçue, d'une manière quelconque, de la force motrice.

I. Les roues ainsi garnies de *dents*, s'appellent *roues dentées*. Elles sont d'un grand usage dans les moulins, & en général dans toutes les machines mues par le courant d'un fluide, & dans celles où le principe moteur ne peut pas être appliqué immédiatement à la place même où il doit opérer son effet.

II. Ordinairement on assemble sur un même arbre, & dans des plans différents, une grande roue, & une petite nommée *pignon* dont les *dents* ou *ailes*, engrènent avec les *dents* d'une autre roue. Cela a principalement lieu dans l'horlogerie.

Dans les grandes machines, on substitue souvent aux pignons, des *lanternes* (*Pl. Méch. fig.* 69.), qui ne sont autre chose que des cylindres assemblés parallélement entr'eux dans des plateaux *M*, *N* : alors les *dents* de la roue engrènent avec les *fuseaux* de la lanterne, comme elles feroient avec les ailes du pignon. Le méchanisme revient absolument au même dans les deux cas.

III. Les machines qui doivent marcher avec beaucoup de régularité & d'uniformité, comme par exemple les horloges, demandent que les *dents* des roues & les ailes des pignons, aient une certaine figure qui n'est point arbitraire & qui peut être déterminée par les loix de la Méchanique & de la Géométrie. M. de la Hire a examiné cette matière dans son traité des *Epicycloïdes*; mais la théorie qu'il donne n'est guères applicable qu'aux *dents* qui meuvent des pignons à lanternes. M. Camus a traité le même sujet, d'une manière beaucoup plus claire & plus complète, dans les *Mémoires de l'Académie*, pour l'année 1733, & sur-tout à la fin du tome IV. de son *Cours de Mathématiques*. Cet excellent morceau est trop long, pour pouvoir être inséré ici; & il n'est guères susceptible d'abréviation. Nous y renvoyons le lecteur.

IV. Dans les machines en grand, on ne s'assujettit pas à déterminer géométriquement la figure des *dents* des roues : on imite ce qui a été pratiqué, & ce qui a réussi. D'ailleurs le frottement détruit bientôt les inégalités & les irrégularités qui peuvent se trouver dans une *dent* : elle achève de prendre elle-même la figure qu'exige l'engrénage.

Je suppose ici la figure des *dents* telle qu'elle doit être; & je vais examiner la manière dont la force se communique dans l'engrénage des roues & des pignons; on appliquera facilement la même théorie à l'engrénage des roues & des lanternes.

V. Soient (*Pl. Méch. fig.* 70) trois roues *A*, *B*, *C*, & leurs pignons correspondans *a*, *b*, *c*. Le pignon ou plutôt le cylindre *a*, soutient un poids *P*; la roue *A*, qui a le même arbre que lui, engrène avec le pignon *b*; la roue *B*, qui a même arbre que le pignon *b*, engrène avec le pignon *c*;

la roue C, qui a même arbre que ce pignon, est tirée à la circonférence par la puissance Q, & tout le système est en équilibre. Nommons R, R', R'', les rayons des roues; r, r', r'', ceux des pignons; E l'effort de la roue A contre le pignon b; E' l'effort de la roue B contre le pignon c. En regardant l'effort reçu par chaque pignon, comme un poids qui lui est appliqué, on aura ces trois proportions :

$$P : E :: R : r,$$
$$E : E' :: R' : r',$$
$$E' : Q :: R'' : r'';$$

lesquelles étant multipliées par ordre, donnent

$$P : Q :: R \times R' \times R'' : r \times r' \times r''.$$

D'où il suit que *le poids* P *est à la puissance* Q, *comme le produit des rayons des roues, est au produit des rayons des pignons.*

Il en seroit de même, s'il y avoit un plus grand nombre de roues & de pignons.

On voit, par-là, que ces sortes de machines peuvent donner un très-grand avantage à la puissance sur le poids, relativement à la force; mais cet avantage est acquis aux dépens du tems, lorsque la machine passe du repos au mouvement.

VI. On a souvent besoin, sur-tout dans l'horlogerie, que les nombres des révolutions des roues & des pignons aient entr'eux un certain rapport. C'est ce qu'on obtient, en donnant aux roues & aux pignons les nombres convenables de *dents* & d'ailes. Entrons dans quelque détail à ce sujet.

VII. Soient les roues A, B, C, D (*fig.* 71), dont la première engrène avec le pignon b fixé à la seconde; celle-ci engrène avec le pignon c fixé à la troisième; ainsi de suite. Désignons par A, B, C, D, les nombres des *dents* des roues, & par b, c, d, e, les nombres des ailes des pignons. De plus, nommons N, N', N'', N''', les nombres de tours que les quatre roues font dans le même tems; ceux des trois pignons b, c, d, qui ne font chacun qu'un même corps avec chacune des trois roues B, C, D, seront représentés par N', N'', N''', respectivement; nous désignerons par N^{IV} le nombre de tours du dernier pignon e. Cela posé, il est clair que le nombre des *dents* de la roue A, engrénées pendant chaque tour, étant exprimé par A, le nombre de *dents* qu'elle engrènera, pendant le nombre N de tours, sera exprimé par $A \times N$. De même, le nombre d'ailes engrénées par le pignon b, avec la roue A, pendant le nombre N' de révolutions, sera représenté par $b \times N'$. Or, pendant le même-tems, il s'engrène autant de *dents* de la roue A que d'ailes du pignon b. Ainsi, on a l'équation $A \times N = b \times N'$. On a, par la même raison, les équations $B \times N' = c \times N''$, $C \times N'' = d \times N'''$, $D \times N''' = e \times N^{\text{IV}}$. Ces différentes équations donnent les proportions :

$$N : N' :: b : A,$$
$$N' : N'' :: c : B,$$
$$N'' : N''' :: d : C,$$
$$N''' : N^{\text{IV}} :: e : D,$$

lesquelles étant multipliées par ordre donnent,

$$N : N^{\text{IV}} :: b \times c \times d \times e : A \times B \times C \times D,$$

C'est-à-dire, que *le nombre des tours de la première roue* A, *est au nombre des tours du dernier pignon* e, *comme le produit des ailes des pignons, est au produit des dents des roues.*

VIII. Cette proportion donne l'équation $\frac{N}{N^{\text{IV}}} = \frac{b \times c \times d \times e}{A \times B \times C \times D}$, par laquelle on voit que N & N^{IV} étant donnés, rien ne détermine les nombres d'ailes & de dents que chaque pignon & chaque roue doivent avoir en particulier. Il suffit que le rapport du produit de toutes les ailes, au produit de toutes les dents, soit le même que celui de N à N^{IV}. Supposons, par exemple, que la roue A faisant un tour pendant un certain tems, le pignon e en fasse deux; c'est-à-dire $\frac{N}{N^{\text{IV}}} = \frac{1}{2}$. On aura $\frac{1}{2} = \frac{b \times c \times d \times e}{A \times B \times C \times D}$, ou $A \times B \times C \times D = 2 \times b \times c \times d \times e$. Donc, si l'on donne arbitrairement 6 ailes au premier pignon, 8 au second, 10 au troisième, 12 au quatrième, on aura $A \times B \times C \times D = 2 \times 6 \times 8 \times 10 \times 12 = 11520$; nombre qu'il faudra décomposer en quatre facteurs qui seront les nombres des *dents* des quatre roues A, B, C, D. On peut prendre, pour ces quatre facteurs, ou les quatre nombres 12, 8, 10, 12, ou les quatre nombres 6, 16, 5, 24, ou, &c. L'arrangement des roues & des pignons est indifférent. Si on avoit commencé par se donner les nombres des *dents* des roues, on auroit trouvé d'une manière semblable les nombres des ailes des pignons.

IX. Souvent le nombre que l'on a pour le produit total des *dents* des roues, ou des ailes des pignons, ne peut se décomposer en facteurs qui puissent être le nombre des *dents* ou des ailes, des roues ou de pignons, en particulier. Alors le problème n'est pas susceptible d'une solution rigoureuse; mais il faut se contenter d'une solution approchée.

Supposons, par exemple, qu'on ait (*fig.* 72) les trois roues, A, B, C, & les trois pignons b, c, d; que la première roue A fasse un tour en un an, & que le dernier pignon d, un tour en 12 heures. On aura d'abord (VII) l'équation générale, $\frac{N}{N'''} = \frac{b \times c \times d}{A \times B \times C}$.

L'année commune étant de 365 jours 5 heures 49 minutes, ou de 525949', & 12 heures valant 720'; considérant, d'un autre côté, que, pendant un tour de la roue A, le nombre N''' de tours du dernier pignon, est le quatrième terme de cette proportion, $720 : 525949 :: 1 : N''' = \frac{525949}{720}$: il est clair qu'on aura $N : N''' :: 1 : \frac{525949}{720} :: 720 : 525949$, ou bien $\frac{N}{N'''} = \frac{720}{525949}$. Donc $A \times B \times C \times 720 = b \times c \times d \times 525949$; ou $A \times B \times C = \frac{b \times c \times d \times 525949}{720}$.

Comme le nombre de ailes de chaque pignon, & celui des dents de chaque roue, doivent être des nombres entiers, il faut que le produit $b \times c \times d$, soit un nombre entier, & que la fraction $\frac{b \times c \times d \times 525949}{720}$ en soit aussi un, ou que son numérateur soit divisible par son dénominateur. Il faut de plus que le quotient, provenant de cette division, soit décomposable en trois facteurs qui puissent être les nombres des *dents* des trois roues. En faisant $b \times c \times d = 720$, ce nombre est décomposable en trois facteurs 8, 9, 10, qu'on peut prendre pour b, c, d; mais alors on auroit $A \times B \times C = 525949$, nombre qui n'est pas décomposable en facteurs qu'on puisse prendre pour A, B, C. La même difficulté subsiste, en prenant pour le produit $b \times c \times d$ un multiple quelconque de 720. Le problème n'est donc pas soluble à la rigueur; mais voici comment on peut le résoudre d'une manière approchée.

X. Le numérateur de la fraction $\frac{b \times c \times d \times 525949}{720}$ étant très-grand par rapport à son dénominateur, cette fraction ne changera pas sensiblement de valeur, si, sans toucher à son dénominateur, l'on augmente ou l'on diminue son numérateur d'un petit nombre d'unités. Prenons donc, à sa place, la fraction $\frac{b \times c \times d \times 525949 + m}{720}$, m étant un nombre entier très-petit, positif ou négatif: nous aurons sensiblement, $A \times B \times C = \frac{b \times c \times d \times 525949 + m}{720}$; ou $A \times B \times C = b \times c \times d \times 730 + \frac{b \times c \times d \times 349 + m}{720}$. Or la première partie est un nombre entier; la seconde $\frac{b \times c \times d \times 349 + m}{720}$ en sera donc aussi un, que je nomme n. On aura ainsi $\frac{b \times c \times d \times 349 + m}{720} = n$; ou $b \times c \times d = 2n + \frac{22n - m}{349}$, dont la première partie étant un nombre entier, la seconde en sera aussi un, que je nomme p. Par-là on aura $\frac{22n - m}{349} = p$, ou $n = 15p + \frac{19p + m}{22}$, nombre entier. Soit $\frac{19p + m}{22} = q$, nombre entier. On aura $p = q + \frac{3q - m}{19}$, nombre entier. Soit $\frac{3q - m}{19} = r$, nombre entier; on aura $q = 6r + \frac{r + m}{3}$, nombre entier. Soit $\frac{r + m}{3} = s$, nombre entier; on aura $r = 3s - m$.

Maintenant il faut rétrograder, & par le moyen de cette dernière équation, déterminer les valeurs des lettres r, q, p, n. Or comme l'équation $r = 3s - m$ renferme trois indéterminées, on peut en prendre deux à volonté, en observant seulement qu'elles soient des nombres entiers, & que m soit un petit nombre. Toutes les suppositions qui donneront pour $b \times c \times d$ un nombre décomposable en trois facteurs qui puissent être les nombres des ailes des pignons, & pour $A \times B \times C$ un nombre décomposable en trois facteurs qui puissent être les nombres des *dents* des roues; toutes ces suppositions, dis-je, seront admissibles.

Soient, par exemple, $m = -1$, $s = 0$. On aura $r = 1$, $q = 6$, $p = 7$, $n = 111$. Donc $b \times c \times d = 229$, nombre qui n'est pas décomposable en facteurs qu'on puisse prendre pour b, c, d. La supposition proposée n'est donc pas convenable. Plusieurs autres, comme celles de $m = -2$, $s = 1$, $s = 0$, &c. ne le sont pas davantage. Mais celle de $m = -4$, $s = -1$, peut être employée. Car alors on a $r = 1$, $q = 5$, $p = 6$, $n = 95$. Donc $b \times c \times d = 196$, nombre qu'on peut décomposer en ces trois facteurs, 4, 7, 7, qui peuvent être les nombres des ailes des trois pignons. Mettons pour m, & $b \times c \times d$, leurs valeurs, dans l'équation $A \times B \times C = \frac{b \times c \times d \times 525949 + m}{720}$; elle deviendra $A \times B \times C = 143175$, nombre décomposable en ces trois facteurs, 25, 69, 83, qui peuvent être les nombres des dents des trois roues. Ainsi, en donnant 4 ailes à un pignon, 7 ailes à un autre, 7 ailes au troisième; 25 dents à une roue, 69 à une autre, 83 à la troisième, le problème sera résolu, & il s'en faudra très-peu de chose que le dernier pignon faisant un tour en 12 heures, la première roue ne fasse un tour en un an.

Si on veut connoître combien il s'en faudra que la première roue ne fasse un tour en un an, cela est aisé; car, en nommant x le tems de la révolution de cette roue, il est clair qu'on a $\frac{720'}{x} = \frac{4 \times 7 \times 7}{25 \times 69 \times 83}$, ou $x = 525948' \frac{48}{49} = 365^{j}\ 5^{h}\ 48' \frac{48}{49}$.

XI. Il est à propos de faire à ce sujet une observation qui abrégera le calcul en plusieurs cas.

Comme dans l'équation $A \times B \times C = \ldots\ldots$

$\frac{b \times c \times d \times 525949 + m}{720}$, le dénominateur 720 eſt un nombre compoſé de pluſieurs facteurs qu'on peut prendre pour un, ou pour deux des trois nombres *b*, *c*, *d*, le problême peut ſe ſimplifier & ſe réſoudre comme il ſuit.

Soit, par exemple, $b = 8$, qui eſt un facteur de 720, & prenons $c = 7$: la queſtion ſera de ſatisfaire à l'équation $A \times B \times C = \frac{7 \times 525949 \times d + m}{90}$, ou $A \times B \times C = \frac{3681643 \times d + m}{90}$; & on voit qu'il ſuffit de trouver pour l'inconnue *d*, un nombre entier convenable, & tel que la quantité $\frac{3681643 \times d + m}{90}$ ſoit auſſi un nombre entier, décompoſable en trois facteurs qu'on puiſſe prendre pour *A*, *B*, *C*.

Soient $b = 8$, $c = 9$ (ces deux nombres ſont des facteurs de 720); la queſtion ſera de ſatisfaire à l'équation $A \times B \times C = \frac{525949 \times d + m}{10}$, de maniere que *d* ſoit un nombre entier convenable, & que la quantité $\frac{525949 \times d + m}{10}$ ſoit auſſi un nombre entier, décompoſable en trois facteurs qu'on puiſſe prendre *A*, *B*, *C*.

Soient $b = 6$, $c = 8$ (nombres qui ſont encore des facteurs de 720): il s'agira de ſatisfaire à l'équation $A \times B \times C = \frac{525549 \times d + m}{15}$, toujours ſuivant la condition énoncée.

Il en eſt de même pour d'autres ſuppoſitions. Tous ces problêmes ſe réſolvent facilement par la méthode propoſée. (*L. B.*).

DÉPENSE, ſ. f. (*Hyd.*) On appelle *dépenſe* d'un réſervoir ou d'un jet, la quantité d'eau que ce réſervoir ou ce jet fournit, par un ajutage, en tems donné.

On verra à l'article *écoulement* que les *dépenſes* par de petits orifices de même nature ſont entr'elles en général comme les produits des orifices par les tems & par les racines quarrées des hauteurs de l'eau au-deſſus des orifices. J'ai dit de *même nature*, parce que la contraction de la veine fluide diminue inégalement la *dépenſe* par un même orifice (toutes choſes d'ailleurs égales), quand le fluide ſort par un orifice percé dans un même paroi, & quand il ſort par un tuyau additionnel. *Voyez* Additionnel & Contraction.

Si l'on veut donc comparer l'écoulement par un orifice percé dans une mince paroi avec l'écoulement par un tuyau additionnel, il faudra commencer par diminuer les ſurfaces réelles des deux orifices, la premiere dans le rapport de 8 à 5 ou de 16 à 10, & la ſeconde dans le rapport de 16 à 13. *Voy.* Additionnel. Lorſque les deux orifices ſont de la même eſpece, la réduction des orifices dont je viens de parler eſt inutile, parce que les orifices réels ſont entr'eux comme les orifices réduits.

Je ſuppoſe ici que les écoulemens ſe faſſent par des orifices percés dans de minces parois; & je prends pour principe d'expérience, qu'un tel orifice, ayant 12 lignes de diametre, donne, ſous une charge d'eau de 11 pieds de hauteur, 8990 pouces cubes d'eau en une minute. De-là nous allons réſoudre les quatre queſtions ſuivantes qui comprennent tout ce qui eſt relatif à la dépenſe des réſervoirs ou des jets d'eau par de petits orifices. Nous raiſonnerons ſur des exemples particuliers, pour plus de clarté.

I. Question. I. *On ſuppoſe qu'un réſervoir ſoit entretenu conſtamment plein à la hauteur de 11 pieds 6 pouces au-deſſus d'un orifice de 16 lignes de diametre; & on demande la* dépenſe *de cet orifice en 8 minutes?*

Les *dépenſes* faites dans le même-tems par différens orifices, ſous différentes hauteurs de réſervoirs, étant entr'elles comme les produits de ces orifices par les racines quarrées des hauteurs des réſervoirs, ou comme les produits des quarrés des diametres des orifices par les racines quarrées des hauteurs des réſervoirs; il eſt clair qu'en appliquant ici l'expérience que nous venons de rapporter, on aura la proportion $144 \times \sqrt{}$ (11 pieds) : $256 \times \sqrt{}$ (11 pieds 6 pouces) :: 8990 pouces cubes d'eau : un quatrieme terme; ce quatrieme terme 16341 pouces cubes eſt la *dépenſe* que notre orifice de 16 lignes de diametre fait en une minute. Multipliant cette quantité par 8, on aura 130728 pouces cubes pour la *dépenſe* qu'il fait en huit minutes.

II. Question. II. *On ſuppoſe qu'un réſervoir ſoit entretenu conſtamment plein à la hauteur de 11 pieds 6 pouces au-deſſus d'un orifice dont la* dépenſe *eſt 245544 pouces cubes d'eau en 6 minutes; & on demande le diametre de cet orifice?*

Puiſque l'orifice donne 245544 pouces cubes d'eau en 6 minutes, il donnera 40924 pouces cubes en une minute. Donc en nommant *D* ſon diametre exprimé en lignes, nous aurons, par la même regle que nous venons d'employer, $144 \times \sqrt{}$ (11 pieds) : $D^2 \times \sqrt{}$ (11 pieds 6 pouces) :: 8990 : 40924; &, par conſéquent, $D^2 = 144$ lignes quarrées $\times \frac{40924}{8990} \times \frac{\sqrt{132}}{\sqrt{138}} = 641, 1$, lignes à très-peu-près. Donc $D = 25, 32$ lignes; le diametre cherché eſt donc preſque de 2 pouces une ligne & $\frac{1}{3}$ de ligne.

III. Question. III. *On ſuppoſe qu'un réſervoir entretenu conſtamment plein à la hauteur de 16 pieds, ait donné 45678 pouces cubes d'eau par un orifice de 16 lignes de diametre, pendant un certain tems: on demande la durée de ce tems?*

Je cherche d'abord par la méthode de la queſtion Ire la *dépenſe* que notre orifice feroit en une minute; & je trouve que cette *dépenſe* = 19276 pouces cubes. Enſuite j'obſerve que les *dépenſes* faites par un même orifice, sous une même hauteur constante de réservoir, étant entr'elles comme les tems qu'elles durent, on aura la proportion, 19276 : 45678 :: une minute : au tems cherché qu'on trouvera $=$ 2 minutes $22\frac{1}{5}$ secondes à très-peu-près.

QUESTION IV. *On suppose qu'un réservoir donne 40000 pouces cubes d'eau en 4 minutes, par un orifice de 10 lignes de diamètre; on demande la hauteur de ce réservoir?*

Puisque le réservoir proposé, donne 40000 pouces cubes d'eau en 4 minutes, il donnera 10000 pouces cubes en une minute. En nommant *h* la hauteur cherchée, exprimée en pieds, on aura la proporrion $144 \times \sqrt{(11 \text{ pieds})} : 100 \times \sqrt{h} :: 8990 : 10000$. Donc $h = 11 \text{ pieds} \times \frac{(144)^2 \times (100)^2}{(8990)^2} = 28,22$ pieds $=$ 28 pieds 2 pouces 8 lignes environ. (*L. B.*).

DERCIS, (*Astron.*) nom d'une déesse que l'on a quelquefois confondue avec Vénus, & dont quelques auteurs ont donné le nom à la constellation des poissons. (*D. L.*)

DERNIER, s. m. *terme de jeu de paume*, c'est la partie de la galérie qui comprend la première ouverture à compter depuis le bout du tripot jusqu'au second. Quand on pelotte à la paume, les balles qui entrent dans le *dernier* sont perdues pour le joueur qui garde ce côté; mais quand on joue partie, elles font une chasse qu'on appelle *au dernier à remettre*.

D E S

* DESASSEMBLER, v. act. se dit en *Méchanique* de toute construction de bois; c'est en séparer les différentes parties, si, sur-tout, elles ne se tiennent qu'à chevilles & à mortoises. Si la machine est de fer, de cuivre, & que les parties en soient unies, de plusieurs manières différentes, on dit démonter, & non *desassembler.* On demonte une montre; on desassemble un échafaud, un escalier, & une charpente quelconque.

DESCENDANT, adj. (*Méch.*) se dit proprement de ce qui tombe, ou qui se meut de haut en-bas. *Voyez* DESCENTE.

DESCENSION, s. f. *terme d'Astronomie*: la *descension* est ou droite, ou oblique. La *descension* droite d'une étoile est la distance entre le point équinoxial & le point de l'équateur, qui descend avec l'étoile sous l'horizon dans la sphère droite; elle est égale à l'ascension droite. La *descension* oblique se termine au point de l'équateur, qui descend sous l'horizon en même-tems que l'étoile dans la sphère oblique. Ainsi les *descensions*, tant droites qu'obliques, se comptent du premier point d'*aries*, ou de la section vernale, suivant l'ordre des signes, c'est-à-dire, d'occident en orient, le long de l'équateur. Au reste, ce mot n'est plus guère en usage, non plus que celui d'ascension oblique. On ne se sert presque plus que du mot d'*ascension droite*, le seul véritablement nécessaire aujourd'hui où l'on se sert des arcs de l'équateur pour déterminer la position des étoiles. *Voyez* DÉCLINAISON. (*O*)

DESCENSIONEL, adj. (*Astron.*) *différence descensionelle*, est la différence entre la descension droite & la descension oblique d'une même étoile, ou d'un même point des cieux, *&c.* *Voyez* ASCENSIONEL. (*O*)

DESCENTE DES PLANÈTES VERS LE SOLEIL, (*Astron.*) c'est le tems qu'elles emploieroient à tomber par une ligne droite, si la force de projection qui anime les planètes & leur fait décrire des orbites, étoit détruite. La force centrale les précipiteroit vers le soleil, dans les tems suivans, calculés en supposant les orbites circulaires & les planètes à leurs moyennes distances; mercure y arriveroit en 15 jours & 13 heures; vénus en 39 jours 17 heures; la terre en 64 jours 10 heures; mars en 121 jours; jupiter en 766 jours; saturne en 1902 jours; la comète de 1681, la plus éloignée que nous connoissions, suivant Halley, en 37126 jours; la lune tomberoit sur la terre en 4 jours 20 heures; les satellites de jupiter tomberoient sur leur planète en 7 heures, 15 heures, 30 heures, & 71 heures; ceux de saturne en 8 heures, en 12 heures, 19 heures, 55 heures, 336 heures, respectivement; une pierre tomberoit au centre de la terre, si le passage étoit libre en 21' 9". Whiston, *Astronomical principles of religion*, p. 66. La règle qui sert à faire ces calculs, consiste à dire, la racine quarrée du cube de 2 est à 1, comme la demi-durée de la révolution d'une planète est au tems de sa chûte jusqu'au centre de l'attraction, (*Frisi de gravitate*, p. 100.) L'opération seroit beaucoup plus simple, si l'on pouvoit supposer que les planètes descendissent par un mouvement uniforme; mais il est évident que cette chûte doit être extrêmement accélérée. On demande aussi quelquefois le tems qu'il faudroit à un boulet de canon pour arriver jusqu'au soleil, en faisant toujours 200 toises par seconde; on trouve douze ans & demi; mais on néglige l'accélération. (*D. L.*)

DESCENTE ou CHUTE, s. f. *en terme Méchanique*, est le mouvement ou la tendance d'un corps vers le centre de la terre, soit directement, soit obliquement.

On a beaucoup disputé sur la cause de la *descente* des corps pesans. Il y a là-dessus deux opinions opposées; l'une fait venir cette tendance d'un principe intérieur, & l'autre l'attribue à un principe extérieur. La première de ces hypothèses est soutenue par les Péripatéticiens, les Epicuriens, & plusieurs Neutoniens; la seconde par les Cartésiens & les Gassendistes.

Les corps pesans ne tendent vers la terre, selon Neuton, que parce que la terre a plus de masse qu'eux; & ce grand philosophe a fait voir par une démonstration géométrique, que la lune étoit retenue dans son orbite par la même force qui fait tomber les corps pesans, & que la gravitation étoit un phénomène universel de la nature; aussi Neuton a-t-il expliqué par le moyen de ce principe tout ce qui concerne les mouvemens des corps célestes avec beaucoup plus de précision & de clarté, qu'on ne l'avoit fait avant lui. La seule difficulté qu'on puisse faire contre son système regarde l'attraction mutuelle des corps. *Voyez* ATTRACTION; *voyez aussi* PESANTEUR.

L'idée générale par laquelle les Cartésiens expliquent le phénomène dont il s'agit (*voy.* PESANTEUR,) paroît au premier coup-d'œil assez heureuse. Mais il n'en est pas de même quand on l'examine de plus près; car, outre les difficultés qu'on peut faire contre l'existence du tourbillon qu'ils supposent autour de la terre, on ne conçoit pas comment ce tourbillon, dont ils supposent les couches parallèles à l'équateur, peut pousser les corps pesans au centre de la terre; il est même démontré qu'il devroit les pousser à tous les points de l'axe: c'est ce qui a fait imaginer à M. Huyghens un autre tourbillon dont les couches se croisent aux poles, & sont dans le plan des différens méridiens. Mais comment un tel tourbillon peut-il exister, & s'il existe, comment n'en sentons-nous pas la résistance dans nos mouvemens?

L'explication des Gassendistes ne paroît pas plus heureuse que celle des Cartésiens. Car sur quoi est fondée la formation de leurs rayons? & comment ces rayons n'agissent-ils point sur les corps, & ne leur résistent-ils point dans d'autres sens, que dans celui du rayon de la terre?

Quoi qu'il en soit, l'expérience qui n'a pu encore nous découvrir clairement la cause de la pesanteur, nous a fait au-moins connoître suivant quelle loi ils se meuvent en descendant. C'est au célebre Galilée que nous devons cette découverte; & voici les loix qu'il a trouvées.

Loix de la descente des corps. 1.° Dans un milieu sans résistance, les corps pesans descendent avec un mouvement uniformément accéléré, c'est-à-dire tel que le corps reçoit à chaque instant des accroissemens égaux de vitesse. Ainsi, on peut représenter les instans par les parties d'une ligne droite, & les vitesses par les ordonnées d'un triangle. *Voyez* ACCÉLÉRÉ & ORDONNÉES. Les petits trapèses dans lesquels ce triangle est divisé, & dont le premier ou le plus élevé est un triangle, représentent les espaces parcourus par le corps durant les instans correspondans, & croissent évidemment comme les nombres 1, 3, 5, 7, *&c.* car le premier trapèse contiendra trois triangles égaux au triangle précédent ou supérieur, le second cinq triangles, *&c.* & les sommes de ces petits trapèses, à commencer du sommet du triangle, sont comme les quarrés des tems. *Voyez* ACCÉLÉRÉ.

De-là il s'ensuit, 1.° que les espaces parcourus en descendant depuis le commencement de la chûte, sont comme les quarrés des tems ou des vitesses, & que les parties de ces espaces parcourues en tems égaux croissent comme les nombres impairs 1, 3, 5, 7, 9, *&c.*

2.° Que les tems & les vitesses sont en raison sousdoublée des espaces parcourus en descendant.

3.° Que les vitesses des corps qui tombent, sont proportionnelles aux tems qui se sont écoulés depuis le commencement de leur chûte.

Voilà les loix générales de la chûte des corps dans un espace vide ou non-résistant; mais les corps que nous observons tombent presque toujours dans des milieux résistans: ainsi, il n'est pas inutile de donner aussi les loix de leur *descente* dans ce cas-là.

Il faut observer, 1.° qu'un corps ne peut descendre, à moins qu'il ne divise & ne sépare le milieu où il descend, & qu'il ne peut faire cette séparation, s'il n'est plus pesant que ce milieu. Car comme les corps ne peuvent se pénétrer mutuellement, il faut nécessairement, pour qu'ils se meuvent, que l'un fasse place à l'autre: de plus, quoiqu'un milieu, par exemple l'eau, soit divisible, cependant si ce milieu est d'une pesanteur spécifique plus grande qu'un autre corps, comme du bois, il n'est plus pesant que parce qu'il contient, dans un même volume, une plus grande quantité de parties de matière, qui toutes ont une tendance en-bas; par conséquent l'eau a sous un même volume plus de tendance à descendre que le bois, d'où il s'ensuit qu'elle empêchera le bois de descendre. *Voyez* HYDROSTATIQUE & PESANTEUR SPÉCIFIQUE.

2.° Un corps d'une pesanteur spécifique plus grande que le fluide où il descend, y descend avec une force égale à l'excès de sa pesanteur sur celle d'un pareil volume de fluide; car ce corps ne descend qu'avec la pesanteur qui lui reste, après qu'une partie de son poids a été employée à détruire & à surmonter la résistance du fluide. Or cette résistance est égale au poids d'un volume de fluide pareil à celui du corps. Donc le corps ne descend qu'avec l'excès de sa pesanteur sur celle d'un égal volume de fluide.

Les corps qui descendent perdent donc d'autant plus de leur poids, que le milieu est plus pesant, & que les parties de ce milieu ont une force d'adhérence plus grande; car un corps qui descend dans un fluide ne descend qu'en vertu de l'excès de son poids sur le poids d'un pareil volume de fluide; & de plus il ne peut descendre sans diviser les parties du fluide, qui résistent à proportion de leur adhérence.

3.° Les pesanteurs spécifiques de deux corps étant supposées les mêmes, celui qui a le moins de volume doit tomber moins vîte dans le milieu où il descend; car, quoique le rapport de la pesanteur spécifique du corps à celle du fluide soit toujours le même, quel que soit le volume, cependant un petit corps a plus de surface à proportion de sa masse; & plus il y a de surface, plus aussi il y a de frottement & de résistance.

4.° Si les pesanteurs spécifiques de deux corps sont différentes, celui qui a le plus de pesanteur spécifique tombera plus vîte dans l'air que l'autre. Une petite balle de plomb, par exemple, tombe beaucoup plus vîte dans l'air qu'une plume; parce que la balle de plomb étant d'une pesanteur spécifique beaucoup plus grande, perd moins de son poids dans l'air que la plume ; d'ailleurs la plume ayant moins de masse sous un même volume, a plus de surface à proportion que la balle de plomb ; & ainsi l'air lui résiste encore davantage.

Voilà les loix générales de la *descente* des corps dans des milieux résistans ; mais comme la résistance des fluides n'est pas encore bien connue, il s'en faut beaucoup que la théorie de la chûte des corps dans des fluides, soit aussi avancée que celle de la chûte des corps dans le vide. M. Neuton a tenté de déterminer le mouvement des corps pesans dans des fluides, & il nous a laissé là-dessus beaucoup de propositions & d'expériences curieuses. Mais nous nous appliquerons principalement dans cet article à détailler les loix de la chûte des corps pesans dans un milieu non-résistant.

En supposant que les corps pesans descendent dans un milieu non-résistant, on les suppose aussi libres de tout empêchement extérieur, de quelque cause qu'il vienne : on fait même abstraction de l'impulsion oblique que les corps reçoivent en tombant par la rotation de la terre ; impulsion qui leur fait parcourir réellement une ligne oblique à la surface de la terre, quoique cette ligne nous paroisse perpendiculaire, parce que l'impulsion que le mouvement de la terre donne au corps pesant dans le sens horizontal, nous est commune avec eux. Galilée qui a le premier découvert, par le raisonnement, les loix de la *descente* des corps pesans, les a confirmées ensuite par des expériences qui ont été souvent répétées depuis, & dont le résultat a toujours été, que les espaces qu'un corps parcourt en descendant, sont comme les quarrés des tems employés à les parcourir.

I. Grimaldi & Riccioli ont fait des expériences sur le même sujet ; ils faisoient tomber du sommet de différentes tours des boules pesant environ huit onces, & mesuroient le tems de leurs chûtes par un pendule. Voici le résultat de ces expériences dans la table suivante.

Vibrations du pendule.	*Tems.* ″	‴	*Espace parcouru à la fin du tems.*	*Espace parcouru pendant chaque tems.*
5	0	50	10 *piés.*	10 *piés.*
10	1	40	40	30
15	2	30	90	50
20	3	20	160	70
25	4	10	250	90
6	1	0	15	15
12	2	0	60	45
18	3	0	135	75
24	4	0	240	105

Comme les expériences de Riccioli, faites avec beaucoup d'exactitude, s'accordent parfaitement avec la théorie, & ont été confirmées depuis par un grand nombre d'auteurs, on ne doit faire aucune attention à ce que Dechales dit de contraire dans son *Mund. math.* où il prétend avoir trouvé, par des expériences, que les corps pesans parcourent quatre piés $\frac{1}{4}$ dans la première seconde, $16\frac{1}{2}$ dans les deux premières, 36 en trois, 60 en quatre, 90 en cinq, 123 en six.

II. Si un corps pesant descend dans un milieu non-résistant, l'espace qu'il décrit durant un tems quelconque est sous-double de celui qu'il décriroit uniformément avec la vîtesse qu'il a acquise à la fin de sa chûte. Ainsi un corps pesant, parcourant, par exemple, 15 piés dans une seconde ; si à la fin de cette seconde il se mouvoit uniformément avec la vîtesse qu'il a acquise, il parcourroit dans une autre seconde 30 piés, qui est le double de 15.

III. Le tems qu'un corps met à tomber d'une hauteur donnée étant connu, si on veut déterminer les espaces qu'il parcourt dans les différentes parties de ce tems, on nommera la hauteur donnée a, le tems t, & x l'espace parcouru en une partie de tems 1 ; & on aura.

$$1 . x :: t^2 . a.$$

$$\text{Donc } t^2 x = a$$

$$\& x = a : t^2.$$

Ainsi l'espace décrit dans la première partie de tems est $a : t^2$; donc l'espace décrit dans la seconde est $3 a : t^2$; l'espace décrit dans la troisième est $5 a : t^2$, &c.

Par exemple, dans les expériences de Riccioli que nous venons de rapporter, la boule parcouroit 240 piés en quatre secondes ; ainsi, l'espace décrit dans la première seconde étoit $240 : 16 = 15$; l'espace décrit dans la seconde étoit $3 \cdot 15 = 45$; l'espace décrit dans la troisième étoit $5 \cdot 15 = 75$, & l'espace décrit dans la quatrième étoit $7 \cdot 15 = 105$.

IV. Le tems qu'un corps pesant met à parcourir un certain espace étant donné, voici comme on déterminera le tems qu'il emploie à parcourir dans le même milieu un espace donné : les espaces étant comme les quarrés des tems, on cherchera une quatrième proportionnelle à l'espace parcouru pendant le tems donné, au quarré du tems donné, & à l'espace parcouru pendant le tems inconnu ; le quatrième terme sera le quarré du tems qu'on cherche, & sa racine quarrée donnera, par conséquent la solution du problème.

Par exemple, une des boules de Riccioli tomboit de 240 piés en quatre secondes ; si on veut savoir en combien de tems elle tomboit de 135 piés, la réponse sera $\sqrt{135 \cdot 16 : 240} = \sqrt{135 : 15} = \sqrt{9} = 3$.

V. L'espace qu'un corps parcourt dans un certain tems étant donné, si on veut déterminer l'espace qu'il parcourra dans un autre tems donné, on cherchera une quatrième proportionnelle au quarré du premier tems, à l'espace proposé, & au quarré du second tems; cette quatrième proportionnelle sera l'espace qu'on demande.

Par exemple, une des boules de Riccioli tomboit de 60 piés en deux secondes, on demande de combien de piés elle seroit tombée en quatre secondes; la réponse est $16 . 60 : 4 = 4 \cdot 60 = 240$.

Sur les loix de la *descente* d'un corps le long d'un plan incliné. *Voyez* PLAN INCLINÉ.

Sur les loix de la *descente* d'un corps dans une cycloïde. *Voyez* CYCLOÏDE & PENDULE.

Ligne de la plus vîte descente, est une ligne par laquelle un corps qui tombe en vertu de sa pesanteur arrive d'un point donné à un autre point donné en moins de tems que s'il tomboit par toute autre ligne passant par les mêmes points. Il y a long-tems que l'on a démontré que cette courbe étoit une cycloïde. *Voyez* BACHISTOCRONE. (*O*)

DESCENTE, (*Hydraul.*) est un tuyau de plomb qui descend les eaux d'un chesneau qui les reçoit d'un bâtiment. C'est aussi un tuyau qui descend les eaux d'un réservoir. (*K*)

DESCRIPTION, *terme de Géométrie*, est l'action de tracer une ligne, une surface, *&c.* Décrire un cercle, une ellipse, une parabole, *&c* c'est construire ou tracer ces figures.

On décrit les courbes en Géométrie de deux manières, ou par un mouvement continu, ou par plusieurs points. On les décrit par un mouvement continu lorsqu'un point qu'on fait mouvoir suivant une certaine loi, trace de suite & immédiatement tous les points de la courbe. C'est ainsi qu'on trace un cercle par le moyen de la pointe d'un compas; c'est presque la seule courbe qu'on trace commodément par un mouvement continu: ce n'est pas que nous n'ayons des méthodes pour en tracer beaucoup d'autres par un mouvement continu; par exemple, les sections coniques: M. Maclaurin nous a même donné un savant ouvrage intitulé, *Geometrica organica*, dans lequel il donne des moyens fort ingénieux de tracer ainsi plusieurs courbes. *Voyez*-en un léger essai à l'*article* COURBE. Mais toutes ces méthodes sont plus curieuses qu'utiles & commodes. La *description* par plusieurs points est plus simple, & revient au même dans la pratique. On trouve, par des opérations géométriques, différens points de la courbe assez près les uns des autres; on joint ces points par de petites lignes droites à vue d'œil, & l'assemblage de ces petites lignes forme sensiblement & suffisamment, pour la pratique, la courbe que l'on veut tracer. (*O*)

DÉTERMINÉ, (*Géométrie*) On dit qu'un problème est *déterminé*, quand il n'a qu'une seule solution, ou au-moins qu'un certain nombre de solutions; par opposition au problème indéterminé qui a une infinité de solutions. *Voyez* INDÉTERMINÉ.

Ainsi le problème qui suit: *Sur une ligne donnée décrire un triangle isocèle, dont les angles à la base soient doubles de l'angle au sommet*, est un problème *déterminé*; parce qu'il n'a évidemment qu'une seule solution. Mais en voici un qui en a deux: *Trouver un triangle dont on connoît deux côtés, & l'angle opposé au plus petit côté*; car ayant tracé la ligne sur laquelle doit être la base de ce triangle, & mené une ligne qui fasse avec celle-là un angle égal à l'angle donné, & qui soit égale au plus grand côté donné, il est visible que, de l'extrémité supérieure de cette dernière ligne comme centre, & du plus petit côté comme rayon, on peut décrire un arc de cercle qui coupera en deux points la ligne de la base, & ces deux points donneront les deux triangles cherchés. Il n'y a qu'un cas où le problème n'ait qu'une solution, c'est celui où le petit côté seroit perpendiculaire à la base; car alors le cercle décrit touchera la base sans la couper.

Un problème peut être *déterminé*, même lorsque la solution est impossible: par exemple, si dans le problème précédent le petit côté donné étoit tel que le cercle décrit ne pût atteindre la base, le problème seroit impossible, mais toujours *déterminé*; car c'est résoudre un problème, que de montrer qu'il ne se peut résoudre.

En général, un problème est *déterminé*, lorsqu'on arrive, en le résolvant, à une équation qui ne contient qu'une inconnue; on regarde aussi un problème comme *déterminé*, lorsqu'on a autant d'équations que d'inconnues, parce qu'on peut faire disparoître toutes ces inconnues l'une après l'autre, jusqu'à ce qu'on arrive à une équation qui n'ait plus qu'une seule inconnue. *Voyez* ELIMINATION & EQUATION. Mais cette règle n'est pas toujours sans exception; car, 1.° il faut que les différentes équations que l'on a ne puissent pas revenir à la même. Par exemple, si on avoit $x + 5y = a$, & $2x + 10y = 2a$, il semble qu'on a ici deux inconnues & deux équations; & cependant le problème seroit indéterminé, parce que l'équation $2x + 10y = 2a$ n'est autre chose que la première, dont tous les termes ont été multipliés par 2. Dans ces sortes de cas, lorsqu'on a fait évanouir une des inconnues, par exemple x, on trouve $o = o$, ce qui ne fait rien connoître, ou $y = \frac{o}{o}$, ce qui marque que le problème est indéterminé; car $\frac{o}{o}$ exprime en général une quantité indéterminée, puisque $\frac{o}{o}$ peut être égal à un nombre quelconque p fini, ou infini, ou zéro; en effet le dividende o est $=$ au diviseur o multiplié par p. 2.° Si en dégageant les inconnues, on tombe dans des absurdités, cela prouve que le problème problême est impossible. Par exemple, soit $x+5y=1$ & $2x+10y=-2$, on trouvera $4=o$, ce qui est absurde. 3.° Si on trouve, pour l'expression d'une ou de plusieurs des inconnues, des fractions dont le numérateur ne soit pas zéro, & dont le dénominateur soit zéro, ces valeurs sont infinies, & le problême est en quelque manière *déterminé* & indéterminé tout-à-la-fois. Par exemple, si on avoit $2=3z-2y$ & $5=6z-4y$, on auroit $z=\frac{1}{o}$ & $y=\frac{1}{o}$. Je dis qu'en ces occasions le problême est *indéterminé* & *déterminé*: le premier, parce que la valeur infinie des inconnues est indéterminée en elle-même; le second, parce qu'il est prouvé qu'aucune valeur finie ne peut les représenter. 4.° Enfin il y a des problêmes qui paroissent indéterminés, & qui ne le sont pas. Par exemple, si j'avois 100 liv. à partager entre cent personnes, hommes, femmes, & enfans, en donnant 2 liv. aux hommes, 1 liv. aux femmes, & 10 sous aux enfans, on demande combien il y a d'hommes, de femmes, & d'enfans. Soit x le nombre des hommes, y celui des femmes, z celui des enfans, on aura $x+y+z=100$, & $2x+\frac{y}{1}+\frac{z}{2}=100$. Le problême paroît indéterminé, parce que l'on a trois inconnues & deux équations seulement; mais il est *déterminé*, parce que x, y, z, doivent être des nombres positifs & des nombres entiers; car il ne peut y avoir des fractions d'hommes, *&c.* ni des nombres négatifs d'hommes, *&c.* On aura donc 1.° $2x+\frac{z}{2}-x-z=o$, ce qui donne $x-\frac{z}{2}=o$, ou $z=2x$: 2.° $3x+y=100$; donc $y=100-3x$: donc $x=1$, ou 2, ou 3, jusqu'à 33: car $x=34$ rendoit y négative. Ainsi le problême a trente-trois solutions; & on a pour chaque valeur de x, $2=2x$ & $y=100-3x$. *Voyez* PROBLÊME. (*O*)

DETURBATRICE, force *déturbatrice* est celle qui est perpendiculaire au plan de l'orbite de la planète troublée. La Caille, *Leçons d'Astron. art. 861.*

DEUCALION, (*Astron.*) nom que l'on donne quelquefois à la constellation du *verseau*. (*D. L.*)

DÉVELOPPANTE, s. f. *en Géométrie*, est un terme dont quelques auteurs se servent pour exprimer une courbe résultante du développement d'une autre courbe, par opposition à *développée*, qui est la courbe qui doit être développée. *Voyez* DÉVELOPPÉE.

Le cercle osculateur touche & coupe toujours la *développante* en même-tems, parce que ce cercle a deux de ses côtés infiniment petits communs avec la *développante*, ou plutôt qui sont placés exactement sur deux de ses côtés égaux.

Pour faire comprendre cette disposition, imaginons un polygone ou une portion de polygone *A B C D E*, (*pl. Géom. fig. 58.*) & une autre portion de polygone *G B C D F*, qui ait deux côtés communs *B C*, *C D*, avec le premier polygone, & qui soit tellement situé, que la partie ou le côté *B G* soit au-dessous ou en-dedans du côté *B A*, & la partie ou côté *D F* au-dessus ou en-dehors du côté *D E*. Supposons ensuite que chacun de ces polygones devienne d'une infinité de côtés, le premier poligone représentera la *développante*, & le second, le cercle osculateur, qui la touchera au point *C*, & qui la coupera en même-tems.

Il n'y a qu'un seul cercle osculateur à chaque point de la *développante*; mais, au même point, il peut y avoir une infinité d'autres cercles, qui ne feroient que toucher la courbe sans l'embrasser ou la baiser. Le cercle osculateur & la *développante* ne font point d'angle dans l'endroit de leur rencontre; & on ne peut tracer aucune courbe entre la *développante* & ce cercle, comme on le peut entre une tangente & une courbe. *Voyez* CONTINGENCE. (*O*)

DÉVELOPPÉES, s. f. pl. *dans la Géométrie transcendante*, est un genre de courbes que M. Huyghens a inventées, & sur lesquelles les mathématiciens modernes ont beaucoup travaillé depuis.

La *développée* est une courbe que l'on donne à développer, & qui en se développant décrit une autre courbe. *Voyez* COURBE.

Pour concevoir son origine & sa formation, supposez un fil flexible exactement couché sur une courbe, comme *A B C G* (*Pl. de Géom. fig. 59.*), & supposez le fil fixé en *G*, & par-tout ailleurs en liberté comme en *A*. Si vous faites mouvoir l'extrémité *A*, du fil de *A* vers *F*, en le développant, &, ayant soin que la partie *développée H D* touche toujours en son extrémité *D* la courbe *A H G*; quand le fil sera devenu tout-à-fait droit, & qu'il ne sera plus qu'une tangente *F G* au point *G* de la courbe, il est évident que l'extrémité *A* dans son mouvement de *A* en *F* aura décrit une ligne courbe *A D E F*.

La première courbe *A B C G* est appellée la *développée*, chacune de ses tangentes *B D*, *C E*, &c. comprises entr'elles & la courbe *A D E F*, est appellée *rayon de la développée* ou *rayon osculateur de la courbe A D E F* dans les points respectifs *D*, *E*, &c; & les cercles dont les rayons osculateurs *B D*, *C E*, sont rayons, sont appellés *cercles osculateurs de la courbe A D E F*, en *D*, *E*, &c. & enfin la nouvelle courbe résultante du développement de la première courbe commencé en *A*, est appellée la *courbe développante* ou *courbe décrite par développement*.

Le rayon de la *développée* est donc la partie du fil comprise entre le point de la *développée* qu'il touche, & le point correspondant où il se termine à l'autre courbe. Le nom de *rayon* est celui qui lui convient le mieux, parce qu'on considère cette partie du fil à chaque pas qu'il fait, comme si elle décrivoit un arc de cercle infiniment petit, qui fait une partie de la nouvelle courbe; en sorte que cette courbe est composée d'un nombre infini de pareils arcs, tous décrits de centres différens & de rayons aussi différens.

La raison pour laquelle le cercle qui seroit décrit des centres *C*, *B*, &c, avec les rayons *CE*, *BD*, est appellé *cercle osculateur* ou *baisant*, c'est qu'il touche & coupe la courbe en même tems, c'est-à-dire, qu'il la touche en-dedans & en-dehors. *Voyez* OSCULATEUR, DÉVELOPPANTE, & COURBURE.

Donc, 1.° la *développée BCF* (*fig. 60*) est le lieu de tous les centres des cercles qui baisent la courbe développante *AM* (*Voyez* LIEU.) 2.° Puisque l'élément de l'arc *Mm*, dans la courbe décrite par développement, est un arc d'un cercle décrit par le rayon *CM*, le rayon de la *développée CM* est perpendiculaire à la courbe *AM*. 3.° Puisque le rayon de la *développée MC* est toujours une tangente de la *développée BCF*, les courbes développantes peuvent être décrites par plusieurs points, les tangentes de la *développée* à ses différens points étant prolongées jusqu'à ce qu'elles soient devenues égales à leurs arcs correspondans.

Toute courbe peut être conçue comme formée par le développement d'une autre; & on peut proposer de trouver la courbe du développement de laquelle une autre est formée. Ce problème se réduit à trouver le rayon de la *développée* dans tous les points de la développante; car la longueur du rayon étant une fois trouvée, l'extrémité de ce rayon sera un point de *développée*. Ainsi on aura tant de points qu'on voudra de la *développée*, qui, en effet, n'est autre chose que la suite des côtés infiniment petits que forment, par leur concours, les rayons de *développée* infiniment proches. *Voyez les articles* COURBE & TANGENTE.

Trouver les rayons des développées, est un problème de grande importance dans la haute Géométrie, & quelquefois mis en usage dans la pratique, comme M. Huyghens l'a fait en l'appliquant au pendule; sur quoi *voyez* CYCLOÏDE.

Pour trouver le rayon de la *développée* dans les différentes espèces de courbes, *voyez* Wolf, *Elem. math. tom. I*, p. 524, les *Infin. petits* de M. le marquis de l'Hôpital, & l'*Analyse démontrée*.

Puisque le rayon de la *développée* est égal à un arc de la *développée*, ou est plus grand de quelque quantité donnée, tous les arcs des *développées* peuvent être rectifiés géométriquement, pourvu que les rayons puissent être exprimés par des équations géométriques. La théorie des rayons des *développées* a été approfondie par M. Leibnitz, qui le premier a fait connoître l'usage des *développées* pour mesurer les courbes.

M. Varignon a appliqué la théorie des rayons des *développées* à celle des forces centrales; de sorte qu'ayant le rayon de la *développée* d'une courbe, on peut trouver la valeur de la force centrale d'un corps, qui étant mu sur cette courbe, se trouve au même point où le rayon se termine; ou réciproquement la force centrale étant donnée, on peut déterminer le rayon de la *développée*. Voyez *l'Histoire de l'académie royale des sciences, ann. 1706. Voyez aussi* CENTRAL & COURBE.

Le même M. Varignon a donné dans les *Mém. de l'acad. de 1712 & de 1713*, une théorie générale des *développées* & de leurs propriétés. Cette théorie est un des ouvrages des plus étendus que l'on ait sur la matière dont il s'agit.

DÉVELOPPÉE IMPARFAITE. M. de Réaumur appelle ainsi une nouvelle sorte de *développée*. Les mathématiciens n'avoient considéré comme rayons de *développée*, que les perpendiculaires qu'on élève sur une courbe du côté concave de cette courbe : si d'autres lignes non perpendiculaires étoient tirées des mêmes points, pourvu qu'elles fussent tirées sous le même angle, l'effet seroit le même, c'est-à-dire, les lignes obliques se couperoient toutes en-dedans de la courbe, & par leurs intersections formeroient les côtés infiniment petits d'une nouvelle courbe, dont elles seroient autant de tangente.

Cette courbe seroit une espèce de *développée*, & auroit ses rayons; mais ce ne seroit qu'une *développée imparfaite*, puisque les rayons ne sont pas perpendiculaires à la première courbe. *Hist. de l'acad.* &c. *an. 1709*.

Pour s'instruire à fond de la théorie des *développées*, il est bon de lire un mémoire de M. de Maupertuis, imprimé parmi ceux de l'acad. de l'année 1728, & qui a pour titre : *Sur toutes les développées qu'une courbe peut avoir à l'infini*. M. de Maupertuis considère dans ce mémoire, non-seulement les *développées* ordinaires, mais les *développées* de ces mêmes *développées*, & ainsi de suite. (*O*)

DÉVELOPPEMENT, s. m. *en Géométrie*, est l'action par laquelle on développe une courbe, & on lui fait décrire une développante. *Voyez* DÉVELOPPANTE.

Sur le développement des courbes à double courbure & des surfaces courbes, *voyez* SURFACE.

DÉVELOPPEMENT se dit aussi dans la *Géométrie élémentaire*, d'une figure de carton ou de papier dont les différentes parties étant pliées & rejointes, composent la surface du solide. Ainsi (*planches Géom. fig. 61*), *AEDFCBA* est le *développement* de la pyramide *DACB*, (*fig. 62*); car, si l'on joint ensemble les quatre triangles *AFD*, *ACD*, *ACB*, *DCF*, ensorte que les triangles *ADE*, *ACB*, se réunissent par leurs côtés *AB*, *AE*, & que le triangle *DCF* servant de base à la pyramyde se réunisse aux triangles *ADE*, *ACB*, par les côtés *DF*, *CF*, l'assemblage de ces quatre triangles formera la surface d'une pyramide; de sorte que ces triangles tracés comme ils le sont ici sur une surface plane, peuvent être regardés comme le *développement* de la surface de la pyramide. *Voyez aussi* CUBE, &c.

Enfin on appelle dans l'analyse *développement* d'une quantité algébrique en série, la formation d'une série qui représente cette quantité.

On développe en série les fractions ou les quantités radicales ; on peut développer une fraction par la simple division, & une quantité radicale par l'extraction de la racine. *Voyez* EXTRACTION & DIVISION. Mais l'une & l'autre opération se fait plus commodément par le moyen du bynome élevé à une puissance quelconque. Ainsi, je suppose qu'on élève $a + x$ à la puissance m, on aura $a^{m} + m\, a^{m-1} x + \frac{m \cdot m-1}{2} a^{m-2} x^2 + \frac{m.\, m-1.\, m-2}{2 \cdot 3} a^{m-3} x^3$, &c. *V.* BINOME.

Supposons à présent qu'on veuille réduire en série ou suite la fraction $\frac{1}{a+x}$; j'écris au lieu de cette fraction $\overline{a+x}^{-1}$, qui lui est égal (*voyez* EXPOSANT); &, substituant dans la formule précédente -1 pour m, j'ai le *développement* de $\frac{1}{a+x}$ en suite. De même, si je voulois développer $\sqrt{a+x}$ ensuite, j'écrirois $(a+x)^{\frac{1}{2}}$ ensuite je substituerois $\frac{1}{2}$ pour m dans la formule; & ainsi des autres. *Voyez* SÉRIE. (*O*)

DEVERSOIR *ou* RÉVERSOIR, s. m. (*Hydrod.*) On appelle ainsi des digues construites ordinairement en maçonnerie, & destinées à faire gonfler l'eau d'une rivière, ou d'un courant quelconque, au-dessus d'un moulin, ou d'un sas d'écluse. Ces digues barrent entièrement les rivières, jusqu'à ce que l'eau ait acquis assez de hauteur pour passer par-dessus. *Voyez l'article* DIGUE, & l'ouvrage qui a pour titre : *Recherches sur la construction la plus avantageuse des digues, par MM. Bossut & Viallet.*

DÉVOYER, v. act. (*Hyd.*) : c'est détourner un tuyau, une conduite d'eau, de sa direction, soit pour amener les eaux en quelque endroit placé hors de cette direction, soit pour faciliter le mouvement de quelque pièce d'une machine. Ainsi, par exemple, dans la pompe foulante, on est obligé de *dévoyer* le tuyau montant, pour qu'il ne gêne pas le mouvement des tringles, qui font monter & descendre alternativement le piston dans le corps de pompe.

DÉVIATION, (*Astron.*) *Voyez* NUTATION.

DÉVIATION, se dit aussi de la quantité dont un quart de cercle mural, ou une lunette méridienne, s'écartent du véritable plan du méridien. On observe cette *déviation*, en comparant le passage du soleil, observé à la lunette, avec celui qu'on détermine par la méthode des hauteurs correspondantes. Si l'on a trouvé, par cette méthode, que le soleil devoit passer à la lunette méridienne à midi 3′ 10″ de la pendule, & qu'on ait observé le passage à midi 3′ 6″, on est assuré que la *déviation* du mural est de 4″ vers l'orient, puisque le soleil y a passé 4″ plutôt qu'il n'a passé au véritable méridien.

DÉVIATION, (*dans l'ancienne Astronomie*), étoit le changement du déférent de l'épicycle, par rapport au plan de l'écliptique, imaginé pour expliquer les changemens de latitude des planètes inférieures. (*D. L.*)

DEUX, s. m. terme qui marque la collection de deux unités ; c'est le premier des nombres pairs, & le second des caractères de l'Arithmétique : il se figure ainsi 2. *Voyez* BINAIRE.

DIA

DIACAUSTIQUE, s. f. (*Optique & Géomet.*) est le nom qu'on donne aux caustiques par réfraction, pour les distinguer des caustiques par réflexion, qu'on nomme *catacaustique*. Ces mots sont formés sur le modèle des mots de *catoptrique* & de *dioptrique*, dont l'une, est la théorie de la lumière réfléchie, & l'autre, la théorie de la lumière rompue ou réfractée. *Voyez* CAUSTIQUE.

Représentez-vous un nombre infini de rayons, tels que *BA*, *BM*, *BD*, &c. (*Pl. Géom. fig.* 63.) qui partent du même point lumineux *B*, pour être réfractés par la surface ou ligne courbe *AMD*, en s'éloignant ou s'approchant de la perpendiculaire *MC*; de manière que les sinus *CE*, des angles d'incidence *CME*; soient toujours aux sinus *CG*, des angles de réfraction *CMG*, dans un rapport donné. La ligne courbe qui touche tous les rayons réfractés, est appellée la *diacaustique*.

Au reste, ce nom est peu en usage; on se sert plus communément de celui de *caustiques par réfraction*. Il est visible que cette caustique peut être regardée comme un polygone d'une infinité de côtés; formé par le concours des rayons infiniment proches, réfractés par la courbe *AMD*, suivant la loi que nous venons de dire. *Voyez* RÉFRACTION & COURBES POLYGONES. (*O*)

DIACENTROS, s. m. (*Astron.*) terme employé par Kepler pour exprimer le diamètre le plus court de l'orbite elliptique de quelque planète.

Les deux diamètres d'une ellipse passent par son centre, & peuvent, par cette raison, être nommés *diacentros*; car ce mot signifie *qui est coupé par le centre en deux*; cependant il y a apparence que Kepler a appellé ainsi le petit diamètre, pour le distinguer du premier, qui passe non-seulement par le centre, mais encore par le foyer de l'orbite. Au reste, ce mot n'est plus en usage. (*O*)

DIAGONALE, s. f. *en Géométrie*, c'est une ligne qui traverse un parallélogramme, ou toute autre figure quadrilatere, & qui va du sommet d'un angle, au sommet de celui qui lui est opposé.

Telle est la ligne *PN* (*Pl. géomét. fig.* 64.) tirée de l'angle *P* à l'angle *N*. *Voyez* FIGURE. Quelques auteurs l'appellent *diamètre*, d'autres, le *diamétral de la figure*; mais ces noms ne sont point d'usage.

Il est démontré, 1.° que toute *diagonale* divise un parallélogramme en deux parties égales : 2.° que deux *diagonales* tirées dans un parallélogramme se coupent l'une l'autre en deux parties égales : 3.° que la *diagonale* d'un quarré est incommensurable avec l'un des côtés. *Voyez* PARALLÉLOGRAMME, QUARRÉ, *&c.*

La somme des quarrés des deux *diagonales* de tout parallélogramme, est égale à la somme des quarrés des quatre côtés.

Il est évident que la fameuse quarante-septième proposition d'Euclide (*Voyez* HYPOTHÉNUSE), n'est qu'un cas particulier de cette proposition : car si le parallélogramme est rectangle, on voit tout de suite que les deux *diagonales* sont égales, & par conséquent, que le quarré d'une *diagonale*, ou ce qui est la même chose, que le quarré de l'hypothénuse d'un angle droit est égal à la somme des quarrés des deux côtés. Si un parallélogramme est obliquangle, & qu'ainsi ses deux *diagonales* soient inégales, comme il arrive le plus souvent, la proposition devient d'un usage beaucoup plus étendu.

Voici la démonstration par rapport au parallélogramme obliquangle. Supposons le parallélogramme obliquangle $ABCD$ (*Pl. géom. fig.* 65.), dont BD est la plus grande *diagonale*, & AC la plus petite : du point A de l'angle obtus DAB, abaissez une perpendiculaire AE sur le côté CD; & du point B, une autre perpendiculaire BF sur le côté DC : alors les triangles ADE, BCF, sont égaux & semblables, puisque AD est égal à BC, & que les angles ADE, BCF, aussi-bien que AED, BFC, sont aussi égaux ; par conséquent DE est égal à CF. Maintenant (par la 12.e proposition d'Euclide, *liv. II.*) dans le triangle BDC obtus-angle, le quarré du côté BD est égal à la somme des quarrés de BC & CD, & de plus, au double du rectangle de CF par CD; & par la treizième du *livre II.* dans le triangle DAC, le quarré du côté AC est égal à la somme des quarrées de AD & CD, en ôtant le double du rectangle du même côté CD par $DE = CF$: ainsi, ce défaut étant précisément compensé par le premier excès, la somme des quarrés des deux *diagonales* est égale à la somme des quarrés des quatre côtés.

Remarquez que cette démonstration suppose la fameuse quarante-septième proposition d'Euclide, & qu'ainsi, pour en déduire cette proposition, il faut se passer de cette quarante-septième : autrement, on donneroit dans un cercle vicieux. Ceux donc qui prétendroient, en conséquence de la démonstration ci-dessus, que la quarante-septième n'est qu'un corollaire de celle-ci, se tromperoient ; elle en est un cas, mais non un corollaire.

Ainsi, dans tout rhombe ou losange, connoissant un côté & une *diagonale*, on connoîtra pareillement l'autre *diagonale* : car comme les quatre côtés sont égaux, en ôtant le quarré de la *diagonale* donnée du quadruple du quarré du côté donné, le reste est le quarré de la *diagonale* cherchée.

Cette proposition est aussi d'un grand usage dans la théorie des mouvemens composés : car, dans un parallélogramme obliquangle, la plus grande *diagonale* étant la soutendante d'un angle obtus, & la plus petite d'un angle aigu, qui est le complément du premier ; la plus grande *diagonale* sera d'autant plus grande, & la plus petite sera d'autant plus petite, que l'angle obtus sera plus grand : de sorte que si l'on conçoit que l'angle obtus croisse jusqu'à devenir infiniment grand par rapport à l'angle aigu, ou ce qui revient au même, si les deux côtés contigus du parallélogramme sont étendus directement bout à bout en ligne droite, la grande *diagonale* devient la somme des deux côtés, & la plus petite s'anéantit. Maintenant, deux côtés contigus d'un parallélogramme étant connus avec l'angle qu'ils renferment, il est aisé de trouver en nombre la soutendante de cet angle, c'est-à-dire, une des *diagonales* du parallélogramme : quand cela est fait, la proposition donne l'autre. La seconde *diagonale*, ainsi trouvée, est la ligne que décriroit un corps poussé en même tems par deux forces, qui auroient entr'elles le même rapport que les côtés contigus, qui désignent les directions suivant lesquelles ces forces agissent : le corps décriroit cette *diagonale* en même tems qu'il parcourroit l'un ou l'autre des deux côtés contigus, s'il n'étoit poussé que par la force qui correspond à chaque côté : c'est-là un des grands usages de cette proposition ; car le rapport de deux forces, & l'angle qu'elles font, étant donnés, on a besoin quelquefois de déterminer en nombres la ligne qu'un corps, poussé par ces deux forces, décriroit dans un certain tems. *Voyez* COMPOSITION & MOUVEMENT.

Les côtés d'une figure rectiligne, comme AB, AE, CD, DE (*figure* 66.), excepté BC; & les angles A, E, D, o, y, excepté B, C, étant donnés : trouver les *diagonales*.

Dans le triangle ABE, l'angle A, & les côtés AB & AE étant donnés, l'angle E se trouve aisément par la Trigonométrie, & ensuite la *diagonale* BE : on résout de la même manière le triangle BCD, & l'on détermine la *diagonale* BD.

Comme les ichnographies ou les plans se font plus commodément lorsque l'on a les côtés & les *diagonales*, l'usage de ce problème est de quelque importance en planimétrie, particulièrement à ceux qui veulent faire un ouvrage exact, quoiqu'il leur en coûte du calcul. *Voyez* ICHNOGRAPHIE, *&c.* (*E*)

DIAGRAMME, s. m. *en Géométrie* ; c'est une figure ou une construction de lignes, destinée à l'explication ou à la démonstration d'une proposition. *Voyez* FIGURE.

Ce mot est plus d'usage en latin, *diagramma*, qu'en françois ; on se sert simplement du mot de *figure*. (*O*)

DIAMÈTRE, s. m. *terme de Géométrie* ; c'est une ligne droite qui passe par le centre d'un cercle,

& qui est terminée de chaque côté par la circonférence. *Voyez* CERCLE.

Le *diamètre* peut être défini une corde qui passe par le centre d'un cercle ; telle est la ligne *NE* (*Pl. Géomet. fig. 6.*) qui passe par le centre *C*. *Voyez* CORDE.

La moitié d'un *diamètre*, comme *CE*, tiré du centre *C*, à la circonférence, s'appelle *demi-diamètre*, ou *rayon*.

Le *diamètre* divise la circonférence en deux parties égales. On a la manière de décrire un demi-cercle sur une ligne quelconque, en prenant un point de cette ligne pour centre.

Le *diamètre* est la plus grande de toutes les cordes. *Voyez* CORDE.

Trouver le rapport du diamètre à la circonférence. Les Mathématiciens ont fait là-dessus de très-grandes recherches : il ne faut pas s'en étonner ; car si l'on trouvoit au juste ce rapport, on auroit la quadrature parfaite du cercle. *Voyez* QUADRATURE.

C'est Archimède qui a proposé le premier une méthode de le trouver, en inscrivant des polygones réguliers dans un cercle, jusqu'à ce que l'on arrive à un côté, qui soit la sous-tendante d'un arc excessivement petit ; alors on considère un polygone semblable au premier, & circonscrit au même cercle. Chacun de ces côtés étant multiplié par le nombre de côtés du polygone, donne le périmètre de l'un & de l'autre polygone. En ce cas, le rapport du *diamètre*, à la circonférence du cercle, est plus grand que celui du même *diamètre* au périmetre du polygone circonscrit, mais plus petit que celui du *diamètre* au périmetre du polygone inscrit. La comparaison de ces deux rapports donne celui du *diamètre* à la circonférence en nombres très-approchans du vrai.

Ce grand géometre en circonscrivant des polygones de 96 côtés, trouva que le rapport du *diamètre* à la circonférence étoit à-peu-près comme 7 est à 22, c'est-à-dire qu'en supposant le *diamètre* 1, le périmetre du polygone inscrit est trouvé égal à 3 $\frac{10}{71}$, & celui du circonscrit 3 $\frac{1}{7}$.

Adrien Metius nous donne ce rapport, comme 113 est à 355 ; c'est le plus exact de tous ceux qui sont exprimés en petits nombres ; il n'y a pas une erreur de 3 sur 10000000. *Voyez* les autres approximations *au mot* CERCLE.

Le diamètre *d'un cercle étant donné, en trouver la circonférence & l'aire.* Ayant supposé le rapport du *diamètre* à la circonférence, comme dans l'article précédent, on a de même celui de la circonférence au *diamètre*. Alors la circonférence multipliée par la quatrième partie du *diamètre*, donne l'aire du cercle ; ainsi, supposant le *diamètre* 100 : la circonférence sera 314, & l'aire du cercle 7850 ; mais le quarré du *diamètre* est 10000 : donc le quarré du *diamètre* est à l'aire du cercle à-peu-près comme 10000 est à 7850, c'est-à-dire, presque comme 10000 est à 785.

L'aire, d'un cercle étant donnée, en trouver le diamètre. Aux trois nombres 785, 1000, & 246176, l'aire donnée du cercle, trouvez un quatrième proportionnel ; savoir 3113600, qui est le quarré du *diamètre*, tirez-en la racine quarrée, vous aurez le *diamètre* même.

Le *diamètre* d'une section conique est une ligne droite, telle que *AD* (*Pl. coniques, fig. 7*), qui coupe en deux parties égales toutes les ordonnées *MM*, &c. aux points *P*. *Voyez* CONIQUES.

Quand ce diamètre coupe les ordonnées à angles droits, on l'appelle plus particulièrement l'*axe* de la courbe ou de la section. *Voyez* AXE.

Le *diamètre* transverse d'une hyperbole est une ligne droite, telle que *AB* (*Pl. coniq. fig. 8*), laquelle étant prolongée de part & d'autre, coupe en deux parties égales toutes les lignes droites, *MM*, terminées à chacune des hyperboles & parallèles entr'elles. *Voyez* HYPERBOLE.

Le *diamètre* conjugué est une ligne droite qui coupe en deux parties égales les lignes tirées parallèlement au *diamètre* transverse. *Voyez* CONJUGUÉ.

Le *diamètre* d'une sphère est le *diamètre* du demi-cercle, dont la circonvolution a engendré la sphère. On l'appelle aussi l'*axe* de la sphère. *Voyez* AXE & SPHERE.

Le *diamètre* de gravité est une ligne droite qui passe par le centre de gravité. *Voyez* CENTRE DE GRAVITÉ.

Le *diamètre* de rotation est une ligne autour de laquelle on suppose que se fait la rotation d'un corps. *Voyez* ROTATION, CENTRE, &c.

Sur le diamètre d'une courbe en général, *voyez* l'article COURBE. Nous ajouterons seulement à ce qu'on trouvera dans cet article, qu'il n'y a question que des *diamètres* rectilignes. Mais on peut imaginer à une courbe un *diamètre* curviligne, c'est-à-dire, une courbe qui coupe toutes les ordonnées en deux également. Par exemple, soit en général $y = X \pm \sqrt{\xi}$, X & ξ étant des fonctions de x. *Voyez* FONCTION & COURBE. La courbe qui divisera les ordonnées en deux également sera telle, que si on nomme son ordonnée z, on aura $X + \sqrt{\xi} - z = X - \sqrt{\xi} + z$; donc $z = \sqrt{\xi}$; donc $y = \sqrt{\xi}$ sera l'équation du *diamètre* curviligne, ou plutôt d'une branche de ce *diamètre*. Car $yy = \xi$ représenteroit la courbe entière ; mais il n'y a que la branche $y = \sqrt{\xi}$ qui serve en ce cas ; la branche $y = -\sqrt{\xi}$ est inutile.

Sur les *contre-diamètres* d'une courbe, *Voyez* COURBE.

DIAMÈTRE DES APSIDES, dans l'ancienne *Astronomie*, est une partie de la ligne des apsides, terminée par la circonférence de l'épicycle.

— DIAMÈTRE DES PLANETES, (*Astronomie.*) On distingue les *diamètres* apparens & les *diamètres* réels. Le diamètre apparent d'une planète, est l'angle sous lequel il nous paroit, exprimé en minutes & en secondes; c'est l'angle dont il est la corde ou la sous-tendante, en prenant pour rayon la distance de la planète à la terre. Soit *T* la terre, *pl. Astron. fig. 99*, où est situé l'observateur; *AB*, le diamètre d'une planète, *TA* & *TB*, les rayons visuels menés de la terre aux deux bords, ou aux deux limbes opposés du disque de la planète; l'angle *ATB* est le diamètre apparent de cette même planète.

Les diamètres se déterminent & s'observent avec des *Micrometres*; mais on y peut aussi employer le tems ou la durée de leur passage. En effet, si l'on observe, dans une lunette, le moment où le premier bord du soleil se trouve dans le méridien ou sur un fil perpendiculaire à la direction de son mouvement, & qu'ensuite, le second bord y arrive deux minutes plus tard, ces deux minutes de tems indiqueront que le diamètre du soleil est de 30′, en supposant qu'il soit dans l'équateur. Dans les autres cas, il faut multiplier la différence d'ascension droite, ou les 30′ par le cosinus de la déclinaison. *Voyez* RÉDUCTION à un grand cercle.

Les diamètres apparens d'une planète, en divers tems, sont en raison inverse des distances. Si la planète *AB*, étoit située en *CD*, de manière que la distance *DT* fût la moitié de la première distance *TB*, l'angle *CTD* sous lequel paroîtroit la planète, seroit double de l'angle *ATB* ou *ETD*, sous lequel elle paroissoit auparavant : en effet, si nous prenons *AB* ou *CD* pour rayon ; alors, suivant les règles de la trigonométrie ordinaire, *TB* sera la cotangente de l'angle *ATB* : *TD* sera la cotangente de l'angle *CTD* : or les cotangentes sont en raison inverse des tangentes, donc *TB* : *TD* :: tang. *CTD* : tang. *ATB*; mais les petits angles sont proportionnels à leurs tangentes; donc *CTD* : *ATB* :: *TB* : *TD*; c'est-à-dire, que le diamètre apparent, dans le second cas, est au diamètre apparent dans le premier, comme la première distance est à la seconde.

Les diamètres apparens des planètes servent à trouver leurs véritables diamètres ou leurs grandeurs réelles, quand on connoît leurs distances : dans le triangle *TAB*, qui est rectangle en *B*, on a cette proportion; *R* : *sin. ATB* :: *TA* : *AB*; ainsi l'on trouvera le véritable diamètre *AB* en multipliant la distance *TA* par le sinus de l'angle *ATB*, qui est le diamètre apparent de la planète; nous verrons, aux mots *distance* & *parallaxe*, la manière de trouver les véritables *distances*.

Dans la table qui est au mot *Planète*, on trouvera les diamètres apparens des planètes, réduits à la distance moyenne du soleil à la terre, ou tels qu'ils paroîtroient si les planètes étoient toutes à la même distance que le soleil.

Les diamètres en lieues, supposent le diamètre de la terre de 2865 lieues, chacune de 2283 toises, & la parallaxe du soleil de 8″ six dixièmes, comme les observations du passage de vénus, en 1769, me l'ont fait trouver.

Le diamètre apparent de la lune, dans la table dont nous parlons, est déduit de celui de 31′ 30″ qui s'observe dans les moyennes distances. Les diamètres de jupiter & de saturne, ne nous paroissent ordinairement que de 37″ & 42″, parce qu'ils sont vus de plus loin que celui du soleil, mercure paroît de 12″, mars de 30″, vénus de 58″, dans leur plus grande proximité.

Le diamètre apparent de la lune, est sujet à une augmentation, à raison de sa hauteur, & qui est sensible à cause de sa proximité.

Lorsque la lune est plus près de notre zénith, elle est plus près de nous que du centre; ainsi, son diamètre apparent, paroît plus grand dans la même proportion ; soit *T* le centre de la terre, (*Astron. fig. 47.*) *O* un observateur situé à la surface de la terre, *P* la lune répondant au zénith de l'observateur : si la distance *PO* de la lune à l'observateur, est plus petite d'un soixantième, que la distance *PT* de la lune au centre de la terre, le diamètre apparent, vu du point *O*, sera plus grand d'un soixantième, que le diamètre vu du centre *T* de la terre, & depuis le zénith, jusqu'à l'horizon, cette différence ira toujours en diminuant.

Pour trouver le diamètre de la lune augmenté à raison de sa hauteur au-dessus de l'horizon, lorsque la lune est en *L*, on considérera que les diamètres sont en raison inverse des distances *OL*, *TL*; & que celles-ci sont comme les sinus des angles *T* & *O*; ainsi, on fera cette proportion : le cosinus de la hauteur vraie, est au cosinus de la hauteur apparente, comme le diamètre horizontal est au diamètre apparent. C'est la différence entre celui-ci, & le diamètre horizontal qu'on appelle *augmentation* du diamètre.

La grandeur extraordinaire, dont la lune paroît quelquefois à l'horizon, n'est pas un phénomène astronomique, mais il doit cependant trouver place ici. Suivant la démonstration précédente, le diamètre de la lune doit paroître plus petit, quand la lune se leve, que quand elle est parvenue à une certaine hauteur; la lune, en s'élevant, doit paroître plus grande à nos yeux, & l'observation faite, avec un instrument quelconque, prouve, sans cesse aux Astronomes, que la lune paroît sous un angle plus petit, quand elle est à l'horizon; cependant, un fait généralement reconnu, c'est que la lune, à la vue simple, paroît d'une grandeur extraordinaire, lorsqu'on la voit se lever à la fin du jour, derrière des bâtimens & des montagnes; il n'y a presque personne qui ne s'imagine la voir alors deux ou trois fois aussi large, que quand elle arrive ensuite à une grande hauteur. C'est là certainement une illusion optique, & elle a lieu de même pour les autres astres; mais il suffit de regarder la lune dans une lunette quelconque, dans un tube de papier, & même si l'on veut, au travers d'une carte où l'on a fait un trou d'épingle, pour se convaincre que l'augmentation n'est point réelle, & que le diamètre de la lune, est vu au contraire, alors, sous un plus petit angle que lorsque la lune est à une plus grande hauteur.

Regis, dans son système de *Philosophie*, soutenoit que c'étoit un effet de la réfraction; mais au lieu d'étendre les objets, la réfraction les accourcit, & fait paroître les distances plus petites.

Il est difficile de se former une idée claire de la cause de cette illusion, si ce n'est en admettant, avec tous les opticiens, ce jugement tacite, commun & involontaire, par lequel nous estimons fort grands les objets que nous jugeons être fort éloignés, en même temps que nous jugeons les objets fort éloignés, lorsque nous voyons à-la-fois beaucoup de corps interposés entre nous & ces objets. Roger Bacon, en citant même l'optique de Ptolemée (ouvrage qui fut perdu pendant les siècles d'ignorance) nous apprend que cet auteur en avoit jugé ainsi; Descartes & le P. Malebranche, (*Recherche de la vérité*, *liv. I.*) l'expliquèrent de la même manière. Regis écrivit contre Malebranche, à qui plusieurs géomètres donnèrent un certificat. *Journal des Savans, mars, 1694*; mais voici ce qui me paroît de plus vraisemblable.

La lune se levant à l'horizon, derrière une montagne, ou à l'extrémité d'une plaine, paroît nécessairement à la suite de plusieurs objets sensibles & variés; au lieu que dans une certaine hauteur, on élève la vue pour appercevoir la lune, & l'on ne voit rien entr'elle & nous, qui puisse nous faire juger de sa distance; dans le premier cas, notre imagination, acoutumée à juger de l'éloignement d'un corps par la multitude des objets qui paroissent entre lui & nous, estime la lune fort loin de nous, & cela par habitude, par instinct, & par une suite de sa manière d'estimer & de juger des distances; or un même objet que nous jugerons fort éloigné, sera jugé plus grand que si on le croyoit plus près; ainsi, la lune dans l'horizon, estimée à une plus grande distance, est jugée plus grande, par cette même habitude de perception; la réflexion ne suffit pas pour empêcher la liaison de ces deux jugemens, parce que l'habitude continuelle y a mis une dépendance si forte, qu'on ne peut plus les séparer. On trouvera d'autres preuves de la vérité de ce jugement habituel & involontaire, dans le premier volume du grand Traité d'optique de Smith.

Les diamètres apparens des étoiles étant mesurés avec les meilleurs télescopes, & par la durée de leurs occultations sous la lune, paroissent n'être pas même d'une seule seconde; ce n'est que la vivacité de leur lumiere qui nous les fait paroître aussi grandes en apparence que les planètes. Les diamètres réels en sont inconnus, parce qu'on ignore leurs distances réelles. (*D. L.*)

DIAPHRAGME, (*Optique*,) anneau de métal ou de carton qu'on place au foyer commun des deux verres d'une lunette, ou à quelque distance du foyer, pour intercepter les rayons trop éloignés de l'axe, & qui pourroient rendre les images confuses sur les bords; ce terme vient des mots grecs, *διὰ, inter, φράγμα, separatio*. On met souvent plusieurs diaphragmes dans une lunette; celui qu'on place au foyer de l'objectif, détermine le *champ* de la lunette, ou l'étendue des objets qu'elle peut faire voir. (*D. L.*)

DICHOTOMIE *ou* BISSECTION, (*Astron.*) c'est un terme usité parmi les Astronomes, pour exprimer la phase ou apparence de la lune, dans laquelle elle est coupée en deux, de sorte qu'on voit exactement la moitié de son disque ou de son cercle. *Voyez* PHASE. Ce mot est grec, formé de *δὶς, deux fois, & τόμος, partie.*

Le tems de la *dichotomie* de la lune a été employé pour déterminer la distance du soleil à la terre; & la manière dont on s'en sert pour cette recherche, est expliquée dans les *Institutions* de M. le Monnier & dans mon *Astronomie*. Au moment que la lune est dichotome, on est sûr que les rayons qui vont de la lune au soleil & à la terre font un angle droit; si l'on observe alors l'élongation de la lune ou l'angle VTS, (*fig. 90 d'Astron.*) on connoîtra tous les angles du triangle VTS, & l'on aura le rapport entre VT & TS.

Cette méthode fut inventée par Aristarque de Samos, vers l'an 260, avant J. C.; mais il est fort difficile de fixer le moment précis où la lune est coupée en deux parties égales, c'est-à-dire où elle est dans sa véritable *dichotomie*. La lune paroît coupée en deux parties égales, quand elle est proche des quadratures, on a 90 degrés d'élongation vue de la terre : elle le paroît aussi sensiblement quelque tems avant & après, ainsi que Riccioli le remarque dans son *Almageste*, *Tome I.*, *page 109* & *731*, de sorte qu'elle paroît dichotome au moins pendant plusieurs minutes de tems : or une très-petite erreur, dans le moment de la *dichotomie*, en produit une fort grande dans la distance du soleil. M. le Monnier fait voir qu'en ne se trompant que de quatre secondes, ce qu'il est presque impossible d'éviter, on peut trouver, dans un cas, que la distance du soleil est de 13758 demi-diamètres terrestres; & dans un autre, qu'elle est seulement de 6876 demi-diamètres. Il faudroit, dit M. le Monnier, prendre le milieu entre les deux instans auxquels les phases de la lune sont douteuses, c'est-à-dire le milieu entre l'instant auquel la lune a cessé d'être en croissant ou concave, & l'instant auquel elle a commencé à paroître bossue ou convexe, puisque ce dernier tems doit arriver un peu après la quadrature : de cette manière, Riccioli auroit conclu la distance du soleil à la terre, beaucoup plus grande qu'il ne la déduit de son calcul. *Inst. astron. page 452.*

Il faut avouer que, par de semblables observations, Vendelinus s'étoit assuré, vers 1650, que la parallaxe du soleil n'étoit pas de 15″, & que sa distance à la terre étoit d'environ 14000 demi-diamètres terrestres; mais tout ce qu'on pouvoit tirer de cette méthode, c'étoit de déterminer des limites entre lesquelles étoit comprise la distance de la terre au soleil : ces limites étoient du simple au double. Au reste, les nouvelles méthodes étant bien plus exactes, celle-là est devenue inutile.

La *dichotomie* est proprement ce qu'on appelle, dans le langage vulgaire, *le premier* ou *le dernier quartier*. (*D. L.*)

DIDYMI, δίδυμοι (*Astron.*) c'est la même chose que *gemini* ou les *gémeaux*. On ne se sert plus en astronomie que de ces derniers termes. (*O*).

DIF

DIFFÉRENCE *ascensionnelle*, (*Astronomie.*) est la *différence* entre l'ascension droite & l'ascension oblique d'un astre, ou l'arc de l'équateur compris entre le point auquel l'astre répond perpendiculairement, & le point qui se lève ou qui se couche, au même tems que cet astre.

Différence d'ascension droite, entre deux astres, est mesurée par le tems qui s'écoule entre leurs passages, par le méridien ou par un cercle horaire quelconque. Ce sont ces *différences* que les astronomes observent continuellement, pour connoître la position d'un astre inconnu par le moyen de l'astre dont on connoît déja la situation. Par exemple, on veut avoir l'ascension droite d'une planète, en la comparant à une étoile connue par le catalogue que nous donnerons au mot ÉTOILE, on les observe l'un & l'autre dans le méridien : si l'étoile précède de quatre minutes de tems la planète, on en conclut qu'il faut ajouter un degré à l'ascension droite de l'étoile, pour avoir celle de la planète au moment où elle a passé au méridien. Si la pendule dont on se sert pour compter les tems des passages, n'est pas réglée de manière qu'elle fasse exactement 24 heures entre deux passages consécutifs de l'étoile, il faut faire une correction à l'intervalle observé, pour en conclure celui qui auroit lieu si la pendule étoit exactement réglée sur les étoiles. (*D. L.*)

DIFFÉRENCE, f. f. (*Arithm. & Alg.*) ; excès d'une grandeur sur une autre, ou ce qui reste quand on retranche d'une grandeur une autre grandeur de même nature. Ainsi, la différence de 9 & 4 est 5 ; celle de a & b est $a - b$. On voit que la *différence* $a - b$ seroit négative, si b étoit $> a$.

Dans la géométrie de l'infini, on appelle quelquefois *différence*, mais plus souvent *différentielle*, la quantité infiniment petite dont une grandeur variable augmente ou diminue. Il y a des différentielles de tous les ordres. *Voyez* DIFFÉRENTIEL.

CALCUL AUX *DIFFÉRENCES* FINIES : on appelle ainsi la méthode de faire, sur les *différences* finies des grandeurs variables, des opérations analogues à celles que les calculs différentiel & intégral font sur les *différences* infiniment petites. Il semble que ces derniers calculs auroient dû être précédés par celui des *différences* finies, puisqu'en attribuant d'abord une grandeur quelconque à une *différence*, on peut supposer ensuite que cette *différence* diminue jusqu'à devenir infiniment petite. Mais il n'arrive presque jamais que l'esprit humain embrasse d'abord une matière dans toute sa généralité. Les calculs différentiel & intégral ont donné la naissance à la méthode des *différences* finies, dont je vais expliquer ici briévement les premiers principes.

I. Dans l'analyse des quantités infiniment petites, on emploie la lettre minuscule d, écrite au-devant d'une grandeur variable, pour désigner la différentielle de cette grandeur ; & la lettre $\int$ pour désigner une somme ou une *intégrale* à prendre. Semblablement nous emploierons la lettre capitale D, écrite au-devant d'une grandeur variable, pour désigner la *différence finie* (que nous appellerons simplement *différence*) de cette grandeur ; & la lettre $\int$ pour désigner une *somme*, ou l'intégration d'une fonction aux *différences* finies.

II. La *différence* d'une quantité variable n'étant autre chose que l'excès de la valeur qu'a cette quantité dans un état, sur la valeur qu'elle avoit dans l'état antérieur : on voit que, si une grandeur variable x devient successivement x, x', x'', x''', x^{iv}, &c., on aura $D\,x = x' - x$; $D\,x' = x'' - x'$; $D\,x'' = x''' - x''$; $D\,x''' = x^{\text{iv}} - x'''$, &c.

Il peut arriver qu'une *différence* soit positive ou négative, selon que la grandeur variable, dont elle est la *différence*, augmente ou diminue par rapport à une autre grandeur ou à d'autres grandeurs que l'on suppose augmenter, & dont les *différences* sont par conséquent positives.

III. Les *différences* des grandeurs étant elles-mêmes des grandeurs, si ces *différences* sont variables, on pourra aussi en prendre les *différences*, lesquelles seront nommées *différences secondes*, par rapport à la grandeur primordiale ; si les *différences* secondes sont variables, on pourra en prendre les *différences*, lesquelles seront nommées *différences troisièmes*, par rapport à la grandeur primordiale ; ainsi de suite.

J'ai ajouté, dans chaque cas, la restriction, *si les différences sont variables*, parce qu'il peut se faire que les *différences*, ou première, ou seconde, ou troisième, *&c.*, soient des quantités constantes. Car, soit, par exemple, une progression arithmétique quelconque : une pareille suite peut toujours être regardée comme engendrée par une grandeur variable, qui, en augmentant ou en diminuant continuellement de la même quantité, forme successivement tous ses termes : alors la *différence* première de la grandeur génératrice est constante.

La suite 1, 4, 9, 16, 25, *&c.*, des quarrés des nombres naturels offre un exemple où la *différence* seconde de la grandeur variable est constante : car cette suite peut être regardée comme engendrée par une grandeur variable x^2, telle que si on prend les *différences* entre tous les termes de la suite, ces différences

ces *différences* formeront une progression arithmétique; & par conséquent les *différences* de ces *différences*, ou les *différences* secondes de x^2 sont constantes.

De même la *différence* troisième de la grandeur variable qui peut être supposée engendrer la suite 1, 8, 27, 64, 125, &c., des cubes des nombres naturels, est constante; ainsi de suite.

On doit observer qu'une certaine *différence* étant constante, les *différences* des ordres ultérieurs sont nécessairement zéro : car une quantité constante a zéro pour *différence*, & les *différences* successives de zéro sont nécessairement zéro.

On écrit les *différences* seconde, troisième, quatrième, &c., d'une grandeur variable x, de la manière suivante : D^2x, D^3x, D^4x, &c., où l'on voit qu'il ne faut pas confondre les indices de D avec les exposans ordinaires. Pour indiquer la puissance n d'une *différence* Dx, nous écrirons Dx^n; de même, pour indiquer la puissance n d'une *différence* seconde D^2x, nous écrirons D^2x^n; ainsi des autres.

IV. Il y a des questions où l'on est obligé nécessairement de regarder une certaine *différence* comme constante : par exemple, dans les progressions arithmétiques, la *différence* première d'un terme quelconque x est nécessairement constante; dans la suite des quarrés des nombres naturels, la *différence* seconde d'un quarré quelconque x^2, est nécessairement constante. Mais il y a une infinité de questions qui ne demandent point, par leur nature, qu'on suppose aucune *différence* constante. Cependant, comme on est toujours le maître d'attribuer à une certaine grandeur telle variation que l'on juge à propos, pourvu que les variations des autres quantités dépendantes de la première, soient subordonnées à la variation que l'on a attribuée à celle-ci, il est toujours permis de supposer, dans un problême, que la *différence* première, ou seconde, ou troisième, &c. d'une certaine grandeur choisie à volonté, est constante; en n'oubliant pas ce que nous venons de dire, qu'alors les autres quantités doivent varier en conséquence, & qu'ainsi il n'est plus permis de supposer qu'une autre *différence* soit constante, excepté le cas où, par la nature de la question, cette autre *différence* devroit être en rapport constant avec celle que l'on a regardée arbitrairement comme constante.

V. Tout le calcul des *différences* consiste en deux problêmes : l'objet du premier est de trouver les *différences* de tous les ordres, d'une grandeur variable quelconque, élevée à telle puissance qu'on voudra, d'un produit de grandeurs variables, &, en général, d'une fonction quelconque de grandeurs variables : ce problême est toujours soluble, & n'a aucune difficulté; nous le donnerons sous le nom de *Calcul direct des différences*. L'autre problême, qui est l'inverse du précédent, a pour but de trouver une grandeur dont on connoît la *différence*; il est souvent insoluble, ou du moins il échappe à toutes les méthodes connues; nous en traiterons sous le titre de *Calcul inverse des différences*.

Calcul direct des différences.

VI. Puisque la *différence* d'une grandeur variable quelconque est le changement que cette grandeur éprouve en passant d'un état à l'état voisin, il est clair, en général, que, pour trouver la *différence* d'une fonction quelconque de grandeurs variables, il faut supposer que chacune de ces grandeurs particulières augmente de sa *différence* positive ou négative; substituer ces grandeurs ainsi changées, dans la fonction proposée; & du nouveau résultat, retrancher la même fonction. Cela s'entendra pleinement par des exemples.

EXEMPLE I. *Trouver la différence première de la somme $x + y + z$, des trois grandeurs variables x, y, z?*

Les grandeurs x, y, z, augmentant respectivement de leurs *différences* Dx, Dy, Dz, je substitue, dans la somme proposée, $x + Dx$ pour x, $y + Dy$ pour y, $z + Dz$ pour z; ce qui me donne le nouveau résultat $x + Dx + y + Dy + z + Dz$, d'où, retranchant $x + y + z$, le reste $Dx + Dy + Dz$ est la *différence* cherchée; ce qui est évident, puisqu'une *différence* totale n'est autre chose que la somme des *différences* particulières dont elle doit être composée.

De même $D(x + y - z) = [x + Dx + y + Dy - (z + Dz)] - (x + y - z) = Dx + Dy - Dz$.

Si on avoit $a + x + y - z$ (où a est une grandeur constante), on auroit $D(a + x + y - z) = Dx + Dy - Dz$, parce que la grandeur a n'a point de *différence*. D'où l'on voit, en général, que, si à une somme de quantités variables, positives ou négatives, on ajoute, ou qu'on en soustraie tant de quantités constantes qu'on voudra, la *différence* sera toujours la même.

EXEMPLE II. *Trouver la différence première de x^2, de x^3, & en général de x^m?*

La grandeur variable x devenant $x + Dx$, il est clair que x^2 deviendra $(x + Dx)^2$; que x^3 deviendra $(x + Dx)^3$; & qu'en général x^m deviendra $(x + Dx)^m$. Donc $D(x^2) = (x + Dx)^2 - x^2 = 2xDx + Dx^2$; $D(x^3) = (x + Dx)^3 - x^3 = 3x^2Dx + 3xDx^2 + Dx^3$; $D(x^m) = (x + Dx)^m - x^m = mx^{m-1}Dx + \frac{m.(m-1)}{2}x^{m-2}Dx^2 + \frac{m.(m-1)(m-2)}{2 \cdot 3}x^{m-3}Dx^3 + \&c.$

Si la quantité dont on demande la *différence* étoit ax^m; la constante a n'ayant point de *différence*, on auroit $D(ax^m) = a(x + Dx)^m - ax^m = a[(x + Dx)^m - x^m] = aD(x^m)$; d'où l'on voit qu'après avoir trouvé, comme tout-à-l'heure, la *différence* de x^m, il faudroit la multiplier par a, pour avoir celle de $a x^m$.

EXEMPLE III. *Trouver la différence première du produit* xy?

Le facteur x devient $x + Dx$, & le facteur y devient $y + Dy$; donc $D(xy) = (x+Dx)(y+Dy) - xy = y Dx + x Dy + Dx Dy$.

De même $D(xyz) = yz Dx + xz Dy + xy Dz + x Dy Dz + y Dx Dz + z Dx Dy + Dx Dy Dz$; ainsi des autres produits plus composés. Si le produit étoit axy, ou $axyz$, &c. (a étant une grandeur constante), on auroit $D(axy) = a D(xy)$, $D(axyz) = a D(xyz)$, &c. Ainsi, après avoir trouvé, comme on vient de voir, $D(xy)$, $D(xyz)$, &c., il faudroit multiplier tous les termes des résultats par a, afin d'avoir $D(axy)$, $D(axyz)$, &c.

EXEMPLE IV. *Trouver la différence première d'une quantité comprise sous l'une des formes suivantes* : $x(x+a)$, $x(x+a)(x+2a)$, $x(x+a)(x+2a)(x+3a)$, &c.

Il est clair que cet exemple peut se rapporter au précédent, en faisant $x + a = u$, $x + 2a = y$, $x + 3a = z$, &c. : car alors on aura les produits xu, xuy, $xuyz$, &c. Mais, si, sans faire aucune transformation, on effectue les multiplications indiquées, on aura des termes dont les *différences* se trouveront par les exemples précédens. En effet, $x(x+a) = x^2 + ax$; donc $D[x(x+a)] = D(x^2) + a Dx = 2x Dx + Dx^2 + a Dx$; de même $x(x+a)(x+2a) = x^3 + 3ax^2 + 2a^2 x$; donc $D[x(x+a)(x+2a)] = D(x^3) + 3a D(x^2) + 2a^2 Dx = 3x^2 Dx + 3x Dx^2 + Dx^3 + 6ax Dx + 3a Dx^2 + 2a^2 Dx$; ainsi des autres quantités de pareille nature.

EXEMPLE V. *Trouver la différence première de la fraction* $\frac{x}{y}$?

On a $D\left(\frac{x}{y}\right) = \frac{x+Dx}{y+Dy} - \frac{x}{y} = \frac{y Dx - x Dy}{y^2 + y Dy} = (y Dx - x Dy)(y^2 + y Dy)^{-1}$; Donc, en développant la puissance -1 du binome $y^2 + y Dy$, on aura $D\left(\frac{x}{y}\right) = \frac{y Dx - x Dy}{y^2} \times \left(1 - \frac{Dy}{y} + \frac{Dy^2}{y^2} - \frac{Dy^3}{y^3} + \&c.\right)$

Si la fraction $\frac{x}{y}$ étoit affectée d'un facteur constant, sa *différence* seroit affectée du même facteur.

EXEMPLE VI. *Trouver la différence première de* $\sqrt{aa + xx}$.

On a $D(\sqrt{aa+xx}) = \sqrt{aa + (x+Dx)^2} - \sqrt{aa+xx} = \sqrt{(aa+xx) + (2x Dx + Dx^2)} - \sqrt{aa+xx}$; donc, en regardant $(aa+xx)$ & $(2x Dx + Dx^2)$ comme les deux termes d'un binome qui doit être élevé à la puissance $\frac{1}{2}$, & développant cette puissance, on aura $D(\sqrt{aa+xx})$

$$= \frac{2x Dx + Dx^2}{2(aa+xx)^{\frac{1}{2}}} - \frac{(2x Dx + Dx^2)^2}{8(aa+xx)^{\frac{3}{2}}} + \frac{(2x Dx + Dx^2)^3}{16(aa+xx)^{\frac{5}{2}}} - \&c.$$

EXEMPLE VII. *Etant donnée l'équation* $yy - ax + xx = 0$, *qui exprime la relation entre la quantité constante* a, *& les deux quantités variables* x *&* y : *trouver l'équation qui doit exprimer la relation entre* a *& les différences premières de* x *&* y?

Je substitue, dans l'équation proposée, $x + Dx$ pour x, $y + Dy$ pour y; ce qui me donne une nouvelle équation, de laquelle retranchant la première, il vient pour reste $2y Dy - a Dx + 2x Dx + Dx^2 + Dy^2 = 0$, qui est l'équation demandée.

On trouvera semblablement les *différences* premières pour toutes sortes de quantités ou d'équations algébriques.

VII. On demande maintenant les *différences* seconde, troisième, quatrième, &c de x^m.

Les *différences* étant considérées comme des grandeurs variables, il est clair qu'on passe de la *différence* première à la *différence* seconde, de la *différence* seconde à la *différence* troisième, de la *différence* troisième à la *différence* quatrième, &c., comme on a passé de la grandeur proposée à la *différence* première.

EXEMPLE. *Trouver la différence seconde de* x^2?

On a d'abord $D(x^2) = (x + Dx)^2 - x^2 = 2x Dx + Dx^2$. Je substitue dans cette expression, à la place de x, $x + Dx$, & à la place de Dx, $Dx + D^2x$; ce qui la change en $2(x + Dx)(Dx + D^2x) + (Dx + D^2x)^2$; d'où je retranche $2x Dx + Dx^2$; le reste $2Dx^2 + 4Dx D^2x + 2x D^2x + D^2x^2$ est la seconde *différence* de x^2.

On trouvera de même les *différences* troisième, quatrième, &c., en considérant que D^2x devient $D^2x + D^3x$; que D^3x devient $D^3x + D^4x$; ainsi de suite.

VIII. REMARQUE. Si on regardoit la première *différence* de x, c'est-à-dire dx comme constante, les calculs dont nous venons de parler deviendroient beaucoup plus simples : car, après avoir trouvé pour les premières *différences* :

$D(x^2) = 2x Dx + Dx^2$,

$D(x^3) = 3x^2 Dx + 3x Dx^2 + Dx^3$,

$D(x^4) = 4x^3 Dx + 6x^2 Dx^2 + 4x Dx^3 + Dx^4$;

ainsi de suite : on trouveroit pour les *différences* ultérieures :

$D^2(x^2) = 2Dx^2$, $D^3(x^2) = o$, $D^4(x^2) = o$, &c.
$D^2(x^3) = 6xDx^2 + 6Dx^3$; $D^3(x^3) = 6Dx^3$;
$D^4(x^3) = o$, $D^5(x^3) = o$, &c.
$D^2(x^4) = 12x^2Dx^2 + 24xDx^3 + 14Dx^4$;
$D^3(x^4) = 24xDx^3 + 36Dx^4$; $D^4(x^4) = 24Dx^4$;
$D^5(x^4) = o$, $D^6(x^4) = o$, &c.

On voit assez la marche du calcul pour toutes les *différences*, quelle que soit la puissance de la variable x.

IX. SCHOLIE. Il est facile de trouver, par les mêmes principes, les *différences* de toutes sortes de fonctions. Faut-il, par exemple, trouver la *différence* seconde du produit xy, sans supposer aucune *différence* constante? Cherchez d'abord la *différence* première de xy; elle est $yDx + xDy + DxDy$; substituez, dans cette expression, $x + Dx$ pour x, $y + Dy$ pour y, $Dx + D^2x$ pour Dx, $Dy + D^2y$ pour Dy; ensuite du résultat, retranchez $yDx + xDy + DxDy$; par-là vous aurez $D^2(xy) = (y + Dy)(Dx + D^2x) + (x + Dx)(Dy + D^2y) + (Dx + D^2x)(Dy + D^2y) - (yDx + xDy + DxDy) = yD^2x + xD^2y + 2DxDy + 2DyD^2x + 2DxD^2y + D^2x \cdot D^2y$.

Si on supposoit Dx constante, on auroit $D^2(xy) = (y + Dy)Dx + (x + Dx)(Dy + D^2y) + Dx(Dy + D^2y) - (yDx + xDy + DxDy) = xD^2y + 2DxDy + 2DxD^2y$.

Il seroit superflu de m'étendre davantage sur ce sujet.

X. SCHOLIE II. On trouve aussi de même les *différences* des quantités *exponentielles* ou *transcendantes*. Qu'il s'agisse, par exemple, de trouver la *différence* du ogarithme hyperbolique de x? Je fais $y = l.x$; & comme x devenant x', ou $x + Dx$, y devient y' ou $y + Dy$, on aura $y' = l.x'$, ou $y + Dy = l.(x + Dx)$; donc (à cause de $y = l.x$), on aura $Dy = L.(x + Dx) - l.x = L.\left(1 + \frac{Dx}{x}\right)$. Or on sait (*voyez* LOGARITHME) que $L.\left(1 + \frac{Dx}{x}\right) = \frac{Dx}{x} - \frac{Dx^2}{2x^2} + \frac{Dx^3}{3x^3} - \frac{Dx^4}{4x^4} +$ &c. Donc Dy ou $D(l.x) = \frac{Dx}{x} - \frac{Dx^2}{2x^2} + \frac{Dx^3}{3x^3} -$ &c.

Les *différences* des ordres ultérieurs de $l.x$ se trouvent par les méthodes précédentes, puisqu'il ne s'agit plus, comme on voit, que de prendre les *différences* de termes tous rationnels.

Soit, pour second exemple, la quantité exponentielle a^x dont on demande la *différence* première. Je fais $y = a^x$; donc $y' = a^{x + Dx}$, ou $y + Dy = a^x \times a^{Dx}$, ou $Dy = a^x(a^{Dx} - 1)$. Or on a (*voyez* LOGARITHME) $a^{Dx} = 1 + \frac{Dx(l.a)}{1} + \frac{Dx^2(l.a)^2}{1.2} + \frac{Dx^3(l.a)^3}{1.2.3}$ + &c. Donc Dy ou $D(a^x) = a^x\left(\frac{Dx(l.a)}{1} + \frac{Dx^2(l.a)^2}{1.2} + \frac{Dx^3(l.a)^3}{1.2.3} + \text{\&c.}\right)$

Les *différences* des ordres ultérieurs se trouvent à l'ordinaire.

Calcul inverse des différences.

XI. Dans le calcul inverse des *différences*, il est question de trouver une grandeur, ou en général une fonction, lorsque l'on connoît sa *différence*. C'est donc en examinant avec attention comment on descend des grandeurs variables à leurs *différences*, qu'on apprendra réciproquement à remonter des *différences* aux grandeurs variables. Ce retour est sujet à de grandes difficultés, & souvent on ne peut parvenir à les surmonter. Je vais donner quelques exemples simples, qui indiqueront l'esprit & l'usage des méthodes qu'il faut alors employer.

XII. Considérons d'abord les puissances d'une grandeur variable. Soit x cette grandeur, on aura :

1.° $Dx = D(x)$; donc réciproquement $\int Dx = x$; &, si on suppose Dx constante (supposition qui a également lieu pour ce qui suit), on aura $\int Dx \times 1 = x$, ou $Dx \int 1 = x$, ou enfin $\int 1 = \frac{x}{Dx}$.

2.° Puisque $D(x^2) = 2xDx + Dx^2$; donc réciproquement $\int(2xDx + Dx^2) = x^2$, ou bien $\int 2xD.x + \int Dx^2 = x^2$, ou bien encore, $\int x + \int \frac{Dx}{2} = \frac{x^2}{2Dx}$, ou $\int x = \frac{x^2}{2Dx} - \int \frac{Dx}{2} = \frac{x^2}{2Dx} - \frac{Dx}{2} \int 1 = \frac{x^2}{2Dx} - \frac{x}{2}$.

3.° Puisque $D(x^3) = 3x^2Dx + 3xDx^2 + Dx^3$; donc réciproquement $\int(3x^2Dx + 3xDx^2 + Dx^3) = x^3$, ou bien $\int 3x^2Dx + \int 3xDx^2 + \int Dx^3 = x^3$, ou bien $\int x^2 + Dx \int x + \frac{Dx^2}{3} \int 1 = \frac{x^3}{3Dx}$, ou bien $\int x^2 = \frac{x^3}{3Dx} - Dx \int x - \frac{Dx^2}{3} \int 1 = \frac{x^3}{3Dx} - \frac{x^2}{2} + \frac{xDx}{6}$.

On trouvera semblablement, en continuant de regarder Dx comme constante, & en substituant toujours, dans les termes qui contiennent des sommes particulières, les valeurs de ces sommes trouvées précédemment : on trouvera, dis-je,

$\int x^3 = \frac{x^4}{4Dx} - \frac{x^3}{2} + \frac{x^2 Dx}{4}$;

$\int x^4 = \frac{x^5}{5Dx} - \frac{x^4}{2} + \frac{x^3 Dx}{3} - \frac{x Dx^3}{30}$;

$\int x^5 = \frac{x^6}{6Dx} - \frac{x^5}{2} + \frac{5x^4 Dx}{12} - \frac{x^2 Dx^3}{12}$.

Ainsi de suite. Je n'ai pas besoin d'ajouter que, si une *différence* étoit multipliée ou divisée par un facteur constant, l'intégrale seroit aussi multipliée ou divisée par le même facteur.

XIII. Corollaire I. De-là suit la maniere de trouver l'intégrale d'une quantité composée de plusieurs termes qui contiennent les puissances de x, affectées de coëfficiens quelconques. Telle est, par exemple, la quantité $a + bx + cx^2$. Car, pour trouver l'intégrale de cette quantité, il ne faut que sommer successivement chacun de ses termes, puis ajouter ensemble toutes ces sommes particulieres. Or (en supposant toujours dx constante) :

1.° On aura $\int a = a \int 1 = \frac{ax}{Dx}$.

2.° $\int bx$ ou $b \int x = \frac{bx^2}{2Dx} - \frac{bx}{2}$.

3.° $\int cx^2$ ou $c \int x^2 = \frac{cx^3}{3Dx} - \frac{cx^2}{2} + \frac{cxDx}{6}$.

Donc enfin $\int (a + bx + cx^2) = \frac{ax}{Dx} + \frac{bx^2}{3Dx} - \frac{bx}{2} + \frac{cx^3}{3Dx} - \frac{cx^2}{2} + \frac{cxDx}{6}$.

Soit, pour second exemple, la quantité $ax^4 - bx^2$, dont on demande l'intégrale, en supposant toujours Dx constante, on aura :

1.° $\int ax^4 = \frac{ax^5}{5Dx} - \frac{ax^4}{2} + \frac{ax^3 Dx}{3} - \frac{axDx^3}{30}$,

2.° $\int - bx^2$ ou $- b\int x^2 = - \frac{bx^3}{3Dx} + \frac{bx^2}{2} - \frac{bxDx}{6}$. Donc, &c.

XIV. Corollaire II. Qu'on ait à intégrer l'une des quantités suivantes (Dx étant toujours constante) : $(x + a)$, $(x + a)(x + 2a)$, $(x + a)(x + 2a)(x + 3a)$, &c. On y parviendra en développant ces quantités lorsqu'il est nécessaire, & sommant successivement tous leurs termes. D'abord, pour la premiere, on a $\int x + \int a = \frac{x^2}{2Dx} - \frac{x}{2} + \frac{ax}{Dx}$.

2.° Au lieu de $(x + a)(x + 2a)$, j'écris $x^2 + 3ax + 2a^2$; donc $\int (x + a)(x + 2a) = \int x^2 + 3a\int x + 2a^2 \int 1 = \frac{x^3}{3Dx} - \frac{x^2}{2} + \frac{xDx}{6} + \frac{3ax^2}{2Dx} - \frac{3ax}{2} + \frac{a^2 x}{Dx}$.

3.° Au lieu de $(x + a)(x + 2a)(x + 3a)$, j'écris $x^3 + 6ax^2 + 11a^2 x + 6a^3$; donc $\int (x+a)(x + 2a)(x + 3a) = \int x^3 + 6a\int x^2 + 11a^2 \int x + 6a^3 \int 1 = \frac{x^4}{4Dx} - \frac{x^3}{2} + \frac{x^2 Dx}{4} + \frac{2ax^3}{Dx} - \frac{ax^2}{3} + \frac{6axDx}{6} + \frac{11a^2x^2}{2Dx} + \frac{6a^3 x}{Dx} - \frac{11a^2 x}{2}$.

Ainsi de suite.

Si on demandoit l'intégrale de l'un des produits suivans $x(x + a)$, $x(x + a)(x + 2a)$, $x(x + a)(x + 2a)(x + 3a)$, &c. on auroit

$\int x(x + a) = \int x^2 + a\int x = \frac{x^3}{3Dx} - \frac{x^2}{2} + \frac{xDx}{6} + \frac{ax^2}{2Dx} - \frac{ax}{2}$;

$\int x(x + a)(x + 2a) = \int x^3 + 3a\int x^2 + 2a^2 \int x = \frac{x^4}{4Dx} - \frac{x^3}{2} + \frac{x^2 Dx}{4} + \frac{3ax^3}{3Dx} - \frac{3ax^2}{2} + \frac{3axDx}{2} + \frac{a^2x^2}{Dx} - a^2 x$.

Ainsi des autres.

XV. *Remarque.* Avant que de passer plus avant, je ferai ici une remarque générale & essentielle.

Comme la *différence* d'une grandeur variable x & celle de $a + x$ sont également Dx (la grandeur constante a n'ayant point de *différence*), réciproquement l'intégrale de Dx peut être également x ou $a + x$. Quand on a donc trouvé l'intégrale d'une *différence*, il faut y ajouter une quantité constante, laquelle peut être zéro, ou ne l'être pas, suivant les conditions du probleme. On verra dans la suite plusieurs applications de cette remarque.

XVI. Considérons, en second lieu, des produits où les facteurs augmentent continuellement par des *différences* constantes. Soient donc successivement les produits $x(x + Dx)$, $x(x + Dx)(x + 2Dx)$, $x(x + Dx)(x + 2Dx)(x + 3Dx)$, &c. dans lesquels la *différence* Dx est constante : il est clair qu'on aura :

1.° $D[x(x + Dx)] = (x + Dx)(x + 2Dx) - x(x + Dx) = 2Dx(x + Dx)$;

2.° $D[x(x + Dx)(x + 2Dx)] = (x + Dx)(x + 2Dx)(x + 3Dx) - x(x + Dx)(x + 2Dx) = 3Dx(x + Dx)(x + 2Dx)$.

3.° $D[x(x + Dx)(x + 2Dx)(x + 3Dx)] = (x + Dx)(x + 2Dx)(x + 3Dx)(x + 4Dx) - x(x + Dx)(x + 2Dx)(x + 3Dx) = 4Dx(x + Dx)(x + 2Dx)(x + 3Dx)$.

Ainsi de suite. Par où il est aisé de voir qu'en général, pour obtenir les *différences* de l'un des produits proposés, il faut supprimer le premier facteur x, écrire à sa place le produit de la *différence* Dx affectée d'un coëfficient égal au nombre total des facteurs, & enfin conserver les autres facteurs.

Remontons maintenant des *différences* aux intégrales ; nous aurons :

1.° $\int 2Dx(x + Dx) = x(x + Dx)$;

2.° $\int 3Dx(x+Dx)(x+2Dx) = x(x+Dx)(x+2Dx)$;

3.° $\int 4Dx(x+Dx)(x+2Dx)(x+3Dx) = x(x+Dx)(x+2Dx)(x+3Dx)$.

Ainsi de suite. D'où l'on voit facilement, en général, que, pour trouver l'intégrale d'un produit de cette espèce $aDx(x+Dx)(x+2Dx)(x+3Dx)\ldots\ldots(x+nDx)$, il faut changer Dx en x, & diviser le tout par le nombre des facteurs ; de sorte que $\int aDx(x+Dx)(x+2Dx)(x+3Dx)\ldots\ldots(x+nDx) = \frac{ax(x+Dx)(x+2Dx)\ldots\ldots(x+nDx)}{n+1}$.

On ajoutera aux intégrales les constantes convenables ; ce qui est toujours sous-entendu, quand on ne le dit pas formellement.

XVII. Soient, en troisième lieu, des fractions où les facteurs des dénominateurs augmentent continuellement par des *différences* constantes. Par exemple, soient successivement les fractions $\frac{1}{x(x+Dx)}$, $\frac{1}{x(x+Dx)(x+2Dx)}$, $\frac{1}{x(x+1Dx)(x+2Dx)(x+3Dx)}$, &c. dans lesquelles Dx est constante : on aura :

1.° $D\left(\frac{1}{x(x+Dx)}\right) = \frac{1}{(x+Dx)(x+2Dx)} - \frac{1}{x(x+Dx)} = -2Dx \times \frac{1}{x(x+Dx)(x+2Dx)}$.

2.° $D\left(\frac{1}{x(x+Dx)(x+2Dx)}\right) = \frac{1}{(x+Dx)(x+2Dx)(x+3Dx)} - \frac{1}{x(x+Dx)(x+2Dx)} = -3Dx \times \frac{1}{x(x+Dx)(x+2Dx)(x+3Dx)}$.

3.° $D\left(\frac{1}{x(x+Dx)(x+2Dx)(x+3Dx)}\right) = \frac{1}{(x+Dx)(x+2Dx)(x+3Dx)(x+4Dx)} - \frac{1}{x(x+Dx)(x+2Dx)(x+3Dx)} = -4Dx \times \frac{1}{x(x+Dx)(x+2Dx)(x+3Dx)(x+4Dx)}$.

Ainsi de suite. Par où l'on voit que, pour déterminer, en général, la *différence* de l'une des fractions proposées, il faut augmenter le dénominateur d'un facteur, & multiplier la fraction résultante, par Dx prise négativement autant de fois qu'il y a de facteurs dans le dénominateur de cette même fraction.

De-là il suit que, réciproquement, pour intégrer une fraction de cette espèce, $\frac{aDx}{x(x+Dx)(x+2Dx)(x+3Dx)\ldots\ldots(x+nDx)}$, il faut supprimer le dernier facteur dans le dénominateur, & ensuite diviser la fraction résultante, prise négativement par le produit de Dx & du nombre de facteurs compris dans le dénominateur de la même fraction ; de sorte que

$$\int \frac{aDx}{x(x+Dx)(x+2Dx)(x+3Dx)\ldots\ldots(x+nDx)} = \frac{-a}{nx(x+Dx)(x+2Dx)\ldots(x+(n-1)Dx)}.$$

XVIII. Remarque. On voit, par les mêmes principes, que $D\left(\frac{1}{x+nDx}\right) = \frac{1}{x+(n+1)Dx} - \frac{1}{x+nDx}$; donc réciproquement $\frac{1}{x+nDx} = \int\frac{1}{x+(n+1)Dx} - \int\frac{1}{x+nDx}$. Ces deux dernières sommes ne peuvent pas se trouver séparément ; mais on voit que leur *différence* est la quantité algébrique $\frac{1}{x+nDx}$.

De-là suit un moyen d'intégrer les quantités qui peuvent être décomposées en plusieurs parties, qui, n'étant pas intégrables séparément, se combinent néanmoins entr'elles de telle manière, qu'à la fin les résultats deviennent algébriques ; ce qui arrive en plusieurs cas.

Exemple I. *Trouver l'intégrale de la quantité* $\frac{3x+2Dx}{x(x+Dx)(x+2Dx)}$?

Je décompose cette quantité en ses facteurs : par-là elle devient $\frac{1}{Dx}\left(\frac{1}{x}\right)+\left(\frac{1}{Dx}\cdot\frac{1}{x+Dx}\right) - \frac{2}{Dx}\left(\frac{1}{x+2Dx}\right)$. Or, par la formule de la remarque précédente, on a, en faisant $n=0$, $\int\frac{1}{x} = \int\frac{1}{x+Dx} - \frac{1}{x}$. Par conséquent l'intégrale de la quantité proposée sera d'abord $\frac{2}{Dx}\int\frac{1}{x+Dx} - \frac{1}{xDx} - \frac{2}{Dx}\int\frac{1}{x+2Dx}$, ou bien $\frac{2}{Dx}\left(\int\frac{1}{x+Dx} - \int\frac{1}{x+2Dx}\right) - \frac{1}{xDx}$. Or, par la même formule, on a, en faisant $n=1$, $\int\frac{1}{x+Dx} - \int\frac{1}{x+2Dx} = -\frac{1}{x+Dx}$. Donc l'intégrale de la quantité proposée devient $\frac{-2}{Dx(x+Dx)} - \frac{1}{xDx}$, ou bien enfin $\frac{-3x-Dx}{xDx(x+Dx)}$.

Exemple II. *Trouver l'intégrale de la quantité* $\frac{3Dx}{x(x+3Dx)}$?

Cette quantité devient $\frac{1}{x} - \frac{1}{x+3Dx}$; par conſéquent ſon intégrale eſt d'abord $\int \frac{1}{x} - \int \frac{1}{x + 3Dx}$. Or, par la formule établie ci-deſſus, $\int \frac{1}{x} = \int \frac{1}{x + Dx} - \frac{1}{x}$, & $\int \frac{1}{x + 3Dx} = \frac{1}{x + 2Dx} + \int \frac{1}{x + 2Dx}$. Ainſi, notre intégrale deviendra $\int \frac{1}{x + 1Dx} - \int \frac{1}{x + 2Dx} - \frac{1}{x} - \frac{1}{x + 2Dx}$. Or, par la même formule, $\int \frac{1}{x + 1Dx} - \frac{1}{x + 2Dx} = - \frac{1}{x + Dx}$. Donc enfin l'intégrale cherchée eſt $- \frac{1}{x} - \frac{1}{x + 2Dx} - \frac{1}{x + Dx}$.

IXX. Scholie générale. Je ne m'étendrai pas davantage ſur la méthode inverſe des *différences* finies. Tout ce que j'en ai dit n'en contient que les élémens. *Voyez* l'excellent traité du calcul différentiel de M. Euler; *voyez* auſſi, dans ce Dictionnaire, l'*article* Equation, *par M. le Marquis de Condorcet.* Je finis par quelques applications intéreſſantes.

Uſage du calcul inverſe des différences pour la ſommation des ſuites.

XX. La ſommation des ſuites par la méthode inverſe des *différences*, eſt fondée, en général, ſur ce principe. Soit une ſuite quelconque, compoſée de tant de termes A, B, C, D, E, F, &c., qu'on voudra, leſquels dérivent les uns des autres, ſuivant une loi déterminée & connue. Repréſentons par Z la ſomme d'un nombre quelconque de ces termes : par exemple, ſoit $Z = A + B + C + D$. Cela poſé, il eſt clair qu'on peut regarder Z comme une grandeur variable dont la *différence* eſt le terme E, qui ſuit immédiatement le dernier de ceux que l'on conſidère; car Z paſſant de ſa valeur actuelle à ſa valeur conſécutive Z', augmente de E, de ſorte que $Z' = Z + E$: donc $Z' - Z = E$: or $Z' - Z = DZ$; donc $DZ = E$. Par conſéquent, lorſqu'on propoſe de trouver la ſomme Z, la queſtion eſt de trouver une intégrale qui a E pour *différence.* Eclairciſſons cela par des exemples.

Exemple I. *Trouver la ſomme S de la ſuite des unités* $1 + 1 + 1 + 1 + 1 +$ &c.?

Soit x le numéro du terme où l'on arrête la ſuite. Chaque terme étant 1, on a $Z = \int 1$. Or, Dx étant 1, on a (XII) $\int 1 = x$. Donc $Z = x$; ce qui eſt d'ailleurs évident par ſoi-même.

Exemple II. *Sommer la ſuite Z des nombres naturels* $1 + 2 + 3 + 4 + 5 + 6 +$ &c.

Un terme quelconque, ou le *terme général* de cette ſuite, peut être repréſenté par x, puiſqu'en faiſant ſucceſſivement $x = 1$, $x = 2$, $x = 3$, $x = 4$, &c., on obtient tous les termes de la ſuite. Donc $DZ = x + 1$, & $Z = \int x + \int 1$. Or, Dx étant $= 1$, on a (XII) $\int x = \frac{x^2}{2} - \frac{x}{2}$, & $\int 1 = x$; donc $Z = \frac{x^2}{2} - \frac{x}{2} + x = \frac{x^2 + x}{2}$.

Remarque. Cet exemple nous offre l'occaſion d'éclaircir très-ſimplement ce que nous avons dit ci-deſſus (XV), en général, au ſujet des conſtantes qu'il convient d'ajouter aux intégrales. Suppoſons qu'on demande la ſomme des termes de la ſuite 1, 2, 3, 4, 5, 6, 7, 8, 9, 10, &c., des nombres naturels depuis le terme 6 excluſivement, juſqu'à un terme quelconque x incluſivement. Le terme qui ſuit x eſt $x + 1$, & la queſtion eſt de trouver la quantité dont la *différence* eſt $x + 1$, en rempliſſant la condition que la ſuite commence à 7, & finiſſe à x. Or, ſi l'on cherche, comme dans l'exemple précédent, l'intégrale de $x + 1$, on trouvera qu'elle eſt $\frac{xx + x}{2}$, abſtraction faite de la conſtante, ou en ſuppoſant que la ſomme s'évanouiſſe lorſque $x = 0$, auquel cas la formule $\frac{xx + x}{2}$ repréſente la ſomme de tous les termes de la ſuite des nombres naturels, depuis l'unité incluſivement, juſqu'au terme x incluſivement. Mais, dans l'hypothèſe préſente, il faut ajouter une conſtante C à la formule $\frac{xx + x}{2}$, ce qui la rend $\frac{xx + x}{2} + C$; enſuite il faut déterminer la conſtante C par la condition qu'en faiſant $x = 7$, la formule $\frac{xx + x}{2} + C$ repréſente ſimplement le terme 7. Or cette condition donne $\frac{49 + 7}{2} + C = 7$, ou bien $C = - 21$. Ainſi, la conſtante C eſt déterminée; & la formule qui repréſente la ſomme des nombres naturels, depuis 6 excluſivement, juſqu'au terme x incluſivement, eſt $\frac{xx + x}{2} - 21$. Si, par exemple, $x = 16$, la ſomme en queſtion ſera $\frac{256 + 16}{2} - 21 = 115$.

Exemple III. *Sommer la ſuite Z des quarrés des nombres naturels*, $1 + 4 + 9 + 16 + 25 +$ &c.

En faiſant ſucceſſivement $x = 1$, $x = 2$, $x = 3$, $x = 4$, &c., le terme général de la ſuite des quarrés des nombres naturels ſera repréſenté par x^2. Donc $DZ = (x + 1)^2$, & $Z = \int (x + 1)^2 = \int x^2 + 2\int x + \int 1$. Or, Dx étant $= 1$, on a (XII) $\int x^2 = \frac{x^3}{3} - \frac{x^2}{2} + \frac{x}{6}$; $2\int x = x^2 - x$; $\int 1 = x$. Donc $Z = \frac{x^3}{3} + \frac{x^2}{2} + \frac{x}{6}$.

Remarque. Si on ne demandoit pas la ſomme de tous les quarrés des nombres naturels, mais ſeulement la ſomme des quarrés diſtans les uns des autres, d'un même nombre n de termes : alors, en nommant x la racine du terme où la ſomme cherchée Z eſt ſuppoſée ſe terminer, il eſt clair que le terme ſuivant ſeroit $(x + n)^2$, ou $(x + Dx)^2$, en supposant $Dx = n$. Donc ici $DZ = (x + Dx)^2$, & $Z = \int x^2 + 2\int x Dx + \int Dx^2$, ou bien $\int x^2 + 2Dx \int x + Dx^2 \int 1$. Or, Dx étant ici $= n$, on a (XII) $\int x^2 = \frac{x^3}{3n} - \frac{x^2}{2} + \frac{nx}{6}$; $\int x = \frac{x^2}{2n} - \frac{x}{2}$; $\int 1 = \frac{x}{n}$. Donc $Z = \frac{x^3}{3n} + \frac{x^2}{2} + \frac{nx}{6} + C$.

La constante C doit être telle que, faisant x égal à la racine quarrée du premier terme de la suite, la formule représente ce premier terme. Nommons a^2 ce même terme; en faisant donc $x = a$, on doit avoir $\frac{a^3}{3n} + \frac{a^2}{2} + \frac{an}{6} + C = a^2$: Donc $C = \frac{3a^2 n - 2a^3 - an^2}{6n}$. Donc enfin $Z = \frac{x^3}{3n} + \frac{x^2}{2} + \frac{nx}{6} - \frac{a^3}{3n} + \frac{a^2}{2} - \frac{an}{6}$.

Par exemple, supposons qu'on demande la somme des quarrés 4, 25, 64, 121, 196 : en considérant la suite des quarrés de tous les nombres 1, 2, 3, 4, 5, 6, &c., on voit qu'on aura ici $a = 2$, $n = 3$, $x = 14$. Donc $Z = 410$; ce qu'on peut vérifier par l'addition immédiate des termes de la suite proposée.

EXEMPLE IV. *Sommer la suite* $Z = 1 + 8 + 27 + 64 + 125 +$ *&c., des cubes des nombres naturels?*

En faisant successivement $x = 1$, $x = 2$, $x = 3$, $x = 4$, $x = 5$, &c., le terme général de la suite proposée sera représenté par x^3. Donc $DZ = (x + 1)^3$; & $Z = \int (x + 1)^3 = \int x^3 + 3Dx \int x^2 + 3Dx^2 \int x + Dx^3 \int 1 =$ (XII) $\frac{x^4}{4} + \frac{x^3}{2} + \frac{x^2}{4}$.

On trouvera sans peine, à l'imitation de l'exemple précédent, la somme d'une suite de cubes, qui seroient distans l'un de l'autre d'un même nombre de termes.

La somme des puissances plus élevées des nombres naturels se trouve par les mêmes moyens.

EXEMPLE V. *Sommer la suite* $Z = 1 + 3 + 6 + 10 + 15 + 21 +$ *&c., des nombres triangulaires?*

En faisant successivement $x = 1$, $x = 2$, $x = 3$, $x = 4$, $x = 5$, &c, le terme général de la suite proposée est, comme on sait (*V.* TRIANGULAIRE) $\frac{xx + x}{2}$. Donc $DZ = \frac{(x+1)^2 + (x+1)}{2}$, & $Z = \frac{1}{2}\int x^2 + \frac{1}{2}\int x + \int 1 = \frac{x^3}{6} + \frac{x^2}{2} + \frac{x}{3}$.

Les sommes des nombres pyramidaux, & en général des nombres figurés de tous les ordres, se trouvent semblablement.

EXEMPLE VI. *Sommer la suite* $Z = 1 \times 2 + 2 \times 3 + 3 \times 4 + 4 \times 5 + 5 \times 6 + 6 \times 7 +$ *&c.*

En faisant successivement $x = 1$, $x = 2$, $x = 3$, $x = 4$, $x = 5$, &c., le terme général de la suite proposée sera représenté par $x(x + 1)$. Donc $DZ = (x + 1)(x + 2)$, ou bien (à cause de $Dx = 1$) $DZ = Dx(x + Dx)(x + 2Dx)$; donc (XV) $Z = \int Dx(x + Dx)(x + 2Dx) = \frac{x(x + Dx)(x + 2Dx)}{3} = \frac{x(x+1)(x+2)}{3}$.

Il ne faut point ajouter de constante, parce que $Z = 0$, lorsque $x = 0$, comme cela doit être.

EXEMPLE VII. *Sommer la suite* $Z = 1 \times 4 \times 7 \times 10 + 4 \times 7 \times 10 \times 13 + 7 \times 10 \times 13 \times 16 + 10 \times 13 \times 16 \times 19 + 13 \times 16 \times 19 \times 22 +$ &c.

En faisant successivement $x = 1$, $x = 4$, $x = 7$, $x = 10$, $x = 13$, $x = 16$, $x = 19$, &c., le terme général de la suite proposée sera représenté par $x(x + 3)(x + 6)(x + 9)$. Donc $DZ = (x + 3)(x + 6)(x + 9)(x + 12)$, ou bien (à cause de $D = 3$), $DZ = \frac{1}{3} Dx(x + Dx)(x + 2Dx)(x + 3Dx)(x + 4Dx)$, dont l'intégrale est (XVI) $Z = \frac{x(x+3)(x+6)(x+9)(x+12)}{15}$.

EXEMPLE VIII. *Sommer la suite* $Z = \frac{1}{1 \times 2} + \frac{1}{2 \times 3} + \frac{1}{3 \times 4} + \frac{1}{4 \times 5}\ \frac{1}{5 \times 6} +$ &c.

En faisant successivement $x = 1$, $x = 2$, $x = 3$, $x = 4$, &c., le terme général de la suite proposée est $\frac{1}{x(x+1)}$. Donc $DZ = \frac{1}{(x+1)(x+2)}$, ou bien (à cause de $Dx = 1$), $DZ = \frac{Dx}{(x + Dx)(x + 2Dx)}$. Pour ramener cette *différence* à la forme de celles qui ont été considérées dans l'article XVI, je fais $x + Dx = z$, ce qui donne $Dx = Dz$, parce que Dx est constante. Donc $DZ = \frac{Dz}{z(z + Dz)}$, dont l'intégrale (XVI) est $Z = -\frac{1}{z}$, à quoi il faut ajouter une constante C pour compléter cette intégrale; de sorte que $Z = C - \frac{1}{z} = C - \frac{1}{x+1}$, en mettant à la place de z sa valeur $x + 1$. Pour déterminer la constante C, j'observe que, si l'on fait $x = 1$, la formule générale $C - \frac{1}{x+1}$ doit représenter simplement le premier terme $\frac{1}{2}$ de la suite proposée. On aura donc $C - \frac{1}{2} = \frac{1}{2}$, & par conséquent $C = 1$. Donc $Z = 1 - \frac{1}{x+1}$.

Par exemple, veut-on avoir les cinq premiers termes de la suite proposée? Alors $x = 5$, & la somme demandée est $1 - \frac{1}{5+1}$, ou $\frac{5}{6}$; ce qu'on peut vérifier par l'addition immédiate des cinq termes dont il s'agit.

Exemple IX. *Sommer la ſuite* $Z = \frac{1}{1 \times 5} + \frac{1}{5 \times 9} + \frac{1}{9 \times 13} + \frac{1}{13 \times 17} + \&c.$

En faiſant ſucceſſivement $x=1$, $x=5$, $x=9$, $x=13$, $x=17$, &c., le terme général de la ſuite propoſée eſt $\frac{1}{x(x+4)}$. Donc $DZ = \frac{1}{(x+4)(x+8)}$, ou bien (à cauſe de $Dx=4$), $DZ = \frac{1}{4} \times \frac{Dx}{(x+Dx)(x+2Dx)}$. Je fais $x + Dx = z$, & par conſéquent $Dx = Dz$. Donc $DZ = \frac{1}{4} \times \frac{Dz}{z(z+DZ)}$, dont l'intégrale eſt (XV), $Z = -\frac{1}{4} \times \frac{1}{z} + C$, ou $C - \frac{1}{4} \times \frac{1}{x+4}$. La conſtante C doit être telle que, faiſant $x=1$, Z repréſente ſimplement le premier terme $\frac{1}{5}$ de la ſuite; ce qui donne $C - \frac{1}{20} = \frac{1}{5}$, ou $C = \frac{1}{4}$. Donc $Z = \frac{1}{4} - \frac{1}{4} \times \frac{1}{x+4}$.

On peut multiplier ces exemples à l'infini. En voilà aſſez pour l'objet que nous nous ſommes propoſé. (*L. B.*)

DIFFÉRENTIEL, adj. On appelle dans la haute *Géométrie*, quantité *différentielle* ou ſimplement *différentielle*, une quantité infiniment petite, ou moindre que toute grandeur aſſignable. *Voyez* Quantité & Infini.

On l'appelle *différentielle ou quantité différentielle*, parce qu'on la conſidère ordinairement comme la différence infiniment petite de deux quantités finies, dont l'une ſurpaſſe l'autre infiniment peu. Neuton & les Anglois l'appellent *fluxion*, à cauſe qu'ils la conſidèrent comme l'accroiſſement momentané d'une quantité. *Voyez* Fluxion, *&c.* Leibnitz & d'autres l'appellent auſſi une *quantité infiniment petite*.

CALCUL *différentiel*; c'eſt la manière de différentier les quantités, c'eſt-à-dire de trouver la différence infiniment petite d'une quantité finie variable.

Cette méthode eſt une des plus belles & des plus fécondes de toutes les Mathématiques; M. Leibnitz qui l'a publiée le premier, l'appelle *calcul différentiel*, en conſidérant les grandeurs infiniment petites comme les différences des quantités finies; c'eſt pourquoi il les exprime par la lettre d qu'il met au-devant de la quantité différentiée; ainſi la *différentielle* de x eſt exprimée par dx, celle de y par dy, &c.

M. Neuton appelle le calcul *différentiel*, *méthode des fluxions*, parce qu'il prend, comme on l'a dit, les quantités infiniment petites pour des fluxions ou des accroiſſemens momentanés. Il conſidère, par exemple, une ligne comme engendrée par la fluxion d'un point, une ſurface par la fluxion d'une ligne, un ſolide par la fluxion d'une ſurface; & au lieu de la lettre d, il marque les fluxions par un point mis au-deſſus de la grandeur différentiée. Par exemple, pour la fluxion de x, il écrit $\dot{x}$; pour celle de y, $\dot{y}$ &c. c'eſt ce qui fait la ſeule différence entre le calcul *différentiel* & la méthode des fluxions. *V.* Fluxion.

On peut réduire toutes les règles du calcul *différentiel* à celles-ci.

1.° La différence de la ſomme de pluſieurs quantités eſt égale à la ſomme de leurs différences. Ainſi, $d(x+y+z) = dx + dy + dz$.

2.° La *différentielle* de xy eſt $ydx + xdy$.

3.° La différence de x^m, m étant un nombre poſitif & entier, eſt $m x^{m-1} dx$.

Par ces trois règles, il n'y a point de quantité qu'on ne puiſſe différentier. On fera, par exemple, $\frac{x}{y} = x \times y^{-1}$. *Voyez* Exposant. Donc la différence (*règle* 2) eſt $y^{-1} \times dx + x \times d(y^{-1}) =$ (*règle* 3) $\frac{dx}{y} - \frac{xdy}{y^2} = \frac{ydx - xdy}{y^2}$. La *différentielle* de $z^{\frac{1}{q}}$ eſt $\frac{1}{q} z^{\frac{1}{q}-1} dz$. Car ſoit $z^{\frac{1}{q}} = x$, on a $z = x^q$ & $dz = qx^{q-1} dx$ & $dx = \frac{dz}{q} \times x^{-q+1} = \frac{dz}{q} \times z^{-1+\frac{1}{q}}$. De même $\sqrt{xx+yy} = \overline{xx+yy}^{\frac{1}{2}}$; donc la différence eſt $\frac{1}{2} \times (2xdx + 2ydy) \times (xx+yy)^{-\frac{1}{2}} = \frac{xdx + ydy}{\sqrt{xx+yy}}$, & ainſi des autres.

Les trois règles ci-deſſus ſont démontrées d'une manière fort ſimple dans une infinité d'ouvrages, & ſur-tout dans la première ſection de l'analyſe des *Infiniment petits* de M. de l'Hopital, à laquelle nous renvoyons. Il manque à cette ſection le calcul *différentiel* des quantités logarithmiques & exponentielles, qu'on peut voir dans le *I. volume des œuvres* de Jean Bernoulli, & dans la *I. partie du traité du calcul intégral* de M. de Bougainville le jeune. On peut conſulter ces ouvrages qui ſont entre les mains de tout le monde. *Voyez* Exponentiel. Ce qu'il nous importe le plus de traiter ici, c'eſt la métaphyſique du calcul *différentiel*.

Cette métaphyſique dont on a tant écrit, eſt encore plus importante, & peut-être plus difficile à développer que les règles mêmes de ce calcul: pluſieurs géomètres, entr'autres M. Rolle, ne pouvant admettre la ſuppoſition que l'on y fait de grandeurs infiniment petites, l'ont rejettée entièrement, & ont prétendu que le principe étoit fautif & capable d'induire en erreur. Mais quand on fait attention que toutes les vérités que l'on découvre par le ſecours de la Géométrie ordinaire, ſe découvrent de même & avec beaucoup plus de facilité par le ſecours du calcul *différentiel*, on ne peut s'empêcher de conclure que ce calcul fourniſſant des méthodes ſûres, ſimples & exactes, les principes

principes dont il dépend doivent aussi être simples & certains.

M. Leibnitz, embarrassé des objections qu'il sentoit qu'on pouvoit faire sur les quantités infiniment petites, telles que les considère le calcul *différentiel*, a mieux aimé réduire ses infiniment petits à n'être que des incomparables, ce qui ruineroit l'exactitude géométrique des calculs ; & de quel poids, dit M. de Fontenelle, ne doit pas être contre l'invention l'autorité de l'inventeur ? D'autres, comme M. Nieuwentit admettoient seulement les *différentielles* du premier ordre, & rejettoient toutes celles des ordres plus élevés : ce qui n'a aucun fondement ; car, imaginant dans un cercle une corde infiniment petite du premier ordre, l'abscisse ou sinus verse correspondant est infiniment petit du second ; & si la corde est infiniment petite du second, l'abscisse est infiniment petite du troisième, *&c.* Cela se démontre aisément par la Géométrie élémentaire, puisque le diamètre d'un cercle qui est fini, est toujours à la corde, comme la corde est à l'abscisse correspondante. D'où l'on voit que les infiniment petits du premier ordre étant une fois admis, tous les autres en dérivent nécessairement. Ce que nous disons ici n'est que pour faire voir, qu'en admettant les infiniment petits du premier ordre, on doit admettre ceux de tous les autres à l'infini ; car on peut du reste se passer très-aisément de toute cette métaphysique de l'infini dans le calcul *différentiel*, comme on le verra plus bas.

M. Neuton est parti d'un autre principe ; & l'on peut dire que la métaphysique de ce grand géomètre sur le calcul des fluxions est très-exacte & très-lumineuse, quoiqu'il se soit contenté de la faire entre-voir.

Il n'a jamais regardé le calcul *différentiel* comme le calcul des quantités infiniment petites, mais comme la méthode des premières & dernières raisons, c'est-à-dire la méthode de trouver les limites des rapports. Aussi cet illustre auteur n'a-t-il jamais différentié des quantités, mais seulement des équations ; parce que toute équation renferme un rapport entre deux variables, & que la différentiation des équations ne consiste qu'à trouver les limites du rapport entre les différences finies de deux variables que l'équation renferme. C'est ce qu'il faut éclaircir par un exemple qui nous donnera tout-à-la-fois l'idée la plus nette & la démonstration la plus exacte de la méthode du calcul *différentiel*.

Soit AM (*fig. 3, Analys.*) une parabole ordinaire, dont l'équation, en nommant AP, x, PM, y, & a le paramètre, est $yy = ax$. On propose de tirer la tangente MQ de cette parabole au point M. Supposons que le problème soit résolu, & imaginons une ordonnée pm à une distance quelconque finie de PM ; & par les points M, m tirons la ligne mMR. Il est évident, 1.° que le rapport $\frac{MP}{PQ}$ de l'ordonnée à la soutangente, est plus grand que le rapport $\frac{MP}{PR}$ ou $\frac{mO}{MO}$, qui lui est égal à cause des triangles semblables MOm, MPR : 2.° que plus le point m sera proche du point M, plus le point R sera près du point Q, plus par conséquent le rapport $\frac{MP}{PR}$ ou $\frac{mO}{MO}$ approchera du rapport $\frac{MP}{PQ}$; & que le premier de ces rapports pourra approcher du second aussi près qu'on voudra, puisque PR peut différer aussi peu qu'on voudra de PQ. Donc le rapport $\frac{MP}{PQ}$ est la limite du rapport de mO à OM. Donc, si on peut trouver la limite du rapport de MO à OM, exprimée algébriquement, on aura l'expression algébrique du rapport de MP à PQ ; & par conséquent l'expression algébrique du rapport de l'ordonnée à la soutangente, ce qui fera trouver cette soutangente. Soit donc $MO = u$, $Om = z$, on aura $ax = yy$, & $ax + au = yy + 2yz + zz$. Donc, à cause de $ax = yy$, il vient $au = 2yz + zz$ & $\frac{z}{u} = \frac{a}{2y+z}$.

Donc $\frac{a}{2y+z}$ est en général le rapport de mO à OM, quelque part que l'on prenne le point m. Ce rapport est toujours plus petit que $\frac{a}{2y}$; mais plus z sera petit, plus ce rapport augmentera ; & comme on peut prendre z si petit qu'on voudra, on pourra faire approcher le rapport $\frac{a}{2y+z}$ aussi près qu'on voudra du rapport $\frac{a}{2y}$; donc $\frac{a}{2y}$ est la limite du rapport de $\frac{a}{2y+z}$, c'est-à-dire du rapport $\frac{mO}{OM}$. Donc $\frac{a}{2y}$ est égal à $\frac{MP}{PQ}$, que nous avons trouvé être aussi la limite du rapport de mO à OM ; car deux grandeurs, qui sont la limite d'une même grandeur, sont nécessairement égales entr'elles. Pour le prouver, soient Z & X les limites d'une même quantité Y, je dis que $X = Z$; car, s'il y avoit entr'elles quelque différence V, soit $X = Z \pm V$: par l'hypothèse, la quantité Y peut approcher de X aussi près qu'on voudra ; c'est-à-dire que la différence de Y & de X peut être aussi petite qu'on voudra. Donc, puisque Z diffère de X de la quantité V, il s'ensuit que Y ne peut approcher de Z de plus près que la quantité V, & par conséquent que Z n'est pas la limite de Y, ce qui est contre l'hypothèse. *Voyez* LIMITE, EXHAUSTION.

De-là il résulte que $\frac{MP}{PQ}$ est égal à $\frac{a}{2y}$. Donc $PQ = \frac{2yy}{a} = 2x$. Or, suivant la méthode du calcul *différentiel*, le rapport de MP à PQ est égal à celui de dy à dx; & l'équation $ax = yy$ donne $adx = 2ydy$, & $\frac{dy}{dx} = \frac{a}{2y}$. Ainsi, $\frac{dy}{dx}$ est la limite du rapport de z à u; & cette limite se trouve en faisant $z = o$ dans la fraction $\frac{a}{2y+z}$. Mais, dira-t-on, ne faut-il pas faire aussi $z = o$ & $u = o$, dans la fraction $\frac{z}{u} = \frac{a}{2y+z}$, & alors on aura $\frac{o}{o} = \frac{a}{2y}$. Qu'est-ce que cela signifie? Je réponds, 1.° qu'il n'y a, en cela, aucune absurdité; car $\frac{o}{o}$ peut être égal à tout ce qu'on veut: ainsi, il peut être $\frac{a}{2y}$. Je réponds, 2.° que, quoique la limite du rapport de z à u se trouve quand $z = o$ & $u = o$, cette limite n'est pas proprement le rapport de $z = o$ à $u = o$, car cela ne présente point d'idée nette; on ne sait plus ce que c'est qu'un rapport dont les deux termes sont nuls l'un & l'autre. Cette limite est la quantité dont le rapport $\frac{z}{u}$ approche de plus en plus, en supposant z & u tous deux réels & décroissans, & dont ce rapport approche d'aussi près qu'on voudra. Rien n'est plus clair que cette idée; on peut l'appliquer à une infinité d'autres cas. *Voyez* LIMITE, SÉRIE, PROGRESSION, *&c.*

Suivant la méthode de différentier, qui est à la tête du traité de la quadrature des courbes de M. Neuton, ce grand géomètre, au lieu de l'équation $ax + au = yy + 2yz + zz$, auroit écrit $ax + ao = yy + 2yo + oo$, regardant ainsi en quelque manière z & u comme des zéros; ce qui lui auroit donné $\frac{o}{o} = \frac{a}{2y}$. On doit sentir, par tout ce que nous avons dit plus haut, l'avantage & les inconvéniens de cette dénomination: l'avantage, en ce que z étant $= o$, disparoît sans aucune autre supposition du rapport $\frac{a}{2y+o}$; l'inconvénient, en ce que les deux termes du rapport sont censés zéros: ce qui, au premier coup-d'œil, ne présente pas une idée bien nette.

On voit donc, par tout ce que nous venons de dire, que la méthode du calcul *différentiel* nous donne exactement le même rapport que vient de nous donner le calcul précédent. Il en sera de même des autres exemples plus compliqués. Celui-ci nous paroît suffire pour faire entendre aux commençans la vraie métaphysique du calcul *différentiel*. Quand une fois on l'aura bien comprise, on sentira que la supposition que l'on y fait de quantités infiniment petites, n'est que pour abréger & simplifier les raisonnemens; mais que, dans le fond, le calcul *différentiel* ne suppose point nécessairement l'existence de ces quantités; que ce calcul ne consiste qu'à *déterminer algébriquement la limite d'un rapport de laquelle on a déjà l'expression en lignes, & à égaler ces deux limites, ce qui fait trouver une des lignes que l'on cherche.* Cette définition est peut-être la plus précise & la plus nette qu'on puisse donner du calcul *différentiel*; mais elle ne peut être bien entendue que quand on se sera rendu ce calcul familier, parce que souvent la vraie définition d'une science ne peut être bien sensible qu'à ceux qui ont étudié la science.

Dans l'exemple précédent, la limite géométrique & connue du rapport de z à u est le rapport de l'ordonnée à la soutangente; on cherche, par le calcul *différentiel*, la limite algébrique du rapport de z à u, & on trouve $\frac{a}{2y}$. Donc, nommant s la soutangente, on a $\frac{y}{s} = \frac{a}{2y}$; donc $s = \frac{2yy}{a} = 2x$. Cet exemple suffit pour entendre les autres. Il suffira donc de se rendre bien familier dans l'exemple ci-dessus des tangentes de la parabole; &, comme tout le calcul *différentiel* peut se réduire au problême des tangentes, il s'ensuit que l'on pourra toujours appliquer les principes précédens aux différens problêmes que l'on résout par ce calcul, comme l'invention des *maxima* & *minima*, des points d'inflexion & de rebroussement, *&c.* Voyez *ces mots*.

Qu'est-ce en effet que trouver un *maximum* ou un *minimum*? C'est, dit-on, faire la différence de dy égale à zéro ou à l'infini: mais, pour parler plus exactement, c'est chercher la quantité $\frac{dy}{dx}$ qui exprime la limite du rapport de dy fini à dx fini, & faire ensuite cette quantité nulle ou infinie. Voilà tout le mystère expliqué. Ce n'est point dy qu'on fait $=$ à l'infini: cela seroit absurde; car dy étant prise pour infiniment petite, ne peut être infinie; c'est $\frac{dy}{dx}$: c'est-à-dire qu'on cherche la valeur de x qui rend infinie la limite du rapport de dy fini à dx fini.

On a vu plus haut qu'il n'y a point proprement de quantités infiniment petites du premier ordre dans le calcul *différentiel*; que les quantités qu'on nomme ainsi, y sont censées divisées par d'autres quantités censées infiniment petites, & que, dans cet état, elles marquent non des quantités infiniment petites, ni même des fractions, dont le numérateur & le dénominateur sont infiniment petits, mais la limite d'un rapport de deux quantités finies. Il en est de même des différences secondes, & des autres d'un ordre plus élevé. Il n'y a point, en Géométrie, de ddy véritable; mais, lorsque ddy se rencontre dans une équation, il est censé divisé par une quantité dx^2, ou autre du même ordre: en cet état, qu'est-ce que $\frac{ddy}{dx^2}$? c'est la limite du rapport $\frac{dy}{dx}$, divisée par dx; ou, ce qui sera plus clair encore, c'est, en faisant la quantité finie $\frac{dy}{dx} = z$, la limite de $\frac{dz}{dx}$.

Le calcul *differentio-différentiel* est la méthode de différentier les grandeurs *différentielles* ; & on appelle quantité *différentio-différentielle* la *différentielle* d'une *différentielle*.

Comme le caractère d'une *différentielle* est la lettre d, celui de la *différentielle* de dx est ddx ou d^2x, & la *différentielle* de ddx est $dddx$, ou d^3x, &c.

Les anglois écrivent $\ddot{x}$, $\dddot{x}$, &c. au lieu de ddx, d^3x, &c.

La *différentielle* d'une quantité finie ordinaire s'appelle une *différentielle* du premier degré ou du premier ordre comme dx.

Différentielle du second degré ou du second ordre, qu'on appelle aussi, comme on vient de le voir, *quantité differentio-différentielle*, est la partie infiniment petite d'une quantité *différentelle* du premier degré, comme ddx, $dx\,dx$ ou dx^2, $dx\,dy$, &c.

Différentielle du troisième degré, est la partie infiniment petite d'une quantité *différentielle* du second degré, comme $dddx$ ou d^3x, $dx\,dy\,dz$, & ainsi de suite.

Les *différentielles* du premier ordre s'appellent encore *différences premieres*; celles du second, *différences secondes*; celles du troisième, *différences troisiemes*.

La puissance seconde dx^2 d'une *différentielle* du premier ordre, est une quantité infiniment petite du second ordre; car $dx^2 : dx :: dx \cdot 1$; donc dx^2 est censée infiniment petite par rapport à dx; de même on trouvera que dx^3 ou $dx^2\,dy$, est infiniment petite du troisième ordre, *&c.* Nous parlons ici de quantités infiniment petites, & nous en avons parlé plus haut dans cet article, pour nous conformer au langage ordinaire; car par ce que nous avons déjà dit de la métaphysique du calcul *différentiel*, & par ce que nous allons encore en dire, on verra que cette façon de parler n'est qu'une expression abrégée & obscure en apparence, d'une chose très-claire & très-simple.

Les puissances *différentielles*, comme dx^2 se différentient de la même manière que les puissances des quantités ordinaires. Et comme les *différentielles* composées se multiplient ou se divisent l'une l'autre, ou sont des puissances des *différentielles* du premier degré, ces *différentielles* se différentient de même que les grandeurs ordinaires. Ainsi, la différence de dx^m est $m\,(dx)^{m-1}\,ddx$, & ainsi des autres. C'est pourquoi le calcul *différentio-différentiel* est le même au fond que le calcul *differentiel*.

Un auteur célèbre de nos jours dit, dans la préface d'un ouvrage sur la *Géométrie de l'infini*, qu'il n'avoit point trouvé de géomètre qui pût expliquer précisément ce que c'est que la différence de dy devenue égale à l'infini dans certains points d'inflexion. Rien n'est cependant plus simple; au point d'inflexion la quantité $\frac{dy}{dx}$ est un *maximum* ou un *minimum*; donc la différence divisée par dx est $= o$ ou $=$ à l'infini. Donc, en regardant dx comme constant, on a la quantité $\frac{ddy}{dx^2} =$ à zéro ou à l'infini; cette quantité n'est point une quantité infiniment petite, c'est une quantité qui est nécessairement ou finie, ou infinie, ou zéro, parce que le numérateur ddy, qui est infiniment petit du second ordre, est divisé par dx^2, qui est aussi du second ordre. Pour abréger, on dit que ddy est $=$ à l'infini; mais ddy est censée multipliée par la quantité $\frac{1}{dx^2}$; ce qui fait disparoître tout le mystère. En général, $ddy =$ à l'infini ne signifie autre chose que $\frac{ddy}{dx^2} =$ à l'infini; or, dans cette équation, il n'entre point de *différentielle*; par exemple, soit $y = \frac{1}{\overline{a-x}^4}$, on aura $dy = + \frac{4\,dx}{(a-x)^5}$, & $ddy = \frac{20\,dx^2}{(a-x)^6}$: $ddy =$ à l'infini, n'est autre chose que $\frac{ddy}{dx^2} =$ à l'infini, c'est-à-dire $\frac{20}{(a-x)^6} =$ à l'infini, ce qui arrive quand $x = a$; on voit qu'il n'entre point de *différentielle* dans la quantité $\frac{20}{(a-x)^6}$, qui représente $\frac{ddy}{dx^2}$, ou la limite de la limite $\frac{dy}{dx}$.

On supprime le dx^2 pour abréger; mais il n'en est pas moins censé existant. C'est ainsi qu'on se sert souvent dans les sciences de manières de parler abrégées qui peuvent iuduire en erreur, quand on n'en entend pas le véritable sens.

Il résulte de tout ce que nous avons dit, 1.° que, dans le calcul *différentiel*, les quantités qu'on néglige, sont négligées, non comme on le dit d'ordinaire, parce qu'elles sont infiniment petites par rapport à celles qu'on laisse subsister, ce qui ne produit qu'une erreur infiniment petite ou nulle; mais parce qu'elles doivent être négligées pour l'exactitude rigoureuse. On a vu en effet ci-dessus que $\frac{a}{2y}$ est la vraie & exacte valeur de $\frac{dy}{dx}$; ainsi, en différentiant $ax = yy$, c'est $2y\,dy$, & non $2y\,dy + dy^2$, qu'il faut prendre pour la *différentielle* de y^2, afin d'avoir, comme on le doit, $\frac{dx}{dy} = \frac{2y}{a}$; 2.° il ne s'agit point, comme on le dit encore ordinairement, de quantités infiniment petites dans le calcul *différentiel*; il s'agit uniquement de limites de quantités finies. Ainsi la métaphysique de l'infini & des quantités infiniment petites plus grandes ou plus petites les unes que les autres, est totalement inutile au calcul *différentiel*. On ne se sert du terme *d'infiniment petit*, que pour abréger les expressions. Nous ne dirons donc pas avec bien des géomètres qu'une quantité eſt infiniment petite, non avant qu'elle s'évanoüiſſe, non après qu'elle eſt évanoüie, mais dans l'inſtant même où elle s'évanoüit; car que veut dire une définition ſi fauſſe, cent fois plus obſcure que ce qu'on veut définir? Nous dirons qu'il n'y a point dans le calcul *différentiel* de quantités infiniment petites. Au reſte, nous parlerons plus au long à l'*article* INFINI de la métaphyſique de ces quantités. Ceux qui liront avec attention ce que nous venons de dire, & qui y joindront l'uſage du calcul & les réflexions, n'auront plus aucune difficulté ſur aucun cas, & trouveront facilement des réponſes aux objections de Rolle & des autres adverſaires du calcul *différentiel*, ſuppoſé qu'il lui en reſte encore. Il faut avouer que ſi ce calcul a eu des ennemis dans ſa naiſſance, c'eſt la faute des géomètres ſes partiſans, dont les uns l'ont mal compris, les autres l'ont trop peu expliqué. Mais les inventeurs cherchent à mettre le plus de myſtère qu'ils peuvent dans leurs découvertes; & en général les hommes ne haïſſent point l'obſcurité, pourvu qu'il en réſulte quelque choſe de merveilleux. Charlatanerie que tout cela! La vérité eſt ſimple, & peut-être toujours miſe à portée de tout le monde, quand on veut en prendre la peine.

Nous ferons ici au ſujet des quantités *différentielles* du ſecond ordre, & autres plus élevées, une remarque qui era très-utile aux commençans. On trouve dans les *mém. de l'acad. des Sciences de* 1711, & dans le *I. tome des œuvres* de M. Jean Bernoulli, un mémoire où l'on remarque avec raiſon que Neuton s'eſt trompé, quand il a cru que la différence ſeconde de z^n, en ſuppoſant dz conſtante, eſt $\frac{n(n-1)z^{n-2}dz^2}{2}$, au lieu qu'elle eſt $n(n-1)z^{n-2}dz^2$, comme il réſulte des règles énoncées ci-deſſus, & conformes aux principes ordinaires du calcul *différentiel*. C'eſt à quoi il faut prendre bien garde; & ceci nous donnera encore occaſion d'inſiſter ſur la différence des courbes polygones & des courbes rigoureuſes, dont nous avons déjà parlé aux *art.* CENTRAL & COURBE. Soit, par exemple, $y = x^2$, l'équation d'une parabole: ſuppoſons dx conſtant c'eſt-à-dire tous les dx égaux, on trouvera que $x + dx$ donne pour l'ordonnée correſpondante exacte, que j'appelle y', $x^2 + 2x\,dx + dx^2$, & que $x + 2dx$ donne l'ordonnée correſpondante que je nomme y'', exactement égale à $x^2 + 4x\,dx + 4dx^2$; donc $2x\,dx + dx^2$ eſt l'excès de la ſeconde ordonnée ſur la première, & $2x\,dx^2 + 3dx^2$ eſt l'excès de la troiſième ſur la ſeconde: la différence de ces deux excès eſt $2dx^2$; & c'eſt le ddy, tel que le donne le calcul *différentiel*. Or ſi par l'extrémité de la ſeconde ordonnée on tiroit une tangente qui vînt couper la troiſième ordonnée, on trouveroit que cette tangente diviſeroit le ddy en deux parties égales, dont chacune ſeroit par conſéquent dx^2 ou $\frac{2dx^2}{2}$. C'eſt cette moitié du ddy vrai que M. Neuton a priſe pour le vrai ddy entier; & voici ce qui peut avoir occaſionné cette mépriſe. Le ddy véritable ſe trouve par le moyen de la tangente conſidérée comme ſecante dans la courbe rigoureuſe; car en faiſant les dx conſtans, & regardant la courbe comme polygone, le ddy ſera donné par le prolongement d'un des côtés de la courbe, juſqu'à ce que ce côté rencontre l'ordonnée infiniment-proche auſſi prolongée. Or la tangente rigoureuſe dans la courbe rigoureuſe étant prolongée de même, donne la moitié de ce ddy; & M. Neuton a crû que cette moitié du ddy exprimoit le ddy véritable, parce qu'elle étoit formée par la ſoutangente; ainſi, il a confondu la courbe polygone avec la rigoureuſe. Une figure très-ſimple fera entendre aiſément tout cela à ceux qui ſont un peu exercés à la géométrie des courbes & au calcul *différentiel*. *V.* COURBE POLYGONE *au mot* COURBE, *l'hiſtoire de l'acad. des Scienc. de* 1722, & mon *traité de Dynamique*, *I. partie*, à l'article des *forces centrales*.

EQUATION DIFFÉRENTIELLE, eſt celle qui contient des quantités *différentielles*. On l'appelle du premier ordre, ſi les *différentielles* ſont du premier ordre, du ſecond, ſi elles ſont du ſecond, *&c.*

Les équations *différentielles* à deux variables appartiennent aux courbes méchaniques; c'eſt en quoi ces courbes diffèrent des géométriques. On trouvera leur conſtruction *au mot* COURBE. Mais cette conſtruction ſuppoſe que les indéterminées y ſoient ſéparées; & c'eſt l'objet du calcul intégral. *V.* INTÉGRAL.

Dans les équations *différentielles* du ſecond ordre, où dx, par exemple, eſt ſuppoſé conſtant, ſi on veut qu'il ne ſoit plus conſtant, on n'a qu'à diviſer tout par dx; & enſuite, au lieu de $\frac{ddy}{dx}$, mettre $d\left(\frac{dy}{dx}\right)$ ou $\frac{ddy}{dx} - \frac{dy\,d.dx}{dx^2}$, & on aura une équation où rien ne ſera conſtant. Cette règle eſt expliquée dans pluſieurs ouvrages, & ſur-tout dans la *ſeconde partie du Traité du calcul intégral* de M. Bougainville.

On peut auſſi avoir recours aux *Œuvres* de Jean Bernoulli, *t. IV, page 77*; & on peut remarquer que $\frac{ddy}{dx}$, en ſuppoſant dx conſtant, eſt la même choſe que $d\left(\frac{dy}{dx}\right)$, en ſuppoſant dx conſtant: or $\frac{dy}{dx}$ eſt le même, ſoit qu'on prenne dx conſtant, ſoit qu'on le faſſe variable. Car y demeurant la même, $\frac{dy}{dx}$ ne change point, pourvu que dx ſoit infiniment petite. Pour le bien voir, on n'a qu'à ſuppoſer $dy = z\,dx$ ou $\frac{dy}{dx} = z$, on aura

$d\zeta$ au lieu de $\frac{ddy}{dx}$ dans l'équation ; or ce $d\zeta$ est la même chose que $d\left(\frac{dy}{dx}\right)$, sans suppoſer rien de conſtant. Donc, &c.

Il me reſte à parler de la différentiation des quantités ſous le ſigne $\int$. Par exemple, on propoſe de différentier $\int A\,d\,x$, en ne faiſant varier que y, A étant une fonction de x & de y : cette différence eſt $dy\int\frac{dA}{dy}dx$, $\frac{dA}{dy}$ étant le coëfficient de dy dans la *différentielle* de A. On trouvera la méthode expliquée dans les *Mémoires de l'Acad. de 1740, page 296*, d'après un Mémoire de M. Nicolas Bernoulli. Je paſſe légèrement ſur ces objets qui ſont traités ailleurs, pour venir à la queſtion de l'inventeur du calcul *différentiel*.

Il eſt conſtant que Leibnitz l'a publié le premier ; il paroît qu'on convient aujourd'hui aſſez généralement que Neuton l'avoit trouvé auparavant : reſte à ſavoir ſi Leibnitz l'a pris de Neuton. Les pièces de ce grand procès ſe trouvent dans le *commercium epiſtolicum de analyſi promotâ*, 1712, *Londini*. On y rapporte une lettre de Neuton du 10 Décembre 1672, qu'on prétend avoir été connue de Leibnitz, & qui renferme la manière de trouver les tangentes des courbes. Mais cette méthode dans la lettre citée, n'eſt appliquée qu'aux courbes dont les équations n'ont point de radicaux ; elle ne contient point le calcul *différentiel*, & n'eſt autre choſe que la méthode de Barrow pour les tangentes un peu ſimplifiée. Neuton dit à la vérité dans cette lettre, que, par ſa méthode, il trouve les tangentes de toutes ſortes de courbes, géométriques, méchaniques, ſoit qu'il y ait des radicaux, ou qu'il n'y en ait pas dans l'équation. Mais il ſe contente de le dire. Ainſi, quand Leibnitz auroit vu cette lettre de 1672, il n'auroit point pris à Neuton le calcul *différentiel* ; il l'auroit pris tout au plus à Barrow ; & en ce cas ce ne ſeroit, ni Neuton, ni Leibnitz, ce ſeroit Barrow qui auroit trouvé le calcul *différentiel*. En effet, pour le dire en paſſant, le calcul *différentiel* n'eſt autre choſe que la méthode de Barrow pour les tangentes, généraliſée. *Voyez* cette *méthode* de Barrow pour les tangentes, expliquée dans ſes *lectiones geometricæ* & à la fin du V. *livre des ſections coniques* de M. de l'Hopital, & vous ſerez convaincu de ce que nous avançons ici. Il n'y avoit, pour la rendre générale, qu'à l'appliquer aux courbes dont les équations ont des radicaux ; & pour cela il ſuffiſoit de remarquer que $m\,x^{\,m}-1\,d\,x$ eſt la *différentielle* de $x^{\,m}$, non-ſeulement lorſque m eſt un nombre entier poſitif (c'eſt le cas de Barrow), mais encore lorſque m eſt un nombre quelconque entier, ou rompu, poſitif, ou négatif. Ce pas étoit facile en apparence ; & c'étoit cependant celui qu'il falloit faire pour trouver tout le calcul *différentiel*. Ainſi, quelque

ſoit l'inventeur du calcul *différentiel*, il n'a fait qu'étendre & achever ce que Barrow avoit preſque fait, & ce que le calcul des expoſans, trouvé par Deſcartes, rendoit aſſez facile à perfectionner. *Voyez* EXPOSANT. C'eſt ainſi ſouvent que les découvertes les plus conſidérables préparées par le travail des ſiècles précédens, ne dépendent plus que d'une idée fort ſimple.

Cette généraliſation de la méthode de Barrow, qui contient proprement le calcul *différentiel*, ou (ce qui revient au même) la méthode des tangentes en général, ſe trouve dans une lettre de Leibnitz du 21 Juin 1677, rapportée dans le même recueil, *p. 90*. C'eſt de cette lettre qu'il faut dater, & non des actes de Leipſick de 1684, où Leibnitz a publié le premier les règles du calcul *différentiel*, qu'il connoiſſoit évidemment ſept ans auparavant, comme on le voit par la lettre citée. Venons aux autres faits qu'on peut oppoſer à Leibnitz.

Par une lettre de Neuton du 13 Juin 1676, *p. 49* de ce recueil, on voit que ce grand géomètre avoit imaginé une méthode des ſuites, qui l'avoit conduit aux calculs *différentiel* & intégral ; mais Neuton n'explique point comment cette méthode y conduit, il ſe contente d'en donner des exemples ; & d'ailleurs les commiſſaires de la ſociété royale ne diſent point ſi Leibnitz a vu cette lettre ; ou pour parler plus exactement, ne diſent point qu'il l'a vûe : obſervation remarquable & importante, comme on le verra tout-à-l'heure. Il n'eſt parlé dans le rapport des commiſſaires que de la lettre de Neuton de 1672, comme ayant été vue par Leibnitz ; ce qui ne conclut rien contre lui, comme nous l'avons prouvé. *Voyez*, *p. 121* de ce recueil, le rapport des commiſſaires nommés par la ſociété royale, *art. II. & III.* Il ſemble pourtant par le titre de la lettre de Neuton de 1676, imprimée *page 49* du recueil, que Leibnitz avoit vu cette lettre avant la ſienne de 1677 ; mais cette lettre de 1676 traite principalement des ſuites ; & le calcul *différentiel* ne s'y trouve que d'une manière fort éloignée, ſous-entendue, & ſuppoſée. C'eſt apparemment pour cela que les commiſſaires n'en parlent point ; car, par la lettre ſuivante de Leibnitz, *page 58*, il paroît qu'il avoit vu la lettre de Neuton de 1676, ainſi qu'une autre du 24 Octobre même année, qui roule ſur la même méthode des ſuites. On ne dit point non plus, & on ſait encore moins, ſi Leibnitz avoit vû un autre écrit de Neuton de 1669, qui contient un peu plus clairement, mais toujours implicitement, le calcul *différentiel*, & qui ſe trouve au commencement de ce même recueil.

C'eſt pourquoi, ſi on ne peut refuſer à Neuton la gloire de l'invention, il n'y a pas non plus de preuves ſuffiſantes pour l'ôter à Leibnitz. Si Leibnitz n'a point vu les écrits de 1669 & 1676, il eſt inventeur abſolument : s'il les a vus, il peut paſſer pour l'être encore, du moins de l'aveu tacite des commiſſaires, puiſque ces écrits ne contiennent pas assez clairement le calcul *différentiel*, pour que les commissaires lui aient reproché de les avoir lus. Il faut avouer pourtant que ces deux écrits, sur-tout celui de 1669, s'il l'a lu, peuvent lui avoir donné des idées (*voyez page 19 du recueil*); mais il lui restera toujours le mérite de les avoir eues, de les avoir développées, & d'en avoir tiré la méthode générale de différentier toutes sortes de quantités. On objecte envain à Leibnitz que sa métaphysique du calcul *différentiel* n'étoit pas bonne, comme on l'a vu plus haut: cela peut-être; cependant cela ne prouve rien contre lui. Il peut avoir trouvé le calcul dont il s'agit, en regardant les quantités *différentielles* comme des quantités réellement infiniment petites, ainsi que bien des géometres les ont considérées; il peut ensuite, effrayé par les objections, avoir chancelé sur cette métaphysique. On objecte enfin que cette méthode auroit dû être plus féconde entre ses mains, comme elle l'a été dans celles de Neuton. Cette objection est peut-être une des plus fortes pour ceux qui connoissent la nature du véritable génie d'invention. Mais Leibnitz, comme on sait, étoit un philosophe plein de projet sur toutes sortes de matieres: il cherchoit plutôt à proposer des vûes nouvelles, qu'à perfectionner & à suivre celles qu'il proposoit.

C'est dans les actes de Leipsick de 1684, comme on l'a dit plus haut, que Leibnitz a donné le calcul *différentiel* des quantités ordinaires. Celui des quantités exponentielles qui manquoit à l'écrit de Leibnitz, a été donné depuis en 1697 par M. Jean Bernoulli dans les actes de Leipsick. (*O*)

DIFFÉRENTIELLE (*Méthode*). Neuton a donné ce nom à la méthode qu'il a expliquée dans un petit ouvrage particulier, pour faire passer une courbe de *genre parabolique* par plusieurs points donnés, en prenant les différences finies, premieres, secondes, troisiemes, &c. des ordonnées, qui passent par ces points. *Voyez* son ouvrage *intitulé*, METHODUS DIFFERENTIALIS.

On peut donner ce même nom à deux autres méthodes; la premiere, est celle de découvrir l'intégrale de certaines différentielles par la différentiation. M. Clairaut en a le premier donné l'idée dans les *Mém. de l'Acad. des Sciences de Paris*, 1734, sur quelques cas particuliers; j'ai donné depuis, dans les *Mém. de Berlin*, 1748, la méthode générale pour trouver les équations différentielles qui avoient cette propriété. *Voyez* sur cela mes OPUSCULES MATHÉMATIQUES, *Tome I, page* 244.

On peut encore donner le nom de *Méthode différentielle*, à une autre méthode que j'ai aussi donnée dans les mêmes *Mémoires de Berlin*, 1748, & qui consiste à trouver, par la différentiation, dans certains cas, les valeurs d'une quantité intégrale, à une ou plusieurs variables. J'ai fait souvent usage de cette méthode, entr'autres, pour démontrer que toutes les quantités imaginaires peuvent se réduire à la forme $A + B\sqrt{-1}$, & pour résoudre une grande quantité de problèmes sur les fonctions. *Voyez les Mém. de Berlin*, 1746, & plusieurs endroits de mes *opuscules*. (*O*)

DIFFÉRENTIER, v. act. (*Géomét.*) *une quantité* dans la Géométrie transcendente, c'est en rendre la différence suivant les regles du calcul différentiel. *Voyez* DIFFÉRENCE & DIFFÉRENTIEL, où les regles & la métaphysique de ce calcul sont expliquées. *Voyez aussi l'article* INTÉGRAL. (*O*)

DIFFRACTION, s. f. (*Optiq.*) est une propriété des rayons de lumiere, qui consiste en ce que ces rayons se détournent de leur chemin lorsqu'ils rasent un corps opaque, & ne continuent pas leur route en ligne droite. Nous ne pouvons mieux faire ici, que de rapporter en substance ce que dit M. de Mairan sur ce sujet dans les *mém. acad.* 1738, *page* 53.

Tous les Opticiens, avant le P. Grimaldi, jésuite, ont cru que la lumiere ne pouvoit se répandre ou se transmettre que de trois manieres; savoir, par voie directe ou en ligne droite, par réfraction, & par réflexion; mais ce savant homme y en ajouta une quatrieme qu'il avoit observé dans la nature, & qu'il appella *diffraction*. C'est cette inflexion des rayons qui se fait à la superficie ou auprès de la superficie des corps, & d'où résulte non-seulement une plus grande ombre que celle qu'ils devoient donner, mais encore différentes couleurs à côté de cette ombre, fort semblables à celles de l'expérience ordinaire du prisme.

Pour se convaincre en gros du phénomene, & sans beaucoup de préparatifs, il n'y a qu'à regarder le soleil à travers les barbes d'une plume, ou auprès des bords d'un chapeau, ou de tel autre corps filamenteux, & l'on appercevra une infinité de petits arc-en-ciels ou franges colorées. La principale raison du P. Grimaldi, pour établir que la *diffraction* étoit réellement une quatrieme espece de transmission de la lumiere, & pour la distinguer de la réfraction, est qu'elle se fait, comme il le pense, sans l'intervention d'aucun nouveau milieu. A l'égard de M. Neuton, qui a décrit ce phénomene avec beaucoup d'exactitude, & qui a encore plus détaillé les circonstances & les dimensions que le P. Grimaldi, il n'a rien décidé formellement, que je sache, de sa vraie & prétendue différence avec celui de la réfraction, ne voulant pas même, comme il le dit à ce sujet, entrer dans la discussion, si les rayons de la lumiere sont corporels ou ne le sont pas: *de natura radiorum, utrum sint corpora necne, nihil omninò disputans.* Cependant il a exclu du phénomene, sans restriction & sans rien mettre à sa place, la réfraction ordinaire de l'air.

Voici d'une maniere plus détaillée en quoi consiste la *diffraction*: soit *A B C D* (*pl. Opt. fig.* 66) le profil ou la coupe d'un cheveu ou d'un fil délié de métal, *RR* un trait de lumière reçu par un fort petit trou dans la chambre obscure, & auquel on a opposé le corps *ABCD* à quelques piés au-delà. Si on reçoit l'ombre du fil *AC* sur un plan, à quelques piés de distance du fil, par exemple en *NZ*, elle y sera trouvée, toutes déductions faites, beaucoup plus grande qu'elle ne devroit l'être à raison du diamètre de ce fil; on voit de plus de part & d'autre des limites de l'ombre en *NL*, *ZQ*, des bandes ou franges de lumière colorée. On s'imaginera peut-être que les couleurs *N*, *E*, *L*, d'un côté de l'ombre, & *Z*, *V*, *Q*, de l'autre côté, représentent simplement la suite des couleurs de la lumière, chacune des bandes ou franges ne donnant qu'une de ces couleurs. Mais ce sont bien distinctement tout au moins trois ordres ou suites de couleurs de chaque côté, & posées l'une auprès de l'autre, à-peu-près comme les spectres d'autant de prismes ajustés l'un sur l'autre au-dessus & au-dessous du corps diffringent *ABCD*. Ces trois suites de franges ou de couleurs sont représentées ici dans leurs proportions ou approchant (*fig. 67*), par rapport à l'ombre *O* du cheveu, & marquées sur le milieu des mêmes lettres que leurs correspondantes dans la figure 66. Ainsi la première, en partant de l'ombre, est *N* d'un côté & *Z* de l'autre; la seconde *E* & *V*, & la troisième *L* & *Q*. On voit dans la première de part & d'autre, en venant de l'ombre, les couleurs suivantes, violet, indigo, bleu-pâle, verd, jaune, rouge; dans la seconde, en suivant le même ordre, bleu, jaune, rouge; & dans la troisième, bleu-pâle, jaune-pâle, & rouge. Cette propriété des rayons de lumière s'appelle aussi *inflexion*. Il y a des auteurs qui prétendent que M. Hook l'a découvert le premier, mais cet auteur est postérieur à Grimaldi. La cause n'en est pas bien connue; on peut voir sur ce sujet les *conjectures de* M. Neuton *dans son Optique*, & celles de M. de Mairan *dans les mém. acad. 1738*. (*O*)

M. de Lisle a donné des expériences à ce sujet, dans ses *Mémoires* imprimés à Pétersbourg, en 1738, M. Maraldi dans les *Mémoires de l'Académie, pour* 1723 *Voyez* aussi le *Cours complet d'Optique*, traduit de l'angois, de Robert Smith, à Avignon, 1767, *tome 1, p. 214*.

Les astronomes appellent *inflexion* le changement qu'éprouvent les rayons en passant près d'une planète, mais ils regardent celle-ci comme un effet de la réfraction. *V.* INFLEXION. (*D. L.*)

D I G

DIGNITÉ (*en Astrologie*), se dit de la situation d'une planète dans le signe où elle a le plus d'influence. (OZONAM.)

DIGRESSION, (*Astron.*) éloignement apparent des planètes au soleil; c'est à-peu-près la même chose que ÉLONGATION : mais *digression* se dit plus communément des planètes inférieures, mercure & vénus, qui ne s'éloignent du soleil que jusqu'à un certain point; mercure s'en éloigne de 28^d, & vénus de 48^d. Quand une de ces deux planètes est dans sa plus grande *digression* orientale ou occidentale, le rayon, par lequel nous la voyons, est une tangente à l'orbite de la planète, & elle nous paroît pendant quelque tems à la même distance du soleil, ou à la même élongation; ces circonstances sont très-favorables pour déterminer exactement la situation & la grandeur d'une orbite, c'est-à-dire, le lieu de son aphélie, sa distance au soleil, l'excentricité de l'ellipse que la planète décrit. *Voyez* APHÉLIE, EXCENTRICITÉ, &c. (*D. L.*)

DIGUE, s. f. (*Hydrod.*) On appelle généralement *digue* tout obstacle opposé à l'effort que fait un fluide pour se répandre. En ce sens, il y a des *digues naturelles* & des *digues artificielles*. Il n'est ici question que des dernières; & alors une *digue* est un solide formé de terre ou de pierre, de charpente ou de fascinage, souvent de plusieurs de ces matières, ou même de toutes ensemble, destiné à arrêter, quelquefois à détourner & à rejetter d'un autre côté les eaux d'un ruisseau, d'un fleuve ou de la mer.

Les *digues* prennent, relativement à leur objet & suivant les matériaux dont elles sont composées, les noms de *chaussées*, *quais*, *turcies*, *levées*, *battes*, *glacis*, *reversoirs*, *jettées*, *moles*, *épis*, *batardeaux*, &c. sur quoi il est bon de remarquer que plusieurs de ces dénominations sont synonymes, le même ouvrage changeant souvent de nom d'un pays à un autre.

La construction la plus avantageuse & les usages des différentes sortes de *digues*, font la matière d'un ouvrage que j'ai composé, conjointement avec M. Viallet, Ingénieur des ponts & chaussées, & qui remporta, en 1762, le prix quadruple de l'Académie des Sciences de Toulouse. *Voyez* cet Ouvrage. Ici je me contente d'en extraire ce qui est relatif à la détermination & à la forme qu'une *digue* doit avoir pour résister à la pression ou au choc des eaux qui tendent à la renverser.

I. La solution de ce problême doit être établie sur l'une des trois hypothèses suivantes :

1.° On peut considérer la *digue* comme un corps absolument continu que la pression ou le choc des eaux tend à renverser, en le faisant tourner sur l'angle postérieur de sa base, regardé comme fixe. Cette manière de considérer l'effort des eaux contre une *digue* est principalement applicable à celles qui se construisent en maçonnerie, sur-tout quand la maçonnerie a une fois pris corps.

2.° La *digue* peut être regardée comme un solide inébranlable dans ses fondemens, mais qui ne résiste pas également sur toute sa hauteur, & qui tend à se diviser par tranches horizontales; en sorte qu'il s'agit de déterminer la figure & les dimensions que doit avoir cette même *digue*, relativement aux différentes charges d'eau qu'elle soutient à différentes profondeurs. Cette seconde hypothèse convient sur-tout aux *digues* qui seroient construites entièrement en terres.

3.° On peut considérer les *digues*, comme ne pouvant être rompues, ni renversées, mais comme devant glisser d'une seule pièce, de sorte qu'elles ne demeurent stables qu'en vertu de la résistance occasionnée par le frottement de leur base, contre le sol sur lequel elles sont posées. Cette hypothèse a rarement lieu dans la pratique, parce qu'on doit prendre toutes les précautions possibles pour fonder solidement les *digues*, & pour les encaisser dans le terrein. Je ne donnerai pas ce calcul : si quelque lecteur veut le faire, il observera qu'on doit alors remplir ces deux conditions. 1.° La force horizontale qui tend à faire reculer la *digue*, doit être égale à la résistance du frottement, qui est toujours, comme on sait, une certaine partie de la pression totale que souffre le fond sur lequel la *digue* tend à glisser. 2.° Le moment de la force horizontale, par rapport à l'angle postérieur de la base, sur lequel se fait la rotation au premier instant, doit être égal au moment de toutes les forces verticales, par rapport au même angle. Il suffit d'indiquer cette méthode.

Examinons la forme & les dimensions de la *digue*, dans les deux premières hypothèses, en ayant d'abord simplement égard à la pression des eaux stagnantes. Nous expliquerons ensuite la manière de faire entrer dans le calcul l'effort des eaux courantes.

Première Hypothèse.

II. Soient (*pl. Hydr. fig.* 17.), $FHNSE$ le profit d'une *digue* regardée comme un solide, dont toutes les parties sont liées & continues; HK, le niveau des eaux qui tendent à la renverser en la faisant tourner sur le point E, considéré comme fixe; FHN, SE des lignes quelconques, droites ou courbes, mais données; FE, l'épaisseur que la *digue* doit avoir à son pied, afin de n'être pas renversée. Il est évident que dans le cas où les terres, au-devant de la fondation du parement d'amont, ne joindroient pas parfaitement ce parement, l'eau s'insinueroit dans ce fluide, & presseroit la *digue* en cet endroit, suivant toute la hauteur de son niveau, au-dessus du fond de l'affouillement; ainsi, pour plus de sûreté, il faut compter la profondeur des eaux depuis la naissance de la fondation, jusqu'au niveau des plus hautes eaux.

Ayant mené à l'axe horizontal HK, les ordonnées infiniment voisines PM, pm; des points H & M, les verticales HT, MX; du point M, l'horizontale ML, & du point E, la verticale EL: supposons $HT = a$; $FT = f$; $FE = z$; le moment de l'aire $FHNSE$, par rapport au point E $= Z$; la pesanteur spécifique de l'eau $= p$; celle de la *digue* $= \Pi$; $HP = x$; $PM = y$.

On sait que chaque élément Mm souffre une pression perpendiculaire RM, laquelle est proportionnelle à la hauteur PM. Décomposons cette force RM en deux autres RQ, RY, l'une horizontale, l'autre verticale. On aura force $RQ = pyds \times \frac{RQ}{RM}$. Or (à cause des triangles semblables RQM, mVM), $\frac{RQ}{RM} = \frac{Vm}{Mm} = \frac{dy}{ds}$; donc force $RQ = pyds . \frac{dy}{ds} = pydy$. Ainsi, la force RQ sera toujours la même, quelle que puisse être la courbe HF. Le moment de cette même force, par rapport au point E, est $pydy \times LE = pydy \times (a - y)$, dont l'intégrale est $\frac{pay^2}{2} - \frac{py^3}{3}$. Supposant $y = a$, il nous viendra $\frac{pa^3}{6}$ pour le moment total de poussée horizontale de l'eau par rapport au point E, & par conséquent ce moment sera toujours le même que le moment de la poussée horizontale de l'eau contre la verticale FK. La seconde force RY ou QM $= pyds \times \frac{MQ}{RM} = pyds \times \frac{dx}{ds} = pydx$. Cette force conspire, avec le poids de la *digue*, à affermir cette même *digue* sur sa base; & son moment, par rapport au point E, est $pydx \times XE = pydx \times (z - f + x)$. Donc le moment de la poussée verticale entière de l'eau, par rapport au point E, sera $\int (z - f + x) pydx$. Lorsque cette intégration sera effectuée, après avoir exprimé x en y, à l'aide de l'équation de la courbe connue FH, il faudra supposer $y = a$, afin d'avoir le moment de la poussée verticale de l'eau, correspondant à toute la hauteur HT.

Maintenant, il est clair que le moment de la poussée horizontale de l'eau, qui tend à renverser la *digue*, doit être contre-balancé par la somme des momens de la poussée verticale de l'eau, & du poids même de la *digue*, ou par le *moment unique* qui en résulte. Ce moment unique constitue la stabilité de la *digue* sur son pied FE : & comme il convient toujours de donner plus de stabilité à la *digue*, qu'il ne faut pour le simple équilibre, on multipliera un nombre m de fois, le moment de la poussée horizontale de l'eau, & on égalera le produit à la somme des momens de la poussée verticale de l'eau & du poids de la *digue*; ce qui donnera l'équation (A), $\frac{mpa^3}{6} = \int (z - f + x) pydx + \Pi Z$; d'où l'on tirera l'épaisseur z, la quantité Z étant une fonction connue de z.

III. Supposons, par exemple, que les deux paremens NF, SE (*fig.* 18), soient deux lignes droites inclinées, faisant, avec l'horizon, les angles donnés NFT, SEQ; & que le couronnement NS soit une ligne droite horizontale. Abaissons les verticales NZ, SQ, & faisons $SQ = NZ = b$, $EQ = g$, $FZ = r$: on aura $x = \frac{fy}{a}$; $\int (z - f + x) pydx = \int \frac{f}{a} \left(z - f + \frac{fy}{a}\right) pydy =$

$py\,dy = \frac{pfzy^2}{2a} - \frac{pf^2y^2}{2a} + \frac{pf^2y^3}{3a^2} =$ (en faisant $y=a$), $\frac{pfza}{2} - \frac{pf^2a}{6}$; $Z = (z-r-g) \times b\left(g + \frac{z-r-g}{2}\right) + \frac{br}{2}\left(z - \frac{2r}{3}\right) + \frac{bg}{2} \cdot \frac{2g}{3} = \frac{bzz}{2} - \frac{brz}{2} + \frac{brr}{6} - \frac{bgg}{6}$. Par conséquent l'équation générale (A) deviendra celle-ci, qui est du second degré, $\frac{mpa^3}{6} = \frac{pfza}{2} - \frac{pffa}{6} + \frac{\Pi bz^2}{2} - \frac{\Pi brz^2}{2} + \frac{\Pi br^2}{6} - \frac{\Pi bg^2}{6}$.

Je laisse aux lecteurs le soin d'appliquer ces formules à des exemples particuliers.

Seconde Hypothèse.

IV. Dans cette hypothèse, comme dans la précédente, la *digue* est censée arrêtée fixément par son pied, de manière qu'elle ne puisse pas glisser: mais ici elle est composée de tranches horizontales, suivant lesquelles elle peut se diviser; & il s'agit de courber le parement d'amont de telle manière, que ces différentes tranches résistent également aux différentes forces qui tendent à les emporter. Nous supposons, pour écarter tout ce qui est étranger à la question, que le parement d'aval soit à-plomb, & que la hauteur des eaux s'élève à la hauteur de la *digue*.

Soient donc (*fig.* 19.) HFT le profil de la *digue* ; HK le niveau des eaux ; HI la courbe cherchée qui doit former le parement d'amont ; la verticale HT le parement d'aval ; $MNnm$ une tranche horizontale infiniment mince & indéterminée, suivant laquelle la *digue* tend à se rompre en vertu de l'effort des eaux sur HM. Cela posé, il est clair que lorsque la *digue* se rompt en effet suivant MN, la partie supérieure HMN se détache de l'inférieure $MNTF$, en allant de M vers N, & qu'à l'instant de la rupture, il se fait autour du point N un petit mouvement de rotation. Il faut donc trouver les forces qui agissent sur la tranche $MNnm$, & les mettre en équilibre autour du point N, regardé comme l'appui d'un lévier. Or ces forces sont, 1.° la poussée horizontale de l'eau. 2.° La poussée verticale de l'eau. 3.° Le poids de la partie HMN de la *digue*. 4.° L'adhérence des deux surfaces MN, mn, laquelle naît de l'engrainement de leurs parties. Cette dernière force est analogue à la résistance qu'une poutre, fixée dans un mur, & pressée par un poids, oppose à sa rupture ; mais il faut bien marquer qu'entre ces deux sortes de forces, il y a cette différence que les fibres d'une poutre sont flexibles & extensibles, ce qui fait qu'elle ne résiste pas également dans toute la section suivant laquelle elle se rompt, au lieu que l'adhérence des deux surfaces MN, mn de la *digue*, étant produite par l'engrenement de parties dures & dénuées de tout ressort, doit être la même dans toute la longueur MN.

Des quatre corps dont nous venons de parler, il est évident que la première est la seule qui tende à renverser la partie HMN sur le point N, & qu'elle est contrebalancée par les trois autres. Reste à trouver les momens de toutes ces forces par rapport au point N, & à égaler le premier à la somme des trois autres. Or, en supposant HP ou $NM = x$, $PM = y$, la pesanteur spécifique de l'eau $= p$, celle de la *digue* $= \Pi$: on voit, 1.° que le moment de la poussée horizontale de l'eau $= \frac{py^3}{6}$. 2.° Le moment de la poussée verticale de l'eau $= \int pxy\,dx$. 3.° Le moment de la partie HMN de la *digue* $= \int \frac{\Pi x^2 dy}{2}$. 4.° Le moment de la force d'adhérence des deux surfaces MN, mn est proportionnel à $x \times \frac{x}{2}$; de sorte qu'en supposant que, sous une longueur donnée h, la force d'adhérence soit égale à un poids connu Q, & en observant que, comme il ne s'agit ici que de profils, ce poids peut être converti en une tranche quarrée d'eau, qui ait pour côté la ligne connue K : le moment dont il s'agit sera $\frac{pK^2}{h} \times \frac{x^2}{2}$; moment qui, comme l'on voit, est homogène à tous les autres. Par conséquent on aura l'équation $\frac{py^3}{6} = \int pxy\,dx + \int \frac{\Pi x^2 dy}{2} + \frac{pK^2x^2}{2h}$, de laquelle il faut tirer la relation entre x & y. Pour cela, je différentie les deux membres ; ce qui donne $\frac{py^2dy}{2} = pxydx + \frac{\Pi x^2 dy}{2} + \frac{pK^2 x dx}{h}$; ou bien (en faisant, pour abréger, $\frac{p}{\Pi} = n$, $\frac{pK^2}{h\Pi} = N$), $nyy\,dy = xx\,dy + (2ny + 2N)x\,dx$; ou bien encore (en faisant $2ny + 2N = z$), $xx\,dz + 2nzx\,dx = dz\frac{(z-2N)^2}{4n}$. Multipliant tout par $z^{\frac{1}{n}-1}$ pour rendre cette équation intégrale, on aura $x^2 z^{\frac{1}{n}-1} dz + 2nz^{\frac{1}{n}} x\,dx = \frac{z^{\frac{1}{n}+1}dz}{4n} - \frac{Nz^{\frac{1}{n}}dz}{n} + \frac{N^2 z^{\frac{1}{n}-1} dz}{n}$, dont l'intégrale est $nx^2z^{\frac{1}{n}} + A = \frac{z^{\frac{1+2n}{n}}}{4(1+2n)} - \frac{Nz^{\frac{1+n}{n}}}{1+n} + N^2 z^{\frac{1}{n}}$ ou bien (en chassant z), $nx^2(2ny + 2N)^{\frac{1}{n}} + A = \frac{(2ny+2N)^{\frac{1+2n}{n}}}{4(1+2n)}$

$$- \frac{N(2ny+2N)^{\frac{1+n}{n}}}{1+n} + N^2 (2ny+2N)^{\frac{1}{n}}.$$

La constante A, ajoutée en intégrant, doit être telle qu'on ait $y=o$, lorsque $x=o$, car alors le moment de la poussée horizontale de l'eau s'évanouit, & par conséquent les momens des autres forces doivent s'évanouir aussi. Or cette supposition donne $A = \frac{(2N)^{\frac{1+2n}{n}}}{4(1+2n)} - \frac{N(2N)^{\frac{1+n}{n}}}{n \pm 1} + N^2 (2N)^{\frac{1}{n}}$. En substituant cette valeur de A dans l'équation précédente, on aura l'équation de la courbe cherchée HFT, exprimée en x & en y; & en quantité toutes connues. On voit que cette courbe, quoique d'un genre assez élevé, est très-facile à construire, puisque les indéterminées x & y se séparent d'elles-mêmes, & que, pour avoir x en y, on n'aura à résoudre qu'une simple équation du second degré, qui manque même de second terme. Le nombre constant n est le rapport connu des pesanteurs spécifiques de l'eau & de la *digue*. A l'égard de N, sa valeur doit être déterminée par l'expérience.

V. Si on néglige la force d'adhérence, qui ne fait d'ailleurs que concourir à la solidité de la *digue*, la solution du problême se simplifie extrêmement; car alors $N=o$, & l'équation devient $n x^2 (2ny)^{\frac{1}{n}} = \frac{(2ny)^{\frac{1+2n}{n}}}{4(1+2n)}$; d'où l'on tire aisément $x = y\sqrt{\frac{n}{1+2n}}$; & d'où l'on voit que le parement d'amont HF est une ligne droite inclinée sur sa base FT, de manière qu'on a $FT : HT :: \sqrt{\frac{n}{1+2n}} : 1$.

Dans les *digues* en terres pour lesquelles cette formule convient principalement, comme nous l'avons déjà dit, les pesanteurs spécifiques p & π sont entr'elles à-peu-près comme les deux nombres 7 & 10, en sorte qu'on a ici $n = \frac{7}{10}$; donc la valeur du radical $\sqrt{\frac{n}{1+2n}}$ est à-très-peu-près $\frac{7}{24}$; donc $FT : HT : 13 : 24$ à-peu-près. Ainsi, suivant la théorie, le profil d'une *digue* en terre doit être un triangle rectangle dont la base soit les $\frac{13}{24}$ de la hauteur. C'est sur quoi nous observerons deux choses relativement à la pratique.

1.° Un talut de moitié de la hauteur, qui ne suffiroit pas pour des terres abandonnées à elles-mêmes, conviendra parfaitement, lorsque ce talut sera blocaillé. Il n'y auroit même aucun inconvénient à l'augmenter davantage; si on le jugeoit à propos. La théorie & la pratique peuvent donc s'accorder très-bien ensemble.

2.° Il est impossible que le parement de derrière de la *digue* se soutienne à-plomb, comme nous l'avons supposé dans la solution du problême; & il faut, si on ne le blocaille pas comme celui de devant, lui donner un talut qui varie, suivant le degré de fluidité des terres, entre les $\frac{7}{6}$ & les $\frac{6}{6}$ de la hauteur.

Comme il ne suffit pas de proportionner l'épaisseur de la *digue* à la simple pression des eaux, & qu'il faut encore se garantir des filtrations, & comme il ne convient pas d'ailleurs de terminer une *digue* par une crete aiguë qui ne pourroit pas se soutenir long-tems, on ne peut se dispenser de donner à la *digue*, à son sommet, au moins deux pieds de largeur. Ce plus d'épaisseur & le talut du parement de derrière, produiront ensemble l'excédent de résistance que la *digue* doit avoir sur l'effort qu'elle est obligée de soutenir. On voit par-là que la plupart des chaussées d'étang, qui ne servent pas en même-tems de chemins, ont une épaisseur trop considérable.

Dimensions qu'une digue doit avoir pour résister tout à-la-fois à la pression & au choc des eaux.

VI. Je suppose, pour plus de simplicité dans les résultats, que les deux paremens de la *digue* soient des surfaces planes, ce qui est le cas le plus ordinaire. De plus, je suppose que la *digue* forme un corps solide & continu, qui tend à se renverser en tournant sur l'angle postérieur de sa base.

Soient (*fig. 20.*) $CDFH$, la face plane d'une *digue*, ou d'un mur, que rencontre le lit d'une rivière ou d'un courant d'eau, suivant DF, & qui est frappé par l'eau suivant la direction oblique RB; $HFES$, la coupe verticale du mur, élevée sur l'horizontale FE, perpendiculaire à l'horizontale DF. Supposons que la hauteur des eaux, dans le tems des grandes crûes, s'élève à la hauteur entière HT du mur, & que les deux paremens HF, SE, aient le même talut.

Cela posé, on sait, par la théorie ordinaire de la percussion des fluides, que lorsqu'un fluide frappe obliquement un plan, l'impulsion qui en résulte perpendiculairement contre le plan, est en raison composée du plan, du quarré de la vîtesse du fluide, & du quarré du sinus de l'angle d'incidence du fluide sur le plan. Or, si d'un point quelconque R du filet RB, on abaisse sur le plan $CDFH$ la perpendiculaire RX, & qu'on mène dans ce même plan la droite XB, qui rencontre RB au point B, il est visible qu'en prenant le sinus total pour l'unité, le sinus de l'angle d'incidence du fluide sur la face du mur, sera exprimé par $\frac{RX}{RB}$; donc, en nommant V la vîtesse de l'eau, le choc perpendiculaire contre FH, sera proportionnel à $FH \times V^2 \times \left(\frac{RX}{RB}\right)^2$.

Soit mené ſuivant la direction du filet RB que je ſuppoſe horizontal, un plan horizontal qui rencontre la face du mur ſuivant AB; & par la droite RX, ſoit mené un plan $LKMm$ perpendiculaire à AB, & qui rencontre le plan horizontal paſſant par RB & par AB, ſuivant RO, & la face du mur ſuivant OX. Il eſt clair que l'angle ROX eſt égal à l'angle HFT du talut du parement d'amont, puiſque les droites RO, XO, ſont évidemment perpendiculaires au même point de l'horizontale AB. Or on a $RX = RO \times \text{ſin.}\ ROX = RO \times \text{ſin.}\ HFT$, & $RB = \frac{RO}{\text{ſin.}\ RBO}$; donc, $\frac{RX}{RB} = \text{ſin.}\ HFT \times \text{ſin.}\ RBO$; donc, le choc contre FH ſera encore proportionnel à $FH \times V^2 \times (\text{ſin.}\ HFT)^2 \times (\text{ſin.}\ RBO)^2$.

Soient la verticale HT ou $SQ = a$; $FT = f$; $EQ = g$; $FH = \sqrt{(aa + ff)} = c$; le ſinus de l'angle HFT (pour le rayon 1) $= \frac{a}{c} = q$; le ſinus de l'angle $RBO = r$; l'épaiſſeur FE de la *digue* à ſon pied $= z$; la peſanteur ſpécifique de l'eau $= p$; la peſanteur ſpécifique du mur $= \Pi$. Suppoſons de plus que ſous une viteſſe donnée v, l'impulſion perpendiculaire de l'eau contre une ligne donnée K, ſoit égale à un poids connu Q: l'impulſion qui réſulte perpendiculairement contre FH, ſera $= \frac{QcV^2q^2r^2}{Kv^2}$.

Comme tous les points de la droite HF ſouffrent des chocs égaux, la force $\frac{QcV^2q^2r^2}{Kv^2}$ doit être imaginée réunie au point P, milieu de HF. Qu'on prenne PV perpendiculaire à HF pour repréſenter cette force, & qu'on la décompoſe en deux autres PN, PZ, l'une horizontale, l'autre verticale. On aura force $PN = \frac{QcV^2q^2r^2}{Kv^2} \times \frac{a}{c} = \frac{QaV^2q^2r^2}{Kv^2}$; force $PZ = \frac{QcV^2q^2r^2}{Kv^2} \times \frac{f}{c} = \frac{QfV^2q^2r^2}{Kv^2}$.

Maintenant, on voit que la force PN tendra, ainſi que la pouſſée horizontale de l'eau qui naît de la preſſion, à renverſer le mur ſur le point E, tandis que la force PZ tendra, ainſi que le poids du mur & la pouſſée verticale de l'eau qui naît de la preſſion, à affermir le même mur ſur ſon pied FE. Or, on a trouvé (*art.* III) que le moment de la pouſſée horizontale de l'eau par rapport au point $E = \frac{pa^3}{6}$; que le moment de la pouſſée verticale $= \frac{pfza}{2} - \frac{pffa}{6}$; qu'enfin le moment du poids du mur $= \frac{\Pi az^2}{2} - \frac{\Pi afz}{2} + \frac{\Pi af^2}{6} - \frac{\Pi ag^2}{6}$, à cauſe qu'on a ici $b = a$, $r = f$. Par conſéquent, en donnant au mur une ſtabilité m fois multiple dec elle que requiert le ſimple équilibre, on aura l'équation $\frac{mpa^3}{6} + \frac{mQaV^2q^2r^2}{Kv^2} = \frac{pfza}{2} - \frac{pf^2a}{6} + \frac{\Pi az^2}{2} - \frac{\Pi afz}{2} + \frac{\Pi af^2}{6} - \frac{\Pi ag^2}{6} + \frac{QfV^2q^2r^2}{Kv^2} \times \left(z - \frac{f}{2}\right)$; d'où l'on tirera la valeur de l'inconnue z. (*L. B.*)

* Nous ajouterons ici, au ſujet des *digues* de la Hollande, l'article ſuivant, qui eſt extrait d'une lettre écrite d'Alcmaër, en Hollande, le 7 novembre 1732, à M. de Mairan, ſur les vers qui rongent ces *digues*.

Tout ce pays eſt garanti des eaux de la mer par des pilotis; il faut d'abord obſerver que la Hollande, & plus particulièrement la Nort-Hollande où je demeure, eſt 14 pieds plus bas que n'eſt la mer, ou l'eau des canaux dans l'intérieur du pays; cela paroît incroyable à ceux qui ne l'ont pas vu; néanmoins cela eſt très-vrai. Pour donc empêcher que la mer ne ſubmerge tout, on a fait un pilotage de bon bois de chêne le long de la mer nommée *Zuiderſée*, avec une digue de terre derrière les pilotis.

Depuis environ quatorze mois on s'eſt apperçu que preſque tous les pieux en pilotis ſont percés & rongés de vers, & dans deux différens haut-tems ou tempêtes, la mer en a emporté environ 12000 toiſes, & ce qui reſte ne vaut pas mieux.

Ainſi la conſternation eſt extrême: juſqu'à préſent l'entretien de ces digues ou pilotis a été à la charge des terres qui y ſont parallèles; mais ces terres ſont ruinées & abandonnées par leurs habitans, & ne peuvent plus porter les frais extraordinaires & immenſes qu'on eſt forcé de faire dans une telle crainte & calamité. Chaque toiſe de digue coûte ordinairement 500 florins, & chaque arpent de terre paie 25 florins par an pour ces digues: c'eſt ſouvent plus qu'il ne produit, & aujourd'hui pour porter les frais extraordinaires, il faudroit que chaque arpent payât 2000 florins, ce qui feroit plus de ſept fois ſa valeur: par conſéquent les particuliers abandonneroient toutes ces terres comme ils ont déja fait. Ainſi, l'état ou corps eſt obligé de faire une dépenſe qui, juſqu'à ce jour, & dès-à-préſent, monte à 12 millions, & à ſept cent cinquante mille florins pour le dommage actuel. L'état lui-même eſt endetté de toutes parts, & ne veut pas s'y prêter, du moins ceux de la ſuſdite Hollande ne paroiſſent pas diſpoſés à vouloir ſecourir ceux de la Nort-Hollande, parce que la jalouſie a toujours été très-grande entre les uns & les autres.

Le ver en queſtion eſt de la groſſeur d'une plume à écrire, & long de dix pouces, ſon corps n'a point de conſiſtance, & n'eſt proprement que de la morve; ſa tête eſt groſſe & plate comme une lentille dure, comme un diamant de chaque côté de la tête; il a comme deux petites percières avec leſquelles il perce les bois neufs, comme on feroit avec un vilbrequin de la grosseur du tuyau d'une plume, & il perce les pieux de tout sens, à-peu-près comme un rayon de mouche à miel ou de guêpe. Il ne travaille que dans le bois qui est dans l'eau, celui qui est en terre ou qui est hors de l'eau n'est pas endommagé. En Frise, le dommage est encore plus grand qu'en Nort-Hollande. Trois mille pioniers travaillent actuellement à une digue qui commence à la ville de Heldelmpen, & qui s'étend vers l'orient en traversant les terres, afin que s'il arrivoit que la digue crevât d'un côté ou de l'autre, on pût néanmoins garantir une partie du pays.

DIHELIE, (*Astron.*), est le nom que Kepler donne à l'ordonnée de l'ellipse qui passe par le foyer, dans lequel on suppose que le soleil est placé. Ce nom vient de δὶς, *deux fois*, & ἥλιος, *Soleil*; parce que cette ordonnée qu'on imagine passer par le centre du soleil, le coupe pour ainsi dire en deux. Ce mot n'est plus en usage. (*O*)

DILATATION, (*Astronomie.*) se dit de l'augmentation du diamètre des planètes, causé par la grande lumière qui les environne. On a cru longtems que le diamètre de la lune étoit beaucoup plus grand lorsqu'elle étoit lumineuse, que lorsqu'elle paroissoit obscure sur le disque lumineux du soleil dans les éclipses. M. le Monnier ayant été en Écosse pour observer l'éclipse annulaire du 25 juillet 1748, observa la lune sur le soleil, & reconnut que la diminution n'étoit pas telle que la Hire l'avoit cru. *Mém. de l'Acad.*, 1748. M. du Séjour la trouve de 6 à 7 secondes. *Mém.*, 1770. J'ai fait voir que cette dilatation étoit insensible, à l'égard de vénus dans ses passages sur le soleil, *Mém. de l'Acad.*, 1762. Le diamètre du soleil paroît avoir une petite *dilatation* : M. du Séjour trouve qu'elle est d'environ 5 à 6″, par ses calculs de l'éclipse de 1764, & j'ai trouvé le même résultat par les passages de vénus sur le soleil en 1761 & 1769. M. du Séjour trouve aussi une inflexion de $3'' \frac{1}{2}$ qui équivaut à une diminution du demi-diamètre de la lune dans les éclipses. *Voyez* IRRADIATION, INFLEXION. (*D. L.*)

DIMENSION, s. f. (*Géométrie*) : c'est l'étendue d'un corps considéré en tant qu'il est mesurable, ou susceptible de mesure.

Ainsi, comme nous concevons que les corps sont étendus en *longueur*, *largeur* & *profondeur* ou *épaisseur*, nous concevons aussi ces trois *dimensions* dans la matière : la longueur toute seule s'appelle *ligne*; la longueur combinée avec la largeur prend le nom de *surface*; enfin la longueur, la largeur & la profondeur ou l'épaisseur, combinées ensemble, produisent ce que l'on nomme un *solide*. *Voyez* LIGNE, SURFACE, SOLIDE.

On se sert particulièrement du mot *dimension* pour exprimer les puissances des racines ou valeurs des quantités inconnues des équations, que l'on appelle les *dimensions* de ces racines. *Voyez* RACINE.

Ainsi, dans une équation simple ou du premier degré; la quantité inconnue n'a qu'une *dimension*, comme $x = a + b$. Dans une équation du second degré, l'inconnue est de deux *dimensions*, comme $x^2 = a^2 + b^2$. Dans une équation cubique, telle que $x^3 = a^3 - b^3$, elle a trois *dimensions*. *Voyez* ÉQUATION, PUISSANCE, &c.

En général on dit, *en Algèbre*, qu'une quantité comme $a\,b\,c\,d$, $a\,b\,c$, $a\,b$, &c. est d'autant de *dimensions* qu'il y a de lettres ou de facteurs dont elle est composée. Ainsi $a\,b\,c\,d$ est de quatre *dimensions*, $a\,b\,c$ de trois, &c. On sent assez la raison de cette dénomination prise de la Géométrie. Si, par exemple, les produisans ou facteurs a, b, c, du produit $a\,b\,c$, sont représentés par des lignes, le produit $a\,b\,c$ sera représenté par un solide ou parallelepipede, dont l'une des *dimensions* est a, l'autre b, l'autre c; de même le produit $a\,b$ est de deux *dimensions*, parce qu'il peut représenter une surface ou figure rectangle de deux *dimensions* a, b, &c. Au reste, il ne peut y avoir proprement que des quantités de trois *dimensions*; car passé le solide, on n'en peut concevoir d'autres. Qu'est-ce donc que les quantités comme a^4, a^5, qu'on employe dans l'application de l'Algèbre à la Géométrie ? Ces quantités peuvent être considérées sous deux points de vue. Ou la ligne a est représentée par un nombre arithmétique, & en ce cas a^4 est la quatrième puissance de ce nombre; ou bien on doit supposer a^4 divisé par une certaine ligne à volonté, qui réduise le nombre des *dimensions* à 3. Par exemple, soit $x^5 + a x^4 + b^5 = o$, je dis que cette équation est la même chose que $\frac{x^5 + a x^4 + b^5}{c^2} = o$, ce qui réduit les dimensions à trois.

Remarquez qu'on peut toujours faire cette division; car, dans la Géométrie, tout se réduit toujours à des équations. On ne considère a^4 que pour le comparer à quelque autre quantité de même *dimension*; & il est visible qu'une équation continue d'avoir lieu, lorsqu'on divise tous ses termes par une quantité constante quelconque. Ou bien on peut regarder a & b dans l'équation comme des nombres, qui soient entr'eux comme les lignes représentées par a & b, & alors x sera un nombre, & on n'aura que faire de division. Cette manière de considérer les quantités de plus de *trois dimensions*, est aussi exacte que l'autre; car les lettres algébriques peuvent toujours être regardées comme représentant des nombres, rationels ou non. J'ai dit plus haut qu'il n'étoit pas possible de concevoir plus de trois *dimensions*. Un homme d'esprit de ma connoissance croit qu'on pourroit cependant regarder la durée comme une quatrième *dimension*, & que le produit du tems, par la solidité, seroit en quelque manière un produit de quatre *dimensions*; cette idée peut être contestée, mais elle a, ce me semble, quelque mérite, quand ce ne feroit que celui de la nouveauté.

Dans les fractions algébriques la *dimenſion* eſt égale à celle du numérateur, moins celle du dénominateur, ainſi $\frac{a^3}{a}$ ou $\frac{a^3}{b}$ eſt de deux *dimenſions*. En effet, on peut ſuppoſer $\frac{a^3}{b} = c\,c$. Par la même raiſon $\frac{a^3}{a^3}$ ou $\frac{a^3}{b^3}$ eſt de *dimenſion nulle ;* & on appelle ainſi en général toute fraction où le numérateur a une *dimenſion* égale à celle du dénominateur. $\frac{a^3}{b^4}$ feroit de la *dimenſion* -1 ; ce qui ne ſignifie autre choſe, ſinon que cette quantité étant multipliée par une quantité de *dimenſion* poſitive m, le produit ſeroit de la *dimenſion* $m-1$; car voilà tout le myſtère des *dimenſions* négatives & des expoſans négatifs. *Voyez* EXPOSANT. (*O*)

DIOPHANTE. (*Problêmes* ou *queſtions de*) On appelle ainſi certaines queſtions ſur les nombres quarrés, cubes, les triangles rectangles, &c. du genre de celles qui ont été examinées & réſolues autrefois par *Diophante*, mathématicien d'Alexandrie, qu'on croit avoir vécu vers le troiſième ſiècle. Nous avons ſon ouvrage qui a été commenté & publié à Paris en 1621, par Bachet de Meziriac ; il y en a une autre édition faite en 1670, avec des obſervations de M. Fermat ſur quelques-unes des queſtions de *Diophante*. Dans ces queſtions, il s'agit de trouver des nombres commenſurables qui ſatisfaſſent à des problêmes indéterminés, auxquels ſatisferoient une infinité de nombres incommenſurables. Par exemple, on propoſe de trouver un triangle rectangle dont les côtés x, y, z, ſoient exprimés par des nombres commenſurables. Il eſt certain qu'on aura en général $xx + yy = zz$, z étant ſuppoſée l'hypothénuſe. *Voyez* HYPOTHÉNUSE. Mais on voit auſſi que l'on peut prendre x & y, tels que z ſoit un incommenſurable ; car ſi, par exemple, $x = 1$ & $y = 2$, on aura $z = \sqrt{5}$. Or il s'agit de déterminer x & y à être tels, que non-ſeulement x & y, mais encore z ſoient des nombres commenſurables. De même ſoit propoſé de partager un nombre quarré a^2 en deux autres nombres qui ſoient auſſi quarrés, & ainſi des autres. Voilà ce qu'on appelle les *queſtions de Diophante*.

L'art de réſoudre ces ſortes de queſtions conſiſte à employer & à manier tellement les inconnues ou l'inconnue, que le quarré & les plus hautes puiſſances de cette inconnue diſparoiſſent de l'équation, & qu'il ne reſte que l'inconnue élevée au premier degré, au moyen de quoi on réſout cette équation ſans avoir recours aux incommenſurables. Donnons-en un exemple ſur les triangles rectangles en nombres. On propoſe de trouver x, y, z, telles que $xx + yy = zz$: ſoit ſuppoſé $z = x + u$; on aura $xx + yy = xx + 2xu + uu$; d'où l'on voit qu'on peut faire diſparoître xx, & qu'on aura $\frac{yy - uu}{2u} = x$; donc, prenant y & u pour tout ce qu'on voudra, on trouvera que les côtés du triangle ſont y, $\frac{yy-uu}{2u}$, & l'hypothénuſe $x + u = \frac{yy+uu}{2u}$: par exemple, ſoit $y = 3$, $u = 1$, on aura $\frac{yy-uu}{2u} = \frac{8}{2} = 4$, & $x + u = \frac{10}{2} = 5$. Ainſi, 3, 4, ſont les deux côtés du triangle, & 5 l'hypothénuſe. On voit aiſément que ce problême a une infinité de ſolutions.

Autre problême. Soit propoſé de trouver une quantité x, telle que $a + bx + xx$ ſoit un quarré, on fera de même $a + bx + xx$ égale au quarré de $x + z$, & on aura $a + bx = 2xz + zz$; donc $x = \frac{a - zz}{2z - b}$. Ainſi, prenant z pour tout ce qu'on voudra, on aura x.

Autre. Soit propoſé de partager un nombre $a^2 + b^2$, compoſé de deux quarrés en deux autres quarrés ; ſoit $sx - a$, l'un des nombres cherchés, & $rx - b$ l'autre, s & r étant des coëfficiens indéterminés : on aura $a^2 + b^2 = s^2x^2 - 2sxa + a^2 + r^2x^2 - 2rxb + bb$; donc $s^2x - 2sa + r^2x - 2rb = o$; donc $x = \frac{2sa + 2rb}{r^2 + s^2}$. Ainſi, prenant pour r & s tels nombres qu'on voudra, on aura x.

Autre. Soit propoſé de trouver x, telle que $aa - xx$ ſoit un quarré. Je fais $\sqrt{aa - xx} = (a-x)z$, & j'ai $aa - xx = \overline{a-x}^2 zz$, & diviſant par $a - x$, j'ai $a + x = az - xz$; donc $\frac{az - a}{z + 1} = x$. Ainſi, prenant pour z tout ce qu'on voudra, on aura x.

Voilà, ce me ſemble, un nombre ſuffiſant d'exemples pour donner dans un ſimple Dictionnaire l'idée des problêmes de *Diophante*. Ceux qui voudront étudier plus à fond cette matière, la trouveront très-bien traitée dans les *élémens d'Algèbre de* Saunderſon, *in*-4.° *Cambridge* 1740, *liv. VI, tom. II.* M. Euler, dans différens volumes des mémoires de Péterſbourg, a donné auſſi d'une manière très-ſavante la ſolution de pluſieurs problêmes du genre de ceux de *Diophante*. *Voyez* ſur-tout le *tome II de l'Algèbre de M. Euler.*

Remarquons en paſſant que cette méthode de réduire à des quantités rationnelles les quantités irrationnelles, eſt fort utile dans le calcul intégral, pour réduire une différentielle donnée en fraction rationnelle. *V.* CALCUL INTÉGRAL, FRACTION.

En effet, ſoit donné $\frac{dx}{\sqrt{a+bx+xx}}$: on transformera cette quantité en fraction rationnelle, en ſuppoſant comme ci-deſſus $x + z = \sqrt{a + bx + xx}$. On transformeroit de même $\frac{dx}{\sqrt{a+bx-xx}}$, en ſupposant que $p - x$ est un facteur de $a + bx - xx$, & faisant $\sqrt{a + bx - xx} = (p - x) z$. *Voyez le Mémoire* que j'ai donné sur ce sujet dans le volume de l'Académie de Berlin, pour l'année 1746. *Voyez* aussi le *Traité du calcul intégral de* M. de Bougainville le jeune, *I.ere part.* chap. *des Transformations des différentielles.*

« L'ouvrage de *Diophante* est, dit M. Saunderson, le premier ouvrage d'Algèbre que nous trouvions dans l'antiquité. Ce n'est pas qu'il soit l'inventeur de cet art; car outre qu'on en trouve quelques traces dans des auteurs plus anciens, *Diophante* ne donne point dans son ouvrage les règles de l'Algèbre : il traite cette science comme déjà connue. »

M. Saunderson fait ensuite un grand éloge de la sagacité que *Diophante* a montrée dans la solution des problêmes qui ont retenu son nom. Il ajoute que du tems de *Diophante*, on ne connoissoit point encore la méthode de nommer par des lettres les nombres connus, comme on fait les nombres inconnus, ni la méthode d'introduire plusieurs lettres pour désigner plusieurs quantités inconnues différentes; il reconnoît que, faute de cet avantage, on trouve quelquefois dans les solutions de *Diophante* un peu de confusion. Nous n'examinerons point ici si ce qu'on trouve dans l'ouvrage de *Diophante* peut être regardé comme de l'Algèbre; & supposé que c'en soit en effet, jusqu'où les anciens paroissent avoir poussé cette science. C'est une question qui nous conduiroit trop loin, qui n'appartient qu'indirectement à cet article, & que nous pourrons avoir occasion de traiter ailleurs. *Voyez* ALGÈBRE & MATHÉMATIQUES. (*O*)

DIOPTRIQUE, s. f. Science de la vision qui se fait par des rayons rompus, c'est-à-dire par des rayons qui, passant d'un milieu dans un autre, comme du verre dans l'air ou dans l'eau, se brisent à leur passage, & changent de direction. On appelle aussi cette science *anaclastique.* Ce mot vient du grec, & signifie *science des réfractions. Voyez* ANACLASTIQUE & VISION.

Le mot *Dioptrique* tire son origine aussi du grec, & est composé de διὰ, *per, au travers,* & ὄπτομαι, *je vois.*

La *Dioptrique*, prise dans un sens plus étendu, est la troisième partie de l'Optique, dont l'objet est de considérer & d'expliquer les effets de la réfraction de la lumière, lorsqu'elle passe par différens milieux : tels que l'air, l'eau, le verre, & sur-tout les lentilles. *Voyez* OPTIQUE.

Ainsi, on peut distinguer deux parties dans la *Dioptrique*; l'une, considère indépendamment de la vision, les propriétés de la lumière, lorsqu'elle traverse les corps transparens, & la manière dont les rayons se brisent & s'écartent, ou s'approchent mutuellement; l'autre, examine l'effet de ces rayons sur les yeux, & les phénomènes qui doivent en résulter par rapport à la vision.

M. Descartes a donné un traité de *Dioptrique*, qui est un de ses meilleurs ouvrages. On trouve dans le recueil des œuvres de M. Huyghens, un traité de *Dioptrique* assez étendu. Barrow a traité aussi fort au long de cette partie de l'Optique, dans ses *lectiones Opticæ*, aussi-bien que M. Newton, dans un ouvrage qui porte le même titre, & qu'on trouve dans le *recueil* de ses opuscules, imprimé à Lausanne en trois vol. *in*-4°. 1744. Cette matière se trouve aussi fort approfondie dans l'Optique du même auteur. M. Guinée a donné, dans les *mém. de l'acad. de* 1704, la solution d'un problême général, qui renferme presque toute la *Dioptrique*; & le P. Mallebranche a inséré ce problême à la fin de sa Recherche de la vérité. Nous parlerons plus bas d'un ouvrage de M. Smith sur cette matière.

Une des principales difficultés de la *Dioptrique* est de déterminer le lieu de l'image d'un objet qui est vu par réfraction. Les auteurs d'Optique ne sont point d'accord là-dessus. Pour expliquer bien nettement en quoi ils diffèrent, imaginons un objet *O* (*pl. Opt. fig. 68*), plongé dans une eau tranquille, dont la surface soit *FG*, & que l'œil *A* voit par le rayon rompu *OHA*. Il est question de déterminer en quel endroit cet objet *O* doit paroître. Il est certain d'abord qu'il doit paroître dans le prolongement du rayon *AH*, puisque l'œil est affecté de la même manière, que si l'objet étoit dans le prolongement de ce rayon; mais en quel endroit de ce prolongement rapportera-t-on l'objet? C'est sur quoi les auteurs de *Dioptrique* sont partagés. Les uns prétendent que l'objet *O* doit paroître dans l'endroit où le rayon rompu *HA* coupe la perpendiculaire, menée de l'objet *O* sur la surface *FG*, c'est-à-dire en *L*. La raison principale que ces auteurs en apportent, est que tout objet vu par un rayon réfléchi, est toujours rapporté à l'endroit où le rayon réfléchi coupe la perpendiculaire, menée de l'objet sur la surface réfléchissante, & qu'il en doit être de même des rayons rompus. Mais, 1.° le principe d'où partent ces auteurs sur lieu de l'image vue par des rayons réfléchis, est sujet à beaucoup de difficultés, comme on le verra à l'*article* MIROIR; 2.° quand même ce principe seroit vrai & général, on ne seroit pas en droit de l'appliquer sans aucune espèce de preuve, pour déterminer le lieu de l'image vu par des rayons rompus.

D'autres auteurs prétendent que le lieu de l'image de l'objet *O* doit être au point *K*, qui est le point de concours des deux rayons rompus infiniment proches, *IA*, *HA*. Voici la raison qu'ils en apportent. Il est certain que l'objet *O* envoye à l'œil *A* un certain nombre de rayons, parce que la prunelle a une certaine largeur. Si donc on suppose que *IA* & *HA* soient deux de ces rayons, il est facile de voir que ces rayons entrent dans l'œil, de la même manière que s'ils venoient directement du point *K*: or tous les autres rayons qui entrent dans l'œil concourent à-peu-près au même point *K*, parce que la prunelle a peu de largeur, & qu'ainsi le nombre des rayons qui y entrent n'est pas fort grand : ainsi, l'objet doit paroître au point *K*. Il faut avouer que ce raisonnement paroît beaucoup plus plausible que celui des partisans de la première hypothèse : aussi l'opinion dont il s'agit ici, est celle des plus célèbres auteurs d'Optique, entr'autres de Barrow & de Neuton. Le premier de ces auteurs dit même avoir fait une expérience facile, par le moyen de laquelle il s'est assuré de la fausseté de l'opinion ancienne sur le lieu de l'image. Il attacha au bout d'un fil *N O* (*planche Opt. fig. 69*), un plomb *O*, & descendit ce fil dans une eau stagnante, dont la surface étoit *F G*; en sorte que la partie *N V* étoit vue par réflexion au-dedans de l'eau, & la partie *O V* par réfraction, l'œil étant placé en *A* : l'image de la partie *N V*, vue par réflexion, étoit en ligne droite avec *N V*, comme elle le devoit être en effet ; & l'image de la partie *O V* paroissoit s'éloigner de la perpendiculaire, & former une courbe *V R M*. Or, si les points du fil *O V* devoient paroître dans la perpendiculaire *O V*, comme le prétendent ceux qui soutiennent la première opinion, l'image de la partie *O V* auroit dû paroître droite, & non pas courbe, & de plus elle auroit dû se confondre avec celle de *N V*.

Cependant Barrow avoue lui-même à la fin de son Optique, qu'il y a des cas où l'expérience est contraire à son principe sur le lieu de l'image : ce sont les cas où les rayons rompus, au lieu d'entrer divergens dans l'œil, y entrent convergens ; car alors le point de réunion des rayons est derrière l'œil, & on devroit voir l'objet derrière soi, ce qui est absurde. *Voyez* ce que nous dirons sur ce sujet à l'*article* MIROIR. *Voyez aussi* APPARENT.

M. Smith, dans son *Optique* imprimée à Cambridge en 1738, & qu'on peut regarder comme l'ouvrage le plus complet que nous ayons jusqu'à présent sur cette matière, attaque le sentiment de Barrow, & s'en écarte. Selon cet auteur, la grandeur apparente d'un objet vu par un verre ou un miroir, est d'abord proportionnelle à l'angle visuel ; ensuite, pour avoir le lieu apparent, il dit que l'objet paroît à la même distance à laquelle il paroîtroit à la vue simple, s'il étoit vu de la grandeur dont il paroît au moyen du verre. Ainsi, je suppose un objet d'un pouce de grandeur vu par un verre ; si l'angle visuel est augmenté du double, l'objet paroîtra double : cela posé, placez l'objet d'un pouce entre les deux rayons rompus qui forment l'angle visuel, de manière qu'il soit rasé par ces rayons ; & vous aurez le lieu où paroîtra l'objet. M. Smith prétend avoir confirmé son opinion par des expériences. *Voyez* son ouvrage, *art.* 104 *& suiv.* & les *remarques à la fin de l'ouvrage, pages 30 & suiv.* Il prétend aussi expliquer par son principe l'opinion de Barrow. Mais le principe de M. Smith est-il lui-même sans difficulté ? Est-il bien vrai en premier lieu que la grandeur apparente de l'objet dépende uniquement de l'angle visuel ? *Voyez* APPARENT. Cela n'est pas vrai dans l'Optique simple : pourquoi cela seroit-il vrai généralement dans la *Dioptrique* ? Est-il bien vrai, en second lieu, que la distance apparente soit d'autant plus petite, que la grandeur apparente est plus grande ? Je doute que l'expérience soit bien conforme à cette idée. Un objet vu avec une forte loupe, & fort grossi par conséquent, devroit suivant cette règle, paroître plus près que le même objet à la vue simple. Cependant, cet objet n'est éloigné que de quelques lignes de l'œil ; & son image paroît à une distance beaucoup plus grande.

Voyez les règles de la Dioptrique, expliquées plus au long dans les *articles* RÉFRACTION ; LENTILLE, *&c.* & l'application qu'on en fait dans la construction des télescopes, des microscopes, & d'autres instrumens de *Dioptrique*, aux *articles* TÉLESCOPE, MICROSCOPE, *&c.* (*O*)

DIOPTRIQUE, adj. se dit en général de tout ce qui a rapport à la *Dioptrique*. Il est opposé à *catoptrique*, aussi pris adjectivement. Ainsi, on dit *télescope dioptrique*, d'un télescope entièrement par réfraction ; c'est-à-dire composé de verres, pour l'opposer au télescope catoptrique ou catadioptrique, qui est un télescope par réflexion, composé de verres & de miroirs. *Voyez* TÉLESCOPE. (*O*)

DIPLANTIDIENNE, (*Astr.*) nom d'une lunette à deux objectifs, proposée par M. Jeaurat, dans les *Mémoires de l'Académie*, pour 1779. *Voyez* LUNETTE DOUBLE. (*D. L.*)

DIRECT. (*Astronom.*) On considère les planètes dans trois états ; savoir, *directes*, *stationnaires*, & *retrogrades*. *Voyez* PLANÈTE.

On dit qu'elles sont *directes*, quand elles paroissent se mouvoir vers l'orient, suivant l'ordre des signes du zodiaque ; stationnaires, quand elles paroissent rester au même point ; & rétrogrades, quand elles paroissent se mouvoir dans un sens contraire, ou vers l'occident. *Voyez* RÉTROGRADATION.

DIRECT, adj. On dit, *en Arithmétique & en Géométrie*, une raison *directe* ou une proportion *directe*. Pour bien concevoir ce que c'est, supposons deux grandeurs *A*, *B* d'une part, & deux autres grandeurs *C*, *D* d'une autre part ; & considérant les deux premières *A*, *B* comme des causes dont les deux autres *C*, *D* sont les effets, en sorte que la première cause *A*, soit au premier effet *C*, comme la seconde cause *B*, est au second effet *D*, on dit en ce cas, que les causes sont en raison *directe* des effets. Mais si la première cause *A* est au premier effet *C*, comme le second effet *D* est à la seconde cause B, alors les causes sont en raison *inverse* ou *réciproque* des effets. On voit par ces exemples, pourquoi ces raisons ou proportions ont été ainsi dénommées.

Quand deux triangles sont semblables, leurs côtés homologues sont en raison *directe*. *V.* RAISON,

PROPORTION. Les corps sont attirés en raison *directe* de leurs masses, & en raison *renversée* du quarré de leurs distances. *V.* RENVERSÉ, RÉCIPROQUE, INVERSE. (*E*)

DIRECT, adj. *en Optique* : vision *directe* d'un objet, est celle qui est formée par des rayons *directs* ; c'est-à-dire par des rayons qui viennent directement & immédiatement de l'objet à nos yeux. Elle est opposée à la vision qui se fait par des rayons ou réfléchis ou rompus, c'est-à-dire par des rayons qui partent de l'objet, & qui avant d'arriver à nos yeux, tombent sur la surface d'un miroir qui nous les renvoye, ou sur la surface d'un corps transparent qui les brise, & à travers lequel ils passent.

DIRECTEMENT, adv. *en Géométrie* : on dit que deux lignes sont *directement* l'une vis-à-vis de l'autre, quand elles sont partie d'une même ligne droite.

On dit, *en Méchanique*, qu'un corps heurte ou donne *directement* contre un autre, s'il le frappe dans une ligne droite perpendiculaire au point de contact.

En particulier, une sphère frappe *directement* contre une autre sphère, quand la ligne de la direction du choc passe par les deux centres.

DIRECTION, s. f. (*Méch.*) est en général la ligne droite suivant laquelle un corps se meut ou est censé se mouvoir.

DIRECTION *ou* LIGNE DE DIRECTION, *en Méchanique*, signifie particulièrement la ligne qui passe par le centre de la terre, & par le centre de gravité d'un corps.

Il faut nécessairement qu'un homme tombe, lorsque la ligne de direction, prise dans le sens qu'on vient d'indiquer, ne passe pas par le point d'appui de cet homme sur la surface de la terre.

Angle de direction, en Méchanique, est l'angle compris entre les lignes de *direction* de deux puissances qui conspirent. *Voyez* ANGLE & PUISSANCES CONSPIRANTES.

Direction de l'aimant, est la propriété qu'a l'aimant, ou une aiguille aimantée, de tourner toujours une de ses extrémités du côté d'un des poles de la terre, & l'autre extrémité du côté de l'autre pole. *Voyez* MAGNÉTISME.

DIRECTION, *en Astronomie*, se dit du mouvement d'une planète, lorsqu'elle est directe, c'est-à-dire lorsqu'elle paroit se mouvoir d'occident en orient, selon la suite des signes. La *direction* est l'état opposé à la station & rétrogradation. *Voyez* STATION & RÉTROGRADATION.

On dit en *Géométrie* que trois points, ou que deux ou plusieurs lignes sont dans la même *direction*, quand ces points ou ces lignes se trouvent précisément dans une seule & même ligne droite. (*O*)

DIRECTIONS, dans l'ancienne Astrologie, étoient des arcs de l'équateur qui mesuroient les distances entre le significateur & le prometteur, ou le tems qu'il falloit pour que le point du ciel appellé *prometteur*, arrivât au cercle dans lequel se trouvoit le point significateur. Kepler a donné même dans ses *Tables Rudolphines*, une méthode pour calculer les directions, & l'on en trouve des tables dans tous les anciens livres d'astrologie ; mais ces rêveries ne valent pas la peine d'être placées dans un ouvrage qui doit être consacré aux connoissances utiles, dignes d'être transmises à la postérité.

DIRECTRICE, s. f. c'est un terme de *Géométrie* qui exprime une ligne, le long de laquelle on fait couler une autre ligne ou une surface dans la génération d'une figure plane, ou d'un solide. *Voyez* GÉNÉRATION.

Ainsi, si la ligne *AB* (*pl. de Géom. fig.* 67.) se meut parallélement à elle-même le long de la ligne *AC*, de manière que le point *A* soit toujours dans la ligne *AC*, il en naîtra un parallélogramme, comme *ABCD*, dont le côté *AB* est la ligne décrivante ou génératrice ; & la ligne *AC* est la *directrice*. De même encore, si l'on suppose que la surface *ABCD* se meut le long de la ligne *CE*, dans une position toujours parallele à sa premiere situation, il en naîtra le solide *ADEH*, dans lequel la surface *AD* est le plan générateur, & la ligne *CE* est la *directrice*.

Dans la description de la parabole, que l'on peut voir au *mot* CONIQUES, la ligne *DE* (*figure* 9. *sect. con.*) est la *directrice*. (*O*)

DIS

DISCRETE, adj. (*Géom. & Phys.*) la proposition *discrete* ou *disjointe* est celle où le rapport de deux nombres ou quantités est le même que celui de deux autres quantités, quoiqu'il n'y ait pas le même rapport entre les quatre nombres. *Voyez* RAISON & PROPORTION.

Ainsi, supposant la proportion des nombres 6 : 8 :: 3 : 4, le rapport des deux premiers 6, 8, est le même que le rapport des deux derniers 3, 4 ; par conséquent ces nombres sont *proportionnels* ; mais ils ne le sont que d'une manière *discrete* ou *disjointe* ; car 6 n'est pas à 8, comme 8 est à 3 ; c'est-à-dire que la proportion est interrompue entre 8 & 3, & n'est pas continuée pendant tout son cours, comme dans les proportions suivantes, où les termes sont continuement proportionnels, 3 : 6 :: 6 : 12 :: 12 : 24, ou ÷ 3 : 6 : 12 : 24, &c.

La quantité *discrete* est celle dont les parties ne sont point continues ou jointes ensemble. *Voyez* QUANTITÉ. Tel est un nombre, dont les parties étant des unités distinctes, ne peuvent former un seul *continu* : car selon quelques-uns, il n'y a point dans le *continu* de parties actuellement déterminées avant la division : elles sont infinies en puissance ; c'est pourquoi l'on a coutume de dire que la *quantité continue est divisible à l'infini*. (*E*)

DISJOINT,

DISJOINT, adj. on dit *en Arithmétique* une proportion *disjointe*, pour désigner une proportion *discrete*. *Voyez* DISCRETE. (*O*)

DISQUE se dit, *en termes d'Optique*, par quelques auteurs, de la grandeur des verres de lunettes, & de la largeur de leur ouverture, de quelque figure qu'ils soient, plans, convexes, menisques, ou autres. Ce mot n'est plus en usage; on emploie les mots d'*ouverture* ou de *champ*, sur-tout dans les ouvrages écrits en françois. (*O*)

DISQUE, *terme d'Astronomie*; c'est le corps du soleil ou de la lune, tel qu'il paroît à nos yeux.

La largeur du *disque* se divise en douze parties qu'on appelle *doigts*, & c'est en doigts qu'on mesure la grandeur d'une éclipse.

DISSEMBLABLE, adj. *en Géométrie*, est l'opposé de *semblable* : ainsi *triangles dissemblables*, sont des triangles dont les angles ne sont point égaux. *Voyez* SEMBLABLE. (*O*)

DISTANCE, s. f. (*Géom. & Physiq.*) ce mot signifie proprement *le plus court chemin qu'il y a entre deux points, deux objets*, &c. Donc la *distance* d'un point à un point, est toujours une ligne droite tirée entre ces deux points, puisque la ligne droite est la plus courte qu'on puisse mener d'un point à un autre. Par la même raison, la *distance* d'un point à une ligne, est une perpendiculaire menée de ce point à cette ligne.

On mesure les *distances* en Géométrie par le moyen de la chaîne, de la toise, du pied, *&c.*

On découvre les *distances* inaccessibles en prenant d'abord une longueur que l'on appelle *base*, & observant ensuite la grandeur des angles, que font les rayons visuels tirés des extrémités de cette base aux extrémités de ces *distances* inaccessibles. *Voyez* PLANCHETTE, GRAPHOMETRE, *&c.* (*O*)

DISTANCE APPARENTE DES OBJETS. La maniere dont nous en jugeons, est le sujet d'une grande question parmi les Philosophes & les Opticiens. Il y a six choses qui concourent à nous mettre à portée de découvrir la *distance des objets*, ou six moyens dont notre ame se sert pour former ses jugemens à cet égard. Le premier moyen consiste dans cette configuration de l'œil, qui est nécessaire pour voir distinctement à diverses *distances*.

Il ne peut y avoir de division distincte, à moins que les rayons de lumiere qui sont renvoyés de tous les points de l'objet apperçu ne soient brisés par les humeurs de l'œil, & réunis en autant de points correspondans sur la rétine. Or la même conformation de l'œil n'est pas capable de produire cet effet pour toutes les *distances*; cette conformation doit être changée, & ce changement nous étant sensible, parce qu'il dépend de la volonté de notre ame, qui en regle le degré, nous met à portée, en quelque façon, de juger des *distances*, même avec un œil seul. Ainsi, lorsque je regarde un objet, par exemple, à la *distance* de sept pouces, je conçois cette *distance* par la disposition de l'œil, qui m'est non-seulement sensible à ce degré d'éloignement, mais qui est même en quelque sorte incommode; & lorsque je regarde le même objet à la *distance* de 27 pouces, ce degré d'éloignement m'est encore connu, parce que la disposition nécessaire de l'œil m'est pareillement sensible, quoiqu'elle cesse d'être incommode. L'on voit par-là comment avec un seul œil nous pouvons connoître les plus petites *distances*, par le moyen du changement de configuration qui lui arrive. Mais comme ce changement de conformation a ses bornes, au-delà desquelles il ne sauroit s'étendre, il ne peut nous être d'aucun secours pour juger de la *distance* des objets placés hors des limites de la vision distincte, qui dans nos yeux ne s'étendent pas au-delà de 7 à 27 pouces. Cependant, comme l'objet paroît alors plus ou moins confus, selon qu'il est plus ou moins éloigné de ces limites, cette confusion supplée au défaut du changement sensible de configuration, en aidant l'ame à connoître la *distance* de l'objet qu'elle juge être placé plus près ou plus loin, selon que la confusion est plus ou moins grande. Cette confusion, elle-même, a encore ses bornes, au-delà desquelles elle ne sauroit être d'aucun secours pour nous aider à connoître l'éloignement où se trouve l'objet que nous voyons confus; car, lorsqu'un objet est placé à une certaine *distance* de l'œil, & que le diametre de la prunelle n'a plus aucune proportion sensible avec cet objet, les rayons de lumiere qui partent d'un des points de l'objet, & qui passent par la prunelle, sont si peu divergens qu'on peut les regarder en quelque façon, sinon mathématiquement, au moins dans un sens physique, comme paralleles. D'où il s'ensuit que la peinture qui se fera de cet objet sur la rétine, ne paroîtra pas à l'œil plus confuse, quoique cet objet se trouve placé à une beaucoup plus grande *distance*. Les auteurs ne conviennent point entr'eux quel est ce degré d'éloignement, avec lequel le diametre de la prunelle n'a plus de rapport sensible.

Le second moyen plus général, & ordinairement le plus sûr que nous ayons pour juger de la *distance* des objets, c'est l'angle formé par les axes optiques sur cette partie de l'objet sur laquelle nos yeux sont fixés.

Nos deux yeux font le même effet que les stations dont les Géometres se servent pour mesurer les *distances*. C'est-là la raison pour laquelle ceux qui n'ont qu'un œil se trompent si souvent, en versant quelque liqueur dans un verre, en enfilant une aiguille, & en faisant d'autres actions semblables qui demandent une notion exacte de la *distance*.

Le troisieme moyen consiste dans la grandeur apparente des objets, ou dans la grandeur de l'image peinte sur la rétine. Le diametre de ces images diminue toujours proportionnellement à l'augmentation de la *distance* des objets qu'elles représentent ; d'où il nous est facile de juger par le changement qui arrive à ces images, de la *distance* des objets qu'elles représentent, sur-tout si nous avons d'ailleurs une connoissance de leur grandeur. C'est pour cette raison que les Peintres diminuent toujours, dans leurs tableaux, la grandeur des objets, à proportion de l'éloignement où ils veulent les faire paroître. Mais toutes les fois que nous ignorons la véritable grandeur des corps, nous ne pouvons jamais former aucun jugement de leurs *distances*, par le secours de leur grandeur apparente, ou par la grandeur de leurs images sur la rétine. C'est ce qui fait que les étoiles & les planètes nous paroissent toujours au même degré d'éloignement, quoiqu'il soit certain qu'il y en a qui sont beaucoup plus proches que les autres. Il y a donc une infinité d'objets dont nous ne pouvons jamais connoître la *distance*, à cause de l'ignorance où nous sommes touchant leur véritable grandeur.

Le quatrième moyen, c'est la force avec laquelle les couleurs des objets agissent sur nos yeux. Si nous sommes assurés que deux objets sont d'une même couleur, & que l'un paroisse plus vif & moins confus que l'autre, nous jugeons par expérience que l'objet qui paroît d'une couleur plus vive, est plus proche que l'autre. Quelques-uns prétendent que la force avec laquelle la couleur des objets agit sur nos yeux, doit être en raison réciproque doublée de leurs *distances*, parce que leur densité ou la force de la lumière décroit toujours selon cette raison. En effet, la densité ou la force de la lumière est toujours, en raison réciproque doublée des *distances* ; car puisqu'elle se répand sphériquement, comme des rayons tirés du centre à la circonférence, sa force, à une *distance* donnée du centre de son activité, doit être proportionnelle à la densité de ses rayons à cette *distance*. Mais il ne s'ensuit pas de-là que la force avec laquelle les objets agissent sur notre vue décroisse de même selon cette proportion : la raison en est sensible ; car comme la force de la lumière diminue par la *distance* de l'objet d'où elle part, de même la grandeur de l'image sur la rétine décroit aussi selon la même proportion ; & par conséquent, cette image sera aussi vive & agira aussi fortement sur la rétine quand l'objet sera éloigné, que quand il sera proche. D'où il s'ensuit que l'objet paroîtra à toute sorte de *distance* aussi clair & aussi lumineux, à moins qu'il n'y ait quelqu'autre cause qui y apporte du changement. Pour connoître cette cause, nous n'avons qu'à laisser entrer, dans une chambre obscure par un petit trou, un rayon du soleil ; car ce rayon ou ce faisceau de rayons paroissant dans toutes les positions de l'œil, comme une ligne de lumière, il est évident que toute la lumière ne continue pas son chemin selon la ligne droite, mais qu'il y en a une partie qui est réfléchie en tous sens de tous les points du milieu qu'elle traverse, & que c'est par le moyen de ces rayons réfléchis que le faisceau de lumière est visible. Par conséquent, ce même faisceau de lumière, à cause de la diminution continuelle qu'il souffre, doit devenir continuellement de plus foible en plus foible, & cela proportionnellement à l'opacité du milieu à-travers duquel il passe : si l'air est pur & serain, il y aura peu de lumière de réfléchie, & il s'en transmettra une moins grande quantité : mais il n'est jamais si pur qu'il n'y ait toujours quelque partie de la lumière réfléchie ou interrompue dans son trajet, & par conséquent, sa force doit toujours décroître, à mesure que la *distance* que l'objet d'où elle part augmente. Puis donc que la force de la lumière décroît ainsi continuellement à proportion que la *distance* de l'objet d'où elle part augmente, il s'ensuit que les objets doivent toujours paroître moins lumineux & plus teints de la couleur du milieu à travers desquels ils sont apperçus, à proportion de l'éloignement où ils seront par rapport à nos yeux. Lors donc que nous savons d'ailleurs que deux objets sont de la même couleur, si l'un paroît d'une couleur plus vive & plus frappante que l'autre, nous avons appris par l'expérience, à conclure que celui qui paroît d'une couleur plus vive est le plus proche ; & c'est par cette raison que les corps lumineux, ou très-éclairés, paroissent toujours plus proches qu'ils ne le sont en effet. De-là, il est aisé de rendre raison pourquoi une chambre paroît plus petite après que ses murs ont été blanchis, & pourquoi pareillement des collines paroissent moins grandes & moins élevées lorsqu'elles sont couvertes de neige. Dans ces cas, & dans d'autres de cette nature, la vivacité & la force de la couleur font paroître ces objets plus proches, d'où nous concluons qu'ils sont plus petits ; car nous jugeons toujours de l'étendue & de la grandeur des corps, par la comparaison que nous faisons de leur grandeur apparente avec leurs *distances*. Par la même raison, on explique encore pourquoi le feu & la flamme paroissent si petits lorsqu'on les voit à une grande *distance* pendant la nuit. La prunelle étant alors fort dilatée, laisse passer une plus grande quantité de rayons de lumière dans l'œil, & cette lumière agissant plus fortement sur la rétine, doit faire paroître l'objet plus proche, d'où l'on juge qu'il est plus petit. Comme les objets brillans & lumineux paroissent plus proches & plus petits qu'ils ne sont en effet, ceux au contraire qui sont obscurs, & ceux qui ne sont que foiblement éclairés, paroissent toujours plus éloignés & plus grands, à raison de la foiblesse & de l'obscurité de leur couleur. C'est ce qu'on remarque particulièrement, lorsqu'on regarde des objets obscurs à l'entrée de la nuit ; car ces objets paroissent alors toujours plus éloignés & plus grands, que lorsqu'on les voit pendant le jour. C'est aussi par la même raison que la *distance* apparente & la grandeur des objets paroissent augmentées, lorsqu'on les voit à-travers un air chargé de brouillards ; car une plus grande quantité de lumière étant interceptée, ou irrégulièrement brisée dans son passage, à-travers le brouillard, il en entrera moins par la prunelle, & elle agira par conséquent d'une manière plus foible sur la rétine; donc l'objet sera réputé à une plus grande *distance* & plus grand qu'il n'est. L'erreur de la vue qui provient de cette cause est si grande, qu'un animal éloigné a été quelquefois pris pour un animal beaucoup plus gros, étant vu par un tems de brouillard. Cette opacité de l'atmosphère, qui empêche une partie de la lumière de parvenir jusqu'à l'œil, est encore la raison pourquoi le soleil, la lune, & les planètes paroissent plus foiblement, lorsqu'elles sont proches de l'horizon, & qu'elles deviennent plus brillantes par rapport à nous, à mesure qu'elles s'élèvent; parce que les rayons qui en partent ont une plus grande étendue d'air à traverser, & rencontrent plus de vapeurs lorsque ces astres sont proches de l'horizon, que lorsqu'ils sont dans une plus grande élévation. Il semble encore que ce soit là une des raisons pourquoi ces corps paroissent toujours plus grands à mesure qu'ils approchent de l'horizon. Car puisqu'ils paroissent plus foibles ou moins brillans, ils paroîtront aussi à une plus grande *distance;* d'où il s'ensuit qu'ils doivent paroître plus grands, par la raison que les objets paroissent tels, lorsque l'air est chargé de brouillards. Il semble que nous pouvons, avec assurance, conclure de tout ce qui vient d'être dit, que les couleurs apparentes des objets nous servent beaucoup pour nous faire juger de leurs *distances*, lorsque nous connoissons d'ailleurs la force & la vivacité de leur couleur à toute autre *distance* donnée. C'est en suivant ce principe, que les habiles peintres représentent sur un même plan des objets à diverses *distances*; en augmentant ou en diminuant la vivacité des couleurs, selon qu'ils ont dessein de les faire paroître plus proches ou plus éloignés. Il est bien vrai que la prunelle, par la vertu qu'elle a de se contracter, se met toujours dans un degré de dilatation proportionné à la vivacité ou à la force de la lumière; d'où l'on pourroit penser qu'il nous est impossible de juger de la *distance* des objets, par le secours de leur couleur apparente, ou par la force avec laquelle elles agissent sur nos yeux. Mais il est aisé de répondre à cela, que l'état de dilatation ou de contraction de la prunelle nous est connu, parce qu'il dépend du mouvement de l'uvée que nous sentons, & qui procède du différent degré de force avec lequel la lumière agit sur nos yeux, qui par conséquent doit toujours être senti. Il s'ensuit de-là que, quoique la prunelle, par sa contraction, ne laisse pas entrer dans l'œil une plus grande quantité de rayons, lorsque l'objet est proche, que lorsqu'il est éloigné, nous connoissons cependant la force de la lumière qui en part, parce que nous sentons que la prunelle est alors contractée. D'ailleurs, lorsque la prunelle est dans un état de contraction, nous voyons plus distinctement que lorsqu'elle est dilatée, ce qui nous aide encore à juger de la *distance* des objets.

Le cinquième moyen consiste dans la diverse apparence des petites parties des objets. Lorsque ces parties paroissent distinctes, nous jugeons que l'objet est proche; mais lorsqu'elles paroissent confuses, ou qu'elles ne paroissent pas du tout, nous estimons qu'il est à une grande *distance*. Pour entendre cela, il faut considérer que les diamètres des images qui se peignent sur la rétine, diminuent toujours à proportion que la *distance* des objets qu'elles représentent augmente; & par conséquent, un objet peut disparoître lorsqu'on le placera à une si grande *distance* de nos yeux, que la peinture qu'il fera sur la rétine, soit insensible à cause de sa petitesse; & plus l'objet sera petit, plutôt il cessera d'être visible: de-là vient que les petites parties d'un objet ne seront pas apperçues à toutes les distances; car la partie la moins sensible sera toujours plus petite ou plus grande, proportionnellement à la *distance* plus ou moins grande de l'objet même. Ainsi, la plus petite partie visible à la *distance* d'un pié, deviendra invisible à celle de deux piés; la plus petite partie visible à deux piés, disparoitra à trois, & ainsi de toute autre *distance* à l'infini. Il résulte évidemment de ce que nous venons de dire, que lorsque l'œil peut voir distinctement les petites parties d'un objet, nous devons juger qu'il est plus proche qu'un autre, dont nous ne voyons point du tout les mêmes petites parties, ou dont nous ne les voyons que confusément.

Enfin le sixième & dernier moyen consiste en ce que l'œil ne représente pas à notre ame un seul objet, mais qu'il nous fait voir en même tems tous ceux qui sont placés entre nous & l'objet principal dont nous considérons la *distance*. Par exemple, lorsque nous regardons quelqu'objet éloigné, tel qu'un clocher, nous voyons pour l'ordinaire plusieurs terres & maisons entre nous & lui; or, comme nous jugeons de la *distance* de ces terres & de ces bâtimens, & que nous appercevons en même tems le clocher au-delà de tous ces objets, nous concluons qu'il est beaucoup plus éloigné, & même qu'il est bien plus grand que lorsque nous le voyons seul & sans l'interposition d'aucun autre objet visible. Il est cependant certain que l'image de ce clocher qui est peinte sur la rétine, est toujours la même dans l'un & dans l'autre cas, pourvu qu'il soit à une égale *distance*; d'où l'on voit comment nous connoissons la grandeur des objets par leur *distance* apparente, & comment les corps placés entre nous & un objet, influent dans le jugement que nous portons au sujet de son éloignement. Il en est à-peu-près de ce jugement comme de celui que nous formons sur la grandeur de notre durée, par le souvenir confus de tout ce que nous avons fait, & de toutes les pensées que nous avons eues, ou, ce qui est la même chose, de la grandeur & l'étendue du tems qui s'est écoulé depuis elle action; car ce sont ces pensées & ces actions qui mettent notre ame à portée de juger du tems passé ou de l'étendue d'une partie de notre durée: ou plutôt le souvenir confus de toutes ces pensées & de toutes ces actions, est la même chose que le jugement de notre durée, comme la vue confuse des champs & des autres objets qui sont placés entre nous & le clocher, est la même chose que le jugement que nous formons sur le clocher. (*M. Formey*).

*On voit par-là que la distance *apparente*, ou *apperçue* des objets, est souvent fort différente de la distance réelle; lorsque l'objet est fort éloigné, elle est presque toujours plus petite. Il n'y a personne qui n'en ait fait l'expérience, & qui n'ait remarqué que dans une vaste campagne, des maisons ou autres objets qu'on croyoit assez près de soi, en sont souvent fort éloignés. De même le soleil & la lune, quoiqu'à une distance immense de la terre, nous en paroissent cependant assez proches, si nous nous contentons d'en juger à la vue simple. La raison de cela est que nous jugeons de la distance d'un objet principalement par le nombre d'objets que nous voyons interposés entre nous & cet objet; or, quand ces objets intermédiaires sont invisibles, ou qu'ils sont trop petits pour être apperçus, nous jugeons alors l'objet beaucoup plus proche qu'il n'est en effet. C'est par cette raison, selon le père Malebranche, que le soleil à midi nous paroît beaucoup plus près qu'il n'est réellement, parce qu'il n'y a que très-peu d'objets remarquables & sensibles entre cet astre & nos yeux; au contraire, ce même soleil à l'horizon nous paroît beaucoup plus éloigné qu'au méridien; parce que nous voyons alors entre lui & nous, un bien plus grand nombre d'objets terrestres, & une plus grande partie de la voûte céleste. C'est encore par cette raison que la lune, vue derriere quelque grand objet comme une muraille, nous paroît immédiatement contiguë à cet objet. Une autre raison pour laquelle nous jugeons souvent la distance d'un objet beaucoup plus petite qu'elle n'est réellement, c'est que pour juger de la distance réelle d'un objet, il faut que les differentes parties de cette distance soient apperçues; & comme notre œil ne peut voir à-la-fois qu'un assez petit nombre d'objets, il est nécessaire pour qu'il puisse discerner ces différentes parties, qu'elles ne soient pas trop multipliées. Or, lorsque la distance est considérable, ces parties sont en trop grand nombre pour être distinguées toutes à-la-fois, joint à ce que les parties éloignées agissent trop foiblement sur nos yeux, pour pouvoir être apperçues. La distance apparente d'un objet est donc renfermée dans des limites assez étroites; & c'est pour cela que deux objets fort éloignés, sont jugés souvent à la même distance *apparente*, ou du moins que l'on n'apperçoit point l'inégalité de leurs distances réelles, quoique cette inégalité soit quelquefois immense, comme dans le soleil & dans la lune, dont l'un est éloigné de nous de 11000 diamètres de la terre, l'autre de 60 seulement.

Ajoutons, d'après plusieurs philosophes, que quoique le sens de la vue nous serve à juger des *distances*, cependant, nous n'en aurions jamais eu d'idée par ce sens seul, sans le secours de celui du toucher. *Voyez l'essai de M.* Jurin *sur la vision distincte & non distincte*, imprimé à la fin de l'*Optique de* M. Smith.

Distances des planètes, (*Astron.*) s'évaluent de deux manières; l'une, pour l'usage des Astronomes, dans laquelle il ne s'agit que d'avoir le rapport entre les *distances* des différentes planètes; l'autre, pour la curiosité générale, dans laquelle on demande combien de lieues il y a de la terre au soleil, ou à telle autre planète.

Les *distances* des planètes considérées astronomiquement, s'évaluent ordinairement en parties de la *distance* du soleil à la terre, que l'on prend pour échelle commune; on la divise en mille ou en cent mille parties, & l'on calcule toutes les autres *distances* des planètes, soit par rapport au soleil, soit par rapport à la terre en parties semblables.

Ces *distances* des planètes se mesurent par rapport au soleil, parce que c'est au tour du soleil qu'elles tournent, comme nous le démontrerons à l'article du *systême de Copernic*, & ce mouvement, une fois démontré, nous conduit à trouver les *distances*. Soit S le soleil, (*fig. 93.*) PEN, l'orbite d'une planète telle que vénus, $TBAC$, l'orbite de la terre. Lorsque la terre est en T, & que nous voyons vénus au point E dans sa plus grande digression; sa *distance* apparente au soleil, STE, mesurée en degrés & minutes, est connue, ainsi que l'angle E, qui est de 90 degrés. Ainsi, les trois angles du triangle TSE sont connus, & si l'on suppose donnée la *distance* TS de la terre au soleil, on aura la *distance* SE, en parties semblables.

Pour une planète supérieure telle que mars, on emploie deux observations, soit S, (*fig. 80.*), le centre du soleil, M celui de mars, BC, deux points de l'orbite terrestre où se soit trouvée la terre, lorsque mars étoit au même point M de son orbite, & par conséquent à la même *distance* SM du soleil; on connoît les deux positions de la terre, c'est-à-dire ses longitudes & ses distances au soleil, il s'agit de trouver SM *distance* au soleil. Dans le triangle rectiligne BSC, l'on connoît les deux côtés BS, SC, *distances* de la terre au soleil, & l'angle compris BSC, différence entre les deux longitudes de la terre en B & en C, l'on trouvera les angles BCS, CBS, & le côté BC; l'angle MBS est la différence entre la longitude observée de mars, & celle du soleil, au tems de l'observation faite en B; si l'on en retranche l'angle CBS que nous venons de trouver, on aura l'angle MBC, si l'on ôte aussi l'angle BCS de l'angle MCS, on aura l'angle MCB; ainsi, dans le triangle MCB, l'on connoît deux angles, & le côté compris, on trouvera aisément MB & MC: enfin, dans le triangle MBS, on connoît deux côtés MB, BS avec l'angle compris MBS, on trouvera la *distance* MS, avec l'angle MSB, qui étant ôté de la longitude de la terre, lorsqu'elle étoit en B, donnera la longitude héliocentrique de mars dans chacune des deux observations.

Ce sont les *distances* des planètes au soleil, ainsi déterminées, qui ont fait trouver à Kepler, en 1618, cette fameuse loi, que les carrés des tems périodiques des planètes sont comme les cubes de leurs *distances* au soleil. Cette règle s'étant trouvée une suite de la loi de l'attraction universelle, on la regarde aujourd'hui comme un principe; & c'est de cette loi de Kepler, que les astronomes déduisent les *distances* des planètes, dont ils font usage dans leurs tables astronomiques. Voici celles que j'ai calculées par le moyen des révolutions planétaires, observées & calculées avec un soin tout nouveau, pour construire les tables qui sont dans mon *Astronomie*.

Mercure,	38710
Vénus,	72333
La terre,	100000
Mars,	152369
Jupiter,	520098
Saturne,	953937

Les *distances* absolues en lieues, ne peuvent se calculer que par le moyen de la parallaxe; soit T le centre de la terre (*fig.* 47 *des planches d'Astron.*) EDO le globe de la terre; NO le lieu d'un observateur, placé à la surface de la terre; N la planète qu'on observe; ONT l'angle de la parallaxe, connue par les différentes méthodes des astronomes: connoissant la ligne OT, qui est le rayon de la terre de 1432 lieues & demie, avec les angles du triangle, il est aisé de trouver le côté TN *distance* de la planète à la terre. C'est ainsi que j'ai calculé les *distances* de toutes les planètes à la terre, par le moyen de la parallaxe du soleil, que j'ai trouvée de huit secondes & 6 dixièmes, & de celle de la lune 57 minutes 3 secondes dans ses moyennes *distances*; ces deux parallaxes suffisent pour trouver les *distances*, parce que celle du soleil donne les *distances* des planètes, comme on l'a vu dans la table précédente.

La table que l'on trouvera au mot *planète*, contient les *distances* moyennes des planètes à la terre, en lieues; elles sont sujettes à augmenter ou à diminuer de toute la quantité de la *distance* du soleil à la terre, à raison du mouvement annuel de la terre autour du soleil; c'est pourquoi les *distances* moyennes de mercure & de vénus au soleil peuvent se trouver, par le moyen de la plus grande & de la moyenne *distance* à la terre, en les retranchant l'une de l'autre. Par exemple, celle de mercure 13299742 lieues; la *distance* moyenne, de ces deux planètes à la terre, est la même que celle du soleil autour duquel elles tournent.

L'excentricité des orbites planétaires fait que leur *distance* au soleil varie beaucoup; on calcule la *distance* pour un moment donné, par le moyen de l'anomalie moyenne. *Voyez* ANOMALIE & RAYON VECTEUR.

DISTANCE ACCOURCIE, *distantia curtata*, signifie *en Astronomie*, la *distance* d'une planète au soleil réduite au plan de l'écliptique, ou l'intervalle qui est entre le soleil & le point du plan de l'écliptique où tombe la perpendiculaire menée de la planète sur ce plan. On l'appelle ainsi, parce que la *distance* réelle d'une planète au soleil est plus grande que sa *distance* réduite au plan de l'écliptique, puisque la première de ces *distances* est l'hypothénuse ou le grand côté d'un triangle rectangle, dont la *distance accourcie* est un des petits côtés. La différence s'appelle *Curtation* ou *réduction* de la *distance*. *Voyez* CURTATION.

Les *distances* des étoiles à la terre ne peuvent se trouver par aucune méthode; elles sont trop considérables pour que la base, dont nous nous servons, qui n'est que la *distance* du soleil à la terre, fasse un angle sensible à l'étoile, c'est-à-dire une parallaxe annuelle que l'on puisse observer; mais nous savons seulement que cette *distance* surpasse sept millions de millions de lieues, parce que la *parallaxe annuelle* des étoiles n'est pas d'une seconde.

DISTANCE *apparente* entre deux astres, est l'angle formé par les rayons, qui vont de notre œil aux deux astres; c'est l'arc de grand cercle compris entre eux, exprimé en degrés, minutes & secondes.

C'est en observant ces *distances*, que les Astronomes déterminoient les longitudes & les latitudes des astres dans ce dernier siècle. Actuellement on ne s'en sert que pour trouver les *longitudes* en mer, où l'on observe la *distance* de la lune au soleil, ou aux étoiles, avec l'instrument à réflexion, ou quartier anglois.

Ces *distances* sont calculées dans la *connoissance des tems*, & c'est en comparant ces *distances* observées avec les *distances* calculées, qu'on parvient à connoître l'heure qu'il est sous le premier méridien, & par conséquent la longitude.

La *distance* observée, doit être corrigée par la *réfraction* & la *parallaxe*, pour donner l'angle de *distance* vraie entre les deux astres, le seul qu'on puisse comparer avec la *distance* calculée.

DISTANCE *des centres* dans une éclipse, est aussi l'angle compris entre le centre du soleil & le centre de la lune; c'est ce que l'on calcule & ce que l'on observe avec le plus de soin, pour en déduire la longitude de la lune, ou la longitude du lieu de l'observation. (*D. L.*)

DISTANCE *horaire* de la lune au soleil, est leur différence d'ascension droite. Dans la gnomonique, c'est l'angle que fait une ligne horaire avec la méridienne. (*Ozanam*).

DISTINCTE, (BASE) *en Optique*, est le nom que donnent quelques auteurs à la distance où il faut que soit un plan au-delà d'un verre convexe, pour que l'image des objets, reçue sur ce plan, paroisse *distincte*; de sorte que la *base distincte* est la même chose que ce qu'on appelle *foyer* : car imaginons un objet éloigné qui envoye des rayons sur un verre convexe, ces rayons se réuniront à-peu-près au foyer du verre; & si on veut recevoir sur un papier l'image de cet objet, ce sera au foyer qu'il faudra placer le papier pour que l'image soit *distincte*. *Voyez* FOYER.

La *base distincte* est donc produite par la réunion qui se fait des rayons partis d'un seul point d'un objet, & concourant en un seul point de l'image; & c'est pour cela que les verres concaves, qui, au lieu de réunir les rayons, les écartent, ne peuvent point avoir de *base distincte* réelle. *Voyez* CONCAVE. (*O*)

DISTRIBUTION *des eaux*, s. f. (*Hydr.*) Manière de partager une certaine quantité d'eau, suivant des rapports connus, entre plusieurs fontaines particulières, ou pour d'autres usages.

I. Soit *MNOP* (*Pl. Hyd. fig.* 21.) l'élévation d'un réservoir nourri par les eaux d'un aqueduc, d'une source, d'un ruisseau, ou de de toute autre manière qu'on voudra imaginer. Il est question de percer la paroi *MNOP* de plusieurs ouvertures par lesquelles prises ensemble, il sorte autant d'eau que le réservoir en reçoit, & dont les dépenses particulières soient entr'elles en raison donnée. Ce problème a plusieurs applications dans la pratique; il est sur-tout utile, lorsqu'on veut partager entre les fontaines publiques ou particulières les eaux amenées dans les différens quartiers d'une ville, & reçues d'abord dans des réservoirs, d'où elles passent ensuite à leurs destinations par le moyen de différens tuyaux.

II. La première opération qu'on ait à faire ici, est de déterminer la quantité d'eau que le réservoir reçoit & donne pendant un certain tems. Pour cela, on percera perpendiculairement à la face ou paroi *MNOP* un trou de grandeur convenable, par lequel on laissera échapper l'eau. Lorsqu'après les mouvemens d'oscillation qui auront d'abord lieu, la surface de l'eau dans le réservoir demeurera calme, & se tiendra toujours au même point sans monter ni descendre, on sera assuré que le trou proposé dépense précisément autant d'eau que le réservoir en reçoit. Alors on recevra l'eau qu'il donne, dans un baquet, pendant un tems connu; & ayant mesuré exactement cette quantité, soit par le moyen de la pinte, soit avec tout autre *étalon* bien jaugé, on connoîtra la recette & la dépense totales du réservoir. On pourra toujours faire ces évaluations en pouces cubes. Il est inutile, comme on voit, de s'embarrasser de la grandeur précise du trou, ni de la hauteur de l'eau dans le réservoir.

III. Cette opération préliminaire étant faite, & le trou qu'on y a employé étant maintenant bouché, voici comment on partagera l'eau du réservoir en plusieurs portions.

Ayant fixé les figures qu'on veut donner aux orifices de *distribution*, & leurs distances à la surface de l'eau dans le réservoir, que je suppose répondre toujours au même point de la paroi *MNOP*, du moins pendant un certain tems : si l'on nomme *Q* la dépense totale que le réservoir peut faire en un tems donné, & que nous venons de déterminer; & si l'on suppose que les dépenses partielles, correspondantes au même tems, soient entr'elles respectivement comme les nombres quelconques *m*, *n*, *p*, &c : on aura ces différentes proportions,

$m+n+p+\&c : m :: Q :$ la première dépense partielle $=\frac{mQ}{m+n+p+\&c}$;

$m+n+p+\&c : n :: Q :$ la seconde dépense partielle $=\frac{nQ}{m+n+p+\&c}$;

$m+n+p+\&c : p :: Q :$ la troisième dépense partielle $=\frac{pQ}{m+n+p+\&c}$;

&c.

La question sera donc réduite à trouver la grandeur que doit avoir chaque orifice pour dépenser, en un tems donné, une quantité donnée d'eau, sous une hauteur donnée de réservoir.

IV. Pour éclaircir cela par un exemple, supposons que l'eau s'écoule par les trois orifices circulaires *A*, *B*, *C*, percés dans une mince paroi qui donne lieu à la contraction de la première espèce; que leurs centres soient placés sur une même ligne horizontale *DE* distante de la surface *QR* de l'eau, de la quantité donnée *CH*; que la dépense totale *Q* soit de 3600 pouces cubes en une minute; & que les dépenses particulières des orifices *A*, *B*, *C*, pendant le même-tems, soient entr'elles comme les nombres, 6, 3, 1. On aura les proportions,

10 : 6 :: 3600 pouces cubes : dépense de $A=$ 2160 pouces cubes.

10 : 3 :: 3600 pouces cubes : dépense de $B=$ 1080 pouces cubes.

10 : 1 :: 3600 pouces cubes : dépense de $C=$ 360 pouces cubes.

Maintenant, connoissant la hauteur *CH* qu'on peut toujours prendre, sans craindre d'erreur sensible, pour la hauteur moyenne de l'eau au-dessus des trois orifices, il ne s'agit plus que de trouver les diamètres que les orifices *A*, *B*, *C*, doivent avoir pour donner les trois quantités d'eau que nous venons de déterminer. Supposons, par exemple, $CH=6$ pouces, & nommons *D*, *d*, *δ* les diamètres des trois orifices proposés, exprimés en lignes; en prenant pour base, d'après l'expérience, qu'un orifice circulaire de 1 pouce de diamètre, sous 1 pied ou 12 pouces de hauteur de réservoir, donne 2722 pouces cubes d'eau en une minute, on aura (*Voyez* DÉPENSE) ces proportions,

2722 : 2160 :: 1 × 144 lignes quarrées : $DD \times \sqrt{\frac{1}{2}}$,
2722 : 1080 :: 1 × 144 lignes quarrées : $dd \times \sqrt{\frac{1}{2}}$,
2722 : 360 :: 1 × 144 lignes quarrées : $\delta\delta \times \sqrt{\frac{1}{2}}$,
lesquelles donnent $D = 12,71$ lignes, $d = 9$ lignes, $\delta = 5 \frac{9}{10}$ lignes.

V. Il auroit été également facile de trouver les grandeurs des orifices, si leurs centres n'avoient pas été placés sur une même ligne horizontale. Toutes les dispositions de centres sont également admissibles dans la théorie, le niveau de l'eau demeurant le même. Mais, dans la pratique, il faut considérer que comme l'eau provisionnelle qui nourrit le réservoir diminue par les tems de sécheresse, la surface de l'eau pourra s'abaisser, par exemple, en *DE* ou *FG*. Alors les orifices *A*, *B*, *C* ne donneront pas de l'eau dans la raison convenable. L'orifice *C* n'en donne point du tout, lorsque le niveau de l'eau est en *FG*. Le même inconvénient a lieu, dans un autre sens, pour les trois orifices *V*, *T*, *S*. Lorsque le niveau de l'eau est en *IK*, l'orifice *S* donne plus à proportion que les deux autres. Quelqu'arrangement qu'on donne aux orifices, lorsqu'ils sont fort inégaux, il y aura toujours des tems où les uns donneront plus à proportion que les autres.

VI. De-là M. Mariotte a conclu qu'il falloit abandonner les orifices circulaires. Il leur substitue des orifices rectangulaires verticaux qui ont tous même hauteur, & dont les bases sont sur une même ligne horizontale. Par-là, soit que le niveau de l'eau hausse ou baisse, les dépenses demeurent toujours entr'elles dans la même raison. Cependant cette idée n'a pas été adoptée. Les ouvertures rectangulaires sont très-difficiles à faire avec précision; elles sont sujettes à beaucoup de frottement, sur-tout quand elles sont petites; elles sont souvent exposées à être bouchées par le limon & les autres ordures que l'eau charie avec elle. On a donc conservé les orifices circulaires, dont la construction est facile, & l'usage commode.

VII. Il est aisé d'éviter, en grande partie, les inconvéniens auxquels nous avons vu que ces ouvertures sont sujettes. Pour cela, il n'y a qu'à mettre tous les centres dans une même ligne horizontale & diviser une grande ouverture en plusieurs autres plus petites, qui, prises ensemble, fournissent la même quantité d'eau, & la transmettent à un même tuyau. En donnant ainsi à toutes les ouvertures à-peu-près la même grandeur, on fera non-seulement en sorte que leurs dépenses conservent toujours entr'elles à-peu-près le même rapport; mais on évitera que les grandes ouvertures ne donnent plus à proportion que les petites; ce qui ne manqueroit pas d'arriver si les ouvertures étoient fort inégales.

VIII. Dans nos calculs nous avons toujours évalué les quantités d'eaux dépensées, en pouces cubes. Mais les fontainiers ne se servent pas de cette mesure. Ils emploient le *pouce d'eau*, la *ligne d'eau*, &c. Voici ce qu'ils entendent par là.

M. Mariotte a trouvé qu'en une minute une ouverture circulaire & verticale, d'un pouce de diamètre, dont le centre est distant de 7 lignes, de la surface de l'eau, dépense près de 14 pintes de Paris, le pied cube étant supposé contenir 36 pintes. Cette dépense a été appellée *pouce d'eau* par les auteurs qui l'ont suivi. La ligne d'eau est la $\frac{1}{144}$ partie du pouce d'eau; elle est par conséquent fournie en une minute, par un orifice d'une ligne de diamètre, dont le centre est distant de 7 lignes de la surface de l'eau, &c.

Il est assurément très-permis d'employer les mots qu'on définit; mais plusieurs fontainiers ignorans ont abusé de l'expression de M. Mariotte, & se sont persuadé que le pouce d'eau étoit, en général, la dépense faite en une minute par une ouverture circulaire & verticale, d'un pouce de diamètre, sans s'embarrasser de la hauteur de l'eau dans le réservoir au-dessus du trou; ce qui est absurde, car la hauteur du réservoir est un des élémens essentiels de la dépense. Toutes les mesures sont arbitraires; la commodité & la facilité qu'elles offrent, dans l'usage, sont les seules raisons qui doivent déterminer au choix qu'on adopte. Il n'y auroit point d'équivoque ni d'autre inconvénient à craindre, si l'on évaluoit les dépenses en pouces cubes; ou du-moins en mesures qui continssent un nombre connu de pouces cubes. Je crois qu'en cela on est d'autant plus fondé à s'éloigner de M. Mariotte, qu'il attribue une dépense un peu trop forte à une ouverture verticale & circulaire, d'un pouce de diamètre, sous 7 lignes de charge. *Voyez* POUCE D'EAU.

IX. Il sera toujours facile de trouver, par le moyen du poids, le nombre de pouces cubes contenus dans un vase ou étalon quelconque, en se souvenant que le pied cube d'eau douce pèse 70 liv. à peu de chose près. Si l'on prend pour étalon la pinte de Paris, & qu'on la mesure juste, il en faudra 36 pour faire le pied cube. Elle contient, par conséquent, 48 pouces cubes. Lorsque l'eau dépasse les bords de la mesure, comme il peut se faire sans qu'elle se répande, il ne faudra que 35 pintes pour faire le pied cube. Le muid de Paris contient 8 pieds cubes, ou 288 des premières pintes, & 280 des dernières. (*L. B.*)

DIV

DIVERGENT, adj. Il se dit de tout ce qui, continué, se rencontreroit d'un côté en un point commun, & de l'autre iroit toujours en s'éloignant de plus en plus: c'est en ce sens que des lignes, des directions, &c. sont *divergentes*. De l'adjectif *divergent* on a fait le substantif *divergence*.

Des lignes sont divergentes du côté où elles vont

en s'écartant, & convergentes du côté opposé.

Divergente, (*série* ou *suite*) est celle dont les termes vont toujours en augmentant ; comme cette progression arithmétique 1, 2, 3, *&c*; ou cette progression géométrique 1, 2, 4, 8, *&c*. *Voyez* Série, *&c*.

Divergente, (*parabole* ou *hyperbole*) sont celles dont les branches ont des directions contraires. *Voyez* Courbe, Parabole, Hyperbole, *&c*.

DIVIDENDE, adj. pris sub. on appelle ainsi, *en Arithmétique*, un nombre dont on propose de faire la division. *Voyez* Division.

Le quotient d'une division est à l'unité, comme le *dividende* est au diviseur. (*O*)

DIVISEUR, s. m. (*Arithm.*) est, dans la division, le nombre qui divise, ou celui qui fait voir en combien de parties le dividende doit être divisé.

On appelle *commun diviseur* une quantité ou un nombre, qui divise exactement deux ou plusieurs quantités ou nombres, sans aucun reste.

Ainsi 3 est *commun diviseur* de 12 & 18 ; le nombre 2 est aussi commun diviseur des mêmes nombres. Les mêmes nombres peuvent donc avoir plusieurs *communs diviseurs* : or celui de ces *communs diviseurs*, qui est le plus grand, s'appelle le *plus grand commun diviseur*.

Pour trouver le *plus grand commun diviseur* de deux quantités quelconques *a*, *b* ; on divisera le plus grand nombre *a* par le plus petit *b* ; & s'il y a un reste *c*, on divisera le plus petit *b* par ce reste *c* (en négligeant toujours les quotients) ; & s'il y a encore un reste *d*, on divisera le premier reste *c* par le second *d*, & ainsi de suite, jusqu'à ce qu'on ait trouvé un reste *m* qui divise au juste celui qui le précède immédiatement ; ce dernier reste *m* sera le plus grand commun *diviseur* des deux quantités *a*, *b*.

Ainsi, pour trouver le plus grand commun *diviseur* des deux nombres 54 & 18, je divise 54 par 18 ; & comme cette division se fait sans reste, je connois que 18 est le plus grand commun *diviseur* de 54 & 18.

Pour trouver le plus grand commun *diviseur* de 387 & de 54, je divise 387 par 54, & trouvant un reste 9, je divise 54 par 9 ; & comme la division se fait exactement, je connois que 9 est le plus grand commun *diviseur* de 387 & 54.

Pour trouver le plus grand commun *diviseur* de 438 & de 102, je divise 438 par 102, & trouvant le reste 30, je divise 102 par 30, & trouvant le reste 12 ; je divise 30 par 12, & trouvant le reste 6, je divise 12 par 6 ; & comme 6 divise 12 sans reste, je connois que 6 est le plus grand commun *diviseur* de 438 & 102, *&c*.

Pour trouver le plus grand commun *diviseur* de trois nombres quelconques *A*, *B*, *C*, je cherche d'abord, comme auparavant, le plus grand commun *diviseur m* des deux premiers *A*, *B* ; & je cherche ensuite le plus grand commun *diviseur n* de *C* & de *m* ; & *n* sera le plus grand commun *diviseur* des trois nombres *A*, *B*, *C*.

S'il falloit trouver le plus grand commun *diviseur* de quatre nombres, on chercheroit d'abord le plus grand commun *diviseur n* des trois premiers ; & ensuite le plus grand commun *diviseur p* du quatrième & de *n* ; & ainsi de suite à l'infini.

Il est quelquefois utile de connoître tous les *diviseurs* d'un nombre, sur-tout dans l'analyse, où il s'agit fort souvent de décomposer une quantité, ou d'en déterminer les facteurs, c'est-à-dire, de savoir les quantités qui ont concouru à sa production.

Ainsi, pour trouver tous les *diviseurs* d'un nombre 2310, on prendra la suite 2, 3, 5, 7, 11, 13, 17, 19, 23, *&c*. des nombres premiers (*V*. Nombre premier), & l'on trouvera, par son moyen, tous les *diviseurs* simples ou premiers 2, 3, 5, 7, 11, de 2310 ; & posant l'unité 1, on multipliera 1 par 2, & l'on aura pour *diviseurs* 1, 2, qu'on multipliera chacun par trois, pour avoir 3, 6, lesquels joints à 1, 2, donneront pour *diviseurs* 1, 2, 3, 6 que l'on multipliera chacun par 5 ; ce qui produira 5, 10, 15, 30, lesquels joints aux quatre *diviseurs* 1, 2, 3, 6, produiront les huit *diviseurs* 1, 2, 3, 6, 5, 10, 15, 30, que l'on multipliera chacun par 7, pour avoir 7, 14, 21, 42, 35, 70, 105, 210, que l'on joindra aux huit premiers, pour avoir les 16 *diviseurs* 1, 2, 3, 6, 5, 10, 15, 30, 7, 14, 21, 42, 35, 70, 105, 210, que l'on multipliera chacun par 11, pour avoir 11, 22, 33, 66, 55, 110, 165, 330, 77, 154, 231, 462, 385, 770, 1155, 2310, lesquels joints aux 16 précédens donneront les 32 *diviseurs* 1, 2, 3, 5, 10, 15, 30, 7, 14, 21, 42, 35, 70, 105, 210, 11, 22, 33, 66, 55, 110, 165, 330, 77, 154, 231, 462, 385, 770, 1155, 2310 du nombre 2310, & il n'en aura pas davantage.

La règle pour trouver les plus grands communs *diviseurs* est démontrée dans plusieurs ouvrages, par différentes méthodes. En voici la raison en peu de mots. Qu'est-ce que trouver le plus grand commun *diviseur*, par exemple de 387 & 54 ? c'est trouver la plus petite expression de $\frac{387}{54}$. Il faut donc d'abord diviser 387 par 54 : je trouve que le quotient est un nombre entier $+\frac{9}{54}$; il faut donc trouver le plus grand commun *diviseur* de 9 & de 54, ou réduire cette fraction à sa plus simple expression ; donc ce plus grand *diviseur* est 9. On fera le même raisonnement sur les exemples plus composés ; & l'on verra toujours que trouver le plus grand commun *diviseur*, se réduit à trouver la plus petite expression d'une fraction ; c'est-à-dire, une fraction dont le numérateur & le dénominateur soient les plus petits qu'il est possible.

On peut aussi employer souvent une méthode abrégée pour trouver le plus grand commun *diviseur*,

Je suppose

Je suppose qu'on ait, par exemple, à trouver le plus grand commun *diviseur* de 176 & de 77, je remarque en prenant tous les *diviseurs* de 176, que $176 = 2 \times 88 = 2 \times 2 \times 2 \times 2 \times 11$, & que $77 = 7 \times 11$; donc 11 est le plus grand commun *diviseur*, & ainsi des autres. En général soient a, b, c, tous les *diviseurs* simples ou premiers d'un nombre $a^3 b^2 c$, & c, b, f, tous ceux d'un nombre $b^4 c^2 f^3$, on aura pour *diviseur* commun $b^2 c$.

Deux nombres premiers (*voyez* NOMBRE PREMIER) ou deux nombres dont l'un est premier, ne sauroient avoir de commun *diviseur* plus grand que l'unité: cela est évident par la définition des nombres premiers, & par la règle des communs *diviseurs*. Donc une fraction composée de deux nombres premiers $\frac{a}{h}$, est réduite à sa plus simple expression. Donc le produit ac de deux nombres premiers différens de b ne peut se diviser exactement par b; car, si on avoit $\frac{ac}{b} = m$, on auroit $\frac{a}{b} = \frac{m}{c}$; ce qui ne se peut. En effet, il faudroit, pour cela, que b & c eussent un commun *diviseur*, ce qui est contre l'hypothèse. On prouvera de même que $\frac{ac}{b}$ ne sauroit se réduire; car on auroit $\frac{ac}{b} = \frac{m}{g}$, g ayant un *diviseur* commun avec b; on prouvera de même encore que $\frac{ac}{bd}$, d étant un nombre premier, ne sauroit se réduire; car on auroit $\frac{ac}{bd} = \frac{mh}{gh}$: donc bd produit de deux nombres premiers, seroit égal au produit de deux autres nombres g, h, & par conséquent on auroit $\frac{b}{g} = \frac{h}{d}$, quoique b, d'une part, & d, de l'autre, soient des nombres premiers: ce qui ne se peut, car on vient de voir que toute fraction, dont un des termes est un nombre premier, est réduite à la plus simple expression. On prouvera de même que $\frac{abc}{bd}$, c étant nombre premier, ne peut se réduire; &, en général, qu'un produit de nombres premiers quelconques, divisé par un produit d'autres nombres premiers quelconques, ne peut se réduire à une expression plus simple. *Voyez les conséquences de cette proposition aux mots* FRACTION *&* INCOMMENSURABLE.

A l'égard de la méthode par laquelle on trouve le plus grand *diviseur* commun de deux quantités algébriques, elle est la même, pour le fond, que celle par laquelle on trouve le plus grand *diviseur* commun de deux nombres. Elle est expliquée dans plusieurs ouvrages, & en particulier dans l'*Algèbre* de M. l'Abbé Bossut. (*O*)

* L'article *diviseur*, qu'on vient de lire, est en grande partie de M. d'Alembert; il méritoit, par cette seule raison, d'être conservé; & d'ailleurs il contient des remarques qui peuvent être utiles aux commençans. Nous croyons cependant devoir ajouter ici une explication un peu plus détaillée sur la méthode de trouver le plus grand commun *diviseur* de deux quantités.

On a souvent besoin, sur-tout dans le calcul des fractions, de savoir réduire une fraction à ses moindres termes. Cette réduction se fait en cherchant le plus grand commun *diviseur* au numérateur & au dénominateur de la fraction. *Voyez* FRACTION. Or, dans la comparaison de deux nombres, on peut toujours considérer l'un comme le numérateur, l'autre comme le dénominateur d'une fraction: ainsi, la question générale de trouver le plus grand commun *diviseur* de deux nombres, se réduit à trouver le plus grand commun *diviseur* des deux termes d'une fraction.

Soit donc, par exemple, la fraction $\frac{96}{180}$, dont il faut trouver le plus grand *diviseur* commun à son numérateur & à son dénominateur. Il est d'abord évident que ce plus grand commun *diviseur* ne peut pas être plus grand que le plus petit des deux termes de la fraction, qui est le numérateur 96. J'essaie si 96 est ce diviseur; 96 se divise lui-même, mais il ne divise 180 qu'avec un reste 84. La fraction $\frac{96}{180}$ est donc la même chose que $\frac{96}{96 \text{ plus } 84}$. En cet état, je vois que le plus grand *diviseur* cherché ne peut pas excéder 84, autrement il ne diviseroit pas la partie 84. J'essaie si 84 est ce *diviseur*; 84 se divise lui-même, mais il ne divise 96 qu'avec un reste 12. La fraction peut donc être écrite sous cette forme, $\frac{84 \text{ plus } 12}{84 \text{ plus } 12 \text{ plus } 84}$. Alors il est clair que le *diviseur* cherché ne peut pas excéder 12, autrement il ne diviseroit pas 12. Voyons si 12 est ce *diviseur*; 12 se divise lui-même; il divise aussi 84. Il divise donc toutes les parties de la fraction. Donc il est *diviseur* commun du numérateur & du dénominateur; & de plus il est le plus grand *diviseur* commun de ces deux termes; car on voit, par la suite de nos opérations, qu'un nombre plus grand que 12 n'auroit pas pu diviser les deux mêmes termes.

Maintenant que nous voilà assurés que 12 est le plus grand commun *diviseur* cherché; si nous divisons 96 & 180 par 12, nous réduirons la fraction $\frac{96}{180}$ à celle-ci $\frac{8}{15}$ qui est sa plus simple expression.

En réfléchissant sur l'esprit des opérations précédentes, on voit que la méthode dont il s'agit, revient à cette règle. *Divisez le plus grand terme de la fraction par le plus petit; & si la division se fait sans reste, ce plus petit terme est le plus grand commun* diviseur *cherché. Si la division ne se fait pas sans reste, divisez le plus petit terme, par le premier reste; & si la division se fait sans reste, le premier reste est le plus grand commun* diviseur *cherché. Si elle ne se fait pas sans reste, divisez le premier reste par le second; & si elle se fait sans reste, le second reste sera le* diviseur *cherché. Si la division ne se fait pas sans reste, vous continuerez à opérer de même, jusqu'à ce que vous trouviez un reste qui divise exactement le précédent. Ce reste* diviseur *sera le plus grand* diviseur *commun des deux termes de la fraction ; de manière qu'en les divisant actuellement par lui, vous réduirez la fraction à ses moindres termes.*

Si, dans la suite de ces calculs, on ne parvient pas à faire une division sans reste, & si, en conséquence, le dernier de tous les restes est l'unité : ce sera une marque que la fraction est exprimée par ses plus simples termes, & qu'elle est irréductible.

Le plus grand commun *diviseur* de deux quantités algébriques se trouve d'une manière analogue. Après avoir ordonné les deux termes de la fraction, par rapport à une même lettre, il faut diviser celui des deux termes, où cette lettre a le plus grand exposant, par le second; & pousser l'opération tant qu'elle est possible, conformément aux règles ordinaires de la division; ensuite il faut diviser, suivant les mêmes conditions, le second terme par le premier reste; puis le premier reste, par le second reste; ainsi de suite, jusqu'à ce qu'on parvienne à une division exacte : alors le dernier *diviseur* est le plus grand commun *diviseur* des deux termes de la fraction proposée. Si on ne pouvoit pas parvenir à faire une division exacte, la fraction seroit irréductible. On voit que le procédé est absolument le même pour les fractions littérales que pour les fractions numériques. Avant que d'appliquer cette règle à des exemples, nous ferons quelques observations qui tendent à simplifier le calcul.

On ne change rien au commun *diviseur* de deux quantités, en multipliant ou en divisant l'une de ces quantités par un facteur qui n'est pas *diviseur* de l'autre. Qu'on ait, par exemple, la fraction $\frac{ab}{ac}$, dont les deux termes ont a pour *diviseur* commun : en multipliant le numérateur ou le dénominateur par une quantité d, on formera la nouvelle fraction $\frac{abd}{ac}$, ou $\frac{ab}{acd}$, dont les deux termes n'ont pas d'autre *diviseur* commun que a. Mais, si la quantité, par laquelle on multiplie un des termes de la fraction, étoit *diviseur* de l'autre terme, alors on changeroit le *diviseur* commun. Par exemple, qu'on multiplie le numérateur de la fraction $\frac{ab}{ac}$ par c, qui est *diviseur* du dénominateur, on formera la fraction $\frac{abc}{ac}$, dont les deux termes ont, pour *diviseur* commun, ac, & non pas simplement a comme tout-à-l'heure. De même, si l'on multiplie le dénominateur de la fraction $\frac{ab}{ac}$, par b, qui est *diviseur* du numérateur, on formera la fraction $\frac{ab}{abc}$, dont les deux termes ont pour *diviseur* commun ab, & non a simplement. On ne conserve donc le même *diviseur* commun aux deux termes d'une fraction, qu'en multipliant ou en divisant l'un de ces termes par une quantité qui ne soit pas *diviseur* de l'autre.

EXEMPLE I. *Trouver le plus grand commun diviseur de la fraction* $\frac{a^3 + ab^2 - a^2b - b^3}{4a^4 - 2a^2b^2 - 4a^3b + 2ab^3}$?

J'ordonne tout par rapport à la lettre a, & je prens le dénominateur pour dividende, & le numérateur pour *diviseur.* Cela posé,

1.° Comme $2a$ divise tous les termes du dividende, & ne divise pas ceux du *diviseur*, je commence par délivrer le dividende de ce *diviseur*, pour simplifier l'opération. Il me vient ainsi $2a^3 - 2a^2b - ab^2 + b^3$ à diviser par $a^3 - a^2b + ab^2 - b^3$. Le quotient est 2, & le reste $-3ab^2 + 3b^3$.

2.° Je prens pour dividende le *diviseur* $a^3 - a^2b + ab^2 - b^3$, & pour *diviseur* le premier reste $-3ab^2 + 3b^3$. Et comme $3b^2$ est diviseur de ce reste, sans l'être du nouveau dividende, je délivre mon *diviseur* actuel du facteur $3b^2$. Par ce moyen, j'ai $a^3 - a^2b + ab^2 - b^3$ à diviser par $-a + b$. Il vient pour quotient exact $-a^2 - b^2$. D'où je conclus que $-a + b$ est le plus grand commun *diviseur* cherché. Divisant donc les deux termes de la fraction proposée $\frac{a^3 - a^2b + ab^2 - b^3}{4a^4 - 4a^3b - 2a^2b^2 + 2ab^3}$ par $-a+b$, elle deviendra $\frac{-a^2 - b^2}{-4a^3 + 2ab^2}$, ou $\frac{a^2 + b^2}{4a^3 - 2ab^2}$, & sera réduite à ses moindres termes.

EXEMPLE II. *Trouver le plus grand commun diviseur de la fraction* $\frac{2a^4 + 2a^3b - a^2bc - ab^2c}{3a^3 + 3a^2b + 4ab^2 + 4b^3}$?

J'ordonne tout par rapport à la lettre a; & je prens pour dividende le numérateur, & pour *diviseur* le dénominateur.

1.° Je prépare le dividende, en divisant tous ses termes par a qui n'est pas *diviseur* commun de tous les termes du dénominateur. Ensuite je multiplie tous les termes du même dividende par 3 qui n'est pas *diviseur* du dénominateur, afin de rendre le premier terme du dividende, divisible par le premier terme du *diviseur.* Par ces deux opérations, j'ai $6a^3 +$ [illegible]$^2 b - 3abc - 3b^2c$ à diviser par $3a^3 + 3a^2b + 4ab^2 + 4b^3$. Le quotient est 2, & le reste $-3abc - 8ab^2 - 3b^2c - 8b^3$.

2.° Je prens pour dividende le *diviseur* précédent $3a^3 + 3a^2b + 4ab^2 + 4b^3$, & pour *diviseur* le premier reste $-3abc - 8ab^2 - 3b^2c - 8b^3$. Je prépare la division, en observant que $-3bc - 8b^2$ divise le *diviseur*, & ne divise pas le dividende. Ainsi je délivre le *diviseur* de ce facteur; & alors j'ai $3a^3 + 3a^2b + 4ab^2 + 4b^3$ à diviser par $a + b$. La division se fait exactement, & le quotient est $3a^2 + 4b^2$. Par conséquent le plus grand commun *diviseur* de la fraction proposée $\frac{2a^4 + 2a^3b - a^2bc - ab^2c}{3a^3 + 3a^2b + 4ab^2 + 4b^3}$ est $a + b$; &, en divisant son numérateur & son dénominateur par ce diviseur, cette fraction devient $\frac{2a^3 - abc}{3a^2 + 4b^2}$. (*L. B.*)

DIVISIBILITÉ, (*Géom. & Phys.*) est en général le pouvoir passif, ou la propriété qu'a une quantité de pouvoir être séparée en différentes parties, soit actuelles, soit mentales.

Les Péripatéticiens & les Cartésiens soutiennent en général que la *divisibilité* est une affection ou propriété de toute matiere ou de tout corps : les Cartésiens adoptent ce sentiment, parce qu'ils prétendent que l'essence de la matière consiste dans l'étendue, d'autant que toute partie ou corpuscule d'un corps étant étendue à des parties qui renferment d'autres parties, est, par conséquent, divisible.

Les Epicuriens disent que la *divisibilité* est propre à toute continuité physique, parce qu'où il n'y a point de parties adjacentes à d'autres parties, il ne peut y avoir de continuité, & que par-tout où il y a des parties adjacentes, il est nécessaire qu'il y ait de la *divisibilité*; mais ils n'accordent point cette propriété à tous les corps, parce qu'ils soutiennent que les corpuscules primitifs ou les atomes sont absolument indivisibles. Leur plus grand argument est que la *divisibilité* de tout corps ou de toute partie assignable d'un corps, même après toutes divisions faites, suppose que les plus petits corpuscules sont divisibles à l'infini, ce qui est, selon eux, une absurdité, parce qu'un corps ne peut être divisé que dans les parties actuelles dont il est composé. Mais supposer, disent-ils, des parties à l'infini dans le corps le plus petit, c'est supposer une étendue infinie : car des parties ne pouvant être réunies à l'infini à d'autres parties extérieures, comme le sont, sans doute, les parties qui composent les corps, il faudroit nécessairement admettre une étendue infinie.

Ils ajoutent qu'il y a une différence extrême entre la *divisibilité* des quantités physiques & la *divisibilité* des quantités mathématiques : ils accordent que toute quantité, ou dimension mathématique, peut être augmentée ou diminuée à l'infini; mais la quantité physique, selon eux, ne peut être ni augmentée, ni diminuée à l'infini.

Un artiste qui divise un corps continu parvient à certaines petites parties, au-delà desquelles il ne peut plus aller ; c'est ce qu'on appelle *minima partis*. De même la nature qui peut commencer où l'art finit, trouvera des bornes que l'on appelle *minima naturæ* ; & Dieu, dont le pouvoir est infini, commençant où la nature finit, peut subdiviser ce *minima naturæ* ; mais à force de subdiviser, il arrivera jusqu'à ces parties qui, n'ayant aucunes parties continues, ne peuvent plus être divisées, & seront atomes. Ainsi parlent les Epicuriens.

Cette question est sujette à bien des difficultés : nous allons exposer en gros les raisonnemens pour & contre. D'un côté, il est certain que tout corpuscule étendu a des parties, & est, par conséquent, divisible ; car, s'il n'a point de côtés, il n'est point étendu ; & s'il n'y a point d'étendue, l'assemblage de plusieurs corpuscules ne composeroit point un corps. D'un autre côté, la *divisibilité* infinie suppose des parties à l'infini dans les corps les plus petits : d'où il suit qu'il n'y a point de corps, quelque petit qu'il puisse être, qui ne fournisse autant de surfaces ou de parties que tout le globe de la terre en pourroit fournir.

La *divisibilité* à l'infini d'une quantité mathématique se prouve de cette manière : supposez AC, (*Pl. de Géom. fig. 68*) perpendiculaire à BF, & une autre ligne telle que GH à une petite distance de A, aussi perpendiculaire à la même ligne : des centres C, C, C, *&c.* & des distances CA, CA, *&c.* décrivez des cercles qui coupent la ligne GH aux points e, e, *&c.* Plus le rayon AC est grand, plus la partie eG est petite ; mais le rayon peut être augmenté *in infinitum*, &, par conséqnent, la partie eG peut être diminuée aussi *in infinitum* ; cependant on ne la réduira jamais à rien, parce que le cercle ne peut jamais devenir coïncident avec la ligne BF; par conséquent les parties de toute grandeur peuvent être diminuées *in infinitum*.

Les principales objections que l'on fait contre ce sentiment sont, que l'infini ne peut être renfermé dans ce qui est fini, & qu'il résulte de la divisibilité *in infinitum*, ou que les corps sont égaux, ou qu'il est des infinis plus grands les uns que les autres : à quoi l'on répond que les propriétés de ce qui est fini, & d'une quantité déterminée, peuvent être attribuées à ce qui est fini ; qu'on n'a jamais prouvé qu'il ne pouvoit y avoir un nombre infini de parties infiniment petites dans une quantité finie. On ne prétend point ici soutenir la possibilité d'une division actuelle *in infinitum* ; on prétend seulement que quelque petit que soit un corps, il peut encore être divisé en de plus petites parties ; & c'est ce qu'on a jugé à-propos d'appeller une division *in infinitum*, parce que ce qui n'a point de bornes est infini.

Il est certain qu'il n'est point de parties d'un corps que l'on ne puisse regarder comme contenant d'autres parties ; cependant la petitesse des particules de plusieurs corps est telle, qu'elle surpasse de beaucoup notre conception ; & il y a une infinité d'exemples dans la nature, de parties très-petites, séparées actuellement l'une de l'autre.

M. Boyle nous en fournit plusieurs. L'or est un métal, dont on forme en le tirant, des fils fort longs & fort fins. On dit qu'à Augsbourg, un habile tireur d'or fit un fil de ce métal, qui avoit 800 pieds de long, & qui pesoit un grain ; on auroit pu, par conséquent, le diviser en 3600000 parties visibles. On se sert tous les jours, pour dorer plusieurs sortes de corps, de feuilles d'or fort déliées, lesquelles étant battues, peuvent être rendues extrêmement minces ; car il faut 300000 de ces petites feuilles entassées les unes sur les autres pour faire l'épaisseur d'un pouce. Or on peut diviser une feuille d'un pouce quarré en 600 petits fils visibles, & chacun de ces petits fils en 600 parties visibles; d'où il suit que chaque pouce quarré est divisible en 360000. Cinquante pouces semblables font un grain. Donc un grain d'or peut être divisé en 18000000 parties visibles. M. Boyle a dissout un grain de cuivre rouge dans de l'esprit de sel ammoniac, & l'ayant mêlé avec de l'eau nette qui pesoit 28534 grains, ce seul grain de cuivre teignit en bleu toute l'eau dans laquelle il avoit été jetté. Cette eau ayant été mesurée faisoit 105, 57 pouces cubiques. On peut bien supposer, sans craindre de se tromper, qu'il y avoit dans chaque partie visible de l'eau une petite partie de cuivre fondu. Il y a 216000000 parties visibles dans un pouce cubique. Par conséquent un seul grain de cuivre doit avoir été divisé en 22788000000 petites parties visibles. Le fameux Lewenhoeck a remarqué dans de l'eau où l'on avoit jetté du poivre, trois sortes de petits animaux qui y nageoient. Que l'on mette le diamètre de la plus petite sorte de ces animalcules pour l'unité, le diamètre de ceux de la seconde sorte étoit dix fois aussi grand, & celui de la troisième espèce devoit être cinquante fois plus grand. Le diamètre d'un grain de sable commun étoit mille fois aussi grand, &, par conséquent, la grandeur du plus petit de ces animalcules mis en parallèle avec un grain de sable, étoit comme les cubes des diamètres 1 & 1000, c'est-à-dire, comme 1 à 1000000000: on voit pourtant ces petits animaux nager dans l'eau: ils ont un corps qui peut se mouvoir; ce corps est composé de muscles, de vaisseaux sanguins, de nerfs, & autres parties. Il doit y avoir une différence énorme entre le volume de ces vaisseaux sanguins & celui de tout leur corps. Quelle ne doit donc pas être la petitesse des globules de sang, qui circulent continuellement dans ces vaisseaux? De quelle petitesse ne sont pas aussi les œufs de ces animalcules, ou leurs petits, lorsqu'ils ne font que de naître? Peut-on assez admirer la sagesse & la puissance du créateur dans de semblables productions?

Dans les corps odoriférans, il est encore facile d'appercevoir une finesse très-grande de parties, & même telles qu'elles sont actuellement séparées l'une de l'autre: on trouve beaucoup de corps dont la pesanteur n'est presque point altérée dans un long espace de temps, quoiqu'ils remplissent sans cesse une grande étendue par les corpuscules odoriférans qui s'en exhalent.

Toute partie de matière, quelque petite qu'elle soit, & tout espace fini quelque grand qu'il soit, étant donné, il est possible qu'un petit grain de sable ou une petite partie de matière soit étendue dans un grand espace, & le remplisse de manière qu'il ne s'y trouve aucun pore dont le diamètre excède quelque ligne donnée, si petite qu'on voudra.

En effet, qu'on prenne, par exemple, une ligne cube de matière, qu'on la divise par tranches en petites lames, il est certain que l'on peut augmenter assez le nombre de ces lames pour pouvoir, en les mettant les unes à côté des autres, couvrir une surface aussi large qu'on voudra. Qu'on redivise ensuite chacune des petites lames en un grand nombre d'autres, on pourra placer ces nouvelles petites lames à telle distance si petite qu'on voudra les unes des autres, & en remplir, de cette sorte, un espace qui pourra être impénétrable à la lumière, si les distances entre les lames sont moindres que les diamètres des corpuscules de lumière. Cela est démontré plus au long dans Keill, *Introd. ad ver. Phys.*

Voici maintenant, d'une manière plus détaillée, les objections de ceux qui prétendent que la matière n'est pas divisible à l'infini. Le corps géométrique n'est que la simple étendue, il n'a point de parties déterminées & actuelles, il ne contient que des parties simplement possibles, qu'on peut augmenter tant qu'on veut à l'infini; car la notion de l'étendue ne renferme que des parties co-existentes & unies, & le nombre de ces parties est absolument indéterminé, & n'entre point dans la notion de l'étendue. Ainsi, l'on peut sans nuire à l'étendue, déterminer ce nombre comme on veut, c'est-à-dire, que l'on peut établir qu'une étendue renferme dix mille, ou un million, ou dix millions de parties, selon que l'on voudra prendre une partie quelconque pour un: ainsi, une ligne renfermera deux parties, si l'on prend sa moitié pour une, & elle en aura dix ou mille, si on prend sa dixième, ou sa millième partie pour l'unité. Cette unité est donc absolument indéterminée, & dépend de la volonté de celui qui considère cette étendue.

Il n'en est pas de même de la nature. Tout ce qui existe actuellement doit être déterminé en toute manière, & il n'est pas en notre pouvoir de le déterminer autrement. Une montre, par exemple, a ses parties: mais ce ne sont point des parties simplement déterminables par l'imagination; ce sont des parties réelles, actuellement existentes: & il n'est point libre de dire, cette montre a *dix*, *cent*, ou *un million de parties;* car en tant que montre, elle en a un nombre qui constitue son essence, & elle n'en peut avoir ni plus ni moins, tant qu'elle restera montre. Il en est de même de tous les corps naturels, ce sont tous des composés qui ont leurs parties déterminées & dissemblables, qu'il n'est point permis d'exprimer par un nombre quelconque. Les philosophes se seroient donc épargné tous les embarras où les a jettés le labyrinthe de la *divisibilité* du continu, s'ils avoient pris soin de ne jamais appliquer les raisonnemens que l'on fait sur la divisibilité du corps géométrique aux corps naturels & physiques.

Les adversaires de la *divisibilité* de la matière soutiennent qu'il n'y a aucune expérience qui fasse voir démonstrativement que les corps sont composés de parties divisibles; que la nature s'arrête dans l'analyse de la matière à un certain degré fixe & déterminé ; c'est ce qui est fort probable, & par l'uniformité qui règne dans ses ouvrages, & par une infinité d'expériences. 1.° Si la matière étoit résoluble à l'infini, la forme & la façon d'être dans les composés seroient sujettes, disent-ils, à mille changemens, & les espèces des choses seroient sans cesse brouillées. Il seroit impossible que les mêmes germes & les mêmes semences produisissent constamment les mêmes animaux & les mêmes plantes, & que ces êtres conservassent toujours les mêmes propriétés ; car le suc, qui les nourrit, tantôt plus subtil, tantôt plus grossier, y causeroit des variations perpétuelles. Or il n'y a aucun de ces dérangemens dans l'univers ; les plantes, les animaux, les fossiles, tout enfin produit constamment son semblable avec les attributs qui constituent son essence. 2.° Non-seulement les espèces se mêleroient dans la division à l'infini, mais il s'en formeroit de nouvelles. Or on n'en voit point dans la nature ; les monstres mêmes ne perpétuent pas la leur ; la main du créateur a marqué les bornes de chaque être, & ces bornes ne sont jamais franchies. 3.° Les dissolutions des corps ont leurs bornes fixes, aussi-bien que leur accroissement. Le feu du miroir ardent, le plus puissant dissolvant que nous connoissions, fond l'or, le pulvérise, & le vitrifie, mais ses effets ne vont pas au-delà. Cependant l'hypothèse que nous combattons ne sauroit rendre raison pourquoi les liquides ne reçoivent jamais qu'un certain degré de chaleur déterminé, ni pourquoi l'action du feu sur les corps a des bornes si précises, si la solidité & l'irrésolubilité actuelle n'étoient pas attachées aux particules de la matière. Aucun chymiste a-t-il pu rendre l'eau pure plus fine qu'elle étoit auparavant ? A-t-on jamais pu, après de centaines de distillations, de digestions & de mêlanges avec toutes sortes de corps, rendre l'esprit d'eau-de-vie le plus fin, encore plus subtil que l'esprit-de-vin éthéré, qui est beaucoup plus fin que l'alcohol ? 4.° Le système des germes, que les nouvelles découvertes ont fait adopter, rend l'irrésolubilité des premiers corps indispensablement nécessaire. Si la nature n'agit que par développement, comme les microscopes semblent le démontrer, il faut absolument que les divisions actuelles de la matière aient des bornes. 5.° Si l'on frotte les corps les uns contre les autres, & si on les épure, on peut bien en détacher de grosses parties ; mais on a beau continuer de les frotter pendant long-tems, ces parties emportées seront toujours rendues visibles à l'aide du microcospe. Cela paroît, sur-tout, lorsqu'on brise les couleurs sur le porphire, & qu'on les considère ensuite au microscope. 6.° La *divisibilité* de la matière à l'infini suppose que les corps soient composés à l'infini d'autres corpuscules. Mais cela se peut-il concevoir ? Dire qu'un corps est composé d'autres corps, c'est ne rien dire. Car on demandera de nouveau de quoi ces corps sont composés. Les élémens de la matière doivent donc être autre chose que de la matière. C'est ce qui avoit fait imaginer à M. Leibnitz son système des monades. La matière, selon les Leibnitiens, n'est qu'un phénomène résultant de l'union de plusieurs monades. Ce phénomène subsiste tant qu'il y a plusieurs monades ensemble. En divisant la matière, on désunit les monades ; & si la division est portée jusqu'au point qu'il n'y ait plus qu'une seule monade, le phénomène de la matière disparoîtra. Si on demande comment des monades, qui ne sont point corps, peuvent constituer des corps, les Leibnitiens répondent qu'elles n'en constituent que l'apparence, que la matière n'existe point hors de notre esprit telle que nous la concevons. Telles sont les difficultés de part & d'autre. *Non nostrum inter vos tantas componere lites.* Nous devons à M. Formey une grande partie de cet article. (*O*)

DIVISION, s. f. (*Arith.*) : opération par laquelle on trouve un troisième nombre qui, multipliant le second, ou étant multiplié par le second, donne un produit égal au premier.

Nous allons expliquer les règles de la division, en commencant par les nombres *incomplexes.*

I. Le nombre qu'on divise s'appelle *dividente*, celui par lequel on divise, *diviseur* ; & le troisième nombre qui résulte de l'opération, *quotient.* Ainsi, le produit du diviseur & du quotient, multipliés l'un par l'autre, doit être égal au dividende, ou plutôt doit être le dividende même. D'où il suit que le dividende contient le diviseur autant de fois que le quotient contient l'unité, ou que le dividende contient le quotient autant de fois qu'il y a d'unités dans le diviseur ; ce qui fait deux cas.

Dans le premier, le dividende & le diviseur contiennent des unités de même espèce, puisque l'un fait partie de l'autre ; & le quotient est un nombre abstrait qui marque *combien de fois* le dividende contient le diviseur. Par exemple, si l'on divise 40 écus par 10 écus, tout ce qu'on peut se proposer dans cette opération est de connoître combien de fois 40 écus contiennent 10 écus ; le quotient 4 indiquant ce nombre de fois, est un nombre abstrait. Ce n'est que dans ce cas que le résultat de la division est appellé proprement quotient, du mot latin *quoties*, combien de fois.

Dans le second cas, le diviseur est un nombre abstrait ; & le quotient aura des unités de même espèce que le dividende, & sera par conséquent concret, si le dividende est concret. La division se réduit donc alors à partager le dividende en autant de parties égales qu'il y a d'unités dans le diviseur, pour avoir une de ces parties qu'on appelle quotient, nom qui ne lui convient qu'improprement. Par exemple, si l'on propose de diviser 40 écus par 10, nombre abstrait ; on a pour but de partager 40 écus en dix parties égales ; le quotient 4 écus est donc une des parties du dividende.

II. Lorsque le dividende & le diviseur sont deux nombres abstraits, la division peut être rapportée indifféremment à l'un & à l'autre cas; & le quotient est toujours un nombre abstrait.

De quelque nature que soient les unités du dividende & du diviseur, on peut faire la division, comme s'il s'agissoit de savoir combien de fois le dividende contient le diviseur. Ensuite on déterminera l'espèce des unités du quotient, relativement à celles du dividende & du diviseur, ou au sens dans lequel on a proposé la question qui a donné lieu à la division.

On indique une division à faire, ou le quotient qui en doit provenir, en écrivant le dividende au-dessus d'une barre horizontale, & le diviseur au-dessous. Par exemple, $\frac{12}{6}$ indique le quotient de 12 divisé par 6; de même $\frac{45}{9}$ indique le quotient de 45 divisé par 9; $\frac{64 \times 5}{8 \times 6}$ indique le quotient du produit 64×5 divisé par le produit 8×6; &c.

III. Toute division peut s'exécuter par le moyen de la soustraction, comme la multiplication, par l'addition. En effet, s'agit-il, par exemple, de diviser 40 écus par 10 écus, ou de trouver combien de fois 40 écus contiennent 10 écus?

Otez 10 de 40; ôtez ensuite 10 du reste 30; ôtez ensuite 10 du second reste 20; ôtez enfin 10 du troisième reste 10; vous aurez zéro pour quatrième reste. Le nombre de soustractions que vous aurez faites pour épuiser le dividende, sera le quotient cherché.

Dividende	40 écus
Diviseur	10 écus
Premier reste	30 écus
Diviseur	10 écus
Second reste	20 écus
Diviseur	10 écus
Troisième reste	10 écus
Diviseur	10 écus
Quatrième reste	00

Faut-il diviser 40 écus par 10, nombre abstrait, c'est-à-dire, partager 40 écus en dix parties égales? On a vû que dans ce cas chacune de ces dix parts peut être prise pour le quotient. Otez 10 écus de 40 écus, vous trouverez dans ces 10 écus 1 écu pour chacune des 10 parts égales. Otez du reste 30 écus, 10 autres écus, qui formeront un second écu pour chaque part. En un mot, autant de fois que vous trouverez 10 écus à soustraire, jusqu'à ce que vous ayez épuisé le dividente, ce sera autant de fois 1 écu qui revient à chacune des parts égales. Ainsi le quotient cherché est 4 écus.

Mais cette manière de faire la division seroit trop longue dans la pratique, sur-tout lorsque le dividende est considérable par rapport au diviseur. L'art d'abréger l'opération est l'objet de la division proprement dite. J'expliquerai cet art, après que j'aurai donné encore quelques notions nécessaires pour la suite.

IV. Si on multiplie, ou si on divise par un nombre quelconque, le dividende d'une division, en conservant son diviseur; le quotient de la nouvelle division est égal au quotient de la première, multiplié ou divisé par ce même nombre. Car un dividende 2 fois, 3 fois, 4 fois, &c. plus grand ou plus petit qu'un autre, doit contenir 2 fois, 4 fois plus, ou 2 fois, 3 fois, 4 fois moins le même diviseur.

Au contraire, si on conserve le dividende d'une division, & qu'on multiplie ou divise son diviseur par un nombre quelconque; le quotient de la nouvelle division sera égal au quotient de la première, divisé ou multiplié par le même nombre. Car un diviseur 2 fois, 3 fois, 4 fois plus grand ou plus petit, est nécessairement contenu 2 fois, 3 fois, 4 fois moins ou davantage dans le même dividende.

Il suit de ces deux remarques, que si l'on multiplie le dividende & le diviseur par un même nombre, ou bien encore si on les divise l'un & l'autre par un même nombre; cette double opération ne changera rien au quotient, dans chaque cas.

V. Les règles nécessaires pour faire toutes sortes de divisions, demandent qu'on sache d'abord diviser un nombre qui ne contient pas plus de deux chiffres par un autre qui n'en contient qu'un seul. Or cette première opération est facile, & se fait par le moyen de la Table de Pythagore (*Voyez* MULTIPLICATION). Qu'il s'agisse, par exemple, de diviser 72 par 8? On cherchera le dividende 72 dans la Table, & prenant le diviseur 8 dans la première case de la bande verticale qui contient 72, on trouvera le quotient 9 dans la première case de la bande horizontale qui contient aussi 72.

Si le dividende ne se trouvoit pas dans la Table, comme, par exemple, s'il falloit diviser 78 par 8; on prendroit dans la Table le nombre 72 qui approche le plus, en dessous, du dividende; & on trouveroit, comme tout-à-l'heure, que le quotient est 9. Mais ce quotient n'est qu'approché, parce que le nombre 78 n'est pas exactement divisible par 8.

Cela posé, nous sommes en état de diviser l'un par l'autre deux nombres exprimés par tant de chiffres qu'on voudra.

VI. PROBLÈME I. *faire la division, lorsque le dividende étant composé d'un nombre quelconque de chiffres, le diviseur n'en contient qu'un seul.*

Ayant d'abord écrit le dividende, on mettra le diviseur à côté, en les séparant par une acolade. On tirera une barre sous le diviseur, & on écrira sous cette barre les chiffres du quotient, à mesure qu'on les trouvera. Or, pour trouver ces chiffres, il faut diviser successivement toutes les parties du dividende par le diviseur, en commençant par les unités de la plus haute espèce, c'est-à-dire, en allant de gauche à droite. Si la première division ne se fait pas sans reste, vous convertirez le reste en unités de l'ordre immédiatement inférieur, & vous y joindrez les unités de cet ordre déjà contenues dans le dividende total; ce qui vous donnera un second dividende partiel. Vous opérerez sur ce second dividende, comme sur le premier; ainsi de suite, jusqu'à ce que le dividende total soit épuisé. Lorsqu'il se trouve quelque dividende qui ne contient pas le diviseur, il faut mettre zéro au quotient. On voit par-là que chaque division partielle fournit un chiffre au quotient. Le résultat de tous les quotients partiels forme le quotient total. Eclaircissons cela par des exemples.

Exemple I. *On propose de diviser 747 par 3?*

```
Dividende 747 { 3 diviseur.
          6   { ---------
          --  { 249 quotient
          14
          12
          --
          027
           27
          --
            0
```

J'écris ces deux nombres comme on le voit ici; & je commence par diviser les 7 centaines du dividende par le diviseur 3, en disant, dans 7 combien de fois 3? Il y est deux fois, & ce 2 marque des centaines; je l'écris sous la barre. Ensuite je multiplie le diviseur 3 par le quotient 2, & je retranche le produit 6 du premier dividende partiel 7, ce qui me donne 1 centaine pour reste. Je vois par-là que les centaines du dividende ne peuvent pas fournir plus de 2 centaines au quotient, & que la centaine de reste doit être convertie en dixaines, lesquelles avec les dixaines qui suivent, formeront un second dividende partiel.

Ainsi, à côté de 1 j'abaisse les dixaines 4 du dividende, & j'ai 14 dixaines à diviser par 3. Je dis donc, en 14 combien de fois 3? Il y est 4 fois, & ce 4, que j'écris sous la barre, marque des dixaines. Je multiplie 3 par 4, & je retranche le produit 12, de 14; j'ai 2 dixaines de reste.

A côté du 2, j'abaisse les unités 7 du dividende; ce qui me donne 27 unités à diviser par 3. Je dis donc en 27 combien de fois 3? Il y est 9 fois; j'écris 9 au quotient, & ce 9 marque des unités. Je multiplie 3 par 9, ce qui donne 27 pour produit; & ce nombre étant retranché du dernier dividende partiel, donne zéro pour reste.

La division est donc ainsi achevée, & le quotient total demandé est 249.

Exemple II. *Diviser 16473 par 7?*

Je dispose le dividende & le diviseur, comme dans l'exemple précédent, & comme on le voit ici.

```
Div. 16473 { 7 diviseur.
     14    { ---------
     --    { 2353 2/7 quot.
      24
      21
      --
       37
       35
       --
        23
        21
        --
         2
```

Et commençant l'opération par les dixaines de mille du dividende, je vois d'abord que ces dixaines n'en peuvent pas fournir au quotient, puisque 1 n'est pas divisible par 7. Je les réduis donc en mille, & j'ai 16 mille pour premier dividende partiel. Maintenant, je dis en 16 combien de fois 7? Il y est 2 fois; & ce 2 marque des mille que j'écris sous la barre. Je multiplie 7 par 2, & je retranche le produit 14, de 16. Il me reste 2 mille.

A côté de 2, j'abaisse les centaines 4 du dividende; & le second dividende partiel est 24 centaines. Je dis donc, en 24 combien de fois 7? Il y est 3 fois; & ce 3 marque des centaines que j'écris sous la barre. Je multiplie 7 par 3; je retranche le produit 21, de 24; il me reste 3 centaines.

A côté de 3, j'abaisse les dixaines 7 du dividende; & le troisième dividende partiel est 37 dixaines. Je dis donc, en 37 combien de fois 7? Il y est 5 fois; j'écris 5 au quotient. Je multiplie 7 par 5, & je retranche le produit 35, de 37; ce qui donne 2 dixaines pour reste.

A côté de 2, j'abaisse les unités 3 du dividende; & le quatrième dividende partiel est 23 unités. Je dis donc, en 23 combien de fois 7? Il y est 3 fois; j'écris 3 au quotient. Je multiplie 7 par 3, & je retranche le produit 21, de 23; le reste est 2.

On voit donc que le dividende 16473 étant divisé par le diviseur 7, donne 2353 pour quotient, avec un reste 2 qui n'a pas été divisé; en sorte que 2353 n'est le quotient exact que de 16471 divisé par 7. La division du reste 2 par 7, s'indique ainsi $\frac{2}{7}$. *Voyez* Fraction.

VII. Problême II. *Faire la division lorsque le diviseur a plus d'un chiffre?*

Elle se fait comme dans le premier cas, en décomposant le dividende en plusieurs dividendes partiels, qui se divisent successivement par le diviseur.

Exemple. *Diviser 1116597 par 367?*

```
Div. 1116597 { 367 diviseur.
     1101    { ---------
     ----    { 3042 183/367 quotient.
       1559
       1468
       ----
        0917
         734
        ----
         183
```

Je prends les quatre premiers chiffres du dividende, qui forment un nombre assez grand pour contenir le diviseur. Ainsi, j'ai 1116 pour premier dividende partiel, & je cherche combien de fois ce dividende contient le diviseur 367. Or, comme il n'est pas facile de saisir tout-d'un-coup le rapport des nombres dès qu'ils sont un peu grands; au-lieu de dire, dans 1116 combien de fois 367, je comparerai seulement les centaines du dividende avec celles du diviseur, en disant, dans 11 combien de fois 3? Il y est 3 fois. Mais, avant que d'écrire ce 3 au quotient, il faut savoir si les dixaines & les unités du dividende 1116 contiennent aussi 3 fois les dixaines & les unités du diviseur 367. J'éclaircis ce doute, en multipliant 367 par 3; & comme le produit 1101 est moindre que 1116, je conclus que le dividende 1116 contient 3 fois le diviseur 367. J'écris donc au quotient le chiffre 3, qui marque des mille. Ensuite je retranche 1101, de 1116, il reste 15 mille.

A côté de 15, j'abaisse les 5 centaines du dividende, & j'ai 155 centaines pour second dividende partiel. Ce dividende étant moindre que 367, & conséquemment ne pouvant pas être divisé par 367, j'écris 0 au quotient, pour exprimer que le quotient ne contiendra pas de centaines.

A côté de 155, j'abaisse les 9 dixaines du dividende, & j'ai 1559 dixaines pour troisième dividende partiel. Je dis donc, en 1559 combien de fois 367, ou plutôt (en ne comparant, comme on a fait ci-dessus, que les centaines du dividende à celles du diviseur), dans 15 combien de fois 3 ? Il y est 5 fois; ce qui peut d'abord induire à croire que 5 doit être le troisième chiffre du quotient; mais, faisant attention que les dixaines & les unités du dividende 1559 ne contiennent pas aussi 5 fois les dixaines & les unités du diviseur 367, j'en conclus qu'au lieu de mettre 5 au quotient, je ne puis y mettre tout au plus que 4; & je serai sûr que c'est en effet le chiffre qui doit y être, si je puis soustraire le produit de 367 par 4, du dividende 1559. Or je trouve que ce produit est 1468, qui est moindre que 1559; je l'en soustrais, ce qui donne 91 dixaines de reste.

A côté de 91, j'abaisse les 7 unités du dividende, & j'ai 917 unités pour quatrième & dernier dividende partiel. Je dis donc, dans 917 combien de fois 367, ou dans 9 combien de fois 3 ? Je vois, par une observation analogue à celle que j'ai faite dans l'opération précédente, qu'on ne peut mettre que 2 au quotient. Je multiplie 367 par 2, & je retranche le produit 734, de 917, il reste 183 qui ne peuvent pas se diviser par 367, & dont la *division* s'indique ainsi $\frac{183}{367}$.

Le nombre 3042 n'est donc le quotient exact que de 1116414 divisé par 367.

VIII. Remarque Ire. On voit, par ces exemples, que tout l'art de la *division* des nombres exprimés par plusieurs chiffres, consiste à partager le dividende total en plusieurs dividendes particuliers, qui soient divisibles par le diviseur. Chaque dividende partiel doit donc contenir le diviseur; mais, pour la facilité & la simplicité de l'opération, ces deux nombres doivent approcher de l'égalité, autant qu'il est possible qu'ils en approchent. Ainsi, on examine d'abord si en prenant un dividende partiel qui contienne le même nombre de chiffres que le diviseur, ce dividende est plus grand que le diviseur, ou est tout au moins égal au diviseur; en ce cas, la *division* est possible, & il est clair que le quotient est toujours exprimé par un seul chiffre, autrement le produit du diviseur par le quotient contiendroit plus de chiffres que le dividende, ce qui ne peut pas être. Mais si le dividende partiel dont on vient de parler, se trouve moindre que le diviseur, la *division* est impossible, & alors il faut prendre pour dividende partiel un nombre qui contienne un chiffre de plus que le diviseur : ce dividende sera évidemment plus grand que le diviseur; mais le quotient sera toujours exprimé par un seul chiffre, comme dans le premier cas. En effet, supposons, par exemple, qu'on ait à diviser 599 par 60. On ne peut pas faire la *division*, sans prendre pour dividende tout le nombre 599; car sa première partie 59 ne contient pas le diviseur 60. Mais, d'un autre côté, le diviseur 60 est le moindre qu'il est possible par rapport au dividende; car si on avoit pour diviseur le nombre 59 qui est immédiatement au-dessous de 60, il suffiroit de prendre pour dividende la partie 59 du nombre proposé 599, ce qui se rapporteroit au premier cas. Or, en divisant 599 par 60, on ne peut pas mettre 10 au quotient; car le produit de 60 par 10 est 600, nombre plus grand que le dividende 599. Même raisonnement pour tout autre cas. Chaque *division* partielle ne donnant ainsi qu'un seul chiffre au quotient; le quotient total contiendra toujours autant de chiffres qu'on aura fait de *divisions* partielles.

IX. Remarque II. La seule difficulté qu'on rencontre dans la pratique de la *division*, est de déterminer chaque quotient partiel. Cette difficulté augmente à mesure que le dividende & le diviseur ont plus de chiffres, & que les chiffres de la gauche du diviseur sont plus petits par rapport aux autres. Le quotient ne se trouve que par une espèce de tâtonnement qui embarrasse, pour l'ordinaire, les commençans. Ainsi, lorsque nous avons eu, ci-dessus, à diviser 1116 par 367; nous avons trouvé d'abord, en tâtonnant, 3 pour quotient; & nous n'avons été certains que c'étoit-là, en effet, le véritable quotient, qu'après avoir trouvé, par la multiplication, que le produit de 367 par 3, ou 1101, étoit contenu dans 1116. En général, on ne peut affirmer qu'un quotient est exact, & on ne doit, par conséquent, l'écrire qu'après s'être assuré que le produit du diviseur entier par ce chiffre, peut-être soustrait du membre de la *division* sur lequel on opère actuellement. Si ce produit est trop grand, on diminue le chiffre en question, d'une unité; & on le soumet à la même épreuve. Si le produit du diviseur par le nouveau chiffre est encore trop grand; il faudra diminuer le chiffre encore d'une unité; ainsi de suite, jusqu'à ce qu'on trouve un chiffre qui multipliant le diviseur, donne un produit contenu dans le dividende.

Ces sortes de tâtonnemens sont inévitables; mais voici du moins un moyen d'en diminuer le nombre. Je prends un exemple, pour plus de clarté; & je vais expliquer en même-tems la manière d'abréger les opérations de la *division*.

Exemple. *Diviser 9639475 par 2789?*

Dividende	9639475	2789 diviseur.
	12724	3456 $\frac{691}{2789}$ quotient.
	15687	
	17425	
	Reste 691	

Comme

Comme les différentes opérations que nous avons ici à faire & à enseigner, sont un peu nombreuses & un peu compliquées, exposons-les distinctement & par parties.

I.re Partie.

Le premier membre de notre *division* est 9639. Je dis donc, en 9639 combien de fois 2789, ou, en ne comparant ensemble que les plus hautes unités, en 9 combien de fois 2 ? Il y est 4 fois ; mais pour savoir si 4 doit être en effet le premier chiffre du quotient, ou s'il n'en faut pas prendre un plus petit, je multiplie le diviseur 2789 par 4 ; & au-lieu de faire cette opération à l'ordinaire, je commence par les unités de la plus haute espèce, & j'essaie de soustraire du dividende le produit à mesure que je le trouve. Tout cela s'exécute sans rien écrire, en disant, 4 fois deux font 8 ; 8 ôté de 9, reste 1, qui joint au second chiffre 6 du dividende, fait 16 ; 4 fois 7 font 28 ; mais 28 ne peut être ôté de 16. D'où je conclus que le chiffre 4 est trop grand, & que c'est tout au plus 3 qu'il faut mettre au quotient.

Avant que d'écrire le 3, je le soumets à la même épreuve, en disant 3 fois 2 font 6 ; 6 ôté de 9, reste 3. Dès qu'on trouve un reste aussi grand ou plus grand que le chiffre qu'on éprouve, c'est une marque sûre que ce chiffre peut être écrit au quotient. En effet, il est clair (& il en sera de même dans tous les autres cas) que 3639 contient trois fois le nombre 789. Car 3 mille valent 30 centaines, qui contiennent 3 fois 9 centaines, avec un reste 3 centaines ; ces 3 centaines valent 30 dixaines, qui contiennent 3 fois 9 dixaines, avec un reste 3 dixaines : ces trois dixaines valent 30 unités, qui contiennent 3 fois 9 unités, avec un reste 3 unités ; d'où il résulte qu'à plus forte raison le nombre 3639 contient 3 fois le nombre 789. Je puis donc mettre 3 au quotient.

Maintenant que nous nous sommes ainsi assûrés que le quotient 3 n'est pas trop grand, multiplions le diviseur 2789 par le quotient 3, à l'ordinaire, c'est-à-dire, en allant de droite à gauche, & soustrayons le produit, du dividende 9639. Ces deux opérations peuvent se faire tout-à-la-fois ; & cela abrège extrêmement le calcul de la division.

Je dis donc 3 fois 9 font 27 ; mais 27 ne peut être ôté de 9 ; ainsi je suppose que 9 est augmenté de 2 dixaines, ce qui me donne 29, dont retranchant 27, il reste 2 que j'écris sous le 9.

Les deux dixaines dont le 9 a été augmenté, sont censées avoir été empruntées sur les 3 dixaines du dividende 9639. Ainsi, en passant à la multiplication & à la soustraction suivantes, il faut ne compter le 3 que pour 1 ; ou, ce qui est plus commode dans la pratique, & revient au même, il faut retenir 2 dixaines pour les joindre au produit des dixaines du diviseur, par le quotient, & soustraire le tout, des dixaines du dividende prises en leur totalité. Je poursuis donc, & je dis, 3 fois 8 font 24, & 2 de retenus font 26 ; or 26 ne pouvant être ôté de 3, j'augmente 3 de 3 centaines ; ce qui me donne 33, dont retranchant 26, reste 7 que j'écris sous le 3.

Je retiens 3 centaines pour les joindre aux centaines du troisième produit, qui doivent être soustraites des centaines du dividende. Ainsi, je dis, 3 fois 7 font 21, & 3 de retenus font 24 ; 24 ne peut être ôté de 6 ; j'augmente donc 6 de 2 mille ; ce qui donne 26, dont je retranche 24, il reste 2 que j'écris sous le 6.

Enfin je multiplie le chiffre 2 du diviseur par 3 ; le produit est 6, auquel ajoutant 2, à raison de l'emprunt supposé pour la soustraction précédente, la somme est 8, qui étant retranchée de 9, donne 1 pour reste.

Toutes ces opérations font voir qu'après avoir retranché du dividende 9639 le produit du diviseur 2789 par 3, le reste est 1272 mille.

II. Partie.

A côté de ce reste, j'abaisse les 4 centaines du dividende, & j'ai 12724 pour second dividende partiel. Je dis, en 12 combien de fois 2 ? Il est 6 fois ; mais on voit sans peine que ce chiffre 6 est trop grand pour le quotient, puisque les 724 unités du dividende partiel, loin de contenir 6 fois, ne contiennent pas même 1 fois les 789 unités du diviseur. Ainsi, il faut éprouver tout de suite le nombre 5, en disant 5 fois deux font 10 ; 10 ôté de 12, il reste 2, qui, avec le 7 suivant du dividende partiel, font 27 ; 5 fois 7 font 35 ; mais 35 ne peut être ôté de 27 ; le 5 est donc encore trop grand. On éprouvera donc le nombre 4, en disant 4 fois 2 font 8 ; 8 ôté de 12, il reste 4. Comme ce reste est aussi grand que le quotient 4, je conclus, par une observation semblable à celle que nous avons déjà faite ci-dessus, que le chiffre 4 est bon, & doit être mis au quotient. Cela posé, on multipliera à l'ordinaire 2789 par 4, & on soustraira en même-tems le produit, de 12724, comme dans l'opération précédente ; on trouvera 1568 centaines pour reste.

III. Partie.

A côté de ce reste, mettez le chiffre 7 des dixaines du dividende : vous aurez le troisième dividende partiel, 15687 dixaines. Pour trouver le troisième chiffre du quotient, vous direz, en 15 combien de fois 2 ? Il y est 7 fois ; mais en essayant ce chiffre 7, vous le trouverez trop grand pour être le quotient ; le chiffre 6 est encore trop grand ; mais le chiffre 5 est bon, & vous le mettrez au quotient. Faisant ensuite le produit de 2789 par 5, vous le retrancherez en même-tems du dividende 15687, & vous aurez 1742 dixaines de reste.

IV. Partie.

Enfin, à côté de ce reste, placez le chiffre 5

des unités du dividende ; vous aurez le quatrième & dernier dividende partiel, 17425 unités. Vous direz donc, en 17 combien de fois 2 ? Il y est 8 fois ; mais par l'épreuve, vous trouverez que le 8 & le 7 sont trop grands ; & vous ne mettrez que 6 au quotient. Ayant retranché de 17425, le produit du diviseur 2789 par 6, vous aurez 691 pour dernier reste.

Voici encore deux exemples où je ne donne que les résultats des opérations ; elles ont été faites comme dans celui qui le précède.

Exemple I. *Diviser* 584587567 *par* 2984?

Dividende 584587567	2984 diviseur.
28618	$195907 \frac{1079}{2984}$ quotient.
17627	
27075	
21967	
1079	

Exemple II. *Diviser* 874235859 *par* 34985?

Dividende 874235859	34985 diviseur.
174535	$24988 \frac{30679}{34985}$ quotient.
345958	
310935	
310559	
30679	

X. *Remarque III.* Il y a des cas où la *division* s'abrège naturellement par elle-même. Par exemple, qu'on ait à diviser un nombre quelconque, par un autre qui ne contient que l'unité suivie de plusieurs zeros ; la *division* se fait tout-d'un-coup, en séparant vers la droite, par une virgule, autant de chiffres dans le dividende, qu'il y a de zeros dans le diviseur. Ainsi, s'il est question de diviser 43458 par 1000 ; je séparerai, dans le dividende 43458, les trois derniers chiffres vers la droite, & j'aurai 43,458 pour le quotient cherché. Car diviser 43458 par 1000, c'est chercher un nombre 1000 fois plus petit que 43458. Or on rend le nombre 43458, mille fois plus petit, en y séparant trois chiffres vers la droite, par la virgule décimale.

XI. *Remarque IV.* Lorsque le dividende & le diviseur finissent l'un & l'autre par des zeros, on pourra supprimer dans les deux, le même nombre de zeros, & faire la *division* sur les deux nouveaux nombres ; le quotient sera toujours le même. Car, par la suppression des zeros, on divise tout-à-la-fois le dividende & le diviseur, ou par 10, ou par 100, ou par 1000, &c ; d'où il résulte que le quotient ne change pas de valeur. Ainsi, s'il faut diviser 45000 par 1500, je supprime deux zeros dans le dividende & dans le diviseur ; c'est-à-dire, je les divise l'un & l'autre par 100. Alors l'opération se réduit à diviser 450 par 15 ; ce qui donne 30 pour le quotient, qui est le même que si on avoit divisé 45000 par 1500.

XII. Donnons quelques usages de la *division.*

Question I. *Trouver combien de fois la livre est contenue dans* 11280^{d}?

La livre vaut 20 sols, le sol 12 deniers, &, par conséquent, la livre vaut 240^{d}. Il est évident qu'en divisant le nombre 11280^{d} par 240^{d}, ou 1128^{d} par 24^{d}, on aura pour quotient, le nombre qu'on cherche. Dans cette *division*, le dividende & le diviseur sont de même espèce, & tous les deux concrets ; & le quotient est un nombre abstrait. Elle se fait comme on le voit ici.

Div. 1128^{d}	24^{d} divid.
168	47 quotient.
0	

Question II. *Supposons que* 345 *hommes aient à partager également la somme* 45789^{tt} : *on demande la part qui revient à chacun?*

Il est clair que l'objet de cette question est de partager le nombre 45787^{tt} en autant de parties égales, qu'il y a d'unités dans le nombre 345. Elle se résoudra donc, en divisant le dividende concret 45789^{tt}, par le diviseur abstrait 345 ; & on aura pour quotient un nombre concret, de même espèce que le dividende, & qui sera la part de chacun des 345 hommes. Cette *division* se fera, comme on le voit ici.

Div. 45789^{tt}	345 diviseur.
1128	$132^{tt} \frac{249}{345}$ quot.
939	
249	

On apprendra, dans la suite, à évaluer en sols & deniers le reste 249^{tt} qui n'a pas pu être divisé par le diviseur 345.

Question III. *La toise d'une certaine maçonnerie étant supposée coûter* 7^{tt} : *on demande combien on fera de toises de la même maçonnerie, pour* 595^{tt}?

Puisque chaque toise de maçonnerie coûte 7^{tt}, il est évident que pour chaque fois que le nombre 7 est contenu dans le nombre 595, il viendra 1 toise au quotient. La question est donc la même que si on proposoit de partager 595 toises en 7 parties égales ; &, sous ce nouveau point de vue, il s'agit de diviser le nombre concret 595 toises, par le nombre abstrait 7 ; le quotient est de même espèce que le dividende, & représente, par conséquent, des toises. L'opération est indiquée ici.

Div. 595to	7 diviseur.
35	85to quotient.
0	

XIII. Scholie I. Il arrive souvent (& nous en avons vu plusieurs exemples) que le dividende n'est pas exactement divisible par le diviseur. Alors, après avoir trouvé les unités principales du quotient, on peut pousser plus loin la *division*, & approcher davantage du vrai quotient, par le moyen des parties décimales. Pour cela, on convertira le reste du dividende en de telles parties, en écrivant à sa droite une virgule, & mettant après cette virgule, autant de zeros qu'on voudra avoir de chiffres décimaux au quotient. Cette préparation ne change point la valeur du dividende. Ensuite on continuera la *division*, comme si la virgule n'existoit pas; & quand on aura épuisé le nouveau dividende, on séparera vers la droite du quotient, par une virgule, autant de chiffres décimaux qu'on a mis de zeros à la suite de la virgule.

Exemple. *Qu'on ait à diviser 47 par 7?*

Div. 47 { 7 diviseur.
5,000 { 6,714 quot.
10
30
2

On trouvera d'abord 6 pour quotient, & 5 pour reste. Le quotient ne peut pas contenir plus de 6 unités principales; mais il peut avoir encore des parties décimales. Je suppose qu'on veuille qu'il contienne des milliêmes. Je mettrai, après le reste 5, une virgule, & à la suite de cette virgule trois zeros; ce qui convertira le nombre 5 en 5,000, c'est-à-dire, en *cinq mille milliêmes*, & n'en changera pas la valeur. Cela posé, je continuerai la *division*, sans faire d'abord attention à la virgule, c'est-à-dire, comme s'il falloit diviser 5000 par 7. Cette division, faite à l'ordinaire, par parties, donne 714 pour quotient. Ces trois chiffres, écrits à la suite du premier 6, forment le nombre 6714.

Or, ce nombre est 1000 fois plus grand que le quotient de 47 divisé par 7. Car il est évident que pour trouver le nombre 6714, j'ai opéré comme s'il avoit été question de diviser 47000 par 7, c'est-à-dire, de diviser un dividende 1000 fois plus grand que le véritable. Donc, pour avoir ce quotient, il faudra rendre le nombre 6714, mille fois plus petit. C'est ce qu'on obtiendra, en y séparant trois chiffres vers la droite par une virgule; c'est-à-dire, en écrivant 6,714. *Voyez* Décimal.

Ce quotient 6,714 n'est pas rigoureusement exact, puisqu'il y a un reste 2 dans la dernière *division* partielle; mais il ne diffère pas d'*un milliême*, du quotient rigoureux; car, à la place du dernier chiffre 4 du quotient, on n'auroit pas pu mettre 5, sans rendre ce quotient trop grand.

XIV. Scholie II. La même méthode se sert à diviser un nombre par un autre plus grand que lui, & à exprimer le quotient en parties décimales, de manière qu'il ne diffère pas du vrai quotient d'une unité décimale de tel ordre qu'on voudra. Expliquons-nous par des exemples.

Exemple I. *Diviser 4 par 7, & trouver un quotient qui ne diffère pas du véritable, d'un milliême?*

Div. 4,000 { 7 diviseur.
50 { 0,571 quot.
10
3

A la droite du dividende 4, je mets une virgule, & après la virgule, trois zeros. Ensuite, je fais la *division*, comme si le dividende étoit 4000; & je trouve pour quotient 571. Ce quotient est 1000 fois trop grand, puisque le nombre 4000 est mille fois plus grand que le dividende véritable 4. Donc, pour avoir le vrai quotient, il faut, dans le nombre 571, séparer trois chiffres vers la droite, par une virgule; ce qui donne 0,571 pour le quotient cherché. Le zero écrit à la gauche de la virgule indique qu'il n'y a point d'unités principales au quotient.

On observera, comme dans l'exemple précédent, que le quotient 0,571 n'est pas rigoureusement exact, mais qu'il ne diffère pas du véritable, *d'un milliême*.

Exemple II. *Diviser 5 par 67, de manière que le quotient ne diffère pas du véritable, d'un dix milliême?*

Div. 5,0000 { 67 diviseur.
310 { 0,0746 quot.
420
18

A la place de 5, écrivez 5,0000; & faites la *division* comme si le dividende étoit 50000; vous trouverez pour quotient, 746. Or ce quotient est 10000 fois trop grand; vous aurez donc le vrai quotient, en écrivant 0,0746. On voit que ce quotient ne contient ni unités principales, ni dixièmes. Il ne diffère pas du quotient rigoureux, d'un dix-milliême; car, à la place du dernier chiffre 6, on n'auroit pas pu mettre 7, sans rendre ce quotient trop grand.

XV. Scholie III. Il peut arriver qu'il y ait des chiffres décimaux au dividende, ou au diviseur, ou à tous les deux à-la-fois. Alors, pour règle générale, faites en sorte que le dividende & le diviseur contiennent le même nombre de chiffres décimaux, en complettant, s'il est nécessaire, les places par des zeros, ce qui ne change pas la valeur des nombres. Supprimez la virgule dans le dividende & dans le diviseur; & la question sera réduite à diviser un nombre qui ne contient que des unités entières par un autre qui ne contient aussi que de pareilles unités. En effet, par la suppression de la virgule, on multiplie tout-à-la-fois le dividende & le diviseur par 10, ou par 100, ou par 1000, &c. ce qui ne change point la valeur du quotient.

Exemple I. *Diviser le nombre 43 par le nombre 3,57?*

Je mets la virgule décimale au dividende, & ensuite deux zeros après cette virgule; ce qui ne change pas la valeur de ce nombre. La question revient ainsi à diviser 43,00 par 3,57, ou bien (en supprimant les deux virgules), 4300 par 357. Le quotient est 12, & le reste 16.

```
Div. 4300 { 357 diviseur.
     ———
      730 { 12 quotient.
      ———
       16
```

Il est évident que par la position de deux zeros à la droite de la virgule dans le dividende, & par la suppression subséquente de la virgule dans le dividende & dans le diviseur, je multiplie le dividende & le diviseur, par le même nombre 100; je n'ai donc pas changé la valeur du quotient qu'on cherche. Il ne s'agit plus maintenant que de diviser 4300 unités principales par 357 unités principales; *division* qui donnera évidemment des unités principales au quotient.

Exemple II. *Diviser 69 par 22,784?*

Après avoir mis la virgule décimale à la droite du dividende, & avoir écrit ensuite trois zeros; je supprime les deux virgules, & je divise 69000 par 22784. Le quotient est 3, & le reste 648.

```
Div. 69000 { 22784 divis.
     —————
       648 { 3 quotient.
```

XVI. Remarque. Quand ces sortes de *divisions* sont ainsi achevées, & qu'il se trouve un reste, comme dans les deux exemples précédens, on peut pousser la *division* plus loin, par le moyen des parties décimales. Reprenons le premier de ces deux exemples; & supposons qu'on veuille avoir un quotient qui ne differe pas du véritable, d'un millième. Il s'agira de diviser 43000,000 par 357; opération qui se fait, comme il a été dit, & comme on le voit ici.

```
Div. 4300,000 { 357 diviseur.
      730     { 12,044 quot.
      ———
      16,00
      —————
      1,720
      —————
      0,292
```

XVII. La multiplication sert à vérifier la *division*. Lorsqu'une *division* a été bien faite, le produit du diviseur par le quotient, ou du quotient par le diviseur; ce produit, dis-je, joint au reste de la *division*, s'il y en a un, doit être égal au dividende. Si cette égalité n'a pas lieu, la *division* a été mal faite, & il faut la recommencer.

Passons à la *division* des nombres complexes.

XVIII. Je distingue deux cas: l'un, où le dividende étant complexe, le diviseur est incomplexe; l'autre, où le dividende étant incomplexe ou complexe, le diviseur est complexe.

XIX. Cas I. On divisera successivement toutes les parties du dividende par le diviseur; & on aura, au quotient, des unités de différentes especes.

Exemple. *Partager* $245^{lt}\ 8^{s}\ 9^{d}$ *entre 24 personnes?*

Il est évident que la question se réduit à partager le dividende en 24 parties égales. Je commence par diviser les livres par 24; le quotient est 14^{lt}, & il reste 9^{lt} qui, divisées par 24, donnent la fraction $\frac{9}{24}$ d'une livre. *Voyez* Fraction.

Cette fraction doit être évaluée en sols. Pour cela, il faut en multiplier le numérateur 9 par 20, & diviser le produit, par 24. Mais comme nous devons ensuite diviser 8^{s} par 24, nous réunirons cette *division* à la précédente; ainsi, après avoir multiplié le nombre 9, regardé comme exprimant des sols par le nombre abstrait 20, ce qui donne 180^{s}, j'ajoute 8^{s} au produit, & je divise la somme 188^{s} par 24; le quotient est 7^{s}, & il reste 20^{s} qui donnent la fraction $\frac{20}{24}$ d'un sol.

J'évalue cette fraction en deniers, en multipliant son numérateur par 12, & divisant le produit par 24; & comme nous avons ensuite 9^{d} à diviser par 24, je multiplie d'abord le nombre 20, regardé comme représentant des deniers, par 12; le produit est 240^{d}, à quoi joignant 9^{d}, j'ai la somme 249^{d}, qui, étant divisée par 24, donne pour quotient 10^{d}, & la fraction $\frac{9}{24}$ ou $\frac{3}{8}$ d'un denier. Cette fraction ne peut pas être évaluée en unités d'une espèce inférieure, parce qu'il n'y en a pas de plus basse espèce que le denier, qui aient cours dans le commerce de la société. Ainsi, je laisse cette fraction sous sa forme naturelle. On voit, ci-dessous, toute la suite des opérations que nous venons d'indiquer.

```
Divid. 345lt   8s   9d } 24 diviseur.
       ————              ——————————————————
        105              } 14lt 7s 10d 3/8 quotient.
        ———
          9     9
               20
              ———
              180
                8
              ———
              188
               20   20
                    12
                   ———
                   240
                     9
                   ———
                   249
                   ———
                     9
```

XX. Cas II. *Lorsque le diviseur est complexe.*

La *division* peut alors se faire de différentes manières; mais le moyen le plus simple & le plus commode est de rendre le diviseur incomplexe, en réduisant le tout en unités de l'ordre le plus bas de celles qu'il contient. Ce qui ramène l'opération au premier cas.

Exemple I. *Diviser* $345^{lt}\ 8^{s}$ *par* $24\frac{2}{3}$?

Je commence par réduire les 24 unités simples

du diviseur en *tiers* ; ce qui se fait (*Voyez* FRACTION) en multipliant 24 par 3, & mettant sous le produit le dénominateur 3. On a ainsi la fraction $\frac{72}{3}$, à laquelle ajoutant la fraction $\frac{2}{3}$, il vient $\frac{74}{3}$ pour le diviseur. Or diviser $345^{tt}\ 8^{s}$ par la fraction $\frac{74}{3}$, c'est multiplier le dividende par le dénominateur 3, & diviser le produit par le numérateur 74. Ainsi, multiplions d'abord $345^{tt}\ 8^{s}$ par 3 ; nous aurons le produit $1036^{tt}\ 4^{s}$ qu'il ne s'agira plus que de diviser par 74.

$$\begin{array}{l|l} \text{Div. } 1036^{tt}\quad 4^{s}\quad 0^{d} & 74 \text{ diviseur.} \\ \underline{} & \overline{} \\ \quad 296 & 14^{tt}\ 0\ \frac{24}{37}{}^{d} \text{ quotient.} \\ \underline{} & \\ \quad\ \ 0 & \end{array}$$

On trouvera que les 1036^{tt} divisées par 74, donnent juste 14^{tt} au quotient. Restent 4^{s} à diviser par 74 ; cette opération ne peut pas donner de sols au quotient ; j'écris donc zero au rang des sols. Ensuite j'évalue la fraction $\frac{4}{74}$ d'un sol, en deniers, c'est-à-dire, que je multiplie 12^{d} par 4, & j'ai 48^{d} ; dont la division par 74 ne peut donner que la fraction de denier $\frac{48}{74}$, ou $\frac{24}{37}$ que j'écris. Le quotient total demandé est donc $14^{tt}\ 0^{s}\ \frac{24}{37}{}^{d}$.

EXEMPLE II. *Diviser* $7^{tt}\ 8^{s}\ 3^{d}$ *par* $2^{tt}\ 2^{s}\ 6^{d}$.

Je réduis le diviseur en deniers, en multipliant les livres par 20, ce qui donne des sols ; & ensuite les sols par 12, ce qui donne des deniers. Je réduis aussi, par les mêmes opérations, le dividende en deniers, pour avoir un nouveau dividende qui ait des unités de même espèce que le diviseur. Par cette double transformation du dividende & du diviseur, la question est réduite à diviser 1779^{d} par 510^{d}. Le quotient est le nombre abstrait $3\frac{83}{170}$.

$$\begin{array}{l|l} \text{Div. } 1779 & 510 \text{ diviseur.} \\ \overline{} & \overline{} \\ \quad\ 249 & 3\ \frac{83}{170} \text{ quotient.} \end{array}$$

EXEMPLE III. *On suppose que* $24^{to}\ 5^{p}\ 8^{po}$ *d'un certain ouvrage, ont coûté* $814^{tt}\ 6^{s}\ 9^{d}$; *& on demande à combien revient la toise ?*

Il est visible qu'autant de fois le nombre ($24^{to}\ 5^{p}\ 8^{po}$) contient une toise, autant de fois le nombre ($814^{tt}\ 6^{s}\ 9^{d}$) contient le prix de 1 toise. Ainsi, la question consiste à diviser $814^{tt}\ 6^{s}\ 9^{d}$, par le quotient de la quantité ($24^{to}\ 5^{p}\ 8^{po}$) divisée par 1 toise. Je réduis 1 toise en pouces, elle en vaut 72 ; je réduis pareillement les $24^{to}\ 5^{p}\ 8^{po}$ en pouces ; elles en valent 1796. Le quotient de la quantité ($24^{to}\ 5^{p}\ 8^{po}$) divisée par une toise, est donc la fraction abstraite $\frac{1796}{72}$. Tout cela posé, il ne s'agit plus que de diviser $814^{tt}\ 6^{s}\ 9^{d}$ par $\frac{1796}{72}$; ce qui se réduit à multiplier d'abord $814^{tt}\ 6^{s}\ 9^{d}$ par 72, & à diviser ensuite le produit résultant $58632^{tt}\ 6^{s}$, par 1796. On trouvera pour quotient $32^{tt}\ 12^{s}\ 11\frac{21}{449}{}^{d}$.

DIVISION, (*Algebre.*) La *division*, en Algèbre comme en Arithmétique, est une opération par laquelle étant données une quantité qu'on appelle *dividende*, & une autre quantité qu'on appelle *diviseur*, il faut en trouver une troisième qu'on appelle *quotient*, laquelle étant multipliée par la seconde, produise la première. Expliquons cette opération par ordre & avec quelque détail.

I. Il suit des règles qui seront expliquées à l'article MULTIPLICATION (*Voyez* ce mot,) pour la multiplication des signes : 1.° que si, le dividende & le diviseur ont tous deux le signe +, le quotient aura aussi le signe +. Cette règle s'exprime ainsi en général, $\frac{+}{+}$ *donne* +.

2.° Si le dividende a le signe +, & le diviseur le signe —, le quotient aura le signe —. Cette règle s'exprime ainsi en général, $\frac{+}{-}$ *donne* —.

3.° Si le dividende a le signe —, & le diviseur le signe +, le quotient aura le signe —. Cette règle s'exprime en général, $\frac{-}{+}$ *donne* —.

4.° Si le dividende & le diviseur ont tous les deux le signe —, le quotient aura le signe +. Cette règle s'exprime ainsi en général, $\frac{-}{-}$ *donne* +.

Tout cela est évident, puisque le produit du diviseur par le quotient, doit avoir un signe qui soit celui du dividende.

II. PROBLÊME I. *Diviser un monome rationnel par un autre monome rationnel?* (*Voyez* RATIONNEL).

Puisque la *division* décompose ce que la multiplication compose, les opérations par lesquelles on trouve un quotient doivent être contraires à celles par lesquelles on trouve un produit. Ainsi, pour résoudre le problème dont il s'agit ici : 1.° écrivez le signe qui doit précéder le quotient, conformément à la règle que nous venons de prescrire. 2.° Lorsque le dividende ou le diviseur, ou tous les deux, ont des coëfficiens autres que l'unité, divisez, suivant les règles de l'arithmétique, le coëfficient du dividende par celui du diviseur. 3.° Effacez les lettres communes au dividende & au diviseur. La quantité trouvée par toutes ces opérations sera le quotient qu'on demandoit. Par exemple, le quotient de $+ab$ divisé par $+a$ est $+b$; celui de $-abh$ divisé par ab est $-h$; celui de $-mnpq$ divisé par $-nq$ est $+mp$; celui de $-15abb$ divisé par $3ab$ est $-5ab$; celui de $-35mnpq$ divisé par $-7mn$ est $+5pq$.

Toutes ces opérations sont évidentes ; car, si l'on multiplie le diviseur par le quotient, on aura, pour produit, le dividende, comme cela doit être.

III. *REMARQUE I.* Quelquefois il ne se trouve pas de lettres communes au dividende & au diviseur, ni de facteur commun à leurs coëfficiens : alors la *division* ne peut que s'indiquer. Par exemple, on ne peut qu'indiquer la *division* de a par b ;

& la manière de l'indiquer est $\frac{a}{b}$; de même, la *division* de $2a$ par $3b$, s'indique par $\frac{2a}{3b}$. Ces sortes d'expressions doivent être considérées comme des fractions dont le numérateur est le dividende, & le dénominateur le diviseur.

Quelquefois les lettres ou les facteurs du diviseur ne se trouvent qu'en partie dans le dividende : alors la *division* se fait en partie, & s'indique en partie. Ainsi, en divisant $-abcd$ par $+abh$, le quotient est $-\frac{cd}{h}$.

IV. REMARQUE II. Si, dans le dividende & dans le diviseur, il se trouve une même lettre avec des exposans différens, la *division* de ces deux quantités se fait en retranchant, de l'exposant du dividende, l'exposant du diviseur. Ainsi, $\frac{a^4}{a^2} = a^{4-2} = a^2$; $\frac{8a^5b^2}{4a^3b} = 2a^{5-3}b^{2-1} = 2a^2b$; $\frac{5a^7b^4c^2}{7a^6b^2c} = \frac{5a^{7-6}b^{4-2}c^{2-1}}{7} = \frac{5ab^2c}{7}$. En effet, $\frac{a^4}{a^2}$ n'est autre chose que $\frac{aaaa}{aa}$, qui devient (en effectuant la *division*), aa ou a^2. De même, $\frac{8a^5b^2}{4a^3b} = \frac{8aaaaabb}{4aaab} = 2aab = 2a^2b$; ainsi des autres.

On voit par-là que $a^0 = 1$; car $1 = \frac{a}{a} = \frac{a^1}{a^1} = a^{1-1} = a^0$. Ainsi, toute quantité élevée à la puissance 0 vaut 1 ; car une telle expression représente toujours le quotient d'une grandeur divisée par elle-même ; quotient qui est nécessairement 1, puisque toute grandeur se contient une fois elle-même.

V. REMARQUE III. Si l'exposant d'une lettre, dans le dividende, est moindre que l'exposant de la même lettre dans le diviseur, on aura un reste négatif, en retranchant le second exposant du premier. Ainsi, $\frac{a^2}{a^5} = a^{2-5} = a^{-3}$; $\frac{7a^3b^2}{a^5b^3} = 7a^{3-5}b^{2-3} = 7a^{-2}b^{-1}$.

Il est évident que, si on avoit commencé par supprimer les lettres communes au dividende & au diviseur, on auroit eu $\frac{a^2}{a^5} = \frac{1}{a^3} = \frac{a^0}{a^3} = a^{-3}$; $\frac{7a^3b^2}{a^5b^3} = \frac{7}{a^2b} = \frac{7a^0b^0}{a^2b^1} = 7a^{-2}b^{-1}$.

VI. PROBLÊME II. *Diviser un polynome rationnel quelconque par un monome rationnel ?*

On divisera successivement tous les termes du dividende par le diviseur ; & la somme de tous les quotiens partiels formera le quotient total.

Il est à propos, pour faciliter l'opération, d'*ordonner* le polynome, c'est-à-dire, d'écrire successivement, en allant de gauche à droite, tous les termes où une lettre, choisie à volonté, a les plus grands exposans, & de diviser ensuite, dans le même ordre, chaque terme du polynome par le diviseur.

EXEMPLE. *Diviser le polynome* $a^2b^2 - 2a^3d + 4a^4 - 4abcd$, *par le monome* $-2a^2$?

Je commence par ordonner le polynome par rapport à la lettre a qui se trouve au dividende & au diviseur ; je dispose ces deux quantités, comme pour les quantités numériques, & comme on le voit ici. Ensuite je divise tous les termes du dividende par le diviseur, & j'écris chaque quotient partiel, à mesure que je le trouve. La somme de tous les quotiens partiels forme le quotient total.

Dividende.	Diviseur.
$4a^4 - 2a^3d + a^2b^2 - 4abcd$	$-2a^2$.
	Quotient.
	$-2a^2 + ad - \frac{b^2}{2} + \frac{2bcd}{a}$.

VII. PROBLÊME III. *Diviser un polynome rationnel par un polynome rationnel ?*

On commencera par ordonner le dividende & le diviseur par rapport à une même lettre ; puis on divisera toutes les parties du dividende par le diviseur, en suivant à-peu-près les mêmes procédés que dans l'arithmétique. Cela s'entendra mieux par des exemples.

EXEMPLE I. *Diviser le polynome* .... $3ab^2 - 3ab^2 + a^3 - b^3$, *par le polynome* .... $-2ab + a^2 + b^2$?

J'ordonne d'abord le dividende & le diviseur par rapport à la même lettre a.

Divid.	$a^3 - 3a^2b + 3ab^2 - b^3$,	Diviseur.
	$-a^3 + 2a^2b - ab^2$,	$a^2 - 2ab + b^2$.
1.er reste	$-a^2b + 2ab^2 - b^3$,	Quotient.
	$+a^2b - 2ab^2 + b^3$,	$a - b$
2.e reste	0	

Cela posé, 1.° je divise le premier terme du dividende par le premier terme du diviseur ; &, comme ils sont censés avoir tous les deux le signe +, le quotient aura aussi le signe + qu'on pourra supprimer, parce qu'il commence la phrase. Or, en divisant a^3 par a^2, on a pour quotient la lettre a, que j'écris à l'endroit du quotient. Je multiplie le diviseur entier $a^2 - 2ab + b^2$, par le quotient partiel a, ce qui donne le produit $a^3 - 2a^2b + ab^2$. Ce produit doit être retranché du dividende. Ainsi, je l'écris sous le dividende, avec des signes contraires à ceux qu'il a ; &, après avoir fait la réduction, c'eſt-à-dire, après avoir effacé les termes qui ſe trouvent avec des ſignes contraires au dividende & à la quantité qui vient d'être écrite au-deſſous de lui, j'ai le reſte $-a^2 b + 2ab^2 - b^3$, qu'il faut diviſer par le diviſeur $a^2 - 2ab + b^2$.

2.° Je fais cette ſeconde opération, en diviſant le premier terme $-a^2 b$ du dividende, par le premier terme a^2 du diviſeur; j'ai pour ſecond quotient partiel, $-b$, que j'écris à la ſuite de la première partie a du quotient total. Je multiplie le diviſeur entier, par $-b$; ce qui donne le produit $-a^2 b + 2ab^2 - b^3$, que j'écris, avec des ſignes contraires, ſous le dividende. Et comme, après avoir fait la réduction, il ne reſte rien, je conclus que le quotient exact de la quantité $a^3 - 3a^2 b + 3ab^2 - b^3$, diviſée par $a^2 - 2ab + b^2$, eſt $a - b$.

Exemple II. *Diviſer* .... $a^5 + b^5$,
par .... $a + b$?

Dividende	$a^5 + b^5$,	Diviſeur $a + b$
	$-a^5 - a^4 b$,	Quotient.
1er reſte	$-a^4 b + b^5$,	$a^4 - a^3 b + a^2 b^2 - ab^3 + {}^4b$.
	$+a^4 b + a^3 b^2$,	
2e reſte	$a^3 b^2 + b^5$,	
	$-a^3 b^2 - a^2 b^3$,	
3e reſte	$-a^2 b^3 + b^5$,	
	$+a^2 b^3 + ab^4$,	
4e reſte	$ab^4 + b^5$,	
	$-ab^4 - b^5$,	
5e reſte	o	

1.° Le dividende & le diviſeur étant ordonnés par rapport à a, je diviſe le premier terme a^5 du dividende, par le premier terme a du diviſeur; il vient le premier quotient partiel a^4, que j'écris à ſa place. Je multiplie le diviſeur $a + b$ par a^4; & j'écris le produit avec des ſignes contraires, ſous le dividende; il vient $-a^5 - a^4 b$. Faiſant la réduction du dividende & de cette quantité, on a, pour premier reſte, ou pour ſecond dividende partiel, ordonné, par rapport à a, la quantité $-a^4 b + b^5$.

2.° Je diviſe le premier terme $-a^4 b$ de ce dividende, par le premier terme a du diviſeur; il vient le ſecond quotient partiel $-a^3 b$, que j'écris à la ſuite du premier: je multiplie $a + b$ par $-a^3 b$; & j'écris le produit, avec des ſignes contraires, ſous le dividende; il vient $a^4 b + a^3 b^2$. Faiſant la réduction, le ſecond reſte, ou le troiſième dividende partiel eſt $a^3 b^2 + b^5$.

3.° Je diviſe le premier terme $a^3 b^2$ de ce dividende par a; il vient au quotient $+a^2 b^2$, que j'écris; je multiplie le diviſeur $a + b$ par $a^2 b^2$, & j'écris le produit, avec des ſignes contraires, ſous le dividende; il vient $-a^3 b^2 - a^2 b^3$. La réduction étant faite, on a $-a^2 b^3 + b^5$ pour troiſième reſte, ou pour quatrième dividende partiel.

4.° Je diviſe $-a^2 b^3$ par a; il vient $-ab^3$ pour quatrième quotient partiel; je multiplie le diviſeur $a + b$ par $-ab^3$, & j'écris le produit, avec des ſignes contraires, ſous le dividende; il vient $+a^2 b^3 + ab^4$. La réduction faite, on a $ab^4 + b^5$ pour quatrième reſte, ou pour cinquième dividende partiel.

5.° Je diviſe ab^4 par a; il vient b^4 pour cinquième quotient partiel; je multiplie $a+b$ par b^4, & j'écris le produit, avec des ſignes contraires, ſous le dividende; il vient $-ab^4 - b^5$. La réduction faite, on a o pour reſte. D'où je conclus que le quotient exact de la quantité $a^5 + b^5$ diviſée par $a + b$, eſt $a^4 - a^3 b + a^2 b^2 - ab^3 + b^4$.

VIII. Remarque. Quelquefois, après avoir ordonné le dividende & le diviſeur par rapport à une lettre, il ſe trouve pluſieurs termes dans leſquels cette lettre a le même expoſant. Alors il faut diſpoſer tous ces termes dans une même colonne verticale, & regarder leur aſſemblage comme un même tout; mais chaque quotient partiel ſe détermine toujours de la même manière.

Exemple. *Diviſer* ..... $10a^3 + 11a^2 b - 19abc - 15a^2 c + 3ab^2 + 15bc^2 - 5b^2 c$,
par .... $3ab + 5a^2 - 5bc$?

J'ordonne le dividende & le diviſeur par rapport à la lettre a, & j'ai $10a^3 + 11a^2 b - 15a^2 c - 19abc + 3ab^2 + 15bc^2 - 5b^2 c$ à diviſer par $5a^2 + 3ab - 5bc$. Or, comme, dans le dividende, il y a deux termes qui contiennent a^2, & deux qui contiennent a, je diſpoſe mon dividende & mon diviſeur, comme on le voit ici.

divid.	$10a^3 + 11a^2 b - 19abc + 15bc^2 - 5b^2 c$,	Diviſeur.
	$-15a^2 c + 3ab^2$	$5a^2 + 3ab - 5bc$.
	$-10a^3 - 6a^2 b + 10abc$,	Quotient.
1.er reſte	$5a^2 b - 9abe + 15bc^2 - 5b^2 c$,	$2a + b - 3c$.
	$-15a^2 c + 3ab^2$	
	$-5a^2 b - 3ab^2 + 5b^2 c$,	
2^e	$-15a^2 c - 9abc + 15bc^2$,	
	$+15a^2 c + 9abc - 15bc^2$,	
3e reſte	o	

1.° Je diviſe $10a^3$ par $5a^2$; il vient $2a$ au quotient; je multiplie le diviſeur par $2a$, & j'écris le produit, avec des ſignes contraires, ſous le dividende. Puis, ayant fait la réduction, j'ai le premier reste écrit ci-dessus.

2.° Je divise le premier terme $5a^2b$ de ce reste par $5a^2$; il vient $+b$ au quotient; je multiplie le diviseur par $+b$; &, ayant écrit le produit, avec des signes contraires, sous le dividende, puis ayant fait la réduction, on a un second reste écrit ci-dessus.

3.° Je divise le premier terme $-15a^2c$ de ce reste par $5a^2$; ensuite, ayant fait les mêmes opérations que ci-devant, il ne reste rien. Ainsi, la *division* est achevée, & le quotient exact est $2a+b-3c$.

IX. *Usages des suites pour la division.* Il arrive souvent que, le diviseur étant complexe, la *division* ne peut pas se faire exactement. Par exemple, qu'on ait à diviser $a^2+2ab+bb+c^2$ par $a+b$; on trouvera que le quotient est $a+b$, & que le reste est c^2; de sorte qu'en indiquant la *division* de ce reste, par le diviseur, le quotient total sera $a+b+\frac{c^2}{a+b}$. Mais, si on veut n'avoir au quotient que des monomes, ce qui est utile dans une infinité d'occasions, on pourra développer le quotient en une suite infinie, de la manière qu'on va l'expliquer sur l'exemple suivant.

Exemple. *Diviser à l'infini c^2 par $a+b$?*

Divid. c^2, Diviseur $a+b$

$$-c^2-\frac{c^2b}{a},$$

Quotient.

$$\frac{c^2}{a}-\frac{c^2b}{a^2}+\frac{c^2b^2}{a^3}-\frac{c^2b^3}{a^4}+\frac{c^2b^4}{a^5}-\&c.$$

1er reste $-\frac{c^2b}{a}$,

$$+\frac{c^2b}{a}+\frac{c^2b^2}{a^2}$$

2e reste $+\frac{c^2b^2}{a^2}$,

$$-\frac{c^2b^2}{a^2}-\frac{c^2b^3}{a^3},$$

3e reste $-\frac{c^2b^3}{a^3}$,

$$+\frac{c^2b^3}{a^3}+\frac{c^2b^4}{a^4},$$

4e reste $+\frac{c^2b^4}{a^4}$,

$$-\frac{c^2b^4}{a^4}-\frac{c^2b^5}{a^5},$$

5e reste &c.

1.° Je divise le dividende c^2 par le premier terme a du diviseur, ou plutôt j'indique cette *division*, parce que le dividende c^2 & le diviseur a n'ont pas de lettre commune. Le quotient est $\frac{c^2}{a}$, que j'écris à la place où il doit être. Je multiplie le diviseur $a+b$ par $\frac{c^2}{a}$, & j'écris le produit, avec des signes contraires, sous le dividende. Puis, ayant fait la réduction, j'ai $-\frac{a^2b}{a}$ pour premier reste, ou pour second dividende partiel.

2.° Je divise ce dividende par le premier terme a du diviseur, & j'ai $-\frac{c^2b}{a^2}$ pour second quotient partiel que j'écris à la suite du premier. Je multiplie le diviseur $a+b$ par $-\frac{c^2b}{a^2}$; & j'écris le produit, avec des signes contraires, sous le dividende. La réduction faite, j'ai $+\frac{c^2b^2}{a^2}$ pour second reste, ou pour troisième dividende partiel à diviser par $a+b$.

On continuera la *division* toujours de la même manière. Il est évident qu'elle n'aura pas de fin, & qu'elle donnera continuellement de nouveaux termes au quotient. Le quotient total sera donc exprimé par cette suite infinie:

$$\frac{c^2}{a}-\frac{c^2b}{a^2}+\frac{c^2b^2}{a^3}-\frac{c^2b^3}{a^4}+\frac{c^2b^4}{a^5}-\&c.$$

Comme chaque terme de cette suite a c^2 pour un de ses facteurs, elle peut être écrite sous cette forme,

$$c^2\times\left(\frac{1}{a}-\frac{b}{a^2}+\frac{b^2}{a^3}-\frac{b^3}{a^4}+\frac{b^4}{a^5}-\&c.\right).$$

X. *Remarque I.* On voit facilement que tous les termes de cette même suite iront en diminuant de grandeur, si $a>b$; & qu'au contraire, ils iront en augmentant, si $a<b$.

En effet, comparons d'abord ensemble les deux premiers termes $\frac{1}{a}$ & $-\frac{b}{a^2}$, en faisant abstraction de leurs signes, ou en les supposant affectés du même signe. Si on a $a>b$, on aura aussi $\frac{1}{a}>\frac{b}{a^2}$: car, puisque $a>b$, il est clair qu'en divisant les deux membres par la même grandeur a^2, on aura $\frac{a}{a^2}>\frac{b}{a^2}$, ou bien $\frac{1}{a}>\frac{b}{a^2}$. Si au contraire on avoit $a<b$, on trouveroit $\frac{1}{a}<\frac{b}{a^2}$.

On fera voir, d'une manière semblable, qu'en supposant $a>b$, le second terme $\frac{b}{a^2}$ est plus grand que le troisième $\frac{b^2}{a^3}$, & qu'au contraire, en supposant $a<b$, le second terme $\frac{b}{a^2}$ est plus petit que le troisième $\frac{b^2}{a^3}$; ainsi de suite. D'où nous pouvons

vons conclure, en général, que les termes de la suite iront en diminuant ou en augmentant, selon que a sera plus grand ou plus petit que b.

On appelle *suites convergentes*, celles dont les termes vont en diminuant, & *suites divergentes*, celles dont les termes vont en augmentant. Une suite peut converger ou diverger plus ou moins rapidement, selon que ses termes vont en diminuant ou en augmentant, par des sauts plus ou moins grands.

XI. Remarque II. Lorsqu'une suite converge rapidement, il suffit de prendre quelques termes du commencement, pour avoir, à peu de chose près, la valeur de la suite entière. Par exemple, ayant trouvé, par la méthode de l'art. IX, que la valeur générale du quotient indiqué $\frac{1}{a+b}$, peut être exprimée par la suite infinie,

$$\frac{1}{a}-\frac{b}{a^2}+\frac{b^2}{a^3}-\frac{b^3}{a^4}+\frac{b^4}{a^5}-\&c.$$

si l'on suppose $a=100$, $b=1$, & qu'on prenne seulement les deux premiers termes de cette suite, on aura $\frac{1}{100}-\frac{1}{10000}$, c'est-à-dire, $\frac{99}{10000}$, en réduisant les deux fractions au même dénominateur, puis soustrayant la seconde de la première. Or cette dernière fraction ne diffère pas beaucoup de la fraction $\frac{1}{100+1}$, ou $\frac{1}{101}$, qui est la valeur totale de la suite; car réduisons les deux fractions $\frac{1}{101}$ & $\frac{99}{10000}$ au même dénominateur, pour pouvoir les comparer plus facilement ensemble; elles deviendront respectivement $\frac{10000}{1010000}$ & $\frac{9999}{1010000}$; d'où l'on voit que leur différence est presqu'insensible.

On approcheroit davantage, & de plus en plus, de la valeur entière de la suite, en prenant ensemble ses trois premiers termes, ou ses quatre premiers termes, ainsi de suite.

Il est clair, par la raison contraire, que, si une suite est divergente, on s'éloignera de plus en plus de sa valeur totale, à mesure qu'on prendra plus de termes du commencement. On ne peut donc prendre les premiers termes d'une suite qui en a une infinité, pour exprimer, à peu de chose près, sa valeur totale, que quand cette suite est convergente. Plus elle converge promptement, moins il faut prendre de termes du commencement, pour la représenter d'une manière approchée.

XII. Remarque III. L'expression $\frac{1}{a+b}$ peut être développée en suite infinie, de deux manières, selon qu'on regardera a ou b, comme le premier terme du diviseur. Dans le premier cas, la suite infinie est:

$$(A)\ \frac{1}{a}-\frac{b}{a^2}+\frac{b^2}{a^3}-\frac{b^3}{a^4}+\frac{b^4}{a^5}-\&c.$$

Et dans le second, la suite infinie est:

$$(B)\ \frac{1}{b}-\frac{a}{b^2}+\frac{a^2}{b^3}-\frac{a^3}{b^4}+\frac{a^4}{b^5}-\&c.$$

Or, lorsque $a>b$, la suite (A) est convergente, & la suite (B) est divergente; au contraire, lorsque $a<b$, la suite (A) est divergente, & la suite (B) est convergente. Ainsi, lorsque $a>b$, il faut se servir de la suite (A) pour représenter le quotient indiqué $\frac{1}{a+b}$; & lorsque $a<b$, il faut se servir de la suite (B) pour représenter le même quotient.

XIII. Remarque IV. Si on avoit $a=b$, l'une ou l'autre suite deviendroit également:

$$\frac{1}{a}-\frac{1}{a}+\frac{1}{a}-\frac{1}{a}+\frac{1}{a}-\frac{1}{a}+\&c.$$

Or, comme chaque terme est détruit par le terme suivant, il paroît s'ensuivre que la valeur totale de la suite est o, tandis que cette valeur doit être réellement $\frac{1}{2a}$ ou $\frac{1}{2b}$. Mais il faut prendre garde que, dans ce cas, la suite n'est pas convergente, & que, si l'on veut employer quelques-uns de ses termes pour exprimer la quantité $\frac{1}{2a}$, on ne peut pas se dispenser d'ajouter à ces termes le reste de la *division*, divisé par le diviseur.

Si, par exemple, on arrête la série au second terme $-\frac{1}{a}$; à la somme $\frac{1}{a}-\frac{1}{a}$ des deux premiers termes qu'on trouve en divisant 1 par $a+a$, il faudra joindre le quotient du second reste 1 de la *division*, divisé par $a+a$, c'est-à-dire, $\frac{1}{2a}$: alors on aura $\frac{1}{a}-\frac{1}{a}+\frac{1}{2a}$, c'est-à-dire, $\frac{1}{2a}$, pour la valeur de $\frac{a}{2a}$, comme cela doit être.

Si l'on arrête la série au troisième terme $+\frac{1}{a}$, à la somme $\frac{1}{a}-\frac{1}{a}+\frac{1}{a}$ des trois premiers termes provenans de la *division*, il faudra joindre le quotient du troisième reste -1, divisé par $2a$, c'est-à-dire, $-\frac{1}{2a}$: alors on aura $\frac{1}{a}-\frac{1}{a}+\frac{1}{a}-\frac{1}{2a}$, c'est-à-dire, $\frac{1}{2a}$, pour la valeur de $\frac{1}{2a}$. Ainsi de suite.

XIV. Problême IV. *Diviser un monome rationnel par un monome radical, ou un monome radical par un monome rationnel?*

La *division* ne peut alors que s'indiquer; en observant néanmoins que, s'il y a des coëfficiens, autres que l'unité, au-devant des quantités, ou que la quantité radicale soit précédée de quantités rationnelles, la *division* des coëfficiens & des quantités rationnelles, se fait comme on l'a expliqué ci-dessus. Ainsi, par exemple, en divisant $+a$ par $+\sqrt{b}$, on a pour quotient $+\frac{a}{\sqrt{b}}$, ou $+\frac{a}{b^{\frac{1}{2}}}$; en divisant $-8a\sqrt{c}$ par $+2ab$, on a pour quotient $-\frac{4\sqrt{c}}{b}$, ou $-\frac{4c^{\frac{1}{2}}}{b}$.

On doit observer qu'au lieu d'écrire, comme nous venons de faire, le quotient en forme de fraction, on écrit souvent le diviseur à côté du dividende, en donnant au diviseur un exposant négatif. Ainsi, l'expression $+\frac{a}{b^{\frac{1}{2}}}$ est la même chose que $+ab^{-\frac{1}{2}}$; l'expression $-\frac{4c^{\frac{1}{2}}}{b}$ est la même chose que $-4c^{\frac{1}{2}}b^{-1}$. On traite, à cet égard, les quantités qui ont des exposans fractionnaires, comme celles qui ont pour exposans des nombres entiers. *Voyez* EXPOSANT.

XV. PROBLÊME V. *Diviser un monome radical par un autre monome radical?*

Je distingue deux cas; l'un où les deux quantités radicales sont de même espèce, l'autre où elles sont de différentes espèces.

I. CAS. Supposons d'abord que le dividende & le diviseur soient des quantités radicales de même dénomination. Après avoir écrit le signe qui doit précéder le quotient, on écrira le signe radical commun au dividende & au diviseur, & à la suite de ce signe, le quotient des quantités divisées de la même manière que si elles n'étoient point affectées de radicaux. La *division* des coëfficiens & des quantités rationnelles qui peuvent précéder les quantités radicales, se fait à l'ordinaire. Ainsi, en divisant $+\sqrt{a^2b^2}$ par $-\sqrt{a}$, on a pour quotient $-\sqrt{ab^2}$, ou $-a^{\frac{1}{2}}b^{\frac{2}{2}}$, ou (en réduisant la fraction exponentielle de b à sa plus simple expression), $-a^{\frac{1}{2}}b$; en divisant $-8a^2\sqrt[3]{10m^2n^2}$ par $+4a\sqrt[3]{5mn}$, on a pour quotient $-2a\sqrt[3]{2mn}$, ou $-2a\times 2^{\frac{1}{3}}m^{\frac{1}{3}}n^{\frac{1}{3}}$, ou $-2^{\frac{4}{3}}am^{\frac{1}{3}}n^{\frac{1}{3}}$; en divisant $-7a^3\sqrt[3]{m^2n^2p}$ par $-8a^2\sqrt[3]{cmp}$, on a pour quotient $+\frac{7a\sqrt[3]{\frac{mn^2}{c}}}{8}$ ou $+\frac{7a\sqrt[3]{mnc^{-1}}}{8}$, ou $+\frac{7am^{\frac{1}{3}}n^{\frac{2}{3}}c^{-\frac{1}{3}}}{8}$, ou bien encore $+7.8^{-1}\times am^{\frac{1}{3}}n^{\frac{2}{3}}c^{-\frac{2}{3}}$.

On se rendra facilement raison de cette règle, en considérant que la *division* est une opération inverse de la multiplication, & que le produit du diviseur, par le quotient, doit toujours être une quantité égale au dividende. Ainsi, par exemple, je dis que, si l'on divise $-\sqrt{a}$ par $+\sqrt{b}$, le quotient sera $-\sqrt{\frac{a}{b}}$. En effet, si l'on multiplie cette dernière quantité par $+\sqrt{b}$, on aura $-\sqrt{\frac{ab}{b}}$, ou $-\sqrt{a}$, qui est le dividende proposé. Il en sera de même dans tous les autres cas pareils.

II. CAS. Lorsque le dividende & le diviseur ne sont pas des quantités radicales de même dénomination, on peut les réduire à la même dénomination; & alors ce cas revient au précédent. Qu'on ait, par exemple, à diviser $-\sqrt[3]{a^3b^2}$ par $+\sqrt[2]{a}$: je réduis les deux quantités radicales à la même dénomination; la première devient $-\sqrt[6]{a^6b^4}$, ou $-a^{\frac{6}{6}}b^{\frac{4}{6}}$, la seconde devient $+\sqrt[6]{a^3}$, ou $+a^{\frac{3}{6}}$; & en divisant la première par la seconde, j'ai pour quotient $-\sqrt[6]{a^3b^4}$, ou $-a^{\frac{3}{6}}b^{\frac{4}{6}}$, ou $-a^{\frac{1}{2}}b^{\frac{2}{3}}$. On trouvera semblablement qu'en divisant $-4a^2\sqrt[3]{b^2}$ par $-2a\sqrt[4]{bc}$, le quotient est $+2a\sqrt[12]{\frac{b^5}{c^3}}$, ou $+2a\sqrt[12]{b^5c^{-3}}$, ou $+2ab^{\frac{5}{12}}c^{-\frac{3}{12}}$, ou $+2ab^{\frac{5}{12}}c^{-\frac{1}{4}}$. Ainsi des autres quantités pareilles.

XVI. PROBLÊME VI. *Faire une division de polynomes, lorsqu'il y entre des quantités radicales?*

La solution de ce problême dépend immédiatement de ce qui précède.

EXEMPLE. *Diviser* ...... $a^3b^2 - 7a^2b^3 + 7abc\sqrt[6]{m^2np} - 5a^2b^2\sqrt[3]{a^2c} + 35ab^3\sqrt[3]{a^2c} - 35bc\sqrt[6]{m^6n^3p^3a^4c^2}$, *par* .... $ab - 5b\sqrt[3]{a^2c}$?

On fera cette opération à l'ordinaire, en divisant successivement les différentes parties du dividende par le premier terme du diviseur, & retranchant du dividende, à chaque *division* partielle, le produit du quotient partiel par le diviseur entier. Il n'y aura point de difficulté à l'égard de la *division* ou multiplication des quantités radicales, puisque toutes les opérations partielles se font sur des monomes, & qu'elles ne demandent par conséquent point d'autres règles que celles que nous avons données pour ces dernières quantités. On trouvera ainsi que le quotient demandé est $a^2b - 7ab^2 + 7c\sqrt{m^2np}$. (*L. B.*)

DIVISION, (*Géom.*) La *division* géométrique

consiste à diviser le produit de deux lignes, par une ligne; ou le produit de trois lignes, par celui de deux lignes ; ou le produit de quatre lignes, par celui de trois lignes, *&c.* Par exemple, soit le produit $a\,b$ de deux lignes exprimées par a & b, à diviser par la ligne c : cette opération se fera en cherchant une quatrième proportionnelle aux trois lignes c, a, b. De même la *division* du produit $a\,b\,c$ de trois lignes, par le produit *de* de deux lignes, se fera en cherchant, 1.° une quatrième proportionnelle x aux trois lignes d, a, b. 2.° Une quatrième proportionnelle aux trois lignes e, c, x. Ainsi des autres. *Voyez* CONSTRUCTION. (*L. B.*)

DIVISION *des instrumens d'Astronomie. Voyez* INSTRUMENS, QUART DE CERCLE, TRANSVERSALES.

DIURNE *ou* JOURNALIER, adj. se dit, *en Astronomie*, de ce qui a rapport au jour, par opposition au mot *nocturne* qui regarde la nuit.

Arc diurne ; c'est l'arc ou le nombre de degrés que le soleil, la lune, ou les étoiles décrivent entre leur lever & leur coucher. *Arc semi-diurne*, c'est l'arc qu'un astre décrit depuis son lever jusqu'à son passage au méridien, ou depuis son passage au méridien jusqu'à son coucher. On appelle cet arc *semi-diurne*, parce qu'il est environ la moitié de l'arc *diurne* ; on l'exprime ordinairement en tems.

Le cercle *diurne* est un cercle parallèle à l'équateur dans lequel une étoile ou un point quelconque, pris dans la surface de la sphère du monde, se meut, ou paroît se mouvoir, par son mouvement *diurne*.

Ainsi, en concevant une ligne droite tirée du centre d'une étoile perpendiculairement à l'axe du monde, & prolongée jusqu'à la surface de la sphère, & supposant que cette ligne droite fasse une révolution entière autour de cet axe, elle décrira dans le ciel un cercle qui sera le parallèle ou cercle *diurne* de l'étoile.

Le mouvement *diurne* d'une planète est le nombre de degrés & de minutes qu'une planète parcourt dans l'espace de 24 heures par son mouvement propre. Pour avoir le mouvement *diurne* d'une planète, il faut connoître d'abord le tems qu'elle emploie à faire sa révolution, c'est-à-dire, à parcourir 360 degrés ; & l'on dira ensuite ; comme le tems connu de la révolution est à 24 heures, ainsi 360 degrés sont au nombre de degrés que l'on cherche : mais cette proportion ne donne que le mouvement *diurne* moyen ; car le mouvement *diurne* véritable, dans le soleil, par exemple, est tantôt plus grand, tantôt plus petit ; & le mouvement *diurne* d'une planète, vu de la terre, est quelquefois nul quand la planète est stationaire.

Le mouvement *diurne* de la terre est sa rotation autour de son axe, ce qui forme le jour naturel.

La réalité de la rotation *diurne* de la terre est à-présent au-dessus de toute contestation, ainsi que son mouvement annuel. *Voyez* SYSTÊME DE COPERNIC. (*O*)

DIX, (*Arith.*) c'est le premier ou le moindre des nombres qui ont deux chiffres ; il se marque par l'unité suivie d'un zéro, suivant la propriété qu'a le zéro de décupler tout chiffre qui le précède. *Voyez* ARITMÉTIQUE, BINAIRE, DACTYLONOMIE, *&c.* D'où il s'ensuit qu'on multiplie un nombre par 10, en écrivant un zéro à la droite de ce nombre après le dernier chiffre ; & qu'on le divise par 10, en retranchant le dernier chiffre. Cette opération si simple devroit faire souhaiter que toutes les parties d'un tout fussent toujours décimales. *Voyez* DÉCIMAL, *&c.* (*O*)

DIX-HUITIEME, s. f. (*Jeu de cartes*) : une *dix-huitième* est composée des huit cartes d'une même couleur qui valent dix-huit points à celui qui les a.

DIX-SEPTIEME, (*Jeu de piquet*) : c'est sept cartes de suite & de la même couleur, comme as, roi, dame, valet, dix, neuf, & huit ; & roi, dame, valet, dix, neuf, huit & sept. La supérieure efface la seconde, & vaut dix-sept.

DOD

DODECAGONE, s. m. (*Géom.*), polygone régulier qui a douze angles égaux & douze côtés égaux. *Voyez* POLYGONE.

Le *dodecagone* se trace aisément quand l'hexagone est tracé ; car il n'y a qu'à diviser en deux également chaque angle au centre de l'hexagone, & on sait que le côté de l'hexagone inscrit au cercle est égal au rayon. *Voyez* HEXAGONE. (*O*)

DODECAHEDRE, s. m. est le nom qu'on donne, *en Géométrie*, à l'un des cinq corps réguliers, qui a sa surface composée de douze pentagones égaux & semblables.

On peut considérer le *dodecahedre* comme consistant en douze pyramides pentagones ou quinquangulaires, dont les sommets ou pointes sont au centre du *dodecahedre*, c'est-à-dire de la sphère qu'on peut imaginer circonscrite à ce solide ; par conséquent toutes ces pyramides ont leurs bases égales & leurs hauteurs égales.

Pour trouver la solidité du *dodecahedre*, il suffit donc de trouver celle d'une de ces pyramides, & de la multiplier ensuite par 12. Or la solidité d'une des pyramides se trouve en multipliant sa base par le tiers de la distance de cette base au centre ; & pour trouver cette distance, il faut prendre la moitié de la distance entre deux faces parallèles. *Voyez l'article* PYRAMIDE.

Le diamètre de la sphère étant donné, le côté du *dodecahedre* se trouve par ce théorème ; le quarré du diamètre de la sphère est égal au rectangle sous la somme des côtés du *dodecahedre* & de l'exahèdre, inscrit à la même sphère, & le triple du côté du *dodecahedre*. Ainsi, le diamètre de la sphère étant 1, le côté du *dodecahedre* inscrit sera $(\sqrt{\frac{5}{3}} - \sqrt{\frac{1}{3}}):2$; par conséquent ce côté est au diamètre de la sphère :: $\sqrt{\frac{5}{3}} - \sqrt{\frac{1}{8}}$ est à 2, & le quarré de ce côté au quarré du diamètre, comme $\frac{6-2\sqrt{5}}{3}$ est à 4. Par conséquent le diamètre de la sphère est incommensurable, tant en grandeur qu'en puissance, au côté du *dodecahedre* inscrit. *Voyez* INCOMMENSURABLE. (*E*)

DODECATEMORIE, s. f. (*Géom.*) signifie la douzième partie d'un cercle. *Voyez* CERCLE, ARC, *&c.*

DODECATEMORIE (*Astron.*), est le nom que quelques auteurs ont donné aux 12 signes du *zodiaque*, par la raison que chacun de ces signes contient la douzième partie du zodiaque, ou 30.° mais ce mot est hors d'usage; il servoit à distinguer les 12 signes d'avec les 12 constellations qui ne leur correspondent plus quoique les signes aient conservé les mêmes noms, la constellation des poissons étant actuellement dans le Bélier, *voyez* PRÉCESSION. (*D. L.*)

DOIGT, *en Astronomie*, est la douzième partie du diamètre apparent du Soleil ou de la Lune. Chaque *doigt* se divise en soixante minutes. On dit dans les éclipses de Lune ou de Soleil, qu'il y a tant de *doigts* d'éclipsés, & ces *doigts* éclipsés s'appellent *doigts écliptiques*. (*O*)

DOMINICALES; lettres *dominicales V.* CALENDRIER.

DONNÉ adj. terme dont se servent souvent les *Mathématiciens*, pour marquer ce que l'on suppose être connu.

Ainsi, quand une grandeur est connue, ou quand on en peut assigner une autre qui lui est égale, on dit qu'elle est *donnée de grandeur. Voyez* GRANDEUR.

Quand on suppose que la position d'une ligne, *&c.* est connue, on dit qu'elle est *donnée de position*. On dit la même chose d'un point dont la place est *donnée*.

Par exemple, quand un cercle est actuellement décrit sur un plan, son centre est *donné de position*, sa circonférence est *donnée de grandeur*, & le cercle est *donné* tant de *position* que de *grandeur*.

Un cercle peut être *donné de grandeur* seulement, comme lorsqu'on n'a *donné* que son diamètre, & que le cercle n'est point décrit actuellement.

Quand l'espèce de quelque figure est *donnée*, on dit qu'elle est *donnée d'espèce. Voyez* SEMBLABLE.

Quand on connoît la proportion qu'il y a entre deux quantités, on dit qu'elles sont *données de proportion*. (HARRIS & CHAMBERS).

DONNÉES, adj. pris subst. *terme de Mathématique*, qui signifie certaines choses ou quantités, qu'on suppose être *données* ou connues & dont on se sert pour en trouver d'autres qui sont inconnues, & que l'on cherche. Un problème ou une question renferme en général deux sortes de grandeurs, les *données* & les cherchées, *data* & *quæsita*. *V.* PROBLÈME, *&c.*

Euclide a fait un traité exprès sur les *données*; il se sert de ce mot pour désigner les espaces, les lignes, & les angles qui sont *donnés* de grandeur, ou auxquels on peut assigner des espaces, des lignes, ou des angles égaux.

Ce mot, après avoir d'abord été en usage dans les Mathématiques, a été ensuite transporté dans les autres Arts, comme la Philosophie, la Médecine, *&c.* On s'en sert dans ces sciences pour désigner les choses que l'on prend pour accordées, sans avoir de preuves immédiates de leur certitude, mais simplement pour servir de base aux raisonnemens: c'est aussi pour cette raison que dans les ouvrages de Physique, on appelle quelquefois *data*, *données*, les choses connues, par le moyen desquelles on parvient à la découverte des choses inconnues; soit dans la Philosophie naturelle, soit dans l'œconomie animale, soit dans l'opération des remèdes. *V.* DEMANDE. (HARRIS & CHAMBERS). (*O*)

DORADE, (*Astron.*): nom *d'un poisson doré* qu'on a donné à une constellation méridionale; elle est appellée aussi *xiphias*; elle est *située entre l'éridan* & le navire, & contient 29 étoiles principales dans le catalogue de la Caille, la plus belle est de troisième grandeur; elle avoit, en 1750, 67.° 9′ 21″ d'ascension droite & 55.° 34′ 15″ de déclinaison méridionale. (*D. L.*)

DOUBLE, adj. (*Géom.*) Une quantité est *double* d'une autre, lorsqu'elle la contient deux fois; *sous-double*, lorsqu'elle en est la moitié. Une raison est *double* quant l'antécédent est *double* du conséquent, ou quand l'exposant du rapport est *double*. Ainsi le rapport de 6 à 3 est une raison *double*. *Voyez* RAISON *ou* RAPPORT.

La raison *sous-double* a lieu, quand le conséquent est *double* de l'antécédent, ou que l'exposant du rapport est $\frac{1}{2}$. Ainsi 3 est à 6 en raison *sous-double*. *Voy.* RAPPORT *ou* RAISON. (*O*)

DOUBLE, (*Point*) est un terme fort en usage dans la *haute Géométrie*. Lorsqu'une courbe a deux branches qui se coupent, le point où se coupent ces branches est appellé *point double*. On trouve des *points doubles* dans les lignes du troisième ordre & dans les courbes d'un genre plus élevé. Il n'y en a point dans les sections coniques. *Voyez* COURBE.

Si on cherche la tangente d'une courbe au point *double*, par la méthode que l'on verra à *l'art.* TANGENTE, l'expression de la soutangente devient alors $\frac{0}{0}$. On trouvera dans la *section neuvième des infiniment petits* de M. de l'Hôpital, ce qu'il faut faire alors pour déterminer la position de la tangente; & on peut voir aussi plusieurs remarques importantes sur cette matière dans les *mém. de l'acad. de 1716. & 1723*, ainsi que *dans les usages de l'analyse de Descartes*, par M. l'abbé de Gua, & dans les *mém. de l'académie de* 1747. Nous parlerons de tout cela plus au long *au mot* TANGENTE, où nous expliquerons en peu de mots la méthode des tangentes aux points multiples. (*O*)

DOUBLÉ, adj. (*Arithmétique & Algèbre.*) raison *doublée*, c'est le rapport qui est entre deux quarrés; ainsi la raison *doublée* de *a* à *b*, est le rapport de *aa* à *bb*, ou du quarré de *a* au quarré de *b*. *Voyez l'article* QUARRÉ.

Dans une progression géométrique le premier terme est au troisième en raison *doublée* du premier au second, ou comme le quarré du premier est au quarré du second : ainsi, dans la progression 2, 4, 8, 16, le rapport de 2 à 8 est doublé de celui de 2 à 4, c'est-à-dire que 2 est à 8, comme le quarré de 2 au quarré de 4. *Voyez* PROGRESSION.

Souvent les commençans confondent la raison *doublée* avec la raison double; quelques auteurs même se servent indifféremment de ces expressions; rien n'est cependant plus différent; la raison de 8 à 4 est une raison double, parce que 8 est double de 4; la raison de 16 à 4 est *doublée* de celle de 4 a 2, c'est-à-dire est la raison du quarré de 4 au quarré de 2. Il faut de même distinguer la raison sous-doublée de sous-double; la raison de 4 à 8 est sous-double, celle de 2 à 4 est sous-doublée de 4 à 16, c'est-à-dire comme la racine quarrée de 4 est à celle de 16. (*O*)

DOUBLET, (*Jeu.*) : c'est un coup de jeu de billard, par lequel on fait frapper la bille de son adversaire seulement contre une des bandes du billard, d'où elle va entrer dans une belouse. Si c'est dans une des belouses du milieu, le coup s'appelle un *doublet du milieu*; & *doublet du coin*, quand la bille va tomber dans une des belouses des coins.

DOUBLET, c'est *au jeu du trictrac*, un jet de dés, par lequel on amène le même point des deux dés, comme deux as, deux 4, deux 3, *&c.*

DOUILLE, (*Astron.*), tuyau ou anneau concave dans lequel entre le cylindre, ou l'axe du genou, comme *S*, *fig.* 180 *d'Astron.*

DOUILLE, (*Méch.*) : c'est dans le genou d'un instrument pour travailler sur le terrein, une ou deux boîtes où entrent des bâtons ferrés & pointus qui soutiennent l'instrument. (*K*)

DOUVE, s. f. (*Hydraul.*), est le mur d'un bassin contre lequel l'eau bat. Il est bâti sur des racinaux de charpente, afin de laisser une communication du corroi du plafond avec celui des côtés. (*K*)

DRA

DRACONTIQUE, adj. (*Astron.*) : *Mois draconitique*, c'est l'espace de tems que la Lune emploie à aller de son nœud ascendant, appellé *caput draconis*, tête du dragon, au même point. Ou la révolution de la Lune par rapport à son nœud. Ce mot n'est plus en usage. [*O*]

DRAGON, (*Astron.*) : constellation boréale qui est composée de 80 étoiles dans le catalogue Britannique; *draco*, *serpens*, *anguis*, *Hesperidum custos*, *coluber arborem conscendens*, *sidus minervæ & bacchi*, *Æsculapius*, *python*. Ce dragon est, suivant les poëtes, celui que Junon avoit préposé à la garde d'un jardin délicieux qu'elle avoit à l'extrémité de l'hespérie, ou de l'Espagne; & qui fût tué par Hercule. Apollonius donne à ce dragon le nom de Ladon, qui a été aussi porté par un fleuve; ce qui peut faire soupçonner qu'on a voulu, par ce dragon, désigner les rivières où les bras de mers, qui defendoient les jardins des hespérides, ce dragon a d'ailleurs été regardé comme le symbole de la vigilance : il est surnommé, *audax*, *monstrum mirabile*.

Ovide parle de cette constellation, qui est au nord de l'écliptique; lorsque Phœbus dit a Phaëton, de n'aller ni trop au nord, ni trop au midi, du côté de l'autel, mais de tenir un juste milieu :

Neu te dexterior tortum declinet ad anguem,
Neve sinisterior pressam rota ducat ad aram,
Inter utrumque tene... Métamor. II. 138.

Le nom de dragon a été quelquefois donné à la constellation du serpent, comme dans ce vers mystérieux que M. Dupuis a expliqué d'une manière si heureuse.

Taurus draconem genuit & taurum draco.

C'est le serpent qui se lève quand le taureau se couche, & réciproquement. *V. mon Astron. tome IV, p.* 569. (*D. L.*)

DRAGON, (*Astron.*) La tête & la queue du dragon, *caput & cauda draconis*, sont les nœuds ou les deux points d'intersection de l'écliptique & de l'orbite de la Lune, qui fait avec l'écliptique un angle d'environ cinq degrés.

On les marque ordinairement par ces caractères, ☊, tête du *dragon*, & ☋, queue du *dragon*.

Le nœud ascendant, appellé *tête du dragon*, est celui par lequel la Lune passe pour aller au nord de l'écliptique, dans la partie septentrionale, de son orbite; le nœud descendant appellé *queue du dragon*, est celui par lequel la Lune passe pour entrer dans la partie méridionale de son orbite. Les astronomes modernes ont abandonné, ces dénominations; ils ne se servent plus que des mots de *nœud ascendant* & *descendant*. (*D. L.*)

DRAGUE, (*Hydraul.*), est une grande pelle de fer, emmanchée d'une longue perche, dont les bords sont relevés par trois côtés, pour arrêter le sable ou les ordures qui se trouvent en curant un puits ou une citerne. Cette pelle eſt percée au fond de pluſieurs trous, par leſquels elle donne paſſage à l'eau, & on la fait un peu tranchante par-devant, afin de fouiller & enlever le limon. (*K*)

DROIT, adj. ſe dit, *en Géométrie*, de ce qui ne ſe fléchit, ou ne s'incline d'aucun côté.

Ainſi, une ligne *droite* eſt celle qui va d'un point à un autre par le plus court chemin, ſans ſe *fléchir*.

Droit pris dans ce ſens, eſt oppoſé à *courbe*. *Voyez* COURBE, où nous avons fait des réflexions ſur les définitions des mots *ligne droite* & *ligne courbe*.

L'angle *droit* eſt celui qui eſt formé par deux lignes perpendiculaires l'une à l'autre, c'eſt-à-dire qui ne s'*inclinent* d'aucun côté. *V.* PERPENDICULAIRE.

La meſure d'un angle *droit* eſt le quart de la circonférence, c'eſt-à-dire 90 degrés; par conſéquent tous les angles *droits* ſont égaux. *Voyez* ANGLE.

Le mot *droit* pris dans ce ſecond ſens, eſt oppoſé à *oblique*. *Voyez* OBLIQUE.

On dit d'une figure qu'elle eſt rectangle, lorſque ſes côtés ſont à angles *droits*, c'eſt-à-dire perpendiculaires les uns ſur les autres. *Voyez* FIGURE.

Quelquefois une figure eſt entièrement rectangle, c'eſt-à-dire a tous ſes angles *droits*, comme le quarré & le parallélogramme: quelquefois elle n'eſt rectangle qu'en partie ſeulement, comme le triangle rectangle.

Cone *droit*, *voyez* CONE.

Sinus *droit*; *voyez* SINUS. Ce mot ſert à diſtinguer le ſinus *droit* du ſinus *verſe*.

D U P

DUPLICATION, ſ. f. *terme d'Arithmétique & de Géométrie* : c'eſt l'action de doubler une quantité, c'eſt-à-dire la multiplication de cette quantité par le nombre 2. *Voyez* MULTIPLICATION.

La *duplication* du cube conſiſte à trouver le côté d'un cube, qui ſoit double en ſolidité d'un cube donné : c'eſt un problème fameux que les Géomètres connoiſſent depuis deux mille ans. *Voyez* CUBE.

On prétend qu'il fut d'abord propoſé par l'oracle d'Apollon à Delphes, lequel étant conſulté ſur le moyen de faire ceſſer la peſte qui déſoloit Athènes, répondit qu'il falloit doubler l'autel d'Apollon, qui étoit cubique. C'eſt pourquoi, dit-on, on l'appella dans la ſuite *le problème déliaque*. Nous ne prétendons point garantir cette hiſtoire.

Eratoſthènes donne à ce problème une origine plus ſimple. Un poëte tragique, dit-il, avoit introduit ſur la ſcène *Minos* élevant un monument à Glaucus; les entrepreneurs donnoient à ce monument cent palmes en tout ſens; le prince ne trouva pas le monument aſſez digne de ſa magnificence, & ordonna qu'on le fit double. Cette queſtion fut propoſée aux Géomètres, qu'elle embarraſſa beaucoup juſqu'au tems d'Hippocrate de Chio, le célèbre quadrateur des lunules (*voyez* LUNULE); il leur apprit que la queſtion ſe réduiſoit à trouver deux moyennes proportionnelles, comme on le verra dans un moment.

Dans la ſuite l'oracle de Delphes demanda qu'on doublât l'autel d'Apollon; les entrepreneurs, pour exécuter l'ordre du dieu, conſultèrent l'école platonicienne, qui, comme l'on ſait, faiſoit une étude & une profeſſion particulière de la Géométrie. Il n'eſt pas vrai, comme Valere Maxime le raconte, que Platon ait eu recours à Euclide pour réſoudre la queſtion : ce ne pouvoit être à Euclide le géomètre qui a vécu cinquante ans après lui; ce ne peut-être à Euclide de Megare, qui n'étoit occupé que de chimères, & de ſubtilités dialectiques. Ce pouvoit être à Eudoxe de Gnide, qui étoit contemporain de Platon; maisoutre que l'hiſtoire n'en parle pas, on ſait que Platon donna une ſolution très-ſimple du problème; elle ne ſuppoſe que la géométrie élémentaire; & Platon étoit aſſez inſtruit & aſſez grand génie, pour trouver tout ſeul cette ſolution ſans le ſecours de perſonne.

Ce problème ne peut être réſolu qu'en trouvant deux moyennes proportionnelles entre le côté du cube & le double de ce côté : la première de ces moyennes proportionnelles ſeroit le côté du cube double. En effet ſi on cherche deux moyennes proportionnelles x, z, entre a & $2a$, a étant le côté du cube, on aura $a : x :: x : z$ ou $\frac{xx}{a}$, & $x : \frac{xx}{a} :: \frac{xx}{a} : 2a$; d'où l'on tire $x^3 = 2a^3$; c'eſt-à-dire que le cube, dont le côté eſt x, ſera double du cube dont le côté eſt a. *V.* MOYENNE PROPORTIONNELLE.

Les Géomètres, tant anciens que modernes, ont donné différentes ſolutions de cette queſtion; on en peut voir pluſieurs dans *les élémens de Géométrie* du P. Lamy, & dans *le liv. X. des ſections coniques* de M. de l'Hopital. Mais toutes ces ſolutions ſont méchaniques. Ce qu'on demande dans ce problème, c'eſt de trouver par des opérations géométriques & ſans tâtonnement le côté du cube que l'on cherche. On ne peut en venir à bout par le ſeul ſecours de la règle & du compas; car l'équation étant du troiſième degré, ne peut être réſolue par l'interſection d'une ligne droite & d'un cercle, l'équation qui réſulte de cette interſection ne pouvant paſſer le ſecond degré; mais on peut y parvenir, en ſe ſervant des ſections coniques, par l'interſection d'un cercle & d'une parabole; car il n'y a qu'à conſtruire l'équation cubique $x^3 = 2a^3$. On peut auſſi y employer des courbes du troiſième degré (*voyez* CONSTRUCTION & EQUATION); à l'égard des autres moyens dont on s'eſt ſervi pour réſoudre ce problème, ils conſiſtent dans différens inſtrumens plus ou moins compliqués; mais dont l'usage est toujours fautif & peu commode. La façon la plus simple & la plus exacte de résoudre la question, seroit de supposer que le côté du cube donné est exprimé en nombres; par exemple, si l'on veut que ce côté soit de dix pouces, alors en faisant $a = 10$, & tirant la racine cube de $2a^3$ ou 2000 (*voyez* APPROXIMATION & RACINE), on aura aussi près qu'on voudra la valeur de x : cette solution suffira, & au-delà, pour la pratique. Il en est de ce problème comme de celui de la quadrature du cercle, qu'on peut résoudre, sinon rigoureusement, du moins aussi exactement qu'on veut, & dont une solution exacte & absolue seroit plus curieuse qu'elle n'est nécessaire.

M. Montucla, très-versé dans la Géométrie ancienne & moderne, & dans leur histoire, a publié un ouvrage intitulé : *Histoire des recherches sur la quadrature du cercle*, &c. *avec une addition concernant les problèmes de la duplication du cube & de la trisection de l'angle.* L'auteur a détaillé avec soin & avec exactitude dans cet ouvrage, ce qui concerne l'histoire de la duplication du cube, & c'est le seul point dont nous parlerons ici, réservant le reste pour les mots QUADRATURE & TRISECTION. M. Montucla remarque avec raison que la solution du problème donné par Platon, étoit méchanique & avec tâtonnement; que celle d'Architas étoit au contraire trop intellectuelle & irréductible à la pratique; que Menechme, disciple de Platon & frere de Dinostrate si connu par sa quadratrice (*voyez* QUADRATRICE), donna une solution géométrique de ce problème, en employant les sections coniques; mais que cette solution avoit le défaut d'employer deux sections coniques, au lieu de n'en employer qu'une seule avec un cercle, comme a fait depuis Descartes, *voy.* CONSTRUCTION, COURBE, EQUATION, LIEU, &c. M. Montucla parle ensuite de la solution d'Eudoxe de Gnide, dont il ne reste plus de trace, & qu'un commentateur d'Arcimède semble avoir déprimé mal-à-propos, si on s'en rapporte à Eratosthènes, beaucoup meilleur juge. Ce dernier nous apprend que la solution d'Eudoxe consistoit à employer de certaines courbes particulières, telles apparemment que la conchoïde, la cissoïde, &c. ou d'autres semblables. Eratosthènes donna aussi une solution du problème; mais cette solution, quoiqu'ingénieuse, a le défaut d'être méchanique, ainsi que celles qui furent données ensuite par Héron d'Alexandrie & Philon de Byzance, & qui reviennent à la même, quant au fond. Apollonius en donna une géométrique & rigoureuse, par l'intersection d'un cercle & d'une hyperbole. Nicomède qui vivoit vers le second siècle avant J. C. entre Eratosthènes & Hipparque, imagina, pour résoudre ce problème, sa conchoïde. M. Montucla explique avec clarté & avec facilité, l'usage que Nicomède faisoit de cette courbe pour résoudre la question dont il s'agit; & l'usage encore plus simple que M. Neuton a fait depuis de cette même courbe dans son *Arithmétique universelle*, pour résoudre la même question. Pappus, qui vivoit du tems de Théodose, avoit réduit le problème à une construction qui peut avoir donné à Dioclès l'idée de la cissoïde, supposé, comme cela est vraisemblable, que Dioclès ait vécu après Pappus. La solution de Dioclès par le moyen de la cissoïde, est très-simple & très-élégante, d'autant plus que la cissoïde est très-aisée à tracer par plusieurs points, & que M. Neuton a donné même un moyen assez simple de décrire cette courbe par un mouvement continu. Voilà l'abregé des recherches historiques de M. Montucla sur ce problème. *Voyez* l'excellente *histoire des mathématiques*, du même auteur. (O)

D Y N

DYNAMIQUE, s. f. signifie proprement la *science des puissances* ou *causes motrices*, c'est-à-dire des forces qui mettent les corps en mouvement.

Ce mot est formé du mot grec δύναμις, *puissance*, qui vient du verbe δύναμαι, *je peux*.

M. Leibnitz est le premier qui se soit servi de ce terme pour désigner la partie la plus transcendante de la méchanique, qui traite du mouvement des corps, en tant qu'il est causé par des forces motrices actuellement & continuellement agissantes. Le principe général de la *Dynamique* prise dans ce sens, est que le produit de la force accélératrice ou retardatrice par le tems est égal à l'élément de la vîtesse; la raison qu'on en donne est que la vîtesse croît ou décroît à chaque instant, en vertu de la somme des petits coups réitérés que la force motrice donne au corps pendant cet instant; sur quoi *voyez l'article* ACCÉLÉRATRICE *& l'article* CAUSE.

Le mot *Dynamique* est fort en usage depuis quelques années parmi les Géomètres, pour signifier en particulier la science du mouvement des corps qui agissent les uns sur les autres, de quelque manière que ce puisse être, soit en se poussant, soit en se tirant par le moyen de quelque corps interposé entr'eux, & auquel ils sont attachés, comme un fil, un levier inflexible, un plan, &c.

Suivant cette définition, les problèmes où l'on détermine les lois de la percussion des corps, sont des problèmes de *Dynamique*. *Voyez* PERCUSSION.

A l'égard des problèmes où il s'agit de déterminer le mouvement de plusieurs corps, qui tiennent les uns aux autres par quelque corps flexible ou inflexible, & qui par-là altèrent mutuellement leurs mouvemens, le premier qu'on ait résolu dans ce genre, est celui qui est connu aujourd'hui sous le nom du *problème des centres d'oscillation.*

Il s'agit dans ce problème, de déterminer le mouvement que doivent avoir plusieurs poids attachés à une même verge de pendule. Pour faire sentir en quoi consiste la difficulté, il faut observer d'abord que si chacun de ces poids étoit attaché seul à la verge, il décriroit dans le premier instant de son mouvement, un petit arc dont la longueur seroit la même, à quelque endroit de la verge qu'il fût attaché, car la verge étant tirée de la situation verticale, en quelqu'endroit de la verge que le poids soit placé, l'action de la pesanteur sur lui est la même & doit produire le même effet au premier instant. C'est pourquoi chacun des poids qui sont attachés à la verge, tend à décrire une petite ligne qui est égale pour tous ces poids. Or la verge étant supposée inflexible, il est impossible que ces poids parcourent tous des lignes égales au premier instant; mais ceux qui sont plus près du centre de suspension, doivent évidemment parcourir un plus petit espace, & ceux qui en sont plus éloignés doivent parcourir de plus grandes lignes. Il faut donc nécessairement que, par l'inflexibilité de la verge, la vîtesse avec laquelle chaque poids tendoit à se mouvoir, soit altérée, & qu'au lieu d'être la même dans tous, elle augmente dans les poids inférieurs, & diminue dans les supérieurs. Mais suivant quelle loi doit-elle augmenter & diminuer? voilà en quoi le problême consiste: on en a donné la solution à l'*article* Centre d'oscillation.

M. Huyghens & plusieurs autres après lui, ont résolu ce problême par différentes méthodes. Depuis ce tems, & sur-tout depuis environ cinquante ans, les Géometres se sont appliqués à diverses questions de cette espece. Les mémoires de l'académie de Pétersbourg nous offrent plusieurs de ces questions, résolues par MM. Jean & Daniel Bernoulli pere & fils, & par M. Euler, dont les noms sont aujourd'hui si célebres. MM. Clairaut, de Montygny & d'Arcy, ont aussi imprimé dans les mémoires de l'académie des Sciences, des solutions de problêmes de *Dynamique*; & le premier de ces trois géometres a donné dans les *mém. acad.* 1742, des méthodes qui facilitent la solution d'un grand nombre de questions qui ont rapport à cette science. J'ai fait imprimer, en 1743, un *traité de Dynamique*, où je donne un principe général pour résoudre tous les problêmes de ce genre. Voici ce qu'on lit à ce sujet dans la préface: « Comme cette partie de » la méchanique n'est pas moins curieuse que difficile, & que les problêmes qui s'y rapportent » composent une classe très-étendue, les plus grands » géometres s'y sont appliqués particulierement » depuis quelques années: mais ils n'ont résolu » jusqu'à présent qu'un très-petit nombre de problêmes de ce genre, & seulement dans des cas » particuliers. La plûpart des solutions qu'ils nous » ont données, sont appuyées outre cela sur des » principes que personne n'a encore démontrés » d'une maniere générale; tels, par exemple, que » celui de la *conservation des forces vives* (*voyez* » *conservation des forces vives*, au mot Force). » J'ai donc cru devoir m'étendre principalement » sur ce sujet, & faire voir comment on peut » résoudre toutes les questions de *Dynamique* par » une même méthode fort simple & fort directe, » & qui ne consiste que dans la combinaison des » principes de l'équilibre & du mouvement composé; j'en montre l'usage dans un petit nombre » de problêmes choisis, dont quelques-uns sont déja » connus, d'autres sont entierement nouveaux, » d'autres enfin ont été mal résolus, même par de » très-grands géometres. »

Voici en peu de mots en quoi consiste mon principe pour résoudre ces sortes de problêmes. Imaginons qu'on imprime à plusieurs corps, des mouvemens qu'ils ne puissent conserver à cause de leur action mutuelle, & qu'ils soient forcés d'altérer & de changer en d'autres. Il est certain que le mouvement que chaque corps avoit d'abord, peut être regardé comme composé de deux autres mouvemens à volonté (*voyez* Décomposition & Composition *du mouvement*), & qu'on peut prendre pour l'un des mouvemens composans celui que chaque corps doit prendre en vertu de l'action des autres corps. Or si chaque corps, au lieu du mouvement primitif qui lui a été imprimé, avoit reçu ce premier mouvement composant, il est certain que chacun de ces corps auroit conservé ce mouvement sans y rien changer, puisque par la supposition c'est le mouvement que chacun des corps prend de lui-même. Donc l'autre mouvement composant doit être tel qu'il ne dérange rien dans le premier mouvement composant, c'est-à-dire que ce second mouvement doit être tel pour chaque corps, que s'il eût été imprimé seul & sans aucun autre, le système fût demeuré en repos.

De-là il suit que, pour trouver le mouvement de plusieurs corps qui agissent les uns sur les autres, il faut décomposer le mouvement que chaque corps a reçu, & avec lequel il tend à se mouvoir, en deux autres mouvemens, dont l'un soit détruit, & dont l'autre soit tel & tellement dirigé, que l'action des corps environnans ne puisse l'altérer ni le changer. On trouvera aux *articles* Oscillation, Percussion, & ailleurs, des applications de ce principe qui en font voir l'usage & la facilité.

Par-là il est aisé de voir que toutes les lois du mouvement des corps se réduisent aux lois de l'équilibre; car, pour résoudre un problême quelconque de *Dynamique*, il n'y a qu'à d'abord décomposer le mouvement de chaque corps en deux, dont l'un étant supposé connu, l'autre le sera aussi nécessairement. Or l'un de ces mouvemens doit être tel, que les corps en le suivant ne se nuisent point; c'est-à-dire que s'ils sont, par exemple, attachés à une verge inflexible, cette verge ne souffre ni fracture ni extension, & que les corps demeurent toujours à la même distance l'un de l'autre; & le second mouvement doit être tel que s'il étoit imprimé seul, la verge, ou en général le système, demeurât en équilibre. Cette condition de l'inflexibilité de la verge, & la condition de l'équilibre, donneront toujours toutes les équations nécessaires pour trouver dans chaque corps la direction & la valeur d'un des mouvemens composans, par conséquent la direction & la valeur de l'autre.

Je crois pouvoir assurer qu'il n'y a aucun problème *dynamique*, qu'on ne résolve facilement & presque en se jouant, au moyen de ce principe, ou du moins qu'on ne réduise facilement en équation; car c'est-là tout ce qu'on peut exiger de la *Dynamique*, & la résolution ou l'intégration de l'équation est ensuite une affaire de pure analyse. On se convaincra de ce que j'avance ici, en lisant les différens problèmes de mon traité de *Dynamique*; j'ai choisi les plus difficiles que j'ai pu, & je crois les avoir résolus d'une manière aussi simple & aussi directe que les questions l'ont permis. Depuis la publication de mon traité de *Dynamique*, en 1743, j'ai eu fréquemment occasion d'en appliquer le principe, soit à la recherche du mouvement des fluides dans des vases de figure quelconque (*voyez mon traité de l'équilibre & du mouvement des fluides*, 1744), soit aux oscillations d'un fluide qui couvre une surface sphérique (*voyez mes recherches sur les vents*, 1746), soit à la théorie de la précession des équinoxes & de la nutation de l'axe de la Terre en 1749, soit à la résistance des fluides en 1752, soit enfin à d'autres problèmes de cette espèce. J'ai toujours trouvé ce principe d'une facilité & d'une fécondité extrêmes; j'ose dire que j'en parle sans prévention, comme je ferois de la découverte d'un autre, & je pourrois produire sur ce sujet des témoignages très-authentiques & très-graves. Il me semble que ce principe réduit en effet tous les problèmes du mouvement des corps à la considération la plus simple, à celle de l'équilibre. *Voyez* EQUILIBRE. Il n'est appuyé sur aucune métaphysique mauvaise ou obscure; il ne considère dans le mouvement que ce qui y est réellement, c'est-à-dire l'espace parcouru, & le tems employé à le parcourir; il ne fait usage ni des actions ni des forces, ni en un mot d'aucun de ces principes secondaires, qui peuvent être bons eux-mêmes, & quelquefois utiles, pour abréger ou faciliter les solutions, mais qui ne seront jamais des principes primitifs, parce que la métaphysique n'en sera jamais claire. (*O*)

EBE

EBE, reflux, jusan, descendant de la marée; *V.* FLUX.

ECART, (*terme de Jeu.*) se dit à l'hombre, au piquet & à d'autres jeux, des cartes qu'on rebute, & qu'on met à-bas pour en reprendre d'autres au talon, si c'est la loi du jeu; car il y a des jeux où l'on *écarte* sans reprendre.

ECHARPES, (*Hydraul.*) : tranchées faites dans les terres en forme de croissant, pour ramasser les eaux dispersées d'une montagne, & les recueillir dans une pierrée. (*K*)

ECHECS, s. m. pl. (JEU DES). Le jeu des *échecs* que tout le monde connoît, & que très-peu de personnes jouent bien, est de tous les jeux où l'esprit a part, le plus savant, & celui dans lequel l'étendue & la force de l'esprit du jeu, peut se faire le plus aisément remarquer.

Chaque joueur a seize pièces partagées en six ordres, dont les noms, les marches, & la valeur sont différentes. On les place en deux lignes de huit pièces chacune, sur un échiquier divisé en soixante-quatre cases ou quarrés, qui ne peuvent contenir qu'une pièce à-la-fois. Chaque joueur a une pièce unique qu'on nomme le *roi*. De la conservation ou de la perte de cette pièce dépend le sort de la partie. Elle ne peut-être prise, tant qu'il lui reste quelque moyen de parer les coups qu'on lui porte. La surprise n'a point lieu à son égard dans cette guerre; on l'avertit du danger, où elle est par le terme d'*échec*, & par-là, on l'oblige à changer de place, s'il lui est possible, afin de se garantir du péril qui la menace. S'il ne lui reste aucun moyen de l'éviter, alors elle tombe entre les mains de l'ennemi qui l'attaquoit, & par la prise du roi, la partie est décidée, ce que l'on exprime par les mots d'*échec & mat*.

Telle est l'idée générale du système de ce jeu: son excellence a tenté divers écrivains d'en chercher l'origine; mais, malgré l'érudition greque & latine qu'ils ont répandue avec profusion sur cette matière, ils y ont porté si peu de lumières, que la carrière est encore ouverte à de nouvelles conjectures. C'est ce qui a déterminé M. Fréret à proposer les siennes, dans un mémoire imprimé parmi ceux de l'académie des Belles-Lettres, dont le précis formera cet article. « J'étudie, comme Montagne, divers auteurs pour » assister mes opinions piéçà formées, seconder » & servir. »

Plusieurs savans ont cru qu'il falloit remonter jusqu'au siége de Troye, pour trouver l'origine du jeu des *échecs*; ils en ont attribué l'invention à Palamède, le capitaine grec qui périt par les artifices d'Ulysse. D'autres rejettant cette opinion, qui est en effet destituée de tout fondement, se sont contentés d'assurer que le jeu des *échecs* avoit été connu des Grecs & des Romains, & que nous le tenions d'eux: mais le jeu des soldats, *latrunculi*, ceux des jettons, *calculi* & *scrupuli*, qu'ils prennent pour celui des *échecs*, n'ont aucune ressemblance avec ce jeu, dans les choses qui en constituent l'essence, & qui distinguent les *échecs* de tous les autres jeux de *dames*, de *merelles*, de *jettons*, &c. avec lesquels ils le confondent. *Voyez* DAMES, JETTONS, &c.

Les premiers auteurs qui aient inconteſtablement parlé des *échecs* dans l'Occident, ſont nos vieux romanciers, ou les écrivains de ces fabuleuſes hiſtoires des chevaliers de la table-ronde, & des braves de la cour du roi Artus, des douze pairs de France, & des paladins de l'empereur Charlemagne.

Il faut même obſerver que ceux de ces romanciers qui ont parlé des Sarraſins, les repréſentent comme très-habiles à ce jeu. La princeſſe Anne Comnène, dans la vie de ſon père Alexis Comnène empereur de Conſtantinople dans le xj. ſiècle, nous apprend que le jeu des *échecs*, qu'elle nomme *zatrikion,* a paſſé des Perſans aux Grecs; ainſi, ce ſont les écrivains orientaux qu'il faut conſulter ſur l'origine de ce jeu.

Les perſans conviennent qu'ils n'en ſont pas les inventeurs, & qu'ils l'ont reçu des Indiens, qui le portèrent en Perſe pendant le règne de Coſroës dit *le Grand*, au commencement du vj. ſiècle. D'un autre côté les Chinois, à qui le jeu des *échecs* eſt connu, & qui le nomment le *jeu de l'éléphant*, reconnoiſſent auſſi qu'ils le tiennent des Indiens, de qui ils l'ont reçu dans le vj. ſiècle Le *Haï-Pien* ou grand dictionnaire chinois, dit que ce fut ſous le règne de *Vouti*, vers l'an 537 après J. C. Ainſi on ne peut douter que ce ne ſoit dans les Indes que ce jeu a été inventé : c'eſt de-là qu'il a été porté dans l'Orient & dans l'Occident.

Diſons maintenant en peu de mots, ce que les écrivains arabes racontent de la manière dont ce jeu fut inventé.

Au commencement du v. ſiècle de l'ere chrétienne, il y avoit dans les Indes un jeune monarque très-puiſſant, d'un excellent caractère, mais que ſes flateurs corrompirent étrangement. Ce jeune monarque oublia bientôt que les rois doivent être les pères de leur peuple, que l'amour des ſujets pour leur roi, eſt le ſeul appui ſolide du trône, & qu'ils font toute ſa force & toute ſa puiſſance. Les bramines & les rayals, c'eſt-à-dire, les prêtres & les grands, lui repréſentèrent vainement ces importantes maximes; le monarque enivré de ſa grandeur, qu'il croyoit inébranlable, mépriſa leurs ſages remontrances. Alors un bramine ou philoſophe indien, nommé *Siſſa*, entreprit indirectement de faire ouvrir les yeux au jeune prince. Dans cette vûe, il imagina le jeu des *échecs* où le roi, quoique la plus importante de toutes les pièces, eſt impuiſſante pour attaquer, & même pour ſe défendre contre ſes ennemis, ſans le ſecours de ſes ſujets.

Le nouveau jeu devint bientôt célèbre ; le roi des Indes, en entendit parler, & voulut l'apprendre. Le bramine *Siſſa*, en lui en expliquant les règles, lui fit goûter des vérités importantes qu'il avoit refuſé d'entendre juſqu'à ce moment.

Le prince, ſenſible & reconnoiſſant, changea de conduite, & laiſſa au bramine le choix de la récompenſe. Celui-ci demanda qu'on lui donnât le nombre de grains de blé, que produiroit le nombre des caſes de l'échiquier; un ſeul pour la première, deux pour la ſeconde, quatre pour la troiſième, & ainſi de ſuite, en doublant toujours juſqu'à la ſoixante-quatrième. Le roi ne fit pas difficulté d'accorder ſur-le-champ la modicité apparente de cette demande; mais quand ſes tréſoriers eurent fait le calcul, ils virent que le roi s'étoit engagé à une choſe pour laquelle tous ſes tréſors ni ſes vaſtes états ne ſuffiroient point. En effet, ils trouverent que la ſomme de ces grains de blé, devoit s'évaluer à 16384 villes, dont chacune contiendroit 1024 greniers, dans chacun deſquels il y auroit 174762 meſures, & dans chaque meſure 32768 grains. Alors le bramine ſe ſervit encore de cette occaſion pour faire ſentir au prince combien il importe aux rois de ſe tenir en garde contre ceux qui les entourent, & combien ils doivent craindre, que l'on n'abuſe de leurs meilleures intentions.

Le jeu des *échecs* ne demeura pas long-tems renfermé dans l'Inde; il paſſa dans la Perſe pendant le règne du grand Coſroës, mais avec des circonſtances ſingulières que les hiſtoriens perſans nous ont conſervées, & que nous ſupprimerons ici : il nous ſuffira de dire que le nom de *ſchatreingi* ou *ſchatrak*, qu'on lui donna, ſignifie *le jeu de ſchach* ou *du roi :* les Grecs en firent celui de *zatrikion;* & les Eſpagnols, à qui les Arabes l'ont porté, l'ont changé en celui d'*alxedres*, ou *al xadres.*

Les Latins le nommèrent *ſcaccorum ludus*, d'où eſt venu l'italien *ſcacchi.* Nos pères s'éloignent moins de la prononciation orientale, en le nommant le *jeu des échecs*, c'eſt-à-dire, *du roi. Schah* en perſan, *ſchek* en arabe, ſignifient *roi* ou *ſeigneur.* On conſerva le terme d'*échec*, que l'on emploie pour avertir le roi ennemi de ſe garantir du danger auquel il eſt expoſé : celui d'*échec* & *mat* vient du terme perſan, *ſchakmat*, qui veut dire *le roi eſt pris ;* & c'eſt la formule uſitée pour avertir le roi ennemi qu'il ne peut plus eſpérer de ſecours.

Les noms de pluſieurs pièces de ce jeu ne ſignifient rien de raiſonnable que dans les langues de l'Orient. La ſeconde pièce des *échecs*, après le roi, eſt nommée aujourd'hui *reine* ou *dame ;* mais elle n'a pas toujours porté ce nom; dans des vers latins du xij. ſiècle, elle eſt appellée *fercia.* Nos vieux poëtes françois, comme l'auteur du roman de la roſe, nomment cette pièce *fierce, fierche,* & *fierge*, noms corrompus du latin *fercia*, qui lui-même vient du perſan *ferz*, qui eſt en Perſe, le nom de cette pièce, & ſignifie un *miniſtre d'état*, un *viſir.*

Le goût dans lequel on étoit de moraliſer toutes ſortes de ſujets dans les xij. & xiij. ſiècles, fit regarder le jeu des *échecs* comme une image de la vie humaine. Dans ces écrits, on compare les différentes conditions avec les pièces du jeu des *échecs*; & l'on tire de leur marche, de leur nom & de leur figure, des occasions de moraliser sans fin, à la manière de ces tems-là. Mais on se persuada bientôt que ce tableau seroit une image imparfaite de cette vie humaine, si l'on n'y trouvoit une femme; ce sexe joue un rôle trop important, pour qu'on ne lui donnât pas une place dans le jeu; ainsi, l'on changea le ministre d'état, le visir ou *ferz*, en *dame*, en *reine*; & insensiblement, par une suite de la galanterie naturelle aux nations de l'Occident, la *dame*, la *reine* devint la plus considérable pièce de tout le jeu.

La troisième pièce des *échecs* est le *fou*; chez les Orientaux elle a la figure d'un éléphant, & elle en porte le nom, *fil*.

Les *cavaliers*, qui sont la quatrième pièce des *échecs*, ont la même figure & le même nom dans tous les pays : celui que nous employons, est la traduction du nom que lui donnent les Arabes.

La cinquième pièce des *échecs* est appellée aujourd'hui *tour*; on la nommoit autrefois *rok*, d'où le terme de *roquer* nous est demeuré. Cette pièce qui entre dans les armoiries de quelques anciennes familles, y a conservé & le nom de *roc* & son ancienne figure, assez semblable à celle que lui donnent les Mahométans, dont les *échecs* ne sont pas figurés. Les Orientaux la nomment, de même que nous, *rokh*, & les Indiens lui donnent la figure d'un chameau monté d'un cavalier, l'arc & la flèche à la main. Le terme de *rok*, commun aux Persans & aux Indiens, signifie dans la langue de ces derniers, une espèce de *chameau* dont on se sert à la guerre, & que l'on place sur les ailes de l'armée, en forme de cavalerie légère. La marche rapide de cette pièce, qui saute d'un bout de l'échiquier, à l'autre, convient d'autant mieux à cette idée, que, dans les premiers tems, elle étoit la seule pièce qui eût cette marche.

La sixième ou dernière pièce est le *pion* ou le *fantassin*, qui n'a souffert aucun changement, & qui représente aux Indes, comme chez nous, les simples soldats dont l'armée est composée.

Voilà le nom des pièces du jeu des *échecs* : entrons dans le détail, qu'on comprendra sans peine en arrangeant ces pièces sur l'échiquier de la manière que nous allons indiquer.

J'ai dit ci-dessus qu'il y a au jeu des *échecs* seize pièces blanches d'un côté, & seize pièces noires de l'autre. De ces seize pièces il y en a huit grandes & huit petites : les grandes sont *le roi*, *la reine* ou la *dame*, les deux *fous*, savoir *le fou du roi*, & *le fou de la dame*, les deux *cavaliers*, l'un *du roi*, l'autre *de la dame*; & les deux *rocs* ou *tours du roi* & *de la dame*. Ces huit grandes pièces se mettent sur les huit cases de la première ligne de l'échiquier, lequel doit être disposé de telle sorte que la dernière case à main droite, où se met la *tour*, soit blanche.

Les huit petites pièces sont les huit *pions* qui occupent les cases de la seconde ligne. Les *pions* prennent leurs noms des grandes pièces devant lesquelles ils sont placés : par exemple, *le pion* qui est devant *le roi*, se nomme *le pion du roi*; celui qui est devant *la dame*, se nomme *le pion de la dame*; *le pion* qui est devant *le fou du roi* ou *le fou de la dame*, *le cavalier du roi* ou *le cavalier de la dame*, *la tour du roi* ou *la tour de la dame*, s'appelle *le pion du fou du roi*, *le pion du fou de la dame*, *le pion du cavalier du roi*, *le pion du cavalier de la dame*, *le pion de la tour du roi*, *le pion de la tour de la dame*.

L'on appelle la case où se met le roi, *la case du roi*; l'on nomme celle où est son pion, *la deuxième case du roi*; celle qui est devant le pion, est appellée *la troisième case du roi*; & l'autre plus avancée, *la quatrième case du roi*. Il en est de même de toutes les cases de la première ligne, qui retiennent chacune le nom des grandes pièces qui les occupent, comme aussi des autres cases, qui portent celui de *deuxième*, *troisième* & *quatrième case de la dame*, *du fou du roi*, *du fou de la dame*, & ainsi des autres.

Le roi est la première & la principale pièce du jeu; il se met au milieu de la première ligne : si c'est le roi blanc, il occupe la quatrième case noire; si c'est le roi noir, il se place à la quatrième case blanche, vis-à-vis l'un de l'autre. Sa marche est comme celle de toutes les autres pièces, excepté celle du chevalier. Le roi ne fait jamais qu'un pas à-la-fois, si ce n'est quand il saute : alors il peut sauter deux cases, & cela de deux manières seulement (toutes les autres manières n'étant point en usage), savoir ou de son côté, ou du côté de sa dame. Quand il saute de son côté, il se met à la case de son cavalier, & la tour se met auprès de lui, à la case de son fou; & quand il saute du côté de sa dame, il se met à la case du fou de sa dame, & la tour de sa dame à la case de sa dame : on appelle ce saut qu'on fait faire au roi, *roquer*.

Il y a cinq rencontres où le roi ne peut sauter; la première, c'est lorsqu'il y a quelque pièce entre lui & la tour du côté de laquelle il veut aller, la seconde, quand cette tour-là a déja été remuée; la troisième, lorsque le roi a été obligé de sortir de sa place; la quatrième, quand il est en *échec*; & la cinquième, lorsque la case par-dessus laquelle il veut sauter, est vûe de quelque pièce de son ennemi qui lui donneroit *échec* en passant. Quoique les rois aient le pouvoir d'aller sur toutes les cases, toutefois ils ne peuvent jamais se joindre; il faut tout au moins qu'il y ait une case de distance entr'eux.

La dame blanche se met à la quatrième case blanche, joignant la gauche de son roi : la dame noire se place à la quatrième case noire, à la droite de son roi. La dame va droit & de biais, comme le pion, le fou & la tour; elle peut aller d'un seul coup d'un bout de l'échiquier à l'autre, pourvu que le chemin soit libre : elle peut aussi prendre de tous côtés, de long, de large & de biais, de près & de loin, selon que la nécessité du jeu le requiert.

Les fous sont placés, l'un auprès du roi, & l'autre près de la dame, leur marche est seulement de biais : de sorte que le fou qui est une fois sur une case blanche, va toujours sur le blanc; & le fou dont la case est noire, ne marche jamais que sur le noir. Ils peuvent aller & prendre à droite & à gauche, & rentrer de même, tant qu'ils trouvent du vuide.

Les cavaliers sont postés, l'un auprès du fou du roi, l'autre joignant le fou de la dame, leur mouvement est tout-à-fait différent des autres pièces : leur marche est oblique, allant toujours de trois cases en trois cases, de blanc en noir & de noir en blanc, sautant même par-dessus les autres pièces. Le cavalier du roi a trois sorties; savoir à la deuxième case de son roi, ou à la troisième case du fou de son roi, ou bien à la troisième case de sa tour. Le cavalier de la dame peut aussi commencer par trois endroits différens; par la deuxième case de la dame, par la troisième case du fou de sa dame, & par la troisième de sa tour : cela s'entend si les cases sont vuides; si elles étoient néanmoins occupées par quelque pièce de l'ennemi, il a le pouvoir de les prendre. Le cavalier a deux avantages qui lui sont particuliers : le premier est que quand il donne *échec*, le roi ne peut être couvert d'aucune pièce, & est contraint de marcher; le second, c'est qu'il peut entrer dans un jeu & en sortir, quelque serré & défendu qu'il puisse être.

Les tours sont situées aux deux extrémités de la ligne, à côté des cavaliers : elles n'ont qu'un seul mouvement qui est toujours droit; mais elles peuvent aller d'un coup sur toute la ligne qui est devant elle, ou sur celle qui est à leur côté, & prendre la pièce qu'elles trouvent en leur chemin. La tour est la pièce la plus considérable du jeu après la dame, parce qu'avec le roi seul elle peut donner *échec* & mat, ce que ne sauroient faire ni le fou ni le cavalier.

Les huit pions se placent sur les huit cases de la deuxième ligne : leur mouvement est droit de case en case : ils ne vont jamais de biais, si ce n'est pour prendre quelque pièce : ils ont le pouvoir d'aller deux cases, mais seulement le premier coup qu'ils jouent, après quoi ils ne marchent plus que case à case. Quand un pion arrive sur quelqu'une des cases de la dernière ligne de l'échiquier, qui est la première ligne de l'ennemi, alors on en fait une dame, qui a toutes les démarches, les avantages & les propriétés de la dame; & si le pion donne *échec*, il oblige le roi de sortir de sa place. Il faut de plus remarquer que le pion ne peut pas aller deux cases, encore que ce soit son premier coup, quand la case qu'il veut passer est vûe par quelque pion de son ennemi. Par exemple, si le pion du cavalier du roi blanc est à la quatrième case du cavalier du roi noir, le pion du fou du roi noir ne peut pas pousser deux cases, parce qu'il passeroit par-dessus la case qui est vûe par le pion du cavalier du roi blanc, qui pourroit le prendre au passage. L'on en peut dire autant de tous les autres pions; néanmoins le contraire se pratique quelquefois, & principalement en Italie, où l'on appelle cette façon de jouer, *passer bataille*.

La manière dont les pièces de ce jeu se prennent l'une l'autre, n'est pas en sautant par-dessus, comme aux dames, ni en battant simplement les pièces, comme l'on bat les dames au trictrac, mais il faut que la pièce qui prend se mette à la place de celle qui est prise, en ôtant la dernière de dessus l'échiquier.

Echec est un coup qui met le roi en prise, mais comme par le principe de ce jeu il ne se peut prendre, ce mot se dit pour l'avertir de quitter la case où il est, ou de se couvrir de quelqu'une de ses pièces; car en cette rencontre il ne peut pas sauter, comme nous avons dit ci-dessus. L'on appelle *échec double*, quand le roi le reçoit en même tems de deux pièces; alors il ne s'en peut parer qu'en changeant de place, ou bien en prenant l'une de ces deux pièces sans se mettre en *échec* de l'autre. Le *pat* ou *mat suffoqué*, c'est quand le roi n'ayant plus de pièces qui se puissent jouer, & se trouvant environné des pièces ennemies, sans être en *échec*, il ne peut pourtant changer de place sans s'y mettre, auquel cas on n'a ni perdu ni gagné, & le jeu se doit recommencer.

L'*échec* & *mat aveugle* est ainsi appellé, lorsque l'un des joueurs gagne sans le savoir, & sans le dire au moment qu'il le donne; alors, quand on joue à toute rigueur, il ne gagne que la moitié de ce qu'on a mis au jeu. Enfin l'*échec* & *mat* est ce qui finit le jeu, lorsque *le roi* se trouve en *échec* dans la case où il est, qu'il ne peut sortir de sa place sans se mettre encore en *échec*, & qu'il ne sauroit se couvrir d'aucune de ses pièces; c'est pour lors qu'il demeure vaincu, & qu'il est obligé de se rendre.

On conçoit aisément par le nombre des pièces, la diversité de leurs marches, & le nombre des cases, combien ce jeu doit être difficile. Cependant nous avons eu à Paris un jeune homme de l'âge de 18 ans, qui jouoit à-la-fois deux parties d'*échecs* sans voir le damier, & gagnoit deux joueurs au-dessus de la force médiocre, à qui il ne pouvoit faire à chacun en particulier avantage que du *cavalier*, en voyant le damier, quoiqu'il fût de la première force. Nous ajouterons à ce fait une circonstance dont nous avons été témoins oculaires; c'est qu'au milieu d'une de ses parties, on lui fit une fausse marche de propos délibéré, & qu'au bout d'un assez grand nombre de coups, il reconnut la fausse marche, & fit remettre la pièce où elle devoit être. Ce jeune homme s'appelle M. Philidor; ils est fils d'un musicien qui a eu de la réputation; il est lui-même grand musicien, & le premier joueur de dames polonoises qu'il y ait peut-être jamais eu, & qu'il y aura peut-être jamais. C'est un des exemples les plus extraordinaires de la force de la mémoire & de l'imagination. Il est maintenant à Paris.

On fait les pièces ou jeu des *échecs* d'os, d'ivoire, ou de bois, différemment tournées, pour les caractériser; & de plus, chacun reconnoît ses pièces par la couleur qui les distingue. Autrefois on jouoit avec des *échecs* figurés, comme le font ceux qu'on conserve dans le trésor de Saint-Denys. A présent, on y met la plus grande simplicité.

Il est singulier combien de gens de lettres se sont attachés à rechercher l'origine de ce jeu; je me contenterai de citer un Espagnol, un Italien, & un François. Lopes de Segura, *de la invencion del juego del axedrez*: son livre est imprimé à Alcala, en 1661, *in*-4.° Dominico Tarsia, *del' invenzione degli scacchi*, à Venise, *in*-8.° *Opinions du nom & du jeu des échecs*, par M. Sarrasin, Paris, *in*-12. N'oublions pas de joindre ici un joli poëme latin de Jérôme Vida, traduit dans notre langue par M. Louis des Mazures.

Les chinois ont fait quelques changemens à ce jeu; ils y ont introduit de nouvelles pièces, sous le nom de *canons* ou de *mortiers*. On peut voir le détail des règles de leurs *échecs*, dans la relation de Siam de M. de la Loubere, & dans le livre du savant Hyde, *de ludis orientalium*. Tarmelan y fit encore de plus grands changemens: par les pièces nouvelles qu'il imagina, & par la marche qu'il leur donna, il augmenta la difficulté d'un jeu déjà trop composé pour être regardé comme un délassement. Mais l'on a suivi en Europe l'ancienne manière de jouer, dans laquelle nous avons eu de tems en tems d'excellens maîtres, entr'autres le sieur Boi, communément appellé *le Syracusain*, qui, par cette raison, fut fort considéré à la cour d'Espagne du tems de Philippe II; & dans le dernier siècle, Gioachim Greco, connu sous le nom de *Calabrois*, qui ne put trouver son égal à ce jeu dans les diverses cours de l'europe. On a recueilli de la manière de jouer de ces deux champions, quelques fragmens dont on a composé un corps régulier, qui contient la science pratique de ce jeu, & qui s'appelle le *Calabrois*. Il est fort aisé de l'augmenter.

Mais ce livre ne s'étudie guère aujourd'hui; les *échecs* sont assez généralement passés de mode, d'autres goûts, d'autres manières de perdre le tems, en un mot d'autres frivolités moins excusables, ont succédé. Si Montagne revenoit au monde, il approuveroit bien la chûte des *échecs*; car il trouvoit ce jeu niais & puérile: & le cardinal Cajétan, qui ne raisonnoit pas mieux sur cette matière le mettoit au nombre des jeux défendus, parce qu'il appliquoit trop.

D'autres personnes au contraire frappées de ce que le hasard n'a point de part à ce jeu, & de ce que l'habileté seule y est victorieuse, ont regardé les bons joueurs d'*échecs*, comme doués d'une capacité supérieure : mais si ce raisonnement étoit juste, pourquoi voit-on tant de gens médiocres, & presque des imbécilles qui y excellent, tandis que de très-beaux génies de tous ordres & de tous états, n'ont pu même atteindre à la médiocrité? Disons donc qu'ici comme ailleurs l'habitude prise de jeunesse, la pratique perpétuelle & bornée à un seul objet, la mémoire machinale des combinaisons & de la conduite des pièces fortifiée par l'exercice, enfin ce qu'on nomme l'*esprit du jeu*, sont les sources de la science de celle des *échecs*, & n'indiquent pas d'autres talens ou d'autre mérite dans le même homme. (*M. le chevalier* DE JAUCOURT.)

* Il y a, au sujet du jeu des *échecs*, un problême fameux depuis long-tems : il consiste à faire en sorte que le *cavalier* parcoure successivement toutes les cases de *l'échiquier*, en marchant suivant l'ordre établi pour le mouvement de cette pièce, & sans passer plus d'une fois par la même case. M. Euler a traité ce problême dans les Mémoires *de l'académie de Berlin, pour l'année 1759*. Voici une idée générale de sa dissertation.

I. L'auteur commence par indiquer la route suivante, où le *cavalier* partant d'un coin de l'échiquier parcourt toutes les cases.

42	59	44	9	40	21	46	7
61	10	41	58	45	8	39	20
12	43	60	55	22	57	6	47
53	62	11	30	25	28	19	38
32	13	54	27	56	23	48	5
63	52	31	24	29	26	37	18
14	33	2	51	16	35	4	49
1	64	15	34	3	50	17	36

Les cases sont numérotés suivant l'ordre qu'elles sont parcourues. Ainsi, le *cavalier* ayant été posé d'abord dans la case 1, saute en 2, de-là en 3, en 4, &c. quand il est parvenu en 64, il a parcouru toutes les cases. On voit qu'on peut le faire partir également des autres angles.

II. En retournant par la même route, on pourra aussi commencer par la case 64, & de-là, en passant successivement par les cases 63, 62, 61, &c. on parviendra enfin, après avoir parcouru toutes les cases, à celle du coin 1. Mais cette route ne sera d'aucune utilité, quand il faudra commencer par quelque autre case. La question proposée généralement, est de donner parmi toutes les combinaisons dont le problême est susceptible, un moyen infaillible de commencer la route par une case quelconque.

III. M. Euler remarque d'abord qu'on pourroit satisfaire à la question, si l'on trouvoit une route où la dernière case marquée par 64, fût éloignée de la première, d'un saut du *cavalier*, de sorte qu'il pût sauter de la dernière sur la première; alors il est évident qu'on pourra commencer par une case quelconque, & de-là continuer la course suivant l'ordre des nombres jusqu'à la case marquée 64, d'où, en sautant à celle qui est marquée 1, le *cavalier* poursuivroit la course & reviendroit à la case, d'où il seroit parti. Or voici une telle route rentrante en elle-même.

42	57	44	9	40	21	46	7
55	10	41	58	45	8	39	20
12	43	56	61	22	59	6	47
63	54	11	30	25	28	19	38
32	13	62	27	60	23	48	5
53	64	31	24	29	26	37	18
14	33	2	51	16	35	4	49
1	52	15	34	3	50	17	36

IV. On voit, qu'en fixant bien cette route dans sa mémoire, on pourra faire partir le *cavalier* d'une case quelconque. Car, par exemple, veut-on qu'il parte de la case marquée 25? On le fera passer successivement par les cases 26, 27, 28, ... jusqu'à 64, d'où, en passant par les cases 1, 2, 3, &c. il poursuivra sa route jusqu'à la case 24.

V. Il est évident que la même disposition fournit, pour chaque case, une double route. Ainsi, dans l'exemple précédent, on peut, en partant de la case 25, aller par les cases 26, 27, 28, &c., ou par les cases 24, 23, 22, &c. Toute autre disposition rentrante en elle-même aura les mêmes avantages. Si on ne vouloit faire de ce problême qu'un amusement de société, il suffiroit de retenir par cœur l'une de ces dispositions, après l'avoir trouvée auparavant, soit par le tâtonnement, soit de toute autre manière. Mais si on se propose en cela une recherche scientifique, il faut enseigner une méthode certaine, de trouver les dispositions dont nous venons de parler.

VI. Pour y parvenir facilement, M. Euler distingue deux espèces de routes: l'une où le *cavalier* parcourt simplement toutes les cases de *l'échiquier*, sans qu'il puisse sauter de la dernière à la première (*telle est celle de l'article I*); l'autre espèce est celle des routes rentrantes en elles-mêmes, où le *cavalier*, après avoir parcouru toutes les cases, peut sauter de la dernière à la première (*telle est celle de l'article III*). Le problême est beaucoup plus facile, dans le premier cas, que dans le second. M. Euler explique la manière de trouver des routes de l'une, & de l'autre espèce: c'est une analyse d'un genre nouveau, qu'il faut suivre dans son Mémoire même. Contentons-nous de donner, toujours d'après lui, une méthode par le moyen de laquelle, connoissant une route la première espèce, on pourra en découvrir non-seulement une, mais plusieurs de la seconde espèce.

VII. On observera pour cela, qu'on peut en plusieurs manières changer la dernière case, celle du commencement demeurant la même. Considérées, par exemple, la route de *l'article I*; qu'on marque les cases auxquelles le *cavalier* pourroit passer de la dernière 64: On verra que ces cases sont 63, 31, 51, dont la première qui renferme le saut déja employé à 64, n'est d'aucun usage. Mais, puisqu'on peut passer de la case 31 à la case 64, qu'on fasse ce saut, après être parvenu de la case 1 par les cases 2, 3, 4, &c, à la case 31; & qu'on poursuive ensuite la route par les cases 64, 63, 62, &c. jusqu'à ce qu'on revienne à la case 32, qui sera à présent la dernière. Cette nouvelle route sera représentée ainsi; 1, 2, ..., 31, 64, 63 .... 32.

VIII. De même, le saut de 64 à 51 nous donne à connoître qu'on peut passer de la case 51 à la case 64, & de-là en poursuivant la route par les cases 63, 62, &c. la dernière sera la case 52. Cette route entière sera donc représentée ainsi; 1, 2, ... 51, 64, 63, ... 52.

Maintenant, puisque cette dernière case 52 fournit un saut à la première, cette route se rapporte à la seconde espèce, étant rentrante en elle-même, & c'est précisément la route de *l'article III*.

IX. Quand on ne seroit pas encore parvenu à une route rentrante, on pourroit de nouveau transformer celle que nous avons trouvée dans *l'article VII*, c'est-à-dire, la route: 1 ..... 31, 64 ...... 32, dans laquelle la dernière case étant

32, le *cavalier* peut ſauter de-là, aux caſes 43, 11, 31, 33. Ainſi, on n'aura qu'à renverſer la partie de cette route, compriſe entre l'un de ces nombres, & le dernier 32.

X. Le nombre 43 fournira donc cette nouvelle route: 1 . . . . . . 31, 64, ... 43, 32 . . . . 42, où la caſe angulaire 42 eſt la dernière.

Le ſecond nombre 11 donnera cette route : 1 . . . . . . 11, 32 . . . . . . 64, 31, ... 12, où la caſe 12 eſt la dernière.

Le troiſième nombre 31 rend la route principale: 1 . . . . . 31, 32 . . . . . 64, d'où nous avons tiré les autres.

Le quatrième nombre 32 ne change rien dans la route que nous traitons.

La route précédente, qui finiſſoit par 12, puiſque le *cavalier* peut ſauter de la caſe 12 aux caſes 59, 41, 11, 13, fournira ces transformées: 1 . . . . . . 11, 32 . . . . . 59, 12 . . . . . . 31, 64 . . . . . 61.

1 . . . . . 11, 32 . . . . . 41, 12 . . . . 31, 64 . . . . 42; & celle-là, puiſque 60 conduit aux caſes 61, 59, 9, 45, 25, 27, 13 & 53, nous menera à pluſieurs nouvelles routes où les dernières caſes ſeront 10, 46, 26, 28, 14 & 54.

XI. On voit par-là, combien il eſt facile de trouver quantité de nouvelles routes, quand on en connoît une ſeule. Nous n'entrerons pas dans un plus grand détail. *Voyez le Mémoire de M. Euler; Voyez auſſi, dans les mém. de l'acad. des ſciences de Paris, pour l'année 1771 un écrit de M. Vandermonde, ſur le même ſujet.*

* Le *Traité théorique & pratique du jeu des échecs*, imprimé à Paris chez Stoupe, rue de la Harpe 1775, eſt le meilleur que nous ayons. Il mérite la préférence ſur tous ceux qui ont paru juſqu'à préſent, en ce qu'il joint à une plus grande étendue, l'analyſe & l'ordre ſi néceſſaires dans l'étude d'une ſcience de calcul, & cependant trop négligées, par tous les auteurs qui ont eſſayé de donner quelques principes de ce jeu. On y donne aux huit pièces des *échecs* le nom des huit premières lettres de l'alphabet, & on déſigne leur poſition & leur marche ſur l'échiquier, par les *n.°* 1. juſqu'à 8. Cette méthode de noter les parties, auſſi ſimple que claire, a permis aux auteurs de réunir dans un ſeul vol. *in-12* tout ce qui a paru juſqu'ici de ſatisfaiſant ſur ce jeu, avec les réſultats des manières des plus grands joueurs de ce ſiècle. Ceux qui ſeront curieux d'en faire une étude particulière, y trouveront l'inſtruction la plus variée, la plus ſuivie & la plus capable d'aider, par l'application des exemples aux principes, le plus ou le moins d'aptitude qu'on peut avoir d'ailleurs dans ſon génie pour ces combinaiſons.

ECHELLE, ſ. f. *en Mathématiques*, conſiſte en une ou pluſieurs lignes tirées ſur du papier, du carton, du bois, du métal, ou toute autre matière, diviſées en parties égales ou inégales. Ces *échelles* ſont fort utiles, quand on veut repréſenter en petit, & dans leur juſte proportion, les diſtances que l'on a priſes ſur le terrein.

Il y a des *échelles* de différente eſpèce, appropriées à différens uſages. Les principales ſont:

L'échelle des parties égales, qui n'eſt autre choſe qu'une ligne, diviſée en un nombre quelconque de parties égales, par exemple 5 ou 10, ou davantage; une de ces parties eſt enſuite ſubdiviſée en 10, ou davantage; une de ces parties eſt enſuite ſubdiviſée en 10, ou un plus grand nombre de parties égales plus petites.

Quand une ligne eſt ainſi diviſée, ſi une des plus grandes diviſions repréſenté 10 d'une meſure quelconque, par exemple 10 milles, 10 chaînes, 10 toiſes, 10 piés, ou 10 pouces, chacune des petites diviſions que cette grande diviſion contient, repréſentera un mille, une chaîne, une toiſe, un pié, ou un pouce.

L'uſage de cette *échelle* eſt fort aiſé à concevoir. Par exemple, ſi l'on veut repréſenter par ſon moyen une diſtance de 32 milles, ou de 32 perches, on prendra avec le compas l'intervalle de trois grandes diviſions qui valent 30, & l'intervalle de deux petites diviſions, pour les unités : en traçant cette longueur ſur le papier, elle contiendra 32 parties de l'*échelle*, dont chacune eſt ſuppoſée valoir un mille ou une perche, ou *&c.* S'il s'agiſſoit de meſurer une ligne quelconque avec une *échelle* donnée, on prendroit la longueur de la ligne avec un compas; & appliquant une des pointes de cet inſtrument ſur une des grandes diviſions de l'*échelle*, on remarqueroit où tombe l'autre pointe: alors le nombre des grandes & des petites diviſions, qui ſe trouveroit renfermé entre les pointes du compas, donneroit le nombre de milles, de perches, *&c.*

En *Géographie* & en *Architecture*, une *échelle* eſt une ligne diviſée en parties égales, & placée au-bas d'une carte, d'un deſſein, ou d'un plan, pour ſervir de commune meſure à toutes les parties d'un bâtiment, ou bien à toutes les diſtances & à tous les lieux d'une carte.

Dans les grandes cartes, comme celles des royaumes & des provinces, *&c.* l'*échelle* repréſente ordinairement des lieues, des milles, *&c.* C'eſt ce qui fait que l'on dit une *échelle de lieues*, une *échelle de milles*, &c.

Dans les cartes particulières, comme celles d'une ſeigneurie, d'une ville, d'une ferme, *&c.* l'*échelle* repréſente ordinairement des perches, ou des toiſes ſubdiviſées en piés.

Les *échelles* dont on fait ordinairement uſage dans le *Deſſein*, ou le plan d'un bâtiment, repréſentent des modules, des toiſes, des piés, des pouces, & autres meſures ſemblables.

Pour trouver ſur une carte la diſtance entre deux

villes, on en prend l'intervalle avec un compas; & appliquant cet intervalle sur l'*échelle* de la carte, on jugera par le nombre de divisions qu'il renferme, de la distance des deux villes. Par la même méthode, on trouve la hauteur d'un étage dans un plan de bâtiment.

L'*échelle de front*, en *Perspective*, est une ligne droite parallele à la ligne horizontale, & divisée en parties égales, qui représentent des piés, des pouces, *&c.*

L'*échelle fuyante* est aussi une ligne droite verticale dans un dessein de perspective, & divisée en parties inégales, qui représentent des piés, des pouces, *&c.* (*Harris* & *Chambers.*)

Pour en donner une idée plus précise, soit *Q N* (*Perspect. fig. 15.*) une ligne horizontale divisée en parties égales *Q I*, *III*, *IIIII*, *IIIIV*, &c. & soit tirée du point *P*, que je suppose être la place de l'œil, des lignes *P I*, *P II*, *P III*, &c. qui coupent en 1, 2, 3, *&c.* la ligne verticale *Q R*. Il est aisé de s'assurer à l'œil, & de démontrer par la Géométrie, qu'en supposant la ligne horizontale *Q N* divisée en parties égales, les parties correspondantes *Q* 1, 12, 23, *&c.* de la verticale iront toujours en diminuant; & que menant *P O* horizontale, la verticale *Q O* sera l'*échelle* de toutes les parties de la ligne *Q N*, quelque grande qu'on suppose cette derniere ligne : c'est ce qui a fait donner à l'*échelle Q R* le nom d'*échelle fuyante*. Pour avoir le rapport d'une partie quelconque 23, de l'*échelle fuyante* à la partie correspondante *IIIII*, on menera la verticale *II a*, & on considérera que 23 est à *II a*, comme *P*2 est à *PII*, comme *MQ* est à *MII*, & que *II a* est à *IIIII* comme *PM* est à *MIII*; donc 23 est à *IIIII*, comme *MQ* multiplié par *P M*, est à *M I I* multiplié par *M I I I*; donc

$$23 = \frac{IIIII.\ MQ.\ PM}{MII.\ MIII.} = \text{à très-peu-près}\ \frac{IIIII.MQ.PM}{MII^2}$$

en supposant les parties *IIIII* très-petites par rapport à la ligne entiere. Donc les parties de l'*échelle fuyante* seront entr'elles à-peu-près dans la raison inverse des quarrés des parties correspondantes *MII*; ou pour parler plus exactement, deux parties voisines 23, 34 de l'*échelle fuyante*, sont entr'elles comme *MIV* à *MII*, c'est-à-dire en raison inverse des parties *MII*, *MIV*. (*O*)

ÉCHELLES ARITHMÉTIQUES. Quoique nous ayons déjà traité cette matiere aux *mots* ARITHMÉTIQUE, BINAIRE, DACTYLONOMIE, DÉCIMAL, & autres, l'article suivant qui nous a été communiqué sur ce même objet, nous paroît digne d'être donné au public. Il est de M. Rallier des Ourmes, conseiller d'honneur au présidial de Rennes, qui a fourni plusieurs excellents articles pour l'*Encyclopédie*.

I. ÉCHELLE ARITHMÉTIQUE, dit-il, est le nom qu'on donne à une progression géométrique, par laquelle se regle la valeur relative des chiffres simples, ou l'accroissement *graduel* de valeur qu'ils tirent du rang qu'ils occupent entr'eux.

Elle est formée de puissances consécutives d'un nombre *r*, toujours égal à celui des caracteres numériques ou chiffres (y compris 0), auquel on a trouvé bon de se fixer dans le systême de numération établi; & le premier & le plus petit terme en est r^0.

II. Étant donc posée une telle progression, si l'on conçoit une suite de chiffres pris comme on voudra, qui lui corresponde terme à terme, on est convenu que la valeur relative de chacun d'eux seroit le produit de sa valeur propre ou absolue, par la puissance de *r* qui lui correspond dans la progression. Cette idée heureuse nous met en état de représenter nettement, & avec peu de caracteres, les nombres les plus grands, & incapables, par leur grandeur même, d'être saisis par notre imagination.

III. Comme les rangs des chiffres se comptent dans le même sens qu'est dirigé le cours des exposans potentiels dans la progression, & que le premier exposant est 0, il suit que l'exposant de la puissance est toujours plus petit d'une unité que le rang du chiffre correspondant; en sorte que nommant *n* le rang qu'occupe un chiffre *a* quelconque dans sa suite, l'expression de sa valeur relative est généralement $a \times r^{n-1}$.

Si l'on cherche, par exemple, la valeur du 4 dans 437, relativement à notre *échelle*, où $r = 10$, & où les rangs se comptent de droite à gauche, on la trouvera $= 4 \times 10^{3-1} = 4 \times 10^2 = 4 \times 100 = 400$.

IV. Le nombre *r* est dit la *racine* de l'*échelle*; & c'est de lui que l'*échelle* même prend son nom. $r = 10$ fait nommer *denaire* celle dont nous nous servons; $r = 2$ donneroit l'*échelle binaire*; $r = 7$ la *septenaire*, &c.

V. La progression décuple qui constitue notre *échelle*, est croissante de droite à gauche, & nous supposerons la même direction dans toutes les autres auxquelles nous pourrons la comparer; mais elle pouvoit l'être tout aussi-bien de gauche à droite. On eût pu même lui donner une direction verticale & la rendre croissante, soit de haut en-bas, soit de bas en-haut. En un mot, l'*arbitraire* avoit lieu ici tout comme pour l'écriture : si nous dirigeons nos lignes de gauche à droite, d'autres peuples les ont dirigées & les dirigent encore de droite à gauche; d'autres de bas en-haut ou de haut en-bas.

VI. *r* trop petit nous eût réduit à employer beaucoup de caracteres pour représenter un nombre assez médiocre. *r* trop grand nous eût obligé de multiplier les caracteres, au risque de surcharger la mémoire & aux dépens de la simplicité. $r = 10$ semble, entre ces deux extrêmes, tenir un juste milieu. Ce n'est pas que quelques savans n'aient pensé qu'on eût pu mieux choisir. *Voyez* BINAIRE. Pour mettre le lecteur en état de juger de leur prétention, nous allons donner le moyen de comparer entr'elles les diverses *échelles arithmétiques*.

Echelles arithmétiques. Tout peut se réduire aux *cinq* ou même aux *trois* problêmes ci-après :

VII. *Problême* 1. L'expression a d'un nombre étant donnée dans l'*échelle* usuelle, trouver l'expression du même nombre dans une autre *échelle* quelconque, dont la racine b est aussi donnée.

Solution. Cherchez la plus haute puissance de b qui soit contenue dans a. Nommant n l'exposant de cette puissance, $n+1$ sera le nombre de chiffres de l'expression cherchée. Pour l'avoir, divisez a par b^n, le premier reste par b^{n-1}, le second reste par b^{n-2}, & ainsi de suite jusqu'à b^{n-n} ou b^0 inclusivement. Tous ces quotiens *pris en nombres entiers* & écrits à la suite l'un de l'autre, dans l'ordre qu'ils viendront, donneront l'expression cherchée dans l'*échelle* dont la racine est b; en sorte que désignant le premier reste par $\overset{1}{r}$, le second reste par $\overset{2}{r}$, &c. la formule générale sera

$$\frac{a}{b^n}\cdot\frac{\overset{1}{r}}{b^{n-1}}\cdot\frac{\overset{2}{r}}{b^{n-2}}\cdots\cdots\frac{\overset{n}{r}}{b^0}$$

Exemple. Un nombre exprimé par 4497 dans l'*échelle* usuelle, comment le sera-t-il dans la septenaire ?

$a = 4497$, $b = 7$; On trouve .... $n = 4$ } Substituant dans la formule, on aura $\frac{4497}{2401}\cdot\frac{2006}{343}\cdot\frac{38}{49}\cdot\frac{38}{7}\cdot\frac{3}{1} = 1.6.0.5.3 = 16053$.

Le même nombre ne pourroit être exprimé dans l'*échelle* binaire par moins de treize caractères.

VIII. *Problême* 2. L'expression A d'un nombre étant donnée dans une *échelle* quelconque (autre que l'usuelle), dont la racine b est connue, trouver l'expression du même nombre dans l'*échelle* usuelle.

Solution. Soient les chiffres du nombre A représentés dans le même ordre par les indéterminées $c, d, e, f \ldots D$.

Nommant $n+1$ le nombre des chiffres de A, n sera (n°. 7.) l'exposant de la plus haute puissance de b qui y soit contenue. Cela posé, multipliez respectivement c par b^n, d par b^{n-1}, & ainsi de suite, jusqu'à b^0 inclusivement, la somme de tous ces produits sera, dans l'*échelle* usuelle, l'expression cherchée du nombre proposé, dont la formule générale sera $cb^n + db^{n-1} + eb^{n-2} \ldots + Db^0$.

Exemple. Un nombre exprimé par 16053 dans l'*échelle* septenaire, comment le sera-t-il dans l'*échelle* usuelle ?

$A = 16053$; D'où $n = 4$, $b = 7$, $c = 1$; $d = 6$, &c. } Substituant, on trouve $1 \times 7^4 + 6 \times 7^3 + 0 \times 7^2 + 5 \times 7^1 + 3 \times 1 = 2401 + 2058 + 0 + 35 + 3 = 4497$.

IX. *Problême* 3. L'expression a d'un nombre étant donnée dans l'*échelle* usuelle, & l'expression A du même nombre dans une autre *échelle*, trouver la racine b de cette seconde *échelle*.

Solution. Par le problême précédent, $cb^n + db^{n-1} \ldots + Db^0 = a$; d'où $cb^n + db^{n-1} \ldots + Db^0 - a = 0$, équation du degré n, laquelle étant résolue donnera la valeur de b. *Voyez* ÉQUATION.

Exemple. Le même nombre est exprimé par 4497 dans l'*échelle* usuelle, & par 16053 dans une autre *échelle* : quelle est la racine b de cette seconde *échelle* ?

$a = 4497$, $A = 16053$; D'où $n = 4$, $c = 1$; $d = 6$, &c. } Substituant, on aura, après la réduction, $b^4 + 6b^3 * + 5b - 4494 = 0$ ... équation à résoudre.

Mais sans entrer dans aucun calcul, il est aisé de voir que b est d'un côté < 10 (puisqu'il y a plus de chiffres dans A que dans a), & d'un autre côté > 6 (puisque 6 entre dans l'expression A); essayant donc les nombres entre 6 & 10, on trouve que 7 est celui qui convient, & qu'il résout l'équation.

X. *Problême* 4. Etant données les racines b & c de deux *échelles* (toutes deux autres que l'usuelle) avec l'expression A d'un nombre dans la premiere, trouver l'expression du même nombre dans la seconde.

Problême 5. Etant données les expressions A & a du même nombre en deux *échelles* autres que l'usuelle, avec la racine b de la premiere, trouver la racine de la seconde.

Solution commune. Si dans l'un & dans l'autre cas on réduit (par le problême II.) l'expression A à l'*échelle* usuelle, le problême IV. ne sera plus que le premier, ni le problême V. que le troisieme.

Exemple pour le problême 4. Un nombre exprimé par 16053 dans l'*échelle* septenaire, comment le sera-t-il dans la duodénaire ?

16053 réduit (problême 2.) à l'*échelle* usuelle, devient 4497; puis cherchant (problême 1.) l'expression de 4497 dans l'*échelle* duodénaire, on trouve 2729.

Exemple pour le problême 5. Le même nombre qui est exprimé par 16053 dans l'*échelle* septenaire, l'est par 2729 dans une autre *échelle* : quelle est la racine de cette seconde *échelle* ?

16053 réduit à l'*échelle* usuelle, devient 4497; puis opérant (problême 3.) sur 4497 & sur 2729, on trouve 12 pour la racine de la seconde *échelle*.

ECHELLES, (*construction des*) *pour les cartes topographiques.* On dit, qu'une *échelle* est de 6 lignes pour 100 toises, de 3 lignes pour 100 toises &c. lorsque la partie de cette *échelle* qui

Dddd

représente 100 toises du terrein, à l'étendue de 6 lignes, de 3 lignes &c.

I. Problême. *Construire une échelle de demie lieue, à 6 lignes pour 100 toises, dont la plus petite division soit une toise.*

Solution. Soit tirée la droite *A B*, (*pl. arpentage, fig. 6*), à laquelle on donnera un demi-pied, & soit divisée, cette droite en 12 parties égales pour représenter 1200 toises, ou une demi-lieue; on élevera des extrémités *A* & *B*, & de tous les points de division, des perpendiculaires *A E*, *C D* &c. indéfinies; & portant dix fois la même ouverture de compas sur les perpendiculaires extrêmes *A E*, & *B*, 1100, par tous les points marqués, correspondants, on tirera des droites qui seront parallèles à *A B*, par construction. Soient divisées ensuite les bases opposées *E D*, *A C*, du petit rectangle *A C D E*, en dix parties égales, & par les points de division soient tirées les transversales 100. 90. &c. L'*échelle* sera construite.

Démonstration. Le petit triangle *A*, 100 90 qui a pour base 10 toises, étant coupé par les parallèles à *AB*, renferme neuf autres triangles, qui lui sont semblables & dont les bases sont par conséquent proportionnelles à leurs hauteurs, celle du plus petit, est donc à celle de *A*, 100 90 comme 1. est à 10; & puisque *A*, 90 contient 10 toises, la base du plus petit, contient une toise. Celle du second vaut conséquemment 2 toises; celle du 3.e 3 toises &c. Par la même raison le triangle *I C D* renferme aussi neuf autres triangles, dont le plus petit a pour base une toise. Donc au moyen de cette *échelle*, on peut prendre avec le compas, tel nombre de toises que l'on voudra, car supposons que l'on ait besoin de 34 toises; après avoir pris 30 toises sur *E D*, on portera la pointe du compas ouvert, de cette quantité le long de *D C*, sur la quatrième parallèle, & l'on prendra sur elle avec l'autre pointe, 4 toises de plus en ouvrant le compas jusqu'à la transversale, qui sera immédiatement au-de-là, dans le rectangle *A E D C*.

II. Lorsque l'on propose de construire une figure semblable, à une autre sur une *échelle* qui soit à celle de la première, dans un rapport assigné en nombre, rien n'est si aisé que de multiplier, ou de diviser par 2 par 3 &c. l'*échelle* de la première, pour déterminer celle de la seconde; mais si l'on propose de construire une figure semblable à une autre, de manière que la surface de la première, soit à la surface de la seconde, dans un rapport dont les termes ne soient pas tous deux des quarrés parfaits, il faut alors une méthode particulière, pour trouver l'*échelle* de la figure que l'on veut construire.

III. Problême. *On propose de trouver l'échelle avec laquelle on construira une figure semblable, à une autre, de manière que la surface de celle-ci, soit à la surface de celle que l'on demande, dans un rapport donné.*

Solution. On prendra sur une ligne droite deux parties *A K*, *K E*, (*pl. d'arp. fig. 7*) qui soient entr'elles dans le rapport donné, & sur la somme *A E*, de ces deux parties comme diamètre, ayant décrit une demi-circonférence, du point *K* on élevera l'ordonnée *KD*, & l'on tirera les cordes *AD*, *DE*; on portera alors, sur la corde *AD*, prolongée s'il est nécessaire, l'*échelle A B*, de la première figure, & par son extrémité *B* tirant une parallèle à l'autre corde, jusqu'à ce qu'elle remontre le diamètre, où son prolongement, cette parallèle *B C*, sera l'*échelle* que l'on cherche.

Démonstration. A cause de la parallèle *BC*, on a $AB : BC :: AD : DE$, par conséquent $\overline{AB}^2 : \overline{BC}^2 :: \overline{AD}^2 : \overline{DE}^2$; mais le triangle *ADE* étant rectangle, les deux triangles dans lesquels il est divisé, par l'ordonnée *KD*, lui sont semblables & donnent $\overline{AD}^2 : \overline{DE}^2 :: AK : KE$, donc par une suite de rapports égaux $\overline{AB}^2 : \overline{BC}^2 :: AK : KE$ c'est-à-dire, que le quarré de l'*échelle* de la première figure, est au quarré de la droite *B C*, dans le rapport de la surface de cette figure, à la surface de celle que l'on demande. Or les surfaces des figures semblables, sont entre elles comme les quarrés de leurs *échelles*, lorsque ces *échelles* contiennent un nombre égal de parties correspondante; donc puisque *A B*, est l'*échelle*, de la première figure, *B C* doit être l'*échelle* de la figure que l'on veut construire. (*M. Jolly, Ingénieur Géographe*).

Echelle *de logarithmes*, *échelles proportionnelles*, *Echelle angloise*, en Anglois, *gunter'sline*, *échelle* de Gunter; *Navigation scale, figure 169 des pl. d'Astr.* fut imaginée, vers 1625 par Gunter, professeur d'astronomie au collège de Gresham à Londres, d'après l'invention des logarithmes par Napier en 1614. Les usages de cette *échelle* furent étendus par Wingate, Milbourn, Oughthred, Henrion, Seth-Partridge, Leybourn, qui en a donné un petit traité sur la fin du dernier siècle: *The line of proportion or Numbers commonly called Gunter's line, made easy*; enfin par M. Robertson, dont il y en a une *description* détaillée: *A description of the lines drawn on Gunter's scale as improved by M. John Robertson, and executed by MM. Nairn and Blunt. 1778.* Cette description est de M. Mountaine, & contient différens usages de cette *échelle* pour la navigation, l'Astronomie & la gnomonique. On trouve, sur cette *échelle*, les logarithmes des sinus & des tangentes, avec plusieurs autres lignes, & c'est ce qu'on appelle ordinairement l'*échelle angloise*. On s'en sert pour faire des multiplications, & pour résoudre des triangles, en plaçant sur trois lignes les logarithmes des nombres, ceux des sinus & ceux des tangentes.

Pour construire cette *échelle* que l'on vend communément en Angleterre, gravée sur du buis de deux pieds anglois, ou $22\frac{1}{2}$ pouces de long sur un & demi de large, on prend une longueur d'environ 21 ¼ pouces, pour représenter 1000 parties égales. Cette première ligne de préparation ne sert qu'à la construction des trois *échelles ;* on peut la faire sur un carton, ou sur une table. On s'arrête à cette division de 1000 parties, parce que le logarithme de 10 est 1000, en ne prenant que les quatre premiers chiffres, & considérant la caractéristique, comme si elle n'étoit pas séparée par un point. Le logarithme de l'unité est zéro ; c'est pourquoi l'on marque l'unité au commencement de l'*échelle* des logarithmes des nombres, marquée *numb. Root.* Le logarithme de 2 est 301, ainsi, il faudra prendre 301, avec un compas, sur la première ligne des mille parties égales, & portant cet intervalle sur l'*échelle* destinée aux logarithmes depuis le commencement, ou le point de l'*échelle* où nous avons marqué l'unité, on aura le point où répond le logarithme de 2 ; on trouvera de même le point de 3, en prenant 477, sur la ligne des parties égales ; on marquera 4 en prenant 602 parties, *&c.* ainsi de suite jusqu'à 10, qui termine l'*échelle*, dont le logarithme est de 1000, en supposant toujours qu'on ait retranché les derniers chiffres des logarithmes qui sont dans les tables.

Le point de 2 tombe presque au tiers de l'*échelle ;* car son logarithme est de 301 sur 1000, aussi, cet intervalle d'un à deux est subdivisé en 100 parties inégales, & on peut le regarder comme 200, & alors l'*échelle* donnera les nombres jusqu'à 1000, mais dans le dernier intervalle de 9 à 10, il n'y a plus que 10 subdivisions, ce qui fait qu'on ne peut opérer complettement que sur les nombres qui sont au-dessous de cent, avec les *échelles* dont nous parlons.

La construction des deux autres *échelles* ne sera pas plus difficile. On se servira des tables des logarithmes pour les sinus & les tangentes ; mais, pour réduire celui du sinus de 90 degrés, ou celui de la tangente de 45 degrés aux 1000 parties qu'ils doivent avoir, il ne suffira pas de retrancher les derniers chiffres à droite, il faudra encore soustraire le nombre 8 de la caractéristique, & prendre la moitié du reste, afin que pour le sinus total, on ait 1000. Ainsi, pour marquer, par exemple, 15 degrés sur l'*échelle* des logarithmes de sinus, on cherchera dans les tables le logarithme du sinus de 15°, qui est 9413 ; mais on ne prendra que 1413, dont la moitié sera 706 ; ainsi, il faudra prendre 706 sur l'*échelle* des parties égales, & transportant l'intervalle sur l'*échelle* destinée à marquer les logarithmes de sinus, on aura le point de 15 degrés.

Si l'on veut pareillement marquer sur la troisième *échelle*, ou sur l'*échelle* des tangentes, le point de 35 degrés, on prendra les quatre premiers chiffres du logarithme de la tangente 9845, & on soustraira 8 de la caractéristique ; on aura 1845 parties, dont la moitié est 922, qu'il faudra prendre avec un compas sur la ligne des 1000 parties égales, & portant cet intervalle sur l'*échelle* des logarithmes des tangentes, on aura le point de 35 degrés. La diminution qu'on fait à la caractéristique des logarithmes de sinus & de tangentes, & la division par moitié, sont absolument indifférentes, car le changement étant absolument le même sur toutes ces quantités, c'est comme si l'on réduisoit les sinus & les tangentes à de moindres nombres, les différences n'en sont pas moins égales pour les quantités proportionnelles.

Usage. Lorsqu'on se sert des logarithmes pour faire une proportion, on met précisément la même différence entre les logarithmes des deux derniers termes qu'entre les logarithmes des deux premiers. Il faut faire la même chose avec l'*échelle* de Gunter, & l'opération est facile. On ouvre un compas ordinaire depuis le premier terme, jusqu'au second pris sur l'*échelle*, on porte ensuite cette même ouverture de compas sur le troisième terme de la proportion, & l'autre pointe du compas marque le quatrième. Il faut seulement faire en sorte, dans l'usage de l'*échelle* des tangentes, que les tangentes dont on se sert appartiennent à des angles moindres que 45 degrés.

On peut disposer l'*échelle* des logarithmes, pour n'avoir pas besoin de compas ; cette façon est encore plus courte. On trace l'*échelle* des nombres sur une règle que l'on fait glisser dans une coulisse, le long de laquelle sont gravées les *échelles* des logarithmes des nombres, ou celles des logarithmes de sinus & des tangentes. M. Sauveur en avoit fait exécuter plusieurs par Gevin & le Bas. On retire simplement, ou l'on avance la règle des nombres qui est celle du milieu ; s'il s'agit de pointer une route de navigation, on fait répondre les lieues de distances au sinus total, & on trouve les lieues, est & ouest, vis-à-vis de l'angle du rumb de vent pris sur les sinus, pendant que les lieues de différence en latitude, se trouvent vis-à-vis du complément du rumb de vent. En effet, les deux problêmes principaux se réduisent à cette proportion, le sinus total est au chemin parcouru, comme le sinus de l'angle de la route est au nombre de lieues de l'est à l'ouest : donc il y a même différence entre les logarithmes du sinus total, & celui du sinus de l'angle de la route, qu'entre celui du chemin parcouru & celui du nombre des lieues de l'est à l'ouest. Si donc on a fait correspondre deux de ces quantités, les deux autres correspondront nécessairement, puisque les distances réciproques sont les mêmes. Voyez le *Traité de navigation* de M. Bouguer, revu & augmenté par l'abbé de la Caille, ou le *Traité* de Robertson, en anglois. Nos marins préfèrent l'usage du *quartier de réduction*, avec lequel on peut faire les mêmes opérations ; mais il nous paroît qu'on peut aller plus vîte avec l'*échelle angloise* dont nous venons de donner l'explication. M. le Monnier dans son *Abregé du pilotage*, en 1766, dans son *Astronomie nautique*, en 1771, dans ses *Elémens de Géométrie*,

1772, recommande aussi l'usage de la règle de Gunter, dans plusieurs opérations d'astronomie, & elle sert en général dans tous les calculs qui peuvent se faire par logarithmes.

Les autres lignes qu'on trace sur la même règle, sont celles logarithmes des nombres carrés ; des cubes, des sinus verses ; la ligne des sinus sert aussi pour les sécantes, qui sont en raison inverse des cosinus. La ligne marquée *S. Rumb*, contient les sinus naturels des 8 Rumbs de vents, ou de $11^\circ \frac{1}{4}$; $22^\circ \frac{1}{2}$, &c.

La ligne marquée *meridian*, est l'échelle des latitudes croissantes, divisée en deux parties, dont la première partie va jusqu'à 60 degrés, & la seconde jusqu'à 80, & peut servir à diviser les méridiens des cartes réduites, ou cartes de Wright de dix en dix minutes de latitude. Les degrés à l'équateur, pour la même carte, sont marqués à l'extrémité de la seconde partie de cette ligne, & désignés ainsi, *Eq^l. Deg.*, ceux-ci vont jusqu'à 10 degrés de longitude.

Sur le revers de la même règle, appellé *the plane or Plotting side*, on trouve d'abord une *échelle* de 24 pouces anglois, divisés chacun en dix parties, suivant l'usage des anglois, & une division du pied en 100 parties.

Le poids des boulets, plusieurs *échelles* de parties égales, deux *échelles* à transversales ; les lignes des Rumbs, des cordes, des sinus, des tangentes & des tangentes de la moitié ; enfin une autre ligne destinée à faire voir combien valent les degrés de longitude terrestre, à différentes latitudes. Par exemple, vis-à-vis de 60° on voit 30, ce qui annonce qu'à 60° de latitude, les degrés de longitude ne valent plus que 30 minutes de grand cercle, ou 30 milles marins de 60 au degré.

Telles sont les lignes qui se trouvent sur les *échelles* de B. Donn, exécutées par B. Martin, dont la description a été imprimée en 1772. Il y en a où l'on trouve encore une ligne pour indiquer la solidité des bois de charpente, sous le titre de *girt line*. (*D. L.*)

ÉCHELLE *des marées*. *Voyez* FLUX & REFLUX.

ÉCHIDNA, (*Astr.*) *Voyez* HYDRE.

ÉCHIQUIER, (*Jeu*) c'est ainsi qu'on appelle le damier, lorsqu'il est occupé par un jeu d'échecs. *Voyez* ÉCHECS & DAMIER.

ÉCHO, f. m. (*Mech.*) : son réfléchi ou renvoyé par un corps solide, & qui, par-là, se répète & se renouvelle à l'oreille. *Voyez* SON & RÉFLEXION. Ce mot vient du grec ἦχος, *son*.

Le son est répété par la réflexion des particules de l'air mises en vibration (*voyez* SON) ; mais ce n'est pas assez de la simple réflexion de l'air sonore pour produire l'*écho* ; car, cela supposé, il s'ensuivroit que toute surface d'un corps solide & dur, seroit propre à redoubler la voix ou le son, parce qu'elle seroit propre à le réfléchir ; ce que l'expérience dément. Il paroît donc qu'il faut, pour produire le son, une espèce de voûte qui puisse le rassembler, le grossir, & ensuite le réfléchir, à-peu-près comme il arrive aux rayons de lumière rassemblés dans un miroir concave. *Voyez* MIROIR.

Lorsqu'un son viendra frapper une muraille derrière laquelle sera quelque voûte, quelque arche, &c. ce même son sera renvoyé dans la même ligne, ou dans d'autres lignes adjacentes.

Cela posé, pour qu'on puisse entendre un *écho*, il faut que l'oreille soit dans la ligne de réflexion ; & pour que la personne qui a fait le bruit puisse entendre elle-même son propre son, il faut encore que cette même ligne soit perpendiculaire à la surface qui réfléchit ; & pour former un *écho* multiple ou tautologique, c'est-à-dire qui répète plusieurs fois le même mot, il faut plusieurs voûtes, ou murs, ou cavités placées, ou derrière l'une l'autre, ou vis-à-vis l'une de l'autre.

Quelques auteurs ont observé avec beaucoup d'attention plusieurs phénomènes de l'*écho* ; nous allons rapporter historiquement, & sans prétendre absolument les adopter, leurs réflexions sur ce sujet. Ils remarquent que tout son qui tombe directement ou obliquement sur un corps dense dont la surface est polie, soit qu'elle soit plane ou courbe, se réfléchit, ou forme un *écho* plus ou moins fort ; mais pour cela il faut, disent-ils, que la surface soit polie ; sans quoi la réverbération de cette surface détruiroit le mouvement régulier de l'air, & par-là romproit & éteindroit le son. Lorsque toutes les circonstances que nous venons de décrire se réunissent, il y a toujours un *écho*, quoiqu'on ne l'entende pas toujours, soit que le son direct soit trop foible pour revenir jusqu'à celui qui l'a formé, ou qu'il lui revienne si foible qu'il ne puisse le discerner ; soit que le corps réfléchissant soit à trop peu de distance, pour qu'on puisse distinguer le son direct d'avec le son réfléchi, ou que la personne qui fait le bruit se trouve mal placée pour recevoir le son réfléchi.

Si l'obstacle ou le corps réfléchissant est éloigné de celui qui parle, de 90 toises, le temps qui se passe entre le premier son & le son réfléchi, est d'une seconde, parce que le son fait environ 180 toises par seconde ; de sorte que l'*écho* répétera toutes les paroles ou les syllabes qui auront été prononcées dans le temps d'une seconde : ainsi, lorsque celui qui parle aura cessé de parler, l'*écho* paroîtra répéter toutes les paroles qu'on aura prononcées. Si l'obstacle se trouve trop proche, l'*écho* ne rendra qu'une syllabe.

Notre ame ne sauroit distinguer, à l'aide de l'organe de l'ouie, des sons qui se succèdent les uns aux autres avec une grande célérité ; il faut, pour qu'on puisse les entendre, qu'il y ait quelque intervalle entre les deux sons. Lorsque d'habiles joueurs de violon jouent très-vîte, ils ne peuvent jouer dans une seconde que dix tons que l'on puisse entendre distinctement ; par conséquent, on ne sauroit distinguer l'*écho*, lorsque le son réfléchi succède au son direct, avec plus de vîtesse qu'un ton n'est suivi d'un autre dans le *prestissimo*. On voit aussi pourquoi les grandes chambres & les caves voûtées résonnent si fort lorsqu'on parle, sans former cependant d'*écho*. Cela vient de la trop grande proximité des murailles, qui empêche de distinguer les sons réfléchis.

Tout ce qui réfléchit le son, peut être la cause d'un *écho*; c'est pour cela que les murailles, les vieux remparts de ville, les bois épais, les maisons, les montagnes, les rochers, les hauteurs élevées de l'autre côté d'une rivière, peuvent produire des *échos*. Il en est de même des rocs remplis de cavernes, des nuées, & des champs où il croît certaines plantes qui montent fort haut; car ils forment des *échos* : delà viennent ces coups terribles du tonnerre qui gronde, & dont les *échos* répétés retentissent dans l'air.

Les *échos* se produisent avec différentes circonstances; car,

1.° Les obstacles plans réfléchissent le son dans sa force primitive avec la seule diminution que doit produire la distance.

2.° Un obstacle convexe réfléchit le son avec un peu moins de force & de promptitude qu'un obstacle plan.

3.° Un obstacle concave renvoie en général un son plus fort; car il en est à-peu-près du son comme de la lumière. Les miroirs plans rendent l'objet tel qu'il est, les convexes le diminuent, les concaves le grossissent.

4.° Si on recule davantage le corps qui renvoie l'*écho*, il réfléchira plus de sons que s'il étoit plus voisin.

5.° Enfin on peut disposer les corps qui font *écho*, de façon qu'un seul fasse entendre plusieurs *échos* qui diffèrent, tant par rapport au degré du ton, que par rapport à l'intensité ou à la force du son : il ne faudroit pour cela que faire rendre les *échos* par des corps capables de faire entendre, par exemple, la tierce, la quinte & l'octave d'une note qu'on auroit jouée sur un instrument.

Telle est la théorie générale donnée par les auteurs de Physique sur les *échos*; mais il faut avouer que toute cette théorie est encore vague, & qu'il restera toujours à expliquer pourquoi des lieux qui, suivant ces règles, paroîtroient devoir faire *écho*, n'en font point; pourquoi d'autres en font, qui paroîtroient n'en devoir point faire, *&c.* Il semble aussi que le poli de la surface réfléchissante, n'est pas aussi nécessaire à l'*écho*, qu'à la réflexion des rayons de lumière : du moins l'expérience nous montre des *échos* dans des lieux pleins de rochers & de corps très-bruts & très-remplis d'inégalités. Il semble enfin que souvent des surfaces en apparence très-polies, ne produisent point d'*écho*; car quand elles réfléchiroient le son, il n'y a de véritable *écho* que celui qu'on entend. La comparaison des loix de la réflexion, du son avec celles de la lumière, peut être vraie jusqu'à un certain point; mais elle ne l'est pas sans restriction, parce que le son se propage en tout sens, & la lumière en ligne droite seulement.

Écho se dit aussi du lieu où la répétition du son est produite & se fait entendre.

On distingue les *échos* pris en ce sens, en plusieurs espèces.

1.° En *simples*, qui ne répètent la voix qu'une fois, & entre ceux-là, il y en a qui sont toniques, c'est-à-dire qui ne se font entendre que lorsque le son est parvenu à eux dans un certain degré de ton musical; d'autres syllabiques, qui font entendre plusieurs syllabes ou mots. De cette dernière espèce est le parc de Woodstrok en Angleterre, qui, suivant que l'assure le docteur Plott, répète distinctement dix-sept syllabes le jour, & vingt la nuit.

2.° En *multiples*, qui répètent les mêmes syllabes plusieurs fois différentes.

Dans la théorie des *échos*, on nomme le lieu où se tient celui qui parle, *centre-phonique*; & l'objet ou l'endroit qui renvoie la voix, *centre-phonocamptique*, c'est-à-dire, *centre qui réfléchit le son*.

Il y avoit, dit-on, au sépulcre de Metella, femme de Crassus, un *écho* qui répétoit cinq fois ce qu'on lui disoit. On parle d'une tour de Cyzique, où l'*écho* se répétoit sept fois. Un des plus beaux dont on ait fait mention jusqu'ici, est celui dont parle Barthius dans ses notes sur la Thébaïde de Stace, *liv. VI*, *v. 30*, & qui répétoit jusqu'à dix-sept fois les paroles que l'on prononçoit : il étoit sur le bord du Rhin, proche Coblentz : Barthius assure qu'il en a fait l'épreuve, & compté dix-sept répétitions; & au lieu que les *échos* ordinaires ne répètent la voix que quelque tems après qu'on a entendu celui qui chante ou qui parle; dans celui-là, on n'entendoit presque point celui qui chantoit, mais la répétition qui se faisoit de sa voix, & toujours avec des variations surprenantes : l'*écho* sembloit tantôt s'approcher, & tantôt s'éloigner : quelquefois on entendoit la voix très-distinctement, & d'autres fois on ne l'entendoit presque plus : l'un n'entendoit qu'une seule voix & l'autre plusieurs : l'un entendoit l'*écho* à droite, & l'autre à gauche. Des murs parallèles & élevés, produisent aussi des *échos* redoublés, comme il y en a eu autrefois dans le château Simonetta, dont Kircher, Schott & Misson ont donné la description. Il y avoit dans un de ces murs une fenêtre d'où on entendoit répéter quarante fois ce qu'on disoit. Adisson & d'autres personnes qui ont voyagé en Italie, font mention d'un *écho* qui s'y trouve, & qui est encore bien plus extraordinaire, puisqu'il répète cinquante-six fois le bruit d'un coup de pistolet, lors même que l'air est chargé de brouillards. Nous rapportons tous ces faits sans prétendre les garantir.

Dans les mémoires de l'académie des Sciences

de Paris, pour l'année 1692, il eſt fait mention d'un *écho* (*) qui a cela de particulier, que la perſonne qui chante n'entend point la répétition de l'*écho*, mais ſeulement ſa voix; au contraire ceux qui écoutent n'entendent que la répétition de l'*écho*, mais avec des variations ſurprenantes; car l'*écho* ſemble tantôt s'approcher, & tantôt s'éloigner: quelquefois on entend la voix très-diſtinctement, & d'autres fois on ne l'entend preſque plus: l'un n'entend qu'une ſeule voix, & l'autre pluſieurs; l'un entend l'*écho* à droite, & l'autre à gauche: enfin, ſelon les différens endroits où ſont placés ceux qui écoutent & celui qui chante, l'on entend l'*écho* d'une manière différente.

La plupart de ceux qui ont entendu cet *écho*, s'imaginent qu'il y a des voûtes ou des cavités ſouterraines qui cauſent ces différens effets; mais la véritable cauſe de tous ces effets, eſt la figure du lieu où cet *écho* ſe fait.

C'eſt une grande cour ſituée au devant d'une maiſon de plaiſance, appellée *Genetay*, à ſix ou ſept cents pas de l'abbaye de ſaint George auprès de Rouen. Cette cour eſt un peu plus longue que large, terminée dans le fond par la face du corps-de-logis, & de tous les autres côtés environnée de murs en forme de demi-cercle, comme l'on verra, (*pl. mec. fig.* 73). Cette figure ne repréſente qu'une partie de la cour, le reſte ne ſervant de rien au ſujet dont il s'agit.

CIIC eſt le demi-cercle de la cour, dont *H* eſt l'entrée: *ADB* eſt l'endroit où ſe placent ceux qui écoutent: celui qui chante ſe met à l'endroit marqué *G*; & ayant le viſage tourné vers l'entrée *H*, il parcourt en chantant l'eſpace *GF*, qui eſt de 20 à 22 piés de longueur.

Sans avoir recours à des cavités ſouterraines, la ſeule figure demi-circulaire de cette cour ſuffit pour rendre raiſon de toutes les variations que l'on remarque dans cet *écho*.

1.° Lorſque celui qui chante eſt à l'endroit marqué *G*, ſa voix eſt réfléchie par les murs *C* de la cour au deſſus de *D*, vers *L*; & les lignes de réflexion ſe réuniſſant en cet endroit *L*, l'*écho* ſe doit entendre de même que ſi celui qui chante y étoit placé. Mais comme ces lignes ne ſe réuniſſent pas préciſément en un même point, ceux qui ſont placés en *L*, doivent entendre pluſieurs voix, comme ſi diverſes perſonnes chantoient enſemble.

2.° A meſure que celui qui chante s'avance vers *E*, les lignes de réflexion venant de plus en plus à ſe réunir près de *D*, ceux qui ſont placés en *D* doivent entendre l'*écho*, comme s'il approchoit d'eux; mais quand celui qui chante eſt parvenu en *E*, alors la réunion des lignes venant à ſe faire en *D*, ils entendent l'*écho* comme ſi l'on chantoit à leurs oreilles.

3.° Quand celui qui chante continue d'avancer de *E* en *F*, l'*écho* ſemble s'éloigner, parce que la réunion des lignes ſe fait de plus en plus au deſſous de *D*.

4.° Enfin, lorſqu'il eſt arrivé en *F*, ceux qui ſont placés en *D* n'entendent plus l'*écho*, parce que l'endroit *H*, d'où la réflexion ſe devroit faire vers *D*, eſt ouvert, & que par conſéquent il ne ſe fait point de réflexion vers *D*; c'eſt pourquoi l'*écho* ne s'y doit point entendre: mais comme il y a d'autres endroits d'où quelques lignes réfléchies ſe réuniſſent en *A* & en *B*, deux perſonnes placées en ces deux endroits, doivent entendre l'*écho* l'une comme ſi l'on chantoit à gauche, & l'autre comme ſi l'on chantoit à droite. Ils ne le peuvent néanmoins entendre que foiblement, parce qu'il y a peu de lignes qui ſe réuniſſent en ces deux endroits.

5.° Ceux qui ſont placés en *D* doivent entendre l'*écho*, lorſque celui qui chante eſt en *E*, parce que la voix eſt réfléchie vers eux; mais ils ne doivent entendre que foiblement la voix même de celui qui chante, parce que l'oppoſition de ſon corps empêche que ſa voix ne ſoit portée directement vers eux; ainſi, ſa voix ne venant à eux qu'après avoir tourné à l'entour de ſon corps, eſt beaucoup moins forte en cet endroit que l'*écho*, qui par conſéquent l'étouffe, & empêche qu'elle ne ſoit entendue. C'eſt à-peu-près de même que ſi un flambeau eſt placé entre un miroir concave &

(*) L'*écho* dont il eſt fait mention dans les *Mémoires de l'Acad. royale des Sciences de* 1692, eſt l'*écho* de Genetay, à deux lieues de Rouen. Le pere dom Queſnet, bénédictin, qui en avoit envoyé la deſcription à l'Académie, a prétendu que le ſecrétaire n'avoit pas pris entièrement ſa penſée, & qu'il a même inſéré, dans ſon extrait, quelque choſe de contraire à l'expérience, Voici ce qu'on lit au ſujet de cet *écho* dans les *Mélanges* de Vigneul-Marville: « M. de Ligny, préſident des finances de » Rouen, avoit apporté d'Italie cette invention, qui fait » encore aujourd'hui un des plus grands ornemens de ſa » belle maiſon de Genetay. Ayant poſſédé cette maiſon » depuis ſa jeuneſſe juſqu'à l'âge de quatre-vingts ans » qu'il eſt mort, & ayant été ſollicité mille fois de dire » la véritable cauſe de ce merveilleux *écho*, il n'en a » jamais dit un ſeul mot à perſonne. » Cet *écho* ſubſiſte encore, mais il eſt fort déchu de ce qu'il étoit autrefois, parce qu'on a planté aux environs des arbres qui nuiſent beaucoup à l'effet. (*O*)

Il y a un *écho* remarquable près de Roſncath, belle maiſon de campagne en Ecoſſe, à l'oueſt d'un lac d'eau ſalée qui ſe perd dans la rivière de Clyde, à 17 milles au-deſſous de Glaſcow; ce lac eſt environné de collines, dont quelques-unes ſont des rochers arides; les autres ſont couvertes de bois. Un trompette habile, placé ſur une pointe de terre que l'eau laiſſe à découvert, tourné au nord, a ſonné un air & s'eſt arrêté: auſſi-tôt un *écho* a repris l'air, qu'il a répété diſtinctement & fidèlement, mais d'un ton plus bas que la trompette: cet *écho* ayant ceſſé, un autre, d'un ton plus bas, a répété le même air avec la même exactitude: le ſecond a été ſuivi d'un troiſième, qui a été auſſi fidèle que les deux autres, à l'exception d'un ton plus bas encore; & l'on n'a plus rien entendu; on a répété pluſieurs fois la même expérience, qui a toujours été également heureuſe. *Obſerv. f. à Londres*; *n.* 3. 1770. [*C*] un corps opaque; car ceux qui sont derrière ce corps opaque, voient par réflexion la lumiere du flambeau, mais ils ne voient pas directement le flambeau, parce que le corps opaque le cache.

6.° Au contraire, celui qui chante étant placé vis-à-vis de l'entrée *H*, & ayant le visage tourné de ce côté-là, ne doit point entendre l'*écho*, parce que l'endroit *H* étant ouvert, il ne se trouve rien qui réfléchisse la voix vers *E*; mais il doit entendre sa voix même, parce qu'il n'y a rien qui l'en empêche.

Nous avons tiré des mémoires cités, cette description & cette explication, dont nous laissons le jugement à nos lecteurs : nous ignorons si cet *écho* subsiste encore. (*O*)

* L'*écho de Verdun* (*Hist. de l'acad. des Sciences, ann. 1710.*), est formé par deux grosses tours détachées d'un corps-de-logis, & éloignées l'une de l'autre de 26 toises : l'une a un appartement bas de pierre-de-taille, voûté; l'autre n'a que son vestibule qui le soit : chacune a son escalier. Comme ce qui appartient aux *échos* peut être appellé *la catoptrique du son*, (*Voyez* CATOPTRIQUE), on peut regarder ces deux tours comme deux miroirs posés vis-à-vis l'un de l'autre, qui se renvoient mutuellement les rayons d'un même objet, en multipliant l'image, quoiqu'en l'affoibissant toujours, & la font paroître plus éloignée; ainsi, lorsqu'on est sur la ligne qui joint les deux tours, & qu'on prononce un mot d'une voix assez élevée, on l'entend répéter douze ou treize fois par intervalles égaux, & toujours plus foiblement; si l'on sort de cette ligne jusqu'à une certaine distance, on n'entend plus d'*écho*, par la même raison qu'on ne verroit plus d'image, si l'on s'éloignoit trop de l'espace qui est entre les deux miroirs : si l'on est sur la ligne qui joint une des tours au corps-de-logis, on n'entend plus qu'une répétition, parce que les deux *échos* ne jouent plus ensemble à l'égard de celui qui parle, mais un seul. (*M. le Chevalier* DE JAUCOURT.)

E C L

ÉCLIPSE, s. f. (*Astron.*) phénomène qui arrive lorsqu'un astre disparoît, en tout ou en partie, soit qu'un autre astre nous en dérobe la vue, comme dans les *éclipses* de soleil ou d'étoile, soit qu'il cesse réellement d'être éclairé comme dans les *éclipses* de lune, ou dans celles des satellites de Jupiter.

Ce mot vient du grec ἐκλείπω, *deficio*, ou ἔκλειψις, défaillance, parce que dans les *éclipses*, le soleil ou la lune paroissent nous manquer.

Les *éclipses* ont été de tous les tems un spectacle frappant pour tous les hommes : elles sont aussi pour l'astronomie un objet d'utilité relativement aux longitudes; ainsi, nous ne pouvons nous dispenser d'entrer ici dans des détails, qui font une grande partie des connoissances astronomiques que l'on a droit de chercher dans cet ouvrage.

Les anciens & les peuples sauvages regardoient les *éclipses* comme des objets de superstition ou de terreur. On en a vu qui croyoient autrefois qu'en faisant un grand bruit dans une *éclipse* de lune, on apportoit du remède aux souffrances de cette déesse; ou que ces *éclipses* étoient produites par des enchantemens.

L'ignorance de la Physique a fait rapporter dans tous les lieux & dans tous les tems, à des causes animées, les effets dont on ne connoissoit pas les principes; ainsi, les poëtes imaginèrent en Grèce, que Diane étoit devenue amoureuse d'Endimion, & que les *éclipses* devoient s'attribuer aux visites nocturnes que cette déesse rendoit à son amant dans les montagnes de la Carie : mais comme ses amours ne duroient pas toujours, il fallut chercher, dit l'abbé Banier, une autre cause des *éclipses*.

On publia que les sorcières, sur-tout celles de Thessalie, avoient le pouvoir par leurs enchantemens d'attirer la lune sur la terre; c'est pourquoi on faisoit un grand vacarme avec des chauderons & autres instrumens, pour la faire remonter à sa place. Parmi les Romains même, on trouve cet usage bizarre; on allumoit un grand nombre de torches & de flambeaux, qu'on élevoit vers le ciel, pour rappeller la lumière de l'astre éclipsé. Juvénal fait allusion au grand bruit que faisoit à ce sujet le peuple de Rome sur des vases d'airain, lorsqu'il dit d'une femme babillarde, qu'elle fait assez de bruit pour secourir la lune en travail.

Si l'on vouloit remonter à la source de cette coutume, on trouveroit qu'elle venoit d'Egypte, où Isis, symbole de la lune, étoit honorée avec un bruit pareil de vases d'airain, de tymbales, & de tambours.

L'opinion des autres peuples étoit, que les *éclipses* annonçoient de grands malheurs, ou menaçoient la tête des rois & des princes. On a eu long-tems la même idée des comètes.

Les Mexiquains effrayés jeûnoient pendant les *éclipses*. Les femmes, durant ce tems-là, se maltraitoient elles-mêmes, & les filles se tiroient du sang des bras. Ils s'imaginoient que la lune avoit été blessée par le soleil, pour quelque querelle qu'ils avoient eue ensemble.

Il y a des Indiens qui croyent aussi que la cause des *éclipses* vient de ce qu'un dragon malfaisant veut dévorer la lune; c'est pourquoi les uns font un grand vacarme, pour lui faire lâcher prise, pendant que les autres se mettent dans l'eau jusqu'au cou, pour supplier le dragon de ne pas dévorer entièrement cette planète. On peut voir aussi dans les mémoires du P. le Comte, les idées particulières de la populace chinoise.

Anaxagore contemporain de Périclès, & qui mourut la première année de la soixante-huitième olympiade, fut le premier qui écrivit très-clairement & très-hardiment sur les diverses phases de la lune, & sur ses *éclipses*; je dis, comme Plutarque, *très-hardiment*, parce que le peuple ne souffroit pas encore volontiers les Physiciens. Aussi les ennemis de Socrate réussirent à le perdre, en l'accusant de chercher, par une curiosité criminelle, à pénétrer ce qui se passe dans les cieux, comme si la raison & le génie pouvoient s'élever trop haut. On n'a depuis que trop souvent renouvellé, par le même artifice, des accusations semblables contre des hommes du premier mérite.

Les généraux romains se sont servis quelquefois des *éclipses* pour contenir leurs soldats, ou pour les encourager dans des occasions importantes. Tacite dans ses annales, *liv. I, ch. xxviij.* parle d'une *éclipse* dont Drusus se servit pour appaiser une sédition très-violente, qui s'étoit élevée dans son armée. Tite-Live rapporte que Sulpitius Gallus, lieutenant de Paul Emile, dans la guerre contre Persée, prédit aux soldats une *éclipse* qui arriva le lendemain, & prévint par ce moyen la frayeur qu'elle auroit causée. Plutarque dit que Paul Emile sacrifia à cette occasion onze veaux à la lune, & le lendemain vingt-un bœufs à Hercule, dont il n'y eut que le dernier qui lui promit la victoire, à condition qu'il n'attaqueroit point. Plutarque raconte aussi que Nicias, général des Athéniens, avoit résolu de quitter la Sicile avec son armée, une *éclipse* de lune dont il fut frappé, lui fit perdre le moment favorable, & fut cause de la mort du général & de la ruine de son armée; perte si funeste aux Athéniens qu'elle fut l'époque de la décadence de leur patrie. Alexandre même, avant la bataille d'Arbelle, fut obligé de rassurer son armée effrayée d'une *éclipse* de lune; il ordonna des sacrifices au soleil, à la lune & à la terre, comme aux divinités qui causoient ces *éclipses*.

C'est ainsi que l'ignorance de la cause des *éclipses* en a fait long-tems un objet de terreur pour la crédulité populaire. On voit au contraire des généraux à qui leurs connoissances en astronomie ne furent pas inutiles. Periclès conduisoit la flotte des Athéniens; il arriva une *éclipse* de soleil qui causa une épouvante générale; le pilote même trembloit: Périclès le rassure par une comparaison familière: il prend le bout de son manteau, & lui en couvrant les yeux, il lui dit; « crois-tu que ce que je » fais là soit un signe de malheur? Non, sans doute, » dit ce pilote: cependant, c'est aussi une *éclipse* » pour toi, & elle ne diffère de celle que tu as » vue, qu'en ce que la lune étant plus grande que » mon manteau, elle cache le soleil à un plus » grand nombre de personnes. » (PLUTARQUE.)

Agatoclès, roi de Syracuse, dans une guerre d'Afrique, voit aussi dans un jour décisif, la terreur se répandre dans son armée, à la vue d'une *éclipse*; il se présente à ses soldats, il leur en explique les causes, & il dissipe leurs craintes. On raconte un trait de cette espèce à l'occasion de Dion, roi de Sicile.

Nous lisons un fait également honorable à l'astronomie, dans l'*Epître* que Roias adresse à Charles-Quint, en lui dédiant ses *Commentaires* sur le planisphère. Christophe Colomb, en commandant l'armée que Ferdinand, roi d'Espagne, avoit envoyée à la Jamaïque, dans les premiers tems de la découverte de cette île, se trouva dans une disette de vivres si générale, qu'il ne lui restoit aucune espérance de sauver son armée, & qu'il alloit être à la discrétion des sauvages: l'approche d'une *éclipse* de lune fournit à cet habile homme un moyen de sortir d'embarras: il fit dire aux chefs des Sauvages, que si dans quelques heures on ne lui envoyoit pas toutes les choses qu'il demandoit, il alloit les livrer aux derniers malheurs, & qu'il commenceroit par priver la lune de sa lumiere. Les sauvages méprisèrent d'abord ses menaces; mais aussi-tôt que le tems de l'*éclipse* étant arrivé, ils virent que la lune commençoit en effet à disparoître, ils furent frappés de terreur; ils apportèrent tout ce qu'ils avoient aux pieds du général, & vinrent eux-mêmes demander grace.

Aujourd'hui, non-seulement les Philosophes, mais le peuple même est instruit de la cause des *éclipses*; on sait que les *éclipses* de lune viennent de ce que cette planète entre dans l'ombre de la terre, & ne peut être éclairée par le soleil durant le tems qu'elle la traverse, & que les *éclipses* de soleil viennent de l'interposition de la lune, qui cache aux habitans de la terre une partie du soleil, ou même le soleil entier.

S'il y a quelque chose dans l'Astronomie qui puisse nous faire connoître les efforts dont l'esprit humain est capable, lorsqu'il s'agit de recherches qui demandent une grande sagacité, c'est assurément la théorie des *éclipses* & la justesse avec laquelle on est parvenu depuis long-tems à les calculer & à les prédire; cette justesse sert à nous convaincre de la certitude & de la précision des calculs astronomiques; & ceux qui s'étonnent qu'on puisse mesurer les mouvemens & les distances des corps célestes, malgré l'éloignement où ils sont, n'ont rien à répondre à l'accord si parfait qui se trouve entre le calcul des *éclipses* & le moment où elles arrivent.

Après avoir parlé des faits qui prouvent l'importance de la théorie des *éclipses*, nous allons parler de la cause de ces phénomènes, de la manière de les calculer, & enfin de leur usage.

Cause des éclipses. L'orbite que la lune décrit en un mois tout autour du ciel, coupe l'écliptique en deux points diamétralement opposés, qu'on appelle les *nœuds*. Si, dans le tems que la lune passe dans un de ces nœuds, le soleil se trouve au même point de l'écliptique, la lune qui est plus près de la terre nous cachera le soleil. Si la lune passe dans le nœud opposé, la terre se trouvera entre le soleil & la lune; la terre étant beaucoup plus grosse que la lune, interceptera par son ombre toute la lumiere que la lune recevoit du soleil, & nous cesserons de l'appercevoir.

On demandera peut-être pourquoi on n'observe point d'*éclipses* dans toutes les planètes: pourquoi, par exemple, par exemple, la terre, lorsqu'elle passe entre mars & le soleil, n'obscurcit pas quelquefois le disque de mars. A cela on répond que la terre étant un corps beaucoup plus petit que le soleil, son ombre ne doit point s'étendre à l'infini, mais doit se terminer en pointe à une certaine distance en forme de cone. Il n'y a que la lune qui soit assez proche de la terre pour pouvoir entrer dans son ombre & la couvrir de la sienne; il en est de même des *satellites* de Jupiter qui sont éclipsés par leur planète.

Les anciens n'étoient guère en état de prédire les *éclipses* avant le tems d'Hipparque, cent vingt ans avant Jesus-Christ. Hérodote raconte, à la vérité, que Thalès avoit prédit aux Ioniens une *éclipse* de soleil que l'on rapporte à l'année 585, ou 603, ou 621 avant Jesus-Christ, le fait est douteux; mais en tout cas, ce ne pourroit être que par le moyen de la période de 18 ans & 11 jours, qui ramène les *éclipses* du moins à-peu-près, & qui pouvoit être connue dès ce tems là.

Mais Ptolemée, dans le sixième livre de son Almageste, composé vers l'an 147 de Jesus-Christ, donna des règles pour le calcul des *éclipses*, & ce sont les plus anciennes dont nous ayons connoissance. Ces méthodes ont été perfectionnées par Kepler, & dans ce siècle-ci par divers Astronomes, pour réunir l'exactitude & la facilité.

Lorsqu'on veut calculer les *éclipses* d'une année quelconque, il est nécessaire d'avoir le tems des nouvelles & des pleines lunes de cette année, pour choisir celles qui arrivent aux environs des nœuds; ce qui s'exécute facilement par le moyen des EPACTES astronomiques, qui donnent, par une simple addition, le tems moyen d'une conjonction ou d'une opposition moyenne pour une année & un mois donnés.

Quoiqu'on ne connoisse encore que le tems moyen d'une conjonction moyenne ou d'une opposition moyenne, par la méthode des épactes, on peut savoir à-peu-près, s'il doit y avoir une *éclipse* de soleil ou de lune; on prendra dans les *Tables astronomiques*, la longitude moyenne du soleil & celle du nœud de la lune, pour le tems moyen trouvé; on retranchera le lieu d'un des nœuds, de la longitude moyenne du soleil, & l'on aura la distance moyenne du soleil au nœud de la lune.

Lorsque le soleil est éloigné de plus de $19^d\ 44'$ d'un des nœuds de la lune, il ne sauroit y avoir *éclipse* de soleil en aucun lieu de la terre; si cette distance est moindre que $13^d\ 33'$, il est sûr qu'il y aura une *éclipse* de soleil en quelque lieu de la terre; l'incertitude roule entre ces deux termes, c'est-à-dire, que si la distance moyenne du soleil au nœud le plus voisin, dans le tems de la conjonction moyenne, est entre $13\frac{1}{2}$ & $19^d\frac{3}{4}$, il faudra faire un calcul plus exact que celui dont je viens de parler, pour être sûr s'il y aura *éclipse*.

Il ne peut y avoir *éclipse* de lune, si dans le tems de la conjonction moyenne, il y a plus de $13^d\ 21'$ de distance entre le soleil & le nœud de la lune; mais on est sûr qu'il y en aura une, si la distance est moindre que $7^d\ 47'$; entre ces limites, l'on sera obligé de recourir à un autre calcul; mais il est toujours très-commode d'avoir promptement l'exclusion de presque toutes les syzygies qui ne sauroient être écliptiques, & de n'avoir à en calculer rigoureusement qu'un très-petit nombre, pour connoître toutes les *éclipses* qui doivent arriver dans une année ou dans un siècle.

Lorsqu'on a trouvé qu'il doit y avoir *éclipse* dans une nouvelle lune ou une pleine lune, & qu'on veut en calculer les circonstances, il faut commencer par trouver l'heure & la minute de la conjonction ou de l'opposition vraie en longitude, avec la latitude de la lune pour ce tems-là; c'est un préliminaire général dans le calcul de toutes les *éclipses*.

Pour avoir la conjonction, on calcule d'abord le lieu du soleil & celui de la lune, par les *Tables astronomiques*, pour deux instans différens, & l'on a, par ce moyen, le mouvement horaire de la lune & celui du soleil, avec la différence de leurs longitudes pour un instant connu: on peut aussi se servir des *Tables du mouvement horaire* qui sont à la suite des *Tables de la lune*. Je suppose qu'on ait trouvé, pour le premier avril 1764 à $8^h\ 32'$ du matin, que le lieu de la lune étoit moins avancé que celui du soleil de $54'$, & que le mouvement horaire de la lune en longitude, moins celui du soleil, étoit de $27'$, il est évident que puisque la lune se rapproche du soleil de $27'$ par heure, elle atteindra le soleil deux heures après; car $27'$ sont à une heure, comme $54'$ sont à deux heures. Ainsi, la conjonction vraie arrivera à $10^h\ 32'$.

Lorsqu'on connoît le tems de la conjonction, on cherche dans les *Tables*, pour le même instant, la latitude de la lune, sa parallaxe, son diamètre, & le diamètre du soleil; il faut aussi connoître le mouvement horaire de la lune en latitude, & pour cet effet, on calcule la latitude de la lune pour deux instans différens.

Quand on a l'heure de la conjonction & le mouvement horaire de la lune, il faut trouver l'inclinaison de son orbite par rapport à l'écliptique; d'abord l'inclinaison de l'orbite vraie, ensuite celle de l'orbite relative, de la manière suivante.

Pour calculer une conjonction de deux planètes, ou d'une planète à une étoile, c'est-à-dire, une appulse, ou même une *éclipse*, on n'a besoin que de connoître la quantité dont un astre se rapproche de l'autre, c'est-à-dire, le mouvement relatif, ou l'excès d'un des mouvemens sur l'autre. On peut donc ne faire aucune attention au mouvement d'une des deux planètes, pourvu qu'on donne à l'autre la différence des deux mouvemens, c'est-à-dire, qu'en faisant mouvoir seulement l'une des deux, on lui fasse changer de longitude & de latitude par rapport à l'autre, autant qu'elle en change réellement par la combinaison des deux mouvemens pris ensemble. Il en est de même des mouvemens en latitude : l'orbite relative est donc celle que l'on peut supposer à la place de l'orbite réelle, & dans laquelle pourra se mouvoir une des deux planètes, sans que ses distances réelles par rapport à l'autre, paroissent être changées ; il suffit pour cela de conserver la même différence des longitudes & des latitudes : ainsi, pour trouver l'inclinaison de l'orbite relative, & le mouvement horaire relatif, on fera ces deux proportions :

La différence des deux mouvemens horaires en longitude, est à la différence des mouvemens en latitude, comme le rayon est à la tangente de l'inclinaison relative. Ensuite, *le co-sinus de l'inclinaison relative est au rayon, comme la différence des mouvemens horaires en longitude, est au mouvement horaire sur l'orbite relative.*

On suppose dans ces deux proportions, que les planètes vont du même sens, tant en longitude qu'en latitude : mais si l'une étoit directe & l'autre rétrograde, il faudroit prendre la somme des mouvemens en longitude, au lieu de leur différence ; de même si l'une alloit au midi & l'autre au nord, par leur mouvement en latitude, on prendroit la somme de ces mouvemens.

Dans les *éclipses* de soleil ou d'étoiles, que l'on ne veut calculer que par une opération graphique, on n'a besoin de savoir qu'à cinq minutes près, l'inclinaison de l'orbite lunaire ; on peut alors supposer toujours que l'inclinaison est de 5^d 40′, pour les *éclipses* de soleil, & 5^d 9′ pour les *éclipses* d'étoiles ; mais si l'on veut calculer l'*éclipse* rigoureusement, ou s'il s'agit d'une *éclipse* d'étoile par la lune qui ait été observée, il faut toujours faire la proportion précédente avec les mouvemens horaires calculés à la rigueur.

Les *éclipses* de lune sont, comme nous l'avons dit, l'obscurité produite sur le disque de la lune, par l'ombre de la terre. L'*éclipse* totale est celle où la lune entière est obscurcie. L'*éclipse* partiale est celle où une partie du disque de la lune conserve sa lumiere. L'*éclipse* centrale est celle qui a lieu quand l'opposition arrive dans le point même du nœud ; la lune traverse alors, par le centre même, le cône d'ombre ; c'est pourquoi l'on appelle *centrale* cette sorte d'*éclipse*.

Il y a des années dans lesquelles il n'arrive aucune *éclipse* de lune ; telles sont les années 1767, 1770, 1774, le nœud de la lune s'étant trouvé à $10.^s$ $11.^o$ au commencement de janvier ; mais communément il y en a plusieurs, quelquefois quatre dans une même année.

Si la lune, au moment de son opposition vraie, est assez loin pour que la latitude surpasse 30′, l'*éclipse* de lune ne sauroit être totale, & si la latitude est plus grande, que 64, il ne sauroit y avoir d'*éclipse*, parce que l'ombre de la terre n'occupe jamais dans l'orbite de la lune plus de 47′, & le demi-diamètre 17 : ainsi, pour que le bord de la lune puisse toucher l'ombre de la terre, il faut que la distance de leurs centres, ou la latitude de la lune, ne surpasse pas 64, ce qui suppose environ 12^d de distance au nœud.

On mesure les mouvemens de la lune par les arcs célestes qu'elle paroît décrire ; il est donc nécessaire de mesurer, de la même manière, l'ombre qu'elle traverse dans les *éclipses*, c'est-à-dire, la largeur de ce cône ténébreux que la terre répand derrière elle, en interceptant la lumiere du soleil, comme font tous les corps opaques.

Soit *APO* le cône d'ombre que la terre produit, (*pl. d'Astron. fig. 54*), *S* le centre du soleil, *T* le centre de la terre, *L* celui de la lune en opposition ; *SA* le demi-diamètre du soleil, vu sous un angle *STA* ; *TB* le demi-diamètre de la terre, *LC* le demi-diamètre de l'ombre de la terre dans l'endroit où la lune doit la traverser ; cette ligne *LC* est le rayon du cercle qui forme la section perpendiculaire à l'axe, du cône de l'ombre dans la région de la lune.

L'angle *CTL*, formé au centre de la terre, & qui a pour base le côté *CL*, est ce qu'on appelle *demi-diamètre de l'ombre* ; c'est l'angle sous lequel nous paroît le mouvement de la lune, ou l'arc de son orbite qu'elle décrit pendant la demi-durée de l'*éclipse* centrale, c'est-à-dire, en traversant l'ombre de *C* en *L*, & de *L* en *E*, pour en sortir au point *E*.

Le triangle rectiligne *CAT*, dont le côté *AT* est prolongé jusqu'en *D*, a son angle externe *CTD*, égal aux deux angles internes opposés pris ensemble, c'est-à-dire, aux angles *BAT* & *BCT*, dont l'un est la parallaxe du soleil, l'autre celle de la lune ; ainsi, l'angle *CTD* est égal à la somme des parallaxes ; si l'on en ôte l'angle *LTD*, il restera l'angle *CTL*, ou le demi-diamètre de l'ombre ; mais l'angle *LTD* est égal à l'angle *ATS*, qui mesure le demi-diamètre apparent du soleil ; donc, il faut ôter de la somme des parallaxes le demi-diamètre apparent du soleil ; le reste sera le demi-diamètre de l'ombre ; mais il faudra encore y ajouter quelques secondes, pour l'atmosphère de la terre.

Le demi-diamètre de l'ombre trouvé par la règle précédente, peut varier depuis environ 37′ 46″ jusqu'à 46′ 19″ ; il est le plus grand quand la lune est périgée & le soleil apogée.

On connoît assez le diamètre de la terre & la parallaxe de la lune, pour être sûr de la détermination du diamètre de l'ombre trouvé par la règle précédente. Cependant, quand on observe les *éclipses*, on trouve constamment que l'ombre est un peu plus grande que suivant cette règle ; il est évident que l'atmosphère de la terre en est la cause.

La densité de l'air est assez forte & réfléchit assez de rayons pour former des crépuscules, pour causer la réfraction astronomique, & pour affoiblir prodigieusement la lumière du soleil à l'horizon : ainsi, il n'est pas étonnant qu'elle le soit assez pour intercepter une partie des rayons qui éclairent la lune, pour former une augmentation autour de l'ombre de la terre, & pour changer la longueur & l'intensité du cône d'ombre. C'est une des causes qui font que l'ombre est mal terminée, & qu'on trouve souvent deux minutes de différence entre le tems du commencement d'une même *éclipse* de lune, observée par différens astronomes. On peut voir dans les *Mémoires de l'Académie*, pour 1777, les calculs de M. du Séjour, sur l'intensité de lumière des différentes parties de l'ombre.

L'augmentation que l'atmosphère produit dans le demi-diamètre de l'ombre, est de 20″ suivant M. Cassini, de 30″ suivant M. le Monnier; mais M. le Gentil pense qu'elle est de 40″ dans les parties qui répondent à l'équateur, & de 1′ 4″ pour les parties qui sont formées par la masse d'un air plus dense autour des pôles de la terre, *Mém. acad.* de Paris, 1755.

Enfin, d'autres astronomes, entr'autres M. Mayer, pensent que la correction de l'atmosphère est toujours $\frac{1}{60}$ du diamètre de l'ombre, ou d'autant de secondes qu'on a trouvé de minutes par la règle précédente. Je m'en tiens ordinairement à cette règle; elle est suffisante à cause du peu de précision dont ces observations sont susceptibles. L'*éclipse* du 18 mars 1783, observée avec beaucoup de soin, a donné 36″ pour une ombre de 42 minutes.

Trouver les phases d'une éclipse de lune. Lorsqu'on connoît l'heure de la pleine lune ou de l'opposition vraie, la latitude pour ce tems-là, l'inclinaison de son orbite, & le mouvement horaire relatif, on doit chercher le tems du milieu de l'*éclipse*.

Soit *O*, *fig.* 56 & 57, le point de l'écliptique opposé au soleil, ou le centre de l'ombre de la terre, considérée à la distance de la lune; *O G* le le demi-diamètre de la section de l'ombre, *E L S* l'orbite relative de lune; *L* le lieu de la lune au moment de l'opposition, *O L* la latitude de la lune, ou sa distance à l'écliptique *K G*; *O M* la perpendiculaire abaissée sur l'orbite relative *E M S*; au moment où l'*éclipse* commence, la lune étant en *E*, le bord de la lune touche en *P* le bord de l'ombre; ainsi, *E* est le lieu de la lune au commencement de l'*éclipse*; de même le point *S* est le lieu de la lune à la fin de l'*éclipse*, ou à la sortie de l'ombre : les triangles *M O E*, *M O S*, sont égaux, puisqu'ils ont un côté commun *O M*, les côtés égaux *O E* & *O S*, & qu'ils sont rectangles; ainsi, le point *M* indique le milieu de l'*éclipse*; au lieu que le tems de l'opposition arrive quand la lune est au point *L*, qui est directement opposé au lieu du soleil dans l'écliptique, & sur la ligne *O L*, perpendiculaire à l'écliptique *O G*.

Dans le triangle *L O M*, formé par le cercle de latitude *O L* & par la perpendiculaire *O M*, l'angle *L O M* est égal à l'inclinaison de l'orbite relative de la lune; on a aussi le côté *L O*, latitude de la lune, en opposition; on trouvera la ligne *L M*, en faisant cette proportion : *le rayon est au sinus de l'inclinaison, comme la latitude O L est à l'intervalle L M.* On le réduira en tems, à raison du mouvement horaire de la lune, en disant : *le mouvement horaire relatif est à* 1^h^. *ou* 3600″, *comme l'espace L M est au tems qu'il y aura entre la conjonction & le milieu de l'éclipse.* On retranchera cet intervalle de tems, du moment de l'opposition, si la latitude est croissante; on l'ajoutera au tems de l'opposition, si la latitude est décroissante, ou qu'elle aille en se rapprochant des nœuds, comme dans la figure, & l'on aura le milieu de l'*éclipse*.

Les mêmes quantités qui ont servi à trouver la différence *L M* entre la conjonction & le milieu de l'*éclipse*, serviront à trouver la plus courte distance *O M* de l'orbite lunaire au centre de l'ombre, en faisant cette proportion : *le rayon est à la latitude L O, comme le sinus de l'angle L, ou le cosinus de l'inclinaison relative, est à la plus courte distance O M.*

Il est aisé de trouver le commencement de l'*éclipse* lorsqu'on connoît le milieu, la plus courte distance des centres *O M*, & le côté *O E*, qui est la somme du demi-diamètre *O P* de l'ombre, & du demi-diamètre *P E* de la lune; il ne reste plus qu'un triangle *O E M* à résoudre. Quand on aura trouvé le côté *E M* du triangle *O E M*, on dira : le mouvement horaire de la lune sur son orbite relative, est à 1.^h^, comme *E M* est à la demi-durée de l'*éclipse*.

Dans les *éclipses* de lune qui sont totales, on a encore deux autres phases à chercher, qui sont l'immersion & l'émersion, c'est-à-dire, le moment où la lune entre totalement dans l'ombre, & celui où elle commence à sortir. Soit *D*, *fig.* 57, le lieu de la lune, à l'instant où elle est assez avancée dans l'ombre, pour que son dernier bord *N* touche le bord intérieur de l'ombre; on a un nouveau triangle *O M D*, dont l'hypothénuse *O D* est égale à la différence entre le demi-diamètre *O N* de l'ombre, & le demi-diamètre *D N* de la lune; on cherche *M D*, qui donne la demi-durée de l'*éclipse* totale; elle se retranche du milieu de l'*éclipse*, pour avoir l'immersion qui arrive quand la lune est en *D*, & elle s'ajoute pour avoir l'émersion qui arrive en *V*.

Lorsqu'on a la plus courte distance, le demi-diamètre de l'ombre *O A*, & le demi-diamètre de la lune *M B*, il est aisé de trouver la partie éclipsée de la lune, c'est-à-dire, la quantité *A C*: car *A M*, *fig.* 56, est égale à *O A* moins *O M*; si l'on ajoute *M C*, l'on aura *A C*; donc *A C* est égale à $OA + MC - OM$, c'est-à-dire, que la partie éclipsée est égale à la somme du demi-diamètre de la lune & de l'ombre, moins la plus courte distance. Quand la lune est entièrement dans l'ombre, comme dans la *fig.* 57, on appelle toujours *A C la grandeur de l'éclipse*, mais elle est alors de plus de douze doigts.

On observe dans la couleur des *éclipses* de lune des différences considérables. Lorsque la lune est apogée, elle traverse le cône d'ombre plus près de son sommet : elle paroît alors plus rouge, plus lumineuse que lorsque les *éclipses* arrivent dans le périgée ; car dans le périgée, les rayons rompus par l'atmosphère, qui se dispersent dans le cône d'ombre, & qui en diminuent l'obscurité, ne parviennent pas jusqu'au centre de l'ombre ou à l'axe du cône, qui est trop large dans ce point là, & qui est plus près de la terre. Voilà pourquoi l'on a vu des *éclipses* où la lune disparoissoit entièrement ; telle fut l'*éclipse* du 15 juin 1620, ou celle du 9 de décembre 1601, dans laquelle on ne distinguoit pas le bord éclipsé. Kepler, *Astron. pars opt. page 297*, *Epitome page 825*. Hévélius, en parlant de l'*éclipse* du 25 avril 1642, assure qu'on ne distinguoit pas, même avec des lunettes, la place de la lune, quoique le tems fût assez beau pour voir les étoiles de la cinquième grandeur, Hével. *Selenographia, page 117*; mais il est fort rare que la lune disparoisse ainsi totalement dans les *éclipses* : on s'apperçoit presque toujours que cet astre est éclairé d'une lumière très-foible, à la vérité, mais du moins assez vive pour que la lune ne disparoisse pas tout-à-fait, comme il semble qu'elle le devroit faire dès qu'elle est entièrement plongée dans l'ombre de la terre, & tout-à-fait privée de la lumière du soleil. Quelques auteurs, pour expliquer cette apparence, ont prétendu que cette lumière étoit propre à la lune même, ou bien que c'étoit la lumière des planètes & des étoiles fixes qui se trouvoit réfléchie par la lune ; mais il est inutile de réfuter ces deux opinions ; l'atmosphère qui brise & détourne continuellement de leur direction les rayons du soleil, suffit pour expliquer cette lumière. La seule inspection de la *figure 55* suffit pour faire connoître de quelle manière les rayons du soleil se répandent en partie dans l'ombre de la terre, après avoir été rompus en traversant l'atmosphère terrestre.

Cette *figure* montre aussi l'effet de la penombre. *AGD* est le cône de l'ombre pleine, mais les parties *GE*, *GL*, qui ne sont éclairées que par une portion du disque solaire, sont dans la penombre ; les parties comprises entre *F* & *I*, ne voient point le centre du soleil ; les rayons rompus, comme *DCH*, arrivent jusques dans l'intérieur du cône d'ombre *TG*.

La lune prend même successivement différentes couleurs dans les *éclipses* ; car l'atmosphère étant inégalement chargée de vapeurs & d'exhalaisons, les rayons qui la traversent par-tout, & vont tomber sur la lune vers *H*, sont tantôt plus, tantôt moins abondans, plus ou moins rompus, plus ou moins séparés, plus ou moins dirigés par la réfraction vers l'axe de l'ombre & de la pénombre ; or, ces différences sont autant de sources de différentes couleurs, & ces couleurs ne doivent pas être les mêmes dans tous les points de l'espace *MN*.

La lune s'éclipse quelquefois en présence du soleil, lorsque ces deux astres paroissent près de l'horizon, la lune à son lever, & le soleil à son coucher. On a vu de ces *éclipses* horizontales en divers tems. On en avoit observé du moins une du tems de Pline. On en vit une autre, le 17 Juillet 1590, à Tubingue ; une troisième à Tarascon, le 5 Novembre 1648, une quatrième en l'île de Gorgone, le 16 Juin 1666. La lune & le soleil ne sont pas alors tous deux en effet sur l'horizon ; mais la réfraction, qui élève les objets, élevant ces astres plus qu'ils ne sont élevés effectivement, les fait paroître tous deux en même tems sur l'horizon. D'ailleurs la lune est souvent éclipsée, sans qu'elle soit exactement dans le point opposé au soleil, & dès-lors, rien n'empêche qu'on ne les voie l'un & l'autre.

Les Éclipses *de soleil* sont produites par l'interposition de la lune qui, dans ses conjonctions, passe quelquefois directement entre nous & le soleil. La lune nous cache alors le soleil en tout ou en partie. Les *éclipses* totales sont celles où le soleil paroît entièrement couvert par la lune, le diamètre apparent de la lune étant plus grand que celui du soleil. Les *éclipses* annulaires sont celles où la lune paroît toute entière sur le soleil ; le diamètre du soleil paroissant alors le plus grand, excède de tout côté celui de la lune, & forme autour d'elle un anneau ou une couronne lumineuse ; telle fut l'*éclipse* du 25 Juillet 1748, & celle du 1 Avril 1764, que l'on vit annulaire à Cadix, à Rennes, à Calais, & à Pello en Laponie, ainsi que je l'avois annoncé dans la *Connoissance des mouvemens célestes de 1764*. Les *éclipses* centrales sont celles où la lune n'a aucune latitude au moment de la conjonction apparente : son centre paroît alors sur le centre même du soleil, & l'*éclipse* est totale ou annulaire, en même tems qu'elle est centrale.

Les plus anciens auteurs nous ont raconté comme des événemens remarquables, les grandes *éclipses* de soleil. Il en est parlé dans *Isaïe, chapitre 13* ; dans *Homere* & *Pindare* ; dans *Pline, livre II, chapitre 12* ; dans *Denis d'Halicarnasse, livre II*. Ce dernier dit qu'à la naissance de Romulus & à sa mort, il y eut des *éclipses* totales de soleil, dans lesquelles la terre fut dans une obscurité aussi grande qu'au milieu de la nuit. Hérodote nous apprend que dans la sixième année de la guerre entre les Lydiens & les Mèdes, il arriva, pendant la bataille, que le jour se changea en une nuit totale. Thalès, le Milésien, l'avoit annoncée pour cette année-là ; Pline, *livre II, chapitre 2*, parle aussi de la prédiction de Thalès. On trouve de semblables *éclipses* dans les années 431, 190 & 50 avant Jesus-Christ ; & dans les années après Jesus-Christ 59, 100, 237, 360, 787, 840, 878, 957, 1133, 1187, 1191, 1241, 1415, 1485, 1544, 1560, Kepler, *Astron. pars opt. page 290*. *Riccioli Almag.*, &c. M. de la Caille & M. Pingré ont donné un catalogue de toutes les *éclipses* de soleil & de lune, arrivées depuis l'ere vulgaire, dans l'*Art de vérifier les dates*, seconde édition, *in-folio*, 1770. M. du Vaucel a prolongé le calcul jusqu'à l'an 2000, dans la troisième édition, en 1783. On trouve aussi un Catalogue de toutes les anciennes *éclipses* dans le Recueil des Tables de Berlin, *Tome II, page 121*, d'après Calvisius, Struyck, Ferguson, &c.

C'est une chose très-singulière que le spectacle d'une *éclipse* totale du soleil. Clavius, qui fut témoin de celle du 21 août 1560 à Conimbre, nous dit que l'obscurité étoit, pour ainsi dire, plus grande, ou du moins plus sensible & plus frappante que celle de la nuit : on ne voyoit pas où pouvoir mettre le pied, & les oiseaux retomboient vers la terre, par l'effroi que leur causoit une si triste obscurité.

Il n'y a eu depuis très-long tems à Paris, d'autre *éclipse* totale que celle du 22 mai 1724 : l'obscurité totale dura 2′ $\frac{1}{4}$ à Paris. On vit le soleil, mercure, vénus, qui étoient sur le même alignement; il parut peu d'étoiles, à cause des nuages. La première petite partie du soleil qui se découvrit, lança un éclair subit & très-vif, qui parut dissiper l'obscurité entière. Le baromètre ne varia point; le thermomètre baissa un peu : mais il seroit difficile de dire si l'*éclipse* en étoit la cause. L'on vit autour du soleil une couronne blanche, mais pâle, dont on avoit parlé dans l'*Histoire de l'Académie*, pour 1706.

Le roi Louis XV ayant desiré savoir s'il y auroit à Paris des *éclipses* totales dans l'espace de quelques années, j'engageai M. du Vaucel à se livrer à cette recherche ; il trouva que de 1769 à 1900, en 132 ans, il y auroit cinquante-neuf *éclipses* de soleil à Paris; aucune ne sera totale ; une seule annulaire ; ce sera celle du 9 octobre 1847. *Mém. presentés*, &c. *tome V*.

Les *éclipses* totales sont actuellement des phénomènes importans pour les astronomes; mais jusqu'ici, on ne les avoit regardés que comme des phénomènes curieux, étonnans, capables d'inspirer la terreur, c'est ce qui causa, en 1764, la méprise de la Gazette de france, du lundi 19 mars, où l'on trouve l'article suivant, qui avoit été envoyé par un Curé de province : « On craint que l'office du » matin, qui doit se célébrer dans les différentes » paroisses le dimanche, premier avril prochain, » ne soit troublé par la frayeur & la curiosité que » peut exciter parmi le peuple l'*éclipse* annulaire » du soleil, on a cru qu'il ne seroit pas inutile de » rendre public l'avis suivant.

» Les curés, tant des villes que de la campagne, » sont invités à commencer, plutôt qu'à l'ordi- » naire, l'Office du IV.ᵉ dimanche du carême, à » cause de l'*éclipse* totale du soleil qui, sur les dix » heures du matin, ramenera les ténèbres de la » nuit. Ils sont priés, en même-tems, d'avertir » le peuple, que les *éclipses* n'ont sur nous aucune » influence, ni morale, ni physique, qu'elles ne » présagent & ne produisent ni stérilité, ni con- » tagion, ni guerre, ni accident funeste, & que » ce sont des suites nécessaires du mouvement des » corps célestes, aussi naturelles que le lever ou le » coucher du soleil, ou de la lune. »

Dans l'assemblée de l'Académie du 21 mars, l'on parla avec surprise de cette annonce : on ne concevoit pas qu'il eût paru dans la Gazette de france, un avertissement où l'on confondoit une *éclipse* annulaire avec une *éclipse* totale, & où l'on annonçoit une obscurité entière, tandis que tous les almanacs avoient dû suffire pour prévenir la fausseté & l'inutilité de cette annonce; elle avoit été démentie long-tems d'avance par les *Ephémérides* de la Caille, par la *connoissance des tems* que j'avois publiée, par la Carte de Madame le Paute, déjà très-répandue. Il fut décidé, dans l'Académie, que comme il restoit encore dix jours avant l'*éclipse*, on feroit mettre dans la Gazette un avertissement contraire; il parut en effet, cinq jours avant l'*éclipse*, dans les termes suivans : « Le sieur Cassini » de Thury, de l'*Académie Royale des Sciences*, » a présenté au Roi, un Mémoire sur l'*éclipse* an- » nulaire du soleil, du premier avril prochain, » d'après les observations faites sur les dernières » *éclipses* du soleil, tant annulaires que totales; » il résulte que celle du premier avril ne ramenera » pas les ténèbres de la nuit, comme on l'a dit » dans l'avis inséré dans la Gazette du 19 de ce » mois. »

Malgré cet avertissement, le bruit qui s'étoit répandu dans toute la France d'une *éclipse* totale, fit avancer l'office dans le plus grand nombre des paroisses, même à Paris; l'impression y étoit formée, & l'on ne tenoit nul compte du second avis publié. J'entends même, vingt ans après, reprocher aux Astronomes qu'ils se trompent quelquefois, puisqu'ils avoient annoncé (pour 1764) une *éclipse* totale qui n'a pas eu lieu. Cependant, on avoit distribué dans Paris un nombre prodigieux d'exemplaires de deux Cartes (gravées à Paris chez Lattré) où Madame le Paute avoit tracé les phases de cette *éclipse* ; on y voyoit expressément la figure du soleil débordant la lune tout autour : cela auroit bien dû suffire au public pour lui apprendre qu'il ne pouvoit point y avoir d'obscurité; d'ailleurs les plus simples élémens de l'astronomie suffisent pour savoir qu'une *éclipse* ne peut être totale que sur un petit espace en largeur, la lune étant bien plus petite que la terre. Cet espace n'étoit alors que de 50 à 60 lieues, ainsi, l'*éclipse* n'auroit pû être totale dans toute la France : je profitai de l'occasion d'un Mémoire qui accompagnoit une Carte de l'*éclipse* de 1778, par M. d'Agelet, pour justifier les Astronomes, & moi en particulier, qui étois chargé pour lors de la *connoissance des tems*, d'où se tirent tous les Almanachs de Paris & du Royaume, & j'ai cru qu'il étoit utile de rappeller ici des faits qui intéressent l'honneur des Astronomes & de l'*Astronomie*.

La grande difficulté qu'on trouve dans le calcul des *éclipses* de soleil, consiste à avoir le mouvement apparent, qui varie dans tous les pays du monde, à raison de la parallaxe. Quand on a une fois calculé le mouvement apparent, on peut calculer le commencement, la fin & la grandeur d'une *éclipse* de soleil, de la même manière que nous avons calculé une *éclipse* de lune. Pour trouver le mouvement apparent, il faut calculer la parallaxe de longitude & de latitude pour deux instans.

On peut aussi calculer une *éclipse* de soleil en cherchant la distance apparente du soleil à la lune, pour deux instans. La manière la plus simple qu'on ait eue jusqu'à présent, est celle que j'ai donnée dans les *Mémoires de l'académie*, pour 1763; & plus en détail dans mon *Astronomie*, édition de 1771. Elle consiste à trouver la différence de hauteur & d'azimut entre la lune & le soleil, pour en conclure leur distance apparente; c'est le terme auquel on se propose de parvenir, pour trouver le commencement & la fin d'une *éclipse*, ou pour tracer l'orbite apparente de la lune.

Calcul d'une éclipse. La première opération qui est nécessaire dans ce calcul, est de trouver la *hauteur* du soleil ou de l'étoile que la lune doit éclipser. Je suppose aussi qu'on ait calculé par les *Tables*, pour un moment donné, la longitude du soleil ou de l'étoile, & la latitude de celle-ci, la longitude & la latitude vraie de la lune, sa parallaxe horizontale, la déclinaison du soleil ou de l'étoile & leurs ascensions droites, enfin l'angle de position du soleil ou de l'étoile, & son angle horaire; connoissant la déclinaison & l'angle horaire, on calculera la hauteur du soleil, & l'angle du vertical, avec le cercle de déclinaison.

Le premier avril 1764, la conjonction vraie, calculée par les *Tables de la lune*, qui sont dans mon *Astronomie*, & rectifiée par l'observation, est arrivée à 10.^{h} 31′ 8″ du matin, la latitude de la lune étant de 39′ 38″ boréale au moment de la conjonction; la différence des mouvemens horaires du soleil & de la lune en longitude, est de 27′ 13″; le mouvement horaire de la lune en latitude 2′ 43″ $\frac{1}{2}$, du midi au nord, sa parallaxe 54′ 8; celle du soleil 8″ $\frac{1}{2}$. Si l'on demande à 9^h. 10′ du matin, la distance apparente des centres du soleil & de la lune, on cherchera la déclinaison du soleil pour cet instant, 4° 47′ 34″, sa hauteur vraie 33° 7′ 34″; l'angle *Z S O*, *figure 71*, du vertical *Z S*, avec le cercle de déclinaison *S O*, 32° 4′ 16″; l'angle de position *O P S* 23° 0′ 13″; la différence *AB* des longitudes vraies, entre la lune *A* & le soleil *S*, 36′ 47″ 5, & la latitude de la lune *S B* 35′ 56″ 4 boréale. Le cercle de déclinaison *S O* est à gauche du vertical *Z S*, le matin dans nos régions septentrionales; mais il faut le changer suivant les cas, de même que la situation du cercle de latitude *P S*, qui est à l'orient, ou à la gauche du cercle *O S* de déclinaison, toutes les fois que le soleil est dans les signes descendans: on peut, en regardant un globe céleste que l'on aura mis à l'heure, après y avoir marqué le lieu du soleil, juger facilement de ces variétés dans la situation des cercles *Z S*, *P S*, *O S*. On placera la lune à l'orient ou à gauche du cercle *P S*, quand la conjonction vraie sera passée. Dans notre exemple, on prendra la différence des deux angles 32° 4′ 16″ & 23° 0′ 13″; & l'on aura 9° 4′ 3″ pour l'angle parallactique *Z S P*.

Supposons la lune en *A*; soit *S* le soleil, ou l'étoile dont on calcule une *éclipse*, *S B* la latitude de la lune, *B A* la différence de longitude entre la lune & le soleil; *S A* la ligne qui joint le lieu du soleil à celui de la lune; l'angle *A S B* est celui que j'appelle *angle de conjonction*.

La ligne *B A*, s'il s'agit d'une *éclipse* d'étoile, est un peu plus petite que la différence de longitude prise dans les *Tables*, & mesurée le long de l'écliptique. Pour être réduite à la région de l'étoile, il faut qu'elle soit multipliée par le cosinus de la latitude apparente de la lune *Voyez* RÉDUCTION *des petits cercles aux grands.* J'ai donné une *Table* de la quantité qu'il faut ôter de la différence de longitude, pour avoir l'arc *A B*. *Connoissance des mouvemens célestes*, 1765, *page* 118. Cette quantité ne peut aller qu'à quinze secondes dans les plus grandes latitudes de la lune, & en supposant même *A B* d'un degré.

L'angle d'azimut est l'angle *Z S A*, formé au centre du soleil ou de l'étoile, par le vertical de l'étoile & par la ligne *S A*, qui va du centre de l'étoile au centre de la lune. Cet angle d'azimut *A S C*, ne peut se former que par la somme ou la différence des angles *B S C* & *A S B*, c'est-à-dire, de l'angle parallactique & de l'angle de conjonction; mais la situation du point *A* & des trois cercles dont nous venons de parler, suffira pour distinguer les deux cas. Il faut chercher aussi l'arc *A S*, qui est la distance vraie de la lune au soleil, ou à l'étoile; soit en ajoutant les quarrés de *A B* & *B S* en secondes; soit en faisant cette proportion: le sinus de l'angle de conjonction *A S B*, est à la différence de longitude *A B*, comme le rayon est à la distance *A S*. Cette distance *A S*, multipliée par le sinus de l'angle d'azimut *A S C*, ou de son supplément, s'il est obtus, donnera la différence d'azimut vrai *A C*; & cette même distance *A S*, multipliée par le cosinus de l'angle d'azimut *A S C*, donnera la différence de hauteur vraie *S C* entre le soleil & la lune, les points *A* & *C* étant sensiblement à la même hauteur.

Dans l'exemple précédent, la différence de latitude 35′ 56″ 4 est à la différence de longitude 36′ 47″ $\frac{1}{2}$, comme le rayon est à la tangente de 45° 40′ 14″, angle de conjonction *A S B*. Divisant 36′ 47″ par le sinus de 45° 40′ 14″, on a la distance vraie *S A* 51′ 26″. La différence entre l'angle de conjonction 45° 40′ 14″ & l'angle parallactique, est de 9° 4′ 4″; ce qui donne l'angle d'azimut *A S C*, 36° 36′ 11″. La distance vraie 51′ 26″, multipliée par le sinus de l'angle d'azimut, donne la différence vraie d'azimut *A C*, 30′ 40″ 1; la distance vraie, multipliée par le cosinus du même angle d'azimut, donne la différence de hauteur SC, 41′ 17″ 3, qui ajoutée à la hauteur du soleil trouvée ci-dessus, donne la hauteur vraie de la lune, d'où l'on conclura facilement sa hauteur apparente, en ôtant la parallaxe de hauteur.

Si l'on suppose le lieu apparent de la lune en M, dans le même vertical que le lieu vrai A, en sorte que l'arc CD du vertical du soleil soit égal à la différence des parallaxes de hauteur du soleil & de la lune, MD sera la différence apparente d'azimut; elle est un peu plus grande que la différence vraie AC, & c'est de la quantité dont les deux verticaux qui partent du zénit s'éloignent l'un de l'autre pour une différence de hauteur égale à CD. Cette ligne MD se trouvera très-facilement en augmentant AC dans le rapport du cosinus de la hauteur vraie au cosinus de la hauteur apparente; par ce moyen, l'on aura la différence apparente d'azimut MD entre la lune & le soleil, prise dans la région de la lune. Dans notre exemple, cette différence apparente est 30′ 56″. Il reste encore une correction à faire, lorsqu'on veut opérer rigoureusement : elle consiste à chercher l'effet de l'applatissement de la terre, ou la parallaxe d'azimut, qui fait toujours paroître la lune du côté du pôle élevé; en voici la règle. La parallaxe horizontale, multipliée par le sinus de l'angle a de la verticale avec le rayon de la terre dans le sphéroïde applati, & par le sinus de l'azimut z, donne la valeur de cette correction, ou la quantité ML, dont le lieu apparent L vu de la surface de la terre, est plus près du nord que le point M où la lune paroîtroit, si la terre étoit sphérique.

La parallaxe étant de 54′ 0″ dans l'*éclipse* de 1764, l'angle a supposé de 14′ 49″, l'azimut de la lune 52° 53′, on a la parallaxe d'azimut p : sinus a. sinus z = 11″ 2, qui retranchée de 30′ 56″, différence d'azimut vue du centre de la terre, donne la différence apparente d'azimut DL, 30′ 44″ 8, telle qu'on la voit à la surface du sphéroïde. *Voyez* le 9e Livre de mon Astronomie.

Les deux petites corrections que nous venons d'expliquer, peuvent se négliger dans tous les cas où il ne s'agit pas d'une observation déja faite, & dont on veut tirer des conséquences rigoureuses.

Quand on a la hauteur vraie de la lune, il s'agit d'avoir sa hauteur apparente; on multipliera la différence des parallaxes du soleil & de la lune, par le cosinus de la hauteur vraie de la lune, que l'on a trouvée ci-dessus, on aura la parallaxe de hauteur à quelques secondes près; cette parallaxe se retranchera de la hauteur vraie de la lune, pour avoir la hauteur apparente, & la différence des parallaxes horizontales multipliée de nouveau par le cosinus de cette hauteur apparente, donnera plus exactement la parallaxe de hauteur. On retranche de cette parallaxe la correction dûe à l'applatissement de la terre p. sinus a. sinus h. cos. z, h est la hauteur de la lune; & l'on a exactement la parallaxe de la hauteur AL ou CD, dans le sphéroïde applati, calculée avec la plus grande exactitude.

La parallaxe de hauteur CD, abaisse la lune au-dessous du soleil; ainsi, l'on en retranchera la quantité CS, dont la hauteur vraie de la lune étoit plus grande que celle du soleil, & l'on aura la différence de hauteur apparente SD. Il y a des cas où il faut prendre la somme de ces deux quantités; mais la figure seule suffira pour appercevoir tous les cas, pourvu qu'on ait placé convenablement le point A & les cercles SP, SO.

Connoissant ainsi la différence apparente de hauteur SD, & la différence apparente d'azimut LD, on résoudra le triangle SLD, & l'on trouvera la distance apparente SL. Cette distance fera connoître si l'*éclipse* est commencée; & l'on en déduira le véritable commencement, en faisant le même calcul pour un tems plus ou moins avancé de quelques minutes, comme on le verra dans l'exemple suivant.

Dans notre exemple, la différence de hauteur vraie entre la lune & le soleil 41′ 17″, étant ajoutée à la hauteur vraie du soleil 33^d^ 7′ 34″, donne la hauteur vraie de la lune 33^d^ 48′ 51″. La différence des parallaxes 54′ 0″ multipliée par le cosinus de la hauteur de la lune, donne la parallaxe de hauteur à-peu-près, 44′ 51″. Cette parallaxe ôtée de la hauteur vraie de la lune 33^d^ 48′ 51″, donne sa hauteur apparente 33^d^ 4′ 0″. Le cosinus de cette hauteur apparente, multipliée par la parallaxe horizontale, donne plus exactement la parallaxe de hauteur 45′ 15″ 6; il en faut ôter la correction p. sin. a. sin. h. cos. z, dûe à l'applatissement, qui se trouvera 4″ 6, & l'on aura la véritable différence des parallaxes dans la sphéroïde applati 45′ 10″ 9, qui est égale à AM ou CD; il en faut retrancher la différence de hauteur vraie CS = 41′ 17″ 3, il reste la différence de hauteur apparente SD 3′ 53″ 6; cette valeur de SD avec celle de DL, qui est 30′ 44″ 8, nous donnera l'angle de distance apparente 82^d^ 47′, & la distance apparente des centres du soleil & de la lune 30′ 59″ 5. La somme du demi-diamètre du soleil 16′ 0″ 8, & du demi-diamètre horizontal de la lune 14′ 47″ 1, augmenté de 7″ 7, à cause de sa hauteur, est de 30′ 55″ 6, quantité moindre de 3″ 9, que la distance apparente des centres; ainsi, le centre de la lune doit se rapprocher encore du centre du soleil de 4″, pour que l'*éclipse* puisse commencer à Paris.

Si l'on refait un semblable calcul, pour un tems plus avancé de 1′, ou pour 9^h^ 11′, l'on trouvera que la distance apparente des centres est de 30′ 27″ 5, plus petite que la précédente de 22″, or 22″ : 60″ :: 4″ : 11‴; donc la distance des centres perdoit dans l'espace de 11″ de tems, les 4″ dont nous l'avons trouvée trop grande; ainsi, l'*éclipse* dut commencer à 9^h^ 10′ 11″. Il faudroit ôter 3″ ½ de la somme des demi-diamètres, & la réduire à 30′ 56″, si l'on vouloit avoir égard à l'*Inflexion* des rayons qui rasent le limbe de la lune; alors la distance apparente seroit sensiblement la même que la somme des demi-diamètres, ce qui annonce que le tems que nous avons choisi, étoit celui du commencement de l'*éclipse*. On trouveroit de même la fin à midi 10′ 1″.

Si l'on veut former l'orbite apparente de la lune, affectée de la parallaxe, pour trouver le milieu de l'*éclipse* & le mouvement apparent de la lune, on se servira du même triangle, dont on connoît les côtés *SD* & *DL*, l'angle *LSD*, 82ᵈ 47′; la somme ou la différence de cet angle & de l'angle parallactique *DSE*, 9° 4′ donnera l'angle *LSE*, 73ᵈ 43′; l'on fera le même calcul pour la fin, la lune étant en *F*, & l'on aura de même l'angle *FSE*, qu'on ajoutera avec l'angle *LSE*; ainsi, l'on formera un triangle *LSF*, dans lequel on connoîtra *LS*, *SF*, & l'angle *LSF*; on cherchera le segment *LX* qui donnera le tems où la lune doit paroître en *X*, c'est le tems du milieu de l'*éclipse*; on cherchera ensuite la perpendiculaire *SX* avec laquelle on trouvera facilement la grandeur de l'*éclipse*, comme nous l'avons fait pour les *éclipses* de lune. Mais si l'on veut avoir égard à la courbure de l'orbite apparente de la lune, pendant la durée de l'*éclipse*, on recommencera le calcul pour le tems du milieu, trouvé à-peu-près par l'opération précédente, & l'on aura en effet, pour la distance apparente, 26″ de moins, qu'en supposant l'orbite rectiligne pendant trois heures.

Ce problême qui consiste à trouver la distance des centres pour un moment donné, & que nous venons de résoudre par le calcul astronomique, a été donné par M. du Séjour dans les *Mémoires de l'académie*, année 1764 & suivantes, avec des formules analytiques très-élégantes & très-générales, dont l'auteur a déduit la solution de tous les problêmes relatifs aux *éclipses*.

Après avoir expliqué la méthode rigoureuse de calculer les *éclipses*, nous passons à une méthode graphique, par laquelle on peut trouver sans calcul, avec la règle & le compas, les phases d'une *éclipse de soleil* à deux ou trois minutes près, ce qui est très-suffisant pour prédire des *éclipses* en différens pays de la terre, & pour tous les usages de l'astronomie, excepté pour le calcul d'une observation déja faite. Cette méthode est plus difficile à démontrer, mais beaucoup plus facile à exécuter que la méthode rigoureuse que nous venons d'expliquer. La figure que l'on fait pour trouver les phases d'une *éclipse*, est celle du globe terrestre projetté, c'est-à-dire, rapporté dans la région de la lune. Pour faire sentir les raisons & les principes de cette opération graphique, nous allons montrer la manière dont les *éclipses de soleil* arrivent sur la surface de la terre, dans le cas le plus simple, en supposant un principe qu'il ne faut pas perdre de vue, savoir, que le soleil est assez éloigné de nous, pour que les rayons qui partent du centre du soleil, & qui vont aux différens points de la terre, soient sensiblement parallèles. Le point *T*, (*pl. d'Astron. fig. 64*) que je suppose le centre de la terre, voit le centre du soleil par un rayon *TS*; le point *E* qui est à la surface de la terre, voit le centre du soleil par un rayon *EO*, qui ne fait avec le précédent qu'un angle de 8″ ½, & qui va par conséquent le rencontrer à 34 millions de lieues, c'est-à-dire à une distance prodigieuse; ainsi, ce rayon est sensiblement parallèle au précédent: on peut donc supposer que la ligne *EAO*, parallèle à *TLS*, est celle par laquelle le point *E* de la terre voit le centre du soleil.

Si cependant l'on vouloit avoir égard à la parallaxe du soleil, & supposer que le rayon *EO* se rapproche de *TS* pour aller former au centre du soleil un angle de 8″ ½, toute la différence consistera à diminuer l'angle *TEA* de 8″ ½, en tirant une ligne *ER* qui fasse avec *EO* un angle *REO*, & ce sera sur la ligne *ER*, que le point *E* de la terre verra le centre du soleil. Si l'on suppose que *LA* soit une portion de l'orbite lunaire interceptée par les rayons *TS*, *EO*, la ligne *LA* que nous appellons *la projection du rayon de la terre ET*, dans l'orbite lunaire, paroîtra plus petite de 8″ ½, lorsqu'on voudra tenir compte de la parallaxe du soleil. Supposons que le soleil soit au point *S*, l'espace que les rayons *GS* & *TS* interceptent dans l'orbite de la lune, & que nous avons appellé *la projection de la terre*, est vu de la terre *G*, sous un angle *LGS* qui est la différence des parallaxes de la lune & du soleil, c'est-à-dire, la différence des angles *GLT* & *LSG*, mais il faut imaginer le point de concours *S* à une distance prodigieuse, pour que l'angle *S* ne soit que de 8″ ½: alors l'angle *LGS* est plus petit de cette quantité que l'angle *L*, & l'angle *REL* plus petit de 8″ ½ que l'angle *ELT* ou son égal *OEL*; ainsi, la projection de la terre est vue sous un angle *LEA*, sensiblement égal à la parallaxe de la lune.

Si la lune est en *L* au moment de la conjonction, l'observateur placé en *K*, sur la surface de la terre, verra une *éclipse* centrale de soleil, puisque le centre de la lune lui paroîtra sur le rayon *TKLS*, par lequel il voit le centre du soleil. Soit *AL* une portion de l'orbite lunaire, décrite avant la conjonction, en allant de *A* en *L*, ou d'occident vers l'orient; puisque le point *E* de la terre voit le centre du soleil sur la ligne *EAO*, il s'ensuit évidemment que quand la lune sera au point *A* de son orbite, elle couvrira le soleil & formera une *éclipse* centrale pour l'observateur placé en *E*, puisqu'alors le centre de la lune & celui du soleil lui paroîtront sur une même ligne *EAO*.

Si la lune emploie une heure à parcourir la portion *AL* de son orbite, l'*éclipse* aura lieu pour le point *E* de la terre, une heure avant qu'elle ait lieu pour le point *K*, ou pour le centre *T* de la terre, de la terre, c'est-à-dire, une heure avant la conjonction que je suppose arrivée au point *L*. L'on a d'abord quelque peine à se figurer le soleil, répondant ainsi au même instant à divers points de la projection pour différens lieux : mais qu'on réfléchisse à ce qui se passe dans une allée de jardin, où l'on se promène en voyant le soleil sur sa droite, toutes les ombres des arbres sont parallèles entr'elles; quand on est sur la première ombre, on voit le soleil répondre au premier arbre; quand on a fait quelques pas, on voit le soleil répondre à l'arbre suivant, & s'il y a quatre personnes en même tems qui soient entr'elles à la même distance que les quatre arbres sont entr'eux, elles verront répondre le soleil aux quatre arbres différens; c'est ainsi que l'observateur qui est en *D*, voit le soleil répondre au point *C* de l'orbite de la lune ou de la projection; tandis que l'observateur qui est en *K* voit le soleil au point *L*, comme celui qui est en *F* voit le soleil au point *H*.

Ainsi, pour trouver la manière dont une *éclipse* doit paroître à différens points de la terre, il suffit d'en faire la projection sur un plan *A L*, & la manière dont l'orbite de la lune traversera cette projection, nous montrera les circonstances de l'*éclipse*; nous serons assurés, par exemple, que si le point *E* de la terre étant projette en *A*, la lune se trouve en même tems au point *A*, elle fera une *éclipse* centrale pour l'observateur situé en *E*.

La partie *A L* de l'orbite lunaire égale au rayon *E T* de la terre, paroît sous un angle *A E L*, égal à l'angle *E L T* qui est la parallaxe horizontale de la lune; soit aussi la partie *ML* égale à la somme du demi-diamètre *B M* de la lune, du demi-diamètre *B A* du soleil, & de la parallaxe horizontale de la lune qui est égale à *A L*, alors le point *E* de la terre verra commencer l'*éclipse* aussi-tôt que la distance *M L* de la lune, au point *L* de la conjonction, sera égale à la somme des demi-diamètres du soleil & de la lune, & de la parallaxe horizontale de la lune, dont on aura ôté 9 secondes pour plus d'exactitude. De même le point *G*, le dernier & le plus oriental de la terre, verra finir entièrement l'*éclipse*, lorsque la lune, après avoir passé la conjonction, sera éloignée du point *L* de la même quantité, c'est-à-dire de la somme des demi-diamètres du soleil & de la lune, & de la parallaxe horizontale de la lune.

Si la lune est en *C*, de manière que *A C* soit aussi égal à la somme des demi-diamètres du soleil & de la lune, le point *E* de la terre verra le centre *C* de la lune éloigné du centre *A* du soleil, de la somme des demi-diamètres, c'est-à-dire, qu'il verra les bords du soleil & de la lune se toucher, & l'*éclipse* finir.

J'ai supposé jusqu'ici que l'orbite *L A B M* de la lune passoit par la ligne *S L T*, qui joint les centres du soleil & de la terre, & que la lune, en conjonction, n'avoit aucune latitude; voyons ce qui arrivera dans le cas où la lune, en conjonction, auroit une latitude. Il faut considérer d'abord que tout ce que j'ai dit du point *M*, doit s'entendre également de tout autre point qui seroit à la même distance du point *T* & du point *L*; supposons que la ligne *L M* (égale à la parallaxe de la lune plus la somme des demi-diamètres du soleil & de la lune) tourne autour du point *L*, & décrive un cercle dont le plan soit perpendiculaire à *L T*, & au plan de notre figure, en sorte que tous les points de ce cercle soient à égales distances du point *T*; ce cercle décrit sur *L M*, est ce que nous appellerons le *cercle de projection*, & nous allons le considérer seul dans la suite de notre explication, en y rapportant tout ce que nous venons de dire sur la *figure 64*. Il est évident que les différens points du cercle, placé dans la région de la lune & décrit sur *L A*, répondent aux différens points de la circonférence de la terre, de la même manière que le point *A* répond au point *E* de la terre, & le point *L* au point *K*; chaque point de la terre a sa projection ou son image à l'extrémité de la ligne, qui va tomber perpendiculairement au plan de projection dans la région de la lune.

Supposons une ligne *L B* (*fig. 58*) de même longueur que la somme *L M* du rayon de projection & des demi-diamètres du soleil & de la lune dans la *figure 64*. Décrivons un cercle *B C G D* sur le plan de projection; décrivons aussi un autre cercle *A E F R*, dont le rayon *L A* soit égal à la parallaxe de la lune, (dont on retranchera 9″ pour plus d'exactitude) comme *L A*, dans la *figure 64*, formoit le rayon de projection égal au rayon de la terre, & vu sous un angle égal à la parallaxe de la lune. Lorsque la lune approchera assez de la conjonction pour que son centre vienne à se trouver sur quelque point *K* de la circonférence *B C D*, l'*éclipse* commencera pour quelque point de la surface de la terre.

De même, lorsque le centre de la lune sera sur quelque point *V* de la circonférence *A V E* du cercle de projection, le centre de la lune paroîtra répondre sur le centre du soleil, & l'*éclipse* commencera d'être centrale pour quelque point de la surface de la terre, c'est-à-dire, pour celui qui se trouvera directement sous le point *V*, ou qui aura sa projection au point *V*.

Ainsi l'on peut, par le moyen de cette figure, calculer une *éclipse* de soleil pour la terre en général, sans égard à la situation de chaque pays déterminé. Lorsque la lune est en *K*, on a le commencement; le milieu est en *M* & la fin en *G*. Pour connoître le tems du milieu de l'*éclipse* générale, on suppose les mêmes calculs préliminaires, & l'on suit la même méthode que pour une *éclipse* de lune. *D L A B*, représente une portion de l'écliptique; *L* le point où est le soleil au moment de la conjonction; *H L* la latitude de la lune; *K M G* l'orbite relative; *LM* la perpendiculaire à l'orbite. Dans le triangle *LMH* rectangle en *M*, on connoît l'angle *HLM* égal à l'inclinaison de l'orbite relative, & l'hypothénuse *HL* égale à la latitude de la lune; on multipliera le côté *LH* par le sinus de l'angle *MLH*, & l'on aura le côté *HM*; on le convertira en tems, à raison du mouvement horaire de la lune sur l'orbite relative, & l'on aura l'intervalle entre la conjonction & le milieu de l'*éclipse* générale. Pour trouver le commencement & la fin, on calculera aussi la perpendiculaire *LM*, & l'on résoudra le triangle *LMK*, dans lequel on connoît aussi le côté *LK*. Pour trouver le commencement & la fin de l'*éclipse* centrale, on résoudra le triangle *LMV*; le procédé est à-peu-près le même que pour les *éclipses* de lune.

Quand il s'agit de trouver quel est le pays de la terre qui répond au point *V* de la projection, ou à quelque autre point de l'orbite de la lune, on peut employer le calcul trigonométrique, comme je l'ai expliqué dans mon *astronomie*, ou le calcul analytique, comme M. du Séjour l'a donné fort au long dans les *Mémoires de l'Académie*; mais je vais tâcher de faire sentir, par le moyen d'un globe, la manière dont on peut connoître facilement les phases d'une *éclipse* pour les différens pays de la terre, du moins à-peu-près, & suffisamment pour tracer les lignes des phases, comme dans la carte, *fig. 73*. Pour plus de simplicité, je ne suppose qu'un globe terrestre qui ait cependant au moins six pouces de diamètre, & une règle avec deux pieds représentée par *G V A E*, *fig. 59*, dont la longueur *VA* soit égale au diamètre du globe dont on se sert, & la hauteur égale au rayon du globe, ou un peu plus, afin d'être placée sur son horizon *GE*; le rayon du globe doit représenter le rayon de la terre, ou la parallaxe de la lune, comme *LA* dans la *fig. 64*; c'est-à-dire qu'il faut le supposer, par exemple, de 54′ dans notre exemple, parce que la parallaxe de la lune, dans l'*éclipse* de soleil de 1764, étoit de 54′.

Pour placer sur le globe l'orbite de la lune, il faut avoir fait une figure telle que la *fig. 58*, où la ligne *BLD* représente une portion de l'écliptique, & *XV* l'orbite relative, on y ajoutera une ligne *OLQ* pour représenter un diamètre de l'équateur; en faisant l'angle *ALO* égal à l'angle de position, ou au complément de l'angle de l'écliptique avec le méridien; le diamètre de l'équateur sera au midi ou au-dessous de l'écliptique à l'orient du globe, dans les signes ascendans, c'est-à-dire, quand la conjonction arrivera depuis le 21 décembre jusqu'au 21 juin. La somme de l'angle *ALO* & de l'inclinaison de l'orbite relative ou leur différence, suivant les cas, donnera l'angle de la perpendiculaire *LM* avec le méridien universel *LP*, ou le méridien du globe, que l'on suppose immobile; cet angle *PLM*, c'est-à-dire l'angle de l'orbite *GK* avec l'équateur *QLO*, ou de la perpendiculaire *LM* avec le cercle de déclinaison *LP*, étoit de 28° 44′ *en 1764*. On prendra sur la figure, avec un compas, les arcs *OV*, *QX*, & l'on marquera un pareil nombre de degrés, sur l'horizon du globe, à compter depuis les vrais points d'orient & d'occident, c'est-à-dire, depuis les intersections de l'équateur & de l'horizon du globe, en allant du côté du nord, si la latitude de la lune est boréale; du côté du midi, si elle est australe.

On élevera le pole du globe sur son horizon, du nombre de degrés que la déclinaison du soleil indiquera. Si la déclinaison est boréale, c'est le pole boréal qu'il faut élever; ce sera le pole antarctique si la déclinaison est méridionale. On placera le support *GVAE* (*fig. 59*) de manière que le bord de la règle supérieure *VA* réponde perpendiculairement au-dessus des deux points marqués sur l'horizon du globe; dans cet état, cette traverse *VA* représentera l'orbite de la lune, placée sur l'horizon du globe, comme elle l'étoit sur le cercle de projection dans la *figure 58*.

Il faut prendre encore sur la *figure 58*, les tems de l'orbite lunaire qui répondent en *V* & en *X*, c'est-à-dire au commencement & à la fin; on les écrira sur le support *VA* que je suppose couvert d'une petite bande de papier collé, & l'on aura un intervalle *AV*, qu'on divisera en minutes de tems, comme nous l'avons dit en parlant des *éclipses* de lune, ou bien l'on se servira du mouvement horaire, & l'on marquera le tems du milieu de l'*éclipse* sur le milieu *L* de la règle, & les autres positions de la lune de cinq en cinq minutes sur l'orbite *VA*.

Il ne s'agira plus que de placer le globe sur l'heure qui lui convient : par exemple, dans l'*éclipse* de 1764, la lune devant être en *A* à $9^h\ 2'$, qui est le commencement de l'*éclipse* centrale, on tournera le globe de manière que Paris soit en *C* $2^h\ 58'$ à l'occident du méridien du globe, ou du méridien universel *MP* : c'est ce méridien dans lequel le soleil est supposé fixe, tandis que tous les pays de la terre passent successivement devant lui par la rotation du globe d'occident en orient.

Le globe terrestre étant ainsi disposé pour l'heure de Paris, il est aussi placé pour tous les autres pays, & la lune étant supposée en *A*, le point *E* de la terre qui répond perpendiculairement sous la lune, est celui où l'*éclipse* paroît centrale dans ce même moment; on n'a donc qu'à abaisser un à-plomb du point *A*, si l'horizon du globe est bien de niveau, ou placer l'œil perpendiculairement au-dessus du point *A*, ou enfin se servir d'une petite équerre, & l'on verra sur le globe le point *E* de la terre que l'on cherchoit perpendiculairement au-dessous de *A*; l'on marquera la longitude & la latitude de ce point là; ce sera le premier point de l'*éclipse* centrale, marqué en *A* sur le côté gauche de la *figure 73*.

Pour connoître les derniers pays au nord & au

midi qui verront l'*éclipse*, dans le même moment, la lune étant en *A*, l'on placera en *A* le centre d'un cercle dont le rayon *AD* soit égal à la somme des demi-diamètres du soleil & de la lune; on pourra faire un cercle de carton, qu'on placera parallèlement à l'horizon du globe, son centre étant en *A*; ou bien l'on fera circuler un compas dont l'ouverture soit égale à la somme des demi-diamètres, & dont une pointe soit en *A*; on remarquera tous les points du globe qui se trouveront répondre perpendiculairement sous la circonférence de ce cercle; ce sont ceux qui verront les bords du soleil & de la lune se toucher au même instant; ceux qui seront les plus au nord ou les plus au midi, ne verront point d'*éclipse*, mais un simple attouchement; & en continuant à chercher ces points pour les autres instans de la durée de l'*éclipse*, c'est-à-dire en promenant le cercle *D* sur l'orbite *AV*, & disposant le globe pour chaque instant, on trouvera tous les points de la terre qui sont sur la ligne *BC* (*fig. 73*) & qui ne voient qu'un simple attouchement des bords du soleil & de la lune. En diminuant le cercle *D*, *fig. 59*, de la moitié du diamètre du soleil, on trouvera sur le globe les points qui doivent avoir la plus grande phase de six doigts.

Mais cette méthode, pour calculer une *éclipse* de soleil, n'étant qu'un à-peu-près, nous allons en expliquer une où l'on peut mettre la précision des minutes, en employant seulement la règle & le compas; mais il faut pour cela reprendre, avec plus de méthode, les principes & les propriétés de la projection orthographique.

Projetter une figure, c'est la rapporter à un autre plan, par des lignes tirées de chaque point de la figure, à chaque point du plan. On distingue plusieurs sortes de projections, mais la plus simple de toutes, est la projection orthographique formée par des lignes perpendiculaires au plan de projection, c'est celle dont on se sert avec avantage pour les *éclipses* sujettes aux parallaxes. Soit une ligne *AB*, (*fig. 60*,) & un plan quelconque *PL* différent de cette ligne. Si des extrémités *A* & *B*. de la ligne donnée, on abaisse sur le plan *PL* des perpendiculaires *Aa*, *Bb*, l'espace *ab* qu'elles occuperont sur le plan *PL* sera la projection orthographique de la ligne *AB*, & le plan *PL* sur lequel on a abaissé ces perpendiculaires, s'appellera le *plan de projection*.

La projection orthographique *ab* d'une ligne *AB*, faite sur un plan de projection *PL*, par les perpendiculaires *Aa*, *Bb*, est le produit de cette ligne *AB*, par le cosinus de son inclinaison; car ayant tiré *AC*, parallèle à *PL*., l'angle *BAC* est égal à l'inclinaison de la ligne *AB* sur le plan de projection *PL*; & $AC = ab$ est la projection de la ligne *AB*; or $AB : AC :: R : \text{cos. } BAC$: ainsi, le rayon est au cosinus de l'inclinaison comme la ligne *AB* est à sa projection *AC*. Donc, si l'on prend le rayon pour l'unité, on trouvera que la projection d'une ligne est égale à cette ligne, multipliée par le cosinus de son inclinaison, sur le plan de projection; ou si l'on prend la ligne *AB* pour unité, sa projection *AC* sera le cosinus même de son inclinaison.

La projection *CK*, *fig. 61*, d'un arc tel que *FI*, est égal à son sinus quand on part du point qui répond à la ligne des centres. Soit la circonférence *DFH* du demi-cercle, dont on demande la projection, située dans un plan perpendiculaire au plan de projection; toutes les lignes perpendiculaires *FC* abaissées de chaque point de la circonférence sur le rayon *CH*, seront perpendiculaires au plan, & marqueront les projections des mêmes points; le point *K* sera la projection du point *I*; ainsi, la ligne *CK* sera la projection de l'arc *FI*; mais si *C* est le centre du cercle, *CK* égal à *IL* est le sinus de l'arc *FI*: ainsi, les sinus des arcs *FI* seront les projections de ces arcs, si l'on prend leur origine au point *F*, qui répond perpendiculairement au centre *C*.

La projection d'un demi-cercle *DFH*, incliné sur le plan de projection, est une courbe *DGGH*, dans laquelle toutes les ordonnées, comme *KG*, perpendiculaires à la commune section *DH* des deux plans, sont égales chacune à l'ordonnée correspondante *IK*, multipliée par le cosinus de l'inclinaison des deux plans; ainsi, toutes ces ordonnées sont diminuées dans le même rapport; elles forment donc une ellipse; car l'ellipse n'est autre chose qu'un cercle dont toutes les ordonnées sont diminuées en même proportion, tandis que les abscisses restent les mêmes. Voilà pourquoi un cercle, vu obliquement, paroît sous la forme d'une ellipse. On sait qu'une ligne *AB*, *fig. 62*, vue obliquement d'un point *O*, paroît de la même grandeur que la ligne perpendiculaire $AC = AB. \text{ sin. } ABC$; ainsi, dans un cercle *CAD*, *fig. 63*, vu obliquement, toutes les ordonnées *AB*, *EF* paroissent plus petites dans le même rapport; or un cercle devient une ellipse quand toutes ses ordonnées sont diminuées dans un même rapport: le cercle paroît donc une ellipse *CGD*, dont le petit axe est au grand, comme le sinus de l'inclinaison est au rayon; cette proportion revient au même que l'expression précédente. Il est nécessaire de s'accoutumer à comprendre que le cercle vu obliquement, paroît une ellipse, ou que projetté & rapporté sur un plan par des lignes perpendiculaires, il y forme une ellipse; car nous faisons un usage continuel dans l'astronomie de cette considération. Voyons actuellement de quelle manière cette projection peut se tracer avec l'exactitude nécessaire, pour calculer une *éclipse*, & en trouver les phases par la seule figure.

Les principales lignes de la projection d'une *éclipse* sont représentées dans la *fig. 65*; *ST* est la ligne menée du centre du soleil au centre de la terre que nous appellons simplement *la ligne des centres*; *IL* un plan qui passe par le centre de la terre perpendiculairement à la ligne des centres. Ce plan forme le cercle d'illumination, & sépare la partie éclairée *I D L* de la partie obscure *L O V I*; nous allons rapporter à ce plan, les différentes parties de la projection; mais tout ce que nous dirons à ce sujet, pourra s'appliquer au plan de projection, lors même que nous le placerons dans la région de la lune, parce qu'il sera toujours parallèle au cercle d'illumination, & y formera une figure semblable & sensiblement égale. La ligne *P O* est l'axe de la terre; *E Q* le diamètre de l'équateur *P E L O Q I P* le méridien universel, c'est-à-dire, celui qui passe continuellement par le soleil, & que les différens pays de la terre atteignent successivement par la rotation diurne du globe; *E D* est la déclinaison du soleil, ou sa distance à l'équateur; l'arc *P I* est l'élévation du pôle au-dessus du plan de projection: cette hauteur est égale à la déclinaison du soleil; car si des angles droits *P T E* & *D T I* l'on ôte la partie commune *P D*, on aura l'arc *P I* = *D E* qui est la distance du soleil à l'équateur *E*, ou sa déclinaison. Cette élévation du pôle sur le plan de projection, est aussi égale à l'inclinaison de tous les parallèles terrestres & de l'équateur *E Q*, par rapport à la ligne des centres *T S*, & le complément de leur inclinaison par rapport au plan de projection *I T L*.

Ayant pris depuis l'équateur, les arcs *E G* & *Q F* égaux à la latitude d'un lieu de la terre, tel que Paris, on tirera la ligne *G H F* perpendiculaire à l'axe *P O*, *G H* qui est le cosinus de la latitude *E G*, sera le rayon du parallèle de Paris, ou du cercle que décrit Paris chaque jour, par la rotation diurne de la terre; & *G F* sera le diamètre de ce parallèle. Des points *G*, *F* & *H*, qui sont les extrémités & le centre du parallèle de Paris, nous abaisserons des perpendiculaires *G M*, *F R*, *H N*; les points *M*, *R*, *N* où ces perpendiculaires rencontrent le plan de projection *I L*, seront les projections des extrémités & du centre du parallèle. La distance *T M* du centre *T* de la projection au bord intérieur *M* de la projection du parallèle de Paris, est égale au sinus de l'arc *G D*, ou de la différence entre *F G* qui est la latitude de Paris, & *D E* qui est la déclinaison du soleil; la distance *T R* du centre *T*, de la projection à l'extrémité la plus éloignée *R* du parallèle de Paris, est égale au sinus de l'arc *D F* ou *V F*; cet arc *V F* est égal à la somme des arcs *V Q* & *Q F*, dont l'un est égal à la déclinaison du soleil, & l'autre à la latitude de Paris: ainsi, la distance du centre de la projection au sommet du parallèle, est égale au sinus de la somme de la latitude du lieu, & de la déclinaison du soleil.

La distance *T N*, ou l'espace compris entre le centre *T* de la projection, & le centre *N* du parallèle, est le cosinus de l'angle *H T N* pour le rayon *T H*, ou égal à *T H* cos. *H T N*; mais *T H* est le sinus de la latitude de Paris; *H T N* est égal à l'arc *P I* ou à *D E*, c'est-à-dire, à la déclinaison du soleil pour le moment donné, en prenant pour rayon, le rayon même de la projection, donc *T N* est le produit du sinus de la latitude, & du cosinus de la déclinaison.

Soit *P C R*, l'axe de la terre, *fig. 66*, élevé au-dessus du cercle d'illumination, ou du cercle terminateur, de la quantité *P C N*, égale à la déclinaison du soleil. Soit *A B D E* le cercle ou parallèle diurne de Paris; *A F*, *D G* des lignes parallèles aux rayons du soleil, & parallèles entr'elles. Ces lignes forment entre la terre & la lune, un cylindre oblique dont la base est un cercle, mais dont toutes les sections perpendiculaires à l'axe sont des ellipses, puisqu'elles sont la projection d'un cercle vu obliquement.

La projection de la terre entière dans l'orbe de la lune, sera un cercle *M F K G* parallèle & égal au cercle d'illumination de la terre: mais le parallèle de Paris ou le cercle *A B D E* n'étant point parallèle au plan de projection *X Y*, ou à la ligne *N O*, il ne peut se projetter que sous une forme elliptique. C'est cette ellipse que nous allons décrire; elle est la même sur le plan de projection *X Y* que sur le plan qui passeroit par *N O*; ainsi, tout ce que nous avons dit à l'occasion de la *fig. 65*, aura lieu pour l'ellipse que nous allons décrire sur le cercle de projection qui passe par l'orbite lunaire.

Dans les opérations suivantes, il faut bien comprendre que la distance de la lune, au point de la projection qui représente un lieu de la terre, marque la distance apparente du soleil & de la lune pour ce point là: je suppose un point *A* de la terre, *fig. 66*, projetté en *F* par un rayon *A F*; le même lieu *A* de la terre voit le soleil sur la ligne *A F*; si le centre de la lune répond alors au point *L* de la projection, l'observateur situé en *A*, verra la lune éloignée du soleil de la quantité *F L*. Ainsi, le point *F* étant la projection du point *A* de la terre, c'est au point *F* de la projection que l'on rapporte le soleil, quand on l'observe du point *A*.

Au moyen des propriétés que nous avons expliquées, & de celles de l'ellipse, il est aisé de tracer l'ellipse de projection pour un lieu & pour un jour donné. Soit *A X B*, *fig. 67*, le cercle d'illumination, ou le cercle de la terre qui est perpendiculaire au rayon du soleil ou à la ligne des centres; il faut supposer le soleil au-dessus de la figure, répondant perpendiculairement au-dessus du centre *C* de la terre. La ligne *X P D C* est un diamètre du méridien universel, dans lequel on suppose le soleil immobile; *A C B* est un diamètre de l'équateur, perpendiculaire au méridien universel; *P* est la projection du pôle, c'est-à-dire, le point du plan de projection sur lequel le pôle répond perpendiculairement; on prendra les arcs *B L* & *A K* égaux à la latitude du lieu; ensuite les arcs *K M*, *K N*, *L R*, *L V*, égaux à la déclinaison du soleil; on tirera les lignes *M E R*,

NFV, l'on aura CE égale au sinus de BR ou de la somme de la latitude du lieu & de la déclinaison de l'astre ; & la ligne CF égale au sinus de BV ou de la différence des mêmes arcs. Ainsi, les points E & F seront les extrémités de la projection du parallèle ; donc l'ellipse qui représente le parallèle de Paris, aura EF pour petit axe ; & divisant EF en deux parties égales au point G, l'on aura le centre de l'ellipse ; car le centre doit être nécessairement à égale distance des deux extrémités E, F, du petit axe.

Il est vrai que le point G est différent du point D, par lequel passe le diamètre KL du parallèle de Paris ; mais cela vient de ce que le cercle AXB sur lequel nous avons pris les arcs BL, & AK égaux à la latitude de Paris, n'est pas un méridien, ni un cercle sur lequel se comptent les latitudes ; l'axe est incliné au cercle de projection ; le méridien qui passe par AB est incliné au cercle AXB ; le point de l'axe par lequel passe le parallèle de Paris, est bien à une distance du centre égale à CD ; mais ce point rapporté sur le cercle de projection, répond perpendiculairement en G, en sorte que CG est égale à CD multipliée par le cosinus de la déclinaison du soleil.

Mais le demi grand axe de l'ellipse n'est autre chose que le cosinus de la latitude du lieu ; ayant donc la grandeur de l'axe, on tirera par le centre G que nous avons déterminé, une ligne SGQ parallèle & égale à KL, qui est égale au diamètre du parallèle de Paris ; SGQ sera le grand axe de l'ellipse qu'il s'agit de décrire.

Connoissant le grand axe SQ & le petit axe EGF de l'ellipse que nous cherchons, il sera aisé de la tracer, c'est-à-dire, d'en trouver tous les points d'heure en heure. On décrira sur le grand axe un cercle $SHQO$ qui représentera le parallèle de Paris ; ce cercle étant divisé en 24 heures aux points marqués 1, 2, 3, &c. on sera sûr que chaque point g du parallèle paroîtra sur la ligne gf perpendiculaire au grand axe : car quelle que soit l'inclinaison du cercle SHL, & l'obliquité sous laquelle il sera vu, pourvu qu'il passe par les points S & Q, le point g de sa circonférence répondra toujours perpendiculairement au point h du grand axe, & l'abscisse Gh de l'ellipse sera toujours le sinus de l'arc Hg du parallèle ou de la distance au méridien, qui est de 15° à une heure, & ainsi des autres.

Pour trouver aussi l'ordonnée bh de l'ellipse au même point, on remarquera que la ligne gh étant vue obliquement, doit paroître d'une longueur bh, telle que bh soit à gh, comme le cosinus de l'inclinaison du parallèle est au rayon, ou comme le sinus de la déclinaison est au rayon, ou enfin comme le demi petit axe EG est au grand demi axe HG ; donc $HG : gh :: EG : bh$; ainsi gh étant par exemple le cosinus de 30^d pour le rayon HG, bh sera le cosinus de 30^d pour le rayon GE. Les abscisses comme Gh de l'ellipse, étant les sinus de 15^d, 30^d 45^d, &c. les ordonnées bh doivent être les cosinus des mêmes arcs, en prenant pour rayon la moitié du petit axe ; on marquera donc en partant du centre G les points 1, h, 3, tel que G 1 soit le sinus de 15^d, Gh, le sinus de 30^d &c. aux points 1 ; h, 3, &c. on élévera sur GQ des perpendiculaires qui soient les cosinus de 15^d, 30^d, 45^d, pour le rayon FG, ou GE, & ces perpendiculaires détermineront les points cherchés & le contour de l'ellipse du parallèle.

Pour trouver aisément ces sinus & ces cosinus, au défaut d'un compas de proportion, on décrit du centre G un autre cercle EVF sur le petit axe ; on le divise comme le cercle HQ en 24 parties, ou en 48, si l'on veut avoir les demi-heures ; par les points de divisions du grand cercle, on tire des lignes comme gbf parallèles au petit axe, & par les points de divisions du petit cercle, qui correspondent aux mêmes heures, on tire des lignes comme ab parallèles au grand axe, celles-ci étant prolongées vont rencontrer les premières dans des points tels que b, & la suite de ces points forme l'ellipse qu'on cherche.

Lorsqu'on a tracé une ellipse bien divisée, sur un cercle de projection, comme l'ellipse de la *figure 68*, on se sert de la partie inférieure de l'ellipse, quand la déclinaison est septentrionale, & de sa partie supérieure quand la déclinaison est méridionale. Mais soit qu'on se serve de la partie supérieure ou de la partie inférieure de l'ellipse, il faut toujours considérer Paris, comme allant vers la gauche, c'est-à-dire, à l'orient dans la partie visible du parallèle, ou dans la partie qui est tournée vers le soleil ou l'étoile.

La partie droite ou occidentale de l'ellipse sert pour les heures du matin, dans les *éclipses de soleil* ; si c'est une *éclipse* d'étoile fixe, cette partie sert avant le passage de l'étoile au méridien, puisque le mouvement de la terre se fait vers l'orient, soit sur la terre, soit sur la projection qui en est l'image ; on marque 0^h ou 12^h aux sommets du petit axe, lorsqu'il s'agit du soleil, ou bien l'on y marque l'heure du passage de l'étoile au méridien, lorsqu'il s'agit d'une *éclipse* d'étoile par la lune.

Il est essentiel de marquer sur la projection, la situation du cercle de latitude ou de l'axe de l'écliptique, par rapport au cercle de déclinaison, ou au petit axe de l'ellipse ; cette position peut se trouver par le moyen du calcul de l'angle de position ; mais, pour abréger autant qu'il est possible, on se sert d'une opération graphique de la manière suivante. Je suppose que FGH, *fig.* 70, soit un arc du cercle de projection égal au double de l'obliquité de l'écliptique, c'est-à-dire, que les arcs GF & GH soient chacun de 23^d $28'$; sur la tangente GV de 23^d $28'$ & du centre G, l'on décrira un demi-cercle VMX qu'on divisera en 12 signes comme l'écliptique, en commençant au point X du côté de l'occident, où l'on marquera le belier, ou 0^s

de longitude; on prendra sur ce cercle un arc égal à la longitude du soleil ou de l'étoile, par exemple *XM*; on abaissera sur le diamètre *VX* la perpendiculaire *MN*; & le point *N* de la tangente *GNV* où passera cette perpendiculaire *MN*, sera le point où l'on devra tirer le cercle de la latitude *CSN*, l'angle *GCS* sera l'angle de position.

On pourroit aussi faire une construction semblable pour les étoiles fixes que la lune rencontre, en supposant le cosinus de la latitude égale au rayon; mais celle que je viens d'expliquer peut suffire même pour les étoiles; l'erreur n'est pas de 8′ de degré sur l'angle de position, ce qui est insensible dans des figures d'un pied de rayon, telles que j'ai coutume de les employer. Au reste, on trouve dans mon *Astronomie* ces angles calculés pour toutes les étoiles considérables, & j'en ai marqué plusieurs dans la *figure 68*. On y voit que toutes celles dont la longitude est dans le premier ou le dernier quart de l'écliptique, c'est-à-dire, dans les signes ascendans, sont à la droite du méridien *CS*; les autres sont à la gauche, ou à l'occident du côté du nord.

On peut maintenant, par une opération très-commode, & avec l'exactitude d'une ou deux minutes de tems, trouver le commencement & la fin d'une *éclipse* avec la règle & le compas. On voit dans la *figure 68*, un demi-cercle qui doit avoir au moins 6 pouces de rayon, & qui représente la projection de la terre dans l'orbite de la lune; le rayon *CR* est divisé en autant de minutes qu'en contient la parallaxe horizontale de la lune; le diamètre *TR* est parallèle à l'équateur : *CS* est une portion du méridien universel ou du cercle de déclinaison qui passe par le soleil ou par l'étoile; *CK* est la distance du centre de projection au centre de l'ellipse; *KE* est le demi-axe de l'ellipse, *KV* ou *KQ* le demi petit axe; nous avons donné ci-dessus la manière de trouver toutes ces dimensions. Cette ellipse représente le parallèle de Paris, ou la trace décrite sur le plan de projection, par le rayon mené de Paris à une étoile, dont la déclinaison est de 26 degrés. On tirera le cercle de latitude *CL*, ou l'axe de l'écliptique, de la manière que nous avons indiqué; dans ce cas-ci, il est à la gauche du cercle de déclinaison, & placé pour l'étoile antarès ou α ♏, c'est-à-dire, α du scorpion.

La latitude de la lune, au moment de la conjonction, étant prise sur les divisions de la ligne *CR* qui sert d'échelle, & portée de *C* en *L* sur le cercle de latitude, le point *L* est celui où doit passer l'orbite de la lune; on marquera au point *L* l'heure de la conjonction.

Pour tracer l'orbite de la lune, on tirera au point *L* de la conjonction une ligne *LM* perpendiculaire au cercle de latitude; le mouvement horaire de la lune en longitude, moins celui du soleil pris sur l'échelle *CR* se porte de *L* en *M*; le mouvement de latitude se porte de *M* en *N* parallèlement au cercle de latitude; au midi du point *M*, si la lune se rapproche du nord, & au nord si elle s'approche du midi; par les points *N* & *L*, on tire l'orbite de lune *INL* & l'on marque une heure de moins au point *N* qu'au point *L*: l'on divise *NL* en 60 minutes de tems, & l'on porte les mêmes divisions à gauche du point *L*, pour avoir la situation de la lune de minutes en minutes, une heure avant & une heure après la conjonction. On prolonge ces mêmes divisions plus loin si cela est nécessaire.

On marque sur l'ellipse les heures du soleil ou de l'étoile qui répondent aux divisions qu'on a trouvées par les règles précédentes, en décrivant l'ellipse; savoir, 6^h du matin à la droite, & 6^h du soir à la partie orientale ou à gauche, *&c.* s'il s'agit du soleil.

On prend sur les divisions de *CR* la somme des demi-diamètres du soleil & de la lune, ou le diamètre seul de la lune, s'il s'agit d'une *éclipse* d'étoile. Le compas étant ouvert de cette quantité, on voit si le tems de la conjonction marqué en *L*, & la même minute de tems, prise sur les divisions de l'ellipse, sont éloignés entr'eux de cette quantité des demi-diamètres; dans ce cas, le tems de la conjonction seroit aussi le tems du commencement ou de la fin de l'*éclipse*; ce seroit le commencement, si le point trouvé sur le parallèle étoit à gauche ou à l'orient du point *L*; ce seroit la fin de l'*éclipse*, si le point de l'ellipse, marqué de la même heure que le point *L*, étoit à l'occident ou à la droite du point *L* de l'orbite. Si cette distance des points correspondans sur l'ellipse & sur l'orbite de la lune, n'est pas égale à la somme des demi-diamètres, on cherchera en avançant à la droite du point *L*, toujours avec la même ouverture de compas, une heure dans l'ellipse & dans l'orbite de la lune qui satisfasse à cette distance; alors cette heure sera celle du commencement de l'*éclipse*; car on a vu que l'*éclipse* commence pour Paris, quand la distance *AI* entre le point de la projection où Paris voit le soleil, c'est-à-dire, auquel Paris répond, & celui où se trouve la lune au même instant, est égale à la somme des demi-diamètres du soleil & de la lune. La lune avance sur son orbite de *I* en *E*, & Paris dans son parallèle de *A* en *B*, mais beaucoup plus lentement, puisqu'il y a 12 heures pour la demi-ellipse *EVF* du parallèle de Paris, tandis que la lune en 2 heures ou environ, fait dans son orbite *IL*, un chemin aussi considérable : ainsi, la lune arrivera de l'autre côté ou à l'orient de Paris, & se trouvera en *E* lorsque Paris ne sera arrivé qu'en *B*; si cette distance *BE* est égale à la somme des demi-diamètres de la lune & du soleil, & que les points *B* & *E* répondent à la même heure & à la même minute, on est sûr d'avoir la fin de l'*éclipse*.

Le milieu de l'*éclipse* est à-peu-près le milieu de l'intervalle de tems écoulé entre le commencement & la fin; la distance des deux points comme *D*

& G qui tiennent le milieu entre le commencement & la fin, l'un sur l'orbite & l'autre sur le parallèle, donnera la plus courte distance des centres du soleil & de la lune dans le tems du milieu de l'*éclipse*. Cette distance portée avec le compas sur les divisions du rayon *CR*, se trouvera exprimée en minutes & en secondes de degré. Si le point *D* de l'orbite est au-dessous ou au midi du point *G* du parallèle, ce sera une preuve que la lune passe au midi de l'autre astre. On trouve aussi la plus courte distance des centres, sans supposer que le milieu de l'*éclipse* soit à égale distance du commencement & de la fin : il n'y a qu'à chercher les deux points correspondans marqués de la même minute sur l'orbite & sur l'ellipse ; le point où l'on verra que cette distance ne diminue plus, & où elle augmente un instant après, sera aussi la plus courte distance.

Pour éviter de diviser chaque fois le rayon *CR* de la projection, en autant de parties qu'en contient la parallaxe, c'est-à-dire, tantôt 54′, tantôt 61′, sans compter les fractions de minutes ; on forme une échelle *EF*, *fig. 69*, dont les lignes sont plus longues que le rayon du cercle qu'on veut faire servir de projection, lorsque la parallaxe est plus petite, & plus petite quand la parallaxe est plus grande ; c'est-à-dire, que le rayon de projection étant toujours supposé de 60 minutes, il faut avoir une échelle où l'on puisse trouver toutes les parallaxes depuis 54 jusqu'à 61 minutes. Il en est de même du mouvement horaire & des diamètres, qu'on prendra sur cette échelle plus longue, quand la parallaxe sera plus petite.

Le demi-diamètre de la lune étant toujours les $\frac{3}{11}$ de la parallaxe, ce sera une quantité constante pour une figure dont le rayon ne change pas ; on prendra *CH* égal à $\frac{3}{11}$ de *CT*, & cette ligne représentera toujours le demi-diamètre. On néglige ici l'augmentation qui a lieu, à raison de la hauteur de la lune sur l'horizon.

Quand on a la plus courte distance *GD* des centres, & que l'on veut conclure la grandeur de l'*éclipse* en doigts, il faut diviser le diamètre du soleil pris sur l'échelle des parallaxes en 12 doigts ou 12 parties, & porter la différence entre *GD*, & la somme des demi-diamètres sur cette échelle ; l'on y voit aisément la partie *éclipsée* du soleil en doigts & fractions de doigts.

En décrivant d'autres ellipses sur la *figure 68*, pour représenter les parallèles de différentes latitudes, on trouve les phases d'une *éclipse* pour différens pays, & c'est ainsi que nous avons coutume de construire les figures des *éclipses* de soleil dans nos éphémérides, en marquant sur une Carte de Géographie, *fig. 73*, les lignes des phases ; on y remarque sur-tout la suite des pays qui devoient voir l'*éclipse* centrale & annulaire en 1764 ; cette ligne passe sur l'Espagne, l'Angleterre & la Norvège ; & il ne faut, pour la tracer, que voir sur une projection, comme celle de la *figure 68*, les parallèles qui sont coupés par l'orbite de la lune & les heures qui se trouvent marquées aux intersections ; cela donne les latitudes & les longitudes des différens points de la terre qui voient successivement une *éclipse* centrale. Par exemple, si l'orbite de la lune, au point marqué 2 heures, coupe le parallèle de 50° au point de 3 heures, il s'ensuit que l'*éclipse* étoit centrale sous la latitude de 50 degrés, à 15 degrés du méridien de Paris vers l'orient. Les courbes qui forment comme un huit de chiffre, & marquent le commencement & la fin de l'*éclipse* au lever & au coucher du soleil, se nomment courbes d'illumination ; quelquefois ces courbes forment deux ovales séparés, ou même un seul ovale ; celles qui sont dans la *fig. 73*, paroissent sur-tout assez bizarres ; mais quelques considérations, sur la nature du phénomène qu'elles représentent, feront sentir les raisons générales de leur forme & de leur situation. Les courbes du coucher sont vers la droite, & plus orientales que celles du lever, parce que les pays qui quittent l'horizon quand l'*éclipse* commence, ont plus de longitude ; & sont plus orientaux que ceux qui y arrivent, ou qui ont le soleil levant ; les courbes du coucher sont plus au nord que celle du lever, cela arrive en général dans les signes ascendans, sur-tout quand la lune est en même temps dans son nœud ascendant ; car alors elle va en se rapprochant du nord, depuis le commencement jusqu'à la fin de l'*éclipse* ; les pays qui voient l'*éclipse* à la partie orientale de la projection, *fig. 68*, sont plus au nord que ceux qui ont vu l'*éclipse*, en se levant dans la partie droite de la projection.

Le pays situé en *B*, qui est à-peu-près le plus méridional de tous ceux qui peuvent voir l'*éclipse* au soleil levant, ne voit qu'un contact, ou un instant d'*éclipse* ; & ce pays voit tout à-la-fois, le commencement, le milieu & la fin ; ainsi, les trois courbes commencent en un point *B*, qui est à l'occident de la figure, parce que la lune arrivant par l'occident, les pays les plus occidentaux sont ceux qui voient l'*éclipse* les premiers.

Dans des pays un peu plus septentrionaux, la lune étant un peu plus basse, il y a un peu plus de parallaxe, la lune mord davantage sur le soleil, l'*éclipse* y dure plus long-tems, & il se passe plus de tems entre le commencement & la fin ; il y a donc plus d'espace entre le lieu *E* qui se lève quand l'*éclipse* commence, & le lieu *F* qui se lève quand l'*éclipse* finit ; voilà pourquoi la courbe s'élargit & se renfle en *E* & en *F* ; mais le point *E* qui se lève ou qui arrive sur le cercle terminateur, parallèle au plan de projection, quand l'*éclipse* commence est plus oriental que celui qui se lève quand l'*éclipse* finit, & la distance de ces deux points, ou la largeur de la courbe, répond à la plus grande durée de l'*éclipse*, & à la petitesse des degrés de longitude, qui fait que la courbe occupe moins d'espace ; la plus grande largeur en longitude est à 18° de latitude. Sous le parallèle de

85° 11′, le soleil ne se couchoit qu'un instant, le premier avril 1764, donc les trois points qui séparent la partie droite & la partie gauche de chaque courbe, c'est-à-dire où l'on voit le commencement, le milieu & la fin de l'*éclipse* au lever, & tout à-la-fois au coucher du soleil, doivent être sur ce cercle-là; & les courbes qui marquent la suite de ces points, doivent toucher la circonférence de ce petit cercle, voilà pourquoi les trois courbes se rapprochent & se terminent sur ce parallèle, vers le nord, ces trois points, dont l'un *G* est commun aux courbes du lever, & du coucher au commencement; le second *H* appartient aux courbes du milieu de l'*éclipse*; au lever & au coucher; le troisième *I* est celui du lever & du coucher à la fin de l'*éclipse*.

La courbe de la fin au lever, coupe celle du commencement au coucher en un point *K* très-voisin du parallèle de 85° 11′, parce que le pays qui, après avoir vu l'*éclipse* commencer au coucher du soleil, la voit finir le lendemain matin au lever du soleil, a nécessairement une nuit fort courte; il est par conséquent situé à une latitude fort grande & fort peu éloignée de celle où le soleil ne se couche point; il est à 85° 3′ de latitude & 210° de longitude. Il y a encore deux autres points d'intersection; en sorte que l'on doit considérer six points, là où les figures ordinaires semblent n'en indiquer qu'un seul. On trouvera toutes ces singularités détaillées dans mon *Astronomie* & dans le Mémoire de M. du Séjour. *Mém. de l'Acad.*, 1769. On voit aussi sur la *figure 73*, les lignes qui marquent les différens pays de la terre où l'*éclipse* paroissoit de 9 doigts, de 6, de 3, enfin ceux qui ne voyoient qu'un simple contact des bords du soleil & de la lune.

Les Éclipses d'Étoiles se calculent comme les *éclipses* de soleil, en observant, 1.° que *CL*, *fig. 68*, est la différence entre la latitude de la lune & celle de l'étoile; 2.° que *LN* est le mouvement horaire de la lune seule, puisque l'étoile n'a aucun mouvement propre; 3.° que sur les points *Q* ou *V* de l'ellipse, on marque l'heure du passage de l'étoile au méridien, ou plus exactement, la différence entre son ascension droite & celle du soleil, convertie en tems, pour le moment de l'*éclipse*; 4.° que l'on prend la distance *IA* égale au seul demi-diamètre de la lune. Nous allons en donner un exemple, afin de rendre le procédé plus clair. Le 7 avril 1749, antarès fut en conjonction avec la lune à 2^h 22′ du matin; la parallaxe de la lune étoit alors de 57′ $\frac{1}{4}$, son mouvement horaire 33′ 12″ en longitude, & 1′ 56″ en latitude décroissante; la latitude de la lune, au moment de la conjonction, étoit de 3^d 45′ 22″, au midi de l'écliptique; celle de l'étoile étoit de 4^d 32′ 12″; ainsi, la lune étoit au nord de l'étoile de 46′ 50″.

Je commence par tirer l'axe de l'écliptique ou le cercle de latitude *CL*, au point qui convient à la longitude d'antarès 8^s 6^d 16′; je prends, sur la ligne qui répond à 57′ dans l'échelle des parallaxes, une quantité de 46′ 50″, & je la porte de *C* en *L* sur le cercle de latitude; au point *L*, je tire la perpendiculaire *LM*. Je prends sur la même échelle de 57′ de parallaxe; le mouvement horaire de la lune 33′ $\frac{1}{5}$, & je le porte de *L* en *M* sur la perpendiculaire au cercle de latitude; je porte aussi 2′ au-dessous du point *M*, parce que la lune s'avançoit de 2′ par heure vers le nord, & le point *N* marque le lieu de la lune, une heure avant la conjonction, à 1^h 22′ du matin, puisqu'elle est arrivée au point *L* à 2^h 22′; je divise l'intervalle *LN* en 60 parties, & je marque la situation de la lune de 10 en 10 minutes. Au sommet *V* de l'ellipse, je marque l'heure du passage d'Antarès au méridien de Paris 3^h 11′, & sur les autres divisions de l'ellipse, 2^h 11′, &c. je subdivise ces intervalles de 10 en 10′, comme sur l'orbite de la lune.

Je prends le demi-diamètre de la lune, qui se trouve depuis *C* jusqu'en *H*; cette ouverture de compas ayant une pointe en *I* sur 1^h 1′, l'autre pointe tombe au point *A* de l'ellipse, & y rencontre aussi une heure & une minute; ainsi, il doit se faire alors une *éclipse*, la distance de la lune étant précisément égale au demi-diamètre de la lune, ce qui suppose un contact de l'étoile & du bord de la lune.

Je promène la même ouverture de compas de l'autre côté, en avançant vers l'orient, & je trouve qu'une des pointes étant en *E* sur 2^h 11′, l'autre pointe tombe aussi à 2^h 11′ sur l'ellipse en *B*, c'est le moment de l'émersion. C'est vers le milieu de cet intervalle, la lune étant en *D* & l'étoile en *G*, qu'est arrivée la plus courte distance; on s'en assurera en mesurant la distance de minute en minute, quelques instans avant & après: cette plus courte distance *DG* étant portée sur la ligne 57′ de l'échelle des parallaxes, se trouvera de 6′; ce qui m'apprend que le centre de la lune a passé à 6′ au midi de l'étoile, vers le tems de la conjonction; cela est conforme à l'observation que je fis à Paris cette nuit-là.

Les *éclipses* des planètes, par la lune, se calculent de la même manière que celles de soleil ou d'étoiles; la seule différence consiste à prendre la somme des mouvemens de la planète & de la lune en latitude, & celle de leurs mouvemens en longitude, réduits à la région de l'étoile, ou bien leurs différences, s'ils sont du même sens; cela donne le mouvement relatif en longitude & en latitude, qui sert à trouver l'inclinaison de l'orbite, avec laquelle on calcule l'immersion, l'émersion & le milieu de l'*éclipse*, comme nous venons de faire pour l'étoile.

Les *éclipses* des planètes, par la lune, sont assez fréquentes; mercure est la seule planète que l'on puisse rarement observer, quand elle est cachée par la lune; je n'en connois que deux observations, l'une faite au Brésil par Margraf, dans le dernier siècle:

siècle, & une du 8 mai 1774, faite au château de Bonrepos, près de Toulouse : ces *éclipses* seroient très-utiles pour déterminer les longitudes des villes où on les observe.

Autres éclipses. Les planètes sont quelquefois assez proches l'une de l'autre pour s'éclipser mutuellement; mars parut éclipser jupiter le 9 janvier 1591; il fut éclipsé par vénus, le 3 octobre 1590, Kepler *Astron. pars optica*, *p. 305*. Mercure fut caché par vénus, le 17 mai 1737, *Philos. Transact. n.° 450*.

On trouve aussi dans les ouvrages des astronomes, plusieurs exemples des occultations des étoiles par les planètes. Saturne couvrit l'étoile *o* à la corne australe du taureau, le 7 janvier 1679, suivant M. Kirch, *Miscell. Berolin. p. 205*; jupiter, l'étoile du cancer, appellée l'*âne austral*, le 4 septembre 241 ans avant J. C. Pound observa, en 1716, l'occultation de l'étoile *a* des gemeaux, *Philos. trans. n.° 350*. Le 18 janvier 272 ans avant J. C. mars couvrit l'étoile boréale au front du scorpion; & Gassendi l'a vu couvrir l'étoile qui est à l'extrémité de l'aile de la vierge : en 1672, il couvrit encore une étoile du verseau. Vénus dut aussi cacher la belle étoile au cœur du lion, le 16 septembre 1574, suivant Mœsthlinus, & le 25 septembre 1598, suivant Kepler, *Astron. pars opt. p.* 305. Riccioli, *Alm. I.* 721.

Les comètes couvrent aussi quelquefois des étoiles fixes. Le 12 janvier 1764, je vis la comète qui paroissoit alors, sortant de dessus une étoile de 7e grandeur à la queue du cygne. Ces sortes d'observations seroient très-curieuses pour la théorie des comètes, si l'on connoissoit parfaitement les positions des petites étoiles.

On observe avec soin les *éclipses* des satellites de jupiter, lorsqu'ils entrent dans l'ombre de cette planète. *Voyez* SATELLITES.

On peut regarder comme une autre sorte d'*éclipses* les passages de mercure & de vénus sur le disque du soleil, dans leurs conjonctions inférieures. *Voyez* PASSAGE.

Usage des éclipses. Le principal usage des *éclipses* de soleil ou d'étoiles consiste à trouver les longitudes des lieux où elles ont été observées, & à corriger les tables astronomiques; dans ces deux cas, il faut trouver d'abord l'heure de la conjonction par le moyen de l'observation. Soit *S*, *fig. 72*, le soleil ou l'étoile qui est éclipsé ; *L* la situation apparente du centre de la lune, par rapport au soleil au commencement de l'*éclipse* ; *F* le lieu apparent du centre de la lune à la fin de l'*éclipse* ou à l'émersion; *L F* le mouvement apparent de la lune, par rapport au soleil dans l'intervalle de la durée de l'*éclipse* ; *G H I* un arc de l'écliptique, *D S E* un parallèle à l'écliptique passant par le centre du soleil ou de l'étoile; si *F A* est parallèle à *D E*, l'on aura *A L* pour le mouvement apparent en latitude, & *F A* pour le mouvement relatif apparent en longitude sur un arc de grand cercle : cet arc se confond sensiblement avec le parallèle à l'écliptique, mais il est plus petit de quelques secondes que l'arc *G I* de l'écliptique; ce mouvement est la premiere chose qu'il s'agit de trouver.

On connoît par les tables l'heure de la conjonction vraie calculée, de même que les longitudes & les latitudes vraies de la lune, & de l'astre éclipsé au commencement & à la fin de l'*éclipse* : on calcule pour les mêmes instans la différence des parallaxes en longitude & en latitude; on ajoute chaque parallaxe à la longitude vraie, ou bien on la retranche suivant les cas, & on a des longitudes apparentes ou affectées de la parallaxe, dont la différence est le mouvement apparent de la lune sur l'écliptique ; on en retranche le mouvement du soleil, ou de l'astre éclipsé; s'il est rétrograde on l'ajoute, & l'on a la valeur de *G I*, mouvement relatif apparent sur l'écliptique.

On applique de même la différence des parallaxes en latitude pour chacun des deux instans, à la latitude vraie de la lune calculée par les tables, on a sa distance au pôle boréal de l'écliptique, & l'on a les latitudes apparentes *I L*, *G F*, au commencement & à la fin de l'*éclipse* : la différence de ces latitudes apparentes ou leur somme, si l'une étoit australe & l'autre boréale, est le mouvement apparent de la lune en latitude; on en ôte le mouvement en latitude de l'astre éclipsé, si sa latitude change dans le même sens que celle de la lune, & l'on a la valeur *A L* ; on multiplie la différence des longitudes apparentes, c'est-à-dire, *G I*, par le cosinus de la latitude apparente qui tient le milieu entre les latitudes *I L* & *F G*, & l'on a la valeur du mouvement *F A* mesuré dans la région de l'*éclipse* ; *Voyez* RÉDUCTION *des petits Cercles*. Il est plus petit que le mouvement sur l'écliptique, d'une quantité dont j'ai donné la table dans la *Connoissance des mouvemens célestes pour 1764, pag. 118*.

Dans le triangle *F A L* rectangle en *A* l'on connoît les deux côtés *F A* & *A L*, on trouvera l'angle *L F A* qui est l'inclinaison de l'orbite apparente, & l'hypothénuse *F L*, mouvement apparent de la lune sur l'orbite apparente, relativement au point *S* qui est toujours supposé immobile pendant la durée de l'*éclipse*.

Dans le triangle *L S F* on connoît trois côtés, le mouvement apparent *F L* en ligne droite, la somme des demi-diamètres de la lune & de l'astre éclipsé, celui de la lune étant augmenté à raison de sa hauteur sur l'horizon, & la somme étant diminué de $3'' \frac{1}{2}$ à cause de l'inflexion des rayons; cette somme des demi-diamètres pour le commencement est *S L*, & pour la fin c'est *S F*. On cherchera les angles *S L F* & *S F L*, en disant: Le grand côté est à la somme des deux autres, comme leur différence est à la différence des segmens *B L* & *B F*, formés par la perpendiculaire *S B*; la moitié de cette différence trouvée, étant ajoutée avec la moitié du mouvement *F L*, donnera le plus grand des deux segmens; cette demi-différence ôtée de la moitié de *FL* donnera le plus petit segment.

L'on prend le segment qui est du côté de la plus grande latitude apparente, soit qu'elle soit de même dénomination, ou de dénomination contraire; c'est-à-dire, que si dans la première observation la latitude apparente calculée *I L* est plus petite que dans la seconde, on se servira du rayon de la lune & du segment qui répondent à la seconde observation; mais si la latitude est plus grande au commencement de l'*éclipse*, on choisira le segment qui répond au commencement; avec ce segment on fera la proportion suivante : la somme des demi-diamètres apparens qui répond à ce segment, est au rayon des tables comme le segment correspondant est au cosinus de l'angle adjacent *B L S* ou *B F S*; cet angle *B F S* ajouté avec celui de l'inclinaison apparente *LFA*, donnera *SFA* complément de l'angle de la conjonction apparente; ou l'angle *D S F* qui répond à la plus grande latitude.

Le rayon est à la somme des demi-diamètres apparens *S F*, qui répond à la plus grande latitude, comme le cosinus de l'angle *D SF* est à *SD* : cette quantité divisée par le cosinus de la latitude *H S* de l'astre *S*, si ce n'est pas le soleil, donnera la distance *H G* à la conjonction apparente, pour celle des deux observations qui répond à la plus grande des deux latitudes apparentes, de la lune.

On ôtera cette distance de la longitude vraie du soleil ou de l'étoile, si c'est le commencement de l'*éclipse* auquel répond la plus grande latitude; on l'ajoutera avec la longitude vraie du soleil, si c'est la fin de l'*éclipse*, & l'on aura la longitude apparente de la lune observée. Cette longitude apparente observée étant comparée à celle qu'on avoit calculée, donnera l'erreur des tables en longitude. Il pourroit arriver que l'immersion fût après la conjonction apparente en longitude : le cas est rare; mais si l'on avoit lieu de le craindre, on pourroit s'en assurer en calculant par les tables seules & l'immersion, & la conjonction apparente.

Le mouvement vrai de la lune par rapport au soleil sur l'écliptique, est à une heure, comme l'erreur des tables en longitude est à un nombre de secondes de tems qu'on ôtera de l'heure de la conjonction calculée par les tables, si l'on a trouvé par observation une longitude plus grande que par les tables; & l'on aura l'heure de la conjonction observée; c'est ce qu'il falloit trouver.

Il est toujours utile de trouver également la conjonction & l'erreur des tables, par le moyen de l'autre triangle *S B L*, qui est du côté de la plus petite latitude, en prenant l'autre segment, & l'autre somme des demi-diamètres, & en prenant la différence des deux angles, dont on a pris la somme dans le premier calcul. Le résultat doit être exactement le même, puisque les deux observations du commencement & de la fin n'en font qu'une seule pour la détermination de la longitude & de la latitude de la lune.

Le triangle *S D F* qui a servi à trouver la différence de longitude apparente *S D*, sert aussi à trouver la différence des latitudes apparentes, c'est-à-dire, *F D*, qu'on ajoute avec la latitude de l'étoile *S*, si celle de la lune *F* qu'on a calculée par les tables, a été trouvée plus grande que celle de l'étoile, & l'on aura la latitude apparente de la lune, qui, comparée avec celle qu'on a tirée des tables, fera connoître l'erreur des tables en latitude.

Il peut arriver un cas où l'on seroit embarrassé de savoir si le point *F* est plus ou moins éloigné de l'écliptique *G I* que le point *D*, c'est le cas où la différence *F D* des latitudes apparentes de la lune & de l'étoile ne seroit que d'environ 30″ dans chacune des deux observations; l'erreur des tables laissant à-peu-près une incertitude de 30″, on ne sauroit pas si le centre de la lune passe au nord ou au midi de l'astre *S* : dans ce cas, le commencement & la fin d'une *éclipse* ne suffiroient pas pour déterminer la latitude; il faut y suppléer ou par la grandeur de l'*éclipse*, s'il s'agit du soleil, ou par la différence de déclinaison observée entre la lune & l'étoile avant l'immersion & après l'émersion; dans ce cas-là, il faudroit calculer la longitude & la latitude apparente de la lune pour le moment de l'observation, en conclure l'ascension droite & la déclinaison apparente, les comparer à celles qu'on auroit observées; on jugeroit si la lune est plus au nord ou au midi par l'observation, que par les tables.

Les préceptes que nous venons de donner pour trouver la conjonction vraie, suffisent à ceux qui ont déja l'habitude de ces sortes de calculs; les autres auront besoin de se fortifier par quelques exemples : en voici un en abrégé.

Le 6 avril 1749, l'étoile antarès fut éclipsée par la lune à Berlin, à 14^h 6′ 19″ de tems vai; elle reparut de l'autre côté de la lune à 15^h 12′ 54″. Le même jour, j'observai l'immersion à Paris à 13^h 1′ 20″; je me propose de chercher la différence des méridiens entre Paris & Berlin, par la comparaison de ces observations. Il faut déja connoître à-peu-près la différence des méridiens que l'on cherche, ou bien le premier calcul ne sera qu'une approximation; & on le recommencera, pour trouver le même résultat une seconde fois avec plus de précision. Par exemple, si je n'avois aucune idée de la longitude de Berlin, je prendrois l'intervalle entre les heures de l'immersion à Paris & à Berlin, qui est 1^h 4′ 59″ que je supposerois la différence de deux méridiens; mais, sachant dès-à-présent que cette différence n'est pas fort éloignée de 44′ 15″, je me suis servi de cette connoissance.

J'ai réduit au méridien de Paris les deux observations de Berlin, en tems moyen, & j'ai calculé pour ces deux instans les lieux du soleil, les longitudes & les latitudes vraies de la lune, les parallaxes, & enfin les longitudes & les latitudes apparentes de la lune à Berlin.

Le mouvement apparent en latitude dans l'espace

de 1ʰ 6′ 35″, qu'a duré l'occultation à Berlin, c'est-à-dire, *A L*, est de 15′ 5, dont la latitude apparente croissoit : le mouvement apparent en longitude sur l'écliptique étoit de 27′ 8″ 4 = *G I*, & 27′ 3″ 1 dans la région de l'étoile sur un grand cercle *F A*; par-là on trouve l'angle *A F L* de 32′ 50″ & le côté *F L*, ou le mouvement apparent de la lune sur son orbite apparente 27′ 3″ 1.

Le diamètre horizontal de la lune étant 31′ 17″, le demi-diamètre apparent, diminué à raison de l'inflexion, est de 15′ 36″ 9 = *S L* pour le premier instant, & de 15′ 37″ 3 = *S F* pour la fin. Ayant abaissé du centre *S* de l'étoile une perpendiculaire *S B* sur la ligne *F L* qui joint les deux lieux apparens, les segmens seront de 13′ 31″ = *B L* & 13′ 31″ 3 8 = *B E*, on cherchera l'angle *B L S*; on en ôtera l'angle *AFL* ou *CLF* de 32′ 50″, & l'on aura l'angle *S L C*. Dans le triangle *E S L*, on connoît *S L* & l'angle *E S L*, on trouvera *S E* de 13′ 35″ 7, qui divisé par le cosinus de la latitude apparente *L I*, donnera la distance à la conjonction *H I* sur l'écliptique 13′ 38″ 4. Cette distance *H I* est à l'occident de l'étoile, & précéde la conjonction apparente, puisqu'il s'agit de l'immersion, & que la lune étoit moins avancée; mais la parallaxe de longitude faisoit paroître la lune plus avancée vers l'orient, parce que la longitude de la lune étoit plus grande que celle du nonagésime; ainsi, le vrai lieu de la lune étoit encore plus éloigné que le lieu apparent : il faut ajouter la parallaxe de longitude avec la distance à la conjonction apparente, & l'on aura 32′ 59″ 8 pour la distance de la lune à la conjonction vraie en minutes de degrés comptées sur l'écliptique; ce qui fait 0ʰ 59′ 37″, à raison de la différence des mouvemens vrais de la lune & du soleil. Les 59′ 37″ sont la différence entre l'observation & la conjonction vraie : or l'immersion avoit été observée à 14ʰ 6′ 19″; donc le tems vrai de la conjonction étoit à 15ʰ 5′ 56″, au méridien de Berlin.

Pour vérifier le calcul précédent, il est bon de chercher aussi la conjonction par l'émersion de l'étoile, & dans cet exemple on trouve la distance à la conjonction apparente *G H*, mesurée sur l'écliptique de 13′ 30″ 0, dont la lune étoit plus orientale que l'étoile; mais la parallaxe de longitude la faisoit paroître plus avancée, & le lieu apparent étoit plus oriental que le lieu vrai de 9′ 38″ 6; donc il reste 3′ 51″ 4, dont la lune avoit réellement passé sa conjonction vraie avec l'étoile, ce qui fait en tems 6′ 58″ : cet intervalle étant ôté de l'heure de cette seconde observation 15ʰ 12′ 54″, on trouve le tems vrai de la conjonction vraie à 15ʰ 5′ 56″, aussi-bien que par la première.

Pour connoître la vraie latitude de la lune par cette observation, l'on cherchera aussi les côtés *D F* & *E L*, par le moyen des triangles *D S F* & *L S E*; on trouvera *D E* = 7′ 56″, & *E L* = 7′ 41″; on ajoutera ces quantités à la latitude de l'étoile 4ᵈ 32′ 12″ = *I E* = *G D*, & l'on aura les latitudes apparentes de la lune *I L*, *G F*, 4ᵈ 39′ 12″, & 4ᵈ 40′ 8″ : on ôtera les parallaxes de latitude 52′ 52″, & 55′ 16″, parce que la latitude australe de la lune étoit augmentée par la parallaxe, & l'on aura 3ᵈ 47′ 0″ & 3ᵈ 44′ 52″, par les latitudes vraies de la lune *I M* & *G N* conclues de l'observation plus petites de 18″ que par les tables. On remarquera en passant que l'orbite vraie *M N* de la lune se rapproche ici de l'écliptique, quoique l'orbite apparente *L F* s'en éloigne par l'effet de la parallaxe.

Il s'agit de trouver aussi la conjonction vraie de la lune à l'étoile par l'observation de Paris, en faisant à-peu-près la même opération que pour Berlin, & l'on trouve le tems vrai de la conjonction à 14ʰ 21′ 46″ : la différence entre cette conjonction & celle de Berlin qui est arrivée à 15ʰ 5′ 56″, donne la différence des méridiens de 0ʰ 44′ 10″, & par rapport à l'observatoire royal 0ʰ 44′ 12″.

Les *éclipses* des principales étoiles sont les plus utiles de toutes pour la théorie de la lune & la détermination exacte des longitudes des villes; Aldebaran en supposant 45′ de parallaxe en latitude, doit être éclipsé lorsque le nœud de la lune est vers 4ˢ 13° ou 6ˢ de longitude, comme en 1680, 1700, 1718, 1755, 1773. Lorsque le nœud est vers 0ˢ 6° & 7ˢ 5°, comme en 1745, 1753, 1764, c'est l'épi de la Vierge. A 0ˢ 19° & 9ˢ 23° c'est Antarès, comme en 1709, 1749 & en 1766; enfin à 4 signes 13° & 11ˢ 10°, le cœur du lion fournit des *éclipses* fréquentes, comme en 1683, 1747, 1765 & 1776; mais la plupart de ces *éclipses* nous échappent ou par les mauvais tems ou par l'heure où elles arrivent. Les *éclipses* des étoiles de seconde & de troisième grandeurs, sont un peu plus fréquentes, mais elles ne sont pas si faciles à observer avec exactitude.

Cette manière de déterminer les longitudes des différens pays de la terre par la conjonction vraie calculée pour les deux pays, est la plus exacte que nous ayons; le seul inconvénient qu'on y trouve, est la longueur du calcul qu'elle exige; c'est un très-grand obstacle, à cause du peu de personnes qui s'occupent de ces recherches. Cependant depuis vingt ans on a appliqué cette méthode a un grand nombre d'observations. *D. L.*

ECLIPTIQUE, *eclipticus*, pris adj. (*Astronomie*) se dit de ce qui appartient aux éclipses.

Toutes les nouvelles & pleines lunes ne sont pas *écliptiques*, c'est-à-dire, qu'il n'arrive pas des éclipses à toutes les nouvelles & pleines lunes. *Voyez-en la raison au mot* ECLIPSE.

Termes écliptiques, *termini ecliptici*, limites des éclipses, signifie l'*espace d'environ quinze degrés*, à compter des nœuds de la lune, dans lequel, quand la lune se trouve en conjonction ou en opposition avec le soleil, il peut y avoir une éclipse de soleil ou de lune, quoiqu'elle ne soit pas précisément dans les nœuds.

Doigts écliptiques, sont les douzièmes parties du soleil ou de la lune qui servent à exprimer la grandeur d'une éclipse.

Ecliptique, sub. f. se dit plus particulièrement d'un cercle ou d'une ligne sur la surface de la sphère céleste, que le centre du soleil paroît décrire chaque année par son mouvement propre.

Dans le systême de Copernic, qui est aujourd'hui démontré, le soleil est immobile au centre du monde: ainsi, c'est proprement la terre qui décrit *l'écliptique;* mais il revient au même quant aux apparences, que ce soit la terre ou le soleil qui la décrive.

L'écliptique est donc réellement *l'orbite terrestre, l'orbite annuelle*, ou *le grand orbe*, en tant qu'on la regarde comme la trace que la terre décrit par son mouvement annuel. Elle est divisée en douze signes ou parties égales, dont on verra les noms à l'*article* Zodiaque, & la terre parcourt environ un signe par mois. *L'écliptique* a aussi un axe qui est perpendiculaire à ce grand cercle, & qui est différent de l'axe du monde ou de l'équateur, & les extrémités de cet axe s'appellent *les poles de l'écliptique*.

On appelle *nœuds* les endroits où *l'écliptique* est coupée par les orbites des planètes.

L'écliptique est ainsi nommée, à cause que toutes les éclipses arrivent quand la lune est dans ou proche les nœuds, c'est-à-dire, proche de l'*écliptique*. *Voyez* Eclipse.

L'écliptique est placée obliquement par rapport à l'équateur, qu'elle coupe en deux points, c'est-à-dire, au commencement du bélier & de la balance, ou dans les points équinoxiaux : ainsi, le soleil est deux fois chaque année dans l'équateur; le reste de l'année il est du côté du nord ou du côté du sud. Ces points *équinoxiaux* ne sont pas fixes, mais retrogradent d'environ $50'' \frac{1}{4}$ par an. *Voyez* Précession.

L'obliquité de l'*écliptique*, ou l'angle qu'elle fait avec l'équateur, est d'environ $23° 28'$: les points de la plus grande déclinaison de chaque côté s'appellent *points solstitiaux*, ce sont ceux par lesquels passent les deux tropiques.

L'obliquité de l'*écliptique* diminue de 33 secondes par siècle. *Voyez* Obliquité. Elle a aussi un mouvement de nutation de $9''$ que M. Bradley a observé. *Voyez* Nutation. (*O*).

ECLUSE, du mot Latin *excludere*, empêcher, *en Hydraulique*, se dit généralement de tous les ouvrages de maçonnerie & de charpenterie qu'on fait pour soutenir & pour élever les eaux; ainsi, les digues qu'on construit dans les rivières pour les empêcher de suivre leur pente naturelle, ou pour les détourner, s'appellent *des écluses* en plusieurs pays : toutefois ce terme signifie plus particulièrement une espèce de *canal* enfermé entre deux portes; l'une supérieure, que les ouvriers nomment *porte de tête;* & l'autre inférieure, qu'ils nomment *porte de mouille*, servant dans les navigations artificielles à conserver l'eau, & à rendre le passage des bateaux également aisé en montant & en descendant, à la différence des pertuis qui n'étant que de simples ouvertures laissées dans une digue, fermées par des aiguilles appuyées sur une brise, ou par des vannes, perdent beaucoup d'eau, & rendent le passage difficile en montant, & dangereux en descendant. Voyez *l'Architecture-hydraulique* de M. Belidor.

ECLUSÉE, s. f. (*Hydraul.*) est le terme du tems que l'on emploie à remplir d'eau le sas d'une écluse pour faire passer les bateaux; on dit de cette manière qu'on a fait tant d'*éclusées* dans l'espace d'un jour; & que la manœuvre qui se fait dans une écluse est si facile, qu'on y peut faire tant d'*éclusées* par jour. *Voyez* Ecluse & Canal. (*K*)

ECLUSIER, s. m. (*Hydraul.*) est celui qui gouverne l'écluse, & qui a soin de la manœuvrer quand il passe des bateaux qui montent ou qui descendent le canal de l'écluse. Ce métier demande un homme entendu, qui sache ménager son eau de manière qu'il s'en dépense le moins qu'il peut à chaque éclusée, pour en avoir suffisamment pour fournir à tous les bâtimens qui se présentent dans le courant du jour. (*K*)

E C O

ÉCOLE, *terme de Jeu:* on fait une *école* au trictrac, quand on ne marque pas exactement ce que l'on gagne; je dis *exactement*, parce qu'il faut marquer ce que l'on gagne, qu'il ne faut marquer ni plus ni moins, & qu'il faut le marquer à tems. Si vous ne marquez pas ce que vous gagnez, ou que vous ne le marquiez pas à tems, votre adversaire le marque pour vous; si vous marquez trop, il vous démarque le trop & le marque pour lui; si vous ne marquez pas assez, il marque pour lui ce que vous oubliez. On n'envoie point à l'*école* de l'*école*. *Voyez* Trictrac.

ECOULEMENT, s. m. (*Hydraul.*) On désigne sous le nom général d'*écoulement*, la quantité de fluide qui passe, en un certain tems, par l'orifice d'un vase, par un pertuis d'écluse, &c.

I. Dans la pratique, on a souvent besoin de connoître la quantité d'eau qui sort d'un vase, en un certain tems, par un orifice infiniment petit. Nous allons donc commencer par ce cas; nous déterminerons ensuite l'*écoulement* par un orifice de grandeur quelconque.

II. Soit $ADEC$ (*pl. Hyd. fig. 22.*) un vase de figure quelconque, dans le fond duquel on a pratiqué l'orifice infiniment DE; que le fluide contenu dans ce vase s'écoule par l'orifice DE. Concevons que la masse fluide $ADEC$ soit partagée en une infinité de tranches égales, telles que $MNnm$, par des plans horizontaux; il est évident que toutes les tranches, qui se succèdent les unes aux autres de proche en proche, peuvent être considérées comme des prismes qui, étant égaux (*hyp.*), ont des hauteurs réciproquement proportionnelles à leurs bases; d'où il résulte que les vîtesses des tranches comprises dans l'intérieur du vase sont nulles par rapport à la vîtesse de la tranche qui sort actuellement de l'orifice, & que par conséquent la tranche de l'orifice est chassée par tout le poids de la colonne qui lui répond verticalement. Ainsi la vîtesse, au sortir de l'orifice, est la même que celle d'un corps grave qui seroit tombé de la hauteur de l'eau au-dessus de l'orifice. *Voyez*, pour un plus ample développement, mon *Hydrodinamique*, *tom. I*, *p. 249.*

III. Cela posé, cherchons d'abord une équation qui exprime la relation entre la quantité d'eau qui sort par l'orifice DE, le tems de l'*écoulement*, & la hauteur du fluide dans le réservoir; en supposant que le vase reçoive par une effusion latérale autant d'eau qu'il en perd par l'orifice DE, & que par conséquent la hauteur KD du fluide dans le réservoir demeure constante pendant la durée de l'*écoulement*.

Nommons K l'aire DE, t le tems de l'*écoulement*, h la hauteur constante DK de l'eau dans le réservoir, Q la quantité d'eau écoulée pendant le tems t, θ le tems qu'un corps grave mettroit à tomber d'une hauteur *donnée* a. Il suit de la théorie du mouvement uniformément accéléré, (*Voyez* ACCÉLÉRÉ), que si l'on fait cette proportion $\sqrt{a} : \sqrt{h} :: \theta :$ un quatrième terme, ce quatrième terme $\frac{\theta\sqrt{h}}{\sqrt{a}}$ est le tems qu'un corps grave mettroit à tomber de la hauteur h; & que, durant le même tems, il doit sortir une colonne fluide qui a l'aire K pour base, & $2h$ pour hauteur, la hauteur h étant constante, & produisant par conséquent une vîtesse constante au sortir de l'orifice: ainsi, la colonne ou quantité de fluide qui sort pendant le tems $\frac{\theta\sqrt{h}}{\sqrt{a}}$ est exprimée par $2Kh$. Il est évident d'ailleurs que les quantités de fluide qui sortent, avec la même vîtesse, pendant les temps $\frac{\theta\sqrt{h}}{\sqrt{a}}$ & t, sont entr'elles comme ces tems. On aura donc, $\frac{\theta\sqrt{h}}{\sqrt{a}} : t :: 2Kh : Q$, & par conséquent $\theta Q = 2tK\sqrt{ah}$; ce qui est la formule cherchée.

Des six quantités que cette formule renferme, deux, savoir θ & a, sont toujours constantes & données; l'expérience apprend que si l'on suppose $\theta = 1$ seconde, a est de 15 pieds, à très-peu de chose près. Les quatre autres quantités K, t, h, Q, peuvent varier, & on voit que trois d'entr'elles étant données, on connoîtra la quatrième. On doit avoir soin de corriger l'aire K de l'orifice, relativement à l'effet de la contraction de la veine fluide. *Voyez* CONTRACTION & ADDITIONNEL.

Cette même formule donne la solution de toutes les questions que l'on peut proposer sur l'*écoulement* des eaux qui sortent des vases où elles sont contenues, par des orifices infiniment petits, ou par des orifices physiquement très-petits. Ces orifices peuvent avoir telle position que l'on voudra par rapport à l'orifice: pourvu que la hauteur du fluide, qui leur répond, soit la même, l'*écoulement* sera le même.

IV. Considérons en second lieu l'*écoulement*, toujours par l'orifice infiniment petit DE, mais en supposant que le vase se vuide, sans recevoir de nouvelle eau; en sorte que la hauteur du fluide dans le réservoir diminue continuellement. Alors la surface du fluide étant supposée parvenue, au bout d'un tems t, dans la position indéterminée MN: si l'on nomme h la hauteur primitive & donnée KD; x la partie variable KP; X, la section MN, laquelle est une fonction de x, dépendante de la figure du vase; K l'aire de l'orifice; t le temps employé par la surface du fluide à parvenir de AC en MN; θ le temps de chûte d'un corps grave de la hauteur *donnée* a: il est évident, par l'article précédent, que la hauteur PD pouvant être regardée comme constante pendant le tems élémentaire dt, la quantité élémentaire d'eau qui sort est exprimée par $\frac{2Kdt\sqrt{[a(h-x)]}}{\theta}$. Or cette même quantité $= MNnm = Xdx$. On aura donc $dt = \theta \times \frac{Xdx}{2K\sqrt{a}\cdot\sqrt{(h-x)}}$, équation d'où l'on tirera la relation entre le tems t & la hauteur variable x. *Voyez* CLEPSYDRE.

Je passe à la théorie des *écoulemens* par des orifices de grandeur quelconque.

V. Il est constant, par l'expérience, que lorsqu'un fluide s'échappe d'un vase par une ouverture, sa surface demeure toujours horizontale, du moins jusqu'à ce qu'elle soit arrivée fort près du fond. De-là pour déterminer les *écoulemens* par des ouvertures horizontales de grandeur quelconque, la plupart des auteurs d'*Hydraulique* font deux hypothèses générales; l'une qu'en imaginant le fluide partagé en une infinité de tranches horizontales, ces différentes tranches s'abaissent parallèlement à elles-mêmes; l'autre que la vîtesse de chaque tranche ne varie point en direction, c'est-à-dire, que tous les points d'une même tranche ont une même vîtesse verticale.

La première supposition paroît une suite nécessaire de l'expérience citée. Car puisque la première tranche conserve son parallélisme, il semble que la continuité du fluide & la force d'adhérence réciproque de tous ses points, demandent que de proche en proche toutes les autres tranches s'abaissent parallèlement à elles-mêmes. D'ailleurs les mêmes causes qui tendent à entretenir le parallélisme de la première tranche paroissent devoir agir sur les tranches intérieures, & y produire les mêmes effets, du moins à-peu-près. Quant à la seconde hypothèse, elle ne peut pas être rigoureusement exacte, lorsque le vase n'est pas prismatique & vertical. Car les particules contigues aux parois doivent nécessairement en suivre la direction. Or si ces mouvemens ne sont pas verticaux, ils doivent produire quelques altérations dans le mouvement vertical des particules voisines. Mais comme le nombre des particules d'une tranche qui touchent les parois, est infiniment petit par rapport au nombre des autres particules de la même tranche, on peut supposer légitimement, ou sans craindre d'erreur sensible, que les altérations dont nous venons de parler sont comme nulles, & que tous les points d'une même tranche ont la même vitesse verticale.

Voilà à-peu-près les raisons sur lesquelles on établit les deux hypothèses proposées. Elles sont certainement très-admissibles pour la partie supérieure du vase. Il n'en est pas tout-à-fait de même pour celle qui avoisine l'orifice. Car dans cette dernière partie les points fluides se dirigent de tous côtés vers l'orifice suivant des mouvemens obliques; & on ne peut pas supposer que les mêmes particules individuelles forment une même tranche horizontale, dont tous les points s'abaissent verticalement. Ainsi, il est impossible que l'*écoulement* déterminé suivant les deux hypothèses dont il s'agit, puisse être exactement conforme à l'expérience. Mais on sent d'un autre côté, que les erreurs de la théorie doivent suivre, du moins à-peu-près, la même loi dans tous les cas. Si l'on a donc soin de constater ces erreurs par quelques expériences, & de dresser en conséquence des petites tables de correction, rien n'empêchera d'appliquer cette théorie à la pratique, en faisant dans chaque cas particulier la correction dont il a besoin. Avec une telle restriction, j'adopte ici la même théorie, parce que, tout bien pesé, il me paroît qu'on n'a encore rien imaginé de mieux pour représenter en général le mouvement des fluides par des formules analytiques, qui n'exigent pas des calculs extrêmement compliqués.

VI. Soit donc $ACDB$ (*fig.* 23) un fluide soumis à l'action de la pesanteur dans un vase, & qui s'échappe par l'ouverture horizontale pq de grandeur quelconque, pratiquée dans le fond CD. Imaginons que ce fluide est partagé en une infinité de tranches horizontales & égales $ABba$, $TVut$, &c. qui s'abaissent parallèlement à elles-mêmes, & dont chacune a la même vitesse verticale dans toute son étendue. Toutes ces tranches agissent les unes sur les autres, soit en se poussant ou en s'entraînant; en sorte que si la vitesse des unes est retardée d'un instant à l'autre, la vitesse des autres est accélérée. Il en est à cet égard, du mouvement des particules fluides, comme de celui de plusieurs corps solides, formant un même systême, dont aucun ne peut se mouvoir sans agir sur les autres, & sans éprouver leur réaction. Ayant élevé la verticale pE, & ayant fait

la gravité . . . . $= g$
la hauteur donnée Ep . . . . $= h$
l'aire de l'orifice pq . . . . $= K$
l'aire exprimée par la ligne AB, & qui est une fonction de Ep, donnée par la figure du vase . . . . $= M$
la hauteur indéterminée EH . . . . $= x$
l'aire exprimée par TV, fonction donnée de x . . . . $= y$
la vitesse de la tranche qui sort de l'orifice . . . . $= u$
la vitesse de la tranche $TVut$ . . . . $= v$
le temps . . . . $= t$,

supposons que dans l'instant dt la vitesse v devienne $v + dv$, (dv pouvant être positive ou négative). Il est clair que si les tranches n'agissoient point les uns sur les autres, la vitesse v, à la fin de l'instant dt, deviendroit $u + gdt$. Ainsi, puisqu'elle devient $v + dv$, & que $v + gdt = v + gdt + dv - dv$, on voit que le fluide resteroit en équilibre si chaque tranche n'étoit animée que de la vitesse $gdt - dv$. Ces sortes de vitesses qui se détruisent mutuellement & qui varient d'une tranche à l'autre, sont les unes positives, les autres négatives; & on a par conséquent, sur toute l'étendue de la hauteur Ep, $\int dx(gdt - dv) = 0$, ou en mettant pour dt sa valeur $\frac{dx}{v}$, $\int \frac{gdx^2}{v} - \int dx\,dv = 0$. Substituant pour v sa valeur $\frac{Ku}{y}$, pour dv sa valeur $\frac{K(ydu - udy)}{y^2}$; nous aurons $\int \frac{gydx^2}{Ku} - \int \frac{Kdx(ydu - udy)}{yy} = 0$. Cela posé, comme l'intégrale doit être prise relativement à la hauteur Ep; & que par conséquent u & du doivent, pour le moment, être regardées comme constantes, que de plus ydx est une quantité constante: nous pouvons mettre notre équation sous cette forme:

$$\frac{g\cdot ydx}{Ku}\int dx - Kdu\int\frac{dx}{y} + Kuydx\int\frac{dy}{y^3} = 0.$$

Or $\int dx$ devient h; $\int \frac{dx}{y}$ (en suppléant convenablement les homogènes), peut représenter l'aire que je nomme N, d'une courbe construite sur l'axe Ep, & qui a pour ordonnées les quantités $\frac{1}{y}$, qui répondent aux différens points de Ep; $\int \frac{dy}{y^3}$ représente l'aire d'une courbe qui doit s'évanouir lorsque $y = AB = M$, & recevoir sa valeur complette lorsque $y = K$, &

par conséquent cette aire $= \frac{1}{2M^2} - \frac{1}{2K^2}$. De plus $y\,dx = ABba = M \times Ee$. Donc l'équation deviendra

$$2gh.M^2 \times Ee - 2K^2.M.N.udu + uu \times Ee(K^2 - M^2) = 0,$$

ou bien encore (en nommant s la hauteur dûe à la vîtesse u, ce qui donne $uu = 2gs$),

$$(A)\; h.M^2 \times Ee - K^2.M.Nds + s \times Ee \times (K^2 - M^2) = 0.$$

Cette équation générale nous sera utile à plusieurs usages.

VII. Supposons, en premier lieu, que le vase soit entretenu constamment plein à la hauteur pE; & imaginons qu'à mesure que la surface AB s'abaisse dans un instant en ab, & qu'il sort par conséquent une petite quantité de liqueur, égale à $AB \times Ee$, imaginons, dis-je, que la tranche $ABba$ est remplacée par une autre qui est, pour ainsi dire, créée en sa place, & qui a la même vîtesse qu'elle. Que le produit $K \times z$, de l'orifice K par la ligne z, représente la quantité de liqueur qui sort pendant le temps t. Il est clair qu'on aura $Kdz = M \times Ee$. Par conséquent l'équation (A) deviendra ici $hM^2\,dz - KM^2N\,ds + (K^2 - M^2)\,s\,dz = 0$, dans laquelle il n'y a que z & s de variables.

VIII. Il est facile d'intégrer cette équation. Car si l'on fait, pour abréger le calcul, $\frac{h}{K.N} = b$, $\frac{M^2 - K^2}{K.M^2N} = f$, on aura $ds + fs\,dz = b\,dz$. D'où l'on tire, par des méthodes connues (*voyez* INTÉGRAL, EXPONENTIEL, *&c.*),

$$s = \frac{b}{f}\left(1 - c^{-fz}\right),$$

en prenant c pour le nombre dont le logarithme est 1, & complétant l'intégrale de manière que z & s s'évanouissent en même-tems.

IX. Si l'on veut connoître la relation entre le tems t & la vîtesse u ou la hauteur s qui lui est dûe, on observera que $dt = \frac{dz}{u} = \frac{ds}{(b - fs)\sqrt{2gs}}$. Donc, en faisant $s = y^2$, $\frac{b}{f} = m^2$, $dt = \frac{2}{f\sqrt{2g}} \times \frac{dy}{m^2 - y^2} = \frac{1}{fm\sqrt{2g}}\left(\frac{dy}{m+y} + \frac{dy}{m-y}\right)$, dont l'intégrale est $t = A + \frac{1}{fm\sqrt{2g}} \times \log.\left(\frac{m+y}{m-y}\right)$ $= A + \frac{\sqrt{f}}{f\sqrt{b}.\sqrt{2g}} \times \log.\left(\frac{\sqrt{b} + \sqrt{fs}}{\sqrt{b} - \sqrt{fs}}\right)$. Comme on doit avoir $t = 0$, lorsque $s = 0$, & que $\log. 1 = 0$, dans la logarithmique qui a 1 pour soutangente, ainsi que dans celle des tables ordinaires, on aura $A = 0$. Donc l'expression générale du tems est:

$$t = \frac{\sqrt{f}}{f\sqrt{b}.\sqrt{2g}} \times \log.\left(\frac{\sqrt{b} + \sqrt{fs}}{\sqrt{b} - \sqrt{fs}}\right),$$

qu'on comparera sans peine à celui qu'un corps grave met à tomber d'une hauteur donnée a; car, en nommant θ ce dernier tems, on a $\theta = \frac{2\sqrt{a}}{\sqrt{2g}}$.

X. De même, si l'on veut connoître la relation entre le tems & l'espace parcouru z, on mettra dans l'équation $dt = \frac{dz}{u}$ pour u sa valeur $\sqrt{2gs}$, & pour s sa valeur trouvée (art. VII); ce qui donnera

$$dt = \frac{dz}{\sqrt{\frac{2bg}{f}}.\sqrt{\left(1 - c^{-fz}\right)}}.$$

Soit $c^{-fz} = y$, & par conséquent $dz = -\frac{dy}{fy}$; on aura la transformée $dt = -\frac{1}{\sqrt{(2bgf)}} \times \frac{dy}{y\sqrt{(1-y)}}$, ou, en faisant $1 - y = xx$, $dt = \frac{2}{\sqrt{(2bgf)}} \times \frac{dx}{1 - xx} = \frac{1}{\sqrt{(2bgf)}} \times \left(\frac{dx}{1+x} + \frac{dx}{1-x}\right)$, dont l'intégrale est $t = \frac{1}{\sqrt{(2bgf)}} \times [\log.(1+x) - \log.(1-x)]$, ou bien, en chassant x,

$$t = \frac{1}{\sqrt{(2bgf)}} \times \left[L.\left(1 + \sqrt{[1 - c^{-fz}]}\right) - L.\left(1 - \sqrt{[1 - c^{-fz}]}\right)\right].$$

Il ne faut point ajouter de constante, parce que $z = 0$, donne $t = 0$, comme cela doit être. Par le moyen de cette équation, on connoîtra la quantité d'eau qui s'écoule en un temps donné; car cette quantité $= K \times z$, qu'on peut exprimer maintenant en fonction du tems & de constantes.

XI. Lorsque dans l'hypothèse des quatre articles précédens, l'orifice K peut être regardé comme infiniment petit par rapport aux amplitudes du réservoir, l'équation fondamentale $hM^2\,dz - KM^2N\,ds + (K^2 - M^2)\,s\,dz = 0$, de l'art. VII; devient, en négligeant les termes qui contiennent K, $hM^2\,dz - M^2\,s\,dz = 0$, ou $s = h$. D'où l'on voit que la vîtesse, au sortir de l'orifice, est dûe à la hauteur entière h du réservoir, comme on l'a trouvé (II).

XII. La manière dont nous avons imaginé (art. VII) que le vase $ACDB$ est entretenu constamment plein, a rarement lieu dans la pratique. Il y en a une autre beaucoup plus usitée. Elle consiste à imaginer que la nouvelle tranche $ABba$, ajoutée à chaque instant pour réparer la dépense qui se fait par l'orifice pendant le même instant, est fournie par une affusion latérale, & qu'elle reçoit sa vîtesse de celle qui la précède en descendant, & qui l'entraîne en vertu de la tenacité réciproque des parties du fluide. Alors il faut faire quelques changemens à la méthode de l'article VII, pour l'appliquer au cas dont il s'agit.

Soient V la vîtesse de la tranche $ABba$, v la vîtesse de la tranche indéterminée $TVut$, g la gravité, t le tems, $eH=x$. Si la tranche $ABba$ étoit livrée à l'action libre de la pesanteur, elle acquerroit dans l'instant dt la vîtesse gdt. On pourra regarder cette vîtesse gdt comme composée de la vîtesse V & d'une autre $gdt-V$ qui doit être anéantie. Par conséquent, si cette même vîtesse $gdt-V$ existoit seule dans la tranche $ABba$, & si les autres tranches qui répondent à la hauteur ep étoient animées chacune de la vîtesse $gdt-dv$, tout le systême demeureroit en équilibre. On aura donc l'équation $Ee \times (gdt-V) + \int dx\,(gdt-dv)=0$, qui devient en négligeant gdt par rapport à V, & faisant comme ci-dessus, $AB=M$, $pq=K$, Ep ou $ep=h$, $-2Ee \times K.M.V.u + 2gh.M^2 \times Ee - 2K^2M.N.u\,du + Ee \times u^2.(K^2-M^2)=0$, ou bien encore, en nommant $K \times z$ la quantité d'eau qui s'écoule pendant le tems t, s la hauteur dûe à la vîtesse u, & considérant que $V=\frac{Ku}{M}$ $Ee=\frac{Kdz}{M}$, $uu=2gs$,

$$hM^2dz-(K^2+M^2)sdz-KM^2Nds=0,$$

équation qui est de la même forme que celle de l'article VII, & qui est par conséquent susceptible de calculs analogues à ceux qu'on a faits dans les articles VIII, IX, X. On voit qu'il n'y a qu'à changer des coëfficiens constans, pour adapter les formules de ces articles au cas présent.

Quand l'orifice K peut être censé infiniment petit, on a ici, comme dans le premier cas, $s=h$.

XIII. Soit maintenant un vase qui se vuide par l'orifice pq sans recevoir de nouvelle eau. Supposons qu'au premier instant la surface du fluide soit en SX, & qu'au bout du tems t elle prenne la position indéterminée AB, la hauteur Ep étant ici variable. Il est clair que si, en conservant d'ailleurs les autres dénominations de l'article VI, on fait $Ep=z$, & par conséquent $Ee=-dz$, l'équation (A) s'appliquera ici, & deviendra

(B) $M^2zdz+K^2M.Nds+sdz(K^2-M^2)=0$.

On voit d'abord par cette équation que si l'orifice K peut être supposé infiniment petit, on a $s=z$, & que conséquemment la hauteur dûe à chaque instant, à la vîtesse du fluide au sortir de l'orifice, est celle même du fluide dans le vase au-dessus de cet orifice, quelle que soit la figure du vase. Cette même équation s'intègre facilement en général. Car M & N étant ici des fonctions de z données par la figure du vase, l'équation précédente est réductible à cette forme,

$$ds+s.A.Z\,dz+B.Z'\,dz=0;$$

dans laquelle Z & Z' sont des fonctions de z, A & B des quantités constantes. Je me borne à l'examen d'un cas particulier.

XIV. Supposons que le vase proposé soit un cylindre vertical. Suivant nos dénominations, M représente la section horizontale & constante du cylindre, $N=\frac{z}{M}$. Par conséquent l'équation (B) devient

(C) $M^2zdz+K^2zds-(M^2-K^2)sdz=0$;

qu'on peut intégrer de deux manières, directement, ou en séparant les indéterminées. Le premier moyen est le plus simple, & je vais l'employer. Soient d'abord, pour abréger le calcul, $\frac{M^2}{K^2}=m$, $\frac{M^2-K^2}{K^2}=n$: on aura $zds-nsdz+mzdz=0$. Ayant multiplié tous les termes de cette équation par une fonction φ de z qui soit censée la rendre intégrale, ce qui donne

$$(D)\ \varphi zds-\varphi nsdz+\varphi mzdz=0,$$

& supposant qu'on ait $\varphi zs+\int\varphi mzdz=A$; cette dernière équation donnera

$$(E)\ \varphi zds+s(\varphi dz+zd\varphi)+\varphi mzdz=0.$$

Comparant terme à terme les deux équations (D) & (E), on aura $\varphi dz+zd\varphi=-\varphi ndz$, & par conséquent $\frac{d\varphi}{\varphi}=-(n+1)\frac{dz}{z}$; d'où l'on tire $\varphi=Bz^{-(n+1)}$. L'équation $\varphi zs+\int\varphi mzdz=A$ deviendra donc,

$$(1-n)sz^{-n}+mz^{1-n}=mH^{1-n},$$

en nommant H la hauteur primitive & donnée Op du fluide, & déterminant la constante $\frac{A}{B}$ par la condition que $z=H$ donne $s=0$, ou qu'au premier instant la vîtesse du fluide soit nulle.

Si au premier instant le fluide avoit dans le cylindre, par quelque cause extérieure, une vîtesse dûe à une hauteur donnée b, il faudroit déterminer la constante A par la condition que $z=H$ donnât $s=b \times \frac{M^2}{K^2}$. On aura donc toujours facilement s en fonction de z & de constantes.

On trouvera aussi sans peine la relation entre le tems & la vîtesse, & la relation entre le tems & la hauteur z.

XV. Lorsqu'on a $n=1$, ou $M^2=2K^2$, la formule de l'article précédent donne pour s une valeur indéterminée. Alors il faut remonter à l'équation différentielle (C) qui devient $2zdz+zds-sdz=0$, ou bien $\frac{zds-sdz}{zz}=-\frac{2dz}{z}$, dont

dont l'intégrale eſt $z = L. A - L. z^2$. Donc, en déterminant la conſtante A par la condition que $z = H$ donne $s = 0$, on aura,

$$s = z\,(L.\,H^2 - L.\,z^2).$$

XVI. Nous ferons, ſur ce même exemple, une remarque qui s'applique, avec les changemens convenables, à toutes ſortes de vaſes. Suppoſons que la ſurface de l'eau immobile au premier inſtant dans le cylindre s'abaiſſe de la très-petite hauteur q. On aura $z = H - q$, & en négligeant le quarré & les plus hautes puiſſances de q, $z^{-n} = (H-q)^{-n} = H^{-n} + nH^{-n-1}q$, $z^{1-n} = (H-q)^{1-n} = H^{1-n} - (1-n)H^{-n}q$. Subſtituant ces valeurs dans l'équation générale $(1-n)sz^{-n} + mz^{1-n} = mH^{1-n}$, elle deviendra $Hs + nsq - mHq = 0$, ou bien $s = \frac{mHq}{H+nq}$, ou encore, en négligeant le ſecond terme du dénominateur, $s = mq = q \times \frac{M^2}{K^2}$. D'où il ſuit que la hauteur dûe à la viteſſe de la ſurface de l'eau dans le cylindre eſt exprimée par q. Cette ſurface deſcend donc, dans les premiers inſtans du mouvement, à la maniere des corps qui tombent librement par la peſanteur, ou comme s'il n'y avoit pas de fond dans le cylindre, & que le fluide tombât tout d'une piece.

De-là on a tiré une objection contre l'hypothèſe du parallélisme des tranches. Il eſt impoſſible, dit-on, que le fluide ſortant par l'ouverture pq moindre que le fond CD puiſſe jamais deſcendre de la même maniere que ſi ce fond ne lui faiſoit aucun obſtacle. A cela, on peut répondre que l'objection feroit ſans réplique, ſi ſur la hauteur entiere Op du cylindre, les viteſſes des différentes tranches étoient égales entr'elles. Mais, en ſuppoſant qu'à une petite diſtance du fond les particules ſe dirigent vers l'orifice ſuivant des mouvemens obliques Qp, Rq, & regardant les portions de fluide CQp, DRq comme ſtagnantes, les particules qui répondent à l'eſpace $pQRq$ ſe mouvront plus vîte que celles de la partie ſupérieure $SQRX$ du cylindre; & conſéquemment il pourra ſe faire que la ſurface de l'eau deſcende, pendant les premiers inſtans, à-peu-près comme un corps peſant & libre. L'expérience doit ſeule décider entre ces deux opinions. Or elle apprend qu'il n'y a pas de portion de fluide qui ſoit rigoureuſement ſtagnante, & que toutes les particules ont une tendance marquée vers l'orifice; mais que celles qui ſont dans le voiſinage du trou ont des mouvemens plus rapides que les autres. Il paroît donc que, dans cette partie inférieure du vaſe, l'hypothèſe du parallélisme des tranches n'a pas lieu; mais elle eſt ſenſiblement vraie dans toute la partie ſupérieure. D'ailleurs, quand même elle détermineroit l'*écoulement* d'une maniere erronée pour un tems qui eſt comme infiniment petit, il ne s'enſuit point qu'elle ne ſoit pas propre à repréſenter, d'une maniere très-approchée, les *écoulemens* qui répondent à des tems finis, ou que du moins on n'en puiſſe tirer, à très-peu de choſe près, les rapports de différens *écoulemens*. Car, comme nous l'avons déjà dit (art. V), les erreurs auxquelles elle eſt ſujette ſuivent les mêmes loix dans tous les cas, & il peut ſe faire que les *écoulemens* naturels & phyſiques ſoient entr'eux comme les *écoulemens* déterminés par la méthode dont il s'agit.

XVII. L'équation (A) de l'article VI, peut encore ſervir à trouver le mouvement d'une quantité déterminée de fluide peſant ou non, qui ſe mouvroit dans un vaſe, ſoit en vertu de la ſeule peſanteur, ou d'une impulſion primitive donnée au fluide, ou en vertu de ces deux forces à-la-fois. En effet, ayant imaginé d'abord que le fond CD ſoit anéanti, ou qu'on ait $K = CD$, pour permettre au fluide de couler le long du vaſe, ſuppoſons que la portion donnée du fluide occupe, au premier inſtant, l'eſpace $SZKX$, & qu'à la fin du tems t elle ſoit parvenue dans la poſition indéterminée $ACDB$. Il eſt clair qu'en nommant z l'eſpace OE parcouru verticalement par la ſurface du fluide, les quantités M, K, N, h, ſeront des fonctions données de z & de conſtantes, puiſque la figure du vaſe eſt donnée, & que les deux eſpaces $SZKX$, $ACDB$ ſont égaux entr'eux. L'équation, qui repréſente le mouvement du fluide, ſera donc toujours de cette forme,

$$Z\,dz + AZ'\,ds + Bs\,Z''\,dz = 0;$$

Z, Z', Z'' étant des fonctions de z, A & B des quantités conſtantes. On intégrera cette équation (ce qui eſt toujours facile), de maniere qu'elle ſatisfaſſe à la condition de la viteſſe initiale d'une tranche donnée du fluide.

Quand le fluide n'a pas de peſanteur, le premier terme de l'équation, qui eſt relatif à cette force, s'évanouit, & l'équation devient fort ſimple.

Connoiſſant la relation entre s & z, on trouvera facilement t en s ou en z.

XVIII. Après avoir examiné les principaux cas des *écoulemens* des fluides, il nous reſte encore à déterminer la preſſion qu'un fluide coulant dans un vaſe exerce contre ſes parois. Pour y parvenir facilement, reprenons l'hypothèſe, la conſtruction & les dénominations de l'article VI. La viteſſe avec laquelle chaque tranche devroit tendre à ſe mouvoir pour demeurer en équilibre, étant $g\,dt - du$, & par conſéquent la force correſpondante de la même tranche étant $g - \frac{dv}{dt}$, on voit qu'en vertu de ces forces $g - \frac{dv}{dt}$, les tranches se pressent les unes les autres, de la même manière que dans un fluide pesant & en repos dans un vase, les tranches se pressent les unes les autres en vertu de la pesanteur. Donc à la profondeur $EH(x)$, la pression de chaque point de la tranche $TVut$ est exprimée par $\int dx \left(g - \frac{dv}{dt}\right)$. Cette force, qui se transmet en tout sens, agit perpendiculairement contre les parois Tt, Vu. Or $\int dx \left(g - \frac{dv}{dt}\right) = g \times EH - \int \frac{dx\,dv}{dt}$. Mettant pour dv sa valeur $\frac{K(y\,du - u\,dy)}{yy}$, on aura $\int \frac{dx\,dv}{dt} = \frac{K\,du}{dt} \int \frac{dx}{y} - \frac{Kuydx}{dt} \int \frac{dy}{y^3}$. Les intégrations indiquées doivent être effectuées de manière que l'aire représentée par $\int \frac{dx}{y}$, & que je nomme Q, réponde à EH; & que $\int \frac{dy}{y^3}$ s'évanouisse lorsque $y = AB$, & reçoive sa valeur complette lorsque $y = TV = H$. Ainsi, en mettant pour $y\,dx$ sa valeur $M \times Ee$, on trouvera que la pression $\int dx \left(g - \frac{dv}{dt}\right)$ qui répond à la hauteur $EH = g \times EH - \frac{K \cdot Q\,du}{dt} + \frac{Ku \times Ee \times (H^2 - M^2)}{2dt \cdot H^2 M^2}$, expression dans laquelle on substituera dans chaque cas, pour u & dt leurs valeurs.

Si la valeur de la pression, pour quelqu'endroit du vase, étoit négative, cela signifieroit qu'en cet endroit les tranches n'agiroient pas les unes sur les autres, & que par conséquent le fluide n'y formeroit pas une masse continue, ou se détacheroit par parties.

XIX. Enfin on trouve facilement par les mêmes principes la force qu'il faut employer pour soutenir un vase qui donne de l'eau par l'ouverture pq. Car cette force est égale à la somme des produits de chaque tranche multipliée par la force en vertu de laquelle la même tranche demeureroit en équilibre, par la même raison que la force requise pour soutenir l'effort d'un fluide pesant & en repos dans un vase, est égale à la somme des produits de chaque tranche multipliée par la pesanteur. La force dont il s'agit ici est donc représentée par $\int y\,dx \left(g - \frac{dv}{dt}\right) = \int gy\,dx - \int \frac{y\,dx\,dv}{dt}$. La première partie est le poids même du fluide; la seconde se trouve sans peine par ce qui précède.

XX. On voit par la théorie générale que nous venons d'exposer, que dans l'hypothèse du parallélisme des tranches, on détermine d'une manière assez simple tout ce qui est relatif à l'écoulement des fluides qui sortent, par des ouvertures horizontales, des vases où ils sont contenus. La même théorie s'applique également à la recherche du mouvement des fluides dans de longs tuyaux inclinés, quelques sinuosités qu'ils puissent avoir dans le sens de leur longueur, pourvu néanmoins que leur courbure ne varie pas trop brusquement d'un point à l'autre. Il est indifférent, quant à la facilité du calcul, de supposer alors, ou que les tranches sont horizontales, ou qu'elles sont perpendiculaires aux parois du tuyau en chaque endroit. En comparant avec l'expérience les résultats des calculs dans les deux suppositions, on verra laquelle mérite la préférence. Je n'ai pas besoin d'ajouter que dans la seconde, les tranches ne sont parallèles entr'elles que de proche en proche, & sur chacun des élémens de la longueur du tuyau.

XXI. A l'égard des vases qui donnent de l'eau par de grandes ouvertures latérales, leurs écoulemens ne peuvent pas être déterminés par la méthode du parallélisme des tranches. Car lorsque les particules contenues dans le vase sont arrivés aux environs de l'orifice, elles se détournent de la verticale, & prennent des directions plus ou moins courbes, tendantes au même orifice. De plus à leur sortie, elles n'ont pas la même vitesse; les plus éloignées de la surface du fluide se meuvent nécessairement plus vîte que les autres. Il n'y a donc pas alors d'autre méthode simple & commode pour déterminer l'écoulement, que de supposer la vitesse de chaque point de l'orifice, proportionnelle à la racine quarrée de la hauteur du fluide au-dessus de ce point, ce qui mène à des résultats sensiblement conformes à l'expérience.

XXII. M. d'Alembert & M. Euler ont donné d'autres méthodes théoriques, plus rigoureuses, mais aussi plus compliquées que les précédentes, pour déterminer l'écoulement des fluides. *V. les* OPUSCULES de M. d'Alembert, & une multitude de Mémoires de M. Euler, répandus parmi ceux des Académies de Berlin & de Pétersbourg. (*L. B.*)

ECREVISSE, s. f. (*Astronom.*) quatrième signe du Zodiaque, qu'on nomme aussi *Cancer*.

ECU

ECU de *Sobieski*, (*Astronom.*) constellation placée par Hévélius dans l'hemisphère austral, assez proche de l'équateur, entre Antinoüs, le Sagittaire & le Serpentaire. Elle se trouve dans tous les planisphères. *Voyez* CONSTELLATIONS.

ECUELLE, s. f. (*Méchan.*) On donne ce nom à une plaque de fer un peu creuse, sur laquelle pose un cylindre du cabestan, & sur laquelle il tourne.

Quelques géomètres ont appellé *écuelle* le solide formé par une partie de couronne circulaire (*Voyez* COURONNE) qui tourne autour d'un diamètre; ce solide a en effet la figure à-peu-près semblable à celle d'une *écuelle*. On en trouve la solidité en cherchant celle des deux portions de sphère, formées par les deux segmens circulaires, & en retranchant la plus petite portion de la plus grande. (*O*)

EFF

EFFECTION, s. f. *en termes de Géométrie*, signifie la *construction* des problèmes ou équations. *Voyez* CONSTRUCTION, LIEU, COURBE. Ce terme commence à n'être plus fort en usage. (*O*)

EFFORT, s. m. (*Méchan.*) terme fréquemment usité parmi les philosophes & les mathématiciens, pour désigner la force avec laquelle un corps en mouvement tend à produire un effet, soit qu'il le produise réellement, soit que quelque obstacle empêche de le produire.

On dit en ce sens qu'un corps qui se meut suivant une courbe, fait *effort* à chaque instant pour s'échapper par la tangente; qu'un coin qu'on pousse dans une pièce de bois, fait *effort* pour la fendre, *&c.*

L'*effort* paroît être, suivant quelques auteurs, par rapport au mouvement, ce que le point est par rapport à la ligne: au moins ont-ils cela de commun tous les deux, que comme le point est le commencement de la ligne, ou le terme par où elle commence, l'*effort* est aussi, selon ces auteurs, le commencement de tout mouvement; mais cette derniere idée ne peut s'appliquer tout au plus qu'aux *efforts* qui tendent à produire une vîtesse infiniment petite dans un instant, comme l'*effort* de la pesanteur, celui de la force centrifuge, *&c.* Si l'on veut entendre par le mot *effort*, toute tendance au mouvement, ce qui est bien plus exact & bien plus naturel, alors la mesure de l'*effort* sera la quantité de mouvement qu'il produit ou qu'il produiroit si un obstacle ne l'en empêchoit, ou, ce qui est la même chose, le produit de la masse par la vîtesse actuelle du corps, ou par sa vîtesse virtuelle, c'est-à-dire, par la vitesse qu'il auroit sans la résistance de l'obstacle. *Voyez* FORCE, ACTION, PERCUSSION, PESANTEUR, *&c.* (*O*)

EFFUSION, (*Astron.*) c'est la partie du signe du Verseau qui est renfermée dans les globes & dans les planisphères célestes, par l'eau qui sort de l'urne du Verseau. *Voyez* VERSEAU.

EGAL, adj. (*Géom.*) Ce terme exprime, dit-on, un rapport entre deux ou plusieurs choses qui ont la même grandeur, la même quantité, ou la même qualité. Wolf définit les choses *égales*, celles dont l'une peut être substituée à l'autre, sans aucune altération dans leur quantité. Je crois, pour moi, que toutes ces définitions ne sont pas plus claires que la chose définie, & que le mot *égal* présente à l'esprit une idée plus précise & plus nette que tout autre mot ou phrase synonyme qu'on voudroit faire servir à l'expliquer. *Voyez* DÉFINITIONS & ELÉMENS.

C'est un axiome en Géométrie, que deux choses *égales* à une même troisième, sont *égales* entre elles; que si de choses *égales* on ôte des choses *égales*, ou qu'on les leur ajoute, les restes ou les sommes seront encore des quantités *égales*, &c. Le même M. Wolf dont nous venons de parler, a pris la peine de démontrer ces axiomes dans son *Onthologie*, § 349-396, comme il a démontré dans son *Cours de mathématiques*, que le tout est plus grand que la partie, par un raisonnement si métaphysique, qu'on ne sait plus que penser de la vérité de la proposition. Démontrer des choses si claires, c'est le moyen de les rendre douteuses, si elles pouvoient le devenir.

Les cercles *égaux*, en Géométrie, sont ceux dont les diamètres sont égaux. *Voyez* CERCLE.

Les angles *égaux* sont ceux dont les côtés sont inclinés les uns aux autres de la même maniere, ou qui sont mesurés par des arcs *égaux* d'un même cercle, ou par des arcs semblables de cercles différens. *Voyez* ARC, ANGLE & DEGRÉ.

Les figures *égales* sont celles dont les aires sont *égales*, soit que ces figures soient semblables ou non. *Voyez* FIGURE.

Les segmens d'une sphère ou d'un cercle sont dits d'une *égale* concavité, lorsqu'ils ont le même rapport aux diamètres des sphères ou des cercles dont ils font partie. *Voyez* SEGMENT.

Les solides *égaux* sont ceux qui contiennent autant d'espace l'un que l'autre, c'est-à-dire dont les solidités ou capacités sont *égales*. *Voyez* SOLIDE.

Les rapports géométriques *égaux* sont ceux dont les seconds termes sont de semblables parties aliquotes ou aliquantes de leurs premiers termes. *Voyez* RAPPORT.

Les rapports arithmétiques *égaux* sont ceux dans lesquels la différence des deux plus petits termes est *égale* à la différence des deux plus grands. *Voyez* RAPPORT. (*O*)

EGAL, *æquabilis*, terme de *Méchanique*; mouvement *égal* ou uniforme, est celui par lequel un corps se meut en conservant toujours la même vîtesse, sans être ni accéléré, ni retardé. *Voyez* MOUVEMENT. (*O*)

EGAL est aussi un terme d'*Optique*, en tant qu'il s'applique à des choses dont l'*égalité* n'est qu'apparente & non réelle. Ainsi, on dit, *dans l'ancienne Optique*, que des objets qui sont vus sous des angles égaux, paroissent *égaux*; que des parties égales du même intervalle ou de la même grandeur, vues sous des angles inégaux, paroissent *inégales*; que des objets égaux vus à *égale* distance, paroissent inégaux, lorsque l'un est placé directement, & l'autre obliquement; & que celui qui est placé directement paroît plus grand.

Toutes ces propositions que l'on regardoit anciennement comme générales & sans restriction, ne sont vraies que lorsque l'on compare des objets extrêmement éloignés de nos yeux; car alors leur grandeur apparente dépend principalement, & presque uniquement de l'angle visuel; en sorte que si les angles visuels sont égaux ou inégaux, les objets paroîtront égaux ou inégaux, quelle que soit d'ailleurs leur égalité ou inégalité réelle. (*O*)

EGALÉ, adj. (*Astron.*) anomalie égalée, *anomalia æquata*, est quelquefois l'*anomalie vraie*, quelquefois l'*anomalie moyenne* corrigée par une partie des équations. *Voyez* ANOMALIE. (*D. L.*)

EGALITÉ, *en Astronomie*; cercle d'*égalité* ou *équant*, est un cercle dont on faisoit beaucoup d'usage dans l'astronomie ptolémaïque, pour expliquer l'excentricité des planètes, & la réduire plus aisément au calcul. *Voyez* EQUANT.

Raison d'égalité en Géométrie, est la raison ou le rapport qu'il y a entre deux quantités égales. *Voyez* EGAL & RAPPORT.

Proportion d'égalité ordonnée, ou *ex æquo ordinata*, est celle dans laquelle deux termes d'un rang ou d'une suite, sont proportionnels à autant d'autres termes d'un autre rang ou d'une autre suite, chacun a son correspondant dans le même ordre, savoir le premier au premier, le second au second, *&c.* Par exemple soit $a : b :: c : d$ & $e : b :: f : d$, on aura en proportion ordonnée $a : c :: e : f$.

Proportion d'égalité troublée, est celle dans laquelle deux termes d'un rang sont proportionnels à autant de termes d'un autre rang, dans un ordre renversé & interrompu : par exemple, le premier d'un rang au troisième d'un autre, le second de ce dernier rang au quatrième du premier rang. Par exemple si $a : b :: c : d$ & $b : e :: f : c$, on aura en proportion troublée $a : e :: f : d$, &c. *Voyez* PROPORTION.

Egalité, en Algèbre, est la même chose qu'*équation*. *Voyez ce mot*, qui est aujourd'hui plus en usage, quoique l'autre ne soit pas proscrit. (*O*)

EGOUT, s. m. (*Hydrauliq.*) canal destiné à recevoir & à emporter les eaux sales & les ordures.

Quelque pièce d'eau que l'on ait, soit canal, soit bassin, il faut toujours un écoulement, tant pour la conservation de la pièce, que pour la nettoyer & laisser un passage à l'eau superflue. Si c'est un étang, un vivier, la bonde se lève, & on vuide l'eau pour avoir le poisson & rétablir la chaussée.

Dans l'usage ordinaire, *égoût* est distingué de *cloaque*, en ce que dans un *égoût* les eaux & immondices s'écoulent, & qu'elles croupissent dans un cloaque. Ainsi, le canal d'un *égoût* doit avoir une pente suffisante, pour que les immondices soient facilement emportées par les eaux. (*K*)

ELA

ELASTICITÉ, s. f. *ou* FORCE ÉLASTIQUE; *en Méchanique*, propriété ou puissance des corps naturels, au moyen de laquelle ils se rétablissent dans la figure & l'étendue que quelque cause extérieure leur avoit fait perdre.

Cette propriété se trouve à un degré plus ou moins grand dans presque tous les corps; il y en a même dont l'*élasticité* est presque parfaite, c'est-à-dire qui paroissent reprendre exactement la même figure qu'ils avoient avant la compression; tels sont l'ivoire, l'acier trempé, le verre, *&c.* Cependant il paroît presqu'impossible qu'il se trouve des corps absolument doués d'une parfaite *élasticité*. En effet, lorsqu'un corps se bande & se débande, il faut de nécessité que quelques-unes des parties solides qui se touchent mutuellement, se repoussent & se retirent, & qu'elles souffrent de cette manière un frottement considérable, ce qui produit un très-grand obstacle au mouvement, & doit nécessairement faire perdre une partie de la force.

Il semble que l'*élasticité* soit différente, à proportion que les parties des corps sont plus ou moins compactes; car plus on bat les métaux, plus ils deviennent compactes & élastiques. L'acier trempé a beaucoup plus d'*élasticité* que l'acier qui est mou, il est aussi beaucoup plus compacte; car la pesanteur de l'acier trempé est à celle de l'acier non trempé, comme 7809 à 7738.

Outre cela, un corps paroît avoir d'autant plus d'*élasticité* qu'il est plus froid, apparemment parce que ses parties sont alors plus resserrées; ainsi, une corde de violon retentit avec plus de force en hiver qu'en été. L'*élasticité* de tous les corps reste constamment la même dans le vuide que dans l'air, pourvu seulement qu'on ait soin que ces corps ne deviennent ni humides, ni secs, ni froids, ni chauds. Musschenbr. *Essai de Physiq.* §. 448. & *suivans.*

On est fort partagé sur la cause de cette propriété des corps : les Cartésiens la déduisent d'une matière subtile qui fait effort, selon eux, pour passer à travers des pores devenus plus étroits; ainsi, disent-ils, en bandant ou comprimant un corps élastique, par exemple un arc, ses particules s'éloignent l'une de l'autre du côté convexe, & s'approchent du côté concave, & par conséquent les pores se retrécissent du côté concave; de sorte que s'il étoient ronds auparavant, ils deviennent ovales; & la matière du second élément tâchant de sortir des pores ainsi rétrecis, doit en même temps faire effort pour rétablir le corps dans l'état où il étoit lorsque les pores étoient plus ouverts & plus ronds, c'est-à-dire avant que l'arc fût bandé.

D'autres philosophes expliquent l'*élasticité* à-peu-près comme les Cartésiens; mais avec cette légère différence, qu'au lieu de la matière du second élément des Cartésiens, ils substituent l'éther, ou un milieu très-subtil qui traverse librement les pores.

Ces explications vagues sont bien éloignées de nous apprendre d'une manière claire & distincte la cause de l'*élasticité*; car si les pores sont rétrecis d'un côté, ils sont élargis de l'autre, de l'aveu des Cartésiens; par conséquent la matière subtile qui sort d'un côté, ira remplir les espaces qui lui sont, pour ainsi dire, ouverts, à la surface convexe; & elle les remplira avec d'autant plus de facilité, que cette matière, selon les Cartésiens, est capable de prendre toutes sortes de figures, & ne tend à en conserver aucune.

C'est pourquoi le corps restera dans l'état de compression où il a été mis, & dont la matière subtile ne peut avoir aucune action pour le tirer. D'ailleurs il paroît difficile d'expliquer, par l'action de cette matière, les vibrations successives des corps élastiques; car une corde de violon, par exemple, qui a été frappée, ne se rétablit pas d'abord dans son premier état: quand elle est lâchée, non-seulement elle se débande, mais elle se jette du côté opposé, où elle forme une nouvelle courbure, & revient ensuite, en passant au-delà de son état de repos, pour former une nouvelle courbe: or comment par le simple écoulement d'un liquide, un corps peut-il faire autre chose que de se remettre dans la situation où il étoit?

D'autres philosophes, à la tête desquels est le P. Mallebranche, ont attribué l'*élasticité* à de petits tourbillons de matière, dont ils ont supposé que tous les corps étoient remplis. Ces tourbillons, selon eux, sont applatis par la compression, & changent leur figure sphérique en une figure ovale: alors leur force centrifuge les rétablit dans leur premier état, aussi-bien que les parties des corps dans lesquelles ils sont engagés. Mais sur quoi est fondée l'existence de ces petits tourbillons? elle n'est pas appuyé sur des fondemens plus solides que celle des grands tourbillons de Descartes. D'ailleurs, pourquoi l'action de ces tourbillons n'est-elle pas la même dans tous les corps, & pourquoi tous les corps, dans ce système, ne sont-ils pas élastiques?

D'autres philosophes ont attribué l'*élasticité* à l'action de l'air; mais ce sentiment tombe de lui-même, puisque l'*élasticité* subsiste dans la machine du vuide.

D'autres ont cru que la matière subtile, ou l'éther, étoit lui-même élastique; mais ce n'est pas là une explication: car on demandera de nouveau d'où peut prévenir l'*élasticité* de l'éther, & la difficulté restera toujours la même.

D'autres enfin abandonnant la supposition gratuite de la matière subtile, déduisent la cause de l'*élasticité* de l'attraction, cette grande loi de la nature, qui est, selon eux, la cause de la cohésion des solides & des corps durs.

Supposons, disent-ils, qu'un corps dur soit frappé ou bandé de façon que les parties composantes sortent un peu de leur place, & s'éloignent un peu les unes des autres, mais sans se quitter tout-à-fait, & sans se rompre ou se séparer assez pour sortir de la sphère de cette force attractive qui les fait adhérer les unes aux autres; alors il faudra nécessairement, lorsque la cause extérieure cessera d'agir, que toutes ces parties retournent à leur état naturel. *Voyez* ATTRACTION.

Cette explication ne paroît guère plus fondée que les précédentes à bien des philosophes; car, disent-ils, il faudroit d'abord prouver l'existence de cette attraction entre les particules *des corps terrestres*. *Voyez* ATTRACTION. Il faudroit prouver de plus que cette attraction produit l'adhérence des parties. D'ailleurs, en attribuant l'*élasticité* à l'attraction des parties, il resteroit à faire voir comment l'attraction ne produit l'*élasticité* que dans certains corps. Rien n'est si contraire à l'avancement de la Physique, que les explications vagues & sans précision. Il faut savoir douter & suspendre notre jugement dans les effets dont nous ne connoissons point les causes, & l'*élasticité* paroît être de ce nombre.

Ce que nous venons de dire ne s'adresse qu'aux philosophes audacieux, qui prenant les fantômes de leur imagination pour les secrets de la nature, croient rendre raison des phénomènes par des hypothèses hazardées & sans fondement, qu'ils regardent comme des démonstrations. Il n'en est pas de même de ceux qui portant dans l'étendue de la nature la sagacité & la sagesse de l'esprit observateur, ont la modestie de ne donner que pour de simples conjectures, des vues souvent heureuses & fécondes. Telles sont celles que propose M. Diderot sur la cause de l'*élasticité*, dans ses *pensées sur l'interprétation de la nature*, ouvrage plein de réflexions profondes & philosophiques.

M. Diderot remarque d'abord que quand on frappe une corde d'instrument divisée en deux parties par un léger obstacle, il s'y forme des ventres & des nœuds. Il pense qu'il en est de même de tout corps élastique; que ce phénomène a plus ou moins lieu dans toute percussion; que les parties oscillantes & les nœuds sont les causes du frémissement qu'on éprouve au toucher dans un corps élastique frappé; que ce frémissement, ainsi que celui des cordes frappées, est plus ou moins fort, suivant la violence du coup, mais toujours isochrone; qu'ainsi on devroit appliquer au choc des corps élastiques, les loix des vibrations des cordes. *Voyez* CORDE & PERCUSSION.

De plus, imaginons que les molécules de matière qui agissent les unes sur les autres par attraction, c'est-à-dire, en général par quelque cause inconnue (car M. Diderot ne considère ici l'attraction que sous ce point de vue), se disposent entr'elles d'une certaine manière par leur action mutuelle; il est visible que si on dérange ces particules, elles tendront à se remettre dans leur premier état, ou du moins à se coordonner entr'elles relativement à la loi de leur action, & à celle de la force perturbatrice. Le système formé de telles particules, & que M. Diderot appelle *A*, est un corps élastique; & en ce sens, dit-il, l'univers en seroit un: idée neuve, & qu'on peut adopter à bien des égards. Le système *A* dans le vuide sera indestructible, dans l'univers une infinité de causes tendront à l'altérer. Un corps élastique plié se rompra, quand les parties qui le constituent seront écartées par la force perturbatrice au-delà de la sphère de leur action; il se rétablira quand l'écartement sera moins fort, & permettra à l'action mutuelle des particules de produire un effet.

Si les particules sont de différente matière, de différente figure, & agissent suivant différentes loix, il en résultera une infinité de corps élastiques mixtes, c'est-à-dire, des systêmes composés de deux ou plusieurs systêmes de particules différentes par leurs qualités & leur action. Si on chasse de ce composé un ou plusieurs systêmes, ou qu'on y en ajoute un nouveau, la nature du corps changera; ainsi le plomb diminuera d'*élasticité*, si on le met en fusion, c'est-à-dire, si on coordonne entre ses particules un autre systême composé de molécules d'air & de feu, qui le constituent plomb fondu. *Voyez* dans l'ouvrage cité, l'explication détaillée des conjectures de M. Diderot, que nous exposons ici dans un raccourci qui leur fait tort.

Loix de l'élasticité. Pour venir à bout de découvrir la nature & les loix de l'*élasticité*, nous en considérerons les phénomènes. Nous supposerons donc d'abord que tous les corps dans lesquels on observe cette puissance, soient composés ou puissent être conçus composés de petites cordes ou fibres qui par leur union constituent ces corps; & pour considérer l'*élasticité* dans le cas le plus simple, nous prendrons pour exemple les cordes de musique.

Les fibres n'ont de l'*élasticité* qu'autant qu'elles sont tendues par quelque force, comme on voit par les cordes lâches, qu'on peut faire changer facilement de position, sans qu'elles puissent reprendre la première qu'elles avoient, quoique cependant on n'ait pas encore déterminé exactement par expérience, quel est le degré de tension nécessaire pour faire appercevoir l'*élasticité*.

Quand une fibre est trop tendue, elle perd son *élasticité*. Quoiqu'on ne connoisse pas non plus le degré de tension qu'il faudroit pour détruire l'*élasticité*, il est certain au moins que l'*élasticité* dépend de la tension, & que cette tension a des limites où l'*élasticité* commence & où elle cesse.

Si cette observation ne nous fait pas connoître la cause propre & adéquate de l'*élasticité*, elle nous fait voir au moins la différence qu'il y a entre le corps élastique & les corps non-élastiques; comment il arrive qu'un corps perd son *élasticité*, & comment un corps destitué de cette force, vient à l'acquérir. Ainsi, une plaque de métal devient élastique à force d'être battue; & si on la fait chauffer, elle perd cette propriété.

Entre les limites de tension qui sont les termes de l'*élasticité*, on peut compter différens dégrés de force nécessaires pour donner différens degrés de tension, & pour tendre les cordes à telle ou telle longueur. Mais quelle est la proportion de ces forces par rapport aux longueurs des cordes? c'est c'est ce qu'on ne sauroit déterminer que par des expériences faites avec des cordes de métal; & comme les alongemens de ces cordes sont à peine sensibles, il s'ensuit de-là qu'on ne sauroit mesurer directement ces proportions, mais qu'il faut pour cela se servir d'un moyen particulier & indirect. Gravesande s'est donné beaucoup de peine pour déterminer ces loix: voici le resultat des expériences qu'il a faites pour cela.

1.° Les poids qu'il faut pour augmenter une fibre par la tension jusqu'à un certain degré, sont dans différens degrés de tension, comme la tension même. Si, par exemple, nous supposons trois fibres de même longueur & de même épaisseur, dont les tensions soient comme 1, 2, 3, des poids qui seront dans la même proportion les tendront également.

2.° Les plus petits alongemens des mêmes fibres seront entr'eux à-peu-près comme les forces qui les alongent; proportion qu'on peut appliquer aussi à leur inflexion.

3.° Dans les cordes de même genre, de même épaisseur & également tendues, mais de différentes longueurs, les alongemens produits en ajoutant des poids égaux, sont les uns aux autres comme les longueurs des cordes; ce qui vient de ce que la corde s'alonge dans toutes ses parties, & que par conséquent l'alongement d'une corde totale est double de l'alongement de sa moitié, ou de l'alongement d'une corde sous-double.

4.° On peut comparer de la même manière les fibres de même espèce, mais de différente épaisseur, en comparant d'abord un plus ou moins grand nombre de fibres déliées de la même épaisseur: & prenant ensuite le nombre total des fibres, en raison de la solidité des cordes, c'est-à-dire, comme les quarrés des diamètres des cordes, ou comme leur poids, lorsque leurs longueurs sont égales. De telles cordes doivent donc être tendues également par des forces que l'on supposera en raison des quarrés de leurs diamètres. Le même rapport doit aussi se trouver entre les forces qu'il faut pour courber des cordes, de façon que les fleches de la courbure soient égales dans les fibres données.

5.° Le mouvement d'une fibre tendue suit les mêmes loix que celui d'un corps qui fait ses oscillations dans une cycloïde; & quelque inégales que soient les vibrations, elles se font toujours dans un même tems. *Voyez* CYCLOÏDE & CORDE.

6.° Deux cordes étant supposées égales, mais inégalement tendues, il faut des forces égales pour les fléchir également: on peut comparer leurs mouvemens à ceux de deux pendules, auxquels deux forces différentes feroient décrire des arcs semblables de cycloïde, & par conséquent les quarrés des tems de vibrations des fibres sont les uns aux autres en raison inverse des forces qui les fléchissent également, c'est-à-dire, des poids qui tendent les cordes. *Voyez* PENDULE.

7.° On peut encore comparer d'une autre manière les mouvemens des cordes semblables également tendues, avec ceux des pendules; car, comme on fait attention aux tems des vibrations, il faut aussi faire attention aux vîtesses avec lesquelles les cordes se meuvent : or ces vîtesses sont entr'elles en raison composée de la directe des poids qui fléchissent les cordes, & de l'inverse des quantités de matière contenues dans les cordes, c'est-à-dire, de la longueur de ces cordes. Les vîtesses sont donc en raison inverse des quarrés des longueurs, & des quarrés des tems des vibrations.

Les lames ou plaques élastiques peuvent être considérées comme un amas ou faisceau de cordes élastiques parallèles. Lorsque la plaque se fléchit, quelques-unes des fibres s'alongent, & les différens points d'une même plaque sont différemment alongés.

On explique l'*élasticité* d'un fluide, en supposant à toutes ses parties une force centrifuge : & M. Neuton (*Princ. math. prop. xxiij. liv. II.*) prouve, d'après cette supposition, que les particules qui se repoussent ou se fuient mutuellement les unes les autres par des forces réciproquement proportionnelles aux distances de leur centre, doivent composer un fluide élastique dont la densité soit proportionnelle à sa compression ; & réciproquement, que si un fluide est composé de parties qui se fuient & s'évitent mutuellement les unes les autres, & que sa densité soit proportionnelle à la compression ; la force centrifuge de ces particules sera en raison inverse de leurs distances. *Voyez* FLUIDE.

Au reste, il faut regarder cette démonstration comme purement mathématique, & non comme déduite de la véritable cause physique de l'*élasticité* des fluides. Quelle que soit la cause de cette *élasticité*, il est constant qu'elle tend à rapprocher les parties désunies ou éloignées, & que par conséquent on peut la réduire, quant aux effets, à l'action d'une force centrifuge par laquelle les particules du fluide se repoussent mutuellement, sans qu'il soit nécessaire de supposer l'existence réelle d'une pareille force centrifuge. La démonstration subsiste donc, quelle que soit la cause physique de l'*élasticité* des fluides.

M. Daniel Bernoulli a donné dans son *Hydrodynamique*, les loix de la compression & du mouvement des fluides élastiques. Il en tire la théorie de la compression de l'air, & de son mouvement en passant par différens canaux ; de la force de la poudre pour mouvoir les boulets de canon, *&c.* Dans mon traité *de l'équilibre & du mouvement des fluides*, imprimé à Paris en 1744, j'ai aussi donné les loix de l'équilibre & du mouvement des fluides élastiques. J'y remarque que le mouvement d'un fluide élastique diffère principalement de celui d'un fluide ordinaire, par les loix des vîtesses de ses différentes couches. Ainsi, quand un fluide non élastique se meut dans un vase cylindrique, toutes les couches de ce fluide se meuvent avec une égale vîtesse ; mais il n'en est pas de même quand le fluide est élastique : car, si ce fluide se meut dans un cylindre dont un des bouts soit fermé, la vîtesse de ses tranches est d'autant plus grande, qu'elles sont plus éloignées de ce fond ; à-peu-près comme il arrive à un ressort fixé par une de ses extrémités, & dont les parties parcourent en se débandant d'autant plus d'espace, qu'elles sont plus éloignées du point fixe. Du reste, la méthode pour déterminer les loix du mouvement des fluides élastiques, est la même que pour déterminer celles des autres fluides. M. Bernoulli, dans ses *recherches sur le mouvement des fluides élastiques*, avoit supposé la chaleur du fluide constante, & l'*élasticité* proportionnée à la densité. Pour moi, j'ai supposé que l'*élasticité* agit suivant telle loi qu'on voudra.

M. Jacques Bernoulli, dans les *mém. acad. 1703*, où il donne la théorie de la tension des fibres élastiques de différentes longueurs, ou de leur compression par différens poids, remarque avec raison que la compression des fibres élastiques n'est pas exactement proportionnelle au poids comprimant ; & la preuve démonstrative qu'il en apporte, c'est qu'une fibre élastique ne peut pas être comprimée à l'infini ; que, dans son dernier état de compression, elle a encore quelque étendue, & que quelque poids qu'on ajoutât alors au poids comprimant, la compression ne pourroit pas être plus grande : d'où il s'ensuit évidemment que la compression n'augmente pas généralement en raison du poids.

Or ce que nous venons de rapporter d'après M. Jacques Bernoulli, sur la règle des pressions proportionnelles aux poids, a lieu dans les fluides élastiques ; par conséquent la règle qui fait les compressions proportionnelles aux poids des fluides élastiques, (*V.* AIR) ne sauroit être qu'une règle rapprochée. J'aimerois mieux dire, & ce seroit peut-être parler plus exactement, que la différence des compressions de l'air est proportionnelle aux poids comprimans ; mais que comme la compression de l'air est fort petite lorsque le poids comprimant $= o$, c'est-à-dire, comme l'air dans son état naturel est extrêmement dilaté, les expériences ont fait croire que les compressions de l'air étoient comme les poids, quoique cette proportion n'ait pas lieu rigoureusement ; car, soit P la compression de l'air dans son état naturel, & $P + A$, & $P + B$ les compressions de ce même air par les deux poids a, b ; comme on suppose A & B fort grandes par rapport à P, il est évident qu'au lieu de la proportion $a . b :: A . B$, on peut prendre la proportion approchée $a . b :: P + A : P + B$. *Voyez mes recherches sur la cause des vents, article 81.*

Sur les phénomènes de l'*élasticité* de l'air, *voyez les mots* AIR & ATHMOSPHÈRE *dans le dictionnaire de physique*. C'est l'*élasticité* de l'air, & non son poids, qui est la cause immédiate de la suspension du mercure dans le baromètre ; car l'air d'une chambre soutient le mercure en vertu de son ressort : ainsi, plus le ressort ou l'*élasticité* de l'air augmentent, plus le mercure doit monter, & au contraire. Les variations du baromètre sont donc l'effet du changement de l'*élasticité* dans l'air, autant que du changement qui arrive dans son poids ; & comme, outre le poids de l'air, il y a une infinité de causes qui peuvent changer l'*élasticité* de l'air, comme la chaleur, l'humidité, le froid, la sécheresse, il s'ensuit que toutes ces causes concourent à la suspension plus ou moins grande du mercure. (*O*)

ÉLASTIQUE, adj. (*Méchanique.*) corps *élastique* ou *à ressort*, est celui qui étant frappé ou tendu, perd d'abord sa figure, mais fait effort par sa propre force pour la reprendre; ou qui, quand il est comprimé, condensé, &c. fait effort pour se mettre en liberté, & pour repousser les corps qui le compriment, comme une lame d'épée, un arc, &c. qui se bandent aisément, mais qui reviennent bientôt après à leur première figure & à leur première étendue. *Voyez* ELASTICITÉ. Tel est encore un ballon plein d'air.

Les corps *élastiques* sont ou naturels ou artificiels. Les principaux parmi les artificiels, pour le degré de force *élastique*, sont les arcs d'acier, les boulets d'airain, d'ivoire, de marbre, &c. les cuirs & les peaux, les membranes, les cordes ou fils d'airain, de fer, d'argent & d'acier, les nerfs, les boyaux, les cordes de lin & de chanvre.

Les principaux entre les naturels sont les éponges, les branches d'arbres verds, la laine, le coton, les plumes, &c. On dispute si l'eau a ou n'a point de force *élastique* : plusieurs philosophes croient qu'elle n'en a point ou peu par elle-même, & que si elle en montre quelquefois, on doit l'attribuer à l'air qui y est connu.

Les principaux phénomènes qu'on observe dans les corps *élastiques*, sont, 1.° qu'un corps *élastique* (nous supposons ici ce corps parfaitement *élastique*, & nous imaginons qu'il y en ait de tels) fait effort pour se remettre dans l'état où il étoit avant la compression, avec la même quantité de force qui a été employée à le presser ou à le bander; car la force avec laquelle on tire une corde, est la même que celle avec laquelle cette corde résiste à la traction; de même un arc reste bandé, tant qu'il y a équilibre entre la force qui est employée à le bander & celle avec laquelle il résiste.

2.° Les corps *élastiques* exercent également leur force en tout sens, quoique l'effet se fasse principalement appercevoir du côté où la résistance est la moins forte : ce qui se voit évidemment par l'exemple d'un arc qui lance une flèche, du canon lorsque le boulet en sort, &c.

3°. Les corps *élastiques* sonores, de quelque manière qu'on les frappe ou qu'on les pousse, font toujours à-peu-près les mêmes vibrations; ainsi, une cloche rend toujours un même son de quelque manière ou de quelque côté qu'on la frappe. De même une corde de violon rend toujours le même son à quelque endroit qu'on la pousse avec l'archet. Or les différens sons consistent, comme l'on sait, dans la fréquence plus ou moins grande des vibrations du corps sonore. *Voyez* CORDE & SON.

4.° Un corps parfaitement fluide, s'il y en a de tels, ne sauroit être *élastique*, parce que ses parties ne sauroient être comprimées. *Voyez* FLUIDE.

5.° Un corps parfaitement solide, s'il y en avoit de tels, ne sauroit être parfaitement *élastique*, parce que n'ayant point de pores, il ne sauroit être susceptible de compression.

6.° Les corps durs, longs & flexibles propres à acquérir de l'*élasticité*, l'acquierent principalement de trois manières, par leur extension, leur contraction, ou leur tension.

7.° Lorsque les corps se dilatent par leur force *élastique*, ils emploient pour cela une moindre force dans le commencement de leur dilatation que vers la fin, parce que c'est à la fin qu'ils sont le plus comprimés, & que leur résistance est toujours égale à la compression.

8.° Le mouvement par lequel les corps comprimés se remettent dans leur premier état, est ordinairement un mouvement accéléré. Quant aux loix du mouvement & la percussion dans les corps *élastiques*, *voyez* sur cela les *articles* MOUVEMENT & PERCUSSION. *Voyez aussi* RESSORT.

Je ferai seulement ici les deux observations suivantes :

1.° On suppose ordinairement qu'un corps *élastique* à ressort parfait qui vient frapper un plan inébranlable, reçoit par le débandement du ressort une vîtesse précisément égale & en sens contraire à celle qu'il avoit en frappant le plan. Il faut cependant remarquer qu'un corps *élastique* peut se rétablir parfaitement dans sa figure, en perdant beaucoup de sa vîtesse : en voici la preuve. Supposons deux corps A, B, durs, unis ensemble par un ressort attaché à tous les deux, & supposons que ce système vienne à frapper perpendiculairement un plan inébranlable avec la vîtesse a; il est certain que le corps antérieur A perdra d'abord tout son mouvement, qu'ensuite le corps B avancera contre le plan & contre le corps A, en comprimant le ressort avec la vîtesse a, & que ce ressort en se débandant lui rendra la vîtesse a, laquelle étant partagée aux deux masses A, B, deviendra $\frac{Aa}{A+B}$; donc la vîtesse du système des deux corps A, B, sera moindre après le choc qu'auparavant, quoique le système conserve la même figure. Pour qu'un corps *élastique* ne perdît rien de sa vîtesse par le choc, il faudroit supposer que le ressort dont il est pourvu rendît ses parties susceptibles de division à l'infini, en sorte que quand il choque un plan, il n'y eût que la partie infiniment petite contiguë au plan, qui perdît tout-à-coup sa vîtesse, les autres parties ne perdant la leur que par degrés insensibles. Or on sent bien que cette supposition est plus mathématique que physique; en effet, l'expérience prouve que les corps *élastiques* les plus parfaits perdent quelque partie de leur vîtesse par le choc, le choc, sans que leur figure soit aucunement altérée.

2.° M. Mariotte, dans *son traité du choc des corps*, dit que si on frappe un cerceau avec un bâton pour le faire avancer, la partie du cerceau opposée à la partie choquée avancera vers le bâton & s'applatira, tandis que le cerceau entier ira en avant; ce phénomene est aisé à expliquer par les principes qu'on peut lire *au mot* DYNAMIQUE. Le cerceau étant en repos au moment du choc, on peut regarder son repos actuel comme composé de deux mouvemens égaux & contraires, l'un progressif & l'autre opposé à celui-là, & contraire à l'impulsion du bâton; donc en vertu de ce dernier mouvement le cerceau est dans le même état que s'il étoit poussé directement contre le bâton. Or, dans ce cas, il est évident qu'il doit s'applatir par la partie la plus éloignée du bâton. Donc, &c. (*O*)

ÉLASTIQUE, adj. pris subst. *ou* COURBE ELASTIQUE, (*Géométrie & Méchan.*) est le nom que M. Jacques Bernoulli a donné à la courbe que forme une lame de ressort fixée horizontalement par une de ses extrémités à un plan vertical, & chargée à l'autre extrémité d'un poids qui, par sa pesanteur, oblige cette lame de se courber; la détermination de cette courbe est un problême de la plus sublime géométrie. On peut voir l'analyse que M. Jacques Bernoulli en a donné dans les *mémoires de l'académie des sciences de Paris de 1703*. Plusieurs savans géometres ont donné depuis ce tems différentes solutions de ce problême; on en trouve plusieurs très-élégantes dans le *tome III des mém. de l'académie de Pétersbourg*.

Cette courbe est la même que celle que formeroit un linge *ACB* (*Méch. fig.* 74.) parfaitement flexible, fixé horizontalement par ses deux extrémités *A*, *B*, & chargé d'un fluide qui rempliroit la cavité *ACB*. *Voyez cette proposition démontrée dans l'essai* de M. Jean Bernoulli *sur une nouvelle théorie de la manœuvre des vaisseaux*, imprimé à Bâle en 1714, & réimprimé depuis à Lausane, 1743, dans le recueil *in-4.°* des œuvres de M. Jean Bernoulli. Je dis 1743, quoique le titre porte 1742, parce qu'il y a au commencement du premier volume deux écrits de M. Bernoulli & de l'éditeur, datés de 1743.

On peut voir aussi dans le *tome IV des œuvres* de M. Jean Bernoulli, *page* 242, une solution du problême *élastique*; elle est fondée sur deux principes: 1.° que le poids tendant exerce sur chaque point de l'*élastique* une force proportionnelle à sa distance; 2.° que la courbure dans chaque point est en raison de la force tendante; d'où il s'ensuit que si on nomme x la distance d'un point quelconque à la ligne de direction du poids tendant, on aura le rayon de la développée $\left(\frac{dx^2 + dy^2}{-dx\,ddy}\right)^{\frac{3}{2}} = \frac{1}{x}$; d'où l'on tire, en regardant dx comme constant, $\frac{xx}{2} = -\frac{dy}{\sqrt{dy^2 + dx^2}}$ & $\frac{xx\,dx}{\sqrt{4 - x^4}} = dy$, équation de l'*élastique*. Or il est évident que cette courbe est la même que celle du linge dont il a été parlé ci-dessus, puisque la pression, dans chaque point du linge, est proportionnelle à x, c'est-à-dire à la hauteur, & que cette pression est de plus proportionnelle à la courbure, ou en raison inverse du rayon de la développée.

Voyez (*Mém. de l'Académie de Berlin*, 1769) *un Mémoire de M. de la Grange, sur la force des ressorts pliés.* (*O*)

ELE

ELECTION, (*Arithm. & Alg.*): dans les nombres & les combinaisons, est la différente maniere de prendre quelques nombres ou quantités données, sans avoir égard à leurs places. Ainsi, les quantités *a*, *b*, *c*, peuvent être prises de sept façons différentes, comme *abc*, *ab*, *ac*, *bc* & *a*, *b*, *c*. *Voyez* COMBINAISON, ALTERNATION, PERMUTATION. (*O*)

ELECTRA, (*Astronomie*), nom d'une des sept étoiles des *pléiades*, situées sur le taureau.

ELÉMENS, *en Astronomie*. Les astronomes entendent communément, par ce mot, les principaux résultats des observations astronomiques, & généralement tous les nombres essentiels qu'ils emploient à la construction des tables du mouvement des planetes. Ainsi, les *élémens* de la théorie du soleil, ou plutôt de la terre, sont les époques de son moyen mouvement & de celui de son aphélie, son mouvement moyen & son excentricité, & le mouvement de son aphélie. Les *élémens* de la théorie de la lune sont son mouvement moyen, celui de son nœud & de son apogée, son excentricité, l'inclinaison moyenne de son orbite à l'écliptique, & la valeur de ses différentes équations. (*O*)

ELÉMENS DES SCIENCES, (*Math.*) On appelle, en général, *élément d'un tout*, les parties primitives & originaires dont on peut supposer que ce tout est formé. Pour transporter cette notion aux sciences en général, & pour connoître quelle idée nous devons nous former des *élémens* d'une science quelconque, supposons que cette science soit entiérement traitée dans un ouvrage, en sorte que l'on ait de suite & sous les yeux les propositions, tant générales que particulieres, qui forment l'ensemble de la science, & que ces propositions soient disposées dans l'ordre le plus naturel & le plus rigoureux qui soit possible; supposons ensuite que ces propositions forment une suite absolument continue, en sorte que chaque proposition dépende uniquement & immédiatement des précédentes, & qu'elle ne suppose point d'autres principes que ceux que les précédentes propositions renferment;

en ce cas, chaque proposition, comme nous l'avons remarqué dans le discours préliminaire de l'Encyclopédie, ne sera que la traduction de la première, présentée sous différentes faces; tout se réduiroit par conséquent à cette première proposition, qu'on pourroit regarder comme l'*élément* de la science dont il s'agit, puisque cette science y seroit entièrement renfermée. Si chacune des sciences qui nous occupent étoit dans le cas dont nous parlons, les *élémens* en seroient aussi faciles à faire qu'à apprendre; & même, si nous pouvions appercevoir sans interruption la chaîne visible qui lie tous les objets de nos connoissances, les *élémens* de toutes les sciences se réduiroient à un principe unique, dont les conséquences principales seroient les *élémens* de chaque science particulière. L'esprit humain participant alors de l'intelligence suprême, verroit toutes ces connoissances comme réunies sous un point de vue indivisible; il y auroit cependant cette différence entre Dieu & l'homme, que Dieu, placé à ce point de vue, appercevroit d'un coup-d'œil tous les objets, & que l'homme auroit besoin de les parcourir l'un après l'autre, pour en acquérir une connoissance détaillée. Mais il s'en faut beaucoup que nous puissions nous placer à un tel point de vue. Bien loin d'appercevoir la chaîne qui unit toutes les sciences, nous ne voyons pas même, dans leur totalité, les parties de cette chaîne qui constituent chaque science en particulier. Quelque ordre que nous puissions mettre entre les propositions, quelque exactitude que nous cherchions à observer dans la déduction, il s'y trouvera toujours nécessairement des vuides; toutes les propositions ne se tiendront pas immédiatement, & formeront, pour ainsi dire, des grouppes différens & désunis.

Néanmoins, quoique, dans cette espèce de tableau, il y ait bien des objets qui nous échappent, il est facile de distinguer les propositions ou vérités générales qui servent de base aux autres, & dans lesquelles celles-ci sont implicitement renfermées. Ces propositions réunies en un corps, formeront, à proprement parler, les *élémens* de la science, puisque ces *élémens* seront comme un germe qu'il suffiroit de développer pour connoître les objets de la science fort en détail. Mais on peut encore considérer les *élémens* d'une science sous un autre point de vue: en effet, dans la suite des propositions, on peut distinguer celles qui, soit dans elles-mêmes, soit dans leurs conséquences, considèrent cet objet de la manière la plus simple; & ces propositions étant détachées du tout, en y joignant même les conséquences détaillées qui en dérivent immédiatement, on aura des *élémens* pris dans un second sens plus vulgaire & plus en usage, mais moins philosophique que le premier. Les *élémens*, pris dans le premier sens, considèrent, pour ainsi dire, en gros toutes les parties principales de l'objet: les *élémens* pris dans le second sens, considèrent en détail les parties de l'objet les plus grossières. Ainsi, des *élémens* de géométrie, qui contiendroient non-seulement les principes de la mesure & des propriétés des figures planes, mais ceux de l'application de l'algèbre à la géométrie, & du calcul différentiel & intégral appliqués aux courbes, seroient des *élémens* de géométrie dans le premier sens, parce qu'ils renfermeroient les principes de la géométrie prise dans toute son étendue; mais ce qu'on appelle des *élémens de géométrie ordinaire*, qui ne roulent que sur les propriétés générales des figures planes & du cercle, ne sont que des *élémens* pris dans le second sens, parce qu'ils n'embrassent que la partie la plus simple de leur objet, soit qu'ils l'embrassent avec plus ou moins de détail. Nous nous attacherons ici aux *élémens* pris dans le premier sens; ce que nous en dirons pourra facilement s'appliquer ensuite aux *élémens* pris dans le second.

La plupart des sciences n'ont été inventées que peu-à-peu: quelques hommes de génie, à différens intervalles de tems, ont découvert, les uns après les autres, un certain nombre de vérités; celles-ci en ont fait découvrir de nouvelles, jusqu'à ce qu'enfin le nombre des vérités connues est devenu assez considérable. Cette abondance, du moins apparente, a produit deux effets. En premier lieu, on a senti la difficulté d'y ajouter, non-seulement parce que les génies créateurs sont rares, mais encore parce que les premiers pas faits par une suite de bons esprits, rendent les suivans plus difficiles à faire; car les hommes de génie parcourent rapidement la carrière une fois ouverte, jusqu'à ce qu'ils arrivent à quelque obstacle insurmontable pour eux, qui ne peut être franchi qu'après des siècles de travail. En second lieu, la difficulté d'ajouter aux découvertes, a dû naturellement produire le dessein de mettre en ordre les découvertes déjà faites; car le caractère de l'esprit humain est d'amasser d'abord le plus de connoissances qu'il est possible, & de songer ensuite à les mettre en ordre, lorsqu'il n'est plus si facile d'en amasser. De-là sont nés les premiers traités en tout genre; traités pour la plupart imparfaits & informes. Cette imperfection venoit principalement de ce que ceux qui ont dressé ces premiers ouvrages, ont pu rarement se mettre à la place des inventeurs dont ils n'avoient pas reçu le génie en recevant le fruit de leurs travaux. Les inventeurs seuls pouvoient traiter d'une manière satisfaisante les sciences qu'ils avoient trouvées, parce qu'en revenant sur la marche de leur esprit, & en examinant de quelle manière une proposition les avoit conduits à une autre, ils étoient seuls en état de voir la liaison des vérités, & d'en former par conséquent la chaîne. D'ailleurs les principes philosophiques sur lesquels la découverte d'une science est appuyée, n'ont souvent une certaine netteté que dans l'esprit des inventeurs; car soit par négligence, soit pour déguiser leurs découvertes, soit pour en faciliter aux autres les fruits, ils les couvrent d'un langage particulier, qui sert ou à leur donner un air de mystère, ou à en simplifier l'usage: or ce langage ne peut être mieux traduit que par ceux mêmes qui l'ont inventé, ou qui du moins auroient pu l'inventer. Il est enfin des cas où les inventeurs mêmes n'auroient pu réduire en ordre convenable leurs connoissances; c'est lorsqu'ayant été guidés moins par le raisonnement que par une espèce d'instinct, ils sont hors d'état de pouvoir les transmettre aux autres. C'est encore lorsque le nombre des vérités se trouve assez grand pour être recueilli, & pour qu'il soit difficile d'y ajouter, mais non assez complet pour former un corps & un ensemble.

Ce que nous venons de dire regarde les traités détaillés & complets; mais il est évident que les mêmes réflexions s'appliquent aux traités élémentaires: car, puisque les traités complets ne diffèrent des traités élémentaires bien faits, que par le détail des conséquences & des propositions particulières, omises dans les unes & énoncées dans les autres, il s'ensuit qu'un traité élémentaire & un traité complet, si on les suppose bien faits, seront ou explicitement ou implicitement renfermés l'un dans l'autre.

Il est donc évident, par tout ce que nous venons de dire, qu'on ne doit entreprendre les *élémens* d'une science que quand les propositions, qui la constituent, ne seront point chacune isolées & indépendantes l'une de l'autre, mais quand on y pourra remarquer des propositions principales dont les autres seront des conséquences. Or comment distinguera-t-on ces propositions principales? voici le moyen d'y parvenir. Si les propositions, qui forment l'ensemble d'une science, ne se suivent pas immédiatement les unes les autres, on remarquera les endroits où la chaîne est rompue, & les propositions qui forment la tête de chaque partie de la chaîne, sont celles qui doivent entrer dans les *élémens*. A l'égard des propositions mêmes qui forment une seule portion continue de la chaîne, on y en distinguera de deux espèces; celles qui ne sont que de simples conséquences, une simple traduction en d'autres termes de la proposition précédente, doivent être exclues des *élémens*, puisqu'elles y sont évidemment renfermées. Celles qui empruntent quelque chose, non-seulement de la proposition précédente, mais d'une autre proposition primitive, sembleroient devoir être exclues par la même raison, puisqu'elles sont implicitement & exactement renfermées dans les propositions dont elles dérivent. Mais, en s'attachant scrupuleusement à cette règle, non-seulement on réduiroit les *élémens* à presque rien, on en rendroit encore l'usage & l'application trop difficiles. Ainsi, les conditions nécessaires, pour qu'une proposition entre dans les *élémens* d'une science pris dans le premier sens, sont que ces propositions soient assez distinguées les unes des autres, pour qu'on n'en puisse pas en former une chaîne immédiate; que ces propositions soient elles-mêmes la source de plusieurs autres, qui n'en seront plus regardées que comme des conséquences; & qu'enfin, si quelqu'une des propositions est comprise dans les précédentes, elle n'y soit comprise qu'implicitement, ou de manière qu'on ne puisse en appercevoir la dépendance que par un raisonnement développé.

N'oublions pas de dire qu'il faut insérer dans les *élémens* les propositions isolées, s'il en est quelqu'une qui ne tienne ni comme principe, ni comme conséquence, à aucune autre; car les *élémens* d'une science doivent contenir au moins le germe de toutes les vérités qui font l'objet de cette science: par conséquent l'omission d'une seule vérité isolée, rendroit les *élémens* imparfaits.

Mais ce qu'il faut sur-tout s'attacher à bien développer, c'est la métaphysique des propositions. Cette métaphysique, qui a guidé ou dû guider les inventeurs, n'est autre chose que l'exposition claire & précise des vérités générales & philosophiques, sur lesquelles les principes de la science sont fondés. Plus cette métaphysique est simple, facile, & pour ainsi dire populaire, plus elle est précieuse; on peut même dire que la simplicité & la facilité en sont la pierre de touche. Tout ce qui est vrai, sur-tout dans les sciences de pur raisonnement, a toujours des principes clairs & sensibles, & par conséquent peut être mis à la portée de tout le monde, sans aucune obscurité. En effet, comment les conséquences pourroient-elles être claires & certaines, si les principes étoient obscurs? La vanité des auteurs & des lecteurs est cause que l'on s'écarte souvent de ces règles: les premiers sont flattés de pouvoir répandre un air de mystère & de sublimité sur leurs productions: les autres ne haïssent pas l'obscurité, pourvu qu'il en résulte une espèce de merveilleux; mais la vérité est simple, & veut être traitée comme elle est. Nous aurons occasion, dans cet ouvrage, d'appliquer souvent les règles que nous venons de donner, principalement dans ce qui regarde les loix de la méchanique, la géométrie, qu'on nomme *de l'infini*, & plusieurs autres objets; c'est pourquoi nous insistons, pour le présent, assez légèrement là-dessus.

Pour nous borner ici à quelques règles générales, quels sont dans chaque science les principes d'où l'on doit partir? des faits simples, bien vus & bien avoués; en physique, l'observation de l'univers; en géométrie, les propriétés principales de l'étendue; en méchanique, l'impénétrabilité des corps; en métaphysique & en morale, l'étude de notre ame & de ses affections, & ainsi des autres. Je prends ici la métaphysique dans le sens le plus rigoureux qu'elle puisse avoir, en tant qu'elle est la science des êtres purement spirituels. Ce que j'en dis ici sera encore plus vrai, quand on la regardera dans un sens plus étendu, comme la science universelle, qui contient les principes de toutes les autres; car, si chaque science n'a & ne peut avoir que l'observation pour vrais principes, la métaphysique de chaque science ne peut consister que dans les conséquences générales qui résultent de l'observation, présentées sous le point de vue le plus étendu qu'on puisse leur donner. Ainsi, dussai-je, contre mon intention, choquer encore quelques personnes, dont le zèle, pour la métaphysique, est plus ardent qu'éclairé, je me garderai bien de la définir, comme elles le veulent, *la science des idées*; car que seroit-ce qu'une pareille science? La philosophie, sur quelque objet qu'elle s'exerce, est la science des faits ou celle des chimères. C'est en effet avoir d'elle une idée bien informe & bien peu juste, que de la croire destinée à se perdre dans les abstractions, dans les propriétés générales de l'être, dans celles du mode & de la substance. Cette spéculation inutile ne consiste qu'à présenter sous une forme & un langage scientifique, des propositions qui étant mises en langage vulgaire, ou ne seroient que des vérités communes qu'on auroit honte d'étaler avec tant d'appareil, ou seroient pour le moins douteuses, & par conséquent indignes d'être érigées en principes. D'ailleurs une telle méthode est non-seulement dangereuse, en ce qu'elle retarde, par des questions vagues & contentieuses, le progrès de nos connoissances réelles, elle est encore contraire à la marche de l'esprit, qui, comme nous ne saurions trop le redire, ne connoît les abstractions que par l'étude des êtres particuliers. Ainsi, la première chose par où l'on doit commencer en bonne philosophie, c'est de faire main-basse sur ces longs & ennuyeux prolégomènes, sur ces nomenclatures éternelles, sur ces arbres & ces divisions sans fin; tristes restes d'une misérable scholastique & de l'ignorante vanité de ces siècles ténébreux, qui, dénués d'observations & de faits, se créoient un objet imaginaire de spéculations & de disputes. J'en dis autant de ces questions aussi inutiles que mal résolues, sur la nature de la philsophie, sur son existence, sur le premier principe des connoissances humaines, sur l'union de la probabilité avec l'évidence, & sur une infinité d'autres objets semblables.

Il est, dans les sciences, d'autres questions contestées, moins frivoles en elles-mêmes, mais aussi inutiles en effet, qu'on doit absolument bannir d'un livre d'*élémens*. On peut juger sûrement de l'inutilité absolue d'une question sur laquelle on se divise, lorsqu'on voit que les philosophes se réunissent d'ailleurs sur des propositions, qui néanmoins, au premier coup-d'œil, sembleroient tenir nécessairement à cette question. Par exemple, les *élémens* de géométrie, de calcul, étant les mêmes pour toutes les écoles de philosophie, il résulte de cet accord, & que les vérités géométriques ne tiennent point aux principes contestés sur la nature de l'étendue, & qu'il est, sur cette matière, un point commun où toutes les sectes se réunissent; un principe vulgaire & simple, d'où elles partent toutes sans s'en appercevoir; principe qui s'est obscurci par les disputes, ou qu'elles ont fait négliger, mais qui n'en subsiste pas moins. De même, quoique le mouvement & ses propriétés principales soient l'objet de la méchanique, néanmoins la métaphysique obscure & contentieuse de la nature du mouvement, est totalement étrangère à cette science; elle suppose l'existence du mouvement, tire de cette supposition une foule de vérités utiles, & laisse bien loin derrière elle la philosophie scholastique s'épuiser en vaines subtilités sur le mouve-même. Zénon chercheroit encore si les corps se meuvent, tandis qu'Archimède auroit trouvé les loix de l'équilibre, Huyghens celles de la percussion, & Neuton celles du système du monde.

Concluons de-là que le point auquel on doit s'arrêter dans la recherche des principes d'une science, est déterminé par la nature de cette science même, c'est-à-dire par le point de vue sous lequel elle envisage son objet; tout ce qui est au-delà doit être regardé ou comme appartenant à une autre science, ou comme une région entièrement refusée à nos regards. J'avoue que les principes d'où nous partons en ce cas ne sont peut-être eux-mêmes que des conséquences fort éloignées des vrais principes qui nous sont inconnus, & qu'ainsi ils mériteroient peut-être le nom de *conclusions* plutôt que celui des *principes*. Mais il n'est pas nécessaire que ces conclusions soient des principes en elles-mêmes, il suffit qu'elles en soient pour nous.

Nous n'avons parlé jusqu'à présent que des principes proprement dits, de ces vérités primitives par lesquelles on peut non-seulement guider les autres, mais se guider soi-même dans l'étude d'une science. Il est d'autres principes qu'on peut appeller *secondaires*; ils dépendent moins de la nature des choses, que du langage: ils ont principalement lieu, lorsqu'il s'agit de communiquer ses connoissances aux autres. Je veux parler des définitions, qu'on peut, à l'exemple des mathématiciens, regarder en effet comme des principes; puisque, dans quelque espèce d'*élémens* que ce puisse être, c'est en partie sur elles que la plupart des propositions sont appuyées. Ce nouvel objet demande quelques réflexions: l'article DÉFINITION en présente plusieurs; nous y ajouterons les suivantes.

Définir, suivant la force du mot, c'est marquer les bornes & les limites d'une chose; ainsi, *définir un mot*, c'est en déterminer & en circonscrire pour ainsi dire le sens, de manière qu'on ne puisse, ni avoir de doute sur ce sens donné, ni l'étendre, ni le restreindre, ni enfin l'attribuer à aucun autre terme.

Pour établir les règles des définitions, remarquons d'abord que dans les Sciences, on fait usage de deux sortes de termes, de termes vulgaires, & de termes scientifiques.

J'appelle *termes vulgaires*, ceux dont on fait usage ailleurs que dans la science dont il s'agit, c'est-à-dire, dans le langage ordinaire, ou même dans d'autres sciences; tels sont par exemple les mots *espace, mouvement* en méchanique; *corps* en géométrie; *son* en musique, & une infinité d'autres. J'appelle *termes scientifiques*, les mots propres & particuliers à la science, qu'on a été obligé de créer pour désigner certains objets, & qui sont inconnus à ceux à qui la science est tout-à-fait étrangere.

Il semble d'abord que les termes vulgaires n'ont pas besoin d'être définis, puisqu'étant, comme on le suppose, d'un usage fréquent, l'idée qu'on attache à ces mots doit être bien déterminée & familière à tout le monde. Mais le langage des Sciences ne sauroit être trop précis, & celui du vulgaire est souvent vague & obscur; on ne sauroit donc trop s'appliquer à fixer la signification des mots qu'on emploie, ne fût-ce que pour éviter toute équivoque. Or, pour fixer la signification des mots, ou, ce qui revient au même, pour les définir, il faut d'abord examiner quelles sont les idées simples que ce mot renferme; j'appelle *idée simple*, celle qui ne peut être décomposée en d'autres, & par ce moyen être rendue plus facile à saisir : telle est par exemple l'idée d'*existence*, celle de *sensation*, & une infinité d'autres. Ceci a besoin d'une plus ample explication.

A proprement parler, il n'y a aucune de nos idées qui ne soit simple; car quelque composé que soit un objet, l'opération par laquelle notre esprit le conçoit comme composé, est une opération instantanée & unique : ainsi, c'est par une opération simple que nous concevons un corps comme une substance tout-à-la-fois étendue, impénétrable, figurée & colorée.

Ce n'est donc point par la nature des opérations de l'esprit qu'on doit juger du degré de simplicité des idées; c'est la simplicité plus ou moins grande de l'objet qui en décide : de plus, cette simplicité plus ou moins grande, n'est pas celle qui est déterminée par le nombre plus ou moins grand des parties de l'objet, mais par le nombre plus ou moins grand des propriétés qu'on y considère à-la-fois; ainsi, quoique l'espace & le tems soient composés de parties, & par conséquent, ne soient pas des êtres simples, cependant, l'idée que nous en avons, est une idée simple, parce que toutes les parties du tems & de l'espace sont absolument semblables; que l'idée que nous en avons est absolument la même, & qu'enfin cette idée ne peut être décomposée, puisqu'on ne pourroit simplifier l'idée de l'étendue & celle du tems, sans les anéantir : au lieu qu'en retranchant de l'idée de corps, par exemple, l'idée d'impénétrabilité, de figure & de couleur, il reste encore l'idée de l'étendue.

Les idées simples, dans le sens où nous l'entendons, peuvent se réduire à deux espèces : les unes sont des idées abstraites; l'abstraction en effet n'est autre chose que l'opération, par laquelle nous considérons, dans un objet, une propriété particulière, sans faire attention à celles qui se joignent à celle-là, pour constituer l'essence de l'objet. La seconde espèce d'idées simples est renfermée dans les idées primitives que nous acquérons par nos sensations, comme celles des couleurs particulières, du froid, du chaud, & plusieurs autres semblables; aussi n'y a-t-il point de circonlocution plus propre à faire entendre ces choses, que le terme unique qui les exprime.

Quand on a trouvé toutes les idées simples qu'un mot renferme, on le définira en présentant ces idées d'une manière aussi claire, aussi courte, & aussi précise qu'il sera possible. Il suit de ces principes, que tout mot vulgaire qui ne renfermera qu'une idée simple, ne peut & ne doit pas être défini dans quelque science que ce puisse être, puisqu'une définition ne pourroit en mieux faire connoître le sens. A l'égard des termes vulgaires qui renferment plusieurs idées simples, fussent-ils d'un usage très-commun, il est bon de les définir, pour développer parfaitement les idées simples qu'ils renferment.

Ainsi, dans la méchanique ou science du mouvement des corps, on ne doit définir ni l'espace ni le tems, parce que ces mots ne renferment qu'une idée simple; mais on peut & on doit même définir le mouvement, quoique la notion en soit assez familiere à tout le monde, parce que l'idée de mouvement est une idée complexe qui en renferme deux simples, celle de l'espace parcouru, & celle du tems employé à le parcourir. Il suit encore des mêmes principes, que les idées simples qui entrent dans une définition doivent être tellement distinctes l'une de l'autre, qu'on ne puisse en retrancher aucune. Ainsi, dans la définition ordinaire du triangle rectiligne, on fait entrer mal-à-propos les trois côtés & les trois angles; il suffit d'y faire entrer les trois côtés, parce qu'une figure renfermée par trois lignes droites a nécessairement trois angles. C'est à quoi on ne sauroit faire trop d'attention, pour ne pas multiplier sans nécessité les mots non plus que les êtres, & pour ne pas faire regarder comme deux idées distinctes, ce qui n'est individuellement que la même.

On peut donc dire non-seulement qu'une définition doit être courte, mais que plus elle sera courte, plus elle sera claire; car la briéveté consiste à n'employer que les idées nécessaires, & à les disposer dans l'ordre le plus naturel. On n'est souvent obscur, que parce qu'on est trop long : l'obscurité vient principalement de ce que les idées ne sont pas bien distinguées les unes des autres, & ne sont pas mises à leur place. Enfin, la briéveté étant nécessaire dans les définitions, on peut & on doit même y employer des termes qui renferment des idées complexes, pourvu que ces termes aient été définis auparavant, & qu'on ait par conséquent développé les idées simples qu'ils contiennent. Ainsi, on peut dire qu'un triangle rectiligne est une figure terminée par trois lignes droites, pourvu qu'on ait défini auparavant ce qu'on entend par *figure*, c'est-à-dire, un espace terminé entiérement par des lignes : ce qui renferme trois idées, celle d'étendue, celle de bornes, & celle de bornes en tout sens.

Telles sont les règles générales d'une définition ; telle est l'idée qu'on doit s'en faire, & suivant laquelle une définition n'est autre chose que le développement des idées simples qu'un mot renferme. Il est fort inutile après cela d'examiner si les définitions sont de nom ou de chose, c'est-à-dire si elles sont simplement l'explication de ce qu'on entend par un mot, ou si elles expliquent la nature de l'objet indiqué par ce mot. En effet, qu'est-ce que la nature d'une chose ? En quoi consiste-t-elle proprement, & la connoissons-nous ? Si on veut répondre clairement à ces questions, on verra combien la distinction dont il s'agit est futile & absurde : car étant ignorans comme nous le sommes sur ce que les êtres sont en eux-mêmes, la connoissance de la nature d'une chose (du moins par rapport à nous) ne peut consister que dans la notion claire & décomposée, non des principes réels & absolus de cette chose, mais de ceux qu'elle nous paroît renfermer. Toute définition ne peut être envisagée que sous ce dernier point de vue : dans ce cas elle sera plus qu'une simple définition de nom, puisqu'elle ne se bornera pas à expliquer le sens d'un mot, mais qu'elle en décomposera l'objet ; & elle sera moins aussi qu'une définition de chose, puisque la vraie nature de l'objet, quoiqu'ainsi décomposé, pourra toujours rester inconnue.

Voilà ce qui concerne la définition des termes vulgaires. Mais une science ne se borne pas à ces termes, elle est forcée d'en avoir de particuliers ; soit pour abréger le discours & contribuer ainsi à la clarté, en exprimant par un seul mot ce qui auroit besoin d'être exprimé par une phrase entière ; soit pour désigner des objets peu connus sur lesquels elle s'exerce, & que souvent elle se produit à elle-même par des combinaisons singulières & nouvelles. Ces mots ont besoin d'être définis, c'est-à-dire simplement expliqués par d'autres termes plus vulgaires & plus simples ; & la seule règle de ces définitions, c'est de n'y employer aucun terme qui ait besoin lui-même d'être expliqué, c'est-à-dire qui ne soit ou clair de lui-même, ou déja expliqué auparavant.

Les termes scientifiques n'étant inventés que pour la nécessité, il est clair que l'on ne doit pas au hasard charger une science de termes particuliers. Il seroit donc à souhaiter qu'on abolît ces termes scientifiques, & pour ainsi dire barbares, qui ne servent qu'à en imposer ; qu'en géométrie, par exemple, on dit simplement *proposition* au lieu de *théorème*, *conséquence* au lieu de *corollaire*, *remarque* au lieu de *scholie*, & ainsi des autres. La plupart des mots de nos sciences sont tirés des langues savantes, où ils étoient intelligibles au peuple même, parce qu'ils n'étoient souvent que des termes vulgaires, ou dérivés de ces termes : pourquoi ne pas leur conserver cet avantage ?

Les mots nouveaux, inutiles, bizarres, ou tirés de trop de loin, sont presque aussi ridicules en matière de science, qu'en matière de goût. On ne sauroit, comme nous l'avons déja dit ailleurs, rendre la langue de chaque science trop simple, &, pour ainsi dire, trop populaire ; non-seulement c'est un moyen d'en faciliter l'étude, c'est ôter encore un prétexte de la décrier au peuple, qui s'imagine ou qui voudroit se persuader que la langue particulière d'une science en fait tout le mérite ; que c'est une espèce de rempart inventé pour en défendre les approches : les ignorans ressemblent en cela à ces généraux malheureux ou mal-habiles, qui ne pouvant forcer une place, se vengent en insultant les dehors.

Au reste, ce que je propose ici, a plutôt pour objet les mots absolument nouveaux que le progrès naturel d'une science oblige à faire, que les mots qui y sont déja consacrés, sur-tout lorsque ces mots ne pourroient être facilement changés en d'autres plus intelligibles. Il est, dans les choses d'usage, des limites où le philosophe s'arrête ; il ne veut ni les réformer, ni s'y soumettre en tout, parce qu'il n'est ni tyran ni esclave.

Les règles que nous venons de donner, concernent les *élémens* en général pris dans le premier sens. A l'égard des *élémens* pris dans le second sens, ils ne diffèrent des autres qu'en ce qu'ils contiendront nécessairement moins de propositions primitives, & qu'ils pourront contenir plus de conséquences particulières. Les règles de ces deux *élémens* sont d'ailleurs parfaitement semblables ; car les *élémens* pris dans le premier sens étant une fois traités, l'ordre des propositions élémentaires & primitives y sera réglé par le degré de simplicité ou de multiplicité, sous lequel on envisagera l'objet. Les propositions qui envisagent les parties les plus simples de l'objet, se trouveront donc placées les premières ; & ces propositions, en y joignant ou en omettant leurs conséquences, doivent former les *élémens* de la seconde espèce. Ainsi, le nombre des propositions primitives de cette seconde espèce d'*élémens*, doit être déterminé par l'étendue plus ou moins grande de la science que l'on embrasse, & le nombre des conséquences sera déterminé par le détail plus ou moins grand dans lequel on embrasse cette partie.

On peut proposer plusieurs questions sur la manière de traiter les *élémens* d'une science.

En premier lieu, doit-on suivre, en traitant les *élémens*, l'ordre qu'ont suivi les inventeurs ? Il est d'abord évident qu'il ne s'agit point ici de l'ordre que les inventeurs ont pour l'ordinaire réellement suivi, & qui étoit sans règle & quelquefois sans objet, mais de celui qu'ils auroient pu suivre en procédant avec méthode. On ne peut douter que cet ordre ne soit en général le plus avantageux à suivre; parce qu'il est le plus conforme à la marche de l'esprit, qu'il éclaire en instruisant, qu'il met sur la voie pour aller plus loin, & qu'il fait, pour ainsi dire, pressentir à chaque pas celui qui doit le suivre: c'est ce qu'on appelle autrement la *méthode analytique*, qui procède des idées composées aux idées abstraites, qui remonte des conséquences connues aux principes inconnus, & qui en généralisant celles-là, parvient à découvrir ceux-ci; mais il faut que cette méthode réunisse encore la simplicité & la clarté, qui sont les qualités les plus essentielles que doivent avoir les *élémens* d'une science. Il faut bien se garder sur-tout, sous prétexte de suivre la méthode des inventeurs, de supposer comme vraies des propositions qui ont besoin d'être prouvées, sous prétexte que les inventeurs, par la force de leur génie, ont dû appercevoir d'un coup-d'œil & comme *à vue d'oiseau* la vérité de ces propositions. On ne sauroit traiter trop exactement les sciences, sur-tout celles qui s'appellent particulièrement *exactes*.

La méthode analytique peut sur-tout être employée dans les sciences dont l'objet n'est pas hors de nous, & dont le progrès dépend uniquement de la méditation; parce que tous les matériaux de la science étant pour ainsi dire au-dedans de nous, l'analyse est la vraie manière & la plus simple d'employer ces matériaux. Mais, dans les sciences dont les objets nous sont extérieurs, la méthode synthétique, celle qui descend des principes aux conséquences, des idées abstraites aux composées, peut souvent être employée avec succès & avec plus de simplicité que l'autre; d'ailleurs les faits sont eux-mêmes, en ce cas, les vrais principes. En général, la méthode analytique est plus propre à trouver les vérités, ou à faire connoître comment on les a trouvées. La méthode synthétique est plus propre à expliquer & à faire entendre les vérités trouvées: l'une apprend à lutter contre les difficultés, en remontant à la source; l'autre place l'esprit à cette source même, d'où il n'a plus qu'à suivre un cours facile. *Voyez* ANALYSE, SYNTHESE.

On demande, en second lieu, laquelle des deux qualités doit être préférée dans des *élémens*, de la facilité, ou de la rigueur exacte. Je réponds que cette question suppose une chose fausse; elle suppose que la rigueur exacte puisse exister sans la facilité, & c'est le contraire; plus une déduction est rigoureuse, plus elle est facile à entendre: car la rigueur consiste à réduire tout aux principes les plus simples. D'où il s'ensuit encore que la rigueur proprement dite, entraîne nécessairement la méthode la plus naturelle & la plus directe. Plus les principes seront disposés dans l'ordre convenable, plus la déduction sera rigoureuse; ce n'est pas qu'absolument elle ne pût l'être si on suivoit une méthode plus composée, comme a fait Euclide dans ses *élémens*: mais alors l'embarras de la marche feroit aisément sentir que cette rigueur précaire & forcée ne seroit qu'improprement telle.

Il ne s'agit pas ici des élémens des *Belles-Lettres*, ni de ceux de l'histoire, *&c.* Nous dirons seulement, en général, que toutes nos connoissances peuvent se réduire à trois espèces; l'histoire, les arts, tant libéraux que méchaniques, & les sciences proprement dites, qui ont pour objet les matières de pur raisonnement; & que ces trois espèces peuvent être réduites à une seule, à celle des sciences proprement dites. Car, 1.° l'histoire est ou de la nature, ou des pensées des hommes, ou de leurs actions. L'histoire de la nature, objet de la méditation du philosophe, rentre dans la classe des sciences; il en est de même de l'histoire des pensées des hommes, sur-tout si on ne comprend sous ce nom que celles qui ont été vraiment lumineuses & utiles, & qui sont aussi les seules qu'on doive présenter à ses lecteurs dans un livre d'*élémens*. A l'égard de l'histoire des rois, des conquérans, & des peuples, en un mot, des événemens qui ont changé ou troublé la terre, elle ne peut être l'objet du philosophe, qu'autant qu'elle ne se borne pas aux faits seuls; cette connoissance stérile, ouvrage des yeux & de la mémoire, n'est qu'une connoissance de pure convention quand on la renferme dans ses étroites limites, mais entre les mains de l'homme qui sait penser, elle peut devenir la première de toutes. Le sage étudie l'univers moral comme le physique, avec cette patience, cette circonspection, ce silence de préjugés qui augmente les connoissances en les rendant utiles; il suit les hommes dans leurs passions, comme la nature dans ses procédés; il observe, il rapproche, il compare, il joint ses propres observations à celles des siècles précédens, pour tirer de ce tout, les principes qui doivent l'éclairer dans ses recherches, ou le guider dans ses actions: d'après cette idée, il n'envisage l'histoire que comme un recueil d'expériences morales faites sur le genre humain, recueil qui seroit sans doute beaucoup plus complet s'il n'eût été fait que par des philosophes, mais qui, tout informe qu'il est, renferme encore les plus grandes leçons de conduite, comme le recueil des observations médicinales de tous les âges, malgré tout ce qui lui manque & qui lui manquera peut-être toujours, forme néanmoins la partie la plus importante & la plus réelle de l'art de guérir. L'histoire appartient donc à la classe des sciences, quant à la manière de l'étudier & de se la rendre utile, c'est-à-dire, quant à la partie philosophique.

2.° Il en est de même des arts, tant méchaniques que libéraux: dans les uns & les autres, ce qui concerne les détails est uniquement l'objet de l'artiste; mais d'un côté, les principes fondamentaux des arts méchaniques sont fondés sur les connoissances mathématiques & physiques des hommes, c'est-à-dire, sur les deux branches les plus considérables de la philosophie ; de l'autre, les arts libéraux ont pour base l'étude fine & délicate de nos sensations. Cette métaphysique subtile & profonde qui a pour objet les matières de goût, sait y distinguer les principes absolument généraux & communs à tous les hommes, d'avec ceux qui sont modifiés par le caractère, le génie, le degré de sensibilité des nations ou des individus ; elle démêle par ce moyen le beau essentiel & universel, s'il en est un, d'avec le beau plus ou moins arbitraire & plus ou moins convenu : également éloignée & d'une décision trop vague & d'une discussion trop scrupuleuse, elle ne pousse l'analyse du sentiment que jusqu'où elle doit aller, & ne la resserre point non plus trop en deçà du champ qu'elle peut se permettre ; en comparant les impressions & les affections de notre ame, comme le métaphysicien ordinaire compare les idées purement spéculatives, elle tire de cet examen des règles pour rappeller ces impressions à une source commune, & pour les juger par l'analogie qu'elles ont entr'elles ; mais elle s'abstient, ou de les juger en elles-mêmes, ou de vouloir apprécier les impressions originaires & primitives par les principes d'une philosophie aussi obscure pour nous, que la structure de nos organes, ou de vouloir enfin faire adopter ses règles par ceux qui ont reçu, soit de la nature, soit de l'habitude, une autre façon de sentir. Ce que nous disons ici du goût dans les arts libéraux, s'applique de soi-même à cette partie des sciences qu'on appelle *Belles-Lettres*. C'est ainsi que les *élémens* de toutes nos connoissances sont renfermés dans ceux d'une philosophie bien entendue.

Nous n'ajouterons plus qu'un mot sur la manière d'étudier quelques sortes d'*élémens* que ce puisse être, en supposant ces *élémens* bien faits. Ce n'est point avec le secours d'un maître qu'on peut remplir cet objet, mais avec beaucoup de méditation & de travail. Savoir des *élémens*, ce n'est pas seulement connoître ce qu'ils contiennent, c'est en connoître l'usage, les applications, & les conséquences ; c'est pénétrer dans le génie de l'inventeur, c'est se mettre en état d'aller plus loin que lui, & voilà ce qu'on ne fait bien qu'à force d'étude & d'exercice ; voilà pourquoi on ne saura jamais parfaitement, que ce qu'on a appris soi-même. Peut-être feroit-on bien, par cette raison, d'indiquer en deux mots dans des *élémens*, l'usage & les conséquences des propositions démontrées. Ce seroit, pour les commençans, un sujet d'exercer leur esprit en cherchant la démonstration de ces conséquences, & en faisant disparoître les vuides qu'on leur auroit laissés à remplir. Le propre d'un bon livre d'*élémens* est de laisser beaucoup à penser.

On doit être en état de juger maintenant si des *élémens* complets des sciences, peuvent être l'ouvrage d'un homme seul : & comment pourroient-ils l'être ; puisqu'ils supposent une connoissance universelle & approfondie de tous les objets qui occupent les hommes ? Je dis *une connoissance approfondie* ; car il ne faut pas s'imaginer que pour avoir appris les principes d'une science, on soit en état de les enseigner. C'est à ce préjugé, fruit de la vanité & de l'ignorance, qu'on doit attribuer le petit nombre de bons livres élémentaires que nous avons, tandis qu'il en existe une foule de mauvais. L'élève à peine sorti des premiers sentiers, encore frappé des difficultés qu'il a éprouvées, & que souvent même il n'a surmontées qu'en partie, entreprend de les faire connoître & surmonter aux autres ; censeur & plagiaire tout ensemble de ceux qui l'ont précédé, il copie, transforme, étend, renverse, resserre, obscurcit, prend ses idées informes & confuses, pour des idées claires, & l'envie qu'il a eu d'être auteur pour le desir d'être utile. On pourroit le comparer à un homme qui ayant parcouru un labyrinthe à tâtons & les yeux bandés, croiroit pouvoir en donner le plan, & en développer les détours. D'un autre côté, les maîtres de l'art, qui, par une étude longue & assidue, en ont vaincu les difficultés & connu les finesses, dédaignent souvent de revenir sur leurs pas pour faciliter aux autres le chemin qu'ils ont eu tant de peine à suivre : peut-être encore frappés de la multitude & de la nature des obstacles qu'ils ont surmontés, redoutent-ils le travail qui seroit nécessaire pour les applanir, & qui seroit trop peu senti pour qu'on pût leur en tenir compte. Uniquement occupés de faire de nouveaux progrès dans l'art, pour s'élever, s'il leur est possible, au-dessus de leurs prédécesseurs ou de leurs contemporains, & plus jaloux de l'admiration que de la reconnoissance publique, ils ne pensent qu'à découvrir & à jouir, & préfèrent la gloire d'augmenter l'édifice au soin d'en éclairer l'entrée. Ils pensent que celui qui apportera, comme eux, dans l'étude des sciences, un génie vraiment propre à les approfondir, n'aura pas besoin d'autres *élémens*, que de ceux qui les ont guidés eux-mêmes ; que la nature & ses réflexions suppléeront infailliblement pour lui, à ce qui manque aux livres, & qu'il est inutile de faciliter aux autres, des connoissances qu'ils ne pourront jamais se rendre vraiment propres, parce qu'ils sont tout au plus en état de les recevoir sans y rien mettre du leur. Un peu plus de réflexion eût fait sentir combien cette manière de penser est nuisible au progrès & à la gloire des sciences ; à leur progrès, parce qu'en facilitant aux génies heureux, l'étude de ce qui est connu, on les met en état d'y ajouter davantage & plus promptement ; à leur gloire, parce qu'en les mettant à la portée d'un plus grand nombre de personnes, on se procure un plus grand nombre de juges éclairés. Tel est l'avantage que produiroient de bons *élémens* des sciences, *élémens* qui ne peuvent être l'ouvrage que d'une

main

main fort habile & fort exercée. En effet, si on n'est pas parfaitement instruit des vérités de détail qu'une science renferme; si, par un fréquent usage, on n'a pas apperçu la dépendance mutuelle de ces vérités, comment distinguera-t-on parmi elles les propositions fondamentales dont elles dérivent, l'analogie ou la différence de ces propositions fondamentales, l'ordre qu'elles doivent observer entre elles, & sur-tout les principes au-delà desquels on ne doit pas remonter ? C'est ainsi qu'un chymiste ne parvient à connoître les mixtes qu'après des analyses & des combinaisons fréquentes & variées. La comparaison est d'autant plus juste, que ces analyses apprennent au chymiste, non-seulement quels sont les principes dans lesquels un corps se résout, mais encore, ce qui n'est pas moins important, les bornes au-delà desquelles il ne peut se résoudre, & qu'une expérience longue & réitérée peut seule faire connoître.

Des *élémens* bien faits, suivant le plan que nous avons exposé, & par des écrivains capables d'exécuter ce plan, auroient une double utilité : ils mettroient les bons esprits sur la voie des découvertes à faire, en leur présentant les découvertes déjà faites; de plus, ils mettroient chacun plus à portée de distinguer les vraies découvertes d'avec les fausses; car tout ce qui ne pourroit point être ajouté aux *élémens* d'une science, comme par forme de supplément, ne seroit point digne du nom de *découverte*. (O)

ÉLÉMENS, (*Géomét. transf.*) On appelle ainsi dans la géométrie sublime, les parties infiniment petites ou différentielles d'une ligne droite, d'une courbe, d'une surface, d'un solide. *Voyez* DIFFÉRENTIEL, FLUXIONS, INDIVISIBLES, INTÉGRAL, INFINI, *&c.* (O)

ÉLÉMENTAIRE se dit, en parlant d'une science, de la partie de cette science qui en renferme les élémens. Ainsi, on dit la *Géométrie élémentaire* pour les *élémens de Géométrie*, la *Méchanique élémentaire* pour les *élémens de Méchanique*, &c. (O)

ÉLÉVATION des puissances, (*Arith.*) *Voyez* ÉLEVER.

ÉLÉVATION, *en Hydraulique*, se dit de la hauteur à laquelle montent les eaux jaillissantes; elle dépend de celle des réservoirs & de la juste proportion de la sortie des ajustages avec le diamètre des tuyaux de conduite. *Voyez* JETS D'EAU, *au mot* JET.

ÉLÉVATION, sub. f. (*Astron.*) L'*élévation* ou la hauteur d'une étoile ou d'un autre point du ciel, est un arc de cercle vertical compris entre l'horizon & l'étoile, ou le point observé.

L'élévation du pole, ou la hauteur du pole sur l'horizon d'un lieu, est un arc de méridien intercepté entre le pole & l'horizon. *Voyez* HAUTEUR.

ÉLEVER, v. act. *terme d'Arithmétique & d'Algèbre.* On dit qu'on *élève* un nombre au quarré, au cube, à la quatrième puissance, *&c.* lorsqu'on en prend le quarré, le cube, la quatrième puissance, *&c.* ainsi, 2 *élevé* au quarré donne 4, au cube donne 8, *&c. Voyez* QUARRÉ, CUBE, PUISSANCE. Le mot d'*élever* s'emploie dans ces occasions, parce que les nombres dont on prend le quarré, le cube, *&c.* augmentent par cette opération. Cependant on se sert aussi du mot *élever*, lorsque la puissance est moindre que l'unité, & que par conséquent le nombre diminue par l'opération. Par exemple, on dit *élever à la puissance*, $\frac{1}{2}$, $\frac{1}{3}$, pour dire *prendre la racine quarrée*, *la racine cube*, &c. *Voyez* PUISSANCE & EXPOSANT. On se sert aussi du mot *élever au quarré*, *au cube*, en parlant des fractions, quoique par cette opération, les fractions diminuent; ainsi, $\frac{1}{2}$ *élevé* au quarré, donne $\frac{1}{4}$; *élevé* au cube, donne $\frac{1}{8}$. C'est ainsi qu'on se sert du mot *multiplication* dans les cas même où le produit est moindre que le multiplicande. *Voyez* MULTIPLICATION; *voyez aussi* DIVISION. Des définitions exactes & précises lèvent en ce cas toute l'équivoque. (O)

ELGEBAR, (*Astron.*) nom de la belle étoile au pied d'Orion ou Rigel.

ÉLIMINATION, s. f. (*Alg.*) On appelle ainsi une opération par laquelle, étant données un nombre n d'équations qui contiennent un nombre n d'inconnues, on trouve une équation qui ne contient plus qu'une seule inconnue : de sorte que si l'on peut résoudre cette équation, on connoîtra l'inconnue qu'elle contient; & en remontant, on connoîtra les autres inconnues. De-là, *éliminer* une quantité signifie la même chose que *faire évanouir*, *faire disparoître* cette quantité. Voici les principes généraux de l'*élimination* pour les équations de tous les degrés.

1. SOIENT, premièrement, entre les deux inconnues x & y, & les données, a, b, c, &c., les deux équations générales du premier degré :

$$ax + by + c = 0,$$
$$dx + ey + f = 0.$$

Pour éliminer l'une des deux inconnues, par exemple y, je multiplie tous les termes de la première équation par e, coefficient de y dans la seconde, & tous les termes de la seconde par b, coefficient de y dans la première; ce qui me donne,

$$eax + eby + ec = 0;$$
$$bdx + bey + bf = 0.$$

Retranchant la seconde de ces équations, de la première, on aura $eax - bdx + ec - bf = 0$; équation où il n'y a plus que x d'inconnue, & d'où l'on tire $x = \frac{bf - ce}{ae - bd}$.

La valeur de y se trouve, ou en substituant

cette valeur de x dans l'une des deux équations primitives, ou en multipliant la première de ces équations par d, la seconde par a, & retranchant l'une des équations résultantes de l'autre. On a de l'une ou de l'autre manière, $y = \dfrac{cd - af}{ae - bd}$.

Ces formules donneront la solution de tous les problêmes du premier degré, qui contiennent deux inconnues, en mettant pour a, b, c, &c. les valeurs individuelles qui résultent des conditions de chaque problême particulier.

II. En second lieu, soient entre les trois inconnues x, y, z, & les quantités données a, b, c, &c., les trois équations générales :

$$a x + b y + c z + d = 0,$$
$$e x + f y + g z + h = 0,$$
$$i x + k y + l z + m = 0.$$

Pour éliminer d'abord z, je multiplie successivement la première par g, la seconde par c; puis la première par l, & la troisième par c; ce qui produit les quatre équations :

$$g a x + g b y + g c z + g d = 0,$$
$$c e x + c f y + c g z + c h = 0;$$
$$l a x + l b y + l c z + l d = 0,$$
$$c i x + c k y + c l z + c m = 0.$$

Retranchant la seconde de ces équations, de la première ; & la quatrième, de la troisième, on aura les deux équations :

$$(g a - c e)\, x + (g b - c f)\, y + g d - c h = 0,$$
$$(l a - c i)\, x + (l b - c k)\, y + l a - c m = 0,$$

qui ne contiennent que les deux inconnues x & y, & qui se rapportent par conséquent à l'article précédent. On aura donc ici les valeurs de x & y, en mettant, dans celles de l'article précédent, $g a - c e$ pour a, $g b - c f$ pour b, $l a - c i$ pour d, $l b - c k$ pour e, $g d - c h$ pour c, $l d - c m$ pour f. Ainſi,

$$x = \frac{(c h - g d)(l b - c k) - (g b - c f)(c m - l d)}{(g a - c e)(l b - c k) - (g b - c f)(l a - c i)},$$
$$y = \frac{(g a - c e)(c m - l d) - (c h - g d)(l a - c i)}{(g a - c e)(l b - c k) - (g b - c f)(l a - c i)}.$$

Ces expreſſions deviennent, en effectuant les multiplications indiquées, & réduisant,

$$x = \frac{b h l - c h k + d g k - g b m + c f m - d f l}{c e k - g d k + a f l - b e l + b i g - c f i},$$
$$y = \frac{g a m - c e m - c h i - a h l + d e l - g i d}{c e k - g a k + a f l - b e l + b g i - c f i}.$$

Subſtituant ces valeurs de x & de y dans l'une des trois équations primitives, on aura une équation où il n'y aura plus que z d'inconnue, & d'où l'on tirera :

$$z = \frac{a h k - d e k + d f i - a f m + b e m - b i h}{c e k - a g k + a f l - b e l + b i g - c f i}.$$

A l'aide de ces formules générales, on aura, par de simples subſtitutions, la solution de tous les problèmes du premier degré, qui contiennent trois inconnues.

III. Il est clair qu'en opérant toujours de la même manière, on parviendra à déterminer toutes les inconnues, quels que soient leur nombre & celui des équations, toujours du premier degré, qui les contiennent. Si l'on a quatre inconnues & quatre équations, on commencera par éliminer l'une des inconnues; ce qui réduira ce cas au précédent.

Si l'on a cinq inconnues & cinq équations, on éliminera l'une des inconnues, & on réduira le problême au cas précédent. Ainſi de suite. Ces formules dérivent les unes des autres, suivant une loi facile à reconnoître.

IV. Soient maintenant entre les deux inconnues x & y, & les données a, b, c, &c., les deux équations suivantes, dont l'une est la plus générale du premier degré, l'autre, la plus générale du second :

$$a x + b y + c = 0,$$
$$d x^2 + e x + f y^2 + g y + h x y + i = 0.$$

On parviendra tout d'un coup à une équation où il n'y aura que x d'inconnue, en tirant de la première la valeur de y, & la subſtituant dans la seconde. Ce calcul donne, $d x^2 + e x + f$

$$\left(\frac{-c - a x}{b}\right)^2 + (g + h x)\left(\frac{-c - a x}{b}\right) + i$$

$= 0$: équation déterminée du second degré, d'où l'on tirera la valeur de x. Subſtituant ensuite cette valeur dans la première équation primitive, on aura auſſi la valeur de y.

V. L'équation finale, soit en x, soit en y, peut être trouvée par une autre méthode qui nous servira dans les cas suivans. Je suppose, pour abréger le calcul, $a x + c = A$, $g + h x = B$, $d x^2 + e x + i = C$; nos deux équations primitives deviennent donc :

$$b y + A = 0,$$
$$f y^2 + B y + C = 0.$$

Je multiplie la première par C, la seconde par A; je retranche le premier produit du second, & je trouve (en divisant le reſte par y, à cauſe de l'égalité à zéro), $A f y + A B - C b = 0$. Je multiplie cette équation par b; & je multiplie l'équation $b y + A = 0$, par $A f$; je retranche les deux équations réſultantes l'une de l'autre; ce qui produit l'équation, $A^2 f - b (A B - C b) = 0$, dans laquelle il n'y a point de y. Mettant pour A, B, C, leurs valeurs, on aura $f (a x + c)^2 - b (a x + c)(g + h x) + b^2 (d x^2 + e x + i) = 0$.

On trouveroit de même l'équation finale en y.

VI. Soient les deux équations générales du 2.me degré :

$$ax^2+bx+cy^2+dy+exy+f=0;$$
$$gx^2+hx+iy^2+ky+lxy+m=0.$$

Pour éliminer y, je suppose $d+ex=A$, $ax^2+bx+f=B$, $k+lx=D$, $gx^2+hx+m=E$; & j'ai les deux équations :

$$cy^2+Ay+B=0;$$
$$iy^2+Dy+E=0.$$

Cela posé, 1.° je multiplie la première par i, la seconde par c, & je retranche le second produit du premier ; ce qui me donne, $(Ai-Dc)y+Bi-Ec=0$: première équation où y n'est plus qu'au premier degré.

2.° Je multiplie la première des deux mêmes équations par E, la seconde par B; je retranche le second produit du premier; ce qui me donne (en divisant tout par y), $(Ec-Bi)y+AE-BD=0$: seconde équation où y n'est qu'au premier degré. Ainsi, éliminant cette inconnue, par leur moyen, on aura : $(Bi-Ec)^2+(Ai-Dc)\times(AE-BD)=0$. Mettant pour A, B, D, E, leurs valeurs, on aura, $(iax^2+bix+if-cgx^2-chx-cm)^2+[id+iex-ck-clx][(d+ex)(gx^2+hx+m)-(ax^2+bx+f)(k+lx)]=0$: équation déterminée du quatrième degré.

On trouveroit de même l'équation finale en y.

VII. Supposons qu'on ait en général les deux équations :

$$my^3+ny^2+py+q=0,$$
$$My^3+Ny^2+Py+Q=0,$$

dans lesquelles m, n, p, q, M, N, P, Q, sont des quantités composées, comme on voudra, de l'inconnue x & de données ; ou, pour nous exprimer suivant l'usage, des *fonctions* quelconques de x. Il s'agit d'éliminer y. Pour cela, je multiplie la première équation par M, la seconde par m; & je retranche le second produit du premier; ce qui me donne, $(Mn-mN)y^2+(Mp-mP)y+Mq-mQ=0$: première équation où la plus haute puissance de y ne monte qu'au second degré.

Je multiplie encore la première des deux équations proposées par Q, la seconde par q; je retranche le second produit du premier ; ce qui me donne (en divisant le reste par y), $(Qm-qM)y^2+(Qn-qN)y+Qp-qP=0$: seconde équation où la plus haute puissance de y ne monte qu'au second degré.

Au moyen des deux dernières équations, on parviendra, comme dans l'article précédent, à faire disparoître entièrement y. Soient, pour abréger le calcul, $Mn-mN=\alpha$, $Mp-mP=\beta$, $Mq-mQ=\gamma$, $Qn-qN=\delta$, $Qp-qP=\lambda$. On trouvera, $(-\beta\lambda+\gamma\delta)(\gamma\beta+\alpha\delta)+(\gamma^2+\alpha\lambda)^2=0$: équation où il n'y a point de y. Cette équation est la même chose que $\gamma^4+2\gamma^2\alpha\lambda+\alpha\lambda(\alpha\lambda-\beta\delta)-\beta^2\gamma\lambda+\beta\delta\gamma^2+\alpha\delta^2\gamma=0$. Et comme $\alpha\lambda-\delta\beta=(Mn-mN).(Qp-qP)-(Mp-mP).(Qn-qN)=(mQ-Mq).(Pn-pN)=-\gamma(Pn-pN)$, notre équation deviendra $\gamma^4+2\gamma^2\alpha\lambda-\alpha\lambda\gamma(Pn-pN)-\beta^2\gamma\lambda+\beta\delta\gamma^2+\alpha\delta^2\gamma=0$. Alors elle est divisible par γ qui affecte tous ses termes ; & ce facteur lui est inutile, c'est-à-dire, qu'on ne peut pas supposer pour équation finale $\gamma=0$; car cela donneroit $Mq=mQ$, supposition particulière qui altéreroit la généralité des deux équations primitives. La vraie équation résultante de l'élimination de y est donc, $\gamma^3+2\gamma\alpha\lambda-\alpha\lambda(Pn-pN)-\beta^2\lambda+\beta\delta\gamma+\alpha\delta^2=0$.

Pour faire une application de ces formules, soient les deux équations :

$$xy^3+by+x^3+a=0,$$
$$y^3+cy+bx^2+h=0.$$

Nous avons, dans ce cas, $m=x$, $n=0$, $p=b$, $q=x^3+a$, $M=1$, $N=0$, $P=c$, $Q=bx^2+h$, $\alpha=0$, $\beta=b-cx$, $\gamma=x^3+a-x(bx^2+h)$, $\delta=0$, $\lambda=b(bx^2+h)-c(x^3+a)$. Donc l'équation finale est $\gamma^3-\beta^2\lambda=0$, c'est-à-dire, $[x^3+a-x(bx^2+h)]^3-(b-cx)^2.[b(bx^2+h)-c(x^3+a)]=0$, où il n'y a point de y.

VIII. Soient les deux équations générales :

$$my^4+ny^3+py^2+qy+r=0,$$
$$My^4+Ny^3+Py^2+Qy+R=0,$$

dans lesquelles la plus haute puissance de y est de quatre dimensions. On commencera par éliminer y^4 en multipliant la première par M, la seconde par m, & retranchant le second produit du premier ; ce qui donne, $(Mn-mN)y^3+(Mp-mP)y^2+(Mq-mQ)y+Mr-mR=0$: première équation où la plus haute puissance de y n'est que de trois dimensions.

Ensuite on multipliera la première équation primitive par R, la seconde par r, & on retranchera le second produit du premier ; ce qui donne, $(Rm-rM)y^3+(Rn-rN)y^2+(Rp-rP)y+Rq-rQ=0$: seconde équation où la plus haute puissance de y n'est que de trois dimensions. On a donc deux équations qui ne contiennent plus que y^3, & les puissances inférieures de y, & qui se traitent par conséquent comme celles de l'article précédent.

On procédera semblablement, lorsque dans les deux équations primitives, la plus haute puissance de y sera de plus de quatre dimensions.

IX. Scholie I. Si, dans l'équation finale, il se trouve des facteurs inutiles, comme cela arrive quelquefois ; ces sortes de facteurs peuvent souvent se reconnoître sans peine, en employant des abréviations de calcul pareilles à celles qui nous ont servi à trouver (VII) l'équation finale résultante de l'élimination de y. Du moins, ils peuvent toujours être déterminés, en décomposant l'équation finale en ses diviseurs commensurables. (*Voyez* Équation ; (*Voyez aussi* mon Traité d'Algèbre.) Ensuite l'examen des conditions du problème qu'on cherche à résoudre, apprendra à discerner, parmi les diviseurs, ceux qui doivent être utiles d'avec ceux qui doivent être rejettés.

X. Scholie II. La même méthode s'applique à l'élimination des inconnues, lorsqu'il y en a plus de deux, quels que soient les degrés des équations qui les contiennent. Car si on a les trois inconnues *x*, *y*, *z*, & trois équations, il est clair qu'avec la première & la seconde équation, on peut former une équation qui ne contienne plus que deux des trois inconnues, par exemple *x* & *y*. De même, en combinant la première équation avec la troisième, on pourra former encore une équation qui ne contiendra que *x* & *y*. Ainsi, on aura deux équations qui ne contiendront plus que les deux inconnues *x* & *y* : ce qui rappelle le problème aux cas précédens.

Si on avoit quatre inconnues & quatre équations, en combinant successivement la première équation avec les trois autres, on formeroit trois équations où il n'y auroit que trois inconnues ; ce qui rappelle ce cas au précédent. Ainsi de suite. (*L. B.*)

ÉLIX, ou *Hélice*, (*Astron.*) nom de la constellation de la grande ourse.

ELKEID, (*Astron.*) nom de la dernière étoile, au bout de la queue de la grande ourse, marquée *n*.

ELL

ELLIPSE, s. f. *en Géométrie*, est une des sections coniques, qu'on appelle vulgairement *ovale*. *Voyez* Conique.

L'*ellipse* s'engendre dans le cone, en coupant un *cone droit* par un plan qui traverse ce cone obliquement, c'est-à-dire non parallèlement à la base, qui ne passe point par le sommet, & qui ne rencontre la base, qu'étant prolongé hors du cone, ou qui ne fasse tout-au-plus que raser cette base. La condition que le cone soit droit, est nécessaire pour que la courbe formée, comme on vient de le dire, soit *toujours* une *ellipse* ; car si le cone est oblique, en coupant ce cone obliquement, on peut quelquefois y former un cercle (*voyez la fin de l'article* Conique, & *l'article* Anti-parallèle) ; or la nature de l'*ellipse* est d'être *ovale*, c'est-à-dire d'avoir deux axes inégaux.

Ce mot est formé du grec ἔλλειψις, *défaut* ; les anciens géomètres grecs ont donné ce nom à cette figure, parce qu'entr'autres propriétés, elle a celle-ci, que les quarrés des ordonnées sont moindres que les rectangles formés sous les paramètres & les abscisses, ou leur sont inégaux *par défaut*.

En effet, l'équation de l'*ellipse*, en prenant les abscisses au sommet, est celle-ci $yy = (ax - xx) \times \frac{b}{a}$, *a* étant l'axe, & *b* son paramètre. (*voyez* Paramètre, Courbe, & Équation ; *voyez aussi la suite de cet article*) ; donc $yy < bx$; donc, &c. *Voyez enfin* Parabole & Hyperbole.

L'*ellipse*, pour la définir par sa forme, est une ligne courbe, rentrante, continue, régulière, qui renferme un espace plus long que large, & dans laquelle se trouvent deux points également distans des deux extrémités de sa longueur, & tels, que si on tire de ces points deux lignes, à un point quelconque de l'*ellipse*, leur somme est égale à la longueur de l'*ellipse*. Ces deux points sont éloignés de l'extrémité du petit axe, d'une quantité égale à la moitié du grand axe.

Ainsi, dans l'*ellipse* $AEBDA$, (*Sections coniques*, *fig. 21.*) les lignes Fa & fa, tirées des deux points F, f, également distans des deux points A & B, forment une somme égale à AB ; & la distance des points F, f, au point E, est $= CA$.

Souvent les Géomètres prennent l'*ellipse* pour l'espace contenu ou renfermé dans cette courbe. Elle a, comme on vient de le dire, deux axes inégaux AB & ED. Le grand axe AB s'appelle quelquefois *axe* ou *diamètre transverse*, & le petit axe DE s'appelle quelquefois l'*axe conjugué* ou *second axe*. Mais on appelle en général *diamètres conjugués*, ceux dont l'un est parallèle à la tangente, menée à l'extrémité de l'autre, & réciproquement, soit que leurs angles soient droits, ou non. Les deux axes se coupent toujours à angles droits.

Les deux axes sont le plus grand & le moindre des diamètres de l'*ellipse* ; mais l'*ellipse* a une infinité d'autres diamètres différens. *Voyez* Diamètre, *&c.*

Le centre d'une *ellipse* est le point C dans lequel se coupent les deux axes.

Les deux points F, f, pris dans le grand axe, également distans de ses deux extrémités A & B, & distans chacun du point D, de la valeur de AC, sont nommés *foyers* de l'*ellipse*, ou en latin *umbilici*. *Voyez* Foyer.

Mais l'*ellipse*, considérée comme une section conique, c'est-à-dire comme une courbe provenant de la section d'un cone, se définit encore mieux par sa génération dans ce solide, que par la manière dont elle peut être produite sur un plan. C'est la ligne courbe DQE qu'on forme en coupant le cone droit ABC (*fig. 22*), de la manière expliquée ci-dessus.

Ou en la définissant par une de ses propriétés supposée connue, c'est une ligne courbe dans laquelle le quarré de la demi-ordonnée PM (*fig. 21.*) est au rectangle des segmens AP, & BP de l'axe, comme le paramètre est à l'axe ; ainsi, supposant $AB = a$, le paramettre $= b$, $PM = y$, $AP = x$, on aura $b : a :: yy : ax - xx$, & par conséquent $ayy = abx - bxx$.

Nous ne donnons point la démonstration de cette propriété, parce qu'elle se trouve par-tout. Nous avons exposé les différentes définitions qu'on peut donner de l'*ellipse*, & cette dernière propriété peut être regardée, si l'on veut, comme une des définitions qu'on peut en donner : auquel cas la démonstration en seroit superflue. Mais la meilleure manière de traiter de l'*ellipse* & de toutes les sections coniques *géométriquement*, est de les considérer d'abord dans le cone, d'en déduire leur équation, & de la transporter de-là sur le plan, pour considérer plus facilement leurs propriétés, & pour trouver, si l'on veut, la manière de les décrire par un mouvement continu, ou par plusieurs points. Ainsi, des propriétés de l'*ellipse* transportée & considérée sur le plan, résulte la description de l'*ellipse* telle que nous l'avons donnée *au mot* CONIQUE.

J'ai dit que la meilleure manière de traiter *géométriquement* les sections coniques, & en particulier l'*ellipse*, étoit de les faire naître dans le cone; car, si on veut les considérer *algébriquement* par la nature & les différences de leurs équations, la meilleure manière est celle dont j'ai parlé *au mot* CONIQUE. *Voyez aussi les articles* COURBE & CONSTRUCTION.

Si on prenoit les abscisses x au centre C, on trouveroit $yy = \left(\frac{aa}{4} - xx\right) \times \frac{a}{b}$. Quelquefois cette équation est plus commode que $ayy = abx - bxx$.

De cette dernière équation, il s'ensuit, 1.° que $yy = bx - \frac{bxx}{a}$, c'est-à-dire, que le quarré de la demi-ordonnée est égal au rectangle du paramètre par l'abscisse, moins un autre rectangle formé par la même abscisse, une quatrième proportionnelle à l'axe, au paramètre & à l'abscisse.

2.° Le paramètre, l'abscisse & la demi-ordonnée d'une *ellipse*, étant donnés, on trouvera l'axe en faisant ces proportions $b : y :: y : \frac{yy}{b}$, & $x - \frac{yy}{b} : x :: x : a$. *Voyez* CONSTRUCTION.

3.° L'abscisse AP, l'axe AB, & l'ordonnée PM, étant donnés, on trouve le paramètre en faisant $b = \frac{ayy}{ax - xx}$, & construisant ensuite cette valeur de b suivant les règles expliquées au *mot* CONSTRUCTION.

4.° Si du grand axe AB comme diamètre (*fig.* 23), on décrit un cercle ACB, & que, par le foyer F, on mène FC ordonnée à l'axe, FC sera la moitié du petit axe, & FD la moitié du paramètre du grand axe. Car l'abscisse $GF = \sqrt{(FE^2 - GE^2)} = \sqrt{\left(\frac{aa}{4} - \frac{pa}{4}\right)}$, pa étant le quarré du petit axe. *Voyez* PARAMÈTRE & FOYER. Or $CF^2 = \frac{aa}{4} - GF^2$, par la propriété du cercle; donc $CF = \sqrt{\frac{pa}{2}}$ = la moitié du petit axe. Or CF^2 est à DF^2, comme la moitié du grand axe est au demi-paramètre, c'est-à-dire, comme le quarré de la moitié du petit axe est au quarré de la moitié du paramètre; donc DF = la moitié du paramètre. Le cercle qui a pour diamètre le grand axe de l'*ellipse*, est appellé *circonscrit* à l'*ellipse*; le cercle qui a pour diamètre le petit axe, est appellé *cercle inscrit* : en effet, le premier de ces cercles est extérieur, le second intérieur à l'*ellipse*.

5.° Le paramètre & l'axe AB étant donnés, on trouvera facilement l'axe conjugué, puisque c'est une moyenne proportionnelle entre l'axe & le paramètre; à quoi il faut ajouter que le quarré du demi-axe conjugué est égal au rectangle formé sur Bf & fA (*fig.* 21.) ou sur AF & BF.

6.° Dans une *ellipse* quelconque, les quarrés des demi-ordonnées PM, pm, &c. sont entr'eux comme les rectangles formés sur les segmens de l'axe : d'où il s'ensuit que $DC^2 : PM^2 :: CB^2 : AP \times BP$, & par conséquent $DC^2 : BC^2 :: PM^2 : AP \times BP$; c'est-à-dire, que le quarré du petit axe est au quarré du grand, comme le quarré de la demi-ordonnée est au rectangle formé sur les segmens de l'axe.

7.° La droite FD (*fig.* 24.) tirée du foyer F à l'extrémité du demi-axe conjugué, étant égale à la moitié de l'axe transverse AC, il s'ensuit que les axes conjugués étant donnés, on peut aisément déterminer les *foyers*. Pour cela, on coupera le grand axe AB en deux parties égales en C, on élevera du point C la perpendiculaire CD égale au demi-axe conjugué; enfin du point D pris pour centre, & de l'intervalle CA, on décrira un arc de cercle, il déterminera les foyers F & f par ses intersections avec le grand axe.

8.° Comme la somme des deux droites FM & fM, tirées des deux points F & f, au même point de la circonférence M, est toujours égale au grand axe AB, il s'ensuit de-là que les axes conjugués d'une *ellipse* étant donnés, on peut facilement décrire l'*ellipse*. *Voyez* CONIQUE.

9.° Le rectangle formé sur les segmens de l'axe conjugué est au quarré de la demi-ordonnée, comme le quarré de l'axe conjugué est au quarré du grand axe; d'où il s'ensuit que les coordonnées à l'axe conjugué ont entr'elles un rapport analogue à celui qui règne entre les coordonnées du grand axe.

10.° Pour déterminer la soûtangente PT (*figure* 25.) & la soûnormale PR dans une *ellipse* quelconque, on fera comme le premier axe est au paramètre, ainsi la distance de la demi-ordonnée au centre est à la soûnormale. *V.* SOUNORMALE.

11.° Le rectangle sous les segmens de l'axe est égal au rectangle de la distance de la demi-ordonnée au centre & de la soûtangente. *Voyez* SOUTANGENTE.

12.° Le rectangle fait de la soûtangente & de la distance de l'ordonnée au centre, est égal à la différence du quarré de cette distance & du quarré du demi-axe transverse.

13.° Dans toute *ellipse*, le quarré de la demi-ordonnée à un diamètre quelconque, est au quarré du demi-diamètre conjugué, comme le rectangle fait sous les segmens du diamètre est au quarré du diamètre; & par conséquent le rapport des demi-ordonnées des diamètres est le même que celui des ordonnées des axes; le paramètre d'un diamètre quelconque est aussi une troisième proportionnelle à ce diamètre & à son conjugué.

Nous avons rapporté ces propriétés de l'*ellipse* la plupart sans démonstration, pour deux raisons: la première, afin que le lecteur ait sous les yeux dans un assez petit espace les principales propriétés de l'*ellipse*, auxquelles il peut joindre celles dont on a déjà fait mention à l'*article* CONIQUE. La seconde raison est de donner au lecteur l'occasion de s'exercer en cherchant la démonstration de ces propriétés. Toutes celles que nous venons d'énoncer se déduisent aisément de l'équation $yy = (ax - xx)\frac{b}{a}$ ou $\left(\frac{aa}{4} - xx\right)\frac{b}{a}$, selon qu'on prendra les abscisses au centre ou au sommet, pour démontrer plus simplement ces propriétés. Pour démontrer les propriétés des foyers, on nommera CF (*fig.* 21) f; & on remarquera que, si e est le second axe, on aura $\frac{aa}{4} - ff = \frac{ee}{4} = \frac{pa}{4}$. En voilà plus qu'il n'en faut pour mettre le lecteur sur la voie. On peut remarquer ici, en passant, que le cercle est une espèce d'*ellipse* dans laquelle les foyers coïncident avec le centre.

Pour trouver les tangentes de l'*ellipse*, rien n'est plus simple & plus commode que d'employer la méthode du calcul différentiel; on a $yy = bx - \frac{bxx}{a}$; donc $2ydy = bdx - \frac{2bxdx}{a}$; donc la soutangente $\frac{ydx}{dy} = \frac{2yy}{b - \frac{2bx}{a}}$. *Voyez les articles* SOUTANGENTE & TANGENTE. A l'égard de la souperpendiculaire ou soûnormale, elle est $\frac{ydy}{dx}$ ou $\frac{yb}{2y} - \frac{2bxy}{2ay} = \frac{b}{2} - \frac{bx}{a}$. En voilà assez pour démontrer les propositions énoncées ci-dessus au sujet des tangentes de l'*ellipse*.

Nous avons déjà vû au *mot* CONIQUE, & nous prouverons encore au *mot* QUADRATURE, que la quadrature de l'*ellipse* dépend de celle du cercle, puisque l'*ellipse* est au cercle circonscrit en raison du petit axe au grand. A l'égard de la rectification de l'*ellipse*, c'est un problème d'un genre supérieur à celui de la quadrature du cercle, ou du moins tout-à-fait indépendamment de cette quadrature. *Voyez* RECTIFICATION; *voyez aussi* dans les mémoires que j'ai donnés à l'académie de Berlin pour l'année 1746, & dans le traité du calcul intégral de M. de Bougainville, *les différentielles* qui se rapportent à la rectification de l'*ellipse*.

Au lieu de rapporter l'*ellipse* à des coordonnées rectangles ou à des ordonnées parallèles, on peut considérer son équation par rapport à l'angle que font avec l'axe les lignes menées du foyer. Cette considération est utile dans l'Astronomie, parce que les planètes, comme l'on sait, décrivent des *ellipses* dont le soleil est le foyer. Or, si on nomme a la moitié du grand axe d'une *ellipse*, f la distance du foyer au centre, q le cosinus de l'angle qu'une ligne menée du foyer à l'*ellipse*, fait avec l'axe, r la longueur de cette ligne; on aura $r = \frac{aa - ff}{a - fq}$, si on rapporte l'équation au foyer le plus éloigné, & $r = \frac{aa - ff}{a + fq}$, si on la rapporte au foyer le plus proche. De-là on peut tirer la solution de plusieurs problèmes astronomiques, comme de décrire une *ellipse* dans laquelle trois distances au foyer sont données, &c. *Voyez les mémoires de l'académ.* de Berlin pour l'année 1747, & *plusieurs autres ouvrages d'Astronomie.*

Mais la manière la plus générale de considérer l'*ellipse* en Géométrie, est de la considérer par l'équation aux ordonnées parallèles. Nous allons entrer dans quelques considérations sur ce sujet, qui pourront être utiles aux commençans, peut-être même aux géomètres plus avancés.

L'équation d'une *ellipse* rapportée aux axes, les coordonnées étant prises au centre, est $yy = k - gxx$, k exprimant un quarré ou rectangle connu, & g un nombre constant & connu; cela résulte de ce qu'on a vu ci-dessus. Transformons les axes de cette courbe, de manière qu'ils ne soient plus rectangles, si on veut, mais qu'ils aient la même origine, & servons-nous pour cela des règles expliquées aux *articles* COURBE & TRANSFORMATION: on verra qu'en supposant un des axes dans une position quelconque, il sera possible de donner une telle position à l'autre, que l'équation transformée soit de cette forme $uu = m - nzz$, m & n marquant aussi des constantes déterminées. En effet, supposons que l'angle des premiers axes soit droit, que E soit l'angle du nouvel axe avec l'un des actes primitifs, & F l'angle que l'axe cherché fait avec l'axe conjugué à l'axe primitif; soit sinus $E = e$, cosinus $E = \sqrt{1 - ee}$, on aura sinus $90 + E = \sqrt{1 - ee}$, cosin. $90 + E = -e$; soit sinus $F = f$, & cosinus $F = \sqrt{1 - ff}$, on trouvera $\sqrt{\frac{y}{1 - ff}} + \left(x - \frac{yf}{\sqrt{1 - ff}}\right)\frac{\text{sin. } E}{\text{sinus } 90 + E - F} = u$, & $\left(x - \sqrt{\frac{yf}{1 - ff}}\right)\frac{\text{cos. } F}{\text{sin. } 90 + E - F} = z$. Or sinus $90 + E - F =$

fin. $(90+E)\times\sqrt{1-ff}-f$ cofin. $(90+E)$ (*voyez* SINUS) $=\sqrt{1-ff}\times\sqrt{1-ee}+fe$. Subftituant ces valeurs, & chaffant x & y, on aura une équation en z & en u, qui fera la transformée de l'équation $yy=k-gxx$; & fuppofant dans cette transformée que les termes où fe trouve uz fe détruifent, on aura la valeur de f en e convenable pour cela, & l'équation $uu=m-nzz$. Cela pofé,

Il eft vifible que pour chaque z, u a toujours deux valeurs égales, l'une pofitive, l'autre négative; que lorfque $z=\sqrt{\frac{m}{n}}$, on a $u=o$ dans chacune de ces deux valeurs, & qu'ainfi la tangente à l'extrémité d'un des deux axes eft parallèle à l'autre axe, & réciproquement; car la tangente eft une ordonnée qui coupe la courbe en deux points coïncidents. *Voyez* TANGENTE & COURBE. On verra de plus que $f=0$ rend $e=0$; que $f=1$ rend $e=1$, 1 repréfentant le finus total; que $f=-1$ rend $e=-1$, & qu'ainfi, il n'y a que deux axes dans l'*ellipfe* qui fe coupent à angles droits; mais que $f=\pm r$, r étant moindre que 1, donne deux valeurs de e auffi égales entr'elles, & qu'ainfi, il y a toujours deux diamètres différens qui font avec leur conjugué le même angle, fi cet angle eft moindre qu'un droit. On peut auffi déduire des valeurs de f en e, & de celles de m en n, que le rectangle des deux axes eft égal au parallélogramme formé fur deux diamètres conjugués, & que le quarré des deux axes eft égal au quarré des deux diamètres. Mais ces propofitions peuvent encore démontrer de la manière fuivante, qui eft bien plus fimple.

Pour démontrer que les parallélogrammes formés autour de deux diamètres conjugués font conftans, imaginez un diamètre infiniment proche d'un des conjugués, & enfuite imaginez le conjugué à ce diamètre infiniment proche. Achevez les deux parallélogrammes, ou plutôt le quart de ces parallélogrammes: vous verrez à l'inftant, & pour ainfi dire à l'œil, par le parallélifme des tangentes aux diamètres conjugués, que ces deux parallélogrammes infiniment proches font égaux; leur différence, s'il y en avoit, ne pouvant être qu'infiniment petite du fecond ordre par rapport à eux. Donc, *&c.*

Pour démontrer maintenant que la fomme des quarrés des diamètres conjugués eft conftante, obfervez la même figure, appellez a un des demi-diamètres, b fon conjugué, $a+da$, le demi-diamètre infiniment proche de a, $b-db$ le demi-diamètre conjugué; il faut donc prouver que $aa+bb=aa+2ada+bb-2bdb$ (*voyez* DIFFÉRENTIEL) *ou* que $adb=bdb$. Or, traçant du centre de l'*ellipfe* & des rayons a, b, deux petits arcs de cercle x, z, on verra d'abord évidemment que les deux quarts d'*ellipfe* renfermés entre les demi-diamètres conjugués, font égaux, & qu'ainfi $ax=bz$. Or, x eft à da & z eft à db, comme le finus de l'angle des diamètres eft au cofinus du même angle; donc $x : da :: z : db$; donc, puifque $ax=bz$, on aura $ada=bdb$.

On objectera peut-être que ces deux démonftrations font tirées de la confidération des quantités infiniment petites, c'eft-à-dire, d'une géométrie tranfcendante fupérieure à celle des fections coniques. Je réponds que les principes de cette géométrie font fimples & clairs, & qu'ils doivent être preférés, dès qu'ils fourniffent le moyen de démontrer plus aifément. *Voyez* INFINI & DIFFÉRENTIEL. En effet, pourquoi ne mettra-t-on pas à la tête d'un traité de fections coniques des principes de calcul différentiel, lorfque ces principes fimplifieront & abrégeront les démonftrations? J'ofe dire que l'opinion contraire ne feroit qu'un préjugé mal fondé. Il y a cent raifons pour la détruire, & pas une pour la foutenir. Les principes de la géométrie de l'infini étant applicables à tout, on ne fauroit les donner trop tôt; & il eft bien aifé de les expliquer nettement. On doit traiter le problême des tangentes d'une courbe par le calcul différentiel, celui de la quadrature & de fa rectification par le calcul intégral, & ainfi du refte, parce que ces méthodes font les plus fimples & les plus aifées à retenir. *Voyez* ELÉMENS & MATHÉMATIQUES.

La manière dont nous venons de démontrer l'égalité des parallélogrammes circonfcrits à l'*ellipfe*, a donné occafion à M. Euler à chercher les courbes qui peuvent avoir une propriété femblable. *Voyez les mém. de Berlin, année 1745.*

Au lieu de confidérer d'abord l'*ellipfe* par rapport à fes axes, on peut la confidérer, comme nous avons fait dans l'*article* CONIQUE, par rapport à fon équation envifagée de la manière la plus générale. Cette équation, comme on le peut voir à l'*article cité*, fe réduira toujours à l'équation des diamètres $uu=m-nzz$, ne faifant même changer de pofition qu'une des coordonnées. *Voyez* COURBE, *&c.*

Le fphéroïde formé par une *ellipfe* autour de fon axe, eft à la fphère qui a cet axe pour diamètre, comme le quarré de l'axe eft au quarré de fon conjugué; c'eft une fuite du rapport des ordonnées correfpondantes de l'*ellipfe* & du cercle qui a le même axe. *Voyez* SPHÉROÏDE; *voyez auffi les articles* CŒUR (*Géométrie*) & CONOÏDE.

Nous avons dit ci-deffus & au *mot* CONIQUE, comment on décrit l'*ellipfe* par un mouvement continu; cette manière de la décrire eft la plus fimple qu'on puiffe employer fur le terrein, & même fur le papier: mais toutes les defcriptions organiques de courbes fur le papier font incommodes. *Voyez* COMPAS ELLIPTIQUE. La defcription de plufieurs points doit être préférée. *Voyez* DESCRIPTION & COURBE. On peut décrire l'*ellipfe* de plufieurs points, en divifant en raifon du petit axe au grand les ordonnées du cercle circonfcrit. *Voyez à la fin du II. livre des fections coniques de* M. de l'Hôpital, *plufieurs autres méthodes très-fimples de décrire l'el-*

lipse *par plusieurs points.* Il y a des géometres qui enseignent à décrire l'*ellipse* sur le papier par un mouvement continu, suivant la méthode qui sera expliquée à l'*article* OVALE ; mais cette méthode est fautive : ce n'est point une *ellipse* qu'on décrit, c'est un composé d'arcs de cercle qui forment une ovale à la vûe, & qui n'est pas même proprement une courbe géométrique. Aucune portion d'*ellipse* n'est un arc de cercle. La preuve en est que le le rayon de la développée de cette courbe n'est constant en aucun endroit. On peut le démontrer d'une infinité d'autres manieres. *V.* DÉVELOPPÉE & OSCULATEUR.

On a déjà dit un mot de l'usage de l'*ellipse* dans l'Astronomie, & on a vu ci-dessus que z étant l'anomalie vraie, a la distance moyenne, & f l'excentricité (*Voyez* ANOMALIE & EXCENTRICITÉ), on a la distance r de la planète du foyer $= \frac{aa - ff}{a - f \text{ cos.}}$; or, supposant f très-petite par rapport à a, on peut aisément réduire en série cette valeur de r. *Voyez* BINOME, DÉVELOPPEMENT & SÉRIE ; de plus, l'élément du secteur qui représente l'anomalie moyenne (*Voyez* LOI DE KEPLER & ANOMALIE) est proportionnel à $dz \frac{(aa - ff)^2}{(a - f \text{ bos. } z)^2}$; d'où il est aisé de conclure, par les séries & le calcul intégral, que, si ζ est l'anomalie moyenne, on aura $\zeta = z + 2f \text{ sin. } z + \frac{3ff}{4}\, 3z + \frac{f^3}{3} \text{ sin. } 3z$, &c. & par la méthode du retour des suites (*voyez* SUITE & RETOUR), on aura $z = \zeta - 2f \text{ sin. } \zeta + \frac{5f^2}{4} \text{ sin. } 2\zeta - \frac{13f^3}{12} \text{ sin. } 3\zeta - \frac{f^3 \text{ sin. } 4z}{4}$, &c. ainsi, on a également la valeur de l'anomalie moyenne par la vraie, ou celle de la vraie par la moyenne, ce qui donne la solution du problême de Kepler développé au *mot* ANOMALIE. J'ai mis ici ces formules, afin que les astronomes puissent s'en servir au besoin. *Voyez* EQUATION DU CENTRE.

Si l'*ellipse* est peu excentrique, & qu'une des lignes menées au foyer soit $a + z$, l'autre sera $a - z$, z étant une très-petite quantité ; donc le produit $aa - zz$ de ces deux lignes peut être regardé comme constant & égal à aa, à cause de la petitesse de zz. Or, si des deux extrémités d'un arc infiniment petit d'*ellipse* on mène des lignes à chaque foyer, on trouvera, après avoir décrit de petits arcs du foyer comme centre & des rayons $a + z$, $a - z$, que ces petits arcs sont égaux ; nommant donc a chacun de ces petits arcs, on trouvera que le secteur qui a $a + z$ pour rayon, est $\varpi \left(\frac{a + z}{2} \right)$, & que l'angle, qui a $a - z$ pour rayon, est $\frac{\varpi}{a - z}$; donc le rapport du secteur à l'angle est $\frac{aa - zz}{2}$; donc il peut être censé constant, sur quoi, *voyez l'article suivant*, ELLIPSE de M. Cassini.

De ce que la somme des lignes menées aux foyers est constante, il s'ensuit, comme il est aisé de le voir, que menant deux lignes du même point aux deux foyers, la différentielle de l'une est égale à la différentielle de l'autre prise négativement. Or on conclura de-là très-aisément, & par la plus simple géométrie élémentaire, que les deux lignes dont il s'agit font des angles égaux avec la tangente qui passe par le point d'où elles partent. Donc un corps partant du foyer d'une *ellipse* & choquant la surface, sera renvoyé à l'autre foyer. *Voyez* RÉFLEXION. De-là l'usage de cette propriété dans l'Acoustique & dans l'Optique. *Voyez* MIROIR, ECHO. Voilà encore une propriété de l'*ellipse* que le calcul différentiel, ou plutôt le simple principe de ce calcul, démontre très-élégamment & très-simplement. Si les deux foyers de l'*ellipse* s'éloignent jusqu'à arriver aux extrémités du grand axe, l'*ellipse* devient alors une ligne droite ; & si un des foyers restant en place, l'autre s'en éloigne à l'infini, elle devient parabole. *Voyez* PARABOLE.

Ellipses à l'infini ou de tous les genres, ce sont celles qui sont désignées par les équations générales $ay^{m+n} = bx^m \times \overline{a - x}^n$, & que quelques-uns appellent *elliptoïdes*. *Voyez* ELLIPTOÏDE. Mais ces mots ou façon de parler sont peu en usage.

L'*ellipse* ordinaire est nommée *ellipse apollonienne* ou d'*Apollonius*, quand on la compare à celle-ci, ou qu'on veut l'en distinguer. (*O*)

ELLIPSE *de M.* Cassini, autrement nommée *cassinoïde*, est une courbe que feu M. Jean Dominique Cassini avoit imaginée pour expliquer les mouvemens des planètes ; cette courbe a deux foyers F, f (*fig. 24*), dont la propriété est telle que le produit $FM \times Mf$ de deux lignes quelconques menées de ces foyers à un point quelconque M de la courbe, est toujours égal à une quantité constante ; au lieu que, dans l'*ellipse* ordinaire ou d'Apollonius, c'est la somme de ces lignes, & non leur produit, qui est égale à une quantité constante. M. l'abbé de Gua dans ses *usages de l'analyse de Descartes*, a déterminé les principales propriétés de cette courbe. Il y examine les différentes figures qu'elle peut avoir, & dont nous avons rapporté quelques-unes à l'*article* CONJUGUÉ, & il conclut que cette courbe n'a pas été bien connue par ceux qui en ont parlé avant lui, si on en excepte cependant l'illustre M. Grégory. *Voyez astron. physiq. & géométr. élément. pag.* 331, édit. de Geneve, 1726, ou *les transf. phil.* Sept. 1704.

Pour avoir une idée des propriétés de cette courbe, soit a son demi-axe, f la distance d'un des foyers au centre, x l'abscisse prise depuis le centre, y l'ordonnée, on aura, comme il est aisé de le prouver par le calcul, $(xx - 2fx + ff + yy)(xx + 2fx + ff + yy) = (aa - ff)^2$, pour la propriété de cette courbe, ou $(yy + ff + xx)^2 - 4ffxx = (aa - ff)^2$,

$ff)^2$, ou $y = \pm \sqrt{[-ff - xx \pm \sqrt{(aa-ff)^2 + 4ffxx}]}$; donc, 1.° cette équation ne donnera jamais que deux valeurs réelles tout au plus pour y, l'une positive, l'autre négative & égale à la positive; car les deux valeurs qu'on auroit en mettant le signe — devant $\sqrt{(aa-ff)^2 + 4ffxx}$ seroient imaginaires, puisque y seroit la racine d'une quantité négative. 2.° En supposant même le signe + devant cette derniere quantité, il est visible que la valeur de y ne sera réelle que quand $(aa-ff)^2 + 4ffxx$ sera $>$ ou $= (ff+xx)^2$, c'est-à-dire, quand $a^4 - 2ffaa + 2ffxx - x^4$ sera $>$ ou $= o$. Donc, si $(aa-ff)^2$ est $> (xx-ff)^2$ ou $(ff-xx)^2$, l'ordonnée sera réelle, sinon elle sera imaginaire.

Donc, si $aa = 2ff$, l'ordonnée sera nulle au centre, & la courbe aura la figure d'un 8 de chiffre ou lemniscate (*Voyez* LEMNISCATE); car on aura alors $xx =$ ou $> 2ff - aa$, condition pour que l'ordonnée soit nulle ou réelle. Si $2ff > aa$, les ordonnées réelles ne commenceront qu'au point où $x = \pm\sqrt{2ff - aa}$, & elles finiront au point où $x = a$; car $(aa-ff)^2$ doit aussi être $>$ ou $= (xx-ff)^2$. Ainsi, dans ce cas la courbe sera composée de deux courbes conjuguées & isolées, distantes l'une de l'autre de la quantité $2\sqrt{2ff-aa}$; & si dans cette supposition on a de plus $a = \sqrt{2ff-aa}$, ou $f = a$, la courbe se réduira à deux points conjugués uniques. Si $f > a$, la courbe sera totalement imaginaire. Enfin, si $2ff < aa$, la courbe sera continuée, & aura toutes ses coordonnées réelles, égales & de signe contraire, depuis $x = o$ jusqu'à $= a$.

Cette courbe que M. Cassini avoit voulu introduire dans l'Astronomie, n'est plus qu'une courbe purement géométrique & de simple curiosité; car on sait que les planètes décrivent des *ellipses* appolloniennes ou ordinaires. On demandera peut-être par quelle raison M. Cassini avoit substitué cette *ellipse* à celle de Kepler. Voici ma conjecture sur ce sujet. On sait que la plupart des planètes décrivent des *ellipses* peu excentriques. On sait aussi, & on peut le conclure de l'article *ellipse* qui précède, que dans une *ellipse* peu excentrique les secteurs faits par les rayons vecteurs à un foyer, sont proportionnels à très-peu-près aux angles correspondans faits à l'autre foyer; & c'est sur cette propriété que Ward ou *Setus Wardus* a établi sa solution approchée du problême qui consiste à trouver l'anomalie vraie d'une planète, l'anomalie moyenne étant donnée. *Voyez* ELLIPSE, HYPOTHÈSE ELLIPTIQUE & ANOMALIE. *Voyez aussi les instit. astronomiq.* de M. le Monier. Le rapport du secteur infiniment petit à l'angle correspondant, est comme le rectangle des deux lignes menées au foyer, & dans une *ellipse* peu excentrique, ce rectangle est à-peu-près constant; voilà le principe de Ward. Or M. Cassini paroît avoir raisonné ainsi: puisque le rapport des secteurs élémentaires aux angles correspondans est comme ce rectangle, il sera constant dans une courbe où le rectangle seroit constant il a en conséquence imaginé sa Cassinoïde.

Mais, 1.° quand la Cassinoïde auroit cette propriété de la proportionnalité des secteurs aux angles, ce ne seroit pas une raison pour l'introduire dans l'Astronomie à la place de l'*ellipse* conique que les planètes décrivent en effet; que gagne-t-on à simplifier un problême, lorsqu'on change l'état de la question? 2.° Si, dans l'*ellipse* conique, le rapport des secteurs aux angles est comme le rectangle des deux lignes menées aux foyers, c'est que la somme de ces deux lignes est constante (*Voyez* ELLIPSE); sans cela, la proportion n'a plus lieu. Ainsi, même dans l'*ellipse cassienne* les secteurs ne sont pas comme les angles. J'ai cru cette remarque assez importante pour ne la pas négliger ici. (*O*)

ELLIPSOÏDE, s. m. (*Géom.*) est le nom que quelques géomètres ont donné au solide de révolution que forme l'ellipse en tournant autour de l'un ou de l'autre de ses axes. *V.* SPHÉROÏDE & CONOÏDE. L'*ellipsoïde* est alongé, si l'ellipse tourne autour de son grand axe; & applati, si elle tourne autour de son petit axe. L'ordonnée de l'ellipse génératrice est toujours à l'ordonnée correspondante du cercle qui a pour diamètre l'axe de révolution, comme l'autre axe est à l'axe de révolution: donc les cercles décrits par ces ordonnées (lesquels cercles forment les élémens de la sphère & de l'*ellipsoïde*) sont entr'eux comme le quarré de l'axe de révolution est au quarré de l'autre axe: donc la sphère est à l'*ellipsoïde* comme le quarré de l'axe de révolution est au quarré de l'autre axe. (*O*)

ELLIPTICITÉ, s. f. (*Géom.*) Quelques géomètres modernes ont donné ce nom à la fraction qui exprime le rapport de la différence des axes d'une ellipse, au grand ou au petit axe de cet ellipse. Plus cette fraction est grande, plus, pour ainsi dire, l'ellipse est ellipse, c'est-à-dire, plus elle s'éloigne du cercle par l'inégalité de ses axes; ainsi, on peut dire que le degré d'*ellipticité* d'une ellipse est représenté par cette fraction. Il seroit à souhaiter que cette expression fût adoptée; elle est commode, claire & précise. (*O*)

ELLIPTIQUE, adj. [*Géom.*] il se dit de ce qui appartient à l'ellipse. *Voyez* ELLIPSE.

Kepler a avancé le premier que les orbites des planètes n'étoient pas circulaires, mais *elliptiques*; hypothèse qui a été soutenue ensuite par Bouilland, Flamsteed, Neuton, *&c.* d'autres astronomes modernes l'ont confirmé depuis, de façon que cette hypothèse, qu'on appelloit autrefois du nom d'*hypothèse elliptique*, est maintenant universellement reçue. *Voyez* ORBITE & PLANÈTE.

M. Neuton démontre que si un corps se meut dans un orbite *elliptique*, de maniére qu'il décrive autour d'un des foyers des aires proportionnelles aux tems, sa force centrifuge ou sa gravité sera en raison doublée inverse de ses distances au foyer, ou réciproquement comme les quarrés de ses distances. *Voyez* CENTRIPÈTE.

L'ellipse est d'un fréquent usage dans l'architecture des voûtes. *Voyez le Dictionnaire d'Architecture. Voyez* aussi, dans celui-ci, l'*article* VOUTE.

Espace elliptique, c'est l'aire renfermée par la circonférence de l'ellipse. *Voyez* ELLIPSE.

Conoïde ou *sphéroïde elliptique*, c'est la même chose qu'ellipsoïde. *Voyez* SPHÉROÏDE, CONOÏDE & ELLIPSOÏDE.

Compas elliptique, *voyez* COMPAS. *Harris* & *Chambers*. [*O*]

ELLIPTOÏDE, s. f. (*Géom.*), signifie une espèce d'*ellipse*, ou plutôt de *courbe* désignée par l'équation générale $ay^{m+n} = bx^{m} \times \overline{a-x}^{n}$, dans laquelle *m* ou *n* est plus grand que 1. *Voyez* ELLIPSE.

Il y en a de différens genres ou degrés, comme l'*elliptoïde* cubique, dans laquelle $ax^3 = bx^2 \times \overline{a-x}$.

L'*elliptoïde* quarrée ou sursolide, ou du troisième ordre, dans laquelle $ay^4 = bx^2 \times (a-x)^2$.

Si on appelle une autre ordonnée *u*, & l'abscisse correspondante *z*, on aura $au^{m+n} = bz^{m} \times \overline{a-z}^{n}$, & par conséquent $ay^{m+n} : au^{m+n} :: bx^{m} \times \overline{a-x}^{n} : bz^{m} \times \overline{a-z}^{n}$, c'est-à-dire $y^{m+n} : u^{m+n} :: x^{m} \times \overline{a-x}^{n} : z^{m} \times \overline{a-z}^{n}$.

ELLIPTOÏDE, s. m. (*Géom.*), se dit aussi quelquefois pour *ellipsoïde*. *Voyez* ELLIPSOÏDE. (*O*)

E L O

ÉLONGATION, (*Astronomie*) est la différence entre le lieu du soleil & le lieu d'une planète, ou la quantité de degrés dont une planète s'éloigne du soleil par rapport à un œil placé sur la terre ; c'est l'arc ou l'angle apparent compris entre la planète & le soleil, vus l'un & l'autre de la terre. On l'appelle aussi angle à la terre. Tel est l'angle *STP* (*planches d'Astronomie*, *fig.* 96) que l'on trouve par la résolution du triangle *SPT*, lorsqu'on calcule le lieu géocentrique d'une planète.

La plus grande distance d'une planète inférieure au soleil, est *sa plus grande élongation* ; elle est plus ou moins considérable, selon que les ellipses que ces planètes décrivent, sont plus ou moins grandes, & s'éloignent plus ou moins d'être des cercles.

C'est sur-tout dans les mouvemens de Vénus & de Mercure qu'on a égard aux *élongations* ou *digressions*. Mercure est dans sa plus grande *élongation*, lorsque la ligne menée de la terre à Mercure est tangente à l'orbite de cette planète ; l'arc compris entre le lieu de Mercure & le lieu du soleil, c'est-à-dire, l'angle compris entre les lignes menées de la terre au soleil & de la terre à Mercure, est alors le plus grand qu'il est possible : il en est de même de Vénus.

A l'exception de Vénus & de Mercure, l'*élongation* de toutes les autres planètes, par rapport au soleil, peut aller jusqu'à 180^{d} ; ce qui est évident, puisque la terre est entre ces planètes & le soleil.

La plus grande *élongation* de Vénus va depuis 45 jusqu'à 48^{d} ; la plus grande *élongation* de Mercure de 18 à 28^{d}, c'est-à-dire, que la première de ces planètes ne s'éloigne jamais du soleil de plus de 48^{d}, ou n'en est jamais vûe plus distante que de ce nombre de degrés, & que l'autre ne s'en éloigne jamais plus que de 28^{d} ; c'est ce qui fait que Mercure est si rarement visible, & qu'il se perd d'ordinaire dans la lumière du soleil.

Le mouvement de la lune par rapport au soleil, ou l'arc compris entre la lune & le soleil, s'appelle aussi l'*élongation de la lune au soleil* ; cependant les astronomes modernes se servent presque toujours en ce cas du mot *distance*. (*D. L.*)

Elongation dans l'ancienne Astronomie, étoit la situation d'une planète sur le côté de son épicycle. On a aussi appellé *élongation* la différence entre les mouvemens de deux planètes qu'on appelloit également *supération*.

ELSCHEERE, (*Astron.*) *Voyez* SIRIUS.

E M B

EMBOITER, (*Hydraul.*) c'est enchasser un tuyau dans un autre ; ce qui se pratique en posant des tuyaux de bois ou de grès pour conduire les eaux. (*K*)

ÉMERSION, *en Astronomie*. On se sert de ce mot pour exprimer la réapparition d'une étoile qui étoit éclipsée, & même celles de la lune & du soleil dans leurs éclipses, pour marquer que le soleil, la lune ou quelqu'autre planète recommencent à paroître, après avoir été éclipsés ou cachés par l'interposition de la lune, de la terre ou de quelque autre corps céleste ; il est opposé à *immersion*.

On se sert encore du terme *émersion*, lorsqu'une étoile ou planète que le soleil cachoit, parce qu'il en étoit trop proche, commence à reparoître, en sortant, pour ainsi dire, des rayons de cet astre. C'est le *lever Héliaque*.

Scrupules ou *minutes d'émersion* ; c'est l'arc que le centre de la lune décrit depuis le tems qu'elle commence à sortir de l'ombre de la terre, jusqu'à la fin de l'éclipse. *Wolf*, *Harris & Chambers*. (*O*)

ÉMISSION, s. f. (*Opt.*) C'est une grande question que de savoir si la lumière se fait par *pression* ou par *émission*, c'est-à-dire, si elle se communique à nos yeux par l'action du corps lumineux sur un fluide environnant, ou par des corpuscules qui s'élancent du corps lumineux jusqu'à l'organe. En attendant que nous traitions cette question plus en détail au *mot* lumière, nous croyons devoir faire ici quelques réflexions sur une preuve que des philosophes modernes ont crue très-favorable au système de l'*émission*. Les observations de Roëmer, disent-ils, sur les éclipses des satellites (*Voyez* SATELLITE & LUMIÈRE,) prouvent que la lumière, soit par pression, soit par *émission*, vient du soleil à nous en huit minutes & demie; les observations de l'aberration prouvent que la vîtesse, soit actuelle, soit de tendance, que les corpuscules de la lumière ou de l'éther ont en parvenant à nos yeux, est précisément celle qu'il leur faut pour parcourir en huit minutes & demie la distance du soleil à nos yeux : n'est-il donc pas bien vraisemblable qu'en effet les corpuscules lumineux viennent du soleil à nous par un mouvement de transport? *Voyez les mém. de l'acad. 1739.*

Pour apprécier le degré de force de ce raisonnement, j'ai considéré une suite de petites boules élastiques égales, rangées en ligne droite, & j'ai comparé le tems qu'une de ces boules mettoit à parcourir un espace donné, avec le tems qu'il faudroit pour que le mouvement de la première boule se communiquât à la dernière. Prenons d'abord deux boules égales & à ressort, dont le diamètre soit d, & dont l'une soit en repos & soit choquée par l'autre avec la vîtesse V. Soit a l'espace qui est entre l'extrémité antérieure de la boule choquante & l'extrémité postérieure de la boule choquée; V étant la vîtesse de la boule choquante, il est visible: 1.° que l'extrémité antérieure de cette boule parcourra l'espace a dans le tems $\frac{a}{V}$, & qu'alors elle atteindra l'autre boule; 2.° dans ce moment, comme on le prouvera à l'*article* PERCUSSION, l'extrémité antérieure de la boule choquante, & l'extrémité postérieure de la boule choquée, qui forment le point de contact sur lequel se fait la compression, auront la vîtesse commune $\frac{V}{2}$; c'est-à-dire, que l'une, qui avoit la vîtesse V, perdra la vîtesse $\frac{V}{2}$, & que l'autre, qui étoit en repos, recevra la vîtesse $\frac{V}{2}$; & si on nomme x l'espace que le point de contact parcourt pendant que le ressort se bande & débande, le point de contact parcourra cet espace x avec la vîtesse $\frac{V}{2}$ pendant le tems $\frac{2x}{V}$. Alors la première boule reste en repos, & l'extrémité antérieure de la boule choquée parcourt un espace quelconque c avec la vîtesse V dans le tems $\frac{c}{V}$. L'espace qui se trouve alors entre le lieu qu'occupoit, avant le choc, l'extrémité antérieure de la boule choquante, & le lieu qu'occupe actuellement l'extrémité antérieure de la choquée, est évidemment égal à $a+x+c+d$; or l'extrémité antérieure de la boule choquante, si elle n'eût point rencontré d'obstacle, auroit parcouru cet espace dans un tems égal à $\frac{a+x+c+d}{V}$. Donc, en supposant seulement deux boules, la différence du tems par *émission* ou transport, & du tems par pression, est $=\frac{d-x}{V}$; s'il y a trois boules, cette différence sera $\frac{2d-2x}{V}$, & ainsi de suite; & si le nombre n des boules est très-considérable, elle sera sensiblement $=\frac{nd-nx}{V}$. Donc le premier tems sera égal, plus grand, ou plus court que le second, selon que d sera égal, plus grand ou plus petit que x, c'est-à dire, selon que le diamètre d'une des boules sera égal, plus grand ou plus petit que l'espace parcouru par le point de contact durant le bandement & le débandement du ressort. Il n'y a donc qu'un cas pour l'égalité des deux tems, & une infinité pour leur inégalité : c'est pourquoi la preuve alléguée ci-dessus a de la force; mais elle n'est pas rigoureusement démonstrative.

Quoique la lumière, si elle se propage par pression, ne se propagé peut-être pas exactement de la même maniere que le mouvement ou la tendance au mouvement dans une suite de boules élastiques, j'ai cru que la théorie précédente pouvoit servir au moins à nous éclairer jusqu'à un certain point sur la question proposée.

Il est bon de remarquer au reste, pour prévenir toute difficulté sur ce sujet, que l'accord de la théorie de l'aberration avec le systême de l'*émission* de la lumière, ne suppose pas qu'on connoisse la vraie distance de la terre au soleil; il suppose seulement qu'un arc de 20″ dans l'orbite terrestre soit parcouru par la terre en 8′ $\frac{1}{2}$, ce qui est vrai. *Voyez* ABERRATION, *& les institut. astron. pag. 95 & 301.* (O)

EMPYRÉE. Le plus haut des cieux. C'est, suivant les théologiens, le lieu où les Saints jouissent de la vision béatifique : on l'appelle ciel empyrée & paradis.

Derham disoit que les taches ou nébuleuses qu'on apperçoit dans certaines constellations, pouvoient être des trous du firmament, à travers lesquels on voit l'*empyrée*.

Ce mot formé du grec ἐν, dans, & πῦρ, feu, pour marquer l'éclat & la splendeur du ciel.

E N C

ENCLAVES, (*Hydraulique*) sont des enfoncemens qu'on a ménagés en bâtissant les faces des bajoyers d'une écluse pour y loger de grandes portes, lorsqu'on est obligé de les ouvrir pour le passage des bâtimens. Rien n'est mieux imaginé, non-seulement pour la conservation de ces portes;

mais encore pour ne point faire d'obſtacles au partage des bâtimens. (*K*)

ENDECAGONE. *Voyez* HENDECAGONE.

ENDUIRE *un baſſin*, (*Hydraul.*) On *enduit un baſſin* neuf de ciment d'un bon pouce de mortier fin, que l'on frotte avec de l'huile. Si ce baſſin a été gâté par la gêlée, ou long-tems ſans eau, on peut le repiquer au vif, & l'*enduire* de trois à quatre pouces de cailloutage, & d'un enduit général de ciment. (*K*)

ENGENDRER, v. a. *En Géométrie*, on ſe ſert du mot *engendré*, pour déſigner une ligne produite par le mouvement d'un point, une ſurface produite par le mouvement d'une ligne, un ſolide produit par le mouvement d'une ſurface, ou bien encore pour déſigner une ligne courbe produite dans une ſurface courbe par la ſection d'un plan. Ainſi, on dit que les ſections coniques ſont *engendrées* dans le cone. *Voyez* CONIQUES & GÉNÉRATION.

On dit auſſi qu'une courbe eſt *engendrée* par le développement d'une autre. *Voyez* DÉVELOPPÉE. On a propoſé à cette occaſion de trouver les courbes qui s'*engendrent* elles-mêmes par leur développement. Voici une ſolution bien ſimple de ce problême. 1.° Soit que la courbe développée s'*engendre* elle-même dans une ſituation directe ou dans une ſituation renverſée, il eſt évident que la développée de la développée ſera préciſément ſituée de la même maniere que la développante. 2.°. Le petit côté de la développante ſera parallele au petit côté qui lui correſpond dans la développée de la développée (que j'appele *ſous-développée*); une figure très-ſimple peut aiſément le faire voir. Donc, puiſque la développante & la ſous-développée ſont ſemblables & égales (*hyp.*), & qu'outre cela leurs petits côtés correſpondans ſont paralleles, il eſt aiſé d'en conclure que ces petits côtés ſont égaux; or, nommant ds le petit côté de la développante ou courbe cherchée, & R le rayon de la développée, il eſt aiſé de voir que le rayon oſculateur de cette développée ſera $\mp \frac{R\,dR}{ds}$: ſavoir — ſi la courbe ſe développe dans une ſituation renverſée, & + ſi elle ſe développe dans une ſituation directe. Donc, puiſque le petit côté de la ſous-développée eſt égal à ds, & que ce petit côté eſt égal à la différence du rayon oſculateur, on aura $d\left(\mp \frac{R\,dR}{ds}\right) = ds$, & $\mp R dR = s ds \pm a ds$, & $\mp RR = ss \pm 2as \pm bb$; c'eſt l'équation générale des courbes qui s'*engendrent* elles-mêmes par leur développement. *Voyez* OSCULATEUR.

Si l'on vouloit que la courbe génératrice fût non pas égale, mais ſemblable à la courbe *engendrée*, en ce cas la différence de $\mp \frac{R\,dR}{ds}$ devroit être en raiſon conſtante avec ds. Cela ſe prouve comme dans le cas précédent. On aura donc $\mp RR = mss \pm es \pm F$. (*O*)

ENGIN, ſ. m. (*Méchan.*) machine compoſée, dans laquelle il en entre pluſieurs autres ſimples, comme des roues, des vis, des leviers, &c. combinés enſemble, & qui ſert à enlever, à lancer, ou à ſoutenir un poids, ou à produire quelqu'autre effet conſidérable, en épargnant ou du tems ou de la force. *Voyez* MACHINE.

Il y a des *engins* d'une infinité de ſortes: les uns ſont propres à la guerre, comme autrefois les baliſtes, les catapultes, les ſcorpions, les béliers, &c. Ces machines étoient fort en uſage parmi les anciens, & elles avoient beaucoup de force; on ne s'en ſert plus aujourd'hui depuis l'invention de la poudre. D'autres ſervent dans les Arts, comme des moulins, des grues, des preſſoirs. *Voyez* MOULIN, ROUE, PRESSOIR, POMPE, &c.

Le mot d'*engin* n'eſt plus guère en uſage, du moins dans le ſens qu'on vient de lui donner, c'eſt-à-dire, de machine compoſée: celui de *machine* tout court a pris ſa place, & on ne ſe ſert guère du mot *engin* que pour déſigner des machines ſimples, comme le levier, encore s'en ſert-on rarement. (*O*)

ENGONASIS, *en Aſtronomie*, eſt le nom qu'on donne à *Hercule*, l'une des conſtellations boréales. *Voyez* HERCULE. (*O*)

ENGORGEMENT, (*Hydr.*) ſe dit d'un conduit où il eſt entré aſſez d'ordures pour le boucher. On y remédie en ôtant les tampons, les robinets, & lâchant toute l'eau qui entraîne ces ordures. (*O*)

ENGYSCOPE, ſ. m. (*Optique*) machine qui eſt plus connue ſous le nom de *microſcope*. Ce mot vient des mots grecs σκέπτομαι, *je vois*, & ἐγγὺς *proche*, parce que l'*engyſcope* ou microſcope ſert à faire diſtinguer des objets fort petits qu'on ne verroit pas à la vûe ſimple, & qu'on approche de l'œil en mettant l'*engyſcope* ou la loupe entre deux.

Il ſemble que le téleſcope ou lunette d'approche qui ſert à *rapprocher* les objets, méritoit encore mieux le nom d'*engyſcope* que le microſcope. Au reſte, ce mot n'eſt preſque plus en uſage. *V.* LOUPE, MICROSCOPE, TÉLESCOPE. (*O*)

ENIF, (*Aſtron.*) étoile de la troiſieme grandeur, ſituée à la bouche de Pégaze, que l'on appelle auſſi *Enf Apheras*. Elle eſt déſignée par la lettre ε dans nos catalogues; ſon aſcenſion droite, en 1750, étoit 322^d 58′ 17″, & ſa déclinaiſon 8^d 44′ 31″ boréale. (*D. L.*)

ENNEADECATHERIDE, cycle lunaire, ou période de 19 ans, qui ramene les nouvelles lunes aux mêmes jours du mois.

ENNÉAGONE, ſ. f. *en Géométrie*, figure de neuf angles, & de neuf côtés. *Voyez* POLIGONE. Ce mot eſt formé de ἐννέα, *neuf*, & γωνία, *angle*.

Pour tracer dans un cercle l'*ennéagone* régulier, il ne s'agit que de diviſer en trois parties égales, l'angle au centre du triangle équilatéral; ainſi, ce problème se réduit à celui de la trisection de l'angle. *Voyez* TRISECTION.

ENTIER, adj. (*Arith.*) On appelle *nombres entiers* ceux qui contiennent un certain nombre de fois & sans fraction la quantité prise pour unité principale.

ENTRÉE, se dit, *en Astronomie*, du moment auquel le soleil ou la lune commence à parcourir un des signes du zodiaque. Ainsi, on dit l'*entrée du soleil* ou *de la lune dans le bélier*, *dans le taureau*, &c. *Voyez* SIGNE.

On se sert aussi du mot *entrée* dans ces phrases : l'*entrée de la lune dans l'ombre*, *dans le pénombre*, &c. *Voyez* ECLIPSE. (*O*)

E P A

ÉPACTES, (*Astronom.*) nombres de jours d'heures, de minutes & de secondes dont les révolutions lunaires diffèrent des solaires. *Voyez* CALENDRIER. Il y a aussi des *épactes* dont les astronomes ont des tables, & qui servent à préparer les calculs des éclipses. On en trouve les tables dans le P. Riccioli, dans M. de la Hire, dans M. Cassini, & dans mes *tables de la lune*, imprimées en 1771, à la suite de mon *Astronomie*.

Les *épactes* astronomiques dont nous nous servons pour trouver les nouvelles lunes moyennes, ne sont autre chose que l'âge de la lune au commencement de l'année, ou le nombre de jours qui restoit depuis la derniere conjonction moyenne de l'année précédente jusqu'au commencement de l'année actuelle, si elle est bissextile, ou à la veille, si c'est une année commune. Par exemple, il y a eu conjonction moyenne le 26 Décembre 1761, à 1^h $13' 28''$, tems moyen, la longitude moyenne du soleil étant alors égale à celle de la lune: depuis ce moment-là jusqu'au trente-un de Décembre à midi, pour lesquels sont calculées les époques des années communes, il y a quatre jours, 22^h $46'$ $32''$; c'est-là ce qu'on appelle l'*épacte astronomique* de 1762. Cette *épacte* étant retranchée de 29 jours 12^h $44'$ $3''$, révolution moyenne de la lune au soleil, nous apprend que la premiere conjonction moyenne de 1762, arriva le 24 Janvier à 13^h $57' 31''$ de tems moyen, puisque 4 jours 22^h qui reste de l'année précédent avec 24 jours 13^h du mois de Janvier, font l'intervalle de 29 jours 12 heures qu'il doit y avoir d'une conjonction à l'autre.

Pour calculer l'*épacte* d'une année, il suffit donc de retrancher la longitude moyenne du soleil de celle de la lune, & de convertir le reste en tems lunaire, à raison de 12° $11'$ $27''$ par jour, qui est la différence des mouvemens diurnes du soleil & de la lune. Ainsi, l'époque du soleil pour 1762, est 9^s 10° $6'$ $14''$; & celle de la lune 11^s 10° $26'$ $9''$, suivant les nouvelles *tables* de Mayer : celle du soleil étant retranchée de cette dernière, il reste 2^s 0° $19'$ $55''$, qui répondent à 4 jours 22^h $46'$ $32''$ de tems : ces 4 jours font l'*épacte* de 1762, parce qu'il a fallu 4 jours à la lune pour s'éloigner du soleil de 2 signes, & qu'au moment de l'époque de 1762, il y avoit quatre jours que la conjonction étoit passée.

Épactes des mois. L'*épacte* du mois de Janvier est zéro dans les années communes ; car, puisque l'*épacte* de l'année marque l'âge de la lune au 31 Décembre, & que nous appellons *zéro* le 31 Décembre, il n'y a rien à ajouter pour le mois de Janvier. L'*épacte* de Février sera l'âge de la lune au commencement de Février, en supposant que la lune ait commencé le 31 Décembre; c'est donc l'excés de 31 jours sur une lunaison entière, ou un jour 11^h $15'$ $57''$, & ainsi des autres mois.

Exemple. On demande la conjonction moyenne du mois d'Avril 1764 ; on ajoutera ensemble les nombres, tirés de la table des *épactes* astronomiques.

Epacte de l'année 1700,	9j	21^h	$50'$	$8''$
Changement pour 60 ans,	3	7	17	34
Pour 4 ans,	14	0	1	44
Pour le mois d'Avril,	1	9	47	52
Somme à ôter,	28	14	57	18
Révolution entière,	29	12	44	3
Conjonction moyenne, o c'est-à-dire, le 31 Mars à 21^h,	0	21^h	$46'$	$45''$

En effet, tant qu'il n'y a que zéro de jours pour le mois d'Avril, on ne peut pas dire que nous soyons en Avril, puisqu'on compte 1 aussi-tôt que le mois commence. Pour trouver la pleine lune moyenne, on ajoute 14^j 18^h $22'$ $1''$. Nous en avons indiqué l'usage au mot ECLIPSE.

Halley avoit donné une suite d'éclipses, depuis 1701 jusqu'à 1718, pour servir à trouver les autres éclipses par la période de 18 ans ; mais les éditeurs y ajouterent une table des conjonctions moyennes, que Pound avoit construite, & que l'on peut voir dans le premier volume des *tables* de Halley, Paris, 1754 : elle revient à-peu-près au même que celles des *épactes* ; mais on y a joint des tables d'équations, pour trouver à-peu-près les conjonctions vraies. Il y en a de semblables dans le *Calendarium* imprimé à Berlin pour 1749. (*D. L.*)

ÉPERON, s. m. (*Hyd.*) On appelle *éperons* des massifs, en forme d'arcs-boutans, que l'on construit au-devant des piles d'un pont, pour préserver ces piles du choc des bois, des glaces, & autres corps étrangers que l'eau charrie avec elle. On donne aussi le même nom à des solides de maçonnerie, qui servent à soutenir les murs d'une terrasse contre la poussée des terres.

ÉPHÉMÉRIDE, s. f. (*Astron.*) en grec ἐφημερὶς, livre qui contient pour chaque jour les lieux des planètes & les circonstances des mouvemens célestes.

Les plus anciennes *éphémérides* dont il soit parlé

dans l'histoire de l'Astronomie, sont celles qui furent calculées par Regiomontanus, & qui s'étendent depuis l'année 1475 jusqu'à 1531; on y trouve les éclipses, les lieux des planètes, leurs latitudes & leurs aspects : elles furent dédiées à Mathias, roi de Hongrie, qui fit présent à l'auteur de huit cens écus d'or : elles furent reçues par les savans avec tant d'empressement, que chaque exemplaire se vendoit douze écus d'or, *duodecim aureis* : toutes les nations de l'Europe s'empressoient de les faire venir, suivant le témoignage de Ramus, *Schol. mathem. liv. II. p. 65* : elles furent imprimées à Nuremberg en 1474, & c'est un des premiers ouvrages d'astronomie qui aient été imprimés. S'il y a des *éphémérides* plus anciennes que celles de Regiomontanus, elles étoient si informes & sont si peu connues, qu'il est inutile d'en faire ici mention. On conserve à la bibliothèque du Roi, des *éphémérides* de l'an 1442, (*Journal des Savans*, *1772*, *p. 347.*) On imprima en 1482, des *éphémérides* de Stoffler, qui furent ensuite étendues jusqu'à 1550; celles de Stadius allerent de 1554 à 1606; celles de Leovitius, depuis 1556 jusqu'à l'année 1606, forment un très-grand volume *in-folio*; celles d'Origan, vont depuis 1595 jusqu'à l'année 1654. En 1621, Argoli fit imprimer à Rome des *éphémérides*, qu'il prolongea ensuite jusqu'à l'année 1700 : ce sont-là les plus célèbres calculateurs d'*éphémérides*. Je ne parle pas de beaucoup d'autres *éphémérides* qui renfermoient moins d'années, & qui sont par conséquent moins remarquables, comme celles de Piratus, Simi, Carelli, Magini, Kepler, Ulac, Hecker, Kirch, Montanari, Wing, Gadbury, Mezavachi. On en trouvera le catalogue dans la préface de mon 8.e volume d'*éphémérides*. Celles de Kepler, depuis 1617 jusqu'en 1636, étant calculées sur des tables beaucoup plus exactes que celles dont on avoit fait usage jusqu'alors, firent une époque dans cette partie de l'Astronomie.

Celles de Malvasia, imprimées à Modene en 1662, s'étendent de 1661 à 1666 : elles avoient aussi le mérite d'être faites avec un soin tout particulier, & le célèbre Cassini les enrichit de ses observations & de ses tables.

Noël Duret de Montbrison fut le premier François qui calcula des *éphémérides*, & publia les années 1637-1700, sous ce titre : *Novæ motuum cælestium Ephemerides Richelianæ.*

Lorsque l'académie des sciences de Paris vit, en 1700, que les *éphémérides* d'Argoli finissoient, elle chargea la Hire fils de les continuer; mais il ne calcula que les années 1701-1703. Dans le même tems, M. des Forges, vicaire de S. Gervais, sous le nom de Beaulieu, en calcula d'autres, qui s'étendent de 1701 à 1714. Lieutaud, Desplaces & Bomie, firent, par ordre de l'académie, celles de 1704 & de 1705, auxquelles cependant Lieutaud mit son nom. Desplaces fit les années 1706-1708, & Bomie les années 1709-1711; mais il copia entièrement, & jusqu'aux fautes, celles de Beaulieu.

Les *éphémérides* de Beaulieu furent continuées par Desplaces, qui commença en 1715, & continua jusqu'en 1744, en donnant chaque fois un volume pour dix ans. L'abbé de la Caille continua les *éphémérides* de Desplaces; il donna le quatrième volume pour 1745-1754, suivi de deux autres, qui vont jusqu'en 1774. Le septième, dont je me suis chargé à la mort de l'Abbé de la Caille, a paru en 1774; le 8e volume va jusqu'en 1792; il est sur le point de paroître, (Mai 1784.)

Cette suite d'*éphémérides* françoises a été imitée par l'académie de l'institut de Bologne. Eustache Manfredi, aidé de quelques autres calculateurs, commença en 1715, & continua jusqu'en 1750 : Eustache Zanotti en a donné la suite jusqu'en 1786. J'ai voulu dissuader ce célèbre astronome d'un travail ingrat & inutile, puisqu'il se faisoit déjà en France; il m'a répondu que c'étoit une fondation de l'institut, qu'on ne pouvoit se dispenser de remplir.

La *connoissance des tems* est un livre analogue aux *éphémérides*, & que l'académie fait calculer chaque année depuis 1679, pour l'usage des astronomes & des navigateurs, avec beaucoup plus de détail & d'exactitude que les *éphémérides* : nous en avons parlé ailleurs.

Les *éphémérides astronomiques* du pere Hell, publiées à Vienne chaque année depuis 1757, sont un ouvrage du même genre que la *connoissance des tems*, dans lequel il y a même plus de détails. Elles sont remarquables encore, par un grand nombre d'observations astronomiques, faites dans différens pays de la terre, par tous les astronomes avec qui il est en correspondance. L'académie de Berlin en fait calculer de pareilles depuis 1776; enfin M. Reggio & M. de Cesaris, à Milan, font aussi chaque année des *éphémérides* depuis 1775. C'est un inconvénient pour les progrès de l'Astronomie, que des ouvrages de cette espèce soient calculés séparément par tant de personnes, dont le tems seroit employé plus utilement à calculer des observations ou des tables pour le progrès l'Astronomie.

Je ne dirai pas la même chose du *Nautical Almanac* qui se publie à Londres depuis 1767, pour l'usage de la marine; tout ce qui intéresse cet article important de l'administration, mérite tous nos soins, & ce n'est pas un tems perdu pour les astronomes qui s'en occupent : mais pour rendre véritablement ce livre utile à la marine, il falloit prendre, comme on l'a fait, des moyens qui ne sont point au pouvoir des particuliers, & qui exigeoient les secours de l'Etat. Quatre calculateurs répandus dans différens endroits de l'Angleterre, envoient leurs calculs à un cinquième, pour les comparer & les vérifier : ils ont chacun soixante & quinze guinées par an. Tous les calculs importans de la lune sont faits avec la précision des secondes, pour midi & pour minuit, & vérifiés par les secondes différences. Les distances de la lune au soleil & aux étoiles, y sont de trois en trois heures pour tous les jours, soit à l'orient, soit à l'occident de la lune. Avec cette immense quantité de calculs, on peut espérer d'avoir la longitude sur mer, à un demi-degré près, toutes les fois qu'on aura observé avec le quatier de réflexion la distance de la lune au soleil ou à une étoile : M. Maskelyne, astronome royal d'Angleterre, est chargé de la direction de cet utile travail.

Cette sorte d'*éphémérides* pour l'usage de la marine, avoit été projettée en France par Morin, sous le cardinal de Richelieu. Le P. Léonard Duliris, récollet, publia une *éphéméride maritime*, en 1655, en un volume *in-folio*, qui s'étendoit à vingt ans. M. Pingré, en 1754, entreprit de calculer l'état du ciel, dans lequel il donna, pour l'usage de la marine, les longitudes & les latitudes de la lune pour midi & pour minuit, les ascensions droites, les passages au méridien, les mouvemens horaires, &c. il a continué jusqu'en 1757 ces calculs qui sont immenses pour un seul astronome, & dont on paroissoit dans la marine ne pas faire assez d'usage pour dédommager l'astronome du sacrifice de son tems; mais le gouvernement d'Angleterre a compris qu'il falloit commencer par offrir ce secours aux navigateurs d'une maniere continue & non interrompue, quoiqu'il dût en coûter, si l'on vouloit espérer de les déterminer à en faire usage. On ne s'est point lassé de faire cette dépense, & déjà on en recueille les fruits : l'académie royale de marine de Brest fit d'abord réimprimer les calculs du *Nautical Almanac*; je les inférai dans la *connoissance des tems* depuis 1774; M. Jeaurat a continué, & l'on publie ces *éphémérides* plusieurs années d'avance pour l'utilité des navigateurs. (*D. L.*)

EPI

ÉPI, s. m. (*Hyd.*) On donne quelquefois indifféremment le nom d'*épis* à toutes les digues dont l'objet est de conserver les berges d'une rivière; & c'est en ce sens qu'on appelle *épis*, le long du Rhin, les revêtemens en fascinage, construits sur les bords de ce fleuve. Mais les *épis* proprement dits, sont des bouts de digues, destinés à modifier le cours d'une rivière, de sorte qu'elle se rétablisse comme d'elle-même dans son premier état, en détruisant les atterrissemens, & en remplissant les affouillemens que l'irrégularité de la rapidité du courant y ont formés. *Voyez* l'article DIGUE, & *les recheches de M. l'abbé Bossut & de M. Viallet, sur la construction la plus avantageuse des digues.*

ÉPI DE LA VIERGE, *spica Virginis*, (*Astronom.*) est une étoile de la premiere grandeur, qui est dans la constellation de la Vierge. *Voyez* ETOILE.

ÉPICYCLE, s. m. (*Astronom.*) cercle dont le centre est dans la circonférence d'un autre cercle, qui est censé le porter en quelque manière.

Ce mot est formé des mots grecs, ἐπὶ, *suprà*, sur, & de κύκλος, *cercle*, comme si l'on disoit *cercle sur cercle*.

Les anciens astronomes employoient un cercle excentrique pour expliquer les irrégularités apparentes du mouvement des planètes, & leur différente distance de la terre; & ils faisoient usage d'un petit cercle pour expliquer la seconde inégalité ou les stations & les rétrogradations des planètes. Ce cercle, qu'ils appellerent *épicycle*, avoit son centre dans la circonférence du plus grand, qu'on appelle déférent. Tel est le cercle *A G P*, (*planches d'Astr. fig. 92.*) dont le centre *F* se meut sur la circonférence *FKML* de l'excentrique ou du déférent; cet *épicycle* emporte avec lui la planète, dont le centre se meut régulièrement dans la circonférence de l'*épicycle*; elle paroît aller suivant l'ordre des signes, lorsqu'elle est dans la partie inférieure *P* de l'*épicycle*, & paroît aller contre l'ordre des signes lorsqu'elle est dans la partie supérieure *A*.

Le point *A* le plus haut de l'*épicycle* s'appelle *apogée* de l'*épicycle*, & le point *P* le plus bas s'appelle *périgée*.

Quoique les phénomènes des stations & rétrogradations des planètes s'expliquent d'une manière bien plus naturelle dans le système de Copernic, on ne peut disconvenir que la manière dont Ptolemée les a sauvées ne soit ingénieuse : mais à mesure qu'on découvroit des inégalités, il falloit mettre *épicycles sur épicycles*, des *épicycles* variables, sujets à des augmentations & à des décroissemens perpétuels, & différemment inclinés à l'*écliptique*; cela étoit utile lorsqu'on ne connoissoit point les causes de ces inégalités, & qu'il ne s'agissoit que de les représenter; mais aujourd'hui il n'en est plus question.

Quoique les *épicycles* des planètes, imaginés par Ptolemée, soient ajourd'hui entiérement bannis de l'Astronomie, cependant quelques astronomes modernes s'en sont servis pour expliquer les irrégularités du mouvement de la lune; mais n'ont pas prétendu que la lune parcourût en effet la circonférence d'un *épicycle*, ils ont seulement dit que les inégalités apparentes du mouvement de la lune étoient les mêmes que si cette planète se mouvoit dans un *épicycle*. Machin, dans un ouvrage fort court, qui a pour titre, *the laws of moon's motion, les loix du mouvement de la lune*, faisoit mouvoir la lune dans une ellipse dont le petit axe est la moitié du grand : tandis que le centre de cette ellipse décrivoit d'un mouvement uniforme un cercle autour de la terre, la lune se mouvoit dans l'ellipse, de manière qu'elle y parcouroit des aires proportionnelles aux tems. Mais Clairaut, dans un mémoire imprimé parmi ceux de l'académie, en 1743, soutint qu'on ne pouvoit représenter par cette supposition les mouvemens de la lune. Halley supposoit, comme Horoccius, que la lune se mouvoit dans une ellipse, & que le centre de cette ellipse étoit dans un *épicycle* dont le centre se mouvoit uniformément autour de la terre : il a déduit de ce mouvement les inégalités qu'on observe dans la vîtesse de l'apogée, & dans l'excentricité de l'orbite de cette planète. *Voyez* LUNE, Evection. Dans un mémoire de Godin, imprimé parmi ceux de l'académie, en 1733, cet astronome cherchoit à développer cette théorie, & à donner les loix du mouvement apparent des planètes dans les *épicycles*. Lorsqu'on ne cherche qu'à connoître les apparences, & à construire des tables, il importe peu, dit l'historien de l'académie, quelle hypothèse qu'on choisisse, pourvu que cette hypothèse sauve toutes ces apparences, & que ces tables les représentent. De plus, les satellites de Jupiter & de Saturne ont, par rapport à nous, des apparences de mouvemens semblables à celles que doivent avoir les planètes dans le système de Ptolemée : la terre & lune, vûes du soleil ou de quelque autre point du système solaire, sont aussi dans le même cas ; c'est pourquoi la théorie des *épicycles* peut être de quelque utilité. La *nutation* se représente encore par un petit cercle de même espece que les *épicycles* ; en général toute inégalité périodique peut se représenter par un *épicycle*. (*D. L.*)

ÉPICYCLOIDE, s. f. *en Géométrie*, ligne courbe, qui est engendrée par la révolution d'un point de la circonférence d'un cercle, lequel se meut en tournant sur la partie convexe ou concave d'un autre cercle.

Chaque point de la circonférence d'un cercle qui avance en droite ligne sur un plan, tandis qu'il tourne en même tems sur son centre, décrit une cycloïde. (*voyez* CYCLOÏDE) ; & si le cercle générateur, au lieu de se mouvoir sur une ligne droite, se meut sur la circonférence d'un autre cercle, ou égal, ou inégal à lui, la courbe que décrira chacun des points de sa circonférence s'appelle *épicicloïde*.

Par exemple, si une roue de carrosse rouloit sur la circonférence d'une autre roue, la courbe que décriroit un des clous de cette roue feroit une *épicycloïde*.

Si le mouvement progressif du cercle roulant est plus grand que son mouvement circulaire, l'*épicycloïde* est nommée *alongée*, & *accourcie* s'il est plus petit.

Si le cercle générateur se meut sur la convexité de la circonférence, l'*épicycloïde* est nommée *supérieure* & *extérieure* ; & s'il se meut sur sa concavité, on la nomme *épicycloïde inférieure* ou *intérieure* ; on appelle *base* de l'*épicycloïde* la partie de cercle sur laquelle se meut le cercle générateur, tandis qu'il fait un tour entier. Ainsi (*Planches Géométriques, figure 69.*), DB est la base de l'*épicycloïde*, V son sommet, VB son axe, DPV la moitié de l'*épicycloïde* extérieure produite par la révolution du demi-cercle VLB, qu'on appelle *cercle générateur*, sur le côté convexe de la base.

On trouvera dans les *transact. philosoph. n.* 18, & dans les *infiniment petits de M.* de l'Hopital, les démonstrations des principales propriétés de l'*épicycloïde*, sur-tout ce qui concerne les tangentes de ces courbes, leurs rectifications & leurs quadratures. M. Nicole a aussi donné sur la rectification des *épicycloïdes* alongées & accourcies un excellent mémoire dans le *vol. de l'académie de 1708*.

Le volume de 1732 de la même Académie, renferme plusieurs écrits de MM. Bernoulli, Maupertuis, Nicole, & Clairaut, sur une autre espèce d'*épicycloïdes*, appellées *épicycloïdes sphériques*. Ces *épicycloïdes* sont encore engendrées par le point de la circonférence d'un cercle qui roule sur un autre cercle ; mais avec cette différence que dans les *épicycloïdes* ordinaires le cercle roulant est dans le même plan que le cercle sur lequel il roule ; au lieu que dans celles-ci le plan du cercle roulant fait un angle constant avec le plan de l'autre cercle. Les *épicycloïdes* sphériques ont plusieurs belles propriétés que l'on peut voir dans les mémoires dont nous venons de parler ; & dont le détail seroit au-dessus de la portée du plus grand nombre de nos lecteurs.

Nous nous contenterons de donner ici en peu de mots une théorie des *épicycloïdes* simples ou ordinaires. Cette théorie contiendra le germe de tous les problèmes qu'on peut se proposer sur les *épicycloïdes*, & facilitera le moyen d'étendre ces problèmes à des *épicycloïdes* plus composées.

Je suppose d'abord que 1 soit le rayon du cercle roulant ou générateur, & que l'*épicycloïde* soit extérieure. Soit x l'arc qui a roulé, r le rayon de l'autre cercle : il est évident que prenant dans ce second cercle un arc $= x$, & tirant ensuite la corde de l'arc x dans le cercle générateur, on aura un des points de l'*épicycloïde*. Or, les angles formés par deux arcs égaux dans différens cercles, sont entr'eux en raison inverse des rayons de ces cercles. *Voyez* ANGLE, DEGRÉ, MESURE, &c. Donc il ne s'agit que de diviser un angle en raison de r à 1, pour avoir un point de l'*épicycloïde*.

Donc, si r est à 1 en raison de nombre à nombre, l'*épicycloïde* sera une courbe géométrique, puisqu'on peut toujours diviser un angle géométriquement en raison de ce nombre à nombre. *Voyez* TRISECTION, &c.

Considérons à présent les deux cercles comme deux polygones réguliers d'une infinité de côtés chacun, mais dont les côtés soient égaux, en sorte que ces polygones ne soient point semblables : il est visible, 1.° que l'angle de contingence du cercle générateur sera dx ; que l'angle de contingence de l'autre sera $\frac{dx}{r}$ (*voyez* POLYGONE & COURBE) ; 2.° que pendant le roulement ou l'application d'un côté infiniment petit du cercle générateur sur le côté

correspondant

correſpondant de l'autre, une des extrémités de la corde de l'arc x pourra être regardée comme fixe, & que l'autre décrira un arc de cercle qui ſera le petit côté de l'*épicycloïde* : 3.° que la tangente de l'*épicycloïde* (*voyez* TANGENTE) ſera par conſéquent perpendiculaire à la corde de l'arc x dans le cercle générateur : 4.° que le petit côté de l'*épicycloïde* ſera $\left(dx + \frac{dx}{r}\right) \times$ cord. $x = dx \times 2$ ſin. $x \times \left(\frac{r+1}{r}\right)$; donc l'arc total de l'*épicycloïde* ſera $\left(\frac{2r+2}{r}\right) \times 2 \times \left(1 - \text{coſ.}\ \frac{x}{2}\right)$, *voyez* SINUS : 5.° que l'élément de l'aire de l'*épicycloïde* ſera égal au petit triangle ſcalène, dont dx eſt la baſe & cord. x un des côtés, plus au triangle iſoſcèle qui a cord. x pour côté, & pour baſe $dx\left(\frac{r+1}{r}\right)$ 2 ſin. $\frac{x}{2}$. Cela ſe voit à l'œil par la ſeule inſpection d'une figure. Or le premier de ces élémens eſt l'élément du cercle, & le ſecond eſt $dx\left(\frac{1+r}{r}\right)$ 2 ſin. $\frac{x}{2} \times \frac{1}{2}$ cord. $x = dx\left(\frac{2+2r}{r}\right)\left(\text{ſin.}\ \frac{x}{2}\right)^2$ $= dx\left(\frac{2+2r}{r}\right) \times \left(-\frac{1}{2}\ \text{coſ.}\ x + \frac{1}{2}\right)$. *Voyez* SINUS. Donc l'aire de l'*épicycloïde* eſt égale à l'aire du cercle, plus à l'intégrale de la quantité précédente ; intégrale aiſée à trouver ; *voy.* SINUS, INTÉGRAL, *& le Calcul intégral de* M. de Bougainville. 6.° L'angle, que font enſemble deux côtés conſécutifs de l'*épicycloïde*, ſe trouvera aiſément, & toujours par la ſeule inſpection d'une figure fort ſimple ; car cet angle eſt égal, 1.° à $\frac{dx}{2}$; 2.° à deux angles à la baſe d'un triangle iſoſcèle, dont l'angle du ſommet eſt $dx + \frac{dx}{r}$; c'eſt-à-dire, $180 - dx - \frac{dx}{r}$: donc l'angle de contingence eſt $\frac{dx}{2} + \frac{dx}{r}$. Or le rayon oſculateur eſt égal au côté de la courbe diviſé par l'angle de contingence. *Voyez* OSCULATEUR & DÉVELOPPÉE. Donc le rayon oſculateur eſt égal à $2\,\frac{(1+r)\ \text{cord.}\ x}{2+r}$.

Si on fait r négative dans les calculs précédens, on aura les propriétés de l'*épicycloïde intérieure.*

Si, dans les mêmes calculs, on fait r = à l'infini, on aura les propriétés de la cycloïde ordinaire.

On peut encore conſidérer d'une autre manière toutes les *épicycloïdes* ordinaires, alongées, accourcies, ſphériques, *&c.* Au lieu de faire rouler le cercle générateur, il n'y a qu'à ſuppoſer que le centre de ce cercle décrive une ligne quelconque, & qu'en même tems un point mobile ſe meuve ſur la circonférence de ce cercle. Par le principe de la compoſition des mouvemens, on aura facilement les élémens de l'*épicycloïde* ; l'*épicycloïde* ſera ſimple ou ordinaire, c'eſt-à-dire, ni alongée ni accourcie, ſi l'arc décrit par le centre, pendant que le point mobile décrit la circonférence, eſt à cette circonférence comme $r + 1$ eſt à r.

Nous n'en dirons pas davantage ſur cet article. Il nous ſuffit d'avoir mis ici en quelques lignes tout le traité des *épicycloïdes*, d'une manière aſſez nouvelle à pluſieurs égards, & fourni aux commençans, & peut-être à des géomètres plus avancés, une occaſion de s'exercer.

M. de Maupertuis, dans les *mémoires de l'acad. de 1727*, a examiné les figures rectilignes formées par le roulement d'un polygone régulier ſur une ligne droite, & il en a déduit d'une manière élégante les dimenſions de la cycloïde. Pour généraliſer ſa théorie, ſuppoſons que le roulement du polygone ſe faſſe à l'extérieur ſur un autre polygone régulier, dont les côtés ſoient égaux à ceux du polygone roulant : il eſt aiſé de voir par tout ce qui a été dit ci-deſſus, 1.° que la figure rectiligne formée ainſi, ſera égale à l'aire du polygone roulant, plus à un triangle iſoſcèle qui auroit 1 pour côté, & pour angle au ſommet la ſomme des angles extérieurs des deux polygones, ce triangle étant multiplié par la moitié de la ſomme des quarrés des cordes du polygone roulant : or on a dans le *liv. X. des ſections coniques* de M. de l'Hôpital, une méthode fort ſimple pour trouver la ſomme de ces quarrés. 2.° Le contour de la figure ſera égal à la corde de la ſomme des angles extérieurs multipliée par la ſomme des cordes du polygone roulant : or on a dans le même ouvrage & au même endroit, la méthode de trouver la ſomme des cordes du polygone. 3.° L'angle extérieur formé par deux côtés rectilignes conſécutifs de l'*épicycloïde*, eſt égal à la moitié de l'angle au centre du polygone roulant, plus à l'angle extérieur de l'autre polygone.

Enfin il eſt viſible que cette méthode peut s'étendre très-aiſément à la recherche des propriétés de toute *épicycloïde* formée par le roulement d'une courbe quelconque ſur une autre quelconque. (*O*)

EPIPEDOMÉTRIE, ſ. f. *dans les Mathématiques*, ſignifie la *meſure* des figures qui s'appuient ſur une même baſe. Ce mot n'eſt plus en uſage. *Harris & Chambers.* (*E*)

EPISTOMIUM, ſ. m. *en termes d'Hydraulique*, eſt un inſtrument par l'application duquel l'orifice d'un vaiſſeau peut être fermé & r'ouvert enſuite à volonté ; tels ſont les piſtons des pompes, des ſeringues, qui rempliſſent leur cavité, & qui peuvent à volonté être tirés & repouſſés. (*K*)

EPOQUE, (*Aſtronomie.*) On appelle *époque* ou *racine* des moyens mouvemens d'une planète, le lieu moyen de cette planète, déterminé pour quelque inſtant marqué, afin de pouvoir enſuite, en comptant depuis cet inſtant, trouver le lieu moyen de la planète, pour un autre inſtant quelconque.

Les époques des Tables Aſtronomiques ſont pour

le midi qui précède le premier jour de l'année, à moins que l'année ne soit bissextile, c'est-à-dire, pour le 31 décembre de l'année précédente, en sorte qu'à midi du premier janvier, on compte déja un jour complet, ou vingt-quatre heures écoulées. Ainsi, quand on trouve dans les Tables astronomiques, au méridien de Paris, l'*époque* de la longitude moyenne du soleil en 1700, de 9 signes 10 degrés 7 minutes 19 secondes; cela signifie que le 31 décembre 1699, à midi moyen à Paris, la longitude moyenne du soleil, c'est-à-dire, sa distance au premier point d'*aries*, en n'ayant égard qu'à son mouvement moyen, étoit de 9^s $10^\circ 7' 19''$, & ainsi des autres. On a choisi, le 31 Décembre, pour faciliter un peu le calcul des jours de l'année.

L'*époque* une fois bien établie, le lieu moyen pour un instant quelconque, est aisé à fixer par une simple règle de trois. Car on dira : comme une année ou 365 jours est au tems écoulé depuis ou avant l'*époque*; ainsi, le mouvement moyen de la planète, pendant une année, est au mouvement cherché, qu'on ajoutera à l'*époque*, ou qu'on en retranchera. Toute la difficulté se réduit donc à bien fixer l'*époque*, c'est-à-dire, le lieu moyen pour un tems déterminé. Les époques des planètes se déterminent ordinairement avec le lieu de l'aphélie & l'excentricité, par le moyen de trois observations.

On trouvera au mot *Planète*, une table des époques de chaque planète, avec les autres élémens de leurs orbites. (*D. L.*)

E Q U

ÉQUANT, (*terme de l'ancienne Astronomie*) c'est le cercle qui est placé, de manière que le mouvement d'une planète soit uniforme autour du centre de ce cercle. C'est donc un cercle que l'on imagine décrit du point d'égalité, ou du centre des moyens mouvemens, qui, dans l'hypothèse des anciens, étoit au-dessus du centre du déférent, autant que le centre de la terre étoit au-dessous.

On n'en fait plus d'usage aujourd'hui, depuis que Kepler a banni les excentriques, & a démontré que les planètes se mouvoient dans des ellipses dont le soleil occupoit le foyer. *Voyez* PLANÈTES.

ÉQUATEUR, s. m. *en Astronomie & en Géographie*, est un grand cercle de la sphère, autour duquel se fait le mouvement diurne; il est également éloigné des deux poles du monde, & ses poles sont les mêmes que ceux du monde.

Ce cercle est représenté dans la *figure première des planches d'astronomie*. On le nomme *équateur* ou *équinoxial*, parce que, quand le soleil est dans ce cercle, il y a égalité entre les jours & les nuits : quand il est tracé sur les cartes géographiques, on l'appelle *la ligne équinoxiale*, ou simplement *la ligne*.

Chaque point de l'*équateur* est éloigné d'un quart de cercle des poles du monde ; d'où il suit que l'*équateur* divise la sphère en deux hémisphères ; dans l'un desquels est le pole septentrional, & dans l'autre, le pole méridional.

L'*équateur terrestre* coupe la zone torride par le milieu; le soleil décrit ce grand cercle le 20 mars, premier jour du printems, & le 22 septembre, premier jour de l'automne : ainsi, il y revient deux fois par an. Les peuples qui habitent sous la ligne, ont pendant toute l'année les jours égaux aux nuits. Car l'horizon de ces peuples passe par l'axe de la terre, & est perpendiculaire à tous les cercles parallèles à l'*équateur*, dont le soleil décrit ou paroît décrire un chaque jour : d'où il s'ensuit qu'une moitié de ces parallèles est au-dessus de l'horizon des habitans de l'*équateur*, & l'autre moitié au-dessous : ainsi, ils ont précisément autant de jour que de nuit, si ce n'est que le crépuscule du matin & du soir peut augmenter un peu leurs jours & diminuer leurs nuits. Les longues nuits sont très-nécessaires dans ces climats, dont le soleil ne s'éloigne jamais de plus de 23 degrés $\frac{1}{2}$; de sorte que quand il est le plus éloigné du zénit des habitans de l'*équateur*, il est encore plus près qu'il ne l'est de notre zénit le jour du solstice d'été : car il est alors éloigné de plus de 25 degrés du zénit de Paris. Or, comme la longueur des jours & la brièveté des nuits est une des causes de la chaleur, il s'ensuit que la chaleur de l'*équateur* n'est pas à proportion aussi grande qu'elle devroit l'être, eu égard à la position du soleil. Il y a même dans ces climats, des pays qui jouissent d'une chaleur modérée, & pour ainsi dire, d'un printems perpétuel : tels sont certains endroits du Pérou, qui sont élevés au-dessus du niveau de la mer : le haut des montagnes y est aussi excessivement froid, comme il arrive par-tout ailleurs.

Hauteur de l'équateur, est un arc d'un cercle vertical, qui est compris entre l'*équateur* & l'horizon; elle est à Paris de 41 degrés 10 minutes.

L'élévation de l'*équateur*, avec celle du pole, est toujours égale à un quart de cercle ; ou, ce qui revient au même, l'élévation de l'*équateur* est égale à la distance du pole au zénit. Cette élévation est donc le complément de la hauteur du pole ou de la latitude.

C'est autour de l'*équateur* que la sphère tourne chaque jour, & tous les astres paroissent se mouvoir d'orient en occident, parallèlement à l'*équateur*. Ainsi, les portions l'équateur sont la mesure naturelle du tems.

On appelle *tems de l'équateur* ou *tems du premier mobile*, celui qui se compte à raison de 15 degrés par heure. Quand le soleil est éloigné du méridien de 15^d, il est une heure ; quand il est éloigné de 100 degrés, il est 6^h $40'$; parce que le mouvement diurne se faisant uniformément sur l'*équateur*, il passe régulièrement au méridien à chaque heure, la vingt-quatrième partie de la circonférence entière de l'*équateur* : aussi le tems vrai, ou l'heure vraie, dans le sens précis & exact de l'astronomie, n'est autre chose que l'arc de l'*équateur*, compris entre le méridien & le cercle de déclinaison qui passe par le soleil, converti en tems, à raison de 15^d par heure. Le plus souvent, à la place de cet arc de l'*équateur*, on substitue l'angle au pole mesuré par cet arc, & que l'on appelle *angle horaire* : on prend cet angle horaire à la place de l'heure même, c'est-à-dire, qu'au lieu d'une heure, on met 15 degrés, & au lieu de deux heures 30 degrés, *&c.*

Le mouvement diurne qui s'acheve en vingt-quatre heures, & par lequel 360 degrés de la sphère traversent le méridien, étant subdivisé en vingt-quatre parties, chacune vaut une heure, & répond à 15 degrés, car 15° font la vingt-quatrième partie de 360°; en continuant de subdiviser, on pourra trouver de même les parties du tems qui répondent aux parties du cercle; un degré vaudra 4 minutes de tems; une minute vaudra 4 secondes; en général, il suffit de prendre le quadruple des minutes de degrés, pour en faire des secondes de tems du premier mobile, & le quadruple des degrés, pour en faire des minutes de tems sur l'*équateur*.

De même, pour convertir le tems de l'*équateur* ou du premier mobile en degrés, on prendra d'abord 15 degrés pour chaque heure, on prendra le quart des minutes de tems, on en fera des degrés; le quart des secondes, on en fera des minutes; le quart des tierces de tems, l'on en fera des secondes de degrés.

Ces règles, aisées à retenir & à pratiquer, se peuvent faire sans le secours des tables; cependant on trouvera des tables propres à faire ces conversions de tems en parties de l'*équateur*, & des parties de l'*équateur* en tems, dans la *Connoissance des tems*, &c.

La conversion du tems en parties de l'*équateur*, est différente de la conversion en tems solaire moyen, dans laquelle on prend 360° 59′ 8″ pour vingt-quatre heures, ou 15° 2′ 27″ $\frac{8}{10}$ pour chaque heure; c'est le nombre des parties de l'*équateur*, qui passe par le méridien, pendant la durée des heures solaires, marquées par une pendule du moyen mouvement; quand cette pendule a fini ses vingt-quatre heures, il a passé, non-seulement 360^d de l'*équateur*, mais encore les 59′ 8″ que le soleil a parcourues en sens contraire, & qui doivent passer par le méridien pour que le soleil y arrive.

Dans la recherche des longitudes, connoissant la différence des heures entre deux lieux, par le moyen des éclipses de lune ou des satellites de Jupiter, ou des distances observées entre la lune & les étoiles, on connoît tout de suite de combien de degrés les méridiens de ces lieux sont éloignés l'un de l'autre. Par exemple, s'il est une heure 46′ à Constantinople, lorsqu'il est midi à Paris, on voit que le soleil passe au méridien de Paris, une heure & 46′ après le méridien de Constantinople, & que par conséquent, le méridien de Paris est plus occidental de 26 degrés 30′, que celui de Constantinople. *Voyez* LONGITUDE.

Les planètes qui tournent sur leur axe, aussi bien que la terre, ont aussi leur *équateur* & leurs poles. L'*équateur* du soleil se détermine par le moyen de ses taches; il est incliné de $7^d \frac{1}{2}$ sur l'écliptique, & il la coupe à $2^s\ 18^d$ de longitude. *Voyez* SOLEIL, TACHES, ROTATION. (*D. L.*)

EQUATION, s. f. *en Algèbre*, signifie une *expression* de la même quantité présentée sous deux dénominations différentes.

Ainsi, quand on dit $2 \times 3 = 4 + 2$, cela veut dire qu'il y a *équation* entre deux fois trois & quatre plus deux.

On peut définir l'*équation*, un rapport d'égalité entre deux quantités de différentes dénominations, comme quand on dit 60 sous = 3 liv., ou 20 sous = 1 liv. ou $b = d + c$, ou $12 = \frac{a+b}{5}$, &c.

Ainsi, mettre des quantités en *équation*, c'est représenter, par une double expression, des quantités réellement égales & identiques.

Le caractère, ou le signe d'*équation* est = ou ∞; ce dernier est plus fréquent dans les anciens algébristes, & l'autre dans les modernes.

La résolution des problêmes, par le moyen de leurs *équations*, est l'objet de l'Algèbre. *Voyez* ALGÈBRE.

Membres d'une équation : ce sont les deux quantités qui sont séparées par le signe = ou ∞; & *termes d'une équation*, ce sont les différentes quantités ou parties, dont chaque membre de l'*équation* est composé, & qui sont jointes entr'elles par les signes + & —. Ainsi, dans l'*équation* $b + c = d$, $b + c$ est un *membre*, & d l'autre; & b, c, d, sont les termes; & l'*équation* signifie que la seule quantité d est égale aux deux b & c prises ensemble. *Voyez* TERME, MEMBRE.

Racine d'une équation, est la valeur de la quantité inconnue de l'*équation*. Ainsi, dans l'*équation* $a^2 + b^2 = x^2$, la racine est $\sqrt{a^2 + b^2}$. *Voyez* RACINE.

Les *équations*, eu égard à la puissance plus ou moins grande, à laquelle l'inconnue y monte, se divisent en *équations* simples, quarrées, cubiques, *&c.*

Equation simple ou *du premier degré*, est celle dans laquelle l'inconnue ne monte qu'à la première puissance ou au premier degré, comme $x = a + b$.

Equation quarrée ou *du second degré*, est celle où la plus haute puissance de l'inconnue est de deux dimensions, comme $x^2 = a^2 + b^2$ ou $x^2 + a x = b b$. *Voyez* QUARRÉ & DEGRÉ.

Equation cubique ou *du troisième degré*, est celle où la plus haute puissance de l'inconnue est de trois dimensions, comme $x^3 = a^3 - b^3$ ou $x^3 + a x x + b b x = c^3$. *Voyez* CUBIQUE.

Si la quantité inconnue est de quatre dimensions, comme $x^4 = a^4 - b^4$ ou $x^4 + a x^3 + b^3 x = c^4$, l'*équation* est appellée *biquadratique* ou *quarrée quarrée*, ou plus communément du *quatrième degré*;

si l'inconnue a cinq dimensions, l'*équation* est nommée *surde-solide*, ou du *cinquième degré*, &c. *Voyez* PUISSANCE.

On peut considérer les *équations* sous deux points de vue, ou comme les dernières conclusions auxquelles on arrive dans la solution des problèmes, ou comme les moyens par lesquels on parvient à la solution finale. *Voyez* SOLUTION & PROBLÊME.

Les *équations* de la première espèce ne renferment qu'une quantité inconnue mêlée avec d'autres quantités données ou connues; celles de la seconde espèce renferment différentes quantités inconnues qui doivent être comparées & combinées ensemble, jusqu'à ce que l'on arrive à une nouvelle *équation* qui ne renferme plus qu'une inconnue mêlée avec des connues.

Pour trouver la valeur de cette inconnue, on prépare & on transforme l'*équation* de différentes manières, qui servent à l'abaisser au moindre degré, & à la rendre la plus simple qu'il est possible.

La théorie & la pratique des *équations*, c'est-à-dire la solution des questions par les *équations*, a plusieurs branches ou parties. 1.° La dénomination qu'on doit donner aux différentes quantités en les exprimant par les signes ou symboles convenables. 2.° La réduction du problême en *équation*. 3.° La réduction de l'*équation* même au degré le plus bas, & à la forme la plus simple. 4.° On y peut ajouter la solution de l'*équation*, ou la représentation de ses racines par des nombres ou des lignes. Nous allons donner d'abord les règles particulières aux deux premiers articles, c'est-à-dire en général la méthode de mettre en *équation* une question proposée.

Une question ou un problême étant proposé, on suppose que les choses cherchées, ou demandées, sont déjà trouvées, & on les marque ordinairement par les dernières lettres x, y, z, &c. de l'alphabet, marquant en même tems les quantités connues par les premières lettres de l'alphabet, comme b, c, d, &c. *Voyez* QUANTITÉ, CARACTÈRE, *&c.*

Toutes les quantités qui doivent entrer dans la question, étant ainsi nommées, on examine si la question est sujette à restriction, ou non, c'est-à-dire si elle est déterminée ou indéterminée. Voici les règles par lesquelles on peut le savoir.

1.° S'il y a plus de quantités inconnues qu'il n'y a d'*équations* données ou renfermées dans la question, le problême est indéterminé, & peut avoir une infinité de solutions. Quand les *équations* ne sont pas expressément contenues dans le problême, on les trouve par le moyen des théorèmes, sur l'égalité des grandeurs.

2.° Si les *équations* données, ou renfermées dans le problême, sont précisément en même nombre que les quantités inconnues, le problême est déterminé, c'est-à-dire, n'admet qu'un nombre de solutions limité.

3.° S'il y a moins d'inconnues que d'*équations*, le problême est plus que déterminé, & on découvre quelquefois qu'il est impossible par les contradictions qui se trouvent dans les *équations*. *Voyez* DÉTERMINÉ.

Maintenant, pour mettre une question en *équation*, c'est-à-dire pour la réduire en différentes *équations* médiates, par le moyen desquelles on puisse parvenir à une *équation* finale, la principale chose à laquelle on doit faire attention, c'est d'exprimer toutes les conditions de la question par autant d'*équations*. Pour y parvenir, il faut examiner si les propositions, ou mots dans lesquels la question est exprimée, peuvent être rendus par des termes algébriques, comme nous rendons nos idées ordinaires en caractères grecs, latins ou françois, *&c.* Si cela est ainsi, comme il arrive généralement dans toutes les questions que l'on fait sur les nombres ou sur les quantités abstraites, en ce cas, il faut donner des noms aux quantités inconnues & connues, autant que la question le demande, & traduire ainsi, en langage algébrique, le sens de la question. Ces conditions, ainsi traduites, donneront autant d'*équations* que le problême peut en fournir. On a déjà donné au *mot* ARITHMÉTIQUE UNIVERSELLE, un exemple de cette traduction d'une question, en langage algébrique.

Donnons encore un autre exemple. Un marchand augmente tous les ans son bien d'un tiers, en ôtant 100 liv. qu'il dépense par an dans sa famille: au bout de trois ans, il trouve son bien doublé; on demande combien ce marchand avoit de bien au commencement de ces trois ans. Pour résoudre cette question, il faut bien prendre garde aux différentes propositions qu'elle renferme, & qui fourniront les *équations* suivantes.

En langage ordinaire,	*Algébriquement.*
un marchand a un bien dont il	x
dépense la première année 100 liv.	$x - 100$.
Et augmente le reste d'un tiers.	$x - 100 + \frac{x-100}{3}$ ou $\frac{4x-400}{3}$.
La seconde année il dépense 100 liv.	$\frac{4x-400}{3} - 100$ ou $\frac{4x-700}{3}$.
Et augmente le reste d'un tiers.	$\frac{4x-700}{3} + \frac{4x-700}{9}$ ou $\frac{16x-2800}{9}$.
La troisième année il dépense 100 l.	$\frac{16x-2800}{9} - 100$ ou $\frac{16x-3700}{27}$.
Et augmente le reste d'un tiers.	$\frac{16x-3700}{9} + \frac{16x-3700}{27}$ ou $\frac{64x-14800}{27}$.
Et au bout des trois ans, il est deux fois plus riche qu'il n'étoit.	$\frac{64x-14800}{27} = 2x$.

La question se réduit donc à résoudre cette *équation* $\frac{64x - 14800}{27} = 2x$, par le moyen de laquelle on trouvera la valeur de x de la manière suivante.

On multipliera l'*équation* par 27, & on aura $64x - 14800 = 54x$; on ôtera de part & d'autre $54x$, & on aura $10x - 14800 = 0$, ou $10x = 14800$; divisant par 10, il viendra $x = 1480$. Ainsi, ce marchand avoit 1480 livres de bien.

Il résulte de ce que nous venons de dire, que pour résoudre les questions qu'on propose sur les nombres, ou sur les quantités abstraites, il ne faut presque que les traduire du langage ordinaire, en langage algébrique, c'est-à-dire en caractères propres à exprimer nos idées sur les rapports des quantités. Il est vrai qu'il peut arriver quelquefois que le discours dans lequel l'*équation* est proposée, ne puisse être rendu algébriquement; mais en y faisant quelques petits changemens, & ayant principalement égard au sens, plutôt qu'aux mots, la traduction deviendra assez facile; la difficulté qui peut se rencontrer dans cette traduction, vient uniquement de la différence des idiômes, comme dans les traductions ordinaires. Cependant, pour faciliter la solution de ces sortes de problêmes, nous allons en donner un exemple ou deux.

1.° Etant données la somme a de deux nombres, & celle b de leurs quarrés, trouver ces deux nombres?

Supposons que le plus petit de ces nombres soit x, l'autre sera $a - x$, & les quarrés seront xx, & $aa - 2ax + xx$, dont la différence est $aa - 2ax$, qui doit être égale à b; donc $aa - 2ax = b$; donc $aa - b = 2ax$ & $\frac{aa - b}{2a} = x$.

Supposons, par exemple, que la somme des nombres ou la quantité a soit $= 8$, & que la différence des quarrés soit 16, alors $\frac{aa - b}{2a}$ ou $\frac{a}{2} - \frac{b}{2a}$ sera $4 - 1 = 3 = x$, & on aura $a - x = 5$; donc les nombres cherchés sont 3 & 5. *Voyez* DIOPHANTE.

2.° Trouver trois quantités x, y, z, dont on connoisse la somme, étant prises deux à deux. Supposons que la somme de x & de y soit a, que celle de x & de z soit b, & que celle de y & de z soit c, on aura les trois *équations* $x + y = a$, $x + z = b$, $y + z = c$; pour chasser maintenant deux des trois quantités x, y, z, par exemple, z & y, on aura par la première & par la seconde *équation* $y = a - x$ & $z = b - x$; on substituera dans la troisième *équation* ces valeurs au lieu de y & de z, & l'on aura $a - x + b - x = c$, & $x = \frac{a + b - c}{2}$; x étant trouvée, on aura y, z par le moyen des *équations* $y = a - y$ & $z = b - x$.

Par exemple, si la somme de x & de y est 9, celle de x & de z, 10, & celle de y & de z, 13; dans les valeurs de x, y & z, on écrira 9 pour a, 10 pour b, & 13 pour c, & on aura $a + b - c = 6$; par conséquent x ou $\frac{a + b - c}{2} = \frac{6}{2} = 3$; y ou $a - x = 6$, & z ou $b - x = 7$.

3.° Diviser une quantité donnée en un nombre quelconque de parties, telles que les différences des plus grandes sur les plus petites, soient égales à des quantités données. Supposons que a soit une quantité que l'on propose de diviser en quatre parties, telles que la première & la plus petite soit x; que l'excès de la seconde sur la première soit b, celui de la troisième soit c, & celui de la quatrième d: $x + b$ sera la seconde partie, $x + c$ la troisième, $x + d$ la quatrième, & la somme $4x + b + c + d$ de toutes ces parties sera égale à a. Retranchant $b + c + d$ de part & d'autre, on aura $4x = a - b - c - d$ & $x = \frac{a - b - c - d}{4}$.

Imaginons, par exemple, qu'on propose de diviser une ligne de vingt piés en quatre parties, de manière que l'excès de la seconde partie sur la première, soit de 2 piés, celui de la troisième de 3 piés, & celui de la quatrième de 7 piés, on aura x ou $\frac{a - b - c - d}{4} = \frac{20 - 2 - 3 - 7}{4} = \frac{8}{4} = 2$, $x + b = 4$, $x + c = 5$, & $x + d = 9$. On peut se servir de la même méthode pour diviser une quantité donnée en un nombre quelconque de parties, avec des conditions pareilles.

4.° Une personne voulant distribuer trois sous à un certain nombre de pauvres, trouve qu'il lui manque huit sous; ainsi, elle ne leur donne à chacun que deux sous, & elle a trois sous de reste. On demande combien cette personne avoit d'argent, & combien il y avoit de pauvres? Soit x le nombre des pauvres; & comme il s'en faut huit sous qu'ils ne puissent avoir trois sous chacun, l'argent est donc $3x - 8$, dont il faut ôter $2x$, & il doit rester 3; donc $3x - 8 - 2x = 3$, ou $x = 11$.

5.° Le pouvoir ou l'intensité d'un agent étant donnés, déterminer combien il faut d'agens semblables pour produire un effet donné a dans un tems donné b. Supposons que l'agent puisse produire dans le tems d l'effet c, on dira comme le tems d est au tems b, ainsi l'effet c que l'agent peut produire dans le tems d, est à l'effet qu'il peut produire dans le tems b, qui sera par conséquent $\frac{bc}{d}$. Ensuite on dira, comme l'effet $\frac{bc}{d}$ est à l'effet a, ainsi un des agens est à tous les agens; donc le nombre des agens sera $\frac{ad}{bc}$. *Voyez* RÈGLE DE TROIS.

Par exemple, si un clerc ou un secrétaire transcrit quinze feuilles en huit jours de tems, on demande combien il faudra de clercs pour transcrire 405 feuilles en neuf jours? Rép. 24. Car si on substitue 8 pour d, 15 pour c, 405 pour a, & 9 pour b, le nombre $\frac{ad}{bc}$ deviendra $\frac{405 \times 8}{9 \times 15}$, c'est-à-dire $\frac{3240}{135}$ ou 24.

6.° Les puiſſances de différens agens étant données, déterminer le tems x dans lequel ils produiroient un effet donné d, étant jointes enſemble. Suppoſons que les puiſſances des agens A, B, C, ſoient telles que dans les tems e, f, g, ils produiſent les effets a, b, c; ces agens dans le tems x produiront les effets $\frac{ax}{e}$, $\frac{bx}{f}$, $\frac{cx}{g}$: on aura donc $\frac{ax}{e} + \frac{bx}{f} + \frac{cx}{g} = d$, & $x = \frac{d}{\frac{a}{e} + \frac{b}{f} + \frac{c}{g}}$.

Imaginons, par exemple, que trois ouvriers finiſſent un certain ouvrage en différens tems. Par exemple, a une fois en trois ſemaines, b trois fois en huit ſemaines, & c cinq fois en douze ſemaines, on demande combien il leur faudra de tems pour finir le même ouvrage, en y travaillant tous enſemble; les puiſſances des agens ſont telles que dans les tems 3, 8, 12, ils produiſent les effets 1, 3, 5, & on veut ſavoir en combien de tems ils produiroient l'effet 1, étant réunis. Au lieu de a, b, c, d, e, f, g, on écrira 1, 3, 5, 1, 3, 8, 12, & il viendra $x = \frac{1}{\frac{1}{3} + \frac{3}{8} + \frac{5}{12}}$ ou $\frac{8}{9}$ de ſemaine, c'eſt-à-dire, ſix jours cinq heures & $\frac{1}{3}$ d'heure pour le tems qu'ils mettroient à finir l'ouvrage propoſé.

7.° Etant données les peſanteurs ſpécifiques de pluſieurs choſes mêlées enſemble, & la peſanteur ſpécifique de leur mélange, trouver la proportion des ingrédiens dont le mélange eſt compoſé. Suppoſons que e ſoit la gravité ſpécifique du mélange $A + B$, a celle de A, & b celle de B; comme la gravité abſolue ou le poids d'un corps eſt en raiſon compoſée de ſon volume & de ſa peſanteur ſpécifique, aA ſera le poids de a, & bB celui de B, & $aA + bB$ ſera $= eA + eB$; donc $aA - eA = eB - bB$, & $a - e : e - b :: B : A$.

Suppoſons, par exemple, que la peſanteur ſpécifique de l'or ſoit 19, celle de l'argent $10\frac{1}{3}$, & celle d'une couronne compoſée d'or & d'argent 17, on aura $A : B :: e - b : a - e :: 7\frac{1}{3} : 2 :: 20 : 6 :: 10 : 3$; ce ſera le rapport du volume de l'or de la couronne au volume de l'argent: & $190 : 31 :: 19 \times 10 : 10\frac{1}{3} \times 3 :: a \times \overline{e - b} : b \times \overline{a - e}$; ce ſera le rapport du poids de l'or de la couronne au poids de l'argent: enfin $221 : 31$, comme le poids de la couronne eſt au poids de l'argent. *Voyez* ALLIAGE.

Pour réduire en *équations* les problêmes géométriques, on remarquera d'abord que les queſtions géométriques ou celles qui ont pour objet la quantité continue, ſe mettent en *équations* de la même maniere que les queſtions arithmétiques. Ainſi, la premiere regle que nous devons donner ici, eſt de ſuivre, pour ces ſortes de problêmes, les mêmes regles que pour les problêmes numériques.

Suppoſons, par exemple, qu'on demande de couper une ligne droite AB (*Planche d'Algeb. fig. 6.*) en moyenne & extrême raiſon en C; c'eſt-à-dire de trouver un point C, tel que BE quarré de la plus grande partie ſoit égale au rectangle BD fait de la ligne entiere & de ſa plus petite partie.

Suppoſant $AB = a$, & $CB = x$, on aura $AC = a - x$, & $xx = a\ (a - x)$; *équation* du ſecond degré, qui étant réſolue, comme on l'enſeignera plus bas, donnera $x = -\frac{1}{2}a + \sqrt{\frac{5}{4}aa}$.

Mais il eſt rare que les problêmes géométriques ſe réduiſent ſi facilement en *équations*; leur ſolution dépend preſque toujours de différentes poſitions & relations de lignes: de ſorte qu'il faut ſouvent un art particulier & de certaines regles pour traduire ces queſtions en langage algébrique. Il eſt vrai que ces regles ſont fort difficiles à donner; le génie eſt la meilleure & la plus sûre qu'on ait à ſuivre dans ces cas-là.

On peut cependant en donner quelques-unes; mais fort générales, pour aider ceux qui ne ſont pas verſés dans ces opérations: celles que nous allons donner ſont principalement tirées de M. Neuton.

Obſervons donc, 1.° que les problêmes concernant les lignes qui doivent avoir un certain rapport les unes aux autres, peuvent être différemment enviſagés, en ſuppoſant telles ou telles choſes connues & données, & telles ou telles autres inconnues; cependant, quelles que ſoient les quantités que l'on prend pour connues, & celles qu'on prend pour inconnues, les *équations* que l'on aura ſeront les mêmes quant au fond, & ne différeront entr'elles que par les noms qui ſerviront à diſtinguer les grandeurs connues d'avec les inconnues.

Suppoſons, par exemple, qu'on propoſe de comparer les côtés BC, BD, & la baſe CD (*fig. 7. d'Algebre*) d'un triangle iſoſcele inſcrit dans un cercle, avec le diametre de ce même cercle. On peut ſe propoſer la queſtion, ou en regardant le diametre comme donné, avec les côtés, & cherchant enſuite la baſe, ou en cherchant le diametre par le moyen de la baſe & des côtés ſuppoſés donnés, ou enfin en cherchant les côtés, par le moyen de la baſe & du diametre. Or, ſous quelque forme qu'on ſe propoſe ce problême, les *équations*, qui ſerviront à le réſoudre, auront toujours la même forme.

Ainſi, ſuppoſons que l'on cherche le diametre, on nommera AB, x, CD, a, & BC ou BD, b; enſuite, tirant AC, on remarquera que les triangles ABC & CBE ſont ſemblables, & qu'ainſi $AB : BC :: BC : BE$, ou $x : b :: b : BE$; donc $BE = \frac{bb}{x}$ & $CE = \frac{1}{2}CD$ ou $\frac{1}{2}a$; & comme l'angle CEB eſt un angle droit, $CE^2 + BE^2 = BC^2$, c'eſt-à-dire, $\frac{aa}{4} + \frac{b^4}{xx} = bb$. Cette *équation* étant réſolue, donnera le diametre cherché x. Si c'eſt la baſe qu'on demande, on fera $AB = c$, $CD = x$, & BC ou $BD = b$; enſuite on tirera AC, & les triangles semblables ABC & CBE donneront $AB : BC :: BC : BE$, ou $c : b :: b : BE$.

Donc $BE = \frac{bb}{a}$ & $CE = \frac{1}{2} CD$ ou $\frac{1}{2}x$; & comme l'angle CBE est droit, on aura $CE^2 + BE^2 = CB^2$; donc $\frac{1}{4}xx + \frac{b^4}{cc} = bb$. D'où l'on tirera la valeur de la base cherchée x.

Enfin, si les côtés BC & BD sont supposés inconnus, on fera $AB = c$, $CO = a$, & BC ou $BD = x$, on tirera ensuite AC; & à cause des triangles semblables ABC & CBE, on aura $AB : BC :: BC : BE$ ou $c : x :: x : BE$; donc $BE = \frac{xx}{c}$, $CE = \frac{1}{2} CD$ ou $\frac{1}{2}a$, & l'angle droit CBE donnera $CE^2 + BE^2 = BC^2$, c'est-à-dire $\frac{1}{4}aa + \frac{x^4}{cc} = xx$; *équation* qui, étant résolue, donnera la valeur x d'un des côtés cherchés.

On voit, par-là, que le calcul, pour arriver à l'*équation*, & l'*équation* elle-même, sont semblables dans tous les cas, excepté que les mêmes lignes y sont désignées par des lettres différentes, selon les données & les inconnues que l'on suppose. Il est vrai que la différence des données, fait que la résolution des *équations* est différente; mais elle ne produit point de changement dans l'*équation* même. Ainsi, on n'est point absolument obligé de prendre telle ou telle quantité pour inconnue; mais on est le maître de choisir pour données & pour inconnues, les quantités qu'on croit les plus propres à faciliter la solution de la question.

3.° Un problême étant donc proposé, il faut commencer par comparer entr'elles les quantités qu'il renferme, & sans faire aucune distinction entre les connues & les inconnues, examiner le rapport qu'elles ont ensemble, afin de connoître quelles sont celles d'entr'elles qui peuvent faire trouver plus facilement les autres. Dans cet examen, il n'est pas nécessaire de s'assurer par un calcul algébrique exprès, que telles ou telles quantités peuvent être déduites de telles ou telles autres; il suffit de remarquer, en général, qu'on peut les en tirer par le moyen de quelque connexion directe qui est entr'elles.

Par exemple, si on donne un cercle dont le diamètre soit AD (*fig. 8. algébr.*) & dans lequel soient inscrites trois lignes AB, BC, CD, desquelles on demande BC, les autres étant connues, il est évident, au premier coup d'œil, que le diamètre AD détermine le demi-cercle, & que les lignes AB & CD, qu'on suppose inscrites dans le cercle, déterminent aussi les points B & C, & que par conséquent la ligne cherchée BC, a une connexion directe avec les lignes données. Voilà de quoi il suffit de s'assurer d'abord, sans examiner par quel calcul analytique la valeur de la ligne BC peut être réellement déduite de la valeur des trois lignes données.

4.° Après avoir examiné les différentes manières dont on peut composer & décomposer les termes de la question, il faut se servir de quelque méthode synthétique, en prenant pour données certaines lignes, par le moyen desquelles on puisse arriver à la connoissance des autres, de manière que le retour de celles-ci aux premières soit plus difficile; car quoiqu'on puisse suivre, dans le calcul, différentes routes, cependant, il faut le commencer par bien choisir ses données; & une question est souvent plus facile à résoudre, en choisissant des données qui rendent les inconnues plus faciles à trouver, qu'en considérant le problême sous la forme actuelle sous laquelle il est proposé.

Ainsi, dans l'exemple que nous venons de donner, si on propose de trouver AD, les trois autres lignes étant connues, je vois d'abord que ce problême est difficile à résoudre synthétiquement; mais que cependant s'il étoit ainsi résolu, je pourrois facilement appercevoir la connexion directe qui est entre cette ligne & les autres. Je prends donc AD pour donnée, & je commence à faire mon calcul comme si elle étoit en effet connue, & que quelqu'une des autres quantités AB, BC ou CD, fût inconnue; combinant ensuite les quantités données avec les autres, j'aurai toujours une *équation* en comparant entr'elles deux valeurs de la même quantité : soit que l'une de ces valeurs soit une lettre par laquelle cette quantité aura été marquée, en commençant le calcul, & l'autre, une expression de cette quantité, qu'on aura trouvée par le calcul même; soit que les deux valeurs aient été trouvées chacune par deux différens calculs.

5.° Ayant ainsi comparé en général les termes de la question entr'eux, il faut encore de l'art & de l'adresse pour trouver parmi les connexions ou relations particulières des lignes, celles qui sont les plus propres pour le calcul; car il arrive souvent que tel rapport qui paroît facile à exprimer algébriquement, quand on l'envisage au premier coup-d'œil, ne peut être trouvé que par un long circuit; de manière qu'on est quelquefois obligé de recommencer une nouvelle figure, & de faire son calcul pas-à-pas, comme on pourra s'en assurer en cherchant BC par le moyen de AD, AB & CD. Car on ne peut y parvenir que par des propositions dont l'énoncé soit tel, qu'elles puissent être rendues en langage algébrique, & dont quelques-unes peuvent se tirer d'Euclide. *Ax. 19. proposit. 4. L. VI. & proposit. 47. L. I. élément.*

Pour parvenir plus aisément à connoître les rapports des lignes qui entrent dans une figure, on peut employer différens moyens : en premier lieu, l'addition & la soustraction des lignes; car par les valeurs des parties, on peut trouver celles du tout, ou par la valeur du tout, & par celle d'une des parties, on peut connoître la valeur de l'autre partie : en second lieu, par la proportionnalité des lignes; car, comme nous l'avons déjà supposé dans quelques exemples ci-dessus, le rectangle des termes moyens d'une proportion, divisé par un des extrêmes, donne l'autre, ou ce qui est la même chose, si les valeurs de quatre quantités sont en proportion, le produit des extrêmes est égal au produit des moyens. *Voyez* PROPORTION. La meilleure manière de trouver la proportionnalité des lignes, est de se servir des triangles semblables; & comme la similitude des triangles se connoît par l'égalité de leurs angles, l'analyste doit principalement se rendre ce point familier. Pour cela, il doit posséder les propositions 5, 13, 15, 29, 32, du premier livre d'Euclide; les propositions 4, 5, 6, 7, 8, du livre VI, & les 20, 21, 22, 27 & 31 du livre III. On peut y ajouter la troisième proposition du livre VI, ou les propositions 35 & 36 du livre III. Troisièmement, on fait aussi beaucoup d'usage de l'addition & de la soustraction des quarrés, sur-tout lorsqu'il se trouve des triangles rectangles dans la figure. On ajoute ensemble les quarrés des deux petits côtés, pour avoir le quarré du grand, ou du quarré du plus grand côté, on ôte le quarré d'un des côtés, pour avoir le quarré de l'autre. C'est sur ce petit nombre de principes qu'est établi tout l'art analytique, au moins pour ce qui regarde la géométrie rectiligne, en y ajoutant seulement la proposition première du VIe livre d'Euclide, lorsque la question proposée regarde des surfaces, & aussi quelques propositions des XIe & XIIe livres. En effet, toutes les difficultés des problêmes de la géométrie rectiligne peuvent se réduire à la seule composition des lignes, & à la similitude des triangles; de sorte qu'il ne se rencontre jamais d'occasion de faire usage d'autres théorêmes, parce que tous les autres théorêmes, dont on pourroit se servir, peuvent se réduire à ces deux-là, & que par conséquent, ces derniers peuvent leur être substitués dans quelque solution que ce puisse être.

6.° Pour accommoder ces théorêmes à la construction des problêmes, il est souvent nécessaire d'augmenter la figure, soit en prolongeant certaines lignes jusqu'à ce qu'elles en coupent d'autres, ou qu'elles deviennent d'une certaine longueur; soit en tirant des parallèles, ou des perpendiculaires de quelque point remarquable; soit en joignant quelques points remarquables; soit enfin comme cela arrive quelquefois, en construisant une nouvelle figure suivant d'autres méthodes, selon que le demandent les problêmes & les théorêmes dont on veut faire usage pour la résoudre.

Par exemple, si deux lignes qui ne se rencontrent point l'une & l'autre, font des angles donnés avec une certaine autre ligne, on peut les prolonger jusqu'à ce quelles se rencontrent; de manière qu'on aura un triangle dont on connoîtra tous les angles, & par conséquent, le rapport des côtés; ou bien si un angle est donné, ou doit être égal à un angle quelconque, souvent on peut compléter la figure, & en former un triangle donné d'espèce, ou semblable à quelqu'autre : ce qui se fait, soit en prolongeant quelques-unes des lignes de la figure, soit en tirant une ligne qui soustende un angle. Si un triangle proposé est obliquangle, souvent on le résoud en deux triangles rectangles, en abaissant une perpendiculaire d'un des angles sur le côté opposé. Si la question regarde des figures de plusieurs côtés, on les résoud en triangles, par des lignes diagonales, & ainsi des autres : mais il faut toujours avoir attention que par ces divisions, la figure se trouve partagée, ou en triangles donnés, ou en triangles semblables, ou en triangles rectangles.

Ainsi, dans l'exemple proposé, on tirera la diagonale *B D*, afin que le trapèse *A B C D*, puisse se résoudre en deux triangles, l'un rectangle *A B D*, & l'autre obliquangle *B C D* (*fig. 8.*). On résoudra ensuite le triangle obliquangle en deux triangles rectangles, en abaissant une perpendiculaire de quelqu'un des angles *B*, *C*, *D*, sur le côté opposé; par exemple, du point *B* sur la ligne *C D*, qu'on prolongera en *E*, afin que *B E* puisse la rencontrer perpendiculairement. Or, comme les angles *B A D* & *B C D*, pris ensemble, font deux droits (par la proposition 22 du III. Eucl.), aussi-bien que *B C E* & *B C D*, il s'ensuit que les angles *B A D* & *B C E* sont égaux; par conséquent, les triangles *B C E* & *D A B* sont semblables. Ainsi, prenant *A D*, *A B* & *B C*, pour données, & cherchant *C D*, on peut faire le calcul de la manière suivante. *A D* & *A B* donnent *B D* à cause du triangle rectangle *A B D*; *A D*, *A B*, *B D*, *B C*, à cause des triangles semblables *A B D* & *C E B*, donnent *B E* & *C E*, *B D* & *B E* donnent *E D*, à cause du triangle rectangle *B E D*, & *E D* — *E C* donne *C D*. Ainsi, on aura une *équation* entre la valeur de la ligne *C D* trouvée par ce calcul, & la valeur de cette même ligne exprimée par une lettre algébrique. On peut aussi (& souvent il vaut mieux suivre cette méthode, que de pousser trop loin un seul & même calcul); on peut, dis-je, commencer le calcul, par différens principes, ou au moins le continuer par diverses méthodes, pour arriver à une seule & même conclusion, afin de pouvoir trouver deux valeurs différemment exprimées de la même quantité, lesquelles valeurs puissent être ensuite faites égales l'une à l'autre. Ainsi, *A D*, *A B* & *B C*, donnent *B D*, *B E* & *C E*, comme ci-devant; ensuite *C D* + *C E* donne *E D*; enfin *D B* & *E D* donnent *B E*, à cause du triangle rectangle *B E D*.

7.° Ayant choisi & déterminé la méthode suivant laquelle on doit procéder, & fait sa figure, on donne d'abord des noms aux quantités qui doivent entrer dans le calcul, c'est-à-dire desquelles on doit tirer la valeur des autres, jusqu'à ce qu'on arrive à une *équation*; pour cela, on aura soin de choisir celles qui renferment toutes les conditions du problême, & qui paroissent, autant qu'on peut en juger, les plus propres à rendre la conclusion simple & facile, de manière cependant qu'elle ne soit pas plus simple que le sujet & le dessein du calculateur ne le demandent. Ainsi, il ne faut point donner

donner de nouveaux noms aux quantités dont on peut exprimer la valeur par celle des quantités à qui on a déjà donné des noms. Par exemple, ſi une ligne donnée eſt diviſée en parties, ou ſi on a un triangle rectangle, on doit laiſſer ſans nom quelqu'une des parties de la ligne, ou toute la ligne entière, ou un des côtés du triangle, parce que les valeurs de ces quantités peuvent ſe déduire de la valeur des données, comme dans l'exemple déjà propoſé. Si on a fait $AD = x$ & $BA = a$, on ne marquera BD par aucune lettre, parce qu'elle eſt le troiſième côté du triangle rectangle ABD, & que par conſéquent, ſa valeur eſt $\sqrt{xx - aa}$. Si on nomme enſuite BC, b, on verra que les triangles ſemblables DAB & BCE donnent $AD : AB :: BC : CE$. Or, de ces quatre lignes, les trois premières ſont déjà données; ainſi, on ne donnera point de nom à la quatrième CE, dont la valeur ſe trouvera être $\frac{ab}{x}$ par le moyen de la proportion précédente. Si donc on nomme DC, c, on ne donnera point de nom à DE, parce que ſes parties DC & CE, étant l'une c, l'autre $\frac{ab}{x}$, leur ſomme $c + \frac{ab}{x}$ eſt la valeur de DE.

8.° Par les différentes opérations qu'on fait pour exprimer les lignes auxquelles on n'a point donné de noms, le problême eſt déjà presque réduit à une *équation*; car, après qu'on a exprimé ainſi les différentes lignes qui doivent entrer dans la ſolution de la queſtion propoſée, il ne faut plus que faire attention aux conditions du problême, pour découvrir une *équation*.

Par exemple, dans le problême dont nous avons déjà parlé, il ne faut que trouver, par le moyen des triangles rectangles BCE & BDE, deux valeurs de BE; en effet, on aura $BC^2 - CE^2$ ou $bb - \frac{aabb}{xx} = BE^2$, & $BD^2 - DE^2$ ou $xx - aa - cc - \frac{2abc}{x} - \frac{aabb}{xx} = BE^2$. Egalant enſemble ces deux valeurs de BE^2; &, ôtant $\frac{aabb}{xx}$, on aura l'*équation* $bb = xx - aa - cc - \frac{2abc}{x}$, qui, délivrée des fractions, donne $x^3 = aax + bbx + 2abc + ccx$.

9.° A l'égard de la géométrie des lignes courbes, on a coutume de déterminer ces lignes, ou en les ſuppoſant décrites par le mouvement local de quelques lignes droites, ou en les repréſentant par des *équations*, qui expriment indéfiniment le rapport de certaines lignes droites, diſpoſées entr'elles dans un certain ordre & ſuivant une certaine loi, & terminées à la courbe par une de leurs extrémités. *Voyez* COURBE & LIEU.

Les anciens déterminoient les courbes, ou par le mouvement continu de quelque point, ou par les ſections des ſolides, mais moins commodément qu'on ne les détermine par la ſeconde des deux manières, dont nous venons de parler. Les calculs qui regardent les courbes, lorſqu'on les décrit de la première manière, ſe font par une méthode ſemblable à celle que nous avons donnée juſqu'ici. Suppoſons, par exemple, que AKC (*fig.* 9.) ſoit une ligne courbe décrite par le point vertical K d'un angle droit AKZ, dont un côté AK puiſſe ſe mouvoir librement, en paſſant toujours par le point A donné de poſition, tandis que l'autre côté KZ d'une longueur déterminée coule ou gliſſe le long d'une ligne droite AD, auſſi donnée de poſition. On demande de trouver le point C, dans lequel une ligne droite CD auſſi donnée de poſition doit couper cette courbe: pour cela, on tirera les lignes AC, CF, qui peuvent repréſenter l'angle droit dans la poſition qu'on cherche; on menera la perpendiculaire CB ſur AF; on s'appliquera enſuite à trouver le rapport des lignes, ſans examiner celles qui ſont données ou celles qui ne le ſont pas, & on verra que toutes dépendent de CF, & de l'une des quatre lignes BC, BF, AF & AC; ſuppoſons donc $CF = a$, & $CB = x$, on aura d'abord $BF = \sqrt{aa - xx}$, & $AB = \frac{xx}{\sqrt{aa-xx}}$; car, à cauſe des triangles rectangles ACF, CBF, on a $BF : BC :: BC : AB$. De plus, comme CD eſt donnée de poſition, AD eſt donnée; ainſi, on appellera AD, b; on connoît auſſi la raiſon de BC à BD, qu'on ſuppoſera comme d à e, & on aura $BD = \frac{ex}{d}$ & $AB = b - \frac{ex}{d}$; donc $b - \frac{ex}{d} = \frac{xx}{\sqrt{aa - xx}}$. Si on quarre les deux membres de cette *équation*, & qu'on les multiplie enſuite par $aa - xx$, on réduira l'*équation* à cette forme $x^4 = \frac{2bddex^3 + aaee - bbddxx - 2aabdex + aabbdd}{dd + ee}$; & par le moyen des quantités données a, b, d, e, on tirera de cette *équation* la valeur de x. Cette valeur de x ou de BC étant connue, on tirera à la diſtance BC, une ligne droite parallèle à AD, qui coupera la courbe, & CD au point cherché C.

Si, au lieu de deſcriptions géométriques, on ſe ſert d'*équations* pour déſigner les lignes courbes, les calculs deviendront encore plus ſimples & plus faciles, puiſqu'on aura moins d'*équations* à trouver; ainſi, ſuppoſons que l'on cherche le point d'interſection C de l'ellipſe donnée ACE (*fig.* 10.) avec la ligne droite CD donnée de poſition; pour déſigner l'ellipſe, on prendra une des *équations* qui la déterminent, comme $rx - \frac{rxx}{q} = yy$, dans laquelle x marque une partie indéterminée AB ou Ab de l'axe priſe depuis le ſommet A, & y une perpendiculaire BC, terminée à la courbe, & où r & q ſont données par l'eſpèce donnée de l'ellipſe. Or, puiſque CD eſt donnée de poſition, AD ſera auſſi donnée; on la nommera a, & BD ſera $a - x$; l'angle ABC ſera aussi donné, & par conséquent le rapport de BD à BC, qu'on supposera être celui de 1 à e; & $BC (y)$ sera $ae - ex$, dont le quarré $eeaa - 2eeax + eexx$ doit être égal à $rx - \frac{rxx}{q}$. Cette *équation* étant réduite, donnera $xx = \frac{2aeex + rx - aaee}{ee + \frac{r}{q}}$ ou

$$x = \frac{aee + \frac{1}{2}r \pm e\sqrt{ar + \frac{rr}{4ee} - \frac{arr}{q}}}{ee + \frac{r}{q}};$$

On remarquera que lors même que l'on détermine les courbes par des descriptions géométriques ou par des sections de solides, on peut toujours les désigner par des *équations*, & que par conséquent toutes les difficultés des problèmes qu'on peut proposer sur les courbes, se réduisent au cas où on envisageroit les courbes sous ce dernier point de vue. Ainsi, dans le premier exemple (*fig. 9.*), si AB est appellé x, & BC, y, la troisième proportionnelle BF, sera $\frac{yy}{x}$, dont le quarré joint au quarré de BC est égal à CF^2, c'est-à-dire que $\frac{y^4}{xx} + yy = aa$ ou $y^4 + xxyy = aaxx$. Par cette *équation* on peut déterminer tous les points C de la courbe AKC, en trouvant la longueur de chaque ligne BC qui répond à chaque partie de l'axe AB; & cette *équation* peut être fort utile dans la solution des problèmes qu'on aura à résoudre sur cette courbe.

Quand une courbe n'est point donnée d'espèce, mais qu'on propose de la déterminer, on peut supposer une *équation* à volonté qui exprime sa nature d'une manière générale; on prendra cette *équation* pour la véritable *équation* de la courbe, afin de pouvoir, par ce moyen, arriver à des *équations*, par le moyen desquelles on déterminera la valeur des quantités qu'on a prises pour données.

Jusqu'ici nous n'avons fait que traduire l'article *équation* à-peu-près tel qu'il se trouve dans l'Encyclopédie angloise. Cet article est tiré presque en entier de l'*Arithmétique universelle* de M. Neuton; il est aisé d'y reconnoître en effet la main d'un grand maître, & nous avons cru devoir le donner tel qu'il est par cette raison, l'*Arithmétique universelle* n'ayant point d'ailleurs été traduite jusqu'ici en notre langue. Mais il reste encore sur la théorie des *équations* beaucoup de choses à dire pour rendre cet article complet dans un ouvrage tel que l'Encyclopédie. Nous allons tâcher de satisfaire à cet objet; & quoique la matière ait déjà été fort maniée dans un grand nombre d'ouvrages, nous espérons montrer qu'elle a été traitée d'une manière insuffisante à plusieurs égards, & la présenter d'une manière presque entièrement nouvelle.

Je ne parlerai point ici de la manière de préparer une *équation*, en faisant évanouir les fractions, les radicaux, & toutes les inconnues, excepté une seule, &c. Ces opérations sont détaillées *aux mots* ELIMINATIONS, FRACTIONS, &c.

Je ne parlerai point non plus de l'abaissement des *équations*. *Voyez* ABAISSEMENT & RÉDUCTION.

Je ne parlerai point enfin des *équations* du premier degré, c'est-à-dire, de celles où l'inconnue ne monte qu'à une dimension: leur solution est sans difficulté. *Voyez* TRANSPOSITION. J'entrerai donc en matière par les *équations* d'un degré plus élevé que l'unité; je les suppose abaissées au plus petit degré possible, & délivrés de redicaux & de fractions, enfin, ordonnées suivant les dimensions de l'inconnue x, c'est-à-dire, de manière que le premier terme contienne x élevée au plus haut degré, que le second terme contienne x élevée au plus haut degré suivant, & ainsi de suite jusqu'au dernier terme, qui ne contiendra point x; je suppose enfin que le premier terme n'ait d'autre coëfficient que l'unité (nous enseignerons *au mot* TRANSFORMATION, cette manière de préparer l'*équation*), & que le second membre de l'*équation* soit zéro.

Soit donc $x^m + px^{m-1} + qx^{m-2} \ldots + r = 0$; l'*équation* à résoudre, dans laquelle il faut trouver la valeur de x.

Il est évident, par l'énoncé même de la question, qu'il faut trouver une quantité a, positive ou négative, réelle ou imaginaire, qui étant substituée à la place de x dans $x^m + px^{m-1} +$ &c. tout se détruise. Je suppose qu'on ait trouvé cette quantité a, je dis que la quantité $x^m + px^{m-1} + qx^{m-2} \ldots + r$ (en faisant, si l'on veut, abstraction de son égalité à zéro, & en la regardant comme une quantité algébrique réelle) sera divisible exactement par $x - a$. Car il est évident, 1.° que x ne montant qu'au premier degré dans le diviseur, on pourra par les règles de la division algébrique ordinaire (*voyez* DIVISION), pousser l'opération jusqu'à ce qu'on arrive à un reste que j'appelle R, & dans lequel x ne se trouvera pas. Soit donc Q le quotient, il est évident que si au produit du quotient Q par le diviseur $x - a$, on ajoute le reste, R, on aura une quantité égale & identique au dividende. Or, en faisant dans le dividende $x = a$, tout s'évanouit par l'hypothèse; donc tout doit s'évanouir aussi, en faisant $x = a$ dans la quantité $(x - a)\, Q + R$, & cette quantité doit alors se réduire à zéro; mais en faisant $x = a$, cette quantité est $(a - a)\, Q + R$. Donc, puisque $(a - a)\, Q + R = 0$, on a $R = 0$. Donc la division se fait sans reste. Donc $^{m} + px^{m-1} + qx^{m-2} \ldots +$ r se divise exactement par $x - a$.

Je fais un raisonnement semblable sur le quotient provenu de la division: je suppose que b substitué à la place de x, fasse évanouir tous les termes de ce quotient, je dis qu'il est divisible par

$x-b$; & il eſt évident que ſi b ſubſtitué à la place de x, fait évanouir le quotient Q, il fera évanouir auſſi le dividende : car le dividende eſt $=(x-a)$ Q; donc toute ſuppoſition qui réduira Q à zéro, y réduira auſſi le dividende. Donc $x-b$ diviſe auſſi exactement le dividende.

On trouvera de même, qu'en ſuppoſant une quantité c, qui ſubſtituée à la place de x, faſſe évanouir le quotient de Q diviſé par $x-b$, ce nouveau quotient, & par conſéquent le dividende ſera diviſible par $x-c$.

Ainſi, on aura autant de quantités ſimples $x-a$, $x-b$, $x-c$, qu'il y a d'unités dans m, leſquelles quantités ſimples donneront, par leur multiplication, le diviende ou *équation* propoſée.

On pourra donc, au lieu de l'*équation* donnée, ſuppoſer $(x-a)(x-b)(x-c)=0$: mais il faut bien ſe garder d'en conclure, comme font tous les auteurs d'Algèbre, qu'on aura $x-a=0$, $x-b=0$, $x-c=0$, &c. car, pourra dire un commençant, comment ſe peut-il faire qu'une même quantité x ſoit égale à pluſieurs grandeurs différentes a, b, c? Si vous dites que x, dans ces *équations*, ne déſigne qu'en apperence la même grandeur, & déſigne en effet des grandeurs différentes, en ce cas vous vous rejettez dans une autre difficulté; car ſi cela étoit, dans une *équation* du ſecond degré, par exemple, comme $xx+px+q$, xx ne ſeroit plus un quarré, cependant tous les Algébriſtes le traitent comme tel? Voici la réponſe à cette difficulté, qui, comme je le ſais par expérience, peut embarraſſer bien des commençans. La quantité propoſée eſt le produit de $x-a$ par $x-b$, par $x-c$, &c. Or la quantité propoſée eſt ſuppoſée égale à zéro, & quand une quantité eſt égale à zéro, il faut qu'un de ſes facteurs le ſoit; ainſi, la quantité ou *équation* propoſée eſt le produit de $x-a=0$ par $x-b$ & par $x-c$, &c, ou de $x-b=0$ par $x-a$ & par $x-c$, &c, ou de $x-c=0$ par $x-a$ & par $x-b$, &c. Dans chacun de ces cas on ne ſuppoſe à-la-fois qu'une des *équations* partielles égale à zéro; x eſt la même quantité dans chacun des cas; & elle eſt différente dans les différens cas. Ainſi, $xx\begin{matrix}-ax\\-bx\end{matrix}+ab=0$ eſt $x-a=0$ par $x-b$, ou $x-b=0$ par $x-a$; cette *équation* $xx\begin{matrix}-ax\\-bx\end{matrix}+ab=0$ repréſente ces deux-ci; l'une $aa\begin{matrix}-aa\\-ab\end{matrix}+ab$ (en mettant a pour x), & l'autre $bb\begin{matrix}-ab\\-bb\end{matrix}+ab$ (en mettant b pour x).

Dans l'un des cas, x & ſes puiſſances repréſentent a & ſes puiſſances; dans l'autre, x & ſes puiſſances repréſentent b & ſes puiſſances. Ainſi, une *équation* d'un degré quelconque repréſente réellement autant d'*équations* particulières qu'il y a d'unités dans ſon degré; *équations* dans chacune deſquelles x a une valeur différente. Pourſuivons & approfondiſſons cette matière, qui, je le répète, eſt fort mal développée par-tout.

La démonſtration précédente, dira-t-on, ſuppoſe qu'il y a toujours une quantité a poſſible, qui ſubſtituée à la place de x dans une quantité algébrique, x^m+px^{m-1}, &c. fera évanouir tous les termes. Sans doute; mais cette ſuppoſition eſt légitime. J'ai démontré le premier, *Mém. de l'ac. de Berlin*, 1746, qu'il y avoit toujours en effet une telle quantité, laquelle ſera ou réelle, ou égale à $m+n\sqrt{-1}$, m & n étant réelles, & m pouvant être $=0$. Cette propoſition fondamentale de l'Algèbre & même du calcul intégral, (*Voyez* FRACTION RATIONNELLE & INTÉGRAL) n'avoit été démontrée par perſonne avant moi : j'y renvoye le lecteur, il la trouvera encore plus développée, & miſe à la portée des commençans dans le *traité du calcul intégral* de M. de Bougainville première partie. *Voyez* IMAGINAIRE.

De-là il s'enſuit qu'une *équation* eſt le produit d'autant de quantités ſimples, $x-a$, $x-b$, $x-c$, &c. qu'il y a d'unités dans le degré de l'*équation*; quelques-unes des quantités a, b, c, ou toutes, peuvent marquer des quantités réelles, égales ou inégales, imaginaires ſimples comme $n\sqrt{-1}$, ou mixtes imaginaires comme $m+n\sqrt{-1}$

On remarquera maintenant que le produit de $x-a$ par $x-b$ ne peut être égal à un autre produit $x-e$ par $x-f$; car ſi cela étoit, on auroit $\frac{x-a}{x-f}=\frac{x-e}{x-b}$. Il faudroit donc ou que $x-a$ fût diviſible exactement par $x-f$, ainſi que $x-e$ par $x-b$, ce qui ne ſe peut, ou que $x-f$ & $x-b$ euſſent un diviſeur commun, ainſi que $x-a$ & $x-e$, ce qui ne ſe peut encore. Tout cela eſt évident par ſoi-même.

Donc une quantité quelconque $xx+px+q$, où x monte au ſecond degré, ne peut être le produit que de deux facteurs ſimples $x-a$, $x-b$, & il ne peut y en avoir d'autres que ces deux-là. Donc dans une *équation* du ſecond degré, x ne peut avoir que deux valeurs différentes a, b, & jamais davantage. C'eſt une ſuite des propoſitions précédentes.

De même on ne ſauroit ſuppoſer $x-a$ par $x-b$ par $x-c$, égal à $x-c$ par $x-f$ par $x-g$; car on auroit $\frac{x-a}{(x-f)(x-g)}=\frac{x-e}{(x-b)(x-c)}$. Donc les dénominateurs de ces fractions devroient avoir un diviſeur commun, & par conſéquent auſſi leurs numérateurs $x-a$, $x-e$, ce qui ne ſe peut. Donc dans une *équation* du troiſième degré, & par la même raiſon dans toute *équation*, l'inconnue ne peut avoir qu'autant de valeurs, ſoit réelles, ſoit imaginaires, qu'il y a d'unités dans le degré de l'*équation*. Voilà encore une propoſition qu'aucun auteur n'avoit ſuffiſamment prouvée. On appelle *racines*, les différentes valeurs de l'inconnue. *Voyez* RACINE.

Il pourroit se présenter aux commençans une difficulté sur la démonstration précédente. Soit, diront-ils, $a=4$, $b=17$, $c=7$, $e=8$, & $x=2$, on aura $(x-a) \times (x-b) = -2 \times -15 = -5 \times -6 = (x-7) \times (x-8) = (x-c) \times (x-e)$; on peut donc avoir, continueront-ils, $(x-a)(x-b)=(x-c)(x-b)$. La réponse à cette objection est bien simple; il est vrai qu'il peut y avoir des cas où, en donnant à x une certaine valeur, on ait $(x-a)(x-b)=(x-c)(x-e)$; mais il faudroit, pour renverser la démonstration précédente, que quelque valeur qu'on donnât à x, on eût toujours cette dernière *équation*, x marquant ici une quantité générale & indéterminée : or cela est impossible. En effet, si cela étoit, supposons $x=a$, on auroit donc, à cause de l'égalité supposée, $(a-a)(a-b)=(a-c)(a-e)$, c'est-à-dire $o=(a-c)(a-e)$; ce qui ne se peut, puisque c & e sont différentes de a & de b. De-là on tire une autre démonstration de la proposition dont il s'agit, & qu'on peut appliquer aux degrés plus composés; par exemple, si $(x-a)(x-b)(x-c)$ pouvoit être égal à $(x-e)(x-f)(x-g)$, on auroit $(a-e)(a-f)(a-g)=o$, ce qui ne se peut; & ainsi du reste.

Je passe un grand nombre de propositions qu'on trouvera suffisamment démontrées par-tout, par exemple, celles qui sont indiquées *au mot* COEFFICIENT : c'est principalement à des choses nouvelles, ou du moins présentées d'une manière nouvelle & rigoureuse, que je destine cet article. J'observerai seulement que les propositions connues sur les coëfficiens des *équations*, servent quelquefois à démontrer d'une manière simple & élégante des propositions de Géométrie; M. de l'Hopital, dans le *liv. X de ses sections coniques*, s'en est heureusement servi pour démontrer certaines propriétés des cordes du cercle.

Si une des racines de l'*équation* $x^m + p x^{m-1} \ldots + r = o$ est un nombre entier a, positif ou négatif, ce nombre a sera un des diviseurs du dernier terme r; car on a $a^m + p a^{m-1} + na + r = o$, donc $a^m + p a^{m-1} \ldots\ldots + na = -r$, donc $a^{m-1} + p a^{m-2} \ldots + n = -\frac{r}{a}$. Or le premier membre de cette *équation* est un entier, puisqu'il est composé d'entiers; donc $\frac{r}{a}$ est un entier, donc a est un des diviseurs de r. La démonstration ordinaire de cette proposition me paroît sujette à difficulté; c'est par cette raison que j'en ai substitué une autre.

Si toutes les racines d'une *équation* sont réelles, & que tous les termes de l'*équation* aient le signe +, toutes ces racines seront négatives; car, puisque tous les termes ont le signe +, il est évident qu'il ne peut y avoir de quantité positive, qui étant substituée à la place de x, rende l'*équation* égale à zéro.

Dans une *equation*, les racines imaginaires vont toujours deux à deux; en sorte que si $a + b\sqrt{-1}$ est racine d'une *équation*, $a - b\sqrt{-1}$ en sera une autre. J'ai démontré le premier cette proposition dans les *mém. de l'acad. de Berlin 1746. Voyez aussi* l'ouvrage de M. de Bougainville déjà cité, & l'*art.* IMAGINAIRE.

Donc, puisque les racines imaginaires sont toujours en nombre pair, il s'ensuit que dans les *équations* d'un degré impair, il y a du moins une racine réelle; ce qu'on peut encore démontrer en cette sorte. Soit, par exemple, $x^3 + px^2 + qx + r = o$, en donnant à x toutes les valeurs positives possibles depuis o jusqu'à l'infini, on a toujours un résultat réel, & ce résultat devient infini & positif quand $x = \infty$, c'est-à-dire ∞^3; de même en donnant à x toutes les valeurs négatives possibles depuis o jusqu'à l'infini, on aura toujours un résultat réel, & le dernier résultat est infini & négatif quand $x = -\infty$, c'est-à-dire $-\infty^3$; donc, puisqu'on a une suite de résultats tous réels & sans interruption, dont les deux extrêmes sont de différens signes, il s'ensuit qu'il y a un de ces résultats égal à zéro. Donc il y a une valeur réelle de x qui rend $x^3 + px^2 + qx + r = o$. Donc x a, au moins, une valeur réelle dans cette *équation*. Il en est de même des autres cas.

Dans une *équation* délivrée de fractions, & dont le premier terme n'a d'autre coëfficient que l'unité, la racine ne sauroit être une fraction $\frac{a}{b}$ dont le dénominateur & le numérateur soient des nombres entiers & rationnels. Voilà encore une proposition bien mal prouvée dans presque tous les auteurs. En voici une meilleure démonstration. Soit $x^3 + p x^2 + q x + r = o$; & supposons que $\frac{a}{b}$ soit racine de l'*équation*, on aura donc $\frac{a^3}{b^3} + \frac{p a^2}{b^2} + \frac{q a}{b} + r = o$, & $a^3 + p a^2 b + q a b^2 + r b^3 = o$. Donc, suivant la théorie des *équations* donnée ci-dessus, le nombre entier a doit être diviseur du dernier terme $r b^3$; or, comme a & b n'ont aucun diviseur commun, car la fraction $\frac{a}{b}$ est supposée, comme de raison, réduite à ses moindres termes (*Voyez* DIVISEUR, FRACTION), il s'ensuit que a & b^3 n'ont aucun diviseur commun; donc a doit être diviseur de r; donc $r = n a$, n étant un nombre entier. Donc on aura $a^3 + p a^2 b + q a b^2 + n a b^3 = o$ donc $a^2 + p a b + q b^2 + n b^3 = o$ Donc, par la même raison que ci-dessus, a doit être un diviseur du dernier terme $q b^2 + n b^3$, & par conséquent de $q + b n$; donc $q + b n = m a$; donc $a^2 + p a b + b^2 m a = o$; donc $a + p b + b^2 m = o$; donc $\frac{a}{b} = -p - m b$. Donc $\frac{a}{b}$ n'étoit point une fraction, ce qui est contre l'hypothèse. On démontrera de la même maniere, dans tous les autres cas, la proposition dont il s'agit. Donc, *&c.*

Il est évident, par la nature de cette démonstration, qu'elle ne s'étend qu'aux fractions rationnelles. Une *équation* sans fractions & sans radicaux, peut en effet avoir pour racines des fractions irrationnelles; par exemple, $x^2 - x - 1 = 0$, & une infinité d'autres.

Voyez *au mot* TRANSFORMATION, ce qui regarde la maniere de transformer une *équation* en une autre.

On trouvera *au mot* RACINE, le fameux théorême de Descartes sur les racines des *équations*, démontré par M. l'abbé de Gua dans les *mémoires de l'academie de 1741*, auxquels le lecteur peut avoir recours. Nous nous bornerons ici à quelques réflexions générales sur les racines des *équations.*

Les racines d'une *équation* sont les différentes valeurs de l'inconnue; il semble donc qu'un problême doive avoir autant de solutions qu'une *équation* a de racines; & cela est vrai en effet dans un certain sens, mais ceci a pourtant besoin d'une plus ample explication.

1.° Si on proposoit de trouver un nombre x, tel que le quarré de ce nombre plus 15, fût égal à 8 fois le nombre cherché, c'est-à-dire tel que $xx - 8x + 15$ fût $= 0$, on trouveroit que cette *équation* auroit deux racines réelles & positives $x = 3$, $x = 5$; & en effet, le quarré de 3 qui est 9, augmenté de 15, donne 24 égal à 8 fois 3, & le quarré 25 augmenté de 15, donne 40 égal à 8 fois 5. Ainsi, les deux racines de l'*équation* satisfont en ce cas au problême, sans rien changer à son énoncé. Il y a donc des cas où toutes les racines d'une *équation* résolvent chacune le problême dans le sens le plus direct & le plus immédiat que son énoncé présente.

2.° Si on proposoit de trouver un nombre x plus petit que 1, & tel que le quarré de $1 - x$ fût égal à $\frac{1}{4}$, on auroit $(1 - x)^2 = \frac{1}{4}$, & $1 - x = \pm \frac{1}{2}$; donc $x = \frac{1}{2}$ & $x = \frac{3}{2}$. Voilà deux racines réelles & positives; cependant il n'y a proprement que la racine $\frac{1}{2}$ qui satisfasse au problême, car la racine $\frac{3}{2}$ donne $1 - x = -\frac{1}{2}$, quantité négative. Or l'on suppose dans l'énoncé que x est plus petit que 1; pourquoi donc trouve-t-on une autre racine réelle & positive? le voici. Si on eût proposé ce problême : *trouver un nombre* x *plus grand que* 1, *& tel que* $(x -)^2$, *soit égal à* $\frac{1}{4}$, on auroit eu précisément la même *équation* que celle qui est donnée par la solution du problême précédent; & en ce cas $x = \frac{3}{2}$ auroit été la vraie valeur de l'inconnue, ainsi, l'*équation* $1 - 2x + xx = \frac{1}{4}$ représente réellement ces deux-ci, $(1 - x)^2 = \frac{1}{4}$ & $(x - 1)^2 = \frac{1}{4}$, qui sont la traduction algébrique de deux questions, très-différentes dans leur énoncé. La premiere de ces questions a pour réponse $x = \frac{1}{2}$ la seconde $x = \frac{3}{2}$. Donc, quoique les racines d'une *équation* soient toutes deux réelles & positives, il ne s'ensuit pas toujours qu'elles résolvent toutes exactement & rigoureusement la question; mais elles la résolvent, en la présentant en deux sens différens, dont l'Algebre ne peut exprimer la différence; par exemple, dans le cas dont il s'agit, l'énoncé devroit être : trouver une grandeur x telle que la retranchant de l'unité, ou retranchant l'unité d'elle, le quarré du reste soit égal à $\frac{1}{4}$. La traduction algébrique du premier énoncé est par sa nature, plus générale que ce premier énoncé; c'est donc le second qu'il faut y substituer pour répondre à toute l'étendue de la traduction. Plusieurs algébristes regardent cette généralité comme une richesse de l'Algebre, qui, disent-ils, répond non-seulement à ce qu'on lui demande, mais encore à ce qu'on ne lui demandoit pas, & qu'on ne songeoit pas à lui demander. Pour moi, je ne puis m'empêcher d'avouer que cette richesse prétendue me paroît un inconvénient. Souvent il en résulte qu'une *equation* monte à un degré beaucoup plus haut qu'elle ne monteroit, si elle ne renfermoit que les seules racines propres à la vraie solution de la question, telle qu'elle est proposée. Il est vrai que cet inconvénient seroit beaucoup moindre, & seroit même, en un sens, une véritable richesse, si on avoit une méthode générale pour résoudre les *équations* de tous les degrés; il ne s'agiroit plus que de démêler parmi les racines, celles dont on auroit vraiment besoin : mais malheureusement on se trouve arrêté dès le quatrieme degré. Il seroit donc à souhaiter, puisqu'on ne peut résoudre toute *équation*, qu'on pût au moins l'abaisser au *degré de la question*, c'est-à-dire à n'avoir qu'autant d'unités dans l'exposant de son degré, que la question a de solutions vraies & directes; mais la nature de l'Algebre ne paroît pas le permettre.

3.° Si on proposoit de trouver un nombre x, tel que *retranchant* l'unité de ce nombre, le quarré du *reste* fût égal à quatre, on trouveroit $(x - 1)^2 = 4$, $x = 3$ & $x = -1$. La premiere racine $x = 3$, qui est réelle & positive, résout la question; à l'égard de $x = -1$, elle ne résout point la question proposée, elle résout celle-ci : trouver un nombre, auquel *ajoutant* l'unité, le quarré de la *somme* soit égal à quatre. On voit que dans cet énoncé, *ajouter* se trouve au lieu de *retrancher*, & *somme* au lieu de *reste*. En effet $(x + 1)^2 = 4$ donne $x = 1$ & $x = -3$, qui sont précisément les racines de l'*équation* précédente prises avec des signes contraires. D'où l'on voit que les racines négatives satisfont à la question, non telle qu'elle est proposée, mais avec de légers changemens qui consistent à ajouter ce qu'on devoit retrancher, ou à retrancher ce qu'on devoit ajouter. Le signe — qui précede ces racines, indique une fausse supposition qui a été faite dans l'énoncé, d'*addition* au lieu de *ſouſtraction*, &c. & ce ſigne — redreſſe cette fauſſe ſuppoſition. En veut-on un exemple plus ſimple ? qu'on propoſe de trouver un nombre x, qui étant *ajouté* à 20, la ſomme ſoit égale à 10, on aura $20 + x = 10$ & $x = -10$, ce qui ſignifie qu'il falloit énoncer ainſi la queſtion : *trouver* un nombre qui étant *retranché* de 20, le *reſte* ſoit égal à 10, & ce nombre eſt 10.

4.° Si on propoſoit cette queſtion, trouver un nombre x, tel que, ajoutant l'unité à ce nombre, le quarré du tout ſoit égal à $\frac{1}{4}$, on auroit $(x+1)^2 = \frac{1}{4}$, $x = -\frac{1}{2}$, $x = -\frac{3}{2}$: voilà deux racines négatives, ce qui ſignifie qu'il falloit changer ainſi la queſtion ; trouver un nombre tel, que retranchant l'unité de ce nombre, s'il eſt plus grand, ou le retranchant de l'unité, s'il eſt plus petit, le quarré du reſte ſoit égal à $\frac{1}{4}$. C'eſt préciſément le cas du n.° 1 précédent, dont les racines ſont les mêmes que de ce cas-ci, avec des ſignes contraires.

5.° Tout nous prouve donc que les racines négatives ne ſont deſtinées qu'à indiquer de fauſſes ſuppoſitions faites dans l'énoncé, & que le calcul redreſſe. C'eſt pour cela que les racines négatives ont été appellées *fauſſes* par pluſieurs auteurs, & les racines poſitives, *vraies*, parce que les premières ne ſatisfont, pour ainſi dire, qu'à un faux énoncé de la queſtion. Au reſte, je dois encore remarquer ici que quand toutes les racines ſont négatives, comme dans le cas précédent, l'inconvénient eſt léger ; ces racines négatives indiquent que la ſolution avoit un énoncé abſolument faux : redreſſez l'énoncé, toutes les racines deviendront poſitives. Mais quand elles ſont en partie poſitives, & en parties négatives, l'inconvénient que cauſe la ſolution algébrique eſt, ce me ſemble, alors plus grand ; elles indiquent que l'énoncé de la queſtion eſt, pour ainſi dire, en partie vrai & en partie faux ; elles mêlent, malgré nous, une queſtion étrangère avec la queſtion propoſée, ſans qu'il ſoit poſſible de l'en ſéparer, en rectifiant même l'énoncé ; car qu'on change dans l'énoncé les mots *ajouter* & *ſomme*, en *ôter* & *reſte*, la racine négative devient à la vérité poſitive ; mais la poſitive devient négative, & on ſe trouve toujours dans le même embarras, ſans pouvoir réduire la queſtion à un énoncé qui ne donne que des racines réelles poſitives. Il en eſt de même dans le cas du n.° 1 précédent, où, quoique les racines ſoient toutes réelles & poſitives, cependant elles ne réſolvent pas toutes la queſtion ; néanmoins il y a encore cette différence entre ce cas & celui du n.° 3, que dans celui-ci, pour changer les racines négatives en poſitives, il ne faut changer qu'en partie les ſignes de $x+1$, c'eſt-à-dire, écrire $x-1$, ou $1-x$; au lieu que dans le cas du n.° 1, il faut changer tout à-la-fois les deux ſignes de $1-x$, & écrire $x-1$ dans l'énoncé, pour employer la racine poſitive inutile à la queſtion.

6.° Les racines négatives, je le répète, ſont un inconvénient, ſur-tout lorſqu'elles ſont mêlées avec les poſitives ; mais il y a bien de l'apparence qu'on ne parviendra jamais à lever cet inconvénient ; peut-être pourroit-on le diminuer, ſi on avoit une bonne méthode de réſoudre les *équations*. C'eſt ce que nous tâcherons plus bas de faire ſentir, ou plutôt entrevoir, en parlant des *équations* du ſecond degré. Mais ce qui prouve que les racines négatives ne ſont pas tout-à-fait inutiles à la ſolution d'un problême, c'eſt l'application de l'Algèbre à la Géométrie. Les ordonnées négatives d'une courbe ſont auſſi réelles que les poſitives, & appartiennent auſſi eſſentiellement à la courbe ; nous l'avons prouvé au *mot* COURBE d'une manière auſſi rigoureuſe que nouvelle, en faiſant voir que les ordonnées négatives deviennent poſitives, en tranſpoſant ſeulement l'axe. De même en transformant une *équation* algébrique, on peut rendre toutes les racines réelles poſitives ; car ſoit b la plus grande des racines négatives, & ſoit fait $x = z - A$, A étant une quantité plus grande que b ou égale à b ; alors les facteurs, au lieu d'être, par exemple, $x-a$, $x+b$, ſeront $z-A-a$, $z-A+b$, toutes deux poſitives. *Voyez* encore ſur cet article ce que nous dirons plus bas, en parlant des *équations* appliquées à la Géométrie.

7.° Si on propoſoit de trouver un nombre x, tel que $(x+1)^2 + 4$ fût $= 0$, on auroit $x = -1 + \sqrt{-4}$, & $x = -1 - \sqrt{-4}$; valeurs imaginaires qui indiquent que l'énoncé de la queſtion eſt abſurde, & qu'il n'eſt pas poſſible de la réſoudre. Mais, dira-t-on, pourquoi deux racines imaginaires ? une ſeule ſuffiroit pour avertir de l'abſurdité. Je réponds que les deux imaginaires avertiſſent que la queſtion eſt abſurde non-ſeulement dans ſon énoncé, mais même dans toute autre qu'on lui ſubſtitueroit, c'eſt-à-dire, en mettant $x-1$ ou $1-x$ à la place de $x+1$. En effet $(1-x)^2 + 4 = 0$, ou $(x-1)^2 + 4 = 0$, donne $x = 1 - 4\sqrt{-4}$, & $x = 1 + \sqrt{-4}$; racines imaginaires & de ſigne contraire aux précédentes, parce que l'énoncé de la queſtion, quoique changé, demeure impoſſible.

8.° Ainſi, quand une *équation* n'a que des racines négatives ou fauſſes, cela indique que le problême eſt impoſſible dans le ſens direct, mais non pas dans un autre ſens ; au lieu que quand elle n'a que des racines imaginaires, cela indique que le problême eſt impoſſible dans quelques ſens qu'on le préſente. Quand les racines ſont réelles & incommenſurables, cela indique que le problême n'a point de ſolution numérique exacte, mais qu'on peut trouver un nombre qui approche auſſi près qu'on voudra des conditions propoſées ; donc les racines négatives, imaginaires & incommenſurables, déſignent différentes eſpèces d'impoſſibilité dans la ſolution, mais d'impoſſibilité plus ou moins entière, plus ou moins abſolue.

9.° Mais quand les racines imaginaires ſont mêlées avec des racines réelles, qu'eſt-ce qu'indiquent alors ces racines imaginaires ? Par exemple, u^3 —

$b^3=0$, a pour racine réelle $u-b$, & deux autres racines imaginaires qui sont celles de l'*équation*, $uu+bu+bb=0$, comme on l'a vu au *mot* CAS IRRÉDUCTIBLE. Ces deux racines imaginaires, dira-t-on, paroissent ici bien inutiles. Je réponds que ces deux imaginaires ne sont point de trop; elles indiquent que s'il y avoit une quantité u, telle que $uu+bu+bb$ pût être égal à zéro, le cube de cette quantité u seroit égal à b^3. Voilà, ce me semble, tout ce qui regarde les racines des *équations* suffisamment éclairci; passons à d'autres observations.

Il y a quelques remarques à faire sur la manière dont on résoud ordinairement les *équations* du 2ᵈ degré: soit $xx-px=q$, on en conclut tout de suite $x-\frac{p}{2}=\pm\sqrt{\frac{pp}{4}+q}$; mais, dira-t-on, pourquoi fait-on $x-\frac{p}{2}$ positif égal à la quantité négative $-\sqrt{\frac{pp}{4}+q}$? il est bien vrai que deux quarrés égaux donnent des racines égales; mais ce doit être des racines de même signe: cela est évident; car, de ce que $4=4$, en conclura-t-on que $2=-2$? D'ailleurs $\frac{p}{2}-x$ est aussi-bien que $x-\frac{p}{2}$ la racine de $xx-px+\frac{pp}{4}$; on devroit donc avoir $\mp x\pm\frac{p}{2}=\sqrt{\frac{pp}{4}+q}$. Je réponds, 1.° que cette dernière *équation* donne les quatre suivantes $x-\frac{p}{2}=\sqrt{\frac{pp}{4}+q}$, $x-\frac{p}{2}=-\sqrt{\frac{pp}{4}+q}$, $\frac{p}{2}-x=-\sqrt{\frac{pp}{4}+q}$, $\frac{p}{2}-x=\sqrt{\frac{pp}{4}+q}$: or les deux dernières sont évidemment les mêmes que les deux premières; il suffit donc de prendre le double signe $\pm$ dans un des membres, & non dans les deux à-la-fois. 2.° J'aimerois mieux résoudre l'*équation* en raisonnant de cette sorte: la racine quarrée de $xx-px+\frac{pp}{4}$ est $x-\frac{p}{2}$, si $x>\frac{p}{2}$; & $\frac{p}{2}-x$, si $x<\frac{p}{2}$: dans le premier cas, on a $x-\frac{p}{2}=\sqrt{\frac{pp}{4}+q}$; dans le second, on a $\frac{p}{2}-x=\sqrt{\frac{pp}{4}+q}$: ce sont ces deux cas très-distincts & très-clairement énoncés de cette manière, qu'on énonce tous les deux ensemble implicitement, &, si je l'ose dire, obscurément, en écrivant $x-\frac{p}{2}=\pm\sqrt{\frac{pp}{4}+q}$. Les inventeurs de l'Algèbre ont imaginé cette expression pour abréger; & cette expression commode rend la métaphysique plus obscure. *Voyez*, sur cela, ce qui a été dit au *mot* ÉLÉMENS DES SCIENCES.

Si on avoit $xx+px=q$, alors on trouveroit, en suivant le raisonnement précédent, $x+\frac{p}{2}=\sqrt{\frac{pp}{4}+q}$, ce qui ne donneroit que la racine positive; à l'égard de la racine négative ou fausse, on n'en a que faire, puisqu'elle ne résout pas le problême; cependant on auroit cette racine, si on vouloit, en changeant l'énoncé de la question suivant les règles données ci-dessus; ce qui donneroit $xx-px=q$; & $\frac{p}{2}-x$, ou $x-\frac{p}{2}=\sqrt{\frac{pp}{4}+q}$.

On voit donc que, par cette manière que je propose de résoudre les *équations* du second degré, on sépareroit les racines positives nécessaires d'avec les inutiles, les vraies d'avec les fausses, *&c.* cette méthode s'appliqueroit aux autres degrés, si on avoit une règle générale pour résoudre toute *équation*: mais la règle dont il s'agit est encore à trouver.

J'ai donné au *mot* CAS IRRÉDUCTIBLE une théorie suffisante & neuve presque à tous égards de la résolution des *équations* du troisième degré; j'y renvoie le lecteur. Je n'y ai supposé qu'une proposition; c'est que si le second terme d'une *équation* du troisième degré est nul, & que les trois racines soient réelles, le troisième terme a toujours le signe $-$. La question se réduit à prouver que si $a+b+c=0$, a, b, c, étant de tel signe qu'on voudra, & réelles, (*voy.* COEFFICIENT), on aura $ab+ac+bc$ négative, c'est-à-dire $-aa-ac-cc$ négative, ce qui est évident; donc, si le troisième terme est positif, il y a deux racines imaginaires. Du reste on trouvera dans cet article, ou explicitement, ou implicitement, toute la théorie des *équations* du troisième degré. Passons au quatrième degré.

Soit $x^4+qx^2+rx+s=0$, une *équation* à résoudre, on suppose qu'elle soit le produit de $xx+yx+z=0$, & $xx-yx+u=0$; & on trouve, en multipliant ces deux *équations* l'une par l'autre, & comparant le produit terme à terme avec la proposée, les *équations* suivantes:

$$z=\frac{qy+y^3 r-}{2y}$$

$$\frac{qy+y^3-r}{2y}=\frac{2sy}{qy+y^3+r}, \text{ ou}$$

$$y^6+2qy^4+q^2y^2-rr=0.$$
$$-4sy^2$$

$$u=\frac{s}{z}=\frac{2sy}{qy+y^3-r}=\frac{qy}{2}+\frac{y^2}{2}+\frac{r}{2y}.$$

L'*équation* y^6, &c. $=0$, étant du sixième degré a six racines; & les *équations* $xx+yx+z=0$, $xx-yx+u=0$, en donnant chacune deux pour chaque valeur de y; voilà donc, dira-t-on ; vingt-quatre racines, quoique, suivant la théorie connue, l'*équation* x^4, &c. ne doive avoir que quatre racines possibles. Je vais montrer que ces vingt-quatre racines se réduisent à quatre.

1.° Dans l'*équation* y^6, &c $= 0$, où tous les termes pairs manquent, il est évident que chaque racine positive a sa pareille négative. Cela est évident ; car faisant $yy = z$, l'*équation* est du troisième degré. *Voyez* ABAISSEMENT. Or soient A, B, C, les valeurs de z, on aura $yy = A$; donc $y = +\sqrt{A}$, $y = -\sqrt{A}$; de même $y = \pm\sqrt{B}$, $y = \pm\sqrt{C}$. Cela posé.

Soit a une des valeurs y, $-a$ en sera une autre; & l'*équation* $xx + yx + z$ donnera,

$$xx + ax + \frac{q}{2} + \frac{a^2}{2} - \frac{r}{2a} = 0,$$

$$xx - ax + \frac{q}{2} + \frac{a^2}{2} + \frac{r}{2a} = 0,$$

L'*équation* $xx - yx + u$, donnera,

$$xx - ax + \frac{q}{2} + \frac{a^2}{2} + \frac{r}{2a} = 0$$

$$xx + ax + \frac{q}{2} + \frac{a^2}{2} - \frac{r}{2a} = 0.$$

Ces deux dernières *équations* reviennent au même que les deux précédentes; donc voilà déjà quatre *équations* réduites à deux, & vingt-quatre à douze.

Je dis maintenant que $xx \pm ax + \frac{q}{2} + \frac{b^2}{2} + \frac{r}{2a}$, donnera les mêmes racines que $xx \pm bx + \frac{q}{2} + \frac{b^2}{2} \mp \frac{r}{2b}$, en supposant $+b$, $-b$ deux autres racines de l'*équation* $yb + 2qy^4$, &c. $= 0$. Car soit $yy - aa$, $yy - bb$, $yy - cc$, les trois racines, on aura $2q = -aa - bb - cc$, $r = abc$; & les deux *équations* précédentes deviendront $xx \pm ax - \frac{bb}{4} + \frac{a^2}{4} - \frac{cc}{4} \mp \frac{bc}{2} = 0$, & $xx \pm bx - \frac{aa}{4} + \frac{b^2}{4} - \frac{cc}{4} \mp \frac{ac}{2} = 0$, dont les racines sont aisées à trouver, & sont les mêmes. On trouvera de même que $xx \pm cx - \frac{aa}{4} + \frac{cc}{4} - \frac{bb}{4} \pm ab = 0$, donne encore les mêmes racines; donc, en général, les douze racines se réduisent à quatre, & ces quatre seront :

$$-\frac{a}{2} + \frac{b-c}{2},$$

$$-\frac{a}{2} + \frac{c-b}{2}.$$

$$+\frac{a}{2} + \frac{b-c}{2}.$$

$$+\frac{a}{2} + \frac{c-b}{2}.$$

Car il faut remarquer que le signe $-$ de $\frac{bc}{2}$ répond à $+ax$, & que le signe $+$ répondra $-ax$, il ne faut pas prendre $+ax$ avec $+bc$, ni $-ax$ avec $-bc$.

Si on fait quatre *équations* simples de quatre valeurs précédentes de x, on formera par le produit une *équation* du quatrième degré qui sera la même que la proposée, en mettant pour q, s, r, leurs valeurs $-\frac{aa-bb-cc}{2}$, $\frac{q^2}{4} - \frac{aabb-aacc-bbcc}{4}$, & abc. Ainsi, tout s'accorde parfaitement, comme on le voit. Il y a quelques auteurs qui ont traité ce dernier article des *équations* du quatrième degré avec assez de soin; mais, ce me semble, d'une manière moins simple que nous ne venons de faire.

En résolvant d'une certaine façon quelques *équations* du quatrième degré, on tomberoit dans un inconvénient semblable à celui du cas irréductible, c'est-à-dire, qu'on trouveroit des quantités réelles sous une forme imaginaire. Soit, par exemple, $x^4 - a^4 = 0$, on a deux racines réelles $x = a$, $x = -a$, & deux autres imaginaires $x = \sqrt{-aa}$, $x = -\sqrt{-aa}$; cependant si on supposoit que l'*équation* $x^4 - a^4 = 0$, fût venue de ces deux-ci $xx + px + q$, $xx - px + q$, on trouveroit $2q - pp = 0$, $qq = -a^4$: ainsi, on auroit pour les deux *équations*, dont la multiplication produit $x^4 - a^4$, ces deux-ci :

$$xx \pm x\sqrt{+2\sqrt{-a^4}} \pm \sqrt{-a^4} = 0,$$

$$xx \mp x\sqrt{\pm 2\sqrt{-a^4}} \pm \sqrt{-a^4} = 0;$$

équations d'où l'on ne tirera que des valeurs de x sous une forme imaginaire; néanmoins de ces différentes valeurs une sera $= a$, & une autre $= -a$ *Voyez* sur cela l'*article* IMAGINAIRE. *Voyez aussi les mémoires de l'acad. de Berlin*, 1746, & *l'ouvrage cité* de M. de Bougainville.

Il est aisé de voir par tout ce qui a été dit, qu'il n'y a jusqu'à présent que les *équations* du second degré dont on ait une solution complète; car, 1.° les *équations* du troisième degré tombent souvent dans le cas irréductible. 2.° Si une *équation* du troisième degré a une racine réelle & commensurable, cette racine commensurable se présente sous une forme incommensurable, & il faut du travail pour la dégager de cette forme. *Voyez* RACINE & EXTRACTION. 3°. Les *équations* du quatrième degré se réduisent, comme on vient de le voir, au troisième, & sont par conséquent sujettes aux mêmes inconvéniens.

Lorsqu'une *équation* du troisième degré a une racine commensurable, le plus court moyen de la déterminer, est d'essayer tous les diviseurs du dernier terme; M. Neuton, dans son *arithmétique universelle*, a donné une méthode pour abréger considérablement cet essai. Nous ne dirons rien de cette méthode, qui a été suffisamment expliquée & développée

développée par MM. s'Gravesande & Clairaut, dans leurs *élémens d'Algèbre*.

Passé le quatrième degré, on n'a plus de méthode, même imparfaite & tronquée, pour résoudre les *équations*. Si la racine est réelle, il faut essayer les diviseurs du dernier terme; si elle est incommensurable, il faut tâcher de connoître à-peu-près cette racine en nombres entiers, & se servir ensuite de la méthode expliquée au *mot* APPROXIMATION, pour approcher de plus en plus de la même valeur.

Si on trouve deux quantités a, b, peu différentes l'une de l'autre, qui étant substituées à la place de x dans une *équation*, donnent, l'une un résultat positif, l'autre un résultat négatif, il s'ensuit que la valeur qui donne le résultat $= o$, & qui est la vraie racine de l'*équation*, sera entre a & b. On en a vu la démonstration à l'article APPROXIMATION. Cela peut encore se démontrer de la manière suivante.

Soit construite une courbe de genre parabolique : nous verrons clairement que si une valeur de x donne l'ordonnée positive, & qu'une autre valeur de x donne une valeur négative, la valeur de x qui donnera l'ordonnée $= o$, sera entre ces deux-là : mais il ne faut pas conclure que si on diminue, ou qu'on augmente tant soit peu cette valeur de x, qui donne le résultat $= o$, on aura deux résultats de signe différent; car il est évident qu'une courbe parabolique peut atteindre son axe sans le couper, mais en le touchant seulement; & en général, pour qu'une quantité passe par le zéro, il n'est point nécessaire que les deux états voisins de cette quantité, l'un avant, l'autre après l'égalité à zéro, soient des états opposés. Cela est clair par les tangentes parallèles au diamètre du cercle, où l'ordonnée positive devient zéro, & redevient ensuite positive, & par une infinité d'autres cas semblables.

Dans *les mémoires de l'académie des Sciences pour l'année 1747, pag. 665*, on trouve un savant mémoire de M. Fontaine sur la résolution des *équations*. L'auteur annonce qu'il donne ce mémoire *pour l'analyse en entier, telle qu'on la cherche*, dit-il, *si inutilement depuis l'origine de l'Algèbre*. Il se propose en effet, de donner dans cet ouvrage des règles pour déterminer, dans une *équation* quelconque proposée, 1.° la nature & le nombre des racines; c'est-à-dire, si elles sont réelles, égales ou inégales, toutes positives, toutes négatives, ou en partie positives & négatives, ou enfin imaginaires en tout ou en partie. L'auteur suppose dans cet ouvrage la vérité d'un théorème que j'ai démontré le premier, & dont il a déja été fait mention plus haut : savoir, que toute racine imaginaire d'une *équation* peut toujours être exprimée par $a + b\sqrt{-1}$, a & b, étant deux quantités réelles, & qu'il y a en ce cas encore une autre racine exprimée par $a - b\sqrt{-1}$. Nous n'entrerons point ici dans le détail de la méthode donnée par M. Fontaine; elle est si bien expliquée dans le mémoire cité, & présentée avec tant de précision, que nous ne pourrions absolument que la transcrire ici : nous y renvoyons donc le lecteur. Nous ferons seulement les remarques suivantes, dans lesquelles nous supposerons qu'il ait le mémoire sous les yeux.

1.° La quantité ou fonction formée des coëfficiens m, n, p, &c. (qui est égale à zéro dans certains cas, plus grande que zéro dans d'autres, & plus petite dans d'autres) se trouve, en faisant égales entr'elles, quelques quantités parmi les racines de l'*équation*; car il y a toujours autant de quantités a, b, c, d, &c. dans les racines de l'*équation*, qu'il y a de coëfficiens m, n, p, q, &c. On a donc autant d'*équations* entre a, b, c, d, &c. & m, n, p, q, &c. qu'il y a de coëfficiens m, n, p, q; & on ne peut arriver à une quantité ou *équation* finale, de laquelle a, b, c, d, &c. aient disparu, que dans le cas où quelques-unes des quantités a, b, c, d, &c. seront égales; autrement, après toutes les opérations ordinaires destinées à faire évanouïr les inconnues a, b, c, d, (*voy.* ELIMINATION) &c. il en resteroit toujours une, puisqu'il y auroit autant d'*équations*, que d'inconnues. Prenons, par exemple, un des cas que M. Fontaine a proposés, $x^2 - 3x + 1 = o$, ou $xx - mx + n = o$; on trouve que $(x-a)(x-b)$ ou $(x - a + b\sqrt{-1})(x - a - b\sqrt{=1})$ ou $(x - b + a\sqrt{-1})(x - b - a\sqrt{-1})$ peuvent être les trois systêmes de facteurs de cette formule. Or, pour que les deux premiers systêmes de facteurs deviennent les mêmes, il faut que dans le premier systême $b = a$, & que quand le second $b = o$; d'où l'on tire $xx - 2ax + aa = xx - mx + n$; donc $m = 2a$, $n = aa = \frac{mm}{4}$; donc dans le cas de $a = b$, on a $mm - 4n = o$. Maintenant pour que le second & le trosième systême de facteurs deviennent le même, il faut que $b = a$ dans les deux systêmes; ainsi, on aura $xx - 2ax + aa + aa = o$; donc $m = 2a$, $n = 2aa = \frac{2mm}{4}$; donc $mm - 2n = o$; ainsi $mm - 4n$ & $mm - 2n$ sont les deux quantités égales, plus grandes ou plus petites que zéro, qui doivent déterminer ici les racines égales ou les racines réelles, ou les racines imaginaires, & de plus le signe & la forme des racines.

2.° On voit assez par la nature de la méthode de M. Fontaine, qu'un systême de facteurs étant donné dans le second, ou même dans le troisième degré, on trouvera la nature de la formule d'*équation* qui en résulte, c'est-à-dire, le signe de chaque coëfficient de cette formule; mais on ne voit pas, ce me semble, avec la même clarté comment on déterminera la formule qui résulte d'un systême de facteurs, dans les *équations* plus composées que le troisième degré; ni s'il sera toujours possible d'assigner exactement toutes les formules qui resultent d'un même systême de facteurs, en cas que ce systême puisse produire plusieurs formules. Il seroit à souhaiter que ceux qui travailleront dans la suite d'après la méthode de M. Fontaine, s'appliquassent à développer ce dernier objet.

3.° M. Fontaine suppose que la quantité qui est $=$ o dans le cas de la coïncidence de deux systêmes de facteurs, est nécessairement plus grande que zéro pour l'un de ces systêmes de facteurs, & plus petite pour l'autre. Il est vrai qu'il arrive le plus souvent qu'une quantité égale à zéro dans l'hypothèse de deux quantités qui coïncident est positive, & négative dans les deux cas immédiatement voisins; mais cela n'arrive pas toujours. Par exemple, lorsqu'une courbe de genre parabolique touche son axe, & que par conséquent l'abscisse x répondante à l'ordonnée $y = o$, a deux racines égales, il arrive souvent qu'en faisant x plus grande ou plus petite qu'une de ces racines, on a y positive dans les deux cas. Ce n'est pas tout. Il pourroit arriver que dans les cas infiniment voisins, ou extrêmement voisins de celui qui a donné l'égalité à zéro, la quantité formée de m, n, p, q, &c. fût plus grande que zéro pour un de ces cas & plus petite pour l'autre; mais est-il bien certain que dans les cas qui ne seront pas fort voisins de celui qui a donné l'égalité à zéro, il y en aura toujours un qui donnera la fonction $>$ o, & que l'autre donnera la même fonction $<$ o? Une courbe qui coupe son axe en un point, a près de ce point en-dessus & en-dessous des ordonnées de différens signes; mais il est très-possible que toutes les ordonnées au-dessus & au-dessous ne soient pas nécessairement de différens signes, parce que la courbe peut encore couper son axe ailleurs. M. Fontaine dit que s'il y a plusieurs fonctions = o, il sera toujours facile de reconnoître *laquelle* de ces fonctions est toujours plus grande que zéro dans l'un des deux systêmes, & toujours moindre dans l'autre; il semble que, suivant son principe, dès qu'une fonction est égale à zéro dans le cas de la coïncidence de deux systêmes de facteurs, elle est *toujours* plus grande que zéro dans un de ces systêmes, & moindre dans l'autre. S'il y a des cas où cela puisse n'avoir pas lieu (comme M. Fontaine semble l'insinuer), pourquoi, dira-t-on, n'arriveroit-il pas quelquefois que cela n'auroit lieu dans aucun cas?

Enfin M. Fontaine détermine par le calcul d'un seul cas numérique particulier d'un des deux systêmes, celui où la fonction est $>$ o, & celui où la fonction est plus petite. Cela peut être encore sujet à difficulté; car cela suppose que la formule est toujours $>$ o dans un des cas, & toujours $<$ o dans l'autre. Or, dira-t-on, ne pourroit-il pas arriver que la formule fût à la vérité toujours $>$ ou $<$ o, dans les deux cas pris ensemble; mais qu'après avoir été plus grande que zéro dans l'un de ces deux cas, jusqu'à une certaine valeur des quantités a, b, c, d, &c. & plus petite dans l'autre cas, elle devînt ensuite plus petite que zéro dans le premier cas, & plus grande dans le second?

Nous ne prétendons point par ces difficultés attaquer, ni encore moins renverser la méthode de M. Fontaine; elle nous paroît pleine de sagacité & de finesse, & digne de toute l'attention des savans; nous la regardons comme une nouvelle preuve du génie supérieur que l'auteur a déjà montré dans d'autres ouvrages (*voyez* INTÉGRAL & TAUTOCRONE); nous desirons seulement que M. Fontaine trouve ces difficultés assez capables d'arrêter les géomètres, pour chercher à les lever entiérement dans un autre écrit; & mettre sa méthode à l'abri même de toute chicane. Afin de l'y engager, voici à quoi nous réduisons la question. La formule est $=$ o dans le cas de l'égalité de certaines racines; soit cette formule appellée P. Supposons maintenant les racines inégales, en sorte que $2t$ soit leur différence (c'est-à-dire que $+t$ doive être ajouté à l'une, & $-t$ à l'autre), en ce cas la formule deviendra $P + Rt + Stt + Qt^3$, &c. R, S, Q, désignant des quantités connues; or, pour que la méthode de M. Fontaine ait lieu dans tous les cas, il faut, 1.° que R ne soit jamais $= o$, ou du moins que si $R = o$, S le soit aussi, en un mot que t se trouve toujours à une puissance impaire dans le premier des coëfficiens; autrement étant supposé très-petit, les deux formules seroient l'une & l'autre $>$ ou $< o$, t étant positif ou négatif: 2.° qu'en supposant t positif, $Rt + Stt + Qt^3$ &c. soit toujours du même signe, t ayant telle valeur qu'on voudra: 3.° qu'en supposant t négatif, $Rt + SttQt^3$, &c. soit toujours de signe contraire au précédent, t ayant telle valeur qu'on voudra. Ces trois propositions démontrées, il ne restera plus de doute sur la généralité & la certitude de la méthode proposée par M. Fontaine.

Il seroit encore à souhaiter que l'auteur donnât une démonstration de la méthode qu'il propose, pour approcher, aussi près qu'on veut, des racines des *équations*; il semble supposer encore dans l'exposé de cette méthode, que quand une certaine valeur de φ rend $= o$ une quantité ou fonction de φ, deux autres valeurs de φ, l'une plus grande, l'autre plus petite, donneront l'une moins ou plus que zéro, l'autre plus ou moins que zéro. Cela n'est pas vrai en général, mais cela pourroit l'être dans le cas particulier de M. Fontaine; & c'est ce qu'il seroit bon de prouver. *Voyez l'article* RACINE.

Il nous reste à faire quelques réflexions sur les *équations* appliquées à la Géométrie. On trouve, dans la *Géométrie* de Descartes, par quel raisonnement il est parvenu à appliquer les *équations* indéterminées aux courbes; les *mots* COURBE, DIFFÉRENTIEL, TANGENTE, *&c.* & autres semblables, font voir en détail les applications & les conséquences de ce principe. On a vu aussi au *mot* CONSTRUCTION, comment on construit les *équations* par la Géométrie. Il ne nous reste ici qu'un mot à dire sur la multiplicité des racines des *équations* en Géométrie. Les observations que nous avons à faire sur ce sujet, sont une suite de celles que nous avons déjà faites sur les racines multiples des *équations* algébriques.

Supposons, par exemple, qu'on propose de diviser une ligne a en moyenne & extrême raison; nommant x la partie cherchée de cette ligne, on aura $a : x :: x : a-x$; d'où l'on tire $xx + ax = aa$, & $x = -\frac{a}{2} + \sqrt{\frac{5aa}{4}}$; la racine négative de cette *équation* ne sauroit servir ici, mais elle serviroit à la solution de ce problême, trouver *dans le prolongement* de la ligne donnée a une ligne x, telle que $a : x :: x : a+x$; dans ce cas la racine négative devient positive, & la positive négative; & l'*équation* est $xx - ax = aa$.

Si on propose de tirer du point A une ligne AE (*fig. 11. Algeb.*) dans un cercle, telle que BO étant perpendiculaire au diamètre AD, & donnée de position, on ait EF = à une ligne donnée a, on aura en nommant BF, x, une *équation* du quatrième degré qui n'aura ni second, ni quatrième terme; cette *équation* aura deux racines positives BF & Bf, telles que FE d'une part, & fe de l'autre, seront égales à a; & deux autres racines égales aux deux précédentes & de signes contraires, parce qu'en achevant le cercle, & prolongeant OB en-dessous, le problême aura deux solutions pareilles; si a étoit plus grand que BD, les racines seroient imaginaires.

Si on nommoit AF, x, BO, b, AC, r, AB, c, on auroit $bb - xx + cc = ax$ ou $2rc = xx + ax$; la racine positive est AF, & la négative Af, parce que cette racine négative, si on la traitoit comme positive, donneroit $ax = Bf^2 - BO^2 = xx - bb - cc = xx - 2rc$, & non pas $ax = BO^2 - BF^2$ Voilà un cas où deux racines de différens signes n'indiquent pas des dispositions diamétralement opposées dans les lignes AF, Af, qui représentent ces racines, mais seulement le changement de signe du second terme ax dans l'*équation* du problême.

Dans ce dernier cas, c'est-à-dire, en prenant AF pour l'inconnue, l'*équation* n'est que du second degré, au lieu que prenant BF pour inconnue, elle monte au quatrième; d'où l'on voit comment par le bon choix des inconnues ont peut simplifier un problême en plusieurs occasions. Mais, dira-t-on, pourquoi le problême a-t-il quatre solutions dans un cas, & deux seulement dans un autre? Je réponds que dans ce dernier cas il a aussi quatre solutions comme dans le premier; ou pour parler plus exactement, que BF a quatre valeurs dans les deux cas; car $BF = +\sqrt{AF^2 - AB^2}$, ce qui donne deux valeurs égales de différent signe pour chaque valeur de AF. *Voyez encore d'autres observations sur un problême de ce genre à l'article* SITUATION.

Autre question. On propose d'inscrire dans un rectangle donné $ABDE$ (*fig. 11. alg. n. 2.*) un rectangle $abde$, dont les côtés soient également éloignés des côtés du grand, & qui soit à ce grand rectangle comme m est à n: soit $AB = a$, $AD = b$, $AC = x$, on aura $(a-2x) \times (b-2x) : ab :: m : n$, & on trouvera par la résolution de cette *équation*, qu'en supposant $m < n$, x a deux valeurs réelles & positives; cependant le problême n'a évidemment qu'une solution, mais il renferme une condition que l'Algèbre ne peut pas énoncer, savoir que le rectangle $abde$ soit *au-dedans* de l'autre: si on avoit $ab : (2x-a)(2x-b) :: n : m$; on trouveroit la même *équation*, & cependant ce ne seroit plus le même problême. Le parallélogramme rectangle qui satisferoit à cette question, seroit alors celui qu'on voit, *fig. 11, n. 3*, dans lequel AC est égal à la plus grande valeur positive de x, & $AC = Ca$; le côté ad est éloigné de AD comme le côté ca de AB, & ainsi du reste; mais le rectangle $abcd$ n'est pas au-dedans de l'autre; condition que l'Algèbre ne peut exprimer. *Voyez* SITUATION.

Sur les *équations différentielles, exponentielles*, &c. *voyez* DIFFÉRENTIEL, EXPOSANT, EXPONENTIEL, INTÉGRAL, CONSTRUCTION, *&c.*

On appelle quelquefois *équation, en Géométrie & en Méchanique*, ce qui n'est qu'une simple proportionnalité indiquée d'une manière abrégée; par exemple, quand on dit qu'un rectangle est *égal* au produit de sa base par sa hauteur, cela signifie explicitement: si on a deux rectangles, & qu'on prenne une quantité quelconque linéaire a pour la mesure commune de leur base & de leur hauteur; que B soit le nombre de fois (entier ou rompu, rationnel ou irrationnel) que la base de l'un contient a; que H soit le nombre de fois que la hauteur du même contient a; que b soit le nombre de fois que la base de l'autre contient a; que h soit le nombre de fois que la hauteur du même cotient; a, les aires de ces deux rectagles seront entr'elles comme le produit des nombres B, H, est au produit des nombres b, h. De même, quand on dit que la vîtesse d'un corps qui se meut uniformément, est égale à l'espace divisé par le tems, cela veut explicitement: si deux corps se meuvent uniformément, & parcourent, l'un l'espace E pendant le tems T, l'autre l'espace e pendant le tems t; qu'on prenne une ligne a pour commune mesure des espaces E, e, & un tems θ pour commune mesure des tems T, t, les vîtesses seront comme le nombre $\frac{E}{a}$ divisé par le nombre $\frac{T}{\theta}$ est au nombre $\frac{e}{a}$ divisé par le nombre $\frac{t}{\theta}$. *Voyez* MESURE, VITESSE, *&c.* (O)

* ÉQUATION. *Construction & usage d'une machine pour trouver les racines de quelque équation que ce puisse être.* (*Algèbre. Machines.*) La machine dont je vais donner la description peut s'appliquer à toutes les *équations* de quelque degré qu'elles soient. Avant que d'en donner la construction, il convient d'exposer en peu de mots la théorie sur la-

quelle elle est fondée : elle suppose, dans ceux qui liront cet article, quelque connoissance d'Algèbre.

Soit l'*équation* à résoudre $a+bx+cxx+dx^3$, &c. $=0$. Tirez sur la ligne ZZ prise pour base (*Algèbre*, *Constructeur universel d'équations*, *fig.* 1) les perpendiculaires SS & RR, éloignées l'une de l'autre de telle distance qu'il vous plaira. Prenez ensuite sur la ligne SS de l'une ou de l'autre figure les parties OA, AB, BC, CD, &c. proportionnelles aux coëfficiens a, b, c, d, &c. de l'*équation*, observant de prendre chacune de ces lignes de bas en haut, à compter de l'extrémité de la dernière, lorsque le coëfficient qu'elle doit représenter est positif, & dans un sens contraire lorsquil est négatif. Cela fait, tirez par l'extrémité de la dernière des lignes OA, AB, BC, &c. savoir par D, la ligne DC, parallèle à la base ZZ, & par le point C, où DC coupe RR, cC, & parallélement à SS, & à telle distance qu'il vous plaira MM; par le point où cC coupe MM, la ligne kb parallèle à DC; par le point b, où la dernière coupe RR, la ligne bB; par le point où celle-ci coupe MM, la parallèle à DC, & enfin par le point a, où bB coupe MM, la, & par le point a, où la coupe RR, la ligne aA. Supposons maintenant que les lignes SS, RR, Cc, représentent trois règles avec des rainures telles qu'on les voit *figure 3*; que vous fixerez dans leurs places respectives SS, RR, Cc sur un plan ou chassis de grandeur suffisante.

Soient Bb, Aa, d'autres règles de même forme, qui se meuvent sur les centres B, A, &c. lesquels se meuvent eux-mêmes en haut & en bas le long de la règle SS, mais de manière qu'on puisse placer les centres B & A l'un sur l'autre, ou sur C, si l'occasion le requiert, & les arrêter avec des écrous, savoir le centre A en A, le centre B en B, &c. Soient kb & la, d'autres règles mobiles, comme les premières, & disposées de façon qu'elles se meuvent toujours parallèlement les unes aux autres, & à la ligne Dc & MM, une autre règle de pareille forme. On assemblera les règles Kb & MM avec la règle fixe Cc au moyen d'une pointe coulante qui passe pour le point q, où leurs rainures se coupent. On assemblera de même les règles Kb, Bb, la & Aa ensemble, & avec MM & RR, avec de pareilles pointes qui les traversent dans les points b, r, a & s. La derniere de ces pointes doit être faite de manière à pouvoir porter un crayon. Je dis maintenant que si l'on avance ou recule la règle MM de SS, en sorte qu'elle lui soit toujours parallèle, le crayon s décrira la courbe qu'on demande; que les distances à compter du point O où le crayon coupera la base ZZ, à droite de SS, marqueront les racines positives de l'*équation*; celles qui seront à gauche, les racines négatives ; & les endroits où il approchera de la base sans la toucher, le racines impossibles ou imaginaires. Ces distances doivent être prises sur une échelle, sur laquelle la ligne DC sera prise pour l'unité.

Démonstration. Puisque les lignes OA, AB, BC, &c. sont proportionnelles aux coëfficiens a, b, c, &c, supposons que la première OA soit égale au premier coëfficient a, ou à telle de ses parties qu'on voudra, n par exemple; elle seroit $\frac{a}{n}$: alors, pour conserver la proportion ci-dessus, la suivante AB sera égale à $\frac{b}{n}$, Bc à $\frac{c}{n}$ & cD à $\frac{d}{n}$, &c. Si l'on nomme OQ ou son égale DP, x, pour lors Dc étant prise égale à l'unité, Pc sera égale à $1-x$; & comme DC est égale à $\frac{d}{n}$, on aura, à cause des triangles semblables DCc & Pqc, cette proportion $1 : 1-x :: \frac{d}{n} : \frac{d-dx}{n} = Pq$ ou DK : mais $KB = BC + CD - DK$, c'est-à-dire, à $\frac{c}{n} + \frac{d-d-dx}{n\quad n}$, savoir, à $\frac{c+dx}{n}$. Les mêmes triangles semblables donnent $Kb : qb :: KB : qr$, c'est-à-dire, $1 : 1-x :: \frac{c+dx}{n} : \frac{c+dx-cx-dxx}{n} = qr$ ou Kl : mais $Al = AD - DK - Kl$, ou $\frac{b}{n} + \frac{c}{n} + \frac{d}{n} + \frac{d-dx}{n} - \frac{c+dx-cx-dxx}{n}$ ou à $\frac{b+cx+dxx}{n}$. Les mêmes triangles donnent encore $la : ra :: Al : rs$, ou $1 : 1-x :: \frac{b+cx+dxx}{n} : \frac{b+cx+dxx-bx-cxx-dxxx}{n} = rs$. Or Qs, qui, par la figure, est égal à $QP - Pq - qr - rs = \frac{a+b+c+d-d-dx}{n} - \frac{c+dx-cx-dxx}{n} - \frac{b+cx+dxx-bx-cxx-dxxx}{n}$, savoir à $\frac{a+bx+cxx+dxxx}{n}$; & par conséquent, lorsque $Qs=0$, c'est-à-dire, lorsque la courbe décrite par S coupe la base, $\frac{a+bx+cxx+dx^3}{n}=0$, ou à $\frac{a+bx+cxx+dxxx}{n}$, qui, par l'*équation* même, est égale à 0. Qs, dans ces circonstances, sera donc aussi égale à $a+bx+cxx+dxxx$, & par conséquent toute valeur de x ou de OQ, qui rend $a+bx+cxx+dxxx=0$, rend pareillement Qs égale à zéro. Or toute valeur de x qui rend $a+bx+cxx+dxxx=0$, est une racine de l'*équation* proposée $a+bx+cxx+dxxx=0$; donc la courbe coupera la base ZZ pour chaque racine réelle de cette *équation*, soit positive ou négative, & ne la touchera point lorsque qu'elle sera imaginaire, comme le savent ceux qui connoissent les propriétés des courbes. C. Q. F. D.

Cette démonstration est applicable à toute autre *équation* que l'on voudra.

Nota. Pour avoir les racines négatives, on placera les règles à gauche de SS *figure 2*, où elles sont marquées par les mêmes lettres que dans la première figure. Par exemple, on posera la règle Cc de c ou q, la règle Bb de b ou r, la règle aA de n ou s, vers la gauche, en sorte que les centres A, B, des deux dernières se trouvent sur la ligne fixe SS.

Il n'est pas nécessaire que la courbe soit décrite avec exactitude, ni même qu'elle tombe sur le plan, excepté lorsqu'elle coupe la base, & par conséquent on ne risque rien à faire des lignes OA, AB, &c. fort longues. Mais les régles fixes OD & Tc, doivent être si près l'une de l'autre, que leur distance Dc ou OT, étant prise pour l'unité, la base OT qui s'étend à droite jusqu'à l'extrémité du plan, puisse contenir toutes les racines positives, à gauche toutes les négatives.

Il y a encore une chose à observer : c'est que si l'on a une *équation* comme celle-ci $xxx - 5xx + 1200x + 9000 = 0$, dont les coëfficiens 5, 1200 & 9000 sont si différens l'un de l'autre, qu'il seroit difficile de les prendre sur la ligne OD, on peut les réduire de la manière suivante : c'est de mettre dans l'*équation* à la place de chaque x, $10x$, $20x$, ou $100x$. Je suppose qu'on mette $20x$; pour lors, au lieu de xxx, on aura $8000xxx$, au lieu de $5xx$, $-2000xx$, &c. & l'*équation* sera changée en celle-ci $8000xxx - 2000xx + 24000x + 9000 = 0$. Divisant chaque terme par 1000, on aura cette autre $8xxx - 2xx + 24x + 9 = 0$, dont la réduction sera plus aisée. Mais on se souviendra pour lors, que faisant x, 20 fois plus grand qu'il n'est, les racines que vous trouverez seront pareillement vingt fois plus petites, & qu'il faudra par conséquent les multiplier par 20, pour qu'elles aient leur juste valeur.

Voici quelques observations sur l'application de ces règles qui peuvent avoir leur utilité.

1.° Les racines d'une *équation* peuvent être de trois sortes, positives, négatives & impossibles ou imaginaires.

2.° Toute *équation* contient autant de racines qu'elle a de degrés.

3.° Les racines imaginaires sont toujours au nombre de deux.

Par exemple, si une *équation* a une racine imaginaire comme celle-ci $a + b\sqrt{b - 1}$, elle en aura une autre; savoir, $a - b\sqrt{-1}$, qui la suit toujours. Il suit de-là que toute *équation* qui a des racines imaginaires, en contient 2, 4, 6, &c. c'est-à-dire, qu'elles sont toujours en nombre pair. Toutes les fois que la courbe, que les règles décrivent, approche de la base sans la couper, c'est une marque qu'il y a deux racines impossibles; de sorte que si elle en approche trois fois, l'*équation* contient six racines imaginaires. C'est tout ce que ces règles peuvent faire par rapport à ces sortes de racines; elles marquent leur nombre, & non leur nature. J'enseignerai plus bas le moyen de connoître celle-ci. Puis donc que les racines imaginaires sont toujours en nombre pair, & que leur nombre est égal aux degrés de l'*équation*, il s'ensuit :

4.° Que toute *équation*, dont le nombre des degrés est impair, doit contenir au moins une racine réelle.

5.° Que toute *équation*, dont le premier & le dernier termes, après avoir été transposés, ont des signes contraires, contient au moins une racine réelle. Lorsque cela arrive, & que le nombre de ses dimensions est pair, de même que celui des racines impossibles, celui des racines réelles doit l'être pareillement.

6.° Que si l'on divise une *équation* par l'inconnue, moins une de ses racines, on la réduira à une dimension plus bas; comme toute *équation* contient autant de racines qu'elle a de dégrés, il s'ensuit encore :

7.° Que retranchant le nombre des racines imaginaires de celui de ses racines, je veux dire, du nombre de ses dimensions, le restant sera celui des racines réelles.

8.° Après avoir trouvé, par le moyen des règles, les racines réelles, faites la quantité inconnue x égale à chacune : transposez les termes d'un côté : multipliez les *équations* les unes par les autres, & divisez l'*équation* proposée par le produit qui en résultera. Faites le quotient égal à zéro, & vous aurez une *équation* qui renfermera toutes les racines impossibles, sans en avoir aucune de réelle. On trouvera ensuite les racines impossibles par la méthode qu'enseigne M. de Bougainville dans son *Traité du Calcul intégral*, dans le cinquième & sixième chapitre de son introduction. C'est la meilleure que je connoisse.

Elle consiste à partager l'*équation* donnée en deux autres du même nombre de dimensions, mais qui ne contiennent que des racines réelles, que vous trouverez par le moyen des règles, ou autrement : au moyen de quoi, vous aurez toutes les racines impossibles de votre *équation*.

Comme peu de gens connoissent cette méthode, il convient de la donner ici.

L'auteur commence par donner la démonstration des deux propositions suivantes.

Prop. 1. Lorsqu'une quantité est égale à zéro, & composée de plusieurs termes, dont quelques-uns sont réels, & les autres multipliés par $\sqrt{-1}$, la somme de tous les termes réels est égale à zéro; & celle de tous ceux qui sont multipliés par $\sqrt{-1}$, égale pareillement à zéro. C'est le soixante-neuvième article de son *Introduction*.

Prop. 2. Lorsqu'une *équation* ne contient que des

racines imaginaires, on peut toujours suppofer la quantité inconnue égale à $m + n\sqrt{-1}$, dans laquelle m & n font des quantités réelles. C'eft le huitième article de la même introduction.

Par conféquent, pour trouver les racines d'une *équation* telle que celle dont il s'agit, il faut mettre à la place de chaque inconnue, x; par exemple, $m + n\sqrt{-1}$, & l'on aura une nouvelle *équation* qui contiendra les termes réels & les termes multipliés par $\sqrt{-1}$, dont le premier & le dernier font égaux à zéro, par la propofition 1. Faites-le donc, & vous aurez deux *équations* dont il vous fera facile de découvrir les deux quantités m & n, de même que celle de x, qui, par la deuxième propofition, eft égale à $m + n\sqrt{-1}$.

Voici un exemple qui fera comprendre ce que j'ai dit dans la première partie de cet article. Suppofez que les racines réelles, découvertes par le moyen des règles dont j'ai parlé, foient a, b, $-c$, &c. Faites $x=a$, $x=b$, $x=-c$, &c. Tranfpofez les termes, & vous aurez $x-a=0$, $x-b=0$, $x+c=0$, &c. Multipliez ces dernières *équations*, les unes par les autres, divifez l'*équation* donnée par leur produit, & procédez comme j'ai dit ci-deffus.

9.° Le plus grand coëfficient négatif d'une *équation* quelconque, confidéré comme pofitif, & augmenté de l'unité, excède toujours la plus grande racine pofitive de l'*équation*. Par conféquent,

10.° Si en place de la quantité inconnue x de l'*équation*, vous mettez le coëfficient, pris comme pofitif & augmenté de l'unité, moins x, toutes les racines deviendront pofitives. Dans ce cas, vous n'aurez befoin que des règles de la *figure* 1, dont les centres font à leurs extrémités, & elles vous fuffiront pour tous les cas poffibles; car vous devez avoir obfervé que les centres de celles de la deuxième figure font autrement difpofés.

11.° Si, après avoir rendu toutes les racines de votre *équation* pofitives, vous voulez vous éviter la peine de tranfporter la règle MM à la droite de RR; ce qui eft fujet à quelque inconvénient, je veux dire, fi vous voulez que toutes les racines de votre *équation* fe trouvent entre O & T, ou entre zéro & l'unité, au lieu de la quantité inconnue x de la dernière *équation*, mettez x multipliée par le plus grand coëfficient négatif, confidéré comme pofitif & augmenté de l'unité. Par exemple, fi le plus grand coëfficient négatif de l'*équation* eft -9, mettez $10x$ à la place de chaque x, & vous aurez une nouvelle *équation*, dont toutes les racines fe trouveront fur la ligne OT, fans qu'il foit befoin de la prolonger, car elles feront moindres que l'unité, je veux dire, que DC ou OT; mais, après avoir ainfi trouvé les racines, il faut les multiplier par le coëfficient augmenté de l'unité, c'eft-à-dire, dans l'exemple ci-deffus, par 10, parce qu'ayant mis $10x$ pour x, on rend chaque racine dix fois plus petite qu'elle n'étoit.

Ces propofitions font reçues de tous les algébriftes, & n'ont pas befoin d'être démontrées.

Voici la defcription d'une machine pour régler le mouvement des règles dont j'ai parlé: elle n'eft que pour les *équations* du deuxième degré; mais on peut également l'employer pour toutes les autres.

$ABCD$, *figure* 4, eft un chaffis de fer ou d'acier, compofé de quatre barres de fer affemblées par leurs extrémités, qui forment un parallélogramme rectangle de douze pouces de long fur huit de large, aux quatre coins duquel font des appuis EF, GH, IK, & LM, fur lefquels il porte. Sur le côté A, eft un coulant N, qu'on peut arrêter avec une vis dans tel endroit qu'on veut, & fur lequel la traverfe NO tourne fur fon centre. Son autre extrémité tient par le moyen d'une vis, avec fon écrou à la traverfe PQ, qui eft pareillement arrêtée fur le chaffis aux endroits P & Q, mais de manière qu'on peut l'approcher ou l'éloigner à volonté de l'extrémité A. Cette traverfe eft repréfentée par la ligne RR de la première figure. Les quatre appuis EF, GH, IK, LM, portent trois traverfans ST, UX & YZ, fur le premier defquels eft une boîte coulante o, qui fert de centre au traverfant ab. Le fecond & le troifième, favoir UX & YZ, font pareillement garnis de deux noix coulantes e & f, qu'on arrête où l'on veut par le moyen d'une vis, & auxquelles la foie ef eft attachée. Les trois traverfans ST, UX, A, ou plutôt la ligne tracée fur celui d'en haut, repréfente la ligne SS de la *figure* 1, & la foie ef, la bafe ZZ de la même figure.

$ghik$ eft un autre parallélogramme, environ deux fois plus long que le premier, dont les côtés gk & hi, coulent dans des fupports attachés par des vis au chaffis $ABCD$, dont trois font marqués par les lettres l, m, n, & ont des dents triangulaires par-deffous, depuis g jufqu'à d, & depuis h jufqu'à o, lefquelles s'engrainent avec celles des deux roues & t de même diamètre, dont l'axe pr eft foutenu dans deux endroits, favoir u, & un autre qu'on ne peut voir dans la figure. Ces dents fervent à régler le mouvement des traverfans gk & hi, lorfqu'on fait mouvoir la machine; au moyen de quoi, les barres nx & yz, qui coulent dans deux pièces 1 & 2 font toujours parallèles. Elles font repréfentées par la ligne MM de la première figure. Celle de deffous nx eft garnie d'une pointe 3, dont l'extrémité fupérieure paffe dans la rainure de la barre 4, 5, & l'inférieure par celle de l'alidade NO. Sur la barre de deffus yz, eft attachée une pointe perpendiculaire 6, 7, dont on peut ôter la pointe pour y mettre un crayon; cette pointe repréfente le point s & la première 3, le point r de la première figure. Sur la barre 4, 5 eft un boulon rivé 8, qui eft placé directement au-deffus de la rainure de la barre PQ, & qui repréfente te, le point a de la première figure. Les deux traverfans 9, 10, 11 & 12, coulent dans les fupports 13, 14, 15 & 16, sont garnis de dents triangulaires, qui engrainent avec celles des roues 17 & 18, dont l'axe est marqué par les nombres 19, 20. Ces roues règlent le mouvement des barres, & font que celle qui est marquée par les chiffres 4, 5, se meut toujours parallèlement; elle est représentée par la ligne *l a* de la première figure. Les coulans *e*, *f*, *c*, *N* & *R*, étant arrêtés avec des vis dans les endroits convenables, selon les coëfficiens de l'*équation*, ainsi qu'on le verra dans l'article suivant, en avançant ou reculant la barre *g h*, on fera mouvoir la machine, & la pointe 6, 7, décrira une courbe qui sera le lieu de l'*équation*. Les endroits où elle passera sous la soie *e f*, à compter de la ligne ponctuée, qui est marquée sur la traverse *UX*, indiquera les racines réelles; & le nombre de fois qu'elle approchera & s'éloignera de la même soie sans passer dessous, marquera celui des racines imaginaires. Au-dessus des montans *E E*, *GH*, *IK* & *LM*, sont de petites pièces 21, 22 & 23, qui empêchent les barres qui coulent dessous, de sortir de leurs places. Voici maintenant la manière de rectifier la machine pour une *équation* donnée.

Arrêtez les noix *e*, *f*, auxquelles la soie est attachée à égales distances des soutiens *E F* & *L M*; avancez ensuite la noix *c*, qui porte l'extrémité de la barre *a b*, de sorte qu'elle soit plus éloignée du soutien *E F*, que l'endroit où vous avez arrêté la noix *e*, d'un nombre de divisions prises sur une échelle de parties égales, égal au terme connu de l'*équation*, s'il est positif, & plus près s'il est négatif; & arrêtez-là dans cet endroit. Faites ensuite couler la noix *N*, qui porte la barre *N O*, l'éloignant ou l'approchant du soutien *E F*, plus que ne l'est la noix *c*, d'un nombre de divisions prises sur la même échelle égal au coëfficient de l'*équation*, je veux dire, celui où la quantité inconnue n'a qu'une dimension; plus loin, si le coëfficient est positif, & plus près s'il est négatif. Faites ensuite couler la noix *R*, qui fixe l'autre extrémité de la barre *N O*, jusqu'à ce qu'elle soit plus éloignée d'une ligne tirée du soutien *E F* au soutien *L M*, je veux dire, du côté *D* du chassis, que la noix *N*, d'autant de divisions que le coëfficient du terme de l'*équation*, où l'inconnue à deux dimensions l'indique, plus loin s'il est positif, & plus près s'il est négatif. Pour cet effet, on doit graduer le côté *A* du chassis, les barres *S T*, *UX*, *YZ* & le traversant *P Q*, à commencer du front *D*. Ces graduations sont marquées différemment sur la machine, mais d'une manière moins commode. Si l'on observe les endroits où la pointe, ou le crayon, 6, 7, coupe la soie *e f*, à commencer de la ligne ponctuée marquée sur la traverse *UX*; & qu'on les mesure sur une échelle, sur laquelle la distance du traversant *P Q*, prise depuis une ligne tirée du milieu de l'extrémité *A* de *E F* à *G H* représente l'unité (on peut en voir la raison dans la démonstration ci-dessus, où *D c* ou *O T*, *figure 1*, qui marque la distance de cette ligne *P Q* de la barre *A*, est prise pour l'unité), on aura les racines que l'on cherche. Si l'on ôte la soie *e f*, & qu'on mette un carton sur la machine, sur les deux traversans supérieurs *UX* & *YZ*, après avoir tracé dessus une ligne qui représente la soie *e f*, & mis un crayon en place de la pointe 7; ce dernier décrira une courbe, qui, avec la ligne droite dont je viens de parler, construira l'*équation* donnée. Plus les coëfficiens seront grands (on peut les augmenter autant qu'on veut sans changer les racines, en les multipliant par tel nombre qu'on voudra), plus les angles, que la courbe & la ligne formeront, seront grands; ce qui est avantageux dans la construction des *équations*. Comme il paroît par la démonstration précédente, qu'en augmentant les barres de cette machine, on peut l'employer généralement pour toutes les *équations* de quelque degré qu'elles puissent être, on peut l'appeller, à juste titre, un *constructeur universel d'équation*. (*V*).

*ÉQUATIONS DÉTERMINÉES. (*Algèbre.*) Je me bornerai dans cet article à exposer ce qui a été fait dans ces derniers tems, sur la solution générale des *équations*, & depuis que l'*article* ÉQUATION fut imprimé pour la première fois.

Le premier qui ait fait quelques pas dans cette recherche, est le célèbre Tchirnaus, géomètre Allemand, à qui l'on doit la découverte des caustiques. Il proposa une méthode pour faire disparoître autant de termes qu'on voudroit d'une *équation* proposée par le moyen d'une substitution; & il trouva que si l'on vouloit la réduire à deux termes, le premier & le dernier, & faire disparoître les intermédiaires, on feroit dépendre la solution de la proposée, de celle d'une *équation* $y^n + A = 0$, *n* étant le degré de la proposée, & *A* dépendant d'une *équation* du degré $n-1, n-2 \ldots 2.1$.

M. Euler & M. Bezout, l'un dans le *tome XI* des *Mém. de Pétersbourg*; l'autre dans les *Mém. de l'Acad. des Scienc.* pour l'année 1765, ont pris une autre méthode. Ils ont supposé que la racine d'une *équation* du degré *n* débarrassée de son 2[d] terme, étoit de la forme $\sqrt[n]{A} + \sqrt[n]{B} \ldots$ le nombre des *A*, *B*, &c. étant $n-1$; & ils ont trouvé que l'on avoit *A* par une *équation* aussi du degré $n-1, n-2, n-3 \ldots 2.1$.

La solution d'une *équation* du 5[e] degré se trouvoit donc réduite à celle d'une *équation* du vingt-quatrième; & quoique (*Voyez les Recherches* de M. de la Grange & de M. de Vandermonde, sur cet objet) cette *équation* soit réductible à une du sixième, l'*équation* du cinquième degré n'est pas rabaissée par ce moyen; & celle du sixième le seroit encore moins.

Il reste donc ici deux objets à considérer, l'un la possibilité de parvenir à cet abaissement, auquel les *équations* semblent s'y refuser; l'autre les moyens de rendre praticables les calculs immenses où cette méthode générale doit nécessairement conduire.

MM. Waring & Wandermonde ſe ſont occupés avec beaucoup de ſuccès du ſecond objet. On ſait que le ſecond terme d'une *équation* eſt égal à la ſomme des racines ; le troiſième, à celle de leurs produits deux à deux, & ainſi de ſuite. On ſait auſſi que ces fonctions qui ſont connues, puiſqu'elles ſont les coëfficiens de la propoſée, étant données, on peut en tirer la valeur d'une fonction quelconque des racines, pourvu que toutes y entrent d'une manière ſemblable ; mais les formules des coëfficiens de la propoſée qui expriment ces fonctions ſemblables de racines, ſont difficiles à exprimer ſous une forme générale & commode, lorſque le nombre des racines où les expoſans de ces fonctions ſont des quantités indéterminées. Si les fonctions ſemblables de toutes les racines ſont rationnelles, les fonctions des coëfficiens de la propoſée le ſont auſſi : mais ſi elles ſont irrationnelles ; ſi au lieu de fonctions ſemblables de toutes les racines, on cherche des fonctions ſemblables de deux, de trois racines ſeulement ; alors les fonctions des coëfficiens qui y répondent ne ſont plus rationnelles, & il faut déterminer le degré des *équations* dont elles dépendent alors, & les coëfficiens rationnels de ces *équations*.

Soit par exemple une *équation* :

$$x^n + ax^{n-1} + b^2 x^{n-2} \ldots + r^n = 0,$$

& qu'on demande la valeur de

$$y = A^p + B^p + C^p \ldots\ldots$$

A, B, C, étant les racines de la propoſée, & entrant au nombre de m dans la valeur de y ; 1.° ſi p eſt entier, on verra que l'*équation* qui doit donner y, ſera d'un degré égal au nombre des combinaiſons de n quantités priſes en nombre m ; 2.° ſi p eſt une fraction dont le dénominateur ſoit p', le degré de l'*équation* rationnelle en y, ſera le même nombre des combinaiſons de n quantités, priſes en nombre m, multiplié par p^m, & de plus, il n'y aura dans l'*équation* en y, que les termes où l'expoſant de y ſera un multiple de p'. Si qp' eſt le degré de cette *équation* en y, on aura le coëfficient de $y^{\overline{q-1}p'}$, égal à une fonction de $a, b^2 \ldots, r^n$ du degré pp', le coëfficient de $y^{\overline{q-2}p'}$ à une fonction du degré $2pp'$; & ainſi de ſuite, & il n'y a plus à déterminer que les coëfficiens de ces fonctions. Cette dernière partie eſt celle pour laquelle il eſt le plus difficile de trouver des expreſſions générales. Nous renvoyons pour cet objet à l'ouvrage de M. Waring, intitulé : *Meditationes Algebraicæ* ; aux *Mémoires* de M. Wandermonde ; *Mémoires* de l'académie des Sciences, volume de 1771 ; aux *Mémoires* de Berlin, années 1770 & 1771, où M. de la Grange s'eſt occupé auſſi du même objet.

Cette théorie, une fois établie en général, & réduite à des formules dont on puiſſe ſaiſir la loi, il eſt clair qu'on aura immédiatement & ſans calcul les coëfficiens de toutes les *équations* transformées qu'on emploie pour rabaiſſer la propoſée.

Reſte à ſavoir ſi ce rabaiſſement eſt toujours poſſible. M. de la Grange a prouvé qu'on ne pouvoit ſuppoſer en général que la ſolution d'une *équation* du degré n, dépendît de celle d'une *équation* du degré $n-1$. Examinons donc s'il n'y a point d'autres reſſources. M. de la Grange prouve que la quantité A, ci-deſſus donnée par une *équation* de degré $n-1$, $n-2$, $n-3$ .... ſera réductible à une *équation* du degré $n-2$, $n-3$ .... 3. 2. 1. ſoit ce degré m, & cherchons A comme nous avons cherché x ; nous aurons, $A-V$, (la quantité V eſt employée ici pour faire diſparoître le 2^d terme) ſera exprimé par $\sqrt[m]{A'} + \sqrt[m]{B'}$, ces quantités étant au nombre de $\overline{m-1}$; & A' ſera donné par une *équation* du degré $m-1$, $m-2$, $m-3$ .... 3, 2, 1. Alors il ſe préſente deux cas, ou le nombre $m-1$, de fonctions A, B, &c. ſera plus grand qu'il ne doit être, ou il ne le ſera pas : dans le premier cas, il arrivera qu'il y aura un certain nombre des racines de l'*équation* en A qui ſe trouveront être zéro. Soit m' le degré de l'*équation* en A', nous ferons $A'-V' = \sqrt[m']{A''} + \sqrt[m']{B''}$, &c. & nous aurons A'' par une *équation* du degré $m'-1$, $m'-2$ ..... 3, 2, 1. Si la ſuppoſition de $m'-1$ radicaux n'eſt pas trop compliquée. Le degré de l'*équation* en A' ſe réduira à $m-2$, $m-3$ ...... 3, 2, 1, il en ſera de même pour A'', & ainſi de ſuite. Il eſt clair que pourvu que la valeur de x ſoit finie, & que l'on puiſſe la ſuppoſer formée par des radicaux placés ſucceſſivement, en ſorte que la valeur de x ſoit compoſée de $n-1$ termes de la forme $\sqrt[n]{A}$, A de n' termes $\sqrt[n'+1]{A}$ plus un terme conſtant, A de n'' termes $\sqrt[n''+1]{A'}$, plus un terme conſtant, & ainſi de ſuite un nombre fini de fois, on aura enfin la racine cherchée. Or il n'y a point de fonction compoſée de radicaux qu'on ne puiſſe réduire à cette forme : donc en ſuivant le procédé ci-deſſus, on parviendra à trouver enfin une quantité A, qui ſera donnée par une *équation* du ſecond degré, toutes les fois qu'elle ſera poſſible.

Maintenant, il y a lieu de penſer que le nombre de ces opérations ne pourra être plus grand que $n-1$. En effet, ſoit x, égal à une fonction qui contienne des radicaux les uns ſous les autres, qui ait $n-1$ termes différens ſemblables entr'eux, il faut qu'une fonction linéaire des produits & des quarrés de ces termes ſoit une quantité rationnelle. Les quarrés ne peuvent pas l'être, puiſque les racines ne le ſont pas, & que $n > 2$; donc, il faut que les produits de deux termes le ſoient. Or, cela ne peut arriver s'il n'y a pas dans ces termes une fonction ſous le radical 2. Il faut enſuite qu'une fonction linéaire produiſe trois de ces termes, de leurs cubes, du produit des quarrés de chacun par les autres ; ſoit une quantité

quantité rationnelle, les cubes ne ſont pas rationnels; &, pour que les autres termes le deviennent, il faut que chacun contienne des radicaux ſous le ſigne 3, & ainſi de ſuite juſqu'au dernier terme; terme qui devient fonction linéaire des termes qui ſont ſous le ſigne *n*. On voit donc pourquoi il pourroit y avoir, & même il doit y avoir $n-1$ radicaux ſucceſſifs. Mais on ne voit pas pourquoi, en prenant cette forme, il y en auroit un plus grand nombre.

Nous terminerons cet article par une conſidération qui peut être d'une grande utilité. C'eſt que mettant la propoſée, ſous la forme $x^n + b^2 x^{n-2} + c^3 x^{n-3} \ldots + r^n$, toutes les fonctions rationnelles ſous le ſigne *n*, ſeront des fonctions de b^2, c^3, r^n. du degré *n*, les fonctions ſous les radicaux *n* & *n'* des fonctions du degré $n\,n'$; & ainſi de ſuite. (C'eſt, je crois, M. Fontaine, qui, dans ſon Mémoire ſur les *équations*, a employé le premier cette remarque, qui peut abréger conſidérablement les calculs.) Les coëfficiens de ces fonctions ſeront des nombres rationnels, & ceux des radicaux, des racines des *équations* $y^n - 1 = 0$, $y^m - 1 = 0$, *&c.* Il ne reſte donc plus ſur la réſolution générale des *équations* que deux difficultés; 1.° la longueur du calcul; 2.° qu'il n'eſt pas rigoureuſement démontré qu'une *équation* déterminée d'un degré quelconque, ait une racine d'une forme générale & finie: le contraire ſeroit même prouvé ſi, en ſuivant la marche indiquée ci-deſſus, la ſolution de la propoſée, *n* étant un nombre premier, ſe réduiſoit à la ſolution d'une autre *équation* du degré *n*, qui n'auroit pas de diviſeurs rationnels, ou, ſi *n* n'étoit pas un nombre premier, à une *équation* d'un degré pour lequel l'*équation* qui donne les termes ſous le radical *n*, ne ſe rabaiſſeroit pas au-deſſous du degré $n-2, n-3 \ldots\ldots 3, 2, 1$. Ainſi, dans le cas où la racine n'auroit aucune forme finie poſſible, la méthode propoſée ci-deſſus conduira encore à trouver cette impoſſibilité. C'eſt donc à diminuer la grande complication des calculs, & à trouver des méthodes qui les abrègent, que les analiſtes doivent tendre maintenant.

J'ai publié quelques recherches ſur ce ſujet dans le *tome V des mémoires de l'académie de Turin*. (*M. D. C.*)

ÉQUATION *aux différences finies*. Taylor paroît être le premier géomètre qui ait conſidéré les différences finies. M. Euler a fait ſur cet objet un grand nombre de belles & utiles recherches dans ſes *institutions de calcul différentiel*; mais il s'eſt occupé ſur-tout d'appliquer aux ſuites infinies ou indéfinies, la théorie de ces différences, ou réciproquement. Si on appelle X une fonction quelconque de x, & X' ce qu'elle devient en mettant pour x, $x + \Delta x$ (Δ eſt ici le ſigne de la différentiation comme d pour les *équations* ordinaires); on a également

$$X' = X + \Delta X, \text{ \& } X' = X + \frac{dX}{dx}\Delta x + \frac{ddX}{2dx^2}\Delta x^2 + \frac{dX^3}{1\cdot2\cdot3\,dx}\Delta x^3 \ldots\ldots$$

En effet, ſi on cherche à avoir X' en X, en ordonnant la ſérie par rapport à Δx, il eſt aiſé de voir qu'on peut prendre X pour le premier terme de cette valeur, puiſqu'en faiſant $\Delta x = 0$, X' devient X, le ſecond terme, multiplié par Δx, doit être égal à ce que devient $\frac{dX'}{d\Delta x}$, en y faiſant $\Delta x = 0$, c'eſt-à-dire à $\frac{dX}{dx}$; le troiſième, multiplié par $2\Delta x^2$ eſt égal à $\frac{ddX'}{d\Delta x^2}$, en faiſant $\Delta x = 0$, c'eſt-à-dire, qu'il eſt $\frac{ddX}{2dx^2}$, & ainſi de ſuite.

Ce théorême, dont j'ai déjà fait uſage à l'*article* APPROXIMATION, dans ce *Supplément*, eſt dû à Taylor.

Si l'on a ΔX égal une fonction de x, on aura encore, par le moyen de cette expreſſion, X en x par une ſérie infinie. En effet, puiſque ΔX eſt connu, que j'appelle $A = \frac{dX}{dx}\Delta x + \frac{ddX}{2.dx^2}\Delta x^2 + \frac{d^3X}{2.3.dx^3}\Delta x^3$, &c. j'aurai $\Delta x\, X = \int A\, dx - \frac{\Delta x^2}{2}\frac{dX}{dx} - \frac{\Delta x^3}{2.3}\frac{ddX}{dx^2}$, &c. mettant pour $\frac{dX}{dx}\Delta x$ ſa valeur $A - \frac{ddX}{2dx^2}$, Δx, &c. pour $\frac{ddX}{dx^2}\Delta x$ ſa valeur $\frac{dA}{dx} - \frac{d^3X}{2.dx^3}\Delta x^2$, &c. j'aurai X en ſérie de A & de ſes différences.

Je me propoſe dans la ſuite de cet article de traiter les *équations* aux différences finies d'une manière générale & directe. On trouvera aux *articles* POSSIBLES, MAXIMUM, LINÉAIRES, ce qui regarde leurs *équations* de condition, ou de maximum, & la ſolution des *équations* linéaires. J'ai montré à l'*article* APPROXIMATION, vers la fin, que la ſolution approchée dépendoit toujours d'*équations* linéaires, & je me bornerai ici à donner une théorie générale des *équations* aux différences finies des fonctions qui peuvent entrer dans leurs intégrales, & de la manière de les trouver rigoureuſement autant qu'elles ſont poſſibles par la méthode des coëfficiens indéterminés.

Soit Z, une fonction de x, y, z, qu'on mette dans Z au lieu de x, $x + \Delta x$ au lieu de y, $y + \Delta y$ au lieu de z, $z + \Delta z$, & qu'on appelle Z' ce que devient z; alors on aura $Z' = Z + \Delta Z$ & $\Delta Z = Z' - Z$. Si on a une fonction de x, y, z, Δx, Δy, Δz, $\Delta^2 y$, $\Delta^2 z$, &c. Δx étant ſuppoſé conſtant, on mettra dans cette fonction Q, $x + \Delta x$, au lieu de x, $y + \Delta y$ pour y, $z + \Delta z$ pour z, $\Delta y + \Delta^2 y$ pour Δy, $\Delta z + \Delta^2 z$ pour Δz, $\Delta^2 y + \Delta^3 y$ pour $\Delta^2 y$, $\Delta^2 z + \Delta^3 z$ pour $\Delta^2 z$, & ainſi de ſuite, & appellant Q' ce que devient alors Q, on aura $Q' = Q + \Delta Q$, $\Delta Q = Q' - Q$.

Soit $Z = l x$; on aura $Z' = \overline{l x + \Delta x}$ & $\Delta Z = \overline{l x + \Delta x} - l x = l\frac{x + \Delta x}{x} = l\,1 + \frac{\Delta x}{x}$.

Soit $Z = e^{ax}$, $Z' = e^{ax + a\Delta x} = e^{a\Delta x} e^{ax}$; donc $\Delta Z = (e^{a\Delta x} - 1) e^{ax}$; donc Δx étant constant $\Delta Z = 0$ toutes les fois que $e^{a\Delta x} = 1$.

Soit $Z = e^{ax^2 + bx + c}$ $Z' = e^{ax^2 + b'x + c'}$ & $Z' + \Delta Z' = Z'' = e^{ax^2 + b''x + c''}$, lorsque Δx est supposé constant.

On trouvera de même que soit Z une fonction de e^{ax}, & $e^{a\Delta x} = 1$, $Z' = Z$, pourvu que cette fonction ne soit pas telle que, pour avoir $e^{a\Delta x} - 1 = 0$, il faille prendre $a\Delta x = 0$, ce qui arriveroit si $Z = l e a x$, ou $(e^{ax})^{\frac{1}{m}}$, ou contenoit de pareilles fonctions. Soit enfin $Z = e^{Ne^{ax}}$ $Z' = e^{Ne^{ax} e^{a\Delta x}}$; donc si $e^{a\Delta x}$ est un nombre entier, la comparaison de ces deux *équations* peut faire évanouir cette transcendante : de même la comparaison de 3, 4, *&c. équations* semblables, feroit disparoître $e^{axe^{bx}}$, $e^{axe^{2bx}}$, &c.

Si maintenant on veut résoudre le problême suivant, trouver l'intégrale sans différences variables d'une *équation* aux différences finies entre x & z, on y parviendra à l'aide des observations suivantes :

1.° La proposée est produite par la comparaison des *équations* $Z = 0$, $\Delta Z = 0$, $\Delta^2 Z = 0$, $\Delta^n Z = 0$.

2.° Il n'y a point de fonction transcendante de z, dont la différence ne le soit, ou n'en contienne une nouvelle.

3.° x étant une variable dont la différence Δx est constante, au lieu d'une arbitraire sans variable, on aura une fonction arbitraire de e^{ax}, a étant tel que $e^{a\Delta x} = 1$.

4.° Une seule différentiation pourra, par la comparaison entre la différentielle & l'intégrale, faire évanouir un terme e^{px}, p étant quelconque, & la fonction arbitraire sera le coëfficient de ce terme. Deux différentielles successives, comparées avec leur intégrale, peuvent faire évanouir un terme $e^{ax^2 + bx}$, a & b étant quelconques, & de plus un terme $e^{b'x}$, b' étant donné en a & b, & ainsi de suite. La comparaison de l'intégrale avec la différentielle peut faire aussi disparoître $e^{Ne^{ax}}$, & la comparaison de l'intégrale avec deux différentielles successives, faire disparoître $e^{axe^{bx}}$, & ainsi de suite.

5.° Quoique la proposée ne contienne pas Δx, cependant l'intégrale de l'ordre immédiatement inférieur, peut contenir x, parce que la différentielle exacte peut contenir un terme constant $a = \frac{a\Delta x}{\Delta x}$ dont l'intégrale est $\frac{ax}{\Delta x}$.

6.° Si dans un produit indéfini $Fx. Fx - \Delta x. Fx - 2\Delta x \ldots$ le nombre des termes étant $\frac{x}{\Delta x}$ ou $\frac{nx}{\Delta x}$; n étant un nombre entier, on fait $x = x + \Delta x$, ce produit ne change pas de forme, & est seulement multiplié par $Fx + \Delta x$, ou par $Fx + \Delta x. Fx + 2\Delta x \ldots Fx + n\Delta x$; donc, si on l'appelle X, on aura $\frac{X + \Delta X}{X} = Fx + \Delta x$, ou $Fx + \Delta x, Fx + 2\Delta x \ldots$ Ces produits étant en nombre déterminé & fini, donc une seule différentiation peut faire disparoître un nombre déterminé de ces produits multipliés ou divisés les uns par les autres, en même tems qu'une exponentionnelle & une fonction arbitraire, & de même deux différentiations peuvent faire disparoître une fonction :

$$Fx, \overline{Fx - \Delta x}^{2}, \overline{Fx - 2\Delta x}^{3}, \&c.$$

Une différentiation pourra aussi faire disparoître une fraction continue, dont le nombre des termes seroit x, ou $2x$, $3x$, &c.

7.° Si la proposée contient une fonction lz, l'intégrale pourra contenir une fonction $\overline{lll \ldots a}^{x}$, a étant une constante qui peut contenir x. *Voyez* ci-dessus; si elle contient une fonction e^{z}, l'intégrale pourra contenir une fonction $e^{e^{\cdot^{\cdot^{e^{\frac{x}{a}}}}}}$, le signe exponentiel étant répété x fois. Si la proposée contient une fonction $\sqrt{b + z}$, la proposée pourra contenir une fonction $\sqrt{b + \sqrt{b + \sqrt{\ldots\ldots \sqrt{b + \sqrt{a}}}}}$, le radical étant répété x fois, & semblablement pour toutes les fonctions qui ne sont pas algébriques & rationnelles.

8.° Si la proposée contient des radicaux qui doivent entrer dans son intégrale immédiatement inférieure, en différentiant la proposée, on aura une *équation* qui aura deux intégrales rationnelles de l'ordre immédiatement inférieur.

9.° Le nombre des arbitraires est égal à l'exposant de l'ordre de la proposée; mais on ne peut pas lui supposer en général n intégrales algébriques de l'ordre $n - 1$. En effet, on a d'abord le terme e^{ax^2} qu'une seule différentiation ne pourroit pas faire disparoîttre; ainsi, lorsque l'intégrale de l'ordre $n-2$ doit le contenir, une des intégrales de l'ordre $n-1$ le contenant aussi, sa différentielle exacte contiendra $e^{b'x}$.

D'ailleurs (Σ étant le signe de l'intégration par rapport aux différences finies, & Fx désignant une fonction donnée de x), l'intégrale de l'ordre $n-1$ peut contenir ΣFx, & cette somme peut ne pas être exprimable en termes finis par une fonction finie de x; alors si l'intégrale de l'ordre $n-2$ contient $\Sigma F'x$, & que $F'x$ contienne ΣFx, il paroît impossible d'avoir deux intégrales de l'ordre $n-1$, à moins que l'on ne puisse égaler $\Sigma F'x$ à une fonction finie de x & Fx plus une fonction $\Sigma F''x$, F'' ne contenant plus Fx; & comme de telles fonctions peuvent entrer dans la différentielle exacte, sans que x soit dans la proposée, on ne pourra supposer qu'on ait n intégrales de l'ordre $n-1$ qui puissent la produire sans contenir x & $e^{b'x}$, ou $e^{b''x^n}$, &c. dans leurs différentielles exactes, ou mêmes des produits indéfinis.

10.° Il suit de-là qu'il faudra ou suivre la méthode des intégrations successives, ou bien lorsqu'on aura une *équation* intégrale de l'ordre $n-1$, qui contienne x ou e^{px}, ou un produit indéfini, ou $e^{Ne^{ax}}$, supposer une autre intégrale du même ordre qui contienne x, ou e^{px}, ou la fonction indéfinie, & de plus $e^{ax^2+b'x}$, & une fonction indéfinie, qui (*n.*° 6) peut disparoître par deux différentiations, cette intégrale ne devient la proposée qu'en mettant, au lieu de celles de ces quantités qui restent, après avoir comparé cette nouvelle intégrale avec sa différentielle, leurs valeurs tirées de l'*équation* intégrale qu'on a trouvée d'abord, & si la nouvelle intégrale contient $e^{ax^2+b'x}$, &c. on supposera que $e^{ax^2+b'x}$, &c. entre aussi dans la troisieme intégrale, & ainsi de suite.

11.° On observera que,

$$\Sigma x \Delta^2 Z = x \Delta Z - \Sigma \overline{\Delta x \Delta Z} + \overline{\Delta x \Delta^2 Z}$$
$$= x \Delta Z - \Delta x \overline{Z + \Delta Z}.$$

12.° Pour intégrer la fonction en x purs, on remarquera que la différentiation n'en ayant pu faire évanouir ni radicaux, ni fonctions transcendantes toutes les fois qu'elle pourra être exprimée par une fonction finie, cette fonction sera une fraction rationnelle de x & des fonctions de x contenues dans la différentielle, & on l'aura toujours en série infinie par la méthode dont j'ai parlé au commencement de cet article.

Quelle que soit une *équation* aux différences finies, ces principes suffiront pour l'intégrer par la méthode des coëfficiens indéterminés.

Quant aux intégrales qui échappent à cette méthode, on peut dans différens cas trouver des formes de fonctions qui les représentent; mais cette discussion nous entraîneroit trop loin.

Si au lieu de savoir que Δx est constant, on savoit qu'il est égal à φ, fonction de x & y, il n'y auroit qu'à éliminer y, & on auroit x par une *équation* comme ci-dessus, dont l'intégrale contiendroit une nouvelle variable x' y seroit donné par une *équation* semblable, & pour avoir y en x, il faudroit éliminer x'. (*M. D. C.*)

ÉQUATIONS *aux différences finies & infiniment petites.* Je donne ce nom à des *équations* qui contiennent outre les variables y, & x leurs différences finies & infiniment petites, telles que dx, dy, Δx, dy, $\Delta\Delta y$, $d\Delta y$ $d^2 y$... $\Delta^n y$, $d\Delta^{n-1} y$, &c. Aucun géomètre n'a encore considéré la théorie de ces *équations.* Voici quelques remarques fondamentales qui pourront conduire à une méthode de les résoudre généralement.

1.° La proposée pour un ordre n de différences pourra, si Z en est l'intégrale complète & finie, être mise sous la forme

$$aZ + bdZ + c\Delta Z + ed^2Z + fd\Delta Z + g\Delta^2 Z \ldots + pd^nZ \ldots\ldots + q\Delta^n Z = 0.$$

Il suit de cette forme semblable à celle des différences partielles, que la préposée n'a point pour intégrale nécessaire une *équation* de l'ordre $n-1$, dont les différentielles combinées entr'elles produisent la proposée.

2.° Δx étant supposé constant, les quantités e^{dx^p}, p étant un nombre entier, ou $e^{ax^p e^{bx}}$, $e^{b\Delta x}$ étant un nombre entier, sont les seules qui se trouvent également dans Z, $Z + \Delta Z$, $Z + dZ$, & par conséquent si, dans la proposée, p & q (*n.*° 1) ne sont pas égaux à zéro, c'est-à-dire, si la proposée contient à-la-fois des différences n^es finies & infiniment petites, l'intégrale ne contiendra point d'autres transcendantes ni d'autres arbitraires, que des fonctions sans variables, p pourra être égal à $\frac{n^2+3n}{2}$, mais jamais plus grand, & semblablement pour les fonctions $e^{e^{ax^p e^{bx}}}$, p ne pourra être $> \frac{n^2+3n}{2} - 1$.

3.° Si la proposée est telle que les *équations* $\Delta^n Z = 0$ $d^n Z = 0$ n'entrent pas dans sa formation, mais seulement les *équations* $\Delta^{m-n} Z = 0$ $d^{n-m} Z = 0$, & des *équations* aux différences, partie finies, partie infiniment petites. Alors on pourra avoir une intégrale qui contiendra m transcendantes quelconques, ou un plus grand nombre de transcendantes en x seulement, & telles que l'une étant V une autre soit $V + \Delta V$, & ainsi de suite, ce nombre étant toujours facile à déterminer pour chaque ordre; & m arbitraires pareilles à celles des *équations* aux différences finies, c'est-à-dire, qu'on aura pour intégrale une fonction algébrique des variables & de leurs différences infiniment petites, dont les coëfficiens pourront être $e^{\frac{p}{a}x}$, & en général des fonctions Q de x données par des *équations* aux différences finies entre x & Q

Voyez sur ce sujet *les mémoires de l'académie des sciences, année 1771.*

Voyez aussi l'*article* EQUATIONS LINÉAIRES au mot LINÉAIRES, où l'on considère quelques autres hypothèses d'*équations* aux différences finies MM. de la Place & Charles se sont occupés depuis de ce genre d'*équations*. (*M. D. C.*)

EQUATIONS *empiriques*. On a nommé ainsi des *équations* trouvées indépendamment de toute théorie & d'après les seules observations d'une planète, & comme elles représentent avec exactitude le mouvement de cette planète pendant les révolutions observées, on en conclut qu'elles pourront les représenter indéfiniment.

Ainsi les *équations* de mars, telles que Kepler les détermina lorsqu'il trouva moyen d'expliquer les irrégularités qu'il avoit observées dans son cours, en supposant que son orbite étoit elliptique, ces *équations*, dis-je, étoient empiriques. Mais lorsqu'en appliquant cette loi aux autres planètes, il prouva que leurs orbites étoient aussi des ellipses, alors leurs *équations* trouvées d'après cette hypothèse furent des *équations* données par la théorie, & non plus des *équations* empiriques. Ainsi, une *équation* à qui on a donné long-tems ce nom, cesse de l'avoir lorsqu'on trouve une théorie qui en rend raison.

M. Wargentin a trouvé des *équations* empiriques pour les satellites de Jupiter, d'après les observations seules & d'après ces *équations*, il a dressé des tables de ces satellites qui représentent leurs mouvemens avec des erreurs qui ne vont pas au-delà de quelques minutes.

M. de la Grange est le premier qui ait imaginé de réduire en méthode générale l'art de trouver ces *équations* empiriques. Voici une idée abrégée de cette méthode.

1°. Toute expression d'une quantité donnée par une *équation* différentielle, peut être supposée égale à une suite de termes en sinus & cosinus. (*Voyez* les *articles* APPROXIMATION & EQUATION SÉCULAIRE). Le problême se réduit donc à trouver cette série par les seules observations, toutes les fois du moins qu'elle est convergente.

2.° Dans ce cas, un certain nombre fini de termes de cette série doit représenter les observations. Soit donc Q la quantité dont on cherche la valeur, soient $Z, Z', Z'', Z''', \ldots Z^{\prime\prime\prime\prime} \ldots n$ des valeurs observées de Q répondent à $n + 1$ valeurs de l'angle décrit x ou du tems t, nous aurons (Z n.° 1) égal à un nombre infini de termes, sin. $a' + b' X$, ou sin. $a + b\, T$ & cos. $a' + b' X$, ou cos. $a + b\, T$, chacun de ces termes étant multipliés par un coëfficient constant, X & T sont les valeurs de x & t, correspondantes à Z. Soient maintenant $X + p$, $X + 2p$, $X + 3p$, &c. les valeurs correspondantes à Z', Z'', Z''', &c. & prenant une série $Z + Z'y + Z''y^2 + Z'''y^3$, &c. ($A$) le terme général de cette série sera composé de termes cos. $a' + b' X + b' pm$, sin. $a' + b' X + b' pm$, m étant l'exposant du terme général; or, puisque sin. $a' + b' X + b' pm =$

$$\frac{e^{(a'+b'X+b'pm)\sqrt{-1}} - e^{-(a'+b'X+b'pm)\sqrt{-1}}}{2\sqrt{-1}}$$

& que cos. $a' + b' X + b' pm =$

$$\frac{e^{(a'+b'X+b'pm)\sqrt{-1}} + e^{-(a'+b'X+b'pm)\sqrt{-1}}}{2}$$

il est aisé de voir que le terme général (A) sera composé d'un nombre $2n + 2$ de termes, dont chacun sera égal au terme correspondant dans le terme précédent de la série multiplié par $e^{b'p\sqrt{-1}}$, $e^{-b'p\sqrt{-1}}$, donc chaque terme formera une suite géométrique; donc la proposée sera égale à la somme de $2n +$ de ces suites, & le dénominateur de la série recurrente sera $1 - e^{b'p\sqrt{-1}}$, $1 - e^{-pb'\sqrt{-1}}$, & ainsi de suite pour chaque sinus ou cosinus; donc le dénominateur sera $1 - 2$, cos. $b' py + y^2 \times 1 - 2$ cos. $b'' py + y^2$, &c. donc la serie (A) sera recurrente; soient donc Z, Z', Z'', Z''', &c. les valeurs données par l'observation, il faudra, pour cela, chercher la série recurrente de cette forme, dont $Z + Z'y + Z''y^2 + Z'''y^3$, &c. sont les premiers termes; je remarque que la somme de la série recurrente sera nécessairement.

$$\frac{A + By + Cy^2 + Dy^3 \ldots\ldots Py^{m-1}.}{A' + B'y + C'y^2 + D'y^3 \ldots\ldots P'y^m.}$$

donc, prenant toujours Z en nombre impair, soit $2m - 1$ ce nombre, on aura, par des *équations* linéaires, les valeurs des A, $B \ldots P, \ldots A'\, B' \ldots P'$. Si ces valeurs forment une série convergente, lorsqu'on augmente le nombre des observations, alors, prenant le dominateur, on cherchera à résoudre l'*équation* $A' + B'y \ldots + P'y^m = 0$ en facteurs, $1 - 2$ cos. $b' py + y^2$, on mettra ensuite

$$\frac{A + B'y + Cy^2}{A' + B'y \ldots\ldots P'y^m}$$

sous la forme d'une somme de fractions divisées par

$1 - 2 \text{cos.}\, b' py + y^2$, & l'on aura par ce moyen la détermination des coëfficiens des termes en finus.

Au reste, si l'*équation* n'est pas susceptible de la forme ci-dessus, les racines indiqueroient dans la forme générale cherchée des quantités $e\, f^x$ qu'on fait pouvoir s'y trouver. S'il y a plusieurs racines réelles égales, alors il y aura dans la valeur cherchée des quantités proportionnelles aux puissances de x, & ces puissances seront d'un degré égal au nombre des racines égales diminué de l'unité.

Si ces racines égales sont de la forme $1 - 2$ cos. $p\, b' y + y^2$, alors cela indique dans la quantité cherchée des termes de la forme x^m cos. $a + b\, x$, & ainsi de suite, en sorte que quelle que soit la forme cherchée, pourvu que la quantité soit donnée pour une *équation* différentielle, & qu'elle puisse être représentée par une certaine étendue de valeurs d'une manière approchée, on la trouvera d'après les observations par la méthode ci-dessus. *(O)*

EQUATION SÉCULAIRE. On appelle ainsi en Astronomie, une *équation* qui augmente continuellement avec le tems : on verra ci-après la manière dont les astronomes s'y prennent pour la calculer; mais toute *équation* au rayon vecteur, d'une planète proportionnelle, soit au temps ou à ses puissances, soit à l'angle du mouvement moyen & à ses puissances, est une *équation séculaire*. Il en est de même de toute *équation* du moyen mouvement qui seroit proportionnelle au quarré du tems, ou à ses puissances supérieures; ou de toute *équation* pour le tems proportionnel au quarré ou aux puissances de l'angle du moyen mouvement.

A l'*article* APPROXIMATION, nous avons montré que l'existence apparente de ces *équations* dépendoit dans la théorie de l'égalité des racines d'une *équation*; qu'un changement permis dans toute espèce de méthode d'approximation pouvoit faire disparoître cette égalité; que, dans le cas où la différence des racines seroit très-petite, ce même changement pourroit en introduire d'égales; qu'ainsi, dans ce dernier cas, on ne peut être sûr qu'il n'y ait pas d'*équation séculaire*, & que jamais on ne peut être certain qu'il doive y en avoir, à moins que l'on puisse s'assurer que la série, où la méthode d'approximation conduit, ne soit convergente, lorsqu'elle renferme l'*équation séculaire*, & divergente lorsqu'elle ne la renferme pas, ou réciproquement. Nous avons fait voir ensuite que l'existence apparente de ces quantités dépendent aussi de la commensurabilité des racines positives & négatives, d'où il résulte que toutes les fois que les quantités connues ne sont pas absolues, mais données par des observations; on ne peut pas être sûr qu'il n'existe pas de telles *équations*.

Il ne nous reste donc plus ici qu'à parler de l'*équation séculaire*, considérée astronomiquement. Quelque longue que soit une suite d'observations, elle ne prouve rien pour la réalité d'une *équation séculaire*. En effet, soit p le nombre des révolutions observées d'un astre, il est clair que, puisque cos. $mx = 1 - \frac{m^2 x^2}{2} + \frac{m^4 x^4}{2.3.4.}$, &c. si on a une *équation* apparente proportionnelle au quarré de l'angle parcouru, c'est-à-dire à x^2, & soit Px^2 cette *équation*, au bout de p révolution, elle sera $P p^2 \pi^2$, π étant la circonférence du cercle, elle sera par conséquent

$$2P \frac{1 - \text{cos.}\, m p \pi}{m^2} + 2 P m^2 \frac{p^4 \pi^4}{2.3.4.}, \text{\&c.}$$

or cette série est toujours plus petite que $P m^2 \pi^4 p^4$, cos. $m p \pi$; donc, pourvu que l'on prenne m tel que la quantité $P m^2 \pi^4 p^4$, cos. $m p \pi$, soit insensible aux observations; on peut supposer, au lieu de l'*équation* $P x^2$, une *équation* de $\frac{2P 1 - \text{cos.}\, mx}{m^2}$, sans qu'il y ait d'erreur sensible : or, quel que soit p, on peut toujours prendre m assez grand pour cela; donc on peut représenter aussi-bien les observations sans le secours d'une *équation séculaire*.

Quelle que soit une *équation séculaire* donnée par les observations, on parviendra donc à la représenter aussi-bien par une ou plusieurs *équations* proportionnelles à des sinus.

Ainsi, lorsqu'on cherche à comparer la théorie avec les observations, ce n'est pas à chercher rigoureusement si la théorie donne l'*équation séculaire* observée, mais si elle donne ou une telle *équation*, ou une de celles qui la peuvent représenter, & réciproquement, la théorie étant donnée, il faudra voir seulement si les observations s'accordent, soit avec l'*équation séculaire* de la théorie, soit avec les *équations* que (*art.* APPROXIMATION) on peut y substituer.

Voyez les *Mémoires de l'académie de Sciences*, *1772*, & le *Mémoire* de M. de la Grange, qui a remporté le prix de la même académie, en 1774, & où ce grand géometre prouve qu'on peut représenter toutes les observations de la lune faites jusqu'ici, sans supposer d'*équation séculaire* à cette planète, *(M. D. C.)*

EQUATION (*en Astronomie*), est la différence entre les tems ou les degrés supposés uniformes, & ces mêmes quantités réelles & inégales.

EQUATION *du tems*, est la différence entre le tems vrai solaire ou apparent, & le tems moyen ou uniforme; c'est-à-dire, la réduction du tems inégal indiqué par le soleil, à un tems égal marqué par une pendule bien réglée.

Le tems ne se mesure que par le mouvement; & comme le tems en lui-même coule toujours uniformément, on se sert, pour le mesurer, d'un mouvement qu'on suppose égal & uniforme, ou qui conserve toujours la même vîtesse.

Le mouvement du soleil est celui dont on s'est toujours servi pour la mesure du tems, parce que ce mouvement est celui qu'on observe le plus facilement : cependant il n'a point la principale qualité nécessaire pour mesurer le tems, c'est-à-dire l'uniformité. En effet, les astronomes ont remarqué que le mouvement apparent du soleil n'est pas toujours égal; mais que ce mouvement tantôt s'accélère, tantôt se ralentit : il ne peut donc servir à mesurer le tems, qui est uniforme par sa nature, à moins qu'on n'ait égard à l'inégalité.

Ainsi, le tems mesuré par le mouvement du soleil, & qu'on appelle le *tems vrai* ou *apparent*, est différent du *tems moyen* & *uniforme*, suivant lequel on mesure & on calcule tous les mouvemens des corps célestes.

Le tems moyen ou égal est celui que marqueroit à chaque instant une horloge absolument parfaite, qui, dans le cours d'une année, auroit continué de marcher sans aucune inégalité, en marquant midi un certain jour de l'année, & le même jour de l'année suivante, au même instant où le soleil est dans le méridien, sauf la différence de six heures qu'il y a entre l'année commune & l'année solaire. Cette horloge n'a pas dû marquer également midi à tous les autres jours intermédiaires, avec le soleil; car il faudroit, pour cela, que le soleil eût été tous les jours avec la même vitesse, ce qui n'arrive point.

Quand le soleil quitte le méridien, & y retourne le lendemain, il a décrit 360 degrés en apparence; mais véritablement il a parcouru non-seulement les 360 degrés qui font une révolution entière de tout le ciel étoilé, mais environ un degré de plus, qui est la quantité dont le soleil s'est avancé vers l'orient parmi les étoiles fixes, dans l'intervalle de son retour au méridien, par son mouvement propre ou mouvement annuel.

Pour que tous les retours du soleil au méridien fussent égaux, il faudroit que ce mouvement propre du soleil vers l'orient fût tous les jours de la même quantité, c'est-à-dire, de 59 min. 8 sec. mais, à cause des inégalités dont nous avons parlé au mot ANNOMALIE, il arrive qu'au commencement de juillet il ne fait que 57′ 11″ par jour vers l'orient, & qu'au commencement de janvier, il fait 61′ 11′, c'est-à-dire 4′ de plus qu'au mois de juillet, le long de l'écliptique par son mouvement propre; telle est la première cause qui rend les jours inégaux; l'on compte toujours 24 heures d'un midi à l'autre; mais ces 24 heures seront plus longues, quand le soleil aura fait 61′ 11″, que quand il n'aura fait que 57′ 11″ vers l'orient, parce qu'il sera obligé de parcourir 4′ de plus par le mouvement diurne d'orient en occident, avant que d'arriver au méridien; & pour faire 4′ de degré, il lui faut 16″ de tems.

A cette première cause, qui dépend de l'inégalité du mouvement solaire dans l'écliptique, il s'en joint un autre qui dépend de la situation de l'écliptique; il ne suffit pas que le mouvement propre du soleil sur l'écliptique soit égal pour rendre les jours égaux, il faut que ce mouvement soit égal par rapport à l'équateur & par rapport au méridien où il s'observe : la durée des 24^h dépend en partie de la petite quantité dont le soleil avance chaque jour vers l'orient; mais cette quantité devroit être mesurée sur l'équateur, parce que c'est autour de l'équateur que se comptent les heures; ce n'est donc pas seulement son mouvement propre qu'il faut considérer par rapport à l'inégalité des jours, mais c'est ce mouvement rapporté à l'équateur; & si le soleil avoit un mouvement tel qu'il continuât de répondre perpendiculairement au même endroit de l'équateur, l'équation du tems n'existeroit point, puisque les retours au méridien seroient égaux.

Soit *O* le soleil (*fig. 41 d'Astr.*), *SB* le méridien auquel le soleil doit arriver lorsque le point *Q* sera arrivé au point *A* du méridien, en sorte que *OQ* soit un cercle horaire qui, à midi, sera confondu sur le méridien *SAB*; quelle que soit la longueur de l'arc *OS* de l'écliptique, cet arc n'emploiera à passer que le tems qui est mesuré par l'arc *AQ* de l'équateur; c'est-à-dire, que, si l'arc *AQ* est d'un degré, il faudra 4′ à l'arc *SO*, grand ou petit, pour traverser le méridien; sa situation oblique ou inclinée, peut rendre sa longueur *OS* plus grande que celle de l'arc *AQ*; sa distance à l'équateur peut aussi faire que l'arc *OS* soit plus petit que l'arc *AQ*, parce qu'il est compris entre deux cercles de déclinaison *SA* & *OQ*, qui sont perpendiculaires à l'équateur *EAQ*, & qui vont se rencontrer au pole, en sorte que leur distance est moindre vers *O* que vers *Q*; mais c'est toujours l'arc *AQ* de l'equateur qui règle le tems employé par le soleil à venir du point *O* jusqu'au méridien *SAB*.

Pour combiner ensemble ces deux causes qui rendent inégaux les retours du soleil au méridien, concevons un soleil moyen & uniforme qui tourne dans l'équateur, de manière à faire chaque jour 59′ 8″ vers l'orient, & les 360 degrés en même tems que le soleil, par son mouvement propre, c'est-à-dire dans l'espace d'un an, & qu'il parte de l'équinoxe du printems au moment où la longitude du soleil est nulle ou égale à zéro; toutes les fois que ce soleil moyen arrivera au méridien, nous dirons qu'il est midi moyen; & si le soleil vrai se trouve plus ou moins avancé, en sorte qu'il soit plus ou moins de midi, nous appellerons la différence *équation du tems*.

Ce mouvement du soleil moyen a pour époque primitive, le tems ou l'apogée du soleil étoit d'accord avec le point équinoxial. Le soleil vrai s'y est trouvé en même tems; mais cela n'a pas pu arriver depuis bien des siècles, si même cela est jamais arrivé exactement; c'est le seul cas où les deux soleils ont pu coincider dans l'équinoxe, & les deux causes de l'équation du tems être nulles tout-à-la-fois; mais elles se détruisent réciproquement quatre fois l'année.

L'ascension droite moyenne du soleil se trouve marquée par le lieu de ce soleil moyen, qui tourne uniformément dans l'équateur : l'ascension droite vraie du soleil, celle qui est marquée par le cercle de déclinaison qui passe par le vrai lieu du soleil, peut différer de plus de 4 degrés de la moyenne, par les deux causes dont nous avons parlé, le soleil vrai peut passer un quart-d'heure plutôt ou plus tard que le soleil moyen : l'équation du tems va même jusqu'à 0^h 16′ 13″, ou à-peu-près, le 1er de novembre.

Il suit de ces principes que la différence entre l'ascension droite moyenne du soleil, & son ascencension droite vraie, convertie en tems, nous donnera l'équation du tems; mais l'ascension droite moyenne est nécessairement de la même quantité que la longitude moyenne, puisque l'une & l'autre commencent & finissent à l'équinoxe, sont toujours proportionnelles au tems, & augmentent chaque jour de 59′ 8″; ainsi, l'équation du tems est la différence entre la longitude moyenne & l'ascension droite vraie du soleil, convertie en tems.

Mais comme nous ne pouvons, dans la pratique, trouver cette différence que par une double opération, & d'après deux principes différens, il s'ensuit que l'équation du tems a deux parties; la première est la différence entre la longitude moyenne & la longitude vraie, ou l'équation de l'orbite en tems; la seconde est la différence entre la longitude vraie & l'ascension droite vraie, aussi convertie en tems. On trouve des tables de l'une & l'autre parties, jointes à toutes les tables du soleil.

La première partie, ou la première table qui a pour argument l'anomalie du soleil, ou sa distance à l'apogée, va jusqu'à 7′ 42″ de tems, lorsque le soleil est dans ses moyennes distances, c'est-à-dire, vers 3 & 9 signes d'anomalie moyenne; cette partie est chaque année la même, parce que l'équation du centre est toujours de 1 degré 55′ 31″; mais le tems de l'année où elle arrive n'est pas toujours le même, parce que le soleil arrive chaque année un peu plus tard à son apogée, à cause du mouvement de cet apogée.

La seconde partie de l'équation du tems, ou la seconde table, qui a pour argument la longitude vraie du soleil, est la plus grande vers 46 deg. $\frac{1}{4}$ des équinoxes; mais, comme cette partie dépend de l'obliquité de l'écliptique, dont la quantité diminue peu-à-peu, cette partie de l'équation, diminue 0″, 014 pour chaque seconde de diminution de l'obliquité de l'écliptique, ce qui fait 1″ de tems dans l'espace d'environ 200 ans. Il seroit aisé de s'en assurer, en calculant la différence entre ES & EA (*fig.* 41), lorsque ES est de 46 deg. $\frac{1}{4}$, cette différence est alors de 2 degrés 28′ 24″, 8; en supposant l'angle E de 23 deg. 28′ 20″, ce qui fait 9′ 53″ $\frac{7}{10}$ de tems. On aura une équation plus petite, quand on diminuera l'angle E; l'on en trouve la différence dans les tables du soleil.

On fait aussi une *table composée* des deux autres, où l'on met l'équation du tems pour chaque longitude du soleil; mais cette table n'est sensiblement exacte que pendant quelques années, à cause du mouvement de l'apogée du soleil, qui fait que la première partie de l'équation du tems, recommence plus tard. Il peut y avoir jusqu'à 7″ d'erreur en 50 ans. Nous nous contenterons de mettre ci-après une table de l'équation du tems, qui a lieu actuellement pour chaque jour du mois, dans les années moyennes. On peut la faire servir pour les autres, par des parties proportionnelles, comme nous l'avons indiqué pour la table des déclinaisons.

On n'avoit jamais employé dans l'astronomie d'autres élémens pour l'équation du tems, que les deux quantités dont nous venons de parler, parce qu'on ne connoissoit pas d'autres sources de différences entre l'ascension droite vraie & la moyenne, que l'équation de l'orbite & l'obliquité de l'écliptique; mais, depuis que MM. Euler & Clairaut ont eu calculé les dérangemens que causent dans le mouvement réel de la terre, & par conséquent dans le mouvement apparent du soleil, les attractions de la Lune, de Vénus & de Jupiter, & que M. Bradley a eu découvert la *nutation;* ces petites équations ont dû produire une troisième partie dans l'équation du tems; car elles affectent l'ascension droite vraie du soleil, sans affecter l'ascension droite moyenne : j'en ai parlé assez au long dans le 4e livre de mon Astronomie; mais cela ne va qu'à 2 ou 3″ de tems.

L'équation du tems étoit connue & employée même du tems de Ptolemée, qui en parle dans son Almageste; mais les astronomes varièrent beaucoup sur la manière de l'employer. L'équation du tems, telle qu'on l'emploie aujourd'hui, & que nous venons de l'expliquer, ne fut connue d'une manière précise, & généralement adoptée, qu'en 1672, lorsque Flamsteed publia une dissertation sur ce sujet, à la suite des Œuvres d'Horoccius.

Cette théorie de l'*équation* des jours naturels est en usage, non-seulement dans les calculs astronomiques, mais aussi pour régler les horloges & les montres. Par-là nous connoissons pourquoi une pendule ne s'accorde point avec le soleil qui mesure le tems vrai, pourquoi elle va quelquefois avant, & quelquefois après lui : c'est pour cela que les cadrans solaires & les horloges ne sont jamais parfaitement d'accord. *Voyez* CADRAN.

Ainsi, quand on dit, par exemple, *à midi de tems moyen,* on parle du midi mesuré sur le mouvement de l'horloge; mouvement qui est uniforme & semblable à celui de l'astre imaginaire, que nous avons supposé plus haut : & quand on dit *à midi de tems vrai,* il s'agit du moment où le soleil est arrivé au méridien du lieu; moment souvent différent de celui où l'horloge marque midi. De même, quand on dit *à 2 heures 15 minutes après-midi tems moyen,* on entend *à 2 heures 15 minutes marquées par la pendule, après le midi moyen.*

ÉQUATION DU TEMPS,

Pour l'année 1786 moyenne entre deux bissextiles.

	JANVIER.		FÉVRIER.		MARS.		AVRIL.		MAI.		JUIN.	
	Equ. add.	*Diff.*	*Equ. add.*	*Diff.*	*Equ. add.*	*Diff.*	*Equ. add.*	*Diff.*	*Eq. soustr.*	*Diff.*	*Eq. soustr.*	*Diff.*
1	4′.15″,2	28″,2	14′. 6″,5	7″,0	12′,35″,9	12″,5	3′.51″,3	18″,2	3′. 9″,1	7″,3	2′.35″,6	9″,2
2	4.43,4	27,8	14.13,5	6,3	12.23,4	13,0	3.33,1	18,1	3.16,4	6,7	2.26,4	9,6
3	5.11,2	27,3	14.19,8	5,4	12.10,4	13,4	3.15,0	17,9	3.23,1	6,1	2.16,8	9,9
4	5.38,5	26,9	14.25,2	4,5	11.57,0	13,8	2.57,1	17,8	3.29,2	5,6	2. 6,9	10,3
5	6. 5,4	26,5	14.29,7	3,7	11.43,2	14,3	2.39,3	17,6	3.34,8	5,1	1.56,6	10,6
6	6.31,9	25,9	14.33,4	2,9	11.28,9	14,7	2.21,7	17,4	3.39,9	4,5	1.46,0	10,8
7	6.57,8	25,3	14.36,3	2,1	11.14,2	15,2	2. 4,3	17,2	3.44,4	3,9	1.35,2	11,1
8	7.23,1	24,8	14.38,4	1,2	10.59,0	15,6	1.47,1	17,0	3.48,3	3,4	1.24,1	11,4
9	7.47,9	24,2	14.39,6	0,4	10.43,4	16,0	1.30,1	16,7	3.51,7	2,8	1.12,7	11,6
10	8.12,1	23,6	14.40,0	0,3	10.27,4	16,3	1.13,4	16,4	3.54,5	2,3	1. 1,1	11,8
11	8.35,7	23,0	14.39,7	1,1	10.11,1	16,6	0.57,0	16,2	3.56,8	1,7	0.49,3	12,0
12	8.58,7	22,3	14.38,6	1,9	9.54,5	16,9	0.40,8	15,9	3.58,5	1,2	0.37,3	12,2
13	9.21,0	21,6	14.36,7	2,7	9.37,6	17,2	8.24,9	15,6	3.59,7	0,6	0.25,1	12,4
14	9.42,6	21,0	14.34,0	3,3	9.20,4	17,4	0. 9,3	15,2	4. 0,3	0,1	0.12,7	12,5
15	10. 3,6	20,3	14.30,7	4,1	9. 3,0	17,6	*oust.* 5,9	14,8	4. 0,2	0,6	0. 0,2	12,7
16	10.23,9	19,6	14.26,6	4,8	8.45,4	17,8	0.20,7	14,4	3.59,6	1,2	*add.* 12,5	12,8
17	10.43,5	18,9	14.21,8	5,4	8.27,6	18,0	0.35,1	14,2	3.58,4	1,7	0.25,3	12,9
18	11. 2,4	18,1	14.16,4	6,1	8. 9,6	18,2	0.49,3	13,7	3.56,7	2,3	0.38,2	12,9
19	11.20,5	17,5	14.10,3	6,8	7.51,4	18,3	1. 3,0	13,2	3.54,4	3,0	0.51,1	13,0
20	11.38,0	16,6	14. 3,5	7,4	7.33,1	18,4	1.16,2	12,7	3.51,4	3,5	1. 4,1	13,0
21	11.54,6	16,0	13.56,1	8,0	7.14,7	18,5	1.28,9	12,2	3.47,9	4,0	1.17,1	13,1
22	12.10,6	15,2	13.48,1	8,6	6.56,2	18,5	1.41,1	11,7	3.43,9	4,6	1.30,2	13,0
23	12.25,8	14,4	13.39,5	9,2	6.37,7	18,5	1.52,8	11,3	3.39,3	5,2	1.43,2	13,0
24	12.40,2	13,6	13.30,3	9,8	6.19,2	18,6	2. 4,1	10,9	3.34,1	5,7	1.56,2	12,8
25	12.53,8	12,8	13.20,5	10,3	6. 0,6	18,5	2.15,0	10,4	3.28,4	6,2	2. 9,0	12,7
26	13. 6,6	12,0	13.10,2	10,9	5.42,1	18,6	2.25,4	9,8	3.22,2	6,6	2.21,7	12,6
27	13.18,6	11,2	12.59,3	11,4	5.23,5	18,6	2.35,2	9,2	3.15,6	7,1	2.34,3	12,4
28	13.29,8	10,4	12.47,9		5. 4,9	18,5	2.44,4	8,8	3. 8,5	7,6	2.46,7	12,2
29	13.40,2	9,6			4.46,4	18,5	2.53,2	8,3	3. 0,9	8,1	2.58,9	12,0
30	13.49,8	8,8			4.27,9	18,4	3. 1,5	7,6	2.52,8	8,5	3.10,9	
31	13.58,6				4. 9,5				2.44,3	8,8		

EQUATION

ÉQUATION DU TEMPS,

Pour l'année 1786 moyenne entre deux bissextiles.

	JUILLET.		AOUT.		SEPTEMBR.		OCTOBRE.		NOVEMBR.		DÉCEMBRE.	
	Equ. add.	*Diff.*	*Equ. add.*	*Diff.*	*Eq. soustr.*	*Diff.*	*Eq. soustr.*	*Diff.*	*Eq. soustr.*	*Diff.*	*Eq. soustr.*	*Diff.*
1	5′.22″,6	11″,5	5′.53″,5	4″,0	0′.18″,6	19″,0	10′.26″,7	18″,7	16′.13″,2	0″,6	10′.28″,0	23″,3
2	3.34,1	11,1	5.49,5	4,5	0.37,6	19,2	10.45,4	18,5	16.13,8	0,3	10. 4,7	23,8
3	3.45,2	10,8	5.45,0	5,1	0.56,8	19,4	11. 3,9	18,1	16.13,5	1,1	9.40,9	24,4
4	3.56,0	10,5	5.39,9	5,7	1.16,2	19,7	11.22,0	17,7	16.12,4	1,9	9.16,5	25,0
5	4. 6,5	10,1	5.34,2	6,4	1.35,9	20,0	11.39,7	17,4	16.10,5	2,7	8.51,5	25,5
6	4.16,6	9,7	5.27,8	7,0	1.55,9	20,2	11.57,1	17,0	16. 7,8	3,6	8.26,0	26,0
7	4.26,3	9,3	5.20,8	7,6	2.16,1	20,4	12.14,1	16,6	16. 4,2	4,4	8. 0,0	26,5
8	4.35,6	8,9	5.13,2	8,1	2.36,5	20,5	12.30,7	16,1	15.59,8	5,3	7.33,5	27,1
9	4.44,5	8,5	5. 5,1	8,7	2.57,0	20,6	12.46,8	15,7	15.54,5	6,1	7. 6,4	27,5
10	4.53,0	8,1	4.56,4	9,3	3.17,6	20,7	13. 2,5	15,2	15.48,4	7,0	6.38,9	27,9
11	5. 1,1	7,7	4.47,1	9,9	3.38,3	20,8	13.17,7	14,6	15.41,4	7,9	6.11,0	28,2
12	5. 8,8	7,2	4.37,2	10,4	3.59,1	20,9	13.32,3	14,2	15.33,5	8,7	5.42,8	28,5
13	5.16,0	6,7	4.26,8	11,0	4.20,0	21,0	13.46,5	13,6	15.24,8	9,6	5.14,3	28,8
14	5.22,7	6,2	4.15,8	11,5	4.41,0	21,0	14. 0,1	13,0	15.15,2	10,5	4.45,5	29,2
15	5.28,9	5,8	4. 4,3	11,9	5. 2,0	21,0	14.13,1	12,4	15. 4,7	11,3	4.16,3	29,5
16	5.34,7	5,3	3.52,4	12,4	5.23,0	21,0	14.25,5	11,8	14.53,4	12,2	3.46,8	29,7
17	5.40,0	4,8	3.40,0	12,9	5.44,0	21,0	14.37,3	11,2	14.41,2	13,1	3.17,1	29,8
18	5.44,8	4,3	3.27,1	13,3	6. 5,0	20,9	14.48,5	10,5	14.28,1	13,9	2.47,3	30,0
19	5.49,1	3,8	3.13,8	13,8	6.25,9	20,8	14.59,0	9,9	14.14,2	14,7	2.17,3	30,1
20	5.52,9	3,2	3. 0,0	14,3	6.46,7	20,7	15. 8,9	9,2	13.59,5	15,5	1.47,2	30,1
21	5.56,1	2,6	2.45,7	14,7	7. 7,4	20,7	15.18,1	8,6	13.44,0	16,3	1.17,1	30,2
22	5.58,7	2,1	2.31,0	15,2	7.28,1	20,5	15.26,7	7,9	13.27,7	17,1	0.46,9	30,2
23	6. 0,8	1,6	2.15,8	15,6	7.48,6	20,4	15.34,6	7,2	13.10,6	17,9	0.16,7	30,2
24	6. 2,4	1,0	2. 0,2	16,0	8. 9,0	20,2	15.41,8	6,5	12.52,7	18,6	*add.* 13,5	30,0
25	6. 3,4	0,4	1.44,2	16,4	8.29,2	20,1	15.48,3	5,8	12.34,1	19,3	0.43,5	29,9
26	6. 3,8	0,2	1.27,8	16,8	8.49,8	19,9	15.54,1	5,0	12.14,8	20,0	1.13,4	29,7
27	6. 3,6	0,8	1.11,0	17,2	9. 9,2	19,7	15.59,1	4,3	11.54,8	20,8	1.43,1	29,5
28	6. 2,8	1,4	0.53,8	17,6	9.28,9	19,5	16. 3,4	3,6	11.34,0	21,4	2.12,6	29,3
29	6. 1,4	2,0	0.36,2	17,9	9.48,4	19,3	16. 7,0	2,9	11.12,6	22,0	2.41,9	29,0
30	5.59,4	2,6	0.18,3	18,3	10. 7,7		16. 9,9	2,1	10.50,6		3.10,9	28,7
31	5.56,8		0. 0,0				16,12,0				3.39,6	

La table précédente montre, pour chaque jour, la différence entre le tems uniforme & le tems apparent.

On a souvent besoin, en Astronomie, de réduire le tems moyen en tems vrai, parce que les mouvemens des planètes sont calculés dans les tables, par rapport au tems moyen, & qu'il est ensuite nécessaire, pour se conformer à l'usage civil, de connoître ces mouvemens par rapport au tems estimé selon le mouvement du soleil : de même on a besoin de réduire le tems vrai en tems moyen, lorsqu'il s'agit de comparer aux tables astronomiques l'observation de quelque phénomène.

C'est l'*équation du tems* qui a produit l'*équation de l'horloge*, qu'on mettoit autrefois dans la *Connoissance des tems.* Ce n'est autre chose que la quantité de tems dont une pendule bien réglée doit avancer sur une bonne méridienne, en la supposant d'accord le 1er de novembre; par ce moyen, la pendule avance toujours & ne retarde jamais.

On trouve, dans presque tous les almanachs astronomiques, comme dans la *connoissance des tems*, dans toutes les *Ephémérides*, *l'équation* ou *tems* pour chaque jour, ou le tems moyen qui répond au midi vrai, & qui diffère du midi de la quantité appellée *équation du tems.*

L'*équation du tems*, formée des deux inégalités ci-dessus expliquées, est la plus grande qu'il est possible, ou de 16′ 14″, vers le 1er ou le 2 novembre; la pendule retarde alors de cette quantité. Dès ce moment, la pendule retarde de moins en moins jusqu'au 23 décembre, qu'elle s'accorde à très-peu-près avec le soleil. De-là jusqu'au 15 avril, elle avance sur le soleil; du 15 avril jusqu'au 15 juin, elle retarde; du 15 juin jusqu'au 31 août, elle avance, & du 31 août jusqu'au 23 décembre, elle retarde.

On voit dans la table précédente, que l'*équation* additive au tems vrai le 1er janvier, est de 4′ 15″ & deux dixièmes; ainsi, une pendule bien réglée doit marquer ce jour-là 4′ 15″ de plus que midi, au moment où le soleil est dans le méridien, & que les cadrans solaires marquent midi; mais le 2 novembre l'*équation* est soustractive de 16′ 13″: ainsi, la pendule ne doit marquer que 11^h 43′ 47″ au moment du midi vrai.

La seconde colonne fait voir de combien une pendule exactement réglée doit avancer ou retarder sur le soleil d'un jour à l'autre; du 1er au 2 de janvier, elle doit avancer de 28″ $\frac{2}{10}$; le 1er mars elle doit retarder de 12″; le 1er juin elle doit avancer de 9″; au milieu de septembre, elle retarde de 21″ d'un jour à l'autre; & au milieu de décembre, elle avance de 30″, ou d'une minute tous les deux jours.

Si l'on vouloit mettre plus d'exactitude dans ce calcul, il faudroit avoir la table de chaque année, telle qu'elle est dans les Ephémérides, dans la Connoissance des tems, dans l'Amanach royal, dans le Nautical almanac, &c.

Mais on peut encore y suppléer assez exactement, ou à 2 ou 3 secondes près, par les corrections suivantes : dans les années bissextiles, comme 1784, 1788, &c. pour les mois de janvier & de février, il faut prendre l'*équation* 12 heures plutôt; ainsi, le 1er janvier de 4′ 15″, il faut ôter 14″, qui est le changement en 12 heures, & l'on aura 4′ 1″ : c'est l'*équation* qui a lieu le 1er janvier 1784; dans les autres mois, il faut prendre l'équation 12^h plus tard.

Dans les années qui suivent les bissextiles, comme 1785, 1789, &c. il faut prendre l'équation 6^h plus tard, & l'on aura, par exemple, pour le 1er janvier à midi, 4′ 22″.

Dans les années qui suivent les moyennes, ou qui précèdent les bissextiles, comme 1783, 1787, &c. il faut prendre l'*équation* six heures plutôt, ou à six heures du matin, dans la table précédente, pour l'avoir à midi dans les années dont il s'agit; ainsi, l'on trouvera, pour le 1er janvier à midi, 4′ 8″ en 1783. Cela ne diffère que d'une seconde du calcul rigoureux fait pour l'année 1783, dans le *Nautical almanac* de Londres, qui est la meilleure de toutes les Ephémérides. (*D. L.*)

Equation de l'orbite, *équation du centre, prostapherèse*, (*Astron.*) est la différence entre le mouvement inégal d'une planète dans son orbite, & le mouvement moyen, égal & uniforme qu'on lui suppose pour calculer plus facilement son lieu vrai. Nous avons expliqué au mot Anomalie la manière de trouver l'anomalie vraie par le moyen de l'anomalie moyenne; la différence des deux est l'*équation*; voici une table de la plus grande *équation* des planètes, telle que je l'ai déterminée par les observations; l'on trouvera ci-après différentes méthodes, pour cet effet.

Mercure	23°	40′	49″
Vénus	0	47	20
Le Soleil	1	55	32
Mars	10	40	20
Jupiter	5	34	1
Saturne	6	23	19
La Lune	6	18	32

En considérant les méthodes que nous avons indiquées pour calculer l'anomalie vraie d'une planète, on reconnoît facilement les règles suivantes :

1.° L'*équation* de l'orbite est nulle dans l'apside supérieure, puisque, vers ce point-là, le lieu moyen & le lieu vrai sont confondus; mais, en partant de l'apside, leur différence augmente rapidement, parce que la vîtesse vraie étant la plus petite, diffère le plus de la vîtesse moyenne : 2.° cette différence s'augmente chaque jour, tant que la vîtesse vraie est moindre que la vîtesse moyenne; lorsqu'elles sont égales, il se trouve un point, vers trois signes & quelques degrés d'anomalie moyenne, où la différence, qui a augmenté jusqu'alors, est devenue la plus grande, & où l'*équation* cesse d'augmenter, étant presque la même pendant quelque tems, pour diminuer ensuite jusqu'à l'apside inférieure (soit périhélie, soit périgée), où le lieu vrai & le lieu moyen se trouvent d'accord une seconde fois : 3.° l'*équation* de l'orbite est soustractive, se retranche du lieu moyen dans les six premiers signes, pour avoir le lieu vrai, parce que la vîtesse moyenne, en partant de l'apside supérieure, est plus grande que la vîtesse vraie, & le lieu moyen est plus avancé; il faut donc ôter de la longitude moyenne la quantité de l'*équation*, pour avoir le lieu vrai. Le contraire arrive après l'apside inférieure : la vîtesse vraie étant la plus grande, prévaut à son tour sur la moyenne, & le lieu vrai se trouve toujours le plus avancé dans la seconde moitié de l'ellipse, ou dans les six derniers signes de l'anomalie; alors l'*équation* de l'orbite s'ajoute au lieu moyen, pour avoir le lieu vrai, ou à l'anomalie moyenne, pour avoir l'anomalie vraie.

La plus grande *équation* d'une planète peut se calculer lorsqu'on connoît sa distance aphélie & sa distance périhélie, ou son excentricité; on peut trouver par le calcul, la plus grande *équation*, aussi-bien que le degré d'anomalie moyenne, où arrive cette plus grande *équation*; pour cela, il suffit de trouver le point *M* (*pl. d'Ast. fig.* 85), dans lequel arrive la vîtesse moyenne. En effet, dès que la planète est arrivée au point où sa vîtesse angulaire *DFM* (c'est-à-dire l'angle qu'elle parcourt, vue du soleil), est égale à la vîtesse moyenne, par exemple, de 59′ 8″ par jour, si c'est le soleil, la longitude moyenne cesse d'anticiper sur la longitude vraie, elle en diffère alors le plus qu'il est possible, parce que, jusqu'à ce moment, la vîtesse réelle, qui étoit plus petite, faisoit retarder tous les jours le lieu vrai sur le lieu moyen; mais, dès que la vîtesse vraie est devenue égale à la vîtesse moyenne, elle est prête à la surpasser; elle va commencer à regagner ce qu'elle avoit perdu jusqu'alors, le lieu vrai se rapproche du lieu moyen, & l'*équation* de l'orbite diminue. Ainsi, toute la difficulté consiste à trouver le point *M*, & l'anomalie *AFM* de la planète au moment où sa vîtesse est égale à la vîtesse angulaire moyenne; pour cela, ayant pris une ligne *FM* moyenne proportionnelle entre les deux demi-axes de l'orbite: on décrira du foyer *F* comme centre, un cercle *MGN* sur le rayon *FM*, & ce cercle aura une surface égale à celle de l'ellipse, comme on le démontre dans les sections coniques. Supposons un corps qui décrive le cercle *MN* dans un tems égal à celui de la révolution de la planète dans son ellipse, sa vîtesse angulaire sera constamment égale à la vîtesse angulaire moyenne de la planète, par exemple, de 59′ 8″ pour le soleil; l'aire décrite dans le cercle sera toujours égale à l'aire décrite en même tems dans l'ellipse, puisque les aires totales sont égales & parcourues en des tems égaux, les durées des révolutions étant les mêmes, & les aires partielles de l'ellipse proportionnelles aux parties du tems; par exemple, si le soleil décrit en un jour une aire *DFR* de son ellipse égale à la 365e partie de la surface elliptique, l'aire *EFO* décrite dans le cercle, sera aussi la 365e partie de l'aire du cercle (qui est égal à l'ellipse); la vîtesse vraie du soleil (ou l'angle *DFR*), sera donc égale à la vîtesse moyennne en *M*, c'est-à-dire à l'angle *EFO*; car ce sont deux secteurs égaux qui ont la même longueur *FM*, la même surface, & par conséquent le même angle; d'ailleurs les triangles égaux *MED*, *MRO*, qui sont l'un en dehors du cercle, & l'autre en dedans, font voir que le secteur elliptique est égal au secteur circulaire, qui a le même angle en *F*; donc, pour trouver le point de la vîtesse moyenne, il faut trouver l'intersection *M* de l'ellipse & du cercle qui lui est égal en surface. Ayant tiré du point *M* à l'autre foyer *B* de l'ellipse une ligne *MB*, l'on aura un triangle *BFM*, dans lequel on connoît les trois côtés; savoir, *BF*, qui est le double de l'excentricité; *FM* qui est la moyenne proportionnelle entre les deux demi-axes, & *BM* qui est la différence entre *FM* & le grand axe (parce que les deux lignes *FM* & *MB* font entre elles la valeur du grand axe); ainsi, résolvant le triangle *BFM*, on cherchera l'angle *F*, qui est l'anomalie vraie de la planète au tems de la plus grande *équation*; on convertira cette anomalie vraie en anomalie moyenne, & la différence sera la valeur de la plus grande *équation*.

Après avoir indiqué la manière de calculer l'*équation*, nous parlerons de la manière de l'observer. Depuis l'instant où une planète part de son aphélie *A* jusqu'au tems où elle arrive au point *M* de sa plus grande *équation*, sa vîtesse est moindre que ne seroit la vîtesse moyenne, l'anomalie vraie plus petite que l'anomalie moyenne, en diffère de plus en plus; lorsque la planète, ayant passé le périhélie *P*, se trouve au point *G* vers neuf signes d'anomalie, sa distance vraie *AFG* à l'aphélie est également plus petite que sa distance moyenne, de la quantité de la plus grande *équation*. Si l'on a deux longitudes vraies de la planète, observées en *G* & en *M*, elles différeront entre elles de la quantité de l'angle *GFM*, qui est la somme des deux anomalies vraies; mais la somme des deux anomalies moyennes sera plus grande du double de l'*équation*; il est aisé de calculer en tout tems la somme des deux anomalies moyennes, quoiqu'on ne connoisse pas le lieu de l'aphélie *A*, parce que la somme des deux anomalies moyennes est égale au mouvement moyen de la planète, dans cet intervalle de tems, & on le trouve aisément quand on connoît la durée de la révolution. Ainsi, l'excès du mouvement moyen calculé sur le mouvement vrai observé, donne le double de la plus grande *équation*, pourvu que l'on ait les deux observations en *M* & en *G*, c'est-à-dire au tems de la vitesse moyenne.

Exemple. Le 7 octobre 1751, le vrai lieu du soleil, observé par la Caille, en y faisant entrer 3 jours d'observations, discutées & comparées entre elles, fut trouvé de....... 6ˢ 13° 47′ 13″ 7

Le 28 mars, cette long. vraie fut de............	0	8	9	25 5
La différence de ces deux longitudes ou le mouvement vrai du soleil est donc.....	5ˢ	24°	22′	11″ 8
Mais, dans cet intervalle, le mouvement moyen avoit dû être par le calcul.....	5ˢ	20°	41′	33″ 2
Différence double de la plus grande équation......	3	50	28	6
Dont la moitié est l'équation de l'orbite..............	1	55	14	3

Quand on a trouvé par observation la plus grande équation, & qu'on veut en conclure l'excentricité, le plus commode est d'employer une règle de fausse position, ou de supposer d'abord connue l'excentricité que l'on cherche pour en conclure la plus grande équation; si elle se trouve trop grande, on diminuera l'excentricité supposée, & l'on recommencera le calcul. Cette méthode de déterminer l'excentricité par le moyen de la plus grande équation est souvent plus commode que celle dont se servit Képler pour trouver l'excentricité de mars, ou celle dont je me suis servi pour mercure. Au reste, nous donnerons des méthodes exactes pour trouver l'excentricité, sans recourir à la plus grande équation. *V.* Excentricité & Planète.

Equation du centre dans l'ancienne astronomie, étoit pour la lune la partie de l'inégalité qui dépendoit de l'excentricité du déférent de l'épicycle.

Equation de l'orbite ou simplement *équation*, étoit, pour le soleil, l'inégalité entière de son mouvement.

Autres équations des planètes. L'*équation* de l'orbite n'est pas la seule inégalité à laquelle le mouvement des planètes soit sujet; il est encore d'autres inégalités qui viennent principalement de l'action mutuelle que les planètes exercent les unes sur les autres, ou de celle que le soleil exerce sur les Satellites, & qu'on appelle *perturbations*.

C'est principalement dans la lune que ces *équations* sont sensibles; elles le sont aussi dans Jupiter & dans Saturne. M. Euler a calculé les inégalités de Saturne & celles de Jupiter, qui vont à quelques minutes dans des pièces qui ont remporté les prix de l'Académie en 1748 & 1752; MM. Clairaut, d'Alembert & Euler celles du soleil ou de la terre, & j'ai donné le calcul des inégalités de mercure dans les Mémoires de l'Académie pour 1771, celles de vénus dans les mémoires de 1760, & celles de mars dans les Mémoires de 1758 & 1761; elles ne vont qu'à quelques secondes.

Indépendamment de ces perturbations, saturne a éprouvé un dérangement particulier, qui ne peut pas provenir de l'action des planètes que nous connoissons. *V.* Saturne.

Equations physique & optique, dans l'ancienne astronomie, étoient les deux parties de l'inégalité d'une planète, dont l'une considérée au centre de l'excentrique, avoit lieu par rapport au centre de l'équant, & l'autre par rapport au centre du mouvement vrai.

Equation des hauteurs correspondantes. *Voyez* Hauteur.

Equation *séculaire.* L'*équation* séculaire est la quantité dont une planète, au bout de quelques siècles, est plus ou moins avancée qu'elle ne le seroit, si ses révolutions avoient été toujours de la même durée.

Képler écrivoit, en 1625, qu'ayant examiné les observations de Regiomontanus & de Waltherus, dans la bibliothèque de Mæstlinus à Tubingue, il avoit trouvé constamment les lieux de jupiter & de saturne plus ou moins avancés qu'ils ne devoient l'être selon les moyens mouvemens déterminés par les observations de Ptolemée & de Tycho; il disoit la même chose des mouvemens de mars; mais j'ai reconnu que cette planète n'a besoin d'aucune *équation séculaire*.

Saturne est de toutes les planètes celle dont l'*équation* séculaire est la plus sensible : quand on compare l'observation faite le 2 mars de l'année 228 avant l'ère vulgaire avec les observations faites dans ce siècle-ci, on trouve la durée de la révolution plus courte que par les observations faites depuis un siècle.

Si l'on se sert du moyen mouvement trouvé depuis environ 120 ans pour calculer l'observation 228 ans avant J. C., on trouve une longitude trop grande de 7°; ce qui prouve qu'on a employé un mouvement trop petit, & qu'il est moindre dans ce siècle qu'il n'a été dans les vingt autres siècles; il faudroit ôter 7 degrés de la longitude moyenne trouvée par le mouvement qui a lieu dans ce siècle; & cette *équation* séculaire de 7° prouve assez le retardement de saturne (*Mémoires de l'Académie*, 1757.)

On suppose que cette *équation* séculaire augmente comme les carrés des tems, on ne peut pas le vérifier par les observations; mais on peut y substituer un raisonnement fort naturel : les degrés de vitesse perdus par saturne en vertu de la cause qui produit son *équation* séculaire étant fort lents, ne peuvent être supposés égaux qu'en tems égaux. Dès-lors l'espace parcouru est comme le carré des tems. En effet, dans l'accélération des corps qui tombent par leur pesanteur naturelle, on observe que les espaces augmentent comme les carrés des tems ; cela vient de ce que les vitesses acquises sont comme les tems, & qu'à chaque instant le corps reçoit un accroissement de vitesse toujours égal & toujours constant. D'où il suit que les espaces sont comme les carrés des tems.

J'ai donc trouvé que l'*équation* séculaire de saturne doit être de 47″ pour le premier siècle, & de 5° 13′ 20″ pour 2000 ans.

L'*équation* séculaire de jupiter est de 30″ pour le premier siècle, & de 3° 23′ 20″ pour 2000 ans ; mais elle est en sens contraire, parce que le mouvement de jupiter paroît avoir accéléré, tandis que celui de saturne a retardé. L'*équation* séculaire de la lune, suivant les tables de la lune de Mayer, est de 9 secondes pour le premier siècle, & de 1° pour 2000 ans. J'en ai donné le calcul dans les Mémoires de 1757. Mais, pour établir cette quantité, l'on n'a que deux éclipses de soleil des années 977 & 978, qui laissent quelque obscurité. Si cette accélération de la lune est réelle, elle peut venir de la résistance de la matière éthérée ; c'est du moins le sentiment de M. l'abbé Bossut, dans une Dissertation, qui a remporté le prix de l'Académie en 1762, & M. Euler trouve qu'on ne peut expliquer cette accélération par l'attraction du soleil (*Pièces des Prix*, 1770 & 1772, *tom. ix*), mais M. de la Grange pense qu'elle n'est pas nécessaire même pour expliquer les observations.

A l'égard de l'accélération de jupiter & du retardement de saturne, on a tâché de les expliquer par leurs attractions mutuelles ; M. de la Grange, *Mélanges de Turin, tom. III ;* M. Euler, *Prix de* 1752 ; M. Cassini, *Mém. de l'Acad.* 1746, *p.* 475. Mais cette matière n'est point encore assez éclaircie.

Equation lunaire ou proemptose, *équation* solaire ou métemptose, dans le calendrier, sont le changement d'un jour qui se fait dans l'épacte, pour accorder avec le ciel les nouvelles lunes & les années. *V.* Calendrier. (*D. L.*)

EQUATORIAL, (*Astron.*) instrument destiné à suivre le mouvement diurne des astres par le moyen d'un axe parallèle à l'axe du monde, & à mesurer l'ascension droite & la déclinaison par le moyen de deux cercles qui représentent l'équateur & le cercle de déclinaison ; on y ajoute un quart de cercle, dirigé dans le méridien, qui sert à élever l'équateur pour la latitude du lieu : cet instrument est semblable, à certains égards, au *cadran équinoxial*, & même aux astrolabes des anciens ; car l'astrolabe de Ptolemée (*Almag.* VII. 4.) Ἀστρολάβος, le *torquetum* d'Apian, (*Astronomicum Cæsareum* 1540,) & de Schoner, sont des instrumens de même espèce. Ce que Ptolomée appelle ὄργανον παραλλακτικόν, est appellé *instrumentum parallaticum* par Regiomontanus & par Copernic IV. 15, ce sont deux règles à angles droits. Tycho-Brahé les appelle *Regulas parallaticas ;* il appelle armillaire l'instrument à plusieurs cercles dont Hipparque & Ptolemée se servirent ; il observe que dans le *torquetum* imaginé par les Arabes ou même par les Caldéens, on employoit des surfaces planes au lieu des armilles. (*Astron. instaur. mecanica, p.* 39.) Mais, dans le *torquetum* d'Apian, il y avoit aussi un mouvement sur un axe parallèle à l'axe du monde. Cela prouve que le nom d'*astrolabe* n'est point suffisant pour donner une idée claire. *Voyez* Astrolabe.

L'*équatorial*, du moins dans sa forme actuelle, est un instrument moderne dérivé cependant de la machine parallatique. Le plus ancien que je connoisse dans cette forme, a été fait à Lunéville, vers 1735, par Vayringe ; mais ce fut Short qui le premier accrédita ces instrumens en Angleterre, lorsqu'il en eut fait exécuter un dont la description se trouve dans les transactions philosophiques de 1749. Il y a une description de l'*équatorial* de Dollond, imprimée séparément en 16 pages *in*-4.° avec une grande planche. Enfin il y en a une par Nairne, dans les transactions de 1771, c'est celle que je vais placer ici, en attendant la description que nous promet M. Ramsden, habile Anglois, qui a exécuté beaucoup de ces instrumens avec de nouvelles perfections.

Planches d'Astronomie, fig. 216.

Sur un pied de bois *A A* est placé un cercle azimutal *C* mobile, divisé en degrés. Sur le cercle est placé une platine *D*, au bas de laquelle est fixé un axe conique *E*. Au milieu de la surface supérieure de la platine horizontale on met un niveau *F*, par le moyen duquel la platine *D* se place horizontalement, & l'axe *E* verticalement. Au-dessus de la platine s'élèvent perpendiculairement deux quarts de cercle *G*, *G*, l'un desquels est divisé en degrés pour marquer les latitudes. Ce sont ces deux quarts de cercles qui soutiennent le cercle de l'équateur *H* avec son cercle horaire qui est au-dessous. L'axe de son mouvement, qui est placé de XII à XII heures, passe par les centres des deux quarts de cercle, & porte l'index *I*, qui marque la hauteur du pole, sur les divisions du quart de cercle.

Le cercle de l'équateur est divisé en heures & minutes, & sur un cercle de 7 pouces de diamètre divisé en demi degrés, le vernier peut indiquer 12″ de tems. On y marque aussi les degrés. Le commencement des divisions doit être sur la méridienne, quoique dans la figure les XII n'y soient pas, on les a mis sur le côté pour faire voir le vernier qui subdivise les minutes.

A la partie supérieure de la plaque équatoriale sont situés les deux supports *M N*, qui soutiennent l'axe parallèle à l'équateur, avec lequel tourne la lunette, & qui porte le demi-cercle des déclinaisons *O*, qui représente un cercle horaire. Le contrepoids *Q* est placé à la partie inférieure pour faire équilibre avec le poids de la lunette, de même que les poids *R* contrebalancent la totalité de l'instrument qui tourne autour de l'axe de l'équateur, & le font rester dans toutes les positions où on le met.

Les quatre mouvemens de cette machine peuvent se faire lentement par le moyen des vis *S*, *T*, *V*, *W*, qui engrennent dans les stries ou dentelures; & quand on veut avoir un mouvement prompt, on fait désengrener les vis.

M. Ramsden fait des instrumens dont les cercles ont 7 pouces de diamètre, & qui coûtent 60 guinées ou 60 louis. On y distingue les minutes une à une. La lunette grossit depuis 40 jusqu'à 80 fois, elle porte vers l'oculaire un petit quart de cercle avec un niveau sphérique, par le moyen duquel on apperçoit la hauteur & l'angle parallactique de l'astre auquel la lunette est dirigée, afin de calculer plus aisément l'effet de la réfraction sur les ascensions droites & les déclinaisons. Je ne décrirai pas ici cette mécanique, dont M. Ramsden se propose de publier les détails; ceux qui seroient tentés de l'exécuter comprendront bien que quand le quart de cercle, qui est vers l'oculaire, est placé verticalement, il diffère de la position du cercle horaire, qui est toujours fixe sur l'oculaire de la lunette, d'une quantité égale à l'angle parallatique. Il se sert aussi d'un occulaire prismatique *P* pour regarder de côté.

L'*équatorial* se vérifie comme la *lunette parallatique*. On peut le placer à-peu-près, très-facilement; car, dès que la base est bien horizontale & l'axe monté sur la latitude du lieu, on place la lunette sur la déclinaison de l'astre, on tourne le pied, & en même-temps la lunette le long de l'équateur, jusqu'à ce que l'astre soit dans la lunette; alors on a l'angle horaire de l'astre, & la véritable direction de la méridienne, sauf les vérifications des différentes parties de l'instrument, que nous expliquerons *au mot* PARALLATIQUE.

M. Mégnié dispose l'*équatorial* d'une manière plus commode, comme on le voit dans la *fig. 217*. Sur une base *AB*, fixée horizontalement, s'élèvent deux montans *CD*, entre lesquels tourne le demi-cercle *GF* qui représente le méridien, où se marquent les latitudes terrestres, & que l'on dispose suivant la latitude du lieu où l'on observe, de manière que le cercle *EQ* qui est fixé perpendiculairement sur le méridien soit parallèle à l'équateur dans le lieu où l'on établit l'instrument.

L'axe *HX* est destiné à porter la lunette qui est fixée à son extrémité *X*; cet axe tourne dans une gouttière ou un canon dont le dessous est plan & appliqué sur l'équateur, & tourne autour du centre de celui-ci, par le moyen d'une queue ou d'un axe qui entre au centre de l'équateur dans un des rayons du demi-cercle du méridien.

A l'autre extrémité de l'axe *XH*, est fixé un cercle horaire *IK*; une alidade *M* portée par la gouttière, & qui est fixe comme elle, marque les déclinaisons sur le cercle *IK*, à mesure que le cercle tourne avec l'axe de la lunette. Par cette disposition, la lunette peut faire tout le tour du cercle horaire *IK*, & se diriger vers le pole sans être embarrassée par le support *CD*; &, ce qui est impossible dans tous les autres instrumens de cette espèce, elle peut aller entre le pôle & le zénit vers les étoiles circompolaires, dans le tems qu'elles sont à la partie supérieure de leurs parallèles.

Cet *équatorial* a aussi l'avantage de pouvoir se vérifier plus facilement que les autres; car, 1.° en retournant l'axe de la lunette dans sa gouttière de droite à gauche, on vérifie sur un objet terrestre si la lunette est perpendiculaire à son axe. 2.° En mettant l'équateur dans une position verticale, & faisant décrire 180° à la lunette, on voit sur un objet terrestre si l'axe est perpendiculaire au plan du cercle qui représente l'équateur. 3.° Un cercle entier pour les déclinaisons donne le moyen de s'assurer si les divisions sont sur un cercle concentrique à l'axe, & si elles sont égales.

Pour faire usage de l'*équatorial* plus commodément, il faudroit avoir une table de la parallaxe en ascension droite & en déclinaison pour chaque degré de déclinaison & d'angle horaire, & pour la latitude de l'observateur. Cette table est aisée à calculer quand on a celle des hauteurs & des angles parallatiques; car la réfraction en ascension droite est égale à la réfraction en hauteur multipliée par le sinus de l'angle parallactique, & divisé par le co-sinus de la déclinaison. De même la réfraction en déclinaison est égale à la réfraction en hauteur multipliée par le co-sinus de l'angle parallactique. Dollond ajoute un niveau circulaire & un petit quart de cercle vers l'occulaire, pour estimer l'effet de la réfraction. *Philos. Transact.* 1779. (*D. L.*)

ÉQUERRE, (*Astron.*) constellation méridionale, introduite par la Caille sous le nom de *Norma*, & qui est jointe avec la Règle & le Triangle austral en forme de niveau. *V.* TRIANGLE. (*D. L.*)

EQUERRE, s. f. (*Géometr.*) C'est un instrument fait de bois ou de métal, qui sert à tracer & mesurer des angles droits, comme *LEM*, (*Planc. de Géom. fig.* 70).

Elle est composée de deux règles ou jambes, qui sont jointes ou attachées perpendiculairement sur l'extrémité l'une de l'autre. Quand les deux branches sont mobiles à un point, on l'appelle *biveau* ou *fausse équerre*. *Voyez* BIVEAU.

Pour examiner si une *équerre* est juste ou non, décrivez un demi-cercle *AEF* d'un diamètre à discrétion; & dans ce demi-cercle tirez de chaque extrémité du diamètre *A* & *F* des lignes droites, vers un point pris à volonté dans la circonférence, comme *E*: appliquez l'*équerre* aux côtés de l'angle *AEF*, de manière que son sommet soit en *E*. Si l'*équerre* s'ajuste exactement aux côtés de l'angle, elle est juste; autrement, elle est fausse. (*Harris & Chambers*).

On dit que deux *lignes*, &c. sont d'*équerre*, quand elles sont perpendiculaires l'une à l'autre.

EQUERRE D'ARPENTEUR, *en terme d'Arpentage*; c'est un cercle de cuivre d'une bonne consistance, de 4, 5 ou 6 pouces de diamètre. (*Pl. d'Arpent. fig. 17*). On le divise en quatre parties égales, par deux lignes qui s'entre-coupent à angles droits au centre. Aux quatre extrémités de ces lignes & au milieu du limbe, on met quatre fortes pinnules bien rivées dans des trous quarrés, & très-perpendiculairement fendues sur ces lignes, avec des trous au-dessous de chaque fente, pour mieux distinguer les objets éloignés. On évide ce cercle, pour le rendre léger.

Au-dessous & au centre de l'instrument se doit monter à vis une virole, qui sert à soutenir l'*équerre* sur bon bâton de 4 à 5 piés (*fig. 18.*) suivant la hauteur de l'œil de l'observateur. Ce bâton est garni d'un fer pointu par le bout qui entre en terre, & l'autre bout est arrondi, pour que la virole y reste juste.

Toute la précision de cet instrument consiste en ce que les pinnules soient bien exactement fendues à angles droits; ce que l'on connoîtra facilement en bornoyant par deux pinnules un objet éloigné, & un autre objet par les deux autres pinnules. Il faut ensuite tourner l'*équerre* bien juste sur son bâton, & regarder les mêmes objets par les pinnules opposées: s'ils se rencontrent bien exactement dans l'alignement des fentes, c'est une marque de la justesse de l'instrument.

Pour éviter de fausser cette *équerre*, il faut, 1.° enfoncer en terre le bâton seul; & quand il est bien affermi, placer ladite *équerre* sur la virole, par le moyen de sa vis.

On fait aussi de ces sortes d'*équerres* où l'on met huit pinnules, de la même manière que celles décrites ci-dessus; elles servent pour avoir les angles de 45 degrés, ainsi qu'aux Jardiniers pour aligner & planter des allées d'arbres en étoile.

Voici la manière de se servir de cet instrument. Supposons qu'on veuille lever le plan du champ *ABCDE* (*Pl. de l'Arpent. fig. 24.*): on plantera des jallons ou des piquets bien à-plomb à tous les angles; on mesurera la ligne *AC*, & les perpendiculaires qui tombent des angles sur cette ligne, & l'on écrira séparément ces mesures. Pour trouver le point *F*, extrémité d'une des perpendiculaires, on plantera des jallons à discrétion sur la ligne *AC*, & l'on mettra le pied de l'instrument sur la même ligne, de manière qu'à travers deux alidades opposées on puisse voir deux jallons plantés sur cette ligne; & à travers les deux autres alidades, le jallon. *E*. Si, dans cette station, le point *E* n'est point visible, on reculera ou l'on avancera l'instrument, jusqu'à ce que les lignes *AF*, *EF* fassent un angle droit en *F*: par ce moyen on aura le plan du triangle *AFE*. On trouvera de la même manière le point *H* où tombe la perpendiculaire *DH*, dont on mesurera la longueur avec celle de *HF*, pour avoir le plan du trapèse *EFHD*.

On mesurera ensuite *HC*, qui fait un angle droit avec *HD*, & on aura le plan du triangle *DHC*. Il ne restera plus après cela qu'à trouver le point *G*, où tombe la perpendiculaire *BG*. On trouvera ce point de la même manière que les autres, & on aura par ce moyen le plan de tout le champ *ABCDE*, dont on aura l'aire ou la surface en ajoutant ensemble les triangles & les trapèses. *Voyez* AIRE, SURFACE, TRIANGLE, TRAPESE, *&c.* Voy. *aussi* ARPENTEUR, CHAÎNE, LEVER UN PLAN, *&c.* (*E*).

EQUERRES, (*Hydrauliq.*) sont des coudes qu'on est obligé de faire à une conduite, lorsque le dessein d'un jardin vous assujétit à des angles indispensables.

Equerre se dit encore de grosses plates-bandes de fer dont on garnit les angles des réservoirs de plomb élevés en l'air, pour soutenir la poussée & l'écartement des côtés. (*K*)

EQUIANGLE, adj. en *Géometrie*, se dit des figures dont les angles sont égaux. *Voyez* ANGLE.

Un quarré est une figure *équiangle*. *Voy.* QUARRÉ. Un triangle équilatéral est aussi *équiangle*. *Voy.* EQUILATÉRAL.

Quand les trois angles d'un triangle sont égaux aux trois angles d'un autre triangle, on appelle ces triangles *équiangles* entr'eux. *Voyez* TRIANGLE. (*E*)

Le mot *équiangle* s'emploie plus souvent dans ce dernier sens relatif, lorsqu'on compare les angles d'une figure à ceux d'une autre, que dans le premier sens, lorsqu'on compare entr'eux les angles d'une seule figure. Cependant il est utile de s'en servir dans les deux acceptions, pour éviter les circonlocutions, ayant soin d'ailleurs que ce mot ne fasse point d'équivoque; une figure *équiangle* tout court, est une figure dont les angles sont égaux entr'eux; une figure *équiangle* à une autre ou deux figures *équiangles* entr'elles, sont deux figures dont les angles sont égaux chacun à chacun. Peut-être feroit-on encore mieux de se servir, dans le premier cas, du mot *équiangulaire*, (qui n'est pas même tout-à-fait hors d'usage) à l'exemple de *quadrangulaire*, & d'employer, dans le second cas, le mot *équiangle*: une figure *équiangulaire*, deux figures *équiangles*, *&c.* (*O*)

EQUICRURAL, adj. (*Géom.*) Un triangle *équicrural* est celui dont deux côtés sont égaux, & qu'on appelle plus communément un *triangle isoscèle*. *Voy.* ISOSCELE & TRIANGLE. (*E*)

On peut appeller *équicrural*, un angle, une figure dont les côtés sont égaux. Mais ce mot n'est plus en usage, parce que ceux d'*isocèle* & *équilatéral* y suppléent. (*O*)

EQUICULUS, *Equuleus*, ou *Equus minor*, (*Astronom.*) est une constellation de l'hémisphère feptentrional, autrement nommé *petit cheval*. *Voy.* Cheval, (*Aftron.*) (*O*)

EQUIDIFFÉRENT, adj. en *Arithmétique*. Si dans une fuite de trois quantités il y a la même différence entre la première & la feconde, qu'entre la feconde & la troifième, on dit alors que ces quantités font *continuement équidifférentes*; mais fi, dans une fuite de quatre quantités, il y a la même différence entre la première & la feconde, qu'entre la troifième & la quatrième; on appelle ces quantités *difcrètement équidifférentes*. *Voyez* Raison & Rapport.

Ainfi, 3, 6, 7 & 10 font *difcrètement équidifférentes*; & 3, 6 & 9 *continuement équidifférentes*. *Harris & Chambers*. *Voyez* Discret, Continu & Quantité. *Voyez auffi* Proportion Arithmétique. (*E*)

EQUIDISTANT, adj. *en Géométrie*, eft un terme qui exprime la relation de deux chofes, en tant qu'elles font à la même ou à une égale diftance l'une de l'autre. *Voyez* Distance.

Ainfi, on peut dire que les lignes parallèles font *équidiftantes*, ou *également diftantes*; parce que ni l'une ni l'autre ne s'éloigne ni ne s'approche. *Voy.* Parallele. *Harris & Chambers*. (*E*)

On peut néanmoins remarquer qu'il y a cette différence entre *équidiftant* & *parallèle*, que le dernier s'applique à une étendue continue, ou confidérée comme telle, & le premier à des parties de cette étendue ifolées & comparées; ainfi, on peut dire que dans deux lignes *parallèles*, deux points quelconques correfpondans, c'eft-à-dire, fitués dans la même perpendiculaire à ces deux lignes, font toujours *équidiftans*; que dans deux rangées d'arbres parallèles chaque arbre eft *équidiftant* de fon correfpondant dans l'autre allée. *Equidiftant* s'employe encore lorfque dans une *même* portion d'étendue on compare des particules fituées à égales diftances les unes des autres; ainfi, dans une feule rangée d'arbres plantés à égale diftance l'un de l'autre, on peut dire que les arbres font *équidiftans*; au lieu que *parallèle* ne s'employe jamais qu'en comparant la pofition de *deux* portions d'étendue diftinguées. Telles font les différences des mots *parallèle* & *équidiftant*: la Géométrie, comme l'on voit, a fes fynonymes ainfi que la Grammaire. (*O*)

EQUILATERAL, *ou* EQUILATERE, adj. (*Géom.*) fe dit de tout ce qui a les côtés égaux. Ce mot eft formé des deux mots latins *æquus* égal, & *latus* côté.

Ainfi un triangle *équilatéral* eft celui dont les côtés font tous d'une égale longueur. Dans un triangle *équilatéral*, tous les angles font auffi égaux. *Voyez* Triangle & Figure.

Tous les poligones réguliers & tous les corps réguliers font *équilatéraux*. *Voyez* Poligone, Régulier, &c. *Harris & Chambers*. (*E*)

Le mot *équilatéral* eft plus en ufage qu'*équilatere*, cependant ce dernier n'eft pas encore tout-à-fait profcrit; il eft même en quelques cas plus en ufage que l'autre, comme dans le cas fuivant.

Hyperbole équilatère eft celle dans laquelle les axes conjugués comme *A B*, *de* font égaux. (*Planches des coniques*, *fig.* 20).

Donc 1.° comme le paramètre d'une hyperbole eft une troifième proportionnelle aux axes conjugués, il leur eft égal dans l'hyperbole *équilatère*: 2.° fi dans l'équation $y^2 = bx + bx^2 : a$ qui eft l'équation générale des hyperboles, nous faifons $b = a$; l'équation $y^2 = ax + xx$ eft celle d'une hyperbole *équilatère*. *Voyez* Hyperbole.

Dans cette dernière équation on prend l'origine des co-ordonnées au fommet de l'hyperbole: fi on les prenoit au centre, l'équation de l'hyperbole *équilatère* rapportée à fon premier axe feroit $yy = xx - \frac{aa}{4}$, & rapportée au fecond axe, elle feroit $yy = xx + \frac{aa}{4}$. (*O*)

EQUILIBRE, f. m. (*Méchanique*) fignifie une égalité de force exacte entre deux corps qui agiffent l'un contre l'autre. Une balance eft en *équilibre* quand les deux parties fe foutiennent fi exactement, que ni l'une ni l'autre ne monte ni ne defcend, mais qu'elles confervent toutes deux leur pofition parallèle à l'horizon. C'eft de-là que le mot *équilibre* tire fon étymologie, étant compofé de *æquus*, égal, & *libra*, balance. C'eft pourquoi auffi on fe fert fouvent du mot *balancer* ou *contrebalancer* pour défigner l'*équilibre*. *Voyez* Balance & Levier.

En général, la partie de la Méchanique qu'on appelle *ftatique*, a pour objet les loix de l'*équilibre* des corps.

Pour que deux corps ou deux forces fe faffent *équilibre*, il faut que ces forces foient égales, & qu'elles foient directement oppofées l'une à l'autre.

Lorfque plufieurs forces ou puiffances agiffent les unes contre les autres, il faut commencer par réduire deux de ces puiffances à une feule, ce qui fe fera en prolongeant leurs directions jufqu'à ce qu'elles fe rencontrent, & cherchant enfuite par les règles de la compofition des forces, la direction & la valeur de la puiffance qui réfulte de ces deux-là; on cherchera enfuite de la même manière, la puiffance réfultante de cette dernière, & d'une autre quelconque des puiffances données, & en opérant ainfi de fuite, on réduira toutes ces puiffances à une feule. Or, pour qu'il y ait *équilibre*, il faut que cette dernière puiffance foit nulle, ou que fa direction paffe par quelque point fixe qui en détruife l'effet.

Si quelques-unes des puiffances étoient parallèles, il faudroit fuppofer que leur point de concours fût infiniment éloigné, & on trouveroit alors facilement la valeur de la puiffance qui en réfulteroit, & fa direction. *Voyez la Méchanique* de Varignon.

Le principe

Le principe de l'*équilibre* est un des plus essentiels de la Méchanique, & on y peut réduire tout ce qui concerne le mouvement des corps qui agissent les uns sur les autres d'une manière quelconque. *Voyez* DYNAMIQUE.

Il y a *équilibre* entre deux corps, lorsque leurs directions sont exactement opposées, & que leurs masses sont entr'elles en raison inverse des vitesses avec lesquelles ils tendent à se mouvoir. Cette proposition est reconnue pour vraie par tous les Méchaniciens. Mais il n'est peut-être pas aussi facile qu'ils l'ont cru de la démontrer en toute rigueur, & d'une manière qui ne renferme aucune obscurité. Aussi la plupart ont-ils mieux aimé la traiter d'*axiome* que de s'appliquer à la prouver. Cependant, si on y veut faire attention, on verra qu'il n'y a qu'un seul cas où l'*équilibre* se manifeste d'une manière claire & distincte, c'est celui où les deux corps ont des masses égales & des vitesses *de tendance* égales & en sens contraires. Car alors il n'y a point de raison pour que l'un des corps se meuve plutôt que l'autre. Il faut donc tâcher de réduire tous les autres cas, à ce premier cas simple & évident par lui-même; or, c'est ce qui ne laisse pas d'être difficile, principalement lorsque les masses sont incommensurables. Aussi n'avons-nous presque aucun ouvrage de Méchanique, où la proposition dont il s'agit, soit prouvée avec l'exactitude qu'elle exige. La plupart se contentent de dire que la force d'un corps est le produit de sa masse par sa vitesse, & que quand ces produits sont égaux, il doit y avoir *équilibre*, parce que les forces sont égales; ces auteurs ne prennent pas garde que le mot de *force* ne présente à l'esprit aucune idée nette, & que les Méchaniciens même sont si peu d'accord là-dessus, que plusieurs prétendent que la force est le produit de la masse par le quarré de la vitesse. *Voyez* FORCES VIVES. Dans mon *traité de Dynamique*, imprimé en 1743, *page 37 & suiv.* j'ai tâché de démontrer rigoureusement la proposition dont il s'agit, & j'y renvoye mes lecteurs; j'ajouterai seulement ici les observations suivantes.

1.° Pour démontrer le plus rigoureusement qu'il est possible la proposition dont il s'agit, il faut supposer d'abord que les deux corps qui se choquent soient des parallèlepipedes égaux & rectangles, dont les bases soient égales, & s'appliquent directement l'une sur l'autre; ensuite on supposera que la base demeurant la même, un des parallèlepipedes s'alonge en même proportion que sa vitesse diminue; par ce moyen on démontrera l'*équilibre* dans les parallèlepides de même base, en suivant la méthode de l'endroit cité dans notre *traité de Dynamique*.

2.° Quand un des parallèlepipedes est double de l'autre, au lieu de partager la vitesse V du petit en deux, on peut partager la masse m du grand en deux autres qui aient chacune la vitesse $\frac{V}{2}$ & dont, outre cela, la partie antérieure ait encore la vitesse $\frac{V}{2}$, & la partie postérieure la vitesse $\frac{V}{2}$ en sens contraire; car, par ce moyen, les deux parties du grand corps se feront *équilibre* entr'elles, & il ne restera plus qu'une masse M d'une part, animée de la vitesse V, & de l'autre qu'une masse $\frac{m}{2}$ ou M animée de la vitesse $\frac{V}{2}+\frac{V}{2}=V$ c'est-à-dire que tout sera égal de part & d'autre. On peut appliquer le même raisonnement aux autres cas plus composés.

3.° Quand on aura démontré les loix de l'*équilibre* pour des parallèlepipedes de même base, on les démontrera pour des parallèlepipedes de bases différentes, en employant le principe suivant: *si deux parallèlepipedes, égaux, rectangles, & semblables, sont fixés aux deux extrémités d'un levier, & qu'entre ces deux parallèlepipedes, on en place deux autres à égale distance des extrémités du levier, & qui agissent en sens contraire aux deux premiers, avec la même vîtesse de tendance, il y aura équilibre*; proposition dont la vérité ne sera point contestée, mais qu'il est peut-être difficile de démontrer rigoureusement. Sur quoi *voyez l'article* LEVIER.

4.° On applique ensuite cette même proposition, pour démontrer l'*équilibre* des corps de figure quelconque, dont les masses sont en raison inverse de leurs vitesses, & qui agissent l'un sur l'autre, suivant des lignes qui passent par leur centre de gravité. Par le moyen de ces différens théorèmes, on aura démontré, rigoureusement & sans restriction, la loi de l'*équilibre* dans les corps qui se choquent directement. A l'égard de l'*équilibre* dans le levier, & autres machines, *voyez* LEVIER, POULIE, FORCES MOUVANTES, ROUE, COIN, MACHINE FUNICULAIRE, VIS, *&c.*

5.° On a demandé plusieurs fois si les loix du choc des corps sont telles qu'il ne pût pas y en avoir d'autres. Nous avons démontré *au mot* DYNAMIQUE, que les loix du choc dépendent de celles de l'*équilibre*; ainsi, la question se réduit à savoir, si les loix de l'*équilibre* sont telles qu'il ne puisse pas y en avoir d'autres; or les loix de l'*équilibre* se réduisent, comme nous avons vu dans cet article, à l'*équilibre* de deux corps égaux & semblables, animés en sens contraire de vitesses *de tendance* égales. Tout se réduit donc à savoir, s'il peut encore y avoir *équilibre* dans d'autres cas; c'est-à-dire, par exemple, si deux corps égaux, dont les vitesses contraires sont inégales, pourront se faire absolument *équilibre*, ou ce qui est la même chose, comme il est aisé de le voir, si un corps A animé d'une vitesse quelconque a, & venant frapper un autre corps égal en repos, les deux corps resteront en repos après le choc. Il semble que ce dernier cas est impossible; car au lieu de supposer le second corps en repos, supposons-le animé de la vitesse $-a$ égale & en sens contraire à la vitesse a; il est certain d'abord que, dans ce cas, il y aura *équilibre*; supposons à présent que dans l'instant où il est animé de la vîtesse $-a$, par laquelle il fait *équilibre* au premier corps, il soit animé de la vîtesse $+a$, il est évident 1.° que rien n'empêchant l'action de cette dernière vîtesse, puisque l'autre $-a$ est détruite par l'action du premier corps, rien n'empêchera ce second corps de se mouvoir avec la vîtesse $+a$; cependant, ce même corps animé des vîtesses $+a$, $-a$, est dans un cas semblable à celui du repos, où nous l'avons supposé, & puisqu'on suppose que ce second corps en repos, ne seroit point mû par le premier, ce second corps seroit donc tout-à-la-fois en repos & en mouvement, ce qui est absurde. Donc il n'y a de vrai cas d'*équilibre*, que celui des vîtesses égales & contraires. Donc, &c.

6.° Donc, quand deux corps sont en *équilibre*, en vertu de la raison inverse de leur vîtesse & de leurs masses, si on augmente ou qu'on diminue si peu qu'on voudra la masse ou la vîtesse d'un des corps, il n'y aura plus d'*équilibre*. Il faut nécessairement supposer cette dernière proposition, pour démontrer la proposition ordinaire de l'*équilibre* dans le cas de l'incommensurabilité des masses, *voyez page* 39 de ma *Dynamique;* car dans le cas des incommensurables, on ne démontre que par la réduction à l'absurde; & la seule absurdité à laquelle on puisse réduire ici, comme on le peut voir par la démonstration citée, c'est qu'une masse plus grande fait le même effet qu'une moindre avec la même vîtesse. Il est assez singulier que, pour démontrer une proposition nécessairement vraie, telle que celle de l'*équilibre* des masses, en raison inverse des vîtesses, il faille absolument supposer cette autre proposition, qui paroît moins nécessairement vraie; *qu'un corps en mouvement venant frapper un autre corps en repos, lui donnera nécessairement du mouvement.* Cette connexion forcée n'est-elle pas une preuve que la seconde proposition est aussi nécessairement vraie que la première? Il me semble que ce raisonnement n'est pas sans force, surtout si on le joint à celui de l'article 5 précédent.

De tout cela, il s'ensuit qu'il n'y a qu'une seule loi possible d'*équilibre*, un seul cas où il ait lieu, celui des masses en raison inverse des vîtesses; que par conséquent un corps en mouvement, en mouvera toujours un autre en repos: or ce corps en mouvement, en communiquant une partie du sien, en doit garder le plus qu'il est possible, c'est-à-dire, n'en doit communiquer que ce qu'il faut pour que les deux corps aillent de compagnie après le choc avec une vîtesse égale. De ces deux principes résultent les loix du mouvement & de la Dynamique; & il résulte de tout ce qui a été dit, que ces loix sont non-seulement les plus simples & les meilleures, mais encore les seules que le Créateur ait pu établir d'après les propriétés qu'il a données à la matière. *Voyez* DYNAMIQUE, PERCUSSION.

Sur l'*équilibre* des fluides, *voyez* FLUIDE, HYDROSTATIQUE, &c.

Au reste, on ne devroit, à la rigueur, employer le mot *équilibre*, que pour désigner le repos de deux puissances ou deux corps qui sont dans un état d'effort continuel, & continuellement contre-balancé par un effort contraire, en sorte que si un des deux efforts contraires venoit à cesser ou à être diminué, il s'ensuivroit du mouvement. Ainsi, deux poids attachés aux bras d'une balance, sont en *équilibre* dans le sens proprement dit: car ces deux poids agissent sans cesse l'un contre l'autre, & si vous diminuez un des poids, la balance sera en mouvement. Au contraire, deux corps égaux & durs, qui se choquent en sens opposés avec des vîtesses égales, détruisent à la vérité leurs mouvemens, mais ne sont pas proprement en *équilibre*, parce que l'effort réciproque des deux corps est anéanti par le choc; après l'instant du choc, ces deux corps ont perdu leur tendance, même au mouvement, & sont dans un repos absolu & respectif, en sorte que si on ôtoit un des corps, l'autre resteroit en repos sans se mouvoir. Cependant, pour généraliser les idées, & simplifier le langage, nous donnons dans cet article le nom d'*équilibre*, à tout état de deux puissances, ou forces égales qui se détruisent, soit que cet état soit instantané, soit qu'il dure aussi long-tems qu'on voudra. (*O*)

* On trouve dans les *Mémoires de l'académie des sciences* de Berlin, année 1752, une démonstration métaphysique du principe général de l'*équilibre*, qui est du célèbre M. Euler. Son utilité nous a engagé à la placer ici, vu que d'ailleurs elle est assez simple pour être à la portée de tous les lecteurs médiocrement versés dans le calcul différentiel. Voici en quoi elle consiste. Mais comme l'*équilibre* est produit par l'action des forces, il est nécessaire d'expliquer, avant toutes choses ce que l'on entend par ce mot, afin de s'en former une juste idée.

On donne en général le nom de *force*, à tout ce qui peut changer l'état d'un corps, soit pour le faire passer du repos au mouvement, ou réciproquement du mouvement au repos, soit enfin pour faire varier ce mouvement d'une manière quelconque. Il y a deux choses à considérer dans chaque force, sa direction, ou dans quel sens elle agit sur un corps; & sa grandeur. La direction de la force est toujours exprimée par la ligne droite, suivant laquelle la force tend à entraîner le corps; & on se forme une idée de sa grandeur, en prenant une force connue pour l'unité, & en examinant combien celle-ci est contenue dans une autre force quelconque.

Mais on peut encore se former une idée plus distincte de ces choses, en se les représentant de cette manière. Supposez que le corps *A*, (*Planches Méchaniques*, *fig.* 75), soit attaché par la corde *EF*, à la barre *MM*, avec qui elle fait un angle droit. Supposez encore une barre *NN*, parallèle à la première, mais immobile, & que ces deux barres soient jointes ensemble par les filets *ff*,

22, 33, &c. perpendiculaires à NN, qui peuvent se contracter : en sorte que quand cela arrive, la barre MM & le corps sont obligés de s'approcher de NN. Il est évident que, si l'on prend chaque filet pour l'unité, & que le nombre en soit $= N$, ce nombre exprimera aussi la force totale de tous ces filets pour tirer le corps A vers NN, suivant la direction EF.

De-là, il suit que l'action de cette force consiste dans la contraction actuelle des filets 11, 22, &c. & que cette action sur le corps A est d'autant plus grande, que les filets se sont plus raccourcis : on suppose d'ailleurs que dans quelqu'état qu'ils soient, ils aient toujours le même pouvoir de se contracter. Par conséquent, le raccourcissement des filets est la juste mesure de l'action de la force totale N : si donc ils se sont raccourcis d'une quantité z, & que le corps ait été ainsi entraîné par un espace $= z$, l'action de la force sur le corps A, sera exprimée par la quantité Nz, qui exprime aussi le raccourcissement total des filets.

Que la distance du corps A, à la barre immobile NN, soit égale à x, & que la longueur de la corde EF soit égale à b, qui doit être une quantité constante; $x - b$ exprimera la longueur des filets, & $N(x - b)$ la somme des longueurs de tous les filets. Or cette quantité devient de plus en plus petite, par l'action de la force; mais comme b est constant, il n'y a que x qui puisse diminuer; par conséquent, l'objet de la force est de diminuer la quantité Nx, qui est le produit de la force N, par la distance du corps A à la barre immobile NN. Il est évident qu'on peut se passer ici de la considération de la distance absolue, puisque la force est censée constante : car si la barre NN étoit à toute autre distance du corps A, la même contraction des filets produiroit toujours la même diminution dans la quantité Nx, pourvu que cette barre fût toujours perpendiculaire à la direction EF, suivant laquelle on conçoit que le corps est sollicité à se mouvoir par la force N.

Après avoir ainsi exposé en quoi consiste l'action d'une force, on en peut facilement tirer ce principe général, *Que toute force agit autant qu'elle peut:* proposition qui est assez évidente, pour être admise comme un axiome par tous ceux qui en auront compris le sens. Car l'action de la force consistant dans la contraction des filets, ils ne cesseront de se contracter tant qu'ils ne rencontreront pas d'obstacle invincible. Par conséquent ces filets, & partant la force qui en est composée, agira autant qu'elle pourra, ou jusqu'à ce qu'elle rencontre un obstacle invincible.

Mais lorsqu'un corps, ou un système de corps, est en *équilibre*, les forces qui le sollicitent à se mouvoir sont tellement opposées entr'elles, qu'elles ne sauroient agir ou remuer le corps; il faut alors que l'action des forces soit la plus grande, ou que les filets dont les forces sont composées, se trouvent alors dans leur plus grande contraction, en sorte qu'il est impossible qu'ils se contractent davantage. Ainsi, un corps, ou un système de corps, sera en *équilibre*, quand les forces qui le sollicitent à se mouvoir, seront tellement disposées à l'égard du corps ou du système de corps, que la contraction des filets soit la plus grande, ou que la somme des longueurs des filets pris ensemble, soit la plus petite qu'il est possible. Que l'on considère, par exemple, dans un système de corps, chaque force séparément, de même que sa direction, sur laquelle on prendra une distance arbitraire x; nommant après cela la force qui agit suivant cette direction N, Nx sera la somme des filets dont cette force est censée composée. Et, dans le cas d'*équilibre*, la somme de tous ces Nx, qui conviennent à chacune des forces prises séparément, doit être la plus petite, puisque la contraction des filets est alors la plus grande.

La force de ce raisonnement consiste en ce que l'on réduit toutes les forces à un certain nombre de filets semblables & égaux entr'eux, qui par la faculté qu'ils ont de se raccourcir, composent la force même. Ainsi, lorsque le corps est en *équilibre*, il faut que les filets de toutes les forces qui agissent sur lui, soient dans leur plus grande contraction, conformément à l'axiome ci-dessus. Car, s'ils pouvoient encore se contracter, ils le feroient, & le corps ne seroit pas en *équilibre*. Donc, si le corps est en *équilibre*, la contraction de tous les filets est la plus grande, ou ils n'en sauroient recevoir aucune, ou ce qui revient au même, la somme de toutes les forces sollicitantes est la plus petite.

Telle est donc la règle générale, pour trouver quel doit être l'état des corps sollicités par des forces quelconques, pourvu qu'elles ne varient point suivant la distance, afin qu'ils soient entr'eux en *équilibre*. Suivant cette règle, on considérera chaque force à part, on prendra sur sa direction un point fixe, & on multipliera la force par la distance de ce point au lieu de l'application de la force, ou par la distance qu'il y a de ce point au corps sur lequel elle agit. On assemblera ensuite tous ces produits; & la somme qui en résultera, sera un *minimum* dans le cas d'*équilibre*. Et réciproquement, on pourra déterminer, par la méthode des plus grands & des plus petits, l'état d'*équilibre*, lorsque les forces sont constantes, ou que la quantité N, qui a exprimé jusqu'ici la force, ne dépend point de la quantité x qui a été considérée comme la variable.

La force de la gravité est de ce genre, car sa variation est insensible à de petites distances de la terre. Si donc on considère un corps AB, (*fig.* 76), dont les parties M ne sont sollicitées à se mouvoir que par l'action de la gravité, suivant la direction verticale MP, & que l'on prenne à volonté sur cette ligne un point fixe P, qui soit dans l'horizontale NN; on fera la distance $MP = x$; & nommant la masse de la particule M, dM, ce dM exprimera en même tems le poids de la particule

M, ou la force avec laquelle elle est sollicitée à se mouvoir suivant *MP* : donc $x\,dM$ est dans ce cas le produit qu'il faut mettre à la place de Nx, pour cette particule ; & partant la somme de tous les $x\,dM$ qui résultent de tous les élémens du corps, sera la plus petite, lorsque le corps se trouvera en *équilibre*. Mais on sait que la somme de tous les $x\,dM$ exprime le produit du poids entier du corps, par la distance de son centre de gravité à la même ligne horizontale *N N*. Si donc on suppose que *G* soit le centre de ce corps, le produit $M \times GH$, qui est égal à la somme de tous les $x\,dM$, sera un *minimum* en cas d'*équilibre*. D'où l'on voit que les corps pesans ne sauroient être en *équilibre*, à moins que leur centre de gravité ne soit aussi bas qu'il est possible.

La démonstration que l'on vient de donner du principe de l'*équilibre*, suppose que l'action des forces sur les corps ne varie point, à quelque distance qu'elles en soient. Car si les forces ne sont pas constantes, il faudra supposer le nombre des filets variable, pendant qu'ils se contractent, puisqu'on les a envisagés comme conservant toujours le même pouvoir. Voici comment il faut envisager la chose dans le cas où la force varie suivant les distances. La force représentée par Nx ; doit être décomposée en ses élémens $N\,dx$; & comme *N*, qui représente le nombre des filets à chaque distance Px, est variable, qu'on suppose ce nombre $= P$, on aura $P\,dx$ pour l'élément de la force : dont l'intégrale $\int P\,dx$ sera la juste valeur qui doit être mise à la place de Nx, quand la force est variable.

Afin de répandre un plus grand jour sur ce sujet, il faut considérer comment les formules Nx, que les forces constantes donnent, deviennent un *minimum*. Cela arrive, lorsque leurs différentielles $N\,dx$, prises ensemble, s'évanouissent : mais, dans ces différentielles, il n'est plus question si la force *N* est constante ou non. Donc, si la force est variable, & qu'elle soit $= P$, on aura $P\,dx$, au lieu de $N\,dx$, dont la somme doit être égalée à zéro ; par conséquent, la formule qui devient un *minimum* en cas d'*équilibre*, doit être composée de celles-ci $\int P\,dx$, que l'on doit tirer de chacune des forces sollicitantes ; d'où l'on voit que dans le cas des forces constantes, ou de $P = N$, on aura les mêmes formules Nx, pour rendre un *minimum*, que celles que l'on a trouvées ci-dessus.

Tel est donc le principe universel qui convient à tout état d'*équilibre*. En vertu de ce principe, il faut considérer séparément chaque force qui sollicite le corps à se mouvoir : supposez que ces forces soient $= P, Q, R$, &c. & que les directions suivant lesquelles elles agissent sur le corps *M*, (*fig.* 77), soient *AF*, *BG*, *CH*; prenez à volonté sur ces directions les points fixes *F*, *G*, *H*; & nommant *AF*, *x*, *BG*, *y*, *CH*, *z*, on aura pour l'état d'*équilibre* $\int P\,dx + \int Q\,dy + \int R\,dz +$ &c. qui doit être un *minimum*. Pour la commodité du calcul, il convient de placer les points fixes *F*, *G*, *H*, dans de certains endroits plutôt qu'ailleurs : ainsi, dans le cas des forces centrales que l'on exprime par de certaines fonctions de la distance à leurs centres de forces, il faut placer ces points dans les centres mêmes. Alors *P*, *Q*, *R*, &c. pouvant être exprimés par ces quantités αx^n, βy^n, γz^n, &c. l'expression dont l'on devra faire un *minimum*, sera, $\frac{\alpha}{n+1} x^{n+1} + \frac{\beta}{n+1} y^{n+1} + \frac{\gamma}{n+1} z^{n+1} +$ &c. & cela s'observera dans tous les cas semblables.

Comme la force *P* fournit dans tous les calculs une quantité pareille à celle-ci $\int P\,dx$, si on nomme *effort* l'intégrale de cette quantité résultant de la force *P*, on pourra renfermer le principe général d'*équilibre* dans cette règle bien simple :

La somme de tous les efforts que des forces font sur un corps, doit être un minimum *pour que ce corps soit en équilibre.*

Lorsque le corps dont on cherche l'état d'*équilibre*, est flexible ou même fluide, il en faut considérer tous les élémens séparément, de même que les forces qui les sollicitent, pour en tirer d'abord tous les efforts que chaque élément soutient. Ensuite on trouvera, par le calcul intégral, la somme de tous ces efforts, ou l'effort total que le corps éprouve, de laquelle on fera un *minimum*, qui indiquera alors les conditions requises pour que le corps soit en *équilibre*.

Il faut remarquer qu'il n'est pas nécessaire d'introduire dans le calcul de l'*équilibre*, les forces qui attachent le corps à quelque objet fixe, ou qui le tiennent arrêté. Ainsi, si on veut trouver, par cette méthode, la courbure d'une chaîne suspendue, on ne fera pas attention à l'effort que souffrent les clous auxquels la chaîne est suspendue ; & lorsqu'il est question de l'*équilibre* d'un fluide renfermé dans un vaisseau, il n'est pas nécessaire de considérer les forces avec lesquelles le fluide presse le vaisseau. Il suffira, dans l'un & l'autre cas, de considérer les seules forces de la gravité, pour en déterminer l'état d'*équilibre*. La raison de cette distinction est aisée à comprendre, par la manière d'envisager l'action des forces, savoir, dans la contraction des filets. Ainsi, s'il y a des forces auxquelles le corps ne sauroit obéir, comme celles qui le tiennent à quelque objet immobile, elles n'entreront point dans le calcul, mais seulement celles qui peuvent imprimer quelque mouvement au corps ; on en prendra les efforts, comme on l'a déja dit, & faisant des sommes un *minimum*, on trouvera par ce moyen l'état d'*équilibre* du corps. (*J.*)

ÉQUIMULTIPLE, adj. *en Arithmétique & en Géométrie*, se dit des grandeurs multipliées également, c'est-à-dire par des quantités ou des multiplicateurs égaux. *Voyez* MULTIPLICATION.

Si on prend *A* autant de fois que *B*, c'est-à-dire si on les multiplie également, il y aura toujours le même rapport entre les grandeurs ainsi multipliées, qu'il y avoit entre les grandeurs primitives avant la multiplication. Or, ces grandeurs ainsi également multipliées, sont nommées *équimultiples* de leurs primitives A & B; c'est pourquoi nous disons que les *équimultiples* sont en raison des quantités simples. *Voyez* RAISON.

En *Arithmétique*, on se sert en général du terme *équimultiple*, pour exprimer des nombres qui contiennent également ou un égal nombre de fois leurs *sous-multiples*.

Ainsi 12 & 6 sont *équimultiples* de leurs *sous-multiples* 4 & 2; parce que chacun d'eux contient son *sous-multiple* trois fois. *Voyez* SOUS-MULTIPLE & MULTIPLE. *Harris* & *Chambers*. (*E*)

EQUINOXE, s. m. *en Astronomie*, est le tems auquel le Soleil passe par l'équateur, & par un des points équinoxiaux. On appelle aussi quelquefois *équinoxes*, les points où l'écliptique coupe l'équateur: on dit passage de l'*équinoxe* au méridien, distance de l'*équinoxe* au soleil, mais il est plus correct de dire le *point équinoxial*.

Les *équinoxes* arrivant quand le soleil est dans l'Equateur, les jours sont pour lors égaux aux nuits par toute la terre, (sauf la petite différence qui vient des réfractions), cela arrive deux fois par an; savoir, vers le 20e jour de mars, & le 22e de Septembre; le premier est l'*équinoxe* du printems, & le second celui d'automne. C'est de-là que vient le mot *équinoxe*, formé de *æquus*, égal, & de *nox*, nuit. Depuis l'*équinoxe* du printems jusqu'à celui d'automne, les jours sont plus grands que les nuits dans nos régions septentrionales, c'est le contraire depuis l'*équinoxe* d'automne jusqu'à celui du printems.

Comme le mouvement du soleil est inégal, c'est-à-dire, tantôt plus prompt, tantôt plus lent, il arrive qu'il y a environ huit jours de plus de l'*équinoxe* du printems à l'*équinoxe* d'automne, que de l'*équinoxe* d'automne à l'*équinoxe* du printems, parce que le soleil emploie plus de tems à parcourir les signes septentrionaux, qu'il n'en met à parcourir les méridionaux.

Suivant les tables de la Caille & de Mayer, le soleil emploie 186 jours 11 heures 49 minutes à parcourir les signes septentrionaux, & 178 jours 18 heures 5 minutes à parcourir les méridionaux: la différence est de 7 jours 17 heures 44 minutes.

Le soleil avançant toujours dans l'écliptique, & gagnant un degré tous les jours, ne s'arrête pas dans les points des *équinoxes*, mais au moment qu'il y arrive, il les quitte. Ainsi, quoiqu'on appelle *jour de l'équinoxe* celui où le soleil entre dans le point équinoxial, parce qu'il est réputé égal à la nuit, cependant cela n'est pas de la dernière précision; car, si le soleil, en se levant, entre dans l'*équinoxe* du printems, en se couchant il l'aura passé, & s'en sera éloigné du côté du septentrion d'environ 12 minutes; par conséquent ce jour-là aura un peu plus de 12 heures, & la nuit à proportion en aura moins. Il n'y a que les habitans de l'équateur qui ont un *équinoxe* perpétuel; car, sous l'équateur, les jours sont pendant toute l'année égaux aux nuits, abstraction faite des réfractions & des crépuscules.

Le tems des *équinoxes*, c'est-à-dire le moment auquel le soleil passe par l'équateur, se peut trouver de la manière suivante, par observation, lorsqu'on connoît la latitude du lieu où l'on observe.

Le jour de l'*équinoxe* ou celui qui le précède, prenez la hauteur du soleil à midi; si elle est égale à la hauteur de l'équateur, ou au complément de la latitude du lieu, le soleil est dans l'équateur au moment même de midi; si elle n'est pas égale, la différence marque la déclinaison du soleil. Le jour suivant, observez, comme la veille, la hauteur du soleil à midi, pour en conclure sa déclinaison. Si les déclinaisons sont de différentes dénominations, c'est-à-dire que l'une soit au nord & l'autre au sud, l'*équinoxe* est arrivé dans l'intervalle des deux observations. Au moyen de ces deux observations, il est aisé de fixer le tems de l'*équinoxe* par une simple proportion. Nous avons expliqué une méthode encore plus exacte, au *mot* ASCENSION DROITE.

On trouve, par les observations, que les points des *équinoxes* & tous les autres points de l'écliptique, se meuvent continuellement d'orient en occident contre l'ordre des signes. Ce mouvement rétrograde des points équinoxiaux, est appellé PRÉCESSION *des équinoxes*.

Plusieurs auteurs ont dit qu'il y avoit eu autrefois, sur la terre, un *équinoxe* universel, c'est-à-dire, que l'équateur & l'écliptique étoient d'accord. Depuis qu'on a reconnu qu'ils se rapprochoient insensiblement, on en a conclu que cet *équinoxe* général & continuel reviendroit encore. Mais la diminution actuelle de l'obliquité de l'écliptique étant causée par les attractions de jupiter & de vénus sur la terre, on sait que cette diminution ne peut aller qu'à quelques degrés, & qu'il en résultera ensuite une augmentation; ainsi, il n'y a rien dans l'astronomie qui indique, ni pour les siècles passés, ni pour les siècles à venir, un *équinoxe* universel. (*D. L.*)

EQUINOXIAL, subst. m. *en Astronomie*, est la même chose que l'équateur. Il y a cependant des auteurs qui entendent par l'*équinoxial*, le grand cercle immobile de la sphère, sous lequel l'équateur de la terre se meut dans son mouvement journalier. Selon eux, l'équateur est mobile, la *ligne équinoxiale* ne l'est pas: l'équateur est supposé tracé sur la surface convexe de la sphère; la *ligne équinoxiale* est imaginée dans la surface concave de la sphère céleste.

On conçoit la *ligne équinoxiale*, en supposant un rayon de la sphère prolongé par-delà l'équateur, & qui, par la rotation de la sphère sur son axe, décrit un cercle sur la surface immobile & concave du grand orbe.

Equinoxial se prend aussi adjectivement; *ligne*

équinoxiale s'emploie quelquefois pour désigner l'*équinoxial* sur la terre.

Points équinoxiaux, sont les deux points dans lesquels l'équateur & l'écliptique se coupent l'un l'autre.

Cadran équinoxial, est celui dont le plan est parallèle à l'équateur. *Voyez* CADRAN.

Orient *équinoxial*, est le point où l'horizon d'un lieu est coupé par l'équateur vers l'orient; il en est de même de l'occident *équinoxial*; ce sont les vrais points d'orient & d'occident. Ces points sont le levant & le couchant au tems des équinoxes.

France équinoxiale, est le nom que quelques auteurs ont donné aux pays qui appartiennent à la France, & qui se trouvent sous l'*équinoxial*, ou fort près de ce grand cercle. L'île de Cayenne, qui appartient aux François, & qui est à 4 degrés de l'équateur, fait la plus grande partie de la france *équinoxiale*. M. Barrere, médecin de Perpignan, & correspondant de l'Académie des Sciences de Paris, a donné un *essai sur l'histoire naturelle de la france équinoxiale*.

Il y a des auteurs qui écrivent *équinoctial*; on doit écrire *équinoxial*, si on le dérive d'équinoxe, & même de *æquus* & *nox*; mais il doit s'écrire *équinoctial*, si on le dérive de *æquus*, & d'un des cas du mot *nox*, comme *noctis*, *noctes*; nous avons préféré la première orthographe comme plus conforme à l'étymologie. (*O*)

EQUIPAGE, (*Astron.*), se dit de l'assemblage des oculaires que l'on applique à une lunette ou à un télescope. L'*équipage* le plus fort est celui qui grossit davantage. (*D. L.*)

EQUIPAGE, (*Hydraul.*) On dit l'*équipage d'une pompe*, ce qui renferme seulement les corps, les pistons, les fourches, les tringles & les moises qui les attachent à des chassis qui sont à coulisses, & qui se peuvent glisser dans les rainures des dormans ou bâtis de charpente scellés dans les puits & citernes où on construit des pompes. (*K*)

ERE

ERE, s. f. *en Astronomie*, est la même chose qu'*époque*, en Chronologie.

Le mot *ere*, selon quelques-uns, vient du mot arabe *arach* ou *erach*, qui signifie qu'*on a fixé le tems*. D'autres croient qu'*era* vient des lettres initiales de l'époque des Espagnols: *Ab Exordio Regni Augusti*. (*O*)

ERICHTON, (*Astron.*), nom que l'on donne quelquefois à la constellation du cocher. Cet *Erichton* étoit, non le fils de Dardanus, mais un roi d'Athènes, qui fut déifié comme l'inventeur de plusieurs arts utiles & sur-tout de celui des chars: c'est celui dont parle Virgile dans les vers suivans;

Primus Erichtonius currus & quatuor ausus
Jungere equos, rapidisque rotis insistere victor.

Georg. III. 113.

(*D. L.*)

ÉRIDAN, (*Astron.*) Constellation méridionale, composée de 69 étoiles dans le Catalogue Britannique. En latin *Eridanus*, *Padus*, (le Pô) *Nilus*, *Melo*, Gyon, *Mulda*, *Oceanus*. *Phaëton*, fils du Soleil, si célèbre dans l'antiquité, s'appelloit d'abord *Eridan*; il donna son nom à un grand fleuve d'Italie, où il avoit été, dit-on, noyé après sa chûte; & comme les Egyptiens rendoient au fleuve du Nil une espèce de culte, on a aussi prétendu que c'étoit ce fleuve bienfaisant dont ils avoient voulu consacrer l'image parmi les astres. On donnoit à ce fleuve le nom de *Melo*, ou noir, ce qui répond au mot hébreu *schicor*, qui a la même signification.

Nigra fœcundato arenâ. Virg. Georg. IV. 291.

Le coucher de cette constellation & de celle du cocher, qui se fait le matin, quand le soleil parcourt le scorpion, sert à M. Dupuis à expliquer la chûte de phaëton, allégorie de l'embrasement du monde ou de l'été, qui finit par un déluge, c'est-à-dire, par les pluies de l'automne. (*Astronom. tom. IV, p. 529.*)

Il y a dans l'*éridan* une étoile de la premiere grandeur, appellée *achenar* ou *acharnar*; elle avoit en 1750, 22.° 5′ 44″ d'ascension droite, & 58.° 30′ 50″ de déclinaison australe. (*D. L.*)

ÉRIGONE, (*Astron.*) nom que l'on donne à la constellation de la vierge. *Voyez* VIERGE.

ERREUR, en *Astronomie*, c'est la différence entre le calcul & l'observation; ainsi, l'*erreur* des tables de la lune est la quantité dont les tables donnent la longitude calculée, différente de la longitude observée: on marque ordinairement du signe + l'*erreur* qu'il faut ajouter aux tables pour les accorder avec l'observation. Halley avoit calculé les *erreurs* de ses tables pendant dix-huit ans, pour servir à prédire les lieux de la lune dans les usages de la navigation, & l'on a publié celles des tables de Mayer dans la connoissance des tems de 1779.

On appelle l'*erreur* d'un quart de cercle, la quantité qu'il faut ajouter aux hauteurs qu'il indique; *erreur* d'une lunette méridienne, la quantité dont elle s'éloigne en différens points du véritable méridien. Cotes, célèbre géomètre d'Angleterre, a donné, en 1722, à la suite d'un ouvrage intitulé, *Harmonia mensurarum*; un mémoire intéressant sur les rapports que les *erreurs* ont les unes avec les autres, & sur les manières de les déterminer par les régles du calcul différentiel. J'ai traité cette matière encore plus au long dans le XXIIIe livre de mon *Astronomie*. (*D. L.*)

ESCALIER, (*Hydr.*) On pratique dans la construction des cascades des *escaliers* de pierre, dont la plupart sont en fer-à-cheval, avec un bassin qui en occupe le milieu; quelquefois ces *escaliers* sont de gason. (*K*)

ESCOMPTE, s. m. (*Arithmétique*). C'est, en général la remise que fait le créancier, ou la perte à laquelle il se soumet en faveur du paiement anticipé qu'on lui fait d'une somme avant l'échéance du terme.

1. Plus particuliérement *escompter* sur une somme, c'est en séparer les intérêts qu'on y suppose noyés & confondus avec leur capital.

2. Il y a deux manières d'énoncer l'*escompte*; on dit qu'il se fait à *tant pour* % par an (ou tel autre terme), ou qu'il se fait à *tel denier*. Nous nous en tiendrons à la première expression qui s'entend mieux, & qui est la plus usitée. Quant au moyen de ramener l'une à l'autre. *V.* INTÉRÊT. Nous aurons souvent occasion de renvoyer à cet article, à cause de l'intime liaison qu'il y a entre les deux calculs; & sur-tout parce que l'*article* INTÉRÊT (dont l'autre se déduit) devant naturellement précéder, si l'ordre alphabétique de cet ouvrage ne s'y opposoit, la matière s'y trouve traitée plus à fond; on y aura donc recours, même sans en être averti, s'il se trouve quelque point qui ne paroisse pas ici suffisamment expliqué.

3. Quand on dit que l'*escompte* se fait à tant pour % par an, par mois, par &c. *un an*, *un mois*, &c. est ce que nous nommerons *terme d'escompte*.

4. Dans toutes les questions de ce genre il entre nécessairement cinq élémens.

La somme dûe qui sera désignée par. . . . . a

Le nombre (arbitraire, mais communément 100) sur lequel on suppose en général que se fait l'*escompte* . . . . d

Ce qu'on *escompte* sur ce nombre. i

Le tems que le paiement est anticipé. . . . t

Ce qui reste après l'*escompte* fait. . . . . . r

5. Comme c'est à exprimer t qu'on se trouve ordinairement le plus embarrassé, ce point demande quelque éclaircissement: t est proprement l'exposant du rapport du *terme d'escompte* au tems que le paiement a été anticipé, c'est-à-dire, celui-ci divisé par celui-là. L'anticipation subsiste, lorsque le diviseur n'est pas soûmultiple du dividende; elle disparoît dans l'autre cas, qui est le plus ordinaire. C'est ce que les exemples feront mieux entendre.

6. Pour avoir r, faites $d+it : d :: a : \frac{ad}{d+it} = a \times \frac{d}{d+it}$.

Ainsi. . . . . $r = a \times \frac{d}{d+it}$.

D'où l'on tire . . . . $\begin{cases} a = r \times \frac{d+it}{d}. \\ i = d \times \frac{a-r}{rt}. \\ t = d \times \frac{a-r}{ir}. \end{cases}$

7. *Premier exemple.* Un homme doit 1344 liv. payable dans quatre ans; son créancier offre de lui *escompter*, à raison de 3 pour % par an, s'il paie actuellement; acceptant l'offre, que doit-il payer?

Faisant $\left\{\begin{array}{l} a = 1344 \text{ liv.} \\ d = 100 \\ i = 3 \\ t = \frac{4}{1} = 4 \end{array}\right\}$, & substituant

$r = 1344 \times \frac{100}{112} = 1344 \times \frac{25}{28} = \frac{33600}{28} = 1200.$

Le même exemple retourné. Un homme qui devoit 1344 liv. exigibles *dans un certain tems*, s'acquitte en payant actuellement 1200 liv., l'*escompte* étant à 3 pour % par an; de combien d'années a-t-il anticipé le paiement?

Substituant dans la quatrième formule, on trouve $t = 100 \times \frac{144}{3600} = \frac{144}{36} = 4$.

8. *Second exemple.* Un homme doit 2000 liv. payables dans deux ans; on offre de lui *escompter* à raison de 5 pour % par an, du jour qu'il pourra anticiper le paiement; il paie au bout de sept mois: qu'elle somme doit-il compter?

Le paiement est anticipé de deux ans — sept mois, ou réduisant les années en mois de 24 — 7 = 17. Prenant donc 17 pour numérateur de la fraction qui (*n.*° 5.) représente t, & lui donnant pour dénominateur le terme d'*escompte* un an aussi réduit en mois, on a $t = \frac{17}{12}$.

Faisant donc $\left\{\begin{array}{l} a = 2000 \text{ liv.} \\ d = 100 \\ i = 5 \\ t = \frac{17}{12} \end{array}\right\}$ & substituant

$r = 2000 \times \frac{100}{100 + \frac{85}{12}} = \frac{2400000}{1285} = \frac{480000}{257} =$

1867 livres $\frac{181}{257}$.

Le même exemple retourné. Un homme qui devoit 2000 liv. payables dans deux ans, s'est acquitté en payant au bout de sept mois 1867 liv. $\frac{181}{257}$ ou $\frac{480000}{257}$ liv. à combien pour % par an s'est fait l'*escompte*?

Substituant dans la troisième formule, on trouve (sous une expression que les fractions rendent nécessairement un peu compliquée).

$$i = 100 \times \frac{\frac{2600 - 480000}{257}}{\frac{480000}{257} \times \frac{17}{12}} = 100 \times \frac{\frac{34000}{257}}{\frac{8160000}{3084}}$$

$= \frac{1048560}{209712} = 5.$

9. La règle de change n'est souvent qu'une règle d'*escompte*; & cela arrive lorsque le change se prend *en-dedans* de la somme principale. Un homme, par exemple, comptant à un banquier, sous cette condition, une somme de 3000 livres, de combien (le change supposé à 3 pour % sera la lettre qu'il en recevra?.... appliquant la formule (& négli-

geant t qui n'eſt ici de nulle conſidération), on trouve qu'elle ſera de $3000 \times \frac{100}{103} = \frac{300000}{103} =$ 2912 liv. $\frac{64}{103}$, le banquier retenant pour ſon droit 87 liv. $\frac{39}{103}$.

Le même homme, s'il eût voulu que la lettre fût de 3000 liv. *en plein*, eût dû compter 3090 liv. le change montant alors à 90 liv.

Mais, demandera-t-on, pourquoi cette différence? pourquoi l'intérêt étant le même, ajoute-t-on dans un cas 90 liv. & que dans l'autre on n'ôte que 87 liv. $\frac{39}{103}$? la réponſe eſt bien ſimple, c'eſt que dans les deux cas on opère ſur deux ſommes différentes. Là, ce ſont les intérêts de la ſomme même de 3000 liv. qu'on lui ajoute; ici, les intérêts qu'on ôte ne ſont pas ceux de 3000 liv. mais d'une ſomme moindre qui y eſt renfermée & confondue avec eux. Cette ſomme même eſt 2912 liv. $\frac{64}{103}$, dont les intérêts à 3 pour $\frac{0}{0}$ produiſent en effet 87 liv. $\frac{39}{103}$; en ſorte que la ſomme & ſes intérêts font enſemble 3000 liv.

Tout ceci, comme on voit, n'eſt que la règle de *trois*, dirigée par le jugement, & maniée avec un peu de dextérité.

On ne connoît dans le commerce, qu'une eſpèce d'*eſcompte*; c'eſt celle qu'on vient de voir, & qui corerreſpond à l'intérêt *ſimple* : néanmoins comme *eſcompter* n'eſt proprement, ainſi qu'on l'a déjà obſervé, que ſéparer d'un capital un intérêt qui y eſt, ou du moins qu'on y ſuppoſe confondu, & que l'intérêt eſt de deux ſortes, il ſemble qu'il doit y avoir auſſi deux eſpèces d'*eſcompte*, relatives chacune à l'eſpèce d'intérêt qu'il eſt queſtion de démêler d'avec le capital. En adoptant, ſi l'on veut, cette idée, nous avertiſſons que le ſupplément qu'elle ſemble exiger (& qui n'eſt guère que de pure curioſité) ſe trouve à l'*article* INTÉRÊT REDOUBLÉ, la ſeconde des formules qu'on y voit n'ayant pour objet que de retrouver une ſomme primitive confondue avec les intérêts & les intérêts d'intérêts. Nous y renvoyons donc pour éviter les redites. *Cet article eſt de M.* RAILLER DES OURMES, *Conſeiller d'honneur au préſidial de Rennes.*

* En général, ſoit $\frac{1}{m}$ l'intérêt d'une ſomme S dû au bout d'un an, il eſt évident qu'on devra au bout de l'année $S\left(1+\frac{1}{m}\right)$; ſoit maintenant t le rapport d'un tems quelconque à une année, il eſt évident que, dans le cas de l'intérêt ſimple (*v.* INTÉRÊT), on devra, au bout du tems t, la ſomme $S\left(1+\frac{t}{m}\right)$, & que, dans le cas de l'intérêt composé, on devra la ſomme $S\left(1+\frac{1}{m}\right)^t$. Or, ſi $t=1$, ces deux quantités ſont égales; ſi $t>1$, la ſeconde eſt plus grande que la première, comme il eſt aiſé de le voir; ſi $t<1$, la première eſt plus grande que la ſeconde. Soit à préſent S ce qu'on doit, en *eſcomptant* pour le tems t la ſomme q, on aura $S\left(1+\frac{t}{m}\right)=q$ dans le premier cas, & $S\left(1+\frac{1}{m}\right)^t=q$ dans le ſecond. Donc, 1.° ſi $t=1$, l'*eſcompte* eſt le même dans le cas des deux intérêts. 2.° Si $t>1$, la remiſe eſt plus grande dans le ſecond cas que dans le premier; c'eſt le contraire, ſi $t<1$. Ainſi, quand on *eſcompte* pour moins d'un an, il eſt avantageux à celui pour qui on *eſcompte* de ſuppoſer qu'il prête à *intérêt compoſé*; c'eſt le contraire, ſi on *eſcompte* pour plus d'un an. C'eſt qu'en général l'intérêt composé eſt favorable au créancier pour les termes au-delà de l'année, & au débiteur pour les termes en-deçà. *V.* INTÉRÊT.

On voit auſſi que, pour trouver l'*eſcompte* de 100 liv. payables au bout d'un an, au denier 20, il faut prendre $\frac{100}{1+\frac{1}{20}} = \frac{100 \cdot 20}{21} = 95$ l. 4 ſ. 9 d: & non pas 95 liv. comme l'on paie ordinairement. En effet, il ſaute aux yeux que 95 liv. au bout d'un an, doivent produire ſeulement 99 liv. 15 ſ. au denier 20, & non pas 100 liv. M. Deparcieux a déjà fait cette remarque, *pag. 10 & 11 de ſon Eſſai ſur les Probabilités de la durée de la vie humaine.* La raiſon arithmétique de cette fauſſe opération, c'eſt que les banquiers prennent $\frac{100}{1+\frac{1}{20}}$ pour la même choſe que $100\left(1-\frac{1}{20}\right)$: or $\frac{1}{1+\frac{1}{20}}$ eſt un peu plus grand que $1-\frac{1}{20}$, puiſque 1 eſt un peu plus grand que $1-\frac{1}{400}$. (*O*)

ESCOPERCHE, (*Méch.*): c'eſt une machine dont on ſe ſert pour élever des fardeaux, au moyen d'une pièce de bois, ajoutée ſur un gruau, au bout de laquelle il y a une poulie.

C'eſt encore comme un ſecond fauconneau élevé ſur un gruau ou ſur un engin, ou c'eſt une pièce de bois ajoutée ſur un gruau, au bout de laquelle il y a une poulie. Ce mot ſe dit auſſi de toutes les pièces de bois qui ſont debout, & qui ont une poulie à l'extrémité, par le moyen de laquelle on élève du bois & des pierres. On appelle auſſi *eſcoperche* une ſolive ou autre pièce de bois, qui a une poulie, & dont on eſt quelquefois obligé de ſe ſervir en des endroits où il eſt impoſſible de placer un engin, ou une grue, quoique cette pièce ne ſoit pas toujours dreſſée debout, mais ſouvent planchée comme ſur une avance de corniche ou dans une lucarne. (+)

ESCULAPE, nom de la conſtellation d'Ophincus ou du Serpentaire.

ESPACE, *en Géométrie*, ſignifie l'aire d'une figure renfermée ou bornée par les lignes droites ou courbes qui terminent cette figure.

L'eſpace

L'*espace* parabolique est celui qui est renfermé par la parabole : de même l'*espace* elliptique, l'*espace* conchoïdal, l'*espace* cissoïdal sont ceux qui sont renfermés par l'ellipse, par la conchoïde, par la cissoïde, &c. *Voyez ces mots ; voyez aussi* QUADRATURE.

ESPACE, *en Méchanique*, est la ligne droite ou courbe que l'on conçoit qu'un point mobile décrit dans son mouvement. (*O*)

ESPECE, *en Arithmétique* ; il y a dans cette science des grandeurs de même *espèce*, & des grandeurs de différente espèce.

Les grandeurs de même *espèce* sont définies par quelques-uns, celles qui ont une même dénomination : ainsi, 2 piés & 8 piés sont des grandeurs de même *espèce*.

Les grandeurs de différente *espèce*, selon les mêmes auteurs, ont des dénominations différentes ; par exemple, 3 pieds & 3 pouces sont des grandeurs de différente espèce. (*E*)

* On définira plus exactement les grandeurs de différente *espèce*, en disant que ce sont celles qui sont de nature différente ; par exemple, l'étendue & le tems, 12 heures & 12 toises sont des grandeurs de différente *espèce* ; au contraire, 12 heures & 12 minutes d'heure sont de la même *espèce*.

On ne sauroit multiplier l'une par l'autre des quantités de même *espèce*, dans quelque sens qu'on prenne cette expression ; on ne peut multiplier des piés par des piés, ni des toises par des heures. *Voyez-en* la raison *au mot* MULTIPLICATION. On peut diviser l'une par l'autre des quantités de différente *espèce*, prises dans le premier sens ; par exemple, 12 heures par 3 minutes. (*Voyez* DIVISION) ; mais on ne peut diviser l'une par l'autre des quantités de différente *espèce*, prises dans le second sens ; par exemple, des toises par des heures. *Voyez* ABSTRAIT, CONCRET, *&c.*

On dit qu'un triangle est donné d'*espèce*, quand chacun de ses angles est donné : dans ce cas, le rapport des côtés est donné aussi ; car tous les triangles équiangles sont semblables. (*voyez* TRIANGLE & SEMBLABLE). Pour qu'une autre figure rectiligne quelconque soit donnée d'*espèce*, il faut non-seulement que chaque angle soit donné, mais aussi le rapport des côtés.

On dit qu'une courbe est donnée d'*espèce*, 1.° dans un sens plus étendu, lorsque la nature de la courbe est connue ; lorsqu'on sait, par exemple, si c'est un cercle, une parabole, *&c.* 2°. dans un sens plus déterminé, lorsque la nature de la courbe est connue, & que cette courbe ayant plusieurs paramètres, on connoît le rapport de ces paramètres. Ainsi, une ellipse est donnée d'*espèce*, lorsqu'on connoît le rapport de ses axes ; il en est de même d'une hyperbole. Pour bien entendre ceci, il faut se rappeller que la construction d'une courbe suppose toujours la connoissance de quelques lignes droites constantes qui entrent dans l'équation de cette courbe, & qu'on nomme *paramètres de la courbe* (*voyez* PARAMÈTRE). Les courbes qui n'ont qu'un paramètre, comme les cercles, les paraboles, sont toutes semblables ; & si le paramètre est donné, la courbe est donnée d'*espèce* & de grandeur : les courbes qui ont plusieurs paramètres, sont semblables quand leurs paramètres ont entr'eux un même rapport. Ainsi, deux ellipses, dont les axes sont entr'eux comme m est à n, sont semblables, & l'ellipse est donné d'*espèce* quand on connoît le rapport de ses axes. *Voyez* SEMBLABLE & PARAMÈTRE. (*O*)

ESSIEU, s. m. (*Méchan.*) appellé aussi chez les anciens *cachete*, est la même chose qu'*axe*.

On ne se sert plus de ce terme qu'en parlant des roues, pour désigner la ligne autour de laquelle elles tournent ou sont censées tourner. *Voyez* ROUE.

Essieu dans le tour, c'est la même chose qu'*axe dans le tambour. Voyez ce mot. Voyez aussi* TOUR.

Les anciens géomètres François, par exemple Descartes dans sa Géométrie, donnent le nom d'*essieu* à l'*axe des courbes. Voyez* AXE & COURBE. (*O*)

ETA

ÉTABLISSEMENT du Port ; c'est l'heure où arrive la pleine-mer dans un Port le jour de la nouvelle lune. *Voyez* FLUX.

ÉTALON, mesure primitive qui sert à régler toutes les autres ; on donne sur-tout ce nom à la toise du grand Châtelet & de l'académie des Sciences. *Voyez* TOISE.

ÉTAMER, (*Hydraul.*) Pour rendre les tables de plomb plus solides, quand on les emploie à des cuvettes, de terrasses & des réservoirs, on les fait *étamer* en y jettant dessus de l'étain chaud pour boucher les soufflures. (*K*)

ÉTANIN, nom arabe de l'étoile γ à la tête du dragon, qui est de seconde grandeur.

ÉTÉ, (*Géog. & Physiq.*) est une des saisons de l'année qui commence dans les pays septentrionaux, le jour que le soleil entre dans le signe du Cancer, ou le 21 Juin, & qui finit quand il sort de la Vierge le 22 Septembre. *Voyez* SAISON & SIGNE.

Pour parler plus exactement & plus généralement, l'*été* commence lorsque la distance méridienne du soleil au zénit est la plus petite, & finit lorsque sa distance est précisément entre la plus grande & la plus petite.

La fin de l'*été* répond au commencement de l'automne. *Voyez* AUTOMNE.

Depuis le commencement de l'*été* jusqu'à celui de l'automne, les jours sont plus longs que les nuits ; mais ils vont toujours en décroissant, & se trouvent enfin égaux aux nuits au commencement de l'automne.

Le premier jour de l'*été* étant celui où le soleil darde ses rayons le plus à plomb, ce devroit être naturellement le jour de la plus grande chaleur ; cependant c'est ordinairement entre le 13 Juillet & le 7 Août, que nous ressentons le plus grand chaud, & cette chaleur répond à 17 degrés du thermomètre François, par un milieu entre les degrés de chaleur du jour & de la nuit ; c'est ce qu'on voit par le calendrier météorologique imprimé dans le traité de M. Cotte, dans la connoissance des tems de 1775, & dans le journal de Physique de M. l'abbé Rozier, Juin 1775. Cela vient de la longueur des jours & de la briéveté des nuits de l'*été*, qui fait que la chaleur que le soleil a donnée à la terre pendant le jour, subsiste encore en partie au commencement du jour suivant, & s'ajoute ainsi à celle que le soleil donne de nouveau. La chaleur ainsi conservée de plusieurs jours consécutifs, forme vers le milieu de l'*été* la plus grande chaleur possible.

On appelle levant & couchant d'*été* le point de l'horizon où le soleil se leve ou se couche au solstice d'*été*. Ces points sont plus au nord que les points est & ouest de l'horizon, qui sont le levant & le couchant des équinoxes.

Solstice d'été. *Voyez* SOLSTICE.

ETO

ÉTOILE, s. f. *stella* (*Astronomie*). On donnoit autrefois ce nom à tous les corps célestes, & l'on distinguoit les *étoiles* fixes & les *étoiles* errantes ou *planètes* ; mais aujourd'hui l'on ne donne plus le nom d'*étoile* qu'aux astres qui sont fixes & qui ont une lumière propre & inhérente, ainsi que le soleil.

On divise les *étoiles* en plusieurs grandeurs, suivant leur degré de lumière ou leur éclat ; on compte 20 à 24 *étoiles* de la première grandeur, qui sont Sirius, la Lyre, la Chèvre, Arcturus, Aldebaran, l'épaule d'Orion, Rigel, Regulus, l'épi de la Vierge, Procyon, Antarès, Fomalhaut, l'Aigle, Acharnar, Canopus, le pied de la Croix, la Jambe & le pied du Centaure ; les cinq dernières ne sont point visibles en Europe. Il y en a qui ajoutent la queue du Cygne, la première des Gemeaux, le cœur de l'Hydre, la queue du Lyon, la seconde du Vaisseau & l'œil du Paon. Les anciens, qui comptoient 1022 *étoiles* dans la partie du ciel qu'on voyoit en Egypte, en comptoient 15 de la première grandeur, 45 de la seconde, 208 de la troisième, 474 de la quatrième, 217 de la cinquième, & 49 de la sixième ; il y avoit encore 5 nébuleuses & 9 *étoiles* plus obscures que les autres ; le total faisoit 1022 ; ils ne poussoient pas leur division plus loin : & s'ils ne comptoient que 49 *étoiles* de sixième grandeur, c'étoit à cause de la difficulté de les distinguer : aujourd'hui qu'on observe avec des lunettes, on distingue des *étoiles* de 7.e, 8.e, 9.e, & 10.e grandeur, & des *étoiles* télescopiques ou visibles seulement avec les fortes lunettes ; celles-ci sont en si grand nombre qu'on en voit le champ de la lunette parsemé, quand la nuit est bien obscure, & l'œil bien reposé, & cela dans presque toutes les parties du ciel.

On divise aussi les *étoiles* en cent *constellations*, & nous avons expliqué la manière de les distinguer dans le ciel ; on appelle *informes* les *étoiles* qui ne sont pas comprises dans les bornes de quelque constellation. On a dressé des cartes & des figures propres à reconnoître les étoiles. *Voyez* CARTES.

Les *étoiles* étant les points fixes dans le ciel, auxquels les astronomes rapportent les mouvemens des planètes pour mesurer leurs révolutions & leurs inégalités, il faut en connoître exactement les positions ; &, pour cet effet, on observe leurs *ascensions droites*, *déclinaisons*, *longitudes* & *latitudes*, en les rapportant à l'*l'équateur* & à l'*écliptique*. Ces quantités varient par la *précession* des équinoxes, quoique les *étoiles* soient fixes. Je rapporterai les positions des *étoiles* de la première grandeur, pour 1750, d'après le catalogue de l'abbé de la Caille ; on en trouvera quelques autres à l'article de chaque constellation.

Hipparque fut le premier qui dressa un catalogue d'*étoiles*, 125 ans avant J. C. Ceux de Flamsteed & de la Caille sont les plus étendus que nous ayons actuellement. *Voyez* CATALOGUE.

Bayer dans son uranométrie publiée en 1603, marqua les différentes *étoiles* par des lettres grecques α, β, γ, δ, &c. Cet usage s'est conservé jusqu'à nous, comme on le verra dans le catalogue de la page suivante.

Mouvement des étoiles. Les *étoiles fixes* ont en général deux sortes de mouvemens apparens : l'un qu'on appelle *premier*, *commun*, ou *mouvement diurne*, ou *mouvement du premier mobile* ; c'est par ce mouvement qu'elles paroissent emportées avec la sphère ou firmament autour de la terre d'orient en occident dans l'espace de vingt-quatre heures. Ce mouvement apparent vient du mouvement réel de la terre autour de son axe.

Le *second mouvement des étoiles* est celui par lequel elles paroissent se mouvoir selon l'ordre des signes, en tournant autour des poles de l'écliptique, avec tant de lenteur, qu'elles ne décrivent pas plus d'un degré de leur cercle dans l'espace d'environ 72 ans ; par ce mouvement les latitudes ne changent pas, mais les longitudes des *étoiles* augmentent chaque année de $50'' \frac{1}{4}$. Ce mouvement est purement apparent. *Voyez* PRÉCESSION. Nous avons marqué dans le Catalogue suivant son effet en ascension droite & en déclinaison.

Les lettres *S* & *M* signifient septentrionale & méridionale ; les lettres *B* & *A* signifient boréale & australe, ce qui revient au même.

CATALOGUE

De XXV Etoiles *principales pour l'année 1750.*

Noms des étoiles & leurs grandeurs.	Aſcenſions droites des étoiles.	Variations pour dix ans.	Déclinaiſons.	Variations pour dix ans	Longitudes.	Latitudes.
	Si. D. M. S.	M. S.	D. M. S.	M. S.	Si. D. M. S.	D. M. S.
Etoile polaire. . α 2.	0 10 40 56,0	25 8,3	87 58 2,4 S.	+3 17,0	2 25 4 12	66 4 21 B
Corne précédente du Bélier. . . . . . . β 3.	0 25 13 2,1	8 12,1	19 34 34,1 S.	+3 1,3	1 0 28 40	8 28 44 B
Luiſante de Perſée. . . . . α 2.	1 16 39 25,4	10 29,1	48 56 52,0 S.	+2 17,6	1 28 35 59	30 5 51 B
Œil du Taureau Aldebaran. . . . α 1.	2 5 24 2,5	8 33,9	15 59 3,8 S.	+1 23,4	2 6 17 45	5 29 0 A
La Chèvre. . . α 1.	2 14 33 53,1	10 59,8	45 42 41,2 S.	+0 53,3	2 18 21 51	22 51 43 B
Pied d'Orion Rigel. β 1	2 15 38 10,0	7 12,6	8 30 35,5 M.	−0 49,7	2 13 20 23	31 9 13 A
La deuxième du baudrier d'Orion. ε 2.	2 20 53 10,4	7 36,9	1 23 0,6 M.	−0 31,7	2 19 58 31	24 32 18 A
Epaule orientale d'Orion. . . . . α 1.	2 25 24 41,4	8 7,4	7 20 15,0 S.	+0 16,0	2 25 15 50	16 3 32 A
Canopus, ſur le vaiſſeau. . . . . . α 1.	3 4 36 6,0	3 20,7	52 34 4,6 M.	+0 16,1	3 11 30 40	75 51 21 A
Le grand chien Sirius. . . . . α 1.	3 8 32 2,0	6 43,4	16 23 35,1 M.	+0 29,7	3 10 38 22	39 32 58 A
Le petit chien Procyon. . . . . . . α 1.	3 21 32 57,2	8 0,7	5 50 42,2 S.	−1 13,6	3 22 20 14	15 58 9 A
La tête auſtrale des gemeaux. . . . . β 2.	3 22 29 38,2	9 22,7	28 36 22,7 S.	−1 16,7	3 19 45 56	6 40 0 B
Cœur du Lion Regulus. . . . . . α 1.	4 28 45 22,7	8 6,1	13 10 51,8 S.	−2 51,4	4 26 21 12	0 27 33 B
Epi de la Vierge. α 1.	6 18 0 54,4	7 52,5	9 50 50,4 M.	+3 10,6	6 20 21 18	2 2 5 A
Le Bouvier Arcturus. . . . . α 1.	7 1 3 59,0	7 3,1	20 29 39,3 S.	−3 13,0	6 20 44 46	30 54 31 B
Baſſin auſtral de la Balance. . . . . α 2.	7 9 16 23,1	8 15,7	14 59 8,3 M.	+2 35,2	7 11 35 52	0 21 55 B
Baſſin boréal de la Balance. . . . . . β 2.	7 15 53 51,9	8 3,1	8 26 28,7 M.	+2 19,5	7 15 53 7	8 31 36 B
La Boréale au front du Scorpion. . β 2.	7 27 44 11,2	8 40,4	19 5 52,9 M.	+1 47,0	7 29 42 2	1 2 24 B
Cœur du Scorpion, Antarès. . . α 1.	8 3 31 55,1	9 8,6	25 51 6,5 M.	+1 29,3	8 6 16 28	4 32 12 A
La Lyre. . . . . α 1.	9 7 7 4,2	5 3,1	38 34 1,4 S.	+0 24,8	9 11 48 37	61 44 50 B
La claire de l'Aigle . . . . α 2.	9 24 38 46,9	7 15,4	8 13 45,1 S.	+1 23,6	9 28 15 2	29 18 46 B
La ſuivante à la tête du Capricorne. α 3.	10 1 2 24,3	8 22,3	13 18 0,5 M.	−1 43,3	10 0 21 59	6 57 19 B
Epaule précédente du verſeau. . . . . . β 3.	10 19 35 50,0	7 56,9	9 39 21,8 M.	−2 32,6	10 19 54 39	0 37 58 B
La précédente à la queue du Capricorne. . . . . . . γ 3.	10 21 32 58,0	8 21,7	17 46 40,1 M.	−2 37,0	10 18 17 10	2 32 2 A
Fomalhaut, bouche du Poiſſon auſtral. . . . . α 1.	11 10 56 42,2	8 20,8	30 56 21,7 M.	−3 9,5	11 0 20 33	21 6 13 A

Elles paroissent décrire chaque année des ellipses qui ont 40 secondes de diamètre. Ce mouvement est apparent. *Voyez* ABERRATION.

Les *étoiles* changent de longitudes & de latitudes par le déplacement de l'écliptique. *V.* OBLIQUITÉ DE L'ÉCLIPTIQUE; ce mouvement est purement apparent.

Elles changent de longitudes sans changer de latitudes, par l'effet de la *Nutation*.

Comme on détermine les positions des *étoiles* par rapport à l'écliptique & à l'équateur, on appelle, quoique improprement, mouvemens des *étoiles*, tous les changemens qui paroissent dans ces situations.

Ces mouvemens généraux & apparens affectent toutes les *étoiles*; mais il y a quelques *étoiles* qui ont de plus un mouvement propre, un dérangement physique dont on ignore la cause, & dont on tâche de déterminer la quantité par observation.

On peut dire cependant en général que les *étoiles* sont immobiles, & qu'il n'y en a qu'un petit nombre auxquelles ont ait apperçu de semblables dérangemens. Ce qui prouve assez l'immobilité des *étoiles*, ce sont les alignemens observés autrefois, & qu'on trouve constamment les mêmes. Ptol. *Alm. liv. VII, chap. 1*; Tycho. *Progym. tom. I, pag.* 234. Riccioli rapporte plus de vingt-cinq exemples d'*étoiles* qui, prises trois à trois, paroissent exactement en ligne droite, *Astr. ref. pag. 203*; telles sont la chèvre avec le pied précédent du cocher & aldebaran, les deux têtes des gemeaux avec le col de l'hydre; le bassin austral de la balance, avec arcturus & la moyenne de la queueue de la grande ourse; les deux *étoiles* boréales de la tête du belier, & la luisante au genou de Persée: celles qui avoient autrefois cette position rectiligne, la conservent encore, du moins autant qu'on peut en juger à la vue; ainsi, les *étoiles* sont à-peu-près fixes, & les dérangemens dont il s'agit ici, ne tombent que sur un petit nombre.

Halley, en examinant les positions des *étoiles* qui sont dans le septième livre de l'*Almageste*, pour en déduire la précession des équinoxes, apperçut que trois des principales *étoiles*, aldebaran, sirius & arcturus, avoient changé de latitude en un sens contraire au changement de toutes les autres, & contraire à ce qu'exige la diminution de l'obliquité de l'écliptique. *Phil. Transf.* 1718, *num.* 355. Suivant Halley, aldebaran devroit être actuellement 15′ plus au nord, & il est de 20′ plus au sud que dans Ptolemée, par rapport à l'écliptique; sirius devroit être 20′ plus au nord, & il est 22′ plus au sud; arcturus qui devroit avoir à-peu-près la même latitude, est 33′ plus au midi; l'épaule orientale d'Orion, est au contraire plus au nord d'un degré, que suivant le catalogue de Ptolemée. On ne peut pas soupçonner des erreurs de copistes dans ces positions, parce que les déclinaisons rapportées dans d'autres endroits du livre s'accordent avec les longitudes insérées dans le catalogue: on ne peut pas attribuer cette différence à l'erreur des observations, parce qu'on voit celles d'Aristylle & & de Tymocharès d'accord avec celles d'Hipparque & de Ptolemée.

Cassini ayant comparé les observations faites par son père, en 1672, & par Richer à Cayenne, trouve qu'alors la latitude d'arcturus étoit de 30.° 57′ 26″; on en 1738, il l'observa de 30.° 55′ 26″; ainsi, dans un intervalle de 66 années, arcturus s'est rapproché de l'écliptique de deux minutes, ce qui fait 3′ 2″ par siècle. Les observations de Flamsteed & celles de la Caille comptées entr'elles, donnent 4′ 8″. M. le Monnier a trouvé ce mouvement de 4′ 5″ (*Mémoires* de 1769): ce mouvement est encore prouvé par les observations de M. Cassini de Thury, (*Mém.* 1753), & M. d'Agelet a trouvé 34″ depuis le tems de la Caille, ce qui supposé deux minutes & demie de mouvement vers le midi en un siècle. Si l'on suppose 4′ de diminution, & qu'on en ôte 15″ dont elle devoit diminuer par la cause générale, il restera 3′ 45″ pour le déplacement réel d'acturus. Il y a près d'arcturus une petite *étoile*, marquée *b* dans nos cartes célestes, & qui est très-propre à faire appercevoir le mouvement réel d'arcturus. Leur position respective a changé considérablement depuis le tems de Flamsteed, & le changement est presque tout entier en latitude; cependant M. le Monnier trouve une rétrogradation en longitude d'une minute par siècle.

Le P. Mayer a observé, en 1777, un grand nombre de petites *étoiles* qui sont auprès des grosses, & qui seront propres à faire connoître ces mouvemens propres; il y avoit déjà remarqué des différences; il en attribuoit une partie aux petites *étoiles*, qu'il regardoit comme des espèces de satellites. *De novis in cœlo phænomenis....... mannheimii*, 1779, *in*-4.° Mais cette hypothèse ne paroît pas prouvée.

Le changement de latitude n'est pas si sensible dans sirius, du moins par les observations modernes; car Cassini ayant calculé les observations de Tycho, a trouvé la latitude vers 1590, 39.° 32′ 10″. Flamsteed la trouva de 39.° 32′ 8″ pour 1690. Par les observations de Richer, faites en 1672, Cassini la trouve de 39.° 31′ 55″, tandis que lui-même, vers 1738, l'a observée plus grande d'une minute, aussi-bien que la Caille, qui trouve 39.° 32′ 58″ ½ pour 1750. Ainsi, il n'y a guère qu'une minute d'augmentation depuis un siècle. *Voyez Mém. Acad. des Scienc.* 1758, *pag.* 353; mais cette latitude auroit dû diminuer de 32″, par le déplacement de l'écliptique dans le même intervalle de tems. Ainsi, il y a un changement propre d'environ 1′ ½ dans le vrai lieu de sirius, qui s'est avancé vers le midi.

Il est difficile de déterminer les variations d'Aldebaran, qui jusqu'à présent ont paru fort irrégulières, comme je l'ai fait voir, *Mém.* de 1758, *pag.* 434; sa latitude que nous trouvons de 5.° 29′ 0″, est de 5.° 29′ 50″ dans le catalogue de Flamsteed,

M. Caſſini trouve, par les obſervations de Tycho, que cette latitude en 1589, étoit de 5.° 30′ 23″, *Mém.* de 1738; elle paroît donc avoir diminué: mais cette diminution devant être de 32″ par la théorie générale, le mouvement propre ne feroit que de 47″ par les obſervations de Flamſteed & de la Caille, & de 20″ par celles de Tycho. Cependant l'abbé de la Caille m'a dit que dans le grand nombre de réductions qu'il a faites de ſes obſervations ſur aldebaran, il avoit trouvé ſouvent des irrégularités de 15 à 20″, qu'il ne pouvoit attribuer qu'à des variations particulières à cette *étoile.* Tycho-Brahé s'étonnoit auſſi de la grande différence qui ſe trouve entre les latitudes d'aldebaran, déduites des obſervations de Tymocharès, d'Hipparque & de Ptolemée. *Voyez* ce que j'en ai dit dans les *Mémoires* de 1758, *pag. 344*: il paroît que ces variations d'Aldebaran ſont très-irrégulières, mais qu'elles ſont petites actuellement.

Caſſini trouve auſſi des variations en latitude dans rigel, l'épaule orientale d'orion, regulus, la chèvre & l'aigle; la différence de latitude entre la luiſante de l'aigle, & l'*étoile* δ de la même conſtellation eſt plus grande de 36′ qu'au tems de Ptolemée, & de 2 ou 3′ que ſuivant les obſervations de Tycho.

Caſſini ayant examiné auſſi, en 1738, le mouvement des *étoiles* en longitude, a reconnu que depuis Flamſteed, c'eſt-à-dire, dans l'eſpace de quarante-huit années, la luiſante de l'aigle s'étoit éloignée de 48″ en aſcenſion droite de celle qui la précède, & s'étoit approchée de 73″ de celle qui la ſuit. Par les obſervations de Tycho, on trouve ces différences de 4′ 14″, & de 2′ pour 138 ans; d'où il ſuit que ces *étoiles*, ou du moins deux d'entr'elles, ont un mouvement réel & particulier en aſcenſion droite. *Mém. Acad.* 1738.

Mayer lut, en 1760, à l'académie de Gottingue, un mémoire ſur le mouvement propre des *étoiles;* il a été publié en 1774: on y voit une table de comparaiſon entre les aſcenſions droites & les déclinaiſons obſervées par Romer, en 1706, (*triduum Aſtronomiæ*), & celles que Mayer avoit obſervées, en 1756, ſur 80 étoiles, il y en a une quinzaine qui paroiſſent avoir eu quelque mouvement, & ce ne ſont pas toujours les plus brillantes, qu'on pouvoit ſuppoſer être plus près de la terre.

Nous pouvons attribuer la cauſe de ces variations dans les *étoiles* aux attractions des différens corps céleſtes, les uns ſur les autres, & au mouvement imprimé par quelques cauſe étrangère, & j'ai fait voir que le ſoleil avoit lui-même un ſemblable déplacement; mais il ſe paſſera des ſiècles avant qu'on connoiſſe la loi & la meſure de ces mouvemens. Les *étoiles* de la première grandeur, qui ſont probablement les plus proches de nous, ſont celles où ces variations ſont plus ſenſibles; mais je ne doute pas qu'il n'y en ait de pareilles dans les autres *étoiles:* en attendant, il me ſemble que ce doit être une raiſon pour les aſtronomes d'employer, quand ils le peuvent, les *étoiles* de la troiſième grandeur dans leurs recherches ſur le mouvement des planètes, au lieu des *étoiles* les plus brillantes, dont on s'eſt ſervi juſqu'ici.

La diſtance des *étoiles* fixes ne pouvoit ſe déterminer que par la *parallaxe annuelle*; nous donnerons plus loin l'hiſtoire des tentatives faites à cet égard. Mais elles ont été infructueuſes; on n'a pas pu s'aſſurer d'une ſeule ſeconde de parallaxe: ainſi, la diſtance des *étoiles* eſt au moins 200 mille fois plus grande que l'orbe annuel de la terre, c'eſt-à-dire, plus de ſept millions de millions de lieues.

La grandeur des *étoiles* eſt auſſi peu connue que leur diſtance. Leur diamètre apparent eſt ſi petit, qu'on ne peut le meſurer. Avant la découverte des lunettes d'approche, Kepler eſtimoit le diamètre de ſirius de 4 minutes; mais dans la ſuite, il reconnut lui-même que c'étoit une illuſion. Riccioli l'eſtimoit de 18″ Caſſini cinq ſecondes; mais on eſt aſſuré maintenant que l'angle ſous lequel paroiſſent les *étoiles fixes* de la première grandeur, n'eſt pas même d'une ſeconde; car lorſque la lune rencontre l'œil du taureau, le cœur du lyon, l'épi de la Vierge, le cœur du ſcorpion, l'occultation eſt tellement inſtantanée, & l'*étoile* ſi brillante à l'inſtant où elle diſparoît, qu'un obſervateur attentif ne ſauroit ſe tromper, ni demeurer dans l'incertitude pendant une demi-ſeconde de tems. Or, ſi ces *étoiles* avoient, par exemple, un diamètre de cinq ſecondes, on les verroit s'éclipſer peu-à-peu, & diminuer ſenſiblement de grandeur pendant près de 10 ſecondes de tems; mais il y a autour des *étoiles*, pendant la nuit, une eſpèce de fauſſe lumière, un rayonnement ou ſcintillation qui nous trompe, & qui fait que nous les jugeons à la vûe ſimple cent fois plus grande qu'elles ne ſont. On fait diſparoître la plus grande partie de cette fauſſe lumière, en regardant les *étoiles* par un trou fait à une carte avec la pointe d'une aiguille, & bien mieux encore en y employant d'excellentes lunettes d'approche; elles abſorbent la plus grande quantité de cette lumière, & on n'y apperçoit les *étoiles* fixes que comme des points lumineux très-petits. On ſait pourtant que les lunettes d'approche groſſiſſent les objets: or il ſemble que le contraire paroît à l'égard des *étoiles fixes;* ce qui prouve combien le diamètre apparent de ces *étoiles* eſt peu ſenſible à notre égard. On ne ſait comment Caſſini s'y eſt laiſſé tromper, juſqu'à donner à ſirius un diamètre de 5 ſecondes; car, ſi on ſuppoſe qu'à la vûe ſimple les deux lignes tirées des extrémités du diamètre de ſirius forment dans notre œil un angle de 5 ſecondes, une lunette qui augmente 100 fois les objets, nous feroit par conſéquent appercevoir cette *étoile* ſous un angle de 500 ſecondes, d'où il s'enſuivroit que ſirius vu dans la lunette, paroîtroit le quart du ſoleil ou de la lune. Or quoique les plus excellentes lunettes ne ſoient pas même capables d'abſorber totalement cette fauſſe lumière qui environne les *étoiles fixes*, il est certain que sirius n'y paroît pas plus grand que mercure, dont le diamètre dans sa plus petite distance de la terre, est au plus de 12 secondres : ainsi, quoique la lunette augmente 100 fois environ le diamètre apparent de sirius, l'angle sous lequel on y apperçoit cette *étoile* n'est que d'environ 12 secondes, c'est-à-dire, qu'à la vûe simple, ce diamètre n'est réellement que la dixième partie d'une seconde. On demandera peut-être maintenant comment nous pouvons appercevoir les *étoiles fixes*, puisque leur diamètre apparent répond à un angle qui n'est pas d'une seconde; mais il faut faire attention que c'est ce rayonnement & cette scintillation qui les environnent, qui est cause que ces corps lumineux se voient à des distances si prodigieuses, au contraire de ce qui arrive à l'égard de tout autre objet. L'expérience ne nous apprend-elle pas qu'une petite bougie ou un flambeau allumé se voient pendant la nuit sous un angle très-sensible à plus de deux lieues de distance? Au lieu que si, dans le plus grand jour, on expose tout autre objet de pareille grosseur à la même distance, on ne pourra jamais l'appercevoir : à peine pourroit-on même distinguer un objet qui seroit dix fois plus grand que la flamme de la bougie. La raison de cela est que les corps lumineux lancent de tous côtés une matière incomparablement plus forte que celle qui est réfléchie par les corps non lumineux; & que celle-ci étant amortie par la réflexion, devient plus foible & se fait à peine sentir à une grande distance: l'autre au contraire est si vive, qu'elle ébranle avec une force incomparablement plus grande les fibres de la rétine; ce qui produit une sensation tout-à-fait différente, & nous fait juger par cette raison les corps lumineux beaucoup plus grands qu'ils ne sont. *Voyez les Instit. astron.* de M. le Monnier. Il n'est pas inutile d'observer ici que la scintillation des *étoiles* est d'autant moindre, que l'air est moins chargé de vapeurs : aussi dans les pays où l'air est extrêmement pur, comme dans l'Arabie, les *étoiles* n'ont point de scintillation. *Voyez* SCINTILLATION.

Nature des Etoiles fixes. Leur éloignement immense ne nous permet pas de pousser bien loin nos recherches sur cet objet : tout ce que nous pouvons en apprendre de certain par les phénomènes, se réduit à ce qui suit.

1.° Les *étoiles fixes* brillent de leur propre lumière; car elles sont beaucoup plus éloignées du soleil que saturne, & paroissent plus petites que saturne : cependant on remarque qu'elles sont bien plus brillantes que cette planète; d'où il est évident qu'elles ne peuvent pas emprunter leur lumière de la même source que saturne, c'est-à-dire, du soleil. Or puisque nous ne connoissons point d'autre corps lumineux dont elles puissent tirer leur lumière, que le soleil, il s'ensuit qu'elles brillent de leur propre lumière.

On conclut de-là, 1.° que les *étoiles fixes* sont autant de soleils : car elles ont tous les caractères du soleil; savoir l'immobilité, & la lumière propre.

3.° Qu'il est fort probable que ces *étoiles* ne doivent point être dans une même surface sphérique du ciel; car en ce cas elles seroient toutes à la même distance du soleil, & différemment distantes entr'elles, comme elles nous le paroissent : or pourquoi cette régularité d'une part, & cette irrégularité de l'autre? D'ailleurs, pourquoi notre soleil occuperoit-il le centre de cette sphère des *étoiles*?

4.° De plus, il est bien naturel de penser que chaque *étoile* est le centre d'un systême & a des planètes qui font leurs révolutions autour d'elle, de la même manière que notre soleil, c'est-à-dire, qu'elle a des corps opaques qu'elle éclaire, échauffe, & entretient par sa lumière : car pourquoi la nature auroit-elle placé tant de corps lumineux à de si grandes distances les uns des autres, sans qu'il y eût autour d'eux quelques corps opaques qui en reçussent de la lumière & de la chaleur? *Voyez Pluralité des* MONDES. Les planètes imaginées autour de certaines *étoiles*, pourroient servir à expliquer le mouvement particulier qu'on remarque dans quelques-unes d'elles, & qui pourroit être causé par l'action de ces planètes. C'est ainsi que le soleil est tant soit peu dérangé par l'action des sept planètes, sur-tout de jupiter & de saturne, & que je soupçonne même qu'il est transporté avec tout son systême dans les espaces célestes. *Voyez* ROTATION.

ÉTOILES NOUVELLES. Les changemens qu'ont éprouvé les *étoiles* sont très-considérables; cela détruit l'opinion des anciens, qui soutenoient que les cieux & les corps célestes étoient inaltérables; que leur matière étoit permanente, éternelle & plus dure que le diamant. Il est vrai que jusqu'au tems d'Aristote, & même 200 ans après, on n'avoit encore observé aucun changement dans le ciel; vers l'an 125 avant J. C. on apperçut une nouvelle *étoile*; ce qui engagea Hipparque à faire son catalogue des *étoiles*, dont nous avons parlé, afin que la postérité pût appercevoir les changemens de cette espèce qui pourroient arriver à l'avenir. Depuis ce tems-là, les histoires font mention de plusieurs *étoiles* remarquables & nouvelles qui ont paru, & disparu ensuite totalement : nous en connoissons encore actuellement qui disparoissent de tems à autre, qui augmentent de grandeur & diminuent ensuite sensiblement. Il y en a d'autres qui ont été marquées par les anciens, & qui ne paroissent plus, ou qui paroissent constamment, n'ayant pas été décrites par les anciens; mais on peut attribuer une partie de ces différences à leur inattention, ou à l'erreur du *catalogue* des anciens qui ne nous a été conservé qu'avec beaucoup de fautes dans l'*Almageste* de Ptolemée.

Les plus anciens auteurs, tels qu'Homère, Attalus & Geminus, ne comptoient que six pléïades;

Varron, Pline, Aratus, Hipparque & Ptolemée, dans le texte grec, les mettent au nombre de sept, & l'on prétendit que la septième avoit paru avant l'embrasement de Troye; mais cette différence a pu venir de la difficulté de les distinguer, & de les compter à la vue simple.

L'histoire raconte plus précisément des apparitions d'*étoiles* nouvelles, 125 ans avant J. C. au tems d'Hipparque : *Voyez Pline, liv. II. chap. 26:* & au tems de l'empereur Adrien, 130 ans après J. C.

Fortunio Liceti, médecin, mort à Padoue en 1656, a composé un traité *De novis astris & cometis, Venetiis, 1623*, où l'on peut trouver une ample érudition sur les *étoiles* nouvelles, dont les anciens ont parlé. On peut voir aussi l'*Almageste* de Riccioli, *tom. II, pag. 130*; ils rapportent, d'après Cuspinianus, qu'on observa une *étoile* nouvelle vers l'an 389, près de l'aigle; elle parut aussi brillante que Vénus pendant trois semaines, & qui disparut ensuite : c'est peut-être la même, dit M. Cassini, que celle qui fut apperçue au tems de l'empereur Honorius, que quelques-uns rapportent à l'année 389, & d'autres à 398.

Dans le neuvième siècle, Massahala Haly & Albumazar, astronomes Arabes, observèrent au 15.e degré du scorpion, une nouvelle *étoile*, si brillante que sa lumière égaloit la quatrième partie de celle de la lune; elle parut pendant l'espace de quatre mois.

Cyprianus Leovitius raconte qu'au tems de l'empereur Othon, vers 945, on vit une nouvelle *étoile* entre céphée & cassiopée; & l'an 1264, une autre *étoile* nouvelle vers le même endroit du ciel, & qui n'eut aucun mouvement.

La plus fameuse de toutes les *étoiles* nouvelles, a été celle de 1572 : elle fut remarquée au commencement de Novembre, faisant un rombe parfait avec les *étoiles* α, β, γ, de la constellation de cassiopée. Tycho-Brahé, le 11 Novembre, détermina sa longitude à 6.° 54′ du taureau, avec 53.° 45′ de latitude boréale, son ascension droite 0.° 26′, sa déclinaison 61.° 47′. Il a composé sur cette nouvelle *étoile* un excellent ouvrage intitulé, *De nova stella anni* 1572, qui renferme beaucoup d'autres recherches intéressantes. Cette *étoile* parut dès le commencement fort éclatante, comme si elle se fût formée tout-à-coup avec tout son éclat; elle surpassoit sirius, la plus brillante des *étoiles*, & même jupiter périgée. Dès le mois de Décembre 1572, elle commença à diminuer peu-à-peu, jusqu'au mois de Mars 1574, qu'on la perdit de vue. Elle n'avoit aucune parallaxe sensible, ni aucun mouvement propre apparent; d'où il est aisé de conclure qu'elle étoit beaucoup plus loin de nous que saturne, la plus éloignée de toutes les planètes, sans quoi elle auroit eu une parallaxe annuelle très-sensible.

Leovitius croit que les *étoiles*, qui avoient paru dans la même constellation vers 945 & 1264, étoient la même *étoile*, & Keill pensoit qu'elle reparoîtroit de nouveau vers 1820.

Simon Marius en découvrit une autre dans la ceinture d'Andromède en 1612 & 1613. Boulliaud prétendit qu'elle avoit déjà paru dans le quinzième siècle.

La nouvelle *étoile* du serpentaire qui parut le 10 octobre 1604, fut aussi brillante que celle de 1572; on cessa de la voir au mois d'octobre 1605; sa longitude étoit à 17° 40′ du sagittaire, avec 1° 56′ de latitude septentrionale. Képler, *de nova Stella serpentarii*, assure qu'elle n'avoit aucune parallaxe, ni aucun mouvement par rapport aux autres *étoiles*; d'où il paroît qu'elle étoit aussi beaucoup au-dessus de la sphère de saturne : car la parallaxe annuelle, produite par le mouvement de la terre, l'eût fait varier en apparence de plusieurs degrés, si elle eût été à la distance de saturne.

Sur les changeantes de la baleine, du cygne & de persée, *v.* CHANGEANTE.

M. Cassini parle de plusieurs autres *étoiles*, ou qui sont perdues, ou paroissent changeantes ou nouvelles, *Elémens d'Astronomie, p.* 73. M. Maraldi en avoit observé un grand nombre, *Mém. Acad.* 1704. Duhamel, *Hist. de l'Acad. année* 1675. Cette matière n'a été encore que peu discutée, quoiqu'elle mérite bien l'attention des observateurs curieux : le moyen le plus sûr de découvrir, dans ce genre, les moindres variations, seroit d'observer de tems en tems toutes les *étoiles*, & d'en dresser des catalogues aussi nombreux & aussi détaillés que celui de la Caille, dont nous avons parlé ci-dessus; sans cela, on peut s'y tromper. Un jour viendra peut-être où les sciences auront assez d'amateurs pour qu'on puisse suffire à de si pénibles travaux.

Montanari, dans une lettre qu'il écrivit à la société royale en 1670, annonçoit qu'il manquoit dans les cieux deux *étoiles* de la seconde grandeur dans le navire Argo, qui avoient paru jusqu'à l'année 1664; il ne savoit quand elles avoient commencé à disparoître, mais il assuroit qu'il n'en restoit pas la moindre apparence en 1668 : il ajoutoit qu'il avoit observé beaucoup d'autres changemens dans les *étoiles* fixes, & il faisoit monter ces changemens à plus de cent. Mais Kirch observa que les deux belles *étoiles* que Montanari prétendoit être perdues, avoient été apperçues continuellement depuis Ptolemée jusqu'à nos jours, à un signe plus loin, ou à 30 degrés de l'endroit du ciel où on les cherchoit. Ces *étoiles*, dit Montanari, sont marquées β & γ dans Bayer, proche le grand chien. L'erreur des cartes de Bayer vient sans doute de ce que cet auteur s'en est rapporté aux traductions latines du texte de Ptolemée; au lieu que l'édition grecque de Basle nous apprend qu'il falloit chercher ces *étoiles* dans l'ancien catalogue vers le 15e degré, non du lion, mais de l'écrevisse.

Il y a dans plusieurs autres *étoiles* des changemens de grandeur & de lumière. L'*étoile* β de l'aigle qui, au tems de Bayer, devoit être plus brillante que γ, puisqu'il lui a donné la première place après la luisante de l'aigle, est actuellement beaucoup plus petite que γ, elle est à peine de quatrième grandeur : il paroît aussi que la distance entre α & β est plus grande actuellement qu'elle n'étoit autrefois; en sorte que l'*étoile* β a changé de lumière & de situation.

L'*étoile* précédente κ à la jambe gauche du sagittaire, qui, dans Bayer, est de troisième grandeur, parut en 1671 de la sixième; en 1676, elle étoit plus grande, & Halley la marqua de troisième grandeur : en 1692, Maraldi pouvoit à peine l'appercevoir; en 1693 & 1694, elle parut de quatrième grandeur, *Hist. Acad.* Il y a encore, dans le sagittaire & dans le serpentaire, d'autres *étoiles* variables.

Le changement de couleur, qu'on prétend être arrivé dans sirius, paroît encore une chose bien singulière : M. Barker a remarqué, *Trans. Phil.* 1760, *p.* 498, d'après les témoignages d'Aratus, de Sénèque, d'Horace, de Ptolemée, que cette *étoile* étoit autrefois très-rouge, quoiqu'elle soit aujourd'hui d'une blancheur décidée, sans aucune teinte de rouge; M. Bailly explique, dans son *Histoire de l'Astronomie*, comment cela pourroit arriver.

Cause du changement des étoiles. Il est difficile de se former une idée nette de la cause qui peut faire changer & disparoître les *étoiles*, ou nous en montrer de nouvelles. Le P. Riccioli, *Almageste, t. II, p.* 176, estime qu'il y a des *étoiles* qui ne sont pas lumineuses dans toute leur étendue, & dont la partie obscure peut se tourner vers nous par un effet de la toute-puissance de Dieu.

Boulliaud, dans un ouvrage qui parut en 1667, intitulé : *Ismaëlis Bullialdi ad Astronomos Monita duo*, suppose aussi que la changeante de la baleine a une partie obscure, avec un mouvement de rotation autour de son axe, par lequel sa partie lumineuse & sa partie obscure se présentent alternativement à nous.

Maupertuis, dans son *Discours sur les diverses figures des astres*, publié à Paris en 1732, ayant fait voir que le mouvement de rotation d'un astre sur son axe, peut produire dans cet astre un applatissement considérable, s'en sert pour expliquer le phénomène dont il s'agit. « Les *étoiles* fixes, » dit-il, sont des soleils comme le nôtre; il est » donc vraisemblable qu'elles ont, comme cet » astre, un mouvement de rotation sur leur axe; » les voilà donc, selon la rapidité de leur mou» vement, exposées à l'applatissement; & pourquoi » ne se trouveroit-il pas de ces *étoiles* plates dans » les cieux, si l'on pense sur-tout que nous ne » savons par aucune observation quelle est la figure » des *étoiles* fixes ? Si autour de quelque *étoile* » plate circule quelque grosse planète fort excen» trique, ou comète, dans une orbite inclinée au » plan de l'équateur de l'*étoile*, qu'arrivera-t-il? » La pesanteur de l'*étoile* vers la planète, lorsqu'elle » approchera de son périhélie, changera l'incli» naison de l'*étoile* plate, qui par-là nous paroîtra » plus ou moins lumineuse. Telle *étoile* même que » nous n'appercevions point, parce qu'elle nous » présentoit le tranchant, paroîtra lorsqu'elle nous » présentera une partie de son disque, & telle » *étoile* qui paroissoit ne paroîtra plus. C'est ainsi » qu'on peut rendre raison du changement de » grandeur qu'on a observé dans quelques *étoiles*, » & des *étoiles* qui ont paru & disparu. »

Enfin l'on pourroit imaginer que quelque grosse planète tournant autour de l'*étoile*, nous en dérobe la vue en tout ou en partie.

Etoiles doubles ou singulières. Dans les *Observations* de Bianchini, imprimées à Véronne en 1737, par les soins de Manfredi, on trouve que l'*étoile* double, appellée ζ de la lyre, présente des phénomènes fort singuliers : une des deux *étoiles* dont elle est composée, paroît quelquefois se diviser en deux, quelquefois elle paroît environnée d'une ou de deux autres petites *étoiles*; la seconde des deux *étoiles* diminue quelquefois de grandeur, en sorte qu'on la distingue à peine, quoique l'air soit parfaitement serein. Cette observation, ajoute-t-il, a été faite avec plusieurs lunettes de Campani & de Marc-Antoine Cellius, qui avoient 22, 23 & 25 palmes (chaque palme est de 8 pouces $\frac{1}{4}$), & l'on a toujours observé à-peu-près la même chose.

Grischow, astronome de Berlin étant à Londres en 1748, écrivoit qu'on avoit découvert en Angleterre une nouvelle planète qui tournoit autour d'une *étoile* fixe située auprès ou dans la lyre : c'est une planète, ajoute-t-il, que Bianchini avoit cru appercevoir, mais dont il n'étoit pas bien assuré, faute de lunettes assez parfaites. D'autres ont dit avoir vu l'*étoile* ζ de la lyre environnée de cinq petites *étoiles*, au moyen d'un grand télescope de 12 pieds, construit par Short, pour le docteur Stephens, & qui depuis a été cassé. Pour moi, je n'ai rien oui dire de semblable en Angleterre, & je crois que des singularités pareilles ont besoin d'être bien constatées pour obtenir quelque confiance.

On a écrit que M. Cassini avoit remarqué, dans le dernier siècle, que la première *étoile* γ du bélier étoit quelquefois double, ou divisée en deux parties, distantes l'une de l'autre de l'intervalle du diamètre de chacune, Gregori, *liv. III, prop.* 54. Wolf, *pag.* 440. On a dit aussi que l'*étoile* qui est au milieu de l'épée d'orion, & quelques *étoiles* des pléiades paroissent quelquefois triples & même quadruples; mais ces phénomènes singuliers n'ont pas été bien constatés.

A l'égard des *étoiles* doubles, elles ne sont pas rares. J'ai observé distinctement avec une lunette de 18 pieds, que l'*étoile* γ à l'épaule de la vierge est double, ou formée de deux *étoiles* séparées l'une de l'autre d'un intervalle d'environ 2″, presque égal au diamètre au diamètre apparent que chacune paroît avoir à cause de l'irradiation.

L'étoile o du capricorne est aussi double ; l'intervalle des deux *étoiles* est tel, qu'avec un instrument de six pieds, on ne peut prendre sa hauteur que dans le crépuscule, ou en éclairant les fils, parce que, quand l'une est cachée sous le fil, l'autre paroît, & on ne sauroit distinguer laquelle des deux est sous le fil.

L'étoile γ à la tête du bélier est aussi composée de deux *étoiles* considérables, comme l'observa le premier, à ce qu'il paroît, Robert Hook. *Voyez Transf. Philos. n.° 4.* La plus boréale des trois *étoiles* au front du scorpion, est composée de deux *étoiles*, dont l'une est double de l'autre en grandeur & en lumière, comme l'observa M. Cassini en 1678. La tête précédente des gemeaux est aussi double.

Mayer, astronome de Manheim, mort en 1783, avoit observé 72 étoiles doubles, parmi lesquelles il n'y en a qu'une seule où la différence entre les deux parties soit de $3'' \frac{1}{2}$ de tems. Il s'étoit aussi attaché à observer les petites *étoiles* qui sont très-près des plus belles *étoiles*, & plusieurs lui paroissoient avoir un mouvement.

On peut voir dans le Journal des Savans de février 1779, le détail des *étoiles* remarquables près desquelles Mayer avoit observé ces petites *étoiles*, qu'il appelloit *Stellas comites.*

Il faut voir aussi le détail de celles qu'il regardoit comme nouvelles, dans l'ouvrage qui a pour titre: *de novis in cœlo sydereo phænomenis.* Mannhemii, 1779.

Enfin M. Herschel, dans les Transactions philosophiques de 1782, a donné un catalogue de 269 *étoiles* doubles, triples, quadruples, quintuples, sextuples. Le 23 mai 1783, il m'écrivoit qu'il en avoit déjà observé 400 de plus; mais la plupart ne peuvent s'observer qu'avec des télescopes qui grossissent plus de mille fois, comme ceux qu'il a trouvé le moyen de construire.

Etoiles nébuleuses, parties lumineuses qu'on remarque en plusieurs endroits du ciel; elles sont comme des blancheurs pâles & irrégulières dans les lunettes; mais, à la vue simple, elles semblent être des *étoiles* plus obscures que les autres. *V.* Nébuleuses.

Manière de connoître les étoiles. On a vu, au *mot* Constellation, une méthode pour distinguer les différentes *étoiles* par le moyen de la grande ourse & d'orion (*fig. 9 & 10 d'Astronomie*). On trouvera dans les Planisphères, *fig. 5 & 6*, la figure & la situation des différentes constellations. Mais le catalogue qu'on vient de voir présente un moyen qu'il est naturel de placer ici.

Dès qu'on connoît l'ascension droite & la déclinaison d'une étoile, on peut calculer son passage au méridien & sa hauteur; on dirigera un quart-de-cercle sur une méridienne, en le mettant à la hauteur calculée; alors le quart-de-cercle indiquera l'*étoile* que l'on cherche, & on la verra paroître à l'extrémité du rayon du quart-de-cercle à l'heure du passage au méridien de cette *étoile*. On peut faire soi-même un quart-de-cercle de bois qui suffit pour de pareilles indications.

Pour faciliter cette manière de reconnoître les *étoiles* à ceux qui ne voudroient avoir aucun calcul à faire, j'ai mis dans la table suivante l'heure & la minute du passage au méridien des principales *étoiles*, pour le premier jour de chaque mois. J'ai choisi l'année 1786, moyenne entre deux bissextiles; mais la table servira pour toutes les autres années, sans qu'il y ait plus de 2 minutes d'erreur à craindre; on peut même éviter cette erreur de 2', en ajoutant 1' à chaque passage, quand on voudra l'avoir pour une année qui précède les bissextiles, comme 1783, & 2' pour les années bissextiles; au contraire, il faudra ôter une minute des passages au méridien, calculés dans la table suivante, pour les réduire aux années qui suivent les bissextiles, telles que 1781, 1785, *&c.* La table n'exigera aucun changement pour les années moyennes entre deux bissextiles, comme 1788, 1792, *&c.*

La dernière colonne de la table contient l'heure vraie du passage de l'équinoxe au méridien, à laquelle on ajoute l'ascension droite d'une *étoile* quelconque, convertie en tems vrai, pour avoir l'heure de son passage au méridien. L'ascension droite & la hauteur méridienne de chaque *étoile* se trouvent en tête de la colonne, & au-dessous du nom de l'*étoile*.

Exemple. Le 1.er janvier, je veux connoître dans le ciel l'*étoile* appellée *sirius*, ou le grand chien; je vois, dans la table suivante, qu'elle passe au méridien le 1.er janvier, à $11^h\ 44'$ du soir, & que sa hauteur méridienne pour Paris est de $24°\ 44'$; je place un quart-de-cercle dans le plan du méridien à $11^h\ 44'$, & je le mets à la hauteur d'environ 25 degrés; j'apperçois à l'instant que ce quart-de-cercle est dirigé vers une belle *étoile*, & je juge que c'est Sirius.

Il faut observer que les tems marqués dans la table précédente, sont des tems comptés astronomiquement, c'est-à-dire, d'un midi à l'autre pendant 24 heures; ainsi, quand on voit, dans la première colonne, que l'*étoile* aldebaran, le premier juin, passe à $23^h\ 42'$, cela veut dire, dans l'usage ordinaire, le 2 juin, à $11^h\ 42'$ du matin, parce que le 1er juin ne commence qu'à midi du lendemain, lorsque, dans la société, on compte déjà le 2 de juin.

Cette méthode pour reconnoître les *étoiles* par le catalogue & les passages au méridien est suffisante, mais elle est longue, & exige peut-être trop d'assujettiment, sur-tout en hiver. J'ai donc cru devoir indiquer au *mot* Constellation, quelques alignemens propres à faire reconnoître les principales *étoiles*; ce sera un petit secours offert à la curiosité de ceux qui sont dépourvus de globes, de planisphères & d'instrumens. *V.* Constellation.

Paſſage au méridien des principales ETOILES *pour le premier jour de chaque mois, avec leur Aſcenſion droite & leur hauteur méridienne vraie pour Paris. 1786.*

MOIS.	ALDEBARAN.	LA CHÈVRE.	ɛ D'ORION.	SIRIUS.	PROCYON.	RÉGULUS.
	Aſ. Dr. 65° 55′	75d 14′	81d 21′	98d 56′	112d 2′	149d 15′
	Haut. Mér. 57d 14′	86d 56′	39d 49′	24d 44′	46d 56′	54d 10′
Janvier.	9h 32′	10h 10′	10h 34′	11h 44′	12h 36′	15h 5′
Février.	7 21	7 58	8 23	9 34	10 25	12 53
Mars.	5 33	6 10	6 34	7 44	8 36	11 5
Avril.	3 39	4 16	4 41	5 51	6 43	9 12
Mai.	1 48	2 25	2 50	4 0	4 52	7 21
Juin.	23 42	0 23	0 47	1 58	2 50	5 18
Juillet.	21 38	22 15	22 35	23 52	0 48	3 14
Août.	19 34	20 11	20 35	21 45	22 38	1 10
Septembre.	17 38	18 15	18 40	19 50	20 42	23 11
Octobre.	15 50	16 27	16 52	18 2	18 54	21 23
Novembre.	13 54	14 31	14 56	16 6	16 58	19 26
Décembre.	11 50	12 27	12 52	14 2	14 54	17 22

	L'ÉPI.	ARCTURUS.	ANTARÈS.	LA LYRE.	FOMALHAUT	Paſſage du point équinoxial.
	A.D. 178° 29′	211d 29′	244d 5′	277d 27′	341d 27′	
	Haut. Mér. 31d 8′	61d 28′	15d 14′	79d 45′	10d 25′	
Janvier.	18h 21′	19h 13′	21h 23′	23h 36′	3h 56′	5h 10
Février.	16 10	17 2	19 12	21 25	1 44	1 58
Mars.	14 21	15 13	17 24	19 36	23 52	1 9
Avril.	12 28	13 20	15 30	17 43	21 59	23 16
Mai.	10 37	11 29	13 38	15 52	20 8	21 21
Juin.	8 35	9 26	11 36	13 49	18 5	19 19
Juillet.	6 31	7 23	9 32	11 46	16 1	17 15
Août.	4 26	5 28	7 28	9 41	13 57	15 11
Septembre.	2 31	3 23	5 33	7 46	12 1	13 15
Octobre.	0 43	1 25	3 46	5 58	10 13	11 27
Novembre.	22 43	23 35	1 49	4 2	8 17	9 31
Décembre.	20 39	21 31	23 41	1 58′	6 13	7 27

Trouver l'heure par le moyen des étoiles. Il y a plusieurs moyens de trouver l'heure qu'il est, par le moyen des *étoiles*; 1.° en observant l'heure de leur passage au méridien, si l'on sait d'avance à quelle heure elles y doivent passer; 2.° en observant leur lever & leur coucher, lorsqu'on a calculé le temps vrai qui y répond; 3°. en observant leur hauteur, parce que, leur hauteur étant donnée, on peut trouver l'heure qu'il est, *voyez* HAUTEUR; 4.° en observant le passage d'une *étoile* dans le vertical d'une autre *étoile*; & c'est cette méthode qu'il s'agit d'expliquer. Picard l'indiqua dans sa *Connoissance des tems*, qu'il donna, en 1679, pour la première fois; depuis ce tems-là jusqu'en 1760 inclusivement, elle y a toujours été employée avec une figure destinée à expliquer la méthode.

Je suppose qu'on observe le moment où une *étoile* passe perpendiculairement au-dessous de l'*étoile* polaire, & qu'en y appliquant une petite correction, on ait trouvé combien elle étoit éloignée du méridien dans l'instant de l'observation. Si l'on connoît l'heure de son passage, on en conclura l'heure qu'il est par le moyen de la table suivante. Par exemple, l'extrémité de la queue de la grande ourse étant d'à-plomb au-dessous de l'*étoile* polaire, on ajoutera une heure 33 minutes & 17 secondes, avec le passage de l'équinoxe par le méridien, ou avec la distance de l'équinoxe au soleil pour ce moment-là, & l'on aura l'heure qu'il est.

Cette quantité est exacte pour 1750, elle augmente de trente-sept secondes en dix ans, & de dix-neuf secondes, si l'on change de latitude sur la terre de cinq degrés vers le midi.

J'ai donné la démonstration de cette méthode dans mon *Astronomie*; je vais placer ici la table pour vingt *étoiles*, qui peut intéresser les amateurs de l'Astronomie.

NOMS DES ÉTOILES.	En 1686.		En 1750.			Differ. pour 10 ans.	Pour 5° de latitude.	
	H.	M.	H.	M.	S.	S.	M.	S.
La précédente du carré de la grande ourse. β	22	54	22	56	49	26	—	41
La suivante du carré de la grande ourse... α	22	57	22	59	30	26	—	41
La troisième du carré de la grande ourse.. γ	23	41	23	45	53	33	—	23
La dernière du carré.................... δ	0	2	0	6	36	28	—	14
La première de la queue................. ε	0	37	0	42	55	23	—	0
Le milieu de la queue................... ζ	1	5	1	11	2	36	+0	10
La dernière de la queue................. η	1	25	1	33	17	37	+0	19
La dernière des deux gardes de la petite ourse.............................. β	2	28	2	32	34	41	+0	42
La seconde des deux gardes de la petite ourse.............................. γ	2	51	3	0	34	41	+0	53
L'œil du dragon......................... β	5	0	5	6	15	54	+1	23
La queue du cigne *Déneb* .... α	8	12	8	17	19	45	+1	21
Le milieu de la chaise de Cassiopée....... β	11	46	11	51	14	30	+	19
La poitrine de Cassiopée *Schedir*......... α	12	21	12	24	54	31	+	8
La cuisse de Cassiopée.................. γ	12	38	12	41	41	30		0
Le genou de Cassiopée................... δ	13	8	13	12	32	25	—	11
La jambe de Cassiopée................... ε	13	40	13	42	54	24	—	22
Le pied d'Andromède..................... γ	13	54	13	53	28	24	—	26
La ceinture de Persée................... α	15	14	15	17	58	19	—	53
La Chèvre............................... α	17	12	17	14	22	16	—1	22
L'épaule du cocher...................... β	17	56	17	58	8	15	—1	27

Etoile du Berger. On appelle ainsi quelquefois l'*étoile* qui paroît la première après le coucher du soleil, c'est souvent la planète de vénus.

Etoile du matin, ou *étoile du jour*, phosphore, nom de vénus, lorsqu'elle brille le matin.

Etoile du soir, vesper ou hesper, nom de vénus, lorsqu'elle brille le soir.

Etoiles de Médicis, nom que Galilée avoit voulu donner aux satellites de jupiter.

Etoiles de Bourbon, nom que Tarde avoit donné

aux satellites de jupiter; d'autres à de prétendus satellites qu'on croyoit avoir observés autour du soleil. (OZANAM)

Etoiles de Louis-le-Grand, nom que Dom. Cassini avoit voulu donner aux satellites de saturne.

Etoiles errantes, est le nom qu'on donne quelquefois aux planètes, pour les distinguer des *étoiles* fixes.

Etoiles flamboyantes, est le nom que l'on a donné quelquefois aux comètes, à cause de la chevelure lumineuse dont elles sont presque toujours accompagnées. *Voyez* COMÈTE.

Etoiles tombantes, matières ou exhalaisons enflammées qui, de loin, ressemblent à des *étoiles* au moment où elles s'allument; quand elles sont plus près de nous, elles paroissent comme des globes enflammés. (*D. L.*)

ETR

ETRANGLEMENT, s. m. (*Hydr.*) On entend par ce mot l'endroit d'une conduite où le frottement ou quelqu'autre obstacle, est si considérable, que l'eau n'y passe qu'avec peine. (*O*)

EVANOUIR, v. n. (*Algèbre*); faire *évanouir* est la même chose que *chasser* ou *faire disparoître* une quantité. On dit en ce sens faire *évanouir* une fraction; faire *évanouir* les radicaux d'une équation, &c.

Sur la manière de faire *évanouir* les inconnues dans les équations, *Voyez l'article* ELIMINATION. Par rapport aux fractions, radicaux, *Voyez les articles* FRACTION, RADICAL.

EVANOUISSEMENT, s. m. (*Alg.*) On appelle ainsi le but & la fin d'un calcul par lequel on fait disparoître une inconnue d'une équation, une fraction, un radical, &c.

EVECTION, s. f. (*Astron.*) seconde inégalité de la lune, produite par l'attraction du soleil, & dont la quantité est de $1^d. 20' 33''$. Cette équation que Ptolemée appelloit προσνευσιν, *balancement de l'épicycle*, est appellée dans Copernic *prosthaphaeresis secundi vel minoris epicycli*; dans Tycho, *prosthaphaeresis extrencitatis*, ou *changement de l'excentricité*; dans Boulliaud, *évection*, parce qu'elle porte le calcul à une plus grande exactitude que l'ancienne équation de 5^d, connue dès le tems d'Hipparque. Jusqu'au tems de Ptolemée on s'étoit borné à observer des éclipses de lune, parce que ces observations étoient les plus remarquables & les plus faciles à faire; l'inégalité de 5^d étoit la seule qui pût s'y faire remarquer, puisque le dérangement qui vient des situations du soleil par rapport à la lune, ne peut se faire remarquer dans des observations où cette situation est toujours la même. Mais Ptolemée ayant observé des distances de la lune au soleil dans d'autres situations de la lune, apperçut qu'il y avoit une autre inégalité fort sensible, & que cette équation revenoit tous les quinze jours, non pas de $5°$, mais de $7°\frac{2}{3}$, lorsque la lune étoit en quadrature & en même-tems dans ses moyennes distances, *Almageste, liv. V, chap. 3*; il supposa en conséquence que l'épicycle de la lune étoit porté dans un cercle excentrique, & qu'il étoit plus près de nous dans les quadratures que dans les syzygies. Copernic employa deux épicycles.

Horoccius donna pour l'*évection* une hypothèse différente qui a été la première occasion ou le premier fondement de la théorie de Neuton sur les mouvemens de la lune; cette hypothèse fut connue en 1673; alors Flamsteed calcula de nouvelles tables lunaires sur les principes & sur les nombres donnés par Horoccius, & ces tables furent publiées par Wallis dans les *Œuvres posthumes* d'Horoccius en 1678.

Cette hypothèse consiste à faire varier l'excentricité de l'orbite elliptique de la lune, & à faire tourner le centre de l'ellipse dans un petit cercle, le foyer restant immobile, en sorte que la ligne des apsides ou le grand axe de l'ellipse, qui passe toujours par le foyer & par le centre, soit sujette à un balancement alternatif, qui dépend de la situation du soleil par rapport à l'apogée de la lune. Cette théorie a quelque rapport avec l'hypothèse d'arzachel, astronome Arabe du XIe siècle, qui supposoit dans l'orbite du soleil un semblable mouvement. Kepler, dans la préface de ses *Ephémérides pour 1618*, avoit aussi indiqué une variation dans l'excentricité de l'orbite lunaire.

Flamsteed publia encore des *Tables de la lune* en 1681, dans lesquelles il faisoit usage de l'hypothèse d'Horoccius, & M. le Monnier, dans ses *Institutions astronomiques*, en 1746, en a donné une troisième édition. Les tables de Halley ainsi que la théorie de Neuton, d'après laquelle on a calculé différentes tables de la lune, sont fondées sur le même principe pour le calcul de l'équation de l'orbite & de l'*évection*.

M. Euler est le premier qui ait fait voir dans sa *Théorie de la lune*, qu'on pouvoit calculer l'*évection* d'une manière très-simple, sans supposer une excentricité variable & un balancement dans l'apogée; j'ai fait voir dans mon *Astronomie*, que la méthode d'Horoccius revient au même que la formule de Euler, & qu'il suffit, pour calculer l'*évection* dans un tems quelconque, de multiplier $1.° 20' 33''$ par le sinus du double de la distance moyenne de la lune au soleil, moins l'anomalie moyenne de la lune; la théorie & les observations ont obligé M. Mayer à y ajouter une équation de $36''$ multipliée par le sinus de quatre fois la distance moyenne, moins deux fois l'anomalie, & cette équation, qui a un signe contraire à celui de l'*évection*, entre dans une même table.

Pour donner une idée de la manière dont l'attraction solaire produit cette inégalité appellée *évection* dans le mouvement de la lune, il suffira de faire voir que l'excentricité de l'orbite lunaire doit être plus grande lorsque la ligne des apsides de la lune concourt avec la ligne des syzygies, ou lorsque la lune étant nouvelle ou pleine se trouve en même-tems apogée ou périgée. La force du soleil dérange la lune, parce que le soleil attire la lune plus ou moins qu'il n'attire la terre, c'est la différence des deux attractions qui fait toute l'inégalité. Or la différence d'attraction suit la différence des distances; cette différence est la plus grande quand la lune est apogée, & la plus petite quand elle est périgée; ainsi, quand la ligne des apsides de la lune concourt avec la ligne des syzygies, la force centrale absolue de la terre sur la lune, qui est la plus foible dans la syzygie apogée, reçoit la plus grande diminution, & la force centrale, qui est la plus considérable dans la syzygie périgée, y reçoit la moindre diminution : donc la différence entre la force centrale de la terre sur la lune périgée, & la force centrale dans l'apogée sera alors la plus grande; donc la différence des distances de la lune dans son apogée & dans son périgée augmentera; ce qui produira l'augmentation d'excentricité qui a lieu dans l'hypothèse d'Horoccius, & qui est exprimée sous une autre forme par l'*évection* dont nous avons parlé. Au reste, le calcul rigoureux des équations de la lune, produites par l'attraction de soleil, est si compliqué, qu'il faut absolument le voir dans les ouvrages des géomètres qui en ont traité expressément, tels que d'Alembert, Euler & Clairaut. (*D. L.*)

E X A

EXAGONE. *Voyez* HEXAGONE.

EXALTATION, *en Astrologie*, est le signe où une planète a le plus de vertu, ainsi le belier est l'exaltation du soleil, la balance est sa *déjection*.

EXALTATION, (*Alg.*) Quelques auteurs se sont servi de ce mot, en parlant des puissances, pour désigner ce qu'on appelle autrement leur *élévation*; mais ce dernier mot est beaucoup plus usité, & l'autre doit être proscrit comme inutile. *Voyez* ELEVER.

EXCENTRICITÉ, s. f. (*Astronom.*) est la distance qui est entre les centres de deux cercles ou sphères qui n'ont pas le même centre. *Voy.* EXCENTRIQUE. Ce mot n'est guère usité en ce sens.

EXCENTRICITÉ, dans l'ancienne Astronomie, est la distance qu'il y a entre le centre de l'orbite d'une planète, & la terre autour de laquelle elle tourne. *Voyez* PLANÈTE.

Les astronomes modernes qui ont précédé Kepler, à compter depuis Copernic, croyoient que les planètes décrivoient autour du soleil non des ellipses, mais des cercles, dont le soleil n'occupoit pas le centre. Il ne leur étoit pas venu en pensée d'imaginer d'autres courbes que des cercles; mais comme ils avoient observé que le soleil étoit 7 à 8 jours de plus dans les signes septentrionaux que dans les signes méridionaux, ils en concluoient avec raison que le soleil n'occupoit pas le centre de l'orbite terrestre, mais un point hors de ce centre, tel que la terre étoit tantôt plus près, tantôt plus loin du soleil. Kepler prouva que les planètes décrivoient sensiblement autour du soleil des ellipses dont cet astre occupoit le foyer *Voyez* LOIX DE KÉPLER.

EXCENTRICITÉ, dans la nouvelle Astronomie, est la distance qui se trouve entre le centre *C* de l'orbite elliptique d'une planète (*Pl. d'Astron. fig.* 87), & le centre du soleil *S*, c'est-à-dire, la distance qui est entre le centre de l'ellipse & son foyer. On l'appelle aussi *excentricité* simple.

L'*excentricité* double est la distance *S F* qu'il y a entre les deux foyers *S* & *F* de l'ellipse, qui est égale à deux fois l'*excentricité* simple, ou l'*excentricité* tout court. On se sert quelquefois de la double *excentricité*, mais alors on a soin de s'expliquer.

Il y a plusieurs moyens de déterminer par les observations l'*excentricité* d'une planète. Celle du soleil pourroit se déterminer par la différence des diamètres apparens; ce diamètre est de 31′ 31″ en été, & de 32′ 36″ en hiver; donc la distance périhélie est à la distance aphélie dans le même rapport, d'où l'on concluroit aisément la différence de ces mêmes distances qui est la double *excentricité*.

Kepler ayant choisi des observations de Mars, faites dans le tems où il devoit être au même point de son orbite *M*, (*fig.* 78), la terre étant en deux points très-éloignés dans son orbite, comme *T* & *R* ou *D* & *E*, trouva les parallaxes annuelles ou les angles *SMD* & *SME*, qui lui firent connoître la différence entre *S E* & *S D*, c'est-à-dire, l'*excentricité* de l'orbite terrestre, & en même tems la distance *S M* de mars au soleil. Il chercha ainsi les distances de mars dans plusieurs points de son orbite; ces distances lui firent connoître la figure & la grandeur de cette orbite; elles lui apprirent que c'étoit une ellipse, & non un cercle, & lui firent connoître l'*excentricité* *B S* de cette ellipse, comme nous l'expliquerons au mot PLANÈTE, la même méthode pourroit s'appliquer aux autres planètes.

Mais les astronomes déterminent plus souvent les *excentricités* des planètes par le moyen de la plus grande équation; nous expliquerons aussi la méthode par laquelle on détermine cette équation. *Voyez* PLANÈTE.

L'*excentricité* de mercure est la seule qu'on ne peut déterminer par ce moyen; on se sert pour cette planète de ses plus grandes digressions ou élongations par rapport au soleil, qui varient depuis 17° 36′ jusqu'à 28°, à raison de ses différentes distances au soleil; cette différence des élongations nous fait juger de la différence des distances, & par conséquent de l'*excentricité*. Quand on connoit l'*excentricité*, l'on en conclut la plus grande équation.

Voici le résultat des observations les plus exactes & des calculs les plus rigoureux par lesquels j'ai déterminé les *excentricités* de toutes les planètes dans les nouvelles Tables astronomiques, en supposant la distance moyenne du soleil à la terre de 100000. Celle de la lune est tirée des nouvelles tables de Mayer; elle est en décimales de la distance moyenne de la lune à la terre.

Planètes.	*Excentricité suivant les nouveaux calculs.*
Mercure,	7960
Vénus,	498
Le Soleil,	1680
Mars,	14211
Jupiter,	25277
Saturne,	53210
La Lune,	0,0550

Ces *excentricités* paroissent être constantes: on croit cependant que celle de jupiter & celle de saturne sont sujettes à quelques variations, à raison de leurs attractions réciproques. J'ai supposé dans les Tables que la plus grande équation de jupiter augmentoit de 2′ 15″ par siècle: ce qui détermine l'augmentation de l'*excentricité*. (*D. L.*)

EXCENTRIQUE, s. m. (*Astronomie*) ou cercle *excentrique*, est un cercle comme *F K M* (*Planches astronom. fig. 92*), décrit du centre *D* différent du lieu *T* de la terre, & qui porte l'épicycle *A G P*, quand il s'agit d'expliquer la seconde inégalité.

Au lieu des cercles *excentriques* autour de la terre, Kepler introduisit les orbites elliptiques: ce qui explique toutes les irrégularités des mouvemens des planètes & leurs distances différentes de la terre, *&c.* d'une manière très-exacte & très-naturelle.

L'anomalie de l'*excentrique*, chez les astronomes modernes, est un arc du cercle circonscrit à l'orbite comme *A N* (*fig. 83*) compris entre l'aphélie *A* & la ligne droite *R M N*, qui, passant par le centre de la planète *M*, est tirée perpendiculairement à la ligne des apsides *A P*.

EXCENTRIQUE, adj. *en Géométrie*, se dit de deux cercles ou globes qui, quoique renfermés l'un dans l'autre, n'ont cependant pas le même centre, & par conséquent ne sont point parallèles; par opposition aux concentriques qui sont parallèles, & ont un seul & même centre. *Voyez* CONCENTRIQUE.

EXCLUSION, s. f. *en Mathématiques*. La méthode des *exclusions* est une manière de résoudre les problêmes en nombre, en rejettant d'abord & excluant certains nombres comme n'étant pas propres à la solution de la question. Par cette méthode le problême est souvent résolu avec plus de promptitude & de facilité. M. Frenicle, mathématicien fort habile, qui vivoit du tems de Descartes, est un de ceux qui s'est le plus servi de cette méthode d'*exclusion*. « M. Frenicle étoit le plus habile » homme de son tems dans la science des nombres; » & alors vivoient MM. Descartes, de Fermat de » Roberval, Wallis, & d'autres, qui égaloient ou » peut-être surpassoient tous ceux qui les avoient » précédés. La conjoncture du tems avoit beau» coup aidé ces grands génies à se perfectionner » dans cette science. Car la plupart des savans s'en » piquoit alors; & elle devint tellement à la mode, » que non-seulement les particuliers, mais même » les nations différentres se faisoient des défis sur » la solution des problêmes numériques: ce qui a » donné occasion à M. Wallis de faire imprimer, » en l'année 1658, le livre intitulé: *Commercium* » *epistolicum*, où l'on voit les défis que les ma» thématiciens de France faisoient à ceux d'Angle» terre; les réponses des uns, les répliques des » autres, & tout le procédé de leur dispute. Dans » ces combats d'esprit, M. de Frenicle étoit tou» jours le principal tenant, & c'étoit lui qui fai» soit le plus d'honneur à la nation Françoise.

» Ce qui le faisoit le plus admirer, c'étoit la » facilité qu'il avoit à résoudre les problêmes les » plus difficiles, sans néanmoins y employer l'Al» gèbre, qui donne un très-grand avantage à ceux » qui savent s'en servir. MM. Descartes, de » Fermat, Wallis, & les autres, avoient bien de » la peine, avec toute leur Algèbre, à trouver la so» lution de plusieurs propositions numériques, dont » M. de Frenicle, sans l'aide de cette science, » venoit aisément à bout par la seule force de son » génie, qui lui avoit fait inventer une méthode » particulière pour cette sorte de problêmes. *Je* » *vous déclare ingénûment*, dit M. de Fermat dans » une de ses lettres imprimées dans le recueil de ses » ouvrages, que *j'admire le génie de M. de Frenicle,* » *qui, sans l'Algèbre, pousse si avant dans la con*» *noissance des nombres; & ce que j'y trouve de plus* » *excellent, consiste dans la vîtesse de ses opérations.* » M. Descartes ne l'admiroit pas moins: *son arith*» *métique*, dit-il au pere Mersenne, en parlant » de M. de Frenicle, *doit être excellente, puisqu'elle* » *le conduit à une chose où l'analyse a bien de la* » *peine à parvenir*. Et comme le remarque l'auteur » de la vie de M. Descartes, ce jugement est d'un » poids d'autant plus grand, que M. Descartes » étoit moins prodigue d'éloges, particulièrement » en écrivant au P. Mersenne, à qui il avoit cou» tume de confier librement ses pensées. Enfin » l'on ne peut rien dire de plus avantageux que » ce que le célèbre M. de Fermat, qui connoissoit » aussi-bien que personne la force de tous ceux » qui se méloient alors de la science des nom-

» bres, dit dans une de ses lettres; où parlant » de quelque chose qu'il avoit trouvée: *Il n'y a*, » dit-il, *rien de plus difficile dans toutes les Mathématiques; & hors M. de Frenicle, & peut-être M. Descartes*, je doute que personne *en connoisse le secret*. De M. Descartes, il n'en est » est pas bien assuré; mais il répond de M. de » Frenicle.

» Cette méthode si admirable qui va, dit M. Descartes, où l'analyse ne peut aller qu'avec bien » de la peine, est celle que M. de Frenicle, qui » l'avoit inventée, appelloit *la méthonde des exclusions*. Quand il avoit un problême numérique à » résoudre, au lieu de chercher à quel nombre les » conditions du problême proposé conviennent, » il examinoit au contraire à quels nombres elles ne » peuvent convenir; &, procédant toujours par » *exclusion*, il trouvoit enfin le nombre qu'il » cherchoit. Tous les mathématiciens de son tems » avoient une envie extrême de savoir cette méthode; & entr'autres, M de Fermat prie instamment le pere Mersenne, dans une de ses » lettres, d'en obtenir de M. de Frenicle la communication. *Je lui en aurois*, dit-il, *une très-grande obligation, & je ne ferois jamais difficulté de l'avouer.* Il ajoute qu'il voudroit avoir mérité » par ses services, cette faveur, & qu'il ne désespère pas de la payer par quelques inventions » qui peut-être lui seront nouvelles.

» Quelqu'instance que l'on ait faite à M. de » Frenicle, il n'a jamais voulu pendant sa vie » donner communication de cette méthode; mais, » après sa mort, elle se trouva dans ses papiers; & » c'est un des traités que l'on a donnés dans le » recueil, intitulé: *divers ouvrages de Mathématiques de Physique, par MM. de l'Académie royale des Sciences*, à Paris 1693. Comme c'est une méthode de pratique, & qu'en fait de pratique on » a bien plutôt fait d'instruire par des exemples que » par des préceptes, M. de Frenicle ne s'arrête pas » à donner de longs préceptes pour tous les cas différens qui peuvent se rencontrer; mais, après avoir » établi en peu de mots dix règles générales, il en » montre l'application par dix exemples choisis & » assez étendus. » *Mém. de l'Acad. des Sciences, 1693, p. 50, 51, 52.* On ne dit ici rien davantage de cette méthode, parce qu'il seroit difficile de donner en peu de paroles une idée assez claire de cette suite de dénombremens & d'*exclusions*, en quoi elle consiste: il la faut voir dans le livre même: d'ailleurs depuis que les méthodes de l'Algèbre sont devenues familières & ont été perfectionnées, elle n'est plus d'usage, & ne peut être que de simple curiosité. *(O)*

EXCURSION, s. f. *terme d'Astronomie*. Les cercles d'*excursion* sont des cercles parallèles à l'écliptique, & placés à une telle distance de ce grand-cercle, qu'ils renferment ou terminent l'espace des plus grandes latitudes. Ces *excursions* doivent être à 8 degrés environ, parce que les orbites des planètes sont fort peu inclinées à l'écliptique, de sorte que la zone ou bande appellée zodiaque & qui renferme toutes ces orbites, n'a qu'environ 8 degrés de largeur d'un côté & de l'autre. *Voyez* INCLINAISON, ZODIAQUE.

Les points où une planète est dans sa plus grande *excursion*, se nomment *limites*. *(O)*

EXE

EXEGESE *numérique* ou *linéaire*, signifie, *dans l'ancienne Algèbre*, l'*extraction numérique* ou *linéaire des racines des équations*, c'est-à-dire, la solution numérique de ces équations, ou leur construction géométrique. *Voy.* EQUATION, CONSTRUCTION, RACINE. Viette s'est servi de ce mot dans son algèbre. *Voyez* ALGÈBRE.

EXGETIQUE, s. f. *terme de l'ancienne Algèbre*; c'est ainsi que Viete appelle l'art de trouver les racines des équations d'un problême, soit en nombres, soit en lignes, selon que le problême est numérique ou géométrique. *Voyez* RACINE, EQUATION, *&c.* *(O)*

EXHAUSTION, s. f. *terme de Mathématiques.* La méthode d'*exhaustion* est une manière de prouver l'égalité de deux grandeurs, en faisant voir que leur différence est plus petite qu'aucune grandeur assignable; & en employant, pour le démontrer, la réduction à l'absurde.

Ce n'est pourtant pas parce qu'on y réduit à l'absurde, que l'on a donné cette méthode le nom de *méthode d'exhaustion*: mais comme l'on s'en sert pour démontrer qu'il existe un rapport d'égalité entre deux grandeurs, lorsqu'on ne peut pas le prouver directement, on se restreint à faire voir qu'en supposant l'une plus petite ou plus grande que l'autre, on tombe dans une absurdité évidente: afin d'y parvenir, on permet à ceux qui nient l'égalité supposée, de déterminer une différence à volonté; on leur démontre que la différence qui existeroit entre ces grandeurs (en cas qu'il y en eût) seroit plus petite que la différence assignée; & qu'ainsi cette différence ayant pu être supposée d'une petitesse qui, pour ainsi dire, *épuisât* toute grandeur assignable, c'est une nécessité de convenir que la différence entre ces grandeurs s'évanouit véritablement. Or c'est cette petitesse indivisible, inassignable, & qui *épuise* toute grandeur quelconque, qui a fait donner à la méthode présente le nom de *méthode d'exhaustion*, du mot latin *exhaustio*, épuisement.

La méthode d'*exhaustion* est fort en usage chez les anciens géomètres, comme Euclide, Archimède, *&c.* Elle est fondée sur ce théorème du deuxième livre d'Euclide, que des quantités sont égales lorsque leur différence est plus petite qu'aucune grandeur assignable; car si elles étoient inégales, leur différence pourroit être assignée; ce qui est contre l'hypothèse.

C'est d'après ce principe qu'on démontre que, si un polygone régulier d'une infinité de côtés est inscrit ou circonscrit à un cercle, l'espace qui constitue la différence entre le cercle & le polygone *s'épuisera* & diminuera par degrés; de sorte que le cercle deviendra égal au polygone. *Voyez* QUADRATURE, POLYGONE, *&c. Voyez aussi* LIMITE, INFINI, *&c.* (E)

*Le calcul différentiel n'est autre chose que la méthode d'*exhaustion* des anciens, réduite à une analyse simple & commode; c'est la méthode de déterminer analytiquement les limites des rapports; la métaphysique de cette méthode est expliquée *au mot* DIFFÉRENTIEL.

EXP

EXPONENTIEL, adj. (*Géomét. transcend.*) *Quantité exponentielle*, est une quantité élevée à une puissance dont l'exposant est indéterminé & variable. *Voyez* EXPOSANT.

Il y a des *quantités exponentielles* de plusieurs degrés ou de plusieurs ordres. Quand l'exposant est une quantité simple & indéterminée, on l'appelle une *quantité exponentielle du premier degré.*

Quand l'exposant est lui-même une *exponentielle* du premier degré, alors la quantité est une *exponentielle* du second degré.

Ainsi, z^y est une *exponentielle* du premier degré, parce que la quantité y est une quantité simple: mais z^{x^y} est une quantité *exponentielle* du second degré, parce que x^y est une *exponentielle* du premier degré. De même $z^{x^{y^y}}$ est une *exponentielle* du troisième degré, parce que l'exposant x^{y^y} en est une du second.

Il faut remarquer de plus que, dans les quantités *exponentielles*, la quantité élevée à l'exposant variable peut-être constante comme dans a^y; ou variable comme dans x^y ainsi, on peut encore à cet égard distinguer les quantités *exponentielles* en différentes espèces.

La théorie des quantités *exponentielles* est expliquée avec beaucoup de clarté dans un mémoire qu'on trouvera au *tome I. du recueil des œuvres* de M. J. Bernoulli, Lausanne, 1743. Le calcul des quantités *exponentielles*, de leurs différentielles, *&c.* se nomme *calcul exponentiel.* On peut aussi voir les règles de ce calcul expliquées dans *la première partie du traité du calcul* de M. de Bougainville. Au reste, c'est à M. J. Bernoulli que la Géométrie doit la théorie du calcul *exponentiel*, branche du calcul intégral devenue depuis si féconde.

Outre les quantités *exponentielles* dont les exposans sont réels, il y en a aussi dont les exposans sont imaginaires; & ces quantités sont sur-tout fort utiles dans la théorie des sinus & des cosinus des angles. *Voyez* SINUS.

La méthode générale pour trouver aisément les différentielles des quantités *exponentielles*, c'est de supposer ces *exponentielles* égales à une nouvelle inconnue, de prendre ensuite les logarithmes de part & d'autre, de différentier, & de substituer; ainsi, faisant $y^x = z$, on aura $x \log. y = \log. z$; donc $dx \times \log. y + \frac{x\,dy}{y} = \frac{dz}{z}$. *Voyez* LOGARITHME. Donc dz ou $d(y^x) = z\,dx \log. y + \frac{z\,x\,dy}{y} = y^x\,dx \log. y + \frac{x\,y\,dy}{y}$. Donc, si on a à différentier a^x; comme a est alors égal à y, & que $dy = 0$, on aura pour différentielle $a^x\,dx \times \log. a$; & ainsi des autres.

Courbe exponentielle, est celle qui est exprimée par une équation *exponentielle. Voyez* COURBE.

Les courbes *exponentielles* participent de la nature des algébriques & des transcendantes; des premières, parce qu'il n'entre dans leur équation que des quantités finies; & des dernieres, parce qu'elles ne peuvent pas être représentées par une équation algébrique. Car dans les courbes à équations algébriques, les exposans sont toujours des nombres déterminés & constans, au lieu que, dans les équations des courbes *exponentielles*, les exposans sont variables. Par exemple, $ay = x^2$ est l'équation d'une courbe algébrique; $y = a^x$ est l'équation d'une courbe *exponentielle*; cette équation $y = a^x$ signifie qu'une ordonnée quelconque y, est à une ordonnée constante que l'on prend pour l'unité, comme une constante a élevée à un exposant indiqué par le rapport de l'abscisse x à la ligne que l'on prend pour l'unité, est à la ligne prise pour l'unité, élevée à ce même exposant. C'est pourquoi si on prend b pour cette ligne qui représente l'unité, l'équation $y = a^x$ réduite à une expression & à une traduction claire, revient à celle-ci $\frac{y}{b} = \left(\frac{a}{b}\right)^{\frac{x}{b}}$; l'équation $y = a^x$ est celle de la logarithmique. *Voyez* LOGARITMIQUE. De même $y = x^y$ signifie $\frac{y}{b} = \left(\frac{x}{b}\right)^{\frac{y}{b}}$; & ainsi des autres.

Equation exponentielle, est celle dans laquelle il y a des a des quantités *exponentielles*, &c. Ainsi, $y = z^x$ est une équation *exponentielle*.

On résoud les équations *exponentielles* par logarithmes, lorsque cela est possible. Par exemple, si on avoit $a^x = b$, x étant l'inconnue, on auroit x log. $a =$ log. b, & $x = \frac{\log. b}{\log. a}$; de même si on avoit $a c^{x+2} + b c^{x+1} + g c^x = k$ on en tireroit l'équation $c^x (a c^2 + b c + g) = k$, & x logarith. c + logarith. $(a c^2 + b c + g) = \log. k$; d'où l'on tirera x. Mais il y a une infinité de cas où on ne pourra trouver x que par tâtonnement; par exemple, si on avoit $a^x + b^{2x} = c$, &c. *Voyez* LOGARITHME.

C'est par les équations *exponentielles* qu'on pratique dans le calcul intégral l'opération qui consiste à *repasser des logarithmes aux nombres*. Soit, par exemple, cette équation logarithmique $x = \log. y$, supposant que c soit le nombre qui a pour logarithme 1, on aura $1 = \log. c$, & $x \log. c = x = \log. y$. Donc (*V.* LOGARITHME) $\log. c^x = \log. y$, & $c^x = y$. (*O*)

EXPOSANT, s. m. (*Algèbre*) Ce terme a différentes acceptions, selon les différens objets auxquels on les rapporte. On dit, l'*exposant* d'une raison, l'*exposant* du rang d'un terme dans une suite, l'*exposant* d'une puissance.

L'*exposant* d'une raison (il faut entendre la *géométrique*, car dans l'Arithmétique ce qu'on pourroit appeller de ce nom, prend plus particulièrement celui de *différence*) : l'*exposant* donc d'une raison géométrique est le quotient de la division du conséquent par l'antécédent. Ainsi, dans la raison de 2 à 8, l'*exposant* est $\frac{8}{2} = 4$; dans celle de 8 à 2, l'*exposant* est $\frac{2}{8} = \frac{1}{4}$ &c. *Voyez* PROPORTION.

C'est l'égalité des *exposans* de deux raisons qui les rend elles-mêmes égales, & qui établit entr'elles ce qu'on appelle *proportion*. Chaque conséquent est alors le produit de son antécédent par l'*exposant* commun. Il semble donc, pour le dire en passant, qu'ayant à trouver le quatrième terme d'une proportion géométrique, au lieu du circuit qu'on prend ordinairement, il seroit plus simple de multiplier directement le troisième terme par l'*exposant* de la première raison, au moins quand celui-ci est un nombre entier. Par exemple, dans la proportion commencée 8. 24 ∷ 17. *, le quatrième terme se trouveroit tout-d'un-coup, en multipliant 27 par l'*exposant* 3 de la première raison; au lieu qu'on prescrit de multiplier 24 par 17, & puis de diviser le produit par 8. Il est vrai que les deux méthodes exigent également deux opérations, puisque la recherche de l'*exposant* suppose elle-même une division; mais dans celle qu'on propose, ces deux opérations, s'exécutant sur deux termes moins composés, en seroient plus courtes & plus faciles. *Voyez* RÈGLE DE TROIS.

L'*exposant* du rang est, comme cela s'entend assez, le nombre qui exprime le *quantième* d'un terme dans une suite quelconque. On dira, par exemple, que 7 est l'*exposant* du rang du terme 13 dans la suite des impairs; que celui de tout autre terme T de la même suite est $\frac{T+1}{2}$; & plus généralement que l'*exposant* du rang d'un terme pris où l'on voudra dans une progression arithmétique quelconque, dont le premier terme est désigné par p, & la différence par d, est $\frac{T-p}{d} + 1$.

On nomme *exposant*, par rapport à une puissance, un chiffre (en caractère minuscule) qu'on place à la droite & un peu au-dessus d'une quantité, soit numérique, soit algébrique, pour désigner le nom de la puissance à laquelle on veut faire entendre qu'elle est élevée. Dans a^4, par exemple, 4 est l'*exposant* qui marque que a est supposé élevé à la quatrième puissance.

Souvent, au lieu d'un chiffre, on emploie une lettre; & c'est ce qu'on appelle *exposant indéterminé*. a^n est a élevé à une puissance quelconque désignée par n. Dans $\sqrt[n]{a}$, n désigne le nom de la racine qu'on suppose extraite de la grandeur a, &c.

Autrefois, pour représenter la quatrième puissance de a, on écrivoit $a a a a$; expression incommode, & pour l'auteur, & pour le lecteur, sur-tout lorsqu'il s'agissoit de puissances fort élevées. Descartes vint, qui à cette répétition fastidieuse de la même racine substitua la racine simple, surmontée vers la droite de ce chiffre qu'on nomme *exposant*, lequel annonce au premier coup-d'œil combien de fois elle est censée répétée.

Outre l'avantage de la briéveté & de la netteté, cette expression a encore celui de faciliter extrêmement le calcul des *puissances de la même racine*, en le réduisant à celui de leurs *exposans*, lesquels pouvant d'ailleurs être pris pour les logarithmes des puissances auxquelles ils se rapportent, les font participer aux commodités du calcul logarithmique. Dans l'exposé qui va suivre du calcul des *exposans* des puissances, nous aurons soin de ramener chaque résultat à l'expression de l'ancienne méthode, comme pour servir à la nouvelle de démonstration provisionnelle; renvoyant pour une démonstration plus en forme à l'*article* LOGARITHME, qui est en droit de la revendiquer.

Multiplication. Faut-il multiplier a^m par a^n? On fait la somme des deux *exposans*, & l'on écrit a^{m+n}. En effet que $m = 3$, & $n = 2$; $a^{m+n} = a^{3+2} = a^5 = a a a a a = a a a \times a a$.

Division. Pour diviser ^{m} par a^{n}, on prend la différence des deux *exposans*, & l'on écrit a^{m-n}. En effet, que $m = 5$, & $n = 2$; $a^{m-n} = a^{5-2} = a^3 = a a a = \frac{a a a a a}{a a}$.

Si $n=m$, l'*exposant* réduit devient o, & le quotient est $a^0=1$; car (au lieu de n, substituant m qui lui est égale par supposition) $a^0 = a^{m-m} = \frac{a^m}{a^m} = 1$.

Si $n>m$, l'*exposant* du quotient sera négatif. Par exemple, que $m=2$, & $n=5$; $a^{m-n} = a^{2-5} = a^{-3}$. Mais qu'est-ce que a^{-3}? Pour le savoir, interrogeons l'ancienne méthode. a^{-3} est donné pour l'expression de $\frac{aa}{aaaaa} = \frac{1}{aaa} = a^{\frac{1}{3}}$. Ce qui fait voir qu'une puissance *négative* équivaut à une fraction, dont le numérateur étant l'unité, le dénominateur est cette puissance même devenue *positive*: comme réciproquement une puissance *positive* équivaut à une fraction, dont le numérateur est encore l'unité, & le dénominateur cette même puissance devenue *négative*. En général, $a^{\pm m} = \frac{1}{a^{\mp m}}$. On peut donc, sans inconvénient, substituer l'une de ces deux expressions à l'autre: ce qui a quelquefois son utilité.

Elévation. Pour élever a^m à la puissance dont l'*exposant* est n, on fait le produit des deux *exposans*, & l'on écrit $a^{m\times n}$... En effet, que $m=2$, & $n=3$; $a^{m\times n} = a^{2\times 3} = a^6 = aaaaaa = aa \times aa \times aa$.

Extraction. Comme cette opération est le contraire de la précédente; pour extraire la racine n de a^m, on voit qu'il faut diviser m par n, & écrire $a^{\frac{m}{n}}$. En effet, que $m=6$, & $n=3$; $a^{\frac{m}{n}} = a^{\frac{6}{3}} = a^2 = aa = \sqrt[3]{aaaaaa}$.

On peut donc bannir du calcul les signes radicaux qui y jettent souvent tant d'embarras, & traiter les grandeurs qu'ils affectent comme des puissances, dont les *exposans* sont des nombres rompus. Car $\sqrt[n]{a} = a^{\frac{1}{n}}$; $\sqrt[n]{a^{-m}} = a^{\frac{-m}{n}}$, &c.

On ne dit rien de l'*addition* ni de la *soustraction*, parce que ni la somme, ni la différence de deux puissances de la même racine, ne peuvent se rappeller à un *exposant* commun, & qu'elles n'ont point d'expression plus simple que celle-ci, $a^m \pm$. Mais elles ont d'ailleurs quelques propriétés particulières, que je ne sache pas avoir jusqu'ici été remarquées, quoiqu'elles puissent trouver leur application. Elles ne seront point déplacées en cet article.

Première propriété. La différence de deux puissances quelconques de la même racine, est toujours un multiple exact de cette racine *diminuée* de l'unité; c'est-à-dire que $\frac{a^m - a^n}{a-1}$ donne toujours un quotient exact.

$\frac{4^3-4^1}{3} = \frac{64-4}{3} = \frac{60}{3} = 20$ sans reste.
$\frac{4^3-4^0}{3} = \frac{64-1}{3} = \frac{63}{3} = 20$

Observez en passant que, dans le premier exemple, $4^3-4^1 = 60 = 3 \times 4 \times 5$. Ce qui n'est point un hasard, mais une propriété constante de la *différence des troisième & première puissances*, laquelle est toujours égale au produit continu des trois termes consécutifs de la progression naturelle, dont le moyen est la première puissance même ou la racine.

$a^3 - a^1 = \overline{a-1} \times a \times \overline{a+1}$.

Seconde propriété. La différence de deux puissances quelconques de la même racine est un multiple exact de cette racine *augmentée* de l'unité, quand la différence des *exposans* des deux puissances est un nombre pair; c'est-à-dire que $\frac{a^m - a^n}{a+1}$ donne un quotient exact, quand $m-n$ exprime un nombre pair.

$\frac{4^3-4^1}{5} = \frac{64-4}{5} = \frac{60}{5} = 12$, *sans reste*, parce que $3-1=2$, nombre *pair*.

Mais $\frac{4^3-4^0}{5} = \frac{64-1}{5} = \frac{63}{5}$ *laisse un reste*, parce que $3-0=3$ *n'est pas* un nombre *pair*.

Troisième propriété. La somme de deux puissances quelconques de la même racine est un multiple exact de cette racine *augmentée* de l'unité, quand la différence des *exposans* des deux puissances est un nombre impair; c'est-à-dire que $\frac{a^m + a^n}{a+1}$ donne un quotient exact, quand $m-n$ exprime un nombre *impair*. Ainsi, $\frac{4^3+4^0}{5} = \frac{64+1}{5} = \frac{65}{5} = 13$, *sans reste*, parce que $3-0=3$, nombre *impair*.

Mais $\frac{4^3+4^1}{5} = \frac{64+4}{5} = \frac{68}{5}$ *laisse un reste*, parce que $3-1=2$ *n'est pas* nombre *impair*.

Démonstration commune.

Si l'on compare $a^m \pm a^n$, considéré, d'une part,

comme dividende avec $a \pm 1$, considéré de l'autre comme diviseur, il en résulte quatre combinaisons différentes; savoir,

$$\frac{a^m + a^n}{a-1} * \frac{a^m - a^n}{a-1} * \frac{a^m - a^n}{a+1} * \frac{a^m + a^n}{a+1}.$$

Maintenant, si l'on vient à effectuer sur chacune la division indiquée, on trouvera (& c'est une suite des loix générales de la division algébrique.)

1.° Que dans toutes les hypothèses, les termes du quotient (supposé exact) sont par ordre les puissances consécutives & décroissantes de a, depuis & y compris a^{m-1} jusqu'à a_n inclusivement; d'où il suit que le nombre des termes du quotient *exact*, ou, ce qui est la même chose, l'*exposant* du rang de son dernier terme est $m - n$.

2.° Que dans les deux premières hypothèses les termes du quotient ont tous le signe +, & que dans les deux dernières ils ont alternativement & dans le même ordre les signes + & —; de sorte que le signe + appartient à ceux dont l'*exposant* du rang est impair, & le signe — à ceux dont l'*exposant* du rang est pair.

3.° Que, pour rendre la division exacte, le dernier terme du quotient doit avoir le signe — dans les première & troisième hypothèses, & le signe + dans la seconde & dans la quatrième.

La figure suivante met sous les yeux le résultat des deux derniers articles. La ligne supérieure représente l'ordre des signes qui affectent les divers termes du quotient, relativement aux quatre différentes hypothèses; l'inférieure marque le signe que doit avoir dans chacune le dernier terme du quotient, pour rendre la division exacte.

I. hypothèse.	*Seconde.*	*Troisième*	*Quatrième.*
+.+.+.&c.	+.+.+.&c.	+.—.+.—.&c.	+.—.+.—.&c.
—	+	—	+

La seule inspection de la figure fait voir que la division exacte ne peut avoir lieu dans la première hypothèse, puisqu'elle exige le signe — au dernier terme du quotient, & que tous y ont le signe +; que par une raison contraire elle a toujours lieu dans la seconde; qu'elle l'a dans la troisième, quand l'*exposant* du rang du dernier terme, ou (*suprà*) $m - n$ est pair; & dans la quatrième, quand $m - n$ est impair.

J'ai remarqué (& d'autres sans doute l'auront fait avant moi) que la différence des troisième & première puissances de la même racine est égale au produit continu de trois termes consécutifs de la progression naturelle, dont le moyen est la première puissance même ou la racine... $r^3 - r^1 = \overline{r-1} \times r^1 \times \overline{r+1}$.

Cette propriété, au reste, dérive d'une autre ultérieure. Les *exposans* des deux puissances étant *quelconques*, pourvu que leur différence soit 2, on a généralement $r^m - r^n = \overline{r-1} \times r^n \times \overline{r+1}$;... & la démonstration en est aisée. Car, dans le second membre, le produit des extrèmes est $rr - 1$: or, si l'on multiplie le terme moyen r^n par $rr - 1$, on aura $r^{n+2} - r^n$: mais $r^{n+2} = r^m$, puisque (par supposition) $m - n = 2$, d'où $m = n + 2$.

Ceci est peu de chose en soi: mais n'en pourroit-on pas faire usage, pour résoudre avec facilité toute équation d'un degré quelconque, qui aura, ou *à qui on pourra donner* cette forme $x^m - x^n - a = 0$, de sorte que $m - n$ y soit $= 2$, & dont une des racines sera un nombre entier?

En effet, cherchant tous les diviseurs ou facteurs de a, &, pour plus de commodité, les disposant par ordre deux à deux, de façon que chaque *paire* contienne deux facteurs correspondans de a, comme on voit ici ceux de 12... $\frac{1}{12}.\frac{2}{6}.\frac{3}{4}$..... on est assuré qu'il s'en trouvera une paire qui sera $\frac{\overline{x-1} \times \overline{x+1}}{x^n}$.

Choisissant donc dans la ligne inférieure (que je suppose contenir les plus grands facteurs) ceux qui sont des puissances du degré n, ou bien il ne s'en trouvera qu'un, & dès-là sa n^e racine sera la valeur de x; ou il s'en trouvera plusieurs, & alors, les comparant avec leurs co-facteurs, on se déterminera pour celui dont le co-facteur est le produit de sa n^e racine diminuée de l'unité par la même racine augmentée de l'unité. Par exemple,

Soit l'équation à résoudre... $x^5 - x^3 - 3000 = 0$, on trouve que les facteurs de 3000 sont par ordre,

1	2	3	4	5	6	8	10	12	15
1000.	1500.	1000.	750.	600.	500.	375.	300.	250.	200.
20	24	25	30	40	50				
150.	125.	120.	100.	75.	60.				

En consultant, si on le juge nécessaire, la table des puissances, on trouve que la ligne inférieure ne contient que deux cubes, 1000 & 125. Le premier ne peut convenir, parce que son co-facteur est 3, & que ($\sqrt[3]{1000}$ étant 10) il devroit être $\overline{10-1} \times \overline{10+1} = 9 \times 11 = 99$: mais le second convient parfaitement, parce que d'un côté sa racine cubique étant 5, de l'autre son co-facteur est $24 = 4 \times 6 = \overline{5-1} \times \overline{5+1}$... On a donc $x = 5$.

Reste à trouver le moyen de donner à toute équation proposée la forme requise, c'est-à-dire, de la réduire à ses premier, troisième, & dernier termes; de façon que les deux premiers soient sans coëfficiens, & les deux derniers négatifs. C'est l'affaire des Algébristes, & pour eux une occasion précieuse d'employer utilement l'art des transformations, s'il va jusque-là.

Il est au moins certain que, dans les cas où l'on pourra ainsi tranformer l'équation, la méthode qu'on propose ici aura lieu, pourvu qu'une des racines de l'équation soit un nombre entier. On convient que cette méthode ne s'étend jusqu'ici qu'à un très-petit nombre de cas, puisqu'on n'a point encore, & qu'on n'aura peut-être jamais de méthode générale pour réduire les équations à la forme & à la condition dont il s'agit; mais on ne donne aussi la méthode dont il s'agit ici, que comme pouvant être d'usage en quelques occasions. *Article de M.* Kallier des Ourmes.

* Il ne nous reste qu'un mot à ajouter à cet excellent *article*, sur le calcul des *exposans*. Que signifie, dira-t-on, cette expression a^{-m}? Quelle idée nette présente-t-elle à l'esprit? le voici. Il n'y a jamais de quantités négatives & absolues en elles-mêmes. Elles ne sont telles, que relativement à des quantités positives dont on doit ou dont on peut supposer qu'elles sont retranchées; ainsi, a^{-m} ne désigne quelque chose de distinct, que relativement à une quantité a^n exprimée ou sous-entendue; en ce cas, a^{-m} marque que, si on vouloit multiplier a^n par $^{-m}$, il faudroit retrancher de l'*exposant* n autant d'unités qu'il y en a dans m; voilà pourquoi a^{-m} équivaut à $\frac{1}{m}$, ou à une division par a^m. Ainsi, a^{-m} n'est autre chose qu'une maniere d'exprimer $\frac{1}{a^m}$, plus commode pour le calcul. De même a^0 n'indique autre chose que $a^m \times a^{-m}$ ou $\frac{a^m}{a^m} = 1$; a^0 indique, suivant la notion des *exposans*, que la quantité a ne doit plus se trouver dans le calcul; & en effet elle ne s'y trouve plus: comme a^{-m} indique que la quantité a doit se trouver dans le calcul avec m dimensions de moins, & qu'en général elle doit abaisser de m dimensions la quantité algébrique où elle entre par voie de multiplication. *V.* Négatif.

Passons aux *exposans* fractionnaires. Que signifie $a^{\frac{1}{2}}$? Pour en avoir une idée nette, je suppose $a = bb$; donc $a^{\frac{1}{2}}$ est la même chose que $(bb)^{\frac{1}{2}}$ or dans $(bb)^5$, par exemple, l'*exposant* indique que b doit être écrit un nombre de fois triple du nombre de fois qu'il est écrit dans le produit (bb); & comme il y est écrit deux fois (bb) il s'ensuit que $(bb)^3$ indique que b doit être écrit 6 fois; donc $(bb)^3$ est égal à b^6; donc par la même raison $(bb)^{\frac{1}{2}}$ indique que b doit être *écrit la moitié de fois* de ce qu'il est écrit dans la quantité bb; donc il doit être écrit une fois; donc $(bb)^{\frac{1}{2}} = b$; donc $a^{\frac{1}{2}} = b = \sqrt{a}$.

Il n'y aura pas plus de difficulté pour les *exposans* radicaux, dont très-peu d'auteurs ont parlé. Que signifie, par exemple, $a^{\sqrt{2}}$? Pour le trouver, on remarquera que $\sqrt{2}$ n'est point un vrai nombre, mais une quantité dont on peut approcher aussi près qu'on veut, sans l'atteindre jamais; ainsi, supposons que $\frac{p}{q}$ exprime une fraction par laquelle on approche continuellement de $\sqrt{2}$; $a^{\sqrt{2}}$ aura pour valeur approchée la quantité $a^{\frac{p}{q}}$, dans laquelle p & q seront des nombre entiers qu'on pourra rendre aussi exacts qu'on voudra, jusqu'à l'exactitude absolue exclusivement. Ainsi, $a^{\sqrt{2}}$ indique proprement la limite d'une quantité, & non une quantité réelle; c'est la limite de a élevée à un *exposant* fractionnaire qui approche de plus en plus de la valeur de $\sqrt{2}$. *Voyez* Exponentiel, Limite, *&c.* (*O*).

EXPRESSION, s. f. (*Algèbre*). On appelle en Algèbre *expression* d'une quantité, la valeur de cette quantité exprimée ou représentée sous une forme algébrique. Par exemple, si on trouve qu'une inconnue x est $= \sqrt{aa + bb}$, a & b étant des quantités connues, $\sqrt{aa + bb}$ sera l'*expression* de x. Une équation n'est autre chose que la valeur d'une même quantité présentée sou deux *expressions* différentes. *Voyez* Equation. (*O*)

EXPURGATION, *Emersion*, sortie de l'ombre dans une éclipse.

EXT

EXTERNES, (*angles*) *en Géométrie*, sont les angles de toute figure rectiligne, qui n'entrent point dans sa formation, mais qui sont formés par ses côtés prolongés au-dehors. *Voyez* Angle & Interne.

Les angles *externes* d'un polygone quelconque pris ensemble sont égaux à quatre angles droits. Dans un triangle, l'angle *externe* est égal à la somme des angles intérieurs opposés. *Voyez* Triangle. Ces propositions sont démontrées partout. (*E*)

EXTRACTION, s. f. (*Arith. & Alg.*) Opération qui consiste à trouver une certaine racine d'un nombre ou d'une quantité algébrique. Voici les principes & le procédé de la méthode.

I. On appelle *puissances* d'un nombre, les produits que l'on trouve, en le multipliant par lui-même, un certain nombre de fois.

Tout nombre est lui-même sa *premiere* puissance. Ainsi, 4 ou la premiere puissance de 4, c'est la même chose.

La *seconde* puissance ou le quarré du nombre, est le produit de ce nombre multiplié par lui-même. Ainsi, 4×4 ou 16, est la seconde puissance ou le quarré de 4. De même, 6×6 ou 36, est la seconde puissance ou le quarré de 6. L'usage le plus ordinaire est d'employer, pour la briéveté, le mot de *quarré*, préférablement à celui de *seconde puissance*.

La *troisième* puissance ou le *cube* d'un nombre, est le produit de ce nombre multiplié deux fois de suite par lui-même, c'est-à-dire, le produit du nombre par son quarré. Ainsi, si l'on multiplie 4 par son quarré 16, le produit 64 est la troisième puissance ou le cube de 4. De même, 216, produit de 6 par son quarré, est la troisième puissance ou le cube de 6. Le mot de *cube* est plus usité.

La *quatrième* puissance d'un nombre est le produit de ce nombre multiplié trois fois de suite par lui-même, c'est-à-dire, le produit du nombre par son cube. Ainsi, 4 X 64, ou 256 est la quatrième puissance de 4; 6 X 216, ou 1296 est la quatrième puissance de 6.

Ainsi de suite, pour les puissances *cinquième*, *sixième*, &c.

II. L'opération qu'on fait pour trouver une certaine puissance d'un nombre, s'appelle *formation* de cette puissance.

III. On remarquera que toutes les puissances de 1 sont 1. Car 1 multiplié par lui-même autant de fois qu'on voudra, ne peut donner que 1. Cette propriété appartient à l'unité, exclusivement à tous les autres nombres.

IV. Voici une petite Table qui contient les quatre premières puissances des nombres depuis 1 jusqu'à 9 inclusivement.

Nombres	1	2	3	4	5	6	7	8	9
Quarrés	1	4	9	16	25	36	49	64	81
Cubes	1	8	27	64	125	216	343	512	729
4es Puissances	1	16	81	256	625	1296	2401	4096	6561

V. On appelle *racine* d'une puissance, le nombre qui, en se multipliant lui-même un certain nombre de fois, produit cette puissance. La racine *première* & la puissance *première* sont la même chose. Mais il en est autrement pour les puissances & les racines des ordres supérieurs au premier. Par rapport à la seconde puissance, le nombre générateur s'appelle *racine seconde*, ou plus ordinairement, *racine quarrée*; par rapport à la troisième puissance, le nombre générateur s'appelle *racine troisième*, ou plus ordinairement, *racine cube*. Ainsi de suite.

VI. L'opération qu'on fait pour trouver la racine quand on connoit la puissance, s'appelle *extraction* de la racine.

VII. Ces notions bien entendues, nous pouvons nous proposer, à ce sujet, les deux questions suivantes, dont l'une est l'inverse de l'autre.

(I.) *Etant donné un nombre, déterminer telle puissance qu'on voudra de ce nombre?*

(II.) *Etant donné un nombre que l'on regarde comme une certaine puissance d'un autre nombre, trouver cet autre nombre?*

La première question n'a aucune difficulté; car il ne s'agit, pour la résoudre, que de multiplier un nombre un certain nombre de fois par lui-même. Qu'on demande, par exemple, la quatrième puissance de 15: je multiplie 15 par 15, le produit est 225; je multiplie ce produit par 15, & j'ai 3375; je multiplie ce dernier produit par 15, & j'ai 50625, qui est la quatrième puissance cherchée.

Quant à la seconde question, elle est beaucoup plus difficile, & demande, pour être résolue, des règles particulières. Je vais donner ces règles pour les racines quarrée & cube, seulement, parce que dans les usages les plus ordinaires qu'on fait des racines, dans l'Arithmétique, on n'a besoin que de savoir extraire la racine quarrée & la racine cube. Mais il ne sera pas difficile d'imiter, si l'on veut, les mêmes procédés pour les ordres supérieurs.

Extraction de la Racine quarrée.

VIII. Suivant l'idée générale que nous avons donnée (VI.) de l'extraction des racines, l'extraction de la racine quarrée est une opération par laquelle on trouve un nombre qui, multiplié par lui-même, donne, ou le nombre dont il s'agit d'extraire la racine quarrée, ou le plus grand quarré qui y est contenu.

Comme il n'est question ici que des racines quarrées; quand, pour abréger, j'omettrai le mot *quarrée*, on aura soin de le sous-entendre.

IX. Lorsqu'un nombre n'est pas exprimé par plus de deux chiffres, sa racine n'en a qu'un; & elle se trouve par le moyen de la Table de l'article IV. Par exemple, demande-t-on la racine de 49? On la trouve dans la première case de la bande verticale qui contient 49; elle est 7.

Si le nombre, toujours exprimé par deux chiffres tout au plus, dont on demande la racine, n'étoit pas compris dans la Table, comme, par exemple, si on demandoit la racine de 88; on prendroit dans la Table le nombre le plus approchant, en-dessous, de 88; ce nombre est 81, dont la racine est 9; & cette même racine seroit celle qui, en nombre entier, approche le plus, en-dessous, de la véritable racine de 88.

L'extraction de la racine des nombres qui ne sont pas exprimés par plus de deux chiffres, est le fondement de l'extraction des racines des nombres exprimés par tant de chiffres qu'on voudra, opération que nous allons expliquer.

X. Tout nombre exprimé par plus de deux chiffres en a néceſſairement plus d'un à ſa racine. Car 100, qui eſt le plus petit des nombres exprimés par plus de deux chiffres, a pour racine 10, qui eſt exprimé par deux caractères. Ainſi, la racine de tout nombre exprimé par plus de deux chiffres peut être regardée comme compoſée d'un nombre de dixaines & d'un nombre d'unités, & les dixaines pourroſit être exprimées par plus d'un chiffre. Voyons comment ces parties de la racine entrent dans la formation du quarré. Quand nous connoîtrons bien comment un quarré eſt produit, il ne ſera pas difficile de découvrir la racine d'un nombre quelconque, ou du moins du plus grand quarré qui y eſt contenu, ſuppoſé que ce nombre ne ſoit pas un quarré parfait.

XI. Je prends, par exemple, le nombre 24, qui eſt compoſé de deux dixaines, & de 4 unités; & je l'élève à ſon quarré, en le multipliant par lui-même, ſuivant les règles ordinaires de la multiplication. Ainſi, je multiplie premièrement 4 par 4; ſecondement, 2 par 4; troiſièmement, 4 par 2, ou 2 par 4; quatrièmement, 2 par 2. Or il eſt viſible que par la première multiplication, on fait le quarré des unités; par la ſeconde, le produit des dixaines par les unités; par la troiſième, encore le produit des dixaines par les unités; par la quatrième, le quarré des dixaines. Il en ſera de même pour tout autre nombre compoſé de dixaines & d'unités. D'où je conclus que le quarré d'un nombre compoſé de dixaines & d'unités, contient, 1.° *le quarré des dixaines.* 2.° *Deux fois le produit des dixaines par les unités, ou, ce qui revient au même, le double des dixaines multiplié par les unités.* 3.° *Le quarré des unités.* Dans ce réſumé, les parties ne ſont pas énoncées tout-à-fait dans le même ordre qu'on les a trouvées; mais il eſt viſible que les deux réſultats reviennent au même.

	24
	24
	96
	48
Quarré	576

Maintenant venons à l'extraction des racines quarrées, qui eſt le problême inverſe du précédent.

XII. Problême. *Trouver la racine quarrée d'un nombre donné?*

Les préceptes généraux ſeroient difficiles à entendre en eux-mêmes; ils naîtroient ſans peine des opérations que nous allons faire ſur des exemples.

Exemple I. *Extraire la racine quarrée du nombre 3458, ou du plus grand quarré contenu dans ce nombre, s'il n'eſt pas un quarré parfait?*

Le nombre 3458 étant compoſé de plus de deux chiffres, ſa racine en a néceſſairement plus d'un (X.); elle a donc des dixaines & des unités. Sans connoître ces dixaines & ces unités, nous ſommes ſûrs (XI.) que le quarré contient le quarré des dixaines de la racine, plus deux fois le produit des dixaines par les unités, plus le quarré des unités. Or le quarré des dixaines étant un produit de dixaines par des dixaines eſt un nombre de centaines, qui a deux rangs à ſa droite. Ainſi, ſi dans le nombre 3458, je ſépare, par une petite barre verticale, les deux derniers chiffres vers la droite, en cette ſorte : 34|58; je ſerai ſûr que le quarré des dixaines de la racine eſt contenu dans la partie 34. Et comme cette partie n'a que deux chiffres, j'en trouverai la racine, au moins approchée en-deſſous, à l'aide de la Table de l'article IV. Mettons nos calculs en ordre. Après l'acolade qui accompagne notre nombre, je tire une barre horizontale au-deſſus de laquelle j'écris les chiffres de la racine, à meſure que je les trouve.

Quar. ſup.	34|58	58 racine.
	25	
	958	108
	864	
	94	

La table citée me fait voir que 34 n'eſt pas un quarré parfait, & que le plus grand quarré contenu dans ce nombre, eſt 25, dont la racine eſt 5. J'écris donc 5 à la racine, & le quarré 25 ſous 34. Le chiffre 5 exprime les dixaines de la racine du nombre total 3458. Retranchant 25 de 34, reſte 9, à côté duquel j'abaiſſe la tranche 58; ce qui donne le nombre 958.

Puiſque, du nombre propoſé 3458, nous avons retranché le quarré 25 des dixaines de ſa racine, il eſt clair que le nombre reſtant 958 doit contenir le double produit des dixaines par les unités inconnues de la racine, plus le quarré des mêmes unités. Or, de ces deux dernières parties, la première, c'eſt-à-dire le double produit des dixaines par les unités, eſt néceſſairement un nombre de dixaines. Donc ce nombre eſt contenu dans les deux premiers chiffres de la gauche du nombre 958, c'eſt-à-dire dans 95. J'écris ſous la barre 10, qui eſt le double des dixaines 5, & j'obſerve qu'en diviſant 95 par 10, on aura évidemment au quotient le nombre des unités qu'on cherche. Or le quotient de 95 diviſé par 10 eſt 9. Mais, avant que d'écrire ce chiffre à la racine, il faut le ſoumettre à l'épreuve. Cette épreuve peut ſe faire de la manière ſuivante.

A côté de 10, écrivez 9; vous aurez ainſi le nombre 109, que vous multiplierez par 9. Il eſt clair que, par cette multiplication, vous ferez tout-à-la-fois le quarré des unités, & le double produit des dixaines par les unités. Donc, ſi le produit de 109 par 9 peut être retranché de 958, le chiffre 9 pourra être écrit à la racine. Or on trouve que le produit de 109 par 9, eſt plus grand que 958. Donc le chiffre 9 eſt trop grand. On éprouvera le chiffre immédiatement inférieur 8, en écrivant ce chiffre à côté de 10, & multipliant 108 par 8; le produit eſt 864, qui peut être retranché de 958; le reſte eſt 94. Ce reſte eſt l'excès du nombre 3458 ſur le quarré de 58.

Toutes les fois qu'on trouve ainſi un reſte, autre que zéro, c'eſt une marque que le nombre propoſé pour en extraire la racine quarrée, n'eſt pas un quarré parfait.

Exemple II. *Extraire la racine du nombre 3745945, ou, s'il n'eſt pas un quarré parfait, du plus grand quarré qui y eſt contenu?*

Quar sup,	374|59|45	1935 rac.
	274	29
	1359	383
	21045	3865
	1720	

Ayant tout disposé, comme dans le premier exemple, & comme on le voit ici ; je considère deux parties dans la racine inconnue qu'on demande : un nombre de dixaines, qui sera exprimé lui-même par plus d'un chiffre, & un nombre d'unités qui est toujours exprimé par un seul chiffre. Le quarré total contiendra donc le quarré des dixaines de la racine, plus le double produit des dixaines par les unités, plus le quarré des unités. Partageons en différens membres l'opération que nous avons à faire pour trouver les dixaines & les unités de cette racine.

(I). Comme le quarré des dixaines est un nombre de centaines, & qu'il a par conséquent deux places à sa droite, il sera compris dans la partie 37459, qui est à gauche de la première barre verticale. Ainsi, pour avoir les dixaines de la racine du nombre proposé 3745945, il faut tirer la racine du nombre 37459, en faisant abstraction de la dernière partie 45.

(II). Le nombre 37459 étant exprimé par plus de deux chiffres, sa racine a nécessairement des dixaines & des unités. Or le quarré des dixaines ayant deux places à sa droite, sera compris dans la partie 374 située à gauche de la seconde barre verticale. Tirons donc la racine de 374, comme si les chiffres, qui accompagnent ce nombre à droite, n'existoient pas.

(III). Le nombre 374 a encore des dixaines & des unités à sa racine, & le quarré des dixaines est compris dans le chiffre 3, situé à gauche de la troisième barre verticale. La racine de ce nombre 374 se trouve comme dans le premier exemple. De 3 ôtant 1, qui est le plus grand quarré contenu dans 3, reste 2, à côté duquel j'abaisse la tranche suivante 74. Je divise 27 par 2, double des dixaines ; le quotient est 13 ; mais on ne peut pas mettre plus de 9 à la racine, autrement on auroit pu mettre plus de 1 pour le premier chiffre. On écrira donc 9 à la racine, & à côté de 2, double des dixaines ; ensuite on éprouvera ce chiffre, comme il a été expliqué. Ayant trouvé que 9 n'est pas trop grand pour être le nombre des unités de la racine, on multipliera à l'ordinaire 29 par 9, & on soustraira en même-tems le produit, de 274 ; le reste est 13.

(IV). A côté de ce reste, j'abaisse la tranche suivante 59 ; & regardant 19 comme les dixaines de la racine de 37459 : de plus, considérant que, par l'opération précédente, je viens de retrancher le quarré de 19, de la partie 374, il est évident que le reste 1359 contient le double produit des dixaines 19 par le nombre inconnu des unités, plus quarré des unités. Or le double produit des dixaines par les unités, a une place à sa droite ; il est donc contenu dans 135. Divisant 135 par 38, double de 19, on aura au quotient les unités qu'on demande. Ce quotient est 3 ; on mettra ce chiffre à la racine, & à côté de 38 ; on trouvera, par l'épreuve, qu'il n'est pas trop grand. Ensuite on multipliera à l'ordinaire 383 par 3 ; & on soustraira en même-tems le produit de 1359 ; le reste est 210.

(V). A côté de ce reste, j'abaisse la dernière tranche 45. Je regarde 193 comme les dixaines de la racine du nombre proposé 3745945 ; & comme, par les opérations précédentes, j'ai retranché le quarré de ces dixaines, de la partie 37459, il est clair que le reste 21045 contient le double produit des dixaines 193 par le nombre inconnu des unités, plus le quarré des unités. Le premier de ces deux produits a une place à sa droite ; il est donc compris dans 2104. Divisant ce nombre par 386, double de 193, le quotient sera les unités de la racine. L'épreuve fait voir qu'on ne peut pas mettre plus de 5 à la racine. J'écris donc 5 à la racine, & à côté de 386 ; je multiplie 3865 par 5, & je soustrais en même-tems le produit de 21045, le reste est 1720, excès du nombre proposé 3745945 sur le quarré de 1935.

On voit, par ce second exemple, que l'extraction des racines des nombres exprimés par plus de quatre chiffres, n'a pas d'autres difficultés que celles des nombres qui n'en ont que trois ou quatre. Quelque grand que soit le nombre dont on propose d'extraire la racine, les chiffres de cette racine se trouvent successivement par des extractions partielles qui se font absolument de la même manière que si la racine ne devoit être composée que de deux chiffres.

XIII. Scholie I. Lorsqu'un nombre n'est pas un quarré parfait, ou qu'il n'a pas de racine exactement exprimable en nombres entiers, on peut, à l'aide des parties décimales, déterminer une racine qui ne diffère pas de la véritable, d'une unité décimale de tel ordre qu'on voudra. Pour cela, on mettra une virgule à la droite du nombre proposé, & à la suite de cette virgule, deux fois autant de zéros qu'on voudra avoir de chiffres décimaux à la racine. Je dis *deux fois autant*, parce qu'un nombre, qui contient des parties décimales, étant multiplié par lui-même, donne un produit ou un quarré qui contient deux fois autant de chiffres décimaux qu'il y en a à la racine (*voyez* Multiplication). Cette préparation faite, on tirera la racine comme s'il n'y avoit pas de virgule ; & quand cette racine sera trouvée, on séparera vers sa droite un nombre de chiffres décimaux, égal à la moitié du nombre de zéros qu'on avoit mis d'abord à la droite du nombre proposé.

Exemple. *On demande la racine de 57, à moins d'un millième près ?*

Suivant les conditions de la question, la racine

doit contenir des millièmes, & par conséquent trois chiffres décimaux. Ainsi, je mets six zéros à la droite de 57, & je me propose d'extraire la racine de 57,000000, ou en supprimant la virgule, de 57000000.

Quar. sup.	57|00|00|00	7549 racine.
	800	145
	7500	1504
	148400	15089
	12599	

Je trouve, par la méthode exposée ci-dessus, que cette racine est 7549, & que le reste de l'opération est 12599. Mais la racine 7549 est 1000 fois trop grande, puisqu'elle est celle d'un nombre 1000000 plus grand que 57; il faut donc la rendre 1000 fois plus petite; ce qui se fait en y séparant trois chiffres décimaux par une virgule. Par ce moyen, on aura 7,549 pour la racine de 57, approchée à moins d'un millième; car on n'auroit pas pu ajouter une unité au nombre 7549, sans le rendre trop grand pour être la racine de 57000000.

XIV. Scholie II. Si le nombre dont on propose de trouver la racine approchée, contenoit déjà des chiffres décimaux, on ne mettroit à sa droite qu'un nombre de zéros, suffisant pour avoir au quarré deux fois autant de chiffres décimaux, qu'on veut en avoir à la racine. Ainsi, par exemple, s'il s'agit d'extraire la racine de 57,3, à moins d'un millième près, on ne mettra que cinq zéros à la droite de ce nombre: ensuite on tirera la racine de 57300000; &, après l'avoir trouvée, on y séparera trois chiffres décimaux vers la droite. Toutes ces opérations donnent 7,569 pour la racine approchée de 57,3.

Dans tous les cas, le nombre des chiffres décimaux du quarré vrai ou supposé, doit être pair, & double de celui de la racine.

XV. Scholie III. En suivant ce principe, on trouve avec la même facilité la racine des nombres qui ne contiennent que des parties décimales. Tels sont les nombres, 0,457; 0,03345. Si on veut avoir la racine du premier, à moins d'un millième près, on l'écrira ainsi, 0,457000; & on tirera la racine, comme si le nombre étoit 457000. La racine approchée de ce dernier nombre est 676; & par conséquent 0,676 est, à moins d'un millième près, la racine du nombre donné 0,457. De même, pour avoir la racine de 0,03345, à moins d'un dix-millième près, on écrira ce nombre ainsi 0,03345000; & on opérera comme si le nombre étoit 3345000. La racine approchée de ce dernier nombre est 1828; & par conséquent la racine du nombre proposé 0,03345, est 0,1828, à moins d'un dix-millième près.

Extraction des Racines quarrées des fractions.

XVI. Pour multiplier une fraction par une autre, il faut multiplier numérateur par numérateur, & dénominateur par dénominateur. *Voyez* Fraction. Par conséquent le quarré d'une fraction, ou le produit de cette fraction multipliée par elle-même, est une fraction qui a pour numérateur le quarré du numérateur de la fraction proposée, & pour dénominateur le quarré du dénominateur de la même fraction. Donc réciproquement, pour avoir la racine quarrée d'une fraction, il faut tirer la racine du numérateur & celle du dénominateur, & faire une fraction qui ait pour numérateur la première racine, & pour dénominateur la seconde. Ainsi, par exemple, la racine de la fraction $\frac{4}{9}$ est $\frac{2}{3}$; la racine de la fraction $\frac{49}{64}$ est $\frac{7}{8}$.

XVII. Il peut arriver que le dénominateur soit ou ne soit pas un quarré parfait; ce qui fait deux cas. Nous ne faisons pas de division relativement au numérateur, parce que l'espèce de la fraction est déterminée par le dénominateur, & qu'il est à propos de régler les unités de la fraction-racine sur celles de la fraction-quarrée. Examinons séparément les deux cas proposés.

XVIII. (I. Cas.) *Tirer la racine quarrée d'une fraction, lorsque le dénominateur est un quarré parfait?*

Tirez la racine du numérateur, ou du plus grand quarré qui y est contenu, & celle du dénominateur: la fraction qui aura pour termes ces deux racines, sera ou la racine exacte demandée, ou n'en différera pas d'une unité fractionnaire de même dénomination qu'elle. Soit, par exemple, la fraction $\frac{43}{64}$, dont le dénominateur est un quarré parfait, & dont le numérateur n'en est pas un. Je prends la racine 6 de 36, qui est le plus grand quarré contenu dans le numérateur 43, & la racine exacte 8 du dénominateur 64; & je forme la fraction $\frac{6}{8}$, qui ne diffère pas de $\frac{1}{8}$ de la vraie racine de $\frac{43}{64}$; car, si à $\frac{6}{8}$ on ajoutoit $\frac{1}{8}$, on auroit $\frac{7}{8}$, dont le quarré $\frac{49}{64}$ surpasse la fraction $\frac{43}{64}$.

On peut approcher, aussi près qu'on voudra, de la vraie racine du numérateur, par le moyen des parties décimales. Ainsi, tirant la racine quarrée de 43, à moins d'un millième près, on aura $\frac{6,557}{8}$ pour la racine approchée de $\frac{43}{64}$. Si on veut avoir seulement une fraction décimale à la racine, on divisera le numérateur par le dénominateur, & on trouvera 0,819, pour cette racine.

XIX. (II. Cas.) *Tirer la racine quarrée d'une fraction, lorsque le dénominateur n'est pas un quarré parfait?*

Multipliez le numérateur & le dénominateur de la fraction, par le dénominateur: vous changerez cette fraction en une autre de même valeur, & dont le dénominateur est un quarré parfait, ce qui revient au premier cas. Ainsi, vous opérerez sur la nouvelle fraction, comme on vient de l'expliquer. Soit, par exemple, la fraction $\frac{5}{11}$ dont on demande on demande la racine. Je multiplie le numérateur & le dénominateur, par le dénominateur 11; ce qui donne $\frac{55}{121}$, dont $\frac{7}{11}$ est la racine à moins de $\frac{1}{11}$ près.

En employant l'approximation des parties décimales, & la poussant jusqu'aux millièmes, on trouve que la racine approchée de 55, est 7,416. Ainsi, la racine de la fraction $\frac{5}{11}$ ou $\frac{55}{121}$, est $\frac{7,416}{11}$ ou 0,674.

XX. Scholie I. Les racines des nombres composés d'entiers & de fractions, se trouvent en réduisant ces nombres tout-à-fait en fractions. Par exemple, soit le nombre 65 $\frac{43}{47}$, qui est composé de l'entier 65 & de la fraction $\frac{43}{47}$. Je réduis l'entier en une fraction qui ait 47 pour dénominateur; ce qui se fait en multipliant 65 par 47, faisant une fraction qui ait ce produit pour numérateur, & 47 pour dénominateur. Cette fraction est $\frac{3055}{47}$; en sorte que le nombre proposé 65 $\frac{43}{47}$ est la même chose que $\frac{3055}{47}$ plus $\frac{43}{47}$, ou $\frac{3098}{47}$. La question est donc réduite à tirer la racine de la fraction $\frac{3098}{47}$; extraction qui se fait par l'article précédent.

XXI. Scholie II. Quelquefois, lorsqu'un nombre entier n'est pas un quarré parfait, on veut du moins déterminer sa racine, à moins d'une unité fractionnaire d'une espèce *donnée*. Je m'explique par un exemple. Soit le nombre 3, qui n'est pas un quarré parfait, & dont on demande la racine, à moins de $\frac{1}{15}$ près. Cette question se résout par l'article XVIII. Je convertis le nombre 3 en une fraction qui ait le quarré de 15 pour dénominateur; c'est-à-dire, qu'après avoir multiplié 15 par 15, ce qui donne 225, je réduis 3 en une fraction qui ait 225 pour dénominateur. Cette fraction est $\frac{675}{225}$. J'en tire la racine approchée, & je trouve la fraction $\frac{25}{15}$, qui est moindre que la vraie racine, mais qui n'en diffère pas de $\frac{1}{15}$. La fraction $\frac{26}{15}$ est un peu plus grande que la vraie racine, mais en approche beaucoup plus que $\frac{25}{15}$.

XXI. Scholie III. Il n'y a point de méthode aussi simple & aussi commode pour approcher de la racine d'une fraction dont les termes ne sont pas des quarrés parfaits, que d'employer les parties décimales. Cette approximation peut être faite un peu autrement que nous ne l'avons prescrit (XVIII & XIX). Voici ce nouveau moyen, lequel comprend tout-à-la fois les deux cas.

La fraction n'étant pas un quarré parfait, par le défaut de l'un de ses termes ou de tous les deux, commencez par diviser le numérateur par le dénominateur, & poussez la division en parties décimales, jusqu'à ce que vous ayez au quotient deux fois autant de chiffres décimaux, que vous voulez en avoir à la racine. Ensuite tirez la racine de ce quotient, comme s'il n'avoit pas de chiffres décimaux; & quand vous l'aurez trouvée, séparez vers la droite par une virgule, un nombre de chiffres décimaux, égal à la moitié de celui du quotient qui exprime la valeur de la fraction proposée. Ainsi, ayant la fraction $\frac{5}{9}$, dont on veut exprimer la racine approchée avec trois décimales, je divise 5 par 9, avec six décimales, c'est-à-dire, que je convertis 5 en 5,000000; le quotient de ce nombre divisé par 9, est 0,555555, dont la racine approchée est 0,745.

Extraction de la Racine cube.

XXII. Extraire la racine cube d'un nombre, c'est trouver un nombre qui, multiplié par son quarré, produise, ou le nombre même dont on propose d'extraire la racine, ou le plus grand cube qui y est contenu.

XXIII. La racine cube des nombres qui ne sont pas exprimés par plus de trois chiffres, se trouve par le moyen de la table de l'article IV. Il ne s'agit ici que l'*extraction* de la racine cube des nombres exprimés par plus de trois chiffres.

XXIV. Tout nombre exprimé par plus de trois chiffres, en a nécessairement plus d'un à sa racine cube. Car 1000, qui est le plus petit des nombres exprimés par plus de trois chiffres, a pour racine cube, 10, qui est exprimé par deux chiffres. Donc, en général, la racine cube de tout nombre exprimé par plus de trois chiffres, peut être regardée comme composée de dixaines & d'unités.

XXV. Nous avons vu (XI) que le quarré d'un nombre composé de dixaines & d'unités, contient le quarré des dixaines, plus le double produit des dixaines par les unités, plus le quarré des unités. Ainsi, pour former le cube du même nombre, il faut multiplier chacune des trois parties dont nous venons de parler, par les dixaines & par les unités; ce qui donnera évidemment les six produits suivans:

1.° Le quarré des dixaines multiplié par les dixaines, ou le cube des dixaines.

2.° Le double produit des dixaines & des unités, par les dixaines; ou le double produit du quarré des dixaines, par les unités.

3.° Le quarré des unités par les dixaines.

4.° Le quarré des dixaines par les unités.

5.° Le double produit des dixaines & des unités, par les unités; ou le double produit du quarré des unités, par les dixaines.

6.° Le quarré des unités, par les unités; ou le cube des unités.

Rassemblons toutes ces parties du cube, & ne faisons qu'une même somme de celles de même espèce: nous verrons que le cube d'un nombre composé de dixaines & d'unités, contient *le cube des dixaines; plus trois fois le quarré des dixaines, multiplié par les unités; plus trois fois le quarré des unités, multiplié par les dixaines; plus le cube des unités.* Par exemple, le cube de 24 est composé des parties qu'on voit ici.

8...	Cube des dixaines.
48..	triple du quarré des dixaines, par les unités.
96.	triple du quarré des unités, par les dixaines.
64	cube des unités.
Somme 13824	cube de 24.

La première partie du cube exprime des mille, & a trois places à sa droite; la seconde, des centaines, & a deux places; la troisième, des dixaines, & a une place; la quatrième, des unités, & ne laisse point de place à sa droite. Il est clair que, par par cette manière de former le cube, on ne fait que développer le calcul par lequel on auroit trouvé le nombre 13824, en multipliant à l'ordinaire 24 par 24, & ensuite le produit résultant, par 24.

XXVI. Problême. *Extraire la racine cube d'un nombre ou du plus grand cube qui y est contenu, si ce nombre n'est pas un cube parfait?*

J'opère sur des exemples pour plus de clarté.

Exemple I. *Extraire la racine cube de 34567, ou au plus grand cube contenu dans ce nombre?*

Le nombre 34567 étant composé de plus de trois chiffres, sa racine cube en a nécessairement plus d'un (XXIV); elle a donc des dixaines & des unités: & le nombre proposé contient le cube des dixaines de la racine; plus trois fois le quarré des dixaines, multiplié par les unités; plus trois fois le quarré des unités, multiplié par les dixaines; plus enfin le cube des unités. Pour avoir la partie du nombre qui contient le cube des dixaines de la racine, je sépare, par une petite barre verticale, les trois derniers chiffres, & je vois que le cube des dixaines est contenu dans 34.

```
cube supposé 34|567 { 32 rac. cube
             27     { 27
             ----
             7567
             5768
             ----
             1799
```

Cela posé, suivant la table de l'article IV, le plus grand cube contenu dans 34 est 27, dont la racine cube est 3, que j'écris après le crochet, & au-dessus de la barre qui répond au milieu de ce crochet. Retranchant le cube 27 de 34, il reste 7.

A côté de 7, j'abaisse la tranche 567, & j'ai le nombre 7567, lequel doit contenir le triple du quarré des dixaines 3 que nous venons de trouver, multiplié par les unités que nous cherchons; plus le triple de ces mêmes dixaines, multiplié par le quarré des unités; plus le cube des unités. Or le triple du quarré des dixaines, multiplié par les unités, doit avoir deux places a sa droite; ce produit est donc contenu dans 75. Ainsi, pour avoir les unités, je divise 75 par 27, triple du quarré des dixaines; il vient au quotient 2, que j'écris à la suite des dixaines 3. La racine cube du nombre proposé, ou du moins du plus grand cube contenu dans ce nombre, est donc 32, supposé que le chiffre 2, écrit à la racine, ne soit pas trop grand.

Pour éprouver ce chiffre, je fais à part les trois produits qui doivent se trouver dans le nombre 7567, c'est-à-dire le triple du quarré des dixaines 3 par les unités 2, qui est 5400; le triple du quarré des unités par les dixaines, qui est 360; enfin le cube des unités, qui est 8. J'ajoute ensemble ces trois produits; & comme leur somme 5768 est moindre que 7567, je conclus que le chiffre 2 est bon; & en retranchant 5768 de 7567, je vois que le nombre proposé 34567 surpasse le cube de 32, de 1799.

Lorsqu'on a eu trouvé la racine 32, on auroit pu la cuber; & en retranchant son cube 32768, de 34567, on auroit trouvé également le reste 1799. Mais il y a un petit avantage, dans la pratique, à faire à part les trois produits dont nous avons parlé. On voit, par leur moyen, sans beaucoup de tentatives, si le chiffre des unités de la racine, tel que la division le donne, n'est pas trop grand. En cas qu'il le fût, on le diminueroit d'une unité, jusqu'à ce qu'on en trouvât un qui fût convenable.

Exemple II. *Extraire la racine cube du nombre 94897584, ou du plus grand cube qui y est contenu?*

L'opération est indiquée ici; exposons-en le procédé, par parties.

```
Cube supposé 94|897|584 { 456 rac. cube.
             64         { 48
             --
             30897
             27125        6087
             -----
              3772584
              3693816
              -------
                78768
```

(I). Le nombre 94897584 étant exprimé par plus de trois chiffres, sa racine cube en a plus d'un, & contient par conséquent les dixaines qui peuvent elles-mêmes être exprimées par plus d'un chiffre, & des unités qui sont toujours exprimées par un seul chiffre. Séparons, par une petite barre verticale, les trois derniers chiffres vers la droite; & nous serons sûrs que le cube des dixaines de la racine est contenu dans le nombre 94897, qui reste à gauche. J'opère sur ce nombre, comme s'il existoit seul, & je fais abstraction, pour un moment, de la tranche 584.

(II). Comme le nombre 94897 est encore exprimé par plus de trois chiffres, sa racine en a plus d'un, & contient des dixaines & des unités. Séparons vers la droite les trois derniers chiffres; il nous restera à gauche le nombre 94, qui contient le cube des dixaines de la racine du nombre partiel 94897. On continueroit le même partage en tranches de trois chiffres, en allant toujours de droite à gauche, si le nombre dont on propose d'extraire la racine cube, avoit un plus grand nombre de caractères.

Suivant la table de l'article IV, le plus grand cube contenu dans le nombre 94 est 64, dont la racine cube est 4, que j'écris à la droite du crochet. Je retranche le cube 64, de 94; & à côté du reste 30, j'abaisse la tranche 897. Par-là, j'ai le nombre 30897, lequel doit contenir le triple du quarré des dixaines 4, multiplié par les unités inconnues; plus le triple du quarré des unités, par les dixaines; plus le cube des unités. Le premier de ces trois produits doit avoir deux rangs de chiffres à sa droite, & se trouve par conséquent dans le nombre 308. Ainsi, pour avoir les unités de la racine cube du nombre 94897, je divise 308 par 48, triple du quarré des dixaines 4; le quotient est 6. Mais, en faisant les trois produits que je viens d'indiquer, je trouve que leur somme surpasse 30897. D'où je conclus que le chiffre 6 est trop grand pour pouvoir être mis à la racine. J'éprouve le nombre 5, & je vois qu'il est bon; car le triple du quarré des dixaines par 5 est 24000; le triple du quarré des unités, par les dixaines, est 3000; le cube des unités est 125; la somme de ces trois nombres est 27125, qui est moindre que 30897. Je retranche 27125, de 30897; il reste 3772. D'où il suit que le nombre 94897 surpasse le cube de 45, de 3772.

(III). Maintenant je reprends la derniere tranche 584, qu'on avoit d'abord mise à l'écart; je l'abaisse à côté de 3772, & j'ai le nombre 3772584. En considérant 45 comme les dixaines de la racine du nombre total 94897584, le nombre 3772584 doit contenir le triple du quarré de ces dixaines, par les unités qu'on cherche; plus le triple du quarré des unités, par les mêmes dixaines; plus enfin le cube des unités. Le premier produit doit avoir deux rangs de chiffres à sa droite; il est donc contenu dans 37725. Divisant ce nombre par 6075, triple du quarré des dixaines 45, il viendra au quotient 6. Je fais le produit de 6075 par 6, qui est 3645000; plus le produit de 45, par 108, triple du quarré de 6, qui est 48600; enfin le cube de 6, qui est 216. J'ajoute ensemble ces trois nombres; la somme est 3693816, qui, étant retranchée de 3772584, donne 78768 pour reste. L'opération est achevée. On voit que 456 est la racine du plus grand cube contenu dans le nombre 94897584, & que ce même nombre surpasse le cube de 456, de 78768.

XXVII. Scholie I. Lorsqu'un nombre n'est pas un cube parfait, & qu'on veut approcher de sa racine cube par le moyen des parties décimales, il faut mettre à sa droite une virgule, & après la virgule trois fois autant de zéros, qu'on veut avoir de chiffres décimaux à la racine; tirer ensuite la racine cube comme s'il n'y avoit pas de virgule; &, quand elle est trouvée, y séparer vers la droite, par une virgule, un nombre de chiffres décimaux, égal au tiers du nombre des zéros qui accompagnent la virgule dans le cube. Il y a donc ainsi trois fois plus de parties décimales au cube qu'à la racine cube. En effet, le cube d'un nombre qui contient des dixièmes, a trois figures décimales, puisque les trois facteurs de ce cube ont chacun une figure décimale; le cube d'un nombre qui contient deux figures décimales, doit avoir six chiffres décimaux, puisque chaque facteur de ce cube a deux figures décimales; ainsi de suite.

Exemple. *Extraire la racine cube de 57, qui n'est pas un cube parfait, & faire en sorte qu'elle ne diffère pas de la vraie racine, d'un millième?*

Puisque la racine cube cherchée doit contenir des millièmes, & par conséquent trois figures décimales, le cube doit avoir neuf figures décimales. Ainsi, au lieu de 57, j'écris 57,000000000, qui est au fond la même chose. Ensuite, supprimant la virgule, j'extrais, par les règles précédentes, la racine cube du nombre 57000000000; elle est 3848, à moins d'une unité près. Mais, comme 57000000000 est 1000000000 fois plus grand que 57, le nombre 3848 est 1000 fois plus grand que la racine cube de 57. Il faut donc le rendre 1000 fois plus petit; c'est ce qu'on fera en écrivant 3,848, qui ne diffère pas de la racine cube de 57, d'un millième.

XXVIII. Scholie II. Si le nombre dont on propose de trouver la racine cube approchée, contenoit déjà des chiffres décimaux, on ne mettroit à sa droite qu'un nombre de zéros, suffisant pour avoir au cube trois fois autant de chiffres décimaux, qu'on veut en avoir à la racine. Ainsi, s'il s'agit, par exemple, d'extraire la racine cube de 57,3, à moins d'un millième près, on ne mettra que huit zéros à la suite de ce nombre. Ensuite on tirera la racine cube de 57300000000; elle est 3855, à moins d'une unité près. Séparant trois chiffres vers la droite par une virgule, on aura, à moins d'un millième près, 3,855 pour la racine cube du nombre proposé 57,3.

XXIX. Scholie III. S'il falloit extraire la racine cube d'un nombre tel que 0,045, qui ne contient que des parties décimales, & qu'on demandât cette racine à moins d'un centième près, on mettroit trois zéros à la suite du nombre proposé; & on commenceroit par tirer la racine cube de 45000; elle est 35, à moins d'une unité près. Séparant dans ce nombre 35 deux chiffres vers la droite par une virgule, on aura, à moins d'un centième près, 0,35, pour la racine cube du nombre proposé 0,045.

Extraction des racines cubes des fractions.

XXX. Il suit des principes sur la multiplication & la nature des fractions, que le cube d'une fraction est égal au cube du numérateur, divisé par le cube du dénominateur. Donc réciproquement la racine cube d'une fraction est la racine cube du numérateur, divisée par la racine cube du dénominateur. Par exemple, la racine cube de $\frac{27}{64}$ est $\frac{3}{4}$; celle de $\frac{343}{729}$ est $\frac{7}{9}$.

XXXI. A l'imitation de ce que nous avons dit (XVII) au sujet de la racine quarrée des fractions, distinguons de même deux cas pour les racines cubes des fractions; l'un où le dénominateur est un cube parfait, l'autre où il n'en est pas un.

XXXII. (I. Cas.) *Tirer la racine cube d'une fraction, lorsque le dénominateur est un cube parfait?*

Il faut tirer la racine cube exacte ou approchée du numérateur, & celle du dénominateur. La fraction qui aura pour numérateur la première racine, & pour dénominateur la seconde, sera la racine demandée. Soit, par exemple, la fraction $\frac{458}{512}$, dont il s'agit d'extraire la racine cube. Je prends la racine 7 de 343, qui est le plus grand cube contenu dans le numérateur 458, & la racine exacte 8 du dénominateur 512; je forme la fraction $\frac{7}{8}$, qui n'est pas la racine exacte de $\frac{458}{512}$, mais qui n'en diffère pas de $\frac{1}{8}$, c'est-à-dire d'une unité fractionnaire de même dénomination qu'elle.

On peut approcher aussi près qu'on voudra de la vraie racine du numérateur, par le moyen des parties décimales. Ainsi, tirant la racine cube de 458, à moins d'un millième près, on aura $\frac{7{,}708}{8}$ pour la racine approchée de $\frac{458}{512}$. Si on ne veut avoir qu'une fraction décimale à la racine, on divisera le numérateur 7,708 par 8, & on aura 0,963 pour la racine approchée.

XXXIII. (II. Cas.) *Tirer la racine cube d'une fraction, lorsque le dénominateur n'est pas un cube parfait?*

Multipliez le numérateur & le dénominateur, par le quarré du dénominateur; vous ne changerez pas la valeur de la fraction, & vous en aurez une autre dont le dénominateur est un cube parfait; ce qui revient au cas précédent. Soit, par exemple, la fraction $\frac{5}{9}$ dont on demande la racine cube, & dont le dénominateur n'est pas un cube parfait. Je multiplie numérateur & dénominateur par 81, quarré de 9; & j'ai la fraction $\frac{405}{729}$. Prenant la racine cube approchée 7 du numérateur, & la racine cube exacte 9 du dénominateur, je forme la fraction $\frac{7}{9}$, qui ne diffère pas de $\frac{1}{9}$ de la vraie racine cube de $\frac{5}{9}$.

On approchera davantage, si l'on veut, de la vraie racine, en employant les parties décimales, comme dans le cas précédent.

XXXIV. Scholie I. Si on proposoit d'extraire la racine cube d'un nombre composé d'un entier & d'une fraction, on commenceroit par réduire l'entier en une fraction de même dénominateur que celle dont il est accompagné (*voyez* Fraction); ensuite, après avoir ajouté ensemble ces deux fractions, on tireroit la racine cube de la somme, comme on vient de l'expliquer. Par exemple, qu'il s'agisse de tirer la racine cube du nombre $4\frac{2}{9}$: je réduis l'entier 4 en une fraction qui ait 9 pour dénominateur. Par ce moyen, le nombre $4\frac{2}{9}$ devient $\frac{36}{9}$ plus $\frac{2}{9}$, c'est-à-dire $\frac{38}{9}$. La question est donc réduite à tirer la racine cube de $\frac{38}{9}$; ce qui se rapporte à l'article précédent.

XXXV. Scholie II. Quand un nombre entier n'est pas un cube parfait, & qu'on veut avoir sa racine cube à moins d'une unité fractionnaire *donnée* près, il faut convertir ce nombre en une fraction qui ait pour dénominateur le cube du nombre, qui est le dénominateur de l'unité fractionnaire donnée. Par ce moyen, l'opération est réduite au premier cas. Soit, par exemple, le nombre 3, qui n'est pas un cube parfait, & dont on veut avoir la racine cube, à moins de $\frac{1}{15}$ près; je convertis 3 en une fraction qui ait le cube de 15 pour dénominateur. Cette fraction est $\frac{10125}{3375}$, dont la racine approchée est $\frac{21}{15}$ ou $\frac{7}{5}$, qui ne diffère pas de $\frac{1}{15}$, de la vraie racine de 3.

XXXVI. Scholie III. Nous avons indiqué (XXXII & XXXIII) le moyen d'approcher, en parties décimales, de la racine cube des fractions dont les deux termes ne sont pas des cubes parfaits. Voici une autre manière, plus simple dans la pratique, pour parvenir au même but.

Divisez le numérateur par le dénominateur, & poussez l'opération, en parties décimales, jusqu'à ce que vous ayez au quotient trois fois autant de chiffres décimaux que vous voulez en avoir à la racine. Tirez la racine cube de ce quotient, comme s'il n'avoit pas de parties décimales; & quand vous l'aurez trouvée, séparez-y vers la droite un nombre de chiffres décimaux, égal au tiers de celui des chiffres décimaux du cube. Ainsi, par exemple, ayant la fraction $\frac{5}{9}$ dont on demande la racine cube avec trois figures décimales, je l'écris ainsi $\frac{5{,}000000000}{9}$; & en effectuant la division, elle devient 0,555555555, dont la racine cube approchée est 0,822.

Extraction des racines des quantités algébriques.

XXXVII. Les puissances d'une quantité algébrique se forment comme celles d'un nombre, en multipliant cette quantité un certain nombre de fois par elle-même (*Voyez* Multiplication). Ainsi, le quarré de $+a$, c'est-à-dire $+a \times +a$ est $+aa$; celui de $-a$, c'est-à-dire $-a \times -a$ est aussi $+aa$. Le cube de $+5a$ est $+125a^3$; le cube de $-5a$ est $-125a^3$. La quatrième puissance de $+2a$ est $+16a^4$; celle de $-2a$ est aussi $+16a^4$.

Les puissances des fractions se forment en élevant numérateur & dénominateur au quarré, au cube, &c. Ainsi, le quarré de la fraction $+\frac{a}{b}$ est $+\frac{a^2}{b^2}$; celui de la fraction $-\frac{a}{b}$ est aussi $+\frac{a^2}{b^2}$; le cube de la fraction $+\frac{2a}{3b}$ est $+\frac{8a^3}{27b^3}$; ainsi des autres.

XXXVIII. Qu'on ait un binome, tel que $a+b$, à élever à une puissance quelconque. On formera le quarré, en multipliant $a+b$ par $a+b$; le cube, en multipliant le quarré, par $a+b$; la quatrième puissance, en multipliant le cube par $a+b$; ainsi de suite. Par-là, on trouvera, toutes réductions faites, que le quarré de $a+b$ est $a^2+2ab+b^2$; que le cube est $a^3+3a^2b+3ab^2+b^3$; que la quatrième puissance est $a^4+4a^3b+6a^2b^2+4ab^3+b^4$, &c.

XXXIX. Les puissances des *trinomes*, des *quadrinomes*, &c, se forment par les mêmes moyens.

Soit, par exemple, le trinome $a+b+c$. Je prends une quantité simple d, pour représenter la somme $+b+c$ des deux derniers termes de ce trinome; c'est-à-dire, que je fais $+b+c=d$: alors la question est de former les puissances du binome $a+d$. Quand ces puissances auront été trouvées, comme on vient de l'expliquer, on substituera à la place des puissances de d, les puissances pareilles du binome $+b+c$.

De même, s'il s'agissoit de former les puissances du quadrinome $a+b+c+d$, on supposeroit $+b+c+d=e$; & après avoir formé les puissances du binome $a+e$, on substitueroit à la place des puissances de e, les puissances semblables du trinome $+b+c+d$, qui se trouvent, comme on vient de voir.

On réduira toujours ainsi la formation des puissances d'un polynome qui a un nombre quelconque de termes, à la formation des puissances d'un polynome qui a un terme de moins. Et, en allant de proche en proche, le probléme ne consistera jamais qu'à élever un binome à une puissance proposée.

Il en est des fractions qui ont des termes complexes, comme des fractions simples; leurs puissances se forment en élevant numérateur & dénominateur, au quarré, au cube, à la quatrième puissance, *&c.* Ainsi, par exemple, le quarré de la fraction $\frac{a+b}{2m+3n}$ est $\frac{a^2+2ab+b^2}{4m^2+12mn+9n^2}$.

XL. *Remarque.* Si on demandoit les puissances du binome $-a-b$, dont les deux termes sont négatifs; tous les termes des puissances *paires* auroient le signe $+$, parce que $- \times -$ donne $+$; & tous les termes des puissances *impaires* auroient le signe $-$, parce que $+ \times -$ donne $-$. Ainsi, le quarré de $-a-b$ est $aa+2ab+bb$; & le cube de $-a-b$ est $-a^3-3a^2b-3ab^2-b^3$.

Si on demandoit les puissances du binome $a-b$, dont les deux termes ont des signes différens: alors, pour toutes les puissances paires ou impaires, tous les termes où b auroit des exposans pairs seroient positifs, & ceux où b auroit des exposans impairs seroient négatifs. Ainsi, le quarré de $a-b$ est $aa-2ab+bb$; le cube de $a-b$ est $a^3-3a^2b+3ab^2-b^3$.

On étendra facilement l'usage de cette remarque aux trinomes, aux quadrinomes, *&c.*

XLI. L'*extraction* des racines, qui est le probléme inverse de la formation des puissances, n'a aucune difficulté pour les *monomes*. Car l'opération se réduit à tirer d'abord, conformément aux règles pour la multiplication des signes, la racine numérique du coëfficient, s'il y en a un différent de l'unité; & à prendre ensuite la moitié, le tiers, le quart, la cinquième partie, *&c*, des exposans des lettres qui composent une quantité monome, selon qu'on veut tirer la racine quarrée, ou la racine cube, ou la racine quatrième, ou la racine cinquième, *&c.* Ainsi, la racine quarrée de $+a^2$ est $\pm a$. La racine quatrième de $+16a^4$ est $\pm 2a$; la racine cinquième de $+32a^5b^{10}$ est $+2ab^2$. La racine quarrée de la fraction $+\frac{a^2}{b^4}$ est $\pm\frac{a}{b^2}$.

Je passe à l'*extraction* des racines des polynomes, qui est un peu plus difficile.

XLII. Problême. *Extraire la racine quarrée d'un polynome entier ou fractionnaire?*

La question se réduit, dans tous les cas, à savoir tirer la racine quarrée d'un polynome entier, puisque la racine quarrée d'une fraction est la racine quarrée du numérateur, divisée par la racine quarrée du dénominateur. On résoudra généralement cette question, en procédant comme dans les exemples suivans.

Exemple I. *Extraire la racine quarrée du polynome $4a^2-4ab+b^2$?*

J'ordonne ce polynome par rapport à la lettre a, & je le dispose comme on voit ici:

Quarré supposé.	Racine.
$4a^2-4ab+b^2$	$2a-b$
$-4a^2$	$4a$
1er reste $-4ab+b^2$	
$+4ab-b^2$	
2e reste 0	

Cela posé, 1.° la racine du premier terme $4a^2$ est $\pm 2a$. Je me contente, pour simplifier l'opération, d'écrire cette racine avec le signe supérieur sous-entendu. Je quarre $2a$, & j'écris le quarré, avec un signe contraire, sous le premier terme de la quantité proposée, pour pouvoir faire la réduction. Cette réduction faite, il reste $-4ab+b^2$.

2.° Je double la racine $2a$, ce qui me donne $4a$, quantité par laquelle je divise le premier terme $-4ab$ du reste précédent; il vient au quotient $-b$, que j'écris à la suite du premier terme $2a$ de la racine. Je fais le produit de $4a$ par $-b$, & le quarré de $-b$; j'écris la somme de ces deux produits, avec des signes contraires, sous le premier reste $-4ab+b^2$. La réduction faite, il ne reste rien. D'où je conclus que $2a-b$ est la racine exacte du polynome proposé.

On voit qu'au lieu de $2a-b$, on pourroit prendre également pour racine, $-2a+b$, qui a des signes contraires à ceux de la première.

Exemple II. *Extraire la racine du polynome $9a^2-12ab-6ac+4bc+4b^2+c^2$, qui est ordonné par rapport à la lett- a?*

Je dispose les quantités, & j'opère sur elles, comme il est exprimé ici:

Quarré supposé. — racine.

$$\left\{\begin{array}{l} 9a^2 - 12ab + 4b^2 + 4bc + c^2, \\ \quad - 6ac \end{array}\right. \qquad \left\{\begin{array}{l} 3a - 2b - c \\ 6a \\ 6a - 4b. \end{array}\right.$$

$$-9a^2$$

$$1^{er} \text{ reste} \left\{\begin{array}{l} -12ab + 4b^2 + 4bc + c^2, \\ -6ac \\ +12ab - 4b^2, \end{array}\right.$$

$$2^e \text{ reste} \quad -6ac + 4bc + c^2, \quad +6ac - 4bc - c^2,$$

$$3^e \text{ reste} \quad 0$$

1.° Je tire la racine du premier terme $9a^2$; elle est $\pm 3a$, mais je ne prends que le signe supérieur. J'écris le quarré de cette racine, avec un signe contraire, sous le polynome proposé. La réduction faite, on a pour premier reste, $-12ab - 6ac + 4b^2 + 4bc + c^2$.

2.° Je double la racine trouvée $3a$; & par ce double $6a$, je divise le premier terme $-12ab$ du reste précédent; le quotient est $-2b$, que j'écris à la suite de $3a$. Je fais le produit de $6a$ par $-2b$, & le quarré de $-2b$; j'écris la somme de ces deux produits, avec des signes contraires, sous le premier reste. La réduction faite, on a le second reste $-6ac + 4bc + c^2$.

3.° Je double la racine $3a - 2b$, ce qui donne $6a - 4b$. Par le premier terme $6a$ de cette quantité, je divise le premier terme $-6ac$ du second reste; il vient au quotient $-c$, que j'écris à la suite de $3a - 2b$. Je multiplie le diviseur $6a - 4b$ par $-c$, & je fais le quarré de $-c$; j'écris la somme de ces deux produits, avec des signes contraires, sous le second reste. Je réduis, il ne reste rien. Donc $3a - 2b - c$, ou $-(3a - 2b - c)$, est la racine exacte du polynome proposé.

Usages des suites infinies pour l'extraction des racines quarrées.

XLIII. Il arrive souvent qu'un polynome dont il s'agit d'extraire la racine quarrée, n'est pas un quarré parfait. Alors on ne peut pas en tirer la racine exacte; mais on peut exprimer cette racine par une suite infinie de termes. Je suppose que le polynome proposé est positif; autrement l'expression qu'on trouveroit, pour sa racine seroit imaginaire.

EXEMPLE. *Extraire la racine quarrée approchée du binome $m^2 \pm n$, qui n'est pas un quarré parfait?*

Quarré supposé. — racine.

$$m^2 \pm n, \qquad \left\{ m \pm \frac{n}{2m} - \frac{n^2}{8m^3} \pm \frac{n^3}{16m^5} - \&c. \right\}$$

$$-m^2$$

$$1^{er} \text{ reste} \pm n, \qquad 2m,$$

$$\mp n - \frac{n^2}{4m^2},$$

$$2^e \text{ reste} - \frac{n^2}{4m^2}, \qquad 2m \pm \frac{n}{m},$$

$$+\frac{n^2}{4m^2} \pm \frac{n^3}{8m^4} - \frac{n^4}{64m^6}, \qquad 2m \pm \frac{n}{m} - \frac{n^2}{4m^3}, \quad \&c.$$

$$3^e \text{ reste} \pm \frac{n^3}{8m^4} - \frac{n^4}{64m^6},$$

$$\mp \frac{n^3}{8m^4} - \frac{n^4}{16m^6} \pm \frac{n^5}{64m^8} - \frac{n^6}{256m^{10}},$$

$$4^e \text{ reste} - \frac{5n^4}{64m^6} \pm \frac{n^5}{64m^8} - \frac{n^6}{256m^{10}},$$

&c.

1.° Je prens la racine quarrée du premier terme m^2 du binome proposé; elle est m, en s'en tenant toujours au signe $+$. J'en fais le quarré, que j'écris, avec un signe contraire, sous le polynome. La réduction faite, on a le premier reste $\pm n$.

2.° Je double m; & par ce double $2m$, je divise n; le quotient indiqué est $\pm \frac{n}{2m}$, que j'écris à la suite de la première partie m de la racine. Je multiplie le diviseur par le quotient; au produit, j'ajoute le quarré de $\pm \frac{n}{2m}$; ensuite j'écris la somme, avec des signes contraires, sous le premier reste. La réduction faite, on a $-\frac{n^2}{4m^2}$ pour second reste.

3.° Je double la partie trouvée $m \pm \frac{n}{2m}$ de la racine; & par le premier terme $2m$ de ce double $2m \pm \frac{n}{m}$, je divise le second reste; il vient au quotient $-\frac{n^2}{8m^3}$, que j'écris; je multiplie le diviseur par le quotient; au produit, j'ajoute le quarré de $-\frac{n^2}{8m^3}$; ensuite j'écris la somme, avec des signes contraires, sous le second reste. La réduction faite, on a $\pm \frac{n^3}{8m^4} - \frac{n^4}{64m^6}$, pour troisième reste.

4.° Je double la partie $m \pm \frac{n}{2m} - \frac{n^2}{8m^3}$; & par le premier terme $2m$ de ce double $2m \pm \frac{n}{m} - \frac{n^2}{4m^3}$, je divise le premier terme du troisième reste; il vient au quotient $\pm \frac{n^3}{16m^5}$; je multiplie le diviseur par le quotient; au produit, j'ajoute le quarré de $\frac{n^3}{16m^5}$; ensuite j'écris la somme, avec des signes contraires, sous le troisième reste. La réduction faite, on a $-\frac{5n^4}{64m^6} \pm \frac{n^5}{64m^8} - \frac{n^6}{256m^{10}}$ pour quatrième reste.

On voit qu'en continuant toujours à opérer de même, il viendra à chaque opération un nouveau terme pour la racine : elle est donc exprimée par la suite infinie :

$$(A)\ m \pm \frac{n}{2m} - \frac{n^2}{8m^3} \pm \frac{n^3}{16m^5} - \&c.$$

En changeant les signes de tous les termes de cette suite, on en auroit une autre qui seroit également la racine de $m^2 \pm n$.

Il est évident que la suite (A) convergera, si, m & n étant supposés des nombres entiers, $\frac{n}{m}$ est moindre que l'unité, ou même ne surpasse pas l'unité. *Voyez* l'usage de cette suite à l'*article* APPROXIMATION.

XLIV. La même méthode s'applique à l'*extraction* de la racine quarrée approchée d'un trinome, d'un quadrinome, *&c.* Pour cela, on partagera le polynome proposé en deux parties, qui peuvent contenir chacune un seul terme ou plusieurs termes; on supposera que l'une est représentée par m^2, l'autre par n, & on formera la suite (A). Sur quoi il faut observer que le polynome doit être partagé de manière que la partie représentée par m^2 soit positive, & tout au moins égale à l'autre partie n, afin que la suite (A) ait des termes réels, & qu'elle converge. Cette opération faite, on substituera dans les différens termes de la suite (A), pour m & n leurs valeurs, qui peuvent être rationnelles ou radicales; ce qui produira de nouvelles suites qu'on développera par les élévations aux puissances, ou par les *extractions* des racines, ou par la division; enfin on rassemblera toutes ces suites en une même somme, en ordonnant par rapport à une même lettre; cette suite finale donnera la racine approchée du polynome proposé. Par exemple, soit le quadrinome $f+g+h+k$: supposons qu'on ait $f+g > h+k$, & que de plus $f+g$ soit une quantité positive; je fais $f+g=m^2$, $h+k=n$; il est clair que les numérateurs des termes de la suite (A), ne contiendront que des puissances entières dont la formation n'a aucune difficulté : mais les dénominateurs contiendront des racines de binomes, qui ne sont pas des quarrés parfaits; on trouvera ces racines par approximation, & on divisera les numérateurs par les suites qui proviendront de ces *extractions*; on aura ainsi de nouvelles suites dont les termes seront des monomes rationnels ou radicaux; on les rassemblera en une même somme, en les ordonnant par rapport à une même lettre, telle que f.

Les racines quarrées approchées des fractions qui ne sont pas des quarrés parfaits, se déterminent par les mêmes moyens; car, après avoir trouvé la racine exacte ou approchée de chacun des termes de la fraction, il ne s'agit que de diviser la racine du numérateur par la racine du dénominateur, en ordonnant ces deux racines par rapport à une même lettre.

XLV. SCHOLIE. Lorsqu'une quantité radicale complexe a des facteurs, qui sont des quarrés parfaits, l'expression peut être simplifiée ou changée. Qu'on ait, par exemple, la quantité radicale $\sqrt{(3a^3c - 6a^2bc + 3ab^2c)}$: j'observe que le polynome $3a^3c - 6a^2bc + 3ab^2c$ est composé de ces deux facteurs $aa - 2ab + bb$, & $3ac$, dont le premier est le quarré de $a - b$; d'où il suit qu'en tirant la racine de ce quarré, la quantité radicale proposée deviendra $(a-b)\sqrt{3ac}$.

Réciproquement une quantité rationnelle complexe écrite au devant d'un signe radical du second degré, peut être transportée sous ce signe, en élevant cette quantité au quarré. Ainsi, $(a+b)\sqrt{m}$ est la même chose que $\sqrt{[a^2m + 2abm + b^2m]}$.

XLVI. PROBLÊME. *Extraire la racine cube d'un polynome quelconque, entier ou fractionnaire?*

Il s'agit seulement de savoir extraire la racine cube d'un polynome entier, puisqu'on aura celle d'une fraction, en divisant la racine du numérateur par la racine du dénominateur. Or on tirera dans tous les cas la racine cube d'un polynome entier, comme dans les exemples suivans.

EXEMPLE I. *Extraire la racine cube du polynome* $27a^3 - 54a^2b + 36ab^2 - 8b^3$?

J'ordonne cette quantité par rapport à la lettre a; on voit ici le résultat de l'opération.

Cube supposé.	racine.
$27a^3 - 54a^2b + 36ab^2 - 8b^3$,	$3a - 2b$
$-27a^3$	
1er reste $-54a^2b + 36ab^2 - 8b^3$,	$27a^2$
$+54a^2b - 36ab^2 + 8b^3$,	
3e reste: 0	

Développons tout au long le procédé de l'opération indiquée.

1.° J'extrais la racine cube du premier terme $27a^3$; elle est $3a$ que j'écris. Ensuite, après avoir formé le cube de cette partie, & après l'avoir placé, avec un signe contraire, sous le polynome proposé, je fais la réduction; ce qui me donne pour premier reste, $-54a^2b + 36ab^2 - 8b^3$.

2.° Je fais le quarré de la partie $3a$; & je le triple, ce qui me donne $27a^2$, quantité par laquelle je divise le premier terme $-54a^2b$ du premier reste; il vient au quotient $-2b$, que j'écris à la racine. Ensuite je fais premièrement le produit de $27a^2$ par $-2b$; il est $-54a^2b$: secondement, le produit du triple du quarré de $-2b$, par $3a$; il est $+36ab^2$: troisièmement, le cube de $-2b$; il eſt $-8b^3$. Puis, ayant écrit la ſomme de ces trois produits, avec des ſignes contraires, ſous le premier reſte, je fais la réduction, & il ne reſte rien. D'où je conclus que la racine cube exacte de la quantité propoſée eſt $3a-2b$.

On ne peut pas mettre ici le double ſigne $\pm$ au-devant de la racine, comme pour la racine quarrée.

Exemple II. *Extraire la racine cube du polynome* $27a^3-54a^2b+36ab^2-8b^3+27a^2c-36abc+12b^2c+9ac^2-6bc^2+c^3$?

Ayant ordonné ce polynome, par rapport à a, l'opération ſe fait comme on le voit dans le tableau ſuivant :

Cube ſuppoſé.

$$\begin{cases}27a^3-54a^2b+36ab^2-8b^3\\ \quad +27a^2c-36abc+12b^2c\\ \quad\quad +9ac^2-6bc^2+c^3,\end{cases}$$
$$-27a^3$$

1er reſte
$$\begin{cases}-54a^2b+36ab^2-8b^3,\\ +27a^2c-36abc+12b^2c\\ \quad +9ac^2-6bc^2+c^3,\end{cases}$$
$$+54a^2b-36ab^2+8b^3,$$

2e reſte
$$\begin{cases}+27a^2c-36abc+12b^2c\\ \quad +9ac^2-6bc^2+c^3,\end{cases}$$
$$-27a^2c+36abc-12b^2c$$
$$\quad -9ac^2+6bc^2-c^3,$$

3e reſte $\quad 0$

racine cube.

$$3a-2b+c$$

$$27a^2$$

$$27a^2-36ab+12b^2$$

Les deux premiers termes de la racine ſe trouvent par un calcul qui eſt exactement le même que celui de l'exemple précédent. Mais, pour épargner tout embarras aux commençans, je vais faire ici l'opération en ſon entier.

1.° J'extrais la racine cube du premier terme $27a^3$; elle eſt $3a$, que j'écris. J'en fais le cube, & j'écris ce cube, avec un ſigne contraire, ſous le polynome; & la réduction étant faite, j'ai le premier reſte écrit ci-deſſus.

2.° Je fais le quarré de $3a$, & je le triple; ce qui me donne $27a^2$, quantité par laquelle je diviſe le premier terme $-54a^2b$ du premier reſte; le quotient eſt $-2b$, que j'écris à la ſuite de $3a$. Je fais trois produits : ſavoir, premièrement, celui de $27a^2$ par $-2b$; ſecondement, celui du triple du quarré de $-2b$ par $3a$; troiſièmement, le cube de $-2b$. Ces trois quantités étant ajoutées enſemble, j'écris la ſomme, avec des ſignes contraires, ſous le premier reſte, & je fais la réduction. De toutes ces opérations, réſulte le ſecond reſte qu'on voit ci-deſſus.

3.° Je conſidère la partie $3a-2b$, comme ne formant qu'un même tout; j'en fais le quarré, & je le triple; ce qui me donne $27a^2-36ab+12b^2$. Par le premier terme $27a^2$ de cette quantité, je diviſe le premier terme $27a^2c$ du ſecond reſte; le quotient eſt $+c$, que j'écris à la ſuite de la première partie ($3a-2b$) de la racine. Enſuite je fais trois produits : ſavoir, premièrement, celui de $27a^2-36ab+12b^2$ par c; ſecondement, celui du triple du quarré de c, par $3a-2b$; troiſièmement, le cube de c. Et après avoir écrit la ſomme de ces trois quantités, avec des ſignes contraires, ſous le ſecond reſte, je fais la réduction, & j'ai 0 pour reſte. Par conſéquent la racine exacte du polynome propoſé eſt $3a-2b+c$.

Uſages des ſuites infinies pour l'extraction des racines cubes.

XLVII. Lorſqu'un polynome n'eſt pas un cube parfait, on peut au moins en extraire la racine cube approchée, par le moyen des ſuites infinies, comme pour les racines quarrées. Selon que le polynome ſera poſitif ou négatif, la valeur de la ſuite qu'on trouvera pour ſa racine cube (valeur réelle dans l'un & l'autre cas), ſera poſitive ou négative.

Exemple. *Extraire la racine cube approchée de* $m^3 \pm n$, *qui n'eſt pas un cube parfait?*

Pour abréger, je me contente, dans le problême ſuivant, d'attribuer le ſigne $+$ à chacune des deux quantités m^3 & n. Si ces quantités avoient d'autres ſignes, on verroit facilement, ſans recommencer le calcul, les changemens qu'il faudroit faire aux ſignes des termes de la racine.

Cube ſuppoſé.

$$m^3+n,$$
$$-m^3$$

1er reſte $\quad +n,$
$$-n-\frac{n^2}{3m^3}-\frac{n^3}{27m^6},$$

2e reſte $\quad -\frac{n^2}{3m^3}-\frac{n^3}{27m^6},$
$$+\frac{n^2}{3m^3}+\frac{2n^3}{9m^6}-\frac{n^5}{81m^{12}}+\frac{n^6}{729m^{15}},$$

3e reſte $\quad +\frac{5n^3}{27m^6}-\frac{n^5}{81m^{12}}+\frac{n^6}{729m^{15}},$
$$-\frac{5n^3}{27m^6}-\&c.,$$

4e reſte $\quad -\frac{10n^4}{81m^9}-\&c.$

. . . .

&c.

racine cube.

$$m+\frac{n}{3m^2}-\frac{n^2}{9m^5}+\frac{5n^3}{81m^8}-\&c.$$

$$3m^2$$

$$3m^2+\frac{2n}{m}+\frac{n^2}{3m^4},$$

$$3m^2+\frac{2n}{m}-\frac{n^2}{3m^4}-\frac{2n^3}{9m^7}+\frac{n^4}{27m^{10}},$$

&c.

1.° J'extrais

1.° J'extrais la racine cube de la première partie m^3 du cube supposé; elle est m, que j'écris. Je fais le cube de m; & après l'avoir écrit, avec un signe contraire, sous $m^3 + n$, je fais la réduction, & j'ai, pour premier reste, $+ n$.

2.° Je triple le quarré de m, & j'ai $3m^2$, quantité par laquelle je divise $+ n$; le quotient est $+ \frac{n}{3m^2}$, que j'écris à la racine. Ensuite je fais trois produits : savoir, premièrement, celui de $+ 3m^2$ par $+ \frac{n}{3m^2}$; secondement, celui du triple du quarré de $\frac{n}{3m^2}$, par m; troisièmement, le cube de $\frac{n}{3m^2}$. Et après avoir écrit la somme de ces trois produits, avec des signes contraires, sous le premier reste, je fais la réduction; ce qui donne le second reste $- \frac{n^2}{3m^3} - \frac{n^3}{27m^6}$.

3.° Je triple le quarré de $m + \frac{n}{3m^2}$; ce qui donne $3m^2 + \frac{2n}{m} + \frac{n^2}{3m^4}$. Par le premier terme de cette quantité, je divise le premier terme $- \frac{n^2}{3m^3}$ du reste précédent; le quotient est $- \frac{n^2}{9m^5}$, que j'écris à la racine. Ensuite je fais trois produits : savoir, premièrement, celui de $3m^2 + \frac{2n}{m} + \frac{n^2}{3m^4}$, par $- \frac{n^2}{9m^5}$; secondement, celui de $m + \frac{n}{3m^2}$ par le triple du quarré de $- \frac{n^2}{9m^5}$; troisièmement, le cube de $- \frac{n^2}{9m^5}$. Et après avoir écrit la somme de ces trois produits, avec des signes contraires sous le second reste, j'ai, après la réduction, le troisième reste écrit ci-dessus.

4.° Je triple le quarré de $m + \frac{n}{3m^2} - \frac{n^2}{9m^5}$; & j'ai $3m^2 + \frac{2n}{m} - \frac{n^2}{3m^4} - \frac{2n^3}{9m^7} + \frac{n^4}{27m^{10}}$. Par le premier terme de cette quantité, je divise le premier terme du reste précédent; ce qui donne le quotient $+ \frac{5n^3}{81m^8}$, que j'écris à la racine. Ensuite je fais trois produits; savoir, premièrement, celui du diviseur $3m^2 + \frac{3n}{m} -$ &c, par $+ \frac{5n^3}{81m^8}$; secondement, celui du triple du quarré de $+ \frac{5n^3}{81m^8}$, par $m + \frac{n}{3m^2} - \frac{n^2}{9m^5}$; troisièmement, le cube de $+ \frac{5n^3}{81m^8}$. Et après avoir écrit la somme de ces trois produits, avec des signes contraires, sous le troisième reste, j'ai un quatrième reste.

En continuant à opérer toujours de même, on trouvera, pour la racine, de nouveaux termes, qu'on écrira à la suite des précédens. La racine cube de $m^3 + n$ sera donc exprimée par cette suite infinie :

$$m + \frac{n}{3m^2} - \frac{n^2}{9m^5} + \frac{5n^3}{81m^8} - \frac{10n^4}{243m^{11}} + \&c,$$

laquelle est convergente, lorsque $\frac{n}{m}$ est moindre que l'unité, ou du moins ne surpasse pas l'unité, les nombres m & n étant supposés des entiers.

XLVIII. Il est facile d'appliquer les mêmes méthodes à l'*extraction* des racines cubes des trinomes, des quadrinomes, *&c.*

XLIX. SCHOLIE. En décomposant toujours les puissances dans un ordre opposé à celui suivant lequel elles se forment, on pourroit établir des règles particulières pour extraire la racine quatrième, cinquième, sixième, *&c* d'une quantité complexe. Mais tous ces calculs, en général, sont un peu longs. La formule du binome fournit un moyen facile d'abréger les calculs, dans tous les cas. *V.* BINOME. (*L. B.*)

EXTRADOS, s. m. (*Méch. de la coupe des pierres*) : surface extérieure d'une voûte, comme l'*intrados* en est la surface intérieure. Voyez le *Dictionnaire d'Architecture.*

EXTREME, (*Géom.*) Quand une ligne est divisée, de manière que la ligne entière est à l'une de ses parties, comme cette même partie est à l'autre, on dit, en Géométrie, que cette ligne est divisée en moyenne & *extrême* raison. Voici comme on trouve cette division. Soit la ligne donnée $AB = a$ (*pl. Géom. fig.* 71); soit le grand segment x, le petit sera $a - x$; alors par l'hypothèse $a : x :: x : a - x$. Donc $aa - ax = xx$, par conséquent $aa = xx + ax$; & en ajoutant $\frac{1}{4}aa$ de chaque côté, pour faire le quarré parfait $xx + ax + \frac{1}{4}aa$: l'équation sera $\frac{5}{4}aa = xx + ax + \frac{1}{4}aa$.

Or, puisque la dernière quantité est exactement un quarré, sa racine $x + \frac{1}{2}a = \sqrt{\frac{5}{4}aa}$; & par transposition, on trouvera $\sqrt{\frac{5}{4}aa} - \frac{1}{2}a = x$. Cela posé, sur $AB = a$, élevez à angles droits $CB = \frac{1}{2}a$; ensuite tirez CA, dont le quarré est égal à $\overline{AB}^2 + \overline{CB}^2 = \frac{5}{4}aa$. Donc $AC = \sqrt{\frac{5}{4}aa}$; avec CA, décrivez l'arc AD : vous aurez $CA = CD$; ainsi, $BD = CD - CB = \sqrt{\frac{5}{4}aa} - \frac{1}{2}a = x$. Portez donc BD sur la ligne AB, depuis B jusqu'en E; & la ligne AB sera coupée en moyenne & *extrême* raison au point E. (*E*)

EXTRÊMES *d'une proportion*, sont le premier & le quatrième termes. *Voyez* PROPORTION & MOYEN.

Fin de la lettre E *& du Tome I.*

ERRATA.

Page 97, colonne 1, ligne 29, *au lieu de* 3^3, *lisez* n^3.

Pag. 321, art. *Central*, n.° 12, *au lieu de* raison inverse de la triplée, *lisez* raison sous-doublée de la triplée; & n.° 13, vers la fin, *au lieu de* cosinus, *lisez* sinus.

www.ingramcontent.com/pod-product-compliance
Lightning Source LLC
Chambersburg PA
CBHW060535280326
41932CB00011B/1295
9782012659797